RÉPERTOIRE
DES
CONNAISSANCES USUELLES

LISTE DES AUTEURS QUI ONT CONTRIBUÉ A LA RÉDACTION DU 11ᵉ VOLUME DE CETTE ÉDITION.

MM.

AHonville (comte Armand d'),.
Anquetin (N.-P.).
Artaud, insp. gén. de l'instruction pub.
Aubert de Vitry.
Audiffret (H.).
Bandeville (l'abbé).
Bardin (le général).
Barthélemy (l'abbé J.).
Beaufort (A. de).
Béchem (Charles).
Belfield-Lefèvre.
Berville (St.-Albin), président à la cour impériale de Paris.
Billot.
Boistel.
Bonvallot.
Bordas-Demoulin.
Boreau (Victor).
Bory de Saint-Vincent, de l'Académie des sciences.
Boulée (A.).
Bourdon (Dʳ Isid.), de l'Acad. de médecine.
Bradi (comtesse de).
Bretou, de la *Gazette des tribunaux*.
Bricheteau (Dʳ).
Broue (Dʳ).
Cahen (S.).
Cardonne (Camille).
Chabrol (F. de).
Champagnac.
Charbonnier (Dʳ).
Chasles (Philarète), professeur au Collége de France.
Chassagnol (J. C.).
Chaudes-Aigues.
Colombat, de l'Isère (Dʳ).
Coq (P.), avocat.
Cosnac (comte Jules de).
Denne-Baron.
Desclozeaux (Ernest), ancien secrétaire général du Ministère de la justice.
Despretz (C.), de l'Académie des sciences.
Diderot.
Du Bois (Louis), ancien s.-préfet.
Duchesne (aîné), conservateur de la Bibliothèque impériale.

MM.

Duckett (W.-A.).
Dufey (de l'Yonne).
Dupin (baron Charles), de l'Académie des sciences, sénateur.
Du Mège (Chʳ Alexandre).
Duplessis (l'abbé J.).
Dupouy (Charles).
Du Rozoir (Charles).
Étienne.
Fauche (Hippolyte).
Favrot (G.).
Fayot (Frédéric).
Feillet (A.).
Ferry, ancien examinateur à l'École polytechnique.
Fossati (Dʳ).
Fournier (Édouard).
Français de Nantes (comte).
Gallois (Napoléon).
Garcin de Tassy, de l'Institut.
Gaubert (Paul).
Gautier de Claubry.
Golbéry (P. de), ancien procureur général.
Grangez (E.).
Guy d'Agde.
Héreau (Edme).
Héricourt (A. d').
Husson (Auguste).
Janin (Jules).
Jaucourt (Chʳ de).
Julia-Fontenelle.
Kératry.
Lafaye (Benjamin).
Lamartine, de l'Académie française.
La Mennais (F. de).
Laurent (Dʳ L.), anc. chirurgien en chef de la marine.
Lemonnier (Charles).
Lémontey, de l'Académie française.
Lenoir (Chʳ Alexandre).
Level (L.).
L'Hôte (Nestor).
Louvet (L.).
Mac-Carthy (Oscar).
Mainguet (Alfred).

MM.

Manno (Baron Joseph), de l'Académie des sciences de Turin.
Mantz (Paul).
Marmier (Xavier).
Marmontel.
Martin (P. R.).
Matter.
Maussion (Mme).
Merlieux (E.).
Millin (A. L.), de l'Institut.
Monglave (Eug. G. de).
Montesquieu.
Nisard (Charles).
Nodier (Charles), de l'Académie française.
Ortolan (J. L. E.), professeur à l'École de droit de Paris.
Ourry.
Paffe (C.-M.), professeur de philosophie.
Page (Th.), capitaine de vaisseau.
Pariset (Dʳ), secrétaire perpétuel de l'Académie de médecine.
Pascallet (E.).
Pautet (Jules).
Pellissier.
Pelouze père.
Pons, de l'Hérault.
Pradel (Eugène de).
Reybaud (Louis), de l'Institut.
Reiffenberg (baron de).
Sadik-Pacha (Michel Czaykowski).
Saint-Prosper.
Saint-Genis (H. de).
Saucerotte (Dʳ).
Saudbreuil (Louis), avocat.
Savagner (A.).
Say (J.-B.), de l'Institut.
Sicard.
Teyssèdre.
Thibaud (Hippolyte).
Tiby (Paul).
Tissot, de l'Académie française.
Tollard aîné.
Vaudoncourt (le général G. de).
Viennet, de l'Académie française.
Viollet-Leduc.
Virey (J.-J.).

Paris. — Typographie de Firmin Didot frères, rue Jacob, 56.

DICTIONNAIRE
DE LA
CONVERSATION
ET DE LA LECTURE

INVENTAIRE RAISONNÉ DES NOTIONS GÉNÉRALES LES PLUS INDISPENSABLES A TOUS

PAR UNE SOCIÉTÉ DE SAVANTS ET DE GENS DE LETTRES

SOUS LA DIRECTION DE M. W. DUCKETT

Seconde édition
ENTIÈREMENT REFONDUE
CORRIGÉE, ET AUGMENTÉE DE PLUSIEURS MILLIERS D'ARTICLES TOUT D'ACTUALITÉ

Celui qui voit tout abrège tout.
MONTESQUIEU.

TOME ONZIÈME

PARIS
LIBRAIRIE DE FIRMIN DIDOT FRÈRES, FILS ET Cⁱᵉ
IMPRIMEURS DE L'INSTITUT, RUE JACOB, 56

M DCCC LX

8.5t336
(11)

DICTIONNAIRE

DE

LA CONVERSATION

ET DE LA LECTURE.

HEMANS (Félicie-Dorothée Brown, mistress), née le 25 septembre 1794, à Liverpool, où son père, Irlandais de naissance, faisait le commerce, a laissé un nom dans la littérature anglaise contemporaine, par des poésies pleines de grâce et de sentiment. Ce fut dans une romantique contrée du nord du pays de Galles, à Grevich, où sa famille avait dû se retirer, par suite de revers commerciaux, que la jeune fille, frappée du spectacle qu'elle avait sous les yeux, sentit son cœur s'ouvrir à la poésie; disposition favorisée encore par le souvenir et le regret de l'aisance dans laquelle elle avait vécu naguère. Les exploits de l'armée anglaise dans la Péninsule développèrent encore davantage ses tendances au romantisme. Elle s'éprit si vivement de l'état militaire, que, très-jeune encore, elle épousa le capitaine Hemans; union qui cependant fut prosaïquement rompue après qu'elle fut devenue mère de cinq enfants. Dès 1812 elle publia ses *Domestic Affections*, collection de ses poésies lyriques. Son grand poëme *The Restoration of the Works of Art in Italy* (1816) et sa *Modern Greece* furent hautement loués par Byron. Ses *Tales and History, scenes in verses* (1819), contiennent de délicieuses ballades. Ses deux poëmes *Wallace* et *Dartmoor*, composés à la suite d'un concours ouvert en 1821 par la *Royal Society of Literature*, remportèrent le prix. Dans son *Forest Sanctuary* (1825), elle glorifie les martyrs du protestantisme.

A la suite de visites rendues en 1829 à Walter Scott, et en 1830 au vieux W. Wordsworth, ses poésies religieuses prirent une teinte plus sublime dans les *Songs of the Affections* (1830), *Scenes and Hymns of Life and other poems* (1834), *Hymns on the Works of Nature* (1833) et *Hymns for Childhood* (1834). Dans ses *Records of Women* (1828), elle a décrit le caractère de la femme depuis les plus hautes positions sociales jusqu'aux plus infimes, entremêlant ses récits de beaucoup d'aventures qui lui furent personnelles. Elle mourut, le 16 mai 1835, à Ridesdale, près Dublin.

HÉMANTHE ou **HÆMANTHE** (de αἷμα, sang, et ἄνθος, fleur). Ce genre de plantes appartient à la famille des amaryllidées de Brown, à l'hexandrie monogynie de Linné. Les caractères des hémanthes sont: Corolle monopétale, colorée, à tube court, offrant un limbe à six divisions égales; six étamines; ovaire infère, surmonté d'un style et d'un stigmate simples. Les fruits sont des baies à trois loges, et chaque loge renferme une semence. Les fleurs, disposées en ombelles terminales, présentent un involucre, dont les six divisions pétaloïdes, ordinairement parées des couleurs les plus vives, sont quelquefois d'un rouge-ponceau magnifique. Les feuilles naissent de la racine, qui est bulbeuse.

Les hémanthes sont toutes exotiques et originaires du cap de Bonne-Espérance : on ne les cultive guère que dans les jardins botaniques, et aucune d'elles n'est usitée dans la médecine ou dans l'industrie. Les espèces qui se font surtout remarquer par leurs belles couleurs sont : *l'hémanthe à tige rouge* (*hæmanthus sanguineus*, Jacq.), dont la hampe même est couleur de sang, et *l'hémanthe écarlate* (*hæmanthus coccineus*, Linn.), dont l'involucre, rouge-écarlate, assez analogue, quant à la forme, à une tulipe, a mérité à cette espèce le nom de *tulipe du Cap*.

BELFIELD-LEFÈVRE.

HÉMATÉMÈSE (de αἷμα, sang, et ἔμετος, vomissement), vomissement de sang. C'est une hémorrhagie de la membrane muqueuse de l'estomac. Outre les causes générales des hémorrhagies, les impressions irritantes portées sur l'estomac, les coups, les chutes sur la région épigastrique, les substances vénéneuses, l'immersion brusque des pieds ou des mains dans l'eau froide, la suppression d'une hémorrhagie habituelle ou de la transpiration, peuvent amener une hématémèse. Aux symptômes généraux qui précèdent ou accompagnent les hémorrhagies se joignent, dans l'hématémèse, une douleur profonde, un sentiment d'oppression dans la région de l'estomac, avec chaleur et sensibilité à la pression, goût de sang à la bouche, quelquefois des syncopes, des éblouissements, des vertiges, des tintements d'oreilles et la décoloration de la face. Bientôt après, le sang est vomi seul ou mêlé à des substances alimentaires plus ou moins digérées, tantôt liquide, tantôt coagulé, mais d'une couleur généralement foncée. Le plus souvent il arrive qu'une certaine quantité de sang, plus ou moins altéré, passe dans le canal intestinal et finit par être expulsée avec les selles, dans lesquelles il est plus ou moins reconnaissable. Du reste, il est rare que cette maladie, dont la durée est variable, prenne des formes très-graves.

Le traitement de l'hématémèse consiste dans l'emploi des saignées, tant générales que locales, des boissons tempérantes, acidulées, fraîches et même glacées, de quelques astringents administrés avec prudence, et de révulsifs plus ou moins énergiques placés aux extrémités. Si l'hématémèse dépend de l'ingestion de substances vénéneuses ou de corps susceptibles de blesser le parvis de l'estomac, on se conduira comme dans l'empoisonnement ou dans la gastrite chronique.

HÉMATITE (de αἷμα, sang). L'hématite, connue dans les arts sous les noms de *sanguine*, *pierre à brunir*, est une variété de fer oligiste. On la nomme souvent

DICT. DE LA CONVERS. — T. XI.

hématite rouge, pour la distinguer de *l'hématite brune* ou *limonite fibreuse*, sous-variété de fer hydroxidé. Cette dernière se rencontre mamelonnée ou en stalactites, à surface brune ou noire, recouverte d'un enduit luisant et irisé. Elle a la propriété, de donner de l'acier de forge, comme le fer spathique, qu'elle accompagne ordinairement. On l'exploite à Rancié, dans l'Ariége, dans les Pyrénées et dans le Dauphiné.

HÉMATOCÈLE (du grec αἷμα, sang, et κήλη, tumeur), tumeur du scrotum causée par du sang extravasé.

HÉMATOSE (de αἷμα, αἵματος, sang), nom que l'on donne à l'acte de la *sanguification*, c'est-à-dire à la conversion en sang artériel du chyle, de la lymphe et du sang veineux, qui se sont mélangés dans la veine sous-clavière gauche, puis ont intimement pénétré, avant d'arriver aux poumons, dans la veine cave supérieure, le cœur droit et l'artère pulmonaire. Quant à l'acte de la sanguification lui-même, c'est dans le parenchyme pulmonaire qu'il s'opère, et c'est l'oxygène contenu dans l'air qui en est l'agent essentiel. Quels sont les phénomènes qui se passent alors? L'oxygène s'unit à une certaine portion du carbone contenu dans le sang veineux, et forme avec lui du gaz acide carbonique, dont on constate la présence dans l'air expiré; quant à l'azote, il paraît ne jouer qu'un rôle négatif et tempérer seulement l'action trop vive de l'oxygène sur l'organisme. La quantité d'oxygène employée à vivifier le sang veineux serait, selon les calculs les plus approximatifs, de deux à trois centièmes seulement. C'est à cette combinaison que le sang veineux doit la couleur rutilante qu'il prend dans son passage à travers les poumons; c'est aussi de ce phénomène que dépend l'élévation de température que l'on constate dans ce fluide hématosé. Quant à la vapeur d'eau qui sort des poumons en quantité considérable pendant l'expiration, elle provient du sang veineux, peut-être aussi de la combinaison d'une certaine quantité d'oxygène avec l'hydrogène qui se trouve dans le sang veineux.

Le phénomène de *l'hématose* a lieu aussi bien chez les animaux qui vivent dans l'eau, que chez ceux qui vivent dans l'air; aussi les premiers sont bientôt asphyxiés dans l'eau privée d'air par la distillation; de même que les espèces à respiration aérienne succombent promptement dans le vide ou dans tout autre milieu que l'air atmosphérique.

Dr SAUCEROTTE.

HÉMATOZOAIRES (de ἵμα, sang, et ζῶον, animal). On appelle souvent ainsi certains entozoaires, qui, au lieu de vivre dans les intestins d'autres animaux, se développent dans leur sang. On en a trouvé dans le sang du chien, mais pas encore dans celui de l'homme.

HÉMATURIE (de αἷμα, sang, et οὐρέω, uriner), hémorrhagie des voies urinaires. Elle peut résulter d'une lésion mécanique, et c'est alors une hémorrhagie traumatique. Mais l'hématurie par exhalation, la seule dont nous ayons à nous occuper ici, succède à l'abus des diurétiques trop actifs, des cantharides, de la térébenthine, des purgatifs âcres, à la suppression de quelque autre flux sanguin naturel et accidentel. Elle est plus commune chez les hommes que chez les femmes, dans l'âge adulte et dans la vieillesse qu'aux autres époques de la vie. Suivant le point où le malade éprouve une douleur plus ou moins intense, on reconnaît si le sang expulsé provient des reins, de la vessie ou du canal de l'urètre. Dans les deux premiers cas, le traitement doit être actif, à cause de l'inconvénient qu'il y aurait à laisser séjourner dans la vessie un liquide susceptible de former des caillots qui pourraient devenir le noyau de calculs urinaires. Du reste, il est toujours avantageux de recourir avec promptitude aux saignées locales et générales, aux bains et aux applications réfrigérantes.

HÉMÉRALOPE, HÉMÉRALOPIE (de ἡμέρα, jour, et ὄπτομαι, voir). L'héméralopie est une affection des yeux, consistant en ce que les *héméralopes*, c'est-à-dire ceux qui en sont affectés, ne distinguent plus les objets vers le soir, quoiqu'ils les aperçoivent bien en plein jour (*voyez* AMAUROSE, CATARACTE).

HÉMÉROCALLE (de ἡμέρα, jour, et κάλλος, beauté), genre de plantes de l'hexandrie monogynie, suivant Linné, de la famille des liliacées-asphodélées selon Jussieu. Elles méritent la dénomination qui les distingue, par la beauté de leurs fleurs, et parce qu'elles s'épanouissent durant le jour; mais d'autres plantes, particulièrement la belle de jour, ont reçu le même nom, et on pourrait l'appliquer à un bien plus grand nombre.

Les hémérocalles servent à décorer nos jardins, et on en compte diverses espèces : la jaune (*hemerocallis flava*, L.), appelée par les jardiniers *lis asphodèle* ou *lis jonquille*, est originaire du Piémont, et on la multiplie aisément en séparant les racines ; la fauve (*hemerocallis fulva*, L.) ou *lis orange*, croît spontanément en Provence; la blanche (*hemerocallis japonica*, Thunb.) est originaire du Japon et de la Chine : ses nombreuses fleurs, d'un blanc pur, répandent la plus suave odeur; la bleue (*hemerocallis cœrulea*, Andr.) provient des mêmes pays que la précédente, et on la cultive en pleine terre. Toutes offrent les caractères suivants : Périanthe très-développé et coloré, marcescent, à six parties étalées, soudées inférieurement en un tube correct, à l'orifice duquel sont postées six étamines à filaments grêles et ascendants; ovaire libre, triloculaire; stigmate trilobé.

Le genre *hemerocallis* a été démembré par Sprengel, qui en a retiré cinq ou six espèces, entre autres les deux dernières que nous avons citées, pour en former le genre *funkia*.

HÉMICRANIE (du grec ἥμισυς, moitié, et κρανίον, crâne). *Voyez* MIGRAINE.

HÉMICYCLE (de ἥμισυς, demi, et κύκλος, cercle). Cette expression, qui peut s'appliquer à tout ce qui est en forme de demi-cercle, est surtout employée en architecture pour désigner une salle demi-circulaire. Tel est l'hémicycle de l'École des Beaux-Arts à Paris.

Les anciens nommaient *hémicycles* ces chaires dont le dos formait un demi-cercle. Ils donnaient le même nom à une machine de théâtre destinée à représenter les lointains, mais sur laquelle nous n'avons que quelques vagues renseignements de Pollux.

HÉMIONE (de ἥμισυς, demi, et ὄνος, âne) ou DZIG-GETAI, espèce du genre *cheval*, qui justifie son nom par la ressemblance qu'elle offre à la fois avec le cheval proprement dit par les parties antérieures du tronc, avec l'âne par les postérieures. La tête présente la même mélange; par sa grosseur elle rappelle celle de l'âne, et par sa forme celle du cheval. Enfin les oreilles, un peu moins longues que celles de l'âne, sont plantées comme celles du cheval. Mais un trait particulier de l'hémione (*equus hemionus*, Pallas), c'est la forme de ses narines, dont les ouvertures simulent deux crossants ayant la convexité tournée en dehors.

« Le pelage de l'hémione, dit M. de Quatrefages, est formé d'un poil ras et lustré. La couleur en est presque uniformément blanche pour les parties inférieures et internes, isabelle pour les portions externes et supérieures. Ces deux couleurs se fondent insensiblement l'une dans l'autre. A la face externe des membres, on observe de fines barres transversales d'une teinte isabelle pâle. La crinière, qui commence un peu en avant des oreilles, s'étend jusqu'au garrot en diminuant insensiblement de longueur; les poils qui la composent sont noirâtres. Elle semble se continuer en une bande de même couleur qui règne tout le long de la ligne dorsale, s'élargit d'arrière en avant, se rétrécit ensuite brusquement après avoir dépassé les hanches, et vient se terminer en pointe sur le haut de la queue. Celle-ci, dans sa plus grande étendue, est couverte de poils aussi ras que le reste du corps, et l'on trouve seulement à l'extrémité un bouquet de crins noirâtres. »

Les hémiones se trouvent en grand nombre dans le pays de Cutch, au nord de Guzzarate. On ne peut les prendre qu'avec des pièges, leur course étant plus rapide que celle des meilleurs chevaux arabes. On les apprivoise avec assez de facilité, et dans l'Hindoustan on les emploie aux travaux agricoles. Depuis plusieurs années M. I. Geoffroy-Saint-Hilaire a tenté l'acclimatation et la domestication de l'hémione, résultats qu'il ne désespère pas d'atteindre.

HÉMIOPSIE (du grec ἥμισυς, demi, et ὄψομαι, voir), nom que l'on donne à l'amaurose lorsque l'individu qui en est atteint ne voit que la moitié de chaque objet qu'il regarde.

HÉMIPLÉGIE ou **HÉMIPLEXIE** (de ἥμισυς, moitié, et πλήσσω, je frappe), p a r a l y s i e qui n'affecte qu'une des moitiés latérales du corps.

HÉMIPTÈRES (du grec ἥμισυς, demi, et πτέρον, aile). Comme dans le plus grand nombre des insectes, le corps chez les hémiptères est séparé par deux étranglements en trois parties distinctes : la tête, le tronc, l'abdomen. La tête supporte un bec de conformation curieuse, et sur laquelle il nous faut insister, parce qu'elle fournit presque tous les caractères distinctifs de l'ordre. Exclusivement destiné à entamer le réseau vasculaire des plantes ou des animaux, ce bec n'offre ni mandibules, ni mâchoires, mais bien une pièce tubulaire, articulée, cylindrique ou conique, et forée par un canal qui renferme trois soies écailleuses, très-aiguës, et recouvertes à leur base par une languette : ces soies constituent un véritable suçoir semblable à un aiguillon, et engainé dans l'appareil tubulaire que nous avons décrit. A ces caractères distinctifs de la tête des hémiptères, il faut ajouter deux antennes, de forme, de position et de dimension variables dans les différentes espèces ; deux antennes s*tacées ou filiformes, ou subulées, ou articulées ; et deux yeux à réseau situés à la partie supérieure de la tête. Le tronc donne attache à deux paires d'ailes : assez souvent les ailes supérieures, crustacées dans leur portion adhérente, sont membraneuses à leur extrémité libre; quelquefois aussi les quatre ailes sont membraneuses et transparentes ; parfois encore elles sont furfuracées et semi-laiteuses ; quelques hémiptères enfin sont aptères. Leurs pattes ne les différencient pas des autres hexapodes, si ce n'est que dans de nombreux genres les tarses antérieurs, composés d'une seule pièce, sont fléchis sur la jambe, en faisant avec celle-ci une espèce de genou. L'abdomen n'offre pas non plus de caractères particuliers ; seulement, chez les cigales, il présente une petite tarière cachée dans les écailles, et qui sert à déposer des œufs.

Les hémiptères ne subissent pas de véritables métamorphoses : ce sont bien plutôt des *mues*, dans lesquelles l'insecte demeure torpide pendant quelques heures ; car dans leurs trois états prétendus distincts, de larve, de nymphe et d'insecte parfait, ils offrent mêmes formes et mêmes habitudes : leurs ailes s'allongent et leur corps se développe ; ils ne subissent pas d'autres changements. Quelques hémiptères habitent l'eau (*hydrocorises*), et souvent on les admire dardant à sa surface avec une merveilleuse rapidité ; d'autres s'attachent uniquement aux plantes qui leur servent de nourriture (*phytadelges* ou *plantisugues*) ; d'autres encore se fixent exclusivement sur des animaux (*zoadelges* ou *sanguisugues*).

Dans la classification proposée par M. Duméril, les hémiptères forment le cinquième ordre de la classe des insectes, ils forment le troisième ordre de la classe des insectes et de la division des *suceurs* dans la méthode de Lamarck ; enfin, dans la distribution de Latreille, ils constituent le septième ordre de cette même classe : du reste, les *hémiptères* des naturalistes correspondent exactement aux *rhyngotes* de Fabricius. BELFIELD-LEFÈVRE.

HÉMISPHÈRE (du grec ἡμισφαίριον, formé de ἥμισυς, demi, et σφαῖρα, sphère). Le sens de ce mot est conforme à son étymologie ; dans le discours ordinaire comme dans les sciences, il signifie *demi-sphère*. En astronomie et en géographie, son emploi n'est pas sans quelque inexactitude. Puisque la terre est un sphéroïde aplati vers les pôles, sa moitié, quelle que soit la direction du plan de section passant par le centre, est un *hémisphéroïde*. Quant aux espaces célestes, on ne peut leur appliquer la notion de sphère, ni rien de ce qui en dérive ; car on ne peut y concevoir ni limites ni forme.

En géographie, l'équateur sépare les deux hémisphères *boréal* et *austral*. Pour chaque lieu le méridien partage le globe en deux hémisphères, *oriental* et *occidental*, et le grand cercle parallèle à l'horizon établit une autre division entre l'hémisphère du lieu dont il s'agit et celui de ses antipodes. C'est dans ce sens que le mot *hémisphère* est le plus fréquemment d'usage en littérature, et surtout en poésie : ainsi, par exemple, pour exprimer combien on voudrait être éloigné d'une personne que l'on hait, on peut dire que l'on regrette d'habiter le même *hémisphère*.

En astronomie, le plan de l'orbite terrestre partage l'espace en deux hémisphères, l'un *arctique* et l'autre *antarctique*. On ne pouvait employer l'équateur pour cette division, parce que la position de son plan n'est pas fixe dans les espaces célestes. FERRY.

HÉMISPHÈRES DE MAGDEBOURG. On désigne sous ce nom un appareil imaginé par Otto Guericke, bourgmestre de Magdebourg, pour démontrer la puissance de la pression de l'air. En effet, il construisit en cuivre et en laiton deux hémisphères d'une assez vaste capacité et s'emboîtant fort exactement l'un sur l'autre. L'un de ces hémisphères était garni d'un tuyau et d'une soupape, afin de pouvoir en retirer l'air au moyen de la machine pneumatique, quand on les aurait superposés l'un à l'autre. A tous deux étaient attachés des anneaux pour y passer des cordes auxquelles on pût attacher des chevaux. Une fois le vide opéré à l'intérieur des deux hémisphères exactement superposés, il fallut la force réunie de plus de trente chevaux pour les disjoindre.

HÉMISPHÈRES DU CERVEAU. *Voyez* CERVEAU.

HÉMISTICHE, mot d'origine grecque, formé de στίχος, ligne, vers, avec ἥμισυς, semi, moitié, c'est-à-dire moitié de vers, demi-vers, repos au milieu du vers. Ce repos à la moitié du vers n'est proprement indispensable que dans nos vers héroïques ou alexandrins, c'est-à-dire dans ceux qui se composent de douze syllabes. Boileau a dit

Que toujours dans vos vers le sens, coupant les mots,
Suspende l'hémistiche, en marque le repos.

Ces deux vers contiennent le précepte et l'exemple. L'hémistiche doit couper le vers en deux parties égales. Mais, pour éviter la monotonie que la loi de l'hémistiche semble entraîner avec elle, tout en observant fidèlement le repos qu'elle prescrit, il importe de le cacher avec beaucoup d'art. C'est ce principe de bon goût qui a dicté à Voltaire les vers suivants :

Observez l'*hémistiche*, et redoutez l'ennui
Qu'un repos uniforme attache auprès de lui ;
Que votre phrase, heureuse et clairement rendue,
Soit tantôt terminée et tantôt suspendue ;
C'est le secret de l'art.

Il ne faut pas confondre l'hémistiche avec la c é s u r e. Dans les vers de cinq pieds ou de dix syllabes, il n'y a point d'hémistiche, mais seulement des césures. La consonnance d'un hémistiche avec l'hémistiche du vers suivant est un défaut, cette sorte de consonnance se rencontre rarement dans les vers de Racine et de Boileau. Les Grecs et les Latins n'avaient point d'hémistiches dans leurs vers hexamètres. Les vers allemands ont une hémistiche ; mais, chez les Italiens, les Espagnols, les Portugais et les Anglais, la poésie est affranchie de cette gêne. CHAMPAGNAC.

HÉMITRITÉE (Fièvre), de ἥμισυς, demi, et τρίτος, trois. On a donné le nom de *fièvre hémitritée* à une variété de f i è v r e i n t e r m i t t e n t e caractérisée par deux sortes d'accès, les uns revenant chaque jour, et les autres tous les deux jours. Cette distinction n'est plus en usage aujourd'hui.

Galien nomme *fièvre hémitritée* la gastro-entérite.

HEMLING, peintre flamand. *Voyez* MEMLING.

HÉMOMANCIE (du grec αἷμα, sang, et μαντεία, divination), espèce de divination par l'inspection du sang. Il y avait la grande et la petite hémomancie : la première, qui était la plus puissante, s'effectuait au moyen d'une palette de ce liquide, obtenue par une saignée pratiquée au bras droit, et jamais, sous aucun prétexte, au bras gauche, qui était toujours réputé de mauvais augure. La petite hémomancie se pratiquait sur le produit d'une effusion naturelle de ce liquide par le nez, les hémorroïdes ou les menstrues : il ne pouvait en résulter que des pronostics d'un ordre inférieur et d'une certitude contestable. Dans l'un et l'autre cas, la divination se basait, ou sur la couleur du sang, ou sur son plus ou moins d'abondance, ou sur son plus ou moins de limpidité : un sang noir annonçait du malheur ; un sang rose ou rouge, une bonne chance ; un sang abondant, des tribulations ; un sang rare, des espérances ; un sang épais, la mort ; un sang limpide, une longue existence. Les Perses et les Assyriens ajoutaient une grande foi à l'*hémomancie*.

HÉMOPTYSIE (du αἷμα, sang, et πτυεῖν, cracher). C'est le nom qu'on donne à l'**hémorrhagie** des poumons, connue encore sous la dénomination vulgaire de *crachement de sang*. Cette hémorrhagie consiste dans une expectoration sanguine, écumeuse, variable d'ailleurs par sa quantité, sa couleur, sa consistance, etc. Il y a deux espèces principales d'hémoptysie : l'une qu'on pourrait appeler *essentielle*, par exhalation et par fluxion; l'autre *symptomatique*, dépendant d'une lésion organique des poumons (le plus souvent tuberculeuse) ou de quelque altération profonde du cœur et des gros vaisseaux sanguins. Sous le point de vue pratique, ces deux genres pourraient, comme les hémorrhagies considérées en général, se subdiviser en *hémoptysie constitutionnelle*, ou identifiée à la constitution ; *hémoptysie accidentelle*, déterminée par une circonstance fortuite ; *hémoptysie succédanée*, ou supplémentaire de quelque autre fluxion sanguine, normale ou habituelle ; *hémoptysie critique*, ou annonçant la solution heureuse d'une maladie aiguë quelconque.

L'hémoptysie est une maladie très-fréquente, à raison de l'action permanente de l'organe qui en est le siége ; elle se développe sous l'influence d'un grand nombre de causes prédisposantes et déterminantes : telles sont, pour les premières, une constitution pléthorique, menacée de phthisie, une grande susceptibilité nerveuse, certaines professions, comme celles de tailleur, de tisserand, de rémouleur, de crieur public, de joueur d'instruments à vent, etc. On admet au nombre des causes déterminantes du crachement de sang la suppression de certains écoulements sanguins habituels, d'anciennes éruptions cutanées, les métastases goutteuses, rhumatismales, les coups, les chutes sur la poitrine, les chagrins profonds, et presque toutes les autres émotions de l'âme, etc.

Les malades menacés d'une attaque d'hémoptysie ont de la tension, de la pesanteur dans l'intérieur de la poitrine ; leurs pouls est plein et dur, leurs veines distendues, leurs pommettes rouges ; il y a souvent des tintements d'oreilles, des vertiges, un refroidissement des extrémités, des lassitudes générales, et quelquefois un goût de sang dans la bouche. Ces symptômes précurseurs sont faibles ou n'existent pas quand l'hémoptysie est ancienne et passive ; alors, la face est quelquefois pâle et le pouls déprimé. Au moment où le sang fait irruption, le malade pâlit, éprouve des horripilations, un refroidissement des extrémités, un sentiment de picotement et de bouillonnement dans le trajet de la trachée-artère et des bronches, une sensation de chaleur qui précède la toux et l'expulsion d'un sang en général très-rouge, et plus ou moins mêlé de mucosités, etc. L'accès d'hémoptysie affecte souvent une sorte de périodicité plus ou moins régulière ; sa durée est variable et relative à une multitude de causes accidentelles : la forme qu'il affecte et sa gravité différent, selon qu'il appartient à l'une des variétés dont nous avons parlé plus haut.

Le diagnostic de l'hémoptysie n'est pas toujours facile : on la confond souvent avec le vomissement de sang et diverses autres hémorrhagies de la bouche ou de la gorge, surtout quand elle est abondante et subite. Le pronostic de cette maladie doit être grave quand elle reconnaît pour cause une affection tuberculeuse des poumons, ou une hypertrophie du cœur. L'affection dont il s'agit est, au contraire, presque toujours bénigne lorsqu'elle est essentielle ou le produit de la suspension de quelque fluxion sanguine, normale, habituelle, susceptible de se rétablir, ou de causes accidentelles passagères. Les archives de l'art renferment des preuves multipliées qu'un grand nombre d'hommes livrés aux sciences et aux arts sont parvenus à un âge avancé avec des hémoptysies périodiques et presque habituelles. Grétry, qui a parcouru une assez longue carrière, avait une hémoptysie toutes les fois qu'il composait un opéra. Il guérissait par le repos de corps et d'esprit.

Le traitement de l'hémoptysie doit généralement être basé sur le caractère fondamental de la maladie ; il varie nécessairement selon que l'expectoration sanguine peut être rapportée à l'une des variétés dont nous avons parlé, et selon qu'elle est active, passive, symptomatique, etc. Le crachement de sang est-il récent, modéré, accidentel, des boissons mucilagineuses, délayantes, ou légèrement acidulées, telles que l'eau d'orge, de groseilles, le petit-lait nitré, les émulsions, le repos absolu, la position horizontale, suffisent pour le faire disparaître. Si l'hémorrhagie pulmonaire est plus intense, on aura recours à la saignée du bras, à l'application de sangsues à l'anus ou à la vulve (s'il y avait quelque suppression hémorrhoïdale ou menstruelle à combattre). Il ne faut pas répéter les saignées sans nécessité ; car, selon la remarque de Grétry, elles affaiblissent les vaisseaux et préparent à de nouvelles hémorrhagies. Il y a moins d'inconvénient à user des dérivatifs sur la peau des extrémités, comme les sinapismes, les vésicatoires volants, les pédiluves irritants ; l'eau froide, les boissons glacées, conviennent également quand la chaleur morbide et l'irritation hémorrhagique sont calmées. On doit recourir aussi aux astringents, aux styptiques, quand le crachement de sang résiste aux moyens déjà indiqués, et menace la vie du sujet ; ils conviennent également quand la maladie est passive et ancienne, aussi bien que les toniques, les eaux minérales ferrugineuses.

L'hémoptysie qui est un symptôme de la **phthisie pulmonaire** réclame un traitement spécial, dont il sera question en traitant de cette maladie.   Dr BRICHETEAU.

HÉMORRHAGIE ou **HÉMORRAGIE** (de αἷμα, sang, et ῥήγνυμι, rompre). On appelle hémorrhagie toute effusion notable de sang, soit qu'elle ait lieu par la blessure ou la rupture de quelques vaisseaux, soit qu'elle s'effectue par exhalation. Les pertes de sang qui sont du ressort de la chirurgie sont connues sous le nom d'*hémorrhagies traumatiques*. Celles qui sont du domaine de la médecine se divisent en *actives* et en *passives*; les unes et les autres peuvent être subdivisées en *constitutionnelles*, *accidentelles*, *supplémentaires*, *critiques* et *symptomatiques*. Les hémorrhagies actives coïncident ordinairement avec un état pléthorique, et dépendent souvent d'un excès de force ; elles s'observent par conséquent aux époques de la vie où ces deux états prédominent, la jeunesse et l'âge adulte ; les sujets faibles, d'une grande sensibilité, amis de la bonne chère, disposés à la colère, y sont pareillement très-exposés. Les causes accidentelles des hémorrhagies actives sont très-multipliées : telles sont la suppression de certains écoulements naturels, l'abus des aliments irritants, des alcooliques, l'omission d'une saignée habituelle, les exercices violents, la compression des différentes parties du corps, la chaleur excessive, la raréfaction de l'air, etc. Elles sont ordinairement précédées de chatouillement, de pesanteur, de chaleur, de battements dans la partie où le sang afflue, et de refroidissement des extrémités, etc. ; le pouls est plein, irrégulier, sautillant, dicrote, la face rouge, la peau chaude, etc. Les symptômes varient d'ailleurs en raison de la partie qui est le siége du mal et de l'intensité de la maladie.

Les hémorrhagies passives surviennent chez les individus radicalement faibles ou exténués par une longue maladie, un régime débilitant, des veilles prolongées, des évacuations excessives, etc. Les causes directes qui peuvent les produire sont des hémorrhagies actives précédentes, le scorbut et autres affections organiques qui jettent les vaisseaux capillaires dans un état d'atonie. Ces fluxions sanguines ne sont précédées d'aucune excitation, d'aucun signe de congestion locale : elles sont accompagnées de pâleur de la face, de faiblesse du pouls, de lipothymies, etc. Elles affectent plus particulièrement le système muqueux ; l'estomac, les poumons et surtout la vessie, en sont fréquemment atteints.

Quand les hémorrhagies ont lieu par exhalation, elles laissent généralement peu de traces de leur passage dans les organes qui en sont atteints, comme les membranes muqueuses, séreuses, synoviales ; on y rencontre quelquefois de la rougeur, un peu d'épaississement et d'engorgement dans les vaisseaux voisins. Si, au contraire, l'effusion sanguine est due à la section ou à la rupture d'un vaisseau veineux et artériel, en cherchant avec soin, on peut remonter à la source d'où jaillit le sang et en assigner la cause physique, soit pendant la vie, soit après la mort.

Le sang qui est le produit d'une hémorrhagie par exhalation est ordinairement rouge et artériel ; celui, au contraire, qui provient de la rupture des vaisseaux sanguins est plus communément veineux et d'une couleur noire ; il est bon de faire observer, toutefois, que le sang artériel épanché qui a séjourné dans les organes creux, comme l'estomac, l'intestin, prend une teinte noire, susceptible d'en imposer sur son origine. La quantité de sang que l'homme peut perdre dans une hémorrhagie est singulièrement variable : au rapport des auteurs, cette quantité est quelquefois énorme et au-dessus de toute probabilité. Tissot cite le cas d'une femme qui affirmait par serment avoir perdu dans une seule année 206 kilogrammes de sang. Haller mentionne dans son grand ouvrage sur la physiologie un homme qui dans cinq attaques rapprochées d'hématémèse rendit 7, 13, 15, 12 et 9 kilogrammes de sang. Sans garantir des faits si extraordinaires, qui n'ont peut-être pas été constatés d'une manière assez rigoureuse, on est autorisé à dire que le sang, se reproduisant avec une grande promptitude, peut, par suite de cette condition, fournir un aliment à de nombreuses et fortes hémorrhagies. Chaque âge a pour ainsi dire ses hémorrhagies : dans l'enfance et la jeunesse, ce sont des hémorrhagies nasales ; dans l'adolescence, le sang se porte en abondance et fait irruption dans la poitrine, d'où des hémoptysies fréquentes chez ceux qui avaient eu précédemment des épistaxis. Chez les adultes, les congestions sanguines s'effectuent du côté du ventre, et ont particulièrement leur siége dans les vaisseaux hémorrhoïdaux. Cette période de la vie est aussi exposée aux vomissements de sang, aux hématuries, etc. Enfin, dans la vieillesse, c'est le cerveau qui est le plus exposé aux fluxions sanguines, et l'apoplexie, à laquelle les vieillards sont si exposés, est une véritable hémorrhagie.

Tant qu'une hémorrhagie active est modérée, on peut l'abandonner à elle-même ; elle remédie souvent à la pléthore et débarrasse de congestions incommodes ; mais quand elle est trop forte, trop fréquente, il faut lui opposer des saignées révulsives, des irritants dérivatifs, la diète, le repos, des boissons froides, acidulées, etc. La connaissance des causes peut aussi indiquer des moyens spéciaux, comme le rétablissement d'un exutoire, d'une éruption ancienne, etc. Quant aux hémorrhagies passives, elles réclament surtout l'emploi des toniques, des styptiques, des analeptiques, des boissons et applications froides : la ligature et la compression sont les principaux moyens applicables à la cure des hémorrhagies traumatiques ou chirurgicales.

Dr Bricheteau.

HÉMORRHAGIE NASALE. *Voyez* Épistaxis.

HÉMORRHAGIE UTÉRINE. Cette sorte d'hémorrhagie est ainsi qualifiée parce que l'écoulement du sang s'effectue par l'utérus : c'est celle qu'on nomme vulgairement *perte de sang*, ou simplement *perte*. Quelques auteurs la divisent en *ménorrhagie* (de μήνες, les règles, et ῥήγνυμι, je romps), et en *métrorrhagie* (de μήτρα, matrice) : le premier nom s'applique quand l'hémorrhagie se manifeste aux époques menstruelles par un écoulement dont la mesure excède la quantité normale ; le second, dans toute autre circonstance. Néanmoins les symptômes et le traitement n'offrent pas de différence sensible.

Les causes de l'hémorrhagie utérine sont nombreuses ; on peut regarder comme telles toutes celles qui agissent d'une manière plus ou moins directe sur l'appareil génital, l'abus des stimulants, des emménagogues, les excès vénériens, etc. Cette hémorrhagie, qui a la plus grande tendance à se renouveler et à se perpétuer sous forme périodique, devient une cause d'épuisement si on n'y porte un prompt remède. Il faut d'abord reconnaître si elle n'est pas symptomatique de quelque affection de la matrice, et, dans le cas affirmatif, concentrer sur cette dernière tous les efforts de la thérapeutique. En est-il autrement, une saignée au bras, des boissons froides acidulées, une diète sévère, une atmosphère fraîche, suffisent ordinairement pour éviter de nouvelles apparitions de l'écoulement sanguin anormal.

Il faut cependant établir une distinction pour l'hémorrhagie utérine à laquelle sont sujettes les nouvelles accouchées. Elle provient de ce qu'après le décollement partiel ou complet du placenta, l'utérus, ne revenant pas sur lui-même, laisse béants les orifices vasculaires qui communiquaient avec les cotylédons placentaires. La vie s'échapperait avec le sang si l'on ne s'empressait de solliciter les contractions utérines, après avoir débarrassé l'utérus des corps étrangers qui pourraient empêcher son retour sur lui-même, et de comprimer l'aorte ventrale sur la saillie sacro-vertébrale pour arrêter l'afflux du sang vers le bassin. On doit d'autant plus se prémunir contre la possibilité de cette hémorrhagie, qu'elle peut avoir lieu dans la cavité même de l'utérus, son orifice se trouvant fermé et rien ne s'écoulant au dehors. Dans ce cas de *perte interne*, on devra agir comme nous venons de l'indiquer pour les pertes externes.

HÉMORRHOÏDES (de αἷμα, sang, et ῥέω, je coule).
Ce mot signifie écoulement de sang ; aussi a-t-il été longtemps synonyme d'*hémorrhagie* ; aujourd'hui l'usage a prévalu sur l'étymologie, et sous le nom d'*hémorrhoïdes* on ne désigne qu'un écoulement de sang par les vaisseaux du rectum, ou même des tumeurs situées vers l'extrémité de cet intestin, et sans aucune hémorrhagie.

Cette maladie est une des plus fréquentes, et souvent de plus incommodes, quoique ordinairement sans danger. Elle consiste essentiellement dans l'afflux d'une trop grande quantité de sang vers le rectum ; et les symptômes variés qu'elle présente ne sont que la suite et la conséquence de cette fluxion. Deux causes principales peuvent donc produire les hémorrhoïdes : la pléthore sanguine, et tout ce qui tend à attirer le sang vers le bassin. Cette affection est quelquefois héréditaire, mais bien rarement elle se montre dans la jeunesse et avant l'époque où le corps a pris tout son accroissement ; jusque là, le superflu des matériaux nutritifs, s'il en existe, trouve son emploi, et la nature n'a pas besoin de chercher un moyen de s'en débarrasser. Par une cause analogue, les femmes, pendant tout le temps de la menstruation, sont peu sujettes aux hémorrhoïdes ; elles n'en sont atteintes ordinairement qu'à leur âge critique. Il n'est pas rare pourtant de voir les hémorrhoïdes survenir pendant la grossesse, ou à la suite d'un accouchement laborieux. Les hémorrhoïdes, comme la goutte, sont une mataille des gens riches et bien nourris; ceux qui ne mangent que pour vivre en sont rarement atteints. Enfin, les lavements irritants, la constipation opiniâtre ou toute autre cause qui tend à attirer ou à retenir le sang vers le rectum, peuvent déterminer les hémorrhoïdes chez ceux qui sont disposés à cette maladie. L'usage habituel des sièges percés à leur centre est aussi une cause déterminante de cette affection.

Le premier symptôme des hémorrhoïdes est un sentiment de pesanteur douloureuse vers l'anus, quelquefois accompagné de frisson et de fièvre. Si la fluxion est légère, elle cesse bientôt d'elle-même, ou elle se termine par un écoulement de sang par l'anus; cette hémorrhagie est plus ou moins abondante, avec ou sans douleur; parfois le malade ne perd que quelques gouttes de sang, quelquefois il en perd plusieurs livres; tantôt ces crises se renouvellent tous les quinze jours, tantôt seulement au bout de plusieurs mois, ou même de plusieurs années.

L'afflux habituel du sang vers le rectum produit d'autres effets : les veines de cette partie se gonflent, se distendent, et forment des tumeurs, soit à l'intérieur de l'intestin, soit à l'extérieur et au pourtour de l'anus. On a donné aussi à ces tumeurs le nom d'*hémorrhoïdes*. Que la maladie soit caractérisée par ces tumeurs seules ou par une hémorrhagie, si elle est récente et accidentelle, on peut tenter de la guérir. Mais si la fluxion sanguine est devenue habituelle, surtout s'il s'est établi un écoulement périodique de sang, il faut presque toujours le respecter; c'est un effort salutaire de la nature, qui tend à rétablir l'équilibre de l'économie. Il en est de même si l'apparition des hémorrhoïdes coïncide avec la suppression d'une maladie grave : on doit bien se garder de troubler cet échange favorable. Pour le traitement des hémorrhoïdes, la principale indication est d'éloigner la cause de cette maladie : ainsi, un régime frugal, peu nourrissant, un exercice modéré, sont les moyens généraux à employer; quant aux moyens propres à combattre les symptômes, les bains frais, les lavements tièdes, sont les plus convenables. Mais il peut survenir des accidents qui nécessitent un traitement plus énergique. Il est rare que l'hémorrhagie devienne assez abondante pour compromettre la vie du malade; mais dans ce cas il faut avoir recours à tous les moyens convenables pour l'arrêter, tels que les topiques, les boissons froides, ou même la saignée. Si l'hémorrhagie dépend de l'érosion d'une ou de plusieurs tumeurs hémorrhoïdales, il faut les enlever, soit avec l'instrument tranchant, soit par la ligature. On pratique la même opération pour débarrasser les malades de tumeurs gênantes par leur volume ou leur position.

Un accident plus commun, c'est l'inflammation des hémorrhoïdes : la première indication dans ce cas est de faire rentrer les tumeurs internes qui font saillie au dehors, surtout si elles sont étranglées par le sphincter de l'anus. On combat ensuite l'inflammation au moyen du repos, des bains de siège et des bains entiers, des lavements froids, de la saignée; les sangsues peuvent aussi être employées, mais il ne faut pas les appliquer sur les tumeurs mêmes. Quelquefois les hémorrhoïdes sont le siège de douleurs extrêmement vives, sans inflammation ; on combat alors par l'application de substances froides ou calmantes, comme la glace, ou les sucs de laitue, de jusquiame, de morelle, etc. Ces divers accidents doivent être combattus dans le cas même où on juge nécessaire de ne pas guérir les hémorrhoïdes, et seulement ramener à leur état de simplicité; de même, les personnes atteintes d'hémorrhoïdes constitutionnelles doivent éviter toutes les causes qui pourraient aggraver leur maladie et donner lieu à ces accidents. S'il est nécessaire de rappeler les hémorrhoïdes supprimées trop à propos, on le fait au moyen de lavements irritants, de vapeurs irritantes dirigées vers l'anus, de pédiluves, et de sangsues posées en petit nombre à la fois, et à plusieurs reprises à l'extrémité du rectum.

HÉMORRHOÏDES (Herbe aux). *Voyez* ÉCLAIRE.
HÉMOSTATIQUE (de αἷμα, sang, et ἵσταμαι, s'arrêter), se dit des remèdes propres à arrêter les hémorrhagies.

HEMS ou **HOMS**. *Voyez* ÉMÈSE.

HEMSTERHUYS (TIBÉRIUS), célèbre philologue hollandais, né en 1685 à Groningue, d'un père médecin distingué, fut nommé en 1705 professeur de mathématiques et de philosophie à Amsterdam. Appelé en 1717 à la chaire de langue grecque de l'université de Francker, il ne vint l'occuper qu'en 1720. En 1740 il fut nommé professeur de langue grecque et d'histoire à Leyde, et mourut en cette ville, le 7 avril 1760. On le considère à bon droit comme le modèle le plus achevé du véritable humaniste. Il fit faire de notables progrès à l'étude de la langue grecque, en lui donnant le premier une base scientifique et en fondant une école particulière, dont Ruhncken et Valckenaër furent les élèves les plus distingués. Ses principaux travaux furent ses éditions de l'*Onomasticon* de Pollux (Amsterdam, 1706), des *Dialogues choisis* de Lucien (1708) et du *Plutus* d'Aristophane (1744). Ruhncken, dans son *Elogium Hemsterhusii* (Leyde 1768), a résumé avec autant de vérité que de talent la vie de cet estimable savant et les importants services rendus par lui à la littérature ancienne. On a aussi de Geel des *Anecdota Hemsterhusiana* (Leipzig, 1825), tirés des œuvres manuscrites de Hemsterhuys qu'on conserve dans la bibliothèque de Leyde.

[HEMSTERHUYS (FRANÇOIS), fils du précédent, né à Groningue, en 1720, remplissait à La Haye les fonctions de premier commis de la chancellerie d'État de la république des Provinces-unies des Pays-Bas lorsqu'il mourut, dans cette ville, en 1790. Il est le plus éminent, et à peu près le seul connu des écrivains hollandais qui se sont occupés de la philosophie morale. Il est le seul de son pays qui ait pris rang dans cette grande école de vrais philosophes remontant à Socrate et à Platon, et inspirant dans les deux derniers siècles Fénelon, J.-J. Rousseau et Bernardin de Saint-Pierre. A l'exemple de ces grands hommes, Hemsterhuys, par ses qualités et ses vertus, se montra l'homme de ses livres. Sa philosophie fut pratique, ainsi que l'est toujours plus ou moins celle qui part de l'âme. Toutes ses doctrines prenaient leur source, comme les enseignements de Platon, dans le sentiment de la Divinité et dans l'amour de ses semblables. Les théories sur les arts, dont il avait le goût, sont toujours éclairées par ses principes philosophiques. Voici les écrits par lesquels Hemsterhuys a révélé la tendance et le but de ses méditations : 1° *Lettre sur la sculpture* (1768); 2° *Lettre sur les désirs*; 3° *Lettre sur l'homme et ses rapports* (1773); 4° et 5° *Sophyclus, ou la philosophie*; *Aristée, ou de la Divinité*, dialogues (1778 et 1779); 6° *Alexis, ou de l'âge d'or*, (Riga, 1787); 7° *Simon, ou des facultés de l'âme*, imprimé après sa mort. L'auteur, dans ces quatre dialogues, a adopté la méthode d'exposition de Socrate et initié la manière de Platon. La *Lettre de Dioclès à Diotime* sur l'athéisme ne parut aussi qu'après sa mort. L'originalité, une raison aussi claire que profonde, la noblesse et la chaleur de l'âme caractérisent la philosophie et le talent de l'auteur. Il a fait à notre langue l'honneur de la choisir pour interprète de ses pensées. Il fut lié par l'amitié au philosophe allemand Jacobi. Jansen donna en 1792 une édition complète des œuvres de Hemsterhuys; les vignettes qui ornent cette édition sont pour la plupart de Hemsterhuys lui-même. M. Sylvain Van de Weyer a réimprimé une édition de ses œuvres philosophiques (2 vol. ; Louvain, 1825-1827).

AUBERT DU VITRY.]

HÉMUS ou **HOEMUS**. *Voyez* BALKAN.

HÉNAULT (CHARLES-JEAN-FRANÇOIS), né à Paris, en 1685, mort en 1770, était fils d'un fermier général. Entré dans la congrégation de l'Oratoire, il y perfectionna ses études littéraires, et fut encouragé par Massillon. Il s'adonna spécialement à la poésie légère, et, rentré dans le monde, concourut pour le prix de poésie. Son œuvre *L'Homme inutile* fut couronné par l'Académie Française, en 1707. Ce fut moins par ambition que pour se faire une position sociale qu'il acheta une charge de président de la première chambre des enquêtes au parlement de Paris. Il n'avait pas fait d'étude sérieuse des lois ; mais, doué d'une rare sagacité, il suppléait à la science qui lui manquait, par la rectitude de son jugement et par une consciencieuse appréciation des hommes et des choses. Il paraît qu'il tenait plus au titre qu'aux attributions actives de sa place ; car il n'était que président honoraire quand l'Académie française l'admit en remplacement du cardinal Dubois, en 1723. Il fut depuis reçu à l'Académie des Inscriptions. Jouissant d'une fortune assez considérable, un rang distingué dans la première cour souveraine de France et le double fauteuil académique lui assuraient une honorable indépendance. Il joignit à ces titres celui de surintendant de la maison de la reine.

Poëte courtisan, galant et spirituel, il s'était fait une vie toute de joie et de plaisir. « A ne consulter que ses productions légères, dit Palissot, le président Hénault n'était pas précisément un homme de lettres : c'était plutôt un homme de bonne compagnie, un amateur éclairé qui se plaisait avec les gens de lettres, aimait à leur être utile, qui les secondait quelquefois, et que sa fortune avait mis à portée d'obtenir d'eux et des gens du monde une grande considération : il méritait par son esprit, par ses mœurs douces, par l'aménité de son caractère. » Il était un des ornements de la cour que tenait à Sceaux la duchesse du Maine. C'est là qu'il se lia avec Voltaire, dont les flatteries lui créèrent une renommée au-dessus de son mérite. La aussi il connut Mme du Deffand, dont il fut d'abord l'amant, et dont il resta ensuite l'ami. Voltaire le peint dans ces vers :

Les femmes l'ont pris fort souvent
Pour un ignorant agréable ;
Les gens en *us* pour un savant,
Et le dieu joufflu de la table
Pour un connaisseur fin gourmand.

Si le président Hénault seconda quelques gens de lettres dans leurs œuvres, il s'en aida souvent lui-même pour les siennes. Sa réputation littéraire ne lui aurait pas survécu s'il n'eût fait que des madrigaux, des chansons, et quelques pièces de théâtre, aujourd'hui oubliées : son *Abrégé chronologique de l'histoire de France* a fait passer son nom à la postérité. Cet ouvrage toutefois ne peut plus soutenir l'épreuve d'une critique sérieuse et impartiale. Le succès en fut d'abord prodigieux : il obtint rapidement de nombreuses éditions, et fut traduit dans presque toutes les langues de l'Europe ; mais le plan, qui a depuis servi de modèle à tous les abréviateurs d'histoire, n'est pas de son invention : avant lui, l'abbé Boudot avait composé une histoire de France à l'usage de Louis XV, dans le même cadre et avec les mêmes divisions. On croit même que cet abbé fut le collaborateur du président Hénault.

Les travaux historiques exigent des études continuelles et sérieuses : la dissipation habituelle de Hénault ne s'accordait guère avec les exigences de ce genre de travail. On lui doit encore *François Ier*, grand drame historique en prose, dans lequel on est étonné de trouver des personnages inutiles, insignifiants, tandis qu'il omet ceux qui ont brillé en première ligne dans ces graves événements. On a imprimé à la suite une petite comédie, intitulée *Le Réveil d'Épiménide*. La première ne pouvait être représentée, la seconde ne l'a jamais été. Les poésies fugitives du président Hénault n'ont été imprimées qu'en partie. A l'âge de cinquante ans, il déclara qu'il allait être studieux et dévot. Il fit alors une confession générale. Il disait à ce sujet : « On n'est jamais si riche que quand on déménage. » On a aussi attribué au président Hénault une tragédie de Fuselier, intitulée : *Cornélie vestale*, et une autre de Caux, littérateur moins connu, intitulée *Marius*. L'*Abrégé chronologique* s'arrête au règne de Louis XIV. Il a été continué par des écrivains plus intéressés qu'instruits, qui ont ajouté des dates et des faits, sans songer à rectifier les nombreuses erreurs originelles. Le président Hénault avait laissé des mémoires, qui sont restés longtemps enfouis dans des papiers de famille. Ces Mémoires, dont l'authenticité n'est pas douteuse, ont été publiés en 1854, par son arrière-neveu M. le baron de Vigan. DUPEY (de l'Yonne).

HENDÉCAGONE ou **ENDÉCAGONE** (de ἕνδεκα, onze, et γωνία, angle), figure de onze angles ou de onze côtés. L'hendécagone p o l y g o n e peut être régulier ou irrégulier. Dans le premier cas, ses angles et ses côtés sont égaux. Sa surface s'obtient alors en multipliant par 11 celle d'un des triangles réguliers isocèles, que l'on obtient au moyen des rayons conduits du centre à chacun des angles. La surface de l'endécagone irrégulier résulte de la somme de celles de chacun des triangles dans lesquels ce polygone se partage au moyen de diagonales conduites d'un sommet aux autres. La somme de tous les angles de ce polygone, régulier ou irrégulier, est comme celle de toutes les figures de même genre, d'autant de fois 2 droits, qu'elles ont de côtés moins 2, c'est-à-dire ici de 9 fois 2 angles droits. BILLOT.

HENDÉCASYLLABE. C'est un vers de onze syllabes, comme l'indique la composition grecque du mot ἑνδεκα, onze, et συλλαβή, syllabe. Ce rhythme n'existe point en français. D'origine hellène, et accepté par les muses latines et italiennes, il est banni de la poésie française. Chez les poëtes latins, le vers *s a p h i q u e*, le vers *p h a l e u q u e*, dont Sapho et Phaleucus sont les inventeurs, sont des *hendécasyllabes*, Exemples tirés d'Horace :

Ludit lesbous pecus omne campo.
Jam te premit nox fabulæque manes.

Le premier de ces vers est *saphique* : il convient aux larges ou graves accords de la lyre ; le second est *phaleuque* : il se marie admirablement aux plaintes de l'élégie ; la mort du moineau de Lesbie est pleurée par le poëte sur ce rhythme. Catulle manie heureusement ce vers. L'épigramme comme l'entendaient les anciens, c'est-à-dire le plus souvent *inscription* ou *épitaphe*, adopta aussi ce rhythme.
  DENNE-BARON.

HENGIST et **HORSA**. Ainsi s'appelaient deux frères auxquels on attribue la fondation de la domination anglosaxonne dans la Grande-Bretagne. Selon la tradition anglo-saxonne, l'an 446 ou 449 de notre ère, Vortigern, roi des Bretons, sollicita les secours des Angles et des Saxons contre les Pictes et les Scots. En conséquence, Hengist et Horsa, qui descendaient d'Odin, s'embarquèrent avec trois vaisseaux, débarquèrent près d'Yrwins-Fleet, dans le comté de Kent, et triomphèrent des ennemis qui s'étaient déjà avancés jusqu'à Stamford, dans le Lincolnshire. Ils envoyèrent alors à leurs compatriotes des renseignements sur la fertilité du pays, sur la faiblesse des habitants : et ces récits déterminèrent bien vite une troupe nombreuse à venir les rejoindre, montée sur seize navires. Les nouveaux venus obtinrent des terres, les Jutes dans le pays de Kent, les Saxons dans celui d'Essex et de Wessex, les Angles au nord. Six ou sept ans après, Gortimer et Catigern, fils de Vortigern, conduisirent avec Ambrosius Aurelianus une grande armée contre les étrangers. L'an 455, à la bataille d'Ægelesthorp (aujourd'hui Ashford, non loin de Canterbury, dans le comté de Kent), Horsa tomba Catigern, tomba lui-même sous les coups de Gortimer, et Hengist fut contraint à la fuite. Mais l'année suivante, Hengist et son fils Æsc battirent à Crayford dans le comté de Kent les Bretons, et prirent à partir de ce moment le titre de rois de Kent. Dans deux autres batailles, livrées en 465 et 473, ils furent encore vainqueurs. Hengist mourut en 488, et son fils après lui régna vingt-quatre ans.

Selon la tradition bretonne, Hengist reçut en don l'île de Ruithina, située à l'embouchure de la Tamise, appelée Thanet par les Anglo-Saxons ; comme Didon avait fait à Carthage, il la mesura avec une peau de bœuf, puis il alla chercher des renforts dans sa patrie. Le roi chrétien Vortigern s'enflamma d'amour pour sa sœur, la belle et païenne Rovenna, et pour la posséder il donna le comté de Kent aux Saxons. Le peuple, mécontent, le déposa; son fils Vortimer vainquit les Saxons dans une bataille où Horsa perdit la vie, et à la suite de laquelle Hengist s'enfuit de la Bretagne. Il fut rappelé par Vortigern, redevenu roi après que Rovenna eut empoisonné son fils. Comme on lui refusait ses terres, trois cents Saxons et autant de Bretons furent chargés d'arranger l'affaire à l'amiable; mais lorsqu'ils se trouvèrent en présence, les premiers, à l'appel de Hengist, « nime de ure Seaxes », tirèrent les longs couteaux qu'ils tenaient cachés et égorgèrent les Bretons ; on ajoute que pour racheter sa liberté Vortimer dut en outre céder aux envahisseurs Sussex, Essex et Middlessex.

Cette tradition bretonne est tout à fait insoutenable; mais il y a tout lieu de croire aussi que le récit anglo-saxon est mythique dans tous ses détails, et l'existence même de Hengist et de Horsa reste soumise à des doutes légitimes.

HENNEQUIN (ANTOINE-LOUIS-MARIE), avocat à la cour royale de Paris, naquit à Monceaux, le 22 avril 1786. Son père avait exercé le notariat en Lorraine. Antoine Hennequin débuta au barreau en 1813, après avoir porté un moment les armes sous l'empire. Ses premiers plaidoyers l'élevèrent au-dessus du commun des gens de sa profession; bientôt une cause qu'il eut à plaider à l'audience solennelle de la cour royale le porta tout d'un coup au premier rang. Il s'agissait de savoir si l'enfant naturel, même non reconnu, qui rapportait la preuve de la maternité, pouvait non-seulement réclamer des aliments, mais encore exercer des droits successifs. Hennequin obtint un arrêt qui décida la question en faveur de l'enfant et qui fixa la jurisprudence, jusque alors opposée à cet acte de judicieuse charité. De ce moment les causes difficiles ou appelées à avoir du retentissement, notamment celles qui avaient trait à des questions d'État, furent confiées à son talent. Ainsi, il plaida avec éclat dans quelques affaires relatives aux lois nouvelles relatives aux émigrés qui modifiaient les lois révolutionnaires et qui froissaient divers intérêts. Il défendit ensuite, en 1818, Fiévée, traduit en police correctionnelle pour quelques passages de sa *Correspondance politique et administrative*, et développa à cette occasion les doctrines les plus saines en matière de liberté de la presse. Son plaidoyer en faveur des victimes de la tontine Lafarge et Mitouflet indique sa parfaite intelligence des grandes opérations financières, comme elle est une satire spirituelle et vive des prétendus sentiments philanthropiques des créateurs de cette fameuse caisse d'épargne.

Il fut l'avocat de M. Arnault fils, dans son procès contre l'énergumène royaliste Martainville, et celui du commandant Bérard, impliqué dans la conspiration du *Bazar français*, dont il fit prononcer l'acquittement par la cour des pairs, en 1821. C'est à son talent que la ville de Liége doit la possession du cœur de Grétry, que disputait aux magistrats de cette ville, le neveu de l'illustre compositeur. On loue son succès dans l'affaire des mineurs Duvoisin, qu'il défendit en 1824 contre une réclamation d'État qui menaçait les principes successifs des familles; mais on lui reproche dans le procès de Mlle Rebou, institutrice, contre M. Douglas-Loveday, Anglais, d'avoir contribué à assurer le triomphe de l'intolérance religieuse sur l'autorité paternelle. Il échoua dans l'affaire Roumage ; et si la société a droit de plaindre celui qui ne sut pas décliner la défense d'une cause qui ne pouvait être que les délicatesses de conscience de l'honnête homme doivent céder devant les devoirs despotiques, mais encore mal définis de l'avocat, elle a lieu de se féliciter que les fripons qui spéculaient sur un si base talent pour demeurer impunis aient été déçus dans leurs calculs et châtiés comme ils le méritaient.

En 1817 et 1821 Hennequin fut élu membre de la chambre de discipline de l'ordre des avocats, et il obtint la décoration de la Légion d'Honneur en 1825. Il faisait à cette époque, avec éclat, un cours de droit civil, ainsi que son confrère Berryer, à la *Société des Bonnes-Études*, espèce de cabinet de lecture-club, que la congrégation avait imaginé de monter dans le quartier latin, à l'effet de garantir la jeunesse des écoles du venin si contagieux des idées libérales. En 1830 il défendit le ministre Peyronnet devant la cour des pairs, et il assista de ses conseils la duchesse de Berry, lorsqu'elle fut arrêtée. Il fut nommé en 1834 député par un collége électoral du département du Nord, où, grâce au cens aristocratique, dominait l'opinion légitimiste, qui le regardait à bon droit comme l'un de ses plus habiles défenseurs. Cependant, il ne fit pas grande figure à la chambre : il n'était pas là sur son terrain. On l'a appelé l'émule de M. Berryer, c'était lui rendre justice sous un point de vue, et lui faire honneur sous un autre. Savant dans la jurisprudence et le droit logicien un peu subtil, doué d'une merveilleuse facilité d'élocution, élégant, vif et railleur, il eût fait partout et en tout temps un avocat de premier ordre, mais jamais il n'eut, comme M. Berryer, donné l'idé accomplie du véritable orateur politique. Il n'eut de commun avec ce dernier que la persévérance de sa foi au principe de la monarchie légitime et l'appui qu'il prêta jusqu'à sa mort à la cause royaliste. Il mourut en 1840. On a de lui des *Mémoires*, une *Dissertation sur le régime des hypothèques*, et un choix de ses plaidoyers.

[Il a laissé deux fils, *Victor* et *Amédée* HENNEQUIN. Ce dernier, né à Paris, le 3 août 1817, avocat à la cour impériale, s'est fait connaître par quelques brochures relatives aux questions de charité. Il a en outre publié un livre qui a été remarqué, *Le Communisme et la jeune Allemagne en Suisse* (Paris, 1850, in-12). Fidèle aux traditions paternelles, il n'a jamais cessé d'être attaché au parti légitimiste.

Son frère aîné, né à Paris le 2 juin 1816, avocat, représentant du peuple, après avoir été dans sa jeunesse congréganiste fervent, s'enrôla dans la secte phalanstèrienne, et devint l'un des rédacteurs de *La Phalange* et de *La Démocratie Pacifique*. Ses loisirs de journaliste lui permirent d'écrire quelques brochures, dans le but de vulgariser les idées et la doctrine de Charles Fourier En 6849 il fit paraître un livre intitulé *Les Amours au Phalanstère*, dans lequel il s'efforçait de remettre en lumière les conceptions les plus extravagantes et les plus immorales du maître. En 1850 il devint représentant du département de Saône-et-Loire à l'Assemblée législative. Le 2 décembre 1851 il fut arrêté, et remis en liberté le 16. L'honorabilité de Victor Hennequin témoigna toujours de sa parfaite bonne foi; et he la prouva-t-il pas de reste lorsque après la ruine irréparable de la *Démocratie Pacifique*, il acheva de se détraquer la cervelle en se fanatisant pour la folie du moment, les tables tournantes et le commerce des esprits? Il publia alors un livre à l'effet de révéler ses entretiens avec *l'âme de la terre*. Mais la *Papillonne* avait sans doute égaré l'écrivain; car après quelques pages d'introduction, où il donnait la recette pour évoquer cet universel esprit, abjurait en passant ses erreurs révolutionnaires et trouvait le moyen de flatter le gouvernement nouveau, il entrait dans une longue et diffuse explication de tout le système du Phalanstère. Victor Hennequin avait pompeusement annoncé à l'avance que tous les libraires de Paris se disputeraient son manuscrit, qu'il intitulait : *Sauvons le genre humain!* même il avait désigné l'intelligent éditeur qui devait acquérir ce livre, plus précieux que les livres sybillins; et il avait spécifié la somme qui lui serait payée, 30,000 francs, ni plus ni moins. Hélas! tout cela ne fut qu'un brillant mirage, une mystification que s'était permise *l'âme de la terre*, et le libraire n'en vint pas. L'auteur dut imprimer à ses frais; il n'en fit pas une plus mauvaise affaire, pour cela. Il y aura toujours des croyants. Quelque temps après le bruit courut que la raison de Mme Hennequin, sa femme, s'était abimée en poursuivant ces rêves trop profonds. Victor Hennequin mourut en décembre 1854. W.-A. DUCKETT.]

HENNIN. On nommait ainsi ces hauts bonnets que portaient les femmes au quatorzième siècle. Isabeau de Bavière en avait encouragé, sinon introduit, la mode en France. Les *hennins* affectaient diverses formes ; le plus souvent ils étaient cylindriques, et ressemblaient à de hauts pains Je sucre ; parfois, cependant, ils se partageaient en deux cornes, arrondies en croissant, à la façon des mitres hébraïques. Ces coiffures, qu'on faisait d'étoffes précieuses, de tissus d'or ou d'argent, devaient encadrer la figure, et, bouffant largement aux oreilles, ne pas laisser voir les cheveux. « Les dames et demoiselles, dit Juvénal des Ursins, menaient grands et excessifs états, et cornes merveilleuses, hautes et larges, et avaient de chacun côté, au lieu de bourlie, deux oreilles si larges, que quand elles voulaient passer par l'huis d'une chambre, il fallait qu'elles se tournassent de côté et se baissassent, ou elles n'auraient pu passer. » Du sommet des *hennins*, soit qu'ils fussent de forme droite, ou partagés en deux cornes, s'échappaient de longs voiles frangés d'or, qu'on appelait *cornettes*.

La mode des *hennins* dura longtemps : sous Charles VII et Louis XI les dames s'en paraient encore. Le curieux livre d'Olivier de La Marche, *Le Parement des dames*, qui fut écrit vers ce temps-là, nous parle encore

Des haults bonnets, queuvre-chiefs à bannières
Des haultes cornes pour dames triompher.

Mais bientôt pourtant la mode s'en perdit ; les *cornettes* disparurent les premières : on les enroula à la base du *hennin*, et elles y formèrent un énorme bourrelet, qui remplaça les larges oreilles qu'on y voyait auparavant. La haute forme de cette coiffure fut aussi abaissée et amoindrie d'année en année. L'énorme édifice qui depuis si longtemps surchargeait la tête des femmes cessa d'exister vers le règne de Louis XII. Le haut bonnet des Cauchoises est le seul souvenir qui nous soit resté de la mode des *hennins*.

Édouard FOURNIER.

HENNISSEMENT. *Voyez* CHEVAL, tome V, p. 417.

HENNUYER (JEAN LE), évêque de Lisieux. L'acte de tolérance et d'humanité qu'on lui attribue à l'égard des protestants proscrits n'est nullement fondé. Ce prélat, né à Saint-Quentin, vers 1497, mourut évêque de Lisieux, le 12 mars 1578. Lors de la Saint-Barthélemy, il était devenu, de directeur de conscience de Diane de Poitiers, directeur de celle de Catherine de Médicis et aumônier de France, fonctions qu'il conserva après les massacres et qu'il aurait certainement perdues s'il s'y fût opposé. En remontant à la source de cette erreur, on trouve que l'historien de la ville de Saint-Quentin, Héméré, en la consacrant le premier comme un fait authentique, a commis une bévue, sinon une fraude pieuse. Il a confondu la résistance de Le Hennuyer en 1562 aux ordres de la cour relativement aux protestants, qu'elle tolérait, avec une prétendue résistance en 1572, époque à laquelle Charles IX les dévoua à l'assassinat. Aucun historien normand, aucun chroniqueur du seizième siècle ne cite l'évêque de Lisieux comme sauveur des protestants, et ils ont raison. En effet, il s'oppasa violemment à l'exécution de l'édit de tolérance de janvier 1562 ; son épitaphe dans la cathédrale de Lisieux cite cet acte d'intolérance, et n'a garde de parler du prétendu acte d'humanité de 1572. Il résulte, au surplus, des registres municipaux de la ville dont il était évêque que sa place d'aumônier le retenait souvent à la cour, et qu'il ne la quitta pas en 1572, parce que durant toute cette année son collègue Amyot fut retenu à Auxerre, dont il faisait reconstruire ou réparer la cathédrale. Il est faux que le gouverneur de Lisieux en 1572 s'appelât Livarot : son nom, que l'on doit répéter avec respect, était Dulongchamp de Fumichon. Il ne demanda pas le sang des protestants, il les sauva généreusement, de concert avec les administrateurs de la ville, qui, pour les soustraire à la rage du fanatisme, les firent prudemment enfermer dans les prisons, jusqu'à ce que le zèle barbare de la cour et des catholiques se fût refroidi.

Louis Du Bois.

HÉNOCH. *Voyez* ÉNOCH.

HÉNOTICON ou **HÉNOTIQUE.** On donne ce nom à l'édit publié l'an 482 par l'empereur grec Léon l'Isaurien, pour mettre fin aux querelles des monophysites sur la question de savoir si le Christ n'a qu'une nature ou s'il en a deux. Comme dans cet édit le point en discussion était entièrement laissé de côté, il ne pouvait satisfaire aucun des deux partis ; aussi le pape Félix II, invoquant comme seules valables les décisions du concile de Chalcédoine tenu en 451, condamna l'*Hénoticon*, qui fut définitivement supprimé en 519, par l'empereur Justinien Ier.

HENRI. Sept rois ou empereurs d'Allemagne ont porté ce nom.

HENRI Ier, surnommé *l'Oiseleur*, le premier roi d'Allemagne de la maison de Saxe (919-936), né en 876, fils d'Othon l'Illustre, duc de Saxe, se trouvait à la chasse aux oiseaux dans une bruyère aux environs de Quedlinbourg, lorsque les députés de son beau-frère Conrad, roi de Germanie, et son élection à la royauté par les princes, évêques et seigneurs allemands, approuvée par les acclamations des députés des villes. C'est, dit-on, cette circonstance qui valut au nouveau monarque le surnom d'*Oiseleur*. Un surnom plus glorieux que lui donnent aussi les chroniqueurs contemporains, c'est celui de *Bâtisseur de villes*. Des victoires sur les Vandales, qu'il poursuivit jusque dans Brandebourg, enlevé d'assaut au cœur de l'hiver, et qu'il tailla en pièces sur les côtes de la Baltique ; sur les Danois, qui continuaient leurs déprédations sur les rives de l'Elbe ; sur Arnulf le Mauvais, duc de Bavière, qu'il réduisit ; sur les Dalmates, les Esclavons et les Bohêmes, qu'il subjugua ; la conquête de la Lorraine, deux fois enlevée à Charles le Simple et soumise à l'hommage ; ses triomphes sur les Hongrois, barbares encore, dont il massacra 80,000 à Mersebourg (920), et dont douze ans plus tard il extermina, sous les murs de la même ville, les hordes dévastatrices, lui valurent l'admiration de l'Empire. A sa mort, arrivée en 936, les villes qu'il avait fortifiées et dans lesquelles il avait créé une milice populaire ; les nobles, réunis par des sages lois, exaltés par l'institution des tournois, proclamèrent avec reconnaissance son fils Othon, élu du vivant même de son père (936). Les historiens du temps déplorèrent sa perte comme celle du *plus habile politique et du plus grand roi de l'Europe*.

HENRI II, *dit le Saint* ou *le Boiteux*, empereur d'Allemagne (1002-1024), le dernier empereur de la maison de Saxe, né en 972, était fils de Henri de Bavière et arrière-petit-fils de l'empereur Henri Ier. A la mort de son père, arrivée en 995, il hérita du duché de Bavière, et en 1001 il accompagna l'empereur Othon III à Rome, où par son intrépidité il conjura une insurrection des Romains. Othon étant venu à mourir en Italie, Henri s'empara des insignes de l'empire ; mais ce fut seulement grâce à l'influence du comte Lothaire de Brenbourg et de l'archevêque Willigis de Mayence, qu'il parvint à triompher de ses compétiteurs à la dignité de roi d'Allemagne, le margrave Eckard de Misnie et le duc Hermann de Souade. Le 2 juin de l'an 1002 il fut solennellement couronné à Mayence. En 1005, profitant des troubles de l'Italie, partagée entre le marquis d'Ivrée, Harduin, et l'archiduc de Milan Arnold, qui appelait les Allemands, il passa les Alpes, se fit placer la couronne de fer sur la tête par l'archevêque dans la cathédrale de Pavie, fait paisiblement son entrée dans Milan, et s'en retourne ensuite en Allemagne. Le roi de Pologne Bolaslas Ier s'était emparé de la Bohême et menaçait l'Empire : Henri couronne dans Prague le duc Jaromir, rejette Bolaslas, trois fois battu derrière l'Oder, et de force, par le traité de Bautzen (1018), à se reconnaître tributaire pour la Pologne et la Moravie, l'année même où l'indolent Rodolphe, roi de la Bourgogne transjurane, cédait à l'empereur tous ses droits sur son royaume d'Arles. En Italie, Harduin avait ressaisi le pouvoir : Henri le met en déroute sur les frontières du pays de Vérone, et se fait couronner, le 24 janvier 1014, dans Saint-Pierre de Rome, empereur d'Occident par le pape Benoît VIII. C'est à cette occasion que pour la première fois un souverain pontife fit don à l'empereur du globe d'or dit *globe impérial*, comme emblème de la souveraineté de l'empereur sur tout l'univers. En 1022, Henri II entreprit une troisième expédition en Italie, où le pape Benoît l'appela à son secours contre les Grecs de la basse Italie, qui cherchaient sans cesse à fortifier leur puissance dans ces contrées. L'empereur fut heureux dans cette campagne; il réunit les troupes des Normands à son armée, et, en sa qualité de défenseur du saint-siège, leur assura des établissements fixes dans la basse Italie.

Henri II eut en outre à soutenir de nombreuses luttes en Allemagne. Un frère de sa femme, Adalbero, s'établit de son autorité privée archevêque de Trèves. Il marcha contre lui, le tint assiégé pendant trois mois dans Trèves; puis, Adalbero ayant trouvé un refuge chez son frère le duc Henri de Bavière, il se vit entraîné à guerroyer aussi contre lui; et cette lutte eut pour résultat la déposition du duc de Bavière. Le comte de Flandre et le margrave de Misnie se révoltèrent; mais Henri II parvint également à les soumettre. Relativement à la Bourgogne, il signa avec le duc Rodolphe III, qui n'avait point d'enfants, une convention aux termes de laquelle ce pays, sur lequel les rois d'Allemagne avaient déjà précédemment exercé les droits de suzeraineté, ferait retour à l'Empire après la mort de Rodolphe III. De même il rétablit dans son autorité le pape Benoît VIII, qui, en 1014, avait été forcé par l'antipape Grégoire de se réfugier en Allemagne. Pour remercier l'empereur, Benoît VIII, en 1020, vint en Allemagne consacrer lui-même l'érection de l'évêché de Bamberg, fondation de ce prince, qui lui avait donné tout son patrimoine. Dévot, ami du clergé et grand partisan de la puissance ecclésiastique, Henri II mourut le 13 juillet 1024, à Grona, près de Goettingue, fut enterré à Bamberg, et canonisé par le pape Eugène III. Sa femme Cunégonde, qui dans sa vie conjugale avec lui n'enfreignit jamais, dit-on, le vœu de chasteté qu'elle avait fait, fonda divers monastères, et mourut en 1038, à Kaufungen, monastère fondé par elle dans le pays. Plus tard elle fut également canonisée.

HENRI III, surnommé *le Noir*, le second empereur d'Allemagne de la maison de Franconie, fils de l'empereur Conrad II et de Gisèle, né en 1017, à Osterbeck, dans la Gueldre, fut élu roi des Allemands dès l'an 1026, devint duc de Bavière en 1027, duc de Souabe et de Bourgogne en 1038, et succéda à son père dans la dignité d'empereur en 1039. Secondé par les plus heureuses dispositions naturelles et par une excellente éducation, rompu de bonne heure au métier des armes, d'un caractère hautain et sévère, il tint d'une main vigoureuse les rênes de l'État et de l'Église, et fut un des plus puissants souverains qu'ait eus l'Allemagne. Afin d'éviter les périls qui résultaient pour la couronne impériale de l'existence de ducs trop puissants, il conserva pour lui-même et sa famille les duchés tombés en déshérence, ou bien les attribua, comme la Bavière et la Carinthie, à des princes n'ayant par eux-mêmes aucun crédit dans ces États. Le duc de Saxe put seul lui tenir tête; mais il eut l'adresse de lui susciter les plus dangereux rivaux dans la personne du landgrave de Thuringe, Louis le Barbu, et dans celle de l'archevêque de Brême, Adalbert, duquel relevaient douze évêchés.

Longtemps il guerroya en Hongrie, où, entré à Stulhweissembourg, il se fit proclamer souverain par les états, remit la couronne sur la tête de Pierre, auquel ses sujets crevèrent les yeux, et finit par donner sa fille à l'usurpateur André. Ses regards se tournèrent alors vers Rome. Là, tour à tour les factions rivales des comtes de Tusculum et de Ptolémée faisaient et défaisaient les papes: on vit trois papes à la fois dans la ville sainte, Benoît IX à Saint-Pierre, l'archiprêtre Jean à Sainte-Marie Majeure, Sylvestre III au palais de Latran. Un quatrième vint, Grégoire VI, qui leur acheta à chacun leur tiers de papauté. Las d'un tel scandale, Henri III, au concile de Sutri, fait déposer cette tourbe impure, et met à leur place son chancelier, l'évêque de Bamberg, Suitberg, qui prit le nom de *Clément II*, et qui le couronna, le jour de Noël 1046. Après lui Léon IX, Victor II, envoyèrent humblement demander à l'empereur leur confirmation, et, d'accord avec eux, il entreprit la réforme des nombreux abus qui existaient dans l'Église et celle des mœurs du clergé. Ce qu'il avait surtout en vue, c'était d'affranchir l'autorité séculière du pouvoir spirituel; mais Hildebrand, qui remplissait alors les fonctions de cardinal-diacre, et qui devint plus tard pape, sous le nom de Grégoire VII, tout en paraissant favorable à la réalisation des projets de l'empereur, eut l'habileté et la finesse de les contrarier en dessous-mains et d'annuler peu à peu son influence sur l'élection des papes. Aussi, quand Henri III vint à mourir, en 1056, tout était-il préparé à l'avance pour que la puissance pontificale se trouvât complétement soustraite à l'influence des empereurs.

Avant de mourir, au château de Botfeld, dans le Harz, assez vraisemblablement des suites du poison, Henri III avait fait reconnaître, dès l'an 1154, en qualité de roi des Romains, Henri, le fils qu'il avait eu de sa seconde femme, Agnès de Poitiers, et qui lui succéda, sous le nom de Henri IV.

Henri III mourut trop tôt, non pas seulement pour avoir le temps de fonder une véritable puissance monarchique impériale et de constituer l'unité politique de l'Allemagne, mais aussi pour les sciences et les arts, qu'il aimait et protégeait. Il fonda un grand nombre d'écoles, de monastères, et y confia l'enseignement à des moines qu'il fit venir de Bretagne; il construisit les cathédrales de Worms, de Mayence et de Spire (c'est dans cette dernière qu'il fut enterré), et favorisa surtout les historiens et les musiciens.

HENRI IV, empereur d'Allemagne (de 1056 à 1706), fils du précédent, né en 1050, n'avait encore que cinq ans lorsqu'il perdit son père. Sa mère, Agnès, dut donc se charger tout à la fois de l'administration de l'empire et de son éducation. Quoique douée de grandes qualités et secondée dans la direction des affaires, d'abord par le pape Victor II et plus tard par l'évêque Henri d'Augsbourg, l'impératrice n'était nullement à la hauteur de la position difficile où elle se trouvait, forcée qu'elle était de lutter contre les prétentions hautaines des princes de l'Empire et contre les empiétements de la puissance pontificale. Dans l'espoir de réconcilier avec la maison impériale les princes allemands, que l'extrême sévérité de Henri III avait indisposés, elle rendit au duc Godefroid la Lorraine, dont ses époux l'avait dépouillé. Le comte Rodolphe de Rheinfelden, qui avait enlevé sa fille Mathilde, reçut en dot le duché de Souabe, en sorte qu'elle dédommageait le comte Berthold de Zaehringen, qui, de l'aveu même de son mari, avait de justes prétentions sur ce duché, en lui accordant le duché de Carinthie, et qu'elle octroyait au puissant et audacieux comte saxon Othon de Nordheim le duché de Bavière, devenu vacant. Mais tandis que l'impératrice faisait ces concessions à certains princes ou bien leur laissait prendre de l'influence sur la direction des affaires, d'autres, notamment l'archevêque Hannon de Cologne, se voyaient tenus à l'écart, s'en offensaient, et prenaient la résolution de s'emparer de la personne du jeune roi et par suite de l'administration de l'Empire. L'enlèvement de Henri eut lieu en 1062; ce prince fut conduit à Cologne, et Hannon se trouva ainsi le régulateur suprême de l'Empire, qui dès lors fut en proie à une confusion extrême et où l'on ne reconnut bientôt plus d'autres lois que la force et la violence.

Hannon excita bientôt des haines et des jalousies parmi les grands feudataires de l'Empire, et se vit forcé de partager avec l'archevêque Adalbert de Brême la direction des affaires de l'Empire et de l'éducation de Henri; mais il n'en résulta aucun avantage pour ce prince, dont le caractère ne souffrit pas moins des sévérités de Hannon que de l'indulgence extrême d'Adalbert. Henri ne tarda point à concevoir un vif attachement pour Adalbert, qui en profita pour inculquer au jeune roi ses propres idées sur l'autorité absolue et illimitée du trône, en même temps que ses haines particulières contre les princes de la maison de Saxe, et aussi pour s'emparer de la haute direction des affaires. A cet effet, il fit, en 1065, déclarer Henri IV, âgé alors de quatorze ans seulement, majeur, dans une assemblée solennelle de princes tenue à Worms, au retour de sa première campagne, qu'il était allé faire contre les Hongrois et pendant laquelle il l'avait accompagné. Mais fatigués du despotisme d'Adalbert, les princes de l'Empire ne tardèrent point à convoquer à Tribur une autre assemblée, dans laquelle il fut forcé de se séparer d'Adalbert, et de confier l'administration de l'Empire à Hannon. Pendant ce temps-là Henri se livrait à des excès de tous genres, qui compromirent sa vie. Pour le ramener à plus de régularité de mœurs, Hannon le décida à épouser Berthe, fille du margrave de Suse, avec laquelle il était depuis longtemps fiancé. Ce mariage n'eut pas plus tôt été conclu, que Henri songea à se débarrasser de sa femme, qu'il n'aimait point. Mais l'intervention du pape, auquel se joignirent contre toute attente les princes de l'Empire, réunis en diète à Worms, mit obstacle à la réalisation du projet de divorce qu'il avait conçu; et pour éviter de grands périls, il lui fallut se résigner à son sort. Pendant longtemps il cessa de voir la reine; mais plus tard une réconciliation eut lieu entre les deux époux, et une fois que Berthe lui eut donné un fils, en 1071, il la traita avec amour.

Accusé d'une tentative d'assassinat contre la personne de Henri IV, le duc Othon de Bavière avait été cité à comparaître devant une diète tenue à Mayence, et où il avait été condamné à prouver son innocence par le jugement de Dieu. Othon, redoutant que ce défi en champ clos ne cachât quelque trahison, au lieu de l'accepter, prit les armes, et fut aussitôt mis au ban de l'Empire, tandis que ses États étaient adjugés à son perfide et ambitieux gendre, Guelfe. Les dévastations auxquelles ses domaines étaient en proie ne cessèrent que lorsque, d'accord avec le duc Magnus de Saxe, il eut fait sa soumission au roi, qui enleva au duc Berthold de Zæhringen son duché de Carinthie, sous prétexte qu'il avait l'intention de se révolter. Henri, pour maintenir la Saxe dans le devoir, y fit construire un grand nombre de châteaux forts, et, d'après les conseils d'Adalbert, retint le duc Magnus prisonnier dans le Harz. Il en résulta pour lui une guerre dangereuse qu'il eut à soutenir contre la noblesse saxonne, et dans laquelle il courut les plus grands dangers. Elle se termina par l'humiliant traité conclu en 1074, à Goslar, en vertu duquel il dut démolir tous les châteaux dont il avait hérissé les points les plus importants de la Saxe. Les excès commis par les hommes d'armes des seigneurs saxons confédérés, qui pillèrent les églises et profanèrent même les tombes de ses ancêtres, déterminèrent Henri à s'adresser au pape pour la punition de ces sacrilèges; et le pape saisit avec empressement cette occasion d'intervenir aussi dans cette querelle. Il envoya des légats en Saxe pour la juger, et en même temps il fit notifier à l'empereur la défense de continuer davantage à pourvoir aux charges et bénéfices ecclésiastiques qui venaient à vaquer. Mais avant même que les légats eussent eu le temps d'arriver en Allemagne porteurs des injonctions pontificales, Henri avait repris les armes contre les seigneurs saxons, et le 15 juin 1075 il avait remporté sur eux, à la bataille de Hohenbourg, sur l'Unstrut, une victoire qui le rendit de nouveau maître de la Saxe. Pendant ce temps-là, ses conseillers continuaient à trafiquer des bénéfices ecclésiastiques. Henri n'ayant point mis aucun obstacle à ce désordre, et n'ayant point éloigné de son entourage les évêques qui avaient acheté la possession de leur siège, puis, au lieu de déférer à la sommation que lui adressa le pape d'avoir à venir à Rome se défendre des accusations dont il était l'objet, ayant répondu par la déposition du souverain pontife, qu'il fit proclamer dans une assemblée de prélats et d'abbés tenue à Worms, le 24 juin 1076, Grégoire VII lança contre lui les foudres de l'excommunication, le déclara déchu du droit de gouverner l'Empire, et délia ses sujets de leur serment de fidélité.

Henri IV se railla d'abord de ces menaces; mais quand il vit les princes du sud de l'Allemagne se détacher les uns après les autres de sa cause et s'allier avec les Saxons mécontents: quand une diète tenue à Tribur, en 1076, lui eut enlevé l'administration de l'Empire et l'eut sommé d'avoir, dans le délai d'une année, à se faire relever de l'anathème dont il avait été frappé, s'il ne voulait pas être déclaré déchu du trône, il s'empressa, malgré un hiver des plus rigoureux, de passer les Alpes au milieu de dangers et de fatigues sans nombre, accompagné seulement de sa femme et de son fils, et d'aller trouver le pape en Italie, au château de Canossa, chez la marquise Mathilde, par l'intervention de laquelle il fut admis à faire pénitence. Avant d'être relevé de l'excommunication, il dut se soumettre, en dépit d'un froid excessif, à marcher pendant trois jours pieds nus dans le château de Canossa et à y faire pénitence le corps couvert d'un cilice de crin.

La conduite altière du pape à l'égard de l'empereur produisit un effet tout autre que celui qu'il s'en était promis. Les seigneurs italiens, depuis longtemps mécontents de Grégoire, offrirent leur secours à Henri IV. Mais les princes allemands, à la nouvelle des humiliations que leur roi avait acceptées de la part du pape, avaient élu à sa place Rodolphe de Souabe, dans une assemblée tenue en 1077 à Forchheim et avec le concours des légats pontificaux. Henri s'en retourna donc en toute hâte en Allemagne, où, secondé particulièrement par les villes, il réunit une nombreuse armée. Les batailles de Melrichstadt (1078) et de Fladenheim (1080) ayant paru porter les derniers coups à sa fortune, Grégoire lança de nouveau contre lui les foudres de l'excommunication, et déclara qu'il avait perdu la couronne. Par représailles, Henri réunit à Brixen une assemblée d'évêques que Grégoire VII avait vivement irrités en leur imposant la règle du célibat, et dans laquelle on déposa le pape en même temps qu'on élevait à sa place l'archevêque Guibert de Ravenne, qui prit le nom de Clément III. Henri fut encore défait à la bataille livrée sur les rives de l'Elster, non loin de Merseburg (15 octobre 1080); mais son rival Rodolphe y perdit la vie. Alors, confiant l'administration de l'Empire à son gendre, Frédéric de Hohenstaufen, Henri se hâta de franchir les Alpes, en 1081, à la tête d'une armée, parcourut en vainqueur toute la haute Italie, et arriva sous les murs de Rome le jour de la Pentecôte. Ce ne fut toutefois que trois ans plus tard, en mars 1084, qu'il parvint à s'emparer de cette ville, où il se fit solennellement couronner avec sa femme par Clément III, le jour de Pâques, tandis que Grégoire VII se réfugiait dans le château de Saint-Ange.

Il fallut encore que Henri IV repartît pour l'Allemagne, où pendant son absence on avait élu roi, le 9 août 1081, le comte Hermann de Luxembourg; de sorte que la guerre civile y recommença de nouveau. Hermann, quoiqu'il eût vaincu Henri sous les murs de Wurtzbourg (11 août 1085), abdiqua volontairement en 1087, fatigué qu'il était de la dépendance dans laquelle prétendaient le retenir les princes qui l'avaient proclamé roi, et mourut à quelque temps de là. En 1089, Henri délivra également Henri d'un autre anti-roi, Eckbert, margrave de Misnie, rival bien plus dangereux, qui s'était fait roi lui-même et qui déjà l'avait battu dans diverses rencontres. Pendant ce temps là, Grégoire VII, lui aussi, était mort, le 25 mai 1085, à Salerne; et son parti avait successivement élu à sa place Victor III, puis Urbain II. Pour protéger Clément III en même temps maintenir sa prépondérance en Italie, Henri IV franchit une troisième fois les Alpes, en 1090. Déjà il s'était emparé de Mantoue, avait remporté diverses victoires sur Guelfe, époux de la comtesse Mathilde, lorsqu'il reçut la nouvelle que son fils Conrad avait passé à l'ennemi et s'était fait couronner roi à Monza; enfin, que le roi des Lombards venait se liguer contre lui avec Guelfe.

A ce moment Henri IV désespéra de sa fortune. Renfermé dans un château fort, il demeura longtemps inactif: mais en 1096 le courage lui revint, et il reprit la route de l'Allemagne, où par des concessions il rattacha de nouveau à sa cause plusieurs princes puissants, entre autres le duc Guelfe lui-même. Partout alors on l'accueillit avec des démonstrations de satisfaction. A sa demande, la diète réunie à Mayence déclara son fils aîné, Conrad, déchu du titre de roi, et désigna son fils cadet pour lui succéder. Vers le même temps, le pape Urbain étant venu à mourir (1099), de même que l'année suivante le pape Clément II (1100), puis après le parjure Conrad en Italie (1101), la paix et la tranquillité semblèrent vouloir se rétablir dans l'Empire. Mais presque aussitôt après son intronisation le pape Pascal III lança à son tour les foudres du Vatican contre Henri, qui persistait à disposer des siéges épiscopaux quand ils venaient à vaquer, en même temps que plusieurs seigneurs excitaient le roi Henri à usurper la couronne impériale de son frère. L'ambitieux jeune homme leva en effet l'étendard de la révolte contre son père, le força à prendre la fuite; puis, voyant que les villes mettaient une armée à la disposition de l'empereur, il réussit à le tromper par des paroles de paix, le fit prisonnier, et le força à abdiquer. L'empereur s'échappa, il est vrai, de sa prison, et put se réfugier à Liége, où de toutes parts les villes lui envoyèrent des secours; mais il mourut dans cette ville, le 7 août 1106. L'évêque de Liége lui fit de magnifiques funérailles; mais ses ennemis parvinrent à faire déterrer son cadavre, qu'on expédia à Spire, où il resta longtemps sans sépulture, dans une chapelle latérale non consacrée, en attendant qu'il eût été relevé de la peine de l'excommunication, formalité qui se fit encore attendre pendant cinq années.

Il n'y a pas d'empereur d'Allemagne qui ait eu une vie aussi merveilleusement mêlée de traverses que Henri IV, et dont le règne ait été aussi agité. Les défauts de ce prince étaient une trop grande irritabilité, une extrême légèreté et beaucoup d'ambition; il les rachetait par de brillantes qualités du cœur et de l'esprit. Fidèle en amitié, il se montra toujours reconnaissant envers ceux qui le défendirent sincèrement; il prenait en pitié les souffrances des pauvres et des malades, et était d'aussi bon conseil qu'habile à se tirer du danger. Doué d'une grande bravoure, il prit constamment contre l'aristocratie la défense des intérêts de la bourgeoisie, qui commençait alors à se constituer comme corps, et du peuple en général. Mais Henri IV manquait de lucidité d'esprit, d'instruction et de fermeté de caractère; aussi échoua-t-il dans ses efforts pour défendre la puissance impériale contre les insolentes usurpations des grands feudataires et contre les empiétements toujours croissants du pouvoir sacerdotal.

HENRI V, empereur d'Allemagne (de 1106 à 1125), fils du précédent, né en 1081, fut déclaré roi d'Allemagne en 1098, après la révolte de son frère aîné Conrad contre son père, et couronné en cette qualité à Mayence, en 1106, du vivant même de son père, à l'incitation du pape Pascal II. Dès l'année 1101 il avait cherché à usurper la couronne impériale de son père, tantôt employant dans ce but les moyens les plus perfides et les démonstrations les plus hypocrites, tantôt recourant ouvertement à la force des armes. Une fois qu'il eut atteint son but, il châtia cruellement ceux qui, comme le duc Henri de Lorraine et la ville de Cologne, étaient demeurés fidèles à son père. Pour rehausser la puissance royale, singulièrement abaissée dans l'esprit des peuples, il se hâta d'entreprendre des expéditions guerrières ayant pour but à l'intérieur de châtier les seigneurs insoumis, et à l'extérieur de subjuguer les princes de Pologne et de Bohême. Pascal II, qui dans le concile de Guastalla (1106) renouvela les protestations expresses du saint-siége contre le droit d'investiture sous s'arrogeaient les empereurs, fut ensuite invité par lui à assister à la diète de l'Empire convoquée à Augsbourg, afin de terminer à l'amiable ce différend survenu entre les deux puissances; et en même temps il accorda l'investiture épiscopale aux évêques de Verdun et d'Halberstadt par l'envoi de l'anneau et de la crosse. Puis quand Henri V crut son pouvoir consolidé, il essaya bien encore d'un arrangement amiable avec Pascal; mais ses négociations ayant échoué, il franchit les Alpes, en 1110, à la tête de 30,000 hommes.

Il se fit alors rendre hommage dans les plaines de Roncali par les villes de la haute Italie, s'avança jusqu'à Sutri, s'empara de Rome par voie de négociations; et le pape refusant toujours de le couronner tant qu'il n'aurait pas formellement renoncé au droit d'investiture, il le fit prisonnier avec le plus grand nombre des cardinaux. Ce ne fut qu'au bout de deux mois, et en s'engageant à s'abstenir de toute vengeance comme aussi d'user de l'excommunication et de lui contester le droit d'investiture, que Pascal obtint d'être remis en liberté; et alors il couronna l'empereur, le 9 avril 1111. Mais Henri V ne fut pas plus tôt retourné en Allemagne, que Pascal, agissant non pas directement mais par l'intermédiaire de l'archevêque Guido de Vienne dans un synode des évêques bourguignons, lança l'interdit contre l'empereur, qui s'en soucia alors d'autant moins qu'à ce moment il était engagé dans une guerre contre ses grands vassaux allemands. La victoire remportée sur les rebelles à Warenstædt par son général, le comte de Mansfeld, sembla avoir terminé la lutte; mais les princes des bords du Rhin et de la Westphalie la recommencèrent; et la fortune des armes se prononça alors contre l'empereur à la bataille de Welfesholze sur la Wipper (1113). Les archevêques de Cologne et de Mayence, ses ennemis, profitèrent de sa situation critique pour le frapper de nouveau d'excommunication. Cette circonstance et la mort de la marquise Mathilde, arrivée en 1115, des États et des domaines de laquelle il avait hâte d'aller prendre possession, le déterminèrent à confier la défense de l'Allemagne aux princes de la Souabe demeurés fidèles, et à partir de nouveau, en 1116, pour l'Italie, où, après avoir pris possession de l'héritage de Mathilde, il chassa Pascal II de Rome; et après la mort de ce pape, il fit élire pour lui succéder sur la chaire de saint Pierre Grégoire VIII, à qui toutefois le parti sacerdotal ne tarda point à opposer un rival dans la personne de Gélase II. Celui-ci lança de nouveau l'anathème contre l'empereur, puis se réfugia en France.

Pendant ce temps-là, la guerre civile avait continué en Allemagne avec des alternatives diverses, et déjà les princes menaçaient l'empereur de le déposer. En outre, à la mort de Gélase II, arrivée en 1119, le terrible archevêque de Vienne ayant été élu pape sous le nom de Calixte II, Henri accourut en Allemagne; et dans la diète tenue à Tribur il termina ses différends avec les princes en proclamant une amnistie et une paix générales, de même qu'en promettant qu'il renouvela encore à la diète de Wurtzbourg en 1121. De même, il se réconcilia, à la diète de Worms (1122), avec Calixte II, qui l'avait excommunié dans un concile tenu à Reims, au moyen d'un compromis par lequel il fut stipulé que l'élection des évêques aurait lieu par les chapitres de chaque siége vacant, que leur confirmation dépendrait du pape, et que l'empereur leur accorderait ensuite l'investiture séculière pour leurs biens et leurs droits temporels. Quelques guerres privées occupèrent ensuite l'empereur dans l'intérieur de l'Allemagne. Il mourut à Utrecht, le 23 mai 1125, et fut enterré à Spire. En lui s'éteignit la maison impériale de Franconie. Il eut pour successeur Lothaire le Saxon.

HENRI VI, empereur d'Allemagne (de 1191 à 1197), le troisième empereur de la maison des Hohenstaufen, fils de Frédéric Ier et de Béatrice de Bourgogne, né en 1165, fut dès l'année 1169 couronné en qualité de roi d'Allemagne, vécut d'abord en Italie, puis à partir de 1188, où son père se croisa pour la Palestine, en Allemagne, comme vicaire de l'Empire. Il lui fallut, en cette qualité, engager la lutte contre Henri le Lion; mais il ne tarda point à se trouver contraint d'entrer en accommodement avec lui, parce que la mort du roi Guillaume II, arrivée en 1191, rendit vacant le trône de Sicile, sur lequel il avait droit de succéder, du chef de son épouse Constance. A la nouvelle que les états de Sicile avaient proclamé roi Tancrède de

Lecca, fils naturel du frère de Constance, Henri VI accourut en Italie. Par sa politique prudente, il gagna les villes lombardes à ses intérêts, de même qu'en leur livrant traîtreusement la ville de Tusculum, dont ils abhorraient la population, il décida les Romains à se prononcer en sa faveur; puis il se fit couronner empereur aux fêtes de Pâques de l'année 1191, par le pape Clément III. Il conquit ensuite la Pouille et le royaume de Naples. La ville de Naples seule lui résista; et au bout de trois mois de siège la peste, qui se déclara dans son camp, le força à s'éloigner. Revenu en Allemagne, Henri recueillit le riche héritage qui lui était échu par suite de la mort du duc Guelfe IV, transmit à son frère Conrad le duché de Souabe, devenu vacant par la mort du duc Frédéric, et recommença la lutte contre Henri le Lion, jusqu'à ce que celui-ci se soumit. Pendant ce temps-là, en Italie, Tancrède était mort, en 1194, et son fils Guillaume III, pendant la minorité duquel sa mère, Sibylle, devait exercer la régence, avait été proclamé roi. Cette fois la ville de Naples lui ouvrit ses portes; Salerne fut prise d'assaut, et la Sicile elle-même se soumit, de sorte que le 30 novembre 1194 l'empereur put faire son entrée solennelle dans la ville de Palerme. Sibylle et Guillaume abdiquèrent alors la couronne de Sicile, moyennant la promesse qui leur fut faite qu'ils conserveraient le comté de Lecca et de Tarente. Mais bientôt, sous le prétexte d'une conspiration, Henri fit arrêter la reine Sibylle et sa fille, qui furent conduites au monastère de Hohenbourg, en Alsace, et mutiler Guillaume, à qui on creva en outre les yeux. Le cadavre même de Tancrède fut déterré et livré à d'indignes outrages, en même temps que tous les partisans de la maison des rois normands étaient arrêtés et mis à mort sans forme de procès. Ces cruelles violences répandirent il est vrai la plus vive désaffection dans toute la Sicile, et le pape lança les foudres de l'excommunication contre l'empereur; mais la terreur qu'inspirait la cruauté de Henri VI et les riches récompenses qu'il prodiguait à ses créatures consolidèrent si bien sa puissance, qu'il put sans aucune inquiétude songer à s'en retourner en Allemagne. Après avoir mis à terme aux différentes guerres privées qui y avaient surgi pendant son absence. Ensuite il s'occupa, aux diètes tenues à Worms et à Wurtzbourg, de réaliser la pensée qui avait constamment fait le fond de sa politique : celle de rendre pour toujours la couronne impériale héréditaire dans sa maison. Mais n'ayant réussi, par suite de l'opposition des princes ecclésiastiques et du pape, qu'à faire élire roi des Allemands son fils Frédéric, alors âgé de deux ans, il détermina un grand nombre de princes allemands à le suivre à une prétendue croisade. Avec leur aide il comprima de nouveaux troubles qui venaient d'éclater en Sicile, puis il fit raser les murs de Capoue et de Naples, mettre à mort un certain nombre de seigneurs du pays, et par ses menaces contraignit l'empereur grec Alexis, qui avait usurpé le trône de son frère Isaac, à lui payer un tribut considérable. Le véritable projet de Henri était de conquérir la Grèce, sur laquelle il prétendait avoir des droits, du chef d'Irène, fille d'Isaac et épouse de son frère Philippe. Mais il mourut à Messine, le 28 septembre 1197, des suites d'une boisson trop fraîche qu'il avait bue ou peut-être bien du poison, et fut enterré à Palerme. Les deux anti-empereurs, Philippe de Souabe et Othon IV, lui succédèrent.

HENRI VII, empereur d'Allemagne de 1308 à 1313, fils du comte Henri de Luxembourg, né en 1262, fut élu empereur le 29 novembre 1308, après la mort d'Albert Ier et un interrègne de sept mois. Il dut son élection, après le renom de ses vertus chevaleresques, à la faible importance politique de sa maison, et surtout à l'influence de l'archevêque de Mayence, Pierre Aischpalter. Dès le début de son règne, il se vit obligé de confisquer au duc de Carinthie la Bohême, que ce prince gouvernait de la manière la plus tyrannique ; et lors de la diète tenue à Spire en 1309, obéissant en cela au vœu des populations elles-mêmes, il conféra ce royaume, comme fief de l'Empire devenu vacant, à son fils Jean, qui s'y maria avec la princesse bohême Élisabeth. Mettant habilement à profit les circonstances, il obtint pour cela le consentement des seigneurs autrichiens qui pouvaient faire valoir de justes droits sur ce pays. Ensuite il mit au ban de l'Empire les assassins du roi Albert Ier ainsi que le féroce comte Éberhard de Wurtemberg, puis il passa avec une armée en Italie, pays que déchiraient les luttes des guelfes et des gibelins, et s'efforça d'y rétablir la tranquillité. Mais comme il ne se prononçait pour aucun parti et qu'il lui fallut bientôt exiger des impôts pour pouvoir acquitter la solde de ses troupes, les villes lombardes se fatiguèrent de lui, et se confédérèrent pour organiser une insurrection générale, qu'il eut beaucoup de peine à réprimer et qu'il châtia sévèrement. Pendant que l'Allemagne était dévastée par l'horrible guerre privée que Waldemar de Brandebourg avait à soutenir contre Frédéric le Mordu et contre Éberhard de Wurtemberg, Henri VII accourait à Rome, et le 29 juin 1312 il s'y fit solennellement couronner comme empereur, après s'être déjà fait mettre l'année précédente à Milan la couronne de fer sur la tête. Toutefois, il n'avait pu s'emparer que d'une partie seulement de la ville de Rome, attendu que le roi Robert de Naples, jaloux de l'extension que la puissance impériale prenait en Italie, occupait l'autre avec une armée supérieure en forces à la sienne. Plusieurs villes puissantes lui ayant envoyé des troupes et le roi de Sicile ayant conclu un traité d'alliance avec lui, l'empereur, en dépit des représentations et des menaces du pape, mit le roi Robert au ban de l'Empire; et il se préparait à aller assiéger Naples par terre et par mer, quand une mort rapide l'enleva, le 24 août 1313, à Buonconvento. On l'attribue à un empoisonnement commis par un moine dominicain, au moyen d'une hostie. Outre son fils Jean, il laissait deux filles, dont l'une, Béatrice, avait épousé le roi Charles Robert de Hongrie, et l'autre le roi de France Charles IV. Il eut pour successeurs Louis IV le Bavarois et l'anti-roi le duc d'Autriche.

HENRI. Quatre rois de France ont porté ce nom.

HENRI Ier, roi de France, était petit-fils de Hugues Capet. Son père Robert avait associé au trône, en 1017, Hugues, son fils aîné ; mais ce jeune prince mourut huit ans après, et Robert appela près de lui et fit sacrer à Reims, en 1027, Henri, son second fils, alors duc de Bourgogne. Cependant, après la mort de ce monarque, la reine Constance, fille du comte d'Arles, princesse ambitieuse, voulut placer sur le trône Robert, frère puîné de Henri. Eudes, comte de Champagne et Baudouin IV, comte de Flandre, prirent les armes pour le jeune Robert, ou plutôt pour Constance. Mais le duc de Normandie fournit des troupes à Henri, et ce prince, vainqueur dans trois combats, ne se vengea qu'en accordant la paix à son frère et à la reine Constance. Il fit plus : il donna à Robert le duché de Bourgogne. Une nouvelle ligue s'étant formée contre Henri, à l'instigation de la reine, il défit, en 1037, Étienne et Thibaud, fils du comte de Champagne, auxquels Constance avait livré la ville de Sens. Plus tard, il assista contre des rebelles Guillaume le Conquérant. Uni avec ce prince, il lui livra bataille près de Caen, dans le lieu nommé le Val-des-Dunes : combattant à la tête des premiers escadrons, il fut renversé de son cheval par la lance d'un gentilhomme du Cotentin. Il se releva sans blessure, pressa les ennemis, et remporta sur eux une victoire complète. Vers ce temps, le roi eut une entrevue avec l'empereur, et renouvela l'alliance qui existait entre les deux couronnes. Le pape Léon IX vint à cette époque en France, et tint un concile à Reims.

Cependant, la Normandie renfermait de nombreux éléments de discorde, et Henri voulut en profiter. Il entra dans cette province à la tête d'une armée; mais, en 1058, il fut vaincu, sur la chaussée de Wareville, entre les villes de Caen et de Lisieux. Peu de temps après, il rassembla près de lui les prélats et les grands du royaume, et leur fit reconnaître pour son successeur Philippe, son fils aîné, âgé de huit ans. Ce jeune prince fut sacré et couronné dans la basilique de Saint-Denis, le 22 mai 1060. Henri ne survécut guère à cette cérémonie. Il avait régné environ quatre années avec son père, et seul un peu moins de trente ans. Il avait épousé Anna, fille de Joroslaus, roi des Moscovites. Il en eut trois fils : Philippe, premier du nom, qui lui succéda, Robert, mort encore enfant, et Hugues, qui épousa la fille et héritière d'Herbert, comte de Vermandois. Il laissa ses fils sous la tutelle de Baudouin, comte de Flandre, qui avait épousé sa sœur, et il lui confia la régence du royaume.

HENRI II, fils de François 1ᵉʳ et de Claude de France, naquit à Saint-Germain-en-Laye, le 31 mars 1518. Il porta d'abord le titre de duc d'Orléans, puis celui de dauphin, après la mort de son frère aîné. En 1537, n'étant encore âgé que de dix-neuf ans, il fut mis à la tête d'une armée qui força le Pas-de-Suze, prit Veillane, Rivoli, Montcallier et quelques autres villes, et battit plusieurs fois l'armée impériale, conduite par le marquis du Guast. Moins heureux cinq ans après, il assiégea, sans pouvoir s'en rendre maître, la capitale du comté de Roussillon. En 1542 il soumit le château d'Emérick et la ville de Maubeuge. En 1547, la mort de François 1ᵉʳ lui donna la couronne de France.

« Lorsque ce grand roi monta sur le trône, il s'y trouva fort heureux, dit Brantôme, car son royaume estoit franc de toute guerre avec l'empereur; quant au roi d'Angleterre, il ne s'en donnoit trop de peine, pour estre foible ennemy au prix de l'empereur. Il trouva force finances dans le trésor du Louvre, qu'on estimoit à trois ou quatre millions, sans le revenu de l'année, qu'il voyoit venir devant lui et hors de toutes dettes. » En 1549 il déclara la guerre à l'Angleterre; ses armes furent heureuses, et Boulogne, qu'il demandait, lui fut rendue. Octave Farnèse, duc de Parme, ayant réclamé la protection de la France contre Charles-Quint, la guerre se ralluma entre celui-ci et Henri II. L'île de Corse et la ville de Sienne se placèrent aussi sous l'égide du roi. « Les Allemands lui en firent de mesme, qui, mal menez sous le joug de l'empereur, crièrent à l'aide de ce grand roi, et pour ce, dressa cette grande armée, et entreprit ce beau voyage d'Allemagne, qu'on nommoit ainsi, ou il prit, en allant, Metz, Toul et Verdun fort heureusement, et force autres villes impériales ; il ne voulut pourtant retenir pour lui que les trois premières, et donna jusqu'à Strasbourg, faisant boire à tous les chevaux de son armée dans la rivière du Rhin, à leur aise, en signe de triomphe : mais ce tout, n'ayant trouvé jusque là que tout courtois et honneste passager sans aucune résistance; et là, Strasbourg, voulant passer par-delà, sceut que les Allemands s'estoient accordez avec l'empereur, qui, fin et cault appréhendant la furie d'un jeune et vaillant roi venir à lui avec une si grande armée délibérée, entendit plutost à un accord qu'à un hasard de guerre. » Les Allemands appelèrent alors Henri II le *protecteur de l'Empire et le restaurateur de la liberté germanique*. Ce fut alors aussi que Charles-Quint vint attaquer Metz avec cent mille hommes; mais le duc François de Guise était là avec l'élite de la noblesse française, et le 1ᵉʳ janvier 1553 l'ennemi dut lever honteusement le siège. Hesdin et Térouanne furent prises, il est vrai, par les Impériaux ; mais des conquêtes plus importantes et plus glorieuses dédommagèrent amplement de ces pertes. La bataille de Renti, gagnée par Henri et par le duc de Guise (13 août 1554), ajouta de nouveaux trophées à ceux que ce prince avait recueillis. Il cherchait à rencontrer Charles-Quint dans la mêlée : il voulait combattre corps à corps avec lui, mais il le chercha en vain.

Les succès obtenus par la France portèrent Charles-Quint à conclure un accommodement : les deux puissances, épuisées d'argent et d'hommes, firent, en 1556, une trêve pour cinq années, que rompit bientôt Philippe II. Après avoir contracté une étroite alliance avec l'Angleterre, il entra dans la Picardie à la tête d'une armée de quarante mille hommes. La bataille de Saint-Quentin fut perdue. Plus tard, le duc de Guise rappela, par sa valeur, la fortune et la victoire. Calais fut enlevé à l'Angleterre, qui possédait cette place depuis plus de deux siècles. Guisnes, Thionville et quelques autres forteresses furent aussi soumises par ce héros. Mais une bataille perdue à Gravelines fit signer le traité de Câteau-Cambrésis.

Quelque temps après, le roi passa de vie à trépas. C'était le 29 juin 1559 : un superbe tournoi avait lieu dans la grande rue Saint-Antoine, vis-à-vis les Tournelles et la Bastille. Toute la cour était présente. « La male fortune fait que sur le soir, le tournoy quasi fini, le roi voulut encore rompre une lance, et pour ce manda au comte de Montgomery qu'il comparût et se mit en lice. Il le refusa tout à plat, et y trouva toutes les excuses qu'il y put; mais le roi, fasché de ses responses, lui manda expressément qu'il le vouloit : la royne luy manda et pria par deux fois qu'il ne courust plus pour l'amour d'elle, et que c'estoit assez ; rien pour cela, mais lui manda qu'il ne couroit que ceste lance pour l'amour d'elle... Et pour ce, l'autre ayant comparu en lice, il le courust, ou fust que le malheur général le voulust ainsi, ou son destin l'y poussant, il fut atteint du contre-coup par la teste dans l'œil, où lui demeura un grand éclat de la lance, dont aussitost il chancela sur la lice : aussitost fut relevé de ses escuyers qui estoient là, et M. de Montmorency vint à lui, qui le trouva fort blessé. Toutefois, il ne perdit cœur et ne s'estonna point, et soudain pardonna audit comte de Montgomery. » Il mourut onze jours après sa blessure.

Henri était né doux, humain, généreux; ses favoris, sa maîtresse et surtout les discordes religieuses portèrent quelquefois atteinte à son caractère. On lui reproche d'avoir rendu des édits rigoureux contre les huguenots au début de son règne. N'étant encore que duc d'Orléans, il avait épousé Catherine de Médicis. Cette union fut heureuse, malgré le caractère léger de Henri et son amour excessif pour Diane de Poitiers, duchesse de Valentinois. La cour de Henri II se distingua surtout par sa politesse et par la protection noblement accordée aux savants et aux poëtes. Turnèbe, Daurat et Muret, Ronsard, Du Bellay, Baïf et Passerat, Desportes, Garnier, Jodelle, et beaucoup d'autres, jetèrent alors un grand éclat. Germain Pilon, Jean Goujon, Bullant, Philibert de Lorme et le grand Bachelier, couvrirent la France de chefs-d'œuvre.

Alexandre du Mège.

HENRI III, roi de France et de Pologne, fut le troisième fils de Henri II. Il naquit à Fontainebleau, le 19 décembre 1551. Nommé d'abord *Édouard-Alexandre* par le roi d'Angleterre et par celui de Navarre, la reine Catherine de Médicis, sa mère, dont il était le favori, lui fit prendre dans la suite le nom de Henri. Actif et brave, il signala les premières années de sa jeunesse par des exploits qui lui valurent l'admiration de l'Europe. Nommé lieutenant général du royaume en 1567, il gagna, deux ans après, les batailles de Jarnac et de Moncontour. A la Saint-Barthélemy, on l'accuse d'avoir, comme son frère Charles IX, fait feu sur les protestants; mais cela n'est point prouvé. Il était en train d'assiéger La Rochelle, lorsqu'il reçut la nouvelle de son élection au trône de Pologne, à laquelle sa mère avait travaillé avec ardeur; aussitôt ayant hâte d'en finir avec la ville huguenote, il donna plusieurs assauts coup sur coup, perdit énormément de monde, conclut enfin un accommodement qui ne fut pas à son avantage, et partit pour Cracovie.

Cependant en succédant à Sigismond-Auguste, il eut soin de demander au parlement des lettres de naturalité, par lesquelles il conservait ses droits au trône. Nommé roi par le sénat le 9 mai 1573, il fut couronné à Cracovie le 15 février 1574. Mais il ne tarda pas à être désenchanté de cette couronne, qu'il avait été si impatient de saisir. L'humeur indépendante des nobles polonais se scandalisait fort de ses manières efféminées et des caresses qu'il faisait publiquement à ses favoris, à ceux qu'on appelait ses *mignons*; pour lui, il se trouvait dépaysé comme dans un camp de barbares. Le 30 mai de la même année, Charles IX mourut. Henri, que les droits de sa naissance appelaient à la succession de son frère, voulut aller la recueillir. Mais il craignit que son départ n'éprouvât des obstacles, et ce fut pendant la nuit, et comme un coupable qui s'évade d'une prison, que Henri sortit de sa capitale. Il laissait la Pologne à la veille d'une guerre avec le Turc; mais que lui importait? Il passa sur les terres d'Autriche et à Venise, où il s'arrêta trois mois dans les plaisirs du carnaval, malgré les instances de sa mère. Enfin, il arriva en France. L'anniversaire de son couronnement comme roi de Pologne fut célébré à Reims par son sacre et son couronnement comme roi de France. Bientôt la guerre se renouvela contre les réformés, et Henri gagna sur eux la bataille de Dormans. Après la prise de La Fère, il conclut, en 1580, à Nérac, une paix avantageuse surtout pour ses sujets rebelles. Ceux-ci en témoignèrent une grande joie. Les catholiques, alarmés, purent craindre pour leurs croyances et pour leurs libertés.

Toulouse vit alors se former dans ses murs *la Sainte Union*, ou *la Ligue*, qui bientôt opposa une vive résistance aux projets des huguenots, et dont la politique des princes lorrains se servit avec une grande habileté. Henri III ne comprit pas d'abord l'importance de cette association. Mêlant aux exercices d'une dévotion excessive et mal entendue un vif amour pour les plaisirs, il s'imaginait pouvoir concilier les pratiques extérieures du culte avec la plus honteuse dépravation; mais les processions où il se montrait en public, revêtu du costume de pénitent, ne lui faisaient pas pardonner par la foule les orgies du Louvre.

Trois partis divisaient alors la France. Celui du roi était de beaucoup le moins nombreux, et ne se composait que d'hommes sans énergie et n'obéissant à aucune impulsion commune. Le parti protestant, plus redoutable par sa composition que par le nombre, car il n'était formé que de gens de guerre, vaillants soldats éprouvés par vingt ans de combats, reconnaissait pour chef Henri de Bourbon, roi de Navarre. Enfin, la troisième faction, la plus nombreuse, la plus puissante, la plus populaire, avait à sa tête un homme d'un génie élevé, une grande renommée militaire, le duc de Guise. Il y avait aussi dans le parti catholique une fraction modérée qu'on appelait les *politiques*, et qui penchaient dès lors vers le roi de Navarre.

Les états généraux de 1576, obéissant à l'influence toute-puissante de la Ligue et s'étant montrés mal disposés pour l'autorité royale, Henri crut faire un coup de maître en se déclarant lui-même chef de la Ligue. Mais cette démarche ne lui conquit pas un cœur. On était trop indigné de la dissolution de ses mignons, Quélus, Maugiron, Saint-Mégrin, Joyeuse, aux noces duquel le roi dépensa des sommes énormes. Sa politique d'ailleurs n'avait rien d'arrêté; précédemment il avait encore rapproché les Guise du trône en épousant Louise de Vaudemont, leur cousine. La popularité du chef de la maison de Lorraine croissait toujours; en vain Henri armait contre les protestants, il en était réduit à craindre leur ruine, qui eût laissé sans contre-poids l'autre parti, plus redoutable encore pour lui. En même temps il laissait échapper toutes les occasions qui s'offraient de redonner quelque éclat à son nom. Par peur de l'Espagne, il n'osait accepter les Pays-Bas, qui s'offraient à lui; l'expédition de son frère le duc d'Anjou, qu'il soutint sous main, avorta.

Cependant, son frère étant mort, le roi de Navarre était devenu l'héritier de la couronne. La Ligue redoublait ses efforts; mais Joyeuse fut vaincu à Coutras. On s'en prit au roi de ses revers; les pamphlets les plus injurieux circulaient contre lui, et on faisait en public des prédications furibondes contre sa personne. Les Parisiens, tournant en dérision ses momeries monastiques, effacèrent les mots: *Manet ultima cœlo*, placés autour de sa devise, formée de trois couronnes, pour y substituer ceux-ci: *Manet ultima claustro*. Ils rappelèrent dans la capitale le duc de Guise, et celui-ci revint malgré les ordres du roi. Henri craignit pour son autorité; il fit entrer des troupes. Le peuple se souleva (15 mai 1588), se retrancha dans les rues, chassa les soldats, désarma les Suisses, défit les gardes, et poussa ses barricades jusqu'à cinquante pas du Louvre. Prêt à être assiégé dans son palais, Henri III s'enfuit à Chartres. Le duc de Guise l'aurait arrêté s'il l'avait voulu, et le petit-fils de François Ier aurait été renfermé dans un cloître, comme ces princes de la première race qui ne devaient plus remonter sur le trône. La sœur du *Balafré*, la duchesse de Montpensier, montrait déjà les ciseaux d'or qui en devaient faire un moine. Guise ne le fit pas, et, quoi qu'on en ait dit, il ne paraît pas que les projets de ce grand capitaine fussent de s'emparer alors par la violence de l'autorité souveraine. Echappé au plus grand péril, Henri III sentit toute sa faiblesse, et ne songea plus qu'à se débarrasser de l'homme qui n'avait pas encore voulu lui ravir la couronne. Il l'attira dans un piège infâme. Un traité d'union et d'oubli fut conclu, en même temps que d'Épernon conseillait au roi de faire assassiner le duc, et que d'Ornano offrait d'apporter aux pieds de son maître la tête de ce grand homme. Henri appelle Guise près de lui, à Blois, où les états généraux du royaume étaient assemblés. Une réconciliation solennelle a lieu. Tous deux vont s'incliner devant le même autel, tous deux y communient ensemble. Le roi assure Guise de son affection..., et il le fait massacrer à la porte de son cabinet. Le cardinal de Guise, son frère, est de même égorgé... Ces meurtres perdirent Henri III. Rome lança contre lui les foudres de l'excommunication. Soixante-dix docteurs réunis en Sorbonne le déclarèrent déchu du trône, et délièrent ses sujets du serment de fidélité. Le plus grand nombre des catholiques ne put plus voir en lui qu'un tyran sanguinaire, et le sang des Lorrains, lâchement répandu, fortifia la Ligue. Le duc de Mayenne, troisième frère des princes assassinés, prit le commandement; toutes les grandes villes le reconnurent comme *lieutenant général du royaume*, et une partie du parlement commença l'instruction d'un procès contre Henri de Valois, *ci-devant roi de France et de Pologne*.

Frappé d'aveuglement, ce monarque n'avait pas même une armée alors qu'il se rendit coupable de l'attentat de Blois. Quelques jours après, il envoya Sancy négocier en Suisse pour obtenir des soldats; il écrivait au duc de Mayenne pour le prier d'oublier le meurtre de ses frères; le cardinal de Joyeuse présentait au pape un mémoire pour justifier cet horrible coup d'État. Repoussé de toutes parts, il a recours aux protestants. Il s'unit au roi de Navarre. Tous deux s'acheminent vers Paris; ils assiègent cette grande ville; mais Henri III ne devait plus rentrer dans le somptueux palais du Louvre. Un vil assassinat lui en avait fermé les portes, un autre assassinat devait terminer sa vie. Il est frappé par Jacques Clément, et il meurt à Saint-Cloud, le 2 août 1589. En lui finit la branche des Valois.

HENRI IV, roi de France et de Navarre, fils d'Antoine de Bourbon, duc de Vendôme, et de Jeanne d'Albret, naquit à Pau, le 13 janvier 1583. Le vieux roi de Navarre, Henri d'Albret, assistait aux couches de sa fille, et il vit, comme il le disait, *sa brebis enfanter un lion*. Il prit le nouveau-né, lui frotta les lèvres avec une gousse d'ail, et lui fit boire dans sa coupe d'or quelques gouttes de vin de Jurançon. Placé dans une écaille de tortue, le jeune Henri fut porté à l'église pour être baptisé; puis son grand-père le mit entre les mains d'une simple paysanne, choisie pour lui servir de nourrice, et qui l'emporta dans sa maison, à Billières. Il fut élevé ensuite au château de Coaraze, sous les yeux de la baronne de Miossens, sa gouvernante, avec toute la rudesse et toute la liberté des autres enfants des montagnes. Henri fut instruit dans les principes de la réforme, mais il n'imita point le fanatisme ardent de sa mère. En 1561 elle le conduisit à Paris, où elle le fit entrer au collége de Navarre *pour y estre institué ez bonnes lettres*, comme on disait alors. Il avait pour précepteur le sire de La Gaucherie, zélé calviniste, homme savant et de mœurs austères.

N'étant encore qu'au berceau, Henri fut nommé *prince de Viane*; on lui donna peu de temps après le titre de *duc de Beaumont*, plus tard celui de *prince de Navarre*. Après la mort de son père, en 1562, ses sujets et ses vassaux ne l'appelèrent plus, en langue du pays, que *nouste Henric* (notre Henri) et le *réyot* (le petit roi), termes affectueux, par lesquels le peuple des Landes le désigne encore aujourd'hui. Les traditions locales ont conservé la mémoire de quelques-unes des aventures dont il fut le héros. Qui n'a pas entendu raconter l'histoire de Fleurette, la douce et naïve fille du jardinier du château, sa passion pour Henri et sa fin déplorable? Combien d'autres nous rappellent dans les Landes les amours légères de Henri! Tantôt c'est la dame d'Allons, tantôt la gentille boulangère de la Halle de Nérac, puis c'est la femme du charbonnier de la forêt de Durance. D'Ayelles, jeune Grecque, échappée aux désastres de sa patrie et venue à la cour de Navarre, à la suite de Catherine, paraît presqu'au même rang avec la belle Lerebours, et Fosseuse, qui n'aima le héros béarnais que pour lui-même, et qui par son caractère se fit pardonner par Marguerite elle-même l'amour que lui portait son époux. A cette longue série le paysan landais joint encore et la jeune Tignonville, et surtout cette Corisaude d'Andouins (*voyez* GRAMONT), qui levait des corps de troupes pour le service de Henri, et que celui-ci chérissait à ce point qu'uno fois il quitta son armée, cantonnée dans les environs de Paris, pour venir la voir, à Hagetmau, en Gascogne, s'exposant au danger d'être pris par les ligueurs. De ces passions vives, mais peu durables, il est de nombreuses traces dans les petites provinces où ce prince régna d'abord, et le sang de Henri de Bourbon a formé, comme celui de son aïeul maternel, plusieurs familles, presque toutes éteintes aujourd'hui.

La mort d'Antoine de Bourbon avait donné à Henri le titre de *roi de Navarre*; mais ce n'était à peu près qu'un titre. Ce prince ne possédait qu'une partie du Labourd, le pays de Soule, la souveraineté de Béarn, et les comtés de Bigorre, d'Armagnac et de Foix. C'était sans doute un seigneur puissant; mais ce n'était pas encore ce que nous sommes habitués à nommer un roi. D'ailleurs, dans ses domaines, deux croyances opposées partageaient la population en deux factions ennemies, et celle qui par la communion était la sienne combattait l'autre par les armes et par l'autorité déposée en ses mains. A peine adolescent, il quitta la délicieuse résidence de Nérac, pour avoir l'avantage de se former à l'art de la guerre sous les yeux de l'amiral Coligny. Il fit ses premières armes à Arnai-le-Duc. Dès ses premières campagnes Henri montra son génie pour la guerre. Il remarqua les fautes que firent les généraux à la grande escarmouche de Loudun et aux batailles de Jarnac et de Moncontour. En 1572 Jeanne et son fils vinrent à Paris. Le mariage de Henri avec Marguerite de Valois, sœur de Charles IX, avait été proposé. La mort de Jeanne, arrivée le 10 juin, ne retarda que de quelque temps cette union. Elle fut célébrée avec pompe, et ne précéda que de six mois l'épouvantable catastrophe de la Saint-Barthélemy. Henri, enfermé dans le Louvre, voyait les cris des siens, qu'on égorgeait dans toute la ville; on délibérait pendant ce temps dans les appartements du roi son beau-frère si on le livrerait également aux assassins. Au matin Charles IX le fit amener devant lui avec le prince de Condé, son cousin : « La mort ou la messe! » leur cria-t-il avec fureur. Ils choisirent le dernier parti. Retenu prisonnier et soumis à une surveillance sévère, sa bonne humeur adoucit sa position. Il se lia étroitement avec tous les jeunes princes de la cour, surtout avec les Guise, » au point, dit d'Aubigné, qu'ils couchaient, buvaient et mangeaient ensemble; faisait de même leurs mascarades, ballets et carrousels ». Il ne sut pas résister aux piéges galants que lui tendait la politique de Catherine de Médicis, et s'abandonna tout entier aux voluptés de cette cour corrompue. Après avoir été forcé de suivre le duc d'Anjou au siége de La Rochelle, il parvint trois ans plus tard à recouvrer sa liberté. Il profita d'une partie de chasse pour s'évader avec d'Aubigné et quelques autres gentilshommes mécontents de la cour. Presque aussitôt il rétracta son abjuration, et rentra dans l'Église protestante, qu'il n'avait abandonnée, disait-il, « que par terreur de la mort ».

Le roi de Navarre revint alors à Nérac, où il tint sa cour. Il avait précédemment résidé à Agen; mais la licence de ses fêtes lui avait fait perdre cette ville. Peu de temps après, on reprit les armes. L'Agénais et la Gascogne furent le théâtre d'une guerre acharnée, dans laquelle Henri ne fut pas toujours heureux. Plus tard, le voyage de la reine mère dans la Guienne ne suspendit pas entièrement les hostilités. Elle ramena Marguerite au roi de Navarre, son mari, et ce fut alors qu'eut lieu à Nérac une de ces fêtes dont le seizième siècle seul fournit des exemples. Cependant les deux reines nouaient mille intrigues autour de lui, Catherine lui débauchait ses meilleurs capitaines au moyen de ses femmes et de ses filles d'honneur. Une nuit, au milieu d'un bal, le Béarnais apprit qu'il avait ainsi perdu une place. Aussitôt il quitte la partie, monte en selle, et s'en va prendre une autre ville en compensation. La valeur, les talents militaires de Henri jetèrent surtout un grand éclat à Cahors. Ces actions plus ou moins importantes remplirent l'intervalle entre la prise de cette ville et la bataille de Coutras, où Henri de Bourbon se couvrit de gloire, et qui aurait eu les suites les plus avantageuses si ce prince avait su profiter de cette victoire. Mais l'armée allemande qui accourait au secours des protestants fut détruite par le duc de Guise. La journée des barricades, la fuite de Henri III à Chartres, l'assassinat des princes lorrains, la déchéance du roi prononcée par la Ligue, vinrent coup sur coup grandir l'importance du roi de Navarre. Sa générosité, qui pouvait d'ailleurs en cette occasion se concilier avec la plus saine politique, lui fit prendre le parti le plus digne de lui, celui d'offrir ses bras et son armée au roi de France. Duplessis-Mornay termina cette négociation. Le traité de Plessis-lès-Tours fut signé par les deux rois, et Henri de Bourbon près du pont de La Motte. « Courage, Monseigneur! dit Henri de Bourbon, en embrassant Henri III! courage! deux *Henri* valent mieux qu'un *Carolus* ! » Par ce dernier mot, le roi de Navarre désignait Charles de Mayenne, troisième frère du duc de Guise, alors chef de la Ligue, et nommé par elle lieutenant général du royaume. L'alliance des deux princes ramena bientôt la fortune, et leur armée vint assiéger Paris. Cette grande ville n'aurait pu résister longtemps; mais la mort de Henri III (2 août 1589), en assurant la couronne à son légitime successeur, amena cependant des difficultés qui sauvèrent la capitale.

Les droits de Henri IV à la couronne étaient évidents : il descendait en ligne directe de Louis IX, père de Robert, comte de Clermont. Ils ne se contestait pas; mais ils étaient annulés, dans l'esprit des catholiques zélés, et par l'excommunication qu'avait fulminée contre lui le pontife et par l'attachement de ce prince au calvinisme. La Ligue reconnut pour roi, sous le nom de Charles X, le cardinal de Bourbon, oncle de Henri IV. La justice fut rendue en son nom et les monnaies portèrent son effigie.

Des divisions avaient éclaté dans l'armée royale; la plupart des catholiques se refusaient à reconnaître un prince hérétique. Henri pour les apaiser promit de se faire instruire dans la religion catholique; mais cette promesse eut aussitôt pour effet de lui retirer le cœur de beaucoup de ses compagnons d'armes. Henri leva le siége de Paris, et entra dans la Normandie, où il fortifia Dieppe comme un lieu de résistance et de retraite. A la tête de plus de trente mille hommes, Mayenne vint l'attaquer à Arques, où le roi n'avait pu en réunir que trois mille. Cependant, ce prince fut vainqueur. Avec un corps auxiliaire anglais qui venait de débarquer, il osa reprendre l'offensive et marcher sur Paris; mais il ne put occuper que les faubourgs; et le manque d'argent le contraignit bientôt de se retirer. C'était la faiblesse de ses ressources qui empêchait toujours ses opérations; son armée, qu'il ne payait presque pas, lui fondait à chaque instant entre les mains. En s'éloignant de Paris, il reprit le chemin de la Normandie, et s'occupa de la réduire. Quarante places étaient déjà en son pouvoir; et il assiégeait Dreux, quand Mayenne lui offrit la bataille, à Ivry. On connaît le résultat de cette journée. Paris fut encore assiégé. Une horrible famine ne put obliger les habitants à se rendre. Ce fut alors que cet excellent prince, tempérant par sa bonté la rigueur des ordres donnés pour le blocus, permit souvent à ses officiers de faire entrer des provisions dans la ville : « J'aimerais quasi mieux, disait-il, n'avoir point de Paris que de l'avoir tout ruiné par la mort de tant de personnes. » Ayant rencontré deux paysans qu'on allait pendre pour avoir essayé de faire entrer du pain dans la ville, il leur pardonna, leur donna tout l'argent qu'il avait sur lui, et les renvoya en leur disant : « Allez en paix, mes enfants; le Béarnais est pauvre : s'il en avait davantage, il vous le donnerait. » Le duc de Parme, Alexandre Farnèse, l'un des plus grands généraux de cette époque, s'étant approché de Paris, Henri en leva le siége, marcha vers l'armée de ce prince, dans le dessein de lui livrer bataille; mais celui-ci, content d'avoir jeté des troupes et des vivres dans la capitale et d'avoir pris Lagny et Corbeil sous les yeux mêmes du roi, revint dans les Pays-Bas, d'où il était parti.

La guerre continua, sans amener aucun événement décisif. Henri était découragé ; les divisions éclataient derechef autour de lui; le prestige que lui avaient acquis ses victoires se dissipait ; la ligue se ranimait. Dans ces circonstances critiques, il fit un nouvel appel aux souverains protestants de l'Europe. Il obtint des renforts, et vint investir Rouen. Ce siége fut remarquable, par la belle défense des habitants et de la garnison. Le duc de Parme parut de nouveau, et Henri, qui voulait combattre, quitta son camp. Mais l'habile général espagnol, ayant délivré cette ville, allait s'en retourner encore en Flandre, sans avoir accepté la bataille, lorsque le roi, voulant reconnaître l'armée étrangère, la suivit étant peu accompagné. Il la vit défiler près d'Aumale, et put compter le nombre de ses bataillons et de ses escadrons. Entraîné par sa fougue naturelle, Henri chargea cette armée n'ayant avec lui qu'une centaine d'hommes. Mais il fut chargé à son tour, et avec tant d'impétuosité qu'il put se retirer à la hâte. Il reçut même une blessure, et peu s'en fallut que par sa mort ou sa captivité la France ne devint la proie de l'étranger. Ce fut peu de jours après que Duplessis-Mornay lui écrivit, avec autant de justesse que d'à-propos : « Sire, vous avez assez fait l'Alexandre, il est temps que vous soyez Auguste. C'est à nous à mourir pour vous, et c'est là notre gloire ; à vous, sire, de vivre pour la France, et j'ose vous dire que ce vous est un devoir. » Henri reconnut qu'il avait trop donné en cette occasion à un courage irréfléchi, et n'appela plus cette affaire que *l'erreur d'Aumale*. Il faut laisser à l'histoire le soin de décrire les savantes manœuvres des deux chefs d'armée autour de Rouen et de Caudebec et la manière dont le duc de Parme, que l'on croyait près d'être forcé dans son camp, rendit vaines toutes les espérances de Henri IV. Cependant les dissensions intestines des ligueurs avançaient plus les affaires du roi que plusieurs victoires. Mayenne venait de briser la faction des Seize. Les catholiques modérés inclinaient de plus en plus vers Henri, mais ils demandaient sa conversion. Ce fut Sully lui-même qui engagea son maître à désarmer la Ligue en rentrant dans le sein de l'Église. L'abjuration solennelle que ce prince fit à Saint-Denis (15 juillet 1593) remplit la France d'allégresse. Le peuple, les ligueurs, qui méconnaissaient son pouvoir qu'à cause de la religion qu'il professait, virent alors en lui

leur monarque légitime. Brissac, gouverneur de Paris, lui en livra les portes. L'occupation se fit la nuit sans bruit; les habitants n'apprirent l'événement que le lendemain, en s'éveillant. On laissa sortir la garnison espagnole : « Allez, messieurs, leur dit Henri, qui était allé à la Porte Saint-Denis les voir défiler; allez, mais n'y revenez plus ! » Le soir il faisait au Louvre sa partie de cartes avec la duchesse de Montpensier. Dans la suite, Mayenne lui-même fit la paix et de bonne foi. Des gouverneurs de province exigèrent et reçurent le prix de leur soumission. Les grandes villes rentrèrent successivement dans l'obéissance. Le roi n'eut bientôt plus d'autres ennemis que les Espagnols, déjà vaincus par lui à Fontaine-Française. L'espace nous manque pour raconter tous ces siéges, ces combats où Henri se montra toujours grand capitaine, et toujours, encore, aussi courageux que ces *aventuriers de guerre* dont parlent nos vieux auteurs français.

Le traité de Vervins (2 mai 1598) rendit la paix au royaume, et bientôt Henri put s'occuper, avec cette persévérance qui était l'un des attributs de son caractère, et avec cet amour constant pour le bien de ses peuples qu'il puisait dans son cœur, des réformes intérieures, de la répression des abus, de tout ce qui pouvait agrandir et honorer la France. Son avénement à la couronne ajoutait à nos provinces le Béarn et la basse Navarre, qui formaient des souverainetés indépendantes; le duché d'Albret, les comtés d'Astorac, d'Armagnac, de Lille, de Bigorre et de Foix, ainsi que quelques autres domaines considérables.

Bientôt Sully, nommé surintendant des finances, entreprit une réforme générale de sous abus. Le bail des cinq grandes fermes fut élevé et les sous-fermes supprimées ; les aliénations que le roi avait consenties de ses revenus furent rachetées avantageusement; le fonds des tailles fut diminué par le retrait d'un grand nombre d'exemptions illégales; les créances et les pensions furent vérifiées, l'intérêt de plusieurs sortes de rentes réduit. L'agriculture reçut de grands encouragements ; de tous cotés on s'occupa de défricher les terres incultes. En peu de temps l'abondance devint telle que l'on permit l'exportation des blés. Grâce à cette prospérité, le taux de l'intérêt tomba du denier dix au denier seize. En même temps le goût particulier du roi favorisait l'industrie. Des manufactures de soieries étaient fondées à Lyon et à Paris, des tapissiers flamands s'installaient aux Gobelins. Henri, qui avait le goût des grandes constructions, embellissait Paris. Le Louvre était continué, et la galerie qui le joint aux Tuileries commencée; le Pont-Neuf se terminait rapidement, en même temps que se bâtissaient la place et la rue Dauphine, ainsi que l'hôpital Saint-Louis. Le canal de Briare, qui joint la Seine à la Loire, date encore de ce règne.

L'édit de Nantes avait pacifié le royaume; mais une féodalité nouvelle avait surgi en France pendant la guerre civile. Calvinistes et ligueurs avaient reçu, qui pour les services rendus, qui pour prix d'une tardive soumission, gouvernements et places fortes. Guise tenait la Provence, Joyeuse et Danville se partageaient le Languedoc ; Biron avait pour sa part la Bourgogne ; d'Épernon l'Angoumois, la Saintonge, le Limousin, les Trois Évêchés, Lesdiguières en Dauphiné, Caumont la Force en Béarn; les Rohan en Bretagne, les La Trémoïlle en Poitou étaient presque indépendants. Henri lutta de toutes ses forces contre ces grands seigneurs turbulents, et il leur opposa sa volonté, énergique à la fois et prudente. La mort de Biron les frappa d'épouvante.

Une rapide campagne contre le duc de Savoie valut à la France la Bresse et le Bugey. Peu de temps après, le roi épousa Marie de Médicis. Il avait depuis longtemps répudié sa première femme, Marguerite de Valois; et il avait un moment songé à épouser la belle Gabrielle d'Estrées, sa maîtresse, ainsi que Henriette d'Entragues, marquise de Verneuil, qui lui succéda.

La conjuration du comte d'Auvergne et de d'Entragues réveilla les ressentiments de Henri IV contre l'Espagne, qui les avait soutenus. Il se rappela Jean Châtel et toutes les tentatives d'assassinat dirigées contre lui. Sully d'ailleurs le poussait à la guerre, et lui amassait l'argent nécessaire pour la faire avec vigueur. Henri IV voulait réduire Philippe III à la monarchie d'Espagne et des Indes. Il avait conçu un vaste et singulier plan. Il voulait constituer l'Europe en république chrétienne et lui assurer une paix perpétuelle. Les Turcs devaient être rejetés en Asie, ainsi que le czar de Russie s'il refusait d'entrer dans la fédération.

Quoi qu'il en soit, Henri IV continuait avec un redoublement d'activité ses préparatifs contre l'Espagne. En 1608 il conclut avec la république des Pays-Bas un traité d'alliance offensive et défensive. Venise, le pape, plusieurs princes d'Allemagne étaient disposés à soutenir ses projets. Cent mille hommes étaient prêts à combattre ; cinquante millions étaient en réserve ; d'immenses approvisionnements avaient été faits. Le roi devait se mettre en personne à la tête de l'armée destinée à agir contre les Pays-Bas espagnols ; Lesdiguières devait commander l'armée d'Italie ; la succession de Clèves et de Juliers devait servir de prétexte pour commencer la guerre. Le poignard de Ravaillac arrêta Henri IV au moment où il allait mettre à exécution ces vastes projets.

Les jésuites, qu'il avait chassés, il avait été obligé de les rappeler pour ne pas donner d'ombrage aux catholiques ; et il leur avait fait bâtir le collège de La Flèche. Il était agité de sinistres pressentiments, parce qu'on l'accusait de ne faire la guerre que pour secourir les protestants d'Allemagne. Il avait une extrême impatience de quitter Paris ; mais la reine voulut absolument être sacrée avant son départ. Le jeudi 13 mai la reine fut en effet sacrée et couronnée à Saint-Denis, par le cardinal de Joyeuse. Le lendemain, vendredi, 14 mai 1610, en sortant du Louvre pour aller visiter Sully, qui était indisposé, il mourut, frappé de plusieurs coups de couteau dans la rue de la Ferronnerie.

L'histoire blâmera toujours les mœurs trop légères de ce prince. Aux noms de ses maîtresses avouées dont nous avons parlé, il faut ajouter ceux de l'abbesse de Vernon, de la comtesse de Moret, de Charlotte des Essarts, de la Bourdoisière, de madame de Boinville, femme d'un conseiller au parlement, de mademoiselle Claire, et même de femmes galantes et de viles prostituées, comme la Glandée et beaucoup d'autres. Du reste, il n'était pas grand *abatteur de bois*, à ce que prétend Talleman des Réaux. Il aimait les lettres, et il les protégea toujours ; on lui attribue même deux compositions pleines de grâce : une épître en vers, adressée à Gabrielle ; une chanson et des couplets à la marquise de Verneuil.

Châteaubriand a tracé d'Henri IV le portrait suivant : « Le Béarnais était ingrat et gascon, oubliant beaucoup, tenant peu... Mais sa bravoure, son esprit, ses mots heureux, sontaient oratoire, ses malheurs, ses aventures le feront éternellement vivre. Sa fin tragique n'a pas peu contribué à sa renommée ; disparaître à propos de la vie est une condition de la gloire. »

HENRI. L'Angleterre a eu huit rois de ce nom.

HENRI Ier, dit *Beau-Clerc*, parce qu'il protégeait les sciences et les lettres, roi d'Angleterre (1100-1135), était le troisième fils de Guillaume le Conquérant. Il naquit en 1068, et lors de la mort de son frère aîné, Guillaume le Roux, tué par accident à la chasse (1100), il profita de l'absence de son frère Robert, qui était alors à la croisade et le précédant dans l'ordre de naissance, pour s'emparer du trône, et s'en maintint en possession, grâce à la politique habile par laquelle il sut gagner le clergé, de même qu'il se concilia les sympathies populaires en abolissant la tyrannique loi du *couvrefeu* et en épousant Mathilde, princesse qui avait du vieux sang saxon dans les veines. Robert, à son retour de la croisade, essaya inutilement de revendiquer sa couronne ; mais il signa une transaction aux termes de laquelle il garda pour lui le duché de Normandie. Prince incapable, il vit bientôt la noblesse de cette province se révolter contre lui. Henri Ier intervint alors ; la victoire de Tinchebray (27 septembre 1106) lui livra la Normandie, et sous sa puissante administration nul baron mutin, nul fier tenancier n'osa plus lever la tête. Pourtant, la célèbre charte octroyée par lui à son avénement n'était que la consécration de l'indépendance légale de la féodalité ; mais, Dieu et le peuple aidant, elle devint la base des libertés nationales de l'Angleterre. Henri mourut en Normandie, à Saint-Denis-le Forment, tranquille et respecté de tous, le 1er décembre 1135, dans la soixante-septième année de son âge.

HENRI II, roi d'Angleterre (1154-1189), fils de Geoffroy Plantagenet, comte d'Anjou, et de Mathilde, fille de Henri Ier, naquit le 11 mars 1133, en Normandie, et fut élevé par le savant Robert de Gloucester. D'après le testament de son grand-père, lui et sa mère étaient appelés à monter sur le trône d'Angleterre ; mais son cousin Étienne de Blois s'en empara, et sut s'en maintenir en possession malgré tous les efforts de Mathilde. En 1151 Henri hérita de son père de l'Anjou et du Maine, et par le mariage qu'il contracta avec Éléonore de Poitou, épouse divorcée de notre roi Louis VII, il se trouva en 1152 le seigneur allodial du tiers de la France. Devenu de la sorte une redoutable puissance, il n'hésita plus à guerroyer contre Étienne de Blois, qu'il contraignit à le déclarer héritier de la couronne d'Angleterre. C'est en vertu de ce compromis que Henri monta sur le trône d'Angleterre, le 19 décembre 1154.

Après dix-neuf années de guerres et de révoltes continuelles, le pays était tombé dans un état de profond dépérissement. Henri prêta serment, il est vrai, à la charte accordée par son grand-père ; mais il se remit en possession de tous les domaines de la couronne qui en avaient été indûment aliénés, et parvint à museler une noblesse insolente et usurpatrice, en même temps qu'il adoucissait le sort des paysans, qu'il donnait aux villes les éléments d'une organisation municipale, et qu'il y encourageait les progrès du commerce et de l'industrie. Pour affranchir complétement la couronne de la dépendance sous laquelle les seigneurs l'avaient tenue jusque alors, il transforma l'obligation du service militaire personnel en une redevance en argent, dite *scutagium*. En même temps il chassa du pays les bandes de mercenaires flamands qu'on y entretenait, et leva un corps de troupes en Angleterre même.

Après avoir terminé, en 1161, une guerre contre la France, il soumit les Gallois révoltés, et contraignit leurs princes à se reconnaître feudataires de la couronne d'Angleterre. Il chercha ensuite à poser des limites aux usurpations des papes et aux envahissements de l'autorité ecclésiastique. A l'assemblée des états tenue en 1164 à Clarendon, les prélats durent signer une constitution ecclésiastique, qui en matières temporelles subordonnait l'autorité du pape à celle de la couronne. Thomas Bach et, créé par le roi en 1162 chancelier et primat d'Angleterre, déchaîna plus tard contre lui le clergé, et mit tout le royaume en combustion. En 1170, une parole de colère qui échappa à Henri contre ce prêtre factieux détermina quelques gentilshommes à aller l'égorger sur les marches même de l'autel ; et le roi fut accusé, bien à tort sans doute, de ce meurtre, qui ne fit qu'irriter davantage le fanatisme et provoquer toutes les passions, surtout quand le clergé eut rangé la victime au nombre des saints et attesté que ses reliques opéraient des miracles. Pour éviter d'être frappé des foudres de l'excommunication, Henri II dut se résigner à aller faire amende honorable et pénitence sur le tombeau du nouveau saint, et jurer qu'il avait été étranger à cet assassinat. Il dut aussi révoquer la constitution ecclésiastique. En récompense de sa soumission, le pape donna à Henri la permission d'entreprendre la conquête de l'Irlande, en proie aux guerres civiles les plus acharnées, et qu'effectivement il réduisit sous son autorité, de l'an 1171 à l'an 1172. Sa méchante femme Éléonore, jalouse de la belle Rosamonde Clifford, lui suscita aussi beaucoup d'embarras. Elle détermina le prince Henri, héritier présomptif, que dès 1171 son père avait associé au gouvernement, à se révolter ; et le prince, d'accord avec ses frères et le roi de France, alla ravager les domaines de son père situés en France. En même temps le roi Guillaume d'Écosse rompait la trêve et le comte Leicester levait en Angleterre l'étendard de la révolte. Henri triompha complètement de l'un et de l'autre de ces ennemis, et passa alors en France, où, après avoir battu les troupes dont disposaient ses fils, il consentit encore à leur pardonner. Ces troubles une fois apaisés, il put entreprendre de grandes réformes dans ses États. Vers l'an 1176, Henri II abolit l'usage des duels judiciaires, donna au pays les divisions administratives et politiques qu'il a encore de nos jours, introduisit les assises, et modéra la rigueur des lois sur la chasse de même que du droit de bris et de naufrage. C'est de lui aussi que provient la législation qui régit encore aujourd'hui les rapports du débiteur et du créancier. En 1180 il eut la douleur de voir éclater entre lui et ses fils des démêlés dans lesquels le roi de France intervint; et cette guerre contre ses ambitieux enfants n'eut pas été plutôt terminée, que Richard, surnommé *Cœur de lion*, prit de nouveau, en 1188, les armes contre son père et souleva ses domaines de France. Quand au nombre des rebelles il vit aussi figurer son fils bien aimé, Jean, il tomba malade de chagrin, et mourut à quelque temps de là, le 6 juillet 1189, à Chinon, après avoir dû subir l'humiliation d'un traité avec le rebelle Richard. Le seul défaut qu'on ait pu reprocher à ce grand et magnanime souverain, c'est d'avoir été toujours enclin à accorder trop facilement sa confiance. Consultez Lyttleton, *History of the Life of Henri II* (3 vol., Londres, 1767).

HENRI III, roi d'Angleterre (1216-1272), né en 1206, était fils de Jean sans Terre et petit-fils de Henri II. Il avait à peine dix ans, lorsque la mort de son père l'appela à ceindre la couronne, sous la tutelle du comte de Pembrocke, homme sage, qui mourut trop tôt pour le jeune roi et pour la malheureuse Angleterre, car le règne de Henri fut un des plus longs et un des plus désastreux que mentionne son histoire. Il est des princes qui ne peuvent que servir de date à la chute de leur pouvoir. Tel fut ce faible Henri III : au dehors, vaincu partout, par Louis VIII (1219), par saint Louis à la glorieuse bataille de Taillebourg (1242), dans sa honteuse expédition de Sicile ; au dedans, despote imbécile, ligué avec Rome contre son peuple, jusqu'au moment où l'Angleterre, conjurée avec le fameux Simon de Leicester, lui impose les *expédients d'Oxford* (1258), anéantit son pouvoir, le fait prisonnier avec son frère et son fils Richard, à la désastreuse bataille de Lewes (1264), et se donne à elle-même le premier essai des communes. En vain une nouvelle faction ôta le pouvoir au comte de Leicester, vaincu et tué à la bataille d'Evesham (4 août 1265); en vain Henri remonta sur le trône pour y mourir tranquillement, au milieu de ses favoris (1272), la nation connaissait maintenant ses droits, et désormais le parlement fut une puissance qui sut tenir l'autorité royale en bride. Henri III, marié, en 1236, à Éléonore de Provence, eut pour successeur son fils Édouard Ier.

HENRI IV, roi d'Angleterre (1399-1413), né en 1367, fils de Jean de Gand, duc de Lancastre, et petit-fils du roi Édouard III, porta d'abord le titre de comte de Derby et de duc de Lancastre. Dans sa jeunesse il prit une part active aux troubles intérieurs qui agitaient l'Angleterre, et en 1392 il commanda une croisade contre les Lithuaniens, alors encore païens ; expédition qui lui valut un grand renom militaire. Le faible Richard II, redoutant en lui l'homme de parti, le bannit en 1398 pour toujours d'Angleterre, par suite d'un démêlé avec le duc de Norfolk. Le bon accueil qu'on fit en France à Henri accrut encore la haine du roi. Aussi, en 1399, à la mort de Jean de Gand, duc de Lancastre et père de Henri, Richard II confisqua-t-il les domaines de la maison de Lancastre. Dès le 4 juillet de la même année, Henri débarquait dans le comté d'York avec d'autres mécontents, et bientôt il voyait sa bannière réunir un grand nombre d'hommes décidés à défendre sa cause. En peu de temps son armée ne se composa pas de moins de 60,000 soldats. Richard, qui à ce moment se trouvait pour son malheur en Irlande, fit marcher contre lui le comte de Salisbury, dont le corps d'armée, fort seulement de 40,000 hommes, fut facilement mis en déroute. Le roi ne réussit pas mieux quand il vint lui-même présider aux opérations de la guerre. Henri, par un stratagème, et tout en l'assurant de son dévouement, parvint à s'emparer de sa personne : puis, après l'avoir enfermé à la Tour, il le contraignit à signer, le 29 septembre 1399, un acte de cession formelle, qu'il remit au parlement. Aussitôt, cette assemblée déclara que le faible Richard était indigne de porter la couronne ; et le 30 septembre, il proclamait Henri roi d'Angleterre. A quelques jours de là, Richard mourait de mort violente.

Comme le comte de la Marche, Edmond Mortimer, enfant âgé de sept ans et issu de la maison d'York, par les femmes seulement, avait plus de droits à la couronne que la maison de Lancastre, Henri le fit jeter dans un cachot. Ces actes de violence, avec quelque rapidité et quelque succès qu'ils eussent été accomplis, ne laissèrent pas que de susciter à l'usurpateur de nombreux ennemis. Le comte de Salisbury conspira encore avec d'autres seigneurs en faveur de Richard ; mais il paya cette tentative de sa tête, en janvier 1400. En même temps le roi Robert d'Écosse envahit le sol anglais ; et, dans le pays de Galles, Owen Glendower, descendant des anciens princes du pays, déploya l'étendard de la révolte. Henri Percy, comte de Northumberland, qui avait puissamment contribué à l'élévation de Henri IV au trône, mais qui croyait avoir maintenant à s'en plaindre, fit cause commune avec Owen Glendower en faveur d'Edmond Mortimer. Son fils aîné, Henri Percy, surnommé à cause de son intrépidité *Hotspur*, c'est-à-dire éperon brûlant, se mit à la tête de l'armée confédérée, et fut vaincu par le roi, le 21 juillet 1403, à la fameuse bataille de Shrewsbury, où il perdit la vie. Le vieux Percy fit bien alors sa paix avec Henri ; mais en 1405 il se ligua encore avec l'archevêque Richard Scrope, pour détrôner ce prince. Le roi, en employant la trahison, parvint à s'emparer des révoltés, et les fit décapiter. Dès lors le règne de Henri IV fut paisible, et ce souverain fit preuve de beaucoup de sagesse, de prudence et de modération. Le parlement, à qui il fit bon nombre de concessions au détriment de la noblesse, lui proposa à diverses reprises de confisquer les biens ecclésiastiques ; mais il repoussa toujours cette mesure. Tout au contraire, en persécutant les adhérents de Wicleff, il chercha à se concilier les sympathies du clergé. Ses guerres contre l'Écosse furent heureuses ; et s'il continua à tenir toujours le jeune fils du roi Robert en captivité, il répara du moins ce tort en lui faisant donner une excellente éducation. Dans la situation où il se trouvait, il lui était impossible de songer à reconquérir ses possessions françaises. Redoutant toujours de perdre la couronne dont il s'était emparé, et poursuivi de remords, il fit vers la fin de ses dernières années de sa vie d'une affection mentale ; et il mourut, le 20 mars 1413, au moment où il méditait une expédition en Palestine. Il eut pour successeur son fils Henri V, qu'il soupçonnait de vouloir le détrôner.

HENRI V, roi d'Angleterre (1413-1422) et régent de France, fils du précédent, naquit en 1388. Doué d'une grande vivacité d'esprit et condamné à l'inaction par les défiances jalouses de son père, il se livra comme prince royal à la société de jeunes voluptueux, et par cette conduite s'attira le mépris de l'opinion, qui doutait qu'il possédât la capacité nécessaire pour gouverner. Cependant, en maintes circonstances il fit preuve de générosité et de grandeur d'âme, et à la bataille de Shrewsbury il se comporta avec autant de vaillance que d'habileté. Dès qu'il fut monté sur le trône, il éloigna de lui les indignes amis dans la compagnie desquels il avait jusque alors vécu, s'entoura des conseillers de son père, fit ce qu'il avait eu souvent à supporter les amères censures, et montra autant de qualités comme roi d'amabilité comme homme. C'est ainsi qu'il accueillit avec distinction le grand-juge Gascoyne, qui na-

2.

guère l'avait fait arrêter pour des faits indignes de son rang. En accordant une amnistie générale, Henri V s'efforça de faire oublier les sévérités de son père et surtout de se réconcilier avec la maison de Percy. En revanche, il sacrifia à un clergé fanatique les lollhards, ou partisans de Wicleff. Pour occuper à l'extérieur la force d'action de la nation et reconquérir les provinces de France qui avaient jadis dépendu de l'Angleterre, il déclara la guerre à la France, que déchiraient alors des factions pendant la démence du roi Charles VI. Après avoir comprimé une conspiration du comte Richard de Cambridge, souche de la maison d'York (*voyez* PLANTAGENET), Henri débarqua, en août 1415, en Normandie à la tête de 30,000 hommes, et s'empara d'Harfleur; mais bientôt la famine et les maladies réduisirent son armée à la situation la plus critique. Henri demanda la paix aux Français, qui étaient venus au-devant de lui avec des forces quatre fois plus considérables que les siennes, et offrit de rendre la place qu'il occupait moyennant qu'il lui fût libre de s'en retourner par Calais. Les Français exigèrent qu'il se rendît à merci, et le 15 octobre 1415 ils attaquèrent, dans la contrée boisée qui avoisine le village d'Azincourt, son armée, exténuée. Les talents militaires du roi, la froide intrépidité des Anglais et la nature du terrain, qui ne permettait point à la cavalerie française de se déployer librement, telles furent les causes de la déroute presque incroyable que les Français essuyèrent ce jour-là. Henri V s'en retourna alors en Angleterre, et conclut bientôt avec le duc Jean de Bourgogne une alliance dont le but était la conquête complète de la France. Toutefois, ce ne fut qu'au mois d'août de l'année 1417 qu'on le vit reparaître en Normandie avec une armée de 25,000 hommes, et en deux années il eut presque entièrement conquis cette province. Le duc de Bourgogne se serait volontiers séparé des Anglais pour faire cause commune avec le dauphin, devenu plus tard le roi Charles VII; mais ce prince redoutait le duc autant qu'il le haïssait, et le 10 septembre 1419 il le fit même assassiner. Le nouveau duc de Bourgogne, Philippe le Bon, pour venger la mort de son père, se ligua alors de la manière la plus étroite avec le roi d'Angleterre. Cette alliance amena enfin, le 21 mai 1420, la conclusion du traité de Troyes entre Henri V et la cour de France. Aux termes de la convention qui intervint alors, le roi d'Angleterre épousa Catherine, fille du roi Charles VI, et fut chargé de la régence en France, à la condition qu'à la mort du roi, frappé de démence, la couronne de France reviendrait à lui ou à ses héritiers issus de ce mariage. Quoique dans cette transaction les droits et les libertés des deux peuples eussent été garantis, cette réunion des deux couronnes sur sa tête fut mal vue, même en Angleterre, d'autant plus que le dauphin, renforcé par un corps d'auxiliaires écossais, put se maintenir dans une partie de la France. A la nouvelle de la déroute que le duc de Clarence avait essuyée, le 22 mars 1421, à Beaugé en Anjou, Henri V accourut de nouveau en France à la tête d'une armée de 25,000 hommes; mais tous ses efforts pour déterminer le dauphin à livrer une bataille décisive furent inutiles. Il mourut dans le cours de cette campagne, à Vincennes, au moment où il venait d'atteindre l'apogée de sa gloire et de ses prospérités, le 31 août 1422; et quelques mois plus tard son infortuné beau-père le suivit dans la tombe.

Henri V, dont le caractère a été parfaitement tracé dans les poésies de Shakspeare, fut aimé et admiré par les Anglais, et même estimé des Français comme homme et comme capitaine. Ce qui distingua son règne, ce fut la stricte observation des lois et le respect de la justice. En outre, il abolit la milice féodale et arma la bourgeoisie. Le parlement ne lui soutint que médiocrement dans les circonstances politiques. Les revenus publics de l'Angleterre s'élevaient sous son règne à 55,700 livres sterling, et les dépenses ordinaires à 52,200; mais pendant toute la durée de son règne les subsides accordés par le parlement ne s'élevèrent qu'à 203,000 liv. sterling. Aussi le roi fut-il plus d'une fois réduit à mettre en gage ses joyaux, et même jusqu'à sa couronne; et malgré cet état de gêne, jamais il ne se rendit coupable d'exactions. Son fils Henri VI (*voyez* ÉDOUARD IV), âgé de neuf mois seulement, né le 6 décembre 1421, lui succéda sur le trône d'Angleterre, et fut aussi couronné à Paris en qualité de roi de France. Peu de temps après la mort de son époux, Catherine se remaria avec Owen Tudor; gentilhomme gallois, dont les descendants montèrent plus tard sur le trône d'Angleterre. Consultez Goodwin, *History of the Reign of Henri V* (Londres, 1704).

HENRI VI, roi d'Angleterre (1422-1471), fils du précédent, était encore au berceau lorsque la mort de son père l'appela au trône sous la tutelle de son oncle le duc de Bedford, qui le fit également couronner roi comme roi de France à Notre-Dame de Paris (décembre 1430). Les héroïques efforts de Jeanne d'Arc et le pieux enthousiasme qu'ils inspirèrent aux populations françaises sauvèrent tout à coup la France au moment même où la puissance anglaise y semblait à jamais consolidée. Charles VII put reconquérir successivement les diverses provinces de son royaume, et au bout de quelques années la ville de Calais était le seul point du territoire français qui obéît à Henri VI. Devenu majeur, ce prince, dont les facultés intellectuelles étaient des plus médiocres, épousa Marguerite d'Anjou, fille de René, roi nominal de Sicile (1440). La faiblesse d'esprit de Henri VI devint bientôt un état de somnolence et de stupeur voisin de l'imbécillité, et livra l'Angleterre en proie au premier ambitieux qui saurait profiter de ces circonstances éminemment favorables à une usurpation. Cet ambitieux se rencontra dans la personne de Richard, duc d'York, issu, lui aussi, de la maison de Tudor et appartenant même à une branche plus rapprochée de la souche commune que la branche alors régnante. Une insurrection excitée par lui-même lui fournit un prétexte pour se faire déclarer *protecteur du royaume* (1454) et investir à ce titre de pouvoirs qui réduisaient à rien l'autorité du roi. Henri VI, dans un intervalle lucide, et obéissant à l'influence qu'exerce sur son esprit affaibli sa femme, l'intrépide Marguerite d'Anjou, comprend que le véritable souverain de l'Angleterre, c'est celui qu'on lui a donné pour *alter ego*; il chasse alors du conseil le duc d'York, qui aussitôt lève ouvertement l'étendard de la révolte. Marguerite d'Anjou arme de son côté, au nom du roi son époux; et la guerre civile semble terminée par la bataille de Saint-Albans (31 mai 1455), qui fait tomber la personne même du fantôme de roi au pouvoir du duc d'York. Mais Marguerite d'Anjou ne perd pas pour cela courage; elle lève de nouvelles troupes, et parvient à faire enlever son mari de Londres, où le *protecteur* le retient prisonnier. L'imbécile monarque assiste alors à la bataille de Northampton, où il tombe encore une fois au pouvoir du duc d'York. L'intrépide Marguerite réunit une troisième armée, et la bataille de Wakefield, son anniversaire est tué, semble décider la lutte en sa faveur. Mais le duc d'York, en mourant, a laissé un fils, Édouard, qui devient tout aussitôt le chef nominal d'un parti, dont Warwick, demeuré à la tête de quelques troupes, et maître de la personne du monarque, qu'il traînait à sa suite, était l'âme. Marguerite rencontre Warwick sous les murs de Saint-Albans; et à six années de distance les plaines qui furent témoin de sa défaite deviennent le théâtre d'une victoire qui lui rend son époux et replace l'autorité royale en ses mains sous le nom de Henri VI. Mais Warwick, resté maître de la ville de Londres, y fait proclamer le jeune duc d'York sous le nom d'Édouard IV. La lutte recommence, plus acharnée; Marguerite est successivement vaincue à Towton et à Hexham, où son époux retombe au pouvoir de Warwick, qui le fait enfermer à la Tour de Londres. Il n'y a plus dès lors d'autre roi d'Angleterre qu'Édouard IV, qui à ce moment se croit assez fort pour secouer le joug de plomb que lui impose Warwick. Mais celui-ci fait bientôt repentir son protégé de ses velléités d'indépendance. En 1470 il tire lui-même l'imbécile Henri VI de sa prison, et replace ce mannequin royal sur le trône, dont Édouard IV est solennellement déclaré déchu. La fortune se montre infidèle à Warwick, surnommé par le peuple *King-Maker* (le Faiseur de Rois); Édouard IV, après quelques mois d'absence, se trouve en mesure de recommencer la lutte. La ville de Londres se déclare en sa faveur, et Henri VI tombe encore une fois du trône pour rentrer en prison. Sa femme, pendant ce temps-là, persévérait à revendiquer ses droits. Elle parvient à réunir une nouvelle armée; mais les deux batailles qu'elle livre et perd successivement à Barnet et à Tewksbury (14 avril et 4 mai 1471) ont pour résultat de ruiner sa cause définitivement et sans ressources; car cette fois la courageuse reine et son fils tombent entre les mains d'Édouard. Dès lors l'existence de Henri VI était inutile. On résolut donc de s'en débarrasser sans plus de délai; et, après avoir été pendant quinze ans promené du palais à la Tour, ce prince mourait enfin, à l'âge de cinquante ans, quelques jours seulement après le dernier désastre essuyé par sa malheureuse femme; l'opinion accusa généralement le duc de Glocester, devenu ensuite roi sous le nom de Richard III, de l'avoir poignardé de sa main dans sa prison. Quant à Marguerite d'Anjou, Louis XI fit cesser sa captivité moyennant une rançon de 50,000 couronnes, et l'héroïque veuve put mourir en paix en France, en 1482.

HENRI VII, roi d'Angleterre (1485-1509), né en 1456, était fils de Marguerite de Beaufort, héritière de la maison de Lancastre (*voyez* PLANTAGENET), et d'Edmond Tudor, comte de Richmond, dont il porta également le titre. Quand Édouard IV, de la maison d'York, eut expulsé la maison de Lancastre du trône d'Angleterre, le jeune Richmond fut conduit en Bretagne par son oncle, le comte de Pembrocke; et ce fut bien inutilement qu'Édouard IV somma le duc de Bretagne, François II, de lui livrer l'héritier de l'autre branche de sa maison. Plus tard, quand Richard III eut usurpé le trône d'Angleterre, Richmond devint l'espoir non pas seulement de tous les partisans de la maison de Lancastre, mais encore de tous ceux qui haïssaient et redoutaient l'usurpateur. Le duc de Buckingham, qui songeait à renverser le tyran, réussit même à fiancer Richmond avec Élisabeth, fille aînée d'Édouard IV; union qui confondait jusqu'à un certain point les intérêts des deux maisons ennemies d'York et de Lancastre, et qui prêtait plus de force aux droits héréditaires de Richmond. Mais Buckingham paya de sa tête ses machinations dans l'intérêt d'une restauration; et ce fut le roi Richard III lui-même qui épousa la princesse. Richmond se décida alors à prendre un parti décisif. Menacé d'ailleurs d'être livré à Richard par le favori du duc de Bretagne, Pierre Landais, il s'échappa, et vint se réfugier à la cour du roi de France, Charles VIII, où il trouva aide et appui. Après avoir organisé une expédition composée de 2,000 Anglais, il mit à la voile de Harfleur, le 6 août 1485, et alla débarquer à Milford-Haven, au sud du pays de Galles, où tout aussitôt il lui arriva des renforts considérables. Le 22 du même mois Richmond se rencontra enfin à Bosworth avec Richard, dont l'armée était forte d'environ 12,000 combattants, tandis que la sienne ne montait guère qu'à la moitié de ce nombre. Mais au commencement de l'action survint à la tête de 7,000 hommes lord Stanley, qui jusque alors ne s'était prononcé pour aucun des deux partis, et qui à ce moment se mit avec son monde du côté de Richmond. Ce puissant et inattendu renfort décida la victoire en sa faveur, et Richard III périt lui-même dans la mêlée. Les vainqueurs trouvèrent sa couronne sur le champ de bataille; on la mit aussitôt sur la tête de Richmond, qui fut proclamé roi d'Angleterre sous le nom de Henri VII.

Le peuple et les seigneurs, également fatigués de la guerre civile et de la tyrannie, accueillirent le nouveau roi avec enthousiasme. Henri pouvait établir son droit à la couronne sur la conquête, sur son mariage avec Élisabeth, enfin sur sa descendance de la maison de Lancastre : c'est pour cette qualité qu'il se décida, et en même temps il recommença le système de persécution contre la maison d'York en s'assurant de la personne du jeune comte de Warwick, seul rejeton mâle de la *Rose rouge*. Ce ne fut qu'après avoir été couronné le 30 octobre et confirmé comme roi par le parlement le 7 novembre, qu'il épousa Élisabeth, à laquelle il fit également sentir les effets de sa haine pour la maison d'York. La nation avait cru à la réconciliation de ces vieilles et déplorables inimitiés de famille; aussi ces nouvelles persécutions provoquèrent-elles partout un vif mécontentement. Un prêtre rusé et adroit d'Oxford, appelé Simon, détermina alors un certain Lambert Simnel, fils d'un boulanger, à se faire passer pour Richard d'York, fils d'Édouard IV, et bientôt après pour le comte de Warwick. L'imposteur joua si parfaitement son rôle, que les seigneurs irlandais le couronnèrent sous le nom d'Édouard VI. Cette révolte prit des proportions dangereuses, quand la duchesse douairière de Bourgogne, sœur d'Édouard VI, eut envoyé en Irlande un corps de troupes auxiliaires commandées par le comte de Lincoln, qui, après avoir reçu d'importants renforts dans ce pays, envahit l'Angleterre. Henri VII battit les révoltés en juin 1487, à Stoke, dans le comté de Nottingham. Lambert Simnel fut fait prisonnier; et la seule vengeance que tira de lui Henri VII fut de le condamner à remplir désormais l'emploi de marmiton dans ses cuisines. Quant à ses complices, ils furent punis par de fortes amendes. Bien que la politique de Henri VII ne fût nullement militante, ce prince ne s'en trouva pas moins mêlé à la querelle du duc de Bretagne avec le roi de France. Il arma dans le dessein apparent de profiter de cette circonstance pour essayer de reconquérir les provinces de France qui avaient autrefois fait partie des domaines des rois d'Angleterre, et en octobre 1492 il débarqua à Boologne, à la tête d'une armée considérable; mais dès le mois suivant il se laissait acheter la paix (traité d'Étaples, signé le 30 novembre 1492) par le roi Charles VIII moyennant une forte somme d'argent.

Cependant, la duchesse de Bourgogne avait réussi à susciter à Henri VII, l'ennemi de sa maison, un dangereux rival dans la personne d'un autre prétendant, d'origine juive et appelé Perkin Warbeck. A l'époque où la France était en guerre avec l'Angleterre, cet aventurier avait été reçu avec tous les honneurs royaux à la cour de Charles VIII; la paix une fois rétablie entre les deux puissances, il passa en Écosse, où le roi Jacques IV l'accueillit comme le fils légitime d'Édouard IV et lui fit épouser une de ses parentes, lady Gordon. En 1495 Jacques IV envahit même le sol anglais à la tête d'une armée, dans l'intérêt de Perkin Warbeck, qui se faisait appeler Richard IV. Ce fut seulement en 1497 que Jacques fit sa paix avec Henri VII et abandonna la cause de Perkin Warbeck, à qui dans l'intervalle un grand nombre de seigneurs anglais étaient venus rendre hommage et prêter serment de fidélité. Perkin Warbeck réfugia dans le pays de Cornouailles, où la population, mécontente des impôts excessifs que le roi prélevait sur elle, semblait devoir lui venir en aide; et avec des forces minimes il entreprit alors le siège d'Exeter, où il tomba aux mains de Henri VII, qui le fit d'abord enfermer à la Tour, et, à la suite de diverses tentatives d'évasion, finit par l'envoyer au gibet. Henri VII mit à profit le rétablissement de la paix et de la tranquillité pour faire cesser les désordres intérieurs, consolider le trône et accroître autant que possible l'autorité royale. Cette œuvre il déploya une activité, une fermeté et une habileté qui ont mérité la réputation du plus grand politique de son siècle. Il affaiblit la puissance de la noblesse en autorisant le partage de ses immenses propriétés foncières, et en affranchissant légalement les paysans de toutes charges féodales. En même temps il favorisait la bourgeoisie, en améliorant la législation civile et commerciale ainsi que l'organisation judiciaire. Les progrès du commerce et de la navigation, bases essentielles de la puissance anglaise, furent l'objet constant et particulier de toute son attention; et il n'épargna à cet effet ni soins ni sacrifices. C'est sous son règne que fut construit le premier navire de guerre anglais. Un accident seul l'empêcha d'envoyer Christophe Colomb découvrir le Nouveau Monde; mais il seconda les efforts de Sébastien Cabot, qui en 1497 découvrit le continent américain. Le caractère de Henri VII offrait beaucoup de similitude avec celui de Guillaume le Conquérant. Il était sévère, intéressé et encore plus avide d'argent qu'ambitieux, et ne laissait échapper aucune occasion d'accroître son trésor par des voies licites ou illicites. Henri VII mourut le 29 avril 1509; peu de temps avant sa mort, il avait rendu une amnistie générale et ordonné qu'on réparât les exactions qu'il avait pu commettre. Consultez Marsollier, *Histoire de Henri VII* (Paris, 1700).

HENRI VIII, roi d'Angleterre et d'Irlande (1509-1547), fils du précédent, né le 28 juin 1491, était heureusement doué, sous le rapport intellectuel, comme sous le rapport physique, et reçut une éducation savante, voire théologique. La nation anglaise, qui avait tant eu à souffrir des penchants rapaces de son père, salua avec joie son avènement au trône, et se laissa éblouir par les premiers débuts de son règne. Après avoir épousé, en 1509, Catherine d'Aragon, veuve de son frère Arthur et sœur utérine de l'empereur Charles-Quint, uniquement dans le but de maintenir ainsi les rapports d'alliance de l'Angleterre avec l'Espagne contre la France, les mêmes motifs le portèrent à intervenir dans les affaires politiques du continent. En 1512, il s'allia avec Maximilien 1er contre Louis XII. Quoiqu'ayant remporté avec l'empereur, en 1513, à Guinegate, la bataille dite des *Éperons*, cette guerre ruineuse ne lui rapporta aucun avantage particulier. Révolté en outre de l'égoïsme de ses alliés, il ne conclut pas seulement la paix, en août 1514, avec le roi de France Louis XII, à qui il fit épouser sa sœur Marie; mais encore il signa plus tard avec François 1er un traité formel contre Charles-Quint. Le roi d'Écosse Jacques IV, qui avait perdu, le 9 septembre 1513, la bataille de Flodden, obtint également de lui une paix équitable. A l'avènement de François 1er au trône, l'alliance entre l'Angleterre et la France paraissait d'autant plus solide, que les rois de ces deux pays avaient également échoué dans leurs efforts pour disputer la couronne impériale à Charles-Quint. Mais celui-ci, en faisant entrevoir la tiare au ministre favori de Henri VIII, réussit à le gagner à ses intérêts et à détacher ce prince de l'alliance de la France. Au mois de novembre 1521 intervint donc entre l'empereur et le roi d'Angleterre un traité secret, aux termes duquel Henri VIII commença une guerre très-impolitique contre la France. Il se conduisit tout aussi capricieusement en ce qui concernait l'administration intérieure des États. Après avoir dissipé le trésor amassé par son père, il eut recours aux exactions, et, en 1523, il contraignit, sous peine de mort, le parlement à lui accorder des subsides considérables; puis, irrité de la résistance qu'il rencontrait dans ce corps, il fut sept années sans le convoquer. Cependant Wolsey avait vu déjà maintes fois échouer sa candidature à la papauté; et le dépit qu'il en conçut le porta à tout faire pour brouiller l'empereur et le roi d'Angleterre. On s'abstint, il est vrai, de rappeler l'armée anglaise qui occupait une partie du territoire français; mais quand, en 1525, François 1er devint, à la bataille de Pavie, le prisonnier de Charles-Quint, Henri VIII n'hésita point à conclure avec la cour de France un traité d'alliance. La lutte continentale, qui semblait alors imminente fournit au roi un prétexte pour pressurer plus que jamais ses sujets, de sorte que des révoltes éclatèrent ouvertement sur différents points de l'Angleterre. Toutefois, ce ne fut qu'en 1528 que commencèrent les hostilités de l'Angleterre contre l'empereur; et la paix de Cambray (5 août 1529) y mit fin dès l'année suivante.

Depuis longtemps Henri VIII avait conçu le projet de divorcer d'avec sa femme, tante de l'empereur; maintenant que l'alliance des deux princes n'existait plus, il n'hésita point à le réaliser. Prétextant des doutes de conscience au sujet d'un mariage conclu contrairement aux canons avec la veuve de son frère, il prétendit que les dispenses accordées par le pape étaient insuffisantes pour le tranquilliser, parce qu'elles avaient été données à l'époque de sa minorité. Mais son véritable motif pour divorcer, c'est qu'il n'aimait point sa femme, princesse dépourvue de grâces et d'attraits, dont il n'avait qu'une fille, et qu'il voulait épouser Anne de Boulen. Redoutant le juste courroux de l'empereur, le pape Clément VII chercha à faire traîner cette affaire aussi longtemps que possible, puis finit par envoyer à Londres le cardinal Campeggio, chargé d'instruire la cause du divorce d'accord avec Wolsey. Mais avant que la décision suprême eût pu être rendue, Clément VII rappela, en 1529, son légat et cita le roi à comparaître devant son propre tribunal, à Rome. Wolsey supporta le premier les effets du courroux de Henri VIII, qui le chassa de sa cour. D'après les conseils de Cranmer, devenu bientôt par là primat d'Angleterre, on défera l'affaire du mariage à l'appréciation des universités, tant nationales qu'étrangères, et même des docteurs de la synagogue. Les plus célèbres théologiens, à l'exception de Luther et de Mélanchthon, déclarèrent le mariage nul en droit et en fait. Le clergé anglais fut naturellement du même avis, quoique les universités d'Oxford et de Cambridge, par crainte de la réformation, se montrassent défavorables à un divorce ainsi effectué. Jusque alors Henri VIII avait toujours passé pour un zélé catholique. Il n'avait pas seulement poursuivi par le fer et le feu les partisans de Wickleff, mais encore ceux de la réformation de l'Église entreprise par Luther; et en récompense des écrits qu'il avait fait paraître contre les doctrines de Luther, le pape Léon X lui avait décerné le titre de *Défenseur de la foi*. Or, maintenant que le pape se refusait à toute transaction sur la question du divorce, Henri VIII résolut d'affranchir graduellement son royaume de l'autorité spirituelle du saint-siége. Le désir de s'approprier les biens de l'Église et d'accroître la puissance royale ne contribua pas moins que la situation particulière où il se trouvait à déterminer le roi d'Angleterre à prendre un tel parti. Au mois de janvier 1531, il exigea du clergé le payement de sommes considérables et en même temps il le contraignit à signer une déclaration par laquelle, aux termes d'un antique statut, il reconnaissait le roi comme protecteur et chef unique de l'Église d'Angleterre; l'année suivante, un acte du parlement supprima les annates.

Après avoir renouvelé son traité d'alliance et d'amitié avec François 1er, Henri VIII épousa, le 14 novembre 1532, Anne de Boulen. Ce ne fut pourtant qu'au mois de mai de l'année suivante qu'il fit prononcer par un tribunal ecclésiastique son divorce d'avec Catherine d'Aragon. En même temps, le parlement rendit une loi qui déclarait seuls aptes à hériter de la couronne les enfants qui naîtraient de ce second mariage, et qui imposait à tous les sujets anglais, sous peine d'être considérés comme coupables du crime de haute trahison, l'obligation de prêter serment d'obéissance à la nouvelle loi de succession. Il ne se rencontra que deux hommes assez courageux pour protester contre cet abus du droit de la force, Thomas Morus et Fisher, évêque de Rochester; et tous deux expiaient leur témérité, en 1535, en perdant leur tête sur l'échafaud, de la main du bourreau. Le parlement convoqué en 1534 abolit complétement la juridiction spirituelle du saint-siége en Angleterre, en même temps qu'il adjugea au roi les biens de l'Église et qu'il le chargea du droit de juridiction et de réformation, ainsi que du soin de poursuivre et punir les hérétiques, etc. Dès 1536 Henri VIII fit usage de ses nouveaux pouvoirs, en supprimant une foule de petits monastères et en faisant traduire la Bible en langue vulgaire, d'après les conseils de Cranmer. Le procès et le mariage de Henri célébra le lendemain même avec Jeanne Seymour firent un moment diversion aux troubles et aux bouleversements religieux. Le parlement dut rendre en effet une nouvelle loi relative à la succession au trône la princesse Élisabeth, née du mariage de Henri VIII avec Anne de Boulen, et qui, au cas où le roi viendrait à mourir sans laisser d'héritier, conférait à ce corps le droit de disposer de la couronne comme il l'entendrait : des pénalités effrayantes servaient de sanction à ces deux lois.

Pour fixer les principes de l'Église en matières de foi, Henri VIII convoqua, en juin 1536, une assemblée du clergé à laquelle il soumit sa confession de foi, mélange de doctrines catholiques et protestantes, qui à la suite de longues discussions finit par être adoptée, puis, après avoir été encore modifiée de la main même du roi, fut déclarée constituer désormais la règle de la foi. Dès le mois d'octobre de cette même année, ces procédés despotiques en matières de conscience provoquèrent dans plusieurs provinces de dangereuses révoltes populaires, dirigées par des fanatiques, et qu'on eut beaucoup de peine à comprimer. La répression de ces mouvements insurrectionnels, la naissance du prince Édouard (12 octobre 1537), que suivit cependant bientôt la mort de la reine, consolidèrent tellement la puissance de Henri, qu'en 1538 il n'hésita plus à s'emparer des biens appartenant aux grandes et riches abbayes. En dissipant les trésors immenses que ce système de confiscation accumula successivement entre ses mains, Henri VIII ne fit rien de moins que de favoriser les développements du commerce et de l'industrie.

Le clergé obtint enfin du pape Paul III, en 1538, qu'il publiât la bulle d'excommunication qui depuis plusieurs années déjà avait été lancée contre le roi d'Angleterre; mais cette mesure extrême ne produisit aucun effet. Pour extirper toute divergence d'opinions en matières religieuses, Henri VIII soumit au parlement, en 1539, six articles de foi, qui furent également adoptés et proclamés comme dogmes de l'Église d'Angleterre : ces six articles sont fameux dans l'histoire sous le nom de Statut de Sang (*Bloody Bill*). La conséquence immédiate de cette mesure fut une persécution sanglante des protestants, qu'elle violentait plus que tous autres dans leur conscience. Le parlement ne fit pas moins bon marché au roi des antiques libertés de la nation en reconnaissant force de loi aux édits royaux soumis au conseil d'État.

Après avoir hésité entre différents projets de mariage, Henri VIII, qui attachait un certain prix à se faire bien voir des princes allemands, en outre trompé par un portrait beaucoup trop flatté, œuvre de H o l b e i n, épousa, le 8 janvier 1540, la princesse Anne de Clèves. Mais ne l'ayant point trouvée à son gré, il divorça d'avec elle dès le mois de juillet suivant, et même temps qu'il faisait intenter un procès de haute trahison à son chancelier Thomas C r o m w e l l, coupable uniquement de lui avoir conseillé ce mariage, et à qui il fit trancher la tête, le 28 juillet.

L'influence de Catherine Howard, que Henri VIII épousa le 8 août 1540, mit le duc de Norfolk et Gardiner à la tête des affaires; et alors commença une violente persécution des protestants. Une foule d'hommes de mérite, qui se refusèrent à tenir pour articles de foi les *six articles*, furent brûlés ou pendus. Pendant ce temps-là Henri apprenait avec terreur que sa nouvelle épouse avait précédemment mené une conduite plus qu'équivoque et ne se respectait pas davantage maintenant. Il en pleura de dépit; mais le 12 février 1542, sans que la culpabilité de Catherine Howard eût été juridiquement prouvée, il l'envoya à l'échafaud avec ses prétendus complices et amants. C'est à cette occasion que le parlement rendit une loi qui déclarait coupable du crime de haute trahison, par conséquent condamnait à la peine de mort : 1° quiconque, connaissant les déportements de la reine, ne les révélerait pas aussitôt au roi; 2° toute jeune fille qui, ayant perdu sa virginité, oserait épouser le roi; 3° toute reine d'Angleterre qui se laisserait séduire; 4° tout individu qui lui ferait la cour et lui adresserait, de bouche ou par écrit, ou encore par un entremetteur, une déclaration d'amour; 5° enfin, quiconque lui servirait de confident ou de témoin dans de coupables intrigues.

Henri VIII ayant vainement essayé de déterminer son neveu le roi d'Écosse, Jacques V, à opérer les mêmes réformes que lui dans l'Église de ce pays, finit par lui déclarer la guerre. Le 12 février 1542 l'armée anglaise, profitant de la discorde qui régnait dans les rangs des Écossais, les vainquit sur les rives du Solway; et la douleur que cette défaite causa au roi Jacques le conduisit au tombeau. Henri conçut alors le projet de réunir les couronnes d'Angleterre et d'Écosse, et, avec l'assistance de la famille H a m i l t o n, il chercha à fiancer son fils avec Marie, fille et héritière de Jacques V ; mais le parti catholique écossais vint à la traverse de ce plan. Le 12 juillet 1543 Henri VIII épousa la veuve de lord Latimer, Catherine Parr, qui fut assez adroite pour gouverner pendant quelque temps ce tyran en flattant sa manie pour les controverses religieuses, dans lesquelles, dit-on, elle excellait. Mais si elle fut assez heureuse pour échapper au soupçon d'hérésie, peu s'en fallut que son époux, jaloux des succès remportés par elle, devant témoins, en maintes discussions théologiques, ne lui fit payer cher ces défaites infligées à sa vanité. Il eût bien été capable de lui faire éprouver le sort tragique de ses devancières, le tyran qui faisait punir de la dégradation et du fouet les professeurs et les étudiants de l'université d'Oxford assez osés pour prononcer le grec autrement que lui !

En février 1543, Henri s'allia de nouveau à l'empereur contre François Ier, qui à diverses reprises s'était raillé de lui et qui l'avait particulièrement irrité par le rôle qu'il avait joué dans les affaires d'Écosse. Après avoir rendu leurs droits de succession au trône à ses filles Marie et Élisabeth, il commença, en 1544, la guerre contre la France, qu'il envahit par Calais, tandis que l'empereur pénétrait en Champagne. L'opiniâtreté de Henri à ne pas vouloir agir d'accord avec son allié ni combiner ses opérations avec les siennes déterminas l'empereur à signer, le 18 septembre 1544, à Crespy, la paix avec le roi de France, quatre jours après que le roi d'Angleterre se fut emparé de Boulogne. Ce ne fut qu'au mois de juin 1546 qu'il consentit à cesser une lutte demeurée à peu près sans résultats, et qui n'avait pas coûté à l'Angleterre moins de 1,300,000 liv. sterl. Vers la fin de cette même année, Henri VIII fut pris d'une fièvre lente, qui l'inquiéta d'autant plus que son fils n'était encore âgé que de neuf ans. Il redoutait surtout le puissant duc de Norfolk et son fils, le comte de Surrey, jeune homme plein de mérite, qui avait refusé de contracter un mariage qu'il lui imposait. Henri fit trancher la tête au fils, sous un prétexte plus ou moins spécieux ; et le père n'échappa au même sort que parce que le roi mourut, le 28 janvier 1547. D'une voix déjà à moitié éteinte, le tyran avait ordonné que l'exécution aurait lieu le lendemain.

L'Angleterre n'eut aucune obligation directe à ce despote sanguinaire, dissipateur, mais énergique; et à la honte de l'humanité, il faut ajouter avec Hume que non-seulement cet autre Néron se fit respecter de ses sujets, mais qu'il n'en fut jamais haï. Sous ce rapport, pourtant, les édits de religion et les édits relatifs à la succession au trône donnèrent tant d'extension et de définitions diverses au crime de haute trahison, que quiconque en était accusé devait nécessairement encourir une condamnation capitale. La noblesse anglaise se vengea tout aussitôt de la tyrannie que Henri VIII avait pendant si longtemps fait peser sur elle, en annulant toutes les mesures prises par lui en vue de la minorité d'Édouard VI, en élisant le duc de S o m e r s e t pour protecteur. Consultez Turner, *History of Henry VIII* (2 vol. Londres, 1826); Thomson, *Memoirs of the court of Henry VIII* (2 vol., 1828); Tytter, *Life of King Henry VIII* (1836); Audin, *Histoire de Henri VIII et du Schisme d'Angleterre* (2 vol., Paris, 1847); Empis, *Les Six Femmes de Henri VIII*, scènes historiques (Paris, 1854).

HENRI, dit *le Lion*, duc de Saxe, de 1139 à 1195, le plus remarquable des princes allemands du douzième siècle, né en 1129, était fils de Louis le Superbe, duc de Saxe, et par sa mère petit-fils de l'empereur d'Allemagne Lothaire. Son père étant mort empoisonné dès l'an 1139, sa mère Gertrude et son aïeule Richenza dirigèrent pendant sa minorité l'administration du duché de Saxe. Henri, devenu majeur en 1146, réclama à la diète de Francfort, en 1147, de l'empereur Conrad, le duché de Bavière, qui avait été enlevé à son père, mais qui ne lui fut restitué qu'après la mort de Conrad, par l'empereur Frédéric Ier. Ses domaines s'étendirent dès lors de la mer du Nord et de la Baltique à l'Adriatique; et en 1154 les vassaux des domaines héréditaires des Guelfes en Italie durent lui prêter le serment féodal. Il confia le gouvernement de la Bavière au comte palatin Othon de Wittelsbach, pour consacrer tous ses soins au duché de Saxe. En forçant les évêques des pays conquis à recevoir de lui l'investiture par la crosse et l'anneau, il souleva leur haine. A partir de 1164, ses ennemis, à la tête desquels était l'archevêque de Brême, Hartwig, s'unirent successivement contre lui, et conclurent en 1166, à Mersebourg, une ligue à laquelle accédèrent bientôt les évêques de Magdebourg, d'Halberstadt et d'Hildesheim, et les margraves de Thuringe et de Brandebourg. Mais, par la rapidité de ses mesures défensives et offensives, il eut bientôt déjoué leur mauvais vouloir, en même temps qu'il s'emparait de la ville de Brême et du pays d'Oldenbourg. Vers ce temps, il divorça d'avec sa première femme, et épousa Mathilde, fille de Henri II, roi d'Angleterre. Bientôt après, il entreprit une expédition en Palestine. Pendant son absence, l'empereur Frédéric Ier profita du bruit de sa mort pour faire rentrer en son pouvoir les places fortes de la Saxe. Au retour de la croisade, Henri suivit bien encore, en 1174, l'empereur dans sa cinquième campagne en Italie; mais il se sépara de lui à Alexandrie, et sa défection contraignit Frédéric Ier à traiter à des conditions défavorables avec ses ennemis, en 1176. Frédéric se vengea en réveillant les vieilles haines qui existaient parmi les princes allemands contre Henri; après l'avoir inutilement cité à comparaître devant trois diètes successivement tenues à Ratisbonne, à Magdebourg et à Goslar, il le mit formellement au ban de l'Empire, par un décret rendu lors de la diète tenue à Wurtzbourg en 1180. Cette mesure lui enlevait tous droits de souveraineté sur les États qu'il avait jusque alors possédés, et ses divers fiefs furent concédés à d'autres. Ainsi, Othon de Wittelsbach obtint le duché de Bavière, Bernard d'Ascanie la Saxe, et l'archevêque de Cologne l'Angrie et la Westphalie, qu'on érigea en duché. Henri prit les armes, battit à Hellerfeld les bandes de l'archevêque de Cologne, et fit prisonnier Ulric, évêque d'Halberstadt. Justement alarmé, l'empereur marcha sur la Saxe à la tête de forces considérables et en se faisant précéder d'une déclaration qui menaçait tous ceux qui prêteraient aide et appui au rebelle des mêmes peines que lui. Henri, abandonné de tous ses vassaux, se vit alors réduit à aller se réfugier en Angleterre auprès de son beau-père, le roi Henri II; la ville de Brunswick seule lui resta fidèle, et fut inutilement assiégée par l'archevêque de Cologne. A bout de ressources, Henri vint se prosterner devant l'empereur à Erfurt, en 1182, et implorer sa grâce ; mais tout ce qu'il put obtenir, ce fut la conservation de ses domaines héréditaires, Brunswick et Lunebourg, et encore sous l'obligation de s'absenter de l'Allemagne pendant trois années, qu'il alla passer en Angleterre. Rappelé par Philippe, archevêque de Cologne, qui avait abandonné le parti de l'empereur, il vécut, à partir de 1184, tout à fait tranquille à Brunswick. L'empereur, qui se défiait toujours de lui, s'étant décidé à partir pour la Palestine, il exigea qu'il l'y accompagnât ou qu'il allât de nouveau résider pendant trois ans en Angleterre. C'est ce dernier parti que prit Henri (1188); mais dès l'année suivante il revenait guerroyer sur les bords de l'Elbe contre les princes et les seigneurs qui tenaient pour l'empereur. Ces luttes donnèrent lieu aux plus terribles dévastations, et sur les ruines qu'il laissait après lui le duc de Saxe faisait inscrire ces mots : *Vestigia leonis*. Il n'y eut de réconciliation opérée entre lui et l'empereur que lorsqu'il eut marié Henri, son fils aîné, avec Agnès, fille et héritière de Conrad, comte palatin du Rhin, frère de Frédéric.

Henri *le Lion* mourut à Brunswick, en 1195, et fut enterré dans la cathédrale de cette ville, où l'on voit encore aujourd'hui son tombeau. Si l'histoire a conservé le souvenir de son nom, c'est bien moins à cause de ses prouesses, que parce qu'au milieu de ses luttes si ardentes contre la puissance impériale, il ne laissa pas que de donner tous ses soins à assurer le bien-être de ses sujets, à favoriser les développements du commerce et de l'industrie, à encourager les savants. Il eut pour successeur son fils Henri le Beau.

HENRI. Il y eut quatre rois de Castille de ce nom :

HENRI Ier, dit *le Bon*, fils d'Alphonse IX, n'avait que neuf ans lorsqu'il monta sur le trône, en 1214. Sa mère, Bérangère, et le comte de Lara le retenaient prisonnier. Cette captivité devint le signal d'une guerre civile. Les autres seigneurs castillans se liguèrent contre la puissante famille de Lara. Henri ne porta pas longtemps le titre de roi. Il mourut en 1217. On attribua cette mort prématurée à la chute d'une tuile, qui l'aurait grièvement blessé.

HENRI II, roi de Castille, dit *de la Merced*, fils naturel d'Alfonse XI et d'Éléonore de Guzman, né en 1333, s'était rendu fameux sous le nom de *Henri de Transtamare*, dans les guerres contre Pierre le Cruel, auquel il disputait le trône de Castille. Il avait à venger la mort de sa mère et de son frère, que son compétiteur avait fait massacrer. Il se ligua d'abord avec plusieurs seigneurs, mais succomba dans cette première attaque. Il se retira alors en France, dont le roi était justement irrité contre Pierre, qui avait fait mourir Blanche de Bourbon, et repassa les Pyrénées avec une armée française, commandée par Duguesclin et le comte de la Marche. Après une lutte longue et meurtrière, Pierre fut battu près du château de Montiel, où il se réfugia, et Henri poursuivit sa victoire. Pierre avait offert à Duguesclin les plus brillantes récompenses s'il voulait abandonner la cause de Henri. Il ne put réussir. N'ayant plus ni armée ni trésor, et toute la Castille s'étant soulevée contre lui, il demanda une entrevue à Henri ; et il fut convenu qu'elle aurait lieu dans la tente de Duguesclin. Pierre, qui n'avait plus le choix des moyens, s'abandonna à sa destinée : malgré les avis de quelques nobles castillans qui lui étaient restés fidèles, il monta à cheval et sortit du château : à peine avait-il franchi la première enceinte qu'il se trouva face à face avec Henri, qui s'écria : « Où es-tu, qui se fait appeler roi de Castille? » — « Tu es un traître, lui répondit son rival ; je suis Pierre, roi de Castille, fils légitime d'Alfonse ». Et il se précipita sur Henri, qu'il renversa. Il allait le percer de son épée, quand Duguesclin, par un mouvement rapide, le jeta de côté. Henri eut le temps de se relever, et enfonça son long poignard dans le cœur de Pierre, qui mourut sur le coup. Henri fut immédiatement proclamé roi de Castille (1369). Il eut longtemps à combattre de nouvelles ligues de seigneurs, dont il triompha; mais il eut à craindre de la Grenade, craignant qu'il ne tournât ses armes contre lui, le fit empoisonner, le 13 mai 1379. Sa vie aventureuse n'avait été qu'une suite de guerres et d'attaques. Il ne laissa que deux enfants légitimes, Jean Ier, qui lui succéda, et Éléonore de Castille, qui fut depuis reine de Navarre, et six enfants naturels.

HENRI III, fils de Jean Ier, succéda à son père en 1390 ; il n'avait que onze ans. Il fut surnommé *l'Infirme* ou *le Valétudinaire*, à cause de la faiblesse de sa santé. Plusieurs factieux se disputèrent le pouvoir pendant sa minorité ; la Castille fut continuellement agitée par l'ambition des grands, et leur rivalité se manifesta par de sanglantes collisions. Devenu majeur, Henri III comprima les factions. Attaqué par les rois de Portugal et de Grenade, il les combattit avec succès. Il avait envoyé une grande armée contre les Maures, lorsqu'il mourut empoisonné par un médecin juif, à Tolède, le 25 décembre 1406, à l'âge de vingt-sept ans. Son fils Jean II lui succéda.

HENRI IV, roi de Castille et de Léon, dit *l'Impuissant*, était né le 25 janvier 1425, de Jean II, et monta sur le trône le 20 juillet 1454. Turquet raconte dans son *His-*

toire d'Espagne que Henri IV, déterminé à se justifier à tout prix de ce reproche d'impuissance, s'était fait remplacer dans le lit conjugal par Alphonse d'Albuquerque, son favori, et que la reine eut beaucoup de peine à se résigner à cette substitution. Telle fut, disent encore d'autres historiens, l'origine de Jeanne de Castille, qui depuis épousa son oncle Alphonse V, roi de Portugal. Henri-l'Impuissant avait répudié sa première femme, Blanche d'Aragon, sous prétexte de sortilége. Il fut déposé en 1465, par les Castillans, qui déférèrent la couronne de Castille à son frère l'infant don Alphonse, et mourut en 1474. Dufey (de l'Yonne)

HENRI DE BOURGOGNE, comte de Portugal, petit-fils de Robert Ier, duc de Bourgogne, doit être considéré comme le fondateur du royaume de Portugal; il est en effet le chef de la première famille qui régna sur cette monarchie. A la tête d'une petite armée de Bourguignons et de Béarnais, il franchit les Pyrénées, à la fin du onzième siècle, et se rendit maître du Portugal, qu'il gouverna avec sagesse, sous le titre de comte souverain. Il y fit fleurir la religion, alla guerroyer dans la Palestine en 1103, et combattit de nouveau les Maures d'Espagne à son retour. Il avait épousé Thérèse, fille naturelle d'Alphonse VI, roi de Castille. Les Béarnais, qui composaient la plus grande partie de son armée d'aventuriers, s'établirent dans les domaines qu'ils avaient conquis, et y introduisirent leurs usages et leur langue, qui est devenue celle du pays. De là l'analogie presque identique entre les deux idiomes du Portugal et du Béarn, tandis que la langue espagnole, qui les sépare, n'a avec l'un et l'autre que des rapports fort secondaires. De savants critiques se sont donné beaucoup de peine pour expliquer cette analogie, et se sont livrés à de laborieuses investigations pour résoudre ce problème de linguistique. Il leur aurait suffi, pour mettre fin à toute incertitude, de lire les premières pages de l'histoire de Portugal. Henri de Bourgogne, mort en 1112 au siége d'Astorga, eut pour successeur son fils Alphonse Ier, surnommé *Henriquès*, qui le premier prit le titre de roi de Portugal. Dufey (de l'Yonne).

HENRI, cardinal, roi de Portugal, était le troisième fils du roi Emmanuel : il naquit à Lisbonne, le 31 janvier 1512. Ayant embrassé de bonne heure l'état ecclésiastique, il devint archevêque de Braga et d'Evora, et ce fut lui qui établit l'inquisition en Portugal. Régent pendant la minorité de son neveu Sébastien, il lui succéda en 1578. Sur le trône, il se montra faible, irrésolu, opiniâtre, vindicatif, et mourut le 31 janvier 1580, à l'âge de soixante-huit ans, sans s'être choisi un successeur. Philippe II, roi d'Espagne, s'empara alors du Portugal.

HENRI DE CASTILLE, fils de Ferdinand III, se rendit fameux par son ambition et par ses malheurs. Il prit d'abord les armes contre son frère Alphonse, roi de Castille et de Léon. Cette guerre lui fut funeste, et pour réparer ses revers il implora le secours de Louis IX, roi de France, et de Charles Ier, roi de Sicile. Ce dernier le combla de bienfaits et d'honneurs. Henri de Castille fut plus qu'ingrat envers ce prince : il entreprit de détrôner son bienfaiteur, et souleva contre lui le jeune Conradin. Tous deux furent vaincus et faits prisonniers. Conradin eut la tête tranchée, et Henri de Castille fut enfermé dans une cage de fer, chargé de chaînes, et promené en cet état dans toutes les villes du royaume de Naples et de Sicile. Dufey (de l'Yonne).

HENRI DE MISNIE. *Voyez* Frauenlob.

HENRI DE TRANSTAMARE. *Voyez* Henri II de Castille.

HENRI LE NAVIGATEUR, infant de Portugal, quatrième fils du roi Jean Ier, né en 1394, avait commencé par se couvrir de gloire à la prise de Ceuta (1415). Le Portugal jouissait alors d'une heureuse tranquillité; la nation était active et entreprenante, et dans toutes les classes de la société dominait l'esprit de conquêtes et de découvertes. Plus que personne l'infant partageait ces idées. Les sciences, et surtout les mathématiques, l'astronomie, la navigation, avaient à ses yeux encore plus d'attraits que la gloire des armes. A la mort de son père, il choisit pour séjour la ville de Sagres, dans l'Algarve, non loin du cap Saint-Vincent, et continua vigoureusement la guerre contre les Maures. Il inquiétait continuellement leurs côtes, et par suite de ces expéditions ses marins s'aventurèrent dans des parages de l'Océan que les navigateurs de ce temps-là avaient pendant longtemps regardés comme impénétrables. Ce qu'il avait surtout en vue, c'était de découvrir des pays encore inconnus. Versé dans la connaissance de la géographie, il ne négligea pendant ses diverses campagnes en Afrique aucune occasion de tirer des Maures le plus de renseignements possible sur les contrées limitrophes de l'Égypte, et de s'informer s'il y avait possibilité, en faisant le tour de la côte occidentale de l'Afrique, de trouver un chemin conduisant aux trésors de l'Inde. Il construisit à Sagres un observatoire, auquel il adjoignit un établissement dans lequel on initiait de jeunes gentilshommes à toutes les connaissances nécessaires pour faire un bon navigateur ; et plus tard il envoya les élèves sortis de cette école faire des voyages de découvertes le long des côtes des Berbères et sur celles de la Guinée. Toutefois, ces diverses expéditions restèrent sans résultats bien importants, jusqu'à ce que Juan Gonzalez Jarco et Tristan Vaz, battus par des tempêtes, découvrirent l'île de Puerto-Santo et, en 1418, Madère. Dès lors les côtes de la Guinée, si riches en poudre d'or, fixèrent toute son attention ; mais il ne fallut pas moins que son courage et sa constance à toute épreuve pour triompher des difficultés d'une telle entreprise. Sans se soucier des railleries et des critiques dont ses plans si hardis étaient l'objet de la part des hommes à vue courte, il fit partir, en 1433, Gilianez, l'un de ses marins, avec mission d'aller doubler le Cap Noun, regardé alors comme l'extrémité du monde ; celui-ci doubla sans encombre le cap Bojador et prit possession de ce pays au nom du Portugal. Un navire plus grand, expédié l'année suivante par Henri, poussa encore 20 myriamètres plus loin que le cap Bojador ; et le succès qui avait couronné ces deux entreprises imposa silence à toutes les critiques. Le frère de Henri, Pedro, qui gouvernait pendant la minorité d'Alphonse V, non-seulement lui confirma la donation des îles Puerto-Santo et Madère, mais encore lui accorda l'assistance de plus active. Le pape Martin V confirma également la donation des deux îles, et confèra en outre en toute propriété aux Portugais les terres qu'ils découvriraient le long de la côte d'Afrique jusqu'aux Indes. En 1440, Antonio Gonzalez et Nuño Tristan étant parvenus jusqu'à la hauteur du cap Blanc, de jeunes et hardis aventuriers accoururent de toutes parts pour participer à ces entreprises et à ces découvertes. Jusque alors l'infant Henri en avait seul fait tous les frais ; mais à ce moment il se forma des associations qui, sous sa direction, se livrèrent aux mêmes entreprises ; et la pensée qui pendant longtemps n'avait préoccupé que ce prince, devint bientôt l'affaire de la nation tout entière. Henri n'en déploya pas plus d'ardeur encore pour la réussite de ses plans. En 1446, Nuño Tristan doubla le cap Vert, et en 1448 Gonzalez Vallo découvrit trois des îles Açores. L'infant Henri de Portugal mourut en 1463, après avoir encore eu la satisfaction d'apprendre la découverte de la côte de Sierra-Leone.

HENRI, prince de Prusse, troisième fils de Frédéric-Guillaume Ier, roi de Prusse, naquit à Berlin, le 18 janvier 1726, et fut toujours le favori de son père, soit à cause de l'amabilité de son caractère, soit parce que la haine que ressentent ordinairement les rois contre leurs successeurs augmente leur amour pour leurs autres enfants. Il fit ses premières armes à seize ans, et assista, comme colonel, à la bataille de Czaslau (17 mai 1742). A Hohen-Friedberg (3 juin 1745) il était aide de camp général du roi, qui pour récompenser sa bonne conduite le nomma général-major. La conquête de la Silésie et l'alliance de Frédéric avec l'Angleterre amenèrent, en 1756, la guerre généralement connue sous le nom de *guerre de sept ans*. Le prince

Henri y prit part, à la tête de sa brigade. A Rossbach (5 novembre 1757), ce furent les six bataillons du prince Henri qui, prenant la colonne française en flanc, fournirent au général Seidlitz un appui qui fit réussir sa charge. Un peu de jalousie a porté Frédéric II à taire cette circonstance dans ses Mémoires. Le prince Henri fut blessé à cette affaire, et ne put revenir à l'armée qu'au mois de février 1758. Il fut alors chargé du commandement d'un corps d'environ 18,000 hommes, destiné à appuyer les opérations du prince Ferdinand de Brunswick en Hanovre et en Westphalie. Pendant la campagne de 1759, il fut encore chargé des opérations défensives en Saxe. Dans la campagne de 1760, il eut le commandement d'un corps de 35,000 hommes, opposé aux Russes, et qui fut chargé d'observer tout le cours de l'Oder, depuis Glogau jusqu'à la mer. Dans ces diverses campagnes, le prince Henri, par toutes ses manœuvres, sut conserver la haute opinion qu'on avait de sa capacité. Cependant, à la fin du mois d'août, soit ressentiment de la jalousie que lui témoignait son frère, soit dissentiment d'opinion sur les opérations, il quitta l'armée, et refusa toute espèce de commandement.

En 1761 le prince Henri fut chargé de défendre la Saxe et d'observer l'armée autrichienne de Daun, qui s'était placée devant Dresde. Les grandes opérations de cette campagne eurent lieu en Silésie, de sorte qu'il n'y eut en Saxe qu'une guerre défensive de manœuvres, où l'indécision de Daun facilita singulièrement le rôle du prince Henri. En 1762 il fut encore chargé du commandement de l'armée de Saxe et de la défense de ce pays contre l'armée autrichienne et l'armée des Cercles. La première partie de cette campagne fut signalée par la défaite de l'armée des Cercles, qui fut obligée d'évacuer la partie de la Saxe où elle avait pénétré. Le gain de la bataille de Freyberg (29 octobre), qui fut la dernière opération importante de cette guerre, couronna la gloire militaire du prince Henri.

Immédiatement après la paix de Hubertsbourg (15 février 1763), le prince Henri se retira à son château de Rheinsberg, pour y jouir du repos, loin du tumulte des affaires, et se livrer sans distraction à ses occupations favorites. Son genre de vie était simple et régulier. Sa table était le modèle de la sobriété ; chacune de ses occupations avait ses heures fixes. Il aimait et cultivait de préférence la langue et la littérature françaises. On a même de lui quelques pièces de vers dans notre langue, et un essai lyrique sur la tragédie d'*Alzire*, dont il voulait faire un opéra. L'amour n'a trouvé place dans aucune de ses poésies ; mais l'amitié y est peinte avec enthousiasme. Contre l'habitude des généraux, et surtout de ceux qui ont acquis une réputation militaire, la guerre n'était jamais le sujet de ses entretiens ; il n'était pas même permis de paraître chez lui en uniforme. Il n'était cependant pas inaccessible à la gloire qu'on peut acquérir comme défenseur de la patrie : le monument élevé par ses ordres à Rheinsberg, à la mémoire des militaires prussiens qui se sont le plus distingués, est la preuve du contraire. Il n'aimait pas beaucoup son frère, et ne le comptait pas au nombre de ceux qui ont fait le bonheur de l'humanité. Peut-être cet éloignement fut-il produit ou augmenté par la circonstance que Frédéric le Grand s'opposa à la demande que firent les Polonais du prince Henri pour régner sur eux, après la mort de Frédéric-Auguste.

Le prince Henri ne fut point ennemi de la révolution française ; il était plutôt, et cela par une conséquence naturelle de l'esprit d'ordre, d'humanité et de justice qui dominait dans son caractère, partisan des constitutions et de la liberté qu'elles assurent aux peuples. Il ne craignit même pas de s'exprimer hautement à ce sujet, sans égard pour les clabauderies qui amenèrent la guerre que la Prusse nous fit en 1792, ni pour les opinions du roi son neveu. Une circonstance remarquable de la vie du prince Henri est la correspondance littéraire qui eut lieu entre lui et le général Moreau, au sujet des campagnes de ce dernier. Le prince professait la plus haute estime pour le général Bonaparte, et admirait ses campagnes d'Italie et d'Égypte ; mais, par une suite du système de prudence qu'il avait adopté pour règle de ses opérations militaires, il blâmait le mouvement sur Léoben, qui amena pourtant la paix de Campo-Formio.

Le prince Henri fut un instant distrait de ses occupations philosophiques et littéraires par la courte guerre de 1778, dans laquelle il commanda l'armée à laquelle les Saxons se joignirent, et qui entra en Bohême par Toeplitz. Cette guerre, qui n'avait rien de bien sérieux en elle-même, finit dans une campagne. Nous ne parlerons pas des voyages que ce prince fit, soit en Russie, soit en France (en 1786), et dont le but réel est resté au nombre des secrets d'une politique qui n'a plus d'objet aujourd'hui. Le prince Henri mourut à Rheinsberg, le 3 août 1802.   Gal G. DE VAUDONCOURT.

HENRI Ier, roi d'Haïti. *Voyez* CHRISTOPHE.

HENRICIENS, hérétiques du douzième siècle, ayant pour chef Henri l'Ermite, de Toulouse, disciple de Pierre de Bruys. Leurs erreurs étaient à peu près celles des Pétrobusiens. Ils ne baptisaient que les adultes, niaient la présence réelle, détruisaient les temples et les croix. Ils trouvèrent dans saint Bernard un adversaire redoutable.

On a aussi appelé *Henriciens* les partisans des empereurs d'Allemagne Henri IV et Henri V contre la puissance pontificale.

HENRIETTE DE FRANCE (MARIE), reine d'Angleterre, fille de Henri IV et de Marie de Médicis, naquit à Paris, en 1609. A seize ans elle épousa Charles Stuart, prince de Galles, qui, devenu roi d'Angleterre vingt-quatre ans plus tard, devait être victime de la fureur des factions et porter sa tête sur l'échafaud. Cette princesse, élevée dans la foi catholique, ne renonça point à sa religion pour embrasser celle de son époux. Elle continua, au contraire, à pratiquer ouvertement son culte. Dans un pays où régnait le protestantisme, cette conduite ne pouvait manquer de lui susciter des ennemis. Lorsque les guerres civiles et religieuses qui désolèrent le règne de Charles Ier commencèrent à éclater en Angleterre et en Écosse, on l'accusa d'aigrir son époux contre les protestants et de travailler au renversement de la religion dominante. A la fin, la rébellion, prenant le caractère le plus sérieux, Henriette et son époux se concertèrent pour faire tête à l'orage. Elle alla demander sur le continent des secours d'armes et d'argent, et profita, pour y passer, du mariage récent de sa fille aînée avec le prince royal de Hollande. Ce voyage lui donna occasion de déployer une grande intrépidité ; car une violente tempête s'étant déchaînée contre le vaisseau qui la portait, on la vit monter sur le pont, et par le calme et le sang-froid de ses paroles rendre le courage aux marins.

De nouveaux dangers l'attendaient à son retour. A peine débarquée, une vive canonnade l'assaillit dans la maison où elle était entrée pour prendre quelque repos. Elle put cependant arriver saine et sauve dans les bras de son époux. Au milieu des discordes cruelles qui continuaient d'agiter l'Angleterre, elle se distingua en toute occasion par son courage, sa clémence et sa grandeur d'âme. Les temps devenant de plus en plus difficiles, il lui fallut se réfugier en France. Elle ne devait plus le revoir. Réfugiée à Exeter, et réduite au dénument le plus absolu, elle y accoucha, le 16 juin 1644, de Henriette, connue depuis sous le nom de Henriette d'Angleterre. Ses ennemis vinrent encore la chercher dans cette retraite, et dix-sept jours s'étaient à peine écoulés depuis son accouchement qu'elle fuyait vers les côtes de France, poursuivie par le canon anglais et par les coups d'une tempête furieuse.

Elle trouva sa patrie en proie aux agitations civiles. Les guerres de la Fronde éclatèrent bientôt, et elle en subit avec calme et résignation toutes les cruelles vicissitudes. Souvent même se vit réduite à manquer des choses les plus nécessaires : le cardinal de Retz la trouva un jour dans la chambre de sa fille, « tenant compagnie, ainsi qu'elle le lui dit elle-même, à cette pauvre enfant, qui n'avait pu se lever faute de feu ». Mais ces souffrances n'étaient rien

encore en comparaison du coup affreux que lui porta la mort de Charles Ier, son époux, décapité à Londres, le 9 février 1649. Après tant et de si cuisants chagrins, la religion seule pouvait lui offrir quelque consolation. Elle courut donc s'ensevelir dans le couvent de la Visitation, qu'Anne d'Autriche avait fondé à Chaillot. Là elle s'occupa d'élever pieusement ses enfants, et donna à sa communauté l'exemple de toutes les vertus. Cependant, des jours plus prospères devaient luire pour elle : le protecteur Cromwell ayant cessé de vivre, Charles II remonta sur le trône de son père, et en 1660 Henriette eut la joie de rentrer en triomphe dans cette même Angleterre où douze ans auparavant elle s'était vue en butte aux coups incessants de ses ennemis. Malgré les marques de dévouement qui lui furent prodiguées, elle ne put supporter le séjour d'une terre arrosée du sang de son époux, et revint dans l'asile de paix qu'elle s'était assuré en France. Après quatre années d'une vie passée dans un calme qu'elle avait si rarement goûté durant son orageuse existence, elle expira presque subitement, le 10 septembre 1669, à Colombes, où elle passait l'été. A quarante jours de là le grand Bossuet, prononçant, dans l'église de Sainte-Marie de Chaillot, son oraison funèbre, résumait en termes magnifiques la triste destinée de cette infortunée princesse.
Paul TIBY.

HENRIETTE D'ANGLETERRE (ANNE), duchesse d'Orléans, fille de l'infortuné Charles Ier et de Henriette de France, fille de Henri IV, naquit à Exeter, le 16 juin 1644, au milieu des guerres civiles. Lady Morton, au gouvernante, après l'avoir dérobée pendant deux années aux recherches des rebelles, parvint à la conduire en France à la reine, sa mère, qui y avait cherché un asile. La jeune princesse donnait déjà la mesure de la fierté que, malgré ses aimables qualités, elle devait conserver toute sa vie; fierté qui, au dire de Daniel de Cosnac, *lui faisait envisager un devoir comme une bassesse*. Déguisée en petit paysan, on ne pouvait l'empêcher de répéter pendant sa fuite : *Je ne suis pas un paysan, mais une princesse*. Pour réduire son orgueil par l'humilité chrétienne, sa mère, retirée au couvent de Sainte-Marie de Chaillot, l'obligea plusieurs fois à servir les religieuses et les pauvres. Lorsque Charles II, son frère, fut rétabli sur le trône d'Angleterre, la jeune princesse fit avec sa mère un voyage en Angleterre, d'où elle revint bientôt pour épouser Philippe d'Orléans, frère de Louis XIV. Une tempête qui la força de rentrer au port, et une rougeole qui survint, retardèrent son arrivée en France. Enfin, débarquée au Hâvre, elle y trouva Monsieur, accouru au-devant d'elle avec un empressement auquel, dit Mme de La Fayette, il ne manquait que de l'amour. La duchesse d'Orléans, ravissante de grâce et de jeunesse, atteinte du désir de plaire, environnée de toutes les séductions, ne sut pas se garantir assez de si nombreux périls. La galanterie en vogue à cette époque, les idées romanesques qu'elle avait puisées dans la littérature du temps, lui firent nouer avec le jeune comte de Guiche une intrigue plus innocente dans le fond que dans la forme. La malignité s'en empara pour faire paraître un écrit intitulé : *Amours de Madame et du comte de Guiche*. Daniel de Cosnac, évêque de Valence, premier aumônier de Monsieur, tout dévoué à la princesse, lui rendit l'éminent service de faire disparaître l'édition entière de ce fâcheux libelle, qui reparut après la mort de Madame, imprimé parmi les œuvres de Bussy-Rabutin.

Louis XIV, qui avait dédaigné Henriette d'Angleterre dans son adolescence, revenu de ses impressions premières, s'était épris pour elle d'un vif sentiment. Multipliant pour lui plaire les splendeurs et les fêtes, afin de donner le change à la curiosité des courtisans, il feignit d'être amoureux de Melle de La Vallière, fille d'honneur de Madame; heureusement que la feinte, cédant la place à la réalité, écarta de la princesse le danger qu'elle courait. Madame ne continua pas moins, par les charmes et son esprit, à servir auprès du roi de tous les avantages de la faveur, jusqu'au jour où elle tomba dans une sorte de disgrâce, à laquelle on peut assigner deux principaux motifs : d'abord une série d'intrigues de cour fit connaître à Louis XIV, de l'aveu même de la princesse, la part indirecte qu'elle avait eue à l'avertir de la fameuse lettre supposée du roi d'Espagne à la reine pour l'avertir de la passion naissante du roi pour Melle de La Vallière ; en second lieu, Madame, de concert avec l'évêque de Valence, s'efforçait de faire sortir le duc d'Orléans de sa nullité en lui inspirant le désir des belles actions, et cette continuelle préoccupation contrariait les vues politiques du monarque, qui voyait dans l'abaissement de son frère un gage de sa propre grandeur. Madame, si bien faite pour plaire, et qui plaisait à tous, n'avait jamais éprouvé que les froideurs et les dédains du duc d'Orléans ; une indigne passion de ce prince pour le chevalier de Lorraine vint mettre le comble à ses chagrins domestiques. La princesse crut trouver un remède dans l'intervention de Louis XIV pour éloigner le chevalier ; le duc de Valence s'unit à elle, avec la liberté de langage qui lui était familière. Par une amère déception, le roi resta non-seulement sourd à des plaintes si justes, mais, saisissant avec empressement l'occasion de détruire auprès de son frère des influences qu'il redoutait, il ratifia, au grand désespoir de Madame, la demande d'exil de l'évêque de Valence que Monsieur lui avait adressée. Les personnes les plus chères à Madame furent éloignées de son service, la marquise de Saint-Chaumont, gouvernante de ses enfants et son amie dévouée, exilée et remplacée par la maréchale de Clairembault, qui élevait les jeunes princesses ses filles à haïr leur propre mère. Tant de chagrins parurent devoir trouver leur terme le jour où Louis XIV eut besoin de sa belle-sœur pour détacher Charles II de l'alliance de la Hollande. Le chevalier de Lorraine fut éloigné ; la princesse traversa le détroit, et revint rapportant le triomphe de son frère. Hélas ! le triomphe fut court et trop tôt suivi de ces mots funèbres : *Madame se meurt, Madame est morte*! Saisie à Saint-Cloud de douleurs violentes, après avoir bu un verre d'eau de chicorée, elle expira en quelques heures, le 13 juin 1670, à peine âgée de vingt-six ans. L'abbé Feuillet, avec une rudesse salutaire peut-être, mais qui nous parait violente, Bossuet, avec des paroles de consolation plus douces, l'assistèrent à ses derniers moments. Les médecins assurèrent qu'elle était morte du *choléra-morbus* ; on eut lieu de croire que leur opinion fut dictée par Louis XIV, dont la politique était de ménager sa nouvelle alliance avec l'Angleterre. Les probabilités, appuyées sur la plupart des témoignages contemporains, sont pour une mort violente, occasionnée par un poison subtil que le chevalier de Lorraine aurait envoyé d'Italie, où il était alors exilé. Toutefois, aucune preuve positive n'en a été fournie. Outre un fils et une fille morts en bas âge, Henriette laissa deux filles, l'une mariée à Charles II, roi d'Espagne, l'autre à Victor-Amédée, duc de Savoie.

L'histoire d'Henriette d'Angleterre a été écrite à son point de vue romanesque par Mme de La Fayette. On trouve aussi des renseignements sur elle dans les mémoires du temps et dans les lettres de Mme de Sévigné. Mais pour considérer sa vie sous son aspect entièrement plus réel, à la fois sérieux et malheureux, on peut lire les *Mémoires de Daniel de Cosnac*, que nous avons publiés en 1852.

Cte Jules DE COSNAC.

HENRION DE PANSEY (PIERRE-PAUL-NICOLAS), savant magistrat français, naquit en 1742, à Tréveray (Meuse). Il étudia le droit à Pont-à-Mousson. Son droit achevé, il vint à Paris en 1762, et y exerça dans une obscurité à peu près complète la profession d'avocat jusqu'en 1773. La nature l'ayant doué d'une volonté assez énergique que patiente, il approfondit la science que tant d'autres ne font qu'effleurer, et il suppléa par le travail au défaut de rapidité dans la conception. Il publia plusieurs traités dignes d'estime, qui n'aboutirent pas encore à le faire sortir de la foule ; mais enfin son *Traité des Fiefs* attira sur lui les regards des jurisconsultes et des praticiens, et décida de sa répulation. Bientôt il fut surchargé d'affaires, et les plus épineuses ne manquaient jamais de lui être proposées. Seulement, c'est à titre d'avocat consultant qu'il les acceptait, laissant le reste de la besogne aux jeunes stagiaires ou aux avocats plus riches de langue que de fonds. Il écrivit une grande partie des meilleurs articles du *Répertoire universel de Jurisprudence* de Guyot, et ajouta une sorte de supplément à son *Traité des Fiefs*, sous le titre de *Dissertation féodale*. Sur ces entrefaites, la révolution éclata. L'ancienne législation française, renversée de fond en comble par la Constituante, détruisit en même temps tout l'intérêt qui s'attachait aux recherches d'Henrion de Pansey sur les droits féodaux. Alors il quitta Paris, et vint s'établir à Joinville. C'était d'ailleurs un homme d'étude, à qui il fallait absolument le calme et le repos. De Joinville il alla ensuite à Chaumont. Nommé administrateur du département de la Marne, il s'y fit remarquer par sa modération, sa vigilance et son impartialité. On ne sait pourquoi il quitta ses fonctions ; mais celles qu'il remplit ensuite à l'école centrale de Chaumont, où il professa la législation, semblent indiquer l'incompatibilité de ses goûts avec la politique. Néanmoins, il n'exerça pas longtemps le professorat ; il devint membre de la cour de cassation dès que le gouvernement consulaire s'établit ; et ce fut en grande partie à la considération même que lui témoignèrent ses collègues qu'il dut presque aussitôt l'honneur de les présider. L'empereur fit plus : il l'appela au conseil d'État, où c'est trop peu dire que d'affirmer que Napoléon avait du plaisir à l'écouter.

En 1814 Henrion de Pansey fut chargé, par le gouvernement provisoire, du département de la justice. Il accepta ces graves fonctions, sans cesser pour cela d'appartenir à la cour de cassation, et il les remplit jusqu'au 20 mars 1815. Il crut alors, ainsi que la plupart de ses collègues, ne devoir pas suspendre les séances de la cour, regardant cette résolution comme essentielle pour le maintien de l'ordre. Il traversa les cent jours, détaché de toute préoccupation politique dans l'exercice de la justice, et fut nommé chef du conseil privé de M. le duc d'Orléans dès que le prince fut rentré en France. Enfin, en 1828, il fut appelé au siége de premier président de la cour de cassation, en remplacement de M. Desèze. Par cet acte de justice, Charles X couronna dignement cette longue vie passée dans la pratique des plus hautes vertus et honora la magistrature nouvelle dans la personne du plus respectable de ses représentants. Henrion de Pansey ne jouit pas longtemps de cet honneur ; il mourut en 1829, âgé de près de quatre-vingt-dix ans. Entre autres ouvrages, il avait publié l'*Éloge de Dumoulin*, l'*Éloge de Mathieu Molé*; *Des Pairs de France de l'ancienne constitution française ; De l'Autorité judiciaire dans les gouvernements monarchiques*, livre savant, bien écrit, plein de recherches historiques et dont l'objet est de déterminer la compétence judiciaire et d'établir la légalité du conseil d'État ; *Du Pouvoir municipal et de la Police intérieure des Communes ; De la Compétence des Juges de Paix ; Des Assemblées nationales en France depuis l'établissement de la monarchie*, etc., etc. Charles NISARD.

HENRIOT (FRANÇOIS), naquit à Nanterre, en 1761, d'une famille de cultivateurs, qui, malgré sa pauvreté, put lui faire donner un commencement d'instruction ; car il s'exprimait avec facilité et écrivait assez bien. Sa première condition fut pauvre et pénible : qu'il ait servi comme enfant de chœur, domestique, ou clerc d'huissier, nous ne voyons là rien qui l'accuse. Lorsque le mouvement de 1789 commença, il était, à l'âge de trente ans, parvenu à obtenir une place de commis dans l'octroi de la capitale. Le peuple ayant mis le feu aux barrières, dans la nuit du 12 juillet, il quitta son poste, et le laissa faire. Sa sagacité comprit que de nouveaux temps étaient venus, et les plus forts étant ses amis, il passa de leur côté. Depuis il disparut dans les groupes ; on l'employa à presser l'action révolutionnaire par son énergie. Mais dans les premiers temps il ne fut pas aperçu, et vécut, comme tant d'autres, des subventions des partis. La nuit du 9 au 10 août signala son audace : il fut remarqué. Il s'attacha bientôt de fait à la garde de Robespierre : celui-ci, le recommandant à sa clientelle, le fit nommer chef de la force armée de la section des Sans-Culottes. Il fut chargé, le 30 mai 1793, par le conseil général de la Commune, du commandement provisoire de toutes celles de Paris ; et ce fut surtout à son énergie que le parti populaire dut, au 31 mai et au 3 juin, la victoire qu'il remporta sur la Gironde. Dans cette dernière journée, la Convention, dominée un instant par les girondins, délibérait, entourée par près de 80,000 hommes des sections, commandés par Henriot, avec 163 bouches à feu, quand Barrère proposa à ses collègues d'aller tenir séance au milieu du peuple. Cette motion ayant été accueillie avec enthousiasme par la majorité, l'assemblée entière se rendit, son président Hérault de Séchelle en tête, dans la cour des Tuileries. Les sentinelles la laissèrent d'abord passer, mais quand elle arriva en face des canonniers et de Henriot, et que Hérault ordonna à celui-ci de faire place aux représentants du peuple : « Le peuple ne s'est pas levé, répondit Henriot, froid et impassible, pour entendre des phrases ; c'est l'arrestation des traîtres qu'il exige. » Saisissez ce rebelle, s'écrie Hérault en s'adressant aux soldats. — Canonniers, à vos pièces, reprend Henriot d'une voix tonnante ; soldats, à vos armes, et vous autres, dispersez-vous ! » La Convention rentra dans le local de ses séances, et la ruine de la Gironde fut consommée.

Ce coup de main, ce service rendu au parti démocratique, le fit élever définitivement au poste de commandant de la garde nationale de Paris ; il lui valut à l'élection la majorité des suffrages : il eut 9,084 voix, et son concurrent, Raffet (de la Butte-des-Moulins), n'en réunit que 6,095. Au 9 thermidor, les mesures militaires qu'il prit furent molles et insuffisantes : il perdit tout parce qu'il se crut suffisamment fort. Cinq gendarmes suffirent pour l'arrêter et le conduire garrotté au comité de sûreté générale. Mais Cofinhal vint à son secours, coupa ses cordes, et Henriot s'élança de nouveau sur son cheval. Rencontrant aussitôt une compagnie de canonniers, il lui ordonna de marcher à la Convention, et de diriger sur elle ses canons ; les soldats obéirent d'abord, mais, apprenant que l'assemblée venait de le mettre hors la loi, ils l'abandonnèrent. Alors il perdit la tête, et fit faute sur faute. La Commune insurgée comptait sur lui, et il n'agit point ; les embarras vinrent de ses propres soldats, qui l'arrêtèrent et le livrèrent aux commissaires de la Convention. Il fut conduit à l'hôtel de ville. Cofinhal, indigné, le saisit avec vigueur, et le lança par la fenêtre sur un tas de fumier, dans une cour obscure, près d'un égoût, en lui criant : « Va, misérable ! » Il fut ramassé mutilé, brisé, sans connaissance. Mis hors la loi, Fouquier-Tainville constata le lendemain son identité, et l'envoya à l'échafaud. Frédéric FAYOT.

HENRIQUEL-DUPONT (LOUIS-PIERRE), né à Paris, en 1797, est en possession de l'un des premiers rangs parmi les graveurs de nos jours. Son véritable nom est Henriquel, celui de Dupont ayant été pris par son père pour complaire à une tante qui l'avait élevé. M. Henriquel consacra ses premières études à la peinture historique, et passa trois années dans l'atelier de Pierre Guérin. C'est là qu'il apprit cette correction élégante, ce style élevé, cette pureté de dessin, cette sobriété pleine de goût, dont il ne s'est jamais départi. Ses progrès furent rapides ; mais ne se sentant pas la hardiesse nécessaire pour aborder la peinture historique au moment où les David, les Gros, les Guérin, les Gérard, les Girodet, captivaient l'admiration par de nombreux et immortels chefs-d'œuvre, le jeune Henriquel préféra embrasser une carrière moins brillante, mais plus sûre. Il choisit la gravure, et passa de l'atelier de Guérin dans celui de Bervic, l'un des plus habiles maîtres en ce genre. À l'âge de vingt-et-un ans, en 1818, il sortit de l'atelier du maître pour entrer dans le sien.

M. Henriquel débuta par quelques planches pour la librairie ou pour des recueils de gravures, les unes destinées à orner les belles éditions de nos grands écrivains, les autres, un peu plus tard, devant faire partie de la collection de gravures du Musée royal. Un de ses premiers ouvrages et de ses meilleurs fut un portrait de femme d'après Van Dyck, où toutes les admirables qualités du maître se trouvent rendues avec cette fidélité intelligente qui fait de la copie le pendant de l'original. Ce fut son début au salon : il attira l'attention. M. Henriquel fit alors un choix judicieux parmi les peintres de nos jours. Le portrait de M. Pastoret et le *Strafford*, d'après Delaroche; le *Gustave Wasa*, d'après Hersent; le portrait du roi, d'après Gérard; celui de Bertin, d'après Ingres; *Le Christ consolateur*, d'après Scheffer, sont ses principaux ouvrages. Dans tous le dessin occupe la première place.

Comme tous les hommes distingués dans leur art, M. Henriquel en a cherché des applications nouvelles; il a essayé quelques gravures à l'aqua-tinta, et le *Cromwell*, d'après Delaroche, a constaté le succès de ce procédé nouveau. On doit encore au burin de M. Henriquel la reproduction de la fresque exécutée par M. Delaroche pour l'hémicycle de l'École des Beaux-Arts, travail qui lui valut la grande médaille d'honneur au salon de 1853. En 1849 cet artiste consciencieux a été appelé à succéder à Richomme dans la section de gravure de l'Académie des Beaux-Arts.

HENRY (Patrick), un des fondateurs de l'indépendance des États-Unis, né le 29 mai 1736, dans le comté de Hanovre en Virginie, fut mis en apprentissage chez un marchand à l'âge de quinze ans. Dix ans plus tard il se voua à l'étude du droit, et, après une courte préparation, s'établit avocat. Il logeait chez son beau-père, qui tenait un cabaret, et eut à lutter pendant plusieurs années contre le besoin. En 1765 il fut élu membre de la chambre des députés, dans le but exprès de provoquer une opposition à l'acte du timbre imposé par l'Angleterre. Après avoir vainement attendu une proposition contre cet acte, formulée par quelque membre plus ancien et plus expérimenté, et lorsqu'il ne restait plus que trois séances, il soumit, au mois de mai, à l'assemblée ses célèbres conclusions contre la loi du timbre. En motivant sa proposition, il s'écria au plus fort de la discussion : « César a eu son Brutus, Charles Ier son Cromwell, et Georges III...... — Haute trahison ! » s'écria à son tour le président de l'assemblée ; et de tous côtés on répéta cette exclamation. Henry, sans perdre contenance, ajouta avec énergie : « devrait profiter de leur exemple. Si c'est là de la haute trahison, faites-en ce que vous voudrez ! » A partir de ce jour, Henry, considéré comme l'un des champions des libertés coloniales, fut le favori du peuple. Il resta membre de la chambre des députés jusqu'à la fin de la révolution, fit partie de toutes les commissions importantes, et fut député au premier congrès général, qui se réunit à Philadelphie, le 4 septembre 1774. Il prit part à toutes les mesures qui amenèrent le renversement du pouvoir royal, et fut nommé en 1775 commandant de toutes les forces militaires organisées pour la défense de la colonie de Virginie; pourtant, il se démit de ces fonctions, convaincu qu'il était qu'il servirait mieux sa patrie dans les conseils de la nation que sur les champs de bataille. Bientôt après, le premier il fut élu gouverneur de l'État de Virginie. En 1786 les suffrages de ses concitoyens l'appelèrent à faire partie de l'assemblée réunie à Philadelphie, pour modifier la constitution des États-Unis; mais il n'accepta point ce mandat, afin de pouvoir se livrer librement à l'exercice de sa profession d'avocat. Élu membre de l'assemblée qui devait prononcer sur le sort du projet de constitution fédérale, il reconnut bientôt les avantages du système fédératif, et tout en combattant avec succès diverses dispositions du projet dont les tendances lui semblaient dangereuses pour la liberté, il devint un loyal fédéraliste. Il mourut le 6 juin 1797, laissant quinze enfants, auxquels il transmit une grande fortune, acquise par suite d'achats de terres faits avec intelligence dans les dernières années de sa vie.

HÉPATIQUE (en grec ἡπατικός, de ἧπαρ, foie), qui appartient au foie. Cette épithète, que certaines nomenclatures ont appliquée à des artères et à des veines, ne s'emploie plus guère que pour désigner un conduit partiel du foie. Elle sert aussi à spécifier certaines maladies du foie, par exemple les *coliques hépatiques*.

HÉPATIQUE (*Botanique*), genre de la famille des renonculacées établi par Dillen et ainsi nommé parce qu'on leur a attribué des vertus dans les maladies du foie (ἧπαρ). Il ne renferme qu'une seule espèce, l'*hépatique trilobée* (*hepatica trilobata*), vulgairement *trinitaire* et *herbe de la Trinité*, que Linné rangeait parmi les anémones. C'est une plante vivace, basse, à racines fibreuses, à feuilles trilobées, d'un vert luisant, tavelées de blanchâtre, rougeâtres quand elles vieillissent. En février ou mars apparaissent de nombreuses fleurs blanches, roses ou bleues, simples ou doubles, suivant la variété. Aussi la précocité et la beauté de ces fleurs font-elles cultiver dans tous les jardins l'hépatique, qui ne croît naturellement que dans les régions boréales de l'Europe et de l'Amérique.

HÉPATIQUES (*Cryptogames*), ordre de végétaux cryptogames intermédiaires entre les lichens et les mousses. Par leur port, les hépatiques ressemblent aux lichens foliacés; aux mousses, par les organes de la fructification. Elles croissent dans les lieux humides. On les divise en cinq tribus ainsi dénommées : *Jungermanniées*, *marchantiées*, *monocléées*, *anthocérotées* et *riccidées*.

HÉPATISATION (de ἧπαρ, foie). *Voyez* Carnification.

HÉPATITE (de ἧπαρ, ἥπατος, foie), inflammation du foie, maladie fréquente dans les climats chauds, aux Indes et en Algérie, surtout dans la province d'Oran : on l'observe durant l'été dans nos climats tempérés, et elle attaque le plus ordinairement les intempérants, les hommes à vives passions, mais surtout ceux qui s'adonnent aux liqueurs fortes, aux excès de table. Quand l'hépatite est aiguë, on saigne, on baigne, on fomente, on impose une diète sévère ; on prescrit des breuvages tempérants, des boissons acidulés, mais surtout des laxatifs, en particulier le calomel, et même jusqu'à salivation. L'hépatite chronique peut donner lieu à un grand nombre d'affections chroniques et peu curables, à des abcès dangereux et des adhérences, des altérations de substance et de volume, à des ossifications, même à des calculs ; affections diverses que l'on désignait autrefois sous le nom vague et collectif d'*obstructions* ; et nous devons reconnaître que ce mot convient assez à de pareils maux, puisque l'ictère, qui se montre fréquemment dans tous, semble attester que le cours de la bile est entravé et ses canaux *obstrués*. Outre la douleur vers le côté droit et les dérangements de la digestion, outre les nausées, la teinte souvent citronnée de la peau et de la sclérotique de l'œil ; outre la fièvre, la constipation, la nuance safranée des urines, souvent l'hépatite se décèle par une douleur vers l'épaule droite; quelquefois aussi elle suscite sympathiquement une douleur de l'épaule ne saurait être attribuée qu'au nerf diaphragmatique, dont le foie reçoit quelques minces filets, ce nerf ayant son origine au cou.

Les inflammations du foie sont ordinairement accompagnées de fièvre, et les symptômes en diffèrent suivant le siège qu'elles affectent. Elles peuvent également simuler soit la péritonite, soit la pleurésie. Souvent les douleurs qu'elles occasionnent induisent le tronc à se fléchir. Enfin, les suites tacites de ces graves affections ont plus d'une fois fait illusion avec la phthisie pulmonaire, erreurs dont l'issue du mal ne dissuadait plus.

L'inflammation n'a pas de signe plus pathognomonique que la formation du pus; et il n'est pas très-rare que des abcès signalent l'hépatite aiguë ou chronique. Ces abcès sont plus fréquemment superficiels que profonds ; et la matière dont ils sont formés est presque toujours déposée entre la membrane dite de Glisson et le feuillet superposé du péritoine.

Plus rares sont les abcès profonds siégeant dans la substance même du foie, et l'on a souvent pris pour tels des tubercules ramollis ou même des amas de sang, le pus du foie ayant la même couleur vineuse. Les abcès du foie restent fréquemment ignorés jusqu'à funeste événement, malgré la douleur et la fièvre dont ils sont précédés, et malgré les frissons qui en signalent la formation. Cependant une fluctuation locale et l'œdème, quand ils sont contigus aux parois du ventre, en ont quelquefois fait reconnaître l'existence. J.-L. Petit en cite un exemple mémorable, et des médecins modernes en ont ajouté d'autres. Ces abcès, souvent volumineux, sont presque toujours mortels, soit en raison du trouble qu'ils suscitent dans les fonctions de la vie, soit parce qu'ils s'ouvrent brusquement dans le péritoine, dans la plèvre droite ou dans la veine-porte. Cependant, il n'est pas sans exemple que de pareils dépôts se soient heureusement fait jour dans le tube digestif, dans l'estomac, dans le colon transverse ou l'ascendant, et quelques fois même dans la vésicule biliaire, laquelle versait le pus dans le duodénum par le conduit cholédoque. D'autres fois on les a vus s'ouvrir soit dans les bronches, et peu à peu, après avoir traversé le diaphragme, la plèvre double et le tissu du poumon droit, soit à l'extérieur, à travers les muscles abdominaux et la peau; conjonctures dans lesquelles la guérison n'est pas absolument impossible, en conséquence des adhérences tutélaires que la nature ménage entre ces abcès et les organes dans lesquels ils vont s'ouvrir.

Mais ces adhérences morbides du foie avec les organes qui lui sont contigus ne sont pas toutes salutaires, alors même que ces organes en ont pris l'initiative.

Dans ces inflammations chroniques du foie et leurs suites diverses, on a recours à des saignées locales, aux laxatifs, aux frictions mercurielles, aux appositions de ventouses et de moxas vers l'hypochondre douloureux, aux eaux bicarbonatées et acidulées, jointes aux infusions de quinquina. Fréquemment les cures sont assez lentes pour que les malades interviennent avec compétence dans le choix des remèdes.

Dr Isidore BOURDON.

HÉPATOSCOPIE (du grec ἧπαρ, foie, et σκοπέω, je regarde), divination par le foie. La partie principale que les anciens observaient, après les sacrifices, dans les entrailles des victimes, était le foie. S'il était corrompu, ils croyaient le reste du corps affecté de cette souillure, et ils cessaient l'examen. S'il était naturellement rouge, s'il était sain et sans tache, si la tête de l'animal était grosse, s'il avait deux ou deux foies, si les poches étaient tournées en dedans, c'étaient autant de signes de succès et de prospérité. D'autre part, on devait s'attendre à des dangers, à des désappointements, à des revers, s'il y avait trop de sécheresse ou un nœud entre les deux parties du foie; s'il était sans lobe, ou s'il manquait tout à fait. Y apercevait-on quelque ulcère, était-il rétréci, mince, dur, décoloré, rempli d'humeurs viciées ou corrompues, était-il déplacé, ne se détachait-il pas d'une manière visible des entrailles, quand on les faisait bouillir, ou enfin s'amollissait-il soumis à cette épreuve, on en tirait un mauvais augure. Un foie resserré ou enveloppé annonçait un prochain malheur.

HÉPHESTION. Voyez ÉPHESTION.

HEPTACORDE (de ἑπτά, sept, et χορδή, corde), lyre ou cithare à sept cordes, longtemps la plus célèbre et la plus usitée de toutes. Quoique cet instrument reproduisît les sept voix de la musique, l'octave y manquait encore. Simonide l'y mit, à ce que nous apprend Pline, par l'addition d'une huitième corde, c'est-à-dire en laissant un ton entier d'intervalle entre les deux tétracordes.

Les Grecs nommaient encore ainsi un système musical formé de sept tons.

HEPTAGONE (de ἑπτά, sept, et γωνία, angle), figure composée de sept côtés et de sept angles. On appelle *heptagone régulier* celui dont tous les angles sont égaux. La surface de l'heptagone régulier est égale au produit du carré de l'un de ses côtés par 3,6339...

En termes de fortification, on appelle *heptagone* une place fortifiée par sept bastions.

En arithmétique, on entend par *nombres heptagones* des nombres polygones où la différence des termes de la progression arithmétique correspondante est 5. Entre plusieurs propriétés, le nombre heptagone en a une assez remarquable : c'est que si on le multiplie par 40 et qu'on ajoute 9 au produit, la somme sera un nombre carré.

Ainsi $1 \times 40 + 9 = 49 = 7^2$
$7 \times 40 + 9 = 289 = 17^2$
$18 \times 40 + 9 = 329 = 27^2$ (?)
$34 \times 40 + 9 = 1369 = 37^2$
$55 \times 40 + 9 = 2209 = 47^2$, etc.

Ici il est évident que la série des carrés formés est 7^2, 17^2, 27^2, 37^2, 47^2, etc., dont la différence commune des racines est 10, qui est le double de la différence commune de la série arithmétique d'où les heptagones sont formés.

HEPTAMÉRON (du grec ἑπτά, sept, et ἡμέρα, jour, journée), ouvrage composé de parties distribuées en sept journées, tel que *l'Heptaméron rustique* et *l'Heptaméron de la reine de Navarre*, Marguerite, sœur de François Ier, recueil de soixante-onze contes, la plupart graveleux, quoique émanant d'une princesse de mœurs sévères (*voyez* CONTE).

HEPTANDRIE (de ἑπτά, sept, et ἀνήρ, homme, pris ici pour *étamine*), septième classe du système de Linné (*voyez* BOTANIQUE) comprenant les plantes, peu nombreuses, qui on sept étamines.

HEPTARCHIE. C'est ainsi que l'on désigne les sept royaumes fondés par les Anglo-Saxons dans la Grande-Bretagne. La domination romaine, ou plutôt les discordes sanglantes des successeurs de Constantin, et le despotisme de la soldatesque avaient en dans cette île les mêmes résultats que dans les autres parties de ce vaste empire. Les peuples, amollis, abrutis, dépouillés d'énergie et de nationalité, n'étaient plus que des esclaves, toujours prêts à changer de maître. Le patriotisme et le courage des insulaires s'étaient réfugiés dans la Calédonie, avec les Écossais et les Pictes; et dès que l'empire, épuisé, croula de toutes parts sur lui-même, ces deux nations belliqueuses franchirent le mur de Sévère, et portèrent la mort et le ravage chez les Bretons, abandonnés à leur propre faiblesse. Ceux-ci implorèrent le secours d'Aétius; mais le général était trop occupé à contenir le débordement d'Attila dans les Gaules pour être en état de leur porter secours. Les Bretons n'eurent de refuge dans les forêts; et, pour comble de maux, naquit au milieu d'eux une guerre de religion, avec le fameux Morgan, qui prit en Grèce le nom de Pélage, et dont les sectateurs ont été connus, persécutés et damnés, sous le nom de *pélagiens*. La lâche Vortigern, que les Bretons s'étaient donné pour roi, ne trouva pas de meilleur moyen de faire face à un étranger que d'en appeler un autre. Les Saxons quittèrent, sur son invitation, les contrées du Holstein, du Schleswig et de la Batavie, sous la conduite d'Hengist et de Horsa. Ces deux frères partirent des bouches de la Meuse avec trois vaisseaux, abordèrent, en 440, dans l'île de Thanet, repoussèrent les Pictes et les Écossais dans leurs montagnes, et, charmés de la beauté du pays qu'ils étaient venus délivrer, ils appelèrent cinq mille de leurs compagnons pour les aider à le conquérir. Les Bretons ne tardèrent pas à reconnaître la faute qu'ils avaient faite; ils virent bientôt après leurs dangereux sauveurs faire alliance avec leurs ennemis; et le jeune roi Vortimer, qu'ils prirent à la place de son indigne père, leur rendit assez d'énergie pour honorer du moins leur défaite. Le Saxon Horsa fut tué dans une bataille près d'Ailsford; mais il fut cruellement vengé par son frère Hengist, qui massacra les femmes, les enfants, les vieillards et les prêtres. Quelques Bretons, échappés à ce carnage, vinrent chercher un asile dans l'Armorique, à laquelle ils donnèrent le nom de *Bretagne*. Hengist fonda sur leur ruine le royaume de Kent, dans le pays de ce nom, dans les comtés d'Essex, de Middlesex, et dans une partie du Surrey. Les Angles, voisins des Saxons en Germanie, entendirent parler de ces conquêtes, et se mêlèrent dès lors à toutes leurs migrations. Ella conduisit une colonie nouvelle dans le midi de l'île, et fonda, en 477, le royaume de Sussex, ou des Saxons du sud, dans le comté actuel de ce nom, et dans le reste du Surrey. Cordick, autre conquérant, le suivit de près; mais il rencontra devant lui le fameux Arthur et ses chevaliers de la Table-Ronde, qui sont peut-être aussi vrais que les héros d'Homère et du Tasse. Quoi qu'il en soit, héros d'histoire ou de roman, Arthur, d'après les traditions adoptées, remporta douze victoires sur Cordick et ses alliés. Mais il périt dans la treizième, et avec lui la dernière espérance des Bretons. Cordick et son fils Kernick s'établirent sur les terres du Hants, du Dorset, de Wilts, de Bercks et de l'île de Wight, qui formèrent le royaume de Wessex, ou des Saxons occidentaux. D'autres voleurs privilégiés arrivèrent successivement de la Germanie pour fonder le royaume d'Essex sur le territoire de Londres et de Colchester, celui d'Estanglie, dont le nom désigne assez les véritables créateurs, dans les provinces de Cambridge, de Suffolck et de Norfolck; celui de Mercie, qui comprit les provinces du centre, et eut Hereford pour capitale; plus tard enfin, en 547, celui de Northumberland, qui s'étendit jusqu'en Écosse, quoi qu'en ait dit le patriotisme de ses chroniqueurs. Il ne resta en dehors de l'heptarchie que les neuf dixièmes de cette Écosse, le pays de Galles et celui de Cornouailles, où la vieille race des Bretons et la religion chrétienne se réfugièrent. Partout ailleurs s'établit le sceptre de fer des Saxons et des Angles sur des monceaux de cadavres. Il serait aussi long que fastidieux de donner ici, et pendant près de quatre siècles, la nomenclature des rois qui ont successivement porté les sept couronnes. Egbert, dernier rejeton de toutes ces familles royales, régna seul sur les sept royaumes, à l'ensemble desquels une assemblée nationale, origine des parlements, donna le nom d'*Angleterre*. L'heptarchie finit ainsi, l'an 830, après une durée de 381 ans. Et le grand Egbert, comme l'appellent les Anglais, se montra digne de sa fortune, en rejetant dans la mer les Danois, qui venaient déjà lui disputer la possession de son royaume.

VIENNET, de l'Académie Française.

HÉRACLÉE, nom commun à un grand nombre de villes anciennes ainsi appelées en l'honneur d'Hercule, et parmi lesquelles on distinguait les suivantes :

HÉRACLÉE en Bithynie, ou *Eribolum*, sur les bords du Pont ou de la mer Noire, d'où son surnom de *Pontica*, aujourd'hui *Érekli*, colonie milésienne très-florissante, qui elle-même fonda plusieurs autres colonies; ou montrait près de là l'entrée des enfers; on y récoltait aussi l'aconit, né, dit-on, de la bave de Cerbère, lorsque Hercule le tira des enfers. Après avoir longtemps existé à l'état de république aristocratique, elle passa sous la domination d'un seul, le tyran Cléarque et ses descendants. Par la suite, elle dépendit des souverains de la Syrie, et finit par être incorporée avec toute la Bithynie à l'empire romain.

HÉRACLÉE en Thrace, qu'on appelait aussi *Perinthe*, et qui se nomme aujourd'hui *Erekli*, sur la Propontide, près de Byzance, séjour d'Alcibiade dans son second exil, fameuse par un long siège qu'elle soutint contre Philippe de Macédoine, et à la suite duquel elle fut prise, l'an 341 avant J.-C.

HÉRACLÉE en Lucanie (basse Italie) aujourd'hui *Policoro*, sur le golfe de Tarente, entre cette ville, dont elle était une colonie, et Métaponte à l'embouchure de l'Aciris; elle fut très-commerçante et très-riche, et suivit l'alliance de Rome du temps de l'invasion de Pyrrhus, qui, l'an 280 avant J.-C., remporta une victoire importante sous ses murs. Les Romains la soumirent en même temps que Tarente.

HÉRACLÉE en Sicile, près d'Agrigente, colonie crétoise, comme l'indiquait son nom d'*Heraclea Minoa*; elle fut très-considérable et très-riche jusqu'au moment où elle fut ruinée par les Carthaginois.

HÉRACLÉE dans la Gaule narbonnaise, située, au rapport de Pline, à l'embouchure du Rhône, et la même vraisemblablement que celle qui est surnommée *Caccabaria* ou *Fanum Sancti Eutropii*, aujourd'hui *Saint-Tropez*.

HÉRACLÉE dans la Gaule viennoise, sur la rive droite de la grande embouchure du Rhône, et première résidence du roi goth Ataulf.

HÉRACLÉES, fêtes qu'on célébrait tous les cinq ans sur le mont Œta, dans l'île de Rhodes, à Cos, à Lindus, à Sicyone, à Athènes et dans plusieurs autres localités de la Grèce, en l'honneur d'Hercule.

On appelait aussi *Héraclées* des recueils de chants et de traditions sur Hercule.

HÉRACLIDE, philosophe et historien grec d'Héraclée, dans le Pont, d'où il a été surnommé le *Pontique*, et ironiquement par les anciens *Pompicus* (de Πομπή, pompe, faste), vécut vers l'an 328 avant J.-C. D'abord disciple de Platon, il embrassa le pythagorisme, passa sous Speusippe, et finit par devenir aristotélicien. Au titre de philosophe, Héraclide de Pont réunissait celui d'orateur, et composa, sans jugement indépendant, plusieurs ouvrages historiques, dont les fragments ont été édités par Rohier (Halle, 1804), par Koray, dans son *Prodromus bibliothecæ græcæ* (Paris, 1805) et, en dernier lieu, par Miller, dans les *Historicorum Græcorum Fragmenta* (Paris, 1841). On l'a pris aussi pour l'auteur de deux écrits que d'autres attribuent à un certain HÉRACLITE, qui sont intitulés : *Allegoriæ homericæ*, publiées par Schow (Gœttingue, 1782), et *de Incredibilibus*, et qui ont été soumis à la critique par Westermann, dans ses *Mythographi* (Brunswick, 1843). On a prétendu qu'Héraclide délivra sa patrie et tua lui-même le tyran qui l'opprimait; mais dans une famine, durant laquelle on l'envoya consulter l'oracle, il séduisit la prêtresse, qui répondit que le fléau cesserait quand on lui aurait décerné une couronne d'or. Il la reçut effectivement en pleine théâtre, mais tomba frappé d'apoplexie au milieu de son triomphe.

HÉRACLIDE. Ce nom a appartenu à plusieurs médecins grecs.

HÉRACLIDE *de Cos*, de la famille des *Asclépiades*, est particulièrement célèbre comme père d'*Hippocrate*. Il donna à son fils les premières notions de l'art médical.

HÉRACLIDE *de Tarente* vivait vers l'an 240 avant J.-C., et fut le médecin le plus distingué de l'école *empirique*, en ce sens qu'il rendit des services à la thérapeutique en repoussant une foule de moyens inutiles, en examinant l'action de ceux qu'il fallait conserver, et en rédigeant un grand nombre de prescriptions convenables. Il fut le premier qui se servit des moyens appelés cosmétiques. Il fit également faire des progrès à la chirurgie et à l'art de guérir les maladies des yeux.

HÉRACLIDE *d'Érythrée*, qui vivait au commencement du deuxième siècle avant J.-C., fut un des successeurs d'Hérophile. Il travailla sur les ouvrages d'Hippocrate, et fut célèbre parmi les anciens pour sa théorie du pouls.

HÉRACLIDES. C'est le nom que l'on donne à la postérité d'Hercule. Ce héros devait régner sur Tirynthe, Mycène et les peuples d'alentour, mais il fut obligé d'obéir à Eurysthée. Quoique le Péloponnèse appartînt à ses descendants, et c'est par cette fable que les Doriens justifiaient leur conquête; car la tradition de Sparte les faisait descendre des premiers dominateurs de Mycène. L'expédition des Héraclides et la conquête du Péloponnèse par les Doriens sont donc étroitement liées dans l'histoire; mais il serait difficile d'indiquer les autorités sur lesquelles se fonde ce récit, et il paraît être tout aussi traditionnel que celui de la guerre de Troie. A cette différence près que nous n'avons pour éclairer ni épopée ni scoliastes. Hérodote, cependant, connaissait les poëtes qui parlaient du retour des Héraclides et de l'arrivée des Doriens en Laconie. Ce pouvait être des auteurs épiques, de ceux qui, comme Cynéthon de Laconie, établissaient les mythes généalogiquement : ils ont dû parler des descendants d'Hercule; ou bien c'étaient des poëtes historiques, dans le genre du Corinthien Eumèle. Hérodote trouva sur les Héraclides une version toute différente de celle qui lui était connue. Nous n'en avons guère que deux fragments, l'un d'Hécatée, l'autre de Phérécyde ; encore se rattachent-ils immédiatement à la mort d'Hercule. Les tragiques ont été plus fertiles : Eschyle avait composé des *Héraclides*, Euripide aussi. Sophocle avait écrit un *Solaos*; Euripide s'initia encore davantage à l'histoire des Doriens dans ses *Téménides*, dans son *Archélaüs*, dans son *Cresphonte*; et sans doute Apollodore, qui était Athénien, avait principalement puisé à ces sources le récit qu'il nous a laissé.

Les Héraclides, après la mort de leur père, se trouvaient à Trachis, chez leur hôte fidèle, Céys, qui fut obligé de les renvoyer, à cause des menaces d'Eurysthée. D'autres, qui pensent qu'Hercule mourut sur le trône de Mycène, les font bannir par ce tyran après sa mort. Dans tous les cas, ils viennent à Athènes, où ils sont protégés par Thésée ou Démophon : ils combattent, aidés par les Athéniens, que commandent Hyllus et Iolaos. Macaria, sœur des Héraclides, se dévoue à la mort, et ils remportent la victoire. Alcmène tue le roi argien. Iolaos meurt bientôt après. Les traditions varient beaucoup sur tout cela ; il en est qui placent le champ de bataille dans le voisinage de Thèbes. La conquête du Péloponnèse aurait été le résultat de ce succès, qui fut suivi d'une domination paisible pendant une année, ou durant une certaine période. Une peste vint ensuite, qui contraignit les Héraclides à retourner dans l'Attique. Les mythographes envoient l'un d'eux, Tlépolemos, à Rhodes; et Phérécyde, suivant une tout autre version, sans s'inquiéter de la conquête du Péloponnèse, les fait venir à Thèbes, où ils auraient fondé une colonie, pendant que les Pélopides, de la race de Persée, gouvernaient le Péloponnèse en usurpateurs. Désormais, les expéditions des Héraclides sont dirigées contre ceux-ci. Dans la troisième année, Hyllus s'avance vers le Péloponnèse, il trouve sur l'isthme les Arcadiens, les Ioniens et les Achéens, et livre un combat singulier à Echémos, fils d'Éropos, prince de Tégée : Hyllus meurt, et on l'enterre à Mégare. Les Héraclides promettent de ne pas renouveler leur tentative de cent ans, ou de cinquante ans ; on n'est pas d'accord là-dessus. Les traditions varient beaucoup encore sur la part des Doriens à ces entreprises ; ils viennent tantôt d'Hestieotis, tantôt du Parnasse, et l'on n'est pas moins partagé sur les époques.

Le fils d'Hyllus est appelé Cléodœos, le petit-fils Aristomaque. C'est d'après la généalogie, sans doute, qu'on a fixé à quatre-vingts ans après Troie la nouvelle expédition des Héraclides. L'oracle leur dit qu'il fallait entreprendre par le détroit la conquête à la troisième récolte. Cet oracle, mal compris, avait été la cause de l'erreur d'Hyllus. Désormais Apollon s'expliquera plus clairement : au lieu de l'Isthme de Corinthe, ce sera le détroit de Rhion qu'il faudra suivre, et la troisième récolte voudra dire la troisième génération. Les Héraclides mettent à la voile, et abordent sur ce point ; et de fait les contrées voisines de l'isthme furent les dernières conquises par les Doriens. Le devin Karnos est tué pendant la traversée, et les Héraclides instituent des sacrifices expiatoires à Apollon Karnéos. Aristodème, leur chef, étant mort et une épidémie s'étant déclarée, l'oracle d'Apollon conseille de nouveau, consulté de prendre pour diriger l'expédition l'homme à trois yeux : ils rencontrent Oxylos : son œil borgne il fût sur un cheval qui avait ses deux yeux, soit que les ayant lui-même il fût tué pour une borgne, on le déclara *triophthalmos*, et on le prit. Oxylos était Étolien, originaire de Calydon. Il y eut une grande bataille entre les forces du Péloponnèse, commandées par Tisamène, descendant d'Agamemnon, et les fils d'Aristomaque, et le pays se soumit à eux. Ici encore la tradition parle, tantôt d'un combat naval et d'un débarquement, tantôt d'une bataille qui aurait eu lieu quand on eut déjà traversé l'Arcadie, car Oxylos ne voulait pas leur faire connaître l'Élide. On rapporte que Cresphonte épousa la fille du roi d'Arcadie, Cypsélos. Le Péloponnèse est ensuite partagé entre les trois frères Téménos, Cresphonte et Aristodème ; mais il fallut encore bien du temps aux Doriens pour en achever la conquête. Lorsqu'on sacrifia à Jupiter, que l'on qualifiait d'aïeul, il se trouva sur les autels pour Argos un crapaud, pour Sparte un serpent, pour la Messénie un renard. Cette fable a sans doute été imaginée par les Athéniens pour caractériser ironiquement ces peuples. Le partage des États demeura tel que l'avaient établi les Héraclides : ainsi, Téménos eut Argos, Mycènes et Sichon ; Cresphonte, la Messénie ; Proclès et Eurysthènes, fils d'Aristodème, la Laconie. Isocrate dit qu'à leur arrivée, ils se saisirent de la meilleure partie des terres, ne laissant aux anciens habitants que les plus mauvaises.

Tel est, d'après O. Müller, tout ce qu'on peut dire des Héraclides. Traiter ce sujet chronologiquement serait folie. Le père Pétau ne reconnaît que deux tentatives des Héraclides pour rentrer dans leurs anciennes possessions ; d'autres, avec Scaliger, en distinguent trois ; on en admet quelquefois un plus grand nombre. La première expédition, commandée par Hyllus, fils d'Hercule et de Déjanira, aurait eu lieu quarante-un ans avant la guerre de Troie, 1323 avant J.-C. Ce fut trois ans plus tard qu'il périt dans un combat singulier, pour être venu sur une fausse interprétation de l'oracle d'Apollon. Il est une troisième expédition, qui aurait eu lieu trente-un ans après la guerre de Troie, et dans laquelle le fils d'Hyllus aurait été repoussé par Oreste, qui avait succédé à son père Agamemnon ; enfin, la dernière est celle que nous venons d'analyser, et qu'on fixe quatre-vingts ans après la guerre de Troie. Les Achéens de Mycènes et d'Argos, contraints d'abandonner leur pays, s'emparèrent de celui des Ioniens : ceux-ci, après s'être réfugiés à Athènes, vinrent, au bout de quelques années, occuper la côte de l'Asie Mineure, qui prit d'eux le nom d'Ionie. Le retour des Héraclides a changé la face de la Grèce : il marque la transition des siècles mythologiques aux temps historiques.

P. DE GOLBÉRY.

HÉRACLITE, d'Éphèse, philosophe grec, florissait vers la 69e olympiade. On ne sait presque rien des événements de sa vie : il paraît seulement qu'il appartenait à une famille distinguée, qu'il exerça quelque temps la magistrature suprême dans sa patrie, et qu'il se démit de sa place en faveur de son frère. Il avait beaucoup de goût pour la retraite, pour l'étude, et fort peu pour les hommes en général, pour les Éphésiens en particulier, dont il méprisait l'ingratitude et la turbulence démocratique. Il acheva de les trouver odieux à la nouvelle de l'ostracisme de son ami Hermodore, et se retira dans les montagnes, où il vécut dans la solitude, se nourrissant d'herbes et de racines. Ce régime, qui l'avait rendu hydropique, l'ayant forcé de rentrer à Éphèse, il se borna à demander aux médecins, dont il dédaignait la science, s'ils savaient transformer l'humidité en sécheresse, et se traîta à sa façon. Pour provoquer en lui une transpiration abondante, dans laquelle il voyait son salut, il se fit couvrir de sable selon les uns, de fumier suivant d'autres : ce moyen lui aurait réussi, a-t-on dit d'une part ; il aurait, d'après une autre opinion, précipité sa mort, qui arriva le lendemain. La légende va même jusqu'à le représenter dévoré par une meute de chiens.

Ordinairement rangé parmi les philosophes de l'école ionienne, à cause du lieu de sa naissance et du point de vue où il l'est au placer au début de ses recherches, il s'en distingue beaucoup par l'originalité et la portée de ses travaux. Comme les Ioniens, il tend à expliquer la nature par elle-même. Le principe matériel élémentaire de toutes choses lui paraît être un feu éthéré, dont notre feu visible n'est qu'une condensation ; celui-ci en se condensant devient air, lequel par une nouvelle condensation devient eau, laquelle par un dernier degré de condensation devient terre. Réciproquement, la terre en se dilatant devient eau ; l'eau se dilate davantage, et devient air ; l'air par une plus grande dilatation devient feu visible ; et le feu visible devient feu éthéré par une dilatation plus grande encore. Le monde est donc comme un organisme vivant, dans lequel toutes choses se transforment incessamment, suivant deux échelles, l'une ascendante, l'autre descendante, et conformément à des lois fixes et immuables. Une chose n'a pas plus tôt une forme, qu'elle tend à en prendre une autre, qui détruit la première; aucune chose n'*est*; toutes sont en train d'être, *deviennent*. Telle est la doctrine fondamentale d'Héraclite; elle prépara le dualisme platonicien du changeant et de l'immuable, du réel et de l'idéal, du relatif et de l'absolu. Héraclite en fit une application étrange aux objets métaphysiques, moraux et politiques. L'âme humaine en se dégageant des formes terrestres approche de plus en plus de la forme la plus parfaite, celle du feu éthéré : aussi disait-il que l'âme sèche est la meilleure. Le feu n'est pas seulement le *substratum* de toutes choses, mais aussi l'agent universel, le principe vivificateur du monde; c'est aussi la raison générale, la source de toutes les vérités, avec lesquelles nous communiquons pendant la veille au moyen de la respiration, les sens ne nous montrant que le variable et l'individuel.

Du reste, il s'en faut bien que nous connaissions à fond toute sa philosophie. Il l'avait déposée dans un ouvrage, cité sous divers titres, et souvent commenté, mais si difficile à comprendre que son auteur fut dès la plus haute antiquité surnommé l'*Obscur* : encore ne reste-t-il plus de ce livre que des fragments très-courts, qui sont aujourd'hui pour la plupart autant d'énigmes. Héraclite dédaignait de mettre ses doctrines à la portée de la multitude. Les historiens le peignent en général comme un misanthrope, d'une humeur hautaine et mélancolique. L'antiquité, si laconique sur sa vie, l'est beaucoup moins relativement à cette humeur : sur ce sujet les anecdotes abondent, et l'on pourrait dire que son caractère nous est parfaitement connu, s'il n'était pas évident que la tradition en a fait un type, et qu'à ce titre on doit plutôt le considérer comme un produit de l'art que comme une donnée de l'histoire. Ce travail poétique, dont les vies de saints offrent des exemples, et qui se montre sans déguisement dans le contraste établi par Lucien entre Héraclite, qui ne cesse de pleurer, et Démocrite, qui rit sans cesse, est surtout sensible dans les traits dont l'antiquité s'est plu à composer la physionomie du philosophe d'Éphèse. Mais, en tenant compte de cette élaboration légendaire, il n'en est pas moins certain que son mépris pour les poëtes, qu'il accusait de corrompre la jeunesse, et qu'il voulait bannir des lieux publics; celui qu'il affichait pour les philosophes, *qui ne songent*, disait-il, *qu'à beaucoup savoir, sans s'inquiéter de savoir bien*; son éloignement pour les hommes, sa haine pour la démocratie, son dédain du pouvoir, qui lui faisait dire *qu'il vaut mieux jouer avec les enfants que de s'occuper des affaires publiques ;* son refus de donner des lois à ses concitoyens, trop corrompus suivant lui pour qu'un philosophe se donnât cette peine ; ses rudes réponses à Darius et aux Athéniens, sa retraite dans la solitude, tous ces détails et beaucoup d'autres, faux ou vrais, ou exagérés, n'en témoignent pas moins de l'impression qu'avait laissée dans la mémoire des hommes son caractère sombre et superbe.

Aristote et Démétrius de Phalère ont attribué l'obscurité de ses écrits à la nature informe de la prose primitive dont il fut un des premiers à se servir. L'auteur avait, dit-on, déposé son livre dans le temple de Diane, à Éphèse, d'où il aurait été retiré par Cratès selon les uns, par Euripide suivant d'autres, et mis en vers par Scythinus. Les fragments qui nous en restent ont été recueillis et savamment commentés par Schleiermacher, dans son *Musée de la Science des Anciens*.

On a donné pour maître à Héraclite, tantôt le pythagoricien Hippasus, tantôt Xénophane, le fondateur de l'école d'Élée. La seule chose certaine, c'est qu'il avait étudié à fond leurs doctrines. D'ailleurs, ceux qui citent ces deux noms sont les premiers à reconnaître que, ne marchant

sur les traces de personne, il ne dut qu'à lui-même ses idées et sa doctrine.

HÉRACLIUS, empereur d'Orient, né en 575, monta sur le trône en 610, et mourut en 641. Il avait trente-cinq ans lorsque Constantinople, opprimée par le tyran Phocas, implora la protection de l'exarque d'Afrique, nommé, comme son fils, Héraclius. Le vieux général envoie avec une flotte, Héraclius le jeune. Phocas est renversé. « Malheureux, n'avais-tu usurpé l'empire que pour faire tant de maux au peuple? » lui dit le vainqueur. — « Gouverne-le mieux, » lui dit Phocas. Ce furent ses derniers mots. Héraclius le fils prit alors la pourpre teinte du sang de son prédécesseur.

Trois périodes partagent le règne du nouvel empereur : honte et désastres de 610 à 622; gloire de 622 à 629; encore une fois honte et désastres de 629 à 641.

L'empire, envahi en Europe par les Avares, dans l'Asie Mineure et en Égypte par les Perses, était réduit aux murs de Constantinople. Il paraissait en 622 plus bas encore qu'il ne devait l'être en 1452, à l'avénement de ce Mahomet II qui anéantit le vieux trône de Byzance. Dans cette détresse, Héraclius songea un instant à porter le siége du gouvernement à Carthage : il en fut détourné par le patriarche Sergius, dont le patriotisme chrétien voyait la ruine de la religion dans l'abandon de la cité de Constantin. Le clergé livre à Héraclius les richesses de l'Église pour la défense de l'État. Alors commence contre la Perse une guerre à la fois nationale et religieuse. Renouvelant un exemple bien rare parmi les successeurs de Constantin, Héraclius se met lui-même à la tête de son armée, laisse les Perses derrière lui, et transporte par mer son armée dans la Cilicie. Vainqueur près d'Issus, dans cette première expédition, il revient à Constantinople pour surveiller les Avares, dont il a acheté la neutralité. La seconde campagne d'Héraclius rend à la Perse tous les maux que ses guerriers ont faits à l'empire. Le massacre des mages dans Ormia, patrie de Zoroastre, venge les prêtres chrétiens égorgés et Jérusalem dévastée. Alors fut éteint dans Tauris le *feu perpétuel* qu'entretenaient les pontifes du soleil.

Héraclius a pris position entre le Phase et l'Araxe. Pendant qu'il négocie une ligue avec les Turcs de l'Oxus et les Turcs Khozares du Volga, Salbaras, gouverneur, pour les Perses, de Chalcédoine, ville d'Asie, qui n'est séparée de Constantinople que par un étroit bras de mer, suscite contre ses murs les Avares et les Slaves. Mais, bien qu'Héraclius soit absent, son génie veille sur elle. Les habitants se montrent dignes de leur empereur, et le patrice Bonose repousse cette nuée d'ennemis. Dans une troisième expédition, qui a lieu en 627, Héraclius, renforcé par 40,000 Turcs Khozares, reprend les villes de l'Arménie, de la Syrie et de l'Osrhoène. Il passe le Tigre à Mossoul. Là, beau comme Achille, couvert d'une armure toute d'or, il culbute de sa lance, en vue des deux armées, un Perse d'une taille gigantesque qui défend le passage. Dans une bataille sur les ruines de Ninive, il défait de nouveau les Perses, poursuit Chosroès de ville en ville jusqu'à Séleucie, s'approche de Ctésiphon ; mais, n'osant hasarder la limite où s'est arrêtée la marche victorieuse de Trajan, il se replie sur Tauris. Là il apprend que Chosroès, trahi par son fils naturel, a offensé, vient d'être précipité du trône par son fils Siroès. Le parricide, pour affermir son usurpation, offre la paix aux Romains. Héraclius ne veut aucune conquête nouvelle ; seulement, les anciennes limites des deux empires sont rétablies. Siroès rend les aigles romaines, les prisonniers et le bois de la *vraie croix*, que les Perses ont enlevé lors de la prise de Jérusalem. Héraclius fait dans Constantinople son entrée avec toute la pompe d'un triomphateur de la vieille Rome. Il se rend ensuite à Jérusalem, où, déployant ainsi de même la plus touchante humilité chrétienne, il vient pieds nus, en procession, reporter la croix au Saint-Sépulcre.

Tout cet éclat dura peu : sous son règne, ce triomphe, par l'épée, du christianisme sur le magisme fait place au triomphe de l'Islamisme sur les deux religions et sur les

deux nations persane et romaine, que cette dernière lutte a épuisées. Un peuple jusque alors obscur, le Koran d'une main, le sabre de l'autre, va s'élancer dès déserts de l'Arabie et accabler à la fois les deux empires. Héraclius, énervé par la prospérité, se plonge dans la mollesse. Devenu controversiste, il publie en faveur des *monothelites* ce fameux édit appelé *Ecthèse*, qui en voulant tout concilier introduit le schisme dans l'Église chrétienne. Cependant, les lieutenants du khalife Aboubekr, vainqueurs à Aïznadin, dispersent devant eux les chrétiens de la Syrie. Héraclius, au lieu de ceindre l'épée, courbe son front, devant les autels, et fuit de ville en ville. En apprenant la prise de Damas, en 637, il avait dit : « Adieu la Syrie! » Lorsque Jérusalem se fut rendue, en 637, au khalife Omar, le faible empereur, prosterné dans la cathédrale d'Antioche, pleure ses péchés et ceux de son peuple, et déclare au monde qu'il est inutile de combattre contre la volonté de Dieu. Alep est pris; Antioche se sauve par un tribut de 30,000 pièces d'or; et Héraclius, s'embarquant pour Constantinople, délie de leur serment de fidélité ce qui lui reste de sujets en Syrie. La Mésopotamie, la Syrie, la Palestine perdues, l'Égypte envahie, tels furent les résultats de la dernière période de son règne. Après lui, ses deux fils, *Héraclius-Constantin* et *Héracléous*, ne devaient régner que quelques mois.
Charles Du Rozoir.

HÉRALDIQUE (du latin barbare *heraldus*, héraut), science ou art du blason.

HÉRAT, l'un des royaumes des Afghans, sur le versant nord-est du plateau d'Iran, et formant un isthme fertile entre les roches désertes du Hazareh (le *Paropamisus* des anciens), à l'est, les grandes solitudes remplies de salines de l'Iran central au sud, la province persane du Khorassan à l'ouest, et les steppes des Turcomans au nord, consiste dans la partie sud-est de l'ancien Khorassan dans l'acception la plus étendue de ce nom, et est placé dans les mêmes conditions physiques que cette partie du plateau d'Iran. On évalue son étendue à environ 2,200 myr. carrés et le nombre de ses habitants à un million et demi. La très-grande majorité de ceux-ci se compose de Tadjiks soumis, et la minorité seulement d'Afghans, les maîtres actuels du pays, puis de Turcomans et de Juifs.

La capitale en est la seule ville importante de cet État et HÉRAT, ville mal fortifiée, située dans une fertile vallée, à environ 1,800 mètres au-dessus du niveau de l'Océan, et ayant, suivant les uns, 100,000, et suivant d'autres seulement 45,000 habitants. Par sa position, qui en fait la clef de la seule route conduisant de la Perse dans l'Inde par l'Afghanistan, position aussi importante sous le rapport commercial que sous le rapport stratégique, cette ville est le centre du commerce par caravanes et l'étape naturelle entre l'Inde, l'Afghanistan et l'Asie occidentale; aussi a-t-elle été de tout temps une base d'opération indispensable pour tous les conquérants qui voulaient de l'Asie occidentale se porter sur l'Inde. Elle est protégée par un rempart en terre, que surmontent de nombreuses tours, et par une très-forte citadelle. Un aqueduc y amène l'eau de l'Héri-Ud, rivière qui coule à 4 kilomètres de là. Elle renferme quelques mosquées remarquables et des manufactures assez considérables de laine, de soie, de coton, de cuir et d'armes; on vante particulièrement les sabres du Khorassan, qu'on y fabrique. La tradition musulmane lui donne Alexandre le Grand pour fondateur; mais son nom se trouve déjà mentionné dans les plus anciens monuments de la religion persane. C'est dans ses murs que naquit le célèbre historien persan Khondémir, qui à la fin de son grand ouvrage donne l'histoire complète de cette ville.

Hérat fut soumise lors de la conquête de la Perse par les khalifes, vers le milieu du septième siècle, avec tout le Khorassan, auquel elle appartenait, et elle partagea les destinées de ce pays jusqu'à l'avénement des sultans de Gour, au milieu du douzième siècle, qui y fixèrent leur résidence. Toutefois, dès la fin du même siècle, elle tomba au pouvoir des chahs kho-

waresmiens, et en 1220 entre les mains de Djinguis-Khan, qui la détruisit de fond en comble. A la fin du quatorzième siècle, elle tomba avec tous le Khorassan au pouvoir de Timour. Un de ses successeurs y établit le siége de sa dynastie, et le sultan Hussein fit d'Hérat, vers la fin du quinzième siècle, l'asile des sciences. Au commencement du seizième siècle, Hérat fut conquise par les Turcomans; mais dès 1510 Ismaël-Sophi la réunit à la Perse, et au milieu du dix-huitième siècle elle fut soumise par les Afghans. Après les vicissitudes nombreuses que subit la dynastie afghane des Duranis (*voyez* AFGHANISTAN), elle fut la résidence du dernier Durani, de Kamran-Chah. Sous son règne, Hérat acquit une importance toute particulière en raison de la rivalité qui s'établit alors dans le nord de l'Inde entre les Russes et les Anglais. Les premiers poussèrent la Perse, en 1833, à faire la guerre au royaume de Hérat, que les Anglais s'empressèrent de défendre contre cette agression. En 1838 le royaume de Hérat fut une seconde fois attaqué par les Persans, qui vinrent assiéger la ville, et cette fois avec des forces plus considérables. Mais, grâce aux secours des Anglais, elle se défendit avec succès, et les Persans se virent forcés de battre en retraite. Mais ce que la Perse, ou plutôt la politique russe, n'avait pu obtenir, sembla devoir leur réussir par suite de la mort du souverain de Hérat, Kamran-Chah, en mars 1843. A la mort de ce prince, le tout-puissant vizir, Jar-Mohammed s'y fit proclamer chah, et expulsa les fils de Kamran. Pour assurer sa souveraineté contre toute tentative de la part de ceux-ci, il se soumit au chah de Perse. En 1851, Jar-Mohammed étant mort, Shere-Mohammed-Khan, musulman fanatique, fut nommé vice-roi de Hérat par ce dernier.
HÉRAULT (Département de l'). Il tire son nom de la rivière qui le traverse du nord au sud, depuis sa sortie du département du Gard, où elle prend sa source, jusqu'à son embouchure dans le golfe de Lyon. Borné au nord par l'Aveyron et le Tarn, au couchant par le Tarn et l'Aude, au midi par l'Aude et la Méditerranée, au levant par le Gard, ce département est une ancienne dépendance de la province du Languedoc.

[Sa population est de 389,286 habitants. Il est divisé en 4 arrondissements communaux, 36 cantons, 330 communes. Il envoie trois députés au corps législatif. Il est compris dans la dixième division militaire, le diocèse de Montpellier et le ressort de la cour d'appel de la même ville. Il fait partie de l'académie de son chef-lieu ; on y compte 1 lycée, 6 colléges, 2 institutions, 18 pensions, 570 écoles primaires de garçons, 444 de filles.
Sa superficie est d'environ 630,955 hectares, dont 214,040 en landes, pâtis et bruyères ; 150,566 en terres labourables ; 103, 682 en vignes ; 77,646 en bois ; 27,273 en cultures diverses ; 12,268 en étangs, canaux ; 3,537 en prés ; 1,415 en vergers, jardins ; 1,338 en propriétés bâties ; 166 en oseraies, aunaies, saussaies ; 11,443 en rivières ; 9,714 en routes, rues ; 206 en cimetières, bâtiments publics, etc. Il paye 2,338,274 fr. d'impôt foncier.]

Adossé aux Cévennes et au Rouergue, le département de l'Hérault présente, dans sa partie occidentale et septentrionale, un amphithéâtre de montagnes de granit et de calcaire qui en feraient un pays fort pauvre s'il n'était amplement dédommagé par une riche zone de culture qui s'étend à largeurs inégales entre le littoral de la Méditerranée et ces montagnes arides. Elles renferment cependant d'assez grandes richesses minérales et quelques établissements thermaux, dont les plus fréquentés sont les bains d'Avesne et de Lamalou, et de Balaruc. La médecine fait encore usage des eaux purgatives de Pérols et de Villeneuve-lès-Maguelonne, et du pétrole anthelmintique de Gabian. C'est aussi sur le littoral que se voient les traces de plusieurs volcans éteints. Trois rivières principales, grossies par de nombreux affluents, arrosent ce département. Le Vidourle forme sa limite du côté du Gard, et va se perdre dans l'étang de Maugulo. L'Hérault et l'Orbe vont directement à la mer.

HÉRAULT

La première de ces deux rivières n'est navigable que sur une étendue de 12 kilomètres, depuis le pont de Bessan jusqu'à l'entrée du port d'Agde; elle est flottable dans un espace de 56 kilomètres. Ce département n'a de navigation intérieure que celle du canal des deux mers et celle des étangs. Le canal entre dans l'arrondissement de Béziers, où l'aqueduc de Frenicoupe traverse, après un cours de 24 kilomètres, la montagne percée de Malpas; 4 kilomètres plus loin, il descend, par neuf écluses, dans la vallée de l'Orbe, franchit cette rivière, avec laquelle il confond un moment ses eaux, et, après un nouveau cours de 2 myriamètres, il aboutit au port d'Agde. Là commence le canal des étangs, qui, se succédant sous les noms de Thau, d'Engril, de Vic, de Maguelonne, de Lattes et de Mauguio, forme une navigation continue de 60 kilomètres, à laquelle viennent s'embrancher les petits canaux de Lunel, du Ler, de Vic et de Cette, et qui va communiquer au Rhône par le canal de Beaucaire. Le port de Cette est au centre de ces étangs, et par là s'écoulent vers toutes les parties du globe les productions de la contrée.

Vers les montagnes, surtout vers la chaîne granitique qui unit les Pyrénées aux Cévennes, et qui forme au nord la limite des départements de l'Hérault et de l'Aveyron, sont exploités de riches et de nombreux filons de houille; vers la limite des départements du Tarn et de l'Aude, et dans les montagnes intérieures de Néfiés et de Roujan, il en existe quelques autres gisements, moins importants. Des mines de fer, des carrières de marbre, enrichissent encore ces montagnes. On y trouve aussi du plomb argentifère, près du hameau de Cazilhac.

Les principales cultures du département sont celles des céréales, de l'olivier, du mûrier et de la vigne; mais cette dernière envahit progressivement toutes les autres. Les gros vins de Béziers ne sont pas les seuls du pays; il fournit aux gourmets les vins rouges de Saint-Georges, de Sussargues et de Saint-Christol; les muscats de Lunel, de Frontignan, de Maraussan et autres terroirs de l'arrondissement de Béziers. La culture de l'olivier a considérablement diminué. Il en est de même des céréales. Le mûrier, abandonné quelque temps, a heureusement repris faveur; et dans le fait le climat de ce pays est plus propre à la propagation des vers à soie que la plupart des contrées qui semblent vouloir lui disputer cette production. Dans ce climat, ordinairement si doux pendant l'hiver, le thermomètre s'élève à 35° centigrades pendant l'été; et la récolte de la soie y est aussi assurée que celle du vin. Celle-ci ne craint que l'extrême sécheresse, dans un pays où il n'est point rare de voir passer six mois sans pluie, à moins que des orages n'y viennent arroser la terre au risque de la dévaster. Le défrichement des bois explique ce phénomène, et l'on prétend que le duc de Montmorency, gouverneur de la province, en donna l'exemple en faisant abattre une vaste forêt de pins, sous prétexte qu'elle servait de refuge aux pirates; mais il sera difficile de convaincre les habitants de la nécessité d'en replanter. Aussi les prairies se trouvent-elles une étonnante disproportion avec les autres terres cultivées. Elles n'en font pas la trentième partie, ce qui rend le pays peu propre à élever des chevaux et des bêtes à corne. Les bœufs et les mules qui traînent ses charrues lui viennent des autres provinces. On rencontre cependant dans les contrées marécageuses, près des étangs ou sur les bords des rivières, des troupes de chevaux maigres et presque sauvages, qu'on appelle *aigues* dans le patois du pays. Mais ces animaux ne rendent d'autre service que de battre les blés en les foulant aux pieds. Les bêtes à laine y sont plus multipliées : il n'est pas de grand propriétaire qui n'ait un troupeau dans sa métairie, et ils s'efforcent d'en améliorer la race.

Les laines sont toutes mises en œuvre dans le pays même. Le département possède depuis longtemps des manufactures de draps qui ont enrichi les villes de Lodève, de Clermont, de Bédarrieux, de Saint-Chinian et de Saint-Pons. Les produits de ses fabriques s'écoulent dans le Levant et servent en France à l'habillement des troupes. D'autres manufactures, établies à Montpellier, convertissent les laines en couvertures; et leurs produits, qui vont actuellement à cent mille pièces, sont expédiés en partie pour la Louisiane, en partie pour la Suisse et l'Allemagne. Les laines du. département sont loin d'y suffire. On en tire de l'Espagne, de l'Italie, de la Barbarie et du reste de la France. Les fabriques de soie de Ganges ont une vieille réputation qu'elles soutiennent, et qui les soutient malgré la concurrence de Nîmes. La fabrication de la bougie, du vert-de-gris, emploie encore un assez grand nombre de bras. Sur les côtes, les salines du Bagnas et autres produisent une immense quantité de sel. Les habitants des ports, des anses et des moindres criques se livrent à la pêche, et alimentent les villes de poissons de toutes espèces. Citons encore les fabriques de toiles de coton et les distilleries de liqueurs et d'essences. Mais l'industrie la plus active, la plus considérable, celle qui embrasse toute l'étendue de la zone des grandes cultures, est celle des bourgs appelés *trois-six*. On en exporte annuellement 180,000 hectolitres, et dans les marchés hebdomadaires de Béziers et de Pézénas, où il s'en vend dix fois plus que le pays n'en produit, ces liquides sont devenus un objet d'agiotage, comme les fonds publics à la bourse de Paris.

[Sept routes impériales, 17 routes départementales, 1655 chemins vicinaux sillonnent le département, dont le chef-lieu est *Montpellier*. Les villes et endroits principaux sont en outre : *Béziers*; *Lodève*; *Saint Pons*, chef-lieu d'arrondissement, sur la rive droite du Jaur, avec 7,128 habitants, un tribunal de première instance, un petit séminaire, une industrie importante : c'était jadis le siège d'un évêché, suffragant de Narbonne; l'ancienne cathédrale et une grande partie des maisons sont bâties en marbre; on y voit une source curieuse jaillissant dans la ville au pied d'un rocher; *Cette*; *Pézénas*; *Agde*, chef-lieu de canton, sur la rive gauche de l'Hérault, avec 8,683 habitants, un tribunal de commerce, une école impériale d'hydrographie, un bureau de douane, un port de pêche et de commerce pour les bâtiments de 200 tonneaux, à l'embouchure de la branche inférieure du canal du Midi dans l'Hérault, un cabotage actif, un commerce considérable d'importation et d'exportation, et des communications régulières avec Marseille par bateaux à vapeur : cette ville est très-ancienne : elle doit sa fondation à une colonie de Phocéens; c'est l'*Agatha* des Romains; elle est entièrement bâtie des laves que jetait autrefois la montagne de Saint-Loup; *Bédarieux*, chef-lieu de canton, sur l'Orbe, avec 9,012 habitants, un collège, une industrie florissante : des troubles graves y éclatèrent après le 2 décembre 1851; *Clermont*; *Ganges*, chef-lieu de canton, avec une église consistoriale calviniste, une chambre consultative des arts et manufactures, une industrie et un commerce importants; on y compte 4,600 habitants; *Frontignan*; *Lunel*, etc.]

Les bourgs de 2 à 3,000 habitants sont communs dans le pays, et les populations de ces bourgs, comme celles de presque tous les villages, sont agglomérées et encloses de murs depuis la triste et sanglante guerre des Albigeois. Le peuple en général parle le patois languedocien, dégénération de l'ancienne langue des troubadours, dont ce pays a vu naître un grand nombre. L'habitant des campagnes entend cependant le français; mais il a de la peine à le parler. Enfin, on trouve dans le département d'assez nombreuses ruines romaines; les vestiges de la voie *Domitienne* s'y montrent encore sur toute la longueur du territoire. Partout des inscriptions, des tombeaux, des fragments, des ruines de cités, d'amphithéâtres, excitent la curiosité des amateurs et les investigations des savants. Près de Castelnau sont les restes d'une ville appelée *Substantion*. D'autres ruines, sans nom déterminé, existent près de Fabrègues. A un quart de lieue de Clermont était le *Forum Neronis*, du nom du père de Tibère. Près de Saint-Thibery, le *Cessero* de Piti-

3.

néraire d'Antonin, un camp permanent était assis sur un énorme rocher de basalte. Viennet, de l'Acad. Française.

HÉRAULT DE SÉCHELLES (Marie-Jean), naquit à Paris, en 1760; sa famille, ancienne et noble, était originaire de Normandie. Ses succès dans la magistrature furent précoces. Une éducation remarquable, un esprit vif et piquant, sa parole facile et spirituelle, une taille élevée, une figure charmante, les dons de la fortune et du jeune âge, lui aplanirent les voies. A vingt ans il était avocat, et ses premières plaidoiries furent plus que des essais. La reine désira voir le jeune orateur, et Mme de Polignac, sa parente, le présenta à la cour. Sa personne et son esprit y plurent beaucoup. La haute protection qu'il y trouva lui fit faire rapidement son chemin. La première place d'avocat général au Châtelet venant à vaquer, Marie-Antoinette le fit nommer à cet office. Au commencement de la révolution, il passa de cette place à celle de commissaire du roi près de la cour de cassation; mais il ne s'y fit pas remarquer : ce ne fut pour lui qu'un échelon pour arriver à l'Assemblée législative, où il fut nommé par les électeurs de Paris.

La littérature l'avait souvent occupé depuis dix ans; il s'était lié avec les premiers hommes de son époque, avec les derniers représentants du grand âge philosophique, Buffon Rulhières, Chamfort et Mirabeau. Il suivit les lices académiques, et nous avons de lui un *Éloge de Suger* (1779), qui n'est inférieur en rien à celui de La Harpe, ou de Garat; mais son écrit le plus remarquable est sa *Visite à Montbar*, chez Buffon, en 1785. On a encore de lui un précieux fragment sur les hommes de la fin du dix-huitième siècle, que leur esprit, leurs manières et leur célébrité signalaient dans le monde. Le *Magasin encyclopédique* de Millin contient, enfin, des notes historiques de Hérault de Séchelles sur la *déclamation de Thomas* et sur la *Vie d'Athanase Auger* : ces écrits sont de 1791. Déjà il avait publié, l'année précédente, un petit ouvrage intitulé : *Détails sur la société d'Olten*, et une *Théorie de l'Ambition*.

Entré dans le mouvement politique, Hérault en suivit le cours, lent d'abord, rapide et violent ensuite; il se lia aux chefs de parti, mêla ses vues aux leurs, les aida généreusement de sa bourse, calcula et discuta les événements possibles avec eux. Il fit partie des jeunes hommes de talent et d'audace qui pensaient que la France ne recevrait pas la loi de l'étranger. Il combattit dans l'Assemblée tous les ministres royalistes, signala les prêtres et les émigrés hostiles, demanda la guerre à chaque outrage, fit attribuer la police de sûreté aux municipalités, le pouvoir de juger les personnes à de grands jurés avant que les choses, et donna la main à l'attaque du 10 août par son influence dans l'Assemblée. Puis il réclama le jugement des vaincus par le tribunal spécial qui fut institué le 17 août, et fut envoyé à la Convention par le peuple de Paris. Désigné par les jacobins les plus ardents pour la place de maire, il refusa ce périlleux honneur. Il était en mission dans le Mont-Blanc, avec ses collègues Jagot et Simond, lors du procès de Louis XVI, et vota la mort dans une lettre à l'Assemblée, comme la plupart des conventionnels. A son retour, il se plaça sur la Montagne, près de Danton. Il présidait la Convention au 31 mai. La constitution de 93, votée après les événements de mai et du commencement de juin, fut principalement son ouvrage : quelques matinées et trois nuits lui suffirent pour y mettre la dernière main; mais il ne regarda jamais cette constitution comme applicable. On satisfaisait seulement le peuple avec une *impossibilité* gouvernementale, dont l'exécution fut renvoyée à la paix. Hérault présidait la Convention, le 18 août 1793, lorsque cette constitution fut acceptée par les envoyés des assemblées primaires.

Dans les premiers temps de sa présence au comité de salut public, il s'était chargé de retracer à la Convention la marche des armées, des événements intérieurs, des levées d'hommes, etc. C'est lui qui proposa le désarmement des suspects et fit donner au comité de salut public la faculté de les arrêter. Au mois de septembre, il quitta de nouveau la Convention, pour aller remplir une mission en Alsace ; Hérault y organisa rapidement, sans demi-mesure, avec humanité pourtant, une *défense*, qui ne devint pas nécessaire. Vers la fin de novembre, il fut dénoncé comme recevant chez lui des nobles du pays. Il lui fut facile, à son retour, en décembre, de se justifier, et il offrit sa démission de membre du comité de salut public ; mais la Convention la refusa à l'unanimité. A partir de là il parut changer : les motifs de cette accusation l'avaient affecté. Toujours exact aux séances du comité, il s'y montrait triste, découragé : son énergie n'était plus à l'unisson de celle de ses collègues; les avances même ne le ramenaient point; il faisait des objections qui étonnaient. Robespierre s'inquiéta de son silence, et le dit. Presque aussitôt Hérault se trouva isolé, abandonné. Les choses traînèrent encore quelques semaines, quand tout à coup l'arrestation d'une émigrée chez Simond, député du Mont-Blanc, ayant fait prononcer son nom, il fut abandonné par le comité de salut public au comité de sûreté générale, qui le fit arrêter le 9 mars 1794. Il était résigné; il ne fit ni observation ni résistance. Depuis quelque temps, il allait tous les jours, au bout des Tuileries, voir passer quelques charretées de condamnés. Quelqu'un lui ayant dit : « Comment, Hérault! tu viens ici, toi qui les juges ? — J'y viens, répondit-il, voir l'agonie de notre république; j'y viens apprendre à mourir ».

Dès qu'il fut sous les verrous, l'homme impassible disparut; l'homme charmant et doux se retrouva, avec sa passion de l'étude. Danton était revenu à Paris : l'arrestation d'Hérault et celle de Fabre le blessèrent; son opposition s'en irrita; il perdit toute mesure, et se mit au pied de la tribune pour fronder. Embarrassés d'abord, émus , puis frémissant de rage, les dictateurs se décidèrent à porter leurs derniers coups contre cet audacieux contempteur. Danton fut arrêté avec Camille Desmoulins et d'autres représentants qui étaient effrayés de ces rigueurs. Le procès commença trois jours après ; Hérault y fut compris, ainsi que Fabre d'Églantine. Il était dit dans l'acte d'accusation qu'Hérault avait connivé longtemps avec Dumouriez, Philippe Égalité et ses enfants; et *il avait trempé*, y lisait-on, *dans le vol des diamants*. Fouquier-Tinville fut arrêté court par l'accusé, qui lui fit observer que ces accusations étaient *étrangères*, *émigrées*, et qu'elles avaient été forgées et publiées en Prusse. Et Hérault haussait froidement les épaules. Fouquier, gêné et blessé par son auditoire, passait outre. L'accusé fut condamné à mort sans amis, après les débats agités de trois séances. Il marcha au supplice sans murmurer une plainte. Sa figure prit un air de sérénité céleste, et conserva cette douceur bienveillante et modeste qui était son caractère particulier ; ses amis brillaient du même courage.

Au pied de l'échafaud, de grosses larmes brillaient à l'œil enflammé de Danton : il voulut se rapprocher de Hérault, calme et réfléchi comme les stoïques, mais le bourreau les sépara rudement : « Plus d'embrassements, leur dit-il, c'est fini. — Misérable ! lui cria Danton, tu es donc plus cruel que la mort! Va, dans un momen., tu m'empêcheras pas nos têtes de se baiser dans le panier! » Cette énergique apostrophe, qui émut vivement Hérault, le tira de son impassibilité; il remercia Danton par un triste et dernier sourire, et monta fermement sur l'échafaud, salua le peuple et la statue de la liberté, et tendit sa belle tête au bourreau. Ainsi périt , à trente-quatre ans , un des hommes les plus aimables du siècle dernier, un des plus purs, un des plus généreux de la révolution.

Frédéric Fayot.

HÉRAUT, du vieux germain *her*, *herr*, seigneur, ou *heer*, armée, ou *ehr*, honneur, et *hold*, enclin , fidèle, dévoué, à *old*, *alt*, vieux. Ce terme a plusieurs significations. Chez les anciens , c'était un officier public, dont la fonction était de déclarer la guerre. Sa personne était sacrée, en vertu du droit des gens. Tous les peuples policés eurent des hérauts, sous diverses dénominations. Les Hébreux ne pouvaient attaquer une ville sans lui avoir préalablement fait offrir la paix par des délégués spécialement chargés de cet office. Les Grecs leur donnèrent le nom de conservateurs de la paix, ειρηνοφύλακες. Les Romains, celui de *feciales*. Plus tard, le nom de héraut fut donné à celui qui avait pour fonction, dans les jeux athlétiques, de proclamer les statuts de la lutte et les noms des combattants vainqueurs. Ils étaient consacrés à Mercure, et faisaient leurs proclamations en vers dans les jeux publics de la Grèce.

Au moyen âge, les *hérauts d'armes* étaient des officiers de guerre et de cérémonie. On a prétendu faire remonter cette institution jusqu'à Charlemagne. Il est au moins prouvé qu'il y avait des hérauts sous saint Louis et même auparavant. On les divisait en *rois d'armes, hérauts* et *poursuivants*. Le roi d'armes était le plus ancien des hérauts ; les poursuivants étaient de simples candidats au grade ; les hérauts étaient au nombre de trente sous les derniers Valois. Ils avaient tous des noms particuliers. Le roi d'armes s'appelait *Mont-Joie Saint-Denys*, cri de guerre des rois de France ; les autres avaient des noms de province, *Normandie, Guyenne, Bourgogne*, etc., disent Froissart et Monstrelet. Leur principal emploi était de veiller à la conservation de tout ce qui avait rapport à l'art héraldique, en dressant des généalogies et en s'opposant aux usurpations de titres ou armoiries ; ils publiaient la célébration des fêtes et combats des ordres de chevalerie, signifiaient les cartels, marquaient la lice, appelaient l'assaillant et le tenant, partageaient également l'ombre et le soleil aux combattants à outrance ; ils assistaient aux mariages des rois et à leurs obsèques, enfermant dans le tombeau les marques d'honneur du prince mort. A l'extérieur, ils déclaraient la guerre et annonçaient la paix : en cela leurs fonctions et leurs priviléges étaient les mêmes que chez les hérauts de l'antiquité. Ce ne fut que peu à peu que les priviléges et les charges des hérauts d'armes s'accrurent et parvinrent à ce degré d'importance ; à l'origine ils n'étaient guère regardés que comme de simples messagers. Ils finirent, à la longue, par ne se composer que de nobles personnages. Leur costume de cérémonie était la cotte de velours violet cramoisi, descendant à peine au genou et chargée, devant et derrière, de trois fleurs de lis d'or. Aux pompes funèbres, ils étaient en robe traînante, et tenaient à la main un bâton noueux endurci. Sous Napoléon Ier, la France a revu des hérauts d'armes, vêtus de cottes de velours bleu, chargées d'abeilles d'or. Ils reparurent sous la restauration : seulement, les fleurs de lis avaient remplacé les abeilles.

En Angleterre, les fonctions des hérauts étaient à peu près les mêmes. Leur collége dépendait du grand-maréchal du royaume. Amédée DE BEAUFORT.

HERBACÉ. *Voyez* HERBE.

HERBAGE. Ce mot, qu'il faut bien se garder de confondre avec *herbe*, désigne, dans le jardinage, toutes les espèces d'herbes cultivées dans un potager : il n'est guère usité dans ce sens que lorsque l'on dit : vivre d'*herbages*. En agriculture, il a une extension beaucoup plus grande, et désigne les prés que l'on ne fauche jamais, et qui sont destinés à la dépaissance des bœufs et des vaches : les *herbages* de Normandie sont surtout renommés pour l'engrais des bestiaux ; *herbage* désigne encore l'herbe de ces prés. Les herbages ont une heureuse influence sur la qualité du lait des vaches, des chèvres, des brebis, etc. (*voyez* FOIN, FOURRAGE).

HERBART (JEAN-FRÉDÉRIC), un des penseurs les plus originaux des temps modernes, naquit le 4 mai 1776, à Oldenbourg. A dix-huit ans il alla suivre les cours de l'université d'Iéna, et s'y livra surtout à l'étude de la philosophie. Après avoir accepté une place de précepteur dans une famille de Berne, il revint en Allemagne, et s'établit à Gœttingue, en octobre 1802. C'est là que parurent ses premiers essais psychologiques et métaphysiques. En 1809 il fut appelé à occuper à Kœnigsberg une chaire de philosophie, et son activité s'y partagea entre la continuation de ses recherches philosophiques et les devoirs de son enseignement académique. En 1833 il accepta la chaire de philosophie de l'université de Gœttingue, et mourut dans cette ville, en 1841. L'énumération de ses divers ouvrages occuperait à elle seule plus d'une colonne de notre livre ; et non moins longue serait celle des livres qui ont été écrits à l'occasion de ses ouvrages, soit pour les défendre, soit pour les combattre, ou encore pour les commenter.

HERBE. Rien ne saurait être plus vague que cette désignation : presque toutes les plantes annuelles qui, perdant leurs tiges et leur feuillage en hiver, n'acquièrent jamais une consistance ligneuse ont été confondues sous cette dénomination commune. Toutefois, ce sont le plus souvent des graminées ou des végétaux de la langue vulgaire on appelle *herbes* ; dans la langue botanique, les mots *herbe, herbacé*, n'indiquent que des caractères propres à l'organisation des plantes : une plante est *herbacée* dès qu'elle n'est pas *ligneuse* ; c'est une *herbe* lorsqu'elle n'est ni un arbuste ni un arbre. Du reste, à moins d'avoir parcouru les catalogues, on se ferait difficilement une idée de la multitude de plantes, diverses d'aspect et de caractères, qui ont été confondues sous le nom générique d'*herbes*, et qui ensuite ont été spécifiées par la désignation des usages auxquels elles étaient destinées.

Les herbes ont été nommées avec justesse les nourrices du genre humain. Le blé, la vigne, le maïs, etc., sont en effet des herbes. De même le lin, le chanvre, le coton. L'alimentation de nos bestiaux est due aux vastes prairies, dont les herbes forment la base, qu'ils les y consomment en vert ou qu'elles soient transformées en foin par la dessiccation. BELFIELD-LEFÈVRE.

HERBE À JAUNIR. *Voyez* GAUDE et GENÊT.
HERBE À LA MANNE. *Voyez* FÉTUQUE.
HERBE À L'HIRONDELLE, HERBE AUX HIRONDELLES. *Voyez* ÉCLAIRE.
HERBE À PAUVRE HOMME. *Voyez* GRATIOLE.
HERBE À ROBERT. *Voyez* GERANIUM.
HERBE AU COQ, espèce de tanaisie. *Voyez* COQ DES JARDINS.
HERBE AU DIABLE. *Voyez* DATURA.
HERBE AU VENT ou HERBE DU VENT. *Voyez* ANÉMONE.
HERBE AUX CANCERS, nom vulgaire du *plumbago europæa*. C'est la seule espèce indigène du genre *plumbago*, type de la famille des plumbaginées. Elle croît dans les champs arides et sur les bords des chemins des contrées méridionales. On la reconnaît aux caractères suivants : Racine épaisse, pivotante et blanchâtre ; tige glabre, anguleuse et striée ; feuilles alternes, embrassantes, lancéolées, d'un vert un peu grisâtre, entières ou légèrement denticulées, fleurs agrégées, terminales ; calice tubuleux, persistant, à cinq divisions, hérissé de poils glanduleux ; cinq pétales réunis en tube à leurs onglets ; cinq étamines, dont les filaments sont élargis à leur base en écailles qui entourent l'ovaire ; style surmonté de cinq stigmates glanduleux ; fruit consistant en une capsule petite, s'ouvrant au sommet en cinq valves, et occupée par une semence suspendue à un placenta filiforme ; qui naît de la base, s'élève verticalement, se recourbe au sommet et s'insère à l'extrémité supérieure de la semence.

L'herbe aux cancers, qui fleurit vers la fin de l'été, a été désignée sous ce nom parce qu'on a prétendu que l'huile dans laquelle on a fait infuser cette plante a été très-efficace contre d'anciens ulcères et a même guéri de véritables cancers. Il paraît qu'on en a aussi quelquefois employé la racine comme masticatoire pour soulager le mal de dents, d'où la plante a encore été appelée *dentelaire*. Enfin, le nom de *malherbe* lui vient sans doute de ses propriétés émétiques et de sa grande causticité, qui est telle, que son application sur la peau y excite une violente irritation.

HERBE AUX CHARPENTIERS ou HERBE AUX COUPURES. *Voyez* ACHILLÉE.

HERBE AUX CHATS. *Voyez* Cataire et Germandrée.

HERBE AUX CUILLERS. *Voyez* Cochlearia.

HERBE AUX CURE-DENTS, HERBE AUX GENCIVES. *Voyez* Visnage.

HERBE AUX ÉCROUELLES. *Voyez* Scrofulaire.

HERBE AUX GUEUX. *Voyez* Clématite.

HERBE AUX HÉMORRHOÏDES. *Voyez* Éclaire.

HERBE AUX JOIFS. *Voyez* Gaude.

HERBE AUX PERLES. *Voyez* Grémil.

HERBE AUX POUX. *Voyez* Pied d'Alouette.

HERBE AUX SORCIERS. *Voyez* Datura.

HERBE AUX TEIGNEUX. *Voyez* Bardane.

HERBE AUX VERRUES. *Voyez* Héliotrope.

HERBE BÉNITE. *Voyez* Benoite.

HERBE DE CHINE. Les Anglais donnent ce nom (*China grass*) à une sorte de fil qu'on obtient dans l'Inde et dans la Chine de diverses orties. Cette matière textile provient de trois espèces de l'ancien genre *urtica* ou du genre, plus récent, *bohemeria*, savoir la *nivea*, la *tenacissima* et la *heterophylla* : on en retire aussi, à ce qu'il paraît, du *corchorus sida* et du *corchorus olitorius*, puis du *sida tiliæfolia* et du *sida abutilon* ; elle se prête à être filée dans les numéros les plus fins; elle reçoit les couleurs les plus vives et peut se mêler à la laine pour former du drap solide et économique. Les plantes qui produisent cette substance filamenteuse sont vivaces, très-hautes, résistantes et susceptibles d'être fauchées comme le foin. On pourrait vraisemblablement en cultiver en Algérie, dans les colonies, et même dans le midi de la France. Des graines semées au Muséum d'Histoire Naturelle de Paris ont procuré une excellente filasse. L'*urtica nivea* est déjà cultivée en grand en Algérie. Les toiles fabriquées avec le *China grass*, appelées par les Français *batiste de Canton* et par les Anglais *grass cloth*, arrivent maintenant en Europe en assez grandes quantités, sous forme de mouchoirs de poche. Elles sont d'un beau blanc, d'un brillant agréable et d'une transparence toute particulière. **L. Louvet.**

HERBE DE LA TRINITÉ. *Voyez* Hépatique (*Botanique*).

HERBE DE SAINTE CUNÉGONDE. *Voyez* Eupatoire.

HERBE DE SAINT JEAN. *Voyez* Armoise.

HERBE DU PARAGUAY. *Voyez* Houx.

HERBELOT (Barthélemy D'), orientaliste français, né à Paris, le 4 décembre 1625, montra dès sa tendre jeunesse de rares dispositions pour les langues orientales, et, après avoir terminé ses études classiques, séjourna longtemps en Italie, particulièrement à Rome et à Florence. De retour à Paris, il fut admis chez le surintendant Fouquet, qui lui assura une pension de 1,500 francs, ce qui n'empêcha pas Louis XIV de le nommer son secrétaire-interprète pour les langues orientales. L'Italie le revit en 1666, et Ferdinand II, grand-duc de Toscane, l'honora d'une protection spéciale. Ce prince eût voulu le dissuader de se rendre à l'invitation du ministre Colbert, qui l'appelait à Paris, où il mourut, le 8 décembre 1695, professeur de syriaque au Collège de France. D'Herbelot a fait faire, avec Galland, de grands progrès à l'étude des langues orientales. Sa *Bibliothèque orientale*, publiée par Galland (Paris, 1697, 4 vol. in-fol), est une mine des plus riches pour ceux qui ont besoin de connaître les mœurs et les sciences de l'Orient. Elle consiste, en grande partie, en traductions de l'arabe Hadji Khalfa *La connaissance des livres et des sciences dévoilée*, et a été refondue par de Hammer dans sa *Revue encyclopédique des Sciences de l'Orient* (2 volumes, Leipzig, 1807). Il avait composé, de plus, une *Anthologie*, et un *Dictionnaire arabe, persan, turc et latin*, qui aurait formé 3 volumes in-folio. Ces deux ouvrages n'ont jamais vu le jour.

HERBERT, comte de Vermandois. *Voyez* Vermandois.

HERBERT DE CHERBURY (Édouard Herbert, lord), né en 1581, alla, en 1609, avec les troupes auxiliaires anglaises dans les Pays-Bas, où il montra une bravoure voisine de la témérité. De retour en Angleterre, il brilla à la cour par un caractère chevaleresque, qui, du reste, l'impliqua dans plusieurs querelles fâcheuses. En 1616, il fut envoyé comme ambassadeur en France, où il répliqua si énergiquement à quelques paroles malséantes du connétable de Luynes, que la cour de France demanda et obtint son rappel ; mais il sut si bien se justifier auprès de Jacques Ier, qu'après la mort du connétable il fut encore une fois envoyé à Paris. C'est là que, en 1624, il publia son livre *De Veritate prout distinguitur a revelatione*, où il cherche à exposer et à prouver les principes de la religion naturelle est suffisante, générale, complète, et que la révélation est inutile. Cet ouvrage l'a fait signaler quelquefois comme le précurseur des déistes et des rationalistes.

A son retour de France, il vécut, à partir de 1625, retiré des affaires publiques. Lorsque éclatèrent les troubles du règne de Charles Ier, il se déclara d'abord pour le parlement, mais quitta plus tard ce parti, et perdit par là une grande partie de sa fortune. Il mourut en 1648. Outre l'ouvrage dont nous avons parlé, il publia : *De Religione gentilium errorumque apud eos causis* ; *De Religione laici*, et *De Expeditione in Ream insulam*. Après sa mort on fit paraître son ouvrage sur *La Vie et le règne de Henri VIII* (en anglais), qui est plutôt un panégyrique qu'une véritable biographie. Ses poésies, publiées en 1660 par son fils, contiennent quelques bons morceaux. Lord Oxford fit imprimer ses *Mémoires* en 1764.

HERBIER. Quelques auteurs ont nommé *herbiers* des ouvrages spécialement consacrés à la description et à la délinéation des espèces végétales qui habitent un pays déterminé : tel est, par exemple, le *Herbarium Amboinense* de Rumph; mais cette acception n'est plus admise, et l'on désigne aujourd'hui sous le nom d'*herbier* une collection de plantes recueillies avec soin, préparées et conservées entre des feuilles de papier. Cette seule définition indique suffisamment les différents points sur lesquels il nous importe d'insister dans cet article.

1° *Du choix des échantillons*. Les plantes herbacées, annuelles ou vivaces, doivent, autant que possible, être desséchées entières, afin de conserver à l'échantillon l'aspect général et le port de la plante vivante ; les feuilles radicales, dans les espèces vivaces, doivent surtout être conservées intactes. Les plantes ligneuses, pour la plupart trop grandes pour être conservées entières, nécessitent un choix : ce sont les branches munies de tous leurs organes, les tiges chargées de feuilles, de fleurs et de fruits, qu'il faut surtout conserver. Quelquefois, pour posséder ces différents organes dans toute leur perfection, il sera nécessaire de faire plusieurs préparations de la même plante à diverses époques de son développement : c'est un soin qu'il ne faut pas négliger.

2° *De la préparation des échantillons*. Le mode usité dans la préparation des plantes doit nécessairement varier avec la nature et les caractères des plantes elles-mêmes. La dessication s'applique à la majorité des espèces ; il suffit de les étaler sur des feuilles de papier aluné, en conservant, autant que possible, la position normale et les rapports de leurs organes; puis on les comprime lentement. Ce procédé s'applique à la grande majorité des plantes dicotylédonées; il n'y a guère que les fleurs des orchidées, des mussacées, des amomées, et un assez grand nombre de plantes monocotylédonées qui s'y refusent. Mais les plantes cryptogames et les hydrophytes exigent plus de soin : pour quelques champignons, il faudra les exposer au soleil, et les tremper dans une teinture alcoolique de *quassia amara*, avant de procéder à leur dessication complète. C'est ainsi que M. A. Brongniart a préparé sa belle collection de clavaires, de pezizes, de phallus et de bolets. Pour les fucacées, il suffira de les laver à l'eau douce et de les sécher à l'ombre.

3° *De la conservation des échantillons.* Les échantillons, convenablement choisis, parfaitement desséchés, comprimés, et appliqués sur des feuilles de papier au moyen d'une solution de gomme, ne sont pas encore à l'abri de tout accident : la plupart des ombellifères, des crucifères, des composées et des euphorbes, deviendraient presque inévitablement la proie des larves, des teignes, des ptinus et de quelques autres insectes phytophages, si l'on n'avait recours, pour empêcher de semblables ravages, à un procédé chimique : ce procédé consiste à imprégner les échantillons convenablement préparés d'une solution alcoolique concentrée de sublimé corrosif, qui, tout en conservant intactes les couleurs des plantes, les met complétement à l'abri des attaques des insectes : c'est ainsi que nous a été conservée l'inestimable collection de Linné.

Enfin, chaque échantillon doit porter une étiquette sur laquelle seront inscrits le nom de l'espèce, celui de l'auteur qui le premier l'a décrite figurée, la patrie originelle de la plante, son habitat, l'époque de sa floraison et de sa fructification, la couleur naturelle de ses fleurs, ses feuilles et ses fruits. Ainsi composé, un herbier devient une collection complète de documents officiels, au moyen desquels le botaniste peut tracer l'histoire botanique d'un lieu ; documents auxquels tous les historiographes à venir en peuvent appeler pour corriger les erreurs dans lesquelles leurs prédécesseurs seraient involontairement tombés : ainsi en est-il de l'herbier de Gaspard Bauhin, conservé à Bâle ; ainsi en est-il des herbiers de Tournefort, de Vaillant et de Michaud, qui font la richesse du Musée de Paris ; ainsi en est-il de la collection de Ray et de Kæmpfer au Musée britannique ; ainsi est-il enfin de la magnifique collection de Linné, conservée par les soins du savant botaniste Smith.
BELFIELD-LEFÈVRE.

HERBIVORES. On appelle ainsi les espèces animales qui se nourrissent exclusivement de végétaux. On emploie dans le même sens l'expression de *phytophage*, usitée principalement en parlant des insectes. Le nom d'herbivores s'applique plus particulièrement aux animaux qui paissent l'herbe des prairies, comme le cheval, le bœuf, etc. Les herbivores ne sauraient former dans le règne animal une division naturelle et systématique, puisqu'il existe dans tous les ordres de ce règne des espèces animales qui se nourrissent exclusivement de plantes. Toutefois, les espèces herbivores offrent quelques caractères qui les distinguent des espèces carnassières voisines : ainsi, leur système dentaire offre des différences notables ; leur canal alimentaire offre une surface absorbante plus étendue ; leur foie est plus fréquemment dépourvu de vésicule biliaire, etc.
BELFIELD-LEFÈVRE.

HERBORISATION. Linné dans sa *Philosophie botanique*, a soumis à des règles méthodiques ces excursions vagabondes auxquelles se livrent les botanistes, soit dans le but d'étudier la nature végétale dans son allure franche, hardie, sauvage, soit dans le but de colliger pour les jardins botaniques et les herbiers des espèces végétales nouvelles ; le grand législateur du règne végétal a réglé dans ce travail, avec une minutie que pourrait envier le tribunal des rites et cérémonies du Céleste Empire, le costume, les instruments, les livres, les heures de travail, les heures de repos, auxquels se devait astreindre le botaniste herborisant. Mais, hélas ! instabilité de toutes les institutions humaines ! les ordonnances du grand Linné, qui toute sa vie avait herborisé, qui toute sa vie avait professé la botanique, sont tombées en une complète désuétude, et chacun a pris dans ses herborisations l'allure qui lui convenait le mieux. En face de cette éclatante preuve, à quoi nous servirait-il à nous, chétif, qui n'avons jamais herborisé qu'au Bois de Bologne, à Meudon et à Fontainebleau, à quoi nous servirait-il d'établir des règles générales, et de poser des préceptes dogmatiques ? Apprendrons-nous aux botanistes qu'il faut aller chercher les plantes dans les saisons et dans les lieux de leur plus parfait développement ? Dirons-nous que les cryptogames, qui ne fructifient guère qu'en hiver, ne doivent pas être étudiés dans la belle saison ? que les lichens, qui adhèrent intimement à la surface des rochers, ne peuvent s'en détacher facilement que lorsqu'une atmosphère humide a ramolli leur tissu coriace ? que les plantes printanières ou estivales s'étudient difficilement sous les neiges de l'hiver ? que les plantes des montagnes ne croissent pas d'habitude dans les plaines, ni les fleurs de la prairie sur les cimes ardues et les aiguilles des rochers ? Ou bien encore, comme un savant écrivain l'a fait, apprendrons-nous au voyageur aventureux comment, en maintes occurrences, on peut se tirer adroitement d'une passe périlleuse ? comment, par exemple, on peut traverser un précipice taillé à pic, en se suspendant par les mains à un long bâton de frêne ? ou comment on peut se scarifier la paume des mains et la plante des pieds de telle façon que le sang qui en jaillit détermine une adhérence avec la surface lisse des rochers, et vous empêche de glisser trop vite, etc. ? Décrirons-nous minutieusement le *vasculum dillenianum*, et le canif pointu, et la loupe à plusieurs lentilles, et les baromètres, et les sécateurs, et les coquettes à papier gris, dont il faut, dit-on, se munir ? Rien de tout cela ; nous dirons simplement aux élèves : Étudiez la botanique dans les jardins, dans les herbiers, dans les livres qui sont faits pour cela ; puis quand vous saurez votre botanique à fond, allez, cherchez, étudiez, rapportez ; jusques alors, gardez-vous-en bien : votre temps serait perdu pour vous et pour les autres.
BELFIELD-LEFÈVRE.

HERBORISTE, celui ou celle qui vend des plantes médicinales. Dans les grandes villes, ils doivent justifier d'un diplôme garantissant leur capacité et conféré après examen. Ils sont de plus placés sous la surveillance d'une commission composée de médecins et de pharmaciens. La loi leur interdit la vente des préparations pharmaceutiques.

Il suffit donc à l'herboriste de savoir reconnaître les diverses plantes de son commerce, soit desséchées, soit à l'état frais, et de posséder les moyens de conservation des unes et des autres.

HERCOTECTONIQUE (du grec ἕρκος, mur, rempart, et τεκτονική, art de bâtir), art de construire les fortifications. *Voyez* GÉNIE (*Art militaire*).

HERCULANO DE CARVALHO (ALEXANDRO), un des écrivains portugais contemporains les plus distingués, naquit en 1796, à Guimaraens. Sa famille l'envoya très-jeune à Paris, pour y faire son éducation. De retour dans sa patrie, il se jeta avec enthousiasme dans le parti libéral, se fit connaître comme collaborateur de gazettes chartistes, puis comme rédacteur du *Panorama*. Chargé dans ce dernier journal de la partie littéraire, il y publia des poésies qui furent bien accueillies, et le succès l'engageant à poursuivre cette carrière, il mit au jour son poëme *A Voz de Propheta* (la Voix du Prophète), où il peint en visions et en songes l'avenir de sa patrie sous de sombres couleurs. Cette œuvre, à la fois religieuse et politique, produisit une sensation extraordinaire, en sorte que l'auteur n'hésita pas à la faire suivre, sous le titre de *A Harpa do Crente* (La Harpe du Croyant), d'un recueil de ses essais poétiques, dont quelques-uns remontaient à sa première jeunesse. Ces poésies, divisées en quatre chants, sont tout à fait dans le goût romantique, alors de mode en France ; seulement, au milieu de son désespoir affecté, le poëte est resté fidèle à la religion de son enfance. Le roman d'*Eurich*, *prêtre des Goths*, qu'il publia ensuite, ne peut assurément pas prétendre au titre de chef-d'œuvre ; mais il n'en est pas moins une production remarquable dans la littérature portugaise. Depuis qu'il est arrivé à l'âge mûr, Herculano de Carvalho s'est presque exclusivement appliqué à l'étude de l'histoire nationale, et a achevé de publier récemment à Lisbonne une *Historia de Portugal* en six volumes. Cet ouvrage, dont l'auteur a profondément médité le plan, et qui abonde en documents nouveaux, se distingue en outre par un esprit de critique que l'on rencontre rarement chez les écrivains du midi de l'Europe, par une connaissance remarquable de l'histoire des nations étrangères, ainsi que par la beauté et la pureté classique du style. Il publie aussi des *Tableaux tirés de l'Histoire du Portugal*, série de romans qui rappellent le faire de Walter Scott, et parmi lesquels on remarque *O Bobo* (le fou de la reine).

HERCULANUM, ou plutôt *Herculaneum*, dans l'antiquité la ville de la Campanie la plus importante après Naples et Capoue, située entre Naples et Pompéi, non loin de la côte, fut fondée par les Osques, mais plus tard sa population se composa pour la plus grande partie de Grecs émigrés. Après avoir déjà beaucoup souffert d'un tremblement de terre, arriva en l'an 63 de notre ère, la terrible éruption du Vésuve qui eut lieu en l'an 79, et qui coûta la vie à Pline l'ancien, l'ensevelit sous des monceaux de lave et de cendre, avec les villes de P o m p é i et de S t a b i e s, situées à peu de distance.

Les siècles, en se succédant, effacèrent le souvenir de l'épouvantable catastrophe; la barbarie survint; de nouvelles générations parurent, et le sol calciné qui recouvrait Herculanum vit un jour s'élever à sa surface deux petites cités nouvelles, Portici et Resina, sans que leurs habitants se doutassent qu'à une profondeur de 26 mètres au-dessous de leurs demeures gisait le cadavre d'une ville antique, autrefois l'asile du luxe, des beaux-arts, des lettres et des plaisirs. Rien n'est moins prouvé que l'assertion de Du Theil, qui prétend que la destruction complète d'Herculanum n'eut lieu qu'en 471.

Des fouilles pratiquées précédemment, par exemple en 1689, étaient tout à fait oubliées, lorsqu'en creusant un puits que le prince d'Elbeuf faisait construire en 1720 dans une propriété qu'il avait acquise à Portici, les ouvriers mirent en lumière trois tableaux de femmes vêtues, qui ornent aujourd'hui le musée de Dresde. Mais le gouvernement napolitain fit défendre au prince de pousser ses fouilles plus avant, et la chose en resta là jusqu'au moment où Charles III d'Espagne, devenu roi des Deux-Siciles sous le nom de Charles VII (1730), ayant acheté l'emplacement pour y construire le beau palais que l'on admire aujourd'hui à Portici, les excavations révélèrent l'existence de la ville souterraine et, l'on commença des fouilles pour interroger les monuments de cette ville muette. Ces fouilles, pratiquées au même endroit où avaient eu lieu précédemment celles du prince d'Elbeuf, firent découvrir un temple de Jupiter orné de statues, et un théâtre parfaitement conservé. Mais par suite de l'inexpérience des ouvriers employés d'abord à ces travaux, on brisa beaucoup de précieux débris. En 1750 on entreprit des fouilles à la recherche de Stabiæ et de Pompéi, et on découvrit sur l'emplacement de cette dernière ville les restes d'un amphithéâtre, qui, de l'avis de Winckelmann, devait pouvoir contenir jusqu'à 30,000 spectateurs. Sous le règne de Joseph Bonaparte (1806-1808) les fouilles se firent avec plus d'activité : il en fut de même sous le règne de Joachim Murat (1808-1815); puis les événements politiques forcèrent de les interrompre complètement jusqu'en 1828. Repris alors avec une nouvelle ardeur, les travaux ont eu des résultats fort précieux pour l'archéologie.

Les déblayements opérés ont permis de reconnaître que les rues d'Herculanum sont tirées au cordeau, pavées de laves du Vésuve, bordées de trottoirs, quelques-unes même de colonnades. Parmi les édifices découverts, on remarque : 1° trois temples, dont deux sont ornés intérieurement de colonnes, de peintures à fresque, d'inscriptions en bronze; 2° un *monument funéraire*, environné de piédestaux; 3° un théâtre, situé sous Resina, revêtu de marbres de diverses couleurs et décoré de statues d'hommes et de chevaux en bronze; 4° un forum, de forme rectangulaire, entouré de portiques soutenus par des colonnes, pavé en marbre et décoré d'un grand nombre de statues, dont deux équestres en marbre et deux en bronze de Néron et Germanicus; 5° plusieurs riches habitations particulières, pavées de mosaïques et de marbres de différentes couleurs, et dont les murs étaient peints à fresque.

C'est dans le sein de cette ville que l'on a trouvé la plus grande maison particulière des anciens Romains qui soit encore connue : elle se compose d'un grande quantité de chambres, avec une cour au milieu; d'un gynécée, d'un grand jardin, entouré d'arcades et de colonnes, et enfin de grandes salles ayant servi probablement aux réunions de famille. A côté de ces demeures de l'opulence s'élèvent, comme dans nos villes modernes, de modestes réduits : ici c'est la boutique d'un barbier avec ses ustensiles, les bancs où s'asseyaient les citoyens pour attendre leur tour, l'étuve, et jusqu'aux épingles employées à la coiffure des femmes; là, la maison d'un chirurgien, avec divers instruments de son art. Quoique dix-huit cents ans se soient écoulés depuis l'engloutissement de la cité, il semble qu'elle ait été abandonnée de la veille, tant les objets retrouvés sont pour la plupart dans un parfait état de conservation. Il n'est pas jusqu'aux choses les plus vulgaires qui ne viennent confirmer cette impression : l'une des maisons a offert aux regards de la farine à l'état de pâte, un torchon plié, des vases de terre cuite remplis de graines, de blé, de lentilles, de gruau; une carafe contenant de l'huile desséchée, un pot d'onguent en un vase de verre renfermant encore le rouge que les dames d'Herculanum employaient à leur toilette. Bien qu'à chaque instant il semble que l'on doive voir apparaître quelqu'un des hôtes antiques de cette malheureuse cité, on n'y a encore trouvé que quelques squelettes : cette circonstance donne lieu de penser que la masse des habitants, qui, d'après quelques indices, était réunie au théâtre lors de l'éruption, sera parvenue à échapper au fléau.

Comme une ville nouvelle a été construite au-dessus de la ville ancienne, on ne peut procéder aux fouilles qu'avec des précautions extrêmes. Les débris de monuments d'architecture qu'on a pu découvrir jusqu'à ce jour n'ont pas, à beaucoup près, l'importance de ceux qu'on a trouvés à Pompéi. Cependant les peintures morales qu'on y a découvertes ne sont pas moins remarquables sous le rapport du style que sous celui de la composition; dans le nombre on distingue surtout les grandes pages représentant Thésée, le Minotaure, Telephus et Hercule, le Centaure Chiron faisant l'éducation d'Achille, Andromède et Persée, Diane et Endymion, l'Éducation de Bacchus, le tableau si célèbre sous le nom de *L'Entremetteuse d'Herculanum*, ainsi que deux arabesques de style égyptien. Détachées des édifices où elles se trouvaient avec la partie des murailles sur lesquelles elles étaient exécutées, ces peintures ont été transportées et placées sous verre au Musée de Portici, où elles occupent seize salles. Parmi les 150 statues de métal qu'on y a aussi trouvées, les plus remarquables sont un Mercure, un Silène ou un Faune, une Victoire, une Vénus et une Diane. La littérature, elle aussi, s'est enrichie du résultat des fouilles. En 1753 on découvrit dans une *villa*, qui a été détruite depuis, 1696 rouleaux de papyrus; et jusqu'en 1828 le nombre des manuscrits trouvés s'élevait à 7,756, dont plus de 400 (grâce aux procédés ingénieux indiqués par Antonio Piaggio et par le célèbre chimiste anglais, Humphry Davy) ont pu être déroulés. Toutefois, on n'est parvenu à en lire que 88 contenant des fragments des œuvres d'Épicure, de Philodème, de Démétrius, de Polystratos, de Colotès, de Phèdre, de Phanias, de Carnéade, de Chrysippe et de Cicéron. Consultez à ce sujet *Herculanensia Volumina quæ supersunt*, publiés par Rosini (5 vol., Naples, 1793-1827).

Espérons que les recherches qui continuent donneront un jour au monde savant la joie de posséder les textes complets de quelques-uns des ouvrages que le génie de l'antiquité nous a légués, et peut-être aussi quelque autre livre inconnu digne de prendre place à côté des œuvres immortelles des Tacite, des Cicéron, des Démosthène, des Virgile.

HERCULE. Ce nom, dont le bruit a rempli l'Europe, l'Afrique et l'Asie, et qui fut commun à plusieurs triumphateurs, fondateurs de villes, destructeurs de monstres et de fléaux, et navigateurs dans l'antiquité, tient plus éminemment à l'histoire héroïque qu'aux mythes grecs. L'altération eut lieu lorsque la vanité des Hellènes rassembla sur un seul homme, né sous leur ciel, toutes les hautes actions disséminées de ces héros tyriens, indiens, crétois, thébains. Cicéron, dans son œuvre *De Natura Deorum*, compte jusqu'à six Hercule. Selon lui, le plus ancien se serait battu contre Apollon, parce que, la prêtresse du dieu ayant refusé de lui répondre, il aurait, de colère, mis en pièces le trépied sacré : celui-là était fils de Lysité et du plus ancien de tous les Jupiter. Le deuxième était l'égyptien, cru fils du Nil. Le troisième était un des dactyles d'Ida. Le quatrième, fils de Jupiter et d'Astérie, sœur de Latone, était honoré par les Tyriens, qui prétendaient que Carthage était sa fille. Le cinquième, nommé Bel, était adoré dans les Indes. Le sixième était le nôtre, fils d'Alcmène et de Jupiter. Ajoutons-y notre Hercule gaulois, et nous en aurons sept. Varron n'en énumère pas moins de quarante-trois mêlant à ces personnages héroïques des marchands, des navigateurs, des aventuriers célèbres.

Le plus fameux, le plus connu des Hercule, celui auquel se rapportent les statues, les monuments, les poëmes de l'antiquité, naquit, vers l'an 1382 avant J.-C., à Thèbes en Béotie, de Jupiter et d'Alcmène, épouse d'Amphitryon. Son nom signifie en grec la gloire de Junon (Ήρα κλέος) : il en devint plutôt la honte, et fut mieux appelé du nom de sa mère, Alcide (la *Force*). Deux serpents, suscités par la jalouse Junon, et qu'il étouffa dans ses bras, furent les jeux de son berceau. La reine des dieux, touchée de ce prodige, le ravit un instant dans l'Olympe; elle en fit un immortel en lui donnant son sein, dont quelques blanches gouttes de lait tombées formèrent la voie lactée. La vigoureuse adolescence, l'éducation de ce fils de Jupiter, furent confiées aux plus illustres contemporains : Rhadamante lui mit l'arc crétois à la main, et Castor le ceste au poing; Chiron lui enseigna, avec l'astronomie, l'art de guérir les hommes, et Linus les éléments de la musique, soins que le fils d'Apollon paya de son temps et de sa vie : le jeune et brutal disciple, dont l'oreille fausse et les nerfs ou fer étaient rebelles à toute mélodie, brisa d'impatience sa lyre sur la tête de son maître divin, et l'envoya charmer les ombres dans l'Élysée, où Virgile l'a vu dans ses rêves poétiques.

Ayant atteint sa dix-huitième année, doué d'une force surnaturelle, Alcide se présente à la cour d'Eurysthée, roi de Mycènes, auquel, par le sort de sa naissance, il doit soumission. Celui-ci lui commande successivement douze des plus périlleuses expéditions dont ait jamais triomphé un mortel : c'est ce qu'on appela *les douze travaux d'Hercule*. Sa première victoire fut, non loin d'Argos, dans la forêt de Némée, une lutte avec un lion monstrueux, qu'il terrassa, et dont la peau lui servit, dans la suite, de vêtement à la cour des princes, de casque et de bouclier dans les combats. Près de là, d'un coup de sa massue, il abattit, dans les marais de Lerne, les sept têtes renaissantes d'une hydre, au plus subtil venin. En Arcadie, il poursuivit un sanglier furieux sur le mont Érymanthe, et l'emporta sur son épaule. Dans cette même contrée, à travers la forêt de pins du mont Ménale, il atteignit à la course une biche, aux pieds d'airain et aux cornes d'or, en fuit. Non loin de là, il perça de ses flèches, sur le lac Stymphale, des oiseaux fétides, qu'on nommait *harpies*. En Crète, il dompta un taureau lancé par le courroux de Neptune sur les terres de Minos. En Thrace, il tua Diomède, roi barbare, qui donnait à ses cavales pour pâture de la chair humaine : il les lui enleva avec la vie. Sur les plages du Pont-Euxin, il extermina les Amazones, et il donna leur reine Hippolyte, qu'il donna à Thésée. En Élide, il nettoya les étables d'Augias, fils du Soleil, qu'il tua; ces étables contenaient 3,000 bœufs. Aux bords du Bétis, il fit mordre la poudre aux trois corps de Géryon, dont il emmena les génisses à travers les monts de Pyrène, fille de roi, qu'il séduisit chemin faisant et abandonna. En Afrique, au pied de l'Atlas, il ravit les pommes d'or aux Hespérides, laissant abattu et sans vie sur le sable leur terrible gardien, un dragon à cent têtes. Enfin, il descendit, enchaînant Cerbère, dans les sombres royaumes de Pluton, et en retira Thésée captif. Ce dernier labeur du héros eut l'Épire, dont Proserpine était la reine, pour théâtre.

Ces douze grands travaux seraient des contes absurdes, quoique brillants, s'ils n'étaient l'emblème, selon l'opinion des anciens eux-mêmes, du génie solaire, parcourant les douze signes du zodiaque.

Des actions prodigieuses, quoique secondaires, leur servent de brillant appendice; ce sont l'extermination des Centaures; Pylos, la ville de Nélée, réduite en cendres; Antée arraché à sa mère, la Terre, qui renouvelait les forces de ce géant, qu'il étouffa dans ses bras; le tyran égyptien Busiris immolé; le brigand Cacus écrasé dans son antre, sous le mont Aventin; Éryx de Sicile, athlète et roi, et le parjure Laomédon, mis à mort, ainsi qu'Hippocoon, Eurytus, Périclymène et Lycus. Depuis, il enlève Alceste à Proserpine, et traîne, malgré elle, Cerbère écumant jusqu'aux portes du jour; il arrache au fleuve acarnanien Achéloüs une corne, que les nymphes remplissent de fruits et de fleurs, et qu'elles nomment la *corne d'abondance*; il charge sur ses épaules le monde, sous le poids duquel va succomber Atlas; il perce de ses flèches le vautour de Prométhée, dont il fait tomber les chaînes sur le flanc du Caucase; il délivre Hésione, fille de Laomédon, d'un monstre marin, suscité par Neptune, demandant à Troie son salaire, et enfin, coupe par le milieu une montagne vers l'Occident, et en fait deux, dont l'une, en Europe, s'appelle *Calpé*, et l'autre en Afrique, *Abyla*, qu'il nomme de son nom *colonnes d'Hercule*. De plus, il cumule, dans les trois parties du monde alors connues, épouses, maîtresses et concubines. Un jeune et bel enfant de Mysie, Hylas, est même l'objet de ses plus tendres affections; les Hamadryades le lui ravissent en Bithynie, lorsque le vaisseau des Argonautes, dont ce héros fait partie, relâche en cette contrée de l'Asie Mineure. Les plus connues de ses femmes sont Mégare, fille de Créon, roi de Thèbes, Astydamie, Déjanire, d'Étolie, et Hébé, la dernière, son épouse céleste. Parmi ses maîtresses, on compte Omphale et Iole, la jalousie de Déjanire, puis, auparavant, Épicaste, Parthénope, Augé, Astyochée, et les cinquante filles de Thestius, qu'il rend toutes mères en une même nuit.

Cependant, la gloire et les jours du héros touchent à leur terme.: la jalouse Déjanire a déjà envoyé par Lycas, ignorante, la fatale chemise teinte du sang de Nessus au malheureux Hercule. A peine la tunique empoisonnée a-t-elle touché ses membres, qu'un feu dévorant le pénètre jusqu'à la moelle des os. Sur le mont Œta, il dresse lui-même son bûcher, y étend sa peau de lion, se couche dessus, met sous sa tête sa massue, et, d'une voix calme, ordonne à son ami, à son compagnon de gloire, à Philoctète, d'y mettre le feu, lui laissant le soin de recueillir ses cendres. Bientôt la flamme, secondée par la foudre, monte vers la voûte éthérée et l'âme du héros avec elle. Des noces éternelles et sereines à jamais l'attendaient dans l'Olympe : il s'y assit au banquet des dieux, à côté d'Hébé, la Jeunesse, son épouse divine.

Hercule avait institué les jeux olympiques, et laissé son nom à des descendants qui furent des rois, les *Héraclides*, et, dans l'Europe et le long de l'Asie, à des villes à jamais fameuses (*voyez* Héraclée). Des autels, des temples nombreux lui furent élevés en Grèce, en Asie, en Italie, en Espagne, dans les Gaules. Le peuplier blanc lui était consacré parce qu'il l'apporta de l'Épire chez les Hellènes. Euripide et Sénèque n'ont eu garde d'oublier Hercule dans les plus beaux chants de leurs muses tragiques.

DENNE-BARON.

HERCULE (*Astronomie*), astérisme qui fait partie de 23 constellations boréales des anciens, est la 18e dans les tables. Les deux têtes d'Hercule et d'Ophiucus ou Serpentaire sont très-près l'une de l'autre dans le ciel; ce sont deux étoiles de deuxième grandeur. Entre elles sur les cartes passe la ligne menée depuis la constellation Antarès jusqu'à la Lyre. On remarque dans Hercule une nébuleuse, petite tache blanchâtre, d'une pâleur lumineuse et informe. Hercule est le plus souvent appelé dans les mythes astronomiques *Astrochyton* (Tunique d'étoiles) et *Genuflexus* (Genou-en-terre) parce que c'est dans cette attitude qu'il est représenté sur les globes célestes, sous l'aspect d'un combattant, et se faisant une sorte de bouclier de la peau du lion de Némée.

HERCULE (Bains d'). *Voyez* ACUADIA.

HERCULE (Colonnes d'). On appelait ainsi, dans l'antiquité, les deux promontoires qui formaient le détroit de Gibraltar, *Calpé* et *Abyla* (aujourd'hui Gibraltar et Ceuta); qu'on regardait alors comme les limites du monde, et qu'on croyait avoir été placées là par Hercule dans ses voyages.

HERCULE FARNÈSE, statue colossale en marbre, copie d'un ouvrage de Lysippe, exécutée par Glycon. Elle nous montre le héros fatigué du travail. Il se repose un instant et s'appuie sur sa massue. Les muscles et les veines sont encore enflés. Le visage incline à terre et a quelque chose de triste dans l'expression. L'une des mains d'Hercule est posée sur son dos et tient une pomme des Hespérides. Ce morceau a été reproduit à l'infini et dans toutes les grandeurs.

HERCYNIENNE (Forêt), en latin *Hercynia sylva*, dénomination formée du mot tudesque *hart*, signifiant montagne couverte de forêts; elle désigne vaguement tantôt une montagne, tantôt une autre dans l'intérieur non exploré de la Germanie. Aristote déjà parle de la forêt hercynienne et y place les sources de l'Ister (Danube). César, qui lui donne une largeur approximative de neuf journées de marche, et une longueur de soixante journées, comprend sous ce nom toutes les chaînes de montagnes de la Germanie situées au nord du Danube, et ses contemporains en racontent beaucoup de fables. Strabon, qui ne pouvait pas encore se dégager entièrement des idées de César, la plaçait également dans la région où est aujourd'hui le *Bœhmerwald*, ce que fait aussi Velleius Paterculus en termes plus précis. Florus, Tacite et Pline, de leur côté, y comprennent aussi la forêt de Thuringe. À mesure que les géographes anciens connurent mieux la Germanie, et apprirent les noms particuliers de ses montagnes, il leur fallut reporter toujours plus avant cette dénomination, de sorte que Ptolémée ne désigne plus par là que les montagnes qui unissent les Sudètes aux Carpathes, montagnes pour lesquelles il ne connaissait pas sans doute le nom spécial. Les géographes modernes ne sont point d'accord sur la détermination précise de la contrée de l'Allemagne actuelle répondant à la forêt *Hercynienne* des anciens.

HERDER (JEAN-GOTTFRIED), né à Morungen, petite ville de la Prusse orientale, en 1744, est à la fois l'un des écrivains les plus distingués de l'Allemagne et l'un des plus féconds polygraphes qui soient connus dans l'histoire des lettres. Fils d'un instituteur de jeunes filles, Herder n'avait reçu dans la maison paternelle que des leçons médiocres. Un chirurgien en chef d'un régiment de Prusse, qu'un de ces hasards qu'on doit appeler providentiels avait produit dans cette famille, mit le jeune Herder sur la voie des bonnes études. Bientôt, mieux dirigé, le futur historien de l'humanité fit de tels progrès, tout en gagnant sa vie, qu'à l'âge de vingt-et-un ans il fut nommé prédicateur et directeur d'une école de paroisse à Riga. L'estime générale l'entourait dans cette ville, lorsqu'au bout de quelque temps, brûlant du désir de voir le monde et d'étendre ses connaissances, il quitta sa position pour venir à Paris, où il se lia avec quelques hommes distingués, et rechercha la société de tout ce qu'il y avait d'éminent dans les lettres et les sciences. De retour dans sa patrie, il se chargea de l'éducation du prince d'Eutin; mais au moment où il amenait ce prince à Paris le comte de Schaumbourg-Lippe, élève de notre philosophie du dernier siècle, le nomma prédicateur de sa petite cour, et surintendant des pasteurs de sa principauté, comptant, d'après les ouvrages de Herder qu'il avait lus, s'attacher un homme de lettres plutôt qu'un ministre de la religion. Herder, dont l'imagination était exaltée et la piété fervente, se trouva mal à l'aise dans cette charge, et il sollicitait, par l'entremise de ses amis de Gœttingue, une chaire de théologie dans cette célèbre université, lorsque, par les bons offices de Gœthe, dont il avait fait la connaissance à Strasbourg, le duc de Weimar lui offrit la place de premier prédicateur et de surintendant général de son duché (1776). Weimar était à cette époque la petite Athènes de l'Allemagne : elle possédait Wieland et Gœthe ; elle attirait sans cesse tout ce qu'il y avait d'hommes de goût et de génie en Allemagne. Herder se trouva au comble de ses vœux sous ce rapport ; mais les excès de travail auxquels il se livra minèrent bientôt sa santé, et lui donnèrent une susceptibilité d'autant plus fâcheuse que ses relations étaient plus étendues et plus délicates. Porté à la présidence du consistoire par le duc son souverain, anobli par l'électeur de Bavière, honoré de l'Allemagne, sans être inconnu à l'étranger, Herder mourut en 1803, plus âgé et moins heureux que ne le permettait sa position.

Théologien, orateur sacré, poète original et traducteur, philologue, archéologue, historien, philosophe et critique, Herder, doué d'une brillante imagination, écrivant avec plus de chaleur et plus d'éclat que de profondeur, fut considéré pendant quelque temps comme un savant universel et un homme éminent. L'universalité à laquelle il eut la faiblesse d'aspirer ou de se laisser aller l'empêcha seule d'arriver au premier rang et de transmettre à la postérité un monument digne de son génie. Cette dangereuse facilité, qui égare des hommes de talent, lui fit étudier toutes les langues, embrasser tous les genres de littérature, poursuivre sans cesse les lauriers académiques de Berlin et de Munich, et s'attaquer enfin au géant de la philosophie allemande, à Kant, dont le langage est si difficilement compris et dont le génie était si différent du sien.

Les ouvrages de Herder, jadis trop célébrés, trop délaissés maintenant, par l'Allemagne, qui ost facilement enthousiaste, cesse généralement d'estimer dès qu'elle cesse d'admirer, ont été recueillis et publiés par Heyne, Jean et Georges Muller, d'après un choix peu sévère. Ces éditeurs les ont classés en trois séries.

Nous placerons ici l'énumération des œuvres complètes de Herder.

I. Religion et théologie : 1° *De l'esprit de la poésie hébraïque*. Cette composition, dont le pieux auteur avait conçu le plan dans sa jeunesse, n'est pas achevée; mais il n'existe pas dans la littérature moderne de livre qui peigne mieux que celui-là le vieil Orient des patriarches. 2° *Le plus ancien Document du genre humain*. C'est un traité sur la cosmogonie de Moïse. On y trouve sur la symbolique et les hiéroglyphes de l'ancienne Égypte quelques considérations ingénieuses, mais aussi, un grand nombre d'hypothèses téméraires. 3° *Sermons*. 4° *Interprétation du Nouveau Testament : éclaircissements tirés d'une source récemment découverte* (cette source est le Zenda-Vesta d'Anquetil) ; *Études sur l'Apocalypse*. 5° *Lettres sur l'étude de la théologie*. 6° *Méditations religieuses*. Cette première série se compose de dix huit-volumes in-12.

II. Philosophie et histoire : 1° *Le Monde primitif*. Lettres et dissertations sur les antiquités perséopolitaines. La même hardiesse dans les vues et la même incertitude dans les détails que nous avons déjà signalées au sujet des antiquités de l'Égypte. 2° *Sur l'Origine du langage*. 3° *Prélude sur l'histoire de l'humanité*. 4° *Idées sur l'histoire de l'humanité*. C'est le chef-d'œuvre de Herder, et M. Quinet a eu raison de le traduire en français : c'était pour l'époque à laquelle il parut, c'est-à-dire il y a quarante ans, une des productions les plus remarquables du dernier siècle. 5° *Post-scène de l'histoire de l'humanité* : c'est le pendant du *Prélude*. 6° *Sur le Système de Spinosa*, traité accompagné de plusieurs autres dissertations de philosophie et de psychologie. 7° *Discours pédagogiques*. 8° *Adrastea*, esquisses d'événements et de caractères du dix-septième siècle. On remarque dans le nombre le morceau sur les académies de France. 9° *Biographies et critiques littéraires*. 10° *Métacritique de la Critique de la raison pure*, polémique sans puissance et sans exactitude, dirigée contre le système philosophique de Kant, que Herder avait mal saisi, et qu'il a faiblement combattu, on doit le dire, tout en rendant justice aux vues religieuses qui guidaient sa plume. 11° *Lettres sur le progrès de l'humanité*. 12° *Calligone*, *Traité du beau et de ce qui plait*. Cette deuxième série forme 22 volumes : elle embrasse, entre autres, les souvenirs que la veuve de Herder a publiés sur la vie de son mari.

III. Littérature et arts : 1° *Fragments sur la littérature allemande*. 2° *Poésies*. Les unes sont originales, les autres imitées de toutes les langues modernes, et entremêlées de dissertations sur le génie poétique de presque tous les peuples d'Occident et d'Orient. Ce qu'on remarque dans le nombre est le poëme *Le Cid*, traduit exactement de l'espagnol. 3° *Forêts critiques*. Ce sont des considérations sur la science ou l'art du beau d'après les auteurs classiques. 4° *Sur les causes de la décadence du goût*. 5° *Sur l'âge d'or de Louis XIV et de la reine Anne*. 6° *Archéologie et plastique*. Ce sont des mélanges de poésie et de critique. Cette troisième série forme 20 volumes in-12.

Les Allemands ont souvent appelé Wieland le Voltaire de la Germanie. Wieland n'a pourtant embrassé qu'un petit nombre de sujets. Sous le rapport d'une intarissable fécondité et d'une sorte d'universalité, c'est plutôt Herder qu'il faudrait assimiler au plus inépuisable de nos écrivains. Mais sous le rapport des principes et des tendances on ne remarquerait entre eux qu'une différence tranchée, car Herder combattait l'école de Voltaire, après l'avoir étudiée dans ses principales opinions. Si les éditeurs de ses œuvres eussent été ses amis plutôt que ses admirateurs, et qu'ils eussent voulu les réduire à une vingtaine de volumes, ils auraient rendu un égal service à la littérature et à sa mémoire. En donnant une foule d'ébauches informes et d'articles médiocres, échappés à une plume trop facile, ils ont fait autant de tort à la réputation de Herder qu'à la pureté de leur goût. Quant à Herder, ce qui doit sauver son nom de l'oubli, dont le temps en accable tant d'autres, ce sont ses qualités morales. Elles ont fait la gloire de sa vie. Ce sont elles qui non-seulement l'ont distingué d'une foule d'écrivains du second ordre, mais qui l'ont mis au-dessus de Wieland et de Gœthe, c'est-à-dire au-dessus des deux hommes qui ont été avec Schiller, leur ami, la gloire de la littérature allemande. Ce sont ces mêmes qualités, cultivées avec une attention religieuse, qui l'ont fait surnommer le *Fénelon de l'Allemagne*, surnom beaucoup trop glorieux pour des temps si voisins de sa vie, mais surnom que la postérité lui rendra peut-être quand même elle ne lira plus ses ouvrages.

Un fils de Herder, *Sigismond-Wolfang*, né en 1776, mort en 1838, à Dresde, appartint pendant de longues années à l'administration des mines du royaume de Saxe; les services qu'il rendit à la minéralogie avaient été récompensés dès 1812 par le titre de baron. MATTER.

HÈRE. *Voyez* CERF.

HÉRÉDITÉ. On appelle ainsi l'universalité des droits actifs et passifs qu'une personne laisse après sa mort (*voyez* SUCCESSION).

L'action par laquelle une personne qui se prétend héritière forme sa demande devant les tribunaux se nomme *pétition d'hérédité*. L'adition d'hérédité est l'acte par lequel une personne fait connaître qu'elle accepte une succession qui lui est dévolue.

L'hérédité des fonctions et des emplois a créé les castes de l'Égypte et de l'Inde; nous la voyons établie de même à l'origine de toutes les républiques et de tous les États de l'antiquité. Fille de la conquête et de l'invasion, elle finit par disparaître en tous lieux , devant l'émancipation du peuple asservi.

En France, sous la seconde race, les bénéfices et les fiefs devinrent héréditaires après avoir été temporaires et viagers, et de cette tendance universelle sortit la féodalité. Cependant l'hérédité des bénéfices se rencontra en concurrence avec des concessions temporaires et viagères longtemps auparavant. Une des formules de Marculfe nous montre que c'était déjà une pratique usitée à la fin du septième siècle. Les exemples en abondent dans les diplômes de Louis le Débonnaire et de Charles le Chauve. Enfin ce dernier reconnaît formellement, en 877 , l'hérédité des bénéfices, et à la fin du neuvième siècle c'est là leur condition commune et dominante.

Des charges et des offices purement civils devinrent également héréditaires par la suite. Mais les progrès de l'esprit humain firent successivement tomber ces priviléges et ces entraves. L'hérédité de la pairie, œuvre de la Restauration, périt avec elle. La seule hérédité du trône, quoique abattue par différentes révolutions, surnage encore parmi nous.

HÉRÉDITÉ (*Médecine, Physiologie*). L'hérédité se caractérise par ce qui est *inhérent* ou *adhérent* des ancêtres ou parents, aux descendants, non pas seulement pour les propriétés physiques et autres objets extérieurs, mais pour les qualités morales ou internes, qui s'attachent et se transmettent dans les races ou quelques individus. Ainsi , des vices et des maladies se cramponnent, non moins que des vertus ou de brillants avantages corporels s'infiltrent dans les générations, jusqu'à ce que l'état naturel ou normal ramène l'organisme à son type primitif, ou que d'autres modifications y soient apportées et implantées à leur tour. L'art, le choix des nourritures, les exercices, le régime de vie, instituent nos belles races de bestiaux, engraissent énormément les uns, procurent à d'autres des toisons longues et soyeuses, développent les instincts sagaces du chien pour la chasse, la vigueur et la souplesse du cheval pour la course; à la suite de longs soins, ces animaux obtiennent des formes, des propriétés qui sont transmissibles dans leurs descendants, si l'on choisit également les individus et les. races avec lesquels on les allie. On sait aussi, par des croisements habilement ménagés, ajouter à telle variété les qualités propres à la perfectionner, dans le sens qu'on désire lui attribuer. Ces qualités brillantes, maintenues à la longue, passent dans les formes, la structure même de l'animal , et le mérinos, le bouc thibétain , le cheval arabe ou andalou, le chien de chasse, le lévrier, etc. , telle race de poules , de pigeons, se propagent sous l'influence permanente des causes qui les ont produites.

On comprend que si ces perfectionnements factices se perpétuent , les vices, les défauts et maladies organiques, résultant de progrès contraires, tendent également à s'enraciner, à se détériorer même encore dans la suite des générations, si rien ne s'y opposait. Ainsi , les constitutions chétives, épuisées, ne peuvent engendrer que des individus encore plus délabrés et impuissants, à moins de nourritures fortes ou d'un régime restaurant. Tel cheval poussif et morveux ; tel chien étique, à moins de s'allier à une jument saine, robuste , engendra sa triste race ; mais en mariant, par exemple, un individu débile de poitrine ou de reins avec l'individu bien développé par ces organes, on restituera la race dans sa vigueur primordiale. C'est surtout au moyen de ces croisements de races, ou par des alliances de défauts contraires, comme par un régime différent, que l'on corrigera les vices héréditaires, et qu'on éteindra les maladies transmissibles. De même, les systèmes organiques nombreux qui constituent son corps varient dans leurs équilibres harmoniques. Certes, un individu musclé, athlétique, bien nourri, habitué à des travaux corporels, comme sont les manouvriers, forts de balle, etc., transmettra (si rien n'y est contraire) cette vigueur musculaire à ses enfants, tandis que le savant, délicat, énervé par ses travaux intellectuels dans son cabinet, n'aura guère pour progéniture que des êtres infirmes et sensibles. C'est sans doute pour cela que le génie devient rarement héréditaire, comme le prouve l'exemple des enfants de la plupart de nos grands hommes, Racine, Buffon, etc.; un esprit qui s'épuise reste incapable de transmettre son énergie. Au contraire, un guerrier, un héros ardent de courage, peut très-bien engendrer des fils qui lui ressemblent au physique comme au moral : *Fortes creantur fortibus et bonis*. Nous comprenons donc la possibilité de ce genre de *noblesse héréditaire*, si le sang ne forligne point dans la race de la *prudoterie*. Jadis, les Francs, descendants des guerriers sicambres, ne s'alliant qu'entre eux, conservant, avec la dignité de leurs titres, les habitudes belliqueuses, l'exercice perpétuel des armes, de la chasse, la fierté du caractère avec la suprématie sur leurs serfs ou roturiers, regorgeant chaque jour de chair, ou vivant somptueusement, étaient physiquement aussi de *hauts et puissants seigneurs*. On le voit par les peintures et sculptures qui les représentent auprès de leurs chétifs mainsmortables, taillables à merci et miséricorde, réduits au pain noir et aux légumes dans le moyen âge.

Les constitutions et les tempéraments deviennent héréditaires, surtout dans leurs qualités physiques. De même, on peut croire que si *bon chien chasse de race*, le fils d'un homme civilisé aura dès son enfance le cerveau plus large que celui d'un barbare. Les propensions du jeune sauvage se manifestent déjà en effet pour la vie errante des forêts, comme chez le jeune oiseau, qui développe spontanément ses instincts natifs. Il y a certaines familles chez lesquelles l'esprit naturel se montre héréditaire plus qu'en d'autres, de même que la disposition apoplectique ou phthisique se manifeste avec une sorte de fatalité au même âge qu'elle avait apparu dans les pères et mères. Personne n'ignore combien la folie, la mélancolie et d'autres névroses de l'encéphale, non moins que l'hystérie, l'épilepsie, peuvent se transporter dans les enfants par un malheureux héritage. Cependant, ce sont moins des lesions purement matérielles du système nerveux que des mouvements vicieux et habituels de cet appareil. Il en est de même des mœurs, qui s'ancrent et se corporifient, pour ainsi dire, à la longue, par les exercices, le régime de vie dans les métiers : les castes des Hindous, maintenues pendant tant de siècles, ont pu établir des races faciles à distinguer par la constitution corporelle, et transmissibles de père en fils.

Ce ne sont point les maladies aiguës, mais seulement les chroniques, et surtout les organiques, qui deviennent héréditaires. Il en est ainsi des conformations, telles que les sexdigitaires, les macrocéphales, les goitreux, etc. Ainsi, les virus tenaces, le cancéreux, le scrofuleux, passent souvent aux enfants, comme les affections organiques du cœur et des gros vaisseaux, la disposition anévrismale, la squirrheuse, etc. Les fils des goutteux, des graveleux, sont exposés à voir éclore leurs germes d'affection, non pas que de telles prédispositions deviennent nécessairement efficientes : les soins, un régime contraire, peuvent empêcher leur manifestation. Cependant, les enfants qui ressemblent le plus à leurs parents emportent presque toujours les germes invincibles de la phthisie, de la folie, etc., qui apparaîtront plus tard, et aux époques où la constitution paternelle et maternelle ont vu se déployer ces funestes prédestinations.

On a tenté d'expliquer ces phénomènes d'hérédité, soit normale, saine, soit morbide. On a dit que le fluide reproducteur, émanant de toutes les parties du corps des parents, apportait dans la constitution du nouvel embryon tous les éléments, en miniature, des organes des père et mère avec leurs lésions, leur structure intime, leur tempérament naturel ou acquis, leurs dispositions de santé ou de maladie. Et quoique les parents, à l'époque de la génération, n'aient encore éprouvé ni la goutte, ni la pierre, ni la manie, ni l'épilepsie, etc., cependant les germes de ces affections non développées n'en existent pas moins; ils ont fourni un contingent capable de se développer plus tard dans les descendants. Lors même que la femelle serait seule dépositaire de l'œuf ou de l'embryon, la fécondation du mâle n'en influe pas moins sur toute la conformation du fœtus, comme le prouvent les exemples des métis. On doit dire toutefois que ni les bossus, ni les manchots, les boiteux, les aveugles, ne transmettent d'ordinaire leurs infirmités à leurs enfants.

Quand l'hérédité n'est pas constante du père au fils, on dit qu'elle saute une génération pour passer au petit-fils. Mais ce phénomène, s'il a lieu pour certaines affections, peut devoir son interruption à un croisement avec un individu sain, et sa résurrection ultérieure à des circonstances de régime ou de constitution qui ramènent la même maladie. Du reste, ces observations, la plupart vagues, dans les familles, sont plus souvent des excuses ou des accusations que des vérités bien établies. J.-J. VIREY.

HEREFORD, un des comtés occidentaux de l'Angleterre, d'une superficie de 7 myriamètres carrés, avec une population de 99,112 habitants. Coupé de collines, de vallées et de plaines, le pays offre un aspect charmant. Les collines sont couvertes de bois ou de champs cultivés jusqu'à leur sommet. La Wye, le plus considérable de ses cours d'eau, car il n'a pas moins de 18 myriamètres de parcours, après avoir reçu le Munnow ou Monnow, à droite, et le Lugg avec l'Arrow et la Fromie, à gauche, va porter le tribut de ses eaux à la Severn. Cette rivière tortueuse, rapide, abondante en saumons, est célèbre par ses rives romantiques, et assez profonde, dans les hautes eaux, pour porter des barques de 300 à 400 quintaux jusqu'à Hay, c'est-à-dire à une distance de 4 myriamètres au-dessus de Hereford. Le Lugg est aussi navigable, pour des barques de moindre tonnage, jusqu'à quelques myriamètres de Leominster. Le canal de Leominster débouche à l'occident près de Kington, sur l'Arrow, et au nord-est dans la Severn, où doit aboutir aussi le canal de Gloucester et Hereford, qui n'est terminé que jusqu'à Ledbury. Le sol est en général si fertile, qu'un douzième seulement du comté se refuse à la culture. On récolte plus de froment et d'orge qu'il n'en faut pour la nourriture des habitants, et la culture des arbres est l'objet de tant de soins que Hereford a été surnommé le verger de l'Angleterre. Le cidre et le poiré s'exportent en grande quantité, non-seulement à Londres et à Bristol, mais jusqu'en Amérique et aux Indes occidentales. On cultive aussi beaucoup de houblon, qui s'expédie en partie dans le Kent et le Sussex. L'éducation des bestiaux n'est point non plus négligée. Les moutons de Hereford, qui proviennent de la race des Collings ou Rylands, sont fort estimés, à cause de la finesse de leur toison et de l'excellence de leur chair. Les forêts fournissent beaucoup de bois de chêne, mais le règne minéral n'offre que des mines de fer, qui ne sont pas exploitées. A l'exception de quelques fabriques de gants à Hereford et à Leominster, de cordes et de câbles à Ledbury, et de grossières étoffes de laine, le comté n'a point de manufactures. Les fabriques de drap de Ledbury, autrefois florissantes, n'ont pu se soutenir.

HEREFORD, chef-lieu du comté, dans une contrée fertile, sur la Wye et le canal de Gloucester, est le siège d'un évêché et possède quelques monuments anciens, entre autres une cathédrale du douzième siècle. Au nombre des édifices plus modernes, on cite l'évêché, le palais de justice, la prison du comté, le théâtre, l'hôpital et l'hospice des aliénés. La population, qui s'élève à 12,000 âmes, fabrique des gants, de la flanelle, des chapeaux, et fait un commerce de cidre, de houblon et de lin.

HÉRÉSIARQUE (du grec αἵρεσις, opinion séparée, et ἀρχός, chef), premier auteur d'une **hérésie**, ou chef d'une secte hérétique.

HÉRÉSIE (du grec αἵρεσις, opinion séparée, formé de αἱρέω, je choisis). Ce mot, qui, d'après son étymologie, signifie simplement un *choix*, une *adhésion* à un parti quelconque dans l'hypothèse de deux opinions opposées, n'est plus employé que pour désigner une erreur volontaire, opiniâtre, contre un dogme catholique : de là le nom d'*hérésiarque*, par lequel on désigne l'auteur d'une erreur pareille, ou le chef d'une secte qui l'embrasse, et celui d'*hérétique*, donné tant aux partisans de cette erreur qu'à l'opinion erronée qu'ils adoptent.

Dès l'origine du christianisme, des hérésies surgissent audacieuses, et se propagent non-seulement parmi les fidèles, mais au milieu même des nouveaux convertis, qui se laissent entraîner, les uns par faiblesse, les autres par ignorance. Il était important que l'Évangile ne s'établît pas sans contradiction et comme dans les ténèbres. Si les apôtres eussent eu toujours des auditeurs dociles, prêts à les croire sur parole, on n'eût pas manqué d'invoquer plus tard contre leur doctrine cette aveugle soumission, et d'arguer de faux les faits cités par eux et admis par des disciples trop prévenus en leur faveur pour les examiner. Si donc au premier siècle de l'ère chrétienne les novateurs attaquèrent les dogmes sans jamais démentir les faits miraculeux racontés dans l'Évangile ; si, malgré l'avantage et la facilité qu'ils auraient eus à en démontrer l'imposture, ils n'eurent jamais la pensée de le faire, c'est là une des preuves les plus fortes de la véracité des hommes apostoliques.

Les prétentions peu déguisées des Juifs, qui voulaient introduire dans les rites chrétiens une partie de leurs cérémonies, celles des païens dont la conversion manquait de sincérité, et qui tentaient d'allier aux dogmes catholiques les prétendues vérités de leur philosophie, tels furent jusqu'à Manès les principes des diverses erreurs répandues parmi les chrétiens.

On conçoit aisément en effet combien dut paraître singulière aux discoureurs des écoles philosophiques une doctrine qui renferme des dogmes auxquels il faut se soumettre sans discuter, des mystères qu'il faut croire sans les expliquer, des vérités qu'il faut admettre sans les comprendre : l'orgueil humain se révolta contre de telles exigences ; il refusa de porter le joug qu'on voulait lui imposer ; et comme on exigeait tout ensemble la soumission de l'esprit à la foi et celle du cœur à la morale nouvelle comme on voulait maîtriser et l'indépendance de l'un et les affections de l'autre, il préféra se créer, suivant ses goûts, des lois moins difficiles à observer. Telle a été depuis dix-huit siècles l'origine des hérésies qui ont tour à tour étonné le monde, les unes par la bizarrerie de leurs principes, les autres par le fanatisme de leurs partisans, et qui toutes ont montré à quel danger on s'expose, quand on renonce à la seule garantie offerte à l'homme contre l'erreur, le lien de l'unité.

Il faut, pour se rendre compte de ces scandales, se rappeler que si les supplices des martyrs ont été nécessaires pour montrer l'héroïsme né de la foi, les hérésies ne le sont pas moins autant pour distinguer les esprits dociles de ceux que la légèreté porte vers les nouveautés, que pour témoigner de l'admirable constitution de l'Église et pour tenir en garde les dépositaires de la saine doctrine. D'ailleurs, la forme seule varie d'une secte à une autre : le fond de l'erreur change peu ; et comme dans une même communion les membres sont souvent divisés entre eux, que ses différentes sectes n'ont de commun que leur éloignement de l'Église catholique, la Providence semble avoir placé sans cesse une sauve-garde à côté des précipices, en donnant à tout homme de bonne foi le moyen de distinguer, même sans une grande instruction, la vérité du mensonge.

L'abbé J. DUPLESSY.

Tant que le christianisme ne fut pas religion de l'État, les hérésiarques ne furent frappés que d'excommunication ; mais depuis Constantin l'autorité temporelle prit fait et cause pour l'Église, et, outre l'excommunication dépendant des évêques, ils encoururent le bannissement, la perte de leurs droits civils, et leurs livres furent condamnés aux flammes. La peine de mort leur fut appliquée pour la première fois par le synode de Trèves, dans la personne de Priscillien, en 385 ; toutefois, les condamnations semblables prononcées par les évêques avant l'établissement de l'inquisition ne pouvaient être exécutées qu'avec le concours du pouvoir séculier. Mais dès les premières années de la chrétienté de formidables et tyranniques inquisiteurs. La croisade contre les Albigeois ne fut véritablement entreprise que pour exterminer l'hérésie en exterminant les hérétiques. Du quinzième au seizième siècle la France, l'Espagne et l'Italie furent désolées par les persécutions religieuses, que vint renouveler, au dix-septième, le fanatisme intolérant des confesseurs de Louis XIV. Les inquisiteurs sévirent avec non moins de fureur en Allemagne.

L'Église protestante a eu aussi ses hérésies et ses hérétiques ; ainsi, au seizième siècle, Servet fut brûlé comme tel à Genève ; et l'Église anglicane, si elle ne brûla pas les siens, les dépouilla au moins de leurs droits politiques, si ce n'est de leurs droits civils.

HÉRÉTIQUE. On appelle ainsi l'homme qui, sans cesser de faire profession du christianisme, soutient volontairement et avec opiniâtreté une erreur opposée à la foi. Il faut donc pour devenir hérétique qu'on soit chrétien ; que l'erreur dans laquelle on tombe ait pour objet un article de foi ; qu'on n'ignore point qu'elle est opposée à la doctrine de l'Église catholique : on ne peut nier en effet qu'il soit possible d'errer de bonne foi. Un enfant né de parents hérétiques, élevé par eux dans les principes de leur secte, jeté plus tard dans une position où rien ne viendra lui révéler le vice de sa croyance, peut, à la rigueur, passer sa vie entière sans concevoir un doute sur l'orthodoxie de ses principes. La justice divine est trop miséricordieuse pour punir le péché quand il n'existe pas : or, sans volonté, il n'y a pas d'hérésie ; l'ignorance invincible a toujours été d'ailleurs une excuse suffisante. Mais donner ses opinions comme des dogmes et chercher à leur créer des prosélytes ; mépriser et les jugements et la censure de l'Église ; se mettre soit à la tête, soit à la suite d'un parti qu'on sait être en dehors de son giron ; se croire plus instruit que le corps entier des pasteurs, à qui l'assistance du Saint-Esprit a été promise ; ne tenir compte ni de l'autorité des siècles ni de la parole de Dieu, c'est une témérité que le plus simple bon sens est en mesure d'apprécier, indépendamment des règles de la foi. On peut le dire, aujourd'hui que les controverses suscitées pour la propagation de l'erreur ont porté presque partout aussi la connaissance de la vérité, il est bien difficile de trouver un hérétique de bonne foi. Une illusion passagère peut entraîner, mais tôt ou tard le doute naît dans l'esprit, et dès que le doute apparaît la bonne foi cesse.

Il faut distinguer cependant avec soin l'erreur de ses partisans : le chrétien fidèle ne ménagera jamais l'hérésie, il ne pactisera point avec le mensonge et le poursuivra dans ses plus secrets retranchements. Le dépôt de la foi n'est pas seulement confié au corps enseignant ; chaque membre est appelé à contribuer, selon ses forces, à le conserver intact ; mais l'homme isolé, malgré son égarement, doit être traité avec bienveillance, si rien dans sa doctrine ne porte atteinte à l'ordre public et aux bonnes mœurs. Telle a toujours été, quoi qu'en aient dit les sectateurs des diverses hérésies qui ont déchiré son sein, la conduite de l'Église romaine : si elle frappe de peines sévères ceux de ses enfants qui se sont séparés d'elle, c'est quand le scandale l'y oblige ; ses châtiments sont d'ailleurs d'un ordre tout spirituel, et la conversion du coupable est bientôt suivie de son entière réconciliation avec elle.

Mosheim a donc calomnié l'Église lorsqu'il a soutenu dans son *Histoire Ecclésiastique* qu'au quatrième siècle elle adopta généralement la maxime que toute erreur en matière de religion, dans laquelle on persistait après avoir été dûment averti, était punissable et méritait les peines civiles, même des tourments corporels ; jamais, au contraire, elle n'a regardé comme punissables que les erreurs qui intéressent l'ordre public. Les premiers auteurs d'une hérésie qui entreprennent de la répandre, de lui gagner des prosélytes, de faire un parti, doivent être considérés comme des perturbateurs du repos public. Une expérience de dix-huit siècles a convaincu tous les peuples qu'en général une secte nouvelle ne s'est établie qu'en causant du tumulte, des séditions, des révoltes contre les lois, des violences, et souvent même en amenant une effusion de sang plus ou moins considérable. On aura beau dire que suivant ce principe les Juifs et les païens ont bien fait de mettre à mort les Apôtres et les premiers chrétiens : il n'en est rien. Les Apôtres ont prouvé qu'ils avaient une mission divine, jamais un hérésiarque n'a prouvé la sienne ; les Apôtres ont prêché constamment la paix, la patience, la soumission aux puissances séculières, les hérésiarques ont toujours fait le contraire.

Les peines portées contre les hérétiques sont : l'excommunication, la privation de la juridiction ecclésiastique, et l'irrégularité ; on conçoit aisément la justice de ces mesures. L'Église, retranchant de son troupeau et privant de ses faveurs ceux qui renoncent à elle, leur laisse toujours la faculté de rentrer dans son sein ; malheureusement l'esprit d'erreur, essentiellement opiniâtre, sait trop rarement fléchir et rentrer dans la voie de la vérité.

L'abbé J. Duplessy.

HÉRICART DE THURY (L.-E.-F.), né vers 1777, à Thury (arrondissement de Senlis), fut chargé de la surveillance des catacombes de Paris, sous le gouvernement impérial, qui lui donna les fonctions d'inspecteur général des carrières du département de la Seine. C'est au vicomte de Thury que l'on doit les immenses travaux qui, tout en rendant ces vastes souterrains praticables, ont affermi le sol de plusieurs quartiers de Paris. On lit avec intérêt les descriptions publiées en 1815, sous le titre de *Description des Catacombes de Paris*, par Héricart de Thury lui-même.

Successivement nommé membre de l'Académie des Sciences, officier de la Légion d'Honneur, gentilhomme de la chambre du roi Charles X, député pour les départements de l'Oise et de la Seine, inspecteur général des mines, etc., Héricart de Thury s'était retiré à Rome, lorsqu'il y mourut, en janvier 1854.

HÉRISSON, genre de mammifères de l'ordre des carnassiers, famille des insectivores. Les hérissons sont remarquables par les piquants roides et acérés dont leur dos est couvert. Ces piquants ne sont qu'une modification des poils, qui, au lieu de rester flexibles et soyeux comme chez les autres mammifères, grossissent et prennent la dureté de la corne. Ces animaux, dont la longueur totale est d'environ trente centimètres, sont en général d'une couleur grise tirant sur le brun. Ils vivent dans les haies et les fourrés, et se nourrissent de jeunes crapauds, de vers, d'escargots, de crabes, de fruits et d'oiseaux. Ils se cachent dans leurs terriers pendant le jour, et en sortent la nuit pour aller chercher leur nourriture. Ils construisent leur nid avec de la mousse, et mettent bas de quatre à cinq petits par portée. Le hérisson, que la nature n'a doué ni d'assez de force pour la lutte ni d'assez d'agilité pour la fuite, et qui n'a pas non plus l'instinct de se créer une retraite inaccessible à ses ennemis, est doué en revanche de la faculté de se ramasser en fléchissant la tête et les pattes sous le ventre, et de ne plus alors présenter à l'ennemi qu'une boule toute *hérissée* de piquants s'entre-croisant dans tous les sens, et que les plus hardis hésitent à attaquer. Plus le danger auquel est exposé le hérisson est grand, et plus il a la faculté de se contracter de la sorte et de s'envelopper de sa peau comme d'une inexpugnable cuirasse. Quand il a une fois pris cette position, on ne peut le décider à revenir à sa forme naturelle qu'en l'aspergeant d'eau froide, ou bien en le jetant dans l'eau. Pendant la saison d'hiver, il reste ainsi tout ratatiné dans son nid de mousse, opposant au froid sa seule armure ; et ce n'est plus qu'au printemps qu'il se décide à quitter sa retraite pour reprendre ses courses nocturnes. Il est d'ailleurs parfaitement inoffensif. On dit que dans quelques contrées il est susceptible de domestication, et que les Kalmoucks l'emploient à débarrasser leurs demeures de divers insectes. Le hérisson, qui possède une odeur offrant beaucoup d'analogie avec celle du musc, est souvent chassé par les chiens. Cependant ceux-ci n'aiment pas en général à se frotter contre un pareil adversaire, dont les piquants et l'aspect peu engageant leur inspirent de la terreur, tant qu'ils n'ont pas été dressés à cette espèce de chasse. Mais ils ne tardent pas à s'aguerrir ; et une fois que les petites blessures que leur causent les piquants de l'animal les ont irrités, ils font bientôt de leurs dents un usage tel, que force est au malheureux hérisson de se rendre. Plus prudent, le renard, embusqué patiemment, attend pour se jeter sur lui le moment où la fatigue le force à se dérouler et à présenter ainsi le défaut de son armure.

On ne connaît encore que deux espèces de ce genre : le *hérisson commun*, ou *hérisson d'Europe* (*erinaceus Europæus*, Linné), et le *hérisson à longues oreilles* (*erinaceus auritus*, Pallas) qui habite les environs d'Astrakan, les bords de la mer d'Aral et même l'Égypte.

HÉRISSON (*Botanique*). Voyez CHATAIGNIER.
HÉRISSON (*Ichthyologie*), nom vulgaire de quelques poissons des genres *baliste* et *diodon*.
HÉRISSON (*Malacologie*), nom vulgaire de plusieurs coquilles du genre *murex* (*voyez* ROCHER) : le *hérisson à grosses pointes courtes*, ou *hérisson pourpre*, est le *murex ricinus* ; le *hérisson à longues pointes*, ou *hérisson ombiliqué*, est le *murex histrix* ; le *hérisson à mille pointes* est le *murex nodus*.

HÉRISSON (*Fortification*), poutre portée par le milieu sur un pivot, et armée de quantité de longues pointes de fer, qui sert, aux portes des villes, pour ouvrir et fermer le passage, selon qu'il est nécessaire, et qu'on fait rouler sur la rampe, ou les débris de la brèche, pour empêcher l'ennemi d'y monter.

HÉRISSON (*Tactique*). Voyez CARRÉ (*Art militaire*).
HÉRISSON CUIRASSÉ. On donne vulgairement ce nom à plusieurs tatous.
HÉRISSON DE MALACCA, HÉRISSON D'AMÉRIQUE, noms vulgaires de deux espèces du genre *porc-épic*.
HÉRISSON DE MER. Voyez OURSIN.

HÉRISTALL, aujourd'hui HERSTALL, petite ville de 7,563 habitants, sur la rive gauche de la Meuse, à environ 3 kilomètres de Liége. L'exploitation de la houille et la production du fer sont les principales industries de la population. La seigneurie d'Héristall appartint à partir de 1444 à la maison de Nassau, sous la souveraineté de l'évêque de Liége. En 1702, à la mort de Guillaume III, roi d'Angleterre, des discussions s'élevèrent au sujet de cet héritage, qui finit par être adjugé, en 1714, à la Prusse ; en 1740 cette puissance le vendit à l'évêché de Liége.

Le château de la dominait jadis, et dont il reste à peine quelques vestiges, et le célèbre manoir héréditaire du maire du palais d'Austrasie, Pepin le Jeune ou le Gros, appelé de là *Pepin d'Héristall*. Par la suite, comme domaine de la famille des Carlovingiens, il fut souvent la résidence de Charlemagne.

Un château du même nom existait aussi autrefois sur les bords du Weser, aux environs de Minden, dans la province prussienne de Westphalie. Il fut complètement détruit pendant la guerre de trente ans ; et le village qui s'était formé au pied de ses remparts porte aujourd'hui le nom d'*Herstell*.

HÉRITAGE, ce qui vient par voie de succession, et par extension, les immeubles réels, comme terres, maisons, etc.

HÉRITIER. C'est celui qui succède, soit en vertu de la loi, soit en vertu d'un testament, à tous les droits actifs et passifs d'un défunt (*voyez* Succession). Ce mot vient du latin *heres*, fait de *herus*, maître. L'*héritier ab intestat* ou *héritier légitime* est celui qui succède en vertu des dispositions de la loi ; l'*héritier institué*, celui qui est nommé par la volonté d'un défunt ; l'*héritier présomptif* est le parent le plus proche et que l'on présume devoir hériter ; l'*héritier pur et simple* est celui qui a accepté une succession purement et simplement ; l'*héritier bénéficiaire* celui qui ne l'a acceptée que sous bénéfice d'inventaire; l'*héritier réservataire* celui en faveur duquel la loi a établi une réserve.

HERMAN (Jacques), né à Bâle, en 1678, mort dans la même ville en 1733, professa les mathématiques, d'abord à Padoue, ensuite à Saint-Pétersbourg, où le czar Pierre 1er l'avait appelé, en 1724, pour y fonder une académie des sciences. Ami de Leibnitz et initié par cet illustre savant aux principes du calcul différentiel, Herman en prit la défense contre Nieuwentyt, dans un livre qu'il fit paraître en 1700. On a de lui d'autres ouvrages, qui lui assignent une place distinguée parmi les géomètres de son époque.

HERMANARIC ou ERMANRICH, roi goth issu de l'illustre famille des Amales, naquit vers l'an 290 de notre ère, et succéda tout jeune encore à Geberic. Sous son long règne, la puissance des Goths devint considérable. A son avénement au trône, elle ne s'étendait guère que de l'embouchure du Danube aux monts Karpathes. Hermanaric l'étendit jusqu'au Don, à la Theiss, au Danube supérieur et à l'océan germanique ou mer Baltique, et selon Jornandès toutes les peuplades germaniques et scythiques reconnaissaient ses lois. Les Hérules, les Wendes, les Esthiens et les Roxolans avaient dû successivement lui rendre hommage. Mais comme il leur laissa leurs rois particuliers, il est probable que ses conquêtes n'eurent d'autres résultats que de créer des liens de suzeraineté et de vassalité entre lui et une foule de tribus alors errantes dans cette partie de l'Europe. D'ailleurs, il ne se trouva jamais en contact direct avec la puissance romaine. L'arrivée en Europe des hordes de Huns commandées par Balamir mit un terme à la puissance d'Hermanaric. Reconnaissant l'impossibilité de défendre son vaste empire contre ces nouveaux arrivants, qui déjà avaient triomphé des Alains, et ne voulant pas survivre à sa gloire et à sa puissance, il se précipita sur son épée et mourut volontairement, pour éviter la honte d'une défaite certaine (an 376 de J.-C.).

HERMANDAD, mot espagnol qui signifie confrérie (*germanitas*). C'était une association des villes de Castille et d'Aragon pour le maintien de la paix publique contre les usurpations et les brigandages de la noblesse. Elle fut, dans ce but, soutenue par les rois, qui y voyaient un moyen d'abattre la noblesse féodale. La première fédération de cette nature se forma en Aragon, vers le milieu du treizième siècle, dans la Castille, en 1282. Les villes de Castille et de Léon conclurent, en 1295, une ligue fraternelle, menaçant de dévaster les possessions de tout noble qui aurait volé ou vexé un membre de l'association, et qui refuserait de lui rendre satisfaction, ou de donner des garanties pour l'observation de *la loi*. L'*hermandad* fut dès 1486 complétement organisée et munie de priviléges importants en Castille: elle forma une ligue de toutes les villes pour le maintien de la paix publique. Les communes espagnoles, à l'exemple de la Hanse allemande, soldèrent une armée et nommèrent les juges. Les perturbateurs de la paix publique étaient recherchés par la force armée, conduits devant le juge et punis. Ni le rang ni la position ne protégeaient contre l'*hermandad*, qui alors prit la dénomination de *sainte*, et contre laquelle le droit d'asile des églises était lui-même sans effet. La noblesse se souleva, il est vrai, contre l'*hermandad*, mais en vain, parce que le roi protégeait cette institution. Elle fut aussi formellement organisée en Aragon, en 1488. Vers le milieu du seizième siècle, la *sainte hermandad* ne fut plus qu'une gendarmerie, qui, répartie dans plusieurs cantons des royaumes de Castille et de Léon, veillait à la sûreté des routes,

hors des villes, mais ne pouvait agir qu'en cas de flagrant délit. C'est à tort qu'on l'a confondue avec l'inquisition, ou regardée au moins comme une de ses dépendances. Elle a été remplacée dans ces derniers temps par la *garde civile*, véritable gendarmerie espagnole, organisée sur le modèle de la nôtre.

HERMANN et mieux HERMAN, nom très-répandu aujourd'hui en Allemagne, mais qui ne devint possible qu'à partir du sixième siècle de l'ère chrétienne, et que dès lors on n'a pu que par ignorance de l'histoire et des origines de la langue allemande attribuer au prince des Chérusques, *Armine*, que les écrivains latins s'accordent unanimement à nommer *Arminius*, et les grecs *Armenios*.

Né l'an 16 avant J.-C, il était fils de Sigimer, prince chérusque. Sa jeunesse s'écoula dans un temps de troubles et d'agitations, où l'indépendance de la Germanie fut gravement compromise. En effet, pour protéger d'une manière suffisante les frontières de l'empire contre les insultes des barbares, les Romains avaient dû envahir les terres mêmes de ceux-ci et y établir un grand nombre de postes avancés. C'est de la sorte que non-seulement la plus grande partie de la population celte, depuis les Alpes jusqu'au Danube, avait été successivement subjuguée, mais encore que, de l'an 9 avant J.-C. à l'an 4 de notre ère, Drusus et Tibère pénétrèrent dans le nord-ouest de la Germanie jusqu'aux rives de l'Elbe, en construisant sur le sol germanique un grand nombre de routes militaires et de places fortes et en réduisant les diverses populations de ces contrées à une telle dépendance de Rome, qu'on pouvait les considérer en fait comme désormais subjuguées et soumises. Tibère, non moins habile comme général que comme politique, avait agi avec tant d'adresse et de prudence, que les Germains sentaient à peine le joug qui leur avait été imposé, qu'ils étaient dès lors dans les meilleurs termes avec les Romains, jusqu'à prendre déjà goût à leurs mœurs et à leurs usages ; et beaucoup se faisaient même admettre dans les rangs des légions romaines. C'est ainsi qu'Armine était entré avec son frère *Flavius* au service de l'empire, et qu'à la tête d'un corps auxiliaire de Chérusques, employé dans les pays riverains du Danube, il avait non-seulement obtenu les droits de citoyen romain et la dignité de chevalier, mais encore qu'il avait pu se rendre la langue latine familière et acquérir une connaissance parfaite de la tactique et de la politique des Romains. Revenu au bout de quelques années dans ses foyers, tandis que son frère Flavius était demeuré à Rome, il reconnut que la situation des choses avait beaucoup empiré. Le gouverneur Sentius Saturninus, homme prudent, expérimenté et actif, qui par sa modération, sa bonté et sa manière large d'exercer l'hospitalité s'était gagné l'attachement et la confiance des Germains, avait été rappelé et remplacé par Quintilius Varus. Celui-ci, gâté par une longue résidence en Syrie, pays riche et fort peu belliqueux, crut la soumission des populations germaines déjà assez consolidée, pour pouvoir brusquement procéder à la complète romanisation du pays et y agir en souverain absolu. Dans sa folle confiance, il blessa profondément le sentiment national des Germains en exigeant d'eux qu'ils acquittassent des impôts et des redevances en nature, et que dans son camp ils se soumissent au droit romain et fissent plaider leurs causes devant des juges romains par des avocats romains. C'est alors qu'Armine conçut le projet de délivrer son pays d'une telle oppression et de conjurer les périls dont l'indépendance de sa nation lui semblait menacée. Pour cela il ne fallait pas seulement vaincre, mais encore exterminer l'armée romaine; or c'était là un résultat qu'il ne pouvait guère espérer d'une simple levée de boucliers contre une armée d'environ 50,000 hommes d'élite et parfaitement aguerris, ayant pour base d'opération la ligne du Rhin et s'appuyant en outre sur un bon système de routes stratégiques et de points fortifiés. Armine eut donc recours aux moyens qu'il avait vu les Romains employer eux-mêmes. Toutes les peuplades et tous les chefs jusqu'à l'Elbe furent secrètement enrôlés par lui, en même temps que, redoublant d'efforts pour augmenter la sécurité de Varus, il parvenait à lui faire disséminer une partie de son armée sur différents points et à le décider à abandonner la route ordinaire avec le reste de ses forces, à la tête desquelles il se disposait à évacuer le territoire des Chérusques pour regagner les bords du Rhin. C'est ainsi que Varus se trouva attiré dans les contrées de la *forêt de Teutoburg* (répondant au pays de Lippe actuel ou à la partie du territoire prussien qui l'avoisine), et y fut exterminé avec son armée tout entière (an 9 de J.-C.), dans une bataille qui dura trois jours, par une incessante pluie d'automne. La nouvelle de ce désastre produisit à Rome une profonde consternation. Mais les Germains ne songèrent pas à tirer autrement parti de leur victoire; tout ce qu'ils avaient en vue, c'était de secouer le joug des Romains, et la politique de Tibère, qui d'ailleurs reconnaissait parfaitement l'impossibilité et l'inutilité d'une conquête permanente de la Germanie, se borna les années suivantes à assurer les rives du Rhin contre toute insulte et à relever en même temps le moral de ses troupes en occupant le plus longtemps possible le territoire ennemi situé de l'autre côté du Rhin.

Germanicus, à qui Auguste, peu de temps avant de mourir, confia, en l'an 14 de notre ère, le commandement des contrées du Rhin inférieur, pensa autrement. Plutôt général d'armée que politique, il se laissa séduire par le désir et la gloire de venger l'orgueil national des Romains, que le désastre de Varus avait si vivement blessé; peut-être bien aussi, en sa qualité d'héritier présomptif du trône, par la pensée de s'assurer ainsi l'affection de l'armée et du peuple, il entreprit de grandes expéditions qui mirent les forces et l'intelligence d'Armine aux plus rudes épreuves. Dans l'automne de l'an 14, il partit à la tête de 28,000 hommes pour aller tenter un audacieux coup de main contre les Marses ; toutefois, ce ne fut pas sans peine qu'il put rentrer dans ses cantonnements. La campagne de l'année suivante fut entreprise avec des ressources et des forces autrement considérables ; elle eut pour résultats l'invasion du territoire des Cattes, exécutée avec succès sur deux points différents à la fois, et la délivrance de Segest, assiégé par Armine. Depuis longtemps en effet la discorde régnait parmi les princes chérusques, dont quelques-uns faisaient cause commune avec les Romains, Segest, entre autres, qui déjà avait essayé, mais en vain, de mettre Varus en garde contre les projets d'Armine. Celui-ci, après avoir plus tard inutilement demandé en mariage Thusnelda, fille de Segest, l'enleva; fait prisonnier par Segest, Armine avait été délivré de sa captivité par les siens, et à son tour il s'était rendu maître de la personne de Segest, qui, lui aussi, avait pu non-seulement s'échapper, mais encore emmenait avec lui Thusnelda, sa fille, qu'il avait mise en sûreté dans son château fort. Segest , ayant invoqué à ce moment la protection des Romains, fut conduit sur la rive gauche du Rhin avec Sigismond, son fils, et sa fille Thusnelda , qui était enceinte; et deux ans plus tard il subissait à Rome la douloureuse humiliation de voir son fils, sa fille et Thunnélicus, le petit-fils que lui avait donné Thusnelda, orner le triomphe de Germanicus. La perte de la femme qu'il aimait porta l'irritation d'Armine jusqu'à la fureur, et il appela de nouveau aux armes les Chérusques et les peuples voisins. Germanicus marcha contre lui à la tête de plus de 80,000 hommes, qui pénétrèrent sur le territoire ennemi, une partie par la voie de terre, et l'autre partie à bord d'une flotte, qui, après avoir longé les côtes de la mer, remonta l'Ems. Quand les deux divisions de son armée eurent opéré leur jonction, il visita le champ de bataille où avaient péri Varus et ses légions, dont les ossements blanchis couvraient encore au loin le sol, et leur fit rendre les honneurs de la sépulture. Reculant devant des forces évidemment supérieures, Armine s'enfonça dans des contrées boisées et marécageuses jusqu'au moment où une occasion favorable se présenta à lui d'attaquer les Romains avec tant de vigueur, que les légions de Germanicus, après la déroute complète de sa cavalerie, eurent beaucoup de peine à tenir pied et furent forcées de battre en retraite. Une partie de l'armée romaine revint par la voie de mer dans ses cantonnements, mais eut beaucoup à souffrir de la fureur des éléments. Quatre légions que Cœcina ramenait le long des rives du Rhin n'échappèrent à une complète extermination, que parce que le plan, parfaitement conçu par Armine, fut déjoué par l'indiscipline et l'aveugle témérité de son oncle Inguiomar.

Tibère n'osa point encore rappeler positivement Germanicus, qui fit des préparatifs encore plus considérables pour la campagne de l'an 16 après J.-C. Au printemps, une armée romaine forte de 100,000 hommes et formant deux divisions, suivant chacune une voie différente, entreprit donc une nouvelle expédition. Cette fois encore 1,000 bâtiments remontèrent l'Ems avec l'une de ces divisions et les approvisionnements de l'armée, l'autre prit la voie de terre ; et quand elles eurent atteint le point fixé pour leur jonction, elles marchèrent de conserve jusqu'au Weser, un peu au-dessus de la *Porta Westfalica*, où Armine les attendait avec ses Germains. C'est là , dans la Prairie des Femmes (*Idistaviso*), vraisemblablement entre Hameln et Rinteln, que les Romains livrèrent la plus grande bataille dont les annales germaniques fassent mention. Les Germains, à la vérité, furent encore une fois vaincus, parce que le manque de tactique et de discipline de leur part rendit encore une fois inutiles les sages plans de leur chef ; mais la perte du tiers de leur armée abattit si peu leur courage, qu'après avoir reçu quelques renforts ils ne craignirent pas de livrer aux Romains une seconde et non moins sanglante bataille, à peu de distance des lieux qui venaient d'être témoins de leur défaite, peut-être un peu au-dessous de la *Porta Westfalica*, sur la rive gauche du Weser, et dans un espace tellement resserré entre des marais et des montagnes, que l'on s'y battit corps à corps ; et les Romains, qui payèrent cher leur victoire, n'en furent redevables qu'à leur armement, de beaucoup supérieur à celui de leurs ennemis. La division de leur armée qui s'en revint par mer essuya des pertes encore plus grandes, par suite des tempêtes contre lesquelles la flotte eut constamment à lutter. Germanicus, à la grande terreur des Germains, n'en entreprit pas moins encore à l'automne deux formidables expéditions contre les Cattes et les Marses.

En présence de tels efforts et d'un si vaste déploiement de forces, les Germains commençaient à hésiter et même à fléchir ; aussi Germanicus pouvait-il espérer avoir complètement terminé cette guerre l'année suivante. Mais Tibère, à qui les avantages obtenus au prix de si grands sacrifices paraissaient fort minimes, et aux yeux de qui, en revanche, la gloire de son neveu commençait à devenir beaucoup trop grande, ne lui accorda point l'autorisation qu'il sollicitait de continuer les hostilités, et le rappela au contraire de la manière la plus impérative, ce qui ne l'empêcha pas, en l'an 17, de lui accorder un magnifique triomphe en même temps qu'il le comblait d'éloges.

Depuis lors jamais armée romaine n'osa quitter les bords du Rhin pour pénétrer dans l'intérieur de la Germanie ; c'est à Armine qu'il faut attribuer en grande partie le mérite de ce résultat si important pour les ultérieures destinées de sa patrie. Toutefois l'étranger n'eut pas plus tôt été expulsé du sol germanique, que les luttes et les guerres intestines éclatèrent avec plus de force que jamais parmi les populations indigènes. Le Marcoman Marbod , préparé à un rôle plus brillant que celui d'Armine à Rome, qui lui avait permis de se rendre également familières les pratiques de la tactique militaire et celles de la politique, avait fondé en Bohême un puissant royaume, qui s'étendait jusque par delà le Danube. Ce chef avait bien moins à cœur l'indépendance de la Germanie que sa propre puissance. Aussi dès l'an 7 après J.-C., quand l'occasion s'était offerte à lui d'éloigner à jamais les Romains des frontières de la Germanie, en faisant cause commune avec les Gètes et les Pannoniens soulevés, avait-il mieux aimé conclure avec Rome une paix avantageuse pour lui-même. Il rendit aux Romains la tête de Varus qu'Armine lui avait envoyée, et ne prit aucunement part à la lutte des Chérusques et autres peuplades germaines contre Germanicus. Maintenant qu'Armine était devenu le défenseur et le représentant de la nationalité germaine, les Semnons et les Lombards, qui jusque alors avaient reconnu la suzeraineté du royaume des Marcomans, s'en détachèrent pour se placer sous l'autorité et la protection d'Armine, tandis que le propre oncle de celui-ci, Inguiomar, ne pouvant supporter d'obéir à son neveu, même en temps de paix, passait à Marbod avec tout son monde. Il en résulta une guerre acharnée, et les armées d'Armine et de Marbod se rencontrèrent dans la contrée appelée aujourd'hui royaume de Saxe, toutes deux à peu près égales en forces et habituées l'une et l'autre au métier des armes et à la tactique militaire par les longues luttes qu'elles avaient déjà soutenues sous des chefs expérimentés. La bataille qu'elles se livrèrent resta, il est vrai, indécise, parce que chacune d'elles eut son aile droite mise en déroute; mais Marbod fut contraint de battre en retraite, et bientôt, abandonné par une bonne partie des siens, attaqué même en pleine Bohême par Catualda, qu'il avait autrefois banni, et qui arrivait à ce moment de chez les Goths, force lui fut d'implorer la protection des Romains, qui lui assignèrent pour résidence la ville de Ravenne, où il vécut encore dix-huit années, dans une obscurité profonde.

Armine ne survécut pas d'ailleurs longtemps à la ruine de Marbod. Il paraît qu'ayant voulu continuer à exercer pendant la paix l'autorité suprême et absolue dont il avait été investi pour la guerre, il périt, à l'âge de trente-sept ans, dans la douzième année de son commandement, par la trahison d'un de ses parents, dans une des guerres civiles produites par ses prétentions à la souveraineté. Il ne revit jamais depuis sa femme et ses enfants, et l'histoire ne nous apprend rien sur leur sort. Tout ce que nous savons, c'est qu'en l'an 47 de notre ère il ne restait plus de toute la race des princes chérusques que *Italicus*, fils de Flavius, le frère d'Armine, que la nation chérusque pria les Romains de lui rendre, et qu'elle obtint aussi d'eux. Tacite nous semble avoir parfaitement apprécié le rôle joué par Armine, dans cette réflexion qui termine son récit : « Il fut incontestablement le libérateur de la Germanie, et, à la différence d'autres rois et d'autres chefs d'armée, ce n'est pas à l'origine de sa puissance, mais bien quand déjà elle était parvenue à son apogée, qu'il osa attaquer le peuple romain. Si dans les batailles il ne remporta pas toujours la victoire, les guerres le laissèrent invaincu. Il vit encore aujourd'hui dans les chants des barbares, inconnu aux annales des Grecs, qui ne prisent que ce qui les touche, tandis que les Romains ne lui rendent pas assez complétement justice, parce que chez nous les événements modernes ôtent tout leur prix aux choses du passé. »

HERMANN, surnommé *Contractus* ou *l'Impotent*, un des écrivains du onzième siècle qui ont rendu le plus de services à l'histoire d'Allemagne, naquit le 19 juillet 1013. Il descendait des comtes souabes de Vehringen, et fut élevé dans le couvent de Reichenan, où il prononça plus tard ses vœux. Il mourut le 24 septembre 1054, dans le domaine de ses pères, à Aleshusen, près de Biberach. Sa *Chronique*, important ouvrage qui s'étend jusqu'à l'année de sa mort, a été continuée jusqu'en 1066 par le prêtre Berthold ou Bernold. Rédigée sur le plan de la Chronique de Bède, elle est supérieure à cette dernière par l'exactitude chronologique. Ussermann l'a publiée avec la suite de Berthold (1790-94, 2 vol.), et Pertz l'a réimprimée dans le 1er vol. des *Monumenta Germaniæ historica* (1826). Sans parler de plusieurs autres ouvrages, Hermann Contractus a laissé des poésies spirituelles; on lui attribue, entre autres, le *Salve regina*, l'*Alma Redemptoris*, et le *Veni Sancte Spiritus*.

HERMANN (JEAN-GODEFROY-JACQUES), le prince de la critique et de la philologie allemandes, membre correspondant de l'Académie des Inscriptions et Belles-Lettres de l'Institut de France et de la plupart des sociétés savantes de l'Europe, naquit, le 28 novembre 1772, à Leipzig, et montra de bonne heure les plus brillantes dispositions pour l'étude de la littérature classique. Son père, président du conseil des échevins de Leipzig, lui fit étudier le droit à Iéna, où il publia une thèse remarquable *De fundamento juris puniendi* (1793). Mais peu après son retour dans sa ville natale il se décida à abandonner la carrière de la jurisprudence pour embrasser celle des lettres et de l'instruction publique. Admis dès 1794 comme répétiteur académique, à la suite d'une thèse brillante qu'il développa *De poeseos generibus*, il fut reçu en 1798 professeur agrégé de philosophie à l'université de Leipzig. En 1803, après avoir refusé une chaire à Kiel, il fut nommé titulaire de la chaire d'éloquence, à laquelle on adjoignit en 1809 celle de poésie. Il mourut le 31 décembre 1848, doyen de l'université de Leipzig.

Le fondement de sa réputation fut son beau travail sur la métrique et la grammaire grecques, qu'il publia d'abord sous ce titre : *De Metris Poetarum Græc. et Rom.* (Leipzig, 1796), et plus tard sous celui de *Manuel de Métrique*. Il donna ensuite les *Nuées d'Aristophane*, le *Trinummus* de Plaute, l'*Hécube* d'Euripide, et l'*Art poétique* d'Aristote, (1802). A ces travaux succédèrent les éditions du traité de Vigier, *De præcipuis Græcæ Dictionis Idiotismis* (2e édit., 1802), des *Orphica* (1805), des *Hymnes homériques* (1806), des *Suppliantes* d'Euripide (1811). des *Bacchantes* (1823), de la *Médée* (1823), de l'*Alceste* d'Euripide (1825). Ce n'est qu'après sa mort (en 1849), qu'a pu paraître son édition de *Bion et Moschus*. Le nombre de ses dissertations académiques est considérable, et il y élucide toujours des questions philologiques d'un haut intérêt. Les poésies latines qu'il a composées à l'occasion de diverses solennités universitaires respirent le parfum de la plus exquise latinité, et ont été réunies sous le titre de *Opuscula* (4 vol., Leipzig, 1834).

Son programme *Mythologia Græcorum antiquissima* (1807) provoqua entre lui et Creuzer une correspondance qui a été imprimée. Un compte-rendu qu'il fit des *Inscriptiones de Bœkh* amena aussi entre lui et l'auteur de cet ouvrage une polémique suivie de part et d'autre avec beaucoup d'animation.

HERMANSTADT (en latin *Cibinium*, en hongrois *Nagy-Szeben*), capitale du pays saxon en Transylvanie et aujourd'hui aussi de toute cette Grande-Principauté, est située dans une belle plaine, sur la Zibin, qui s'y jette dans l'Alouta; elle se divise en ville haute et ville basse, avec trois faubourgs, habités surtout par des Valaques, et on y compte plus de 22,000 habitants, dont environ 12,000 protestants. La ville haute est bâtie sur une éminence, entourée, à l'ancienne manière, d'un double mur et de fossés profonds; on y voit un beau marché et des rues régulières. Parmi les édifices publics, on distingue la grande cathédrale gothique des Évangélistes, l'église paroissiale catholique, l'hôtel du gouvernement, l'hôtel de ville, l'arsenal et le musée Brunckenthal, où l'on trouve en outre une bibliothèque considérable et une collection de médailles et d'objets d'antiquités nationales, ainsi qu'un cabinet minéralogique.

Hermanstadt est la résidence du gouverneur impérial et de la plupart des fonctionnaires supérieurs de l'administration de la Transylvanie. C'est aussi le chef-lieu du douzième corps d'armée, du commandement militaire de Hermanstadt et de Fogarasch, la résidence des comtes saxons, le lieu de réunion de l'université ou diète de la nation saxonne, le siège du consistoire supérieur de la confession d'Augsbourg et d'un évêque grec non uni. Elle possède en outre une école de droit, un gymnase supérieur protestant, un gymnase catholique, une école normale supérieure, une école de gymnastique, deux écoles de filles, deux maisons d'orphelins, une école militaire, quatre hospices pour les malades et les infirmes, un hôpital militaire, un dépôt de mendicité, une maison de correction et de travail. Ses habitants sont très-industrieux et livrent annuellement à la consommation environ 40,000 pièces de toile et plus d'un million de peignes de corne ; il y a aussi dans cette ville beaucoup de tanneries, de blanchisseries de cire, une papeterie et un moulin à poudre, une laminerie de cuivre, cinq imprimeries et deux librairies. Le commerce y est important, surtout avec la Turquie. Les environs de la ville sont beaux. Le village de Hettau, qui en est voisin, est célèbre par la haute stature de ses habitants et par ses nombreuses fabriques de lainages.

Hermanstadt n'était à l'origine qu'un village, et dans les anciennes chartes elle est désignée sous le nom de *Villa Hermanni*, du nom d'un bourgeois de Nuremberg appelé Hermann, qui y amena, dit-on, au douzième siècle, sous le roi Geysa II, une colonie d'Allemands. Dès 1160 on y comptait un grand nombre de maisons considérables ; et en 1223 le roi André II lui accorda des priviléges importants.

HERMANSUL ou **HERMANNSAULE**. *Voyez* Irminsul.

HERMANUS. *Voyez* Arminius.

HERMAPHRODISME, **HERMAPHRODITE** (dérivé de Ἑρμῆς, Ἀφροδίτη). En suivant les progrès de la composition organique, depuis les plus simples animaux et végétaux jusqu'aux plus composés, ou plus parfaits, le premier terme est l'*agamie*, ou l'absence complète de sexualité chez eux ; ils sont considérés comme neutres, tels que les algues, moisissures, lichens, champignons, et la plupart des animalcules infusoires, les zoophytes (*protozoa*). A un degré un peu supérieur apparaissent les *éthæogames*, développant des ovules apparents : telles sont les mousses, les fougères, et parmi les animaux, les radiaires, les échinodermes, etc. Ensuite on voit se déployer l'*hermaphrodisme* dans la grande masse des végétaux phanérogames, ou dont les fleurs visibles ont leurs sexes réunis. Les diverses combinaisons de l'*androgynisme* monoïque, ou sur un seul individu, se manifestent parmi les mollusques acéphales, bivalves et multivalves ; la plupart des univalves céphalés non operculés, rampant sur le ventre, comme les mollusques nus, sont également hermaphrodites monoïques ; cependant, quelques autres offrent déjà des exemples de sexes entièrement séparés, ou dioïques, sur des individus distincts. Mais le dédoublement complet des androgynes et des hermaphrodites, ou la *polarisation sexuelle* en deux individus opposés, l'un fort, ou positif, offrant des organes saillants ou exertiles, l'autre faible, négatif, recélant au dedans ses parties génitales, n'appartient qu'aux animaux de formes symétriques. Ainsi, depuis les insectes, les crustacés, en remontant aux vertébrés (poissons, reptiles, oiseaux, mammifères), la *diœcie*, ou la complète séparation des sexes sur des individus mâle et femelle, devient une loi générale. Celle-ci acquiert même d'autant plus de constance qu'on s'élève plus haut dans l'échelle progressive des organisations les plus perfectionnées, jusqu'à l'homme. Les exceptions à cette règle ne sont que des monstruosités.

En général, les êtres organisés de forme circulaire ou rayonnante appartiennent à l'hermaphrodisme ; presque toutes les plantes y sont assujetties ; car les dioïques même ne sont souvent telles que par l'avortement des organes du sexe mâle ou de la femelle dans leurs fleurs ; et cela si vrai que certains végétaux, tels que le *juniperus virginiana*, etc., sont tantôt mâles, tantôt femelles, selon que les circonstances atmosphériques font avorter ou les étamines ou les pistils. De même, la plupart des animaux monoïques ou hermaphrodites prennent des formes circulaires ; du moins leurs organes ne sont pas exactement symétriques, comme on l'observe parmi les mollusques turbinés, univalves, et jusque chez les bivalves, les ascidies, les limaces, etc., etc. Au contraire, les formes parfaitement symétriques, depuis les insectes jusqu'à l'homme, excluent l'hermaphrodisme, ou ne peuvent pas admettre la réunion des deux sexes sur le même individu, d'une manière com-

plète et capable de fécondation. Il s'ensuit que la constitution hermaphrodite, ou androgyne, monoïque, est surtout un attribut végétal ; car les animaux qui présentent cette réunion des deux sexes tiennent beaucoup de la nature végétale, comme les zoophytes, les radiaires et échinodermes, etc. En effet, une huître, un ver, un limaçon, n'ont qu'une vie végétative, imparfaite ou insensible. Au contraire, l'existence dioïque, ou la parfaite séparation des sexes, est un attribut animal, et se montre dans la grande masse des animaux, les plus complets surtout.

Les causes de ces différences correspondent au degré de sensibilité et de mobilité des êtres. Une plante, un animal fixés, comme la plupart des zoophytes, les huîtres et autres espèces peu capables d'action, restant exposés à tous les chocs, ne pouvant se garantir de la destruction par la fuite, seraient bientôt anéantis dans la nature. Or, celle-ci a construits de telle sorte que s'il en échappe un seul, l'espèce entière est sauvée. En effet, le véritable hermaphrodite contenant en lui les deux sexes (comme la plante, le zoophyte, etc.), représente donc une espèce absolue, puisqu'il se suffit à lui seul pour se reproduire ; il possède en lui-même tous les principes de l'immortalité, précisément parce qu'il est plus sujet à la mort. Une huître, un vil gramen, sont donc à cet égard beaucoup plus parfaits que l'homme, chez lequel deux êtres de différents sexes deviennent indispensables pour la reproduction de l'espèce. D'ailleurs, la plante immobile, manquant de sensibilité et de la faculté de connaître, n'aurait pu chercher, trouver celle d'un autre sexe ; il n'y a fécondation dans la diœcie qu'au moyen de la dissémination du pollen fécondateur, et par le hasard officieux des zéphyrs, messagers de ces amours près des femelles. L'huître, fixée sur son rocher, ne peut pas chercher une autre huître ; ni la deviner, ni s'y joindre, au milieu de sa coquille, sans yeux, sans bras, sans organes extérieurs. Si vous voyez un animal incapable de changer de place, prononcez qu'il doit être hermaphrodite.

Cependant, il y a deux sortes d'hermaphrodismes, celui qui se suffit entièrement, et un autre, qui a besoin du concours mutuel de deux individus androgynes. L'hermaphrodisme complet existe chez les plantes et dans les mollusques acéphales, testacés, et ceux à peau nue (ascidiens), comme dans les radiaires (échinodermes, méduses, actinies, zoanthes), les physalies, les polypes à polypiers solides, les tænias, etc. : tous se reproduisent seuls par des amours solitaires, ou par une multiplication spontanée de bourgeons et de gemmules. Seuls, mâle et femelle en même temps, ils ont des moments de frai ou de floraison et fructification spontanée. L'hermaphrodisme ayant besoin du concours d'un autre individu, également à double sexe, afin d'opérer une fécondation réciproque, est plus spécialement qualifié par nous du titre d'*androgynisme* (*voyez* Androgyne). En effet, la plupart des mollusques céphalés, coquillages univalves, turbinés, colimaçons, bulimes, toupies et sabots, nérites, volutes, patelles, et beaucoup d'autres céphalés nus, limaces, doris, tritonies, théthys, aplysies, phyllidies, etc., portent bien leurs deux sexes réunis dans le même individu. Toutefois, la disposition de ces organes est telle qu'ils ne peuvent se féconder qu'à l'aide d'un individu semblable. Alors chacun donnant et recevant mutuellement, est fécondant et fécondé. Il y a d'autres univalves à sexes séparés sur chaque individu, comme les buccins et *murex*, les cônes et porcelaines, et *vénus* et *cypræa*, qui ne peuvent pas cependant se féconder d'eux-mêmes. Enfin, les céphalopodes, ou les poulpes et sèches, ont des sexes séparés sur deux individus différents : toutefois, ils frayent sans accouplement, à la manière des poissons, par l'effusion de la semence du mâle sur les grappes d'œufs de la femelle.

Ceci confirme ce que nous exposons sur les causes de l'hermaphrodisme ; car à mesure que les sens des animaux deviennent plus parfaits, que ces êtres peuvent changer de place avec facilité, que leur sensibilité s'aiguise davantage, le mode de leur génération devient plus compliqué, il éprouve plus d'obstacles pour son accomplissement. Tandis que chez les plantes, chez les polypes, la reproduction n'est qu'une bouture ou qu'une production spontanée du même individu, les races androgynes exigent déjà la combinaison *volontaire* de deux êtres qui se cherchent mutuellement. Mais chez les races les plus sensibles d'animaux à formes symétriques, les mâles et femelles vivent toujours séparés. Il fallait donc que cette séparation eût lieu à mesure que la sensibilité était plus vive, pour empêcher les excès. Qui eût opposé une barrière à la stimulation perpétuelle naissante de la proximité des sexes, surtout sous les plus ardents climats de la terre, à des êtres aussi inflammables que le sont les animaux à sang chaud, comme le singe et le moineau lascifs? qui les eût préservés de s'énerver, de se tuer par leurs voluptés, puisque beaucoup d'animaux sont déjà presque épuisés après un seul acte de copulation, et que les insectes mâles succombent après cet effort, comme s'ils léguaient leur vie tout entière à leurs descendants?

Quoique l'état normal des animaux parfaits ou symétriques (composés de deux moitiés accolées latéralement, et à station horizontale) ne comporte point l'hermaphrodisme, on a cité toutefois la présence, contre nature, des deux sexes en quelques individus, dont une moitié latérale était mâle, l'autre femelle. Ce phénomène se prononce en plusieurs insectes lépidoptères, et paraît également constaté chez divers poissons. Ceux-ci portent d'un côté de la laite, et de l'autre des œufs; toutefois, il n'est point prouvé qu'il s'opère en eux une fécondation spontanée; car leurs ovaires sont distincts. Dans les classes supérieures à sang chaud, les oiseaux à un seul oviducte, et les mammifères, l'hermaphrodisme véritable n'a jamais été possible; car la coexistence des ovaires et des testicules (les uns étant les représentants des autres) implique contradiction, on ne saurait être simultanée. On rapporte, à la vérité, beaucoup d'exemples de femelles ayant les attributs mâles, ou de mâles imparfaits conservant encore plusieurs des caractères extérieurs des femelles. Mais les femmes hommasses (*viragines*) peuvent présenter un développement extraordinaire de certaines parties, qui leur donnent des habitudes viriles, une voix rauque, une sorte de barbe et des traits masculins; de même, certains jeunes garçons de texture débile, n'ayant pas de scrotum ni les testicules descendus hors de l'anneau inguinal, simulent, par leurs traits efféminés, par leurs mœurs timides, les caractères des filles; ils manquent de barbe, et leur gorge devient potelée; cependant, ils manquent d'un véritable utérus, quoique la verge soit à peine saillante; leurs désirs sont nuls ou faibles. Ce ne sont donc point de véritables hermaphrodites; aucun n'est réel.

L'hermaphrodisme, se suffisant à lui seul, établit ainsi l'égoïsme, la neutralité, l'indifférence, l'insociabilité. Il n'appartient donc qu'à des êtres froids, inanimés, et d'autant plus que la facilité de satisfaire les jouissances les réduit à l'insipidité. J.-J. VIREY.

HERMAPHRODITE fut, selon la Fable, le fils d'Hermès ou Mercure, et d'Aphrodite, ou Vénus. Élevé par les naïades, dans les antres du mont Ida, il possédait les attributs de sa mère unis aux qualités viriles de son père. A l'âge de puberté, il voyagea dans l'Orient. Se baignant dans les eaux limpides des fontaines, la nymphe Salmacis fut éprise de ses charmes; mais n'ayant pu le rendre sensible, elle pria les dieux d'unir à lui son propre corps, de manière que les deux sexes ne fussent jamais séparés. Les eaux de ces fontaines développaient le même hermaphrodisme chez tous ceux qui s'y baignaient.

On a des statues antiques d'Hermaphrodite, couchées et efféminées, comme l'observe Winckelmann, ou combinant les beautés de l'homme et de la femme. J.-J. VIREY.

HERMAS (Saint), que quelques-uns conjecturent, sans trop de certitude, être celui dont il est question dans le Nouveau Testament, mais qui, suivant d'autres, fut l'un des soixante-douze disciples, passe pour l'auteur d'un livre intitulé *Le Pasteur*, qui jouissait, dans l'antique Église, d'une considération telle, qu'on le comprenait au nombre des livres canoniques. Mais comme celui qui existe encore sous ce titre en forme de traduction latine ne répond nullement par son contenu aux idées qui dominaient à cette époque, on est autorisé à croire qu'il appartient à une date postérieure à l'époque où vécut saint Hermas, qu'on dit avoir habité Rome au premier siècle de l'ère chrétienne, et avoir été élevé aux premiers rangs de l'Église, sous le pontificat de saint Clément. Quoi qu'il en soit, *Le Pasteur* contient des inexactitudes palpables sur le dogme, et semble n'admettre ni la Trinité ni l'Incarnation, favorisant en cela l'erreur qui fut depuis celle d'Apollinaire et celle des nestoriens, des ariens, en mettant Jésus-Christ au nombre des créatures. Le premier auteur qui en ait parlé est saint Irénée. Il en est question ensuite dans saint Clément d'Alexandrie, Origène, saint Athanase, Eusèbe et Tertullien. L'ouvrage est divisé en trois livres, dont le premier contient des visions ou apologues; le second, des préceptes; le troisième, des similitudes, ou emblèmes. Dans ce dernier, le plus important de tous, un ange exhorte l'auteur au mépris du monde, au désir du ciel, à la prière, aux bonnes œuvres, surtout à l'aumône, au jeûne, à la pureté du corps et à la pénitence. La version latine de l'original grec perdu a été traduite en français par l'abbé Legras, de l'Oratoire, et insérée, parmi les apocryphes, dans la Bible, in-fol., de Sacy. On peut consulter aussi la dissertation de Jachmann *Sur le Pasteur de saint Hermas* (Kœnigsberg, 1835).

HERMÉNEUTIQUE (du grec ἑρμενεύειν, traduire, interpréter). Les Allemands donnent ce nom à la science qui expose les principes et les moyens d'interpréter un discours ou un écrit dans le sens que l'orateur ou l'auteur a entendu donner à ses expressions. Dans une signification plus restreinte, l'herméneutique est la science de l'interprétation de l'Écriture sainte.

HERMÈS. *Voyez* MERCURE.

HERMÈS (*Archéologie*). C'est ainsi qu'on appelle des statues de Mercure sans bras et sans pieds, faites de marbre pour l'ordinaire, quelquefois de bronze, et que les Grecs et les Romains plaçaient dans les carrefours et les grands chemins, parce que Mercure présidait aux routes, ce qui le faisait appeler *Trivius*, du mot *trivium*. Selon Servius, savant commentateur de Virgile, des bergers auraient un jour rencontré le dieu endormi sur une montagne, et lui auraient coupé les mains : de là viendrait l'usage d'appeler *hermès* certaines statues sans bras. Cependant, d'après Suidas, ces statues sans bras, carrées et cubiques, auraient eu cette forme parce qu'on tenait Mercure pour dieu de la vérité et de la parole : elles signifiaient que de même que les choses qui ont la forme carrée et cubique sont toujours droites, sur quelque côté qu'elles tombent, de même la vérité est toujours semblable à elle-même. Alcibiade fut accusé d'avoir mutilé ou fait mutiler dans une nuit tous les Hermès des rues d'Athènes. Les Termes des Romains ressemblaient beaucoup à ces Hermès des Grecs. Les antiquaires en connaissent une multitude, apportés de la Grèce et représentant les têtes de plusieurs hommes célèbres de l'antiquité. Mais le véritable Hermès est représenté avec des ailes à la tête.

HERMÈS (GEORGES), fondateur en Allemagne d'une école philosophique et théologique dans le sein de l'Église catholique, naquit le 22 avril 1775, à Dreyerwalde, dans le pays de Munster, et se livra avec zèle, à partir de 1792, à l'étude de la philosophie de Kant. Devenu en 1798 maître au séminaire de Saint-Paul, à Münster, il s'efforça de rebâtir un système nouveau sur les débris laissés par la critique de Kant; mais ce ne fut qu'à partir de 1807 qu'il trouva occasion, comme professeur à l'université de Munster, de répandre dans un cercle plus étendu les résultats de ses recherches philosophiques. Cette position, il s'attira, par une consultation sur une question de droit ecclésiastique, l'inimitié de Droste de Vischering, qui fut depuis archevêque de Cologne, et cette circonstance contribua peut-être aux mesures prises plus tard contre l'école d'Hermes. En 1819 il fut appelé, en qualité de professeur, à l'université qui venait d'être établie à Bonn, et là, comme précédemment à Munster, il attira autour de lui, par la nature de ses leçons non moins que par son éloquence, de nombreux auditeurs. Il mourut le 26 mai 1831. La méthode philosophico-dogmatique d'Hermes, qui par la suite trouva tant de répulsion à Rome, consiste, selon son *Introduction à la théologie chrétienne catholique* (Munster, 2ᵉ édition, 1831), en ce que la raison doit d'abord prouver la réalité de la révélation chrétienne et spécialement du système catholique et ensuite se soumettre à la révélation. Il ne prétend pas prouver *à priori* chacun des dogmes, mais seulement fonder sur les bases de la raison le droit de l'Église à les enseigner et provoquer ensuite la foi à ses dogmes. Un bref du pape, en date du 26 septembre 1835, condamna solennellement cette doctrine, qui avait déjà été énergiquement combattue par Perrone, et dont les adhérents furent l'objet de persécutions toutes particulières de la part du haut clergé orthodoxe.

HERMESIANAX, poète élégiaque grec, qui florissait vers l'an 330 avant J.-C., ami et disciple du poète *Philétas*, composa sur des sujets érotiques, et sous le titre de *Léontion*, emprunté au nom de la fameuse Léontium, courtisane dans la foule des amants de laquelle il figura, trois livres d'élégies. Athénée nous a conservé un fragment assez important du troisième, dont G. Hermann (dans ses *Opuscula*, tome IV), et Schneidewin (dans le *Delectus Poeseos Græcæ*, Gœttingue, 1838) se sont spécialement occupés.

HERMÉSIANISME, nom que l'on a donné à la doctrine de Georges Hermes.

HERMÈS-TRISMÉGISTE (τρεῖς-μέγιστος, c'est-à-dire trois fois le plus grand). C'est dans la langue des Hellènes le nom d'un être mythologique des anciens Égyptiens, représenté tantôt comme étant plus qu'un dieu, et tantôt seulement comme plus qu'un personnage historique. Ce qu'il y a de plus clair dans les données qui nous sont parvenues à son égard, c'est que Hermès-Trismégiste est dans son essence identique avec Thaut ou Thot, dont il représente le côté idéal.

Semblable à l'Hermès des Grecs, l'Hermès-Trismégiste des Égyptiens était une espèce de médiateur entre les dieux et les hommes ; et c'est surtout cet attribut que les philosophes et les théosophes gréco-égyptiens ont personnifié dans Hermès. A cet égard on peut dire qu'il n'est que la personnification, le symbole du sacerdoce égyptien, lequel était un véritable médiateur entre la Divinité et les hommes. Aussi lui attribuait-on la législation et la civilisation du pays ainsi que l'invention de tous les arts et de toutes les sciences, propriété exclusive du sacerdoce égyptien, notamment la formation de la langue, l'invention des signes d'écriture, surtout des hiéroglyphes, des mathématiques, de la médecine, de la musique, de la danse, du tric-trac, des exercices gymnastiques, l'introduction des cérémonies du culte, de l'agriculture, etc. Il nous présente par conséquent la personnification de toute la sagesse et de toute la science sacerdotales, qu'il avait, dit-on, graves en hiéroglyphes sur des colonnes. C'est par ce motif qu'on lui attribuait aussi les caractères de l'écriture des Égyptiens, appelée à cause de cela par les Grecs *écriture hermétique*. On peut jusqu'à un certain point considérer cette écriture comme une révélation, non-seulement de la religion, mais encore de toute la dogmatique et de toute l'histoire mythologique, de la liturgie, du système entier de la législation civile et religieuse de l'Égypte ; comme renfermant le cercle complet de la science égyptienne, toutes les règles de la morale applicables à la vie. Les caractères hermétiques n'étaient accessibles qu'aux prêtres, qui ne les montraient au peuple que de loin, dans les processions par lesquelles on célébrait les grandes solennités.

Ces caractères et leur inventeur prétendu jouèrent de nouveau un grand rôle à l'époque de l'école néoplatonicienne. Alors qu'en Orient la magie, la théosophie et l'alchimie devinrent des sciences secrètes, et fleurirent comme toutes les rêveries mystiques, l'Hermès égyptien reçut le surnom de *Trismégiste*, et fut considéré comme la source première de toutes les rêveries et de toutes les doctrines occultes. Il serait difficile de décider si les véritables ouvrages hermétiques furent effectivement traduits alors à Alexandrie, ainsi qu'on le prétend, de l'égyptien en grec ; ce qu'il y a de certain, c'est qu'on leur attribuait à cette époque ce que l'école néoplatonicienne d'Alexandrie enseignait sur les sciences occultes. Elle imagina dans ce but la fiction de la *chaîne hermétique*, c'est-à-dire toute une série de sages dans laquelle se serait transmise successivement la tradition de la sagesse d'Hermès. C'est de là aussi que proviennent les ouvrages connus sous le nom d'*hermétiques*, dont les suivants existent encore : *Poemander, sive de potestate ac sapientia divina* (Paris, 1554), *Æsculapii Definitiones* (Londres, 1628) ; *Iatromathematica* (Nuremberg, 1532) et *Horoscopica* (1559), réunis dans la *Nova de universis Philosophia*, de Patricius (Venise, 1593), mais qui appartiendraient en partie à un certain Hermès qui vivait au deuxième siècle de l'ère chrétienne. Dans les temps modernes, Hermès et ses prétendus ouvrages ont de nouveau joui d'une grande considération dans l'esprit d'une foule de rêveurs et de fanatiques de tous genres, qu'on a en conséquence surnommés *hermétiques*. C'est encore ainsi que Paracelse inventa la médecine *hermétique*, que naquit la *franc-maçonnerie hermétique*, et qu'on appliqua les mots *hermétique*, *hermétiquement*, à des choses tellement fermées et scellées, que l'air n'y peut pas pénétrer. En effet, on attribuait encore à Hermès l'art de sceller des trésors et des vases au moyen de sceaux magiques, de manière à les rendre impénétrables. Consultez, Banmgarten-Crusius : *De librorum hermeticorum origine atque indole* (Iéna, 1827, in-4°).

HERMÉTIQUE se dit, en termes d'alchimie, de tout ce qui est relatif à la science du grand œuvre. La science *hermétique* expliquait tous les effets naturels par trois principes actifs : le sel, le soufre et le mercure ; la physique *hermétique* constituait un système de médecine qui rapportait toutes les causes à ces trois principes, et les expliquait toutes par là ; la philosophie *hermétique* admettait en outre deux principes actifs, qui étaient le phlegme et la terre. On entendait par sceau *hermétique* celui qui fermait un vase contenant des préparations, de manière à ce que rien ne pût s'en exhaler. Pour sceller hermétiquement un vase, on en fondait le col, et on le scellait de sa propre matière en le tortillant avec des pinces *ad hoc*. Par extension, on a appliqué l'adverbe *hermétiquement* à tout ce qui est bien fermé.

HERMINE, animal du genre putois, et dont le nom vient, suivant Du Cange, du grec ἀρμίνιος, Arménien, parce qu'en effet ce sont les Arméniens qui les premiers l'ont répandue. C'est la *mustela herminea* de Linné. Ce petit mammifère digitigrade est connu sous deux couleurs et sous deux noms différents. Sa robe, qui fournit, comme on le sait, une fourrure très-précieuse, affecte en été la couleur fauve : alors on lui donne le nom de *roselet* ; en hiver, au contraire, elle devient d'un blanc éclatant, à l'exception du bout de la queue, qui devient invariablement noir, et dans cette saison elle retient la dénomination propre d'*hermine*. Ces fourrures sont incomparablement plus belles et d'un blanc plus mat que celles du lapin blanc ; mais elles jaunissent en vieillissant, et même chez les hermines de nos climats elles sont toujours nuancées d'une légère teinte de jaune. Parmi les putois de nos contrées, l'hermine vient en second ordre après le furet pour la grandeur ; elle porte 24 centimètres, de l'extrémité du museau à l'origine de la queue, qui en a 10. L'hermine est, à tout prendre, un joli petit animal : son œil est vif, sa physionomie fine et gracieuse ; elle est douée d'une agilité et d'une promptitude de mouvements qui fatiguent le regard ; il serait assez facile de la confondre avec la belette, si elle n'avait constamment le bout de la queue d'un noir foncé,

HERMINE — HERNIAIRE

le bord des oreilles et l'extrémité des pattes blancs. Cet animal est très-commun dans les régions septentrionales de l'ancien et du nouveau continent, surtout en Russie, en Norvége et en Laponie, où il se nourrit de petits-gris et d'une espèce de rats qui pullule considérablement dans ces pays. Il est assez rare dans les climats tempérés, et manque absolument aux climats chauds. Bien que l'hermine ne soit pas chez nous à beaucoup près aussi commune que la belette, on en trouve cependant encore un certain nombre; elle se plaît dans les terrains rocailleux, dans les anciennes forêts ou dans les champs qui les environnent, et fuit avec soin le voisinage des lieux habités.

L'hermine exhale une fort mauvaise odeur; elle est en outre d'un naturel extrêmement sauvage, ce qui rend son éducation des plus difficiles. Cependant, il n'est pas impossible de l'apprivoiser. On en a vu qui poussaient la familiarité et la sagacité envers leurs maîtres plus loin que des chiens ; pour arriver à ce résultat, il faut bien des soins et bien des précautions. Mais sur quelque pied d'intimité qu'on soit avec elles, il faut bien se donner de garde de les inquiéter, et même de les toucher pendant leur repas. On les nourrit habituellement avec de la viande et des œufs : elles ont peu de goût pour le miel. De même que les chats, ces animaux épient et prennent les souris, tuent les poissons qui se trouvent à leur portée, et emportent, quand ils le peuvent, la proie dont ils se sont emparés; mais ils évitent sagement de s'attaquer aux gros poulets, dont ils respectent la force et les coups de bec.

HERMINE, CONTRE-HERMINE (*Blason*). *Voyez* ÉMAUX.

HERMINONS. Ainsi s'appelait, d'après Irmin, l'un des trois fils de Mannus, une des trois tribus dont se composait à l'origine la nation germaine. Pline range parmi les Herminons les Suèves (nom sous lequel il faut probablement entendre les Quades et les Marcomans), les Hermundures, les Cattes et les Chérusques.

HERMIONE. *Voyez* HARMONIE.

HERMIONE, fille d'Hélène et de Ménélas, avait d'abord été promise à Oreste par son aïeul Tyndare. Mais le sort en ordonna autrement : elle fut envoyée par Ménélas à Pyrrhus, fils d'Achille, qui l'épousa. Hermione, n'ayant point d'enfants, devint jalouse d'Andromaque, veuve d'Hector, qui était échue à Pyrrhus dans le partage des captives. Elle allait, en l'absence de son mari, mettre à exécution le projet qu'elle avait conçu de se défaire de cette odieuse rivale, lorsqu'elle en fut empêchée, suivant les uns, par le peuple, selon d'autres, par Pélée, aïeul de Pyrrhus. Redoutant le courroux de ce dernier, Hermione se préparait à la mort lorsque Oreste arriva. Elle se fit enlever par lui, et il la conduisit à Sparte. Pyrrhus ayant été quelque temps après égorgé dans le temple de Delphes, au moment où il offrait un sacrifice, les soupçons planèrent sur Oreste et sur son adultère maîtresse. Telle est, du moins, l'opinion d'Hygin, de Virgile et de Paterculus. Ovide rapporte qu'elle épousa Oreste après la mort de son premier mari, et qu'elle lui apporta en dot le royaume de Sparte. Suivant Euripide, elle aurait aimé Pyrrhus à la fureur, et porté jusqu'à la rage sa jalousie contre la veuve d'Hector. Racine, dans sa tragédie d'*Andromaque*, a suivi d'assez près la version d'Euripide.

CHAMPAGNAC.

HERMITAGE, HERMITE. *Voyez* ERMITAGE.
HERMITAGE (Vins de l'). *Voyez* ERMITAGE (Vins de l').

HERMITE (BERNARD l'), nom sous lequel on désigne en histoire naturelle toutes les espèces du genre pagure, et plus particulièrement le *pagurus bernardus*.

HERMOD, c'est-à-dire *le Belliqueux*, l'un des fils d'Odin, le père des dieux scandinaves, qui lui fit don d'un casque et d'une cuirasse, et qui l'employait surtout pour ses messages. C'est ainsi qu'il fut envoyé auprès de Hel, dans le monde inférieur, pour en ramener Balder, dieu qui avait été tué par Loki. Il avait aussi pour mission, avec Bragé, le skalde d'Odin, de recevoir les guerriers à leur arrivée dans la Walhalla.

HERMOGÈNE, de Tarse, en Cilicie, l'un des meilleurs rhéteurs grecs, qui florissait vers l'an 160 après J.-C., était à peine âgé de quinze ans lorsqu'il fut présenté à l'empereur Marc-Aurèle, qui lui fit l'accueil le plus bienveillant ; il composa sur la *Rhétorique* un ouvrage en cinq livres, qui servit longtemps de guide dans l'enseignement; aussi d'autres auteurs en firent-ils de bonne heure des commentaires et des abrégés. La meilleure édition de l'ouvrage original avec les anciens commentaires a été donnée par Welz dans ses *Rhetores græci*. Les *Progymnastica*, qui en forment le cinquième livre, et qui jusqu'à la fin du dix-huitième siècle n'avaient été connus que par la traduction latine de Priscien, ont été publiés par Veesenmeyer (Nüremberg, 1812).

HERMUNDURES, tribu germaine, séparée à l'ouest des Cattes par la Werra; au nord, des Chérusques par le Hartz ; à l'est, des Semnones par l'Elbe; au sud, des Varisques et des Marcomans par la forêt de Thuringe et par l'Erzgebirge. Comprise dans le principe sous la dénomination générale de Suèves, elle est mentionnée sous ce nom d'Hermundures dès l'an 19 de J.-C., époque où, commandée par Vibilius, elle mit fin à la domination que le Goth Catualda était parvenu à exercer sur les Marcomans, après avoir vaincu et expulsé Marbod. Autant en advint, en l'an 50, du petit royaume suève que le Quade Vannius avait fondé, sous la suzeraineté des Romains, entre la Marche et Gran. En 59 les Hermundures firent la guerre aux Cattes pour la possession de quelques salines. Au temps de Tacite, ils entretenaient des relations de commerce avec les Romains. Il est pour la dernière fois fait mention d'eux dans l'énumération des peuples qui prirent part à la grande guerre des Marcomans contre Marc-Aurèle.

HERNIAIRE (*Botanique*), genre de plantes de la famille des caryophyllées. L'*herniaire glabre*, L. (*herniaria glabra*), vulgairement *turquette herniole*, est très-commune dans les terrains sablonneux : ses tiges sont grêles, rameuses et diffuses; ses feuilles sont petites, ovales et épaisses; ses fleurs sont axillaires et verdâtres, et elles s'épanouissent durant tout l'été. L'*herniaire velue* (*herniaria hirsuta*, L.) ne paraît être qu'une variété de la précédente. D'anciens auteurs ont attribué à ces herbes la propriété de guérir les hernies, et c'est de cette prétendue qualité que vient leur dénomination. Aucune cependant n'est moins justiciable. On a également vanté ces plantes comme propres à dissoudre la pierre dans la vessie ; et ce n'est ni avec plus de raison ni avec plus de vérité. Les turquettes, pour ne plus leur donner un nom immérité, concourent pour une faible part à parer la terre; c'est à quoi se réduit leur valeur, autrement elles sont inutiles.

Dr CHARBONNIER.

HERNIAIRE (Bandage) ou BRAYER, appareil destiné à maintenir les hernies réduites. Il est formé d'une lame d'acier recourbée pour s'adapter à la forme du bassin, et terminée à l'une de ses extrémités par un écusson triangulaire à angles arrondis : cet appareil est garni à sa surface interne de bourre et de crin; une peau de chamois enveloppe le tout. La surface interne de l'écusson est appliquée sur l'ouverture de la hernie, et la bande d'acier, contournant le bassin, enserre le corps et le comprime entre ses deux extrémités; une double courroie maintient par derrière l'appareil. Tel est le brayer ordinaire. Lorsque la hernie est irréductible et fait saillie, l'écusson est rendu plus ou moins concave pour s'adapter à cette tumeur proéminente. Le brayer est alors dit *à cuillère*. Souvent aussi on remplace l'écusson plein par un plateau d'acier recouvert d'une peau de chamois disposée de manière à former une bourse : c'est le *brayer à raquettes*. Ce sont les formes les plus usitées : on emploie encore, mais plus rarement, le *bandage double*, le *bandage demi-corps* et le *bandage omniforme*. Chacun de ces appareils a ses avantages particuliers; tous aussi

ont des inconvénients spéciaux : c'est au médecin à opter.
BELFIELD-LEFÈVRE.

HERNIAIRE (Chirurgien), chirurgien qui se livre particulièrement au traitement des hernies. On donne aussi le nom de *bandagistes herniaires* aux constructeurs d'appareils destinés à contenir les hernies, aux fabricants de bandages herniaires.

HERNIAIRE (Sac). *Voyez* HERNIE.

HERNIE. Ce nom distingue une tumeur formée par le déplacement d'une partie molle, d'une partie du cerveau, par exemple, ou des poumons, qui peuvent sortir hors des cavités qui les contiennent à la suite de blessures; mais cette dénomination est principalement usitée pour spécifier les tumeurs externes causées par la sortie des intestins et de leurs annexes hors du ventre. Le vulgaire nomme aussi cette tumeur *descente*, *rupture* et *effort*. Quand le dernier des intestins ou une autre partie contenue dans l'abdomen change de situation et apparaît au dehors sans être recouvert par la peau, cet accident est distingué des hernies par le mot *chute* ou *renversement*. La descente du rectum est un exemple commun de ce mode de déplacement.

Les intestins peuvent s'échapper du ventre par la plus grande partie des parois de cette cavité; on les a même vus pénétrer dans la poitrine à travers une cloison musculeuse; mais c'est ordinairement sur le bassin qu'ils trouvent des issues par des ouvertures étroites qu'elles ont franchies, se gonflent, s'étranglent et s'enflamment; alors on voit des symptômes sinistres se succéder : la tuméfaction du ventre, des nausées, des vomissements d'aliments, de bile et même de matières fécales; un malaise et une anxiété extrême; une soif d'autant plus pénible qu'elle augmente le besoin de vomir. La tumeur est en outre le siège d'une douleur vive. Si la réduction n'est pas opérée, l'inflammation se termine par la gangrène : en ce cas, la cessation subite de la douleur annonce que la partie déplacée est privée de vie et abandonnée à une destruction putride. C'est surtout chez les individus robustes, et par conséquent prédisposés à des inflammations violentes, qu'on rencontre cette série d'accidents. Quand une tumeur herniaire est à l'état de gangrène, la mort du patient est imminente. Cette fin est inévitable dans la plupart des cas; néanmoins, on a vu des portions du tube intestinal, ayant même une longueur qui déconcerte l'imagination, se détruire ainsi, se séquestrer, et les malades survivre à de semblables pertes. Les recueils de médecine contiennent plusieurs exemples de ces guérisons spontanées et inespérées, qui sont suivies à la vérité d'un anus contre nature, heureusement curable aujourd'hui.

Les hernies n'ont pas toujours des conséquences aussi malheureuses : des milliers d'individus les portent impunément, et les portions herniées rentrent chez eux dans la cavité ventrale aussi facilement qu'elles en sortent; mais il ne faut qu'une circonstance imprévue ou imprévoyable pour déterminer l'étranglement : aussi, tout homme qui est affligé de cette affection ne peut jamais demeurer dans une sécurité complète; il ne peut sans risque renoncer aux précautions et aux moyens contentifs dont l'expérience a démontré la nécessité. Les hernies sont donc des affections redoutables, et il importe grandement au bonheur de l'homme de les prévenir. Chez les enfants mâles, les hernies sont fréquemment produites par les efforts qu'ils font pour crier, et c'est surtout quand leur ventre est comprimé par un maillot. Les accès de toux dans la coqueluche exigent aussi des efforts qui causent des hernies à cet âge, et surtout encore quand l'abdomen est serré par des langes. Les efforts pour soulever ou porter des fardeaux considérables engendrent communément ces tumeurs. Au nombre des mêmes causes, on doit comprendre les inspirations trop longues et trop soutenues dont les enfants font quelquefois un jeu ; les élans, les sauts qui exigent de grands efforts musculaires, efforts nécessités chez les personnes constipées pour l'exonération des matières fécales. Les hernies sont encore un des inconvénients communs de l'état de grossesse. On peut aussi considérer comme propres à les favoriser le jeu des instruments à vent, les génuflexions habituelles et longues et l'équitation : l'action de cette dernière cause est remarquable dans les régiments de cavalerie.

Lorsque cette affection n'a pu être prévenue, il faut tenter de la guérir : on y parvient assez aisément chez les enfants qui en sont affectés par des causes indiquées ci-dessus, et qui même naissent avec cette tumeur. Quand son existence est reconnue, il faut la réduire, c'est-à-dire qu'on replace les parties dans leur situation naturelle. Après avoir rempli cette première indication, on appliquera un bandage compressif sur le lieu que la tumeur avait occupé, et il convient d'y maintenir aussi un topique tonique : la folle farine de tan, délayée dans du vin rouge, est excellente en ce cas. On tiendra en même temps les enfants couchés, et on préviendra autant que possible les cris et la toux. Avec ces soins, on guérit radicalement les hernies dans la première et la seconde enfance. Cette affection est-elle curable plus tard ? Plusieurs médecins le nient, ou du moins ils en bornent la possibilité à des cas extrêmement rares. Avant de renoncer à tout espoir, on aurait dû, il nous semble, faire des tentatives plus nombreuses, et surtout s'y adonner avec plus de constance. Il est des moyens rationnels qu'on devrait éprouver. Tel est ce procédé fondé sur l'opinion que les tissus qui ont livré passage aux portions d'intestins peuvent revenir sur eux-mêmes au point de former une barrière solide quand on éloigne les causes qui les dilatent par une action mécanique. En conséquence, la situation du corps est la première condition du traitement : après la réduction de la hernie, le bassin plus bas sera toujours couché sur le dos, le bassin plus élevé que le reste du tronc et le côté de la hernie plus élevé que l'autre ; le but, enfin, est d'empêcher que les intestins n'exercent aucune pression sur les ouvertures du bassin, sur lesquelles on applique en outre des substances astringentes, la folle farine de tan principalement. Ce moyen est facile; mais il est fatigant, et il exige du temps ainsi que de la patience, car il faut rester couché durant deux ou trois mois sans trop varier ses positions ; mais s'il réussit, on sera trop heureux de le posséder, et on serait grandement dédommagé d'une gêne momentanée par la délivrance d'une infirmité très-grande.

Aussitôt qu'une hernie se manifeste, soit graduellement, soit subitement, il faut invoquer les secours de la chirurgie, et le plus tôt le mieux : en attendant, on placera le sujet affecté sur un lit et dans la position que nous venons d'indiquer : elle suffit quelquefois pour que les parties herniaires rentrent spontanément. Quoi qu'il en soit, on attend les secours avec moins de danger d'étranglement. Quand la hernie est réduite, il faut prévenir son retour par l'application d'un bandage contentif, et il faut s'astreindre à le porter hors du lit et même constamment, si on est sujet à de forts accès de toux durant la nuit. Nous ne saurions trop insister sur cette précaution, quelque gênante qu'elle soit, la vie en dépend souvent. Si la hernie ne peut être réduite, il faut recourir à une opération cruelle et difficile pour replacer dans l'abdomen les parties qui s'en sont échappées, mais toute pénible qu'elle soit, il faut y recourir, et le plus tôt possible, ainsi qu'aux moyens accessoires.

D' CHARBONNIER.

HERNIE GUTTURALE. *Voyez* GOITRE.
HERNIOLE. *Voyez* HERNIAIRE (*Botanique*).
HERNUTES ou HERNHUTES. *Voyez* HERRNHUT.

HÉRO, jeune et belle prêtresse qui desservait le temple de Vénus à Sestos, sur la rive européenne, où elle recevait de nuit Léandre, son amant, qui habitait Abydos, sur la côte d'Asie. Celui-ci traversait à la nage l'Hellespont, qui les séparait, et un flambeau allumé sur une tour par Héro lui servait de phare; mais pendant une nuit d'orage, Éole ayant soulevé les flots et éteint le phare, Léandre périt dans le trajet. Au lever du soleil, Héro, ayant trouvé le corps de son amant sur le rivage, céda à son désespoir, et se précipita du haut de la tour dans la mer. On avait souvent nié la vérité de ces faits en s'appuyant sur la difficulté de traverser le détroit, qui n'a pas la moins de 875 pas. Lord Byron, suivi d'une barque, partit du château d'Abydos, et, bien que la pensée de rejoindre un objet adoré ne soutînt pas ses forces, nagea jusqu'à la rive opposée, mais entraîné par le courant à trois milles au-delà du lieu qu'il voulait atteindre. Léandre, familiarisé avec les accidents que présente l'Hellespont, savait sans doute abréger le trajet, qui valut au poète cinq jours de fièvre. Strabon, Martial, Lucain, Silius Italicus, Stace, Pomponius Mela, Servius, Antipater de Macédoine et Musée le Grammairien ont consacré, dans leurs ouvrages, cette double mort. Viennent ensuite chez nous Gentil Bernard, Lefranc de Pompignan (dans une tragédie lyrique en cinq actes), la Porte du Theil, Gail, l'abbé de Cournand et notre collaborateur Denne-Baron, dont le poème se recommande par l'élégance du style et l'intérêt des notes. Des médailles et des camées ont conservé aussi cette histoire touchante. Plusieurs montrent Léandre sous les traits d'un beau jeune homme, dont les flots mouillent la longue chevelure. Celles de Caracalla et d'Alexandre Sévère la représentent précédé d'un Amour qui porte un flambeau.

CISO DE BRADI.

HÉRODE. Plusieurs rois ou gouverneurs de Judée ont porté ce nom. Les principaux furent:

HÉRODE, dit LE GRAND, fils de Cypros et d'Antipater, gouverneur de l'Idumée, naquit à Ascalon, l'an 62 avant J.-C., et fut nommé en l'an 48 gouverneur de la Galilée, qu'il purgea des brigands qui l'infestaient. S'étant distingué dans l'exercice de ces fonctions, Sextus César, gouverneur romain de la Syrie, lui confia en outre l'administration de Samarie et de la Cœlé-Syrie; et il fut investi du commandement supérieur des forces de terre et de mer dans ces provinces. Vainqueur d'Antigone, neveu du gouverneur de Judée, Hircan II, il épousa la fille de ce dernier, Mariamne; et le triumvir Marc-Antoine le promut alors aux fonctions de tétrarque. En l'an 37, il eut, il est vrai, le dessous lors des hostilités que renouvela Antigone et fut même obligé de prendre la fuite; mais il se rendit à Rome, où il parvint à se faire également bien venir d'Antoine et d'Octave. Bientôt le sénat romain lui adjugea le royaume de Judée et déclara Antigone ennemi de la république. Hérode revint alors en Judée, et secondé par les troupes romaines de Sosius, il reprit Jérusalem sur Antigone, à qui il fit trancher la tête.

Une politique habile, de la bravoure personnelle, l'amour des arts et un goût délicat, telles furent les qualités qui le distinguèrent des autres rois de Judée; par contre, il se montra défiant, enclin à écouter la délation et cruel. Sa sœur Salomé exerça sur lui une pernicieuse influence. Il fit périr dans les supplices Mariamne, son épouse, Aristobule son beau-frère et sa mère Alexandra, le vieux prince Hircan et trois de ses propres fils. Malgré la haine dont il était l'objet de la part des Juifs et les dangers auxquels l'exposèrent les guerres civiles des Romains, il se maintint sur le trône, grâce à l'habileté avec laquelle il sut toujours se déclarer à temps en faveur du parti vainqueur. Quoiqu'il eût d'abord embrassé les intérêts de Marc-Antoine, Auguste non-seulement lui conserva le trône de Judée, mais encore ajouta à ses États Trachonitis, Auranitis, Batanæa et le territoire de Zenodor.

L'événement le plus remarquable du règne d'Hérode le Grand fut la naissance de Jésus-Christ. Ce prince reconstruisit le temple de Jérusalem avec plus de magnificence que jamais, et embellit la capitale d'un grand nombre d'édifices; il fonda plusieurs villes, battit les Arabes et leur chef Aretas, et vainquit les bandes de brigands syriens et arabes qui infestaient la contrée. Dans les derniers temps de sa vie, son fils Antipater ayant conspiré contre lui, il le fit étrangler cinq jours avant de descendre lui-même au tombeau, l'an 2 de notre ère.

HÉRODE ARCHÉLAÜS, fils du précédent, lui succéda comme ethnarque de Judée, et commit tant de cruautés que dès l'an 11 de notre ère Auguste se voyait obligé de l'exiler à Vienne, dans les Gaules.

HÉRODE ANTIPAS, second fils d'Hérode le Grand, devint tétrarque de Galilée, fut exilé à Lyon, en l'an 42 de notre ère, par Caligula, et mourut en Espagne. Il enleva Hérodias, femme de son beau-frère Hérode, et fit décapiter saint Jean-Baptiste. Tout en dressant des embûches à Jésus-Christ, il l'acquitta comme juge. C'est d'après cet Hérode qu'on a donné le nom d'*Hérodiens* à une secte juive, plutôt politique que religieuse. Plusieurs Pères de la primitive Église, tels que Tertullien, Épiphane, saint Jean Chrysostome, etc., en parlent comme d'une secte qui tenait pour faux ou pour le véritable Messie. Comme partisans d'Hérode, ils étaient, avec les Pharisiens, de ceux qui surveillaient les actes de Jésus de Nazareth, et qui, pour se bien faire venir des Romains, soutenaient qu'il fallait toujours payer le tribut dû à l'empereur.

HÉRODE PHILIPPE, troisième fils d'Hérode le Grand, fut tétrarque de Trachonitis, d'Auranitis et de Batanæa.

HÉRODE AGRIPPA 1er, petit-fils d'Hérode le Grand, par l'un des fils de celui-ci, Aristobule, qu'il avait fait décapiter, et frère d'Hérodias. Josèphe nous dit que son grand-père l'envoya à Rome pour faire sa cour à Tibère, qu'Hérode Agrippa devint le compagnon d'enfance de Drusus, fils de Tibère. Forcé de quitter Rome, par suite des dettes immenses qu'il y avait contractées, il se réfugia en Idumée. Plus tard, il revint à Rome, et fut jeté en prison par ordre de Tibère. Mais par la suite la faveur de Caligula et de Claude lui fit obtenir avec le titre de roi l'administration de la Judée érigée en royaume indépendant. Il mourut l'an 44 de notre ère; et la mort la Judée presque tout entière fut de nouveau déclarée province de l'empire romain. Le règne d'Hérode Agrippa, digne d'éloges; cependant on a à lui reprocher d'avoir fait mourir l'apôtre saint Jacques et emprisonner saint Pierre. Par son crédit auprès de l'empereur, il avait fait obtenir la principauté de Chalcis à son frère aîné, HÉRODE. Celui-ci devint grand-prêtre à la mort de son frère. Il avait épousé la célèbre Bérénice.

HÉRODE AGRIPPA II, fils d'Hérode Agrippa 1er, succéda à Hérode Philippe dans sa tétrarchie, et fut le dernier roi des Juifs ainsi que le dernier membre de sa race. Il aida les Romains à s'emparer de Jérusalem, obtint alors la dignité de préteur romain, et mourut vers l'an 95 de notre ère.

HÉRODE, (TIBERIUS-CLAUDIUS), surnommé ATTICUS, né à Marathon, au commencement du second siècle de notre ère, descendait d'une famille distinguée par son ancienneté et ses richesses, et se consacra de bonne heure et avec les plus grands succès à la pratique de l'éloquence. Puis, sous Lucius Verus et Marcus Antoninus, qui avaient suivi ses leçons, il remplit diverses fonctions publiques, notamment, en l'an 143, le consulat à Athènes. Plus tard, devenu suspect à cause de ses opinions, il se voua à la rotraite, et ne s'occupa plus que de science jusqu'à sa mort, arrivée vers l'an 180. Il consacra presque exclusivement ses immenses richesses à des choses utiles, et plus particulièrement à la construction d'édifices grandioses, dont il orna la Grèce, l'Asie et l'Italie. On citait surtout dans le nombre l'Odéon d'Athènes, dédié à son épouse Regilla, le plus grand et le plus beau qu'on connût, ainsi que les vastes et magnifiques jardins ornés de temples élégants et du tombeau de sa famille, qu'il avait créés au voisinage de Rome, sur la voie Appienne, et qui reçurent le nom de *Triopium*, d'après le *Triopas*, afin de les mieux garantir contre toute profanation. Sur cet emplacement on a découvert deux grandes inscriptions de 39 et de 59 vers hexamètres, vraisemblablement l'œuvre du poète Marcellus Sidétès, dont les originaux sont au musée du Louvre. Ces inscriptions, dites *triopiques*, ont été expliquées par Visconti, Eichstædt, etc. Du talent oratoire de Hérode Atticus, qui entre autres surnoms flatteurs lui avait valu celui de *roi de l'éloquence*, il ne nous reste qu'un échantillon, qui ne justifie guère l'appréciation qu'en faisait un ancien critique en disant « que le fleuve de ses dis- « cours se déroulait en flots d'argent sur un lit d'or ». C'est un discours ou plutôt une déclamation d'école *sur l'État*; d'ailleurs, rien n'en démontre l'authenticité. J. Bekker l'a compris dans ses *Oratores Attici* (tome V, Berlin, 1824).

HÉRODIEN, historien probablement d'origine grecque, qui fleurit de 170 à 240 de notre ère et passa la plus grande partie de sa vie à Rome, est auteur d'une *Histoire de l'Empire romain*, en huit livres, embrassant la période écoulée de Commode à Gordien III. Malgré quelques erreurs de chronologie, cette histoire, écrite en grec, se distingue avantageusement par une pureté assez grande de style, comme aussi par la clarté, la fidélité et l'indépendance avec lesquelles Hérodien raconte les faits. La première édition de cet ouvrage est celle qui a été donnée par Alde à Venise, en 1503. Parmi les meilleures réimpressions, on cite celle d'Irmisch (Leipzig, 1789-1805, 5 vol.), de Wolf (Halle, 1792), de Bekker (Berlin, 1826). Politien en a donné une traduction latine (Bologne, 1493, souvent réimprimée depuis).

HÉRODIEN (Elius), célèbre grammairien grec d'Alexandrie, vécut du deuxième au troisième siècle de notre ère. Il était fils d'Apollonius Dyscolos, et jouit d'une haute considération à Rome, sous le règne de Marc-Aurèle. Il composa un grand nombre d'ouvrages de grammaire et de prosodie, dont nous possédons encore des extraits et de longs fragments publiés dans les *Anecdota Græca* de Bekker, Cramer, Bachmann et Villoison; dans l'édition de *Mœris*, par Koch; dans celle de *Phrynichus*, par Lobeck; dans les *Grammatici Græci* de Dindorf, etc.

HÉRODIENS. Voyez HÉRODE ANTIPAS.

HÉRODOTE. On s'accorde à penser que ce *Père de l'histoire* naquit à Halicarnasse en Carie, la 4ᵉ année de la 73ᵉ olympiade (484 ans avant J.-C.). Il était le neveu du poëte épique Panyasis, que plusieurs critiques de l'antiquité placent à côté d'Homère, et qui tomba victime de Lygdamis, tyran de Carie. Le jeune Hérodote, appelé par son génie à écrire les annales de sa nation, résolut de connaître les lieux qui avaient été témoins des grandes choses qu'il voulait transmettre à la postérité. Son séjour à Tyr est attesté par lui-même. Il visita également l'Égypte, les côtes de la Palestine, Babylone, l'Assyrie, la Colchide, le pays des Scythes, les colonies grecques du Pont-Euxin. De là il passa chez les Gètes, dans la Thrace, en Macédoine; enfin, il descendit, par l'Épire, dans la Grèce, qui était à la fois le terme et le but de ses longs voyages. De retour dans sa patrie, il trouva le pouvoir suprême usurpé par Lygdamis. La crainte du despotisme, comme Panyasis, lui décida à chercher dans Samos un asile où il pût vivre en paix. C'est là que, suivant toute apparence, il mit en ordre les nombreux matériaux qu'il avait rassemblés; c'est là aussi qu'il résolut de délivrer son pays. On prétend qu'il réussit dans ce noble et périlleux projet, mais qu'un gouvernement oligarchique ayant succédé au despotisme d'un seul, il fut contraint de s'éloigner, pour la seconde fois, d'une ville ingrate, qui reprochait ses nouvelles infortunes à son libérateur, et d'abandonner sa patrie pour n'y plus revenir.

A la suite de cet exil, il parut aux jeux olympiques, où il eut soin de lire les morceaux de son ouvrage les plus capables d'exciter l'enthousiasme des auditeurs. La Grèce applaudit avec transport l'historien qui se présentait à elle sous les auspices des Muses. Thucydide, présent à cette scène, pleura d'admiration. Témoin de ces nobles larmes d'un enfant de quinze ans, Hérodote prédit au père la gloire qui attendait son fils. Encouragé par d'aussi honorables suffrages, il employa douze autres années à perfectionner son histoire, et se mit à parcourir de nouveau certaines parties de l'Hellénie, qu'il ne croyait pas avoir assez profondément étudiées. La fête des Panathénées, célébrée l'an 444 avant notre ère, vit un second triomphe d'Hérodote, qui, ayant lu son ouvrage tout entier devant le peuple d'Athènes, en reçut comme récompense civique une somme de 10 talents (environ 54,000 francs de notre monnaie). La sensation produite par cette lecture fut telle, qu'Eusèbe a cru devoir en consacrer le souvenir dans sa Chronique. Malgré le bon accueil d'Athènes, qui semblait l'avoir adopté, il fixa sa demeure à Thurium, où, au rapport de Suidas, il mourut, dans un âge avancé. Cependant, parmi les monuments de la famille de Cimon, on voyait, à l'une des portes d'Athènes, un tombeau d'Hérodote; mais ce tombeau, élevé par la reconnaissance d'un peuple enthousiaste en l'honneur du *Père de l'histoire*, n'était probablement qu'un cénotaphe. Ce culte pieux pour le génie a surtout rendu immortelle la ville de Minerve.

L'héritier d'Hérodote fut un Thessalien nommé Plésirhoüs, poëte lyrique, qu'il aimait beaucoup. Il avait fait le proème, ou exposition du travail de son maître. L'ouvrage du grand historien est peut-être le monument le plus précieux que nous ait légué l'antiquité grecque. Il se divise en neuf livres, à chacun desquels est attaché le nom de l'une des neuf Muses: aucun peut-être n'a manié autant de faits avec une aisance aussi remarquable; aucun n'a su une marche plus ferme, n'a su mieux lier les petits événements aux grandes causes, n'a conservé mieux l'unité de son plan. La lutte sanglante des Perses contre la Grèce revit tout entière sous les pinceaux fidèles du prosateur poëte. Longin l'appelait *le plus homérique des écrivains de la Grèce*, et Denys d'Halicarnasse l'a placé au-dessus de Thucydide.

Qui le croirait cependant? l'homme qui avait tant travaillé pour savoir, qui s'était servi d'un si beau génie pour raconter ce qu'il avait appris en interrogeant les annales des peuples, fut, après sa mort, poursuivi par la calomnie? On lui refusa la science qu'il avait acquise par tant de voyages et d'études; on l'accusa de plagiat. Un Caystérius, un Polion, un Momus, et même Suidas et Dion Chrysostome essayèrent de flétrir la mémoire du *Père de l'histoire*. Plutarque lui-même attaque sans raison l'écrivain consciencieux qui a pris les Grecs eux-mêmes à témoin de la fidélité de ses récits, et que la science actuelle, appuyée des récits des voyageurs modernes, a définitivement rangé au nombre des historiens les plus véridiques. Parmi les anciens, Denys d'Halicarnasse; parmi les modernes, l'abbé Geinoz, Larcher, Scaliger, l'illustre Boerhaave, ont rendu le plus éclatant hommage à Hérodote. On a attribué à ce grand écrivain une *Vie d'Homère*, malheureux pastiche, qui bien certainement n'est pas de lui; mais il paraît positif qu'il avait écrit aussi une *Histoire d'Assyrie*, qui n'est point venue jusqu'à nous. P.-F. Tissot, de l'Académie Française.

HÉROÏDE, petit poëme qui a généralement la forme de l'*épître* et le ton de l'*élégie*. Les anciens lui ont donné ce nom parce que dans ce genre c'est presque toujours un héros, ou une héroïne, ou quelque personnage connu, qui raconte les événements de sa vie; mais ce n'est point absolument nécessaire. Les qualités de l'héroïde sont le naturel, la variété des mouvements, le pathétique et l'intérêt. Il faut que le poëte s'efface absolument pour ne laisser voir que son personnage, sans quoi l'invraisemblance refroidirait à chaque instant le lecteur. Ovide a laissé des *héroïdes*, que l'on peut comparer aux plus belles élégies de Properce et de Tibulle. Il y est plein de chaleur et de sensibilité lorsqu'il soupire au nom de Pénélope, de Phèdre, ou de Briséis, tandis qu'il est de glace lorsqu'il se plaint lui-même des rigueurs de son exil. Le seul défaut que l'on puisse reprocher aux héroïdes d'Ovide, c'est de se ressembler toutes par le sujet : ce sont toujours des amantes malheureuses et délaissées; mais, comme le dit La Harpe, on ne saurait employer plus d'art à varier un fond uniforme. Dans le siècle dernier, où chacun se piquait d'une exquise sensibilité, l'héroïde devint fort à la mode. Il en fut alors de ce genre comme plus tard des *méditations*, des *rêveries*, des *mélodies*, des *harmonies*, etc., de l'école romantique. Une belle héroïde, que l'on cite souvent dans notre langue, est celle d'Héloïse à Abélard, imitée de Pope par Colardeau.

CHAMPAGNAC.

HÉROÏQUE (Age). *Voyez* HÉROS et AGES (Les quatre).

HÉROÏSME. *Voyez* HÉROS et GRANDEUR D'AME.

HÉROLD (LOUIS-JOSEPH-FERDINAND), l'une de nos gloires musicales, naquit à Paris, le 28 janvier 1791. Son père, professeur distingué de piano, l'initia lui-même à la connaissance de la science dans laquelle il devait un jour briller au premier rang. Il mourut de bonne heure, et le jeune Hérold entra au Conservatoire. Il avait à peine seize ans lorsqu'il y concourut pour le premier prix de piano, qu'il remporta d'emblée. Élève de Louis Adam, il concourut en jouant une sonate de sa composition; fait unique dans les annales du Conservatoire, car le prix qu'il remporta fut un double triomphe accordé à l'exécutant et au compositeur. Après avoir étudié pendant quatre ans l'harmonie et la composition sous Méhul et sous Catel, il remporta, en 1812, le premier grand prix de composition par une cantate dont le sujet était Mlle *La Vallière*. Le grand prix exemptait Hérold de la conscription, faveur bien rare et bien recherchée sous l'empire. Il partit alors pour Rome ; mais il y séjourna peu de temps, appelé qu'il fut à Naples pour donner des leçons de piano aux princesses filles de Murat. Le jeune professeur voulut débuter au théâtre de Naples; il y donna *La Gioventù di Enrico V*, opéra en deux actes, qui fut accueilli avec un grand succès.

Les événements politiques ne tardèrent pas à le forcer de s'éloigner de ce ciel enchanteur; et ce ne fut pas sans courir une foule de dangers qu'il parvint à rentrer à Paris, dans les premiers jours de la restauration. Inutile de dire, sans doute, que le théâtre était le but de toutes ses pensées; mais alors, comme aujourd'hui, les abords en étaient sévèrement gardés et interdits aux débutants par les fournisseurs officiels et privilégiés. Cependant, à l'occasion des fêtes par lesquelles on célébra, en 1816, le mariage du duc de Berry, Boieldieu, à qui on s'était adressé pour la musique d'un opéra de circonstance, composé par Théaulon, *Charles de France*, et qui n'aimait point à improviser et à travailler sous l'obligation d'être prêt à jour fixe, s'adjoignit pour la composition de cette partition officielle le jeune Hérold, en qui il avait reconnu bien vite tous les germes d'un grand talent. Le succès de *Charles de France* encouragea Théaulon, le grand fournisseur de l'Opéra-Comique, à confier au collaborateur de Boieldieu, au jeune homme dont le nom venait d'avoir l'honneur de figurer sur l'affiche à côté de celui d'un maître, un ouvrage plus important. En moins de trois mois, *Les Rosières* furent composées, mises à l'étude et représentées. La musique en fut justement applaudie. Son second ouvrage fut *La Clochette*, dont le succès fut plus décidé, quoique l'ensemble de la partition ne présente pas un mérite aussi soutenu que *Les Rosières*. Après *La Clochette*, vint un opéra en trois actes, *Le Premier Venu*, comédie fort gaie, représentée par Vial, à l'Odéon, avec un grand succès et que l'auteur avait arrangée en opéra-comique. Le progrès y était sensible; les mélodies en étaient plus franches, mieux arrêtées que celles de *La Clochette*. Le petit acte des *Troqueurs* (1819) n'obtint qu'un succès médiocre, et méritait assurément mieux ; car il y a dans cette petite partition de ravissantes choses.

Le découragement qu'Hérold en éprouva le porta à accepter la place d'accompagnateur au Théâtre-Italien, position qui eut du moins pour lui cet avantage qu'elle lui fournit l'occasion et l'obligation de se livrer à l'étude des chefs-d'œuvre de cette scène, qui ne devait pas tarder à retentir des mélodieux ouvrages de Rossini. Hérold ne bouda pas bien longtemps l'Opéra-Comique : il y fit jouer successivement *Lasthénie*, *L'Auteur mort et vivant*, *Le Lapin blanc*, mais sans grand succès. Le dernier de ces ouvrages n'eut même les honneurs que d'une seule audition. Il fut plus heureux dans *Le Muletier*, encore bien que le public, passablement collet-monté, de cette époque trouvât par trop leste la pièce de M. Paul de Kock. Elle eut à vaincre une redoutable opposition ; mais plus de cent fructueuses représentations dédommagèrent la direction des embarras de tous genres dont il lui avait fallu triompher pour faire admirer et applaudir ce petit chef-d'œuvre. *Marie* (1826), qui fut représentée après *Le Muletier*, eut un succès retentissant : c'était pour la première fois que Hérold travaillait en collaboration avec M. Planard. Le poëme réunissait la grâce à l'esprit et à la gaieté : il porta bonheur au compositeur, qui fut vivement applaudi. Pendant ce temps-là, Hérold avait quitté sa place d'accompagnateur au Théâtre-Italien pour entrer en qualité de chef de chant à l'Opéra. Les devoirs ardus de ces nouvelles fonctions l'éloignèrent pendant quelque temps de l'Opéra-Comique, où il fit cependant représenter, en 1829, un petit acte, *L'Illusion*, qui n'obtint guère qu'un succès d'estime. En revanche, il s'était créé à l'Opéra une spécialité où il est resté sans rivaux : la musique de ballets. Il nous suffira de rappeler la musique d'*Astolphe* et *Joconde*, de *La Belle au bois dormant* et de *La Somnambule villageoise*.

En 1831 Hérold fit représenter *Emmeline*, puis *Zampa* (1831), qu'on peut considérer comme son chef-d'œuvre. L'année suivante l'Opéra-Comique jouait *Le Pré aux Clercs*, qui fut bien le chant du cygne, car Hérold assista mourant à la première représentation. Il avait alors près de quarante-quatre ans, et déjà il subissait les atteintes de la terrible maladie à laquelle son père avait succombé, précisément au même âge, et qui l'enleva, le 13 janvier 1833. Il laissait un fils, qui est aujourd'hui avocat à la cour de cassation.

Aux ouvrages de ce compositeur que nous avons énumérés ci-dessus, il convient encore d'ajouter *Le Roi René*, opéra de circonstance, composé à l'occasion du sacre de Charles X ; *Vendôme en Espagne*, grand opéra en deux actes, en société avec Auber; *L'Auberge d'Auray*, petit opéra en un acte, en société avec Carafa, quelques morceaux et le finale tout entier de *La Marquise de Brinvilliers* ; enfin de nombreuses fantaisies pour piano.

HÉRON. La plupart des ornithologistes ont réuni en un genre distinct, le genre *héron*, les oiseaux à bec allongé, robuste, conique, acéré; aux mandibules à bord tranchant; aux narines symétriquement disposées à la base du bec, et en partie recouvertes d'une membrane; aux jambes longues, écussonnées, dégarnies de plumes; aux pieds longs, grêles, armés d'ongles allongés, peu arqués, aigus : et Cuvier a rangé ce genre dans la deuxième tribu de ses *échassiers cultrirostres*. Mais il y a dissidence parmi les naturalistes quant aux sous-divisions, quant au nombre d'espèces distinctes qu'il faut admettre dans le genre lui-même. Ainsi, Buffon a établi son genre *héron* en quatre sections distinctes. La première renfermant les *hérons* proprement dits et les *aigrettes*, la seconde les *butors*, la troisième les *bihoreaux*, la quatrième les *crabiers*. Vieillot n'a établi que deux sections : dans la première, il a classé comme espèces distinctes les hérons, les crabiers, les *blongios* ; dans la seconde, les bihoreaux et les butors. Temminck, dans son *Manuel d'Ornithologie*, a aussi distribué les différentes espèces du genre *héron* en deux sections; mais il n'admet dans la première que les hérons proprement dits et les aigrettes, tandis qu'il réunit dans la seconde les bihoreaux, les butors, les crabiers et les blongios. Enfin, Cuvier (*Règne animal*, t. 1) établit dans le genre héron six espèces distinctes, qu'il ne classe pas en sections; le héron proprement dit, la grande aigrette, la petite aigrette, le bihoreau, le butor, le blonglo : chacune de ces espèces renferme de nombreuses variétés. Les différentes espèces du genre *héron* présentent entre elles les plus grandes analogies de mœurs, d'habitudes, de *facies*; elles ne sont guère différonciées l'une et l'autre que par quelques détails peu importants, dans la disposition et les couleurs de leur plumage : aussi nous bornerons-nous à tracer rapidement ici l'histoire naturelle du héron proprement dit.

Le héron vit solitaire. Il séjourne d'habitude sur le bord des lacs et dans les plaines marécageuses que sillonnent de nombreux cours d'eau. Là, le corps immobile et équilibré sur sa jambe grêle et roide, posé d'un seul pied sur quelque caillou anguleux, le col replié en S sur la poitrine, la tête enfoncée dans ses épaules exhaussées, l'œil immobile et fixé sur l'eau qui s'écoule à ses pieds, il guette, pendant des heures entières, avec une inébranlable impassibilité, la proie qu'il doit frapper à mort par le rapide développement de ce col, replié comme un serpent, et armé d'un bec effilé et quelquefois barbé comme une flèche. Ou bien encore, on le voit marchant solennellement, comptant chacun de ses pas, et fouillant la vase, chaque fois qu'il y pose son pied aux doigts longs et noueux, pour en faire sortir des annélides, qu'il transperce d'outre en outre. Il y a dans l'impassibilité solitaire et mélancolique de cet oiseau, il y a dans tout son aspect, dans tous ses gestes, quelque chose de lâchement farouche, quelque chose de froidement égoïste, que tous les observateurs ont remarqué.

Le vol du héron est élevé plutôt que rapide. Il s'élève en tournoyant dans les airs, la tête appuyée sur son dos, et les jambes étendues en arrière comme un gouvernail. Les oiseaux rapaces, les éperviers et les faucons lui font une guerre à outrance; et dans la bataille, ce n'est jamais en fuyant à tire d'ailes qu'il tâche de se soustraire au danger : toute sa stratégie consiste à dominer constamment ses antagonistes par sa position plus élevée dans les plaines de l'air. Bélon prétend que lorsque l'oiseau de proie a gagné le dessus, et que le héron le voit s'apprêter à fondre sur lui, il passe, comme dernière défense, sa tête sous son aile, et présente son bec effilé au ravisseur, qui, s'élançant avec une vélocité que rien ne peut plus modifier, s'y transperce lui-même. Les hérons perchent leurs nids, tantôt sur les sommets des arbres, tantôt dans les broussailles des marécages. Ces nids sont formés de bûchettes entrelacées de joncs, et garnies de duvet et de mousse ; ils y déposent de quatre à six œufs, de couleur verte, bleue ou blanchâtre, suivant les espèces. Ils font leur nourriture habituelle de poisson; mais le poisson faisant défaut, ils se contentent de reptiles, d'annélides, de mollusques, et spécialement de grenouilles, de vers et de limaces. Dans les temps de grande disette, ils livrent la guerre aux petits quadrupèdes, les musaraignes et les campagnols, ou bien ils se repaissent de charognes.

Pourvus d'appareils locomoteurs qui leur permettent de traverser sans fatigue de grandes étendues aériennes; sobres à l'extrême, et pouvant supporter également de longues abstinences et de grandes modifications de température, les hérons sont largement répandus sur la surface du globe : ce sont des oiseaux *erratiques* bien plus que des oiseaux de passage.   BELFIELD-LEFÈVRE.

HÉRON (Fontaine de). *Voyez* FONTAINE DE HÉRON.

HÉRON. Les annales de l'antiquité nous font connaître trois savants de ce nom, tous trois célèbres dans les mathématiques.

HÉRON *l'ancien*, le premier et le plus illustre des trois, naquit à Alexandrie, environ 120 ans avant J.-C. Il eut pour maître Ctésibius, de barbier devenu mathématicien, contemporain d'Archimède. Dévoué aux applications, au moins autant qu'aux théories de la science, Héron est auteur de découvertes, fort ingénieuses sans doute, mais qui paraissent avoir été plus curieuses qu'utiles. Il connut, calcula, employa la puissance de deux grands agents de la nature, l'air et l'eau, sans en pénétrer le secret. C'est lui Vaucanson de l'antiquité : des horloges hydrauliques ou c l e p s y d r e s, une machine appelée de son nom *fontaine de Héron*, des automates, des machines à vent, tels sont les prodiges, fruits de son imagination savante, qui émerveillèrent son siècle, et qui formèrent, avec le peu d'ouvrages qu'il a laissés, ses titres au souvenir de la postérité. On n'a que des extraits de son beau traité de *Mécanique* et de sa *Dioptrique*. Mais nous possédons textuellement un fragment de ses *Automates*, son traité sur les *Machines à vent*, et celui sur les *armes projectiles*. Son ouvrage sur le *levier* nous a aussi été conservé dans la collection Thévenau.

HÉRON *le Jeune*, ou mieux *le Second*, exista vers le milieu du cinquième siècle après J.-C. Il enseigna les mathématiques au célèbre philosophe néo-platonicien Proclus, et quelques-uns veulent que ce soit là son seul titre de gloire, et qu'il n'ait laissé aucun écrit. Mais Letronne lui attribue les fragments d'un traité sur les *Mesures*, insérés dans la collection des Bénédictins.

HÉRON *le Troisième*, appelé aussi souvent *Héron le Jeune*, par ceux surtout qui veulent que le second n'ait rien écrit, appartient au commencement du septième siècle de notre ère. Il est auteur de plusieurs ouvrages, l'un sur la *Défense des Places*, un autre sur les *Machines de Guerre*, un troisième sur les *Termes de Géométrie*, d'*Eléments de Géométrie*, et d'un traité de *Géodésie*, dont le titre est trompeur. Ces ouvrages ou n'ont pas été publiés tous, ou ne l'ont été qu'en partie, ou bien il n'en a été imprimé que la traduction latine.   BOISTEL.

HÉROPHILE, le plus grand anatomiste de l'antiquité, né à Chalcédoine, vécut sous Alexandre le Grand et sous les successeurs de ce prince. Il eut pour maître dans la médecine proprement dite Protagoras de Cos, et il exerça longtemps à Alexandrie comme médecin et comme professeur. Après Érasistrate, il fut le premier qui eut occasion d'étudier l'anatomie sur le corps humain, et il s'y livra avec tant de zèle, qu'il fit beaucoup avancés cette science. Il découvrit le premier les nerfs proprement dits, et donna à quelques parties du corps de nouveaux noms, qui sont restés presque tous. C'est lui, par exemple, qui imposa les noms de *rétine* et d'*arachnoïde* à deux tuniques de l'œil, etc. Ses doctrines ont été transmises à la postérité par des écrivains postérieurs, notamment par Galien. Il avait composé un manuel d'anatomie qui servit de guide dans les siècles suivants ; mais, à l'exception d'un commentaire sur les *Aphorismes* d'Hippocrate, qui n'est point encore été imprimé, il ne nous reste de ses nombreux ouvrages que des fragments. Il est, d'ailleurs, encore remarquable en ce que le premier il formula une théorie du p o u l s ; en ce qu'il donnait une grande valeur à l'expérience, luttant ainsi contre le dogmatisme de son temps. Mais on ne peut nullement le mettre à la tête de l'école e m p i r i q u e en médecine, qui ne fut fondée que plus tard par quelques-uns de ses disciples.

HÉROS. Comme un grand nombre de mots de notre langue, celui-ci prend des acceptions diverses. Il en est une cependant qui conserve le plus habituellement, et à laquelle s'attache une idée de grandeur. Dans ce sens, *héros* ne s'applique qu'aux grands guerriers, aux hommes qui ont accompli de grandes choses, mais toujours dans l'ordre physique. Ainsi, l'antiquité grecque a célébré comme un héros H e r c u l e, qui accomplit ses douze travaux, et T h é s é e, qui purgea son pays des brigands qui l'infestaient. Homère appelle des héros A c h i l l e et A j a x parmi les Grecs, H e c t o r parmi les Troyens : c'étaient les plus forts et les plus vaillants. Hésiode, dans son poëme des *Œuvres et des Jours*, nous apprend qu'aux âges d'or et d'argent succéda l'âge d'airain et qu'ensuite, la terre fut habitée par une autre race plus juste, plus vaillante, celle des *héros*, demi-dieux qui ont précédé dans la carrière de la vie la race actuelle, cinquième âge du monde, siècle de fer. De ces héros, les uns périrent sous les murs de Thèbes, les autres sur ceux de Troie ; mais tous ne descendirent pas chez les morts, dit Hésiode : quelques-uns furent transportés, au delà de l'Océan, dans des îles où ils jouissaient d'un bonheur sans mélange. D'autres furent même admis aux honneurs de l'Olympe, parmi les immortels. L'âge *héroïque* s'étend depuis Inachus jusqu'au retour des Héraclides, c'est-à-dire de l'an 1800 à l'an 1190 avant J.-C.

Dans la suite, le héros fut plus que fort et courageux, il fut intelligent : il se personnifie dans Épaminondas et Alexandre. Alexandre est le type du héros chez les Grecs : jeune, vaillant, courageux, plein d'ambition, soumettant des provinces inconnues, détruisant une des plus puissantes et des plus vieilles dynasties du monde. Les Romains pourraient compter grand nombre de héros ; mais si nous conservons à ce mot l'acception qui lui convient désormais, nous dirons que leur héros est César. César, dans des circonstances beaucoup moins favorables qu'Alexandre, ayant des obstacles plus grands à surmonter, fit d'aussi grandes choses et montra une plus grande intelligence. Depuis Charlemagne jusqu'à nos jours, les temps modernes ont fourni grand nombre de héros, méritant justement ce titre, mais nous ne les citerons pas. D'après leur vie, on jugera les hommes. Celui qui dans les temps modernes a réalisé le vrai type du héros, l'homme qui a réuni la plus haute expression de l'intelligence humaine à la force de volonté la plus énergique, c'est Napoléon. Nous sommes encore trop près de ce géant pour le saisir dans son ensemble et le juger comme il le mérite.

Le mot *héros* s'applique encore à une âme noble et généreuse, souffrant sans murmurer, et dévorant ses secrètes douleurs, pour ne point démentir son caractère. L'homme vertueux qui supporte les angoisses de la misère plutôt que de renoncer à ses convictions, que rien ne peut abattre, qui sait dompter la mauvaise fortune par sa grandeur d'âme inébranlable, celui-là est un héros, méritant bien mieux ce titre que celui qui va promenant son épée victorieuse dans quelque partie de la terre. C'est assez généralement dans ce sens de résistance morale du héros que se prend le mot *héroïsme*.

L'*héroïsme* est bien aussi une qualité de l'âme, supposant toujours un fait éclatant, mémorable, appelé trait d'*héroïsme* ; mais c'est surtout l'action de l'homme accomplissant un fait moral par lequel il devient héros. Il y a héroïsme à résister aux offres brillantes et séductrices du pouvoir, lorsqu'on souffre, et cette résistance constitue le héros moral. Dans les œuvres théâtrales et littéraires, on appelle *héros* le sujet principal de l'action, et *héroïne* la femme qui remplit le premier rôle dans une pièce, ou une œuvre littéraire.

HÉROSTRATE. *Voyez* ÉROSTRATE.
HERPES. *Voyez* DARTRE.
HERPÉTOLOGIE. *Voyez* ERPÉTOLOGIE.
HERRENHAUSEN, château de plaisance du roi de Hanovre, situé à environ deux kilomètres de la capitale, et où on arrive par une avenue magnifique, était autrefois une propriété particulière de la famille de Walmoden. Le parc à la française qui en dépend renferme un des plus beaux jets d'eau qu'on puisse voir en Europe. La gerbe qui s'en échappe n'a pas moins de trente-trois centimètres de diamètre, et s'élève jusqu'à quarante mètres.

HERRERA (ERNANDO ou HERNANDO DE), poëte espagnol, né à Séville, au commencement du seizième siècle, ne se voua que tard à l'état ecclésiastique et mourut vers 1598. Formé par l'étude des Grecs, des Romains et des Italiens, il possédait une vaste érudition. Comme poëte, il eut une telle réputation parmi ses contemporains, qu'ils lui décernèrent le surnom de *divin*, à une époque où la poésie brillait d'un grand éclat en Espagne. Plusieurs de ses poèmes paraissent avoir été perdus, et parmi ceux qui existent il se trouve beaucoup de poésies érotiques, qui charment par l'expression de sentiments tendres et délicats ; tandis qu'il règne souvent dans ses odes un enthousiasme sublime. Ses *Obras en verso* ont été publiées par Pacheco (Séville, 1582), et plus tard sous le titre de *Versos* (1619) ; puis réimprimées dans la *Coleccion* de Ramon Fernandez (1786 ; nouv. édit., 1808. On a aussi de lui, en prose, une *Relacion de la Guerra de Chippre* (1572), et une *Vida y Muerte de Tomas Moro* (1592).

HERRERA (ANTONIO), l'un des historiens espagnols les plus célèbres, né à Cuellar, en 1549, s'appelait réellement *Tordesillas*, comme son père ; mais il prit le nom de sa mère. Il alla en Italie dans sa jeunesse, y gagna les bonnes grâces de Vespasiano Gonzaga, frère du duc de Mantoue, revint avec lui en Espagne lorsqu'il fut nommé vice-roi de Navarre et de Valence, et obtint dans la suite de Philippe II la charge de premier historiographe des deux Indes et de Castille. Il mourut à Madrid, le 29 mars 1625, peu de temps après avoir été élevé aux fonctions de secrétaire d'État. Son meilleur ouvrage est son *Historia general de los hechos de los Castellanos en las islas y tierra firme del Mar Oceano*, 1492-1554 (4 vol., Madrid, 1601-1615 avec figures), publiée ensuite de nouveau avec les continuations de Gonzalès de Barcia (4 volumes, 1728-1730) ; sa *Descripcion de las Indas occidentales* (1601 et 1615) en est comme l'introduction. Il faut mentionner aussi son *Historia del Mundo, ed el Reynado del rey D. Philippe II*, 1554-1598 (3 volumes, 1601-1612) ; ses *Commentarios de los hechos de los Espagnoles, Francescos y Venecianos en Italia*, 1281-1559 (1624), et son *Historia de Portugal y conquista de las islas de los Açores*, 1582 y 1583 (1591, 4 volumes).

HERRERA (FRANCESCO), dit *el Viejo*, c'est-à-dire *le Vieux*, l'un des plus grands peintres espagnols de l'école de Séville, naquit en cette ville, vers 1576. Il est le premier qui renonça à cette timidité de pinceau que l'on remarque dans les œuvres des anciens peintres andaloux ; il dessinait avec feu et vigueur, et peut par conséquent être considéré comme le fondateur d'une nouvelle école plus nationale. Son *Jugement dernier*, tableau qu'il peignit pour l'église de Saint-Bernard de Séville, son chef-d'œuvre de dessin et de coloris ; on n'estime pas moins sa *Sainte-Famille* et sa *Venue du Saint-Esprit*, dans l'église de Sainte-Inès, de la même ville. La coupole de l'église de Saint-Bonaventure témoigne de son habileté dans la peinture à fresque. Il travailla aussi le bronze ; ce qui peut-être donna lieu à l'accusation élevée contre lui de s'être mis en rapport avec de faux monnayeurs. Il avait un caractère détestable, au point que personne ne pouvait vivre avec lui. Après avoir, en 1647, terminé ses tableaux pour le palais archiépiscopal de Séville, il se rendit à Madrid, où il mourut, en 1656. Ses tableaux de chevalet, parmi lesquels se trouvent aussi quelques sujets de la vie ordinaire, se vendent à des prix très-élevés, ainsi que ses dessins à la plume. Le musée du Louvre contient quelques-uns de ses meilleurs ouvrages, par exemple *Les Israélites dans le désert et re; cueillant des cailles*, tableau d'une grande finesse de coloris, mais dans la composition duquel il règne un peu de confusion. Il se mêla aussi de sculpture et d'architecture : la façade d'un couvent de Séville, notamment, est de lui.

Le plus jeune de ses fils, *Francesco* HERRERA, surnommé *el Mozo*, c'est-à-dire *le Jeune*, peintre de genre en fresque et architecte, né à Séville, en 1622, fut si mal avec son père ; mais ne pouvant pas supporter plus longtemps son affreux caractère, il se rendit à Rome, où il se distingua tellement par ses tableaux représentant des poissons, qu'on le surnomma *il Spagnuolo degli pesci*. A la mort de son père, il revint à Séville, et travailla alors pour les églises. Lors de la fondation de l'Académie de Séville, en 1660, il en fut vice-directeur ; toutefois, il se démit de cette place, et alla à Madrid, où il orna la coupole de la chapelle de Saint-Philippe de fresques qui plurent tant au roi Philippe IV, qu'il le chargea de la décoration de la chapelle de Notre-Dame-d'Atocha; et comme il toucha de main de maître le sujet qu'il avait à traiter, l'*Assomption de la Vierge*, le roi le nomma peintre de sa cour. Plus tard, Philippe IV lui donna l'intendance des bâtiments de la couronne; dans ces fonctions, il se fit détester par son excessif orgueil, et mourut l'an 1685. Ses tableaux de fleurs ne sont pas moins estimés que ses tableaux de poissons. On trouve de ses toiles à Séville, à Madrid et à l'Escurial; on dit qu'il grava aussi à l'eau forte.

HERRERA, surnommé *el Rubio*, c'est-à-dire *le Rouge*, frère du précédent, également peintre de genre, mourut très-jeune.

Parmi les artistes du même nom, il faut encore citer *Alfonso de* HERRERA, né à Ségovie, en 1579, auteur de six tableaux exécutés pour l'église de Villa-Castin, qui ont été gâtés en 1734 par la main d'un restaurateur inhabile; et *Sebastiano* HERRERA, surnommé *Barnuevo*, né à Madrid, en 1619, mort inspecteur de l'Escurial, en 1671, élève de son père, *Antonio* HERRERA, également distingué comme statuaire, comme architecte et comme peintre, et imitateur heureux d'Alfonso Cano.

HERREROS (DON MANUEL BRETON DE LOS). *Voyez* BRETON DE LOS HERREROS.

HERRIES (JOHN-CHARLES), ministre anglais, né en 1778, mort en 1855, fils du colonel Herries, descendait d'une ancienne famille écossaise, dont une branche s'était établie à Londres et y avait fondé une forte maison de banque. Après avoir terminé ses études à Leipzig, il fut nommé, en 1807, secrétaire privé de lord Perceval, alors chancelier de l'échiquier, et plus tard premier ministre. Son patron ayant été tué en 1812, il obtint la place lucrative de commissaire de la liste civile, et il la remplit pendant quelques années. Sa vie publique ne commence qu'en 1823, où il fut nommé secrétaire de la trésorerie et envoyé au parlement par le bourg de Harwich. Sans être doué de talents supérieurs, sans posséder les qualités de l'homme d'État, Herries se montra un homme d'affaires habile. En politique, il s'attacha à la fraction du parti tory qui suivait Wellington et Peel plutôt qu'à la fraction libérale qui reconnaissait Canning pour chef. L'étonnement fut donc général lorsqu'on vit lord Goderich, l'ami et le successeur de Canning, lui confier le poste de chancelier de l'échiquier. Le désaccord que l'on prévoyait ne tarda pas à se manifester entre Herries et ses collègues, plus libéraux. Son opposition aux vues de Huskisson, qui réclamait une modification du système protecteur, fit éclater un conflit et amena la dissolution du ministère. Herries entra dans le cabinet formé par Wellington, où il n'obtint que le poste subordonné de directeur de la monnaie. En 1830 il fut appelé à la présidence du Bureau du commerce; mais dès le mois de novembre il dut se retirer avec ses collègues devant un ministère libéral. Dès lors il combattit au premier rang parmi les conservateurs, jusqu'en 1834; alors un nouveau cabinet tory lui confia le portefeuille de secrétaire d'État de la guerre. Dès l'année suivante, les libéraux revinrent aux affaires, et Herries finit par perdre même son siège au parlement, en 1841. Il ne prit donc aucune part personnelle à la lutte contre le libre échange, que la défection inattendue de Peel termina en faveur des libres échangistes. L'influence du marquis d'Exeter l'ayant fait réélire député, en 1847, par le bourg de Stamford, sa longue expérience lui valut dans le parti protectionniste, assez pauvre en capacités, un rang éminent, sinon le premier, qu'il dut céder à D'Israëli, qui lui est infiniment supérieur comme orateur. Lorsque ce parti reprit, en 1852, les rênes du gouvernement, il rentra dans le ministère comme président du Bureau des Indes. Ce fut, comme on le sait, pour bien peu de temps.

HERRNHUT, bourg d'environ 1,100 âmes, dans la Haute-Lusace saxonne, est le principal établissement des *frères moraves* ou *frères Bohêmes*, dits aussi *Herrnhutes*. Ce bourg tire son nom du Hutsberg, montagne sur le versant méridional de laquelle il est construit; et il fut fondé par les frères moraves, en 1722, sur les dépendances de la terre de Bertheisdorf, alors propriété du comte de Zinzendorf. Les maisons, surtout l'établissement des frères et des sœurs moraves, sont remarquables par la régularité de leur construction, où la simplicité n'exclut pas le bon goût. Les membres de la communauté se distinguent par leur vie laborieuse et exemplaire, par leur mépris pour le luxe, et par la pureté de leurs mœurs, qui leur a mérité l'estime générale et les a fait accueillir avec empressement partout où ils ont voulu fonder de nouvelles colonies. Les beaux et solides ouvrages en tous genres qui sortent des ateliers de leurs artisans, fabricants et artistes, notamment les tissus, les objets en laque, en cuir, les papiers marbrés et glacés, les bougies, trouvent partout d'avantageux débouchés.

HERRNHUTES ou **HERNUTES**. *Voyez* HERRNHUT.

HERSCHEL (FRÉDÉRIC-GUILLAUME), l'une des gloires de l'astronomie, naquit à Hanovre, le 15 novembre 1738. Son père, qui était musicien, l'avait destiné à la même profession; aussi entra-t-il dans le corps de musique d'un régiment dès l'âge de quatorze ans. En 1757, s'étant rendu à Londres pour se perfectionner dans son art, le comte du Darlington lui fit obtenir la place de maître de musique d'un corps qu'il avait organisé dans le comté de Durham. Plus tard, Herschel s'établit comme maître de musique à Leeds, et il fut ensuite nommé organiste à Halifax, emploi qu'il échangea en 1766 contre celui de directeur de musique à Bath. Depuis le commencement de son séjour en Angleterre, il avait utilisé tous ses instants de loisir pour étudier les mathématiques. La lecture des ouvrages de Fergusson avait décidé de son goût pour l'astronomie. N'ayant pas assez d'argent pour acheter un télescope, il lui vint à l'idée d'en construire un. Il réussit si bien dans ce travail, qu'en 1774 il put, à l'aide d'un réflecteur de 1 mètre 66 centimètres qu'il avait fabriqué lui-même, découvrir l'anneau de Saturne et les satellites de Jupiter. Depuis, il construisit des télescopes d'une grandeur encore inouïe; et à l'aide de tels instruments il lui devint facile de faire découverte sur découverte. En 1780 il donna le calcul de la hauteur des montagnes de la lune. Ce fut le 13 mars 1781 qu'il découvrit la planète appelée généralement aujourd'hui *Uranus*, mais que beaucoup d'astronomes persistent à désigner sous celui qui eut la gloire de la découverte. Herschel l'avait nommée du nom du roi Georges III, *Georgium Sidus*. Ce prince lui en témoigna sa gratitude en le mettant dans une position telle qu'il put se livrer exclusivement à la culture des sciences. Il se retira alors à Slough, près de Windsor, où il s'occupa surtout de l'observation des nébuleuses et des constellations; il démontra que plusieurs de ces constellations se composent de 50,000 étoiles. En 1787 il découvrit deux satellites d'Uranus, et quatre autres encore en 1790 et 1794. Un télescope de 13 mètres 33 de longueur et de 1 m. 50 de diamètre, qu'il avait construit en 1785, ne contribua pas peu à lui faire faire ces découvertes, et il lui servit en outre à découvrir deux des satellites de Saturne, les plus rapprochés de cette planète. Herschel acquit autant de célébrité par la perfection qu'il apporta dans la construction des instruments d'optique (travaux dans lesquels il fut grandement aidé par son frère, habile mécanicien), que par ses découvertes astronomiques. Par son gigantesque télescope, il trouva le temps que Saturne met à effectuer sa révolution, que Laplace avait déjà déduit de la loi de gravité au moyen de l'analyse mathématique, et découvrit que cette planète, si différente des autres, se meut sur un axe perpendiculaire à son orbite. Il conclut de ses observations que la lumière solaire ne provient pas du soleil même, mais des images fortement phosphorescentes qui se forment dans l'atmosphère solaire. Parmi les plus importantes découvertes dont on lui est encore redevable, il faut aussi citer celle des étoiles doubles ou système d'étoiles fixes, dont l'observation l'occupa pendant un grand nombre d'années à partir de 1778, avant qu'il lui fût possible d'avancer qu'il existe des étoiles fixes se mouvant autour l'une de l'autre dans des orbites régulières.

Herschel mourut à Slough, le 25 août 1822, et fut enterré à Upton, dans le Berkshire. Les *Transactions philosophiques* de la Société royale de Londres contiennent l'exposé de la plupart de ses travaux scientifiques. Il en est cependant resté beaucoup d'inédits.

La sœur de Herschel, *Caroline* HERSCHEL, née à Hanovre, le 16 mars 1750, aida beaucoup ce grand astronome dans ses observations et ses calculs. Elle découvrit elle-même plusieurs comètes, et, indépendamment de diverses dissertations imprimées dans les *Transactions philosophiques*, elle publia, en 1798, un catalogue d'étoiles. A la mort de son frère, elle revint à Hanovre, où elle est morte, le 9 janvier 1848, à l'âge de quatre-vingt-dix-huit ans.

HERSCHEL (Sir JOHN-FREDERICK-WILLIAM, baronet), fils unique du précédent, naquit en 1792, dans le domaine de son père, à Slough, près de Windsor, et fit ses études à l'université de Cambridge. Ses premières recherches mathématiques sont consignées dans sa refonte du *Calcul différentiel* de Lacroix, entreprise avec Peacock. Soit seul, soit en société avec James South, il consacra, à partir de 1816, une grande partie de son temps à l'observation des *étoiles doubles*. Comme premier résultat, il put, en 1823, présenter à la Société royale de Londres un catalogue de trois cent quatre-vingts nouvelles étoiles doubles, dans ses *Observations of the apparent distances and positions of three hundred and eighty double and triple stars* (Londres, 1825), contenant le résumé de dix mille observations. En 1827 il donna un second catalogue de deux cent quatre-vingt-quinze, et en 1828 un troisième de trois cent vingt-quatre étoiles de ce genre. En 1830 il publia d'importantes observations sur douze cent trente-six étoiles, faites avec un réflecteur de 6 mètres 60 centimètres. Il donna la même année, dans le tome V des *Transactions de la Société Astronomique*, un travail contenant l'observation exacte de trois cent soixante-quatre étoiles, et tous les résultats sensibles du mouvement des étoiles doubles. En même temps il s'occupait de recherches de physique, dont il consigna les fruits soit dans des journaux scientifiques, soit dans des ouvrages spéciaux ; à cet ordre appartiennent : *Treatise on Sound*, dans l'*Encyclopædia metropolitana* (1830); *On the Theory of Light*; *A preliminary Discourse on the Study of natural Philosophy*, faisant partie de la *Cyclopædia* de Lardner, et *A Treatise on Astronomy*, dans le même recueil. La plus grande entreprise de Herschel a été un séjour de quatre ans au cap de Bonne-Espérance, du mois de février 1834 au mois de mai 1838, où il examina de la manière la plus exacte et dans les circonstances les plus favorables tout l'hémisphère céleste méridional. Du cap de Bonne-Espérance, il suggéra, et non sans succès, l'idée de faire, à des jours déterminés et simultanément en divers lieux de la terre, des observations météorologiques. Il supporta seul tous les frais de cette expédition scientifique, et refusa l'indemnité que le gouvernement lui offrit à cette occasion. Le vif intérêt que le monde savant prit à cette savante entreprise se manifesta au retour de Herschel en Europe par les honneurs dont il fut l'objet. La reine Victoria, à l'époque de son couronnement en 1838, le créa *baronet*.

Sir John Herschel a consigné les résultats de son expédition au Cap dans l'ouvrage intitulé *Results of astronomical Observations made at the cape of Good Hope* (Londres, 1847). On a aussi de lui, en société avec divers autres savants, un *Manuel of scientific Enquiry* à l'usage des officiers de marine (Londres, 1849); et sous le titre de *Outlines of Astronomy* (1849) il a réimprimé avec d'importantes additions le traité qu'il avait déjà publié dix-sept ans auparavant. En 1850 il a été appelé aux importantes fonctions de directeur de la Monnaie de Londres.

HERSE (*Agriculture*), du latin *herpex* (même signification), ou d'*hericius*, hérisson. La *herse* est un cadre rectangulaire, disposé en forme de treillis, et orné d'un côté de plusieurs rangs de dents très-fortes. On attelle un cheval à la herse, et on le fait passer sur les terres labourées ou nouvellement ensemencées : les dents de cet instrument de labour brisent alors les mottes de terre que la charrue a soulevées, ou recouvrent et enfouissent les graines que l'on vient de semer ; il est certains terrains et nombre de contrées où ce dernier office est rempli par la charrue. Le verbe *herser* et le mot *hersage* représentent l'action de passer la herse dans un champ.

Le mot *herse* se dit encore de ces chandeliers de forme triangulaire sur les pointes desquels on fait brûler plusieurs cierges.

HERSE (*Fortification*), sorte d'arrière-porte, ou de double porte qui, au lieu d'être à gonds, jouait en glissant dans des rainures verticales, pratiquées dans le solide d'une voûte. Cet usage est immémorial en Grèce et en Orient. Celles des Grecs et des Romains s'appelaient *cataractes*. La forme des herses orientales, empruntées par nos pères, avait produit la dénomination de *sarrasines*; le moyen âge les a aussi appelées *harpes*. Il y a eu des *herses* en bois plein; mais on les a surtout préférées en grilles, ou barreaux, soit en bois ferré, soit en fer. A travers leurs ouvertures, les assiégés repoussaient l'insulte, tandis que, par un judas percé dans la centre de la voûte, un énorme pilon, armé de lames de fer, travaillait les assiégeants, au milieu d'un déluge de pierres et de tisons. Les herses dont les barres, au lieu d'être assemblées par des entre-toises, tombaient chacune sans faire un tout, s'appelaient *orgues de mort*. Depuis le système de la fortification récente, toute espèce de herse a disparu. Gal BARDIN.

HERSENT (Louis), peintre d'histoire et membre de l'Académie des Beaux-Arts, est né à Paris, le 10 mars 1777. Il entra fort jeune dans l'atelier de J.-B. Regnault, et il obtint en 1797 le second prix de peinture. Les œuvres de M. Hersent n'ont pas été nombreuses ; parmi celles qui ont commencé à rendre son nom illustre, il faut citer : *Achille livrant Briséis aux hérauts d'Agamemnon* (1804); *Atala s'empoisonnant dans les bras de Chactas* (1806); *Fénelon ramenant une vache à des paysans* et le *Passage du pont de Landshut* (1810) : ce dernier tableau est maintenant au musée de Versailles. M. Hersent exposa encore *Las Casas soigné par des sauvages* (1814), la *Mort de Bichat*, *Daphnis et Chloé*, et *Louis XVI distribuant des secours aux pauvres* (1817). Ainsi, l'artiste passait de la peinture historique à la peinture de genre, et se faisait une réputation. M. Delessert possède le *Louis XVI distribuant des secours*; c'est la pensée première du tableau de plus grande dimension que l'artiste peignit plus tard pour les galeries de Versailles. L'*Abdication de Gustave Wasa*, qui fut acheté par le duc d'Orléans, produisit une sensation profonde au salon de 1819. *Ruth et Booz* (1822); les *Religieux du mont Saint-Gothard* (1824); le *Portrait de l'évêque de Beauvais* (1827), et ceux du roi, de la reine, du duc de Montpensier (1831), ont été les derniers ouvrages sérieux de M. Hersent. L'un de ses meilleurs portraits est à notre gré celui de Mlle D. Gay, qui a été plusieurs fois gravé. La peinture de M. Hersent est soignée, finie, mais sans largeur aucune et sans accent. Son dessin est d'une élégance un peu fade ; sa forme est d'une correction vulgaire ; son coloris est terne et froid. Les portes de l'Institut se sont ouvertes pour lui en 1822. La plupart de ses ouvrages ont été gravés par des artistes habiles, et on les trouve presque tous reproduits au trait dans les *Annales du Musée* de Landon.

M. Hersent a épousé Mlle Louise Mauduit, fille du géomètre de ce nom, qui elle-même a fait quelques tableaux dans le genre anecdotique. On se rappelle avoir vu de sa main *La Mère abandonnée* (1814); *Henriette de France* (1819); *Sully et Marie de Médicis* (1822); et enfin *Louis XIV bénissant son arrière-petit-fils* (1824), scène banale, qu'on a jugée digne des honneurs du Luxembourg.

HERSIAU ou **ERSEAU**. *Voyez* ERSE (*Marine*).
HERSTALL. *Voyez* HÉRISTAL.
HERTFORD ou **HERTS**, l'un des comtés du centre de l'Angleterre, entre les comtés de Cambridge, d'Essex, de Middlesex, de Buckingham et de Bedford, n'est traversé que dans sa partie septentrionale par une suite de montagnes atteignant une altitude de 250 à 300 mètres, et présente partout ailleurs une surface à peu près plane, interrompue seulement par les vallées de la Lea, du Colne, du Maran, du Rib, du New-River, du Stort et du Gade, et offrant alternativement des forêts, des champs de blé et des prairies, ainsi qu'une foule de maisons de campagne, de fermes et de villages, qui lui donnent l'aspect le plus riche et le plus agréable. Sur une superficie de 20 myriamètres carrés, dont 19 sont cultivés, ce comté contient une population de 174,000 habitants dont la culture du sol constitue avec l'élève du bétail, la principale industrie.

HERTFORD ou HARTFORD sur la Lea, son chef-lieu, est une petite ville de 6,000 hab.; un monument y a été élevé à la mémoire de Bacon de Verulam, dans l'église de Saint-Michel. Son château, maintenant en ruines, servit de prison au roi de France Jean et au roi d'Écosse David II.

À peu de distance de Hertford est situé le collège d'*Haileybury*, où la Compagnie des Indes orientales fait élever les jeunes gens qu'elle destine à lui servir un jour d'employés dans ses possessions des Indes, après qu'ils y ont suivi, pendant deux années, des cours spéciaux consacrés à l'enseignement des langues orientales et à l'organisation politique et judiciaire de ces contrées, ainsi que de leur histoire, et comprenant en même temps quelques notions générales de mathématiques et d'histoire naturelle. La construction de cet édifice, qui date de 1808, coûta à la Compagnie 100,000 liv. st. Les professeurs y sont au nombre de douze, et on y compte d'ordinaire de quatre-vingt-dix à cent élèves, dont la moitié sont des Écossais.

Le comté de Hertford comprend encore la petite ville de *Saint-Albans* sur Ver, appelée jadis *Verulanium*. On y voit les ruines de la muraille dont les Romains avaient entouré cette ville, ainsi qu'une abbaye fondée en 793, dans la chapelle de laquelle se trouve le tombeau de Fr. Bacon. Il s'y rattache aussi d'intéressants souvenirs historiques des guerres de la Rose rouge et de la Rose blanche.

HERTHA. *Voyez* NERTHUS.
HERTOGENBOSCH. *Voyez* BOIS-LE-DUC.
HÉRULES, peuple germanique, remarquable au moyen âge par son agilité et son impétuosité à la guerre, par son naturel indompté et son long attachement au paganisme. Il est probable que les Hérules habitèrent d'abord les bords de la mer Baltique, sous le nom de *Suardons*; mais plus ard on les voit paraître dans des contrées très-éloignées. On les trouve sur les rivages de la mer Noire, prenant part, dans le troisième siècle, aux expéditions maritimes des Goths; puis ils sont soumis, dans le quatrième, par le roi goth Ermanrich; plus tard ils suivent Attila, et après la mort de ce conquérant ils se joignent aux Gépides pour détruire la domination des Huns. On rencontre aussi des Hérules parmi les peuples qui, à la fin du troisième siècle, battirent l'empereur Maximien dans les Gaules. Au commencement du cinquième, ils sont mentionnés comme les compagnons des pirates saxons qui ravagèrent à cette époque les côtes de la Gaule; et dans le courant du même siècle, sept navires montés par 400 Hérules parurent sur les rivages de la Galice et de la Cantabrie. On trouve aussi des Hérules parmi les hordes qui, sous la conduite d'Odoacre, renversèrent l'empire d'Occident. Les Hérules nous sont signalés, à la fin du cinquième siècle, comme dominant sur le moyen Danube et établis sur les bords de la Theiss supérieure. Dans leur orgueil, ils contraignirent, dit-on, leur roi Rodulf à attaquer les Lombards, qui leur étaient soumis; mais ils furent vaincus, et une partie d'entre eux fut établie par l'empereur Anastase, en 512, sur la rive méridionale du Danube, tandis que l'autre prit la résolution hasardeuse de gagner la Scandinavie. Un grand nombre de ceux qui s'étaient établis dans l'Empire se joignirent aux Gépides, les autres rendirent à Justinien d'excellents services dans ses guerres contre les Perses, les Vandales et les Ostrogoths. Le nom des Hérules disparaît de l'histoire après la soumission de l'Italie par Narsès.

HERVAGAULT (JEAN-MARIE). Le 28 pluviôse an x, au temps du Consulat, comparut devant le tribunal correctionnel de Vitry-sur-Marne un jeune homme, âgé tout au plus de dix-neuf ans. Il avait les traits agréables, le teint blanc, une chevelure blonde qui bouclait naturellement, un grand air de candeur et de dignité : il était vêtu avec beaucoup de recherche et s'exprimait d'un ton plein d'aisance. La salle de l'audience s'était remplie, de bonne heure, d'une foule inaccoutumée, au milieu de laquelle on pouvait remarquer des ecclésiastiques, des femmes élégantes, des citoyens riches, tous connus, dans le département de la Marne ou les départements voisins, pour leur attachement, mal déguisé, à l'ordre de choses que la révolution avait détruit. L'intérêt le plus vif paraissait s'attacher à l'accusé, qui, à peine assis, parcourut lentement des yeux cet auditoire frémissant de curiosité ou de sympathie, et salua d'un sourire empreint d'une noble familiarité tous ceux qui lui envoyaient des regards respectueux et amis. Cependant, ce jeune homme était là sous le poids d'un délit qui n'a pas coutume de provoquer un bien vif intérêt. L'accusation, qui avait eu le bon esprit de ne pas le prendre au mot, lui reprochait tout simplement « d'avoir abusé de la crédulité de plusieurs personnes à l'aide de faux noms et de fausses qualités, et de leur avoir escroqué partie de leur fortune. » C'étaient ses propres termes; mais ils ne provoquèrent dans la plupart des assistants qu'un sentiment d'incrédulité moqueuse ou d'indignation mal contenue. Et, chose remarquable, ceux dont le commissaire du gouvernement se faisait le défenseur officieux (il n'y avait pas de plaignant) étaient précisément les plus incrédules ou les plus indignés. C'est qu'ils étaient tous profondément convaincus que celui qu'on allait juger comme un ignoble escroc n'était autre que le légitime héritier de la couronne de France, le jeune et infortuné Louis XVII, que quelques serviteurs fidèles avaient su enlever du Temple, caché dans une voiture de linge, après y avoir introduit, de la même manière, l'enfant malade qui mourut bientôt après, et fut enterré sous le nom du dauphin.

Cette conviction avait jeté de si profondes racines dans cet esprit, qu'elle ne put être ébranlée par les charges qu'une longue et minutieuse instruction avait accumulées contre l'accusé. Elle établissait d'abord qu'il s'appelait tout simplement *Jean-Marie* HERVAGAULT, et n'était que le fils d'un pauvre tailleur de Saint-Lô ; puis elle lui reprochait d'avoir dès l'âge de douze ans déserté la maison paternelle, parcouru successivement les départements de la Manche, de l'Orne, du Calvados, de Seine-et-Marne, de la Marne, tantôt sous un nom, tantôt sous un autre, et d'avoir partout, à l'aide de fausses qualités, extorqué des sommes considérables ; de s'être fait arrêter comme vagabond, une première fois à Hottot, une seconde fois à Cherbourg; de n'avoir échappé des lors à une juste punition qu'à la faveur de sa grande jeunesse et à des instances de son père, qui l'avait réclamé; enfin d'avoir été condamné à Châlons, le 13 floréal an VII, à un mois de détention; à Vire, le 23 thermidor suivant, à deux années de la même peine, et toujours pour les mêmes faits. Ces charges ne démontrèrent qu'une chose aux yeux des partisans obstinés du faux dauphin, c'est la fécondité de son imagination pour dépister les poursuites de la police; et quant au tailleur de Saint-Lô, ils ne voyaient en lui que le père de l'enfant substitué au dauphin, lors de son évasion du Temple. Le tribunal de Vitry, qui ne partageait pas cette opinion, condamna le jeune Hervagault à quatre années de détention. Cette condamnation, bientôt confirmée par le tribunal criminel de Châlons, ne mit pas fin tout d'un coup à l'intérêt qu'Hervagault avait su exciter. Il fallut que le ministre de la police le fit transporter loin du théâtre de ses aventures, pour faire enfin cesser les hommages et les attentions dont il continuait à être l'objet, même après l'arrêt du tribunal criminel de Châlons. Il mourut à Bicêtre, en 1812. Hippolyte THIBAUD.

HERVEY (Iles). *Voyez* COOK (Archipel de).

HERWEGH (GEORGES), l'un des poëtes lyriques allemands les plus distingués de la jeune génération, est né à Stuttgard, le 31 mai 1817; il étudia d'abord la théologie, ne tarda point à connaître le doute, et abandonna alors cette direction pour se livrer à la politique et à la culture des lettres. Après avoir pris part à la rédaction de diverses feuilles publiques, il fit paraître, en 1841, ses *Poésies d'un vivant* (Zurich et Winterthur), dont sept éditions se succédèrent rapidement. Après un court séjour à Paris, Herwegh fit, en 1842, sa rentrée en Allemagne, qui fut pour lui un véritable triomphe. Le roi de Prusse, Frédéric-Guillaume IV, l'engagea lui-même à venir le voir à Berlin. Mais à ces avances du pouvoir Herwegh, poëte républicain et socialiste, répondit par un refus conçu dans des termes mal séants, et auquel les *frères et amis* ne manquèrent pas de donner bien vite la plus large publicité. Un ordre d'expulsion du territoire prussien fut pour Herwegh le résultat de ce coup de tête ; et dès lors son talent rencontra presque autant de détracteurs qu'il avait eu auparavant d'admirateurs. Ayant annoncé à Zurich, où il était venu se fixer, l'intention de faire paraître un journal dans le sens libéral le plus avancé, le parti qui dominait alors dans cette ville l'en fit aussitôt expulser. Il se fit recevoir bourgeois du canton de Bâle-Campagne, et à la suite d'un voyage dans le midi de la France et en Italie il se fixa à Paris, où il fit paraître un second volume des *Poésies d'un vivant*. Mais le succès de ce nouveau recueil de vers fut bien loin d'égaler celui du premier. A Paris, Herwegh se lia avec les principaux meneurs du parti socialiste, et au mois d'avril 1848, suivi de sa femme, fille d'un riche négociant de Berlin, il envahit le territoire badois à la tête d'une colonne de *travailleurs* allemands et français, dans laquelle figurait aussi le fameux Bornstedt. Cette bande ayant été battue et dispersée par les troupes wurtembergeoises, Herwegh se réfugia en Suisse, puis au midi de la France, où depuis lors il vit dans une profonde obscurité.

HERZ (LINEI), l'un de nos pianistes contemporains les plus justement célèbres, est né à Vienne (Autriche), en 1806. Son père, pianiste habile, lui enseigna dès l'âge de quatre ans l'art dans lequel il ne tarda pas à faire de rapides progrès, malgré une faiblesse dans la main gauche, qui l'empêcha pendant bien longtemps de faire courir ensemble ses deux mains sur le clavier. Il triompha de cette faiblesse constitutive en exerçant sa main gauche, non sur le piano, mais sur le violon. Après avoir pendant quelque temps pris des leçons d'harmonie du célèbre Hunten, Henri Herz vint à Paris, en 1817, entra au Conservatoire et y remporta bientôt le grand prix. La même année il se fit entendre dans un concert donné au Théâtre-Italien par Mme Catalani, et y obtint un grand et beau succès. Depuis lors il n'a cessé d'être placé au premier rang entre les grands talents qui se partagent la faveur publique, et toutes les capitales de l'Europe ainsi que les principales villes de l'Amérique ont tour à tour confirmé par leurs suffrages le jugement en premier et dernier ressort prononcé par le public parisien. Il y a une vingtaine d'années déjà que M. Herz s'est décidé à faire servir à la fabrication des pianos les lumières toutes spéciales puisées dans sa longue pratique, et il est bientôt réussi à se placer sur la ligne des Érard, des Pape et des Pleyel.

HERZBERG (EWALD-FRÉDÉRIC, comte de), célèbre diplomate prussien, né en 1725, à Lottin, près de Neustettin, obtint peu de temps après sa sortie de l'université un emploi au ministère des affaires étrangères à Berlin, et fut ensuite nommé secrétaire de légation. Il composa en huit jours, d'après les dépêches secrètes des cours d'Autriche et de Saxe trouvées par Frédéric le Grand à Dresde, le fameux *Mémoire raisonné*, qui avait pour but de justifier l'invasion de la Saxe par une armée prussienne, et ne tarda pas à être nommé ministre des affaires étrangères. Le traité conclu en 1762 avec la Russie et la Suède fut son ouvrage, comme aussi la paix d'Hubertsbourg. Lors du premier partage de la Pologne, effectué en 1772, il exécuta avec une grande habileté les projets de Frédéric le Grand à l'égard de la Prusse occidentale. Le successeur de Frédéric le Grand l'éleva à la dignité de comte. Ses efforts pour la pacification des troubles de Hollande furent couronnés d'un plein succès. Il s'attacha en outre à maintenir l'équilibre politique conformément aux principes qui avaient amené la création du *Fürstenbund*. Cependant, par suite de la condescendance dont le roi de Prusse fit preuve à l'égard de la Hollande et de l'Angleterre, la convention de Reichenbach fut conclue en 1790 sur le pied de celles qu'il conclût la paix voulut voir prévaloir. Il n'en rédigea pas moins la célèbre déclaration adressée à l'Autriche, où l'on indiquait à l'empereur Léopold les conditions auxquelles la Prusse et les puissances maritimes consentiraient à ce qu'il conclût la paix avec la Porte. L'avortement de son plan et la nomination de deux nouveaux ministres contraignirent Herzberg, en 1791, à donner sa démission.

Le second partage de la Pologne, effectué en 1793, et la situation politique dans laquelle la Prusse se trouva placée par suite de son accession à la coalition contre la France, l'amenèrent à offrir de nouveau le concours de ses services au roi de Prusse dans trois lettres datées de 1794, et où l'on trouve l'expression du plus noble patriotisme ; mais ses offres ne furent pas acceptées. Le profond chagrin qu'il en ressentit le fit tomber malade, et il en mourut, le 27 mai 1795.

Herzberg était l'homme du monde le plus simple et le plus accessible. Son abord avait quelque chose de patriarcal ; doué d'une grande droiture de cœur, sa franchise était extrême ; aussi lui reprochait-on de manquer de la qualité essentielle pour l'emploi qu'il occupa pendant si longtemps : la discrétion. En effet, il ne croyait pas à la puissance du mystère et du silence en politique, et pensait que la publicité donne bien autrement de force à un gouvernement. C'est dans cet esprit que, lors de l'avénement au trône de Frédéric-Guillaume II, il prononça à l'Académie des Sciences de Berlin, dont il était membre depuis longues années, ces paroles remarquables : « Tout État qui base ses actes sur la sagesse, la force et la justice, gagne toujours à la publicité, qui ne peut offrir de dangers qu'aux gouvernements engagés dans des voies tortueuses et déloyales. »

HERZÉGOWINE, c'est-à-dire *pays du duc*, appelée aussi par les Vénitiens *duché de Saint-Saba*, du nom d'un saint qu'on prétend y être enseveli. Cette province de la Turquie d'Europe, qui faisait jadis partie du royaume de Croatie, et à laquelle on donne encore quelquefois le nom de *comté de Chulm*, confine au nord à la Croatie ; à l'est, à la Bosnie ; au sud, à Monténégro et au golfe de Cattaro ; à l'ouest, à la Dalmatie. Réunie à la Bosnie en 1326, l'empereur Frédéric III l'érigea plus tard en duché indépendant, et la donna en fief à la famille de Cossac ou de Hranich. Conquise par le sultan Mahomet II, en 1466, mais par la suite souvent disputée aux Turcs, l'Herzégowine leur fut formellement cédée aux termes de la paix de Carlowitz, en 1699, à l'exception de la ville de Castelnuovo et d'un petit territoire, dont les Vénitiens s'étaient mis en possession en 1682, et qui fait maintenant partie du royaume autrichien de Dalmatie.

L'Herzégowine notamment compose le sandjhak de *Hersek*, qui forme la partie sud-ouest de l'éjalet de Bosnie, avec lequel elle a toutes les affinités possibles au point de vue de l'histoire et de la géographie, comme sous les rapports politiques et ethnographiques. La capitale de l'Herzégowine, *Mostar*, sur la Narenta, principale rivière du pays, a des fabriques renommées d'armes blanches, et 9,000 habitants.

HESCHAM, khalifes de Cordoue. *Voyez* OMMÉIADES.

HÉSIODE, un des plus anciens poëtes grecs dont les ouvrages nous soient parvenus, était né à Cyme, en Élide, province de l'Asie Mineure; mais il quitta très-jeune son pays, et passa la plus grande partie de sa vie à Ascra, bourg de Béotie, au pied du mont Hélicon. Nous savons très-peu de chose de certain sur sa personne. On est même dans le doute sur le siècle où il vécut. Aulu-Gelle, Sénèque et Pausanias nous apprennent que de leur temps on discutait pour savoir s'il avait été contemporain d'Homère, ou lequel des deux avait précédé l'autre. Hérodote, qui les fait contemporains, s'exprime ainsi à leur égard : « Je ne crois pas qu'Hésiode et Homère aient existé plus de quatre cents ans avant l'âge où je vis. » Ce qui marquerait l'époque des deux poëtes au neuvième siècle avant J.-C. Quant à une lutte poétique dans laquelle Hésiode aurait remporté le prix sur Homère, quoique Dion Chrysostome, sur l'autorité de Varron, rapporte une inscription relative à cette tradition, il est bien reconnu que le petit écrit dans lequel elle est racontée est l'ouvrage de quelque rhéteur de l'école d'Alexandrie, et n'a aucune valeur historique. D'un autre côté, les marbres de Paros font Hésiode plus ancien qu'Homère. Enfin, l'opinion la plus généralement adoptée, et la plus probable, est qu'Hésiode est venu après Homère.

Tzetzès cite les titres de seize ouvrages qui ont été attribués à Hésiode. Sur ce nombre, trois seulement nous sont parvenus, savoir : les *Travaux et les Jours*, la *Théogonie*, et le *Bouclier d'Hercule*. Pausanias n'admet comme ouvrage authentique de ce poëte que les *Travaux et les Jours*. Ce poëme est un recueil de maximes de morale, de préceptes sur l'agriculture, la navigation, la doctrine des jours heureux et malheureux. Les anciens le faisaient apprendre par cœur à leurs enfants, selon Denys d'Halicarnasse. On ne peut nier qu'il n'offre dans son plan un certain nombre de répétitions, d'incohérences, de transitions mal ménagées. C'est ce qui a induit d'habiles critiques à penser que les divers morceaux dont il se compose, n'appartenaient pas primitivement à un même ouvrage, et que leur fusion dans un seul tout est due à un travail postérieur. Les deux morceaux les plus remarquables sont la fable de Prométhée et de Pandore, puis la description des différents âges par lesquels a passé le genre humain. Hésiode adresse ce poëme à son frère Persès. Voici à quelle occasion : Ils vivaient tous deux avec leur père à Ascra, s'occupant d'agriculture et du soin d'élever des troupeaux. Après la mort du vieillard, ses biens furent partagés entre les deux enfants; mais les juges, iniques, firent tort au poëte d'une partie de ce qui lui revenait, et favorisèrent son frère, aussi avide que prodigue. Hésiode administra avec économie ce qui lui restait, et fit si bien prospérer son petit domaine, qu'il sembla n'avoir rien perdu. Persès, au contraire, laissa ses biens se détériorer par la paresse et la négligence, et s'engagea dans des procès qui achevèrent sa ruine. Hésiode tire de ce double exemple de salutaires leçons qu'il adresse à son frère. Aujourd'hui cet ouvrage nous offre surtout un intérêt historique, comme monument de l'état des mœurs et de la société à l'époque d'Hésiode. C'est un tableau de la civilisation encore dans son enfance. On y voit le passage de la vie guerrière à la vie laborieuse, de la société héroïque à une société nouvelle, fondée sur le travail et la propriété.

Le second ouvrage qui porte le nom d'Hésiode est une *Théogonie*. Pausanias doutait qu'il fût réellement l'auteur de ce poëme. C'est une collection de mythes antiques sur la généalogie des dieux et sur leurs combats. Ce poëme est le plus ancien monument que nous ayons de la mythologie grecque : aussi mérite-t-il sous ce rapport une sérieuse attention. Plusieurs critiques, il est vrai, entre autres Hermann, n'y voient qu'un assemblage confus de fragments étrangers l'un à l'autre, de débris des chants nombreux que possédaient l'antiquité sur l'origine des dieux et du monde, cousus ensemble et remaniés, sans que le compilateur ait toujours eu l'intelligence du sens véritable de ces documents anciens. Il est certain qu'on est frappé en lisant la *Théogonie* de la différence des mythes, tantôt informes et peu développés, tantôt perfectionnés jusqu'au raffinement : le récit en est tantôt sec et sans ornement, tantôt abondant et riche de poésie. Néanmoins, quelles que soient les altérations que l'ouvrage a subies par l'action du temps, quelles que soient les contradictions fréquentes qui résultent des versions différentes d'un même mythe, quelles que soient les interpolations de morceaux plus modernes au milieu de fragments antiques, nous croyons qu'il est possible de reconnaître dans ce poëme une certaine unité d'intention et de sujet. Il nous semble que sous cette forme incohérente et mutilée, dans laquelle les siècles nous l'ont transmis, règne une pensée première et fondamentale, qui domine l'ensemble et forme le lien des diverses parties. Ce fut longtemps une espèce de livre sacré dans toute la Grèce et comme le catéchisme poétique des croyances nationales. Ce fut en effet la première tentative considérable faite pour systématiser les traditions religieuses des Grecs, pour les résumer en corps de doctrine, et donner à ce peuple une théologie. L'auteur y recueille les mythes populaires sur les dieux; il les coordonne, il les interprète, non avec l'appareil dogmatique, mais dans la forme poétique de l'épopée. Il y raconte l'histoire des dynasties célestes qui ont tour à tour gouverné l'univers, la succession des générations divines, représentant symboliquement les grandes phases de la création du monde. Telle est la donnée fondamentale de la *Théogonie*. La guerre des Titans contre les dieux olympiens en est l'action principale et en forme le nœud ; le dénoûment, c'est la victoire de Jupiter sur les Titans, c'est-à-dire du principe de l'ordre sur les agents du désordre, et par suite l'organisation du monde dans son état actuel.

Il nous reste à dire quelques mots du *Bouclier d'Hercule*, fragment d'une *Hérogonie*, ou filiation et histoire des demi-dieux : les 56 premiers vers sont extraits du *Catalogue des Femmes*, ouvrage d'Hésiode perdu. Un rhapsode inconnu y a rattaché un morceau sur le combat d'Hercule et de Cycnos, renfermant la description du bouclier du héros. L'authenticité de ce morceau a déjà été contestée par les anciens, entre autres par Longin et plusieurs scoliastes. Le caractère de cette poésie est purement descriptif, et n'a aucun rapport ni avec la poésie d'Hésiode ni avec celle d'Homère.

Hésiode succède à Homère comme la science à la poésie, comme la réflexion à l'inspiration. Sa poésie est essentiellement didactique; elle a presque partout un caractère d'utilité. On voit que le poëte s'est donné la mission d'enseigner les hommes. Il se plaît aux sentences, aux proverbes, son poëme en abonde. Aussi Isocrate lui assigne-t-il une place parmi les poëtes gnomiques. Son style, vanté pour sa grâce et sa douceur, n'a pas l'élévation épique de celui d'Homère, mais Quintilien lui donne la palme dans le genre tempéré. ARTAUD.

HÉSIONE, fille du roi de Troie Laomédon et de Leucippe, devait être, en vertu d'un oracle, et parce que son père avait refusé la récompense promise à Neptune pour la reconstruction des murs de Troie, exposée à un monstre marin, et elle venait dans ce but d'être enchaînée à un rocher lorsque Hercule, au retour de son expédition contre les Amazones, vint à Troie, et la délivra. Hercule fit ensuite la guerre à Laomédon, pour le punir de son parjure, et Hésione échut au vainqueur, qui la donna pour épouse à son compagnon, Télamon, duquel elle eut un fils, Teucer. Selon d'autres, Hésione, mécontente de son mari, l'abandonna, et se maria avec Arion, roi de Milet.

HESPÉRIDES, filles de la Nuit, et suivant d'autres de Phorcys et de Léto, ou d'Atlas, d'Hespérus, ou encore de Jupiter et de Thémis. Suivant Apollodore, elles étaient au nombre de quatre : *Eglé*, *Erythéia*, *Hestia* et *Aréthuse*; de trois, suivant Apollonius : *Hespérie*, *Erythéis*, et *Eglé*; et de sept, suivant Diodore. On les appelle aussi *Atlantides*, suivant qu'on leur donne Atlas pour père. Elles étaient préposées avec Ladon, dragon à cent têtes, à la garde dans

HESPÉRIDES — HESSE

leurs Jardins des pommes d'or que, lors de son mariage avec Zeus (Jupiter), Héré (Junon) reçut en cadeau de noces de Gæa (la Terre). Les *Jardins des Hespérides* étaient, suivant Apollodore, situés sur le mont Atlas, dans le pays des Hyperboréens, et suivant la tradition la plus ancienne, rapportée par Hésiode, tout à l'extrémité occidentale du monde. Hercule rapporta les pommes d'or à Eurysthée, qui lui en fit présent. Mais, au lieu de les garder, Hercule les donna à Minerve, qui les rapporta aux lieux où elles se trouvaient auparavant. Ce fut aussi avec une de ces pommes d'or que la Discorde brouilla les trois grandes divinités, qui décidèrent entre elles de s'en rapporter au jugement de Pâris. On peut voir dans les *Mémoires de l'Académie des Inscriptions* une longue dissertation de l'abbé Massieu, qui nous apprend que les Hespérides avaient pour voisines les Gorgones, et qui discute savamment la question de savoir si les fameuses pommes d'or étaient des citrons, des oranges ou bien des coings.

HESPÉRIE (*Hesperia*, l'occidentale), nom donné d'abord par les Grecs à l'Italie (*voyez* HESPERUS), puis plus tard à l'*Hispanie*, quand ils eurent poussé leurs expéditions plus à l'ouest.

HESPERUS, HESPER ou VESPER en (grec Ἔσπερος, l'étoile du soir, de ἑσπέρα, le soir). C'était, suivant Hésiode, l'un des fils d'Astrée et de l'Aurore. D'après une autre tradition, c'était le père des Hespérides, le fils d'Atlas et un astronome distingué. Étant monté au haut de l'Atlas pour y observer le cours des astres, une tempête l'en précipita dans un abîme, et on ne le revit plus jamais. On le crut métamorphosé en étoile; et ce fut pour honorer sa mémoire qu'on donna son nom à la plus belle d'entre les étoiles. Hyginus rapporte qu'il était fils de l'Aurore et de Céphale, et si beau, qu'il put disputer le prix de la beauté à Vénus elle-même; de là le nom de *Vénus* donné aussi à cette étoile. D'après une autre version, Atlas aurait chassé de ses États son fils Hesperus, qui se réfugia alors en Italie, contrée qu'en conséquence on nomme aussi quelquefois *Hespérie*.

Cette étoile, qui n'est autre que la planète **Vénus**, paraît tantôt le soir, tantôt le matin. Comme étoile du matin, elle avait reçu des anciens le nom de *Lucifer*. Dans nos campagnes on l'appelle encore l'*étoile du Berger*.

HESS (CHARLES-ERNEST-CHRISTOPHE), graveur célèbre, né en 1755, à Darmstadt, eut à lutter contre bien des obstacles, dont sa misère n'était pas la moindre, avant de pouvoir se livrer à l'étude des arts, vers laquelle il se sentait irrésistiblement entraîné. C'est à Manheim qu'il apprit les premiers éléments de la gravure; et une *Scène de Chasse* qu'il exécuta pour l'électeur de Bavière lui valut la protection de ce prince. En 1776 il alla se perfectionner à Augsbourg; et l'année suivante il accepta l'invitation qui lui fut faite de se rendre à Dusseldorf pour y travailler à la grande galerie de Krahe. La première planche de ce recueil, qu'il exécuta d'après Rembrandt, obtint un tel succès qu'il fut élu membre de l'Académie; et en 1782 l'électeur lui donna le titre de graveur de sa cour. En 1787 il entreprit le voyage d'Italie, et se lia à Rome avec Hirt, Herder, Gœthe et Schlegel. Quand, en 1782, l'Anglais Green résolut de continuer la galerie de Dusseldorf, Hess et Bartolozzi furent appelés à y travailler. Hess, pour sa part, exécuta l'*Ascension de la Vierge Marie*, d'après le Guide, *Le Charlatan*, d'après Gérard Dow, l'un des chefs-d'œuvre de la gravure, le *Portrait de Rubens*, et celui de la femme de Rubens, regardé comme la meilleure gravure au pointillé qu'on possède. Nous citerons encore de cet artiste une *Sainte Famille*, d'après Raphael, et la scène célèbre du *Jugement dernier*, d'après Rubens. Quand la galerie et l'Académie de Dusseldorf furent transférées, en 1806, à Munich, Hess y obtint également une position honorable; et parmi les planches qu'il grava dans cette capitale, nous mentionnerons plus particulièrement le *Saint Jérôme*, d'après Palma, l'*Adoration du divin Agneau*, d'après Van Eyck, œuvre de sa vieillesse, et enfin son dernier ouvrage, le portrait en pied du roi Maximilien, d'après Stieler. Cet artiste mourut à Munich, le 25 juillet 1828, laissant trois fils, qui se sont fait aussi un nom distingué dans les arts: l'aîné, *Pierre* HESS, né en 1792, à Dusseldorf, comme peintre de genre et de batailles (l'empereur Nicolas le fit venir en 1839 en Russie, où il peignit toute une suite de scènes grandioses relatives aux événements de la grande guerre nationale de 1812); le second, *Henri* HESS, né en 1798, à Dusseldorf, peintre d'histoire et bon portraitiste, depuis 1826 professeur de peinture à l'École des Beaux-Arts de Munich; le troisième, *Charles* HESS, peintre distingué de genre et d'animaux, né à Dusseldorf, en 1801.

HESS (HENRI, baron DE), feld-zeugmeistre autrichien, commandant en chef de la troisième et de la quatrième armée, dont les quartiers généraux sont à Bude et Lemberg, est né à Vienne, en 1788. En 1805 il entra comme enseigne dans le régiment d'infanterie du comte Gyulay, et tant que dura la paix il fut employé soit à l'état-major général, soit à des opérations trigonométriques. Il fit la campagne de 1809 avec le grade de premier lieutenant, et se signala à la bataille de Wagram. A la conclusion de la paix, il retourna à ces travaux scientifiques; mais lorsque la guerre de 1813 éclata, il rentra en activité comme capitaine d'état-major. Après la campagne de 1814, où il se distingua et fut décoré d'ordres autrichiens, prussiens, russes, il fut élevé au grade de major et attaché au bureau de la guerre. Depuis 1817 il fut chargé du commandement de divers régiments. En 1829 il passa colonel, et l'année suivante il fut mis à la tête de la division de l'état-major général auprès du corps mobile dans la Lombardie. Il rendit dans ce poste d'éminents services, par les soins qu'il apporta à l'instruction des troupes, en sorte que ces fois il passait pour un des meilleurs officiers de l'armée autrichienne. En 1842 il fut promu au grade de feld-maréchal-lieutenant. C'est surtout dans la guerre de 1848 qu'il a trouvé l'occasion de déployer ses talents. Nommé, au mois de mai de cette année, quartier-maître général auprès de l'armée d'Italie, il dirigea les opérations qui préparèrent le triomphe des armes de l'Autriche. Radetzky lui-même, il était le principal conseiller, se plut à le reconnaître en maintes occasions. C'est lui, par exemple, qui conçut et prépara les plans des opérations décisives des mois de juin et de juillet; la marche sur Vicence, la prise de cette ville, les mouvements offensifs qui amenèrent la victoire de Custozza; c'est lui encore qui, après la défaite des Piémontais, signa l'armistice avec le général en chef ennemi. En récompense de ses services, Hess fut décoré par son souverain de l'ordre de Marie-Thérèse, et par l'empereur de Russie de celui de Saint-Georges. La guerre s'étant rallumée, Hess conçut le plan de cette glorieuse campagne de cinq jours, et l'exécuta avec une rapidité merveilleuse. Le vieux Radetzky lui-même avoua modestement que c'était à son quartier-maître général que la gloire en revenait presque tout entière. A la suite de la campagne de 1849, Hess fut créé baron et élevé au grade de chef de l'état-major général de l'armée autrichienne. En 1854 il fut appelé au commandement supérieur des deux corps d'armée réunis en Gallicie, Hongrie et Transylvanie, et destinés à surveiller les mouvements de la guerre d'Orient, entre les alliés et les Russes.

HESSE (en allemand *Hessen*), contrée de l'Allemagne habitée autrefois par les Kattes, et formant aujourd'hui les trois États de Hesse-Cassel, Hesse-Darmstadt et Hesse-Hombourg. Dès l'an 15 avant J.-C. on voit les Kattes aux prises avec les Romains commandés par Germanicus, qui détruisit leur chef-lieu, appelé par les historiens romains *Martium*. Pendant les siècles suivants ils se confondirent dans la ligue des Francs; plus tard l'émigration des Francs en Belgique et dans les Gaules eut pour résultat de laisser la Hesse presque entièrement déserte, jusqu'à ce qu'ils y eussent été remplacés par les Saxons, lesquels la divisèrent en gaus nombreux, qui à l'époque des rois Francs obéissaient tous à des comtes particuliers, dont les plus puissants furent les Conrad. Lors de la chute des Carlovingiens, cette race parvint à la dignité de duc des Francs, en la personne de Conrad Ier, et bientôt après à la couronne impériale. La mort de Conrad et de son frère, arrivée sans qu'ils laissassent de postérité, n'eut pas précisement pour résultat de détruire le duché des Francs; mais la puissance des ducs cessa dès lors de s'étendre sur la Hesse, où s'élevèrent diverses dynasties de souverains et de comtes, dont les plus puissants furent les comtes de Gudenberg. Par son mariage avec la fille unique et héritière du dernier de ces comtes, Geiso IV, le landgrave de Thuringe Louis Ier hérita du comté de Gudenberg; et tous les seigneurs de la Hesse le reconnurent alors pour leur souverain. La race de celui-ci s'éteignit en 1247, en la personne de Henri de Raspe, et sa nièce, Sophie, fille du landgrave Louis le Pieux et épouse du duc Henri de Brabant, éleva des prétentions à l'héritage de la Thuringe et de la Hesse. A la suite de luttes longues et sanglantes, soutenues contre son rival, le margrave Henri l'*Illustre* de Misnie, fils d'une sœur de Henri Raspo, un compromis conclu en 1263 lui adjugea la Hesse. Le fils de cette Sophie, Henri Ier, dit l'*Enfant*, souche de la maison de Hesse qui subsiste encore de nos jours, s'établit à Cassel, où avait résidé jadis la dynastie des Conrad, conserva le titre de *landgrave*, qu'il tenait du chef de sa mère, et fut reconnu en cette qualité comme prince de l'Empire. Ses descendants accrurent peu à peu leurs possessions, par des acquisitions hors de la Hesse et même sur les bords du Rhin; mais tous les efforts qu'ils tentèrent pour revendiquer leurs droits à l'héritage du Brabant demeurèrent infructueux.

A la mort de Henri Ier, en 1309, un partage de ses États eut déjà lieu entre ses deux fils, Othon et Jean. Les deux lignes collatérales qu'ils fondèrent et leurs divers rameaux se trouvèrent de nouveau confondus, en l'année 1500, en la personne de Guillaume II, lequel mourut en 1509, laissant à son fils unique, âgé alors de cinq ans seulement, Philippe Ier *le Magnanime*, la souveraineté de tout le pays de Hesse. Pendant la minorité de ce prince, ses États furent gouvernés par une régence, composée de gentilshommes, puis par sa mère, d'accord avec la diète du pays. Mais les troubles auxquels l'Allemagne était en proie déterminèrent dès 1508 l'empereur Maximilien à déclarer le jeune landgrave majeur. Il prit une part active à la guerre dite des Paysans, à l'œuvre réformatrice de Luther et aux luttes de la ligue de Schmalkade. Il consacra à fonder l'université de Marbourg les biens confisqués des couvents, et mourut en 1567. Par son testament, daté de 1562, il avait précédemment partagé ses États entre ses quatre fils: *Guillaume, Louis, Philippe et Georges*. Philippe étant mort en 1583 et Louis en 1603, tous deux sans laisser de postérité, il ne resta plus alors que les deux lignes principales de Hesse-Cassel et de Hesse-Darmstadt, encore aujourd'hui régnantes.

HESSE (ALEXANDRE), peintre d'histoire et de genre, est le fils de J.-*Henri* HESSE, qui sous l'Empire s'est fait connaître par un grand nombre de portraits en miniature et à l'aquarelle. M. Alexandre Hesse, entré chez Gros en 1821, puisa dans la fréquentation de ce maître célèbre un vif amour pour la couleur. Il donna un intéressant spécimen de son talent dans un tableau exposé en 1833, les *Honneurs funèbres rendus au Titien*, dont le succès ne fut pas contesté. Cette composition, qui fait partie de la collection de M. Delessert, posa d'emblée M. Hesse comme un coloriste de la meilleure école. Mais les réputations acquises en un jour se conservent malaisément. Dans le *Léonard de Vinci* (1836), dans les *Pêcheurs catalans* et la *Jeune Arlésienne* (1844), on ne vit rien qui répondît aux promesses du début. Les portraits de femme que M. Hesse exposa à diverses reprises furent, d'un commun accord, jugés durs, secs et sans vie. Préoccupé par le souvenir de son premier succès, l'artiste voulut donner dans le *Triomphe de Pisani* (1847) un pendant aux *Funérailles du Titien*. Bien que ce tableau ait été acquis pour le musée du Luxembourg, M. Hesse trouva des critiques moins complaisants qu'en 1833. Ce n'est pas que *Pisani* fût inférieur aux *Funérailles du Titien*; mais quatorze années s'étaient écoulées, et pendant ce temps l'école avait fait dans le coloris et le clair-obscur des progrès rapides; le public, de son côté, avait un peu étudié les maîtres et était devenu plus difficile. Le titre glorieux de *dernier Vénitien*, que les journalistes avaient accordé à M. Hesse, sans doute parce que ses tableaux étaient signés et datés de Venise, lui fut cette fois contesté. C'était en effet un étrange éloge pour un peintre qui ignore le point les transparences des demi-teintes et semble se complaire aux ombres lourdes et noires. Dans les *Funérailles du Titien* comme dans le *Triomphe de Pisani*, il y a absence complète de mouvement. Si agitées que paraissent les figures, elles ne vivent pas, elles sont de bois sous leurs splendides étoffes, et l'auteur les a plutôt juxtaposées que groupées. Le pinceau de M. Hesse est extrêmement soigneux. Il sait trouver des tons intenses et brillants, mais sa touche est d'une dureté sans égale: aussi les vêtements dont ses personnages sont couverts n'ont-ils pas plus de réalité que de souplesse. Doué d'une patience infinie, M. Hesse a travaillé très-lent, et de tous les peintres actuels c'est celui qui a le moins produit. La dernière œuvre qu'on ait vue de lui est la figure symbolique de la République; un certain talent d'exécution recommandait cette étude, où le luxe du costume tenait lieu de pensée et de style. Semblable à l'artiste grec dont l'histoire a conservé le souvenir, M. Hesse, ne pouvant faire sa *République* belle, avait pris le parti de la faire riche.

HESSE-CASSEL (Électorat de) ou HESSE-ÉLECTORALE. Il se compose d'un territoire formant un tout compact et de diverses enclaves, et confine à la province prussienne de Westphalie, à la principauté de Waldeck, au grand-duché de Hesse-Darmstadt, au duché de Nassau, à la ville libre de Francfort, au cercle bavarois de la Basse-Franconie, au grand-duché de Saxe-Weimar, à la Saxe prussienne et au Hanovre. Ses enclaves, qui se trouvent séparées du groupe principal et disséminées au milieu de divers États voisins, sont le grand comté de Schaumbourg, la seigneurie de Schmalkalde, une portion de l'ancien comté de Henneberg, etc., présentant ensemble une superficie de 41 myriamètres carrés. La superficie de l'électorat tout entier est de 145 myriamètres carrés, et forme quatre provinces: la Basse-Hesse, la Hesse-Supérieure, la province de Fulda et de Schmalkalde, la province de Hanau. La plus grande partie du sol hessois occupe le centre du plateau de la Hesse. Elle forme une plaine onduleuse, entrecoupée par un grand nombre de crêtes montagneuses, dont la hauteur varie entre 4 et 700 mètres. Les cours d'eau les plus importants qui l'arrosent sont la *Werra*, qui ne parcourt qu'un petit nombre de parcelles; la *Fulda*, qui dans tout son parcours appartient presque exclusivement à l'électorat, et qui a pour affluents l'*Edder* et la *Schwalm*; la *Weser*, provenant de la jonction de la Werra et de la Fulda, qui tantôt sert de frontière à la Hesse, tantôt en traverse une petite partie du territoire; le *Main*, qui sert de limites à la province de Hanau du côté de Hesse-Darmstadt, en reçoit la Kinzig et la Nidda; enfin, la *Lahn*, avec ses affluents l'Ohm et la Wohras.

Le sol est généralement fort fertile, et produit une grande quantité de céréales de toutes espèces, jusqu'à de l'épeautre et du maïs, de plantes légumineuses, notamment des fèves, beaucoup de tabac (environ 20,000 quintaux), du lin et des fruits excellents. Des forêts en couvrent un bon tiers. L'éducation du bétail, notamment des moutons et du porc, y donne des produits importants. En fait de productions du règne minéral, on y trouve du cuivre, du plomb, du cobalt, du vitriol, de l'alun, de l'argile et surtout de la houille ainsi que du sel gemme. En fait de sources minérales, il faut citer Schwalheim, Wilhelmsbad, Rodenberg et Nenndorf. Après la culture du sol et l'élève du bétail, les principales industries sont, dans la Haute et la Basse-

Hesse, ainsi que dans la province de Fulda, la culture et le tissage du lin ; dans la province de Schmalkade, la fabrication des armes et des articles d'acier, de fer et de tôle ; à Cassel et à Hanau, l'orfèvrerie et la joaillerie. On y fabrique aussi de la faience, des creusets, du verre, du drap et du papier. Le commerce d'importation et d'exportation, qui ne laisse pas cependant d'avoir une certaine importance, est de beaucoup inférieur au commerce d'expédition, que favorisent, indépendamment de la navigabilité de la Fulda, de la Werra et du Weser, d'excellentes routes et un réseau de chemins de fer récemment achevés, qui mettent l'électorat en communication avec les pays voisins dans la direction de l'est, du nord et du sud. Les principaux centres du commerce d'expédition sont *Wanfried*, *Karlshafen* et *Eschwege*; et pour le commerce intérieur, Cassel et Hanau, où des foires importantes se tiennent chaque année ; *Spangenberg* et *Schmalkalde*.

Le chiffre de la population s'élevait à la fin de 1852 à 755,228 habitants, tous d'origine entièrement germanique, sauf environ 8,500 juifs. Dans les États héréditaires, la population appartient au culte protestant, et dans les acquisitions nouvelles au culte catholique, sauf environ 300 mennonites. Les consistoires de Cassel, de Marbourg et de Fulda dirigent les affaires des églises protestantes; les catholiques sont placés sous la juridiction spirituelle de l'évêque de Fulda, et les juifs sous celle d'un grand-rabbin. En fait d'établissements d'instruction publique, il existe une université à Marbourg, une école de peinture, de sculpture et d'architecture à Cassel, une école de dessin à Hanau, une école supérieure d'industrie à Cassel, dix-neuf écoles de métiers, une école forestière à Fulda, deux écoles normales primaires protestantes à Cassel et à Marbourg, une catholique et une juive à Fulda, un séminaire catholique, huit lycées, collèges et gymnases, une école militaire et quatre-vingt-quinze écoles de ville. Les revenus publics étaient évalués dans le budget de l'exercice 1854 à 4,158,480 thalers, et les dépenses à 4,639,430 thalers, non compris 209,835 th. de dépenses extraordinaires. En 1851 la dette publique s'élevait à 12,704,850 thalers, dont la moitié provenant de l'emprunt contracté en 1845 pour la construction des chemins de fer. D'après les bases constitutives données à l'armée, soit 2 pour 100 du chiffre total de la population, elle se compose de 12,416 hommes d'infanterie, 1,509 hommes de cavalerie, 1,011 hommes d'artillerie et 150 pionniers.

Les différents territoires dont se compose l'électorat de Hesse forment un tout indivisible. La forme du gouvernement est monarchique, avec une constitution d'états. Le souverain, qui prend le titre d'électeur de Hesse, grand-duc de Fulda, prince de Hersfeld, Hanau, Fritzlar et Isenburg, comte de Katzenelnbogen, Dietz, Ziegenhain, Nidda et Schaumbourg et reçoit la qualification d'*Altesse Royale*, réunit en sa personne tous les droits de la souveraineté. Le trône est héréditaire, mais uniquement dans la ligne mâle provenant de mariages contractés entre princes et princesses (*aus ebenburtiger Ehe*), d'après l'ordre direct de primogéniture. L'électeur actuel est Frédéric-Guillaume Ier, et l'héritier présomptif du trône le fils du landgrave Guillaume-Frédéric, né le 26 novembre 1820. Les lignes collatérales de la maison électorale sont *Hesse-Philippsthal*, *Hesse-Philippsthal-Barchfeld* et la ligne de *Hesse-Rheinfels-Rottenburg*, déjà éteinte dans sa représentation mâle. Si la maison régnante venait à s'éteindre, la succession passerait à ces lignes collatérales, puis, à défaut de celles-ci, à la maison de Hesse-Darmstadt, et enfin à celle de Hesse-Hombourg. Le siège du gouvernement ne peut être transféré hors du pays. Des conventions de reversibilité héréditaire existent aussi avec la Saxe depuis 1373, et avec la Prusse depuis 1457. Ces dernières furent renouvelées en 1614.

Après le renversement de la constitution de 1831, une nouvelle constitution a été publiée, le 13 avril 1852, d'accord avec la confédération germanique, constitution que le gouvernement actuel considère comme octroyée, par conséquent comme révocable. Aux termes de cette constitution, la représentation du pays se compose de deux chambres, tandis que la constitution de 1831 maintenait le système d'une chambre unique. La première chambre se compose des princes cadets de la maison électorale, quand ils ont atteint leur majorité; des chefs des anciennes familles immédiates de l'Empire, nommés à titre héréditaire par le souverain ; de grands propriétaires fonciers dont les biens sont constitués en fidéi-commis, plus de députés élus par la noblesse de la vieille Hesse, du Schaumbourg, etc., du maréchal héréditaire issu de l'évêque catholique et des surintendants protestants. La seconde chambre se compose de seize grands propriétaires fonciers, de seize députés des villes et de seize députés des paysans. La corporation des électeurs urbains est composée des bourgmestres, des membres des conseils municipaux, des chefs de corps d'état, de manufacturiers et de négociants. Cette corporation choisit les députés dans son sein. Les corporations électorales des campagnes ont les mêmes bases et une organisation analogue. Les fonctionnaires publics ne sauraient être élus sans l'autorisation du gouvernement.

La période électorale comprend trois années. Le souverain ordonne la convocation des états; mais il doit le faire au moins tous les trois ans. Les sessions des états ne peuvent pas durer plus de trois mois, à moins que le souverain n'en autorise la prolongation. Les affaires intérieures sont expressément le but de la convocation des états. En outre, aux termes de cette constitution, les fonctionnaires publics ne sont responsables de leurs actes administratifs qu'autant qu'ils ont agi de leur propre mouvement et sans avoir obéi aux ordres qui leur sont hiérarchiquement transmis. Les délibérations des états doivent, dans la règle, être publiques. Les chefs d'administration qui se sont rendus volontairement coupables d'une violation de la constitution peuvent être mis en état d'accusation, sur une décision rendue d'accord par les deux chambres; mais s'il y a doute sur l'interprétation à donner au texte de la constitution, c'est la diète germanique qui décide. Le pouvoir judiciaire est séparé du pouvoir administratif, et nul ne peut être distrait de ses juges naturels, en même temps que l'indépendance du pouvoir judiciaire est protégée. Tous les cultes reconnus par l'État jouissent au même titre de sa protection, et l'État exerce à leur égard l'inaliénable et imprescriptible droit de surveillance et de protection dans sa plus large extension. Les impôts destinés à faire face aux besoins de l'État sont ordinairement votés pour un espace de trois années. Les impôts existants ne peuvent être augmentés ; et il ne saurait en être établi de nouveaux sans l'assentiment préalable des états. La nécessité ou l'utilité d'une dépense et le besoin d'une taxe nouvelle pour la couvrir doivent leur être démontrées. D'ailleurs, l'impôt nouveau ou bien l'augmentation d'impôt continuent à être perçus jusqu'à ce que le gouvernement les supprime, d'accord avec l'assemblée des états. Pour apporter des modifications à la constitution, une majorité des trois quarts des voix est nécessaire dans les deux chambres. En ce qui touche le régime de la presse et la librairie, on exécute les lois et les ordonnances régulatrices décrétées par la confédération germanique.

Dans le petit conseil de la Confédération, l'électorat occupe la huitième place; et à trois voix dans les assemblées plénières. En 1849 il contribua pour une somme de 50,000 thalers aux dépenses communes de la Confédération. Son contingent fédéral, à raison de 2 pour 100 de la population totale, est de 9,339 hommes d'infanterie, de 1,140 hommes de cavalerie, de 748 hommes d'artillerie avec 22 pièces de canon et 114 pionniers. Indépendamment de la médaille du mérite militaire, décernée à ceux qui prirent part aux campagnes de 1813 à 1815, et de la croix de mérite, qui depuis 1835 se donne à ceux qui ont un certain nombre d'années de service militaire, il existe dans la Hesse-Électorale trois ordres de chevalerie, à savoir : 1° l'ordre du Lion d'Or, créé en 1770, divisé en quatre classes; 2° l'ordre du Mérite militaire, fondé en 1719 ; 3° l'ordre du Casque de Fer, fondé en 1814, en commémoration de la guerre de l'indépendance, et partagé en trois classes.

La maison de Hesse-Cassel est la branche aînée de la maison de Hesse, fondée par le fils aîné de Philippe le Magnanime, le landgrave Guillaume IV, dit *le Sage*, qui établit sa résidence à Cassel et régna de 1567 à 1592. Il eut pour successeur son fils Maurice, qui embrassa le protestantisme, abdiqua en 1627 en faveur de son fils Guillaume V, et mourut en 1632. Guillaume V introduisit la loi de primogéniture dans sa famille, prit part à la guerre de trente ans, s'allia avec les Suédois, et mourut en 1637, après avoir été mis au ban de l'Empire. Son frère puîné, Hermann, fonda la branche collatérale de Hesse-Rotenbourg, aujourd'hui éteinte. Guillaume VI, fils et successeur de Guillaume V, mourut en 1663, laissant pour héritiers Guillaume VII, mort en 1670, avant d'avoir atteint sa majorité, et Charles, qui succéda à son frère, sous la tutelle de sa mère. Un troisième fils de Guillaume VI, Philippe, fonda la branche de Hesse-Philippsthal. Charles, devenu majeur en 1675, prit alors les rênes du gouvernement. Depuis la guerre de trente ans, on avait constamment vu des troupes hessoises à la solde des grandes puissances continentales. Ce système avait amélioré les finances, et permis à la maison de Hesse-Cassel de tenir une cour brillante en même temps que de conclure des mariages avantageux à l'étranger. Le fils aîné de Charles-Frédéric épousa Ulrique-Éléonore, sœur cadette du roi de Suède Charles XII, qui lui succéda sur le trône, et devint ainsi roi de Suède. A la mort de son père, arrivée en 1730, Frédéric prit aussi les rênes du gouvernement dans son landgraviat de Hesse, mais en s'y faisant représenter par son frère Guillaume, qui lui succéda sous le nom de Guillaume VIII, le 28 mars 1751, parce qu'il mourut sans laisser de descendance. Guillaume VIII prit part, comme allié de l'Angleterre, à la guerre de sept ans, laquelle valut beaucoup de gloire aux armes hessoises, mais entraîna une foule de calamités pour le pays, et mourut en 1760. Il eut pour successeur Frédéric II, qui avait embrassé le catholicisme. Ce prince eut une cour brillante, augmenta considérablement son armée, et de 1776 à 1784 tint constamment un corps de 22,000 hommes à la disposition de l'Angleterre, qui s'en servit pour combattre les insurgés de l'Amérique du Nord. L'Angleterre reconnut ce bon service en lui payant une somme de 21,276,778 thalers (79,754,167 fr. 50 c.). Avec cela il lui fut possible de faire beaucoup pour les sciences et pour les arts. Il mourut en 1785, et eut pour successeur son fils Guillaume IX. Après avoir pris part, dans le contingent de l'Empire, aux premières guerres contre la révolution française, Guillaume IX accéda à la paix de Bâle, conclue en 1795. En 1803 il fut élevé à la dignité d'électeur, et prit alors comme électeur de Hesse-Cassel le nom de Guillaume Ier. Le rôle équivoque joué par ce prince en 1806 détermina Napoléon, après la bataille d'Iéna, à faire occuper la ville de Cassel par des troupes françaises; et le traité de Tilsitt raya l'électeur de Hesse-Cassel de la liste des souverains, en même temps que ses États étaient incorporés au nouveau royaume de Westphalie.

Après sept années d'absence, l'électeur Guillaume Ier rentra dans ses États, à la fin de 1813, et refusa de reconnaître aucun caractère de légalité aux actes législatifs, politiques ou administratifs du gouvernement westphalien. De là dans les rapports privés des simples citoyens une foule de procès, suscités surtout dans des questions de ventes domaniales, et dont un grand nombre ne sont pas encore terminés à l'heure qu'il est. Dans sa manie pour l'ancien régime, l'électeur alla jusqu'à rendre à son armée l'uniforme qu'elle portait avant les guerres de la révolution française, sans lui faire grâce du tricorne, de la poudre dans les cheveux et de la queue, avec le rétablissement de la bastonnade pour apprendre au soldat à bien *astiquer* son fourniment. En remontant sur le trône de ses pères, l'électeur avait promis à ses sujets, dans une proclamation solennelle, de leur rendre leur assemblée d'états telle qu'elle existait avant 1806, mais avec abolition de toutes les immunités et priviléges consacrés par l'ancien ordre de choses. Cette assemblée se réunit effectivement du 1er mars au 2 juillet 1815, et du 15 février au 10 mai 1816. Le vent était alors aux constitutions octroyées. L'électeur voulut donner la sienne, et chargea en conséquence une commission de hauts fonctionnaires de lui en rédiger une. Le projet était définitivement arrêté, lorsque l'électeur, changeant d'avis, par suite des velléités d'indépendance qu'avait témoignées l'assemblée des états en matière de vote de finances, déclara qu'il ne serait point donné de constitution à ses sujets. Au lieu de cela, il publia, le 4 mars 1817, un statut organique pour la maison souveraine et pour l'État, contenant quelques-unes des dispositions du projet de constitution précédemment écarté; mais il cessa dès lors de convoquer l'assemblée des états, prélevant l'impôt et rendant des lois en vertu seulement de sa toute-puissance comme souverain légitime.

La mort de ce prince, arrivée en 1821, ne modifia pas sensiblement la situation. En augmentant le nombre des fonctionnaires, et par suite les dépenses publiques, son fils et successeur Guillaume II se créa, au contraire, de plus grands embarras. Le scandale de la liaison adultère qu'entretenait l'électeur avec la comtesse de Reichenbach irrita toujours davantage l'opinion, et en septembre 1830, au moment où l'électeur et la comtesse se disposaient à revenir habiter Cassel, d'où ils étaient depuis longtemps absents, une émeute éclata dans cette capitale. Elle prit tout de suite des proportions telles, que les autorités se virent dans la nécessité de laisser la bourgeoisie se constituer en garde nationale pour rétablir l'ordre dans la rue et dans les esprits. Des désordres semblables éclatèrent presque simultanément sur divers points de l'électorat, notamment à Fulda et à Hanau. Il y avait là une quasi-révolution. On fit comprendre à l'électeur que l'unique moyen de conjurer le danger était d'accorder une constitution. Il s'exécuta à cet égard d'autant plus aisément que la constitution à laquelle on lui fit donner son consentement était aussi monarchique que possible. Mais il n'en garda pas moins rancune à ses sujets d'avoir ainsi violenté sa volonté, et pour les punir il résolut de s'abstenir à l'avenir d'habiter *sa bonne ville* de Cassel, dont la population continuait d'ailleurs à se montrer fort hostile à la favorite, la comtesse de Reichenbach. Les habitants de Cassel se souciaient en réalité médiocrement de la présence ou de l'absence de leur *bien aimé* souverain; mais l'expédition de toutes les administrations souffrait beaucoup de ce que le chef de l'État ne résidât pas dans la même ville que toutes les autorités centrales et supérieures. L'électeur fut donc invité à revenir habiter sa capitale; or, comme il n'entendait pas le faire sans être accompagné de sa concubine, la comtesse de Reichenbach, devenue l'objet tout particulier de la haine et du mépris public, et dont tout récemment un court séjour à *Wilhelmshœhe*, château de plaisance voisin de Cassel, avait suffi pour provoquer les démonstrations populaires les plus injurieuses, l'électeur se décida à déclarer son fils co-régent et à partager avec lui l'exercice de l'autorité souveraine jusqu'à ce que sa *santé* lui permît de venir habiter sa capitale. Le manifeste contenant ces dispositions étant daté du 30 septembre 1831 ; et le 7 octobre suivant le prince co-régent faisait son entrée solennelle à Cassel. On aurait pu croire que sous l'influence des nouvelles institutions l'action et la marche du gouvernement allaient être désormais aussi faciles que régulières; mais il fut loin d'en être ainsi. Le pouvoir, en faisant des concessions, en consentant à tracer des limites à l'exercice de ses prérogatives, à rendre compte au pays de ses actes après avoir commencé par lui en justifier soit la nécessité, soit la légalité, n'avait jamais été de bonne foi. La constitution, ce n'était à ses yeux qu'un chiffon de papier sans valeur, dont il lui appartenait en tous cas d'interpréter le texte et de fixer l'esprit. Le pays, au contraire, avait pris au sérieux cette constitution octroyée, si insuffisante qu'elle fût d'ailleurs. De là tout aussitôt des conflits entre le gouvernement et les états, expression plus fidèle et surtout plus indépendante qu'il ne s'y attendait des besoins physiques et moraux des populations. Le mariage morganatique que le prince électoral co-régent ne tarda point à contracter avec la femme d'un lieutenant prussien, appelé Lehmann, après avoir acheté le consentement du mari à un divorce amiablement prononcé, et qu'il créa comtesse de Schaumbourg, indisposa singulièrement contre lui l'opinion, et ne contribua pas peu à rendre de plus en plus aigres les rapports du gouvernement avec les états, dans le sein desquels il se forma bientôt une opposition des plus nettement tranchées et ayant pour principaux organes les députés Jordan, Pfeiffer, Schombourg et Wiederhold. La fixation du budget, la discussion des dépenses publiques, leur réduction, furent, comme dans tous les pays constitutionnels, le terrain où s'établit tout aussitôt la lutte entre le pouvoir exécutif et le pouvoir législatif. Le ministre Hassenpflug fut formellement mis en accusation, en 1833, pour avoir retardé la convocation de la troisième diète; et devant cet acte de vigueur le pouvoir n'hésita point à dissoudre l'assemblée. C'était pour la deuxième fois déjà depuis l'établissement de la constitution, qu'il recourait à ce moyen extrême. La diète suivante mit également le ministre prévaricateur en accusation; mais le tribunal supérieur chargé de le juger rendit une sentence d'absolution. De 1834 à 1847 l'histoire de Hesse-Cassel n'est que la monotone répétition des mêmes événements. D'une part, c'est le pouvoir faisant de l'arbitraire en toute occasion, ne se gênant pas, au besoin, pour violer la constitution, s'obstinant à maintenir à la direction des affaires des ministres souverainement détestés, et dépensant le plus d'argent qu'il lui est possible; de l'autre, c'est l'assemblée des états luttant par l'organe d'une imposante minorité, et parfois d'une majorité décidée, contre les illégalités, les abus de pouvoir et les folles dépenses du gouvernement; et les populations qui assistent à ces incessants tiraillements, qu'on accable d'impôts et qu'on s'efforce de condamner au mutisme, de prendre un intérêt de plus en plus vif à ce jeu des institutions représentatives, où elles s'indignent de voir le pouvoir toujours tricher de la manière la plus audacieuse.

Le 20 novembre 1847, l'électeur Guillaume II mourut à Francfort, où il s'était retiré depuis plusieurs années. Veuf en 1841, il avait tout aussitôt épousé morganatiquement sa concubine, la comtesse de Reichenbach; puis celle-ci étant venue à mourir deux ans après, il avait épousé (toujours morganatiquement) une certaine demoiselle Caroline de Berlepsch. Le prince électoral, jusques là simple co-régent, devint alors électeur régnant sous le nom de Frédéric-Guillaume Ier.

La question d'argent était toujours celle sur laquelle les ministres de ce prince ne pouvaient point s'entendre avec les états, qui avaient refusé de voter la grosse liste civile demandée par le nouveau souverain. Une ordonnance de dissolution, rendue le 22 février 1848, fut la réponse du gouvernement à cet acte d'indépendance, qualifié hautement de rébellion. Mais à quelques jours de là, à la suite de notre révolution, l'Allemagne était en feu, et l'électorat de Hesse-Cassel subissait les premiers le contre-coup des événements dont Paris avait été le théâtre dans la journée du 24 février. La crainte de voir partout proclamer la république rendit alors les petits despotes allemands aussi souples et malléables qu'ils s'étaient montrés auparavant rogues et insolents. Les concessions ne leur coûtaient que la peine de les signer; et c'était merveille de voir comment la lumière démocratique illuminait tout à coup leur intelligence. Frédéric-Guillaume Ier abolissait donc dès le 6 mars la censure sur les journaux et écrits périodiques; cinq jours après il acceptait un ministère libéral. La diète, dissoute le 22 février, reprenait ses travaux dès le 13 mars. Son personnel s'était accru des divers députés à l'admission desquels le pouvoir s'était précédemment opposé; et les soutiens de l'ordre de choses qui venait de s'écrouler s'étaient fait justice en s'abstenant d'y paraître. Cette assemblée vota tout aussitôt une série de lois organiques répondant aux exigences de la situation. Cette fois ce n'était plus avec l'assemblée des états, mais avec l'électeur lui-même que le ministère avait à lutter; car, revenu de sa première frayeur, ce prince s'avisait maintenant de marchander ses concessions. L'année 1848 et la suivante s'écoulèrent d'ailleurs aussi paisiblement que cela était possible au milieu de la surexcitation générale causée dans les esprits par les progrès de la révolution en Allemagne et par les efforts qu'elle tentait pour reconstituer l'unité nationale sous un pouvoir central. L'année 1850, on se le rappelle, donna partout le signal à une réaction provoquée par les fautes et les excès des hommes qui s'étaient faits les représentants par excellence de la liberté et du progrès. Aussi le 22 février l'électeur ne craignait pas de renvoyer le ministère libéral qu'il n'avait supporté jusque alors qu'avec impatience, et de composer un nouveau cabinet, présidé par Hassenpflug, une des âmes damnées de la réaction.

Hassenpflug s'efforça d'abord de donner le change à la diète au moyen d'un programme des plus modérés; mais l'assemblée ne se laissa pas prendre à ces beaux semblants, et y répondit à l'unanimité par un vote de défiance, suivi tout aussitôt d'une ordonnance de prorogation. Quand elle fut appelée à reprendre ses travaux, la lutte recommença de plus belle entre elle et le ministère réactionnaire, et tout naturellement sur les questions d'argent. La diète persistant dans ses refus de voter les crédits demandés, le ministère Hassenpflug eut recours à une dissolution. Mais cette mesure n'eut d'autre résultat que d'amener (22 août 1850) dans la nouvelle assemblée une majorité démocratique et bien autrement hostile que la dernière diète. A son tour, cette nouvelle assemblée était dissoute dès le 7 septembre suivant. Le ministère déclara cinq jours plus tard le pays tout entier en état de siége, en investissant le chef suprême de l'armée, le général Bauer, de l'autorité la plus illimitée. On voulait évidemment faire de la répression, au besoin de la répression sanglante; et en dépit de ces provocations les populations restèrent calmes et paisibles. Mais il suffisait de la moindre étincelle pour produire un embrasement général, tant la situation était tendue. Dans ces circonstances, le comité permanent de la diète lança un acte d'accusation de haute trahison contre les ministres pour avoir violé la constitution. Le 13 septembre la ville de Cassel apprit, à sa grande surprise, que dans la nuit l'électeur et son conseiller Hassenpflug avaient pris la fuite pour aller se réfugier à Hanovre. De sa retraite, l'électeur et son ministre favori continuèrent à vouloir imposer leur volonté au pays; le général de Haynau, depuis longtemps à la retraite, fut remis en activité et chargé, en remplacement du général Bauer, qui avait donné sa démission, d'exécuter les mesures de rigueur à l'aide desquelles ils comptaient rétablir l'ancien ordre de choses. Mais Haynau rencontra la même résistance passive et légale que son prédécesseur. Le comité permanent des états décida que le général serait traduit devant les tribunaux sous l'accusation de haute trahison. En vain celui-ci essaya d'exciter le corps des officiers à lui prêter main-forte; liés par leur serment à la constitution, les officiers en masse donnèrent leur démission. Tout annonçait un conflit imminent.

Et de fait, l'intervention étrangère était dès lors chose résolue et l'électorat de Hesse-Cassel était le pays où devait se décider la question allemande. Les appels adressés par Hassenpflug à la Confédération germanique, reconstituée comme ci-devant, avaient été entendus. Le 1er novembre 1850 un corps austro-bavarois, commandé par le prince de la Tour et Taxis franchit la frontière de l'Électorat, et occupa Hanau, en même temps qu'un corps prussien pénétrait par le nord et occupait Cassel et Fulda. L'armée hessoise fut alors licenciée et désarmée, en même temps que la liberté de la presse était abolie dans l'Électorat et que le recouvrement des impôts non consentis par la législature était exigé de vive force des contribuables. Quand la garde civique eut été également désarmée et l'administration purgée à tous ses degrés des fonctionnaires qui avaient cru leur conscience liée par le serment prêté à la constitution, l'électeur lit sa rentrée à Cassel, le 27 décembre. En face de ces violences, qui excitèrent une émotion générale en Allemagne et furent vivement désapprouvées par la presse anglaise, l'attitude de la population demeura ce qu'elle avait toujours été, celle du calme et de la modération. Cette conduite si digne ne lui valut que de nouvelles persécutions. Des tribunaux militaires, composés d'officiers étrangers, furent sur tous les points du pays substitués à la magistrature hessoise. Bien que la constitution pût désormais être considérée comme n'existant plus, la résistance légale n'en continua pas moins ; et le gouvernement, ayant laissé s'écouler le délai voulu par la constitution sans convoquer la diète, le comité permanent des états mit de nouveau le ministre Hassenpflug en accusation (3 mars 1851), et quatre jours après tous ses membres étaient arrêtés. Une ordonnance du 29 juin suivant déclara nulles et non avenues toutes les lois qui conféraient à la diète le droit d'intervenir dans la composition des cours de justice. A la réaction politique s'associa bientôt aussi la réaction religieuse, représentée par Vilmar et confiée aux piétistes, qui eurent désormais la haute main en tout ce qui concerne le culte et l'instruction publique. Il n'y a dès lors rien d'étonnant à ce que jamais le mouvement d'émigration n'ait été plus prononcé qu'à ce moment dans l'Électorat, où la misère avait pris une extension extraordinaire par suite des charges imposées par l'occupation étrangère. Les procès politiques devinrent de plus en plus nombreux ; mais celui de tous qui excita le plus profondément les sympathies publiques fut le procès qu'on intenta aux quatre membres du comité permanent des états, Schwarzenberg, Henckel, Kellner et Græf. Le cinquième avait pu s'expatrier à temps. Tous furent condamnés à une longue détention. Si le pouvoir consentit alors à convoquer les états, sur les bases de la constitution de 1831, il faut lui savoir peu gré de cet acte de condescendance ; car il lui fut arraché par la nécessité de faire de l'argent et d'obtenir le vote de l'impôt. Il va sans dire d'ailleurs que toutes les mesures avaient été prises pour que ce semblant de représentation du pays fut une assemblée de muets (30 juin, 1852). Le 27 mars 1852, une résolution de la diète germanique abolit complètement la constitution de 1831 ainsi que les amendements et additions qu'on y avait ajoutés en 1848 et 1849, et invita l'électeur à octroyer à ses sujets une nouvelle loi d'État, qui fut effectivement publiée le 13 avril suivant: nous l'avons analysée plus haut.

HESSE-DARMSTADT (Grand-duché de). Il se compose de deux parties principales et presque égales, que séparent le comté de Hanau, appartenant à la Hesse-Électorale, et le territoire de la ville libre de Francfort, et qui occupent une superficie d'environ 106 myriamètres carrés. La partie septentrionale, ou Hesse-Supérieure, qui confine à la Hesse-Électorale, au duché de Nassau et à la Prusse, est montagneuse, parcourue par les nombreuses ramifications du Vogelsberg, qui au Taufstein et à l'Oberwald atteint une élévation de 750 à 760 mètres, par quelques embranchements du mont Taunus et du Westerwald, et est arrosée par la Lahn, la Nidda, la Wetter, l'Edder et la Fulda. Son climat est celui du nord de l'Allemagne, et, sauf la fertile Wetteravie, le sol en est pierreux. La partie méridionale, ou provinces de Starkenburg et de la Hesse-Rhénane, confinant au duché de Nassau, à la Hesse-Électorale, à la Bavière, au grand-duché de Bade et à la Prusse, n'est montagneuse qu'à l'est, où viennent se prolonger les dernières ramifications de l'Odenwald, qui à Melibocus atteint une élévation de 550 mètres. Le long de la frontière occidentale s'étend, dans la direction du sud au nord, la magnifique *Bergstrasse*. Cette partie méridionale du grand-duché est arrosée par le Rhin et le Main, la Nahe et le Neckar, qui y touchent plus ou moins. Le climat en est doux, et la végétation analogue à celle du sud de l'Allemagne.

Sous le rapport politique, le pays est divisé en trois provinces : Starkenburg, la Hesse-Supérieure, et la Hesse-Rhénane. A la fin de 1852, la population totale s'élevait à 854,314 habitants, dont 217,798 catholiques, 4,199 vaudois et mennonites, environ 29,000 juifs, et le reste appartenait au culte luthérien ou à la religion réformée, confondue, depuis 1822, dans la Hesse-Rhénane, sous le nom d'*Église protestante unie*. Trois surintendants surveillent le culte protestant : les populations catholiques relèvent de l'autorité spirituelle de l'évêque de Mayence, et les juifs ont six grands-rabbins. Les principales productions du grand-duché sont les céréales, les fruits, les amandes, les châtaignes et surtout les vins. Les crûs de Nierstein, de Laubenheim, de Bodenheim, d'Ingelheim (vin rouge) aux environs de Mayence, de Scharlachberg près de Bingen, de Liebfraumilch près de Worms, sont les plus en renom. On récolte en outre du lin, du chanvre, du tabac, des pavots et des semences forestières. Le règne minéral ne fournit guère que du cuivre, du fer et de la houille. L'agriculture et l'élève du bétail sont dans l'état le plus florissant, et l'activité industrielle y a pris de larges développements. La Hesse-Supérieure surtout se distingue par ses nombreuses manufactures de lainages, de cotonnades, de toiles et de bas. Il existe beaucoup de tanneries dans l'Odenwalde, et dans la Hesse-Rhénane d'importantes huileries et usines à monder l'orge. En 1842 la récolte des vins s'éleva à 32 millions de litres, représentant une valeur de 3,800,000 florins. De bonnes routes et la navigabilité des rivières favorisent le commerce. En outre, la partie méridionale du pays est traversée par le chemin de fer du Main et du Neckar ; sa partie septentrionale par le chemin de fer du Main et du Weser ; et la Hesse-Rhénane ne tardera pas non plus à avoir son embranchement sur le chemin de Mayence à Ludwigshafen, en ce moment en voie de construction. La ville la plus industrieuse du grand-duché est Offenbach, où deux foires annuelles ont été instituées en 1829. Mayence est le grand centre du commerce de transit et d'expédition. En ce qui regarde l'instruction publique, il existe une université à Giessen, un séminaire protestant à Friedberg, deux écoles normales primaires pour les catholiques et les protestants, une école forestière, sept lycées et collèges, trois écoles industrielles et 1,600 écoles élémentaires, ainsi que d'autres établissements. Les revenus publics pour l'exercice triennal de 1851 à 1853 étaient évalués à 8,206,873 florins, et les dépenses pour la même période de temps à 8,150,000 florins. A la fin de 1850 la dette publique s'élevait à 18,868,000 florins. L'effectif de l'armée, non compris la réserve, est de 11,595 hommes d'infanterie, de 1,416 hommes de cavalerie, et 1,014 hommes d'artillerie, avec 24 pièces de canon et 127 pionniers.

La loi fondamentale du 7 décembre 1820 a réglé la constitution politique du pays. Le grand-duc, aujourd'hui Louis III, est le chef suprême de l'État, et la souveraineté est héréditaire dans la maison grand-ducale suivant l'ordre de primogéniture et dans la ligne directe provenant de mariages contractés entre princes et princesses (*aus ebenbürtiger Ehe*) ; à défaut d'héritiers mâles dans la ligne directe, elle passe à la ligne féminine. La liste civile du grand-duc est fixée à 581,000 florins. Il prend le titre de grand-duc de Hesse et du Rhin et reçoit la qualification d'*Altesse royale*, qui depuis 1844 se donne aussi au grand-duc héritier, tandis que les princes puinés et les princesses ne reçoivent que celle d'Altesse grand-ducale. Indépendamment de quelques médailles d'honneur, le grand-duc dispose de deux ordres de chevalerie : l'ordre de Louis, créé en 1807 et partagé en cinq classes, et l'ordre de Philippe le Magnanime, fondé en 1840, et qui comprend quatre classes. La représentation du pays se compose de deux chambres, qui sont convoquées tous les trois ans en diète ordinaire. Les règles qui président à la formation des deux chambres ont été plusieurs fois modifiées depuis 1848. Le ministère d'État se compose de cinq départements ministériels : affaires étrangères et maison du grand-duc, intérieur, finances, justice et guerre. Le grand-duché occupe la neuvième place dans l'ordre de la confédération germanique et exerce trois voix dans l'assemblée plénière. Son contingent fédéral, à raison de un et demi p. 100 du total de la population, est de 10,430 hommes d'infanterie, 1,275 hommes de cavalerie, et 864 hommes d'artillerie, avec 24 pièces de canon et 127 pionniers; il fait partie du neuvième corps d'armée de la Confédération.

La maison de Hesse-Darmstadt est la branche principale de la ligne cadette de la maison de Hosse, et fut fondée en 1567 par Georges Ier, dit le Pieux, le plus jeune des fils de Philippe le Magnanime. Georges Ier, mort en 1596, eut pour successeur l'aîné de ses fils, Louis V, lequel mourut en 1626, laissant pour héritier son fils Georges II, mort en 1661. Louis VI, fils et successeur de ce dernier, mourut en 1678; et son fils, Louis VII, ne régna qu'une couple de mois. Il mourut à Gotha, le 30 août 1678, le jour même fixé pour son mariage avec la fille du duc Maurice de Saxe-Zeitz. A celui-ci succéda son frère cousanguin, Ernest-Louis, mort en 1739, léguant la souveraineté à son fils Louis VIII, qui régna jusqu'en 1768. Le landgrave Louis IX, qui lui succéda, perdit, aux termes de la paix de Lunéville, toutes ses possessions situées sur la rive gauche du Rhin, et en fut indemnisé par divers territoires sur la rive droite de ce fleuve et en Westphalie. Après avoir accédé, en 1806, à la Confédération du Rhin, il prit, sous le nom de Louis Ier, le titre de grand-duc de Hesse-Darmstadt, demeuré depuis dans sa maison. Il se montra fidèle à l'alliance de la France tant que la fortune sembla protéger Napoléon; mais après les revers que celui-ci éprouva en 1813 le grand-duc s'empressa d'accéder à la coalition; et le congrès de Vienne reconstitua ses États à peu près tels qu'ils étaient composés au début des guerres de la révolution française.

En mai 1820, pour remplir les promesses faites en 1813, le grand-duc accorda à ses sujets une constitution représentative : mais l'assemblée des états convoquée pour la discuter la repoussa, et Louis Ier en dut octroyer une autre, qui fut mise en activité le 17 décembre suivant. C'est justice de reconnaître que ce prince, homme éclairé et dont le gouvernement montra dès lors constamment les tendances les plus libérales, prit cet acte au sérieux. Aussi, pendant tout son règne, le grand-duché de Hesse-Darmstadt offrit-il à l'Allemagne le spectacle d'un gouvernement constitutionnel, en miniature sans doute, mais fonctionnant avec une grande sincérité. La presse resta soumise à la censure préalable, parce qu'ainsi le voulaient les prescriptions générales de l'acte fédéral rattachant le pays à la Confédération germanique; mais la censure fut du moins exercée avec tant de laisser-aller, que relativement au reste de l'Allemagne le grand-duché parut en complète possession de la liberté de la presse. Les diètes furent toujours régulièrement convoquées aux époques fixées par la constitution. La quatrième commença ses travaux en novembre 1829. Sa session n'était pas encore terminée, lorsque le grand-duc Louis Ier mourut, le 6 avril 1830, laissant pour successeur son fils Louis II. Le nouveau grand-duc était peu populaire, parce qu'on le croyait hostile aux institutions nouvelles; et la diète lui donna immédiatement un témoignage irrécusable des défiances et des mauvaises dispositions du pays à son égard, en refusant de mettre à la charge de l'État deux millions de florins de dettes personnelles de ce prince, de même qu'en réduisant le chiffre de la liste civile de 591,604 florins à 576,000. Les troubles qui éclatèrent dans le pays de Hesse-Cassel, la fermentation générale produite en Allemagne par la révolution de Juillet et ensuite par les émouvantes péripéties de la lutte soutenue contre le tsar par les Polonais, eurent nécessairement leur contre-coup dans le grand-duché de Hesse-Darmstadt, dont le nouveau gouvernement ne dissimulait point ses tendances réactionnaires. Des associations qui se formèrent à l'effet de venir en aide à la Pologne combattant pour son indépendance furent interdites par le pouvoir, qui bientôt s'empressa de publier et de mettre à exécution les résolutions de la diète germanique ayant pour but de proscrire les réunions populaires, les démonstrations politiques et les sociétés secrètes. Le gouvernement grand-ducal, bravant la réprobation de l'opinion, entreprit alors, sans le concours des états, la réorganisation administrative et judiciaire du pays. La cinquième diète, dont les travaux commencèrent le 5 décembre 1832, n'hésita point à blâmer énergiquement la conduite du pouvoir. Les états formulèrent même des propositions relatives à la position que le gouvernement prétendait faire au pays dans ses rapports avec la Confédération germanique, et, à l'instar des états de Bade et de Wurtemberg, réclamèrent hautement l'abolition de la censure. L'assemblée fut dissoute le 2 novembre 1833; et dans un édit publié pour justifier cette mesure le gouvernement parla d'un parti qui avait pris une attitude d'hostilité systématique à l'égard du pouvoir, et qui faussait l'esprit des institutions en prétendant étendre les attributions de la diète au delà des limites que lui fixait la constitution. Divers fonctionnaires publics qui avaient fait partie de l'opposition dans l'assemblée des états, Gagern entre autres, se séparèrent alors avec éclat du gouvernement en donnant leur démission.

Depuis lors, la lutte fut constante entre un pouvoir réacteur et hostile aux libertés publiques et le pays, dont la désaffection, de plus en plus grande, trouvait un organe de plus en plus puissant dans l'opposition, toujours nombreuse, de la seconde chambre des états. Gagern devint l'un des chefs de cette opposition constitutionnelle, le pouvoir traitait de factieuse, mais dont tous ses efforts furent impuissants à empêcher la réélection aux différentes diètes qui se succédèrent dès lors. Quand les questions financières ou administratives ne fournissaient pas aux passions en présence un terrain assez vaste, elles se dédommageaient en se rejetant sur les questions de détail. Le vote des différentes lois relatives à la création de voies ferrées, notamment, donna lieu à mettre de plus en plus en évidence le désaccord complet du gouvernement et du pays. L'historique de ces tiraillement, intérieurs n'a qu'un intérêt tout local; nous nous dispenserons, par conséquent, de présenter ici, même par voie de simple analyse, le détail des travaux législatifs et des luttes parlementaires qui occupèrent chacune des différentes diètes réunies jusqu'en 1847. La cette session est de notre part l'objet d'une exception, c'est qu'à ce moment l'Europe tout entière avait comme le pressentiment des grands événements qui devaient bientôt s'accomplir. Toutes les intelligences se préoccupaient de questions politiques avec une ardeur jusque alors inouïe; et les hommes d'élite qui quelques années auparavant avaient cédé au découragement et dit adieu à la politique y revenaient maintenant avec empressement. C'est ainsi que Gagern, qui depuis longtemps s'occupait uniquement de travaux agricoles, se laissa élire membre de la diète, et vint reprendre sa place dans cette assemblée, en février 1847; et l'opposition le reconnut tout aussitôt pour chef. Les élections générales eurent lieu, à la fin de cette même année, pour la diète nouvelle qui devait se réunir à cette époque; et, en dépit de tous les faits faits par le gouvernement pour en fausser l'esprit, elles donnèrent encore plus de force à l'opposition. Dès l'ouverture de la session, en septembre 1847, les débats de l'adresse prouvèrent les progrès immenses qu'avait faits l'idée de la résistance au pouvoir. Après une courte prorogation, l'assemblée reprit ses travaux le 28 février 1848. La mention de cette simple date indique tout de suite au lecteur ce que la position avait de tendu. Ce même jour les députés Gagern, Wernher et Frank proposaient à l'assemblée de voter l'établissement d'une représentation nationale commune à toute l'Allemagne, et de remettre la direction supérieure des affaires, tant intérieures qu'extérieures de l'Allemagne, à une seule puissance, désignant franchement la Prusse pour juger ce rôle. Cependant la révolution marchait à pas de géant; et le ministère du grand-duc s'efforça vainement de l'arrêter par des promesses : liberté de la presse, organisation de la garde nationale, publicité des débats judiciaires et introduction du jury, tout cela devait être accordé sous quelques jours. A ce moment le grand-duc comprit qu'il n'était plus l'homme de la situation; et le 5 mars il se donna son fils pour co-régent, en même temps qu'il renvoyait ses anciens ministres et que, aux acclamations universelles du pays, il appelait à la direction des affaires un nouveau cabinet présidé par Henri de Gagern. C'est ce cabinet qui se chargea de réaliser les belles et beaucoup trop tardives promesses de la précédente administration. Mais bientôt on vit éclater parmi les populations des campagnes de l'Odenwalde et du nord du grand-duché une agitation semblable à celle qui, en 1525, avait donné lieu à la guerre des paysans. Il y eut là soulèvement en masse contre les propriétaires fonciers ; et dans ces désordres il ne fut pas difficile de reconnaître l'action du parti démocratique et socialiste, aux yeux de qui l'ancienne opposition constitutionnelle se composait d'ennemis de la liberté non moins dangereux que les partisans avoués du despotisme de l'ancien régime. Ce parti, quoique ne constituant qu'une extrême minorité sans racines dans le pays, auquel il inspirait en général la plus vive antipathie, n'en parvint pas moins, en raison des circonstances exceptionnelles où l'on se trouvait, à l'agiter violemment à la surface. Le ministère Gagern ne tarda donc pas à être signalé comme réactionnaire, et son chef ayant été élu député à l'assemblée nationale convoquée à Francfort, d'autres hommes se trouvèrent naturellement appelés à prendre la direction des affaires dans le grand-duché.

La mort du grand-duc Louis II, arrivée sur ces entrefaites (16 juin 1848), ne changea rien à la situation; et son fils, que depuis trois mois il avait associé à l'exercice de la souveraineté, lui succéda sans conteste sous le nom de Louis III. Le nouveau cabinet constitué à la suite de la retraite de Henri de Gagern demeura fidèle au programme politique de cet homme d'État, mais eut comme lui à lutter contre le parti républicain, qui chaque jour affichait davantage ses prétentions. Ce qu'il exigeait en ce moment, c'était la *démocratisation* de la loi électorale et la convocation d'une assemblée nouvelle en remplacement de celle que les événements de mars avaient trouvée en fonctions, et qui continuait à représenter le pays. Ces idées acquérant toujours plus de force au sein même de cette assemblée, le ministère prit le parti de la proroger indéfiniment; mesure qui fit aussitôt jeter les hauts cris à l'opposition républicaine. Le gouvernement n'en continua pas moins à user largement de son droit d'initiative pour opérer seul dans l'administration et la législation les réformes depuis longtemps réclamées par l'esprit du temps. Mais ces réformes, en détruisant une partie des sources du revenu public, ne laissèrent pas que d'accroître les difficultés financières du moment; et un impôt extraordinaire établi sur les revenus ne produisit pas les résultats qu'on s'en était promis.

Les chambres prorogées se réunirent de nouveau, en novembre 1848 ; et le gouvernement leur présenta alors un projet de loi électorale ayant pour base le suffrage universel. La discussion de cette loi se prolongea jusqu'au milieu de l'année suivante; et la dissolution de l'ancienne diète ne put en conséquence avoir lieu que le 24 mai 1849. La loi électorale publiée le 1ᵉʳ septembre 1849 déclarait tous les citoyens âgés de vingt-cinq ans en possession d'élire les membres de la seconde chambre, composée de cinquante députés. Tout citoyen honorable âgé de trente ans était éligible à l'une et à l'autre chambre. La première chambre, composée de vingt-cinq membres, était élue par les mille citoyens les plus imposés de chacun des dix départements dans lesquels le territoire du grand-duché avait été divisé en 1848. On eût pu croire la marche régulière des affaires désormais assurée, mais par ses exigences et ses prétentions le parti extrême rendit bientôt nuls les résultats des réformes qui venaient d'être opérées. N'ayant plus de prétexte

à l'intérieur, ce fut en exploitant les questions extérieures que l'agitation démocratique continua à se produire. L'adoption de la constitution de l'Empire, votée par le parlement national de Francfort comme préliminaire et base de la grande unité allemande, provoqua des démonstrations dites *patriotiques*, à la suite desquelles surgirent des conflits regrettables; et bientôt le mouvement franchement révolutionnaire, qui avait son centre d'action dans le grand-duché de Bade, se propagea aussi dans le grand-duché de Hesse-Darmstadt, tout en y rencontrant plus d'obstacles et de résistance que dans le reste des petits États de l'Allemagne centrale. C'est ainsi que dès le 26 mai 1849 les assemblées populaires en plein air furent prohibées par le gouvernement, qui n'hésita point à mettre une partie du pays en état de siège. Puis, la réaction contre les excès de la démagogie gagnant chaque jour plus de terrain, un ministère ouvertement contre-révolutionnaire se constitua, et les troupes de Hesse-Darmstadt aidèrent les troupes prussiennes à rétablir l'ordre dans le grand-duché de Bade.

Les élections faites aux termes de la nouvelle loi électorale donnèrent au parti démocratique la majorité dans la diète qui se réunit à la fin de décembre 1849, et cette assemblée fut en conséquence dissoute le 30 janvier 1850. L'assemblée nouvelle qui se réunit en septembre suivant, provenant d'élections faites en vertu de la même loi électorale, devait nécessairement présenter les mêmes éléments dans sa composition. Le parti démocratique continua donc à y avoir la majorité. L'hostilité de cette diète à l'égard du gouvernement se traduisit bientôt par un refus absolu du vote de l'impôt; mais le pouvoir, se sentant maintenant assez fort, eut non-seulement recours à une dissolution, mais encore abolit la loi électorale de 1849, et de son autorité privée en octroya une, d'après laquelle l'exercice du droit électoral était soumis à la condition du payement d'une cote de contribution personnelle. Les élections faites d'après ces bases ne donnèrent de majorité décidée à aucun des partis en présence; mais à la diète qui s'ouvrit à la fin de janvier 1851 le parti démocratique continua à compter d'assez nombreux représentants pour conserver une importance politique réelle. Des discussions relatives aux rapports douaniers du pays avec les États limitrophes, ainsi qu'avec le Zollverein, occupèrent la plus grande partie des sessions de 1851 et de 1852. Cette dernière date indique déjà que nous sommes arrivés au moment où le triomphe de la réaction est complet, et où dans le pays de Hesse-Darmstadt, comme ailleurs, la révolution de 1848 a vécu.

HESSE-ÉLECTORALE. *Voyez* HESSE-CASSEL.

HESSE-HOMBOURG, landgraviat qui se compose de la seigneurie de Hombourg-ès-Monts et de la seigneurie de Meisenheim; la première, limitée par la Hesse-Darmstadt, la Hesse Électorale et le duché de Nassau ; la seconde, située au delà du Rhin, par la Prusse et la Bavière; offrant ensemble une superficie de 55 kilomètres carrés, dont 15 kilomètres pour Hombourg et 40 pour Meisenheim. Hombourg est une jolie contrée, bien fertile, tandis que Meisenheim, traversé par le *Hundsruck*, est un pays montagneux, mais en revanche riche en fer et en houille. La population totale s'élève à 24,921 habitants, dont 11,136 pour Hombourg et 13,755 pour Meisenheim ; sur ce nombre on compte 3,000 catholiques, environ 150 juifs, et le reste protestants des deux communions.

La force armée se compose de 2 compagnies de chasseurs, fortes, en y comprenant la réserve, de 488 hommes. Les revenus publics étaient évalués pour l'année 1854 à 343,384 fl., les dépenses à 336,608 fl., et la dette publique s'élevait à 152,702 fl. Le contingent fédéral est de 350 hommes, compris dans le onzième corps d'armée.

Les landgraves de Hesse-Hombourg sont une branche collatérale de la maison de Hesse-Darmstadt datant de 1596. L'acte constitutif de la Confédération du Rhin les plaça sous la souveraineté de la branche aînée; mais le congrès de Vienne les restaura dans la jouissance de leurs droits. Le landgrave actuellement régnant, *Ferdinand-Henri-Frédéric*, ancien général au service d'Autriche, né en 1783, et qui succéda en septembre 1848 à son frère Gustave-Adolphe-Frédéric, n'ayant point d'enfants, le petit pays de Hesse-Hombourg fera à sa mort retour au grand-duché de H e s s e - D a r m s t a d t.

HESSE-PHILIPPSTHAL, ligne cadette et collatérale de la maison électorale de H e s s e - C a s s e l, sans souveraineté. Elle descend de *Philippe*, né en 1655, troisième fils du landgrave Guillaume VI et d'Hedwige-Sophie, sœur du grand-électeur de Brandebourg, et se subdivise elle-même en deux branches : *Hesse-Philippsthal* et *Hesse-Philippsthal-Barchfeld*.

HÉSYCHIASTES, les *calmes*, les *silencieux* (du grec ἡσυχία, tranquillité, repos). Ainsi se nommaient autrefois les moines contemplateurs du monastère du mont Athos. Leur doctrine, que l'Église vit surgir dans le onzième siècle, fut approuvée par un concile de Constantinople, l'an 1341, puis condamnée par un autre, tenu dans cette capitale, en 1351. Un des actes essentiels de cette doctrine consistait à se tenir immobile, les yeux baissés et les regards attachés à son nombril, en attendant que, ravi en extase, on en aperçut sortir les flammes impalpables de la lumière incréée, ce qui valut à ces visionnaires le singulier surnom d'*ombilicaires* (du mot latin *ombilicus*, nombril). Ils prenaient cette partie-milieu de leur corps pour un autre Thabor, sur la cime duquel ils espéraient voir s'épandre la divine et lumineuse essence, qui s'offrait aux Apôtres durant la t r a n s figuration. DENNE-BARON.

HÉSYCHIUS, grammairien grec d'Alexandrie, qui vécut vers la fin du quatrième siècle après J.-C., selon d'autres dans le sixième siècle, et qui a composé un lexique grec, dont il emprunta en partie les matériaux à des ouvrages analogues plus anciens. Il ne nous en reste qu'un abrégé, plein de mots nouveaux et d'exemples tirés des poètes, des orateurs, des historiens et des médecins (*voyez* DICTIONNAIRE, tome VII, p. 558). La première édition de ce dictionnaire est due à Musærus (Venise, 1514, in-folio); elle laisse beaucoup à désirer. La meilleure est celle que donnèrent Alberti et Ruhnken (2 volumes, Leyde, 1746-1766, in-folio); Schow y ajouta des compléments (Leipzig, 1792).

HÉSYCHIUS, de Milet, historien à qui l'on donne le surnom d'*Illustre*, vivait au sixième siècle de notre ère. Il avait écrit une chronique depuis les temps les plus anciens jusqu'à la mort d'Anastase, dont il nous reste des fragments, et une table alphabétique des principaux savants grecs, notamment des philosophes, tirée en majeure partie de l'ouvrage de Diogène de Laerte. Ces deux ouvrages ont été publiés par Meursius (Leyde, 1613), et par Orelli (Leipzig, 1820).

HÉTAIRES (d'ἑταίρα, amie, maîtresse). Chez les Grecs on appelait ainsi les c o u r t i s a n e s, sans y attacher toutefois une acception déshonorante, grâce au sentiment du beau qui animait la nation grecque. Dès les temps les plus anciens, nous trouvons de ces *hétaires* se rattachant au culte religieux, à C o r i n t h e, et particulièrement à Athènes, depuis l'époque de Solon. En tolérant des filles et des femmes publiques pour les étrangers et les célibataires, il avait cherché à garantir l'inviolabilité de la foi conjugale. C'étaient habituellement des esclaves, ou même des femmes libres, qui aux degrés les plus divers, et sous l'enseigne d'un art agréable, qu'elles exerçaient en effet comme danseuses et joueuses de cithare ou de flûte, venaient étaler leurs charmes dans les banquets et les fêtes. A partir de Périclès, l'état ne se fit pas scrupule de lever un impôt sur cette industrie. Quelques *hétaires*, distinguées par leur esprit et par l'élégance de leur conversation, surent même réunir autour d'elles les hommes d'État les plus brillants, les orateurs, les philosophes, les poètes, Périclès, Alcibiade, Hypéride, Platon, Socrate; d'autres obtinrent même une importance politique, et des statues furent érigées en leur honneur : telles furent Aspasie; T h a ï s, maîtresse d'Alexandre et, plus tard, épouse de Ptolémée Lagus; Myrrhina, qui exerça un empire absolu sur le roi Démétrius ; Thargélie, Lamie, Lœna, etc. D'autres encore étaient connues par leur talent pour la séduction, comme L a ï s de Sicile, Théodote, et, par-dessus toutes, P h r y n é de Thespies, qui servit à Praxitèle de modèle pour ses statues de Vénus. Aussi ont-elles été pour les anciens un sujet particulier d'observation, dans des écrits spéciaux, tels que les *Dialogues des Hétaires*, par Lucien, et les *Lettres des Hétaires*, par Alciphron, et forment-elles le nœud de ce qu'on appelle la nouvelle comédie grecque. Dans les temps modernes, le tableau le plus exact de leur manière de vivre nous a été donné par Wieland, dans son *Ménandre et Glycérion*, ainsi que dans son *Aristippe*; F. Jacobs en fait une peinture aussi agréable qu'instructive, dans ses deux excellentes dissertations intitulées : *Des Femmes grecques*, et *Des Hétaires*, insérées dans ses *Œuvres mêlées* (Leipzig, 1830). Consultez aussi Chaussard, *Fêtes et Courtisanes de la Grèce*.

Au masculin, les *hétaires* (ἑταίροι) ou *amis*, étaient une espèce de gardes du corps, connus surtout dans l'histoire d'Alexandre le Grand.

HÉTAIRIE, nom d'une société secrète dont l'origine est restée énigmatique, mais qui n'a pas laissé que d'exercer une influence directe sur le sort de la Grèce. Il paraît qu'elle fut fondée par le Thessalien Constantin R h i g a s, qui vivait à la fin du siècle dernier, à l'effet de donner de l'unité et de la force au sentiment de la nationalité qui à cette époque se réveillait, après un long sommeil, parmi les diverses populations grecques de la Turquie. Ce fut parmi les K l e p h t e s grecs que Rhigas crut devoir chercher les premiers éléments de cette patriotique association; et c'est pour eux qu'il composa ses chants nationaux et guerriers, calqués en partie sur les chants patriotiques de la révolution française, et devenus tout aussitôt populaires en Grèce. Telle qu'il l'avait conçue, l'association ne devait obéir qu'à une même pensée directrice. La religion lui en avait semblé l'expression la plus heureuse et la plus complète; et on recommandait aux initiés de confondre dans leur esprit l'amour de la religion et celui de la patrie, la haine implacable pour les Turcs et l'aspiration incessante à l'indépendance et à la liberté. La société était d'ailleurs divisée en classes, où les initiés étaient admis en raison de l'étendue plus ou moins grande de leur intelligence et de leurs connaissances. La mort violente de Rhigas (mai 1798) l'empêcha de mettre à exécution les grands projets qu'il avait conçus; mais l'hétairie, fondée par lui, n'en eut pas moins d'importants résultats pour la Grèce. Les aspirations à l'indépendance qu'elle avait suscitées parmi les populations grecques survécurent à Rhigas; ou du moins, quand on s'occupa plus tard de reconstituer une hétairie, on en trouva tous les éléments déjà préparés et réunis. On ne sait pas au juste si ce fut en 1814 ou 1815, ou encore en 1817, que cette idée se produisit ; ce qu'il y a de certain, c'est que cette fois ce fut en Russie que l'hétairie eut son principal centre d'action. De même que dans l'hétairie fondée par Rhigas, l'indépendance de la Grèce fut le but que se proposa la nouvelle association. Mais comme la première hétairie n'avait eu en vue que de préparer les voies à la révolution, on s'occupa avant tout dans la seconde de l'éducation et de l'instruction des masses. Les Grecs seuls pouvaient y être admis; et un hétairiste ne pouvait point appartenir à une autre société secrète. Les formalités à suivre pour y être admis étaient des plus simples, chaque membre ayant le droit de présenter tout individu qui lui semblait réunir les conditions requises. Le nouvel initié ne connaissait que celui qui l'avait reçu : mais avant son admission ses précédents, son état de fortune avaient été sévèrement scrutés; et au moment où il était admis, il devait prêter un serment garant de ses sentiments de piété et de son amour pour la liberté de son pays. Des contributions volontaires étaient acquittées par chacun des membres, et centralisées à la caisse nationale, située en Russie. La société était dirigée par un conseil supérieur ou *archie* (ἀρχή) disposant des fonds déposés à la caisse nationale. Ils étaient employés à envoyer sur les principaux points du territoire turc, notamment à Constantinople, et même dans un grand nombre de villes des pays voisins, des émissaires chargés de recruter de nouveaux membres à l'association. Ces émissaires, qualifiés d'*éphores*, surveillaient les actes du gouvernement turc et de ses fonctionnaires, en rendaient compte à leurs mandants, et faisaient passer à la caisse centrale les sommes provenant des dons et contributions volontaires des hétairistes de leurs circonscriptions respectives. Vers 1818 cette organisation était complète et en pleine activité. Les Turcs commençaient à avoir des soupçons; sur bien des points on avait été trop loin pour qu'il fût possible de s'arrêter et de reculer ; aussi la direction suprême de l'hétairie semblait-elle appeler de ses vœux le moment où éclaterait la révolution. D'une part, pour échapper à la responsabilité qui pesait sur elle, et de l'autre pour prévenir les trahisons possibles, on se hâta donc de chercher un chef pour l'entreprise ; et sur le refus du comte Capo d'Istria, alors ministre de l'empereur de Russie, d'accepter un tel rôle, on jeta les yeux sur Alexandre Ypsilanti, fils de l'ancien hospodar de Valachie, qui consentit à ce qu'on lui demandait, trompé qu'il fut, à ce qu'il paraît, par les chefs de l'hétairie, qui lui affirmaient que tout se faisait du consentement de l'empereur de Russie, dans l'armée duquel il avait servi en 1813. Diverses circonstances firent éclater prématurément en 1821 l'insurrection, tant en Moldavie qu'en Valachie et en Grèce. L'insurrection ayant une fois commencé, l'hétairie se trouva naturellement dissoute. Mais plus tard, quand l'indépendance de la Grèce eut été proclamée, elle fut remplacée par le parti des *hétairistes*, dont un patriotisme pur et désintéressé ainsi que l'amour de la patrie ne furent pas toujours les uniques mobiles.

Indépendamment de l'hétairie politique, il s'était aussi formé, au commencement de ce siècle, en Russie, en Valachie et en Grèce, des associations du même nom, mais poursuivant uniquement un but scientifique et littéraire. C'est ainsi que dès 1813 il s'était constitué à Athènes, sous la présidence de l'archevêque de cette ville, une hétairie qui s'occupait de réunir les fonds nécessaires pour créer une bibliothèque publique et un musée, pour faire imprimer et publier des éditions et des traductions des auteurs de l'antiquité classique. Une hétairie du même genre, dite *hétairie philomuse* (φιλόμουσος ἑταιρία) se forma également à Vienne à l'époque du congrès, à l'effet de propager en Grèce les moyens d'instruction, et y fonder des écoles et d'aider de jeunes Grecs à aller se former aux universités étrangères. La cotisation de chaque membre était fixée à deux piastres fortes par an. On assure que cette société fut fondée en 1814 ou 1815 par le comte Capo d'Istria lui-même, devenu plus tard président de la Grèce. Entravée dans son action par la révolution de 1821, l'hétairie *philomuse* se reconstitua en 1824 ; et ses efforts n'ont pas peu contribué à relever les études en Grèce.

HÉTAIRISTES. *Voyez* HÉTAIRIE.

HÉTÉROBRANCHES (de ἕτερος, différent, βράγχια, branchies). Ce nom, qui signifie *branchies variables*, a été donné par Blainville à l'ordre quatrième de la classe des mollusques acéphalés. La caractéristique de cet ordre est la suivante : Branchies de forme assez variable, mais toujours contenues dans le tube, qui de la partie postérieure du corps conduit à la bouche ; corps de forme anormale, ordinairement cylindroïde, enveloppé dans un manteau fermé de toutes parts, percé de deux orifices, et ne contenant aucune trace de coquille ou de partie calcaire interne ou externe ; bouche profondément cachée, sans appendices labiaux ; anus également antérieur. L. LAURENT.

Geoffroy Saint-Hilaire a donné le nom d'*hétérobranches* à un genre de poissons de la famille des malacoptérygiens, adopté depuis par Cuvier et par M. Valenciennes.

HÉTÉRODOXE (du grec ἕτερος, autre, et δόξα, opinion). Ce mot, qui est moins que *hérétique*, désigne des partisans d'une opinion contraire à celle de l'Église romaine. On ne peut pas être *hérétique* sans être *hétérodoxe* ; mais on peut fort bien être *hétérodoxe* sans être *hérétique*. L'hérésie emporte une scission, soit violente et ouverte, soit secrète et cachée ; l'*hétérodoxie* ne repose que sur une discordance ayant pour objet un point moins important. Un sentiment, pour être hérétique, doit être opposé à une règle de foi ; une opinion est hétérodoxe quand elle est contraire à une règle de discipline. L'hérésie détruit l'union, l'hétérodoxie n'anéantit que la conformité de pensées sur un point qui n'intéresse pas la foi. Ainsi, l'hérésie rattache à un parti, soit comme chef, soit comme membre ; l'hétérodoxie laisse isolé, avec ses vues propres et ses sentiments particuliers. *Orthodoxe* est l'opposé de *hétérodoxe*.

HÉTÉROGÉNIE (de ἕτερος, autre, différent, et γένος, genre, espèce, nature). Ce nom a été proposé par Burdach pour le faire contraster avec *homogénie*. Voici comment il formule lui-même sa pensée dans son *Traité de Physiologie*, « On appelle *hétérogénie* toute production d'être vivant qui, ne se rattachant ni pour la substance, ni pour l'occasion, à des individus de la même espèce, a pour point de départ des corps d'une autre espèce, et dépend d'un concours d'autres circonstances ; c'est la manifestation d'un être nouveau dénué de parents, par conséquent une génération primordiale ou une création. Nous le reconnaissons partout où nous voyons paraître un corps organisé, sans apercevoir un autre corps de même espèce dont il puisse procéder, ou découvrir dans celui-ci aucune partie apte à opérer la propagation. » Dugès emploie comme synonyme d'*hétérogénie* le terme *spontéparité* (*voyez* GÉNÉRATION SPONTANÉE).

HÉTÉROMÈRES. *Voyez* COLÉOPTÈRES.

HÉTÉROMORPHES (Animaux), de ἕτερος, autre, et μορφή, forme. *Voyez* ÉPONGE.

HÉTÉRONOMIE (de ἕτερος, autre, différent, et νόμος, loi). C'est le contraire d'*autonomie*. Les Grecs employaient cette expression pour désigner le gouvernement des peuples ou des villes soumis à l'empire romain, qui avaient perdu leurs lois et leurs institutions particulières pour obéir à celles du vainqueur.

HÉTÉROSCIENS (de ἕτερος, autre, différent, et σκιά, ombre), terme de géographie par lequel on désigne ceux des habitants de la terre dont l'ombre ne se projette que d'un seul côté. Les peuples qui habitent, par exemple, entre les tropiques et les cercles polaires, et dont on voit l'ombre, par les latitudes septentrionales, toujours tournée vers le nord, ou bien par les latitudes méridionales, vers le sud, sont dits *hétérosciens*, par opposition aux *amphisciens*, qui habitent la zone torride, et qui ont leur ombre tantôt du côté du nord et tantôt du côté du midi.

HÉTÉROUSIENS (du grec ἕτερος, autre, différent, et οὐσία, substance), hérétiques qui soutenaient que le Fils de Dieu est d'une autre substance que lui, à la différence de quelques ariens, qu'on nommait *homoiousiens* parce qu'ils enseignaient que le Fils est d'une substance semblable à celle du Père.

HÉTÉROZOAIRES (de ἕτερος, autre, et ζῶον, animal). *Voyez* ÉPONGE.

HETMAN. *Voyez* ATAMAN.

HÊTRE ou FAYARD (*Fagus sylvatica*, Lin.), arbre de haute futaie de la monœcie polyandrie de Linné, de la famille des cupulifères, dont il forme à lui seul un genre. Il est grand, gros, branchu, et s'élève jusqu'à une hauteur de trente mètres. Son bois est blanc et dur, son écorce unie, de couleur cendrée ou grisâtre, et médiocrement grosse ; ses rameaux sont divisés, peu pendants ; ses feuilles, ovales, alternes, sont soutenues par de courts pétioles : elles ont à peu près la grandeur de celles du charme, sont d'un vert glacé, accompagnées de stipules, et dentelées à leurs bords. Les fleurs du hêtre sont unisexuelles : le même arbre en porte de mâles et de femelles ; les mâles ont un calice en cloche dentelée, de huit à douze étamines, et des anthères droites et aiguës ; les femelles sont composées de trois pistils, placés dans le calice monophylle, velu, divisé en quatre parties

HÊTRE — HEURISTIQUE

droites et aiguës. L'ovaire est supérieur : après sa fécondation, il se change en capsule ovale, coriace, hérissée de pointes molles, à une seule loge, et s'ouvrant en quatre valves. Cette capsule contient le fruit du hêtre, nommé *faine*. La croissance du hêtre est rapide ; mais la durée de cet arbre ne dépasse pas un siècle. Les feuilles de la variété du hêtre nommée *hêtre pourpre* sont d'un rouge cerise au mois de mai, d'un brun pourpre quand elles ont pris une certaine croissance, et presque noires quand elles ont toute leur consistance ; l'écorce en est unie et d'un rouge brun.

On peut semer le hêtre en pépinière ou en plant ; mais cette dernière manière est préférable, car il supporte difficilement la transplantation. On a conseillé de tremper sa graine dans les eaux du fumier : le goût désagréable qu'elle en contracte empêche les animaux et les insectes qui en sont friands de la détruire dans sa jeunesse. Le hêtre aime l'ombrage, et redoute le voisinage des mauvaises herbes, dont il faut le préserver. Parvenu à une certaine croissance, il forme un grand et bel arbre, d'un aspect très-agréable et régulier.

Le hêtre croît naturellement dans les forêts de l'Europe et de l'Amérique septentrionale : assez commun dans les pays de plaine, où le climat est tempéré, il affectionne davantage le penchant méridional des montagnes. Dans certaines contrées, on l'emploie à la formation de haies majestueuses, qui croissent vite, et parviennent à une assez grande hauteur. Le bois du hêtre sert à faire un assez grand nombre d'ouvrages de menuiserie, d'ébénisterie, et une infinité de petites choses : ce bois est sec : il pétille fort au feu, et quoiqu'il dure peu, il est le plus agréable à brûler et le plus estimé.

HEURE (en grec ὥρα, en latin *hora*), vingt-quatrième partie du jour astronomique, se subdivisant en 60 minutes, chaque minute renfermant à son tour 60 secondes, etc. Aux trois sortes de temps que distinguent les astronomes correspondent nécessairement trois sortes d'heures : l'*heure sidérale*, que les vieux auteurs nomment *heure du premier mobile*, est la vingt-quatrième partie du jour sidéral ; l'*heure solaire moyenne*, plus grande de près de 10″, est la vingt-quatrième partie du jour moyen ; l'*heure solaire vraie* est la durée variable que met la terre pour accomplir 15° de son mouvement diurne. On passe de l'heure vraie à l'heure moyenne, et *vice versa*, à l'aide de l'équation du temps. Dans les usages civils on ne se sert que du temps moyen ; mais la manière de compter des heures en temps moyen civil diffère un peu de celle qu'on emploie en temps moyen astronomique ; le commencement du jour est dans le premier cas à minuit, dans le second à midi ; de plus, la division du jour en deux parties n'est pas usitée par les astronomes : ces derniers comptent d'un midi à l'autre, depuis 0 heure jusqu'à 24 heures ; par exemple, astronomiquement, 15 *juillet* 21 heures équivaut à 16 *juillet* 9 heures du soir.

La mesure du temps était loin d'avoir atteint chez les anciens la perfection à laquelle elle est arrivée de nos jours. Le mot heure se trouve donc employé par eux pour désigner des durées de temps bien différentes. Ainsi les Juifs, ainsi les Romains, jusqu'à la première guerre punique, donnaient le nom d'heure à la deuxième partie du jour artificiel, comme l'attestent encore ces vieux mots *prime*, *tierce*, *sexte* et *none*, conservés par la liturgie catholique. Ces heures, dont la longueur variait chaque jour plus ou moins suivant le climat, sont quelquefois nommées *heures antiques*, *heures judaïques*, ou encore *heures planétaires*, parce que l'astrologie avait placé chacune d'elles sous l'influence d'une planète. E. MERLIEUX.

On donne le nom d'*heures* à un instrument de gnomonique, espèce de cadran propre à indiquer les heures du jour et la hauteur du soleil.

L'Église a aussi adopté cette dénomination pour certaines prières qui se font dans des temps réglés ; ces heures sont dites *heures canoniales*. Enfin, certains livres de prières ont reçu par extension le nom d'*heures*, les *heures chrétiennes*, les *heures royales*, etc. Quelques-uns de ces livres, chefs-d'œuvre de calligraphie, richement ornés, ayant appartenu à de hauts personnages, ont aujourd'hui un grand prix.

Chercher midi à quatorze heures, c'est chercher une chose où elle n'est pas. *La bonne heure* est le moment favorable pour faire quelque chose. *A la bonne heure*, signifie bien ! soit ! ou heureusement. *Toucher à sa dernière heure*, c'est mourir.

HEURES (*Mythologie*), Ὧραι en grec, *Horæ* en latin. Les anciens avaient placé les Heures dans l'Olympe, avec le titre de déesses. Les Grecs donnaient le nom d'*heures* aux saisons de l'année ; ils n'en admirent d'abord que trois, Dicé (la Justice), Irène (la Paix) et Eunomie (la Loi), qui figuraient le Printemps, l'Été et l'Hiver. L'Automne y ayant été ajouté plus tard, deux nouvelles Heures furent chargées de veiller aux fruits et aux fleurs : on les nomma Carpo et Thalatie. Ovide nous montre les Heures dans le palais du Soleil-Apollon, tantôt séparées par d'égales distances,

.... *Positæ spatiis æqualibus Horæ ;*

tantôt attelant et dételant les coursiers du char du dieu,

*Jungere equos Titan velocibus imperat Horis,
Jussa deæ celeres peragunt.*

Avant le poëte latin, Homère avait appelé les Heures les ministres du Soleil, les portières du ciel. Selon Hésiode et Apollodore, elles étaient filles de Jupiter et de Thémis, et avaient vu le jour au printemps. Théocrite dit qu'elles étaient les plus lentes des divinités, mais qu'elles apportaient toujours quelque chose de nouveau. Quand le jour eut été divisé en dix parties égales, on compta bientôt un pareil nombre d'Heures, qu'on appela les dix sœurs, et qui se nommaient *Augé* ou *Afghi*, l'aube ; *Anatolé*, le lever du soleil ; Musia, l'heure des Muses, ou de l'étude ; *Gymnasia*, l'heure du gymnase et des exercices ; *Nympha*, l'heure des Naïades, ou du bain ; *Mesembria*, le milieu du jour ; *Spondé*, l'heure des libations ; *Élété*, l'heure de la prière ; *Aété*, ou *Cypris*, l'heure du repos et des plaisirs ; *Dysis*, l'heure du coucher du soleil. Elles étaient toutes au service de Jupiter. On les voyait, dit Pausanias, par la tête d'une statue de ce dieu, avec les Parques, pour exprimer que les Heures, les saisons et le temps lui obéissent. Les Heures avaient un temple à Athènes : on y célébrait en leur honneur les *Horées*, ὡραῖα θύειν, au renouvellement des saisons, avec des offrandes de fleurs et de fruits. Les peintres et les sculpteurs les représentent tenant des horloges et des cadrans. Dans la Bible des Septante, comme dans les anciens poëtes grecs, elles indiquent les saisons. CHAMPAGNAC.

HEURES (Prières des Quarante). *Voyez* QUARANTE HEURES.

HEURES CANONIALES. C'est le nom donné dans l'Église catholique à certains offices ou certaines prières diurnes ou nocturnes, dont les anciens canons, vraisemblablement en conformité avec le verset 164 du psaume CXIX, *Septies in die laudem dixi tibi* (Sept fois le jour, Seigneur, j'ai chanté vos louanges), ont réglé et prescrit la célébration à certaines heures fixes. En effet, on en compte sept : *matines* et *laudes*, *prime*, *tierce*, *sexte*, *none*, *vêpres*, *complies*. Jadis office de nuit, les *matines* sont encore distribuées en trois *nocturnes*, répondant aux trois premières veilles, et composées de neuf psaumes, avec trois ou neuf antiennes, selon la solennité plus ou moins grande. Les *laudes* se disent immédiatement après les *matines*, et font la deuxième partie de l'office ordinaire du bréviaire. Prime, tierce, sexte et none sont appelées *petites heures*, parce qu'elles doivent être récitées à certaines heures, en l'honneur des mystères qui ont été accomplis à ces heures-là, et aussi pour les distinguer des matines, des laudes, des vêpres, et des complies qui contiennent plus de prières.

HEURISTIQUE (du grec εὑρίω, je trouve). Les Allemands appellent ainsi l'art d'inventer, ou la manière de faire des inventions par une voie méthodique. S'il ne s'agit point d'*inventions*, mais seulement de *découvertes*, par conséquent d'une connaissance empirique de ce qui existe bien, mais n'est pas encore connu, ce qui arrive, par exemple, dans l'histoire naturelle, dans la géographie, dans l'histoire, on ne donne point à l'ensemble des règles d'après lesquelles les observations doivent être faites, réunies et contrôlées, le nom d'*heuristique*. On ne s'en sert que lorsqu'il s'agit de trouver des connaissances *non empiriques*.

HÉVÉLIUS (Jean), dont le véritable nom était Hewel, ou, comme le croient quelques-uns, Hewelke, astronome pratique distingué, né à Dantzig, en 1611, étudia à Leyde, et fit, de 1630 à 1634, un voyage en Hollande, en Angleterre, en France et en Allemagne. De retour dans sa ville natale, il se consacra à la mécanique et au dessin, dans le but de se construire des instruments plus parfaits; il établit aussi dans sa maison une imprimerie, qui lui appartenait et d'où sortirent la plupart de ses ouvrages. En 1641 il fut élu échevin, et en 1651 membre du sénat de Dantzig. Pour faciliter ses observations astronomiques, il construisit, en 1641, dans sa maison un observatoire, qu'il nomma *Stellæburgum*, et qu'il garnit d'une telle quantité d'instruments construits par lui-même, que sous le rapport de la richesse du matériel il n'était surpassé que par l'Uranienbourg de son devancier Tycho-Brahe. Il s'occupa avec beaucoup de soin des montres à roue, dont l'usage s'introduisit alors, sans pourtant arriver à un résultat satisfaisant. Lui-même mesurait habituellement le temps au moyen de grands cadrans solaires horizontaux, divisés de trois en trois minutes; et ses horloges à pendule, qu'il cherchait souvent à régler par des observations de la hauteur des étoiles, lui donnaient les subdivisions de ces trois minutes. Beaucoup de ses manuscrits, sa bibliothèque et son observatoire, devinrent la proie d'un incendie, le 26 septembre 1679. Un si grand désastre ne l'abattit point; il chercha à rétablir son observatoire, et continua ses observations jusqu'à sa mort, arrivée le 28 janvier 1688.

Parmi ses ouvrages, il en est un qui a maintenant encore une grande valeur; il est intitulé : *Selenographia, seu descriptio Lunæ* (Dantzig, 1647, in-fol.). Hévélius y donne une description détaillée de la surface de la lune. Il entreprit une description de tout le ciel astronomique dans son *Prodromus Astronomiæ*, et dans son *Firmamentum sobiescianum, sive uranographia*; ces deux ouvrages ne parurent qu'après sa mort (Dantzig, 1690, in-fol.). Nous devons encore citer son livre *De natura Saturni* (Dantzig, 1656, in-fol.), sa *Cometographia* (Dantzig, 1668, in-fol.), qui contient des détails et des observations sur les comètes qu'il avait vues, et la *Machina cœlestis* (2 vol., Dantzig, 1673-79, in-fol.), dont le second volume est une des plus grandes raretés bibliographiques qui existent, parce qu'à l'exception du petit nombre d'exemplaires qu'il avait envoyés à ses amis, l'édition presque tout entière fut brûlée. Hévélius fut un mauvais théoricien, mais un praticien distingué, qui par son zèle infatigable, par sa rare patience, et l'emploi de toutes ses facultés, a rendu des services essentiels à la science. Il était en correspondance suivie avec la plupart des savants illustres et beaucoup de princes de son temps, ainsi que le prouvent ses lettres, recueillies et publiées par Ochof (Dantzig, 1683). Rois et princes se trouvaient honorés de s'entretenir avec lui, ce que prouvent les visites qu'ils lui rendirent. Halley fit le voyage de Londres à Dantzig, dans l'unique but de faire sa connaissance, et Louis XIV lui accorda d'abord une gratification et plus tard une pension.

HEVÈS, comitat de Hongrie, dans le cercle de la Theiss, au nord de Neograd et de Gœmœr, à l'est de Borsod et de Szaboles, au sud de Békés et de Csongrad, à l'ouest de Pesth, présente une superficie de 86 myriamètres carrés, avec une population de 267,284 habitants, répartis en 116 *poussten*, 126 villages, 16 bourgs (dont un, *Gyœngyœs*, ne compte pas moins de 16,200 habitants), et une ville, *Erlau*, chef-lieu du comitat. Sauf environ 3,000 Slaves, Allemands ou Grecs, toute cette population appartient à la race magyare. Le comitat d'Hévès, généralement plat, à l'exception de son extrémité septentrionale, où se trouve la chaîne des monts Matra, qui produisent entre autres d'excellents vins, est l'un des plus riches de la Hongrie. Le tabac de Debrœ et celui de Verpelét sont au nombre des produits naturels les plus recherchés de ce royaume. Le bourg de *Tilsafured* (5,000 habitants), sur la Theiss, a une grande importance stratégique en raison de sa situation; et pendant la guerre de l'Indépendance (1848-1849) il fut à diverses reprises le théâtre et le but d'engagements sanglants entre l'armée hongroise et l'armée autrichienne.

HEXAÈDRE (de ἕξ, six, et ἕδρα, siège, face), volume ou solide à six faces. Quand l'hexaèdre est *régulier*, les six faces sont des carrés tous égaux entre eux, et alors le solide prend le nom de *cube*. Un dé à jouer ordinaire offre la forme d'un exaèdre de cette espèce. Le côté de l'hexaèdre régulier est au diamètre de la sphère circonscrite comme 1 est à la racine carrée de 3.   Teyssèdre.

HEXAGONE (de ἕξ, six, et γωνία, angle), figure ou polygone de six angles et de six côtés. L'*hexagone régulier* jouit de cette propriété que chacun de ses côtés est exactement égal au rayon du cercle circonscrit, propriété qui fournit un moyen bien simple de diviser le cercle en six parties égales et de tracer en même temps le polygone. Pour cela, il suffit de porter le rayon sur la circonférence; on déterminera de cette manière six divisions de cette circonférence, lesquelles jointes par des cordes donneront la figure de l'hexagone régulier.

La somme de trois des angles de ce polygone valant quatre angles droits, on donne très-souvent la figure d'un hexagone régulier aux carreaux de brique dont on pave les diverses pièces d'une maison ordinaire. Il est digne de remarque que de toutes les figures qu'on peut tracer sans laisser de vides entre elles, sur une surface donnée, celle de l'hexagone régulier est la plus satisfaisante, quand on veut que ces figures, toutes égales entre elles, renferment le plus d'espace avec un contour donné. Voilà pourquoi les abeilles donnent six pans aux alvéoles qu'elles destinent à recevoir le miel. Les géomètres ont démontré que de toutes les formes qu'elles pouvaient choisir, c'est la plus avantageuse.   Teyssèdre.

HEXAGYNIE (de ἕξ, six, et γυνή, femme, pris ici pour *pistil*) s'applique, dans le système de Linné, aux ordres de plantes comprenant celles qui ont six pistils (*voyez* Botanique).

HEXAMÈTRE, vers grec ou latin rhythmé par six pieds, ou mesures. On en attribue l'invention à Olenus, antérieur à Orphée, et l'introduction dans la poésie latine à Ennius. Son nom, composé des mots grecs, ἕξ, six, et μέτρον, mesure, l'indique tout d'abord. Ces pieds sont ou dactyles, ou spondées. Le goût, le caprice, l'oreille du poète, les emploient, les entremêlent, les placent indifféremment dans les quatre premiers pieds, mais le pied pénultième doit être un dactyle, et le dernier un spondée, ou un trochée. Nous citerons, pour exemple, en grec, ce vers si imitatif d'Homère :

Δεινὴ δὲ κλαγγὴ γένετ' ἀργυρέοιο βίοιο,

dont le sens est :

Et l'arc d'argent du dieu rendit un son terrible.

Et en latin, ce vers plein de magnificence :

Panditur interea domus omnipotentis Olympi.
Du tout-puissant Olympe alors les portes s'ouvrent.

Le dactyle, rapide, vif et léger, se multiplie dans le vers hexamètre quand il faut peindre la célérité et la joie même. Exemple tiré de Virgile :

Quadrupedante putrem sonitu quatit ungula campum.
Sous les pieds des chevaux les champs poudreux résonnent.

Au contraire, le poète fait succéder l'un à l'autre les spondées, quand il s'agit d'un rhythme lent, grave et triste comme une cérémonie funèbre. Exemple encore emprunté de Virgile :

*Extinctum nymphæ crudeli funere Daphnim
Flebant.*
.... les nymphes, désolées,
Pleuraient Daphnis, éteint par un trépas cruel.

Le rhythme du vers hexamètre est le plus pompeux, le plus sonore, le plus mélodieux que connaisse l'oreille humaine, et cependant, il date de plus de trois mille ans. A cette époque il cadençait déjà les sublimes pensées d'Orphée et d'Homère. Ce vers est empreint d'une si belle musique, que les uns en rapportent l'origine à Phémonoé, première prêtresse de Delphes, d'autres aux dieux mêmes. Vainement Jodelle voulut-il, en 1553, ressusciter l'hexamètre dans la poésie française par ce distique détestable :

Phœbus, Amour, Cypris veut sauver, nourrir et orner
Ton vers et ton chef, d'ombre, de flamme, de fleurs.

Vainement ce rhythme sans cadence trouva-t-il des enthousiastes, l'hexamètre français n'eut pas de durée. Chez les Grecs et les Romains, il se pliait à l'épopée, à l'idylle, à l'épître, à la satire. Dans l'élégie, il s'accouplait avec le pentamètre (vers de cinq pieds), diminuant ainsi sa pompe et son éclat, qui auraient effarouché les amours ou troublé la douleur et la paix des tombeaux. Outre le grec et le latin, l'hexamètre s'est naturalisé dans la poésie allemande et dans celle des peuples slaves et lettons. La *Messiade* de Klopstock et la traduction russe de l'*Iliade* d'Homère par Gnéditch sont en vers hexamètres. On appelle encore ce vers *héroïque*. Il est absurde de le comparer à notre *alexandrin*, dont l'emploi est à la vérité le même, mais dont la prosodie diffère absolument. Denne-Baron.

HEXA-MILI. *Voyez* Corinthe.

HEXANDRIE (de ἕξ, six, et ἀνήρ, homme, pris ici pour *étamine*), sixième classe du système de Linné (*voyez* Botanique), renferme les plantes qui ont six étamines libres, comme la plupart des asparaginées et beaucoup de liliacées. Cette classe se divise en *hexandrie monogynie* (lis, tulipe); *hexandrie digynie* (riz); *hexandrie trigynie* (colchique); etc.

Linné emploie aussi le mot *hexandrie* pour désigner un ordre de la gynandrie : la *gynandrie hexandrie*, caractérisée par six étamines portées sur le pistil.

HEXAPLES ou *Sextuples*, ouvrage célèbre d'Origène, du mot grec ἑξαπλοῖ, qui a cette signification. Cette œuvre sur l'Ancien Testament est malheureusement perdue, moins quelques fragments que les psaumes, sauvés par saint Jean Chrysostôme, par Philoponus dans son *Hexaméron*, et chez les modernes, par Drusius et le père Montfaucon, qui en ont recueilli quelques débris. Cette œuvre d'un prodigieux labeur était une espèce de Bible polyglotte écrite sur six colonnes parallèles : le texte hébreu, le même en caractères grecs, la version d'Aquila, celle de Symmaque, celle des Septante, celle de Théodotion.

Deux autres traductions en ayant été trouvées, l'une à Jéricho, en 217, l'autre à Nicopolis, en 228, Origène les joignit à son grand ouvrage. Alors les *Hexaples* devinrent les *Octaples*, qui, réduits par l'auteur à quatre livres devinrent les *Tétraples* (de τέτρα, quatre). C'étaient les quatre versions grecques d'Aquila de Symmaque, des Septante et de Théodotion. Origène y avait marqué de la main, par des astérismes et *obèles* (petites broches), les passages altérés ou omis par les translateurs : c'était autant de lumières qu'il portait aux yeux des juifs, des chrétiens et des dissidents d'alors, comme si ce saint docteur de l'Église naissante n'eût pas voulu qu'il pût être dit de Dieu: *Tradidit bibliam suam disputationi eorum*, il n'a livré son livre à leurs disputes. Denne-Baron.

HEYDEN (Jean Van der), peintre hollandais, né à Gorkum, en 1640, montra dès sa plus tendre jeunesse un goût décidé pour la peinture, reçut d'un peintre sur verre les premières leçons de cet art, et se perfectionna ensuite par son propre génie. Il habita plus tard Amsterdam, où il mourut, en 1712. Il réussissait surtout à peindre des villes, des villages, des châteaux, des palais et des maisons, qu'il reproduisait avec un soin indicible et avec un naturel extraordinaire. En examinant de près ses tableaux, parmi lesquels on vante principalement l'hôtel de ville et la bourse d'Amsterdam, l'église et la bourse de Londres, on ne peut assez admirer les connaissances qui s'y rélèvent, l'harmonie des couleurs, la perspective et le fini. On estime beaucoup aussi ses dessins au lavis et au crayon rouge, ainsi que ses excellentes eaux-fortes. Heyden mérita bien de la ville d'Amsterdam, par la meilleure organisation qu'il donna à son système d'éclairage public, et en perfectionnant l'administration des secours contre l'incendie ; aussi fut-il nommé directeur de cette partie de l'administration municipale. Il a publié un ouvrage spécial sur la manière d'arrêter les incendies au moyen de pompes de son invention (Amsterdam, 1690, in-fol. avec figures).

HEYN (Peter-Petersen), célèbre marin hollandais, né en 1577, à Delftshaven, près de Rotterdam, débuta par être mousse, et à force de bravoure s'éleva jusqu'aux plus hauts grades. Comme vice-amiral de la flotte de la Compagnie des Indes occidentales, il battit, en 1626, les Espagnols dans la baie de Tous les Saints, leur enleva quarante-cinq batiments, et rapporta en Hollande un immense butin. Nommé alors amiral au service de la Compagnie, il s'empara presque sans coup férir, en 1626, de la grande flotte espagnole des galions, contenant 12 millions de florins d'argent en barres, sans compter d'énormes quantités de marchandises précieuses. En récompense de cet exploit, il fut créé, en 1629, amiral de Hollande, et à peu de temps de là il trouvait la mort dans un combat contre deux navires sortis de Dunkerque. Un monument en marbre a été élevé à sa mémoire dans l'ancienne église de Delf.

HEYNE (Chrétien-Gottlob) naquit en 1729, à Chemnitz, en Saxe, où son père, pauvre tisserand, s'était réfugié pour échapper à des persécutions religieuses qu'il avait éprouvées à Gravenschutz, en Silésie. Né du 1741 à 1748, il fréquenta le lycée de Chemnitz; mais sa famille étant dans la plus profonde misère, il fallut pour le soutenir dans ses études le concours de quelques citoyens aisés. Plus tard il alla se perfectionner à Leipzig, où le professeur de philosophie Crusius l'employa d'abord à traduire en latin les discours qu'il était obligé de prononcer ou de publier dans cette langue. Alors brillait à cette université le célèbre Ernesti : Heyne réussit à lui inspirer un vif intérêt, partagé par Back et par Christ. Leur protection le mit bientôt en état de se créer quelques ressources, en communiquant sa science *au servum pecus* des étudiants, dont il se fit le répétiteur. Ses études terminées, il obtint du comte de Brühl, qui gouvernait alors la Saxe et son souverain, une place d'employé au catalogue de sa bibliothèque particulière, avec environ 400 f. d'appointements. De la bibliothèque du ministre il passa parmi les conservateurs de celle de Dresde, et trouva là un emploi en résultat une amélioration bien sensible dans sa position pécuniaire. Mais étudier était son unique passion, son seul besoin. Il profita donc de son séjour dans la capitale de la Saxe pour connaître les beaux monuments d'art antique qu'elle renferme. A la même époque, Winkelmann aussi vivait à Dresde, studieux, pauvre, inconnu comme Heyne, et, la conformité de penchants, de fortune, d'espérance, les eut bien vite liés. Ignorés du monde et ne pouvant avoir qu'un sentiment confus de leurs forces, ils étaient sans doute loin de soupçonner la noble et brillante destinée qui les attendait. Bientôt ils se séparèrent pour ne plus se revoir : Winkelmann alla continuer ses études en Italie, Heyne resta en Allemagne ; et lorsque après un grand nombre d'années de séparation une célébrité tardive fit retentir dans l'Europe les noms de Heyne et de Winkelmann, chacun d'eux dut reconnaître avec plaisir dans l'autre, et non peut-être sans quelque étonnement, son jeune compagnon d'études à la bibliothèque de Dresde.

Cependant, Heyne ne tarda pas à se faire connaître. En 1755 il donna sa première édition de *Tibulle*, qui ne fut pas estimée sans doute autant qu'elle aurait dû l'être, surtout à raison des trésors d'érudition comparée qu'elle renfermait; mais cette publication lui attira l'attention de Hemsterhuys et de l'école dont ce savant Hollandais était le chef. L'année suivante il prouva par son édition d'*Epictète* qu'il n'était pas moins familiarisé avec les lettres grecques qu'avec la littérature romaine. La philosophie des stoïciens ne lui fut pas inutile : elle le prépara à subir avec constance les malheurs qui accompagnèrent la guerre de sept ans. Cette guerre ravagea Dresde, priva Heyne de sa place, de son traitement et tarit à la fois toutes ses ressources. Aussi dut-il s'estimer heureux d'obtenir alors l'emploi de mentor d'un jeune homme qu'on envoyait suivre les cours de l'université de Wittenberg. Ce moment difficile une fois passé, Heyne avait pu venir reprendre ses occupations ordinaires à Dresde, quand la guerre l'obligea une seconde fois à fuir; mais il ne rentra à Dresde que pour y tout perdre dans le bombardement et l'incendie de cette ville. C'est l'instant qu'il choisit pour se marier; heureusement pour le jeune ménage, un riche seigneur de la Lusace prit alors pour régisseur Heyne, qui passa chez lui sept années à s'occuper de l'administration de ses domaines, bien plus que de travaux littéraires. Mais la guerre et ses calamités vinrent encore le chasser de cet asile et le laisser à peu près sans ressource. Heyne revint à Dresde, et, sur l'invitation de Lippert, qui publiait alors sa *Dactyliothèque*, il se chargea d'écrire le texte latin du troisième volume. Le célèbre Gessner, qui avait longtemps occupé la chaire d'éloquence et de poésie à l'université de Gœttingue, mourut. Le gouvernement hanovrien lui cherchait un successeur. Ruhnkenius, auquel on s'était adressé, refusa de quitter la Hollande, et témoigna un vif étonnement de ce qu'on allât si loin chercher un successeur à Gessner, quand on avait près de soi le savant éditeur de *Tibulle* et d'*Épictète*. Ce ne fut pas sans peine qu'on parvint à découvrir la modeste retraite de Heyne, qui prit possession de la chaire en juin 1763. Il ne tarda pas à être nommé bibliothécaire et conseiller. Ses opuscules académiques prouvent avec quelle ardeur, avec quelle supériorité il se livrait à l'enseignement. Les leçons de Heyne étincelaient d'éclairs de génie, et sa profonde érudition attirait de nombreux étudiants à l'université. Il ne cessa pas un seul instant de prendre part aux travaux de la Société des Sciences de Gœttingue, dont il était membre, et contribua pour la plus forte part au succès des *Annales savantes de Gœttingue*. Ses principaux ouvrages sont les éditions de *Tibulle*, de *Virgile*, de *Pindare*, d'*Apollodore*. Il consacra dix-huit ans à la publication d'*Homère*. Nul n'a tiré plus de parti de la mythologie, nul ne l'a mieux associée à l'histoire. C'est sous son administration que l'université de Gœttingue parvint au plus haut degré de splendeur : il laissa la bibliothèque riche de plus de 200,000 volumes ; et lorsque l'armée française s'empara du Hanovre, une simple réclamation de Heyne fit en quelque sorte excepter Gœttingue de la conquête. La fin de sa carrière ne fut pas exempte de chagrins littéraires : les *Lettres mythologiques* de Voss sont des modèles d'amertume et d'outrage, et l'édition de l'*Iliade* attira sur le patriarche de la philologie les censures les plus irrespectueuses. Il mourut d'apoplexie, le 14 juillet 1812. P. DE GOLBÉRY.

HEYTESBURY (WILLIAM A'COURT, baron), diplomate anglais, né en 1779, est le fils de sir *William* PIERCE ASHE A'COURT, qui en sa qualité de propriétaire du bourg pourri de Heytesbury, s'était envoyé lui-même siéger à la chambre des communes, qui fut créé *baronet* en 1795, et mourut en 1817. A partir de 1814 il prit part, sous le nom de *sir William A'Court*, à diverses négociations importantes. Après avoir été pendant quelque temps ministre à Naples, il fut envoyé en Espagne, où, après la révolution de 1820, il représenta l'Angleterre pendant toute la durée du gouvernement des cortès ; et ses efforts pour déterminer les chefs du parti dominant à consentir à quelque peu modifier la constitution furent inutiles. En 1824, il fut nommé ambassadeur à Lisbonne, à l'effet d'y combattre l'influence, alors prépondérante, de la France, et à laquelle, secondé par le ministre Palmella, il réussit bientôt à substituer complètement dans le conseil l'influence anglaise. C'est d'après ses avis que les ministres décidèrent le vieux roi malade à établir une régence. Quand l'infante Isabelle eut pris les rênes de la régence et que dom Pedro eut accordé une constitution au Portugal, l'ambassadeur d'Angleterre joua un rôle fort important dans les luttes des différents partis ; et il témoigna si manifestement ses sympathies pour les doctrines absolutistes, que sa conduite fut aussi sévèrement qualifiée par les whigs en Angleterre que par les partisans de la constitution en Portugal. C'est ainsi qu'il s'efforça de faire nommer au commandement en chef de toute l'armée portugaise le maréchal lord Beresford, tory par sang ; et cette intrigue n'échoua que par suite de l'opposition qu'elle rencontra de la part du ministre de la guerre, Saldanha, et aussi de la haine toute particulière que le peuple avait vouée à Beresford. Quand, au mois de décembre 1826, le gouvernement anglais se décida à envoyer une armée auxiliaire en Portugal, à l'effet de protéger la régence contre les partisans de dom Miguel, commandés par Abrantès et Chavès, une mésintelligence patente éclata entre le général Clinton, commandant ce corps, et l'envoyé d'Angleterre, à qui on reprocha d'avoir activement secondé les efforts faits par le parti absolutiste pour porter la régente, femme d'un esprit faible et médiocre, à se méfier des desseins des libéraux, et d'avoir surtout travaillé contre Saldanha, dont le renvoi du ministère eut effectivement lieu en 1827. A la suite de la violente agitation que cette mesure provoqua à Lisbonne, l'hôtel habité par sir William A'Court fut l'objet de menaçantes démonstrations populaires. Quand, à la mort de Canning, le parti tory eut repris la haute main dans les affaires, A'Court semble avoir poussé encore plus loin que jamais ses intrigues secrètes en faveur des adversaires de la constitution. Toutefois, il fut nommé ambassadeur en Russie, en 1828, avant que la question du retour de dom Miguel eut été décidée ; ce fut à cette occasion il reçut le titre de *lord Heytesbury*. Le conflit survenu entre la Russie et la Porte donnait alors une importance toute particulière au poste de Saint-Pétersbourg ; et s'il ne put réussir à empêcher les hostilités d'éclater entre les deux puissances, du moins il sut gagner l'amitié personnelle de l'empereur Nicolas. Aussi, malgré toutes les récriminations du parti whig, conserva-t-il son ambassade sous le ministère Grey, jusqu'en 1833, époque de son rappel. Nommé en 1835 gouverneur général des Indes, la courte durée du cabinet de sir Robert Peel fut cause qu'il n'alla point remplir ces fonctions. Plus tard, il obtint la sinécure de gouverneur de l'île de Wight ; et, en 1844 il fut envoyé avec le titre de vice-roi en Irlande, qu'il administra pendant deux années au milieu des dangers et des difficultés de toutes sortes créés par une horrible famine. La retraite de Peel, en 1846, amena aussi la sienne ; et depuis lors il a complètement cessé d'être question de lui dans le monde politique.

HIARBAS. *Voyez* IARBAS.

HIATUS, mot latin qui a passé dans notre langue, et qui signifie *ouverture*, *solution de continuité*, *lacune*. Ainsi, dans les anciens auteurs, il exprime en passage que le temps n'a point respecté. Mais il n'est guère employé que comme terme de grammaire et de prosodie. Il désigne le *concours* de deux voyelles, d'où résulte un bâillement désagréable, antipathique à l'harmonie. Les Grecs l'évitaient avec soin : témoin Démosthène et Théophraste ; Cicéron l'évitait aussi. Il est fort rare dans Massillon. Mais Thucydide et Platon ne se sont pas montrés *si* scrupuleux. C'était donc une question indécise chez les anciens. Dans notre langue, on évite autant que possible, même en prose, l'hiatus d'un mot à un autre, et il n'est jamais toléré en poésie. Aussi Boileau a-t-il dit :

Gardez qu'une voyelle, à courir trop hâtée,
Ne soit d'une voyelle en son chemin heurtée.

L'hiatus d'une voyelle avec elle-même est surtout désagréable, et ces phrases. Je vais à *Athènes*, je vais à *Argos*, choqueront toujours l'oreille. C'est encore pis quand l'hiatus est redoublé, comme dans *il alla à Athènes*.

Avant Boileau, les poëtes n'évitaient point l'hiatus. Marot a dit :

Ci-gist qui assez mal prescheit.

Mais on peut se dispenser de cette règle quand on la viole avec grâce, comme l'a fait quelquefois La Fontaine, ou quand on cite quelque proverbe, comme dans ces vers de Ménage :

Ci-dessous gist monsieur l'abbé,
Qui ne savait ni *A* ni *B*.

Le concours des voyelles n'est point vicieux encore lorsque le second mot commence par un *h* aspiré; ainsi Boileau a pu dire impunément :

Un clerc pour quinze sous, sans craindre le *holà*,
Peut aller au parterre attaquer Attila.

L'*hiatus* dans les mots est quelquefois doux, comme dans *Laïs*, *Danaé*, *Ilia*, etc., quelquefois rude, comme dans *Chanaan*, *Raab*, etc.   Charles Du Rozoir.

HIBERNATION. Voyez Hivernants (Animaux).

HIBERNIE (*Hibernia*). C'est le nom que les Romains donnèrent à la contrée qu'on appelle aujourd'hui l'Irlande, et dont il est pour la première fois mention dans Aristote, sous le nom d'*Ierné*, comme étant l'une des Iles Britanniques. Les Romains ne la connurent que par les récits de César et d'Agricola ; mais jamais ils n'y portèrent leurs armes. Tout ce que Tacite savait au sujet de ses habitants, c'est qu'ils ressemblaient aux Bretons. Ptolémée, qui donne des détails exacts sur la grandeur et la configuration de l'île, mentionne quelques-unes des peuplades de l'Hibernie, entre autres les *Ivernes*, qui habitaient au sud-ouest, et dont on donna le nom au pays tout entier.

HIBOU. On donne ce nom à plusieurs oiseaux du genre *chouette*. Ils se distinguent de leurs congénères par le grand disque complet de plumes effilées qui entoure leurs yeux, et qui lui-même est entouré par une collerette de plumes écailleuses. Ils portent sur le front deux aigrettes de plumes qu'ils relèvent à volonté. La conque de leur oreille, qui s'étend en demi-cercle depuis la racine du bec jusque vers le sommet de la tête, est garnie en avant d'un opercule membraneux. Leurs pieds sont garnis de plumes jusqu'aux ongles. Les variétés les plus remarquables sont : le *hibou commun* (*strix otus*, Linné), le *grand otus* de Cuvier, au plumage fauve, avec des taches longitudinales brunes; le *grand hibou à huppe courte*, fauve comme le précédent, mais strié transversalement sous le ventre ; le *grand hibou d'Amérique*.

Il est curieux de remarquer que la Grèce païenne ait fait du hibou l'oiseau de Minerve, tandis que l'art catholique l'a employé comme symbole des doctrines éclectique et protestante, « parce que, dit la légende, il protesterait au besoin contre l'évidence du soleil; il ne veut s'éclairer que par la lumière qui sort de ses propres yeux » (Lisez saint Ambroise et Aldrovande).   Belfied-Lefèvre.

HIDALGO, mot espagnol, composé des deux mots *hijo*, fils, descendant, et *algo*, biens, fortune ; en portugais, *fidalgo*. C'est en Espagne le titre d'une classe de la petite noblesse, constituant la *hidalguia*. Les *hidalgos* se divisent en *hidalgos de naturaleza*, tenant leurs priviléges de leurs ancêtres, et *hidalgos de privilegio*, ayant acheté leur noblesse, ou l'ayant obtenue par faveur ; mais ils jouissent tous des mêmes priviléges, et sont à cet égard sur la même ligne que les autres membres de la basse noblesse (*cavalleros*, chevaliers, et *escuderos*, écuyers). A l'exception de quelques anciennes familles et des membres des ordres de chevalerie, les hidalgos n'ont presque aucun avantage sur la classe des bourgeois, qui les regarde comme des intrus ou des renégats. Le mot *hidalgo*, précédé de *senor*, est un titre des papes du roi, de la reine, des princes et princesses. En Portugal, la *fidalguia*, beaucoup plus étendue, embrasse tous les nobles,

sans exception, sous la dénomination commune de *fidalgos*.

HIÈBLE. Voyez Sureau.

HIÉRAPOLIS (c'est-à-dire *Ville Sacrée*), aujourd'hui *Bambuk-Kalessi*, ville de la Grande-Phrygie, située sur la rive septentrionale du Méandre, sur une éminence, et consacrée à Cybèle, était célèbre dans l'antiquité par ses sources thermales et par l'antre *Plutonium*, qui exhalait des vapeurs mortelles et où les prêtres de Cybèle pouvaient seuls entrer sans danger de perdre la vie.

HIÉRARCHIE. Ce mot vient du grec ἱερεύς, prêtre, et ἄρχω, je commande, et signifie *pouvoir du prêtre*; car à l'origine des sociétés tout pouvoir était confié aux mains des prêtres. Dans la classe même des prêtres, il y avait différents degrés de puissance et de pouvoir, au sommet desquels était placé le souverain pontife. Chez les chrétiens, on employa d'abord ce mot pour exprimer la domination des saints ou du sacerdoce, ainsi que celle de l'Église sur son intérieur et sur l'État. La constitution de l'Église n'en était pas moins démocratique; cependant, peu à peu, elle se rapprocha de l'aristocratie. Le gouvernement des communautés se concentra dans les mains des chefs; les évêques se placèrent au-dessus des anciens; les métropolitains s'établirent surveillants de leurs collègues; les patriarches les dominèrent encore; le pape enfin, l'évêque de Rome, devint le chef de toutes les églises chrétiennes de l'Occident.

Puis le mot *hiérarchie* s'appliqua aux rapports de l'Église avec l'État. L'Église prétendit non-seulement être indépendante de l'État, mais lui être supérieure. C'est le *système hiérarchique*; le *système territorial*, au contraire, établit des rapports opposés; et le *système collégial* considère l'Église et l'État comme indépendants l'un de l'autre.

Le mot *hiérarchie* n'a pas conservé dans notre langue sa signification primitive; il ne veut pas dire *pouvoir du prêtre*, mais *ordre du pouvoir*. Ainsi, il y a hiérarchie dans toutes les classes de la société : hiérarchie dans l'ordre civil, hiérarchie dans l'ordre ecclésiastique, hiérarchie dans l'ordre militaire. La hiérarchie est une échelle, dont le premier degré domine les autres : sans hiérarchie, point de société. La hiérarchie des pouvoirs a donné lieu à des théories plus ou moins heureuses : il faut convenir toutefois que c'est la base de toute société, et qu'elle mérite bien de fixer l'attention des théoriciens. En Russie, le *tchinn* établit une gradation de quatorze degrés, dont la hiérarchie militaire est la base, mais pour lesquels il y a dans le civil des équivalents spéciaux. Cette hiérarchie de service établit seule le rang des sujets vis-à-vis du gouvernement. Chez nous, les degrés qui sont relatifs seulement aux fonctions, et ne donnent point de titres qui leur survivent, sont nombreux et variés dans le civil et le militaire. La succession des grades, depuis le soldat jusqu'au chef suprême de l'armée, forme les divers chaînons de la hiérarchie militaire. L'obéissance est due au grade supérieur par tous les grades inférieurs. Les rapports et réclamations, la connaissance d'un fait intéressant le service, se transmettent toujours hiérarchiquement de grade en grade jusqu'à celui qui donne le droit d'en connaître, de juger et de prononcer ; il en est de même de la transmission des ordres du supérieur à son inférieur dans la hiérarchie. Ainsi, le ministre de la guerre ne correspond avec les officiers que par la voie hiérarchique; et ceux-ci ne peuvent s'adresser à lui que par l'intermédiaire successif des chefs suivant leur rang ; la hiérarchie, base de la subordination militaire, prévient la confusion, maintient la discipline et assure l'exécution des ordres.   Eug. G. de Monclaye.

HIÉRATIQUE (Écriture). Du grec ἱερατικός, sacerdotal. Voyez Hiéroglyphes.

— **HIÉRATIQUE** (Style). C'est, dans l'histoire de l'art grec, l'imitation de l'ancien style de sculpture grecque qui jusqu'à l'époque romaine fut en usage pour certains objets et certains sujets. Ce sont surtout des offrandes pour les temples, que l'on façonnait dans ce style compassé et exagevé. Ottfried Müller se sert indifféremment des termes *archaïstique* et *hiératique*. D'autres, Welcker notamment, ne se servent dans ce sens que du premier de ces termes, et entendent par sculptures *hiératiques* celles qui sont véritablement d'une antiquité très-reculée.

HIÉROCLÈS. On fait monter jusqu'à plus de quinze le nombre des personnages de ce nom, la plupart d'une très-équivoque renommée : nous citerons seulement les plus célèbres.

HIÉROCLÈS de Bithynie, juge d'abord à Nicomédie, vivait sous Dioclétien; sophiste déchaîné contre les chrétiens, au besoin il eût été leur bourreau. Il opposait aux miracles de Jésus-Christ ceux d'Apollonius de Tyane, et écrivit à ce sujet un livre intitulé *Philaletès, ou l'ami de la vérité*. Eusèbe et Lactance, dans leur traité des *Institutions divines*, ruinèrent avec les armes de la foi et de la logique les arguments du Bithynien.

HIÉROCLÈS, célèbre philosophe éclectique du commencement du cinquième siècle de notre ère, était chef d'école à Athènes sous Théodose le jeune. L'éloquence de Socrate était sur ses lèvres, l'âme ferme du maître battait dans son sein; il croyait à la préexistence des âmes. De ses nombreux ouvrages *Sur la Providence*, *le Destin* et *Le libre Arbitre*, de ses *Économiques*, de ses *Maximes des Philosophes*, etc., il ne reste que de courts fragments; son *Commentaire seul sur les vers dorés de Pythagore* nous est parvenu en entier.

Des autres personnages de ce nom, nous citerons ici les moins obscurs : HIÉROCLÈS l'orateur, né à Alabande, en Carie; HIÉROCLÈS auteur du livre *Historiæ*, etc., ou *Les Amateurs de fables*; HIÉROCLÈS philosophe stoïcien, né à Hyllarium, en Carie, HIÉROCLÈS jurisconsulte, HIÉROCLÈS grammairien du huitième siècle, enfin, un HIÉROCLÈS auteur du livre *Facetiæ*.   DENNE-BARON.

HIÉRODULE (en grec ἱερόδουλος; de ἱερός, sacré, et δοῦλος, esclave), esclave attaché au service des temples. Dans l'antiquité, on désignait par cette expression générique tous les individus attachés à un titre quelconque au service du temple consacré à une divinité, et dans un sens plus restreint ceux-là seuls qui y remplissaient certaines fonctions inférieures, et qui avec leurs descendants étaient à toujours consacrés à ce temple. Le nombre des *hiérodules* dans les temples de la Syrie, de la Phénicie et de l'Asie Mineure ne laissait pas que d'être considérable. Dans la Comana de Cappadoce Strabon en rencontra 6,000, et 3,000 à Morimène. C'étaient pour la plupart des esclaves du sexe féminin, qui pour un faible présent, s'étaient livrées au dieu qu'elles servaient; et c'est à elles surtout qu'on appliquait cette qualification de *hiérodules*. Chez les Grecs l'organisation des hiérodules avait quelque chose de plus digne et de plus moral, sauf certaines exceptions, comme à Corinthe et à Samos. Les hiérodules de Vénus Érycine en Sicile étaient surtout célèbres. L'art représente les hiérodules du sexe féminin dansant sur la pointe des pieds, les bras levés en l'air, vêtues d'une robe très-courte et transparente, avec une couronne bizarrement tressée sur la tête, dont les cheveux sont enroulés et ne forment qu'un seul nœud.

HIÉROGLYPHES (du grec ἱερός, sacré, et γλυφή, gravure). On appelle ainsi les caractères de l'écriture figurée des Égyptiens, dont la signification, autrefois d'une obscurité proverbiale, n'est devenue peu à peu intelligible que depuis les découvertes de Champollion. Par *écriture hiéroglyphique* on n'entend désigner, suivant l'étymologie grecque du mot, que l'écriture sacrée incrustée sur les monuments; et en effet, c'était surtout, pour ne pas dire exclusivement, une écriture monumentale différant de l'écriture cursive en usage pour les livres.

Les Égyptiens employaient quatre écritures différentes, tantôt toutes à la fois, et tantôt l'une après l'autre, à savoir : l'écriture *hiéroglyphique* ou sacrée, l'écriture *hiératique*, l'écriture *épistolographique*, *enchorique* ou *démotique*, l'écriture *copte*. Les trois premières étaient des écritures indigènes. Hérodote et Diodore n'en comptent que deux : l'écriture sacrée (ἱερὰ γράμματα), et l'écriture populaire (δημοτικὰ ou δημώδη γράμματα); l'inscription de Rosette et celle de Turin ne font également mention que de deux espèces d'écritures : l'écriture sacrée et l'écriture vulgaire (ἐγχώρια γράμματα). Saint Clément d'Alexandrie est le premier qui distingue trois espèces d'écritures; il nomme l'une l'*écriture sacrée sur pierre* (γράμματα ἱερογλυφικά), l'autre l'*écriture sacerdotale* (ἱερατικά) et la troisième *écriture épistolaire* (ἐπιστολογραφικά). Comme dans l'usage actuel on a emprunté à saint Clément les dénominations de la première et de la seconde de ces écritures, il eût été plus juste de nommer aussi avec lui la troisième *écriture épistolographique*, pour laquelle on a adopté à peu près généralement aujourd'hui, d'après Hérodote, la dénomination d'*écriture démotique*, quoique dans la division de cet auteur, l'écriture intermédiaire hiératique, si elle n'était pas complètement omise, devait du moins être comprise dans l'écriture démotique.

L'*écriture hiéroglyphique*, appelée dans les inscriptions hiéroglyphiques elles-mêmes *écriture des paroles divines*, était la plus ancienne; et vraisemblablement c'était à l'origine la seule écriture des hiéroglyphes. Les signes, ou caractères, sont plus ou moins des images fidèles d'objets visibles, de toutes espèces. Ces caractères sont ou incrustés dans les monuments, ou gravés en relief sur leur surface; mais le plus souvent on les trouve combinés dans les grandes sculptures murales, parce que, comme les figures des représentations elles-mêmes, ils ont été exécutés en relief et en creux. L'usage était en outre, quand il s'agissait d'une plus riche ornementation, d'exécuter tous les caratères en couleur sur des murailles polies. Ils sont tracés tantôt de plusieurs couleurs, tantôt d'une seule, ou encore simplement esquissés. L'écriture sacrée était fréquemment employée aussi pour les rouleaux de papyrus, mais uniquement pour les textes sacrés, notamment pour le Livre des morts ou quelques-uns de ses chapitres, qu'on avait coutume de placer à côté de la momie dans son tombeau. Les hiéroglyphes y sont généralement de la forme la plus simple, des esquisses, comme il convenait au style des textes. Le goût tout particulier des Égyptiens pour la partie caractéristique du dessin s'y produit encore d'une manière plus frappante que dans les images exécutées.

L'*écriture hiératique* ou *sacerdotale* fut sans doute appelée ainsi pour la distinguer de l'écriture épistolographique ou profane, parce qu'à une époque postérieure elle fut employée de préférence par les prêtres seulement en écriture sacerdotale. Précédemment, surtout avant que s'introduisît l'usage de l'écriture épistolographique, elle était aussi la seule écriture employée pour les actes écrits de la vie civile; et dès lors elle devait servir non-seulement pour le dialecte sacré, mais encore pour le dialecte populaire. C'est surtout une écriture de livres; ce n'est que par exception qu'on la trouve employée sur les monuments. D'après les formes de ses signes ou caractères, c'est essentiellement une abréviation tachygraphique de l'écriture hiéroglyphique; d'où il est résulté qu'on a perdu en grande partie la connaissance de la signification des images primitives, quoique la connexion soit évidente, pour peu qu'on compare les divers signes répondant aux hiéroglyphes. Les premiers essais de cette écriture hiératique cursive se trouvent dans les plus anciens monuments de l'antique Égypte qui soient parvenus jusqu'à nous, à savoir sur les blocs des Pyramides de Gizeh et dans les tombeaux qui les avoisinent.

L'*écriture épistolographique* ou *démotique*, provenue directement de l'écriture hiératique, est une abréviation encore plus grande de ces caractères, qui le plus généralement y ont pris une forme toute conventionnelle, et trahissant à peine son origine. On n'en peut suivre l'usage que jusqu'à l'époque des Psammétiques, la 26ᵉ dynastie mané-

HIÉROGLYPHES

thonienne, au septième siècle avant J.-C. Les grands changements politiques survenus à cette époque semblent avoir fait eprouver le besoin de rendre autrement susceptible d'être écrite la langue de la vie commune, qui s'était de plus en plus éloignée de l'ancienne langue écrite du dialecte sacré; et comme l'écriture hiératique était exclusivement réservée à l'usage des prêtres et des savants, pour la littérature sacrée et l'antique dialecte dans lequel elle était écrite, on s'habitua à employer cette écriture, très-simple dans ses signes de même que limitée à un très-petit nombre de signes usuels, pour tous les actes de procédures, contrats, lettres et autres documents écrits. On ne la rencontre guère que sur les rouleaux de papyrus; toutefois, le texte intermédiaire de l'inscription de Rosette, où on la trouve aussi gravée sur pierre, est une des exceptions les plus connues.

Ces trois écritures demeurèrent toutes en usage jusque dans les premiers siècles de l'ère chrétienne. Mais lorsque le christianisme se répandit toujours davantage en Égypte, amenant à sa suite la littérature ecclésiastique grecque, on commença aussi à se servir de l'alphabet grec pour les ouvrages chrétiens écrits en langue égyptienne, en y ajoutant, pour les sons particuliers à l'égyptien, six caractères empruntés à l'écriture hiératique. Cette écriture, employée par les Coptes, est appelée *écriture copte*.

Le déchiffrement de l'écriture indigène, et notamment de l'écriture hiéroglyphique, a été à bon droit proclamée par Niebuhr l'une des plus grandes découvertes de notre siècle. Elle a donné naissance à une science vaste et nouvelle, et elle a exercé la plus décisive influence sur les autres branches de l'archéologie, attendu qu'elle nous a mis en état d'acquérir successivement la connaissance de la plus antique civilisation du monde et de celle qui ait duré le plus longtemps. Le domaine de l'histoire scientifique a pu être reporté à plus de 2,000 ans en arrière de l'époque où il s'arrêtait précédemment; et désormais l'histoire d'Égypte formera le cadre obligé de toutes les autres histoires de l'antiquité. La découverte de l'inscription de Rosette, à l'époque de l'expédition de Bonaparte (1799), est le premier fait qui ait pu inspirer l'espoir fondé de parvenir un jour à déchiffrer les hiéroglyphes. Elle contenait un triple texte en caractères hiéroglyphiques, démotiques et grecs. Du dernier de ces textes, il résultait qu'elle contenait un seul et même décret en faveur de Ptolémée Épiphane, rédigé par les prêtres égyptiens dans la 9e année du règne de ce prince, l'an 196 av. J.-C., et que les prêtres ordonnaient d'exposer dans tous les temples de Ptolémée. Cette pierre, dont on comprit tout aussitôt l'importance, fut d'abord déposée à l'Institut du Caire, puis transportée à Londres avec tous les autres monuments de l'expédition scientifique d'Égypte, que le sort des armes fit tomber aux mains des Anglais; et elle fait aujourd'hui partie de la collection du *British Museum*. On s'empressa d'en multiplier les copies, et le texte en fut pour la première fois publié en 1803, par les soins de la Société des Antiquaires de Londres. Mais on ne parvint pas à déchiffrer les hiéroglyphes aussi vite qu'aurait pu le faire espérer l'existence en trois écritures de cette inscription. La difficulté était double. D'abord le texte hiéroglyphique n'était pas complet. Toute la partie supérieure en avait été brisée; et il a été prouvé depuis que, outre les premières des quatorze lignes hiéroglyphiques, dont pas une seule n'était complète, il en manquait complètement tout autant. En second lieu, ce qui rendait toute comparaison très-difficile, c'est que les divers caractères ou signes n'avaient point, ou du moins n'avaient pas toujours de valeur alphabétique, mais ils exprimaient souvent des mots tout entiers, de sorte qu'il y avait impossibilité de faire marcher de front le travail de comparaison. Le texte en écriture démotique se trouvait en bien meilleur état de conservation; il n'y manquait qu'un coin; aussi les savants s'en occupèrent-ils plutôt que du texte hiéroglyphique.

Le premier qui tenta cette opération fut Sylvestre de

DICT. DE LA CONVERS. — T. XI.

Sacy, qui communiqua dans sa *Lettre au citoyen Chaptal* (alors ministre de l'intérieur), publiée dès 1802, les résultats de la comparaison qu'il avait faite des textes grec et enchorique. Il estimait que l'écriture hiéroglyphique était entièrement idéographique ou écriture de mots; que l'écriture hiératique, qu'il avait bien reconnue dans d'autres inscriptions, constituait une écriture syllabique ou alphabétique; enfin, que l'écriture enchorique était complètement alphabétique, sans que d'ailleurs il lui fût possible d'en lire les divers caractères. Mais il constata que les trois écritures devaient se lire de droite à gauche, et il sépara parfaitement du texte courant un certain nombre de groupes contenant les noms de Ptolémée, César, Arsinoé, Alexandre, etc.

Le diplomate suédois Akerblad, dans sa *Lettre au citoyen Sylvestre de Sacy, sur l'inscription égyptienne de Rosette*, fit faire un second et plus important progrès à l'art de déchiffrer les hiéroglyphes. Il ne s'en tint pas à séparer les groupes entiers, mais il les réalisa et détermina la valeur phonétique des divers signes dans les noms de Ptolémée, Arsinoé, Alexandre, Bérénice et six autres encore. L'alphabet qu'il en constitua était au total exact. Il avait en outre positivement reconnu dans le texte hiéroglyphique divers noms de nombre. En réalité, c'est donc lui qui le premier parvint à déchiffrer les caractères égyptiens. Mais l'œuvre en resta là.

L'*Analyse de l'inscription de Rosette*, publiée en 1804 par le comte Panin, manqua complètement le but que l'auteur avait eu en vue, parce qu'il partit de cette fausse supposition que l'inscription hiéroglyphique s'était conservée en entier, et parce qu'en conséquence il compara la première ligne du texte grec avec la première ligne encore subsistante du texte hiéroglyphique. Il l'interprétait donc de telle façon, qu'au lieu du nom de Ptolémée, par exemple, il lisait ces mots : *Afin qu'il soit connu*. Les tentatives faites par Sickler, Bailey, Spohn, etc., ne furent guère plus heureuses. L'essai publié seulement en 1808 par Quatremère de Quincy sous le titre de *Recherches critiques et historiques sur la langue et la littérature de l'Égypte*, où il prouvait que la langue copte est tout à fait la même que l'ancienne langue égyptienne, fut un travail autrement important. De 1809 à 1813 avait paru la vaste *Description de l'Égypte*, ce glorieux fruit de l'expédition de Bonaparte; mais elle demeura un portrait sans lumière, sans ombre et sans perspective, parce que les innombrables inscriptions qui lui servaient de commentaire et pouvaient expliquer le tout dans son ordre historique demeuraient encore inintelligibles.

C'est en 1819 que l'attention fut pour la première fois attirée de nouveau sur ces importantes recherches par un article du célèbre physicien Young, dans un supplément à la première partie du 4e volume de l'*Encyclopædia Britannica*. Dans cet important article *Égypte*, la découverte d'Akerblad était appliquée du texte démotique au texte hiératique. On y prouvait de la manière la plus ingénieuse, au moyen de l'écriture hiératique placée entre les deux, que les divers signes dans les figures hiéroglyphiques de noms répondaient aux signes déjà connus des groupes de noms en écriture démotique. Le Dr Young obtint ainsi un petit alphabet hiéroglyphique, à l'aide duquel il essaya d'expliquer une suite de figures hiéroglyphiques de rois toutes différentes. Cette tentative lui réussit en général; mais elle fut si défectueuse dans les applications particulières, qu'il lisait plusieurs figures d'une manière tout à fait erronée, par exemple Arsinoé au lieu d'Autocrator, Évergète au lieu de César, etc.

Champollion, qui dès 1807 avait fait une étude toute particulière de l'Égypte, connaissait sans aucun doute l'article du Dr Young; et il semble que ce soit ce travail qui l'ait porté à faire de nouvelles tentatives pour arriver à déchiffrer les hiéroglyphes. En 1821 il fit paraître une brochure d'une rareté extrême, parce qu'il la mit à quelque temps de là presque tout entière au pilon. Elle était intitu-

6

léo : *De l'écriture hiératique des anciens Égyptiens*, et il y prouvait que si l'écriture hiéroglyphique, comme cela avait été généralement admis jusque alors, même par Young, à l'exception des noms propres, n'était qu'une écriture idéographique de mots, il fallait en dire autant de l'écriture hiératique, puisque les papyrus de morts qu'il avait examinés correspondaient signe pour signe dans les deux écritures, tandis qu'auparavant il semblait plus vraisemblable aux savants que cette dernière écriture pouvait être syllabique. Mais les progrès les plus décisifs dans le déchiffrement des hiéroglyphes n'eut lieu que l'année suivante, en 1822, à la suite de la publication de sa fameuse *Lettre à M. Dacier*, dans laquelle, au moyen de l'analyse d'une suite de noms de rois, il dressait un alphabet hiéroglyphique presque parfait, quoique encore un peu restreint, s'appliquant de la manière la plus évidente partout où revenaient les mêmes signes. Quoique ce brillant résultat ne parût à certains égards qu'une rectification et une extension de la découverte si ingénieuse du Dr Young, qui déjà en partie attribué aux signes isolés la même signification, il en différait cependant essentiellement, parce que Champollion y suivait une voie tout autre, aussi simple et directe, par conséquent aussi sûre et aussi féconde que celle de son prédécesseur était difficile et ingénieuse, mais par cela même peu sûre et n'atteignant que partiellement son but. Champollion fut secondé dans cette occasion par une circonstance particulièrement favorable. En 1815 Banks avait déterré dans l'île de Philæ un obélisque qu'en 1821 il fit transporter avec son piédestal en Angleterre, et qu'il fit dresser dans son domaine de Kingston-Hall, comté de Dorset. La même année il publia les inscriptions hiéroglyphiques de cet obélisque et l'inscription grecque de la base qui en dépendait. Cette dernière contenait une lettre du prêtre d'Isis de Philæ à Ptolémée Évergète II, à Cléopâtre sa sœur, et à Cléopâtre son épouse. Il était donc naturel de supposer l'existence des mêmes noms dans les inscriptions hiéroglyphiques. Or, quoiqu'on supposât à tort qu'il existait un rapport entre l'inscription grecque et l'inscription hiéroglyphique, ayant trait toutes deux, il est vrai, au même roi, mais appartenant à des années différentes de son règne, il existait cependant en réalité sur l'obélisque, outre le nom de Ptolémée, déjà lu dans l'inscription de Rosette, la figure de Cléopâtre; et Banks inscrivit déjà lui-même ces noms à côté de la figure exacte sur l'exemplaire qu'il envoya à Champollion. Celui-ci basa alors sur la même présomption son analyse comparative des deux noms. Il se rencontra par hasard et fort heureusement que les deux noms PTOLE*maios* et ΑLΕΟ-PATrΑ contenaient cinq lettres pareilles, et qu'en outre l'*a* se répétait dans le deuxième nom. La démonstration était si simple, qu'il ne pouvait pas rester le plus léger doute sur l'exactitude de la leçon lue, bien qu'il restât encore à triompher de quelques objections. Ces deux noms fournissaient donc un alphabet de onze signes phonétiques, qui s'augmentèrent bientôt considérablement par des applications ultérieures de ce même alphabet aux noms d'Alexandre, de Bérénice et de beaucoup d'autres. Ainsi se trouva fixée et bientôt reconnue par les érudits les plus éminents, tels que Sylvestre de Sacy, Niebuhr, G. de Humboldt, la base de toutes les découvertes qui devaient se succéder rapidement sur ce terrain.

Mais même dans sa *Lettre à M. Dacier* Champollion avait si peu reconnu le véritable organisme de tout le système des hiéroglyphes, qu'il partageait toujours avec Young et autres l'opinion erronée que la signification phonétique des hiéroglyphes isolés se bornait uniquement aux noms propres, et que le reste du texte courant se composait de signes purement idéographiques. Il n'abandonna cette idée que dans son ouvrage suivant, son *Précis du système hiéroglyphique* (Paris, 1824), où il démontra que l'alphabet trouvé au moyen des noms pouvait s'appliquer à tous les autres groupes où se trouvaient les mêmes signes. Mais c'est dans sa *Grammaire Égyptienne*, publiée seulement en 1836, après sa mort, que se trouvent les derniers et les plus complets résultats de ses recherches philologiques. Dans cet ouvrage il entreprit d'exposer tout le système de l'écriture hiéroglyphique et les traits principaux de la langue qui y est déposée, en donnant pour preuves des exemples nombreux tirés des inscriptions les plus diverses de toutes les époques.

Dans sa *Lettre à M. Rosellini sur l'alphabet hiéroglyphique*, insérée au tome IXe des *Annales de l'Institut archéologique* (Rome, 1837), Lepsius fit faire un progrès de plus à l'intelligence exacte et méthodique du système d'écriture égyptienne, en divisant en diverses classes l'alphabet phonétique qui dans la Grammaire de Champollion se compose de 234 signes, et en ne reconnaissant qu'un nombre de 34 hiéroglyphes pour constituer la partie purement et exclusivement phonétique. La première partie de l'ouvrage de Bunsen intitulé : *La place qu'occupe l'Égypte dans l'histoire du monde* (Hambourg, 1845) contient encore un aperçu plus général de la matière coordonnée suivant les principes acquis. La partie lexicologique de la connaissance des hiéroglyphes a aussi été notablement enrichie par les ouvrages de Rosellini, de Salvolini, de Leemans, de Hincks, et tout récemment par les traductions de textes plus étendus qu'ont données Birch et de Rougé.

Les recherches sur l'écriture hiératique se rattachent pour la plupart à l'écriture hiéroglyphique. Mais depuis Silvestre de Sacy et Akerblad les déchiffrements démotiques ont été avancés surtout par Young, qui a donné une large base pour toutes les recherches ultérieures sur ce terrain de l'hiéroglyphique, plus éloigné par le temps, le dialecte et les sources. Il faut surtout citer à cet égard sa traduction interlinéaire de l'inscription de Rosette et de plusieurs papyrus démotiques dans la *Hieroglyphics collected by the Egyptian Society* (Londres, 1823) et dans ses *Rudiments of an Egyptian Dictionary*, publiés d'abord comme annexe à la grammaire copte de Tattam (1830), puis séparément (1831). Après les diverses dissertations de Champollion, de Salvolini, de Lepsius, de De Sauley, il faut encore mentionner l'importante publication faite par Leemans, dans les *Monuments Égyptiens de Leyde* (Leyde, 1839), d'un grand papyrus démotique contenant une foule de devises grecques. Dans ces derniers temps ces différents travaux ont trouvé un habile exploitateur dans Brugsch, qui a déjà publié sur ce sujet plusieurs ouvrages, parmi lesquels on doit plus spécialement citer les dissertations intitulées *Scriptura Ægyptiorum demotica* (Berlin, 1848), *Numerorum demoticorum Doctrina* (1849), et *Collection de Documents démotiques* (t. Ier, 1850). N'oublions pas non plus de dire que la science hiéroglyphique fondée par Champollion a de tout temps rencontré des adversaires, et parfois de très-violents contradicteurs, parmi lesquels il faut nommer surtout Klaproth, Palin, Janelli, Williams, Goulianof, Seechi, Seyffarth et Uhleman, dont les modes de déchiffrement ont aussi peu de rapports entre eux qu'avec le système de Champollion, sauf celui du dernier de ces auteurs, qui adopte complétement le système de Seyffarth.

Toute écriture a pour point de départ une écriture d'images ou d'idées, et, dans les degrés ultérieurs de son développement, se rapproche toujours davantage de l'écriture phonétique purement alphabétique. La langue mexicaine d'images pouvant à peine être qualifiée d'écriture, dans le sens rigoureux de ce mot, l'écriture chinoise d'une part, et les écritures européennes de l'autre, nous représentent de la manière la plus complète les deux points extrêmes de tout le développement de l'écriture. Les écritures syllabiques en forment le degré intermédiaire le plus important. L'écriture égyptienne se distingue de toutes les autres par cette circonstance que dans son remarquable organisme elle contient tous les degrés à la fois dans des rapports à peu près égaux. Son point de départ fut une écriture idéographique de mots, et successivement elle se développa jusqu'aux signes purement phonétiques dans lesquels les consonnes et les voyelles paraissent séparées sans pour cela renier jamais son origine idéographique ou subordonner seulement les éléments idéographiques aux éléments acquis postérieurement.

La première classe des hiéroglyphes, celle des signes idéographiques ou représentant des idées, se subdivise : 1° en signes se rapprochant plus ou moins directement des objets qu'il s'agit de désigner ; 2° en signes désignant symboliquement ou par voie d'allusion des idées abstraites ou bien des objets difficiles à représenter. A ces deux divisions se rattache 3° la série des signes déterminatifs, qui ne se prononcent point et ne servent qu'à mieux désigner un mot précédent ou bien la classe de mots à laquelle il appartient, par exemple le cercle, que doit représenter et signifier le disque du soleil ; à la seconde, le vautour comme symbole de la mère ou bien le plan d'une ville pour signifier ville; à la troisième série, le lion, répété derrière le nom *mui*, ou bien la tige d'une fleur derrière le nom de la plante.

La seconde classe des hiéroglyphes est celle des signes phonétiques. Ceux-ci furent choisis dans la grande masse des hiéroglyphes idéographiques, de telle sorte que le son qu'il s'agissait de désigner fût le son initial du nom de l'objet représenté. Ainsi le hibou, en égyptien *moulag*, représente l'*m*; l'aigle, en égyptien *achom*, l'*a*. Le nombre des hiéroglyphes choisis pour les quinze sons de la langue, dont on pouvait faire usage dans tous les cas où il ne s'agissait que d'écrire des sons isolés, fut limité à trente environ. On se permettait en outre certaines substitutions de signes complétement homophones, afin de pouvoir plus commodément classer les groupes pour l'œil. Plus tard, notamment du temps des Romains, cet alphabet fut encore augmenté de quelques signes.

Enfin, la troisième classe des hiéroglyphes tient le milieu entre les deux premières, ses signes participant des deux natures, tant idéographique que phonétique. Souvent en effet on se servait des hiéroglyphes usités pour certains mots non-seulement dans leur signification phonétique primitive, mais encore pour les lettres initiales des mêmes mots, et on y ajoutait les autres sons de mots tirés de l'alphabet phonétique général. Ainsi la croix ansée, par exemple, servait à désigner le mot *anch*, vie, mais elle ne saurait être employée que comme *a*, parce qu'on y ajoutait pour l'*n* et le *ch* les sons phonétiques tirés de l'alphabet général. Elle ne devient pas de la sorte signe phonétique général, parce qu'elle ne saurait être employée partout où il faut désigner le son *a*, mais seulement au commencement du mot *anch*, qu'à l'origine elle a seul désigné. Mais quelquefois aussi certains signes perdent entièrement leur signification originairement idéographique pour des complexes phonétiques d'une ou de plusieurs syllabes, que l'on peut s'en servir aussi pour d'autres mots ou pour telles de leurs parties qui répètent pour l'oreille le même complexe phonétique. Les équivoques possibles sont alors évités à l'aide de divers moyens, notamment par l'addition de déterminatifs. Mais dans tous les cas où se présentaient aisément des difficultés de désignation idéographique, comme pour les noms étrangers, les flexions grammaticales, etc., on avait coutume de se servir de préférence d'hiéroglyphes purement phonétiques.

L'écriture hiératique et l'écriture démotique contiennent en général les mêmes éléments que l'écriture hiéroglyphique; mais ici, dans l'écriture démotique surtout, la partie idéographique des signes resta toujours de plus en plus en arrière de la partie phonétique.

HIÉROMANCIE (du grec ἱερός, sacré, μαντεία, divination), divination par la voie des sacrifices. Elle était basée, d'abord sur les conjectures tirées de l'extérieur de la victime et de ses divers mouvements, puis sur l'observation des entrailles, le plus ou moins de promptitude avec laquelle la flamme les dévorait, l'aspect des gâteaux, de la farine, du vin, de l'eau, de tous les objets employés dans la cérémonie ; sur la manière enfin de frapper la victime et de la dépecer. Opposait-elle quelque résistance à l'approche de l'autel, fuyait-elle, se dérobait-elle au coup fatal, expirait-elle dans une longue agonie, ou tombait-elle frappée de mort subite avant l'atteinte du couteau sacré, c'étaient là autant de fâcheux présages. Marchait-elle, au contraire, d'elle-même à l'autel, y recevait-elle la mort avec résignation, expirait-elle sans pousser un gémissement, on ne pouvait s'y méprendre : les dieux étaient favorables. On allait jusqu'à lui verser de l'eau dans l'oreille pour en arracher un mouvement de tête exprimant sa satisfaction. La dépeçant avec un couteau, certains tiraient toute sa longueur, on tirait des pronostics des ondulations de la queue. On en tirait d'autres de cette même queue jetée sur le brasier : la chaleur la faisait-elle recourber, c'était mauvais signe ; pendait-elle, ou s'étendait-elle horizontalement, c'était un présage de chute ; s'élevait-elle en ligne droite, c'était un signe de victoire.

Après avoir ouvert les flancs, on passait à l'observation des entrailles, qu'on jetait toujours aux flammes, attendu qu'à la mort de la sibylle de Delphes, ses esprits animaux avaient passé dans les plantes servant de nourriture aux bestiaux, et avaient ainsi transmis aux victimes le don de prophétie. On attribuait de même aux parcelles de la sibylle répandues dans l'air le don des présages par le son. Les entrailles entières, saines, bien proportionnées, d'une belle couleur, étaient un signe favorable ; dans le cas contraire et si elles étaient palpitantes, elles n'annonçaient rien que de fâcheux. La partie principale à observer était le foie (*voyez* HÉPATOSCOPIE.)

Après l'examen du foie, le sacrificateur passait à celui du cœur. Peu volumineux, maigre, avec des palpitations fréquentes, il était d'un fâcheux augure. Son absence totale annonçait quelque funeste événement. Il manquait à deux victimes le jour où César fut assassiné. Après le cœur, le fiel, la rate, les poumons, les membranes enveloppant les entrailles! Un fiel volumineux, facile à déborder, la rencontre de deux fiels, présageaient de violents débats, des combats sanglants, dont l'issue toutefois devait être heureuse. La rate trouvée à sa place ordinaire, pure, saine, ayant sa couleur naturelle, était un signe de succès. Les entrailles glissaient-elles des mains du sacrificateur, s'offraient-elles tachées de sang ou livides, souillées de pustules, déchirées, desséchées, en putréfaction, attaquées par les vers, c'étaient autant de malheurs. Des poumons fondus conseillaient de suspendre toute entreprise commencée ; sains et intacts, ils invitaient à se laisser aller au cours de la fortune. Toutes les parties de la victime présentaient ainsi des présages heureux ou funestes au croyant qui les consultait avec foi. Les temps se modifient, l'homme ne change pas.

HIÉROMNÉMON (d'ἱερός, sacré, μνήμων, contrôleur, gardien, c'est-à-dire président des sacrifices). *Voyez* AMPHICTYONS.

HIÉRON. Il y a eu deux princes syracusains de ce nom.

HIÉRON Ier. G é l o n avait, pendant un règne de dix-sept ans, fondé et affermi la grandeur de S y r a c u s e et de sa propre famille. Il eut pour successeur son frère Hiéron Ier, qui régna onze ans (de 477 à 467). Selon Diodore de Sicile, ce fut un tyran avare, fourbe et cruel. Élien et Pindare le représentent comme un prince incomparable. Xénophon a fait une de ses dialogues sa sagesse et sa vertu. Eh bien, les uns et les autres n'ont pas tort. Au commencement de son règne, en effet, on voit en lui un tyran inquiet et soupçonneux, qui se forme une garde de mercenaires étrangers, et tend des embûches à son frère Polyzèle, dont l'affection lui porte ombrage. Celui-ci va chercher un asile à la cour de Théron, tyran d'Agrigente, qui a été l'ami de Gélon et le compagnon de ses victoires contre les Carthaginois. La guerre éclate entre Syracuse et Agrigente ; mais bientôt les deux frères se réconcilient, et Hiéron recherche l'amitié de Théron. Dès ce moment l'histoire nous montre le tyran de Syracuse sous un tout autre aspect. A la suite d'une maladie grave, il cherche ses délassements dans la société des savants, et prend tant de plaisir à leur entretien, que ce caprice d'un convalescent devient une louable et utile habitude. Dès lors sa cour est le rendez-vous des hommes illustres de l'époque. Les poëtes Bacchylide et Épicharme partagent son intimité. Sa générosité attire près de lui Simonide et Pindare, qui payent ses bienfaits par des éloges immortels. C'est auprès d'Hiéron qu'Eschyle, vaincu par Sophocle, son jeune émule, vient cacher son dépit et sa honte. En montant sur le trône, ce prince avait réuni à Syracuse Géla et quatre villes de sa dépendance. Il soutint plusieurs guerres heureuses et justifiées par une généreuse politique; il délivra les Agrigentins du tyran Trasydée et leur rendit la liberté; il protégea l'indépendance de Cumes, ville de Campanie, menacée par les Tyrrhéniens. Suivant une pratique dont l'antiquité offre de fréquents exemples, il transplanta les habitants de Naxos et de Catane de leur ville natale dans celle de Léontium; puis il repeupla Naxos et Catane par une colonie de 5,000 Syracusains et de Grecs qu'il avait appelés du Péloponnèse. Il mourut en 467, à Catane, qu'il avait fondée : les habitants lui décernèrent les honneurs héroïques, espèce d'apothéose semblable à celle que les Romains accordèrent, dans la suite, à leurs empereurs. Hiéron Ier avait vu proclamer son nom parmi les vainqueurs aux jeux olympiques. Thémistocle, plus sévère, aurait voulu lui interdire l'entrée de Pise. « Il n'est pas juste, disait-il, que celui qui n'a rien fait pour la Grèce pendant la guerre médique participe à ces jeux. »

HIÉRON II. Pendant la tyrannie d'Agathocle, les Syracusains, qui viennent d'être humiliés par Pyrrhus, roi d'Épire, se jettent dans les bras d'Hiéron II, rejeton de l'ancienne famille royale. Proclamé d'abord général, il fut élevé, en 269, à la royauté, à la suite d'une victoire sur les *Mamertini* (brigands italiens, qui s'étaient emparés de Messine, et qui l'occupèrent assez longtemps). Son règne, qui dura cinquante-quatre ans, ne fut troublé que par la défaite qu'il éprouva en 264 en combattant les Romains, au commencement de la première guerre punique. Il demanda ensuite la paix, fut reçu dans l'alliance du peuple romain, et la fidélité avec laquelle il observa le traité fut une des causes les plus efficaces du succès des Romains dans cette première lutte contre Carthage. L'an 241, à la fin de cette guerre, il vit la moitié de la Sicile passer de la domination carthaginoise sous celle de Rome. Pendant son long règne, il assura à ses sujets une prospérité sans exemple.

Charles Du Rozoir.

HIÉRONYME, dernier tyran de Syracuse, petit-fils de Hiéron II, lui succéda en 215 avant J.-C. Ses débauches et sa cruauté soulevèrent les Syracusains : au bout d'un an de règne, il fut assassiné. Alors le parti carthaginois triompha dans Syracuse. Il n'en fallut pas davantage pour attirer sur cette république les armes des Romains ; après trois ans de siége, Syracuse succomba en 212. Deux ans après, toute la Sicile était réduite en province romaine. - Charles Du Rozoir.

HIÉRONYMITES, chanoines réguliers, appelés aussi *Jéronymites* ou *Ermites de Saint-Jérôme*, parce qu'ils se vouaient à imiter saint Jérôme dans sa retraite de Bethléem. Leur ordre date de 1373. Leurs statuts étaient puisés dans les écrits de leur patron, et ils suivaient la règle de Saint-Augustin. Au quatorzième siècle, ils étaient déjà nombreux en Espagne et en Italie. On en comptait de cinq espèces : les hiéronymites d'Espagne, ceux des Pays-Bas, qui s'occupaient de l'instruction de la jeunesse, ceux de l'observance, ceux de Lombardie, ceux de la Congrégation de Pierre de Pise, et ceux de la congrégation de Fiesoli. Ce fut Thomas de Sienne qui fonda ceux d'Espagne. Après sa mort, ses disciples passèrent en Italie; les autres se fixèrent à Valence, en Castille, en Portugal. Les Hiéronymites de Castille jouirent de quelque célébrité : leurs monastères servirent de retraite aux Espagnols qui fuyaient la haine de Pierre le Cruel. Au quinzième siècle, leur abbaye de Lupano était la plus considérable de l'ordre; là se tenaient leurs assemblées générales. Le pape Benoît XIII l'exempta de la juridiction des évêques. A Notre-Dame de Guadeloupe, les Hiéronymites faisaient de grandes distributions de blé, formaient de jeunes clercs, et donnaient l'hospitalité aux pèlerins. Ce fut dans leur abbaye de Saint-Just que Charles-Quint se retira après son abdication. Il ne reste plus guère de leurs communautés que celle de Saint-Laurent, attenante à la demeure royale de l'Escurial, créée par Philippe II, et richement dotée, afin de dire des messes pour son âme, bourrelée de remords. Le vêtement de ces religieux consistait en une tunique de drap blanc, un petit capuce et un manteau de même couleur, avec un scapulaire noir. Ceux de l'Orient avaient seuls une robe brune. La congrégation de l'Observance, ou de Lombardie, fut fondée par Loup d'Olmédo, dans les montagnes de Casalla, près de Séville. Pendant quelque temps plusieurs de leurs instituts prohibèrent l'étude des sciences, comme conduisant à l'orgueil. Leur principal monastère en Italie était Saint-Pierre de l'Ospitaletto, aux environs de Lodi. Le prieur se qualifiait de comte de l'Ospitaletto, et avait une partie des pouvoirs épiscopaux. Pierre de Pise créa, vers la fin du quatorzième siècle, à Montebello, dans l'Ombrie, la congrégation qui porte son nom. Elle avait des ermitages dans les provinces d'Ancone et de Trévise, dans le Tyrol et en Bavière. Charles de Montegranelli, de la famille des comtes de ce nom, se retira dans la solitude aux environs de Vérone, et fonda, sur la fin du quatorzième siècle, la congrégation de Fiesoli : elle fut supprimée en 1668. Les Hiéronymites comptaient beaucoup de monastères riches et puissants; la plupart de leurs ordres avaient des armes distinctives. Il y avait aussi des religieuses hiéronymites.

HIÉRONYMITIQUE (Alphabet). *Voyez* CYRILLIEN (Alphabet).

HIÉROPHANTE (du grec ἱεροφάντης, de ἱερός, saint, sacré, et φαίνω, je déclare, je manifeste). C'est ainsi qu'on appelait le grand-prêtre qui présidait aux mystères d'Éleusis, et que toujours on choisissait dans la famille des Eumolpides, dont l'aïeul Eumolpe passait pour avoir été le fondateur de ces mystères en même temps qu'il avait été le premier hiérophante. Pour remplir ces fonctions, il fallait ne plus être de la première jeunesse et être sinon beau, du moins dépourvu de tout défaut choquant de conformation, posséder en outre un organe extrêmement agréable, et sous le rapport de la moralité être complètement irréprochable. Le mariage n'était pas permis aux hiérophantes; mais il n'est pas invraisemblable qu'on choisissait pour ces fonctions des individus déjà mariés, à qui dès lors il demeurait interdit de contracter un nouveau mariage. Dans la célébration des mystères, l'hiérophante représentait le *demi ourgos* ou créateur du monde. C'est à lui seul qu'était confiée la mission de conserver les lois non écrites et de les interpréter, comme aussi d'introduire les néophytes dans le temple d'Éleusis et de les initier peu à peu aux petits et aux grands mystères. Aussi l'appelait-on encore parfois *mystagogue* et *prophète*; et il était absolument interdit de prononcer son nom en présence d'un profane. Dans les cérémonies publiques, c'est lui qui portait la statue richement ornée de la déesse.

HIÉROPHANTIDES ou **PROPHANTIDES**, prêtresses des mystères d'Eleusis.

HIGHLANDERS, habitants des Highlands ou *hautes terres d'Écosse*.

HIGHLANDS, c'est-à-dire *Hautes-Terres*. On appelle ainsi la partie du royaume d'Écosse séparée du pays plat par les monts Grampians. Cette délimitation naturelle fut une des causes principales pour lesquelles les *highlanders* ou habitants des Hautes-Terres ont toujours formé et forment encore une race tout à fait distincte des habitants de la plaine.

HIGHWAYMEN. On appellait ainsi, en Angleterre, les brigands qui autrefois infestaient plus particulièrement les environs de Londres, gens souvent de fort bonne famille et montant des chevaux de prix. L'audace et la courtoisie avec lesquelles ils exécutaient leurs brigandages leur donnaient une certaine couleur romanesque, et les ballades où on célébrait les exploits d'un Claude Duval ou de tel autre *highwayman* fameux, faisaient au commencement du dix-huitième siècle partie des lectures favorites du peuple anglais. Aussi, depuis De Foe et Fielding jusqu'à Bulwer et Ainsworth, les romanciers n'ont-ils pas manqué d'exploiter cette mine féconde. Celui qui arrêtait un *highwayman* recevait de la justice une récompense de quarante livres sterling. Le progrès des mœurs et une meilleure police ont mis depuis longtemps un terme à ces désordres.

HILAIRE (Saint), pape, originaire de l'île de Sardaigne, qui remplaça saint Léon sur le trône pontifical, en 461, avait été archidiacre de l'Église romaine sous son prédécesseur, qui l'avait employé dans les affaires les plus importantes et l'avait nommé son légat au second concile d'Éphèse. Le pontificat d'Hilaire n'a offert rien de bien remarquable. Il déploya un grand zèle pour la foi et pour la conservation de la discipline ecclésiastique, et mourut, le 21 février 468, laissant onze épîtres et quelques décrets.

HILAIRE (Saint), de Poitiers, naquit dans cette ville, vers le commencement du quatrième siècle, de parents nobles. Elevé dans le paganisme, il fit de brillantes études, et voulut lire tous les auteurs païens, juifs et chrétiens. La lecture de ces derniers le rapprocha des hommes qui professaient la foi évangélique. Il la partagea bientôt lui-même, et se distingua par tant d'érudition religieuse, de piété et de vertus, que ses concitoyens, bien qu'il fût marié, l'élevèrent à l'épiscopat, en 350 ou 355. Il se montra un des plus ardents défenseurs du christianisme au concile de Milan, en 355, et à celui de Béziers, en 356. Il y déploya tant de logique et d'éloquence, que les ariens, qu'il combattait, le firent exiler en Phrygie. Appelé au concile de Séleucie, en 359, il y défendit avec beaucoup de chaleur et de talent la consubstantialité du Verbe, contre les demi-ariens et les anoméens. Ses adversaires le firent alors renvoyer dans les Gaules, où il fut reçu à bras ouverts par les fidèles de son diocèse. Il s'occupa sans retard d'obtenir la rétractation de la plupart des évêques de la contrée, qui avaient souscrit le formulaire de Rimini, et de fermer toutes les plaies que son absence avait faites à son église. Rappelé en Italie par Valentinien, il n'y demeura que peu de temps, et vint mourir saintement dans son diocèse, vers l'an 368. L'église honore sa mémoire le 13 janvier. Ses œuvres se composent de 1º douze *Livres sur la Trinité*; 2º un *Traité des Synodes*; 3º un *Commentaire* sur saint Matthieu et sur les Psaumes; 4º trois *Écrits à Constance*, dans lesquels il censure la partialité pour les ariens. Son style, véhément, impétueux, quelquefois obscur et enflé, l'a fait appeler par saint Jérôme le *Rhône de l'éloquence latine*. On lui a attribué sans fondement le *Gloria in excelsis*, le *Te Deum* et le *Pange lingua*.

HILAIRE (Saint), d'Arles, né en 401, de parents nobles et riches, fut élevé par le saint abbé de Lérins, Honorat, son parent. Appelé au siége épiscopal d'Arles, Honorat emmena avec lui Hilaire, qui fut le coopérateur de ses travaux et son successeur. Hilaire assembla plusieurs conciles, entre autres celui d'Orange, par lequel il fit déposer un évêque gaulois nommé *Chélidoine*. Celui-ci en appela au pape saint Léon, qui cassa la décision du concile d'Orange, et retrancha même l'évêque d'Arles de la communion du saint-siége; mais ayant reconnu, par la suite, combien les préventions qu'on lui avait inspirées étaient injustes, le pontife revint sur cette détermination, et le saint prélat mourut dans son diocèse, le 5 mai 449, épuisé par ses travaux apostoliques. Saint Hilaire avait écrit à saint Augustin en 427, avec saint Prosper, pour lui exposer les erreurs des semi-pélagiens. Saint Augustin lui adressa pour réponse ses livres de la *Prédestination* des saints et du don de la *Persévérance*. Plusieurs des ouvrages de saint Hilaire ne sont point parvenus jusqu'à nous. L'éloge de saint Honorat, qui est au nombre de ceux qui nous sont restés, fait vivement regretter cette perte. L'Église célèbre sa fête le 5 mai.

HILARIANT (Gaz). *Voyez* AZOTE.

HILARION (Saint), fondateur de la vie monastique dans la Palestine, naquit vers 290, à Tabathe, aux environs de Gaza, de parents païens, qui l'envoyèrent étudier à Alexandrie. Ayant embrassé le christianisme, il alla rejoindre saint Antoine dans la Thébaïde. Après quelque temps de séjour auprès du cénobite, il revint dans sa patrie, avec quelques moines, partagea sa fortune entre ses frères et les pauvres, puis se retira dans une affreuse solitude, où il créa un grand nombre de monastères. Quand il ne s'abandonnait pas à la méditation, il se livrait au travail des mains. Le bruit de ses vertus attirant auprès de lui une multitude d'admirateurs, il dut s'arracher à sa cellule, parcourut les déserts de l'Égypte, et passa en Sicile, en Dalmatie, dans l'île de Chypre, où il mourut, en 371. Il refusait tous les dons que lui offraient ceux qui croyaient devoir leur guérison à l'intercession de ses prières, et leur conseillait d'en réserver le produit pour les pauvres.

HILARODE, HILARODIE, HILARO-TRAGÉDIE. L'hilarode était un poète grec, chantant des vers plaisants, moins libres toutefois que les pièces ioniques. Ils furent plus tard appelés *Simodes*:, on les introduisait dans les chœurs de la tragédie et dans les intermèdes du théâtre.

L'*hilarodie* était la pièce de vers faite ou chantée par l'*hilarode*. Ce fut dans le principe une chanson badine, qui se développa ensuite, et devint une espèce de drame, tenant le milieu entre la comédie et la tragédie. Quelques auteurs y voient l'origine de la parodie.

L'*hilaro-tragédie* était, au contraire, une espèce de *tragi-comédie*, dont la catastrophe était heureuse et faisait passer le héros du comble de l'infortune au comble du bonheur. Suidas en attribue l'invention à Rhinton, poète comique de Tarente, d'où lui serait venu le nom de *Rhintoniæ fabulæ*.

HILDBOURGHAUSEN, ancienne capitale du duché de Saxe-Hildbourghausen, et depuis 1826 dépendance du duché de Saxe-Meiningen, appelée dans les vieilles chartes *Hitperthusia* ou *Villa Hilperti*, et située sur les rives de la Werra, se compose de la vieille ville et de la nouvelle ville et de deux faubourgs, et compte environ 4,500 habitants. Elle est encore aujourd'hui le siége de diverses autorités administratives, et elle possède un gymnase, un séminaire pédagogique, auquel est adjoint depuis 1843 une école de sourds-muets, une école d'arts et métiers, une maison de fous, un hospice d'orphelins et une maison de correction. Le château ducal est entouré d'un beau parc. La tradition attribue la fondation de la ville de Hildbourghausen à l'un des rois francs, Childebert, fils de Clovis. La ville neuve fut fondée par des réfugiés français attirés par le duc Frédéric-Ernest 1er, à la suite de la révocation de l'édit de Nantes.

HILDEBERT DE TOURS, scolastique et hymnographe latin, né en 1057, à Lavardin, étudia sous Grégoire de Tours, à l'abbaye de Cluny, devint ensuite professeur à l'école du chapitre du Mans, puis évêque de cette ville, en 1097. L'hérétique Henri, qui niait la présence réelle dans l'eucharistie et rejetait le baptême des petits enfants, les prières pour les morts, l'adoration de la croix, le culte des reliques et la croyance au purgatoire, ayant rempli le diocèse de ses prédications fanatiques, Hildebert l'en chassa avec ses sectaires, et réussit à maintenir dans son troupeau l'unité de la foi. Nommé archevêque de Tours, suivant les uns en 1125, selon d'autres en 1129, il mourut en 1134. C'est un des hommes qui ont le plus honoré le douzième siècle, et ses ouvrages témoignent d'une instruction aussi variée que profonde. Il fut le premier en Occident qui essaya de ramener la dogmatique à un système unique, devant servir de base à tous les systèmes subséquents. Saint Augustin le guide qu'il prit pour ce travail. C'est dans ses ouvrages que le mot *transsubstantiation* se trouve employé pour la première lois. Comme philosophe, Hildebert, qualifié tantôt de *saint*, tantôt seulement de *vénérable*, unissait l'originalité de la pensée à un coup d'œil clair et rapide, à un jugement remarquablement sain. Il n'y a rien dans les productions de son siècle à comparer à ses poésies latines, la plupart rimées suivant le goût de l'époque. Ses œuvres, qui se composent de ces poésies, de lettres et de sermons, ont été publiées par Beaugendre (in-folio, Paris, 1708). Le latin d'Hildebert est laconique mais clair, et ne manque pas d'une certaine élégance.

HILDEBRAND. *Voyez* GRÉGOIRE VII.

HILDEBRANDT (FERDINAND-THÉODORE), l'un des artistes les plus célèbres de l'école de Dusseldorf, né le 2 juillet 1804, à Stettin, se consacra à l'art depuis 1810, à Berlin, sous la direction de W. Schadow, qu'il suivit à Dusseldorf en 1826. Dans la suite, il devint lui-même professeur à l'académie de Dusseldorf, où il a formé un assez grand nombre d'élèves. Ses ouvrages les plus importants, qui ont contribué à donner à l'école de Dusseldorf le type qui lui est propre, sont *Faust* (1825), et un *Roi Lear pleurant la mort de Cordélia* (1826), dont la figure principale, pénétrée de la plus profonde douleur, est le portrait de l'acteur Ludwig Devrient; *Le Guerrier et son fils enfant* (1832) ; *Les Enfants d'Édouard*, toile dont la popularité est devenue tout aussitôt si grande en Allemagne, et dont la gravure a multiplié la reproduction ; *Othello racontant ses aventures au sénateur et à Desdémone* (1848). En 1850 il a fait une copie admirable de la *Mort de saint François* par Rubens. Sa dernière grande toile est *Le Roi Lear*, dans la 7ᵉ scène du IVᵉ acte, où il recouvre la raison à la vue de Cordélia. La manière de cet artiste se rapproche jusqu'à un certain point de celle de Rembrandt et de ses élèves; seulement il ne cherche point des contrastes si tranchés. Son coloris brille par la chaleur, la finesse et la fraîcheur.

HILDEGARDE. Ce nom a été porté par une impératrice et par une sainte. L'une, fille du comte de Souabe Hildebrand, épousa, en 772, Charlemagne, qui venait de répudier Désidérate, fille de Didier, le dernier roi des Lombards. Ce mariage fut longtemps considéré comme illégitime : il scandalisa tant Adelard, petit-fils de Charles Martel et cousin de Charlemagne, qu'il abandonna la cour et alla se faire moine à Corbie. Hildegarde, qui mourut à Thionville, en 785, le 30 avril, laissa, entre autres enfants, Charles, qui fut roi d'Austrasie; Pépin, qui fut roi d'Italie; Louis le Débonnaire, qui succéda à son père comme empereur; Bothrude, Berthe et Hildegarde.

Sainte Hildegarde, abbesse du monastère de Saint-Rupert, près de Bingen, sur les rives du Rhin, née vers l'an 1100, morte en 1178, a laissé quelques ouvrages mystiques, dont la vogue fut très-grande, et qui ont été imprimés à Cologne en 1566.

HILDESHEIM, principauté qui appartenait autrefois au cercle de la basse Saxe, et qui fut jusqu'en 1802 un évêché relevant immédiatement de l'Empire. Elle confine aux territoires de Calenberg, de Lunebourg, de Brunswick et de Halberstadt, comprend à peu près 200 kilomètres carrés, avec environ 153,000 habitants, et forme une partie du cercle provincial du royaume de Hanovre, auquel elle donne son nom, et dont dépendent encore les principautés de Gœttingue et de Grubenhagen, ainsi que le comté de Hohenstein; de sorte que ce cercle a en totalité une superficie de 560 kilomètres carrés, avec 360,000 habitants. La principauté de Hildesheim est la province la plus fertile du Hanovre, et se distingue particulièrement des autres parties de ce royaume par l'uniforme bonté de son sol. La Leine, l'Innerste, la Fuse et l'Oker, la parcourent en tous sens; on ne trouve de montagnes que dans sa partie méridionale, notamment des ramifications du Hartz et de la Doister, avec ses appendices. La majorité des habitants est catholique; mais l'Église évangélique domine dans les villes; beaucoup de juifs habitent aussi cette principauté. Outre l'extraction de la pierre et de la chaux et le travail des mines, l'agriculture et l'élève des bestiaux, les salines, la culture du tabac, le commerce du bois et de la houille sont les principaux moyens d'existence de la population; *Hildesheim* et *Goslar* sont les plus grandes villes du pays. L'évêché d'Hildesheim doit son origine à Charlemagne, qui le fonda en 796, à l'effet de contribuer à la conversion des Saxons, et qui lui assigna pour diocèse les douze cantons méridionaux des Ostfaliens. Aux termes de la paix de Lunéville et du récez de l'Empire en date du 25 février 1803, qui en fut la conséquence, la principauté et l'évêché de Hildesheim furent adjugés à la Prusse. En 1807, un décret impérial, rendu conformément aux conventions de la paix de Tilsitt, les comprit dans le nouveau royaume de Westphalie. Les forces alliées en prirent possession en novembre 1813, au nom du Hanovre, à qui le congrès de Vienne les adjugea définitivement.

HILDESHEIM, ville fort ancienne, bâtie sur l'Innerste, dont les rues sont presque toutes irrégulières et étroites, se divise en vieille ville et en ville neuve. Elle est le siège d'un évêché, qui a été complètement réorganisé en 1828, et des autorités supérieures du cercle provincial. On y compte 14,734 habitants dont 5,309 catholiques et 397 juifs, qui depuis 1840 ont une synagogue. De ses nombreuses églises, quatre sont affectées aux protestants, et six aux catholiques. Parmi celles-ci on doit citer surtout la vénérable cathédrale, reconstruite en 1046, peu de temps après un grand incendie ; on remarque sa coupole dorée, ses portes de bronze, ornées de reliefs magnifiques, ses beaux vitraux, la prétendue statue d'Irmen (*voyez* IRMINSUL), placée en avant du chœur, et le rosier, âgé de plus de mille ans, qui se trouve en dehors de l'apside du chœur. Cette ville possède en outre un château, un gymnase protestant, avec une bibliothèque assez importante, un gymnase catholique avec un séminaire, une école de sourds-muets, une prison, une maison de correction, quinze hôpitaux, deux maisons d'orphelins, un couvent des sœurs de la Miséricorde et un musée. Il s'y fait un commerce fort actif en blés, fils, toiles, etc.

HILE (du latin *hilum*). *Voyez* CICATRICULE.

HILL (ROWLAND, lord et vicomte), général anglais, qui acquit de la célébrité dans les guerres contre Napoléon, né en 1772, dans le Shropshire, entra au service comme enseigne, et était déjà capitaine en 1793. Au siège de Toulon, il remplissait les fonctions d'aide de camp de lord Mulgrave. Il était colonel lorsqu'il fut blessé en Égypte, en 1801 ; en 1808 il passa en Espagne avec le grade de général major, et s'y distingua plus particulièrement lors de la retraite sur la Corogne et aux affaires de Talavera et de Busaco. Forcé en 1810, par l'état de sa santé, d'aller passer quelque temps en Angleterre, il revint en Espagne dès l'année suivante, et en qualité de lieutenant général reçut le commandement d'un corps d'armée particulier, à la tête duquel il battit, le 28 octobre 1811, le général Gérard à Arroyo de Molinos et prit d'assaut, le 16 mai 1812, la forteresse d'Almaraz. A la bataille de Vittoria, c'est lui qui commandait l'aile droite, et il se distingua d'une manière particulière aux affaires de Nivelle, d'Orthez et de Toulouse. Dès 1812 il avait été nommé chevalier de l'ordre du Bain et élu membre du parlement par la ville de Shwresbury. En 1814 il fut créé pair sous le titre de baron *d'Almaras et d'Hawkstone*, et reçut du parlement, à titre de récompense nationale, une pension de 2,000 liv. st. En 1815, avant l'arrivée de Wellington, il commandait le deuxième corps de l'armée britannique en Belgique ; et pendant la bataille de Waterloo il fut chargé de garder la position de Hal pour couvrir les communications de l'armée anglaise avec Mons et Bruxelles. En 1825 il fut nommé général, en 1827 gouverneur de Plymouth, et l'année suivante, quand Wellington devint premier ministre, il fut appelé au commandement supérieur de l'armée, poste qu'il conserva sous les diverses administrations qui se succédèrent jusqu'en 1842. L'affaiblissement de sa santé le contraignit alors à prendre sa retraite, et en récompense de ses longs et bons services, il fut créé vicomte. Il mourut peu de temps après, à son château de Hardwick-Grange, près

Shrewsbury. Son neveu, sir Rowland Hill, né en 1800, recueillit sa pairie. Il remplit aujourd'hui les fonctions de lord lieutenant du Shropshire.

A la même famille appartient ROWLAND HILL, le réformateur de l'administration des postes d'Angleterre, où après plusieurs années d'efforts il parvint, en 1841, à faire adopter le principe d'une taxe légère pour le transport des lettres au lieu des droits exagérés qu'on exigeait précédemment, et à faire adopter le prix uniforme d'un penny pour point de départ de la taxe à percevoir pour le port de chaque lettre pesant un certain poids. En récompense de l'amélioration qui résulta de cette réforme administrative dans toutes les transactions privées, on ouvrit une souscription particulière dont le produit, s'élevant à 10,000 liv. st., lui fut offert comme témoignage de la gratitude nationale. Parmi le grand nombre de brochures et de mémoires que Rowland Hill a publiés à l'appui de son innovation, on doit citer *State and prospects of penny postage* (Londres, 1844). Après avoir essuyé maintes persécutions de la part de l'administration générale des postes et perdu l'emploi qu'il y occupait, il a été nommé *superintendant of the Money-office* en 1847.

HILLEL, savant rabbin juif, contemporain de Jésus-Christ, était originaire de la Babylonie, et contribua puissamment à la prospérité ultérieure des hautes écoles juives de Tibériade, de Lydda, de Césarée, etc., en faisant le premier, dans ses leçons à Jérusalem, des observations critiques, exégétiques et paléographiques sur l'Ancien Testament, qui se transmirent verbalement et furent successivement rassemblées sous le titre de *Masora*. Du reste, il appartenait à la secte des pharisiens, et comme tel était à la tête d'une école particulière opposée à celle de Schammaï.

L'histoire de la littérature hébraïque mentionne encore deux savants de ce nom, qui brillèrent en Italie aux douzième et quinzième siècles.

HIMALAYA, c'est-à-dire, en sanscrit, *pays de la neige*. On appelle ainsi la grande chaîne de montagnes de l'Asie centrale, qui s'étend, sur une longueur d'environ 25 myriamètres et sur une largeur moyenne de près de 30 myr., depuis l'Hindou-kouh ou les frontières de l'Afghanistan jusqu'à celles de la Chine : elle forme le contrefort méridional du grand plateau central de l'Asie, et sépare l'Hindostan du Thibet. L'Himalaya se compose de trois chaînes principales, qui des plaines de l'Hindostan s'élèvent les unes au-dessus des autres comme autant de degrés. La première de ces chaînes n'atteint qu'une hauteur de 1066 mètres au-dessus du niveau de la mer, et est principalement formée de grès. Une suite de longues vallées, appelées *duns*, sépare en général cette chaîne de grès de la seconde, composée surtout de diverses sortes de schistes, rarement entremêlés de granit; sa hauteur varie de 1,066 à 2,800 mètres, et ses points les plus élevés se trouvent sur les versants du nord-ouest et du sud-est. La troisième chaîne centrale est l'Himalaya proprement dit. Sa base est de gneiss entremêlé de granit, qui forme les sommets les plus élevés. La crête centrale de cette chaîne, la plus élevée de l'Himalaya, importe dans toute sa longueur 4,933 mètres. Au-dessus s'élèvent de nombreux pics, dont beaucoup ont plus de 6,600 mètres de hauteur, et tous couverts de glaciers et de neiges éternelles.

Parmi ces pics on distingue surtout trois groupes : 1° celui de la contrée où sont situées les sources du Gange, le Djoumna et le Sutledge, dont le point culminant, le *Nanda Dewi*, a 8,053 mètres d'élévation; 2° celui des sources du Ghandak, auquel appartient le *Dhawalagiri*, c'est-à-dire, en sanscrit, la montagne Blanche, regardé comme le point le plus élevé de la terre, et qui a selon Blake 8,780, et selon Webb 8,760 mètres au-dessus du niveau de la mer; 3° celui dont le point culminant est le *Tschamalari*, qui a, dit-on, une élévation de 8,755 mètres.

De l'autre côté de cette chaîne principale de l'Himalaya, au nord-est, s'étend, entrecoupé de nombreuses éminences, vallées et pentes, le plateau du Thibet, dont l'élévation moyenne est de 3,300 mètres. Innombrables sont les vallées qui sillonnent l'Himalaya. Presque tous les fleuves auxquels il donne naissance jaillissent derrière la chaîne centrale, coulent d'abord dans des vallées droites, puis les rompent en les traversant à une hauteur moyenne de 2,800 mètres. La nature déploie dans ces hautes régions de l'Himalaya les phénomènes des montagnes des Alpes avec une majesté qui ne se rencontre nulle part ailleurs sur la terre. La limite des neiges éternelles, sur le versant méridional de l'Himalaya, est à 3,900 mètres; sur le versant septentrional, elle est en moyenne de 1,300 mètres plus élevée, c'est-à-dire à 5,120, 5,360, et même en certains endroits à 6,256 mètres au-dessus du niveau de la mer. La raison de ce phénomène se trouve dans la nature brûlante et rayonnante des plateaux du versant septentrional de l'Himalaya, si secs et par conséquent si chauds en été.

Par rapport au climat et à la végétation, on peut diviser l'Himalaya en cinq régions. La première est formée d'une large zone ou *djongle*, couverte de roseaux et de broussailles, s'étendant tout le long de la base de ces montagnes, allant toujours en se rétrécissant vers l'ouest, et beaucoup moins sensible au delà du Djoumna. La majeure partie en est basse, inondée pendant la saison des pluies, et par conséquent, par son humidité et sa chaleur, favorable aux plantes tropicales. Dans la partie occidentale, où le pied de l'Himalaya est situé plus haut et plus au nord, et par conséquent plus froid, les plantes analogues à celles des tropiques et qui ont frappé le voyageur, disparaissent pour faire place à celles de l'Europe. Après cette première zone s'élève la seconde, qui atteint une hauteur de 13 à 1,600 mètres, et s'étend aussi loin que vont les plantes tropicales. Elle embrasse toute la première chaîne de grès et les parties plus basses de la chaîne de schiste. Le climat des vallées, dans ces montagnes, est alternativement tempéré et tropical; et la neige n'y tombe que fort rarement sur les points les plus élevés. Par conséquent, à côté des plantes tropicales croissent aussi déjà les céréales; pourtant la culture du riz continue à être dominante. La troisième région s'élève jusqu'à 2,866 mètres, et comprend principalement la seconde chaîne ou celle du schiste. La neige disparaît encore ici avant la saison des pluies, et ce n'est que sous l'influence de la chaleur et de l'humidité de cette saison qu'y croissent aussi des plantes tropicales, mais seulement des herbacées. Le genre d'arbres est déjà tout à fait celui de la zone tempérée, et une foule d'arbres fruitiers d'Europe y viennent à l'état sauvage. Comme dans cette région les pluies tropicales sont encore sensibles, on voit cultiver tout à la fois sur les plateaux le froment, le maïs et le millet, et dans les vallées le riz. La quatrième région, ou région supérieure, comprend la chaîne centrale de l'Himalaya à partir de 2,866 mètres jusqu'à la limite des neiges éternelles. Elle répond aux régions froides de la terre et aux contrées alpestres; la neige n'y fond qu'en mai ou en juin; pourtant la chaleur croît ensuite rapidement. La végétation est hâtive en proportion, et le cycle en est aussi court qu'au pôle. Dans les parties basses croissent encore quelques arbres fruitiers; mais sur les hauteurs on ne voit que des essences fructifères. Sur le versant méridional l'agriculture se maintient jusqu'à 3,133 mètres, et sur le côté septentrional jusqu'à 3,700; l'on soutient même encore l'orge à une élévation de 5,000 mètres. Au delà se trouve enfin la cinquième région, celles des glaces et des neiges éternelles dont sont couverts les pics les plus élevés de ces montagnes, et qui présente absolument le même caractère que les plateaux culminants des Alpes.

Innombrables sont les pays compris dans l'Himalaya, et qui forment tantôt de grands, tantôt de petits États; ici des monarchies, là des républiques. En partant de l'est, nous rencontrons d'abord le Bhotan, puis l'important État de Nepaul; viennent ensuite le Kumaon, le Gurhwal, le Sirmour et le Bissahir, qui appartiennent plus ou moins à l'empire indo-britannique, ainsi qu'une foule de petits États situés dans les montagnes, la plupart dans la dépendance purement nominale du royaume des Sikhs, et se terminant à l'ouest à la vallée du *Kaschmir*. Tous ces territoires sont situés sur le versant méridional de la chaîne des neiges, et ne dépassent le versant septentrional que sur quelques points, comme le Bissahir, dans la vallée du Sutledge.

HIMÈRE, ville de la côte septentrionale de la Sicile, à l'est de Panormus (*Palerme*), fut fondée vers l'an 649 avant J.-C. par des Grecs ioniens (Chalcidiens) de Zancle, passa vers l'an 560 sous la domination du cruel tyran d'Agrigente Phalaris, à qui les Himériens se soumirent sans écouter les avis de leur concitoyen le poëte Stésichore, qui chercha vainement à les en dissuader en leur racontant la fable de la soumission volontaire du cheval sous la puissance de l'homme. Plus tard, elle dépendit de Théron d'Agrigente, l'allié de Gélon de Syracuse, quand celui-ci remporta sous ses murs, l'an 480, une victoire importante sur les Carthaginois commandés par Amilcar. En 472 Hiéron la délivra de la tyrannie de Thrasidée; mais vers l'an 409 le Carthaginois Annibal, petit-fils d'Amilcar, la détruisit complètement. Les Carthaginois fondèrent plus tard, à quelque distance de là, la ville de *Thermæ*.

HIMERIUS, sophiste grec du quatrième siècle, né à Prusias en Bithynie, enseigna avec succès l'art de l'éloquence à Athènes, où il avait reçu son éducation. L'empereur Julien, qui l'avait en estime particulière, l'appela à Antioche; mais après la mort de ce prince il revint à Athènes, en 363, et y mourut, vers l'an 386, dans un âge fort avancé. De ses nombreuses harangues de circonstance et d'apparat, que déparaient toute l'enflure et l'affectation particulières à cette époque, il s'en est conservé vingt-quatre, dont Wernsdorf a donné une édition (Gœttingue, 1790).

HIMILCON. Trois Carthaginois célèbres ont porté ce nom. L'un, général illustre, après avoir soumis la majeure partie de la Sicile, échoua dans la tentative qu'il dirigea contre Syracuse, vaillamment défendue par Denys le Tyran, et se tua de désespoir, l'an 398 avant J.-C. L'autre, navigateur illustre et qu'on suppose avoir été contemporain d'Hannon, s'aventura le premier au nord de l'Océan, et découvrit les Cassitérides (Iles Sorlingues) et la Bretagne. Le troisième, général de la cavalerie carthaginoise, appartenant à la faction Barcine, trahit, à la suite d'une conférence secrète avec Scipion, ses concitoyens, qu'il avait d'abord vaillamment défendus, et passant à l'ennemi avec 2,000 chevaux, ne contribua pas peu à la perte de Carthage, l'an 147 avant J.-C.

HINCMAR, archevêque de Reims, un des prélats et des hommes d'État les plus actifs et les plus éclairés de son temps, né en 806, fut redevable au savant Hilduin, abbé de Saint-Denis, d'une excellente éducation, et suivit volontairement en exil son maître bien aimé que des dissentiments politiques avaient fait, en 830, reléguer en Saxe par Louis le Débonnaire. Hincmar parvint cependant à faire rentrer en grâce son protecteur et à le ramener dans son abbaye. Lorsque Charles le Chauve monta sur le trône, Hincmar devint pour le fils ce qu'il avait été pour le père, un conseiller favori, passa à la cour les quatre premières années de son règne, et fut le principal moteur des grandes affaires du temps. Enfin, l'an 845, à l'âge de trente-neuf ans, il fut élevé au siège archiépiscopal de Reims. En cette qualité et comme primat du clergé de la France occidentale, il fit beaucoup pour la discipline et l'ordre de l'Église, pour le maintien des droits des conciles et des évêques du royaume contre les prétentions des papes; il sut aussi défendre l'autorité spirituelle contre le pouvoir temporel, et exerça une influence décisive sur les relations politiques de l'époque. C'est ainsi qu'il opposa la résistance la plus opiniâtre aux **décrétales** du faux Isidore, ce levier principal de la puissance des papes, tandis que le fils de sa sœur, le séditieux évêque de Laon, nommé Hincmar comme lui, déposé en 871 et privé de la vue par ordre du roi, se posait en défenseur de ces décrétales. Ce fut lui aussi qui força le roi Lothaire II à reprendre Theutberge, sa femme, qu'il avait répudiée. Il ne déploya pas moins d'activité pour étouffer les erreurs dangereuses de quelques hérétiques, tels que Gottschalk, qu'il traita fort durement. Durant les trente-sept années de son épiscopat, on trouve sa signature au bas des actes de 39 conciles. Lorsque, en 882, les Normands firent irruption dans la France occidentale, il s'enfuit dans les forêts de l'autre côté de la Marne, et termina bientôt à Épernay une vie si pleine de travaux. Ses ouvrages, qui se composent de son livre contre Gottschalk, *De prædestinatione Dei*, d'un traité *De regis persona et regio ministerio*, d'un autre *De cavendis vitiis et exercendis virtutibus*, d'une Vie de saint Remy, de curieux mandements, et de 423 lettres adressées à des rois, des papes, des archevêques, des princes, des abbés, se trouvent dans l'édition la plus complète, œuvre du jésuite Jacques Sirmond (2 volumes, in-folio, Paris, 1645); leur valeur théologique est bien au-dessous de l'importance qu'ils ont comme documents précieux pour l'histoire de la période Carlovingienne.

HIND (JOHN-RUSSELL), célèbre astronome anglais, est né le 12 mai 1823, à Nottingham; son père, fabricant de dentelles, avait un goût tout particulier pour la mécanique, et rendit un important service aux manufactures de son pays en y introduisant le métier *à la Jacquart*. En ce qui est de l'astronomie, le jeune Hind n'eut point d'autre maître que lui-même, et dès l'âge de six ans sa plus grande récréation était la lecture des ouvrages relatifs à cette science. En 1840 il vint à Londres, et y entra dans le bureau d'un ingénieur civil; mais c'était là une occupation qui n'avait pour lui aucune espèce d'attraits, et bientôt, grâce à la protection du professeur Wheatstone, il réussit à obtenir une place d'aide dans la division de l'Observatoire de Greenwich placée sous la direction du professeur Airy. Il la garda depuis novembre 1840 jusqu'à juin 1844, mettant largement à profit la précieuse bibliothèque de l'Observatoire pour accroître ses connaissances astronomiques. Après avoir pris part aux travaux de la commission envoyée par le gouvernement à Kingstown, près Dublin, pour mesurer la longitude de Valentia, il fut, sur la recommandation d'Airy, attaché comme observateur à l'Observatoire particulier de Bishop, dans *Regent's Parck*. C'est là qu'il commença, pour la recherche de nouveaux corps planétaires, une série d'observations qui furent couronnées des plus brillants succès. Le 13 août 1847 il découvrait *Iris*; le 18 octobre de la même année, *Flore*; le 13 septembre 1850, *Victoria*; le 19 mai 1851, *Irène*, et le 22 août 1852, *Fortuna*. Depuis il en a encore trouvé plusieurs autres; en 1854 il en était déjà à sa neuvième planète. En outre, le 29 juillet 1846 il découvrait une comète observée deux heures plus tôt à Rome par de Vico; le 18 octobre de la même année, une seconde comète, que l'état brumeux de l'atmosphère ne lui permit plus de revoir, et le 6 février 1847, une troisième, devenue visible en plein jour le 13 mars suivant. Enfin, il découvrit seize nouvelles étoiles mobiles, et trois nébuleuses échappées aux observateurs précédents. Dans ces dix dernières années, il a calculé les orbites de plus de soixante-dix planètes et comètes; et les résultats de ses travaux ont été publiés, soit dans les *Nouvelles astronomiques* d'Altona, soit dans les *Comptes-rendus* de l'Académie des Sciences de Paris, ou encore dans les *Transactions* de la Société royale Astronomique de Londres. Les services rendus par Hind à la science ont été unanimement appréciés. Dès le mois de décembre 1844 la Société royale Astronomique de Londres l'admettait dans son sein; en 1846 il était nommé secrétaire étranger et en 1847 membre correspondant de la Société Philomatique de Paris; enfin, en 1851 il succédait à Schumacher comme correspondant de l'Institut de France. En 1852 le gouvernement anglais lui accorda un traitement de 200 liv. st. La plupart de ses ouvrages se trouvent épars dans les Mémoires des diverses sociétés savantes que nous venons de nommer. Il est aussi auteur d'une dissertation intitulée : *On the expected return of the great comet of 1264 and 1556*, et d'un petit ouvrage sur l'astronomie planétaire : *The solar System*. A la fin de 1852, il a encore fait paraître une dissertation : *On comets*, et un *Dictionnaire d'Astronomie*.

HINDOSTAN ou **HINDOUSTAN**. *Voyez* INDES et HINDOUS.

HINDOUKOUH (c'est-à-dire *Mont Indien*). C'est le nom de la continuation de l'Himalaya depuis l'Indus jusqu'au méridien de Balkh, c'est-à-dire du 34° au 36° de latitude nord et du 59° au 72° de long. est; contrée alpestre, traversant de l'est à l'ouest la vallée de Caboul (appelée *Kouhistán* dans sa partie septentrionale) et formant plus à l'est le pays uni, fertile et tempéré de Peshawer, qui s'élève en terrasses en formant quatre chaînes, dont la plus élevée, composée de roches primitives, se perd dans les nues avec ses pics couverts de neige; et qui à l'ouest, entre Bamiàn et Balkh, où la montagne prend le nom *Hindoukouh*, présente le pic de *Cound*, haut de 6,666 mètres. Des défilés extrêmement difficiles et s'étendant jusqu'à la région des neiges éternelles, entre autres le grand défilé de *Bamiàn*, situé à 4,000 mètres de hauteur, conduisent sur le versant septentrional du Kaboul à l'Amou (*Oxus*).

Le versant méridional, où la limite des neiges commence à environ 4,666 mètres, jadis théâtre des exploits d'Alexandre le Grand, s'appelle de nos jours le *Kaferistán*. Le versant septentrional, qui s'abaisse en terrasses alpestres successives jusqu'à la vallée de l'Amou, entrecoupé de la manière la plus accidentée par les affluents de ce fleuve, forme le pays appelé *Tokharistán*.

L'Hindoukouh, situé dans la zone des pluies et des climats tropicaux, offre trois climats différents. Le riz, le maïs, le tabac, la canne à sucre, le coton, qui croissent dans les profondes vallées du versant méridional, sont remplacés dans les petites vallées et sur leurs contre-forts par la vigne, le mûrier et les fruits les plus exquis. Au-dessus de la région boisée des hautes chaînes, où abondent les chênes, les arbres à feuilles aciculaires et les fougères, est située la région des pâturages alpestres, où paissent de nombreux troupeaux et qu'ornent les fleurs aux couleurs les plus foncées, entre autres l'*assa fœtida*. Le versant septentrional présente sans doute les mêmes caractères de végétation, mais avec des formes plus européennes. On a donné le nom de *Caucase indien* à tout ce système de montagnes.

HINDOUKOUSH. *Voyez* HINDOUKOUH.

HINDOUS. On appelle ainsi, en général, les habitants de la presqu'île de l'Inde, quoiqu'au point de vue ethnographique ils présentent les plus grandes différences. Le mot *Hindou* n'est donc pas, en général, un nom de peuple, mais une dénomination comprenant tous les peuples qui habitent le territoire précité. Toutefois, les Persans d'abord, puis les autres populations de l'Orient musulman, et dans ces derniers temps les Européens, ont désigné plus particulièrement ainsi la grande nation d'origine arique qui habite principalement le pays arrosé par le Gange, et qui de là répandit sa religion, ses institutions et sa civilisation dans toute la presqu'île. A ce double emploi du mot *hindou* correspond celui du mot *Hindoustán* (c'est-à-dire *pays des Hindous*), dérivé du persan, qui désigne aussi bien toute la péninsule en deçà du Gange, que, dans un sens plus restreint, sa partie septentrionale. D'Hindoustan on a fait *hindoustani* pour désigner la langue généralement adoptée dans la péninsule pour le commerce et les relations sociales; langue provenue des rapports des Musulmans et des Hindous, surtout à partir de la domination mongole, et qui est fortement mélangée de persan et d'arabe. Il ne faut pas la confondre avec l'*hindoui* (langue des Hindous), langue du moyen âge indien provenue du prakrit, ni avec l'*hindi* (mot dérivé du persan *Hind*, qui signifie Inde), qui n'est autre que l'hindoui modernisé par les Hindous eux-mêmes (*voyez* INDES et INDIENNES [Langues]).

HINDOUSTAN, HINDOUSTANI. *Voyez* HINDOUS et INDES.

HIPPARQUE, fils de Pisistrate, succéda, l'an 528 avant J.-C., avec Hippias son frère, à la souveraineté d'Athènes, que leur père avait usurpée. Leur avénement fut salué par les acclamations du peuple. Hipparque, qui était l'aîné, protégea les lettres, introduisit dans sa patrie les œuvres d'Homère, y fit venir Anacréon, qu'il envoya chercher sur un vaisseau à cinquante rames, et y retint Simonide par des présents. Peut-être, en suivant cette ligne de conduite, la dynastie des Pisistratides se fût-elle maintenue dans la ville de Minerve, si Hipparque n'eût conspiré contre sa famille et contre lui-même en concevant pour le jeune Harmodius une de ces honteuses passions qui pullulent dans l'histoire de la Grèce. Malheureusement pour lui, l'adolescent repoussa ses hommages, non par vertu, mais parce qu'il recevait déjà ceux d'Aristogiton. Hipparque s'en vengea en chassant des chœurs d'une fête religieuse une sœur d'Harmodius. Celui-ci, indigné de cet affront, résolut, avec Aristogiton et quelques Athéniens, de tuer les deux princes. Hippias échappa aux conjurés; mais Hipparque tomba sous leurs coups, l'an 514 avant J.-C.

HIPPARQUE, le plus grand astronome de l'antiquité, naquit à Nicée, et se fit connaître, sous Ptolémée Épiphane, à Alexandrie. Pline n'en parle qu'avec admiration, et le cite souvent. Il dit qu'il avait entrepris une chose difficile, même à un dieu, en ce qu'il s'était imposé la tâche de compter toutes les étoiles et de les nommer, et loue son exactitude. Strabon se plaint de son penchant à la critique. Examinons les principaux points dont il s'est occupé, et les services qu'il a rendus à la science. Il n'y avait guère dans l'antiquité d'idées justes ou arrêtées sur la durée de l'année ; Hipparque, en estimant celle de l'année tropique à 365 jours 5 heures 55 minutes 12 secondes, en dépassa la mesure de 6 heures et 24 minutes. Il s'occupa aussi du mois synodique, qu'il fixa à 29 jours 12 heures 44 minutes 3 secondes 1/3. Pour parvenir à ce résultat, il avait comparé ses observations sur les éclipses à celles des Chaldéens. Il dressa des tables du soleil et de la lune pour 600 ans : mois, heures, jours, situations respectives des lieux, aspects du ciel selon les diverses nations, tout y était compris, tout a été vérifié par le temps. On croirait, dit Pline, l'astronome admis au conseil de la nature. Dans ses excellentes *Annales des Lagides*, Champollion ajoute qu'il observa l'éclipse de lune qui arriva le 22 septembre de l'an 200 avant l'ère vulgaire, celle du 19 mars suivant (l'an 199), qui appartiennent l'une et l'autre à la 5e année du règne d'Épiphane ; enfin, celle du 12 septembre de la même 199e année, qui arriva au milieu de la sixième année du règne de ce prince, et avant le traité de paix conclu avec Antiochus l'année suivante, la 7e de ce règne.

Hipparque est manifestement le premier auteur de tables astronomiques, quoiqu'une observation de Fréret tende à en faire remonter le mérite aux Chaldéens. Ce fut lui qui découvrit la précession des équinoxes, en rapprochant ses observations avec celles de Timocharis et Aristyllus, plus anciennes de 160 ans. Ptolémée le désigne formellement comme l'auteur de cette découverte, l'une des plus importantes de l'astronomie. Pour ses observations, il se servait de l'année égyptienne, année de 12 mois à 30 jours et de 5 complémentaires. Il avait recours aussi à la période de soixante-seize ans, imaginée par Calippe (*voyez* CYCLE), et la rectifia, reprenant tous les calculs de Méton et Eucté mon; théorie qui, sans atteindre la perfection, puisqu'il fit encore l'année trop longue, était lumineusement développée dans un traité *Sur les mois et les jours intercalaires*. Pline nous dit qu'Hipparque comptait les jours de minuit à minuit. Il comptait aussi selon une ère qui partait de la mort d'Alexandre, et qu'on nomma l'*ère de Philippe*, c'est-à-dire de Philippe-Aridée; elle commence 424 années égyptiennes plus tard que celle de Nabonassar, le 1er du mois de Thot, ou le 12 novembre de l'année 324 proleptique avant J.-C. Hipparque joignit un almanach à son cycle. Petau a traduit en latin ce qui nous reste de ce père de la science astronomique (*Uranologie;* Paris, 1850).

P. DE GOLBÉRY.

HIPPIAS, frère d'Hipparque, régna seul sur Athènes, après l'assassinat de ce tyran. Depuis ce moment, il ne voulut plus devoir sa sûreté qu'à une police impitoyable. Poursuivis par les délations et les supplices, beaucoup de citoyens quittèrent leur ville natale, et se réfugièrent à Lacédémone ou à Delphes. La Pythie parla en faveur des proscrits, et les Lacédémoniens s'armèrent pour eux. Les enfants d'Hippias étant tombés en leur pouvoir, celui-ci, pour les racheter, consentit à abdiquer sa puissance et à quitter l'Attique dans l'espace de cinq jours. Ceci se passait l'an 511 avant J.-C. La réinstallation du tyran, proposée par les Spartiates, ayant été rejetée avec indignation par le conseil amphictyonique, Hippias se retira à la cour du satrape Artapherne, qu'il décida à s'armer contre sa patrie, ce qui ne fit que la consolider. Il fut tué, l'an 490 avant J.-C., à la bataille de Marathon, au milieu des Perses qu'il avait ameutés contre ses concitoyens.

HIPPIAS, sophiste, né à Élis, qui vivait environ 400 ans avant J.-C., contemporain de Protagoras et de Socrate, se rendit surtout fameux par son extrême vanité et sa vantardise. C'est ainsi qu'il prétendait tout savoir, qu'il se disait prêt à répondre à toutes les questions, et qu'il se vantait d'avoir confectionné lui-même toutes les parties de son vêtement, comme manteau, souliers, etc. Platon, dans deux de ses dialogues, auxquels il a donné son nom, mais dont l'un est considéré comme apocryphe, le critique sévèrement, à cause de l'obscurité de son langage.

HIPPIATRIQUE (de ἵππος, cheval, et ἰατρεία, guérison). On désigne par ce mot l'art de guérir les maladies des chevaux, partie essentielle de l'art vétérinaire.

HIPPO, appelée d'abord *Hippo Regius* pour la distinguer de plusieurs places du même nom, ancienne capitale et résidence des rois de Numidie, située sur la Méditerranée, fut célèbre plus tard comme siége d'un évêché qui compta saint Augustin au nombre de ses titulaires. Les Arabes la détruisirent au septième siècle. Pourtant les habitants ne tardèrent pas à se rétablir près de ses ruines, et lui donnèrent alors le nom d'*Hippone*, d'où l'on a fait par la suite Bone.

HIPPOCENTAURE (de ἵππος, cheval, et κένταυρος, centaure). *Voyez* CENTAURE.

HIPPOCRATE. Ce grand homme naquit dans la petite île de Cos, la première année de la 80ᵉ olympiade, c'est-à-dire 460 ans avant J.-C. Il était de la famille des Asclépiades, et le dix-huitième descendant d'Esculape. A cette époque l'école de Cos possédait depuis très-longtemps sur toutes les branches de l'art médical une prodigieuse quantité de matériaux donnés par l'expérience, et pour ainsi dire épurés les uns par les autres. Cette masse énorme de faits renfermait en elle-même et les lois des maladies et les lois de la médecine : il ne fallait plus pour les découvrir que rapprocher ces faits, les comparer entre eux, en saisir, en exprimer les rapports. Ce travail immense, un seul homme a eu le courage de l'entreprendre et le bonheur de l'achever, Hippocrate, conduit, inspiré par un des plus beaux génies qui aient honoré le monde. Quiconque lira sans préoccupation les chefs-d'œuvre sortis des mains de ce grand homme sera frappé de toutes les qualités de ce rare esprit : justesse, profondeur, sagacité, étendue, élévation, sublimité. Il n'est pas une parole de ses écrits *légitimes* (j'entends ceux qui sont vraiment de lui) qui n'ouvre à vos yeux un horizon infini, qui ne vous jette dans le silence et le recueillement de la méditation : car (et j'emprunte ici ce que m'en disait l'illustre Cabanis) tel est le caractère d'Hippocrate, d'exciter l'entendement et de faire penser plus qu'aucun autre écrivain, quel qu'il soit.

Pour élever à la médecine un solide et magnifique monument, Hippocrate ne voulut point se borner aux seules richesses qu'avaient réunies ses aïeux. Après la mort de son père Héraclide, qui avait été son premier maître, et déjà profondément initié dans la doctrine de sa famille, il sentit qu'il devait étendre ses connaissances par des voyages. Une secrète inquiétude l'avertissait qu'un complément lui était nécessaire. On comptait hors des temples des médecins célèbres et dignes de leur célébrité. Hérodicus de Sélymbrie faisait à l'aide de la gymnastique des cures merveilleuses. Le voir, le connaître, se faire son élève pour être son imitateur, devenait un devoir pour Hippocrate. Lacédémone, de même que Cyrus, appelait des médecins étrangers pour le service de ses armées, et les tristes jeux de la guerre apprennent ce que ne saurait apprendre la clinique tranquille d'une école. Voyez la singulière variété de lésions que décrit Homère en peignant ses batailles ! Autre théâtre à voir, autres scènes à étudier, autres maux à guérir. Il pensait, d'un autre côté, que les climats, les lieux, les saisons, les qualités de l'air et des eaux, marquent de leurs caractères les constitutions et les maladies; et ces vues de son esprit, il voulut les constater par des observations directes, pour les présenter dans leurs véritables limites, ou du moins dans leurs variétés principales.

Afin de se fortifier au talent de l'expression, il prit des leçons de Gorgias, le plus fameux rhéteur de la Grèce ; et après un séjour de quelques années dans l'île de Thasos, il parcourut les principales villes de la Thessalie, de la Macédoine, de la Thrace et du nord de l'Asie Mineure, interrogeant partout et notant avec soin les secrètes influences qu'exercent sur le physique et sur le moral de l'homme tous les agents naturels : et soit qu'il ait passé la mer pour visiter l'Afrique, et particulièrement cette Égypte qui avait tout inventé, soit que de fidèles renseignements lui aient été transmis de cette partie du monde, ce qu'on ne peut nier, c'est qu'à la fin de son traité de *Prognostic*, il cite les faits que toute sa doctrine sûr ce point capital, il cite les faits que l'on observe dans la Thrace, à Délos, et dans la Libye, c'est-à-dire sur un espace de terre qui comprend de 12 à 15 degrés de latitude. La Thrace et la Libye en sont les extrêmes, Délos en occupe le milieu.

Ce n'est pas tout. Depuis deux siècles les esprits étaient tournés vers l'étude de la nature. Plusieurs philosophes avaient écrit sur la médecine. Mais en entrant dans la médecine, la philosophie générale n'y portait que des idées toutes spéculatives, lesquelles devaient trouver leur confirmation dans la pratique ; et le soin de vérifier la théorie par les faits ne pouvait être pris que par un médecin. Hippocrate voulut donc à son tour pénétrer dans la philosophie générale, et il eut la gloire de l'associer et tout ensemble de la subordonner à sa science favorite. Aussi Galien se plaît-il à répéter qu'Hippocrate était non-seulement un médecin admirable, mais encore un philosophe du premier ordre. Quelle est la portée de ces paroles ! Ouvrez le *Phèdre* de Platon : vous y lirez qu'Hippocrate s'occupait de la nature, de la composition et des propriétés des corps. Pour marcher avec sûreté dans des recherches si délicates, il voulait ramener les corps à leurs éléments les plus simples, et reconnaître par chacun d'eux ce que, dans son contact avec tous les autres, il peut *faire* et *souffrir*. Changez de langage, et vous êtes dans les affinités de la chimie moderne. Jusqu'où les physiciens de son temps et lui-même avaient poussé leurs investigations, on l'ignore ; mais c'était être allé fort loin que d'avoir pénétré jusque-là. Du reste, Hippocrate recommande vivement aux médecins d'étudier toutes les sciences naturelles, la physique, la météorologie, l'astronomie. Il avait lui-même une connaissance très-exacte de la constitution de la terre, de ses pôles et de ses zones ; des modifications que les mers et les climats impriment à l'atmosphère ; de l'action de l'air sur l'organisation de l'homme et des animaux. L'air pour lui est l'aliment de la vie et de la combustion : parole dont on est aujourd'hui la profondeur et l'étendue. Enfin Hippocrate savait ce qu'on ne savait pas il y a un demi-siècle, c'est que les poissons ne vivent que parce qu'ils respirent l'air interposé entre les molécules de l'eau.

Quant aux autres parties de la philosophie générale, il en est une qu'Hippocrate a surtout honorée, c'est la morale.

Jamais cœur d'homme n'a mieux connu la sainteté de ses devoirs, et ne l'a fait sentir aux autres hommes par des traits plus touchants. Jetez les yeux sur son *Serment*, sur sa *Loi*, sur ses *Préceptes*, sur son petit traité *De la dignité du médecin*. Quelle pureté de mœurs! quelle chasteté! quelle discrétion! quelle gratitude et quel désintéressement! Pour lui la morale est aussi nécessaire que l'air lui-même. Aussi, faut-il rejeter comme une odieuse calomnie ce bruit devenu presque populaire, qu'après avoir puisé dans les archives des temples tout le fonds de ces admirables livres qui l'ont immortalisé, Hippocrate en cacha pour jamais la source, en la faisant disparaître par un incendie. Ce mélange d'horreur et d'extravagance peut-il se concilier avec tant de génie et de vertu? Est-il un seul écrivain de l'antiquité qui ait osé noircir le moins du monde un si noble caractère? C'est seulement dans nos temps modernes qu'une malignité fanatique l'a accusé d'athéisme : imputation de laquelle ont pris soin de le laver des hommes d'une raison supérieure et d'une érudition consommée.

Les véritables ouvrages d'Hippocrate sont en assez petit nombre : s'il était nécessaire de les classer selon l'ordre de leur importance, nous placerions au premier rang : 1° quelques traités descriptifs, en particulier celui des *Affections intérieures*, etc.; 2° le 1ᵉʳ et le 3ᵉ livre des *Épidémies*, dont nous ne voulons point séparer ses belles vues sur les *Constitutions* (voir le *Traité des Prognostics*), où respire ce sens exquis dont on est saisi presque à chaque parole, et qui est le caractère essentiel du génie; 4° le *Traité du régime dans les maladies aiguës* ; 5° enfin, ce livre des *Aphorismes* qui, sauf quelques répétitions, quelques transpositions, et peut-être aussi quelques interpolations, suffirait seul à l'éternelle gloire de son auteur : la troisième section est surtout un modèle de statistique médicale ; 6° enfin, le livre si connu *Des airs, des eaux et des lieux*, dont Aristote et Montesquieu ont si bien développé les conséquences. Ses livre sur la chirurgie ne sont point assez lus. Ils renferment touchant les fractures, des choses toutes nouvelles, même pour nous. Seulement il ne permet pas à ses disciples de tenter l'opération de la taille. C'est que de son temps la taille était le patrimoine de quelques opérateurs, comme on le voyait en Europe il y a quelques siècles, comme on le voit encore aujourd'hui dans une partie de l'Orient. On connaît, du reste, toutes les qualités de son style, nerveux, concis, rapide, plus rempli de choses que de mots, et faisant briller en courant des vérités inattendues.

On a mêlé aux événements de la vie d'Hippocrate quelques faits apocryphes et contestés. On dit qu'à la cour de Perdiccas, roi de Macédoine, il fit ce que plus tard Érasistrate fit à la cour du roi de Syrie, Séleucus. La similitude de ces deux aventures a fait croire qu'elles étaient fabuleuses : raisonnement peu exact. Une grave épidémie ravageait les États du grand roi ; ce prince envoya une députation solennelle à Hippocrate, et l'engagea par de magnifiques promesses à venir au secours de ses sujets. Hippocrate refusa les dons et les secours. Le premier refus honore Hippocrate ; il suivait dans le second les idées que les Grecs s'étaient faites sur les devoirs du citoyen ; mais dans les idées, plus élevées, que nous avons touchant les devoirs de l'humanité, ce refus serait-il excusable? Fénelon l'eût blâmé, lui, aux yeux de qui toutes les guerres des guerres civiles. Les détails de cette affaire servent de texte à des lettres dont on a grossi les œuvres d'Hippocrate, et que l'on croit supposées, ainsi que celle où l'on parle du voyage d'Hippocrate à Abdère pour voir Démocrite et le traiter d'une prétendue folie. Est-il vrai, du reste, qu'Hippocrate se soit également refusé aux sollicitations des Illyriens et de quelques rois barbares dont les États souffraient de la peste, ou plutôt du typhus contagieux, car la vraie peste n'existait point alors? Est-il vrai que dans la peste d'Athènes, décrite par Thucydide, il ait rendu aux Athéniens ces services signalés qui lui méritèrent une couronne d'or et une pension dans le Prytanée? Ces histoires sont des fictions de quelques écrivains plus modernes. On ne trouve rien qui les autorise, ni dans Thucydide ni dans Hippocrate lui-même.

Ce grand médecin, ce grand écrivain, ce grand philosophe, ne jouit réellement de toute sa gloire que lorsque, rendu à ses foyers, il déploya dans l'école de Cos ces rares et sublimes connaissances qu'il devait à ses études, à ses observations, à ses méditations, à ses voyages, à ses communications avec les premiers hommes de son temps. Ce fut alors que l'école de Cos prit sur toutes les autres cette suprématie qui dure encore, et que les siècles ne lui ôteront jamais. Cependant, il quitta son école pour se rendre à Larisse, ville de Thessalie, où il mourut, dans un âge avancé. Quel était précisément cet âge? On a varié sur ce point entre les deux extrêmes de quatre-vingt-quatre et de cent neuf ans. Une sépulture lui fut donnée entre Gyrtone et Larisse. L'humble monument dont elle était ornée rappelait au souvenir des hommes un nom qui s'est identifié avec le nom même de la médecine, et j'ajoute avec l'idée de la vertu. PARISET,

secrétaire perpétuel de l'Académie de Médecine.

HIPPOCRATIQUE (Faciès). C'est le nom que donnent les médecins à un ensemble de caractères que présente la face chez les mourants, d'après Hippocrate, qui en a le premier décrit le tableau. Voici les caractères de ce *faciès* : peau du front tendue, sèche ou couverte d'une sueur froide ; yeux entr'ouverts pendant le sommeil et enfoncés dans leur orbite ; nez effilé ; tempes creuses ; pommettes saillantes ; oreilles froides, sèches et retirées ; lèvres livides et pendantes. Il est bon de savoir toutefois que quelques-uns de ces signes peuvent se montrer soit seuls, soit même réunis, sans annoncer une mort prochaine. Dʳ SAUCEROTTE.

HIPPOCRÈNE, c'est-à-dire a *Fontaine du Cheval* (du grec ἵππος, cheval, et κρήνη, fontaine), source pélasgique de Béotie, consacrée aux Muses, sur l'Hélicon. Près de cette source, Bellérophon se serait saisi de Pégase, qui y était venu boire. Telle est la tradition de Strabon. D'autres versions rapportent que c'est au moment où le cheval ailé s'élançait de la terre vers les régions du ciel, que, d'un coup de pied, il fit jaillir sur l'Hélicon l'Hippocrène. Antonius Liberalis dit qu'elle naquit lors de la lutte des Piérides et des Muses : charmée de leurs concerts, la montagne grandissait à vue d'œil, quand Pégase, envoyé par Neptune, comprima d'une ruade, qui fit jaillir l'Hippocrène, cet essor ambitieux. Les pieds délicats des Muses, dit Hésiode, s'agitent autour de cette fontaine, dont la fraîcheur augmente celle de leur teint. Il suffit aux poètes de s'y désaltérer pour faire de beaux vers. Pausanias parle d'une autre source, que fit également jaillir un coup de pied de Pégase, l'Aganippe, à sa gauche, quand on entre dans le bois sacré ; mais il ne dit rien de l'Hippocrène. Pline l'ancien cite l'Hippocrène avec l'Aganippe, l'Aréthuse, la Dircé : mais il n'a point vu, il a compilé. Si l'on songe maintenant que ces deux merveilleuses fontaines ont même origine, mêmes propriétés, presque même nom, on fera comme plusieurs poëtes anciens, qui les ont confondues. ÉTIENNE.

HIPPODAMIE (qui dompte les chevaux) ou **DÉIDAMIE** (la Victorieuse), une des plus célèbres héroïnes de la Grèce, était fille d'Adraste, roi d'Argos. Elle épousa Pirithoüs ; ses noces furent ensanglantées par le fameux combat des Centaures et des Lapithes.

HIPPODAMIE, princesse d'Élide et la plus belle de ces héroïnes qui devaient être le prix de l'heureux prétendant vainqueur d'Œnomaüs, son père, roi de Pisa, à la course des chars. Treize princes avaient déjà été tués par le tyran, la mort étant une condition de leur défaite. Un rusé vainqueur se trouva : ce fut Pélops, qui gagna son écuyer et épousa sa conquête ; de cet hymen, d'où naquirent, entre autres fils, Atrée et Thyeste, si connus sur la scène grecque, que Virgile s'écriait, il y a près de deux mille ans :

Qui ne connaît Pélops et sa fatale amante?

DENNE-BARON.

HIPPODAMIE, fille de Brisès. *Voyez* BRISÉIS.

HIPPODROME (du grec ἵππος, cheval, et δρόμος, course), place où l'on court, lieu destiné aux courses de chevaux ou de chars. De tout temps les Grecs montrèrent le goût le plus vif pour les courses de chevaux et de chars, et les hippodromes remontent à l'époque héroïque ; on peut s'en convaincre en lisant le 23° livre de *l'Iliade*. Cependant l'antiquité nous a laissé bien peu de documents sur ces arènes, leur étendue et l'espace qu'on y parcourait. Le seul Pausanias a décrit l'hippodrome d'Olympie, et encore cette description est-elle très-confuse en plusieurs endroits.

Une enceinte, longue de 120 mètres et affectant à peu près la forme d'un éperon de navire, précédait l'hippodrome et servait à remiser les chevaux et les chars pendant les préparatifs de la lutte. La lice qu'ils avaient à parcourir était un carré long ; à son extrémité se trouvait un terre-plain, surmonté d'une borne, autour de laquelle il fallait tourner. L'espace en cet endroit était si resserré, qu'il n'y pouvait passer qu'un seul char à la fois ; c'était l'écueil où venaient échouer la plupart des concurrents. Pour sortir de ce pas dangereux, il s'agissait surtout de modérer à propos les chevaux qu'animaient des fanfares éclatantes et le choc bruyant des cymbales ; et l'aurige superstitieux adressait tout bas des vœux au génie Taraxippus (qui effarouche les chevaux), dont l'autel décorait l'entrée même de l'arène. Lorsqu'un char se brisait contre la borne, ceux qui suivaient descendaient sur la pente d'une tranchée douce qui régnait autour du terre-plein, pour remonter ensuite sur le terre-plein et accomplir l'évolution prescrite autour de la borne. Les juges qui décernaient les prix aux vainqueurs étaient assis à l'une des extrémités de l'hippodrome, près de l'endroit où se terminait la course, et les spectateurs s'étageaient le long de la barrière ou du mur à hauteur d'appui qui formait la lice.

On croit généralement que les hippodromes des anciens avaient quatre stades de longueur et un stade de largeur. Les Romains empruntèrent aux Grecs leurs courses de chevaux et de chars ; mais ils appelèrent cirque l'édifice où se donnaient ces jeux, et qui servait d'ailleurs en même temps aux combats de bêtes et de gladiateurs. L'âge d'or de l'hippodrome, ce fut le Bas-Empire. Il aimait à la fureur ces sortes de spectacles, ce peuple hybride qui avait hérité des Grecs et des Romains ; il y déployait tout le luxe fabuleux de l'Orient, jusqu'à sabler de poudre d'azur et de vermillon l'arène où luttaient les factions rivales des cochers, ces bleus et ces verts qui se partageaient la multitude passionnée. Il y eut deux hippodromes à Constantinople, l'un bâti par Théodose et qu'Irène démolit : il était situé entre le palais d'Éleuthérius et celui d'Amastrianus ; l'autre commencé par Septime Sévère et fini par Constantin le Grand. C'est sur son emplacement qu'est aujourd'hui située la place de l'*Atmeïdan*, et le vocable turc a la même signification que le mot grec auquel il a été substitué. En Asie Mineure, en Italie, en France, il existe encore quelques ruines d'hippodromes, mais beaucoup moins que de cirques et d'amphithéâtres, constructions massives qui ont mieux résisté au temps destructeur.

A Paris, on a donné le nom d'*hippodrome* à un nouveau cirque, construit en 1845, en dehors de la barrière de l'Étoile, près de l'Arc de triomphe, sur une partie de l'ancien promenoir de Chaillot. Il est entièrement bâti en bois et affecte une forme ovale. L'enceinte destinée aux exercices figure un parterre gazonné, coupé par quatre allées sablées qui aboutissent à un petit rond-point, où l'on a construit en 1854 un théâtre pour jouer des pièces militaires. La longueur totale des constructions est de 130 mètres ; celle du *turf* de 104 mètres, sur une largeur de 108 mètres. On y pénètre par une porte dans le goût moresque ; des tentures bariolées, de larges banderolles flottantes de couleurs variées donnent à ce colysée de bois et de carton un aspect tout oriental ; il peut contenir quinze mille personnes.

Le même nom d'*hippodrome* a été donné à un vaste terrain de 130 hectares, pris dans la plaine de Longchamp pour être annexé au bois de Boulogne, et affecté à des courses publiques de chevaux.   W.-A. DUCKETT.

HIPPOGRIFFE (mot formé des deux termes grecs ἵππος, cheval, et γρύψ, griffon, mais que les Grecs ne connaissaient pas). C'est un animal chimérique, de l'invention des poëtes, dont l'Arioste a fait un usage fréquent dans son poëme de *Roland furieux*; l'invention toutefois ne lui en appartient pas, c'est à Bojardo qu'elle revient tout entière. L'hippogriffe est le coursier de l'épopée chevaleresque, la digne monture des héros fabuleux, qui échangent de si grands coups de lance sur la terre et dans les airs. Moitié cheval, moitié griffon, comme son nom l'indique, il est pourvu de vigoureuses ailes. Le cheval céleste, qui est ailé, et qu'Euripide nomme *Ménalippe*, fut affecté au signe du Sagittaire. Quelques auteurs en font la monture de Jupiter ; d'autres, celle de Bellérophon, ou d'Hipponoüs, qui l'enfourcha pour combattre la Chimère, vomissant du feu et ravageant la Libye. Jupiter réunit Crotus, fameux chasseur, à son cheval, qu'il avait beaucoup affectionné pendant sa vie. De nos jours, Wieland, au début de son *Obéron*, somme la Muse de lui seller l'hippogriffe pour entreprendre une excursion dans le vieux pays romantique. Pour lui, l'hippogriffe est le Pégase du moyen-âge.

HIPPOLYTE, fils de Thésée, et de l'Amazone Antiope, reine de Thémiscyre, sur le Pont-Euxin. Son nom est composé des deux mots helléens, ἵππος, cheval et λύω, je délie. Célèbre par son noble cœur autant que par sa chasteté, toujours l'arc en main dans les bois, sur les monts, suivi d'une meute docile, il avait voué sa vie à Diane. Sa résidence était Trézène, ville maritime de l'Attique, où son éducation avait été confiée à son bisaïeul Pithée. Hippolyte nourrissait sa jeune âme de la pure morale d'Orphée : Euripide lui donne même une lyre, comme à ce philosophe-poëte.

Cependant, Phèdre de Crète, fille de l'incestueuse Pasiphaé, et femme de Thésée, avait vu le favori de Diane, le fils de son époux, dans le temple de Cérès, à Athènes, pendant la célébration des mystères. Le voir et brûler d'un feu criminel fut pour la fille de Minos l'instant d'un éclair. Éhontée, ou plutôt poursuivie par la colère de Vénus, elle ose déclarer à son beau-fils son incestueuse passion, que l'enfant de l'Amazone, les yeux baissés, repousse par son silence, sa chaste contenance, et rompt par une fuite précipitée. L'infidèle Thésée était alors en quête d'aventures dans les enfers, c'est-à-dire en Épire, contrée basse et brumeuse, par rapport à la Grèce. Au bruit du retour d'un époux outragé, dont elle redoute la colère et la sévère justice, Phèdre, en proie aux furies d'un amour non satisfait et dédaigné, se rend à une solive de son palais. Thésée arrive au moment où elle vient d'expirer ; en vain fait-il éclater son désespoir. Toutefois, en serrant encore cette main chérie, il y trouve une lettre accusatrice contre son propre fils, bien qu'on assure que l'art d'écrire n'était point inventé à cette époque. La perfide Œnone, sa nourrice, avait donné à Phèdre cet infernal conseil. Un incestueux attentat à la couche paternelle était vivement et douloureusement tracé dans l'épître. Le père, qui croit à l'outrage, couvre d'imprécations la tête de son fils. « O Neptune ! ces trois vœux que tu m'as promis d'accueillir, s'écrie-t-il, exauce d'abord celui-ci ; j'abandonne l'infâme à ton courroux. » Ni sa vertu ni la candeur de sa défense ne peuvent justifier l'infortuné ; foudroyé par les regards de son père, banni par lui, il regagne tristement sur son char le chemin de Trézène, lorsqu'un taureau marin, à la croupe recourbée, toute couverte d'écailles, s'élance, en fureur, du sein des flots émus. Hippolyte saisit un javelot, le lance au monstre, qui, blessé bondit sous le poitrail des chevaux ; ceux-ci, effrayés précipitent en fuyant Hippolyte et son char à travers les rochers, où il se brise. Sanglant, déchiré, mourant, le fils de Thésée est rapporté à son père, auquel Diane elle-même a révélé la tardive et fatale vérité. Le doux et malheureux Hippolyte n'accuse point de sa mort un père désespéré; les dernières paroles qu'il lui adresse sont des consolations pleines d'amour et de respect, jusque à ce qu'il lui dise : « O mon père ! voilez-moi promptement la tête ! » Et il expire. Il avait peur que le visage d'un mort ne souillât et son père et son roi, qu'il avait si tendrement aimé et respecté durant son innocente vie.

Tel est le sujet du drame d'Euripide intitulé : *Hippolyte*. Dans Sénèque le tragique, la belle et heureuse scène de l'épée du jeune prince, restée, comme preuve de conviction, aux mains de Phèdre, est un triomphe, mais le seul, du poëte latin sur le poëte grec. La Bible avait laissé un modèle de cette scène dans le manteau de Joseph, abandonné par le chaste fils de Jacob sur la couche même de l'adultère épouse de Putiphar. Racine, dans sa *Phèdre*, a imité Sénèque et la Bible. Une vie pure, si tôt moissonnée, une mort si triste et si sanglante, valurent à Hippolyte des autels et des temples dans la Grèce. Diomède lui en éleva un : il y consacra un prêtre particulier et des fêtes annuelles. Avant de se marier, les jeunes filles lui faisaient l'offrande de leur chevelure, sans doute pour avoir la force de garder la foi conjugale. Ce fils d'Amazone eut aussi sa place dans les cieux : il avait donné son nom à la constellation du *Cocher*. Sous le règne de Numa, les prêtres barbares de Diane, dans la mystérieuse forêt d'Aricie, près de Rome, eurent l'artifice de ressusciter Hippolyte sous le nom de Virbius, ou *deux fois homme*. Esculape, disaient-ils, lui avait rendu la vie, à la prière de Diane, et le jeune prince, toujours modeste, toujours amant de la solitude, alors divinité champêtre, se serait tenu caché jusqu'au règne de Numa, dans le bois de Diane, sous la forme d'un homme d'âge mûr.

DESNE-BARON.

HIPPOLYTE (Saint), évêque, martyr et docteur de l'Église. On ne sait point quelle église il gouvernait, ni en quel temps il répandit son sang pour l'Évangile. Quelques savants prétendent cependant qu'il était évêque, non de Rome, mais à Rome, pour soulager le pape dans ses fonctions; peut-être serait-ce alors le confondre à tort avec un autre Hippolyte dont parle Prudence. Une autre opinion fait de saint Hippolyte un évêque d'Aden en Arabie, qu'on appelait anciennement le *Port Romain*. En tout cas, on pense qu'il vivait vers l'an 230, sous Alexandre Sévère. Des nombreux ouvrages qu'il avait composés la plupart sont perdus. Parmi ses œuvres, on remarque son *Canon Paschalis*, table qui servait à déterminer le jour de Pâques par le moyen d'un cycle de seize ans; (cette table est antérieure à celle d'Eusèbe, et Joseph Scaliger la publia le premier, en 1583); son travail sur l'*Ante-Christ*; celui sur *Susanne et Daniel*; une démonstration contre les Juifs; un livre *De Deo trino et uno*, *et de mysteriis Incarnationis*, *contrà hæresim Noeli*; et des fragments d'un *Commentaire sur la Genèse*. Fabricius a recueilli et publié les œuvres de saint Hippolyte (Hambourg, 1716-1718, 2 vol. in-fol.). On découvrit en 1551, dans des fouilles faites près de Tivoli, la statue en marbre d'un évêque assis, qu'on jugea être celui dont nous parlons, le *Canon Paschalis* étant reproduit aux deux côtés de la chaise. Ce monument est conservé dans une salle du Vatican.

Dans ses recherches au couvent du mont Athos, M. Mynoïde Mynas découvrit un manuscrit du quatorzième siècle, sur papier de coton, de médiocre apparence, mutilé, sans nom d'auteur, intitulé *Réfutation de toutes les hérésies*, ouvrage que M. Müller attribue à Origène et que M. Bunsen restitue à saint Hippolyte. L'idée de ce livre est que toutes les hérésies sont simplement d'anciennes philosophies, faisant invasion dans le christianisme et le déterrant pour se l'approprier. Valentin, selon l'auteur, veut plier l'Évangile aux idées de Pythagore et de Platon; Basilide est un disciple d'Aristote; Marcion renouvelle Empédocle, et Cérinthe n'est qu'un initié des mystères égyptiens. L'écrivain expose franchement les théories de ses adversaires, et ne dédaigne pas de raisonner avec eux. Viennent ensuite comme des mémoires secrets sur l'intérieur de l'Église romaine, une accusation terrible portée contre le pape Calixte et des détails nouveaux sur la protection que Marcia, concubine de Commode, accordait aux chrétiens proscrits.

HIPPONACTIQUE (Vers). *Voyez* CHOLIAMBE.

HIPPONAX, d'Éphèse, poëte iambique, célèbre par son caractère satirique, vécut vers l'an 530 avant J.-C. La crainte que leur inspirait sa mordante ironie détermina les tyrans de sa ville natale à le chasser. Il se rendit à Clazomène, où, pour se venger du mépris que lui attirait sa difformité physique, il flagella du fouet de la satire tous ceux qui lui déplaisaient, et principalement les femmes. Il inventa pour ses poëmes satiriques une forme particulière d'iambe, le c h o l i a m b e, qui de son nom fut appelé *vers hipponactique*; il écrivit également en vers hexamètres et dans le style épique des parodies dont il nous a été conservé un fragment, qui concerne un glouton. Les fragments d'Hipponax ont été publiés de la manière la plus complète par de Bergk, dans ses *Poetæ lyrici græci* (Leipzig, 1843).

HIPPONE. *Voyez* HIPPO.

HIPPONICE (de ἵππος, pied), genre de mollusques gastéropodes, de l'ordre des pectinibranches, famille des capuloïdes, et qui se distinguent des cabochons, dont ils sont voisins, au support calcaire sur lequel ils reposent, et qui paraît transsuder du pied de l'animal. On n'en connaît qu'une espèce vivante et plusieurs espèces fossiles.

HIPPONOÜS. *Voyez* BELLÉROPHON.

HIPPOPHAGES, c'est-à-dire *mangeurs de chevaux* (de ἵππος, cheval, et φάγω, je mange). C'était, selon les relations d'anciens géographes, le nom d'une peuplade scythique, qui habitait au nord-est de la mer Caspienne, où de nos jours encore les hordes de Kalmouks conservent toutes les habitudes des anciens Scythes, sont comme eux nomades et friands de la chair des chevaux. Dans des pays civilisés, on a aussi tenté à plusieurs reprises, par des motifs d'économie politique, de faire de la chair du cheval un aliment ordinaire; et cet effet il s'est constitué des sociétés hippophages, par exemple en 1842 dans le Wurtemberg. Mais ce qui vraisemblablement s'opposera toujours à la vulgarisation de ces idées dans nos pays d'Europe, c'est : 1° qu'il répugne à l'homme de se nourrir de la chair d'un animal domestique qui lui est si utile et que distinguent tant de nobles qualités; 2° que la chair de cheval a quelque chose de doux et de sucré qui répugne au goût; 3° enfin, c'est que presque partout le cheval est un animal d'un trop grand prix pour qu'il puisse y avoir avantage à employer sa chair comme moyen d'alimentation.

HIPPOPOTAME. Ce mot, qui, d'après son étymologie grecque, signifie *cheval de rivière* (de ἵππος, cheval, et ποταμός, rivière), est le nom d'un quadrupède qui dispute au rhinocéros le premier rang après l'éléphant, et occupe le second sans aucune contestation. Quelques-uns de ces animaux pèsent plus de deux mille kilogrammes, et atteignent la longueur de cinq mètres depuis le bout du museau jusqu'à l'origine de la queue. Une tête énorme, une queue fendue presque jusqu'aux épaules, des yeux à peine visibles dans cette tête si massive, un corps arrondi, porté sur des jambes extrêmement courtes, un ventre dont l'ampleur surcharge encore cette lourde masse, tout cet ensemble n'est pas propre à donner une bonne opinion des facultés de ce prétendu cheval, et l'on est porté d'abord à demander comment on peut justifier le nom qu'il porte. Ses oreilles courtes, pointues et roides, n'ajoutent rien à sa physionomie, et la couleur noirâtre de sa peau, non moins dégarnie de poils que celle de l'éléphant, ne contribue pas à l'embellir. On n'a pas lieu de regretter que ce colosse, d'une forme aussi déplaisante, soit confiné dans les régions chaudes de l'ancien continent. Comme on ne l'a jamais vu que près des grandes rivières ou plongé dans leurs eaux, on est fondé à croire qu'il n'est pas plus amphibie que le castor ou la loutre; ses pieds ne sont pas même pourvus de membranes entre les doigts pour l'aider à nager, en sorte qu'il ne semble destiné qu'à marcher sur la terre. Comme les végétaux font une par-

HIPPOPOTAME — HIRONDELLE

tie de sa nourriture, il vient pattre sur le bord des fleuves, et c'est là que les chasseurs l'attendent.

L'épaisseur et la dureté de sa peau repoussent les balles sur une grande partie de son corps; il n'est vulnérable qu'au ventre et entre les cuisses. Outre ces armes défensives, cette cuirasse, sous laquelle son dos et sa croupe sont en sûreté contre les projectiles ordinaires et les ongles du lion et du tigre, sa redoutable gueule oppose à ses ennemis de longues et fortes dents canines, les plus dures que l'on connaisse. Rien ne peut résister aux puissantes mâchoires de cet animal : les canots sont chavirés ou déchirés, de fortes barres de fer pliées, etc. Il est rare que le fort abuse des avantages que sa force peut lui donner aux dépens du faible : on a pourtant à faire ce reproche à l'hippopotame, et dans des circonstances où la gravité qui semble convenir si bien à sa masse et à sa forme fut très-négligée. Un individu de cette espèce avait choisi pour station habituelle l'embouchure d'un fleuve d'Afrique; des colons établis sur les deux rives communiquaient fréquemment entre eux; le malin quadrupède eut la fantaisie de chavirer leurs canots chaque fois qu'il les rencontrait, sans autre but apparent que de voir les passagers à la nage. Cette mauvaise plaisanterie fut tolérée pendant quelque temps; mais il fallut y mettre un terme, et une chasse bien organisée délivra ces parages d'un habitant devenu très-incommode. Mais on ne cite pas de fait où l'hippopotame n'ait pas évité l'approche des hommes. Cet animal n'est pas plus offensif qu'aucun des herbivores, et ne fait la guerre qu'aux poissons, sur lesquels il fonde une partie de sa subsistance. En le considérant par rapport à l'usage que l'on peut en faire, on vante l'excellence de sa chair, l'abondance, la bonté, la salubrité de son lard, moins altérable et moins indigeste que celui du cochon, la blancheur et la dureté de ses dents canines (défenses), qualités qui font préférer cette matière à toutes les autres pour faire des dents artificielles. Les Africains font avec la peau du dos et des reins des boucliers. On dit aussi que le lait des femelles n'est pas moins savoureux que le meilleur lait de vache.

A l'époque de la splendeur de l'empire romain, des animaux de ce genre ajoutaient l'intérêt de la curiosité à la magnificence et à la variété des jeux du cirque. On savait donc les prendre vivants, les transporter à Rome et les y nourrir.

On a cru reconnaître l'hippopotame dans le *Béhémoth* de l'histoire de Job ; mais on ne peut appliquer à aucun animal existant une description aussi poétique. Si elle n'était qu'un tableau dont tous les traits fussent agrandis, on pourrait espérer de voir un jour, dans les prairies des pays chauds, le gigantesque hippopotame paître tranquillement près des troupeaux domestiques, et même se mêler à leurs jeux. Quoi qu'il en soit, il paraît certain, d'après cette histoire, que l'hippopotame habita jadis des pays qu'il a quittés, que des marais et des ruisseaux lui offraient des retraites et des lieux de repos, où il se plaisait à se livrer au sommeil. On ne le trouve plus aujourd'hui que dans les rivières peu profondes, où il ne pourrait échapper à ses ennemis en plongeant sous les eaux ; les grands fleuves de l'Inde et de l'Afrique le conservent encore, mais on n'en voit point sur la côte orientale de l'Asie. Le temps approche où il aura totalement évacué l'Égypte, quoique le Nil fût autrefois l'une de ses stations favorites. FERRY.

Depuis les exhibitions du Cirque à Rome l'Europe n'avait peut-être pas vu d'hippopotame vivant, lorsqu'en 1849 un jeune hippopotame de cette espèce, pris dans l'île Obaïsch du Nil Blanc fut amené en Angleterre. Nourri d'abord de lait de vache et de maïs moulu, il en est arrivé à consommer par jour environ 60 kilogrammes de foin, de paille, de blé, de racines et d'herbes. En 1854 un hippopotame femelle fut encore amené à Londres. Au mois de mai 1853, un hippopotame arriva à Paris. Il avait alors onze mois, et il consommait 30 litres de lait par jour; petit à petit on le sevra, et on composa sa nourriture de pain bis, de carottes, de pommes de terre et de fruits. En dix-huit mois il doubla de grosseur, et à la fin de 1854 il avait 1^m,20 de hauteur, 2^m,70 de longueur, 3^m de circonférence. Cet animal a l'aspect d'une masse de graisse suant l'huile par une infinité de pores, et semble plutôt fait pour rouler que pour marcher. Il se tient habituellement dans un bassin de 2^m, creusé dans le sol de la Rotonde du Muséum. Jamais il ne reste plus d'une demi-heure au fond de l'eau sans venir respirer l'air à la surface par ses larges naseaux. L'hiver on fait chauffer l'eau du bassin, que l'on maintient à une température de + 12° centigrades. Chose singulière, à la moindre excitation de son gardien, cette lourde masse exécute une foule de cabrioles dans l'eau, puis, comme pour réclamer le prix de ses gentillesses, l'animal ouvre sa monstrueuse bouche déjà garnie de quelques mâchelières et où les morceaux de pain disparaissent comme dans un gouffre. Un autre hippopotame femelle de onze mois est arrivé à Paris en mai 1855. Tous viennent d'Égypte. L. LOUVET.

HIRAM ou **KHIRAM**, roi de Tyr et fils d'Abibal, qui régna de l'an 1025 à l'an 985 avant J.-C., fournit à Salomon, avec qui il avait contracté alliance, des matériaux et des ouvriers pour son fameux temple. La Bible fait encore mention d'un orfèvre, ou ciseleur, du même nom, également de Tyr, contemporain aussi de Salomon, qui confectionna la plus grande partie des vases précieux servant à l'ornementation du même temple. Un troisième Hiram, originaire encore de Tyr, fut recommandé à Salomon pour diriger comme architecte les travaux de construction du temple, et périt assassiné par une partie des ouvriers placés sous ses ordres. Ce meurtre joue un grand rôle dans la mythographie des francs-maçons et du compagnonage.

HIRCAN. *Voyez* HYRCAN.

HIRE (LA). *Voyez* LA HIRE.

HIRONDE (Queue d'). *Voyez* QUEUE D'HIRONDE.

HIRONDELLE, genre de la famille des fissirostres et de l'ordre des passereaux, ayant pour caractères : Bec court, triangulaire, large, aplati horizontalement, profondément fendu; mandibule supérieure faiblement recourbée vers la pointe; pieds courts, à quatre doigts grêles, trois antérieurs, un postérieur ; queue formée de douze rectrices ; ailes allongées, la première rémige la plus longue.

Les hirondelles apparaissent en France vers l'équinoxe du printemps, pour disparaître de nouveau vers l'équinoxe d'automne : oiseaux cosmopolites, leur domaine s'étend partout où le soleil acquiert assez de puissance pour réchauffer la terre glacée, partout où l'air nourrit assez d'insectes pour leur fournir une abondante proie. Mais si l'hirondelle n'a pas de patrie, elle a une famille, une demeure, un *chez-elle* ; et dans ces longs voyages qu'elle exécute deux fois l'an, des terres équatoriales aux lignes polaires, et des cercles arctiques à l'équateur, elle se choisit toujours deux points de repos, entre lesquels elle partage sa vie : presque toujours l'hirondelle, qui nous quitte en septembre, revient vers la mi-avril au nid qu'elle s'est bâti, et, ce qui est plus étrange encore, les jeunes hirondelles établissent presque toujours leur demeure dans le voisinage du nid qui les a vues naître (Spallanzani). Ce fait de l'émigration des hirondelles à l'approche de la saison rigoureuse, l'une des traditions les plus populaires de l'histoire naturelle, a souvent été révoqué en doute; et deux opinions émises par les anciens écrivains pour expliquer ces disparitions périodiques trouvent encore des partisans parmi les naturalistes modernes : Olaüs Magnus pensa avoir constaté, par l'observation directe, que les hirondelles passaient l'hiver dans une sorte d'asphyxie au fond de l'eau des marais. Klein, dans sa dissertation *De hibernaculis hirondinum*, et Linné ont donné l'autorité de leur nom à l'hypothèse du savant évêque d'Upsal; et Cuvier lui-même (*Règne animal*, 1817, vol. 1, p. 374) dit, en parlant de l'hirondelle de rivage : « Il paraît certain qu'elle s'engourdit en hiver, et même qu'elle passe cet état au fond de l'eau des marais. » D'autres naturalistes ont préféré admettre que les hirondelles, comme les animaux hivernants, passaient la froide saison engourdies dans les creux des rochers ; mais Mauduyt, Spallanzani, Nattères (cité par Temminck, *Manuel d'Ornithologie*) ont tenté une multitude d'expériences, dans le but de démontrer combien cette hypothèse était peu fondée. L'hypothèse, si inexplicable qu'elle soit, de l'émigration, est encore celle qui, en histoire naturelle, compte le plus de partisans.

Suivant Spallanzani, les hirondelles sont monogames : elles défendent en commun leurs foyers envahis par l'ennemi; elles reconstruisent en commun leurs demeures renversées ou détruites (Linné, Dupont de Nemours). Essentiellement insectivores, elles font leur nourriture ordinaire de cousins, de mouches, de charançons, de tipules surtout, dont elles sont très-friandes (Tessier). Et c'est parce qu'elles poursuivent ces insectes dans les plaines les plus élevées de l'air, quand le ciel est pur, et qu'elles les chassent encore en rasant le sol quand le ciel est chargé de nuages, que le vol de l'hirondelle est devenu un baromètre à l'aide duquel le peuple prédit les changements de temps.

Le genre *hirondelle* (*hirundo*, Linné) renferme de nombreuses espèces, parmi lesquelles il faut distinguer surtout : l'*hirondelle domestique*, l'*hirondelle des fenêtres*, l'*hirondelle des rivages* et l'*hirondelle salangane* : c'est cette dernière espèce, qui habite l'archipel des Indes, qui construit ces nids gélatineux que les Chinois apprêtent comme des champignons, et dont ils font si grand cas. Le mystère qui s'attache à l'origine de ces nids n'est pas encore complétement éclairci : quant à sa forme, ce nid ressemble à l'une des valves de la coquille nommée par Linné *mytilus hirundo*, par Lamarck *aronde oiseau* : la salangane le construit selon les uns avec du frai de poisson, selon d'autres avec des fucus du genre *gelidium*. Ces nids, demi-transparents, à cassure vitreuse, d'une consistance ferme et tenace, adhèrent fortement aux rochers : on les récolte trois fois l'an. BELFIELD-LEFÈVRE.

On assure qu'un essai de *poste aux hirondelles*, fait en août 1854, a été couronné d'un succès qui dépasse toutes les espérances. Six hirondelles, prises dans leurs nids à Paris, ont été transportées à Vienne (Autriche) par le chemin de fer; là on leur a placé sous le ventre un petit pli contenant une série de nouvelles de 1,510 mots ; puis à sept heures un quart du matin on a mis en liberté les six captives. Sur ce nombre, deux sont arrivées à Paris un peu avant une heure de l'après-midi, une à deux heures vingt minutes, une à quatre heures; les deux autres se sont perdues en route.

HIRONDELLE À QUEUE CARRÉE. Voyez ENCOULEVENT.

HIRONDELLE DE MER. Voyez DACTYLOPTÈRES.

HIRTIUS (AULUS), Romain de naissance plébéienne, partisan et confident de César, dont il fut lieutenant dans les guerres des Gaules, et auquel il dut la préture l'an 46 avant J.-C. et le consulat pour l'an 43 avant notre ère. Après le meurtre de César, il se brouilla avec Antoine, et, ayant pris possession du consulat, il se mit en campagne contre lui avec son collègue C. Vibius Pansa et avec Octave. Antoine, d'abord défait par lui à Bologne, fut encore une fois battu et mis en fuite, le 27 avril de l'an 43 avant J.-C., dans la bataille décisive livrée près de Modène, d'où cette guerre a été appelée *guerre de Modène*. Mais Hirtius lui-même périt dans cette dernière action; Pansa mourut le jour suivant des blessures qu'il avait reçues à Bologne. On ne saurait décider si Hirtius est réellement l'auteur de l'histoire de la guerre d'Alexandrie et de la guerre d'Afrique; mais il paraît certain que la continuation (le 8° livre) des *Commentaires* de César sur la guerre des Gaules, est de lui.

HIRUDINÉES, famille d'annélides, dont les sangsues forment le principal genre.

HISRIAS. Voyez ÉZÉCHIAS.

HISPE (de *hispidus*, couvert d'épines), genre de coléoptères subpentamères, ainsi nommé parce qu'il renferme plusieurs espèces dont le dessus et les côtes du corps sont couverts d'épines branchues, ainsi que les antennes. Telles sont l'*hispa testacea*, qui se trouve sur le ciste dans toute l'Europe australe, et l'*hispa atra* ou *châtaigne noire*, assez commune aux environs de Paris. Cette dernière s'attache aux tiges et aux racines des plantes qui croissent dans le sable.

HISTIOPHORE. Voyez ISTIOPHORE.

HISTOGÉNIE, HISTOLOGIE, HISTOTOMIE (de ἱστός, tissu, γεννάω, j'engendre, λόγος, discours, τέμνω, je coupe). Les anatomistes allemands ont d'abord proposé le mot *histologie* pour désigner la branche de l'anatomie qui traite des divers systèmes de tissus entrant dans la composition des organes des animaux et des végétaux. Pour eux, l'anatomie proprement dite des tissus reçoit le nom d'*histotomie*, qui signifie dissection de ces tissus ; mais lorsque, recherchant dans les embryons la formation de toutes les parties qui s'y développent, ils ont voulu s'attacher à l'observation plus spéciale de la formation primordiale de tous les éléments tissulaires, depuis le solide vivant le plus homogène, qui est le blastème ou le tissu blasteux de tous les organes, jusqu'aux diverses sortes de tissus fibreux, caverneux et parenchymateux, ils ont en quelque sorte institué une nouvelle science sous le nom, très-convenable et très-caractéristique, d'*histogénie*, qui signifie génération ou formation embryonnaire des tissus vivants. L. LAURENT.

HISTOIRE. Ce mot, qui vient du grec ἱστορία, signifie *recherche des choses curieuses*, *envie de savoir*, *exposition des faits dont nous avons été les spectateurs ;* car le verbe ἱστορεῖν veut dire précisément *connaître*, *savoir une chose comme l'ayant vue*. Les philosophes, qui distinguent dans l'entendement humain trois facultés principales : la *mémoire*, la *raison*, l'*imagination*, ont fait dériver de ces trois facultés une distribution générale des connaissances humaines, en histoire, en philosophie, en poésie. De la mémoire dérive l'histoire, comme la philosophie dérive de la raison, et la poésie reconnaît l'imagination pour sa mère. On n'a pas besoin d'ajouter que ces délimitations théoriques sont nécessairement franchies dans l'application : car que serait l'histoire sans la philosophie pour coordonner les faits? De même, que serait la philosophie sans un certain ordre de faits?

L'histoire considérée dans sa matière se compose de faits : les faits sont ou de Dieu, ou de l'homme, ou de la nature ; les faits qui sont de Dieu appartiennent à l'*histoire sacrée* ; les faits qui sont de l'homme appartiennent à l'*histoire civile* ou *politique*, et les faits qui sont de la nature se rapportent à l'*histoire naturelle*.

L'histoire sacrée expose à la fois les mystères et les cérémonies de la religion, les miracles et les choses surnaturelles dont Dieu seul est le principe, la discipline et les fastes de l'Église. Les prophéties, dans lesquelles le récit a précédé l'événement, sont une branche de l'histoire sacrée. L'histoire civile se compose des faits qui viennent de l'homme : dépositaire fidèle des traditions des ancêtres, des révolutions des temps passés, de l'origine des institutions politiques, de la gloire et de la célébrité des hommes, la science historique se distribue suivant ces objets en *histoire politique* proprement dite et en *histoire littéraire* ; car c'est avec raison que le chancelier Bacon a dit que l'histoire du monde sans l'histoire des savants, c'est la statue de Polyphème à qui on a arraché l'œil. L'histoire civile se sous-divise en *histoire générale*, en *histoire personnelle* ou *biographie*, en *histoire singulière* ou *particulière*, décrivant une action particulière, un siège, une bataille, une conspiration, une ambassade, une intrigue, un voyage, etc. S'il est vrai que l'histoire soit la peinture des temps passés, les *antiquités* (et par là j'entends les monuments, les inscriptions, les médailles) sont des dessins presque toujours endommagés; les *biographies* sont des portraits ou miniatures plus ou moins flattés, et l'histoire générale, un tableau dont les *mémoires* sont des études. On a encore dit que la chronologie et la géographie sont les deux yeux de l'histoire. Qui doit leur tenir le flambeau? la critique. C'est elle qui vivifie ces deux rejetons de la science, et qui en fait ses appuis indispensables. Par la critique, la chronologie place les hommes dans le temps, tandis que la géographie les distribue sur notre globe. Toutes deux tirent un grand secours de l'histoire de la terre et de celle des cieux, c'est-à-dire des faits historiques et des observations célestes; en un mot, la science des temps et celle des lieux sont filles de l'astronomie et de l'histoire.

Rappelons encore les distinctions que nos devanciers du dix-septième siècle admettaient, non pas sur la matière de l'histoire, mais sur la forme dans laquelle on l'écrivait. Par rapport à la forme, disaient-ils, elle est *simple*, *figurée* ou *mêlée*. *Simple*, elle est sans artifice, sans aucun ornement; ce n'est qu'un récit nu et fidèle des choses passées et de la manière dont elles ont eu lieu : tels sont les a n n a l e s des Grecs par olympiades, les f a s t e s consulaires des Romains, puis les c h r o n i q u e s du Bas-Empire et du moyen âge, enfin les j o u r n a u x , depuis celui de *L'Estoile* jusqu'aux *Gazettes officielles*, etc. *Figurée*, l'histoire admet les ornements que lui prête le savoir-faire de l'écrivain, comme les histoires politiques des Grecs et des Romains, depuis H é r o d o t e jusqu'à T a c i t e , et la plupart des histoires modernes, depuis C o m i n e s et D a v i l a , jusqu'à D a n i e l et M é z e r a i , depuis V o l t a i r e et R a y n a l jusqu'à L a c r e t e l l e , T h i e r s ou S i s m o n d i : « C'est, dit un vieux critique, une histoire raisonnée, qui, sans s'arrêter à l'écorce et à l'apparence des choses, va jusque dans la pensée des personnes qui ont agi de concert, et fait voir sur l'événement des choses qu'ils ont entreprises la sagesse de leur conduite ou le défaut de leur jugement. » Enfin, l'histoire *mêlée* est celle qui, outre les ornements de l'histoire *figurée*, a des preuves qui sont tirées de l'histoire *simple* et qu'elle manie souvent pour appuyer ce qu'elle expose avec plus d'artifice et d'appareil.

Ces définitions très-simples, et même un peu écolières, devaient bientôt être oubliées pour faire place à d'autres plus pompeuses et moins justes. Le temps n'était pas éloigné où l'on allait voir au delà de la forme des productions historiques; et l'histoire *figurée* devait faire place à l'histoire *philosophique*, titre pompeux et vide, qui annonçait moins une histoire raisonnée qu'une production où les faits historiques seraient sacrifiés aux préoccupations du jour. Tout était *philosophique* alors, comme on est *pittoresque* aujourd'hui. Quoi qu'il en soit, on dira toujours : *histoire chronologique*, *histoire généalogique*, *histoire politique*, *histoire secrète*, *histoire littéraire*, *histoire ecclésiastique*, enfin *histoire générale*. Ces termes simples et clairs sont au-dessus de la mode, de la vogue du jour; ils se comprennent d'eux-mêmes. Ajoutons que l'histoire chronologique peut être substantielle et attachante à lire quand on sait l'écrire comme l'ont fait les auteurs de l'*Art de vérifier les dates*, le président H é n a u l t et Voltaire dans ses *Annales de l'empire*. L'histoire généalogique jettera du jour sur l'histoire moderne quand on saura la traiter avec une érudition impartiale et désintéressée, comme l'a fait Schœll, dans son *Histoire des États européens*. L'histoire politique et morale est la plus féconde en réflexions : Thucydide, Tacite, B o s s u e t , M o n t e s q u i e u , Ancillon, G u i z o t , H e e r e n , etc., voilà les modèles de cette grave et utile manière. L'histoire secrète n'était autrefois que cette des cours ; aujourd'hui elle offrirait des particularités curieuses sur les hommes de révolution : ce genre a toujours offert beaucoup d'attraits à la malignité humaine ; mais l'histoire ainsi écrite ne doit dégénérer souvent lorsqu'elle ne l'est pas de flatterie. L'histoire littéraire, négligée par tous les anciens, si l'on en excepte Velleius Paterculus, a, depuis l'exemple donné par Voltaire, pris place dans l'histoire générale. On peut en dire autant de l'histoire ecclésiastique ; elle est pour plus de la moitié, et dans l'*Essai sur les Mœurs*. Reste aux imitateurs à suivre sur ce point Voltaire, en s'écartant du mauvais et faux esprit qui a guidé sa plume. Née sous la plume de Raynal, l'histoire parle-

mentaire a fleuri depuis parmi nous. Quant à l'histoire générale, elle doit, dans une juste mesure, embrasser toutes les autres.

Ce qui, à mon avis, dépasse la haute portée de l'homme, ce qui prouve que cette créature, passagère ici-bas, a été formée pour une destinée éternelle comme le temps, c'est l'effort constant que fait l'esprit humain pour fixer le passé, pour y trouver les leçons du présent et les espérances de l'avenir. Sous ce point de vue, l'histoire n'est pas seulement une occupation grave : c'est une religion avec ses mystères, ses dogmes, ses devoirs et sa fin : que dis-je ? ce culte a même sa prédestination. Là reposent les convictions de l'*école fataliste*, école sombre, austère, et dont les oracles terribles, menaçants, rappellent les sons mystérieux du chêne de Dodone ou les rauques accents du druide prédisant sur les plages de l'Armorique les derniers jours du culte de Teutatès. L'*école morale* historique est aussi une religion : son sanctuaire est la conscience. Quant à *l'école pittoresque*, s'appuyant sur des détails extérieurs, sur des textes nus, cette école, qui a aujourd'hui pour elle le caprice de la vogue, nous semble, sinon mériter moins d'estime, du moins avoir une direction moins sérieuse, un but moins gravement utile.

L'histoire doit aussi avoir sa foi, et par ce mot je n'exclus pas la critique, j'entends la tendance morale de l'historien. Loin de moi celui qui veut matérialiser l'histoire, qui dans les actions bonnes ou mauvaises des hommes ne voit que les reflets de tel ou tel vieil âge, et qui, trop conséquent avec ce système avilissant pour l'humanité, fait taire sa conscience pour écrire l'histoire ! Il faut soumettre cette science à de hautes idées morales et philosophiques, il faut toujours et partout flétrir le fanatisme, l'impiété sacrilége, qui est bien aussi un fanatisme ; il faut faire la guerre au despotisme, à l'iniquité, à la sédition, à l'indifférence pour la chose publique. Avec de tels principes, l'historien n'écrira plus seulement pour ou contre les rois, les grands et les pontifes ; il deviendra le peintre sympathique des peuples, l'apôtre de l'humanité, le fanal des masses. Il évitera ce ton morose qui fait emprunter à l'histoire le ton d'un *factum* ou d'un acte d'accusation. Combien, dans leurs histoires, qui ont d'ailleurs fait faire un pas immense à la science, MM. T h i e r r y et Sismondi n'auraient-ils pas rendu plus sensibles et plus saillantes leurs excellentes pensées de réintégration des peuples et des races, s'ils avaient mis une justice plus indulgente dans l'esquisse des portraits royaux, princiers et ministériels ! Que me sert que vous ne soyez plus le Daniel des rois, si vous êtes celui des peuples ? Point de flatterie dans l'histoire, mais moins encore de dénigrement. Elle doit être écrite de telle sorte qu'elle nous apprenne à n'estimer ou mépriser les souverains et les grands que par le bien ou le mal qu'ils ont fait, et non d'après les préoccupations bienveillantes ou hostiles de l'historien. Autrement, le but de l'histoire serait manqué. S'il est vrai qu'elle soit le juge souverain des rois, il faut que ces hommes, assez malheureux pour que tout conspire à leur cacher la vérité, la trouvent au moins dans l'histoire ; il faut qu'elle soit pour eux un juge intègre, non pas menaçant, déclamatoire, humoriste, exagéré. Il faut qu'à son tribunal ils puissent se juger d'avance, en y trouvant par le témoignage, sage, modéré, irréfragable, que l'histoire rend à leurs prédécesseurs, l'image fidèle de ce que la postérité dira d'eux.

Mais en France, en Europe, dans le siècle où nous vivons, est-ce aux rois exclusivement que s'adressent les jugements et les instructions de l'histoire ? N'est-elle pas d'un intérêt aussi positif pour les individus ? En effet, parmi les hommes susceptibles d'instruction, quelle classe assez médiocre ne peut pas être appelée à mettre la main, de près ou de loin, au gouvernail politique ? Tout le monde aujourd'hui est intéressé à se pénétrer des graves leçons du temps passé ; le peuple n'a-t-il pas partout ses élus qui sont appelés à concourir à l'administration d'une localité, à la confection des lois, à la marche générale du gouvernement? « L'histoire est un miroir où les rois voient l'image de leurs défauts, » a dit je ne sais quel bel esprit du siècle de Louis XIV. Et Bossuet, si gigantesque dans l'expression des idées les plus communes, n'a-t-il pas ajouté : « C'est dans l'histoire que les rois, dégradés par les mains de la mort, viennent, sans cour et sans suite, subir le jugement de tous les siècles. » On a répété cent fois depuis cet axiome ; et dans un temps où l'on croyait faire parade de philosophie en déclamant sans cesse contre les pouvoirs établis, on se donnait le facile avantage d'opposer aux flatteurs des cours les pages accusatrices d'un Tacite ou d'un Mézeraï. Mais depuis que les rois n'ont plus été les seuls oppresseurs, depuis que les peuples ont eu aussi la prétention de devenir des souverains absolus, et que, grâce à la contagion d'une autorité sans contrôle, ils se sont montrés les despotes les plus aveugles et les plus cruels, et que, par une conséquence trop nécessaire, la multitude aussi n'a pas manqué de flatteurs, l'utilité pratique de l'histoire s'est étendue à toutes les classes de la société. Ses leçons s'adressent donc à tous ; et il devient indispensable de s'en pénétrer, ne fût-ce que pour hâter le moment où les peuples, désabusés d'illusions séduisantes et corruptrices, demeureront convaincus qu'après tout la nation la plus heureuse est celle dont les institutions, à l'abri d'un pouvoir puissant et protecteur, présentent le plus de garanties pour le repos des citoyens et pour la paisible et douce culture de l'industrie, des arts et des lettres.

Mais, quelle que soit la portée que vous vouliez donner aux graves instructions de l'histoire, la morale qu'on peut en tirer est toujours la même. Toujours elle se fonde sur le respect dû à l'autorité légale, qu'elle soit exercée par les rois, dans une monarchie, ou dans une république, au nom du peuple, par des magistrats électifs. En tous temps, en tous lieux, l'histoire condamne les guerres injustes, sans distinguer si elles ont été décrétées par la cupidité d'une multitude avide ou dictée par l'ambition d'un orgueilleux monarque : elle flétrit les oppresseurs et les tyrans, et ne les rencontre pas moins souvent à la tribune, et sur la place publique où se prononce l'ostracisme, que sous le dais impérial ou dans les conseils d'un sombre despote.

La morale de l'histoire se réduit, au reste, à un petit nombre de principes fondamentaux ; car toute science véritable est simple dans ses éléments... Attachement à la religion, au sol et aux institutions de son pays, respect pour les traditions de ses ancêtres, déférence pour la vieillesse, fidélité aux traités, humanité dans la guerre, amour de l'ordre dans la paix ; voilà, si je ne me trompe, le code à peu près complet de cette morale. Malheur aux êtres corrompus qui, dans leur mépris pour l'humanité, n'étudieraient l'histoire qu'afin d'apprendre l'abus de la force et l'art de tromper habilement les hommes ! Je ne plaindrais pas moins ceux qui, en remarquant de si notables différences dans la religion, les mœurs et les opinions des peuples, seraient assez mal inspirés pour y puiser cette coupable impartialité qui se montre indifférente au bien comme au mal. Combien cette triste impartialité nous désole ! C'est Suétone racontant froidement les turpitudes du lit impérial ! Il est trop vrai, on peut abuser de l'impartialité, qui est la première vertu de l'historien, comme on abuse de tout ce qui est bon. L'impartialité poussée à l'extrême, quand il s'agit de la religion, devient scepticisme ; quand il s'agit de la patrie, indifférence, égoïsme ; quand il faut peindre la vertu, froideur coupable. Inflexible dans ses jugements sur les hommes pervers, l'historien est s'abandonner à quelque complaisance quand il trouve à célébrer ce qu'il y a de noble et de sublime dans les actions des hommes ; alors seulement il a le droit de laisser apercevoir ses sentiments, ses affections, son enthousiasme. Hors de là, l'impartialité la plus rigoureuse doit présider à ses écrits ; autrement l'histoire, déchue de sa dignité, ne serait sous sa plume qu'un texte mobile pour des déclamations de circonstance.

Quelles sont les sources de l'histoire, à commencer par l'histoire ancienne? L'école de Voltaire répond : Nous possédons trois monuments incontestables : le premier est le recueil des observations astronomiques faites pendant dix-neuf cents ans de suite à Babylone, envoyées par Alexandre en Grèce, et employées dans l'*Almageste* de Ptolémée ; le second est l'éclipse centrale du soleil, calculée à la Chine 2,255 ans avant notre ère vulgaire, et reconnue véritable par tous les astronomes ; le troisième monument, fort inférieur aux deux autres, subsiste dans les marbres d'Arundel : la chronique d'Athènes y est gravée 263 ans avant notre ère, mais elle ne remonte que jusqu'à Cécrops, 1,319 ans au-delà du temps où elle fut gravée. Dans ce siècle d'impartialité, sans laquelle il n'est point de véritable critique, les savants avouent qu'on possède bien d'autres sources, qu'affectaient de mépriser Voltaire et son école, je veux parler des livres religieux des différentes nations de l'Orient. Le temps n'est plus où l'on isolait l'histoire ancienne de ces sources sacrées, sans lesquelles elle n'aurait ni autorité, ni sanction, ni même de commencement. La *Genèse* est le premier livre que doit consulter l'historien ; et plus il l'étudie, plus il reconnaît combien, humainement parlant, les traditions recueillies par Moïse méritent de confiance et de respect. « Nous ignorons, dit Müller dans son *Histoire universelle*, combien de fois le soleil s'est levé depuis que, dans les plaines fortunées du royaume de Kaschemir ou sur les hauteurs salubres du Thibet, le Créateur anima d'une étincelle de son feu céleste le limon dont il forma le premier homme ; mais, quelle que soit notre incertitude à cet égard, il est prouvé que l'ère de toutes les nations commence à peu près à la même date. Les longues séries de siècles dont parlent les Chinois, les Indiens et les Égyptiens, ne sont que des calculs astronomiques, et n'appartiennent point à l'histoire. Les récits du plus ancien livre des Chinois, du *Tschou-King*, deviennent historiques seulement vers l'époque de la guerre de Troie ; son auteur est postérieur à Homère et à Hésiode. Les Indiens ne font pas remonter leurs temps historiques au delà de 5,000 ans. Conformément aux époques des livres sacrés des Hébreux, calculées d'après le système qui me paraît le plus vraisemblable, je crois que l'on peut compter 7,506 ans depuis la création de l'homme, racontée dans l'Écriture Sainte, jusqu'en 1784. »

Consultez encore les écrits et les calculs des Cuvier, des Biot et d'autres savants illustres, qui depuis Müller ont agrandi le domaine de la science chronologique, et vous verrez leur génie, non point seulement s'abaisser devant les textes sacrés, mais y trouver des faits tout à fait d'accord avec l'exactitude de leurs calculs. Devenue donc source historique, la *Genèse* ouvre la carrière. Vient ensuite Hérodote d'Halicarnasse (car je ne parle pas de Sanchoniaton, ce Moïse de l'idolâtrie, à qui l'impudente érudition d'un nouvel Annius de Viterbe a voulu rendre une existence fantastique), cet Hérodote que la critique légère et subversive du dix-huitième siècle a tant de fois accusé de mensonge ; mais depuis qu'on s'est mis à étudier l'Égypte et l'Orient, la gloire du père de l'histoire profane s'en est accrue ; et l'on a reconnu avec quelle présomptueuse ignorance de téméraires critiques avaient rejeté chez lui une foule de détails sur les mœurs et sur la géographie, par la seule raison qu'ils n'avaient rien vu de pareil dans nos contrées modernes. Il faut néanmoins le reconnaître, malgré la foi acquise à la *Genèse*, malgré les antiques traditions sur l'Égypte, la Perse et la Syrie, qu'Hérodote a pu recueillir, il ne nous reste du monde primitif que quelques fragments de poésies bien obscurs, ou des canons de rois dont l'authenticité n'est pas prouvée.

Quelque importance que l'on puisse attacher à des découvertes récentes, et quel que soit le mérite de ceux qui les ont faites, que de ténèbres couvrent encore le berceau de la monarchie égyptienne ! On a bien pu déchirer le voile mystérieux de quelques hiéroglyphes, et arracher à l'oubli le nom de telle dynastie, de tel prince jusque alors demeuré inconnu; on ne parviendra jamais à jeter un intérêt bien positif sur des époques contemporaines de la naissance des sociétés, et dont les souvenirs sont ensevelis dans la même tombe qui renferme les générations qu'elles ont vues naître? De même de l'Assyrie. Par combien de questions insolubles se trouvera circonscrit, arrêté, l'historien qui prétendrait en rétablir les annales. La Perse et l'Inde, que la linguistique a commencé d'explorer, vont encore agrandir pour lui le cercle de toutes ces difficultés. Les origines syriennes et phéniciennes, les commencements de la société pour l'Asie occidentale, pour la Grèce, pour l'Italie, pour l'Ibérie, pour les rivages septentrionaux de l'Afrique, offrent aussi bien des problèmes à la critique; et pour les résoudre, si l'on trouve quelque secours dans Hérodote, dans Thucydide, dans Diodore, dans Pausanias, dans le vieil Homère, qui est bien aussi une source historique, aucun de ces auteurs n'a réuni assez de faits, assez de documents, pour qu'il soit possible à l'historien de bâtir un système satisfaisant.

Je suppose qu'à force de persévérance, d'érudition et de sagacité, l'historien ait éclairci les époques fondamentales de la chronologie; qu'il ait en quelque sorte passé les déserts de l'histoire, et qu'il soit arrivé aux temps véritablement historiques, alors d'autres difficultés, d'autres devoirs se présenteront pour lui, les modèles ne lui manqueront pas : ce sont Velleius, Bossuet, Jean de Müller, le modeste et sage abbé Gérard, dont l'*Histoire ancienne* inachevée est trop peu connue; enfin, jusque dans les petites écoles, le bon abbé Gaultier, qui eut le génie de l'enseignement primaire. Mais je le suppose entièrement arrivé aux temps historiques, alors son œuvre ne se bornera plus à fixer des dates, à relever des anachronismes, à désenchanter des fables gracieuses, pour y trouver un fond de vérité; il lui faudra traiter des points plus véritablement importants, parce qu'ils intéressent l'intelligence et la moralité humaines; il lui faudra rectifier des jugements répétés depuis des siècles et sur les hommes et sur les choses. Les institutions des peuples, les renommées de leurs chefs, voilà ce qu'il doit apprécier à sa juste valeur. Il demandera compte à tel homme de sa gloire usurpée, il réparera pour tel autre l'injuste oubli des historiens. Il se gardera bien surtout de préconiser certaines des vertus politiques des sentiments et des actes réprouvés par la saine morale, séduction à laquelle n'ont pas toujours résisté des sages tels que Bossuet, Rollin et Montesquieu.

On a dit souvent que les peuples avaient, comme les individus de l'espèce humaine, leur enfance, leur jeunesse, leur virilité, leur décrépitude. Rien n'est plus juste que ce rapprochement que l'historien Florus a le premier développé avec toute la pompe d'un rhéteur, mais qu'il n'a pas conçu en philosophe. L'enfance des nations présente peu de faits à l'historien; car le berceau de la plupart est entouré de si épaisses ténèbres, que tous les efforts de la critique ne parviendront jamais à les dissiper. La jeunesse des peuples, qui s'annonce par quelques inventions simples dans les arts utiles, ainsi que par d'héroïques prouesses, se ressemble dans tous les climats et dans tous les siècles. Leurs annales, fondées sur des traditions incertaines, ne laissent entrevoir que quelques faits isolés et connaître que des hommes encore rapprochés de l'état de nature, dont les vices sont aussi francs que leurs vertus sont naïves. Aussi, à la couleur locale près, dans les chants des bardes calédoniens se reproduisent les mêmes souvenirs, les mêmes passions, et presque les mêmes faits que dans les chants du vieil Homère. Il n'en est pas ainsi de la virilité des peuples : c'est alors que chaque nation déploie le caractère qui lui est propre : le cachet de la civilisation marque désormais de mille empreintes diverses les hommes qui chaque jour s'éloignent de la simplicité primitive des premiers siècles. Les inventions d'une industrie qui s'appliquait aux nécessités de la vie sont remplacées par les premières recherches du luxe. Les héros, les consuls, ne quittent plus le commandement des armées pour aller conduire la charrue; les rois ne portent plus des manteaux filés par la main de leurs femmes ou de leurs filles; ils ne font plus vendre, pour vivre, les herbes de leurs jardins. Les prestiges des arts, les plaisirs de l'esprit, commencent à charmer des existences dont le bien-être matériel est désormais assuré. Aux passions indomptées, aux sentiments extrêmes qui faisaient agir une société à demi civilisée, ont succédé les vertus soutenues, les desseins savamment combinés; mais aussi les vices et les mouvements pervers de l'âme; en se dessinant, en prenant les allures de la sagesse et de la vertu, exercent des ravages cent fois plus cruels que la fougue passagère qui distingue les personnages des temps héroïques. C'est alors que la politique, armée de ses froids calculs, devient un art profond, qui trop souvent fausse les consciences, confond les idées d'honneur et de morale, et désavoue le crime pour le commettre. Alors aussi les combinaisons de la guerre érigée en science peuvent se passer pour ainsi dire de la force physique du guerrier et de sa valeur morale : le soldat n'est plus là que pour faire nombre et obéir; et le général peut souvent, sans nulle fatigue du corps, sans même aucun danger personnel, gagner des batailles et moissonner les lauriers de la gloire.

A ce degré de leur existence, l'histoire des peuples offre un véritable intérêt et devient féconde en sujets de méditation. C'est la Grèce au temps de Thémistocle et de Périclès. C'est Rome brillante de la gloire de Fabius Cunctator, des deux Scipion, de Flamininus, de Paul-Émile. Les monuments ne manquent plus désormais à celui qui veut étudier l'histoire. Les peuples, jeunes encore, ont la plupart les organes éminemment disposés pour les inspirations de la poésie. Ils produisent alors des rhapsodes, des bardes ou des troubadours, qui conservent les traditions nationales en leur donnant le merveilleux de la fable, et qui ne sont exacts que dans la peinture des mœurs. Ce sont là les seuls historiens populaires des temps héroïques. Ce n'est que chez les peuples déjà avancés dans la carrière des destinées politiques qu'on voit naître de graves écrivains, qui cherchent froidement la vérité des faits pour la transmettre à la postérité.

Le même degré d'intérêt s'attache à l'histoire des nations dans leur vieillesse; car s'il est curieux d'apprendre comment les sociétés se forment, il ne l'est pas moins d'étudier comment elles se décomposent. Une civilisation forte, et j'ose dire jeune elle-même, fait les temps de gloire d'une grande nation, qu'une civilisation avancée prolongera dans l'abaissement et dans l'anarchie. Alors un peuple mécontent de tout gouvernement ne saura que fronder lâchement ou s'agiter sans but; alors il pourra trouver le bonheur dans une paix honteuse, et qui compromettra pour jamais sa dignité nationale; alors il faudra faire des institutions avec de grands mots sur lesquels personne n'est d'accord; chez lui l'excès du luxe enflamera l'égoïsme dans toutes les classes de la société, et il vantera les progrès de son commerce, parce que chez lui tout est devenu vénal; il ne croira plus à sa religion, pas même aux systèmes de ses philosophes; mais l'hypocrisie ou l'indifférence se partageront les consciences, et les temples seront remplis d'hommes qui, en levant les yeux au ciel, ne songeront qu'aux intérêts de la terre. C'est à de pareils traits sans doute que l'historien pourrait signaler les derniers jours de Carthage, de Corinthe, des monarchies de l'Asie Mineure et de l'Égypte sous les Lagides, si l'orgueil des historiens romains avait daigné nous informer de l'état intérieur des peuples vaincus par les armes de leurs concitoyens. Toutefois, à leur défaut, nous trouvons assez de traits caractéristiques des peuples imbus de toute la corruption païenne, dans Lucien, dans Themistius, dans les Pères de l'Église, dans les scoliastes et dans quelques historiens du moyen âge. Ce sont des matériaux épars; la tâche de l'historien doit consister à les rapprocher et à les mettre en œuvre pour en former un corps de doctrine.

Au démembrement de l'Empire Romain en Occident, commence un nouvel ordre de choses, et c'est ce qu'on appelle *l'histoire du moyen âge;* « histoire barbare, dit Voltaire, de peuples barbares, qui devenus chrétiens n'en devinrent pas meilleurs ». Cette sentence est-elle donc sans appel? Le moyen âge, qu'on est convenu d'étendre jusqu'à la prise de Constantinople par Mahomet II, est-il une époque si constamment dégradante pour l'humanité? Veut-on être convaincu que pendant cette période l'intelligence humaine n'a pas sommeillé, et que quelque chose a été fait pour le bonheur des hommes, il suffit de rappeler le règne de Théodoric en Italie, de Justinien à Byzance, l'éclat du royaume franc sous Dagobert, les conquêtes et la soudaine civilisation des Arabes, sectateurs de Mahomet, les capitulaires de Charlemagne, les heureux efforts d'Alfred le Grand, la puissance et la gloire du premier empire de Russie, l'importance de la double couronne impériale et royale sous la maison de Souabe, la richesse et l'activité des républiques d'Italie et du Nord, les temps de Louis le Gros et de Philippe-Auguste, les croisades, avec leur héroïsme et leurs immenses résultats, les conciles avec leurs canons d'un si haut intérêt moral et politique, les assises de Jérusalem, la renaissance du droit romain, la formation des communes, les établissements de saint Louis, les ordonnances de nos rois, etc.; sans parler des chefs-d'œuvre de l'architecture religieuse, et de tant d'inventions utiles, depuis celle du papier de chiffon et de la poudre de guerre, jusqu'à l'imprimerie; enfin, par-dessus tout, l'établissement si savamment combiné de l'Église de Rome. Citerai-je encore le mélange, la conservation et l'oblitération des races qui ont chacune contribué pour leur part au mouvement de l'Empire Romain, et dont les traits plus ou moins prononcés, se retrouvent même aujourd'hui au sein des populations modernes, semblables aux flots du Rhône, qui traversent les eaux du lac Léman sans se confondre avec elles.

« La grande utilité de l'histoire moderne, dit Voltaire, et l'avantage qu'elle a sur l'ancienne, est d'apprendre à tous les potentats que depuis le quinzième siècle on s'est toujours réuni contre une puissance trop prépondérante. Ce système d'équilibre a toujours été inconnu des anciens; et c'est la raison du succès du peuple romain, qui, ayant formé une milice supérieure à celle des autres peuples, les subjugua l'un après l'autre, du Tibre jusqu'à l'Euphrate. » Je m'étonne d'entendre le judicieux Heeren dire, au début de son *Manuel historique*, que *l'histoire moderne* ne se sépare de *l'histoire du moyen âge* par aucun de ces faits extraordinaires qui constituent les époques générales. N'est-ce donc pas un événement assez notable que la chute du vieil empire de Constantinople? la naissance de ce système d'équilibre entre les divers États de l'Europe? que les changements opérés vers cette époque dans les mœurs, dans les opinions, dans les intérêts, dans la politique, par suite de la découverte de l'Amérique et du passage aux Indes orientales? Un demi-siècle après viendra la réformation, qui aura pour résultat de renverser en partie le vieux système de Grégoire VII, sans arrêter les progrès de la civilisation, presque exclusivement dus pendant le moyen âge à l'influence du sacerdoce catholique. Les grands États, formés par la réunion successive des fiefs, tendent à engloutir les petits États, à une conquête, soit par les mariages. Cette tendance à l'unité absolue est arrêtée par le système d'équilibre qui se développe et se régularise au milieu des guerres d'Italie : lutte inutile et funeste pour la France comme puissance politique, mais qui doit contribuer à répandre chez elle le goût des arts et des lettres. Les découvertes maritimes procurèrent à l'Europe la conquête du reste du monde; l'intérêt religieux, qui au moyen âge dominait toute la politique, ne sera vraiment puissant que durant le feu des guerres de la réforme; une fois la paix religieuse rétablie en Europe, l'intérêt commercial absorbera tout. Après Louis XIV, Louis XV et Louis XVI, la révolution d'Angleterre, les guerres de succession, le partage de la Pologne, viendront la révolution, l'empire, la restauration et encore des nouvelles révolutions.

Mais qu'un historien compare ce qu'était l'Europe en 1774, à l'avènement de Louis XVI, à ce qu'elle est aujourd'hui, ne sera-t-il pas tenté de reconnaître qu'une aveugle fatalité préside aux destinées humaines? Pour ne parler que des événements qui se sont passés depuis un demi-siècle, qu'on me dise quel roi fut plus populaire que Louis XVI au moment de la guerre d'Amérique et lorsqu'en 1789, avec son frère Louis XVIII, il se prononça pour la double représentation du tiers état? Et, cependant, trois ans après....! Est-ce à la fatalité, est-ce à la Providence que l'histoire attribuera la toute-puissance de Robespierre, tribun sans talent, sans extérieur et sans courage, despote sans trésor et sans armées? Et cependant, la France ne semble-t-elle pas soumise à l'empire de la fatalité! La fatalité depuis soixante-dix ans ne poursuit-elle pas sur tous ses trônes l'auguste maison de Bourbon, comme, chez les Grecs, elle poursuivait la race de Pélops et celle de Laïus; comme chez nos voisins elle a poursuivi les Stuarts ? Huit jours à peine séparent le *Te Deum* d'Alger de la tourmente de juillet 1830 ! Oui, ne nous étonnons pas qu'Hérodote, si profondément pénétré des traditions religieuses de sa patrie, ait emprunt son histoire de cette sombre doctrine, qui imprime un pathétique si profond aux drames des tragiques grecs. Ce dogme de la fatalité se trouve dans toutes les anciennes religions ; cette doctrine se révèle aussi dans la Genèse et dans nos livres saints, où elle se nomme *prédestination*.

Au reste, à l'envisager philosophiquement, ce dogme est le même que celui de la nécessité, qui exclut la liberté de l'homme et tout ce qui est arbitraire ; qui assujettit l'univers à des lois invariables, sans lesquelles il ne saurait subsister. Malheureusement, on peut abuser de cette doctrine au détriment de la morale. Aussi, aux historiens de l'école fataliste est imposée cette gravité austère qui naît d'une conviction profonde, et qui jamais ne s'exprime légèrement sur les grandes vérités qui forment la base de l'ordre social. C'est cette crainte qui a porté plusieurs philosophes à proscrire cette école : ainsi fait Châteaubriand dans son éloquente introduction à ses *Études historiques*; mais, quelques pages plus bas, ne retombe-t-il pas lui-même dans le système qu'il combat, en ne trouvant pour expliquer la terreur de 1793 d'autre moyen que de la comparer à ce fléau contagieux qui réveille toujours si puissamment les idées de fatalisme parmi les populations. « La terreur, dit-il, ne fut point une invention de quelques géants, ce fut tout simplement une maladie morale, une peste. » Je trouve plus puissant cet argument de M. de Bonald contre la fatalité : « Le destin, dit-il, est en politique ce que le hasard est en physique ; et comme le hasard n'est, suivant Leibnitz, que l'ignorance des causes naturelles, le destin et la fatalité ne sont que l'ignorance des causes politiques. » Mais le moyen pour l'historien, même contemporain, d'éviter cette ignorance? J'en prends à témoin les trois écrivains qui, dans des systèmes si opposés, ont écrit l'histoire de notre révolution : Lacretelle, M. Mignet et M. Thiers.

A l'école philosophique et rationnelle appartiennent Daunou, Sismondi, Ancillon, MM. Thierry, Guizot. L'école pittoresque ou descriptive a pour chef l'historien des *ducs de Bourgogne*, M. de Barante. Ce n'est pas cette école qu'on accusera de subordonner aux siècles précédents des arguments pour fortifier telle ou telle vue politique et transformer l'histoire en un sophisme docile : elle a ramené la science à sa simplicité primitive. A la manière d'Hérodote et de Froissart, elle donne les faits tels que les ont transmis les sources originales, les oui-dire du temps ; elle fait revivre au naturel les personnages du passé, et les montre avec leurs opinions et leurs préjugés, sans se permettre de rien conclure ni pour, ni contre, laissant au lecteur la faculté de porter tel jugement qu'il lui plaira. Au surplus, les deux écoles que je viens

7.

de signaler ont leurs écueils comme leurs avantages. A côté de l'inconvénient de ne pas du tout juger les faits se trouve le danger de les juger mal ; et il n'est pas de plus mauvais guide en histoire que certains philosophes à systèmes, et qui cherchent non pas à voir les choses comme elles sont, mais comme elles s'accordent avec leur système. Pour ceux-là, je m'écrierai, avec J.-J. Rousseau : « Les faits ! les faits ! » Cet abus du raisonnement et de la sagacité, qu'on a même reproché à Tacite, peut s'adresser à presque tous les historiens du dix-septième et du dix-huitième siècles, à Saint-Réal, à Millot, à Raynal, à Mably : Montesquieu seul sait abaisser devant les faits sa profonde sagacité. Quant à Voltaire, s'il se montre exempt de ce défaut, il pèche dans un sens opposé, en rejetant trop légèrement tout ce qui est conjectural.

L'Allemagne a aussi ses écoles : l'une, purement historique, s'en tient aux faits et rejette toute formule philosophique ; elle reconnaît toutefois un enchaînement providentiel dans l'ordre des événements. Telle a été la marche de Niebuhr dans ses travaux sur les origines de Rome; telle est celle de Savigny dans son *Histoire du droit romain*. L'école philosophique historique, qui a pour chef Hegel, soumet le fait à l'idée ; selon elle, l'esprit humain crée le fait. L'école purement historique, au contraire, dit que le fait met en mouvement l'esprit humain. Il y a en outre deux écoles théologiques, dont l'une fait sortir le christianisme de la raison pure, l'autre de la révélation. Herder, dans ses *Idées sur la philosophie de l'histoire*, individualise l'humanité et la représente comme un voyageur qui, poussé par cette terre par une main invisible, a successivement parcouru toutes les contrées, toujours se modifiant, toujours en lutte contre lui-même et contre le monde matériel. Ce noble système, qui sympathise si bien avec les idées chrétiennes, n'est pas nouveau : il y a plus d'un siècle et demi, Vico l'avait deviné. Vico était oublié : M. Michelet a exhumé et propagé la *Science nouvelle* : tel est le titre du livre de Vico. Il a fait mieux, il a publié divers ouvrages dans lesquels vit, par l'application, ce système dont la théorie peut paraître obscure. Plus mystérieux encore que Vico, non moins religieux, et souvent éloquent, l'auteur de la *Palingénésie*, Ballanche, vrai druide de l'histoire, s'efforce de l'ériger en une théosophie chrétienne. Ces écoles méditatives, nées sous le ciel germanique, et qui ont déjà influé sur la légèreté du génie français, me rappellent involontairement ce livre de l'*Allemagne* écrit tout entière sous la plume d'une femme, dont le génie indépendant effaroucha le despotisme militaire. Pouvais-je parmi cette galerie historique omettre Mme de Staël, qui dans ses *Considérations sur les principaux événements de la révolution française* a montré, dit Châteaubriand, « ce qu'elle aurait pu faire si elle eût appliqué son génie à l'histoire. »

La patrie de Vico est aujourd'hui riche en historiens, dont quelques-uns appartiennent à son école : après Botta, dont l'*Histoire des États-Unis* rappelle plutôt l'école philosophique; après Micali de Florence, dont le génie sagace et patient a fait revivre les vieilles nations de l'Étrurie, je citerai Cibrario, Cantu, etc. La Grande-Bretagne avait dans la science historique précédé l'Europe ; elle citait avec orgueil, durant le siècle dernier, Robertson, Hume, Smollet, Gibbon, etc.; elle peut ajouter Lingard, Hallam, etc.

L'histoire littéraire ne pouvait manquer d'être cultivée parmi nous à une époque où toute la littérature s'est réfugiée dans l'histoire. Jamais, d'ailleurs, elle n'avait été négligée; et avant que Voltaire l'eût unie à l'histoire générale, Bayle avait déjà fait d'excellente histoire littéraire ; Gaillard, dans son *Histoire de François Ier*, en avait suivi Voltaire; enfin, un auteur presque inconnu, a publié vers 1784 un petit volume, qui est un chef-d'œuvre, intitulé : *De l'amour de Henri IV pour les lettres*. Depuis nous avons eu l'*Histoire de la Littérature italienne* par Ginguené. On doit à Chénier un *Tableau de la Littérature au dix-huitième siècle* Dans ses cours, à la fois si brillants et si solidement instructifs, M. Villemain a embrassé les littératures de presque toutes les époques modernes. Si l'on parcourt les leçons et les écrits philosophiques de M. Cousin, on y trouvera non-seulement des chapitres tout faits pour l'histoire de la philosophie, mais encore de hautes et grandes vues sur la science historique. La biographie, que Bayle avait élevée si haut, a encore de nos jours acquis une nouvelle importance.

J'ai à peine indiquées les sources de l'histoire ancienne et romaine ; et cependant que de points essentiels me sont échappés! outre Hérodote, Thucydide, Xénophon, Tite-Live, Florus, Diodore, j'aurais voulu rappeler Polybe, Appien d'Alexandrie, Josèphe. Dans l'histoire dite *Auguste*, six historiens ont écrit les règnes des empereurs, depuis Adrien jusqu'à Carus : ces auteurs, auxquels il faut ajouter le judicieux Ammien Marcellin, homme d'État et homme de guerre, ont un mérite précieux : dans leur style inculte, et qui se ressent de la décadence romaine, ils disent beaucoup de choses en peu de mots et, plus souvent que les grands historiens de l'antiquité, il nous transmettent les actes authentiques et des discours tels qu'ils ont été tenus. J'aurais cité Dion Cassius de Nicée : j'aurais aussi fait voir combien les poëtes depuis Juvénal jusqu'à Claudien, depuis Perse jusqu'à Ausone, peuvent offrir de documents précieux sur l'histoire des mœurs et même sur des faits politiques. J'aurais énuméré toutes les richesses qu'offrent en ce genre les Pères de l'Église; j'aurais signalé l'histoire de Paul Orose, dont le plan a peut-être servi de modèle à Bossuet dans son *Discours sur l'histoire universelle*.

Arrivé au moyen âge, je n'aurais éprouvé de l'embarras du choix parmi les trésors historiques que nous offrent ces siècles de barbarie, où l'on écrivait beaucoup plus qu'on ne le pense communément : témoins l'histoire du Goth Jornandès, les vies des saints, les chroniques des couvents, les fastes de la vie des princes, les correspondances des hommes d'État (Boèce, Cassiodore), des papes, des évêques, des simples prêtres, etc., qui forment dans nos vieilles bibliothèques tant d'in-folio lus seulement jadis par les religieux qui les publiaient, et qu'exploreront aujourd'hui avec tant d'ardeur les jeunes adeptes de la science. Enfin, l'histoire sacrée de Sulpice Sévère, l'histoire ecclésiastique de Grégoire de Tours, la vie de Charlemagne par Éginhard, nous auraient, au milieu de la barbarie générale, frappé par un certain mérite de composition et de style; et, rappelant un mot célèbre de Pyrrhus, roi d'Épire, nous aurions pu nous écrier : « Cette ordonnance ne nous paraît pas si barbare ! » Les codes des peuples germaniques auraient aussi attiré nos regards. Je n'aurais point passé sous silence Joinville, Villehardoin, Christine de Pisan, dont les écrits sont les premiers monuments de notre langue nationale.

Mais je me hâte d'arriver aux temps modernes. Ici l'histoire, rabaissée au niveau de simples chroniques par presque tous ceux qui l'ont écrite au moyen âge, reprend sa majesté : chaque peuple a ses historiens : en France, Froissart, Monstrelet, Comines et leurs contemporains, ne laissent en oubli aucune particularité de notre histoire. Il en est de même partout, mais l'ancienne indigence se tourne en superfluité. Il n'est point de ville qui ne veuille avoir son histoire particulière ; point d'homme d'État qui n'écrive ses mémoires; on est accablé sous le nombre des autorités. Il n'est pas le seul mal. L'histoire moderne est loin d'avoir gagné en certitude comme en étendue : autant d'historiens sur le même fait, autant de versions différentes. Les monuments, les médailles, ne sont quelquefois pas plus véridiques. Si cette colonne rostrale dont on peut voir encore le piédestal au musée Pio-Clémentin, et qui fut érigée dans Rome par les contemporains de Duillius en mémoire de sa victoire navale, est une preuve historique dont on ne peut douter; la statue de l'augure Nævius, élevée, non sans le caillou qu'il avait coupé avec un rasoir, prouvait-elle qu'il avait opéré ce prodige? Il en a sans doute été de cela comme de la sainte ampoule, et de maintes autres prétendues reliques destinées à attester des miracles supposés. On peut en dire autant des fausses décrétales. Il est enfin certaines médailles qui ont été frappées pour des victoires très-indécises ou pour des entreprises manquées. Ainsi, pendant la guerre de 1740, entre l'Angleterre et l'Espagne, ne frappait-on pas une médaille attestant la prise de Carthagène par l'amiral Vernon, tandis qu'il levait le siège? Autre source d'ignorance et d'erreurs; au milieu d'un déluge de livres : nos temps modernes ont été très-féconds en libelles satiriques, qui tendaient à dénaturer l'histoire : ces libelles s'imprimaient surtout en Hollande et en Belgique. Parmi tous ces obstacles et tous ces doutes, qui s'opposent à ce qu'on puisse espérer de bien savoir dans ses détails l'histoire des temps modernes, l'homme de sens qui veut s'instruire est obligé de s'en tenir au fil des grands événements et d'écarter tous les petits faits particuliers : il saisit dans la multitude des révolutions l'esprit des temps et les mœurs des peuples.

Ai-je parlé de la manière d'écrire l'histoire, dont, depuis Lucien jusqu'à Mably, depuis D'Alembert et Voltaire jusqu'à Bonald, tant d'auteurs ont donné les préceptes! Long sans doute serait ce sujet à traiter; mais j'aime mieux dire à chaque auteur, avec Châteaubriand : « S'il est bon d'avoir quelques principes arrêtés en prenant la plume, c'est une question oiseuse de demander comment l'histoire doit être écrite, chaque historien l'écrit d'après son propre génie... Toute manière'est bonne, pourvu qu'elle soit vraie. » Cicéron n'avait-il pas dit déjà : *Historia quoquo modo scripta placet*. Au surplus, l'auteur des *Études* joint l'exemple au précepte : au gré de son esprit, aussi mobile que vaste, il est tour à tour sentencieux et pathétique, raisonneur et pittoresque, philosophe et fataliste; quelquefois même il se trouve n'être pas historien du tout, mais il est toujours grand écrivain.

Ai-je parlé de ces *romans historiques* qui, sous la plume d'un Walter Scott, d'un Cooper, d'un Marchangy, éclairent le temps passé presque aussi bien que l'histoire? Ai-je enfin traité de l'importante question des abrégés? Très-commodes pour la lecture et pour être consultés superficiellement, les abrégés peuvent-ils donner une instruction véritable? Avec Bonald, je ne le pense pas. « Ils ont trop de détails ou n'en ont pas assez; ils n'offrent ni assez de prise à la mémoire ni assez d'exercice à la pensée. » Avec tous ses détails, l'histoire convient aux jeunes gens; « car cet âge ne retient que les longues histoires; les retranchements qu'exige l'abrégé portent principalement sur les faits, qui sont la partie que les jeunes mémoires reçoivent avec le plus de facilité et conservent le plus fidèlement. » Le temps n'est plus où cette science n'était que comme un hors-d'œuvre dans l'éducation publique. Ce n'est pas sans peine cependant qu'on fit 1818 cet enseignement fut introduit dans nos collèges. Il a fallu, pour y réussir, toute la volonté de Royer-Collard, alors président du conseil royal de l'Instruction publique; et dans cette circonstance il fut heureux de trouver l'appui et l'influence universitaire de MM. Cuvier, Guizot, et de quelques autres personnages à grandes vues, alors en crédit dans le monde politique. En 1820 on condamnait au silence certaines chaires historiques de la Faculté des lettres; on ne voulait plus absolument d'histoire dans les collèges. Alors, j'aime à le rappeler, l'abbé Nicolle s'est jeté généreusement entre l'enseignement historique des collèges et les barbares qui voulaient le proscrire; et il fut assez heureux pour sauver cette institution. Enfin, l'expérience désarma les préventions : elle prouva que l'histoire convenablement professée, n'est pas plus l'adversaire des humanités classiques que des saintes vérités et des gloires humaines du catholicisme; mais qu'elle en est le grave et puissant auxiliaire. On voit ainsi que la Restauration, malgré quelques velléités contraires, n'a pas été défavorable à la science historique. Après 1830, l'histoire, encouragée, et cependant demeurée libre, régna presque sans partage dans la littérature, au théâtre, et dans les académies; elle fit naître, dans les départements comme dans la capitale une chaîne d'associations vouées au culte des temps passés. L'architecture, la statuaire, la peinture, l'art de travailler le bois, ne furent occupées dans les vieilles résidences royales qu'à rappeler les souvenirs, les traditions et les habitudes locales des temps passés. Ce ne fut plus dans les livres, ce fut dans Versailles même, que l'on put lire désormais les pages les plus vraies du règne de Louis XIV. De même à Fontainebleau, pour François Ier; à Pau, pour Henri IV. Sous les auspices d'un homme d'État historien, les archives des chefs-lieux et des villes commencèrent à sortir de la poussière; elles obtinrent des locaux convenables et des conservateurs instruits. Sous les gouvernements suivants, l'impulsion ne pouvait se ralentir. De grands ouvrages historiques parurent encore, et si l'histoire n'a pas conservé toute sa liberté peut-être, elle n'en a pas moins gardé toute son importance. Charles Du Rozoir.

Histoire s'emploie encore dans différentes acceptions. Il se dit des romans, des narrations fabuleuses, mais vraisemblables, inventées par un auteur, ou dans lesquelles il a introduit un mélange de vérité et de fictions. Ainsi, en parlant de romans bien connus, on dit : l'*histoire de Cyrus*, l'*histoire de La princesse de Clèves*, l'*histoire de Gil-Blas*, l'*histoire de Cleveland*, l'*histoire de Tom Jones*, etc. Ce n'est que de nos jours qu'on a inventé cette expression, qui répond à tout : *roman historique*. Le mot *histoire* s'applique aux récits particuliers qu'on fait de quelques événements singuliers, terribles ou notables : des *histoires* galantes, tragiques, prodigieuses, naïves, pieuses, etc.; des *histoires* de revenants, de voleurs, de pirates, etc. C'est en ce sens que Bussy-Rabutin avait intitulé son libelle, *Histoire amoureuse des Gaules*, et que Boileau a dit :

Ces *histoires* de morts lamentables, tragiques,
Dont Paris tous les ans peut grossir ses chroniques.

Histoire se dit d'une aventure qui a quelque chose de plaisant ou d'extraordinaire : il nous a conté une *histoire* curieuse qui lui est arrivée. Quand on dit d'une femme : Il lui est arrivé bien des *histoires*, on fait entendre qu'elle a eu nombre d'aventures galantes. L'*histoire de ses amours* une expression consacrée. *Histoire* se dit aussi d'un propos long, ennuyeux, frivole : Il nous conte des *histoires* n'en pas finir; ce sont là de belles *histoires*, de vraies fariboles. *Histoire*, dans certaine acception, est synonyme de *conte*, de mensonge : Ce Gascon a toujours des *histoires* à faire. En ce sens, l'auteur du *Mondain* a dit :

Monsieur l'abbé vous entame une *histoire*,
Qu'il ne croit point, mais qu'il veut faire croire.

Dans le style familier, *histoire* est synonyme d'affaire : Voilà bien une autre *histoire*. On dit encore proverbialement : Il veut épouser cette femme, avoir cette métairie, obtenir cet emploi : voilà bien des *histoires*. Vous faites bien des *histoires* est parfois, dans la conversation, synonyme de : Vous faites bien des *façons*.

HISTOIRE (Peinture d'). S'il nous fallait donner une définition de la peinture d'histoire, elle ne devrait pas tant s'appliquer au nombre des sujets qu'il est possible d'y comprendre, qu'à la manière de les traiter. Des sujets religieux, mythologiques ou empruntés à la légende ne sont pas par eux-mêmes des tableaux d'histoire. La véritable peinture d'histoire élève la figure humaine à un degré plus haut en lui donnant l'expression sensible d'une pensée sublime, en la rattachant son existence à quelque moment important et décisif de la vie. Chez les Grecs, parmi lesquels la peinture se développa comme art indépendant, nous la voyons occupée à retracer l'histoire des héros et de celle des batailles les plus récemment livrées; et ce sont là les sujets qu'elle choisit toujours pour la plupart de ses travaux. Quand vint l'époque chrétienne, la peinture, depuis son enfance jusqu'à son complet développement, fut presque exclusivement consacrée à la représentation de l'histoire religieuse et à l'expression des pensées pieuses. Par conséquent dans l'un et l'autre cas la peinture servait à la reproduction de la figure humaine, mais seulement à un point de vue très-élevé, c'est-à-dire dans ses rapports avec l'expression de ce qu'il y a de divin et de moral dans l'homme. Or cette expression du sublime ne peut être atteinte que par la conception de la beauté de la forme et l'exposition de ce qu'il y a de plus noble dans la pensée et dans le caractère, en d'autres termes, qu'en retraçant aux sens ce qu'il y a de plus noble dans le phénomène intellectuel et visible de la nature humaine. Il ne suffit pas pour cela d'une représentation belle, naturelle et caractéristique des formes, il faut encore que les mouvements en soient coordonnés de manière à offrir une image de leur action et à satisfaire en même temps l'œil par le gracieux et l'harmonieux des lignes.

Il ne saurait exister de tableau d'histoire là où l'artiste n'a pas su grouper avec art; aussi est-ce la forme humaine qui doit tenir le plan principal et occuper exclusivement les yeux et l'esprit du spectateur. Cette exigence d'une belle exposition est ce que l'on entend par *style*, l'une des qualités indispensables de la peinture d'histoire. Il ne saurait y avoir de tableau historique proprement dit sans style ; aussi dans ces derniers temps les termes de *peinture de style* ont-ils généralement été employés au lieu de ceux de *peinture d'histoire*. Chez les anciens, au contraire, il ne pouvait pas y avoir d'art sans style. La rigueur de cette condition apparaît chez les Égyptiens dans la sévérité de toute leur architecture. De même, nous voyons la sculpture des Grecs, ainsi que ce qui s'est conservé jusqu'à nos jours de la peinture des Romains, complétement soumis aux lois du style. Dans la peinture chrétienne elle-même, l'idée du style fut, depuis les débuts les moins satisfaisants de l'art, considérée toujours comme la loi suprême de toutes représentations ; et dans les sujets pieux, les seuls qui fussent alors traités, elle arriva peu à peu à une perfection conforme à la nature humaine. Jusqu'à Raphael, il n'y ent donc pas d'autre peinture que celle d'histoire ; et cette désignation même ne vint en usage que lorsqu'on commença à prendre pour sujets particuliers des objets qui jusque alors n'avaient été qu'accessoires, comme les paysages, etc. A partir du dix-septième siècle surtout, la peinture de genre, dans laquelle, à la beau et du sublime, dominent la vérité et la nature, devint l'opposition la plus complète et la plus importante de la peinture d'histoire.

Cette séparation des genres commença à s'effectuer dès le seizième siècle, alors que l'art s'affranchit du service exclusif de l'Église, et qu'à côté d'une peinture historique profane naquirent le paysage, le genre et la nature morte. Mais dans ces genres même continua de subsister la puissante influence de la peinture d'histoire. C'est ainsi que naquit le *paysage historique*, ou, comme Gœthe préférait l'appeler, le paysage *héroïque*, lequel, comme représentation d'une action humaine importante, d'une grande civilisation primordiale, participe aux lois élevées du style historique et exige que les masses y soient groupées avec non moins d'art, etc. La peinture d'animaux elle-même, quand elle s'occupe d'une représentation grandiose de la nature, par exemple dans les toiles d'un Rubens, mérite quelquefois la qualification d'héroïque, par opposition à la vérité naturelle et ordinaire d'un tableau de chasse de Ridinger, par exemple. C'est en ce qui touche les figures que les limites de la peinture d'histoire sont les plus difficiles à déterminer. Elle comprend en effet la représentation de toutes les figures idéales, comme celles des dieux ou des saints, et aussi les figures allégoriques et symboliques, attendu que la forme humaine y est élucidée d'après les lois *les plus élevées de l'art*. Vient ensuite un genre intermédiaire, celui qu'on appelle le *portrait historique*, et où un personnage historiquement important est, par la manière dont le traité le style historique, élevé au-dessus d'un caractère purement individuel, pour constituer l'expression d'une époque caractéristique et d'un symbole.

En ce qui touche le tableau de genre, la distinction, surtout dans la peinture moderne, est très-difficile à établir. Ainsi, il est certain que dans *Les Moissonneurs* ou *Les Pêcheurs* de Léopold Robert, on trouve réunie toute la dignité des tableaux d'histoire, en raison du style noble de leur conception et de leur exécution, tandis que les deux tiers des prétendus tableaux d'histoire qu'on voit aux expositions ordinaires ne s'élèvent pas au-dessus du tableau de genre ou du portrait. Ceci tient à deux causes : l'absence du style historique dans l'exposition, et l'absence du moment dramatique. Ce qui fait la puissance de la peinture historique proprement dite, c'est qu'elle reproduit un événement à son instant décisif, au moment même où il s'accomplit. Il ne lui est donné sans doute que de reproduire un seul instant ; mais par l'habileté avec laquelle elle exprime les caractères, par la manière vive et saisissante dont elle les groupe et les fait agir, elle reproduit l'événement complet, non-seulement par la représentation de ce qui se passe au moment qu'elle a choisi pour sujet, mais aussi en faisant pressentir ce qui a dû précéder et ce qui devra suivre. Comme toute conception de ces instants décisifs de la vie humaine est un acte d'activité poétique, on voit tantôt l'élément épique, tantôt l'élément lyrique dominer dans ces sortes de créations. Mais le véritable but de la peinture d'histoire est le drame, qui exige la plus grande unité d'action avec la liaison exacte de tous les motifs. C'est en ce genre de peinture que pour la chaleur et la vivacité de sentiment avec laquelle il excelle à reproduire ce qu'il y a de noblesse de l'âme dans la beauté du corps, que Raphael domine tous les artistes modernes. On trouve réunie en lui la force dramatique avec la conception la plus noble des moindres détails. L'élévation particulière que cet artiste imprime à ses conceptions provient de la manière noble et grande dont il comprend les caractères, résultat que des générations tout entières ont vainement cherché à obtenir, par exemple l'école de David, qui ne représente jamais que le côté vain et théâtral de l'art, au lieu de la noble simplicité et du naturel qui en est l'essence.

Comme toute conception de figures est une concentration, le peintre d'histoire devra s'attacher à élucider son sujet par les motifs les plus clairs, à mettre en saillie les figures principales, à laisser sur le second plan les caractères secondaires, et à savoir distinguer dans son tableau les scènes principales des scènes accessoires, les événements principaux des simples épisodes. C'est par la réunion de ces motifs intellectuels et sensuels sur un même point et à un moment unique, que l'impression que produit un tableau acquiert de la force ; et elle dédommage jusqu'à un certain point de l'impossibilité qu'il y a pour la peinture de reproduire, comme la poésie, une grande période de temps et tout ce qu'elle a embrassé.

HISTOIRE AUGUSTE. Voyez AUGUSTE (*titre*).

HISTOIRE NATURELLE, science dont l'objet est la connaissance des corps, soit bruts, soit organisés, qui composent l'ensemble de notre globe. Restreinte dans ses plus étroites limites, elle est encore l'une des plus vastes dont l'homme, qui fait partie de son empire, se puisse occuper. La variété des objets de son domaine est infinie. Il n'est pas besoin d'en peindre emphatiquement les beautés pour la rendre aimable ; et prétendre en prouver l'importance à qui ne la sent pas est une puérilité ; essayer surtout de le faire en arguant des causes finales n'appartient plus à notre siècle. L'histoire naturelle n'est point la *nature*, c'est sa connaissance : confondre ces deux choses, comme l'ont fait jusqu'ici presque tous ceux qui en écrivirent, ce serait, ai-je dit autrefois, confondre Rome et ses Césars avec les annales de Tacite. Si la nature pourvoit à nos besoins, son histoire n'a pourtant que des rapports indirects avec ces besoins mêmes : on peut ne pas avoir la moindre notion en histoire naturelle et pourtant faire de très-bon pain, élever des poules ou des vers à soie, atteler le bœuf à la charrue, tanner le cuir, etc.

L'utilité de l'histoire naturelle est dans l'appui que prête son étude à la raison humaine pour détruire les honteuses absurdités qui l'obscurcirent longtemps, et dans la recherche des idées justes qui doivent nécessairement résulter de sa connaissance. L'erreur ne lui saurait résister : elle est la plus importante des sources de vérité. Son avancement a depuis environ cinquante ans détruit peut-être plus de préjugés que n'en avaient osé attaquer tous les philosophes : en persévérant, pour l'approfondir, dans les voies où les naturalistes dignes de ce nom dirigent maintenant leurs investigations, le dix-neuvième siècle ne sera pas révolu que les sciences physiques auront fourni les meilleurs moyens de renverser en Europe les dernières barrières que la superstition s'efforce d'opposer encore au développement de la véritable sagesse. Un tel résultat sera la plus victorieuse des réponses qu'on ait pu faire à la question du *cui bono*. Je doute que tous les raisonnements renouvelés de monsieur le prieur de l'abbé Pluche, dans son *Spectacle de la Nature*, en présentent d'aussi satisfaisantes.

L'histoire naturelle n'est devenue réellement une science que dans ces derniers temps; mais on n'en a pas moins imaginé de la faire remonter à la plus haute antiquité. Sans examiner si, d'après le texte même des Saintes Écritures, Adam en fut effectivement le premier et le meilleur nomenclateur, j'avouerai qu'il ne me paraît guère plus démontré qu'Orphée, Linus, ou le centaure Chiron, Démocrite, Épicure, Héraclite, Thalès, Platon ou autres sages de l'antiquité, aient été des naturalistes, encore que l'on mît souvent leurs figures au frontispice de certains in-folio de botanique et de zoologie imprimés durant l'avant-dernier siècle. Dans les temps reculés, Aristote seul mérita le titre de naturaliste; il embrassa l'ensemble des connaissances humaines, à la vérité moins étendues de son temps qu'elles le sont du nôtre, et l'étude de la nature fut pour lui simplement une des branches de ces connaissances. Les autres philosophes grecs ne s'occupèrent guère que de quelques-uns de ses rameaux : Dioscoride et Théophraste jetèrent seulement les fondements de la botanique. On ne peut regarder comme des zoologistes Élien ni Oppien, auteurs de traités spéciaux de pêche et de chasse; et quant au grand roi Salomon, qui connaissait toutes les plantes, depuis l'hysope jusqu'au cèdre du Liban, on doit présumer qu'il n'eut pas beaucoup de disciples parmi ses Juifs, dont pas un, depuis le règne de ce prince, ne s'est occupé d'histoire naturelle, si ce n'est de nos jours l'ichthyologiste Bloch. Pline pourrait à la rigueur être considéré comme le second des naturalistes des temps anciens; mais, bien inférieur à l'illustre précepteur d'Alexandre, il n'observa jamais par lui-même les choses dont il nous entretient : adoptant sans critique les contes populaires les plus niais, compilateur crédule, narrateur prolixe, déclamateur emphatique, ses écrits sont plutôt l'histoire des erreurs que l'état des connaissances physiques de son temps.

Longtemps après Pline on ne rencontre guère que des médecins arabes qui, connaissant les écrits de l'antiquité, effleurent plus ou moins l'histoire naturelle. Mais bientôt l'Europe accorde une attention toute particulière à cette science : on l'étudie d'abord dans les vieux livres, on médite enfin d'après la nature même; des observateurs saillent de toutes parts et lui découvrent de nouvelles beautés. Les fruits de leurs recherches sont recueillis et coordonnés dans plusieurs traités généraux ou particuliers. Linné apparaît, compare ce qui s'était fait, ose embrasser l'immensité de cette création, dont il s'étonne, en devine les lois, imagine pour en enregistrer les détails un langage nouveau; son *Systema Naturæ* in présente l'ensemble, et dans ce vaste essai tous les êtres connus, asservis sous trois règnes, sont disposés méthodiquement, de façon à ce qu'on le puisse reconnaître. Cependant, la route philosophique ouverte par le législateur suédois fut d'abord méconnue de ses propres admirateurs, qui crurent que le savoir de leur maître consistait simplement dans sa nomenclature, quand n'avait prétendu en faire pour les savants de tous les pays qu'un simple mais rigoureux moyen de s'entendre. Substituant leur obscurité à sa concision, ils imaginaient avoir contribué à compléter le tableau des productions de l'univers, quand ils n'avaient qu'indiqué dans une simple phrase générique ou spécifique, et d'après des caractères souvent arbitraires ou superficiellement établis, l'existence de quelque animal ou d'une plante. Ceux-là n'avaient pas mieux compris les préceptes du grand homme que les faiseurs de phrases retentissantes n'ont compris le sublime de Buffon ; et ce Linné, que l'aridité de ses imitateurs fit accuser d'avoir métamorphosé en une science de mots stériles l'étude de la féconde nature, fut cependant le véritable créateur de l'histoire naturelle. Linné établit sa classification sur des bases si solides, que les coupes heureuses s'en reproduisent nécessairement dans les ouvrages même de ses plus ardents détracteurs.

Buffon, qui, s'essayant à peindre la nature avant d'avoir la moindre teinture des sciences naturelles telles qu'elles venaient de se constituer, et qui, dans la marche incertaine de son pompeux début, prit pour étroites et mesquines des idées d'ailleurs aussi larges que raisonnables, se déclara de prime abord l'antagoniste de toute nomenclature systématique; plus tard, et lorsqu'il fut devenu aussi grand naturaliste qu'il était né grand écrivain, il n'en foudroya plus que l'abus; mais il devint aussi, et certainement à son insu, le chef d'une école où le verbiage ampoulé d'incapables imitateurs fut substitué à l'éloquence du modèle. C'est au génie linnéen, fécondé à la vérité par certaines grandes vues buffoniennes, que l'histoire naturelle dut sa généralisation, où les Jussieu et les Lamarck furent ceux qui brillèrent le plus alors. Le premier publia un *Genera* dont les premiers écrivains de Rome, au temps de sa gloire, n'eussent pas désavoué l'éloquente latinité, et dont Linné admirait l'immensité des recherches. Le second, qui fut aussi un grand botaniste, débrouilla ensuite le chaos des invertébrés, dont la plupart, si longtemps dédaignés des naturalistes, jouent pourtant un rôle si éminent dans la structure du globe. Cuvier, enfin, après le Hollandais Camper, évoquant du sein de la terre les races perdues, qui en peuplèrent autrefois la surface, éclairant la géologie et la zoologie l'une par l'autre, rétablissant pour ainsi dire les chartes où furent déposés les titres chronologiques du monde primitif, disposant dans un ordre naturel toutes les créatures vivantes, assignant à chacune d'elles son véritable nom, Cuvier, enfin, réunissant en lui et Linné et Buffon, devint le modèle à suivre dans la manière d'écrire l'histoire naturelle, sous le double rapport du style et de la méthode. C'est sur les traces de ce savant qu'il faut désormais marcher dans la recherche des êtres physiques.

Mais la science étant devenue si vaste que nul ne saurait l'embrasser tout entière, on a dû la diviser d'abord en trois grandes branches, savoir : la *minéralogie*, la *zoologie*, et la *botanique*. Depuis, chaque partie s'étant encore prodigieusement accrue, la géologie et la cristallographie tendent à se détacher de la première division ; outre que la physiologie et l'anatomie sont résultées des deux autres, la science se divise à présent en presque autant de branches distinctes qu'on y comptait de classes. Ainsi, la *mammalogie* est la connaissance des mammifères, l'*ornithologie* celle des oiseaux, l'*erpétologie* celle des reptiles, l'*ichthyologie* celle des poissons, la *malacologie* (nom qu'on doit substituer à celui de *conchyliologie*) celle des mollusques, l'*entomologie* celle des insectes et généralement des articulés. On peut en faire autant pour la botanique, où l'*agrostographie* est déjà la connaissance des graminées, la *mycologie* celle des champignons, l'*hydrophytologie* celle des cryptogames et généralement des eaux. Il ne faudrait cependant point abuser de l'établissement de tels démembrements et prétendre créer dans l'arbre des sciences natu-

relles autant de noms qu'il s'y peut développer de rameaux.
Bory de Saint-Vincent, de l'Académie des Sciences.
HISTOLOGIE. *Voyez* Histogénie.
HISTORIÆ MORALISATÆ. *Voyez* Gesta Romanorum.

HISTORIOGRAPHE. Ce mot, dérivé du grec ἱστορία, histoire, et γράφω, j'écris, désignait anciennement tous ceux qui s'appliquaient à écrire l'histoire. « Il est *historiographe* diligent, » dit Montaigne en parlant de Guichardin; et ici ce mot est synonyme d'*historien*. Mais depuis longtemps on ne le dit plus que de ceux qui ont une commission, un brevet du prince pour écrire l'histoire de son règne. L'historiographe de France était un homme de lettres pensionné, et, comme on disait alors, *appointé* pour écrire l'histoire. Cette charge paraît avoir existé de temps immémorial dans les monarchies de l'Orient : on en voit la preuve dans l'Écriture Sainte. Alain Chartier fut l'historiographe de Charles VII. Lorsque en 1536, l'empereur Charles-Quint rêvait la conquête de la France comme chose facile et sûre, il dit à Paul Jove, son historiographe, de se munir de plumes et d'encre pour retracer tous ses exploits. A Venise, c'était un noble du sénat qui avait le titre d'historiographe de la république de Saint-Marc. L'historiographe de France obtenait le brevet de conseiller d'État en recevant les provisions de sa charge : il était commensal de la maison du roi. Mézerai, Pélisson, Racine, Boileau, Valincourt, furent historiographes de France sous Louis XIV. Quelques traits de sincérité que Mézerai se permit contre la taille et la gabelle lui firent retrancher d'abord une partie de sa pension, et ensuite sa pension tout entière. L'historiographe disgracié mit à part, dans une cassette, les derniers appointements qu'il avait reçus, et y joignit ce billet : « Voici le dernier argent que j'ai reçu du roi ; il a cessé de me payer, et moi de parler de lui, tant en bien qu'en mal. » Pélisson suivit une conduite toute différente : dans ce qu'il a écrit de l'histoire de Louis XIV, il exalte le monarque jusqu'au dégoût. « Cette histoire, disait Despréaux, est un panégyrique perpétuel; il loue le roi sur un buisson, sur un arbre, sur un rien ; et quand on lui fait quelque remontrance à ce sujet, il répond qu'il *veut louer le roi*. » On a dit qu'un historien devait être *sans passion* ; il faut ajouter, *sans pension*. Il est bien difficile que l'historiographe du prince ne soit pas un menteur; celui d'une république (comme l'était l'historiographe de Venise) flatte moins, mais il ne dit pas toutes les vérités. Ainsi pour lui n'est point fait cet adage de Cicéron : *Ne quid veri tacere non audeat* (qu'il faut oser ne taire aucune vérité). Ce que Racine et Despréaux firent de mieux, quoique fort bien payés, ou plutôt parce qu'ils l'étaient, fut de ne point donner au public une histoire qui n'aurait été qu'un monument d'adulation, peu utile à la gloire du roi, et encore moins honorable à celle des deux poëtes. Au surplus, un incendie, en détruisant la bibliothèque de Valincourt, leur successeur, fit périr tous les manuscrits que Racine et Boileau avaient laissés comme historiographes. Quelques notes recueillies par de scrupuleux éditeurs dans les œuvres de Racine font peu regretter cette perte.

Sous Louis XV, la place d'historiographe de France ne fut pas pour Duclos un titre oiseux : il écrivit l'histoire du monarque qui le pensionnait, et son ouvrage fut, après sa mort, recueilli dans les dépôts du ministère. « Je me souviens, dit La Harpe, dans son *Cours de Littérature*, d'avoir entendu quelques morceaux de la préface, qui annonçaient le courage de la vérité. » Un contemporain de Duclos, l'académicien Moncrif, lecteur de la reine, fit une *Histoire des Chats*, plaisanterie fort insipide. Les plaisants lui donnèrent le titre d'*historiogriffe*. Après Duclos, Marmontel et Moreau, auteur de vingt et un volumes de *Discours sur l'histoire de France*, eurent simultanément le titre d'*historiographe* : ils le portèrent jusqu'au moment où la révolution vint niveler tant de positions et abaisser tant d'existences. Que l'on consulte l'*Almanach royal* de 1789,

et l'on y verra que les ordres du roi, la maison de Bourbon, l'Académie d'Architecture, l'ordre de Saint-Lazare, la ville de Paris, etc., avaient aussi leurs historiographes : Blin de Sainmore, Desormeaux, Leroy, Gautier de Sibert, Ameilhon, tous académiciens, jouissaient de ce titre, qui avait entièrement disparu, lorsque l'avénement du second empire le fit un instant revivre en faveur de M. Grün, ancien rédacteur en chef du *Moniteur*, aujourd'hui archiviste de la couronne.
Charles Du Rozoir.

HISTORIQUES (Sociétés). Les académies et sociétés historiques et archéologiques doivent leur origine à l'ardeur avec laquelle on s'est livré de plus en plus dans tous les pays à l'étude de l'histoire de la contrée, des manuscrits, documents, chartes, monuments, médailles qui peuvent l'éclairer. La première académie de ce genre qu'ait possédée la France est l'Académie des Inscriptions, fondée par Colbert, en 1663, sous la protection de Louis XIV.

En 1805 une société de savants et d'hommes zélés pour l'archéologie se forma à Paris, sous le titre d'*Académie Celtique*, à l'effet de se livrer à la recherche et à l'explication des antiquités gauloises. En 1813 elle prit le titre de *Société des Antiquaires de France*. La Société de l'*Histoire de France* date de 1833; elle a été instituée pour la publication des documents originaux de notre histoire. L'*Institut Historique* fut fondé à Paris la même année. Les départements comptent une foule de sociétés historiques. Le comité de la langue, de l'histoire et des arts, institué près du ministère de l'instruction publique, peut aussi être regardé comme une société historique. Il est en correspondance avec des commissions des archéologues des départements. Enfin, l'histoire tient son rang dans les réunions d'érudits qu'on nomme *congrès scientifiques*.

Au nombre des académies et sociétés historiques étrangères, nous devons citer en première ligne l'*Académie royale d'Histoire portugaise de Lisbonne*, créée en 1720, par le roi dom Jean V, et l'*Académie royale d'Histoire de Madrid*, confirmée en 1738 par Philippe V ; l'*Académie d'Histoire de Souabe*, à Tubingue ; l'*Académie Archéologique de Cortone*, en Italie, instituée en 1727 pour l'étude des antiquités étrusques; celle d'Upsal (Suède), fondée en 1710 pour l'étude des langues du Nord et des monuments scandinaves ; les deux *Instituts Historiques* de la même ville et de Stockholm ; la *Société Historique et Archéologique de Moscou*, fondée en 1836; deux académies du même genre établies à Rome par Paul II et Léon X ; l'*Académie d'Herculanum*, pour la recherche et l'explication des monuments, d'Herculanum et de Pompéi, fondée en 1775, à Naples, par le ministre Tanucci ; l'*Académie d'Histoire et d'Antiquités*, dans la même ville, créée en 1807 par Napoléon ; l'Académie fondée, la même année, à Florence pour l'exploration des antiquités toscanes; la *Société des Archéologues* de Londres qui date de 1751 ; celle des *Antiquaires* de la même ville, et la *Société Historique anglaise*, qui y a été fondée en 1836 pour l'étude et la publication des documents relatifs à l'histoire de la Grande-Bretagne jusqu'au règne de Henri VIII ; celle de Rome, de 1725 ; celle de Batavia, de 1778 ; celle de Calcutta, de 1784 ; celle de Vermont, de Boston et de Philadelphie, de 1769 ; enfin, la plus nouvelle de toutes, l'*Institut Historique et Géographique du Brésil*, fondé en 1837, à Rio-de-Janeiro, et qui a déjà publié d'importants travaux sur les peuplades indigènes de l'Amérique du Sud.

En Allemagne, dans ces derniers temps, une nouvelle impulsion a été donnée à ces études par la *Société de l'Histoire ancienne de l'Allemagne*, qu'a fondée, le 20 janvier 1819, à Francfort-sur-le-Main, le ministre prussien de Stein, laquelle s'est imposé pour tâche une édition générale, critique, des sources de l'histoire d'Allemagne au moyen âge. Les *Monumenta Germaniæ historica* de Pertz ont été le principal témoignage de son activité. L'exemple a été suivi, les sociétés historiques se sont multipliées dans toutes les provinces, et l'on en a compté plus de quarante dans les États Germaniques. Quelques-unes ne se sont pas bornées à l'histoire et à l'archéologie; elles ont embrassé dans leurs recherches la langue, la littérature, les arts, etc. Paul Wigand a cherché à leur donner un centre commun, par la publication des *Annales des Sociétés historiques et archéologiques* (Lemgo, 1831-1832). On compte en Prusse quinze sociétés historiques, qui tiennent leurs séances à Berlin, Bonn, Breslau, Gœrlitz, Halle, Kœnigsberg, Minden, Munster, Paderborn, Saarbrück, Saltzwedel, Stettin, Trèves, Wetzlar. Toutes ont publié et publient d'utiles travaux relatifs à l'histoire générale ou particulière du pays. Il en est de même en Bavière, où elles sont spécialement encouragées par le roi; et, à l'exception de la Société de Nuremberg, elles sont en rapport avec l'Académie royale des Sciences. Elles ont leur siège à Anspach, Augsbourg, Baireuth, Bamberg, Munich, Nuremberg, Passau, Ratisbonne, Spire et Würtzbourg.

Le royaume de Saxe compte deux sociétés historiques, l'une à Dresde, l'autre à Leipzig. La première a été fondée en 1824, et a successivement étendu le cercle de ses opérations dans les années suivantes. La seconde est la *Société allemande pour l'étude de la langue et des antiquités nationales*, fondée à Leipzig, en 1697, sous le titre de *Collége Poétique*, renouvelée en 1727 par Gottsched, sous le titre de *Société des Progrès de la Langue Allemande*; elle s'est étendue, en 1827, par l'accession de plusieurs membres de sociétés archéologiques de Saxe et de Thuringe. En 1834 la *Société Historique de la Basse-Saxe* a été fondée à Hanovre. Dans le Wurtemberg, outre la *Société de l'Histoire nationale*, créée par le roi, en 1822, comme établissement public, on compte celles de Rottweil, fondée en 1822, et d'Ulm, qui a publié son premier compte-rendu en 1843, et celle de Stuttgard, établie en 1844. Cette dernière a publié des travaux importants. La Hesse-Électorale avait eu dès 1777, à Cassel, une *Société Archéologique*; il s'y constitua une nouvelle association du même genre, en 1834. Le grand-duché de Hesse-Darmstadt a deux *Instituts Historiques*, à Darmstadt même et à Mayence. Il y en a également deux dans le grand-duché de Bade, à Baden-Baden et à Sinsheim. Le Mecklembourg, le Schleswig, Nassau, Saxe-Altenbourg, Saxe-Meiningen, la principauté de Reuss, Francfort-sur-le-Mein, Lubeck, Hambourg, ne sont pas restés en arrière dans cette voie de progrès. L'Autriche n'a point de sociétés historiques dans le sens convenu de ce mot, bien que dans ce pays on ait fondé des musées provinciaux. La Suisse a plusieurs institutions de ce genre, à Bâle, Fribourg, Genève, dans le pays des Grisons et dans les cantons de Vaud, Zurich, Lucerne, Uri, Schwytz, Unterwalden et Zug; enfin, la plus importante de toutes, celle de Berne, qui tient tous les deux ans un congrès historique. Les provinces russes de la mer Baltique ont les Sociétés Esthienne, de Dorpat, Livonlandaise, de Riga. Le Danemark est fier de sa Société des Antiquaires du Nord, qui a publié entre autres les *Antiquitates Americanæ*. Copenhague a depuis 1840, son *Institut Historique*; enfin, il existe pour la Fionie une société spéciale.

HISTOTOMIE. Voyez HISTOGÉNIE.

HISTRION. En l'année 391 de la fondation de Rome, une horrible peste venait de désoler cette ville. Les politiques du temps pensèrent que pour dissiper les lugubres impressions qu'elle avait laissées dans les esprits il fallait procurer au peuple un spectacle plus gai que les exercices du Cirque, seul amusement jusque là de la grande cité. Dans l'Étrurie se trouvait une troupe de baladins et de danseurs, qu'on engagea pour venir donner des représentations à Rome. En langage étrusque, un bouffon se nommait *hister*; dans la langue latine, on en fit *histrio*. Bientôt ces mêmes grotesques devinrent des acteurs parlants. Ils commencèrent par débiter quelques mauvais vers improvisés au milieu de leurs danses; ils finirent par jouer de petites pièces assez informes, intitulées *Satires*, et pour lesquelles on composait une musique exécutée par des flûtes. Tel fut le théâtre romain jusqu'en l'an 514, où Livius Andronicus fit, le premier, représenter des pièces plus régulières, pour lesquelles on abandonna les *histrions*. Le nom ne fut plu alors qu'un terme de mépris, et c'est dans cette acception qu'il est devenu un mot de notre langue. Longtemps des esprits moroses, de trop sévères moralistes, l'appliquèrent avec injustice à la classe badine des comédiens; l'épuration du théâtre, les progrès de la raison publique, ont réduit ce terme à ce qu'il devait être : une flétrissure individuelle et exceptionnelle.
OURRY.

HITTORFF (JEAN-JACQUES), architecte, est né à Cologne, en 1792. Il vint très-jeune à Paris, où il eut pour maîtres Percier et Bellanger. Esprit studieux et préoccupé de honne heure de l'histoire de l'art antique, M. Hittorff appartient à cette famille d'architectes qui se sont rendus célèbres plutôt par les livres qu'ils ont publiés que par le nombre et la beauté des édifices qu'ils ont construits. On sait pourtant qu'il a suivi sous Bellanger les travaux de l'abattoir de la rue Rochechouart et l'exécution de la coupole en fer de la Halle aux Blés. Associé plus tard à Joseph Lecointe, il a bâti avec lui le théâtre de l'Ambigu-Comique et a restauré la salle Favart. Parmi les dessins qu'il a mis au jour, celui d'un monument à élever au duc de Berry et les projets de restauration de l'église de Saint-Remy, à Reims, furent les plus remarqués. C'est aussi de concert avec Lecointe que M. Hittorff organisa les grandes cérémonies funèbres qu'on célébra en l'honneur du prince de Condé, du duc de Berry et de Louis XVIII. Les fêtes brillantes auxquelles donnèrent lieu le baptême du duc de Bordeaux et le sacre de Charles X furent également dirigées par ces deux architectes. On trouvera dans l'ouvrage qu'ils publièrent ensemble (in-folio, 12 planches), le souvenir des solennités du baptême. Un des dessins de ce recueil a figuré au salon de 1822. Nommé chevalier de la Légion d'Honneur dès 1825, M. Hittorff obtint successivement plusieurs médailles aux expositions du Louvre, où l'on a vu de sa main divers projets de constructions nouvelles ou de restaurations d'anciens monuments (1831), le plan de l'église de Saint-Vincent-de-Paul (1833), et cinq dessins à la plume la rotonde du panorama élevé aux Champs-Élysées (1841).

Sur ces entrefaites, M. Hittorff avait été adjoint à M. Lepère, à la famille duquel il s'était allié par un mariage; et ses lors il consultait avec lui les travaux de Saint-Vincent-de-Paul. Cette église, commencée en 1824, n'a été terminée qu'en 1844, après des lenteurs de toutes sortes et des difficultés administratives qui presque au début de l'entreprise interrompirent les travaux pendant huit ans. Nous n'avons pas à décrire ici cette basilique, œuvre étrange, dont le plan primitif appartient à l'initiative de M. Lepère, édifice bâtard, où tous les styles sont confondus, triste et remarquable exemple de l'inquiétude moderne et du déplorable éclectisme de nos artistes. Les deux campanilles qui surmontent le portail paraîtront toujours sans liaison aucune avec le reste de la construction; et d'ailleurs, quelle pauvreté de forme et quelle absence de caractère! Si l'on excepte les deux escaliers qui conduisent au porche, Saint-Vincent-de-Paul n'a rien de grand, rien de religieux. La décoration intérieure n'est pas moins mesquine et moins dépourvue de gravité. Et cependant M. Hittorff est un architecte érudit, un homme de goût et de science. Il doit à ses ouvrages historiques une bonne partie de sa célébrité et son titre de membre de l'Institut. Sans rappeler ici les nombreux mémoires qu'il a publiés dans les journaux sur les questions spéciales, son curieux travail sur les *Arabesques*, imprimé dans l'*Artiste* du mois de mai 1844, et les articles *Architecture* et *Histoire de l'Architecture* qu'il a publiés dans l'un de nos recueils encyclopédiques, on doit à M. Hittorff les livres suivants : *Architecture antique de la Sicile*, 3 vol. in-fol., avec 180 planches; *Architecture moderne de la Sicile*, in-folio, 74 planch.; les *Antiquités inédites de l'Attique*, in-folio, avec 60 planches (1832). Ce dernier recueil est une traduction de l'anglais. Enfin, M. Hittorff a depuis longtemps entrepris la publication d'un grand ouvrage sur l'*Architec-

ture polychrome chez les Grecs, savant travail, d'une exécution aussi soignée que remarquable, et qui doit jeter de vives lumières sur une des questions les plus négligées et les plus curieuses que puisse soulever l'histoire de l'art monumental dans l'antiquité. P. MANTZ.

C'est encore à M. Hittorff que l'on doit la décoration de la place de la Concorde et des Champs-Élysées, ainsi que le Diorama, le Cirque, et les autres monuments municipaux qui s'y trouvent. On peut leur reprocher une certaine apparence de colifichet, une surcharge d'ornements et de couleurs peu en rapport avec la matière mise à la disposition de l'architecte.

HIVER. *Voyez* SAISONS. Pour l'énumération des hivers rigoureux, *voyez* FROID.

HIVER (Quartier d'). *Voyez* QUARTIER D'HIVER.

HIVERNAGE, HIVERNER. Les régions équinoxiales n'ont pas des saisons aussi tranchées que les nôtres : la durée des jours y varie peu, les frimats y sont inconnus ; cependant, le ciel n'y a pas le même caractère à toutes les époques de l'année : pendant quelques mois il se couvre d'épais nuages, de fréquentes tempêtes bouleversent l'atmosphère, ordinairement si pure, et à chaque instant il tombe des torrents de pluie. C'est la saison pluvieuse qu'on a nommée *hivernage* ; c'est aussi la saison des maladies : le climat alors devient meurtrier pour les Européens. Bien que l'hivernage n'arrive pas en même temps dans tous les pays voisins de l'équateur, il ne varie guère qu'entre les mois de mai et d'octobre, précisément pendant le printemps et l'été de l'Europe. Le marin craint de se risquer à la mer en temps d'hivernage ; le séjour même des rades ne le rassure pas : mille souvenirs sinistres lui en font un épouvantail. Combien de navires ont disparu au milieu des *tornados* du Sénégal, des ouragans des Antilles, des *pamperos* du Brésil ! Si le bâtiment est pris entre les tropiques pendant cette saison, il se réfugie au port, enlève ses voiles, déparse ses mâts, se couvre d'une tente, laisse passer les tourbillons, et attend pour reparaître le retour des fraîches brises de la mer : voilà ce que l'on nomme *hiverner*. La vie devient pénible à bord, au sein de cet air chaud et humide ; les poumons travaillent à vide, et l'on se sent vieillir avec rapidité : aussi les puissances maritimes de l'Europe évitent-elles de laisser hiverner leurs escadres sous les tropiques, les maladies décimant promptement les équipages. Nos gouvernements ont astreint le commerce à de sévères règlements pour les garantir des dangers de l'hivernage : on fixe l'époque où il commence, et à partir de ce moment tous les navires marchands doivent abandonner les colonies. Ainsi, à la Martinique le 21 juin est désigné comme le premier jour de l'hivernage ; le commandant de la station française tire le coup de canon de partance, et nul bâtiment de commerce ne peut rester plus longtemps sur la rade de Saint-Pierre ou sur tout autre point de l'île. Ce jour-là porte avec lui un caractère de tristesse : le mouvement des affaires cesse tout à coup d'animer l'île, les négociants se retirent à la campagne, les bords de la mer deviennent déserts ; chacun se précautionne contre la mauvaise saison, qui déjà s'annonce menaçante, car de sombres nuages couvrent souvent une partie de l'île.

Théogène PAGE, *capitaine de vaisseau*.

HIVERNANTS (Animaux). Les naturalistes désignent sous ce nom quelques espèces animales qui vers la fin de l'automne tombent dans un état de léthargie plus ou moins complète, et qui persiste pendant toute la durée de l'hiver, et qui se dissipe peu à peu aux premières chaleurs du printemps. L'*hibernation* s'observe également chez des animaux à sang chaud, chez des animaux à sang froid et chez des animaux dépourvus de toute circulation sanguine.

Parmi les animaux à sang chaud, l'hibernation a été constatée plus spécialement chez le loir, le lérot, le muscardin, la chauve-souris, le hérisson, la marmotte, le hamster et le *dipus canadensis*, quelques espèces d'ours, quelques blaireaux, le *tenrec*, espèce de hérisson de Madagascar, et quelques autres mammifères offrent, dit-on, ce même phénomène ; mais le fait n'a pas été assez bien établi pour que nous soyons fondé à les classer parmi les *animaux hivernants*.

A l'approche des froids, les animaux hivernants recherchent quelques trous obscurs pratiqués dans les troncs des arbres, dans les broussailles, dans la terre elle-même ; ils les tapissent soigneusement de feuilles mortes, de mousses, de paille quelquefois et de plumes, et s'y blottissent pour n'en plus sortir que vers l'équinoxe du printemps : la chauve-souris se suspend par les ongles de ses pattes de derrière aux voûtes mêmes de l'asile qu'elle s'est choisi ; les autres mammifères se contractent et se pelotonnent de manière à exposer au contact de l'air la plus petite surface possible, et au bout de quelques jours on les trouve roulés en boule, les yeux fermés, froids, roides, immobiles, et tellement insensibles qu'il devient difficile de leur arracher quelques signes de vie ; leur respiration même est devenue lente, irrégulière, et quelquefois complètement imperceptible. Cette léthargie des animaux hivernants paraît être exclusivement déterminée par l'abaissement de température survenu dans le milieu ambiant : elle ne se lie en aucune façon à une nécessité périodique de leur organisation. On remarque en effet que ces mammifères hivernants ne sont pas, autant que les autres mammifères, indépendants de la température du milieu dans lequel ils vivent : des expériences thermométriques ont démontré que chez eux la température du sang suivait avec une certaine exactitude la température de l'air, bien qu'elle se maintînt toujours plus élevée de quelques degrés ; l'observation a démontré en outre que leur énergie vitale était toujours en rapport direct avec la température de leur sang. Aussi, en modifiant artificiellement la température du milieu dans lequel on les place, on peut développer chez eux à toutes les époques de l'année tous les degrés de vitalité, depuis l'exaltation la plus énergique jusqu'à l'engourdissement le plus complet. Les expériences qui ont établi ces résultats ont en outre établi que chez quelques mammifères hivernants on pouvait abaisser la température du sang jusqu'à + 3° centigrades sans entraîner la mort de l'animal ; mais nous ne pensons pas que l'on ait encore déterminé quelle pouvait être l'extrême durée de cet état de torpeur.

Toutefois, quelque complète que soit la léthargie des animaux hivernants, elle ne saurait entraîner la destruction, ni même la suspension des fonctions physiologiques essentielles à l'existence de tout être animé ; la vie n'est pas éteinte tant que dure la léthargie, elle est *dissimulée* seulement. Ainsi, il y a toujours élimination des éléments excrémentitiels du sang par la surface tégumentaire et par les membranes muqueuses, pulmonaire et intestinale ; et, par conséquent aussi, il y a pour l'animal nécessité absolue de pourvoir à l'alimentation du sang. Une disposition organique fort simple répond à cette nécessité : les nombreux épiploons des animaux hivernants se surchargent pendant leur *vie active* d'une quantité considérable de tissu adipeux, et ce tissu, lentement absorbé pendant l'hibernation, fournit au sang des éléments incrémentitiels suffisants à la déperdition de cette *vie passive*.

Quant aux animaux à sang froid, un grand nombre de reptiles, des ophidiens surtout, peuvent être classés parmi les animaux hivernants : toutefois, leur engourdissement paraît être en général moins profond que celui des mammifères. Il faut ajouter que quelques reptiles deviennent torpides *dans les régions équatoriales*, ainsi que l'a observé M. Alexandre de Humboldt chez les reptiles de l'Amérique méridionale, qui restent ensevelis pendant une partie de l'année, et qui ne sortent de terre que dans la saison des pluies.

Les froids de l'hiver produisent encore chez un très-grand nombre d'insectes, dépourvus de circulation sanguine, des phénomènes identiques à ceux qui constituent l'hibernation chez les ostéozoaires ; M. Léon Dufour a en outre constaté que les hémiptères engourdis par le froid se nourrissaient, comme les mammifères, aux dépens du tissu adipeux répandu entre les circonvolutions de leur canal alimentaire.

Nous ne savons pas si l'hibernation proprement dite a jamais été positivement constatée chez des oiseaux, des poissons, des mollusques ou des annélides.

BELFIELD-LEFÈVRE.

HJERTA (LARS-JEAN), éditeur de la feuille suédoise qui a pour titre *Aftonbladet*, est né en 1801 à Uspsal, où son père était trésorier de l'université. Il fit ses études dans cette ville, et devint notaire à Stockholm. Pendant la diète de 1828-1830, il fonda avec Crusenstolpe la *Gazette de la Diète*, qui devint l'organe presque exclusif de l'opposition. Lorsque cette diète eut fini sa session, il se sépara de Crusenstolpe; et tandis que celui-ci se chargeait de la rédaction de la feuille ultra-royaliste le *Fœderneslandet*, Hjerta publia, à partir de décembre 1830, la feuille radicale *Aftonbladet*. Une lutte très-vive se soutint entre les deux écrivains jusqu'en 1833, moment où Crusenstolpe fut obligé de cesser de faire paraître son journal, qui ne trouvait aucune sympathie. Par son talent, son habileté à donner une tournure piquante aux nouvelles du jour, Hjerta fit tomber tous les autres journaux, et même celui de l'opposition, l'*Argus*, de sorte que son *Aftonbladet* est arrivé à compter plus de 5,000 abonnés, nombre considérable pour un pays tel que la Suède, et quoiqu'elle eût cessé d'appartenir à l'opposition. Les différents ouvrages de cet écrivain n'ont d'ailleurs d'intérêt que pour la Suède.

Depuis l'avénement du roi Oscar, Hjerta s'est tout à fait réconcilié avec Crusenstolpe. Il est en même temps libraire, et possède une fabrique de bougies stéariques, la première qu'on ait créée en Suède. C'est un homme fort actif, et qui se mêle volontiers de toutes les entreprises publiques.

HOANG-HO, c'est-à-dire en chinois *fleuve Jaune*. Ce fleuve prend sa source dans l'intérieur de l'Asie, dans les montagnes de Kulkun, parcourt, en formant de grandes courbes de l'ouest à l'est, les provinces chinoises de Kan-Sou, la partie méridionale de la Mongolie, le Schen-Si, le Schan-Si, le Ho-Nan, le Schan-Toung et le Kiang-Sou, puis, après avoir deux fois traversé dans son cours la grande muraille, se jette enfin dans la *mer Jaune*. Ses affluents les plus considérables sont : sur sa rive droite, le Whaï-Ho et le Hoaï-Ho; sur sa rive gauche, le Fuen-Ho. Bien que des travaux hydrauliques importants aient été exécutés sur ses bords pour régler son cours, ses inondations causent encore de grands ravages, surtout à cause des terres qu'il entraîne continuellement et qui exhaussent son lit; de sorte qu'en beaucoup d'endroits son niveau est au-dessus de celui des terres environnantes, qui ne sont protégées que par des digues. Son cours a un développement d'environ 400 myriamètres, et son bassin est d'à peu près 22,000 myriamètres carrés.

HOAX, mot anglais, qui se reproduit à chaque instant dans les journaux et les comédies satiriques de nos voisins, et sur le sens précis duquel on consulterait vainement les lexiques. Il est très-proche parent de notre mot blague. « Le *Hoax*, nous apprend M. Philarète Chasles, le *Blarney* et le *Humbug* sont trois incarnations du mensonge, trois formes de la charlatanerie magniloquente. Le *Blarney* est spécialement irlandais, nous n'osons pas dire gascon. Le *Hoax*, c'est la mystification savante dont tout le monde est dupe, excepté son auteur. Le *Humbug*, plus sérieux, plus vaste, offre la dernière expression du factice, du simulacre, du faux sur une large échelle. Quiconque saura trouver le don inné de cette magie triple et souveraine fera passer aisément et doucement, pas le voler jamais, l'argent d'autrui dans sa poche. Le *Blarney* lui prépare les voies; le *Hoax* dispose ses ressorts, le *Humbug* couronne son œuvre. Comment se plaindrait-on de lui? Il hérite naturellement de vos écus; et vous restez là, bouche béante, bras tendus, en face du séducteur qui vous a charmé, tous deux également contents l'un de l'autre. Personne n'est dupe; on se dupe soi-même : voilà le secret ! »

HOBARTTOWN, chef-lieu de l'île et de la colonie anglaise de la Terre de Van Diemen, en Australie, siége du gouverneur et des autorités supérieures de la colonie, est situé sur la côte sud-est, au pied de la montagne de la Table ou Mont Wellington, à l'embouchure du Derwent, qui y forme un vaste et excellent port, appelé *Derwenthafen*. Cette ville, dont la fondation ne date que de 1804, contient déjà une population de 20,000 âmes. Ses rues, larges de 20 mètres, sont généralement très-longues. Il s'y trouve un grand nombre d'édifices considérables, une manufacture de draps, des brasseries, des distilleries; elle est le centre d'un commerce actif avec l'Angleterre et les Indes, et entretient des communications régulières à vapeur avec Sidney, dans la Nouvelle-Hollande. Elle possède plusieurs banques, dont la première fut fondée en 1824, et plusieurs typographies, où il s'imprime une douzaine de journaux et de revues.

HOBBÉMA (MEINDERT), le meilleur peintre de paysages peut-être des Pays-Bas, après J. Ruysdael, naquit dans le dix-huitième siècle, vraisemblablement à Cœverden; du reste, on ne sait rien de sa vie. La plupart des figures qu'on voit dans ses paysages sont de Berghem, Van de Velde, Lingelbach et J. Vanloo; on peut donc rapporter de 1660 à 1680 son plus beau temps. Il a surtout représenté des vues de forêts, des ruines, des villages, etc. Il excelle à peindre les détails, surtout le feuillage, avec une netteté de composition, une vigueur et une beauté de coloris, avec une si délicate dégradation de tons, que sous ce rapport il surpasse de beaucoup les plus grands paysagistes. Ses tableaux sont dispersés dans beaucoup de galeries. On croit qu'il fut élève de Ruysdael, auquel beaucoup l'égalent, à cela près que son exécution est moins délicate.

[Il y a dix ans notre Musée du Louvre n'avait pas un seul Hobbéma, et pourtant on pouvait en admirer chez sir R. Peel, chez MM. de Rothschild, Paul Périer et Kalkbrenner. Depuis, cette lacune a été comblée. La collection du baron de Mecklembourg possédait aussi un Hobbéma clair, en pleine lumière, tandis qu'ordinairement les paysages de ce maître représentent des bords de forêt sombre et mélancolique avec quelque mare où se reflète les arbres. Ce paysage a été vendu 72,000 fr., en décembre 1854.

L. LOUVET.]

HOBBES (THOMAS), né à Malmesbury, en 1588, fit d'abord, dans sa ville natale, de bonnes études classiques, et consacra ensuite à l'étude de la philosophie d'Aristote cinq années passées à l'université d'Oxford. Chargé de l'éducation du jeune lord Cavendish, fils du comte de Devonshire, qu'il conduisit en France et en Italie, il ne put reprendre ses travaux qu'à son retour en Angleterre, et il s'y appliqua de nouveau, surtout à l'histoire de la philosophie, qui le détacha beaucoup de la dialectique et de la métaphysique d'Aristote, que jusque-là les écoles d'Angleterre enseignaient presque exclusivement. Ses liaisons avec Bacon le rattachèrent au système de ce philosophe, système qu'il devait pousser jusqu'au matérialisme, et que suivant ses adversaires il aurait poussé jusqu'à l'athéisme. A cette époque néanmoins il se préoccupa de politique. Attaché, par position, aux doctrines monarchiques, il choisit celui des historiens de l'antiquité qui lui paraissait le plus propre à combattre le mouvement démocratique du temps, et il traduisit Thucydide d'une manière conforme à son dessein (Londres, 1628). Peu après il retourna en France et en Italie avec le jeune Clifton, dont il était devenu le précepteur.

Les mathématiques, les études positives, commençaient alors à intéresser les philosophes. C'était l'époque des Bacon, des Galilée, des Mersenne, des Gassendi. Hobbes, lié avec le premier de ces savants, fit, dans un troisième voyage en France et en Italie, la connaissance des trois derniers. C'était en qualité de précepteur d'un second fils du comte de Devonshire qu'il se trouvait sur le continent. Il y revint bientôt une quatrième fois, pour se dérober aux agitations politiques qui avaient commencé dans sa patrie (1640). Présenté à Descartes par Mersenne, il discuta avec lui sur les *Méditations* que préparait le réformateur de notre philosophie; mais ces discussions ne furent pas continuées; Hobbes y mettait un esprit qui convenait peu à son célèbre interlocuteur. Le philosophe anglais fut d'ailleurs accueilli avec distinction, et prolongea son séjour en France. Le prince de Galles, petit-fils de Henri IV, se trouvait à Paris : Hobbes lui donna des leçons de philosophie et de mathématiques. En même temps, il composait un ouvrage *De Cive*, dont il fit imprimer, en 1642, un petit nombre d'exemplaires pour ses amis. Les suffrages qu'il obtint de Mersenne et de Gassendi décidèrent Sorbière à faire imprimer ce livre pour le public, pendant un voyage qu'il fit en Hollande en 1647, et à le faire paraître en français l'année suivante.

Après ce traité politique, Hobbes composa encore en France son livre *De la Nature humaine, ou éléments fondamentaux de politique* (Londres, 1651), son *Léviathan*, qui parut également à Londres la même année, et un volume de philosophie morale, les *Quæstiones de Libertate, de Necessitate et de Casu*, qui ne furent imprimées toutefois qu'en 1656, après le retour de l'auteur dans sa patrie. En effet, Hobbes, champion prononcé de l'absolutisme monarchique, après s'être retiré en France longtemps avant les funestes événements de 1649, sur lesquels il ne trouva pas une parole convenable, retourna en Angleterre sous le gouvernement de Cromwell (1653), et y publia quelques ouvrages qui, tout en défendant les principes fondamentaux de la monarchie, affligèrent singulièrement les royalistes. Ce furent les *Éléments de Philosophie*; première partie, *Du Corps* (1655); seconde partie, *De l'Homme* (1658); et les *Éléments de la Loi politique*. D'après ces publications, la cour de Charles II, réfugiée en Hollande, le soupçonna de vouloir faire sa paix avec le parti national. Cependant, à la restauration de 1660, le roi l'accueillit avec bienveillance et lui fit une pension de cent livres sterling; mais il se garda de l'employer, et Hobbes ne tarda pas à se retirer à la campagne, dans la famille de Devonshire.

Ayant réuni ses ouvrages isolés et traduit en latin ceux qu'il avait d'abord composés en anglais, il ne put pas même obtenir la permission de les faire imprimer à Londres, et cette édition parut à Amsterdam (1668, 4 vol. in-4°). Cela se passait au moment des plus fortes et des plus aveugles réactions, et Charles II, qui abusait des principes d'absolutisme que contenaient ces ouvrages, ne voulait pas qu'on tirât avantage de quelques opinions libérales que l'auteur y avait glissées, notamment dans le *Léviathan*, quoique d'ailleurs on désignât le parti populaire par le nom de cette bête monstrueuse. Le jugement personnel de Charles II sur les opinions de son précepteur était partagé par la cour, et de son côté la nation elle-même que repousser un écrivain qui lui disputait tous ses droits.

Hobbes était jugé à l'étranger comme en Angleterre. Ses ouvrages étaient traduits, commentés et admirés par les partisans de l'absolutisme; ils étaient repoussés et combattus par tous les écrivains qui avaient foi à la noblesse et à la dignité de la nature humaine. Hobbes, qui avait des prétentions de divers genres, et qui écrivait en même temps sur la religion, la morale, la politique, la métaphysique, les mathématiques et la littérature, ne justifiait pas l'opinion qu'il avait et qu'il donnait de lui-même. Il fut mathématicien plus que médiocre, quoiqu'il se vantât d'avoir découvert enfin la vraie méthode mathématique. Sa philosophie, malgré la rigueur de ses démonstrations, partait d'une base fausse et aboutissait à d'absurdes conséquences. Dans sa jeunesse, il s'était attaché exclusivement à la dialectique et à la métaphysique la plus subtile; dans l'âge mûr, il professa un empirisme grossier. La philosophie était pour lui la connaissance raisonnée des causes par les effets et celle des effets par les causes; mais il ne songea pas un instant à demander comment on arrive aux notions d'*effet* et de *cause*, ni à examiner de quel droit on conclut de la liaison subjective de la cause et de l'effet à leur liaison objective.

Tout objet est pour lui un corps : l'homme est un corps naturel; l'État un corps artificiel ; la logique, la physique et la métaphysique sont la science des corps naturels ; la politique et la morale, simple branche de la politique, forment la science des corps artificiels. Tout ce que Hobbes dit sur la première de ces deux sciences lui est inspiré par ses opinions sur la seconde, et tout cela offre aujourd'hui peu de valeur.

Hobbes n'est original qu'en sa qualité d'écrivain politique et moraliste; mais sa doctrine, tout en constituant l'unique titre qu'il ait encore pour occuper la postérité, ne lui assure plus qu'une renommée douteuse. En effet, les principes que l'illustre Florentin professa à l'usage des Médicis, Hobbes les professa à l'usage des Stuarts : l'un et l'autre, partant du même matérialisme, aboutissent au même despotisme; mais ce n'est pas Machiavel, sortant de la barbarie du moyen âge, qui mérite le plus nos colères. Toute société, dit Hobbes, repose sur l'intérêt des sujets, et toute la légitimité des rois est dans leur utilité. Ils ne sont et n'ont droit d'être que parce qu'ils sont nécessaires; mais puisqu'ils sont nécessaires, ils ont toute puissance. L'essence de la royauté est le pouvoir. Être roi, c'est être le maître. Pour être le maître, il faut avoir la force; régner, gouverner et administrer, c'est déployer la force. A la vérité, le salut du peuple est la loi suprême de l'État, et par conséquent le premier devoir du prince est de procurer ce salut; mais il en est de ce devoir comme de tous les autres : on est libre de s'en accomplir ou de les négliger; le roi peut remplir le sien ou y manquer, c'est son affaire; ce n'est pas celle du public : il est irresponsable, et libre de vouloir ce qui lui plaît. Personne n'a le droit de s'opposer à sa volonté, car tout le monde s'est livré à son arbitre sans condition. Il y a eu contrat entre les rois et les peuples; mais les peuples, las des maux de l'état sauvage, s'étant livrés aux rois sans restrictions, les rois les traitent comme ils le sont reçus, à discrétion. Telle est la condition du pouvoir : constitué par nécessité, il n'est réel qu'autant qu'il est absolu. Il est à lui point absolu que toute liberté nationale est une infraction au droit du maître, une violation du pacte social. Toute liberté est mauvaise sans exception, car le pouvoir s'étend sur tout, sur la religion comme sur la police de la cité. On le voit, Hobbes, qui se vantait de la conséquence de ses raisonnements, mettait ce mérite au-dessus de la vérité et, pour y être fidèle, allait hardiment à l'absurde. C'était certes une absurdité que de donner au maître un pouvoir absolu jusqu'en matière de religion, car cela impliquait pour le peuple l'obligation d'embrasser tour à tour, au gré du maître, toutes les doctrines qu'il lui plairait de trouver bonnes. Or, cela impliquait évidemment l'abolition de la conscience et de la raison, que Hobbes faisait mine de respecter. Son système était donc absurde. Ce système convenait, à la vérité, aux Henri VIII, aux Marie Tudor, aux Élisabeth et surtout aux Stuarts ; il convenait aussi à Hobbes, dont le scepticisme trouvait bon qu'une autorité matérielle fixât la foi publique; mais il répugnait à la nation anglaise, il répugnait à l'humanité : et la politique de Hobbes fut repoussée en Angleterre par Glanvil et Clarendon ; en Hollande, par Gilbert Coequius; en Allemagne, par Cocceius, Albert, Rachel et Osiander; en France, et sous le règne même du plus absolu de nos rois, le hobbésianisme fut frappé de réprobation.

En définitive, cette fameuse apologie du despotisme eut pour résultat de le faire proscrire en le montrant dans toute sa nudité. Ce que M. de Châteaubriand dit des Stuarts : « Ils fixèrent la liberté en la combattant, » on peut le dire à plus forte raison du précepteur de Charles II. Les écoles les plus monarchiques répudièrent sa doctrine : celle de Cambridge chassa un étudiant qui avait osé la mettre dans une thèse; celle d'Oxford, qui vota, en 1683, le principe de l'obéissance absolue, supprima dans ses annales quelques louanges qu'on prétendait données à Hobbes. Dans ses vieux jours, cet écrivain, qui avait commencé par traduire Thucydide en latin, traduisit Homère en vers anglais, composa un traité sur la liberté, quelques ouvrages sur les sciences exactes et une histoire des guerres civiles, qu'il n'obtint pas la permission d'imprimer en Angleterre, que des amis firent imprimer en Hollande et dont la publication le remplissait encore d'inquiétude quand la mort vint le surprendre, à l'âge de quatre-vingt-douze ans (le 4 décembre 1679), à Hardwick, domaine du comte de Devonshire. Il n'avait jamais été marié.

Dans la vie privée, Hobbes avait toutes les qualités morales; comme écrivain, il déploya une haute capacité; mais, animé d'un orgueil intolérable, n'écoutant personne, lisant peu et mal, professant pour les autres, même les anciens, un mépris qu'il ne déguisait pas, tranchant les questions avec audace, blessant sans cesse le bon sens et la raison, il ne tira de ses talents qu'un parti médiocre ou même déplorable. Comme écrivain, il manque aussi de sincérité : s'il étonne quelquefois par la force de la pensée, jamais il ne se fait admirer ou chérir par la beauté de ses sentiments; c'est un talent égaré. Hobbes, à l'âge de quatre-vingt-deux ans, avait écrit sa vie en vers latins. Après sa mort John Aubrey publia sa biographie en anglais; Blackburn mit cet ouvrage en latin, *Th. Hobbesii Vita* (1681, in-12). Il parut à Londres, en 1750, une édition complète de ses *Moral and political Works*. Molesworth a donné une édition de ses *English Works* (Londres, 11 vol., 1842-1845) et de ses *Opera latina* (5 vol., 1844-1845). MATTER.

C'est dans sa retraite chez le comte de Devonshire, après la restauration des Stuarts, que Hobbes écrivit en assez mauvais vers élégiaques son autobiographie sous le titre de *Historiæ Ecclesiasticæ carmine elegiaco Concinnata*, qui ne parut qu'après sa mort (1688), ainsi que son *Behemoth, or a history of the civil wars from 1640 to 1660*. A l'occasion d'un bill présenté à la chambre des communes pour le faire punir comme athée, il se défendit dans un ingénieux écrit intitulé *Historical Narration concerning heresy and the punishment thereof*.

HOBEREAU, oiseau du genre *faucon* : c'est le *falco subbuteo* de Latham. Ses mœurs diffèrent peu de celles de l'é m é r i l l o n. Quand il cherche sa proie, son allure rappelle celle de la c r e s s e r e l l e. Poursuit-il une alouette qui s'élève perpendiculairement, il monte après elle, la dépasse, et la saisit en descendant. Cependant comme le vol du hobereau est assez bas, si l'alouette a pu s'élever dans les airs au delà de la portée de la vue, elle commence à chanter, sûre d'être hors de danger.

Le hobereau est gros comme une grive. La cire et les cercles périophthalmiques sont jaunes chez lui comme chez la cresserelle. Son cri est aigre et strident. Cet oiseau est répandu dans le nord de l'Asie, de l'Afrique et de l'Amérique et même dans toutes les parties de l'Europe; mais il ne s'élève pas dans le nord plus haut que la Suède. Il quitte l'Europe en hiver; pourtant il passe cette saison sur les fontières d'Espagne.

Quelques espèces indiennes de faucons sont connues sous le nom générique de *hobereaux*.

HOBEREAU, que l'on écrivait autrefois *hobreau*, signifie aussi un gentillâtre. Henri Estienne, dans son *Traité de la Précellence du Langage Français*, parlant des mots empruntés à la fauconnerie, s'exprime ainsi : « .... Volontiers on dit : C'est un *hobreau* de celui qui, ayant peu de moyens, fait toutefois quelque montre d'en avoir beaucoup. » Belleau a usé de cette translation (métaphore) en ce passage d'une sienne chanson :

L'amoureux est dessus les erres
De pouvoir tirer hors des serres
Et des pinces de ce *hobreau*
Les plumes de ce jeune oiseau. »

Il n'est pas aisé d'expliquer l'origine de ce terme dans ces deux acceptions, et les étymologistes peuvent se donner carrière. Ménage, le roi de l'étymologie, le parangon des subtils interprètes, croyait que *hobereau* venait d'*umberellus*, diminutif d'*umber*, auquel les Latins, ainsi qu'on le voit dans Varron, donnaient la signification de *bâtard*. S'il nous est permis de hasarder une conjecture, nous tirerons ce mot, comme désignation d'un petit gentilhomme, de *hoba*, employé dans la basse latinité pour signifier une propriété rurale peu considérable, d'où *hobarii*, ceux qui possédaient un tel bien et tenaient par conséquent un rang subalterne. Peut-être, par analogie, aura-t-on donné ce nom à un oiseau peu estimé, et alors, contre l'opinion de Henri Estienne, ce serait la fauconnerie qui aurait emprunté, au lieu de prêter. DE REIFFENBERG.

HOBHOUSE (JOHN CAM), lord BROUGHTON, homme d'État anglais, né en 1786, est le fils de sir Benjamin Hobhouse, riche brasseur de Londres. Quand il eut achevé ses études à Cambridge, où il eut pour condisciple lord B y r o n, il voyagea, en 1809, en Orient, et à son retour publia un livre intitulé : *Journey into Albania and other provinces of the Turkish Empire* (Londres, 1812). Byron lui a dédié le quatrième chant de son *Childe-Harold*, auquel Hobhouse a ajouté des notes intéressantes. Pendant les cent jours, Hobhouse se trouvait en France, et après la bataille de Waterloo il publia ses *Lettres écrites par un Anglais durant le dernier règne de Napoléon* (1815), qui lui firent beaucoup d'ennemis, parce qu'il y prenait ouvertement le parti de l'empereur. Aussi fut-il enfermé jusqu'à la fin de la session de 1819 à Newgate, sur l'ordre de la chambre des communes, qui vit dans une de ces brochures une atteinte à ses privilèges; mais cette condamnation même lui valut la popularité qui s'attache infailliblement à la persécution, et le fit nommer l'année suivante député à la chambre basse par les électeurs de Westminster. Il y prit place parmi les radicaux les plus violents, et lutta souvent avec avantage contre la politique tout aristocratique de Canning. Doué de connaissances littéraires fort étendues, il contribua, avec d'autres chefs influents du parti radical, à la fondation de la *Revue de Westminster*.

Plus tard, s'étant rapproché davantage des opinions modérées, il entra en 1831, comme secrétaire d'État au département de la guerre, dans le ministère Grey, et fut nommé, en mars 1833, secrétaire d'État pour l'Irlande. En désaccord avec la chambre des communes au sujet de la suppression de l'impôt sur les portes et fenêtres, qu'il combattait maintenant après l'avoir autrefois appuyé, il donna sa démission et se représenta devant les électeurs, qui enfin ne lui refusèrent leur mandat. En 1834 lord Melbourne lui fit accepter une place dans le cabinet avec le titre de commissaire en chef des domaines; puis il représenta Nottingham à la chambre basse. En 1839 il devint membre du bureau central des Indes orientales, et conserva cet emploi jusqu'en 1841, époque où le cabinet Melbourne fit place à une administration nouvelle. Quand les whigs revinrent aux affaires en 1846, Hobhouse fut nommé président de l'*East-India Board*, d'où pour lui la nécessité de se soumettre à une nouvelle réélection. Mais l'ardent radical s'était, comme tant d'autres, complétement *converti*; aussi eut-il la mortification d'être repoussé par les électeurs de Nottingham, et pour rentrer à la chambre des communes il lui fallut accepter le mandat du bourg de Harwich, fameux entre tous par la vénalité de ses électeurs. Son administration fut l'objet des critiques les plus méritées; aussi quand, à la dissolution du cabinet de lord John Russell, en 1851, il fut créé pair, sous le titre de baron *Broughton de Gyford*, le tint-on généralement pour un homme politique à jamais enterré; et en effet, sauf un éphémère retour aux affaires dans un nouveau ministère reconstitué par lord J. Russell, suivi bientôt de sa démission, on n'a plus entendu reparler de lui.

HOC (AD). *Voyez* AD HOC.

HOCCA. *Voyez* BARBACOLE *et* PHARAON.

HOCCO, genre d'oiseaux de l'ordre des gallinacés, appartenant à la famille des nudipèdes de Vieillot, des longicaudes de Blainville, des tétradactyles de Latreille. Ces oiseaux sont propres aux régions équatoriales de l'Amérique depuis le Mexique jusqu'au Paraguay inclusivement, où ils représentent en quelque sorte les dindons. Temminck, qui a décrit leur caractère, insiste sur un caractère anatomique d'où résulte probablement ce bourdonnement sourd et concentré, cette sorte de ventriloquie que fait entendre le hocco; ce caractère consiste dans la solidité des anneaux de la trachée et dans le repli qu'elle fait sur elle-même avant d'entrer dans la poitrine.

Les hoccos sont d'une nature très-douce. Ils se réunissent en troupes nombreuses, dans de vastes forêts, où ils se nourrissent de fruits et de jeunes bourgeons. Ils sont polygames. Chaque femelle pond, suivant Sonnini, quatre ou cinq œufs blancs. La chair du hocco peut être comparée à celle de la pintade. Il serait facile d'élever ces oiseaux en domesticité.

Le *hocco noir* (*crax alector*, Linné) est suivant Temminck le *mitu-poranga* de Markgraf, le *poès* ou *coq d'Amérique* de Frisch, le *hocco de la Guiane* de Brisson, le *pabos de Monte* des Espagnols du Mexique, etc. Sa taille est à peu près celle du dindon. Sa huppe est d'un beau noir velouté, ainsi que les plumes de la tête et du cou. Toutes les parties supérieures sont d'un noir irisé à reflets verdâtres. L'abdomen et les rectrices caudales inférieures sont d'un blanc pur. Le bec et les pieds sont d'un noir terne. L'œil est entouré d'une membrane nue d'un jaune noirâtre, s'étendant jusqu'au bec, où elle forme une cire d'un beau jaune. L'iris est noir. Les femelles adultes diffèrent des mâles par une huppe plus petite, d'un noir moins brillant, et par une queue plus courte. Ce hocco se trouve au Mexique. Sa démarche est lente et grave, son vol bruyant et lourd; il fait entendre un cri aigu, et produit aussi quand il marche sans inquiétude ce bourdonnement signalé par Temminck.

Le *hocco roux* (*crax rubra*, Temminck), *hocco du Pérou* de Buffon, appartient au Mexique, comme la précédente espèce, dont il ne diffère guère que par la livrée. Le même genre renferme deux autres espèces, moins importantes.

HOCHBERG (Margraves de), ligne collatérale de la maison de Bade fondée en 1190 et éteinte en 1543, qui tirait son nom du vieux château fort de Hochberg, situé à environ un myriamètre au nord de Fribourg en Brisgau.

Lorsque le margrave de Bade Charles-Frédéric épousa en mariage morganatique Louise-Caroline Geyer de Geyersberg, il lui fit donner par l'empereur le titre de *comtesse de Hochberg*. Les fils qu'il en eut d'elle furent déclarés, en 1817, margraves de Bade et héritiers de la couronne grand-ducale. L'aîné de ces princes, *Léopold*, mort en 1826, avait succédé en 1830 à son frère consanguin, *Louis-Guillaume-Auguste*, mort sans postérité, comme grand-duc de Bade.

HOCHE (LAZARE) naquit le 25 juin 1768 à Montreuil, faubourg de Versailles. Ses parents étaient pauvres, et son père, palefrenier dans les écuries royales, l'y fit entrer, à l'âge de quatorze ans, en qualité d'aide surnuméraire. Mais une vocation plus brillante attendait le jeune Lazare, et à dix-sept ans il s'engagea dans les gardes françaises. Là il débuta par s'imposer les plus dures privations, et, se livrant à toutes sortes de travaux, il parvint ainsi à acheter une petite bibliothèque, dont il dévorait chaque jour les volumes. C'est ainsi qu'il se donna lui-même une éducation que ses parents n'avaient pu lui procurer. La révolution le trouva ce que la monarchie l'eût toujours laissé, sergent. Adjudant d'un des quatre régiments de la garde nationale parisienne soldée, après le licenciement des gardes françaises; lieutenant au régiment de Rouergue en 1792, Hoche se distingua au siège de Thionville. Le comité de salut public, à qui il se présenta après la trahison de Dumouriez, le nomma adjudant général : il fut chargé, en cette qualité, de la défense de Dunkerque lors de la descente de l'armée du duc d'York, et la bravoure intelligente dont il donna des preuves dans ce poste difficile lui valut un avancement si rapide que peu de temps après, à peine âgé de vingt-cinq ans, il commandait en chef l'armée de la Moselle. L'ennemi était alors en Alsace et bloquait Landau ; le jeune général en chef voulut, pour débuter d'une manière digne de lui, délivrer cette place et le territoire national de la présence des Prussiens et des Autrichiens ; ses premières tentatives furent malheureuses, et il fut repoussé par les Prussiens, retranchés à Kaiserslautern. Changeant soudain de plan d'attaque, il se porte avec rapidité, à travers des chemins impraticables, sur l'armée autrichienne de Wurmser, la bat complètement sous les lignes de Wissembourg, qu'elle occupe, et obtient ainsi les résultats qu'il a espérés. Continuant ses succès, il prend Germesheim, Spire et Worms.

Là fut interrompue pour lui une carrière commencée sous de si brillants auspices : Pichegru avait partagé la gloire de Hoche; mais celui-ci en fut humilié : il prit Pichegru en haine, et écrivit contre lui au comité de salut public : ce comité, soit qu'il partageât la bienveillance de Saint-Just pour Pichegru, soit que le jeune commandant de l'armée de la Moselle lui parût redoutable, à cause d'une ambition que de grands talents faisaient ressortir davantage, le manda à Paris et le fit incarcérer comme suspect. La détention de Hoche opéra en lui un grand changement : il devint plus grave, dompta sa fougue impétueuse, et mêla quelque réserve à sa franchise brusque et imprudente. Le 9 thermidor lui ouvrit les portes de sa prison, et la république l'appela bientôt après au commandement d'une des armées destinées à opérer contre la Vendée, celle des côtes de Brest et de Cherbourg. Il devina d'un coup d'œil les moyens de pacifier cette malheureuse contrée : la discipline la plus rigoureuse fut établie dans son armée; le système des camps retranchés remplaça celui des cantonnements, et des colonnes mobiles se mirent à poursuivre dans tous les sens les colonnes vendéennes. Le succès de ces mesures amena une première pacification; mais le jeune général la jugeait au moins prématurée, et penchait pour la continuation de la guerre. La nouvelle levée de boucliers de la Vendée, l'expédition de Quiberon le trouvèrent donc sur ses gardes, et il anéantit d'un seul coup les troupes réunies à grands frais par l'Angleterre pour entretenir la guerre civile. Mais si la conduite de Hoche excitait l'enthousiasme de la France républicaine, elle aiguisait le poignard de ses ennemis, et plusieurs tentatives d'assassinat et d'empoisonnement furent infructueusement dirigées contre lui.

À la fin de brumaire an IV, se trouvant à la tête des trois armées réunies des côtes de Cherbourg, de Brest et de l'ouest, il fit échouer à l'Ile-Dieu une seconde expédition dirigée par l'Angleterre. Persuadé que désormais les plus sanglants combats seraient sans effet pour écraser un ennemi insaisissable, il conçut et exécuta un plan où la rigueur s'alliait à la modération, la force à l'adresse : par ses ordres, des colonnes mobiles, parcourant le pays dans tous les sens, enlevèrent aux paysans leurs bestiaux et leurs grains, en affichant partout cette adresse simple et énergique : « La république vous enlève vos grains et vos bœufs pour vous punir de votre perfidie; rendez-nous vos armes, et vous aurez vos bœufs. » Hoche avança ainsi une pacification rapide, qu'accéléra l'arrestation de Charette ; son administration douce et modérée l'acheva. Le Directoire fit décréter que le jeune général et son armée avaient bien mérité de la patrie.

Homme de résolution et d'activité, il ne pouvait rester inactif à la tête d'une armée de 100,000 hommes, le long des côtes de l'Océan : il médita donc d'aller attaquer l'Angleterre dans ses intérêts les plus chers, en transplantant les idées démocratiques dans une contrée prête à lui échapper. On sait par quel concours de fatalités l'expédition d'Irlande échoua sans avoir seulement débarqué. Hoche ne parvint à rentrer en France, sur la frégate qui le portait, qu'après avoir couru des dangers inouïs. Pour reconnaître ses services passés, le Directoire lui confia alors le commandement de l'armée de Sambre et Meuse; mais il le laissa dans la plus déplorable inaction, pendant que Bonaparte poursuivait en Italie le cours de ses brillantes victoires. Ce ne fut que le 9 germinal an V que Hoche obtint enfin l'autorisation de marcher en avant. Il ouvre la campagne par le glorieux passage du Rhin sous le feu de l'ennemi, gagne trois batailles et deux combats à Neuwied, Ukerath, Altenkirchen, Diedorf et Heddersdorf : il avait fait faire à son armée plus de 140 kilomètres en quatre jours ; aucun obstacle ne s'opposait plus à sa marche victorieuse, quand la nouvelle des préliminaires de paix de Léoben le força à s'arrêter à Wetzlar.

Sincèrement dévoué à la république, Hoche vit avec indignation les menées des députés royalistes dans les conseils. Convaincu que la patrie ne pourrait être sauvée que par un coup d'État, il offrit ses services au Directoire, et lui envoya même la plus grande partie de la dot de sa femme pour faire face aux dépenses nécessaires auxquelles il n'eût pu subvenir, tant sa détresse était grande : le Directoire accepta ses services. Déjà les troupes de son armée avaient franchi le cercle constitutionnel, quand tout à coup, effrayé des pouvoirs qu'il avait placés entre ses mains, le gouvernement hésita et l'abandonna lâchement. Hoche, abreuvé de dégoûts, attaqué à la tribune par les royalistes des conseils et à peine défendu par ceux qui l'avaient fait agir, se retira à son quartier général. Ce fut Augereau qui coopéra au coup d'État du 18 fructidor. Il se trouvait à la tête des armées réunies de Sambre et Meuse et du Rhin quand la mort vint le frapper le 15 septembre 1797. A peine cet événement fut-il connu dans l'armée que des bruits d'empoisonnement s'y répandirent et se propagèrent dans toute la France, mais sans preuves suffisantes. Le Directoire lui fit faire à Paris de magnifiques obsèques. Une statue en bronze, due à M. Lemaire, lui a été élevée à Versailles en 1832.

Napoléon GALLOIS.

HOCHE-QUEUE. Ce nom désigne certains oiseaux de la famille des becs-fins, qui ont l'habitude de mouvoir continuellement leur queue de haut en bas. Mais les ornithologistes ne sont pas d'accord sur les espèces auxquelles on doit l'appliquer. Cuvier donne le nom de *hoche-queue* à un groupe qu'il divise en *hoche-queue* proprement dits ou *lavandières* et en *bergeronnettes*. Vieillet et Temminck ne voient là qu'un seul genre. Le seul caractère distinctif établi par Cuvier consistait dans l'ongle du pouce plus long et plus droit chez les bergeronnettes que chez les hoche-queue.

HOCHHEIM, petite ville du duché de Nassau, avec 2,200 habitants, située sur une haute colline, à 4 kilomètres de Mayence, sur la route de Francfort, à peu de distance du Mein, dont la rive droite est longée par le chemin de fer du Taunus ; elle appartenait autrefois au chapitre de Mayence.

Le vin des coteaux de Hochheim est célèbre pour sa force et son bouquet ; c'est un des vins qui se conservent le mieux, et il en existe dans les caves d'amateurs des échantillons qui se vendent d'autant plus cher qu'ils sont plus vieux.

HOCHKIRCH ou **HOCHKIRCHEN**, village de la haute Lusace saxonne, sur la route de Bautzen à Lobau et à égale distance de ces deux villes, est remarquable par la victoire que Daun y remporta, le 14 octobre 1758, sur Frédéric le Grand, qui perdit 9000 hommes tués ou blessés et 101 pièces de canon. Toutefois la perte des Autrichiens ne s'était pas non plus élevée à moins de 8,000 hommes. C'était là un beau triomphe pour Daun ; mais il ne sut pas profiter des avantages que cette victoire aurait pu lui donner.

En 1813, le 12 mai, Hochkirch fut aussi le théâtre d'un engagement entre les Français et les alliés, dont la position était des plus imposantes. Nos troupes réussirent à tourner l'aile droite des alliés, de sorte que l'aile gauche de ceux-ci, appuyée sur Hochkirch, ne put pas résister aux attaques combinées de Marmont et de Macdonald.

HOCHSTÆDT, ville du cercle bavarois de Souabe, sur le Danube, avec une population d'environ 2,500 habitants, est célèbre dans l'histoire de la guerre de la succession d'Espagne par un combat qui se livra sous ses murs le 20 septembre 1703 et par une bataille qui y eut lieu le 13 août 1704, bataille à laquelle les Anglais donnent le nom de *bataille de Blenheim*.

Les puissances belligérantes étaient d'une part la France et la Bavière, de l'autre la Hollande, l'Angleterre, l'Autriche, la Savoie, le Portugal et l'Empire, à l'exception de l'électeur de Bavière, que les coalisés redoutaient d'autant plus que la situation géographique des États de ce prince lui offrait de nombreux avantages pour lutter contre l'Autriche et qu'il avait les goûts les plus belliqueux. Déjà l'électeur avait battu, le 20 septembre 1703, à Hochstædt, le général de l'armée impériale Styram, et s'était emparé de Passau.

Le mécontentement que provoqua en lui les manières hautaines de Villars l'empêcha seul de recueillir tous les fruits que cet avantage aurait pu lui valoir. Maintenant il s'agissait pour les coalisés de livrer une bataille décisive, dont l'armée française et bavaroise se laissa entraîner dans les circonstances les plus défavorables, le 13 août 1704. Elle présentait un effectif de 56,000 combattants aux ordres de Tallard, de Marsin et de l'électeur ; l'armée des coalisés, forte de 52,000 hommes, était commandée par Eugène et Marlborough. Par un inconcevable aveuglement, les généraux français se croyaient inattaquables dans la position qu'ils avaient prise, de sorte que le 13 août, quand l'armée des coalisés se mit en mouvement vers deux heures du matin, ils crurent que c'était pour battre en retraite. A sept heures, quand les têtes des huit colonnes avec lesquelles s'avançaient Eugène et Marlborough étaient déjà visibles, Tallard était encore convaincu que ce mouvement n'avait d'autre but que de masquer une retraite. A la vérité, dès qu'il eut reconnu son erreur, il eut bientôt fait de mettre en ordre de bataille son armée, qui combattit avec une bravoure sans égale. Mais sur les cinq heures de l'après-midi Marlborough perça la ligne de bataille, qui n'avait pas moins de 7 kilomètres de développement. Marlborough, au lieu de poursuivre l'ennemi dans sa fuite, lui coupa la retraite et le força à mettre bas les armes. Environ 11,000 Français étaient restés sur le champ de bataille, et au nombre des prisonniers se trouvait le maréchal de Tallard lui-même. Cette bataille exerça une influence décisive sur tout le reste de la campagne ; la Bavière tomba au pouvoir de l'Autriche, et l'étoile de Louis XIV s'éclipsa complètement.

HODOMÈTRE ou **COMPTE-PAS.** *Voyez* ODOMÈTRE.

HOEFER (FERDINAND), médecin littérateur, est né le 21 avril 1811, à Dœschnitz, petit village de la forêt de Thuringe. Il reçut du pasteur du lieu les premiers éléments d'instruction classique. A treize ans il fut placé au gymnase ou collège de Rudolstadt. Il montra dès l'enfance une grande aptitude pour les langues. Ce n'était pas assez pour lui d'apprendre régulièrement au gymnase le latin, le grec et l'hébreu ; peu épris des plaisirs, il consacrait ses heures de récréation à l'étude passionnée du français, de l'anglais, de l'italien, de l'espagnol et même du russe, différents idiomes dont plusieurs lui sont restés familiers. Sorti du gymnase, le jeune Hoefer fit ses apprêts pour un voyage d'instruction, dans lequel il essayerait d'appliquer en les perfectionnant selon les contrées ses études de linguistique. Après avoir visité Hambourg, il s'embarqua à Brême. Le navire où il était passager fut jeté sur les côtes de l'Ost-Friesland. Au lieu d'aborder en Angleterre, comme il l'avait espéré, il eut à traverser péniblement la Hollande et la Belgique ; et il était en France quelques jours après la révolution de juillet 1830.

Entièrement dénué de ressources, mais toujours épris des voyages, il s'engagea volontairement à Lille dans la légion étrangère, et fut désigné pour l'ex-régiment de Hohenlohe, alors à Marseille. Bientôt il partit pour la Grèce. Désenchanté de cette terre classique comme du service militaire, il profita du licenciement de son régiment pour revenir en France. A Lyon il rencontra un professeur allemand qui lui fut secourable. Ce bienveillant compatriote le plaça au collège de Nantua, et plus tard à Saint-Étienne, où il enseigna les langues classiques et l'allemand ; en même temps il donnait des leçons de piano et il composait des valses allemandes,

M. Hoefer eut l'heureuse occasion d'être présenté au savant inspecteur de l'université Burnouf père, qui le fit connaître et le recommanda à M. V. Cousin. De Saint-Étienne, M. Hoefer vint à Roanne, où avait été appelé le principal du collège de Nantua. Là notre philologue traduisit pour M. Cousin la *Critique de la Raison pure* de Kant; plus tard il l'aida dans la traduction du XII° volume des œuvres de Platon, notamment pour le *Timée*. Il le seconda également pour la confrontation des deux manuscrits du *Sic et non* d'Abeilard. M. Hoefer fut ainsi le secrétaire de M. Cousin, situation peu fructueuse, mais honorable, qu'il ne conserva pas longtemps. Voici à quelle occasion M. Cousin cessa ses relations habituelles avec M. Cousin : il s'était vu installé par lui dans un petit cabinet de la bibliothèque de l'Institut, afin de vérifier plus commodément les passages des Pères de l'Église qu'Abeilard cite dans son *Sic et non*, mais vaguement et sans indiquer ni le livre ni le chapitre d'où il tire chaque emprunt. Un jour M. Cousin tomba sur le fameux passage du prologue : *Dubitando ad veritatem pervenimus* (le doute conduit à la vérité). Comme Abeilard n'invoque à ce propos aucune autorité, M. Cousin n'hésita point à lui faire honneur de cette proposition, si analogue à la célèbre théorie de Descartes sur le doute. Vite, sur cette visée d'opinions identiques, M. Cousin composa pour l'Académie des Sciences morales et politiques un mémoire dans lequel Abeilard était considéré comme le précurseur de Descartes. Sa lecture faite et parfaitement accueillie, M. Cousin vint informer son secrétaire de l'assentiment flatteur de son auditoire académique. « Mais, lui dit tranquillement M. Hoefer, le passage dont vous parlez n'est pas d'Abeilard ; il est de Cicéron, et même du traité le plus connu de l'orateur romain, du *De Officiis*. — Malheureux ! s'écria M. Cousin, transporté de colère, ne m'avoir pas garanti de cette méprise !... Que vont penser de moi, en Allemagne, M. Schelling, M. Neander ? Je suis un homme littérairement déshonoré ! » L'emportement philosophique prit ce jour-là un tel diapason et M. Cousin furieux prodigua tellement les épithètes, que M. Hoefer se résigna au sage parti de rompre aussitôt avec son illustre patron. Toutefois ce divorce nécessaire n'a jamais interrompu complètement de l'un à l'autre les relations affectueuses et bienveillantes.

Après cette séparation, M. Hoefer fut heureux de retrouver son ancien protecteur Burnouf, qui lui fit obtenir des leçons fructueuses dans plusieurs maisons d'éducation. En même temps il se faisait inscrire parmi les étudiants en médecine de la Faculté de Paris, et en 1840 il était reçu docteur. Depuis il a publié bon nombre d'ouvrages. Les *Éléments de Chimie minérale*, ouvrage dans lequel les corps sont classés par familles comme en botanique, parurent en 1811. L'*Histoire de la Chimie depuis les temps les plus reculés jusqu'à notre époque*, contenant une analyse détaillée des manuscrits alchimiques des bibliothèques de Paris (2 vol. in-8°; Paris, 1842-1843), montra les vastes connaissances de l'auteur, et M. Chevreul inséra, à l'occasion de cet ouvrage, quatorze articles dans le *Journal des Savants*. En 1843 M. Hoefer donna la première traduction française de l'*Économique* d'Aristote, avec quelques autres traités du même. On lui doit en outre la *Bibliothèque historique de Diodore de Sicile*, traduite du grec en français, avec notes (4 vol. in-12, 1846); un *Dictionnaire de Physique et de Chimie* (in-18, 1846) ; un *Dictionnaire de Médecine pratique* (1847-1851); un *Dictionnaire de Botanique* (1850); deux mémoires sur la *non-authenticité des ruines de Ninive* (en opposition avec M. de Saulcy), 1851. M. Hoefer a publié beaucoup de travaux de géographie sur l'Asie et l'Afrique, dans l'*Univers pittoresque* de MM. Firmin Didot. Il a adressé au ministre de l'instruction publique plusieurs rapports sur l'enseignement universitaire en Allemagne, et il a en grande partie traduit en français la *Chimie* de Berzelius. Chargé de la direction de la *Biographie générale* de MM. Firmin Didot, on trouve de lui dans ce recueil un grand nombre d'articles. Il a de plus traduit en français la dernière édition allemande des *Tableaux de la Nature* de M. A. de Humboldt, et donné une édition annotée du discours de Cuvier sur les *Révolutions du globe*. En 1855 il a soumis à l'Académie des Sciences une nouvelle théorie des tremblements de terre et des volcans, qu'il attribue à de véritables orages souterrains. Décoré en 1846, le docteur Hoefer a été naturalisé français en 1848.

D' Isidore BOURDON.

HOEKS (Faction des) ou HAMATI. Voyez CABILLAUDS.

HOELTY (LOUIS-HENRI-CHRISTOPHE), un des meilleurs poëtes lyriques de l'Allemagne, né à Marienzée, près de Hanovre, le 21 décembre 1748, et mort en 1776 à Hanovre, était le fils d'un pasteur protestant. En 1769 il alla étudier la théologie à Goettingue; mais ses travaux excessifs ruinèrent bientôt sa santé, déjà minée par un amour malheureux. Dans le pressentiment d'une mort prochaine, il composa encore plusieurs élégies pleines de mélancolie, et il s'occupait de la publication de ses poésies lorsque la mort vint le frapper. Un amour profond et secret, les inspirations de l'amitié, une satisfaction douce et mélancolique causée par la contemplation de la nature et du monde, telles sont les données fondamentales de ses idylles et de ses élégies. Ses *Œuvres poétiques* ont été publiées par Voss et Stolberg (1783).

HOEMUS ou HÆMUS. Voyez BALKAN.

HOENE WRONSKI. Voyez WRONSKI.

HOFER (ANDRÉ), chef de l'insurrection du Tyrol, en 1809, pendant la guerre entre l'Autriche et la France, était né le 22 novembre 1767 à Saint-Léonard, vallée de Passeyr, où son père tenait une auberge. Il en hérita à sa mort, où à cette industrie il ajoutait encore un commerce de vins et de chevaux avec l'Italie. En 1796 il avait déjà marché contre les Français sur le lac Garda, à la tête d'une compagnie d'arquebusiers tyroliens; et lors de la création d'une milice nationale en Tyrol, à l'époque de la paix de Lunéville, il avait fait preuve d'un grand zèle pour la défense du pays. En 1808, quand tout annonçait la reprise prochaine des hostilités entre l'Autriche et la France et lorsque déjà la désaffection des populations tyroliennes pour le gouvernement bavarois ne faisait plus venue à son comble, il arriva secrètement à Vienne des députés du Tyrol, parmi lesquels se trouvait André Hofer, et qui étaient chargés de faire connaître à l'archiduc Jean les souffrances, les vœux et les espérances du pays. Par ordre de l'archiduc on dressa alors le plan d'une insurrection en Tyrol; et Hofer et ses amis eurent mission d'y préparer la contrée. Les mesures adoptées réussirent complètement. En trois jours, du 11 au 13 avril, le pays tout entier fut gagné à la cause de l'insurrection; et huit mille hommes de troupes françaises et bavaroises furent surpris et désarmés à Inspruck, à Hall et dans la lande de Sterzing, où commandait Hofer. Le nord du Tyrol une fois libre, Hofer marcha vers le sud, et en chassa également les Français, après leur avoir fait essuyer des pertes considérables. Mais pendant ce temps-là, les Français, vainqueurs à Eckmühl et à Ratisbonne, ayant marché sur Vienne, les Bavarois, à leur tour, envahirent le Tyrol, où ils portèrent en tous lieux le fer et le feu. Le jour même de la prise de Vienne, le général autrichien Chasteler essuya une déroute complète à Wœrgl, et dut se replier sur la position centenale du Brenner. Hofer n'y parvint ensuite à se frayer un passage les armes à la main, en laissant un petit corps aux ordres du général Buol pour défendre le Tyrol. Quand le général Ruska avait chassé du Tyrol le comte de Linanges, fort aimé dans ce pays, Hofer, à la tête de sa compagnie franche, avait déjà contribué à combattre l'ennemi. Il parut alors sur le Brenner, et dans les journées du 25 et du 29 mai 1809 il livra aux Bavarois deux combats, à la suite desquels ceux-ci se virent contraints d'évacuer de nouveau le Tyrol. A peu de temps de là le comte de Linanges, assiégé dans la ville de Trente, était délivré par les troupes autrichiennes et par les bandes de Tyroliens aux ordres de Hofer. Déjà celui-ci était au moment de rejoindre avec son corps de Tyroliens le gros de l'armée autrichienne chargée de délivrer Klagenfurt et de rétablir de la sorte les communications du Tyrol, cerné de toutes parts et souffrant de toutes les calamités de la guerre, avec le cœur de la monarchie, lorsque l'armistice de Znaïm, signé à la suite de la bataille de Wagram (12 juillet 1809), stipula l'évacuation du Tyrol et du Vorarlberg par les Autrichiens et livra ces contrés à l'ennemi. L'agitation la plus violente éclata alors parmi les populations qu'on abandonnait ainsi à leur sort. On parlait déjà d'arrêter les commandants autrichiens Buol et Hormayr, d'enlever aux troupes sous leurs ordres leur artillerie avec ses munitions, de désarmer ceux de leurs soldats qui refuseraient de passer dans les rangs des insurgés et même d'égorger les prisonniers de guerre.... Heureusement ces excès ne furent point commis, et les troupes autrichiennes purent évacuer le Tyrol sans encombre.

Cependant le maréchal Lefèvre envahit le Tyrol à la tête de 30 à 40,000 Français, Saxons et Bavarois, et lança aussitôt ses colonnes dans la montagne par divers points à la fois. Hofer s'était d'abord caché dans une caverne de la vallée de Passeyr; mais ayant appris que son ancien lieutenant Speckbacher, le capucin Joachim Haspinger et Pierre Mayer, à la tête des populations insurgées, avaient entrepris de défendre le Tyrol contre l'ennemi et l'avaient même battu à deux reprises, dans les journées du 3 et du 9 août, André Hofer se résolut à quitter sa retraite, et fut tout aussitôt reconnu comme chef des Tyroliens insurgés pour leur ancien souverain et la défense de ses antiques droits. Une bataille, livrée le 13 août sur le mont Isel, eut pour résultat de contraindre le maréchal Lefèvre à évacuer le Tyrol, où André Hofer dirigea alors toute l'administration civile et militaire, au milieu des plus bizarres anomalies, jusqu'à la paix de Vienne (4 octobre). L'archiduc Jean, dans une proclamation adressée aux Tyroliens, leur ayant alors ordonné lui-même de se soumettre, et les montagnes du Tyrol se trouvant de toutes parts envahies par des forces ennemies, André Hofer adressa, en novembre, sa soumission au vice-roi Eugène et au général en chef bavarois. Mais trompé par des bruits de victoires et d'entrée de l'archiduc Jean dans le pays, il recommença les hostilités; et les bandes qu'il commandait, mal soutenues par les populations découragées et fatiguées, durent, malgré quelques heureux engagements, finir par céder à la supériorité du nombre. On avait à cœur de sauver la vie d'André Hofer; mais tel était son amour pour le sol natal, qu'il refusa de se réfugier en Autriche. Pendant deux mois il se tint caché au milieu des neiges et des glaces, dans une cabane du Passeyr; et les promesses comme les menaces des généraux français furent également impuissantes à provoquer dans ces montagnes un seul traître qui vint révéler la retraite du proscrit, dont la tête avait été mise à prix. Enfin, un prêtre appelé Donay, jadis l'ami intime de Hofer et qui croyait maintenant avoir à se plaindre de lui, vint révéler au général Baraguey d'Hilliers le nom de celui qui fournissait des vivres à Hofer dans sa retraite. Moitié menaces, moitié promesses, on parvint alors à obtenir de cet homme des révélations par suite desquelles André Hofer fut pris, le 20 janvier 1810, avec toute sa famille. Il fut conduit sous une imposante escorte à Mantoue et traduit devant un conseil de guerre présidé par le colonel Bisson. Les voix se partagèrent, et la majorité des juges repoussa la condamnation à la peine de mort. Mais une dépêche télégraphique expédiée de Milan ordonna que Hofer serait fusillé dans les vingt-quatre heures, de manière à rendre inutiles les intercessions en faveur du condamné auxquelles on s'attendait de la part de l'Autriche; intercessions qui eussent en d'autant plus de chances de réussir, qu'à ce moment Napoléon était à la veille d'épouser Marie-Louise.

André Hofer fut fusillé à Mantoue, le 20 février 1810. Il mourut avec la plus froide intrépidité, refusa de se laisser bander les yeux et commanda lui-même le feu. En 1819 sa famille fut indemnisée par l'empereur des pertes qu'elle avait essuyées, en même temps qu'elle recevait l'expédition des lettres de noblesse déjà accordées à son auteur en 1809. En 1834 une statue en marbre a été érigée à la mémoire du héros de l'indépendance tyrolienne, à Insprück, dans l'église des Fanciscains, près du tombeau où repose l'empereur Maximilien 1er.

HOFFMANN (Frédéric), le plus célèbre médecin de son siècle après Boerhaave, né le 19 février 1660, à Halle, où son père était médecin du duc de Saxe, y fit ses premières études, et fut de bonne heure initié par son père aux connaissances nécessaires dans la carrière qu'il devait suivre. En 1681 il fut reçu docteur à Iéna, où il s'établit; plus tard il se fixa à Minden (1685), en Westphalie, puis à Halberstadt (1688). Lors de la fondation de l'université de Halle, l'électeur Frédéric III de Brandebourg l'y nomma, en 1693, à une chaire de médecine. Dès 1703 le roi de Prusse Frédéric 1er lui avait inutilement offert la place de son premier médecin; toutefois, ce prince, étant tombé gravement malade en 1708, il ne put se défendre d'accepter ce titre, et, tout en conservant sa chaire, il se rendit à Berlin. Fatigué de la vie de courtisan et de l'inimitié de l'ancien médecin du roi, Gundelheimer, il revint en 1712 à Halle, qu'il continua d'habiter jusqu'à sa mort, arrivée le 12 novembre 1742.

Hoffmann a rendu de grands services à la médecine pratique; il eut recours à une foule de moyens thérapeutiques nouveaux, et en expliqua l'emploi. Grâce au regard pénétrant qu'il jetait sur la nature, il sut obtenir de grands succès par les moyens les plus simples et notamment par la diète. Ses recherches sur beaucoup d'eaux minérales généralisèrent l'emploi de ces agents naturels, et quelques préparations médicales, notamment l'*Elixirium viscerale* ou *Baume de vie d'Hoffmann*, et le *Liquor anodynus mineralis* ou *Liqueur d'Hoffmann* et aussi *Gouttes d'Hoffmann* (voyez Éther), dont il enseigna la composition et qui portent son nom, sont maintenant encore d'un usage général. On reconnaît moins de valeur au système suivant lequel il attribuait au corps des facultés propres et une vie indépendante mise en mouvement par une substance éthérée excessivement subtile, qui serait l'âme sensible (*anima sensitiva*). Cette substance se détacherait en partie du corps lui-même et serait en partie tirée par lui de l'atmosphère, mais serait à son tour soumise, dans ses mouvements, à une âme supérieure, inconnue. Les causes de maladie agiraient sur la partie solide par *pression* et par *tension*; l'altération des humeurs serait un phénomène qui ne se développerait que dans le cours de la maladie; les maladies elles-mêmes consisteraient en un mouvement trop fort ou trop faible, et il faudrait les distinguer d'après ce principe. C'est ainsi que Hoffmann voulait établir que l'essence de la vie est déterminée par masse, nombre et poids. Il appartient par conséquent à l'école des *iatromathematiciens*; circonstance qui s'accorde parfaitement avec sa prédilection pour les mathématiques, science vers laquelle il s'était senti entraîné dès sa plus tendre jeunesse. Son système, bien que en premier lieu il repose sur une hypothèse tout à fait insoutenable, et qu'il soit en outre extrêmement incohérent dans une foule de détails, compta néanmoins beaucoup de partisans, par opposition au système de son rival Stahl, parce qu'il sut l'exposer d'une manière claire et saisissable.

HOFFMANN (Ernest-Théodore-Amédée), ou plutôt Wilhelm), l'un des conteurs allemands les plus originaux, naquit le 24 janvier 1776. De bonne heure il montra un goût prononcé pour les aventures singulières, et une très-forte inclination pour les choses d'art. Quand il avait passé une partie de sa journée à écouter chanter sa mère, on sa belle tante Sophie jouer du clavecin, il s'amusait à effrayer ses amis par mille tours d'espièglerie. Souvent encore il barbouillait des figures sataniques sur la Bible de sa grand'mère, et jouissait de la peur qu'il lui avait ainsi causée. La sévérité de son oncle, quelque grande qu'elle fût, ne put réussir à changer le fond de ce jeune caractère, qui, malgré les prévisions fâcheuses de sa mère, devait être plus tard si simple et si bon.

Au collége, Hoffmann se fit remarquer de ses maîtres par son aptitude aux études sérieuses et par sa grande application. Quand il fut question pour lui de faire choix d'une carrière, il se décida pour la magistrature, et apporta aux cours universitaires, qu'il fut obligé de suivre alors, la même assiduité qui l'avait fait déjà distinguer au collége. Ses études ne l'absorbaient pas entièrement cependant; il trouvait encore chaque jour quelques heures à consacrer à la musique. Un incident, fort grave à son âge, vint même ajouter une entrave de plus à ses occupations : il devint amoureux d'une dame à laquelle il donnait des leçons de chant, et il composa vers ce temps, pour plaire à sa maîtresse sans doute, deux essais de romans qui ne furent pas imprimés. Les titres seuls (*Cornaro* et *Le Mystérieux*) nous en sont restés.

Le 22 juillet 1795, après avoir passé un examen brillant, il se rendit à Glogau, chez un de ses oncles, conseiller de cette ville. L'ennui étant venu l'y saisir, il se remit au travail avec une espèce d'acharnement, et ne tarda pas à subir un second examen, plus brillant encore que le premier, après lequel il fut nommé référendaire. L'oncle auprès de qui se trouvait Hoffmann ayant été nommé, dans l'été de 1798, conseiller intime au tribunal de Berlin, il s'y rendit avec son neveu. Ce fut dans cette ville qu'Hoffmann passa son troisième et dernier examen, qui le fit nommer assesseur de la régence de Posen avec voix consultative. Un de ses anciens camarades de collége vint le voir à cette époque, et les deux jeunes gens entreprirent ensemble un voyage, pendant lequel ils méditèrent de visiter plus tard toute l'Italie. Pour le moment, Hoffmann se rendit à Posen, lieu de sa destination.

Hoffmann ayant eu le malheur de blesser, par des caricatures, le général Zastrow et d'autres personnages puissants de cette ville, fut envoyé comme en exil à Plozk, où il se rendit en 1802, accompagné d'une jeune Polonaise, qu'il avait récemment épousée. Le séjour de Plozk étant fort triste, il se remit au travail de nouveau, et étendit même le cercle de ses occupations. Il menait de front son emploi, la musique et la peinture, lorsqu'au commencement de 1803 il fut envoyé à Varsovie : l'entrée des Français dans cette ville, en 1806, mit fin à ses fonctions administratives.

A Varsovie il avait continué de s'occuper de peinture, et surtout de musique. Il avait entrepris la direction d'un concert périodique organisé dans le palais Minszk. Maintenant sans emploi, et sentant la misère approcher, il résolut, après une assez grave maladie, de se rendre à Berlin pour y chercher fortune. Il quitta donc Varsovie en 1807, après avoir renvoyé sa femme dans sa famille.

La misère, qu'il avait prévue, vint le saisir en effet à Berlin. Au moment où ses souffrances étaient le plus grandes, pour comble de malheur, il apprend que sa fille vient de mourir, et que sa femme est également en un danger extrême. Obligé, au milieu de ces nouvelles douloureuses, de songer à sa propre destinée, il finit par obtenir une place de directeur d'orchestre au théâtre de Bamberg. Il y court. Mais la situation de ce théâtre étant mauvaise, Hoffmann se trouve bientôt sans emploi et aussi misérable que la veille. Ne sachant que devenir, il imagine alors de retourner à ses anciens goûts littéraires, et il devient collaborateur de la *Gazette musicale* de Leipzig, dans laquelle il publie d'abord la *Biographie de Kreisler*. Grâce à cette industrie nouvelle, sa position devient plus supportable. Un de ses oncles meurt en 1811, et lui laisse quelque argent, avec lequel il paye ses dettes. Deux ans après, obligé d'avoir recours pour vivre à d'autres expédients, il prend la route de Dresde, où on lui offre la place de chef d'orchestre. Cette fois encore le démon de la guerre semble attaché à sa poursuite, et il est témoin de la bataille gagnée par Napoléon aux portes de Dresde, le 27 août 1813.

Le 9 décembre de la même année, Hoffmann se rend à Leipzig avec sa troupe. Il y tombe malade en 1814, et y publie pendant sa convalescence ses *Fantaisies à la manière de Callot*. La misère le force bientôt de quitter la direction de son orchestre. Heureusement, il obtient, à force de sollicitations, de rentrer en qualité de surnuméraire dans les bureaux de Berlin, et commence, après tant d'années malheureuses, à goûter un peu de bonheur et de repos.

La fortune, honteuse de s'acharner si longtemps contre un homme, lui sourit enfin. En janvier 1816 il est nommé conseiller au *kammergericht*, et son opéra d'*Undine* est joué à Berlin avec le plus grand succès. Tout à coup, et comme par l'effet d'un enchantement, le nom d'Hoffmann devient populaire. Il est fêté et recherché partout. Les libraires lui offrent des sommes énormes, et se disputent ce qui échappe à sa plume. Il se trouve riche du jour au lendemain. Hoffmann, ceci est facile à concevoir, ne passa pas froidement d'un extrême à l'autre, et chercha dans les plaisirs présents l'oubli de sa misère passée. Il y eut chez lui une réaction violente.

L'ardeur de son sang, contenue pendant les années bouillantes de la jeunesse, se montra d'autant plus impétueuse; et il s'adonna à la débauche et au vin. Nous devons dire, cependant, que ces excès, quelque déplorables qu'ils pussent être, furent beaucoup moins longs et beaucoup moins extrêmes que bien des gens ont feint de le croire. Ce qui a poussé à prêter quelque foi aux contes ridicules débités sur Hoffmann, c'est sans contredit la lecture de ses œuvres. On s'est plu à faire un même homme de chacun de ses héros et de lui. Si ce n'était là qu'une erreur sans conséquence, il serait inutile de la relever; mais comme elle attaque le caractère et la vie privée d'Hoffmann, on ne peut se dispenser de protester et d'invoquer l'authenticité des faits.

En 1819, fatigué par les veilles et le travail, Hoffmann tomba malade, et composa, dans le délire de la fièvre, la nouvelle si bouffonne du *Petit Zacharie*. De 1819 à 1822, il publia encore *Les Frères Sérapion*, *Le Chat Murr* et *La princesse Brambilla*; après quoi, ses souffrances nouvelles ne lui permettant plus d'écrire lui-même, il prit le parti de dicter ce qu'il composait. La mort le surprit dans cette occupation, le 25 juin 1822. CHAUDES-AIGUES.

HOFFMANN (FRANÇOIS-BENOÎT-HENRI) né à Nancy, en 1760, d'une famille originaire de l'Allemagne, vint à Paris en 1785, et s'y fit distinguer de la foule des versificateurs de ce temps par un recueil de vers qui annonçait un véritable talent poétique. Ce fut seulement quatre ans après qu'il fit son début dramatique par la tragédie lyrique de *Phèdre*, suivie de celle de *Nephté*, qui au bout de trois ans obtint également du succès. *Euphrosyne* et surtout *Stratonice*, augmentèrent beaucoup sa renommée, et en confiant ces opéras à un musicien pauvre et ignoré, il eut l'honneur de deviner Méhul et de le donner à la France. Ce fut principalement pour le théâtre de l'Opéra-Comique que travailla Hoffmann depuis ce moment, et il y donna près de quarante ouvrages, qui presque tous eurent des réussites plus ou moins éclatantes; *Ariodant*, *Montenero*, *Le Secret*, *Les Rendez-vous bourgeois*, etc., prouvèrent qu'il savait passer sans efforts du drame sombre à la comédie, ou même à la gaieté la plus folle. Son opéra d'*Adrien*, qu'il ne parvint à faire jouer qu'après de nombreuses difficultés, et que le jury des prix décennaux jugea digne de la première mention honorable après *La Vestale* et celui de *La Mort d'Abel*, furent pour lui de nouveaux triomphes sur notre première scène lyrique.

Hoffmann n'a donné au Théâtre-Français que deux bluettes, *L'Original* et *Le Roman d'une heure*, dialoguées toutes deux avec beaucoup de grâce et de finesse. Il ne devait pas moins briller dans une autre carrière, que lui ouvrit son ami Étienne, en le faisant entrer, en 1805, au *Journal des Débats*, nommé alors *Journal de l'Empire*. Déjà il avait fait ses preuves dans la polémique littéraire par la défense de son *Adrien* contre Geoffroy, qui avait trouvé en lui un rude jouteur. Il apportait dans les fonctions de journaliste critique des qualités qui y sont assez rares : une instruction profonde et étendue, qui ne lui laissait étranger à aucune science; une scrupuleuse exactitude à lire et à méditer les ouvrages dont il rendait compte; enfin, une haine des coteries, une volonté d'impartialité et d'indépendance, qui le décidèrent à se retirer à Passy et à n'y recevoir aucune visite, pour se soustraire à toute influence. On sait quelle foule d'articles pleins de raison, de sens et d'une spirituelle malice il fournit au *Journal des Débats*; on se rappelle surtout ceux où il fait justice des jongleries du mesmérisme et du somnambulisme; ses lumineuses et piquantes appréciations des œuvres de Châteaubriand, de Pradt, de Mme de Genlis, etc., etc. Ennemi de tous les charlatanismes, il stigmatisa surtout celui des jésuites, que la Restauration nous avait rendus, avec une logique et une vigueur que Pascal n'eût point désavouées. Attaqué depuis longtemps d'assez graves infirmités, Hoffmann mourut subitement, le 25 avril 1828, à l'âge de soixante-huit ans. Deux éditions de ses *Œuvres complètes* (10 vol. in-8°), publiées dans les trois années qui ont suivi son décès, attestent assez la réputation qu'avait acquise parmi nous cet habile critique, cet élégant écrivain.   OURRY.

HOFWYL, vaste domaine, situé à 9 kilomètres au nord de Berne, et célèbre par les importantes créations de Fellenberg.

HOGARTH (WILLIAM), célèbre dessinateur, peintre et graveur, naquit à Londres, en 1698. Son père, correcteur dans une imprimerie, le plaça chez un orfèvre qui gravait la vaisselle plate. Lorsqu'il sortit d'apprentissage, il n'avait qu'une faible idée du dessin, et cependant il se mit à graver des armoiries et des adresses. Ces premiers essais lui donnèrent alors à peine de quoi vivre. Heureusement son génie pour la caricature se développa de bonne heure; son premier essai en ce genre fut la caricature d'un buveur qui, dans une rixe, reçoit sur la tête un violent coup porté par son adversaire avec un pot de bière. Notre artiste rendit de la manière la plus comique et la plus vraie l'horrible grimace du blessé, dont le visage était tout couvert de sang. Une autre fois, il fit la caricature de son hôtesse, qui le tourmentait pour le payement de 20 shellings; mais ces préludes le laissèrent encore dans l'obscurité, et plusieurs fois il fut obligé pour vivre de peindre des enseignes. Depuis il eut l'idée de les reproduire dans quelques-unes de ses gravures. Enfin, il eut occasion de travailler pour des libraires; et l'un d'eux lui donna à faire des vignettes destinées à une édition du poëme d'*Hudibras*, publiée en 1726. Ses ingénieuses compositions furent remarquées, et ont été reproduites dans l'édition de 1744 et dans la traduction française publiée en 1757. Il s'essaya ensuite dans le portrait, et son talent à attraper les ressemblances, à bien grouper les tableaux de famille, lui procura bientôt de nombreux travaux. En 1730, il épousa la fille du peintre d'histoire Thornhill; mais ce fut sans le consentement du père, qui pourtant se réconcilia avec les jeunes époux lorsqu'il vit son gendre acquérir de la réputation et de la fortune. C'est vers cette époque en effet que se développa son talent extraordinaire pour représenter les folies et les vices de son siècle. Dans la suite de six gravures intitulée *The harlot's progress*, pour laquelle il réunit jusqu'à 2000 souscripteurs, et dont les tableaux originaux furent détruits par un incendie en 1755, il représenta la vie d'une prostituée, et dans une autre série, composée de huit gravures, la vie d'un débauché, *The rake's progression*. Après ces gravures, les plus célèbres de celles qu'il publia de 1733 à 1738 sont *La Foire de Southwark*, *Une Conversation moderne à minuit*, *Le Poëte malheureux* et *Les Comédiens dans la grange*. Peu satisfait de la hauteur à laquelle il était parvenu en ce genre, il voulut aussi prendre rang parmi les peintres d'histoire; mais le défaut de justesse du dessin et le manque de grâce et de dignité lui étaient devenus tellement habituels, qu'il ne dépendait plus de lui de changer la nature de son talent. Dans ses compositions les plus sérieuses, il se laissait sans le vouloir aller à la caricature, ainsi qu'en témoignent ses toiles *L'Étang de Bethelsda*, *Le bon Samaritain*, etc.

Après avoir repris la direction qui convenait à son talent, il donna en 1740 *The enraged Musician*; en 1745, *The Marriage à la mode* en six feuilles, dont les originaux furent achetés pour la Galerie Nationale; en 1747, *The Effects of Industry and Idleness*; en 1748, *The March to Finchley*; en 1749, *The Gate of Calais*; et en 1751, *The Stages of Cruelty* (4 planches).

En 1753, il publia son *Analyse de la Beauté*, où il représente la ligne sinueuse comme la forme la plus agréable pour l'œil et prétend déterminer les lignes qui constituent la forme de la beauté. Mais cet ouvrage, loin d'ajouter à sa réputation, le couvrit de ridicule aux yeux de ses contemporains.

Il fit ensuite paraître en 1755 *Four Prints of an Election*, et en 1762 *The Times*, mordante satire contre Pitt. Une toile ridicule, *Sigismonda* (1757), que l'artiste, visiblement dégénéré, prétendait être le pendant d'un des chefs-d'œuvre du Corrége, lui valut d'amères diatribes, dont il se sentit vivement blessé. Sa santé s'altéra, et il mourut en 1764, à Leicesterfields. Enterré à Chiswick, on éleva une pyramide sur son tombeau, et sur l'une des faces on grava son épitaphe, composée par l'illustre Garrick, son ami.

Force est de convenir que le dessin de Hogarth est défectueux. Sans doute, sa manière est ingénieuse; mais il se borne toujours à de simples esquisses, sa couleur est mauvaise, et ses tableaux manquent d'effet. Dans ses gravures l'exécution est souvent superficielle et médiocre. Son grand mérite, c'est la pensée, c'est l'invention, c'est la peinture des mœurs de son siècle et de son pays; et voilà pourquoi il est parvenu à une célébrité telle qu'en ont seulement les plus grands génies; on l'a faite non à l'artiste, mais au créateur d'une suite de caractères sans pareils. Ses gravures, même les plus insignifiantes, se payent aujourd'hui des prix fous. Après la mort de sa femme, arrivée en 1789, les planches en furent vendues par sa nièce, miss Lewis, à Poydell. Nichols a fait paraître une belle édition de ses œuvres d'après les planches originales retouchées par Heath (3 vol., Londres, 1820-1822).

HOGENDORP (GIJSBERT-CHARLES, comte DE), l'un des hommes d'État les plus distingués des Pays-Bas, né à Rotterdam, en 1762, entra d'abord au service de Prusse, et fit la guerre de succession de Bavière. À la paix, il revint dans sa patrie, où il fut placé, en 1782, dans la garde du stathouder; plus tard, tout en conservant son grade, il étudia le droit à Leyde. Par suite de son attachement à la maison d'Orange, il quitta le service lorsque le parti des patriotes eut pris le dessus. Au rétablissement du stathoudérat, il fut nommé grand-pensionnaire de Rotterdam, et donna sa démission lorsque, en 1795, les Français firent la conquête de la Hollande. Il avait formé, en 1802, le plan de fonder au cap de Bonne-Espérance une colonie pour les partisans de la maison d'Orange; mais ce projet échoua, et lui coûta la plus grande partie de sa fortune. Lorsque, en 1813, les armées des alliés s'avancèrent victorieuses, il réunit à La Haye les partisans du prince d'Orange, et contribua efficacement à soustraire la Hollande au joug des Français. Bientôt après il fut nommé président de la commission chargée de la rédaction du nouveau projet de constitution; et en raison de l'influence qu'il exerca sur ses collègues, on peut à bon droit le considérer comme l'auteur de la constitution des Pays-Bas. Il eut ensuite le département des affaires étrangères, fut élevé à la dignité de vice-président du conseil d'État et créé comte en 1815; mais dès 1816 le mauvais état de sa santé le détermina à se retirer des affaires. Comme membre de la seconde chambre des états généraux, où il fut élu en 1815, il appartint au parti de l'opposition qui se forma pour défendre les droits du peuple et la constitution contre les mesures du ministre van Maanen. Il renonça alors à siéger dans la première chambre, où il s'était fait remarquer comme ami du peuple et comme éloquent défenseur de la liberté du commerce, parce que les discussions n'en étaient pas publiques; ce qui, dans son opinion, était contraire au caractère essentiel du système représentatif. Il mourut à la Haye, en 1834.

8.

HOGENDORP (Dirk de), frère aîné du précédent, né en 1761, d'abord ambassadeur de Hollande à Saint Pétersbourg, puis gouverneur d'une petite colonie dans les Grandes Indes, fut ministre de la guerre sous Louis Bonaparte, en 1806; et Napoléon, auquel il était sincèrement dévoué, le nomma, en 1811, général de division, puis en 1812 son aide de camp. Successivement gouverneur de Kœnigsberg, de Wilna et de Hambourg, il se fit partout détester des populations à cause de sa dureté et de la brutalité de ses procédés. Après la chute de Napoléon, il retourna dans sa patrie; mais à peine l'empereur fut-il revenu de l'île d'Elbe, que Hogendorp vint le rejoindre à Paris. Napoléon étant tombé une seconde fois, Hogendorp passa, en 1816, au Brésil, où il vécut isolé, et mourut dans un domaine voisin de Rio-Janeiro.

HOGG (James), dit *le Berger d'Ettrick*, né en 1772, au village d'Ettrick (Écosse méridionale), était fils d'un éleveur de bestiaux ruiné; à l'âge de sept ans, il avait à peine reçu, à l'école, quelques notions élémentaires, lorsqu'il lui fallut aller dans les montagnes garder des vaches et plus tard des moutons. Les traditions et les chants populaires, courant en Écosse de bouche en bouche, nourrirent son imagination aisément inflammable. Sans savoir encore ni lire ni écrire, il composait déjà des poésies ; et quand il eut, non sans peine appris l'un et l'autre et commencé à consigner ses poèmes par écrit, il fut rencontré par Walter Scott, occupé alors à rassembler des ballades et des chansons pour son *Minstrelsy of the Scottish Border*. Encouragé par cet homme illustre, il apporta ses manuscrits à Édimbourg, en y conduisant des moutons au marché, et fit imprimer à ses frais un certain nombre de ballades (*Borderer Ballads*; Édimbourg, 1805); mais il y perdit son argent. Walter Scott le consola, et le poème qu'il donna ensuite : *The Mountain Bard*, ainsi qu'un *Essay on Sheep*, lui rapportèrent un bénéfice de 300 liv. st. Pourtant des engagements inconsidérés lui enlevèrent son avoir, et comme personne ne voulait plus lui donner de moutons à garder, il se rendit, en février 1810, à Édimbourg, où il entreprit une publication hebdomadaire, *The Spy*, qui ne se soutint que peu de temps. En 1813 il fit paraître : *The Queen's Wake*; en 1814, *The poetic Mirror*; en 1815, *The Pilgrims of the Sun*; et en 1816, *Madone of the Moor*. Le premier de ces poèmes, qui contient une série de ballades pleines de richesses poétiques, est de tous ses ouvrages celui qui eut le plus de succès. Il écrivit ensuite en prose des légendes merveilleuses et des tableaux du caractère national écossais, qui obtinrent un rapide écoulement, notamment *The Brownie of Bodsbeck* (1818); *Winter evening Tales* (1819); *The three Perils of Man* (1822); *The three Perils of Woman* (1823); *Jacobite Relics* (2 vol., 1819-21), et d'autres encore, qui, tirés du *Blackwood's Magazine* et réunis sous le titre de *The Shepherd's Calender*, parurent à Londres (2 vol. 1829). Il n'acheva que plus tard un poème qu'il avait commencé sous le titre de *Queen Hynde*. Jusqu'à ce moment il avait eu sans cesse à lutter contre une cruelle pauvreté; le duc de Buccleugh lui ayant alors affermé, presque sans redevance, un domaine situé à Altrive-Lake, sur l'Yarron, il se trouva désormais à l'abri de tout souci pour sa vie matérielle, et composa dans cette retraite *A queer Book*, poème contre l'émancipation catholique et le bill de la réforme (Édimbourg, 1832). À l'occasion d'une visite qu'il fit à Londres, on donna des banquets en son honneur : c'en était trop pour sa vanité; il s'engagea alors dans une grande exploitation rurale, et se créa par là de nouveaux embarras. D'ailleurs, la faillite de son éditeur ne lui permit de retirer qu'un médiocre bénéfice de la collection de ses œuvres, publiées sous le titre de *Altrive Tales*, et précédées de son autobiographie, qui fut sa dernière production. Il mourut à Altrive-Lake, le 21 novembre 1835. On a quelquefois comparé James Hogg à Burns; mais il lui est de beaucoup inférieur sous le rapport de la force et de la profondeur du sentiment.

F **HOGLAND**, île du golfe de Finlande, et dépendance du gouvernement de Courlande, longue d'environ un myriamètre, avec quatre cents habitants à peu près, et deux phares, est célèbre par le combat naval du 17 juillet 1788, où les Russes, commandés par l'amiral Grey, battirent les Suédois, placés sous les ordres du duc Charles de Sudermanie.

HOGUE (Combat de La). À l'angle oriental de la langue de terre où la Normandie s'arrête dans La Manche, un cap peu élevé domine une rade étroite et longue, bordée, du côté du continent, par une plage de sable qui plonge sous l'eau, et abritée des flots et des vents du large par une petite île mince et recourbée : c'est le cap de La Hogue, ainsi nommé du mot scandinave *houg*, promontoire, pointe de terre. Parfois, quand la tempête a bouleversé la Manche et remué le sable de ses rivages, la mer, en se retirant, laisse à découvert des canons, des tronçons de mâts, des carcasses de navires, et la vague qui déferle roule pêle-mêle vers la côte des algues, des ossements et des boulets rongés par la rouille : Souvenir désastreux pour la France! Là, en 1692, la marine militaire de Louis XIV se brisa et disparut. Les rois de la terre sont frères; celui de France s'était ému des infortunes de celui d'Angleterre, chassé de son royaume par ses propres sujets : il rassembla en Normandie 8,000 soldats français et 15 bataillons irlandais pour les lancer sur la rive opposée; une flotte de 60 vaisseaux de ligne, commandée par Tourville, devait accourir de tous ses ports pour balayer la Manche et préparer un passage libre au convoi des troupes. Les Anglais, de leur côté, veillaient sur leur liberté et sur leurs côtes ; 63 vaisseaux, sous les ordres de l'amiral Russell, croisaient près de leurs ports; 36 autres se préparaient en Hollande pour la défense de l'Angleterre. Le succès de la France dépendait de sa promptitude; il fallait débarquer sur le territoire ennemi avant que les flottes alliées eussent opéré leur jonction. Si la fortune avait également favorisé les deux partis, la lutte eût été longue et sanglante, mais les vents contraires empêchèrent l'escadre de Toulon de rallier Tourville, et lui-même fut un mois avant de pouvoir pénétrer dans la Manche; il y entra enfin, mais avec 44 vaisseaux seulement, le lendemain du jour où la réunion des escadres combinées avait donné 99 vaisseaux à l'amiral anglais. Le 29 mai, quand la vigie du matin annonça 100 vaisseaux de ligne en vue, il y eut étonnement chez les marins français : tous les officiers dans le conseil de guerre furent d'avis d'éviter un engagement trop inégal ; mais Tourville leur lut la lettre du roi, et tout le monde se prépara en silence : l'ordre était précis : « Vous attaquerez les Anglais, forts ou faibles. » La possibilité de la jonction des forces alliées n'avait pas même été prévue!

Quarante-quatre vaisseaux français, poussés par un vent favorable, allèrent élonger, à portée de pistolet, toute la flotte de l'Angleterre, rangée en ligne de bataille et en panne par le travers du Havre. Dès le commencement de l'action, l'amiral Russell voulut profiter de sa supériorité numérique pour nous envelopper ; il détacha des vaisseaux d'avant-garde qui devaient doubler la tête des Français; mais les vents se turent quand le combat fut engagé : les détonations de tant de milliers de bouches à feu troublèrent l'atmosphère et lui imposèrent un calme effrayant. Et pourtant ces combats, que l'histoire nous peint si terribles, n'étaient guère meurtriers ; car le feu régnait sur toute la ligne depuis une heure et demie que les Français n'avaient encore perdu, ni mâts ni chaloupes. Le vent, qui d'abord soufflait du sud-ouest, sauta au nord-ouest, et permit à l'ennemi de doubler notre ligne; puis un épais brouillard enveloppa les combattants ; la canonnade générale cessa. Français, Anglais, Hollandais, coururent en désordre vers l'ouest, et dans les éclaircies les vaisseaux qui se reconnaissaient comme ennemis échangeaient quelques bordées. Tout au bout, et avec elle la marée et la brume, qui s'épaissit encore : les deux flottes jetèrent l'ancre ; les vaisseaux anglais qui avaient doublé notre ligne la traversèrent au milieu d'une grêle de boulets pour aller rejoindre leur corps de bataille : ce fut une faute ; ils nous tenaient en échec entre deux feux.

Le lendemain, au point du jour, la brise s'éleva à l'est : les Français firent route à l'ouest ; les Anglais les suivirent.

Nous fuyions ; déjà les deux armées éparses étaient arrivées par le travers de Cherbourg, quand le retour de la marée les força à jeter l'ancre de nouveau. A onze heures du soir, Tourville appareilla : son projet était de faire passer son armée par le Ras-Blanchard, canal étroit, qui sépare les îles d'Aurigny et de Guernesey de la presqu'île de Normandie, pour aller à Brest chercher un refuge. Il voulut, dans sa fuite, conserver un ordre trop difficile; il perdit du temps : vingt-deux de ses vaisseaux seulement doublèrent le Ras ; douze autres, retardés dans la marche trop lente de ceux qui avaient le plus souffert dans le combat, ne purent l'atteindre avant la marée, et furent contraints de se sauver vers La Hogue : c'étaient les plus beaux vaisseaux de notre marine ; on en comptait cinq à trois ponts. Leurs ancres ne purent tenir ; le vent et la mer les poussèrent sur le sable. La flotte anglaise les suivait ; elle expédia toutes ses embarcations armées pour les incendier. Il y eut là un spectacle imposant : la flamme dévorait nos vaisseaux et jetait au loin d'effroyables lueurs ; mille canons éclataient dans son foyer ; des navires entiers sautaient en l'air comme des volcans sous-marins, et au milieu de cette atmosphère brûlante les chaloupes anglaises et françaises se battaient avec acharnement, la torche à la main. La fortune de l'Angleterre l'emporta : le roi Jacques, du haut de nos rivages, contemplait cette effrayante lutte, qui décidait de ses destinées ; et alors que sa couronne lui échappait sans espoir, Anglais encore malgré son expulsion, la gloire dont se couvrait la marine anglaise le forçait d'applaudir aux exploits de ses anciens sujets. Deux vaisseaux s'étaient réfugiés à Cherbourg : ils furent brûlés. La marine française ne se releva plus.

Russell ne sut pas tirer parti de son immense supériorité : il eût pu anéantir notre flotte, et elle faillit lui échapper tout entière ; les éléments seuls la lui livrèrent. La gloire de Tourville fut obscurcie ; sa bravoure même ne l'a pas sauvé aux yeux de la postérité ! le seul reproche qu'on puisse cependant lui adresser, c'est d'avoir hésité à fuir : aussi l'artiste qui a sculpté sa statue lui a-t-il mis entre les mains *l'ordre funeste d'attaquer*, comme pour demander grâce aux générations futures du désastre de La Hogue.

Théogène PACE, capitaine de vaisseau.

HOHENFRIEDBERG, petit bourg du cercle de Liegnitz, en Silésie, avec 400 habitants, est célèbre dans l'histoire de la guerre de sept ans par la bataille que Frédéric le Grand y gagna, le 4 juin 1745, sur les Autrichiens et les Saxons commandés par le duc Charles de Lorraine et le duc Jean-Adolphe de Saxe-Weissenfels, et qu'on appelle aussi quelquefois *bataille de Striegau*.

Avant cette bataille, la situation de Frédéric II était des plus critiques. La déroute essuyée par les Bavarois à Pfaffenhofen avait eu pour résultat de réconcilier le jeune électeur de Bavière, Maximilien-Joseph, avec l'impératrice Marie-Thérèse par la paix signée à Fussen. Cette princesse s'était tout récemment alliée avec l'Angleterre, la Hollande et la Saxe, et avait fait paraître un manifeste dans lequel elle déclarait que la Silésie constituait une partie intégrante de l'Autriche, attendu que le roi de Prusse avait violé la paix de Breslau. Les Autrichiens avaient envahi la Silésie. Bucco s'était emparé par trahison de la place forte de Kosel, et le prince de Lorraine ainsi que le duc de Saxe-Weissenfels, après avoir opéré leur jonction à Kœnigsgrætz, s'étaient avancés jusqu'à Bolkenhain avec une armée présentant un effectif de 70 à 80,000 hommes. En même temps Frédéric, à la tête de 70,000 hommes, avait quitté son camp de Frankenstein et était venu à la rencontre de l'ennemi jusqu'à Jauernick, où son avant-garde, aux ordres du général Dumoulin, avait pris position. Le prince Charles de Lorraine, qui était de beaucoup supérieur en forces à celui-ci, descendit de la montagne pour l'attaquer, et prit position près de l'étang de Striegau. Mais par une marche rapide, exécutée dans la nuit du 3 au 4 juin, Frédéric arriva jusqu'à Striegau. Le 4 juin, à quatre heures du matin, la bataille s'engagea par une vive attaque faite de l'aile droite des Autrichiens par les Saxons sur Striegau. Mais ils furent repoussés, et le duc de Saxe-Weissenfels parvint à les rallier sur les hauteurs situées derrière Pilgramshain. Attaqués alors par Dumoulin avec l'aile droite prussienne, ils lâchèrent pied avec l'aile gauche autrichienne, tandis que la cavalerie prussienne, après six charges successives, réussissait à rejeter l'aile droite autrichienne sur Hohenfriedberg ; ce qui contraignit l'infanterie de l'aile droite à se replier également dans la suite d'une attaque de l'infanterie prussienne, commandée par le prince de Prusse. Ce mouvement de recul des deux ailes sépara le centre de l'armée autrichienne, où bientôt la déroute devint générale. A dix heures du matin la bataille était déjà gagnée ; elle coûta aux coalisés 4 généraux, 200 officiers et 4,000 hommes tués ou blessés, environ 7,000 prisonniers, 60 pièces de canon et 83 drapeaux. Du côté des Prussiens la perte ne fut que de 3,000 hommes

HOHENLINDEN (Bataille de). L'armistice qui suivit la bataille de Marengo n'avait pas arrêté les opérations de l'armée française du Danube. Ce ne fut que le 15 juillet 1800 que Moreau, ayant atteint une position qui liait les opérations de son armée avec celles de l'armée d'Italie, consentit à une suspension d'armes, qui fut signée à Parsdorf et prorogée encore le 20 septembre par une convention signée à Hohenlinden, dans l'espoir de voir l'Autriche se résoudre à la paix. Les intrigues de l'Angleterre ne le permirent pas, et la reprise des hostilités fut définitivement fixée au 28 novembre. A cette époque, des douze divisions de l'armée du Danube, les trois de droite, sous les ordres de Lecourbe, couvraient les débouchés du Tyrol ; Grenier, avec les trois du centre, était à droite de Hohenlinden ; les trois de la réserve autour d'Ebersberg ; Sainte-Suzanne, avec les trois de gauche, au delà du Danube, entre ce fleuve et l'Altmühl. Le gros de l'armée autrichienne, fort d'environ 80,000 hommes, occupait la rive droite de l'Inn, entre Rosenheim et Braunau, n'ayant à la rive gauche qu'une faible ligne d'avant-postes ; mais cette armée était maîtresse des têtes de pont de Rosenheim, Wasserburg, Kraiburg, Œttingen et Braunau. A la droite, Klenau, avec 25,000 hommes, couvrait Ratisbonne et le palatinat de Bavière ; à la gauche, Hiller, avec 35,000 hommes, occupait le Tyrol.

Le 2 novembre l'armée française se mit en mouvement. Les divisions Montrichard et Gudin, sous les ordres de Lecourbe, vinrent se placer devant Rosenheim. Celles de la réserve (Decaen, Richepance et Granjean) s'avancèrent, les deux premières vers Roth et Wasserburg, et la troisième sur la chaussée de Muhldorf. Grenier, avec le centre (Ney, Legrand et Hardy), marcha sur Haag, couvert sur la gauche par un petit corps de flanqueurs. Sainte-Suzanne, laissant la division Soham sur l'Alt-Mühl, se rapprocha du Danube, avec les divisions Colaud et Laborde, pour passer le fleuve et se diriger sur Freysing. Le 30 le centre de l'armée française était arrivé sur les hauteurs d'Ampfing, la réserve échelonnée en arrière jusque vers Haag. L'armée autrichienne n'avait pas fait d'autres mouvements que de pousser une avant-garde au delà du Mühldorf. L'Inn était mauvaise selon toutes les règles de la guerre. Ses six divisions du centre, en colonne en arrière d'Ampfing, prêtaient le flanc à l'Inn, pendant un espace de 22 kilomètres, entre Ampfing et Wasserburg ; deux autres étaient à l'appui des 22 kilomètres en arrière, à Rosenheim ; deux, enfin, bien plus loin à gauche, vers Ingolstadt. L'ennemi se concentrait, sans qu'on sût précisément vers lequel des points de passage dont il avait les têtes de ponts il portait ses plus grandes forces. Il était possible que ce fût vers Wasserburg, où la division Richepance avait été repoussée le 29 ; et alors, l'attaque principale étant dirigée de Wasserburg sur Haag, le défilé de la forêt de Hohenlinden pouvait être perdu, et l'armée française rejetée sur Freysing et séparée de la droite de Lecourbe. Même en admettant, ce qui arriva, que l'archiduc Jean, voulant utiliser le corps de Klenau, fit attaquer la tête de la colonne, la direction de son mouvement lui permettait de déborder la forêt de Hohenlinden et la gauche de l'armée française dans la direction d'Erding et de Parsdorf.

Le 1er décembre l'archiduc Jean se mit en mouvement. Le gros de son armée était sur la Roth, ayant fait occuper à droite, Landshut par la division Kienmayer; la gauche passa l'Inn à Mühldorf et à Kraiburg, se dirigeant sur Ampfing; le corps de Klenau s'avançait également par la gauche de l'Isar sur Landshut. La tête de l'armée française, vivement assaillie de front et sur son flanc droit, menacée sa gauche par le mouvement d'une partie du centre ennemi dans la vallée de l'Iser, ne pouvait tenir dans cette position aventurée : Moreau la fit replier sur Haag. Cette retraite se fit en bon ordre, presque sans perte. Les divisions Richepance et Decaen se replièrent sur Ebersberg et Zornoldingen ; Lecourbe reçut l'ordre d'étendre sa gauche vers Pframering. Ces mouvements eurent lieu le 2, en même temps que Grenier, avec le centre, rentrait dans ses premières positions à Hohenlinden. Le mouvement de Moreau en avant avait donc été en pure perte : dans tout le terrain qu'il avait parcouru il n'y avait point de position où il pût recevoir l'attaque de l'ennemi, à laquelle il devait cependant s'attendre. Celle de Hohenlinden fut choisie pour l'arrêter en le forçant à combattre. Mais il paraît, par la position où il plaça sa réserve, que Moreau croyait que, l'archiduc continuant son mouvement par la gauche de la forêt de Hohenlinden, l'attaque aurait lieu dans la direction d'Erding et de Dorfen.

L'archiduc Jean commit la faute grave de ne pas poursuivre son mouvement le 2. S'il avait continué de pousser le centre de l'armée française, il eût pu ce jour-là même occuper Albaching et Saint-Christophe; et l'armée française se fût trouvée dans une position critique. Moreau profita de la journée du 2 pour faire prendre position à ses troupes; mais il paraît qu'il s'aperçut alors que la droite était trop retirée, et voulut rectifier cette erreur, qui permettait à l'ennemi de dépasser la droite de la division Granjean sans éprouver de résistance. Les divisions Richepance et Decaen reçurent l'ordre de se porter de nouveau en avant, pendant la nuit du 2 au 3 : la première devait occuper Matenpot, à l'entrée du bois de Hohenlinden; la seconde, Saint-Christophe, en laissant quelques troupes à Ebersberg, où Lecourbe devait porter la division Montrichard. Sans les retards que firent éprouver à la division Richepance le redoublement du mauvais temps et les erreurs des guides pendant cette nuit, n'ayant à parcourir que 12 kilomètres, elle serait arrivée à Matenpot à peu près en même temps que la tête de la colonne ennemie. Son mouvement et celui de Decaen n'avaient d'autre objet que de flanquer l'armée, et de menacer la gauche de l'ennemi, qu'on ne croyait pas dépasser la ligne de la grande route.

Cependant l'archiduc Jean, dont le projet primitif avait été de tourner toute la position de Hohenlinden, afin d'arriver à l'Isar avant l'armée française, ayant changé de dessein ; il était décidé à lui livrer bataille. La supposant en pleine retraite, il crut qu'il ne la rencontrerait qu'à Parsdorf, et qu'il ne trouverait tout au plus qu'une arrière-garde à Hohenlinden : il fit ses dispositions en conséquence. Il détacha d'abord 17 bataillons et 12 escadrons sur la gauche, avec l'ordre de déboucher de Wasserburg et de serrer le corps de Lecourbe. Il fit marcher le restant de son armée en trois colonnes. A gauche, 10,000 hommes, sous les ordres de Riesch, se portèrent, par Albaching, sur la droite de Hohenlinden. A droite, Baillet-Latour, avec 25,000 hommes, remontant l'Isar, prit la direction de Burgrain, afin d'arriver par la gauche. Au centre, où se trouvait l'archiduc en personne, Kollowrath, avec 40,000 hommes, se jeta dans la grande route de Mühldorf à Munich : les parcs et les bagages suivaient cette colonne. A l'extrême droite, le corps de Kienmayer, qui n'avait pas pu encore gagner Erding, se rabattit par Dorfen sur Schwaben, où il était en mesure de se porter sur Hohenlinden ou Parsdorf. Le corps de Klenau devait se joindre à ce dernier ; mais, inquiété par la marche du corps de Sainte-Suzanne, il ne fit aucun mouvement. Les colonnes ennemies avaient marché pendant la nuit, sous une neige abondante; celle du centre, favorisée par la chaussée, arriva la première. A sept heures du matin, l'avant-garde attaqua la gauche de Grouchy, que formait la division Granjean, et y causa quelque surprise, parce qu'on croyait que Richepance avait pu arriver à Matenpot et couvrir le défilé. Les troupes arrêtèrent l'ennemi, qui fit en vain des efforts pour les prendre en flanc, et finit par être rejeté à l'entrée de la forêt. Alors Moreau ordonna à la division Ney de se joindre à la division Grouchy, et de refouler de concert la colonne autrichienne dans le défilé. La division Richepance ne pouvait tarder à arriver sur Matenpot, et compléter ainsi le succès.

Après avoir longtemps erré dans des chemins de traverse, qu'on retrouvait à peine sous la neige, elle dépassait en effet Saint-Christophe à sept heures du matin. La 1re brigade, avec une batterie, était au delà de la croisée du chemin d'Albaching; la 2e y arrivait lorsque la tête de la colonne ennemie, commandée par Riesch, débouchait sur la droite et s'engageait avec la 14e légère. Richepance ne pouvait se juger de la force du corps qui l'attaquait : la neige qui tombait ne permettait pas de distinguer les objets à dix pas. D'un autre côté, on entendait le canon à Hohenlinden, ce qui indiquait que l'ennemi était engagé dans le bois. Une attaque sur Matenpot, quel qu'en fût le résultat, devait produire une diversion décisive en faveur de l'armée française. Richepance ne balança pas : donnant l'ordre à Drouet de s'arrêter avec sa brigade et de contenir l'ennemi jusqu'à l'arrivée de la division Decaen, il continua son mouvement avec les troupes qui avaient passé. A Matenpot, il rencontra une brigade de chevau-légers havarois; le 1er de chasseurs, qui la chargea, fut repoussé sur l'infanterie. Il n'avait pas de temps à perdre; Richepance enjoignit à Walther de contenir avec le 1er de chasseurs la cavalerie ennemie, et, formant ses deux régiments d'infanterie en colonne, il entra dans les bois par la grande route. Bientôt il rencontra la queue de la colonne du parc et des bagages; le feu s'engagea, et deux régiments autrichiens qui couvraient le parc s'avancèrent pour repousser nos troupes. Ils furent culbutés par la 48e, et le désordre le plus affreux se mit dans la longue file de voitures qui encombrait la route. Troupes, conducteurs, chevaux, tout se dispersait dans la forêt, se jetait en confusion sur le corps d'armée qui combattait à Hohenlinden. 87 bouches à feu et 300 voitures restèrent en notre pouvoir.

Cependant Ney et Grouchy, qui poursuivaient leurs succès, s'aperçurent bientôt que l'ennemi, qu'ils poussaient devant eux, tourbillonnait, arrêté par l'embarras des voitures et épouvanté par les fuyards refoulés de Matenpot. Ils firent un suprême effort, et le centre de l'armée autrichienne, abandonné par l'archiduc, qui s'enfuit, un des premiers, vers Mühldorf, se dispersa en déroute dans les bois qui bordent le chemin. La communication rouverte avec Richepance, ce dernier retourna sur ses pas à Matenpot, pour empêcher l'ennemi de se rallier et dégager la 2e brigade. Mais Decaen, arrivé à Saint-Christophe avec la tête de sa division, poursuivait ; la brigade Debilly, restée à Ebersberg, avait également repoussé l'attaque des troupes sorties de Wasserburg avant l'arrivée de Lecourbe.

A notre gauche le combat se soutint plus longtemps. Enfin,

la division Legrand, du corps de Grenier, parvint à rejeter Kienmayer dans le défilé de Lenzdorf; la colonne de Latour, attaquée de front par la division Bastoul et prise en flanc par la brigade Joba, fut également battue et forcée de se retirer sur Isen. Les deux corps ennemis regagnèrent Dorfen fort maltraités : 11,000 prisonniers, dont 2 généraux, et 100 pièces de canon furent les trophées de la victoire du 1er au 3. La perte de l'armée autrichienne s'éleva à 25,000 hommes; nous en perdîmes 10,000. La déroute et la dispersion de l'ennemi étaient complètes : en le poursuivant avec vigueur et vivacité, peu de débris auraient passé l'Inn; mais Moreau, qui savait vaincre, ne sut jamais profiter de la victoire : il perdit la journée du 4, et ne se remit en mouvement que le 5.

Gal G. de Vaudoncourt.

HOHENLOHE, d'abord comté et plus tard principauté du cercle de Franconie, que l'acte de la Confédération du Rhin médiatisa en 1806 et plaça pour la plus grande partie sous la domination du Wurtemberg et le reste sous celle de la Bavière, et comprenant une superficie d'environ 22 myriamètres carrés.

La famille de Hohenlohe fait remonter son origine jusqu'au douzième siècle; mais ce n'est qu'à partir du comte Gottfried, confident de l'empereur Henri VI, que la lumière commence à se faire dans son histoire. Les fils de Gottfried fondèrent les branches de Hohenlohe - Brauneck, éteinte dès la quatrième génération, et de Hohenlohe-Holloch. Cette dernière s'est subdivisée en de nombreux rameaux, dont les seuls aujourd'hui existants sont Hohenlohe-Neuenstein et Hohenlohe-Waldenbourg. Le premier, qui appartient à la religion protestante, a formé les lignes de Hohenlohe - Neuenstein - Œhringen, et Hohenlohe-Neuenstein-Langenburg. La première de ces lignes, dont les possessions occupent une surface de 3 myriamètres carrés, est représentée aujourd'hui par le prince Ernest, né le 7 mai 1784, général major au service de Wurtemberg; la seconde, dont les possessions occupent une superficie de 4 myriamètres carrés, est représentée par le prince Auguste, né le 27 novembre 1784, lieutenant général wurtembergeois, qui possède en outre un majorat considérable en Silésie. Le second rameau, celui d'Hohenlohe-Waldenbourg, professe la religion catholique, et distribue encore à ses membres un ordre du Phénix, fondé en 1754. Il a également formé deux lignes : Hohenlohe-Waldenbourg-Bartenstein, représentée aujourd'hui par le prince Charles, né le 2 juillet 1837; et Hohenlohe-Waldenbourg-Schillingsfürst, représentée aujourd'hui par le prince Frédéric, général au service de Russie. Les possessions de la ligne de Hohenlohe - Bartenstein occupent une superficie de 5 myriamètres carrés, avec 24,000 habitants; et celles de Hohenlohe-Schillingsfürst une superficie de 3¹/² myriamètres carrés.

C'est à la branche de Hohenlohe-Waldenbourg - Bartenstein qu'appartenait le prince Louis-Aloys de Hohenlohe, qui, après s'être distingué à l'armée de Condé, fut nommé maréchal de France sous la Restauration, à la suite de l'expédition d'Espagne, en 1823, pendant laquelle il avait commandé un corps, et qui mourut en 1829.

Le prince de Hohenlohe le thaumaturge, Alexandre-Léopold-François-Emmerich, appartenait à la branche de Hohenlohe-Waldenbourg-Schillingsfürst. Il était né en 1794, et le dix-huitième enfant issu du mariage du prince Charles-Albert avec la fille d'un magnat hongrois. Il reçut l'ordre de la prêtrise en 1815, alla l'année suivante à Rome, où il s'affilia à la Société de Jésus, et revint en 1817 en Bavière, où bientôt il eut la réputation de guérir les maladies les plus incurables par la simple intervention de ses prières. Quoique de nombreuses guérisons miraculeuses attestassent le don des miracles dont le ciel l'avait doué, le saint-siège sa garda bien de vouloir prononcer sur leur authenticité, et se borna à laisser dire et faire. Le prince de Hohenlohe, devenu évêque de Grosswardein en Hongrie, mourut en 1850. On a de lui de nombreux ouvrages ascétiques et une dissertation politico - religieuse : Quel est l'esprit de notre temps? (Bamberg, 1821), dédiée aux empereurs d'Autriche et de Russie, où il établit qu'il ne peut y avoir de sujets fidèles que parmi les bons catholiques.

HOHENSTAUFEN, famille de dynastes allemands qui parvint à la couronne impériale, la garda de 1148 à 1254, et s'éteignit en ligne mâle dans la personne de Conradin en 1268. Le premier de ses ancêtres bien authentiques fut Frédéric de Buren, ainsi appelé du village de Buren, situé entre Gmund et Gœppungen, près de Hohenstanfen, dans le royaume de Wurtemberg. Il vivait vers le milieu du onzième siècle; et, abandonnant la vallée étroite où il avait jusque alors habité, il alla s'établir sur une hauteur voisine, appelée Staufen, d'où il prit le nom de Hohenstaufen. De Hildegarde, issue d'une famille de Franconie et d'Alsace, il eut un fils, appelé le chevalier Frédéric de Buren, seigneur de Hohenstaufen, qui défendit l'empereur Henri IV dans toutes ses adversités, et déploya notamment une telle bravoure à la bataille de Merseburg (1080), contre Rodolphe de Souabe, que ce prince, après lui avoir octroyé le duché de Souabe, lui fit épouser sa fille Agnès et même lui confia, en 1081, l'administration de l'Allemagne quand il franchit les Alpes pour s'en aller combattre le pape. Ces distinctions furent sans doute la base des grandeurs de la maison de Hohenstaufen; mais elles devinrent en même temps la source des longues et funestes guerres que les Hohenstaufen eurent à soutenir contre l'antique famille des Guelfes, au préjudice de laquelle elles avaient été accordées.

Berthold, fils de l'anti-roi Rodolphe de Souabe, et Berthold de Zæhringen disputèrent au nouveau duc la possession de son duché; et ce ne fut qu'après de longues guerres, mêlées de succès divers, qu'il put lui être de nouveau solennellement octroyé, en 1097, mais notablement diminué. A sa mort le duc Frédéric laissa deux fils, Frédéric et Conrad. Le nouvel empereur, Henri V, pour s'assurer le dévouement et l'appui de la famille de Hohenstaufen, qui lui était alliée par les liens du sang, confirma aussitôt à l'aîné de ces deux fils, Frédéric II, dit le Borgne, la possession du duché de Souabe; et en 1112 il octroya aussi à Conrad, frère de celui-ci, le duché de Franconie. Les deux frères, Frédéric II notamment, lui en témoignèrent leur reconnaissance par la fidèle attachement dont ils lui donnèrent d'éclatantes preuves dans la querelle des investitures et dans ses luttes contre le duc Lothaire de Saxe. Mais quand il voulut violer la constitution de l'Empire, ils lui résistèrent ouvertement et avec la plus inébranlable résolution, d'accord en cela avec les autres princes.

A la mort de Henri V, dernier roi d'Allemagne de la maison de Franconie, les Hohenstaufen héritèrent de ses domaines; et Frédéric, en raison des remarquables qualités dont il était doué ainsi que de sa proche parenté avec l'empereur défunt et de la puissance de sa maison, élevait à la couronne impériale des prétentions qui semblaient d'autant plus légitimes que l'opinion générale se prononçait en sa faveur. Toutefois la crainte qu'inspirait sa puissance, jointe à la haine que divers princes transportèrent de l'héritier des Francs-Saliens à la maison de Hohenstaufen, et les perfides intrigues de l'archevêque Adalbert, de Mayence, furent cause que les électeurs choisirent pour empereur Lothaire le Saxon, le plus acharné de tous les ennemis de Frédéric.

Après élection, la prétention que le nouvel empereur éleva aussitôt de faire restituer par les Hohenstaufen les diverses possessions qui leur avaient été accordées sous le règne précédent allumèrent alors une guerre violente entre la famille de Hohenstaufen et l'empereur. Fort de son alliance avec les princes de la maison de Bavière, et avec Henri le Superbe de Bavière, à qui il avait marié sa fille en lui donnant le duché de Saxe pour dot, Lothaire attaqua les Hohenstaufen dans le dessein d'en finir d'un seul coup avec la puissance de cette maison. Pendant longtemps Frédéric dut se défendre

HOHENSTAUFEN

tout seul contre ses puissants adversaires, parce que son frère se trouvait en ce moment absent, par suite d'un pèlerinage qu'il était allé faire en Terre Sainte. A son retour la lutte parut devenir plus favorable aux deux frères; et Conrad, à la suite d'une audacieuse expédition entreprise par-delà les Alpes, se fit couronner roi d'Italie à Monza (1128). Mais Conrad n'ayant pas pu se maintenir en Italie contre les Guelfes et contre le pape, et les forces de leurs adversaires s'accroissant chaque jour en Italie, les deux frères se virent enfin contraints, en 1135, d'implorer le pardon de l'empereur. Il leur fut effectivement accordé, et à la diète tenue en 1135 à Mulhausen Conrad renonça au titre de roi d'Italie; mais il obtint la prééminence parmi les ducs, et son frère recouvra toutes ses possessions. En suite de quoi les deux frères accompagnèrent Lothaire dans son expédition en Italie. Mais à la mort de Lothaire Conrad de Franconie fut élu empereur d'Allemagne, le 22 février 1138, sous le nom de *Conrad III*. Cette élection au trône impérial ouvrit l'ère brillante des Hohenstaufen, dont alors, pendant près d'un siècle, la puissance ne fit que prendre des développements toujours plus grands. Mais la haine des Guelfes pour les Hohenstaufen (*voyez* GIBELINS), haine dont les premiers germes se trouvent dans l'alliance conclue entre le duc guelfe de Saxe et de Bavière Henri le Superbe avec l'empereur Lothaire, ne fit que s'accroître par suite de cette accession des Hohenstaufen à la couronne impériale.

La lutte commença lorsque, conformément aux lois de l'Empire, le Gibelin Conrad exigea du duc Henri; à la diète de Ratisbonne, que des deux duchés de Saxe et de Bavière, dont il se trouvait en possession, il abandonnât le second, et lorsque, sur le refus de Henri d'obtempérer à cette sommation, il l'eut mis au ban de l'Empire, Henri mourut inopinément en 1139. Son fils, Guelfe VI, continua la lutte; mais les victoires de Weinsberg (1140) et de Flochberg (1150), remportées par ses adversaires, accrurent considérablement la puissance des Hohenstaufen aux dépens surtout des princes de la maison de Zaehringen, alliée des Guelfes, et la lutte ne fit dès lors que la consolider davantage. Bien que l'empereur Conrad n'eût point réussi dans son projet d'assurer par une loi de l'Empire l'hérédité de la couronne impériale dans sa maison, la confiance que dans tout l'Empire on avait dans les Hohenstaufen fut cause qu'à sa mort, arrivée un 1152, le choix des électeurs se fixa sur son neveu, Frédéric III, fils de Frédéric II, dit *le Borgne*, qui, comme empereur, est connu dans l'histoire sous le nom de Frédéric I*er* *Barbe-Rousse*. Ce qui ne contribua pas peu à l'affermissement de son pouvoir, c'est qu'en triomphant de Henri *le Lion*, à qui il enleva son duché et qu'il réduisit à la possession du Brunswick, il anéantit complétement la puissance des Guelfes en Allemagne. Mais par le succès qui avait couronné ses armes en Italie il avait excité la jalousie du pape; et ce fut là ce qui fit échouer son fils et successeur, l'empereur Henri VI, dans ses efforts pour rendre la couronne d'Allemagne héréditaire dans sa famille malgré le consentement écrit de plus de cinquante membres de l'Empire; aussi eut-il beaucoup de peine, en 1196, à assurer la nomination de son fils, alors âgé de deux ans seulement, pour lui succéder sur le trône. Le mauvais vouloir des papes à l'endroit des Hohenstaufen fut cause que pendant la minorité du jeune Frédéric II l'on opposa le duc de Zaehringen, comme anti-roi, à son oncle Philippe de Souabe, nommé administrateur de l'Empire jusqu'à sa majorité. Convaincu que dans de telles circonstances il lui serait impossible de conserver la couronne à son neveu, Philippe la revendiqua pour lui-même. Il acheta, moyennant 11,000 marcs d'argent, la renonciation de Berthold de Zaehringen à ses prétentions personnelles; et il eût vraisemblablement fini par l'emporter dans sa lutte contre Othon IV de Brunswick, que le pape lui suscita pour compétiteur, s'il n'était mort prématurément, en 1208, sous le poignard d'un assassin. Le meurtre de Philippe rendit, il est vrai, Othon IV seul maître de l'Empire pendant quelque temps; mais lorsqu'il essaya de faire prévaloir son autorité impériale en Italie, il s'attira ainsi l'inimitié du pape Innocent III à un degré tel que celui-ci épousa la cause du jeune Frédéric, qui avait été précédemment reconnu comme empereur (à ce moment il était roi de Sicile), et qu'après avoir excommunié l'empereur Othon il excita même contre lui un redoutable parti dans l'Empire. Frédéric repassa alors les Alpes en toute hâte, et se fit couronner à Aix-la-Chapelle sous le nom de Frédéric II; puis, après la déroute qu'Othon IV essuya à Bouvines, en 1214, il régna seul en Allemagne.

Au début de son règne tout sembla se réunir pour favoriser l'agrandissement de sa maison. Quand la famille de Zaehringen vint à s'éteindre, en 1218, il hérita de ses possessions. Il récupéra de même les domaines héréditaires de sa race que son oncle Philippe avait aliénés; ses guerres en Italie furent couronnées de succès, et en 1220 il obtint sans difficulté que son fils Henri fût élu pour lui succéder comme empereur d'Allemagne. Mais quand la cour de Rome se prit à soupçonner le plan grandiose qu'avait conçu l'empereur de constituer un empire romain-allemand ayant pour base principale l'Italie transformée en monarchie, elle lui opposa la résistance la plus vive, en soulevant contre lui le parti guelfe, qui dominait plus particulièrement dans les villes de la haute Italie, en suscitant de nombreux anti-rois en Allemagne, en y provoquant des révoltes et jusqu'à des complots contre la vie de l'empereur, enfin en lançant de nouveau contre lui les foudres de l'excommunication. Par le terreur de son nom et par la grandeur de son génie Frédéric II maintint encore, il est vrai, l'éclat et la puissance de la maison de Hohenstaufen; mais une fois qu'il fut descendu au tombeau la décadence de sa race fut rapide.

Frédéric avait déjà de son vivant fait élire, en 1237, à Spire, son second fils, Conrad, en qualité de roi des Romains, après que l'aîné, Frédéric, eut été privé de cette dignité par son père pour s'être révolté contre lui. Conrad IV fut effectivement reconnu en qualité de roi par le plus grand nombre des États de l'Empire à la mort de son père, arrivée en 1250; mais les anti-rois et les ennemis que le pape lui suscita, de même que l'excommunication dont il le frappa, paralysèrent tellement les forces de ce prince en Allemagne qu'il prit le parti de passer en Italie pour tout au moins s'affermir dans la possession de ses États héréditaires, la Pouille et la Sicile, entreprise dans laquelle il fut grandement secondé par son frère consanguin, Manfred. Toutefois il ne tarda point à y rencontrer la mort, et périt empoisonné, suivant toute apparence (1254). Son fils unique Conrad, plus généralement appelé Conradin, était le seul représentant légitime de cette branche des Hohenstaufen. Tandis qu'il grandissait en Allemagne sous la tutelle de son oncle, le duc Louis de Bavière, Manfred s'efforçait de lui enlever son héritage en Italie. Quand plus tard, en 1258, contraint par les États de l'Empire, il fut monté sur le trône de Sicile, le pape, fidèle à sa haine pour la maison de Hohenstaufen, lui suscita un rival dans la personne de Charles d'Anjou. Le généreux Manfred, trahi par son entourage de seigneurs et abandonné par une grande partie de son armée, perdit la vie dans la bataille qu'il livra à l'envahisseur sous les murs de Bénévent, le 26 février 1266. Mais la cruauté de Charles d'Anjou suscita bientôt contre lui un redoutable parti, qui appela Conradin à venir reprendre possession du trône de ses pères. Battu à la bataille de Tagliacozzo, qu'il livra en 1268 à son rival Charles d'Anjou, Conradin de Hohenstaufen fut fait prisonnier, et périt à Naples de la main du bourreau.

Des autres descendants des Hohenstaufen, Enzio, roi de Sardaigne, fils de Frédéric II, mourut en 1272, prisonnier à Bologne; les fils de Manfred, Frédéric, Henri et Anselme, périrent également après avoir passé de longues années dans des cachots. De même, la fille de l'empereur Frédéric II, Marguerite, épousa Albert le Grossier, qui la rendit très-malheureuse; et la fille de Manfred, Constance, devint la femme de Pierre III d'Aragon, qui, quatorze ans plus tard, conquit la Sicile et vengea ainsi la mort de Conradin.

Les domaines de la maison de Hohenstaufen échurent, après la mort de Conradin, à la Bavière, au souverain de Bade et au Wurtemberg. La dignité de duc de Souabe et de Franconie s'éteignit, et il n'y eut que le titre de duc de Franconie qui demeura nominalement attaché au siège épiscopal de Wurtzbourg. Consultez Raumer, *Histoire des Hohenstaufen et de leur temps* (6 vol., 2ᵉ édit., 1841, Leipzig).

HOHENTHAL (Famille de). Quoique d'origine assez récente, les comtes de Hohenthal sont aujourd'hui considérés comme l'une des premières familles de la Saxe. Ils descendent de *Pierre* HOHMANN, né en 1663, de parents pauvres, à Kœnnern, dans le cercle de la Saal. Doué de beaucoup d'aptitude pour le commerce, il entra en apprentissage chez un marchand de Leipzig, et finit par fonder dans cette ville une maison de commerce qui, grâce à sa prudence, à son activité et à sa loyauté en affaires, parvint bientôt à un crédit et à une considération tels, qu'en 1717 l'empereur Charles IV l'anoblit en lui conférant le titre de banneret et de chevalier de Hohenthal. A sa mort, arrivée en 1732, il constitua un riche majorat destiné à soutenir l'éclat de son nom. Il laissait six fils, qui fondèrent autant de lignes collatérales, élevées en 1733 au titre de barons, puis en 1790 à celui de comtes. Il n'en subsiste plus aujourd'hui que deux : celle de *Hohenthal-Kœnigsbrück* et celle de *Hohenthal-Dœlkau*.

HOHENZOLLERN, ancienne famille princière allemande, à laquelle appartient la maison régnante actuelle de Prusse, et qui tire son nom du vieux manoir de Zollern ou Hohenzollern, situé dans la Souabe. On mentionne comme le plus ancien de ses ancêtres le comte Thassilo, qui vivait vers l'an 800. Vers l'an 980, le comte Frédéric Iᵉʳ reconstruisit l'antique castel de sa race, et l'agrandit. Le comte Frédéric III, qui vivait vers l'an 1111, laissa deux fils, dont l'aîné, Frédéric IV, est la souche de la famille de Hohenzollern, encore aujourd'hui existante; et le cadet, Conrad Iᵉʳ, fonda la ligne royale de Prusse actuelle. En l'an 1200, il devint premier burgrave de Nuremberg. Son arrière-petit-fils Frédéric III, obtint, en 1273, le titre de prince de l'Empire et le burgraviat de Nuremberg à titre de fief héréditaire. En l'an 1415 l'empereur Sigismond octroya à Frédéric VI le margraviat de Brandenburg (*voyez* PRUSSE). Le frère aîné de Conrad, Frédéric IV, en sa qualité de possesseur du fief paternel, continua la branche aînée des Hohenzollern; famille qui n'acquit quelque importance qu'au seizième siècle, lorsque l'empereur Maximilien Iᵉʳ eut accordé au comte Frédéric IV, en 1515, le titre héréditaire de chambellan de l'Empire. Son petit-fils, Charles Iᵉʳ, à qui l'empereur Charles-Quint prenait tant d'intérêt qu'il le fit élever en Espagne, obtint en 1529, quand la famille de Wardenberg vint à s'éteindre, les comtés de Sigmaringen et de Vœhringen; plus tard il fut créé président du conseil aulique de l'Empire, et en 1575 il établit dans sa maison un statut de succession aux termes duquel ses fils partagent tous les armes et les titres des comtés de Hohenzollern, Sigmaringen et Vœhringen, ainsi que des seigneuries de Haigerloch et de Wœhrstein, mais qui décidait que la charge de chambellan héréditaire de l'Empire appartiendrait toujours à l'aîné de la maison, à moins que celui-ci n'y renonçât. Ses fils, Eitel Frédéric VI et Charles II se partagèrent l'héritage paternel; le premier est Hohenzollern, le second Sigmaringen et Vœhringen. Eitel Frédéric VI construisit le château de *Hechingen*, et adopta pour sa ligne la dénomination de *Hohenzollern-Hechingen*, tandis que Charles donnait à la sienne le nom de *Hohenzollern-Sigmaringen*. Du fils de Frédéric VI, le comte *Jean-Georges* DE HOHENZOLLERN-HECHINGEN, fut créé, en 1623, prince de l'Empire par l'empereur Ferdinand II; le chef de la branche de Sigmaringen obtint la même distinction en 1632; et en 1692 l'empereur Léopold Iᵉʳ accorda le titre de prince aux fils puînés de cette maison, sauf ceux de la famille de Hohenzollern-Haigerloch, branche collatérale de la maison de Sigmaringen. Le pays de Hohenzollern fut alors érigé en comté-princier, avec tous droits de souveraineté, complètement indépendant, ne relevant ni de l'empereur ni de l'Empire; il n'y eut plus que la juridiction criminelle que ces princes tinrent de l'empereur à titre de fief. En 1695 et 1707 des conventions d'hérédité mutuelle furent conclues avec l'électorat de Brandenburg et les margraves de Baireuth et d'Anspach, et, de même que le statut de succession de 1575, elles servirent de base au nouveau statut de famille intervenu en 1821, et que confirma le roi de Prusse, en sa qualité de chef de toute la maison de Hohenzollern. En vertu de ce nouveau statut, le droit de primogéniture reste en vigueur; et si une ligne mâle venait à s'éteindre, ses possessions devraient faire retour à la ligne féminine encore survivante, et à défaut de l'une et de l'autre, à la maison royale de Prusse. Mais la souveraineté des divers territoires appartenant aux différentes branches de la famille de Hohenzollern a déjà fait retour à la Prusse, en 1849, par suite de la renonciation volontaire des princes de Hohenzollern à leur titre de prince souverain.

Les principautés de Hohenzollern forment un territoire long et étroit, situé au sud de l'Allemagne, sur le plateau de la Souabe supérieure, entouré sur trois de ses côtés par le Wurtemberg, et sur l'autre par le grand-duché de Bade. Il s'étend, dans la direction du nord-est au sud-est, depuis la vallée du Neckar jusqu'aux environs du lac de Constance, et contient une superficie d'environ 14 myriamètres carrés, avec une population de 62,000 âmes. Cette contrée est traversée en partie par une chaîne d'âpres montagnes, et arrosée par le Danube et ses affluents, le Schmiech, le Lauchart et l'Ablach, et par le Neckar et ses affluents, l'Eyach, le Glatt et le Starzel. On trouve une source alcaline à Imnau, et à Glatt des eaux sulfureuses et alumineuses. On cultive les céréales dans les vallées, parmi lesquelles la plus fertile est le *Killerthal*. Cependant les principales ressources des habitants consistent dans l'élève du bétail et dans le commerce des bois, produit dont le pays abonde, ainsi que dans la filature du coton et du lin, dans la fabrication d'articles en fer et l'exploitation de quelques mines de fer dans les montagnes.

A l'exception d'une centaine de familles juives, la population des deux principautés, comme ses ci-devant souverains, appartient à la religion catholique romaine.

HOHENZOLLERN-HECHINGEN (Principauté de). Sur un territoire de près de 4 myriamètres carrés, elle contient environ 21,000 habitants. Elle est située au nord de Sigmaringen, sur le versant occidental de la montagne qui traverse tout le pays de Hohenzollern. La paix de Lunéville lui enleva des droits féodaux dans le pays de Liége, et le recez de l'Empire de 1803 lui accorda, comme indemnité, la seigneurie de Hirschblatt et le couvent de Mariagnadenthal, au village de Stetten. Le prince *Herman Frédéric*, par son accession à la Confédération du Rhin, devint prince souverain en 1806. La capitale de la principauté est Hechingen. A 2 kilomètres de cette ville s'élève sur le Kegelberg, haut de 871 mètres au-dessus du niveau de l'Océan, le château de Hohenzollern, berceau de la famille, qui a été tout récemment restauré, et dont il est même question depuis longtemps de faire une place forte.

Depuis 1796 la principauté reçut une constitution d'états qui fut révisée en 1835. Aujourd'hui, de même que la principauté de Sigmaringen, elle fait partie intégrante de la monarchie prussienne.

HOHENZOLLERN-SIGMARINGEN (Principauté de). Sur près de 11 myriamètres de superficie, elle compte 41,200 habitants. La paix de Lunéville lui enleva certains droits féodaux sur les seigneuries situées dans les Pays-Bas et des domaines en Belgique; mais elle en fut dédommagée par la cession de la seigneurie de Glatt et de domaines appartenant à divers couvents. Le prince *Aloys-Mainrad*, par son accession à la Confédération du Rhin, en 1806, devint alors souverain, et reçut en échange de divers domaines et droits féodaux dont sa famille était en possession dans les Pays-Bas différentes seigneuries voisines de sa principauté.

La partie septentrionale de la principauté, dite Oberland de Sigmaringen, et qui appartient au bassin du Danube, se compose d'un sol pierreux et montagneux, qui ne produit pas la quantité de céréales nécessaire à la population, mais en revanche très-boisé. La partie méridionale, pays généralement plat et fertile, arrosé par le Neckar et son affluent l'Eyach, produit assez de blé pour pouvoir en exporter. La capitale est la petite ville de Sigmaringen.

A la suite des événements de 1848, qui eurent également leur contre-coup dans ces petits pays, les deux princes de Hohenzollern-Hechingen et Hohenzollern-Sigmaringen renoncèrent, le 7 décembre 1849, à leurs droits de souveraineté ; leurs Etats ont cessé dès lors d'être indépendants, et, en vertu de conventions d'hérédité antérieures, ils furent réunis à la Prusse, où ils forment aujourd'hui un cercle de régence, de même qu'ils sont représentés dans les chambres prussiennes. Les deux princes, tout en rentrant alors dans la vie privée, ont conservé le titre d'*Altesse* et le rang de princes de la branche cadette de la maison royale.

HOIR, vieux mot employé encore dans la jurisprudence pour signifier *héritier*. Il s'applique ordinairement aux enfants et petits-enfants, de préférence aux autres héritiers. Il s'emploie plus volontiers au pluriel qu'au singulier.

HOIRIE, vieux mot synonyme d'*héritage, succession*. On dit encore aujourd'hui : faire un don en *avancement d'hoirie*, c'est-à-dire faire à l'un de ses héritiers une donation en avance sur la succession qui doit lui échoir. Comme les qualités de donataire et d'héritier sont incompatibles, si l'on accepte plus tard la succession, on doit rapporter dans sa maison tout ce que l'on a reçu en donation. Si l'on y renonce, au contraire, on peut retenir le don entre vifs jusqu'à concurrence de la portion disponible. Il n'y avait autrefois que les donations en avancement d'hoirie où l'on suivit ces règles ; elles ont été étendues par le Code Nap. aux donations pures et simples. La clause d'avancement d'hoirie devenait donc inutile ; on continua néanmoins de l'insérer dans les actes ; et les notaires ont conservé cette forme de style, par suite de l'habitude louable où ils sont de faire remarquer aux parties les effets des contrats qu'elles souscrivent.

HOLBACH (Paul-Henri-Thierry, baron d'), naquit à Heidelsheim, dans l'ancien Palatinat, au commencement de l'année 1723. A en croire Rousseau, son père était un parvenu ; mais le Genevois ne pardonnait pas au baron ce qu'il appelait ses grossièretés à son égard. Tout ce qu'on sait, c'est que d'Holbach vint à Paris dans son enfance, et que son père lui laissa une brillante fortune. Dès lors sa maison devint le rendez-vous de tous les étrangers de marque, de tout ce que Paris renfermait de distingué dans les sciences, les lettres et les arts : Buffon, D'Alembert, Diderot, Helvétius, Raynal, beaucoup d'autres, y formaient une sorte d'aréopage philosophique. Deux ou trois fois la semaine, d'Holbach donnait à ses intimes de splendides dîners ; mais Buffon ne tarda pas à se retirer de cette société. L'abbé Galiani, un des convives les plus exacts, appelait son amphitryon *le maître d'hôtel de la philosophie*. Naigeon, moins ingrat ou plus épicurien, publiait dans le *Journal de Paris* qu'*il offrait la pratique constante de toutes les vertus qui font le plus d'honneur à la nature humaine, et qu'il avait reculé les bornes des sciences politiques, philosophiques et morales*. C'est pourtant d'Holbach qui a écrit ces deux blasphèmes : « Un Dieu immatériel, infini, immense, est une chimère composée par la théologie. — L'athéisme est le seul système qui puisse conduire l'homme à la liberté, au bonheur, à la vertu. »

Des nombreux ouvrages qui ont paru sous son nom ou sous des pseudonymes, aucun n'atteste cette justesse d'esprit et de jugement que ses amis ont vantée ; rien dans les habitudes de sa vie ne justifie non plus ce que Naigeon, entre autres, a dit de la simplicité antique et patriarcale de ses mœurs, si ce n'est la crédulité avec laquelle il accueillait les nouvelles des gazettes et les éloges qu'on lui donnait. Du reste, ce bon patriarche se plaisait singulièrement dans la compagnie des femmes licencieuses ; ce philosophe austère était un Lucullus au petit pied, plein de faste et de morgue. Quant aux traits de bienfaisance que les anecdotistes lui attribuent, voici ce qu'il dit lui-même des motifs qui les lui ont inspirés : « Je me contente du rôle sec de bienfaiteur : un peu de reconnaissance me fait plaisir. » Certainement ce n'est pas un crime que de désirer un peu de reconnaissance, mais le bienfait perd beaucoup de son prix lorsqu'on l'accorde sèchement, et qu'on ne l'accompagne pas de paroles consolantes. D'Holbach était un grand seigneur philosophe, dans son esprit. Aussi la plupart de ses bons mots ressemblent-ils à celui qu'il adressa à Turgot, se retirant du ministère : « Vous meniez fort bien votre charrette ; mais vous aviez oublié la petite botte de saindoux pour graisser les essieux. »

C'était dans la société qu'il recevait que se formait l'opinion du jour. Le club *Holbachique*, comme disait Rousseau, avait ses protégés et créait ou ruinait les réputations. Les premiers jugements sur tous les genres de mérite en sortaient puissants et exclusifs. Les emplois brillants et lucratifs étaient même accordés à ceux que la société poussait à la cour : elle disposait des journaux et des voix de la renommée. D'Holbach fut le prête-nom de la ligue philosophique dont Rousseau a dit : « L'intérêt commun les tient étroitement unis, parce qu'une haine ardente et cachée est la grande passion de tous, et que, par une rencontre bien naturelle, cette haine commune est tombée sur les mêmes objets. Ils étendent ainsi leur cruelle influence dans tous les rangs, sans en excepter les plus élevés. Pour s'attacher inviolablement leurs créatures, les chefs ont commencé par les employer à mal faire, comme Catilina fit boire à ses complices le sang d'un homme, sûrs que par ce mal où ils les avaient fait tremper, ils les tenaient liés pour le reste de leur vie, etc. »

Le crédit du baron d'Holbach diminua avec sa fortune, que restreignit considérablement l'établissement de ses fils, dont Lagrange fut le précepteur ; mais jusqu'à sa mort, arrivée le 21 janvier 1789, il conserva une influence qu'il devait moins à ses talents qu'an souvenir des services qu'il avait rendus aux philosophes. S'il faut s'en rapporter à J.-J. Rousseau, il se faisait attribuer toutes les productions monstrueuses de ses associés, que ceux-ci craignaient d'avouer. Barbier prétend avoir entendu dire à Naigeon que les personnes même qui fréquentaient sa maison ignoraient qu'il fût l'auteur des ouvrages philosophiques qui sortaient des presses de Hollande. Il confiait ses manuscrits à Naigeon, qui les faisait passer par une voie sûre à Michel Rey ; celui-ci envoyait ensuite en France les ouvrages imprimés ; et souvent d'Holbach en entendait parler à sa table avant d'avoir pu s'en procurer un seul exemplaire. Voici quelques-uns des principaux : *Chimie métallurgique*, traduite de l'allemand de Gellert (in-12) ; *Minéralogie*, traduite de l'allemand de Vallerius (2 volumes in-12) ; l'*Antiquité dévoilée* (3 volumes in-12) ; le *Christianisme dévoilé, ou examen des principes et des effets de la religion chrétienne ; Examen critique de la vie et des ouvrages de saint Paul* ; la *Contagion sacrée, ou histoire naturelle de la superstition ; L'Esprit du Clergé, ou le christianisme primitif vengé des entreprises et des excès de nos prêtres modernes* : ces deux ouvrages sont imités de l'anglais de Jean Trenchard et de Thomas Gordon ; *De l'Imposture sacerdotale, ou recueil de pièces sur le clergé*, traduit de l'anglais ; *David, ou l'histoire de l'homme selon le cœur de Dieu ; L'esprit du Judaïsme ; Dernier chapitre du militaire philosophe, ou difficultés sur la religion proposées au père Malebranche ; Lettres à Eugénie, ou préservatifs contre les préjugés* (2 volumes in-12). On a faussement attribué à Fréret ces lettres, qui parurent en 1768. On compte encore vingt-trois ouvrages du baron d'Holbach, inspirés par sa haine pour la religion : parmi ceux-ci figurent en première ligne son *Histoire critique de Jésus-Christ* et son fameux *Système de la Nature*. Il a en outre traduit plusieurs œuvres scientifiques, telles que l'*Art de la Verrerie de Nérie*, *Merret et Nanchel* ; un *Essai d'histoire naturelle des couches de la terre*; l'*Art des Mines*; un *Recueil d'histoire de la chimie et d'histoire naturelle*, d'après les travaux des académies d'Upsal et de Stockholm, etc., etc. Ces livres, vraiment utiles, font regretter qu'un homme doué de talents réels les ait fait servir à un but anti-social.

Victor BOREAU.

HOLBEIN (HANS), *l'aîné*, peintre de l'école de Souabe, né vers 1450, vécut principalement à Augsbourg. C'est vers l'an 1500 qu'il arriva à l'apogée de son talent et de sa réputation ; et bientôt, avec ses fils *Ambrosius*, *Bruno* et *Hans*, qui cultivaient aussi l'art, il se retira à Bâle, où il mourut en 1526. L'œuvre de Holbein l'aîné porte l'empreinte d'une grande vérité de caractère et de nature, qui n'atteint pas, il est vrai, la beauté et la dignité idéales, mais ne laisse pas d'être pleine de charmes et de grâce, et que rehaussent encore la délicatesse et la fraîcheur du coloris. En général, dans ses toiles, les personnages qui représentent le génie du mal, et parmi lesquels revient souvent un homme pâle en costume de chasse vert, avec une plume de coq surmontant sa coiffure, sont outrés. Parmi les tableaux de cet artiste qu'a conservés la galerie d'Augsbourg, le plus important est celui qui représente les principaux événements de la vie de l'apôtre saint Paul, et que l'artiste composa pour l'église Saint-Paul de cette ville. On voit aussi de ses productions dans les galeries de Francfort, de Munich et de Nuremberg. La dernière n'en possède pas moins de vingt, dont dix-sept représentent des scènes de la vie de Jésus-Christ, et ont été lithographiées par Gysin (Bâle, 1848). Prague a de lui aussi deux magnifiques toiles peintes en grisaille ; Bâle enfin, quatre grands tableaux relatifs à la Passion de Jésus-Christ, avec des figures quelque peu maniérées, mais cependant pleines de vie.

HOLBEIN (HANS), *le jeune*, l'un des premiers maîtres de l'art allemand, naquit en 1497, à Grunstadt, comme nous l'apprend son portrait exécuté par lui-même, et dont la découverte est toute récente, et fut l'élève de son père. Dès 1512 ses productions commencèrent à faire sensation. Dans les années suivantes il décora diverses maisons et églises de la ville de Bâle de portraits, de fresques et de tableaux d'autel. Beaucoup de mots plaisants, que la tradition a conservés, le représentent comme un joyeux compère, et sa vie est aussi riche en anecdotes que celle de pas un des plus grands peintres italiens. Ainsi on raconte que chargé un jour de peindre à fresque une danse de paysans dans la maison de danse de Bâle, notre artiste, au lieu de presser sa besogne, faisait de longues et fréquentes stations dans un cabaret voisin, situé sur le marché aux poissons. L'individu qui lui avait commandé ce travail témoignant un vif mécontentement de ce qu'il n'allait pas plus vite, Holbein imagina de peindre sur la muraille, tout au-dessous de son échafaudage, deux jambes pendantes et d'une ressemblance si parfaite, que lorsque le propriétaire de la maison mettait le nez à la porte de la salle pour surveiller son peintre, il croyait toujours le voir profondément occupé et se retirait bien discrètement, pour ne pas le déranger.

Holbein vivait mal avec sa femme, et Érasme, avec qui il était fort lié, fit de vains efforts pour l'arracher au désordre. On raconte qu'espérant ainsi le ramener à une meilleure conduite, il lui adressa le manuscrit de son *Éloge de la Folie* ; et Holbein, enchanté des portraits qu'Érasme avait tracés des différents genres de folie, entreprit de les représenter à l'aide de dessins qu'il traça sur les marges mêmes de cet exemplaire qu'il remit à Érasme, et que celui-ci le lui renvoya après avoir écrit le nom de Holbein au-dessous d'un sujet dans lequel notre artiste avait représenté un gros Hollandais caressant d'une main sa bouteille et de l'autre sa maîtresse.

Quand Holbein s'ennuya de la ville de Bâle et de la vie qu'il y menait, Érasme lui donna des lettres de recommandation pour le célèbre chancelier Thomas Morus ; et il se rendit alors en Angleterre, en passant par Leyde ; du moins la tradition raconte une foule d'anecdotes sur sa rencontre avec Lucas de Leyde. Thomas Morus le logea dans sa maison, le fit travailler pendant environ trois années, et invita alors le roi à venir visiter les peintures exécutées par Holbein. Surpris et ravi à leur aspect, Henri VIII s'écria : « L'artiste vit-il encore et peut-on l'avoir pour de l'argent? » Aussitôt Thomas Morus de présenter son protégé au monarque, qui prit Holbein à son service et le récompensa magnifiquement. Cette réponse, que fit un jour Henri VIII à un lord qui se plaignait à lui d'avoir été insulté par son peintre : « Sachez que je puis faire sept lords avec sept paysans, mais qu'il me serait impossible de faire un seul Holbein avec sept lords, » prouve combien il appréciait notre artiste. Holbein vécut dès lors principalement en Angleterre, objet de l'estime et de la considération générales; il y fit, entre autres, le beau portrait en pied de Henri VIII, qu'il a copié plusieurs fois, ceux du prince Édouard, des princesses Marie et Élisabeth, celui d'Anne de Clèves, qui fait aujourd'hui l'ornement du Musée de Paris; etc., etc. ; et il mourut en ce pays, de la peste, en 1554.

Sans doute Holbein fut surtout et dans maintes périodes de sa vie presque exclusivement peintre de portraits ; mais sous ce rapport déjà il égale les plus grands peintres italiens, en même temps qu'il l'emporte sur tous les Allemands contemporains. Il n'y a rien d'idéal dans ses portraits ; seulement la nature s'y trouve représentée dans ce qu'elle a de plus vif et de plus ingénieux. Quant à l'exécution, rien de plus riche, de plus parfait sous le rapport du coloris, du dessin, de la disposition des figures et des accessoires. Ce ne sont point des personnalités héroïquement guindées ; ce sont des personnages bien réels, respirant la vie prise sur le fait. Nous citerons pour exemples les portraits de sa femme et de ses enfants qui se trouvent à Bâle, ainsi que ceux de Froben, d'Érasme à Londres. C'est aussi à cette première période de sa carrière qu'appartient *La Sainte Cène*, qui se trouve à Bâle, de même que sa célèbre *Danse des Morts*, où il a représenté toutes les conditions de la vie ; les dessins si comiques qu'il composa pour l'encadrement des marges de l'*Éloge de la Folie* d'Érasme, et les deux magnifiques toiles représentant des filles de joie. Autant on en peut dire d'un tableau votif que possède la galerie de Dresde et représentant un bourgmestre de Bâle agenouillé devant la sainte Vierge avec toute sa famille; les nombreux cartons et esquisses qu'il composa pour des peintres sur verre; de ses fresques, dont la plupart n'existent malheureusement plus ; enfin d'une *Adoration des bergers et des rois* ornant la cathédrale de Fribourg en Brisgau, et vraisemblablement aussi de la célèbre *Passion*, en sept compartiments, qui se trouve à Bâle. Dans ses tableaux historiques Holbein se dégage des entraves de la tradition de son école. Dans son coloris, dans son exposition, il est complètement vrai et indépendant. Il a cherché et trouvé la poésie à sa manière, non point en se lançant dans l'idéal comme les Italiens, mais par la conception pure et naïve de la vie. Le coloris des deux *Filles de Joie*, l'ordonnancement les caractérise de *La Sainte Cène* de Bâle, proche parente de celle qui orne la galerie du Louvre, prouvent cependant que Holbein connaissait et avait étudié les œuvres de Léonard de Vinci.

Dans sa seconde période, le travail devient un peu plus superficiel, et son coloris n'est point tout à fait exempt de la manière des peintres flamands qui se sont formés en Italie, et dont il se peut qu'il ait vu les œuvres pendant son voyage pour se rendre en Angleterre. De magnifiques et ingénieux portraits, appartenant à cette seconde période, ornent la galerie du Louvre, le musée de Berlin et surtout les galeries du château de Longford, près de Salisbury, et du château de Windsor. Il existe de lui, dessinés à la main, quatre-vingt-sept portraits de personnages de la cour de Henri VIII ; la plus grande partie en fut retrouvée dans le château de Kensington et a été gravée par Bartolozzi. Dans le *Barber's Hall* à Londres, on voit un beau tableau de cérémonie qui représente Henri VIII donnant de nouveaux statuts à la corporation des chirurgiens et barbiers, dont les chefs sont agenouillés devant lui. Notre musée du Louvre possède aussi un des plus beaux tableaux de Holbein, représentant *Jésus descendu de la croix* : au bas est une frise figurant la Cène, dont la composition, les gestes et l'expression des figures ont beaucoup d'analogie avec le magnifique tableau de Léonard de Vinci qui est à Milan.

Pendant longtemps Holbein a aussi passé pour un des plus grands graveurs sur bois. Sa *Danse des Morts*, des figures pour l'Ancien Testament, trois alphabets d'initiales et d'autres travaux encore lui assigneraient ce rang s'il les avait non seulement composés, mais encore gravés lui-même. Mais cette opinion a été combattue, et non sans une grande apparence de raison. On croit donc que Holbein n'a que peu gravé ou même pas du tout; que sa *Danse des Morts* fut gravée par Hans Lutzelburger, dont le monogramme se retrouve également sur le portrait de la Duchesse. Toutefois c'est là une question encore controversée, et qui a donné lieu à une polémique assez animée de la part de quelques critiques allemands, comme Rumohr, Sotzemann, etc.

HOLBERG (Louis, baron DE), le créateur de la littérature danoise moderne, né le 6 novembre 1684, à Bergen, en Norvège, étudia d'abord la théologie à Copenhague et fut ensuite précepteur particulier. Son père, qui de simple soldat était devenu colonel, mourut ainsi que sa mère pendant qu'il était encore sur les bancs de l'université; et ce double malheur le réduisit à une gêne cruelle. En donnant des leçons particulières, il fit cependant des économies suffisantes pour pouvoir visiter la Hollande, l'Allemagne, la France et l'Angleterre. De retour à Copenhague, Holberg y vécut encore quelques années en enseignant les langues étrangères, puis il fut nommé professeur agrégé d'abord, et plus tard professeur en titre à l'université. C'est alors qu'il commença à s'exercer dans la satire. Il écrivit ensuite en iambes le poëme héroï-comique de *Peder Paars* (1719-1720), qui lui eut bientôt fait une grande réputation. Cet ouvrage fut suivi de *Hans Mikkelsens fire Skjemtedigte* (1722), et et plus tard de *Hans Mikkelsens Metamorphosis eller Forvandtlinger* (1726). Le hasard l'amena à travailler pour le théâtre, où son talent trouva enfin le véritable terrain qui lui convenait. Il composa, à des intervalles très-rapprochés, un grand nombre de comédies, publiées sous le titre de *Hans Mikkelsens Comedier*.(7 vol.), 1723-1754), qui ne tardèrent pas à être traduites en allemand et même en français : toutes eurent un grand succès. Il fut, à proprement parler, le fondateur du théâtre comique des Danois. La vivacité de sa verve, la finesse de sa plaisanterie, l'originalité de ses caractères lui assurent une des places les plus honorables parmi les auteurs comiques modernes. Bien que beaucoup de traits ne se rapportent qu'à son temps et au degré de civilisation où se trouvait alors sa nation, on les voit et on les lit toujours avec plaisir. Tout récemment son *Potier d'étain* a eu les honneurs d'une double traduction en français.

Son *Voyage souterrain de Niels Klim*, roman satirique en latin, qui dès son apparition fut traduit en plusieurs langues, ajouta encore à sa réputation. On a aussi de lui une *Histoire de Danemark*, une *Histoire générale de l'Église*, une *Histoire des Juifs*, et des *Biographies comparées de Héros et d'Héroïnes célèbres, à la manière de Plutarque*, des *Epîtres* et des *Fables* ; mais on voit tout de suite en les lisant qu'il n'était point ne fabuliste. Il fut créé baron du royaume, en 1747. Anglais par le caractère, Français par le goût et la politesse, il vécut célibataire, et mourut le 17 janvier 1754, léguant la majeure partie de sa fortune au collège noble de Sorœ.

HOLÉTRES (de ὅλος, tout, et ἦτρον, ventre). *Voyez* ARACHNIDES, t. I, p. 729.

HOLLAND (HENRY-RICHARD VASSALL, lord), né en 1773, était fils unique d'Étienne Fox, deuxième lord Holland et neveu du célèbre Fox. Après avoir terminé ses études à Éton et Oxford, il voyagea sur le continent, et connut en Italie Élisabeth Vassall, femme de sir Godfrey Webster, qu'il épousa à la suite d'un divorce scandaleux. A son retour, il prit place, en 1798, à la chambre haute. Dès son début, soutenu par une éloquence simple, mais noble, il se montra défenseur et avocat résolu d'une politique libérale. Avec beaucoup d'autres, il jugea tout de suite que la réforme des abus monstrueux dans l'administration ne pouvait s'opérer que par une réforme du parlement. Il se prononça également contre l'union de l'Irlande avec l'Angleterre, que le ministère ne put emporter que par les moyens de la corruption la plus éhontée. En 1802, à la paix d'Amiens, Holland alla voyager pendant trois années en Espagne et en Portugal, et il utilisa son séjour dans la péninsule pour se livrer à une étude approfondie de la langue et de la littérature espagnoles; étude dont témoignent ses excellentes biographies de Guillen de Castro et de Lope de Vega (Londres, 1805; 2ᵉ édition, 1817). A son retour, il reparut dans les rangs de l'opposition, et en 1806, à la mort de Pitt, il entra comme secrétaire d'État dans le ministère dit *des Talents*. Mais la mort de Fox (13 septembre 1806) ayant rompu les négociations entamées avec la France, il sortit du cabinet; et à partir de ce moment il dirigea pendant vingt-quatre ans et sans relâche, dans la chambre haute, la lutte de l'opposition contre la politique des tories. Dans toutes les questions importantes de cette époque, il défendit les vrais principes de la liberté et de l'humanité. Si alors il ne put emporter contre les tories, affermis par la victoire, la révocation des lois d'exception, il se rendit tout au moins redoutable à ses adversaires par le retentissement de ses mordants sarcasmes et par une infatigable opposition. Lorsqu'en mars 1818, MM. Montholon et Santini dénoncèrent au parlement la cruauté avec laquelle on traitait Napoléon à Sainte-Hélène, Holland insista pour que les ministres donnassent communication des pièces relatives à toute cette affaire; mais il vit la majorité rejeter aussi cette proposition.

Lady Holland chercha à adoucir le sort de l'illustre captif en lui envoyant des livres, des journaux, et en lui faisant passer divers autres objets que le gouvernement anglais ne lui accordait qu'avec une extrême parcimonie. L'empereur, reconnaissant, fit présent à Lady Holland, dans son testament, d'un camée antique qui lui avait été offert jadis par Pie VI, lors de la signature de l'armistice de Tolentino.

Enfin, en 1830, lorsque le ministère de la réforme, dirigé par Grey, arriva aux affaires, Holland rentra aussi dans l'administration. Toutefois, sa santé l'empêcha d'accepter un portefeuille ; mais on le nomma chancelier du duché de Lancastre, sinécure qui lui donnait le droit de faire partie du cabinet avec voix délibérative. Il siégea également en cette qualité dans le ministère *Melbourne*. Vers la fin de sa vie, Holland prit rarement la parole au sein du parlement. Voué aux arts et à la science aussi bien qu'à la politique, sa maison était le rendez-vous des artistes et des savants. Il mourut à Londres, le 22 octobre 1840. On a de lui une biographie de son oncle Fox, qu'il a publiée avec l'ouvrage de celui-ci : *Hitory of the early part of the reign of King James II* (Londres, 1808). Il est aussi l'éditeur des *Memoirs of Waldegrave* (1822).

Ses enfants ne portent plus le nom de *Vassall*, qu'il avait pris de sa femme; mais ils ont repris le nom de Fox, qui est celui de leur famille. Un fils, Henri-Edouard Fox, lord HOLLAND, né en 1802, ex-envoyé à Florence, a publié en 1850 les piquants *Souvenirs de Voyage* (*Foreign Reminiscences*) de son père, qui produisirent une vive sensation dans les cercles aristocratiques.

HOLLANDAISE (École). *Voyez* ÉCOLES DE PEINTURE, tome VIII, page 316.

HOLLANDAISES (Langue, Littérature et Sciences). La langue parlée en Hollande est un dialecte du tudesque;

on s'y sert aussi du frison, dans lequel a écrit Gysbert Jacobs, né en 1603, à Bolsward, et qui a été l'objet des recherches du professeur Everwyn-Wassenberg. Les Hollandais sont fort attachés à leur idiome, qui en effet est riche, flexible, et aussi propre à l'expression des pensées qu'a celle de la naïveté et de la grâce. C'est une des langues les mieux faites, différant de l'allemand sous le rapport de la grammaire et sous celui des inversions, riche en synonymes et en nuances délicates. Par son ampleur et son énergie la langue hollandaise semble plutôt convenir à l'histoire, à l'épopée, à l'ode et à la tragédie, qu'à la poésie légère et à la comédie. D'ailleurs, la poésie est populaire en Hollande, et cette nation, qu'on se figure volontiers comme flegmatique et exclusivement occupée du soin de s'enrichir, est, jusque dans les classes les moins élevées, sensible à tout ce qui peut émouvoir l'imagination et remuer le cœur.

Au treizième siècle, Melis Stoke écrivit une chronique rimée, contenant en 10 livres l'histoire des comtes de Hollande, depuis Dijrk ou Didier Ier jusqu'à Guillaume III. A la même époque nous trouvons encore des fabulistes et des romanciers. Le quatorzième siècle nous présente Guillaume van Hildegaertsberch et, de même que l'âge précédent, des espèces de trouvères, appelés *orateurs* ou *sprekers*, qui parcouraient les cours et les châteaux, où ils débitaient des maximes morales en prose et en vers, arrangées, soit par eux-mêmes, soit par d'autres, et auxquelles on donnait alors le nom général de *proverbes* ou *spreuken*. Pendant ces époques, et jusqu'à la fin du seizième siècle, la supériorité littéraire semble appartenir à la Belgique; mais la Hollande, ayant conquis son indépendance, l'emporta bientôt sur sa rivale, qui, placée trop longtemps dans des circonstances moins favorables, n'eut rien à opposer aux Vondel, aux Kats, aux Hooft, aux Van Haren, aux Helmers, etc. L'imitation française, une imitation servile et malentendue, faillit tout perdre, lorsque les écrivains qui illustrèrent le règne de Louis XIV eurent ébloui le reste de l'Europe de leur renommée. Mais enfin, on abandonna cette route périlleuse.

Un des auteurs qui contribuèrent le plus puissamment à ramener la littérature batave à son génie fut Bilderdyk, que ses compatriotes placent sans hésiter à côté de Goethe et de Byron. De nos jours, se sont distingués comme poètes: Feith, Bellamy, Van Alphen, Nieuwland, Elisabeth Wolf, Agathe Deken, Tollens, etc.; comme prosateurs, Loosjes, Van Hall, Borger, Van der Palm, etc.

La Hollande est toujours la terre classique de l'érudition, la terre qui donna le jour à Dousa, à Juste Lipse, à Scaliger, à Grotius, à Vossius, à Heinsius, à Gronov, à Haverkamp, et continue cette école philologique fondée par les Hemsterhuys, les Ruhnkenius et les Wyttenbach; école sage et laborieuse, mais qui peut-être s'attache plus à la forme qu'à l'idée. La Hollande est le seul pays de l'Europe où l'on se pique encore d'écrire en latin avec élégance et pureté. Ses universités, surtout celle de Leyde, récompense d'un grand dévouement patriotique, soutiennent leur ancienne réputation ; et ses écoles moyennes et élémentaires, multipliées jusque dans les plus humbles villages, et où l'on suit d'excellentes méthodes, portent jusque parmi les moins fortunés une instruction substantielle, prudemment proportionnée au rôle que chacun est appelé à jouer dans le monde. L'association dite *Pour l'unité publique* (*Tot nut van t'algemeen*) rend sous ce rapport, comme sous bien d'autres, d'éminents services, qui ne coûtent rien à l'État.

Les Hollandais cultivent les sciences avec succès; il nous suffira sans doute de rappeler ici pour *la médecine* les noms de Van Helmont, de Boerhaave de Vesale, de Swammerdam, de Ruysch, de Camper, de Huyghens, de S'Gravesande, de van Calkar, de Leeuwenhoek, de Muschenbroek, de Spinosa, d'Érasme, d'Aitzema, etc. Leurs peintres, si nombreux, si estimés, mais que Louis XIV n'aimait pas, lui qui n'était frappé que d'une grandeur de convention, sont des coloristes incomparables, moins habiles, toutefois, à rendre les grandes scènes de l'histoire qu'à reproduire avec une vérité minutieuse la nature morte et les détails subalternes ou grotesques de la vie domestique. Ils ont déjà été appréciés dans ce livre à l'article ÉCOLES DE PEINTURE ; nous nous bornerons donc à y renvoyer le lecteur. L'architecture, excepté l'architecture hydraulique, ne brille pas chez les Hollandais d'un grand éclat; leurs édifices modernes manquent en général de dignité et de grâce. Quant à la musique, on cite parmi eux peu de compositeurs dignes d'attention; et c'est à peine si à l'étranger on en pourrait nommer un seul.

DE REIFFENBERG.

HOLLANDE. C'est, dans son acception la plus large, le nom qu'on donne souvent à la ci-devant république des sept Provinces-Unies et au royaume actuel des Pays-Bas; mais, dans un sens plus restreint, on entend par là les deux provinces nord-ouest de ce royaume confinant à l'ouest et au nord à la mer d'Allemagne, à l'est au Zuyderzée et aux provinces d'Utrecht et de Gueldres, au sud à la province du Brabant septentrional et à la Zélande, et répondant à peu près à l'ancien comté de Hollande. Depuis 1816 ces deux provinces n'en formèrent plus qu'une seule, divisée cependant, sous le rapport administratif, en deux gouvernements : celui de la *Hollande septentrionale* et celui de la *Hollande méridionale*; mais quand, en 1830, la Belgique se sépara des Pays-Bas, on en constitua deux provinces du royaume, complétement distinctes l'une de l'autre. Elles comptent ensemble, sur une superficie de 66 myriamètres carrés, une population de 1,048,438 habitants, et forment la partie la plus peuplée, la plus riche, la plus florissante du royaume, de même qu'autrefois la Hollande constituait le centre et le point d'appui de la république des provinces unies des Pays-Bas. Placée quelquefois au-dessous du niveau de l'Océan, elle offre partout un sol plat, que dominent seulement des dunes qui, avec un coûteux système de digues, la protègent contre les envahissements de la mer; couvert d'ailleurs de lacs en partie desséchés comme la mer de Harlem), de marais et de tourbières, d'immenses pâturages, de terres à blé et de jardins ; et traversé par d'innombrables canaux de desséchement et de navigation, par exemple le grand Canal de Hollande, entre Amsterdam et le Helder, par de petits cours d'eau, et par plusieurs bras du Rhin et de la Meuse à leur embouchure. Le climat est humide, variable et froid, sans être malsain pour les habitants. Le sol, cultivé avec le plus grand soin, produit surtout du seigle. On cultive aussi le chanvre et la garance; on récolte beaucoup de fruits et de légumes. Les graines de jardin, notamment celles des oignons de jacinthes et de tulipes, donnent même lieu à un commerce d'exportation. Mais l'éducation du bétail, qui a pour annexes la fabrication du beurre et du fromage, constitue, en raison de l'excellence des pâturages, une industrie autrement importante. L'éducation des abeilles et des volailles ne laisse pas non plus que d'être très-productive. Les principales industries consistent dans la fabrication et la blanchisserie des toiles, la filature du coton et du lin, la fabrication des toiles à voiles, des rubans, du sucre, du sel, des sirops, du tabac, des articles en cire, en caoutchouc et en argile, des couleurs, de la cérus et des produits chimiques, la distillerie des eaux-de-vie de grains, la taille des diamants, la fonte du fer et la construction des machines, surtout des vaisseaux. Il faut y ajouter des pêcheries importantes, un vaste cabotage et un commerce aussi actif que productif. C'est en Hollande que sont situés les villes les plus grandes et les plus riches, les ports les plus sûrs et les plus fréquentés, les établissements, les collections et les sociétés scientifiques les plus considérables qu'il y ait dans le royaume des Pays-Bas.

La Hollande septentrionale, désignée aussi autrefois sous le nom de *Frise occidentale*, présente avec les îles qui en dépendent (Terschelling, Vlieland et Texel dans la mer du Nord, Marken, Wieringen dans le Zuyderzée, etc.) une superficie totale de 29 myriamètres carrés, avec une population de 479,566 habitants, et est divisée en arrondissements portant les noms des villes qui en sont les chef-lieux : Amsterdam, Harlem, Hoorn et Alkmar.

La Hollande méridionale, en y comprenant les îles d'Yselmonde, de Voorne, de Beijerland et d'Overflakke, situées entre les embouchures de la Meuse, présente une superficie de 37 myriamètres carrés, avec une population de 568,872 habitants, et forme les arrondissents de La Haye, Leyde, Rotterdam, Dordrecht, Gorkum et Brielle.

Dans les temps les plus anciens, la Hollande était habitée au sud par les Bataves et au nord par les Frisons. Les premiers furent soumis par les Francs dès le cinquième, les seconds seulement au huitième siècle, et encore conservèrent-ils toujours une certaine indépendance. Le pays, qui à l'origine dépendait de la Lorraine, était gouverné par des comtes, parmi lesquels ceux de Wlaardingen acquirent toujours plus d'importance, de même qu'ils agrandirent continuellement leurs possessions, surtout dans la Hollande septentrionale, habitée par des Frisons, et finirent par se rendre souverains héréditaires de toute la Hollande et par être reconnus comme princes immédiats de l'Empire. Dijrk 1er, mort en 903, fut, dit-on, le premier qui obtint de Charles le Simple la Hollande à titre de fief héréditaire. Toutefois, les chartes ne mentionnent pour la première fois le nom du comté de Hollande que sous Dijrk V. Avec le temps ces comtes acquirent aussi la Zélande et une partie de la Frise orientale. Leur race s'éteignit en 1299. Le pays échut alors en héritage à Jean II d'Avesnes, comte de Hainaut. Au milieu du quatorzième siècle de grands troubles intérieurs surgirent, provoqués par la querelle survenue entre Marguerite, épouse de l'empereur Louis de Bavière (à qui le pays était échu en héritage, par suite de la mort de son frère, le comte Guillaume IV), et son fils Guillaume V. Il se forma alors deux factions, celle des Hocks et celle des Cabillauds, dont les luttes ne cessèrent que lorsque le pays échut, en 1430, à Philippe le Bon de Bourgogne, après le détrônement de la dernière héritière et souveraine, la comtesse Jacobée. Dès lors la Hollande partagea les destinées de la Bourgogne (voyez Bourgogne et Pays-Bas). En ce qui touche l'organisation politique du pays, la constitution de la Hollande était celle des États voisins. Aux douzième et treizième siècles, les villes devinrent puissantes et florissantes; le commerce y était des plus actifs; et elles comptaient déjà d'importantes manufactures de draps. Les comtes de Hollande avaient une flotte considérable ; les habitants des côtes étaient tenus d'y servir pendant un certain temps.

HOLLANDE (Fromage de). Voyez Fromage.
HOLLANDE (Nouvelle). Voyez Nouvelle-Hollande.
HOLLAR (Wenceslas), spirituel graveur sur cuivre, né en 1607, à Prague, fut l'élève de Matthieu Mérian de Francfort. Dès 1625 il donna ses deux premières planches, une *Vierge à l'enfant* et un *Ecce Homo*; puis il parcourut l'Allemagne, et grava des vues de ses principales villes, telles que Strasbourg, Francfort, Cologne, Mayence, etc., qui excitèrent l'admiration générale. A Cologne, il rencontra, en 1636, lord Arundel, envoyé par l'Angleterre en qualité d'ambassadeur à Vienne. Lord Arundel, qui aimait les arts, le prit à son service. A Londres, Hollar grava d'abord quelques planches d'après des tableaux de la galerie d'Arundel ; en 1638, à l'occasion de la visite de Marie de Médicis en Angleterre, différents portraits de la famille royale et celui du comte d'Arundel à cheval; en 1639, les vingt-huit planches si admirées de l'*Ornatus muliebris anglicanus*, qu'il fit suivre, de 1642 à 1644, des costumes de femmes chez les différents peuples de l'Europe. La guerre civile vint interrompre ses travaux ; mis en prison, en 1645, comme royaliste, il suivit, après sa mise en liberté, le comte d'Arundel, qui s'était sauvé à Anvers avec sa collection. Il resta plusieurs années dans cette ville, et y grava d'abord quelques morceaux de la galerie du comte; mais la santé de celui-ci l'ayant forcé d'aller en Italie, Hollar fut obligé pour gagner sa vie de recourir à des travaux commandés par des marchands d'objets d'art. En 1652, il retourna, il est vrai, en Angleterre; mais il ne réussit pas à s'y faire une position meilleure, et malgré son infatigable ardeur au travail, il tomba dans la plus profonde misère. Les dernières années de sa vie s'écoulèrent de la manière la plus triste, et l'on raconte que peu de temps avant sa mort ses créanciers voulurent, pour se payer, faire vendre la seule chose qu'il possédât encore, son lit. Il mourut le 28 mars 1677. Ses gravures sur cuivre, soit d'après des maîtres anciens ou contemporains, comme Holbein et Van Dyck, soit d'après ses propres dessins, montrent de l'esprit, de la finesse et une vérité de nature obtenue avec peu de moyens. Un catalogue de ses ouvrages a paru à Londres en 1818.

HOLM. En Danemark et en Suède, c'est le nom qu'on donne en général aux petites îles : mais à Copenhague et à Stockholm on désigne généralement par ce mot des flots sur lesquels sont établis des chantiers de construction.

HOLMAN (James), le célèbre voyageur aveugle, fut d'abord lieutenant dans la marine britannique, et exécuta déjà pendant les guerres contre la France de grands voyages par mer, surtout dans les mers d'Amérique. Devenu aveugle, il n'en continua pas moins ses pérégrinations et tout seul. C'est ainsi que, de 1819 à 1821, il parcourut la France, l'Italie, la Suisse et la Hollande ; et il rendit compte de ses excursions dans son *Narrative of a Journey*, etc. (Londres, 1822). Peu de temps après il se remit en route pour la Russie; mais, par suite des obstacles que lui suscita le gouvernement russe, il n'alla pas plus loin que les provinces méridionales, et dut revenir sur ses pas. Alors il s'en alla faire le tour de l'Afrique, et se rendit, en passant par l'île Maurice, dans l'Inde, parcourut plusieurs parties de la péninsule, pénétra en Chine aussi loin qu'on le lui permit, visita au retour Ceylan, Madagascar, puis l'Australie, et, dans l'été de 1831, le continent américain; il ne revint dans sa patrie qu'en 1832, après une absence de cinq ans, et publia alors de *Nouvelles Observations faites dans ses voyages*. En 1843 il visita encore la Dalmatie, Monténégro, la Bosnie et la Servie, et se rendit en 1844 par la Moldavie dans la Transylvanie.

HOLOCAUSTE (du grec ὁλόκαυστον, formé de ὅλος, tout, et καίω, je brûle), sorte de sacrifices dans lequel la victime était entièrement consumée par le feu. Chez les Juifs deux agneaux étaient tous les jours offerts en holocauste sur l'autel d'airain : un le matin, avant les autres sacrifices, et l'autre le soir, après tous ceux de la journée. On offrait en outre des holocaustes dans différentes cérémonies publiques ou particulières. Dans les sacrifices que les Grecs avaient coutume de faire aux Dieux infernaux, on n'offrait que des holocaustes. L'hostie était réduite en cendres sur l'autel, parce qu'il était défendu de manger rien de ce qui avait été immolé pour les morts. Dans un sens plus étendu, *holocauste* s'entend de toute espèce de sacrifice.

HOLOPHERNE. Voyez Judith.
HOLOTHURIDES. Blainville désigne sous ce nom son ordre premier de sa première classe des animaux rayonnés ou actinozoaires ou des échinodermaires. Cet ordre est divisé par lui en cinq sections, auxquelles il n'assigne ni le rang des familles ni celui des genres. Voici les caractères de l'ordre des holothurides et des cinq sections qu'il renferme : Corps plus ou moins allongé, quelquefois vermiforme, ou mou flexible dans tous ses points, pourvu de suçoirs tentaculiformes, souvent nombreux, très-extensibles, complètement rétractiles, et percés d'un grand orifice à chaque extrémité ; bouche antérieure au fond d'une sorte d'entonnoir ou de cavité prébuccale, soutenue dans sa circonférence par un cercle de pièces fibro-calcaires et pourvue d'un cercle d'appendices arbusculaires plus ou moins ramifiés; anus se terminant dans une sorte de cloaque, s'ouvrant à l'extérieur par un grand orifice terminal ; organes de la génération se terminant par un orifice unique, médian, à peu de distance de l'extrémité antérieure et presque marginal.

Les holothurides sont des animaux marins qu'on trouve dans toutes les mers, dont ils habitent en général le fond. On les trouve cependant quelquefois sur les rivages, parmi les fucus. On connaît très-peu leurs mœurs, surtout ce qui est relatif à leur génération. On sait qu'ils se nourrissent en général du détritus des substances végétales et animales mêlées au sable plus ou moins vaseux qu'ils avalent et qu'on trouve en abondance dans leurs intestins.

La première section des holothurides renferme les espèces dont le corps est aplati avec suçoirs en dessous, qui forment le genre *cuvieria* de Péron. La deuxième ne comprend que les espèces du genre *h o l o t h u r i e*, c'est-à-dire celles dont le corps subprismatique est pourvu de suçoirs inférieurs. Un troisième groupe d'espèces à corps fusiforme et à suçoirs épars constitue le genre *thione*, qui forme la troisième section. La quatrième ou le genre *fistularia* ne contient que les espèces à corps vermiforme, à tentacules pinnés. Enfin, la cinquième section ou le genre *cucumaria* est le groupe des espèces à corps subpentagonal à suçoirs ambulacriformes.
L. LAURENT.

HOLOTHURIE (de ὅλος, entier, et θύριον, petit trou), genre d'animaux rayonnés, de l'ordre des h o l o t h u r i d e s, dont il constitue la deuxième section. La caractéristique de ce genre, institué par Linné, est, en outre de la forme subprismatique de son corps et de ses suçoirs épars situés sur le ventre seulement, la position subinfère de la bouche, ce qui le distingue du genre *cuvieria*, dont les deux orifices (bouche et anus) sont plus ou moins supérieurs; en outre, ce genre offre des appendices buccaux peu ramifiés, en quoi il diffère des autres genres thione, fistularis et cucumaria ou concombres de mer. Il renferme un assez grand nombre d'espèces, dont six ont été observées et décrites par M. Delle Chiaje comme habitant le golfe de Naples. L. LAURENT.

Parmi les espèces de ce genre, citons l'*holothurie trépang* (*holoturia edulis*), dont la substance, quoique assez coriace, est recherchée comme aliment dans quelques localités. « Célèbre depuis longtemps dans le commerce de l'Inde sous le nom de *trépang*, que lui ont consacré les Malais, ou de *priape marin*, que lui donnent les Européens, cette holothurie, dit M. Lesson, est l'objet d'un immense commerce de toutes les îles indiennes de la Malaisie avec la Chine, le Camboge et la Cochinchine. Des milliers de jonques malaises sont armées chaque année pour la pêche de ce zoophyte, et des navires anglais ou américains se livrent eux-mêmes à la vente de cette denrée, généralement estimée chez tous les peuples polygames, qui lui accordent les propriétés aphrodisiaques les plus énergiques et les plus efficaces. » Au dire de M. Delle Chiaje, les pauvres habitants des côtes de Naples mangent aussi des holothuries.

HOLSTEIN, duché du nord de l'Allemagne, borné au nord par le duché de Schleswig, dont le séparent l'Eider et le canal de Schleswig-Holstein, et par la Baltique; à l'est, par la Baltique, le territoire de Lubeck et le duché de Lauenbourg; au sud-ouest, par le territoire de Hambourg et par le royaume de Hanovre, dont le sépare l'Elbe; à l'ouest, par la mer du Nord. Il renferme en grande partie la principauté de Lubeck, qui y forme une enclave appartenant au grand-duc d'Oldenbourg, et, non compris ce dernier territoire, comprend une surface de 109 myriamètres carrés, avec une population de 480,000 habitants de source germanique. En raison de la nature diverse de son sol, on le divise en *Marschland* (Pays de Marches) et *Gestland* (Pays de landes). Sous la première des deux dénominations on comprend l'étendue de territoire, formée par alluvion, que des digues protègent contre les empiétements de la mer du Nord et de l'Elbe; pays qui commence un peu au-dessous de Hambourg, se prolonge tout le long de la frontière occidentale du duché jusqu'au Schleswig, et presente à son point extrême de largeur une profondeur de 15 kilomètres environ. La seconde est employée pour désigner la partie du pays la plus élevée, qui forme une plaine onduleuse, interrompue par de petites collines, traversée à son centre, dans la direction du nord au sud, par un petit plateau sablonneux et couvert de bruyères, puis s'abaissant à partir de ce plateau dans la direction de l'est à l'ouest. Le sol, sauf un petit nombre de bruyères et de parties sablonneuses, est fertile, à l'ouest surtout, et d'une luxuriante fécondité dans les Marches. Il est arrosé par divers cours d'eau et par de charmants lacs, notamment à l'est. Nous citerons parmi les premiers l'Eider et l'Elbe, qui lui servent tous deux de lignes de démarcation, l'Alster, la Stœr, la Braine, qui se jettent dans l'Elbe, et la Trave, qui a son embouchure dans la Baltique. Les lacs les plus remarquables sont ceux de Plœn, de Salent, d'Eutin et de Westen. Sur la frontière nord, le canal de Schleswig-Holstein met la Baltique en communication avec l'Eider, qui se jette dans la mer du Nord. Le climat et les conditions physiques du pays, tant dans le *Marschland* que dans le *Geestland*, sont les mêmes que dans les autres contrées du nord de l'Allemagne situées sous la même latitude. Le duché fournit du sel et de la chaux, mais pas d'autres minéraux. On trouve de l'ambre sur les bords de la Baltique, et beaucoup de tourbe dans l'intérieur. Il produit en abondance des céréales de toutes espèces; il s'y trouve aussi de belles forêts, notamment à l'est, et le hêtre en est l'essence dominante. Il y a de même abondance de chevaux et de bêtes à cornes; et les cours d'eau et lacs sont très-poissonneux. L'industrie manufacturière est peu importante; en revanche, l'agriculture et l'élève du bétail y sont parvenues à un haut degré de perfection, et leurs produits constituent les articles les plus importants d'un grand mouvement d'exportation. Le commerce qui en résulte a pris un assez large développement, de même que dans les ports le cabotage. Les travaux entrepris dans ces trente dernières années pour l'amélioration des voies de communication n'ont pas peu contribué à l'accroissement des relations commerciales, qu'a encore favorisé la construction du chemin de fer qui s'étend aujourd'hui d'Altona jusqu'à F l e n s b o u r g, en Schleswig, avec embranchements sur Gluckstadt et sur Kiel.

Il y a plusieurs siècles déjà que le Holstein forme avec le Schleswig une unité administrative et politique; mais quoique réuni politiquement, et même sous certains rapports administrativement, au Danemark par la communauté de souverains, il ne constitua jamais, à bien dire, un même État avec ce royaume, puisque l'ouverture d'un droit de succession à la couronne autre qu'en Danemark pouvait l'en séparer. En outre, le Holstein fait partie avec le duché de Lauenbourg de la Confédération germanique. Le gouvernement du pays est monarchique, et limité seulement par une assemblée consultative d'états provinciaux. Cette assemblée se compose d'une voix virile appartenant au majorat constitué par la famille de Hesse, de deux appartenant au clergé, d'une appartenant à l'université du pays, et de quatre exercées par des membres de l'ordre équestre à la nomination du roi, plus de neuf députés de l'ordre équestre, de seize députés des villes et de seize députés de l'ordre des paysans, qui se réunissent tous les deux ans à Itzehoë, et ont le droit de proposition, de supplique et de répartition des impôts. Toutes les lois générales, ayant pour but d'apporter des modifications aux droits des personnes et aux droits de propriété, ou relatives aux impôts et aux caisses publiques, doivent être soumis à leurs délibérations. Leurs séances ne sont pas publiques, mais la presse les porte à la connaissance générale. L'autorité supérieure du pays était autrefois la chancellerie de Schleswig-Holstein-Lauenbourg, qui siégait à Copenhague. Aujourd'hui il n'y a plus pour le Holstein et le Lauenbourg qu'un ministre d'État, responsable envers le roi seul et membre du ministère danois, sous l'autorité duquel est provisoirement placé le gouverneur, qui réside à Kiel. En ce qui est de l'administration de la justice, la haute cour d'appel forme le degré suprême de juridiction pour le Holstein et pour le Lauenbourg. Sous le rapport administratif, le pays, qui au moyen âge avait été divisé en Holstein proprement dit (compris entre l'Eider, la Gieselau, la Stœr et la Schwentine), en Wagrie à l'est, en Stormarn au sud, et en Dithmarschen à l'ouest (cette dernière partie est la seule qui ait aujourd'hui quelque importance, en raison de ses priviléges), est partagé en 21 bailliages dont ne font cependant pas partie 14 villes ainsi que les *districts nobles* composés de 147 propriétés équestres. Au point de vue ecclésiastique, le duché est divisé en huit prévôtés, dans chacune desquelles existe un consistoire composé de plusieurs pasteurs, sous la présidence du prévôt. Au-dessus de ces consistoires est placé un consistoire central, siégeant à Gluckstadt. Il y a à Itzehoë, à Preetz et à Uetersen des cloîtres nobles, institutions hospitalières pour les filles nobles qui ne se marient point. Les revenus publics s'élèvent à environ 1,200,000 thalers. Le duché de Holstein occupe la dixième place dans la petite assemblée de la diète, et jouit de trois voix dans l'assemblée plénière. Avant 1848, il fournissait à l'armée fédérale un contingent de 3,696 hommes, qui faisait partie du deuxième corps.

A l'époque la plus reculée le Holstein fut complétement peuplé par des habitants allemands, de race saxonne. Plus tard des Slaves s'établirent en Wagrie, contrée formant l'extrémité orientale du Holstein depuis le golfe de Kiel jusqu'à la Trave. Les Saxons du Holstein participèrent à la défaite complète que Charlemagne fit essuyer à leur nation, qu'il subjugua ; et le Stormarn ainsi que le Dithmarschen (le Holstein proprement dit), qu'ils habitaient, constituèrent la principale partie de la *Nordalbingie*, qui fit d'abord partie comme Marche particulière du duché de Saxe, mais qui dès l'an 1106 fut érigée par l'empereur Lothaire en fief de l'Empire en faveur du comte Adolphe de Schaumbourg, à l'exception du Dithmarschen. Dès le dixième siècle les Slaves de la Wagrie avaient été subjugués ; et ils furent germanisés de bonne heure par des colons flamands et saxons. Au douzième siècle, le comte Adolphe II ayant conquis leur territoire, le réunit au Holstein et au Stormarn.

Les comtes de Holstein eurent de nombreuses guerres à soutenir contre les Danois et les Slaves ; mais de ces deux peuples les Danois étaient l'ennemi dont ils avaient le plus à redouter. Dans les premières années du treizième siècle, commandés par leur roi Waldemar, ceux-ci s'étaient déjà emparés de tout le Holstein ; mais la bataille de Bornhœved, 22 juillet 1227, eut pour résultat de l'affranchir d'une manière durable de la domination danoise ; et même le Holstein à partir de ce moment exerça toujours plus d'influence sur le Danemark. Le comte Gerhard IV, fils de Henri de Fer, se fit octroyer, en 1385, par la reine Marguerite de Danemark à titre de fief le duché de Schleswig, qui depuis lors fut toujours considéré comme un pays à part, complétement séparé du Danemark, et qui effectivement demeura tel, malgré les longues et sanglantes guerres qui en résultèrent.

La famille de Schaumbourg s'éteignit en 1459, en la personne du comte Adolphe VIII. Les états du pays élurent alors pour duc, en 1460, le fils de la sœur du défunt, le comte Christian d'Oldenbourg, qui, en 1448, avait déjà été élu roi de Danemark. Celui-ci reconnut le droit de libre élection des états de Schlesvig-Holstein ; droit que ceux-ci continuèrent effectivement d'exercer jusqu'à la fin du seizième siècle. En outre, les droits et priviléges des duchés furent solennellement garantis dans une capitulation bien expresse et bien précise. Précédemment Christian avait déjà promis que le Schleswig ne pourrait jamais être réuni au Danemark. De même il fut bien stipulé que le Holstein et le Schleswig resteraient à toujours unis et indivisibles (*voyez* SCHLESWIG-HOLSTEIN).

En 1474 l'empereur Frédéric III érigea le Holstein et le Stormarn en duché, et y réunit le Dithmarschen, qui d'ailleurs ne put être soumis que beaucoup plus tard. En 1481 le roi de Danemark, Jean I*er*, octroya le Schleswig et le Holstein à son frère Frédéric I*er*, qui lui succéda sur le trône de Danemark, en 1523. Le système des partages continua également sous ce prince. Ses fils, le roi Christian III de Danemark (mort en 1559), et le duc Adolphe (mort en 1586), devinrent les fondateurs des deux principales lignes de la maison de Holstein : la *ligne royale*, avec ses branches collatérales de *Holstein-Sonderburg-Augustenburg* et *Holstein-Sonderburg-Beck* (depuis 1826 cette dernière est dite *Holstein-Sonderbourg-Glucksbourg*) ; et la *ligne ducale* ou ligne de *Holstein-Gottorp*, souche commune de la maison impériale actuelle de Russie et de la maison ducale d'Oldenbourg (*voyez* OLDENBOURG). Une foule de discordes furent le résultat de ces partages ; elles ne cessèrent qu'en 1773, lorsque le grand-duc Paul de Russie, devenu plus tard empereur sous le nom de Paul I*er*, eut cédé sa part du Holstein à la maison royale de Danemark en échange des comtés d'Oldenbourg et de Delmenhorst, érigés alors en duché d'Oldenburg, et que Paul abandonna à la branche cadette de la maison de Holstein-Gottorp. La ligne de Holstein-Sonderburg-Augustenburg est aujourd'hui représentée par le duc Christian-Charles-Frédéric-Auguste, né en 1798 ; et la ligne de Holstein-Sonderburg-Beck, par le duc Charles, né le 30 septembre 1813.

La partie royale du Holstein, et à partir de 1773 le duché tout entier, à l'exception de la principauté de Lubeck, partagèrent complétement les destinées du Danemark ; il nous faut seulement faire remarquer que le servage y fut aboli en 1804. Quand la création de la Confédération du Rhin mit fin à l'Empire d'Allemagne, le roi de Danemark, par une ordonnance en date du 6 septembre 1806, réunit le Holstein au Danemark ; et à cette occasion il supprima arbitrairement l'antique constitution d'états dont jouissait ce duché. Dans la grande guerre de 1813, le Danemark étant resté jusqu'au dernier moment fidèle à Napoléon, le Holstein fut occupé par les troupes des coalisés, jusqu'à ce que la paix conclue à Kiel, le 14 janvier 1814, mit fin aux hostilités. L'acte du congrès de Vienne déclara ensuite que le Holstein faisait avec le Lauenbourg partie de la Confédération germanique. Dès cette époque, par suite des préjudices nombreux qui résultaient pour le Holstein de son union avec le Danemark, particulièrement en ce qui concernait l'administration de la justice et les finances, il se manifesta dans le duché une tendance bien prononcée à s'affranchir d'une union devenue une lourde charge ; tendance qui explique les événements politiques dont ce pays a été le théâtre dans ces dernières années. Cette tendance se manifesta d'abord par les efforts faits par l'ordre équestre pour remettre en vigueur l'antique constitution, illégalement supprimée en 1806, après avoir été maintes fois confirmée et solennellement garantie. Ces efforts, il est vrai, demeurèrent inutiles, parce que la diète germanique, dont l'ordre équestre invoqua l'appui pour la défense de ses droits contestés et mis à néant par le Danemark, déclara ses réclamations mal fondées, attendu que l'ancienne constitution n'existait plus en réalité ; mais la crise de 1830 eut pour résultat de donner encore plus de force aux tendances que nous venons de signaler. La conséquence de l'agitation que ces événements produisirent en Holstein, comme dans le reste des États du roi de Danemark, fut la loi du 15 mai 1834, qui accorda au pays une constitution d'états provinciaux. Dans toutes les assemblées qui eurent lieu depuis lors, la lutte eut pour but de défendre les droits du Holstein contre les usurpations du gouvernement danois ; et l'indépendance à rendre à leur pays devint la pensée dominante des populations. Les institutions semi - représentatives octroyées au Danemark eurent aussi pour résultat d'y provoquer et d'y sur-exciter le sentiment de la nationalité ; mais, par contre, la nationalité germanique se réveilla avec un redoublement d'énergie parmi les populations du Holstein et du Schleswig à l'effet de repousser les projets d'absorption du Danemark et de défendre leur indépendance.

La mort du roi Frédéric VI (1839), l'avénement au trône de Christian VIII, qui n'avait qu'un fils resté sans enfants (le roi aujourd'hui régnant Frédéric VII), donnèrent pour la première fois à cet antagonisme sa véritable signification. A ce moment on entrevit la possibilité d'une séparation amiable d'avec le Danemark, attendu que la ligne mâle directe de la maison royale venant à s'éteindre, éventualité plus ou moins prochaine et probable, la couronne de Danemark passerait à la ligne féminine de la maison royale, tandis que les duchés devraient appartenir à la famille d'Augustenburg. En Holstein, comme en Danemark, l'opinion prit la question d'autant plus à cœur, que ces éventualités acquéraient toujours plus de vraisemblance. Tandis que surgissait tout à coup parmi les Danois, et sans détours, la pensée de ne plus faire des deux pays qu'un seul et même État, l'opinion publique, en Holstein, se roidissait avec toute la force du sentiment national contre de tels projets, et trouvait le plus important de ses organes dans la diète des états provinciaux. Lors de la diète danoise tenue en 1844 à Rœskilde, le député Algreen-Uessing, bourgmestre de Copenhague, ayant présenté une motion pour l'unité et l'indivisibilité futures de l'État complexe danois, la population du Holstein fut unanime pour repousser cette idée; et, dans une énergique déclaration, les états réunis à Itzehoë proclamèrent que les habitants du duché voulaient demeurer indépendants et conserver leur antique droit de succession. Tandis qu'à l'intérieur du duché le sentiment patriotique s'exaltait toujours davantage, et que dans le reste de l'Allemagne l'intérêt et l'importance attachés à la solution de cette question devenaient de plus en plus vifs, les Danois ne restaient pas non plus inactifs. Si la motion faite à Rœskilde en 1844 en était restée là, deux ans plus tard ce fut la couronne elle-même qui essaya de trancher le nœud. Le 8 juillet 1846 parut la fameuse *lettre patente* de Christian VIII qui déclarait que le Schleswig tout entier et une partie du Holstein seulement constituaient un tout indivisible avec la monarchie danoise. L'assemblée des états du Holstein rédigea une incontestable exposition des droits du pays, et le roi de Danemark ayant refusé de la recevoir, elle invoqua l'appui et la garantie de la diète germanique. La population tout entière manifesta dès lors l'attachement le plus vif pour la cause nationale; et dans tout le reste de l'Allemagne se déclara une sympathique agitation, qui se traduisit en adresses et en protestations en faveur du bon droit du Schleswig et du Holstein. La diète germanique elle-même rendit (le 17 septembre) une décision qui tout au moins n'était point défavorable aux droits de Holstein. Que si cette attaque directe des Danois contre les droits des duchés n'avait pas cette fois encore réussi, puisque dans une seconde *lettre patente* Christian VIII s'efforça d'atténuer l'effet produit par la première, le parti danois n'en poursuivit pas avec moins d'ardeur la réalisation de la pensée de l'incorporation des duchés au Danemark. C'est ainsi qu'en 1847 on imagina de réunir toutes les parties de la monarchie au moyen d'une *constitution* libérale commune, dans l'espoir de réussir par l'appât de la liberté là où avait échoué l'absolutisme.

La mort de Christian VIII et l'avénement au trône de son fils Frédéric VII (20 janvier 1848) fournirent à cette combinaison l'occasion de se développer rapidement. Dès le 28 janvier le nouveau roi annonçait un projet de constitution commune pour l'État complexe, constitution sur laquelle seraient appelés à délibérer des hommes éclairés et expérimentés du Danemark et des duchés. Pendant le temps-là l'administration danoise continuait toujours d'agir, et se montrait préoccupée avant tout de la pensée de *daniser* le Holstein, et plus particulièrement encore le Schleswig; si donc la population se décida à procéder aux élections pour une assemblée de notables, ce ne fut qu'en exprimant la défiance la plus manifeste contre la politique danoise et qu'en faisant les réserves les plus expresses pour le maintien des antiques droits des duchés de Schleswig-Holstein.

Enfin s'accomplirent les événements de mars 1848. A Copenhague la révolution imposa au roi un ministère qui adopta pour devise cette formule politique « le Danemark jusqu'à l'Eider ». Cet événement eut pour suites la réunion des états du Holstein et du Schleswig, délibérant en commun

(18 mars), l'envoi d'une députation à Copenhague, chargée d'y protester en faveur du maintien des droits et de l'union séculaires du Holstein et du Schleswig, et, après l'insuccès de cette démarche, le rapide et victorieux soulèvement des duchés ainsi que l'établissement (24 mars) d'un gouvernement provisoire pour ces deux provinces allemandes. A l'article Schleswig-Holstein nous traiterons la question de droit politique qui se trouvait alors litispendante, de même que, pour éviter d'inutiles répétitions, on y trouvera le récit des événements ultérieurement arrivés en Holstein, dont les destinées sont inséparables de celles du Schleswig.

HOLSTEIN-GOTTORP (Maison de). Elle descend du duc Adolphe de Holstein, frère aîné du roi de Danemark Christian III, lequel partagea avec son cadet les duchés de Holstein et de Holstein, à la mort de son père, le roi de Danemark Frédéric Ier, tandis qu'en Danemark, où la loi de primogéniture était depuis longtemps en vigueur, il n'y eut pas de partage. La famille de Holstein-Gottorp, qui occupe aujourd'hui le trône de Russie, et à laquelle appartenait la famille royale de Suède que les événements de 1809 exilèrent de ce pays, tire ce nom d'un vieux manoir féodal, appelé Gottorp et situé près de la ville de Schleswig, où les successeurs du duc Adolphe Ier (mort en 1586) résidèrent pendant tout le dix-septième siècle et une grande partie du dix-huitième. Les luttes incessantes de la maison de Gottorp contre les rois de Danemark occupent une grande place dans l'histoire du nord de l'Europe.

HOLTEI (Charles de), poëte dramatique et lyrique, né à Breslau, en 1797, abandonna la carrière commerciale pour débuter en 1819, sous le nom de *Mortimer*, au théâtre de Breslau. Après avoir subi de rudes épreuves à Dresde, il renonça à monter désormais sur les planches, tout en conservant la place de secrétaire et de poète du théâtre de Breslau. Des tracasseries le décidèrent à se rendre à Berlin, où il composa ses premiers vaudevilles : *Les Viennois à Berlin*, et *Les Berlinois à Vienne*; il y publia aussi des *Poésies* (1826). Dès lors il fit représenter successivement sur le théâtre de la Kœnigstadt un grand nombre de pièces; et on peut dire que c'est lui qui a naturalisé le vaudeville en Allemagne. Après avoir pendant quelque temps dirigé le théâtre de Riga, puis celui de Breslau, il s'occupa de la publication de ses mémoires et de ses souvenirs, consignés dans ses *Lettres écrites de Grafenort et adressées au même lieu*, mais principalement dans son ouvrage intitulé *Quorante ans*. Il réunit aussi ses travaux dramatiques en un volume, sous le titre de *Théâtre* (1845). Les caractères particuliers à son talent sont une grande mobilité poétique d'esprit, une disposition à la sensibilité dégénérant souvent en fausse sentimentalité, et une certaine vanité, qui néanmoins ne se met point personnellement en jeu. Beaucoup de ses chansons, dont il a publié un recueil sous le titre de *Chansons allemandes*, sont à juste titre populaires.

HOLYROOD (c'est-à-dire *Sainte-Croix*), l'antique palais des rois d'Écosse, à Édimbourg, et le monastère de *Holyrood-House* qui lui faisait face, furent construits vers le milieu du douzième siècle, par le roi David Ier, puis complétement brûlés, en 1544, par les Anglais, sauf la nef de l'église. Le palais fut reconstruit sous le règne du roi Jacques V, et servit alors de résidence ordinaire à la reine Marie Stuart et à son fils, Jacques VI, jusqu'au moment où celui-ci ceignit, en 1603, la couronne d'Angleterre, sous le nom de Jacques Ier. Encore une fois détruit par les troupes de Cromwell, le palais resta en ruines jusqu'à ce que, en 1673, sous le règne de Charles II, commença la construction du palais actuel, dans lequel on conserva sa forme primitive à la partie nord-ouest du vieux palais bâti par Jacques V. Le nouveau palais fut édifié en pierre, sur les dessins de l'architecte W. Bruce, en forme de carré, dont chaque côté présente un développement de près de 80 mètres, et dont les façades sont flanquées à chaque angle de fortes tours. Dans la galerie du côté du nord, longue de 49 mètres sur 8 de large, et haute de 6 mètres, se trouvent les portraits de 114 rois d'Écosse, pour la plupart fabuleux, peints par le Hollandais de Witt. Dans la partie ancienne du château on a conservé la chambre de la reine Marie Stuart, tout à fait en l'état où elle se trouvait lorsque cette princesse l'habitait, avec les différents meubles et ustensiles dont elle se servait et avec quelques broderies de sa main. On y voit aussi le cabinet où, en présence de la reine, son favori Rizzio fut assassiné par le conjuré Darnley, lequel était parvenu jusqu'à eux par une trappe donnant sur le corridor voisin. La chambre de la reine fut habitée pendant quelque temps, en 1745, par le prétendant Charles-Édouard, et peu après la bataille de Culloden, par le duc de Cumberland. Plus tard le palais d'Holyrood servit, à deux reprises, de 1795 à 1799 et de 1830 à 1832, d'asile aux Bourbons chassés de France. Sauf la partie dont nous venons de parler, à laquelle se rattachent d'intéressants souvenirs historiques et que les descriptions de Walter Scott ont surtout contribué à populariser, le château de Holyrood a été presque entièrement converti en casernes et en magasins d'armes et de munitions. On y conserve aussi, dans la chambre dite de la couronne, la couronne et les insignes des rois d'Écosse, retrouvés en 1818. Depuis que la reine Victoria, dans les tournées d'automne qu'elle fait habituellement en Écosse, vient se loger à Holyrood, les appartements d'honneur du château ont été décorés et meublés à neuf.

HOMARD, espèce de crustacé décapode macroure, de la famille des astaciens, qui a jusqu'à 0^m,45 de longueur, et dont la chair est très-estimée quoique difficile à digérer. C'est l'*astacus marinus* de Fabricius, et le *cancer gammarus* de Linné. Ses caractères sont : Carapace unie, terminée antérieurement par un rostre tridenté de chaque côté, avec une double dent à sa base supérieure ; pinces très-grosses, inégales, l'une ovale, avec des dents fortes et mousses, l'autre plus petite, allongée, avec de petites dents nombreuses ; bords des segments de l'abdomen obtus ; couleur brune verdâtre, filets des antennes rougeâtres. Cette espèce habite les lieux remplis de rochers et peu profonds, sur les côtes de l'Océan, de la Manche et de la Méditerranée. Elle pond ses œufs au milieu de l'été. L. LACREST.

La pêche du homard, dans la mer du Nord, est une industrie des plus productives pour les habitants de l'île de Helgoland, qui trouvent à Hambourg un placement des plus avantageux pour cet article. Les Norvégiens, qui pêchent aussi beaucoup de homards sur leurs côtes, les vendent pour la plus grande partie aux Anglais et aux Hollandais, qui se chargent ensuite de les conduire dans divers ports de mer, enfermés tout vivants dans des bateaux à double fond construits pour cet usage. Dans la plupart des ports où ils arrivent, on les cuit ou on les envoie dans l'intérieur du pays, à moins qu'on n'ait à sa disposition la facile et rapide voie de transport des chemins de fer. On a calculé que dans le nord de l'Europe seulement il ne se consomme pas moins de cinq millions de homard par an.

HOMBERG (GUILLAUME), chimiste célèbre, dont le nom resta jusqu'à la création de notre nomenclature attaché à plusieurs substances qui furent l'objet de ses savantes recherches, entre autres l'acide borique (*sel sédatif de Homberg*) et le chlorure de calcium (*phosphore de Homberg*). Né à Batavia, le 8 janvier 1652, d'un employé de la Compagnie des Indes, il revint à Amsterdam avec sa famille, et ce fut dans cette ville qu'il commença les études qu'il devait continuer pendant une partie de sa vie, tantôt aux universités de Iéna et de Leipzig, où il cultiva le droit, tantôt à Magdebourg, où Otto de Guericke l'initia aux secrets de la physique ; plus tard, à Padoue, où il s'adonna à la médecine, à l'anatomie et à la botanique ; à Bologne, où il s'occupa d'alchimie ; à Rome, où il se livra à l'optique ; plus tard encore en France, en Angleterre, en Hongrie, en Bohême, en Suède, cherchant partout à agrandir le cercle de ses connaissances encyclopédiques. Appelé à Paris, en 1691, par l'abbé Bignon, Homberg fut agrégé à l'Académie des Sciences, dans le *Recueil* de laquelle il fit paraître environ cinquante mémoires d'un grand intérêt, ayant pour principaux objets la chimie, la physiologie végétale et l'optique. Le duc d'Orléans le choisit, en 1702, pour lui enseigner la physique. Cette flatteuse distinction redoubla l'amour de Homberg pour l'étude. Ce savant, dont Fontenelle nous peint le caractère sous les plus riantes couleurs, mourut le 24 septembre 1715.

HOMBOURG, capitale du landgraviat de Hesse-Hombourg, et résidence du landgrave, est une ville assez pittoresque, et dont la population s'élève à 5,000 âmes environ. Elle est située à 14 kilomètres de Francfort-sur-le-Mein, à l'extrémité orientale de la chaîne de montagnes que de nos jours on nomme *Taunus*, et qu'on désignait autrefois par le nom de *Hœhe* (mont), encore en usage chez le bas peuple, d'où est venue l'épithète *ès-mont* (*vor der Hœhe*), attachée au nom de Hombourg, pour distinguer cette ville de plusieurs localités portant le même nom. Hombourg est bâti sur une colline, à 200 mètres au-dessus de la mer. Le château du landgrave en occupe la partie la plus élevée. Au nord de la colline se trouve la vieille ville, avec ses rues étroites, ses maisons basses et disgracieuses, formant contraste avec les deux autres tiers de la ville, dont les rues larges, les jolies maisons peintes, à un seul étage, dénotent l'origine récente. Les fermiers actuels des sources minérales et des jeux de Hombourg ont changé à grands frais, depuis une quinzaine d'années, la face de cette bourgade, qui n'a ni industrie, ni sol productif, ni commerce.

Les sources de Hombourg sourdent au pied de la colline sur laquelle est bâtie la ville. Le réservoir de ces sources réside dans un terrain argileux, à une profondeur moyenne d'environ 4 mètres. La découverte de ces sources remonte fort haut. Elles ne servirent longtemps qu'à l'extraction du sel de cuisine (chlorure de sodium), qu'elles fournissaient en abondance, et l'exploitation n'en fut abandonnée définitivement qu'en 1740. Ce sont des espèces d'eaux-mères des salines, très-salées comme elles, et dont l'usage médicinal ne remonte qu'à 1811, époque où les armées françaises occupaient la contrée. Dans ce temps dont nous parlons, une maison voisine de la source dite *des Bains* fut transformée en hôpital militaire, et le chirurgien du régiment des chasseurs de la garde, cantonné à Hombourg, imagina de faire prendre à ses malades des bains avec l'eau salée qu'il trouvait à proximité. Quoique ce fait eût passé inaperçu, cependant c'est de lui qu'on s'ensuite autorisé pour fonder à Hombourg en 1824 un établissement de bains dirigé par des Français, qui s'y ruinèrent. Un M. Müller, pharmacien, releva l'établissement en 1833, et peu de temps après le docteur Trapp réglementa l'emploi des eaux, sur lesquelles il publia une première notice dans l'*Annuaire balnéologique de Græfe* et de Kalisch (1836). Ce premier exemple une fois donné, divers écrits furent publiés sur ces eaux, encore peu connues. Le renom des eaux de Hombourg fit des progrès à proportion des publications qu'elles avaient inspirées. Elles n'avaient réuni que 155 amateurs en 1835 ; elles en comptèrent 800 en 1839, 2,700 en 1843, et plus de 3,000 les années suivantes. Il est vrai que MM. Blanc, de Paris, avaient passé bail avec le landgrave dès 1841, et déjà découvert trois sources nouvelles, sans compter l'importation bien autrement attrayante et productive de la *Trente et quarante* et de la *Roulette*, qu'une loi française bannissait alors lors de Frascati et du Palais-Royal.

Les sources minérales de Hombourg sont au nombre de cinq : 1° La source *Élisabeth* (*Elisabethenbrunnen* ou *Curbrunnen*), désignée ainsi en l'honneur de la princesse Élisabeth, épouse du landgrave Joseph, était au nombre des sources salées qu'on exploitait autrefois. C'est par elle que furent commencées les expériences thérapeutiques du docteur Trapp, et elle est la plus fréquentée comme buvette. 2° La source *de l'empereur* (*Kaiserbrunnen* ou *Sprudel*), qu'on découvrit en 1842, par un sondage qui atteignit à 135 mètres de profondeur. Son surnom allemand de *Sprudel* lui est venu de l'espèce de bouillonnement que produit dans ses eaux l'acide carbonique qui s'en dégage en abondance. Ce dégagement est quelquefois si grand que la source en devient intermittente; c'est la source la plus chargée de principes (23 grammes par litre), la plus puissante et la plus purgative; c'est aussi la moins froide des cinq, à raison de son gisement, plus profond. 3° La source des bains (*Badequellen*), dont la saveur est trop désagréable pour qu'il en soit fait usage à l'intérieur : c'est la seule source qui serve aux bains ; les quatre autres sources sont employées comme buvettes. 4° La source *nouvelle* ou *ferrugineuse*; c'est le fermier actuel qui l'a découverte, à une profondeur de 67 mètres. 5° La source acidule de *Louis* (*Ludwigsbrunnen* ou *Sauerbrunnen*), qui est la plus gazeuse des cinq. Ces différentes sources sont plus chargées de principes fixes que les plus salines des eaux françaises et contiennent de moitié moins que l'eau de mer, dont chaque litre contient 41 grammes de sels. M. Liebig, célèbre chimiste de Giessen, les a analysées, et il a constaté qu'elles contenaient par litre : chlorure de sodium, de 10 à 15 grammes, suivant les sources; des chlorures de potassium, de calcium, de magnesium, en quantités plus restreintes (2 à 3 grammes des trois sels réunis); de la chaux sulfatée et carbonatée, de la magnésie ou du fer carbonaté, de la silice et de l'alumine, des traces de bromure et quelquefois d'iode, enfin 2 à 3 grammes par litre d'acide carbonique libre, et dans la source ferrugineuse, les acides crénique et apocrénique, des traces de chlorure lithique et d'ammoniaque, du manganèse et une matière organique. Ainsi on y trouve jusqu'à cinq éléments alcalins, servant de bases à des sels : soude, potasse, chaux, magnésie, ammoniaque; quatre acides libres ou combinés; et deux métaux, le fer et le manganèse. On ne dit pas si M. Liebig y a trouvé l'arsenic, depuis qu'on a rencontré cette substance, en France et en Allemagne, dans des eaux déjà si nombreuses.

Toutes les sources de Hombourg sont froides à peu près au même degré : elles marquent en effet de 10° à 10° 5/8 ; une seule, celle de l'empereur, atteint 11 degrés centig. Ces résultats ne s'accordent point avec les profondeurs assignées aux sources, et il doit y avoir quelque erreur, soit sur la mensuration des degrés thermométriques, soit pour l'assiette et la profondeur des réservoirs souterrains. En tout cas, il y a telle de ces sources qui fournit près de 100,000 litres d'eau dans les vingt-quatre heures, et qui conséquemment permettrait la distribution de 2 à 300 bains par jour. Ces eaux sont très-excitantes. Elles purgent, poussent aux urines, et quelquefois les bains chauds qu'elles composent suscitent des éruptions progressives assez ressemblantes à ce qu'on nomme *la poussée*, dans les piscines de Loèche. Elles ne conviennent ni dans les affections aiguës, ni durant la grossesse, ni quand il existe quelque altération organique (squirrhe, cancer, tubercules, épanchement apoplectique, myélite, etc.). Les sujets lymphatiques, bouffis et indolents, s'en trouvent mieux que les individus sanguins et maigres. Ces eaux aggravent toujours la phthisie pulmonaire de même que la syphilis. On les conseille dans des affections nombreuses, trop nombreuses sans doute. Mais il en est réellement plusieurs dans le cours desquelles leur emploi peut avoir de très-réels avantages. De ce nombre nous citerons : 1° les affections catarrhales chroniques, qu'elles commencent toujours par augmenter avant de les modérer ou de les tarir; 2° l'engorgement des viscères du ventre ; 3° la suppression des flux sanguins, nécessaires par nature, ou devenus tels par l'habitude, par exemple les hémorrhoïdes ; 4° la gravelle et l'affection calculeuse, non-seulement parce qu'elles augmentent la sécrétion des urines, mais par une action vraisemblablement directe et chimique, en empêchant des concrétions nouvelles; 5° on les a encore employées avec quelque succès contre la paralysie non cérébrale, alors surtout que la maladie a eu pour cause des rhumatismes, des *fraîcheurs* ou des *excès énervants*; 6° elles conviennent surtout, et à la manière des eaux de mer, dans les affections nerveuses et scrofuleuses, et principalement dans ce dernier cas, quand l'iode ou l'iodure de potassium n'ont pu être supportés ou n'ont pas réussi ; 7° elles peuvent aussi réussir dans quelques engorgements des ovaires et de l'utérus, et plus d'une fois elles ont servi de vermifuge. Dans la plupart des cas, on en tire plus d'avantage en boisson qu'en bains.

Pour ce qui est des bains, on les prescrit frais et de peu de durée aux gens nerveux, mais plus chauds et plus prolongés aux individus scrofuleux. On prend aussi à Hombourg, comme à Nauheim, à Pyrmont et à Cronthal, des bains de gaz acide carbonique, bains secs, dans lesquels les malades se plongent tout habillés. On ne baigne quelquefois ainsi qu'une partie du corps, un bras, etc. Ces bains gazeux ne font tant suer que parce qu'ils entravent l'exhalation cutanée du gaz acide carbonique qui se forme naturellement dans le corps humain, ce qui double la tâche chimique des poumons, comme aussi la chaleur vitale et la vapeur aqueuse, toujours proportionnées à la somme des combinaisons pulmonaires.

Il ne faudrait pas juger de la puissance des eaux de Hombourg d'après les sels qu'elles contiennent en si grande quantité. La forte dose d'un remède nuit quelquefois à son action, en l'empêchant de pénétrer dans les organes et les humeurs. C'est donc sans motifs sérieux que deux chimistes de Paris ont proposé à l'Académie de Médecine d'imiter les eaux de Hombourg en combinant l'eau de Bourbonne, par exemple, avec de l'eau de mer, etc. On serait bientôt conduit à penser, si l'on croyait ces chimistes, que des eaux allemandes qu'on n'imite qu'en combinant trois eaux françaises ont par ce fait trois fois plus de vertus que chacune des eaux mélangées; et pourtant ce serait une erreur, erreur que rend évidente la simple comparaison des guérisons opérées par eaux françaises et aux eaux allemandes.

Hombourg possède des édifices remarquables et des sites attrayants. Le *Kursaal*, ou *maison de conversation*, est comme un petit palais où trônent depuis midi jusque fort avant dans la nuit les croupiers aux gages des frères Blanc. Le château est un édifice imposant, dont les beaux jardins sont accessibles aux étrangers. Les trois sources principales sont bien captées, bien aménagées, et de frais ombrages les environnent. La *roche d'Élisabeth*, le village d'Alicchaus, le château de chasse et le chêne de Luther (qui fut planté à la grande commémoration protestante de 1817), sont autant de buts de promenades et ce ne sont pas les seuls. La ville possède des églises ou des temples pour tous les rites et toutes les communions chrétiennes. On dîne, on se loge et on se baigne à bon marché à Hombourg. Mais logement, bains et dîner ne sont là que des dépenses accessoires. Il est certain que le landgrave, avec sa liste civile de 300,000 francs, doit trouver providentiel le subside qu'il prélève sur le fermage actuel des eaux, sans parler de l'aisance que répandent dans la ville et tout le pays tant d'étrangers qui se laissent attirer par les séductions du *Kursaal* et des prospectus.   D' Isidore BOURDON.

HOMBRE (Jeu de l') ou *de l'homme*, car telle est la signification du mot *hombre* chez les Espagnols, qui nous ont transmis ce jeu de cartes, jadis fort en vogue, et que l'on devrait peut-être aujourd'hui remettre à la mode pour guérir certaines personnes de la passion du lansquenet et des autres jeux de hasard. Il s'agit en effet d'un *homme* qui lutte seul contre deux joueurs et quelquefois contre un seul. La *bête ombrée*, qui en est le diminutif, se joue entre deux, trois, quatre ou cinq personnes. Dans l'*hombre*, à trois, on n'emploie que quarante cartes en retirant les dix, les neuf et les huit; à deux, on ôte une des deux couleurs rouges, cœur ou carreau. L'ordre dans lequel les cartes sont supérieures l'une à l'autre varie selon les couleurs; mais l'as de trèfle et l'as de pique sont toujours triomphes, et l'emportent même sur les autres matadors. L'as de

9.

trèfle s'appelle *baste*, c'est-à-dire simplement trèfle; car dans les cartes espagnoles cette couleur est figurée par des bâtons ou *bastes*; de là le nom de *club*, que les Anglais donnent au trèfle. L'as de pique s'appelle *spadille*; c'est aussi à ce mot que les Anglais ont emprunté celui de *spade* qu'ils donnent au pique. Le deux de pique et le deux de trèfle s'appellent *manille*. Les triomphes rouges sont dominées par le *spadille*; le sept de cœur ou de carreau, qu'on appelle aussi *manille*, sont la seconde triomphe; viennent ensuite le *baste* ou as de trèfle, l'as de cœur et l'as de carreau, qu'on nomme *pontes*. Les rois, dames, valets, deux, trois, quatre, cinq et six viennent dans cet ordre aux couleurs rouges; tandis que dans les couleurs noires après *spadille*, *manille* et *baste*, on range le roi, la dame, le valet, le sept, le six, le cinq, le quatre et le trois. L'*hombre* est le premier joueur désigné par le sort, ou à tour de rôle; à moins qu'il ne soit *renvié*, il indique la couleur dont il veut faire la triomphe. Sur les neuf cartes qu'il a reçues, il en écarte autant qu'il veut, et les remplace par d'autres prises au talon; les deux autres en font autant. Chacun est obligé de fournir de la carte jouée, s'il en a, sous peine de *faire la bête*; mais on n'est pas tenu de forcer ni de couper avec un atout. C'est du nombre de levées que dépend le gain de la poule; l'*hombre* doit en faire cinq ou quatre au moins; si l'*hombre* ne gagne pas la poule, il fait une bête égale à la somme qu'il aurait tirée du panier.

Pope, dans le troisième chant de son poëme de *La Boucle de cheveux enlevée* (*Rape of the Lock*), a fait une peinture aussi exacte qu'animée du jeu de l'*hombre*. On peut juger par le peu que nous venons de dire de la complication de ce passe-temps favori dans les *tertulias* ou cercles espagnols; mais il y a ensuite des coups particuliers, qu'on appelle le *gano*, le *codille* et la *vole*. On compte onze hasards ou chances purement fortuites. Un de ces hasards s'appelle le *bon air*: c'est la réunion de quatre matadors sans prendre; si l'on gagne, on obtient une fiche de chacun de ses adversaires, et on leur paye à chacun une fiche en cas de perte. La réunion des deux as rouges dans la même main s'appelle *les yeux de ma grand'mère*; les quatre dames s'appellent le *charivari*; les quatre rois, la *discorde*; les quatre valets, la *fanatique*; les quatre faux matadors se nomment la *chicorée*; trois rois et une dame font la *partie carrée*. Le *parfait contentement* consiste à jouer sans prendre, quoique l'on eût dans la main cinq matadors. C'est un jeu sûr, pour lequel chaque joueur est tenu de payer une fiche à l'*hombre*. BRETON.

HOMÉLIE (du grec ὁμιλία), discours, ou plutôt conférence, dans le but d'expliquer au peuple l'Évangile et les dogmes de l'Église. Le nom grec d'*homélie*, dit Fleury, dans son *Histoire Ecclésiastique*, signifie un discours familier, comme le mot latin *sermo*. On nommait ainsi ceux qui se faisaient dans l'église, pour montrer que ce n'étaient point des harangues, ni des discours d'apparat comme ceux des orateurs profanes, mais des entretiens comme ceux d'un maître avec ses disciples, d'un père avec ses enfants. Remarquons, toutefois, que ce n'est que par la suite qu'on donna cette acception au mot *homélie*, qui désigna dans l'origine une *assemblée*, et non les exhortations paternelles faites à une assemblée de fidèles. L'*homélie* ne doit pas être confondue avec le sermon, et nous adoptons avec tous les théologiens la distinction établie par Photius : c'est que l'*homélie* se faisait familièrement, et nous ne saurions mieux l'assimiler qu'à une conférence ; les pasteurs y interrogeaient le peuple, et en étaient interrogés; le sermon, au contraire, se fait solennellement, et s'il se prononce monte en chaire, à la manière des orateurs anciens. Il nous reste un assez grand nombre d'homélies des Pères grecs et latins; toutes ont été faites par des évêques, parce que dans les premiers siècles l'épiscopat seul donnait le droit de prêcher : c'est pour cette raison que nous n'avons aucune homélie de saint Clément d'Alexandrie ni de Tertullien; ce ne fut que vers le cinquième siècle que la faculté de prêcher fut étendue aux prêtres. Cependant, saint Jean Chrysostome et saint Augustin font exception à cette règle; et leurs homélies doivent être placées en première ligne de toutes celles qui sont parvenues jusqu'à nous.

HOMÈRE, le plus célèbre des poëtes de l'antiquité classique. Sa personne et ses ouvrages ont donné lieu à un grand nombre de questions, dont la solution est encore incertaine. Ce que nous savons de sa vie se réduit à fort peu de chose. Les biographies d'Homère attribuées à Hérodote et à Plutarque sont un tissu de fables, quelquefois ingénieuses, le plus souvent absurdes. On lui a donné pour ancêtres les dieux et les muses ; on a entouré son berceau de miracles et répandu du merveilleux sur toute sa vie; son nom a donné lieu à une foule d'étymologies puériles; les circonstances de sa vie, l'époque à laquelle il a vécu, tout, jusqu'à son existence même, est enveloppé d'obscurités et d'incertitudes. Homère n'est devenu célèbre que dans un temps où il était impossible de recueillir sur lui des documents dignes de foi. A défaut de ces documents, on a dû refaire son histoire sur des probabilités, sur des traditions : de là cet amas de fables incohérentes, d'anecdotes, de particularités évidemment forgées après coup. D'après les moins déraisonnables de ces traditions, Homère serait né sur les bords du fleuve Mélès, près de Smyrne, ce qui l'aurait eu pour père Méon et pour mère Crithéis : de là vient qu'on l'appela *Méonides*, du nom de son père, et *Mélésigène*, du lieu de sa naissance. D'autres lui donnent pour père Mentor, roi de Pylos, et Clymène, ou Thémisto, de Chypre, pour mère. Ce qui reste de tous ces récits, c'est qu'à une époque très-reculée il exista un poète célèbre, qui fit une révolution dans la poésie contemporaine, et qu'on est convenu de l'appeler Homère.

Son existence une fois admise, il s'agit de déterminer deux points importants, sa patrie et l'époque où il a vécu. On sait qu'un grand nombre de villes se disputèrent l'honneur de lui avoir donné le jour. Il en est sept surtout dont les prétentions à cet égard ont été célébrées par la poésie : Smyrne, Colophon, Chio, Argos, Athènes, Rhodes et Salamine; d'autres disent Cyme et Pylos, au lieu des deux dernières. En cherchant les indications qu'offrent ses poëmes sur le pays où il est né, on est amené à conclure qu'il dut vivre dans l'Asie Mineure, en Ionie, ou dans une des îles voisines. Malgré des autorités nombreuses en faveur de Smyrne, si l'on s'en rapporte à l'hymne à Apollon, cité par Thucydide, Chio serait la patrie d'Homère. Strabon dit qu'elle conservait encore sous la domination romaine le souvenir des titres sur lesquels elle fondait ses prétentions. L'auteur anonyme du *Combat d'Homère et d'Hésiode* témoigne qu'Homère était à Chio l'objet d'un culte poétique, sinon religieux, de la part d'une association, d'une caste, ou d'une famille, qui faisait remonter son origine à ce poète. Chio demeura longtemps le centre de ce culte, puisque les peuples du Péloponnèse et de l'Attique y envoyaient des députations annuelles. Une inscription récemment commentée par M. Bœckh offre l'exemple de luttes rhapsodiques à Chio; une autre inscription parle d'un gymnase homérien dans cette île.

Sur l'époque à laquelle Homère a vécu, nous rencontrons la même incertitude, et l'on est indécis entre le dixième, le neuvième et le huitième siècle avant J.-C. Si même on prend les opinions extrêmes, on trouvera jusqu'à cinq siècles de différence. Il y a une opinion qui fait Homère contemporain de Lycurgue. Ératosthène, Aristarque et Philochorus le placent 120, 140, ou 180 ans après la prise de Troie, d'après d'une biographie absurde d'Homère, attribuée à Hérodote, dit qu'il naquit 622 ans avant l'expédition de Xerxès en Europe, qui répondrait à l'an 1102 avant J.-C.; et le calcul qu'il établit semble indiquer qu'il travaillait en cet endroit sur quelque document ancien. Hérodote, au deuxième livre de son histoire, c. 53, dit qu'Homère vivait 400 ans avant lui, c'est-à-dire, 850 ou 880 avant J.-C. Selon les marbres de Paros, il florissait 907 ans avant J.-C., 302 après la prise de Troie, sous l'archontat de Diogénète, un peu avant les olympiades. Entre toutes ces données, les indications moyennes sont les plus vraisemblables. Homère répète que par lui-même il ne sait rien de ce qu'il raconte, et que la renommée seule en est parvenue jusqu'à lui (*Iliad.*, l. II, v. 487). S'il était né, comme quelques-uns le veulent, 60 ou 80 ans après la guerre de Troie, si lui-même et ses auditeurs avaient connu des vieillards qui en eussent été témoins, aurait-il pu dire que les héros de ces temps-là lançaient aisément des pierres que trois hommes du sien pouvaient à peine soulever (*Iliad.*, XIV, v. 446)? D'un autre côté, dans l'*Iliade*, on trouve sur la disposition matérielle des armées, sur la topographie du camp des Grecs, tels détails qui supposent une tradition bien fraîche et des souvenirs bien récents.

L'opinion la plus commune jusqu'à la fin du siècle dernier faisait donc d'Homère un Grec asiatique d'Ionie, qui florissait vers le milieu du dixième siècle avant notre ère, postérieurement à la fondation des colonies grecques de l'Asie Mineure. Bode (*Commentatio de Orpheo*; Gœttingue, 1824) a combattu cette opinion : il suppose Homère né dans le Péloponnèse, au temps même de la guerre de Troie; il se fonde sur ce que ni dans l'*Iliade* ni dans l'*Odyssée* il n'est fait allusion à la grande invasion du Péloponnèse par les Doriens, vers 1100, un peu moins d'un siècle après la prise de Troie. Thiersch suppose aussi qu'Homère a vécu dans le Péloponnèse, antérieurement à l'expulsion des Héraclides, à une époque très-voisine du siége de Troie, peu de temps après le retour des Grecs vainqueurs.

Avec un telle incertitude sur la famille, le siècle et la patrie du poëte, il n'est pas surprenant qu'on sache peu de chose de sa destinée. Homère doit avoir beaucoup voyagé : sans doute il parcourut, à plusieurs reprises, la Grèce, la Phénicie, l'Egypte, etc., si l'on en juge par les connaissances géographiques et maritimes qu'attestent ses ouvrages. Nul poëte n'est plus exact à décrire tous les lieux, plus fidèle dans ses peintures, plus attentif à rapporter les traditions nationales. Il a toujours passé pour excellent géographe, et Strabon s'appuie souvent sur son autorité. Enfin, Homère est l'historien de son époque. Plus d'une fois son témoignage a été invoqué dans les contestations des villes entre elles : Strabon, rappelant le démêlé d'Athènes et de Mégare sur la possession de l'île de Salamine, rapporte que les Athéniens alléguaient pour établir leurs droits le vers 558 du deuxième livre de l'*Iliade*, qui a d'ailleurs été contesté : quelques auteurs supposent qu'il fut ajouté par Solon. Les Mégariens, de leur côté, ripostaient par un autre vers d'Homère. Ce fait prouve que du temps de Solon on s'en rapportait à l'autorité d'Homère comme à celle de l'historien le plus grave, le plus irrécusable.

En admettant qu'Homère ait été réellement aveugle, comme le raconte Pausanias, il n'était certes pas aveugle de naissance ; car il n'aurait jamais été capable de faire des peintures des objets visibles telles que ses poëmes en contiennent. On a fait de lui tantôt un maître d'école aveugle, tantôt un mendiant réduit à gagner son pain en chantant de porte en porte : ce qui est contredit par tout ce que nous savons des anciens *aœdes*, ou chanteurs, chez les Grecs, et de leur condition. S'ils n'étaient pas riches et puissants, ils étaient du moins très-considérés, respectés même ; ils avaient leur place marquée dans les sacrifices et les fêtes ; ils étaient également bien accueillis dans les réunions des citoyens et dans les palais des princes. Homère était, selon toute vraisemblance, un de ces chanteurs ambulants, de ces poëtes improvisateurs, qu'il a représentés dans Phémius et Démodocus, et non un mendiant ou un maître d'école.

Quoi qu'il en soit de toutes ces conjectures, on ne parviendra à déterminer le degré de foi qu'elles méritent que par un examen critique et historique de l'*Iliade* et de l'*Odyssée* ; car les questions relatives à la personne d'Homère se rattachent nécessairement aux questions relatives à ces poëmes. Nous sommes élevés dans l'admiration du génie d'Homère et de la belle unité qui règne dans ses ouvrages : les habitudes de notre éducation, les traditions classiques de notre littérature, nous ont accoutumés à ne voir dans l'*Iliade* et l'*Odyssée* que deux poëmes réguliers, deux vastes compositions, exécutées avec un art accompli et selon toutes les règles de la poétique. Si donc on vient nous dire qu'il y a de fortes raisons de douter qu'il ait jamais existé un Homère, que ces poëmes, si réguliers en apparence, et qui ont servi de type aux règles de l'épopée tracées par Aristote, n'existaient pas primitivement sous la forme où nous les avons aujourd'hui ; que cette prétendue unité que nous admirons tant est le résultat d'une élaboration de plusieurs siècles ; que, loin d'avoir été conçus sur un plan unique et fondus d'un seul jet, ces poëmes n'étaient d'abord que des chants épars, isolés, recueillis par la suite et rapprochés par l'industrie de quelques arrangeurs, alors nous nous récrions contre un paradoxe révoltant, insoutenable; notre esprit, préoccupé de nos idées d'unité et des habitudes actuelles de composition, a peine à admettre que l'*Iliade* et l'*Odyssée* n'aient pas été exécutées suivant un plan conçu d'avance et profondément médité par l'auteur. Cependant, examinons les motifs de doute allégués par ces hardis critiques.

Ils prétendent non-seulement que l'*Iliade* et l'*Odyssée* ne sont pas l'œuvre du même poëte, mais que ni l'une ni l'autre n'est due à un seul et même auteur ; que ces poëmes sont deux recueils de fragments poétiques composés séparément, qui sont restés longtemps détachés les uns des autres, et dont on s'est enfin avisé de former un tout. Selon eux, cette époque, intermédiaire entre la barbarie et la civilisation à laquelle vécut Homère ne comporte pas une composition vaste et compliquée comme le plan d'un poëme épique régulier : des ouvrages de si longue haleine ne se concoivent pas dans la vie de ces chanteurs nomades, qui ne les récitaient jamais en entier, mais seulement par fragments. Tout est spontané, naïf, dans la poésie homérique ; tout y exclut l'idée du travail et du calcul ; c'est le produit de l'inspiration, et non d'un plan habilement combiné. D'ailleurs, une œuvre si étendue n'aurait pu s'achever sans le secours de l'écriture : or, tout atteste que du temps d'Homère l'écriture n'était pas connue en Grèce. Une preuve décisive est que dans ces deux poëmes il n'est fait aucune mention de l'art d'écrire, malgré les fréquentes occasions que le poëte avait d'en parler, s'il eût été connu. Hésiode, ainsi qu'Homère, ne parle en aucun endroit de l'écriture, ni d'inscriptions, ni d'aucune monnaie. Le passage de l'*Iliade* relatif à Bellérophon (ch. VI, v. 168), souvent invoqué en faveur de l'opinion contraire, ne prouve réellement dans le poëte que l'ignorance de cet art, à moins qu'on ne veuille entendre par écriture l'usage de quelques signes non encore réduits en alphabet. Il en est de même du passage où les héros grecs tirent au sort pour savoir qui combattra Hector.

Wolf, dans ses fameux *Prolégomènes*, a fortement établi cette opinion. Selon lui, en admettant que l'écriture fût connue en Grèce du temps d'Homère, et qu'elle pût être employée pour des inscriptions, on ne s'en servait pas encore, l'usage n'en était pas encore général dans la vie entière au temps des Olympiades. Il ne suffisait pas d'avoir réussi à graver quelques lettres sur la pierre ; le défaut de matériaux sur lesquels on pût tracer des ouvrages volumineux, tels que les poëmes homériques, était un obstacle que les siècles seuls pouvaient vaincre. Au temps de Solon, plus de quatre siècles après Homère, l'écriture avait fait peu de progrès, que pour publier ses lois le législateur d'Athènes les fit graver sur la pierre, dans la forme dite *boustrophédon*, qui tient à l'enfance de l'art. Le témoignage de Josèphe à l'égard des poésies d'Homère est positif ; voici comment il s'exprime (contre Apion) : « La Grèce ne reçut les lettres que fort tard et avec peine. Les connaissait-on au siége de Troie? C'est un problème où toutes les réponses peuvent être la négative. Il n'est fait mention d'aucun écrit avant les poëmes d'Homère ; on croit même que ces poëmes ne furent pas écrits ; ils nous ont été transmis par les rhapsodes, qui les chantaient, et c'est pour cela qu'on y remarque une si grande variété de leçons. » Objectera-t-on que le témoignage de Josèphe est bien moderne pour un fait d'une si haute antiquité? Mais il faut observer qu'il ne l'avance pas comme une opinion particulière à lui ; il en parle comme d'un fait généralement admis et reconnu. Plutarque, il est vrai, dit, dans la vie de Lycurgue, que ce législateur, voyageant dans l'Asie Mineure, y découvrit l'*Iliade* et l'*Odyssée*, et que, plein d'admiration, il s'empressa de les *transcrire*, pour les rapporter à Lacédémone. Ce qu'il peut y avoir de réel dans le fait rapporté par Plutarque se réduit à ce que Lycurgue aurait fait connaître en Grèce les poésies d'Homère. Quant à l'expression *transcrire*, il ne faut y voir que la préoccupation d'un auteur qui transporte dans les siècles passés les usages et les idées de son temps. Héraclide de Pont, historien qui vivait au troisième siècle avant Jésus-Christ, dit seulement que « Lycurgue, ayant reçu les poésies d'Homère des héritiers de Créophyle, les apporta le premier dans le Péloponnèse. » On voit qu'il n'est pas question d'écriture. L'emploi de l'écriture pour des usages particuliers peut, à la rigueur, dater du huitième siècle avant notre ère ; mais à cette époque il dut être très-borné, vu l'insuffisance des matières, telles que la toile cirée, les feuilles d'arbres, les feuilles de métal et les peaux. Il est probable qu'on ne commença à écrire des morceaux d'une certaine étendue que vers le milieu du sixième siècle, après qu'on eut reçu d'Égypte le papyrus ; car les *dipthères*, peaux de chèvre ou de mouton grossièrement préparées, étaient insuffisantes à cet usage ; et elles étaient abandonnées dès le temps d'Hérodote (l. V, ch. 58). Il n'est guère possible non plus de supposer qu'on eût gravé deux poëmes de l'étendue de ceux d'Homère sur des lames de plomb : pour que cette gravure eût été solide, il aurait fallu qu'elle fût profonde, ce qui aurait exigé des lames fort épaisses et fort pesantes.

Les poëmes d'Homère ne furent donc pas écrits, mais chantés. La mémoire conservait alors les œuvres du génie, comme la tradition, la renommée seule, transmettait le souvenir des événements. De là ces fréquentes invocations aux Muses, filles de Mémoire, seules dépositaires du passé. Longtemps encore après Homère, tout se conservait par les chants et la poésie : les lois mêmes se chantaient, comme l'atteste le mot *nomos* (Aristote, probl. IX, 28). Ces chants historiques et nationaux durent commencer immédiatement après le retour de la guerre de Troie. Dans les poëmes d'Homère, on trouve les *aœdes*, ou chanteurs, sorte de corporation dépositaire des connaissances historiques et mythiques de leur siècle. Ils jouent un rôle important dans la société héroïque ; ils ont leur place marquée dans les fêtes, dans les funérailles, dans les cérémonies religieuses et au banquet des rois. Ils étaient les conservateurs des grandes actions, le dépôt vivant des traditions nationales. Ils voyageaient de ville en ville, comme nos troubadours ; ils parcouraient la Grèce et l'Ionie. Pendant que la Grèce européenne était tourmentée par les révolutions, l'Ionie jouissait d'une paix profonde. Il s'y formait une école de poëtes pour composer les chants qui accompagnaient les solennités politiques ou religieuses. Les éloges qu'Homère donne partout à ces poëtes, qu'il appelle divins, chéris des dieux et des hommes (*Od.*, VIII, 480), la confiance que leur témoignent les rois, les honneurs qu'on leur rend, tout donne à penser qu'Homère était un d'eux. On a donc pu supposer, avec quelque vraisemblance, qu'il s'était peint lui-même sous les noms de Phémius et de Démodocus : de là cette image du vieil Homère allant de ville en ville, chantant les héros et les dieux, aveugle, car les Muses avaient empoisonné leurs faveurs en le privant de la vue (*Od.*, VIII, 64). Ces chanteurs passaient pour inspirés des dieux (*Od.*, V, 347); ils ne composaient pas à loisir, ils improvisaient. On conçoit que l'usage de réciter ces chants dans les lieux publics, en présence du peuple assemblé, ne comportait pas des compositions de longue haleine. Ils ont donc existé d'abord sous la forme de fragments épars, isolés ; ils n'étaient pas écrits, l'écriture n'était pas alors connue en Grèce, ou l'usage n'en était pas assez répandu et assez facile pour transcrire des ouvrages étendus : ils se conservaient dans la mémoire des hommes et se transmettaient de bouche en bouche. Le témoignage d'Élien (*Var. hist.*, liv. XIII, ch. 14) est clair et positif sur ce point.

Il est donc bien constant que ces poésies furent d'abord chantées par fragments. Après les poëtes primitifs, il y eut des rhapsodes, qui apprenaient par cœur les vers des poëtes et faisaient métier de les redire sur les places publiques et dans les fêtes solennelles. Ils savaient ainsi un certain nombre de fragments, ou rhapsodies, formant de petits poëmes détachés. Les poésies homériques, comme les autres, furent chantées par des rhapsodes qui parcouraient le pays et récitaient dans les lieux où ils étaient certains morceaux ou épisodes formant un ensemble complet, et connus sous des titres particuliers, tels que ceux que mentionne Élien. Ces *rhapsodes*, qui succèdent aux chanteurs (*aœdes*), marquent un second âge dans l'histoire des poésies homériques. Ils n'inventent plus, ils se bornent à réciter les chants d'autrui. Hérodote (l. V, ch. 67), qui vivait trente ans après Pindare, est le plus ancien auteur où se trouve le nom de *rhapsodes*. Pindare n'emploie que le mot *homérides* : « De même que les *homérides, chanteurs de vers cousus*, ils commencent dès le principe par chanter Jupiter (Nem., II, 1-2). » Voilà le rôle des homérides bien clairement déterminé : mais qu'étaient ces homérides, et d'où leur venait ce nom ? Le scoliaste de Pindare dit : « On appelait autrefois *homérides* ceux de la famille d'Homère qui chantaient ses poésies par transmission (par héritage). Après eux, vinrent les *rhapsodes*, qui ne faisaient pas remonter leur origine à Homère. » On lit dans Strabon, l. XIX : « Les habitants de Chio réclament Homère, et pour preuve ils citent ceux qu'on nomme *homérides*, qui sont issus de ce poëte. » Timée le Sophiste, auteur d'un lexique sur Platon, dit simplement que les homérides étaient ceux qui récitaient en public les vers d'Homère (voyez l'*Ion*, la *République*, liv. X, et le *Phèdre*). Harpocration, auteur d'un lexique sur les dix orateurs athéniens, dit à l'occasion de ce nom employé par Isocrate, à la fin de l'éloge d'Hélène, que les homérides étaient une famille originaire de Chio, et qui tirait son nom du poëte Homère. Il ajoute que Séleucus donnait à ce nom une autre étymologie, et le dérivait d'ὅμηρος, otage. Suidas n'a fait que copier Timée et Harpocration. Dugas-Montbel, dans son *Histoire des poésies homériques*, dérive ce mot du verbo ὁμηρεῖν, composé de ὁμοῦ, ensemble, et de ἐρεῖν, je dis, sur l'autorité d'Hésychius, qui l'explique ainsi, ὁμοῦ ἁρμόσθαι καὶ συμφωνεῖν. Homérides signifierait alors les *rassembleurs*, ceux qui chantent ensemble, ceux qui s'accordent pour chanter. Dans la *Théogonie*, v. 39, le participe du même verbe est employé dans le même sens et appliqué aux Muses. Dans la suite des temps, par le penchant des Grecs à tout personnifier, les *homérides* auraient donné lieu à supposer un *Homère*. Quelque ingénieuse que soit cette conjecture, il nous paraît difficile d'abolir entièrement la personnalité d'Homère, et de conclure que son nom ne représente qu'un être purement fictif et controuvé.

D'après les témoignages les plus vraisemblables, les homérides paraissent avoir été une famille ou une école de rhapsodes qui chantaient les poésies d'Homère et celles des anciens poëtes cycliques. Des écoles du même genre ont existé chez d'autres nations : telles furent les écoles de prophètes chez les Juifs ; chez les peuples du Nord, les bardes, les druides, les scaldes, apprenaient par cœur des poésies et les chantaient; ils formaient la tradition vivante et conservaient le souvenir des événements. C'est dans l'île de Chio que cette école des homérides paraît avoir fixé son siège ; de là ils se répandirent dans la Grèce. Le plus célèbre d'entre eux fut Cynéthus, contemporain d'Eschyle. Les Homérides n'étaient pas de simples chanteurs, ils ajoutaient, ils altéraient. Pindare, dans le passage cité plus haut, montre les Homérides faisant toujours précéder d'un hymne religieux chacun de leurs chants épiques (*voyez* aussi *Isthmiq.*, l. III, od. IV, v. 55). Les *homérides* se distinguent donc des *rhapsodes* par une existence sociale et par l'invention poétique. Les Homérides ne chantaient que les poèmes d'Homère, ou leurs propres compositions; les rhapsodes chantaient indistinctement tous les genres de poésies. Cette institution des rhapsodes subsista longtemps. On voit des combats de rhapsodes établis par les villes d'Argos, Athènes, Sicyone, Orchomène, etc.... Hérodote (l. V, ch. 67) raconte qu'un Clisthène, tyran de Sicyone, étant en guerre avec les Argiens, défendit les combats de chant entre rhapsodes, parce qu'ils y récitaient les vers d'Homère, où se trouvaient les louanges d'Argos. Isocrate, dans le *Panégyrique*, loue les anciens Athéniens d'avoir établi des combats de musique dans lesquels on récitait les vers d'Homère.

Avant l'usage de l'écriture, les monuments historiques devaient être des chants; les seuls moyens de transmission étaient dans la mémoire des hommes. Les rhapsodes furent donc nécessaires tant que ces poèmes ne furent pas écrits. Mais on ne saurait douter qu'un pareil mode de transmission ne fût sujet à bien des altérations : en passant par tant de bouches, ces poèmes n'ont pu rester intacts ; bien des passages ont dû se corrompre, des fragments étrangers s'y introduire; plus d'un vers y fut intercalé pour flatter l'orgueil de telle ou telle ville. Aussi dès que l'usage de l'écriture se répandit dut-on s'empresser de l'employer à recueillir ces chants précieux, seules annales des temps héroïques. Ce travail une fois accompli, les rhapsodes n'ont plus de rôle à remplir : du moment qu'on a des copies écrites de ces poèmes, les rhapsodes, si longtemps en honneur, perdent leur importance et finissent par tomber dans le mépris. Platon les livre au ridicule dans l'*Ion*, et Xénophon les appelle une race de niais, qui ne comprennent rien au véritable sens des poètes (*Mem. Socr.*, l., IV, c. 2, § 10: *Banquet*, III, 5). Au commencement du quatrième siècle, ils n'étaient plus que de misérables histrions.

A quelle époque faut-il rapporter cette révolution produite par la transcription des poésies homériques? On sait, d'une part, qu'il y a en Grèce absence complète de monuments écrits jusqu'au temps de Solon ; d'un autre côté, on ne peut douter que l'*Iliade* et l'*Odyssée* ne fussent rassemblés et ne portassent le nom d'Homère au siècle de Socrate et de Xénophon, puisque, dans les *Entretiens mémorables de Socrate*, Euthydème dit qu'il possède les œuvres d'Homère et que, dans le *Banquet* de Xénophon, Nicératus se vante de pouvoir réciter de mémoire l'*Iliade* et l'*Odyssée*. Des témoignages divers et nombreux s'accordent pour rapporter à Pisistrate l'époque à laquelle les poésies d'Homère furent recueillies et rassemblées en corps d'ouvrage. Le plus ancien de ces témoignages est celui de Cicéron, qui dit que « Pisistrate, le premier, mit les ouvrages d'Homère, jusque alors épars et confus, dans l'ordre où nous les avons aujourd'hui (*De Orat.*, III, 34). » Platon dit seulement que ce fut Hipparque, l'un des fils de Pisistrate, qui fit connaître Homère à Athènes, et qui eut soin que ses poèmes fussent chantés à la fête des Panathénées, par des rhapsodes alternant entre eux, de manière que le morceau de l'un fit suite à celui de l'autre. Déjà antérieurement, Solon, au rapport de Diogène Laërte (I, 57), « avait réglé ce que ceux qui récitaient les vers d'Homère en public le feraient alternativement, en sorte que l'endroit où l'un aurait cessé serait celui par lequel l'autre commencerait. » C'est-à-dire que Solon ordonna, lorsque plusieurs rhapsodes chanteraient en public, d'observer l'ordre des temps et de pas intervertir la suite des événements. Cette première mesure était une préparation au travail ordonné par Pisistrate : là est déjà en germe l'idée de recomposer l'ensemble des poèmes d'Homère.

Élien, après le passage que nous avons cité plus haut, ajoute : « Ensuite Pisistrate ayant réuni ces poésies, publia l'*Iliade* et l'*Odyssée*. » Pausanias, discutant sur un nom de ville cité dans le *Catalogue des vaisseaux*, ajoute : « Lorsque Pisistrate rassembla les vers d'Homère, auparavant dispersés, et conservés dans la mémoire des rhapsodes... (VII, 26). » Deux scolies sur Denys de Thrace racontent cette réunion des poésies homériques sous Pisistrate : la première est ainsi conçue : « On rapporte que les poésies d'Homère avaient été perdues; car alors elles se transmettaient non par l'écriture, mais par le seul enseignement (la didascalie), de manière qu'ils n'étaient conservés que dans la mémoire. Pisistrate voulut que les poésies d'Homère fussent conservées par l'écriture. Il établit un concours public, qu'il fit proclamer par des hérauts donnant permission à qui saurait des vers d'Homère de les lui indiquer. Ayant fixé le prix d'une obole pour chaque vers, il parvint à réunir les poésies dans leur entier, et les transmit aux hommes. » La seconde scolie est une amplification de la première, qui se termine par un anachronisme, qui fait figurer Aristarque et Zénodote parmi les contemporains de Pisistrate. Enfin, selon un fragment d'une vie d'Homère, citée par Leo Allatius (*De Patria Homeri*), « les véritables poèmes d'Homère, d'abord chantés par morceaux détachés, furent réunis par Pisistrate, comme le témoigne l'inscription gravée sur sa statue à Athènes. » Le travail commandé par Pisistrate sur les poésies d'Homère est donc un fait bien constaté, attesté par des autorités nombreuses et suffisantes.

Pisistrate régna sur Athènes à trois reprises, de l'an 561 à l'an 528 avant notre ère. C'est donc dans cet intervalle qu'il faut placer la première transcription et la coordination des poésies homériques. Ce travail, quelque soin qu'on y apportât, dut être bien imparfait; il ne put se faire sans des suppressions, des additions pour lier les différentes parties; l'ignorance ou la fraude durent y introduire bien des fragments étrangers, des vers inutiles, des répétitions, des fictions fabriquées dans quelque intérêt local ou de famille. Il n'est pas douteux que ce texte ne subit des altérations nombreuses. Plus tard, la critique naissante essaya de corriger les fautes les plus grossières, d'effacer les disparates les plus choquants, de restituer les leçons les plus authentiques, de combler les lacunes, etc., opérations dont l'ensemble est exprimé par le mot grec διασκευάζειν, arranger. L'emploi fréquent du mot *diaskevastva* dans les scolies du manuscrit de Venise, publiées par Villoison, insinue qu'il s'agissait d'une classe d'érudits tout à fait différents des rhapsodes, et d'une espèce de travail que les poèmes d'Homère ont subi avant celui des grammairiens d'Alexandrie, qui en firent des *recensions* et des éditions. Le travail des *diaskévastes* fut donc de deux espèces : 1° de réunir les diverses parties des poèmes, chantés jusque lors par morceaux détachés, et de former un grand ensemble de ces fragments épars, qui composent aujourd'hui l'*Iliade* et l'*Odyssée*; 2° de remanier le texte en maint endroit, pour établir la liaison des diverses rhapsodies ; et en effet parmi les interpolations qui se rencontrent fréquemment dans les poésies homériques, on peut encore distinguer souvent les sutures qui sont l'ouvrage des diaskévastes.

Mais ce furent les grammairiens d'Alexandrie qui mirent la dernière main aux poèmes homériques, et qui leur donnèrent leur forme définitive. La division de l'*Iliade* et de l'*Odyssée* en vingt-quatre chants, désignés par chacune des lettres de l'alphabet, est attribuée au célèbre critique Aristarque, qui florissait à Alexandrie vers le milieu du troisième siècle avant J.-C. Antérieurement au travail d'Aristarque, d'où sont sorties les poèmes, à peu près dans la forme qu'ils ont conservée depuis, il en existait déjà un grand nombre de copies, d'éditions, dont les plus célèbres étaient celles de Chio, d'Argos, de Crète, de Sinope, de Cypre, de Marseille, et celle qu'Aristote fit pour Alexandre le Grand; on la citait sous le nom d'*édition de la cassette*. La critique des Alexandrins, Zénodote, Aristophane de Byzance, Aristarque, etc., s'exerça principalement sur les interpolations et les vers ajoutés par les diaskévastes. Ils retranchèrent impitoyablement tout ce qui leur semblait ne pas appartenir au poëte. Voilà pourquoi on lit dans les auteurs anciens tant de vers attribués à Homère que nous ne retrouvons plus dans nos éditions, faites d'après la censure des Alexandrins. On conçoit maintenant comment Aristarque, malgré le culte presque superstitieux que l'on rendait à Homère, supprima de vers de l'*Iliade* ou de l'*Odyssée* : c'est qu'il les considérait non comme des vers d'Homère, mais comme des interpolations dues aux rhapsodes ou aux diaskévastes.

Maintenant que cette longue élaboration et ce remaniement continuel des poëmes homériques jusqu'à l'école d'Alexandrie est un fait hors de doute, que penser de cette belle unité de plan et de composition qu'on a si souvent admirée dans l'*Iliade* et l'*Odyssée* ? Ne sommes-nous pas tenté d'en rapporter tout le mérite à ceux qui, sous Pisistrate, réunirent les diverses parties de ces poëmes ? Mais les critiques qui examinent de près cette prétendue unité n'y voient qu'une unité artificielle et non primitive, un arrangement, une coordination, plus ou moins habile, mais non une œuvre unique, fondue d'un seul jet. Ils remarquent de frappantes disparates entre les différentes parties et même plus d'une contradiction. Par exemple, Pylémènes, chef des Paphlagoniens, est tué au huitième chant de l'*Iliade*, v. 578, et au treizième chant, v. 658, on le voit accompagner le corps de son fils. Bien des morceaux d'une grande étendue forment des hors-d'œuvre qui suspendent l'action : par exemple, le dénombrement des vaisseaux, les jeux aux funérailles de Patrocle, etc. Toutes ces observations réunies portent à conclure que ni l'*Iliade* ni l'*Odyssée* ne sont d'un seul auteur, ni d'une seule époque. Quant à la différence de ton et de couleur entre l'*Iliade* et l'*Odyssée*, elle avait déjà été remarquée par les anciens. Longin comparait l'auteur de l'*Iliade* au soleil levant, et l'auteur de l'*Odyssée* au soleil couchant. Ceux des grammairiens d'Alexandrie qui furent désignés par le nom de *chorizontes* attribuaient les deux poëmes à des auteurs différents. Il est certain que l'*Odyssée* présente un autre langage, d'autres idées, une autre mythologie et une civilisation plus avancée que l'*Iliade*. Cette thèse a été fort bien développée par Benjamin Constant dans le troisième volume de son ouvrage sur les religions. Mais c'est dans les fameux *Prolégomènes* de Wolf que toutes les questions relatives à l'authenticité des poésies homériques ont été traitées de la manière la plus complète.

Nous ne parlerons pas ici des hymnes attribués à Homère. La plupart ne sont que des fragments d'anciens poëmes cycliques, ou des préambules de rhapsodes. La critique a prouvé qu'ils appartiennent à un siècle plus récent que les deux grandes épopées.

Homère a été souvent traduit en français. Mais la traduction de Mme Dacier était restée la plus fidèle, celle qui donnait le mieux l'idée de l'original, jusqu'à la publication du beau travail de Dugas-Montbel. Il faut le lire dans la seconde édition, accompagnée du texte et de notes excellentes, publiée par Firmin Didot. Dugas-Montbel y a joint une histoire des poésies homériques, où il a fort bien résumé les opinions de Wolf et des autres savants sur cette controverse. ARTAUD.

HOMÉRIDES. Voyez HOMÈRE.

HOMICIDE (du latin *homo*, homme, *cædere*, tuer). C'est l'action de tuer un homme. La loi française distingue plusieurs espèces d'homicide. L'homicide volontaire et avec préméditation s'appelle *assassinat* ; l'homicide volontaire sans préméditation prend le nom de *meurtre* ; enfin, l'homicide par imprudence est puni d'un emprisonnement de trois mois à deux ans et d'une amende de cinquante à six cents francs, et donne lieu à des dommages-intérêts.

Le mot *homicide* s'emploie aussi pour désigner celui qui commet l'action de tuer. Enfin, il s'emploie comme adjectif. On dit *un fer homicide*, des *vapeurs homicides*.

HOMILÉTIQUE. Les Allemands donnent ce nom, dérivé du grec ὁμιλέω, converser, à l'art d'exposer et d'enseigner les bases de la foi chrétienne au moyen d'*homélies* ou de sermons. L'homilétique comprend par conséquent les règles qui doivent présider au choix des textes de sermon, à l'art de les disposer et de les traiter, comme aussi celles qui sont relatives à la déclamation et au geste. Les professeurs de nos facultés de théologie qui sont chargés des chaires d'éloquence sacrée embrassent en partie dans leur enseignement ce que nos voisins appellent plus particulièrement *homilétique*. L'ouvrage de saint Augustin *de Doctrina Christiana* est, à bien dire, le premier traité d'homilétique qu'on ait songé à rédiger. Mais plus tard cette science reçut de plus grands développements, à la suite des travaux d'Érasme et d'Hypérius. L'*Ecclesiaste* du premier (Bâle, 1535) est demeuré classique en ce genre. L'ouvrage d'Hypérius a pour titre : *De formandis Concionibus sacris* (Marbourg, 1553) ; L'*Essai sur l'Éloquence de la Chaire*, du cardinal Maury, est plutôt un recueil d'analyses et d'observations qu'une théorie systématique. Les Allemands à cet égard ont montré plus d'activité que nos théologiens ; et leur littérature théologique abonde en ouvrages spéciaux sur cette matière.

HOMINEM (AD). Voyez AD HOMINEM.

HOMMAGE, HOMMAGE LIGE (*Droit féodal*). Voyez FOI ET HOMMAGE, et FÉODALITÉ, tome IX, page 343.

HOMME (en latin *homo*). Il est ainsi défini : *Animal nu, à deux mains et à deux pieds, marchant debout, doué de raison, d'un langage articulé, et susceptible de civilisation*. Il est l'unique *bimane* et *bipède*. Étant, parmi tous les animaux, le seul créé pour l'exercice de la pensée et de l'industrie, afin de régner sur les autres êtres, il dut recevoir une station droite. C'était le moyen de lui attribuer un cerveau volumineux et la liberté des mains. Ainsi, la nature fit à l'homme trois dons éminents, qui lui assurent l'empire, savoir : l'*intelligence* pour inventer, le *langage* pour s'associer, et les *mains* pour exécuter. Ces caractères n'appartiennent dans leur totalité à aucune autre espèce. Par sa conformation physique, il est de la grande classe des animaux vertébrés à sang chaud : la femme étant vivipare et allaitant ses enfants, elle se range, comme l'homme, dans l'ordre des mammifères, selon les naturalistes.

Placés à la tête du règne animal et revêtus d'une suprême autorité sur tout ce qui respire, c'est à nous qu'il appartient de sonder les profondeurs de notre propre nature. Il a été réservé à l'homme seul de mesurer ses droits sur le globe ; car tout ce qui vit s'ignore soi-même, excepté notre seule espèce. Aussi les êtres organisés, végétaux et animaux, comme les matières brutes, relèvent tous de l'homme, tandis que ce roi de la terre ne relève que de la Divinité. Par le corps, nous sommes classés au rang des animaux ; par la raison et l'âme, nous émanons de l'intelligence suprême. L'humanité constitue donc la création la plus élevée et dominatrice sur la terre, et devient le plus grand sujet d'étonnement de toute la création. Telle est la suprématie qui nous fut attribuée : puisque l'homme tire de l'intelligence toute sa grandeur et même son mode d'existence sur la terre (car il n'agit pas de pur *instinct*, à la manière des bêtes, mais s'associant et en perfectionnant sa nature), on doit le considérer comme un animal éminemment philosophe, l'*homo sapiens* de Linné. Tout en lui manifeste sa destination pour exister principalement par le cerveau, tandis que les bêtes vivent davantage par le corps. Le système nerveux, plus actif et plus développé chez notre espèce, devient la source des grands biens comme des grands maux qui la distinguent des autres êtres.

En nous donnant l'existence, le grand arbre de la vie a fleuri, s'est élevé au faîte de sa croissance ; il a produit en nous ses fruits les plus élaborés, si l'on veut considérer toute la série hiérarchique des êtres organisés. Ainsi au delà des simples matériaux terrestres et bruts se sont développées les immenses tribus végétales, depuis l'humble mousse jusqu'au palmier fécond et jusqu'au cèdre superbe. Sur le règne végétal est apparue ensuite l'animalité qui s'en substante, et au-dessus de ces races inférieures se sont déployées des espèces plus nobles, plus puissantes, ou plus audacieuses, telles que des carnivores et les ordres supérieurs des vertébrés, les oiseaux, les mammifères. Parmi ceux-ci s'observe une gradation manifeste dans le perfectionnement de l'organisation. Depuis les brutes grossières, ou pachydermes et ruminants, on remonte par les tribus d'animaux onguiculés, les rongeurs, aux carnassiers, et de ceux-ci aux primates, tels que les singes ou quadrumanes, aux orangs-outangs; enfin, de ces genres à celui de l'homme, la gradation se marque encore par des transitions depuis le Hottentot et le stupide Papou, jusqu'à la suprême perfection corporelle et intellectuelle de l'homme blanc, civilisé par l'instruction et les arts, dans notre Europe moderne. Élevés ainsi au sommet de l'échelle des règnes organisés, c'est à nous que viennent aboutir tous les mouvements qui s'opèrent parmi eux. L'homme est comme la tête, la partie pensante de ces créatures; elle en représente la fleur la plus délicate et la plus sensible, tandis que les autres espèces en composent le corps ou la masse brute. De même que le cerveau est formé pour gouverner l'économie vivante de chaque individu, le cerveau des êtres organisés, qui est la race humaine, est établi par la nature comme un modérateur suprême pour faire régner entre eux l'équilibre et la subordination. C'est une sorte de grand balancier destiné à peser tour à tour sur tout ce qui s'élève au delà des limites naturelles :

Sanctius his animal, mentisque capacius altæ,
Deerat adhuc et quod dominari in cætera posset;
Natus homo est. (OVID., *Métam.*, J.)

De même que le règne animal est institué pour réprimer l'excessive abondance du règne végétal par les déprédations qu'il exerce, les espèces carnivores ont été créées aussi pour retrancher l'excès des espèces qui vivent des végétaux. La race humaine a été superposée sur toutes les autres, afin de faire régner l'harmonie entre elles, en châtiant également les unes et les autres pour les contenir entre leurs limites respectives. Cette fonction est prouvée par la faculté accordée à l'homme de pouvoir subsister dans tous les climats du globe et de se nourrir également de végétaux et d'animaux. Lorsque l'espèce humaine, à son tour, surabonde, et que sa puissance despotique devient ruineuse pour les corps organisés, alors naissent les disettes, les famines destructives, ou ces épidémies meurtrières, qui ne sévissent jamais plus que dans les immenses réunions d'hommes, par la corruption et les contagions qui s'y propagent. D'ailleurs, la nature humaine est exposée à de soudaines catastrophes politiques, à des discordes civiles, à des guerres d'autant plus ravageuses que la population est plus condensée ou plus nombreuse. Ces dissensions entre les peuples sont comme autant de cautères ou de saignées qui diminuent, pour ainsi parler, la pléthore des nations, et rétablissent une plus juste hiérarchie entre les créatures vivantes. Les temps de malheur pour le genre humain deviennent alors des époques de développement et de croissance pour les êtres de la nature, parce que nous nous multiplions que par leur ruine, et nous ne nous enrichissons que de leur déprédation.

Si l'homme n'est qu'un instrument nécessaire dans le système de vie, tout ce qui existe n'est donc pas formé pour notre félicité. De même que les souverains sont établis pour faire le bonheur des peuples, l'homme a été comme le chef élevé sur tous les êtres pour maintenir leur bien général. La mouche qui l'insulte, le ver qui ronge ses entrailles, le vil ciron dont il est la proie, sont-ils nés pour le servir? Les astres, les saisons, obéissent-ils aux volontés de ce dieu de la terre, aliment d'un frêle vermisseau? Les maladies, les infortunes et les douleurs, les tourments que nous nous créons nous-mêmes par nos passions, prouvent que la Providence s'est montrée équitable, et que, pour être exhaussés au premier rang, nous ne sommes pas au-dessus de ses lois. Ce n'est donc point l'homme qui règne sur la terre, ce sont les lois de la Divinité, dont il n'est que l'interprète et le dépositaire. Soumis à ces décrets irrévocables de la nature, il en devient le premier esclave. *Animalia fecit Deus propter hominem, hominem propter seipsum. Si ergo animalibus ministrat propter hominem, quomodo hominibus non ministrabit propter seipsum?* (*S. Chrysostomus, in Matth.*) L'homme tient ainsi à tout : il est la chaîne de communication entre tout ce qui existe, l'intermédiaire de la Divinité et des créatures inférieures. L'animal, la plante, demeurent circonscrits dans leur sphère ; la nôtre embrasse l'univers par les différentes nations du globe et par cette communication universelle qui s'entretient parmi elles à l'aide des langues, des besoins mutuels, des transactions du commerce, de l'industrie, et la propagation des lumières : nous sommes ainsi devenus l'âme du monde physique. Quels animaux peuvent disputer à l'homme sa suprématie? Un animal de cinq pieds donne la loi aux puissantes baleines et fait agenouiller l'éléphant devant lui ! Sa supériorité est telle sur les brutes qu'il leur est plus avantageux de s'en faire oublier, comme les insectes, que de lui résister comme le lion.

Si nous étudions sans préjugé la conformation interne et les formes extérieures de l'homme, il ne nous apparaîtra que peu favorisé. Il n'est en effet pourvu d'aucune des armes défensives et offensives que la nature a distribuées à d'autres êtres. Sa peau nue est exposée à l'ardeur brûlante du soleil comme à la froidure rigoureuse des hivers, tandis que la nature a protégé d'une écorce les arbres eux-mêmes. La longue faiblesse de notre enfance, notre assujettissement à une foule de maladies dans le cours des âges, l'insuffisance individuelle de l'homme, l'intempérance de ses appétits et de ses passions, le trouble de sa raison et son ignorance originelle, le rendent peut-être la plus misérable des créatures. Le sauvage traîne en languissant sur la terre une longue carrière de douleurs et de tristesse. Victime des éléments, il ne jouit d'aucun avantage sans l'acheter au prix de ses travaux, et demeure en proie à tous les hasards de la fortune. Quelle est sa force devant celle du lion, la rapidité de sa course auprès de celle de l'élan ou du chamois? A-t-il le vol élevé de l'oiseau, la nage du poisson, l'odorat du chien, l'ouïe du lièvre, l'œil perçant de l'aigle? S'enorgueillira-t-il de sa taille auprès de l'éléphant, de sa dextérité en présence du singe, de sa légèreté près de la gazelle? A-t-il la magnificence du paon, la voix mélodieuse du chantre des bois? Chaque être fut doué de son instinct, et la sage Providence a pourvu aux besoins de tous; elle a donné des serres crochues, un bec acéré, des ailes vigoureuses à l'oiseau de proie; elle arma le quadrupède de dents, de cornes menaçantes; elle protégea la lente tortue d'un épais bouclier; elle enseigna à tous les êtres leurs merveilleux instincts de conservation. L'homme seul ne sait rien, ne peut rien sans l'éducation ; il lui faut péniblement enseigner à vivre, à parler, à bien penser; il lui faut de longs labeurs pour surmonter tous ses besoins ; la nature ne nous instruisit qu'à souffrir la misère et nos premières voix sont des pleurs. Le voilà gisant à terre, tout nu, pieds et poings garrottés par des langes, cet animal superbe, né pour commander à tous les autres! il gémit, on l'emmaillotte, on l'euchatne; on commence sa vie par des supplices, pour le seul crime d'être né. Les animaux n'entrent point dans le monde sous de si cruels auspices; aucun d'eux n'avait reçu une existence aussi fragile que l'homme; aucun ne conserve un orgueil aussi fait pour l'abjection; aucun n'a la superstition, l'avarice, l'ambition, la folie et toutes les fureurs en partage. C'est par ces rigoureux sacrifices que nous avons acheté la raison et l'empire du monde, présents souvent funestes à notre repos ; et l'on ne saurait dire si la nature s'est montrée envers nous ou plus généreuse mère par ses dons, ou marâtre plus inexorable par le prix qu'elle en exige.

L'homme est destiné à marcher debout, tandis que la brute, penchée sur le sol, ramène ses regards avec ses désirs vers cette fange dont elle est sortie, et qui doit un jour l'engloutir tout entière :

O curvæ in terras animæ et cœlestium inanes!

Cette station horizontale ne permet pas aux animaux d'avoir une tête fort volumineuse, un large cerveau, ni par conséquent une intelligence très-étendue. La nature a donc suspendu leur crâne au moyen d'un ligament cervical (*occipito-vertébral*) pour empêcher la tête de retomber sans cesse : ce ligament n'appartient pas à l'homme. La mâchoire supérieure des animaux à museau prolongé porte à son milieu un os intermaxillaire qui n'existe point chez l'homme. Notre tête demeure ainsi placée en équilibre sur la colonne vertébrale droite. Pour prévenir l'afflux trop rapide du sang au cerveau des quadrupèdes, la nature a divisé leurs artères carotides internes en plusieurs artérioles formant ce *lacis admirable artériel* décrit par Galien comme appartenant à l'homme; mais comme il n'en était nul besoin dans notre station droite, il n'existe pas en notre espèce (ni dans l'éléphant). Au contraire, le sang poussé à plein canal dans nos carotides et vertébrales, s'il nous dispose à de dangereuses congestions cérébrales, nourrit en effet bien davantage, agrandit et développe l'instrument de notre intelligence. Aussi, l'homme seul, à sa naissance, porte une ouverture au crâne, à cet endroit des sutures réunies du coronal avec les pariétaux, au sinciput, dite la fontanelle. C'est donc afin que le cerveau puisse se comprimer légèrement dans l'accouchement. De même, le muscle bulbeux ou suspenseur de l'œil est inutile à l'homme. Le trou occipital, chez l'homme blanc surtout, est directement placé sous le crâne, en sorte que celui-ci se tient en équilibre sur la vertèbre atlas, position unique et nécessaire de la station verticale. En effet, ce trou occipital n'est déjà plus directement central chez les singes, mais il se recule à l'opposite des mâchoires dans les quadrupèdes d'autant plus que ceux-ci ont le museau prolongé.

On a prétendu néanmoins que les hommes sauvages marchaient d'abord à quatre pattes, et que notre espèce était primitivement quadrupède, comme les enfants se traînant à terre. Mais dans cette hypothèse, soutenue par Moscati, le visage serait placé vis-à-vis le sol, la tête retomberait bientôt sans soutien, le sang s'accumulerait au cerveau. Nos bras ne sont ni d'une longueur ni d'une force proportionnées à celles des jambes. Notre poitrine large, la position des omoplates ne soutiendraient pas bien le haut du corps sur les bras, et le muscle grand-dentelé, qui chez les quadrupèdes sort d'une sorte de sangle pour suspendre la poitrine, n'est pas assez robuste chez l'homme. De plus, notre pied, conformé pour se poser à plat sur le sol, serait forcé de relever le talon, et les cuisses, trop longues, relèveraient le train de derrière plus que celui de devant. Enfin, chez les quadrupèdes le cœur est situé de manière que sa pointe repose près du sternum; chez l'homme, au contraire, le péricarde est attaché au médiastin, et la pointe du cœur descend obliquement vers le diaphragme du côté gauche; sa base regardant le haut de la poitrine, notre aorte présente une courbure différente de celle des quadrupèdes. Il suit de ces diverses dispositions que l'homme ne peut devenir quadrupède, mais, de plus, qu'il est privé de l'avantage de nager naturellement comme le font les petits naissants des chiens et des chats, etc.

Les mains de l'homme sont évidemment organisées pour la préhension, et non pour soutenir le corps dans la marche. De longs doigts, divisés et flexibles, un pouce opposé à ces doigts, rendent la main humaine l'instrument par excellence et celui qui a créé tous les autres. Quoique très-propre à saisir, la main des singes est bien moins parfaite que la nôtre; leur pouce est trop petit et presque nul; les autres doigts n'ont aucun mouvement séparé ou indépendant l'un de l'autre, parce que leurs tendons moteurs sont unis et jouent toujours ensemble, ce qui n'a lieu chez nous que pour les doigts annulaire et auriculaire. Aussi, jamais les singes ne pourraient, comme l'homme, écrire ou faire des mouvements libres et variés des doigts. De plus, chez nous le radius s'articule avec l'humérus de telle sorte que nous pouvons beaucoup plus tourner le bras en pronation et en supination que les singes. Quelle que soit leur agilité, ils ne s'escrimeraient pas avec autant de diversité de mouvements que le font nos bras. Mais ce qui nous confère un immense avantage, même sur l'orang-outang, c'est que celui-ci ne peut constamment marcher debout sans se soutenir par les mains. Les muscles servant à l'aponévrose tibiale s'insérant plus bas que les condyles du tibia chez les singes, ils ne peuvent étendre parfaitement la jambe. De plus, l'étroitesse de leurs muscles fessiers rend leur station chancelante, et leur bassin n'offre pas une base de sustentation assez large pour la station droite comme chez l'homme. Le pouce de leur pied est séparé et opposé comme à la main, ce qui les rend *pédimanes* ou plutôt *quadrumanes*; ce pouce a un long extenseur propre et un long abducteur, ce qui, avec un muscle plantaire très-charnu, donne à ces doigts des pieds de grands moyens de préhension. Ces pieds dans l'orang sont placés obliquement; leur calcanéum est si court et leur talon relevé de telle sorte, qu'ils tomberaient en arrière s'ils l'appuyaient sur le sol. Toute cette structure montre que les singes sont organisés pour grimper sur les arbres; ils ont des bras plus longs que les jambes. L'homme, au contraire, a le pied solide et aplati, avec un talon saillant et des cuisses fortes pour la marche. Notre bassin est élargi; l'articulation du fémur avec l'iléon est adaptée au moyen d'un condyle placé obliquement pour élargir encore la base de sustentation du tronc. Des muscles fessiers vigoureux et épais meuvent fortement les cuisses. De plus, l'homme seul a des mollets, muscles gastro-cnémiens robustes, afin de maintenir les jambes droites ou en extension parfaite sur le terrain; car ils sont attachés moins haut sur le fémur que ceux des singes. Mais, pouvant mieux marcher qu'eux, nous ne grimpons pas aussi facilement.

Dans le quadrupède à station horizontale, les facultés sont à peu près équilibrées uniformément. Le canal médullaire vertébral partage avec le cerveau l'énergie motrice et sensitive. Chez l'homme, au contraire, les facultés vitales s'exercent principalement au cerveau, masse prédominante, et aux extrémités sentantes. Notre vie de relation est bien plus étendue que celle des brutes, et nous sommes éminemment nerveux parmi les animaux. A mesure que nous voyons leurs espèces s'élever dans l'échelle progressive de l'organisation, leur système nerveux devient plus volumineux, leur cerveau plus vaste et plus compliqué. L'intelligence des animaux (non leurs instincts) s'accroît en général dans la même proportion. Nous voyons en même temps les animaux se relever à proportion vers la station droite, de manière que l'attitude la plus redressée coïncide avec le cerveau le plus complètement développé.

La proportion de la masse cérébrale au volume du corps est en effet plus considérable chez l'homme que dans la plupart des mammifères. En général, les animaux de petite taille, les enfants, présentent, à proportion, plus de cervelle que les adultes et les grands individus. Chez l'enfant, le cervelet est plus volumineux, et la substance grise plus abondante que dans l'âge parfait. Dans l'homme, terme moyen, le cerveau fait la trente huitième partie de son corps. Les hémisphères cérébraux, y compris leur base, sont au cervelet comme six ou sept est à un, d'après Sœmmering, ou, selon Cuvier, comme neuf est à un. L'homme adulte, maigre, du poids de 55 kilogrammes, peut avoir un cerveau pesant un kilogramme et demi, ce qui fait environ le 35ᵉ de tout le corps : cette proportion surpasse celle de la plus grande partie des mammifères. Néanmoins, dans le singe saïmiri et le saï, dans le dauphin, l'encéphale a été trouvé plus volumineux, en proportion, que chez l'homme lui-même. Cette proportion supérieure est surtout manifeste parmi les petits oiseaux, le moineau, le serin, etc. Toutefois, les parties qui diminuent le plus chez le nègre d'abord, ensuite dans les singes et autres mammifères, ce sont les lobes antérieurs, ainsi que les prolongements des corps cannelés (*corpora striata*), qui constituent en se reployant la large voûte des hémisphères cérébraux. Nous avons constaté qu'ils étaient déjà moindres dans la race nègre que dans l'homme blanc. Celui-ci présente le plus grand nombre de circonvolutions, et plus profondes que chez les autres animaux, ce qui en rend les surfaces considérables; et ce rapport de leur étendue semble correspondre au plus grand développement de l'intelligence. D'après Tiedemann, le cerveau de l'orang-outang est distingué de celui de l'homme par sa petitesse proportionnelle; car, plus court et moins haut, ses lobes postérieurs ne recouvrent déjà plus entièrement le cervelet. Celui-ci apparaît relativement alors plus considérable, puisque les hémisphères diminuent, tandis que la moelle épinière, les corps pyramidaux, les tubercules quadrijumeaux, les couches optiques et les corps striés, conservent leurs proportions. Il y a moins de circonvolutions et d'anfractuosités aussi à ces hémisphères. Enfin, relativement à la moelle épinière et à la masse générale de ses nerfs, le cerveau de l'orang-outang est moins considérable que dans l'homme; cette disproportion entre les masses nerveuses et le centre cérébral augmente à mesure qu'on descend l'échelle animale. De là suit cette considération, que l'homme rassemble pour la pensée, dans son cerveau, presque toute la puissance sensitive (médulle nerveuse), tandis que les brutes la disséminent dans les autres organes du corps. Ainsi, l'homme est destiné à vivre beaucoup par la tête les bêtes par les membres et la circonférence. Donc l'homme est l'animal intellectuel par excellence, et les autres espèces sont des êtres destinés à une existence sensuelle ou toute physique.

Privilégié pour l'esprit, l'homme l'est moins que la plupart des animaux pour les sensations :

Nos aper auditu præcellit, aranea tactu,
Vultur odoratu, lynx visu, simia gustu.

Enfin, il possède d'autant moins d'instinct naturel qu'il lui fut départi plus de raison. En effet, diverses espèces offrent un ou plusieurs sens beaucoup plus exaltés que l'homme, mais non pas, en général, aussi délicats, aussi bien équilibrés entre eux que le sont les nôtres. Ce puissant odorat du chien ou du porc, les goûts ardents des carnivores, ne servent qu'à solliciter leurs appétits, allumer des désirs brutaux ; l'ouïe du lièvre le tient en frayeur; la vue presbyte ou perçante de l'aigle ne lui sert qu'à découvrir sa proie de loin. Les autres sens des animaux, ou relativement faibles, ou inégaux entre eux, ne donnent point à leurs impressions ces comparaisons harmoniques, qui fournissent, au contraire, à notre intelligence, des idées plus justes ou mieux proportionnées que n'en peuvent recevoir les animaux. De là vient que nous pouvons mettre une sage mesure entre nos facultés. Nous apprenons l'œil et l'oreille à discerner la beauté de la laideur, l'harmonie de la dissonnance. Nous instruisons l'odorat, le goût, et surtout le toucher, à des impressions plus fines, plus variées, plus délicates que n'en ressentent les brutes. Notre intelligence tient les rênes pour l'ordinaire, tandis que des sens impérieux tyrannisent les animaux; nous pensons plus, parce que nous sentons moins intensivement.

C'est surtout par rapport au toucher, et sens positif et philosophe, que l'homme surpasse en délicatesse tous les animaux; il a la peau nue, éminemment impressionnable; il n'est pas aussi velu que les singes. La main de l'homme, privée de poils, offre de si puissants avantages pour la perfection du tact et l'exactitude des formes des objets (même pour les aveugles) que le philosophe Anaxagore et ensuite Helvétius n'ont pas balancé à lui rapporter le bienfait de notre suprématie sur tous les animaux. Nous voyons véritablement les personnes à peau fine plus adroites et plus spirituelles, en général, que les individus épais (pachydermes), encroûtés d'un cuir calleux ou très-velu. Nous devons à cette exquise délicatesse une plus grande débilité, soit parce que nous éprouvons des caresses de volupté plus vives ou nous subissons des douleurs plus cuisantes que les autres animaux. L'homme civilisé, amolli dans les délices, est surtout moins endurci aux maux du corps que les brutes et que le sauvage, exposé à toutes les rigueurs des climats. C'est pourtant de cette infériorité relative que nous tirons toute notre supériorité et notre perfectibilité. Si nous étions forts dès nos jeunes ans, nous n'aurions nul intérêt à nous assouplir, nous ne prendrions nul soin d'étudier ; nous ressemblerions au quadrupède, qui dès ses premiers jours s'éloigne dans les campagnes, devient bientôt pubère, puis engendre, et meurt dans un court espace de vie, sans laisser de traces de son existence sur la terre. C'est donc la longueur de notre faiblesse enfantine qui nous rend dociles et pliables à toute instruction, qui reculant la puberté prolonge nos années, et rassemble en nous les trésors d'une industrieuse éducation.

Ce qui prouve encore mieux que nous sommes destinés à la vie sociale, c'est que la nature en nous attribuant la parole l'a refusée aux autres mammifères, jusque là qu'elle en ôte même la possibilité à l'orang-outang par une structure particulière de son larynx. Sans doute les animaux pourvus de poumons, ayant des voix et des cris divers, peuvent manifester leurs affections d'amour ou de colère, de terreur et de joie, etc ; cependant ce langage, très-limité, n'exprime guère que des actions toutes physiques. On ne saurait dire que les mots articulés qu'apprennent à prononcer les perroquets ou d'autres oiseaux aient pour eux la moindre signification morale ; aussi, n'y comprenant rien, ils ne les transmettent point à leurs petits. L'homme est donc seul investi de l'immense prérogative d'attacher un signe à chaque idée, de la conserver, la communiquer à son semblable, la transmettre à sa postérité. Voilà le nouveau lien resserrant les membres de la famille, et bientôt de la nation. L'homme alors sait imaginer des desseins, combiner des entreprises bien autrement étendues et variées que celles des associations des fourmis, des castors; espèces ayant sans doute quelque langage de signes ou de gestes pour s'entendre dans les intérêts communs de leurs courtes destinées.

Ainsi, la nature a développé en nous, par la parole et la communication des idées, une plus complète existence. Elle nous confia le libre arbitre de l'indépendance intellectuelle, tandis que la brute est esclave de son instinct. Notre illustre apanage était le résultat nécessaire de la supériorité de raison, et cette prééminence dépend de notre domination sur toutes les créatures. Celles-ci, manquant de l'intelligence, avaient besoin d'un guide intérieur qui leur dictât tout ce qui est indispensable à leur subsistance, à leur propagation sur la terre. Plus les êtres sont faibles et d'une courte existence, comme les insectes, plus il leur fallait un instinct développé et merveilleux, une sorte d'inspiration ou de lumière de la Divinité pour les diriger dans la vie. Au contraire, l'homme ayant reçu un rayon d'esprit, a été le seul émancipé, comme l'aîné de toutes les créatures. Donc, plus il cultive le champ fertile de sa raison ; plus il seconde les desseins de la nature ; elle lui inspira la curiosité, le désir de s'instruire, et lui ouvrit les portes de ses sanctuaires.

Par la conformation de ses viscères et de ses organes de mastication, l'homme semble tenir le milieu entre les animaux herbivores (on frugivores) et les carnivores. Ses dents et la forme de son estomac sont analogues à ceux de la famille des singes. La bouche moins grande, les muscles crotaphites et masseters moins robustes, les mâchoires moins allongées, leur articulation moins serrée que chez les carnassiers, montrent que nous ne devons pas vivre uniquement de chair. Aussi, nos dents canines sont moins longues, nos molaires antérieures moins tuberculeuses que dans les carnivores. Nos molaires plates et quatre incisives, comme chez les singes, forment la partie frugivore de notre dentition, et l'on établit que dans le nombre de nos trente-deux dents, la proportion carnivore est comme huit, et l'herbivore comme douze. Notre estomac est simple : il porte, outre son appendice vermiforme, un cœcum plus grand que celui des carnassiers, mais moins développé que celui des rongeurs. Les intestins des carnivores sont courts et étroits, ceux des herbivores très-longs et larges; ceux de l'homme tiennent également le milieu entre les uns et les autres. Toute cette conformation intermédiaire manifeste que, dans la rigueur, nous ne sommes pas capables de nous sustenter uniquement soit de végétaux, soit de matières animales, ainsi que l'ont affirmé des philosophes. Il s'ensuit donc que nous devons vivre de ces deux classes d'aliments. Nous préférons dans les ardeurs de l'été, et sous les cieux des tropiques, le régime végétal rafraîchissant à la chair, trop nourrissante et putrescible ; mais celle-ci convient mieux en hiver et dans les contrées glaciales, lorsqu'un froid vif excite l'appétit et exige une forte restauration vitale. Sans doute, quand on dit que l'homme est omnivore, on ne prétend pas qu'il puisse se nourrir de terre glaise, comme Gumilla, M. de Humboldt et d'autres voyageurs l'affirment pour divers sauvages : c'est souvent par faute de vivres, pour lester l'estomac, comme font aussi par besoin les loups de nos contrées en hiver. Mais depuis l'Esquimau et le Kamtschadale, vivant de chair de phoque, ou de lard rance de baleine, avec des poissons gelés ou pourris, jusqu'au délicat Hindou, subsistant de bananes, de dattes sucrées, de végétaux aromatiques, et se désaltérant avec des sorbets parfumés, combien de nuances dans les nourritures et les boissons chez toutes les races humaines! L'homme, chef de tous les êtres, devait avoir droit sur tous ; il goûte en quelque manière toute la nature. Composé de tout, cependant il préfère les substances les plus élaborées des deux règnes végétal et animal, comme si le corps du premier des êtres ne devait se composer que des matériaux les plus délicats ou les mieux perfectionnés de la création. Il apprend aussi à connaître tout, puisque son alimentation devient encore un sujet d'étude pour lui, tandis qu'un instinct brute guide l'animal vers son unique pâture.

Le régime pythagoricien, ou herbivore, si vanté par des philosophes comme primitif dans notre espèce, ne pourrait pas soutenir la vie, surtout parmi nos contrées froides, ainsi que l'ont montré les physiologistes. Le régime végétal devient évidemment malsain, meurtrier et putride sous des cieux brûlants, et l'instinct nous guide admirablement à cet égard. Les enfants aiment plutôt les fruits que la chair, et dans nos maladies, qui sont un retour vers la nature, nous appelons les substances végétales; il est certain que nous sommes plus frugivores que carnassiers, et la vie trop animalisée, si elle rend robuste, actif, cruel ou belliqueux, est plus maladive : le corps devient pléthorique, les humeurs sont putrescibles. Le régime végétal tempère davantage le caractère, mais rend timide et faible, comme on l'observe en comparant le délicat Hindou, le Brahme, s'abstenant de tout ce qui a eu vie, avec l'Anglais, son dominateur, gorgé de roastbeef et de vin de Porto. L'ichthyophagie, chez les peuples maritimes, nourrit moins que la créophagie; aussi les poissons passent pour du maigre dans toutes les religions et dans les carêmes; leur usage, outre qu'il abonde en sucs muqueux difficiles à digérer, paraît disposer aux maladies cutanées.

Notre espèce ayant aussi les viscères digestifs plus délicats que les autres animaux, fait cuire et prépare ses aliments; par là elle s'est encore adoucie et civilisée. Quand Homère peint un homme féroce, il l'appelle crudivore, parce que la chair crue annonce des viscères robustes, les appétits sanguinaires d'un ours ou d'un lion. Au contraire, un estomac débile, qui a besoin d'aliments légers, cuits et assaisonnés, indique un être délicat, sensible, et par là même intelligent.

Précisément à cause de sa nudité originelle et de la délicate sensibilité de sa peau, l'homme devait se vêtir; mais en apprenant à se garantir contre l'inclémence de l'atmosphère, il sut bientôt franchir les limites de tous les climats, et il devint le possesseur du globe. Sans doute cette nudité primitive établit notre berceau sous les chaudes régions tropicales, avec les singes, nos anciens compatriotes, et à cause de la communauté de leurs habitudes frugivores. Mais notre constitution est bien plus flexible, puisqu'elle se plie à tous les genres d'alimentation, et qu'elle a reçu l'usage du feu pour réchauffer nos membres et cuire nos nourritures. D'ailleurs, l'homme se prépare, mieux que d'autres animaux, des habitations : soit qu'il descende avec le Sibérien, pendant la saison hibernale, dans ses sourtes enfouies sous terre; soit qu'avec les Galibis de la Guyane, les Papous de la Nouvelle-Guinée, il suspende sa demeure à des branches d'arbre, ou balance son hamac sous le feuillage des pins de la Virginie, pour éviter l'humidité et l'approche des serpents ; soit qu'il se contente, comme le nègre, d'un ajoupa de roseaux ou de feuilles de palmier; l'homme de la nature trouve encore des grottes dans les rochers ; le Groenlandais s'abrite sous les immenses carcasses des baleines après en avoir dévoré la chair. L'enfant d'Ismael, le bedouin, transporte sa tente sur ses chameaux dans ses solitudes, et les Mongols errent dans les steppes de la Tatarie avec leurs kibitkas, ou chariots, comme les anciens Scythes hamaxobites et hippomolgues; car les jeunes Kalmouiks se sustentent à la mamelle de leurs cavales.

Il y a loin encore des palais de carton peint des Japonais aux monuments des cités civilisées. Les bâtiments fixes, ou en pierre, les plus remarquables dans l'Inde, l'Orient, l'Égypte et l'Europe, semblent n'appartenir qu'à la race forte ou caucasique, avec les temples et les pyramides gigantesques qui bravent les siècles. Ce n'est aussi que cette grande famille et les nations mongoles méridionales d'Asie qui ont bâti des villes populeuses et constitué de vastes empires sur la terre. Aidé de ces moyens de s'abriter et de se couvrir, l'homme s'est avancé jusque sous les glaces polaires; car on y trouve des races à cheveux noirs et à peau brune, comme l'iris de leurs yeux. Il a traité en esclavage le chien, son docile auxiliaire, par tout le globe, et avec lui il a dompté les plus fiers animaux. Par ses vêtements, il a su conserver la délicatesse de sa peau et la sensibilité du tact, plus que le nègre nu ou que l'Américain enduré. La civilisation, la vie citadine, aidée de toutes les commodités du luxe, ont institué, même dans les villes du Nord, un climat factice parmi de chaudes habitations à tel point que les Russes opulents d'Archangel ou de Tobolsk deviennent aussi promptement pubères et presque aussi délicats que des Italiens.

Les travaux les plus récents des anatomistes et des physiologistes ont presque complètement établi l'unité de l'espèce humaine. Mais cette unité une fois admise, il est incontestable qu'il faut reconnaître dans l'espèce *homme* plusieurs races bien distinctes, dont nous aurons à décrire les caractères particuliers dans un article spécial. J.-J. VIREY.

HOMME (*Droit féodal*). *Voyez* FOI ET HOMMAGE et FÉODALITÉ.

HOMME D'AFFAIRES. Sous l'ancien régime, tout individu employé dans les affaires de finance, attaché aux fermes du roi, aux gabelles, à la perception des contributions, était appelé *homme d'affaires*. De nos jours ce nom est devenu synonyme d'agent d'affaires.

HOMME D'ARMES se disait anciennement d'un cavalier armé de toutes pièces (*voyez* CAVALERIE, tome IV, pages 722-723).

HOMME DE BIEN. Roubaud définit *l'homme de bien* celui qui passe sa vie dans la pratique du bien ou l'exercice des bonnes œuvres. Ce nom, qui répond si exactement à cette expression latine *homo frugi*, indique un homme estimable de tout point, de bonnes mœurs, de bonnes inclinations, juste, probe, attaché à sa parole. « On dispute trop, a dit un moraliste, quel est l'homme de bien au lieu de le devenir. »

Si vous lisez dans l'épitaphe
De Fabrice, qu'il fut toujours *homme de bien*,
C'est une faute d'orthographe ;
Passant, lisez : *homme de rien*.

Homme de bien, pris ironiquement, est la plus sanglante injure qui puisse être adressée à quelqu'un. C'est ainsi que dans *Tartufe* Orgon exhale tout son mépris pour l'hypocrite démasqué.

HOMME DE COULEUR. *Voyez* MULATRE.
HOMME DE LETTRES. *Voyez* LETTRES.
HOMME DE LOI. Celui qui fait profession d'interpréter les lois, jurisconsulte. Il s'emploie aussi quelquefois, surtout au pluriel, pour désigner les gens de justice, les officiers ministériels près des tribunaux. Sous la première république française, c'était le nom qu'on donnait aux hommes qui occupaient près des tribunaux pour des clients. Ils remplaçaient les avocats et les avoués, dont les privilèges avaient été abolis. Ce terme ne s'emploie plus guère aujourd'hui ; mais le peuple le donne encore à tous ceux qui s'occupent d'affaires judiciaires, qu'ils aient ou qu'ils n'aient pas qualité.

HOMME DES BOIS. *Voyez* ORANG-OUTANG.
HOMME D'ÉTAT. *Voyez* ÉTAT.
HOMME D'HONNEUR. Diderot définit l'*homme d'honneur* celui qui suit rigoureusement les lois et les usages de la société. Roubaud le définit avec plus de raison celui qui se fait remarquer par la hauteur, la fermeté et la délicatesse des sentiments incompatibles avec toute idée de bassesse. Homme d'honneur se dit principalement d'un homme attaché à sa parole, fidèle à ses promesses, incapable de faire une action avilissante. Avouons que souvent l'orgueil, le respect humain, les préjugés ont beaucoup de part aux qualités de l'homme d'honneur.

HOMME DU MONDE. *Voyez* MONDE.
HOMME GRAND, GRAND HOMME. *Voyez* GRAND.
HOMME HONNÊTE, HONNÊTE HOMME. *Voyez* HONNÊTE.
HOMME HONORABLE. *Voyez* HONORABLE.

HOMMES MARINS, êtres fabuleux créés par l'imagination des anciens, qui les désignaient encore sous le nom de *tritons*, comme ils désignaient des espèces de femmes marines sous le nom de *sirènes*. Cette fable, que dans son *Telliamed* De Maillet cherchait encore à accréditer à la fin du dix-septième siècle, tirait sans doute son origine du *lamantin* et du *dugong*, mammifères amphibies, auxquels des nageoires en forme de mains, des mamelles pectorales, des pieds à l'aide desquels ils portent leurs petits, un mufle entouré de poils plus ou moins semblables à une chevelure, donnent une ressemblance plus ou moins éloignée avec l'homme.

HOMOCENTRIQUE (du grec ὁμός, semblable, et κέντρον, centre), c'est-à-dire qui a le même centre. Ce mot est synonyme de *concentrique*, qui est plus généralement en usage.

HOMOEOPATHIE (du grec ὅμοιον, semblable, et πάθος, souffrance). C'est le nom donné à la nouvelle méthode médicale dont Hahnemann est l'auteur. L'homœopathie a possédé et possède encore bien des systèmes ; mais tandis que ceux-ci reposent sur une hypothèse plus ou moins ingénieuse ou vraisemblable, la méthode d'Hahnemann a la prétention d'être fondée uniquement sur l'expérience ; la vérité est qu'un fait expérimental en a été l'origine, que l'expérimentation préside à tous ses procédés, et que, sans l'expérience constamment invoquée par ses partisans, le raisonnement *a priori* tendrait à la faire rejeter comme absurde. D'un autre côté, pourtant, comme nous le montrerons plus loin, l'homœopathie présente plus d'un trait de ressemblance avec la méthode d'Hippocrate.

Quoique l'homœopathie compte déjà plus de soixante ans d'existence, elle n'est connue en France que depuis l'épidémie cholérique de 1832 ; mais, il faut l'avouer, elle a fait dans notre pays, comme dans toutes les régions civilisées de l'Europe et de l'Amérique, de rapides progrès ; et elle a su se concilier l'opinion d'une minorité importante, malgré l'opposition que n'ont cessé de lui faire les corps savants, gardiens naturels des saines traditions de la science. Témoin impartial de l'intérêt qui s'attache depuis quelques années à la question de l'homœopathie, et désireux d'exposer sans inexactitude une doctrine à laquelle nous sommes resté étranger, nous avons dû emprunter quelques documents essentiels à un confrère instruit, disciple zélé et fort convaincu d'Hahnemann, au Dr Escallier, déjà connu par plusieurs travaux judicieux de médecine homœopathique.

C'est en traduisant l'article *Quinquina* dans la *Matière médicale* de Cullen qu'Hahnemann, peu satisfait des explications diverses sur l'action thérapeutique de cette substance, voulut en essayer sur lui les effets ; grande fut sa surprise quand il se sentit pris de froid, puis de chaleur, puis d'une sueur abondante, en un mot d'une suite d'effets analogues à un accès de fièvre intermittente. Cette expérience fut pour lui un trait de lumière : il peusa que puisque le quinquina, remède spécifique de la fièvre intermittente, était susceptible de produire un accès analogue à cette fièvre, tout médicament capable d'engendrer un certain ordre de phénomènes morbides dans l'économie serait peut-être destiné à guérir la maladie présentant un ensemble de symptômes analogues. Cette vue, qui n'était encore qu'une hypothèse, lui persuada d'entreprendre une suite d'études à la fois physiologiques et cliniques sur un certain nombre de médicaments, et ce ne fut qu'après plusieurs années de ces expérimentations diversifiées sur des individus de tout âge et de toute condition, qu'Hahnemann se crut le droit de présenter la théorie des semblables comme l'unique loi de la thérapeutique. Cette loi peut se formuler ainsi : *Tout vrai remède doit susciter dans un homme jouissant de sa santé une maladie analogue à celle que le remède doit guérir, et réciproquement.*

Du reste, des recherches multipliées, que sa vaste érudition facilitait, lui permirent de corroborer ses expériences personnelles par des faits innombrables empruntés à la pratique des auteurs ses devanciers et souvent même à la thérapeutique la plus routinière : en voici quelques exemples : la rhubarbe, qui à haute dose détermine la diarrhée, à petite dose l'arrête. Boulduc l'avait observé. Le séné engendre ou guérit des coliques, selon les conjonctures et selon la dose, remarque Détharding. Peu de tabac fait éternuer, beaucoup de tabac arrête l'éternuement. L'eau-de-vie et les épices, qui réchauffent momentanément un corps refroidi, arrêtent pourtant la sueur chez un homme échauffé. A haute dose, la pomme épineuse et la jusquiame produisent le délire, et cependant les mêmes substances sont plus d'une fois guéri la manie ; consultez Stœrck et Fothergill ! Le mercure, ce spécifique de la syphilis, a plus d'une fois fait renaître ou aggravé cette maladie en ceux à qui on l'avait administré à contre-sens. L'euphraise et la rose produisent la rougeur des yeux, s'ils n'y remédient : Lober et Murray l'attestent. Les eaux sulfureuses calment ou guérissent certaines maladies de la peau, et pourtant les hommes sains qui s'y plongent leur doivent souvent une éruption comparable à la gale des ouvriers en laine (la *poussée*). Les eaux acidules gazeuses déterminent fréquemment de vives douleurs vers la vessie et vers les reins, souffrances analogues à celles de la gravelle ; et pourtant ces mêmes eaux sont conseillées dans la gravelle et la pierre. Ce sont là des faits dont nous affirmons l'exactitude. Quoique la foudre ait souvent ôté le mouvement et la parole à ceux qu'elle avait frappés, néanmoins l'électricité a plus d'une fois remédié à la paralysie et aux rhumatismes. La clématite a guéri des ulcères, bien que les gueux de Tolède et de Séville se servent du suc de cette plante pour excorier la peau et simuler des plaies. Enfin l'opium constipe, et pourtant il remédie à la colique des peintres, laquelle consiste surtout dans une extrême constipation.... Et mille autres faits de même nature, dont la liste serait fastidieuse.

De tous ces faits, entre eux si contrastants, Hahnemann aurait pu inférer que la prescription des médicaments réclame une extrême circonspection et de longues études; il aima mieux y voir la preuve de l'excellence de sa doctrine. Toutefois, l'adoption de ses idées rencontra de grands obstacles. Au milieu de voyages et de tourments, Hahnemann n'en poursuivit pas moins ses travaux. Aidé d'un petit nombre d'élèves dont le noyau se grossit peu à peu, il fit marcher de front l'édification de la matière médicale, c'est-à-dire l'expérimentation physiologique, la pratique de la médecine, l'enseignement théorique et clinique, comme aussi la rédaction d'ouvrages et de mémoires considérables. Ses élèves ont formé des disciples à leur tour, mais sous la haute direction d'Hahnemann lui-même, tant qu'il a vécu. L'Allemagne s'est bientôt trouvée comme inondée d'homœopathes: de là le flot s'est répandu en Suisse, en Russie, en Italie, en France, en Angleterre, en Espagne, aux États-Unis, au Brésil, au Mexique. A Vienne, à Augsbourg, à Londres, des hôpitaux ont été et sont exclusivement consacrés au traitement homœopathique. Une chaire d'homœopathie a été créée à la Faculté de Vienne par ordre de l'empereur; le roi de Prusse et l'empereur du Brésil ne se sont pas montrés moins favorables à cette doctrine. En France même, où la tolérance n'a été escortée d'aucun encouragement, l'homœopathie néanmoins grandit chaque jour dans l'opinion.

L'exposition qui suit donnera une idée suffisante de la doctrine homœopathique. Étant posé ce principe expérimental : Il faut combattre une maladie avec la substance qui est susceptible de produire chez une personne en bonne santé les phénomènes les plus analogues aux symptômes de cette maladie, il en découle pour le médecin l'obligation consciencieuse d'entreprendre les opérations suivantes : 1° expérimenter sur des personnes jouissant de la santé les diverses substances de la matière médicale; 2° lorsque se présente un malade, noter avec soin les divers symptômes de son affection, et chercher dans la matière médicale quelle est la substance dont les effets physiologiques représentent le plus exactement les symptômes notés; 3° préparer et administrer le médicament qui a été choisi de la manière la plus convenable pour le complet développement de son action thérapeutique. La substance médicamenteuse doit être choisie dans son état de pureté et d'intégrité le plus parfait : en poudre, si la substance est insoluble; en teinture mère, si la substance est soluble. Cette teinture est le résultat d'un mélange à parties égales d'alcool avec le corps médicamenteux : ici se rangent tous les sucs végétaux, qui doivent autant que possible être extraits de la plante fraîche et sur place. Jamais ces médicaments ne sont mélangés; ils peuvent être pris quelquefois d'une manière alternative. Il est rare que la substance mère soit ainsi administrée; presque toujours les homœopathes lui font subir avant de l'employer la préparation décrite par un de nos collaborateurs à l'article GLOBULE, s'il s'agit d'une poudre. S'il s'agit d'un suc ou d'une teinture, on délaye une goutte successivement dans plusieurs fois cent gouttes d'eau distillée; et tous les mélanges successifs, nommés *dilutions*, amoindrissent la dose du remède : au bout de trois opérations, la différence est d'un million de parcelles. Dans ce cas, l'agitation de la liqueur dans son flacon remplit le même effet que la trituration de la poudre; et même Hahnemann recommande de ne pas trop remuer la dilution, dans la crainte que les billionièmes ou les décillionièmes de grain du remède ne deviennent, dit-il, trop actifs! Quant à l'administration des remèdes homœopathiques, elle a lieu sous la forme de poudre, de mixture aqueuse ou de globules ayant la ténuité des graines de pavot.

Cette partie de la doctrine d'Hahnemann ou de sa pharmacologie, les doses dites *infinitésimales*, ont attiré sur la méthode elle-même le plus d'attaques sérieuses et aussi de quolibets. Que voulez-vous, disent les hommes les plus sensés, habitués à prescrire les médicaments à grandes doses massives, et qui ont reconnu dans ces doses une activité proportionnelle à leur élévation, que voulez-vous que produisent des quantités inappréciables de substance médicamenteuse ? Et même ces prétendues dilutions renferment-elles en réalité quelques parties de la substance? On trouve dans l'*Organon* les réponses faites d'avance par Hahnemann aux objections qui peuvent lui être adressées; d'ailleurs l'expérience clinique est là qui, si elle est bien établie, prévaut contre tous les raisonnements. D'un autre côté, des études physiques et physiologiques sont venues apporter des secours à la pharmacologie homœopathique. Mayerhofer a trouvé au microscope des molécules de platine dans la dixième dilution, d'or dans la onzième, d'argent dans la douzième, de mercure dans la neuvième, de fer dans la huitième, d'étain dans la quatorzième; ayant démontré que les parcelles de métal se divisent de plus en plus, il en a indiqué la proportion par des chiffres. Spallanzani, en appliquant avec la pointe d'une aiguille une goutte de cinquantième de ligne d'un mélange de 18 onces d'eau et de 3 grains de sperme sur des œufs de grenouille, a fécondé ces œufs aussi promptement qu'avec du sperme pur. Arnold, renouvelant ces expériences, a pu produire la fécondation avec une troisième dilution, c'est-à-dire avec une liqueur renfermant *un millionième* de sperme; il a également produit deux pustules vaccinales bien caractérisées par l'inoculation d'un mélange d'une partie de vaccin avec cent parties d'eau. M. Bouchardat n'a-t-il pas dit à l'Académie des Sciences : « Les préparations arsenicales, à la dilution d'un *millième*, empoisonnent les végétaux; les poissons éprouvent de même l'action toxique de ces substances.... Un milligramme d'iodure de mercure, dissous dans 20 litres d'eau, a suffi pour tuer en quelques secondes les poissons que l'on a plongés dans cette dissolution; cette proportion extrêmement faible, *un millionième*, qu'elle échappe aux réactifs chimiques les plus sensibles. Les poissons sont comme foudroyés dans de l'eau contenant *un millième* d'essence de moutarde......? » Les médecins homœopathes peuvent donc avec quelque raison que si les doses infinitésimales ont produit des effets toxiques, elles peuvent aussi bien produire des effets médicamenteux. J'ajouterai ici que l'on comprend *a priori* la nécessité d'une dose plus faible pour une médication qui agit *dans le sens même* de la maladie; en poussant en quelque sorte la maladie dans le sens où elle marche, le médecin doit craindre de l'aggraver.

Quelques mots sur le régime homœopathique, à propos duquel il est bon de dire que les disciples se sont un peu relâchés de la sévérité du maître. Comme les médicaments homœopathiques sont toujours administrés à doses très-faibles, Hahnemann prive ses malades de toutes les substances pouvant exercer sur eux une influence médicinale plus puissante que celle du remède administré. En conséquence il leur défend le thé, le café, la bière, les aromates, le punch, le chocolat, les parfums, les *bouquets de fleurs*, les préparations dentifrices, les sachets odorants, les pâtisseries, les glaces sapides et les épices, les légumes herbacés, les viandes faisandées, le fromage fait, les aliments aigres, les viandes de porc, d'oie, de canard, et le veau trop jeune. Le sucre et le sel sont aussi prohibés, de même que les vêtements de flanelle, le grand feu, et toutes les voluptés ainsi que les passions. « Car, dit Hahnemann, les doux sons de la flûte qui, de loin et dans le silence de la nuit, disposent un cœur tendre à l'enthousiasme, en vain frappent l'air quand ils sont accompagnés *de cris et de bruits discordants.* »

Pour être complet, j'ajouterai qu'Hahnemann, abandonnant le terrain de l'expérience pour rentrer dans celui de l'hypothèse, qu'il reproche si fort à ses devanciers, met la série des maladies *chroniques* sous la dépendance de trois virus : la *syphilis*, la *sycose*, ou principe des tumeurs végétantes ou des *fics*; et la *psore*, principe de la gale; la région des deux premiers virus étant fort circonscrite, on voit quelle part considérable d'influence a été donnée à la psore par le père de l'homœopathie. Mais cette théorie, qui est en dehors de la méthode, n'est pas admise par la plupart des homœopathes, même purs, et il n'en est resté pour eux que ce fait expérimental de la fréquente analogie des maladies chroniques de toute espèce avec les affections cutanées.

Revenons en terminant sur les ressemblances qui nous paraissent exister entre la méthode d'Hippocrate et celle d'Hahnemann. Hippocrate, il est vrai, donne le précepte de guérir par les contraires (*contraria contrariis curantur*); mais cet illustre médecin affirme ailleurs que le vomissement se guérit par le vomissement (*vomitus vomitu curatur*). Comme tous les hommes de génie qui ont beaucoup écrit, Hippocrate semble quelquefois se contredire. Mais ce qui prouve que son opinion diffère peu de celle d'Hahnemann, ce sont les lignes suivantes, que renferme un de ses ouvrages : « Il y a des maladies dont la cause et le remède sont de même nature ou homogènes. » Or, voyez combien ce mot *homogène* est proche parent du mot *homœopathique*! Mais reprenons les choses de plus haut; et sans prétendre qu'Hippocrate ait nettement pressenti la doctrine d'Hahnemann, établissons du moins que ce dernier, lui que l'on considère comme méconnaissant les principes de l'art, n'a, au contraire, rien avancé qui ne puisse parfaitement s'adapter aux fondements éternels de la médecine hippocratique. Comme Hippocrate, Hahnemann admet un principe vital (*enormon*), lequel, selon lui, préside avec intelligence, et dans un but de conservation, à la marche de toute maladie : c'est là l'équivalent de ce qu'Hippocrate appelle *nature* (φύσις). Hahnemann, encore comme Hippocrate, s'attache beaucoup plus à étudier les symptômes, la marche, l'issue ordinaire des maladies, qu'à en rechercher spéculativement les causes prochaines ou l'essence même. Il sait, ainsi qu'Hippocrate, qu'il existe dans toute affection trois différentes voies de traitement : 1° s'en remettre au hasard ; 2° entraver ou contrarier la nature ; ou 3° l'aider en l'imitant. C'est ce dernier parti qu'Hahnemann préfère toujours, et, en aidant la nature, il suit manifestement les traces d'Hippocrate. En effet, opposant à une maladie le remède qui de lui-même la produirait, Hahnemann augmente ainsi cette maladie; il en active la marche, il en favorise les crises et l'issue. Il aide donc la nature, loin de la contredire ou de l'entraver. Les doses sont infiniment petites, et cela devait être, puisque les médicaments qu'il emploie ont pour effet d'augmenter la maladie, et puisque l'objet d'Hahnemann est d'aider la nature, sans pourtant la solliciter vivement. Enfin, comme Hippocrate, Hahnemann emploie les médicaments non composés, et de préférence des végétaux, des *simples*. Seulement Hippocrate employait des plantes plus salutaires que celles dont peut user Hahnemann, le ciel de Dresde et de Leipzig n'ayant ni la chaleur ni la pureté du ciel de la Grèce. La diète d'Hahnemann est encore plus sévère que la diète d'Hippocrate, et la méthode homœopathique n'eût-elle pour avantage que de motiver des privations, aurait encore des résultats incalculables. Si Hahnemann ne respecte pas les habitudes des malades aussi scrupuleusement qu'Hippocrate, c'est que les habitudes de notre âge sont moins patriarcales et plus dangereuses que celles des contemporains d'Hippocrate. Pour dernier terme de comparaison, Hahnemann avait voyagé comme Hippocrate; il avait, comme Hippocrate, professé son art dans de petites localités, là où le recueillement est plus praticable et la méditation plus fructueuse. Comme le père de la médecine, il connaissait mieux la séméiologie que l'anatomie, et mieux la matière médicale que la physiologie et la haute physique. Enfin, en récompense de ses travaux et de sa sagesse, il avait, comme Hippocrate, acquis le droit de s'autoriser de sa longue expérience. Hahnemann est mort à quatre-vingt-huit ans. D' Isidore BOURDON.

HOMŒOPTOTON. *Voyez* HOMOIOTELEUTON.

HOMOIOTELEUTON ou **HOMŒOTELEUTON** (d'ὅμος, semblable, et τελέω, je termine), nom d'une figure de rhétorique que Cicéron appelle *similiter desinens*, et qui consiste à rapprocher des mots dont les désinences sont les mêmes. Cette phrase de Jean-Jacques nous en fournit un exemple : « Quel courage d'homme eut le premier qui engloutit dans son estomac des membres qui dans le moment d'auparavant *bêlaient*, *mugissaient*, *marchaient* et *voyaient*. » Comme toutes les figures de rhétorique dont la répétition forme le fond, l'*homoioteleuton* ne doit être employé qu'avec précaution. Les anciens rhéteurs ne la séparaient pas d'une autre figure qu'ils appelaient *homœoptoton* (ὁμοιόπτωτον, *similiter cadens*), et qui résulte de la similitude des cas.

HOMOIOUSIENS. *Voyez* ARIENS.

HOMOLOGATION (du grec ὁμολογέω, j'approuve). C'est l'approbation, la sanction qu'accorde l'autorité judiciaire à certains actes qui ne peuvent être exécutés sans cette approbation. Ainsi, les délibérations des conseils de famille qui prononcent l'exclusion d'un tuteur; celles qui l'autorisent à aliéner, à hypothéquer les biens de son pupille, à transiger en son nom, celles qui ont pour objet les conventions de mariage d'un interdit, les procès-verbaux des partages faits en justice, doivent être homologués par le tribunal de première instance; les concordats passés entre le débiteur failli et le créancier doivent avoir l'homologation du tribunal de commerce. La loi n'a pas déterminé de formes particulières aux homologations; les tribunaux qui les donnent rendent à cet effet un jugement dans la forme ordinaire.

HOMOLOGUE (de ὁμός, semblable, et λόγος, raison, rapport, proportion). Les géomètres désignent par cette expression les lignes ou côtés qui dans les figures ou les volumes semblables sont adjacents à des angles égaux chacun à chacun et dont les longueurs sont proportionnelles entre elles. De là il résulte que dans deux triangles semblables les côtés homologues sont ceux qui sont opposés aux angles égaux. *Voyez* SIMILITUDE (*Géométrie*).

HOMOLOGUMÈNES. Au quatrième siècle on donna ce nom aux livres du Nouveau-Testament dont l'authenticité était bien connue et reconnue de tous, à la différence des livres *antilogumènes*, dont l'authenticité était revoquée en doute par quelques-uns (*voyez* CANONIQUES [Livres]).

HOMONYME (du grec ὁμός, pareil, et ὄνομα, nom), mot dont la prononciation est identique avec celle d'un autre mot dans une même langue; à la différence des *synonymes*, qui sont liés entre eux par une ressemblance de signification : ceux ci consistent dans le rapport du sens ; les autres, dans celui du son. Ainsi, les substantifs *mer* (mare), *Mers*, nom de ville, *mère* (genitrix), et *maire* (præsul urbis), sont homonymes. Il en est de même quant aux noms la *mort*, le *mort*, les *Maures* de Numidie, un *mors* d'acier. Il parut en 1775 un *Dictionnaire des Homonymes*, assemblage de mots sans choix et de citations sans goût, dit Philippon de la Madelaine, dans la préface du sien (Paris, in-8°, an x). Depuis ont paru les *Homonymes de la Langue Française*, par De Vignans (Blois, in-8°), où chaque groupe d'homonymes est accompagné d'exercices propres à donner aux élèves l'intelligence et l'orthographe de ces mots. Les homonymes ne sont pas le moindre obstacle que rencontrent les oreilles étrangères à la prompte intelligence des langues. Le mérite des calembours est d'abuser de ces ressemblances de sons avec plus ou moins de succès.

On donne encore le nom qualificatif d'*homonyme* à des personnes ou des lieux qui portent un même nom. Démétrius Magnus a fait un traité, *ex professo*, des *écrivains et des poètes homonymes*. Vossius et Josius ont abordé le même sujet.

HOMOPHONIE (de ὁμός, semblable, et φωνή, son), concert de plusieurs voix qui chantent à l'unisson.

HOMOUSIENS. *Voyez* ARIENS.

HOMPESCH (FERDINAND, baron DE), le dernier grand-maître de l'ordre de Saint-Jean, et le premier Allemand qui ait été revêtu de cette dignité, appartenait à une ancienne famille noble du duché de Juliers. Né le 9 novembre 1744, à Dusseldorf, il vint à Malte à l'âge de douze ans. D'abord page du grand-maître, il s'éleva successivement à la dignité de grand'croix, remplit longtemps les fonctions d'envoyé de la cour de Vienne auprès de son Ordre, et fut élu grand-maître en 1797, par l'influence prépondérante de l'Autriche. Lorsque Bonaparte parut devant Malte, le 10 juin 1798, Hompesch lui refusa l'entrée du port et fit mettre ses troupes en bataille. Il disposait de quatre cents chevaliers, d'un régiment d'infanterie de cinq cents hommes, et de la milice. Quelques détachements français qui furent mis à terre rejetèrent bientôt les troupes de l'Ordre, au delà du port. Pourtant la capitale et le fort Lavalette auraient pu se maintenir plus longtemps, si la trahison n'avait amené entre Bonaparte et quelques chevaliers une capitulation qui, moyennant la reddition du fort, garantissait à l'Ordre ses propriétés, sa religion et ses privilèges. Mais à peine les Français furent-ils en possession de l'île entière, qu'oubliant la capitulation, ils contraignirent Hompesch, sous la promesse d'une pension de 200,000 francs, à quitter l'île avec ses chevaliers. Le grand-maître s'embarqua pour Trieste, où il protesta solennellement contre la capitulation, et quelques mois après il déposa sa dignité entre les mains de P a u l 1er, empereur de Russie, qui lui accorda une pension. Après la mort de Paul, la Russie ayant cessé de lui payer sa pension, Hompesch tomba dans de grands embarras d'argent. Il se rendit en France pour réclamer une partie des arrérages de la pension qui lui avait été promise au nom de la France, et montant alors à près de 1,500,000 francs; on finit par lui payer un a-compte de 15,000 fr., et il mourut à Montpellier dans les premiers mois de 1805.

HOMS. *Voyez* Émèse.

HONDEKOETER, nom d'une famille célèbre de peintres hollandais.

Egidius Hondekoeter, né à Utrecht, en 1583, se distingua particulièrement comme peintre de paysages. Ses tableaux en ce genre appartiennent encore à l'ancienne manière fantastique, telle qu'on la trouve en un peu moderne dans Roland Savery et David Vinckebooms. Il habita plus tard Amsterdam, où il mourut.

Son fils, *Gijsbert* ou *Gilles* Hondekoeter, né à Amsterdam ou à Utrecht, en 1613, fut également un peintre célèbre, et mourut à Utrecht, où il s'était retiré, parce qu'une jeune fille qu'il aimait tendrement lui préféra son père. Dans sa manière, il continua la tradition de son père.

Le fils de Gijsbert, *Melchior* Hondekoeter, né à Utrecht, en 1636, apprit la peinture d'abord chez son père, puis ensuite chez son oncle, *Jean-baptiste* Weenix, et fut le plus célèbre de sa famille. Il mourut le 3 avril 1695. Il peignait avec un talent admirable les animaux, surtout les oiseaux, dont il imitait à s'y méprendre le plumage, notamment les poules, les dindons, les canards, les oies, les paons. Ses fonds de tableaux sont en général des paysages bien distribués. Son pinceau est moelleux et plein; son dessin, ferme et large, imite avec une illusion parfaite le jet des plumes. Bien que son le rapport du ton et de l'harmonie, son oncle Weenix lui fût supérieur, une basse-cour de Hondekoeter ou peut-être toujours mieux qu'un groupe de volatiles morts de son oncle.

HOADSCHOOTE, ville de France, chef-lieu de canton, dans le département du Nord, à 15 kilomètres de Dunkerque, compte 3,800 habitants, des blanchisseries de toiles, des tanneries, des pépinières. Il ne paraît pas qu'elle existât avant le dixième siècle. Longtemps elle fut renommée pas ses manufactures de serge et de toiles. Incendiée en 1383, lorsque Charles VI chassa les Anglais de ce canton, elle fut encore dévastée en 1558 par les Français, puis saccagée et brûlée par les Hollandais, en 1708. Mais elle est surtout célèbre par la victoire que les Français y remportèrent sur les Autrichiens, le 8 septembre 1793.

Le duc d'York assiégeait Dunkerque avec 33,000 hommes, tandis que le maréchal Freytag, avec 16,000 Antrichiens, se tenait en avant des marais de Dunkerque, de manière à intercepter les secours qui pouvaient venir de l'intérieur de la France; enfin, les Hollandais, au nombre de 15,000, sous les ordres du prince d'Orange, étaient postés à Menin, plutôt comme une menace que comme une troupe auxiliaire, puisqu'ils étaient à trois journées de la position de Freytag. Au lieu de masser ses 60,000 hommes, et de se porter, en marchant rapidement entre les Hollandais et Freytag, sur les derrières du duc d'York, de manœuvrer ainsi entre les trois corps ennemis, et d'accabler successivement Freytag, le duc d'York et le prince d'Orange, le général français Houchard songea tout simplement à marcher contre Freytag, à se rejeter sur les derrières du duc d'York et à tâcher ensuite d'inquiéter le siège. Pendant qu'il hâtait ses préparatifs, Dunkerque faisait une vigoureuse résistance. On était arrivé aux derniers jours d'août. Houchard commença par une démonstration sur Menin, qui n'aboutit qu'à un combat sanglant et inutile. Après avoir donné cette alarme préliminaire, il chargea Hédouville de marcher sur Rousbrugghe, seulement pour inquiéter la retraite de Freytag sur Furnes, et il alla lui-même donner de front sur Freytag avec toute son armée.

Freytag, disposé son corps sur une ligne assez étendue, et n'en avait qu'une partie autour de lui, lorsqu'il reçut ce premier choc. Il se vit donc obligé de reculer; ses ailes furent gravement compromises, et sa retraite fut menacée vers Rousbrugghe par Hédouville. Voulant alors se reporter dans la même journée en avant et reprendre le village de Rexpœde, qu'il avait évacué dans son mouvement de retraite, Freytag rallia une de ses divisions, marcha sur Rexpœde, et y arriva au moment où les Français y entraient. Un vif combat s'engage; le général autrichien est blessé et fait prisonnier. Cependant, on touche à la fin du jour. Houchard, craignant une attaque de nuit, se retire hors du village et n'y laisse que trois bataillons. Le nouveau chef de la division compromise, Walmoden, arrive sur ces entrefaites, et se décide à se faire jour au travers de Rexpœde. Un combat sanglant a lieu dans la nuit; le passage est franchi, et Freytag délivré. L'ennemi se retire en masse sur la ville de Flondschoote. Houchard l'y poursuit.

Tout cela se passait le 6 septembre. La journée du 7 est employée à observer les positions de l'ennemi, défendues par une artillerie très-forte; le 8 l'attaque décisive est résolue. Dès le matin l'armée française se porte sur toute la ligne, pour l'attaquer de front. La droite, sous les ordres d'Hédouville, s'étend entre Killem et Bévéren; le centre, commandé par Jourdan, marche directement de Killem sur Hondschoote; la gauche s'ébranle entre Killem et le canal de Furnes. L'action s'engage entre les taillis qui couvrent le centre. De part et d'autre, les plus grandes forces sont dirigées sur ce point. Les Français reviennent plusieurs fois à l'attaque des positions : enfin, ils s'en rendent maîtres. Pendant qu'ils triomphent au centre, les retranchements de droite sont emportés, et l'ennemi est contraint à se replier sur Furnes. Cependant, la garnison de Dunkerque fait, sous la conduite de Hoche, une sortie vigoureuse, et force les assiégeants, qui se voient menacés sur leurs derrières, à lever le siège et à se retirer également sur Furnes.

Les journées des 6, 7 et 8 septembre eurent pour résultat de rejeter le corps d'observation ennemi sur les derrières du corps de siège. Le dernier combat donna son nom à la bataille entière, qui fut considérée comme ayant rompu la longue chaîne de nos revers dans le nord, infligé un échec cruel aux Anglais, trompé le plus cher de leurs vœux, la possession de Dunkerque, sauvé la république du malheur qui lui eût été le plus sensible, et donné un grand encouragement aux armes de la France. Charles Nisard.

HONDURAS, l'une des républiques de l'Amérique centrale, bornée au nord par l'extrémité occidentale de la mer des Antilles, c'est-à-dire par la baie de Honduras, où de nombreux bancs de sable et récifs et de fréquentes tempêtes rendent la navigation extrêmement périlleuse; à l'ouest, par l'État de Guatemala; au sud, par l'État de San-Salvador et l'État de Nicaragua; à l'est, par la côte des Mosquitos, tribu indépendante. Ce pays comprend une superficie d'environ 2,600 myriamètres carrés, avec une population de près de 200,000 âmes; ce qui donne de 70 à 75 habitants par myriamètre carré. En général, l'État de Honduras forme un plateau offrant une succession de chaînes et de groupes de montagnes, et s'abaissant en terrasses vers la mer des Antilles. Bien que du côté de la mer le sol se transforme insensiblement en luxuriantes savanes s'avançant jusqu'à l'endroit où la côte est le plus plate, quelques montagnes assez considérables ne laissent pas que de se trouver même tout près de ce rivage hérissé de récifs et d'îlots, par exemple le mont Omoa (2,180 m.), le pic Congrehoy (2,333 m.), le Cerro-Guiaimareto (1,000 m.). La côte présente aussi plusieurs promontoires extrêmement saillants, tels que le cap Tres-Puntas ou Manabique à l'ouest, et le cap Honduras ou Punta-Castilla à l'est. Le pays est parfaitement arrosé, par un grand nombre de cours d'eau, dont aucun n'a un développement considérable, mais qui tous sont plus ou moins navigables. A l'époque des pluies les rivières sortent de leur lit et inondent les contrées basses. Le cours d'eau le plus important se trouve à à l'ouest : on l'appelle le Rio Grande ou Motagua; il a pour affluent le Hiqueras. A l'est, c'est le Guangues; à l'intérieur, le Sirano, qui coule au sud à travers la plaine de Comayagua. Le climat est d'une chaleur et d'une humidité extrêmes, surtout au voisinage de la côte. Il est plus tempéré dans les montagnes de l'intérieur, quoique, en raison des nombreuses et épaisses forêts qui y couvrent le sol, l'air y soit toujours étouffant. La nature, d'une luxuriante richesse, y donne en immenses quantités tous les produits commerciaux particuliers à l'Amérique centrale; il faut mentionner notamment la cochenille, l'indigo, le tabac, les bois d'acajou et autres essences précieuses provenant des inépuisables forêts de l'intérieur, ainsi que des mines d'or, d'argent et de plomb.

L'État de Honduras est divisé en sept départements : Comayagua, Santa-Barbara, Gracias, Yoro ou Lloro, Choluteca, Tegucigalpa et Jutipalpa. Il a pour chef-lieu COMAYACUA ou la Nouvelle Valladolid, ville appelée autrefois Nostra-Señora de Concepcion, bâtie dans une plaine fertile, sur les bords du Sirano, siége des autorités supérieures et d'un évêché, une cathédrale, un collége et 18,000 habitants. Parmi les ports, les plus importants sont Omoa à l'ouest, et Truxillo à l'est; ce dernier est très-fortifié.

Honduras, ainsi appelé à cause des nombreux bas-fonds (en espagnol, hondura) de sa mer, faisait autrefois partie du royaume indien de Quicha, et formait le centre de sa civilisation, qui florissait vraisemblablement avant l'arrivée des Aztèques au Mexique. Honduras fut découvert par Christophe Colomb, en 1502; mais ce ne fut qu'en 1523 que les Espagnols en prirent possession. Colonisé peu à peu, au milieu d'attaques fréquentes des Indiens, ce territoire fut érigé en audiencia relevant de la capitainerie générale de Guatemala; en 1790, on le transforma en simple intendance, et il en fut ainsi jusqu'en 1824, époque où il se constitua en république. Après des réunions alternativement conclues et dissoutes avec les autres États de l'Amérique centrale (le 25 juillet 1851, il se réunissait encore à Nicaragua et à San-Salvador, pour constituer un État fédératif), ce pays forme aujourd'hui une république indépendante. Aux termes de sa plus récente constitution, le pouvoir exécutif y est aux mains d'un président (en 1854, c'était le général Trinidad Cabañas, dont l'élection remontait à 1852), lequel est élu par les deux chambres, à savoir : la chambre législative, composée de quatorze députés, et le sénat, qui compte également quatorze membres. Le président est assisté d'un conseil d'État composé des ministres et de sept autres membres. La cour suprême de justice, résidant à Comayagua, se compose de trois juges. L'évêque de Comayagua administre le pays sous le rapport spirituel.

DICT. DE LA CONVERS. — T. XI.

HONDURAS, ou District forestier de Honduras, colonie anglaise, appelée aussi quelquefois Balize ou Belize, du nom de son chef-lieu, située dans la partie sud-est du Yucatan, sur la côte occidentale de la baie de Honduras, bornée au nord par le Rio Grande ou Rio Hondo, et au sud par le Rio Sarstun, qui la sépare de Guatemala, comprend une superficie de 2,153 myriamètres carrés, et comptait en 1848 une population de 11,066 habitants. Derrière la côte, qui est fort basse et garnie d'une foule d'îlots, de récifs et de bancs de sable, le sol s'élève à une hauteur assez considérable avec les monts Coxcomb, Chama, etc. Après les deux fleuves qui lui servent de frontières, ses cours d'eau les plus importants sont le New-River au nord, et le Balize au centre, lequel se jette dans la mer par le Revenge. Situé en deçà du cercle du Cancer, ce pays participe au climat et à la végétation de la zone torride. Mais la véritable richesse de la colonie et ce qui constitue sa principale valeur, ce sont les immenses forêts, dans lesquelles, plusieurs milliers de travailleurs, nègres pour la plupart, abattent d'énormes quantités de bois d'acajou et de bois campêche, qui s'expédient en Angleterre. Dans la population de cette colonie se trouvent des blancs d'origine anglaise, des nègres et des indiens indigènes, avec lesquels les colons ont plus de relations et de points de contact que partout ailleurs.

Le gouvernement de la colonie a pour base une autorité législative et un pouvoir exécutif désignés sous le nom de magistrats de Honduras. Le gouverneur porte le titre de directeur. Un régiment des Indes occidentales y tient garnison, et la milice locale est toujours prête à prendre les armes. La colonie possède aussi une flottille à elle. Dès 1670 les Anglais obtinrent de l'Espagne l'autorisation de faire du bois sur les bords du Balize, et fondèrent des établissements sur ce fleuve. Après des attaques maintes fois répétées, puis suivies de traités nouveaux, ils finirent, en 1786, par obtenir formellement la cession du territoire situé entre le Balize et le Hondo, ou sur la côte de la baie de Hanovre.

Tout récemment les Anglais ont étendu les limites de leur district forestier, au sud, jusqu'aux Sarstun.

Le chef-lieu est le port de Balize, à l'embouchure du fleuve du même nom. On exporte de la salsepareille, du bois de campêche, et surtout du bois d'acajou. En 1849 la valeur déclarée des importations venant d'Angleterre s'éleva au chiffre de 206,244 liv. st. L'exportation dépasse de beaucoup les importations; et le mouvement général du commerce présente un total d'environ 11 millions de francs.

Les îles de la côte : Turneffe ou Terranof, avec des habitants indiens; George's-Cay, avec un fort, résidence d'été des Anglais; Ambergris-Cay ou Ubero, etc., dépendent également du gouvernement de Balize, de même que les îles d'Utilla, de Ruatan, de Bonacca, etc., situées sur la côte septentrionale de l'État d'Honduras et formant la station intermédiaire avant d'atteindre la côte des Mosquitos.

HONFLEUR, ville de France, chef-lieu de canton, dans le département du Calvados, à 11 kilomètres du Havre, avec 9,361 habitants, un tribunal de commerce, un port très-fréquenté par des navires anglais, suédois, danois et norvégiens, un entrepôt réel et fictif, un entrepôt de sel, une école impériale d'hydrographie. On y arme pour la pêche de la morue au banc de Terre-Neuve, et il s'y fait un commerce de bois du Nord, de houille d'Angleterre, de fers, vins et eaux-de-vie. Cette ville possède des raffineries de sucre, des brasseries renommées, un établissement de bains de mer, des fabriques de produits chimiques, d'huile de graines et de savon; on y construit des navires et on y fait un commerce important d'œufs et de fruits avec l'Angleterre. Le port se compose d'un avant-port, d'un petit port d'échouage, de trois bassins à flot et d'une petite retenue qui sert à repousser les énormes bancs de vase que la mer y apporte; les rues sont étroites et tortueuses, bordées de vieilles maisons en bois; on y voit cependant quelques édifices gothiques dignes d'intérêt. En 1440 Honfleur fut enlevée par Dunois au roi d'Angleterre. Ce fut la dernière ville de Normandie qui se soumit à Henri IV.

HONG ou **HONGS** (en anglais *Hong-merchants*), c'est-à-dire marchands de sûreté ou de confiance. C'est par ce nom qu'on désigne aujourd'hui à Canton, en Chine, tous les Chinois que font des affaires avec des négociants étrangers. Autrefois, et jusqu'au moment où fut signé avec l'Angleterre le traité Pottinger (1842), les marchands *hongs* formaient une corporation privilégiée par le gouvernement chinois (*Co-Hong*), dont les membres pouvaient seuls commercer avec les étrangers, et qui étaient responsables non-seulement du recouvrement des divers impôts prélevés sur les navires et leurs cargaisons, mais encore de la conduite des étrangers. En retour de ce monopole, il leur fallait se soumettre aux énormes exactions des autorités, exactions qui se traduisaient en surcroîts de droits imposés aux étrangers, et amenaient souvent des faillites colossales. Les *Hongs* étaient, il est vrai, solidaires les uns des autres, de sorte que la corporation tout entière payait les dettes de celui de ses membres qui venait à manquer; mais dans les derniers temps cette obligation avait fini par devenir purement nominale. Quand il y avait suspension de payement, les recouvrements étaient d'une difficulté extrême, et la plus grande partie des créances était perdue. Autrefois les *Hongs*, en raison de la responsabilité personnelle qui leur incombait pour les faits et gestes des marchands étrangers, étaient continuellement en butte aux exactions des mandarins, de sorte qu'il n'y avait rien de moins sûr que leur propriété. Le traité conclu en 1842 avec l'Angleterre mit fin à l'existence de cette corporation; et depuis lors il est permis à chacun de commercer avec qui bon lui semble, dans les cinq villes ouvertes au commerce étranger, à savoir : Canton, Amoy, Fou-tcheu-Fou, Ning-po et Shang-haï.

HONGKONG, île de la côte méridionale de la Chine, dans le *Bocca-Tigris*, ou golfe formé par l'embouchure du fleuve de Canton, située à environ 6 myriamètres à l'est de Macao, et longue de 14 kilomètres sur 7 de large. Elle devint à partir d'août 1839, quand les Anglais durent évacuer Macao, le point de réunion de leurs forces actives et le point de départ de leurs expéditions contre Canton et l'est de la Chine. Aux termes des traités des 20 janvier et 27 mai 1841, cette île fut cédée par les Chinois aux Anglais; cession devenue définitive seulement en vertu de la paix signée le 22 août 1842. Depuis lors on y a rapidement construit une place forte, appelée *Victoria-Town*, et d'immenses entrepôts pour l'opium et le riz. Dès 1845, la valeur déclarée des produits anglais importés à Hongkong et dans les autres établissements anglais des côtes de la Chine s'élevait à 2,394,827 liv. st.; en 1849 les importations pour la seule place de Hongkong avaient été de 651,969 liv. st. En 1850, la population était déjà montée à 33,143 habitants.

HONGRE (Cheval). *Voyez* CHEVAL, tome V, p. 417.

HONGRIE (en magyare, *Magyar Orsydg*; en turc, *Magyaristán*, c'est-à-dire Pays des Magyares; en slave, *Vengria*; en latin, *Hungaria*), le plus vaste des États héréditaires de la monarchie autrichienne, comprenait autrefois, sous le nom de *royaume de Hongrie*, non-seulement la Croatie et l'Esclavonie, la Dalmatie, la Transylvanie et les Frontières militaires, mais encore la woïvodie de Servie et le banat de Temes, les comitats du Moyen-Szolnok, de Krassna et de Zarand avec le district de Kövar; mais tous ces pays en ayant été disjoints depuis 1849, elle n'embrasse plus aujourd'hui que la contrée située entre 45° 30', et 46° 35' de latitude septentrionale, et entre 33° 40', et 42° 40' de longitude orientale. Elle est bornée au nord par la Moravie et la Silésie autrichienne, à l'est par la Gallicie, la Bukovine, la Transylvanie; au sud par la Woïvodina et le Banat, l'Esclavonie et la Croatie, à l'ouest par la Styrie, la basse-Autriche et la Moravie. Sa circonférence est de 262 myriamètres, dont 60 environ longent la frontière d'Allemagne; sa superficie est de 2,245 myriamètres carrés.

Depuis que la Croatie avec le Littoral et Fium en a été détachée, la Hongrie est un pays complétement méditerranéen; entourée de montagnes au nord, à l'est et à l'ouest, elle forme la plus grande partie du vaste bassin du moyen Danube. Les Carpathes, la plus haute des chaînes de montagnes qui la sillonnent, commencent à Theben, sur le Danube, non loin de l'endroit où le March vient s'y jeter, et sont renommées par l'abondance de leurs mines de métaux de toutes espèces et de sel gemme, par la richesse de leurs forêts, par la beauté et la fertilité de leurs vallées et de leurs coteaux, qui produisent surtout d'excellents vins. Ils forment, en décrivant un arc immense, comme le rempart naturel de la Hongrie du côté de la Moravie, de la Silésie, de la Gallicie; ils pénètrent ensuite en Transylvanie, d'où ils renvoient encore un grand nombre de rameaux dans la partie de la Hongrie située à l'est de la Theiss. La contrée onduleuse, mais beaucoup plus basse, formée à l'ouest de la Hongrie par les prolongements des Alpes Noriques et Carniques s'étend jusqu'au Danube par les pittoresques montagnes de Leitha et par les monts Vérles, prolongement du mont Bakony. Au sud, au delà du lac Platten, après avoir traversé un pays bien boisé, couvert de vignobles, de riches cultures, de nombreux châteaux et villages, où le groupe de Fünfkirchen atteint encore une élévation de 400 mètres, elle se rapproche de la Mur et de la Drave, et s'étend à l'est jusqu'à la Sárviz, l'un des affluents du Danube, et jusqu'au canal de la Sárviz.

Nulle autre partie de la monarchie autrichienne ne présente des plaines aussi vastes que la Hongrie. La *Petite-Plaine* ou *plaine de la Haute-Hongrie*, qui s'étend sur les deux rives du Danube entre Presbourg et Komorn, sur une étendue d'environ 140 myriamètres carrés et à 133 mètres au-dessus du niveau de la mer, est entourée de tous côtés de montagnes, n'est évidemment que le bassin d'un lac desséché, dont le lac de Neusiedl (Fertö), à l'ouest de cette contrée, avec ses environs marécageux, rappelle encore aujourd'hui l'existence. Cette plaine, qui sa fertilité, a mérité le surnom de *Jardin d'Or* de la Hongrie. Au nord et au sud, le sol, tantôt uni, tantôt montueux, ne présente à la vue que champs et jardins parfaitement cultivés, bois, vergers, vignobles, qui pénètrent dans les vallées des Carpathes et des Alpes et dans la forêt de Bakony. La *Grande-Plaine* ou *plaine de la Basse-Hongrie* offre un aspect bien différent; située à l'orient, entre le Danube et la Theiss, elle s'étend sans interruption au sud-ouest, depuis Unghvár, Munkács et Szathmár jusqu'à Grosswardein, Pesth et Stuhlweissenburg, et au sud elle se prolonge jusqu'à la Woïvodina, au Banat, à l'Esclavonie et aux Frontières militaires, comprenant ainsi un espace de 1100 myriamètres carrés, dont 700 font partie de la Hongrie. Cette plaine, sans aucun doute, a été autrefois le bassin d'un lac; nulle part, entre le Danube et la Theiss, on ne remarque d'arête qui sépare les deux cours d'eau; c'est un pays parfaitement plat, élevé de 33 mètres au-dessus du niveau du Danube et de 133 au-dessus de la mer. De vastes marécages, couverts d'aunes ou de roseaux, des tourbières, au milieu desquels circule lentement le Danube, aux îles innombrables, et serpente la Theiss; entre les deux rivières, sur le plateau de Telecska, dont la partie septentrionale, appelée la *Lande de Kecskemet*, a vu jadis les tentes d'Attila et des Koumans, comme aussi à l'orient de la Theiss, sur la lande de Debreczin; des plaines de sable à perte de vue, coupées çà et là de petites collines sablonneuses; des landes immenses, dépourvues d'eau, d'arbres et d'ombrage, interrompues par des pâturages où paissent en toute liberté de nombreux troupeaux, ou par des champs d'une fertilité admirable, qui sans engrais récompensent les soins du laboureur; de distance en distance quelque ferme isolée ou quelque bâtiment rural sur la Poussten, de rares villages, mais très-grands et très-peuplés, tel est le tableau que présente cette contrée, que l'on pourrait comparer au steppe asiatique ou à la savane américaine.

HONGRIE

La Hongrie est arrosée par plus de 600 rivières ou ruisseaux, qui tous, à l'exception du Poprad et du Dunajec, affluents de la Vistule, appartiennent au bassin du Danube. Ce grand fleuve entre en Hongrie à Theben, au-dessus de Presbourg, traverse la gorge qui sépare le Vértes du Néograd, près de Waitzen, en se dirigeant vers le sud, et pénètre dans l'Esclavonie. Il reçoit à droite la Leitha, le Raab, le Sárviz, et sur la rive méridionale la Drave avec la Mur ; à gauche, le March, le Waag, la Neutra, le Gran, l'Eipel, et la Theiss, son plus grand affluent, avec le Bodrogh, l'Hernad, le Sajó, le Szamos, la Krassna, le Körös et le Maros. On trouve dans les Karpathes de petits lacs, qu'on appelle *meeraugen* ; mais c'est dans la plaine qu'on rencontre les plus grands, comme le Neusiedel et le Balaton ou Platten, qui l'emportent en étendue sur tous ceux de l'Europe. Les marais sont vastes et nombreux sur les bords du Neusiedel, du Danube, de la Theiss, de la Krassna et du Sárviz ; cependant dans ces dernières années on en a desséché plusieurs, ou du moins on les a considérablement diminués. Le plus grand, après le Hanság, est celui d'Ecsed, dans le comitat de Szathmár; il a 29 kilomètres de long sur 7 à 10 de large. Les lacs de soude sont particulièrement remarquables ; ceux de la lande de Debreczin occupent une surface de plusieurs myriamètres et ont de 1 à 2 mètres de profondeur. On en tire chaque année 10,000 quintaux de natron. Jusqu'à présent la Hongrie ne possède aucun canal navigable; ceux du Sárviz et d'Albrecht-Karasicza ne servent qu'à l'écoulement des eaux. Le premier, de 34 myriamètres de long, sert de décharge au marécage situé entre Stuhlweissenburg et Szekszárd, le second au grand marais du comitat de Baranya.

La position géographique de la Hongrie et surtout sa configuration annoncent déjà un pays tempéré. A l'exception de la vallée de Poprád, qui s'ouvre vers le septentrion, elle est protégée contre les vents du nord par de hautes montagnes, tandis qu'elle est exposée à ceux du sud, dont de fréquents orages tempèrent les ardeurs. Dans les régions montagneuses, les changements de température y sont fréquents ; à des journées brûlantes succèdent des nuits très-fraîches dans les plaines de sable et les landes ; les fièvres intermittentes sévissent fréquemment dans les districts marécageux, et l'irrégularité du genre de vie des habitants les expose à d'autres maladies. Néanmoins le climat n'est pas malsain, généralement parlant, et il n'est pas rare de rencontrer des Hongrois parvenus à un âge très-avancé. Sa position climatologique, jointe à l'extrême fertilité du sol, font de la Hongrie un pays qui produit en abondance tout ce qui est nécessaire aux besoins et même aux commodités de la vie. Sa flore offre les plantes du nord et du midi de l'Asie et celles de l'ouest de l'Europe. Quoique l'état de son agriculture laisse encore beaucoup à désirer, c'est une des contrées de la terre où l'on récolte le plus de céréales ; aussi s'en fait-il une exportation considérable. On y cultive du froment, du seigle, du maïs, de l'orge, beaucoup d'avoine, du sarrasin, du millet, des légumes, etc., des pommes de terre en grande quantité, beaucoup de choux, légume favori des Hongrois, des citrouilles, des raves et des betteraves dont on fabrique du sucre, d'excellents melons, des concombres, etc. Les prairies sont assez négligées, excepté dans les cantons peuplés d'Allemands et dans quelques domaines appartenant à des particuliers ; par contre, on donne de grands soins à la culture des fruits sur certains points, notamment dans le comitat d'OEdenburg, tandis que dans d'autres on ne s'en occupe presque pas. On trouve des forêts entières de châtaigniers dans l'ouest et de pruniers dans le midi ; les prunes que l'on y récolte servent à fabriquer différentes espèces de liqueurs spiritueuses, de l'eau-de-vie de prunes, de la slibowitza ou rakie. Les noyers abondent dans tout le pays; les figuiers et les amandiers réussissent même dans les parties méridionales. Depuis quelques années on a aussi introduit en Hongrie la culture du mûrier. En 1853 des essais de plantation de thé ont réussi au delà de toute attente. Parmi les plantes employées dans les manufactures ou demandées dans le commerce, on cultive le lin, le chanvre, un carthama de bonne qualité, le pastel, la gaude, la garance et d'autres plantes tinctoriales, le tabac, en plus grande quantité que dans aucun autre pays de l'Europe (environ 400,000 quintaux, et 560,000, y compris la Woïvodina, l'Esclavonie et la Croatie), le colza, la navette et d'autres plantes oléagineuses, le cumin, le fenouil, le senevé, l'anis, le poivre rouge de Turquie ou paprika, la réglisse et même la rhubarbe. Les grandes forêts qui couvrent les montagnes fournissent non-seulement du bois en quantité considérable, mais des glands pour engraisser les pourceaux, des noix de galle, de l'écorce, de la résine, du charbon, de la potasse, etc. Dans les parties de la plaine qui manquent de bois, on brûle des joncs, des roseaux, de la paille, de la bouse séchée.

Dans ses limites actuelles, la Hongrie présente une surface productive d'environ 1,950 myriamètres carrés, qui se divisent ainsi : champs labourés, 695 ; vignes 50 ; jardins 21 ; prairies, 165 ; pacages, 346 ; forêts, 680 ; le terrain improductif est évalué à 350 myriamètres carrés. L'éducation des bestiaux est très-importante. En 1850, c'est-à-dire après une guerre qui en a fort diminué le nombre, on comptait encore en Hongrie 1,105,000 chevaux, d'une race déjà très-perfectionnée. Le véritable cheval hongrois est petit, mais plein de feu, et il supporte bien la fatigue. Il y a de grands haras militaires à Bábolna et à Mezőhegyes dans le comitat de Csanád, et un très-grand nombre de haras particuliers. Les bêtes à cornes sont généralement de petite taille, mais les contrées arrosées par la Theiss en nourrissent une race excellente. Les troupeaux de moutons, en partie de race perfectionnée, de cochons, de chèvres, sont nombreux ; on élève beaucoup de volailles, surtout des oies, et l'éducation des abeilles donne aussi des résultats assez importants. Le chasseur trouve encore des lièvres, des bêtes fauves et des bêtes noires en assez grande quantité pour exercer son adresse. Dans les Karpathes habitent des renards, des lynx, des loups, des ours, ainsi que quelques chamois, des marmottes, des castors et des loutres. Les montagnes et les contrées marécageuses sont peuplées d'oiseaux sauvages. Les eaux et les fleuves abondent en poissons. La Theiss, la rivière peut-être la plus poissonneuse de l'Europe, nourrit le tik ; le Danube, le grand esturgeon ; le Poprad, le Waag et la Drave, la truite saumonée ; le lac Platten, le fogas, ou poisson à dents. La Hongrie a en outre des écrevisses renommées, beaucoup de tortues, de gros limaçons savoureux, et fournit au commerce d'énormes quantités de sangsues.

Peu de contrées de l'Europe sont plus riches que la Hongrie en mines. En 1847, y compris le Banat, la Croatie et l'Esclavonie pour une quantité relativement minime, les mines de Kremnitz, Schemnitz, Neusohl, Schmölnitz, Bösing, Herrengrund, Budfalu, Nagybánya, etc., produisirent 3,594 marcs d'or et 77,568 marcs d'argent. Dans la même année, on en retira 801 quintaux de mercure, principalement des mines d'Altwasser sur la Zips, et l'on évalue le produit des autres mines de la Hongrie à 48,556 quintaux de cuivre, 6,281 de plomb, 11,235 de litharge, 605,415 de fer, 4,114 d'antimoine, 2,813 de cobalt, 418 de soufre, sans compter de moindres quantités de zinc, d'étain, dont on a découvert récemment une mine près de Gran, de manganèse, de vert de Hongrie, etc. On trouve également en Hongrie une grande variété de pierres et de terres précieuses : de superbes opales à Czerveniczа dans le comitat de Sáros, des opales liquiformes et communes, des jaspes opales, des calcédoines d'une singulière beauté, des grenats, des hyacinthes, des améthystes, des cornalines, des agates, du cristal de roche, entre autres *le diamant de Marmaros* ou dragomite, des tournalines, des hyalithes, du quartz et du sable quartzeux, de la lave, de la pierre cornée, du marbre de toutes couleurs, entre autres du marbre noir près de Fünfkirchen, du gneiss, du porphyre, du basalte, du grès, de la pierre à

10.

chaux, de la craie, du talc, de la serpentine, de l'ardoise, du schiste à aiguiser, de bonne glaise à potier, de l'asbeste, de la terre à foulon et de la terre de porcelaine. Le pays est très-riche en excellent sel gemme : les mines de Rhonaszesk en livrent annuellement 300,000 quintaux, celles de Szalitina et de Sugatagh chacune 200,000. En 1850 il en a été extrait en tout 1,237,562 quintaux. Il ne l'est pas moins en sel de soude. Dans la même année la saline de Soóvár, dans le comitat de Sáros, en a produit 119,159 quintaux, et en 1847 elle avait fourni 138,358 quintaux de sel gemmes. C'est aussi de la Hongrie que se tire plus de la moitié de l'alun que produit l'empire d'Autriche (en 1847, 15,371 quintaux). On recueille de la soude et du salpêtre naturels dans les *széks* (mares desséchées), et sur les bords des lacs de soude en quantités bien plus considérables que ne l'exige la consommation. Les environs de Grosswardein donnent annuellement 1,200 quintaux d'asphalte. Les Karpathes ne sont pas riches en houille; cependant la Hongrie en possède des mines très-importantes, qui sont à peine exploitées ; les principales sont celles d'OEdenburg, de Gran et de Fünfkirchen.

On compte en Hongrie 355 sources minérales, c'est-à-dire plus que dans tout autre pays de l'Europe, et sur ce nombre il y en a qui sont très-fréquentées, comme les sources sulfureuses chaudes d'Ofen, de Tœplitz, près de Trentschin ; de Ilaió près de Grosswardein ; de Pöstény ou Pischtyan, sur le Waag ; de Bösing, près de Presbourg ; d'Almás et de Totis, de Grosshöflein dans l'OEdenburg ; de Szóbranez, dans l'Unghvár ; de Siklos, dans le Baranya ; de Tolcza et de Keszthely, dans le Szalad ; de Szerencs, dans le Zemplin ; les bains de Vichaya et de Glashütten, dans le Bacs; les sources alumineuses et sulfureuses de Parad, dans le Hévès ; une quantité de sources acidules, telles que celles de Schmecks, ou bain des Carpathes, à Grosschlagendorf, sur la Zips ; de Mohr, près de Stuhlweissenburg ; de Tatzmannsdorf, dans l'Eisenburg ; la source de Suligu, dans le Marmaros ; la source de Herlán, à Rank, dans l'Abaoujtorna; celle de Szalatnya, dans le Honth ; les sources ferrugineuses de Bartfeld dans le Sáros, qui attirent beaucoup d'étrangers ; les eaux thermales ferrugineuses de Lucska, dans le comitat de Liptau ; enfin, les sources salines d'Ungarisch-Ischl, dans le district de Soóvár.

La population de la Hongrie offre un mélange d'un grand nombre de nations différant de race, de langage, de religion, de mœurs, de culture, et offrant quelquefois dans leurs caractères les contrastes les plus tranchés. D'après le recensement de 1851, elle s'élève à 8,011,837 habitants, y compris 352,686 étrangers, dont 349,952 originaires d'autres parties de la monarchie autrichienne, et 147,575 indigènes absents. Elle est répartie dans 95 villes, 595 bourgs, 8,385 villages, 1,214,229 habitations, sans compter les hameaux et les fermes des *Poussten*. Trois villes seulement, Pesth, Szegedin et Ofen, comptent plus de 50,000 âmes, sans la garnison. Viennent ensuite Presbourg, Debreczin, Grosswardein, Alt-Arad, Erlau, OEdenburg, Raab, Fünfkirchen, etc. Le village le plus populeux, Oroshája, a 10,915 habitants. Les plus beaux villages sont ceux des Allemands ; les plus malpropres ceux des Valaques et des Ruthènes, qui sont beaucoup moins bien logés que les Slovaques et les Magyares. Les derniers, si à l'étroit dans leurs vêtements, aiment les spacieuses habitations. En 1846, la population, évaluée approximativement à 8,626,749 âmes, se divisait ainsi : 4,469,700 Magyares ou Hongois proprement dits, y compris quelques Szeklers, qui appartiennent à la même famille ethnographique, 2,472,799 Slaves, savoir : 1,804,710 Slovaques ; 471,190 Ruthènes ; 78,179 Croates ; 69,170 Serbes ; 49,600 Slovènes ou Wendes ; 836,710 Allemands ; 566,750 Valaques ou Dacoromans ; 249,760 Juifs ; 21,000 Bohémiens ; 6,980 Grecs et Zinzares; 3,000 Arméniens. Le nombre des Magyares, peuple d'origine finno-ouralienne, et des Szeklers s'élevait à la même époque à 5,418,773, en y comprenant les 232,730 établis dans la Woïvodina et le Banat, les 667,150 qui habitaient la Transylvanie, les 5,830 de la Croatie et de l'Esclavonie, les 5,441 de la Bukovine, les 5,417 des Frontières militaires, et les 32,502 qui étaient sous les drapeaux. Les recensements officiels faits de 1850 à 1851 donnent, au contraire, les chiffres suivants : 3,749,661 Magyares; 1,656,311 Slovaques; 834,350 Allemands ; 533,373 Valaques ; 347,734 Ruthènes ; 82,003 Croates ; 49,116 Slovènes ou Wendes ; 20,994 Serbes ; 6,928 Illyriens ; 323,564 Juifs ; 47,600 Bohémiens.

La langue la plus répandue est le magyare, qui se parle dans l'intérieur du pays, c'est-à-dire dans la majeure partie de la grande et de la petite plaine hongroise; dans le reste, on parle allemand, slave ou valaque. Les Magyares habitent 40 comitats sur 45; dans 23, ils forment la population dominante ; dans 17, ils sont en minorité ; excepté sous le rapport des dialectes, ils ne présentent aucune différence essentielle, bien qu'on les divise ethnographiquement en Magyares du Danube et de la Theiss, en Valoczes et Szeklers. Les Slovaques habitent les montagnes du nord-ouest (la Slovaquie) ; les Ruthènes au nord-est ; les Slovènes dominent dans l'ouest ; les Croates dans le sud-ouest ; les Serbes au sud (et sont répandus aussi dans l'intérieur) ; les Valaques au sud-est. Les Allemands occupent, au sud du Danube, le long de la frontière de la basse Autriche et de la Styrie, un assez vaste territoire, coupé çà et là par des cantons peuplés de Slaves. Dans l'intérieur du pays, on en trouve aussi un nombre considérable formant des agglomérations au milieu des autres habitants : par exemple, entre le Kapos, le Sárviz, le Danube et la Karasicza, dans les comitats de Tolna et de Baranya, puis dans ceux de Pesth, de Stuhlweissenburg, de Gran, de Vessprim, autour de Krumnitz et dans le comitat de Zips, sur le territoire des Slovaques. Les habitants issus d'autres races, comme les Juifs, sont répandus partout. Sous le rapport de la religion, on comptait au commencement de 1851 parmi les 7,859,151 indigènes, 4,122,738 catholiques romains ; 676,398 grecs unis; 306,931 grecs, 724,328 luthériens (presque tous Allemands ou Slaves) ; 1,415,192 réformés (en majorité Magyares) et 323,564 juifs.

Le Magyare a beaucoup de goût pour l'agriculture que pour l'industrie ou le commerce ; aussi préfère-t-il la vie des champs à celle des villes. Cependant l'agriculture n'a fait jusque ici que peu de progrès : l'abondance des récoltes n'est due qu'à l'extrême fertilité du sol. Quant à l'éducation des bestiaux, on en est encore à la coutume sauvage de laisser toute l'année les troupeaux en plein air. L'élève des moutons seule s'est fort beaucoup améliorée. Dans ces derniers temps, l'agriculture s'est, en général, perfectionnée sur ses différentes branches dans les grands domaines et les cantons cultivés par des Allemands. Après les Allemands, ce sont les Slovaques qui se distinguent le plus par leur activité laborieuse. Au reste, on ne doit pas oublier que jusqu'à présent la Hongrie a manqué de bras pour la culture de son sol, et que l'oppression dans laquelle on tenait les paysans, qui n'ont obtenu qu'en 1836 la libre disposition de leurs biens et n'ont été affranchis que tout récemment d'autres entraves, a toujours opposé de grands obstacles au développement de l'agriculture. Ce sont les Allemands et les Slovaques qui s'occupent principalement de l'exploitation des mines.

L'industrie et le commerce étaient déjà en progrès avant la révolution de 1848. La navigation à vapeur se développait de plus en plus sur le Danube et sur la Theiss ; le chemin de fer central facilitait les relations ; une banque nationale s'était placée à la tête du crédit public ; et de nombreuses caisses d'épargne utilisaient les petits capitaux. Dans l'exposition publique de l'industrie qui eut lieu à Pesth en 1842, le génie industriel parut avec honneur devant le tribunal de l'opinion. L'union protectrice, fondée en 1844, sur la base de l'exclusion absolue de tous les produits étrangers, ne put se soutenir, et fit place à une autre union, qui se distinguait par une tendance plus pratique. Un grand nombre de sociétés industrielles contribuaient selon leurs forces à la prospérité des fabriques, et malgré quelques revers la Société commerciale hongroise se soutenait. Des sociétés s'organisaient même pour fonder une banque de prêts, pour venir en aide aux ouvriers pauvres, pour créer une caisse hypothécaire en faveur des propriétaires, etc.; mais les événements de 1848 et de 1849 portèrent à toutes ces institutions de crédit un coup si fatal, que, malgré l'abondance des matières premières, malgré la suppression de beaucoup d'entraves administratives qui nuisaient au développement de l'industrie, des années s'écouleront avant que les dernières traces de ces troubles politiques aient disparu.

En général, l'activité industrielle de la Hongrie se borne aux objets les plus nécessaires à la vie; les fabriques n'y font que de naître. Le paysan hongrois est lui-même son architecte, son charpentier, son charron; sa femme tisse la toile et le drap, prépare le savon, la chandelle, etc. du ménage. Parmi les ouvriers se distinguent les faiseurs de *tschismes* (bottes de cordouan), les rubaniers, les fourreurs, les ceinturonniers, les corroyeurs; ceux qui travaillent le bois, la paille et le jonc sont nombreux. La société des bateaux à vapeur du Danube a son principal chantier à Alt-Ofen; mais on construit aussi des navires à Szegedin et dans d'autres endroits. Les fabriques de toile prospèrent surtout dans le Zips, quoique l'on file et que l'on tisse le lin dans plusieurs comitats du nord; les environs d'Épériés livrent au commerce des toiles imprimées; une foule de tisserands, répandus partout, confectionnent de grossières étoffes de laine; quelques grandes manufactures produisent des draps fins; on fabrique en quantité de gros tapis, des couvertures, des manteaux, des dentelles de fil grossières, des cordes, des cribles, etc. Depuis quelques années les savonneries ont fait des progrès. La fabrication du cordouan, du maroquin et du cuir de russie est très-importante, et les tourneurs en corne sont nombreux. Plus de soixante-dix papeteries, établies surtout dans le nord, livrent du papier généralement grossier. Les métaux sont mis en œuvre dans un grand nombre de forges, d'aciéries, de fonderies, de fabriques de fer-blanc, de fil de fer, d'armes, etc., etc. Les établissements les plus considérables de ce genre sont les laminoirs de Pesth, les fonderies d'Ofen et de Dernő; mais c'est de Dios Györ, dans le comitat de Borsod, qu'on tire le meilleur acier. En 1852 on comptait dans le royaume 80 machines à vapeur, dont 66 dans la Hongrie proprement dite, et 60,000 individus, non compris les mineurs, y vivaient de l'industrie des fers. La chaudronnerie et l'orfévrerie occupent aussi un certain nombre de bras. La fabrication des poteries et des faïences a pris une grande extension. Debreczin livre à la consommation plusieurs millions de têtes de pipe en terre, et Hérend, dans le comitat de Vesaprim, possède une célèbre fabrique de porcelaine. Une chaponnerie de verreries produisent du verre, mais de médiocre qualité. On trouve aussi en Hongrie quelques raffineries de sucre, et le nombre des fabriques de sucre de betterave s'y accroît chaque année. Les fabriques de savon sont importantes, surtout celles de Debreczin et de Szegedin, comme aussi les fabriques de bougies, de soude, de salpêtre, de potasse, les raffineries d'huile, les distilleries d'eau-de-vie, de rosoglio, de liqueurs, et les brasseries. La fabrication du tabac, autrefois abandonnée à l'industrie privée, est aujourd'hui devenue un monopole du gouvernement. Les comitats de Liptau, d'Arva, de Gömör et de Sohl exportent de grandes quantités de fromages; c'est dans ce dernier comitat, à Briés, que l'on fabrique l'excellent fromage de ce nom.

Le commerce, tant intérieur qu'extérieur, est assez actif, et rapporte à la Hongrie des profits considérables. Les principaux articles d'exportation sont le froment, l'avoine, les bœufs, les porcs, la laine, les peaux, les cuirs, le vin, les noix de galle, le tabac, le miel, la cire, les plumes, la corne, le cuivre, l'alun, la potasse, la soude, le bois, l'eau-de-vie. Les places de commerce les plus importantes sont, après Pesth, un des premiers entrepôts du commerce européen, Ofen, Presbourg, Œdenburg, Debreczin, Kaschau, Raab; les marchés les plus considérables : Pesth, Œdenburg et Kecskemét (ces deux derniers pour les bestiaux), puis Félegyháza, dans la Koumanie; Szerdahely, dans le comitat de Presbourg; Gross-Tapolcsan et Freistadt, dans celui de Neutra. Le transport par eau se fait sur le Danube, la Theiss et la Drave au moyen de bateaux à vapeur; sur le Waag, le Raab, le Maros, le Szamos, le Poprad, etc., par des bateaux ordinaires.

En l'absence de bonnes routes dans une grande partie de la Hongrie, la création récente des chemins de fer a été un fait d'une grande importance. Le premier qui ait été construit, et sur lequel les convois sont traînés par des chevaux, s'étend de Presbourg à Tyrnau et Szerad, sur un parcours de 6 myriamètres. Le chemin de fer central ou du sud-est, construit plus tard, part de Vienne, entre en Hongrie à Marchegg, traverse Presbourg, Neuhæusel, Waltzen, Monor, Czegléd, arrive à Szolnok, après avoir franchi une distance de 30 myriamètres, et se prolongera vers Debreczin. A cette voie se rattache le chemin de fer ouvert le 4 mars 1854, qui conduit de Czegléd par Félegyháza à Szegedin (10 myriamètres). Un autre chemin en construction, celui d'Œdenburg à Katzelsdorf, se reliera au chemin viennois du sud (3 myriamètres), et l'on a le projet d'en établir deux autres de Püspök-Ladány à Grosswardein et de Mohács aux mines de houille de Funfkirchen. Au milieu de l'année 1854 la Hongrie possédait donc déjà environ 50 myriamètres de chemins de fer. Ces rapides voies de communication mettent les vastes et fertiles contrées qu'elles traversent, leurs villes de plus en plus florissantes, la riche vallée de la Theiss et les principales cités de la vallée du Danube, en relations suivies non-seulement entre elles, mais avec Vienne, et offrent un grand débouché à la surabondance de leurs produits. Le résultat de ce développement des moyens de transport ne tardera pas à se faire sentir de la manière la plus favorable pour la culture du sol, l'industrie, le commerce et la civilisation générale du pays. En outre, la suppression des lignes de douane, en 1850, a fait entrer la Hongrie dans le système économique de l'Autriche et, par suite, de tout le centre et de tout l'ouest de l'Europe. Le commerce et l'industrie sont soutenus aujourd'hui par les banques d'Ofen et de Kaschau, qui sont succursales de la banque nationale d'Autriche.

Sous le rapport de la culture intellectuelle, la Hongrie est fort au-dessous des États héréditaires de l'Autriche, bien que les statistiques officielles dressées en 1851 donnent des résultats plus favorables qu'on n'aurait dû s'y attendre. Le nombre des écoles élémentaires s'élève à 7,479; elles sont fréquentées par 61 enfants sur 100. Cinq écoles normales sont établies à Pesth, Szegedin, Neuhæusel, Miskolcz et Grosskanizsa. La Hongrie est mieux pourvue d'écoles supérieures : elle possède une université, une école de chirurgie et une école supérieure d'arts et métiers, ainsi qu'une école de médecine vétérinaire à Pesth, trois écoles de droit à Pesth, Kaschau et Grosswardein, une école des mines et forestière à Schemnitz, 48 gymnases catholiques et 39 protestants (dans 61 le hongrois était la langue de l'enseignement, lorsqu'une ordonnance impériale vint prescrire l'enseignement exclusif en allemand dans tous les collèges de l'État, à partir de janvier 1854), dont 33 sont des écoles supérieures avec huit classes, 20 avec six classes, et 32 où l'enseignement est incomplet; deux écoles d'arts et métiers à Pesth, une à Ofen, Presbourg, Stuhlweissenburg, Szegedin; des écoles des mines d'un rang inférieur à Schemnitz et à Schmöllnitz; plusieurs écoles militaires, des instituts de sourds-muets à Presbourg et à Waitzen; des instituts pour les aveugles à Ofen et à Presbourg; une école industrielle, une société impériale d'agriculture à Pesth, avec de nombreuses succursales; une académie des sciences, une société géologique et un musée national à Pesth; plusieurs bibliothèques importantes, des collections et des sociétés savantes dans les grandes villes. En fait d'instituts agricoles, depuis la fermeture du *Georgikon* fondé à Keszthely, par le comte Festetics, il n'en existe plus qu'un ouvert tout récemment à Ungarisch-Altenburg. Après Vienne, Pesth est de toutes les villes de l'empire celle qui fait le plus grand commerce de livres, et la typographie y a acquis un haut degré de perfection. Depuis quelques années la langue et la littérature hongroises ont pris un développement extraordinaire ; la Hongrie compte aujourd'hui des poëtes et des écrivains du premier rang.

Dans ses anciennes limites, la Hongrie était divisée en quatre cercles : en deçà et au delà du Danube (basse Hongrie), en deçà et au delà de la Theiss (haute Hongrie), comprenant en tout 46 comitats et les districts particuliers des Haidoucks, des Iazyges, de la grande et de la petite Koumanie. On regardait aussi comme en faisant partie les royaumes de la Croatie et de l'Esclavonie, avec leurs six comitats. Depuis 1849, ces deux derniers royaumes, avec le Littoral croate, Fiume, les îles de la Mur et de la Drave dans le comitat de Szalad, en ont été détachés comme pays de la couronne ; des comitats de Bács-Bodrogh, Torontal, Temes et Krassó on a formé la vaivodie de la Serbie et le banat de Temes, tandis que les comitats de Krassna, Moyen-Szolnok et Zaránd, avec les districts de Kövár et la ville de Zilah (qui d'ailleurs ne faisaient point partie des 46 comitats) ont été de nouveau réunis à la Transylvanie, dont ils avaient été détachés en 1835. Ainsi réduit au sud et à l'est, le royaume héréditaire de Hongrie forme aujourd'hui un gouvernement particulier, divisé en cinq grands cercles et subdivisé en 43 comitats et 243 districts. Sur ces 43 comitats, 14 seulement ont conservé leurs anciennes limites; les autres ont été plus ou moins réduits, quelques-uns partagés, un plus grand nombre réunis. Ces cinq cercles sont ceux de : 1° *Presbourg* (448 myriamètres carrés, et 1,612,203 habitants, en 1851), avec les onze comitats de Presbourg, haut et bas Neutra, Trentschin, Arva-Liptau, Thurócz, Hontii, Sohl, Bars, Neograd et Komorn ; 2° *Kaschau* (500 myriamètres carrés et 1,410,463 habitants), avec les huit comitats d'Abaoujtorna, Gömör, Zips, Sáros, Zemplin, Unghvar, Beregh-Ugocsa et Marmaros ; 3° *Grosswardein* (448 myriamètres carrés et 1,459,149 habitants), avec les six comitats de Nordbihar, Sudbihar, Arad, Bekes-Csanád, Szathmár et Szabolcs, y compris le district des Haidouks; 4° *Pesth-Ofen* (449 myriamètres carrés et 1,599,819 habitants), avec les neuf comitats de Pesth-Pilis, Pesth-Solt, Stuhlweissenburg, Gran, Heves, Szolnok, Borsod, Csongrád, Iazygie avec les Koumanies; 5° *OEdenburg* (449 myriamètres carrés et 1, 782,658 habitants), avec les neuf comitats d'OEdenburg, Wieselburg, Raab, Eisenburg, Vessprim, Szalad, Somogy ou Sümegh, Tolna et Baranya. Sous le rapport ecclésiastique, la Hongrie est divisée en trois archevêchés catholiques romains, *Gran*, *Erlau* et *Kalocza* ou *Colocza*. De l'archevêque de Gran, qui est en même temps prince primat de Hongrie, relèvent sur les évêchés de Stein sur l'Anger, Vessprim, Stuhlweissenburg, Raab, Neutra et Neusohl ; de celui d'Erlau, les évêchés de Zips, Kaschau et Szathmár ; de celui de Kalocza, les évêchés de Csanád, Diakovár (en Esclavonie), Zengg (dans les Frontières militaires) et Karslburg en Transylvanie. Depuis 1852, l'évêché d'Agram en Croatie a été détaché de ce diocèse et élevé au rang d'archevêché indépendant. Les évêchés grecs d'Ofen et d'Arad sont soumis à l'archevêque de Carlovicz. Les Grecs unis ont des évêques à Épériés, Unghvár et Grosswardein.

Les bases de la constitution hongroise étaient avant 1848 : 1° la bulle d'or du roi André II, datant de 1222 ; 2° l'article IX de la première partie du *Tripartitum* de Verbœczy, déterminant les droits de la noblesse ; 3° les traités de paix de Linz et de Vienne, conclus en 1606 et en 1645, ainsi que l'article XXV des décisions de 1791, qui fixait les droits des diverses communions; 4° la pragmatique sanction, les lois réglant la succession au trône et les résolutions des diètes; 5° les diplômes par lesquels les princes à leur avénement à la couronne devaient confirmer toutes les libertés et immunités du royaume. Le corps législatif se divisait en deux chambres ou *tables* : celle des magnats et celle des états. Elles étaient l'une et l'autre composées d'éléments divers, et n'avaient le caractère ni d'une chambre haute héréditaire, ni d'une chambre purement élective. La *table* des magnats comprenait les onze barons du royaume, convoqués directement par le prince, de même que les hauts dignitaires de l'État, les archevêques, les évêques et quelques prélats catholiques, grecs unis ou grecs, tous les palatins des comitats et un député de la Croatie, choisi par voie d'élection ; enfin, les princes indigènes ou naturalisés, les comtes et les barons. Le fauteuil de la présidence était occupé par le palatin du royaume, et en son absence par le *judex curiæ*. La *table* des états était formée par les députés des comitats hongrois, du royaume de Croatie, des villes libres et des chapitres, ainsi que par les membres des *tables* royales que leurs emplois y appelaient, par les abbés et les prévôts catholiques, en vertu de leurs dignités, s'ils possédaient un bénéfice réel, par les chargés de pouvoirs des magnats absents et de leurs veuves. Le président était nommé par le prince, ou, en cas d'obstacle, par le vice-palatin. La période législative était légalement de trois ans; ce terme passé, l'impôt militaire cessait d'être dû. L'initiative n'appartenait pas seulement au prince, mais aussi aux états. La *table* des magnats ne pouvait que discuter les propositions des états et les rejeter en tout ou en partie ; ce qui amenait une nouvelle délibération des états ; de là, faute d'un lien organique entre les deux chambres, de fréquents tiraillements, des obstacles, des délais pour les réformes les plus importantes. Les deux *tables* tenaient des procès-verbaux de leurs séances; procès-verbaux rédigés, dans les derniers temps, en magyare par les protonotaires de la *table royale* et livrés à l'impression. Le mandat impératif des députés, l'absence de tout règlement sur le vote et la marche des délibérations, l'incertitude qui régnait sur les conditions de l'éligibilité, les brigues dont les élections étaient l'objet dans quelques comitats, la disproportion existant entre les députés des villes et ceux des comitats, enfin l'exclusion du peuple proprement dit de toute participation légale aux affaires, tels étaient les vices de cette constitution. Dans les dernières années, les sessions de districts où toute question grave était discutée et préparée par de longs débats avant d'arriver à la diète, avaient pris une grande importance. Les attributions de la diète comprenaient, outre le vote des lois, la naturalisation des étrangers, le droit d'élever les villes ou bourgs au rang de villes libres, la fixation du prix du sel, le vote du chiffre des recrues et leur levée, le vote des dons volontaires de la part de la noblesse, le droit important de voter l'impôt. À la tête de l'administration politique du pays était la chancellerie aulique hongroise, siégeant à Vienne, laquelle jugeait aussi en dernier ressort certains procès et exerçait par ses mandements une influence notable sur la marche de la justice. Dans le pays même, le gouverneur de la Hongrie administrait les affaires politiques, levait les impôts directs et exerçait dans certains cas la justice, notamment dans les procès entre les seigneurs et leurs serfs. Sous sa direction les palatins héréditaires et les palatins nommés par le prince étaient chargés de l'administration politique et judiciaire des comitats. Outre ces hauts fonctionnaires, le personnel administratif se composait d'officiers municipaux choisis parmi la noblesse, et dont les fonctions devaient être gratuites; leur administration était contrôlée d'une manière toute particulière par les assemblées de la noblesse propriétaire ou sans propriétés. L'omnipotence que s'arrogeaient ces assemblées de comitats, qui d'ailleurs étaient considérées comme les plus solides appuis des institutions du royaume, n'était pas un médiocre obstacle à la marche régulière du gouvernement.

Cette constitution fut abolie lorsque la révolution de 1848 eut été vaincue, et elle a été remplacée par le décret impérial du 15 octobre 1849, basé sur la constitution de l'empire en date du 4 mars, lequel organisa provisoirement la Hongrie comme pays de la couronne. C'est seulement le 10 janvier 1853 que fut publiée l'organisation définitive, mise à exécution le 1ᵉʳ mai suivant. Le premier fonctionnaire est le gouverneur, qui exerce à la fois le pouvoir civil et militaire et réside à Ofen. Il exécute les ordres de l'empereur ou de son ministère, est le chef suprême de la police, promulgue les lois, propose les sujets pour les grades nobiliaires, les ordres, les privilèges, soumet à l'approbation du gouvernement l'établissement des fidéicommis, traite les affaires ecclésiastiques qui concernent les rapports de l'Église et de l'État, les relations des diverses confessions entre elles, la nomination aux évêchés et autres dignités de l'Église. Chacun des cinq grands cercles a à sa tête un vice-président et un conseil aulique. Ces vice-présidents sont nommés par le ministre de l'intérieur, sur la présentation du gouverneur. L'administration des comitats, à la tête de laquelle est un conseil nommé par l'empereur, dirige toutes les affaires politiques et administratives de la province, et sert d'intermédiaire entre le gouverneur et les employés inférieurs pour tout ce qui touche à la police et à l'administration. Elle a sous elle les présidents de juridiction et les fonctionnaires politiques qui ne sont soumis à aucun de ces présidents, ainsi que les inspecteurs des contributions et les employés des bâtiments, qui sont nommés, ceux-là par le ministre des finances, ceux-ci par le ministre du commerce. La patente impériale du 16 février 1853 a placé à la tête de l'organisation judiciaire les cinq sièges présidiaux de Pesth, Presbourg, Œdenburg, Épériés et Grosswardein, desquels révèlent des tribunaux inférieurs. En règle générale, chaque comitat a son tribunal. Dans les cinq villes principales, les tribunaux portent le nom de *présidiaux impériaux*; dans les autres chefs-lieux de comitats, celui de *tribunaux impériaux de comitat*. Certaines causes, déterminées par les lois et règlements, sont réservées aux présidiaux; à cela près, la juridiction des deux espèces de tribunaux est la même. A chaque présidial est attaché un procureur général. Il n'y a qu'un seul tribunal de commerce séant à Pesth; dans les autres comitats, les contestations relatives à des transactions commerciales sont jugées par les tribunaux ordinaires, qui s'adjoignent des assesseurs choisis dans le corps des négociants. Tout ce qui concerne l'exploitation des mines dans le cercle de Pesth-Ofen est de la compétence du présidial d'Ofen; dans le cercle d'Œdenburg, de celle du présidial d'Œdenburg; dans le cercle de Kaschau, de celle du tribunal de Kaschau; dans le cercle de Presburg, de celle du tribunal de Neusohl et dans le cercle de Grosswardein, de celle du tribunal de Szathmár; mais dans ce cas ces tribunaux doivent s'adjoindre des experts. L'administration politique rentre généralement dans les attributions légales des présidents de juridiction; cependant, dans les lieux où siègent les présidiaux et les tribunaux de comitat, ainsi que dans les districts qui en dépendent, ces cours de justice exercent la juridiction civile et criminelle conjointement avec les tribunaux de district institués par les villes; aussi les fonctions des présidents de juridiction dans de semblables districts sont-elles d'une nature purement politique. Dans les anciennes villes libres, là où résident les fonctionnaires des comitats et des cercles, les affaires politiques rentrent dans les attributions des magistrats municipaux.

En même temps que le premier des présidiaux était installé à Presbourg, le 28 septembre 1854, le gouvernement promulguait les lois suivantes : le règlement de procédure criminelle du 29 juillet 1853 ; le règlement pour les tribunaux criminels du 16 juin 1854; le règlement concernant les juridictions du 16 février 1853; le règlement pour les tribunaux civils du 3 mai 1853 ; le règlement pour les syndicats d'état du 3 août 1854 ; le règlement sur la procédure extrajudiciaire du 9 août 1854. Le droit hongrois comprend, outre ces règlements, la patente impériale du 27 mai 1852,

HONGRIE 161

ou code criminel; la patente impériale du 29 novembre 1825, ou code civil ; la patente impériale du 23 mai 1854, ou loi générale sur l'exploitation des mines. L'administration de toutes les contributions directes et indirectes est confiée à la direction générale des finances, divisée en cinq sous-directions, qui siègent dans les chefs-lieux des cercles. Le gouverneur civil et militaire est le président de toute cette administration; à la tête de chaque sous-direction est un vice-président, assisté d'un conseil aulique, soumis directement au gouverneur, qui exerce une surveillance générale. Certains cas qui intéressent tout le royaume sont réservés à la sous-direction d'Ofen. Les sous-directions financières étendent leur juridiction sur tous les employés des finances, chacune dans son ressort. La Hongrie était autrefois soumise à un impôt de guerre, que les états votaient tous les trois ans pour l'entretien de l'armée, et qui était levé sur les comitats , les villes libres et les districts au prorata de leur population respective. Le clergé et ce qu'on appelait les *honoratiores* en étaient exempts. Cet impôt s'élevait dans les dernières années à 4,395,000 florins. Un autre impôt, que la noblesse votait dans ses assemblées, et qui était destiné aux besoins des comitats, pesait également sur le peuple seul, et souvent il dépassait même la contribution de guerre. Aujourd'hui les impôts directs consistent en une taxe foncière de 16 pour 100 sur le revenu net, établie depuis le 1ᵉʳ novembre 1852 d'après un cadastre provisoire; en un impôt sur les maisons, à Pesth, Ofen, Presbourg, Kaschau et Œdenburg, s'élevant à 12 pour 100 du revenu, déduction faite de 30 pour 100, et remplacé partout ailleurs par un impôt sur les bâtiments établi par catégories; en un impôt sur le revenu et en un impôt sur les acquêts personnels. Les impôts indirects comprennent : les douanes (en tout cinq bureaux seulement), l'impôt de consommation sur la viande, le vin, les liqueurs spiritueuses, la bière, le sucre de betterave, etc., les produits du monopole du sel et du tabac, de la poste, du timbre et des taxes judiciaires, ainsi que ceux de la loterie. Sous le rapport militaire, la Hongrie compose aujourd'hui un gouvernement à la fois militaire et civil. Elle est comprise avec la Transylvanie dans la 3ᵉ division militaire, dont le siège est à Pesth, et qui comprend les 10ᵉ, 11,ᵉ 12ᵉ (pour la Transylvanie) et 9ᵉ corps, d'armée, dont les états-majors résident à Presbourg, Grosswardein et Pesth. Il y a en outre un commandant militaire dans chaque chef-lieu de cercle. Consultez Fenyes, *Dictionnaire géographique de la Hongrie* (Pesth, 1851, 4 vol.); Palugyai, *Description historique, géographique et statistique du royaume de Hongrie* (Pesth, 1852; et années suiv.).

Histoire.

La situation géographique de la Hongrie au sud-est de l'Europe, la fertilité de son sol, la richesse de ses productions naturelles y attirèrent dès les temps les plus reculés une foule de peuples de l'Europe et de l'Asie occidentale, comme les D a c e s, les Bastarnes, les G è t e s , les Illyriens, les Pannoniens, les S a r m a t e s, les Iazyges, les V a n d a l e s , les B u l g a r e s, les A l a i n s, les A v a r e s, les H u n s, les Suèves, les Q u a d e s, les M a r c o m a n s, les G é p i d e s , les L o m b a r d s, les G o t h s, etc. Tout ces peuples s'y sont succédé les uns aux autres, le dernier arrivant expulsant en totalité ou en partie la peuplade qui l'avait précédé. C'est qu'il y existait encore dans le pays des Bulgares, des Slaves de diverses tribus, des Chazares, des Valaques, des colons allemands et italiens, lorsque les Magyares, appelés *Uhri, Ugri, Ungri* et *Wengri* par les Slaves, s'y établirent, l'an 894 de notre ère, sous la conduite de leur chef *Almus* (*Almos*) et de son fils *Arpád*. Dès l'an 900, toute la contrée leur était soumise. Les chefs de tribus se partagèrent d'abord leur conquête mais bientôt le droit fut accordé au duc de récompenser les exploits des guerriers, sans distinction de personnes, par l'investiture d'un fief. Partagée entre sept tribus et en 108 familles, la Hongrie était un État militaire. Les hauts faits des Hongrois et le succès de leurs entreprises attirèrent sous leurs étendards un grand nombre de guerriers étrangers, qui s'établirent dans le pays et décidèrent beaucoup de peuplades dont ils envahirent le territoire à se joindre à eux; on vit même des princes et des nations, près de succomber sous les efforts d'ennemis trop puissants, implorer leur secours.

Les Hongrois poussèrent leurs incursions jusqu'à la mer Baltique, dans le midi de la France, en Italie et sur les bords de la mer Noire; mais les défaites que dès le règne de leur roi Henri Ier, qui fut battu en 933 à Kenschberg, leur firent successivement essuyer les Allemands, les Saxons, les Francs, les Bavarois et enfin l'empereur Othon Ier, qui remporta sur eux une grande victoire à Lechfeld, en 955, réprimèrent leur ardeur guerrière. On commença à fixer les limites du royaume et à les fortifier. On accueillit avec empressement les colons étrangers et leurs industries : on employa les prisonniers de guerre allemands et slaves à la culture des terres et aux arts de la paix. Le grand nombre d'esclaves chrétiens, les relations avec la cour de Byzance et surtout les efforts du duc Geysa (972-997) et de son épouse, Sarolta (Caroline), qui professait la religion chrétienne, préparèrent l'introduction du christianisme, dont le fils de Geysa, Étienne (997-1038), assura le triomphe avec le secours de prêtres romains et de chevaliers allemands. Ce prince rendit la liberté à tous les esclaves chrétiens, et persécuta les Magyares qui refusaient le baptême. Il employa la force des armes pour soumettre les grands qui s'opposaient à l'établissement du christianisme. Il fonda des écoles dans sa propre indépendance, appela comme instituteurs des moines instruits de l'étranger, prêcha, enseigna lui-même, bâtit un grand nombre d'églises et de chapelles, créa dix évêchés richement dotés, introduisit la dîme et fit du clergé le premier ordre de l'État. Pour le récompenser de si grands services, le pape Sylvestre II lui envoya une couronne qui forme depuis ce temps la partie supérieure de la sainte couronne du royaume de Hongrie, tandis que la partie inférieure est formée par celle dont l'empereur Manuel Ducas fit présent au roi Geysa Ier; à ce don le pape joignit une croix de patriarche et le titre de roi apostolique. (Cette couronne, à laquelle les Magyares attachent une importance superstitieuse, et qui fut enlevée de Vienne par Soliman, puis rendue par lui à Zapolya, et par la veuve de celui-ci à l'empereur Ferdinand, s'était perdue lors du départ du gouvernement insurrectionnel hongrois pour la Turquie. Elle a été retrouvée, en 1853, avec le manteau de saint Étienne et les autres insignes du couronnement dans une caisse enfouie près d'Orsowa; transportée à Vienne, elle fait de nouveau partie des joyaux de la couronne.) Étienne éleva la Hongrie au rang de royaume, dont le clergé et la noblesse devaient être les principaux soutiens. Il divisa ses États en 72 comitats ou palatinats, gouvernés par des fonctionnaires qui ne relevaient que du roi et qui exerçaient le pouvoir civil et militaire. Ces palatins formaient, avec les hauts dignitaires de la cour et les prélats, le sénat du royaume, qui seconda le prince dans la réorganisation de son royaume, devenu chrétien.

Cependant bien des années s'écoulèrent encore après la mort d'Étienne avant que les obstacles qui s'opposaient à la prospérité de la Hongrie et au développement de sa puissance fussent entièrement levés. Parmi ces obstacles, un des plus considérables était l'absence de toute loi positive sur la succession au trône; car l'incertitude qui régnait à cet égard engendra non-seulement des guerres intestines, mais fournit aux princes voisins, et principalement à la cour de Rome, l'occasion de s'immiscer dans les affaires du royaume. A cette cause de troubles se joignirent les prétentions illégitimes du clergé et de la noblesse, la réaction des indigènes contre les étrangers que le successeur d'Étienne, Pierre (1038-1046), comblait de faveurs, enfin la lutte sourde, mais incessante, du paganisme contre le christianisme. Une violente explosion de toutes ces causes de discordes eut lieu à l'avénement au trône d'André Ier (1046-1060); elle se renouvela sous Béla Ier (1060-1063) à la célèbre diète de 1062, mais pour la dernière fois. Béla Ier eut pour successeurs ses neveux Salomon et Geysa Ier (1074-1077). Au milieu des ténèbres de ce siècle brille d'un vif éclat la figure de Ladislas Ier (1077-1095), fils de Geysa, et celle de Kloman (1095-1114). L'un et l'autre étendirent les frontières du royaume, le premier par la conquête de la Croatie et de l'Esclavonie (1089), le second par celle de la Dalmatie (1102). L'un et l'autre défendirent avec fermeté l'honneur de leur couronne et l'indépendance de la nation contre les étrangers; l'un et l'autre rétablirent l'ordre à l'intérieur par d'excellentes lois. Après eux montèrent sur le trône Étienne II (mort en 1131) et Béla II (mort en 1141), deux princes d'une nullité complète. L'établissement, sous le règne de Geysa II (1141-1162), de colons venus de la Flandre, de l'Alsace et d'autres contrées de l'Allemagne, dans les environs de Zips et en Transylvanie, et les relations plus étroites qui s'établirent, sous Béla III (1173-1204), avec Byzance, où ce prince avait été élevé, ne restèrent pas sans influence sur la civilisation de la Hongrie. Les Magyares s'habituèrent de plus en plus à la vie sociale et aux institutions civiles. Plusieurs emplois furent créés à la cour et une chancellerie du royaume établie sur le modèle de la cour grecque. D'un autre côté, le second mariage de Béla III avec Marguerite, sœur du roi de France Philippe et veuve du jeune Henri d'Angleterre, mit la Hongrie en rapport avec ces États. L'élégance française s'introduisit à la cour. De jeunes Hongrois furent envoyés à Bologne et jusqu'à Paris pour y achever leur éducation. On fonda même à Vesprim une académie sur le modèle de l'université de Paris. Mais la noblesse et le clergé abusèrent de la faiblesse d'André II (1205-1235) pour augmenter leur puissance. La noblesse se fit accorder par la bulle d'or, en 1222, l'extension de ses priviléges, et le clergé arracha au roi, en 1233, un concordat avantageux. Les réformes salutaires de Béla IV (1233-1270) furent interrompues, en 1241, par une invasion des Mongols; et, après la perte de la bataille du Schajo, le royaume, ravagé jusqu'à la mer Adriatique, fut réduit au plus triste état. Après la retraite des hordes tatares. Béla rassembla ce qui restait d'habitants, appela des Allemands et des Italiens pour repeupler le pays, rétablit l'ordre et la sûreté, favorisa la bourgeoisie, augmenta le nombre des villes libres, introduisit la culture de la vigne à Tokay, et employa tous les moyens pour ramener le bien-être dans ses États. Mais ses plans de conquêtes en Autriche, en Styrie en Carinthie, et l'association de son fils Étienne à sa couronne occasionnèrent des différends qui ébranlèrent le respect de la royauté et préparèrent la décadence de la Hongrie. Avec André III, qui mourut le 13 janvier 1301, s'éteignit la ligne masculine de la race d'Arpad.

Après de longues querelles, le duc Charles-Robert d'Anjou l'emporta sur ses compétiteurs, et fut élu roi de Hongrie, en 1307. Sous les princes de cette famille, la Hongrie s'éleva au faite de sa puissance. Charles-Robert améliora le système monétaire, établit un nouveau système d'impôts, et substitua à ce qu'on appelait le jugement de Dieu l'action de tribunaux réguliers, comme en France et en Italie. Il profita de ses liaisons avec le pape Clément V pour réglementer l'état du clergé hongrois. Louis Ier (1342-1382) étendit son royaume aux dépens de la Pologne, de la Russie Rouge, de la Moldavie et de la Servie. Ses voyages et ses expéditions firent connaître à ses sujets la civilisation étrangère. Il fonda, en 1367, une école supérieure à Fünfkirchen, délivra de ses entraves le commerce, qui était très-actif avec l'Orient, favorisa l'industrie des villes; mais il expulsa les juifs et chargea les paysans de nouveaux impôts. En 1370 il réunit sur sa tête les deux couronnes de Hongrie et de Pologne. Sigismond, empereur d'Allemagne, monta après lui sur le trône comme son gendre. Tout son règne fut rempli par les querelles avec les grands du royaume, par une invasion des Turcs en 1391, et par la guerre des hussites. Quoique fort occupé, en sa qualité d'empereur, des affaires de l'Allemagne et de l'Église

HONGRIE

catholique, il ne négligea pas la Hongrie, où il établit l'uniformité des poids et mesures et promulgua le premier règlement militaire. En 1405, il éleva les villes libres au rang d'états du royaume et assura aux paysans l'exemption du droit de détraction. Après sa mort, la couronne de Hongrie passa pour la première fois dans la maison de Habsbourg, par suite du mariage de sa fille Élisabeth avec le duc Albert V d'Autriche (Albert II, comme roi des Romains). Ce prince mourut en 1439, laissant enceinte sa femme, qui, se sentant trop faible pour gouverner dans ces temps difficiles la Hongrie, la Bohême et l'Autriche, consentit à épouser le roi de Pologne Ladislas III, que les magnats élurent roi de Hongrie. Mais ce mariage n'eut pas lieu, la princesse étant accouchée, en 1440, d'un fils, qui fut plus tard le roi Ladislas, et qu'une partie de la Hongrie reconnut pour roi : ce qui donna lieu à des guerres intestines. Ladislas III de Pologne ayant été tué à la bataille de Varna, en 1444, Ladislas le Posthume monta sur le trône de Hongrie en 1445, et Jean Hunyad fut élu régent du royaume. Ce grand capitaine sut garantir la Hongrie des invasions des Turcs; mais son plan pour les chasser de l'Europe échoua, par la tiédeur des princes chrétiens et la jalousie de ses ennemis. Après la mort de Ladislas, le fils de Hunyad, Mathias Corvin, fut élu roi, en 1458, et il tint d'une main ferme les rênes du gouvernement. A la fois diplomate et guerrier, il humilia ou dompta tous les ennemis intérieurs et extérieurs du royaume. Une bonne organisation des comitats assura la tranquillité publique, trop souvent troublée, et Corvin, malgré la sévérité de son administration, mérita ainsi l'amour et la confiance de la nation. Un proverbe s'est conservé parmi le peuple : « Le roi Mathias est mort; dame Justice est morte avec lui. » Ce prince montra son goût pour les lettres et les sciences en créant l'université de Presbourg, en 1467, où il appela comme professeurs des savants étrangers, surtout des Italiens, et en réunissant une précieuse bibliothèque dans le château d'Ofen, bibliothèque qui malheureusement fut dispersée après sa mort. Le roi de Bohême Ladislas II fut appelé au trône après lui. Sous son règne (1490-1516) et sous celui de son fils Louis II (1516-1526), l'ambition et l'avarice des grands, à la tête desquels se mirent Étienne Zapolya et son fils Jean, plongèrent le pays dans les plus grands désordres, et provoquèrent un soulèvement des paysans, qui ne fut comprimé (1514) qu'à l'aide des plus atroces cruautés. Une suite de ces troubles fut la bataille de Mohács (1526), où le roi Louis II perdit la vie, et qui plaça une grande partie de la Hongrie sous la domination des Turcs pendant cent soixante ans. Ferdinand d'Autriche et Jean Zapolya se disputèrent le reste du royaume, jusqu'à ce que les protestants, qui redoutaient le zèle persécuteur de ce dernier, eurent assuré le triomphe de son compétiteur en faisant cause commune avec lui. Zapolya dut se contenter de la Transylvanie et de quelques comitats de la haute Hongrie. Depuis lors la Hongrie est restée sous le sceptre de l'Autriche. La transaction intervenue avec Zapolya contenait le germe de nombreuses querelles entre l'Autriche et les princes de Transylvanie ses successeurs. La discorde, entretenue par les Turcs et les Français, favorisée par les persécutions des protestants, augmentée par l'introduction des jésuites, en 1561, éclata enfin en guerre civile. Le traité de Vienne (1606) conclu avec Étienne Bocskaï, celui de Nikolsburg (1622) signé avec Bethlen Gabor, et celui de Lintz (1645) conclu avec George Rakoczy, ne rétablirent pas la tranquillité. Enfin les généraux de Léopold Ier s'emparèrent d'Ofen, en 1686. Le général Caraffa fit juger par le tribunal criminel d'Épériés, en 1687, tous ceux qui étaient soupçonnés d'intelligence avec l'ennemi, et la diète de Presbourg, en 1686, proclama l'hérédité de la couronne de Hongrie. En même temps, par le traité de Carlovicz (1699), la Porte rendit à l'Autriche la Transylvanie et la portion de la Hongrie qu'elle occupait, à l'exception du district de Temesvar.

Cependant cette paix et l'établissement de la Commissio *neoacquistica*, devant laquelle devaient être portées toutes les questions relatives aux terres affranchies de la domination turque, excitèrent de nouveaux mouvements, que l'empereur Joseph Ier parvint enfin à calmer, en 1711, par la paix de Szathmár. Charles VI (Charles II, comme roi de Hongrie) assura, par la pragmatique sanction de 1713, la couronne de Hongrie même aux femmes de la maison de Habsbourg, et améliora l'administration en réformant la chancellerie aulique et les autres branches du gouvernement. Il établit aussi une armée permanente pour la Hongrie, et ordonna la levée d'une contribution de guerre pour son entretien. Le congrès de Passarowitz, en 1718, rendit à la Hongrie le district de Temesvar, et la paix de Belgrade, en 1739, fixa les limites du royaume du côté de la Turquie. L'impératrice Marie-Thérèse fit beaucoup pour le pays en régularisant, en 1765, les rapports des vassaux, au moyen de ce qu'on appelle l'*urbarium*, en supprimant l'ordre des Jésuites, en 1773, et en réformant l'instruction publique. Joseph II voulut aussi, et dans les meilleures intentions du monde, apporter d'importantes modifications à la constitution hongroise; mais son zèle le fit aller trop vite, et il rencontra dans la nation plus d'opposition que d'appui. Dans le but d'élever la Hongrie à un plus haut degré de civilisation, il chercha à conserver, autant que possible, sa liberté d'action, et à cet effet il ne se fit pas couronner roi de Hongrie, parce qu'il aurait dû jurer le respect de la constitution et se serait ainsi lié les mains; il ne convoqua même aucune diète, parce qu'il aurait été entravé dans l'exécution de ses projets par la longueur des délibérations de l'assemblée. Mais les paysans et les bourgeois, ne pouvaient pas encore et la noblesse et le clergé ne voulaient pas apprécier les résultats salutaires des réformes de Joseph. En dépit du servage et des odieuses obligations imposées par les statuts des corps de métiers, les premiers trouvaient leur sort tolérable, et, grâce à leurs privilèges, à leur exemption de toutes les charges de l'État, les nobles et les prêtres étaient fort contents. Lors donc que Joseph abolit le servage et modifia dans un sens plus libéral les statuts des corps de métiers, lorsqu'il supprima les droits féodaux, soumit les nobles aux charges publiques, abolit les états, et introduisit un code national, lorsqu'il réduisit le nombre des couvents, rendit l'édit de tolérance et garantit la liberté de la presse, paysans, bourgeois, nobles et prêtres se soulevèrent contre ces innovations. Cependant, ce qui mit le comble à l'irritation, ce fut la loi par laquelle il rendit obligatoire pour tous l'enseignement de la langue allemande. Cet attentat contre la nationalité hongroise provoqua un si violent mécontentement qu'il ne fallut au clergé et à la noblesse de soulever le peuple contre l'empereur, qui se vit forcé, le 28 janvier 1790, de rétablir beaucoup de choses que Joseph avait brisé. Léopold II, qui succéda à son frère Joseph, s'appliqua à réconcilier la Hongrie avec l'Autriche; dans son premier soin fut de convoquer la diète, qui ne l'avait pas été depuis vingt-cinq ans, et qui fut cette fois très-orageuse. Léopold se montra très-disposé à abolir les innovations de son frère, mais refusa avec énergie de prêter le serment du sacre qui aurait réduit en Hongrie son pouvoir à une ombre; et il réussit à faire adopter l'édit de tolérance par la diète, après de longs débats. Son fils François Ier, qui lui succéda en 1792, marcha sur ses traces. Sous son règne, la civilisation, l'industrie, le commerce, firent de grands progrès en Hongrie, et la nationalité hongroise prit un puissant essor. Le peuple s'attacha de plus en plus à la maison de Habsbourg. Il en donna la preuve lorsque Napoléon convoqua inutilement en 1809, une assemblée nationale hongroise, qui n'aurait rencontré aucun obstacle si elle avait voulu proclamer la séparation de la Hongrie d'avec l'Autriche.

Cependant le gouvernement de l'empereur François méconnut l'état véritable du pays. Les mesures de l'empereur Joseph avaient développé un esprit de rivalité nationale et d'indépendance que le système dominant ne sut pas satisfaire. Le gouvernement s'aliéna une partie du clergé et de la noblesse. Une opposition, qui comptait dans ses rangs des hommes pleins d'activité et de talents, se forma, fortifiée d'un côté par les mesures du système gouvernemental, encouragée de l'autre par la faiblesse du palatin, l'archiduc Joseph, qui avait été élevé à cette dignité en 1796. Pendant un temps, on s'imagina à Vienne qu'on ferait facilement triompher l'absolutisme en Hongrie. On ne convoqua aucune diète, on essaya de lever les impôts et les recrues; mais on éprouva une résistance qui obligea à réunir la diète en 1825. Cette fois encore on parvint à s'entendre; néanmoins, l'opposition politique et nationale, à la tête de laquelle se placèrent des hommes considérables, comme le comte Étienne Széchényi, ne cessa de gagner du terrain. Elle trouva à la diète de 1830 l'occasion d'essayer ses forces dans les questions importantes du recrutement, de l'emploi d'officiers indigènes et de l'usage de la langue magyare, et elle le fit avec un succès évident. Bientôt après la clôture de la diète, le pays fut horriblement ravagé par le choléra. Le peuple, dans son ignorance superstitieuse, se persuada que les fontaines avaient été empoisonnées, et se livra, surtout dans le nord, aux plus déplorables excès. Au mois de décembre 1832 se réunit une nouvelle diète, à laquelle le gouvernement soumit la réforme de l'*urbarium*. Cette question intéressait plus que toute autre les rapports des seigneurs avec les paysans, et la manière dont elle fut résolue dénotait un progrès essentiel. Cependant, la marche des discussions dans la diète, le vœu de plus en plus prononcé de réformes politiques, la force de l'agitation dans les assemblées de comitats, tout prouvait que le gouvernement ne parviendrait plus à satisfaire les exigences de la nationalité magyare par de simples réformes matérielles. C'est alors que parut Kossuth, qui, malgré l'opposition du gouvernement et de la police, sut si bien profiter des ressources de la publicité, que les débats de la diète excitèrent un intérêt général. C'est au milieu de ce mouvement de plus en plus rapide que l'empereur François mourut, en 1835.

Sous Ferdinand Ier (Ferdinand V en Hongrie) le gouvernement comprit les périls de la situation. Il essaya au moyen de petites concessions d'en prévenir de plus grandes, mais ne réussit par là qu'à donner plus de force à l'esprit public. La question de l'*urbarium* fut définitivement réglée dans l'automne de 1835. Les rapports des paysans avec leurs seigneurs furent mieux réglés, l'exemption absolue d'impôts dont jouissait la noblesse fut limitée, et ces réformes ne contribuèrent pas peu aux progrès de l'esprit public. Dès lors les vieux moyens du système de Metternich ne pouvaient qu'attiser le feu au lieu de l'éteindre. On essaya de restreindre la liberté de la tribune dans des limites plus étroites, en intentant des procès aux plus grands orateurs de l'opposition, Wesselényi, Kossuth, Deák, Klauzal, etc.; mais le résultat fut diamétralement opposé à celui qu'on attendait. L'élément magyare de la population, actif et bien organisé, se montra partout opposé aux tendances du gouvernement, et les intrigues auxquelles le pouvoir eut recours pour exclure de la diète les individus qui lui déplaisaient échouèrent honteusement. La diète de 1839 ne s'occupa guère que de plaintes élevées contre les mesures du gouvernement, qui, au milieu des violents débats soulevés par ses fautes, parvint à peine à faire mettre ses propositions aux voix. La diète, qui fut close au mois de mai 1840, ne se sépara pas sans avoir rempli un des vœux les plus chers de l'opposition. Elle vota la *loi de la langue*, qui sanctionna la suprématie de la nationalité magyare, et une amnistie en faveur de tous ceux qui étaient poursuivis ou avaient été condamnés pour abus de la liberté de la parole. En général la vie publique avait fait de très-grands progrès depuis les dernières années du règne de François. La condition des paysans s'était améliorée, les priviléges de la noblesse avaient été restreints, les tendances intolérantes du clergé combattues avec succès, et beaucoup d'améliorations matérielles étaient projetées. L'opposition magyare trouva dans le *Pesti Hirlap*, publié depuis 1841 par Kossuth, un organe extrêmement influent. La loi de la langue lui donna les moyens de *magyariser* de plus en plus le pays, et elle y travailla avec une activité infatigable, sans respect quelquefois pour les autres nationalités. C'était dans les comitats qu'on discutait avec feu, souvent avec violence, ces questions qui devaient être portées devant la diète. A la diète de 1843-1844 la question de l'imposition de la noblesse fut agitée de nouveau, mais elle ne fut pas définitivement résolue; cependant les roturiers furent déclarés aptes à présider et à remplir toute espèce d'emploi, et une nouvelle loi sur l'usage de la langue magyare confirma la prépondérance de la nationalité magyare. D'autres questions importantes, comme celles de la réforme des états, du code pénal, de l'introduction de la publicité et de la procédure orale, etc., tendant toutes à transformer la Hongrie en un État représentatif, furent agitées, sans être résolues. Le gouvernement n'avait aucun moyen de s'opposer énergiquement à tout ce mouvement de propagande. Lorsqu'il voulut essayer de comprimer par des mesures administratives l'action des comitats, il essuya de nouveaux échecs. L'archiduc palatin, à la faiblesse duquel les magnats, partisans de l'ancien ordre de choses, attribuaient les succès de l'opposition, étant mort le 13 janvier 1847, son fils, l'archiduc Étienne, qui était né et avait été élevé en Hongrie, fut nommé gouverneur et élu palatin à la diète de 1847, que le roi ouvrit en personne par un discours en magyare. Le gouvernement proposa toute une série de mesures concernant le commerce, les échanges, la position des villes libres, les *robotes*, etc. L'opposition réclama la liberté de la presse, la responsabilité des ministres, l'union de la Transylvanie à la Hongrie, la publicité de tous les actes du gouvernement, l'égalité en matière d'impôt, l'égalité devant la loi, la réforme de l'*urbarium*, etc. L'influence de Kossuth se fit déjà sentir d'une manière tout-à-fait prépondérante dans cette diète, et la machine gouvernementale, paralysée en Hongrie comme dans tout l'empire, se montra aussi impuissante pour accorder que pour refuser. La lutte était ardente sur toutes ces questions, lorsque éclata la révolution de 1848, bientôt suivie d'un mouvement insurrectionnel en Hongrie.

Une députation, chargée des vœux du peuple, arriva à Vienne au moment où le système de Metternich s'écroulait. L'opposition libérale obtint promptement satisfaction. Un de ses chefs, le comte Louis Batthyányi, fut chargé de composer un ministère particulier pour la Hongrie, dans lequel entrèrent Szemera, Kossuth, Deák, Messaros. Les *robotes* furent supprimées, la dîme abolie du consentement du clergé, l'impôt rendu général, une garde nationale instituée, et les liens qui unissaient la Hongrie à l'Autriche tellement relâchés, qu'il ne resta qu'une union personnelle avec la famille impériale. La diète procéda avec rapidité aux changements les plus importants, de manière à mettre l'administration d'accord avec les institutions nouvelles. Elle adopta une loi électorale conforme au système représentatif, vota l'égalité en matière d'impôts, réglementa l'*urbarium*, introduisit la liberté de la presse et le jury. Grâce à son énergie, la révolution eut bientôt obtenu un triomphe complet et assuré à la Hongrie un gouvernement national. Il ne restait plus pour opérer la séparation d'avec l'Autriche qu'à créer une armée et à établir des rapports directs avec les puissances étrangères. Mais les Magyares avaient de tous temps respecté trop peu les nationalités et s'étaient montrés trop intolérants envers les autres races juxtaposées à la leur, pour que celles-ci ne profitassent pas de l'occasion de se venger. Les Allemands de la Transylvanie, entre autres, portaient impatiemment le joug; les Serbes et les Croates, de leur côté, désiraient une réorganisation nationale. Dès le mois de mars ces derniers prirent des mesures importantes. Ils choisirent pour ban Jellachich, et adressèrent au gouvernement une série de demandes, qui, basées, sur le principe de l'indépendance nationale, étaient directement contraires dans leurs tendances au but que poursuivaient les Magyares. Tandis que la diète de Pesth cherchait à séparer autant que possible la Hongrie du reste de la monarchie autrichienne, on s'efforçait à Agram d'arriver à une séparation complète d'avec la Hongrie. Ces divisions amenèrent bientôt une guerre ouverte entre les Hongrois d'un côté, les Serbes et les Croates de l'autre. Les deux partis essayèrent, au mois de juin, de faire valoir leurs droits auprès de l'empereur, qui résidait alors à Inspruck, et l'empereur chargea en effet l'archiduc Jean d'accommoder leurs différends. La conduite des conseillers de l'empereur dans toute cette affaire n'a pas encore été clairement expliquée. Lorsque Jellachich se rendit à Inspruck, il fut reçu avec bonté; mais peu de temps après, lorsqu'il s'en retournait, parut un décret qui le déposa, bien qu'il soit certain que la cour impériale et le gouvernement sympathisaient plus avec lui qu'avec les Magyares. A l'ouverture de la nouvelle diète hongroise, le 5 juillet 1848, la situation était déjà fort critique. La Transylvanie ne supportait qu'à contre-cœur son union avec la Hongrie, les Serbes et les Croates s'armaient, les rapports avec la dynastie impériale étaient équivoques; les Magyares eux-mêmes étaient sous l'influence d'une extrême exaltation, et quelques-uns se laissaient emporter à des vœux extravagants, qui leur préparaient de terribles revers. Cependant Kossuth sut vivifier le nouveau ministère et inspirer son enthousiasme à la diète, qui, à la suite d'un brillant discours de l'agitateur, vota un impôt de 42 millions de florins et une levée de 200,000 hommes. On se prépara à la guerre avec une activité extrême; on organisa partout des bataillons de *honvéds*, on arma les forteresses, on émit du papier-monnaie; les demandes de concours adressées par l'empereur pour la guerre d'Italie furent éludées, on travailla à détacher les troupes hongroises de la politique impériale et à les rattacher directement à leur patrie, on chercha à nouer des alliances à l'étranger; en un mot, tout faisait prévoir une rupture. Il fallait ou que la monarchie autrichienne se décomposât, ou qu'elle engageât une lutte décisive contre la tendance du gouvernement hongrois à se constituer en État séparé. Le conseil de l'empereur adopta ce dernier parti. Dès l'été de 1848 tout se prépara pour un sanglant conflit. Déjà la guerre, une guerre de races, avait éclaté en Hongrie contre les Serbes. Les Croates se disposaient à y intervenir avec vigueur. Le ministère impérial, à son tour, changea de politique. Le 14 août il retira à l'archiduc-gouverneur la pleine puissance qui faisait de lui le véritable représentant de l'autorité royale. On proposa dans des conférences tenues à Vienne, comme moyen d'accommodement, la suppression des ministères de la guerre et des finances, incompatibles avec la constitution autrichienne. A cette proposition, une nombreuse députation de la diète hongroise répondit, le 9 septembre, par la présentation d'un contre-projet, dont l'adoption eût équivalu à la reconnaissance de l'indépendance hongroise. Toutes les troupes qui n'étaient pas en présence de l'ennemi auraient été renvoyées en Hongrie, et les Croates soumis aux Magyares. L'empereur aurait dû sanctionner toutes les lois qui n'avaient pas encore reçu sa sanction et se rendre en Hongrie, après avoir éloigné de sa personne tous les ennemis de la liberté. La cour fit une réponse évasive, en même temps que Jellachich entrait en Hongrie. La position de l'archiduc palatin, qui essayait de jouer le rôle de médiateur, devenait insoutenable; il donna sa démission, et quitta le royaume. Le ministère, dissous, fut remplacé par un comité de défense sous la présidence de Kossuth, et les préparatifs de guerre furent poussés avec une nouvelle ardeur. La lutte s'était déjà engagée avec le ban Jellachich, lorsque l'empereur chargea le baron Vay de composer un nouveau ministère, et envoya en Hongrie le comte Lamberg comme à un premier ministre impérial. Le meurtre de ce commissaire sur le pont d'Ofen (28 septembre) fut le signal de la révolution. Les Hongrois virent dans les événements de Vienne une diversion favorable; mais ils ne purent donner aux Viennois le secours qu'ils leur avaient promis, après la défaite de Schwechat (30 octobre). La prise de Vienne, la formation, en novembre, du ministère Schwarzenberg-Stadion, l'abdication de Ferdinand, l'avénement au trône de François-Joseph Ier (décembre 1848) devaient hâter la décision du sort de la Hongrie. Avant la fin de l'année, l'armée impériale aux ordres de Windischgrætz marcha contre les Hongrois, s'empara rapidement de la rive droite du Danube, bloqua Komorn et Leopoldstadt, et s'approcha d'Ofen, tandis que Schlik occupait Kaschau. Les troupes hongroises étaient trop peu nombreuses; c'est à peine si on avait pu les équiper, et on pouvait déjà remarquer des dissidences entre les chefs militaires et les chefs civils de la révolution. Kossuth semblait plus compter sur l'appui de l'étranger et sur une intervention diplomatique, que sur la force des armes. Sous l'impression d'un premier mouvement de découragement, la diète essaya d'entrer en négociations avec Windischgrætz; mais le général autrichien se borna à répondre à ces ouvertures en exigeant qu'on se soumît sans conditions. L'occupation de Budapesth (5 janvier 1849) sembla lui donner raison. Mais les affaires changèrent bientôt de face. Les Impériaux avaient à lutter contre les rigueurs de la saison, et la défection des régiments hongrois sur laquelle ils comptaient, n'eut pas lieu. Gœrgei opéra avec beaucoup d'habileté la retraite d'Ofen jusque dans les montagnes, et résista avec avantage à toutes les attaques du corps de Schlik. La déunion qui existait déjà entre lui et Kossuth éclata lorsque le Polonais Dembinski fut nommé général en chef. La défaite de Kapolna (27 février) fut le premier résultat de cette mésintelligence entre les chefs, et amena la retraite de Dembinski et son remplacement par Vetter. Des divisions éclatèrent de même sur le terrain de la politique. En présence des démocrates, à la tête desquels était Kossuth, et de ceux qui voulaient conserver intacte la nouvelle organisation de mars, existait un tiers parti, enclin à acheter la paix par des concessions. Ces divisions affaiblissaient les Magyares, sans que la guerre prît encore pour eux une tournure défavorable. Les Impériaux ne surent pas profiter de leur victoire de Kapolna; ils firent peu de progrès, et se laissèrent chasser de quelques-unes des positions qu'ils occupaient, par exemple de Szolnok. Cependant, la lutte s'était aussi engagée en Transylvanie, où les Szeklers seuls tenaient le parti des Magyares, tandis que les Roumans et les Saxons s'étaient déclarés contre eux. Au mois de janvier 1849, le général polonais Bem y avait ouvert la campagne contre Puchner, et avait occupé toute la partie septentrionale. Il fut, il est vrai, battu à Grosschener, le 21 janvier, et à Vizakna, le 4 février; mais le 9 du même mois il défit à son tour les Impériaux près de Piski. Ni l'entrée des Russes dans la Transylvanie, ni une défaite que lui fit essuyer Puchner près de Mediasch, ne l'empêchèrent de marcher sur Hermannstadt. Il y battit les Russes, les repoussa en Valachie et occupa Kronstadt. La Transylvanie était donc tombée presque entièrement au pouvoir des Magyares. Depuis la prise d'Ofen, l'armée autrichienne n'avait fait aucun progrès considérable, et la politique impériale n'avait pas été plus heureuse. Les succès des armes hongroises avaient tiré le pays de son apathie; les préparatifs s'étaient achevés, on se montraient pleins d'ardeur et de confiance, surtout depuis que Gœrgei avait remplacé Vetter dans le commandement en chef. Les Magyares purent donc prendre l'offensive et enlever à leurs ennemis les avantages de la compagne d'hiver. Une armée sous les ordres de Perczel marcha sur la Bacska et le Banat, repoussa les Serbes, qui étaient divisés, et remit presque entièrement ces pays, pendant que Bem conquérait la Transylvanie. Serrée de près, la forteresse d'Arad dut capituler; Karlsburg et Temesvar, les seules places à peu près qui fussent encore au pouvoir des Impériaux dans tout le sud-est, furent assiégées. Les opérations de Gœrgei dans le nord ne furent pas moins heureuses. A la fin de mars, les Magyares avaient franchi la Theiss et occupaient les Impériaux dans les environs d'Erlau, et dans le même temps un corps de troupes s'avançant contre Gödöllő y battit les Autrichiens, le 7 avril. Un autre corps, commandé par Aulich, s'approcha de Pesth, tandis que Gœrgei courait au secours de Komorn, battait l'ennemi le 9 avril, et le forçait à abandonner ses positions. Tel était l'état des affaires lorsque Windischgrœtz fut remplacé par Welden. Les Magyarës poursuivirent leurs succès, battirent encore les Autrichiens à Nagy-Sarló, le 19 avril, débloquèrent Komorn, et un instant on put croire qu'ils allaient marcher sur Vienne. Mais ils préférèrent attaquer d'abord Ofen, qui succomba, après une vaillante défense, le 21 mai. La guerre insurrectionnelle avait atteint son apogée.

Cependant le pays se trouvait en proie à une perturbation et une confusion de plus en plus profondes. La majorité du peuple et de l'armée croyait sincèrement combattre pour le roi Ferdinand V; du moins on regardait une réconciliation avec la maison impériale comme le but de la guerre, tandis que Kossuth dirigeait les affaires dans le sens d'une solidarité révolutionnaire. Il rêvait une constitution démocratique pour sa patrie; il songeait au rétablissement de la Pologne, et il trouvait pour ses projets d'ardents soutiens dans les nombreux émigrés polonais, qui occupaient dans l'armée des grades élevés. De là la mésintelligence qui régnait entre lui et Gœrgei. Ce dernier, appréciant d'une manière plus juste les dispositions du peuple, s'opposait aux tendances révolutionnaires, et voulait arriver à un accommodement avec l'empereur. Sous ce point de vue politique, ses vœux n'allaient point au delà de la constitution de mars. En vain les deux rivaux essayèrent-ils de s'entendre; le désaccord entre eux n'en devint que plus tranché. Kossuth tenta enfin un acte décisif, pour répondre à la constitution octroyée le 4 mars à tout l'Empire. Il arracha, le 14 avril, à la diète de Debreczin un décret portant que la Hongrie se déclarait indépendante, excluait du trône la maison de Habsbourg et confiait les rênes de l'État à un président et à des ministres responsables. Élu lui-même président, il forma, sous la présidence de Szemère, un ministère qui se déclarait hautement républicain-démocrate et dévoué à la souveraineté du peuple dans toutes ses conséquences. Gœrgei ne laissa rien paraître de son mécontentement; mais il ne fut pas possible de cacher longtemps la désunion qui régnait entre les chefs de la révolution, entre le gouvernement et l'armée. Gœrgei travaillait à isoler Kossuth et à éloigner les Polonais; Kossuth, à son tour, essaya d'éloigner Gœrgei de l'armée, en le nommant ministre de la guerre.

L'Autriche, de son côté, avait réclamé l'intervention de la Russie, et l'avait obtenue d'autant plus facilement que la Russie devait se considérer comme menacée elle-même par une insurrection dirigée en partie par des généraux polonais. Une division russe sous les ordres de Paniutine vint se joindre à l'armée du Danube commandée par Haynau, le nouveau généralissime autrichien; un autre corps, commandé par Lüders, devait soumettre la Transylvanie, et l'armée principale, forte d'environ 130,000 hommes, pénétrer en Hongrie par la Gallicie, sous les ordres de Paskewitsh. Le 19 juin, le corps de Lüders entra dans la Transylvanie par la défilé de Rothethurm, défit les Magyares et occupa Hermannstadt, pendant que, au sud, les Autrichiens se rendaient maîtres de Kronstadt, en juillet. Se portant de la Bukovine dans le nord de la Transylvanie, les alliés en chassèrent Bem après divers engagements malheureux, et le battirent près de Schœssburg, le 31 juillet, après une inutile tentative de diversion en Moldavie. Cependant Bem réussit à rentrer dans Hermannstadt, le 6 août; mais il dut bientôt l'évacuer, et la Transylvanie fut de nouveau perdue pour les Magyares. Jellachich ne fut pas aussi heureux dans la Bacska. Il remporta d'abord des avantages sur les Magyares, battit Perczel, le 7 juin, et investit Peterwardein; mais bientôt après, Arad capitula, et, défait près de Hegyesch, le 14 juillet, il dut abandonner la Bacska. Cependant, vu l'inégalité des forces, la lutte ne devait pas tarder à se décider. Tandis que la grande armée russe s'avançait par Épériés et Kaschau vers la grande Plaine de la Hongrie, Haynau commença ses opérations sur les deux rives du Danube. Gœrgei était alors en complet désaccord avec Kossuth. Refusant d'obéir aux ordres du gouvernement et de concentrer ses troupes derrière la Theiss, il résolut de soutenir la guerre dans les environs de Komorn. Frappé de destitution, il s'appuya sur la confiance de l'armée, et resta à sa tête, sans atteindre toutefois le résultat qu'il avait en vue. Le 2 et le 11 juillet il livra de sanglants combats près de Komorn; mais il ne réussit pas à rompre les lignes des Autrichiens, et il se vit contraint de se replier sur la Theiss et sur Szégedin, où le gouvernement s'était réfugié. Quoiqu'il eût conduit habilement cette retraite, une catastrophe était inévitable. L'armée impériale avait pris avec succès l'offensive; Raab fut emporté, Ofen et Pesth occupés. Gœrgei lui-même ne cachait pas sa conviction qu'il n'y avait plus à espérer qu'une capitulation honorable; et c'est dans ce sens qu'il répondit aux propositions des Russes. Cependant Haynau avait quitté les bords du Danube, et s'approchait de Szegedin. Le gouvernement s'enfuit en toute hâte. Après avoir pris possession de la ville, le général autrichien défit Dembinski à Szœreg, le 3 août, et remporta, le 9, près de Temesvar, une victoire décisive sur le général Bem, qui avait été rappelé pour la Transylvanie. A la suite de ces défaites, il était presque impossible que Gœrgei, avec ses 20,000 hommes environ, prolongeât la résistance. Tandis que les politiques mettaient habilement en avant le plan d'appeler une dynastie russe au trône de Hongrie, les débris du gouvernement et de la diète fuyaient à Arad, où Gœrgei conduisit ses troupes. Kossuth, convaincu enfin de l'impossibilité de continuer la lutte, donna sa démission, et céda la dictature à Gœrgei, le 11 août. Le conseil de guerre du nouveau dictateur se prononça pour sa soumission absolue; et le 13 fut signée la capitulation de Vilagos avec le général russe Rüdiger. Les autres corps hongrois furent dispersés ou se réfugièrent en Turquie. Les forteresses se rendirent l'une après l'autre, excepté Komorn, que le brave Klapka défendit jusqu'à l'automne et qu'il ne rendit qu'au mois d'otobre, après avoir obtenu une capitulation honorable.

On avait espéré qu'en se soumettant à un général russe, on serait traité avec des égards de rigueur; mais cet espoir fut déçu. Dans cette circonstance, comme toujours, Gœrgei se laissa conduire plus par ses sentiments personnels plutôt que par un patriotisme éclairé. Les Impériaux, qui avaient surtout contribué à terminer la guerre, durent voir avec déplaisir les Russes traités en vainqueurs. Haynau, investi de la dictature, donna libre cours aux vengeances. Dès le commencement d'octobre, Pesth et Arad furent témoins du supplice de Louis Batthyanyi, Nagy-Sàndor, Aulich, Pöltenberg, Leiningen, Damjanics, Kis, Lazar, Török, sacrifiés aux ressentiments d'un vainqueur impitoyable. La loi martiale, à laquelle fut soumise la Hongrie, fut exécutée par Haynau avec une sévérité sanguinaire, jusqu'à ce que le ministère impérial révoqua les pleins pouvoirs de cet homme entêté et capricieux (juillet 1850). Les restes de l'ancienne constitution hongroise disparurent avec le nouvelle. La Hongrie fut complètement assimilée aux autres parties de la monarchie. Le régime de fer qui pesait sur elle reçut quelque adoucissement lorsque l'archiduc Albert en fut nommé gouverneur (automne de 1851); cependant, ce fut seulement l'année suivante, lors de l'occasion du voyage de l'empereur, que les conseils de guerre furent supprimés et une amnistie partielle accordée. La situation du pays était encore bien sombre. Des bandes de brigands le parcouraient en tous sens. Le gouvernement n'en poursuivit pas moins ses plans d'incorporation du royaume. A cet effet il créa tout un nouveau système hypothécaire, basé sur la réformation du cadastre, en même temps que l'administration civile et l'organisation judiciaires étaient amendées d'après les principes adoptés dans le reste de l'empire, et que le code autrichien était mis en vigueur. La force du magyarisme et du parti démocratique a été ainsi brisée; mais à en juger par certains symptômes, l'étincelle couve sous la cendre. Les vieux conservateurs, qui avaient combattu Kossuth, sont loin d'être satisfaits de la complète fusion de la Hongrie avec l'empire d'Autriche. Cependant, tout en violant les traditions nationales et politiques, le gouvernement a opéré des améliorations matérielles qui doivent attacher les bourgeois et les paysans au nouveau système. Consultez Gebhardi, *Histoire de Hongrie* (Leipzig, 1778-1782, 4 vol.; Fessler, *Histoire de la Hongrie et de ses Habitants* (Leipzig, 2ᵉ édit., 1847-1850, 10 vol.); Engel, *Histoire du royaume de Hongrie* (Vienne, 1834, 5 vol.); Mailath, *Histoire des Magyares* (Ratisbonne, 1852 et suiv.).

Littérature.

La littérature hongroise reflète fidèlement le caractère de la nation, ainsi que ses destinées ; cela seul suffirait pour lui mériter l'attention de l'Europe occidentale, lors même que le royaume de Hongrie et son développement intellectuel n'auraient pas acquis une influence décisive sur une question d'un intérêt capital pour l'Europe. Deux éléments, le latin et le magyare, auxquels on pourrait adjoindre l'allemand pour une part modeste, mais importante, dominent tout le développement intellectuel de la Hongrie. A peine les Magyares se furent-ils solidement établis dans la Pannonie, et eurent-ils constitué une espèce d'État par l'adoption de la forme monarchique (an 1000), qu'Étienne Iᵉʳ y introduisit l'élément latin, par sa conversion au christianisme, et l'élément allemand en épousant la princesse bavaroise Gisèle. Étienne trouva dans les grands dignitaires de l'Empire d'Allemagne et dans les missionnaires catholiques d'excellents alliés pour neutraliser en partie la résistance que la royauté et le christianisme rencontraient dans les sentiments oligarchiques et païens de la majorité de la nation; aussi recommanda-t-il à ses successeurs de prendre pour guide sa devise : *Unius linguæ uniusque moris regnum imbecille et fragile est*. Ils lui obéirent fidèlement en favorisant le clergé et en attirant des colons étrangers, principalement des Allemands. Ce qui favorisa encore le développement de l'élément latin, c'est que toute la science était entre les mains du clergé, la noblesse s'occupant presque exclusivement du métier des armes. L'élévation du clergé au premier rang parmi les ordres de l'État, l'introduction de la langue latine substituée à la langue nationale dans tout ce qui regardait le culte, les procédures devant les tribunaux et la rédaction des documents authentiques ou de tous les actes légaux, provoquèrent une opposition qui se calma insensiblement grâce à la sage politique des princes de la maison d'Anjou. Deux siècles suivants, surtout sous Mathias Iᵉʳ, l'idiome national rentra peu à peu dans ses droits, et on put déjà remarquer alors les premiers symptômes d'une vie littéraire. Mais au moment où la réformation, se répandant avec rapidité en Hongrie, semblait vouloir compléter la victoire de l'élément national, le royaume tomba sous la domination de la maison de Habsbourg, qui, dirigée par les mêmes principes que les premiers rois indigènes, favorisa l'élément latin aux dépens du hongrois, en même temps que les rapports politiques avec l'Autriche donnaient à l'élément allemand un accès toujours facile dans les classes moyennes. Cette compression de l'élément national arrêta d'un côté le développement de la civilisation générale du pays, et de l'autre, en constituant la littérature latine à l'état de privilège exclusif en faveur des classes élevées, seules en possession de droits politiques, elle en fit le véritable levier intellectuel de l'État. L'élément hongrois se développa donc d'une manière incomplète, et se tint timidement à l'écart jusque dans la seconde moitié du dix-huitième siècle, époque où la domination jusqu'alors exclusive du latin fut d'abord ébranlée, sous Marie-Thérèse, puis finalement détruite sous Joseph II, par le gouvernement lui-même, au profit de l'élément allemand. Mais dès lors aussi la langue hongroise commença à revendiquer énergiquement ses droits ; elle s'empara des positions laissées libres dans la vie politique et littéraire, et se produisit au grand jour dans toute la force et la fraîcheur de la jeunesse.

Quant à l'instruction supérieure, dès le onzième siècle il s'établit en Hongrie un grand nombre d'écoles de couvent et d'écoles épiscopales ; et dès le douzième quelques Hongrois se rendaient à Paris pour suivre les cours de l'université. Au commencement du treizième la première école supérieure, *studium generale*, fut fondée à Vessprim ; on y enseignait non-seulement les arts libéraux, mais la théologie et la jurisprudence. En 1287 cette école fut réorganisée par le roi Ladislas IV, qui la dota d'une bibliothèque et de riches revenus. En 1367 le roi Louis Iᵉʳ fonda une nouvelle université à Fünfkirchen, et en 1388 Sigismond établit une nouvelle académie, *studium generale*, à Ofen. Mathias Corvin, qui érigea, en 1467, à Presbourg l'académie *istropolitaine*, fit don à l'école d'Ofen, qu'il agrandit, d'une bibliothèque célèbre. Dès 1473 André Hess fondait à Ofen une imprimerie, des presses de laquelle sortit le *Chronicon Budense*. Dans le seizième siècle les écoles se multiplièrent en Hongrie et en Transylvanie d'une manière extraordinaire, surtout parmi les protestants, qui fréquentaient d'ailleurs en grand nombre les universités de l'Allemagne, de la Hollande et de la Suisse. Dans le dix-septième siècle les jésuites fondèrent leurs écoles de Tyrnau, Presbourg, Kaschau et Klausenburg. La première, qui devint université nationale après la suppression de l'ordre de Loyola, fut transférée à Ofen en 1780, puis à Pesth en 1784. Très-peu de temps après, cinq académies furent établies à Presbourg, Kaschau, Raab, Grosswardein et Agram, consistant chacune en deux Facultés ; sans compter un lycée royal qui fut créé à Klausenburg, un lycée archiépiscopal à Erlau, et un lycée épiscopal à Fünfkirchen. A l'exception de la Société Dubienne, fondée en 1497 par Conrad Celtes, les sociétés savantes eurent beaucoup de peine à s'implanter dans la Hongrie et la Transylvanie. C'est en 1827 seulement que la diète ordonna la fondation d'une société savante, qui depuis son établissement (17 novembre 1830) a rendu d'incalculables services à la littérature nationale. La Hongrie et la Transylvanie ont produit un grand nombre de savants, qui écrivirent en latin sur toutes les branches de la science. On a des chroniques, des annales de Hongrie, en latin, remontant aux temps les plus reculés ; une foule de ces documents, précieux sans doute, sont encore enfouis dans les archives, tandis que beaucoup d'autres ont péri au milieu des guerres civiles. Parmi ceux qui ont été imprimés, nous citerons l'*anonymus Belæ regis Notarius*, Simon Kéza, Calanus, Thomas Spalatensis, Rogerius, Jean de Kikellő et Laurent de Monacis. A dater de la fin du quinzième siècle, parmi les historiens ou chroniqueurs les plus remarquables, on trouve non-seulement des étrangers établis en Hongrie, comme Bonfinius, Galeotus, Ranzanus, Ursinus, Brutus, Taurinus, Laszky, Werner, Lazius, Ilicinus, Sommer, Gabelmann, Typotius et Ens ; mais surtout des indigènes, tels que J. Thurotzius, Tubero, Flacius, Brodericus, Zermegh, Listhius, Verantius, Forgacs, Nadasi, Frölich, Rathai, Jean et Wolfgang, comtes de Bethlen, Lucius, Toppeltinus, Haner, Mart. Szentivany ; ce qui touche la médecine et les sciences naturelles, on cite les noms de Clusius, Kramer, Perliczy, Moller, Jessenius, Torkos, Molnár, Mitterpacher, Piller, Kölesèri, Weszprémi, Raygor, Parizpapai, Benkő, Poda, Born, Hedwig, Lumnic, Kitaibel, Grossinger, J.-B. Horváth, Domin, Pankl et Schraud.

Daria, Peurbach, Dudith, Boscovich, Szentiványi, Berényi, Segner; Hell, Makó, J.-B. Horváth, Pap. Fogarasi, Handerla, Mikovinyi, Rausch et Aug. Rosszonyi se sont fait connaître par leurs travaux sur la philosophie et les mathématiques. Parmi les poëtes et les orateurs les plus distingués on doit mentionner Janus Pannonius, Jean Vitéz, Barth. Pannonius, Jacques et Étienne Piso, Zalkán, Olahus, François Hunyadi, Szentgyörgyi, Bekényi, Schesæus, Lang, Verner Uncius, Sambucus, Túry, Kassai, Filitzky, Dobner, Bajtai, Makó, Faba, Hanulik, Pallya, Zimányi,Szerdahelyi, Somsich, Nic. Révai, Desceffy et Carlvoszky. Tous ces hommes, dont la réputation s'est répandue même à l'étranger, n'agirent pourtant que sur une seule classe, les gens instruits et les gens d'église ; leur mépris de la langue nationale fut cause que la culture intellectuelle de la nation resta si fort arriérée, que sous Ladislas II (1491) la plupart des grands dignitaires du royaume ne savaient encore ni lire ni écrire, quoique l'érudition étrangère eût déjà fait de grands progrès en Hongrie.

La littérature nationale ne se développa donc que très-lentement. Le magyare n'était plus d'usage que dans les relations commerciales, les camps, les réunions de famille, les fêtes publiques, et jusqu'à un certain point dans les assemblées de comitats et dans la diète. Les prêtres et les missionnaires étrangers, lorsqu'ils parlaient au peuple en latin, devaient avoir à côté d'eux un interprète pour traduire leurs discours en langue vulgaire; cependant les ecclésiastiques indigènes se servaient de la langue maternelle dans l'accomplissement de certaines fonctions. Il s'est conservé des traces d'anciens chants de guerre, des fragments de chants populaires, et des sermons ; il est question dans les annales du *Cantus Joculatorum et Truffatorum*. La préface du décret de Koloman dans le *Corpus Juris Hungariæ* porte expressément qu'il a été traduit du hongrois, et on prétend que la bulle d'or d'André II existe encore dans l'original hongrois. C'est sous le gouvernement des rois de la maison d'Anjou seulement que la langue du pays et avec elle la littérature nationale prirent un essor plus libre. Le latin resta toujours la langue ecclésiastique et officielle; mais le hongrois fut employé plus fréquemment qu'auparavant. Il devint la langue de la cour, la plupart des dames de la cour étaient même des Hongroises. Charles-Robert fit élever à sa cour la fiancée de son fils, et le roi Louis ses deux gendres futurs, afin qu'ils se familiarisassent avec les mœurs et la langue du pays. On rédigeait déjà en hongrois des actes publics et des lettres ; c'est de cette époque que date la formule de serment, écrite en langue hongroise, qui se lit encore dans le *Corpus Juris Hungariæ*. On commença même à traduire les Saintes Écritures en langue vulgaire, comme le prouve un manuscrit de l'année 1382, qu'on conserve à la bibliothèque impériale de Vienne. Plus tard la Bible fut maintes fois traduite, entre autres par Ladislas Báthori, en 1430, et par Bertalan en 1508. Après de pareilles tentatives, Janus Pannonius pouvait se hasarder à composer une grammaire hongroise, qui s'est cependant perdue.

Avec le seizième siècle commence une époque plus favorable pour la littérature hongroise. Les mouvements politiques et surtout religieux qui éclatèrent sous les règnes de Ferdinand Ier et de Maximilien II (1527-1576) eurent les résultats les plus heureux sur la culture intellectuelle du peuple et le développement de sa littérature. La réformation, qui s'introduisit de la Bohême dans la Hongrie, l'exemple de cet état voisin, l'alliance intime qui existait entre les deux pays, agirent d'une manière vivifiante sur tous les esprits. Employée dans les disputes religieuses, dans les églises, dans les écoles, dans les chants de guerre et dans les chants populaires, la langue nationale s'enrichit, se polit et acquit un degré de perfection, d'énergie, qu'elle ne dépassa plus avant 1780. On travailla à rhistoire le peuple dans sa propre langue des destinées de ses ancêtres. C'est dans ce but que furent rédigées les Chroniques hongroises de Székely (1559), de Temesvári (1569), de Heltei (1572), de Pethö, dont le nom véritable est Zrinyi (1600), de Bartha (1664), de Lisznyai (1692) et d'autres. Les traductions des livres saints en langue hongroise devinrent de plus en plus nombreuses. Parmi les traductions de la Bible on doit citer celles de Komjáti (Cracovie, 1533), Pesti (Vienne, 1536), Erdœsi ou Sylvestre (Ujszigeth, 1541), Heltai (Klausenb.,

1546), Székely (Cracovie, 1548), Juhász ou Melius (Debreczin, 1565), Félegyhazi (Debreczin, 1586), Karolyi (Visoly, 1590), Alb. Molnár (Hanau, 1608), Káldi (Vienne, 1625); celle qui fut publiée par une société de théologiens protestants (Grosswardein, 1661), celles d'Esipkés Komáromi (Debreczin, 1685) et de Totfalusi (Amst., 1685), qui ont été réimprimées, même à l'étranger. De spirituels orateurs se produisirent : Gaal vers 1558, Juhász vers 1563, Davidis en 1569, Kultsár en 1574, Bornemisza en 1575, Telegdi en 1577, Detsi en 1582, Károlyi en 1584, Pázmán en 1604, Ketskemeti en 1615, Zvonarits en 1628, Koptsanyi en 1630, Káldi en 1630, Margitai en 1632, Alvinizy en 1738, etc. Dans la poésie sacrée se distinguèrent Székely, Bornemisza, Batizi, Pétsi, Ujfalvi, Skaritzai, Fabricius, Fazékas, Alb. Molnar, Gelei, Dajka et Megyesi. Jamais on ne composa en plus grand nombre qu'à cette époque des chants populaires destinés à rappeler les exploits des héros indigènes, à raconter les vieilles histoires ou de vieux contes. Parmi ceux qui se distinguèrent surtout dans ce genre de littérature, nous mentionnerons Tinódi (vers 1540), Kákonyi (1549), Tsanádi (1577), Valkai (1572), Tsáktornay (1592), Tserényi, Szegedi, Illésfalvi, Sztary, Fazékas (1577), Balassa, Illosvai, Gosarvári, Veres, Enyedi, Szellœsi (1580), etc. La poésie épique prit également un puissant essor; nous citerons les poëmes du comte Niklas Zrinyi (1652), de Ladislas Lissthi (1653), de Christophe Paskó (1663), du comte Étienne Kohary (1699), et surtout les œuvres nombreuses d'Étienne de Gyöngyösi (1664-1734), un des poëtes les plus remarquables de la Hongrie. Dans la poésie lyrique, Rimai, Balassa, Benitzky et d'autres se sont fait un nom célèbre. Le code hongrois, rédigé en latin par Étienne Verbœczy, fut traduit en hongrois par Blaise Veres (1561), Gaspard Heltai (1571), Jean d'Okolitsanyi (1648), etc. En 1653, Jean Tsere (Apátzai) publia même une Encyclopédie de toutes les sciences, qu'il fit suivre d'une logique en langue hongroise, en 1656. On ne négligea pas non plus la grammaire de l'idiome magyare, comme le prouve la publication de nombreuses grammaires, de dictionnaires et d'autres ouvrages de philologie, tels que la *Nomenclatura* de Gabriel Pesti (Vienne, 1538 et 1561), la *Grammaire* d'Erdœsi ou Sylvestre (Ujszigeth, 1539), le Lexicon de Calepin, avec explications en hongrois (Lyon, 1587); les Dictionnaires de Fabricius ou Kováts (Debreczin, 1590), de Verantius (Ven., 1595), d'Alb. Molnar (Nuremberg, 1604); les Grammaires d'Alb. Molnar (Hanau, 1610), de Gelei Katona (Karlsburg, 1645, d'Esipkés Komáromi (Utrecht, 1655), de Pereszlényi (Tyrnau, 1682), de Kœvesdi (Leutschau, 1690; et Kaschau, 1766), les *Origines Hungariæ* d'Otrokotsi Foris (Franeker, 1693), *l'Ortographe* de Tótfalusi (Klausenb., 1697), enfin le célèbre *Dictionarium* de Parízpápai (Leutschau, 1708; souvent réimp.) et les *Principes de l'orthographe hongroise* de Tsétsi.

Mais cette littérature si pleine de sève, si vigoureuse dans ses développements, fut bientôt étouffée, parce qu'en Hongrie, comme en Bohême, la langue nationale était considérée comme la source des hérésies et des révoltes; seulement, en Hongrie on ne procéda pas contre la littérature nationale avec autant de barbarie qu'en Bohême. La période qui s'écoula de 1702 à 1780 fut donc le siècle d'or des écrivains latins. Dès 1721 parut en latin la première gazette qui se publia régulièrement, et dès 1726 la langue latine fut employée dans la rédaction du *Schématisme de l'État* (almanach d'adresses). C'est dans cette période que rivalisèrent d'éloquence romaine les écrits de Hidi, Hevenesi, Czwittinger, Kazy, Tarnétzi, Mathias et Charles Bel, Priloszky, Huszty, Szegedi, Desericius, Stilting, Bajtal, Timon, Peterfi, Kaprinai, Kollár, Ladisl. Thurcetzy, Schmitt, Bod, Szászky, Schier, Severini, Bentzur, Pray, Cornides, Cetto, Gánótzy, Novák, Salági, Katona, Kerchelich, Palma, Wagner, Schrœnwisner, Kovachich, Weszprémi, Horánvi, etc. Parmi ceux qui écrivirent en hongrois se distinguèrent Franç. Faludi, Abraham Bartsai, le baron Lorunz Ortzy, Georges Bessenyei, Alexandre Bárótzi, le comte Ad. Teleski, le baron Étienne Daniel, Paul Anyos, etc. Cet état de choses se prolongea presque jusqu'à la fin du règne de Marie-Thérèse, où se produisirent deux événements qui exercèrent une influence décisive sur le développement de la vie intellectuelle en Hongrie, et qui eurent l'un et l'autre leur origine dans les réformes de Joseph II. Le contre-coup de la réforme de l'instruction publique en Autriche se fit sentir en Hongrie et enflamma les esprits; d'un autre côté, les efforts de Joseph II pour abolir la constitution hongroise, et ses mesures pour germaniser le pays, mirent tout en feu dans le royaume. Dès lors la nationalité et toutes les questions qui s'y rattachent furent à l'ordre du jour, et elles y sont restées jusqu'à ce jour. Les luttes que ces questions provoquèrent d'abord contre le gouvernement, puis contre les nations qui n'étaient pas d'origine magyare, furent des plus violentes; elles ne s'apaisèrent jusqu'à un certain point que quand la langue magyare fut devenue la langue du gouvernement et que la littérature hongroise eut conquis la première place.

La nouvelle période de la littérature hongroise commence au règne de Joseph II et à la révolution française : elle est politique dans ses éléments comme dans ses tendances. Les premiers indices du génie moderne se firent remarquer dans la diète et dans les assemblées de comitats. Les débats de ces dernières assemblées ne pouvaient être imprimés; aussi la littérature de cette première époque ne consiste-t-elle que dans les procès-verbaux des assemblées. En 1781, le savant Mathias Ráth parvint à fonder à Presbourg la première gazette hongroise. Faible et pâle d'abord, la rédaction prit plus de vigueur à mesure qu'elle excita davantage l'intérêt et que la concurrence augmenta. Bientôt naquirent quelques maigres brochures, et cette espèce de littérature se soutint même pendant la guerre. Après la conclusion de la paix, et surtout depuis 1820, l'agitation redoubla dans les congrégations de comitats et les diètes. Différentes lois et divers règlements furent votés par la diète, lesquels donnèrent une énergique impulsion à la littérature nationale, en même temps qu'ils développèrent et étendirent l'usage de la langue vulgaire. Il fut ordonné que la langue magyare serait enseignée dans toutes les écoles sans exception; qu'elle serait employée dans tous les actes publics, politiques et juridiques, qu'elle serait la langue de tous les employés du gouvernement. Dans beaucoup d'écoles certains cours commencèrent à se donner en hongrois; un théâtre hongrois s'établit à Ofen et un autre à Pesth; l'amour de la lecture, de plus en plus vif, fit naître plusieurs publications périodiques, le *Mindenes Gyüjtemény*, l'*Orpheus*, le *Kassai Muzeum*, l'*Urania*, etc.; des prix furent fondés pour les ouvrages littéraires les plus importants. Des hommes de talent ne tardèrent pas à paraître, et leurs efforts réunis imprimèrent un grand essor à la littérature hongroise. On fonda des revues purement littéraires, la *Nyelvmivelö Társasâg munkái*, l'*Erdélyi Muzeum*, l'utile *Tudományos Gyüjtemény*. David Szabó, Rajnis, Béregszászi, Gyarmathi, Aranka, Földi, Benkö Kassai, Pethe, Szentpáli, Böjthi, Verseghi, Virág, Révai, Étienne de Horváth, et Jean Márton rendirent d'importants services à la grammaire de la langue magyare. Dans la poésie se distinguèrent David Szabó, Joseph Rajnis, Gabriel Dajka, Georges Aranka, Charles Döme, Jean Batsányi, Joseph Takáts, André Horváth, mort en 1839, auteur du premier poëme épique en langue magyare (*Arpád*, Pesth, 1830), le comte Joseph Teleki, le comte Ladislas, Teleki, le comte Jean Fekete, Joseph Mátyási, François Nagy, François Verseghi, Joseph Kováts, Benoit Virág, Jean Kis, Alexandre et Charles Kisfaludy, de qui date l'ère nouvelle du théâtre hongrois; Gabriel Döbröntei, Paul Szemere, Michel Csokonai, Ladislas Tót, Daniel Berzsenyi et Michel Vitkovits. Les prosateurs qui ont rendu le plus de services sont André Dugonits, François Kazinczy, Benoit Virág, Jean Batsányi, François Verseghi, Esaïe et François Budai, Samuel Pápai, François Tót, Gabriel Báthori, Georges Fejér, Étienne Márton, Daniel Ertsei, Paul Sávári, Joseph Takáts, Jean Endrödi, Szikszai et son fils Benjamin, Száthmári, Jean.-Georges Somosi, Magda, Kövi, Imre, Georch (Görtsch) et Mokri. D'autres écrits originaux pleins d'intérêt ont été publiés non-seulement par des savants, tels que Nyiry, Slemenits, Szász, Kállay, Györy, Bajza, Guzmits, Szemere, Schedel, Kerekes, etc., mais par des gens du monde, comme les comtes Étienne Széchényi, Aurel Desewffy, Wesselényi, le baron Jósika, M. de Fáy, etc. Des documents relatifs à l'histoire littéraire ont été mis au jour, en langue hongroise, par Spangár (vers 1738), Bod (1766), Sándor, Buñai, Pápai, Tót, Jankowics, etc.; en latin, par Czwittinger, Rotarides, Bel, Schier, Haner, Schmeitzel, Weszprémi, Prag, Wallaszky, Simondrich, Belnai, Tibold, etc.; en allemand, par Windisch, Seivert, Kovachich, Engel, Fesseler, Miller, Schwartner, Schœdius, Lübeck, Rœsler, etc.

Cependant la littérature n'exerçait encore son influence que sur une petite partie de la nation, sur la classe éclairée; car l'académie, fondée en 1827, n'avait pas porté tous les fruits qu'on en espérait. Elle ne commença à se répandre, à se populariser, qu'à l'apparition du journalisme, qui, sous le point de vue politique et même littéraire, a joué en Hongrie un rôle plus important que dans tout autre pays de l'Europe. On peut regarder comme le créateur du journalisme hongrois Louis Kossuth, qui le premier traita dans son *Pesti Hirlap*, de 1841 à 1844, les questions les plus graves, les plus importantes pour la patrie, dans un style à la fois élégant et populaire, clair et attachant, et qui répandit ainsi dans toutes les classes de la société un attachement de plus en plus profond pour la vie nationale, en même temps qu'il ranima et enrichit la langue vulgaire. Le *Budapesti Hirado*, et d'autres journaux, tout en combattant le *Pesti Hirlap* sur le terrain de la politique, marchèrent sur ses traces dans le champ de la littérature. La *Hirnœk*, le *Nemzeti Ujság*, le *Jelenkor*, et tous les vieux journaux, qui jusque là s'étaient contentés d'enregistrer les événements politiques, rivalisèrent avec leurs jeunes concurrents, et contribuèrent aussi à hâter le développement de la vie littéraire. A côté de ces journaux se fondèrent des revues hebdomadaires uniquement consacrées à la littérature, et qui accrurent singulièrement les trésors littéraires de la nation. Un autre fruit non moins utile de la presse quotidienne furent les almanachs politiques et littéraires qui, comme l'*Ellenœr*, l'*Emlény*, l'*Œrangyal*, etc., introduisirent le goût de lecture même parmi les femmes. Mais si les rapides progrès du journalisme eurent des résultats très-heureux, ils en eurent aussi de funestes, en ce qu'ils absorbèrent toutes les forces intellectuelles et arrêtèrent ainsi le développement d'une littérature d'une valeur plus réelle. Les seuls travaux d'un mérite solide que l'on puisse citer dans cette période sont les ouvrages sur l'économie politique et les voyages de Cœtvœs, Széchényi, Szalay, Trefort, Szemere, Pulszky, etc.; les ouvrages historiques d'Étienne et de Michel Horváth, de Szalay, de Jaszay, etc.; les travaux philologiques de Fogarasy et de Bloch, et les écrits de statistique de Fényes. La littérature des sciences exactes ne présente guère que des traductions de l'allemand, de l'anglais et du français, et elle ne se fait guère remarquer que par une tendance visible à magyariser toutes les expressions techniques, tendance évidemment plus propre à dépopulariser la science qu'à en faciliter l'intelligence. D'un autre côté, cependant, l'excitation produite par le journalisme sur la jeunesse instruite, et le goût pour la lecture qu'il fit naître, agirent d'une manière très-favorable sur les belles-lettres, qui en acquièrent années firent plus de progrès qu'elles n'en avaient fait en des siècles. Les nouvelles et les romans du baron Jósika, qui prit pour modèle Walter Scott, les ouvrages de Cœtvœs, de Kemény, etc., qui imitèrent plutôt les écrivains de l'Allemagne, les écrits de Kuthy,

Nagy, Pálffy, etc., qui copièrent la manière d'Eugène Sue, n'ont point, il est vrai, une bien grande valeur, et ne se distinguent guère par l'originalité; cependant ils révèlent un progrès important, et ils ont contribué à former la langue et à la répandre. Des travaux plus importants sont les comédies de société de Cœtvœs, Obernyik, etc., les drames de Gál, Vœrœsmarty, Czakó, Ladislas Teleki, etc., moins populaires toutefois que les pièces de théâtre du fécond Szigligeti, qui depuis longtemps règne presque seul sur le théâtre hongrois. C'est pourtant la poésie proprement dite qui forme le plus brillant côté de la littérature hongroise de nos jours. Il y a dans les œuvres de Czuczor, Vœrœsmarty, Bajza, Garay, Vachot, Szász, Erdélyi, Kerényi, etc., des morceaux dignes de figurer à côté de ce que la littérature moderne a produit de plus beau dans les autres contrées de l'Europe. La palme à cet égard appartient au jeune Alex. Petœfi, dont la lyre ne s'est fait entendre que de 1844 à 1849. Le premier il a affranchi la littérature hongroise de la servile imitation de l'étranger, pour la ramener à la nature et lui imprimer le cachet du véritable génie de la nation. Le talent avec lequel il manie la langue en fait d'ailleurs un modèle, que Tompa, Hiador, Lisznyai, etc., et surtout le brillant, Jean Arany, ont essayé d'imiter avec plus ou moins de succès. C'est à eux que la littérature hongroise est redevable de sa poésie lyrique, dont ils sont vraiment les pères. La publication des anciens chants populaires hongrois, entreprise par la société Kisfaludienne, (qui a été dissoute depuis la révolution, après avoir rendu de grands services) et achevée par Jean Erdélyi (Pesth, 1845, 1847; 3 vol), contribua beaucoup aussi à ramener la littérature hongroise à la nature, à l'originalité et à la nationalité.

La révolution de 1848 imprima un puissant élan au journalisme, mais elle nuisit en général au développement de la littérature nationale, qui semblait devoir rester ensevelie sous les ruines de la patrie, les écrivains les plus éminents ayant péri dans la lutte, comme Petœfy, Vasvary, etc., ou bien ayant cherché un asile sur la terre étrangère, comme Szemere, Pulszky, Josika, Gorove, Horváth, Szalai, Teleki, etc., ou encore ayant perdu leur liberté, comme Czuczor, Sárosy, etc., ou bien brisé leur plume de douleur, comme Vœrœsmarty et Garay, ou même ayant été frappés de folie, comme Al. Vachot. Mais elle portait en elle un principe de vie qui survécut à cette terrible crise. Le temps consola le désespoir, rendit la liberté aux prisonniers et procura aux exilés les moyens de se mettre en communication avec leur patrie. Les plus belles espérances ne tardèrent pas à renaître. Le journalisme politique, qui était avant 1848 la branche la plus importante de la littérature, n'est plus représenté aujourd'hui que par le Budapesti hirlap et le Pesti Naplo; mais le journalisme littéraire s'est enrichi de ses pertes. Différents recueils, comme le Phénix de Losoncz, par Vachot (1851-53, 3 vol.), l'Album de Nagyenyed et le Livre de la littérature hongroise, par Szilágyi, les Feuilles lénitives de Szikszo, par Császár, etc., sont également des témoins vivants du réveil littéraire. Katalin et les Bohémiens de Nagy-Ida (1852), par Arany, Ladislas le saint, par Garay (Erlau, 1851-52, 2 vol.), la suite des Nouvelles et Contes de Tompa (Misk, 1852), les Trois Paroles de Vœrœsmarty, Paul Kinizsi, épopée populaire, par Tót, l'Écho de Tihany, par Pompéry, les Œuvres complètes de Bajza, et d'autres publications de ce genre, prouvent que la poésie hongroise ne fut pas seulement un produit du mouvement politique et qu'elle n'a pas succombé avec la révolution. On doit encore citer avec éloge le Recueil des Chants populaires hongrois publié par Mátray, et la suite de ces chants par Erdélyi, qui a aussi composé, de concert avec Ballagi, un Recueil de Proverbes. Il serait fâcheux qu'à force de rechercher la nationalité la poésie hongroise tombât dans le jargon, comme cela est déjà arrivé à Lisznyay, dans ses Chants des Puces, et à Szelestey, dans son Cymbalom de Kemenes. Le baron Jósika occupe toujours le premier rang parmi les romanciers. Parmi les jeunes poëtes, on remarque surtout Mor. Jókay, à cause de sa grande fécondité, de sa brillante imagination et de la beauté de son style. Dans le champ du roman et de la nouvelle, Kuthy, Bérez, Pálffy, Dobsza, etc., ont produit d'excellentes choses. La littérature des voyages s'est enrichie d'un Voyage en Orient par Jerney, de Lettres écrites de la Turquie par Egressy, d'un Tour en Italie par Hovànyi, d'un Voyage en Russie et en Scandinavie par Podmaniczky, et surtout du Voyage dans les Indes du comte Andrássy. Dans le domaine du droit public, nous ne voyons à mentionner que l'Orateur et l'Homme d'État hongrois, par Esengery, la continuation du Livre des Hommes d'État, par Szalay, le Dictionnaire de la Conversation des temps actuels, excellent ouvrage rédigé par Pákh, et l'Influence des idées dominantes au dix-neuvième siècle, par Cœtvœs. L'histoire et la statistique sont, au contraire, cultivées avec une grande ardeur. L'Histoire de la Hongrie, par Szalay, Le Siècle des Hunyads, par Teleki, La Hongrie après la bataille de Mohacs, par Jázay, les Dissertations historiques de Palugyai, Fejér, Toldy, Telesky, etc., l'Histoire des anciennes Littératures classiques, par J. Szvorényi, les Antiquités grecques, par J. Fojtényi, le Dictionnaire géographique d'Alexandre Fényes, la Description statistique de la Hongrie, par Enn. Palugyai, feraient honneur à quelque littérature que ce fût. Les Esquisses de la vie du peuple en Hongrie, par le baron Prónay, illustrées par les Hongrois Barabás, Sterio et Weber, offrent de l'intérêt au point de vue ethnographique. Cependant l'ouvrage qui mérite le plus d'éloges, c'est la Bibliothèque nationale, publiée par F. Toldy, avec le concours des patriotes et des écrivains les plus distingués. Cette grande publication se composera de plus de 100 volumes in-4°, divisés en 15 sections, et reproduira tous les écrits des auteurs hongrois un peu remarquables, depuis le quinzième siècle jusqu'à nos jours. Ont déjà paru les œuvres complètes des frères Kisfaludy, de Jean Kis et de Csokonay; les œuvres du palatin Esterházy, du comte Nicolas Zrinyi, la Chronique de Michel Cseray, et d'autres ouvrages remarquables. On comprend qu'une littérature aussi jeune dut chercher à s'approprier par des traductions beaucoup de productions étrangères; on ne peut même que l'on admire. La traduction de l'Histoire d'Angleterre de Macaulay, par Esengery, et celle de l'Histoire de la Révolution d'Angleterre de Guizot, par Somsich, ne sont guère inférieures aux originaux. Au nombre des meilleures traductions des classiques anciens on doit citer celle de l'Iliade par S. Szabó, celle de Platon par P. Hunfalvi, celle d'Euripide par H. Szabó : ce sont de véritables chefs-d'œuvre. On ne peut parler qu'avec éloge aussi de la traduction d'Aristote par I. Kis, de celle d'Hippocrate par Tonzlev, de celle de Virgile par Gyuric, de celle d'Ovide par Egyed, etc. Les sciences exactes ont été cultivées avec zèle dans ces derniers temps, la physique par le professeur Jedlick, la chimie par le professeur Nendtwich, la botanique par Gœnczi et Brassai, etc. Consultez F. Toldy, Histoire de la Littérature hongroise (vol. 1-3,2° édit.; Pesth, 1853).

Langue.

Parmi les langues vivantes de l'Europe qui viennent de l'Asie, la langue magyare est une des plus jeunes; la sève de la vie physique y abonde, et aucune ne renferme peut-être dans son organisme moins d'éléments étrangers. Elle doit à son originalité d'avoir conservé ses formes particulières, sa vigueur originelle, au milieu des circonstances les plus défavorables. Le magyare appartient à la même famille que la langue des Uzes ou Koumans, des Polowzcs, des Chazares, des Petschenègues, peuples qui avaient tous une origine commune. Longtemps à cause des derniers temps on a discuté la question de savoir s'il avait aussi de l'affinité avec le lapon et le finnois, ainsi que le prétendent Budbök, Eccard, Ihre, Hell, Sajnovits, Gatterer, Schlözer, Büsching, Hagen et surtout Gyarmathi ; ou bien avec les langues orientales,

HONGRIE

comme Otrokotsi Oertel, Kalmár, Verseghi et surtout Beregszasyi ont essayé de le démontrer. Différant complétement de toutes les langues européennes (excepté le finnois et, à certains égards, le turc) dans ses formes tant intérieures qu'extérieures, la langue hongroise a dû exprimer, au moyen de l'alphabet latin adopté par la nation depuis sa conversion au christianisme, les nuances qui lui sont propres et les finesses de sa prononciation. Le hongrois distingue les voyelles simples des quiescentes; les premières, *a, e, i, o, ö, u, ü*, ont le son aigu, qu'elles soient brèves ou longues; les secondes se prononcent en traînant, elles sont toujours surmontées d'un accent (*á, é, í, ó, ú, ű*) et diffèrent beaucoup des premières dans la prononciation, par exemple, *kar* (le bras) et *kár* (le dommage); *kerek* (rond), *kerék* (la roue) et *kérek* (je prie). En outre, la langue hongroise n'a pas de diphthongues proprement dites; elle distingue avec un soin extrême les plus fines différences de sons, surtout des consonnes. Elle a des sons particuliers, *gy, ny, ly, ty*, où l'*y* ne sonne nullement comme un *i*, mais comme un *j* confondu avec la consonne. Jamais une syllabe ne commence par plus d'une consonne; dans les mots étrangers qui commencent par deux, le vrai hongrois fait précéder d'une voyelle la première ou intercale une voyelle entre les deux; ainsi il prononce *iskola* pour *schola*, et *Király* pour *Král*.

Comme la langue finnoise, la hongroise ne distingue pas les genres; elle n'a pas de déclinaisons; les flexions des cas consistent en particules qui se joignent au radical et se confondent plus ou moins avec lui. La distinction établie par les lois de la logique entre les formes absolues et les formes relatives des mots se produit dans le hongrois à travers les déclinaisons et les conjugaisons d'une manière si précise, si caractéristique qu'il en résulte de très-grandes difficultés pour les étrangers qui ne sont pas habitués à cette précision logique. Les pronoms possessifs et les prépositions s'expriment par des suffixes. Les noms de famille sont considérés comme des adjectifs et précèdent les noms de baptême, par exemple, *Bathory Gabor* (Gabriel de Bathor). La juste proportion des voyelles et des consonnes, le soin que l'on apporte à nuancer exactement les sons et à articuler les syllabes et la succession précise des voyelles donnent à la langue hongroise beaucoup de pompe, de force et d'harmonie, en même temps qu'elle est redevable d'une singulière énergie à la variété de ses formes de mots et de ses constructions. La régularité des flexions et des liaisons la rend en outre claire et précise; le caractère tout particulier de ses radicaux prouve son originalité, enfin sa flexibilité lui donne une richesse si grande qu'elle l'emporte, à cet égard, sur presque toutes les langues de l'occident.

Malgré toutes ses qualités, la langue hongroise est peu parlée, ce qui s'explique par la coexistence dans le pays de plusieurs autres langues, comme le slave, l'allemand, le valaque, l'italien, et surtout par cette circonstance que, pendant des siècles, elle a été exclue de l'administration publique, de l'Église, des écoles, où l'on ne se servait que du latin, et même pendant longtemps des cercles de la bonne société, où l'on préférait le français ou l'allemand. Les cours des rois de Hongrie et magnats et plus particulièrement des princes de la Transylvanie contribuèrent à la développer et à la répandre, de même que la constitution libre du pays, les disputes théologiques que fit naître la Réformation et qui se soutinrent généralement en hongrois, et plus tard la réaction contre l'introduction de l'allemand comme langue officielle sous le règne de Joseph II. A partir de la mort de cet empereur, le hongrois prit un puissant essor et tendit de plus en plus à se perfectionner.

La grammaire hongroise composée à Debreczin par une société de savants et publiée à Vienne en 1795 fonda la critique savante; celle de Gyarmathi, écrite également en hongrois (Klausenburg, 1795), se distingue par la richesse des matériaux; elle est moins complète pourtant que celle de Niklas Révai (Pesth, 1809; 2 vol.), que la mort de l'auteur ne lui permit pas d'achever. Les meilleures grammaires élementaires sont celles de Jean Farkas, refondue par François Pethe; de Joseph Márton (Vienne, 1820, et souvent réimprimée depuis) et de Bloch. De très-bonne heure, Pesti, Verantius, Megiserus, Fabricius, Molérar et Párizpápai publièrent des dictionnaires, qui furent suivis de ceux de Márton et Mokry. De nos jours, Fogarasi et Bloch ont fait imprimer de bons dictionnaires de poche allemands et hongrois. Présenter un tableau complet de la langue hongroise sous le point de vue de la critique, de l'étymologie, de l'histoire et de la grammaire, tel est le but que la Société des savants hongrois poursuit avec une infatigable persévérance.

HONGRIE (Vins de). La Hongrie est, après la France, le pays de l'Europe le plus riche en vignobles sous le rapport de la quantité et de la variété des produits. Les vignobles occupent une surface de 41 myriamètres carrés dans la Hongrie actuelle, de 8 dans la Woïvodina et le Banat, de 8 dans la Croatie et l'Esclavonie, c'est-à-dire de 57 myriamètres carrés dans le royaume de Hongrie, tel qu'il se composait avant la révolution. On évalue la production annuelle du vin dans la Hongrie proprement dite à 18,582,000 *eimers* d'Autriche (d'une valeur de 66,037,000 florins), dans la Woïvodina et le Banat à 4,341,000 *eimers* (13,023,000 florins), dans la Croatie et l'Esclavonie à 3,608,000 *eimers* (10,804,000 florins), en tout 26,531,000 *eimers* (89,864,000 florins), dont 4 millions d'*eimers* environ sont exportés à l'étranger. Les vins de Hongrie sont en général d'un goût agréable, doux, un peu amer, aigrelet. Il y en a d'un rouge foncé, d'un rouge clair, d'un jaune d'or, d'un jaune pâle, de limpides comme de l'eau, de verdâtres. En général, ils contiennent beaucoup d'esprit; aussi les classe-t-on parmi les vins lourds ou épais, qui agitent fortement le sang, mais causent rarement des maux de tête et d'estomac. Une des plus nobles sortes est le *tokay*, qui vient dans l'*Hegyalja*, comitat de Zemplin. D'un jaune brunâtre quand il est jeune, il devient verdâtre en vieillissant. On en récolte annuellement 900,000 *eimers*, dont 12,000 *eimers*, tout au plus, de la première goutte, au rapport de Féryas. Pour le préparer, on sépare avec soin les grains secs, et on en fait quatre sortes de vins de qualité supérieure. La qualité la plus recherchée est appelée *essence*; c'est le suc huileux des grappes de raisin que leur propre poids fait égoutter à travers des vaisseaux percés de trous. Lorsque l'égouttement cesse, on écrase ces grains secs avec des grappes fraîches, on en fait une pâte que l'on arrose de moût, et après la fermentation on verse le moût doux dans des vaisseaux; c'est le vin de la *première goutte*. Un second mélange de moût de tokay ordinaire avec ce qui reste des grains secs, et dont on exprime le suc avec les mains, donne le *maschlásch*. La quatrième sorte est le vin ordinaire. Le vin de la première goutte et le maschlásch se préparent de la même manière sur les coteaux de Menesch, dans le comitat d'Arad, et le vin de la première goutte à Rust, dans le comitat d'OEdenburg, à Saint-Georges, dans celui de Presbourg. On obtient annuellement plus de 470,000 *eimers* de vins de Menesch en le mélangeant avec des qualités inférieures. La Hongrie produit en outre d'excellents vins d'entremets, dont les plus estimés sont ceux d'Ofen, d'Erlau, de Szeckzard, de Nessmély, de Villán, de Schomlau, les vins des lacs (entre autres, celui de Badatschon qu'on récolte sur les coteaux du lac Platten, et qui rivalise avec le Tokay), ceux de Szeredny, de Miskolcz, de Diosgyör et de Székelyhid. Le principal entrepôt est à Pesth. Le vin de Hongrie supporte le transport en toute saison; cependant les grandes chaleurs et les grands froids lui sont nuisibles. Quant aux vins des pays qui faisaient autrefois partie de la Hongrie, on cite comme le meilleur de l'Esclavonie celui de Syrmie, connu dans le commerce sous nom de *vin de Carlovicz*. Les vins de Croatie sont liquoreux; les plus estimés sont ceux de Bukovec et de Mozlavinà. Le meilleur vin du Banat est celui de Sirmie, et le vin de Versecz, et des Frontières militaires, le vin rouge de Weisskirchen. Consultez Schams, *la Vigne en Hongrie* (Pesth, 1832); et

Hain, *Manuel de statistique de l'Empire d'Autriche* (Vienne, 1853; 2 vol.).

HONGROYEUR, ouvrier qui façonne spécialement le cuir dit de Hongrie.

HONNÊTE. L'*honnête*, pris substantivement, est, d'après Cicéron, tout ce qui est conforme à la raison et à la vertu; pris adjectivement, il a, comme le mot *honnêteté*, diverses significations : une personne *honnête* est celle qui connaît les bienséances et qui les pratique; *honnête*, placé après le substantif, signifie obligeant, civil, qui sait vivre : ainsi une femme *honnête* peut être une femme *honnête* dans ses manières sans être pour cela *honnête* femme. De même un homme *honnête* peut bien n'être pas un *honnête* homme. Appliqué à certaines choses inanimées, *honnête* se dit de ce qui est d'une médiocrité raisonnable.

Dans les auteurs du siècle de Louis XIV, l'expression *honnête homme* s'applique presque exclusivement à l'**homme de bien**, qui a pris l'air du monde, qui sait vivre, qui connaît toutes les bienséances de la société et excelle à les pratiquer. Les qualités de l'honnête homme ont plus d'extérieur, mais sont moins solides et bien moins réelles que celles de l'homme de bien. « L'honnête homme, dit Saint-Évremond, ne cherche pas à monter sur le théâtre du monde; mais, si sa naissance et sa fortune l'y placent, il joue bien parfaitement son rôle. » « On connaît assez, ajoute La Bruyère, qu'un homme de bien est honnête homme; mais il est plaisant d'imaginer que tout honnête homme n'est pas homme de bien. L'homme de bien est celui qui n'est ni un saint ni un dévot, et qui s'est peiné à n'avoir que de la vertu. » Enfin, plus vrai que sévère, Pascal définit l'honnête homme : « Celui qui ne se pique de rien. » Le poète Faret, qui a fait un livre de l'*Honnête homme*, lui avec qui Saint-Amand, si l'on en croit Boileau,

Charbonnait de ses vers les murs d'un cabaret,

parlait sans doute de l'honnête homme, c'est-à-dire de l'homme du monde par excellence, à peu près aussi savamment que les romanciers d'aujourd'hui, piliers d'avant-scènes, de cafés et de coulisses, parlent du beau monde. Donnons, pour finir, une définition complète de ce terme par Ménage, qui ne voyait du moins que la meilleure société de son temps : « Être honnête, c'est n'être point prévenu, avoir du discernement, juger bien des choses, avoir l'esprit et le cœur droits; c'est louer avec chaleur son concurrent et son ennemi dans les choses où il est louable; c'est le condamner sans aigreur et sans emportement quand il est condamnable; c'est enfin ne pas exagérer le mérite de son ami, et ne pas soutenir ses sottises. Tout roule là-dessus, la justesse de l'esprit et l'équité du cœur. L'une est une vertu en l'esprit qui combat les erreurs, et l'autre une vertu au cœur qui empêche l'excès des passions, soit en bien, soit en mal. »

Le dix-huitième siècle a relevé l'honneur du mot *honnête homme*, et l'a rendu synonyme d'*homme de bien*. Déjà Boileau l'avait réhabilité dans ces deux traits échappés à son indignation :

Lucile le premier. . . . .
Vengea l'humble vertu de la richesse altière
Et l'*honnête homme* à pied du faquin en litière.
(*Art poétique*.)
L'argent en *honnête homme* érige un scélérat.
(*Épître* VI.)

Les philosophes de l'époque ne parlent que de roi *honnête homme*. Louis XIV, a-t-on dit, a été le plus *honnête homme* de son royaume. Qu'a servi ce même titre décerné à l'infortuné Louis XVI?

La politique a abusé du titre d'*honnêtes gens*. Chateaubriand, dans les derniers jours de sa vie, a été sans doute un peu embarrassé d'expliquer, par le sens de sa popularité, ce fameux adage dont il est l'auteur : *La Charte et les honnêtes gens*.

HONNÊTETÉ. De quelque manière qu'on l'envisage, soit comme qualité, soit comme vertu, l'honnêteté (en latin *honestas*) n'en a pas moins droit à l'estime des hommes. Comme qualité, elle consiste dans des manières affectueuses, cordiales, et que leur franchise place au-dessus de la **politesse**, qui est plus froide, plus réservée. La politesse est l'apanage de gens bien élevés, et trône presque exclusivement dans les grandes villes, tandis que l'honnêteté, cette habitude de bienveillance, de civilité instinctive, se trouve aussi bien dans la chaumière du pauvre que dans les réunions du grand monde; l'honnêteté et la politesse sont donc bien distinctes, et l'on peut faire des impolitesses à force d'honnêteté. Envisagée de plus haut, l'honnêteté consiste dans la pureté des mœurs, dans l'habitude de l'honneur, de la probité, de la vertu, dont elle est le premier élément constitutif. « L'honnêteté qui fait qu'un homme est honnête homme, a dit Ménage avec beaucoup de raison, est la justesse de l'esprit et l'équité du cœur. »

HONNEUR. L'honneur consiste à ne faire que de bonnes actions et à fuir toutes les mauvaises. C'est une qualité qui nous vient d'un sens droit et de la bonté de l'âme, mais qui suppose la préexistence des sociétés. Les idées que l'honneur suggère ou représente ne peuvent venir à l'esprit de l'homme de la nature. Elles n'ont pas d'expression dans sa langue : il faut des devoirs établis ou convenus pour qu'il y ait de l'honneur à les suivre ou du déshonneur à s'en écarter. C'est alors dans le strict accomplissement de ces devoirs d'homme et de citoyen que l'honneur consiste; et c'est un premier pas vers la corruption que d'estimer un homme par cela seul qu'il n'enfreint pas les obligations communes à tous. Un second pas est d'en venir à le louer, à l'honorer, comme s'il faisait plus qu'il ne doit, et quand on arrive enfin au besoin de le récompenser la société est bien malade. Les prix Monthyon sont non-seulement la satire la plus amère qu'on ait faite de la nation la plus civilisée du monde; c'est encore le signe le plus manifeste de sa décadence.

Si nous abandonnons maintenant ces généralités pour arriver à l'application, nous entrons dans le domaine de l'arbitraire, et la définition de l'honneur, appliqué à tel individu, varie suivant les lois et les mœurs de son pays. Dites à un chrétien d'épouser sa mère, il reculera d'horreur en criant à l'inceste; eh bien ! l'antiquité nous parle d'un peuple de l'Asie où cette action était imposée au fils comme un devoir. Conseillez à nos élégantes du faubourg Saint-Germain ou de la Chaussée-d'Antin d'aller se brûler sur le corps de leurs maris; leurs frères ou leurs amants traiteront cet acte de suicide, et, si par hasard le premier jour vous trouvez une veuve sur mille qui ne se révolte pas, il est probable que le second jour elle n'y verra ni honneur ni profit : il fallait à 20 ou 25,000 kilomètres de Paris, celle qui ne va point se jeter sur le bûcher conjugal est une femme déshonorée. Les filles de Babylone se prostituaient une fois l'an dans un temple, et le produit de leur prostitution faisait partie de leur dot. Donnez aujourd'hui ce conseil à nos demoiselles, vous serez chassé de toutes les maisons honnêtes. Les filles de Sparte dansaient toutes nues sur le mont Taygète; c'était un devoir pour elles, tandis qu'il n'y a pas de Française qui ne se crût déshonorée si elle en faisait autant sur les hauteurs de Montmartre. Ainsi l'appréciation de l'honneur dépend de telle ou telle loi que les hommes se sont faite. Mais enfin il y a longtemps que le monde dure, que les sociétés sont instituées. Chacun connaît ou doit connaître ses devoirs, et celui qui manque à l'honneur ne peut en appeler à son ignorance. Boileau a dit dans sa onzième satire :

Le seul honneur solide
C'est de prendre toujours la vérité pour guide,
De regarder en tout la raison et la loi,
D'être doux pour tout autre et rigoureux pour soi;
D'accomplir tout le bien que le ciel nous inspire
Et d'être juste enfin ; ce seul mot veut tout dire.

Oui, ce mot dit tout; mais reste toujours à définir le *juste* et l'*injuste*. Il y a d'ailleurs plus que de l'honneur à accomplir tout le bien que le ciel inspire à un honnête homme ;

il y a de la vertu, et puisque ces deux expressions se rencontrent sous notre plume, nous ne saurions les laisser passer sans critiquer le jeu de mots de Montesquieu sur les républiques et les monarchies. Dans les unes comme dans les autres, la vertu ne gâte rien, et l'honneur seul ne suffirait à aucune. Il n'y a que de l'honneur dans le retour de Régulus à Carthage ; car c'est l'accomplissement d'une obligation prise, d'une parole donnée. Il y a de la vertu dans la résistance de Malesherbes au despotisme de la cour et dans celle de Matthieu Molé aux fureurs de l'anarchie. Si les républiques ont des Coclès, des Camille, des Marceau, la monarchie a ses Bayard, ses d'Assas et ses Catinat. Défions-nous des principes absolus en morale comme en politique.

Il est des circonstances où l'honneur consiste à bien se battre, à braver la mort sur un champ de bataille, et, comme chevalier, François Ier aurait pu écrire à sa mère, après le désastre de Pavie, que tout était perdu fors l'honneur ; car il s'était défendu en héros après la défection des Suisses. Mais comme roi, comme capitaine, il ne pouvait le dire ; car il n'y a pas d'honneur à affaiblir son armée quand l'ennemi renforce la sienne ; il y en a moins encore à jeter cette armée entre sa propre artillerie et la mitraille qu'elle bat en brèche. Aussi François Ier a-t-il bien fait de ne pas écrire les mots qu'on lui prête, parce qu'en sa qualité de roi il avait autre chose à faire que de se battre, et qu'il ne l'avait pas fait.

L'honneur ne varie pas seulement suivant les lois et les mœurs d'un pays ; ses conditions changent avec l'état des personnes et plus on est grand, plus on a de devoirs à remplir, et par conséquent plus il est difficile de se maintenir dans les voies de l'honneur, de conserver intact ce qu'on a justement appelé le bien la plus précieux de l'homme. Oui, c'est à son honneur que l'homme doit attacher le plus de prix. Ce n'est pas tout d'être bien vêtu, bien logé, bien nourri, d'avoir des équipages et des salons dorés, il faut être estimé, considéré de ses concitoyens. Mais ici nous entrons dans un autre ordre d'idées : ce n'est plus la pratique de l'honneur, c'en est la récompense. Au moment de sortir pour aller signer le traité d'Amiens, lord Cornwallis, se trouvant indisposé, fait dire au plénipotentiaire français qu'il signera le lendemain, et qu'on peut regarder sa signature comme donnée. La nuit suivante, arrive un courrier de Londres qui ordonne de suspendre. « J'ai conclu, » répond le ministre anglais à sa cour, et il signe le lendemain malgré la défense, parce qu'il a engagé sa parole. On disait autrefois *bonne renommée* ; on a trouvé plus commode, plus concis de dire l'honneur d'un homme, celui d'une famille, celui d'une nation. Celui-ci dépend de la probité des gouvernements, et peut être en contradiction avec l'honneur personnel des individus qui la composent. Il n'est point toujours synonyme de grandeur, de gloire même.

Qu'y avait-il de plus perfide que la conduite des Romains à l'égard des rois et des peuples étrangers ? L'honneur n'en était pas le mobile, et cependant c'est là tout le fondement de leur immense gloire. Le monde entier s'est pris à ce piège : il admire encore Richelieu, Mazarin et Pitt. Les moralistes crient, et J.-B. Rousseau a fait là-dessus une ode admirable. Ce mot a subi bien d'autres abus. On peut être un homme sans honneur et se faire honneur d'une belle pièce de théâtre ou d'un beau livre ; cela s'est vu. Puis, dès qu'on a été en train de se faire honneur de quelque chose, on a fait descendre ce mot dans les formules de la servilité. On s'est fait un honneur de recevoir une lettre, une invitation d'abord d'une personne considérée, ensuite de tout le monde ; d'être le très-humble serviteur du premier venu, de saluer le premier faquin qu'on rencontre, et ces expressions sont aujourd'hui communes à la duchesse et à l'écaillère. Vous me faisiez l'honneur de me parler, dira un homme de cour à un détaillant de chandelles ; il disait autrefois à son égal : Monsieur veut-il me faire l'honneur de se couper la gorge avec moi ?

De tous les emplois de ce mot, le plus étrange est de l'invoquer en ôtant la vie à son semblable (*voyez* DUEL). Que ce préjugé ait pris naissance chez un peuple barbare, cela se conçoit ; mais qu'il ait prévalu depuis quatorze siècles sur toutes les idées de raison, de justice, d'humanité, au point de braver les lois et les échafauds, de soumettre même à ses exigences le plus déterminé de ses antagonistes, avec le mépris public pour auxiliaire, c'est la plus indéfinissable des bizarreries de l'esprit humain. Nous nous trompons, il en est une qui le lui dispute dans cette singulière histoire de l'honneur, c'est d'attacher celui d'un mari à la bonne conduite de sa femme. La civilisation et la philosophie commencent heureusement à en faire justice. On n'est plus déshonoré que lorsqu'on le sait et qu'on le souffre. Encore ne voudrions-nous pas jurer que, si le temps des Montespan et des Dubarry n'était point passé, les maris de ces dames ne vissent affluer dans leurs salles de bal ou de concert tous les collets-montés de la haute société de Paris. On dirait d'eux ce qu'on dit de tant d'autres, qu'ils se font honneur de leur fortune. Il suffit pour cela de donner à dîner à des parasites, de faire danser toute une ville, d'avoir un grand train de chevaux, des loges aux grands spectacles, de jouir enfin de tous les plaisirs de la vie. Que cette fortune soit le produit d'une banqueroute ou de la prostitution, peu importe ! dès l'instant que vous la dissipez avec grâce, que vous en jetez les débris à la tête de tout le monde, vous êtes honorable et honoré. Il n'y aura même d'honoré bientôt que la fortune. VIENNET, de l'Académie française.

HONNEUR (Affaire d'), débat, démêlé, querelle où les parties croient un homme compromis. Il se dit particulièrement d'un duel, d'un combat singulier.

HONNEUR (Chevalier d'). *Voyez* CHEVALIER.

HONNEUR (Dame, Demoiselle et Fille d'). *Voyez* DAME *et* DEMOISELLE.

HONNEUR (Homme d'). *Voyez* HOMME D'HONNEUR.

HONNEUR (Légion d'). *Voyez* LÉGION D'HONNEUR.

HONNEUR (Parole d'). *Voyez* PAROLE D'HONNEUR.

HONNEUR (Point d'). *Voyez* POINT D'HONNEUR.

HONNEURS. Les titres, les dignités, les hautes fonctions, les grandes charges, qu'on appelait autrefois, qu'on appelle encore des *honneurs*, n'attirent plus autant de respect ni de considération. A peine oserions-nous dire aujourd'hui ce qu'étaient jadis les honneurs du Louvre, de la cour, du tabouret et ceux que recevaient, à leur entrée dans nos villes, les rois, les princes, les ambassadeurs, les gouverneurs de provinces, les chefs de la magistrature. Qui, hors des cérémonies publiques, oserait maintenant se promener dans Paris avec les insignes d'une dignité ou d'une haute fonction ? Dès que la fête est finie, voyez tous ces hommes à honneurs se dépêcher pour endosser le frac qui les met de niveau avec tout le monde. On a tant dit et redit que les honneurs changeaient les mœurs qu'on a peur d'avoir même la dignité de son état. Ce n'est pas qu'on les fuie, on les recherche au contraire, mais pour l'argent qu'ils rapportent, et, par une amère dérision, nous appelons cet argent des *honoraires*, pour bien constater que les appointements d'une place en sont la partie la plus honorable.

Dans ce siècle d'agiotage et de spéculations, les *honneurs militaires* sont peut-être les seuls qui aient conservé leur prestige. C'est encore un jeu sérieusement joué par ceux qui les rendent et par ceux qui les reçoivent. C'est qu'il y a là d'éminents services rendus au pays au prix du sang ; il y a là un cortège de périls, de batailles, de victoires, toutes choses qui ont un grand retentissement, qui excitent les admirations populaires. Là on tressaille à l'aspect d'un drapeau qui, sur la porte d'une mairie de village, annonce qu'on lui rend émanent d'un sentiment de vénération qui ne peut faiblir ; car il suffit d'une campagne pour le ranimer. Là on rend les honneurs même au courage malheureux, parce que les vainqueurs sentent ce qu'il en coûte d'être battu et ce qu'on fait pour ne pas l'être.

11.

Les *honneurs funèbres*, dont l'usage est demeuré universel, sont plus propres à résister aux variations humaines. C'est d'abord un spectacle pour le peuple, et cela ne blesse ni la vanité ni l'intérêt de ses chefs. L'égoïsme et la vanité y trouvent même leur compte. Ce n'est point la satire de notre siècle que nous faisons; nous n'avons pas oublié que César fit rendre les honneurs funèbres à Pompée. Nous aimons mieux ceux que reçut notre Marceau; ils ont réellement honoré nos ennemis. Mais l'esprit de parti s'est aussi emparé des honneurs funèbres pour en fausser le principe, pour altérer la pureté de cet hommage suprême. Dans les funérailles de nos hommes politiques, nous avons moins cherché à honorer les morts qu'à insulter les vivants : c'est fâcheux. Ne perdons point cet usage, ne le prodiguons pas surtout. Rendons-lui, s'il se peut, sa moralité.

VIENNET, de l'Académie française.

HONNEURS DE LA COUR. *Voyez* ÉTIQUETTE.

HONNEURS MILITAIRES. On désigne par ce terme les démonstrations extérieures de respect auxquelles tout militaire est tenu à l'égard de son supérieur, et qui ont pour but de confirmer le principe si important de la subordination militaire en lui donnant une nouvelle consécration. Ils varient suivant le rang du supérieur et aussi suivant la position où se trouve le subordonné au moment voulu. Presque partout aujourd'hui le salut, qui consistait à se découvrir la tête quand on passait devant un supérieur, a été remplacé par l'action de porter simplement la main à la tête. Si un soldat est en faction, il portera ou présentera les armes suivant le grade de celui qui passera devant lui. Un poste ne prend les armes que pour un officier de ronde. Dans les parades, les revues, etc., le drapeau s'incline, et les officiers saluent de leur sabre. Dans les places fortes, des honneurs particuliers sont rendus aux princes ou, aux grands personnages qui viennent les visiter ; et des règlements spéciaux déterminent le nombre des coups de canon qui doivent être tirés en pareilles occasions. En mer, les vaisseaux se rendent aussi les *honneurs militaires*, et se saluent réciproquement. Il saluent également, par un certain nombre de coups de canon, les forts devant lesquels ils passent ou devant lesquels ils jettent l'ancre.

On appelle *gardes d'honneur* les gardes que l'on donne aux princes ou à d'autres hauts personnages. Il est une autre espèce d'honneurs militaires : ce sont ceux que la troupe ou la garde nationale rendent, après leur décès, aux officiers et soldats de leurs corps et aux membres de la Légion d'honneur de tous les degrés.

HONOLOULOU ou **HONOROUROU.** *Voyez* SANDWICH (ILES).

HONORABLE. L'expression *homme honorable* indique un homme que sa position, autant que son caractère personnel, rend digne d'être honoré. Dans un autre sens, un *homme honorable* veut dire un homme dont la maison et les dépenses sont sur un bon pied, un homme qui sait bien recevoir et traiter ses amis convenablement. Depuis 1815, le titre d'*honorable* est devenu une dénomination politique qui s'adresse aux députés : l'*honorable membre*; nous avons emprunté cet usage aux Anglais. Dans l'ancien régime, *honorable homme* était le titre que prenaient les bourgeois, les marchands enrichis, ce qui fait dire aux auteurs du *Dictionnaire de Trévoux.* « Ce titre est à présent avili, et, en quelque façon, opposé à la noblesse. » *Honorable et sage homme* était encore un titre que, dans de vieux actes, on donnait à des hommes de robe, à des docteurs gradués. Sous l'empire romain, on qualifiait d'*honorabiles* les anciens magistrats, ceux que nous appelons *honoraires.*

HONORABLE (Amende). *Voyez* AMENDE HONORABLE.

HONORAIRE. On appelle *honoraires* la rétribution due aux services et aux soins des personnes qui exercent certaines professions libérales, comme les médecins et les avocats; elle est à peu près laissée à leur discrétion quant à la quotité de la somme. Jadis on employait le mot *honoraires* pour désigner les traitements des fonctionnaires d'un ordre élevé.

Honoraire est aussi adjectif; il se dit des personnes qui portent un titre honorifique sans en exercer les fonctions. Il s'accorde aux magistrats dont la carrière judiciaire est terminée et qui ont entièrement cessé de siéger. Les corps savants et généralement la plupart des sociétés particulières ont aussi des *membres honoraires* qui ne sont point astreints aux mêmes obligations que les membres ordinaires. Enfin, on connaît les *tuteurs honoraires.*

HONORES (AD). *Voyez* AD HONORES.

HONORIFIQUES (Droits). *Voyez* DROITS FÉODAUX.

HONORIUS (FLAVIUS), empereur d'Occident, second fils de Théodose, était âgé de neuf ans seulement, en 395, quand la mort de son père lui donna la moitié de l'empire. Son frère Arcadius reçut l'Orient en partage. Tout le règne d'Honorius est dans la vie de Stilicon, son ministre; et, quand ce fantôme d'empereur eut fait mettre à mort ce général, Rome fut prise par Alaric, et Honorius, réfugié à Ravenne, ne dut son salut qu'à la mort du roi des Visigoths. Les plus belles provinces de l'empire furent perdues sous son règne, la Grande-Bretagne, la Gaule, l'Espagne. Il mourut en 423, à trente-huit ans.

HONORIUS. Quatre papes et un antipape ont porté ce nom.

HONORIUS Ier, fils de Pétrone, consul, naquit dans la Campanie. Il fut élevé sur la chaire apostolique vers l'année 626, et mourut après un pontificat d'environ douze ans. Il se fit remarquer par les mœurs les plus douces, la piété la plus tendre et par sa magnificence, qu'attestent encore un grand nombre d'édifices religieux qu'il fit construire ou réparer. Sergius, patriarche de Constantinople, répandait dans tout l'Orient l'erreur du *monothélisme*, dans l'espoir de ramener les Eutychiens à l'Église. L'empereur Héraclius protégea cette doctrine, et Sergius écrivit à l'évêque de Rome pour tâcher de le rendre favorable à ses projets. La réponse du pape à Sergius fut conçue dans des vues de conciliation, sans tomber toutefois dans l'hérésie des monothélistes, dont la doctrine fut anathématisée au sixième concile général tenu à Constantinople en 680, sous le pape Agathon. La mémoire de tous ceux qui avaient favorisé cette erreur fut, en outre, proscrite, et Honorius nommément condamné. Léon II, successeur d'Agathon, dans une lettre adressée à Constantin Pogonat pour confirmer les actes du concile, n'épargne pas plus Honorius.

HONORIUS (CADALOUS), antipape. En l'an 1061 éclata un nouveau schisme qui dura trois ans. A la mort de Nicolas II, deux factions puissantes se disputèrent l'élection de son successeur. Celle du fameux Hildebrand fit nommer Alexandre II, avec la pensée secrète d'affranchir le saintsiége de la dépendance où le maintenaient les empereurs d'Allemagne et de le délivrer en même temps de la tyrannie des comtes de Toscanelle et de Segny. Ces seigneurs, qui dominaient dans Rome depuis plus d'un siècle, s'unirent cette fois au représentant de l'empire, à Guibert de Parme, que l'impératrice Agnès, tutrice du jeune Henri, roi de Germanie, avait créé chancelier d'Italie, pour renverser l'ouvrage d'Hildebrand. Guibert devint l'âme de cette ligue : il s'aboucha d'abord aux évêques de Lombardie ; il y joignit une multitude de clercs et les conduisit vers l'impératrice, qui saisit avec empressement l'occasion de reprendre les droits de l'empire. Une diète fut convoquée à Bâle, où se rendirent un grand nombre de clercs et de prélats. Le jeune empereur parut le 28 octobre 1061, et Cadaloüs Calavicini, évêque de Parme, fut élu souverain pontife sous le nom d'Honorius II : c'était le digne représentant de tous les vices qui dégradaient le clergé romain, et Pierre Damien se rendit l'interprète de la chrétienté en les lui jetant à la face dans une lettre célèbre. Cadaloüs ne s'émut point des clameurs que soulevait son exaltation : il leva de l'argent et des troupes, séduisit quelques partisans d'Alexandre II, et parut aux portes de Rome le 14 avril 1062. Le pape se hâta de fuir dans la Toscane, mais le peuple tint ferme, et le duc Godefroi, étant venu à son secours, fit un effroyable carnage des troupes de l'antipape. Cadaloüs n'échappa lui-même à la captivité et peut-être à la mort qu'en séduisant à prix d'or quelques officiers du duc de Toscane. Mais dans ce temps, comme dans beaucoup d'autres, les vaincus ne gardaient point d'amis. L'Allemagne, dirigée par les conseils d'Annon, archevêque de Cologne, et par les écrits de Pierre Damien, abandonna le pape du synode de Bâle et reconnut celui d'Hildebrand. L'impératrice Agnès vint elle-même à Rome solliciter le pardon d'Alexandre, et se retira dans un couvent pour expier sa faute. Le chancelier Guibert fut déposé et chassé de la cour; mais l'antipape ne se tint point pour battu. Réfugié dans son église de Parme, il renoua ses intrigues, attira dans son parti ce même Godefroi de Toscane qui l'avait repoussé des portes de Rome, et séduisit encore quelques ministres ou officiers de l'empereur Henri. L'archevêque Annon, changeant de langage, se rendit en Italie pour soutenir devant Alexandre le droit qu'avait eu l'empereur de nommer un pape; mais il ne tarda point à faire voir que la reconnaissance de ce droit par Alexandre le touchait plus que le rétablissement de Cadaloüs. Un concile fut assemblé à Mantoue; le cardinal Pierre Damien y suivit le pontife, qui, s'étant purgé du reproche de simonie, fit condamner tout d'une voix son compétiteur comme simoniaque. Cadaloüs n'en fut pas plus abattu; il osa même se rendre à Rome en cachette, séduisit quelques capitaines, distribua de l'or aux soldats, et s'empara de l'église de Saint-Pierre. Mais le peuple, étonné d'abord de ce trait d'audace, mit en fuite les soldats de l'antipape, et sans le prompt secours que lui prêta Cencius, gouverneur du château Saint-Ange, il eût péri dans ce tumulte. Ce secours n'était pas désintéressé : Cencius ne recueillit Cadaloüs dans sa forteresse que pour le rançonner, tout en résistant aux troupes du pape Alexandre. On prétend que le siége dura deux années : c'est difficile à croire. Quoi qu'il en soit, il est hors de doute que l'antipape avait au mont Bardon au milieu de quelques pèlerins qui avaient protégé sa fuite, et que, réfugié plus tard dans le bourg de Barette, il continua à faire des ordinations et des décrets, que reconnaissaient encore plusieurs églises d'Allemagne; il soutint enfin jusqu'à sa mort, arrivée en 1066, la légitimité de son élection, et le nom d'Honorius II, que l'histoire ne lui a point conservé.

VIENNET, de l'Académie Française.]

HONORIUS II, pape, élu en 1124, évêque d'Ostie, nommé précédemment le cardinal LAMBERT, confirma Lothaire dans la dignité impériale, et condamna, pour diverses fautes, les abbés de Cluni et du mont Cassin. Il mourut en 1130, laissant quelques lettres assez curieuses.

HONORIUS III (CENCIO SAVELLI), né à Rome, élu en 1216, mort en 1227, reconnut l'ordre des Dominicains et celui des Carmes, prêcha vainement une croisade pour conquérir la Terre Sainte, arma Louis VIII contre les albigeois, accorda, le premier, des indulgences dans la canonisation des saints, et défendit, vers 1220, d'enseigner le droit civil à Paris. On a de lui : *Conjuratio adversus principem tenebrarum et angelos ejus* (Rome, 1629, in-8°).

HONORIUS IV (JACQUES SAVELLI), Romain, élu pape en 1285, mort en 1287, délivra des États de l'Église des brigands qui les infestaient, soutint, en Sicile, le parti français contre la maison d'Aragon, et fut le défenseur des immunités ecclésiastiques.

HONT, comitat de Hongrie, situé en deçà du cercle du Danube, confinant aux comitats de Mograd, de Grän, de Pesth, de Bars et de Sohl, comprend une superficie de 32 myriamètres carrés, est généralement montagneux, et, tant par ses beautés naturelles que par la richesse de ses produits, forme l'une des parties de la Hongrie les plus heureusement douées. On y récolte d'excellents vins, on y cultive beaucoup de tabac, et il n'y a pas de comitat dont les produits minéraux soient aussi abondants. Les mines appartenant à la couronne rapportent annuellement, en moyenne, 708 marcs d'or, 15,126 marcs d'argent et 2,498 quintaux de plomb, tandis que les mines appartenant à des particuliers fournissent chaque année 856 marcs d'or, 18,493 marcs d'argent, et 6,945 quintaux de plomb. L'exploitation des mines, pratiquée surtout par des Allemands, occupe au moins un dixième de la population. Celle-ci, répartie en 3 villes, 8 bourgs à marché, 176 villages et 28 *poussten*, s'élève à 110,128 habitants. Sous le rapport des nationalités, elle se divise en 49,223 Hongrois, 52,220 Slaves, et 8,685 Allemands; sous le rapport des cultes, elle se compose de 75,484 catholiques, de 27,134 protestants luthériens, de 7,142 calvinistes et 368 juifs, qui n'ont été admis à résider dans ce comitat qu'en 1840. Il a pour chef-lieu la ville de Chemnitz, dont le nom est aussi employé d'ordinaire pour désigner les mines du comitat de Hont.

HONTE. La *honte* est quelquefois la conscience d'une action qui dégrade l'homme dans sa propre estime; elle est aussi la crainte d'entendre l'expression d'un blâme mérité ou non, et par conséquent elle se soumet au joug des préjugés dominants comme aux ordres d'une morale judicieuse, aux conseils de l'honnêteté et des convenances. Ce n'est pas un guide qui arrête sur la bonne voie, mais seulement un obstacle qui ferme quelques-unes de celles qui n'aboutissent qu'au mal et quelques autres qui seraient indiquées par la vertu. La *fausse honte* est une disposition méticuleuse et condamnable, qui place la crainte du ridicule au niveau ou au-dessus des exigences du devoir. Une *mauvaise honte* empêche trop souvent de réparer les dommages causés par des propos indiscrets, une démarche imprudente, un abus de pouvoir, une négligence, etc. « Tel homme opulent, dit Horace, craignant de passer pour prodigue et dissipateur, refuserait de venir au secours d'un ami qui souffre de la faim et du froid. » La honte n'est donc pas un frein moral sur lequel on puisse compter dans tous les cas. L'expression énergique, mais très-juste, *boire sa honte*, eût dû avertir le législateur et provoquer ses méditations sur l'inefficacité de l'ignominie considérée comme moyen de répression, et trop prodiguée dans nos codes criminels. Les hideux spectacles mis trop souvent sous les yeux du public émoussent plus les sens moraux qu'ils ne peuvent les exciter et les développer à l'avantage de la société.

Rien de ce qui présente quelque idée de grandeur ne passe pour *honteux*; l'audace ne flétrit jamais, au lieu que tout ce qui lui est opposé dans la conduite et le caractère de l'homme peut mériter la *honte*. Dans les âmes d'une trempe forte, le témoignage d'une bonne conscience l'emporte sur tout le reste. Thomas Corneille a dit avec autant d'énergie que de justesse :

Le crime fait la honte, et non pas l'échafaud.

L'infortuné que le besoin réduit à mendier refuse quelquefois de recourir à cette humiliante ressource : c'est un *pauvre honteux*; le brigand est au-dessus de la honte : il semble que cette sorte de censure perd ses droits et s'arrête lorsque le crime commence. Un petit mensonge peut être *honteux*; une calomnie atroce ne le sera pas si elle tire son origine de fortes passions, et surtout si elle a été funeste à sa victime.

On donne quelquefois le nom de *honte* à une timidité qui gêne l'expression de la pensée, parce que les Latins la comprenaient parmi les nombreuses acceptions du mot *pudor*. C'est ce qu'Horace, en parlant des courtes réponses qu'il fit à Mécène lors de leur première entrevue, donne cette raison de l'embarras qu'il éprouvait :

Infans, namque pudor prohibat plura profari.

Il semblerait, d'après cette observation, que notre idiome a poussé plus loin l'analyse des sentiments moraux qu'on ne l'avait fait à Rome jusqu'au siècle d'Auguste, puisque nous avons des mots pour exprimer des nuances que l'on n'apercevait pas alors, des distinctions que l'on n'avait pas faites. C'est la *pudeur* qui prescrit de voiler les parties *honteuses* du corps humain. La pudeur ne peut être confondue avec la *honte*, quoique le mot *impudeur* signifie le plus souvent l'insensibilité aux atteintes du blâme public, aux réclamations de la conscience.   FERRY.

HONTHORST (GÉRARD), peintre distingué de l'école flamande, né en 1592, à Utrecht, se forma sous Abraham Bloemaert, et à Rome et Naples, sous Michel-Ange de Caravage. Là, il s'appropria ces effets de lumière vigoureux et tranchés, surtout ces effets de nuit, qui lui ont fait donner par les Italiens le surnom de *Gherardo dalle notti*. Il fut au nombre des artistes de ce siècle qui, évitant le genre maniéré et les extravagances d'imagination de plusieurs de leurs contemporains, s'attachèrent, à l'exemple du Caravage, à reproduire exactement la nature. Toutefois, il n'imita du Caravage que la carnation, la vie et les grandes masses d'ombre et de lumière; il fut plus exact dans le dessin, plus choisi dans les formes, plus gracieux dans les mouvements. Honthorst travailla quelque temps en Angleterre, pour Charles 1ᵉʳ, et fut ensuite peintre du prince d'Orange. Il habitait La Haye, et fit un grand nombre de peintures pour le château de plaisance de la Maison du Bois, près de cette capitale, où se trouvent toujours beaucoup de ses plus beaux tableaux. Il vivait encore en 1662. Joachim de Sandrart fut le plus célèbre de ses élèves.

Son frère, *Guillaume* HONTHORST, mort en 1666, travailla dans le même style, particulièrement pour la cour de Brandebourg.

HONVÉD, c'est-à-dire *défenseur du pays*. On appelait ainsi autrefois en Hongrie, sous les rois, les combattants indigènes, et plus tard toute l'armée. Cette dénomination disparut avec les institutions qui lui servaient de base; mais on la fit revivre lors de la dernière révolution. Dans l'été de 1848 on ne donna d'abord le nom de *honvéds* qu'aux volontaires enrôlés pour quelques semaines seulement ou *a'gyœzelmig* (jusqu'à la victoire), et qu'on envoya dans le sud contre les Raitzes et les Serbes. Mais quand, plus tard, la lutte s'engagea plus particulièrement contre l'Autriche, lorsque beaucoup des anciens régiments de troupes régulières passèrent sous les étendards hongrois, et lorsqu'on y incorpora un grand nombre de ces volontaires, ou bien qu'on en forma de nouveaux régiments de ligne, le nom de *honvéd* fut employé pour désigner toute l'armée nationale. Dans le langage habituel, on entendait cependant plus particulièrement par ce mot les soldats d'infanterie.

HOOD (SAMUEL), célèbre amiral anglais, né en 1724, fils d'un pasteur, débuta dans la marine royale comme enseigne, et dès le commencement de la guerre de sept ans était parvenu au grade de capitaine de la flotte. En 1758, il obtint le commandement de la frégate *La Vestale*, sortit de Portsmouth en croisière, et prit, après un long combat, la frégate française *La Bellone*; ensuite il commanda le vaisseau de ligne *L'Afrique*, de 64 canons. Lorsque commença la guerre contre les colonies américaines, Hood croisa dans les eaux de ces contrées. En 1780, élevé au rang de *baronet* et au grade d'amiral, il rencontra et battit l'amiral de Grasse, près Saint-Christophe, le 21 février 1782, et lui fit essuyer une défaite plus décisive le 14 avril, près de la Guadeloupe. Quelques jours après il prit encore, dans la passe de Mona, deux vaisseaux de ligne français et deux vaisseaux espagnols. A la paix de 1783, le roi George III le créa pair d'Irlande, sous le titre de *baron de Catherington*. L'année suivante, il entra à la chambre basse, où il s'acquit, par le libéralisme de son opposition, une grande popularité qu'il perdit lorsque, en 1766, il se laissa gagner par le ministère, qui le nomma lord de l'amirauté.

Au commencement des guerres de la révolution française il obtint le commandement de la flotte de la Méditerranée. Le 27 août 1793, de concert avec l'amiral espagnol Langara, il s'empara, par capitulation, de la ville de Toulon, révoltée contre la Convention. Mais la désunion des royalistes et la jalousie de l'Espagne entravèrent ses opérations ultérieures. Grâce à l'énergie du jeune Napoléon Bonaparte, improvisé général de l'armée de siége, Hood fut contraint d'abandonner la rade de Toulon, le 18 décembre. Avant de partir il incendia l'arsenal avec le matériel qu'il contenait, onze vaisseaux de ligne, neuf frégates et corvettes; emmenant avec lui les trois vaisseaux qui restaient, six frégates et six bâtiments moindres. Une tempête força Hood à jeter l'ancre près des îles d'Hyères, avec sa flotte encombrée de royalistes fugitifs. De là il fit voile pour les mers d'Italie, et s'empara de la Corse le 21 mai 1794; mais il ne la garda pas longtemps. Ce fut là son dernier exploit. De retour en Angleterre, il fut créé *vicomte de Whitley*, et en 1796 gouverneur de Greenwich. Il mourut à Bath, en 1816.

HOOD (THOMAS), un des *humoristes* anglais les plus originaux, naquit en 1798, à Londres, où son père, Écossais d'origine, faisait le commerce de la librairie. Destiné à embrasser cette profession, il la prit tellement en dégoût, que sa santé s'altéra. Pour la rétablir, son père l'envoya passer quelque temps auprès d'un parent, à Dundee, où il donna les premières preuves de ses dispositions pour la littérature, en prenant part à la rédaction du *Dundee Magazine*. De retour à Londres, on le mit en apprentissage chez un graveur; mais il ne demeura dans son atelier que le temps nécessaire pour acquérir des notions pratiques qui plus tard devaient lui être utiles pour l'illustration de ses ouvrages (par exemple, pour celle du *Comic Annual*). A partir de 1821 il s'adonna exclusivement à la littérature, et fut chargé de la direction du *London Magazine*. Par la suite il publia un journal à lui, sous le titre de *Hood's Magazine*. Son premier recueil de vers, intitulé *Whims and Oddities*, obtint un grand retentissement. Ce qui distinguait surtout cet ouvrage, c'est le parti que l'auteur y tirait des jeux de mots, genre d'esprit devenu sous sa plume une source d'*humour* vraie et souvent même d'émotions douces. Quelques contes en prose, *National Tales*, qu'il fit paraître en 1827, eurent moins de succès; et un roman, *Tylney Hall*, qui parut ensuite, prouva que dans cette direction son talent faisait fausse route. En revanche, ses nouveaux essais poétiques réussirent encore plus que les premiers; dans le nombre on remarque surtout le poème intitulé: *Dream of Eugene Aram*, publié en 1829 dans l'almanach *The Gem*, et *The Plea of the midsummer Fairies*, création fantastique pleine de charme. Il maintint sa réputation d'*humoriste* par la publication du *Comic Annual* et par son *Up the Rhine* (1842), satire contre les touristes anglais. Les *Whimsicalities, a periodical gathering* (2 vol., 1843), avaient déjà paru en grande partie dans le *New Monthly-Magazine*. Le dernier de ses poèmes qui mérite d'être mentionné est le *Song of the Shirt*, qui parut d'abord dans le *Punch*, et où il dépeignait avec tant de vérité la misère des ouvrières de Londres employées à les travaux de couture, que ce poignant tableau produisit une profonde sensation et ne contribua pas peu aux mesures prises alors pour alléger tant de poignantes souffrances. Dans la plupart des productions de Thomas Hood, dans ses quolibets et ses parodies même, on sent l'inspiration d'un amour vrai de l'humanité. Ils ont parfois quelque chose de sérieux et de triste, dont l'effet est encore augmenté par les rapprochements aussi bizarres qu'inattendus qu'on y trouve. Il rit d'un œil sur les folies des hommes et pleure de l'autre sur leurs faiblesses et leurs vices. Thomas Hood mourut le 3 mai 1845. Une quatrième édition de ses *Poëmes* a paru en 1851.

HOOFT (PIETER), né à Amsterdam, en 1581, fils du bourgmestre Cornélis Hooft, l'un des nobles qui, en 1587, bravèrent au péril de leur vie la tyrannie de Leicester, se forma par l'étude des classiques anciens et par ses voyages en Italie. A son retour, il remplit depuis 1609 jusqu'à sa mort, arrivée à La Haye le 21 mai 1647, les fonctions de bailli de Muiden, sans prétendre à de plus hautes dignités, comme semblaient l'y convier sa naissance, ses connaissances et ses richesses. Tacite, qu'il traduisit en hollandais et en style classique, fut son modèle comme historien, et il fit tous ses efforts pour l'imiter. Comme historien, il publia : *Het leven van Koning Hendrik IV* (Amsterdam, 1626) et une *Histoire de la Maison de Médicis*, 1649); mais sa *Nederlansche Historien* (2 vol., 1642) est celui de ses ouvrages qu'on estime le plus ; elle s'étend de 1256 à 1587, au moment où finit le gouvernement de Leicester. Comme poëte, Hooft naturalisa en Hollande la tragédie aussi bien que le genre érotique. Ses *Lettres*, qu'on regarde également comme des modèles, ont été imprimées par Huydecooper (1738), et sa *Traduction de Tacite* par Brandt (1684).

HOOGHE (Pieter de), un des meilleurs peintres de genre flamands, né vers 1643, et selon d'autres en 1659, fut, dit-on, élève de Bergen. Il peignit avec un rare bonheur des scènes d'intérieurs flamands, où il a su reproduire de la manière la plus naturelle et la plus agréable l'effet du soleil à travers les fenêtres. Presque tous ses tableaux représentent des intérieurs d'appartement avec de ces effets de soleil ; et les personnages tranquilles, silencieux, qu'il y place, rendent de la manière la plus complète le calme qui est le propre d'un jour de fête. Son pinceau est moins délicat, mais non moins spirituel que celui de Dow ou de Miéris ; et comme coloriste, il est un des maîtres dans son genre. Ses tableaux sont assez rares et d'un prix très-élevé. Il mourut en 1722.

Il ne faut pas le confondre avec *Romain de Hoogue*, ingénieux graveur flamand sur cuivre, né vers 1638, et qui a travaillé jusque vers 1704.

HOOGSTRATEN (Jacques de), grand-juge des hérétiques à Cologne, et l'un des adversaires les plus acharnés de Reuchlin, naquit en 1454, au bourg de Hoogstraten, en Brabant, fit ses études à Cologne, entra bientôt après dans l'ordre des dominicains, et y obtint un prieuré. Nommé par la suite professeur de théologie à Cologne, il fut établi grand-juge des hérétiques (*hereticæ pravitatis inquisitor*) lorsque l'inquisition fut introduite en Allemagne sur les instances du pape Léon X et de l'empereur Charles-Quint. Hoogstraten choisit tout d'abord pour victimes de son zèle Érasme de Rotterdam et Reuchlin, et fit publiquement brûler les ouvrages de ce dernier. Reuchlin s'en vengea en le livrant aux risées du monde lettré ; Hoogstraten fut aussi fort maltraité dans les *Epistolæ obscurorum virorum*, et mourut à Cologne, le 21 janvier 1527. On a de lui quelques mauvais pamphlets en latin, contre Luther et la réformation.

HOOGSTRATEN (Dirk van), peintre flamand, né en 1595, était apprenti orfévre quand il s'appliqua à la gravure sur cuivre, et plus tard à la peinture, où il se fit la réputation d'un excellent artiste, notamment dans le genre historique. Il mourut à Dordrecht, en 1670.

Son fils, *Samuel* van Hoogstraten, surnommé *le Batave*, né à Dordrecht, en 1627, fut initié à l'art par son père et par Rembrandt. Il peignit beaucoup de portraits, de tableaux d'histoire, des fleurs et des fruits ; mais les tranquilles scènes d'intérieur lui réussissaient de préférence. De Vienne, où il alla fort jeune encore, il se rendit à Rome, et plus tard à Londres : il mourut dans sa patrie, en 1678. Son *Traité de la Peinture*, avec des planches gravées par lui-même, est un des meilleurs ouvrages qui aient été publiés dans ce siècle sur ce sujet.

Son frère, *Jean* van Hoogstraten, qui l'accompagna dans ses voyages, peignit également des tableaux d'histoire, et mourut à Vienne, en 1654.

HOOK (Théodore-Édouard), romancier et poëte dramatique anglais, né à Londres, en 1788, est auteur d'une foule de pièces de théâtre, comme le *Retour du Soldat* ; le *Siége de Saint-Quentin* ; *Tekli*, mélodrame, etc. Présenté au prince-régent, il capta si bien sa faveur par ses saillies et sa gaieté, qu'en 1812 il fut nommé receveur général et trésorier à l'île Maurice, avec un traitement de 2,000 livr. sterl. Il remplit ces fonctions jusqu'en 1818, époque où un abus de confiance, commis par l'un de ses subordonnés, mit à sa charge un déficit considérable reconnu dans sa caisse. Quand il revint en Angleterre, on lui intenta un procès, qui dura jusqu'en 1823, et se termina par un jugement qui le condamnait à réintégrer dans les caisses du gouvernement une somme de 12,000 liv. sterl. Pendant ce temps-là il était devenu l'un des rédacteurs du *John-Bull*, journal dans lequel il défendait les principes du parti tory et combattait ses adversaires avec une verve de causticité voisine souvent du cynisme. Au moment du procès intenté à la reine Caroline, il accabla souvent cette malheureuse princesse des plus grossières insultes. Malgré cela, il lui fallut subir sa détention à laquelle il avait été condamné ; et ce fut dans la prison pour dettes qu'il composa ses premiers *Contes*, publiés sous le titre de *Sayings and Doings* (Londres, 1824), et dont le succès fut tel, qu'ils lui valurent plus de 2,000 livr. sterl. Il parut une continuation en 1825, et bientôt après la détention de Hook cessa. Il se consacra dès lors exclusivement à la nouvelle et au roman. En 1828, il publia une troisième série de ses *Sayings and Doings* ; en 1830, *Maxwell* ; *La Fille du Curé* et *Amour*, et *Vanité*. En 1836, il prit la rédaction en chef du *New-Monthly-Magazine*, recueil pour lequel il composa *Gilbert Gurney*, puis une suite assez médiocre à ce roman, intitulée : *Gurney Marié*. Vinrent ensuite, en 1837, *Jack Bray* ; en 1839, *Naissances*, *Morts et Mariages* ; en 1840, *Pères et Fils*. On a aussi de lui des *Memoirs of general sir David Baird* et une *Vie de Kelly*. Son dernier roman, *Peregrine Bunce*, ne parut qu'après sa mort (3 vol., 1842), et fut achevé par une main étrangère. Sa connaissance du monde, ses relations avec la haute société, son esprit, son talent pour la narration, lui eussent permis de faire beaucoup mieux qu'il n'a fait, si sa vie désordonnée ne l'avait constamment jeté dans des embarras d'argent, et si la nécessité de soutenir cinq enfants, nés d'une union illégitime, n'avait entravé l'essor de son génie. Il mourut le 24 août 1841.

HOOKE (Robert), géomètre et astronome anglais, né dans l'île de Wight, en 1638, mort le 3 mars 1703, est célèbre par un grand nombre d'inventions. Même en lui contestant celle du ressort spiral des montres (*voyez* Balancier), il lui reste assez d'autres titres de gloire. Mais ce qui lui mérite surtout une place distinguée dans la science, c'est d'avoir, douze ans avant Newton, entrevu les lois de la gravitation universelle. On lit en effet dans un de ses ouvrages, publié en 1674, et intitulé : *An attempt to prove the motion of the earth* (Londres, in-4°), le passage remarquable dont voici la traduction : « J'expliquerai un système du monde différent à bien des égards de tous les autres, et qui est fondé sur les trois propositions suivantes : 1° que tous les corps célestes ont, non-seulement une attraction ou une gravitation sur leur propre centre, mais qu'ils s'attirent mutuellement les uns les autres dans leur sphère d'activité ; 2° que tous les corps qui ont un mouvement simple et direct continueraient à se mouvoir en ligne droite, si quelque force ne les en détournait sans cesse, et ne les contraignait à décrire un cercle, une ellipse ou quelque autre courbe plus composée ; 3° que l'attraction est d'autant plus puissante, que le corps attirant est plus voisin. » Hooke fit paraître plusieurs autres ouvrages, également en anglais, le principal est sa *Micrographie*, 1665, in-folio. C'est sur ses plans que Londres fut en partie rebâtie après le fameux incendie de 1666.

HOOKER (Sir William-Jackson), né à Exeter, en 1785, manifesta de bonne heure un goût des plus vifs pour l'étude de l'histoire naturelle, et en 1809 entreprit en Islande un voyage scientifique qui lui fournit le sujet d'un livre intitulé : *A Tour in Iceland* (2ᵉ édit, 1813), En 1815, il épousa la fille de Dawson Turner, savant botaniste et archéologue, et hérita de la fortune, assez considérable, de son oncle William Jackson, de Canterbury ; ce qui ne l'empêcha pas d'accepter la chaire de botanique que lui offrit à ce moment l'université de Glasgow et de déployer en même temps une infatigable activité littéraire. C'est ainsi qu'il continua le *Botanical*

Magazine fondé, en 1787, par Curtis, dont il commença une troisième série en 1845, après la publication du 70° volume ; qu'il fit paraître, à partir de 1834, le *London Journal of Botany*, et qu'il publia en outre *Botanical Miscellany*. Nous citerons encore de lui *British Jungermanniæ* (1816) ; *Muscologia Britannica* (2° éd., 1833) ; *Musci exotici* (1818) ; *Flora Scotica* (1821) ; *Exotic Flora* (3 vol., 1823-1827) ; *Flora Borealis-Americana* (2 vol., 1833-1840) ; les parties botaniques des voyages scientifiques de Beechey et autres ; *The British Flora* (5 vol., 1830 ; 5° édit., 1842) ; *Icones Plantarum, or figures with brief descriptive characters and remarks of new and rare plants, selected from the author's herbarium* (1837) ; *Species Filicum* (1846-1853) ; *A century of orchidaceous plants* (1846).

En 1836, Hooker fut créé baronet, en considération des services rendus par lui à la science. Quelques années plus tard, il fut nommé directeur du Jardin botanique de Kew, devenu depuis lors le premier établissement de ce genre qu'il y ait au monde. Il a rendu compte des améliorations qui y ont été effectuées par lui, dans l'écrit intitulé : *Kew Gardens, or a popular guide to the royal botanic Gardens at Kew* (1847). Son dernier travail est un ouvrage de grand luxe sur la *Victoria regia* (1851).

HOOKER (JOSEPH-DALTON), fils du précédent, né en 1819, docteur en médecine, accompagna de 1839 à 1843 le capitaine Ross dans son expédition au pôle antarctique, en qualité de médecin et de naturaliste ; et il en a publié les résultats botaniques dans sa *Flora Antarctica* (2 vol., 1845-1848) et dans sa *Flora Novæ-Zelandiæ* (1852). En 1847, muni d'instructions spéciales de M. de Humboldt, il entreprit un voyage botanique dans l'Inde. Arrivé à Calcutta en janvier 1848, il franchit l'Himalaya, et pénétra jusque dans le Thibet, où il découvrit un grand nombre de plantes nouvelles, entre autres 37 espèces de rhododendrons jusqu'alors complètement inconnues, dont on trouvera la description dans le magnifique ouvrage intitulé : *The Rhododendrons of the Sikkim Himalaya* (1849-1851). Il était de retour de cette expédition scientifique en 1851.

HOORN ou HORN, ville et chef-lieu d'arrondissement de la province de Hollande septentrionale (royaume des Pays-Bas), située dans une belle contrée, sur une baie du Zuyderzée, possède un bon port, un collège, un bel hôtel de ville, dix églises et compte 8,000 habitants, qui font un commerce considérable en beurre et en fromages. Ils font aussi la pêche et construisent beaucoup de vaisseaux.

Hoorn était jadis l'une des villes les plus riches et les plus florissantes de la Hollande, grâce à l'activité de ses négociants, de ses marins et de ses pêcheurs de baleines. C'est là que furent inventés les grands filets employés encore aujourd'hui pour la pêche du hareng, et que naquit entre autres hommes célèbres, Wilhelm Schouten, qui le premier doubla le cap H o r n. Cette époque de prospérité est depuis longtemps passée. Comme presque toutes les autres villes de la Hollande septentrionale situées sur le Zuyderzée, Hoorn décline chaque jour davantage. Après une terrible inondation, causée, en 1557, par la rupture des digues, elle eut encore beaucoup à souffrir pendant les guerres contre l'Espagne. En 1799 elle fut prise par les Anglais ; mais ils l'évacuèrent après la bataille d'Alkmaar.

HOPITAL et HOSPICE (mots dérivés du latin *hospes*, hôte, et *hospitalitas*, hospitalité). Un hôpital ou hospice n'a été d'abord, en effet, qu'un lieu où l'on donnait l'hospitalité. Il paraît que chez les anciens Grecs et Romains il n'existait pas d'établissements analogues à nos hôpitaux modernes. Pour expliquer ce fait, il faut se rappeler que la population était alors formellement divisée en hommes libres et en esclaves : parmi ceux-ci, les malades et les infirmes devaient être soignés par leurs maîtres, ou si quelques-uns étaient abandonnés, qui s'inquiétait du sort de quelques esclaves ? Quant aux hommes libres, ceux qui devenaient pauvres tombaient souvent dans l'esclavage, ou ils trouvaient secours et appui chez ces patriciens qui avaient des milliers de clients sous leur patronage. Le christianisme vint, qui changea la face du monde, en proclamant cette maxime étrange pour les riches, cette *bonne nouvelle* pour les pauvres, que les esclaves sont les frères de leurs maîtres. C'est le christianisme qui a fondé les hôpitaux.

On croit que les premiers hôpitaux furent fondés à Jérusalem, pour recevoir les pèlerins qui venaient visiter la Terre Sainte. Ils se multiplièrent ensuite dans toute l'Europe chrétienne ; chaque abbaye, chaque monastère, chaque cathédrale même eut son hôpital. Les fonds nécessaires à leur établissement et à leur entretien furent fournis par les seigneurs et les rois ; les bourgeois eux-mêmes contribuèrent pour beaucoup à la fondation des hôpitaux. Il n'y avait guère d'homme riche qui en mourant ne fît quelque legs à un hôpital. Les barons, après avoir pillé des serfs pendant leur jeunesse, faisaient ensuite pénitence en donnant à un hôpital le fruit de leurs rapines. Aussi voit-on qu'au moyen âge il existait des hôpitaux pour chaque espèce de maladie et d'infirmité, des hôpitaux pour chaque genre de métier, des hôpitaux pour les hommes, pour les veuves, pour les filles, pour les voyageurs, etc. Tous ces établissements étaient sous la direction du clergé, et le service intérieur en était fait par les différents ordres religieux. Les malades, les infirmes, et longtemps aussi les voyageurs ou pèlerins, trouvaient dans ces asiles nourriture et repos ; quant au traitement médical, il n'en était souvent pas question. On n'offrait aux pauvres que l'hospitalité, mais une hospitalité réelle et généreuse : ceux qui étaient reçus dans les hôpitaux, disent les chroniques, se confessaient et communiaient ; ils étaient ensuite regardés comme les maîtres de la maison, et les religieux devenaient leurs serviteurs.

Quand le pouvoir se concentra dans la main du roi, c'est son gouvernement qui dut protection et secours à tous ses sujets. L'administration des hôpitaux passa d'abord aux parlements ; plus tard, en 1544, François 1er chargea le prévôt des marchands et les échevins de Paris de veiller aux besoins des pauvres. Depuis lors, ces magistrats, sous le nom de *grand bureau des pauvres*, eurent l'administration des hôpitaux, à l'exception de l'H ô t e l - D i e u, des P e t i t e s - M a i s o n s et de La Trinité, régis par des administrateurs particuliers. Il en fut à peu près de même dans les provinces. Comme les dons volontaires ne suffisaient plus, le bureau des pauvres avait le droit de lever sur tous les habitants un impôt nommé *taxe d'aumône*. Ce bureau fut remplacé à la révolution par des administrateurs, et plus tard par le *conseil général des hôpitaux et hospices*. Depuis l'époque où le gouvernement eut son siège définitif à Paris, c'est dans cette capitale que s'élevèrent les établissements de charité les plus importants. En 1632, Louis XIII posa la première pierre de La S a l - pétrière, en 1657 on put y faire entrer les pauvres mendiants. On avait, dans le même temps, agrandi et disposé le château de B i c ê t r e pour qu'il pût servir d'hôpital : ces deux établissements reçurent 7 à 8,000 pauvres. Vers la même époque, on parvint à fonder un établissement pour les *enfants trouvés*. Sous Henri IV et Louis XIII furent encore fondés deux grands hôpitaux, celui de Saint-Louis et La Pitié. Traités d'abord dans les divers hôpitaux et surtout à l'Hôtel-Dieu, les vénériens furent ensuite envoyés à Bicêtre. Là, ils devaient être fustigés avant et après le traitement, et ce traitement était tel que la plupart mouraient dans un horrible état. En 1784 les vénériens furent transportés dans l'ancien couvent des Capucins, aujourd'hui hôpital du Midi, et ils y furent traités d'une manière convenable. Depuis longtemps les malades n'étaient plus des hôtes considérés comme les maîtres de la maison où on les recevait ; les hôpitaux étaient devenus des lieux terribles, où les malheureux n'entraient souvent que pour y agoniser et mourir. A l'Hotel-Dieu, les malades ont couché jusqu'à huit dans un lit à deux étages, c'est-à-dire que la moitié de ces malheureux couchaient par terre pendant six heures et faisaient ensuite lever les quatre autres pour prendre leur place : c'est Louis XVI qui a fait donner un lit à chaque malade. Avant Henri IV, les soldats invalides n'avaient d'autre ressource que la charité publique : ce prince leur donna un asile dans une maison située rue de l'Arbalète (aujourd'hui l'École de pharmacie). Louis XIII les fit transférer à Bicêtre, où ils restèrent jusqu'à l'époque où Louis XIV fit construire pour eux le magnifique hôtel des Invalides.

Telle était en général la situation des établissements publics de charité au moment où éclata la révolution. La Convention, ce dictateur si actif, s'empara de l'administration des hôpitaux comme de toutes les autres. En 1794, seize membres de cette assemblée furent choisis pour surveiller les hôpitaux et hospices, et ils commencèrent à donner au service l'uniformité qui existe aujourd'hui. Mais cette organisation régulière est due surtout au conseil général des hôpitaux et hospices fondé en 1801 par le premier consul. Depuis lors la direction et la distribution des secours accordés aux pauvres et aux malades ont été remises à une même volonté, et le service et l'administration des hôpitaux suivent partout un plan uniforme et régulier. C'est aussi la Convention qui a créé les hôpitaux militaires. Jusqu'à l'époque de la révolution, tous les asiles publics ouverts aux malades et aux infirmes indigents étaient désignés sous le nom général d'*hôpitaux*; mais ce nom d'hôpital réveillait chez le peuple l'idée d'un lieu si repoussant, d'une pitié si insultante et si cruelle que, devenu le maître, il le proscrivit avec horreur et lui substitua le nom d'*hospice*.

Ces asiles cependant sont de deux espèces bien distinctes. Dans les uns, on n'admet que des malades ou des blessés ; on ne les garde qu'un temps limité, ou jusqu'au moment de leur guérison, si on peut l'obtenir, ou, si leur mal est incurable, ils doivent céder leur place à d'autres. Dans les autres, au contraire, on admet les individus que l'âge ou des infirmités incurables mettent hors d'état de pourvoir à leur existence, et on les garde jusqu'à leur mort. Il était donc convenable de distinguer ces deux sortes d'asiles par des noms différents. Le nom d'*hospice* a été réservé pour ceux-ci, et les premiers ont repris le nom d'*hôpital*, qui ne doit plus inspirer aujourd'hui la même répugnance. Les *maisons de santé* sont des hôpitaux privés et payants. Il y a aussi des hospices particuliers. Dans les départements les hôpitaux ont souvent des salles réservées aux malades qui peuvent payer les soins dont ils sont l'objet.

Il existe, en outre, à Paris trois hôpitaux spécialement consacrés aux militaires en activité : l'hôpital du Val-de-Grâce, ouvert pendant la révolution, qui contient 1,000 lits; l'hôpital du Gros-Caillou, fondé en 1765 par le duc de Biron : il contient 260 lits, et sous la Restauration il était réservé aux soldats de la garde royale ; enfin l'hôpital du faubourg du Roule.

Avant d'être admis dans un hôpital civil, les malades doivent se présenter à un bureau central : ils y sont examinés par des médecins et chirurgiens qui leur délivrent un billet d'admission pour l'un des hôpitaux, suivant le genre de leurs maladies. Cependant, en cas d'urgence, les malades ou blessés peuvent être portés directement à un hôpital.

Tous ces établissements, dirigés par un même conseil, sont servis et administrés de la même manière ; tous sont tenus dans un état d'ordre et de propreté vraiment admirable. Les salles sont en général spacieuses et bien aérées : celles qui sont carrelées sont avec soin ; les salles parquetées sont cirées et frottées. En hiver, elles sont chauffées au moyen de poêles ou de calorifères, et maintenues à une température de 15 à 18°. A son arrivée, le malade est conduit ou porté dans un lit garni de draps blancs et entouré de rideaux blancs. Ses vêtements sont mis en paquet et gardés pour lui être rendus à sa sortie. On lui donne une chemise, des chaussettes; une robe de chambre, un bonnet, des pantoufles; il trouve près de son lit une table de nuit ou tablette sur laquelle sont : un crachoir, un couvert complet pour manger et trois pots, le tout en étain. Le linge de corps est changé tous les huit jours et les draps tous les mois.

Les médicaments sont fournis à tous les hôpitaux par une pharmacie centrale. Le pain est fourni aussi par une seule boulangerie. Ceux des malades qui peuvent manger une portion entière d'aliments reçoivent par jour : pain, 375 grammes; viande ou légumes, 140 gr.; vin, 25 centilitres. Ceux qui sont au régime gras reçoivent en outre 50 centilitres de bouillon. Les malades mis à la demie ou au quart de portion reçoivent des quantités proportionnelles d'aliments.

Les malades ou les blessés sont traités par des médecins ou chirurgiens. Vingt-cinq blessés, 50 fiévreux, galeux ou vénériens sont remis aux soins d'un médecin ou chirurgien, élève interne de l'hôpital, secondé par deux ou trois élèves externes. Ces élèves font les pansements et exécutent les prescriptions d'un médecin ou chirurgien, chef de service, qui a sous sa direction 80 à 100 malades. A l'Hôtel-Dieu et dans les hôpitaux militaires, il y a en outre un médecin ou chirurgien chef général de tout le service de santé.

Chaque matin, de six à sept heures, le chef de service fait la visite des malades (*voyez* CLINIQUE) : il est accompagné des élèves, qui lui rendent compte de ce qui s'est passé en son absence. Un des élèves et un pharmacien sont munis chacun d'un cahier sur lequel ils écrivent les prescriptions du chef. Après sa visite, le chirurgien pratique les grandes opérations dans un local éloigné des salles des malades. Un chirurgien reste jour et nuit de garde pour 300 malades. Chaque hôpital a encore un pharmacien en chef qui surveille la préparation et la distribution des médicaments magistraux.

L'administration est confiée à un économe ou directeur, qui a sous ses ordres tous les employés, excepté les médecins et chirurgiens. Au dernier degré de l'échelle des employés se trouvent les infirmiers des deux sexes ; leurs fonctions sont les plus humbles, mais non les moins importantes pour les malades. Les soins si pénibles des infirmiers sont encore partagés par la plupart des hôpitaux par des sœurs religieuses, derniers représentants du clergé et de l'origine chrétienne des hôpitaux.   N.-P. ANQUETIN.

En 1852, il existait à Paris seize hôpitaux pour le traitement des maladies et dix hospices ou maisons de refuge pour les infirmes incurables et les vieillards indigents. Les hôpitaux étaient : l'Hôtel-Dieu, Sainte-Marguerite, la Pitié, la Charité, Saint-Antoine, Necker, Cochin, Beaujon, Bon-Secours, Saint-Louis, le Midi, Lourcine, les Enfants-Malades, la Maison d'accouchement, la Clinique et la Maison de santé. Les dix hospices étaient : Bicêtre, la Salpêtrière, les Incurables hommes, les Incurables femmes, les Ménages, La Rochefoucauld, Sainte-Périne, Boulard, Brezin et Devillas. Depuis on a ouvert l'hôpital La Riboisière, nommé d'abord hôpital Louis-Philippe, puis de la République, puis du Nord, situé dans le clos Saint-Lazare. L'hôpital Sainte-Marguerite a été exclusivement consacré aux enfants malades; un hôpital a été fondé, dans la rue Picpus, par M. de Rothschild, en faveur des Israélites. En outre, un hospice, sous l'invocation de sainte Eugénie et consacré aux jeunes filles, doit être élevé dans le faubourg Saint-Antoine avec l'argent du collier que la ville de Paris voulait offrir à l'impératrice Eugénie, lors de son mariage. Enfin, il existe un établissement spécial pour les enfants trouvés et orphelins.

Pour subvenir aux nombreuses dépenses qu'entraîne une administration aussi multiple, il faut un budget considérable; celui de l'exercice 1852 s'est élevé, en recettes, à 12,767,290 fr. 35 c., et en dépenses à 12,238,702 fr. 85 c. Voici la division de ces recettes et de ces dépenses :

Recettes : Domaine et revenus mobiliers, 3,023,135 fr. 33 c. Revenus éventuels, 464,557 fr. 21 c. Concessions de terrains dans les cimetières, 134,958 fr. 75 c. Droits sur les spectacles, 1,085,315 fr. 98 c. Boni du Mont-de-Piété, 209,325 fr. 27 c. Frais de séjour des malades étrangers à la ville de Paris, 357,004 fr. 78 c. Frais d'aliénés étrangers à la ville de Paris, 1,024,156 fr. 40. Contingent pour le service des enfants trouvés, 1,495,148 fr. 41 c. Remboursement de frais divers, 7,413 fr. 15. Subvention municipale,

4,421,813 fr. Revenus des fondations, 541, 462 fr. 07 c. Total 12,767,290 fr. 35.

Dépenses : Service des rentes et fondations, 75,255 fr. 03 c. Dépenses du domaine et perception, 292,233 fr. 87 c. Hôpitaux, 3,801,976 fr. 37 c. Hospices, 3,780,249 fr. 49 c. Hospices fondés, 233,194 fr. 68 c. Enfants placés à la campagne, 1,930,584 fr. 24 c. Secours à domicile, 2,125,209 fr. 17 c. Total égal, 12,238,702 fr. 85 c.

Au nombre des principales recettes de l'administration hospitalière, nous voyons figurer : les loyers des maisons pour 347,069 fr. 83 c.; les fermages en argent et en nature, 437,386 fr. 94 c.; les intérêts de la dette de la Ville envers les hospices, 554,873 fr. 80 c.; les rentes sur l'État, 1,807,440 fr. 35 c.; enfin, le produit des legs faits pendant l'année 1852 aux établissements de bienfaisance de la capitale est évalué à 671,388 fr.

Il a été consommé en 1852, dans les divers établissements hospitaliers de Paris : Pain et farine, 5,843,436 kilogrammes; vin, 1,491,893 litres; viande, 1,243,664 kilogrammes; bois, 13,287 stères; charbons, 7,247,745 kilogrammes; œufs, 1,346,132; lait, 1,083,551 litres; beurre, 97,781 kilogrammes; sel, 81,408 kilogrammes; pommes de terre, 473,068 kilogrammes. Le coût de la journée dans les hôpitaux est de 1 fr. 79 c., et dans les hospices de 1 fr. 11 c. La dépense d'un lit pendant une année dans un hôpital est de 654 fr. 69 c., et dans un hospice de 406 fr. 66 c.

Enfin les établissements que nous avons énumérés contenaient en 1852, 17,170 lits, savoir : Hôpitaux, 6,743; Hospices, 9,528; Enfants Trouvés, 599. Pendant la même année il a été traité dans les hôpitaux 90,486 individus, 77,776 sont sortis guéris; 7,201 sont morts. Au total, c'est un chiffre de 2,099,881 journées. Dans les hospices, sur 3,373,336 journées pour un personnel de 12,117 administrés, il y a eu 1,538 décès. Quant aux enfants trouvés ou orphelins secourus par l'administration, leur nombre s'est élevé à 17,880.

Tous ces malades n'appartiennent pas à la ville de Paris. L'administration a soin, en recevant dans un hôpital un individu malade et indigent, de constater sa nationalité, afin de réclamer ses frais de séjour au pays ou au département dont il est originaire. Pour 88,219 individus reçus dans les établissements hospitaliers de Paris pendant l'année 1852, la capitale proprement dite ne comptait que 72,010 Parisiens. La banlieue avait fourni un contingent de 14,002 individus, les départements figurent pour 2,162 personnes et parmi les 38 étrangers qui viennent compléter le total que nous avons indiqué figurent 10 Belges, 8 Anglais, 5 Suisses, 5 Africains, 3 Savoyards, 2 Allemands, 2 Américains, 1 Turc, 1 Prussien et 1 Egyptien. L. LOUVET.

HOQUET. On désigne par ce mot, qui est une onomatopée, une sorte d'inspiration brusque, spasmodique et accompagnée d'un son vocal rauque et non articulé, qui se reproduit ordinairement plusieurs fois de suite, en déterminant des secousses pénibles dans les organes thoraciques et abdominaux. Les phénomènes qui constituent le hoquet et les parties qui concourent à sa production ont été et sont encore aujourd'hui le sujet d'une foule d'opinions diverses : les uns ont fixé son point de départ dans l'estomac; les autres l'ont placé dans le diaphragme; ceux-là dans les poumons et dans l'œsophage; ceux-ci ont regardé ce phénomène nerveux comme étant le résultat d'une expiration forcée et rapide; enfin Chaussier et presque tous les physiologistes modernes pensent que le hoquet est la conséquence d'une contraction subite et involontaire du diaphragme et d'un resserrement de la glotte, qui arrête brusquement l'entrée de l'air dans la trachée. Selon nous, cette sorte d'aberration nerveuse est le résultat de la contraction spasmodique et du relâchement brusque et alternatif du diaphragme, de l'estomac, de l'œsophage, ainsi que de tous les muscles de la respiration. La contraction simultanée de tous ces organes détermine un mouvement rapide d'inspiration, qui en donnant lieu à l'introduction convulsive de l'air dans la glotte produit un son vocal inarticulé, qui se trouve subitement interrompu par le relâchement de tous les muscles inspirateurs, mais qui se reproduit aussitôt par de nouvelles contractions.

Cette affection, la plus souvent essentielle et ne constituant pas un état pathologique, a quelquefois pour cause déterminante la réplétion brusque et immodérée de l'estomac, l'usage d'aliments indigestes, pris avec voracité et sans être humectés de boissons; la déglutition précipitée ou trop promptement arrêtée, comme il arrive souvent chez les enfants; l'ingestion de boissons froides, de liqueurs alcooliques; la sensation de froid aux pieds, à la circonférence de la poitrine, surtout à l'épigastre; enfin, les émotions vives de l'âme, telles que la colère, la surprise, la joie ou la terreur. Quelquefois le hoquet est symptomatique de certaines maladies, dont il est, ainsi que dans le choléra, un des signes prognostiques du plus fâcheux augure. Le hoquet, qui, dans quelques cas, persiste longtemps après la guérison des affections dont il a été un des symptômes, peut, dans certaines circonstances, déterminer des effets fâcheux, non-seulement en troublant, par sa durée et sa violence, la circulation pulmonaire et la nutrition, mais encore il occasionne un dépérissement général en provoquant le vomissement des aliments introduits dans l'estomac. Enfin, dans quelques cas, à la vérité fort rares, il est si grave et si opiniâtre qu'il constitue une véritable maladie, qui n'a été observée que chez les personnes nerveuses et très-irritables. Les secousses spasmodiques du hoquet peuvent aussi être entretenues par une sorte d'habitude de l'organisme, qui tend à répéter les actes qu'il a exécutés un certain nombre de fois. Le célèbre Boissier de Sauvage, l'illustre Boerhaave prouvent que cette affection peut aussi être communiquée par imitation, et qu'elle accompagne quelquefois l'hystérie et l'hypochondrie. Une circonstance qui tend à ne laisser aucun doute sur le caractère névralgique ou nerveux du hoquet, c'est que, parmi les causes qui le produisent, les différents moyens propres à le combattre : ces moyens agissent évidemment en produisant une perturbation brusque et instantanée de l'action nerveuse : telles sont la surprise, la peur, l'ingestion d'un liquide froid, ou l'aspersion brusque avec de l'eau à la glace, etc.

Le traitement du hoquet doit donc varier selon les causes qui sont supposées l'avoir déterminé : celui qui est léger n'en exige aucun, parce qu'il cesse promptement de lui-même, ou du moins en employant les moyens très-simples que nous venons d'indiquer. Dans les cas où il est plus intense, lorsqu'il revient à des époques plus ou moins rapprochées, périodiques ou non, il est souvent difficile de le faire cesser : on doit principalement avoir recours à tous les moyens thérapeutiques indiqués dans le traitement des affections nerveuses. Enfin, le traitement par excellence de cette affection sera celui qu'on aura prescrit après avoir remonté à sa cause, lorsque les secousses spasmodiques seront déterminées par une digestion pénible. Sans l'existence d'une maladie de l'estomac, on emploiera avec avantage des infusions de thé rendues un peu plus stimulantes par l'addition de quelques gouttes de rhum ou d'une autre liqueur alcoolique. Si ce phénomène nerveux se présentait sous la forme intermittente, on le combattrait au moyen du quinquina ou de toute autre préparation antipériodique, de même que dans un grand nombre de cas il suffit, pour l'arrêter, d'une volonté ferme, de quelques distractions et de mouvements capables de modifier l'innervation.

Dr COLOMBAT (de l'Isère).

HOQUETON, mot qui a servi de dénomination à un genre d'arme défensive, et au guerrier ou à l'archer porteur de cette arme qui servait sous le grand prévôt. On est mal éclairé sur l'étymologie de ce terme, que les uns croient de source flamande, les autres d'origine anglaise. Il est sûr qu'au temps du prince Noir ce que les Anglais, combattant en France, appelaient *akton* n'était autre que le vêtement que nous avons plus tard appelé *auqueton* ou *hoqueton*. C'était une tunique d'archer, en usage surtout depuis Charles V, ou une manière de *surcot* ou de *sayon* d'étoffe ou de cuir, accompagnée de diverses garnitures en métal. Jusqu'à l'abolition de la maison militaire de Louis XVI, on voyait encore quelques soldats à *hoqueton*.   Gal BARDIN.

HORACE (QUINTUS HORATIUS FLACCUS), naquit à Venouse, ville frontière de la Lucanie et de la Pouille, le 8 décembre de l'an de Rome 688. Son père était un affranchi : en homme intelligent, il avait profité de sa liberté pour faire fortune; en père tendre, il se servit de sa fortune pour faire élever son fils dans toutes les belles et sévères études de l'école athénienne. Il le conduisait lui-même aux écoles. Il était à la fois son mentor et son ami. Horace, à vingt-deux ans, savait la langue de Lucrèce et celle d'Homère. Ce fut à Athènes qu'il rencontra Brutus, l'énergique assassin de César. L'âme forte de Brutus eut bientôt conquis ce jeune homme; Brutus persuada au jeune Horace de se faire soldat et de le suivre dans la mêlée des guerres civiles. La première fois que le jeune Horace vit une bataille, c'était dans les plaines de Philippes; il s'enfuit, *relictâ non benè parmulâ*, comme il dit lui-même en se vantant spirituellement de sa frayeur. En effet, on peut dire que ce fut là *une heureuse lâcheté*. Quel grand poëte la ville de Rome pouvait perdre, et que c'eût été dommage si Quintus Horatius Flaccus, devenu chef de bandes, eût été le même *barbarus miles* qui s'en vint usurper la tranquille chaumière du berger de Virgile et fouler aux pieds ses moissons jaunissantes! Horace eut peur de cette gloire, comme il eut peur de la mort. Il sentait déjà confusément qu'il était un poëte, et il comprenait à merveille que ces fureurs civiles ne pouvaient durer; que cette guerre éternelle aurait un terme; que Rome, n'ayant plus rien à dévorer, pas même ses entrailles, allait entrer enfin dans le repos, c'est-à-dire dans les beaux-arts, dans la poésie, dans l'éloquence, dans tous les heureux et poétiques loisirs de la paix. Il comprenait aussi que le temps n'était pas loin où la république romaine deviendrait la cour la plus magnifique et la plus policée du plus grand roi de l'univers. A ces causes, il voulut vivre. Il se dit encore tout bas que son génie lui donnerait, tôt ou tard et sans violence, quelque retraite heureuse et tranquille sur les coteaux verdoyants de Tivoli ou de Tibur, et il aurait eu peur d'usurper le pauvre domaine de Tityre ou de Mélibée. Horace était déjà un sceptique politique, en attendant qu'il jetât son heureux scepticisme sur toutes les actions, sur toutes les passions, sur tous les transports, sur toute la philosophie, sur tous les amours de l'homme. Il s'enfuit donc des plaines de Philippes. Brutus et Cassius, héros retardataires de la liberté romaine, morte avec Sylla, ne parent survivre à ce dernier effort. Brutus tomba en s'écriant : *Vertu, tu n'es qu'un nom!* Horace n'a jamais calomnié ainsi même le plaisir.

Cependant Auguste, vainqueur et maître du monde, proclama l'amnistie qui devait compléter sa toute-puissance et sa grandeur. Il oubliait volontiers tout le passé, c'est-à-dire tous les efforts de la liberté romaine, à condition que la liberté l'oublierait lui aussi sous sa couronne de laurier. Horace, qui avait été le premier à déposer les armes, ne fut pas le dernier à rentrer dans cette chère Italie, son amour. Il y rentrait ruiné, ses biens confisqués; mais il n'était plus soldat. Pourtant il fallait vivre. Il acheta une charge de secrétaire du trésor, et il fit des vers. Déjà un souvenir lointain de Pindare le tourmentait à son insu. Il avait étudié en poëte les merveilleuses ressources du vers grec, ses cadences sonores, ses allures si nettes, sa forme simple, et, comme un grand artiste qu'il était, il s'appliquait à modeler le vers latin sur ces rares et précieux modèles, dont il savait à fond toutes les ressources. Ce travail eut bientôt du retentissement dans cette ville de Rome qui se calmait de jour en jour. Varius et Virgile, ces grands maîtres, l'un qui s'est perdu, l'autre qui est un des maîtres de la poésie en ce monde, apprirent bientôt qu'il y avait dans les bureaux du trésor une espèce de poëte tout athénien, qui faisait des odes comme Pindare et des satires comme Lucilius. Bientôt Horace fut l'ami de ces deux hommes, l'honneur de leur siècle. Virgile, si tendre, si dévoué, le prit par la main, et le conduisit chez ce descendant des rois d'Étrurie qui partage l'immortalité d'Horace, Mécène; ami et confident d'Auguste, Mécène avait trouvé dans cette immense république qui embrassait le monde, la seule chose qui lui convînt : il avait abandonné la gloire et la puissance pour la philosophie et les lettres. Il voulait être le plus grand après l'empereur : il se fit l'ami de Virgile et d'Horace. Il retint dans ses mains tout l'esprit de ce siècle, qui allait lutter avec le siècle de Périclès : c'était bien plus que d'en tenir la toute-puissance. La première entrevue de Mécène et d'Horace fut pleine de réserve d'une part, et de l'autre part pleine de modestie. Ils se revirent une seconde fois, neuf mois après, et ce fut pour ne plus se quitter. Il y avait déjà trois ans que la bataille de Philippes avait mis Auguste plus haut que César.

Deux ans plus tard Mécène, envoyé par l'empereur à Marc-Antoine, emmena son poëte Horace avec lui. Horace a raconté ce *Voyage à Brindes*, vous savez avec quel esprit et quel abandon! Qui se douterait que le but de Mécène, dans ce voyage, si amusant et si lentement exécuté, n'était autre que d'apaiser la guerre civile et d'en finir avec Antoine? Mais Antoine n'en voulait finir qu'à Actium! De retour de Brindes, Mécène donna à son poëte cette terre des environs de Tibur, si souvent chantée, qui rendit notre Horace si heureux et si fier. A Tibur accoururent bientôt tous les beaux esprits de cette Rome impériale, Agrippa, Pollion, les Pisons, Varius et Tibulle, *sermonum nostrorum candide judex!* Alors aussi commença dans le cœur d'Horace sa passion et son dévouement pour l'empereur. En effet, la cause d'Auguste était la cause de Rome entière. Sextus Pompée n'était qu'un continuateur maladroit de cet Antoine qui s'endormait sur le sein de Cléopâtre en attendant l'empire. Enfin la bataille d'Actium rendit un instant la paix à l'univers, et, qui plus est, Auguste plus jeune.

Horace n'était plus jeune. Il n'appartenait plus qu'à la philosophie et à Mécène. L'empereur voulut en faire son secrétaire : il refusa cette place brillante, pour rester l'ami de Mécène et de l'empereur. Que de belles odes cette double amitié et ce double enthousiasme nous ont values! Le Poëme séculaire, *Carmen seculare*, les victoires de Tibère et de Drusus, *Drusum gerentem bella sub Alpibus*, et toutes les réformes des mœurs romaines, entreprises par Auguste, célébrées par son poëte! Ainsi la vie d'Horace s'écoulait doucement sous les ombrages, aux murmures de ses fontaines, dans le culte des Muses, au milieu des honneurs et de la puissance, dont il n'avait que les roses sans les épines. Il raconte quelque part le charmant emploi de sa journée, et sans contredit c'est là le récit d'un homme heureux, exempt de chagrins, de soucis, d'ambition. Son plus grand malheur, c'était de dîner trop souvent chez Mécène, d'être trop souvent à la campagne de Mécène, de trop appartenir à Mécène. Et il se consolait facilement de ce malheur. Du reste, courtisan jusqu'à l'amitié, jamais jusqu'à la flatterie, noble esprit, qui n'a jamais brisé ce qu'il avait adoré, il a célébré dans ses vers Catou et Brutus, la vieille et sainte république. Auguste, plus d'une fois, s'arrêta étonné devant ce rude langage, et il écrivait au poëte : *Je vous en veux de ne pas mettre mon nom plus souvent dans vos odes.*

Son amitié était ainsi à toute épreuve. Comme il parle à ses amis, et comme il les loue! Varus, Septimius, Virgile, Mécène! Et ses maîtresses, comme elles sont belles, Neæra, Lysca, Pyrrha et les autres, couvertes d'essences et de fleurs, *liquidis perfuscæ odoribus!* Et le vin, comme il l'a chanté! et Homère, comme il l'a compris! Et les fleurs, les arbres, les troupeaux, les bergères, les nymphes qui dansent au clair de lune et dont les pieds retombent en cadence, et le berger Pâris, et la belle Hélène, et la guerre de Troie! Il est l'homme de la douce morale, des épanchements intimes, des fines causeries, des plaisirs élégants, *simplex munditiis*. Pas une mauvaise pensée dans son esprit, pas une haine dans son cœur! Tantôt stoïcien plein de courage, tantôt épicurien, mais épicurien avec délices ; aujourd'hui sur les ailes de Pindare, demain sous le bosquet d'Anacréon. Archiloque, Alcée, Sapho, voilà ses maîtres, voilà ses modèles! Qui ne sait par cœur tous les vers de ce poète, qui est le poète de tous les temps, de tous les âges, de tous les lieux, de toutes les positions de la vie? Sage et fou, amoureux et philosophe, enthousiaste ou légèrement pris de vin, railleur de bonne compagnie, redresseur des torts sans colère et sans fiel, écrivain élégant, correct, harmonieux, complet, aussi loin de la rage de Juvénal que de l'obscurité de Perse, il en veut plus aux ridicules des hommes qu'à leurs vices. Lisez ses *Épîtres*, quel plus charmant causeur! Dans ces *Épîtres*, il est lui-même, il se montre à vous dans toute la simplicité de sa bonne nature. Son humeur est douce, franche, joviale; il rit, il s'indigne; on dirait la conversation de Molière si Molière avait été un causeur. Il y a deux vers de Perse qui expriment à merveille le charme de cette causerie.

Omne vafer, vitium ridenti Flaccus amico
Tangit, et admissus circum præcordia ludit.

Il a réussi dans tous les genres. Il est le plus merveilleux des conteurs : lisez plutôt la fable des *Deux Rats*. Il est le plus grand maître dans l'art d'écrire : lisez plutôt son *Art poétique*. Toutes les règles de l'art, tous les styles, tous les modèles se trouvent dans cette admirable *Lettre aux Pisons*. Mais pourquoi tant d'éloges? Que veut dire notre admiration superflue? Notre poëte, le poëte de tous les honnêtes gens, de toutes les mémoires cultivées, de tous les esprits ingénieux, de toutes les philosophies raisonnables a-t-il donc si grand besoin d'être loué ?

Horace était petit, délicat; sa vue était faible, ses cheveux blanchirent de bonne heure. Sur la fin de ses jours, il était devenu raisonnablement replet, comme tous les hommes qui savent dîner. Il mourut à cinquante sept-ans, et avec lui mourut sinon le plus grand poëte d'un siècle qui fut le siècle de Virgile, du moins le poëte le plus utile et le plus populaire de son temps. Bientôt arriva la décadence romaine, puis la barbarie. Horace, oublié dans ces tempêtes, fut remis en lumière à la renaissance, et il eut bientôt repris toute sa puissance sur les esprits les plus distingués de l'Europe policée. On ne compte plus le nombre des éditions de l'illustre poëte, encore moins le nombre de ses commentateurs, encore moins celui de ses traducteurs. Les poésies d'Horace ont été traduites dans toutes les langues du monde moderne, et même dans la vieille langue de Sapho et de Pindare, singulier honneur, que n'avait pas rêvé notre poëte, sous le Portique, à l'Académie, au cap Sunium.

Jules JANIN.

Nous remplirions plusieurs colonnes de ce livre rien qu'avec l'indication des principales éditions d'Horace qui ont été publiées en France seulement. Nous ne pouvons pas cependant nous dispenser de signaler aux bibliophiles la délicieuse édition *diamant*, avec les notes des meilleurs commentateurs, que vient de publier M. Firmin Didot (Paris, 1855). Ce petit volume elzevirien peut à bon droit être cité parmi les chefs-d'œuvre de la typographie française.

La question de savoir où était située la maison de campagne d'Horace a de tout temps et longuement occupé les archéologues de tous les pays, et tout récemment encore elle a fourni le sujet d'un savant travail à M. Noël Desvergers. Cette curieuse dissertation se trouve dans le numéro d'avril 1855 du *Bulletin archéologique* de l'Athénæum Français.

HORACES et CURIACES. Au moment où les annales de Rome semblent prendre un caractère plus historique, un épisode du règne de Tullus Hostilius rend à leurs antiques traditions toute leur couleur poétique. En lisant l'histoire des Horaces, on croirait entendre un chant de l'*Iliade*.

Denys d'Halicarnasse et Tite-Live ont raconté l'histoire des Horaces et des Curiaces, le premier avec plus de détails et plus d'assurance que le second. Inutile de remonter aux causes de la guerre : des violences avaient été audacieusement exercées par les citoyens d'Albe et de Rome, et, par hasard, les ambassades qui demandaient satisfaction s'étaient croisées. Afin de reporter sur les Albains la responsabilité d'un injuste refus, le roi de Rome retint leurs députés par des festins et des fêtes, différant le moment de leur introduction au sénat jusqu'au moment où le refus d'Albe serait connu, où Rome aurait déclaré la guerre. Quand elle commença, après l'expiration des délais et des sommations en usage, les deux armées se rencontrèrent à la *fossa Cluilia*. Elles étaient en présence, lorsque Suffétius Métius (c'était le dictateur albain) vint trouver le roi Tullus, et lui proposa de faire décider par un combat de trois guerriers contre trois quel peuple se soumettrait à l'autre. Tite-Live dit qu'il se trouvait par hasard dans chaque armée trois frères à peu près de même force et de même âge, les Horaces et les Curiaces, mais qu'on ne sait pas bien à quelle nation appartenaient les uns et les autres : il se range de l'avis de ceux qui donnent le nom d'*Horaces* aux Romains. Denys est plus précis : Il y avait à Albe un nommé Séquinius, qui avait deux filles : il maria l'une à Horace, de Rome, l'autre à Curiace, d'Albe; toutes deux enceintes en même temps mirent au jour chacune trois fils. Les jeunes gens d'Albe sont choisis; Suffétius en vient prévenir Tullus, car on avait fait une trêve de dix jours ; c'est aussi Suffétius qui indique les trois Horaces. Tullus les fait venir : ils demandent à consulter leur père, qui les embrasse et les félicite de la résolution qu'ils ont prise. Les chefs de la cité amenaient d'une part les Curiaces, et de l'autre les Horaces, parés comme les victimes qu'on mène à la mort. Avant de combattre ils s'embrassèrent en pleurant, de manière à émouvoir tous leurs assistants.

Le signal est donné, et, les armes en avant, ces jeunes guerriers se heurtent comme deux fronts de bataille. Ni les uns ni les autres ne songent à leur propre péril : c'est leur patrie qui les occupe. Dès qu'on vit briller les épées, une horreur profonde saisit tous les spectateurs. Dans l'incertitude du succès, ils retiennent leur voix, leur haleine. Bientôt les combattants s'attaquent de plus près; les blessures, le sang frappent tous les regards; deux des Romains tombent expirants l'un sur l'autre; les trois Albains étaient blessés. A la chute des Horaces, un cri de joie s'éleva dans l'armée albaine, et l'espérance abandonna l'armée romaine, tremblante pour le guerrier qu'avaient entouré les Curiaces. Il était heureusement sans blessure : pour les séparer, il prend la fuite, persuadé qu'ils le poursuivront de plus ou moins près, selon qu'ils se trouvent plus ou moins blessés. Ils le suivent, en effet, à longs intervalles. Le premier n'était pas loin : Horace revient sur lui d'un élan rapide, tue son ennemi, et marche à un nouveau combat. Le cri qu'arrache aux Romains ce succès inespéré l'encourage; il est vainqueur. Enfin il aborde le troisième Curiace, épuisé par ses blessures, et en triomphe sans peine.

La joie de cette victoire fut troublée par un crime : lorsque les Romains ramenaient avec allégresse celui qui leur avait assuré la suprématie, la sœur d'Horace, fiancée à un des Curiaces, vint au-devant de lui, et, voyant sur ses épaules la cotte d'armes de son amant, elle pleura, et prononça des imprécations. Indigné de ces larmes, Horace la tua en s'écriant : *Ainsi périsse toute Romaine qui pleurera un ennemi!* Le roi nomma les décemvirs pour le juger le coupable ; ils le condamnèrent. Horace devait être battu des verges et suspendu à un arbre. Il en appela au peuple, devant lequel son vieux père plaida chaudement sa cause. Son discours fit un grand effet; mais le père, pour sauver son fils, fut obligé de payer une amende, et le fit passer sous une espèce de joug.

Tite-Live dit qu'on voyait encore les tombeaux de chacun de ces guerriers à l'endroit où ils étaient tombés : les deux Romains ensemble, plus près d'Albe; les trois Albains du côté de Rome. Denys dit que depuis lors on eut un tel respect pour les triples naissances, que l'Etat se chargea d'élever tous le jumeaux nés au nombre de trois, comme les Horaces et les Curiaces. Niebuhr croit voir en eux les trois tribus symbolisées. P. DE GOLBÉRY.

Plutarque, dans sa *Comparaison de quelques histoires grecques et romaines*, retrouve l'histoire des Horaces et des Curiaces dans les *Arcadiennes* de Démarate. Voici son récit (traduction d'Amiot) : « Les habitants des villes de Tégée et Phénée avoient eu une longue guerre, les uns contre les autres, jusques à ce qu'ils s'accordèrent entre eux de vuider leurs différends par le combat de trois frères jumeaux ; les Tégéates mirent en avant les enfants d'un de leurs citoiens nommé Reximachus, et les Phénéates ceux de Démonstontas, lesquels étant descendus en champ de bataille, il y eut deux des fils de Reximachus qui furent tués sur-le-champ, et le troisième, qui s'appeloit Critilaüs, vint à bout des autres trois par une telle ruse : il fit semblant de fuir, et tua l'un après l'autre ceux qui le poursuivoient. A son retour au pays, tous ses citoiens lui firent la plus grande chère dont ils se purent aviser, excepté une sienne sœur appelée Demotice, d'autant que l'un des frères qu'il avoit desfaits étoit son fiancé. Critilaüs estant fasché de ce qu'elle lui faisoit si mauvais accueil la tua sur la place. Sa mère le poursuivit d'homicide; mais il en fut absous à pur et à plein, comme escrit Demaratus, au second livre de ses Arcadiques. » On serait donc fondé à regarder cette fable comme renouvelée des Grecs. TEYSSÈDRE.

HORAIRE, qui a rapport aux heures. L'*angle horaire* d'un astre est l'angle formé au pôle par le cercle de déclinaison de l'astre et par le méridien du lieu. Il est ainsi nommé parce que la détermination de l'angle horaire du soleil, par exemple, fait connaître l'heure, du moins en temps vrai.

Considérés en vue de cet usage, les méridiens situés de 15 en 15°, à partir du premier, prennent le nom de *cercles horaires* (*voyez* CADRANS SOLAIRES).

Le *mouvement horaire* d'un astre est la quantité dont il varie en une heure, soit en latitude, soit en longitude, etc.

HORAPOLLO ou HORUS APOLLO, prêtre égyptien de l'antiquité, passe pour l'auteur d'un ouvrage sur les hiéroglyphes, qui ne s'est conservé que dans la traduction grecque qu'en a faite un certain Philippe. La meilleure édition est celle qu'en a donnée Læmans (Amsterdam, 1835).

HORATIUS, nom d'une antique famille patricienne de de Rome, à laquelle appartiennent les trois Horaces, que la tradition légendaire de Rome fait combattre contre autant de Curiaces, sous le règne de Tullus Hostilius.

Parmi les descendants de celui des Horaces qui survécut au combat, on compte MARCUS HORATIUS PULVILLUS, désigné au nombre des consuls élus la première année après l'expulsion des Tarquins, à laquelle il avait coopéré, et qui succeda à Spurius Lucretius, ainsi que son frère Horatius Coclès. On peut encore mentionner parmi ceux qui, dans le troisième et le quatrième siècle de la fondation de Rome, remplirent les fonctions de consul ou de tribun consulaire, MARCUS HORATIUS BARBATUS, qui, après le renversement des décemvirs, obtint avec Lucius Valerius Publicola le consulat (440 av. J.-C.) qu'il avait déjà revêtu à deux reprises, et qui, d'accord avec son collègue, fit passer les lois célèbres (*leges Horatiæ et Valeriæ*) qui rendirent obligatoire pour tout le peuple les résolutions prises dans les comices de tribus, interdirent les élections de magistrats faites sans provocation préalable, et punirent du bannissement ceux qui manquaient de respect aux magistrats plébéiens. Le nom de cette race patricienne disparaît des fastes à partir de l'an 378 av. J.-C.

HORATIUS (PUBLIUS), surnommé *Coclès* (le Borgne), parce qu'il avait perdu un œil dans un combat. Lorsque Porsenna fit le siège de Rome, les Étrusques, après s'être emparés du Janicule, allaient franchir le pont Sublicius ; les Romains fuyaient dans une grande confusion. Mais Horatius, ayant gardé tout son sang-froid au milieu de cette déroute, comprit qu'il fallait couper le pont pour empêcher l'ennemi de pénétrer dans la ville. Ralliant quelques-uns des fuyards par l'ascendant de son courage, il leur ordonna de le rompre derrière lui, demeurant sur l'autre rive avec deux autres patriciens, T. Herminius et Sp. Lartius, et soutenant tout l'effort des assaillants. Bientôt il contraignit ses compagnons à rejoindre les autres Romains, et quand le pont fut détruit : « Esclaves, s'écria-t-il en regardant avec dédain les Étrusques, comment osez-vous attaquer des hommes libres ? » Puis, après une belle invocation au dieu du Tibre, il y sauta tout armé, et regagna sain et sauf l'autre rive, en échappant miraculeusement à une grêle de traits. La patrie se montra reconnaissante : Horatius Coclès eut une statue dans le *Comitium* et autant de terre qu'il en put labourer en un jour ; enfin, dans une famine, chaque citoyen retrancha quelque chose de son nécessaire pour le lui donner. Niebuhr regarde cette histoire comme fabuleuse. P. DE GOLBÉRY.

HORDE. C'est la dénomination que les géographes appliquent aux populations errantes et n'ayant point de demeures fixes, logeant les unes sous des tentes, les autres dans les chariots mêmes qui leur servent à se transporter, eux et leur famille, d'un lieu dans un autre, aussitôt que les vivres commencent à leur manquer ainsi que les pâturages pour leurs bestiaux : telles sont les différentes tribus de Tatares qui habitent au delà du Volga, devers Astracan. D'ordinaire une *horde* se compose de cinquante à soixante tentes qu'on dresse en cercle, avec un espace qui demeure libre au milieu. Tous les individus faisant partie d'une de ces *hordes* obéissent à une espèce d'organisation militaire, à la tête de laquelle est placé l'ancien de la tribu, qui reçoit les ordres du chef suprême ou prince de la nation.

HOREB, l'un des sommets du *Tor-Sina*, ou mont Sinaï, qui s'élève sur la langue de terre située entre le golfe de Suez et Akaba, à l'extrémité nord de la mer Rouge, dans le désert d'Étham. Son nom hébreux, Horeb ou Khoreb, signifie *sécheresse*, *désolation*. Cependant ce rocher, selon les voyageurs, voit un ruisseau couler à ses pieds ; de plus, on y distingue comme douze bouches qui figurent des sources taries, ce qui justifierait l'action de Moïse, frappant, ouvrant le roc en faisant sortir des eaux jaillissantes, vers l'an du monde 2513, lors du douzième campement d'une année dans le désert. C'est sur la cime de ce mont que, en un buisson de feu, Jéhovah apparut à Moïse et lui donna les Tables de sa loi. Selon d'autres, ce fut sur le mont Sinaï que se passa cette scène formidable. Cette confusion est d'autant naturelle, puisque Horeb, beaucoup moins haut que le Sinaï, est si voisin de cette cime, que, s'élevant à l'occident aux premiers rayons de l'aurore, il est presque entièrement frappé des ombres qu'elle projette, dominant qu'elle est à l'Orient. C'est sous les roches obscures et solitaires d'Horeb, que, retiré des rumeurs de la cité de David, Élie le prophète se préparait à disparaître du milieu des hommes. Pour l'évaluation de la hauteur du mont Horeb, les auteurs varient entre 2,062 et 2,676 mètres.

DENNE-BARON.

HORÉES. *Voyez* HEURES (*Mythologie*).

HORIAH, Valaque de Transylvanie, dont le véritable nom était *Niklas Urss*. Né à Nagy-Aranyos, dans le comitat d'Albe, cet homme ne manquait ni de dispositions naturelles ni d'éducation ; mais, dominé par des passions désordonnées, il conçut, sous Joseph II, le projet de se faire proclamer roi des Valaques. Dans ce but, il travailla d'abord secrètement, avec son compagnon *Kloska*, les Valaques, populations grossières et en proie à une cruelle oppression ; puis il se rendit à Vienne, où il réussit à obtenir de l'empereur le droit de marché pour le bourg de Bran, dans le comitat de Zarand. A l'aide de l'ordonnance rédigée à cet effet, il persuada, en 1784, aux Valaques qui ne savaient pas lire qu'il avait plein pouvoir pour, à un jour fixé, égorger tous les nobles. Cependant la conjuration ayant été découverte, des ordres furent donnés pour en arrêter les chefs. Alors les conjurés, dans l'intérêt de leur propre sûreté, crurent ne pas devoir différer plus longtemps d'agir, et se jetèrent avec une férocité sans exemple sur la noblesse et le clergé. Plus de mille individus perdirent la vie au milieu des plus affreux tourments, et une foule de châteaux furent détruits avant que l'on pût réprimer ces terribles désordres. Horiah, qui avait pris le titre de *roi de Dacie*, fit, avec ses partisans, la plus vigoureuse résistance pendant tout l'hiver de 1784 ; et ce ne fut qu'avec beaucoup de peine qu'on parvint à se rendre maître de sa personne dans le cours de l'année suivante : il périt alors du dernier supplice.

HORIZON. Quel que soit le lieu du monde où l'on se trouve, si l'on jette les yeux autour de soi, le ciel apparaît comme une vaste voûte ou calotte sphérique appuyée sur la terre par sa base : une simple ligne ondulée ou tortueuse quand le sol qui vous environne est accidenté, car elle rase le sommet des côteaux ou des pics voisins, et redescend dans les vallées et les gorges des montagnes, mais parfaitement régulière et sans ressauts, un cercle enfin, si l'on occupe d'une grande plaine, d'un désert, ou si l'on est en haute mer. Cette borne de l'univers embrassé par l'œil du spectateur se nomme *horizon* : le mot nous vient de la Grèce, du verbe ὁρίζω, je borne ou je termine ; Euclide le premier l'employa, ou du moins c'est dans ses ouvrages que nous le rencontrons pour la première fois. Ainsi, l'horizon divise le ciel en deux parties : l'une est visible, l'autre ne l'est pas. Si l'œil de l'observateur était placé à la surface même de la terre, l'horizon serait un plan tangent à cette surface ; mais à cause de son élévation au-dessus du sol, l'horizon est réellement un cône dont l'œil occupe le sommet, c'est *l'horizon sensible*: en pleine mer, il va toucher la surface des eaux à plus de 4,500 mètres quand l'œil du spectateur est à 1ᵐ,60 seulement de hauteur. On nomme *horizon astronomique* le plan tangent au lieu où l'on se trouve. Ces deux horizons font entre eux un angle dont la grandeur dépend de la hauteur de l'œil au-dessus de la terre : cet angle donne la *dépression* ; il est le résultat de la forme sphérique de notre globe, et son observation fut le premier phénomène qui éveilla les soupçons de l'antiquité sur la rotondité de la terre ; les portes l'ont noté : quand un navire abandonne un rivage pour la pleine mer, les côtes disparaissent graduellement à sa vue, les sommets les plus élevés sont ceux qui semblent s'enfoncer les derniers sous les eaux.

Provehimur portu, terræque urbesque recedunt.

Un troisième horizon, appelé *rationnel* ou *géocentrique*, passe par le centre de la terre ; il est parallèle à l'horizon astronomique, et divise la sphère en deux parties égales : la nécessité où se trouvent les astronomes de rapporter toutes leurs observations au centre de notre globe l'a fait imaginer. L'horizon joue un grand rôle dans l'astronomie, car les astres ne sont visibles que quand ils se trouvent au-dessus de lui : lorsque la rotation de la terre les amène dans son plan, et qu'ils commencent à poindre, on dit qu'ils se *lèvent* ; ils se *couchent* quand, après avoir parcouru la partie visible du ciel, ils disparaissent sous ce même plan. Ainsi, le plan de l'horizon est le lieu du lever et du coucher de tous les astres: de là la distinction d'*horizon oriental*, et d'*horizon occidental*. Enfin, toutes les positions des astres sont déterminées par leur hauteur au-dessus de l'horizon à un instant quelconque.

L'horizon n'a pas moins d'importance pour les marins : quand on approche des côtes après une longue traversée, tout le monde regarde à l'horizon pour reconnaître la terre ; de là de vagues espoirs et de nombreuses déceptions, car presque toujours la brume y dessine des côtes fantastiques. En temps de guerre, un intérêt plus puissant encore y enchaîne tous les regards : c'est là que le corsaire guette sa proie, et que le navire marchand tremble de voir apparaître un ennemi. Que d'émotions, que d'illusions alors ! D'abord on distingue à peine la cime des mâts, puis les voiles s'élèvent lentement, puis enfin, on voit tout le corps du navire : est-il ami ou ennemi ? a-t-il des canons ? est-ce un vaisseau ? est-ce une frégate ? et mille avis différents se succèdent ; car le mirage se joue de toutes les remarques, et le marin le plus exercé est inhabile à prononcer. Le soir, c'est encore l'horizon que le marin interroge, pour savoir si l'on peut se fier aux vents, ou si l'on doit redouter la tempête ; et quand il va chercher ses points de repère dans le ciel, c'est sur l'horizon que reposent toutes ses observations ; les instruments qu'il emploie lui retracent à la fois l'image réfléchie des astres et l'image directe de l'horizon. Quand le ciel est pur, l'horizon se détache comme une ligne d'un bleu foncé sur l'azur tendre de l'air ; seulement, quand le soleil s'en approche, il y jette une trace de feu étincelante, telle qu'une traînée de rubis et de diamants ; mais dès que le vent a soulevé les flots, l'horizon devient ondulé, il monte et descend avec les vagues. Parfois aussi la réfraction le rend incertain, l'œil distingue plusieurs horizons ; et souvent enfin la brume le cache à tous les yeux.

Dans les ports, l'horizon de la mer manque souvent : pour y suppléer dans la vérification des montres marines, on a imaginé l'*horizon artificiel* : c'est une glace parfaitement dressée, appuyée sur trois pieds à vis, et armée d'un niveau, à l'aide duquel on s'assure à chaque instant de sa position horizontale. Cette glace donne l'image réfléchie de l'astre ; on mesure l'angle que fait le rayon direct et le rayon ainsi réfléchi, et l'on a le double de la hauteur au-dessus de l'horizon, car les angles d'incidence et de réflexion sont égaux. Cet instrument est incommode pour observer le soleil, à cause des perpétuelles rectifications qu'entraîne l'action de la chaleur sur les vis ; aussi lui préfère-t-on généralement aujourd'hui l'*horizon à mercure* ou à *huile*, qui consiste dans une simple cuvette remplie de l'une ou de l'autre de ces substances, et sur laquelle se réfléchit l'image du soleil. Afin de garantir sa surface des ondulations de la brise y pourrait produire, ou pour en écarter la poussière, on le recouvre d'un châssis à glaces de talc très-minces, et également inclinées. Théophile PAGE, capitaine de vaisseau.

En peinture, on appelle *horizon* la partie d'un tableau où le ciel succède à la terre ; par extension, ce mot a désigné la hauteur à laquelle le peintre a placé son point de vue.

Au figuré, le mot *horizon* a été et est encore chaque jour employé d'une manière devenue presque abusive.

HORLOGE, HORLOGERIE. Une *horloge* est en général un mécanisme indiquant les heures et leurs subdivisions. Un *cadran* solaire nous rend le même service ; mais l'usage a décidé qu'on lui laisserait le nom de *cadran*, et que celui d'*horloge* serait réservé pour les machines qui donnent la mesure du temps. Ainsi, l'art de composer et de fabriquer ces machines, les procédés qui lui sont propres et toutes les connaissances qu'il exige composent le savoir de l'*horloger*, qu'il ne faut pas confondre avec l'ouvrier en *horlogerie*. A la rigueur, l'horloger peut se passer d'instruction en gnomonique, puisqu'il ne fait aucune application de cette science ; mais s'il n'ignore rien de ce qui est réellement utile à son art, il fera des cadrans solaires sans étude ni apprentissage préalables. Les plus grandes difficultés qu'il eut à vaincre n'eussent point été surmontées par le génie des machines, s'il n'avait pas de son côté toutes les sciences perfectionnées, et, en échange du bien qu'elles avaient fait, les sciences, munies de meilleurs instruments, ont marché avec plus d'assurance dans leur vaste carrière. La physique mérite surtout la reconnaissance de l'horlogerie, qui lui doit ses progrès les plus récents et le rapproche du terme où il lui sera permis de s'arrêter. En effet, énonçons le problème dont cet art nous donne la solution : comment on a commencé, la quelle route on a suivie pour en venir au point du faire, assez rapidement, par des procédés sûrs et sans trop de frais, ces chefs-d'œuvre que les marins nomment *garde-temps*.

Sans soumettre ici à l'analyse la notion de *temps*, passons immédiatement à sa mesure, et reconnaissons qu'elle ne peut être que celle de *l'espace parcouru par un mobile* animé d'une vitesse *uniforme* : il s'agit donc de produire ce mouvement, et de lui conserver une rigoureuse uniformité. Il faut donc un mécanisme où toutes les causes de variation soient prévues, écartées ou compensées par des équivalents en sens contraire. De quelque nature que soit le moteur, il y a des précautions à prendre contre les changements qu'y produisent le froid et le chaud, la sécheresse et l'humidité, etc. Certaines causes retardatrices, telles que les frottements, sont soumises à des lois connues, et leur influence peut être calculée; mais les machines compliquées éprouvent beaucoup d'autres actions, contre lesquelles il n'est pas moins indispensable de les prémunir : l'air qui les environne, et dans lequel toutes leurs parties sont plongées, est plus ou moins dense ; des chocs extérieurs et tout à fait imprévus sont ressentis inégalement par chacune de ces pièces, etc. Ces faits sont sous les yeux de tout le monde, mais leur influence n'est pas appréciée par ceux qui n'ont pas l'habitude des mesures de précision. Lavoisier s'applaudissait de posséder une balance qui trébuchait à une fraction de millionième du poids dont elle était chargée ; on ne doit certainement pas moins admirer une horloge qui, dans l'espace de plusieurs années, ne s'est dérangée que d'une fraction de minute ; car la première n'avait à surmonter qu'une sorte d'obstacles, la résistance des frottements, au lieu que la seconde éprouvait sans cesse des actions perturbatrices, dont on pouvait espérer tout au plus que la somme, après un temps assez long, se réduirait à peu près à rien. Remarquons même que les longues séries d'observations ont souvent l'avantage d'opposer des erreurs en *plus* et d'autres erreurs en *moins*, et que les unes, ainsi que les autres, peuvent être susceptibles d'une assez grande latitude, sans que leur somme en soit sensiblement affectée dans l'un ou l'autre sens. Ainsi, l'art du balancier aurait peut-être obtenu relativement à la perfection du travail un prix que l'horlogerie lui disputerait vainement : nous verrons plus loin jusqu'à quel point ces prétentions seraient fondées.

Les forces motrices employées par les horlogers ne peuvent être que la pesanteur et l'action des ressorts : la première ne convient qu'aux machines qui ne subissent point de déplacement, telles que les horloges des édifices publics, les pendules des observatoires astronomiques, et même celles des appartements, qui ordinairement séjournent long temps à la même place ; les ressorts s'accommodent de toutes les situations, et donnent aux mécanismes qu'ils mettent en mouvement la faculté de pouvoir être transportés aisément, de supporter sans inconvénient le tumulte des voyages par terre et sur mer. Les plus habiles horlogers des temps modernes ne pouvaient méconnaître l'importance de ces instruments pour la marine, pour les observations géographiques et d'autres recherches d'une grande utilité ; ils se sont donc attachés plus particulièrement à la construction de cette sorte de garde-temps, et ils ont mis en œuvre pour ce travail les belles expériences des physiciens sur la dilatation des métaux par le calorique. On savait déjà corriger la variation de force d'un ressort qui se détend ; l'ingénieuse invention des *fusées* rendait uniforme l'action de ce moteur sur le mécanisme ; mais il fallait que les oscillations du balancier fussent aussi parfaitement égales, et par conséquent il s'agissait d'appliquer à cette pièce si petite et si délicate des artifices de compensation analogues à ceux qu'on avait employés avec succès pour le perfectionnement des pendules. On pense bien que ces opérations ne peuvent être confiées qu'à des mains très-adroites, dirigées par une intelligence exercée. Des mécanismes d'une aussi grande perfection ne peuvent être des produits de manufacture : ils ne seront donc jamais très-nombreux ni à bon marché.

Dans toute horloge, quel que soit son moteur, on reproduit à chaque instant les circonstances initiales du mouvement, en sorte qu'il ne peut y avoir ni accélération ni ralentissement, si la force motrice est constante. Ainsi, le mouvement de la machine ne peut être qu'une succession de marches et de repos d'une égale durée. Il faut donc introduire dans le mécanisme une pièce oscillante dont l'allée et la venue permette et empêche tour à tour le mouvement des autres pièces. De là la nécessité d'un é c h a p p e m e n t, disposition qui donne au balancier le moyen de s'engager dans chacune des dents d'une roue soumise immédiatement à l'action du moteur, et de s'en dégager pour passer à la dent suivante. Le balancier est donc réellement et uniquement le régulateur de la machine : si ses oscillations se maintiennent parfaitement égales, rien ne manque à la perfection de l'horloge, pourvu que les autres pièces satisfassent d'ailleurs aux conditions de régularité qui leur sont imposées. Ces pièces peuvent sortir assez correctes des ateliers d'une grande manufacture, et de légères imperfections qui s'y trouveraient seraient sans influence sur la bonté de l'ensemble : on voit donc que les progrès de l'horlogerie dépendaient du perfectionnement des balanciers et de l'échappement. On ne placera pas ici l'énumération des rouages dont est composée toute machine à mesurer le temps ; l'inspection de l'intérieur d'une m o n t r e les fait mieux connaître que la description la plus minutieuse. Cette inspection suffit aussi pour faire juger de la prodigieuse subdivision dont le travail de l'horlogerie est susceptible ; mais pour en acquérir une notion complète il faut visiter le Jura suisse, où les habitants de quelques vallées s'adonnent à ces travaux qui occupent tous les âges, tous les degrés de force et d'intelligence. Il y a tout lieu de croire que des machines exécuteront un jour ces mêmes ouvrages avec plus d'exactitude et d'économie ; que cette branche d'industrie manufacturière n'a pas pris encore tout son développement, et qu'elle est destinée à changer de forme en s'étendant, aux dépens des populations laborieuses qu'elle alimente aujourd'hui. L'horlogerie a plus besoin qu'aucun autre genre de fabrique d'arriver à la voie la plus courte à la perfection des travaux partiels, afin d'épargner ceux de révision et de correction.

Dans les grandes horloges, dont le moteur est un poids, le régulateur est un p e n d u l e ; on l'applique aussi à toutes celles qui doivent rester en place, et dont on veut réduire la hauteur, et toutes ces machines sont prises le nom de *pendules*, lors même qu'elles sont mises en mouvement par la détente d'un ressort. Comme la vitesse des oscillations d'un pendule dépend de sa longueur, mesurée depuis le point de suspension jusqu'au *centre d'oscillation*, il a fallu rendre cette longueur invariable, malgré les dilatations et contractions successives du métal dont cette pièce est formée, et ce problème partiel a été résolu avec élégance. Mais quoique les *pendules compensateurs* fassent un bel effet dans les machines destinées à la décoration des appartements, il est beaucoup plus simple et tout aussi bon de faire ces régulateurs avec du bois, matière inextensible dans le sens de la longueur des fibres. Il faut aussi remarquer qu'une pendule, très-bien réglée pour un lieu, peut se trouver en défaut si on la transporte à de grandes distances vers le nord ou l'équateur, sur de hautes montagnes ou beaucoup au-dessous du niveau de ce lieu pour lequel toutes ses parties furent disposées : à la rigueur, celle qui marquerait exactement les heures à Genève avancerait un peu à Paris, et plus encore à Stockholm ; elle retarderait, au contraire, à Chamouni et à Lima. Les montres portées jusqu'à la perfection des garde-temps ont l'avantage de n'éprouver aucun changement par l'influence des variations de la pesanteur à la surface de la terre ; elles sont toujours à la disposition de l'observateur, en repos comme en mouvement et en quelque lieu qu'il se trouve.

La durée d'une révolution de la terre autour de son axe est pour nous l'*unité* naturelle et principale de la mesure du temps, et les subdivisions qu'on y a faites sont consacrées aujourd'hui par des habitudes qu'on ne changera point. Nos horloges représentent donc le mouvement de rotation de notre planète, et peuvent indiquer aussi des nombres de jours, etc. Les rouages dont elles sont composées suivent exactement l'ordre de subdivision de l'unité principale, afin que chacune de ces subdivisions soit rendue visible sur le cadran, si on a besoin de la connaître. Quelques-uns de ces mécanismes représentent aussi le mouvement de la lune et les phases de ce satellite. Ces additions imposent à l'horloger l'obligation de posséder à fond la théorie des nombres, les méthodes pour la recherche de leurs facteurs, etc. Toutes ces connaissances lui sont nécessaires pour déterminer les dimensions respectives des pièces de la machine à construire. En général, cet art est un de ceux qui exigent les plus fréquentes applications des sciences mathématiques, et pour le cultiver avec un plein succès, l'artiste fera bien de se munir d'une ample provision de ces sciences et de toute l'instruction que l'on possède aujourd'hui sur les propriétés des matériaux qu'il emploie. Que l'horloger soit géomètre, chimiste et physicien, il pourra marcher sur les traces de Breguet, et continuer l'œuvre de ce savant et habile promoteur de l'art.

On n'a parlé jusque ici que de l'art moderne, sans rechercher ce qu'il fut à sa naissance, sans le suivre dans ses progrès. Son histoire a été trop complétement négligée pour qu'il soit possible de lui restituer ce qu'elle a perdu. Tout ce que l'on sait de son origine, c'est que l'on se contenta longtemps de cadrans solaires, et que les premiers essais d'horlogerie furent des clepsydres, instruments qui ne mesuraient que des parties d'heure. Pour obtenir la mesure de plus grands espaces de temps, il ne s'agissait que de fixer le niveau du liquide au-dessus de l'orifice d'écoulement, et de recevoir l'eau dans une capacité graduée. Cette première ébauche fit enfin place à une machine beaucoup plus commode : l'eau qui s'écoulait avec une vitesse constante, et par un orifice invariable, fut employée comme force motrice appliquée à une roue, dont la vitesse de rotation fut modifiée par des rouages; on eut un cadran, et dans les pays où l'eau conserve en toute saison sa liquidité, on put avoir des horloges qui n'avaient pas besoin d'être remontées. Mais quelques lieux seulement étaient propres à cette sorte de construction; l'eau tombante fut remplacée par un poids; et une résistance constante qu'il fallait vaincre pour entretenir le mouvement fut le régulateur de tout le mécanisme. Pour les cas où les clepsydres suffisaient, on avait perfectionné ce petit instrument en le convertissant en sablier, en substituant du sable fin et sec à l'eau, dont on avait reconnu que l'écoulement dure plus ou moins suivant quelques circonstances atmosphériques. Les horloges, parvenues à ce degré de perfectionnement, pouvaient déjà suffire aux besoins de la vie civile; quelques-unes allaient au delà de leur emploi, surprenaient les curieux par divers artifices de mécanique, indiquaient le mouvement de quelques corps célestes, etc. ; mais toutes avaient besoin d'être remises assez fréquemment d'accord avec la véritable mesure du temps, le mouvement de rotation de la terre; et les écarts auxquels on ne savait point remédier d'une autre manière provenaient de l'imperfection des régulateurs. Enfin, les pendules furent trouvés, et il paraît constant que Galilée conçut le premier la possibilité d'en faire l'application aux horloges, quoiqu'on fasse généralement honneur de cette invention à Huyghens, qui en effet la répandit et l'accrédita. Au reste, cette belle et grande invention peut être réclamée par plusieurs avec des droits égaux; mais ce qui peut étonner, c'est qu'elle se soit fait attendre aussi longtemps.

Les découvertes de la science moderne permettent d'espérer de nouveaux progrès dans l'art de l'horlogerie. Déjà on a reconnu qu'à l'aide de courants électriques on peut accorder toutes les sonneries des horloges d'une même ville. Ce système, appliqué dans plusieurs endroits, a maintenant pour lui la sanction de l'expérience.   FERRY.

HORLOGE D'EAU. *Voyez* CLEPSYDRE.
HORLOGE DE LA MORT. Dans le silence de la nuit et durant les heures d'insomnie, nos oreilles sont souvent frappées par un bruit comparable à celui qui résulte d'un choc léger, rapide, répété cinq ou six fois, et que la syllabe *tac*, prononcée en même nombre, reproduit assez fidèlement. C'est principalement dans les maisons dont la construction est de vieille date, dans les chambres boisées et lambrissées, qu'on entend le bruit que nous signalons, et qui impatiente souvent par sa monotonie. Plusieurs personnes l'attribuent aux araignées, mais à tort : selon l'opinion la plus plausible, il est causé par de petits insectes appelés *vrillettes*, parce qu'ils creusent dans les meubles et les boiseries des trous analogues à ceux formés par des vrilles, qu'on nomme vulgairement *trous de vers*, et dont s'échappe une poussière blanche, qui est un détritus du bois. Ces insectes font, dit-on, entendre du bruit afin de s'appeler au temps de leurs amours. Cette cause, propre à éveiller dans l'imagination des idées riantes, en a cependant engendré de bien contraires : on a préféré y voir une allusion au travail des vers dont nous sommes destinés à devenir la pâture dans le sépulcre, et de là provient le nom d'*horloge de la mort*, qui excite la curiosité. Les uns citent ce son comme un avertissement de la fin inévitable qui nous attend ; et le font servir de texte à des moralités banales; d'autres lui accordent une signification plus funèbre : il est, dit-on, pour celui qui l'entend, le présage d'une mort prochaine. Dès lors il devient le sujet de ces terreurs dont on se plait à effrayer les enfants, ainsi que les adultes qui leur ressemblent par le défaut de raison. C'est de ces contes dont il est nécessaire de montrer l'absurdité, parce qu'ils ne sont pas sans danger.   Dr CHARBONNIER.

HORMAYR (JOSEPH, baron D'), historien allemand, né à Inspruck, en 1781, joua un rôle lors de l'insurrection du Tyrol sous les ordres d'André Hofer, en 1809; insurrection à laquelle ne contribuèrent pas peu ses énergiques proclamations, et pendant laquelle la direction des affaires administratives dans les contrées insurgées lui fut confiée. En 1815, l'empereur d'Autriche le nomma historiographe de l'Empire et de la maison impériale. Mais en 1828 il passa au service de la Bavière, et de 1832 à 1846 fut ministre résident de Bavière, d'abord à Hanovre, puis auprès des villes anséatiques. Il remplissait depuis 1846 les fonctions de directeur des archives, à Munich, quand il mourut dans cette ville, le 5 novembre 1848. On a de lui des *Essais critiques et diplomatiques sur l'histoire du Tyrol au moyen âge* (1802); une *Histoire du comté-princier de Tyrol* (1806) ; *Le Plutarque Autrichien, ou vies et portraits de tous les souverains qui ont régné en Autriche* (20 vol., 1807-1820); une *Histoire de la ville de Vienne* (1823); une *Histoire générale de l'Europe depuis la mort de Frédéric le Grand* (3 vol., 1817-1819) ; des *Tableaux de la Guerre de l'Indépendance* (9 vol., 1823-1825), ouvrage des plus intéressants, mais qui a soulevé de nombreuses critiques; une *Histoire d'André Hofer* (1817), complètement refondue en 2 volumes, sous le titre de *Le Tyrol et la guerre du Tyrol en 1809* (1846), etc., etc.

HORMISDAS. *Voyez* PERSE.
HORMIUS ou **ORMUZD.** *Voyez* AHRIMANE.
HORN, ville de Hollande. *Voyez* HOORN.
HORN (Cap). Quand Magellan eut bien mûri son projet de mettre en communication les deux océans qui baignent les côtes de l'Amérique, il descendit vers le sud, en côtoyant les plages encore inexplorées de la partie méridionale du Nouveau-Monde. Arrivé au-delà du 50° degré de latitude, les terres de la Patagonie s'ouvrirent devant lui ; il parcourut un long et tortueux détroit, semé d'îlots et de récifs, accidenté de mille promontoires, où la brise se heurte et varie sans cesse, souvent balayé par des coups de vent et agité par les courants que les marées de deux grandes mers y apportent. C'est un passage dangereux, et pourtant pendant près d'un siècle il servit de grande route au commerce de la mer du Sud et aux pirates de toutes les nations que l'or du Pérou appelait aux trousses des Espagnols; car on croyait au-delà les âpres rochers de la Terre-de-Feu, couverts de neige, et parfois vomissant des flammes et de la fumée,

n'étaient que le prolongement jusqu'au pôle de la chaîne des Andes patagoniennes, qu'un tremblement de terre avait seulement brisées au détroit de Magellan. Dès 1578, à ce qu'on croit, le cap Horn avait été aperçu par l'Anglais Francis Drake; on prétend même que l'amiral espagnol Gasroia Joire de Loaysa l'avait découvert en 1515. Mais voici qu'en 1616 le Hollandais Jacob Le Maire, en s'aventurant plus près du pôle, s'aperçut que ce prétendu continent n'était qu'une grande île, ou plutôt un archipel, qu'il contourna en passant par le détroit qui porte aujourd'hui son nom. Il se trouva au milieu d'une mer ouverte, s'unissant à l'ouest avec la mer Pacifique, à l'est avec l'océan Atlantique, et borné au sud par les ténèbres et les glaces du pôle; et dans cette mer, que nul navire encore n'avait sillonnée, au sein de cette atmosphère brumeuse que nul Européen avant lui n'avait respirée, un ressouvenir de la patrie vint le frapper. Un sombre promontoire s'élevait à l'extrémité de la terre par 56° de latitude, comme pour marquer la borne du monde, escarpé et aigu, tel que le produit d'un volcan : on lui donna le nom de la ville de Horn ou H o o r n, où Schouten, son second, avait reçu le jour. Ainsi fut tracée une seconde route autour du globe.

Plusieurs navigateurs suivirent les traces de Le Maire: malheureusement ils y furent victimes de tempêtes violentes, et plusieurs naufrages rendirent le cap Horn l'effroi des marins. Aujourd'hui même que les progrès de l'art ont écarté presque tous les périls de la navigation, le passage du cap Horn inspire encore quelques craintes : c'est que nulle part ailleurs le ciel n'apparaît plus menaçant, le climat plus rigoureux, les vents plus changeants et plus irrités, la mer plus hérissée de vagues. Soit que, porté par le vent et la marée, on traverse le détroit de Le Maire, soit que l'on contourne la terre des États, il est facile de venir reconnaître le cap Horn, qui s'élève du sein des eaux comme une pyramide aiguë et irrégulière; mais là le ciel change soudain d'aspect: d'épais nuages éclipsent le soleil ; on ressent les atteintes des régions hyperborées, et le vent, qui souffle presque toujours de l'ouest, semble s'obstiner à défendre les approches de la grande mer du Sud. Si la brise reste violente et contraire, le marin le plus habile et le plus déterminé déploie en vain toutes les ressources de sa science pour cheminer à travers l'orage; chaque soir, après de longues et pénibles heures, il vient reconnaître la terre, espérant que ses efforts l'auront avancé vers le but de sa course; et chaque soir il éprouve une douloureuse déception, car les rapides courants de l'océan Pacifique le ramènent au point d'où il était parti : il retrouve devant lui la même montagne qui la veille lui avait servi de reconnaissance ; et les semaines, les mois, se passent ainsi en vaines fatigues. Rarement il échappe sans que quelque maladie décime les équipages ; ses voiles sont emportées, ses vergues brisées par les rafales; la carène elle-même, ébranlée par de continuelles secousses, s'ouvre de toutes parts ; et cependant, une dure nécessité lui fait un devoir d'exposer au vent toutes ses voiles, il faut qu'il fuie la côte. Parfois, aux premiers rayons du jour, il se flatte de mettre à profit un vent maniable ; puis soudain fond sur lui un grain terrible, qui tombe avec la rapidité de la foudre, poussant des torrents de neige et de grêle. En vain il essaye de serrer ses voiles, que le vent gonfle avec rage ; le froid trop vif paralyse les bras des matelots; leurs doigts, heurtés par les soutienment difficilement au sommet des mâts; tout devient désordre et danger. Et puis, quand la rafale a passé, emportant avec elle un dernier débris de voile, un calme plat succède, calme effrayant, où le navire, baltu comme un rocher par d'énormes vagues ne peut fuir devant la mer qui le ballotte et menace sa mâture. Tous ces dangers, exagérés par les récits des navigateurs, firent abandonner pendant longtemps le passage du cap Horn. Jusqu'à Cook, on préféra la route par le détroit de Magellan; car, bien que réellement plus périlleuse, elle n'inspirait pas les mêmes terreurs : c'est que l'idée de sombrer sous voiles en pleine mer a quelque chose de plus sombre, de plus profondément mélancolique, que celle d'un naufrage sur la côte : l'espoir n'est pas mort au fond du cœur du naufragé, quand le flot le roule sur les pointes rocailleuses du rivage. A présent, au contraire, le détroit de Magellan est presque entièrement abandonné : de trop cruels souvenirs en écartent les navires, qui redoutent moins les tempêtes de la haute mer. Seulement, pour éviter les courants de la côte, ils descendent très-bas dans le sud, quelquefois jusqu'au 60ᵉ degré de latitude : le ciel est plus triste sans doute, la brise plus froide, la mer souvent y charrie des glaçons ; mais elle n'y cache point d'écueils.

On avait d'abord cru que le cap Horn était un promontoire de la Terre-de-Feu; mais en 1624 une escadre hollandaise, commandée par l'amiral L'Hermite, reconnut qu'il formait le sommet d'un groupe d'îles, qui prirent le nom d'îles l'Hermite. Bien que célèbre parmi les navigateurs, ce cap, qu'on distingue de si loin, parce qu'il s'élève verticalement sur l'eau, n'a qu'une hauteur peu considérable : elle ne dépasse pas 580 mètres, tandis que derrière lui, dans la Terre-de-Feu, le mont Sarmiento en a 2,000 : c'est le sommet le plus élevé de toutes les montagnes connues des mers australes. Toutes ces îles qui environnent la Terre-de-Feu, et dont le cap Horn fait partie, constituent le groupe nommé l'archipel de Magellan. Les marins, qui ne les avaient vues que de loin, en faisaient des terres affreuses, couvertes de lave et de neige, et souvent enveloppées de flammes. Le capitaine King les a dernièrement explorées en détail : elles sont en effet sous un climat froid, neigeuses pendant l'hiver, mais arrosées de belles rivières, avec des forêts et une luxuriante verdure.

Théogène PAGE, capitaine de vaisseau.

HORN (PHILIPPE DE MONTMORENCY, comte DE). *Voyez* HORNES.

HORN (GUSTAVE, comte DE), général suédois à l'époque de la guerre de trente ans, né en 1592 à Oberbyhuus, dans la province de Upland, entra au service sous le règne de Gustave-Adolphe. En 1625 il s'empara de Dorpat, en 1630 de Kolberg; et lorsque Gustave-Adolphe marcha sur Francfort-sur-l'Oder, ce prince lui confia le commandement de la moitié de l'armée suédoise. A la bataille de Breitenfeld, c'est lui qui commandait l'aile gauche ; et il figura aussi à l'affaire de Lech. A la bataille de Lutzen, il eut ordre de se jeter à la poursuite de l'aile gauche de l'ennemi, qui avait été mise en déroute, pendant que le roi, à la tête de son régiment de Steinbock, s'efforçait de rétablir l'ordre dans son aile droite. Après la mort du roi, le comte de Horn seconda les plans de son beau-père, le chancelier Oxenstiern, et opéra sa jonction en Souabe avec le duc Bernard de Saxe-Weimar, qui, contre son avis, livra, en 1634, la bataille de Nœrdlingen. Fait prisonnier dans cette affaire, il ne fut échangé qu'en 1634. Dix ans plus tard, en 1644, il commanda encore une armée en Scanie, et contraignit les Danois à faire la paix. Sous les règnes de Christine et de Charles X, il jouit également d'un grand crédit. Gouverneur de la Livonie, puis de la Scanie, il mourut en 1659, avec le titre de grand-maréchal du royaume.

HORN (ANTOINE-JOSEPH, comte DE), roué vif en place de Grève, à Paris, le 26 mars 1720, comme coupable d'assassinat commis sur la personne d'un agioteur de la rue Quincampoix, dans le but de lui voler une somme de cent mille écus, appartenait à l'ancienne et illustre famille de Horn, en Brabant (*voyez* HORNES), alliée, depuis une longue suite de générations, à la plupart des nobles maisons de l'Europe. C'était un grand et beau jeune homme de vingt-deux ans, fils cadet de Philippe-Emmanuel, prince de Horn, qui avait servi avec distinction dans les dernières guerres de Louis XIV, et qui notamment avait reçu sept coups de feu à la bataille de Ramillies. Sa mère était une princesse de Ligne. Entré de bonne heure au service autrichien, sa naissance l'avait fait arriver jusqu'au grade de capitaine; mais il n'avait pas tardé à être réformé, comme mauvais sujet incorrigible, et il était devenu depuis longtemps, en raison de sa vie d'obscure et crapuleuse débauche, fort embarrassant pour sa mère, restée veuve, et pour son frère aîné, maintenant chef de la maison. Depuis deux mois qu'il se trouvait à Paris, il s'y livrait à tant d'excès de tous genres, que sa famille, inquiète, à bon droit, de ce qui en pouvait résulter, parce qu'elle le savait capable de tout, envoya un agent confidentiel chargé de payer les dettes qu'il pouvait avoir contractées dans cette capitale, et en même temps de solliciter du régent une lettre de cachet qui l'expulsât de France. L'agent n'arriva à Paris que le samedi de la semaine sainte. La veille, jour de la Passion, le comte de Horn avait été arrêté en flagrant délit d'assassinat commis dans les circonstances suivantes :

C'était alors le moment où le système de La w tournait toutes les têtes, et où la nation française s'imaginait que la planche aux actions de la fameuse compagnie du Mississipi était une source de richesses bien autrement inépuisable que les mines du Mexique ou du Pérou. L'agiotage sur ces chiffons de papier était devenu une véritable fureur, et les primes les plus fabuleusement exagérées étaient payées pour obtenir les bienheureuses actions dont Law inondait la France. La rue Quincampoix, située parallèlement entre les rues Saint-Denis et Saint Martin (et dont avant peu, par suite de l'établissement du Boulevard du Centre, il ne restera plus de traces), était le foyer de ce bizarre commerce; la foule s'y portait constamment, et toute circulation s'y trouvait interrompue du matin au soir. Le vendredi 22 mars 1720, le comte de Horn, sous le prétxte de lui acheter cent mille écus d'actions, donna rendez-vous à un agioteur dans un cabinet particulier d'un cabaret de la petite rue de Venise, qui met la rue Quincampoix en communication avec la rue Saint-Martin. L'agioteur y courut avec son portefeuille et ses actions; il y trouva le comte de Horn en compagnie de deux individus que celui-ci lui présenta comme ses amis. Ces deux coupe-jarrets avaient nom l'un de l'Estang, et l'autre, soi-disant capitaine réformé piémontais, Laurent de Mille. Après les premiers compliments et à un signal convenu, tous trois se jetèrent sur le malheureux agioteur; le comte de Horn lui porta plusieurs coups de poignard, et prit le portefeuille. Laurent de Mille, voyant que l'agioteur n'était pas encore mort, lui donna le coup de grâce. Mais quelque dextérité, quelque promptitude que ces trois misérables eussent mises à la perpétration de cet assassinat, leur victime, en se débattant, fit assez de bruit pour qu'un garçon du cabaret, passant devant la porte de ce cabinet, l'entr'ouvrit pour savoir ce qui s'y passait. En apercevant un homme baigné dans son sang, il donna à la porte deux tours de clef, et cria à l'assassin. Les meurtriers, se voyant découverts, cherchèrent à s'échapper par la fenêtre, et y réussirent; mais l'alarme était donnée. Le comte de Horn fut arrêté au moment où il se laissait choir dans la rue. De Mille parvint à se faufiler dans la foule qui encombrait la rue Quincampoix ; mais on y put suivre ses traces, et il fut arrêté à la hauteur des halles. Plus heureux, de l'Estang réussit à s'évader. Arrêtés ainsi en flagrant délit, les assassins ne purent nier leur crime; ils furent conduits à la Conciergerie, et livrés à la justice.

On comprend quel bruit dut faire dans Paris un crime de cette nature, commis avec tant d'audace, en plein jour et dans de telles circonstances. La haute naissance de l'un des coupables, ses relations de parenté avec toute la grande noblesse de France, voire avec le régent, dont il se trouvait l'allié par sa mère, pouvaient donner à croire que l'autorité s'efforcerait d'étouffer cette affaire. De grands personnages s'entremirent en effet auprès du régent pour implorer sa pitié et lui représenter la honte qui allait en rejaillir sur tant de nobles familles. On lui proposa de faire déclarer le comte de Horn fou et de le faire enfermer, pour le restant de ses jours, aux Petites-Maisons, en alléguant qu'un de ses oncles y était déjà. Le duc d'Orléans (c'est une justice que l'histoire aime à lui rendre) se montra inflexible, et voulut que prompte et bonne justice fût faite des deux misérables dont le crime occupait tout Paris. Les solliciteurs lui ayant fait observer que la maison de Horn avait l'honneur de lui appartenir à lui-même : *Eh bien, messieurs*, leur dit-il, *j'en partagerai la honte avec vous*. On fit bonne garde autour des assassins; le comte de Horn fut tout bonnement enfermé à la Conciergerie avec les criminels ordinaires, et l'instruction du procès se fit avec une rapidité telle que dès le mardi suivant, 26 mars, lui et son complice de Mille expiraient sur la roue, en place de Grève.

HORNBLENDE. *Voyez* AMPHIBOLE.

HORNEMANN (FRÉDÉRIC-CONRADIN), voyageur célèbre, né en 1772, à Hildesheim, étudia d'abord la théologie, et obtint un emploi ecclésiastique en Hanovre; mais bientôt, cédant à une vocation décidée, et brûlant du désir de pénétrer dans l'intérieur de l'Afrique, il se fit recommander, en 1795, à la Société Africaine de Londres, qui l'y envoya avec une mission. Le 5 septembre 1879, il quitta Le Caire, pourvu de passeports signés par Bonaparte, et partit avec une caravane pour le Fezzân. Il s'arrêta dans la capitale, à Mourzouk, fit de là une excursion à Tripoli, et gagna ensuite Bournou, d'où sont datées les dernières nouvelles qu'on ait reçues de lui. Des versions différentes circulèrent en Europe sur le lieu de sa mort; car on présume qu'il pénétra jusqu'à Tombouctou. Un journal qu'il avait écrit en langue allemande, et que de Tripoli il avait envoyé en Angleterre, a été publié, traduit en anglais (Londres, 1802).

HORNES ou **HOORN**, terre de l'ancien territoire de Liège, mais dépendante du duché de Brabant, érigée en comté, en 1450, par l'empereur Frédéric IV, dit *le Pacifique*, en faveur de *Jacques* sire de Hornes, Altena, Craenendonck, Myntenig et Weert, grand-veneur héréditaire de Brabant. *Jean* DE HORNES, issu de cette maison, ayant épousé Anne d'Egmont, veuve de Joseph de Montmorency, seigneur de Nevecle, en Flandre, et n'en ayant point eu d'héritiers, adopta les enfants du premier lit. C'est ainsi que leur aîné, *Philippe* DE MONTMORENCY, devint comte de Hornes, et fit battre monnaie d'or et d'argent à son nom et à ses armes, comme franc seigneur de Weert, dans le Limbourg. Il fut attaché de bonne heure à la personne de l'empereur Charles-Quint, qui lui donna le gouvernement de la Gueldre. Il en reçut de plus le collier de la Toison-d'Or et la charge d'amiral ou de capitaine général de la mer. Philippe II l'établit chef des finances des Pays-Bas, et, contre l'ordinaire de ceux qui manient les deniers de l'État, le comte de Hornes vendit pour plus de 300,000 écus de son bien afin de subvenir aux besoins du trésor public. Comme capitaine, il s'était signalé aux batailles de Saint-Quentin et de Gravelines, dans la défense de Luxembourg, au siège de Dourlens. Mais son éloignement pour les persécutions religieuses, ses liaisons de famille et d'amitié avec le comte Lamoral d'Egmont, et son opposition au système du gouvernement espagnol, causèrent sa perte : le duc d'Albe se fit arrêter et décapiter le même jour son plus illustre parent, le 5 juin 1568 ; il eut la tête tranchée sur la place publique de Bruxelles, à l'âge d'environ cinquante ans. Son frère, *Florent* DE MONTMORENCY, seigneur de Montigny, retenu prisonnier en Espagne, éprouva le même sort, en 1570, où, selon quelques-uns, mourut empoisonné. En lui finit la branche des sires de Nevecle, de la maison de Montmorency.

Le procès des comtes d'Egmont et de Hornes a été recueilli dans deux volumes servant de supplément à la traduction de *Strada*, par du Ryer. Quoiqu'ils portent la rubrique d'Amsterdam, ils ont été réellement imprimés à Bruxelles, chez P. Foppens, et sont tirés d'un vieux manuscrit qui appartenait au conseiller Wynants. Il est assez remarquable qu'il y manque la partie des interrogatoires du comte d'Egmont, où il indique le lieu de sa naissance, c'est-à-dire le château de la Hamaïde, dans le Hainaut. Barbier, dans son *Dictionnaire des Anonymes*, attribue ces deux volumes à Jean Dubois. Par malheur, le savant bibliographe ne s'est pas aperçu qu'il prenait pour l'éditeur d'un ouvrage publié en 1729 le procureur général du *conseil des troubles* en 1568. Les amateurs recherchent aussi un livre rare, intitulé *La Déduction de l'innocence de messire Philippe de Montmorency, comte de Hornes* (sans nom d'auteur, ni de lieu, imprimé au mois de septembre 1568). Cet ouvrage existe aussi en hollandais sous la même date.

De Reiffenberg.

HORNE TOOKE (John), philologue anglais, né à Londres, en 1736, étudia la théologie, et acheta ensuite une prébende dans le comté de Kent. Il se fit connaître pour la première fois comme écrivain en 1771, en entrant en lice avec autant d'énergie que d'esprit contre l'auteur anonyme des *Lettres de Junius*. Ce qui appela ensuite l'attention sur lui, ce fut l'intérêt qu'il exprima pour les Américains dans leur lutte avec l'Angleterre. La souscription qu'il ouvrit pour les soutenir fut considérée comme un acte de trahison envers le pays; et les tribunaux le condamnèrent à un an de prison. A l'expiration de sa peine, il se consacra à la science du droit; mais en sa qualité d'ecclésiastique il ne put suivre la carrière du barreau : il reprit donc la plume de l'écrivain politique, et publia un grand nombre de pamphlets, dont l'un lui valut, en 1794, une nouvelle accusation de haute trahison. Il mourut en 1812, à Wimbledon, où s'écoulèrent les dernières années de sa vie. Le plus important de ses ouvrages a pour titre : ἔπεα πτερόεντα, *or the diversions of Purley* (Londres, 1786-1805).

HOROLOGIUS. *Voyez* Dondi.

HOROSCOPE (du grec ὥρα, heure, et σκοπέω, j'examine, je considère), observation du ciel, position ou conjonction des astres au moment de la naissance de quelqu'un ou d'une entreprise quelconque, pour y lire les destinées du nouveau-né ou les résultats futurs de l'événement qui se prépare. De cette consultation du firmament, on induit que l'heure qui coïncide avec un fait donné est favorable ou non au succès. On a appelé cette opération *tirer un horoscope*, comme les figures et les calculs tracés dans ce but ont pris le nom de *thèmes de nativité*. C'est le *cardo orientalis* des Latins, qui lui donnaient, comme on la lui a donné chez nous la désignation d'*ascendant*. On voit donc qu'il y a, entre l'horoscope proprement dit et la divination ordinaire cette différence, que celle-ci tire ses inductions de circonstances plus ou moins bizarres, insignifiantes ou fantastiques, tandis que l'horoscope, plus ambitieux dans ses vues, plus audacieux dans ses moyens, dédaigne les procédés vulgaires, et ne demande ses inspirations qu'au ciel. Cette manière d'opérer a, par son semblant de hauteur et de grandiose, longtemps fasciné les yeux : les prêtres chaldéens et égyptiens, pour la plupart tout aussi astrologues qu'astronomes en tirèrent de bonne heure grand parti; et les Grecs, qui leur empruntèrent cette pratique superstitieuse, la transmirent à leur tours aux Romains. Mais déjà sous le paganisme les esprits éclairés faisaient justice de cette jonglerie; Vespasien s'en moquait publiquement, et il ne fallut rien moins que l'ignorance du moyen âge pour remettre les horoscopes en honneur. Il y eut un temps où la manie de tirer des horoscopes dégénéra en une fureur telle, qu'Albert le Grand, Cardan, et plusieurs autres poussèrent l'extravagance jusqu'à troubler celui de Jésus-Christ. Mais, sans aller chercher nos exemples si loin, n'a-t-on pas vu une reine de France, Catherine de Médicis, et, avant elle, Louis XI prisonnier de ses propres soupçons à Plessis-lès-Tours, s'entourer de sorciers, de magiciens, et demander tous les jours aux astres des illusions de bonheur ? Avec le Glocester, Marie-Stuart, Élisabeth, la grande reine, n'étaient pas au-dessus de cette faiblesse. Au dix-septième siècle, cette croyance conservait encore tant de pouvoir, que deux savants illustres, Képler et Oranam, se virent forcés de faire des horoscopes, l'un pour vivre, l'autre pour ne pas mécontenter de puissants protecteurs. A la naissance de Louis XIV, l'horoscope du jeune prince fut encore solennellement dressé.

Un manuscrit curieux de la bibliothèque de l'Arsenal contient les horoscopes des Louis rois de France depuis Louis XVI jusqu'à Louis XX. Croyez encore après cela aux horoscopes !

On appelle encore *horoscope* une figure, ou thème céleste, qui contient les douze *maisons*, c'est-à-dire les douze signes du zodiaque, dans lesquels on marque la disposition du ciel et des astres à une heure déterminée, pour en tirer des prédictions; et *horoscope lunaire* le point d'où sort la lune au moment où le soleil se trouve au point ascendant de l'orient; c'est la *partie de fortune* en astrologie. Mercure et Vénus jouaient autrefois un grand rôle dans toutes ces folies. On a également donné le nom d'*horoscope* à un instrument de mathématiques, de forme planisphérique, inventé par Jean Paduanus, auteur d'un traité particulier sur ce sujet. Quant aux horoscopes proprement dits, on n'en trouve plus vestige aujourd'hui que dans quelques almanachs.

HORRIPILATION (du latin *horripilatio*, formé de *horrere*, avoir peur, frissonner; *pilus*, poil; et *agere*, faire, agir). Ce mot, fréquemment employé comme synonyme de *frisson*, spécifie une vive impression produite par l'organisme, qui fait tout à la fois trembler et hérisser les poils ainsi que les cheveux. La terreur fournit des exemples communs de ce phénomène, causé primitivement par l'irritabilité dont l'appareil nerveux est la source. Le redressement des poils est secondairement effectué par l'action des couches musculaires étendues sous la peau, et qui appartiennent aux organes du mouvement. Plusieurs animaux sont très-richement dotés de ces couches : aussi leurs poils se hérissent-ils aussitôt qu'ils éprouvent quelque sensation vive, surtout la colère. Ce privilège est encore pour eux un moyen de défense; il leur sert à chasser les insectes ou à présenter à leurs ennemis des pointes redoutables : telles sont surtout les armes du hérisson.

Considérée comme le degré le plus intense du frisson, l'horripilation offre une importance majeure aux médecins : quand ils la voient se manifester au début d'une fièvre d'accès, ils doivent s'efforcer d'en prévenir le retour ou d'en diminuer la violence, car dans cet état on a vu la mort achever de glacer le malade, ou bien succéder une réaction brûlante dont l'apoplexie est quelquefois le terme. C'est le cas pour ceux d'user des moyens puissants dont ils peuvent disposer.

Dr Charbonnier.

HORS, préposition qui vient du latin *foris*, dehors, par le changement du *f* en *h*, et qui est destinée à marquer l'exclusion. On l'applique aux temps, aux lieux et à diverses choses qui n'ont rapport ni aux temps ni aux lieux. Dans l'enfance de la langue française, au lieu de *hors* on disait *fors*, qui rappelait bien mieux l'étymologie du mot.

En jurisprudence, mettre *hors de cour et de procès*, c'est renvoyer les parties, comme n'y ayant pas sujet de plaider. Ce jugement s'appelle *un hors-de-cour*. En politique, on dit qu'un homme est mis *hors la loi*, lorsque, désigné à tous par un jugement comme l'ennemi commun, il n'a droit à aucun des avantages de la loi commune. Champagnac.

HORSA. *Voyez* Hengist.

HORS-D'OEUVRE. Considéré sous le point de vue gastronomique, le hors-d'œuvre était regardé jadis, pour répéter la définition du *Dictionnaire* de Trévoux, comme « des petits plats ou des assiettes qui accompagnent les grands, et remplissent l'espace qui est entre eux. » Cette définition ne donnerait de nos jours aucune idée des hors-d'œuvre, qui se composent de certains mets, tels que petits-fours aux viandes blanches, radis, figues fraîches, beurre, anchois, sardines, melon, cornichons, câpres fines, olives, etc., que l'on met sur la table avant d'y rien servir. Les hors-d'œuvre ne sont donc que des accessoires, appelés dans un dîner, dans un déjeuner surtout, moins à aiguiser l'appétit qu'à flatter l'œil par la symétrie qu'ils établissent sur une table. Nous nous trompons; il existe un seul *hors-d'œuvre*, qui brille de son propre éclat : c'est le sorbet au rhum. Au temps des soupers, les habiles appelaient ce repas un

12.

hors-d'œuvre. Plus tard, cette dénomination fut modifiée, et le *hors-d'œuvre* devint un dîner gourmand, un dîner d'adeptes, arrosé de bon vin.

En architecture, *hors-d'œuvre* se dit de tout ce qui ne fait point partie de l'ordonnance générale d'un bâtiment, de tout corps de bâtisse, de tout objet, de tout travail accessoire et étranger à l'ensemble, quel qu'il soit, du corps de l'objet, ou du travail principal : il s'applique également aux mesures prises de l'intérieur ou de l'extérieur d'un bâtiment ; c'est dans ce sens qu'on dit : ce bâtiment a tant de mètres *hors-d'œuvre*.

En littérature, on a appelé *hors-d'œuvre* tout ce qui semble introduit après coup dans un ouvrage, et peut en être retranché sans nuire à l'ensemble. Nombre de ces hors-d'œuvre ajoutent quelquefois un grand prix à l'œuvre dans laquelle il se trouvent placés, et parmi ceux-là nous devons compter ces épisodes, pleins de grâce et de fraîcheur, dont la plupart des grands poètes de toutes les nations et de toutes les époques ont semé leurs chefs-d'œuvre, afin de reposer un instant le lecteur, que pourrait fatiguer la lecture d'un écrit trop suivi.

HORTENSE (La reine), *Hortense de* BEAUHARNAIS, naquit à Paris, le 10 avril 1783, et mourut à Viry, chez la duchesse de Raguse, le 5 octobre 1837. Que de terribles péripéties, que de gloire, que d'inquiétudes, que de joies, que de souffrances, entre les deux dates de cette naissance et de cette mort! Hortense-Eugénie de Beauharnais, fille du vicomte Alexandre de Beauharnais et de Joséphine Tascher de la Pagerie, sœur du prince Eugène, était appelée à de bien hautes destinées ; elle s'en montra digne. Devenue, par le second mariage de sa mère, avec le général Bonaparte, belle-fille du grand homme, elle fut l'ornement de la petite cour consulaire et bientôt de la cour de l'empereur. Mariée, le 7 janvier 1802, à Louis Bonaparte, frère de Napoléon, devenu plus tard roi de Hollande, elle regretta la France; et l'esprit un peu taciturne de son mari et de ses sujets ne contribua pas peu à rendre cette union malheureuse. Hortense avait besoin de l'air de Paris pour respirer librement. Musicienne habile, elle composait de jolies romances chevaleresques, qui étaient dans le goût aventureux de l'époque, et on chantait bien. On cite dans le nombre *Partant pour la Syrie*, devenu depuis le nouvel empire en quelque sorte un air national. Napoléon avait une tendresse de père pour sa belle-fille ; et lorsque le premier-né de la reine Hortense mourut, ce douloureux événement fortifia dans le cœur de Napoléon son projet de divorce. Il avait concentré ses affections sur le fils de la reine Hortense. Cette perspective d'un héritier indirect brisée, Napoléon pensa à rompre ses liens avec Joséphine. C'était une Égérie qui dirigeait Numa : l'empire s'écroula emportant avec soi toutes les splendeurs du trône de Napoléon et des royautés fraternelles improvisées ; la reine Hortense resta d'abord à Paris, où elle prit le titre de *duchesse de Saint-Leu*, et fut de la part des alliés l'objet des plus délicates attentions ; elle ne bouda point, sans jamais renier toutefois le culte du passé. Louis XVIII disait d'elle : « Je m'y connais, et je n'ai jamais vu de femme qui réunisse à tant de grâce de manières si distinguées. » Exilée à la suite des cent-jours, elle habita successivement Rome et Arenenberg, et ne revint en France que lors des tentatives infructueuses de son fils Louis, qu'elle voulait suivre en Amérique. Elle n'en eut pas la force, et mourut à Viry, sans pouvoir soupçonner l'avènement de ce fils chéri, alors si malheureux, au trône glorieux de son oncle.   Jules PAUTET.

HORTENSIA. Avant les dernières années du dix-huitième siècle, cette belle plante, originaire de l'Asie orientale, n'était guère connue en Europe que par les riches broderies et les peintures éclatantes de la Chine et du Japon, et cependant Petiver, dans son *Gazo-phylacium*, l'avait désignée sous le nom de *sambuco affinis japonica*; Kæmpffer l'avait décrite dans ses *Aménités exotiques*, et Commerson en avait fait passer en Europe quelques échantillons desséchés. Mais, vers l'année 1790, Cels et Audebert réussirent à naturaliser parmi nous cette belle étrangère, et depuis cette époque l'hortensia, ou la *rose du Japon*, quoique dépourvue d'odeur, a été recherchée de tous les horticulteurs, comme l'une des plus belles de nos plantes d'agrément.

La rose du Japon est un arbrisseau peu élevé, auquel ses branches rameuses donnent par leurs nombreuses subdivisions l'aspect touffu d'un buisson ; ses feuilles sont opposées, pétiolées, larges, glabres à leurs deux surfaces, ovales, dentées ; les sommets des rameaux et des tiges, et souvent aussi les aisselles des feuilles supérieures, supportent des corymbes de fleurs, tantôt d'un rose tendre, tantôt bleuâtres, mais toujours d'une grande beauté : chacun de ces corymbes est formé de quatre à six pédoncules, qui tous partent du même point, et qui tous se divisent et se subdivisent en nombreux pédicelles, dont les extrémités terminales sont toutes couronnées de fleurs. Les fleurs elles-mêmes sont de deux espèces : les unes, stériles, sont formées par cinq ou six folioles pétaliformes, qui, suivant Decandolle, ne seraient que des bractées anormalement développées, et à l'intérieur desquelles on remarque les rudiments des organes floraux ; les autres, complètes, insérées dans les bifurcations des pédoncules, sont cachées par les fleurs stériles qui forment la périphérie du corymbe. Le fruit de l'hortensia ne nous est pas connu. La rose du Japon se perpétue par marcotte et par bouture ; elle exige une terre substantielle, une terre de bruyère mélangée de terre franche ; elle entre en pleine sève au mois de février, et fleurit au mois d'août. On dit que l'oxyde de fer mélangé au terreau donne à la fleur de l'hortensia une belle teinte violette, Commerson et Lamarck avaient fait de l'hortensia un genre distinct, que Jussieu a rapproché et que Smith a réuni au genre *hydrangée* (décandrie trigynie de Linné, famille des saxifragées de Jussieu), sous le nom d'*hydrangea hortensia*.   BELFIELD-LEFÈVRE.

HORTENSIUS (QUINTUS), célèbre orateur romain, naquit l'an 640 de Rome, d'une illustre famille plébéienne. Dès l'âge de dix-neuf ans, il débuta au barreau avec un éclat extraordinaire. Il avait une éloquence pompeuse, procédant de l'emphase asiatique, toute pleine de périodes et semée de traits à effet ; son débit était irréprochable, son geste expressif et pathétique, sa mémoire prodigieuse, son improvisation chaude et entraînante. Malgré la glorieuse place qu'il avait conquise tout d'abord, il quitta presque aussitôt la toge pour endosser la cotte d'armes et, comme toute la jeunesse romaine, il se fit soldat. Élevé au grade de tribun militaire, puis lieutenant de Sylla dans la guerre contre Mithridate, il ne tarda pas à revenir aux luttes de la tribune. Tous les orateurs en renom qui l'occupaient naguère, Crassus, Antoine, Catulus, Julius, Sulpicius, étaient morts dans l'intervalle ; leur jeune et heureux rival n'eut pas même à combattre pour être salué le prince du barreau romain. Les grandes affaires, les causes lucratives lui arrivèrent en foule, et l'opulence avec elles. Dès lors il vécut dans un faste inouï, même pour cette Rome qui ne savait comment dépenser les revenus de l'univers. Ce grand avocat avait d'ailleurs peu de scrupules quand il s'agissait d'augmenter sa fortune ; il se chargeait volontiers des plus mauvaises causes et défendait sans honte les hommes les plus décriés : Verrès fut son client. On voit qu'il y avait loin de l'orateur Hortensius à l'orateur de Caton, *vir probus dicendi peritus*. Néanmoins il conserva sa royauté du Forum jusqu'au moment où se produisit Cicéron.

Tombé du premier rang au second, il se résigna d'abord d'assez mauvaise grâce, et ne parut plus à la tribune qu'à de rares intervalles. La popularité qu'il s'acquit par sa magnificence et ses largesses, lors de son édilité, la préture et le consulat qu'il obtint successivement, ne purent le consoler de sa décadence; et lorsque Cicéron fut élevé à la première magistrature de la république, il se remit avec une ardeur nouvelle aux luttes de la parole. Leur rivalité, du reste, n'est jamais dégénéré en jalousie basse et haineuse ; ces deux

HORTENSIUS — HOSANNA

hommes, s'ils n'étaient point amis, avaient au moins l'esprit de le paraître. Ils suivaient la même ligne politique, soutenant le plus souvent le sénat contre le peuple et défendant l'ordre de choses établi. Un jour même Hortensius faillit être assassiné par les gladiateurs de C l o d i u s : c'est encore lui qui fit entrer Cicéron dans le collège des augures. Il mourut peu de temps après, en l'an de Rome 704.

Hortensius s'occupait de littérature et de poésie ; mais il dédaignait les études philosophiques, bien que Cicéron, qui lui a dédié son traité *De Philosophia*, se vante de l'avoir converti. Aucune de ses œuvres, vers, harangues ou plaidoyers, ne nous est parvenue. Il se maria deux fois, et son second mariage nous offre un trait curieux des mœurs romaines : il était devenu amoureux de la femme de Caton d'Utique , son ami ; ne pouvant maîtriser sa passion, il en fit l'aveu à Caton lui-même. En vrai stoïcien , celui-ci, pour récompenser sa franchise et l'encourager à la vertu , renonça à l'épouse qu'il chérissait, et la lui céda, bien qu'elle fût alors enceinte et déjà mère de deux enfants.

La fille de l'orateur, Hortensia, est également célébrée par les anciens comme un modèle d'éloquence. W.-A. Duckett.

HORTICULTURE (de *hortus*, jardin, et *cultus*, culture), culture des j a r d i n s. La limite entre les attributions de l'horticulture et de l'a g r i c u l t u r e est fixée par ce qui établit la distinction entre les *jardins* et les *champs*. C'est à l'agriculture qu'il est réservé d'appeler à son aide la puissance des machines et la force des animaux auxiliaires de l'homme ; l'horticulteur n'a que ses bras et des outils de la plus grande simplicité. La charrue, la herse, les différentes sortes de semoirs, etc., appartiennent à la culture champêtre ; la bêche et ses diverses modifications, les ciseaux de l'élagueur, le sécateur, les instruments pour greffer, sont entre les mains du jardinier. Quelques opérations sont communes à ces deux divisions de la culture, et toutes les connaissances qui peuvent éclairer et guider l'horticulteur font partie des sciences agronomiques.

La passion toujours croissante en France de l'horticulture a contribué fortement à l'institution de sociétés dont le but est d'enrichir les jardins et de perfectionner l'art de les cultiver. On leur devra plus et mieux que des écrits ; elles font des expériences, forment des pépinières, se procurent et naturalisent des plantes exotiques, etc. Si les destinées du genre humain ne sont pas trop défavorables, ces utiles associations se consolideront, et, sûres d'une longue existence, elles entreprendront les essais dont la durée excède celle de la vie d'un individu.

L'horticulture a aussi son importance commerciale. Sans parler des tulipes et jacinthes de la Hollande, disons que les produits annuels de l'horticulture, à Paris seulement, excèdent six millions. Grâce à la facilité des communications, Dijon lutte pour les cerises avec Montmorency, Orléans pour les fraises avec Fontenay-aux-Roses, Châtenay, et Bagnolet ; la Touraine pour ses fruits avec Montreuil, etc. Et si nous passons en revue les produits propres aux jardins fleuristes, combien nous trouverons de progrès effectués, de variétés créées par une hybridation bien conduite parmi les camélias, les rosiers, les rhododendrons et les azalées, les pélargoniums, les pivoines, les œillets, les fuchsias, les liliacées, les orchidées, etc.

HORTULAIRES. *Voyez* Clanculaires.

HORUS, en égyptien *Or*, fils d'Osiris et d'Isis, est la personnification du soleil caniculaire, arrivé à la plus grande intensité de sa vertu calorifique. Les Grecs reconnurent leur Apollon dans ce dieu égyptien, qu'on représente sur les monuments avec une tête d'épervier. Typhon essaya vainement de contester sa légitimité ; il fut déclaré le véritable fils d'Isis et d'Osiris. Il est en effet Horus *Chnouphis*, nouveau soleil qui éclaire la nature depuis l'équinoxe du printemps jusqu'à l'équinoxe d'automne, c'est-à-dire lorsque le soleil verse partout les flots de sa lumière, féconde la terre et prolonge les jours. De là vient qu'on le représente, comme le dieu Priape, avec tous les caractères de la plus grande énergie. Jablonski trouve dans la langue cophte l'étymologie du nom d'*Horus*, qui voudrait dire *roi*, ou *seigneur*, ce qui convient à la force et à la puissance du soleil d'été. Il passe pour le dernier roi d'Égypte issu de race divine. Il possédait l'art de guérir et celui de prophétiser. On a remarqué la plus grande ressemblance entre Horus et H a r p o c r a t e, d'où l'on a conclu que ces deux divinités n'en faisaient qu'une, et que les Grecs les avaient distinguées mal à propos. On représente Isis, mère d'Horus, ayant sur ses genoux un enfant nouvellement né : elle lui présente la mamelle en souriant. Les Égyptiens adorateurs de cette déesse, célébraient le 25 du mois *tybi* (décembre) la fête du solstice d'hiver, ou les couches d'Isis et la naissance d'Horus. C'est alors que les prêtres tiraient de leur sanctuaire la représentation de ce mystère. Cette fête est indiquée ce jour-là dans les anciens calendriers sous le nom de *natalis solis invicti*. C^{er} Alexandre Lenoir.

HORUS (*Astronomie*). *Voyez* Cocher.

HORVATH (Michel), historien Hongrois, né en 1809, à Szentes, comitat de Csongrad , fut élevé au séminaire de de Waitzen, et entra dans les ordres. Il était attaché à la paroisse de Grosskáta, lorsque des difficultés que lui suscitèrent ses supérieurs ecclésiastiques en raison de la tendance trop libérale de son enseignement religieux, le déterminèrent à renoncer à la carrière de la prédication, malgré le succès qu'il y obtenait, et à accepter en 1841, à Vienne, une place de précepteur dans la maison du comte Erdoedy. Mais il ne tarda pas à la perdre, et obtint alors la chaire de langue hongroise au collège de Vienne appelé *Theresianum*. Trois ans plus tard il fut appelé aux fonctions de prévôt de l'église de Hatvan. Dans ce bourg voisin de Pesth, il eut avec les libéraux hongrois de nombreuses relations, par suite desquelles il fut nommé, en 1848, évêque de Csanad et membre de la chambre haute. L'activité qu'il y déploya fut rendit extrêmement populaire ; aussi, après la déclaration d'indépendance, lui confia-t-on le portefeuille de l'instruction publique et des cultes (14 avril 1849). Quand la révolution fut étouffée, il réussit à se réfugier à Paris , d'où il se rendit à Zurich avec la veuve du comte Louis Batthyanyi comme instituteur de ses enfants. En 1851, une des commissions militaires établies en Hongrie par l'Autriche le condamna par coutumace à être pendu.

Son début dans la littérature fut un Mémoire qu'il composa à l'occasion du prix offert par le comte Joseph Teleky à l'auteur du meilleur parallèle entre la civilisation des Magyares, au moment où ils vinrent s'établir en Europe, et celle des autres peuples de l'Europe. Son Mémoire fut couronné ; et il remporta également le grand prix proposé vers la même époque par l'Académie pour la meilleure histoire du commerce et de l'industrie de la Hongrie sous les rois de la dynastie d'Arpad. Ces deux ouvrages furent · imprimés dans les Annales de l'Académie, puis en 1838 le nomma l'un de ses membres correspondants. L'ouvrage le plus important qu'on ait de lui est *A Magyarok története*, 4 vol., Papa, 1842-1846). Il a aussi enrichi les Annales de l'Académie hongroise et celles de l'*Athenæum* hongrois d'un grand nombre de précieuses monographies historiques.

HOSANNA, ou mieux *Hosana* ou *Hoschanna* (sans s au pluriel), en hébreu *Sauvez, je vous prie !* formule de bénédiction ou d'heureux souhait. On appelait aussi *hosanna*, chez les Juifs, les prières qu'on récitait le septième jour de la fête des Tabernacles, et *Hosanna rabba*, ou *grand Hosanna*, cette fête elle-même, parce qu'on y répétait souvent ce mot pour demander à Dieu le salut du peuple, le pardon de ses péchés et la bénédiction du ciel pour l'année commencée. Comme pendant cette fête on agitait des branches de feuillage en chantant *Hosanna*, on leur donna également ce nom , qu'on répéta avec enthousiasme autour du Sauveur le jour de son entrée à Jérusalem. Grotius prétend que les Juifs ne célébraient pas seulement dans cette fête la mémoire de leur sortie d'Égypte, mais aussi l'attente du Messie, et que leurs cris vers le Sauveur étaient un témoignage public qu'ils lui rendaient en le reconnaissant pour le Messie promis. L'abbé J. DUPLESSY.

HOSPICE. *Voyez* HÔPITAL.

HOSPITAL (L'). *Voyez* L'HÔPITAL.

HOSPITALIERS, nom donné aux religieux spécialement institués pour exercer l'hospitalité, desservir les hôpitaux. La première confrérie d'*hospitaliers*, nommés *frères de l'hôpital*, date du neuvième siècle seulement. Elle fut instituée par un habitant de Sienne, nommé Soror, qui ouvrit sa petite maison aux pèlerins. Sa maison s'agrandit, et finit par devenir le vaste hôpital *della Scala*. Quelques personnes se joignirent à Soror; il donna à ses compagnons une règle, qui fut approuvée plus tard par l'évêque diocésain et par le pape. La réputation de la maison de Sienne se répandit. Florence, Rieti, Todi demandèrent à Soror des frères et des sœurs pour desservir les établissements que ces villes fondaient. Les congrégations d'hospitaliers ne tardèrent pas à se répandre partout. L'ordre des chevaliers de Saint-Jean, devenu plus tard ordre de Malte, et l'ordre Teutonique étaient aussi des ordres hospitaliers. En 1120 fut fondé, par Alard ou Adalard, comte de Flandre, dans le diocèse de Rodez, l'hôpital d'Aubrac, sur une montagne escarpée, au milieu d'une contrée déserte, destiné à recevoir les voyageurs. Un autre ordre d'hospitaliers, non moins célèbre, fut celui des *Pontifices* ou frères Pontifes. A la fin du douzième siècle, Gui de Montpellier fonda en France un hôpital qui servit bientôt de modèle à plusieurs autres. La congrégation dont il était le supérieur fut autorisée par Innocent III, en 1198; elle ne se composait que de laïcs, mais remplit si religieusement ses devoirs, qu'en 1204 le pape appela Gui à Rome pour lui confier la direction de l'hôpital *di Santo-Spirito in Sassia*. Les hospitaliers étaient nombreux en Angleterre. Ceux de Saint-Jean-Baptiste, à Coventry, appartenaient à l'ordre de Saint-Benoît; d'autres suivaient la règle de Saint-Augustin. L'Espagne eut aussi de bonne heure de magnifiques hôpitaux servis par des chanoines réguliers. Vers la fin du treizième siècle, Gui de Joinville fonda en France l'ordre des hospitaliers de la Charité. Jean de Dieu fut le fondateur de l'hôpital de Grenade. Il ne donna pas de règle à son ordre; tout ce qu'il en exigea, ce fut qu'il se consacrât au soin des malades. En 1572, le pape Pie V le soumit à la règle de Saint-Augustin; et Sixte-Quint lui donna le titre de *Congrégation de Saint-Jean de Dieu*. L'Espagnol Bernardin d'Obrégon fut encore au dix-septième siècle le fondateur d'une importante congrégation d'hospitaliers soumise au tiers ordre de Saint-François. Les hospitaliers nommés *Bons Frères* ou *Bons Fils*, institués à Armentières en 1615 par cinq ouvriers, appartenaient au même ordre.

Une des plus anciennes congrégations de femmes hospitalières est celle de Saint-Augustin, attachée d'abord à l'hôtel-Dieu de Paris. La mère Geneviève Bouquet les soumit au régime claustral. L'ordre de Saint-Jean avait des sœurs hospitalières. Celles de l'hôpital Saint-Gervais s'appelaient Filles-Dieu. Les Haudriettes étaient aussi des sœurs hospitalières. Citons en outre les religieuses de Saint-Thomas de Villeneuve, les sœurs de Sainte-Marthe, les sœurs hospitalières de la Charité ou Filles de Saint-François, les sœurs Grises, Filles de la Charité, ou religieuses de Saint-Vincent de Paul, les sœurs de Saint-Joseph, la Congrégation du Saint-Esprit, etc., etc., qu'on retrouve encore actuellement dans nos hôpitaux.

HOSPITALITÉ (en latin *hospitalitas*, d'*hospes*, hôte), vertu très en honneur chez les anciens, et que pratiquent encore les peuples parmi lesquels la civilisation n'a pas rendu les communications assez fréquentes pour que *l'hospitalité*, telle qu'on l'exerçait dans l'antiquité, soit devenue impossible. Les mœurs bibliques et homériques présentent les mêmes faits : le voyageur est non-seulement accueilli, mais on le recherche; il est introduit dans la famille, dont tous les membres s'empressent à le servir; on lave ses pieds, on prépare ce que l'on a de meilleur pour son repas; l'enfant de la maison lui cède sa couche, et il part chargé de bénédictions. Abraham et Sara, dans les champs chaldéens, exercent l'hospitalité à l'égard de trois célestes voyageurs. On la retrouve au milieu de l'antiquité païenne, dans la fable de Philémon et Baucis. Les nations ne donnaient pas de moindres preuves d'*hospitalité* que les individus : quand les Athéniens abandonnèrent leur ville à l'armée de Xerxès, leurs vieillards, leurs femmes, leurs enfants, se retirèrent à Trézène. Après avoir pourvu au besoin de tous, les habitants de cette ville nommèrent des maîtres d'école chargés d'instruire les jeunes Athéniens, et on leur permit de prendre dans les jardins tous les fruits qu'ils désireraient. L'*hospitalité* s'exerce encore parmi les Arabes et les peuples de l'Orient, ainsi que chez les planteurs de l'Amérique; on la rencontre aussi dans certaines contrées du nord de l'Europe : avant d'aller aux champs, le paysan dalécarlien pose sur une table, au milieu de sa cabane (dont la porte n'est fermée extérieurement que par une corde nouée), un pain et un vase de lait, afin que le voyageur se rafraîchisse en passant. L'hospitalité prend un caractère différent dans les pays où le commerce, l'industrie, l'étude des sciences et des arts agitent la population, et la déplacent sans relâche; chez les particuliers, elle ne consiste guère qu'en démonstrations bienveillantes; de la part des gouvernements, elle résulte surtout des intérêts politiques. Un des peuples modernes qui a exercé l'hospitalité avec le plus de magnificence a été le peuple polonais, lors de l'émigration française, qui commença en 1790. Les révolutions qui depuis plus de soixante ans ont troublé l'Europe et amené tant de proscriptions feront renaître les vertus hospitalières que l'esprit religieux seul avait conservées. Dans presque tous les couvents on recevait les voyageurs et on leur donnait des secours pour continuer leur route : cela se fait encore en Italie et en Espagne. Aujourd'hui que des opinions différentes, prévalant successivement dans divers états, y condamnent à l'exil tant de citoyens, tous les peuples européens pourront à leur tour exercer l'hospitalité les uns envers les autres; et celui qui dans la pratique de cette vertu déploiera le plus de générosité et de persévérance sera sans nul doute la première nation du monde. C^{sse} DE BRADI.

HOSPODAR, titre des souverains de la Moldavie et de la Valachie. L'étymologie de ce mot est tout à fait slave; elle est simple et compliquée. *Hospodar*, en langue slave, veut dire *maître de la maison*, *maître d'une terre*, celui qui régit tout, qui est à la tête de tout. En polonais, on le nomme *gospodarz*. Telle est la véritable signification de ce mot; mais la dérivation du nom *hospodar* donné à un souverain est complexe, et se compose de deux mots : *hospod* et *dar*. *Hospod*, en idiome slave, signifie *Dieu*, *le Seigneur*, *le Tout-Puissant*; *dar* veut dire *don*. Les Valaques devinrent au quatorzième siècle tributaires de la Pologne. En 1443, Ladislas III, roi de Pologne par le choix de la nation, et sacré par le primat du pape, donna de sa main, comme *don de Dieu*, Élie, fils d'Alexandre, pour souverain à la Valachie, et lui déféra le titre de *hospodar*, c'est-à-dire maître donné par Dieu et par l'entremise du roi de Pologne, considéré comme un de ses lieutenants sur la terre. Telle est l'origine que les Valaques assignent à ce titre dans leurs chroniques. Les Polonais soutiennent que les rois de Pologne, regardant la Valachie et la Moldavie comme leurs fiefs, nommaient des vice-rois pour gouverner en leur nom ces provinces. La signification stricte du mot *hospodar* vient à l'appui de cette assertion. De nos jours encore le peuple slave, en parlant de l'empereur de Saint-Pétersbourg, le désigne sous le nom de *hospodar* de toute la Russie. SADIK-PACHA (Michel CZAYKOWSKI).

En Moldavie et en Valachie, le peuple désigne ses princes, dans sa langue maternelle romane, sous le nom de *domnu*, qui répond au latin *dominus*, dont le mot *hospodar* n'est que la traduction slave.

HOST. Dans notre vieux langage, ce mot a eu plusieurs acceptions : il a signifié *ennemi*; de là le proverbe : « Si l'host sçavoit ce que fait l'host, l'host déferoit l'host ; » ce qui revient à dire que, dans la guerre, il est essentiel de bien cacher ses dispositions à l'ennemi. L'*host* a désigné aussi une armée ou une portion d'armée, une bande, un escadron, une compagnie d'infanterie ou de cavalerie. C'était, en général, une manière de se former, qui ne présentait rien de bien fixe, une ordonnance éventuelle, dont la profondeur ne se réglait d'ordinaire qu'au moment de la charge. *Host* se prenait aussi pour maison, hôtel, camp. Le *sire d'host* était le commandant d'un camp ; le *maréchal de l'host* était le maréchal de camp ; titre passager, emploi révocable, qui n'était ni une dignité ni un office.

HOSTIE. Ce nom désigne tout ce qui doit être offert en sacrifice. Chez la plupart des anciens peuples, les prisonniers faits à la guerre étaient dévoués à la mort. Le mot *hostie*, dérivé de *hostis*, d'où l'on a fait *hostia* victime nous rappelle cette coutume barbare. Les chrétiens ont consacré le mot *hostie* pour désigner Jésus-Christ, la victime par excellence, celle dont toutes les autres n'étaient que l'ombre et le type, et qui est venu réconcilier le ciel avec la terre. On a aussi donné le nom *d'hostie* au pain destiné au sacrifice eucharistique. Les *hosties* proprement dites ne furent introduites dans l'Église qu'au douzième siècle. On employait primitivement au même usage du pain ordinaire, auquel on substitua ensuite un pain particulier, fait exprès, de forme ronde jusqu'au quatrième siècle, qu'on partageait, après la consécration, entre tous les communiants. Les hosties sont de petits morceaux, ronds et minces, de pâte blanche, sans levain, portant l'image du Sauveur crucifié. Il y en a de grandes pour la messe et de petites pour la communion des fidèles. Elles étaient autrefois préparées, dans la sacristie, par des prêtres revêtus de leurs ornements sacerdotaux. Dans l'Église réformée, on fait usage de pain ordinaire.

Au figuré, tous les actes religieux, intérieurs ou extérieurs, prennent le nom *d'hosties*. C'est ainsi que saint Paul exhorte les premiers fidèles à offrir à Dieu une *hostie* continuelle de louanges..., à exercer la charité, à pratiquer toutes les vertus, car c'est par de semblables *hosties* qu'on se rend le Très-Haut favorable. J.-G. CHASSAGNOL.

HOTEL, mot ayant la même étymologie latine qu'*hôpital*, hospice, dérivés de *hospes*, hôte. C'était d'abord un logis, une maison ; ce fut plus tard une habitation vaste et somptueuse de grands seigneurs, de personnes possédant de hautes charges à la cour, et même de financiers. Le Marais fut d'abord le quartier des beaux hôtels, puis le faubourg Saint-Germain, la Chaussée d'Antin, le faubourg Saint-Honoré, etc. Aujourd'hui, c'est un peu partout ; l'usage a même resserré le mot dans de plus étroites limites ; non-seulement les princes, les ministres, les directeurs généraux ont leurs hôtels, mais même la Banque, le Crédit foncier ou mobilier et les diverses compagnies d'assurances, sans compter beaucoup de banquiers, d'agents de change, d'acteurs, d'actrices, de changeurs, de cantatrices et quelques lionnes et lorettes, qui remplacent en masse les financiers d'autrefois.

Une histoire des hôtels de Paris serait infiniment curieuse sous le rapport topographique comme histoire des mœurs et des arts. On y verrait figurer l'Hôtel-Dieu ; l'hôtel des ducs de Bourgogne de la seconde race, entre la rue Chartière, celle des Sept-Voies et le Clos-Bruneau, depuis Saint-Jean de Beauvais ; l'hôtel du Petit-Musc, plus tard de Bretagne, puis du Petit-Bourbon, acheté par Louis Ier, duc de Bourbon, petit-fils de saint Louis, demeure devenue ensuite la propriété des rois Charles V et Charles VI, de la duchesse d'Étampes et de Diane de Poitiers, maîtresses de François Ier et de Henri II, etc., etc.

Jean, duc de Berry, frère de Charles VI, avait cinq hôtels dans Paris, et sept dans les faubourgs ; Bicêtre était la plus agréable de ses habitations champêtres.

D'impérissables souvenirs historiques se rattachent à l'hôtel Saint-Paul, que Charles V, qui le fit construire, appelait l'*hôtel solennel des grands esbattèmens*, à celui des Tournelles, à l'hôtel de Rambouillet, siège des *Précieuses ridicules*, à l'hôtel de Cluny, à l'hôtel Barbette, à l'hôtel Carnavalet, habité par Mme de Sévigné, à l'hôtel La Trémouille, et à tant d'autres encore. Il est à regretter de voir sacrifier chaque jour ces belles habitations à des spéculations rapaces qui privent les arts de vastes emplacements pour leurs produits, et la population, de masses d'air, de soleil et de verdure.

HÔTEL DES INVALIDES. *Voyez* INVALIDES.

HÔTEL DE VILLE, lieu où s'assemblent les magistrats municipaux d'une ville pour tous les actes de leur administration. On l'appelait dans quelques localités *maison de ville*, *maison de la commune*, *hôtel commun*. Sous le régime républicain, on disait *la commune*. Vitruve donne à ce genre d'édifice le nom de *civilis concilii basilica curia*. Le mot *mairie*, employé de nos jours dans le même sens, est un néologisme : dans son acception originaire et vraie, il signifiait la dignité même du premier magistrat municipal.

Dans les villes où la liberté communale s'est développée de bonne heure, ces édifices ont un aspect digne de leur ancienne importance. Leur caractère, du reste, est à peu près partout le même. Ce qui en formait la partie essentielle, c'était la tour du beffroi, avec son campanile, souvent orné d'un joyeux carillon, qui semblait être un symbole de franchise et d'indépendance. On voit en effet dans les chartes les mots *droit de beffroi* ou de *cloche* employés comme synonymes de *droit de commune* ou *d'échevinage*. Aux jours de danger, on mettait en branle le beffroi ; à le signal d'alarme, à ces volées lugubres qui tintaient par les airs, le travail s'arrêtait dans toute la cité et les habitants descendaient en armes dans les rues et les carrefours pour veiller à la défense commune. Les hôtels de ville n'avaient ordinairement qu'un rez-de-chaussée et un premier étage ; les cérémonies publiques se faisaient dans les salles du haut, et les magistrats populaires y tenaient conseil. Au rez-de-chaussée, un portique, donnant sur la grande place, servait de bourse aux marchands.

En Belgique, sur cette vieille terre des Flandres où la liberté date du moyen âge, les hôtels de ville sont de majestueux édifices gothiques surmontés d'un beffroi monumental ; tels sont ceux de Bruxelles, de Gand, la turbulente cité d'autrefois, de Louvain, etc. N'oublions pas, en Hollande, celui d'Amsterdam, et en Allemagne celui d'Aix-la-Chapelle.

En France, ce genre d'édifice n'existe que dans les villes septentrionales, les seules où le régime communal ait eu quelque force et quelque vitalité. Ainsi nous citerons les hôtels de ville d'Arras, de Douai, de Saint-Quentin, de Béthune, de Noyon, de Compiègne, de Dreux, d'Orléans, etc.

L'HÔTEL DE VILLE DE PARIS ne fut construit qu'au seizième siècle. Avant cette époque la *Hanse parisienne*, compagnie de marchands dont le pari qui a donné naissance au corps municipal de Paris, tenait ses séances dans un bâtiment qu'on appelait la *Maison de Marchandise*, au lieu dit la *Vallée de Misère*, près du Grand-Châtelet, puis dans le *Parloir aux Bourgeois*, entre l'enclos des Jacobins et la place Saint-Michel.

En 1357, le prévôt des marchands, Étienne Marcel, fit l'acquisition, pour la commune, moyennant deux mille huit cent quatre-vingt livres, d'un bâtiment situé sur la place de Grève, et qu'on appelait la *Maison-aux-Piliers* ou l'*Hôtel du Dauphin*, parce qu'il avait appartenu aux dauphins de Viennois. Mais après deux siècles, la population de Paris s'étant considérablement accrue, il fallut construire un édifice plus vaste et plus digne de la capitale du royaume. La première pierre du monument que l'on voit aujourd'hui fut posée le 15 juillet 1533, en présence du prévôt des marchands, Pierre Viole, sieur d'Athis, conseiller au parlement. Dominique Boccador ou Boccardo de Cortone en avait dressé le plan ; il fut chargé de la direction des travaux à raison de 250 livres de gages. Maître Thomas Choqueur, tailleur d'images, et Charles, peintre, furent engagés moyennant quatre livres tournois par pièce de sculpture ou de peinture. Sous le règne d'Henri IV, Androuet du Cerceau modifia le plan de l'architecte italien, et les travaux ne furent terminés qu'en 1628. Il en résulta une des plus remarquables productions du style de la renaissance, un monument plein de grâce et d'élégance, que François Miron trouvait plus propre à loger des princes ou des ribauds que des magistrats populaires. La façade était percée de treize fenêtres, et sur ses combles aigus, couronnés de cheminées monumentales, s'élevaient de hautes lucarnes; elle était surmontée par un campanile où l'on plaça, en 1781, l'horloge de la ville, ouvrage très-estimé du célèbre horloger Jean André Lepaute.

On s'est toujours étonné que l'on n'ait pas construit l'hôtel de ville parallèlement à la Seine et que l'on ait tourné sa façade principale du côté de la place de Grève. La petite rancune d'un prévôt des marchands contre le curé de l'église Saint-Jean fut la seule cause de cette anomalie monumentale : ce magistrat fit élever le bâtiment municipal sur le côté où se trouvait cette petite église, pour en masquer le portail.

Du côté du nord, l'ancienne chapelle du Saint-Esprit et une partie de l'hospice du même nom se trouvaient adossées à l'hôtel de ville; du côté opposé, c'est-à-dire vers la Seine, un autre bâtiment, servant de succursale pour les bureaux, était réuni au corps principal par l'ancienne arcade Saint-Jean, sous laquelle passait la rue du Martroi, longeant l'hôtel de ville et l'église Saint-Jean, qui lui faisait suite à l'est. Des maisons particulières, traversées par l'étroite et fétide rue de la Mortellerie, séparaient toutes ces constructions du quai et de la rivière. Un ancien plan de Paris est d'ailleurs indispensable pour bien comprendre la complète métamorphose subie dans ces derniers temps et par l'édifice même et par le quartier où il est situé, lequel a été entièrement démoli et reconstruit (voyez PARIS).

Dès le milieu du siècle dernier, les bâtiments de l'hôtel de ville de Paris furent trouvés insuffisants; et l'on songea à le reconstruire sur l'emplacement de l'hôtel de Conti où fut bâti depuis l'hôtel des Monnaies. Après la révolution, la création de l'octroi, des contributions indirectes, des poids et mesures, de la caisse de Poissy et la réunion de la préfecture de la Seine à l'administration municipale nécessitèrent un agrandissement considérable. On construisit sur l'emplacement des églises Saint-Jean et du Saint-Esprit des annexes pour loger les services extérieurs; plus tard on y établit le jardin et la cour du préfet; enfin, en 1823, fut bâtie la salle dite du *Trocadéro*, en façade sur la rue du Martroi. En même temps la rue du Pet-au-Diable prenait le nom plus décent de rue du Tourniquet-Saint-Jean, si bien décrite par Balzac dans une de ses *Scènes de la vie parisienne*, intitulée : *La Femme vertueuse* ; on élargissait la rue de la Tixeranderie aux dépens de la rue des Vieilles Garnisons, qui était supprimée; enfin, la rue du Martroi elle-même était améliorée, tout en conservant encore pour entrée, du côté de la Grève, la vieille arcade Saint-Jean.

Mais les abords du palais municipal étaient toujours très-resserrés; et lorsque les événements politiques des premières années du règne de Louis-Philippe eurent démontré la nécessité et l'urgence qu'il y avait d'isoler l'hôtel de ville, pour en faciliter la défense en cas d'insurrection, on se décida à entreprendre l'œuvre de sa transformation complète. Les plans de MM. Godde et Lesueur furent adoptés. Les travaux commencèrent le 20 août 1837 et l'ensemble des constructions ne fut achevé qu'en 1846.

On enleva à la rue de la Mortellerie son triste nom, qu'elle ne justifiait que trop, car le choléra en 1832 avait décimé ses habitants; elle prit le nom de rue de l'Hôtel-de-Ville. Les rues du Martroi et du Tourniquet Saint-Jean furent démolies, et une autre s'ouvrit à leur place, qui prit le nom du maréchal Lobau. L'arcade Saint-Jean devint la porte d'entrée de la cour et l'habitation privées du préfet de la Seine.

Quelle que fût l'importance de ces travaux, ils laissaient encore imparfaits les abords du monument qu'enserrait de toutes parts le dédale des petites rues environnantes. Tombé tout de suite au pouvoir de l'insurrection en février 1848, peu s'en fallut qu'autant lui en arrivât encore en mai et juin suivant. Aussi en 1849, en même temps que l'on décidait la continuation de la rue de Rivoli, entre le Louvre et l'hôtel de ville, on ordonnait l'isolement du monument et la construction de la caserne Napoléon pour le protéger. La rue Lobau, la rue du Mouton et la rue de la Tixeranderie furent alors supprimées. Enfin, un récent décret du 28 septembre 1854 vient de compléter le dégagement du côté de l'église Saint-Gervais et de relier par un large boulevard l'entrée du palais municipal à la place du Châtelet, achevant ainsi la création d'un magnifique quartier sur l'emplacement de la plus hideuse partie du vieux Paris.

Quant à l'agrandissement même de l'hôtel de ville, tout l'honneur en revient au gouvernement de Juillet.

L'ancien corps principal et ses deux pavillons du style de la renaissance ont été conservés à peu près intacts; mais on a doublé la longueur de l'édifice en y ajoutant deux autres corps de bâtiment et deux autres pavillons d'un style plus moderne, qui forment transition avec l'architecture lourde et sans caractère des trois autres côtés. On reproche encore aux continuateurs du Cortone de n'avoir pas su donner à leur œuvre cette solidité qu'on remarque dans celle de l'architecte Florentin. Quatre-vingt-quatorze niches à frontons ont été réservées dans les entre-colonnements pour recevoir les statues des hommes célèbres qui ont illustré la ville de Paris. On y voit déjà, Étienne Boyleaux, Hugues Aubriot, Juvenal des Ursins, Guillaume Budé, François Miron, La Vacquerie, de Harlay, Matthieu Molé, Colbert, Voyer d'Argenson, La Reynie, Turgot, Bailly, Frochot; Gozlin, Saint-Landry, Maurice de Sully, Saint-Vincent de Paul, l'abbé de L'Épée, Montyon; Philibert Delorme, Pierre Lescot, Jean Goujon, Le Sueur, Le Brun, Mansard, Perronet, Gros; Molière, Boileau Despréaux, Voltaire, D'Alembert, Buffon, Rollin, Condorcet; Ambroise Paré, Papin, Robert Étienne, Lavoisier, Monge; Cutinat, Lafayette, etc.

La porte principale de l'hôtel de ville, qui en 1835 encore, au haut d'un perron, est surmontée d'un grand bas-relief en bronze représentant Henri IV à cheval. Cet ouvrage est de M. Lemaire, et reproduit exactement celui qui fut détruit pendant la révolution et que Pierre Biard avait fait sur le modèle de la statue de Marc-Aurèle au Capitole. Du reste, l'entrée du palais municipal est loin de répondre à ses vastes proportions; en effet, par la malencontreuse disposition du terrain, qui se relève brusquement en montagne, disposition que l'architecte du seizième siècle a recherchée évidemment, mais qui ne convient plus à nos idées modernes, il faut gravir un escalier de dix-neuf marches pour arriver à la principale cour, qui se trouve ainsi plus élevée d'un étage que la place et les deux cours modernes de droite et de gauche. Toutes trois ont d'ailleurs la forme d'un trapèze, celle du centre en sens inverse des autres; cela a été fait ainsi pour sauver aux façades nouvelles de l'hôtel de ville agrandi le parallélisme qui manquait au vieil édifice.

Du reste, la cour d'honneur est la seule remarquable : elle est bordée d'arcades avec des colonnes engagées d'ordre ionique ; au centre, une statue de bronze en en pied de Louis XIV par Coysevox. Les deux bas-reliefs du piédestal, très-médiocres d'ailleurs, représentent *l'Ange de la Royauté donnant du pain au peuple pendant la grande famine de 1662*, et *la Religion et la France foudroyant l'Hérésie*, c'est-à-dire la révocation de l'édit de Nantes. Cette belle statue, érigée en 1690, fut enlevée et demeura cachée pendant tout le temps de la révolution; elle ne reparut que sous l'empire. Elle avait remplacé une première statue du même monarque, par Jacques Sarrazin; l'artiste avait figuré le roi, vêtu à la romaine, foulant sous ses pieds la Fronde, et la montrant vaincue de sa main droite qui tenait un bâton de commandement. Un jour de réjouissance publique, que Louis XIV vint dîner à l'hôtel de ville, il dit en entrant dans la cour : « Otez cette figure, elle n'est plus de saison. » Aussitôt, et dans la même nuit, le prévôt des marchands, de Fourcy, fit retirer la statue qui avait encouru la disgrâce de Louis, et la transporta à sa maison de campagne de Chessy. Quelque temps après, la maison de Condé l'acheta, et la fit enterrer. Enfin à la révolution, Alexandre Lenoir la retrouva dans une cave; on l'a vue au Musée de la rue des Petits-Augustins jusqu'en 1816.

Au rez-de-chaussée, du côté de la place Lobau, se trouve la salle Saint-Jean, qui sert à différentes réunions, aux opérations de tirage au sort et de révision des conscrits, aux séances de sociétés savantes. Du même côté on peut voir le vestibule du grand escalier d'honneur et du côté opposé deux escaliers exactement pareils; l'un d'eux n'existait pas dans l'ancien édifice et a été copié sur l'autre, dont il reproduit les plafonds d'un style caractéristique.

L'hôtel de ville se divise en trois parties principales : le corps de bâtiment du nord, qui donne sur la rue de Rivoli, est entièrement affecté aux bureaux de la préfecture de la Seine. L'étage inférieur du pavillon du midi forme les appartements particuliers du préfet, à qui sont réservés aussi la cour du midi et le jardin demi-circulaire qui avance sur le quai de la Grève.

Les salons de réception embrassent l'étage principal, le peu près sur toute la longueur des trois autres côtés. Nous citerons, entre autres, la *salle du Trône*, ornée à ses deux extrémités de deux cheminées monumentales, œuvre de Biard et de Th. Bodin. Sous la révolution, elles avaient été masquées par des tribunes où le peuple et les citoyens venaient assister aux séances de la commune de Paris. Les quatre grands panneaux qui font face aux fenêtres sont occupés par quatre peintures de MM. Gosse et Séchan, représentant la Ville de Paris, personnifiée sous les traits d'une femme, au Ve, XIIe, XVIIe et XIXe siècles. C'est dans la salle du Trône que se donnent les banquets officiels. — La *galerie de marbre*, décorée de huit paysages d'Hubert Robert, provenant de l'ancien hôtel Beaumarchais. — Le *salon aux arcades*, peint par MM. Picot, Aug. Hesse, Schopin et Vauchelet; le plafond principal a pour sujet la Ville de Paris assise devant le temple de l'immortalité, protégeant et encourageant la paix, l'abondance, la concorde, le commerce, l'industrie, les arts, l'agriculture, la bienfaisance et l'enseignement. Dans les airs, et comme formant une auréole autour de la ville, sont groupés les hommes célèbres qui ont contribué à son illustration. C'est dans cette salle que le gouvernement provisoire s'installa en février 1848: — La *salle à manger*, revêtue en stuc et décorée du sujets de chasse et de pêche par Jadin. — Le *salon de l'Empereur*, tendu de satin vert semé d'abeilles, où l'on remarque un portrait de Napoléon par Gérard et un plafond peint par M. Ingres représentant l'*Apothéose de Napoléon Ier*, magnifique composition qu'encadrent les figures allégoriques des capitales de l'Europe par le même artiste. — La *grande galerie des fêtes*, une des plus vastes salles de bal qu'il y ait au monde; elle est éclairée sur la place Lobau par treize baies en arcades et ornée de trente-deux colonnes dégagées d'ordre corinthien, servant de point d'appui aux retombées de la voûte qui porte le plafond. M. Lehmann en a décoré les voussures et les pendentifs de cinquante-six sujets, formant une véritable épopée de l'histoire de la civilisation depuis les premiers efforts de l'homme pour vaincre les éléments et les bêtes féroces, jusqu'à son merveilleux développement actuel. — La *salle des cariatides*, d'une singulière originalité de construction, et dont les voûtes en pendentifs portent une tribune carrée décorée de cariatides. — Le *salon de la paix*, dont le plafond et les huit caissons qui l'entourent sont de M. Eugène Delacroix.

Enfin la bibliothèque est logée à l'étage le plus élevé du bâtiment, du côté de la place Lobau; elle doit son origine à un legs de M. Moriau, procureur du roi en 1759, et compte plus de soixante mille volumes. W.-A. DUCKETT.

HÔTEL-DIEU, le plus ancien et le plus célèbre hôpital de Paris. Il se compose d'une réunion de bâtiments irrégulièrement disposés, construits en différents temps, les uns situés dans la Cité, le long de la rive septentrionale du petit bras de la Seine, qui en baigne les murs sans les rendre cependant plus propres, depuis le Petit-Pont jusqu'au Pont-au-Double, les autres plus modernes, mais presque aussi disgracieux, sur la rive gauche, en partie sur le quai Saint-Michel, en partie sur les terrains de Saint-Julien le Pauvre. Ce n'est que sur la place du parvis Notre-Dame qu'on a cherché à donner à cet amas de constructions quelque régularité. En 1804 l'architecte Clavareau construisit un pavillon de vingt-cinq mètres de développement, couronné d'une frise dorique et d'un fronton, qui forme l'entrée principale de l'hôpital. A chacun de ces côtés on a ménagé deux cours fermées de grilles. Une passerelle couverte, qui a remplacé le pont Saint-Charles, récemment démoli, relie le corps principal de bâtiment à ceux de la rive gauche et ceux-ci communiquent entre eux au moyen d'une autre passerelle qui enjambe la rue de la Bucherie. L'ancienne église de Saint-Julien-le-Pauvre sert de chapelle à l'Hôtel-Dieu.

Le nombre des lits de l'Hôtel-Dieu est de 736. On y reçoit les malades et les blessés, à l'exception des enfants, des incurables, des fous et des individus attaqués de maladies vénériennes ou chroniques. Il est desservi par les dames religieuses de Saint-Augustin. Dix médecins et cinq chirurgiens sont attachés à son service.

On a attribué la fondation de l'Hôtel-Dieu à saint Landri, évêque de Paris au septième siècle; mais cette assertion n'est appuyée sur aucun monument historique, bien que cet établissement charitable remonte peut-être à ces temps reculés. On sait en effet qu'alors il existait auprès de toutes les maisons épiscopales un lieu destiné à la nourriture des pauvres inscrits sur la matricule de l'église ; voilà l'origine de l'Hôtel-Dieu de Paris. Au commencement du neuvième siècle, on construisit pour l'usage des pauvres matriculaires une chapelle dédiée à saint Christophle, qui donna son nom à l'hôpital. En 1168 le chapitre de Notre-Dame rendit un statut portant que tout chanoine en mourant en en quittant la prébende serait tenu de donner un lit à l'hôpital.

A cette époque, cette maison n'était pas seulement destinée aux pauvres malades, mais aussi à ceux qui étaient en bonne santé comme dans les temps primitifs du christianisme; on l'appelait alors l'aumônerie de Sainte-Marie de Paris. Philippe-Auguste, en 1208, gratifia la *Maison de Dieu* de Paris de toute la paille qui avait servi à son palais (*omne stramen de camera et domo nostra*). Saint Louis lui accorda le droit de prise sur les denrées vendues aux halles et marchés; il l'exempta de toute contribution, des droits d'entrée et de tout péage par terre et par eau; il en augmenta les bâtiments, les étendit jusqu'au Petit-Pont, et lui assigna des rentes considérables. Les successeurs de ce prince imitèrent quelquefois son exemple, et il serait trop long de rapporter tous les bienfaits que cet hôpital reçut à diverses époques de la part des rois et surtout des particuliers.

Le chapitre de Notre-Dame avait depuis les temps anciens l'administration de l'Hôtel-Dieu. Il nommait deux chanoines provisoires de cet hôpital ; des frères et des sœurs le desservaient. La rigueur des règlements n'empêcha pas cependant l'introduction de tous les abus et de tous les désordres. Ils furent tels que le parlement en 1505 se vit obligé de renvoyer les sœurs, qu'on appelait alors les sœurs *noires*, de les remplacer par des sœurs *grises*, et de nommer huit bourgeois de Paris pour administrer cet hôpital. Cette organisation se maintint jusqu'à la révolution.

C'était alors l'établissement de charité le plus riche de l'Europe, et peut-être le plus mal tenu. Tous les amis de l'humanité demandaient avec instance sa translation sur un emplacement plus convenable ou sa division en plusieurs maisons. Chamousset, Duhamel, Petit avaient fait à ce sujet de vives représentations, qui demeurèrent inutiles.

Enfin, en 1786, Bailly fit paraître son fameux mémoire, auquel répondirent les administrateurs de l'Hôtel-Dieu. Louis XVI, ému de ces révélations, demanda un rapport à l'Académie des Sciences. Ce rapport fut publié, et bientôt chaque pauvre malade put coucher seul dans un lit, tandis qu'auparavant on en mettait jusqu'à huit dans une couchette à deux étages.

La construction de quatre hôpitaux, que proposait le rapport pour remplacer l'Hôtel-Dieu, fut ordonnée par le roi, qui invita les bons citoyens à concourir avec lui par des dons et des souscriptions à cette œuvre de bienfaisance. Une généreuse émulation s'établit parmi toutes les classes de la population de Paris; mais les événements précurseurs de la révolution et le désordre des finances engloutirent une somme de quelques millions que l'on avait déjà recueillie. Cependant la révolution rendit plus facile la suppression des énormes abus de l'ancien régime. On ne construisit point de nouveaux édifices, mais on distribua les malades, d'après la nature de leur maladie, dans les divers hôpitaux déjà existants et dans les maisons religieuses évacuées dont on pouvait disposer.

Aujourd'hui cet hôpital ne présente plus de traces de son ancien et affligeant état. Dans ces derniers temps, cependant, en raison même de sa situation au centre de la ville et dans un quartier populeux, on a beaucoup agité le projet de le démolir pour dégager les abords de Notre-Dame et continuer la ligne des quais de la Cité, qu'il interrompt désagréablement. Plusieurs plans ont été présentés sans qu'on se soit encore déterminé pour aucun. W.-A. DUCKETT.

HÔTEL GARNI. On désigne ordinairement sous ce nom une maison meublée, tenue par une personne patentée, qui loue chaque chambre, chaque appartement séparément, au mois et au jour : les hôtels garnis sont sous la surveillance immédiate de la police. C'est surtout dans les grandes villes que la surveillance est le plus active à cet égard. On conçoit en effet de quelle importance est pour la sûreté d'une ville, pour le repos et la tranquillité de ses habitants, la certitude que la police veille sur des maisons qui pourraient devenir des retraites faciles pour des gens sans aveu. Aussi la police exige-t-elle une déclaration préalable de la part des personnes qui se proposent de tenir des chambres et des appartements garnis, afin de pouvoir s'assurer de leur moralité. Les maîtres d'hôtels garnis portent à la police le passeport des locataires qui logent chez eux, et cela dans les vingt-quatre heures, sous peine d'amende ; à défaut de déclaration faite par le maître d'hôtel, le portier doit faire la sienne. Les maîtres d'hôtels garnis doivent tenir un registre, qu'ils font viser à la police à certaines époques. A Paris, il y a des inspecteurs de police qui ont mission d'aller visiter les hôtels garnis, attendu qu'il serait trop embarrassant pour les bureaux de police d'avoir une multitude de livrets à examiner journellement.

A Paris, il y a des maisons meublées qui ne sont pas des hôtels garnis et qui ne sont pas soumises aux rigueurs de la police comme les hôtels. Dans une maison qui n'est pas totalement meublée, la police exige que l'on fixe à la porte d'entrée un petit écriteau jaune, sur lequel sont écrits les mots *appartements meublés* ou *chambres garnies*. Les personnes qui tiennent ces appartements ou ces chambres doivent également avoir un livret de police.

L'hôtel garni remplace l'*auberge*, où on logeait à pied et à cheval, et l'*hôtellerie*, qui avait plus de prétentions, mais ou on logeait encore à la nuit. Il n'y a guère d'hôtels, du reste, que dans les grandes villes, où les voyageurs font un séjour un peu prolongé. L'auberge et l'hôtellerie n'existent plus guère que dans les villes de passage, et les chemins de fer ne tarderont pas à les faire disparaître. A Paris les hôtels ont des aspects différents, suivant les quartiers : près des Tuileries vont les riches Anglais et autres étrangers ; près de la Bourse et des boulevards, les personnes que les affaires appellent à Paris ; les petits commerçants de province vont encore plus au centre de la ville ; les étudiants demeurent dans les hôtels du quartier Latin. Les hôtels joignent souvent à leur industrie des tables d'hôte. Dans quelques quartiers populeux, des *logeurs* réunissent des ouvriers dans des chambres à plusieurs lits; ailleurs des malheureux s'entassent sur la paille de grands dortoirs sans séparations. Enfin, dans ces derniers temps, Paris a vu s'élever, à l'instar de plusieurs villes étrangères, de grands hôtels où une immense population pourra se réunir dans le plus doux confortable.

HOTELLERIE. *Voyez* AUBERGE et HOTEL GARNI.

HOTTENTOTS. C'est le nom que, à l'origine, les Hollandais imposèrent aux habitants aborigènes de l'extrémité méridionale de l'Afrique, qui s'appellent eux-mêmes *Anagoua* ou *Qouaqoua*, et qui tous ensemble forment une race isolée, complètement distincte des autres peuples du continent africain par leur langue et par leur constitution physique. Cette race se partage en quatre tribus principales : les *Hottentots* dits *coloniaux* ou, à proprement parler, les *Qouaquoas* du Cap ; les *Koranos*, appelés aussi *Koras* ou *Kora-Aqouas* (c'est-à-dire hommes de Kora) ; les *Namas* ou *Namaqouas* et les *Saas* ou *Boschimans*. Leur teint olivâtre-sale, leur front déprimé, la forme de leur visage rendue presque carrée par des pommettes en général larges et extrêmement saillantes, leurs lèvres épaisses, leur nez écrasé placé entre deux yeux très-petits, enfin l'exigüité de leur taille, font des Hottentots une race fort laide. Les traits du visage de la plupart des individus, notamment des plus âgés, ont quelque chose de repoussant et qui tient même de la nature du singe, à cause de la forte saillie que fait la bouche. Les *Koranas* seuls diffèrent des autres, par une plus haute stature, par la vigueur de leur corps, par des yeux vifs, des visages mieux conformés et aussi par plus d'intelligence. Leur langue, qui manque de presque tous les éléments de formation et d'inflexion, possède une foule de sons gutturaux fortement aspirés, sortant de la cavité pectorale rapidement d'une voix enrouée, et aussi de sons d'une nature toute particulière, tenant du claquement; aussi l'a-t-on souvent comparée à la langue que parlent les gottreux des Alpes, ou encore avec le cri du dindon et autres volatiles de ce genre. Les Hottentots pur sang ne se trouvent que dans la contrée dite *Orange-River-Sovereignty*, la partie la plus septentrionale de ces contrées, qui n'a été que tout récemment incorporée à la colonie du Cap. En effet, ce qu'on appelle les *Hottentots coloniaux*, c'est-à-dire ceux qui habitent en deçà des limites de l'ancienne colonie hollandaise du Cap, qu'un acte publié en 1828, par le gouverneur Burk, a légalement assimilés aux blancs, se sont mélangés avec des Européens, des Cafres, peut-être bien encore avec des nègres et d'autres émigrants ; aussi leur langue est-elle devenue une espèce de patois composé de mots hottentots, hollandais et cafres. Quoique mal propres et extrêmement adonnés à l'ivrognerie et légers, comme ce sont au total de bonnes gens, bien complaisants et généralement honnêtes, les cultivateurs et les paysans du Cap les prennent volontiers à leur service en qualité de bergers ou de charretiers. Leur nombre s'élève à environ 5,000. Du mélange des Européens avec les femmes hottentotes est provenue une race particulière, les *Bastards*, appelés aussi *Grîqouas*, qui l'emporte infiniment sur les Hottentots proprement dits sous le rapport du développement physique et qui montre beaucoup de dispositions pour les arts de la vie civilisée. Ils forment une population particulière, qui avec le temps en est arrivée à présenter un total d'environ 20,000 têtes, dont les premiers membres avaient été, dans le cours du siècle dernier, s'établir au nord, où ils vivent de la vie nomade dans les savanes situées entre Nou-Garip et Kay-Garip, ou bien qui ont constitué de petits États avec quelques points centraux, tels que Philippopolis et Plaatberg, et qui pratiquent l'agriculture. Une troupe compacte de ces *Bastards*, chrétiens pour la plupart, et forte d'environ 6,000 individus, fut établie en 1820 par le gouvernement sur les bords du Katriver, où elle forme une petite colonie, qui a parfaitement réussi, car aujourd'hui elle ne compte pas moins de 17 villages avec 17 écoles fréquentées par 1,200 élèves et dirigées par des missionnaires hernhutes. Un corps de chasseurs à cheval, qui y tient garnison, et qu'on appelle les *Cape-Mountain-Rifles*, ne se compose que de Bastards et de Hottentots.

HOUBLON, genre de la diœcie pentandrie de Linné, de la famille des urticées de Jussieu. Ce genre ne renferme qu'une seule espèce, le *houblon grimpant* (*humulus lupulus*, L.). Le houblon est une plante vivace, à tige herbacée ou sousligneuse, anguleuse, rude au toucher, et volubile de gauche à droite autour des branches qui lui prêtent appui; ses feuilles, opposées et palmées, rappellent un peu la forme de la feuille de vigne, et sont accompagnées de larges stipules membraneuses et quelquefois bifides au sommet : ses fleurs, toutes mâles sur quelques tiges, toutes femelles sur les autres, sont disposées en grappes paniculées et groupées au sommet des rameaux chez les individus mâles, chez les individus femelles aux aisselles des feuilles supérieures : la fleur mâle est formée d'un calice profondément divisé en cinq lobes, et de cinq étamines, dont les courts filaments supportent des anthères oblongues; la fleur femelle naît dans un cône ovoïde, formé d'écailles membraneuses, ovales, imbriquées, et contenant un ovaire chargé de deux styles subulés, à stigmates filiformes. Le fruit qui résulte de la fécondation de l'ovaire est un petit akène arrondi, lenticulaire, et enveloppé dans l'écaille calicinale. On distingue quatre variétés de houblon, qui croissent à l'état sauvage dans les haies et sur la lisière des bois de l'Europe septentrionale : de ces quatre variétés, deux seulement sont cultivées en grand dans les plaines de la France, de l'Allemagne, de l'Angleterre, etc. Du reste, la culture du houblon exige de nombreux soins. En thérapeutique, la fleur du houblon est regardée comme tonique, sudorifique, antiscorbutique ; on l'emploie surtout dans les affections scrofuleuses et dans les maladies cutanées; elle possède également des propriétés narcotiques, et les anciens thérapeutistes prescrivent souvent l'emploi d'un sommier de fleurs de houblon, comme un moyen simple et facile de procurer du sommeil aux enfants; mais la principale utilité que l'homme retire du houblon lui vient de ses fruits, qui jouent un rôle important dans la fabrication de la bière, à laquelle ils donnent sa saveur franchement amère et son odeur caractéristique.

BELFIELD-LEFÈVRE.

HOUBRACKEN (ARNOLD), peintre flamand plein de talent, né à Dordrecht, en 1660, mort à Amsterdam, en 1719, s'adonna surtout à la peinture du portrait. On a cependant aussi de lui quelques gravures sur cuivre. Il est connu surtout par un excellent ouvrage intitulé : *Groote Schouburgh der nederlandsche Konstschilders en Schildressen*, etc. (Amsterdam, 1718).

Son fils, *Jacques* HOUBRACKEN, peintre et graveur distingué, né à Dordrecht, en 1698, mort à Amsterdam en 1790, prit pour modèles Edelinck et Drevet, et grava plus de 600 portraits, qui presque tous ont une haute valeur, en raison de la remarquable facilité avec laquelle ils sont exécutés, et aussi de la force et de l'énergie du coloris qu'on y remarque.

HOUCHARD (JEAN-NICOLAS), né en 1740, à Forbach (Moselle), quitta à quinze ans la maison paternelle pour s'engager dans le régiment royal-allemand cavalerie. D'abord simple soldat dans ce corps, devenu plus tard capitaine dans celui de Bourbon-dragons, il fit en Allemagne la plus grande partie de la guerre de sept ans, et prit ensuite part à la conquête de la Corse. Il était parvenu au grade de lieutenant-colonel et avait obtenu la croix de Saint-Louis, au moment où éclata la révolution, dont il embrassa les principes avec ardeur, à la différence de la grande majorité des officiers d'alors, qui passèrent à l'étranger, s'imaginant que leur absence laisserait la France sans armée. Il fut nommé en 1792 colonel d'un régiment de chasseurs à cheval qui faisait partie de l'armée de Custine, et il se distingua, au mois de septembre, par son intrépidité devant Spire. Son régiment s'illustra dans cette campagne en maintes rencontres avec les vieilles bandes de Frédéric, regardées comme les meilleures troupes de l'époque. En mai 1793, il fut nommé général en chef de l'armée du Rhin en remplacement de Custine, et passa peu de temps après à celle de la Moselle, qu'il ne quitta que pour remplacer le même général dans le commandement en chef de l'armée du nord. Custine avait été destitué; on l'accusait d'avoir causé la perte de l'armée de Mayence; et Houchard fut l'un de ses principaux accusateurs. De brillants faits d'armes signalèrent la reprise de l'offensive dans les Flandres contre les coalisés, qui furent battus devant Dunkerque, dans les célèbres journées des 6 et 7 septembre 1793. Le siège de Dunkerque fut levé, et le lendemain, 8 septembre, les Anglais furent défaits à Hondschoote; cernée de toutes parts, leur armée entière tomba au pouvoir des républicains. Furnes, Menin et d'autres places importantes leur furent enlevées; cependant, on reprocha au général en chef de n'avoir pas su tirer tout le parti possible de ses succès. Il eût pu, disait-on, faire prisonnière toute l'armée ennemie.

Par suite des accusations auxquelles il se vit en butte, il fut arrêté à Lille le 24 septembre, conduit à Paris et traduit devant le tribunal révolutionnaire. Il était alors âgé de cinquante-trois ans. L'acte d'accusation rappelait l'accusation qu'il avait lui-même portée contre Custine; elle lui reprochait d'avoir négligé de secourir Mayence, d'avoir, au moment où il pouvait s'emparer de Sancroi et de Kaise, ordonné la retraite, malgré les ordres des représentants, d'avoir refusé d'exécuter le plan d'attaque de Menin, d'avoir changé celui qui avait été envoyé par le comité de salut public lors du siège de Dunkerque, d'avoir fait perdre le fruit de la victoire de Hondschoote, où il pouvait faire prisonnier le duc d'York et toute l'armée anglaise, etc. Il se défendit lui-même devant le tribunal révolutionnaire. « J'ai pu, dit-il, en terminant l'exposé de ma conduite faire des fautes : quel est le général qui n'en fait pas? Mais je n'ai jamais été un traître : les jurés me jugeront dans leur âme et conscience ; quant à moi, je puis dire que la mienne est pure et tranquille. » Il fut condamné à mort, le 26 brumaire an II (27 novembre 1793). Il montra sur l'échafaud le même courage que sur le champ de bataille.

DUFEY (de l'Yonne).

HOUDETOT (Famille d'). Cette famille de bons gentilshommes français, assez ancienne pour que, moyennant un peu de complaisance, on en découvre au moins un membre dans l'annuaire militaire du temps des croisades, doit son nom à une ancienne seigneurie de Normandie, érigée en marquisat en 1724. Elle ne compte plus aujourd'hui que deux représentants mâles : 1° le comte *Frédéric-Christian* D'HOUDETOT, ex-pair de France de la création de 1819, dont toute la biographie se résume dans ce mot; 2° le comte *Frank* D'HOUDETOT, général de division, ancien aide de camp de l'ex-roi Louis-Philippe, que la Restauration avait trouvé lieutenant-colonel. C'était un des serviteurs les plus dévoués de son royal maître, auprès duquel il continua son service d'aide de camp dans l'exil avec plus de zèle qu'il n'en mettait, dit-on, lorsque Louis-Philippe était aux Tuileries. Député sous le dernier règne, M. d'Houdetot faisait partie de cette majorité trop aveugle ou trop docile qui a précipité la chute du trône.

Un mot maintenant de Mme d'Houdetot, la grand'mère de nos deux honorables contemporains, si célèbre au dernier siècle par sa liaison avec Saint-Lambert, et l'objet de l'ardent amour de Jean-Jacques.

Élisabeth-Françoise-Sophie de La Live de Bellegarde, comtesse D'HOUDETOT, née vers 1730, était fille d'un fermier général et belle-sœur de Mme de La Live d'Épinay. Elle se maria très-jeune, et malgré elle, en 1748, au comte d'Houdetot, bon militaire, mais joueur, chicaneur, très-peu aimable, et qu'elle n'aima jamais. Trouvant dans Saint-Lambert tous les mérites de son mari, avec des qualités plus agréables, de l'esprit, des vertus, des talents, elle s'attacha à lui; et le temps, qui légitime ou sanctionne tant de choses, fit jusqu'à la fin, regarder comme respectable dans l'opinion du monde, cet attachement mutuel, dont on vantait déjà la constance à l'époque où Rousseau écrivait ses *Confessions*. A vrai dire, toute la vie de Mme d'Houdetot est dans cette liaison, laquelle ne fut troublée que par les soins qu'elle dut prodiguer à Saint-Lambert, qui, tombé dans une sorte d'enfance, ne cessait de se plaindre de cette amie si dévouée et heureusement mourut avant elle. La folle passion de Rousseau pour cette femme charmante altéra peut-être aussi un peu la douceur d'une union si tenace et si prolongée; mais en résumé il paraît bien que Mme d'Houdetot fut la plus heureuse femme du monde, et la meilleure preuve, c'est qu'elle vécut jusqu'à quatre-vingt-trois ans, et mourut, sans agonie, comme sans remords, le 28 janvier 1813. Il faut, d'ailleurs, renoncer à peindre cette femme, après le portrait qu'en a fait Rousseau. Il y aurait plus d'une chose à reprendre sans doute dans ce portrait, admirable, du reste, de simplicité, de candeur et, jusqu'à un certain point, d'onction; mais il ne faut pas oublier que c'est un amant délicat et malheureux qui l'a tracé, et que cet amant est Rousseau. Ce grand écrivain avait trop de raisons de mépriser certaines lois sociales qu'il appelait des *préjugés*, pour ne pas se montrer indulgent envers une femme qui se jouait avec elles en les outrageant, et qu'il aimait par-dessus le marché, comme jamais, de son propre aveu, il n'avait aimé. Mme d'Houdetot a laissé quelques *Pensées*. Charles NISARD.

HOUDON (JEAN-ANTOINE), né à Versailles, en 1741. C'est peu d'années après la mort de Nicolas et de Guillaume Coustou, lorsque vivait encore Bouchardon, qu'un nouveau statuaire venait de naître, et il devait paraître avec d'autant plus d'éclat qu'il se forma presque seul et en prenant pour modèle les ouvrages de ces grands artistes. Houdon reçut pourtant quelques conseils de Jean-Baptiste Lemoine et de Jean-Baptiste Pigalle. Il n'avait que vingt ans lorsqu'il remporta le grand prix de sculpture à l'Académie. Arrivé en Italie, il y fut bientôt éclairé par le flambeau de l'antiquité que Winckelmann venait de rallumer. Il eut alors un bonheur bien rare pour un étudiant et pour un étranger, c'est celui de faire pour l'église des Chartreux à Rome une statue colossale de saint Bruno, leur fondateur. Rien de plus simple, de plus vrai que cette statue : c'est l'idéal de l'humilité sous la forme et le costume d'un pieux cénobite; sa vue produit la plus vive et la plus durable impression, et, suivant l'expression du pape Clément XIV, *cette statue parlerait si la règle de son ordre ne lui prescrivait le silence*. De retour à Paris, notre statuaire fit une grande figure connue sous le nom de l'*Écorché de Houdon*, qui est devenu depuis un sujet d'étude dans tous les ateliers.

Franklin, durant son séjour dans la capitale, détermina notre artiste à l'accompagner à Philadelphie pour faire le buste de *Washington*, et, d'après ce modèle, il fit ensuite à Paris la statue en marbre de cet illustre général, et ce grand citoyen. Plus tard, Houdon fit pour l'impératrice Catherine II une statue de *Diane*. Ce n'est pas sans raison qu'on lui a reproché d'avoir représenté la chaste déesse des forêts aussi peu vêtue que pourrait l'être la déesse de Cythère. Il fit ensuite la statue de *Voltaire*, assis et drapé à l'antique : le marbre est maintenant placé dans le vestibule du Théâtre-Français, et le modèle se trouve dans la galerie d'introduction de la Bibliothèque impériale, à qui il a été donné par son auteur. On lui doit aussi la statue de l'amiral *Tourville*, une charmante figure allégorique, si connue sous le nom de *la Frileuse*, puis enfin une statue de *Cicéron* placée au palais du Luxembourg. Houdon fit aussi un grand nombre de bustes remarquables par la ressemblance et par la finesse des détails : nous citerons ceux de Voltaire et de Rousseau, Buffon, D'Alembert, Gerbier, Gluck, Sacchini, Franklin, l'abbé Barthélemy et Mirabeau.

Tant de travaux méritèrent à Houdon plusieurs honneurs : il fut successivement nommé membre de l'Académie, professeur de l'École, et membre de la Légion d'Honneur. Il conserva longtemps une santé vigoureuse, et après avoir atteint sa quatre-vingt-huitième année, il mourut le 16 juillet 1828. DUCHESNE aîné.

HOUE, outil dont on se sert pour labourer les vignes et généralement les terrains inaccessibles à la charrue. Elle se compose d'un manche moins long que celui de la bêche, au bout duquel s'adapte à angle droit un fer plus ou moins élargi et recourbé. « Le travail de la houe, dit M. de Gasparin, n'a pas la même perfection que celui de la bêche. L'instrument enfoncé en terre, l'ouvrier tire la motte à lui et l'étale sous ses pieds. Elle n'est pas retournée, elle n'est que déplacée; on n'expose donc pas sa partie inférieure à l'action de l'air, comme par le bêchage régulier. »

Le savant agronome que nous venons de citer regarde comme des variétés de la houe : le *pic*, dont la pointe est destinée à opérer dans les terres cailloutouses et dures; la *pioche*, dont le fer plus élargi convient aux terres durcies, mais non pierreuses; la *tournée*, qui offre la réunion du pic et de la pioche en un seul outil; l'*écobue*, la *binette* et la *serfouette*. Le *houe des jardiniers*, plus large que celle des laboureurs, leur sert à détruire les mauvaises herbes en râclant le terrain.

HOUI. *Voyez* COLIN.

HOUILLE, combustible fossile, charbonneux, compacte, d'un noir luisant : on le nomme aussi *charbon de terre*. Sa cassure est lisse, et ses fragments affectent la figure rectangulaire. On ne peut méconnaître son origine végétale; car on y rencontre fréquemment des empreintes et des débris de plantes dont plusieurs appartiennent à des espèces qu'on ne trouve plus sur la terre. D'autres combustibles sont mêlés aux houilles en quantités extrêmement variables : ce sont des bitumes, des sulfures de fer, du soufre, quelques combinaisons de phosphore. On ne les trouve jamais associés aux lignites et aux tourbes. Les terrains qui les recèlent sont de formation dite *secondaire* : on en chercherait vainement dans les granits et autres roches primitives, ou dans les couches le plus récemment consolidées; les matières pierreuses qui les enveloppent sont des schistes, des grès, des calcaires non marins. Leurs affleurements viennent jusqu'à la surface du sol et les indiquent aux mineurs; mais leurs dépôts les plus étendus sont quelquefois à une grande profondeur, inaccessibles aux travaux de l'homme : comment de tels amas de matières végétales ont-ils pu être amenés de la surface de la terre jusqu'aux lieux où ils sont actuellement? A quelle époque faut-il rapporter ces déplacements? Dans ces questions, on retrouve encore en présence les partisans des eaux et ceux du feu central. Il est certain que le bois soumis à une forte pression et à une très-haute température prend tous les caractères extérieurs de la houille, et se montre pourvu de toutes les propriétés de ce fossile ; il ne s'est pas moins que ces mêmes substances ligneuses se rapprochent aussi de l'état de la houille à mesure qu'elles ont été enfouies à une plus grande profondeur, et que leur séjour dans l'intérieur de la terre a duré plus longtemps. L'examen des différentes sortes de lignites et des lieux d'où ils sont extraits ne permet pas de douter qu'à l'aide du temps ces lignites auraient été transformés en houille. Cependant, comme les amas de ce combustible que nous exploitons aujourd'hui n'ont pu être formés que par une seule voie, ou même temps que l'enveloppe pierreuse dont ils sont revêtus, abandonnons ces recherches, qui ne peuvent nous procurer de véritables connaissances, et voyons quels sont les emplois de la houille.

Suivant la quantité de bitume contenu dans les houilles, elles sont plus ou moins propres à différents usages. Pour l'économie domestique, on recherche celles qui brûlent avec flamme, et celles-là sont tellement bitumineuses, qu'on en extrait cette substance pour remplacer le goudron. La houille ainsi carbonisée est le *coke* (cook des Anglais), matière qui remplace le charbon de bois, mais avec désavantage, parce qu'elle brûle plus difficilement et n'est pas toujours exempte d'odeur sulfureuse. Dans la plupart des forges de la France, on a substitué le coke au charbon de bois pour le traitement du minerai de fer et sa conversion en fonte. Les houilles *maigres*, c'est-à-dire peu bitumineuses, sont propres aux travaux des forgerons. Mais quelques-unes ne donnent point du tout de bitume par la distillation; elles ne s'enflamment que très-difficilement, et forment une espèce distincte sous le nom d'*anthracite*. Quoique l'on puisse encore en tirer parti, ce n'est que par la disette des autres espèces que l'on se décide à user de celle-ci, parce que sa combustion doit être entretenue par des soufflets d'une très-grande force. Aux États-Unis de l'Amérique du Nord, on applique mal à propos le nom d'*anthracite* à toutes les espèces de charbon de terre, même aux plus combustibles, en sorte que les lecteurs pourraient être induits en erreur et croire que les Anglo-Américains ont trouvé l'art de brûler les houilles qui chez nous se prêtent le moins à la combustion.

A poids égal, les houilles *grasses*, c'est-à-dire très-chargées de bitume, donnent presque le double de chaleur qu'aucune sorte de bois, et doivent être préférées, surtout pour le chauffage des machines à vapeur. On leur reproche avec raison leur fumée subtile, qui noircit tout, et contre laquelle il est si difficile de maintenir la propreté du linge et des meubles. Le coke n'a pas ces graves inconvénients; mais il chauffe beaucoup moins, et son emploi dans le foyer n'est pas aussi commode. Les bonnes ménagères reprocheront encore à la houille que ses cendres sont inutiles pour les usages domestiques; mais l'agriculture les réclame comme un excellent engrais, et ses demandes méritent bien aussi qu'on ne les refuse point. FERRY.

Les Anglais, qu'une expérience qui a depuis longtemps devancé la nôtre en cette partie a mis à même de mieux juger les qualités de la houille, ont reconnu toutes les nuances qui en différencient les variétés. Mais, pour se renfermer dans les limites que prescrivent les travaux pour lesquels elles sont employées dans leurs usines, ils se bornent à un classement de tout le charbon minéral en trois sortes principales. Toutes les houilles qui sont principalement composées de bitume appartiennent à la première espèce, qui ne produit que peu ou même point de coke. Il n'y a guère de cette sorte de houille exploitée en France. Le jaillet du gisement d'Alais, en Languedoc, s'en rapproche sous certains rapports. La deuxième espèce donne abondamment un bon coke, très-combustible, et qui émet beaucoup de chaleur. La troisième espèce produit en abondance un coke terreux, friable, d'un mauvais emploi. PÉLOUZE père.

M. de Villenfagne, qui a fait un mémoire sur la découverte du charbon de terre dans le pays de Liège, la recule du l'année 1198 à l'année 1049 environ. Des chroniqueurs ont raconté qu'un ange avait montré à un pauvre maréchal l'usage du charbon, et des écrivains moins crédules se sont imaginé qu'au lieu du mot *angelus* il fallait lire *anglus*, attendu que d'après eux l'usage du charbon était déjà connu en Angleterre. Les houillères du Hainaut n'ont été exploitées que plus tard.

Il semblerait que le charbon de terre n'était pas ignoré des anciens, s'il est vrai que Théopompe parlait de celui qu'on découvrit en Thesprotie. Marc-Pol, au treizième siècle, prit le charbon de terre pour une pierre noire et inflammable, et s'émerveilla de voir qu'elle brûlait plus longtemps que le charbon. Cette substance parut tout aussi nouvelle dans le quinzième siècle au célèbre Æneas Sylvius (depuis pape sous le nom de Pie II), pendant son séjour en Écosse. Arnot, en son Histoire d'Édimbourg, cite le passage où il rapporte que les pauvres recevaient, au lieu d'aumône, à la porte des églises, des morceaux de pierre avec lesquels ils s'en allaient bien joyeux, et qui, contenant du soufre ou quelque autre matière inflammable, servaient de bois à brûler dont le pays était dépourvu. Le témoignage de ces deux écrivains fait voir qu'autrefois dans l'Europe méridionale on ne connaissait pas du tout ce combustible.

Même en 1520, on consulta la Faculté de Médecine de Paris sur l'insalubrité prétendue du feu de charbon de terre. En Belgique, au contraire, et dans la Grande-Bretagne, il était d'un usage journalier, du moins au temps d'Æneas Sylvius.

En 1245, Henri III, roi d'Angleterre, fit faire des fouilles pour le *charbon de mer* (*de carbone maris*), et fixa le salaire des ouvriers qui y étaient employés. En Écosse, l'abbaye de Dumferline obtint, en 1281, la permission de faire dans la province de Fife des fouilles pour le charbon. Les renseignements authentiques de la ville de Newcastle concernant le commerce de ce combustible ne remontent pas plus haut, quoiqu'il y ait lieu de croire qu'on en faisait l'extraction bien antérieurement. En effet, l'éditeur des *Voyages métallurgiques* de Jars, de l'Académie des Sciences de Paris, croit qu'on doit fixer en 1066 la date de cette extraction, puisque Guillaume le Conquérant disposa cette année des mines de charbon de Newcastle, qui même pouvaient bien être connues avant cette époque. Dr. REIFFENBERG.

C'est surtout pour l'Angleterre que l'exploitation de la houille est une question de premier ordre. « On a dit que l'Angleterre en a une ile de houille et de fer. C'est presque vrai à la lettre, écrit M. Chemin-Dupontès. On compte dans le Royaume-Uni, sur une superficie de près de 1 million 600,000 hectares, environ 3,200 mines de houille, dont l'exploitation donne du travail, sur et sous le sol, à près de 300,000 ouvriers, hommes, femmes et enfants, et emploie un capital qu'on évaluait dès 1849 à 800 millions de francs.

« Vers le commencement de ce siècle, l'Angleterre ne produisait, dit-on (car sur ce point il n'existe pas de données officielles), que 5 à 6 millions de tonnes de houille. Suivant Mac-Culloch, l'extraction, prodigieusement activée de 1820 à 1830 et depuis, par l'application de la houille au travail du fer et par la création des railways, s'élevait vers 1840 à près de 17 millions de tonnes. Enfin, en 1851, d'après la récente statistique de Poole, la production atteignait en minimum 34 millions de tonnes, et ce chiffre, des personnes bien informées, croyons-nous, le portaient à près de 40 millions, soit 40 milliards de kilogrammes. C'est quatre fois environ ce que produisent la France et la Belgique réunies. Voici, du reste, un aperçu de la production générale des charbons minéraux dans les principaux pays producteurs : Angleterre, 34 millions de tonnes; Belgique, 5 millions de tonnes; France, 4 millions et demi de tonnes; Prusse et Autriche, 4 millions de tonnes; États-Unis 2 millions et demi de tonnes; total : 50 millions de tonnes.

« Sur ce total approximatif et à peu près officiel de 34 millions de tonnes de houilles anglaises, 12 environ sont consommées dans les forges d'Angleterre, 6 dans les autres usines et manufactures et bâtiments à vapeur, et 12 à 13 vont au chauffage domestique ou à l'éclairage au gaz. Total de la consommation anglaise, 30 millions 500,000 tonnes. Le reste, soit 3,500,000 tonnes, est exporté, savoir : 600,000 tonnes aux possessions anglaises d'outre-mer, et 2 millions 900,000 à l'étranger. Là-dessus, nous prenions en 1852 560,000 tonnes, c'est-à-dire qu'il ne vient en France que la soixantième partie environ de la production houillère britannique, ou le sixième de l'exportation totale, tandis que nous recevons les 89 centièmes des houilles belges exportées. Il est vrai que ces chiffres subiront sans doute de graves modifications, par suite du décret impérial du 22 novembre 1853 qui a diminué les droits d'importation des houilles en même temps que ceux des tiers. L'Angleterre envoie de ses houilles aux États-Unis, au Brésil et jusque dans les mers de l'Inde.

« Les charbons de Newcastle, qui de 1835 à 1845 se cotaient en moyenne, sur le carreau des mines, 10 fr. 50 c. par tonne, étaient tombés en 1851 à 9 fr. Les énormes besoins de 1853 ont relevé ce prix moyen à 12 fr. environ. Chez nous comme en Belgique les prix sur la fosse ne sont guère plus élevés ; mais rendues aux centres de consommation, souvent fort distants des mines, nos houilles reviennent deux, trois et quatre fois plus cher que les charbons anglais. La manufacture britannique a donc sous ce rapport un grand avantage sur la nôtre; mais l'extension de nos chemins de fer améliorera notre situation relative.

« En face de l'immense consommation de houille qui se fait chaque année dans le monde, on s'est quelquefois demandé si un moment ne viendrait pas où les gîtes houillers, qui donnent si libéralement le combustible minéral, se trouveraient enfin épuisés. Cette question a dans un temps très-vivement intéressé l'Angleterre en particulier, où la houille forme l'un des premiers éléments de la richesse publique. Des recherches attentives ont été faites, et il en est résulté que dans les seuls comtés de Durham et de Northumberland et dans le pays de Galles, où se trouvent, il est vrai, les principaux bassins carbonifères, on comptait près de 2,000 milles carrés non encore exploités; or, comme chaque mille carré est réputé contenir environ 36 millions de tonneaux, cela suppose pour ces trois dépôts seulement un total de 72 milliards de tonnes, c'est-à-dire de quoi alimenter la consommation anglaise pendant deux mille quatre cents ans. Si l'on ajoute maintenant que toutes les autres mines de houille connues jusqu'ici dans le monde peuvent fournir à peu près autant, et que de plus l'enveloppe de notre globe en recèle probablement beaucoup d'autres d'une incalculable richesse, on voit que l'humanité n'est pas près de mourir de froid faute de combustible minéral. »

HOUKOULS. *Voyez* GORALES.
HOULAGOU. *Voyez* DJINGHIZKHANIDES.
HOULANS. *Voyez* HULANS.
HOUPELANDE ou **HOUPPELANDE**, sorte de vêtement large, qui se met par-dessus l'habit, dit l'Académie. Après la révolution de 1789, pour dissimuler la carmagnole de rigueur, et pour se garantir aussi du froid, on adopta une large et longue redingote de ce nom, en étoffe grossière de laine brune, à longs poils, avec une bordure en peluche de laine, bleue, rouge, ou noire, à laquelle plus tard les muscadins substituèrent du velours cramoisi ou noir. Longtemps auparavant on avait donné dans l'armée le nom de *houpelande* à un grand manteau, à manches, ressemblant fort à nos cabans d'aujourd'hui.

HOUQUE, genre de graminées auquel M. Kunth assigne les caractères suivants: Épillets biflores, à fleur inférieure hermaphrodite, mutique, à fleur supérieure munie d'une arête, souvent dépourvue de pistil; deux glumes et deux glumelles membraneuses, presque de même longueur; trois étamines; ovaire pyriforme, glabre; deux styles terminaux, très-courts; stigmates plumeux, à poils simples. La caractéristique de Linné était plus vaste; il admettait dans le genre *holcus* des espèces à épillets uniflores, dont on a fait depuis le genre *sorghum* (*voyez* SORGHO).

[Le genre *holcus* ne renferme plus que huit espèces. L'une des plus intéressantes est la houque laineuse (holcus lanatus, Linné), vulgairement nommée *blanchard velouté*. Cette herbe vivace est l'une de celles qui se trouvent le plus abondamment répandues dans beaucoup de prairies naturelles en sol moyen, et surtout dans les prairies qui reposent sur un sable frais, dont elle compose souvent les deux tiers; elle est tellement hâtive que, cultivée seule, elle forme un pré qu'on peut faucher vingt jours avant les prairies ordinaires; sa hauteur est de 45 à 60 centimètres; elle est touffue; on peut en faire deux coupes pour faner en foin et obtenir un bon pâturage pour troisième récolte. Le blanchard velouté est sans contredit l'une des meilleures herbes de prairie, soit qu'on le sème seul ou avec d'autres plantes pour prairies à faucher ou pour prairies de dépaissance, pour ces dernières surtout, qui sont destinées à être pâturées par les bêtes à cornes; cette plante se trouve souvent dans la proportion de plus de soixante-quinze parties sur cent dans le mélange naturel des herbes qui composent les herbages si célèbres du pays de Bray, d'où le beurre, le meilleur qu'on puisse trouver, est apporté chaque semaine à Paris; c'est aussi à la présence de la houque ou blanchard velouté qu'il faut rapporter la qualité supérieure, comparativement à beaucoup d'autres fromages de tant de pays différents, des fromages de Neufchâtel, qui se fabriquent non-seulement aux environs de cette ville, mais encore, et tout aussi délicats, aux environs de Gournai en Bray.

La *houque molle* (*holcus mollis*, Linné) diffère de la précédente par sa panicule moins blanche, plus étroite, et par ses arêtes plus longues. Elle croît dans les prés secs et dans les bois de l'Europe.   C. TOLLARD aîné.]

HOURA ou **HOURRA**, cri de guerre ou de joie particulier aux nations germaniques, slaves et scandinaves. On donne deux étymologies différentes à ce mot: la première le dérive du mot *ra*, qui en langue mongole signifie *rivière*, et paraît avoir quelque analogie avec le mot slave *reka*, dont la signification est la même. *Hou* est chez les Mongols, comme chez les Slaves, une exclamation de joie. Quand les hommes en étaient encore à mener la vie pastorale, ils roulaient leurs demeures sur des chariots ou les transportaient à dos de chameaux. Ils cherchaient pour leurs établissements passagers des endroits où pussent paître leurs nombreux troupeaux. Or, à des pâturages il fallait de l'eau, tant pour les hommes que pour les bestiaux; il fallait une rivière. Les premiers qui l'apercevaient s'écriaient donc avec joie *hourra!* ce qui équivalait à dire *voilà la rivière!* Plus tard, lorsque les hommes commencèrent à s'entr'égorger, ils recherchèrent avec autant d'avidité un ennemi à combattre, une caravane à piller, que précédemment une rivière, et en les trouvant ils poussèrent encore leur exclamation de joie accoutumée *hourra!*

Voici la seconde étymologie: *Hora* en langue slave veut dire une montagne; et chez quelques tribus slaves ce nom se prononce *houra* ou *hourrah*. En gravissant une montagne, les Slaves criaient *hourra! hourra!* pour s'encourager et afin d'amoindrir l'effort physique par la force morale. Ils adoptèrent donc le même cri pour le combat, car il faut dans l'attaque un effort vigoureux et de la force morale.

S'il fallait absolument choisir entre ces deux étymologies, je crois que je m'en tiendrais encore à la première.

D'après les chroniques, les légendes et les chants anciens, nous voyons que le cri *hourra* fut apporté en Europe par les Mongols; les cris de guerre des Grecs et des Romains n'y ressemblaient en rien. Ce n'est qu'après leurs guerres contre les Scythes et après les invasions des Huns, peuples du même type que les Mongols, qu'on remarque chez ceux quelque chose d'analogue à ce cri dont se servaient aussi les Slaves, et les Germains et les Scandinaves prirent aux Slaves. Les premiers le répandirent en Allemagne, et les seconds le portèrent en Angleterre.

SADIK-PACHA (Michel CZAYKOWSKI).

HOURAS. *Voyez* FOUR.
HOURI. Ce nom, qui en arabe veut dire *d'une blancheur éblouissante*, est celui des jeunes filles dont les chastes embrassements sont l'une des récompenses réservées aux bienheureux dans le Paradis de Mahomet. Selon le Koran, les *houris* sont d'une beauté éblouissante, exemptes de toute impureté; jamais homme ni esprit ne leur a ôté leur virginité, et leurs regards, d'un doux et langoureux éclat, n'appartiennent qu'à leur bien-aimé. Dans des jardins toujours verts et arrosés d'eaux abondantes, elles reposent sous des berceaux, sur des coussins verts et sur les plus riches tapis, et la plénitude des plus vifs plaisirs attend le bienheureux dans leurs bras, sans qu'elles cessent jamais d'être vierges. Les femmes auront un paradis séparé de celui des hommes; toutefois, l'homme pourra réclamer son épouse au lieu d'une houri.

HOURRA. *Voyez* HOURA.
HOUSSAYE (AMELOT DE LA).· *Voyez* AMELOT DE LA HOUSSAYE.
HOUSSAYE ou plutôt **HOUSSET** (ARSÈNE), littérateur contemporain, né en 1815, à Bruyères, village de la banlieue de Laon, appartient à une famille de cultivateurs aisés,

Ses débuts littéraires datent de 1836. L'école romantique avait alors abusé du moyen âge et de la renaissance, autant que l'école classique avait pu abuser, en son temps, des Grecs et des Romains. M. Houssaye, qui était un intrépide jeune homme, crut découvrir un filon encore vierge dans les *placers* de la littérature : le genre pastoral, resté en friche depuis Léonard et Berquin. Aussitôt il s'improvisa poète rêveur et bucolique, « les cheveux tout emperlés des rosées printanières, les yeux et le cœur tout épris des prés et des bois, » ainsi que nous le représente un de ses biographes. Et çà et là, dans de petits journaux et de petits volumes, il édifia quelques bergeries candides et de très-innocentes idylles. En France, on le sait, un paradoxe finit toujours par réussir; il ne tarda donc pas à se faire un peu de bruit à l'entour de cet amant chaste et passionné de la nature, bien qu'il se fût célé d'abord sous le modeste pseudonyme d'*Alfred Moussa*.

Bientôt il fit paraître sous son véritable nom *La Couronne de Bluets*, roman sans idées et sans suite ; *Une pécheresse*, réimprimée depuis sous ce titre : *Le Ciel et la Terre*, histoire panthéiste, avec cette épigraphe, qui donne une idée fort exacte de la manière et du style de M. Houssaye : « Lys du divin rivage, amour tombé du sein de Dieu, vague écho de la musique des anges, rêves commencés dans l'azur, qui donc vous confondra dans un hymen solennel avec la pénétrante odeur du pampre, les beautés visibles de la femme aimée, les lèvres qui frémissent sous les baisers? Ame qui retournerez là-haut, cœur qui tomberez en poussière, n'aurez-vous donc pas une heure d'enivrante (sic) hyménée? » Ce roman n'est, au reste, qu'un absurde panégyrique du poète Théophile de Viau, dont l'auteur par M. Théophile Gautier, dont il partageait alors la demeure et dont il est toujours resté l'intime ami.

De 1839 à 1843, il fut l'actif collaborateur de M. Jules Sandeau : une charmante nouvelle, *mademoiselle de Kéroune*, voilà tout ce qui restera de l'union de ces deux esprits si dissemblables. A peu près vers la même époque il écrivit seul *Fanny* et *Les Onze Maîtresses délaissées*. En 1841, un premier recueil de poésies, *Les Sentiers perdus*, avait vu silencieusement le jour. M. Houssaye ne se rattachait à l'école nouvelle que par l'allure du vers, la préoccupation constante de la rime et l'abus de l'énumération, cette figure de rhétorique si commode qui vous dispense de penser. Une sorte de tristesse contrainte et monotone allourdissait le début de ce volume, qui finissait par des chansons à boire et des petits vers cavaliers.

Cependant ses écarts dans le domaine de la pastorale avaient conduit l'auteur en plein dix-huitième siècle; le petit-fils de Théocrite fit alors une découverte nouvelle. Cette étrange époque, ouverte par Louis XIV et fermée par Bonaparte, il la crut inconnue ou méconnue; il rêva d'en être le Christophe Colomb et de la dévoiler à ses contemporains dans une galerie de portraits et de biographies *fantaisies*, comme dit Montaigne. Et d'abord, afin de se bien pénétrer de l'esprit de son rôle, il écrivit une manière de conte philosophique, *L'Arbre de la Science*, et l'attribua à M. de Voltaire avec une ingénuité qui désarmerait l'Aristarque le plus sévère.

De tout temps aussi un goût très-vif avait porté M. Arsène Houssaye à l'étude esthétique des beaux-arts et de la peinture; une circonstance fortuite, une affaire commerciale, l'engagea tout à fait dans cette voie. En 1844, il acheta l'*Artiste*, et devint ainsi le rédacteur en chef de cette revue, qui comptait alors un assez grand nombre d'abonnés, et qui se meurt aujourd'hui d'étisie. La plupart des ses études sur les écrivains, les philosophes, les peintres, les comédiennes et les courtisanes du dix-huitième siècle enrichirent ce recueil, où quatre à cinq jeunes talents, dont il est le doux coryphée, gazouillent en famille depuis bientôt douze ans. Quelques-unes parurent sous le pseudonyme de *lord Pilgrim*. D'autres furent données à la *Revue de Paris*, à la *Revue des Deux Mondes*, au *Constitutionnel*, qui imprima, en outre, deux de ses romans, *La Vertu de Rosine*, esquisse spirituellement touchée, et *Les Trois Sœurs*. Les *Portraits du dix-huitième siècle*, qui forment trois gros volumes in-12, bien qu'ils contiennent peu d'idées neuves, de critiques ingénieuses et originales, n'en demeurent pas moins le titre littéraire le plus sérieux de M. Houssaye; on ne peut lui refuser le mérite d'avoir su glaner avec un certain goût dans les *Mémoires du temps*. En 1844, l'Odéon (direction Lireux) joua devant les banquettes désertes *Les Caprices de la Marquise*, comédie en un acte. L'année suivante, nouveau volume de vers, dignes en tous points de leurs aînés, *La Poésie dans les Bois*. En 1846, le rédacteur en chef de *L'Artiste* donna au public l'*Histoire de la Peinture flamande et hollandaise*. Au sujet de ce livre, M. Alfred Michiels, critique érudit, qui avait fait paraître deux ans auparavant un volumineux ouvrage sur le même sujet, lui reprocha aigrement d'avoir commis de nombreux plagiats à son détriment et d'avoir tout au long maladroitement copié Descamps. En même temps, il révéla ce dont M. Houssaye avait oublié de prévenir le public, à savoir que les gravures de l'édition in-folio de son *Histoire de la Peinture* provenaient tout bonnement des cuivres de la collection Lebrun, publiée de 1777 à 1796; cuivres achetés d'occasion. Le gouvernement, croyant sans doute venir en aide à une œuvre sérieuse, souscrivit pour 50,000 francs à l'*Histoire de la Peinture flamande et hollandaise*; et M. de Salvandy, à l'occasion de la fête du roi, fit décorer l'auteur, qui est incontestablement, comme on voit, un habile spéculateur. Un autre livre du même genre, fait en collaboration avec MM. Théophile Gautier et Paul Mantz, *Les Peintres Vivants*, parut l'année suivante.

Après la révolution de 1848, M. Arsène Houssaye se déclara bien vite et bien haut, l'avocat convaincu de la démocratie et sollicita le ce titre dans son département les suffrages des électeurs des campagnes. On lui préféra M. Odilon Barrot. Ses opinions républicaines ne lui avaient pas pourtant fait rompre ses bonnes relations avec le propriétaire du rédacteur *Constitutionnel*, M. Véron, cet homme heureux, qui change en or tout ce qu'il touche, comme le roi Midas, lui prêta pour bonheur à tous ceux qu'il protége,

L'amitié d'un grand homme est un bienfait des dieux,

a dit Longepierre.

M. Véron le prouva de reste en faisant nommer, au mois de novembre 1849, M. Houssaye administrateur de la Comédie Française. Sa direction a été assez heureuse; il a su retenir pendant cinq ans Mlle Rachel, qui brûlait d'aller gagner des millions de l'autre côté de l'Atlantique; s'il n'a pu jusque aujourd'hui enregistrer que deux grands succès, *Gabrielle* et *Mademoiselle de la Seiglière*, reçues même, dit-on, avant son intronisation, et s'il a méconnu le titre de *L'Honneur et l'Argent* de M. Ponsard, il faut reconnaître que par compensation plusieurs talents estimés ont pu grâce à son patronage se produire sur notre première scène.

Après le coup d'État de 1851, M. Houssaye s'empressa de brûler les faux dieux qu'il avait encensés. A la représentation solennelle donnée par le Théâtre-Français à Louis-Napoléon en novembre 1852, Mlle Rachel, dont l'organe accentué de cet air inspiré avec lequel en 1848 elle déclamait *La Marseillaise*, vint dire des strophes intitulées *L'Empire, c'est la paix*, œuvre de M. le directeur, qui convoitait sans compter la charge de poète césaréen, en concurrence avec MM. Belmontet, Lesguillon et Philoxène Boyer.

Mentionnons encore au nombre des dernières productions de M. Arsène Houssaye un *Voyage à Venise*, ouvrage malheureusement gâté par les vers grotesques dont il est entrelardé; *Fresques et bas-reliefs*, poèmes antiques, où l'auteur fait de l'Homère et du Pindare comme il faisait autrefois du Voltaire; *Le Repentir de Marion*, bluette assez gracieuse; *La Comédie à la fenêtre*, écrite le matin pour être jouée le soir, à ce que disait l'affiche du Théâtre-Français, preuve nouvelle du remarquable talent d'assimilation de l'auteur, qui n'a eu qu'à s'inspirer de *L'Intrigue aux fenêtres* de Dieulafoy; *Tableaux et contrastes, poésies*, où se trouve cette fameuse *Chanson du Vitrier*, en prose, qui a si fort égayé la verve railleuse de Jules Janin et qui, n'en déplaise au prince des critiques, est pourtant la pièce la plus poétique du recueil; *Le Voyage à ma fenêtre*, dont le frontispice, un magnifique acier, nous représente l'auteur nonchalamment accoudé à son balcon, le lorgnon à l'œil, entouré de femmes aux épaules *somptueuses*; enfin (1856) l'*Histoire du quarante-unième fauteuil de l'Académie Française*.

En résumé, le talent de M. Houssaye est un des plus contestés parmi ceux de notre époque, qui compte tant de gloires faciles; son style est maniéré, prétentieux, amphigourique, rembourré d'adjectifs redondants et métaphysiques; on ne peut nier qu'il n'ait parfois du trait et des mots fins, mais il ne nous régale le plus souvent que de concetti. Pourquoi, d'ailleurs, s'obstiner à faire du sentiment à froid, lorsqu'on n'est pas le moins du monde sentimental? Pourquoi s'exclamer à tout propos qu'on idolâtre la nature, quand on ne semble l'avoir vue que *portraite* par Watteau?

W.-A. DUCKETT.

HOUSTON (SAMUEL), général et sénateur de l'Union Américaine du Nord, est né le 2 mars 1793, à Rockbridge-Cor, en Virginie. Comme ses parents étaient de pauvres ouvriers, il passa plus de temps, dans son enfance, à garder les vaches qu'à l'école. A l'âge de treize ans, il perdit son père; et sa mère alla alors s'établir avec ses neuf enfants sur les bords du Tennessee, dans l'État du même nom. Houston, mis d'abord en apprentissage chez un mercier, ne tarda pas à se dégoûter de ce métier; désertant son patron, il alla se réfugier dans les bois, au milieu d'une tribu d'Indiens-Creeks, où il passa cinq années, et se familiarisa ainsi avec la vie et les mœurs des sauvages. Revenu à l'âge de dix-huit ans auprès de sa famille, il fonda sur les limites extrêmes de la civilisation une école à l'usage des enfants des rudes défricheurs de forêts. A l'époque de la guerre contre les Anglais (1813), âgé alors de vingt ans, il s'enrôla dans l'armée du Sud aux ordres du général Jackson, et se distingua particulièrement à l'affaire de Horse-Shoe, où il fut grièvement blessé. Renonçant ensuite à la carrière militaire, il alla étudier le droit à Nashville. Il avait à ce moment vingt-cinq ans. Sa loyauté et sa perspicacité en affaires lui eurent bientôt fait une nombreuse clientèle comme avocat. En 1821 il fut nommé général-major de la milice du Tennessee. En 1823 il siégea pour la première fois dans la chambre des représentants, à Washington, son mandat législatif lui fut encore renouvelé en 1825. En 1827, l'État de Tennessee l'élut pour son gouverneur. Après s'être démis de ces fonctions, son goût pour la vie active et accidentée le conduisit à passer encore trois années parmi les défricheurs de forêts; il découvrit à cette occasion les friponneries que commettaient les commissaires et agents de l'Union chargés de traiter avec les Indiens, et alla en 1832 les dénoncer à Washington.

Un an plus tard, Houston partit pour le Texas, qui venait de s'affranchir de la tyrannie du dictateur du Mexique, Santa-Anna, et fut élu membre de la convention chargée de rédiger une constitution pour ce nouvel État. Santa-Anna ayant eu recours à la force des armes pour faire rentrer le Texas sous son autorité, Houston se mit à la tête de l'armée libératrice et, après avoir fait essuyer diverses déroutes aux Mexicains, les défit complétement à la sanglante bataille de San-Jacinto. Avec 700 hommes il anéantit l'armée ennemie, forte de 1,300 hommes, et dont sept individus seulement échappèrent au carnage. Parmi les prisonniers se trouvait Santa-Anna lui-même. Houston fut blessé dans cette affaire, et y eut un cheval tué sous lui. Les habitants du Texas récompensèrent leur libérateur en l'élisant pour président de leur jeune république; une fois admis, Houston conserva ces fonctions jusqu'au moment de l'annexion du Texas à l'Union. Il l'échangea alors contre un siége dans la chambre du sénat, que toutes les élections ultérieures lui ont conservé.

En 1852 Houston figurait sur la liste des candidats démocratiques pour la présidence, et dans la convention nationale tenue au mois de juin de la même année à Baltimore, il obtint les suffrages des délégués de plusieurs États. Ce qui le distingue comme homme politique, c'est un coup d'œil rapide et pratique. Comme législateur il unit l'amour de la justice au patriotisme et à l'éloquence. Sa manière toute joviale d'envisager la vie, qui autrefois lui faisait aimer démesurément la bouteille, l'a rendu d'ailleurs très-populaire dans les masses; et la foule d'aventures, tantôt comiques, tantôt sérieuses, qui ont marqué sa vie fournissent déjà, de son vivant même, d'intarissables sujets de conversation aux veillées populaires.

HOUTIA. *Voyez* CAPROMYS.

HOUTMAN (CORNÉLIUS), le fondateur du commerce hollandais avec les Indes orientales, était né à Gouda, vers le milieu du seizième siècle. Pendant un séjour de quelque temps qu'il eut occasion de faire à Lisbonne pour ses affaires, le commerce avec l'Inde, qui alors enrichissait exclusivement le Portugal, frappa vivement son attention. Préoccupé dès lors de l'idée d'y faire participer sa patrie, il s'attacha à recueillir les renseignements les plus exacts sur la nature de ce commerce, sur la manière dont il se faisait, ainsi que sur la route conduisant aux Indes orientales. Mais ses démarches éveillèrent les soupçons des autorités portugaises; il fut emprisonné et condamné à une forte amende. Hors d'état de la payer, il s'adressa secrètement au commerce d'Amsterdam, auquel il promit de communiquer tout ce qu'il avait appris touchant le commerce des Portugais avec les Indes orientales, si on voulait le dégager. La proposition fut acceptée; et à peine Houtman fut-il revenu dans sa patrie (1594), que le commerce d'Amsterdam, après avoir constitué une compagnie dite *des Pays lointains*, arma quatre vaisseaux pour les Indes orientales, les chargea de marchandises, et nomma Houtman subrécargue de cette petite escadre.

L'expédition mit à la voile le 2 avril 1595, et arriva le 23 juin 1596 à Bantam, dans l'île de Java. Accueillis d'abord avec bienveillance, les Hollandais furent bientôt brouillés par les Portugais avec les indigènes, de sorte que la flottille dut s'en retourner en Hollande après avoir perdu les deux tiers de ses équipages. Malgré l'insuccès de cette première entreprise, on en résolut immédiatement une seconde; en même temps des compagnies semblables se formèrent, à l'exemple de celle d'Amsterdam, dans les principales villes maritimes des Provinces-Unies. Ces diverses compagnies finirent par ne plus constituer qu'une seule grande compagnie des Indes orientales, qui peu à peu réussit à arracher aux Portugais le commerce de l'Inde et à les chasser de ces contrées, et qui se maintint en possession exclusive de ce commerce jusque vers la fin du dix-huitième siècle.

Houtman eut le commandement de la seconde expédition, qui partit en 1598. Après avoir visité Madagascar, les Maldives et la Cochinchine, il débarqua à Sumatra, dont le roi le reçut d'abord avec amitié, mais l'enferma ensuite dans une forteresse. Les vaisseaux, qui venaient de charger, revinrent sans lui. On croyait que Houtman avait été tué, lorsque le 31 décembre 1600 il vint à bord d'un vaisseau hollandais stationnant devant Achem, déclarer que, bien que retenu dans une captivité à laquelle il ne voulait pas se soustraire, il avait encore toujours l'espoir de conclure avec le roi un traité avantageux à sa patrie. Le roi souffrit enfin l'exécution des dispositions favorables; mais il céda plus tard aux insinuations des Portugais, enferma Houtman dans l'intérieur du pays, où il mourut. Pendant sa captivité à Sumatra, Houtman s'était occupé d'observations astronomiques. Il envoya dans sa patrie les résultats de ses découvertes par le vaisseau hollandais à bord duquel il se présenta. Il avait notamment découvert plus de trois cents nouvelles étoiles, qui dans la suite furent groupées en treize nouvelles constellations.

HOUWALD (CHRISTOPHE-ERNEST, baron DE), écrivain dramatique allemand, né en 1778, à Straupitz, dans la basse Lusace, entra, après avoir achevé ses études universitaires, dans l'administration de sa province; et quand elle subit, en 1815, une complète réorganisation, par suite de la cession de la basse Lusace à la Prusse, il se retira dans la solitude de sa terre de Sellendorf, où le sort lui amena l'ami de sa jeunesse Contessa. Élu en 1822 syndic de sa province par les états de la basse Lusace, il s'établit alors à Neuhaus, près Lubben, où il mourut, le 28 janvier 1845. Dès sa jeunesse il avait rimé quelques chansons et même abordé la tragédie. Plus tard, sous le nom d'*Ernest de Waluhdo* (anagramme de son nom), il publia quelques morceaux de poésie dans les journaux et les recueils littéraires. Mais ce ne fut qu'à partir de 1815 qu'il se livra tout à fait à la poésie. Après ses Nouvelles, intitulées *Accords romantiques* et publiées par Contessa, parut son *Livre pour les enfants des classes instruites* (3 vol.; nouv. édit., 1833), indépendamment de divers petits poèmes tragico-dramatiques, tels que *La République*, *Le Retour*, il donna, en 1821, *Le Portrait*, *Le Fanal*, *Malédiction et Bénédiction*, qui fondèrent sa réputation; plus tard encore, la pièce de circonstance intitulée *Le Prince et le Citoyen* (1827) et les tragédies *Les Ennemis* (1825) et *Les Brigands* (1830).

L'élément lyrique domine trop chez ce poëte; les quelques passages saisissants qu'on trouve dans ses œuvres dramatiques ne rachètent pas une sentimentalité qui tourne trop souvent au larmoyant et à la fadeur.

HOUX, genre d'arbrisseaux de la famille des nerpruns, ou plutôt des rhamnées, selon la méthode de Jussieu, et de la tétrandrie tétragynie de Linné. On en compte plusieurs espèces intéressantes à connaître. L'espèce principale et type du genre est le *houx commun* de nos forêts (*ilex aquifolium*, Linné); il peut s'élever à la hauteur d'arbre, cinq ou six mètres, si sa végétation n'est pas contrariée. On le remarque par sa couleur, d'un vert foncé et luisant, qui dure constamment, et qui ressort surtout quand la neige couvre la terre. Comme tous les arbres verts, il est une parure d'hiver. L'écorce de la tige est lisse, les feuilles sont entières, alternes, pétiolées, ovales, et leurs bords sont garnis d'aiguillons très-aigus, ce qui lui a valu le nom d'*épine toujours verte*. Les fleurs, axillaires, pelotonnées, à pédoncules courts, ont un calice à quatre dents, une corolle blanchâtre en forme de roue, et divisée aussi par quatre incisions profondes. Il leur succède des baies d'un rouge de corail, et qui contribuent à embellir cet arbre, quand les autres sont pour la plupart dépouillés de leurs feuilles. D'autres espèces se distinguent, soit par des feuilles entièrement hérissées d'aiguillons sur leurs bords comme sur leur face, soit par un feuillage panaché en blanc ou en jaune; il en est dont les formes des feuilles ressemblent à celles du chêne, du myrte, du laurier, etc.

Le houx est utile sous différents rapports, et sa culture mérite d'être encouragée. Plusieurs espèces exotiques pourraient aisément s'acclimater chez nous; mais la plus intéressante, comme objet d'utilité, est celle qui croit facilement sur les flancs des montagnes exposées au nord, et même dans tous les lieux qui ne sont pas humides. On la multiplie aisément par les semis. Le bois se recommande par sa dureté et par le poli dont il est susceptible, ainsi que par une belle couleur noire qu'on peut lui communiquer, et qui rappelle l'ébène. Il sert à confectionner les manches de divers outils, des dents de moulin, etc.; on en a même fait des meubles beaux et solides. On peut employer ces arbrisseaux pour former des haies; les espèces panachées, et qu'on peut mélanger, permettraient d'avoir des clôtures difficiles à franchir, et qui plairaient à l'œil l'été comme l'hiver. Malheureusement, on moissonne trop tôt ces arbrisseaux pour fabriquer des manches de fouet ou des cannes. C'est avec la seconde écorce que l'on prépare la meilleure glu. En médecine, les feuilles de houx furent longtemps recommandées dans la goutte et les entérites chroniques, mais on en faisait peu usage, principalement en France. Depuis, on a découvert que les feuilles sont un excellent suppléant du quinquina : administrées en poudre et dans du vin blanc, elles suffisent pour prévenir les accès de fièvre intermittente. Nous croyons que les feuilles du buis possèdent la même propriété. De plus, on a extrait du houx un principe appelé *ilicine*, et auquel on attribue une puissance égale à celle du sulfate de quinine.

Le houx est principalement cultivé en Écosse : la forêt de Neadwood en contient un grand nombre d'individus remarquables par leur élévation. Les branches servent à orner le bonnet des montagnards dans les jours de fête; mais on le cultive en ce pays d'une manière qu'on devrait adopter chez nous : c'est de le planter le long des chemins, où il sert de borne et de guide quand la neige couvre la terre. Dans plusieurs localités montagneuses de la France, cet usage serait très-utile. Les rameaux du houx servent aussi pour conserver les viandes salées et les préserver des rats. Le houx est encore réputé dans les classes ignorantes comme propre à contre-balancer l'action des sorts ou des maléfices, et comme tel on le trouve suspendu dans beaucoup de maisons de paysans.   Dr Charbonnier.

Parmi les espèces exotiques, une des plus célèbres est le *houx maté* (*ilex mate*, Aug. Saint-Hilaire), vulgairement *herbe du Paraguay*, *thé du Paraguay*. On sait en effet aujourd'hui que c'est de cette plante que provient le thé du Paraguay, certitude acquise au prix de la captivité du savant Bonpland.

Le *houx apalachine* (*ilex vomitoria*, Ait.), qui croît spontanément dans les parties maritimes de la Caroline et de la Floride, doit son nom spécifique latin aux propriétés vomitives que possèdent ses fruits et l'infusion de ses feuilles prise à haute dose. Cette même infusion, prise à dose peu élevée, est tonique et diurétique. Aussi cet arbrisseau porte-t-il vulgairement le nom de *thé des Apalaches*.

HOUX (Petit). *Voyez* Fragon.

HOWARD (Famille). *Voyez* Norfolk.

HOWARD (Catherine), l'une des cinq femmes du roi d'Angleterre Henri VIII.

HOWARD (Georges, comte de Carlisle), homme d'État anglais. *Voyez* Carlisle.

HOWE (Richard, comte), amiral anglais, né en 1722, entra au service en 1736, s'embarqua avec Anson pour l'océan Pacifique, et fut nommé capitaine en 1746. Lors de la guerre contre la France, il prit part, sous les ordres de sir Édouard Hawke, en 1757, à la conquête de l'île d'Aix, et détruisit le port de Cherbourg. En 1770 il fut nommé contre-amiral et commandant des forces navales anglaises dans la Méditerranée, et la guerre de l'indépendance américaine lui fournit de nombreuses occasions de se distinguer. En 1782, on le chargea de ravitailler Gibraltar. À la paix, il fut nommé premier lord de l'amirauté, charge qu'il déposa en 1788 et qu'il reprit plus tard, lorsqu'il fut créé comte. En 1793 il fut nommé amiral *of the white flag*, et chargé en cette qualité du commandement de la flotte dans le canal. Il bloqua pendant quelque temps le port de Brest, battit les Français le 1er juin 1794, à Ouessant, et fut nommé en 1795 général des troupes de la marine. Quoiqu'il eût déjà résigné le commandement de la flotte, l'influence toute particulière qu'il exerçait sur l'esprit des matelots, qui l'avaient surnommé *Dick le Noir* en raison de son teint, fortement basané, lui permit d'apaiser une grave sédition à bord des flottes de Portsmouth et de Plymouth. Il mourut le 5 août 1799.

HOWICK (Charles Grey, vicomte). *Voyez* Grey.

HOWITT (William et Mary), couple poétique qui, par ses travaux originaux et ses traductions de l'allemand et d'autres langues étrangères, s'est fait un nom honorable dans la littérature anglaise contemporaine. William Howitt est né en 1795, à Heanor, dans le Derbyshire, de parents quakers, et fut élevé dans les dogmes et les principes de cette secte. En 1822 il épousa Mary Botham, née et élevée dans la même foi religieuse que lui, et qui partageait ses goûts littéraires. Dès 1823 les deux jeunes époux publiaient un recueil de poésies sous le titre de *The forest Minstrel*, qui fut parfaitement accueilli ; bientôt après ils entreprirent un voyage à pied en Écosse, et quand ils l'eurent terminé, le mari, qui possédait des connaissances étendues en chimie, en botanique, en physique, etc., s'établit pharmacien à Nottingham. Les travaux de sa profession ne l'empêchèrent pas de continuer à cultiver les lettres. Il publia de nouveau un poëme lyrique composé en société avec sa femme, *The Desolation of Eyam*, puis un grand nombre d'articles dans les revues et les almanachs, et en 1831 son *Book of Seasons*, pour lequel il ne trouva pas d'abord d'éditeur et qui depuis a obtenu sept éditions. Son *History of Priestcroft* (1833 ; 8ᵉ édition, 1852) irrita beaucoup les partisans de l'Église établie, mais en revanche lui valut tant de popularité qu'il fut élu au nombre des *aldermen* de Nottingham. Il renonça alors à la pharmacie, et se retira à Esher, dans le comté de Surrey, où il passa trois années uniquement occupé de travaux littéraires. En 1836 parut son livre intitulé *Rural Life in England* (2 vol.), où il décrit les mœurs et les habitudes, les travaux et les divertissements du peuple des campagnes en Angleterre ; en 1840, les *Visits to remarcable places, old halls, battle-fields and scenes illustrative of English history and poetry*, ouvrage de luxe, et qui malgré son prix élevé obtint un débit considérable. Les deux époux se rendirent alors en Allemagne pour l'éducation de leurs enfants, et s'établirent à Heidelberg, qu'ils habitèrent jusqu'en 1844. Ce séjour fournit au mari le sujet de divers ouvrages sur les mœurs et les habitudes de l'Allemagne, tandis que sa femme s'attachait à faire connaître à l'Angleterre, par des traductions, quelques-uns des meilleurs romans publiés en Allemagne, en Danemark et en Suède.

Après avoir pris part en 1846 à la fondation du *People's Journal*, William Howitt s'en retira l'année suivante, pour créer un journal à lui, *Howitt's Journal*, qui loin de réussir lui occasionna des embarras d'argent. Son roman *Madam Dorighton of the den* (1851) est une belle peinture de la vie de la grande dame anglaise de la vieille roche. Un ouvrage consacré à l'appréciation des littératures du nord de l'Europe, composé en société par le mari et la femme, *Literature and romance of Northern Europa* (2 vol.), qui parut la même année, produisit une vive impression. Au printemps de 1852 William Howitt et sa femme sont allés s'établir en Australie.

HOYA, ancien comté de l'Empire, aujourd'hui dépendance du royaume de Hanovre, comprenant une superficie de 38 myriamètres carrés. Cette province est arrosée par le Weser, l'Aller et la Hunte, et se compose en partie de terrains de marches, et en partie de bruyères et de sables. On la divise en comtés supérieur et inférieur. Les bourgs de Bossum et d'*Heiligenrode* appartiennent à l'un ; les villes de *Hoya* (1,500 hab.) et de *Nienburg* (4,000 hab.) dépendent du second. La famille des comtes de Hoya s'étant éteinte en 1582, le comté fit retour au duché de Brunswick, et partagea depuis les destinées diverses de ce pays.

HOZIER (Famille D'). *Voyez* D'Hozier.

HRABAN-MAUR ou HRABANUS-MAURUS , un des hommes les plus remarquables du siècle de Charlemagne, et qui contribuèrent à répandre les premiers éléments de la civilisation en Allemagne, était né à Mayence, et fut élevé dans le monastère des Bénédictins de Fulde, d'où il se rendit à Tours pour achever ses études sous Alcuin. A son retour, en 804, il s'établit à Fulde une bibliothèque conventuelle ainsi que la première école monastique qu'ait eue l'Allemagne, et d'où sortirent dans la suite tant de savants distingués, tels que Walafried, Strabo, Otfried, etc. En 822 il fut sacré abbé de Fulde, et durant les vingt années qu'il remplit ces fonctions il eut la satisfaction de voir s'accroître de plus en plus l'influence bienfaisante de sa savante école, exerçant une action salutaire sur l'introduction d'une discipline véritablement chrétienne. Affligé des troubles de son temps, il résigna ses fonctions, en 842, pour terminer ses jours en paix dans le prieuré de Saint-Pierre ; pourtant , le roi Louis le Germanique le détermina, en 847, à rentrer dans la vie active comme archevêque de Mayence, et il mourut revêtu de cette dignité, à Winkel, dans le Rheingau, en 856. Si Boniface avait été l'apôtre, on peut dire que Hrabanus Maurus fut l'instituteur de la nation allemande ; il reconnut d'ailleurs la nécessité de soustraire l'Église d'Allemagne à l'influence du siége de Rome, et chercha à atteindre ce but par la propagation des lumières. Pour faciliter l'étude de la Bible, il introduisit en Allemagne l'étude de la langue grecque ; il s'occupa surtout du perfectionnement de la langue nationale, et il insista sur la nécessité de prêcher en allemand. On a de lui, entre autres ouvrages, un Glossaire latin-allemand de la Bible, qui a été imprimé dans le *Thesaurus* de Schiller et dans le *Commentarius de Rebus Franciæ orientalis* d'Eckard.

HUARTE (Jean) , médecin espagnol, né à Saint-Jean-Pied-de-Port, s'établit à Madrid, et y exerça l'art de guérir durant la seconde moitié du seizième siècle. On sait fort peu de chose sa vie, mais il doit une réputation durable à un écrit qu'il mit au jour sous le titre d'*Examen de Ingenios para las Sciencias*, imprimé à Pampelune, en 1578. Ce livre obtint promptement diverses éditions ; il a été traduit en italien, en anglais, en allemand ; deux ou trois érudits l'ont fait passer dans la langue latine ; Chappuis, Vion de Dalibray et Savinié d'Alynié l'ont successivement mis à la portée du lecteur français. Une quarantaine d'éditions en six ou sept langues différentes constatent que cet *Examen* appela l'attention de l'Europe entière. Aujourd'hui il est à peu près oublié. Huarte dédia son *Examen* à Philippe II lui-même, et il y mit impudemment l'opinion, bien avancée pour le seizième siècle, que c'est à la structure et au jeu des organes qu'il faut demander l'explication du travail de la pensée, et que c'est de l'exaltation de ces mêmes organes que proviennent les phénomènes de l'extase, des pressentiments, des oracles, phénomènes mis, bien mal à propos, sur le compte de la Divinité ou des démons. On pourrait le soupçonner de matérialisme ; car il n'hésite pas à dire que l'âme n'est autre chose qu'un acte et une forme substantielle du corps humain. Il est vrai que presque aussitôt, peut-être pour donner le change au lecteur, il se hâte de reconnaître l'existence des démons incubes et succubes. Huarte avait deviné le système du célèbre docteur Gall ; car il avance que l'entendement, la mémoire et l'imagination sont logés dans des ventricules différents du cerveau. Au milieu de beaucoup d'obscurités, de beaucoup de détails physiologiques très-contestables, empruntés à Galien, y figurent de judicieuses observations sur les rapports des différentes sciences avec les différents genres d'esprit. Dans le quinzième et dernier chapitre, Huarte expose un système complet de *mégalanthropogénésie*. Il veut enseigner aux pères les moyens d'engendrer des enfants sages et doués de talents, d'avoir des garçons ou des filles. Nous ne saurions le suivre dans ces détails scabreux, semés d'ailleurs de prescriptions assez ridicules. Nous ne savons s'il prenait lui-même au sérieux les conseils qu'il donnait de faire usage d'aliments chauds et humides, tels que le poisson, pour obtenir des enfants pourvus d'une grande mémoire, et de recourir à une nourriture sèche et chaude, aux épices, aux pigeons, à l'ail, pour avoir des descendants à l'imagination brillante. Ce qui vaut mieux que tout ceci, ce sont les très-sages conseils qu'il donne pour l'éducation physique et intellectuelle de l'enfance. En somme, à tous égards, Huarte doit tenir une place fort distinguée dans la famille des penseurs ; on peut dire que ses défauts appartiennent à son époque et que ses qualités sont bien à lui. G. Brunet.

HUBER (François), naturaliste célèbre, né le 2 juillet 1750, eut le malheur de devenir aveugle dès sa jeunesse, en partie par suite de sa trop grande assiduité à l'étude ; mais d'autre part il fut assez heureux pour trouver en Aimée Lullin une épouse avec laquelle il vécut quarante ans dans l'union la plus parfaite. Charles Bonnet ayant éveillé son attention sur les mystères de l'histoire naturelle des abeilles, il entreprit, malgré sa cécité, de les éclaircir, et pour y parvenir il enseigna l'art difficile de l'observation à son domestique, François Burnens. Des ruches de verre ingénieusement disposées servirent à étudier ces petits insectes. Ce fut des observations de son domestique, qui se trouvèrent d'accord avec celles d'autres amis prenant part à ses études, qu'il déduisit les résultats qu'il publia pour la première fois dans des lettres à Bonnet, sous le titre de *Nouvelles Observations sur les Abeilles* (1792). Burnens ayant été chargé d'autres soins, la femme de Huber, puis le fils de Burnens, continuèrent les observations avec Sennebier, qu'il consulta dans ses recherches sur la respiration des abeilles. Il fit ensuite une étude sur la germination des semences des observations qu'il a consignées dans un *Mémoire sur l'influence de l'air et des diverses substances gazeuses dans la germination de différentes plantes* (Genève, 1801). Ses observations ultérieures sur les abeilles se trouvent dans la nouvelle édition de l'ouvrage mentionné ci-dessus (2 vol., Paris et Genève, 1814). Huber fonda à Genève la Société de Physique et d'Histoire naturelle. Il se servait de la typographie pour la plus grande partie de sa correspondance, et il y fut aidé par l'habileté en mécanique d'un domestique, Claude Lechet, qu'il forma à ce service. Il passa ses dernières années à Lausanne, auprès de sa fille, dans les bras de laquelle il mourut, le 21 décembre 1831. Delille l'a célébré dans son poème des *Trois Règnes de la Nature*.

HUBER (Louis ou Aloysius), corroyeur, qui s'est fait un nom dans nos troubles civils, est né en 1814, à Vasselonne (Bas-Rhin). Combattant de juillet 1830, un romancier le fait déjà paraître alors à l'hôtel de ville pour demander la république à la commission municipale. Membre de la Société des Droits de l'Homme, compromis dans l'affaire dite du *complot de Neuilly*, il fut condamné à cinq ans de prison, et mis en liberté par l'amnistie du 11 mai 1837. Placé néanmoins sous la surveillance de la haute police, il resta longtemps à Paris, puis partit pour Londres. Le 8 décembre 1837 il débarque à Boulogne, et perd son portefeuille en débarquant. Un employé des douanes le trouve et le remet aux autorités. Il y avait dedans des pièces compromettantes, un plan de machine infernale. Huber, arrêté à son hôtel, est traduit devant la cour d'assises de la Seine, avec Mlle Grouvelle, Steuble, Leproux, Anat et d'autres; il se voit condamné à la déportation pour complot contre la vie du roi. Prisonnier récalcitrant, il subit les plus rudes traitements en prison, et sa santé s'altéra gravement. La révolution de février lui rendit sa liberté, et le 13 mai il fut nommé gouverneur du château de Rainey. Membre du comité central de la Société des Droits de l'Homme et président du Comité centralisateur qui avait remplacé le Club des clubs, il présida à l'organisation de la manifestation du 15 mai 1848. Il rédigea un manifeste, fixa le jour, l'heure et le lieu de la réunion des clubs et des corporations ouvrières qui voulaient porter une pétition à l'Assemblée nationale, régla en un mot l'ordre et la marche de la manifestation en faveur de la Pologne. A cet effet, il fit une convocation publique par la voie de la presse, des journaux et des affiches, et par des délégations directes, y joignant toujours la condition expresse que cette manifestation aurait lieu pacifiquement et sans armes. Barbès lui demanda des ajournements, en obtint plusieurs; mais la dernière convocation eut-lieu malgré ses démarches. Le 13 mai Huber avait d'ailleurs fait décider que si on était attaqué on se défendrait et qu'on irait chercher ses armes. Le 15 mai Huber partit de la place de la Bastille à la tête de la manifestation, au milieu des bannières et des délégués des clubs. Il se détacha du cortége un quart d'heure avant l'ouverture de la séance de l'Assemblée constituante il pénétra dans la salle; le secrétaire général le fit sortir, mais il y rentra bientôt après, quand la séance commençait. Invité de nouveau à se retirer, il déclara que si on laissait lire la pétition, tout se passerait bien, mais que si on s'y refusait, il y aurait du désordre. Après l'envahissement de l'Assemblée, la lecture de la pétition et le discours de Blanqui, Huber monta à la tribune, et demanda que le peuple pût défiler devant l'Assemblée. Épuisé, il s'évanouit; mais revenu à lui au bout d'une demi-heure, il s'élance à la tribune, menace le président, et [après une nouvelle lutte déclare l'Assemblée dissoute. Le président Buchez, pris au collet, est mis à la porte. On proclame aussitôt un gouvernement provisoire, et on annonce le départ pour l'hôtel de ville. Huber va annoncer la dissolution de l'Assemblée à la garde nationale, mais il est arrêté; la foule le réclame, et il redevient libre. Arrêté de nouveau vers six heures du soir, et conduit à la mairie du quatrième arrondissement, le maire se constituer prisonnier. Malheureusement les débats étaient trop avancés, l'affaire d'Huber resta disjointe, et il ne put comparaître que devant la haute cour de Versailles, le 10 octobre 1849. Le témoin Monier y répéta son dire. Devant les juges, Huber parut plus occupé de défendre son honneur vis-à-vis de ses coreligionnaires politiques que sa liberté. Cependant, il déclara qu'il avait spontanément prononcé la dissolution de l'Assemblée pour éviter une lutte violente qui eût pu coûter la vie à plusieurs représentants. M. Buchez revendiqua cette idée. Il affirma avoir demandé à Huber que par une mesure de violence, il le fit *mettre à la porte*, l'Assemblée et d'éviter des *malheurs*. Huber réclama. « Cela n'est pas exact, dit-il à l'ex-président; vous voulez me sauver, je vous remercie; mais ce n'est pas cela : vous aviez à garder votre dignité, moi je pouvais me sacrifier pour le salut de tous, et je l'ai fait. Je me suis mis entre le marteau et l'enclume. On me condamnent ici, et Blanqui, qui s'était opposé au du défilé que je voulais organiser, a regardé la mesure que j'ai prise comme un grand malheur pour la cause démocratique. Moi, je voulais éviter l'effusion du sang. » Défendu par M. Buvignier, et reconnu coupable par le haut jury, Huber fut condamné à la déportation, le 12 octobre 1849. Après la constitution de l'empire, si nous avons bonne mémoire, Huber se déclara vaincu; miné par la maladie et les déboires, il annonça renoncer à la politique, et obtint d'être remis en liberté.   L. LOUVET.

HUBERT (Saint), apôtre des Ardennes, vivait au septième siècle. Il appartenait à l'une des familles les plus puissantes et les plus riches de l'Aquitaine. La légende le fait même descendre de Clovis. Sa jeunesse se passa dans la dissipation, et il occupa des hauts emplois. La légende raconte qu'étant à la chasse, Hubert aperçut un cerf qui portait un crucifix entre ses bois; il regarda cette vision comme un avertissement du ciel, et il se convertit : de là les chasseurs le prirent pour patron. Pour sa conversion, il alla trouver saint Lambert, évêque de Maëstricht, et lui succéda. Il transféra ensuite la résidence épiscopale à Liége. Hubert mourut près de Bruxelles, en 727. Inhumé dans l'église de Saint-Pierre de Liége, son tombeau devint célèbre par d'innombrables miracles. En 825, son corps fut transporté au monastère d'Andain ou Andaye, qui prit le nom d'*abbaye de Saint-Hubert* en Ardennes.

La Saint-Hubert est chantée avec bonheur par nos vieux poètes. Autrefois elle était célébrée avec pompe par les chasseurs; aujourd'hui, ils la fêtent encore dans quelques endroits, et se la rappellent toujours pour en faire l'objet d'une joyeuse réunion.

HUBERT (Ordre de Saint-), le plus distingué de ceux de Bavière, car il ne compte que douze chevaliers et un grand-commandeur parmi les indigènes, et il n'est guère conféré à l'étranger qu'aux souverains et aux personnages politiques les plus éminents. Il fut fondé en 1444, par le duc de Berg et de Juliers, Gérard V, en commémoration de la victoire qu'il remporta le jour de la Saint-Hubert sur Arnold d'Egmont, puis transféré en Bavière par l'électeur Charles-Théodore. Les insignes de l'ordre se composent d'une croix d'or, à huit pointes pommetées, ornée de perles et de diamants, anglée de rayons d'or, et chargée, au centre, d'une image de saint Hubert. Les titulaires les portent suspendus à un large ruban ponceau moiré, liseré de vert et orlé de ponceau, passé en écharpe de gauche à droite. La plaque de l'ordre se porte sur le côté gauche.

HUBERTSBURG ou **HUBERTSBOURG**, ancien château et rendez-vous de chasse, situé aux environs du bourg de de Wermsdorf, dans l'arrondissement de Leipzig, fut construit à grands frais, en 1721, par l'électeur de Saxe, Auguste III, devenu plus tard roi de Pologne. En 1748 ce prince l'agrandit et l'embellit encore; mais pendant la guerre de sept ans les Prussiens le détruisirent complétement, sauf la chapelle, en représailles des dévastations commises par les troupes saxonnes à Charlottenburg. Plus tard, on le reconstruisit, mais avec moins de magnificence. La fabrique royale de poteries, qui y avait été fondée en 1774, a été vendue en 1839, avec obligation pour l'acquéreur de continuer les travaux de fabrication. Aujourd'hui Hubertsburg est utilisé comme maison de justice pour les individus condamnés à une longue détention, comme hôpital (depuis 1839) et comme maison de correction pour les femmes.

Célèbre autrefois par les fêtes brillantes qu'on y célébrait à l'époque des chasses, ce château a acquis en outre une notoriété historique, à cause du traité connu sous le nom de *paix d'Hubertsbourg*, qui y fut conclu le 15 février 1763 entre l'Autriche, la Prusse et la Saxe, et qui termina la guerre de sept ans, après que la paix eut déjà été signée le 10 février 1763 entre la Grande-Bretagne, la France, l'Espagne et le Portugal. La paix d'Hubertsbourg consolida la position de la Prusse parmi les grandes puissances de l'Europe. L'impératrice Marie-Thérèse y renonça à toutes ses prétentions sur les provinces de Silésie et de Glatz précédemment cédées à la Prusse par les traités de paix de Breslau et de Berlin, en 1742; Frédéric le Grand rendit au roi de Pologne son électorat de Saxe; la paix de Dresde y fut confirmée, et l'Empire d'Allemagne fut compris dans le traité.

HÜBNER (Rodolphe-Jules-Benno), un des meilleurs peintres d'histoire qu'on compte aujourd'hui en Allemagne, né en 1806, à Œls en Silésie, commença l'étude de son art à Berlin, en 1821, sous la direction de W. Schadow, qu'il suivit à Dusseldorf, en 1827, avec Hildebrandt, Lessing et Sohn. Dès l'année suivante il donna son tableau des *Pêcheurs*, d'après la ballade de Gœthe, qui excita la plus vive attention à Berlin par la grâce des formes et de l'expression. Pendant et après un voyage en Italie, il peignit *Booz et Ruth*, et sa fameuse scène de l'Arioste, *Roland délivrant la princesse Isabelle de la Caverne des Brigands*, ainsi que le *Départ de Noémi*, 1838. Son *Samson ébranlant les colonnes du Temple*, et un magnifique devant d'autel représentant *le Christ et les Evangélistes* (1836), dans l'église de Meseritz, révélèrent un développement nouveau de plus énergique de son talent. Parmi les les tableaux qu'il donna plus tard, on remarque *Les deux Amants du Cantique des Cantiques*; *L'Age d'Or*; *Le Christ à la colonne*; *Les Enfants dormant dans la forêt et leur Ange gardien*, ainsi qu'une suite d'excellents portraits. La *Félicité et le Sommeil*, d'après l'Octavien de Tieck, est une œuvre de la plus grande délicatesse et de la plus grande beauté. En fait de dessins, il faut citer de lui une figure de *L'Allemagne*, pour l'album du roi Louis de Bavière, que la gravure et la lithographie ont multipliée à l'infini. Depuis 1839, Hübner habite Dresde, où il a été nommé professeur à l'Académie, en 1841.

HUCHET, petit cor de chasse qui sert à appeler les chiens. C'est un des principaux meubles en blason.

HUDDERSFIELD, l'une des villes manufacturières les plus importantes et l'un des grands centres du commerce intérieur de l'Angleterre, située dans le *West-Riding* du comté d'York, non loin d'Hallifax, dans une contrée montagneuse, sur le canal de Manchester à Huddersfield, percé à travers les montagnes qui séparent les comtés d'York et de Lancaster, et qui de là, sous le nom de *Hebble navigation*, se jette dans le Calder et compte plusieurs embranchements. Huddersfield est un grand marché pour les cotonnades et les lainages, notamment pour les mouchoirs et les draps légers, qui sont exposés dans la grande halle aux draps construite en 1765 à l'instar de celle de Leeds, et qui attirent un grand nombre d'acheteurs de Leeds, de Hallifax et Wakefield aux marchés qui s'y tiennent toutes les semaines. La ville proprement dite ne compte que 30,000 habitants ; mais la population de la *paroisse* de Huddersfield, qui comprend les hameaux d'Almondbury, Kirkburton, Kirkheaton, Morfield, etc. dans une longue et étroite vallée se prolongeant jusqu'au village de Marsden, important par ses filatures de coton, s'élève à plus de 124,000 âmes. Elle est presque uniquement occupée à la fabrication des draps, des casimirs, etc. Comme dans toutes les montagnes en général, c'est une race d'hommes alertes et courageux, qui joua un grand rôle dans les guerres civiles de la Rose blanche et de la Rose rouge. Sous Henri VIII on comptait dans la montagne de Huddersfield 40,000 hommes armés.

HUDSON (Hendrik). Quand Colomb eut découvert l'Amérique, l'Italien Cabot accrédita en Angleterre l'opinion qu'il existait un passage au Cathay par le nord-ouest de l'Europe : cette idée fermenta dans toutes les têtes vers la fin du seizième et le commencement du dix-septième siècle, et l'on rêva une seconde route par le nord-est. Hudson, simple et rude pilote, mais déjà éprouvé par de pénibles campagnes, s'offrit pour aller à la recherche de ces voies tant désirées ; quelques marchands de Londres l'acceptèrent, et le 1er mai 1607 il partit de Gravesande avec un seul navire, monté par dix hommes et un mousse. Il se dirigea vers les côtes septentrionales du Nouveau-Monde, en rasant les rivages du Grœn'and. Le 14 juillet il arriva à l'ouverture du détroit qui porte aujourd'hui son nom : ses matelots croyaient que c'était une baie, car de tous les côtés des montagnes lointaines bornaient leur vue ; mais comme la sonde allait en augmentant, il en conclut que c'était un passage qui le conduirait à la grande mer ; il ne l'explora pas cependant : les préventions de son équipage le forcèrent à remonter plus au nord. La, les glaces l'arrêtèrent au milieu de ses espérances : il rebroussa chemin. L'année suivante, il poursuivit la chimère du passage par le N-E et parvint jusqu'à la *Nowaja Semlja* (Nouvelle-Zemble) : les glaces encore lui fermèrent l'entrée du détroit de Waigatz.

Ces mauvais succès détruisirent son crédit en Angleterre : il quitta Londres, et traita avec une compagnie hollandaise pour la recherche du double passage. D'abord il remonta jusqu'au Finmark ; refoulé par les glaces du pôle, il fit voile vers la Virginie, atteignit plus au nord l'embouchure du grand fleuve qui a conservé son nom, prit terre sur ses rives, et de retour à Darmouth céda aux Hollandais tous ses droits de découverte sur cette partie de l'Amérique. Cette expédition le réhabilita dans l'esprit des négociants anglais : il obtint d'eux un nouveau navire, partit de Blackwall en 1610, retraça sa première route, retrouva son détroit, le traversa, pénétra fort avant dans la mer ou baie d'Hudson. Un hiver terrible survint ; son navire resta prisonnier au milieu des glaces. La chasse et la pêche sous la glace suffirent pendant la saison rigoureuse à la nourriture de son équipage ; mais au printemps, quand la mer redevint libre autour de lui, et qu'il voulut retourner dans sa patrie, les vivres lui manquèrent. Il a consigné dans quelques lignes de son journal les angoisses de cœur qu'il ressentit quand il fut contraint d'employer l'autorité pour imposer à ses matelots un sévère régime : malheureusement ceux-ci ne comprirent pas la dure nécessité; ils conspirèrent contre lui, le jetèrent dans une chaloupe avec son fils encore enfant, Woodhouse, honnête amateur de science, qui s'était embarqué pour faire des observations astronomiques au pôle Nord, le charpentier et cinq matelots restés fidèles; les révoltés leur donnèrent un fusil, quelques sabres et des provisions pour un seul jour.... Là s'arrête l'histoire; l'imagination peut seule dérouler la sombre destinée d'Hudson.   Théogène PAGE, capitaine de vaisseau.

HUDSON (Baie et Détroit d'), grande mer intérieure de l'Amérique septentrionale, d'environ 15,000 myriamètres carrés, située entre le Labrador, la Nouvelle-Galles et les terres polaires, longue de 140 myriamètres sur 30 de large, avec 140 brasses de profondeur vers son centre, se relie à l'est à l'Océan Atlantique par le *détroit d'Hudson*, qui a 70 myriamètres de longueur, et communique par le canal de Fox avec la mer Polaire. Elle contient plusieurs grandes baies : au sud la *Baie de James*, au nord la *Baie de Button*, et à l'ouest la *Baie de Chesterfield*. Elle est remplie de bancs de sable, de récifs et d'îles, dont la plus considérable est l'île de Southampton, située entre le canal de Fox, le détroit de Welcome et celui de Frozen. Quoique en dehors du cercle polaire septentrional, cette mer intérieure diffère peu de la mer polaire. Elle n'est navigable que pendant quatre mois de l'année; pendant les huit autres, elle est couverte de glaces flottantes. Le *détroit d'Hudson*, si non la baie elle-même, fut découvert dès 1517 par Sébastien Cabot; mais ce fut Hendrik Hudson qui le premier navigua dans l'un et l'autre en 1610, et il leur imposa son nom. De nouvelles découvertes furent faites dans ces parages en 1612, par Thomas Button; en 1612, par Robert Bylot et W. Baffin, qui pénétra jusqu'au Canal de Fox et à l'île de Southampton; en 1619, par le Danois Jens Munk; en 1631, par Luke Fox et Thomas James, plus tard par Parry et autres.

[La nature a été sévère pour toute cette partie du globe : le soleil d'été n'y a que de rares chaleurs ; le climat en est âpre, la végétation sans force et l'hiver terrible ; pendant six mois de l'année, une épaisse croûte de neige enveloppe la terre, et la glace couvre la mer. Quand les compagnons d'Hudson revinrent dans leur patrie, ils étalèrent aux yeux des marchands d'Angleterre des peaux de castor et autres magnifiques pelleteries dont ils avaient trafiqué, pendant l'hivernage, avec les Esquimaux et les sauvages du nord du Canada. Une compagnie se forma pour exploiter cette nouvelle branche de commerce ; elle établit des factoreries sur les côtes occidentales de la baie. Les colonies françaises du Canada en prirent jalousie, et les attaquèrent ; il y eut des guerres continuelles jusqu'à la paix d'Utrecht, qui assura à la Grande-Bretagne la possession de tout le littoral du détroit et de la baie d'Hudson. Les principaux comptoirs des Anglais sont sur la côte ouest et à l'embouchure des rivières, qui la mettent en communication avec les sauvages de l'intérieur ; les liqueurs fortes sont leurs principales marchandises d'échange, et tout le monde sait quelle influence destructive elles ont exercée sur les peuplades incivilisées des forêts de l'Amérique. Cette compagnie réalisait depuis longtemps des profits immenses, quand une association rivale s'éleva à Montréal, qui pendant quelque temps éclipsa celle de la baie d'Hudson : en 1821, ces deux compagnies se fondirent en une seule, sous le nom de *Hudson's Bay fur Company*, et son importance prit soudain au point que nulle entreprise américaine n'a pu encore approcher de son degré de splendeur. *Voyez* HUDSON (Terres de la Baie d').   Théogène PAGE.

HUDSON (Compagnie de la Baie d'). *Voyez* HUDSON (Terres de la Baie d').

HUDSON (Terres de la Baie d'). Les Anglais nommèrent ainsi à l'origine toutes les terres qui entourent la Baie d'Hudson et situées au nord et à l'ouest du Canada, dont la possession leur fut assurée, en 1713, par le traité d'Utrecht, et qu'ils divisèrent en Labrador, à l'est de la Baie (dont le littoral reçut ici le nom d'*East-Main* ou de *Nouvelle-Bretagne*), en *Nouvelle-Galles* à l'ouest (et ce territoire fut plus tard subdivisé en Nouvelle-Galles du Nord, au nord-ouest, et en Nouvelle-Galles du Sud, au sud-ouest), et en Territoires intérieurs de l'Ouest. Dans ces derniers temps, le traité signé le 25 février 1825, à Saint-Pétersbourg, a fixé le 123ᵉ méridien de longitude occidentale pour l'extrême limite des possessions anglaises du coté de l'Amérique Russe. Le traité conclu le 20 octobre 1818, à Washington, avait déjà fixé le 49ᵉ cercle parallèle jusqu'aux Montagnes-Rocheuses, ou *Rocky-Mountains*, comme la limite méridionale des possessions anglaises vers les États-Unis. Le traité de l'Orégon, en date du 15 juin 1846, les étendit encore jusqu'au détroit de Fuca, en même temps qu'il prolongeait le territoire de la *Compagnie de la Baie d'Hudson* par-delà les Montagnes-Rocheuses, jusqu'à l'océan Pacifique, et qu'il y ajoutait ainsi une portion notable de cette partie de l'ancien Territoire du nord-ouest ou *Nouvelle-Calédonie*. Les territoires appartenant à la Compagnie de la Baie d'Hudson comprennent par conséquent les sept huitièmes de toute l'Amérique Anglaise (104,000 myriamètres carrés), notamment tout ce qui se trouve au delà des provinces colonisées (*settled provinces*) au sud-est (Canada, Nouvelle-Écosse, etc.), sans compter les îles de la mer Arctique, dont la grandeur et la position n'ont pu encore être bien déterminées. Mais cet immense territoire ne se compose guère que du littoral, couvert de neiges et de glaces pendant la plus grande partie de l'année et où errent quelques rares tribus nomades, ou bien de vastes districts forestiers encore au pouvoir des aborigènes et sur lesquels l'Angleterre n'a acquis de droits qu'en raison du commerce qu'elle fait dans la Baie d'Hudson et par l'acquiescement des autres États à ses prétentions.

La Baie d'Hudson divise naturellement ce territoire en trois parties distinctes : le Labrador, le Territoire de la Baie d'Hudson, et le Territoire du Nord-Ouest ou Nouvelle-Calédonie. La partie centrale, ou Territoire de la Baie d'Hudson, officiellement appelée aussi *Rupert's land*, a au total une constitution géognostique des plus simples. Les montagnes primitives y dominent à l'est et au nord. Toutefois, le sol de ce district est généralement plat à l'est, quoique entrecoupé çà et là par de nombreuses et vastes crêtes de rochers ; ce n'est qu'au nord, dans la partie voisine de la mer Glaciale, qu'il s'élève jusqu'à former un plateau, appelé le *plateau arctique*, dont la surface est aussi fort inégale. Le district occidental des montagnes primitives, où dominent les montagnes de transition, est encore plus plat que le district oriental, et se compose généralement de prairies. Cette différence géognostique entre le district oriental et le district occidental détermine les conditions hydrographiques du Territoire de la Baie d'Hudson, car sur la ligne de partage de ces deux divisions naturelles se trouve une remarquable suite de cours d'eau d'une haute importance pour les relations du commerce. C'est grâce à ces nombreuses ramifications des eaux intérieures que les immenses déserts qu'elles traversent, placés en rapports réguliers les uns avec les autres au moyen de postes commerciaux, ont pu entrer dans le domaine de la civilisation européenne. Dans la plaine immense qui s'abaisse graduellement vers la baie d'Hudson, les systèmes hydrographiques les plus importants sont d'abord le grand lac Winipeg, de 237 myriamètres carrés, qui reçoit les eaux du *Saskatswan* et celles du *Red-River*, et se dégorge par le Nelson; et plus loin au nord, le Churchill ou Missinippi. La plaine septentrionale qui va en s'abaissant vers la mer Glaciale forme en grande partie le bassin du Mackensie, auquel appartiennent entre autres le lac d'Athabasca (105 myr. carrés), le grand lac des Esclaves (388 myr. carrés) et le grand lac des Ours (200 myr. carrés). Plus loin à l'est se décharge le Fleuve des Mines de Cuivre, et au nord-est le grand Fleuve des Poissons se jette dans la mer Glaciale. Partout le climat présente les caractères les plus saillants du climat de l'Amérique du Nord : des hivers d'une rigueur excessive, des printemps extrêmement froids, avec des étés relativement chauds et de beaux automnes, et dans presque toutes les saisons une très-grande inconstance de la température. Sous le rapport de la végétation le Territoire offre trois régions; celle des prairies, celle des forêts, et celle des *Barren-Grounds*. La région des prairies, indépendamment de sa nature de steppe, est caractérisée par l'existence de nombreux bancs de sel et lacs salés. La région des forêts est située à l'est, dans le district si riche en cours d'eau des montagnes primitives. L'arbre le plus commun au nord est le sapin blanc, et la plante alimentaire la plus importante, celle qu'on appelle *riz sauvage*, mais qui ne croit que dans la partie méridionale et dans des terrains marécageux. La région des *Barren-Grounds*, c'est-à-dire des territoires déserts ou infertiles, est située au nord de la région des forêts, dans des contrées généralement hérissées de montagnes. La végétation la plus élevée n'y consiste plus qu'en arbrisseaux et en arbres nains. Des mousses et des lichens y couvrent souvent seuls d'immenses étendues du sol. Sauf la colonie agricole établie sur le *Red-River*, on ne cultive de plantes alimentaires qu'aux environs des postes appartenant à la Compagnie, et encore en très-petites quantités, à cause des gelées nocturnes. Même au sud on ne saurait jamais compter sur les récoltes de céréales. C'est le règne animal qui fournit le plus de ressources alimentaires, de même que les moyens de se vêtir et les seuls produits qui soient exportables, à savoir d'excellentes pelleteries et fourrures. Parmi les animaux à fourrure, le castor est le plus important; mais cette espèce a singulièrement diminué de nos jours, en raison de la poursuite ardente dont elle a été l'objet. On trouve ensuite d'immenses quantités de rats musqués. Puis viennent les renards, de diverses couleurs, les loups, les ours, les lynx du Canada, différentes espèces de martres, de loutres, etc. Le renne (*cervus tarandus*) et l'élan (*moose-deer*) américains, le bœuf musqué ou *musk-ox*, le wapiti et autres espèces de cerfs, le lièvre d'Amérique et le lièvre polaire, diverses espèces de poules de bois et de neiges et une foule d'autres oiseaux encore, sont les animaux qui contribuent le plus à l'alimentation. Toutefois, les incalculables richesses que contiennent en poissons les innombrables lacs et cours d'eau de ces contrées sont une ressource encore autrement précieuse. Sauf un petit nombre d'Européens disséminés dans les forts et les postes de la Compagnie et dans la colonie du *Red-River*, la population se compose d'aborigènes. Quoique le nombre en soit très-restreint, ils se divisent en une foule de petites tribus, dont la principale est celle des Esquimaux, qui s'habitent tout à l'extrémité nord, le long de la côte; vient ensuite celle des Indiens, dont le nombre total peut s'élever à 50,000 âmes. Toutes ces tribus aborigènes sont habituées aux marchandises d'Europe, dont elles ne peuvent plus se passer, et vivent sous la complète dépendance des négociants en pelleteries.

Le Français Grosselicz, qui, vers le milieu du dix-septième siècle, pénétra du Canada jusqu'à la côte de la Baie d'Hudson, proposa à son gouvernement de créer des stations commerciales dans les terres de la baie d'Hudson, à l'effet de donner une plus grande extension au commerce des pelleteries; mais ses propositions furent repoussées. Il s'adressa alors à la cour du roi Charles II d'Angleterre, et y trouva un protecteur dans la personne du prince palatin Rupert, qui, en 1666, l'envoya à la baie d'Hudson avec le capitaine Gilliam. Cette expédition hiverna sur la côte orientale (*East-Main*), près du fleuve Rupertas, et y construisit le premier fort. Le palatin Rupert, unissant ses efforts à ceux d'autres seigneurs, obtint alors en faveur de la *Company of adventurers of England trading into Hudson's Bay* une charte, en date du 2 mai 1670, qui assurait aux participants et à leurs descendants le monopole du commerce de la Baie et du Détroit d'Hudson, et qui leur concédait en outre tous droits de souveraineté, d'administration et de juridiction sur ce territoire ainsi que sur les contrées qui l'avoisinent et ne se trouvaient pas déjà en la possession d'autres princes et États chrétiens. Cette *Compagnie de la Baie d'Hudson* a depuis lors développé extraordinairement le commerce des pelleteries dans ces contrées, et a conservé jusqu'à nos jours ses priviléges primitifs, que la reine Victoria lui confirmait encore pour une période de trente-et-une années par un acte en date du 30 mai 1839, qui très-certainement sera renouvelé au moment où il viendra à expirer. De toutes les compagnies de commerce anglaises fondées avec de grands priviléges dans le cours des seizième, dix-septième et dix-huitième siècles, c'est la seule qui ait conservé le monopole ainsi que les droits de souveraineté dont elle avait été gratifiée sur les contrées qui lui étaient assignées, et elle n'eut à soutenir qu'une concurrence passagère contre des entreprises françaises, qui cessèrent complètement à partir de 1763. Cette Compagnie de la Baie d'Hudson trouva pourtant une dangereuse rivale dans la Compagnie du Nord-Ouest que des marchands de pelleteries du Canada, pour la plupart originaires des montagnes de l'Écosse, fondèrent en 1783, à Montréal, et qui joua un rôle important dans l'Amérique du Nord pendant plus de trente ans. Celle ci exerçait son fructueux commerce dans les contrées de l'ouest non comprises dans la charte de l'ancienne Compagnie. Ses agents pénétrèrent jusqu'aux Montagnes-Rocheuses, et aux fleuves provenant du Missouri; en 1806 Simon Fraser franchit même cette montagne, à l'ouest de laquelle il fonda le premier poste de commerce, le *Fort du lac Fraser*. C'est la contrée que depuis 1806 on appelle *Nouvelle-Calédonie*. A partir de 1811 les agents de la Compagnie du Nord-Ouest se montrèrent aussi sur les rives du Columbia ou Orégon. La jalousie commerciale amena d'abord des difficultés, puis en 1814 une guerre en règle entre les deux Compagnies; de sorte que le gouvernement anglais fut forcé d'intervenir comme médiateur; et en 1821 les deux Compagnies fusionnèrent, comme on dit aujourd'hui.

La Compagnie de la Baie d'Hudson (*Hudson Bay fur Company*) se compose en ce moment de 239 membres (*proprietors*), représentant un capital de fondation de 400,000 liv. ster. Les affaires de la Compagnie sont administrées par des directeurs, qui résident à Londres et qui sont élus par l'assemblée générale. Depuis 1839 la Compagnie a constitué une cour régulière de justice pour son territoire, dans sa colonie du *Red-River*. Dans l'île de Vancouver (en face de la côte occidentale, dont la possession a été octroyée à la Compagnie en 1849 par la reine Victoria), la justice est rendue par une cour spéciale. Le commerce de pelleteries de la Compagnie est réglé dans son territoire par le statut désigné sous le nom de *Deed Poll*, en date du 6 juillet 1834, qui détermine les droits et les devoirs de ses divers employés et agents.

Quoique le nombre des animaux à fourrure ait beaucoup diminué en Amérique, et qu'ils manquent même déjà complètement dans certains districts; bien que le commerce des pelleteries et fourrures ait de nos jours beaucoup perdu de l'importance qu'il avait autrefois, la *Compagnie de la Baie d'Hudson* n'en est toujours pas moins une corporation riche et puissante. Sous le rapport administratif, elle a divisé tout son Territoire en quatre départements : 1° le département de Montréal, avec le *Fort-la-Chine*, dépôt principal; 2° le département du Sud, dépôt principal *Moose-Fort*; 3° le département du Nord, dépôt principal et entrepôt général de tout le Territoire le *Fort-York*, où se tient chaque année le grand conseil des facteurs en chef; c'est là également que se trouve le principal port des vaisseaux appartenant à la Compagnie. La colonie agricole *Red-River*, fondée en 1811 par lord Selkirk, au sud du lac Winipeg, est aussi d'une importance toute particulière. Elle a pour chef-lieu et point central le *Fort-Garry*: c'est là que se trouve la *Red-River-Academy*, florissant établissement d'éducation, où sont élevés les fils et les filles des agents de la Compagnie; 4° enfin, le département de Columbia, comprenant l'ancien district de la Nouvelle-Calédonie et l'île de Vancouver, avec le fort Victoria.

HUDSON (Fleuve). Arrivé, lors de son troisième voyage, à l'embouchure du fleuve de l'Amérique du Nord qui porte aujourd'hui son nom, Hudson voulut l'explorer; il le remonta l'espace de 200 kilomètres, et fut frappé de son caractère imposant, car presque partout il mesurait un mille de largeur; ses eaux étaient assez profondes pour les navires; des bassins naturels s'ouvraient sur ses rivages pour les radouber; une riche végétation animait ses deux rives : c'étaient de grands arbres, des sapins et des chênes pour la construction, et d'innombrables poissons le remontaient et le descendaient avec le flux et le reflux de la mer. Seulement une immense solitude y régnait; à peine quelques sauvages abandonnaient leurs huttes et s'exposaient près de son vaisseau pour l'admirer avec curiosité, ou échanger des pelleteries contre des bagatelles d'Europe. Aujourd'hui l'Hudson est devenu l'une des plus grandes artères de la civilisation du Nouveau-Monde; il traverse l'État de New-York et baigne une partie du New-Jersey; les canaux que l'on a coupés sur ses bords lui ont donné une importance extraordinaire. Il communique avec la Delaware par le canal de Morris, qui a 100 milles de longueur; le grand canal de l'Érié, dont l'étendue est de plus de 362 milles, le met en communication avec le lac Érié et tout le haut Canada; le canal Champlain, de 62 milles et demi, l'unit au lac Champlain; enfin, un autre canal, de 65 milles, joint encore un point de ses rives à celles de la Delaware. D'opulentes et magnifiques villes lui doivent leur grandeur : Albany, où commence le canal de l'Érié, possède de beaux édifices, une riche capitole, une bibliothèque, un théâtre; son immense commerce de transit la rend l'une des plus importantes cités de l'Amérique; *Troy* vient de naître, et déjà elle compte plus de 20,000 habitants, une fabrique d'armes et de toiles; *Hudson*, *Sandy-Hill*, et enfin New-York, la grande capitale des États-Unis, et l'un des foyers de la civilisation de l'univers : c'est un peu au-dessous de cette ville qu'il se jette dans l'Océan. Il faut avoir vu l'étonnante activité qui règne le long de ce fleuve, les innombrables navires qui s'y donnent rendez-vous de toutes les parties du globe, les mille paquebots à vapeur qui se croisent dans tous les sens au milieu de ses canaux, pour se faire une idée des richesses que le commerce y accumule et de la splendeur que l'avenir réserve aux belles contrées qu'il arrose. Nulle part ailleurs l'industrie humaine n'a réalisé de plus gigantesques conceptions.

Théogène PAGE, capitaine de vaisseau.

HUDSON LOWE (Sir), le geôlier de Napoléon à Sainte-Hélène, né en 1770, en Irlande, entra en 1785 comme volontaire au 50ᵉ régiment d'infanterie de ligne anglais, et fut nommé lieutenant en 1791. Il assista à l'expédition de Toulon, et, dans la campagne de Corse, prit part à l'attaque de la tour de Martello, à l'assaut de la redoute de la Convention, et aux sièges de Bastia et de Calvi; il servit ensuite deux ans en Portugal et un an à Minorque. Il fit, sous Moore, la campagne d'Égypte, devint secrétaire de la commission de conciliation à Malte, obtint en 1800 le brevet de major dans le régiment des chasseurs corses, et fut mis à la demi-solde en 1802. Appelé au service actif en 1803, avec le grade de major, il fut envoyé par lord Hobart, avec des missions secrètes, en Portugal et en Sardaigne; l'année suivante il compléta le régiment des chasseurs corses, obtint en récompense le rang de lieutenant-colonel, et servit ensuite à Naples, sous les ordres de sir James Craig. Commandant de l'île de Capri depuis 1806, il fut forcé de la rendre aux Français en 1808, après une vaillante défense, et, en vertu de la capitulation, il se retira en Sicile avec armes et bagages. A l'attaque de Naples, il commandait le premier ordre de bataille; il contribua à la prise d'Ischia, assista au siége de Zante et de Céphalonie, et fut dans cette dernière île membre du gouvernement provisoire. Nommé colonel en 1812, il vint en 1813 en qualité de commissaire anglais au quartier général de Blücher, accompagna celui-ci en France en 1814, fut dans la même année nommé major général, et en 1815 gouverneur de Sainte-Hélène, lorsque Napoléon était dirigé sur cette île. A son retour, il obtint, en 1821, le 95ᵉ régiment, fut nommé gouverneur des îles Bermudes, en 1823 lieutenant général, et en 1842 propriétaire du 50ᵉ régiment d'infanterie de ligne. Il mourut le 10 janvier 1844. Préposé à la garde de Napoléon, il outra encore, par sa dureté et par ses formes outrageantes, les instructions rigoureuses que son gouvernement lui avait données pour rendre impossible l'évasion de l'illustre captif. Tous les services honorables qu'il avait pu rendre précédemment, Hudson Lowe les fit oublier par la manière barbare dont il traita Napoléon; et la nation anglaise, qu'il faut se garder de confondre avec le gouvernement oligarchique qu'elle avait alors, fut la première à clouer au poteau de l'infamie le nom de l'officier général qui s'était fait lâchement le geôlier du grand homme.

HUE ou HUE-FOU, en Cochinchine, capitale du royaume d'Anam, à l'embouchure du fleuve Hue, est la place la mieux fortifiée de l'Asie. Le fossé qui entoure la ville, et qui a 100 pieds de large, a 12 kilomètres de tour; et les remparts, hauts de 20 mètres, sont garnis de 1,200 bouches à feu. Dans la citadelle, qui forme un carré régulier, se trouvent le palais impérial, un arsenal, d'admirables magasins et des casernes. La ville, dont on évalue la population de 30,000 à 100,000 habitants, est qui, à la manière des villes indiennes, consiste presque entièrement en légères maisons de bambou, fut cédée aux Français en 1787; mais ils n'en prirent jamais possession. Elle est traversée par un canal, sur les bords duquel s'élèvent des quais considérables avec un arsenal et des magasins, et son port sert de station à une partie de la flotte d'Anam. Bien qu'elle soit fort déchue depuis longtemps déjà, elle n'en est pas moins encore le centre d'un commerce important.

HUELVA, province d'Espagne, formée de la partie occidentale du royaume de Séville, en Andalousie, et séparée du Portugal par la Chanza et la Guadiana, compte une population de 153,000 âmes. Elle est bornée au nord-ouest par la Sierra-de-Aroche, continuation de la Sierra-Morena, et présente une agréable succession de montagnes, de collines et de vallées; au sud-est, elle se compose de terrains bas et déserts. Elle est arrosée par la Guadiana, avec ses affluents, la Chanza, le Malagon et l'Albajarilla, ainsi que par la Piedra, l'Odiel et le Tinto. Par suite de son climat chaud et de la fertilité de son sol, tous les produits du sud et la vigne notamment y abondent. Le vin de Tinto, ou *Tinto da Rota*, vin rouge fort épais, tire son nom du fleuve Tinto (c'est-à-dire le Coloré), dans les eaux jaunâtres et imprégnées de cuivre duquel ne peut vivre aucun animal.

HUELVA, son chef-lieu, l'*Onoba* des anciens, au moyen âge la place forte des Arabes appelée *Velba* ou *Vuelba*, possède un port et environ 8,000 habitants. La construction des navires constitue, avec la pêche et le commerce des poissons, la principale industrie de la population; et il en est de même à *Moguer*, petit port de mer, à *Palos*, autre petit port à l'est de la baie où vient se jeter le Tinto, et à *Ayamonte*, ville située à l'embouchure de la Guadiana. La ville la plus importante de toute la province est *Nielba*, l'Ilipa des anciens, sur le Tinto, avec un château fort et 12,000 habitants. Dès le treizième siècle Huelva, Moguer et Palos étaient en possession de produire de courageux et habiles marins. Il en était encore ainsi au temps de Christophe Colomb, qui partit de Palos, en 1492, pour son premier voyage de découvertes, et à son retour débarqua le 15 mars 1493 à *Saltes*, en face de Huelva. A cette époque, Palos était le port d'expédition de tous les voyages de découvertes qu'entreprenaient les Espagnols.

HUERTA (VICENTE GARCIA DE LA), poëte et critique espagnol du milieu du dix-huitième siècle, né à Zafra, faisait ses études à Salamanque, lorsqu'un protecteur haut placé l'appela à Madrid, où il se fit bientôt un nom par son talent poétique. Les ennemis que lui avaient attirés ses manières arrogantes réussirent à le faire exiler à Oran, à l'occasion de sa tragédie de *Raquel*. Le sentiment de son innocence et un noble orgueil le soutinrent dans ce malheur. Malgré la roideur inflexible de son caractère, il fut rappelé à Madrid et nommé premier conservateur de la Bibliothèque royale. Champion de la vieille poésie nationale contre ceux qui prétendaient introduire en Espagne le classicisme français, il défendit malheureusement la bonne cause avec plus de zèle que de goût et avec moins de tact que de patriotisme; ce qui ne l'empêche pas d'occuper une place honorable dans l'histoire littéraire de son pays. Il mourut à Madrid, le 12 mars 1787. Outre de petites dissertations critiques, on a de lui la *Biblioteca militar española* (1760); *Obras poeticas* (2 vol, 1778-1779) et *Teatro español* (17 vol., 1785-1786), choix d'anciens drames dans le vieux goût national. Comme poète, il s'est essayé dans les genres lyrique et dramatique; et dans toutes ses poésies il a montré un talent remarquable, particulièrement sous le rapport de la langue et de la versification. Sa tragédie de *Raquel*, qui a pour sujet l'amour du roi Alphonse VIII pour la belle juive Rachel, et la fin tragique de celle-ci, fut, au temps de ses premières représentations (1778), accueillie avec enthousiasme, et passe encore pour des meilleures productions modernes du théâtre espagnol. Il arrangea aussi pour la scène espagnole l'*Electre* de Sophocle, sous le titre d'*Agamemnon vengado*, et même la *Zaïre* de Voltaire.

HUESCA, province d'Espagne, formée de la partie nord-est du royaume d'Aragon, séparée de la France par les Pyrénées et de la province de Lérida par la Noguera Ribagorzana, compte une population de 247,000 âmes. Elle appartient en entier au bassin de l'Èbre; et, quoique parcourue par les rivières appelées Aragon, Gallego, Alcanadre, Cinca et Noguera, est assez pauvrement arrosée; la plaine produit des céréales de divers genres, du vin, des fruits de toutes espèces, du chanvre et du lin; dans la partie montagneuse, qui est riche en minéraux et en forêts, on se livre surtout à l'éducation du bétail.

HUESCA, son chef-lieu, bâtie dans une plaine saine et tempérée, sur la rive droite de l'Isuela, siége d'évêché, compte environ 11,000 habitants, possède une cathédrale, une université, fondée en 1354 par Pedro IV, le grand collége de Santiago, fondé en 1587, divers établissements d'instruction publique et quelques manufactures.

Huesca est l'*Osca* des anciens, dans le pays des *Vescitani*. En l'an 76 avant J.-C., Sertorius y fonda des écoles grecques et latines; et c'est là qu'il périt assassiné, en l'an 72. César surnomma cette ville *la Victorieuse*. Les Arabes s'en emparèrent en l'an 713 de notre ère, et la nommèrent *Weschka* ou *Weschaka*. Pedro I*er*, dont le père, Sancho Ramirez, mourut au siége de cette ville, le 4 juillet 1094, la reprit sur les infidèles à la suite d'une victoire qu'il remporta dans la plaine d'Alcoraz, qui l'avoisine; il y fixa sa résidence et y transféra l'évêché de Jaca. A la diète qui s'y tint en 1247, on y publia le code du roi Jayme I*er*. Le 24 mai 1837 les carlistes y battirent Irren Barren et Léon, qui tous deux furent tués dans l'affaire. Les autres villes de cette province sont *Barbastro*, siége d'évêché, et *Jaca*, avec une citadelle.

HUET (Pierre-Daniel), savant théologien d'Avranches, naquit à Caen, le 8 février 1630. Il montra de bonne heure une grande ardeur pour l'étude, et s'y livra avec passion. Descartes et Bochart, le savant auteur de la *Géographie sacrée*, furent ses guides. Le premier lui donna le goût de la philosophie, le second lui inspira une vive passion pour la véritable science. A cette époque, Christine, reine de Suède, attirait auprès d'elle tous les hommes d'esprit et de science qui voulaient bien quitter leur pays pour orner sa cour. Huet fut du nombre de ceux à qui la curiosité de voir cette reine extraordinaire et le désir de se trouver avec les savants de toute l'Europe firent entreprendre ce voyage. Christine lui fit le meilleur accueil, selon son habitude, et le retint quelque temps à sa cour; Huet en profita pour recueillir des manuscrits anciens, et, de retour dans sa patrie, il les fit connaître au monde savant. Il publia d'abord un excellent traité sous ce titre : *De optimo genere interpretandi et de claris interpretibus*. Après l'abdication de Christine, il refusa d'aller se fixer à sa nouvelle cour à Rome, et ne voulut pas accepter non plus la tâche que lui offrait le gouvernement de Suède d'élever Charles-Gustave, successeur de cette reine.

En 1668 il fit paraître sa traduction latine des Commentaires d'Origène, *Commentaria in sacram Scripturam*, (Rouen, 2 vol. in-fol.); puis, deux ans après, le célèbre *Traité de l'Origine des Romans*, qu'ami de Segrais et de M*me* de La Fayette il avait composé pour être mis en tête de *Zaïde*. Le duc de Montausier, gouverneur du grand dauphin, fils de Louis XIV, fit agréer en qualité de sous-précepteur Huet, qui devint ainsi le coopérateur de Bossuet dans cette œuvre difficile. Arrivé à la cour en 1670, il ne la quitta qu'en 1680, époque où son royal élève se maria. Il avait profité de sa position et de la faveur dont il jouissait pour coopérer activement à la première publication faite en France d'une collection des classiques latins, avec des commentaires, *ad usum delphini*, travail d'un rare mérite, qui compte 65 volumes in-4°. Ce fut au château de Versailles qu'au milieu de la cour la plus bruyante, et durant les rudes fonctions du professorat, il écrivit en outre son plus célèbre ouvrage, *Demonstratio Evangelica*, imprimé à Paris en 1679, in-folio.

La haute réputation de Huet était établie depuis assez longtemps pour lui donner des titres à l'Académie Française : aussi cette illustre compagnie, au milieu de laquelle siégeaient alors tant de maîtres célèbres, crut-elle de son honneur de l'admettre dans son sein en 1674. Quelques années après sa réception, Huet, qui jusque là avait hésité s'il embrasserait ou non l'état ecclésiastique, s'engagea définitivement dans les ordres sacrés. Louis XIV voulut récompenser son zèle, et lui donna l'abbaye d'Aulnay, près de Caen. Bientôt il fut nommé évêque de Soissons, puis d'Avranches (1692). Ce fut alors qu'il composa la plus grande partie de ses ouvrages, et qu'il se livra avec le plus d'ardeur à l'étude : ceci fit qu'il négligea les devoirs de sa place, et qu'il fut peu accessible à ses ouailles, dont l'une, à qui l'on disait un jour que l'évêque ne pourrait la voir, parce qu'il étudiait, s'écria : « Eh ! pourquoi donc le roi ne nous a-t-il pas envoyé un évêque qui ait fait toutes ses études ? » Huet comprit qu'il vaudrait mieux quitter la place que de faire subir l'administration de son évêché; il se démit de ses fonctions, et obtint en échange l'abbaye de Fontenay, près de Caen; puis il se retira quelque temps après dans la maison professe des jésuites à Paris, où il mourut, le 26 janvier 1721.

Huet a laissé un grand nombre d'ouvrages, tant en latin qu'en français; mais l'énumération ne saurait en trouver place ici. Il excellait encore dans la poésie, et l'on a cinq éditions de ses vers, dont la dernière est de 1710; elle contient des odes, des élégies, des églogues, des pièces héroïques, son voyage en Suède, un poëme sur le sel. Il écrivit aussi, dans les dernières années de sa vie, ses mémoires en latin, qui ont été traduits pour la première fois en français par notre collaborateur M. Charles Nisard, en 1854. Comme philosophe, Huet avait d'abord embrassé avec ardeur la philosophie de Descartes; plus tard non-seulement il l'abandonna, mais il la combattit même avec assez de violence. S'écartant tout à fait de la route suivie alors par le plus grand nombre de philosophes, il posa la foi comme critérium de toute certitude : ce système, qui a retrouvé de nos jours quelques adeptes, fut combattu par les partisans de l'école cartésienne, qui ne lui épargnèrent point les invectives. Il fit quelque bruit d'abord, puis on l'oublia. Mais ce que l'on n'oubliera jamais, c'est la profonde science, le goût de cet écrivain, qui fut un des ornements de son siècle. La bibliothèque de Huet, dont il avait fait cadeau aux jésuites, ses hôtes, a passé en partie, lors de leur proscription, dans celle de l'hôtel de ville de Paris.

HUFELAND (CHRISTOPHE-GUILLAUME), célèbre médecin allemand, naquit à Langensalza, dans la Thuringe, le 12 août 1762. Reçu docteur à Tubingen, en 1783, il pratiqua d'abord à Weimar, sous les auspices de son père, médecin du lieu. Le jeune Hufeland fut, à quelque temps de là, nommé professeur à Iéna; puis il succéda à son père comme conseiller-médecin aulique à Weimar, et resta dans cette ville jusqu'en 1801, où le roi de Prusse l'appela à Berlin, pour occuper aux mêmes titres près de sa personne le rôle distingué qu'il remplissait près du duc souverain de Weimar. Bientôt il devint en outre médecin-directeur de La Charité de Berlin, directeur du collège de chirurgie et conseiller privé.

Lorsqu'en 1809, la Prusse s'inspira de l'exemple de la France pour instituer une université hiérarchique, Hufeland fut pourvu d'un brevet de professeur ordinaire à la Faculté de Berlin, et nommé l'année suivante conseiller d'État. Enfin, vers 1819, le gouvernement le nomma directeur de l'Académie de Médecine et de Chirurgie militaires. Il serait difficile de citer une existence de médecin plus occupée que la sienne; peu de praticiens ont autant écrit, peu d'auteurs médecins ont autant pratiqué. Hufeland avait coutume de dire, et il a fini par écrire dans son dernier ouvrage ces tristes paroles : « Celui pour qui la médecine ne devient point une sorte de religion ne trouve en elle que la plus désolante, la plus fatigante, la plus ingrate des professions. »

Depuis 1795 jusqu'au terme de sa vie, Hufeland publia seul à Berlin un journal mensuel, sous le titre de *Journal fur die praktische Arzneykunde und Wundarzneykunst*, au nombre quasi incroyable de 488 numéros. Il fit paraître en outre chaque année, à partir de 1801, un annuaire de l'hôpital de La Charité de Berlin. On connaît encore de lui quarante et quelques ouvrages, dont plusieurs ont été traduits en diverses langues. Les principaux sont : 1° *Art de prolonger la vie* (Iéna, 1796), le plus célèbre de tous et qui a été le plus universellement traduit ; la France seule en possède deux versions (1824 et 1838). L'auteur voulut le rajeunir sous le nouveau titre de *Macrobiotique* ; c'est dans ce traité qu'il affirme que l'Europe a tué plus d'Américains avec son alcool qu'avec sa poudre à canon, et qu'il supplie ses lecteurs de laisser tomber chaque jour, sans l'enlever, une goutte de cire à cacheter dans le verre habituel où ils se versent de la liqueur, conseil fort sage, non-seulement en ce qui concerne une boisson pernicieuse, mais à l'égard de l'habitude qu'il ne veut réprimer que goutte à goutte; 2° *Système de Médecine pratique*, qui n'est pas achevé (Leipzig, 1803; Berlin, 1818); 3° *Traité des Scrofules* : à cette occasion il recommanda le muriate de *baryte*, qui grâce à lui obtint une vogue universelle; cet ouvrage fut traduit à Paris en 1821, accompagné d'un mémoire du baron Larrey; 4° *Histoire de la Santé* (1812); 5° *Conseils sur l'Éducation physique* (1799); 6° *Principales eaux minérales de l'Allemagne* (1810), petit ouvrage qui n'a pas failli au succès de ses autres œuvres.

Hufeland était l'ennemi né des systèmes : en cette qualité il combattit tour à tour la *dichotomie* de Brown, l'*irritation* de Broussais, l'*homœopathie* d'Hahnemann; mais il mit tant de modération, dans ses critiques, que plus d'une fois il se concilia l'estime de ceux dont il repoussait les doctrines. On sait, par exemple, qu'Hahnemann adressait, pour être insérés dans son journal, ses lettres, ses réflexions, ses griefs même d'homme persécuté et de médecin incompris. Toujours à la recherche des faits et ne prisant que la réalité, Hufeland ne donnait accès dans son recueil qu'à des observations avérées, à des remarques pratiques. Ses cours publics avaient la même simplicité que ses écrits.

Hufeland a résumé non pas ses doctrines, il n'en avait point, à proprement parler, mais ses idées essentielles, ses opinions détachées, dans un de ses derniers ouvrages, qu'on a traduit dans toutes les langues, et qui a pour titre banal : *Manuel de Médecine pratique, fruit d'une expérience de cinquante ans*, avec cette épigraphe : *Natura sanat, medicus curat morbos*. Dans cette œuvre l'auteur ne tient pas assez compte des recherches et découvertes françaises, auxquelles le diagnostic et le siége des maladies sont redevables de tant de lumières.

En 1833, Hufeland fêta le cinquantième anniversaire de son doctorat et de son heureuse pratique, et à cette occasion il lui fut adressé beaucoup de faveurs et d'hommages. Le roi de Prusse voulut, entre autres gracieusetés, que la société fondée en 1810 par son premier médecin portât désormais le nom d'Hufeland. Ce médecin célèbre mourut à Berlin, le 25 août 1836.   Dr Isidore BOURDON.

HUGEL (CHARLES-ALEXANDRE-ANSELME, baron DE), célèbre voyageur allemand, né le 25 avril 1796, à Ratisbonne, servit d'abord dans l'armée autrichienne, et de 1820 à 1824 fut attaché à l'ambassade d'Autriche à Naples. En 1830 il conçut le plan d'un grand voyage en Afrique, en Asie et dans la Polynésie; entreprise qu'il mena à bonne fin, grâce à une fortune considérable, à beaucoup de vigueur physique et à une énergie toute juvénile. Accompagné d'un médecin, d'un chirurgien, d'un peintre et d'un naturaliste, muni d'un riche arsenal scientifique, il quitta le 2 mai 1835, à bord du vaisseau de guerre français le *D'Assas*, la rade de Toulon, et après un court séjour en Grèce et en Crète il débarqua à la fin de juin au vieux port d'Alexandrie. Là il fréta un vaisseau marchand anglais, qui le porta dans l'île de Chypre. De Latakieh, il alla par Antioche, Suedieh et Tortose, à Homs dans le désert, d'où il fit de nombreuses excursions dans les contrées environnantes; il visita les ruines de Baalbek, franchit la plus haute cime du Liban, et poursuivit sa route par la ravissante vallée Bescharræa, où la maladie le surprit ainsi que son domestique. Ce fut avec la plus grande peine qu'ils atteignirent Tripoli : le domestique mourut; Hugel guérit, il est vrai, mais non sans peine. De Tripoli il gagna Beyrout, et y fréta un navire autrichien, avec lequel il fit voile vers Sidon, Tyr et Saint-Jean-d'Acre, où il quitta son vaisseau pour parcourir la Palestine. Après s'être rembarqué à Jaffa, il arriva à Alexandrie. Trois de ses compagnons restèrent en Égypte, deux y moururent, et ce fut tout seul qu'il arriva par Suez et Aden dans la rade de Bombay. De là il entreprit un voyage dans l'intérieur des terres pour étudier la race malaie, son état de civilisation et ses variétés provenant de son mélange avec les races mongole et caucasienne. Pendant son séjour dans les Ghats du nord, il s'enfonça souvent dans des vallées situées à plus de 1700 mètres de profondeur, où la chaleur est excessive, et y gagna la *fièvre des bois*, comme l'appellent les Indiens. Lorsqu'il fut rétabli, il se dirigea vers la presqu'île méridionale, où il espérait trouver une population et une civilisation moins mêlées d'éléments étrangers, parce que les musulmans n'ont guère pénétré jusque là. Il traversa ainsi la majeure partie du Dekan, Sattara, Bejapour, célèbre par ses monuments, si grandioses, descendit de là vers Goa, retourna de nouveau dans le pays haut, pour visiter Darwar, les merveilles de Bijunager, Bellari, Bangalore, Seringapatnam et Mysore. Après avoir gravi les montagnes Bleues (*Nil Gerri*) et avoir passé trois semaines, il continua son chemin par Coimbatore vers la côte de Malabar, visita Cotschin et Travancore, atteignit le cap Comorin, et se rendit par mer de Tuttikorin, célèbre par ses pêcheries de perles, à Ramiseram et à Manar. Il séjourna plus de cinq mois dans la séduisante île de Ceylan, qu'il parcourut dans tous les sens. De là il revint sur la côte de Coromandel, visita Tranquebar, Pondichéry, Carical et Madras, où le capitaine Lambert, commandant de la frégate *L'Alligator*, envoyé en mission dans l'Archipel Indien, à la Nouvelle-Hollande et dans la Polynésie, l'invita à l'accompagner. Hugel accepta cette offre avec joie. Après avoir visité Sincapour, Sumatra, Borneo, Java, plusieurs des plus importantes îles de l'Archipel Indien, la Nouvelle-Hollande, la terre de Van-Diémen et enfin la Nouvelle-Zélande, il s'embarqua dans cette dernière île pour Manille. Après avoir visité Macao et Canton, il revint à Calcutta, pénétra par les monts Himalaya et le Kaschmir jusqu'aux frontières du Tibet, suivit le fleuve Tschilum jusqu'à Mozafferabad, gravit les montagnes qui se prolongent vers l'Indus, et revint d'Atock par Lahore et Ludiana à Delhi, en traversant des contrées peu visitées par des Européens. Il était de retour à Bombay quatre ans juste après y être arrivé pour la première fois; et après un court séjour au Cap et à Sainte-Hélène, il débarquait à Portsmouth, environ six ans après son départ de Vienne.

L'utilité dont le voyage de Hugel a été pour les sciences en général, et particulièrement pour l'histoire naturelle et l'ethnographie, est prouvée par les importantes collections qu'il en rapporta, et qui furent toutes achetées pour le cabinet impérial et la bibliothèque de Vienne: celles qui se rapportent aux sciences naturelles contiennent à elles seules plus de 32,000 échantillons. Il n'a paru jusqu'à ce jour de la Relation historique de ses voyages que Le Kaschmir et le royaume des Sikhs (4 vol., Stuttgard, 1840-42); mais Endlicher a donné un catalogue latin des plantes recueillies par Hugel sur les bords du Swan-River (Vienne, 1837); et Heckel a décrit d'après lui Les Poissons du Kaschmir (Vienne, 1838). Hugel, président de la Société Autrichienne d'Horticulture, qu'il a fondée, semble aujourd'hui se consacrer entièrement à cette science; cependant il a décrit les plus importantes des plantes nouvelles introduites par lui en Europe, dans l'ouvrage intitulé : *Archives de Botanique de la Société Impériale d'Horticulture d'Autriche* (Vienne, 1837).

HUGO (GUSTAVE), l'un des plus célèbres professeurs de droit romain des temps modernes, né à Loerrach, dans le le pays de Bade, le 23 novembre 1764, étudia à Gœttingue, de 1782 à 1785, et fut nommé en 1786 précepteur du prince héréditaire de Dessau. Il fonda sa réputation par son édition des *Fragments d'Ulpien* (Gœttingue, 1788). Nommé en 1788 professeur agrégé, et en 1792 professeur titulaire de droit à Gœttingue, il obtint plus tard le titre de conseiller intime de justice, et mourut le 16 septembre 1844. Hugo fut l'un des premiers à suivre l'exemple de Leibnitz et de Pütter, et à exposer le droit romain actuel non d'après la suite des titres, comme c'était encore l'usage dans la plupart des universités, mais d'après les époques dominantes de l'histoire du droit, et à admettre la philosophie du droit comme base de l'enseignement général. C'est à lui, à Haubold et à Savigny, que la science du droit romain est redevable des importants progrès qu'elle a faits dans ces derniers temps. Son ouvrage principal, qui se distingue par la sagacité, l'esprit de recherche et l'érudition, est son *Manuel d'un cours de Droit civil*, composé de sept volumes, portant tous des titres différents.

HUGO (VICTOR-MARIE). M. Victor Hugo est venu au monde avec le dix-neuvième siècle. « *Ce siècle avait deux ans !* » Comment il fut élevé, il nous l'apprend lui-même. Il fut un enfant pauvre; mais il eut une noble mère, ce qui est la plus grande des richesses. M. Hugo a parlé de sa mère dans ses vers, et il en a parlé avec le cœur d'un fils et avec la passion d'un grand poète. Du reste, il eut l'enfance de tout le monde, c'est-à-dire l'enfance. Après l'enfance qui joue, la première et la meilleure enfance, arrive l'enfance qui travaille : alors le pauvre enfant joyeux se trouve jeté dans mille études qu'il comprend à peine. La science du collège fit peur au jeune Hugo. Un esprit vulgaire qui se serait ainsi abandonné lui-même, pendant que les jeunes esprits ses confrères se livraient ardemment à l'étude, se serait privé ainsi de tout espoir et de tout avenir; mais notre poète avait un esprit d'une trempe peu commune. L'oisiveté lui profita pour le moins autant que le travail à ses condisciples; pendant que sur les bancs où il était assis, écolier obscur et ennuyé, on étudiait avec ardeur les belles règles de l'art antique, il se faisait déjà à lui-même son art poétique, ce code *nouveau* qu'il a promulgué le premier; pendant que toute l'école jurait par Aristote et par Boileau,

l'enfant Victor ne jurait déjà que par son génie, qui fermentait, bouillonnait et jetait sa fumée, en attendant qu'il jetât tout le feu brûlant qu'il a jeté depuis. Il était donc déjà un poète, pendant que ses petits camarades n'étaient encore que des écoliers; il était donc déjà un novateur, pendant que ses frères d'armes revenaient de toutes leurs forces aux vieux préceptes du goût. Ainsi, l'opposition de M. Hugo à la vieille langue et à la vieille poétique de nos pères commence déjà au collège.

La première fois que M. Victor Hugo fit entendre sa voix à la France, ce fut pour célébrer, dans une ode pleine d'éclat et de douleur, la mort funeste du duc de Berry. *La mort du duc de Berry*, par M. Hugo, est une des plus belles choses qu'il ait écrites. Puis, lorsqu'on sut que le duc de Berry n'était pas mort tout entier, que la souche royale n'avait été blessée au cœur, et qu'un rameau vert allait refleurir sur ce noble tronc que l'on croyait à jamais desséché, aussitôt voilà le poète qui reprend sa lyre, le voilà qui rejette bien loin les crêpes funèbres qui la couvrent. Il chante encore, mais cette fois c'est un chant d'espérance. *L'Ode sur la naissance du duc de Bordeaux* est encore aujourd'hui une des plus belles de ce poète qui en a tant fait depuis.

M. Victor Hugo fut longtemps fidèle à la croyance politique qu'il avait adoptée. Son premier recueil, *Odes et Ballades*, est empreint à chaque page de cette préoccupation royaliste qui lui a fait produire ses plus beaux ouvrages; quand le roi de la charte fut porté dans les caveaux de Saint-Denis, le jeune poète chanta les funérailles de Louis XVIII. Je m'arrête à dessein sur les deux volumes d'odes et ballades, d'abord parce qu'à tout prendre c'est le plus beau recueil poétique de M. Hugo, et ensuite parce qu'on y voit dans toute leur limpidité les opinions généreuses et les croyances du jeune poète. Et toujours, quoi qu'il fasse, enthousiasme ou désespoir, chant d'amour ou chant de guerre, il écrit toujours sous l'inspiration de cette prophétie qu'il s'était faite à lui-même en commençant : *L'histoire des hommes ne présente de poésie que jugée du haut des idées monarchiques et des croyances religieuses*. Jamais il ne s'est montré plus chrétien et plus royaliste, c'est-à-dire plus grand poète, que dans ses deux volumes d'essais.

Mais ce jeune homme avait déjà bien une autre ambition que d'être tout simplement un grand poète. Il était venu trop tard pour comprendre comment le poète est fait pour vivre seul loin de la foule; il a donc voulu être non-seulement un poète nouveau, mais encore un poète révolutionnaire. Les odes ne lui ont pas suffi, il a voulu bâtir des théories. Il a voulu prouver et démontrer sa poésie, comme si la poésie véritable se démontrait autrement que par ses œuvres. D'où il est résulté dans les œuvres de M. Hugo un reste pêle-mêle d'enseignement et d'inspiration, de préceptes et d'exemples. Être poète et professeur, c'est trop de moitié. M. Hugo a été tout cela à la fois. Ainsi, à propos de ses *Odes et Ballades*, vous retrouvez déjà plusieurs opinions schismatiques en littérature. M. Hugo pose et développe ses principes littéraires; il construit sa rhétorique, il perd déjà de cette naïveté aventureuse qui plaît si fort dans les essais de Gœthe, de lord Byron, de Schiller, de tous les novateurs naïfs et inspirés. M. Hugo est de bonne heure un novateur pédant et entêté : il prend soin de commenter lui-même son propre génie. Il fait secte. Il se nomme de son plein droit le Calvin poétique. Il se sépare violemment des du septième siècle, ce grand siècle des grands génies, se faisant un homme de théories, pendant qu'il n'était dans le fond qu'un homme d'imagination.

A force de dire dans ses préfaces qu'il venait pour tout remplacer dans l'art et pour tout remplacer en littérature, il a fini par le prendre au mot et par avoir peur de cet usurpateur d'un nouveau genre. Le public, il faut le dire, n'avait pas tout à fait tort. Qui de nous n'a été affligé par la préface de cette longue tragédie de *Cromwell*, premier essai dramatique de M. Victor Hugo? Dans cette préface, qui est à elle seule toute une poétique, M. Victor Hugo se mettait sans façon à la place de Racine et du vieux Corneille. Il se nommait, de son plein droit, le chef d'une secte qu'il annonçait devoir remplacer tout à fait le dix-septième siècle, la grande époque de la vérité, du talent et du génie. M. Victor Hugo démolissait tout notre passé poétique en vrai jeune homme, et, qui plus est, il démolissait Racine comme un homme qui ne comprend pas Shakspeare. Quelle étrange idée en effet d'avoir voulu nous présenter Shakspeare comme le type de la tragédie dans le monde? idée aussi étrange que celle de Voltaire, qui appelait Shakspeare *un barbare*. Shakspeare n'est pas plus un chef d'école pour la France qu'il n'est un barbare pour personne. Cette préface du *Cromwell* fit tant de peur au public de cette époque que le mécontentement général rejaillit même sur plusieurs charmants détails de cette vaste composition. Pourtant, que de belles scènes! que de grands passages! Et quelle naïve figure c'était là, la jeune fille de Cromwell restée royaliste et pleurant sur les mains de son terrible père ce sang royal qui allait couler! Mais encore une fois *Cromwell* a été enterré sous la préface, et ne s'en est pas relevé depuis.

Tel fut le premier essai dramatique de M. Victor Hugo. Les critiques qui ont grande mémoire, une mémoire de critique, c'est tout dire, se souviennent encore de certain drame, joué au théâtre de l'Odéon, intitulé : *Amy Robsart*. Ce drame avait été composé par M. Hugo, en société avec M. Ancelot (M. Aucelot et M. Hugo, qui l'aurait jamais cru!). Ce drame d'*Amy Robsart*, composé d'après toutes les règles de la préface de Cromwell, fut sifflé dans toutes les règles usitées depuis l'invention des sifflets à l'*Aspur* du sieur de Fontenelle. L'orage fut violent, et le lendemain de cette mésaventure M. Hugo écrivit une lettre dans les journaux pour annoncer qu'il était l'auteur d'*Amy Robsart*. Ce fut là la première manifestation de la ferme volonté ou, comme disent les autres, de l'entêtement littéraire dont M. Hugo a donné tant de preuves depuis *Amy Robsart*. C'était déjà la barre de fer qui ne savait pas plier. L'opposition le jetait dans tous les extrêmes, un coup de sifflet le révoltait dans les plus intimes secrets de sa conscience. Il sentait bien qu'il avait un immense avenir; mais comment dompter le public, comment parvenir à se faire entendre de cette foule inattentive et incrédule, comment prouver au public de France qu'il était un poète naïf, et non pas la contrefaçon de lord Byron, qui venait de mourir? Savez-vous ce que fit M. Victor Hugo? Il se mit à écrire le roman comme Walter Scott, sauf plus tard à attaquer Casimir Delavigne sur le théâtre qu'il s'était fait. Un beau jour il sortit de chez lui portant sous son bras une espèce de roman historique intitulé *Han d'Islande*. En ce temps-là M. Victor Hugo, comme c'est le lot de tout jeune homme qui commence, cherchait un libraire sans pouvoir en trouver un. Par grand bonheur *Han d'Islande* trouva un libraire : c'était un féroce et formidable roman, tout rempli de sang et de meurtres. Le héros principal mange des hommes tout crus et ne boit que de l'eau de la mer; il rugit comme un lion, il est absurde. Mais pourtant au milieu de ces difformités le lecteur attentif pouvait remarquer d'énergiques peintures, chaudement accusées et colorées, des portraits dessinés de main de maître, une ou deux scènes de terreur et de désolation. Certainement il y avait un écrivain au fond de ces bizarreries ; mais il fallait du courage pour aller chercher un écrivain dans cette fange et dans ce sang.

C'est aussi à peu près dans le même temps que M. Victor Hugo publia un autre petit roman, *Bug-Jargal*. Bug-Jargal est un nègre affreux, aussi horrible que Han d'Islande. Il a toutes les passions et tous les vices. C'étaient là les premières tentatives de M. Victor Hugo pour réhabiliter le laid en poésie. En effet, la nouvelle école, fatiguée du nain antique, jalouse à la fois de la Vénus de Médicis et de l'Apollon du Belvédère, s'était mise à réhabiliter le laid. Oh! c'était là une affreuse tentative ! la France eut peur du laid, et véritablement la France eut raison.

Avançons. *Han d'Islande* n'est qu'un essai, *Bug-Jargal* n'est qu'un essai encore, deux essais auxquels la public ne fait guère attention. Il s'agit à présent d'un roman qui est un grand livre , il s'agit d'une étude psychologique qui laisse loin le fameux livre de Beccaria sur les délits et les peines. M. Victor Hugo jetait en effet dans le monde ce livre formidable qu'on ne peut relire deux fois, mais dont on se souvient sans fin et sans cesse une fois qu'on l'a lu : *Le Dernier Jour d'un Condamné*. Vous pouvez penser de l'effet de cette histoire de la peine de mort racontée heure par heure, supplice par suplice, battement de cœur par battement de cœur, et racontée par l'homme qui va mourir. Affreux détails! mais que de vérités cruelles! mais quel abominable sang-froid! mais quelle patiente investigation des droits de l'homme considéré comme chair et comme sang! comme chair qu'on ne peut trancher, comme sang qu'on ne peut répandre ! Dans son livre, M. Victor Hugo laisse de côté le crime, pour ne voir que la peine de mort. Il n'attaque pas la loi, il n'accuse pas la loi, il attaque la peine de mort. Il calcule les lentes minutes de cette horrible agonie, avec quelle patience et quel sang-froid, vous le savez !

Une fois qu'il eut tiré de ses entrailles et de son cœur ces terribles pages d'analyse, une fois qu'il eut dompté le parterre jusqu'à la boue de l'échafaud, M. Victor Hugo aspira à un plus grand théâtre. Depuis longtemps il s'était dit qu'il serait le maître d'un parterre. Il s'était fait des lecteurs enfin ! Aussitôt le voilà qui recommence de plus belle, il reprend son courage à deux mains, et sur le patron, sur la poésie, sur la vieille passion, disons plus, sur les vieux héros du grand Corneille, voici que notre jeune poète se met à construire une tragédie en vers pour le Théâtre-Français, Hernani, passions espagnoles, mœurs espagnoles, costume espagnol. Tout Paris voulut voir *Hernani* : c'est que d'abord tout Paris était excité par cette nouveauté étrange, une tragédie de M. Hugo. Toutefois, le succès d'*Hernani* ne fut pas un succès décisif; on y retrouvait, il est vrai, plusieurs des grandes qualités du poète lyrique, l'enthousiasme, le coup d'œil profond et aussi quelquefois quelques-unes des tendres lueurs d'un amour exalté, naïves et dramatiques passions d'un jeune cœur. Mais là s'arrêtaient toutes les qualités de la tragédie de M. Hugo. M. Hugo, et il l'a prouvé depuis à cinq ou six reprises, n'entend rien à *la contexture* du drame. Disposer son action dramatique, l'arranger convenablement, préparer toutes choses pour que l'émotion du spectateur ne soit ni brusque ni ralentie, mettre assez d'art dans toutes les combinaisons de cette œuvre difficile pour que l'art n'y paraisse pas, voilà ce qui était impossible à M. Victor Hugo, voilà aussi à quel piège il s'est laissé prendre. Sa tragédie d'*Hernani* était longue, invraisemblable, mal arrangée; le dénouement en était impossible : non, non, par Corneille ! malgré cette affectation de vérité, ce n'était pas là le *Cid* ! Et pourtant *Hernani* est encore le meilleur drame de M. Victor Hugo! Tout ce qu'il a fait depuis pour le théâtre nous paraît chose misérable, tout à fait indigne de ce noble esprit. Comme dramaturge, M. Victor Hugo est bien loin, mais bien loin d'imiter Shakspeare, dont il n'a jamais connu la portée poétique, M. Victor Hugo nous a tout à fait rejetés dans l'enfance de l'art. Et puis, c'est surtout dans les drames de M. Victor Hugo que vous retrouverez cette tendance absurde à réhabiliter le *laid* déjà signalée dans *Bug-Jargal* et *Han d'Islande*. Ainsi, après *Marion Delorme*, M. Victor Hugo fit jouer *Marion Delorme*. *Marion Delorme*, c'est la réhabilitation de la courtisane ! Elle seule dans tout ce drame elle a de l'esprit, elle a du dévouement, elle a du courage, elle a du cœur. Toute cette époque de l'histoire de France est misérablement sacrifiée à cette vile fille de joie que l'histoire nous représente non-seulement comme la maîtresse, mais encore, chose plus horrible ! comme l'espion du cardinal.

Et, plus tard, savez-vous ce que M. Hugo a fait de Marie Tudor, cette pédante et sanglante Marie d'Angleterre, à qui l'histoire peut bien reprocher ses cruautés, mais non pas ses faiblesses ? M. Hugo en a fait une reine honteusement débauchée, qui paye à prix d'or l'amour d'un vil Italien qui la trompe pour une autre femme. Marie Tudor (ce grand nom de Tudor ainsi avili, juste ciel ! qu'aurait dit Shakspeare de son élève M. Hugo?) Marie Tudor trahie et volée par un Italien, assemble sa cour et son conseil, et en présence de tous elle accuse cet Italien, elle le livre à la justice; bien plus, elle fait appeler le bourreau, et elle dit au bourreau : *Je te donne cette tête charmante!* Et tout ce drame est ainsi fait. Quand l'Italien de la reine est perdu par elle, elle veut le sauver ; elle imagine donc un certain tour de passe-passe, qui ne réussit pas. On voit donc l'Italien marcher au supplice, un voile noir sur la tête, et à la main un cierge de cire jaune! Et voilà ce que M. Hugo appelle un drame! et voilà comment il s'imagine imiter Shakspeare !

M. Victor Hugo ne s'arrête pas à *Hernani*, à *Marion Delorme*, à *Marie Tudor*. Ce sont là autant de leçons inutiles ! Plus le parterre résiste au poëte, et plus la difficulté l'excite. Ni conseils sévères du public, ni prières de l'amitié, ne peuvent éclairer M. Hugo sur les dangers de la route nouvelle dans laquelle il est entré. Il arrive donc qu'un jour en plein Théâtre-Français, dans une pièce intitulée *Le Roi s'amuse*, M. Hugo, laissant toute pudeur historique, s'abandonne follement aux plus tristes, aux plus misérables, aux plus absurdes inventions. Figurez vous que cette fois M. Hugo prenait la défense, non plus de la fille de joie, mais des bossus et des fous de cour. Pendant quatre actes le public français supporta toutes les horreurs de ce mélodrame; ce ne fut qu'à la fin que d'horribles sifflets éclatèrent tout d'un coup avec un épouvantable fracas. Rude leçon, que M. Hugo avait méritée, et qu'on fit bien de ne lui pas épargner, même en présence de sa femme et de sa fille aînée, qui pleurait sans savoir de quoi il s'agissait.

Parlerons-nous des deux mélodrames de M. Hugo, *Lucrèce Borgia* et *Angelo, tyran de Padoue?* Lucrèce Borgia, mère d'un soldat qui a nom Gennaro, est poignardée par son fils, comme ferait une des mères de Sophocle. Le poison joue un grand rôle dans ce drame, et non-seulement le poison, mais encore le contre-poison. La dernière scène se termine par une longue file de cercueils destinés à recevoir sept convives imprudents qui ont été souper chez une fille de joie : car la fille de joie domine partout dans les drames de M. Victor Hugo. Tous ces moyens violents, tous ces horribles coups de théâtre, ces hommes qu'on empoisonne et qu'on assure , ces coups de poignard, ces mystères qui rappellent beaucoup les mystères des romans , d'Anne Radcliffe , sont-ce là, je vous prie, des moyens bien littéraires? disons mieux, sont-ce là des moyens dramatiques dignes d'un esprit de cette trempe et de cette élévation? *Angelo, tyran de Padoue*, est tout à fait un mélodrame taillé sur le patron de *Lucrèce Borgia* ; c'est toute une histoire très-compliquée de portes secrètes , de jalousies fermées au cadenas, d'appartements dérobés, de longs couloirs sombres à travers lesquels les espions circulent comme font les vieux rats dans une masure abandonnée. Du reste, rien du cœur, rien de l'esprit, tout ce drame-là appartient aux sens. Le poëte cette fois s'amuse à nous *montrer* des dangers physiques, des morts violentes, des résurrections inattendues. Cette fois encore le poison et le contre-poison des Borgia jouent un grand rôle dans ce drame. Cette fois encore nous avons à faire à une courtisane.

Ce n'est donc pas dans ce qu'il apporte au théâtre qu'il faut chercher M. Victor Hugo dans sa puissance et dans sa liberté. Pour le trouver tel qu'il est, lisez ses vers quand son inspiration est belle et pure; lisez *Le Dernier Jour d'un Condamné* ; lisez surtout son chef-d'œuvre, *Notre-Dame de Paris*, cette entraînante résurrection du vieux temps, des vieilles mœurs et des vieilles passions de notre histoire. *Notre-Dame de Paris*, terrible et puissante lecture, dont l'esprit se souvient avec terreur comme d'un horrible cauchemar. C'est là surtout que la verve, le génie, l'audace , l'inflexible sang-froid et l'incroyable volonté du poëte s'étalent dans toute leur puissance. Que de malheurs entassés dans ces tristes pages ! que de ruines relevées ! que de passions terribles ! que d'événements incroyables ! Toute la fange et toute la croyance du moyen-âge sont pétries, remuées et mêlées ensemble avec une truelle d'or et de fer.

Et pourtant ce livre, brillante page arrachée à notre histoire, qui jettera son plus grand éclat dans la vie littéraire de l'auteur, et qui dans une plus sage tête aurait décidé de sa vocation, à savoir le drame et le roman, *Notre-Dame de Paris*, qu'est-ce autre chose encore cette fois que la réhabilitation de la laideur? Quasimodo est un être encore plus difforme que Triboulet; l'auteur a épuisé tout ce qu'il avait d'imagination et de verve à tordre cette épine dorsale, à noircir ces dents jaunes, à faire grimacer cette bouche horrible, à charger ce visage abominable de pustules et de verrues. Quasimodo est sans contredit la plus abominable création de la laideur ; jamais crapaud n'est sorti plus horriblement doué de son écume infecte que Quasimodo, le sonneur de cloches sortant du crâne de M. Victor Hugo. Quant à sa belle Esmeralda, cette chanson qui danse, ce rêve aérien qui sort tout éclatant de pureté et de blancheur de la boue du drame, qu'est-ce autre chose après tout que la fille de joie réduite à son plus simple état d'innocence? Cette fois encore éclate dans tout son jour et dans toute sa naïveté la passion poétique de M. Victor Hugo pour cette enfant perdue de nos civilisations pourries qu'on appelle la fille de joie. Je vous ai déjà fait remarquer cette prédilection du poëte pour ces humbles et équivoques créatures de la nuit.

A chaque nouvel ouvrage de M. Victor Hugo, vous retrouverez la même tendance, au moins bizarre, à réhabiliter ainsi ce pauvre métier de vice et de corruption. Même cela va si loin que dans un de ses meilleurs recueils, *Les Feuilles d'Automne*, et dans la plus belle pièce de ce recueil, *La Prière pour tous*, et dans ses *Chants du Crépuscule*, vous retrouverez encore étalée à plusieurs reprises cette espèce d'obsession funeste. Avant ces deux poëmes il faut placer *Les Orientales*. Ce que nous avons dit des premiers vers de M. Hugo se peut dire à bon droit de tous les autres. C'est toujours le même poëte qui s'abandonne volontiers à l'inspiration de l'heure présente, amoureux à ses heures, royaliste quand il n'obéit qu'à son cœur, quelquefois emporté par l'ardeur révolutionnaire, comme tout le monde, jugeant les événements et les hommes de très-haut, mais quelquefois de si haut qu'il réduit à rien les événements les plus importants et les hommes les plus illustres. Homme de cœur et d'inspiration, de passé et d'avenir; homme de fantaisie avant tout, d'un cœur mobile, changeant à volonté d'amitié et d'amour, comme c'est son droit de poëte ; puis quand il a bien erré dans les vastes landes ou les belles campagnes d'une imagination chargée d'épines et de fleurs, et qu'il n'a peur de rien, le voilà rentrant tout à coup dans l'intimité du foyer domestique, et là célébrant doucement toutes les passions tendres, se livrant à toutes les émotions naïves, simple et bon père de famille, le moins poétiquement qu'il lui est possible.

Les Orientales, comme suite aux *Odes et Ballades*, ne sont, à tout prendre, qu'une contrefaçon de lord Byron. L'Orient ne se devine pas, il faut le toucher des mains et du cœur. M. Hugo a vu l'Orient dans l'âme, dans le cœur et dans les vers des poëtes ses devanciers. Il a vu l'Orient dans Châteaubriand et Lamartine, à peu près comme Fénelon a vu la Grèce dans Homère; M. Hugo a rêvé le reste. Ce rêve s'appelle *Les Orientales*.

M. Hugo, pour chercher à deviner l'Orient, qu'il n'a pas

vu, a besoin de grossir sa voix et de perdre sa poésie dans mille efforts extraordinaires. Mais le poëte des *Feuilles d'Automne* est le poëte de la famille, il chante son bonheur domestique, il a des vers pour tous ceux qu'il aime. Il célèbre les frais paysages qu'il a vus, les petits sentiers qu'il a parcourus, les fleurs qu'il a cueillies, les beaux arbres qui l'ont protégé de leur ombre, le beau soleil qui lui a dit : *Je suis le Printemps*, et la source limpide qui lui a chanté en murmurant : *Je suis l'Été*, et le verger de l'*Automne*, et la montagne chargée de neige qui est venue à lui en s'écriant : *Voici l'Hiver!* Voilà le grand charme des *Feuilles d'Automne*. Ce sont des sentiments sentis, des douleurs éprouvées, des joies réelles, des paysages qui existent, des émotions toutes vivantes, des plaies saignantes ou cicatrisées. Ce livre, enfant d'une révolution, ne se ressent nullement de l'époque à laquelle il a vu le jour. Quel que soit le tumulte de la place publique, le poëte reste fidèle à lui-même, car la poésie n'est pas faite pour reculer devant une révolution.

Que dirons-nous des *Chants du Crépuscule?* C'est un mélange de bien et de mal, d'Orient et d'Occident, de politique et d'amour; c'est un souvenir en partie double des *Odes* et des *Feuilles d'Automne*. Ces *Chants du Crépuscule*, remplis de souvenirs et d'imitations, poésie indécise comme toute poésie sans opinion arrêtée et sans conviction bien résolue, sont encore, à tout prendre, une belle œuvre, bien que ce soit l'œuvre d'un poëte qui doute après avoir été un poëte plein de foi.   Jules JANIN.

M. Victor Hugo est né à Besançon, le 26 février 1802. Son père, *Joseph-Léopold-Sigisbert* HUGO, né à Nancy en 1774, engagé volontaire à quinze ans, officier en 1790, fit toutes les guerres de la révolution, et passa ensuite au service de Joseph Bonaparte, roi de Naples, qui le nomma colonel; il le suivit en Espagne, fut promu au grade de général, et battit en plusieurs rencontres le fameux E m p e - c i n a d o ; nommé en 1812 au commandement de la place de Madrid, il eut encore celui de l'arrière-garde pendant toute la retraite de l'armée française. L'année suivante il défendit Thionville contre les alliés, qu'il empêcha de nouveau d'y entrer durant les cent jours. Il avait été nommé *comte* par l'empereur, fut mis à la retraite en 1824, et mourut en 1828. Outre le grand poëte dont nous apprécions les écrits et la vie, le général comte Hugo eut deux fils : l'aîné, *Abel* HUGO, auteur d'une *Histoire populaire de Napoléon* et de *La France pittoresque*, est mort en 1855; le cadet, *Eugène* HUGO, « esprit qu'hélas ! Dieu submergea, » annonçait un beau talent perdue au milieu d'aliénation mentale. Il est mort en 1838.

La première enfance de M. Victor Hugo se passa tantôt en France, tantôt en Italie, car son père se faisait suivre de sa famille dans presque tous ses changements de garnison. De 1809 à 1811 il séjourna à Paris, et y commença son éducation sous les yeux de sa mère, *Sophie* TRÉBUCHET, qui habitait une maison perdue au milieu de vastes jardins et située tout au fond de l'impasse des Feuillantines. Un vieux prêtre lui enseigna les premiers éléments du latin et du grec, ainsi qu'à son frère *Eugène*, compagnon de ses études et de ses jeux. En 1812, le jeune Victor alla rejoindre son père en Espagne; il fut admis au nombre des pages du roi Joseph, et entra en cette qualité au *séminaire des nobles* de Madrid. Les événements politiques abrégèrent son séjour dans cette maison ; mais il eut le temps d'apprendre la langue espagnole, et cette circonstance a dû beaucoup influer sur son génie littéraire.

Cependant de fâcheux dissentiments avaient troublé l'union du général Hugo et de sa femme; à la chute de Napoléon, la politique acheva de les séparer à peu près complètement. Le père, usant de ses droits rigoureux, reprit ses fils et les fit entrer dans une pension où ils devaient se préparer aux examens de l'École Polytechnique. L'un et l'autre, du reste, avaient une singulière facilité pour les mathématiques, et leurs noms retentirent aux distributions de prix du concours général. Pourtant ils ambitionnaient d'autres triomphes; ils étaient poëtes tous deux. Docile à l'influence de sa mère, fille de la Vendée, qui lui avait inspiré une chevaleresque sympathie pour les Bourbons, Victor avait composé une tragédie classique, intitulée *Irtamène*, où le retour de Louis XVIII se trouvait mis en action sous des noms égyptiens. Il en commençait une autre qui devait s'appeler *Athélie, ou les Scandinaves*, lorsque l'Académie Française ayant mis au concours le sujet suivant : *Des avantages de l'étude*, il entreprit de le traiter, et envoya une pièce de vers très-spirituelle et très-brillante, qui obtint une mention. Elle eût même remporté le prix, s'il n'avait pas commis l'imprudence de confesser son âge au docte aréopage ; personne ne voulut admettre que l'auteur de ce morceau remarquable fût un enfant de quinze ans, et on lui fit payer cette prétendue inconvenance en reléguant sa pièce au second rang.

Le père du jeune lauréat lui permit alors de renoncer aux mathématiques et de suivre en toute liberté son irrésistible penchant. L'Académie des Jeux Floraux de Toulouse le couronna deux fois pour ses odes sur *la Statue de Henri IV* et *les Vierges de Verdun*; une troisième, *Moïse sauvé des eaux*, lui valut la grade de maître ès Jeux Floraux (1820). Dans cette même année il fonda avec ses frères le *Conservateur littéraire*, et il y publia des articles de critique sous un pseudonyme. C'est encore à cette époque que M. de Châteaubriand lui donna ce nom, qui fit fortune, d'*enfant sublime*.

Déjà en 1822 le roi Louis XVIII lui accorda une pension de 2,000 francs. Il épousa alors une belle jeune fille qu'il aimait depuis l'enfance, Mlle Foucher, fille d'un employé du ministère de la guerre.

Le 26 février 1830 eut lieu la première représentation d'*Hernani*. On sait que le parterre servit ce soir-là de champ clos aux romantiques et aux classiques. On sait aussi que pendant cinq soirées consécutives, la salle, entièrement occupée par les amis, les fanatiques, et surtout par la claque, cette institution inconnue des *perruques* du grand siècle, et qui doit tant à M. Hugo, faillit crouler sous les bravos ; mais qu'à la sixième épreuve le public se montra beaucoup plus froid, et qu'on entendit même plus d'une protestation formulée en sifflets. Cela importait peu au poëte; il avait fait son 10 août littéraire, et les plus féroces de ses amis avaient dansé une ronde infernale dans le foyer du Théâtre-Français, en criant : Enfoncé Racine !

L'Académie, scandalisée de ces témérités impies du novateur que l'école romantique avait acclamé son chef, sollicita Charles X d'interposer sa volonté souveraine pour réduire au silence les révolutionnaires ; mais le vieux roi, qui voyait avec plaisir le discrédit de l'école libérale et voltairienne, répondit finement : « En fait d'art, je n'ai d'autre droit que ma place au parterre. »

Déjà l'année précédente M. Victor Hugo avait donné au Théâtre-Français *Marion Delorme* ; mais la censure en empêcha la représentation, à cause du rôle que le poëte y faisait jouer à Louis XIII. Comme dédommagement, M. de Labordonnaye fit porter à 6,000 francs la pension de M. Victor Hugo ; mais celui-ci crut de son devoir et de son honneur de refuser.

Dans la lettre qu'il écrivit en cette occasion au ministre, M. Victor Hugo disait : « Mon dévouement au roi est sincère et profond. Ma famille, noble dès l'an 1531, est une vieille servante de l'État... J'ai moi-même peut-être aussi été assez heureux pour rendre quelques obscurs services au roi et à la royauté. J'ai fait vendre cinq éditions d'un livre où le nom de Bourbon se trouve à chaque page. *Rien d'hostile ne peut venir de moi*. Le roi ne doit attendre de Victor Hugo que des preuves de fidélité, de loyauté et de dévouement. »

Cependant l'interdiction de *Marion Delorme* jeta tout à fait le poëte dans le camp du libéralisme, qui depuis longtemps lui faisait les plus séduisantes avances et lui montrait en perspective une popularité inouïe. En 1827 déjà l'*Ode à la Colonne* avait offert quelques traces de *patrioterie* bonapartiste. C'était un avertissement au pouvoir, et le pouvoir n'avait pas voulu l'entendre!

Marion Delorme ne fut jouée qu'après la révolution de Juillet, à la Porte-Saint-Martin. M. Victor Hugo avait rompu avec son passé. En 1831, au sein du comité dramatique, il s'oubliait jusqu'à traiter d'*infâme* le gouvernement de la Restauration, et M. Théodore Anne lui répondait par ces paroles sévères : « Retirez donc, monsieur, de votre boutonnière ce ruban rouge que vous tenez des Bourbons. » Quelque temps après il écrivit pour l'anniversaire des journées de Juillet une cantate, dont Hérold composa la musique. En 1831 parut *Notre-Dame de Paris*; le 22 novembre 1832 *le Roi s'amuse* fut représenté au Théâtre-Français, et interdit presque immédiatement ; deux mois plus tard la Porte-Saint-Martin fit jouer *Lucrèce Borgia*; *Marie Tudor* suivit bientôt. La *Revue de Paris* insérait *Claude Gueux* et une *Étude sur Mirabeau*, et le public accueillait avec empressement deux nouveaux recueils de poésies : *Les Feuilles d'automne* et les *Chants du Crépuscule*. Le 28 avril 1835, *Angelo* fut joué au Théâtre-Français par Mlle Mars et Mme Dorval; depuis il écrivit pour Mlle Louise Bertin, fille de M. Bertin l'aîné, dans l'intimité duquel il était depuis longtemps admis, le libretto de la *Esmeralda*.

Officier de la Légion d'Honneur en 1837, il publia successivement deux nouveaux volumes de vers, *Les Voix Intérieures* et *Les Rayons et les Ombres*, qui ne le cèdent à aucune de ses plus belles inspirations lyriques. C'est toujours la même mélodie du rhythme, la même musique de la rime, et toutes les richesses de cette imagination prodigieuse, cette magnificence de descriptions, ce luxe d'images, de tableaux, affectés, cet éclat, cette pompe qui n'appartiennent qu'à ce beau et vigoureux génie. Mais on y retrouve aussi tous ses défauts, encore exagérés peut-être, une préoccupation constante de la partie matérielle de l'art, un retentissement magnifique, mais vide, le son étouffant presque partout le sentiment, la couleur et la forme déguisant l'absence de la pensée, la passion fausse et théâtrale faisant tort aux accents vrais du cœur humain, sans parler des expressions bizarres, affectées, obscures, outrées, des rapprochements forcés et de mauvais goût, des naïvetés travaillées et des antithèses puériles, tout ce strass que M. Victor Hugo préfère au plus pur diamant de son écrin poétique. Ajoutons que dans un des plus beaux morceaux de ce dernier recueil, *La Tristesse d'Olympio*, le poète, dans l'infatuation candide qu'il a de lui-même, se met en scène de la façon la plus ridicule du monde; si bien que le surnom d'Olympio lui en est à tout jamais demeuré. Ce livre contenait aussi les premiers vers amoureux qu'ait faits M. Hugo ; vers charmants, inspirés sans doute par d'idéales passions, car la médisance ne saurait dire de quelle Juliette il est le Roméo.

Ruy Blas, drame en vers, fut joué le 8 novembre 1838, au théâtre de la Renaissance. Le talent de Frédérick Lemaître ne contribua pas peu à relever la pièce, qui fut d'abord accueillie par une grêle de sifflets.

En 1840 M. Victor Hugo brigua les suffrages de l'Académie Française, mais on lui préféra M. Flourens; le 3 juin 1841 il fut élu en remplacement de Népomucène Lemercier. La curiosité attira une nombreuse affluence au jour de sa réception ; on s'attendait à un chant de triomphe du chef des romantiques, on se demandait comment il traiterait ses adversaires d'hier, ses confrères d'aujourd'hui; mais la curiosité publique fut déjouée, et le discours de M. Hugo fut un discours tout politique. Il donnait ainsi le premier exemple d'une innovation dont ce corps savant a peut-être abusé depuis.

Les Burgraves, trilogie en vers, représentée au Théâtre-Français en 1843, tomba complètement. Jamais M. Hugo n'avait poussé si loin l'audace de ses théories dramatiques; il n'avait pas encore produit une composition plus incohé-rente et plus grotesque. On retrouve dans cette pièce toutes les invraisemblances et toute la fantasmagorie de la poétique du boulevard du Temple. L'action y est peu de chose, et ce n'est, à dire vrai, qu'une perpétuelle tirade débitée entre trois ou quatre personnages. La chute éclatante des *Burgraves* fut le signal d'un revirement dans l'opinion publique ; une réaction se fit dans le sens classique, et M. Ponsard, l'auteur de *Lucrèce*, fut acclamé le chef de l'école du bon sens.

L'orgueil de M. Victor Hugo avait reçu une profonde blessure; il s'en vengea sur M. Saint-Marc-Girardin, auquel il répondit, lors de la réception de celui-ci à l'Académie Française, au mois de janvier 1845. Il eut le mauvais goût de donner à son discours une couleur des mercuriale presque offensante pour le professeur coupable d'irrévérence envers *Lucrèce Borgia*.

Le Rhin, lettres à un ami (1844), livre sans goût et sans esprit, où il se permet des calembours dignes de M. Grassot, n'était guère fait pour le réhabiliter dans l'opinion. Mais le poète avait d'autres soucis; il enviait les lauriers politiques de M. de Lamartine, et dans ses rêves fiévreux n'ambitionnait plus qu'une chose, les luttes de la tribune; son regard d'aigle voulait des horizons infinis. Le gouvernement de Juillet eut la bonne volonté de se prêter aux désirs du poète : il fut créé pair de France, par ordonnance royale du 16 avril 1845.

M. le vicomte Victor Hugo parla beaucoup au Luxembourg; dans la session de 1847 il prononça de nobles paroles en faveur du prince Jérôme, qui demandait en ce qui le concernait l'abrogation des lois de proscription contre la famille Bonaparte. Mais, hélas! M. le vicomte Victor Hugo s'était avisé trop tard d'offrir son concours à la monarchie constitutionnelle; à quelque temps de là elle tombait dans l'abîme de Février.

Aux élections complémentaires de Paris en juin 1848, le nom de M. Victor Hugo, candidat réactionnaire porté par l'Union électorale, sortit le septième du scrutin avec un contingent de 86,965 voix, après le citoyen Caussidière, avant le *citoyen* Louis-Napoléon Bonaparte, car alors tout le monde était citoyen. Il parla tout de suite contre les ateliers nationaux, et siégea parmi les membres de la majorité jusqu'aux approches de l'élection présidentielle. A cette époque l'*Événement*, journal fondé par lui quelques mois auparavant, posa d'abord à mots couverts et puis ouvertement sa candidature à la présidence de la république. D'après ce journal, le peuple devait nommer un homme de génie, un poète, attendu que le poète referait le monde à l'image de Dieu, « et qu'au-dessus de tous les hommes et de toutes les sociétés, il y a celui que les Grecs appelaient ποιητής, celui qui fait; que les Latins appelaient *vates*, celui qui prédit; bras et tête, cœur et pensée, glaive et flambeau ; doux et fort ; doux parce qu'il est fort, et fort parce qu'il est doux ; conquérant et législateur, roi et prophète; lyre et épée ; apôtre et messie. »

L'*Événement*, depuis son premier jusqu'à son dernier numéro, était écrit dans ce style *olympien*. La fine fleur du romantisme formait le personnel de sa rédaction, *Charles Hugo* et *François-Victor* Hugo, ses deux fils du poète, tout frais échappés du collège; Auguste Vacquerie, l'auteur des *Demi-Teintes* et de *Tragaldabas* ; Méry, le fils de Virgile, qui y publia un roman de sa façon intitulé *le Transporté*; Théophile Gautier, Adolphe Gaiffe, Philoxène Boyer, Paul Meurice *au profil penseur*, et Vitu, *dont le nom est une gloire* ; le ban et l'arrière-ban de ces flagorneurs qui ont si pernicieusement influé sur le talent du maître en lui faisant croire, par leurs louanges pyramidales, à sa propre divinité. Ne lui disaient-ils pas en effet :

Ici-bas là-haut vous êtes deux seigneurs,
Vous faites votre livre et Dieu fait son printemps.
Et bientôt, lorsque enfin resplendira le vôtre,
On pourra comparer un univers à l'autre.

Quant à sa couleur politique, la feuille de M. Hugo, d'abord presque rétrograde, passa rapidement, après l'élection du 10 décembre, par toutes les nuances de la démocratie, et s'arrêta enfin sur les limites extrêmes du socialisme, *ubi defuit orbis*. Il n'est pas besoin d'ajouter que son patron accomplissait simultanément la même évolution dans l'Assemblée législative, où il avait été réélu. Dans la discussion qui précéda la nomination de la commission chargée de préparer, conformément à l'art. 13 de la constitution, les lois relatives à la prévoyance et à l'assistance publiques, M. Victor Hugo donna des gages à ses nouveaux amis en soutenant la thèse socialiste. Après le 13 juin il fit diversion au triomphe des vainqueurs en portant à la tribune une protestation contre les excès commis par des gardes nationaux dans les imprimeries Boulé et Proux. Au mois d'août 1849, il présida le *Congrès de la Paix*, « cette jonglerie malthusienne, » suivant P.-J. Proudhon; il y prononça un discours en plusieurs antithèses. « Un jour viendra, dit-il, où les boulets et les bombes seront remplacés par les votes. Un jour viendra où l'on montrera un canon dans les musées, comme on y montre aujourd'hui des instruments de torture en s'étonnant que cela ait pu être. » Et plus loin : « Supposez que les peuples de l'Europe, au lieu de se jalouser, de se haïr, se fussent aimés, les 128 milliards donnés depuis trente ans à la haine eussent été donnés à l'amour. »

L'Événement qui, par nécessité, s'était fait en quelque sorte le satellite de *La Presse*, et se servait de ses presses et d'une partie de sa composition, poursuivait le cours de ses folâtreries et de ses inepties. Tantôt il déclarait que la saisie de *La Presse* avait causé à la Bourse de Paris une baisse de 2 fr. 50 c.; tantôt il disait son fait, en passant, à M. de Lamartine, « l'homme de ce temps qui aura le plus contribué à enraciner dans les esprits ce préjugé vulgaire et absurde que le poëte est inhabile et incompétent dans la conduite des affaires humaines ». Ailleurs il publiait, *in extenso*, le discours prononcé par M. Victor Hugo dans le sein de la commission du conseil d'État chargée de préparer la loi sur le théâtre, et qui avait fait appel aux lumières des hommes spéciaux. *L'austère penseur* se déclarait partisan de la liberté illimitée de tout dire sur la scène : « Sans la liberté illimitée le théâtre ne saurait être un enseignement pour le peuple, une école à la fois religieuse, politique, historique et morale. »

Au mois d'avril 1850 M. Victor Hugo attaqua avec éloquence le projet de loi sur la déportation ; pour la première fois depuis Février il avait su trouver des accents véritablement inspirés ; il se montra plus étudié dans la discussion du projet de loi relatif à la restriction du suffrage universel.

Dans le cours de l'année 1851, il prononça lui-même la défense de son fils aîné, traduit devant la cour d'assises pour la publication d'un article sur la peine de mort. Opposé à la réélection du président de la république, et l'un des plus violents adversaires de l'Élysée après le coup d'État du 2 décembre il fut inscrit sur la liste de proscription qui bannit de France un certain nombre de représentants. M. Victor Hugo avait d'ailleurs courageusement pris part à la lutte que l'extrême gauche essaya de soutenir dans les rues de Paris. Après avoir séjourné quelque temps en Belgique et à Londres, il s'est retiré avec sa famille dans l'île de Jersey, où il s'occupe de travaux littéraires. En 1852 parut à Bruxelles *Napoléon le Petit*, pamphlet qui presque partout fut l'objet des poursuites de la police ; et l'année suivante il fit encore imprimer un recueil de vers intitulé *Châtiments*, dans lequel il s'essaye au rôle de Juvénal, et qui ne circule que sous le manteau. W.-A. DUCKETT.

HUGTENBURGH ou HUCHTENBURCH (JAN VAN), peintre de batailles distingué, né à Harlem, en 1646, eut pour maîtres à Rome son frère *Jacques* VAN HUGTENBURGH, mort prématurément, et à Paris Van der Meulen ; mais ses modèles principaux furent les ouvrages de Phil. Wouverman. Le prince Eugène de Savoie fit peindre par lui les batailles qu'il avait livrées en 1708 et 1709 avec le duc de Marlborough ; elles ont été gravées, et forment un volume in-folio (La Haye, 1725). En 1711 Hugtenburgh se rendit à la cour de l'électeur palatin, où il exécuta divers ouvrages et fut en grand honneur. Il passa presque toute sa vieillesse à La Haye, et mourut à Amsterdam, en 1733. Il surpassait van der Meulen, et approchait de Wouverman pour la délicatesse du toucher et même pour la perspective aérienne. Son habileté à caractériser les diverses passions, les individus et les peuples, excitait à bon droit l'admiration de ses contemporains. Ses eaux-fortes et ses gravures sur cuivre ont aussi beaucoup de mérite.

HUGUENOTS. Ce nom, célèbre dans l'histoire des guerres de religion, ne fut d'abord qu'un sobriquet populaire donné par les catholiques aux protestants, ou réformés de France. Mais d'où vient-il? Suivant les uns, les partisans de la liberté à Genève, s'étant fait admettre parmi les confédérés suisses, en auraient pris la qualification d'*eignots* ou *huguenots*, de l'appellation allemande *eidgenossen*, confédérés, associés au même serment, ou de Besançon *Hugues*, chef d'un parti religieux et politique, négociateur de l'alliance avec les cantons. Pasquier, dans ses *Recherches*, fait dériver ce mot de *Huguet*, *Hugon*, ou *Chat-Huant*, lutin qu'on saluait du titre de roi, et qui, dans la croyance du peuple, courait les rues de Tours, pendant la nuit, à l'heure où les premiers protestants allaient au prêche. De Thou le fait venir d'un endroit des environs de cette ville, où les religionnaires tenaient leurs réunions, et où l'on assurait que l'ombre de Hugues Capet se montrait dans la nuit. Selon Guy Coquille, ils auraient été ainsi appelés parce qu'ils soutenaient les droits des descendants de Hugues Capet contre les Guises, qui se prétendaient issus de Charlemagne. Enfin, le père Maimbourg, et, après lui, Voltaire, sans citer son autorité, supposent que cette dénomination aura été formée en France, par corruption, du mot hollandais *huitgenoten*, habitants de la même maison ou membres de la même famille, parce que les prédicateurs clandestins commençaient leurs prêches par cette apostrophe : *Myne libe Huitgenoten !*

On a donné le nom d'*huguenote* à un petit fourneau de terre ou de fonte, auquel s'adapte une marmite, qui se ferme hermétiquement. Les huguenots s'en servaient pour faire cuire de la viande secrètement et sans bruit les jours défendus. De là ce proverbe *œufs à la huguenote*, pour dire des œufs cuits non canoniquement les jours maigres. L'esprit de parti ne se contenta pas en France du titre injurieux de *huguenots* : on appelait les protestants *parpaillots* en Languedoc, *fribourgs* en Poitou, du nom d'une monnaie de peu de valeur et très-décriée ; *christodins*, ailleurs, parce qu'ils ne parlaient que du Christ.

La *première* levée de boucliers des huguenots, eut lieu en 1562, sous le règne de Charles IX et ouvrit la série des guerres dites *de religion*. Elle fut provoquée par le massacre de Vassy. A la nouvelle de cet attentat, les huguenots coururent partout aux armes, et les hostilités commencèrent au nord et au midi du royaume. Vainqueurs d'abord sous Condé et Coligny, tandis que Guise, Montmorency et Saint-André marchaient à la tête des catholiques, et s'étant tout aussitôt rendus maîtres de diverses places importantes, comme Grenoble, Lyon, Montauban, Montpellier, Orléans, Rouen, Tours, etc., ils ne tardèrent pas à perdre successivement ces positions. L'année suivante ils se soumettaient à l'édit de pacification donné à Amboise le 13 mars 1563, et déposaient les armes.

La *seconde* guerre de religion éclata quatre années plus tard, à la suite d'une véritable conspiration tramée par le parti huguenot, qui avait espéré surprendre la cour, plongée, à Monceaux en Brie, dans les fêtes et les liesses. Le sang-froid, l'énergie et l'activité de Catherine de Médicis la sauvèrent du péril extrême qu'elle et ses partis ns coururent à ce moment. Bientôt les huguenots, réduits à se retirer en Lorraine, où ils reçurent un renfort de troupes allemandes, se virent dans la nécessité de rançonner cruellement les populations pour subsister, et soulevèrent ainsi contre eux le peuple des campagnes partout où ils portèrent leurs pas. Après avoir mis le siége devant Chartres, ils durent s'estimer heureux d'accepter, le 23 mars 1568, à Longjumeau, pour bases d'une nouvelle pacification, ce même édit d'Amboise qu'ils avaient lacéré. Enhardie par le succès, Catherine de Médicis songea, dès le mois d'août suivant, à en finir avec les novateurs et à ne plus tolérer à l'avenir dans le pays qu'*une foi, une loi et un roi*. Elle essaya d'enlever Coligny et Condé, les deux chefs du protestantisme, et fit rendre, le 28 septembre, un édit par lequel tout autre culte que le culte catholique était désormais sévèrement interdit en France. La lutte qui s'en suivit eut le caractère le plus odieux. Les deux partis ne firent plus de prisonniers, et massacrèrent sans pitié femmes, vieillards, enfants. Plus faibles que leurs adversaires, dont le nombre eût suffi pour les écraser, les huguenots puisaient dans leur foi religieuse une énergie opiniâtre, qui triplait leurs forces et leurs ressources. Ainsi s'explique leur attitude toujours menaçante, même après les funestes journées de Jarnac et de Moncontour (3 octobre 1569), qui portèrent des coups si terribles à leur parti; l'année d'après, ils réparaient leurs désastres, grâce à l'activité et à l'énergie de Lanoue et de Coligny. Les deux factions se sentaient épuisées : la paix de Saint-Germain-en-Laye (8 août 1570) mit fin à la *troisième* guerre de religion.

Les massacres de la Saint-Barthélemy furent le signal de la *quatrième* guerre de religion, qui se termina le 6 juillet 1573, par l'édit de Boulogne, lequel réintégrait les huguenots dans leurs biens et leurs honneurs, et leur accordait la liberté de conscience en même temps qu'elle autorisait l'exercice public de leur culte dans diverses villes importantes, notamment La Rochelle, Montauban, Nimes, etc. Ce ne fut là toutefois qu'une trêve passagère, et dès le mois d'avril 1574 les hostilités recommençaient avec un nouvel acharnement, à la suite d'un vaste complot tramé par les protestants à l'effet d'obtenir de plus solides garanties. L'insurrection éclata dans diverses provinces à la fois. Le duc d'Alençon, l'un des frères du roi, vint lui prêter le prestige moral de son nom, tandis que l'union des *politiques* ajouta à ses forces et à ses ressources; et malgré la victoire remportée à Fismes par le duc de Guise, la cour dut céder et signer la paix dite de *Monsieur*, qui, négociée près de Château-Landon, termina la *cinquième* guerre de religion.

La *sixième* guerre de religion éclata à la suite de la tenue des états généraux de Blois; elle se termina, après des succès et des revers partagés, par la paix de Bergerac (17 septembre 1577). La *septième* ne fut connue sous le nom de *guerres des amoureux*, sobriquet par lequel on désignait les jeunes seigneurs frivoles et débauchés qui formaient à Nérac la cour de Henri de Navarre. Ce furent leurs conseils qui déterminèrent ce prince à recommencer les hostilités contre la cour et les catholiques. Après s'être d'abord emparé de diverses places, il fut vaincu à Mont-Crabel par Biron, tandis que Matignon reprenait La Fère, dont Condé s'était rendu maître. Cette guerre, qui ne fut qu'une série de brigandages et où de part et d'autre on visait surtout à piller les églises et les châteaux, commença en mai 1580, et se termina le 21 novembre de la même année par la paix de Fleix.

La *huitième* levée de boucliers des huguenots, appelée aussi la *guerre des trois Henri*, parce que Henri de Navarre, Henri de Guise et Henri III y commandèrent tous trois des armées, commença en 1583 et ne se termina qu'en 1594, par l'abjuration de Henri IV et son entrée à Paris comme roi de France. Les principaux événements qui la signalèrent furent la bataille de Coutras et la sanglante défaite que Guise fit essuyer, près de Vemory et d'Auneau, aux reîtres et aux auxiliaires allemands accourus en France pour aller grossir l'armée du roi de Navarre. On sait que les ligueurs finirent par se prononcer contre Henri III lui-même, lequel se vit réduit à se jeter dans les bras du parti protestant, et à implorer les secours du roi de Navarre. C'est au moment où les deux rois étaient venus mettre le siége devant Paris insurgé, que Henri III tomba sous le poignard de Jacques Clément (1589). Cet événement imprévu changea complétement la nature de la guerre. Les ligueurs, plutôt que de reconnaître le roi de Navarre comme héritier de la couronne, proclamèrent l'avénement au trône du vieux cardinal de Bourbon, sous le nom de Charles X ; et la lutte se prolongea encore pendant cinq ans.

L'édit de Nantes (1598) avait pour but de cicatriser les dernières plaies de cette longue et sanglante série de dissensions civiles et d'en clore à jamais le cours. En essayant d'en violer les dispositions, en rétablissant violemment dans le Béarn le culte catholique, qui n'y existait plus depuis le règne de Jeanne d'Albret, Louis XIII provoqua la *neuvième* guerre de religion. On accusa les huguenots, non sans quelque fondement, d'avoir eu l'idée de se soustraire à l'autorité royale pour fonder dans les provinces où ils dominaient une république fédérative, à l'instar de celle des Provinces-Unies. Des revers et des défections les contraignirent à demander la paix, qui fut signée en 1622, à Montpellier. Le traité, tout en maintenant les stipulations de l'édit de Nantes relatives au libre exercice de leur culte, restreignit aux villes de Montauban et de La Rochelle les places de sûreté accordées aux protestants.

Deux ans plus tard, au commencement de 1625, eut lieu la *dixième* guerre de religion, provoquée, cette fois encore, par la mauvaise foi de la cour, qui cherchait à éluder les stipulations du traité de Montpellier. Mais dès le mois de février Richelieu, inquiet de la situation générale de l'Europe, se hâtait d'y mettre fin en renouvelant un traité qui lui laissait la libre disposition de toutes ses ressources pour peser dans la balance des destinées du monde. L'Angleterre et l'Espagne comprenaient trop combien une aussi puissante diversion pouvait favoriser leurs projets pour ne pas exciter le parti huguenot à prendre les armes, et alors éclata la *onzième* et dernière guerre de religion (1627). Richelieu, résolu d'en finir, alla mettre le siége devant La Rochelle, qui, après une résistance de quatorze mois, prolongée par le secours de l'Angleterre, dut ouvrir ses portes à l'armée royale. En vain Rohan avait essayé, avec les subsides de l'Espagne, de prolonger encore quelque temps la lutte dans le midi de la France. La prise de ce boulevard de la réforme avait été un coup mortel porté aux huguenots, comme parti politique, ainsi qu'aux velléités d'indépendance d'une certaine partie de la noblesse. Pamiers, Privas, Montauban furent successivement pris par l'armée royale ; et la paix de Nîmes (1629), tout en maintenant les huguenots en possession de la liberté de leur culte, leur enleva leurs places de sûreté, leurs forteresses, leurs assemblées, ainsi que leur organisation républicaine et fédérative par églises, créée huit années auparavant.

Il est assez curieux de remarquer que durant les guerres religieuses de France, les trois grands adversaires de la réforme avaient épousé des femmes huguenotes, savoir : le duc de Guise, la princesse Anne d'Este ; le duc de Montpensier, Jacquette de Longwi ; et le maréchal de Saint-André, Marguerite de Lustrac. En ces temps de désordre, un baron de Pardaillan, zélé huguenot, était abbé de Cîteaux.

Dans les actes officiels, sous Louis XIII et sous Louis XIV, le mot *huguenot* est presque toujours remplacé par cette désignation : *ceux de la religion prétendue réformée*.

Louis XIV révoqua l'édit de Nantes, et fit poursuivre les huguenots; les dragonnades en firent convertir quelques-uns ; d'autres furent envoyés aux galères ; le plus grand nombre quitta la France, et porta nos arts en Allemagne et en Angleterre.

Sous le règne de Louis XV, on prit de nouveau des mesures contre les huguenots, mais elles furent moins sévères, et en 1746 ils osèrent se montrer publiquement dans le Languedoc et le Dauphiné. Peu à peu de nombreuses voix s'élevèrent pour réclamer la tolérance religieuse. Montesquieu donna le signal ; néanmoins, ce qui produisit le plus d'effet, ce fut, en 1762, la publication d'un écrit sur la tolérance, écrit sorti de la plume de Voltaire, dont l'indignation avait été soulevée par le sort de Calas. Malesherbes aussi écrivit en faveur des huguenots. Ils ne furent plus inquiétés depuis. Louis XVI, par sa déclaration du 29 janvier 1788, leur rendit même l'usage des droits civils. Ils ne pouvaient cependant occuper encore d'emplois publics. La révolution de 1789 les fit jouir de la plénitude de leurs droits de citoyens. L'empire constitua leurs églises. Au retour des Bourbons, en 1815, ils se virent de nouveau menacés : à Nîmes et dans plusieurs localités du midi, ils furent en butte à de sanglantes agressions, auxquelles les passions politiques n'étaient pas étrangères. Cependant, la charte de Louis XVIII leur avait accordé le libre exercice de leur culte, en salariant même leurs pasteurs, mais en proclamant le culte catholique religion de l'État. Il fallait la charte de 1830, confirmée sur ce point par la constitution impériale, pour consacrer l'égalité des cultes en France.

HUGUES, comte de Provence et roi d'Italie, fils de Thibaut, comte d'Arles et de Provence, et de Berthe, fille de Lothaire II, roi de Lorraine. Ce prince, qui descendait de Charlemagne par sa mère, fut proclamé roi d'Italie, en 926, à la place de Raoul de Bourgogne, que ses sujets venaient de chasser. Cinq ans plus tard, il s'associa son fils Lothaire; mais ses cruautés rendirent sa domination odieuse. Déjà il avait fait crever les yeux à son propre frère Lambert, duc de Toscane ; il réservait le même sort à son neveu Bérenger, marquis d'Ivrée; mais celui-ci le prévint, et levant contre lui l'étendard de la révolte, le contraignit à se réfugier en Provence, où il mourut, en 947. Il avait épousé en secondes noces Berthe, veuve de Raoul de Bourgogne.

HUGUES le Grand, dit aussi le Blanc ou l'Abbé, à cause des abbayes qu'il possédait, fils de Robert, comte de Paris, et neveu d'Eudes, qui furent tous deux rois, et père de Hugues Capet. Hugues le Grand dédaigna de ceindre la couronne, se contentant d'être beaucoup plus puissant que son suzerain, lui faisant la guerre et disposant par trois fois du trône de France, tantôt au profit de sa propre famille, tantôt en faveur des derniers carlovingiens. Il mourut en 956.

HUGUES CAPET, roi de France, chef des Capétiens, c'est-à-dire de la troisième dynastie. Il était déjà comte de Paris et duc de France, lorsqu'en 987, après la mort de Louis V, le dernier des Carlovingiens, il se fit proclamer roi, dans une assemblée des grands vassaux tenue à Noyon, et sacrer à Reims. Il fit de Paris sa capitale, associa l'année suivante son fils Robert à la couronne, triompha de la trahison de Charles de Lorraine, oncle du feu roi, qui avait été reconnu roi à Laon, et mourut en 996, laissant la couronne à son fils Robert.

HUIG (Juda). Voyez Dictionnaire, tome VII, p. 558.

HUILE (en grec ἔλαιον). On donne ce nom à diverses substances assez mal définies, résultant de la combinaison, en proportions variables, de plusieurs principes gras. Les huiles diffèrent des graisses en ce qu'elles restent liquides à une température de 10 à 15° centigrades. Elles sont ou *végétales* ou *animales*. Parmi ces dernières figurent l'*huile de poisson*, l'*huile de foie de morue* et quelques autres, telles que celle que la simple pression permet d'extraire du jaune des œufs d'oiseaux, ou encore l'huile produite par la distillation des matières organiques azotées (sang, os, muscles, etc.). Cette dernière, que l'on appelle *huile animale empyreumatique* ou *huile animale pyrogénée*, est brune, épaisse, d'une odeur fétide; soumise à plusieurs distillations successives, elle perd ces diverses propriétés, et devient l'*huile animale rectifiée de Dippel*, ainsi nommée du chimiste qui la fit connaître, et employée autrefois dans le traitement des fièvres intermittentes et de quelques maladies du système nerveux.

Les *huiles végétales* se divisent en *huiles fixes* ou *grasses*, et *huiles volatiles* ou *essentielles*. Les premières sont presque complétement inodores, et ne laissent percevoir à la langue qu'une sensation d'onctuosité ; les secondes offrent des caractères tout opposés, une odeur plus ou moins intense, une saveur plus ou moins âcre et irritante. Pendant que celles-ci se volatilisent, mais sans se décomposer, à une température de 150 à 160°, celles-là restent liquides jusqu'à 200 et même 300°, pour se transformer alors en huile volatile, en acide acétique, en gaz oxyde de carbone et en hydrogène carboné.

Les huiles grasses renferment toutes au moins deux principes gras, l'un solide (la margarine), l'autre liquide (l'oléine); la stéarine ne se trouve que dans les huiles et les graisses d'origine animale. Elles sont saponifiables par les alcalis : dans cette action, l'alcali se substitue à la glycérine, en se combinant avec l'acide gras naturellement contenu dans l'huile employée. On subdivise les huiles fines en *huiles siccatives* et huiles *non siccatives*, les unes durcissant à l'air, les autres y rancissant. Toutes les huiles fixes peuvent s'obtenir, soit par la pression (procédé le plus généralement usité), soit par l'ébullition dans l'eau des corps qui les contiennent. On se procure par expression ou pression des substances huileuses celles qui en général sont le plus utiles dans les arts. Quant aux huiles obtenues par ébullition, ce sont principalement celles dont la consistance est butyreuse ou sébacée, comme le *beurre* de *cacao*, de *coco*, l'*huile de palme*, l'*huile de baies de laurier*, et beaucoup d'autres. Le procédé pour les huiles de cette catégorie consiste à broyer les matières, à les faire bouillir dans l'eau; l'huile vient nager à la surface du liquide, où elle est recueillie dans un état d'impureté plus ou moins grand, et soumise ensuite à la rectification, au moyen d'une nouvelle fusion sur un feu doux, suivie quelquefois de filtrations à chaud, et encore procédés de purification appropriés suivant l'espèce et les circonstances.

Quand on presse au moulin les graines à l'huile, celle qu'on retire la première, et par la simple expression, est la meilleure et la plus douce : on la nomme *huile vierge*. On donne le nom d'*échaudée* à la seconde huile, qu'on extrait des tourteaux sous l'action de la presse, et au moyen de plaques chaudes, ou à l'aide de l'eau bouillante liquide, ou, encore mieux, de la vapeur d'eau. On appelle *tourteau* le marc qu'on retire de la presse, *bons tourteaux* ceux qui contiennent encore un peu d'huile, et *tourteaux secs* ceux qui en sont épuisés.

L'huile grasse existe toute formée dans les graines, les amandes des fruits, et dans la pulpe de ceux qui la recèlent; mais pour qu'elle y soit sensible, et pour qu'on puisse la retirer, il faut que ces substances aient acquis de la maturité, et qu'une partie du liquide aqueux surabondant se soit évaporée; sans quoi à la presse, on n'obtiendrait qu'une liqueur laiteuse ou émulsive. Dans le pressurage de la plupart des fruits, il se mêle toujours à l'huile grasse une certaine quantité d'huile volatile. En perdant de son mucilage, l'huile grasse devient rancescible, et elle acquiert quelques-unes des propriétés de l'huile volatile; elle devient alors, comme celle-ci l'est éminemment, en partie soluble dans l'alcool. Les deux huiles existent concurremment dans la plupart des graines, et dans ce cas c'est dans l'amande ou périsperme que se tient l'huile grasse, et dans la pellicule l'huile volatile.

Les principales huiles non siccatives sont celles d'olive, de colza, de navette, d'amande douce, de faîne, de ben, de ricin, etc.

L'huile d'olive, extraite de la pulpe des fruits de l'olivier, est la plus estimée. Mais il faut choisir avec soin le moment propice à la récolte des olives qui doivent servir à sa fabrication. L'olive trop mûre donne une huile pâteuse, encore verte, elle fournit une huile amère, qui a reçu des anciens le nom d'*huile omphacine* (de ὀμφαξ, raisin vert, verjus). L'huile d'olive vierge est verdâtre. L'échaudée est jaune; mêlée à l'huile vierge, elle donne l'huile d'olive ordinaire employée comme aliment. Cette huile est souvent falsifiée avec de l'huile d'œillette. On reconnaît cette fraude à l'aide de l'acide hypo-azotique, qui solidifie la première et laisse la seconde à l'état liquide.

L'*huile de colza* provient des graines du *brassica campestris oleifera*. Cette huile, d'une couleur jaune, d'une légère odeur piquante de crucifère, sert comme aliment, et aussi pour l'éclairage, pour la fabrication du savon vert, le foulage des étoffes, la préparation des cuirs, etc.

L'*huile de navette*, qui offre à peu près les mêmes propriétés que la précédente et qui s'emploie aux mêmes usages, s'extrait des graines d'une autre variété de chou, le *brassica napus oleifera*.

L'*huile de cameline* est préférable pour l'éclairage aux huiles de colza et de navette. parce qu'elle donne moins de fumée en brûlant.

L'*huile de faîne* a une saveur douce, agréable; sa couleur est jaune, son odeur, très-légère. C'est incontestablement la meilleure, comme huile alimentaire, après celle d'olive.

L'*huile d'amandes douces*, douée d'une saveur agréable, est incolore ou faiblement jaunâtre. On la retire des fruits de plusieurs amandiers. On l'emploie en pharmacie pour la préparation du liniment volatil et du savon médicinal.

L'*huile de ben* est recherchée par la parfumerie, à cause de la propriété dont elle jouit de ne rancir que très-difficilement. Elle provient du *moringa oleifera*.

L'*huile de ricin*, ou *huile de palma-Christi*, est très-employée en thérapeutique. C'est, avec l'*huile de croton* et l'*huile épurge*, une des plus purgatives des huiles grasses. L'huile de ricin, agitée avec son volume d'alcool rectifié, se dissout en totalité; elle laisse un résidu, si elle a été falsifiée avec une autre huile.

L'*huile de sésame* est propre à l'alimentation et à la fabrication des savons durs.

Dans la catégorie des huiles siccatives, il faut ranger les huiles de lin, de noix, de chènevis, d'œillette, etc.

L'*huile de lin* est toujours plus ou moins colorée; elle a une odeur piquante et une saveur désagréable. Elle entre dans la composition des couleurs à l'huile, des vernis gras et de l'encre d'imprimerie. On augmente sa propriété siccative en la faisant bouillir avec de la litharge, ou d'autres sels ou oxydes métalliques. Ainsi préparée, elle sert à la fabrication des taffetas gommés, des toiles cirées, etc.

L'*huile de noix* est jaune. Son odeur est légère. Préparée à froid, elle a une saveur douce, et est employée comme aliment. Obtenue à chaud, elle est plus ou moins acre, et sert pour l'éclairage, pour la peinture, et pour la préparation des vernis et du savon vert. Elle est plus blanche que les huiles de lin et de chanvre, mais moins siccative.

L'*huile de chènevis* ou *huile de chanvre* est jaune et d'une saveur désagréable. Elle est employée pour la peinture, l'éclairage et la fabrication du savon vert.

L'*huile d'œillette*, ou *huile de pavot*, est jaunâtre. Elle n'a ni odeur ni saveur bien sensible, ce qui permet de s'en servir pour mystiquer l'huile d'olive. On l'emploie aussi comme aliment, et pour la peinture et l'éclairage. Mais elle est fort mauvaise à brûler.

Les *huiles volatiles*, *huiles essentielles*, ou encore *essences*, outre les caractères que nous leur avons assignés plus haut, sont généralement peu solubles dans l'eau; distillées avec ce liquide, elles lui communiquent leur odeur. Elles prennent feu à l'approche d'un corps en combustion, et brûlent avec une longue flamme, en répandant beaucoup de fumée, causée par la grande quantité de carbone et d'hydrogène que ces huiles renferment. Ces éléments se trouvent en assez grand excès pour ne pouvoir brûler entièrement lorsqu'on enflamme l'essence; c'est de cette combustion imparfaite que provient la fumée. La composition des huiles essentielles ne ressemble à celle des huiles fines qu'en ce qu'elle résulte de la combinaison de deux corps immédiats, l'un solide (la *stéaroptène*), l'autre liquide (l'*oléoptène*). Le plus ordinairement le siège de ces huiles est dans la racine, l'écorce de la tige, les feuilles, le calice des fleurs, les enveloppes des fruits et des semences. Elles sont en général facilement solubles dans l'acool et dans l'éther, difficilement combinables avec les alcalis. Chaque plante fournit l'huile essentielle qui lui est propre, quelquefois par simple expression : ce sont celles dans les alvéoles desquelles l'huile repose en gouttes distinctes, telles que dans l'écorce de l'orange, du citron, etc. D'autres fois on emploie la distillation. Enfin, des procédés particuliers sont nécessaires pour recueillir certaines essences, telles que celles de lis, de tubéreuse, de jasmin, de jacinthe, de violette, etc., qui, n'étant point conservées par la plante dans des réservoirs particuliers, se volatilisent aussitôt qu'elles sont produites.

En général, la couleur des huiles essentielles est blanche, tirant sur le doré; presque toutes jouissent au plus haut degré de l'odeur et de la saveur de la plante d'où l'huile a été extraite. Beaucoup d'entre elles perdent en vieillissant leur odeur propre et en partie leur fluidité. Elles dissolvent avec une extrême facilité le camphre, le soufre, le phosphore, les baumes, les résines, les savons, les huiles grasses, les fécules colorantes, et même quelques oxydes métalliques. Les principales huiles volatiles extraites par distillation, et dont on fait le plus d'usage, sont celles de *cannelle*, de *girofle*, de *cédrat*, de *bergamote*, de *citron*, de *lavande*, de *genièvre*, d'*origan*, de *térébenthine*. L'hydrogène et le carbone, l'hydrogène surtout, sont les éléments prédominants dans la composition des huiles. Voilà pourquoi, à la distillation destructive, elles fournissent en plus grande quantité qu'aucune autre substance connue, un gaz d'éclairage fort abondant, très-carburé, et dont par conséquent la propriété illuminante est très-considérable.

Les huiles essentielles ont de nombreux emplois dans les arts. La facilité avec laquelle elles dissolvent les huiles fixes et les graisses les rend propres à enlever les taches produites par les corps gras. Dans la fabrication des vernis, elles servent à dissoudre les résines. Elles sont encore recherchées par la parfumerie et la thérapeutique. Enfin quelques-unes forment un des principaux éléments de certaines liqueurs de table. Aussi l'appât d'un gain illicite est-il souvent cause de la falsification des essences, falsification qui s'opère soit par leur mélange entre elles, très-difficile à reconnaître sans la grande habitude des odeurs particulières à chacune, soit par leur mélange avec de l'huile fixe ou de l'alcool. Une essence mélangée d'alcool blanchit l'eau que l'on agite avec elle. Quant aux essences dans lesquelles on a introduit de l'huile fixe, si on en verse une goutte sur un papier et que l'on approche celui-ci du feu, l'essence sera volatilisée et il restera une tache grasse accusatrice de la fraude.

HUILE. Les distillateurs donnent ce nom à certaines liqueurs d'une apparence huileuse à la vue et au goût, comme l'*huile de rose*; apparence due à la haute dose de sirop de sucre qu'elles renferment.

HUILE (*Parfumerie*). Les parfumeurs donnent le nom d'*huile* à divers produits de leurs officines, ayant tous pour bases des huiles fixes ou essentielles.

Huiles dites antiques. On emploie pour leur préparation les huiles d'amande douce, de ben, d'avelines, d'olive très-pure, etc. On les obtient en faisant infuser les fleurs dans ces huiles, ou en les aromatisant par des huiles essentielles. Celles qui se font par infusion sont d'oranger, de rose, de cassis, de jasmin, de seringat, de jonquille, de tubéreuse, de violettes, de clématite, d'aubépine, etc., et de toutes les fleurs fugaces : elles sont d'autant plus odorantes qu'on a répété plus souvent les infusions.

Huile de lavande. Huile, 500 grammes ; essence de lavande ou de marjolaine, 8 grammes : on prépare de même celles à la menthe, au thym, au serpolet, etc.

Huile du phénix, pour fortifier la chevelure : Moelle de bœuf dépurée, 125 grammes ; huile épaisse de muscade, 125 grammes ; axonge, 60 grammes ; huile de girofle, de lavande, de menthe, de romarin, de sauge, de thym, de chacune 2 grammes ; baume de Tolu, 15 grammes ; camphre, 4 grammes ; alcool à 36°, 30 grammes.

Huile des Célèbes. Huile d'olive superfine, 1 litre ; clous de girofle n° 8 ; cannelle concassée, 15 grammes : faites bouillir pendant une heure, et ajoutez, après avoir remplacé l'huile perdue : cannelle, bois de santal, de chacun 15 gr., clarifiez et ajoutez : essence de Portugal, 15 grammes.

Huile de Macassar. Huile de ben, 8 litres ; de noisette, 4 litres ; esprit de vin, 1 litre ; essence de bergamote, 90 grammes ; esprit de musc, 90 grammes ; esprit de Portugal, 60 grammes ; essence de rose, 8 grammes.

Huile de Vénus, voyez CARVI. JULIA-FONTENELLE.

HUILE (Peinture à l'). Les auteurs qu'on consulte le plus habituellement sur l'histoire des arts, Vasari, Carle Van Mander, Félibien, Descamps et les compilateurs qui les ont copiés, s'accordent à attribuer à Jean Van Eyck l'honneur d'avoir découvert la peinture à l'huile. Les plus hardis vont même jusqu'à préciser une date, et affirment que c'est en 1410 que cet habile artiste s'avisa pour la première fois de dissoudre ses couleurs dans de l'huile de noix ou de lin. Beaucoup ont admis sans difficulté un fait qui paraissait appuyé sur des témoignages si considérables ; et cette assertion a acquis aujourd'hui l'autorité que le temps donne, quelquefois à l'erreur elle-même. Remplaçons désormais la légende par l'histoire. Dès le milieu du dix-huitième siècle des textes formels avaient été cités qui prouvaient péremptoirement que l'usage de la peinture à l'huile était bien antérieur à Van Eyck. Nous ne nous arrêterons pas au mémoire dans lequel le comte de Caylus s'est efforcé d'établir que ce procédé était connu des anciens. Bien qu'il soit constant que les Romains se servaient de la peinture à l'huile pour de grossiers ouvrages de décorations, la conjecture, à notre avis, tient ici une trop grande place ; et les textes allégués sont si obscurs, que la question est restée douteuse. Ce qui demeure beaucoup plus sérieux, ce sont les assertions de Lessing, qui est venu affirmer, en 1774, que la peinture à l'huile était pratiquée longtemps avant Van Eyck. L'autorité sur laquelle il s'appuyait était en réalité fort grave ; c'était un manuscrit du moyen âge, resté jusqu'alors inédit, et que la mort seule l'empêcha de publier. Ce manuscrit, ouvrage du moine Théophile, trouva un premier éditeur dans Ch. Leiste (1781) ; et la même année un savant anglais, Raspe, mit au jour une autre édition du livre de Théophile, édition incomplète, il est vrai, mais qui reproduisait le texte du manuscrit de la bibliothèque de Cambridge. Raspe s'empara de l'écrit de Théophile comme d'une pièce justificative pour l'ouvrage qu'il a publié sous le titre de *A critical Essay on Oilpainting proving, that the art of painting in oil was known before the pretended discovery of John and Hubert Van Eyck* (Londres, 1781). Enfin, un troisième manuscrit, conservé à la Bibliothèque impériale, a servi de guide à M. de Lescalopier dans l'excellente édition qu'il a donnée de la *Diversarum Artium Schedula* de Théophile (Paris, 1843, in-4°). Ce livre, monument précieux d'une époque où l'on n'écrivait guère sur les arts, est une sorte de manuel, où l'auteur explique avec détails tous les procédés employés de son temps par les peintres verriers, les enlumineurs, les orfèvres, etc. Mais à quelle date écrivait Théophile ? La question n'est pas encore résolue. Raspe, Ranzi, Émeric-David et M. de Montabert le font vivre vers le dixième ou le onzième siècle. M. J.-M. Guichard, dans la savante notice qui accompagne l'édition de M. de Lescalopier, établit assez bien que le livre de Théophile est plus moderne ; d'après les considérations qu'il développe, nous serions disposés à le dater du treizième siècle seulement, et nous nous en

tiendrons à cette conjecture, jusqu'à ce qu'un chiffre authentique soit venu éclaircir nos doutes.

Théophile parle de la peinture à l'huile en divers endroits de son manuel. Trois passages surtout paraissent concluants ; et nous ne savons vraiment pas ce que les défenseurs de Van Eyck pourraient répondre à celui-ci : « On peut broyer, dit Théophile, les couleurs de toute espèce avec la même sorte d'huile (l'huile de lin) et les poser sur un travail de bois ; mais seulement pour les objets qui peuvent être séchés au soleil ; car chaque fois que vous avez appliqué une couleur vous ne pouvez en superposer une autre si la première n'est séchée ; ce qui, dans les images et les autres peintures, est long et trop ennuyeux (*quod in imaginibus et aliis picturis diuturnum et tædiosum nimis est*). » C'est bien là, si nous ne nous trompons, la peinture à l'huile, et l'inconvénient qu'on lui reconnaissait alors est même nettement indiqué. L'huile était lente à sécher : c'est là sans doute une des raisons qui empêchèrent cette manière de peindre de se répandre beaucoup au moyen âge. Ainsi, l'emploi des couleurs dissoutes dans l'huile était sinon fréquent, du moins connu au treizième siècle : il paraît même qu'il en est également fait mention dans l'ouvrage, plus ancien, d'Éraclius, *De Coloribus et Artibus Romanorum*, que Raspe a publié en partie à la suite de son *Essay on Oilpainting*, et dont notre bibliothèque possède une copie qu'on croit complète. Un fait grave vient corroborer l'autorité des monuments écrits : on a retrouvé plusieurs peintures à l'huile antérieures à la prétendue invention de Van Eyck. M. de Montabert cite une peinture allemande exécutée par Mutina en 1297 ; mais il ajoute, avec beaucoup de raison, que dans quelques-unes des huiles où les chimistes ont constaté la présence de l'huile cette substance peut avoir été ajoutée après coup, soit pure, soit mêlée à des gommes ou à des vernis, et avoir fait corps avec l'enduit primitif. Des documents récemment publiés permettent d'affirmer que ce secret était connu en France ; et, sans multiplier les exemples, nous rappellerons que dès 1355 Jean Coste peignit à l'huile.

Ainsi, Van Eyck n'a point inventé ce procédé. Quelle fut donc la portée de sa découverte ? Nous l'avons indiqué déjà : la couleur employée avec les huiles ordinaires était très-lente à sécher ; Van Eyck a eu l'idée de les faire cuire, et même d'y ajouter une substance résineuse qui les rendît plus siccatives. Sans doute divers passages de Théophile, étudiés de très-près, seraient de nature à faire supposer que l'usage des siccatifs n'était pas complétement inconnu de son temps : on ne peut cependant nier que Van Eyck n'ait composé un mélange nouveau, et il est certain que ses tableaux ont conservé un émail et une solidité inaltérables. Ce fut là sa gloire. Vasari, dont la relation a jusques ici été mal interprétée, parle bien plus, comme le remarque M. Guichard, de l'invention d'un siccatif que de la dissolution des couleurs dans l'huile, idée vulgaire et insignifiante, que les Italiens avaient empruntée à l'antiquité, et qui n'appartient à aucune époque, à aucune école, à aucun homme.

La découverte de Van Eyck eut un tel retentissement, qu'au rapport de Vasari, Antonello de Messine fit le voyage de Flandre, alla visiter Van Eyck, et usa de toutes sortes de ruses pour surprendre son secret, qu'il rapporta triomphant dans sa patrie. Dès lors, l'emploi de ce procédé devint général et la face de l'art fut renouvelée. Toutes les autres méthodes furent en quelque sorte abandonnées, ou du moins ne conservèrent plus qu'un intérêt d'érudition et de curiosité.

Raconter l'histoire de la peinture à l'huile depuis le quinzième siècle jusqu'à nos jours, ce serait faire l'histoire de l'art, et ce n'est pas notre tâche. C'est assez pour nous d'avoir indiqué quelques dates et d'avoir répondu par des textes explicites à un préjugé qui a eu cours trop longtemps parmi les savants et les artistes.   PAUL MANTZ.

HUILE DE CADE. *Voyez* CADE.
HUILE DE CAMOMILLE. *Voyez* CAMELINE.
HUILE DE FOIE DE MORUE. *Voyez* MORUE.

14.

HUILE DE GABIAN, HUILE DE PÉTROLE. *Voyez* PÉTROLE.

HUILE DE PALME, produit du cocotier du Brésil. Pour l'extraire, on écrase grossièrement l'amande, ou on la moud au moulin. On fait ensuite macérer dans l'eau chaude jusqu'à ce que toute l'huile s'en soit séparée et soit venue à la surface de l'eau, où elle se rassemble et se concrète par le refroidissement ; plus tard, on la purifie par le lavage à l'eau chaude. L'huile de palme est d'une odeur agréable, qui se rapproche beaucoup de celle de la violette ou de l'iris de Florence. Sa saveur est douce, légèrement sucrée. Sa consistance à la température ordinaire dans nos climats est celle du beurre, et elle est de couleur citrine; elle rancit beaucoup en vieillissant, perd son odeur agréable, et sa couleur jaune se change en blanc sale. On la trouve fréquemment sophistiquée avec du saindoux coloré par le curcuma, et aromatisée avec la racine d'iris de Florence.

PELOUZE père.

D'autres attribuent la production de l'huile de palme à l'*elæis guineensis*. Peut-être le nom s'applique-t-il à deux substances extraites de végétaux différents.

L'huile de palme entre dans la composition du baume nerval. Jadis elle faisait la base de l'emplâtre de diapalme ; mais on lui a substitué l'axonge.

HUILE DE POISSON. *Voyez* POISSON.

HUILE DE VITRIOL. *Voyez* SULFURIQUE (Acide).

HUILE GRASSE, synonyme d'*huile fixe*.

Les peintres appliquent particulièrement le nom d'*huile grasse* à celle qu'ils mêlent à leurs couleurs pour les faire sécher. On l'obtient en faisant bouillir ensemble une huile siccative, celle de noix ou de lin, et de la litharge; ce qui surnage après avoir laissé reposer la liqueur est l'huile grasse des peintres.

HUILE OMPHACINE. *Voyez* HUILE.

HUILE VIERGE. *Voyez* HUILE.

HUILES (Saintes). Chez les Hébreux, on considérait comme un symbole de consécration et comme un signe de guérison spirituelle, de la grâce divine et de ses opérations dans nos âmes, l'action de répandre sur quelqu'un, ou sur quelque chose, une huile odoriférante : ainsi, on lit dans la Genèse : « Jacob..... prit la pierre qu'il avait mise sous sa tête, et l'érigea comme un monument, répandant de l'huile dessus. » Moïse, d'après l'ordre de Dieu, avait composé, pour consacrer les vases et les instruments liturgiques des Juifs, une huile d'onction, où entraient, en parties inégales, de la myrrhe, du cinnamome, de la canne aromatique, de la cannelle et de l'huile d'olive. « Vous ferez de tout cela, dit Dieu à Moïse (*Exode*, ch. XXX), une *huile sainte*, pour servir aux onctions du tabernacle du témoignage, de l'arche du testament, de la table avec ses vases, du chandelier et de ses accessoires, de l'autel des parfums, de celui des holocaustes, du bassin avec sa base de tout ce qui est, enfin, nécessaire au culte. Vous sanctifierez ainsi toutes ces choses; elles deviendront sacrées; et quiconque y touchera, sera sanctifié. » Cette huile d'onction fut perdue dans la destruction du premier temple bâti par Salomon.

L'Église catholique a cru devoir conserver l'usage d'oindre d'huile les personnes, pour leur donner un caractère sacré. Aux évêques seuls appartient le droit de consacrer, le jeudi saint, qu'elle emploie pour le saint chrême et l'extrême-onction. Le saint chrême sert à plusieurs sacrements, au Baptême, à la Confirmation, à l'Ordination, ou aux sacres. Celui dont on oint la poitrine et les épaules sur les fonts baptismaux s'appelle *huile des catéchumènes*. Celui de l'extrême-onction prend le nom d'*huile des malades*. Tous ensemble sont connus dans l'Église catholique sous la dénomination de *saintes huiles*. Dans l'Église grecque les *huiles saintes* désignent notre sacrement de l'extrême-onction.

HUIS CLOS, expression qui signifie *porte fermée*. On dit qu'une affaire est *jugée à huis clos* lorsque le l'est en l'absence du public. Autrefois en France les cours prévôtales, les chambres ardentes, et généralement tous les procès au criminel s'instruisaient et se jugeaient à huis clos : cet usage se maintient encore aujourd'hui en Allemagne, en Italie, et dans d'autres pays de l'Europe. Le grand principe de nos institutions judiciaires est la publicité des débats en matière civile et criminelle; néanmoins les tribunaux peuvent ordonner le huis clos lorsque les débats doivent entraîner du scandale ou de graves inconvénients pour l'ordre et les bonnes mœurs. *Il ne s'étend qu'aux débats et aux plaidoiries et non pas au jugement*, qui doit toujours être prononcé publiquement.

HUISSIER. Ce mot vient du vieux français *huis*. On appelle ainsi les officiers subalternes chargés d'ouvrir et de fermer les portes dans la résidence du souverain. Ceux qui se tiennent dans l'antichambre des ministres, des hauts fonctionnaires, et ceux qui sont chargés du service des séances de certains corps, de certaines assemblées délibérantes, comme l'Institut, le sénat, le corps législatif, etc.

On appelait autrefois *huissiers à verge* les sergents royaux reçus au Châtelet, et *huissiers à cheval* ceux qui exploitaient dans tout le royaume. Dans la langue du droit, ce mot est quelque peu détourné de son sens primitif. Les huissiers sont des fonctionnaires publics établis dans chaque arrondissement pour faire toutes citations, notifications et significations requises pour l'instruction des procès, tous actes et exploits nécessaires à l'exécution des ordonnances de justice, jugements et arrêts, et le service personnel près les cours et tribunaux.

Les huissiers pour le service des cours impériales et de tous les tribunaux sont nommés par l'empereur, sur la proposition de ses procureurs et des présidents des cours et tribunaux, et sur la présentation qu'ont le droit d'en faire les huissiers démissionnaires et les héritiers ou ayants cause des huissiers décédés. Pour être huissier, il faut avoir au moins vingt-cinq ans, avoir travaillé pendant deux ans dans une étude d'avoué ou de notaire, ou bien chez un huissier ; ou pendant trois ans au greffe d'une cour ou d'un tribunal de première instance, et rapporter de la chambre de discipline un certificat de moralité.

Par exception, les huissiers près la cour de cassation sont nommés par elle. Les huissiers, dans le mois de leur nomination, doivent prêter le serment de fidélité à l'empereur et d'obéissance à la constitution, aux lois et règlements concernant leur ministère, et jurer de remplir leurs fonctions avec exactitude et probité. Ils ne peuvent faire aucun acte avant d'avoir prêté ce serment. La quotité est fixée par des règlements spéciaux et qui est affectée par privilège à la garantie des condamnations qu'ils peuvent encourir à raison de leurs fonctions.

Parmi les huissiers, chaque cour ou tribunal désigne chaque année pour son service intérieur ceux qui sont jugés le plus dignes de cette faveur ; ils prennent le titre d'*huissiers audienciers*. Tous les membres en exercice sont rééligibles : ceux qui ne sont pas réélus rentrent dans la classe des huissiers ordinaires.

Les huissiers audienciers assistent aux audiences pour y maintenir l'ordre, y faire l'appel des causes et exécuter les ordres du président. Les huissiers audienciers seuls peuvent faire les significations relatives à avoué, le service personnel aux enquêtes, interrogatoires et autres commissions ainsi qu'au parquet. Tous autres actes peuvent être faits concurremment par les huissiers tant audienciers qu'ordinaires , chacun dans le ressort du tribunal de première instance où de sa résidence. Les uns et les autres doivent garder la résidence qui leur a été assignée.

Les fonctions d'huissier sont incompatibles avec toutes autres fonctions publiques salariées, ainsi qu'avec la profession d'avocat.

Les huissiers doivent exercer leur ministère toutes les fois qu'ils en sont requis sans acception de personnes. Ils ne peuvent, sous peine de nullité, instrumenter pour leurs parents ou alliés, ni pour ceux de leurs femmes, en ligne directe, à quelque degré qu'ils soient, en ligne collatérale, jusqu'au degré de cousin issu de germain inclusivement.

La loi règle tout ce qui est relatif à leurs fonctions, à leurs obligations personnelles, à leur costume, à la forme de rédaction de leurs actes, au salaire qui leur est attribué ; elle met à leur charge les actes nuls et frustratoires qu'ils peuvent faire, et ceux qui donnent lieu à une condamnation d'amende ; ils sont passibles des dommages et intérêts de la partie suivant l'exigence des cas ; ils peuvent même être suspendus de leurs fontions. Ils sont responsables du prix des ventes qui leurs sont confiées. Il leur est défendu, sous les peines portées par les lois, de se rendre adjudicataires, directement ni indirectement, des objets qu'ils sont chargés de vendre, et de devenir cessionnaires des procès, actions et droits litigieux qui sont de la compétence des tribunaux dans le ressort desquels ils exercent. Ils sont contraignables par corps pour la restitution de titres et deniers à eux confiés. Ils sont déchargés des pièces, après deux ans, depuis l'exécution de la commission.

Ce sont les huissiers qui exécutent les prises de corps, excepté à Paris. Dans les villes où il n'y a point de commissaires priseurs, les huissiers ont droit de procéder, concurremment avec les greffiers et les notaires, aux prises et ventes publiques de meubles et effets mobiliers.

La communauté des huissiers de chaque arrondissement a une chambre de discipline établie et organisée d'après le décret du 14 juin 1813. Par ses relations avec le corps entier, cette chambre est à portée de découvrir les petites contraventions qui échapperaient à la surveillance du ministère public ; elle maintient le bon ordre parmi les huissiers, veille à ce qu'il ne se commette aucune action contraire à l'honneur et aux intérêts de la communauté. Chaque huissier contrevenant y est jugé par ses égaux, sauf l'intervention des tribunaux dans les cas graves. Les huissiers de chaque arrondissement s'obligent, en outre, à une rétribution annuelle proportionnée aux émoluments de chacun d'eux, rétribution qu'ils versent dans une bourse commune, et qui sert à subvenir aux besoins des huissiers retirés pour cause d'infirmités, ou à leurs veuves et orphelins. L'administration de cette bourse commune appartient à leur chambre de discipline.

HUISSIER À LA CHAÎNE. *Voyez* CHAINE.

HUISSIER-PRISEUR. *Voyez* COMMISSAIRE-PRISEUR.

HUÎTRE, genre de mollusques bivalves, acéphales, conchifères, monomyaires. Tel qu'il avait été caractérisé par Linné, il renfermait toutes les huîtres proprement dites, les genres *spondyle*, *peigne*, *perne*, *avicule*, *houlette*, *gryphée*, *plicatule*, *marteau*, *lime*, etc., qui en ont été retirés par les travaux de Bruguière et de Lamarck. Ainsi réduit, le genre *huître* renferme encore plus de deux cents espèces, dont il est vrai que les trois quarts ne se trouvent qu'à l'état fossile. Nous ne nous occuperons ici que de l'*huître comestible* (*ostrea edulis*, Linné), dont l'importance est incontestable.

C'est dans toutes les mers, ordinairement sur les côtes, souvent aux embouchures des fleuves, et généralement à peu de profondeur que l'on rencontre les huîtres, attachées aux rochers ou à d'autres corps sous-marins, ou encore fixées les unes aux autres de manière à constituer ces immenses *bancs d'huîtres* sans cesse renouvelées, malgré l'exploitation dont ils sont l'objet. C'est que la fécondité de l'huître est telle, que chacun de ces mollusques pond annuellement 50 à 60,000 œufs, ponte qui se trouve doublée en vertu de l'*hermaphrodisme* complet qui caractérise toute la classe des acéphales. C'est au commencement du printemps que s'écoule ce frai qui ressemble assez à une goutte de suif. Il faut le secours d'un fort grossissement pour y distinguer cette multitude d'œufs, dont la coque transparente laisse apercevoir une petite coquille bivalve. Cette coque rompue, l'embryon pourvu de cils vibratiles nage en tournant, jusqu'à ce qu'il tombe sur quelque corps solide auquel il s'attache. Mais son développement n'est pas pour cela assuré ; la mer recèle un grand nombre d'animaux qui font leur pâture de ces huîtres à peine nées.

Est-il besoin de décrire la coquille de l'huître ? Qui ne connaît ses valves inégales, à structure lamelleuse ? Et quant aux variations de forme qu'offre l'une d'elles, celle que l'on nomme *inférieure*, cette singularité s'explique par la mollesse de ce test, qui au moment où l'huître se fixe sur un corps sous-marin lui en laisse une empreinte ineffaçable. L'animal est moins connu que la coquille, et au premier abord on ne se doute pas de la délicatesse de son organisation. Mais si l'on renverse le manteau, on découvre une bouche munie de deux lèvres minces et membraneuses, se continuant de chaque côté du corps en une paire de palpes labiaux étroits, lancéolés, lisses en dehors, chargés de lames obliques sur leur face interne ; cette bouche que l'animal peut contracter à l'aide d'un petit muscle subcirculaire, aboutit à un œsophage très-court, se dilatant en une poche stomacale, ovoïde, dans l'intérieur de laquelle plusieurs ouvertures apportent la bile. Le pylore conduit à un intestin grêle cylindrique, qui, après de nombreuses circonvolutions, se termine en un anus placé entre les lobes du manteau. Le foie, que l'on reconnaît à sa couleur verdâtre, est très-gros. Les organes de la génération sont très-simples. Ceux de la respiration et de la circulation consistent dans des branchies et dans un système veineux considérables.

Les *huîtres vertes*, préférées par les gastronomes, ne forment pas une espèce distincte. On attribue leur coloration à différentes causes ; la plus admissible est celle qui y voit un état maladif de ces mollusques, occasionné par la présence d'animacules introduits dans sa substance. Du reste l'usage habituel que l'on fait des huîtres vertes prouve qu'elles sont sans inconvénient pour l'homme. On a encore fait une espèce d'huître sous le nom vulgaire de *pied de cheval* ; mais c'est toujours l'huître comestible arrivée à des dimensions supérieures à celles auxquelles on la livre le plus ordinairement à la consommation.

On sait que les huîtres ne sont pas envoyées au marché sitôt après leur pêche. En France on sépare les huîtres dites *marchandes* de celles qui ne le sont pas. L'huître non marchande est celle qui, n'ayant pas encore atteint tout son développement, est rapportée en mer sur des bancs huîtriers, où elle croît et se reproduit et d'où, en temps opportun, elle sera de nouveau retirée pour les besoins des consommateurs. Les huîtres marchandes sont celles qui, ayant les dimensions réglementaires (6 à 10 centimètres de la charnière à la barbe, sont exportées, s'il s'agit, par exemple, de la pêche de Granville, dans les *parcs* de Dieppe, de Courseulles et de Saint-Waast-la-Hougue, d'où, après un séjour plus ou moins long, elles arrivent sur le marché de Paris. Ces parcs à huîtres sont des bassins étendus, creusés sur le bord de la mer, et dans lesquels peuvent pénétrer les eaux des grandes marées. Les huîtres sont jetées dans ces bassins, où elles s'accroissent en repos. Dans les mers de Naples, on les parque d'une manière spéciale. Comme on a remarqué leur tendance à s'attacher à des corps offrant peu de surface, on plante des piquets dans les lieux qu'elles préfèrent ; quand elles y adhèrent en assez grand nombre, leur pêche consiste à retirer ces piquets et à les en détacher.

Il est notoire que la culture des huîtres est une industrie possible, que même les anciens Romains s'en étaient occupés, et qu'actuellement encore les bords du lac Fusaro sont couverts de bancs d'huîtres créés de main d'homme et artificiellement entretenus. Cette culture emploie les plus simples procédés : elle se borne à former des bancs artificiels de pieux et de fagots destinés à arrêter les embryons au passage et à leur présenter des surfaces auxquelles ils s'attachent. Au bout de deux ans, on retire les pieux et les fagots dont on enlève successivement toutes les huîtres parvenues à maturité, puis on remet l'appareil en place pour attendre qu'une nouvelle génération amène une seconde récolte.

Paris consomme à lui seul pour plus de 1,500,000 francs

d'huîtres par an, ce qui représente la valeur de 70,000,000 de ces mollusques. Sur ce dernier chiffre, le port de Granville doit être compris comme en fournissant les cinq septièmes, car ce sont les pêcheurs granvillais qui depuis fort longtemps déjà sont en possession d'approvisionner les marchands éleveurs de Saint-Waast-la-Hougue, de Courseulles et de Dieppe, qui préfèrent l'huître de la baie de Granville à celle pêchée dans la baie voisine de Cancale; ce qui n'empêche pas ce petit port de jouir de la réputation d'être le seul point où se pêchent les belles huîtres qui se mangent à Paris. Nous manquons de renseignements statistiques sur l'importance économique de l'huître dans les pays étrangers. Cependant nous pouvons dire qu'elle est encore plus grande en Angleterre et aux États-Unis qu'en France. Ainsi, à New-York la vente annuelle des huîtres dépasse 5,000,000 de dollars (plus de 26,000,000 fr.), et ce commerce occupe 50,000 personnes. Les deux tiers des huîtres qui se consomment à New-York viennent de la Virginie. La partie la plus importante de ce commerce est l'opération qui consiste à transplanter les huîtres de leur banc naturel dans un lit artificiel.

[Les nations les plus dissemblables par leurs mœurs, pour peu qu'elles fussent policées, ont payé le même tribut d'hommage et d'amour à la saveur bienfaisante de l'huître. Les Grecs et les Romains la servaient au commencement de leur repas du soir : c'était le prélude obligé de leurs festins. Ils appelaient *service d'aimables causeries* celui où les huîtres se trouvaient et provoquaient leur appétit et leur gaîté. Il y en eut qui, dans leur enthousiasme pour ce produit des mers, le consacrèrent par un nom bien doux, celui *d'oreilles de Vénus*. C'est ainsi que les Étoliens nommaient les huîtres. Plusieurs grands hommes de l'antiquité, semblables, en cela du moins, aux gourmets de nos jours, ont eu pour elles un faible décidé, Cicéron entre autres. Cependant, ce grand orateur leur fit une fois une impardonnable infidélité, et alla jusqu'à leur préférer, passagèrement il est vrai, un plat de betteraves accommodées aux champignons et à d'autres légumes, plat délicieux que rendaient plus agréable encore l'habileté du cuisinier et le plaisir piquant de se moquer de la loi Licinia, qui avait eu la sotte velléité de s'attaquer à la luxure romaine.

Il ne paraît pas que nos pères aient fait un usage général des huîtres à leurs repas. Les lois somptuaires qui foisonnent sur le sujet dans les capitulaires et dans les ordonnances de nos rois ne font point mention du mollusque qui nous occupe. Les premiers renseignements que nous trouvons à cet égard consistent dans une ordonnance prohibitive de 1779. Il y a donc lieu de croire que les Français n'avaient pas pour les huîtres avant le dix-huitième siècle le goût déclaré qu'ils ont montré depuis. Dès l'époque où le vigoureux, mais incorrect auteur du *Tableau de Paris*, composait son bizarre ouvrage, il se faisait dans la capitale une consommation prodigieuse de ces habitants des roches marines. Cette consommation n'a pas diminué depuis.

L'huître n'est pas moins utile aux malades qu'elle n'est agréable aux gens en santé. C'est un des mets que le médecin prudent prescrit le plus volontiers à son patient. Première alimentation de la convalescence, elle est de bon augure sur l'assiette d'un malade; elle promet à son palais, que la diète a paralysé, des plaisirs plus succulents et plus solides. Quand aux huîtres cuites, l'hygiène n'approuve pas cette préparation. L'huître devient alors indigeste, de stomachique qu'elle était. D' BROUC.]

HUÎTRE ÉPINEUSE, nom vulgaire et ancien des spondyles.

HUÎTRE FEUILLETÉE, nom vulgaire de la came.

HUÎTRE PERLIÈRE nom vulgaire d'une espèce du genre *avicule* (*voyez* AVICULE et PERLE).

HUÎTRE PLISSÉE, espèce d'huître dont la coquille est vulgairement connue sous le nom de *corne d'abondance*, dû sans doute à son crochet très-long et creusé d'une profonde cavité.

HULANS, HOULANS, OULANS, ou **UHLANS**, cavalerie légère, qui, venue d'Asie, s'introduisit dans le nord de l'Europe avec les premières colonies tatares qui s'établirent en Pologne et en Lithuanie. Leur nom paraît dériver de celui d'un de leurs premiers chefs. Les souverains des deux royaumes où ils se réfugièrent crurent devoir, pour se les attacher, leur accorder de grands privilèges. Leurs *polks*, ou régiments, étaient montés sur des chevaux tatars, légers, élégants, infatigables. Les cavaliers faisaient le même service et combattaient à peu près de la même manière que les hussards; mais, outre le sabre et les pistolets, ils avaient une lance, de 1 mètre 65 à 2 mètres, surmontée d'une petite flamme en taffetas versicoloré, destinée à effrayer les chevaux ennemis. Cette arme, comme celle de nos lanciers actuels, était assujettie au moyen d'une bandoulière. L'uniforme des premiers hulans consistait en une culotte à la turque, montant au-dessus des hanches, et descendant jusqu'à la cheville; en une veste courte, recouverte d'une simarre à l'ottomane, à petits parements, tombant jusqu'au gras de la jambe; enfin, en un vieux bonnet polonais, connu sous le nom de *kurtka*. La couleur de l'uniforme et des flammes était rouge, verte, jaune chamois, ou bleu de ciel, selon les polks.

Les Autrichiens et les Prussiens furent les premiers à emprunter cette cavalerie aux Polonais. Seulement ils substituèrent le *czapska* ou *chapska*, avec aigrette en crin, au *kurtka*, et la flamme aux couleurs nationales à la flamme de fantaisie. En 1734 le maréchal de Saxe essaya d'introduire cette arme en France, et en forma un polk de 1,000 hommes, auquel il mêla une moitié de dragons, Ce corps ne survécut pas à son créateur. Les hulans français portaient la simarre et la culotte verte, les bottes à la hongroise et un casque sans visière, garni d'un turban, d'où s'échappait une queue en crins de couleur. Ils étaient armés d'un sabre, d'un seul pistolet, et d'une lance de près de 3 mètres.

Aujourd'hui la Russie, la Prusse et l'Autriche sont les seules puissances du Nord qui aient encore des hulans. La Russie recrute les siens dans la Volhynie, la Lithuanie et la Pologne; l'Autriche, dans la Galicie; la Prusse, un peu partout.

HULL ou **KINGSTON UPON HULL**, ville maritime de l'*East-Riding* du comté d'York, à l'embouchure de la rivière de Hull dans l'Humber, qui forme ici un bras de la mer du Nord, large de près de 5 kilomètres. Elle possède un port fortifié, muni de deux phares; et après Londres, Liverpool et Bristol, c'est la ville de commerce la plus importante qu'il y ait en Angleterre. C'est aussi son principal port et sa côte nord-est, le grand centre du commerce que l'Angleterre fait avec le nord de l'Europe, avec Hambourg, Brême, le Danemark, la Norvège et la Suède, la Prusse, la Russie, la Hollande et la Belgique pour l'exportation tant des produits des fabriques de la ville même que de ceux des manufactures des comtés d'York, de Lancaster, de Nottingham, etc. On y fait aussi des affaires considérables avec le midi de l'Europe et avec l'Amérique. Des canaux, des chemins de fer, des rivière facilitent les relations du commerce extérieur avec les villes d'York, de Leeds, de Sheffield, de Manchester, de Liverpool, de Nottingham, de Lincoln, de Londres et de Bristol. Son commerce maritime n'est pas moins favorisé par son heureuse situation sur l'Humber, près duquel on a construit trois docks immenses, avec des berges en pierre et des magasins pour les marchandises, et comprenant avec leur bassin un espace de 26 acres.

Le mouvement de la navigation y est des plus actifs, et la *Hull-Steam-Packet Company* n'y contribue pas peu avec ses nombreux paquebots à vapeur. En 1848 il entra dans le port et les docks de Hull 1,309 bâtiments anglais, jaugeant ensemble 313,893 tonneaux, et 1,248 navires étrangers, jaugeant 136,675 tonneaux; total égal, 2,557 navires, jaugeant 450,568 tonneaux.

Les principaux articles d'exportation sont les cotonnades, les lainages, les objets en fer et en acier, les grains, et les farines pour les différents points de la côte. L'expédition des houilles pour Londres, qui constituait autrefois un article de premier ordre, a beaucoup diminué dans ces derniers temps; il en est de même de la pêche de la baleine, par suite de l'extension toujours plus grande que la pêche du chien de mer prend dans la mer du Sud. Cependant Hull est encore de tous les ports de l'Angleterre celui où cette industrie a conservé les proportions les plus grandioses.

L'importation consiste en bois de menuiserie et planches, tan, laine, lin, chanvre, suif, os, toiles à voiles, chevaux, grains, et autres produits du Nord. La ville possède au delà de 500 navires en propre, et la construction des vaisseaux y occupe un grand nombre de bras. L'industrie déploie une activité extrême dans la fabrication des bougies de spermaceti et de blanc de baleine, des toiles à voiles, des cordages, et des articles en fer; elle possède de nombreuses usines pour l'extraction des huiles de baleine et pour la fabrication des savons, ainsi que de nombreuses scieries mécaniques. On y compte aujourd'hui 25,246 habitants.

Dans la vieille ville, bâtie le long de l'Hull, avec des rues laides et étroites, se trouvent les magasins et les comptoirs du commerce de gros. La ville neuve, au contraire, offre un grand nombre de larges rues, bordées de constructions magnifiques; tout y annonce le luxe : les quais sur l'Humber, la statue équestre de Guillaume III, la statue en pied du célèbre Wilberforce, né à Hull, frappent tout de suite l'attention du voyageur, qui, en fait d'édifices publics, devra visiter les deux églises gothiques de Notre-Dame et de La Trinité (cette dernière, construite en 1312, est un remarquable monument de l'architecture du moyen âge), la Maison de La Trinité, la Douane, le Musée, le Théâtre. Hull possède aussi plusieurs hôpitaux, parfaitement organisés, et d'autres établissements de bienfaisance, un grand nombre d'écoles, un jardin botanique, une Société littéraire et une Société des Sciences.

Hull fut fondée et fortifiée par Édouard 1er, sous le nom de *Kingstown*, et Henri VI lui accorda les droits de ville.

Au bourg de Goole, situé à quelques milles plus avant dans les terres, non loin de l'embouchure de l'Ouse dans l'Humber, de riches capitalistes et fabricants, dont la ville de Hull avait refusé les offres avantageuses au bien public et au développement du commerce, ont fondé récemment, par des établissements nombreux, une nouvelle place de commerce qui est en voie de rapide prospérité, et fait déjà à Hull une rude concurrence. Si Goole, il y a quelques années simple bourg de 1,600 habitants, est aujourd'hui une ville où l'on compte dès à présent 14,000 âmes, elle en est redevable à la puissante Société de l'Aire et du Calder. En creusant les canaux de Leeds et de Wakefield cette compagnie s'est assuré la navigation sur l'Aire et le Caldcr, et a donné à Goole une communication avec la mer sans passer par Hull. Goole possède déjà deux docks magnifiques; celui qu'on y a établi en 1851 est une des plus belles contructions de ce genre qu'il y ait en Angleterre.

HULLIN (PIERRE-AUGUSTE, comte), naquit à Genève, en 1758. Apprenti horloger, il exerçait son état à Paris, lorsque, frappé de sa haute taille et de sa belle figure, le marquis de Conflans le prit à son service comme chef de cuisine. Sa belle conduite au 14 juillet 1789 lui valut, soldat aux gardes françaises, le titre de vainqueur de la Bastille, avec la médaille décernée par la municipalité de Paris. Autant il avait fait preuve de courage à l'attaque de la forteresse, où il entra des premiers, autant il montra ensuite d'humanité, défendant à outrance le malheureux gouverneur Delaunay contre l'aveugle férocité de la multitude; mais tous ses efforts ne purent lui sauver la vie. En 1796 Hullin avait conquis le grade d'adjudant général dans les guerres d'Italie, et s'y était distingué par divers actes de bravoure. En 1799 il contribua puissamment à la défense de Gênes. Au 18 brumaire, il se trouvait à Paris, près du général en chef Bonaparte, dont il servit activement les projets. Il fit la nouvelle campagne d'Italie en 1800, fut nommé en 1803 général de division et commandant des grenadiers de la garde consulaire, et en 1804 il eut le malheur de présider le conseil de guerre qui condamna à mort le duc d'Enghien. Pendant les campagnes de l'empire, il fut successivement gouverneur de Vienne et de Berlin. Il commandait à Paris la 1re division militaire en 1812, lorsque éclata la conspiration du général Malet, qu'il fit échouer au péril de sa vie. Malet lui tira, presque à bout portant, un coup de pistolet, qui lui fracassa la mâchoire inférieure. Le Parisien, habitué à rire de tout, donna à Huilin, à ce propos, le surnom de *Bouffe la Balle*. Il conserva son commandement jusqu'en mars 1814, où, après avoir accompagné Marie-Louise à Blois, il envoya son adhésion à Louis XVIII, qui ne l'employa pas. Au retour de l'empereur, le gouvernement de la 1re division lui fut rendu, et il le garda jusqu'à la seconde restauration. Compris dans l'ordonnance du 24 juin 1815, il fut arrêté, détenu en Corse, et proscrit par l'ordonnance du 17 janvier 1816. Il passa en Belgique et en Allemagne ses années d'exil, publia à son retour une apologie assez embarrassée de sa conduite dans l'affaire du duc d'Enghien, et mourut en 1841. Depuis longues années, il était affligé d'une cécité complète.

HUMANITAIRES. *Voyez* COMMUNISME.

HUMANITÉ. Ce mot a pris dans notre langue plusieurs sens, fixés par les poëtes plutôt que par les prosateurs. L'auteur de *la Métromanie* fait dire à l'un de ses personnages :

... A l'*humanité*, si parfait que l'on fût,
Toujours par quelque foible on tient à la tribut.

Il s'agit des *imperfections de la nature humaine*, auxquelles on sait que cet auteur *paya* largement sa part de contribution. Mais Lorsque la Fontaine dit :

Un loup rempli d'*humanité*
(S'il en est de tels dans le monde),

il attribue à ce loup un sentiment de pitié pour les victimes de sa faim, une bienveillance pour tous les êtres sensibles, qui est aussi de l'*humanité*. Dans l'homme, cette qualité est toujours digne d'estime et d'affection; lorsqu'elle rend capable d'un généreux dévouement et de nobles efforts, elle devient une vertu. Il ne faut pas la confondre avec la *philanthropie*. L'une est un sentiment; l'autre, une croyance morale, dont l'origine est toute dans l'intelligence. On peut être philanthrope sans humanité, humain, quoique *misanthrope*. La *philanthropie* entreprend de compléter l'œuvre de la civilisation. Son but est de joindre quelques réalités aux charmes des belles formes d'une société *civilisée*. Sa marche est grave et mesurée, comme celle du raisonnement; elle a soin de vérifier à chaque pas la direction de sa route, la solidité et les difficultés du terrain. L'*humanité* n'use point de ces précautions; elle n'examine pas, elle agit lorsqu'elle aperçoit ou bien à faire, une souffrance à soulager.

Dans la conversation et même dans les écrits, le mot humanité signifie quelquefois le *genre humain* : c'est dans ce sens qu'on parle des *amis de l'humanité*.

HUMANITÉS. Comme dénomination spéciale ce mot a longtemps servi à désigner particulièrement la classe de secondes, autrement appelée *secondæ rhetoricæ*; mais comme terme générique il embrassait au moyen âge et embrasse encore aujourd'hui, d'après la définition académique, l'étude des langues grecque et latine, celle de la grammaire, de l'histoire, de la poésie, de la rhétorique. Lors de la création de l'université impériale une nouvelle délimitation fut prescrite, et après deux classes élémentaires et deux années de grammaire, il y eut deux années d'*humanités* (troisième et seconde). Ainsi placées, les humanités avaient pour objet de perfectionner dans le mécanisme des langues les jeunes gens que les deux années de grammaire y avaient mûrement initiés, puis de leur révéler le génie de ces mêmes langues dans toute sa force native, toute la richesse, toute la variété, toute la hardiesse de ses nombreuses et savantes combinaisons. Venaient après, comme clef de voûte, la rhétorique et la philosophie. Grammairiens, rhéteurs, historiens, philosophes même, sont tous aujourd'hui plus ou moins *humanistes*; tous formulent leur pensée avec plus ou moins de grâce ou d'élégance, plus ou moins de tact, de finesse, de délicatesse; tous enfin impriment à leur élocution quelque chose de cette urbanité exquise, sans laquelle, à vrai dire, il n'est point d'*humanités*. MONDELOT.

« Il s'est rencontré chez les nations civilisées, a dit M. l'abbé Dupanloup, dans son discours de réception à l'Académie Française, une belle et grande expression : descendue par l'usage dans la langue commune, elle conserve, sous sa vulgarité apparente, une profonde dignité; il en est peu qui offrent un sens plus noble et plus élevé. Pour nommer et définir les études, qui sont le moyen le plus puissant, la forme la plus heureuse de la haute éducation intellectuelle de l'homme, on a dit *les humanités*. C'est un de ces mots simples et lumineux dont on ne saurait trop étudier le sens et rechercher la lumière. Les Latins disaient *artes liberales*, *bonæ*, *optimæ*, *ingenuæ artes*. Cicéron, cherchant à rapprocher l'idée des études auxquelles on applique l'enfance, de l'idée primitive du mot *humanité*, disait : *Artes quibus ætas puerilis ad humanitatem fingitur*. Il disait encore : *studia humanitatis*, *humaniores litteræ*. Les Grecs disaient vulgairement παιδεία, ils disaient aussi μουσική, l'*harmonie*; ce mot exprimait tout à la fois chez eux l'art oratoire, la poésie, l'éducation. Platon emploie presque constamment ce mot, qui va si bien à la nature de son génie et qui tend à faire entendre que l'éducation n'est autre chose que le développement pur et harmonieux des facultés humaines. Nous, avec moins de grâce peut-être que les Grecs, mais avec plus de précision et de force, nous avons dit simplement, comme les Romains, et même plus énergiquement qu'eux, *les humanités*. La langue humaine ne pouvait mieux dire. En effet, c'était dire tout; c'était nommer, avec une vérité frappante, ces études qui font l'homme, qui, dans l'ordre naturel, élèvent en lui l'humanité à sa plus haute expression, développent et fortifient le plus puissamment ses facultés intellectuelles et morales, les forment et les perfectionnent à l'image de Dieu même. »

HUMANN (JEAN-GEORGES), ministre des finances en France, de 1832 à 1836, et de 1840 à 1842, né à Strasbourg, le 6 août 1781, était négociant dans cette ville, et membre de la chambre de commerce depuis 1817, lorsqu'en 1820 le département du Bas-Rhin l'élut pour son représentant à la chambre des députés, où dans plusieurs questions de finances il se prononça contre le gouvernement, et où en 1823 il vota avec les doctrinaires contre les résolutions relatives à l'expédition d'Espagne. Malgré tous les efforts du ministère, il fut réélu en 1824. Dans la nouvelle chambre, dite des *trois cents* en raison du chiffre de la majorité que le ministère était parvenu à faire voter dans ses intérêts comme un seul homme, il fit partie de la courageuse minorité libérale qui en toute occasion défendit la charte et les libertés qu'elle consacrait, contre les attaques de la contre-révolution. C'est ainsi qu'il se déclara contre la réduction des rentes proposée par le ministre Villèle, jugeant la mesure dangereuse, non pas en elle-même, mais à cause du mode adopté pour la mettre à exécution et de l'extension qu'on prétendait lui donner. Dans les sessions de 1825 à 1827, il prit la parole sur toutes les questions de finances, et s'éleva contre la renonciation de la France à ses droits de souveraineté sur Haïti, contre l'indemnité des émigrés et contre les lois restrictives de la liberté de la presse. Aux élections de 1827 il échoua dans son département; mais en mai 1828 le département de l'Aveyron le renvoya à la chambre des députés. Dans la session de 1829 il fut nommé rapporteur du projet de budget pour 1830. La profondeur de vues financières qu'il révéla en cette circonstance et l'éloquence simple et facile avec laquelle il défendit les intérêts du pays contre les exigences d'argent de la cour lui valurent l'estime générale ainsi qu'une grande popularité,

et le désignèrent dès lors pour les fonctions éminentes qu'il ne devait pas tarder à remplir dans l'État. L'année suivante, il fut l'un des deux cent vingt-un députés qui votèrent la fameuse adresse dirigée contre le ministère Polignac.

Aussitôt après la révolution de Juillet, il rentra à la chambre en qualité de député du Bas-Rhin, et fut appelé à faire partie de la commission chargée de modifier la charte. Lorsque Laffitte prit les rênes de l'administration, il offrit à Humann le ministère des finances, que celui-ci refusa par respect pour ses engagements envers M. Guizot. Il ne voulut pas non plus entrer dans le ministère Périer. Ce ne fut qu'en octobre 1832, lorsque le maréchal Soult fut mis à la tête de l'administration avec les doctrinaires, que Humann accepta le ministère des finances. A la suite de cette détermination, il liquida ses vastes opérations commerciales, pour désormais se consacrer tout entier aux affaires de l'État. Il eut peu de part à la réaction politique que les doctrinaires commencèrent alors dans la législation; mais il prit l'initiative de la réforme de l'économie politique pratique, et rendit par là de véritables services à la France. Il réalisa des économies, régularisa l'impôt et surtout le cadastre, accrut le mouvement du commerce extérieur et intérieur et, par diverses mesures heureuses, réussit à imprimer un puissant élan à l'industrie privée. En avril 1833, il établit le premier budget régulier. Ses dissentiments profonds avec le maréchal Soult, qui, sous l'influence des souvenirs de l'époque impériale, dépensait des sommes énormes pour la réorganisation de l'armée, amenèrent la démission donnée par ce dernier en juillet 1834. Abstraction faite de l'intervalle d'octobre 1836, lors de la retraite du maréchal Gérard, Humann dirigea l'administration des finances jusqu'en 1836.

Plus il pénétrait dans l'état financier du pays, plus il restait convaincu que l'équilibre entre les recettes et les dépenses ne pourrait être rétabli que par la réduction des rentes sur l'État, mesure que Villèle avait voulue précédemment. Il l'avoua hautement à la chambre, le 14 janvier 1836, en déposant le projet de budget pour 1837. Cette déclaration, que n'avait précédée aucune résolution prise en conseil, excita le mécontentement de ses collègues, mais surtout celui de Louis-Philippe, qui craignait de s'aliéner les classes moyennes par la réduction des rentes. Humann donna alors sa démission comme membre du cabinet, mais conserva son siège dans la chambre, qui partageait son opinion. Il appuya de tout le poids de son autorité personnelle la proposition faite par M. Gouin pour la réduction de la rente, et eut bientôt la satisfaction de voir le cabinet, battu sur cette question, forcé de se retirer. Le 3 octobre 1836 il fut nommé membre de la chambre des pairs, où il continua à s'occuper spécialement de questions financières. Lorsqu'en mars 1839, après le renversement du ministère Molé, le maréchal Soult essaya de former un ministère centre gauche, Humann fut appelé à faire partie du nouveau cabinet. Mais les concessions répugnaient à ses principes; et son inflexibilité amena la ruine de la combinaison. Ce ne fut qu'après la retraite de M. Thiers, en octobre 1840, qu'il reprit l'administration des finances dans le ministère Guizot. Il cherchait à rétablir par un système de sévère économie l'ordre dans les finances de l'État, qu'avaient ébranlées les immenses préparatifs de guerre faits et étourdiment par l'administration précédente, lorsque la mort le surprit dans ses fonctions, le 25 avril 1842.

HUMANTIN, genre de poissons chondroptérygiens établi par Cuvier, avant qui ces poissons étaient réunis aux squales. Ils se distinguent de ceux-ci par la position de leur seconde dorsale et par la brièveté de leur queue. Une forte épine sur chaque dorsale, une peau très-rude; des dentelures tranchantes, et sur une et deux rangées; les supérieures grêles, pointues, et sur plusieurs rangs; telles sont les principaux caractères du genre *humantin*, dont l'espèce la plus répandue sur nos côtes est le *squalus centrina* de Linné.

HUMBERT, sires de Beaujeu. *Voyez* BEAUJEU.

HUMBOLDT (Charles-Guillaume, baron de), ancien ministre d'État prussien, né à Potsdam, le 22 juin 1767, étudia d'abord à Gœttingue, et, après avoir passé ensuite plusieurs années à Iéna, où il vécut dans l'intimité de Schiller, débuta dans la carrière diplomatique en qualité de résident de Prusse à la cour pontificale. En 1808, il fut nommé conseiller d'État et chef de la section des cultes, de l'instruction publique et des établissements médicaux, au ministère de l'intérieur de Prusse. En 1810, il se rendit, avec le rang de ministre d'État et en qualité d'ambassadeur de sa cour, à Vienne, puis au congrès de Prague comme plénipotentiaire. Il prit part, en 1814, au congrès de Châtillon et à la paix de Paris, dont il fut l'un des signataires avec le chancelier d'État Hardenberg; il figura aussi au congrès de Vienne et y signa, en 1815, la paix entre la Prusse et la Saxe.

En juillet 1816, il se rendit à Francfort comme ministre plénipotentiaire de Prusse pour régler les affaires territoriales de l'Allemagne. Bientôt après, son souverain le nomma membre de son conseil d'État et lui fit présent de plusieurs terres. Puis il alla en qualité d'ambassadeur extraordinaire à Londres, et de là, en octobre 1818, à Aix-la-Chapelle. En 1819, il fut appelé à faire partie du cabinet avec voix délibérative, et y fut chargé de plusieurs branches du service qui jusqu'alors avaient été dans les attributions du ministère de l'intérieur, telles, par exemple, que les affaires relatives aux états provinciaux ; mais il ne tarda pas à se trouver contraint de donner sa démission par suite de sa profonde dissidence d'opinions avec Hardenberg, champion de l'absolutisme, tandis que lui il recommandait instamment au roi de Prusse l'adoption d'une politique plus libérale et se rattachant davantage aux idées constitutionnelles. Ce ne fut qu'à partir de 1830 qu'il prit de nouveau part aux séances du conseil d'État, après avoir été appelé l'année précédente à la présidence du conseil des bâtiments et des musées. Dès 1825, l'Académie des Inscriptions et Belles-Lettres de France l'avait élu l'un de ses membres étrangers.

Depuis sa retraite du ministère, il vécut principalement dans sa terre de Tegel, près de Berlin, où il mourut le 8 avril 1835.

Guillaume de Humboldt a réuni sous le titre d'*Essais esthétiques* (tom. I, Brunswick, 1799) ses premiers travaux littéraires, par exemple : ses réflexions critiques sur le *Tour de promenade*, de Schiller, sur l'*Hermann et Dorothée*, de Gœthe, sur le *Reinecke Fuchs*, etc. Sa traduction de l'*Agamemnon* d'Eschyle (Leipzig, 1816) fut le fruit de ses studieuses recherches sur la langue et la prosodie des Grecs. Ses *Corrections et additions au Mithridate d'Adelung sur la langue cantabre ou basque* (Berlin, 1817), et son *Essai sur les habitants primitifs de l'Hispanie, au moyen de la langue basque* (Berlin, 1821), témoignent de travaux aussi profonds que consciencieux. Parmi les nombreuses dissertations philologiques lues par lui à l'Académie des Sciences de Berlin et livrées ensuite à l'impression, nous devons mentionner surtout son *Mémoire sur l'épisode du Mahabharata connu sous le nom de Bhagavad-Gita* (1826) ; son *mémoire sur le Duel* (1828) ; et sa savante dissertation *sur l'Affinité des adverbes de lieu avec les pronoms dans quelques langues* (1830). Le principal ouvrage composé par Guillaume de Humboldt dans cette direction d'idées est son *Essai sur la langue Kawi, dans l'île de Java* (3 vol. Berlin, 1836-1840), publié après sa mort par Édouard Buschmann, jeune érudit qui depuis 1839 l'avait secondé dans ses recherches et ses travaux. L'introduction à ce beau livre, qui a été aussi publiée à part sous le titre de *Essai sur la Diversité de construction des langues humaines, et sur l'Influence qu'elle a exercée sur le développement intellectuel de l'humanité* (Berlin, 1836), a fait époque dans l'histoire de la philologie. Buschmann a également publié son *Vocabulaire inédit de la langue taïtienne* et son *Aperçu de la langue des îles Marquises et de la langue taïtienne* ; ce savant

les a fait paraître en 1843. En mourant, Humboldt légua sa collection de matériaux relatifs à la linguistique et la partie de sa bibliothèque concernant la littérature étrangère à la Bibliothèque Royale de Berlin.

Grâce à la publication posthume de la *Correspondance inédite de Guillaume de Humboldt ou Lettres adressées à une amie* (2 vol. 1847 ; 5ᵉ édition, 1853), le public a pu se convaincre que Guillaume de Humboldt à toutes les qualités de l'homme d'État et du savant ajoutait encore celles qui font l'ami sûr, dévoué et délicat. Ces lettres sont adressées à une dame, morte à Cassel après avoir éprouvé bien des vicissitudes de fortune ; il avait fait sa connaissance en 1788, à Pyrmont, avait pu être assez heureux pour lui rendre d'importants services en 1814, et jusqu'à sa mort n'avait pas cessé d'entretenir avec elle une correspondance intime. Ce recueil, sous le rapport moral comme sous le rapport littéraire, est un des joyaux de la littérature allemande.

[**HUMBOLDT** (Frédéric-Henri-Alexandre, baron de), frère du précédent et le plus grand naturaliste de notre époque, né le 14 septembre 1769 à Berlin, n'avait pas encore dix ans quand il perdit son père, qui, dans la guerre de sept ans, avait rempli les fonctions d'aide de camp du prince Ferdinand de Brunswick et qui plus tard était devenu chambellan du roi de Prusse.

L'éducation de Humboldt reçut une éducation extrêmement soignée, qu'il partagea avec son frère aîné, Guillaume. Après avoir suivi dans l'automne et l'hiver de l'année 1787-1788 les cours de l'université de Francfort-sur-l'Oder, il passa l'été et l'hiver suivants à Berlin, où il se livra à l'étude de la technologie, de même qu'à celle de la langue grecque. A cette époque, il se lia d'une amitié des plus étroites avec le célèbre botaniste Wildenow. Au printemps de 1789 il alla suivre pendant une année, et en commun avec son frère, les cours de l'université de Gœttingue, notamment ceux du célèbre Heyne, et composa alors un Mémoire sur la manière dont les Grecs tissaient leurs étoffes ; Mémoire qui n'a pas été imprimé, mais qui fut son début dans la carrière des lettres. Pendant son séjour à Gœttingue, la fréquentation des maisons de Blumenbach, de Bockmann, de Gurelin, de Link, etc., ainsi que de nombreuses excursions dans le Harz et sur les bords du Rhin, développèrent en lui son goût pour l'étude des sciences naturelles. Le fruit de ces travaux fut son premier ouvrage imprimé, qui parut sous ce titre : *Sur les basaltes du Rhin, avec des Recherches sur la syénite et la basanite des anciens* (en allemand ; Berlin, 1790). Au printemps de 1790, Alexandre de Humboldt entreprit avec Georges Forster un rapide, mais instructif voyage en Belgique, en Hollande, en Angleterre et en France ; cette excursion scientifique et l'accueil encourageant que lui fit sir Joseph Banks firent naître tout à coup en lui le plus vif désir de visiter les régions tropicales, et exercèrent une influence décisive sur sa vie. Revenu d'Angleterre à la fin de cette même année 1790, et toujours destiné à suivre la carrière de l'administration, il se rendit à Hambourg à l'effet de s'y perfectionner dans les langues étrangères à l'Institut de Busch et d'Ebeling. Après avoir passé cinq mois dans cette ville, il revint auprès de la sienne, et obtint enfin d'elle la permission de se rendre à Freyberg, pour suivre les brillantes leçons du grand minéralogiste Werner ; et, dans l'espace de quelques mois, sous les yeux de cet excellent maître, il recueillit et coordonna les matériaux de sa *Flore souterraine de Freyberg*, et posa ainsi les premiers jalons d'une science dont l'existence était à peine soupçonnée.

A cette époque, il n'y avait pas encore à Freyberg de chaire spéciale de chimie, et les élèves se trouvaient dans la nécessité de pourvoir par des études particulières à la lacune qui existait dans l'enseignement public. Les travaux, alors à peine connus en Allemagne, des chimistes français, de Berthollet surtout et de Lavoisier, fixèrent l'attention d'Alexandre de Humboldt : il fut conduit à développer dans plusieurs articles insérés dans le *Journal des Mineurs* ces nouvelles hypothèses si fécondes en résultats pratiques ; et cette étude simultanée de la chimie théorique et de la minéralogie pratique lui permit de donner une nouvelle précision à ses grandes conceptions sur la structure géognostique et oryctognostique du globe ; conceptions qu'il devait plus tard vérifier dans les deux hémisphères, et livrer comme irrécusables à la méditation des géologues. La *Flora subterranea Friebergensis et aphorismi ex physiologia chemica plantarum* (Berlin, 1794), dont nous avons parlé plus haut, fut le fruit de ce séjour de huit mois dans l'Erzgebirge.

À peine Alexandre de Humboldt eut-il quitté l'académie de Freyberg qu'il fut nommé assesseur au conseil des mines de Berlin ; et quelques mois plus tard (août 1792), sur un rapport très-détaillé, qu'il rédigea sur la situation des richesses souterraines d'Auspach et de Bayreuth, il fut préposé à la direction générale des mines de cette principauté, qui venait d'être adjointe au territoire de la Prusse.

Jusqu'ici l'activité intellectuelle de M. de Humboldt avait été dirigée presque exclusivement vers un seul but, l'exploration approfondie de la structure de l'écorce du globe dans quelques points limités de l'Allemagne ; mais, en 1794, cette activité reçut une tout autre direction : M. de Humboldt quitta ses études oryctognostiques pour suivre le prince de Hardenberg dans une mission diplomatique sur les bords du Rhin et dans les Pays-Bas ; et l'année suivante il entra au Conseil supérieur de l'industrie et du commerce. Ce fut à cette époque que les sciences des corps organisés, les sciences physiologiques surtout, attirèrent toute son attention ; et ses belles recherches sur le galvanisme, et son *Traité sur l'irritation des nerfs et de la fibre musculaire*, publiées en 1796, datent de cette année (1795), dont la dernière moitié fut consacrée presque tout entière à des voyages géologiques dans le Tyrol, dans la Lombardie et dans une portion de la Suisse, et qui valut encore à la science quelques nouveaux aperçus, quelques indications générales sur les caractères si complexes de la végétation des plantes.

Le printemps de 1797 fut passé à Iéna, où Alexandre de Humboldt, qui suivait assidûment les leçons de Loder, se préparait par de pénibles études d'anatomie pratique à l'exécution d'un grand voyage scientifique qu'il avait dès longtemps projeté. Ce fut à Iéna qu'il termina son travail sur l'irritation de la fibre musculaire, et ce fut là aussi qu'il vit sa théorie chimique sur les modifications de la force vitale devenir entre les mains de quelques-uns de ses condisciples le germe d'une multitude d'expériences qui semblaient devoir un jour servir à formuler la grande loi des phénomènes de la vie chez les êtres organisés.

Ainsi l'activité intellectuelle d'Alexandre Humboldt avait successivement exploré toutes les grandes catégories de la science humaine : sciences mathématiques, science des corps bruts, science des corps organisés, il avait étudié, et partout il avait créé, partout il avait ajouté quelques faits nouveaux aux faits acquis, quelque nouvel aperçu aux aperçus déjà développés. Et cependant, à ses propres yeux, son œuvre jusqu'ici n'avait été que préparatoire : il avait profondément creusé les livres des hommes, mais c'était pour apprendre à déchiffrer le livre du monde ; il avait fouillé le sol de l'Allemagne, et médité les institutions sociales du peuple qui couvre ce sol, mais c'était pour apprendre à fouiller le sol de la terre, et à découvrir dans les traditions des peuples l'histoire du développement social de l'humanité. En 1797, sa collecte scientifique était faite, les provisions intellectuelles nécessitait son voyage étaient péniblement rassemblées, et il vint à Paris avec l'intention de diriger ses premières courses vers l'Asie centrale. Il espéra d'abord que l'expédition du capitaine Bauhin lui fournirait l'occasion d'accomplir son projet ; mais le renouvellement des hostilités entre la France et l'Autriche ne lui permit pas de s'embarquer : il voulut ensuite s'adjoindre à l'expédition d'Égypte, espérant pénétrer par l'Afrique dans l'Arabie, et de l'Arabie, par le golfe Persique, dans les possessions anglaises aux Indes ; mais des circonstances imprévues le retinrent à Marseille, et encore une fois il fut contraint de renoncer à son projet. Alors il se rendit à Madrid, et, ayant obtenu du gouvernement la permission d'explorer dans toute leur étendue les possessions espagnoles dans le nouveau continent, il modifia ses premiers projets, et, s'embarquant avec son ami Bonpland à la Corogne, il fit voile pour l'Amérique méridionale, et débarqua à Cumana au mois de juillet 1799. Cette année fut employée à visiter les provinces de la Nouvelle-Andalousie et de la Guiane espagnole ; puis, revenus à Cumana par les Missions Caraïbes, les voyageurs se rendirent à Cuba, où ils déterminèrent rigoureusement, suivant les trois coordonnées de l'espace, la position géographique, jusque alors mal connue, de la Havane. Au mois de septembre 1801, les voyageurs commencèrent leur célèbre exploration de la gigantesque chaîne des Cordillières : ils séjournèrent quelques mois à Quito ; ils visitèrent le redoutable Toungouraga, le Vésuve de l'Amérique méridionale ; ils traversèrent les ruines encore frémissantes de Rio-Bamba, qu'un tremblement de terre venait d'éparpiller sur le sol, et ils parvinrent enfin, après des efforts inouïs, jusqu'au Nevado del Chimborazo, sur le revers oriental de ce géant des montagnes du Nouveau-Monde. Là leurs efforts redoublèrent : ni la difficulté de respirer à cette hauteur prodigieuse, où l'air raréfié suffisait à peine à oxygéner le sang dans leurs poumons ; ni le froid glacial, ni l'aspect de ces neiges éternelles, étalées comme un linceul immense sur cette ossature du globe ; ni ces abîmes béants qui fascinent le regard et qui semblent attirer vers eux avec une invincible puissance, rien ne put les arrêter dans leur marche : déjà ils tendaient leurs bras vers le Chimborazo lui-même ; déjà ils touchaient de la main ce roi du Nouveau-Monde, ce fier dominateur d'un peuple de montagnes, lorsqu'une effroyante crevasse, taillée à pic, et qui leur semblait l'ouverture béante d'un gouffre sans fond, rompit la continuité de leur route, et leur ferma la voie. Au bord de ce précipice, s'élevait un dôme de porphyre, qui se projetait en noir sur cette mer infranchissable de neiges ; et sur ce dôme de porphyre, à une hauteur absolue de 7,000 mètres au-dessus du niveau de la mer, ils établirent leurs instruments, et recueillirent une série d'observations de la plus haute importance en géographie physique. Ils avaient touché la limite extrême de la vie ; mais ils n'avaient pas atteint le point culminant de la terre. Du Chimborazo, ils dirigèrent leur route vers Lima, et à Callao ils observèrent et notèrent l'immersion de Mercure sur le disque du soleil. En 1802 et 1803 ils visitèrent le Mexique, la Nouvelle-Espagne, la Philadelphie, les États-Unis, et enfin ils s'embarquèrent pour la France, après avoir pendant six années consécutives sillonné dans tous les sens le nouveau continent. Alexandre de Humboldt arriva en France dans les derniers jours de 1804, plus riche qu'aucun voyageur ne l'avait été avant lui en faits nouveaux ou nouvellement vérifiés, en observations importantes, en dessins précieux, en manuscrits plus précieux encore : et les années qui suivirent son retour furent consacrées à la coordination et à l'impression de ces innombrables documents. En 1809 parut le premier volume de l'ouvrage *Voyage aux régions équinoxiales du nouveau continent*, ouvrage qui ne fut terminé qu'en 1825 (8 vol., avec atlas ; Paris, 1809-1825). Mais, au milieu de ces travaux, le rêve de sa première jeunesse revenait sans cesse à sa pensée : il avait visité le nouveau continent parce que l'ancien continent lui était fermé, et maintenant que le monde savait son nom, et que toutes les barrières s'abaissaient devant lui, que toutes les voies lui étaient ouvertes, il revenait à sa première ambition, son premier but, l'exploration de l'Asie centrale. En 1828 donc, Alexandre de Humboldt entreprit, avec MM. Ehrenberg et Gustave Rose, un voyage de 4,500 lieues, aux mines de l'Oural et de l'Altaï, aux frontières de la Songarie chinoise, aux rives de la mer Caspienne. Les voyageurs s'embarquèrent à Nischni-Nowgorod, et descendirent le Volga jusqu'aux ruines tatares de Bolgari : de là ils se rendirent, par Perm, à Ekatherinebourg sur la pente asiatique de l'Oural, cette vaste chaîne à rangées parallèles, dont les sommités culminantes atteignent à peine 1,400 à 1,500 mètres d'élévation absolue, mais qui, comme la Cordillère des Andes, suit la direction d'un méridien, depuis les formations tertiaires du lac Aral jusqu'aux roches de grunstein, qui bordent la Mer de glace. Là ils explorèrent les riches alluvions de platine et d'or, et les gisements de béryls et de topazes, les mines de malachite; puis, dirigeant leur course à travers la steppe de Barbara, à travers les myriades incalculables d'insectes qui l'infestent, ils pénétrèrent jusqu'aux bords du Kolivan, jusqu'aux mines d'argent placées sur la pente sudouest de la chaîne de l'Altaï, dont le plus haut sommet, la Montagne de Dieu, ne dépasse pas la hauteur du pic de Ténériffe. Enfin, ils arrivèrent à la frontière de la Songarie chinoise, et, longeant la steppe de la horde moyenne des Kirghises et la ligne des Cosaques de l'Ischim, ils gagnèrent l'Oural méridional; puis, suivant cette chaîne jusqu'aux carrières de jaspe vert où la rive du Jaïk brise sa continuité de l'est à l'ouest, ils se dirigèrent par Orenbourg : ils atteignirent la fameuse mine de sel gemme, située dans la steppe de la petite horde des Kirghises; ils visitèrent le grand lac salé d'Elten, dans la steppe des Kalmoucks, et ils terminèrent leur pèlerinage dans l'établissement des frères moraves, près d'Astracan.

Cet immense voyage a jeté un grand jour sur la distribution géographique de l'Asie centrale ; et les renseignements directement recueillis par Alexandre de Humboldt, et qui se lient à ceux que MM. Abel-Rémusat et Klaproth ont puisés dans les travaux statistiques des Chinois et des Mandchoux, ont permis de redresser d'innombrables erreurs que des données incomplètes avaient introduites dans la géographie de l'Asie. M. de Humboldt lui-même a recueilli dans ce voyage les matériaux de ses nombreux Mémoires sur les systèmes de montagnes de l'Asie centrale, sur les volcans qui y ont été actifs depuis les temps historiques, sur la grande dépression de l'Asie occidentale, dépression dont les surfaces de la mer Caspienne et du lac Aral forment la partie la plus décive, et qui semblent former sur notre monde sublunaire un *pays cratère* tel que sont sur la surface de la lune les taches désignées sous les noms de Hipparque et Archimède. Enfin, Alexandre de Humboldt a pu dresser une carte qui indique la direction des quatre grands systèmes de montagnes qui divisent l'Asie centrale et le terrain volcanique qui s'étend depuis la pente méridionale des monts Célestes jusqu'au lac Darlaï. (Cette carte est la première sur laquelle se trouvent indiqués les volcans de l'intérieur des terres et les hauteurs absolues des principaux points au-dessus du niveau des mers.) Les résultats de ce grand voyage n'ont été complétement publiés qu'en 1848, sous le titre de *Asie australe, Recherches sur les chaînes de montagnes, et la climatologie comparée* (3 vol.; Paris, 1843-1848).

Les agitations de 1830 donnèrent aux travaux d'Alexandre de Humboldt une direction plus politique, sans apporter d'interruption à ses recherches scientifiques. Après avoir, en mai de cette année 1830, accompagné le prince royal de Prusse à Varsovie pour assister à l'ouverture de la dernière diète de Pologne, puis le roi de Prusse à Teplitz, Frédéric-Guillaume III l'envoya à Paris porteur de la reconnaissance de Louis-Philippe en qualité de roi des Français, mission à laquelle le rendaient plus propre que tout autre les nombreuses relations qu'il avait déjà eues avec ce prince alors qu'il n'était encore que simple prince du sang. En 1832, en 1834 et en 1835 il servit aussi d'intermédiaire aux relations diplomatiques particulières suivies entre les cabinets de Berlin et de Paris. De 1835 à 1847, il fit encore douze voyages à Paris, où d'ordinaire il passa chaque année près de six mois consécutifs. Mais depuis janvier 1848 Alexandre de Humboldt a cessé ses visites à la grande ville, retenu probablement par son grand âge au foyer domestique. Cependant il continue de se livrer à ses travaux scientifiques avec autant d'ardeur que dans sa jeunesse, et son dernier grand ouvrage, *Cosmos*, témoigne de ce qu'il y a encore de verdeur dans son esprit.

Nous voudrions et nous devrions, pour rendre cette note biographique quelque peu complète, donner ici l'indication et l'analyse des principaux travaux publiés par M. de Humboldt; mais un catalogue purement bibliographique de ses travaux dépasserait de beaucoup l'espace que nous avons déjà consacré à cette notice, et nous sommes forcé, malgré nous, de nous borner à un résumé sommaire des principaux résultats qu'il a acquis à la science. Par ses observations sur les distances lunaires, sur les éclipses des satellites de Jupiter, sur l'immersion de Mercure, il a rendu des services essentiels aux sciences astronomiques; par ses recherches sur la distribution des plantes suivant les latitudes et suivant les hauteurs absolues du sol, il a presque créé la géographie botanique; par ses recherches sur la distribution des lignes isothermes, dont il a le premier constaté l'existence, et sur la position de l'équateur magnétique, qu'il a étudié l'un des premiers; par l'étude approfondie qu'il a faite de la constitution géologique des pays qu'il a parcourus; par les savantes coupes qu'il a dressées; par les innombrables mesures barométriques et trigonométriques qu'il a exécutées, il a changé la face de la géographie physique, et, en reculant les bornes, en élargissant le cercle de nos connaissances, il a émis des considérations générales qui peuvent servir de lien aux matériaux qu'il a colligés, créant une science là où il n'existait que des faits épars : par la multitude d'espèces exotiques, animales et végétales qu'il a rapportées en Europe, il a enrichi nos cabinets de minéralogie, de botanique et de zoologie plus que jamais voyageur ne l'avait fait avant lui. Enfin, par les nombreux renseignements qu'il a publiés sur les monuments du Mexique et du Pérou, par les nombreuses traditions qu'il a recueillies sur les civilisations primitives du Nouveau-Monde et sur les théogonies sociales des Aztèques, des Toltèques, des Péruviens, etc., il a singulièrement contribué à l'avancement des sciences sociales et historiques.

Alexandre de Humboldt fait partie de presque toutes les académies : ses travaux ajoutent aux richesses de presque tous les recueils scientifiques ; seul peut être de tous les savants de notre époque, il peut être nommé pour la presque universalité de ses connaissances après Aristote et Haller; par ses prodigieux encyclopédistes du moyen âge.

BELFIELD-LEFÈVRE.]

HUMBUG. *Voyez* HOAX.

HUME (DAVID), ingénieux sceptique et historien classique anglais, né à Édimbourg le 26 avril 1711, était le fils cadet d'un lord d'Écosse de la famille des comtes de Home. Il perdit son père dans un âge fort tendre ; mais sa mère se dévoua entièrement à l'éducation de ses enfants. De bonne heure le jeune David Hume se sentit entraîné vers l'étude de la philosophie et de belles-lettres. Mais sa famille était pauvre, et la faible part qui lui revenait dans l'héritage paternel ne força d'accepter la proposition qu'on lui fit d'entrer dans une maison de commerce de Bristol ; il avait alors vingt-trois ans, et ne tarda point à éprouver une invincible répugnance pour sa nouvelle profession. Il y renonça donc bientôt pour s'en revenir à Édimbourg terminer ses études universitaires, que sa mauvaise santé l'avait un instant contraint d'interrompre. Il résolut alors de se soumettre à toutes les privations pour pouvoir suivre ses penchants et conserver son indépendance. Il vint en France, pensant avec raison qu'il y pourrait vivre avec peu d'économie que dans son pays natal. Ce fut sous le beau ciel de l'Anjou qu'il écrivit son *Treatise upon human nature*. Il revint à Londres après trois ans d'absence, pour faire imprimer cet ouvrage, qui n'eut aucun succès, mais où l'on retrouve tout le scepticisme et le génie particulier de Hume. La philosophie du dix-huitième siècle était alors dans son premier éclat, et commençait à jeter les fondements de ce système d'investigation hardie qui cherche la cause de tout, et qui nie tout ce qu'elle ne peut expliquer ou comprendre. Hume était un des adeptes de cette philosophie, dont il fut bientôt un des apôtres les plus audacieux. Peu d'années après, il fit paraître à Édimbourg la première partie de ses *Essays moral, political and literary* (1742). Ce second ouvrage fut mieux accueilli que le premier, et il publia successivement la suite de ces *Essays*, où il étonna les hommes les plus distingués de l'Europe par la profondeur et la nouveauté de ses aperçus. On admira la raison forte, calme et subtile à la fois, de ce génie élevé; cette supériorité d'intelligence que rien n'étonnait et à laquelle rien ne paraissait étranger. Législation, économie sociale, politique, morale, philosophie spéculative, métaphysique, sciences, beaux-arts, commerce, industrie, tout était du domaine de cet esprit fécond et doué de connaissances universelles. Dans ses Recherches sur l'antiquité, il fit briller cette sagacité de critique que Voltaire depuis porta dans l'histoire, et qui a mis en doute des points jusqu'alors incontestés.

Ce qui faisait le principal mérite des ouvrages de Hume fut précisément ce qui les empêcha de jouir de la réputation dont ils étaient dignes. Il traitait des sujets avec lesquels le public n'était point encore familiarisé; et comme il ne s'adressait qu'aux esprits éclairés, il n'eut aucune popularité. Aussi, malgré tout son mérite, il dut sacrifier au besoin d'exister cette indépendance qu'il chérissait tant. En 1745, il accepta la place de mentor près du fils du marquis d'Annandale, jeune homme dont l'esprit était affaibli; puis il devint le secrétaire du général Saint-Clair dans son expédition contre les côtes de France. Une chaire de philosophie morale étant venue à vaquer à Édimbourg, Hume se mit sur les rangs pour l'obtenir. Mais ses écrits l'avaient rendu odieux au clergé, et l'on préféra un de ses concurrents. Il se détermina alors à accompagner le général Saint-Clair dans son ambassade à Vienne et à Turin. De retour dans sa patrie, il fit paraître à peu d'intervalle son *Enquiry concerning human understanding* (Londres, 1748), où il développait son système de scepticisme universel d'une manière bien autrement complète. Revenu en Écosse en 1752, il y publia son *Enquiry concerning the principles of morals*, ouvrage dans lequel il recherche avec plus d'exactitude qu'on ne l'avait encore fait la base du sens moral. Le sentiment moral est à ses yeux le motif de toutes les actions morales; et il fait consister le caractère de la vertu dans la possession des qualités intellectuelles qui nous rendent utiles ou agréables aux autres. Ces efforts redoublés fixèrent enfin l'attention du public; la réputation de Hume s'étendit en Angleterre et sur le continent.

En 1752, ayant été nommé bibliothécaire de l'ordre des avocats d'Édimbourg, il fut amené à s'occuper de recherches historiques, et conçut alors l'idée d'écrire l'histoire de son pays. De 1754 à 1756 il fit paraître l'*Histoire d'Angleterre, depuis l'avènement au trône de la famille des Stuarts*; travail suivi, en 1759, de l'*Histoire de la maison de Tudor*, et complété, en 1761, par le récit des faits des périodes antérieures. L'ouvrage fut ensuite réimprimé sous le titre général de *History of England from the invasion of Julius Cesar to the revolution* of 1688. En dépit de l'envie et des critiques, cette histoire d'Angleterre acquit bientôt une célébrité méritée, et devint classique, même du vivant de l'auteur; sa fortune et son indépendance furent assurées, et il obtint une pension du roi. L'envie se tut, l'Angleterre honora dans Hume son plus illustre historien. Un témoignage d'estime plus flatteur peut-être que les hommages tardifs qu'il recevait dans sa patrie, l'attendait en France. En 1763, il consentit à accompagner, en qualité de secrétaire d'ambassade, le lord Hertford dans son ambassade à la cour de Versailles. Il y reçut l'accueil le plus flatteur et le plus distingué. On lit dans la correspondance de Grimm (tom. V, p. 124) des détails piquants sur sa personne et sur la réception qui lui fut faite. « Paris et la cour se sont disputé l'honneur de se surpasser... Ce qu'il y a de plaisant, c'est que toutes les jolies femmes se le sont arraché, et que le gros philosophe écossais se plaît dans leur société. C'est un excellent homme que David Hume. Il entend finement, il dit quelquefois avec sel, quoiqu'il parle peu; mais il est lourd, et n'a ni chaleur, ni grâce, ni agrément dans l'esprit, ni rien qui soit propre à s'allier au ramage de ces charmantes petites machines qu'on appelle jolies femmes. »

En France, Hume se lia étroitement avec J.-J. Rousseau. Il l'emmena avec lui en Angleterre, en 1766; mais l'humeur morose et misanthropique du philosophe génevois, ses soupçons inquiets et plus que tout peut-être cette affection hypochondriaque qui causa le tourment des dernières années de sa vie amenèrent une rupture éclatante, à la suite de laquelle Hume, pour se justifier des injustes reproches de J.-J., eut le tort de trahir le secret de sa correspondance privée avec lui, et de faire ainsi connaître les services qu'il lui avait rendus.

Hume fut nommé sous-secrétaire d'État; mais il ne conserva ces fonctions que pendant deux années, et en 1769 il se retira à Édimbourg, où, après quelques années d'une existence heureuse, il fut attaqué d'une dyssenterie qu'il jugea lui-même incurable. Il vit approcher sa fin avec calme, et mourut paisiblement le 26 août 1776.

Outre les ouvrages de Hume dont nous avons parlé, on a encore de lui des *Dialogues sur la religion*, et des *Essais sur le Suicide et sur l'Immortalité de l'âme*, qui n'ont paru qu'après sa mort.

Hume fut sans contredit un des esprits les plus éminents du dix-huitième siècle, de ce siècle si fécond en hommes supérieurs. Les critiques anglais citent son style comme un modèle de diction facile, claire, élégante et pure. Ses doctrines philosophiques sont souvent dangereuses; on est effrayé de ce scepticisme froid et méthodique qui s'efforce d'ébranler, toujours en déguisant la passion, les fondements de toutes les croyances. On ne lit guère plus aujourd'hui la plupart de ses œuvres politiques ou philosophiques. L'école du scepticisme a fait son temps. Toutes les questions qui ont si fortement occupé le siècle dernier ont été l'objet de controverses bien animées à la tribune, dans les feuilles publiques, dans les recueils périodiques. On a emprunté aux unes, pour les faire passer dans le droit public ou dans la législation, des idées fécondes et d'utilité pratique; on a abandonné les autres comme oiseuses et insolubles. Mais ce qui assure à jamais la gloire de Hume, ce qui fera vivre son nom, c'est son *Histoire d'Angleterre*. Il a eu le rare mérite de porter le premier de la clarté dans les annales de sa patrie; il y a consacré plus de dix années de sa vie. Voici comment il s'est lui-même jugé : « J'étais, je le savais, le seul historien « de mon pays qui eût écrit sans rien sacrifier à l'ascendant « du pouvoir dominant, à l'autorité présente, à l'intérêt « du moment, aux préjugés populaires. » Ses contemporains et la postérité ont ratifié l'éloge, et cet éloge suffit à sa mémoire. Camille CARBONNE.

HUME (JOSEPH), homme d'État anglais, né en 1777 à Montrose en Écosse, perdit de bonne heure son père, capitaine d'un petit bâtiment caboteur; et sa mère dut demander à un petit commerce de détail les moyens de nourrir et élever sa nombreuse famille. Après avoir appris un peu de latin au collège de sa ville natale, Hume passa quelque temps en apprentissage chez un chirurgien, J. Hume alla étudier la médecine à Édimbourg, où en 1796 il subit son examen devant le *College of Surgeons*. A quelque temps de là il fut attaché en qualité de chirurgien au service de la Compagnie des Indes, qui l'envoya au Bengale. Il s'y appliqua avec tant d'ardeur à l'étude de la langue locale qu'en 1803, lorsque éclata la guerre contre les Mahrattes, il fut place attaché en qualité d'interprète à la division du général Powell envoyée dans le Bundelkund, tout en conservant ses fonctions de chirurgien, avec lesquelles il cumula bientôt, grâce à une infatigable activité, celles de payeur et de directeur des postes de l'armée. La manière dont il s'acquitta de ses nombreux devoirs lui valut des remerciements publics de la part de lord Lake, commandant en chef de l'armée de l'Inde. Les émoluments considérables qui y avaient été attachés et aussi d'heureuses spéculations le mirent à même de s'en revenir en Europe, en 1808, avec une fortune assez ronde. Il parcourut alors pour son instruction les différentes parties de l'Angleterre et de l'Irlande, puis l'Espagne, le Portugal, la Turquie, la Grèce, l'Égypte, les îles Ioniennes, la Sicile, Malte et la Sardaigne. En 1812 il fut élu membre de la chambre des communes par le bourg de Weymouth ; mais le parlement ayant été dissous à quelque temps de là, il ne fut pas réélu. Il partagea alors son temps entre les devoirs de sa place de directeur de la Compagnie des Indes, qu'il avait obtenue en 1813, et les soins qu'il donnait à la propagation de la méthode d'enseignement élémentaire dite de Lancaster. Ce fut seulement en 1818 qu'il rentra comme représentant de sa ville natale, Montrose, à la chambre des communes, où peu à peu il s'initia au rôle politique important qu'il lui a été donné depuis lors de jouer. Par le sévère contrôle qu'il exerça sur toutes les dépenses de l'État, par ses critiques mordantes contre celles qui ne lui paraissaient pas strictement nécessaires, il devint le cauchemar des tories, alors à la tête des affaires, et qui usèrent, mais en vain, de tous les moyens possibles pour se débarrasser de ce censeur incommode. Élu en 1830 membre du parlement pour le comté de Middlessex, il figura au premier rang parmi les défenseurs du bill de la réforme parlementaire; et cette importante mesure une fois obtenue, il devint dans la chambre nouvelle le chef du parti radical, et ne contribua pas peu à déjouer, en 1835, le plan qu'avait conçu la faction orangiste d'exclure de la succession au trône la princesse Victoria, dont l'éducation avait été entachée de libéralisme, pour appeler le duc de Cumberland à la couronne. Devenu l'objet tout particulier des rancunes du parti tory, il échoua aux élections de Middlessex de 1837 ; mais, grâce à la protection d'O'Connell, il n'en continua pas moins de siéger au parlement comme représentant de Kilkenny. Aux élections générales de 1841, il ne fut pas élu; mais l'année suivante la ville de Montrose le choisit pour nouveau pour représentant; élection renouvelée, depuis, en 1847 et en 1852. Il mourut au mois de février 1855. Joseph Hume fut toute sa vie un des plus intrépides adversaires du monopole et du privilége, un des plus fermes champions des libertés politiques et religieuses. Comme réformateur financier, il n'eut pas d'égal dans le parlement ; et à cet égard son infatigable constance était passée en proverbe. C'est à ses efforts que l'Angleterre est redevable du meilleur ordre qui a été introduit dans sa comptabilité financière et de la suppression de l'amortissement. On estime à plusieurs millions de livres sterling les économies annuelles qu'il est parvenu à opérer dans le budget de l'État.

HUMÉRAL (du latin *humerus*), ce qui a rapport à l'h u m é r u s ou à l'é p a u l e. C'est aussi le nom du dos ou de la partie postérieure de la c u i r a s s e.

HUMÉRUS. Les anatomistes nomment ainsi l'os du b r a s proprement dit. Son extrémité supérieure est en général arrondie ; elle présente trois éminences : la plus grosse porte le nom de *tête de l'humérus*, et les deux autres celui de *tubérosités ;* l'intervalle qui sépare la tête du corps de l'os est le *col de l'humérus ;* les deux tubérosités sont séparées par une rainure qu'on appelle *coulisse bicipitale*. L'extrémité inférieure de l'humérus est aplatie et recourbée d'arrière en avant ; elle présente de chaque côté une saillie, le *condyle interne* et le *condyle externe* ; l'espace qui sépare ces deux c o n d y l e s forme la *poulie articulaire* de l'humérus, et une éminence arrondie qu'on remarque à sa partie externe prend le nom de *petite tête de l'humérus*. L'humérus s'articule en haut avec l'o m o p l a t e pour former l'é p a u l e, et en bas avec les os de l'avant-bras ; cette dernière articulation produit le c o u d e.
La chirurgie a surtout à s'occuper des f r a c t u r e s et des luxations de l'humérus.

HUMEUR. Le corps humain est composé de parties solides ou matériaux fixes, et de parties fluides ou matériaux mobiles. Ces derniers, que l'on appelle *humeurs*, sont en quantité majeure et sont même la source des premiers. Le s a n g est l'origine commune des matériaux fixes et mobiles. Des vaisseaux capillaires absorbent dans le sang artériel les matériaux humides qui lubréfient les surfaces membraneuses, la peau, les articulations mobiles, le tissu cellulaire. Ces fluides, étant reportés dans le torrent de la circulation, sont appelés *humeurs récrémentitielles* par opposition à d'autres qui, étant absorbées pour être expulsées, sont appelées *humeurs excrémentitielles :* telles sont la t r a n s p i r a t i o n insensible qui émane de la peau, la s u e u r, la perspiration pulmonaire, les résidus de la digestion. Des g l a n d e s très-nombreuses séparent aussi du sang des produits divers qui sont au nombre des humeurs : ces organes, appelés *sécréteurs*, forment les l a r m e s, la s a l i v e, le suc p a n c r é a t i q u e, la bile, l'u r i n e, le lait, etc.

Les humeurs ainsi composées ont dans l'état normal des propriétés physiques et chimiques qui les différencient entre elles, mais qui toujours sont modifiées par la force motrice et inconnue qui est l'élément primitif de la vie : si cette puissance éprouve quelque altération, on peut concevoir que les fluides sont proportionnellement viciés, et cet effet peut être rapide : qu'une nourrice, par exemple, se mette dans une violente colère, son lait sa dépravera au détriment de l'enfant qu'elle nourrit. Les humeurs présentent donc un état de santé et un état morbide, et les solides doivent s'altérer dans ce dernier cas, parce que la source où ils se réparent n'est pas saine. La raison suggère instinctivement cette notion ; elle paraît même si simple qu'on croit d'abord qu'il est facile de la démontrer aux sens : il n'en est cependant point ainsi, malgré les immenses progrès de la physique et de la chimie, malgré la facilité avec laquelle certaines personnes étrangères à la médecine expliquent par la viciation des humeurs la cause d'un grand nombre de maladies. D'ailleurs beaucoup de médecins, dont les doctrines diverses ont été confondues sous le nom d'*humorisme*, ont fondé exclusivement des théories sur l'altération des fluides, comme d'autres sur celles des solides. Les hommes judicieux qui pratiquent l'art de guérir rejettent les unes et les autres comme peu sensées, parce que toutes les parties du corps humain sont tellement liées entre elles que les unes ne peuvent s'altérer sans que les autres s'en ressentent. Mais pour le vulgaire les théories fondées sur l'humorisme ont un attrait irrésistible. On se laisse aller à admettre avec les *humoristes*, dont Molière nous a transmis le type, que la cause de toute maladie est dans une humeur *peccante* (c'est le terme consacré), laquelle offre d'abord une période de *crudité* pendant laquelle elle est intraitable. Puis vient la c o c t i o n ou coction des humeurs par la fièvre, moment favorable pour débarrasser l'économie du levain morbifique qui causait tant de mal (*voyez* CRISE). Heureusement qu'aujourd'hui, s'il reste encore quelques Argants, nous n'avons plus guère de Purgons.

Le mot *humeur* est souvent employé pour qualifier les dispositions d'esprit ou les caractères : il a dû eu être ainsi d'après l'influence que le physique exerce sur le moral. Aussi, le tempérament sanguin imprimant au caractère de la vivacité, de la fougue, de l'emportement, on dit d'un homme qui présente cette manière d'être : il a l'*humeur sanguine ;* la prédominance de la l y m p h e et du mucus étant accompagnée de lenteur et d'indécision dans les actions, les lymphatiques ont, dit-on, l'*humeur phlegmatique ;* la bile étant réputée pour engendrer la tristesse, les personnes bilieuses ont l'*humeur atrabilaire*.

Appliqué au moral de l'homme, le mot *humeur* a encore un grand nombre d'acceptions ; il comporte l'idée de tristesse, de mécontentement, de fantaisie, de caprice, de bizarrerie, d'irritabilité ; il désigne si bien la disposition d'esprit qu'on dit *être en humeur* de danser pour exprimer que l'on est disposé à s'amuser, comme on dit aussi qu'on n'est pas d'*humeur* à se laisser gouverner ou mener quand on veut conserver son libre arbitre. Une opposition tranchée dans le moral est appelée *incompatibilité d'humeur et de caractère*; une disposition habituelle à l'enjouement, à la gaieté, à une joie douce et calme se nomme *bonne humeur*. D' CHARBONNIER.

HUMEURS FROIDES. *Voyez* SCROFULES.

HUMILITÉ. La vertu représentée par ce mot n'est pas aussi ancienne que lui. *Humilité* vient du mot latin *humus*, terre. Dans ce sens de chose peu élevée, les Romains appelaient *humbles* les vignes et les arbrisseaux. Virgile donne cette épithète à l'Italie :

Cum procul obscuros colles humilemque vidimus
Italiam....,

soit que, du côté où naviguait alors son héros, il ne pût apercevoir aucune des hautes montagnes de l'Italie, soit que la distance les amoindrît aux yeux des navigateurs. Corydon désire vivre tranquille dans son *humble* chaumière,

Atque humiles habitare casas...

Cette expression, transportée de la terre et des plantes à l'homme, n'a point d'abord changé de condition. La signification d'*homme humble*, pour les Latins, était la même que celle d'homme vil et méprisable s'il s'agissait de la position personnelle de quelqu'un, et d'homme sans portée d'esprit, sans générosité s'il s'agissait de la trempe de son caractère. Pour rehausser l'importance du consul P. Lentulus, auquel il doit son retour dans la patrie, et ravaler les consuls Pison et Gabinius, auteurs de son exil, Cicéron traite ces derniers d'hommes d'un esprit étroit et *humble*. L'humilité emportait donc pour les Latins une idée d'opprobre ou de mépris. Elle était aussi quelquefois pour eux l'équivalent de ce qu'on appelle chez nous *humiliation*.

Il faut donc interpréter par *bassesse de condition* le mot *humilité*, employé dans le beau cantique de la Vierge, qui déclare le tressaillement de son cœur devant Dieu dès qu'il daigne la regarder avec bénignité (*humilitatem ancillæ suæ*). Cette humilité n'est autre chose que la faiblesse d'une créature en face du Créateur, faiblesse convenablement mise en parallèle, dans ce cantique, avec la gloire promise à la mère de Dieu dans tous les âges.

Les Latins n'avaient pas de mot qui s'approchât davantage de celui d'*humilité*, comme nous l'entendons, que celui de *modestie*. Il y a pourtant entre ces deux termes une grande différence : alors comme aujourd'hui, le mot *modestie*, qui a sa racine dans *modus*, règle, mesure, ordre, indiquait cette modération de désirs, d'affections et d'actions par laquelle l'homme, prenant de chaque chose moins encore que ce qui lui serait permis, se contient dans les limites les plus étroites de ses facultés, subjugue toutes ses cupidités, et amortit les emportements de son ambition naturelle. L'*humilité*, au contraire, dénote une soumission spontanée, un sentiment de soi-même, réglé non-seulement sur la connaissance sincère qu'on a de la petitesse de l'homme considérée en elle-même, mais aussi sur celle de la grandeur de Dieu. Voilà la véritable humilité, inconnue à la vertu orgueilleuse des anciens, et qui a été proclamée pour la première fois par le Sauveur du monde, prononçant ces mots sublimes : *Celui qui s'humilie sera exalté*. L'humilité est donc un mot chrétien, théologique, que la religion a sanctifié, et qui n'emportait chez les anciens aucune signification de vertu.

Baron Joseph MANNO, de l'Académie de Turin.

HUMMEL (JEAN-NÉPOMUCÈNE), l'un des pianistes et des compositeurs les plus distingués des temps modernes, né à Presbourg le 14 novembre 1778, apprit les premiers éléments de la musique de son père, Joseph Hummel. Celui-ci ayant été appelé en 1785 à Vienne par Schikaneder en qualité de maître de chapelle, le talent précoce de l'enfant excita tellement l'intérêt de Mozart qu'il le prit chez lui et se chargea de le diriger. Dès 1788 Hummel entreprit avec son père des tournées artistiques en Allemagne, en Angleterre et en Hollande. En 1795 il revint à Vienne, où sous la direction particulière d'**Albrechtsberger** et par des relations de chaque jour avec Salieri, il fit de l'art de la composition une étude spéciale, dont les fruits furent divers rondeaux, trios et sonates, que ses ouvrages postérieurs ont fait oublier. Entré au service du prince Esterhazy en qualité de maître de chapelle, il eut occasion de s'y essayer dans la musique religieuse et dans la musique dramatique. Après avoir renoncé à cette position, en 1811, il se consacra, sans jouer en public, à l'enseignement et à la composition. Ce ne fut qu'à Stuttgard, où il fut appelé, en 1816, comme maître de chapelle, qu'il se fit de nouveau entendre sur le piano en public; la perfection de son jeu excita l'admiration universelle, et tous les contemporains sont d'accord pour proclamer que jamais peut-être on ne porta plus loin que lui la faculté d'improviser. En 1820 Hummel alla remplir le même emploi à Weimar, où, sauf quelques grands voyages en Russie et en Angleterre, il continua de séjourner jusqu'à sa mort, arrivée le 17 octobre 1837. Il a déposé dans un grand ouvrage intitulé *École de forte-piano*, et dans divers morceaux d'études, les principes qu'il s'était faits et les résultats de son expérience. Ses compositions consistent en concertos, trios, sonates, un grand nombre de petits morceaux pour piano, divers morceaux de musique d'église et de musique théâtrale. Dans ce dernier genre, l'artiste ne réussit que médiocrement ; et son opéra *Mathilde de Guise* n'eut aucun succès; en revanche, deux grandes messes de lui, une sonate, deux concertos, quelques trios vivront éternellement.

HUMORISME, HUMORISTES. *Voyez* HUMEUR, CRISE, etc.

HUMOUR. Ce mot, qui a pénétré dans la langue critique et littéraire, signifie simplement *humeur*, bizarrerie naturelle de caractère, penchant auquel on cède, habitude d'esprit dans laquelle on se complaît : on est donc de bonne humeur, de mauvaise humeur ; on a l'humeur sombre, noire, riante. Les Français ont conservé cette acception du mot, mais il n'y a que les nations septentrionales qui aient pensé à faire de l'*humorisme* un mérite et une forme littéraire distincte : transportant les caprices et les variétés de leur humeur dans les œuvres intellectuelles, ils en ont fait un nouveau mobile d'intérêt que les anciens n'avaient pas connu, et qu'ils auraient même repoussé avec dégoût. Souvent les fils des Teutons ont essayé de faire valoir comme chef-d'œuvre cette farouche indépendance, tantôt gaie, tantôt lugubre, qui leur semblait à la fois si précieuse et si digne de l'homme. A force de livrer l'imagination et le caprice à toutes leurs fantaisies, ils découvrirent que le mode spécial qui exprimait le mieux l'essor singulier de cette indépendance intellectuelle, c'était la rêverie tour à tour mélancolique et folle, donnant essor à des saillies joyeuses qui trahissent un fond d'amertume tour à tour riant au milieu des larmes, et lançant une étincelle ardente, un trait de gaieté impétueuse au milieu de la tristesse la plus amère; il n'y avait rien qui ne fût d'accord avec les habitudes de l'humanité, mais c'était sa manière d'être la plus libre, le plus sans façon et la moins réglée.

Notre civilisation française, depuis les Romains, n'a jamais abandonné la règle, qui tour à tour a pris les noms de discipline militaire, d'organisation ecclésiastique, de politesse dans les mœurs et de formules administratives; aussi l'humeur telle que nous l'avons décrite plus haut fut-elle bannie des mœurs françaises. On trouve bien une gaieté brillante chez **Rabelais**, une tristesse pleureuse chez **Arnauld**, une mélancolie douce chez **Racine** et plusieurs autres; mais rien n'y est plus rare, rien n'est moins en harmonie avec le génie national que cette fusion de gaieté et de tristesse, de la philosophie et de la déraison, qui font le mérite de **Sterne**, de **Richter**, de **Lamb**, et qui se retrouvent dans **Shakspeare** et **Byron**. Hamlet, qui tourne le monde en plaisanteries amères; Yorick, dont le crâne retrouvé sert de texte à des théories si mélancoliques; le pauvre Jacques, qui voit périr un cerf et qui moralise pendant une heure avec tant de charme et de puérilité à la fois sur sa mort, offrent des exemples humoristiques très-frappants : le livre entier de Sterne, comprenant l'histoire d'un homme, et qui au sixième volume n'a pas encore fait quitter la jaquette à son héros, compte parmi les plus délicieux produits de l'imagination anglaise. Presque tous les ans paraissent des ouvrages du même ordre, plus ou moins médiocres. Les heureux, ceux qui touchent le but acquièrent une estime considérable, et se placent au rang des premiers écrivains.

Les Allemands nous semblent avoir exagéré un peu cette manière, et nous ne pardonnons pas au spirituel et immense Jean-Paul lorsqu'il fait jouer à la balle les planètes Mars et Vénus, et qu'il montre le Soleil montant en chaire pour haranguer ses satellites ; mais les narrations naïves et touchantes, les inventions ingénieuses et extraordinaires sont empreintes sur toutes les pages de cet humoriste. Heine, dont la malice est plus piquante, nous semble aujourd'hui le plus remarquable des humoristes allemands, dont l'école est nombreuse. Les Anglais, en perdant Lamb, ont perdu le dernier fleuron de cette couronne humoristique. Quand lord Byron, s'adressant à l'homme en général, et voulant comprendre sous une même indication la bizarrerie de ses joies et de ses douleurs, l'a comparé à un pendule qui oscille entre le sourire et les larmes :

Man, thou, pendulum between a smile and a tear,

il a donné la définition la plus complète et la plus précise d'une tournure d'esprit singulière qui caractérise surtout les hommes de son pays. Philarète Chasles.

HUMUS. On nomme ainsi cette couche superficielle, composée pour la plus grande partie de matières organiques, qui, se formant continuellement à la surface de la terre, se mêle avec les molécules minérales qui constituent le sol, et est la cause principale de la fécondité. Là où la culture n'a pas encore pénétré, par exemple dans les forêts vierges du Nouveau-Monde, l'humus se trouve souvent accumulé en couches d'une énorme épaisseur. Ailleurs la superficie de la terre s'en enrichit continuellement par alluvions ou par les débris organiques contenus dans les eaux stagnantes. Les rives du Nil en Égypte, les parties basses du Danube et de la Theiss en Hongrie, les *bottoms* des rives du Mississipi, de l'Ohio et du Missouri, la ceinture formée par le Marañon, l'Orénoque et la Plata, où se montre la végétation la plus gigantesque, en général les pays de marais ou de marches qui avoisinent les côtes de la mer et le lit des fleuves sont des l'eux où l'on rencontre accumulées de grandes masses d'humus, de même que les tourbières et les marécages qui remplacent aujourd'hui en Europe et dans d'autres régions d'anciens lacs, étangs et marais. Plus une terre est féconde et riche, et plus elle contient d'humus : ce qui implique toujours l'existence d'une rivale et luxuriante végétation. C'est par ce motif que le cultivateur, en charriant du fumier sur son champ, y renouvelle constamment la somme d'humus en même temps que la puissance de production. Dans ces derniers temps quelques chimistes ont prétendu contester l'importance du rôle joué par l'humus dans la nutrition des plantes; mais leurs objections ont été d'autant moins accueillies qu'elles étaient en opposition directe avec les faits positifs résultant d'expériences de plusieurs siècles.

HUNALD ou HUNOLD, duc d'Aquitaine, issu de la famille des Mérovingiens, succéda à son père Eudes en l'an 735, et ne tarda pas à essayer de secouer le joug du vasselage que Charles Martel et ses fils lui avaient imposé. Il contracta à cet effet alliance avec Odilon, duc de Bavière ; mais, traîni dans cette lutte par son frère, il lui fit crever les yeux. Puis, se voyant sur le point de tomber au pouvoir de Pepin et de Carloman, il abdiqua en faveur de son fils Waifre, auquel le vainqueur n'avait point de reproches à faire, et alla s'ensevelir dans un monastère de l'île de Ré, d'où il ne sortit que vingt-trois ans après, âgé alors de soixante-dix ans. Pepin, qui avait fait assassiner Waitre ; étant venu à mourir, Hunald abandonna le froc, et, pour venger la mort de son fils, appela ses anciens sujets à l'insurrection. Charlemagne réussit à comprimer ce mouvement, qui prit un instant des proportions menaçantes ; et il força Hunald à s'enfuir d'Aquitaine pour aller demander asile d'abord à Loup, duc de Gascogne, qui le trahit et le livra à son ennemi. Mais il parvint à s'échapper et se réfugia en Italie, auprès du pape, qui le recueillit en lui faisant promettre de ne jamais s'éloigner du tombeau des Apôtres. Hunald, après avoir prêté ce serment solennel, ne se sentit pas la force de résister à l'appel de Didier, roi des Lombards, lequel, dans sa lutte contre Charlemagne, crut tirer bon parti de l'expérience du vieux proscrit. Tout deux ne tardèrent pas à être assiégés dans Pavie (en 744) ; et Hunald périt l'année suivante dans cette cité ou écrasé par la chute fortuite d'une tour, ou lapidé par les habitants; car les termes de la chronique latine se prêtent à cette double interprétation.

HUNDRED, mot anglo-saxon employé pour désigner une circonscription politique et administrative correspondant au *gau* des Germains. Les comtés (*shires*) étaient divisés en plusieurs *hundreds*. Dans les anciennes chartes le mot *hundred* (*hundretum* ou *Hundreta*) sert aussi à désigner l'assemblée des hommes libres résidant dans cette circonscription.

HUNDSRÜCK, montagne de schiste calcaire, située dans les arrondissements de Coblentz et de Trèves de la province rhénane de Prusse, qu'entourent les quatre vallées du Rhin, de la Moselle, de la Saar et de la Nahe, vallées fertiles, très-peuplées et où on cultive la vigne. Haute d'environ 500 mètres, et en majeure partie couverte d'épaisses forêts, elle consiste en deux groupes distincts, dont celui du nord-est forme le *Hundsrück* proprement dit, entre Kirn et Bacharach ; et celui du sud-ouest, le *Hohenwald* ou *Hochwald*, dont une partie a nom *Idarwald*. Cette dernière partie, avec le *Walderbsenkopf* et l'*Idarkopf*, points culminants de toute la chaîne, s'étend en formant divers rameaux le long de la Moselle et de la Nahe, rétrécit beaucoup le lit de ces rivières et est la cause des nombreux détours qu'elles décrivent. Les habitants du Hundsrück, comme tous les montagnards, sont fiers de leur rude pays, et reviennent toujours avec bonheur de l'étranger dans leurs foyers. Quelques auteurs écrivent le nom de cette montagne *Hunsruck*, et le font dériver d'une colonie de Huns, que l'empereur Gratien aurait, dit-on, établie dans ces contrées, ou encore de Huns qui seraient venus y chercher un refuge après la défaite d'Attila. Ils appuient leur opinion sur ce que dans cette contrée différents noms de lieux, tels que *Hunoldstein*, *Hunenborn*, *Huntheim*, etc., semblent rappeler le souvenir des Huns ; mais ce n'est qu'une hypothèse plus bizarre que fondée.

HUNE, HUNIER. Les anciens navires de la Méditerranée portaient, au sommet de leurs mâts, une espèce de cage, ou *gabie*, servant de guérite, de vigie et de bastion au matelot. De là le nom de *gabier* donné à l'homme qui y montait la garde, nom qui s'est conservé jusqu'à nos jours. Cette guérite bastionnée suffisait aux bâtiments qui naviguaient presque toujours à la rame et ne portaient pas de voiles élevées. Mais les peuples maritimes de l'Océan, dont les navires de haut bord demandaient au vent une force plus grande, eurent besoin d'un appareil nouveau pour appuyer les mâts supérieurs implantés sur les bas mâts : ils élargirent la gabie des marins de la Méditerranée, et en firent une plate-forme assez large et assez forte pour servir de point d'appui et d'arc-boutant aux *haubans* des mâts les plus hauts ; ils appelèrent *hune* cette plate-forme; et ce mot, venu des peuplades du Nord, est resté dans la langue de la marine française. Les *hunes*, pendant le combat, sont garnies de pierriers et d'espingoles; les gabiers, armés de fusils, font pleuvoir sur les ponts de l'ennemi une grêle de balles et de grenades. Ces feux plongeants produisent d'effroyables ravages quand on combat de près ou qu'on ma-

manœuvre pour en venir à l'abordage. La *hune* est donc une plate-forme à peu près rectangulaire, percée d'un trou carré, nommé *trou du chat*; la tête du bas mât la traverse et la domine de quelques décimètres; le second mât élevé au-dessus est le *mât de hune*; elle est maintenue contre le bas mât à l'aide de fortes pièces de bois, solidement chevillées. Sur ses bords sont pratiquées des ouvertures qui donnent passage aux haubans du mât de hune. L'ensemble de tous ces haubans du mât de hune et de la hune forme une pyramide quadrangulaire, dont la hune est la base et le mât de hune l'axe.

Le mât de hune porte une voile carrée, dont les deux extrémités inférieures, ou *points*, vont s'attacher aux deux bouts de la basse vergue, immédiatement au-dessous : cette voile est le *hunier*; la vergue ou pièce de bois à laquelle on la fixe est la *vergue de hune*. Elle peut s'élever ou s'abaisser à volonté au moyen de cordes, car elle tient au mât par un collier qui glisse facilement sur toute sa hauteur; ce collier est le *racage*. Le hunier est une voile de grande dimension. Quand le vent souffle avec force, l'action qu'il exerce sur la toile tendue pourrait dépasser la puissance de résistance des cordes, ou la limite de stabilité du navire. On a imaginé un moyen de soustraire, à volonté, une partie plus ou moins grande de cette voile au souffle du vent : on l'a partagée en plusieurs bandes horizontales, qu'on replie sur la vergue avec des cordes ou *garcettes*, qui passent à travers de petits œillets pratiqués dans la toile : ces bandes se nomment *ris*. Théogène PAGE.

HUNEBOURG (Comte D'). *Voyez* CLARKE.

HUNIADE ou **HUNIADES**. *Voyez* HUNYAD.

HUNINGUE, chef-lieu de canton dans le département du Haut-Rhin, sur la rive gauche du Rhin, avec 2,120 habitants et un bureau de douanes. Cette ville avait été fortifiée par Vauban. Démantelée en partie à la paix de Ryswick, privée de son pont sur le Rhin en 1752, elle fut considérablement réduite en l'an V, après qu'une grande partie de l'armée y eut opéré son passage, lors de la belle et célèbre retraite de Moreau. Mais elle a été surtout illustrée par l'héroïque défense du général Barbanègre, en 1815. Ses fortifications furent détruites en 1816, en vertu du traité de Paris et sur les sollicitations de la ville de Bâle auprès des puissances coalisées. Elles n'ont pas été relevées depuis.

Le *petit Huningue*, situé de l'autre côté du Rhin, est un bourg qui appartient à la Suisse.

HUNOLD. *Voyez* HUNALD.

HUNS. Peuple d'Asie, qui, après avoir vaincu les Alains, franchit avec eux le Don (le Tanaïs) en l'an 375, détruisit l'empire d'Ermanrich (*voyez* GOTHS), et se trouva de la sorte mêlé à l'histoire de l'Occident. Partagés en hordes nombreuses placées sous l'autorité de chefs indépendants les uns des autres, et entre lesquels Balamir est le premier dont il soit fait mention par l'histoire, les Huns habitèrent ensuite les vastes plaines qui s'étendent du Volga au Danube, où désormais leur nom remplaça celui des Scythes. Tous les auteurs sont d'accord pour nous les représenter comme fortement basanés et d'une laideur repoussante. Leurs mœurs étaient celles des autres peuples nomades de la haute Asie : ils paraissent cependant avoir été les plus féroces de tous. Toujours errants dans les montagnes et les forêts, ils traînaient à leur suite leurs troupeaux et leurs familles dans des chariots attelés de bœufs, qui leur servaient en route d'habitations. Leurs vêtements, qu'ils laissaient pourrir sur eux, étaient en peaux d'animaux; ils portaient des braies ou espèces de pantalons en peaux de chèvre, et une chaussure informe qui ne leur permettait pas de marcher commodément; leur coiffure était une sorte de casque ou de bonnet recourbé. Ils ne marchaient ni ne combattaient qu'à cheval, se nourrissaient de racines crues et de chair mortifiée sous la selle de leurs chevaux. Leurs armes étaient des javelots armés d'un os pointu, un cimeterre et un filet, dont ils se servaient pour embarrasser leurs ennemis. Ils combattaient presque toujours débandés et sans ordre, attaquant et fuyant tour à tour. La rapidité de leurs mouvements, les hurlements dont ils accompagnaient leurs charges et leur figure horrible étaient leurs principaux éléments de victoire. Une lubricité éhontée, une cruauté et une avidité sans bornes les rendaient l'effroi des peuples contre lesquels ils dirigeaient leurs dévastatrices expéditions, qui, en Asie, s'étendirent depuis le Caucase jusqu'en Syrie, et en Europe par delà le Danube jusqu'en Thrace, où, sous le règne d'Arcadius, Uldin, un de leurs princes, s'avança même jusque sur les murs de Constantinople. Leurs troupeaux constituaient leur principale richesse, et ils n'avaient pour habitations que des tentes et des huttes. Sur la rive gauche du Danube, ils s'emparèrent des plaines qui s'étendent jusqu'à la Theiss, et où campa plus tard Attila; sur la rive droite, les empereurs d'Orient leur cédèrent tout le territoire situé entre la Drave et la Save, comptant de la sorte, et aussi en leur donnant de l'argent, se mettre à l'abri de leurs irruptions. A partir de l'an 434, les deux frères Attila et Bleda soumirent à leur autorité les diverses hordes de Huns qui erraient depuis le Danube central jusqu'à la mer Caspienne; et, quand il eut assassiné son frère, Attila se trouva, leur unique souverain. En l'an 447, après qu'Attila eut horriblement dévasté la Thrace, la Macédoine et l'Illyrie, Honoria, fille de Placidia et sœur de l'empereur Valentinien III, en s'offrant à lui pour épouse, lui fournit un prétexte pour briser les rapports de bonne amitié qui, grâce aux efforts du célèbre Aétius, avaient jusqu'alors existé entre l'empire d'Occident et les Huns. Aussi bien, depuis l'an 450, régnait en Orient Marcien, prince autrement énergique que son prédécesseur Théodose II, et les Vandales d'Afrique promettaient à Attila de se joindre à lui pour une expédition contre les Visigoths. C'est ce qui explique comment en l'an 451 on le vit franchir le Rhin à la tête d'une immense armée composée de hordes de Huns et de tribus germaines qu'il avait sul-juguées, notamment d'Ostrogoths, de Gépides, de Rugiens, de Skyres et de Quades, et envahir la Gaule. Mais vigoureusement reçu par les armées combinées des Romains et des Visigoths, qui lui firent essuyer une déroute complète dans les champs Catalauniques, force lui fut de rebrousser chemin.

Après la mort d'Attila (453), la guerre civile allumée par ses nombreux enfants offrit aux peuples vaincus l'occasion de secouer le joug. L'exemple fut donné par les Gépides : Ellak, celui de ses fils qu'Attila avait désigné pour régner sur eux, périt dans une grande bataille qu'il leur livra. Les Huns furent chassés alors des contrées qu'arrose le Danube, et se retirèrent par delà le Pruth et le Dniester, où ils continuèrent d'obéir à différents princes ou chefs. L'un d'eux, fils d'Attila, Dagenzik, périt vers l'an 468 dans une guerre entreprise contre les Ostrogoths, et dès lors il n'est plus question dans l'histoire d'un empire des Huns. On trouve cependant encore des bandes de Huns mentionnées comme mercenaires faisant partie de l'armée que Narsès commandait contre les Ostrogoths. Quant à la nation même, elle paraissait alors sous le nom de *Kutigures* ou *Kutrigures* à l'ouest, et sous celui d'*Uturgures* ou *Utrigures* à l'est du Don ; et dans le courant du sixième siècle les premiers se rendirent surtout redoutables à l'empire d'Orient par leurs fréquentes invasions.

D'après le portrait que nous ont laissé d'eux les anciens historiens, on les considère avec raison comme des Mongols auxquels étaient venues se joindre des hordes tatares, quand ils avaient débouché de l'est de l'Asie. C'est très-certainement à tort qu'on fait descendre d'eux les Hongrois (Magyares); et plus tard on a voulu avec tout aussi peu de fondement donner le nom de Huns aux émigrants finnois qui vinrent s'établir en Pannonie que précédemment on avait prétendu faire descendre d'eux les Avares. Il n'y a rien de bien prouvé dans l'opinion qui veut que les Huns soient le même peuple que les *Hiong-nou* (lesquels, suivant les historiens chinois, habitaient au deuxième siècle de notre ère la Mongolie, où ils étaient la terreur des Chinois), et qui ajoute que quelques-unes de leurs hordes finirent par tomber sous la domination chinoise, tandis que les autres allaient s'établir dans les contrées qu'arrose le Gihon et au sud de la Sibérie vers l'Iaïk (mont Oural), d'où, chassées plus tard par d'autres émigrants, elles auraient franchi le Don, l'an 375 av. J.-C., et adopté désormais le nom de Huns. Dans un Mémoire couronné par l'Institut, en 1847, M. Neumann soutient que les *Hiong-nou* sont précisément le même peuple que les Huns occidentaux, et trace la route qu'ils suivirent pour arriver du fond de l'Asie centrale sur les bords du Volga.

HUNT (HENRY), radical anglais, homme d'un caractère énergique et d'un extérieur rude et bizarre, naquit en 1773 à Willington, dans le Wiltshire. Fils d'un réfugié américain et d'une sœur du peintre Benjamin West, il se livra d'abord à la culture des terres, s'établit ensuite brasseur à Bristol, où il devint capitaine de la yeomanry. A partir de 1816, il figura comme orateur populaire dans tous les meetings tenus pour aviser aux moyens de faire triompher la réforme radicale, et ce fut lui qui, en 1819, convoqua la grande assemblée populaire tenue à Manchester, que la yeomanry dispersa par la force des armes. Traduit en justice pour ses discours, qui provoquaient à la révolte, il fut condamné à trois ans de prison. Dès 1825, il reparut dans les assemblées qui demandaient la suppression de l'impôt des portes et fenêtres, et en 1826 il s'occupa surtout de l'abrogation des lois sur les céréales. Élu, en 1830 et en 1831, par les électeurs de Westminster, membre de la chambre basse, il n'exerça que peu d'influence dans le parlement à cause de son radicalisme exagéré. Il mourut, en 1834, à Alvesford.

HUNT (JAMES-HENRY LEIGH-), célèbre écrivain anglais, frère du précédent, est né à Londres en 1784. Après avoir longtemps travaillé chez un avoué, il obtint des fonctions publiques assez lucratives, auxquelles il renonça cependant pour se consacrer à la critique théâtrale. On a recueilli en volumes, sous le titre de *Critical essays on the performances of the London theatres* (1807), les excellents articles publiés par lui sur le théâtre et l'art dramatique. Ne gardant nul ménagement dès qu'il s'agissait des hommes et des choses de la politique ou de l'Église établie, il fut alors l'écrivain qui introduisit avec le plus de verve le radicalisme et ses doctrines dans le journalisme de Londres, particulièrement dans l'*Examiner*, recueil radical hebdomadaire fondé par lui, en commun avec frère John, en 1808. Devenu bientôt l'objet de provocations passionnées et même d'accusations juridiques, il fut condamné à deux ans de prison pour un libelle contre le prince régent, depuis Georges IV. Plus tard, il se voua à des travaux purement poétiques, et fonda sa réputation en ce genre par son beau poëme *The Story of Rimini* (1816). Tous ses autres poëmes, tels que *The descent of liberty, a Mask* (1815), *Feast of the poets and other pieces* (1814), *Foliage or poems original and translated* (1818), *Poetical works* (1833), le poëme comique *Capitaine sword and pen* (1818), sont de beaucoup inférieurs à ce poëme, purement romantique. Dans sa satire *Ultra-Crepidarius* (1823), il chercha à venger son ami Keats du jugement rigoureux porté sur lui par le trop sévère critique W. Gifford, éditeur du *Quaterly-Review*. Sa feuille trimestrielle *The Reflector* et une autre, *The Liberal*, n'eurent pas de succès; en revanche, un recueil d'épisodes intéressants de la vie de Byron, qu'il publia sous le titre de *Lord Byron and some of his cotemporaries, with recollections of the authors life and his visit to Italy* (1828), excita vivement l'attention publique tout en le faisant accuser d'ingratitude envers un grand poëte à qui il avait de nombreuses obligations personnelles. Après avoir traduit l'*Aminta* du Tasse, et donné en 1834 un choix de ses écrits en prose dispersés dans les journaux, les *Magazines* et les *Revues*, il publia, en 1840, le drame intitulé *A Legend of Florence*, et en 1842 *Palfrey*, poëme dans lequel il fait preuve d'une extrême richesse d'imagination comme d'une facilité peu commune à manier sa langue.

Parmi les nombreux ouvrages qu'il a fait paraître depuis, nous citerons *The Forster-Brother*, roman en 3 vol. (1845); *Imagination and fancy* (1845); *Stories from the Italian poets* (1846); *Men, Women and Books* (1847); *A jar of honey from mount Hybla* (1847); *Readings for Railways* (1850). Ces deux derniers ouvrages ne sont que des extraits d'anciens poëtes et romanciers que Hunt tire d'un oubli immérité et qu'il accompagne d'intéressantes observations critiques. En 1847 le gouvernement lui a accordé une pension de 200 liv. st.

HUNTER (WILLIAM), célèbre anatomiste, médecin et accoucheur, naquit le 23 mai 1718 à Long-Calderwood, dans le comté de Lanark en Écosse, et alla d'abord étudier la théologie à l'université de Glasgow. La liaison qu'il y contracta avec Cullen eut pour résultat de le décider à se livrer à l'étude de la médecine à partir de 1737. Plus tard, en 1740, il se rendit à Édimbourg, et en 1741 à Londres, pour se perfectionner; il y fut d'abord médecin en second de l'hôpital Saint-Georges, où il fit, en 1746, un cours de médecine. En 1747, il parcourut la Hollande et la France, et s'établit ensuite à Londres, où, renonçant bientôt à la pratique chirurgicale, il s'occupa exclusivement d'obstétrique et d'anatomie. Après l'heureux accouchement de la reine, il fut nommé, en 1764, son chirurgien extraordinaire; et en 1768, lors de l'établissement de l'Académie des beaux-arts, ou lui confia la chaire d'anatomie attachée à cette institution. Il consacra une partie de sa grande fortune à faire construire un bel édifice, où il établit une amphithéâtre d'anatomie pour ses leçons et sa riche collection de préparations anatomiques, de livres, de minéraux et de médailles. Après sa mort, arrivée le 30 mars 1783, l'un et l'autre devinrent d'abord la propriété de son neveu, puis celle de l'université de Glasgow. Une description de ses *Nummorum veterum populorum et urbium* a été donnée par Combe. L'ouvrage capital de Hunter est son *Anatomy of the human gravid uterus* (Londres, 1775). Il a écrit, en outre, beaucoup de Mémoires dans les *Philosophical transactions*, dans les Recueils de la Société médicale de Londres et dans ses *Medical commentaries* (Londres, 1762).

HUNTER (JOHN), frère cadet du précédent, non moins célèbre comme anatomiste et chirurgien, né le 14 juillet 1725 à Long-Calderwood, reçut une éducation tellement négligée qu'à l'âge de vingt ans c'est à peine s'il savait encore lire et écrire. Il avait appris le métier de charpentier, lorsque la fortune que son frère avait faite à Londres le décida à venir le rejoindre. Accueilli avec empressement par son aîné, il ne tarda pas à faire preuve, lui aussi, des plus remarquables dispositions pour les travaux anatomiques, et s'appliqua en outre avec ardeur à la chirurgie. Plus tard, il alla étudier à Oxford, et devint, en 1756, l'un des chirurgiens de l'hôpital Saint-Georges. En 1760, il prit du service dans l'armée, et assista à l'expédition contre Belle-Isle et à la campagne des Anglais en Portugal. A son retour à Londres, il se consacra à la pratique chirurgicale ainsi qu'à l'étude de l'anatomie et de la physiologie comparées. Dans ce but, il se fit bâtir dans le voisinage de Londres une maison dans laquelle il entretenait une petite ménagerie pour observer les animaux. Il fut nommé chirurgien en chef à l'hôpital Saint-Georges en 1768, chirurgien extraordinaire du roi en 1776, premier chirurgien général de l'armée et inspecteur général des hôpitaux militaires en 1792. Sa grande collection de préparations anatomiques fut achetée par le gouvernement après sa mort, arrivée le 16 octobre 1796. Ses ouvrages principaux sont : *Natural History of the human teeth* (2 vol., 1771-78); *On the venereal disease* (1786); *Observations on the diseases of the army in Jamaica and on the best means of preserving the health of Europeans* (1788); et *On the nature of the blood inflammation, and gunshot wounds* (2 vol., 1794).

HUNTINGDON, l'un des comtés d'Angleterre situés à l'est et le plus petit de tous après le comté de Rutland, borné par les comtés de Northampton, de Cambridge et de Bedford, se compose dans sa partie sud et dans sa partie ouest d'une belle plaine onduleuse et fertile. Sa partie nord-est, au contraire, appartient à la grande dépression du sol qu'on appelle *fens* ou marais; elle contient plusieurs lacs, tels que le Whittle-Sea et le Ramsey-Mere; mais au moyen du drainage on est parvenu à en transformer la plus grande partie en prairies. L'Ouse, rivière navigable, le traverse au sud-est, et le Nene forme sa limite au nord-ouest. Sur une superficie totale de 12 myriamètres carrés, on en utilise 10 en champs à blé, en prairies et pacages. Les habitants, dont le nombre s'élève à 60,320, s'occupent presque exclusivement d'agriculture, et produisent surtout beaucoup de beurre et de fromage. Le plus cher et le plus fin des fromages d'Angleterre, le *Stilton*, provient, il est vrai, de la paroisse de ce nom dans le comté de Huntingdon; mais il s'en fabrique de bien plus grandes quantités dans celui de Leicester, d'où cette industrie est originaire. Cette dénomination lui vient de ce que sa réputation eut pour berceau une auberge de cette paroisse, située sur la grande route du nord.

Le comté de Huntingdon est divisé en 4 *hundreds* et 103 paroisses, et envoie quatre membres au parlement. Son chef-lieu, *Huntingdon*, situé sur la rive gauche de l'Ouse, sur laquelle est jeté un pont magnifique conduisant à Godmanchester, n'est qu'une petite ville de 4,000 âmes, de l'aspect le plus antique et où se trouvent deux églises. La population fait le commerce des grains, des farines et de la drèche, et a en outre pour principale industrie la fabrication de la dentelle. Cette ville était jadis beaucoup plus considérable qu'aujourd'hui ; il fut un temps où l'on y comptait jusqu'à 15 églises et plusieurs couvents, et où il y existait un château. C'est là que naquit Cromwell. La petite ville de *Saint-Ives* sur l'Ouse contient 3,000 habitants, possède diverses fabriques de drèche, fait un commerce assez actif, et est en outre l'un des marchés à bestiaux les plus fréquentés qu'il y ait en Angleterre. Il ne reste plus que d'insignifiantes ruines de son prieuré, dont la construction remontait à l'année 1201. La petite ville de *Ramsey* exerce les mêmes industries. On y voit les ruines d'une abbaye construite en 969 et parmi lesquelles se trouve le tombeau d'Ailwine, considéré comme le plus ancien morceau de sculpture que possède l'Angleterre.

HUNYAD, pays considérable des comitats de la Transylvanie, situé dans le pays des Hongrois, borné au nord par Zaránd, à l'est par la Valachie, à l'ouest par la Hongrie, occupe une superficie des 54 myriamètres carrés, et compte 5 bourgs à marché, avec 336 villages. Généralement montagneux, surtout du côté de la Valachie, où se trouve, entre autres, le mont Retyesak, haut de 2,660 mètres, et parcouru dans des directions diverses par la Marosch, le Strell et la Cserna, le climat en est froid sans doute, mais sain, et ne nuit point à l'agriculture. La vigne elle-même croît sur les onduleux coteaux du Marosch ; dans les bonnes années il s'y produit assez de vins pour qu'on puisse en exporter, et leur qualité ne le cède guère à celle des vins de Hongrie. Les monts Marosch fournissent de riche produits en or, argent et fer, et on trouve à Hátzeg d'excellente terre à porcelaine. Le comitat d'Hunyad possède en outre de grandes richesses en fait de sources d'eaux minérales et autres. La population, forte de 120,000 âmes, appartient complètement, sauf une minime fraction magyare, à la nationalité valaque et à la religion grecque. Le naturel indolent de cette nation est la cause principale qui empêche le comitat d'Hunyad de jouir de tous les avantages que lui a départis la nature et qui fait qu'on n'y aperçoit point la moindre trace de commerce et d'industrie. Le chef-lieu du comitat est le bourg à marché du même nom, situé au confluent de la Cserna et du Zalasd, et que la tradition prétend avoir été fondé par les Huns.

HUNYAD (JEAN), célèbre héros hongrois, était, dit-on, le fils naturel de Sigismond, empereur d'Allemagne et roi de Hongrie, et de la boyare valaque Élisabeth Morssinay.

Il naquit vers l'an 1493. Sigismond le nomma ban de la Valachie occidentale, fonctions qui lui fournirent l'occasion de se distinguer dans les guerres contre les Turcs. Plus tard l'empereur Albert II lui confia la voivodie de Transylvanie. Après avoir contraint les Turcs, à la suite de diverses victoires, à conclure en 1440 une trêve de dix ans avec la Hongrie, il remporta encore sur eux les plus brillants succès, en 1442, quand ils vinrent à rompre la trêve. A la mort de la reine Élisabeth (1443), il se prononça en faveur du roi Ladislas ; et son exemple fut si puissant sur les grands du royaume que ce prince ne tarda point à être maître de la plus grande partie de la Hongrie. Comme général des armées de Ladislas, Hunyad força de nouveau les Turcs à souscrire, le 13 juin 1444 et à des conditions fort avantageuses pour la Hongrie, une trêve de dix ans. Ce fut Ladislas qui la viola; le 10 novembre 1444, il fut tué à la bataille de Varna. En conséquence, Hunyad administra la Hongrie pendant la minorité de Ladislas II, fils cadet d'Élisabeth, et repoussa victorieusement diverses tentatives d'invasion des Turcs. Au mois d'octobre 1448 il fut, il est vrai, entièrement défait et même fait prisonnier en Servie ; mais quand l'intercession des états lui eut fait obtenir sa liberté, il fit tout aussitôt ressentir les effets de sa vengeance aux despotes de Servie, jusqu'à ce que la paix eût été conclue en 1451 par les états. Ladislas II, devenu majeur en 1453, ayant pris lui-même les rênes du gouvernement, Hunyad eut à soutenir une lutte des plus violentes contre l'un de ses ennemis personnels, le comte Cilley. Toutefois il maintint son ancien renom contre les Turcs par son héroïque défense de Belgrade et par une audacieuse attaque tentée contre le camp turc, par suite de laquelle le sultan Mahomet fut contraint à la retraite.

Hunyad mourut à Semlin le 11 août 1456. Il avait conçu le projet de chasser complètement les Turcs de l'Europe ; mais l'indifférence des puissances européennes et les mains jalouses de ses ennemis ne lui permirent pas de l'exécuter. Son fils aîné, Ladislas Hunyad, eut la tête tranchée à Ofen le 16 mars 1457 pour avoir, dans une querelle avec le comte Cilley, acharné de son père, tué un des domestiques de ce seigneur. Son fils cadet, Mathias Hunyad, monta sur le trône de Hongrie en 1458, et régna sous le nom de Mathias Ier.

HUPPE, genre d'oiseaux de l'ordre des passereaux, dont on ne connaît que deux espèces, la *huppe d'Afrique* (*upupa cristatella*, Vieill.), qui habite depuis Malimbe jusqu'au cap de Bonne-Espérance, et la *huppe-puput* (*upupa epops*, Linné), dont nous nous occuperons plus particulièrement parce qu'on la rencontre en Europe pendant le printemps et l'été. La huppe-puput est un oiseau de la grandeur d'un merle ou d'une grande grive : il a sur la tête une aigrette ou huppe composée de deux rangs de plumes égaux, et parallèles entre eux. Cette aigrette commence au-dessus du bec et s'étend au-dessus de la tête en forme d'arc très-faiblement incliné. Chaque plume est terminée par une tache noire, excepté les dernières, et plusieurs en ont une blanche au-dessous de celle-ci. Toutes sont rousses, celles de la poitrine, du ventre et du cou d'un noisette clair ; ses ailes sont transversalement rayées de brun, de blanc et de noir; son bec est noir et long de 45 millimètres; ses jambes sont fort courtes, et ses ailes, loin de se terminer en pointe comme celles des autres oiseaux, vont en s'arrondissant. Les couleurs sont un peu plus vives chez le mâle que chez la femelle. Leur diversité fait de la huppe un oiseau remarquable; mais, comme elle ne chante pas, elle est peu recherchée. Cet oiseau ne fait effectivement que pousser plusieurs cris peu harmonieux, que rendent tant bien que mal les syllabes *zi*, *zi*, *houp*, *houp*. La huppe se plaît dans les lieux bas et humides, et dépose toujours son nid à une très-petite élévation, tantôt dans les fentes des rochers, tantôt dans les crevasses d'un mur, quelquefois dans les trous naturels des arbres (d'où lui vient le nom vulgaire de *bécasse d'arbre*). On a prétendu, Belon entre autres, que ces oiseaux avaient pour habitude d'enduire et même de composer leur nid avec des excréments humains et d'autres matières aussi infectes, ce qui leur a valu dans quelques contrées le nom de *coq puant* et même celui de *coq merdeux*. Cette erreur vient sans doute de ce que les petits de la huppe contractent dans leur nid une puanteur insupportable, dont il faut chercher la cause dans la profondeur de leur nid, qui les empêche de jeter leur fiente au dehors. Cet oiseau pond de quatre à sept œufs, un peu plus gros que ceux du merle et assez semblables à ceux de la perdrix. Il se nourrit d'insectes, de vers, de baies et de substances végétales. En Égypte, il est domestique et aussi familier que le sont chez nous les moineaux : cette sociabilité avec l'homme semble être dans son caractère; car jeune ou vieux il s'apprivoise très-aisément. Sa vie est assez courte ; on en borne la durée à trois ans. La huppe habite l'Afrique pendant l'hiver, et ce n'est qu'au printemps qu'elle émigre vers les contrées les plus septentrionales de l'Europe. Elle est sédentaire en Égypte.

On a appelé *huppe* l'aigrette ou touffe de plumes qui surmonte la tête de quelques oiseaux. De là on a fait l'épithète *huppé*, que populairement et figurément on applique aux personnes du haut parage.

HURE, nom que l'on donne à la tête du sanglier quand on l'a détachée du corps. On dit aussi, par extention, *hure de brochet, hure de saumon*.

HUREPOIX. *Voyez* ILE DE FRANCE et SEINE-ET-OISE.

HURLER, se dit du cri prolongé des chiens et des loups, et par extension des cris aigus et prolongés que l'on pousse dans la douleur, dans la colère. Par exagération, ce mot signifie parler avec emportement, avec le ton de la fureur. Un proverbe dit qu'*il faut hurler avec les loups*, c'est-à-dire s'accommoder aux idées, aux manières, aux mœurs, aux opinions de ceux avec qui l'on vit, quoiqu'on ne les approuve pas. Enfin, le mot *hurler* a une acception spéciale dans la c o m p a g n o n a g e.

HURLEUR, genre de singes de la tribu des cébiens, ainsi nommé parce que, chez ses diverses espèces, l'hyoïde est disposé de manière à leur donner une voix rauque, désagréable et très-forte, que d'Azara compare au craquement d'une grande quantité de charrettes non graissées. M. I. Geoffroy-Saint-Hilaire a imposé à ce genre le nom scientifique de *stentor*.

La tête des hurleurs est pyramidale, le museau allongé, le visage oblique; l'angle facial est seulement de 30°. La mâchoire inférieure est très-développée. Le système dentaire des hurleurs montre qu'ils doivent être placés à la tête des singes américains. Ces animaux habitent, en effet, presque toute l'Amérique méridionale : on en rencontre au Paraguay, au Brésil, à la Guyane, etc. ; mais c'est principalement sur les bords de l'Orénoque qu'on les trouve le plus communément.

Quelques voyageurs ont beaucoup vanté l'instinct des hurleurs. Mais, en présence de récits contradictoires, on ne peut que dire que leurs mœurs ne sont pas bien connues. Ils sont doués d'une agilité remarquable, et ils en profitent pour se tenir presque constamment sur les plus hautes branches des arbres. Leur chasse est devenue assez difficile. Du reste elle n'offre pas d'avantage ; car ce n'est guère qu'au Brésil qu'on utilise la peau de ces singes pour recouvrir les selles des mulets.

HURON (Lac). C'est le nom que l'on a donné à l'un de ces immenses bassins dont les eaux alimentent le colossal fleuve Saint-Laurent. Sa superficie, d'environ 8,000 kilomètres carrés, est égale à celle de plusieurs de nos départements. Il appartient aux États-Unis et au Canada, qu'il sépare. Situé à 20 mètres au-dessous du lac Supérieur, élevé de 19 mètres au-dessus du lac Érié, il communique avec l'un par la rivière Sainte-Marie et avec l'autre par la rivière Saint-Clair, et mêle en outre ses eaux à celles du Michigan. Au nord, une contrée rocheuse et aride l'environne de toutes parts; ses côtes sont découpées à l'infini; des îles sans nombre s'élèvent au-dessus de la surface de ses eaux.

HURONS, peuplade indienne de l'Amérique septentrionale qui appartient à la fraction occidentale des Iroquois septentrionaux et comme eux à la grande famille des Algonquins-Lénapes. Elle habitait au nord du lac Érié et plus particulièrement la contrée à laquelle on donne aujourd'hui le nom de Canada Supérieur. Les Cinq-Nations, qui les appelaient *Quatoghi*, les exterminèrent ou les dispersèrent vers le milieu du dix-septième siècle, de même que leurs voisins, les *Attionandarons* ou nation neutre. Le véritable nom de ce peuple est *Wyandots* : *Hurons* n'est qu'un sobriquet que lui donnèrent les Français, avec lesquels ils eurent de bonne heure des relations. Les missionnaires français trouvèrent aussi plus de facilités pour propager chez eux les lumières de l'Évangile que parmi toutes les autres tribus sauvages; et les debris de cette peuplade ont conservé, même de nos jours, bien plus de traces des efforts faits par les missionnaires pour les civiliser que les autres nations de l'Amérique septentrionale. Les Hurons sont au nombre des plus civilisés parmi les Indiens demeurés indépendants. Ils habitent des maisons construites en charpente, pratiquent l'agriculture et l'élève du bétail, et font le commerce des grains. Il n'y a pas longtemps qu'environ un millier de Hurons vivaient mêlés avec leurs vainqueurs sur le territoire des États-Unis qui borde la baie de Sandusky et aux environs du Détroit ; mais on les a récemment transplantés dans l'Ouest.

HUSKISSON (WILLIAM), célèbre homme d'État anglais, né à Birch-Moreton, dans le comté de Worcester, le 11 mai 1770, fut envoyé, en 1783, auprès de son oncle, le savant médecin Gem, à Paris, où, six années plus tard, il lui fut donné de prendre part à la prise de la Bastille ; il se fit aussi remarquer, comme membre du club de 1789, par plusieurs excellents discours qu'il y prononça sur des sujets d'économie politique. En 1792, nommé secrétaire particulier de l'ambassadeur d'Angleterre, lord Gower, il revint avec lui à Londres, où, en 1793, il obtint un emploi dans le bureau des émigrés. C'est là qu'il fit la connaissance de Canning et de Pitt. En 1795, le ministre de la guerre Dundas le choisit pour premier secrétaire, et, sur la recommandation de Pitt, le bourg pourri de Morpeth l'élut membre du parlement. Pitt le fit ensuite sous-secrétaire d'État, receveur général des impôts du duché de Lancastre et commissaire du bureau du commerce. Il résigna toutes ces fonctions à la retraite de son ministre, en 1801. Après la dissolution du parlement, en 1802, il perdit aussi son siége dans la chambre basse. Pitt étant revenu à la tête des affaires, en 1804, Huskisson fut réélu au parlement par le bourg de Liskeard, et nommé par Pitt secrétaire de la trésorerie. A la mort de Pitt et sous le ministère de Fox, il perdit de nouveau ce poste, en 1806 ; mais il lui fut rendu, en 1807, par Perceval. Depuis lors il siégea sans interruption à la chambre des communes, et en dernier lieu, à partir de 1823, comme représentant de la ville de Liverpool. Lorsqu'en 1809 Canning se retira du ministère, Huskisson quitta aussi la trésorerie, et ne reprit de poste qu'en 1814, lorsque Canning fut nommé ambassadeur en Portugal, qu'il se décida à accepter les fonctions de directeur général des forêts et de membre du conseil privé. A la mort de Castlereagh, en 1822, il fut appelé à la présidence du bureau de la marine et du commerce; après la mort de Canning, en 1827, il fut nommé secrétaire d'État pour les colonies, et dans l'administration de Wellington il eut le portefeuille des affaires étrangères, qu'il conserva jusqu'en mai 1828, époque où il donna sa démission.

C'est Huskisson à qui revient la gloire d'avoir fondé la nouvelle politique commerciale de l'Angleterre ; c'est lui qui, en sa qualité de ministre du commerce, fit accorder à toutes les nations indistinctement le droit de commercer avec les colonies anglaises, dont jusqu'alors les relations avaient été exclusivement restreintes à la métropole. On lui est redevable aussi de la suppression de plusieurs droits d'entrée et de notables modifications apportées aux dispositions du

15.

l'acte de navigation. Lors de l'inauguration du chemin de fer de Liverpool à Manchester (15 septembre 1830), Huskisson eut le malheur de tomber sous les roues du wagon que la locomotive commençait à entraîner juste à ce moment, et ne survécut que quelques heures à ce cruel accident.

HUSO ou **HAUSEN**. *Voyez* ESTURGEON.

HUSS (JEAN), né en 1373 à Hussinecz, près de Prachasitz, dans la Bohême méridionale, fut le précurseur de Luther dans les voies de la réforme religieuse : moins heureux que lui, il expia sur le bûcher l'éclat prématuré de ses téméraires prédications. Fils d'un paysan comme Luther, il avait pris son rang parmi les docteurs de l'université de Prague avant de troubler l'Église par ses doctrines. Son talent pour la prédication lui procura, en 1403, la cure de l'église de Bethléem, dans la même ville, et le titre de confesseur de Sophie de Bavière, seconde femme de Wenceslas, roi de Bohême. Il prêcha avec autant de hardiesse que d'éloquence contre les désordres des grands et contre les vices des moines et du clergé. Il trouva dans Wenceslas un protecteur contre les courtisans, qui se plaignaient de ces attaques d'un prêtre. Ce fut alors qu'un ancien disciple de Jean Huss, Jérôme de Prague, revint d'Angleterre et apporta à son maître les ouvrages dans lesquels Jean Wiclef, prêtre et docteur d'Oxford, attaquait nonseulement les abus de la cour de Rome, mais la hiérarchie de l'Église. Huss, qui ne connaissait cet Anglais que par sa réputation d'hérétique, refusa d'abord de lire ses livres ; mais bientôt il y prit goût, et se prononça dans ses sermons pour quelques-unes des opinions hardies de Wiclef. Presque toute la Bohême accueillit avec enthousiasme ses prédications. En vain en 1410, conformément à un bref du pape Alexandre V, Sbinko, archevêque de Prague, fait condamner 45 propositions de Wiclef par les professeurs allemands de l'université de Prague, charmés de cette occasion d'humilier Jean Huss, dont la superiorité les écrase. Huss, fort de la réputation qu'il s'est faite par la pureté de ses mœurs et confiant dans la protection de la reine, laisse passer l'orage sans avoir l'air de s'apercevoir que cette condamnation contre Wiclef s'adressait indirectement à lui. Mais il ne tarda pas à s'écarter de cette ligne de circonspection. Un nouveau livre du docteur anglais transforma subitement le nominaliste Jean Huss en un fervent réaliste. Était-ce parce que les professeurs allemands étaient nominalistes ? Il recommença alors à prêcher la doctrine de Wiclef, à diriger ses attaques contre les mœurs corrompues du clergé, sans ménager même le pape. Toute l'université se partagea en deux factions : celle des Allemands ou nominalistes, celle des Bohêmes ou réalistes. On se combattit dans des exercices publics, « et quand l'arsenal des arguments était épuisé, dit un historien, les professeurs se donnaient des injures, les étudiants se donnaient des coups d'épée. »

Bientôt une affaire particulière augmenta le nombre des haines et des ressentiments dont Jean Huss était l'objet. L'université de Prague était divisée en quatre *nations*, polonaise, bavaroise, saxonne et bohême ; chacune avait sa voix dans les délibérations générales. Les étrangers, sous le nom d'Allemands, faisaient cause commune, et dans toutes les circonstances réunissaient leurs trois voix contre les Bohêmes. Jean Huss entreprit de changer cet ordre de choses ; il obtint de Wenceslas un diplôme du 13 octobre 1409, qui donna trois voix à la Bohême, en réduisant à une seule les voix des autres *nations* réunies. Aussitôt 5,000 étudiants et docteurs polonais, saxons et bavarois quittèrent Prague et se rendirent à Leipzig, où l'électeur de Saxe venait d'ériger une université. Huss, élu recteur par le suffrage des docteurs bohêmes, imprime à ses prédications une direction plus hardie : il attaque la légitimité des possessions du clergé et la primauté du pape. Le pontife Alexandre V ordonne à l'archevêque Sbinko de réprimer des doctrines dangereuses. Le prélat interdit la prédication à Jean Huss, qui, bravant cette défense, en appelle du pape mal informé au pape mieux informé, et continue à prêcher.

L'an 1411, le pape Jean XXIII, successeur d'Alexandre V, le cite à comparaître à jour fixe devant son tribunal ; mais à la prière de la reine Sophie, de la noblesse de Bohême, de la ville et de l'université de Prague, le roi Wenceslas obtint du pontife que le procès s'instruirait par des légats envoyés en Bohême, et que Jean Huss, de son côté, comparaîtrait par des fondés de pouvoir. Son procès, en effet s'instruit par le cardinal Colonne, qui le déclare publiquement excommunié. Huss en appelle au pape ; d'autres juges lui sont donnés ; ils confirment la sentence, et ses fondés de pouvoirs sont maltraités et emprisonnés. Huss en appelle au futur concile.

Le schisme d'Occident durait encore : trois papes, Jean XXIII, Grégoire XII et Benoît XIII, se disputaient la tiare. Chacun d'eux avait sa chancellerie, sa cour, ses cardinaux ; chacun d'eux excommuniait ses adversaires, et anathématisait les rois et les nations qui méconnaissaient son obédience. Pour comble de scandale, Jean XXIII prêchait une croisade contre Ladislas, roi de Naples, qui soutenait Grégoire XII. Heureux Jean Huss, retiré alors dans son village, s'il eût su se tenir étranger aux querelles des papes et des rois ! mais il rompit le silence pour démontrer l'absurdité des indulgences que Jean XXIII promettait à ceux qui s'armeraient contre Ladislas. « Le pape, disait-il, ne peut faire la guerre pour des intérêts purement temporels : Jésus-Christ n'a pas permis à saint Pierre de s'armer pour lui sauver la vie. » Ces observations produisirent le plus grand effet : le pape l'éprouva. Sa bulle contre Naples fut comme non avenue ; son trône déjà chancelant semblait tout à fait ébranlé ; Jean Huss, animé par le succès, publie, l'an 1413, son *Traité de l'Église*, le plus important de ses ouvrages et qu'on pourrait appeler la préface des écrits de Luther et même de Calvin. Il y présentait déjà avec une clarté convaincante toute la doctrine de Luther. « L'Église, disait-il, est un corps mystérieux : Jésus Christ en est le chef ; les justes et les prédestinés en sont les membres : ceux-ci ne peuvent en être séparés par une injuste excommunication ; leur conscience doit les rassurer contre l'injustice... Le souverain pontife, les cardinaux, les évêques appartiennent au corps de l'Église, et le souverain pontife n'en est point le chef. Quand il n'y aurait ni pape ni cardinaux, l'Église n'en subsisterait pas moins. Le pape, les cardinaux, les évêques cessent d'être membres de l'Église s'ils sont en état de péché mortel.... Le pape et les évêques ne lient ni ne délient rien que pour eux-mêmes, mais seulement par Jésus-Christ. Sans doute les évêques ont droit à l'obéissance des fidèles, mais l'Écriture n'ordonne qu'une obéissance raisonnable. Les chrétiens ont pour les conduire un guide plus sûr que la parole des hommes ; c'est la parole divine. Or, cette parole est tout entière dans les livres saints. » Cette doctrine, qui renversait dans sa base non-seulement la puissance pontificale, mais les dogmes les plus respectés du catholicisme, attira sur la tête de Jean Huss un tonnerre d'accusations, en multipliant à l'infini ses partisans. Ne se croyant plus en sûreté à Prague, il se retira dans son pays natal, où il prêcha avec plus d'énergie que jamais la foi en l'Évangile, seul guide du chrétien. Cité à comparaître devant le concile général réuni à Constance, il s'y rendit en novembre 1414, avec une escorte et un sauf-conduit de Sigismond, duc d'Autriche. Par une fatalité singulière, l'adversaire du recteur de Prague, le pape Jean XXIII, devait comparaître aussi comme accusé devant ce concile ; mais le duc d'Autriche fit évader à temps le pontife, son ami. Quant à Jean Huss, ce faible prince crut pouvoir se parjurer envers un hérétique, et il l'abandonna à la fureur de ses ennemis.

Arrivé à Constance le 3 novembre, Jean Huss fut arrêté et jeté en prison dès le 28, en dépit des protestations des gentilshommes polonais et bohêmes qui l'avaient accompagné au concile. Dans le grand interrogatoire qu'on lui fit subir le 6 juillet 1415, il lui fut donné lecture de 39 propositions tirées de ses ouvrages et déclarées entachées d'hérésie au plus haut degré. Jean Huss persista à les maintenir pour vraies jusqu'à ce qu'on lui en eût démontré la fausseté par des textes de l'Évangile. Par suite de cette déclaration faite avec calme et sans jactance, le concile condamna Jean Huss à être brûlé vif; et cette terrible sentence fut exécutée le jour même; les cendres de l'infortuné docteur furent jetées dans le Rhin. Le secrétaire du concile, Æneas Sylvius, depuis pape sous le nom de Pie II, atteste lui-même, dans ses écrits, qu'aucun sage de l'antiquité, aucun martyr des premiers siècles de l'Église, ne souffrit la mort avec plus d'héroïsme. Consultez *Historia et Monumenta Johannis Hussi atque Hieronymi Pragensis* (2 vol., Nuremberg, 1668); Bonnechose, *les Réformateurs avant la Réforme* (2 vol.; Paris, 1844). Charles Du Rozoir.

HUSSARD ou HOUSARD, sorte de cavalerie légère, d'origine hongroise, connue aussi sous le nom de *Croates* depuis la guerre de trente ans. Ce fut sous le règne de Louis XIII, en 1637, que l'on vit pour la première fois en France des compagnies de *hussards* étrangers, servant dans nos armées comme troupes auxiliaires. On ne les connaissait alors que sous le nom de *cavalerie hongroise*. Nous avons fait connaître l'origine du mot *hussard* à l'article CAVALERIE (tome IV, p. 723). En 1691, quelques déserteurs hongrois s'offrirent à prendre du service dans les régiments de cavalerie étrangère au service de Louis XIV; quelques-uns s'attachèrent à des officiers de marque, qui, en outre de la nouveauté de leur costume, les prirent pour ajouter une bigarrure de plus à leurs équipages. Cependant, le nombre de déserteurs hongrois augmentant chaque jour, on dut songer à utiliser des hommes braves et entreprenants. L'un d'eux, plus hardi que les autres, se présente, au nom de tous, au maréchal de Luxembourg, lui déclare que ses camarades n'ont abandonné leurs drapeaux que dans l'espoir qu'on les emploiera en France, et ne dissimule pas les dangers qu'il y aurait à entretenir plus longtemps le mécontentement qui se manifeste déjà parmi les siens. Il offre, comme première preuve de fidélité, de se mettre à la tête de 20 hommes, et d'aller, en partisan, inquiéter les derrières et les convois de l'ennemi. La proposition fut acceptée, et la petite troupe ne tarda pas à faire preuve d'une grande bravoure et de quelque expérience dans ce genre de guerre. Louis XIV, informé de la conduite de ces braves, ordonna qu'il fût formé autant de compagnies de hussards que le nombre des réfugiés hongrois pourrait le permettre. La nouvelle de la création de ces compagnies s'étant répandue parmi les troupes ennemies, le nombre des déserteurs augmenta à tel point, que l'année suivante (1692), on fut obligé d'en créer un régiment. Ces corps s'augmentèrent successivement: ils étaient au nombre de six en 1789, de douze à quatorze sous la République, le Consulat et l'Empire, et de six sous la Restauration. En 1840, ce nombre fut porté à neuf.

Les hussards combattaient sans aucune espèce d'ordre ni de tactique. Ils se groupaient confusément, et chargeaient ainsi leurs adversaires, les enveloppaient et les effrayaient par leurs cris et leurs mouvements. En cas d'échec, ils se ralliaient avec promptitude, et revenaient ensuite à la charge. On les employait plus particulièrement pour aller à la découverte, à l'avant-garde, à l'arrière-garde, harceler les convois, attaquer les fourrageurs, flanquer dans les marches les ailes de l'armée. Ce ne fut qu'avec beaucoup de peine que l'on parvint à les habituer au joug de la discipline. Les anciens hussards étaient très-adroits à manier leurs chevaux : ils avaient des étriers fort courts, de manière que, les éperons se trouvant très-près des flancs de l'animal, ils le forçaient à courir avec beaucoup de vitesse que la grosse cavalerie.

Dès le commencement du règne de Louis XV cette arme fut adoptée par toutes les puissances du nord de l'Europe. Le Piémont et les États méridionaux, excepté l'Espagne, suivirent aussi cet exemple, et il est peu de princes souverains qui n'aient aujourd'hui un ou plusieurs régiments de hussards.

Les hussards se sont distingués dans plusieurs de nos grandes guerres. La France se rappelle avec orgueil les noms de Berchini, Lauzun, Chamboran, Lassalle, Carignan, et de beaucoup d'autres, sous le commandement desquels les hussards se couvrirent de gloire. L'habillement de cette troupe est élégant et léger. Ses chevaux sont de petite taille; ses armes consistent en un sabre, une carabine, une paire de pistolets.

De tous les corps de l'armée française, c'est celui auquel on eut le plus de peine à faire adopter la coiffure à la Titus. Sous l'Empire, les hussards conservèrent encore les nattes, les cadenettes et la queue.

HUSSITES. C'est le nom que prirent les partisans de Jean Huss, qui l'honorèrent, lui et Jérôme de Prague, à l'égal des martyrs, et qui, méprisant les décrets et les anathèmes des conciles, exercèrent de terribles représailles contre les prêtres et les moines. Ils adoptèrent pour emblème le calice, que, suivant la recommandation de Jacob de Nisa, approuvé par Jean Huss, ils présentaient aussi aux laïcs à qui ils administraient la communion sous les deux espèces; et le roi Wenceslas IV leur concéda en 1417 diverses églises. A la mort de Wenceslas, arrivée le 13 août 1419, la plupart des seigneurs et des villes de la Bohême refusèrent le serment d'obéissance et de fidélité à son déloyal frère, l'empereur Sigismond; et le cardinal légat, Jean Dominico, en se conformant aux instructions du pape qui lui ordonnaient d'employer la force pour en finir avec l'hérésie, provoqua une insurrection générale, que suivit ce qu'on appelle la *guerre des hussites*. On égorgea les prêtres et les moines; on réduisit en cendres les églises et les couvents. Les hussites se divisèrent en deux partis : celui des *Calixtins*, plus modéré, et celui des *Taborites*, plus rigoureux. Ce dernier tirait son nom de la forteresse de Tabor, dont il avait fait sa place d'armes; et il reconnaissait pour chef l'aveugle Jean Z i s k a, dont le lieutenant, Nicolas de Hassinecz, repoussa en 1420 l'attaque tentée contre Tabor par l'armée impériale aux ordres du rénégat Ulrich de Rosenberg. Les calixtins, qui appelaient de leurs vœux le rétablissement de la paix dans l'Empire, offrirent la couronne de Bohême d'abord au roi Ladislas de Pologne, puis au grand-prince de Lithuanie, Vithold, et enfin à son neveu Koribut. Ziska refusa de donner son consentement à cet arrangement, et dès lors il y eut scission complète entre les deux partis. En 1420 et 1421 chacun d'eux publia de son côté une profession de foi distincte, résumée en articles particuliers. Les hussites rejetaient absolument tous les dogmes de l'Église qui ne sauraient être prouvés à la lettre par un texte de l'Écriture. Cependant, en face de l'ennemi commun, les deux partis se prêtaient un mutuel appui. En 1422 Ziska battit les Impériaux à Deutschbrot, puis dans une succession non interrompue de petits engagements; et en 1424 la ville de Prague n'échappa à une dévastation complète qu'en souscrivant la plus dure des capitulations. A la mort de Ziska, arrivée la même année, les hussites se donnèrent pour chef le grand Procope, tandis que le commandement de leur armée était déféré au petit Procope. En 1427, lorsque Koribut fut forcé de renoncer à la couronne de Bohême, et de même, en 1431, Procope remporta des victoires signalées sur les *croisés* mercenaires de l'Empire d'Allemagne; et jusqu'à la fin de l'année 1432 il demeura la terreur des contrées voisines, où il entreprenait continuellement de dévastatrices expéditions. Le concile de Bâle étant entré en 1433, par l'intermédiaire de Sigismond avec les révoltés, une transaction, connue sous le nom de *Compactata* de Prague, fut conclue avec les calixtins. Les taborites et les *orphelins* (comme se nommaient ceux qui regardaient Ziska comme irremplaçable) se refusèrent à accéder à cette transaction; mais ils furent complètement battus à la bataille de Bœhmischbrot, le 30 mai 1434, par les catholiques unis aux calixtins. Par le traité conclu en 1436 à Iglau l'empereur Sigismond confirma les *Compactata*, et garantit aux habitants de la Bohême la jouissance de la liberté politique et religieuse. Toutefois, la guerre civile continua toujours, et ne cessa complétement qu'en 1485, époque où, dans la diète de Kuttenberg, le roi Ladislas accorda une paix de religion qui assurait aux calixtins et aux catholiques la paisible jouissance de leurs droits respectifs. Plus tard les taborites se confondirent avec la secte des frères Bohèmes, sortie de leur sein. Consultez Schubert, *Histoire de la guerre des hussites* (Neustadt, 1825).

HUSTINGS. La cour des *hustings* était jadis la plus haute et la plus anciennement établie des juridictions de la cité de Londres; et c'est encore aujourd'hui à cette cour, présidée par le lord-maire et les aldermen, qu'on en appelle des jugements rendus par la cour des shériffs. D'autres villes et cités, telles que York, Lincoln, etc., possèdent une semblable juridiction.

On appelle aussi *hustings* les espèces de tribunes en plein vent, décorées de bannières à leurs couleurs, où les candidats à la députation viennent faire leur profession de foi devant les électeurs dont ils recherchent les suffrages. Chacun sait avec quelle liberté, pour ne pas dire quelle licence, le peuple anglais use de son droit électoral. Il ne se borne pas toujours à accabler de ses sifflets les candidats dont il ne partage pas les principes politiques; il a le plus souvent recours à des démonstrations plus humiliantes encore. Les projectiles les plus immondes sont employés pour forcer l'orateur à battre en retraite et à abandonner les *hustings*, trop heureux lorsque la violence directe n'est pas employée à cet effet. C'est sans doute parce qu'à l'origine le choix des bourgeois appelés à représenter la cité de Londres au parlement devait se faire devant la *cour des hustings*, qu'on aura appelé *hustings* d'abord le lieu où se faisait une élection parlementaire, puis l'échafaudage même servant aux candidats pour haranguer la foule.

HUTCHESON (Francis), naquit en 1694, dans l'Irlande septentrionale, et fit ses premières études à une époque où les doctrines religieuses et philosophiques subissaient le contre-coup des deux grandes crises que venaient de subir, en 1649 et en 1688, les institutions politiques d'Angleterre. C'était, dans les sciences et dans les lettres, l'époque des Newton, des Locke, des Shaftesbury. Doué d'un beau génie, le jeune Hutcheson, qu'on destinait à l'Église, s'appliqua, à l'université de Glasgow, avec une ardeur égale, aux langues anciennes, à la philosophie et à la théologie. Après avoir terminé ses études, il entra comme professeur dans une institution particulière de Dublin. Hutcheson y eut des succès, qu'il releva par une publication importante sur la philosophie. Une grande question de philosophie pratique s'agitait alors dans les écoles d'Angleterre; c'était celle du principe même de la morale. Shaftesbury fondait toute sa doctrine morale sur les affections surveillantes du cœur humain et sur les directions qu'elles impriment à l'amour-propre ou à l'intérêt personnel. Cette doctrine plut à Hutcheson, et il la développa dans un volume intitulé *Recherches sur l'origine de nos idées de beauté et de vertu* (Londres, 1720). L'auteur avait alors vingt-six ans, et son ouvrage n'était pas remarquable sous le rapport de la science. Il exposait, au contraire, une sorte de sensualisme moral très-vulnérable; et un frère du célèbre Samuel Clarke, John Clarke, le réfuta avec beaucoup de vivacité et de raison, dans un ouvrage publié à York, sous ce titre : *Fondement de la morale en théorie et en pratique*. Cependant cette réfutation, loin de nuire à Hutcheson, contribua au succès de son livre. Hutcheson plut par sa prétention d'apporter à la science des sentiments la précision et la rigueur de la démonstration mathématique. Il fut recherché et encouragé.

Huit ans après, il publia son ouvrage sur les passions, *Essay on the nature and conduct of passions and affections, with illustrations on the moral sense* (Londres, 1728). C'est celui de ses ouvrages où il professe avec le plus d'entraînement les sentiments les plus nobles, et qui le mit le mieux à sa place; il le fit nommer à la chaire de morale de l'université de Glasgow (1729). Professeur, Hutcheson se distingua par un enseignement simple, plus riche d'ingénieux détails que de vues profondes, ennemi de toute prétention et de toute tradition scolastique. Peut-être fut-il celui des philosophes de son pays qui contribua le plus à développer cet esprit d'analyse détaillée, ingénieuse et facile, qui distingue l'école d'Écosse. Plein de piété et de moralité la plus pure, Hutcheson fit, outre ses leçons ordinaires, un cours de religion, chrétienne qui fut encore plus suivi qu'elles, et qu'il adressait le dimanche au soir à un auditoire plus populaire que celui des étudiants. Il composa pour ces derniers quelques manuels écrits dans une élégante latinité, mais qui n'eurent que la vie factice des écoles. Son principal ouvrage, achevé en 1746, quand la mort vint l'enlever, ne fut publié par son fils que dix ans après. Il parut sous le titre, un peu ambitieux, de *Système de Philosophie morale*.

La vie d'Hutcheson avait été si belle qu'Adam Smith fut glorieux d'être le successeur d'un tel homme et de perfectionner sa doctrine. Cette doctrine avait besoin de faire des progrès. Observateur ingénieux, Hutcheson, avec le sens pratique et cette philanthropie théorique qui distinguent ses compatriotes, l'avait fondée sur un fait moral qui lui parut d'une grande fécondité, sur le plaisir que nous éprouvons à faire le bien, et spécialement celui que nous éprouvons à contribuer au bonheur de nos semblables. Cette bienveillance pour les autres, ce désir de leur bonheur, non-seulement s'accorde suivant lui avec le désir de notre propre bonheur, mais nous conduit précisément aux actions qui le fondent. S'il pouvait y avoir conflit, ce serait le sens moral qui déciderait. Le sens moral, qui a joué un si grand rôle dans les écoles d'Écosse, et dont Hutcheson a le premier développé la théorie, est une faculté qui nous fait approuver naturellement, instinctivement, ce qui est juste et raisonnable. Hutcheson en dérive tous les droits et tous les devoirs de l'homme; il y rattache même toutes ses doctrines religieuses et *esthétiques*. Mais on voit aisément tout ce qu'il y a d'aventureux dans cette théorie.

Si ce sont les sens qui introduisent les idées dans l'intelligence, et que le rôle de la raison se réduise à la comparaison et aux déductions, il est évident que les idées morales ont le sort de toutes les autres. Fournies par les sens internes ou externes, les notions de bien et de mal ne sauraient avoir plus de valeur que les autres notions de ce genre. Bientôt le sceptique Hume vint prouver qu'il en est de la beauté et de la laideur, de la vertu et du vice, comme du goût et des couleurs, que les unes sont comme les autres des qualités sensibles. La raison, ajoutait Hume, nous donne la connaissance du vrai et du faux, le goût nous donne le sentiment de ce qui est beau et de ce qui est difforme, de la vertu et du vice. De là suivait que la moralité était une affaire de goût; et l'on voit ainsi combien la théorie du sens moral est malencontreuse. Elle est fausse. Nous l'avons dit, l'idée du juste et de l'injuste qui est la source de la morale, appartient à la raison, et non aux sens. Ce ne sont pas les sens qui l'introduisent dans l'intelligence. Sans doute nos jugements moraux sont accompagnés d'un sentiment, d'une émotion; mais c'est le jugement du bien ou du mal qui est la cause de cette émotion, de ce sentiment; ce sentiment, cette émotion n'ont rien de primitif. C'est avec le primitif, ce n'est pas avec le dérivé qu'on a un principe, qu'on a un système, ou du moins une méthode. Autant le pieux Hutcheson se proposait de combattre le scepticisme, autant il le favorisa. Il a cela de commun avec Locke. Pour lire les ouvrages d'Hutcheson avec utilité, il y faut faire deux parts, celles des principes qui sont faux, celle des détails qui sont riches et ingénieux. MATTER.

HUTCHINSON (John-Hely), général anglais, né le 15 mai 1757, était le fils cadet de John Hely Hutchinson, secrétaire d'État pour l'Irlande, et de Christiane, baronne de Donoughmore. Entré au service en 1774 comme cornette, dans un régiment de dragons, il était parvenu au grade de général-major en 1796, et en 1799 il fit avec distinction la campagne de Hollande. En 1801, il s'embarqua pour l'Égypte; et quand le général Abercromby eut été mortellement blessé à la bataille d'Alexandrie (21 mars), ce fut lui qui prit le commandement en chef; il s'empara alors de Damiette et de Ramanieh, bloqua le Caire, et contraignit le général Belliard à signer une capitulation. Il marcha ensuite sur Alexandrie, repoussa toutes les sorties de Menou, et le contraignit enfin à se rendre avec toute son armée. 10,000 Français durent mettre bas les armes, et trois cents bouches à feu tombèrent au pouvoir des Anglais. En récompense de ces brillants succès, le général Hutchinson fut créé, le 16 décembre 1801, *lord Hutchinson de Kinocklofty*. Promu lieutenant général en 1803, ambassadeur en Russie en 1806, il succéda à son frère aîné Richard, en 1825, comme comte Donoughmore et membre de la chambre haute, et mourut le 6 juillet 1832.

HUTCHINSON (JOHN HELY), troisième comte de Donoughmore, neveu du précédent, né en 1787, était capitaine dans l'armée en 1815, lorsqu'il se rendit célèbre en favorisant, de concert avec sir Robert Wilson et le capitaine Bruce, l'évasion du comte de La valette, comdamné à mort par la cour prévotale de la Seine. Il est mort le 12 septembre 1851, à Palmerston-House, dans le comté de Dublin, et remplissait à ce moment les fonctions de lord lieutenant dans le comté de Tipperary. Son fils aîné, Richard-John-Hely Hutchinson, vicomte Suirdale, né en mars 1823, lui a succédé comme quatrième comte de Donoughmore.

HUTTEN (ULRICH DE), né en 1488, dans le castel, maintenant en ruines, de sa famille, à Steckelberg (Hesse-Electorale), fut, à l'âge de dix ans, placé au monastère de Fulde; mais il se sentait si peu de goût pour l'état monastique, qu'en 1594 il s'enfuit à Erfurt, où il se fit un nom dans nombre de savants et de poètes. L'année suivante il se rendit à Cologne, et de là, en 1506, à Francfort-sur-l'Oder, dont la nouvelle université fut inaugurée cette même année. C'est aussi à cette époque qu'il fut atteint d'une maladie cruelle, présent funeste que le Nouveau-Monde venait de faire à l'ancien, où elle exerçait alors les plus affreux ravages, sans entraîner encore pour les patients la honte qui y est maintenant attachée. Quoique torturé par les douleurs qu'elle lui causait, il alla voyager dans l'Allemagne du nord, où partout on lui fit un bienveillant accueil en sa qualité de poète. En 1511, il vint aussi à Wittenberg, où il publia un ouvrage sur la versification; de là il se rendit à Pavie, pour y étudier le droit, et rentrer ainsi dans les bonnes grâces de son père, qui ne lui pardonnait pas de s'être éloigné de Fulde. Dépouillé de tout ce qu'il possédait à la suite de la prise de cette ville par les Suisses au service de Maximilien, il se vit contraint, en 1513, à prendre du service dans l'armée impériale; mais il n'y resta qu'un an. Déjà célèbre en Allemagne par ses incessantes attaques contre Ulrici, duc de Wurtemberg, qui avait assassiné un cousin de Hutten, il le devint encore plus en prenant parti pour Reuchlin dans ses querelles avec Hoogstraten, l'ardent dominicain de Cologne (*voyez* EPISTOLÆ OBSCURORUM VIRORUM). Pour complaire à son père, Hutten se rendit encore une fois en Italie, en 1515, afin de s'y faire recevoir docteur en droit. Après avoir visité Rome, puis Bologne, il revient, en 1517, par Venise dans sa patrie; là, à Augsbourg, il fut couronné poète lauréat, et l'empereur Maximilien l'arma chevalier. En Italie, il avait appris à connaître dans toute sa corruption la vie des moines et à mépriser profondément le clergé romain. Après avoir publié l'ouvrage de Laurent Valla, découvert dans un couvent, *De falso credita et ementita donatione Constantini*, qu'il dédia, par dérision sans doute, au pape Léon X, il entra, en 1518, au service d'un prince éclairé, Albert, archevêque de Mayence. Cette même année, il accompagna son archevêque à la diète d'Augsbourg, où Luther eut sa fameuse entrevue avec Cajétan, et où Hutten, dans un discours à la façon de Démosthène, engagea les princes allemands à faire la guerre aux Turcs. Cependant, fatigué de la vie des cours, il se retira bientôt dans son manoir de Steckelberg, où il établit une imprimerie, et publia de nombreux écrits ayant pour but de signaler la perversité du clergé romain. Il perdit ainsi la faveur et la protection de l'archevêque Albert de Mayence, et à ce moment se mit en communication directe avec Luther, pour qui, en sa qualité de moine, il avait en jusque alors fort peu d'estime. C'est aussi à partir de cette époque qu'il écrivit tous ses ouvrages en allemand, au lieu de se servir de la langue latine, comme précédemment. Comme il ne se trouvait plus nulle part en sûreté contre ses ennemis, il jugea prudent de se retirer en Suisse; mais Érasme, dont il avait pourtant été autrefois l'ami, ne le laissa en repos nulle part; de sorte qu'il fut obligé d'errer d'un endroit à l'autre jusqu'à ce qu'enfin, accablé pour une réapparition de son ancienne maladie, il mourut, le 31 août 1523, dans l'île d'Ufenau, au milieu du lac de Zurich.

Hutten fut l'un des esprits les plus indépendants, les plus hardis de son temps, un des précurseurs et des apôtres de la réforme, un modèle et en même temps un auxiliaire pour Luther. L'injustice, la fraude, l'hypocrisie, la tyrannie le révoltaient; aussi les démasquait-il avec toute l'énergie de sa plume, instrument dont il se servait avec un talent peu commun, particulièrement en latin. Son caractère droit et courageux le rendait inaccessible à la crainte alors même que tous ses amis tremblaient pour lui. Nous possédons de lui quarante-cinq ouvrages, sans compter plusieurs autres qu'on lui attribue, sans qu'il soit possible d'affirmer qu'ils soient de lui. Une collection en a été donnée par Münch (6 vol., Berlin, 1821-1827).

HUTTIERS. C'est le nom qu'on donne aux habitants des déserts marécageux de la Vendée, et qu'il ne faut pas confondre avec les *Colliberts*, autre race particulière à la même contrée.

HUTTON (JAMES), célèbre géologue anglais, né le 3 juin 1726, à Édimbourg, fit ses premières études dans sa ville natale, où son père était commerçant. L'attrait que lui offrit la chimie le fit renoncer à la carrière de clerc au sceau du roi, que voulait lui faire embrasser sa famille. Il alla passer deux ans à Paris, et en 1749 il prenait à Leyde le grade de docteur en médecine. De retour en Écosse, il fonda d'abord une fabrique de sel ammoniac, puis l'activité de son esprit se tourna vers l'agriculture. Mais c'est à des travaux d'une autre nature qu'il dut sa célébrité. Hutton avait déjà fait paraître quelques ouvrages sur la minéralogie, la physique et aussi sur la philosophie, lorsqu'il donna, en 1795, sa *Theory of the Earth* (Édimbourg, 2 vol. in-8°), résumé de trente années d'études géologiques. Dans ce livre, Hutton pose le calorique comme agent principal des grandes opérations de la nature (*voyez* CHALEUR TERRESTRE), sans cependant admettre la fluidité primitive de notre globe.

Membre de la Société royale d'Édimbourg, Hutton écrivit dans les *Transactions* plusieurs mémoires remarquables. Il mourut en 1797.

HUTTON (CHARLES), célèbre mathématicien anglais, né en 1737, à Newcastle, fils d'un inspecteur des mines, reçut une éducation très-incomplète, et ne dut qu'à lui-même les connaissances multipliées qu'il posséda plus tard. La démolition d'un vieux pont à Newcastle lui fournit l'occasion d'écrire sur la construction des ponts un petit ouvrage qui le fit tout aussitôt connaître. A peu de temps de là, il devenait membre de la Société royale de Londres, qui le choisit pour secrétaire chargé de la correspondance étrangère. Il fut ensuite nommé professeur de mathématiques à l'Académie royale de Woolwich; fonctions qu'il continua d'exercer jusqu'en 1807, époque de sa mise à la retraite. Il mourut à Londres, en 1823.

Hutton prit part à presque tous les perfectionnements introduits de son temps par les Anglais dans l'artillerie et le génie. Parmi ses nombreux ouvrages, il faut surtout mentionner ses *Tables of the products and powers of numbers, with an Introduction* (Londres, 1781); *Mathematical Tables, containing the common hyperbolic and logistic logarithms* (1785; nouv. édit. 1811); *Elements of Conic Sections* (1787); *Mathematical Dictionary* (dern. édit. 1815); *Course of mathematics* (3 vol., 1801).

HUYGHENS ou **HUYGENS**. Trois auteurs ont porté ce nom, mais un seul l'a illustré : l'un fut poëte, ou plutôt versificateur; l'autre théologien, et le troisième, celui dont nous allons parler, occupera toujours une place honorable dans l'histoire des mathématiques, de la physique et des arts. La mémoire de *Christian* HUYGHENS de ZUYLICHEM prolongera celle de son père *Constantin*, très-mal soutenue par un grand nombre de volumes remplis de vers latins, qu'il faisait, disait-il, pour se délasser, motif dont les lecteurs tiennent peu de compte. Constantin vivait à la cour du prince d'Orange, dont .il était secrétaire : son fils Christian naquit à La Haye, le 14 avril 1629, et manifesta dès son enfance ce qu'il devait être un jour. A l'âge de neuf ans, ses études de collége étaient finies, et à treize ans il surmontait seul les difficultés des hautes mathématiques. Son père essaya de l'appliquer à l'étude de la jurisprudence ; mais à l'université de Leyde, où il fut envoyé, d'autres cours absorbèrent son attention; et le jeune Huyghens fit définitivement une conquête des sciences mathémathiques et physiques, sans que la volonté paternelle mît aucun obstacle à cette vocation. Dès lors il prit part à presque toutes les découvertes, fut bientôt en correspondance avec les géomètres les plus illustres de cette époque : la Société royale de Londres et l'Académie des Sciences de Paris le mirent au nombre de leurs membres. La France, qui avait enlevé Cassini à l'Italie, voulut aussi s'approprier Huyghens, et Colbert en vint à bout. Le savant Hollandais, fixé à Paris par les bienfaits de Louis XIV, redoubla d'activité, et ne fut pas moins utile aux applications des sciences qu'aux théories qui faisaient alors de si grands progrès.

Les horloges et les télescopes furent particulièrement l'objet de ses soins, le but de ses travaux : les premières manquaient de bons régulateurs, et pour les instrument d'optique à l'usage des astronomes, on n'osait pas encore employer des lentilles de long foyer et d'un grand diamètre, parce qu'on ne savait pas les construire avec assez de perfection. Le géomètre mit lui-même la main à l'œuvre, et fit un télescope avec lequel il découvrit l'anneau de Saturne, le mouvement de ce corps singulier, ses apparences successives, dont il soupçonna bientôt la cause : il aperçut aussi l'un des satellites de cette planète. Mais on était encore bien loin de la puissance de vision donnée à l'homme par le télescope d'Herschel. Les instruments qui reculent ainsi pour nous les bornes de l'univers accessibles à nos observations ne sont pas seulement des conceptions du génie; il faut pour les exécuter un ensemble d'arts que le temps seul peut réunir. Les services rendus par Huyghens à l'horlogerie furent beaucoup plus importants que ce qu'il fit pour l'optique; mais on lui contesta la principale découverte, celle des propriétés du pendule. On ne peut au moins lui refuser le mérite d'en avoir fait la première application, d'avoir mis entre les mains des horlogers tout ce qu'il fallait pour amener ce régulateur à un parfait isochronisme. Séduit par les belles propriétés de la cycloïde, il continua longtemps d'infructueux essais pour surmonter les obstacles que la nature des corps opposait à la précision des résultats de la théorie ; enfin, les pendules cycloïdaux disparurent tout à fait; le fil auquel on suspendait la lentille fit place à une verge inflexible, et l'on ne s'attacha plus qu'à régler la longueur du pendule et l'étendue de ses oscillations. L'ouvrage de Huyghens intitulé *Horologium oscillatorium* est un traité complet sur cette matière. L'auteur y travailla depuis sa première découverte, en 1657, jusqu'en 1673 époque de la publication de son livre.

Tant de recherches d'une utilité immédiate n'empêchèrent pas Huyghens de solliver à la théorie même. Ainsi, un demi siècle avant que Jacques Bernoulli écrivît son *Ars conjectandi*, Huyghens résolvait plusieurs questions importantes du calcul des probabilités. A la même époque il donnait des méthodes pour la rectification de la parabole cubique, la quadrature de la cissoïde, etc.; plus tard, ses travaux sur le pendule l'amenèrent à s'occuper des forces centrales. Quand Leibnitz fit connaître les principes du calcul différentiel, Huyghens les accueillit d'abord avec une certaine répugnance. Cependant, à la suite d'une assez longue correspondance avec Leibnitz et L'Hôpital, il revint sur cette première impression. Ajoutons que Huyghens fut un des premiers à établir en optique le système des ondes, aujourd'hui démontré par Fresnel.

On a vu comment la France s'empressa d'adopter l'illustre savant; il est pénible d'avoir à dire qu'elle ne le conserva point. Huyghens était protestant; la révocation de l'Édit de Nantes le força de choisir entre sa religion et sa patrie adoptive: il revint en Hollande, où il mourut, à l'âge de soixante-six ans, le 8 juillet 1695. Le recueil de ses écrits est beaucoup moins volumineux qu'on ne le penserait, après une vie dont près d'un demi-siècle fut entièrement consacré aux sciences, et en raison de la variété des objets dont il s'occupa : quatre volumes in-4° renferment jusqu'à ses œuvres posthumes. Mais il possédait, comme écrivain, le secret d'être à la fois concis et très-clair; ces volumes sont plus pleins de choses que leur apparence ne le promet. FERRY.

HUYSUM (JAN VAN), le peintre de fleurs et de fruits le plus distingué qu'ait produit le dix-huitième siècle, naquit à Amsterdam, en 1682. Destiné par son père, *Justus* VAN HUYSUM, marchand de tableaux et peintre fort médiocre. à devenir avant tout un peintre de paysages, il suivit en ce genre la manière de Nic. Piemont , qui était fort estimé en Hollande. Ce ne fut que dans son âge mûr qu'il commença à peindre des tableaux de fleurs et de fruits. Dans ses fleurs, que, contrairement à la manière suivie jusqu'alors, il représenta le premier sur un fond clair, et qui sont encore plus belles et plus vraies que ses fruits, il surpassa tous ses devanciers pour le moelleux et la fraîcheur, pour la délicatesse et la vivacité des couleurs, pour la finesse du pinceau dans l'expression des teintes douces, pour la dégradation la plus frappante de la lumière ; et dans les gouttes de rosée et les insectes qu'il ajoutait à ses tableaux, il sut reproduire la nature au plus haut degré de vérité et de vie. Mais en général ses derniers ouvrages sont plus superficiels que les premiers ; il mettait le plus grand soin à préparer ses couleurs et son huile, et faisait un mystère de ses procédés. Il ne permettait à personne de le regarder peindre, de peur que l'on ne surprît son secret. Des circonstances malheureuses, particulièrement la coquetterie et la prodigalité de sa femme, et la mauvaise conduite de son fils, attristèrent ses dernières années. Il mourut à Amsterdam, en 1749, sans laisser de fortune, bien qu'il fît payer le moindre de ses tableaux de 1,000 à 1,400 florins. On voit de ses chefs-d'œuvre dans les galeries de Vienne, Munich, Dresde, et surtout à Saint-Pétersbourg.

Il avait trois frères, également peintres : *Justus* VAN HUYSUM, peintre de batailles, mort dès l'âge de vingt-deux ans; *Nicolas* VAN HUYSUM, artiste de premier ordre, mais sur la vie du quel on n'a aucun renseignement; et *Jacques* VAN HUYSUM, qui s'établit en 1721 à Londres, où il mourut, en 1740. Il copia les tableaux de fleurs et de fruits de son frère Jan avec tant d'exactitude qu'on s'y trompait, et que ces copies se payaient un très-haut prix.

HVEEN ou **HWEEN**, petite île du Sund, dépendant de la province de Gothland, est célèbre pour avoir été le séjour de Tycho-Brahe, à qui le roi de Danemark Frédéric II l'avait donnée en fief. Le château d'*Uranienbourg*, dont il avait fait un observatoire, et qu'il habita jusqu'en 1597, est maintenant en ruines. En 1558, l'île de Hveen fut cédée par le Danemark à la Suède.

HYACINTHE, jeune prince, fils d'Œbalus, était, par ses grâces et sa beauté, l'ornement d'Amiclès, ville de Laconie, où il était né. L'étymologie de son nom fait allusion à sa malheureuse fin : il est formé en grec de αἶ ! hélas !

et de ἄνθος, fleur. Borée, roi des Hyperboréens, selon les uns, Zéphyre, suivant d'autres, et Apollon se disputèrent son amitié. Le dieu l'emporta. Un jour que sur les rives de l'Eurotas Apollon et Hyacinthe s'exerçaient à lancer le disque, le premier ayant fait décrire au sien un long cercle dans les airs, le second, emporté par l'ardeur du jeu, courut pour le ramasser; il arriva trop tôt: le disque, en tombant, le frappa d'un contre-coup au visage. » Alors, dit Ovide, « comme on voit les pavots, les lis et les violettes, qui ont été tranchés par le pied, incliner leur tête, ainsi Hyacinthe, pâle et languissant, laissa tomber la sienne sur son épaule. » En vain Apollon exprima-t-il sur la blessure de son favori le suc de toutes les plantes dont la vertu était connue à sa vaste science; Hyacinthe expirait. Le dieu de la lumière accusa, dans son désespoir, Borée, ou plutôt Zéphyre, d'avoir détourné, par son souffle jaloux, le palet de sa route. A l'aspect de ce sang épandu, il voulut qu'Hyacinthe devînt fleur, et que cette fleur conservât la vive couleur de ce sang précieux. Il y traça deux fois les lettres plaintives αἰ αἰ, en grec (hélas, hélas!). Dioscoride pense que la fleur que décrit Ovide n'est autre que le *vaciet*, ou oignon sauvage, auquel Virgile, si savant en agriculture, donne l'épithète de *noir*. En effet, les poètes comparent toujours la chevelure de leurs brunes maîtresses à la fleur de l'hyacinthe. La nature, en outre, a tracé imparfaitement sur cette fleur les lettres *ai*. A j a x eut aussi la faveur d'être changé en cette bulbifère, et d'y laisser la première syllabe de son nom. Sparte, qui revendiquait la gloire d'avoir donné le jour à Hyacinthe, lui éleva un tombeau; elle y célébrait, en l'honneur d'Apollon, vers le mois de juin, pendant trois jours, des fêtes appelées *Hyacinthies*. Les deux premiers jours étaient destinés aux lamentations et aux libations; le troisième, à la joie et aux banquets. Il y a beaucoup d'analogie entre les fêtes funèbres d'Hyacinthe et celles d'Adonis. Ceux qui y assistaient portaient des couronnes de lierre, auquel les anciens attribuaient la vertu de préserver de l'ivresse.

DENNE-BARON.

HYACINTHE (*Botanique*). *Voyez* JACINTHE.

HYACINTHE (*Minéralogie*), pierre précieuse assez peu estimée : elle est ordinairement d'un jaune orangé, tirant sur le brun ou sur le rouge foncé. L'hyacinthe est composée d'alumine, de silice, de carbonate de chaux et de fer. Sa dureté est à peu près égale à celle du cristal de roche. On attribuait autrefois un grand nombre de vertus médicinales à cette pierre précieuse, et elle avait même donné son nom à une sorte d'électuaire pharmaceutique appelé *confection d'hyacinthe*, dans laquelle elle n'entre même plus aujourd'hui. On prétend qu'une similitude de couleur de quelques-unes de ces pierres avec la fleur de la plante appelée *iacinthe* leur a fait donner le nom qu'elles portent.

HYACINTHIES. *Voyez* HYACINTHE.

HYADES, nom que l'on donne à une constellation formée de sept étoiles, en forme d'Y, qui brillent sur le front du taureau. Les poètes qui les ont chantées ne sont pas d'accord sur leurs véritables noms. On les regarde toutefois assez généralement comme filles d'Atlas et d'Ethra, comme sept sœurs, nommées *Eudoxe*, *Ambrosie*, *Prodice*, *Coronis*, *Phileto*, *Poliso* et *Thioné*. Voici ce qu'on raconte d'elles : Leur frère Hyas ayant été déchiré par une lionne, elles pleurèrent si amèrement sa mort, que les dieux, touchés de compassion, les transportèrent au ciel sur le front du taureau, où elles pleurent encore. Suivant Rabaud-Saint-Étienne, elles annonçaient la pluie ; on les appelait les pluvieuses, ὑάδες; en grec ; on les peignait versant des pleurs, comme l'Aurore. On ajoute qu'elles servaient particulièrement à régler les leçons qu'on donnait en Égypte aux disciples des prêtres, au moyen d'un Atlas, c'est-à-dire d'un H o r u s portant une sphère céleste. Les poètes, ayant personnifié Atlas, en firent naturellement le père des Hyades. Leur imagination alla jusqu'à O r i o n, qui se lève immédiatement après elles : ils en firent un libertin, qui ne cesse de les poursuivre. On dit encore qu'elles furent les nourrices de Bacchus, et que Jupiter, pour les soustraire à la fureur de Junon, les transporta au ciel et les plaça parmi les astres. Un passage de Manilius, sur les violences qu'Orion exerça contre les Hyades, ses voisines, nous apprend que dans les peintures astronomiques on les paraît richement, et qu'on leur peignait les joues en rouge.

C^{er} Alexandre LENOIR.

HYALITHE (du grec ὕαλος, verre), variété d'o p a l e. Concrétionnée en gouttelettes, elle offre la transparence du verre.

HYALURGIE (du grec ὕαλος, verre, et ἔργον, ouvrage). On appelle ainsi la branche de la chimie technologique qui a trait à la fabrication ou à la manipulation du v e r r e.

HYBRIDE, HYBRIDITÉ (de ὕβρις, bâtard, métis). Le nom d'*hybride* désigne tout individu, animal ou végétal, issu de l'alliance de deux espèces différentes, quoique voisines, comme les m u l e t s, les plantes tenant du mélange d'une autre. Mais le caractère hybride consiste surtout à porter les attributs mélangés des deux espèces, à présenter des habitudes intermédiaires et par là complexes, le plus souvent incertaines. Les races hybrides, pour la plupart, ne se reproduisent pas pures d'elles-mêmes, ou ne se propagent guère entre elles sans qu'il y ait de l'impossibilité ; mais il y a préférence pour les races originelles. Ainsi, elles tendent à rentrer dans la tige maternelle ou paternelle. Quoique les m u l â t r e s et d'autres m é t i s puissent former entre eux lignée ; quoiqu'on ait vu des mules devenir fécondes dans les climats chauds (puisque la stérilité n'existe pas absolument parmi les mulets), cependant, ces êtres mi-partis recherchent naturellement une de leurs espèces prédominantes originelles : ainsi, les *petits-blancs* aspirent à la race blanche, comme la plus noble ou supérieure.

Il est probable que nos races multipliés de chiens, de poules, de pigeons, et autres animaux domestiques, n'offrent tant de variétés que par des unions hybrides. C'est à l'aide de ces mélanges ou croisements avec des races plus belles qu'on a su ennoblir les chevaux, les moutons mérinos, les chèvres à duvet de cachemire, etc. On présume aussi que le loup, le renard, le chacal, ont pu entrer dans les mélanges des races canines si diverses, et que des espèces sauvages du genre *colombin* ont contribué aux nombreuses modifications de nos pigeons.

Il y a des hybrides connus jusque parmi les poissons, d'autant mieux que la fécondation de leurs œufs a lieu hors de la femelle par l'aspersion de la laite des mâles dans les eaux. Cependant, ces mélanges ne s'effectuent pas entre des espèces trop disparates, la nature ayant probablement limité l'absorption de la liqueur fécondante à la structure des membranes de l'œuf des espèces les plus congénères ou analogues entre elles. L'hybridité féconde est aujourd'hui bien avérée parmi les oiseaux et chez les reptiles. De même, il est reconnu que des accouplements se sont opérés entre des insectes d'espèces différentes, parmi des coléoptères, des diptères, des lépidoptères, cités par les observateurs; ils ne peuvent avoir lieu qu'entre des voisins, toutefois, du même genre ou de même famille. La nature en effet a conformé les organes génitaux de telle sorte qu'il y a entre des espèces éloignées des empêchements ou des disproportions incompatibles. De là résulte que toute sorte d'hybridité n'est pas possible ; d'ailleurs, la durée ou le mode de gestation peuvent beaucoup différer, en sorte que l'union de l'homme avec une femelle d'orang-outang, par exemple, serait probablement sans résultat. Buffon a nié avec raison que l'accouplement du taureau avec la jument produisit de prétendus *jumarts*. Ces animaux sont de genres trop différents. De même, la dissimilitude des sèves empêche les greffes de réussir entre des arbres de genres forts éloignés.

Toutefois, on ne connait pas exactement les limites des mésalliances pour la production des hybrides, parce qu'on n'a pu encore établir nettement les caractères infranchissables entre les races, les variétés et les espèces chez une multitude d'animaux et de végétaux. Ceux-ci sont également sujets à l'hybridité, par le mélange du pollen fécondateur d'une espèce sur une autre, soit naturellement, soit artificiellement. Kœhlreuter et d'autres observateurs se sont appliqués à cette recherche. On enlève les étamines d'une fleur avant la fécondation, et on apporte sur le pistil le pollen d'une autre espèce. C'est ainsi qu'on améliore (ou que se détériorent par le voisinage seul et le transport de l'air) les belles variétés de melons ou d'autres fruits. Les hybrides végétaux sont plus faciles à produire parmi les espèces monoïques ou dioïques que dans les hermaphrodites, à cause que les sexes sont toujours associés chez ceux-ci. L'hybride végétal, quoique fécond, retourne d'ordinaire spontanément à sa tige maternelle, parce qu'elle est prédominante. Mais si, loin de l'abandonner à cette tendance, ou à l'*atavisme* (retour aux aïeux et à l'état sauvage, remarqué dans les fraisiers), l'on redouble dans les générations subséquentes une nouvelle aspersion du pollen paternel, on fait alors prédominer la forme du type mâle.

Souvent les botanistes rencontrent dans leurs herborisations des produits spontanés de ces *alliages*, ou des races hybrides ; mais il arrive aussi que, ne les connaissant pas toutes, ils peuvent les ériger en espèces, ou les croire durables. Lorsqu'ils signalent une espèce portant les caractères intermédiaires de plusieurs de ses congénères, ils la qualifient d'*hybride*, sans avoir néanmoins la certitude de sa bâtardise : par exemple, *delphinium hybridum*, *veronica hybrida*, etc. Les légumineuses, ayant leurs organes de fructification enclos dans la carène de leur fleur, sont moins exposées à l'hybridité que d'autres plantes.

J.-J. VIREY.

En grammaire on nomme *hybrides* les mots qui sont formés de racines de langues différentes.

HYDATIDE (de ὕδωρ, ὕδατος, eau), nom commun à un grand nombre de parasites des animaux supérieurs, affectant la forme vésiculaire et remplis d'un liquide aqueux. Ces parasites, que les auteurs ont désignés sous les noms de *vers cystiques*, *vésiculaires*, *hydatiques*, etc., dépourvus d'organes reproducteurs, sont bien inférieurs aux ténias et aux bothriocéphales. On les divise en plusieurs genres, dont nous nommerons les principaux.

Le genre *cysticerque* renferme une espèce qui vit dans le péritoine des lapins, et une autre que l'on dit commune à l'homme et au cochon. C'est cette dernière qui donne lieu à la *ladrerie*. Deux autres espèces sont propres l'une aux muscles et au tissu cellulaire, l'autre au cerveau de l'homme. C'est encore une espèce de cysticerque qui vit dans la cavité crânienne des moutons, et détermine la maladie de ces animaux connue sous le nom de *tournis*.

Les individus du genre *cœnure* offrent l'apparence d'une agrégation de vers hydatiques dont les vésicules sont réunies en une seule poche et les têtes distinctes. Le genre *échinocoque* semble pouvoir lui être réuni. Le genre *acéphalocyste* a été l'objet d'un article particulier.¹

Le docteur Hunter attribuait le cancer à une *hydatide* qu'il nommait *hydatide cancéreuse*.

HYDE. *Voyez* CLARENDON.

HYDE DE NEUVILLE (JEAN-GUILLAUME, baron), ancien député, ancien ministre sous la Restauration, est né à la Charité-sur-Loire, d'un père d'origine anglaise, fabricant de boutons dans cette petite ville. La légitimité n'eut que de plus fougueux, de plus infatigable champion. Dès 1797, affilié au club royaliste de la rue de Clichy, il mit au service de la maison de Bourbon une activité extraordinaire, tantôt excitant le zèle des partisans qu'elle avait à Paris, tantôt fomentant la guerre civile dans l'ouest, sollicitant à cet effet des subsides de l'Angleterre, secondant enfin par ses intrigues les intrigues patentes ou occultes des d'Andigné, des Georges Cadoudal et des Bourmont, ses amis. Le 18 fructidor vint enfin mettre un terme à ces manœuvres, et M. Hyde de Neuville, qui était signalé à la police française comme un des agents les plus résolus de la conspiration bourbonnienne, fut quelque temps sans remettre le pied sur le continent. Il demeura à Londres, où, ayant bientôt été rejoint par son beau-frère Delarue, il présenta de nouveaux plans de contre-révolution au gouvernement anglais. Celui-ci, bien qu'il commençât à se lasser d'être, sans profit, le caissier des conspirateurs royalistes français, ne laissa pas de s'exécuter derechef et de fournir encore des subsides pour rallumer la guerre civile chez nous. Le 18 brumaire arriva. La révolution, alors personnifiée dans Bonaparte, parut à M. Hyde de Neuville devoir être attaquée plus sûrement et renversée même d'un seul coup. A cet effet, il établit à Paris une contre-police, chargée d'épier toutes les démarches du premier consul, et il mit à la tête de cette audacieuse entreprise un certain Duperron. Soit maladresse, soit trahison, cet agent se laissa surprendre, et M. Hyde de Neuville n'eut que le temps de fuir en Angleterre, sans pouvoir emporter ses papiers. Aussi, quand la police fit une descente chez lui, trouva-t-elle non-seulement le plan organisé contre la personne du premier consul par M. Hyde de Neuville, mais encore des preuves à peu près irrécusables de sa participation au complot de la machine infernale. Fouché le désignait du moins dans tous ses rapports comme l'un des auteurs de l'attentat du 3 nivôse. C'est en vain qu'il s'en est défendu dans les termes de la plus vive indignation ; il n'est pas encore disculpé. A la suite de cet attentat, il se retira dans les environs de Lyon, et y vécut dans la plus complète obscurité jusqu'en 1805. Alors, grâce à l'intervention de Joséphine, il obtint un sauf-conduit, au moyen duquel il arrangea ses affaires, partit pour l'Espagne, et passa de là en Amérique.

On dit que le spectacle imposant de la prospérité des États-Unis et le peu de sympathie qu'il y rencontra pour ses propres opinions refroidirent son fanatisme royaliste, et lui firent apprécier plus sainement la situation de son parti en France. Mais cette conjecture est démentie par l'insistance qu'il mit à déterminer Moreau à revenir en Europe pour y prendre les armes contre sa patrie. Arrivé à Paris en juillet 1814, M. Hyde de Neuville n'eut pas besoin de demander des emplois : ils lui furent offerts à l'instant même, et il n'eut qu'à choisir. Cependant, le retour imprévu de l'empereur, sa marche triomphante de l'île d'Elbe à Paris, lui en donnèrent à peine le temps. Il suivit Louis XVIII à Gand, puis revint avec lui. Nommé député par la Nièvre, il siégea à l'extrême droite, et fut un des orateurs les plus violents de ce côté. Le premier, il préconisa le système des épurations, se montra l'adversaire passionné de l'indépendance des juges, et contribua de tout son pouvoir à grossir les listes de proscription. Le titre de baron, le grand cordon de la Légion d'Honneur, et bientôt après sa nomination au poste de ministre de France aux États-Unis furent la récompense de son zèle ultra-monarchique. Il resta à Washington jusqu'en 1822. Ensuite, il revint en France, où la Nièvre l'envoya, pour la seconde fois, à la chambre. Il s'y prononça avec force pour l'expulsion de Manuel), s'appuyant sur les arguments empruntés aux usages d'Amérique et d'Angleterre. En 1825, dans la discussion relative à l'indemnité des émigrés, il proposa que les rentiers de l'État ruinés par la révolution fussent admis à y prendre part. Cette proposition n'eut pas de succès ; mais l'auteur n'en recueillit pas moins une certaine popularité. C'est à cette époque qu'il rompit avec Villèle.

Il revenait d'une ambassade de Portugal, où il avait été envoyé un an auparavant. Les marchés Ouvrard excitaient un grand scandale ; M. Hyde de Neuville ayant fait à ce sujet quelques révélations, jugées inopportunes, et dangereuses, ou lui retira la pension qu'il touchait depuis 1815, comme ancien serviteur des Bourbons. Outré de cet acte d'ingratitude, il se crut dégagé envers le ministre qui l'avait exécuté, et pendant qu'on discutait la loi sur le jury, la question de la prérogative royale ayant été engagée incidemment, il défendit les principes par lesquels la Charte avait limité cette prérogative, encourut par là plus que jamais le grave soupçon de libéralisme, et indisposa vivement le ministère contre lui. Il n'en continua pas moins à le harceler. Ainsi, à l'occasion de la fameuse proposition Labourssière, il prit à partie Villèle, auquel il reprocha l'indécence de ses procédés parlementaires; et plus tard, Villèle ayant paru décliner toute responsabilité dans le licenciement de la garde nationale, M. Hyde de Neuville releva cette inconstitutionnalité avec aigreur, et acheva ainsi de précipiter la chute de celui qui l'avait offensé le premier. Il dut à la part considérable qu'il prit à cet événement de faire partie en 1828 du ministère qui succéda à celui de Villèle. On le chargea alors du portefeuille de la marine. Renversé à son tour par le ministère Polignac, il prévit que cette révolution ministérielle ne s'arrêterait pas au changement du cabinet dont il faisait partie, et la catastrophe de juillet 1830 confirma ses craintes. Il disparut depuis complétement des affaires, et vécut dans la retraite jusqu'en 1849. Alors, soit de son gré, soit à son insu, il fut porté comme candidat aux élections générales par le club royaliste de la rue Duphot. Il eut quelques milliers de voix. Cela ne méritait pas la peine qu'on le tirât de son obscurité. Au mois d'octobre 1851, on le vit encore se mêler aux défenseurs de l'ordre troublé à Sancerre.

M. Hyde de Neuville a publié: 1° *Réponse de Jean Guillaume Hyde de Neuville, habitant de Paris, à toutes les calomnies dirigées contre lui, à l'atroce et absurde accusation d'avoir pris part à l'attentat du 3 nivôse, avec l'exposé de sa conduite politique* (1801, in-8°); 2° *Éloge historique du général Moreau* (New-York, 1814, in-8°; 3°); *Les amis de la liberté de la presse: des inconséquences ministérielles* (Paris, 1827, in-8°). Charles NISARD.

HYDERABAD ou plus exactement HAIDERABAD, c'est-à-dire *ville de lion*. Deux villes de l'Inde orientale s'appellent ainsi. L'une donne son nom à un État vassal de la Compagnie anglaise des Indes orientales, et connu sous le nom d'État du Nizam d'Hyderabad. Le territoire du Nizam est situé au centre du plateau de Dekan, et est arrosé par le Kestnah et le Godavery. En raison des démembrements que les Anglais lui ont fait subir autrefois, il ne comprend plus aujourd'hui qu'une superficie de 2,125 myriamètres carrés, avec environ onze millions d'habitants. Il se compose des provinces d'Hyderabad, Bider, et de quelques parties d'Aurengabad et de Bidschapour, et est gouverné par le *nizam* ou *subahdar*, c'est-à-dire gouverneur, sous la suzeraineté britannique. Les villes les plus importantes du pays sont *Hyderabad*, la capitale, mal fortifiée et résidence du nizam, sur le Mussy, avec 200,000 habitants, quelques palais considérables, des mosquées et des ateliers pour le polissage des diamants; *Golconde*, dans le voisinage d'Hyderabad, autrefois capitale du royaume de ce nom; *Bider*, également capitale d'un ancien royaume et remarquable par de magnifiques mausolées, des mosquées et des palais; *Aurengabad, Daulutabad et Ellora*.

Dans l'antiquité et le moyen âge, l'histoire de cet État se confond tout à fait avec celle du royaume de Dekan, auquel appartenaient ses différentes parties. En dernier lieu elles faisaient partie du royaume de Dekan, où régnait la dynastie des Bahmanydy; plusieurs parties s'en détachèrent pour former des États particuliers, entre autres Golconde. Cet État se maintint avec sa dynastie particulière jusqu'en 1704, époque où le grand-mogol Aureng-Zeyb l'incorpora à son empire et le réunit à la vice-royauté des cinq États méridionaux, administrée par un *subahdar*, ou gouverneur. Vers 1717, ce gouverneur, qui portait le titre de *Nizam-el-Mulk*, se rendit indépendant, tout en conservant ce titre, et choisit Aurengabad pour résidence. Son successeur, Nasir-Ali, régna de 1761 à 1803, transféra sa résidence à Bâgnagâr, qui, d'un de ses titres (Hyder-Allah, *lion* de Dieu), reçut le nom d'*Hyderabad*, et perdit beaucoup de pays dans diverses guerres contre Hyder-Ali, les Mahrattes et les Anglais. A sa mort, il eut pour successeur son fils Mirza-Skander-Chah. Celui-ci mourut en 1829, léguant le trône à son plus jeune fils, Nasir-ed-Daulah, qui, pour se maintenir au pouvoir contre son frère aîné, se soumit à la suzeraineté de la Compagnie anglaise des Indes orientales.

Les revenus du Nizam s'élèvent à près de 16 millions de francs, dont plus des trois quarts sont versés à titre de tribut dans les caisses de la Compagnie des Indes. Celle-ci ne contrôle pas seulement les finances du pays, mais tient la main à ce que le Nizam entretienne une armée de 14 à 15,000 hommes équipés à l'européenne, outre un contingent de trois régiments d'infanterie et d'un régiment de cavalerie fourni à l'armée anglaise, soit disant pour protéger le Nizam, mais dont la solde et l'entretien sont, bien entendu, à la charge du protégé. Il est expressément interdit aussi au Nizam d'enrôler des officiers étrangers à son service; et dès que l'Angleterre est en guerre, il doit laisser occuper ses places fortes par des troupes britanniques. Dans ces derniers temps le Nizam s'était montré assez peu exact à solder son tribut, et avait laissé s'accumuler un arriéré de 80 *lack* de roupies; de là de nombreux démêlés entre le vassal et le suzerain, qui en 1851 menaça son protégé de confisquer une partie de son territoire. Après de nombreuses négociations avec le général Fraser, le débiteur acquitta la moitié de sa dette, et conserva ainsi provisoirement l'intégralité de ses États; mais on peut s'attendre à voir l'Angleterre les lui enlever au premier jour sous un prétexte ou un autre.

L'autre *Hyderabad* est la capitale de la principauté du Sind, conquise en 1848 par les Anglais, et incorporée alors à l'Inde britannique. Elle est située sur l'Indus, à l'entrée du delta formé par ce fleuve et dans l'une de ses îles; elle est fortifiée, compte environ 20,000 habitants, fait un grand commerce, et possédait autrefois des fabriques d'armes importantes.

HYDER-ALI, souverain de Mysore, dans les Indes orientales, et l'un des princes les plus remarquables qu'ait eus l'Asie, né en 1728, était fils d'un gouverneur mahométan de la forteresse de Banglore, située dans les montagnes de Mysore. Initié à l'art de la guerre par les Français, il s'éleva au rang de général de l'armée de Mysore, y introduisit les manœuvres et la discipline européennes, et détrôna, en 1759, le radjah de Mysore, auquel il laissa son titre tout en le retenant en captivité. Il s'empara ensuite de Calicut, Bednor, Onor, Cananor, et autres États voisins, de sorte qu'en 1766 ses possessions comprenaient une superficie de près de 3,000 myriamètres carrés. Le radjah étant mort cette même année, il s'empara de la souveraineté tout entière. Il fit deux fois, et avec des succès variés, la guerre à la Compagnie anglaise des Indes, et dans seconde guerre fut très-activement appuyé par les Français. Il se distinguait des autres princes d'Asie par une douceur extraordinaire, qui lui concilia l'affection générale. Le plus grand ordre régnait dans son gouvernement; il encouragea l'agriculture, les arts et le commerce, et protégea sans distinction toutes les sectes religieuses, du moment qu'elles se conformaient aux lois. Tippou-Saib, son fils, fut son successeur.

HYDNE, genre de champignons, type de la sous-tribu des *hydnées*. Son principal caractère consiste dans les aiguillons libres ou soudés à la base qui hérissent sa membrane fructifère, ces aiguillons portent à leur extrémité les capsules qui renferment les sporules.

Nous ne citerons qu'une espèce, l'*hydnum imbricatum* de Linné, connu des Allemands sous le nom de *hirschschwamm*. Il est très-commun dans les forêts de pins et de sapins de la Thuringe, où on le mange apprêté avec du vinaigre. Il est facile à reconnaître à son chapeau couleur d'ombre, floconneux, à ses aiguillons d'un gris cendré, et à son pédicelle court et épais.

Le genre *hydne* renferme plusieurs autres espèces également comestibles.

HYDRA, HYDRIOTES. En face des rivages de l'Argolide s'élève du sein des eaux, tel qu'une boursou-

île volcanique, un âpre et stérile rocher, qui s'étend du nord-est au sud-ouest, sur une longueur de 12 kilomètres et 4 à peine de largeur; un simple canal de 8 kilomètres le sépare du continent : c'est *Hydra*, la principale île du groupe connu dans l'archipel grec sous le nom de *Sporades occidentales*. L'ancienne Grèce la nommait *Hydrera*, mais elle était sans gloire alors : nul dieu de l'Olympe ne l'avait choisie pour sa résidence favorite, car elle n'avait ni rivière ni ruisseau pour alimenter des bosquets sacrés, ni fontaine ni source qui pût offrir son onde pour les purifications des prêtres et des autels. Aucun poëte n'y éveilla les Muses; son roc nu repoussait le brillant génie de la Grèce païenne. Seulement quelques pêcheurs allaient chercher un abri contre la tempête dans les enfoncements de ses côtes; ils suspendaient à ses pointes rocheuses leurs filets pour les sécher ou les réparer; et souvent aussi des pirates y trouvaient un repaire. Des bannis seuls pouvaient en faire leur séjour, et ce furent en effet des exilés qui, vers le milieu du quinzième siècle, vinrent y chercher un refuge : les Skypetars chrétiens de l'Albanie fuyaient devant l'étendard de Mahomet, et abandonnaient leurs colonies du Péloponnèse; le sol d'Hydra ne leur promettait qu'une pierre pour reposer leurs têtes, et la liberté ; ils l'acceptèrent pour patrie. Ils demandèrent à la mer la nourriture que la terre leur refusait. D'abord misérables pêcheurs, ils n'eurent que de petites barques; puis corsaires, puis marchands, ils construisirent de grands navires. Stamboul emprunta à *Tchumltdjah* (ainsi la nommaient les Turcs) des marins pour la manœuvre de ses flottes ; la Russie prévit de bonne heure qu'un jour cet îlot ignoré serait le premier poste avancé d'où elle battrait en brèche l'empire des Osmanlis. Catherine II soudoya la marine hydriote, et lui donna les premiers canons qui armèrent ses vaisseaux. Hydra bientôt devint célèbre dans toute la Méditerranée; elle tirait de l'Égypte le blé que son sol ne produisait pas; les forêts du Parnasse lui envoyaient les pins de ses mâtures; les sapins d'Olympe garnirent les flancs de ses vaisseaux; le coton de l'Argolide forma ses blanches voiles ; les fruits de l'Aide et de la Messénie égayèrent ses banquets et ses fêtes. Hydra renouvela les prodiges de l'ancienne Tyr : dans les conflits de la France et de la Turquie, quand les marchands de Marseille furent exclus des ports du Levant, Hydra hérita de leur commerce. Les Hydriotes servirent de courtiers entre toutes les villes de la Méditerranée : on les rencontrait jusqu'au fond de la mer Noire, où ils réalisaient des profits considérables. L'industrie accumula dans leurs mains d'immenses richesses ; mais, toujours fidèles à la patrie malgré leurs succès, ils revenaient, après de longues courses vagabondes, apporter sur leur rocher les trésors ramassés aux terres étrangères. Cette patrie se glorifia de ses nobles enfants; elle vit s'élever au bord de son rivage la plus belle des cités de l'Orient.

La ville d'*Hydra*, dont la population peut aller de 12 à 15,000 âmes, est bâtie en amphithéâtre; ses maisons, blanches, étincellent aux rayons du soleil et l'annoncent de loin aux marins ; ses rues sont propres et toutes pavées; elle a des quais soigneusement entretenus, des églises où l'or et le marbre témoignent de la ferveur religieuse des habitants, des édifices publics consacrés au commerce; ses maisons, construites en pierre, sont belles, quelques-unes même mériteraient le titre de palais ; elles sont décorées avec luxe et réunissent toutes les jouissances des Orientaux, et fraîches galeries de marbre avec des murs et des plafonds peints à fresque, des bains d'étuve, de magnifiques salles dallées en marbre, et des terrasses où les femmes se réunissent le soir.

Le noyau de l'île perdit un peu de son âpreté native; il se couvrit d'une légère couche de terre végétale, et en quelques endroits se para d'une gracieuse verdure. Le climat d'Hydra serait délicieux si la terre était plus féconde ; son ciel et son soleil sont admirables: c'est le ciel, c'est le soleil de la Grèce dans toute leur splendeur. Les maladies y sont rares; l'air y est pur, les brises de la mer le rafraîchissent pendant les chaudes journées de l'été ; l'hiver y a quelques jours de pluie, mais jamais de frimats. Aussi le riche sang de l'Albanie n'a point dégénéré à Hydra : les Hydriotes sont beaux parmi les plus beaux hommes de la Grèce, ils portent encore un caractère de fierté sauvage qui rappelle leur origine; leurs richesses ne les ont point efféminés ; la jeunesse, exercée aux rudes fatigues de la mer, devient svelte et vigoureuse; la sobriété est en honneur parmi eux, et les voluptés qui énervent sont flétries : ils se marient de bonne heure. Une ardente jalousie veille sur la sainteté des mariages, la morale publique la soutient, la femme adultère ne serait accueillie nulle part; une implacable vengeance poursuivrait l'insulte faite à l'honneur du mari. Du reste, au milieu de ces hommes énergiques, la femme n'occupe qu'un degré assez bas de l'échelle sociale : ainsi que dans tout l'Orient, elle vit cachée et recluse; un voile impénétrable la dérobe aux yeux étrangers : peu de voyageurs ont eu l'occasion de voir des femmes Hydriotes.

Dans la Grèce avilie par l'esclavage, Hydra avait conservé sa liberté, et développait les généreuses qualités de ses enfants. Aussi, quand éclata la guerre de l'indépendance, apparurent-ils dans tous les combats comme une race héroïque ; la marine militaire des Turcs succomba sous les coups de ses hardis marins, dont quelques-uns renouvelèrent les exploits des flibustiers : montés sur de légers brûlots, ils s'attachaient à la suite d'escadres entières, les ralliaient audacieusement pendant la nuit, accrochaient le premier navire arrivé, fût-il un vaisseau de ligne, l'embrasaient, et le laissaient se consumer et disparaître sous les eaux : aussi leur nom seul était la terreur des Turcs. Des institutions renouvelées de la république de Sparte entretenaient leur génie guerrier ; nulle constitution écrite ne traçait les devoirs, mais la mémoire des anciens et des sages du peuple maintenait sacrées les antiques traditions. La musique et la poésie eurent aussi leur génie parmi eux ; à la mer, pendant les magnifiques nuits de l'Archipel, tous les matelots, réunis sur le pont, chantaient en chœur la patrie et la gloire; l'amour ne leur inspirait que rarement des chants, et quand la brise cessait d'enfler les voiles, penchés sur leurs avirons, et répétant une cadence simple et vive, ils levaient et laissaient tomber leurs rames avec les accords. Ainsi grandit rapidement cette république, et pendant quelque temps sa population s'éleva à 40,000 âmes. La protection de la Russie la défendait contre les craintes trop fondées du sultan ; elle encourageait les entreprises maritimes de ses conseils et de son or, car elle comptait sur les matelots hydriotes comme sur les auxiliaires de sa future conquête. Toute la science du peuple avait trait à la marine; la moitié de la génération avait couru sur mer, et grand nombre d'entre les Hydriotes étaient habiles dans la construction navale. Leurs vaisseaux étaient les plus rapides qui par courussent la Méditerranée; même aujourd'hui les écoles publiques de commerce et de navigation sont celles que fréquente la jeunesse d'Hydra. Mais les sociétés passent comme les individus, la splendeur d'Hydra s'efface; nos yeux ont vu son opulence et l'apogée de sa puissance, ils sont témoins aujourd'hui de son déclin. L'île ne compte plus guère aujourd'hui que 20,000 habitants. La régénération de la Grèce s'est opérée sous les auspices d'Hydra, et la Grèce régénérée ne lui a pas pardonné le tort de s'offrir à la base de ses rochers aucun port pour abriter les vaisseaux ; une autre île a pris sa place : là est maintenant le foyer du commerce des spéculations maritimes de la haute industrie de tout le Levant ; là affluent les étrangers, les marchands, les richesses. Cette nouvelle île qui domine tant d'intérêts, c'est Syra. On a d'Antonios Miaulis, fils d'André Miaulis, l'un des héros de la guerre de l'indépendance et Hydriote, un Mémoire en grec moderne sur l'île d'Hydra (Munich, 1832).

Théogène PAGE, capitaine de vaisseau.

HYDRACHNES (de ὕδωρ, eau, et ἄχνη, fil), genre d'arachnides trachéennes, famille des hydrachnelles, établi par Müller, qui y faisait entrer toutes les acarides de Latreille. Ce sont de petites arachnides qui vivent dans les eaux tranquilles, où elles abondent au printemps. Les plus grandes ont six millimètres de long; leur corps est en général ovale et globuleux. Leur tête et leur corselet sont confondus avec le ventre. Les hydrachnes se rapprochent des araignées par le nombre des pattes, et des tiques par le nombre des yeux et par les antennes. Elles sont carnassières, et se nourrissent d'animaux peu visibles à l'œil. Le corps des mâles, qui sont plus petits, se rétrécit en arrière sous forme de queue, à l'extrémité de laquelle sont les organes sexuels, tandis que la femelle les a sous le ventre. Les hydrachnes n'ont d'abord que six pattes; dans leur état parfait, elles en ont huit, avec lesquelles elles nagent rapidement et se meuvent continuellement. Leurs métamorphoses et leurs amours ont été observées avec soin par Müller et par Dugès. L. LAURENT.

HYDRACIDE. *Voyez* ACIDE.

HYDRALGUES. *Voyez* HYDROPHYTES.

HYDRARGYRE (de ὕδωρ, eau, et ἄργυρος, argent) était autrefois le nom scientifique du vif argent, métal auquel la science actuelle a imposé la dénomination de *mercure*.

HYDRARGYRO-PNEUMATIQUE (Cuve). *Voyez* CUVE.

HYDRARGYROSE, terme scientifique, dérivé d'*hydrargyre*, dont se sont servis quelques praticiens pour désigner les frictions mercurielles en usage dans le traitement des maladies syphilitiques.

HYDRARTHRE (de ὕδωρ, eau, et ἄρθρον, articulation). *Voyez* HYDROPISIE.

HYDRATE (de ὕδωρ, eau), combinaison chimique, intime et permanente de l'eau avec une autre substance. Proust est le premier qui ait appelé l'attention des chimistes sur cet ordre de faits. Jusque alors, on n'avait considéré l'eau dans les divers corps qui en contiennent que comme substance inadéficiante ou imbibante. Il s'en faut cependant de beaucoup que le rôle de l'eau soit aussi borné. On sait aujourd'hui qu'elle fait partie intégrante d'un grand nombre de composés, dont quelques-uns même ne pourraient exister sans sa présence, et qui jamais ne deviennent absolument anhydres qu'en éprouvant une décomposition indépendante de l'expulsion du fluide aqueux, quoiqu'elle en soit la conséquence immédiate. Cette nouvelle vue a rendu facilement explicables une multitude de phénomènes restés jusque alors fort obscurs, et dont on ne pouvait se rendre compte.

Le nombre des hydrates est très-considérable, et principalement parmi les oxydes métalliques: lorsqu'on en chasse l'eau, on aperçoit dans ces corps des propriétés toutes nouvelles. Par exemple, on connaissait de temps immémorial une rouille de fer d'un jaune très-riche, et à l'analyse chimique, on ne pouvait assigner des proportions respectives d'oxygène et de fer qui dussent faire admettre un degré d'oxydation du métal différent de celui du peroxyde rouge. Dans le fait, ce n'est que le même oxyde rouge à l'état hydraté. Cette substance abandonne son eau de composition à une assez basse température. D'autres oxydes la retiennent avec beaucoup plus d'opiniâtreté: l'*alumine* (*oxyde d'aluminium*), par exemple, qui ne perd les dernières portions de l'eau de combinaison qu'à une température excédant 27° du pyromètre de Wedgwood.

PELOUZE père.

HYDRAULIQUE, partie pratique de l'hydrodynamique, ayant pour objet la construction des machines propres à conduire, à élever les eaux, telles que pompes, turbines, siphons, etc., et aussi de toutes celles où l'eau est employée comme force motrice, les moulins à eau, les presses hydrauliques, etc. Ce mot est dérivé du grec ὕδωρ, et αὐλός, flûte, tuyau. « La raison de cette étymologie, dit D'Alembert, est que l'hydraulique chez les anciens n'était autre chose que la science qui enseignait à construire des jeux d'orgue, et que dans la première origine des orgues, où l'on n'avait pas encore l'invention d'appliquer des soufflets, on se servait d'une chute d'eau pour y faire entrer le vent et les faire sonner. »

Quelques auteurs donnent le nom d'*hydraulique* à toute la partie de la mécanique qui traite des fluides. Ainsi comprise, l'hydraulique se divise en hydrostatique et hydrodynamique. Cette dernière branche de la science devient ainsi une subdivision de l'hydraulique, dont elle n'était, d'après notre première définition, qu'une application.

Le mot *hydraulique* s'emploie aussi adjectivement. Par exemple, on donne le nom d'*architecture hydraulique* à cette partie de l'architecture qui s'occupe spécialement des constructions destinées à la conduite des eaux, des aqueducs, etc. Les *machines hydrauliques* sont celles où l'eau joue le rôle de moteur.

HYDRAULIQUE (Bélier). *Voyez* BÉLIER HYDRAULIQUE.

HYDRAULIQUE (Presse). *Voyez* PRESSE HYDRAULIQUE.

HYDRE (*Histoire naturelle*), genre de polypes sans polypiers, dont on n'a encore bien constaté l'existence que dans les eaux douces. L'organisation des hydres est des plus simples, et c'est un des premiers degrés par lesquels l'animalité s'élève au-dessus des plantes: le tissu de leur corps est homogène, gélatineux et contractile; il renferme une cavité qu'on considère comme un organe de digestion; un seul orifice y donne accès, et cette ouverture ou bouche est munie de bras ou tentacules chargés à saisir des substances nutritives, principalement des naïs, petite espèce de vers. Le volume de ces animaux égale à peine celui d'un grain de blé: aussi une loupe est-elle nécessaire pour en acquérir une image précise. Dans quelques espèces, les bras ont cependant une longueur de plusieurs centimètres. Avec un organisme homogène, et où il est difficile, sinon impossible, de démontrer un système nerveux, les hydres sont cependant douées d'une sensibilité qu'on reconnaît en les voyant se diriger vers une lumière vive et saisir la proie dont elles se nourrissent; le tact est leur seul sens, et il leur suffit. Elles montrent en même temps que les membranes muqueuses qui revêtent intérieurement les animaux les plus parfaits ne diffèrent pas essentiellement de leur enveloppe extérieure, la peau. Qu'on retourne une hydre comme un doigt de gant, ainsi que Trembley l'a remarqué, elle n'en digère pas moins, quoique son estomac ait été renversé. La reproduction des hydres est encore le sujet d'une observation curieuse: on ne distingue en elles aucun organe sexuel: elles se propagent par bouture, comme les plantes. Coupez un de leurs bourgeons, il ne tardera pas à croître et à devenir parfait. On pense aussi qu'elles se reproduisent par des œufs, sorte de graine.

Ainsi donc voilà un animal qui nous montre que les fonctions ne sont pas absolument dévolues à des organes spéciaux, comme Carus en a fait la remarque en Allemagne. La respiration peut s'effectuer sans poumons; la nutrition, l'accroissement et la sécrétion sans circulation de fluides, la génération sans distinction de sexe, la sensibilité sans muscles. Cette grande et belle vue nous est pourtant offerte par un être à peine perceptible à nos yeux. Pour le trouver, il faut le chercher dans les ruisseaux, les étangs et les marais, notamment sur la face inférieure des lentilles d'eau. En mettant une pincée de ces plantes dans un vase de verre rempli d'eau, et éclairé vivement sur un de ses points, soit par le soleil, soit par une bougie, on verra les hydres quitter leur point d'appui pour se diriger vers le point lumineux.

Dr CHARBONNIER.

HYDRE (*Astronomie*), constellation australe, s'étendant au-dessus de celles du Lion, de la Vierge et de la Balance. Elle offre une étoile remarquable parmi les 52 qui la composent, : c'est le *cœur de l'hydre*. Les anciens, qui voyaient en elle l'hydre de Lerne, la désignaient sous les noms de *serpens aquaticus*, *asina coluber*, *echidna*; on la nomme aussi *vipère*, et souvent *hydre femelle*, pour la distinguer d'une des nouvelles constellations australes de Bayer, l'*hydre mâle*. Cette dernière, située entre la Dorade et le Toucan, est trop voisine du pôle austral pour paraître jamais au-dessus de notre horizon.

HYDRE DE LERNE. Cet animal fabuleux, né de Typhon et d'Echidné, habitait le marais de Lerne, dans le Péloponnèse, et dévastait toute la contrée voisine. Suivant Diodore, il avait cent têtes; Simonide ne lui en donne que cinquante, d'autres même seulement sept, dont celle du milieu était immortelle. Une autre tradition lui prête aussi des ailes. Quand Hercule reçut d'Euristhée la mission de tuer ce monstre, il s'associa dans ce but avec Iolaos; et, à l'aide de ses flèches, il contraignit l'hydre à sortir de sa tanière. Aussitôt le héros, étreignant le monstre de ses bras, se mit en devoir de lui trancher ses têtes. Mais, à sa grande surprise, il n'en avait pas plus tôt coupé une qu'il en voyait repousser une autre. En outre, Junon envoya au secours de l'hydre une énorme écrevisse, qui blessa Hercule au talon. Mais Hercule réussit à tuer l'écrevisse, et ordonna alors à Iolaos d'incendier une forêt qui se trouvait près de là. Quand ils avaient coupé une des têtes de l'hydre, ils promenaient aussitôt sur la place saignante des tisons enflammés, qui empêchaient la tête de renaître. Hercule parvint de la sorte à couper toutes les têtes du monstre l'une après l'autre, même celle qui était immortelle, qu'il ensevelit dans la terre en la recouvrant d'un immense rocher. En même temps il eut soin de tremper ses flèches dans le sang vénimeux de l'hydre.

HYDRIATRIE (de ὕδωρ, eau, et ἰατρεία, guérison), art d'employer médicalement l'eau froide à l'intérieur, et les effusions d'eau froide à l'extérieur. Ce mot nouveau ne paraît avoir été inventé que par ceux qui désiraient se soustraire au patronage de l'ignorant empirisme de Vincent Priessnitz, chef de l'école hydrothérapique de Græfenberg (*voyez* HYDROTHÉRAPIE). Dʳ Isidore BOURDON.

HYDRIOTES. *Voyez* HYDRA.

HYDROCANTHARE (de ὕδωρ, eau, et κάνθαρος, scarabée), genre d'insectes coléoptères pentamères, dans lequel Latreille rangeait tous ses *carnassiers* aquatiques. Ce genre, réduit depuis par plusieurs entomologistes, est très voisin du genre *dytique*. Les hydrocanthares se tiennent de préférence dans les eaux stagnantes, à la surface desquelles on les voit remonter de temps à autre pour respirer. Leurs larves ne le cèdent en rien à celles des dytiques pour la voracité. L'insecte parfait possède sous ses élytres des ailes bien développées, dont il se sert pour se transporter d'un étang à un autre; son vol est lourd et bourdonnant comme celui du hanneton.

HYDROCÈLE. Ce mot, dérivé du grec (ὕδωρ, eau, et κήλη, tumeur), devrait désigner toute tumeur aqueuse, et être synonyme d'*hydropisie*; mais il ne s'applique qu'à une sorte d'hydropisie, celle du scrotum.

On distingue plusieurs variétés d'hydrocèle : sous le rapport de leur cause, on distingue l'hydrocèle par infiltration de l'hydrocèle par épanchement; sous le rapport de leur siége, celle du cordon de celle de la tunique vaginale. La plus commune de ces maladies est l'hydrocèle par épanchement dans la tunique vaginale. Elle consiste en un amas de sérosité qui se produit et s'accumule dans l'enveloppe des testicules. Les causes de cette maladie sont à peu près inconnues : la contusion des bourses peut, il est vrai, donner lieu à l'hydrocèle, mais c'est là une de ses causes les plus rares. On reconnaît l'hydrocèle aux symptômes suivants : un des côtés du scrotum (rarement les deux à la fois) grossit peu à peu de bas en haut, et forme bientôt une tumeur pyriforme, indolente, sans changement de couleur à la peau. En examinant cette tumeur, on y distingue la fluctuation d'un liquide, et en la plaçant entre l'œil et la lumière d'une bougie on voit qu'elle est transparente. Ce dernier signe est caractéristique de l'hydrocèle, et sert à la distinguer d'autres maladies qui lui ressemblent au premier aspect, comme la sarcocèle et plusieurs espèces de hernies. L'hy-

drocèle est une maladie peu grave, et en général facile à guérir. Quelquefois elle se termine d'elle-même ou à l'aide de quelques topiques résolutifs; dans ce cas, la sérosité est enlevée par les vaisseaux absorbants, et les parties attaquées reprennent leur volume naturel. Mais plus souvent la tumeur, abandonnée à elle-même, augmente peu à peu de volume, et devient quelquefois énorme. Le malade alors vent en être débarrassé. Deux sortes de traitements peuvent être employés : le palliatif, qui consiste à faire disparaître l'épanchement de sérosité, mais sans l'empêcher de se reproduire, et le traitement radical, qui guérit complétement la maladie. Dans le traitement palliatif, on se borne à vider la tumeur au moyen d'incisions ou de la ponction. Pour la cure radicale, on a proposé et employé différents moyens : l'incision, l'excision, la cautérisation, le séton, etc. Le procédé employé presque exclusivement aujourd'hui consiste à vider d'abord la tumeur au moyen d'une ponction; on y injecte ensuite, à l'aide d'une seringue, un liquide irritant, tel que du vin chaud, que l'on fait ressortir presque aussitôt. Cette injection détermine l'inflammation adhésive de la tunique vaginale; sa cavité se trouve oblitérée, et tout nouvel épanchement devient impossible. On a quelquefois obtenu la guérison radicale sans opération, soit au moyen de topiques froids et résolutifs, comme la glace, l'eau végéto-minérale; soit à l'aide de frictions mercurielles, ou même par l'application d'un vésicatoire sur la tumeur. Mais, pour obtenir ce résultat, il faut que la maladie soit récente et la tumeur peu volumineuse. N.-P. ANQUETIN.

HYDROCÉPHALE, dérivé du grec ὕδωρ, eau, et κεφαλή, tête; mot à mot, *eau dans la tête*, c'est-à-dire *hydropisie de la tête*. Cette maladie a son siége dans l'intérieur du crâne et dans la cavité de la membrane séreuse appelée *arachnoïde*. On divise l'hydrocéphale en *interne* et *externe* : la première espèce se subdivise en *aiguë* et en *chronique*. L'hydrocéphale aiguë ou *fièvre cérébrale* de l'enfance a le plus ordinairement une marche très-rapide, laquelle néanmoins on admet trois périodes. Les symptômes principaux de cette grave maladie des enfants sont, 1ʳᵉ période : de la céphalalgie, des vomissements, des alternatives de rougeur et de pâleur de la face, de la tristesse, de la somnolence, une fièvre vive, etc.; 2ᵉ période : une lenteur remarquable du pouls, des plaintes, des cris d'un caractère particulier, une dilatation ou une oscillation des pupilles; des mouvements convulsifs des yeux, de la face, du délire, et les exacerbations fréquentes; 3ᵉ période : de l'assoupissement, de la paralysie, des convulsions, une abolition plus ou moins complète des sens, l'insensibilité et la mort. Cette maladie, que l'on parvient rarement à guérir, enlève souvent les enfants en quelques jours; elle peut néanmoins passer à l'état chronique, et n'entraîner la mort que dans l'espace de plusieurs semaines. Il y a en outre une seconde espèce d'hydrocéphale chronique (la seconde espèce dont nous avons parlé), qui commence dans les premiers mois de la vie, et souvent avec la naissance : celle-ci, lente dans son développement, opère peu à peu au moyen de l'accumulation de la sérosité épanchée, la distension des cavités cérébrales, l'amincissement de la substance du cerveau, la disjonction des sutures du crâne, ainsi que l'augmentation de volume de cette boîte osseuse, d'où une atteinte profonde portée à l'exercice des sens, des facultés intellectuelles, des mouvements, et même des fonctions assimilatrices; désordres qui sont pour l'ordinaire irrémédiables, et suivis d'une mort plus ou moins éloignée.

Quant à l'hydrocéphale qu'on appelle *externe*, ce n'est autre chose qu'une infiltration du tissu cellulaire sous-cutané du crâne et de la face.

Les hydrocéphales sont classées parmi les hydropisies des membranes séreuses; néanmoins, celle qu'on appelle *interne*, vulgairement connue sous le nom de *fièvre cérébrale*, a été considérée par divers auteurs comme une inflammation aiguë de l'arachnoïde ou du cerveau, qui se termine par un épanchement de sérosité dans les ventricules cérébraux. Après la mort des individus atteints d'hydrocéphale, on trouve des quantités diverses de sérosité épanchées dans les ventricules cérébraux, le quatrième ventricule, et même le canal rachidien, différents degrés d'inflammation dans le cerveau et sa membrane séreuse, quelquefois même des tubercules. Dans certains cas, avant la naissance, le fœtus affecté d'une hydrocéphalie congéniale présente un cerveau transformé en une poche membraneuse, qu'on est obligé de percer avec un instrument, piquant pour faciliter l'accouchement. L'hydrocéphale est une maladie propre à l'enfance, qui se développe très-rarement chez les adolescents et les adultes : il est impossible dans certaines circonstances de la prévenir, mais non de la guérir, une fois qu'elle est formée.

Les indications curatives qu'elle réclame sont de deux sortes : l'une propre à attaquer la cause du mal, l'autre destinée à provoquer ou bien à aider l'absorption de la sérosité épanchée dans le crâne. A la première se rattache l'action des remèdes antiphlogistiques, réfrigérants, dérivatifs, purgatifs, émétiques, etc.; à la seconde, les médicaments capables de produire une active résorption, comme les diurétiques, les hydragogues, les stimulants, modificateurs du système lymphatique, et en particulier les préparations mercurielles connues sous les noms d'*onguent mercuriel* (en frictions), et de *calomel* ou protochlorure de mercure (à l'intérieur).   Dr BRICHETEAU.

HYDROCÉRAME (du grec ὕδωρ, eau, et κέραμος, terre à potier). *Voyez* ALCARAZAS.

HYDROCHLORATE. *Voyez* CHLORHYDRATE.

HYDROCHLORE. *Voyez* CHLORE.

HYDROCHLORIQUE (Acide). *Voyez* CHLOHYDRIQUE (Acide).

HYDROCYANIQUE (Acide).   *Voyez* PRUSSIQUE (Acide).

HYDRODYNAMIQUE (de ὕδωρ, eau , et δύναμις, force, puissance), partie de la dynamique qui traite du mouvement des fluides. Son cadre est donc plus vaste que ne le ferait supposer l'étymologie que nous venons de donner. Les lois de l'écoulement des liquides, la théorie des ajutages , le mouvement de l'eau dans les canaux et dans les rivières, une foule d'autres questions importantes, sont du domaine de l'hydrodynamique proprement dite; car on a proposé avec juste raison de distinguer sous le nom d'*aérométrie* la partie relative aux fluides aériformes. La compressibilité dont jouissent à un si haut degré ces derniers établit pour eux des lois particulières, qui ne s'appliquent pas aux liquides.

HYDROFUGES (Enduits), du grec ὕδωρ, eau, et φυγή, ce qui chasse, fait fuir. *Voyez* ENDUIT.

HYDROGÈNE (de ὕδωρ, eau, et γεννάω, j'engendre), corps simple, qui, comme son nom le rappelle, entre dans la composition de l'eau. Les anciens chimistes lui donnaient le nom *d'air inflammable*, qui avait l'inconvénient de pouvoir le faire confondre avec d'autres gaz combustibles.

L'hydrogène est le plus léger des gaz que l'on connaisse actuellement; sous le même volume, il pèse près de quatorze fois et demie moins que l'air atmosphérique : c'est sur cette propriété qu'est fondée la construction des ballons. Il est invisible, sans odeur quand il est pur; mais lorsqu'on le prépare en grand, par exemple pour remplir des aérostats, il contient une substance étrangère qui lui donne une odeur extrêmement désagréable, dont on pourrait le priver en le faisant passer dans de l'alcool et de la potasse; mais ce n'est jamais pour des expériences de laboratoire que l'on a besoin de l'obtenir à l'état de pureté parfaite.

Quand on approche un corps enflammé de l'orifice d'un vase contenant de l'hydrogène, celui-ci brûle avec une flamme bleue légère, et qui éclaire très-peu. L'appareil à l'aide duquel on fait habituellement cette expérience a reçu le nom de *lampe philosophique*. Il se termine par un tube effilé, parce que si on laissait quelques instants l'orifice du vase ouvert, et qu'il fût tourné vers le haut, l'approche du corps enflammé donnerait lieu à une détonation assez violente, à cause du mélange d'air qui se serait opéré; et si on laissait un peu trop longtemps le vase ouvert dans cette position, tout le gaz se disperserait, à cause de sa légèreté. On peut faire même, en raison de cette propriété, une expérience curieuse avec ce gaz. Si on en remplit une éprouvette, et que, la tenant l'ouverture en bas, on en approche une bougie allumée, il se produira une légère flamme à l'orifice du vase; mais en plongeant la bougie dans l'intérieur du gaz, elle s'éteindra, pour se rallumer en passant à l'orifice. Cet effet est dû à la propriété qu'a l'hydrogène de brûler par le contact de l'air atmosphérique, avec lequel il se mêle facilement à l'orifice du vase qui le contient, tandis que les corps en combustion ne peuvent brûler dans ce gaz.

Si on mélange de l'hydrogène avec la moitié de son volume d'oxygène, l'approche d'une bougie produit une détonation violente et dangereuse, si l'on n'opère pas avec les précautions convenables. Quand on emploie de très-petites quantités du mélange, on peut tenir dans la main le vase où il est renfermé sans avoir rien à craindre ; mais si on voulait se servir d'un quart de litre seulement , il faudrait envelopper avec un linge en plusieurs doubles le vase contenant le mélange, et n'approcher la bougie de l'orifice qu'en la plaçant dans une direction opposée à celle où l'on se trouve; très-fréquemment le vase est brisé en un grand nombre de fragments, qui seraient lancés violemment à de grandes distances s'ils n'étaient retenus par le linge. Si on souffle dans de l'eau de savon renfermée dans un vase en métal une certaine quantité de ce mélange, et qu'on en approche une bougie on a une allumette, il se fait une détonation extrêmement forte, mais qui est sans aucun danger. Un ballon rempli du même mélange lancé dans l'air, et enflammé par une mèche produit un effet très-curieux et qui n'offre non plus aucun danger. Si on portait dans le même mélange un fragment de mousse de platine, qu'on le fît passer dans un tube rouge, traverser par une étincelle électrique, ou qu'on le comprimât fortement dans un briquet pneumatique, le même effet serait produit. Le *pistolet de Volta* et le *canon électrique*, que l'on voit employer quelquefois dans les cabinets de physique, ne sont autre chose que des réservoirs en métal dans lesquels on fait détoner un mélange d'hydrogène et d'oxygène par le moyen d'une étincelle électrique (*voyez* ÉLECTRICITÉ). En opérant dans des appareils convenables, où l'hydrogène se trouve brûlé sans jamais se mêler à l'oxygène, on recueille de l'eau, que ces gaz forment en s'unissant, et c'est ainsi que Lavoisier a prouvé la composition de l'eau.

Quand on dirige dans l'air un jet de gaz hydrogène sur un morceau de platine en mousse ou en éponge, le platine rougit, et le jet de gaz ne tarde pas à s'enflammer : l'éponge de platine condense le gaz hydrogène et facilite sa combinaison avec l'oxygène de l'air. On a cherché à mettre à profit cette propriété pour la construction d'un *briquet* qui pût procurer immédiatement de la lumière; pour cela on faisait tomber sur un fragment de platine en mousse ou courant d'hydrogène produit par l'action du zinc sur l'acide sulfurique. Mais l'éponge de platine qui est restée quelque temps exposée à l'air perd, en absorbant de l'humidité, la propriété de produire l'inflammation de l'hydrogène, et on la reprend en ayant soin de la faire chauffée au rouge. Cet inconvénient a fait abandonner l'usage de cet instrument. Il en existe un autre, que son prix élevé peut seul empêcher d'employer plus fréquemment, et dont l'action est aussi fondée sur l'inflammabilité de l'hydrogène (*voyez* BRIQUET).

Dans les laboratoires on prépare l'hydrogène en faisant réagir de l'acide sulfurique sur des lames de zinc placées dans de l'eau ; le zinc s'empare de l'oxygène de l'eau; il se forme de l'oxyde de zinc, qui se combine avec l'acide sulfurique; l'hydrogène se dégage et se recueille dans une éprouvette. Ce gaz s'obtient encore en faisant passer de la vapeur d'eau à travers un tube de porcelaine chauffé au rouge et renfermant plusieurs faisceaux de fil de fer; le métal s'unit à l'oxygène, et l'hydrogène est mis en liberté.

GAULTIER DE CLAUBRY.

L'hydrogène peut s'unir avec tous les métalloïdes excepté le bore, et avec plusieurs métaux. Passons en revue les principales des nombreuses combinaisons binaires dans lesquelles il entre.

L'hydrogène forme avec l'oxygène deux composés : le *protoxyde d'hydrogène*, ou *eau*, et le *bioxyde d'hydrogène*, ou *eau oxygénée*. Ce dernier corps est un liquide peu stable, découvert en 1818 par M. Thénard. Incolore, inodore, il blanchit la langue en y produisant des picotements très-vifs, sans cependant détruire l'épiderme. Il décolore le curcuma, et détruit en général, à la longue, les teintures végétales. Il coule dans l'eau comme du sirop, et s'y dissout aisément.

L'hydrogène forme avec le soufre, le fluor, le chlore, le brôme, l'iode, le sélénium, le tellure, les hydracides auxquels les chimistes ont donné les noms d'*acides sulfhydrique, fluorhydrique, chlorhydrique, bromhydrique, iodhydrique, sélénhydrique, tellurhydrique*. Le cyanogène, quoique n'étant pas un corps simple, se comportant comme un métalloïde, on peut ajouter à cette liste *l'acide cyanhydrique* ou *prussique*.

Les autres composés binaires de l'hydrogène sont des corps neutres. Ce sont un *sulfure*, un *séléniure*, un *azoture* (*voyez* AMMONIAQUE), deux *phosphures*, un grand nombre de *carbures*, etc.

Le *perphosphure d'hydrogène* ou *hydrogène phosphoré* est un gaz incolore et d'une odeur alliacée. Au contact de l'air, il s'enflamme spontanément. C'est à son dégagement que l'on attribue les flammes connues sous les noms de *feux follets*.

Mais c'est surtout la classe des carbures d'hydrogène qui mérite l'attention du chimiste. Les produits de la distillation des matières animales en renferment toujours, et ils sont en proportions tellement variées que l'huile de colza en a donné neuf différents à M. Faraday. Plusieurs de ces composés, comme le *gaz hydrogène protocarboné*, le *pétrole*, le *caoutchouc*, la *térébenthine*, etc., se produisent dans la nature. Le *gaz hydrogène protocarboné* ou *gaz des marais* est ainsi nommé parce qu'il existe dans la vase des marais; pour le recueillir, il suffit de renverser au-dessus d'eaux stagnantes des flacons remplis d'eau : si on agite la vase, le gaz se rend dans ces flacons en bulles nombreuses. Il est incolore, insipide, inodore. Mêlé à l'air atmosphérique, il donne naissance au mélange explosif connu des mineurs sous le nom de *grisou*. Le *gaz hydrogène bicarboné* est beaucoup plus rare dans la nature. On le prépare dans les laboratoires en chauffant une partie d'alcool avec quatre parties d'acide sulfurique. Ce gaz inodore, sans saveur, doué d'une légère odeur empyreumatique, brûle avec une belle flamme jaune tirant sur le blanc. On l'appelle encore *gaz oléfiant*, parce que soumis à l'action du chlore il donne naissance à un liquide huileux connu sous le nom de *liqueur des Hollandais*, et qui est un chlorure d'hydrogène bicarboné. Mêlé avec d'autres carbures d'hydrogène, le gaz hydrogène bicarboné forme le gaz de l'éclairage; combiné avec l'eau, il donne lieu à l'alcool; il forme la base des divers éthers; etc.

Beaucoup de carbures d'hydrogène sont isomères : ainsi, parmi les huiles essentielles, qui sont de vrais carbures d'hydrogène, on peut citer *l'huile de rose*, l'*essence de térébenthine*, l'*essence de citron* et celle de *valériane*, qui ont toutes pour formule $C^5 H^4$.

HYDROGRAPHIE (de ὕδωρ, eau, et γράφω, je décris), partie théorique de l'art de naviguer. L'hydrographie se compose de l'ensemble de toutes les connaissances nécessaires à la navigation hauturière, connaissances dont les principes sont du domaine de l'astronomie, des mathématiques et de la physique. Prenant à chacune de ces sciences ce qui lui est nécessaire pour ses applications spéciales, elle forme de ces divers éléments un tout concourant à un même but. Étant donné un bâtiment en pleine mer, déterminer d'une manière certaine sa position sur le globe; diriger un bâtiment dans la route (*voyez* LOXODROMIE) qu'il doit suivre pour se rendre d'un point à un autre ; telles sont les deux faces de l'important problème que doit se poser et résoudre à chaque instant le marin isolé sur un océan sans bornes et sans points de repère. En laissant de côté tout ce qui ne touche qu'à la manœuvre, à la partie matérielle, la solution de ce problème peut être considérée comme le principal objet de l'hydrographie.

Nous avons indiqué ailleurs la méthode dite *estime*, à l'aide de laquelle on peut effectuer quelques courtes traversées dans des parages n'offrant pas de dangers sérieux. Mais à combien d'erreurs s'exposerait le marin qui se fierait à ces grossiers procédés! Ces erreurs ont leurs sources dans le manque de fixité du bateau de loch, dans le relèvement imparfait du rumb de vent, dans l'existence de courants dont la vitesse et la direction sont mal connues, dans mille causes encore, qui chaque jour peuvent ajouter à l'incertitude de la position du bâtiment. L'estime, avec ses ressources bornées, est donc insuffisante. Il faut la suppléer, et c'est ce que fait l'hydrographie en ne tirant ses conséquences que des lois constantes qui régissent la marche des corps célestes.

Il faut que le marin puisse connaître à chaque instant la latitude et la longitude du point qu'occupe son navire. Si l'on pouvait construire un chronomètre d'une précision absolue, il est évident qu'un tel instrument donnant exactement l'heure d'un méridien connu, on n'aurait plus qu'à déterminer par des observations astronomiques l'heure du bord pour conclure de la différence de ces heures la longitude du lieu. Mais à quelque degré de perfection que soient parvenues nos montres marines, la prudence exige que le marin se mette par de fréquentes vérifications à l'abri des erreurs auxquelles pourrait entraîner une aveugle confiance dans un si frêle instrument. Il s'assurera de l'exactitude des indications qu'il lui fournit, par des calculs basés, par exemple, sur l'observation de la distance angulaire de la lune à une planète ou à une étoile remarquable. La marche de la lune est assez rapide pour que sa distance à un astre quelconque varie d'une manière appréciable dans un temps très-court. Ces distances sont calculées à l'avance dans la *Connaissance des Temps* et dans les diverses *Éphémérides* nautiques pour des époques très-rapprochées, et des méthodes d'interpolation font connaître les époques intermédiaires avec une approximation suffisante. L'observateur pourra donc trouver en quelque point qu'il se trouve l'heure du premier méridien, et en conclure la longitude de ce point.

Une construction géométrique nous fait voir qu'une addition ou une soustraction suffit dans tous les cas pour déduire la latitude de la hauteur méridienne du soleil, corrigée de ses causes d'erreur (erreur instrumentale, dépression de l'horizon, réfraction, parallaxe), et de la déclinaison de cet astre. Cette dernière donnée est encore une de celles que l'on trouvera dans la *Connaissance des Temps*. Il ne reste donc qu'à diriger convenablement un sextant pour lire sur le limbe de cet instrument la hauteur méridienne apparente du soleil, et le problème est résolu. Mais le soleil n'est pas toujours visible au moment de son passage au méridien, et d'ailleurs on peut avoir besoin de déterminer la latitude à un autre instant. L'hydrographie fournit alors d'autres méthodes; elle détermine la latitude par deux hauteurs du soleil et par l'intervalle de temps compris entre leurs observations; si le soleil n'est pas sur l'horizon, elle recourt aux hauteurs de la polaire ou d'un autre corps céleste; enfin, qu'il s'agisse d'un problème de latitude ou de longitude, elle met à contribution tous les phénomènes astronomiques pour qu'il soit toujours possible au navigateur de retrouver sa route.

Dans les voyages au long cours, il est d'une importance

majeure que le commandement du bâtiment se trouve entre les mains d'un homme versé dans la connaissance des procédés de l'hydrographie ; le salut de tous en dépend. Aussi n'accorde-t-on le brevet de capitaine au long cours qu'aux marins qui, ayant suffisamment navigué pour offrir de sérieuses garanties de leur instruction pratique, justifient en outre de leurs études hydrographiques en subissant des examens sur la science qui nous occupe et ses annexes. Pour les préparer à cette carrière, la France possède trente quatre écoles d'hydrographie, dont les principales sont celles de Bordeaux, Marseille, Saint-Malo, Le Havre, Nantes, Brest, Lorient, Toulon, Rochefort, Cherbourg, etc. Le grade de professeur à ces écoles (où l'enseignement est gratuit) n'est lui-même conféré qu'après un concours et des examens dont le programme embrasse toutes les connaissances utiles à l'hydrographie. C'est là que se forment la plupart de nos capitaines au long cours et de nos maîtres au grand cabotage. La création de ces écoles, si utiles à notre marine marchande, est due à Colbert (ordonnance de 1681). Quant à la marine de l'État, son état-major est fourni par l'École navale, à laquelle nous devons de posséder la marine militaire la plus éclairée du monde civilisé.

Le mot *hydrographie* sert aussi à désigner cette partie de la géographie qui traite de la distribution des eaux à la surface de la terre (*voyez* BASSIN). E. MERLIEUX.

HYDROMANCIE (du grec ὕδωρ, eau, et μαντεία, divination), divination au moyen de l'eau. On la pratiquait de bien des manières. Elle recevait le nom d'*hydatoscopie* quand elle résultait de l'inspection de la pluie, et celui de *pégomantie* si elle se faisait avec de l'eau de fontaine. En général, elle consistait à tirer des présages des diverses impressions, des changements, flux et reflux, couleurs, images que l'eau présentait. Voulait-on connaître l'état futur de la santé d'un malade, on plongeait un miroir dans une fontaine, et l'on s'en servait pour les prédictions, ou bien la personne qui consultait l'avenir tenait suspendu dans l'intérieur d'un vase rempli d'eau un anneau attaché par un fil à l'un de ses doigts. Elle faisait une courte prière aux dieux ; et si la chose qu'elle conjecturait devait se réaliser, l'anneau frappait de lui-même un certain nombre de fois les bords du vase. On recourait encore assez fréquemment à un autre genre d'épreuves : On jetait trois petites pierres dans l'eau : si elles se mouvaient en rond dans leur chute, c'était un signe de bonheur. Au lieu d'eau, on se servait aussi quelquefois d'huile, ou de vin, et l'on remplaçait encore les pierres par de petits coins d'or ou d'argent. L'invention de l'hydromancie est attribuée par les uns à Numa Pompilius, par d'autres à Joseph. Ceux-ci se fondent sur ce passage de l'Écriture : « La coupe que vous avez dérobée est celle-là même dont mon maître se sert pour les augures. » Saint Augustin fait mention de l'hydromancie.

HYDROMEL (de ὕδωρ, eau, et μέλι, miel). On donne ce nom à deux préparations distinctes, qu'il faut se garder de confondre. L'*hydromel simple* se prépare en faisant dissoudre dans seize parties d'eau tiède une partie de miel dépuré : il en résulte une boisson assez fade, dont les propriétés apéritives ont fait un agent thérapeutique utile dans les maladies des enfants. L'*hydromel vineux*, le μελίκρατον des Grecs, le *merum* des Latins, possède de bien plus précieuses qualités : on le prépare en faisant dissoudre à chaud une partie de miel dans trois parties d'eau, et en prolongeant l'ébullition jusqu'à ce que la dissolution soit assez épaisse pour faire flotter un œuf (c'est ainsi que s'expriment les formulaires). La solution, refroidie et filtrée à travers une étamine, est abandonnée, dans un vase ouvert, à la fermentation, qui s'établit au bout de quelques jours, et qui se prolonge pendant deux ou trois mois : la fermentation détermine la séparation d'une quantité considérable de fèces, qui se précipitent, et produit une certaine quantité d'alcool qui reste en solution : il en résulte un liquide transparent, plus ou moins coloré, qui possède plusieurs des qualités des vins d'Espagne.

S'il faut ajouter foi à l'autorité de Pline, c'est à Aristée, roi des Arcadiens et fils du Soleil, que l'humanité doit la découverte d'une liqueur dont l'usage paraît avoir été très-généralement répandu parmi les peuples de l'antiquité. Les Celtibères (Diodore de Sicile), les Taulantiens, peuples de l'Illyrie (Aristote), la Grèce, l'antique Égypte (Diodore, Pline, Galien), buvaient largement le divin mélicraton, et le douzième livre de Columelle l'agronome est en grande partie consacré à l'exposition des procédés dont les Romains faisaient usage dans la préparation de cette boisson favorite. Aujourd'hui encore l'usage de l'hydromel est généralement répandu en Pologne et en Russie, et les Abyssiniens en font une grande consommation. BELFIELD-LEFÈVRE.

HYDROMÈTRE, HYDROMÉTRIE (de ὕδωρ, eau, et μέτρον, mesure). Le mot *hydrométrie* a été créé vers la fin du dix-septième siècle, pour désigner l'art de mesurer le poids, la densité, la vitesse, enfin les diverses propriétés des liquides, et particulièrement des grandes masses d'eau ; ainsi, en 1694 l'université de Bologne fondait une chaire d'*hydrométrie* en faveur de Guglielmini. Mais ce mot n'est plus guère usité ; du reste, l'objet auquel il s'applique est mal défini, et les éléments de l'hydrométrie rentrent pour la plupart dans le domaine de l'hydrostatique et de l'hydrodynamique.

Cependant, le nom d'*hydromètre*, donné d'abord aux instruments dont se servait l'hydrométrie, a été conservé pour désigner ceux de ces instruments spécialement destinés à mesurer la vitesse des courants d'eau. Les uns sont de simples *flotteurs* dont on observe la marche avec soin. D'autres offrent des applications plus ou moins ingénieuses des principes relatifs au mouvement des liquides : tels sont le *volant à aubes*, le *pendule hydrométrique*, le *tube de Fitot*, les *balances hydrométriques*, le *tachomètre*, le *moulinet hydrométrique de Waltmann*, etc. RATTIÉS.

HYDROPARATATES (de ὕδωρ, eau, et παρίστημι, j'offre, je présente). *Voyez* ENCRATITES.

HYDROPATHIE (de ὕδωρ, eau, et πάθος, douleur). C'est le nom donné d'abord à l'*hydrothérapie* ou méthode curative au moyen de l'eau froide, dont Priessnitz fut le généralisateur. Les médecins qui emploient cette méthode sont souvent nommés *hydropathes* ou *hydrothérapeutes*.

HYDROPÉRICARDE, hydropisie du péricarde. *Voyez* HYDROPISIE.

HYDROPHOBIE (de ὕδωρ, eau, et φόβος, crainte), aversion, horreur de l'eau ou des liquides. Comme l'horreur de l'eau est en général des liquides est un des symptômes les plus caractéristiques de la *rage*, on donne très-souvent à cette maladie le nom d'*hydrophobie*, dénomination qui, du reste, est plus technique, quoique moins exacte. L'aversion pour l'eau se manifeste néanmoins dans d'autres maladies que la rage : telles sont certaines affections nerveuses, quelques fièvres de mauvais caractère, et même des phlegmasies ; mais elle ne constitue jamais, ainsi que l'ont avancé des auteurs peu exacts, une sorte de rage spontanée, à laquelle l'homme succomberait en peu de jours, comme il arrive à celui qui a été mordu par un chien enragé. En lisant avec attention les observations d'hydrophobie spontanée essentielle rapportées dans les anciens recueils de faits, on voit que l'horreur de l'eau est toujours accompagnée d'autres accidents, indices d'une maladie primitive. Par conséquent, l'hydrophobie est ici un symptôme et non une maladie essentielle qu'on peut faire entrer dans un cadre nosologique. Parlons maintenant du sujet principal de cet article, de l'*hydrophobie rabienne* ou *rabique*, vulgairement appelée *rage*, l'une des maladies les plus terribles dont l'espèce humaine puisse être attaquée. La cause prochaine aussi bien que la nature intime de cette affection sont inconnues : on sait seulement qu'elle est produite par la morsure des animaux enragés, et particulièrement du chien, le plus exposé de tous à l'hydrophobie spontanée. On a fait intervenir un virus déposé dans la plaie faite par les dents de l'animal, et auquel la salive et les mucosités de la bouche servent de véhicule; mais ce virus n'est qu'une entité, dont l'existence n'est nullement démontrée. La chaleur n'influe pas, comme on pourrait le croire, sur le développement de l'hydrophobie spontanée : on l'observe dans toutes les saisons ; des recherches exactes ont prouvé que les mois de mars, d'avril, de mai et de septembre fournissaient le plus d'exemples d'hydrophobie spontanée. Aucun chien n'en est absolument exempt, on la rencontre sous toutes les latitudes ; il y a pourtant certaines contrées, comme l'Egypte, Chypre, la Syrie, qui en sont presque entièrement préservées. Les loups, les chiens, les renards et les chats sont les animaux les plus exposés à la rage spontanée, et ceux qui la communiquent à l'homme ; les herbivores, comme le cheval, le bœuf, deviennent rarement hydrophobes, et ne peuvent communiquer cette terrible maladie ; elle ne paraît pas susceptible de se transmettre de l'homme à son semblable : seulement la terreur inspirée par certains hydrophobes a quelquefois produit une aversion passagère pour l'eau (hydrophobie symptomatique).

La rage se reconnaît, chez les diverses espèces du genre canis, aux phénomènes suivants : l'animal est triste, recherche la solitude, refuse les aliments et les boissons; il s'agite, abandonne la maison, la tête basse et la queue traînante, la langue pendante, et la bouche pleine d'écume ; sa marche vagabonde annonce qu'il n'a plus de repos : la soif le dévore, et cependant il s'éloigne en frémissant de toute espèce de liquide. La fureur qui l'agite par moments le porte à se jeter sur tout ce qu'il rencontre ; la résistance ne fait que l'irriter. L'aboiement du chien enragé est remplacé par un affreux murmure rauque, qui effraye même son espèce. Après avoir erré pendant quatre ou cinq jours, en proie aux convulsions, l'animal meurt après quelques redoublements rapprochés de son mal. Chez les autres mammifères, l'hydrophobie présente à peu près les mêmes caractères, sauf quelques particularités, dues à l'organisation des espèces. L'incubation de la rage communiquée est longue ; elle ne se développe d'ordinaire chez l'homme et les animaux que cinq ou six semaines après la morsure. Toutefois, sans parler d'exceptions peu nombreuses citées par les auteurs, diverses causes peuvent hâter le développement de l'hydrophobie, comme une chaleur excessive, des affections morales, la terreur causée par la mort d'un hydrophobe, un excès de régime, etc.

Chez l'homme, la rage communiquée s'annonce par des douleurs dans la partie mordue, une pesanteur de tête, de l'insomnie, rêves effrayants, une exaltation momentanée ou un affaissement notable des facultés mentales ; l'inquiétude s'empare du malade, ses yeux deviennent hagards, évitent la lumière, etc. Bientôt arrive le terrible frisson hydrophobique, causé par la vue d'un liquide, de corps brillants, et même la simple agitation de l'air. Approche-t-on de la bouche du malade un vase rempli de liquide, il frissonne, repousse le vase avec effroi ; la gorge et la poitrine éprouvent un serrement douloureux et spasmodique ; les yeux s'animent, le corps est agité de sanglots, de suffocations et de mouvements convulsifs. Cette horreur des liquides n'est pas continuelle : elle cesse, et l'homme au malade de boire, pour revenir bientôt après; une soif inextinguible, une ardeur brûlante, tourmentent le malheureux hydrophobe, qu'un invincible horreur éloigne des boissons ; une bave écumeuse mouille la bouche dans les moments d'agitation. L'homme atteint d'hydrophobie éprouve rarement le désir de mordre, et il n'y a aucun danger à l'approcher ; il est même plus sensible et plus sensé avec les siens qu'à l'état de santé. L'exaltation cérébrale ne fait qu'augmenter. L'insomnie favorise des hallucinations continuelles. La vue et l'audition deviennent d'une susceptibilité extrême, le malade recherche l'obscurité. Vers la fin de la maladie, sa voix devient rauque, le délire s'empare de lui ; la mort arrive ordinairement le cinquième, le sixième ou le huitième jour de l'invasion, au milieu des spasmes de la poitrine et des mouvements convulsifs.

L'intensité de l'hydrophobie n'est point du tout en raison de l'étendue des morsures ni de leur nombre, ni de la force des animaux qui l'inoculent à l'homme ; on sait seulement que les blessures faites à travers les vêtements sont moins dangereuses que celles qui sont faites sur la peau nue, et qu'elles ne causent souvent aucun accident. Les faits authentiques observés jusqu'à ce jour prouvent que l'hydrophobie rabienne est incurable. Le besoin d'expliquer la contagion et la marche rapide d'une si terrible maladie a fait supposer un principe délétère, un virus susceptible de la propager. Si l'existence de ce virus n'est pas prouvée, il est encore bien moins certain qu'une imagination effrayée par le sort funeste de ceux qui ont été mordus; des enfants morts à la suite d'accidents pareils ont succombé à la rage sans avoir eu la moindre crainte du sort qui les menaçait.

La propriété contagieuse du virus hydrophobique cesse avec la vie de l'animal, et l'on peut dire, morte la bête, mort le venin. On a ouvert impunément un grand nombre d'hydrophobes sans que jamais l'opérateur ait eu à redouter l'inoculation du virus. On s'accorde généralement à placer le siège de ce virus n'est qu'il soit, dans la salive de l'animal malade, ainsi que dans le mucus guttural et bronchique qui s'y trouve mêlé : effectivement, ces fluides déposés dans les morsures produisent constamment l'hydrophobie, tandis que les mêmes morsures sont inoffensives quand les vêtements absorbent l'écume salivaire de l'animal. Il est donc bien entendu qu'il faut que la peau soit entamée pour que l'inoculation ait lieu; l'application de la salive de l'hydrophobe sur le derme intact n'est suivie d'aucun accident.

Après la mort des hydrophobes, on trouve fort souvent des traces d'inflammation sur la membrane muqueuse des voies aériennes, du pharynx et de l'œsophage ; cette membrane est recouverte d'une mucosité écumeuse; les poumons sont tantôt emphysémateux, tantôt rouges et injectés; les autres altérations notées par les auteurs dans l'encéphale sont moins constantes que celle dont il vient d'être question ; les unes ni les autres ne sont d'un grand secours pour déterminer la nature de la maladie, car elles peuvent être le résultat de l'état spasmodique et convulsif des organes de la déglutition et de la respiration. Quant aux lésions encéphaliques, que l'on ne peut pas expliquer de la même manière, elles ont paru suffisantes à certains médecins pour placer le siège de l'hydrophobie dans le cerveau.

On emploie contre l'hydrophobie deux sortes de traitements, l'un préservatif, l'autre curatif : le premier est le seul efficace, on ne guérit point la rage lorsqu'elle est confirmée. Le principal, pour ne pas dire l'unique agent de la prophylactique, dans la maladie qui nous occupe, est la cautérisation des plaies; on peut la pratiquer par le feu ou par les médicaments appelés caustiques ; les anciens préféraient généralement le feu, auquel ils supposaient une force d'action spéciale sur le virus hydrophobique ; mais de nos jours on préfère le caustique liquide et diffusible. Au reste, quel que soit le moyen qu'on emploie, il faut agir profondément et scarifier ou charbonner sans distinction toutes les parties dans lesquelles ont pénétré les dents de l'animal malade ; pour cela, il est souvent besoin d'y revenir à plusieurs reprises, d'inciser les parties qui ont été cautérisées les premières, etc. Les circonstances dans lesquelles se trouve le médecin l'obligent souvent à se servir du premier caustique qui lui tombe sous la main ; mais quand il peut choisir, il emploie le plus ordinairement le chlorhydrate d'antimoine liquide, appelé beurre d'antimoine. On doit faire suppurer longtemps les plaies résultant de la cautérisation, et en général jusqu'au delà du quarantième jour.

L'ablation des parties mordues, quand elle peut avoir lieu, est aussi un moyen très-efficace pour préserver de l'hydrophobie. La cautérisation peut être pratiquée avec succès aux diverses époques qui précèdent l'invasion du mal ; mais il convient d'y recourir le plus tôt possible. On a eu recours à un grand nombre de moyens curatifs contre l'hydrophobie confirmée ; on a rapporté des exemples de guérison, mais l'authenticité de ces cures n'a jamais été parfaitement constatée; dans beaucoup de cas, on a eu affaire à de simples hydrophobies symptomatiques provenant d'affections morales profondes; dans d'autres, on a commis des erreurs de diagnostic plus graves encore, attribuant à des affections cérébrales une origine hydrophobique. Dr BRICHETEAU.

HYDROPHYLLACÉES, famille de plantes instituée par Rob. Brown, et composée des genres *hydrophyllum*, *phacelia*, *nemophila*, etc., dont les fruits sont capsulaires, caractérisée par un albumen cartilagineux considérable et par des feuilles composées et profondément lobées. Le genre *hydrophyllum*, qui est le type de cette famille, se compose d'espèces de plantes américaines très-rustiques croissant dans tous les terrains, particulièrement dans les lieux frais et ombragés, où elles produisent de belles touffes très-remarquables au premier printemps. On en connaît deux espèces. L. LAURENT.

HYDROPHYTES (de ὕδωρ, eau, et φυτόν, plante). Nous avons, dans divers endroits de nos ouvrages, proposé de consacrer ce nom pour désigner les plantes agames ou cryptogames qui se développent ou croissent dans les eaux, et qui forment une vaste classe dans le règne végétal. Elles y occupent les limites de l'animalité par leurs rapports naturels avec les polypiers flexibles et autres sortes de zoophytes ou de lithophytes. Lamouroux proposa pour les désigner le nom de *thalassiophytes*, c'est-à-dire *plantes de mer*: beaucoup ne vivent que dans l'eau douce; d'autres savants les ont appelées des *hydralgues* (algues d'eau); mais, quoi qu'en puissent dire encore certains botanistes routiniers, ce ne sont pas des algues. Les hydrophytes, que le vulgaire nomme *varechs* ou *varecs*, et *goëmons* ou *guamons*, étaient compris par Linné dans sa 24e classe, et répartis en quatre genres, *fucus*, *ulva*, *conferva* et *byssus*. On en comptait alors moins de deux cents espèces; nous en possédons maintenant au moins mille dans nos collections, formant un grand nombre de genres. Ces végétaux, bien préparés, et quand on est parvenu à les dépouiller de leur tendance hygrométrique, sont, par l'élégance de leurs formes, la manière dont plusieurs s'appliquent au papier, et la variété de leurs nuances, souvent fort brillantes, l'ornement des herbiers, où naguère on daignait à peine les admettre. Leur étude offre le plus grand intérêt, car en eux fut l'origine de toute végétation, et le patron en quelque sorte sur lequel la nature s'essaya à l'enfantement des plantes terrestres ou aérophytes, qui devaient parer les campagnes après qu'elles seraient sorties du sein des mers.

En effet, répétons-le souvent, car la vérité doit être souvent répétée pour triompher de l'erreur, il y eut des époques, et probablement diverses durées de temps, où notre globe était environné d'eaux, comme il l'est maintenant par l'atmosphère. Ces eaux purent varier de température, être bouillantes, chaudes, tièdes, peut-être glaciales, selon les causes qui en avaient déterminé la précipitation. Elles furent peut-être même pénétrées, dans leurs diverses apparitions, de principes qui ne sont plus dans les nôtres, et par le moyen desquels les sédiments antérieurs des diverses créations précédentes furent broyés, bouillis, dissous, combinés et précipités de nouveau pour former ces couches terrestres où des esprits systématiques, théogonistes d'une nouvelle école, veulent compter les années de ce monde, dans l'existence duquel les années, les siècles, les millénaires même, ne sont pas ce qu'une seconde est dans la durée d'une montagne. Des soulèvements, que, dans un chapitre de notre *Voyage en quatre îles des mers d'Afrique*, nous avons soutenu avoir été la cause productrice des îles et des continents, s'opéraient par l'effet d'un travail intérieur; et la nature se préparait ainsi, au sein d'un océan sans bornes, à revêtir la terre de sa verdoyante parure, en formant rudimentairement toutes les parties dont se devaient composer les végétaux plus parfaits, ou du moins plus compliqués, de cette terre à venir. Ainsi, les filaments trachéiformes, les tubes cloisonnés, les cellules, les vascules, l'écorce et les couches du bois, les dispositions foliacées, les teintes suaves et la consistance des pétales de fleurs, les urnes des mousses, les capsules fructifères, toutes ces choses étaient essayées et reconnues bonnes dans les hydrophytes quand les aérophytes parurent, et c'est une merveilleuse occupation que de les rechercher avec le secours du microscope, quand le commun des botanistes ne soupçonne pas que l'*hydrophytologie* démontre l'existence de tous les organes végétaux dans leur état préparatoire.

Cependant, par une singularité digne de remarque, la distribution géographique, ou plutôt hydrographique, des plantes de l'humide élément est soumise à des lois assez différentes de celles qui président à la géographie botanique de la partie exondée du globe. Ainsi, les mêmes hydrophytes se retrouvent à peu près sur tout le pourtour de l'univers, dans les mêmes zones climatologiques; ils diffèrent moins d'un pôle à l'autre que les plantes de la terre, soit à cause de la moins grande différence qui règne dans la température moyenne des eaux, soit que les causes de dissémination ou de créations analogues y soient plus actives. On doit annoter encore que tandis qu'on voit le règne végétal s'amoindrir en nombre d'espèces et en proportions de grandeur, de l'équateur aux régions glaciales, les hydrophytes, au contraire, moins variés et plus petits sous la ligne et les tropiques, se multiplient et acquièrent leur plus grande taille spécifique à mesure qu'on s'élève vers le Nord ou qu'on s'abaisse vers le Sud.

Les hydrophytes croissent au fond des eaux, comme les herbes et les arbres à la surface de la terre; ils y forment des espèces de prairies, des bocages, ou même des forêts capables de résister au choc violent des vagues déchaînées, comme les arbres puissants résistent aux fougueux aquilons. Les roches les plus battues des flots en sont ordinairement les plus fournies. Les étendues sablonneuses ou vaseuses de la mer y sont, au contraire, comme nos dunes ou nos landes arides, les moins productives, et souvent elles en restent totalement dépouillées. Sur quelques rives, le flot rejette au rivage une si grande quantité d'hydrophytes arrachés des abîmes qu'on a imaginé de les utiliser, soit pour les engrais des champs, soit pour l'incinération et la production de la soude. Il est des espèces dont les riverains se nourrissent, et qui fournissent une gelée d'un usage fort agréable et sain. C'est avec une de ces espèces comestibles que l'hirondelle salangane compose son nid, si recherché des Chinois amateurs de bonne chère.

Les principales familles d'hydrophytes sont les fucacées, les dictyotées, les spongodiées, les floridées, les gélidées, les ulvacées, les céramiaires, les confervées, les arthrodiées, les chaodinées, etc. Nous en recommandons l'étude et la recherche aux voyageurs, d'autant mieux que rien n'est plus facile que de les bien conserver et d'en rapporter de magnifiques collections sans beaucoup de peine. Il suffit d'arracher ces plantes à marée basse des lieux où elles croissent, ayant soin, autant que possible, qu'elles conservent leurs racines, leurs tiges et tous leurs rameaux, afin de les avoir bien complètes. Quand elles croissent trop profondément pour que l'abaissement des eaux permette de les atteindre, on se sert de crochets ou de dragues pour les obtenir, et lorsqu'on y est réduit on ne ramasse au rivage les échantillons les moins maltraités qu'y jette la haute marée. On lave la récolte dans l'eau douce, à deux ou trois reprises, pour la dépouiller de la mucosité saline qui s'opposerait à sa conservation, et on la fait ensuite sécher sur un plancher, ou même au soleil, s'il n'est pas trop ardent, comme on ferait d'une récolte de foin. Ayant ensuite le soin d'attacher à chaque espèce un petit papier où l'on indique quelle était sa couleur à l'état frais et son *habitat* positif, on fait du tout un ou plusieurs paquets environnés de papier gris. Ainsi récoltés, en quelque partie du globe que ce soit, les hydrophytes, remouillés avec précaution par un moment expérimenté, reprennent l'apparence de la vie: on peut alors les étudier, les décrire, les figurer, les étendre à loisir pour en orner l'herbier. L'habitude enseigne plus tard à disposer élégamment sur des carrés de beau papier blanc collé, mis dans une cuvette pleine d'eau douce, les espèces capillaires ou délicates qu'on laisse flotter et reprendre leur port naturel; après quoi, retirant avec précaution le papier du fond du vase, ou vidant celui-ci avec une seringue, on a la plante gracieusement collée et ne perdant pas ses vives couleurs; on les conserve ainsi, pour peu qu'on apporte quelque soin dans la manière de les mettre en presse et d'opérer leur dessiccation.

Depuis un demi-siècle environ, l'étude des hydrophytes obtient une certaine vogue; on en a publié un assez grand nombre d'ouvrages à planches, dont quelques-uns sont dignes d'entrer dans les bibliothèques de luxe. Gmelin et Esper, en Allemagne; les auteurs de la *Flore Danoise*, surtout l'exact, modeste et savant Lyngbie à Copenhague; Turner, Stakhouse et Gréville, dans la Grande-Bretagne; enfin l'auteur de cet article, qui peignit de sa propre main, dans le voyage de *La Coquille*, un grand nombre d'hydrophytes, sont ceux qui en ont le plus figuré, et dont les ouvrages sont devenus indispensables à quiconque veut s'occuper d'hydrophytologie. Mertens à Brême, Lamouroux et Chauvin en Normandie, Bertoloni en Italie, Clemente et Cabrera en Espagne, Agard en Suède, Hornemann et Hoffmann-Bang en Danemark, sont les auteurs qui contribuèrent le plus à répandre et à éclairer la connaissance des hydrophytes, qui cependant est encore loin d'être portée au point d'avancement où s'est élevée la phanérogamie.

BORY DE SAINT-VINCENT, de l'Académie des Sciences.

HYDROPHYTOLOGIE. C'est la description des hydrophytes.

HYDROPISIE. Les fonctions opposées de l'absorption et de l'exhalation ne peuvent cesser d'être dans un équilibre parfait sans qu'il en résulte des inconvénients plus ou moins graves. Si, par exemple, l'absorption est exagérée, beaucoup de matériaux destinés à être expulsés, étant retenus, altéreront plus ou moins les autres fluides et ensuite les solides. Si, au contraire, l'exhalation est outrée, beaucoup de matériaux propres à la réparation journalière du corps seront entraînés au dehors; s'ils sont évacués par la peau et par les surfaces muqueuses, la perte s'effectue manifestement par des sueurs, par des selles plus ou moins abondantes, à l'exception cependant de quelques cavités, comme les sinus maxillaires. Si l'équilibre est rompu sur des membranes séreuses qui forment des sacs sans ouverture, le fluide, exhalé en quantité anormale, s'épanche dans ces cavités, et forme des collections de sérosité qui, n'ayant pas d'issue, s'accroissent graduellement. Ces collections ont été appelées *hydropisie*, parce que la sérosité a l'apparence de l'eau (ὕδωρ, eau, ὄψ, aspect, apparence).

Les membranes séreuses étant nombreuses, les siéges des hydropisies sont multipliés, et portent des noms divers. Ainsi, le cerveau ayant dans ses annexes un tissu de ce genre, il s'y forme des épanchements séreux, qu'on nomme *hydrocéphales* ou *hydropisies de tête*. Dans la poitrine ou thorax, des sacs séreux sont la source de l'*hydrothorax* ou de l'*hydropéricarde*. La membrane étant très-vaste dans le ventre, elle est le siége d'une collection appelée *ascite*, et qui est quelquefois énorme. L'hydropisie des surfaces articulaires se nomme *hydrarthre*. Des cavités qui peuvent se former accidentellement dans toute partie de l'organisme, et qu'on nomme *kystes*, sont encore les siéges de collections de fluides qu'on désigne par le nom d'*hydropisies enkystées*. On ne distingue plusieurs autres. Quand la sérosité s'épanche dans le tissu cellulaire, l'affection porte plutôt le nom d'*infiltration* que d'*hydropisie*. On la nomme aussi *œdème*, *anasarque*, ou *leucophlegmasie*.

L'hydropisie peut survenir promptement après un refroidissement prolongé de la peau, ou par toute autre cause qui supprime la transpiration cutanée. Dans ces cas, l'exhalation n'étant plus opérée dans une juste proportion, il en résulte un épanchement entre les feuillets des membranes séreuses. Cette cause n'est pas très-commune, mais on en possède assez d'exemples pour que ce soit un motif d'éviter autant que possible des refroidissements qui ont d'ailleurs des suites funestes. Une potation trop abondante peut produire ces épanchements, comme on en a vu des exemples chez des malades qui croyaient ne pouvoir trop boire de tisanes ou d'eau pure: l'absorption dans ces cas outrepasse l'exhalation. Les personnes débiles, comme les convalescents, ou celles qui sont affaiblies par une nourriture, soit insuffisante, soit insalubre, ou qui vivent dans un lieu humide, ont souvent le tissu cellulaire des jambes infiltré. Rien de plus commun que celle appelée *œdème*; mais elle se dissipe facilement quand on a obtenu la guérison de la maladie qui a précédé. L'inflammation, détruisant l'équilibre dont nous avons annoncé la nécessité, est une cause commune de l'épanchement séreux qui nous occupe, quand elle est à un certain degré. L'application d'un vésicatoire, une brûlure modérée, en fournissent des exemples communs : on voit une vessie, une cloque remplie de sérosité succéder à ce mode de phlegmasie. L'inflammation des vaisseaux, artères, veines, etc., comme toute cause qui apporte obstacle au cours du sang, une affection du cœur, un anévrisme, etc., produisent souvent cet effet. Les pertes de sang sont dans la même catégorie ainsi que l'état de grossesse.

Le nombre de ces causes est donc très-varié, et leur mode d'agir est loin d'être le même : par conséquent le traitement ne peut pas être uniforme. Telle n'est cependant pas l'opinion du vulgaire, qui considère les hydropisies comme des effets constants de la débilité, et les combat trop exclusivement par des toniques. Si on réussit chez celui qui est devenu hydropique par suite d'une alimentation insuffisante, on échoue chez celui qui l'est par suite d'une phlegmasie chronique. C'est cette dernière affection qu'il faut enlever : l'hydropisie cédera ensuite d'elle-même. Le traitement de ces maladies est difficile même pour le médecin, et il est subordonné à mille circonstances variées. Les moyens les plus rationnels et réputés pour être les plus actifs sont souvent impuissants. La ponction, qui procure une évacuation subite, n'est qu'une ressource palliative, parce qu'elle donne issue au liquide épanché sans tarir la source; et cette opération d'ailleurs n'est pas exempte d'inconvénients. Il est cependant très-important de ne pas laisser persister cette affection longtemps; car les tissus s'altèrent et se dénaturent pendant sa durée, et en tous cas plus elle est ancienne, plus il est difficile de la guérir.

Dr CHARBONNIER.

HYDROPNEUMATIQUE (Cuve). *Voyez* CUVE.

HYDROPOTE (du grec ὕδωρ, eau, et πότης, buveur), buveur d'eau, et surtout celui qui ne boit que de l'eau et s'abstient de toute liqueur fermentée.

HYDRO-SÉLÉNIQUE (Acide). *Voyez* SÉLÉNHYDRIQUE (Acide).

HYDROSTATIQUE (de ὕδωρ, eau, et ἵσταμαι, se tenir, être en repos). On doit devrait donc rigoureusement signifier la *statique* de l'eau, la science de l'équilibre des eaux; mais, malgré la rigueur de l'étymologie, la valeur du mot *hydrostatique* n'est pas restreinte à ce qui concerne l'eau, comme pourrait le faire supposer la composition du mot. Cette expression s'étend en général à l'*équilibre* de *tous les fluides*; et cela est fort raisonnable, car les lois de cet équilibre leur sont communes.

Les fluides sont soumis à des lois de pression et d'équilibre qui diffèrent en plusieurs points de celles qui régissent les mêmes propriétés dans les corps solides. Ces propriétés se résument pour les fluides en une série de propositions que les bornes de cet article ne nous permettent pas de développer en les accompagnant toutes de leurs preuves dont elles sont susceptibles, mais que, d'après l'autorité de démonstrations qui abondent dans les traités spéciaux sur la matière, on peut considérer comme absolument prouvées. Voilà quelles sont ces propositions fondamentales : 1° Les fluides et les solides sont composés, abstraction faite des quantités de calorique dont ils sont respectivement pénétrés, de molécules de même nature, et conséquemment les molécules des fluides sont douées de pesanteur, à l'instar des molécules des corps solides ; 2° les fluides pèsent de bas en haut tout comme de haut en bas ; 3° les fluides exercent une pression latérale; 4° la pression exercée sur les molécules inférieures d'un fluide par la pesanteur de la colonne supérieure du fluide, est égale dans tous les sens; 5° chaque molécule d'un fluide est également pressée de toutes parts par les molécules environnantes, d'où résulte la condition de repos absolu ; 6° de l'égalité de cette pression, il résulte encore que la surface d'un fluide abandonné à lui-même doit constamment affecter la forme plane, et que cette surface sera toujours parallèle à l'horizon ; 7° la pression exercée par un fluide contre une surface quelconque sera perpendiculaire à chacun des éléments de cette surface ; 8° quelles que soient leur quantité et la figure des vases dans lesquels ils sont contenus, les fluides doivent presser en raison exacte de leur hauteur ; 9° dans les tubes, soit égaux, soit inégaux, soit droits, soit obliques, pourvu qu'il y ait communication entre eux, un fluide doit monter à la même hauteur : ce qui résulte nécessairement de ce qu'il ne peut être en repos qu'autant que toutes les surfaces supérieures seront dans un même plan parallèle à l'horizon ; 10° les pressions exercées sur une base donnée par deux fluides de différente densité ne peuvent être égales entre elles qu'autant que leurs hauteurs et leurs densités seront en raison réciproque. »

A l'égard de la 1er proposition, nous disons que si la pesanteur des molécules d'un fluide n'est pas sensible dans le fluide même, cela tient à ce que les molécules inférieures soutiennent les molécules supérieures , qui ne peuvent donc descendre : au lieu que dans les solides, toutes ces molécules sont étroitement unies entre elles, et forment un seul et même tout, dont l'effort se concentre pour ainsi dire en un seul point , les molécules des fluides, au contraire , sont indépendantes les unes des autres. Le peu d'adhérence qu'il y a entre elles est cause qu'elles doivent céder au moindre effort qu'on fait pour les séparer ; elles doivent donc exercer une pression, indépendamment les unes des autres. Pour prouver la 2e proposition, il y a une expérience bien simple à faire. Plongez dans l'eau un tube de verre (non capillaire), ouvert par les deux extrémités; bouchez l'une d'elles avec le pouce. Le tube étant rempli d'air, l'eau n'y montera qu'à une très-petite hauteur. Mais en levant le pouce, afin de laisser échapper l'air comprimé, vous verrez monter beaucoup l'eau dans le tube ; elle atteindra même à un niveau supérieur à celui de la surface de l'eau dans le vase. L'eau contenue dans le tube est donc mue dans un sens opposé à l'effet ordinaire de la pesanteur. Donc, il en faut conclure que les fluides pèsent de bas en haut. Si l'on veut s'assurer de la vérité de la 3e proposition, que l'on prenne un tube recourbé, ouvert par les deux bouts , et dont les branches, d'inégale longueur, fassent entre elles un angle quelconque. Si vous bouchez avec le pouce l'orifice de la longue branche, et si vous plongez la courte branche , lorsque vous ôterez le doigt, l'eau montera sensiblement dans la plus longue. Cette ascension ne peut être causée que par une impulsion latérale que recevront les molécules voisines, celles qui se trouvent à l'orifice du tube. Aussi voit-on un tonneau plein de liquide se vider quand l'on y pratique un trou sur le côté. La 4e proposition n'est pas plus difficile à prouver par expérience. L'action absolue de chaque molécule d'un fluide, que nous avons conclu de ce qu'elle est également pressée de toutes parts, est une vérité qui n'a pas besoin de démonstration. C'est l'objet de notre 5e proposition. Nous en pouvons dire autant de la 6e proposition; car de ce que l'équilibre s'établit et que le fluide est en repos, il s'ensuit que sa surface devient plane et parallèle à l'horizon. Est-il nécessaire d'ajouter que l'on n'entend parler ici que d'une surface de peu d'étendue et non d'une vaste surface comme celle des mers, dont nul n'ignore la courbure ? A l'égard de la 7e proposition, on doit considérer que pour que au lieu d'être perpendiculaire à chacun des éléments d'une surface quelconque, la pression fût oblique , il faudrait la décomposer en deux, dont l'une serait perpendiculaire à la surface, conséquemment effective, tandis que l'autre, qui aurait une direction parallèle à cette surface, serait de nul effet ; ce qui serait contraire au principe de la pression en tous sens. La démonstration des propositions 8, 9 et 10 exigerait des développements dont nous sommes forcé de nous abstenir, et qui nous entraîneraient dans des redites inutiles.

Dans la théorie de l'hydrostatique, on considère encore *l'équilibre des corps flottants et des corps plongés*. Un solide plongé dans un fluide est pressé de toutes parts par le fluide, et cette pression croit en raison de la hauteur du fluide au-dessus du solide. Un solide plongé dans un fluide perd une partie de son poids égale au poids du volume du fluide déplacé : c'est la généralisation du célèbre principe d'Archimède sur lequel se basent la construction de la balance hydrostatique et des aréomètres. Un solide plongé dans un fluide spécifiquement plus léger que lui doit s'enfoncer jusqu'à ce qu'il arrive au fond. Cela est évident ; car il est poussé de haut en bas par son propre poids, et il n'est poussé de bas en haut que par une force égale au poids du volume du fluide déplacé : or, cette dernière force est moindre que le poids du solide qui est supposé avoir plus de poids spécifique que le fluide : donc le solide doit descendre avec une force, c'est-à-dire une vitesse égale à la différence entre le poids et celui d'un pareil volume de ce fluide. Un solide plongé dans un fluide spécifique plus pesant que lui doit monter jusqu'à ce que le poids spécifique du solide soit au poids spécifique du fluide comme le volume du fluide déplacé est au volume du solide qu'il plonge. Le corollaire de cette dernière proposition est qu'un solide plongé dans un fluide spécifiquement plus pesant que lui doit flotter à sa surface.

La matière que nous n'avons pu qu'effleurer n'est susceptible de démonstrations mathématiques qu'à l'aide d'une analyse algébrique extrêmement élevée. Ces sortes de questions ont exercé les facultés des plus grands géomètres de l'Europe ; et il ne m'appartient qu'à peu de personnes de continuer leurs travaux. Mais de ces travaux savants et profonds il est résulté la certitude des propositions que nous venons d'établir.
Pelouze père.

HYDROSTATIQUE (Balance). *Voyez* BALANCE HYDROSTATIQUE.

HYDROSUDOPATHIE (du grec ὕδωρ, eau, du latin *sudor*, sueur, et du grec πάθος, douleur). Ce mot hybride exprime plus complètement que celui d'*hydrothérapie* les bases essentielles de la méthode de Priessnitz, laquelle consiste à employer l'eau froide à l'intérieur et à l'extérieur, alors que les malades sont en sueur. Il est assurément fort original d'avoir transformé en un traitement célèbre et régulier une des causes les plus redoutées d'un grand nombre d'affections morbides. Guérir des maladies en usant de la chose même qui fréquemment les engendre, voilà une nouveauté qui méritait bien d'appeler les regards sur l'homme à qui elle est due.

Nous pourrions renvoyer au mot Hydrothérapie tout ce que nous avons à dire de l'*hydrosudopathie*; cependant nous énoncerons dès à présent quelques-uns des principes positifs dont cette nouvelle méthode a droit de s'autoriser, quoique ces principes, fort postérieurs à sa création, soient restés ignorés de son fondateur.

Déjà depuis quelque temps il était prouvé que les animaux à sang froid, les serpents, les crocodiles, les grenouilles , ne sont pas exposés aux inflammations, et n'ont jamais rien de fébrile, premier fait qui induit à conjecturer l'influence antiphlegmasique ou anti-phlogistique du froid. On a cru devoir plus récemment faire application du froid au corps de l'homme a pour effet de condenser les tissus, de restreindre la cavité des vaisseaux capillaires et d'y ralentir le cours du sang ; constatation explicative des effets directs de l'hydrothérapie. Un médecin *hydropathe* dit qu'ayant plongé l'un de ses pieds, qui avant l'immersion marquait 26 degrés centigrades de chaleur, dans de l'eau de puits, à 9 degrés centigrades (température la plus basse qu'on obtienne naturellement l'été à Paris), ce pied, après quinze minutes d'immersion, était devenu très-rouge et ne marquait plus que 13 degrés, et 19 degrés à peine dix minutes après avoir été retiré de l'eau et couvert de tissus chauds et protecteurs.

Il est prouvé qu'on supporte d'autant mieux le froid qu'on est doué naturellement d'une chaleur vitale plus élevée. Il n'y a jamais plus de deux degrés de différence dans la température d'une même personne, qui, par suite de l'exercice corporel, ou par l'effet de lourdes couvertures, passe de l'état tiède et calme à l'état de sueur; or, celui dont le corps en sueur comporte et signale ainsi deux degrés de chaleur au delà du degré normal, et jamais davantage, cette personne supporte beaucoup mieux l'immersion dans un bain froid qu'une autre qui n'aurait que sa température ordinaire et de repos, cette température fût-elle très-élevée.

Voilà des faits qui ont été parfaitement démontrés et dont la certitude expérimentale nous est acquise. On demandera peut-être à quoi sert une évaluation si précise de la chaleur humaine et des limites assignées à ses accroissements. Nous répondons que de pareils faits fondent des motifs sérieux à cette médication bizarre, qui consiste à faire suer des individus généralement peu malades, avant de les plonger dans l'eau la plus froide qu'on puisse rencontrer. C'est la méthode encore nouvelle que le paysan Priessnitz a pratiquée longtemps en Allemagne, et qu'on a promptement importée au nord et à l'ouest de Paris, d'abord aux prés de Saint-Gervais, puis aux Thernes, à Auteuil, à Bellevue, et enfin à Paris même. C'est là ce qu'on nomme l'*hydrothérapie* et l'*hydrosudopathie*, mots composés, qui semblent avoir été faits exprès pour les pauvres immergés, qui ne les prononcent qu'en frissonnant, et non sans reprendre haleine, pendant les trois à cinq minutes au-delà desquelles un tel bain ne peut être prolongé sans imminence d'asphyxie, sans flagrant péril pour la vie. Il faut les voir courir avec leurs manteaux, à la sortie de ce bain glacial!

Cette étrange méthode de traitement est loin d'être toujours efficace, mais elle est nouvelle, et c'est un grand mérite. Ce qu'elle offre de plus surprenant, c'est que l'extrême révolution qu'elle occasionne en des organes chauds et sensibles soit si rarement suivie d'accidents. On ne la loue si démesurément que parce qu'elle ne produit pas tout le mal qu'on avait lieu d'en appréhender. Nous ajouterons cependant qu'elle a paru favorable dans de certaines affections chroniques.

D' Isidore BOURDON.

HYDROTHÉRAPIE (de ὕδωρ, eau, et θεραπεύω, je guéris), art de guérir au moyen de l'eau. L'*hydrothérapie*, ou l'art de traiter les maladies au moyen de l'eau pure et froide, a été singulièrement circonscrite dans ces derniers temps, parce qu'on ne s'est occupé que des effets produits par l'eau froide (au-dessous de 18° cent.) Si autrefois cette médication par l'eau froide n'était guère en usage, excepté pour la chirurgie, l'eau pure n'en a pas moins été de tout temps recommandée comme moyen diététique pour bains et pour boisson. Il est vrai qu'en général on la négligeait beaucoup trop, attendu que les quelques voix isolées qui s'élevaient pour la recommander étaient étouffées ou par des préjugés profondément enracinés qui lui attribuaient des résultats nuisibles, ou par l'indifférence qu'inspire naturellement au médecin tout moyen trop vulgaire pour laisser quelque illusion à celui qui l'emploie ou servir les intérêts de celui qui l'ordonne. Quelques cas dans lesquels on essaya de l'eau froide, après avoir inutilement usé d'autres moyens, provoquèrent bien de temps à autre quelques imitations; mais ces traitements d'exception ne réussirent pas à faire sortir l'eau froide de la catégorie des ressources extrêmes et désespérées, pour la classer au nombre des agents thérapeutiques d'un emploi journalier. Aussi, et malgré les efforts d'un assez grand nombre de praticiens qui, surtout depuis le commencement du dix-huitième siècle, essayèrent de rendre plus général le traitement par l'eau froide, cette thérapeutique inspirerait-elle encore la défiance, si les attestations d'Œrtel et de Priessnitz, qui la vantaient comme une panacée infaillible, et si les heureux résultats qu'on en obtenait fréquemment dans la pratique, n'avaient tout à coup transformé en enthousiasme le préjugé que les gens du monde avaient naguère contre l'eau froide, et éveillé chez un grand nombre de praticiens le regret d'avoir jusque alors trop négligé cet expédient.

Il s'en faut cependant encore que la puissance curative de l'eau froide ait été suffisamment démontrée. Ce qu'il y a de généralement avéré, c'est que l'emploi intérieur de ce moyen calme la surexcitation des nerfs, facilite les sécrétions et améliore les rapports synergiques des solides et des liquides; que son emploi externe calme également la chaleur fébrile des vaisseaux et leur donne du ton lorsqu'ils sont affaissés, qu'il fortifie les fibres des muscles, et qu'il excite la peau, dont il modifie les éruptions chroniques. Voici, d'après les plus croyants, les maladies dans lesquelles on a obtenu les meilleurs résultats de l'emploi de l'eau froide : *affections aiguës* : le typhus, la fièvre scarlatine et autres maladies de la peau; l'angine couenneuse, et diverses inflammations; mais surtout, quant aux douches froides et ainsi que l'a prouvé le docteur Fleury, les fièvres intermittentes sur lesquelles le quinquina n'a eu aucun pouvoir. *Affections chroniques* : la syphilis, la goutte atonique, le rhumatisme, diverses espèces de paralysies, les maladies nerveuses et les maladies des organes hypogastriques. Il est cependant nécessaire de tenir compte de diverses circonstances, comme par exemple de l'individualité du malade et de la maladie, de l'abaissement ou de l'élévation de la température de l'eau, des phénomènes qui se manifestent pendant la durée du traitement et la durée de l'application méthodique du remède, de la manière dont on l'emploie, etc. L'attention dont l'eau froide a été l'objet dans ces derniers temps a fait perdre de vue l'eau chaude qu'on emploie extérieurement aussi souvent qu'autrefois, mais qui prise intérieurement offrirait, entre les mains d'un médecin rationnel, un moyen curatif qu'on a tort de trop négliger aujourd'hui. La méthode indiquée et employée par Cadet de Vaux, laquelle consiste à traiter les malades effectés de la goutte ou de rhumatismes en leur faisant boire de grandes quantités d'eau chaude, a produit des cures fort remarquables, mais n'a jusqu'à ce jour trouvé qu'un petit nombre de partisans. On n'a fait non plus qu'un très-petit nombre de recherches et d'observations satisfaisantes sur les vertus générales de l'eau chaude et la manière de l'appliquer. Bref, la doctrine de l'hydrothérapie offre de graves inconvénients déjà connus, et il serait à désirer, dans l'intérêt de l'humanité, qu'elle fût l'objet d'un travail impartial, complet et scientifique, qui préciserait les cas où cette méthode de guérir peut être employée avec avantage, ainsi que la meilleure manière de l'appliquer, et ferait justice des préjugés comme des exagérations.

On a partiellement employé cette *méthode hydriatrique*, mais en la modifiant, dans cette effrayante période du choléra qui a reçu le nom de *période algide*. Alors qu'après la durée plus ou moins longue des vomissements, d'une diarrhée séreuse, floconneuse et blanchâtre comme de l'eau de savon, le refroidissement de la face et des membres fait des progrès; alors que l'haleine et la langue deviennent glaciales comme la périphérie du corps; que la physionomie s'altère profondément et se consterne comme par vingt années d'âge tout à coup surajoutées à l'âge réel; que le nez est froid comme celui d'un chien, effilé comme celui d'un moribond; que la peau des extrémités devient bleue, froide et gluante comme celle d'un reptile; qu'elle se ride et se fronce aux doigts comme s'ils venaient d'être macérés dans un bain chaud trop prolongé, ou dans de la lessive; que le pouls se déprime jusqu'à devenir incertain ou nul; que la voix se brise, s'éclipse ou s'éteint, que l'urine diminue jusqu'à tarir, et qu'à ce cortége de symptômes sinistres il se joint une soif que rien n'étanche, des crampes de tétanique, et cette vive persuasion d'une mort prochaine qui glace et terrifie les assistants, alors, dans ce danger suprême, on a quelquefois recours à la méthode de Priessnitz, mais en la modifiant, je le répète. On trempe un drap de toile dans de l'eau froide, et ce drap imbibé sert à envelopper de toutes parts le corps entièrement nu du malade. Quelques médecins donnent la préférence à de l'eau chaude et faiblement salée pour cette méthode, à laquelle un d'eux a donné le nom de *méthode d'enveloppement*. La tête seule reste hors du drap. Par-dessus cette enveloppe mouillée, on place des couvertures de laine, et quelquefois même on y joint un édredon ou sac de plume, attirail de luxe pour lequel quelques Parisiennes montrent tant de prédilection. Voici maintenant ce qui arrive, au moins quelquefois, comme après les immersions froides des hydrothérapeutes. La peau du malade, d'abord refroidie et cyanosée (bleue), reprend de la souplesse, et devient le siége d'une réaction qui ramène la coloration vitale et la chaleur. Les vaisseaux absorbants reboivent d'ailleurs cette eau partiellement vaporisée dont le drap est humecté, ce qui rend à la masse du sang une partie du sérum dont elle est privée du fait de la maladie. C'est dans ce but qu'on renouvelle de temps en temps l'humidité extérieure que l'air, l'absorption vitale et la chaleur ont dissipée. Plus d'une guérison de choléra a été obtenue de la sorte, par cette méthode d'enveloppement qui est principalement conseillée par un habile praticien de Metz et par un des médecins de l'hôtel-Dieu de Paris, après l'avoir été à Smyrne, en 1847, par les docteurs Bargigli et Burguières. Dr Isidore BOURDON.

HYDROTHÉRAPIQUES (Établissements). C'est ainsi qu'on appelle les établissements où l'eau froide est méthodiquement employée pour la cure des maladies. Les diverses applications de l'eau froide exigent différents appareils, très-simples assurément en eux-mêmes, mais qui, au total, ne se trouvent que rarement ou même jamais complétement réunis dans les habitations particulières avec les ustensiles requis. Il faut notamment des baignoires de différentes espèces, les appareils nécessaires pour administrer des douches et des bains de pluie, des appareils propres à provoquer la sueur, indépendamment des couvertures de laine et de coton. La grande réputation que se fit Priessnitz par ces applications de l'eau froide le détermina à fonder à Græfenberg, lieu où il résidait, le premier établissement hydrothérapique; et l'hydrothérapie fit bientôt en Allemagne un si grand nombre de partisans, qu'en 1842 on n'y comptait pas moins de quarante établissements hydrothérapiques, et que depuis lors ce nombre s'est encore singulièrement augmenté. Nous citerons plus particulièrement ceux d'Ilmenau et d'Elgersbourg, dans la forêt de Thuringe, de Kreisha et de Schweczermuhle, dans la Suisse saxonne, de Hohenstein, dans l'Erzgebirge, et de Lauterberg, dans le Harz. La plupart sont placés sous la direction scientifique de médecins en qui les malades ont la confiance la plus absolue.

Après les dispositions nécessaires pour pouvoir convenablement loger et traiter les baigneurs, une condition essentielle pour un établissement de ce genre, c'est de pouvoir disposer d'une bonne eau de source, qui ne soit pas trop exposée à l'influence de la température extérieure; viennent ensuite les conditions d'un air pur et d'environs agréables, ainsi que le requiert tout autre établissement de bains. La plupart des établissements sont situés dans des pays de montagnes. Comme il arrive souvent que quelques espèces particulières de bains sont plus faciles à établir dans certains endroits isolés que dans les établissements mêmes, il n'est pas rare que les appareils pour les bains de douches, de lames, etc., se trouvent placés à quelque distance de là. A Ilmenau, par exemple, il n'y a pas d'établissement proprement dit. Les baigneurs logent dans des maisons particulières où l'on trouve les divers appareils nécessaires au traitement hydrothérapique, et les dispositions dont nous avons parlé sont dispersées en divers endroits de la ville.

Le traitement hydrothérapique absorbe chaque jour bien plus de temps que l'usage des bains d'eaux minérales ordinaires : par exemple, voici quel était, autrefois du moins, à Græfenberg l'emploi de la journée d'un malade. A quatre heures du matin on le plaçait dans une couverture sudorifère, où il restait jusqu'à huit heures, pour bientôt entrer dans le bain froid. Après ce bain, qui durait quelques minutes, le malade faisait un petit tour de promenade précipitée; puis il avalait de l'eau froide et ensuite déjeûnait. Après le déjeûner, nouvelle promenade pour aller prendre des douches. Cette formalité une fois remplie, le patient s'agitait encore au grand air, afin de se préparer convenablement pour le dîner, qui suivait vers une heure. Deux heures environ après le dîner, le malade faisait encore un petit tour de promenade avant de se replacer dans la couverture sudorifère. Trois heures après, un nouveau bain; puis promenade en attendant le souper, qui se terminait par un bain de siége; et la journée se terminait par un bain de siége.

La diversité des affections morbides modifiait naturellement ce régime; et il a encore été modifié davantage à mesure que les médecins se sont familiarisés avec l'application de l'eau froide. Le traitement est cependant resté le même dans les détails essentiels; et avec une diète nourrissante, mais très-simple, comme on peut facilement l'observer dans des établissements de ce genre, il a eu d'heureux résultats. A Paris ou près de Paris, nous avons des établissements semblables, ou peu s'en faut, à ceux de Græfenberg.
Dr Isidore BOURDON.

HYDROTHERMOLOGIE, étude et science des eaux thermales ou des thermes.

HYDROTHORAX, ou hydropisie de poitrine. *Voyez* HYDROPISIE.

HYÈNE, genre de carnassiers digitigrades. La hyène était connue des anciens naturalistes, et Aristote la décrit avec une rare exactitude; mais la lâche férocité de cet animal sauvage, qui en faisait pour les uns un objet d'effroi, et l'étrangeté de certains caractères anatomiques, qui en faisait pour les autres un être anormal, ont donné lieu à des légendes tellement nombreuses et tellement exagérées, que l'histoire naturelle de la hyène n'est parvenue jusqu'à nous qu'escortée d'une innombrable série d'erreurs traditionnelles, dont Pline, Élien, Aldrovande, etc., se sont faits les échos.

La hyène est un animal nocturne, vorace, vivant surtout de charognes, et rôdant sans cesse autour des tombeaux pour chercher quelque cadavre, qu'elle déterre et qu'elle dévore : dans quelques contrées tropicales, elle pénètre la nuit dans l'enceinte des villes pour dévorer les immondices et les corps morts qu'on abandonne dans les rues. Ses quatre doigts sont armés d'ongles très-puissants, mais qui, n'étant ni acérés ni tranchants, forment un instrument fouisseur plutôt qu'une arme offensive; la largeur de sa tête, terminée par un museau obtus, l'énorme développement de sa crête sagittale, l'écartement considérable des arcades zygomatiques, indiquent une énorme puissance d'action dans les muscles du col et dans les mâchoires, et expliquent le récit des voyageurs qui racontent avoir vu la hyène emporter dans sa gueule des proies énormes sans leur laisser toucher le sol. A la mâchoire supérieure, elles ont trois fausses molaires, à la mâchoire inférieure quatre : toutes sont coniques, mousses et singulièrement grosses; leur dent carnassière supérieure porte un petit tubercule, mais la carnassière inférieure ne présente que deux fortes pointes tranchantes; en général, la puissance de leur appareil masticateur leur permet de briser les os les plus durs. Leurs oreilles sont grandes et presque nues, leurs yeux ont un aspect étrange; car leur pupille s'offre sous la forme d'une pyramide dont la base, au lieu d'être plane, serait fort arrondie; leurs narines sont placées à l'extrémité du museau et entourées d'un mufle; leur train de derrière n'est pas plus bas que le train de devant, comme on l'a cru longtemps; mais leurs membres postérieurs sont toujours fléchis, ce qui leur donne une allure bizarre qu'augmente leur démarche oblique, et qui les fait paraître boiteuses; leur queue est courte et pendante; enfin, elles offrent un appareil glandulaire particulier, dont le conduit excréteur s'ouvre près de l'anus, et sécrète une matière épaisse et visqueuse d'une odeur extrêmement fétide. C'est à l'existence de cette poche qu'il faut rapporter les fables des anciens sur le prétendu hermaphroditisme de la hyène.

On distingue plusieurs espèces d'hyènes, dont quatre se rencontrent encore à l'état vivant. Ce sont : la *hyène rayée* (*hyæna vulgaris*, Geoff. St.-Hil.), qui paraît avoir été l'espèce connue des anciens, et qui habite la Perse, l'Égypte, l'Abyssinie : elle fut montrée aux Romains pour la première fois sous l'empire de Gordien; la *hyène brune* (*hyæna fusca*, Geoff. St.-Hil.), dont la patrie est inconnue; la *hyène tachetée* (*hyæna capensis*, Desm.), qui habite la partie méridionale de l'Afrique, et que les habitants, dit-on, emploient à la chasse; c'est sans doute à cette espèce qu'appartiennent la première et batteries dont on trouve plus d'un exemple en Algérie, où, dit-on, on en voit quelquefois rendre à tous maîtres les mêmes services qu'un chien; la *hyène peinte* (*hyæna picta*, Temm.), décrite et figurée pour la première fois par Temminck, l'ornithologiste hollandais : c'est le *chien hyénoïde* de Cuvier. De plus on trouve fréquemment dans les cavernes à ossements de nombreux débris de différentes espèces d'hyènes fossiles.

BELFIELD-LEFÈVRE.

HYÈRES (Iles d'). En face du rivage le plus méridional de la Provence sont trois petites îles, nommées autrefois *Iles-d'Or*, et appelées aujourd'hui *Porquerolles*, *Port-Cros*, et l'*Ile-du-Levant*; elles embrassent dans leur contour la vaste rade d'Hyères; leur sol est une roche calcaire, abrupte sur ses bords, et recouverte, dans l'intérieur, d'une mince couche de terre végétale; le vent du nord-ouest, si fréquent sur les plages de la Provence, les balaye presque continuellement; des sapins rabougris et quelques arbousiers leur donnent un peu de verdure. Porquerolles, la plus importante, parce qu'elle domine la rade, compte plusieurs forts et batteries de côte dont les gardiens reçoivent du continent tous les objets nécessaires à la vie; car l'eau y est rare, et ils ne peuvent, dans la plaine cultivable, récolter assez de légumes pour leur consommation journalière. L'industrie a profité de son heureuse position maritime pour y établir une fabrique de soude. Mais si la terre est aride, le ciel y déploie tous ses trésors; chaque jour le soleil s'y lève et s'y couche radieux; dans la journée, il déverse des torrents de lumière, et les nuits sont bien douces sous le plus beau ciel de la Provence.

La ville d'Hyères est plus heureuse que ses îles : située sur le revers d'une colline, elle est abritée contre les vents du nord par une enceinte de hauteurs qui lui ménagent une agréable température; l'hiver y a rarement des frimats; pendant l'été, les brises de la mer rafraîchissent ses journées les plus chaudes, et le mistral souffle dans les airs sans tourmenter les feuillus de ses arbres; ses jardins, remplis d'orangers, descendent en pente douce vers la mer; une rivière et plusieurs ruisseaux arrosent ses alentours, et sur la plage unie et sablonneuse qui borde sa rade on trouve de magnifiques salines. La réputation de son climat y attirait naguères une foule d'étrangers : les phthisiques de toutes les contrées de l'Europe venaient y chercher un reste de vie; le rendez-vous des malades est aujourd'hui à Nice, qui offre infiniment plus de ressources et possède un ciel encore plus doux et des sites plus agréables.

Outre ses salines, Hyères fait un grand commerce d'oranges, assez médiocres, de citrons, de grenades, d'huile d'olive, de bons vins rouges d'ordinaire. On y compte 9,675 habitants. La colline est couronnée par les ruines d'un château gothique. Au moyen âge elle possédait alors un port, où s'embarquaient les pèlerins pour la Palestine. Saint Louis y aborda, à son retour d'Égypte.

Théogène PAGE.

HYGIE (en grec Ύγίεια), considérée par les Grecs comme la déesse de la santé, était selon quelques auteurs fille d'Esculape et d'Épione; d'autres la lui donnent pour femme, et il en aurait eu suivant eux plusieurs enfants. A Sicyone, dans le temple d'Esculape, elle avait une statue à demi couverte d'un voile, à laquelle les femmes de cette ville offraient leurs chevelures. Un gros serpent enveloppe le corps de la déesse, et faisant plusieurs contours autour d'elle, passe sur son bras pour boire dans la coupe qu'elle tient à sa main.

Alexandre LENOIR.

HYGIE, planète découverte par M. de Gasparis, à Naples, le 14 avril 1849. Sa distance au soleil est à celle de la terre au même astre comme 3,15 est à 1. Son excentricité est 0,12; son inclinaison, 3°47′5″. Sa révolution sidérale s'effectue en 2075 jours. La longitude de son périhélie est de 234° 25′ 54″; celle de son nœud ascendant, de 287° 15′ 28″.

HYGIÈNE (de ὑγίεια, santé). Ce mot désigne une partie de la médecine enseignant les moyens de conserver la vie des hommes dans l'état sain. Ce but fait tout de suite sentir l'importance du sujet qui va nous occuper; mais il est très-vaste, car il comprend la connaissance de l'organisation du corps humain, celle du jeu des organes et celle des conditions qui sont favorables ou nuisibles à l'entretien de la vie : il exige, enfin, la connaissance de l'ensemble des sciences naturelles, puisque nous sommes en relation avec tous les corps de la nature, et influencés par eux.

Parmi les appareils d'organes dont le corps humain se compose, il en est qui ont une importance majeure comparativement aux autres. En première ligne, on remarque l'appareil nerveux : c'est par lui que l'organisation commence, et c'est sous sa présidence qu'elle s'achève. C'est en lui que réside le principe de l'intelligence; il est le dispensateur de cette propriété inhérente à nos tissus qui les rend aptes à être excités, à recevoir des impressions, à être sensibles; il établit des rapports entre toutes les parties et est l'organe des sympathies : en lui se trouve probablement aussi la source de la chaleur propre aux corps animés. On dirait que cet appareil est l'animal proprement dit, que tout le reste de l'organisme est accessoire et destiné à le servir. Comme organe d'excitation, d'action et de réaction, le système nerveux est pour nous une voie d'impressions aussi nombreuses que variées.

Les corps célestes ont une action sur nous, mais ce point connue, mais appréciable par des effets. Sans leur accorder l'empire que les astrologues leur attribuaient jadis, on ne peut nier, d'après l'observation, l'influence de plusieurs causes sidérales. Le soleil, source de la chaleur répandue dans la nature, et avec laquelle notre température propre tend à s'équilibrer, est l'origine de plusieurs modifications. Si son action modérée est nécessaire pour l'entretien de la vie, elle est nuisible quand elle est en excès. Cet astre échauffe-t-il trop fortement le milieu dans lequel nous vivons, ne pouvant nous débarrasser d'un excès de calorique qui nous surcharge, nous éprouvons une excitation accablante, qui affaiblit nos facultés intellectuelles et use prématurément les instruments de la vie : une trop vive insolation engendre des accidents graves et instantanés. Nous trouvons-nous, au contraire, placés dans un milieu froid, nous avons d'autres inconvénients à redouter; mais ils sont moins dangereux, et il est plus facile de s'y soustraire; nos maisons, nos foyers, nos vêtements, nous offrent de grandes ressources sous ce rapport : aussi la vie se prolonge-t-elle plus longtemps sous les latitudes froides que sous celles qui leur sont opposées. Nous devons donc nous soustraire autant que possible aux degrés extrêmes de la température. Par la même raison, nous devons, pour la conservation de la santé, nous abstenir des bains trop chauds comme des bains trop froids : adoptons pour règle en les prenant l'état où on se trouve au sortir de l'eau; soit le bien-être, et ne nous plongeons pas dans ce milieu s'il laisse après qu'on s'en est retiré une chaleur fébrile ou un sentiment de froid.

La lumière, autre émanation du soleil, considérée indépendamment des organes de la vision, exerce aussi une action incontestable sur nous : son défaut comme son excès sont nuisibles. La lune doit avoir quelque influence sur nos corps; mais on l'a sans doute exagérée, et elle est mal connue : si elle était constante et démontrée, ses effets se reproduiraient régulièrement à toutes ses phases, qui se répètent toujours de même. L'électricité, agent impondérable répandu dans la nature, modifie aussi notre existence, et la plupart du temps sans que nous puissions diriger son action.

Les organes des sens servant principalement à mettre l'homme en rapport avec le monde extérieur sont des voies très-actives d'excitation; leur exercice réclame de la modération et des temps de repos; on ne peut en user immodérément sans léser leur tissu et sans troubler la fonction du cerveau, par conséquent sans impressionner tout l'ensemble de l'individu. Des migraines dont ont cherche inutilement la cause proviennent souvent de la surexcitation des yeux, ainsi que plusieurs autres accidents. Les bruits intenses et inattendus sont funestes en plusieurs cas, surtout pour les femmes enceintes. Les odeurs ont des inconvénients très-graves et auxquels on ne fait pas assez d'attention, etc.

Comme organe des facultés intellectuelles, l'appareil nerveux est la source de nombreuses modifications, et c'est sous ce rapport qu'un exercice modéré est encore nécessaire. C'est au détriment de notre santé que nous nous adonnons aux méditations profondes et soutenues que l'étude exige. L'homme éprouve cet effet dès sa jeunesse, qu'il passe dans les écoles. Cependant l'exercice des fonctions mentales n'est nuisible que s'il est exagéré : il est nécessaire à l'homme, et surtout quand on s'en est fait une habitude : en ce cas, on n'y renonce pas sans tomber dans une vieillesse anticipée.

Les passions, qui ont aussi leur origine dans le système nerveux, soit par l'action des organes des sens externes, soit par les impressions instinctives parties des viscères, combien de maux n'engendrent-elles pas? Une joie excessive peut tuer comme une vive affliction; la tristesse, le chagrin détruisent à la longue nos entrailles, comme des poisons corrosifs; la colère est une cause fréquente d'apoplexies foudroyantes, etc. Il faudrait éviter ces affections extrêmes; mais l'homme ne peut pas toujours se soustraire aux conséquences de sa propre organisation, ainsi qu'à celles de mille circonstances où il est placé. Il est un bien que la nature nous a donné pour laisser des périodes de relâche et de repos à un appareil d'organes chargé de tant de rôles importants, c'est le sommeil, qu'on a même appelé la meilleure partie de la vie, tant l'état de veille est souvent pénible. Il est un besoin impérieux auquel il importe beaucoup de satisfaire pour conserver la santé. Les personnes qui consacrent une très-grande partie des nuits au travail ou aux plaisirs sont ordinairement maladives, et l'insomnie trop prolongée compromet la vie ou la raison.

Le système nerveux, que nous venons d'examiner à la hâte, sert d'intermédiaire entre les organes des sens, par conséquent des perceptions, et ceux qui exercent divers mouvements nécessaires à la satisfaction de nos besoins. Ces derniers actes sont accomplis par un appareil composé d'os et de muscles, dont l'exercice est en grande partie soumis à l'empire du cerveau, et qui est une source de santé comme de maladie. Il faut d'abord que l'appareil locomoteur puisse se développer librement et suffisamment : c'est une nécessité qu'on néglige trop souvent en retenant les enfants captifs dans des langes. Plus tard, on les astreint dans les écoles à une vie trop sédentaire pour leur âge. Communément encore les écoliers accomplissent leur tâche sans être assis commodément, et ils prennent l'habitude d'une position vicieuse, à laquelle ils s'abandonnent d'autant plus que leur attention est entièrement absorbée par la composition des devoirs. Cette cause, à laquelle on n'accorde point assez d'attention, produit communément les déviations de la taille et nuit plus ou moins au développement du corps. Nous devons reconnaître toutefois que les différents jeux gymnastiques adoptés dans la plupart des pensions augmentent maintenant les bienfaits des heures consacrées à la récréation.

L'exercice musculaire est une condition de la santé, mais c'est surtout quand il est combiné avec celui des organes de l'intelligence. C'est ainsi que le jeu de billard, qui exige cette combinaison, est un moyen de distraction très-salutaire. Les excursions en plein air qui ont un but intellectuel sont encore préférables : telles sont celles qui ont pour objet l'étude de la botanique, de l'entomologie, de la géologie, etc. Dans la vieillesse même, des courses pareilles ont toujours de grands avantages. En général, donnons un but d'utilité ou d'amusement à nos promenades; autrement elles nous fatigueront promptement, et nous n'en retirerons aucun fruit. La chasse est un exercice moins noble que celui auquel on s'adonne pour étudier l'histoire naturelle, quoiqu'on l'ait appelé le délassement des héros; mais il n'en est pas moins salubre, si toutefois, comme tout autre, il n'est pas excessif. En général, l'action musculaire contribue à entretenir le corps dans un état vigoureux : en favorisant la circulation du sang, en répartissant, par conséquent, les matériaux nutritifs, elle empêche certaines parties d'acquérir plus de développement que d'autres, ce qui est un effet de l'oisiveté et de la vie trop sédentaire. L'activité des organes locomoteurs doit toutefois être contenue dans les bornes de la modération; autrement elle cause un état fébrile : on doit la proportionner aux forces et aux positions sociales. La promenade à pied est plus convenable pour les uns; pour d'autres, c'est l'équitation, etc. S'il faut user des facultés locomotrices, dans l'intérêt de la conservation de la santé, il faut aussi savoir accorder des temps de repos aux muscles soumis à notre volonté : la fatigue nous instruit de cette nécessité, et ce n'est pas impunément qu'on néglige cet avertissement. Il n'y a dans l'organisme qu'un certain nombre d'instruments destinés à une action non interrompue et indépendante de notre vouloir. Tels sont les instruments de la circulation, de la respiration. Cet ordre est dans notre intérêt et la marque d'une prévoyance que nous ne saurions trop admirer : s'il en eût été autrement, que nous eussions pu, par exemple, respirer à volonté, combien la somme de nos maux n'aurait-elle pas augmentée?

Après les besoins résultant de la sensibilité et de la mobilité, viennent ceux qui sont engendrés par les orbes organes destinés à renouveler constamment les matériaux dont l'organisme se compose, comme aussi à expulser ceux qui doivent être éliminés, n'étant pas assimilables à la matière animale. Deux vastes surfaces servent à l'accomplissement de ces fonctions importantes, et concourent avec les organes des sens à établir des rapports entre l'homme et le monde où il est placé : l'une est formée par la membrane muqueuse qui revêt les cavités du corps; l'autre est l'enveloppe appelée peau. Le premier acte de ces fonctions d'entretien est la digestion, la source du sang, avec lequel coulent partout les matériaux nutritifs. Si cette fonction est une des premières conditions de l'entretien de la vie, elle est aussi la cause de nombreux abus nuisibles à la santé. C'est surtout cette partie des connaissances hygiéniques qui est immense et dont nous ne pouvons présenter qu'une faible ébauche. L'appétit et la soif sont les moniteurs qu'on devrait consulter pour prendre des aliments et des boissons. Ce n'est pas sans raison qu'un adage médical proportionne la liste de plusieurs maladies à celle des progrès de l'art du cuisinier. En nous laissant aller aux plaisirs du palais, nous mangeons ordinairement trop : ce n'est pas une satiété pénible qui devrait déterminer la fin de nos repas; ce devrait être un sentiment de bien-être au moral comme au physique. Il faut aussi proportionner la quantité des aliments, indépendamment de leur nature, à l'âge de la personne.

Les inconvénients qui dérivent d'une quantité d'aliments insuffisante se conçoivent facilement, et, sous ce rapport l'estomac est l'ennemi du pauvre. Les substances alimentaires ont une influence variée sur la santé en raison de leur qualité : il nous est impossible de les passer en revue; contentons-nous de dire que beaucoup d'erreurs et de préjugés existent à ce sujet. Il serait très-difficile de donner des réples de diététique d'une application générale; car ce qui est péniblement digéré par les uns l'est aisément par d'autres. Chacun doit chercher à acquérir par sa propre expérience la connaissance des aliments qui conviennent le mieux à sa nourriture. Les b o i s s o n s sont un besoin impérieux pour l'homme : ce sont elles qui réparent en grande partie la perte des fluides dépensés par les voies de sécrétion et d'excrétion ; la quantité nécessaire pour l'entretien de la santé est indiquée par la sensation de la soif, mais l'homme est loin d'écouter cette suggestion : sous ce rapport, il se distingue à son désavantage des animaux, comme sous celui de faire l'amour en tout temps, ainsi que l'a judicieusement remarqué Figaro : la qualité des boissons nuit encore plus intensivement et plus communément. Les différents liquides qui nous servent de boissons étant absorbés dans l'estomac sans être soumis aux lois de la digestion, on peut juger combien ils modifient promptement le sang, et surtout sa propriété présumée d'être l'excitateur des nerfs. Lorsque l'acte de la digestion est accompli, il faut que son produit, qui est le premier état du sang, soit perfectionné dans un nouvel appareil, où il subit une action très-remarquable.

Si l'existence de l'homme dépend de la terre sous le rapport des comestibles et des boissons, elle dépend aussi rigoureusement de l'atmosphère; la respiration est un besoin inévitable, qui exige pour condition principale un air pur : il y a dans cette fonction, comme dans celle de la digestion, un choix de matériaux propres à entretenir l'organisme et un rejet de matériaux impropres à ce but. C'est dans l'un et l'autre appareil une opération indispensable pour la santé. D'autres organes agissent aussi comme dépurateurs, et leur action est également nécessaire : telle est surtout celle des organes urinaires ; là se trouvent diverses causes de maladies.

Les fonctions de la peau qui revêt le corps sont multiples et importantes pour la conservation de la santé. Comme organe du tact, cette surface contient beaucoup d'expansions nerveuses dans son sein, et a une sympathie très-étroite avec le reste de l'organisme : elle est comme le régulateur de la chaleur animale; elle est tout à la fois une voie d'absorption et une d'excrétion. On comprend combien il importe que ces fonctions diverses ne soient pas entravées. D'autres fonctions, destinées à entretenir la vie humaine et à la reproduire, sont encore des sources de besoins qui doivent être satisfaits dans de justes mesures pour que la santé se conserve. Il faudrait passer en revue la physiologie pour montrer les données hygiéniques qui en découlent ; mais, dans les proportions qui nous sont prescrites dans ce travail, nous pouvons seulement en faire comprendre l'importance par un simple aperçu. Dr CHARBONNIER.

HYGIÈNE (Conseil d'). *Voyez* CONSEIL D'HYGIÈNE PUBLIQUE ET DE SALUBRITÉ.

HYGIENE PUBLIQUE. *Voyez* SALUBRITÉ.

HYGIN ou **HYGINUS** (CAIUS-JULIUS), savant grammairien romain du siècle d'Auguste, qui l'estimait beaucoup et le nomma directeur de la Bibliothèque Palatine. Jadis on le regardait généralement comme l'auteur du *Fabularum Liber*, collection de 224 fables, tirées du cycle des traditions grecques et romaines, et des quatre livres *Poeticon astronomicôn*, où il est parlé du monde, de la sphère céleste et des signes du zodiaque au point de vue mythologique. Pourtant, à cause du style corrompu et de l'exposition sans goût qui régnent dans ces deux ouvrages, la critique a décidé depuis longtemps ou qu'ils ont été interpolés plus tard, ou qu'ils appartiennent à un tout autre Hyginus, qui vivait sous les Antonins, et peut-être même sous Théodose. L'édition la plus complète s'en trouve dans les *Mythographi latini*, de Muncker (2 volumes, Amsterdam, 1681), et de van Staveren (2 volumes, Leyde et Amsterdam, 1732, in-4°). A. Mai a le premier fait connaître, d'après les manuscrits du Vatican, dans le tome III des *Classici auctores c Vatican. codd. edit.* (Rome, 1831), une nouvelle collection de fables qui porte également le nom d'Hyginus.

HYGROMÈTRE, HYGROMÉTRIE (de ὑγρός, humide, et μέτρον, mesure). L'air qui nous environne, quelque sec qu'il nous paraisse, tient toujours en suspension une certaine quantité d'eau, suivant le degré de sa température, les saisons, les directions des vents, etc. Depuis longtemps, les physiciens ont imaginé divers instruments pour se rendre compte de la quantité de vapeurs aqueuses qui peuvent être mélangées avec un gaz : ces intruments ont reçu le nom d'*hygromètres*. Les principes sur lesquels repose leur construction, l'interprétation de leurs indications, relativement à notre atmosphère constituent l'*hygrométrie*, partie importante de la météorologie.

L'état *hygrométrique* de l'air ne dépend pas uniquement de la quantité absolue de vapeur d'eau qu'il renferme. Une même quantité de vapeur, disséminée dans un air chaud ou dans un air froid, lui communique des propriétés hygrométriques notablement différentes. « Tel air, dit M. Foucault, qui, à la température de 4 ou 5 degrés, présentera tous les caractères de l'humidité extrême, favorisant la déliquescence des sels, la dilatation des matières organiques, la détorsion des cordages, reprendra , par une simple élévation de température, toutes les apparences d'un air sec; sans perdre sa proportion de vapeur, il deviendra propre à sécher le linge, à effleurer les sels et à contracter les matières organiques La proportion de vapeur restant la même , l'élément météorologique qui constitue l'état hygrométrique aura cependant changé, et si l'on veut arriver à le déterminer expérimentalement , il faut d'abord le définir d'une manière précise et qui permette de l'exprimer numériquement. Assurément, si l'air sur lequel on opère avait toujours la même température, le degré hygrométrique ne serait pas difficile à définir; on commencerait par constater qu'il y a une proportion maximum que la vapeur d'eau ne peut pas dépasser en se mélangeant à cet air, et toutes les fois que cette proportion serait reconnue existante, on emploierait pour la noter le chiffre le plus élevé de l'échelle hygrométrique, le chiffre indiquant que l'air est complètement saturé. Au contraire, lorsque cette proportion ne serait pas atteinte, on tâcherait de déterminer par une méthode quelconque combien il s'en manque, et la *fraction de saturation* ainsi reconnue donnerait par son numérateur le degré hygrométrique représentant une idée nette à l'esprit. Trouve-t-on que cette fraction s'élève aux 10, aux 20, aux 25 centièmes de la quantité maximum, on exprime par 10, 20, 25 degrés l'état hygrométrique de l'air éprouvé. Or, rien n'empêche de déterminer une fois pour toutes le maximum de saturation de l'air à toutes les températures, et cette besogne une fois faite le degré hygrométrique conserve sa signification dans toute l'étendue de l'échelle thermométrique ; car, à quelque température qu'on opère, ce degré exprime la valeur de la fraction de saturation correspondante. En définitive, prendre le degré hygrométrique d'un certain air, c'est rechercher la proportion de vapeur d'eau contenue dans cet air et la comparer à la quantité maximum qu'il peut contenir à la même température. »

Diverses méthodes sont employées pour les observations hygrométriques. M. Regnault, qui a l'hygromètre doit une grande partie des progrès qu'elle a faits dans ces dernières années, les distingue en *méthode chimique, méthode des absorbants organiques, méthode de l'hygromètre à condensation* et *méthode du psychromètre*.

La première de ces méthodes consiste à faire absorber par un corps avide d'eau la vapeur contenue dans un volume déterminé d'air. Ce corps étant pesé avant et après l'expérience, on conclut de son augmentation de poids la proportion de vapeur que renfermait l'air. Cette méthode est rigoureuse ; mais elle exige les soins les plus minutieux de la part de l'expérimentateur.

Entre les appareils qu'on emploie la méthode chimique et ceux qui appartiennent à la méthode des absorbants organiques, on pourrait en placer un dont la construction est des plus simples. Cet hygromètre consiste en un fléau de balance, à une des extrémités duquel est suspendue une éponge parfaitement nettoyée, ou tout autre corps s'imbibant aisément à l'humidité atmosphérique. Un contre-poids est suspendu à l'autre extrémité du fléau : au terme moyen d'humidité, il fait équilibre à l'éponge, ce qu'indique la direction alors verticale d'une aiguille perpendiculaire au milieu du fléau. Cette aiguille se meut sur un arc de cercle gradué suivant des divisions correspondant aux divers degrés d'humidité de l'atmosphère.

Les instruments formés par des substances qu'allonge l'humidité rentrent dans la méthode dite des *absorbants organiques*. L'hygromètre le plus parfait de ce genre est l'*hygromètre à cheveu*, ou *hygromètre de Saussure*, du nom de son illustre inventeur. Quand on se propose de construire cet instrument, on choisit un certain nombre de cheveux d'une grosseur égale et d'une contexture aussi uniforme que possible; puis on les dégraisse en les lessivant dans une dissolution alcaline légèrement tiède; on les laisse sécher pour les trier de nouveau. Cela fait, on prend un de ces cheveux, on le fixe par un bout au moyen d'une pince, que porte une petite potence. Plus bas, se trouve une poulie : elle a deux gorges, dans l'une desquelles on fixe l'antre bout du cheveu ; dans l'autre gorge de la poulie est enroulé un fil de soie, auquel est suspendu un petit poids; le tout est disposé de façon que le poids fait constamment tendre le cheveu. Enfin, l'axe de la poulie porte une petite aiguille dont la pointe parcourt les divisions d'un arc de cercle. Voici maintenant quel est le jeu de l'instrument : quand le temps devient humide, le cheveu, s'imbibant de vapeur d'eau, s'allonge, le contre-poids descend, et fait tourner l'aiguille vers la division du cadran qui indique l'humidité extrême. L'air devient-il plus sec, le cheveu lui abandonne son humidité, se raccourcit, fait tourner la poulie en sens contraire, et l'aiguille s'avance vers le point du cadran qui indique l'extrême sécheresse. Lorsque tout l'appareil est confectionné, et que le cheveu est en place, on place l'instrument sous la cloche de la machine pneumatique, dans laquelle on a mis de l'acide sulfurique concentré; on fait le vide : l'acide absorbe le peu de vapeurs qui restent dans la cloche, du moins à très-peu de chose près. Au bout de quelques jours, l'aiguille cesse de marcher vers le sec; on note ce point sur le cadran : c'est le point fixe de la *sécheresse extrême*. On le marque en écrivant 0. Cela fait, on porte l'instrument sous une cloche dont on a mouillé les parois intérieurs avec de l'eau distillée ; les bords de la cloche plongent aussi dans quelques millimètres d'eau : l'aiguille parcourt le cadran en sens contraire, et on note le point où elle s'arrête définitivement en écrivant 100 : c'est le point fixe de l'*humidité extrême*. Enfin, on divise l'arc compris entre les points fixes en 100 parties égales, et l'instrument est terminé.

L'hygromètre à cheveu est fort simple, très-ingénieux; mais il est bien loin d'indiquer exactement les divers degrés d'humidité que subissent les gaz. M. Regnault a, en effet, démontré que cet instrument n'a ni la sensibilité ni la régularité de marche qu'on lui a attribuée. A plus forte raison ces remarques s'appliquent-elles à ces grossiers hygromètres où le cheveu est remplacé par une corde à boyau ; celle-ci faisant mouvoir, au lieu d'une aiguille, soit le capuchon d'un moine, soit tout autre indicateur.

La méthode de l'*hygromètre à condensation* repose sur un fait qui se produit tous les jours sous nos yeux. Supposons une carafe pleine d'eau exposée dans un lieu fermé : au bout d'un certain temps, il est évident que la température de la carafe et celle de l'eau qu'elle contient seront égales à celle de l'air ambiant. Supposons cette température de 20° : si l'on jette des glaçons dans la carafe, l'eau se refroidira ainsi que la carafe, et il arrivera un instant où la carafe se couvrira à l'extérieur d'une couche d'humidité : c'est ce qu'on appelle le *point de rosée*. Il est facile d'expliquer pourquoi il se dépose de l'eau sur la carafe : en effet, les glaçons qu'on a jetés dans le vase ayant fait baisser sa température au-dessous de zéro, les vapeurs d'eau contenues dans l'air qui se trouvent en contact avec sa surface extérieure se refroidissent à leur tour, et passent à l'état liquide. On observe, au reste, un phénomène semblable, surtout en été : il suffit de verser de l'eau à la glace dans une carafe exposée dans un lieu chaud pour la voir en peu de temps se couvrir de gouttelettes d'eau.

Si, au lieu d'une carafe, on emploie une surface métallique polie, le phénomène acquerra une netteté dont on pourra tirer de précieuses indications. L'abaissement de la température, qui correspond dans un certain air au *point de rosée*, donne bien simplement son état hygrométrique ou sa fraction de saturation ; car cette température est précisément celle à laquelle il suffirait d'abaisser cet air pour qu'il parvînt à saturation avec la quantité d'eau qu'il contient. M. Regnault a lui-même construit expérimentalement la table des saturations de l'air à toutes les températures; la détermination du point de rosée, rapprochée de la température ambiante, donne dans la table les nombres dont le rapport exprime la fraction de saturation.

Quant à la méthode du *psychromètre*, due à Gay-Lussac, elle est basée sur l'observation simultanée de deux thermomètres, l'un sec et l'autre mouillé. L'évaporation est d'autant plus rapide que le milieu ambiant contient moins d'eau ; le thermomètre mouillé accuse l'abaissement de température qui accompagne cette évaporation. On comprend facilement que le degré de saturation de l'air sur lequel on opère soit une fonction de la température des deux instruments et de la pression barométrique ; mais la formule qui relie ces divers éléments renferme un coefficient qui varie pour chaque localité, et, du reste, elle n'est vraie que dans une fraction de l'échelle hygrométrique.

HYLAS, fils de Teiodamas, remarquable par sa beauté, fut le favori d'Hercule, qui l'accompagna dans l'expédition des Argonautes. Les Naïades, séduites par ses charmes, l'attirèrent dans les flots, tandis qu'il était venu à terre, aux environs de Troie, puiser de l'eau au fleuve Ascanius. Hercule chercha partout son favori en l'appelant d'une voix plaintive; pendant ce temps-là, le navire Argo continuait sa route sans l'attendre. Par la suite, on célébra dans cette contrée, en mémoire de cet événement, une fête qui durait trois jours, et dans laquelle le prêtre appelait trois fois Hylas.

HYLLUS, fils d'Hercule et de Déjanire, épousa Iole à la mort de son père, et devint alors le chef des Héraclides. Mais expulsé du Péloponèse par Eurysthée, il se réfugia à Athènes, où il éleva à la Pitié un temple, devenu plus tard un refuge assuré pour tous les criminels. Hyllus fut tué en combat singulier par Échémus, roi des Tégéates.

HYLOBIENS. *Voyez* GYMNOSOPHISTES.
HYLOZOÏSME. — On appelle ainsi l'opinion suivant laquelle les éléments primitifs des choses (la matière, selon l'expression des philosophes grecs, l'*Hylée*) étaient originairement animés d'une force vitale dont l'action se révélait dans les phénomènes de la vie. En tant qu'il paraît superflu, pour l'explication de la vie qui ne se manifeste effectivement que dans un petit nombre des corps physiques, de remonter à une intelligence créatrice et régulatrice comme cause première, on a souvent désigné l'hylozoïsme comme une variété de l'athéisme, et on l'a distingué des autres sortes d'athéisme. (*Voyez* CAUSALITÉ.)

HYMATION. *Voyez* CHLÆNE.
HYMEN, HYMÉNÉE (en grec ὑμήν, pellicule, voile léger qui couvre le sanctuaire des amours ; anatomiquement, c'est une membrane qui ferme l'entrée du vagin chez les vierges. En botanique, l'*hymen* est une peau délicé qui enveloppe le bouton de la fleur, et ne se rompt que lorsqu'elle s'épanouit.

Dans la fable, *Hymen* est le dieu qui préside aux mariages. *Hyménée*, en poésie, signifie chanson nuptiale, ou mieux, acclamation consacrée à la solennité des noces. L'épithalame, à sa naissance, n'était que ce chant, cette acclamation répétée en refrain : « *Hymen ! ô hyménée !* »
On en trouve l'origine dans l'histoire que Servius nous a transmise d'un adolescent d'Athènes ou d'Argos : Hymen

ou Hyménée était un jeune homme d'une extrême beauté, mais fort pauvre et d'une obscure origine. Il était dans cet âge où un garçon peut aisément passer pour une fille, lorsqu'il devint amoureux d'une jeune Athénienne; mais, comme elle était d'une naissance bien au-dessus de la sienne, il n'osait lui déclarer sa passion et se contentait de la suivre partout. Un jour que les dames d'Athènes devaient célébrer, sur les bords de la mer, la fête de Cérès, où sa maîtresse devait être, il se travestit, et, quoique inconnu, son air aimable le fit recevoir dans la troupe dévote. Cependant quelques corsaires, ayant fait une descente subite à l'endroit où l'on était assemblé, enlevèrent toute la procession, et la transportèrent sur un rivage éloigné, où, après avoir débarqué leur prise, ils s'endormirent de lassitude. Hyménée propose à ses compagnes de tuer leurs ravisseurs, et se met à leur tête pour exécuter ce projet. Il se rend ensuite à Athènes, afin de travailler au retour des Athéniens, déclare dans une assemblée du peuple ce qu'il est et ce qui lui est arrivé, et promet, si on veut lui donner en mariage celle des filles enlevées qu'il aime, de ramener toutes les autres. Sa proposition est acceptée : il épouse sa maîtresse, et, en faveur d'un mariage si heureux, les Athéniens l'invoquèrent toujours depuis dans leurs unions sous le nom d'*Hymen*, et célébrèrent des fêtes en son honneur, appelées *hyménées*. Dans la suite, les poètes formèrent une généalogie à ce dieu, les uns le faisant naître d'Uranie et établissant ainsi l'origine céleste du mariage; d'autres, d'Apollon et de Calliope, divinités symboliques de l'harmonie, ou de Bacchus et de Vénus. On le représentait toujours sous la figure d'un jeune homme couronné de fleurs, surtout de marjolaine, tenant de la main droite un flambeau, et de la gauche un voile de couleur jaune. Dans ce dernier cas, il serait frère de l'Amour.   BONVALOT.

HYMÉNIUM, couche membraneuse et superficielle sur laquelle reposent immédiatement les organes de la fructification des champignons.

HYMÉNOPTÈRES (de υμην, membrane, et πτερον, aile). Dans la méthode de Latreille (*Règne animal*, 1817), les hyménoptères, ainsi nommés par Linné à cause de leurs ailes entièrement membraneuses, forment le neuvième ordre de la classe des insectes : nous allons indiquer sommairement leurs principaux caractères. Outre leurs yeux composés et à facettes, la plupart des hyménoptères portent au sommet du front trois yeux lisses, disposés en triangle, et nommés *stemmates* : leurs antennes, filiformes ou sétacées dans la plupart des genres, varient considérablement pour la forme, la disposition, le mode d'insertion non-seulement d'espèce à espèce, mais encore chez des individus de même espèce, mais de sexe différent : leur bouche présente un appareil très-complexe, dans lequel entrent comme éléments une lèvre supérieure, deux mandibules distinctes, deux mâchoires extrêmement allongées, et une lèvre inférieure tubulaire qui s'allonge en forme de trompe, propre à conduire des substances liquides. Le corselet des hyménoptères est formé de trois pièces distinctes, que Kirby a désignées sous les noms de *collier*, de *thorax* et de *métathorax*. Le collier supporte la première paire de pattes, et s'étend, dans quelques genres seulement, jusqu'à la partie supérieure du corselet; le thorax donne attache aux pattes moyennes et postérieures et à deux paires d'ailes, transparentes ou hyalines, nues, membraneuses, veinées longitudinalement, et croisées horizontalement sur le corps; les ailes supérieures, constamment plus grandes que les inférieures, portent à leur origine une petite écaille arrondie et convexe ; le métathorax se confond souvent avec le thorax; lorsqu'il demeure distinct, il se présente sous la forme d'un écusson plus ou moins étendu. L'abdomen est, en général, séparé du tronc par un étranglement très-marqué, et paraît comme appendu, au moyen d'un pédicule, à l'extrémité inférieure du corselet; il est formé de segments dont le nombre varie de 5 à 9, et son extrémité terminale, chez les femelles, est toujours munie d'une tarière

qui leur sert à creuser un abri pour y déposer leurs œufs, ou armée d'un aiguillon extrêmement aigu, et percée d'un canal par lequel l'insecte verse dans la plaie qu'il a faite un liquide sécrété par des glandes spéciales, et doué de propriétés vénéneuses. Les hyménoptères sont donc des insectes à mandibules et à mâchoires, à quatre ailes nues, membraneuses, veinées longitudinalement ; à abdomen armé, chez les femelles, de tarière ou d'aiguillon.

Les hyménoptères subissent une métamorphose complète; leurs larves sont de deux ordres : les unes sont dépourvues de pattes et ressemblent à des vers (les insectes parfaits qui proviennent de ces larves ont tous l'abdomen pédiculé, ou uni au corselet par quelques anneaux grêles et étroits); les autres sont portées sur six pattes à crochet, et souvent aussi elles offrent douze à seize pattes simplement membraneuses. Les larves apodes se nourrissent de cadavres d'insectes, de larves, de nymphes, et même d'œufs; comme elles sont dans l'impossibilité de se mouvoir pour aller chercher elles-mêmes leur nourriture, la mère les approvisionne d'avance, tantôt en portant leurs aliments dans les nids qu'elle leur a construits, tantôt en plaçant ses œufs dans le corps même des insectes dont ses larves doivent se nourrir; tantôt enfin ses larves sont élevées en commun par des insectes de sexe neutre, réunis en sociétés et exclusivement chargés des travaux.

Les hyménoptères, parvenus à leur état parfait, vivent presque tous de fleurs, et sont en général plus abondants dans les pays méridionaux; la durée de leur vie, depuis leur naissance jusqu'à leur dernière métamorphose, est bornée au cercle d'une année. Latreille les divise en deux sections : les *térébrants*, dont l'abdomen est muni d'une tarière; les *porte-aiguillons*, dont l'abdomen est armé d'un dard. La première section renferme les genres c y n i p s , i c h n e u mon, etc.; à la seconde appartiennent les a b e i l l e s , les fourmis, les guêpes, etc.   BELFIELD-LEFÈVRE.

HYMETTE (Mont). Hérodote l'appelle Ὑμηττός. C'est une montagne de la Grèce, dans l'Attique, près de ville d'Athènes, au midi oriental, sur la côte du golfe Saronique. Elle est fort célèbre chez les poètes à cause de l'excellent miel que l'on y recueillait. Le mont Hymette est appelé encore aujourd'hui par quelques Francs *monte Metto*; mais on le nomme généralement *Lampravouni*. Il est à 12 kilomètres d'Athènes, au delà de l'Ilissus, et son élévation est de 900 mètres. Spon, qui l'a visité, dit qu'il n'a guère moins de 30 à 35 kilomètres de tour. Le sommet ou plateau n'est ni habité ni cultivé. Il y a cependant au nord un couvent de Grecs, que les Turcs nomment *Cosbuchi*. On y fait quantité de miel, qui est fort estimé, parce qu'il est d'une bonne consistance, d'une belle couleur d'or, et qu'il porte plus d'eau qu'aucun autre quand on en veut faire du sorbet ou de l'hydromel. Si l'on en croit Strabon, le meilleur miel de l'Hymette était celui qu'on recueillait près de ses mines d'argent, qui sont depuis longtemps perdues; mais cette qualité tenait particulièrement à la fabrication. Le mont Hymette était encore célèbre par le marbre magnifique qu'il recélait dans son sein : blanc comme l'albâtre, mêlé quelquefois d'autres couleurs, il était surtout remarquable par sa finesse et le poli qu'il prenait sous le ciseau de l'artiste. Il a fourni, en grande partie, les matériaux des temples et des monuments de la cité de Périclès. Rome aussi en fit souvent usage.   BONVALOT.

HYMNE, substantif masculin, mais féminin lorsqu'il s'agit des hymnes de l'Église. Ce mot, tout grec, vient de ὕμνος, louange. L'hymne ne fut d'abord qu'une sainte et douce exclamation de la voix de l'homme en contemplation devant les merveilles du Créateur. Longtemps elle se revêtit du luxe de la pensée, et ne s'éleva plus vers le ciel que sur les ailes vibrantes du rhythme et de la mélodie. Ce fut dans l'Orient, cette contrée des parfums et de l'encens, que ces *alleluiah*, composés par des législateurs, des grands prêtres et des rois, retentirent pour la première fois sous la riche tabernacle de Jéhovah. Ces cantiques racontaient et célébraient la grandeur de Dieu, sa puissance, sa justice, son immensité, sa sagesse infinie. Plus tard, le Nord eut aussi ses hymnes; mais des bardes cruels, qu'irritaient un sol de glaces, un ciel d'airain, les chantaient dans des forêts profondes et ténébreuses, aux seuls dieux du sang, à Mars, à Thor, à Teutatès, à Odin. Les plus antiques hymnes connus sont ceux de Moïse et de Débora, la Prophétesse. Le plus grand nombre des cantiques hébreux ont été recueillis dans la Bible par Esdras, sous le nom de *Sepher thehillim* (livre des louanges). Tout ce que nous pouvons savoir de la poétique de ces saintes inspirations, c'est qu'un sens et une pensée presque complète sont enfermés dans le parallélisme de deux phrases, ou vers, identiques en nombre de syllabes; le plus court n'a pas moins de six ou sept syllabes, et le plus long est à peu près du double. On sent aussi que le poëte sacré affecte souvent les rimes ou consonnances; mais elles ne semblent point y être de rigueur. Toute autre prosodie, si elle existe, est restée voilée à la sagacité de nos plus célèbres hébraïsants. Ces hymnes se chantaient aux sons des cithares et des flûtes par deux chœurs alternatifs : le premier chantait l'hymne ; l'autre, à des intervalles déterminés, répétait un distique intercalaire, ou refrain. La grave et mélancolique Mizraïm (Égypte) ne paraît pas avoir honoré ses tristes et emblématiques divinités avec cette pompe musicale de voix et d'instruments; le sistre seul, ou la flûte, se faisait à peine entendre dans ses mystérieux hypogées.

Les Grecs, qui avaient une foule de dieux à honorer, s'emparèrent de l'hymne hébraïque. Ils la soumirent à leurs rhythmes poétiques et à leur mélodie. Ce chant fut chez eux de plusieurs espèces : il était *invocatif*, *laudatif*, *admiratif*, *votif*, *théogonique*, *philosophique*, selon les circonstances. Les prétendus hymnes d'Orphée sont de la première espèce. Ceux d'Homère exaltent les passions et les désordres de ses dieux charnels. L'hymne grec est riant, mondain. Cependant le stoïcien Cléanthe a fait un hymne en l'honneur de Jupiter, ou plutôt de Iah, le dieu créateur : dans ce poëme éclate une certaine majesté de pensées chrétiennes. Les hymnes de Callimaque, dont la plupart étaient populaires, c'est-à-dire chantées dans les temples des dieux, sont d'une sévérité et d'une réserve qui conviennent à la Divinité, sous quelques formes, quelques attributs que l'honorent les hommes. Les *Dioscures* de Théocrite sont aussi ce qu'il y a de plus parfait en ce genre de poésie sous le double rapport du style, des images et de la morale. Anacréon, Sapho, Simonide, Bacchylide, Tyrtée, Pindare, qui les chantait lui-même dans le temple de Delphes, composèrent des hymnes. Numa fut l'auteur du *Saliare*, chanté par les prêtres saliens. Les chœurs, dans la tragédie grecque, sont la plupart du temps des hymnes ou invocations.

Les hymnes en l'honneur d'Apollon et même des grands dieux se nommaient *pœans*, ceux de Bacchus *dithyrambes*. Des princes, égarés par la flatterie et leur félicité d'ici-bas, ont osé usurper sur celui qui créa le ciel et la terre son sacré privilége. Alexandre, Démétrius Poliorcète, des Césars même sont de ce nombre : on les invoquait comme des dieux.

Enfin, quand le christianisme eut dressé ses autels au seul Dieu vivant, des hymnes chastes et plus pures de pensée que de style peignirent, aidées d'une mélodie solennelle, ou les joies du ciel et de ses saints, ou les tribulations et le martyre du chrétien sur la terre. Au sixième siècle, Fortunat, évêque de Poitiers et poëte célèbre alors, écrivit ces hymnes que l'Église a en partie, adoptées pour ses offices, entres lesquelles se fait remarquer le *Vexilla Regis*. On doit à Claudien Mamert, frère de l'archevêque de Vienne de ce nom, en l'an 463, le *Pange lingua*. Profondément versé dans la liturgie, ce simple religieux régla l'ordre des fêtes, celui des offices, le chant des psaumes, et composa, entre autres, l'office des Rogations, tel qu'il se chante encore. Ces hymnes étaient d'une prosodie peu châtiée, souvent pleines de fautes; mais la naïveté ou l'exaltation des sentiments mystiques et le doux ascétisme qui y dominent les feront vivre autant que l'Église. La prose même usurpa sur l'hymne sa mélodie. Le célèbre Pergolèse adapta une musique immortelle et lugubre comme le sépulcre à ces simples paroles :

Stabat mater dolorosa,
Juxta crocem lacrymosa.

On doit reconnaître dans ces deux lignes de prose l'imitation du parallélisme et de la rime des cantiques hébreux. Il était donné au grand siècle de Louis XIV d'offrir des illustrations en tout genre. Santeuil changea la lyre d'Horace en une harpe angélique. Sur les rhythmes nombreux du poëte d'Auguste, elle fit retentir le temple saint du fameux *Stupete gentes*, de l'*Opus peregisti* et de l'*Hymnis dum resonat*. Une mélodie religieuse et simple, plutôt qu'une harmonie savante, fait encore ressortir les belles pensées du célèbre hymnographe. Le *Salutaris* à 3 voix de Gossec est, parmi les meilleures compositions musicales d'église, un chef-d'œuvre de chant religieux.

Enfin, quand les portes du temple saint furent condamnées et que les hymnes du Dieu des chrétiens se turent sur toute la face de la France, des hymnnes au dieu des batailles (*la Marseillaise*), à la Nation (*le Réveil du peuple*), à la Liberté, à la Victoire, qui elle-même ouvrait la barrière des combats à nos armées, à l'Éternel enfin firent entendre, non sous des cintres de pierres, mais sous la voûte céleste, leurs refrains entraînants, leur terrible et magnifique harmonie, qui soulevaient des flots de peuple, ou gagnaient des batailles. Les Chénier, les Rouget de l'Isle, les Méhul attachèrent leur nom à ces compositions impérissables, alors expression franche et forte de toute une grande nation. Mais enfin les temples sacrés se rouvrirent, et les saintes hymnes, chants de paix et de consolation, réveillées dans le sanctuaire sur la harpe des lévites, montrèrent au pied du Dieu vivant et versèrent sur bien des pleines de la baume de leurs pensées religieuses et paisibles, montrant ainsi chez le plus noble peuple de la terre l'amour de Dieu et l'amour de la patrie à jamais unis ensemble.
DENNE-BARON.

HYMNE ANGÉLIQUE. *Voyez* GLORIA IN EXCELSIS.

HYMNES FARCIES, chants d'église mêlés de français et de latin, dont l'origine remonte au douzième siècle. Suivant l'abbé Lebeuf, on en faisait usage pour désennuyer les fidèles à certaines fêtes, et leur faire retenir en français, au moyen du chant, l'histoire du martyre des saints ou de pieuses pensées. C'était alors la coutume dans les églises des Gaules de réciter en latin et à la messe, les actes des saints, usage qui s'est maintenu jusqu'au neuvième siècle, cette langue étant peut-être encore suffisamment entendue par les anciennes familles gauloises. Dom Edmond Martène a tiré d'un missel manuscrit de Saint-Gatien, de Tours, datant de six à sept cents ans, la formule des complaintes que l'on y chantait le jour de Saint-Étienne. On peut voir dans le Glossaire de Ducange, au mot *farcia*, les preuves que c'était un usage universel dans toutes les provinces de France.

Au commencement du dix-huitième siècle, à Dijon, on chantait encore l'épître de Saint-Étienne en langage alternativement latin et français; à Aix, en Provence, on la chante même, dit-on, encore ainsi. On appelait ces chants *Plants de Saint-Estève*, c'est-à-dire les *Plaints Saint-Etienne*. Les Ordinaires de Narbonne et de Châlons font aussi mention de ces sortes d'épîtres doubles, qu'on appelait des *Epistres farcies*. Après ces explications, on n'est plus embarrassé pour comprendre ce passage de l'ordonnance d'Eudes de Sully, évêque de Paris, de l'an 1198, sur les réjouissances des fêtes de Noël, où il est fait mention de ces épîtres. « La messe, y est-il dit, sera célébrée de la même « manière par quelqu'un des susdits, sauf qu'on y ajoutera « une *épître farcie*, chantée par deux clercs en capes de « soie. » Il importe de ne pas oublier que, les jours où il y avait paraphrase ou commentaire de l'épître de la messe, on était au moins deux pour l'exécution de cette pièce, l'un chantant le français, l'autre le latin, ou bien le sous-diacre se réservant le texte sacré, et deux enfants de chœur chantant l'explication, montés au jubé, ou à la tribune, pour être mieux entendus.

Le goût pour cette espèce de chant devint si fort qu'on ne se contenta pas de l'appliquer aux pièces les plus vénérées et les plus populaires de la liturgie catholique, mais qu'on s'en servit encore pour parodier ces mêmes pièces, et surtout pour en composer des chansons à boire, de sorte que les œuvres entrelacées, les hymnes farcies revinrent au peuple, d'où elles sortaient. C'est ainsi que le cantique touchant *Venite adoremus* fut transformé en *Venite potemus*, imitation bachique. (*Voyez* ESTRELARDER.) Charles NISARD.

HYMNODES (de ὕμνος, louange, et ᾠδή, chant), chanteurs d'hymnes dans l'antiquité. Tantôt c'étaient des chœurs de jeunes vierges, ainsi le voulait la sévère Pallas; tantôt, comme à Délos, une jeunesse fleurie, choisie entre les deux sexes; tantôt poètes, musiciens, femmes, fils, filles de prêtres et prêtres, chantant les louanges de la divinité aux accords de la cithare. Mais, si c'était le matin, les prêtres seuls, aux sons doux et calmes de la flûte, célébraient le retour du dieu de la lumière. DENNE-BARON.

HYMNOGRAPHIE, celui qui écrit ou compose des hymnes (du grec ὕμνος, louange sacrée, et γράφευς, écrivain). L'antiquité ne compte point de poètes célèbres qui n'aient produit des hymnes. Aux grands lyriques que nous avons déjà cités il faut ajouter Anthès, Olen de Lycie, Olympe de Mysie, Archiloque, Alcée. Si ce n'est quelques minces fragments, toutes leurs œuvres ont péri. Les chants sacrés de Pindare lui valaient, dit-on, d'Apollon Delphique et de la Pythie, une portion des prémices que la piété et l'admiration des peuples déposaient aux pieds du dieu. La Grèce religieuse institua des prix en faveur des *hymnographes* les mieux inspirés. On ne sait pourquoi Orphée et Musée, son disciple, n'ont pas soumis aux juges un seul de leurs hymnes. Ravis d'eux-mêmes, se croyaient-ils hors de ligne ? ou pensaient-ils que leurs mélodies appartenaient exclusivement à l'Olympe? Chez les Romains, Horace et le trop voluptueux Catulle nous ont laissé chacun un beau *chant séculaire*. Auguste récompensait largement les célèbres *hymnographes*, ceux qui associaient son siècle et sa gloire à la louange des immortels. Sous Domitien, malgré les prix qu'il lui offrait, l'hymnographie ne retrouva plus ses rhythmes éthérés et élysiens : elle était passée sur les lèvres chrétiennes des rois néophytes, des saintes reines, des Pères de l'Eglise et de pauvres solitaires. DENNE-BARON.

HYOIDE (Os). Les anatomistes appellent ainsi un os situé à la racine de la langue, dont il est comme la base et le soutien. Ce nom lui a été donné parce qu'il a la figure de l'υ des Grecs (d'ὗ, u, et εἶδος, forme). L'os hyoïde, chez les adultes, est d'ordinaire composé de cinq petits os; celui du milieu, qui est le plus gros, est appelé la *base*, et les quatre autres les *cornes*. Il est mû par cinq paires de muscles.

HYOIDIEN (Appareil). *Voyez* Cou.

HYPALLAGE (du grec ὑπαλλαγή, changement, subversion). C'est, comme l'enallage et l'hyperbate, une figure de rhétorique basée sur l'idée de changement. Ici elle n'est très-souvent qu'apparente et affecte à peine quelques parties de la phrase; elle présente, par exemple, à l'esprit un adjectif transformé en un substantif principal, auprès duquel le véritable substantif ne devient plus que le génitif de la phrase; par exemple, lorsqu'on dit : *la beauté de ces arbres*, au lieu de dire *ces beaux arbres*.

HYPATIE (en grec Ὑπατία), l'une des gloires les plus pures de la fameuse école d'Alexandrie, naquit dans cette ville vers l'an 370 de l'ère chrétienne, et était fille de Théon, astronome et mathématicien célèbre. Après avoir appris de son père la géométrie et l'astronomie, elle puisa dans la conversation et dans les écoles des philosophes célèbres qui florissaient alors à Alexandrie les principes fondamentaux des autres sciences. A la suite d'un voyage à Athènes entrepris dans le but de perfectionner ses études et d'augmenter ses connaissances auprès des savants de cette cité, alors encore brillant foyer de la science et de la civilisation grecques, elle revint dans sa ville natale enrichie de tant de notions scientifiques diverses que, frappés de la supériorité de son génie et de ses lumières, les professeurs des diverses écoles et les magistrats d'Alexandrie l'engagèrent à faire des cours publics, et l'appelèrent tout d'une voix à monter dans la chaire de philosophie illustrée par tant d'hommes célèbres et en dernier lieu par Plotin.

Hypatie était mariée au philosophe Isidore ; à une science profonde, à une éloquence enchanteresse, à la vertu la plus pure elle unissait la beauté la plus touchante. Quoiqu'elle avec elle les relations d'une tendre et respectueuse amitié. Au nombre des hommes distingués qui formaient sa société habituelle et qui avaient conçu pour elle une amitié fondée sur l'estime et l'admiration, se trouvait Oreste, préfet ou gouverneur d'Alexandrie, qui, bien que chrétien, faisait preuve de tolérance et d'équité à l'égard des païens et des juifs, minorité dissidente qu'il savait protéger, fidèle en cela peut-être aux conseils d'Hypatie, contre les outrages et les persécutions des chrétiens qui composaient la grande majorité de la population. De là une lutte, d'abord sourde, puis déclarée, entre lui et le patriarche d'Alexandrie, Cyrille, qui méditait l'expulsion des Juifs. Aussi un maître d'école appelé Hiérax, partisan fanatique du patriarche et ennemi personnel d'Hypatie, ayant été tué, un certain Pierre, lecteur dans l'église d'Alexandrie, répand partout le bruit que ce meurtre avait été commis à l'instigation d'Oreste et d'Hypatie; et, amoutant ensuite contre *la philosophe* un certain nombre de fanatiques, il se porte à leur tête vers sa demeure. Elle était sortie. Les assassins l'attendent à sa porte, se précipitent sur elle au moment où elle se disposait à rentrer, la saisissent et l'entraînent dans une église appelée *Césarée*, où ils la massacrent sans pitié à coups de tuiles et de pots cassés. Puis ces forcenés découpent son cadavre en morceaux et transportent ses membres mutilés à la place dite *Cinaron*, où ils les réduisent en cendres. Ce meurtre odieux, qui fit le déshonneur de l'église d'Alexandrie et de Cyrille, fut commis pendant le carême de l'an 415 de notre ère, sous le règne de Théodose le Jeune : l'impunité dont il fut suivi explique par le relâchement fatal de tous les liens de l'ordre social à cette époque, mais ne laisse pas non plus de doute sur la complicité du patriarche.

En mourant, Hypatie laissait un grand nombre d'ouvrages ; ils périrent avec tant d'autres lors du fameux incendie de la Bibliothèque d'Alexandrie. Il y avait dans le nombre un *Canon astronomique*, un *Commentaire sur Diophante* et un *Commentaire sur les sections coniques d'Apollonius*.

HYPERBATE (du grec ὑπερ, au delà, et βαίνω, je passe), figure de grammaire ainsi nommée parce qu'elle consiste dans le déplacement des mots qui composent un discours ou une phrase, dans le transport de ces mots de l'endroit que leur assignait la construction simple à une autre place qui semblait ne pas leur appartenir. Cette figure était fréquemment usitée chez les Latins : on la retrouve dans le plus grand nombre de leurs phrases. Il est très-facile de la confondre avec l'*inversion*, qui consiste aussi en un véritable renversement d'ordre dans les mots. Les grammairiens distinguent plusieurs espèces d'*hyperbates*, entre autres l'*anastrophe*, qui regarde comme figure dans la langue latine, parce qu'elle autorisait le déplacement de la préposition, qui ordinairement devait passer avant son complément : ainsi l'on disait par anastrophe *Italiam contra* pour *contra Italiam*, *quâ de re* pour *de quâ re*. La *synchyse* et la *parenthèse* sont deux autres sortes d'*hyperbate*. La première consiste à introduire quelques mots entre deux corrélatifs, comme dans ce vers de Virgile :

Aret ager, vitio moriens sitit æris herba,

où les deux mots *vitio* et *aeris*, qui sont corrélatifs, sont séparés par deux autres mots qui n'ont aucun trait à cette corrélation. La seconde est le résultat de l'insertion d'un petit sens détaché entre les parties d'un sens principal. En général, il faut user de l'*hyperbate* avec infiniment de sobriété et de goût, sous peine de s'exposer à jeter de la confusion dans le discours. CHAMPAGNAC.

HYPERBOLE (*Rhétorique*), du grec ὑπερβολή, à excès, dérivé de ὑπὲρ, au delà, et βάλλω, je jette. L'hyperbole agrandit ou diminue les objets contre toute vraisemblance, laissant à l'esprit le soin de s'en former à son gré une idée plus exacte : quand son effet est d'amoindrir les choses au delà de la vérité, elle prend plutôt le nom de *diasyrme*. C'est par hyperbole que les poëtes disent que les flots de la mer s'élèvent *jusqu'aux cieux*, qu'ils comparent le vol de l'aigle à la *rapidité de la foudre*, les pleurs à *un torrent*, etc. Les tours *hyperboliques* sont plus naturels qu'on ne le croirait peut-être. On les emploie très-souvent dans la simple conversation. Ne dit-on pas d'un danseur qu'il est léger *comme une plume*, d'un cheval qu'il va *plus vite que le vent*? La plupart des métaphores sont des hyperboles; car, lorsqu'on dit d'un homme qu'il est *bouillant* de désir, *brûlant* de colère, *glacé* de crainte, etc., il est évident qu'il y a dans ces figures de l'exagération. Cette sorte de figure s'emploie ordinairement dans les situations fortes et violentes; elle entre dans le langage véhément et exalté. Ainsi on lit dans Chateaubriand : « Quelquefois je rougissais subitement, et je sentais couler dans mon cœur comme des *ruisseaux d'une lave ardente*. » Et dans Béranger :

Près de la borne où chaque état commence
Aucun épi n'est pur de sang humain.

Il y a sans doute de l'exagération dans ces exemples; mais cette exagération évidente fait qu'on ne prend point à la lettre l'expression hyperbolique; l'esprit sait la réduire à sa juste valeur : aussi a-t-on peut dire que les hyperboles *mentent sans tromper*.

Cette figure est très-piquante dans la poésie, et même en prose il n'y a guère de descriptions d'orages, de combats, d'incendies, de fêtes, etc., où l'on ne trouve des hyperboles. Il y a aussi des hyperboles qui sont de pures plaisanteries; telles sont celles qu'on attribue aux spirituels habitants des bords de la Garonne. Tels sont aussi quelques traits satiriques comme celui-ci :

Le plus sot animal, à mon avis, c'est l'homme.

L'hyperbole suivante de Voiture est une véritable plaisanterie : « On vit sortir d'un grand bois qui était à trois cents pas de la maison un tel nombre de feux d'artifice qu'il semblait que toutes les branches et tous les troncs se convertissent en fusées, que toutes les étoiles du ciel tombassent et que la sphère du feu voulût prendre la place de la moyenne région de l'air. Ce sont là, monsieur, trois hyperboles, lesquelles, appréciées et réduites à la juste valeur des choses, valent trois douzaines de fusées. »

Cette figure, poussée trop loin, mène à l'affectation, au faux et à l'enflure. Les Orientaux font un emploi fréquent de l'hyperbole. Un poëte qui soupirait de voir Louis XIV à l'étroit dans le Louvre disait : « Une si grande majesté a trop peu de toute la terre. » Quelle puérilité! L'exagération supposant toujours une certaine exaltation, rien n'est si choquant qu'une hyperbole froide et déplacée. Aussi l'accompagne-t-on souvent de correctifs, comme : *pour ainsi dire*, *en quelque sorte*, *si l'on peut parler ainsi*, etc.

Auguste HUSSON.

HYPERBOLE (du grec ὑπερβολή, excès; *voyez* t. VI, p. 279), courbe du second degré, qui, comme l'ellipse, peut être définie de différentes manières. L'équation générale des sections coniques donne une hyperbole lorsqu'on a $B^2 - 4AC > 0$. En construisant cette courbe d'après les méthodes ordinaires, on reconnaît qu'elle se compose de deux branches, s'étendant chacune à l'infini dans deux sens, et pourvues d'asymptotes communes. Comme l'ellipse encore, l'hyperbole est douée d'un centre, de deux axes, de deux directrices et de deux foyers. Relativement à ces derniers, ce n'est plus, il est vrai, la somme des rayons vecteurs qui est constante, mais leur différence. L'hyperbole jouit donc d'un ensemble de propriétés dont les unes sont identiques, d'autres seulement analogues à celles de l'ellipse : par exemple, la surface du parallélogramme construit sur deux diamètres conjugués est constante dans l'une et l'autre espèce de courbe; mais, dans l'ellipse, c'est la somme des carrés des diamètres conjugués qui est invariable, tandis que dans l'hyperbole c'est leur différence, etc. Si l'on prend pour axes des coordonnées les asymptotes à l'hyperbole, l'équation de cette courbe se réduit à $xy = m^2$; cette quantité m^2 est quelquefois nommée *puissance de l'hyperbole*. L'hyperbole dite *équilatère* peut être définie par une de ses propriétés géométriques, soit par l'égalité de ses axes, soit par la perpendicularité de ses asymptotes. L'hyperbole équilatère tient parmi les hyperboles la même place que le cercle parmi les ellipses.

L'hyperbole étant une courbe infinie, on ne peut se proposer de déterminer sa surface; mais, si l'on prend ses asymptotes pour coordonnées, on pourra évaluer l'aire comprise entre un arc de la courbe, les ordonnées de ses extrémités et son asymptote : on trouvera alors que ces aires hyperboliques sont les logarithmes des abscisses correspondantes. Le système dans lequel on devra prendre ces logarithmes sera le système népérien, si l'hyperbole est équilatère. Dans tous les autres cas, ce sera celui qui aura pour module m^2 sin α, en conservant à m^2 la signification précédente, et en représentant par α l'angle des asymptotes.

E. MERLIEUX.

HYPERBOLIQUES (Logarithmes). *Voy.* LOGARITHMES.
HYPERBOLOÏDE (de ὑπερβολή, hyperbole, et εἶδος, forme), surface courbe du second degré, douée, comme l'ellipsoïde, d'un centre et de trois axes rectangulaires, mais dont l'équation, rapportée à ces axes, est

$$\frac{x^2}{a^2} + \frac{y^2}{b^2} - \frac{z^2}{c^2} = \pm 1.$$

En prenant $+1$ pour second membre de l'équation, on voit que la surface est rencontrée par les axes des x et des y, mais pas par celui des z. Les sections de cette surface parallèles au plan des xy sont des ellipses; les sections parallèles aux deux autres plans coordonnés sont des hyperboles. Cette surface, dont on se fait dès lors facilement une idée, est dite *hyperboloïde à une nappe*. Un des cas particuliers est *l'hyperboloïde de révolution à une nappe*, qu'engendre une hyperbole tournant autour de son axe transverse.

Si le second membre de l'équation est -1, le seul axe des z rencontre la surface. Les sections parallèles au plan des xy sont ou imaginaires ou elliptiques; les deux autres séries de sections considérées précédemment sont encore des hyperboles. Cette surface est l'*hyperboloïde à deux nappes*; elle est, en effet, composée de deux parties disjointes, s'étendant l'une et l'autre à l'infini. Une hyperbole tournant autour de son axe non transverse engendre l'*hyperboloïde de révolution à deux nappes*.

Quelle que soit l'espèce de l'hyperboloïde de révolution, il est évident que les sections perpendiculaires à l'axe de révolution deviennent des cercles. E. MERLIEUX.

HYPERBORÉENS (c'est-à-dire *habitant au delà de Borée* ou du *vent du nord*). Les anciens comprenaient sous cette dénomination tous les peuples inconnus du nord et de l'ouest, qu'ils supposaient être placés sous l'influence d'un beau ciel. D'après les indications passablement obscures que nous fournissent les auteurs de l'antiquité grecque, on entendait surtout désigner par ce nom tous les peuples habitant au delà de la chaîne de montagnes qui forme les limites de la Grèce au nord; Hérodote les place au nord-ouest de la Grèce, tout à fait dans l'intérieur de cette contrée, au voisinage des Scythes; Strabon, au nord de la mer Noire. Les écrivains modernes nous les représentent comme habitant tantôt le nord du Pont-Euxin ou de la mer Adriatique, tantôt les Indes (Schubart), tantôt l'Italie (Niebuhr), tantôt la Scandinavie ou encore la partie sud-est de la Germanie. Les traditions des anciens peuples et les récits de leurs écrivains s'accordent d'ailleurs à dire que les Hyperboréens habitaient une contrée où régnait un printemps perpétuel, une espèce de paradis, qu'ils vivaient pendant mille ans dans un état constant de jeunesse et de parfaite santé, et que, en qualité de favoris d'Apollon, qu'ils honoraient dans leurs fertiles plaines par des sacrifices et d'harmonieux concerts, ils étaient protégés par ce dieu contre le vent du nord, et menaient une vie toute de fêtes et de liesses.

HYPERDULIE. *Voyez* CULTE, tome VII, page 27.

HYPÉRIDE, célèbre orateur grec, rival de Démosthène et comme lui un des plus redoutables adversaires contre lesquels ait eu à lutter la politique envahissante et usurpatrice de Philippe de Macédoine. On ignore la date précise de sa naissance, mais on sait qu'il fut disciple de Platon et d'Isocrate. Il avait d'abord servi avec distinction, et faisait partie de l'expédition que ses concitoyens envoyèrent, sous le commandement de Phocion, au secours de Byzance, menacée par le roi de Macédoine. Plus tard, il se consacra à la défense des intérêts privés avant d'aborder, à la tribune aux harangues, la discussion des grands intérêts de la patrie. Si, à la nouvelle de la perte de la bataille de Chéronée, Isocrate, son maître, alors âgé de plus quatre-vingt-dix ans, mourut de douleur, Hypéride trouva dans son courage le calme nécessaire pour prendre les mesures propres à sauver encore son pays. Il fit rendre un décret d'amnistie pour les exilés et d'affranchissement pour les esclaves, mettre les dieux, les femmes et les enfants en sûreté dans le Pirée, et prendre les armes à la population en masse pour la défense du territoire national. Après le désastre de Cranon, qui mit fin à la guerre Lamiaque, dont il avait été avec Démosthène le principal instigateur et qui livra Athènes à Antipater, il se réfugia à Égine dans le temple de Neptune. Archias, l'un des satellites d'Antipater, loin de respecter cet asile, l'arracha de la statue de ce dieu, qu'il tenait embrassée, et le conduisit à Corinthe, où se trouvait son maître. Antipater le fit périr dans les tortures les plus cruelles, et priva son cadavre des honneurs de la sépulture. Plus heureux, Démosthène put échapper par une mort volontaire à la vengeance féroce du tyran.

Pour apprécier le genre d'éloquence particulier à Hypéride, il ne nous reste guère d'autres documents que les jugements qu'en ont portés Denys d'Halicarnasse, Longin et Cicéron. Le premier dit qu'elle se distinguait par l'intelligence dans la disposition des preuves, par la grâce et la netteté des narrations. Cicéron, qui semble assigner à Hypéride la troisième place parmi les grands orateurs de la Grèce, le compare à Démosthène lui-même pour l'art de la discussion. Longin dit que son éloquence avait toutes les grâces et tous les charmes de celle de Lysias, et qu'il maniait avec un art sans pareil l'arme de l'ironie. Des soixante-douze discours qu'on lui attribuait dans ce temps et qui ont servi de base aux appréciations que nous venons de reproduire, il ne s'est conservé jusqu'à nous, et encore grâce à Stobée, qui le cite avec raison comme un morceau plein d'éclat, qu'un fragment d'un éloge funèbre prononcé en l'honneur des citoyens morts pour la patrie dans la guerre Lamiaque. Dans ces derniers temps, quelques fragments d'un discours contre Démosthène ont été retrouvés par MM. Harris et Arden sur des papyrus d'Égypte. Lucien nous parle de lui comme d'un ami peu sûr; d'autres écrivains de l'antiquité lui reprochent l'élégance dissolue de ses mœurs, tout en reconnaissant que son intégrité lui donnait le droit de se porter l'accusateur de Démosthène, lorsqu'il lui reprochait de s'être laissé corrompre par Harpale, ce seigneur macédonien à qui Alexandre, pendant son expédition dans l'Inde, avait confié la garde de ses trésors, et qui, après avoir abusé de ce

dépôt, s'était enfui à Athènes. Quand Alexandre arriva à Sardes, il y trouva les réponses de Démosthène à Darius, qui lui prodiguait son or, et le bordereau des sommes que ce prince lui avait fait passer pour l'engager à susciter des embarras à Philippe, marché dans l'accomplissement duquel Démosthène se montra si consciencieux. Mais on ne put mettre la main sur aucun document de ce genre relatif à Hypéride. Finissons par une anecdote souvent citée : Chargé devant le tribunal des Héliastes de la défense de Phryné, accusée d'impiété, il osa suppléer à l'insuffisance de sa cause en arrachant le voile qui couvrait la gorge de sa cliente, demandant aux juges s'ils auraient le courage de condamner la prêtresse favorite de Vénus. C'était là évidemment un argument *ad hominem*, si jamais il en fut : ce moyen extra-oratoire lui réussit, et Phryné fut renvoyée absoute.

HYPERMNESTRE. *Voyez* DANAÏDES.

HYPERSTHÉNISANTS (du grec ὑπέρ, au delà, et σθένος, force). *Voyez* CONTRE-STIMULISME.

HYPERTROPHIE (de ὑπερ, au delà, et τροφή, nourriture), augmentation morbide du volume d'un organe, provenant d'une nutrition trop active. Comme l'atrophie, dont elle est l'opposé, l'hypertrophie peut être partielle. Les organes pour lesquels on doit le plus redouter cette affection sont le cœur, le foie et le cerveau.

L'hypertrophie du cœur est plus souvent partielle que générale. Le cœur hypertrophié est plus ou moins déformé ; son volume peut être doublé et même triplé; son poids peut atteindre deux kilogrammes et demi. Les effets de l'hypertrophie varient suivant la partie du cœur qui en est le siége; ainsi l'hypertrophie du ventricule gauche active la circulation, tandis que celle du ventricule droit y porte obstacle. Une hypertrophie simple peut être arrêtée par les sangsues et l'emploi convenable de la digitale. Mais, si on laisse empirer cette affection, il est rare que l'on puisse lui apporter autre chose que des palliatifs.

L'hypertrophie du foie atteint quelquefois des proportions bien autrement considérables. On cite des cas où le foie pesait jusqu'à 15 kilogrammes (Power). Le diaphragme ne peut descendre, la poitrine est rétrécie, le poumon comprimé, la respiration difficultueuse ; le sang conséquemment regorge de toutes parts, les poumons ne lui donnant plus le même accès : beaucoup d'oppressions et d'asphyxies n'ont pas d'autre cause. Alors la mort peut être subite, et quelquefois c'est par l'apoplexie que se termine l'existence.

Quel que soit l'organe hypertrophié, on devra, dans le traitement, recourir à tous les moyens qui tendent à affaiblir l'action assimilative. Les saignées, une diète sévère, l'usage des purgatifs, des sudorifiques, les préparations iodurées et mercurielles rempliront cette indication. Quand elle sera possible, la compression de l'artère qui se rend à l'organe hypertrophié pourra donner de bons résultats, en diminuant la dose du sang reçu par cet organe.

HYPNOTIQUE (en grec, ὑπνωτικος, qui fait dormir ; dérivé de ὑπνος, sommeil). *Voyez* CALMANTS et NARCOTIQUES.

HYPOCONDRE ou **HYPOCHONDRE** (de ὑπο, sous, et χονδρος, cartilage). On donne le nom d'*hypocondres* aux parties supérieures et latérales du bas-ventre, sous les fausses-côtes, parce que ces côtes sont presque toutes cartilagineuses. *Hypocondre* se dit aussi pour *hypocondriaque*, de celui qui est atteint d'hypocondrie.

HYPOCONDRIE ou **HYPOCHONDRIE**. Une maladie peu rare en tout pays, et affectant l'un et l'autre sexe, fut ainsi nommée par les anciens, qui croyaient qu'elle avait son siège dans les régions du ventre appelées les *hypocondres*. Les malades *hypocondriaques* atteints de cette affection (on *hypocondres*) se font remarquer par une sollicitude minutieuse, constante, puérile pour l'entretien de leur santé. Le choix de leurs aliments est très-gravement raisonné; ils consultent le baromètre et le thermomètre pour sortir de leur chambre, et ils mesurent soigneusement leur exercice: le moindre vent coulis est pour eux une tempête formidable, et ils font tout pour s'en garantir. Ils ont toujours une apparence de malaise, d'inquiétude; ils se plaignent de défaut d'appétit, d'avoir des digestions pénibles, d'éprouver des douleurs dans le ventre, d'avoir des vents, d'être tourmentés par des bourdonnements d'oreille ou d'autres hallucinations. Ils se complaisent dans la lecture des livres de médecine, s'appliquant tous les symptômes de maladies dont ils trouvent les descriptions, et ils conçoivent des alarmes à ce sujet, comme ils se rassurent en comptant les nombreux et puissants moyens de guérison que l'art se vante de posséder. Leur état physique s'accorde souvent avec leur état moral; ils sont ordinairement pâles, jaunes, émaciés et constipés : quelques-uns, toutefois, conservent l'apparence de la santé. En ce dernier cas, on considère assez généralement l'hypocondrie comme une maladie imaginaire : au lieu de plaindre les patients, on rit souvent à leurs dépens; on croit voir en eux une répétition de M. Argant, ce personnage créé par Molière et si vrai sous plusieurs rapports. Il n'est cependant pas d'hypocondrie proprement dite sans une altération réelle, soit organique, soit vitale. Comme on n'observe souvent après la mort des sujets aucune lésion organique, l'affection est réputée nerveuse; c'est dire, en d'autres termes, qu'elle est une altération de la vitalité. Quoi qu'il en soit, elle est une maladie réelle, même dans sa plus faible nuance, appelée *vapeurs*, accompagnée de bâillements réitérés et fatigants.

L'hypocondrie est le résultat de causes différentes qu'il faut connaître afin de les éviter ou de les combattre. L'appareil nerveux, et principalement le cerveau, est la source des rapports qui existent entre toutes les parties de l'organisation. Des chagrins vifs et soutenus, dont la source est dans le cerveau, produisent à la longue sur l'épigastre un sentiment pénible que chacun a pu apprécier dans sa vie; à la longue, cette sensation amène un changement dans la vitalité de l'estomac et des intestins; de là des troubles dans la fonction digestive et réaction sur le cerveau : le tissu même des organes digestifs peut s'altérer et offrir toutes les nuances de la gastrite; dès lors, on peut voir se manifester les symptômes variés de l'hypocondrie. Toutes les passions qui engendrent les chagrins en sont aussi des causes communes. Il en est de même de l'exagération ou du défaut de l'exercice des fonctions intellectuelles ou de l'oisiveté. Les affections qui ont débuté sur le canal digestif par l'action des stimulants qui y sont portés directement peuvent encore agir sur le cerveau et produire la même maladie; aussi les excès de table sont-ils une source commune de l'hypocondrie. Les médicaments administrés à l'intérieur, surtout les purgatifs, agissent également, et encore plus défavorablement. Le docteur Lallemand a reconnu que la lésion de la glande prostate et de ses annexes est une cause assez fréquente de l'hypocondrie, et même une de celles qu'on considère très-souvent à tort comme une *maladie imaginaire*.

L'hypocondrie n'afflige pas ou du moins afflige rarement l'homme dans sa première jeunesse : à cet âge, les excès de table et les passions n'ont point exercé leur influence nuisible, ou du moins n'ont eu qu'une action de peu de durée et suivie d'accidents plutôt inflammatoires que nerveux. Dans l'âge mûr et quand toutes les illusions décevantes qui ont soutenu notre courage au milieu des vicissitudes de la vie viennent à s'évanouir, c'est alors qu'on devient aisément hypocondriaque. Outre les causes du ressort de l'état social qui favorisent la production de cette maladie, il en est d'autres qui sont inhérentes à l'organisation et au tempérament de chaque individu. Ainsi l'observation a appris que les personnes chez lesquelles les fonctions du foie sont très-actives, celles qui sont pusillanimes, égoïstes, qui ont une estime exagérée d'elles-mêmes deviennent hypocondriaques plus que tout autre. D'après les fonctions que le cerveau remplit dans le jeu des organes, on s'explique aisément ne tel fait, et comment la phrénologie, qui a aussi l'observation pour base, doit éclairer

DICT. DE LA CONVERS. — T. XI.

l'étude de l'hypocondrie. Sachant aussi combien le cœur est enflammé par les centres nerveux et par les viscères, on ne doit point être surpris de voir la maladie qui nous occupe être ordinairement accompagnée de palpitations de cœur.

L'aperçu que nous avons tracé des symptômes de l'hypocondrie suffit pour montrer le malheur de cet état de santé, que le temps aggrave ordinairement de plus en plus si on n'y remédie pas. Les fonctions des organes sensoriaux se dépravent au point que les malades ont des perceptions bizarres, comme celles des fous : ils ne goûtent plus le repos du sommeil; ils deviennent méfiants, insupportables aux autres comme à eux-mêmes. Leur situation enfin est fréquemment si intolérable qu'ils cherchent un secours dans le suicide. Un tel état réclame donc des soins médicaux, employés avec discernement. Au médecin appartient un tel traitement, parce que lui seul peut découvrir l'origine des troubles survenus dans l'état normal. C'est à lui d'évaluer les aberrations du mouvement et du sentiment, afin de découvrir quel est le rouage primitivement lésé. Cette découverte est la partie la plus importante du traitement, et le succès en dépend. Mais les moyens que l'art possède ont-ils une puissance qui puisse rassurer ? Dans plusieurs cas, on peut répondre affirmativement. S'il est possible d'éloigner les causes, les effets cesseront aisément : ainsi, en faisant renoncer aux travaux intellectuels profonds et soutenus trop longtemps, comme en mettant un terme à l'oisiveté, et en remplaçant les habitudes par des exercices musculaires, surtout par la culture des arts d'agrément, on peut espérer de guérir l'hypocondrie; d'autres fois, il faut remplacer l'intempérance par la sobriété et recourir au traitement des irritations gastro-intestinales. Mais, quand la maladie est le résultat de chagrins qu'il est impossible d'écarter, le médecin ne peut donner que des consolations banales qui ne remédient pas au mal.
Dr CHARBONNIER.

HYPOCRAS, breuvage célèbre au moyen âge. Son nom, qui ne dérive pas, comme Ménage veut le faire croire, de celui d'Hippocrate, inventeur prétendu de cette boisson agréable et salutaire, doit bien plutôt venir, selon nous, des deux mots grecs ὑπὸ et κεράννυμι, qui signifient *mélanger*. L'hypocras, en effet, était un mélange de vin et d'ingrédients doux et recherchés; on en jugera par la recette que Tailleret, le maître-queux de Charles VII, nous en a laissée : « Pour une pinte, dit-il, prenez trois treseaux (trois gros) de cinnamome fine et pure, un treseau de mesche, ou deux qui veult, demi-treseau de girofle, et de sucre fin six onces, et mettez en pouldre; et le fault tout mettre en ung coulonoir avec le vin et le pot dessoubez, et le passer tant qu'il soit coulé, et tant plus est passé et mieux vault, mais qu'il ne soit esventé. » Pour parvenir à cette clarification parfaite du mélange, on employait un filtre préparé à cet effet, et qu'on appelait *chausse d'hypocras*. Plus tard, afin de rendre cette préparation moins longue, on eut des essences à l'aide desquelles, selon le *Dictionnaire de Trévoux*, on faisait soudainement de l'*hypocras*. Le vin rouge ou blanc n'était pas toujours la base de cette liqueur; on la faisait aussi avec de la bière, du cidre et même de l'eau. Mais c'était le *hypocras* du peuple, et, suivant le docteur Pegge, la cannelle, le poivre et le miel clarifié en étaient les seuls ingrédients. Chez les grands, on s'en tint toujours à l'hypocras au vin, rehaussé d'un parfum de framboise ou d'ambre. Du temps de Louis XIV, ce breuvage était encore en faveur : on le servait dans tous les grands repas et à toutes les collations. La ville de Paris devait même, chaque année, en donner un certain nombre de bouteilles pour la table royale.
Édouard FOURNIER.

HYPOCRISIE, HYPOCRITE. Tous les vices humains ont une telle ressemblance entre eux, même dans leurs nuances les plus variées, ils se lient si intimement les uns aux autres que ce sont, le plus souvent, qu'à l'aide de la comparaison qu'on peut en donner une juste idée. Ainsi l'hypocrisie n'est qu'une variété de la dissimulation; ce n'est même que la dissimulation au dernier degré, la dissimulation aux paroles doucereuses, la dissimulation accompagnant la perfidie la plus noire : la dissimulation, tout odieuse qu'elle est, l'est cent fois, mille fois moins que l'hypocrisie. Le masque de franchise est le caractère de la dissimulation : là se borne son rôle ; l'hypocrisie, au contraire, a toujours pour mobile des espérances de lucre ou de vengeance. L'homme dissimulé cache ce qu'il a sur le cœur ; mais, si sa bouche retient son secret, son maintien, son visage sont toujours prêts à le trahir malgré lui ; car cette situation de l'âme est tout à fait accidentelle et ne saurait durer. L'hypocrite, lui, n'a dans sa voix, dans ses regards, dans ses manières rien qui laisse deviner ses sentiments. Il a élevé la dissimulation à un tel degré que désormais il est maître de toutes ses impressions de joie et de déplaisir : il continue son rôle jusqu'au bout, et ne se dépouille de ses dehors caressants que lorsqu'il est parvenu à son but, que lorsqu'il peut jeter le masque sans danger. La dissimulation a quelquefois la nécessité pour excuse ; mais jamais ce motif, quelque impérieux qu'il puisse être, n'absoudra l'hypocrisie. La pire de toutes les hypocrisies est l'hypocrisie dévote, celle dont Jésus-Christ appelait les adeptes des *sépulcres blanchis* ; celle que Voltaire nomme :

La tendre hypocrisie, à l'air plein de douceur ;
Le ciel est dans ses yeux, l'enfer est dans son cœur ;

celle enfin qui a inspiré à Molière sa sublime création de *Tartufe*.

« Qui ne sait dissimuler ne sait régner, » disait Machiavel dans ses préceptes à l'usage des gouvernements ; et, en effet, toute révoltante que semble cette maxime, elle soulève moins l'humanité que ne l'aurait fait celle-ci : « Qui ne sait être *hypocrite* ne sait régner. » Et cependant cette habitude de dissimulation que recommande l'auteur du *Prince* n'est autre chose que l'hypocrisie, tant on sait bien déguiser avec les mots tout ce que les choses ont de hideux !

HYPOGASTRE (de ὑπό, sous, et γαστηρ, ventre). Les anatomistes appellent ainsi la partie inférieure du bas-ventre commençant à l'ombilic et s'étendant jusqu'à l'os pubis. Par *région hypogastrique* on entend l'ensemble des artères, des muscles, des vaisseaux, etc., qui se rattachent à l'hypogastre.

HYPOGÉE (du grec ὑπόγεος, souterrain, formé de ὑπό, sous, et γῆ, terre). On désigne principalement par ce nom des excavations et constructions souterraines dans lesquelles les anciens déposaient leurs morts. On se sert aussi dans le même sens du mot *catacombes* ; mais le nom d'*hypogées* est plus spécialement affecté aux excavations formant les nécropoles de l'Égypte.

[On rencontre des hypogées sur tout le littoral du Nil, depuis Alexandrie jusqu'à Syène et aux cataractes, dans le voisinage des anciennes villes. Les curieux visitent plus particulièrement celles d'Alexandrie, de Saccarah et de Ghizeh, celles de Syouth, Beni-Hassan, Hermopolis, Elethya et Kournach, à Thèbes : ces dernières sont les plus remarquables, tant par leur haute antiquité que par leur grand nombre et leur beauté. On distingue entre autres la Nécropole de cette ancienne capitale, la Syringe, immense labyrinthe composé de couloirs, de chambres et de puits conduisant les uns aux autres et destinés jadis à contenir des milliers de momies. Dans les tombeaux des rois thébains sont en ce genre les ouvrages les plus curieux , moins encore par leur prodigieuse étendue que par les sculptures et les peintures hiéroglyphiques dont ils étaient décorés. Ces tombeaux sont situés à l'occident de Thèbes, dans une vallée qui porte le nom de *Biban-al-Molouk* (les portes des rois). Les Pharaons consacraient toute leur vie à se faire creuser un tombeau, et l'on pourrait en quelque sorte apprécier par l'étendue et le travail de ces excavations la durée du règne et l'opulence de chacun d'eux. Il paraît que les travaux s'arrêtaient à la mort du roi, et qu'après que la momie avait été déposée dans le tombeau on le fermait soigneusement pour en dérober l'entrée aux profanations de la cupidité. Ces excavations offrent des cavernes sépulcrales très-profondes, composées de galeries souterraines et de chambres qui conduisent à une salle principale, où était le sarcophage renfermant la momie du roi. Ces tombeaux, violés pour la plupart à l'époque de l'invasion des Perses sous Cambyse, étaient déjà visités, du temps des Grecs et des Romains, par les curieux, qui y inscrivaient leurs noms. Strabon en compte 40, et Diodore de Sicile 47. Du temps d'Auguste, il n'en restait que 17, dont plusieurs étaient déjà fort endommagés. On en compte aujourd'hui dans la Vallée des Rois 24 ou 25, dont le mieux conservé est celui du roi Ousirei, l'aïeul de Sésostris, découvert par Belzoni : ce voyageur n'y trouva plus que les débris de l'ancienne spoliation que le monument avait éprouvée du temps des Perses. Le tombeau de Memnon et celui d'un autre roi beaucoup plus ancien se trouvent dans une vallée située à l'ouest de la première.

Les catacombes d'Alexandrie, dites les *Bains de Cléopâtre*, ont été creusées à une époque beaucoup moins reculée, et qui ne doit guère remonter au delà de la fondation de cette ville par Alexandre le Grand. Ces grottes consistent, comme celles de Sidon en Phénicie et comme les catacombes grecques et romaines, en galeries plus ou moins étendues, et ayant de chaque côté de leurs parois une ou plusieurs rangées de niches creusées les unes auprès des autres et assez profondes pour contenir un cercueil.

Nestor L'Hôte.]

HYPOGYNE (de ὑπο, sous, et γυνη, femme), se dit de la corolle et d'autres organes floraux, quand ils naissent sous l'ovaire.

HYPONOMEUTE (de ὑπόνομος, qui ronge par-dessous), genre d'insectes de l'ordre des lépidoptères , famille des nocturnes, principalement caractérisée par leur abdomen grêle et cylindrique et par leurs ailes légèrement courbées en faux. Ces insectes proviennent de chrysalides réunies en troupes nombreuses sous une toile commune, mais ayant chacune leur coque distincte. Avant d'arriver à cet état , les hyponomeutes, trop connues alors des cultivateurs, se présentent sous la forme de chenilles glabres, effilées à leurs deux extrémités, et parsemées de points et de quelques poils rares sur un fond jaunâtre ou vert olive. Ces chenilles sont le fléau des arbres fruitiers, dont elles détruisent les feuilles. Les plus redoutables sont celles de l'*hyponomeuta cognatella* et de l'*hyponomeuta padella* : la première s'attache aux pommiers ; en 1838 elle commit des dégâts dont la Normandie a gardé le souvenir ; elle causa la mort d'une grande quantité d'arbres en plein rapport. La chenille de la seconde espèce, que nous venons de citer, n'est pas moins à craindre pour les cerisiers. Quand ces chenilles apparaissent, il n'y a guère de remèdes ; car elles se propagent avec une rapidité que ne peut prévenir l'échenillage le plus actif.

Les chenilles d'hyponomeutes produisent beaucoup de soie ; on a essayé de tirer partie de leur industrie, en les obligeant à construire leurs toiles sur un moule convenablement choisi ; on a obtenu ainsi des tissus très-fins et très légers propres à divers usages. Ces essais, faits en Allemagne, ont cependant été abandonnés.

HYPOSPADIAS (de ὑπο, au-dessous, et σπαδιον, espace vide), vice de conformation du membre viril, consistant en ce que l'urètre, au lieu de s'ouvrir à l'extrémité du pénis, s'ouvre au-dessous, à une distance plus ou moins éloignée du gland. On peut le considérer comme le résultat d'un arrêt survenu dans le développement de cet organe chez le fœtus. Lorsque cette ouverture anormale est située près de la racine de la verge, le scrotum se trouve souvent divisé en deux replis, simulant les grandes lèvres chez la femme', ce qui a parfois pu faire regarder comme hermaphrodites des individus atteints d'hypospadias. Ce vice de conformation est sans remède. D' Sauderotte.

HYPOSTHÉNISANTS (de ὑπο, sous, et σθένος, force). Voyez CONTRE-STIMULISME.

HYPOTÉNUSE (de ὑπο, sous, et τεινω, je tends), côté opposé à l'angle droit d'un triangle rectangle. Il jouit d'une propriété remarquable, dont la découverte est attribuée à Pythagore, et que l'on énonce ainsi : Le carré de l'hypoténuse est égal à la somme des carrés des côtés de l'angle droit. Ce théorème, fécond en corollaires et en applications, peut-être rattaché lui-même à la théorie des triangles semblables. On en a donné d'ailleurs une foule de démonstrations indépendantes de cette théorie ; les plus simples se trouvent dans tous les *Éléments* de géométrie.

Si, du sommet de l'angle droit, on abaisse une perpendiculaire sur l'hypoténuse, cette perpendiculaire est moyenne proportionnelle entre les deux segments de l'hypoténuse. De plus, chaque côté de l'angle droit est moyen proportionnel entre l'hypoténuse et le segment adjacent.

HYPOTHÉCAIRE (Créance, Créancier). *Voyez* CRÉANCE, CRÉANCIER et HYPOTHÈQUE.

HYPOTHÉCAIRE (Inscription). *Voyez* INSCRIPTION HYPOTHÉCAIRE.

HYPOTHÉCAIRE (Régime). *Voyez* HYPOTHÈQUE.

HYPOTHÈQUE. Définie légalement, l'*hypothèque* est un droit réel sur les immeubles affectés à l'acquittement d'une obligation. Garantir l'efficacité des transactions et protéger également le citoyen qui veut du crédit et le citoyen qui peut en faire, tel est le but des hypothèques. En effet, le premier soin de deux personnes traitant ensemble est d'assurer l'exécution de leurs engagements. Le contrat suppose l'intention et contient la promesse de l'exécuter ; mais la promesse n'est pas toujours sincère et les moyens peuvent ne pas répondre à l'intention. Or, si les parties connaissaient leur situation respective, l'une n'obtiendrait que selon ce qu'elle mérite, l'autre n'accorderait que ce qu'elle peut accorder sans risque, et il n'y aurait alors ni réserve déplacée ni surprise fâcheuse. Si donc on trouve le moyen d'éclairer chaque citoyen sur la position véritable de celui avec lequel il traite, on aura tout ce que peuvent désirer les gens de bonne foi ; et si la mauvaise foi s'en alarme, ce sera une garantie de plus en faveur de la mesure.

L'hypothèque affecte un immeuble à l'exécution d'un engagement. Si le contractant n'était pas propriétaire, ou si cet immeuble était déjà absorbé par des affectations précédentes, l'hypothèque serait illusoire et les conventions n'auraient aucune garantie. Il n'est pas de législateur qui, frappé de cet inconvénient, n'ait cherché à y porter remède. Chez les Grecs, un poteau planté sur l'immeuble annonçait qu'il n'était pas libre, et que ce bien formait le gage de quelque créance. Un pareil usage paraît avoir été connu et pratiqué à Rome ; mais il y avait de l'excès dans cette précaution ; car, s'il est bon que les parties traitent avec une connaissance respective de leur état, il n'est point nécessaire de le proclamer par affiches et de l'annoncer à tous les instants, même aux personnes sans intérêt de le connaître. Cet usage disparut, et depuis il a suffi pour hypothéquer un immeuble d'en faire la stipulation ; et même l'hypothèque a été attachée de plein droit à toute obligation authentique. C'était réparer un mal par un mal plus grand ; car l'hypothèque donnée par des actes occultes ne laissait aucune garantie contre la mauvaise foi. De là des discussions multipliées et ruineuses, dont le résultat le plus sûr était de dévorer le gage des créanciers, dépouillés comme le débiteur lui-même.

Le vrai système devait donc consister en un juste milieu, entre l'usage de ces signes extérieurs apposés sur les héritages affectés et plaçant à tous les instants sous tous les yeux la situation affligeante d'un citoyen et cette obscurité fatale qui livrait sans défense la bonne foi à l'intrigue et à la perversité. Ce système, tel que nous le possédons, peut se résumer en ces mots : les actes produisant hypothèque seront inscrits dans un registre, et les personnes intéressées pourront vérifier si le gage qu'on leur propose est libre ou jusqu'à quel point il peut être affecté.

Ainsi que nous l'avons dit, l'origine de l'hypothèque est de la plus haute antiquité, et, s'il en faut croire de graves auteurs, Solon s'applaudissait d'avoir purgé les propriétés athéniennes de leurs hypothèques. Mais, comme toute institution humaine, l'établissement d'un bon régime hypothécaire a été lent, difficile à réaliser ; et, nous bornant à ce qui concerne la France, il a fallu lutter longtemps contre les préjugés, les mauvais vouloirs et l'intérêt personnel. Un édit du mois mars 1673, dû à Colbert, avait établi la publicité des hypothèques au moyen de registres ; le même édit instituait des greffiers tenant un registre coté, paraphé et visé chaque mois par le juge, et sur lequel devaient être inscrites les oppositions aux hypothèques. Cet édit fut rapporté au mois d'avril 1674. Un édit de juin 1771 créa des offices de conservateurs des hypothèques, et donna une sorte d'existence au système. Une loi du 4 février 1791 intervint ensuite, mais purement réglementaire. La loi du 9 messidor an III fut rendue peu après : son but étant de *mobiliser* toutes les propriétés foncières, elle créa tout un nouveau système hypothécaire. Mais l'effet de cette loi fut suspendu par les lois des 21 nivôse an IV et 27 vendémiaire an V, qui établirent un système moins compliqué. Enfin, la loi du 11 brumaire an VII créa définitivement ce régime de la publicité des hypothèques qu'avait tenté d'introduire l'édit de 1673, et que la loi de l'an III avait trop étendu. La loi du 21 ventôse an VII détermina les fonctions des conservateurs et fixa leurs salaires, et le Code civil, en modifiant sur quelques points la publicité hypothécaire, imposa de nouvelles obligations aux conservateurs et précisa leur responsabilité.

Sans avoir la prétention de tracer ici un résumé complet des lois sur les hypothèques, nous croyons devoir donner un aperçu rapide de l'ensemble du régime hypothécaire. Quiconque s'est obligé personnellement est tenu de remplir son engagement sur tous ses biens présents et à venir. Ces biens sont le gage commun de ses créanciers. La loi a fixé certains **privilèges** en faveur de créanciers déterminés : ces privilèges s'exercent sur les meubles, puis sur les immeubles. L'hypothèque est un droit réel : elle est de sa nature indivisible, et suit les immeubles dans quelques mains qu'ils passent. L'hypothèque n'a lieu que dans les cas et suivant les formes déterminées. L'hypothèque est *légale*, c'est-à-dire établie de la loi en faveur des femmes, des mineurs, des communes et établissements publics ; elle est *judiciaire*, c'est-à-dire résultant de jugements en faveur de celui qui les a obtenus ; enfin, elle est *conventionnelle*, c'est-à-dire ayant pour cause des conventions rédigées sous la forme de certains actes.

Le mode de purger les propriétés des privilèges et hypothèques a été tracé aux tiers détenteurs au moyen de la **transcription**, à la *conservation* ou *bureau* des hypothèques, des contrats translatifs de propriété. La loi a prescrit en même temps les formes à suivre à cet effet, ainsi que celles relatives au mode de purger les hypothèques légales quand il n'existe pas d'inscription sur les biens des maris et des tuteurs. Les registres des conservations des hypothèques sont publics, et les conservateurs sont tenus de délivrer à tous ceux qui le requièrent copie des actes transcrits sur leurs registres et des inscriptions existantes, ou un certificat qu'il n'en existe aucune. La loi a imposé une grave responsabilité aux conservateurs dans le cas d'inexactitude des renseignements ou d'irrégularité dans l'accomplissement des formalités ; elle a également tracé la forme des registres et les précautions à prendre pour en assurer la tenue régulière.

Par la loi du 21 ventôse an VII, la conservation des hypothèques a été confiée à l'administration de l'enregistrement et des domaines ; les fonctions de conservateurs sont remplies par les employés de cette importante partie des services publics : ils exercent sous la double surveillance de l'administration et des tribunaux. Des conservations sont établies dans chaque arrondissement communal et dans la ville où siège le tribunal de première instance ; l'étendue de la conservation est la même que le ressort du tribunal. Une exception existe pour le département de la Seine, où, quoiqu'il n'y ait qu'un tribunal de première ins-

17.

tance, dont le siége est à Paris, il a été néanmoins établi trois conservations : à Paris, à Sceaux et à Saint-Denis.

Henri DE SAINT-GENIS, vérificateur des domaines.

Les biens susceptibles d'hypothèque sont les immeubles et l'usufruit des mêmes biens pendant le temps de sa durée. Quelques droits réels immobiliers, comme le droit de pacage, peuvent être l'objet d'une hypothèque, parce que, bien qu'incorporels, ils ne sauraient être détachés des immeubles dont ils forment une propriété distincte. Mais il y a d'autres droits que la loi déclare immeubles par destination, les actions en revendication d'immeubles, par exemple, qui ne sont pas susceptibles d'hypothèques. Les servitudes actives ne peuvent être hypothéquées qu'avec le fonds lui-même, attendu qu'elles cesseraient d'exister si on les en séparait, non plus que les droits d'usage et d'habitation, parce qu'ils sont incessibles. L'emphythéose peut être hypothéquée; mais l'usufruit d'un immeuble ne peut pas l'être.

Les droits et créances auxquels l'hypothèque légale est attribuée sont ceux des femmes mariées sur les biens de leur mari, ceux des mineurs et interdits sur les biens de leurs tuteurs; ceux de l'État, des communes et des établissements publics, sur les biens des receveurs et administrateurs comptables.

La femme a hypothèque légale sur les biens de son mari pour tous ses droits et créances, quels qu'ils soient, pour ses créances paraphernales comme pour ses autres reprises. Tous les biens présents et à venir du mari sont soumis à l'hypothèque légale de la femme. Quant à celle de la femme d'un commerçant, elle éprouve quelques modifications relativement à son étendue, en cas de faillite de ce dernier.

L'enfant mineur n'a point d'hypothèque légale pour sûreté de ses biens personnels dont le père a l'administration pendant le mariage.

Le trésor public a une hypothèque légale, à la charge de l'inscription, sur les immeubles appartenant aux comptables antérieurement à leur nomination et sur ceux acquis postérieurement par eux autrement qu'à titre onéreux.

L'hypothèque judiciaire résulte des jugements contradictoires ou par défaut, définitifs ou provisoires; elle peut s'exercer sur les immeubles actuels du débiteur et sur ceux qu'il pourra acquérir. Tout jugement confère hypothèque lorsqu'il contient une condamnation quelconque, soit qu'elle consiste dans le payement d'une somme ou dans l'obligation de faire ou de ne pas faire. Les décisions des tribunaux administratifs en matière contentieuse sont, comme celles de l'autorité judiciaire, susceptibles de conférer l'hypothèque. Les décisions arbitrales n'emportent hypothèque qu'autant qu'elles sont revêtues de l'ordonnance judiciaire d'exécution.

Quant à l'hypothèque conventionnelle, comme la faculté d'hypothéquer est absolument la conséquence de la faculté d'aliéner, celui que la loi prive de la faculté d'aliéner est également privé de celle d'hypothéquer. L'incapacité légale d'aliéner, et par conséquent d'hypothéquer, tombe sur la femme mariée, sur les mineurs, sur les interdits et sur les individus pourvus d'un conseil judiciaire, à moins qu'ils n'en aient le consentement. Cette incapacité atteint le mineur, même émancipé, à moins qu'il ne soit commerçant. Il y a encore exception au mineur des marchandes publiques, qui, pouvant s'obliger pour ce qui concerne leur négoce, ont la faculté d'hypothéquer leurs biens immeubles. Toutefois leurs biens dotaux, lorsqu'elles sont mariées sous le régime dotal, ne peuvent être hypothéqués que pour les causes et dans les formes établies par la loi. Il en est de même des biens des mineurs, des interdits et de ceux des absents, tant que la possession n'en est déférée que provisoirement. Un acquéreur peut hypothéquer une chose acquise avant d'en avoir payé le prix; mais, comme on ne peut donner plus de droits qu'on n'en a soi-même, l'hypothèque consentie pourra être privée d'effet si l'acquéreur ne paye pas le prix convenu.

L'hypothèque conventionnelle ne peut être consentie que par acte passé en forme authentique devant deux notaires. Il n'y a d'hypothèque conventionnelle valable que celle qui, soit dans le titre authentique constitutif de la créance, soit dans un acte authentique postérieur, déclare spécialement la nature et la situation de chacun des immeubles appartenant actuellement au débiteur sur lesquels il consent l'hypothèque de la créance.

La spécialité est un des principes fondamentaux de l'hypothèque conventionnelle; on conçoit alors que cette espèce d'hypothèque ne peut grever que les biens présents, puisqu'il serait impossible de spécialiser des biens à venir. Cependant, comme le but de la loi est de favoriser le crédit du débiteur, elle lui permet, si ses biens présents et libres sont insuffisants pour la sûreté de sa créance, de consentir que chacun des biens qu'il acquerra par la suite y demeure affecté à mesure des acquisitions.

L'hypothèque conventionnelle n'est valable qu'autant que la somme pour laquelle elle est consentie est certaine et déterminée dans l'acte. Si la créance résultant de l'obligation est conditionnelle pour son existence, ou indéterminée dans sa valeur, le créancier ne peut requérir l'inscription que jusqu'à concurrence d'une valeur estimative par lui déclarée expressément, et que le débiteur a droit de faire réduire, s'il y a lieu.

Le rang des hypothèques est fixé, non par la date des titres, mais par celle de leur inscription sur les registres du conservateur. L'hypothèque sans l'inscription est, vis-à-vis des tiers, comme si elle n'existait pas; car c'est l'inscription qui lui donne la publicité et qui doit fixer le rang entre les divers créanciers. Ce principe est applicable également à l'hypothèque légale, à l'hypothèque judiciaire et à l'hypothèque conventionnelle. Mais il est modifié, comme il a été dit plus haut, par deux exceptions en faveur de l'hypothèque légale des femmes et des mineurs et interdits. Elle existe alors, indépendamment de toute inscription, du jour de l'acceptation de la tutelle ou de celui du mariage. Pour les sommes dotales provenant de successions échues ou de donations faites à la femme pendant le mariage, l'hypothèque n'existe qu'à dater du jour de l'ouverture des successions ou de celui où les donations ont eu leur effet. Pour l'indemnité des dettes qu'elle a contractées avec son mari et pour le remploi de ses propres aliénés, l'hypothèque n'existe qu'à dater du jour de l'obligation ou de la vente.

Certaines précautions, néanmoins, qui assurent la publicité de ces hypothèques et sauvegardent les intérêts des tiers, ont été prises par le législateur. Ainsi les maris et tuteurs sont obligés de rendre publiques les hypothèques dont leurs biens sont grevés, et à cet effet de requérir eux-mêmes, sans aucun délai, l'inscription sur les immeubles à eux appartenant et sur ceux qui pourraient leur appartenir par la suite, à peine d'être réputés stellionataires. Les subrogés tuteurs, le procureur impérial, les parents et amis du mari, de la femme, ou ceux du mineur, la femme ou les mineurs eux-mêmes ont la faculté de requérir les inscriptions de l'hypothèque légale. Elle peut cependant être restreinte en ce sens qu'elle ne nuise pas au crédit des tuteurs et époux et à la transmission des immeubles. Les parties majeures peuvent, dans le contrat de mariage, convenir qu'il ne sera pris inscription que sur certains immeubles du mari; il en est de même pour celle des mineurs lorsque les parents, en conseil de famille, y consentent. Les jugements sur les demandes en réduction d'hypothèque des maris et tuteurs ne peuvent être rendus qu'après avoir entendu le procureur impérial. Un principe d'ordre public a accordé à la femme la faculté de renoncer à l'hypothèque que par son contrat de mariage; cette garantie, en effet, n'a pas lieu seulement dans l'intérêt de la femme, mais aussi dans celui des enfants.

Les créanciers ayant une hypothèque inscrite sur un immeuble ont le droit de le suivre, en quelques mains qu'il passe, pour être colloqués et payés de ce qui leur est dû, suivant l'ordre de leurs créances ou inscriptions. Les créanciers chirographaires, étant appelés à partager par contribution ce qui reste du prix de l'immeuble après l'acquittement des dettes hypothécaires, peuvent intervenir dans la procédure d'ordre pour veiller à leurs intérêts; mais ils ne peuvent élever les mêmes contestations que les créanciers hypothécaires et proposer, par exemple, la nullité de l'inscription.

Lorsque le nouveau propriétaire d'un immeuble n'a pas rempli, dans le délai prescrit, les formalités requises pour purger les hypothèques, il demeure, par l'effet seul des inscriptions, obligé comme détenteur à toutes les dettes hypothécaires, et jouit des termes et délais accordés au débiteur originaire. Dans ce cas, le droit de suite conféré aux créanciers par leur hypothèque subsiste dans toute sa force, et le tiers détenteur est tenu ou de payer tous les intérêts et capitaux exigibles, ou de délaisser l'immeuble hypothéqué sans aucune réserve (*voyez* DÉLAISSEMENT). S'il n'a pas purgé la propriété, et s'il se refuse à payer les dettes hypothécaires ou à délaisser l'immeuble, chaque créancier a droit de poursuivre l'expropriation et de faire vendre l'immeuble hypothéqué trente jours après commandement fait au débiteur originaire et sommation faite au tiers détenteur de payer la dette exigible ou de délaisser l'héritage. Mais le tiers détenteur peut s'opposer, au moins temporairement, à la vente en opposant le bénéfice de discussion, exception qui ne saurait être opposée au créancier privilégié ou ayant une hypothèque spéciale sur l'immeuble. Si la discussion n'est pas demandée, ou si elle ne suffit pas pour désintéresser le créancier, la vente est poursuivie suivant les formes de l'expropriation.

Les hypothèques s'éteignent par l'extinction de l'obligation principale, la renonciation du créancier, la purge, la prescription. Si l'obligation principale vient à revivre, l'hypothèque revit également; mais si la radiation a eu lieu, elle ne prend rang qu'à dater du jour de la nouvelle inscription. La *renonciation à l'hypothèque* est l'acte par lequel le créancier abandonne ses droits sur la chose, en se réservant seulement son action personnelle contre le débiteur. La prescription est acquise au débiteur, quant aux biens qui sont dans ses mains, par le temps fixé pour la prescription des actions qui donnent l'hypothèque. Quant aux biens qui sont dans les mains d'un tiers détenteur, elle lui est acquise par le temps réglé pour la prescription de la propriété à son profit. Lorsque les droits des créanciers sont ouverts et exigibles, ils opèrent l'interruption de la prescription par voie de sommation, de saisie ou de commandement; mais si leur créance n'est pas exigible, ils n'ont d'autre moyen que de former contre le tiers détenteur l'action en déclaration d'hypothèque, action qui a pour but de faire déclarer l'immeuble détenu affecté à l'hypothèque.

« La matière des hypothèques, disait Réal, est sans contredit la plus importante de toutes; elle intéresse la fortune mobilière ou immobilière de tous les citoyens. Elle est celle à laquelle toutes les transactions sociales se rattachent. »

Cette grande importance de l'hypothèque fit de tout temps élever des plaintes amères sur la complication des rouages qui mettent en action tout le système hypothécaire et sur la nécessité d'y apporter de grandes améliorations. Cependant tous les vices du régime hypothécaire n'étaient pas également remédiables; quelques uns tiennent à la nature même de la propriété et aux intérêts compliqués et divers qu'il faut prendre en considération. Une réforme qui devait précéder toutes les autres et qui a été enfin effectuée par la loi du 23 mars 1855, l'établissement d'une formalité intrinsèque, la transcription, pour les transmissions entre-vifs de la propriété, c'est-à-dire le retour à la loi de brumaire an VII, a donné satisfaction sur ce point à l'opinion générale. Les acquéreurs et les prêteurs sont désormais à l'abri de ce dédale d'embûches où les jetait l'absence d'une tradition publique de la chose aliénée. Quant à la révision totale du régime hypothécaire entreprise par l'Assemblée législative, elle n'a point survécu au naufrage de ce grand corps politique; mais l'organisation du crédit foncier doit préparer la voie des perfectionnements à venir.

HYPOTHÈSE, conception idéale qu'on pose et sur laquelle on s'appuie pour arriver à des conséquences ou à des explications. Ce mot semble être le synonyme parfait de celui de *supposition*, qui signifie aussi ce qu'on met dessous, ce qu'on avance pour servir de base à un raisonnement, avec cette différence pourtant que l'un vient du grec (ὑπό, sous, et θέσις, action de placer ou de poser), l'autre du latin, (*sub*, sous; *positio*, action de placer ou de poser). Mais à cette première différence s'en rattachent d'autres beaucoup plus importantes : d'abord, *hypothèse* doit être plutôt un terme scientifique, et *supposition* un terme du langage ordinaire : on sait que, de tout temps, les savants ont affecté d'employer des mots dérivés du grec, tandis que notre langue usuelle, presque entière, prend ses racines dans le latin. Cette différence, d'ailleurs, est constamment observée par l'usage : *hypothèse* est un mot que l'on rencontre sans cesse dans les mathématiques, en astronomie, en logique, etc., et, au contraire, on se sert toujours de *supposition* dans le discours commun ou même familier. On lit dans le Dictionnaire de l'Académie qu'*hypothèse* est un terme de philosophie : c'est un terme de science ou de spéculation.

Hypothèse étant un terme scientifique, et les sciences s'occupant souvent de choses idéales, imaginaires, sans aucun rapport avec la réalité, l'*hypothèse* n'a pas pour essence de présenter la chose comme possible, au lieu que la *supposition* la donne toujours comme telle, ou même comme réelle. Un astronome suppose la lune habitée s'il se borne à déduire les conséquences qui dérivent de sa conception, il fait une *hypothèse*; il n'y a rien à lui dire. Mais s'il prétend qu'effectivement la lune est habitée, et qu'il fasse des inductions en conséquence, c'est une *supposition*; et sa *supposition* peut être gratuite, vraie ou fausse. L'*hypothèse* est un fait de l'imagination, de la conception : on ne l'attaque point en elle-même, mais dans ses conséquences, ou comme insuffisant pour rendre raison des choses; la *supposition* est du domaine du jugement ou de la croyance : elle affirme la réalité ou tout au moins la possibilité; ce qu'on attaque en elle, c'est le *supposé* lui-même. Entre l'*hypothèse* et la *supposition* sous ce point de vue la différence est la même qu'entre la *définition* et la *proposition* ordinaire : la première est libre et inattaquable ; c'est tout le contraire pour la seconde. Ce qui prouve bien encore que l'*hypothèse* est théorique, idéale, didactique, relative seulement à l'intelligence ou à l'explication des choses, et la *supposition* relative à la pratique, à la vérité, ou à la réalité, c'est que le mot *supposition* seul se prend dans un sens moral, pour signifier allégation, production fausse, chose feinte ou controuvée pour nuire : *supposition* de pièces, d'un testament, de nom, de personne, etc.

Il résulte des définitions données par l'Académie des deux mots *hypothèse* et *supposition* que l'*hypothèse* en tire des conséquences, et de la *supposition* des inductions. Les points de départ, et, on peut dire, les appuis de nos raisonnements sont de deux sortes, ou des prémisses, c'est-à-dire des principes, des lois générales, des concepts de l'esprit, d'où nous déduisons des conséquences ; ou bien des faits, des observations, à l'aide desquels nous nous élevons à des inductions. Or, il est évident par ce qui précède que l'*hypothèse* nous fournit plutôt des données de la première espèce, et que la prétention de la *supposition* est toujours de nous en fournir de la seconde. Lorsque l'*hypothèse*, d'une conception simple, est un ensemble de conceptions ou de théories liées entre elles, ce mot devient synonyme de *système*, le P. Bouhours en croit l'Académie. Nous ne sommes pas de cet avis. Une différence les distingue profondément : l'*hypothèse* ne tenant que le frein du génie de l'homme, et, l'homme ne pouvant deviner la nature des choses, il arrive rarement qu'il y ait coïncidence entre ses conceptions et les desseins du Créateur ; de là vient que le mot *hypothèse* entraîne toujours dans sa signification quelque chose d'imaginaire et de fantastique. Mais, le *système* pouvant être le résultat d'observations exactes ou de suppositions réalisées et vérifiées, ce mot se prend presque toujours en bonne part. On dira donc bien les *hypothèses* ou les *systèmes* de Ptolémée, de Tycho-Brahe; mais on dira le *système*, et non pas l'*hypothèse* de Copernic.

Hypothétique est un adjectif entièrement didactique, qui se dit seulement des raisonnements et des propositions qui impliquent une hypothèse. Benjamin LAFAYE.

HYPOTYPOSE (en grec, ὑποτύπωσις, représentation figurée, de ὑπό, sous, et τυπόω, imprimer, calquer, décrire), figure de rhétorique qui réunit, à elle seule, les ornements, l'éclat et le coloris de toutes les autres. Elle n'est qu'une description vive et animée dont on se sert lorsqu'on a des raisons pour ne pas exposer simplement un fait, et qu'on veut le peindre avec force. Chez les anciens, Homère et Virgile excellent dans ce grand art, et leurs poèmes offrent une suite de tableaux du plus grand talent et de la plus grande vérité. Parmi nos écrivains, on en trouve aussi de bien beaux modèles en tous genres. Souvent cette figure est exprimée en peu de mots ; c'est alors surtout qu'elle frappe. Mais ordinairement l'*hypotypose* a plus d'étendue : alors elle copie l'objet par différents traits rassemblés, et ainsi elle s'enrichit encore par l'*accumulation*, qui ramasse avec force et vivacité, pour les réunir en un seul point, toutes les circonstances. Entre autres exemples, on peut citer la mort de *Didon*, dans Virgile; la description que fait Cicéron de Verrès couché avec une femme sur le rivage de la mer, *mulierculâ nixus*, etc. Toutefois on doit remarquer que cette figure est plus particulière à la poésie, qui doit peindre avec plus d'enthousiasme et avec des traits plus hardis que la prose. Nos anciens rhéteurs regardaient l'hypotypose comme une des parties de la *description*; dans nos ouvrages modernes, c'est, au contraire, sous le nom général d'*hypotypose* que se trouvent comprises : 1° l'*effiction* ou *prosopographie*, qui représente les traits extérieurs; 2° la *topographie*, qui décrit les lieux; 3° la *chronographie*, qui caractérise le temps d'un événement par le détail des circonstances; 4° enfin l'*étopée*, qui décrit les mœurs et le caractère.

HYPOXYLÉES (de ὑπο, sous, et ξύλον, bois), famille de champignons, ainsi nommée parce qu'un certain nombre de ses espèces vivent sur les plantes vivantes, dont elles rompent l'épiderme. Mais la plupart croissent sur le bois mort, d'autres sur la terre même. Les hypoxylées sont de petits champignons généralement coriaces, brunâtres, souvent connés par leur base ; leurs autres caractères particuliers consistent dans leurs spondies, enveloppées de mucus ou cellules allongées. Les genres *hysterium*, *cytispora*, *sphéric* sont les principaux de cette famille.

HYPSILANTI. Voyez YPSILANTI.

HYPSISTARIENS ou HYPSISTANIENS, secte du quatrième siècle, qui avait son siége en Cappadoce, et qui, mécontente des nombreuses altérations que le christianisme avait déjà subies au sein de l'Église, adopta la croyance en un Dieu universel. Les hypsistariens adoraient Dieu sous son nom le plus ancien et le plus simple, *Hypsistos*, c'est-à-dire le Très-Haut (de ὕψος, hauteur, cime, le ciel), et entouraient leur culte de pratiques et de symboles empruntés syncrétiquement à diverses religions. Aussi saint Grégoire de Nazianze leur attribue-t-il en même temps le culte du feu et l'observation du sabbat judaïque, avec quelques lois relatives aux aliments. Les sectes des euphémites, ou messaliens, en Phénicie et en Palestine, celles surtout des abélites et des célicoles en Afrique, semblent avoir eu de l'affinité avec la secte des hypsistariens. On a diversement expliqué l'origine et le caractère de celle-ci.

HYRCAN, nom de deux grands prêtres et princes des Juifs, de la maison des Asmonéens.

HYRCAN Ier (JEAN), fils de Simon, qui régna de l'an 136 à l'an 106 avant J.-C., subit d'abord le joug des Syriens; mais, devenu indépendant, il soumit les Samaritains, et contraignit les Iduméens à embrasser le judaïsme. Il fit alliance avec les Romains, construisit le château fort de Baris, sur l'angle nord-est de la montagne du Temple, et recula son territoire presque jusqu'aux anciennes limites du royaume de David. Il semble aussi avoir jeté les bases du sanhédrin. Pharisien dans l'origine, il se rallia plus tard à la secte des Sadducéens. A sa mort, il laissa cinq fils, dont deux, Aristobule et Alexandre, régnèrent avec le titre du roi.

HYRCAN II, petit-fils d'Hyrcan Ier et fils d'Alexandre, fut proclamé roi de Jérusalem l'an 96 avant J.-C.; mais, vaincu par son frère Aristobule, il rentra bientôt dans la vie privée. Provoqué par l'Iduméen Antipater, il chercha ensuite à remonter sur le trône avec l'aide d'Arétas ; mais ce fut sans succès. En l'an 63 avant J.-C., Pompée le nomma grand prêtre et ethnarque. A partir de cette époque, Hyrcan s'occupa du temple, et Antipater du gouvernement. L'an 47 avant J.-C., César lui confirma la dignité héréditaire de grand prêtre, et nomma Antipater procurateur. Lorsque Antigone, fils d'Aristobule, fut devenu grand prêtre et roi par le secours des Parthes, il fit couper les oreilles à Hyrcan, pour le rendre indigne d'exercer le souverain sacerdoce. Les Parthes l'emmenèrent avec eux à Séleucie, l'an 40 avant J.-C.

HYRCANIE, nom ancien d'une province de l'Iran, qui comprenait la contrée située entre le mont Elbrouz et la mer Caspienne, par conséquent le pays situé le long de la côte méridionale de cette mer, appelé aujourd'hui *Masanderân*, et qui se trouvait entre l'ancienne Médie au sud-ouest et la Parthie à l'est. Sauf la partie basse riveraine de la mer Caspienne, c'était un pays sauvage, mais bien arrosé par les nombreux petits cours d'eau qui ont leur source dans les montagnes voisines et vont se déverser dans la mer Caspienne, ses lois d'une fertilité extrême, dans ses vallées et ses parties basses, en grains, fruits et vins. Ses habitants appartenaient, suivant toute apparence, à la race des Parthes, et étaient fameux dans l'antiquité à cause de leur férocité. L'Hyrcanie fut de bonne heure subjuguée par les Mèdes et les Perses; et comme province de la Perse partagea à toutes les époques les destinées de cet empire, sauf la période pendant laquelle la Perse se trouva placée sous la domination des Parthes, époque où l'Hyrcanie se maintint indépendante, et fit même souvent trembler les rois parthes.

HYRCANIENNE (Mer). *Voyez* CASPIENNE (Mer).

HYSOPE. Ce genre appartient à la didynamie gymnospermie de Linné, à la famille des labiées de Jussieu. Parmi les cinq espèces qu'il renferme, une seule offre quelque intérêt : c'est l'*hysope officinale* (*hyssopus officinalis*, Lin.). L'hysope officinale est un petit arbrisseau rameux, à branches dressées et pulvérulentes, à feuilles opposées, sessiles, lancéolées et poudreuses comme les branches, et parsemées, à leur face inférieure comme les branches, et parsemées, à leur face inférieure comme les branches, et parsemées, à leur face inférieure de petites glandes. Les fleurs de l'hysope, bleues, roses ou blanches, sont disposées en épis dans les aisselles des feuilles supérieures, et toutes sont dirigées du même côté ; leur calice est tubuleux, cylindrique, à cinq dents aiguës ; leur corolle est bilabiée; quatre étamines, droites et écartées, se projettent au dehors de la corolle; et l'ovaire, supère et quadrilobé, porte un style filiforme, couronné par un stigmate bifide.

L'hysope croît, à l'état sauvage, sur les collines arides, et dans les murs délabrés de la France méridionale; elle fleurit aux mois de juin et de juillet. D'une odeur pénétrante, comme la plupart des labiées, d'une saveur aromatique et un peu âcre, l'hysope a dû nécessairement trouver place parmi les plantes médicinales: aussi l'infusion de ses sommités fleuries a-t-elle été souvent conseillée, avec succès peut-être, dans la plupart des affections catarrhales, et surtout dans les inflammations chroniques de la muqueuse pulmonaire.

L'hysope est fréquemment mentionnée dans les saintes Écritures : il paraîtrait même que les Juifs s'en servaient dans leurs purifications. « Salomon a connu toutes les plantes, depuis le cèdre du Liban jusqu'à l'hysope qui croît dans les murailles, » dit le livre des Rois. Hasselquist s'est autorisé de ce passage pour avancer que l'*ezob* des Hébreux n'était pas, malgré l'autorité des Septante, l'ὕσσωπος des Grecs, mais bien une petite mousse, fort commune dans les murs de Jérusalem; mais la critique d'Hasselquist n'a pas été adoptée, et la version des Septante a prévalu : toutefois nous n'en sommes guère plus avancés quant à la détermination botanique de la plante que les Hébreux ont appelée *ezob* : car, en admettant, ce qui est douteux, que l'*ezob* des Juifs soit bien réellement l'ὕσσωπος des Grecs, il faudrait encore prouver que l'ὕσσωπος des Grecs était bien réellement l'*hyssopus* de Linné, ce qui est plus douteux encore; Dioscoride, qui mentionne deux espèces d'ὕσσωπος, ne les caractérise ni l'une ni l'autre, et la plupart des botanistes penchent à croire que la plante ainsi dénommée par lui et qui paraît avoir été très-généralement connue de son temps appartenait à quelque espèce végétale complétement distincte de l'*officinalis*. BELFIELD-LEFÈVRE.

HYSTASPE, père de Darius Ier, était issu de la famille des Achéménides et était gouverneur de la Perse proprement dite quand son fils, après avoir tué le mage Smerdis, s'empara de la couronne de Perse. C'est à peu près tout ce qu'on sait de lui. Il ne fut pas longtemps témoin des splendeurs et des prospérités de son fils, et mourut, dit Ctésias, des suites d'une chute qu'il fit en allant visiter le tombeau magnifique que Darius se faisait construire entre deux montagnes.

HYSTÉRIE (de ὑστέρα, utérus), maladie à laquelle la femme est disposée par son organisation particulière : ce mot spécifie en grec l'affection d'un viscère chargé de remplir principalement la pénible fonction de la maternité. L'esquisse des principaux symptômes de cette maladie en donnera facilement une idée. Les femmes hystériques en disposées à le devenir se font remarquer par une sensibilité et une mobilité très-vives; leurs gestes, leurs regards, sont caressants; elles se complaisent à embrasser leurs compagnes et les enfants; leur caractère est très-variable; on les voit passer facilement d'une gaieté folle à une tristesse inopinée et non motivée. L'effusion des larmes est pour elles un besoin fréquent, qui met fin momentanément à un sentiment d'oppression et de suffocation. Divers accidents signalent l'affection : des bâillements réitérés surviennent; la respiration devient pénible; un mouvement s'opère dans l'abdomen, et il est accompagné d'une sorte de contraction des parois de cette cavité; il s'en élève comme une boule, qui semble remonter vers la gorge, et la suffoque la malade : la peau pâlit, se refroidit, rougit et s'échauffe alternativement; la circulation est troublée; le cœur palpite ; les artères de la tête battent avec violence; souvent les mâchoires se resserrent, les membres s'agitent convulsivement, et la syncope met fin à cet état. Lorsque la malade se ranime, un flux abondant de larmes ou d'urines s'opère comme une sorte de crise salutaire. Cette perturbation violente, appelée vulgairement *attaque de nerfs*, ne laisse après elle qu'une fatigue de peu de durée, et la santé habituelle se rétablit. Mais, plus tard, ces accidents se renouvellent à des retours périodiques, qu'on nomme *accès*, et dont la répétition est plus ou moins fréquente. Si l'hystérie n'est point combattue efficacement, elle peut acquérir une gravité alarmante. Les accidents débutent subitement et avec force; les mouvements convulsifs sont violents, ou bien le corps est dans une roideur tétanique; les malades poussent des soupirs ou des cris étouffés, quelquefois analogues aux aboiements d'un chien; tantôt elles grincent des dents, tantôt s'arrachent les cheveux; elles s'abandonnent enfin à des actes insensés. La violence de cet état convulsif est quelquefois comparable à l'épilepsie. La syncope peut se prolonger au point d'être léthargique. Enfin, dans ces cas extrêmes, l'hystérie est vraiment une scène effrayante; après les accès, il reste une sensibilité morbide très-grande, et divers accidents, même mortels, peuvent survenir. Une douleur locale, fréquemment perçue sur la tête, est au nombre des symptômes de cette maladie; cette douleur, en raison de sa fixité, a été appelée *clou hystérique*.

Le siége de l'hystérie se découvre par le point de départ des premiers symptômes, et par la remarque que cette maladie n'affecte les femmes que durant la période de leur vie où elles sont aptes à devenir mères. Mais, indépendamment de l'organe abdominal, on doit aussi considérer que le cerveau concourt puissamment à sa production; car on la voit survenir communément après des entretiens ou des lectures érotiques. L'observation montre même qu'une partie du cerveau y prend une part spéciale : c'est la partie correspondante au cervelet, celle où les phrénologistes ont placé la philogéniture; les femmes hystériques ont ordinairement cette région du cervelet très-développée, et la sensation pénible sur cette partie a souvent été perçue chez quelques-unes avant et pendant les accès. L'auteur de cet article en a vu une qui, dans un délire hystérique, tenait constamment une de ses mains sur la partie que nous indiquons. Les hommes même qui ont le cerveau amplement développé ont des manières caressantes comme les femmes prédisposées à l'hystérie, et les angoisses paternelles que ces individus éprouvent sont accompagnées d'une sorte de strangulation. Shakspeare l'avait remarqué, car il fait dire au roi Lear, accablé de douleur par la conduite de ses filles : « Le mal des mères me suffoque. » Mais ce concours du cerveau dans la production de l'hystérie, que l'observation empirique révèle, ne peut surprendre un physiologiste; et celui qui sait que les viscères sont solidaires les uns des autres comprendra aussi que l'hypocondrie a du rapport avec l'hystérie, et peut la compliquer. Aussitôt que les symptômes précurseurs de la maladie se manifestent, on éprouve des bâillements réitérés, de l'étouffement, le besoin de pleurer, une sensation contractive dans le ventre, etc. On doit essayer de prévenir l'accès en faisant sentir à la malade une plume brûlée ou tout autre corps qui dégage au feu une émanation analogue, mais s'abstenir des odeurs trop pénétrantes, comme l'alcali et l'éther, qui irritent le cerveau par leur activité. On pourrait aussi exercer sur le derrière de la tête des lotions avec de l'eau froide, tandis qu'on entourerait les jambes de serviettes chaudes, ou qu'on administrerait un pédiluve chaud. Si les accidents n'ont pu être prévenus, il faut enlever le corset et les jarretières, ne laisser enfin aucune sorte de ligature; placer la malade sur un matelas; éloigner d'elle tous les objets qui pourraient la blesser dans ses mouvements irraisonnés; la contenir doucement; exercer des frictions sur ses membres avec les mains nues ou avec des flanelles; dégager autour d'elle des odeurs fétides, et attendre ainsi le retour du calme; puis faire entendre à celle qui sort d'un état aussi violent des paroles affectueuses. Ces soins doivent être donnés, autant que possible, par des personnes âgées ou peu excitables, car l'hystérie se propage aisément par imitation : la prudence veut qu'on ne rende aucune jeune personne, femme ou fille, témoin d'un accès hystérique. L'expérience a démontré l'importance de cette recommandation, sur laquelle nous ne pouvons trop insister.

Les moyens de prévenir l'hystérie sont assez bornés. On recourt, suivant les cas, aux purgatifs, aux ferrugineux, aux antispasmodiques. La nourriture doit être légère, l'exercice modéré. Quand il n'y a pas de contre-indication, on peut espérer de bons effets des bains froids. Mais on devra surtout faire tous ses efforts pour empêcher l'esprit de la malade de s'appesantir sur l'affection dont il est atteint.

Dr CHARBONNIER.

HYSTÉROTOMIE ABDOMINALE (du grec ὑστέρα, matrice, et τεμνω, je coupe). *Voyez* CÉSARIENNE (Opération).

I

I, neuvième lettre de notre alphabet, qui occupe la troisième place parmi nos voyelles. Cette lettre, chez les anciens Latins, avait deux valeurs différentes : elle était ou voyelle ou consonne, suivant les exigences de la prosodie.

On met un point au-dessus de ce caractère, afin qu'on ne le confonde pas avec le jambage de quelque lettre voisine. Rien, on le sait, n'est si ordinaire que l'omission involontaire de ce point : aussi l'attention à le mettre est-elle regardée comme le signe d'une exactitude ponctuelle; on dit d'un homme exact dans les moindres choses qu'il met les points sur les *i*.

On appelle *i tréma* celui sur lequel on met deux points disposés horizontalement; on donne aussi à ces deux points le nom de *diérèse*. Le tréma sur l'*i* indique que cette lettre ne forme point diphthongue avec la voyelle qui la précède, et doit être prononcée séparément, comme dans les noms *Laïs*, *Moïse*, qui se prononcent différemment que les mots *lait*, *mois* malgré la similitude apparente du rôle qu'y remplissent les voyelles *aï*, *oï*.

Suivant Court de Gébelin, dans l'alphabet primitif, dans le langage hiéroglyphique, la lettre i désigne la main de l'homme, instrument dont il se sert pour toutes ses opérations, siége de sa puissance et de sa force. C'est le *yod* des Sémites.

On a longtemps fait de l'*i* une seule et même lettre avec le *j*. Dans tous les vieux Dictionnaires, dans la grande *Encyclopédie*, on réunit ces deux lettres. Beauzée seul, dans cette dernière œuvre, proteste contre cet usage.

Employé comme lettre numérale, l'*i* en grec signifie 10, de même qu'en hébreu. L'I romain vaut un. Placé devant V ou X, il diminue d'une unité le nombre exprimé par ces deux lettres : I.V, qui vaut cinq, ne vaut plus que quatre si on le fait précéder de la lettre en question (IV). Cependant, en latin, IIC exprime 200, IIIM 3,000, etc. Comme abréviation I signifie *Imperator*, *In*, *Inferi*, *Invictus*, *Idæa*. Souvent l'I est combiné avec différentes lettres : I. Ctus signifie *Jure consultus*; I.Q, *Jure Quiritium*; I. G, *Jure gentium*; I.V, *Justus vir*; V.I, *vir illustris*. En France, la lettre I était naguère la marque caractéristique de la Monnaie de Limoges.

Dans les formules chimiques, I représente un équivalent d'iode, Ir un équivalent d'iridium.

IABLONOWSKI, famille princière de Pologne, qui a produit plusieurs personnages distingués.

Stanislas IABLONOWSKI, né en 1631, après avoir pris part aux guerres contre les Cosaques, les Tartares et les Suédois et avoir assisté, aux côtés du roi Jean Sobieski, à la glorieuse bataille de Choczim (1673), fut élevé à la dignité de grand hetman de la couronne, en 1682. Sa retraite de la Bukowine, d'où il ramena, en 1685, l'armée polonaise, en résistant avec avantage aux forces bien supérieures des Turcs et des Tatares, lui fit le plus grand honneur. Il mourut en 1702.

Joseph-Alexandre IABLONOWSKI, né le 4 février 1712, devint voïwode de Nowogorod et en 1743, prince de l'Empire d'Allemagne. En 1768, il quitta sa patrie, lors des troubles qui y éclatèrent, et, au retour de nombreux voyages en France et en Italie, il fixa sa résidence à Leipzig, où il mourut le 1er mars 1777. Ami et protecteur des sciences, il réunit dans ses domaines, notamment à Iablonof, oc riches collections de livres, de médailles, etc.; il composa aussi lui-même plusieurs ouvrages polonais, latins et français. Dans l'année 1765, il proposa trois prix pour la solution de trois questions relatives à l'histoire de la Pologne, à l'économie politique, à la physique et aux mathématiques; prix que la Société des Naturalistes de Dantzig était appelée à décerner en 1766. Mais celle-ci ayant accordé le prix à une dissertation de Schlozer, qui reléguait dans le domaine de la fable l'existence de Lech, le prince Iablonowski regarda cette assertion comme une hérésie historique contre laquelle il publia ses *Vindiciæ Lechi et Czechi* (Leipzig, 1770), et refusa de délivrer le prix proposé, en soutenant que les conditions du concours n'avaient point été remplies. En 1768, il fonda à Leipzig la société scientifique qui porte encore son nom, mais qui ne fut définitivement organisée qu'en 1774. Iablonowski la dota d'un capital dont les revenus sont appliqués à faire frapper trois médailles en or, de la valeur de 24 ducats chacune, à l'effigie du fondateur, pour les meilleures réponses à trois questions relatives aux sciences précitées.

La famille Iablonowski fleurit encore en Russie et en Autriche. Elle a aujourd'hui pour chef le prince *Antoine* IABLONOWSKI, né en 1793; son petit-neveu, le prince *Félix* IABLONOWSKI, né en 1808, entré dans l'armée autrichienne, y a obtenu en 1851 le grade de feld-maréchal-lieutenant.

IABLUNKA, petite ville faisant partie des domaines de l'archiduc Charles (mort en 1847) dans la Silésie autrichienne, située dans un des districts montagneux des Carpathes, au confluent de l'Œlse et de la Lomna, avec 2,500 habitants dont l'industrie linière est la principale ressource. Elle est assez mal bâtie et d'une chétive apparence, mais fort importante par sa position sur la route principale conduisant de ce point en Hongrie, et sur ce que l'on appelle le défilé de *Iablunka*. Le retranchement remarquable que l'on trouve à 10 kilomètres de cette ville, au sud, fut élevé en 1541, lorsque la Silésie fut menacée par les Turcs qui avaient inondé presque toute la Hongrie. Dans la guerre de trente ans, en 1625, ce retranchement fut pris par le corps d'armée de Mansfeld, qui y séjourna pendant près d'une année. En 1645 le général suédois Kœnigsmark s'en empara. Autant en fit Frédéric II à l'époque de la première guerre de Silésie; et depuis il resta dans un état de délabrement complet. Ce n'est que dans ces derniers temps que l'on comprit de nouveau la valeur de ce point stratégique et qu'on l'a remis en bon état de défense.

IACCHOS. *Voyez* BACCHUS.

IACOBI (FRÉDÉRIC-HENRI), ingénieux philosophe, né à Dusseldorf en 1743, fut destiné par son père, riche négociant, au commerce. Un séjour de trois années qu'il fit à Genève, en lui permettant de se rendre familières les principales productions de la littérature française, lui inspira le goût le plus vif pour l'étude des sciences et des belles-lettres. Après avoir exercé le commerce avec distinction pendant plusieurs années, tout en se livrant à la culture des lettres et à la philosophie, il fut nommé membre du conseil aulique des finances, position qui lui permit de renoncer désormais tout à fait à la carrière commerciale, et qu'il ne quitta qu'en 1779 pour se rendre à Munich avec le titre de conseiller privé. A la suite de l'agitation toujours croissante que la révolution française provoquait en Allemagne, il se rendit dans le Holstein, en 1794, et habita alors tantôt Wandsbeck et Hambourg, tantôt Eutin, jusqu'en 1804, époque où il fut rappelé à Munich pour y organiser la nouvelle Académie des Sciences. Il fut nommé président de cette académie en 1807 mais il se démit de ces fonctions en 1813, tout en conservant le traitement qui y était attaché, et que la perte de la plus grande partie de sa fortune, jadis considérable, lui rendait nécessaire pour vivre, et mourut le 10 mars 1819.

Ses ouvrages les plus remarquables sont : *Woldemar* (2 vol.,1799); *Collection de Lettres d'Éd. Alwill* (1781), *sur l'Étude de Spinosa*; *Lettres à Mendelsohn* (1785); *à David Hume, sur la foi, ou Idéalisme et Réalité* (1786); *et Lettre à Fichte* (1799). Comme poëte, Iacobi se distingue par une peinture fidèle et énergique de la nature et du cœur humain, une expression vive, spirituelle et vraie; comme philosophe, par la chaleur de ses sentiments religieux. Et cependant, il est peu d'écrivains et de penseurs au sujet desquels on ait émis des jugements plus divers, plus contradictoires. Suivant lui, la foi, ou, pour nous servir du terme qu'il employa plus tard, la *raison* nous révèle les choses divines tout comme les sens nous révèlent le monde extérieur. Cette révélation constitue une notion immédiate : toutes les notions (de l'esprit) ne sont que secondaires. Il était naturel qu'avec une telle manière de voir, Iacobi ne fût le disciple d'aucun autre philosophe, et que son rôle se bornât à être le critique des philosophes de son siècle, tels que Mendelsohn, Kant, Fichte et Schelling. La controverse qu'il engagea avec ce dernier, dans son écrit intitulé : *Des choses divines et de leur révélation*, fut suivie de part et d'autre avec une grande aigreur.

Son frère, *Jean-Georges* IACOBI, né en 1740, mort en 1814, professeur de théologie à l'université de Halle, a laissé un nom comme poëte, et fut l'imitateur, parfois heureux, de notre Chaulieu et de notre La Fare.

IACOBI (MAURICE-HERMANN), né à Potsdam, en 1816, conseiller d'État russe, membre de l'Académie impériale des Sciences de Saint-Pétersbourg depuis 1847, s'est fait un nom dans le monde savant par sa découverte de la galvanoplastie et de l'application de l'électro-magnétisme au mouvement des machines, ainsi que par ses expériences en grand, faites à Saint-Pétersbourg, en 1850, en société avec Augerand, pour l'éclairage électrique. On lui doit aussi la première application des bouées explosives pour faire sauter les vaisseaux en mer. Indépendamment de quelques anciens mémoires, tels que son *Mémoire sur la Galvanoplastie* (Saint-Pétersbourg, 1840), et un autre *Mémoire sur l'application de l'électro-magnétisme au mouvement des machines* (Potsdam, 1835), on a de lui, dans le Recueil de l'Académie de Saint-Pétersbourg, un grand nombre de dissertations.

LÆRTA (HANS), ancien ministre d'État suédois, fils du lieutenant général baron de Hjerta, naquit le 11 février 1774. Il avait vingt-six ans lorsqu'il débuta à la diète générale de 1800, tenue à Norkjœping. Dans cette assemblée, il apporta l'expression chaleureuse des idées au nom desquelles s'était faite la révolution française, et renonça solennellement à son titre de gentilhomme. Son exemple fut imité par quelques-uns de ses amis, qui déclarèrent comme lui ne plus vouloir faire partie d'un ordre dont le maintien était incompatible avec le bien-être et la prospérité de la patrie. A partir donc de ce moment, il renonça à son nom noble de Hjerta, qu'il n'écrivit plus désormais que *Lærta*, ces deux noms se prononçant en suédois de la même façon.

Quand éclata la révolution de 1809, il remplissait un emploi dans les bureaux d'une compagnie d'assurances à Stockholm; il fut désigné alors pour secrétaire du comité chargé d'élaborer la nouvelle constitution suédoise. Peu de temps après, il fut nommé ministre des finances et du commerce, et en 1812 gouverneur de la Dalécarlie, emploi dont il se démit en 1822. A quelque temps de là, il vint se fixer à Upsal, où il vécut désormais tout entier à des travaux historiques et dans le commerce intime des savants professeurs de cette université. C'était en politique la contrepartie exacte de *Geijer*: si celui-ci avait déserté les rangs des conservateurs pour passer dans ceux des amis de la liberté, lærta, après avoir professé les principes les plus exaltés de la démocratie, avait, sur la fin de sa vie, fait volte-face, et s'était rallié aux ultra-conservateurs. « *Il est plus royaliste que moi-même*, » avait coutume de dire de lui le vieux roi Bernadotte.

En 1838, l'Académie d'Histoire et d'Archéologie décerna un prix à son *Histoire de la Jurisprudence en Suède au dix-septième siècle*; livre qui témoigne de recherches aussi profondes que savantes. Dans les dernières années de sa vie, il avait été nommé chef des archives du royaume, tout en continuant d'habiter Upsal. Il est mort en 1847.

IAKOUTSK, province de la Sibérie orientale, qui n'est comprise dans aucun des quatre gouvernements de la Sibérie. Elle est divisée en cinq arrondissements : *iakoutsk*, *Olekminsk*, *Wiljuisk* ou *Olensk*, *Werchojansk* et *Sredne-Kolymsk*, et sur une superficie de 450 myriamètres carrés ne compte guère qu'une population de 170,000 âmes. Les Korjækes, les Iakoutes, les Inkagires et les Tongouses sont les seuls habitants de ces âpres contrées, presque complétement inhospitalières, et qui, à l'exception de Iakoutsk, le chef-lieu, d'Olekminsk et de Wiljuisk, ne présentent encore que peu d'habitations fixes, parcourues qu'elles ne sont d'ordinaire que par des peuples nomades adonnés à la chasse et à la pêche. Cette province est remarquable par la grande abondance de ses eaux. En effet, indépendamment du gigantesque torrent de la Léna, avec son grand nombre d'affluents, tels que l'Olekma, l'Aldan et le Wilui, elle possède encore le grand fleuve d'Anabara, ceux de Olenek, de Jana, d'Indigirka, de Kolyma et d'Omodon, qui tous se jettent dans la mer Glaciale du Nord.

Le chef-lieu, *Iakoutsk*, sur la Léna, à peine habité par 4,000 âmes, fait un commerce actif, d'un côté jusqu'aux deux districts maritimes d'Ochozk et du Kamschatka, et de l'autre jusqu'à Irkoutsk et à Toboïsk. C'est un des principaux points de réunion pour les caravanes de la Sibérie orientale, de même que le grand entrepôt du commerce des pelleteries pour les districts maritimes. Cette ville est aussi un des lieux d'exil où l'on déporte ordinairement les criminels politiques de quelque importance. Bien que ce ne soit pas la ville située le plus au nord de la terre, elle en est très-certainement une des plus froide. Le sol y est constamment gelé à plus de 130 mètres de profondeur, et il n'y a qu'une couche extérieure d'un mètre qui dégèle en été, lorsque le thermomètre marque 25° à l'ombre.

IALTA, ville de la Tauride, dans une situation ravissante, près de la chaîne méridionale des rochers de la Crimée, au pied du colossal Tschatyr-Dagh, à 85 kilomètres de Simphéropol, avec un port servant au cabotage. Bâtie en amphithéâtre sur les bords de la mer Noire, elle était le siége d'un commerce florissant, sous le gouvernement russe, avant la guerre actuelle. La paix lui rendra sans doute son importance.

Une autre ville du même nom, située près de la mer d'Azof, entre Petrowskaja et Marioupol, dans le gouvernement de Iékatérinoslaw, est aussi une place de commerce importante.

IAMBE, IAMBIQUE. Une syllabe brève mise avant une longue s'appelle un *iambe*, dit Horace. Ailleurs, il observe qu'Archiloque, conseillé par la rage, inventa l'*iambe*. Ici le mot reçoit un nouveau sens, et signifie un vers de six pieds, composé de syllabes successivement brèves et longues. Le nom substantif *iambe* est employé aussi comme un adjectif : « Les vers *iambes*, remarque le *Dictionnaire de l'Académie*, sont propres à exprimer les passions. » Mais il est plus rarement employé aujourd'hui à cet usage que l'adjectif dérivé *iambique*. C'est un pied rapide, ajoute Horace. Aussi a-t-on donné le nom de *trimètre* au vers iambique, parce qu'on le scande, ou compte, en réunissant deux pieds dans une seule mesure, exemple :

Vers iambique : Boa-tus il-le qui-procul-nego-tiis ;
Trimètre iambique : Beatus il-le qui procul-nego-tiis.

A son tour, l'adjectif iambique est employé lui-même par ellipse, à la manière d'un substantif.

Dans le principe, l'iambe pouvait composer à lui seul tous les pieds du vers iambe : tel est l'*iambique pur*. Mais, dans la suite il fit société avec le spondée, et partagea son domaine avec lui, sans néanmoins pousser la complaisance jusqu'à lui céder la seconde ni la quatrième place du vers : ce fut l'*iambique mêlé*. « Le brodequin et le cothurne, dit Horace, ont adopté ce mètre, *né pour l'action et propre au dialogue*. » En effet, suivant Aristote, Cicéron et Quintilien, le vers iambique était si naturel, qu'il venait se présenter de lui-même sous la plume de l'historien, ou sur les lèvres de l'orateur, et les écrivains se tenaient en garde contre lui, s'ils ne voulaient paraître affecter le rhythme poétique dans la prose. Il fut adopté au théâtre avec de grandes libertés. La tragédie introduisit dans les mesures impaires le spondée, le dactyle, l'anapeste et le tribraque : le troisième pied doit commencer par une césure ; mais on y trouve rarement l'anapeste, qu'on voit plus souvent au cinquième pied. Le second admet volontiers un tribraque. Enfin, la comédie vint converser en vers iambiques de huit pieds ; elle entremêla, sans distinction, les spondées, les dactyles, les anapestes, les tribraques et les trochées, sans conserver d'autre joug que l'obligation d'un iambe au dernier pied, comme un souvenir de son origine. Mais le vers dut à cette licence une variété, une nuance, un naturel, qui rendit avec plus de fidélité le *laisser-aller* de la conversation.

Le grand vers iambe, lyrique ou tragique, est de six pieds, et le petit de quatre ; le troisième vers d'une strophe alcaïque est même un iambique de quatre pieds et demi. Dans la composition lyrique, tantôt chaque espèce de vers iambique est employée seule, tantôt le grand vers iambique est accouplé avec le petit, qui marche de pair avec lui ; tantôt le vers hexamètre se marie avec le grand iambique, et celui-ci accompagne celui-là comme le pentamètre dans les dystiques.

Le terme *iambe*, suivant certains philologues, sort de la racine ἰός, venin, ou du verbe ἰαμβίζειν, médire. Ne serait-ce pas, au contraire, ce dernier mot qui serait dérivé du premier ? En effet, les Grecs donnaient le nom d'ἰαμβεῖα à leurs poésies satiriques, et c'est avec ce dernier sens que M. Auguste Barbier a imprimé le mot *iambes* au frontispice de son recueil. A l'imitation d'André Chénier, dont les œuvres poétiques sont terminées par des *iambes* sur la tyrannie révolutionnaire, il emploie alternativement le vers alexandrin et le vers de huit syllabes, rhythme dont l'harmonie répond à la marche d'Horace dans son ode sur les dissensions civiles de sa patrie :

Altera jam teritur bellis civilibus ætas ;
Suis et ipsa Roma viribus ruit.

Hippolyte FAUCHE.

IAMBLICUS. *Voyez* JAMBLIQUE.
IANINA. *Voyez* JANINA.
IARBAS ou **HIARBAS**, roi de Gétulie, que l'*Énéide* nous fait connaître à propos de son amour pour Didon. Irrité du refus que cette reine avait fait de l'épouser, il déclara la guerre aux Carthaginois. Mais Didon, sous le prétexte d'apaiser les mânes de Sichée, son premier époux, fit préparer un grand sacrifice, se poignarda et se jeta dans un bûcher qu'elle avait fait allumer. Virgile a supposé qu'Iarbas avait été vaincu par Énée, son rival ; mais qu'après sa victoire le héros troyen avait abandonné Didon, et que ce fut par désespoir d'amour que la reine de Carthage se donna la mort.

DUVEY (de l'Yonne).

IAROSLAF ou **IAROSLAWL**, autrefois grande principauté et aujourd'hui gouvernement dépendant de la Grande-Russie, situé entre les gouvernements du Wologda au nord, de Kostroma à l'est, de Wladimir au sud-est et au sud, de Tver à l'ouest, et de Novogorod à l'ouest, compte 1,010,000 habitants, sur une surface de 450 myriamètres carrés, divisée en dix cercles. Le sol en est généralement plat, d'une médiocre fertilité, et arrosé par le Wolga, la Mologa, la Scheksna, etc. Cette province renferme de nombreux marais et quelques lacs, notamment celui de Naro, près de Rostof, produit peu de céréales mais en revanche beaucoup de légumes, et possède d'assez importantes filatures de lin ; on y élève aussi beaucoup de bétail.

IAROSLAW, chef-lieu du gouvernement russe du même nom, à l'embouchure du Kotorosl dans le Volga, compte 36,000 habitants et un grand nombre de manufactures, et fait un commerce important. Elle est le siège d'un archevêque et du gouverneur militaire ; on y trouve quarante-quatre églises, trois couvents, et un séminaire, un lycée fondé par un Demidof et auquel est adjoint une bibliothèque considérable. Toutefois, la ville de commerce la plus importante de ce gouvernement et aussi de toute la Russie centrale est Rybinsk.

IAROSLAF ou **IAROSLAU**, chef-lieu d'une capitainerie du royaume de Gallicie (Autriche), bâtie dans une belle contrée, sur les bords de la Sân, l'un des affluents de la Vistule, compte une population de 8,000 âmes. On y trouve des blanchisseries de cire, des manufactures de draps à l'usage de l'armée, des fabriques de bougies, de toiles, de rosoglio, etc. ; il s'y fait aussi un commerce considérable favorisé par la navigation de la Sân, qui a pris de très-grands développements.

IASIKOFF (NIKOLAÏ MICHAÏLOVITCH), poète lyrique russe, naquit en 1805, à Simbirsk, et entra à l'âge de dix-sept ans dans le génie. Mais s'occupant plus de littérature que de son métier, il lisait et étudiait les œuvres des poètes Lomonosoff et Derjawine, dont il est facile de reconnaître l'influence sur la direction de son talent. Un journal, le *Sorewnowatelj*, reçut ses premiers essais poétiques. A partir de 1823, il passa plusieurs années à Dorpat, où il se lia avec Schukowski et Pouschkin. En 1831 il obtint un emploi dans l'administration ; mais le mauvais état de sa santé le contraignit à y renoncer au bout de deux ans. Il s'en revint alors à Simbirsk, dans l'espoir de s'y rétablir, et mourut, en 1846, à Moscou. Dans l'intervalle, il avait été passer cinq années à Hanau, en Italie, et sur les bords du lac de Côme. Son poème *Sur le Rhin* est le meilleur de ceux que lui inspira ce voyage à l'étranger.

Quoique la courte existence de Iasikoff n'ait été marquée par aucun incident bien important, chacun de ses poèmes se rattache à quelque événement de sa vie. L'homme et le poète sont étroitement unis chez lui. Comme forme, tout ce qu'il a écrit est un modèle ; et ses vers sont d'une ravissante harmonie. On est étonné qu'il ait pu assouplir à ce point la langue russe. Pouschkin et Dellwig s'accordent à dire que l'art de la versification a atteint les dernières limites de la perfection dans les vers de ce poète. Dans sa jeunesse, Iasikoff ne chantait que le vin et l'amour, et avait ainsi mérité le surnom d'*Anacréon russe*. Plus tard, ses souffrances physiques donnèrent à ses pensées une direction plus grave.

IASMUND, partie septentrionale de l'île de Rugen.
IASSY. *Voyez* JASSY.
IATRALEPTIQUE (de ἰατρική, médecine, et ἀλείφειν, frotter), méthode thérapeutique, qui consiste à administrer les médicaments ou à traiter les maladies par la voie de l'absorption cutanée. Ainsi, les frictions, les onctions et toute espèce d'application topique, rentrent dans cette médication, qu'il ne faut pas confondre avec la méthode endermique, dans laquelle la substance médicamenteuse est mise en contact immédiat avec le derme, dépouillé préalablement de son épiderme par l'action d'un corps vésicant. Cette dernière, d'une application malheureusement plus restreinte, jouit d'une énergie bien supérieure à l'autre. Ce n'est pas une raison, cependant, pour abandonner la

méthode iatraleptique, qui possède une efficacité incontestable, nonobstant l'obstacle qui naît de l'épiderme.
D' SAUCEROTTE.

IATRO-CHIMISTES, partisans de la chimiâtrie.

IATRO-MATHÉMATICIENS. On a donné ce nom aux membres d'une secte médicale qui prétendaient expliquer tous les phénomènes de l'économie animale, soit dans l'état de santé, soit dans l'état de maladie, par les principes de l'hydraulique et de la mécanique, et qui formulaient les lois d'après lesquelles ces phénomènes se produisent sous forme de calculs mathématiques. Cette secte, qui prit naissance en Italie, vers le milieu du dix-septième siècle, eut pour fondateur Borelli. La philosophie cartésienne, les travaux de Galilée, la découverte d'Harvey, les recherches de Sanctorius, etc., avaient mis en grande faveur les recherches de physique expérimentale, et Borelli crut qu'il pouvait faire aussi facilement l'application des principes de la mécanique à la pathologie qu'il l'avait fait précédemment aux mouvements des animaux. Bellini, son disciple, développa la partie systématique de cette doctrine; le cours du sang, le mécanisme des sécrétions furent ramenés aux lois de la statique et de l'hydraulique. La précision mathématique que cette théorie semblait introduire dans les phénomènes si obscurs de la vie séduisit beaucoup de médecins, et les doctrines mécaniques se disputèrent avec les doctrines humorales la faveur du public. Sauvages en France, Hoffmann en Allemagne, Boërhaave en Hollande, en adoptèrent quelques parties, qu'ils rattachèrent, les premiers à l'*animisme*, qu'ils professaient, d'après Stahl (*voyez* ANIMISTES), le dernier à l'*humorisme*.

En Angleterre, les grandes découvertes de Newton semblaient avoir donné une nouvelle vie aux doctrines iatro-mathématiques, dans lesquelles on faisait jouer un rôle important à l'attraction. Cheyne, Picarn, Keille, Bernoulli en Italie, renchérirent encore sur leurs prédécesseurs, en appliquant à la physiologie le calcul des logarithmes, le calcul différentiel et intégral, etc.; mais on avait depuis longtemps dépassé le but; et les praticiens, goûtant peu les subtilités des mécaniciens, finirent par ne plus donner d'attention à des recherches qui, contenues dans de justes limites, eussent pu avoir une heureuse influence sur les progrès de la science. C'est ce qu'ont compris quelques physiologistes de nos jours, et à leur tête Magendie, qui a prouvé qu'on pouvait tirer un parti très-heureux de l'application discrète des sciences physiques, surtout depuis leurs récents progrès, à la science de l'homme sain ou malade.
D' SAUCEROTTE.

IAXARTES, aujourd'hui *Sihon*, *Sir* ou *Sir-Darja*, fleuve du Turkestan, qui prend sa source sur le versant occidental de l'Asie centrale, traverse dans la direction du nord-ouest la contrée montagneuse de Ferghana, dans le khanat de Khokand, et va se jeter dans le lac d'Aral. On estime sa longueur directe à 136 myriamètres, son parcours total à 200, et son bassin à 3,900 myriamètres carrés. Les Grecs l'appelaient tantôt *Orxantes* et tantôt *Tanais*; les Massagètes, qui habitaient ses rives, lui donnaient le nom de *Sitis*; et on le regardait comme formant l'extrême ligne frontière de l'ancienne Perse au nord-est, c'est-à-dire de la Sogdiane, où Cyrus avait construit la forteresse de *Cyropolis* ou *Cyreschata*, qui est peut-être bien le Khodjand actuel; de même qu'Alexandre le Grand y construisit, plus à l'est, une autre forteresse appelée *Alexandria*, et qui est peut-être bien le Khokand actuel.

IAZYGES (en hongrois *Idszok*), nom d'une des sept races principales dont se compose la nation hongroise. A l'époque d'Hérodote, ils habitaient avec d'autres tribus de même origine la contrée appelée aujourd'hui Russie méridionale. Peu de temps après la naissance de Jésus-Christ, leur nom parvint jusqu'à Rome, où on les redoutait comme excellant à manier l'arc. A cette époque en effet ils traversèrent la Moldavie et pénétrèrent en Hongrie jusqu'à la Theiss. Lors de la grande invasion de l'occident par les Magyares, le nom des Iazyges se confondit avec celui de la nation principale. Mais au treizième siècle, quand le flot de l'invasion magyare se fut arrêté, on les retrouve aux lieux qu'ils habitaient précédemment, c'est-à-dire sur les rives de la Theiss, où de nos jours encore ils forment la population des districts de la *Iazygie*, de la grande et de la petite *Koumanie*, situés au centre de la Hongrie, au voisinage du Danube et de la Theiss, occupant ensemble une surface de 60 myriamètres carrés, et comptant une population de 200,000 âmes, d'origine complètement magyare, et répartie dans dix-sept bourgs forains, cinq villages et cinquante-cinq *poussten*. Sur ce nombre on compte 84,956 réformés, 390 luthériens, 248 grecs et le reste catholiques.

Après avoir maintes fois racheté de l'ordre Teutonique leurs districts, que lui avaient engagé les anciens rois de Hongrie, les Iazyges et les Koumans furent confirmés en 1745 dans leurs antiques privilèges par l'impératrice Marie-Thérèse. Jusqu'en 1849 ils étaient tous considérés comme gentilshommes et placés immédiatement sous les ordres du Palatin. Les trois districts qu'ils occupent sont très-plats, et produisent beaucoup de froment, car la population en est presque exclusivement agricole. Le chef-lieu des trois districts réunis est *Iaszbereny*, ville de 19,000 âmes.

IBARRA (JOACHIM), né à Saragosse, en 1726, mort le 23 novembre 1785 à Madrid, où il était imprimeur du roi, eut le mérite d'élever en Espagne la typographie à un degré de perfection dont on ne s'était pas fait d'idée jusqu'à lui. De ses presses sortirent des éditions de luxe de la *Bible*, du *Missel Mozarabique*, de l'*Histoire d'Espagne* par Mariana, de *Don Quixote*, et de la traduction espagnole de *Salluste*, qui avait pour auteur l'infant don Gabriel. Comme il n'était jamais sorti de sa patrie, il lui réellement l'inventeur de toutes les améliorations qu'il introduisit dans l'imprimerie.

IBÈRES. *Voyez* IBÉRIE.

IBÉRIDE, genre de plantes de la famille des crucifères, dont les principales espèces sont connues sous les noms vulgaires de *thlaspi* et de *corbeille d'argent*.

IBÉRIE. Les anciens avaient donné ce nom à une fertile plaine de l'isthme caucasique, presque entièrement entourée de montagnes, traversée dans toute sa longueur par le fleuve Cyrus (aujourd'hui appelé le *Kour*), produisant en abondance du blé, de l'huile et du vin, séparée au nord du pays des Sarmates par le Caucase, et bornée au couchant par la Colchide, au midi par la Grande-Arménie, et au levant par l'Albanie. Cette contrée forme aujourd'hui la Géorgie russe ou Grusie. Les habitants, les *Ibères*, se livraient surtout à la pratique de l'agriculture, et formaient quatre castes distinctes; les nobles, les prêtres, les guerriers et les agriculteurs ou esclaves. L'expédition que Pompée entreprit dans ce pays, en l'an 65 avant Jésus-Christ, le fit connaître. Il resta sous la domination des Romains depuis le règne de Trajan jusqu'à la mort de Julien, époque où il fut conquis par le roi de Perse Sapor II.

Le nom d'*Ibérie* avait également été donné par les anciens à l'Espagne, c'est-à-dire au pays arrosé par l'*Iberus* (l'Èbre) et habité par les *Ibères*, peuple primitif du sud-ouest de l'Europe, n'ayant aucun rapport avec ceux de l'Asie, et qui était divisé en une foule de petites peuplades disséminées non-seulement dans toute l'Espagne, mais encore au nord des Pyrénées, en Aquitaine, et vraisemblablement autrefois plus avant encore dans la Gaule, de même qu'aux bords de la Méditerranée jusqu'au Rhône. Dans ses *Recherches sur les habitants aborigènes de l'Espagne*, *au moyen de la langue basque* (Berlin, 1821), Guillaume de Humboldt a démontré que les Basques actuels sont les descendants de ces Ibères. Du mélange des Ibères avec quelques peuplades celtes émigrées provint la nation des *Celtibériens*, qui habitait le plateau de l'Espagne centrale.

IBIS, genre d'oiseaux de la famille des échassiers longirostres. Ils se distinguent des courlis par leur système de coloration, et aussi par leur pouce, qui, au lieu de ne s'appuyer à terre, comme chez les courlis, que par l'extrémité de la dernière phalange, y repose, au contraire, dans presque toute son étendue. Ces oiseaux vivent en petites troupes de six à dix individus. Ils sont monogames et de mœurs douces et paisibles. Leur nourriture consiste en vers, en insectes aquatiques, en petits coquillages fluviatiles, ce qui les attire dans les lieux humides et marécageux. Ils recherchent aussi les herbes tendres et quelques plantes bulbeuses.

L'*ibis rouge* (*ibis rubra*, Wagler), qui habite l'Amérique méridionale et la Guiane, est d'un beau rouge vermeil, à l'exception de l'extrémité des rémiges, qui est noire. L'*ibis vert* ou *noir* (*ibis falcinellus*, W.), que Buffon décrit sous le nom de *Courlis d'Italie*, a son plumage noir, mais avec des reflets verts et violets en dessus ; on le rencontre en Europe, dans l'Inde et aux États-Unis. L'*ibis sacré* (*ibis religiosa*, Cuvier), propre à la Nubie, à l'Égypte et au Cap, est blanc, à l'exception de l'extrémité des grandes rémiges, qui est d'un noir cendré, et de celle des rémiges moyennes qui est noire avec des reflets verts et violets.

C'est cette dernière espèce qui est la plus célèbre. Elle porte ce nom d'*ibis sacré*, parce que les Égyptiens en avaient fait un oiseau sacré. L'ibis vert recevait aussi chez eux les honneurs divins ; mais tout porte à croire qu'il occupait un rang inférieur. Ce culte, fondé, comme tant d'autres, sur l'erreur, avait pour cause la persuasion où étaient les Égyptiens que l'ibis détruisait les serpents ailés et vénimeux qui, disait-on, partaient tous les ans de l'Arabie pour pénétrer en Égypte. La fable une fois établie, le peuple vit dans l'ibis une incarnation de Thoth. Les prêtres, ardents propagateurs de toutes ces absurdités, déclarèrent que la chair de cet oiseau ne se corrompait pas. Il est vrai qu'on les embaumait après leur mort. On a retrouvé dans la nécropole de Memphis un nombre très-considérable de momies d'ibis enfermés dans des pots de forme conique, ayant de 33 à 45 centimètres de hauteur. Il reste encore d'autres monuments de la vénération dont cet oiseau fut l'objet : Isis est quelquefois représentée avec une tête d'ibis.

On a prétendu que les hommes devaient à l'ibis l'invention des lavements, parce que cet oiseau se seringue à l'aide de son bec, lorsqu'il a besoin de ce remède.

IBN. *Voyez* EAU.

IBN-BATOUTAH, célèbre voyageur arabe, parcourut de 1325 à 1354 les côtes Barbaresques, l'Égypte, la Syrie, l'Arabie, la Perse, l'Asie Mineure, Constantinople, la Russie méridionale, la Tartarie, l'Afghanistan, l'Inde, la Chine, les Maldives, Ceylan, le Zanguebar, le Soudan, Tombouctou, Grenade, etc., sans avoir d'autre mobile dans ses incessantes pérégrinations que le désir de voir et de courir le monde, que cette inquiète curiosité et cette passion pour les voyages qui sont un des traits saillants du caractère arabe. Ibn-Batoutah a porté le récit de ses voyages, mais son ouvrage n'était guère répandu jusqu'à ce jour qu'en Algérie et dans le Maroc. Une édition en a été récemment publiée à Paris par les soins de la Société Asiatique, avec une traduction française en regard. C'est un livre très-curieux, et qui jette une vive lumière sur les mœurs, les usages, les préjugés et les opinions du monde arabe au moyen âge. On y voit Ibn-Batoutah voyageant pendant près de trente années sans crédit ni fortune, parce que partout où il porte ses pas, de Tanger à la Malaisie, il rencontre sa langue, ses mœurs et sa religion et se trouve dans son pays, c'est-à-dire dans ce monde de l'islamisme, où il y a absence de nationalités, où les hommes ne connaissent d'autre lien social que le lien religieux. Sunnite dévot et sévère, mais critique indulgent quand il s'agit d'apprécier les miracles de sa secte, il va au contraire d'une impitoyable pénétration pour trouver en défaut les miracles des chyites. Chemin faisant, il nous décrit un nombre incroyable de prodiges permanents, et visite les docteurs les plus célèbres du Maroc, du Caire, de la Mecque, de Samarkand, rencontrant partout l'hospitalité la plus empressée ; hospitalité d'autant plus facile à pratiquer que dans les lointaines contrées où l'amène son humeur vagabonde elle ne risque point d'être exploitée. Aussi bien le voyageur arabe, presque toujours jurisconsulte ou médecin, exerce sa profession tout en voyageant ; et partout où il s'arrête, rien ne s'oppose à ce qu'il devienne bientôt un personnage considérable. Sous ce rapport, rien de varié et d'étonnant comme la vie d'Ibn-Batoutah, que le lecteur voit tantôt vivant dans la société des princes et des puissants, tantôt tant celle des ermites, ou bien encore recueilli dans les fondations pieuses, véritables hôtelleries gratuites, créées par les croyants dévots pour faciliter aux pèlerins pauvres le voyage à la Mecque, cette visite à la Kaaba dont la loi de Mahomet fait un devoir de conscience à tout fidèle musulman. Ibn-Batoutah exerce d'ailleurs successivement tous les métiers ; nous le voyons khadi à Delhy, ambassadeur en Chine, juge aux îles Maldives, partout fort honoré, ayant le soin aussi de se marier partout où il se fixe pour quelque temps, et la précaution de divorcer quand il se remet en route, afin de pouvoir à la plus prochaine station contracter un nouveau mariage.

IBN-KHALDOUN (VALY-EDDIN-ABOUD-ZEYD-ABD-ALRAHMAN), écrivain arabe, né à Tunis, l'an 1332 de Jésus-Christ, mort au Caire, en 1406, âgé d'environ soixante-quinze ans, étudia, auprès de son père et des hommes les plus habiles de son pays, le Coran, les traditions de Mahomet, la grammaire, la poésie et la jurisprudence, fit un voyage en Espagne, séjourna quelques années à Grenade, remplit de hautes fonctions à Tunis, à Fez et en Égypte, et laissa, entre autres ouvrages, une *Histoire des Arabes et des Berbères*, regardée par les Orientaux comme la meilleure école de politique. Deux précieux manuscrits de ce livre ont été récemment découverts à Constantinople et à Constantine. Il a été publié en arabe et en français, avec des notes, par MM. de Slane et Noël Desvergers (1841-1843).

IBRAHIM, sultan ottoman, naquit en 1617, et succéda, en 1640, à son frère Amurat IV. L'avènement de ce prince offre un trait caractéristique des mœurs orientales. Lorsque les grands dignitaires se rendirent au sérail où il vivait relégué, pour lui faire ceindre le sabre d'Osman, il refusa d'ouvrir et se barricada, croyant toucher à sa dernière heure ; on parvint enfin jusqu'à lui en brisant les portes, mais on ne put calmer sa frayeur ; et comme il redoutait un piége de son frère, il protesta longtemps contre les honneurs qu'on lui rendait, assurant qu'il préférait à la société des hommes celle des petits oiseaux qu'il avait élevés. Enfin, la sultane Validé fit apporter le cadavre d'Amurat ; aussitôt Ibrahim, changeant de langage : « Dieu soit loué, dit-il, l'empire est délivré de son bourreau ! »

D'un extérieur chétif et d'une santé chancelante, le nouveau sultan se montra rarement au peuple et à l'armée ; il ne quitta guère le harem, et abandonna le gouvernement à sa nièce et au grand, vizir. D'importants événements se passèrent cependant sous son règne. Deux expéditions successives contre les Cosaques amenèrent la reddition d'Azof, et Candie, la seule île de l'Archipel qui n'était pas encore soumise au croissant, succomba en 1645, à l'exception de la capitale, qui ne se rendit qu'en 1669.

Une intrigue du sérail avait été la cause première de cette longue guerre. Ibrahim s'était attaché à une jeune esclave qui était la nourrice de son propre fils Mahomet ; celle-ci, redoutant le courroux de la sultane, obtint la permission de quitter le sérail avec son enfant, sous le prétexte d'un pèlerinage à La Mecque. Le vaisseau qu'elle montait fut pris par des galères de Malte qui relâchèrent à la Canée. La Porte aussitôt proclama que la république de Venise avait violé la neutralité, et lui déclara la guerre. Quant aux chevaliers, ils crurent d'abord que l'héritier présomptif du trône des Osmanlis était tombé en leur pouvoir. Plus tard ils reconnurent leur erreur, et l'enfant fut élevé dans la religion chrétienne. Ce personnage entra par la suite dans les ordres monastiques, et sous le nom de *Padre Ottomano* passa dans toute l'Europe pour le fils du sultan.

Une révolte des janissaires, auxquels se joignirent le mufti et les oulémas, mit fin au règne d'Ibrahim, qui fut étranglé dix jours après sa déposition, le 10 août 1648. Son fils Mahomet, âgé seulement de sept ans, lui succéda.

IBRAHIM-PACHA, fils adoptif du vice-roi d'Égypte, Méhémet-Ali, naquit en 1789. Ce fut contre les Wahabites qu'il donna, pour la première fois, des preuves éclatantes de sa valeur et de ses talents comme général. Il défit complétement ces rebelles en 1819, puis il subjugua le Sennaar et le Darfour. En 1825 il envahit la Morée, à la tête d'une armée égyptienne, pour soumettre la Grèce à son père; mais par suite de l'accord de l'Angleterre, de la France et de la Russie, il se vit forcé, en 1828, de renoncer à ses projets.

Après la paix d'Andrinople (1829), Méhémet-Ali songea à faire de la Syrie le boulevard d'un nouvel empire égyptien-crétois. Abdallah, pacha de Saint-Jean-d'Acre, n'étant pas entré dans ses vues, Ibrahim fut chargé par son père de trancher la question avec l'épée. En conséquence, Ibrahim, à la tête de l'armée de terre, franchit, le 29 octobre 1831, les frontières égyptiennes, occupa en peu de temps la Palestine, prit d'assaut Saint-Jean d'Acre, le 25 mai 1832, s'empara ensuite rapidement de toute la Syrie, battit les Turcs le 9 juillet 1832, à Homs, puis à Beilan, et le 20 décembre, à Konieh, dans l'Asie Mineure, jusqu'à ce qu'enfin l'arrivée des Russes dans le Bosphore mit un terme à sa marche victorieuse. Cette campagne se termina par l'intervention des grandes puissances européennes; non-seulement, le 4 mai 1833, la Porte consentit à abandonner à Méhémet-Ali, mais encore elle céda le cercle d'Adana, à titre de fermage, à Ibrahim personnellement. Ibrahim commença aussitôt l'organisation des provinces nouvellement acquises, et rendit de grands services aux populations, en rétablissant parmi elles, bien qu'à la manière orientale, l'ordre et la sécurité des personnes et des propriétés; mais comme il introduisit dans l'administration, à la place de la mansuétude dont tous les actes de l'ancien gouvernement étaient empreints, un système de rigueur calqué sur celui que Méhémet-Ali avait établi en Égypte, un soulèvement éclata dès 1834, de sorte que son père dût accourir à son secours. La tranquillité fut bien rétablie en apparence ; mais il dut faire au peuple d'importantes concessions. Indépendamment des troubles incessants dont la Syrie était le théâtre, et qui avaient principalement pour cause la conscription qu'Ibrahim y avait introduite, une guerre de protocoles se continua entre Méhémet-Ali et le sultan Mahmoud II, jusqu'en 1839, moment où de part et d'autre on résolut d'en appeler de nouveau à la force des armes. La guerre se trouva déclarée de fait entre les deux puissances par le passage de l'Euphrate qu'effectua, en avril 1839, près de Bri, par conséquent sur le territoire égyptien-syrien, l'armée turque, aux ordres du séraskier Hafiz-Pacha. Ibrahim battit toujours en retraite devant l'ennemi, jusqu'au 24 juin, jour où les deux adversaires se livrèrent, près de Nisib, une bataille dans laquelle l'armée turque fut complétement anéantie.

A ce moment Ibrahim fut encore une fois arrêté dans sa marche victorieuse par la France, qui l'engagea à suspendre toutes hostilités, pour que les grandes puissances pussent arranger le différend. Les négociations diplomatiques ouvertes à cet effet n'ayant pas abouti, une flotte austro-anglaise parut dans l'été de 1840 sur les côtes de Syrie; elle bombarda et prit les ports de Beirout, de Jaffa et de Saint-Jean d'Acre, provoqua un soulèvement général parmi les populations du Liban, et chassa les Égyptiens de toutes les positions qu'ils occupaient sur la côte. Dès lors la position d'Ibrahim, qui s'était retiré sur Damas avec son armée, ne fut plus tenable en présence d'une insurrection gagnant de plus en plus du terrain autour de lui. Aussi se vit-il forcé d'abandonner ses conquêtes en Syrie et de battre en retraite sur l'Égypte en traversant le désert sur trois colonnes, au milieu de difficultés de tous genres.

On sait que la France eut un instant la velléité de prendre en main la défense de Méhémet-Ali, comme le lui commandait la politique la plus élémentaire; mais au moment décisif, au moment où la flotte française de la Méditerranée pouvait anéantir les flottes anglaise et autrichienne, le cœur manqua à nos gouvernants d'alors; et notre amiral reçut l'ordre de ramener nos vaisseaux à Toulon. Méhémet-Ali ne pouvant songer à lutter contre l'Europe tout entière, dut accepter les conditions des vainqueurs, et se résigner à se reconnaître de nouveau et de la manière la plus formelle vassal de la Porte, sous la réserve expresse toutefois de l'hérédité du grand fief d'Égypte dans sa famille.

Depuis cette époque Ibrahim, qui, par suite des conventions arrêtées entre son père et la Porte, était désigné pour lui succéder, se retira des affaires publiques, du moins en apparence, et s'occupa seulement d'encourager l'agriculture dans ses domaines. Ce ne fut que postérieurement, et lorsque le grand âge de Méhémet-Ali dut faire pressentir sa fin prochaine, qu'Ibrahim-Pacha reparut sur la scène comme héritier présomptif du pachalik. Mais déjà il ressentait les premières atteintes du mal auquel il devait succomber. Les médecins lui conseillèrent d'aller passer l'hiver de 1846 dans le midi de la France; et les soins que lui donna le célèbre docteur Lallemand, de Montpellier, réussirent assez pour lui permettre d'entreprendre au printemps suivant le voyage de Paris, à l'effet de venir saluer le roi Louis-Philippe. Le fils et héritier présomptif de Méhémet-Ali obtint dans notre capitale une réception toute princière; le gouvernement le logea à l'Élysée-Bourbon et lui fit tous les honneurs de Paris, comme s'il se fût agi d'une tête couronnée et encore de la plus huppée. Après un mois de séjour passé à Paris en liesses, en festins, en bals et en revues, Ibrahim-Pacha s'en ressortira en Égypte, où il mourut, en 1848, quelques mois avant Méhémet-Ali. Decédance fut écartée de la succession, qui passa au petit-fils favori de Méhémet-Ali, Abbas-Pacha.

IBRAIL ou **IBRAILA**. *Voyez* BRAÏLOW.

IBYCUS, poëte lyrique grec et contemporain d'Anacréon, né à Rhegium, dans l'Italie inférieure, vint vers le milieu du sixième siècle avant J.-C. à la cour, alors très-brillante, de Polycrate, tyran de Samos. Plus tard, après avoir entrepris plusieurs voyages, il retourna dans sa ville natale, où il mourut. Suivant une tradition répandue déjà dans l'antiquité, il fut attaqué et assassiné par des brigands. Les anciens mentionnent d'Ibycus sept livres de poésies épiques, en dialecte dorique-éolien, qui traitaient de sujets héroï-érotiques, et se distinguaient par le feu de l'imagination et de la passion, comme le prouvent les fragments qui en subsistent encore, et qui ont été recueillis par Schneidewin dans le *Delectus poesis Græcorum Elegiacæ*, etc. (Gœttingue, 1839), et en dernier lieu par Bergk, dans ses *Poëtæ Lyrici Græci* (Leipzig, 1843).

ICARE. *Voyez* DÉDALE.

ICARIE, terre promise à la nation des communistes, située dans la cervelle du *citoyen* Cabet, sous une latitude où les matières les plus dures, le diamant lui-même, entrent en liquéfaction, tant la chaleur s'y maintient à un degré dont le feu de l'enfer même ne saurait donner une idée! *Icara* en est la capitale. Elle est remarquable par ses rues en chemins de fer, ses trottoirs abrités, ses tunnels, ses fontaines, etc., et réalise sous le rapport de la propreté, de la commodité et de l'élégance, les rêves du plus difficile des architectes-voyers. Telle est du moins le témoignage, dans son *Histoire du Communisme*, M. Alfred Sudre, qui a eu la singulière fantaisie de voyager dans ce pays-là, et qui nous en a rapporté d'étranges nouvelles. A *Icara*, nul accident à craindre pour les piétons « du côté des voitures, des chevaux, ou des autres animaux, ni d'aucun autre côté quelconque »; car l'entrée de la ville est interdite aux coursiers fringants; les conducteurs de diligences et d'omnibus doivent aller au pas, et tout le monde enfin, bêtes et gens, prendre toujours la droite. « Les chiens, bridés et muselés, ou conduits en laisse, ne peuvent jamais ni prendre la rage, ni mordre, ni effrayer, ni surtout causer un *scandale* qui, dans les villes du vieux monde, détruit en un instant toutes les prévoyances d'une éducation de plusieurs années. » Jamais cheminée, jamais pot de fleurs ni de chambre, jamais aucun corps quelconque ne peut être, ni lancé par l'orage, ni jeté par les croisées, tant les lieux, les volontés et les mouvements de chacun sont habilement disposés, calculés et prévus! On ne voit à *Icara* ni guinguettes, ni estaminets, ni bourses, ni cafés, ni réceptacles pour de honteux et coupables plaisirs, ni corps-de-garde, ni gendarmes, ni mouchards, ni filous, ni ivrognes, ni mendiants, ni filles de joie; en revanche, on y voit partout des *indispensables*, aussi élégants, aussi engageants que propres, les uns pour les femmes, les autres pour les hommes, où la pudeur peut *entrer un moment*, sans rien craindre ni pour elle-même, ni pour la décence publique. Les regards n'y sont jamais offensés de tous *ces crayonnages*, de tous ces dessins, de toutes ces écritures, qui salissent les murs des autres villes en même temps qu'ils font baisser les yeux.

Autour d'*Icara* se groupent cent villes provinciales, dont chacune est entourée de dix villes communales, placées au centre de territoires égaux. Elles sont naturellement construites à l'instar d'Icara. Des établissements agricoles, non moins parfaits dans leur genre, ornent et fécondent les campagnes. Dans ces magnifiques demeures les Icariens vivent en communauté de biens et de travaux, de droits et de devoirs, de bénéfices et de charges. « Ils ne connaissent ni propriété, ni monnaie, ni ventes, ni achats; ils sont égaux en tout, à moins d'une *impossibilité absolue*. » Tous travaillent également pour la république ou la communauté. C'est elle qui recueille les produits de la terre et de l'industrie, et qui les partage également entre les citoyens; c'est elle qui les nourrit, les habille, les loge, les instruit et leur fournit tout ce dont ils ont besoin, d'abord le nécessaire, ensuite l'utile, et enfin l'agréable, *si cela est possible*. Pour rendre facile au gouvernement cette tâche gigantesque, des statistiques générales et particulières sont dressées chaque année, suivant lesquelles, étant constaté le droit de l'un à un pantalon, de l'autre à une livre de chandelle, d'un troisième à un ressemelage de bottes, d'un quatrième à un blanchissage de chemise, le gouvernement est tenu de s'exécuter dans le plus bref délai.

Le travail n'a rien de répugnant en *Icarie* : des machines prodigieusement multipliées y dispensent l'homme de tout effort pénible. Les règlements, discutés par l'Assemblée nationale, y ont force de loi et sont communs à tous les ateliers. Toutes les professions y sont également estimées. Chacun choisit la sienne, suivant son goût, et s'il y a concurrence pour quelques-unes, l'admission a lieu au concours. Les rémunérations en nature sont interdites, le génie étant un accident fortuit, un pur don de Dieu, qui doit être assez récompensé qu'il trouve en lui-même. Cependant, l'Icarien qui fait plus que son devoir obtient une estime particulière et des distinctions publiques.

Le mariage y est admis et respecté, grosse inconséquence dans un état où la communauté, en tout et pour tous, est un principe fondamental. Mais comme la promiscuité des sexes est une idée qui présente l'apparence de la débauche et de l'immoralité, et contre laquelle s'élève le respectable et redoutable hourra des défenseurs de la morale et de la pudeur, on la repousse quant à présent, sauf à la reprendre quand les esprits seront plus éclairés. On ne connaît là ni dots ni successions, et que la plus entière liberté est laissée au choix des jeunes gens, les convenances personnelles président seules aux unions. Il va sans dire que le célibat est flétri.

Après cet exposé de l'organisation économique et sociale de l'*Icarie*, passons à sa constitution politique. Une assemblée unique, de deux mille membres élus par le suffrage universel, et divisée en quinze comités, subdivisés eux-mêmes en un grand nombre de commissions spéciales, est investie de l'autorité législative pour tout ce qui concerne l'intérêt général. Chaque province a aussi son assemblée particulière, qui discute ses intérêts particuliers. Enfin, dans chaque commune, des assemblées primaires traitent les questions d'intérêt local, qui sont renvoyées à l'examen du peuple par l'assemblée générale. Les lois faites par celle-ci regardent aussi bien la politique que l'ameublement, le logement, la toilette et la cuisine des habitants de l'*Icarie*. Le pouvoir exécutif y est confié à un *exécutoire national*, composé de quinze ministres et d'un président de conseil. Ils sont nommés tous par le peuple, sur une triple liste de candidats que lui présente l'Assemblée nationale. Il y a aussi des *exécutoires* provinciaux et communaux. Les fonctionnaires publics sont nommés, les uns par l'Assemblée nationale, les autres par l'*exécutoire général*. Toutefois, depuis le dernier jusqu'au plus élevé, ils n'ont ni garde, ni liste civile, ni traitement. Les citoyens, qui doivent leur obéir sans résistance, ont aussi le droit de les traduire à la barre du peuple; mais l'ordre ne sera jamais troublé en *Icarie*, attendu que, par un heureux privilége de la communauté, il n'y a là ni partis politiques, ni discordes civiles, ni conspirations, ni émeutes, ni jalousies, ni haines, ni larcins, ni violences, ni meurtres.

Et pourtant dans cette communauté *icarienne* c'est en vain que le *citoyen* Cabet s'efforce d'établir une alliance indissoluble entre le communisme et une liberté politique illimitée; le despotisme et la contrainte ne tardent pas à reparaître sous la forme de la défiance la plus raffinée, la plus injurieuse, pour des êtres qu'il suppose si parfaits d'ailleurs, la proscription de la liberté de la presse! Tout ce qu'il accorde à cet égard est un journal national, des journaux provinciaux et communaux, lesquels ne contiennent que des procès-verbaux et des statistiques, toute discussion, d'une nature quelconque, leur étant interdite. La liberté de la presse proprement dite est remplacée en *Icarie* par le droit de proposition dans les assemblées populaires. Pour tous autres ouvrages imprimés, la censure! N'y a-t-il pas d'ailleurs des écrivains *nationaux*, des savants *nationaux*, des poètes, des artistes *nationaux*? Eh bien, ceux-ci ne travailleront que sur le commandement de la république, et feront des chefs-d'œuvre par ordre. Il n'y a aussi d'autre histoire que l'histoire *officielle*, écrite par des historiens *nationaux*. Un tribunal juge la mémoire des personnages historiques, et décerne, sans appel, la gloire ou l'infamie. Une langue destinée à être universelle est créée en *Icarie*. On traduit dans cette langue les ouvrages jugés utiles; les autres sont supprimés.

Pendant que le *citoyen* Cabet était en train de faire une langue, ne lui en coûtait pas beaucoup plus de faire une religion? Donc, suivant le catéchisme *icarien*, Dieu existe, mais ses attributs sont inconnus. Jésus-Christ n'est qu'un homme, mais le premier des hommes pour avoir proclamé les principes de l'égalité, de la fraternité, de la communauté. Existe-t-il un paradis pour les justes? On félicite ceux qui y croient. Comme il n'y a en *Icarie* ni tyrans, ni criminels, ni méchants, on n'y croit pas à un enfer, qui serait parfaitement inutile. Cependant, il existe des temples et des prêtres : ceux-ci sont de simples prédicateurs de morale. Ils doivent être mariés. Il y a aussi des prêtresses. Les temples sont beaux et commodes, mais dépourvus de tout emblème. On s'y réunit pour entendre des prédications de morale, et adorer en commun le mystérieux auteur des choses. Du reste, toutes les religions sont tolérées en *Icarie*. Seulement, il est de règle absolue que jusqu'à l'âge de seize à dix-sept ans les enfants n'entendent point parler de religion. La loi défend même aux parents de les entretenir de Dieu. C'est seulement quand leur raison est formée, qu'un professeur de philosophie, et non un prêtre, leur expose tous les systèmes religieux, pour qu'ils choisissent en connaissance de cause.

Telles sont les institutions sociales, politiques et religieuses de l'Icarie. Nous en avons emprunté les détails à l'ouvrage de M. Sudre ainsi qu'aux livres mêmes du citoyen Cabet. Il nous reste à dire par quelle transition la communauté de l'*Icarie* a passé du régime affreux de la *propriété* sous lequel ce pays *gémissait* depuis longtemps, au régime actuel. Après un tableau effrayant des abus de l'ancien ordre de choses en *Icarie*, des crimes de la monarchie représentative, de la corruption des mœurs parlementaires, de la garde nationale, des prêtres, des ignorantins et des jésuites, la révolution de 1789 éclate enfin en *Icarie*. On dresse des barricades dans les rues ; on se bat avec acharnement ; la reine Cloramide est détrônée, le perfide ministre Lindox et ses complices sont livrés à la justice nationale. Jean, le chef de l'opposition démocratique, le héros de l'insurrection, ancien charretier, puis prêtre, puis renégat, puis calomniateur de Jésus-Christ, est nommé dictateur. Criblé de dettes apparemment, et n'ayant pas le courage, pour réparer ses affaires, de voler le bien d'autrui à force ouverte, il imagine de le rendre commun à tout le monde : il invente et fonde le communisme. A peine investi du pouvoir, il s'entoure d'un conseil de dictature et publie adresses sur adresses, décrets sur décrets, lesquels, chose étrange, semblent être le modèle de ceux que le gouvernement provisoire de la dernière république française a lancés avec une si foudroyante rapidité. Commissaires, garde mobile, armement de tous les citoyens, destitution en masse de tous les anciens fonctionnaires, etc., rien n'est oublié. Une assemblée nationale, de deux mille membres, élus par le suffrage universel, est convoquée ; après quoi, une commission de publication est chargée de rédiger un journal officiel, qui doit être distribué gratis et qui rappelle encore nos fameux *bulletins* de 1848. Jean propose ensuite son projet de *république démocratique*, dont il veut bien ajourner l'établissement définitif à cinquante ans. Voici en quoi elle consiste : Les fortunes actuelles seront respectées ; mais pour les acquisitions futures le système de l'inégalité décroissante et de l'égalité progressive servira de transition entre l'ancien système d'inégalité illimitée et le système futur d'égalité parfaite et de communauté. Le budget pourra n'être pas réduit ; mais l'assiette et l'emploi en seront différents. Les objets de première nécessité et le travail seront affranchis de tout impôt. La richesse et le superflu seront imposés progressivement. Le salaire de l'ouvrier sera réglé, et le prix des objets de première nécessité taxé. 500 millions au moins seront consacrés chaque année à fournir du travail aux ouvriers et des logements aux pauvres. Le domaine populaire sera transformé en villes, villages ou fermes, et livré aux paysans. 100 millions seront consacrés annuellement à l'éducation et à l'instruction des générations nouvelles. N'omettons pas de dire que, pour subvenir à ces largesses, les ministres et les prévaricateurs du régime déchu ont été condamnés à un milliard d'indemnité envers le peuple.... Et dire pourtant que de pareilles monstruosités ont trouvé du crédit parmi certains hommes, et que quelques centaines d'imbéciles sont allés au delà des mers tenter l'application de cette ineptie ! Il est vrai que ces essais malheureux sont venus finir en police correctionnelle. Charles Nisard.

ICARIENS. *Voyez* Icarie.

ICARIENS (Jeux). *Voyez* Balançoire.

ICHABOE, île située sur la côte occidentale d'Afrique, célèbre par le guano dont ses rochers étaient recouverts ; mais depuis 1851 ce dépôt paraît épuisé.

ICHNEUMON, genre d'insectes appartenant à la famille des Pupivores et à l'ordre des hyménoptères térébrants (Latreille). Les ichneumons ont un tégument externe lisse, brillant, diversement coloré, mais assez souvent d'un noir éclatant, parsemé de taches jaunes et blanches ; leur forme étroite est allongée à l'extrême ; leur tête, arrondie et plus large que leur corselet, est munie de trois stemmates, et porte de longues antennes soyeuses, articulées, dirigées en avant, quelquefois roulées sur elles-mêmes, et presque constamment en vibration. L'abdomen, de longueur variable, mais toujours pédiculé est armé, chez les femelles d'une tarrière à trois filets ; leurs pattes, allongées et épineuses, sont très-robustes ; leurs ailes sont inégales. En général, on peut définir ainsi l'ichneumon : hyménoptère à abdomen pétiolé, arrondi inférieurement, à lèvre inférieure courte, à antennes soyeuses, non brisées, de vingt à trente articles, à ailes supérieures simples, non doublées.

Les entomologistes portent à trois cents environ le nombre des espèces distinctes que renferme le genre *ichneumon*, espèces différenciées entre elles par des diversités de formes et de mœurs assez remarquables. Nous ne parlerons ici que d'une seule espèce. La larve des ichneumons est une larve apode, incapable par conséquent de quitter d'elle-même le lieu où sa mère l'a déposée à l'état d'œuf ou de germe, incapable de se déplacer dans l'espace pour pourvoir elle-même à sa subsistance : de là résulte pour l'insecte parfait la nécessité de déposer ses œufs dans un lieu d'élection, où la larve, à peine éclose, puisse trouver une nourriture suffisante : ce lieu d'élection est constamment le corps d'un insecte vivant, dans l'un de ses quatre états d'œuf, de larve, de nymphe ou d'insecte parfait. Il est à remarquer que la même espèce d'ichneumon choisit en général, pour y déposer sa progéniture, la même espèce d'insectes, et toujours elle la choisit dans la même phase de son développement : nous prendrons pour exemple l'ichneumon qui dépose ses œufs dans la chenille du chou. Aussitôt que l'ichneumon femelle est devenue mère, elle cherche avec un instinct vraiment merveilleux la malheureuse chenille qui doit servir à la subsistance de sa progéniture ; dès qu'elle l'entrevue, elle darde sur elle du haut des airs comme un oiseau de proie ; elle se cramponne à ses poils, et vingt, trente, cinquante fois, elle lui perfore la peau avec son aiguillon tridenté, puis elle l'abandonne, et la chenille, remise de cette chaude alerte, reprend ses paisibles habitudes, et voit ses nombreuses blessures se cicatriser peu à peu. Mais à chaque piqûre, l'ichneumon a déposé dans le tissu sous-cutané de la chenille un germe qui bientôt doit éclore ; en effet de ce germe naît un petit ver blanc, apode, qui s'approprie et dévore la matière graisseuse que la chenille avait amassée dans son tissu adipeux, pour fournir aux nécessités de sa vie de chrysalide. Il est à remarquer que cette effrayante dévastation la larve n'attaque jamais les organes essentiels de la vie avant qu'elle soit elle-même parvenue au terme de son entier développement. Parasite intelligent, elle laisse l'existence à l'instrument qu'elle exploite, jusqu'à ce que cette existence lui devienne inutile : alors, et alors seulement, elle la brise. Lorsque les larves ont atteint leur entier développement, ce qui a lieu pour toutes à la même époque, elles perforent à leur tour le tégument de la chenille, qui meurt dans des angoisses ineffables, au milieu de ces insectes qu'elle a nourris aux dépens de sa substance la plus intime, et auxquels elle semble donner naissance. A peine sortis, tous ces vers, sans s'éloigner les uns des autres, sans s'écarter non plus du cadavre de la chenille, se mettent à filer en commun une espèce de cocon ; ils jettent vers la filière qu'ils portent à leur lèvre inférieure quelques fils soyeux, et bientôt il résulte de leur travail combiné une masse floconneuse dans laquelle chaque vers se construit plus tard une petite coque particulière. Renfermée en sa coque, et abritée contre l'intempérie de l'air, la larve subit tranquillement ses diverses métamorphoses, et au printemps prochain il sort de chaque coque une petite mouche aux pattes jaunes ou rouges. Ces mouches s'accouplent, et quelques jours après on voit les femelles fécondées rechercher, comme l'avait fait leur mère, la chenille du chou, dans laquelle elles doivent, elles aussi, déposer leur progéniture.

Aux détails dans lesquels nous venons d'entrer, nous ajouterons seulement que dans un grand nombre d'espèces le germe déposé subit toutes ses métamorphoses dans le corps même de l'insecte qui lui a servi de pépinière, et qu'il n'en sort qu'à l'état d'insecte parfait ; que le nombre d'œufs déposés par la femelle dans chaque chenille est assez généralement en rapport avec les dimensions relatives que la larve doit atteindre avant d'abandonner son asile vivant.

Les anciens naturalistes ont donné le nom d'*ichneumon* a une petit mammifère : c'est la *mangouste d'Égypte* des naturalistes modernes. BELFIELD-LEFÈVRE.

ICHNOGRAPHIE (de ἴχνος, trace, et γράφω, je décris). Ce mot, qui signifie au propre la trace que forme sur un plan la base d'un corps qui y est appuyé, sert à désigner, en perspective, la section d'un objet quelconque faite à sa base par un plan horizontal. En architecture et en termes de fortification, ce mot conserve un sens analogue : il est alors synonyme de *plan géométral*.

ICHOR (du grec ἰχώρ, humeur), sérosité âcre, pus séreux, fétide et corrosif, qui découle des ulcères. C'est aussi le nom que donne Homère au sang qui coule dans les veines des dieux.

ICHTHYOCOLLE (du grec ἰχθύς, poisson, et κόλλα, colle). *Voyez* COLLE DE POISSON.

ICHTYOGÉNIE (de ἰχθύς, poisson, et γεννάω, j'engendre), nom donné quelquefois à la *pisciculture*.

ICHTHYOLOGIE (de ἰχθύς, poisson, et λόγος, discours), partie de la zoologie qui traite des poissons. Cette branche de l'histoire naturelle ne remonte pas au delà d'Aristote, dont les descriptions imparfaites sont cependant les seules qui servirent de base à l'ichthyologie jusqu'au seizième siècle de notre ère : car on ne peut compter dans l'histoire de cette science les compilateurs qui, à l'exemple de Pline, d'Élien, etc., parlèrent des poissons sans en donner une description méthodique, sans fixer leurs caractères, mais simplement sous le rapport de leurs mœurs et de leurs usages. Bélon, le premier, essaya, au seizième siècle, une classification ichthyologique, assez remarquable pour le temps où elle parut. A peu de distance de là, Rondelet imprimait une vive impulsion à l'ichthyologie par des observations neuves, appuyées sur une saine critique. L'italien Salviani marchait dans la même voie vers la même époque, et avec un succès non moins grand. Conrad Gesner, de Zurich, auquel la botanique dut de si beaux travaux, enrichissait aussi l'ichthyologie de ses recherches. Nonobstant ses erreurs, Aldrovande contribua cependant pour sa part à populariser cette science. Mais malgré tous ces travaux, la véritable méthode ichthyologique n'était pas fondée. C'est à J. Ray, inspiré lui-même par Willughby, qu'était réservé cet honneur; c'est à Artedi, leur successeur, et dont Linné adopta la classification dans la première édition du *Systema Naturæ*, qu'appartient la gloire d'avoir fondé définitivement l'ichthyologie sur des bases stables et tout à fait scientifiques. Aussi quelques-unes de ses idées et sa nomenclature ont-elles survécu aux progrès de la science. Antoine Gouan modifia avec succès le système de Linné. Mais le plus beau monument élevé à l'ichthyologie dans le dix-huitième siècle, c'est sans contredit le grand ouvrage de Bloch, commencé en 1785. Ce naturaliste décrivit et figura plus de 600 espèces, et constitua un assez grand nombre de genres nouveaux. En ce qui concerne la classification, c'est celle de Linné qu'il adopte. C'est aussi une méthode artificielle que choisit Lacépède, dont l'ouvrage contribua beaucoup à répandre, au commencement de ce siècle, le goût des recherches ichthyologiques. Mais de tous les ouvrages publiés jusqu'à présent sur cette partie de la zoologie, nul ne peut être comparé sous le rapport de l'importance, de l'étendue et des choses neuves qu'il renferme, à la magnifique *Histoire des Poissons*, commencée par Georges Cuvier, et achevée par M. Valenciennes; ouvrage dans lequel on trouve la description de 6,000 espèces environ. Dr SAUCEROTTE.

ICHTHYOMANCIE (du grec ἰχθύς, poisson, et μαντεία, divination), art de prédire l'avenir par les entrailles des poissons. On les examinait comme celles des autres victimes. On croyait aussi trouver des présages dans la nature, la forme, le mouvement, la nourriture, des poissons de certaines fontaines consacrées à quelque divinité. Athénée en cite une de la Lycie, dédiée à Apollon. On y offrait aux poissons, qui y venaient de la mer, les prémices des victimes, avec des broches de bois, et un prêtre assis les observait attentivement. Le même auteur mentionne aussi la fontaine Phellus. Pline rapporte qu'à Myra, en Lycie, on jouait de la flûte à trois reprises pour faire approcher ceux de la fontaine d'Appollon, lesquels, ne manquant pas de venir, tantôt dévoraient la viande qu'on leur jetait, ce qui était d'un heureux augure, tantôt la repoussaient avec leur queue, ce qui était d'un présage funeste.

ICHTHYOPHAGE (du mot grec ἰχθύς, poisson, et φαγεῖν, manger). C'est une qualification qu'on a donnée à toutes les peuplades voisines des bords de la mer ou des lacs, et qui se nourrissent principalement de poisson, soit frais, soit corrompu. Le nombre d'ichthyophages est très-grand, principalement en Amérique et vers les Terres Polaires. Les anciens donnaient ce nom d'*ichthyophages* a deux peuples différents; l'un habitant la *Gédrosie* (aujourd'hui le *Beloudjistan*), sur les bords du golfe Persique, l'autre en Éthiopie, sur les bords de la mer rouge. La nourriture des ichthyophages, étant peu alimentaire, ne convient qu'à des hommes mous et dépourvus d'énergie : elle entraîne plusieurs maladies, telles que la lèpre, la gale, les dartres, etc. Du reste, on a remarqué que les ichthyophages vivaient longuement, et c'est une conséquence de la légèreté de cette alimentation, qui durcit moins les organes qu'une nourriture animale plus substantielle.

ICHTHYOSAURE (de ἰχθύς, poisson, et σαῦρος, lézard), nom donné par Georges Cuvier à un genre de reptiles fossiles qui offrent des caractères intermédiaires entre les vertébrés de cette classe et les poissons, où plutôt encore avec les cétacés. Les restes de ces animaux antédiluviens se trouvent partiellement dans les couches des terrains secondaires que l'on désigne sous le nom de *calcaire jurassique*, en Angleterre, en Allemagne, en France. Les échantillons recueillis dans un grand nombre de localités ont fourni le moyen de reconstruire en entier le squelette de l'animal, et d'y distinguer plusieurs espèces, notamment : l'*ichthyosaurus communis*, l'*ichthyosaurus termirotris*, l'*ichthyosaurus luncvillensis*, trouvé dans notre muschelkalk, etc. Rien de plus monstrueusement bizarre que la structure de cet animal. C'était un reptile de 6 à 7 mètres de longueur, portant à l'extrémité d'une tête de lézard une mâchoire de dauphin avec des dents de crocodile, et une colonne vertébrale de poisson, avec des nageoires de cétacé disposées évidemment pour la vie aquatique, quoiqu'on ne puisse dire si l'ichthyosaure vivait dans les eaux douces ou dans la mer. Dr SAUCEROTTE.

ICILIUS, nom d'une famille plébéienne de Rome, à laquelle appartenaient plusieurs défenseurs de la cause populaire contre les patriciens, notamment SPURIUS ICILIUS, tribun l'an 470 avant J.-C., lequel punit par une loi sévère quiconque troublerait un tribun tandis qu'il serait occupé avec le peuple; et LUCIUS ICILIUS, tribun en l'an 456, qui fit décider que le mont Aventin serait attribué au peuple et accorder aux tribuns la faculté de convoquer le sénat. Fiancé avec la célèbre Virginie, L. Icilius fut l'un de ceux qui contribuèrent le plus au renversement du pouvoir des décemvirs.

ICILIUS (QUINTUS). *Voyez* GUISCHART.

ICOGLANS, ou mieux *itch oglans*, c'est-à-dire *pages de la chambre*. C'est le nom que portent les jeunes gens chargés du service personnel auprès du sultan. On les nomme encore *itch agasin*. Ce sont pour la plupart des Asiatiques de condition inférieure. Ils vivent renfermés dans le sérail, comme tous les autres officiers attachés au palais du sultan.

ICOLMKILL, petite île du groupe des Hébrides, appelée aussi *Iona* par les écrivains du moyen âge, et séparée par un étroit canal de l'île de Mull, s'appelait originairement *hy* ou *i*, c'est-à-dire *île*. Elle reçut le nom d'Icolmkill d'après le moine irlandais Colomban, qui s'y établit au sixième siècle. C'est pourquoi on l'appela alors *I Columb-Kill*, c'est-à-dire *l'île*, *cellule de Columban*. On montre encore les ruines du couvent fondé par Colomban. Dans l'église, construite plus tard, vraisemblablement vers la fin du onzième siècle, se trouvent les tombeaux de quarante-huit rois d'Écosse, de quatre rois d'Irlande, et de huit rois de Norwège. Au moyen âge il y avait dans cette île une école célèbre, fréquentée par la première noblesse d'Écosse.

ICONIUM, capitale de la Lycaonie, en Asie Mineure, déjà célèbre dans l'antiquité, mais plus célèbre encore au moyen âge, du onzième au treizième siècle, comme siège d'un sultanat des Seljoucides. De nos jours, c'est une ville assez importante qu'on appelle *Koniéh*, et où l'on conserve plusieurs monuments intéressants d'art et d'architecture des temps anciens. Il s'y tint, en l'an 235 de notre ère, un concile qui s'occupa surtout de la validité du baptême des hérétiques. Dans ces derniers temps, cette ville a pris de nouveau place dans l'histoire par la bataille livrée sous ses murs, le 20 décembre 1832, et dans laquelle *Ibrahim-Pacha* battit complétement l'armée turque.

ICONOCLASTES, c'est-à-dire *briseurs d'images* (du grec εἰκών, image, et κλάω, je brise). On donna ce nom, au huitième siècle, à une secte d'hérétiques qui, se déclarant contre le culte des images, non-seulement les exilèrent de leurs temples, mais, se portant aux plus horribles profanations pour les détruire, troublèrent par leurs violences la paix de l'Église. Ils trouvèrent d'abord un puissant appui dans l'empereur Léon III, surnommé *l'Isaurien*, qu'excitait en secret Constantin, évêque schismatique. Les khalifes les favorisèrent ensuite, et bientôt Constantin Copronyme et Léon, fils et petit-fils de Léon *l'Isaurien*, contribuèrent à la propagation de cette nouvelle doctrine, que le premier de ces princes fit adopter par un concile tenu, en 726, à Constantinople, auquel assistèrent plus de trois cents évêques. Quand toutes les voies de persuasion furent épuisées, quand les efforts réunis du pape Grégoire II, de saint Germain, patriarche de Constantinople, de saint Jean de Damas, et de plusieurs autres saints personnages, eurent échoué contre les prétentions de ces fanatiques, le second concile de Nicée (septième œcuménique) les condamna, en 787, sous l'empire d'Irène et de son fils Constantin Porphyrogénète. Le concile de Constantinople, tenu sous le règne de Théodore, en 842, confirma cette condamnation. Plus tard, sous les empereurs grecs Léon l'Arménien, Michel le Bègue et Théophile, le pouvoir civil s'étant de nouveau déclaré leur protecteur, ils ne se virent pas porter envers les catholiques à des cruautés qui dégénérèrent en guerre civile. Ce ne fut que peu à peu qu'ils disparurent, pour renaître ensuite dans les vaudois, les albigeois, les hussites, les wicléfites, les calvinistes et les luthériens, dont quelques-uns renouvelèrent les excès des anciens iconoclastes, et qui tous adoptèrent, en partie du moins, leurs principes. Il est essentiel de remarquer, cependant, que les luthériens conservent dans leurs temples les peintures historiques et même l'image du Christ.

Depuis le moment où s'éleva contre les pratiques religieuses des fidèles une accusation d'idolâtrie, le culte rendu aux saints, la vénération dont en entoure les images qui rappellent quelque trait de leur vie et les objets qui leur ont appartenu ont été si souvent défendus contre les attaques renouvelées des hérétiques, qu'il semble aujourd'hui superflu de revenir sur une question résolue dès longtemps. Il ne s'agit en effet, pour détruire les arguments des iconoclastes anciens et modernes, que d'établir une distinction bien simple et bien naturelle, à la portée de toutes les intelligences : il faut définir bien positivement ce qu'on doit entendre par *adorer*. Or, catholiques et dissidents convenant que l'adoration consiste à reconnaître le souverain domaine d'un être sur tout ce qui existe, les objections contre le culte des images s'évanouissent par là même. Car, si l'on examine avant tout le culte rendu à Dieu, et celui qui a les saints

pour objet, on verra que, persuadés de la présence réelle de Jésus-Christ, homme-Dieu, dans l'eucharistie, les catholiques *l'adorent* dans le pain consacré, et lui demandent directement les grâces qu'ils désirent en obtenir, tandis que, convaincus, d'un autre côté, du pouvoir des saints auprès de Dieu, ils les *invoquent*, mais seulement comme des intermédiaires dont le Tout-Puissant accueille favorablement la médiation. Cette différence ressort évidemment de la formule même d'invocation mise par l'Église dans la bouche de ses enfants quand ils récitent les litanies. On y lit en effet : *Ayez pitié de nous*, quand on s'adresse à l'une des trois personnes de la sainte Trinité, et *Priez pour nous*, quand c'est la sainte Vierge ou un saint qu'on invoque. Cela posé, il devient incontestable que les catholiques sont bien éloignés de rendre à la figure un hommage qu'ils refusent à la réalité, et que jamais ils n'ont adoré ni les images ni les reliques : ils les conservent, ils les vénèrent, parce qu'elles se rapportent à celui qu'elles représentent, ou auquel elles ont appartenues, un hommage respectueux : là se borne tout leur culte.

Il est encore, dans les usages de l'Église, une expression dont on a singulièrement abusé : c'est celle d'*adoration de la croix* ; mais, tout en reconnaissant que *vénérer la croix* est plus convenable et plus orthodoxe qu'*adorer la croix*, disons cependant que nos hommages adressés à la figure du Sauveur sur la croix, ou à une parcelle du bois sur lequel il fut attaché, ne sont point uniquement destinés à l'image ou à la relique vénérée ; qu'ils s'adressent au Dieu dont le supplice nous est ainsi rappelé ; que nous ne demandons jamais rien à la croix, mais que c'est *par la croix*, et en invoquant un souvenir tout-puissant sur le cœur de celui qui s'est dévoué pour nous, que nous espérons obtenir l'effet de nos prières.   L'abbé J. DUPLESSY.

ICONOGRAPHIE ou ICONOLOGIE, c'est-à-dire science des images ou des portraits. On appelait ainsi autrefois, comme l'indique l'étymologie même de ces deux mots, la démonstration, la description et l'histoire des images de personnages célèbres de l'antiquité représentés par des statues, des bustes, des médailles, des pierres gravées, peintures, etc. Michel-Ange et Fulvius Ursinus furent, au seizième siècle, les restaurateurs de cette science, que perfectionnèrent d'abord Giovanni-Angelo Canini, dans son *Iconografia* (Rome, 1699), mais surtout E.-A. Visconti. Dans ces derniers temps on a avec toute raison étendu la signification du mot *iconographie* à la connaissance des figures idéales, dieux, saints ou choses abstraites.

ICONOLÂTRIE (du grec εἰκών, image, et λατρεία, adoration). L'*iconolâtrie* est l'adoration des images, statues, ou tableaux, poussé jusqu'à l'adoration, comme chez les païens. Les païens étaient des *iconolâtres*, adorateurs d'images. Ce terme injurieux fut plus tard adressé par les iconoclastes aux chrétiens. Il n'est plus employé aujourd'hui que pour reprocher à l'égard des catholiques. Certes, l'Église et les catholiques instruits n'ont jamais adoré des images ; mais les gens peu éclairés, comme on en trouve en Italie, en Espagne, et même dans quelques-unes de nos provinces de France, comprennent-ils bien la différence qui existe entre le culte suprême, absolu, le *culte de latrie*, qui n'est dû qu'à Dieu, et les marques de respect, de piété, adressées aux symboles qui le représentent, aux images, statues et tableaux de la Vierge et des saints, avec l'intention de rapporter ces hommages du cœur aux objets qu'ils représentent?

ICONOMAQUE (du grec εἰκών, image, et μάχεσται, combattre, qui combat le culte des images), mot synonyme d'*iconoclaste*, qui a été à peu près exclusivement appliqué, comme surnom, à Léon l'Isaurien, quand il eut fait publier son édit pour ordonner la destruction de toutes les images et de toutes les figures de saints peintes ou sculptées.

ICOSAÈDRE (de εἴκοσι, vingt, et ἕδρα, siège, base).

polyèdre terminé par vingt faces régulières ou irrégulières. L'icosaèdre régulier a pour faces vingt triangles équilatéraux.

ICOSANDRIE (de εἴκοσι, vingt, et ἀνήρ, homme), douzième classe du système de Linné (*voyez* BOTANIQUE).

ICOSIUM. *Voyez* ALGER.

ICTÈRE, ICTÉRICIE. Ces noms désignent une teinte jaune, qui se répand sur la peau à la suite de diverses affections : ils tirent leur origine, selon les étymologistes, d'une belette, ayant les yeux jaunes, appelée ἰκτίς en grec, ou du loriot, ἴκτερος, oiseau dont le plumage offre en grande partie la même couleur. Le vulgaire, ainsi que plusieurs médecins, nomme cette coloration anormale *jaunisse*, dénomination plausible, tandis que l'autre est d'autant plus ridicule qu'on l'applique aussi à des colorations verdâtres ou noires. La jaunisse est populairement considérée comme une maladie : c'est à tort ; elle n'est que l'effet d'un état morbide. Le point de l'organisme d'où provient un tel changement dans le coloris naturel de la peau est le foie, viscère qui exerce sur l'hématose, ainsi que sur la digestion des actions importantes, et si essentiel qu'on le trouve dans les premiers degrés de l'animalité.

Pour indiquer toutes les causes de la jaunisse, il faudrait mentionner toutes celles qui troublent les fonctions complexes du foie. Nous ne pouvons que les rappeler sommairement. Les unes agissent mécaniquement et directement sur l'hypochondre droit : telles sont les chutes et les blessures. D'autres dépravent la vitalité du foie par une relation plus ou moins proche, comme la surexcitation du centre épigastrique et de la plupart des viscères abdominaux. Il en est qui agissent par l'entremise du cerveau : telles sont les plaies de tête, les travaux intellectuels, profonds et assidus, les émotions morales très-vives, etc. Les températures chaudes et humides, comme celles de certains climats et des saisons intermédiaires, exercent aussi sur le foie une influence dont la jaunisse est l'expression. Des concrétions pierreuses qui se forment dans le réservoir et les conduits biliaires peuvent encore produire et entretenir la jaunisse. C'est principalement dans l'âge où l'homme est soumis à l'action des causes physiques et morales indiquées ci-dessus qu'on voit la peau se teindre en jaune. Ce changement est commun aussi dans les premiers jours qui suivent la naissance, parce qu'alors l'enfant faisant lui-même son sang, le rôle du foie éprouve un changement notable. Ordinairement, la teinte apparaît d'abord sur le blanc des yeux, vers les angles internes de ces organes, et se prononce ensuite sur toute cette surface. On a, dit-on, recueilli quelques faits indiquant que les personnes affectées de la jaunisse voient les objets coloriés en jaune. L'imprégnation des tissus de l'œil paraît même devoir produire cet effet ; mais d'autres faits contraires ont été publiés : de sorte qu'il convient de se retrancher dans le doute à ce sujet. Après les yeux, ce sont les tempes, les pourtours du nez et de la bouche, qui se colorent. Finalement toute la peau prend une couleur jaune, assez souvent verdâtre ; elle devient sèche, roide et quelquefois prurigineuse. Tandis que ces changements extérieurs s'opèrent, les urines prennent la couleur du safran, rougissent, s'épaississent, se troublent et déposent considérablement. Les matières excrétées par les selles se décolorent. Enfin, divers troubles généraux éclatent en même temps. La teinte disparaît comme elle apparaît : elle a commencé par la région du corps, c'est par là qu'elle s'efface d'abord.

Les causes de la jaunisse étant celles de l'hépatite, les moyens propres à y remédier sont à peu près ceux qu'il conviennent pour traiter cette maladie, qui dans la plupart des cas ne doit pas être considérée comme alarmante. Dr CHARBONNIER.

IDA, haute montagne, qui de la Phrygie s'étend à travers la Mysie, et par conséquent aussi à travers la contrée qu'on appelle la *Troade*. C'est au pied de cette montagne qu'était bâtie la ville de T r o i e ; et, en s'inclinant doucement vers la mer, elle forme une vaste plaine qui servit de théâtre aux exploits du siège de Troie et à un grand nombre de mythes grecs. Sa partie méridionale s'appelait le *Gargarus*, dont le pic le plus élevé, le *Kotyllus*, offrait un temple de Cybèle, surnommée à cause de cela la mère Idéenne (*Idæa mater*). C'est là que Pâris décida la dispute survenue entre Vénus, Junon et Minerve, en adjugeant à la première de ces déesses la pomme d'or, objet du débat, et aussi qu'eut lieu l'enlèvement de G a n y m è d e.

Il existait dans l'île de Crète un autre mont Ida ; on l'appelle aujourd'hui le *Psiloriti*. Cette montagne la traverse de l'ouest à l'est. D'abondantes sources jaillissent de ses flancs et fertilisent ce sol rocheux. Parmi les plantes qui y réussissent plus particulièrement, il faut mentionner la *tragacanthe*, dont le retire la gomme adragante, objet important d'exportation. Non-seulement la légende racontait que Jupiter avait été élevé dans les gorges de cette montagne, mais on y plaçait encore les *dactyles idéens*, ainsi nommés parce qu'ils habitaient le point extrême de la montagne, et qui apparaissent dans la fable grecque comme d'antiques démons primitifs, toujours en rapports avec Cybèle, mais sur le rôle desquels la tradition ne fournit rien de bien positif. Ils vinrent, dit-on, de Phrygie se fixer sur cette montagne, inventèrent l'usage du feu et l'art de fondre les métaux ; circonstance qui prouve que l'art d'exploiter les mines et de travailler les métaux remonte à la plus haute antiquité.

IDALIE, IDALIUM et **IDALIA**, ville antique et fameuse de l'île de Cypre (aujourd'hui Chypre), située dans l'intérieur des terres, avec des bois, *in altos Idaliæ lucos*, dit Virgile, et une montagne du même nom. Vénus, qui passait pour être née et sortie de la mer sur une nacre éblouissante, dans les parages de cette île, y avait choisi, disent les poètes, trois villes, Amathonte, Paphos et Idalie, pour y remiser ses colombes et son char. Cette dernière fut ainsi nommée par les Phéniciens, nation voisine, adorateurs de la Vénus Astarté, *Idalah*, dans leur idiome, signifiant *lieu de la déesse*, si l'on n'aime mieux cette étymologie grecque, ἰδάλιμος, humide, à cause des sources de ses bois, où la mère de Cupidon cacha le jeune Ascagne, auquel elle avait substitué son fils, sans carquois et sans ailes, sur les genoux de Didon, à Carthage. C'est dans les bois idaliens qu'Adonis fut tué par un sanglier. Idalie ne subsistait déjà plus du temps de Pline. Strabon ni Pomponius Mela n'en parlent, et au siècle d'Auguste les poètes seuls en évoquent le souvenir. Il existe néanmoins aujourd'hui dans l'intérieur de l'île de Chypre une ville du nom de Dalin : son site riant et enchanteur fait croire que c'est l'antique Idalie, qui, relevée par les modernes insulaires, n'a pu quitter ni sa douce appellation, ni son exposition, propice à la volupté et aux amours. DENNE-BARON.

IDÉAL. Dans le sens le plus étendu, ce mot est opposé à *réel*, et désigne ce qui n'est que conçu par la pensée, ce que l'on se figure dans l'esprit, en opposition à la *réalité*, qui existe en dehors et indépendamment de la pensée. Dans un sens plus restreint, on entend par *idéal* un objet réellement conçu par la pensée, qui répond complètement à une idée, à un type, à un modèle. Les notions où la pensée du modèle, du parfait, de l'achevé, ont une signification propre, ne sont pas moins variées que les acceptions mêmes du mot *idéal*. Il y a donc en général l'idéal moral et esthétique ; puis, dans les détails, l'idéal de la science, l'idéal de la sagesse, de la vertu, de l'État, de la famille, etc. Kant parle même d'un idéal théorique de la raison pure, c'est-à-dire de l'idéal d'un être qui répondrait à l'idée intellectuelle d'un absolu sans tout ce qui est contingent. On pourrait également se faire un idéal de la laideur, de la méchanceté, etc. En tant que l'on peut et que l'on doit essayer, dans le domaine de la matière, de déterminer le *réel* par rapport à l'idéal, on se sert ainsi du mot *idéal* là où une réalité semble à un haut degré répondre à une idée. Il en est ainsi notamment dans le domaine des arts : l'**Apollon du Belvédère**, les Madones de Raphael, le Jupiter de Phidias, sont l'idéal de l'art, c'est-à-dire une représentation qui répond complétement ou du moins à un haut degré d'approximation aux idées qui servent de base à ces images de divinités. Lorsque des idées ne peuvent pas être exposées de manière à frapper les sens comme dans les arts, et lorsque, ainsi qu'il arrive dans les sciences, il s'agit de les préciser par des pensées, le mot *idée* est souvent employé dans le même sens que le mot *idéal*.

Idéaliser, c'est traiter un sujet réel d'après une des règles de la perfection; c'est ainsi, par exemple, que l'artiste *idéalise* la nature. Dans le langage de la vie ordinaire, on désigne aussi quelquefois par là l'illusion qui croit trouver dans la réalité plus de perfection qu'elle n'en a véritablement. Pris sous le rapport psychologique, l'*idéal* de l'homme se règle en général sur l'élévation de sa culture intellectuelle; chacun se fait un *idéal* de ce qui lui offre, en quelque genre que ce soit, une mesure de perfection, de sorte qu'en ce sens l'*idéal* est esthétique, matériel, politique, ou bien religieux, et varie à l'infini, non-seulement suivant les individus, mais encore suivant les siècles et les peuples.

IDÉALISME, IDÉALISTES. En opposition au réalisme on désigne par le nom d'*idéalisme* le système philosophique qui ne voit pas de réalité dans les objets extérieurs, mais uniquement dans le sujet représentant, ou encore dans ce que l'on regarde comme réellement existant. Les formes diverses sous lesquelles l'idéalisme s'est produit sont complétement le résultat de la philosophie moderne depuis Descartes; dans l'antiquité, les systèmes les plus savants même étaient réalistes. On se trompe en effet quand on qualifie d'idéaliste le système de Platon, et de réaliste celui d'Aristote. Que si Platon déclare que les idées seules existent, il ne les considérait point cependant comme de simples produits d'un être représentant, mais comme quelque chose d'existant indépendamment de toute intelligence. Dans la philosophie moderne les doctrines idéalistes ont pour point de départ la question de savoir comment on se représentera l'influence du monde corporel sur l'âme, influence par suite de laquelle les choses produisent les idées, soit que cette réflexion subtile, qu'admettre les objets extérieurs n'est pas autre chose que la représentation du sujet représentant. Toutefois, les opinions diverses qui se manifestèrent sur cette première question ne conduisirent point à un idéalisme bien positif. Descartes, Malebranche et Leibnitz se contentèrent de nier l'existence d'une influence physique du corps sur les choses intellectuelles, et la remplacèrent par les systèmes de l'assistance, des causes occasionnelles et de l'*harmonie préétablie*; mais ils ne niaient point la réalité du monde physique, encore bien que Malebranche soutînt qu'il est difficile de prouver qu'il existe des choses en dehors de nous. L'empirisme même d'un Hobbes et d'un Locke avait admis que les qualités sensibles des objets ne sont pas leur véritable être, mais de simples phénomènes; et comme toute cette supposition des objets extérieurs ne repose empiriquement que sur la perception de ce qu'ils sont pour la sensation, on comprend pourquoi ce fut en Angleterre, où dominait l'empirisme, que Collier et **Berkeley** essayèrent pour la première fois de traiter d'illusion l'existence objective du monde physique et de n'attribuer de réalité qu'aux substances intellectuelles. Or, cet idéalisme de Berkeley ne considère point l'esprit humain, mais bien l'esprit divin comme le créateur des représentations d'un monde objectif apparent; ce qui ne l'empêche point de soutenir le principe de la non existence de la matière d'un monde objectif; aussi qualifia-t-on plus tard son système d'*idéalisme dogmatique*.

L'*idéalisme critique* ou *transcendantal* de **Kant** diffère de l'idéalisme dogmatique de Berkeley. Il repose sur ce principe que la matière de l'expérience est à la vérité fournie par la sensation, et qu'il lui faut présupposer les choses comme des causes premières, mais que les formes de l'expérience (l'espace, le temps et les catégories) préexistent en nous *a priori*, c'est-à-dire indépendamment de l'expérience comme condition de toute expérience possible, et que dès lors nous ne connaissons les choses que telles qu'elles paraissent, et non point telles qu'elles sont en réalité. En développant les conséquences du criticisme de Kant, quelques penseurs, **Fichte** entre autres, s'imaginèrent que la supposition de l'existence des choses serait inutile si l'on pouvait démontrer par quelle action nécessaire à moi, seulement actif et productif de tout notre cercle d'idées, en arrive à imaginer lui-même l'apparence d'un monde objectif et à mieux déterminer cette production qui lui est propre. Cet idéalisme a par conséquent pour base ce principe que le moi, le sujet qui se représente lui-même ainsi que le monde, n'est pas seulement le soutien, mais encore la création d'un monde des phénomènes donnés comme objectifs. Aussi l'a-t-on plus tard appelé *idéalisme subjectif*. Il ne comprenait que dans le moi l'identité de la pensée et de l'être du subjectif et de l'objectif. Mais plus tard la philosophie de l'identité de **Schelling** ne se fit pas scrupule de placer cette identité de la pensée et de l'être même indépendante du moi à la tête de ce système de philosophie; et comme on attribuait une productivité absolue aux notions celui des objets physiques, en vertu de la contemplation intellectuelle, on désigna cet idéalisme plus avancé sous le nom d'*idéalisme objectif*, dont l'*idéalisme absolu* dans le système philosophique de **Hegel** peut-être regardé comme la dernière émanation. Hegel répliquait : La pensée, la notion, l'idée, ou plutôt le procédé, l'imminence future de la pensée, est seule vraie et réelle. Plus toutes ces formules diverses de l'idéalisme s'éloignent des opinions généralement admises, plus il importe de faire remarquer que l'idéalisme de Fichte marque un point nécessaire de transition de la pensée spéculative, et que le réalisme de l'opinion générale est hors d'état de réfuter les objections de l'idéalisme.

IDÉE. L'*idée* est la représentation, dans notre esprit, d'un objet quelconque, ou, si l'on veut, le fait intellectuel qui répond, dans notre esprit, aux objets dont il a pris connaissance. Mais, pour mieux faire comprendre ce que nous entendons par ce mot, il faut distinguer l'*idée* des faits intellectuels qui ont avec elle le plus d'analogie. Le fait avec lequel elle semble se confondre le plus, c'est la *notion*. La *notion* se prend pour la connaissance d'un objet à quelque état qu'elle soit. On entend plus volontiers par *idée* la représentation claire et distincte d'un objet dans notre esprit. Je sais qu'on dit une *idée confuse*, *obscure*; mais dans ce cas le mot *idée* est détourné de sa véritable signification philosophique. De plus, le mot *notion* s'emploie comme synonyme de *connaissance*, et le mot *idée*, dans son acception scientifique et rigoureuse, n'en est point tout à fait synonyme, puisque nos connaissances se composent de *jugements*, et que l'idée doit être considérée comme un élément des jugements. L'idée n'est pas non plus la *perception*. On donne le nom de *perception* à la notion, au moment où elle est acquise, où elle fait pour ainsi dire acte de la notion quand elle a pris place plutôt par *idée* le fait de la notion quand elle a pris place dans l'esprit, quand elle y est domiciliée et y persiste malgré l'absence de l'objet dont elle est la représentation.

On ne peut pas non plus attribuer le nom d'*idées* à ces assemblages de notions qui constituent ce qu'on appelle des *connaissances* et que la philosophie scolastique a désignés du nom de *jugements*. Les mots *jugement*, *idée*, sont bien des termes corrélatifs, mais c'est précisément pour cette raison que l'on ne doit pas les confondre. Une connaissance proprement dite, un jugement, c'est par exemple : *la terre est ronde*. Or, dans ce jugement nous distinguons trois idées, celle de *terre*, celle de *rondeur* et celle du *rapport* que notre esprit conçoit entre la qualité de rondeur et la terre. Les idées considérées en elles-mêmes et isolément ne constitu-

18.

tituent donc point des connaissances, elles en sont seulement les éléments et comme les matériaux. On dit à ce sujet qu'il n'existe point dans notre esprit d'*idées* proprement dites, puisque nous ne pouvons penser sans former des jugements, qu'il est impossible que l'esprit procède ainsi par faits intellectuels isolés et abstraits; que par conséquent les idées ne doivent point être considérées comme un phénomène particulier et *sui generis*. Nous convenons bien que l'intelligence ne peut avoir d'idées isolées et qu'elle ne procède que par jugements. Il n'en est pas moins vrai que chaque jugement peut se décomposer, par l'analyse, en éléments distincts, et l'on ne saurait s'empêcher de donner à ces éléments un nom, celui d'*idées*. Assurément ces éléments ne sont isolés que par l'analyse, ou, si l'on veut, l'abstraction, mais aux yeux de l'abstraction ils n'en existent pas moins, ils ne doivent pas moins être distingués du jugement lui-même, de même que dans un solide nous pourrons distinguer les surfaces, les angles les lignes, quoique ces surfaces, ces angles, ces lignes n'existent pas indépendamment du solide. Cette comparaison doit servir à mieux faire comprendre la relation de l'idée au jugement, et le rôle qu'elle remplit à son égard. L'idée est certainement un phénomène abstrait, mais on ne peut nier l'existence d'une abstraction, pas plus que celle d'un phénomène complet.

L'idée est un fait si distinct et si remarquable qu'on a pu l'étudier sous ses différentes faces, ce qui a permis de distinguer différentes espèces d'idées selon les points de vues divers sous lesquels on l'a envisagée. On a d'abord considéré les idées par rapport à leurs objets, et c'est ce qui a donné lieu aux *catégories*, ou grandes classes, où l'on a fait rentrer toutes les idées de l'esprit humain. Les catégories d'Aristote son célèbres; elles ont longtemps occupé l'école, qui pour en aider le souvenir les a renfermées dans ce distique barbare si connu :

Arbor Tres Servos Ardore Refrigerat Ustos;
Ruri Cras Stabo, sed Tunicatus ero.

Arbor représente la substance, *tres* le nombre, *servos* l'idée de rapport, *ardore* la qualité, *refrigerat* l'action, *ustos* la passion, *ruri* le lieu, *cras* le temps, *stabo* la position, *tunicatus* la possession. Les modernes n'ont point été si prodigues, et ont réduit ces dix catégories à trois, savoir : la *substance*, la *qualité*, et le *rapport*. En effet, il est impossible à la pensée de concevoir autre chose que des êtres, des qualités par lesquelles ces êtres se manifestent, et des rapports entre ces êtres, et il est facile de voir que la passion, par exemple, ou la possession ne sont que des manières d'être, des états; que l'idée de nombre est une idée de rapport; que l'idée de temps et de lieu sont également des idées de rapport, si on les considère relativement aux êtres qui y sont placés, ou bien des idées de *qualité*, si on considère le temps et l'espace en eux-mêmes, c'est-à-dire comme des *attributs* de l'être nécessaire, éternel et infini. On a encore admis une autre division des idées, toujours en les considérant sous le point de vue de leurs objets. Les objets de nos idées sont de deux natures : ou bien ils tombent sous les sens, ou bien ils leur échappent et ne peuvent être atteints que par l'intelligence : de là deux sortes d'idées, les idées sensibles et les idées intellectuelles.

Si nous cessons de considérer les idées selon leurs objets ou la nature de leurs objets, et que nous les envisagions selon les différentes formes qu'elles font prendre pour ainsi dire à leurs objets en nous les représentant, nous aurons encore de nouvelles espèces d'idées. En effet, les objets de notre pensée sont loin d'exister toujours au dehors de nous comme ils existent dans notre esprit : tantôt la pensée les scinde, les analyse; tantôt elle les groupe, les réunit, pour opérer sur eux avec plus de facilité. Ainsi, il n'existe dans la nature rien de simple, c'est-à-dire rien qui ne puisse se décomposer par la pensée. Il n'existe pas d'odeur sans un corps odorant, de saveur sans un corps sapide, de pensée sans un être intelligent. Cependant, l'esprit conçoit l'odeur, la saveur, la couleur, la pensée, etc., indépendamment des êtres doués de ces qualités. Quand l'objet de notre pensée est ainsi indécomposable, l'idée qui y correspond est dite *simple*; mais si un objet quelconque peut se résoudre par la pensée en plusieurs éléments, quel qu'en soit le nombre, l'idée est dite *composée*. Ainsi l'idée d'odeur, de couleur, de son, l'idée d'une affection de plaisir ou de peine, d'un acte, d'une perception, l'idée d'être, de temps, d'espace, sont des idées simples. L'idée d'une plante, d'un insecte, l'idée d'une faculté complexe, comme l'imagination, sont des idées composées. Une des propriétés les plus remarquables des idées simples et composées, c'est que les idées simples ne peuvent se communiquer par aucun moyen à celui qui ne les aurait pas acquises par sa propre expérience. Les mots qui désignent les couleurs seraient des sons dénués de sens pour un aveugle-né. Les idées composées, au contraire, peuvent se communiquer, au moyen des signes, à ceux qui ne les auraient point acquises par eux-mêmes, pourvu toutefois qu'ils aient acquis les idées simples qui entrent comme éléments dans la formation des idées composées qu'on leur transmet.

Nous avons remarqué que la pensée a le pouvoir de séparer ce qui n'est point séparé et ne peut l'être dans la nature. Ainsi, il n'existe point de qualité sans un être, pas plus qu'il n'existe de substance sans modification, ni de rapport sans termes. Mais nous pouvons cependant nous occuper des qualités d'un être sans nous occuper de l'être qui les contient, et les étudier isolément ; nous pouvons parler des rapports qui existent entre des objets, et négliger leurs termes. Si on considère les idées sous ce nouveau point de vue, on les divise en *abstraites* et *concrètes*; *abstraites*, quand leur objet est une abstraction, *concrètes*, quand la pensée a laissé intact leur objet, et qu'il est représenté à l'esprit avec les parties qui le constituent. Toutes les idées simples sont abstraites, puisqu'il n'existe rien à l'état simple dans la nature, et qu'il peut que la pensée ait détaché cet objet d'un tout auquel il appartient. Mais toutes les idées abstraites ne sont pas simples. Ainsi, l'idée d'un *triangle* est abstraite, puisqu'il n'existe pas en dehors de notre pensée une figure composée uniquement de trois droites qui se coupent, c'est-à-dire de trois lignes qui n'aient ni largeur ni profondeur; mais l'idée de triangle n'est pas simple, puisque son objet peut lui-même être décomposé en lignes, et en rapports de ces lignes entre elles.

La plupart des idées renfermées dans les ouvrages qui ont pour but le développement d'une science sont des idées abstraites. On peut dire que ce sont des idées qui font toute la puissance de l'intelligence humaine, puisqu'elles lui permettent de considérer les divers points de vue d'un objet séparément de cet objet même, qui, s'il nous apparaissait toujours à l'état concret ne ferait qu'embarrasser l'esprit et s'opposerait à l'analyse, la mère des sciences. Mais puisque les idées abstraites deviennent ainsi des matériaux des sciences, pour que la raison puisse opérer sur elles, afin de s'élever aux vérités scientifiques, il faut que ces idées subissent pour ainsi dire un nouvel état, passent à l'état d'idées *générales*. Cette considération nous amène à distinguer cette nouvelle sorte d'idées, aussi remarquable qu'importante à étudier. En effet, nous ne nous bornons pas à abstraire, par exemple, de l'idée d'un homme l'idée de corps organisé, l'idée de sensibilité, d'activité, d'intelligence raisonnable; quand nous avons remarqué ces différents modes d'existence dans quelques individus, nous les étendons à un nombre indéfini d'individus, et nous nous élevons ainsi à l'idée *générale* d'homme, c'est-à-dire l'idée d'une classe d'êtres auxquels ces qualités sont communes. On voit donc que l'idée générale se forme au moyen des idées abstraites, puisque c'est après avoir abstrait d'un petit nombre d'individus les qualités principales qui les constituent que nous concevons ces qualités comme pouvant appartenir à des myriades d'êtres, dont nous formons par la pensée une collection innombrable, qui n'a d'autre lieu dans notre esprit que les abstractions qui leur sont communes. Aussi envisage-t-on les idées générales sous deux point de vue : 1° par rapport aux individus réunis dans notre pensée par des qualités semblables ; 2° par rapport aux qualités elles-mêmes, qui servent à les réunir : c'est ce qu'on appelle dans l'école l'*extension* et la *compréhension* : l'extension, c'est le nombre des individus que l'idée générale peut enserrer ; la compréhension, ce sont les qualités communes aux individus qui forment une classe. Ainsi, l'extension de l'idée générale d'homme, ce sont tous les êtres auxquels nous attribuons ce nom ; sa compréhension, ce sont les qualités qui constituent essentiellement l'espèce humaine, comme d'être organisé d'une certaine façon, et d'être doué d'une âme sensible, active et raisonnable.

Les idées peuvent être plus ou moins générales. Ainsi, celle d'*homme* est plus générale que celle d'*ignorants* et de *savants*, et l'est moins que celle d'*animal*. Celle-ci c'est moins que l'idée d'*être*. L'idée d'*être* est la plus vaste de toutes, celle qui contient toutes les autres : on l'appelait pour cette raison *supremum genus*. On donne le nom de *genre* aux classes qui en contiennent d'autres, et le nom d'*espèces* aux classes inférieures contenues dans ce genre. Si l'on se demande ce qui donne lieu à diviser et subdiviser ainsi les idées générales, on peut remarquer que c'est l'augmentation ou la restriction apportée au nombre des qualités qui constituent les individus des diverses classes. Ainsi, on voit que plus nous exigeons de qualités réunies, plus nous diminuons le nombre d'individus auxquels ces qualités sont communes ; de sorte que l'extension est toujours en raison inverse de la compréhension, c'est-à-dire que plus l'idée est générale, moins sont nombreuses les qualités qui servent à la former, et que plus le nombre de ces qualités augmente, plus nous voyons diminuer le nombre des individus auxquels elles conviennent.

Mais il est une qualité propre constitutive de chaque espèce, qui distingue à nos yeux cette espèce et du genre où elle est contenue, et des autres espèces qui y sont contenues avec elle. Sans ce caractère distinctif, en effet, il n'y aurait pas lieu pour nous à séparer cette classe des autres. On a appelé *différence spécifique* cette qualité, parce qu'elle différencie telle classe de toutes les autres, et qu'elle donne lieu à une espèce particulière, *specifica*. Ainsi, le corps et l'esprit sont deux espèces du genre *substance*. Qu'y a-t-il donc dans l'idée de corps qui la distingue de l'idée de substance et de l'idée d'esprit ? Il y a l'idée d'étendue. L'étendue est le caractère distinctif et, comme parle l'école, la différence spécifique de l'idée de corps. Ces qualités constitutives des espèces avaient de bonne heure attiré l'attention des philosophes : Platon les remarqua surtout, et s'éleva sur-le-champ à cette grande pensée, que c'est sur le type de ces qualités que Dieu a formé tous les individus contenus dans les espèces qui composent l'univers. Quoique cette opinion ait été assez mal accueillie, je ne vois en elle rien que de simple et de rationnel. En effet, il est certain, comme il le dit, que Dieu a dû avoir de toute éternité dans sa pensée l'idée des qualités qui constituent les espèces auxquelles il devait donner une réalité en dehors de lui-même, et que c'est sur ce modèle, sur ce type, qu'ont été formés par lui les individus de ces espèces, puisque les qualités communes aux individus d'une même espèce sont comme l'unité qui rassemble ces différents êtres dans la pensée et lui permet d'en faire une seule famille. Or, comment veut-on que Dieu n'ait pas eu le secret de cette unité, n'ait point conçu son œuvre d'une manière générale, si l'homme, avec sa faible intelligence, peut s'élever à ces généralités ? Mais Platon ne s'est point arrêté là. Non-seulement, selon lui, Dieu a de toute éternité l'idée de ces qualités essentielles, mais ces types de toutes les espèces sont par lui révélés à l'homme avant qu'il ait ouvert les yeux à la lumière, et font partie inhérente de sa pensée avant tout développement intellectuel. En un mot, ces idées, selon Platon, sont *innées*. C'est cette opinion, beaucoup moins fondée que la première, que nous allons examiner, en considérant les idées sous le point de vue de leur origine.

Pour simplifier cette question immense, sur laquelle on a écrit des volumes, et avant de discuter Aristote ou Platon, Descartes et Condillac, nous commencerons par exposer le plus brièvement possible notre propre croyance, qui aidera, nous l'espérons du moins, l'intelligence et la critique des systèmes dont nous avons à parler.

La question de l'origine des idées n'est autre que la question même des facultés de l'entendement, car il est évident que si l'entendement possède des idées, il en est redevable aux facultés en vertu desquelles il les possède. Demander quelle est l'origine de telle idée, c'est demander par quelle voie elle nous vient, c'est demander quelle est la faculté qui nous la donne. Donc, étudier les facultés de l'entendement, pour savoir s'il y en a une seule à laquelle on puisse ramener les autres, ou s'il y en a réellement plusieurs bien distinctes l'une de l'autre, c'est remonter à la source des idées, discuter sur leur origine. Si nous pouvons trouver entre toutes les idées de l'esprit humain une connexité telle que nous les jugions de la même nature ou pouvant s'engendrer les unes les autres, si en un mot nous ne découvrons qu'une seule famille d'idées, nous les rapporterons toutes à une même source. Si, au contraire, elles nous apparaissent comme partagées en classes bien distinctes, bien tranchées et irréductibles l'une à l'autre, nous serons obligés d'admettre autant de sources différentes qu'il y a d'espèces distinctes d'idées.

Or, si nous envisageons des idées sous le rapport de leurs objets, c'est-à-dire des faits qu'elles sont chargées de nous représenter, nous remarquons d'abord deux classes d'idées bien distinctes : les idées qui nous représentent les phénomènes du monde extérieur, et celles qui nous représentent les phénomènes du monde interne : ainsi, la perception de la couleur, de la forme d'un objet, n'a rien de commun avec la perception d'un acte de notre volonté ou d'un sentiment de plaisir éprouvé par l'âme. Et quoique ces deux perceptions puissent exister ensemble, et l'une à l'occasion de l'autre, cependant elles se rapportent chacune à des faits d'une nature si différente que nous ne pouvons les attribuer à la même faculté ; nous supposons donc deux pouvoirs différents, l'un d'acquérir les idées du monde extérieur, l'autre de nous donner la notion des phénomènes de l'âme. Nous sommes conduits à cette distinction par une autre voie. Ainsi, nous remarquons que les circonstances dans lesquelles nous acquérons ces deux sortes d'idées sont toutes différentes. Nous avons besoin pour acquérir les premières d'être en communication par nos organes avec leurs objets. Nous avons besoin, au contraire, d'aucune relation avec l'extériorité pour que les secondes nous soient données. Il est aussi une autre espèce d'objets pour la pensée que nous sommes forcés de distinguer, soit des faits de l'extériorité, soit des faits internes : ce sont les *rapports*. Mais nous n'avons aucune idée encore que nous ne pouvons en aucune manière faire sortir de celles que nous venons de remarquer : c'est l'idée de l'*infini*. Cette idée, que l'expérience ne peut nous donner, existe-t-elle en nous avant tout développement intellectuel, autrement dit, est-elle *innée* ? Car, puisque le fini ne peut la donner et que l'expérience ne nous révèle que le fini, qui nous la donne donc ? La raison, direz-vous. Mais la raison, en vertu de laquelle nous la possédons, nous la fait-elle acquérir comme nous acquérons les autres, en présence de leur objet ? On ne peut dire que nous nous trouvions en présence de l'infini plutôt à un moment qu'à un autre ; et quoique l'idée nous en apparaisse à l'occasion d'une chose finie, l'infini n'est pas plus sous nos regards après qu'avant la perception du fini. Assurément d'avoir ouvert les yeux à la lumière nous n'avons aucune idée, si l'on entend par ce mot la notion claire et distincte d'un objet. Mais d'un autre côté, comme l'idée d'infini n'est contenue dans aucune de celles qui nous sont données par l'expérience, qu'elle ne fait qu'apparaître à leur occasion, et que son objet n'est pas plus sous les regards de l'intelligence quand l'idée de fini se présente qu'elle ne l'était avant, il est naturel de supposer qu'elle existe dans l'âme, non comme idée distincte, mais comme notion latente, qui n'a besoin pour se réveiller et se manifester clairement que de l'apparition de son contraire. En effet, l'infini n'est autre chose que Dieu même, au sein duquel nous vivons toujours. Or, comment l'intelligence pourrait-elle exister, même à l'état de puissance, sans avoir la notion du principe d'où elle émane, de cet infini au sein duquel elle vit et elle est plongée, à quelque degré qu'elle soit de son développement?

Après cette concession au système des *idées innées*, nous aurions mauvaise grâce à accuser, comme on l'a fait, de folle les doctrines de Platon. Cependant, si nous admettons une idée innée, nous sommes loin de vouloir comme lui meubler l'intelligence avant que l'expérience lui ait fourni ses richesses. Platon soutient en effet que nous avons primitivement dans l'esprit toutes les idées générales et toutes les vérités générales sur le type desquelles Dieu a créé l'univers, et qu'il a communiquées à l'homme en lui donnant la vie. Ainsi, avant d'avoir vu un arbre, un animal, l'homme a l'idée générale d'arbre, d'animal ; et la vue d'un individu de ces espèces suffit pour lui rappeler l'idée générale qui existe déjà comme type de l'espèce dans sa pensée. Ce système était une hypothèse, à laquelle le défaut d'analyse psychologique a seul prêté longtemps de l'appui. Voici, selon nous, d'où provenait l'erreur de Platon : il ne pouvait expliquer comment l'esprit, à l'aide de quelques faits, de quelques rapports, s'élève à les généraliser, c'est-à-dire à les étendre ainsi dans l'espace et dans le temps à un nombre illimité. Ne pouvant concevoir comment du particulier il pouvait conclure au général, il supposa le général connu par une révélation antérieure, et alors il dota l'homme à sa naissance de toutes les idées ; car quelle est l'idée qui n'est point générale?

Il ne sera pas difficile, après ce qui a été dit sur l'origine des idées, de juger les différents systèmes des *idées acquises*. Le plus ancien est celui d'Aristote, dont la doctrine à ce sujet a été formulée dans cet aphorisme : *Nihil est in intellectu quod non prius fuerit in sensu*. Je demande comment les sens pourraient nous donner les idées de temps et d'espace, de nécessaire, les idées de l'âme et de ses phénomènes. Les sensualistes furent très-habiles à renverser la théorie de Platon, mais nullement à prouver que les sens étaient les seules sources de nos connaissances. La question fut longtemps renfermée dans ce faux dilemme : Si les idées ne sont point innées, elles nous sont acquises par les sens ; et si toutes les idées ne nous sont point données par les sens, elles sont innées. Locke sortit de ce dilemme en admettant une deuxième source d'idées, la réflexion, c'est-à-dire la conscience. Mais il demeure fidèle au système de l'expérience, c'est-à-dire qu'il n'admet que des idées acquises ; aussi s'est-il assez mal tiré de l'explication des vérités premières. Enfin, Laromiguière a admis quatre sources de connaissances, qu'il appelle des noms tant soit peu bizarres de *sentiment-sensation*, *sentiment des facultés de l'âme*, *sentiment-rapport*, *sentiment moral*. Je ne ferai à l'égard de ce système si connu que quelques observations. D'abord, Laromiguière confond le sentiment avec la notion, et par la place l'intelligence tout entière dans le domaine de la sensibilité ; mais je pense qu'il y a ici confusion dans les mots plutôt qu'erreur véritable. Ensuite il ne nomme pas la raison : aussi n'a-t-il pu expliquer d'une manière satisfaisante l'acquisition des idées et des vérités générales ; enfin, les idées morales n'ont pas besoin d'une origine particulière ; car l'idée de bien et de mal s'explique facilement à l'aide de cause que fournit la conscience et la raison. Mais ce que nous devons dire à la gloire de Laromiguière, c'est qu'il est le premier qui ait distingué

nettement la notion (qu'il appelle *sentiment*) de l'idée proprement dite, et qui ait montré comment l'homme arrive à transformer les premiers développements obscurs et confus de sa pensée en idées claires et distinctes au moyen de l'*attention*. C.-M. Paffe.

IDÉE FIXE. *Voyez* Fixe (Idée).
IDÉES (Association des). *Voyez* Association des Idées.
IDENTITÉ. Le *Dictionnaire de l'Académie* définit ainsi l'identité : « Ce qui fait qu'une chose est la même qu'une autre, que deux ou plusieurs choses ne sont qu'une ou sont comprises sous une même idée. » En philosophie, on appelle *identité* la conscience qu'a une personne d'elle-même, qu'elle est toujours elle, n'a point cessé d'être elle, que le *moi* n'a pas changé dans elle.

Dans le langage de la jurisprudence, on entend par *identité* la reconnaissance qui est faite en justice de l'existence d'une personne prétendue homicidée, ou d'un condamné qui est repris après s'être évadé. Les articles 444 et 518 à 520 du Code d'instruction criminelle déterminent les formes à suivre en ces cas. Les arrêts d'identité peuvent être attaqués en cassation.

En algèbre, on donne le nom d'*identité* à une égalité dont le second membre est la répétition du premier ou n'en diffère que par la manière dont il est écrit (*voyez* Équation). L'identité est donc, en quelque sorte, une *tautologie*. Cependant les identités sont souvent utiles pour opérer des transformations dans les calculs ou pour vérifier leurs résultats.

On a donné plus particulièrement le nom de *philosophie de l'identité* au système de Schelling aussi qu'à celui de Hegel, parce qu'ils ont pour base essentielle ce principe de la pensée et l'existence sont tout un ou identiques.

IDÉOLOGIE, IDÉOLOGUES. On appelle *idéologie* cette partie de la philosophie qui traite des idées, de leurs différentes espèces, de leur formation, de leur génération et de leurs rapports avec l'expression de la pensée, ou les langues. Mais ensuite on a donné une extension plus grande à ce mot, et l'on s'en est servi pour désigner la science qui s'occupe d'analyser les faits de l'esprit humain ; il est devenu alors le synonyme du mot vieilli de *métaphysique* ; et l'idéologie a été regardée comme la science opposée aux sciences physiques, qui traitent de la matière, tandis que celle-ci s'occupe des idées. Dans ce cas, on entend par *idées* les faits psychologiques, lesquels ne tombent pas sous l'observation sensible. Mais ce mot *idéologie* a vieilli lui-même, pour faire place au mot *psychologie*, plus large, et mieux fait. C'est dans ce dernier sens que l'entendait Napoléon, qui s'était déclaré l'ennemi des *idéologues*, et qui désignait sous ce nom, auquel il attachait une idée de réprobation, tous les hommes qui s'occupaient de philosophie, c'est-à-dire des idées sur lesquelles reposent les droits des individus et des nations. Il avait oublié sans doute qu'il devait à l'idéologie d'avoir succédé à la vieille monarchie ; et il ne pensait pas non plus qu'un jour elle serait plus forte que lui, et qu'elle enverrait ses légions pour le précipiter de son trône. C.-M. Paffe.

IDES, terme du calendrier romain. Les ides étaient ainsi nommées du mot *iduare*, diviser, parce qu'elles divisaient le mois en deux parties presque égales.

IDIOME (du grec ἰδίωμα, langage particulier). Ce mot en français est substantif, et signifie *langue propre* à un pays ou à une nation ; ainsi, l'on dit : « L'idiome que parlaient les Grecs était plus élégant que celui qui était en usage à Rome. » Il n'y a jamais eu de peuple un peu nombreux qui ait parlé absolument et sans mélange le même idiome : les Grecs en comptaient quatre principaux, sans y comprendre le dialecte macédonien. Du temps des Romains on parlait le latin au milieu de l'Italie, latin vers le milieu, et barbare au pied des Alpes. L'Italie moderne parle dix espèces d'italien, depuis Naples jusqu'à Venise et Turin. En France, outre la langue nationale et classique proprement dite, nous avons cinq idiomes principaux ; au nord, le flamand et l'allemand grossier qu'on parle en Lorraine et en Alsace; à l'ouest, le *bas-breton*; dans le midi, depuis Grenoble jusqu'à Bordeaux, un latin corrompu, vieux débris de la langue romane des troubadours, connu sous les noms de patois *provençal, languedocien, gascon, béarnais*; et dans les Pyrénées l'*euscara*, ou *escuara*, que nous appelons improprement *basque*.

IDIOPATHIQUE (du grec ἴδιος, propre, et πάθος, maladie). On donne ce nom aux symptômes de maladie qui procèdent immédiatement des causes du mal, par opposition aux symptômes *sympathiques*. Lorsque par suite d'un état maladif de l'estomac, des maux de tête et des étourdissements se manifestent, tandis que dans les blessures de la tête et des autres actions nuisibles sur cet organe, des congestions sanguines au cerveau se compliquent souvent avec le dégoût, le malaise et les vomissements, dans le premier cas, les symptômes de l'estomac sont *idiopathiques* et ceux du cerveau *sympathiques*, et *vice versa* dans le second cas. Dans beaucoup de cas, il est facile au médecin d'apprécier les symptômes de ce genre selon leur ordre chronologique et leurs relations originelles; dans d'autres, au contraire, il lui est difficile d'arriver à une solution satisfaisante.

IDIOSYNCRASIE (du grec ἴδιος, propre, σύν avec, et κρᾶσις, tempérament). On appelle ainsi une disposition particulière de l'organisme qui lui inspire un goût anormal ou une répugnance de même nature pour certaines choses. Cette disposition ne consiste pas seulement dans la répugnance invincible de certains hommes pour certains mets, certaines boissons, certains bruits, certains sons, etc., mais encore dans les résultats de son action, lorsqu'elle a lieu à l'insu de l'individu, et même quand la première sensation qu'elle produit est agréable; par exemple, l'urine éructation a lieu quand on a mangé des fraises. Il faut en dire autant de ces aberrations de l'appétit, qui font aimer par quelques individus comme des friandises des choses qui répugnent généralement aux autres. L'idiosyncrasie peut aussi être négative, par exemple quand les choses qui plaisent généralement à tous sont indifférentes pour quelques-uns. Les idiosyncrasies sont ou constantes ou bornées seulement à un certain espace de temps, notamment si elles se manifestent pendant une maladie ou à sa suite, ou bien lorsqu'il s'opère un changement notable dans le corps; par exemple, dans les périodes de croissance, dans la grossesse, etc. Elles sont d'une grande importance pour le médecin, parce qu'elles exigent de scrupuleuses précautions dans le diagnostic et le traitement des maladies.

IDIOT, mot dérivé de ἰδιώτης, qui signifie proprement un homme qui passe sa vie loin des agitations politiques, qui ne se mêle point du gouvernement. Il a été pris ensuite pour un homme simple, ignorant, ne sachant que sa langue naturelle, et est devenu enfin synonyme d'*imbécile* et de *stupide*, puis il a servi plus particulièrement à désigner les personnes atteintes d'*idiotie*. On appelait *idiots* autrefois les frères lais ou convers qui ne savaient pas lire.

IDIOTIE, maladie ou imperfection de l'homme, dans laquelle les facultés de l'esprit ne se sont jamais manifestées ou n'ont pu se développer que d'une manière très-imparfaite. Jusque ici on a généralement employé dans le même sens le mot *idiotisme*; mais on doit reléguer ce dernier mot à son sens primitif, et ne s'en servir que pour exprimer une locution particulière au génie d'une langue. Esquirol, Georget et autres en ont donné l'exemple. On a confondu l'*idiotie* avec la *démence*. Cependant les faits qui caractérisent l'une et l'autre de ces deux états moraux de l'homme sont très-différents et faciles à saisir. L'idiotie est une maladie qui paraît et l'individu apporte en naissant; elle se manifeste au moment où les facultés affectives, morales et intellectuelles devraient commencer à se faire connaître. Elle est toujours accompagnée d'une imperfection plus ou moins grande dans le développement du cerveau, ou d'une altération dans son organisation intime. Les idiots parfaits sont conséquem- ment incurables, et rien ne peut leur donner de l'aptitude à raisonner ou à saisir les rapports existants entre les objets qui les entourent. Aussi, autant il est facile aux personnes de l'art de reconnaître cette espèce de dérangement cérébral, autant il leur est difficile de la faire disparaître. Les fonctions de la vie végétative chez les idiots se font ordinairement bien; toutefois, il est rare qu'un idiot complet vive au-delà de vingt-cinq ans.

S'il est vrai, comme on ne peut plus en douter, que l'intégrité et la perfection du cerveau sont nécessaires pour la manifestation des facultés de l'esprit, qu'en résultera-t-il quand un enfant naîtra avec un très-petit cerveau ou bien un cerveau malade, comprimé par la présence de plus ou moins de sérosité dans son intérieur? Une incapacité à remplir toute espèce de fonction cérébrale, un manque absolu de facultés morales et intellectuelles. Et bien, c'est là l'*idiotie*. Les observations de Gall et de tant d'autres nous ont prouvé que le cerveau ne peut pas remplir ses fonctions quand le crâne, dans l'âge adulte, n'a que treize à dix-sept pouces de circonférence, mesure prise sur la partie la plus bombée de l'occiput, en passant par les tempes et par la partie la plus élevée du front. J'ai observé en 1824, dans l'hospice des aliénés de Crémone, en Italie, une femme d'environ trente ans, complétement idiote de naissance, qui n'avait que la moitié du volume de la tête d'une femme ordinaire. Un crâne de ma collection, qui appartient à un enfant mort à l'âge de dix ans dans un état d'idiotie si complet, qu'il ne savait pas même prendre les aliments qu'on lui présentait, présente le tiers du volume de celui d'un enfant ordinaire du même âge; et encore ce crâne contenait-il trois ou quatre onces de sérosité, qui comprimait le petit cerveau. Dans la collection de Gall, il y a deux crânes très-petits, l'un d'un enfant de sept ans, l'autre d'une fille de vingt, qui étaient également idiots. Villis a décrit le cerveau d'un jeune homme idiot de naissance : son volume comporte à peine la cinquième partie de celui d'un cerveau humain ordinaire. A mesure qu'il y a plus de développement dans le cerveau, l'idiotie est moins générale, et conséquemment l'incapacité de pareils individus devient moins sensible, jusqu'à ce qu'il se confonde avec cette masse de médiocrités et de demi-imbécillités dont est couverte la surface de la terre.

L'idiotie des crétins du Valais ne dépend pas généralement du défaut de développement de la masse cérébrale; elle provient, dans la plupart des cas, d'une sorte d'infiltration séreuse dans le cerveau, qui l'engourdit et rend ses fibres molles et incapables de remplir leurs fonctions. Plusieurs individus sont idiots ou presque idiots à la manière des crétins : sur eux, la crânioscopie peut se trouver en défaut, et on rencontre des hommes qui ont l'air d'être bien organisés, et qui effectivement sont des idiots véritables.

Dr FOSSATI.

IDIOTISME, mot formé d'*idiot*, quand il désigne une sorte d'aliénation mentale, que l'on nomme plutôt *idiotie* maintenant, et d'*idiome* quand il s'emploie en grammaire. Dans ce cas, il signifie une construction, une locution, contraires aux règles communes et générales, mais propres et particulières à une langue. Chaque langue a des idiotismes qui lui appartiennent, des locutions qui lui sont propres, et qu'il est impossible ou du moins fort difficile de traduire exactement dans une autre langue. Les idiotismes grecs se nomment *hellénismes*; les idiotismes latins, *latinismes*; les français, *gallicismes*; les allemands, *germanismes*; les anglais, *anglicismes*. Il y a même des idiotismes provinciaux dans une même langue; et nos ancêtres cités ailleurs les *gasconismes*. Sous le titre d'*Idioticon*, les Allemands possèdent des vocabulaires pour les constructions propres à chacune des fractions de ce peuple. Un latiniste, même médiocre, comprendra très-bien le sens de ce premier vers du second livre de l'*Énéide* :

Conticuere omnes intentique ora tenebant;

mais aucun traducteur ne parviendra à le rendre sans altération. Horace a dit quelque part, en parlant du plaisir que le vulgaire prend à entendre le récit des infortunes d'un tyran : *bibit ore vulgus*. Dire que *la foule boit ces récits de la bouche* serait mal traduire ; on ne peut y arriver que par un équivalent et toujours imparfaitement. Les *idiotismes*, en quelle langue que ce soit, sont généralement contraires au bon sens, c'est-à-dire que la signification des mots y est toujours plus ou moins faussée, comme dans ces expressions : *battre le pavé, la campagne, croquer le marmot, dormir un somme, passer une nuit blanche, tuer le temps.* Ce sont de toutes les difficultés les plus grandes que rencontrent les traducteurs ; néanmoins, malgré leurs constructions vicieuses et contraires aux plus simples règles de la logique, les idiotismes contribuent souvent beaucoup à l'originalité et même à la beauté d'une langue.

TEYSSÈDRE.

IDOCRASE (de εἶδος, forme, et κρᾶσις, mélange). Les minéralogistes donnent ce nom à plusieurs silicates alumineux isomorphes, dont la composition chimique est identique à celles des grenats ayant les mêmes bases. Ce sont des minéraux à cassure vitreuse, fusibles en verre jaunâtre, assez durs pour rayer le quartz. Leur poids spécifique est 3,2. Les couleurs des diverses espèces d'idocrase sont le brun, le rouge violet, le vert obscur, le vert jaunâtre et le bleu. On les rencontre dans les terrains de cristallisation. Quand elles sont transparentes, on les taille et on les monte en bagues. Les idocrases ainsi taillées qui se vendent à Naples sous le nom de *gemmes du Vésuve*, sont à base de chaux, et colorées en brun par de l'oxyde de fer et un peu de manganèse ; elles appartiennent à l'espèce minéralogique dite *idocrase du Vésuve*, vulgairement *vésuvienne*, que l'on trouve en abondance dans les blocs de la Somma.

IDOLÂTRIE . IDOLES (du grec εἴδωλον, image, et λατρεία, culte). Idole, dans sa signification la plus littérale et la plus étendue, signifie *image, figure, représentation* ; mais l'idée particulière que nous avons attachée à ce mot est celle d'une statue ou image représentant une divinité, l'*Idolâtrie* est le culte rendu à cette figure, et, par extension, le culte rendu à tout simulacre, à tout objet sensible, naturel ou factice, dans lequel l'imagination place quelque faux dieu. L'origine de l'idolâtrie se perd dans la nuit des temps ; nous n'oserions répéter, avec l'abbé Bergier, qu'elle n'a commencé que quelque temps après le déluge et la confusion des langues ; car nous pourrions, d'après la Bible, la faire remonter jusqu'à Caïn. Quoi qu'il en soit, les peuples qui l'adoptèrent les premiers, les Orientaux, avaient placé le siège de la puissance divine dans les astres, auxquels présidaient, d'après eux, des dieux ou des intelligences toutes-puissantes. Après avoir ainsi peuplé le ciel de divinités, les hommes furent entraînés à en peupler la terre, et tout phénomène qui les épouvantait ou qui surpassait la portée de leur esprit était à leurs yeux la preuve, le gage, de la présence d'un dieu.

Nous n'avons point à nous occuper ici des différents modes d'idolâtrie qui se sont succédé ou confondus sur la surface du globe ; le sabéisme, le fétichisme, le polythéisme, la religion des druides, le parsisme en sont les principales formes. Bornons-nous à constater que jusqu'à la venue du Christ tous les peuples de l'ancien continent ont été idolâtres, hormis les Juifs. La religion chrétienne bannissait lentement parmi nous ce culte trop souvent sanguinaire des idoles : quelques contrées de l'Orient, comme l'Inde, la Chine, le Japon, la plupart des peuplades de l'intérieur de l'Afrique, de l'Amérique, de la Polynésie, y demeurent cependant encore attachées, et, malgré les efforts tentés jusqu'à ce jour par d'honorables missionnaires, on n'en saurait prédire avec certitude l'extinction prochaine.

IDOMÉNÉE, fils de Deucalion et petit-fils de Minos, régnait sur plusieurs villes de la Crète lorsque, accompagné de son neveu Mérion, il vint, dans un âge avancé, se joindre, avec 80 vaisseaux, aux Grecs qui faisaient le siège de Troie, ce qui l'a fait ranger par les mythographes au nombre des prétendants à la main d'Hélène. Homère parle souvent avec éloge de son courage et de l'amitié qui l'unissait à Agamemnon. Il eut, à l'occasion des jeux funèbres célébrés en l'honneur de Patrocle, une violente querelle avec Ajax Oïlée. Suivant l'*Iliade*, Idoménée aurait ramené heureusement dans l'île de Crète tous ceux de ses compagnons d'armes que la guerre avait épargnés. Diodore de Sicile raconte qu'on lui éleva, ainsi qu'à Mérion, un magnifique tombeau, et qu'on leur accorda même des honneurs divins. D'après quelques auteurs romains, ajoutant trop de foi aux traditions douteuses d'Alexandrie, Idoménée, à son retour de Troie, fut forcé de quitter la Crète à la suite d'un vœu indiscret : surpris par une violente tempête et en danger de périr avec son compagnon, il fit vœu à Neptune de sacrifier le premier homme qui s'offrirait à lui en touchant la terre natale, s'il pouvait y aborder. Or, ce fut son propre fils, ou plutôt Leucus, son fils adoptif, son gendre futur, auquel il avait laissé le gouvernement de ses États, qui se présenta et fut immolé. A ce sacrifice succéda une peste affreuse, qui détermina les sujets d'Idoménée à le chasser du pays, comme auteur du fléau. Suivant une autre version, Leucus s'opposa au débarquement du roi, sous prétexte qu'il apportait l'épidémie, et le força de se rembarquer. Expulsé de ses États, il chercha un asile à Colophon, d'après les uns, dans la Calabre, où il aurait fondé Salente, selon d'autres. L'aventure d'Idoménée a fourni à Crébillon le sujet de sa première tragédie, et à Fénelon celui d'un des plus intéressants épisodes de son *Télémaque*.

IDRIA, ville de la capitainerie de Wippach, duché de Carniole, célèbre par ses riches mines de mercure, dont la découverte date de 1497, et siège d'une direction des mines, est située dans une profonde vallée, en forme d'entonnoir, qu'arrose l'*Idrizza*, et compte environ 4,500 habitants, dont près de 600 appartiennent au personnel de l'exploitation des mines. Le reste a pour industries le tissage du lin et des soies et la fabrication des eaux-de-vie de genièvre. On y trouve une école des mines, un collège allemand et un théâtre. Parmi les édifices, on distingue le château de Gewerkenegg, bâti par le corps des métiers, en 1527, alors qu'Idria appartenait à la république de Venise, et où est aujourd'hui la direction des mines. C'est là qu'est situé l'orifice de la fosse principale par laquelle on descend ordinairement dans la mine.

La mine de mercure d'Idria est, à cause de son organisation, une des plus curieuses de l'empire d'Autriche. Son produit annuel s'élève actuellement à environ 3,000 quintaux, et la fabrique de cinabre en livre annuellement de 6 à 700 quintaux à la consommation. Le plus remarquable des minéraux que l'on y trouve est l'*idrialithe* ou *idrialine* dans lequel on a découvert un nouvel hydrogène carburé.

IDSTEDT, village du Schleswig, situé à 2 myriamètres au nord de la capitale de ce duché, est devenu célèbre de nos jours par la bataille qui s'y livra, le 24 et le 25 juillet 1850, entre les troupes du gouvernement national du Schleswig-Holstein, commandées par le général Willisen, et l'armée danoise aux ordres du général Krogh.

IDUMÉE. *Voyez* IDUMÉENS.

IDUMÉENS ou **ÉDOMITES**, descendants d'Ésaü, habitaient l'*Idumée*, petite contrée montagneuse, entrecoupée de roches caverneuses, et située sur la frontière sud-est de la Palestine, d'où ils avaient expulsé les *Horites*, c'est-à-dire les habitants des cavernes. Sous Hyrcan, leur pays fut incorporé au royaume de Judée, auquel ils donnèrent plus tard dans la famille d'Hérode une dynastie de souverains. Depuis la dernière guerre de Judée, le nom de leur pays se confondit avec celui de l'Arabie.

IDUN (c'est-à-dire *qui aime le travail*,) nom d'une divinité de la mythologie du Nord, qu'on appelle quelquefois aussi, mais à tort *Idúna* ou *Idunna*. Sage fille du nain Svald, et initiée à la connaissance de l'avenir, elle fut admise au nombre des A ses et donnée pour épouse à B ragi. C'est elle qui possédait cette pomme délicieuse qui donnait aux dieux une jeunesse éternelle. Le géant Thiassi, assisté par Loki, la lui ayant enlevée, les dieux ordonnèrent à Loki de la lui rapporter; et celui-ci, se métamorphosant en faucon en même temps qu'il changeait Idûn en noix, lui rapporta ce fruit, dont la perte était pour elle un sujet de vive affliction.

IDÛNA ou IDUNNA. Voyez IDUN.

IDYLLE (du grec εἰδύλλιον, diminutif d'εἶδος, figure, représentation), petit poëme du genre pastoral, et qui diffère de l'églogue en ce qu'il n'est pas dialogué, mais en forme de description et de méditation. Théocrite est le créateur du mot, qui n'avait pas d'abord ce sens précis, puisque la moitié à peine des trente petits poëmes que contient son recueil ont pour sujet la vie des champs, le calme, l'innocence et le bonheur qu'on y trouve. On peut en dire autant de Bion, de Moschus et de Virgile, réduit, d'ailleurs, à copier des tableaux d'une nature qu'il n'avait pas vue. L'idylle ne reparut qu'à la renaissance des lettres; car on ne peut pas donner ce nom aux pastourelles provençales du moyen âge. Vauquelin de La Fresnaye fit paraître un recueil de poésies sous le nom de Foresteries et d'Idillies. Beaucoup d'autres auteurs s'exercèrent dans le genre pastoral; mais il faut arriver à Gessner pour retrouver de véritables idylles, admirables pour la pureté des sentiments, pour la moralité de la passion. Il n'a peint pourtant que des portraits de fantaisie, et ses actions imaginaires n'appartiennent ni à la campagne ni à la ville. André Chénier a peut-être mieux compris encore l'idylle antique, non pas élevée jusqu'à la hauteur héroïque ou lyrique que Théocrite lui a donnée quelquefois, mais pleine des graces naïves qui respirent dans quelques-unes de ses riantes compositions.

IÉKATÉRINBURG, KATHARINENBURG, ou CATHÉRINENBOURG, chef-lieu de district, dans le gouvernement de Perm, qui faisait autrefois partie du royaume de Kasan, mais qui, dans la division politique actuelle de la Russie, forme un gouvernement particulier, dont Perm est le chef-lieu en même temps que le siége de ses autorités supérieures. Ce territoire est considéré comme appartenant encore à l'Europe.

La ville d'Iékaterinburg, bâtie sur les bords de l'Isset et du lac du même nom, sur la lisière orientale de l'Oural central, contrée riche en mines, doit à sa position au centre du district où le minerai est le plus abondant, d'être la plus peuplée de toutes les villes de ce gouvernement, et compte aujourd'hui au delà de 20,000 habitants. C'est le siége d'un tribunal supérieur pour toutes les mines de l'Oural; on y trouve en outre une école des mines, une fabrique de monnaies de cuivre, des usines importantes pour la fabrication du fer et du fil de fer, et une fonderie de canons, ainsi que d'importants lavages d'or établis sur l'Isset, rivière aurifère, qui se rattache au système de l'Ob.

IÉKATÉRINODAR, capitale Tschernomores ou Kosaks des Tschernomoriques, c'est-à-dire habitant les bords de mer Noire, dont le territoire (504 myriamètres carrés, avec 125,000 hab.) est compris, d'après la plus récente division politique de la Russie, dans la province ciscaucasienne. C'est le siége de l'ataman et des diverses autorités militaires. La ville, dont la population est d'environ 5,000 âmes, est située dans la marécageuse vallée du Kouban, dans un site malsain et humide. Elle est protégée par une assez bonne citadelle où, indépendamment de la cathédrale, se trouve aussi un magnifique hôpital militaire, de construction récente et à l'usage de l'armée tschernomorique.

IÉKATÉRINOSLAFF, gouvernement de la Nouvelle-Russie, ou Russie méridionale, entre Charkoff et Pultawa, au nord, Cherson à l'ouest, la Tauride au sud, la mer d'Azof et le pays des Kosaks du Don (dans lequel est situé Taganrog) à l'est, compte sur une superficie d'environ 800 myriamètres carrés, une population de 800,000 âmes, non compris le gouvernement de la ville de Taganrog (56 myriamètres carrés et 80,000 habitants) et le pays des Kosaks de la mer d'Azof (4 myriamètres carrés et 60,000 habitants). Ce gouvernement est une plaine immense, du genre des steppes et riche en herbages, dont la nature ne se modifie qu'à l'ouest de Dniepr et le long de ce fleuve, où les douze cataractes connues sous le nom de Porogi tombent successivement avec fracas dans une contrée montagneuse et presque romantique, en y interrompant la navigation. En raison de sa situation méridionale, ce gouvernement produit une foule de fruits qu'on ne trouve nulle part ailleurs en Russie, tels que abricots, poires, cerises, mûres. On y cultive l'amandier, le figuier, la vigne, l'arbousier et le melon, qui y réussit en pleine terre. Un des arbres fruitiers qu'on rencontre le plus ordinairement dans les vallées, pour la plupart couvertes de beaux et riches villages, est le prunellier, dont les baies servent à préparer une espèce de vin appelée ternofka. Il y a grande disette de bois, et en beaucoup d'endroits on est réduit aux joncs, à la paille et à la bouse de vache pour tout combustible. Les plaines abondent en outardes, perdrix, coqs de bruyère, bécasses et cailles, de même qu'en loups, renards, lièvres et lapins; on trouve même sur certains points des buffles. Le pélican, oiseau si rare dans le reste de l'Europe, y abonde. Dans ces derniers temps la sériciculture et le perfectionnement de la race ovine, au moyen du croisement avec des béliers mérinos, ont été l'objet de la sollicitude toute particulière du gouvernement, qui n'a rien négligé pour accroître le bien-être des peuplades, généralement nomades et d'acquisition nouvelle, qui habitent cette province. C'est ainsi que dans ce gouvernement, autrefois à peu près impénétrable, ont été fondées plusieurs centaines de colonies de nationalités les plus diverses. On y trouve des Prussiens et des Saxons, des Persans et des Tatares, des Grands-Russes et des Kosaks, des Grecs et des Arméniens, des Magyares et des Raitzes, des Moldaves et des Valaques, des Albanais, des Bulgares et des Arnautes, vivant confondus de la manière la plus paisible.

Le chef-lieu de toutes les colonies Arméniennes est Chortiz ou Chortiskja, avec 12,000 habitants; Nachitschevan, sur le Don, avec le même chiffre de population, est le centre de toutes les colonies allemandes.

Cette contrée, qu'à partir de 1752 on commença à coloniser à l'aide de colons étrangers, reçut d'abord le nom de Nouvelle-Servie; en 1764 on lui donna celui de Nouvelle-Russie; son organisation et sa dénomination actuelles datent de 1783.

IÉKATÉRINOSLAFF, sur la rive droite du Dniepr, au-dessous des cataractes, chef-lieu du gouvernement, fut fondée en 1784, par Potemkin. Cette ville, siége d'un archevêché et des principales autorités administratives et militaires, a des rues larges, 15,000 habitants, un séminaire, un collége, une école de chirurgie, plusieurs hôpitaux, de nombreuses fabriques. On y a élevé un monument à la mémoire de l'impératrice Catherine II. Il faut encore citer, outre Pawlograd, Bachmut, Alexandrowsk et Werchne-Dnieprowsk, les deux autres villes chefs-lieux de cercle, Novomoskowsk, sur la Samara, jadis capitale des Kosaks-Zaporogues, avec 12 à 15,000 habitants; et Slawano-serbsk, sur le Donetz, centre d'un commerce et d'une navigation assez importante; enfin, le port de mer Marioupol sur le Kalmius, et au voisinage de la mer d'Azof, Taganrog, Nachitschevan et les forts d'Azof et de Rosloff, ou Saint-Dimitria.

IÉNA, dans le grand-duché de Saxe-Weimar-Eisenach, capitale de l'ancien duché de Saxe-Iéna, fondé en 1672 par Bernard, fils du duc Guillaume de Saxe-Wiemar, et qui s'éteignit dès l'an 1690, à la mort de son fils Jean-Guillaume. Après avoir passé alors à la maison de Saxe-Eisenach, il fit retour, à l'extinction de cette ligne, en 1741, à la maison de Saxe-Weimar. La ville est située dans une romantique vallée, au confluent de la Leutra et de la Saale, qu'on y traverse sur

IÉNA

un pont en pierre. Charles-Quint, qui avait vu tant de villes, frappé de la situation délicieuse d'Iéna, avouait qu'après Florence c'était la ville dont il avait conservé l'impression la plus agréable et la plus durable. Iéna, où l'on voit un château antique, compte environ 6,000 habitants; la démolition de ses remparts et de ses bastions lui a fait perdre peu à peu son air de vétusté, et une partie de ses fossés, après avoir été comblés, ont été transformés en un beau parc. Iéna est célèbre dans l'histoire par la mémorable bataille livrée sous ses murs en 1806 (*voyez* l'article ci-après) et par son université. Elle est le siège d'une cour d'appel commune au Grand-Duché et au duché de Saxe, ainsi qu'à la principauté de Reuss; on y trouve une Société de Minéralogie et une Société de la Littérature latine. La Tour du Renard (*Fuchsthurm*), qui s'élève sur le Hausberg, situé près de la ville, est un débris du vieux manoir de Kirchberg.

L'université fut fondée en 1552, par l'électeur de Saxe Jean-Frédéric le Magnanime, qui en conçut le projet dès 1547, lorsque, prisonnier de Charles-Quint, après la bataille de Mulhberg, il fut conduit à Iéna pour y avoir une entrevue avec ses trois fils. Par cette création, il voulait remplacer l'université de Wittenberg, qui lui avait été enlevée par le sort des armes ; et son but était de faire de cette nouvelle université le dépôt fidèle de la pure doctrine évangélique et le foyer des sciences et des lettres. Il assigna à son entretien les biens de trois couvents supprimés par la réformation; et l'ouverture solennelle en eut lieu le 2 février 1558, après que l'empereur Ferdinand 1er eut à cet effet donné son consentement, longtemps refusé. Les revenus de l'université s'élevaient à près de 40,000 thalers. Son époque la plus brillante fut le règne du duc Charles-Auguste (1787 à 1806), protecteur éclairé des sciences et des lettres. Parmi les professeurs qui l'ont illustrée, on cite Schelling, Hegel, Voss, Fries, Oken, Hufeland, Feuerbach, Thibaut, Eichhorn. Le nombre de ses étudiants, qui en 1815 et années suivantes s'était élevé à 800, n'est plus aujourd'hui que d'environ 500. En 1850, on y comptait 24 professeurs en titre, 10 professeurs ordinaires et 24 professeurs agrégés. Sa bibliothèque se compose de plus de 200,000 volumes. On y a adjoint un cabinet de médailles et un musée d'antiques, des cabinets de minéralogie, d'anatomie comparée, etc.

IÉNA (Bataille de). Le 3 octobre 1806, Napoléon avait dit : « Le 8 je serai devant l'ennemi, le 10 je le battrai à Saalfeld, le 14 ou le 15 je battrai toute son armée, et avant la fin du mois mes aigles entreront dans Berlin. » Le 13 au soir il répétait à Lannes, en lui donnant ses instructions : « L'armée prussienne est coupée comme celle de Mack l'était à Ulm l'année dernière; elle ne va plus manœuvrer que pour se faire jour; le corps qui se laisserait percer se déshonorerait. » Les troupes se mirent en marche dès l'aurore du 14, par le plus épais brouillard. La division Suchet attaqua le bois de Closwitz, défendu par Tauenzien, et à dix heures elle en avait délogé les Prussiens. Soult manœuvrait sur la droite. La cavalerie prussienne essaya vainement d'arrêter sa marche; elle fut repoussée dans les défilés de Rodchen, et toute l'infanterie d'Holtzendorf se replia en désordre sur les hauteurs de Stobra. Ney entendait le canon, mais, resserré entre les chemins étroits, il ne pouvait amener ses masses : il prit donc avec lui un corps d'élite de 4,000 grenadiers et voltigeurs, passa entre Reille et Suchet, et se porta sur le village de Vierzehn-Heiligen. Augereau gravit, à la tête de la division Desjardins, les vignes escarpées de Flohberg ; et tout le corps d'Hohenlohe se trouva bientôt déposté des hauteurs et refoulé dans la plaine par les têtes de colonne des quatre corps français qui l'avaient attaqué.

Le prince s'attendait si peu à livrer bataille, qu'il signait l'ordre de ne pas fatiguer les troupes au moment où ses avant-gardes étaient culbutées. La brigade saxonne de Cerrini était déjà détruite. Mais il avait réussi à rallier ses principales forces à Vierzehn-Heiligen, et les décharges de son artillerie avaient accueilli le corps d'élite. La cavalerie de Colbert fondit sur cette artillerie et lui enleva treize pièces; mais elle fut presque aussitôt ramenée par les escadrons prussiens. Ney protégea son retour avec les carrés de son infanterie; et le corps de Lannes, accourant à son aide, emporta le village à la baïonnette. Ce fut là le centre des efforts des deux armées. Saxons et Prussiens y firent des prodiges de valeur ; mais Lannes déborda leur extrême gauche, tandis que Ney pénétrait, avec son avant-garde, entre le village disputé et celui d'Isserstædt. Napoléon rejoint alors par Augereau et la division Desjardins, la dirige sur ce dernier village, et le fait soutenir par la brigade Wedel de la division Suchet. La division Heudelet repousse en même temps un corps saxon au débouché de la Schnecke, et Murat arrive avec ses masses de cavalerie. Le corps d'Holtzendorf, défait dans les environs de Stobra, livre l'aile gauche d'Hohenlohe aux attaques de Soult; Heudelet avance à grands pas sur son aile droite, et cet effort simultané de toute la ligne française porte ses têtes de colonne au centre des villages que l'ennemi lui a disputés. Tout se disperse devant elles; des régiments entiers sont foudroyés et détruits. Hohenlohe rallie un moment ses débris, et veut faire un changement de front. La brigade saxonne de Dyhern, qui forme son point d'appui, est assaillie par les troupes de Wedel et de Desjardins. Son artillerie est prise, ses quatre régiments sont mis en déroute. D'autres corps ennemis, ralliés entre les villages de Gross et Klein-Rompstadt, sont culbutés, malgré les efforts que fait leur cavalerie pour les soutenir.

Ruchel arrive enfin au secours de Hohenlohe, à la tête de vingt-six bataillons et de vingt escadrons ; il rallie quelques brigades fugitives, et porte ses colonnes sur Frankendorf avec une grande résolution; mais il est trop tard : les divisions françaises n'ont plus d'autres ennemis à vaincre. Soult attaque son flanc gauche, et le fait prendre en écharpe ; Wedel l'aborde de front, Desjardins se jette sur son flanc droit. La cavalerie de Murat est seule arrêtée un moment; mais celle des Prussiens, chargée à bout portant par la division Saint-Hilaire, est refoulée à son tour sur l'infanterie. Il s'ensuit une mêlée à la baïonnette; et au bout d'une heure tout le corps de Ruchel est poussé en désordre au delà de Cappellendorf, sur la chaussée de Weimar, où les débris de Hohenlohe ne tardent pas à le suivre, sous la protection d'un carré qui exécute sa retraite en bon ordre. La division saxonne de Niezemenchel, cependant, est restée sur le champ de bataille, entre Isserstædt et le ravin de Schwabhäuser. Les ordres de Hohenlohe ne lui sont point parvenus; elle ne s'aperçoit de son isolement qu'en se voyant cernée et attaquée de tous côtés par les divisions françaises. Sa résistance est longue et glorieuse; mais, après un combat terrible, où elle est ralliée plusieurs fois par Zechewitz, et toujours rompue par de nouvelles attaques, elle ne peut sauver quelques fuyards qu'en se jetant pêle-mêle dans le défilé de Denstædt. Toute cette armée est enfin refoulée sur Weimar, et des 55,000 hommes de Hohenlohe, des 15,000 que Ruchel a amenés à son secours, il en reste à peine 20,000 qu'on puisse mettre en ligne.

Cette victoire, quelque brillante qu'elle fût, l'était moins cependant que ne le croyait Napoléon; car il était convaincu d'avoir lutté contre la principale armée prussienne. Ce fut seulement pendant la nuit qu'il connut son erreur, et la victoire, plus étonnante encore, de Davoust. L'empereur lui avait écrit le 13 qu'il tenait l'armée prussienne réunie à Iéna et Weimar ; il lui ordonnait de marcher sur Apolda, et de tomber sur les derrières de l'ennemi, en combinant ses manœuvres avec celles de Bernadotte, arrivé à Dornburg. Mais celui-ci interpréta mal cet ordre, et ne prit part à aucune des deux batailles. Davoust crut donc n'avoir affaire qu'à un gros détachement de l'armée prussienne, tandis que ses principales forces marchaient sur lui sous la conduite du roi et de Brunswick. Arrivée dans les environs d'Apolda, le 13 au matin, cette armée s'arrêta au bruit du canon d'Iéna : c'était l'attaque du plateau de Landgrafenberg par Lannes. Mais les courriers de Hohenlohe n'y avaient vu qu'un engagement sans importance, et le roi de Prusse avait porté le soir son quartier général à Auerstædt. Davoust, qui de son côté avait fait occuper le défilé de Koësen, passe la Saale à six heures du matin le 14, avec ses trois divisions. Les deux armées marchent l'une sur l'autre à travers le brouillard épais qui couvre la contrée, croyant ne pousser qu'une reconnaissance, quand la brigade Gauthier heurte tout à coup des masses dont elle ne peut juger la force. C'est une avant-garde de vingt-cinq escadrons, d'un bataillon de grenadiers et d'une batterie d'artillerie légère, conduite par Blücher, et qui a déjà dépassé le village de Hassen-Hausen. Averti par le colonel Burke, qui a le premier reconnu l'ennemi, le 25° forme ses carrés à droite du village, tandis que le 85° les forme à gauche, et que l'artillerie de la brigade se place sur la chaussée. Blücher, repoussé dans une première charge, perd ses canons, et se replie sur le corps de Schmettau, que Brunswick vient de mettre en ligne. La brigade Petit joint en même temps la brigade Gauthier, et toute la division Gudin se trouve ainsi engagée sur ce point. Blücher reparaît à la chute du brouillard, déterminé à se venger d'un premier échec. Mais reçu à bout portant, avec une froide intrépidité, par les carrés de la division française, foudroyé dans plusieurs attaques infructueuses, il s'enfuit dans le plus grand désordre vers Spilberg, et est poussé à son tour par la cavalerie de Vialannes à 4 kilomètres du champ de bataille.

Cependant, les masses prussiennes entraient en ligne; et Warstenleben, retardé par le passage de l'Ems, débouchait à huit heures du matin du village de Garnstædt sur le flanc droit de Gudin. La division Friant court à la rencontre de ces nouvelles troupes; Davoust fait enlever une de leurs batteries par le 108°, et réussit à déborder leur aile gauche.

Mais, de l'autre côté de Hassen-Hausen, le 85° à seul soutenu le choc des deux brigades prussiennes, et Brunswick, ayant reconnu sur ce point la faiblesse de son ennemi, forme le projet de l'accabler, de se placer entre la Saale et la chaussée, et de couper ainsi à Davoust la retraite sur Koësen. L'infanterie du prince d'Orange vient renforcer le corps de Schmettau, que foudroient les batteries de Gudin; et l'aile droite de ce corps, l'infanterie de Warstenleben, les réserves de Kunheim et d'Arnim, et la cavalerie de Blücher, se jettent en masse sur le village de Hassen-Hausen, où Petit s'est établi à la tête de sa brigade. Davoust lui ordonne de s'y maintenir avec le 21°, et d'envoyer le 12° au secours du 85°. Ces deux derniers se postent sur les escarpements des chemins creux qui sillonnent cette côte, et opposent longtemps une résistance héroïque. Mais, accablés par le nombre, ils sont contraints de se replier dans l'intérieur et en arrière du village, où ils se font une position inexpugnable. Brunswick, indigné de cette résistance opiniâtre de trois régiments, ordonnait un assaut général, quand une balle vient le frapper d'un coup mortel; une autre renverse Schmettau, et Warstenleben a son cheval tué sous lui. Au reste, ces accidents ne jettent qu'une hésitation momentanée dans les colonnes prussiennes; elles se raniment à la voix de Frédéric-Guillaume et de Blücher : la division Gudin va être forcée dans ses positions, quand Davoust fait avancer la division Morand, sa dernière réserve. La cavalerie du prince Guillaume de Prusse veut en vain lui barrer le passage. Les carrés de Morand font un feu terrible sur les escadrons prussiens, et Davoust, qui se trouve partout, les fait mitrailler par son artillerie. Le prince Guillaume est mis, à son tour, hors de combat, et sa cavalerie s'enfuit en désordre à travers les champs d'Auerstædt.

Pendant cette glorieuse résistance des divisions Gudin et Morand, la division Friant continue à tourner la gauche de la ligne prussienne, et culbute dans le vallon de Rehausen la brigade du prince Henri. C'est là que viennent bientôt se rallier toutes les masses que Davoust a enfin repoussées de Hassen-Hausen; mais les colonnes de Morand les y poursuivent l'épée dans les reins. Le roi de Prusse accourt en personne, à la tête d'une forte réserve. Par bonheur, Morand a imprimé à ses soldats un élan irrésistible. Il chasse les Prussiens du plateau de Sonnendorf, et, prenant en flanc la colonne du roi, porte la mort et le désordre dans ses rangs. La division Gudin chasse en même temps les débris de Schmettau et de Warstenleben. La division Friant, arrêtée un moment par les troupes du prince d'Orange, qui a couru soutenir le prince Henri, s'ouvre enfin un passage à travers leurs bataillons enfoncés. Cependant, les Prussiens comptent encore quelques ressources, et Davoust a engagé toutes ses troupes. Kalkreuth, qui est resté en réserve avec deux divisions à la hauteur de Juba, s'approche pour sauver le corps d'armée. Blücher, ayant en même temps rallié sa cavalerie, demande à reprendre l'offensive. Pendant qu'on délibère, les divisions françaises attaquent, débordent, écrasent ce nouveau corps prussien, le refoulent sur Gernstædt et lui enlèvent encore cette belle position. Blücher, étourdi du coup, ne peut même trouver un refuge au village d'Auerstædt, qu'incendient les boulets français. A cinq heures du soir, les Prussiens, écrasés de toutes parts, abandonnent le champ de bataille, jonché de 10,000 morts, laissant en nos mains un nombre incalculable de blessés et de prisonniers, 60 drapeaux, 300 pièces de canon et 30 généraux. Brunswick et deux autres meurent de leurs blessures, et Berlin reçoit la loi du vainqueur. VIENNET, de l'Académie Française.

IÉNIKALÉ, ville de la Crimée, sur le détroit de Kertch ou détroit de Iénikalé, qui joint la mer Noire à la mer d'Azof, par 45°23' de latitude septentrionale et 34°6' de longitude orientale. Les Turcs bâtirent cette ville en 1703, pour défendre l'entrée de la mer Noire aux Russes; mais ceux-ci la prirent en 1771. Au mois de mai 1855, les troupes anglaises, françaises et turques s'étant emparées de Kertch, les Russes évacuèrent Iénikalé en faisant sauter leurs magasins et leurs batteries et incendiant leurs vaisseaux à vapeur.

IÉNISÉI ou **IÉNISSEI**, le plus long des fleuves gigantesques de la Sibérie tributaires de la mer Glaciale du Nord, traverse la province de Iéniseisk, et provient de la réunion du grand et du petit Kun, dont l'un prend sa source dans la contrée où se rejoignent les monts Sayân et Baïkal, et l'autre dans l'Ektagh, l'une des ramifications de l'Altaï. Le Iénisei traverse, en formant de nombreuses cataractes, la chaîne des Sayaets, atteint la région des plaines au-dessous de Krasnojarsk, et reçoit les eaux d'un grand nombre d'affluents, notamment, à sa droite : le Tungouska supérieur ou Angara, qui provient du lac Baïkal, le Tungouska moyen et le Tungouska inférieur. Son parcours, y compris ses nombreux détours, est de 490 myriamètres; et son bassin embrasse une surface d'environ 35,000 myriamètres carrés, dans laquelle se trouve aussi comprise le gigantesque bassin du lac de Baïkal. La ville la plus méridionale, bâtie sur le Iénisei, et par 51° de latit. septentrionale, est *Minousinsk*; la plus septentrionale, bâtie à son embouchure par 72° de latitude septentrionale, est *Kantaïsk*. Entre ces deux points extrêmes on ne rencontre que trois villes, *Krasnojarsk*, *Iéniseisk* et *Tourouchansk*, quelques chétifs villages de relais et de misérables huttes; de sorte que ceux qui, pour la chasse, la pêche et la récolte des os et des dents de mammouth, longent ses rivages, sont souvent obligés de voyager toute une journée avant de trouver un asile hospitalier.

IÉNISEISK, un des deux grands gouvernements qui composent la Sibérie orientale, se subdivise en cinq arrondissements : *Krasnojarsk*, *Iéniseisk*, *Atschinsk*, *Kansk* et *Minousinsk*. Sur son immense superficie, qui égale celle de l'Allemagne, de la France et de l'Angleterre réunies, on ne compte guerre que 230,000 habitants, consistant principalement, au nord, en Samoyèdes, et au midi en Tongouses. Ce pays n'est pour la plus grande partie qu'une vaste plaine déserte, s'étendant jusqu'à la Léna, dont le sol, qui participe de la nature de celui des steppes, est rebelle à toute culture en raison du grand nombre de marais qu'on y rencontre et du froid glacial qui règne en tout temps. C'est seulement dans sa partie la plus méridionale, sur les frontières de la Chine, qu'on y peut cultiver des légumes et quelques arbres fruitiers; le gros concombre de la Chine notamment y réussit très bien et y est d'un goût délicieux. La pêche, dans les grands fleuves le *Taz*, le *Iéniséi*, le *Katanga* et l'*Anabara*, ainsi que dans beaucoup de lacs, par exemple le *Pjasino*, et la chasse, sont les principales occupations des habitants. Le commerce des pelleteries y constitue l'industrie la plus importante. Les centres commerciaux sont *Krasnojarsk*, *Iéniseisk*, et *Tourouchansk*: Iéniseisk surtout est pendant quelques semaines, à cause de la grande foire qui s'y tient au mois d'août, le rendez-vous de presque tous les habitants de la grande contrée des steppes.

La ville principale de ce pays est *Krasnojarsk*, sur le Iéniséi, avec 8,000 habitants; les autres en comptent à peine 1,000 à 2,000. C'est à l'extrémité nord de ce gouvernement, dans la presqu'île des Samoyèdes, que se trouve le cap le plus septentrional du continent asiatique, appelé cap Nord-Est ou cap *Sjewerowostoknoi*, par 78° latitude nord.

IERMAK TIMOTEJEW, turbulent chef de Kosaks, fut, pour cause de sédition, obligé de fuir avec beaucoup de ses adhérents, devant le czar Iwan Wasiljewitsch; et Ssemen Stroganoff le décida ensuite à entreprendre une expédition en Sibérie. Après plusieurs campagnes faites avec ses Kosacks contre les Tatares, alors maîtres de cette contrée, il réussit, en 1581, à battre dans trois rencontres successives leur khan, Koutschjoum, et le 26 octobre, à la suite d'un assaut livré au camp établi par ces hordes sur l'Irtisch, il s'empara de Ssibir, capitale de la Sibérie, fait d'armes qui soumit ce pays à la Russie. Il entreprit plus tard encore, pour l'agrandissement de sa conquête, d'autres expéditions, dans l'une desquelles il trouva la mort, en 1584. On lui a érigé un monument à Tobolsk.

IERMOLOF (ALEXIS-PETROWITSCH), général et diplomate russe, né vers 1778, descend d'une des plus nobles familles de la Russie. Entré de bonne heure au service, il prit part aux campagnes de 1805 et 1807, comme aussi à celles de 1812 et 1813, et commandait en avril 1815 le deuxième corps de l'armée russe qui, sous les ordres de Barclay de Tolly, vint de la Pologne sur le Rhin. En 1817 il fut nommé gouverneur général des provinces transcaucasiennes et général en chef de l'armée du Caucase, puis envoyé en ambassade extraordinaire à la cour de Perse avec une suite qui réunissait la fleur de la noblesse russe. Cette mission avait pour but de combattre l'influence anglaise et de la détruire s'il était possible : elle réussit complètement. De retour dans son gouvernement, le général Iermolof s'appliqua à y encourager les entreprises du commerce russe, à y fonder des colonies allemandes, et à y favoriser l'introduction de la civilisation européenne. En 1826, avec une armée, dont depuis 1820 il avait porté l'effectif jusqu'à 100,000 hommes, il repoussa les attaques des Persans, qui, sous Abbas Mirza, avaient rompu la paix; châtia, après plusieurs années de combats, les montagnards maraudeurs des Tshetschenz, et mit en fuite le traître Amoulad-Beg; ce qui ne l'empêcha pas, en 1827, d'encourir, au milieu de ses succès, la disgrâce de l'empereur; et le général Paskéwitsch le remplaça au commandement en chef de l'armée contre les Persans. Depuis cette époque, Iermolof vit retiré à Moscou, consacrant ses loisirs à la culture des lettres. Quoique parvenu à un âge déjà avancé, il jouit d'une verte vieillesse, et ne se gêne pas pour exprimer très-crûment son opinion sur les hommes et les choses, habitude de franchise qui lui a fait un grand nombre d'ennemis. Après la mort de l'empereur Nicolas, son successeur avait appelé le général Iermolof au commandement de la milice de Moscou; mais il ne le conserva pas longtemps. Il s'est aussi fait connaître dans un cercle assez restreint comme écrivain; et on y connaît de lui, entre autres, la relation de son voyage en Perse, celle de la campagne de 1812 et quelques livres sur l'art militaire; mais aucun n'est pas moins connu à cet ouvrages. Un des traits particuliers du caractère du général Iermolof, c'est qu'il relie lui-même ses ouvrages avec autant d'art que pourraient le faire les Simier, les Kœller, etc. Sa mine imposante, sa familiarité avec le soldat, son talent supérieur pour l'exécution en grand des plans stratégiques, ont conservé sa mémoire dans le Caucase; il y passe encore pour le plus habile gouverneur général que ce pays ait eu jusqu'à présent.

IF, genre de la tribu des taxinées, famille des conifères de Jussieu, de la diœcie monadelphie de Linné. Ce genre renferme de nombreuses espèces, pour la plupart originaires de la Chine et du Japon : l'une d'elles, l'*if commun* (*taxus baccata*, L.), aujourd'hui très-répandu dans toute l'Europe septentrionale, est la seule qui doive nous occuper ici.

L'if commun est un arbre dont la tige, cylindrique et droite, atteint une hauteur de 12 mètres environ : cette tige se partage latéralement en branches extrêmement nombreuses, presque verticillées, dont les ramifications dernières sont couronnées de feuilles éparses, sombres de couleur, linéaires, très-courtement pétiolées, dirigées des côtés de la branche, et qui tendent à s'étaler dans le même sens; les fleurs sont axillaires, sessiles et dioïques; la fleur mâle forme un petit chaton globuleux, porté sur un pédoncule creux et chargé d'écailles imbriquées; la fleur femelle est appliquée sur un petit disque orbiculaire et peu saillant, qui se développe plus tard pour former au fruit une enveloppe parenchymateuse; à cette fleur fécondée succède une baie grosse comme une merise, dont la partie charnue et d'un rouge écarlate est d'une saveur douceâtre, tandis que le véritable fruit, renfermé dans cette cupule parenchymateuse, est une petite noix ovoïde, d'une saveur amère et térébinthacée. Le bois de l'if est d'un rouge brun, plus ou moins veiné : c'est le plus compact et le plus pesant de tous les bois d'Europe, le buis seul excepté.

L'if croît lentement, et acquiert parfois des dimensions énormes; on cite des troncs qui comptent 5,7,16 mètres de circonférence; sa longévité n'est pas moins extraordinaire que ses dimensions, car sur des troncs de 1^m,10 de circonférence on a compté jusqu'à cent cinquante couches annuelles; on en a compté deux cent quatre-vingts sur un tronc de 1^m 60; ce qui assignerait à quelques ifs connus deux à trois mille ans d'existence.

La tradition a attribué à l'if les propriétés les plus malfaisantes : ses feuilles tuent les chevaux qui les mangent, mais épargnent les herbivores ruminants (Théophraste); leur suc servait aux Gaulois pour empoisonner leurs flèches (Strabon), etCativolque, roi des Éburons, en but pour se donner la mort (César, *de Bello Gallico*, liv. VI). Les émanations de cet arbre en fleurs sont fatales aux abeilles (Virgile, *Géorg.*, liv. IV; Lucrèce, Plutarque), et ses fruits donnent des diarrhées colliquatives mortelles (Dioscoride). Pline, exagérant encore les dires de ses prédécesseurs, fait de l'if le symbole des plantes vénéneuses, et prétend que le mot grec τοξικον (poison) descend en ligne directe du nom latin de l'if, *taxus*. Quelques auteurs modernes ont adopté ces assertions des anciens naturalistes : Matthioli, J. Baulin, Scott et Ray, ont plus longuement insisté sur les dangereuses propriétés de cet arbre; et toute la Normandie répète encore la légende de ces deux curés qui moururent subitement pour avoir couché une nuit dans une chambre lambrissée en bois d'if.

Des expériences ont démontré que ces assertions traditionnelles, quoiqu'un peu exagérées, n'étaient pas complètement dépourvues de fondement : l'extrait aqueux et la poudre des feuilles et de l'écorce de l'if, administrés à des doses assez faibles, ont déterminé des vertiges, des vomissements, etc., et même la mort dans quelques cas; il paraît constant aussi que dans quelques circonstances, encore

mal déterminées, l'arbre lui-même émet des exhalaisons narcotiques, qui occasionnent tous les phénomènes de l'ivresse et de la léthargie. Toutefois, le fruit de l'if paraît être assez inerte, et son péricarpe charnu ne devient laxatif que lorsque l'on en mange des quantités considérables. Il ne faut pas perdre de vue, néanmoins, que toutes les expériences sur lesquelles ces assertions se fondent ont été faites avec l'if qui croit dans la France septentrionale; et il se pourrait fort bien que toutes ces propriétés augmentassent singulièrement d'intensité sous l'influence d'un climat plus doux et d'un sol moins rebelle.
BELFIED-LEFÈVRE.

IFFLAND (AUGUSTE-GUILLAUME), célèbre dans l'histoire du théâtre allemand comme acteur, comme poète dramatique et comme dramaturge, naquit le 19 avril 1759, à Hanovre, et fut d'abord destiné à l'étude de la théologie. Son aversion pour cette science et un goût inné pour l'art théâtral le décidèrent, à l'âge de dix-huit ans, à s'enfuir à Gotha, où il s'engagea dans la troupe d'Eckhof. Il mourut en 1814, à Berlin, où il était directeur des théâtres royaux. Comme acteur, Iffland n'excellait pas moins dans la charge et le haut comique que dans les rôles pathétiques. Comme auteur dramatique, il brille dans la peinture des mœurs. Ses pièces, toutes d'une facture large, d'une tendance essentiellement morale, pleines de sentiment et liées de la manière la plus intime à la vie de famille, témoignent d'une entente parfaite de la scène et d'une rare connaissance du cœur humain. Attrayantes par la vérité des caractères et le naturel, elles sont encore aujourd'hui la meilleure pierre de touche pour apprécier les véritables vocations théâtrales, bien que par leur sentimentalisme de famille elles aient été plus nuisibles qu'utiles aux progrès de la littérature dramatique. Celles qui se sont maintenues au répertoire sont : *Les Chasseurs*, *L'Obligation du service*, *Les Avocats*, *La Pupille* et *Le Célibataire*.

IGNACE (Saint), évêque d'Antioche, vers l'an 69 de notre ère, passa pour avoir été le disciple des Apôtres saint Jean ou saint Pierre. Il reçut le surnom de *Théophore*. Successeur de saint Évode, qui avait remplacé saint Pierre à Antioche, il gouverna paternellement son Église, et soutint avec constance la divinité de Jésus-Christ et la suprématie des évêques sur les prêtres et les diacres. Quand les chrétiens se virent en butte à une troisième persécution, sous Trajan, Ignace fut conduit d'Antioche à Rome pour être livré aux bêtes; il vit arriver son heure suprême en bénissant le Seigneur, et expira courageusement, le 10 décembre 107 ou 116. Ce père a laissé sept épîtres adressées à saint Polycarpe, aux Éphésiens, aux Magnésiens, aux Tralliens, aux Smyrnéens, aux Philadelphiens et aux Romains : dans cette dernière, écrite quand il était conduit à Rome, il s'oppose aux efforts qu'on pourra tenter pour l'arracher à la mort : « Flattez plutôt les bêtes, dit-il, afin qu'elles deviennent mon tombeau, qu'elles ne laissent rien de mon corps, de peur qu'après ma mort, je ne sois à charge à quelqu'un... Je les flatterai moi-même, pour qu'elles me dévorent plus vite, de peur qu'elles ne craignent de me toucher, comme cela est arrivé à d'autres ; et si elles ne veulent pas, je les y forcerai. Excusez-moi : je sais ce qui m'est utile. »

IGNACE (Saint), fils de l'empereur Michel Curopalate, patriarche de Constantinople, élu en 846, fut proscrit en 857 pour s'être courageusement élevé contre les débordements de Bardas, frère de l'impératrice Théodora. Remplacé par le célèbre P h o t i u s, qui lui fit subir les plus atroces traitements, sans pouvoir réussir à le faire renoncer à son titre, saint Ignace fut rétabli sur son siége en 867, par l'empereur Basile, et mourut à quatre-vingts ans, en 877.

IGNACE DE LOYOLA. En 1491, la dame du château de Loyola, en Biscaye, sentant, pour la onzième fois, les douleurs de l'enfantement, se fit porter dans une étable, en mémoire de l'accouchement de la Vierge, et c'est là que vit le monde un fils, qu'on appela *Inigo* (Ignace). D'abord page de Ferdinand V, ensuite militaire, le jeune Loyola défendait, en 1521, Pampelune, assiégée par les Français, lorsqu'un éclat de pierre le frappa à la jambe gauche, et qu'un boulet de canon en même temps lui cassa la jambe droite. Il se fit transporter au château de son père. Les chirurgiens déclarèrent que l'opération avait été mal faite, qu'il y avait des os hors de leur place, et que, pour les remettre en leur position naturelle, il fallait de nouveau casser la jambe droite; Inigo la leur abandonna sur-le-champ. Cette jambe, mal soignée la première fois, ne le fut pas mieux la seconde. Un os avançait toujours au-dessous du genou, et empêchait le patient de porter la botte bien tirée. Mû par un sentiment de vanité, il eut le courage de se le faire couper jusqu'au vif, sans jeter le moindre cri, sans même changer de visage. Ce ne fut pas le seul tourment qu'il endura pour n'avoir rien de difforme : sa cuisse droite s'étant raccourcie depuis sa blessure, il consentit à se faire tirer violemment la jambe avec une machine de fer ; mais quelques efforts qu'on fit, on ne put jamais l'étendre autant que l'autre, et Ignace resta boiteux.

Pendant sa convalescence, il sentit le besoin de s'occuper, et demanda des romans de chevalerie, dont il faisait ses délices; mais de tels livres n'existaient pas dans la bibliothèque du château : on lui apporta *La Fleur des Saints*. Ces merveilleuses histoires frappèrent tellement son imagination, qu'il forma le dessein de se consacrer à Dieu et à sa sainte mère. Plein de cette idée, il passa, selon les lois de l'ancienne chevalerie, une nuit entière sous les armes devant l'autel de Marie, et suspendit son épée et son poignard à un pilier voisin. Un Maure qui avait osé soutenir en sa présence qu'elle avait cessé d'être vierge en devenant mère faillit expirer sous les coups du nouveau converti. Il se mit en route pour Manrèze, petite ville obscure alors, mais qu'il a rendue célèbre par sa pénitence. Il alla s'y loger à l'hôpital, et commença ses mortifications par jeûner tous les jours au pain et à l'eau, excepté le dimanche, où il mangeait un peu d'herbes cuites, dans lesquelles il mêlait de la cendre; il portait sous sa robe de toile un âpre cilice, se donnait trois fois par jour la discipline, couchait sur la terre et veillait presque toute la nuit. On le voyait mendier son pain de porte en porte, poursuivi par les huées et les pierres des enfants. Cependant, son nom, sa naissance, ayant été connus des habitants, il prit la fuite, et chercha une retraite au fond d'une montagne, à un quart de lieue de la ville, dans une caverne entourée de broussailles, et qui ne recevait qu'un peu de lumière par une fente de rocher. Là, quatre ou cinq fois par jour, il se martyrisait avec une chaîne de fer, et, à l'exemple de saint Jérôme, il se frappait rudement la poitrine avec un caillou. Quelques personnes le trouvèrent évanoui à l'entrée de sa grotte, et le ramenèrent malgré lui à l'hôpital. Il y tomba dans une profonde mélancolie. Alors ce ne furent plus, assurent les historiens de sa vie, qu'extases et que visions. Dieu lui expliqua ses principaux mystères, et lui révéla même, dit-on, dans un ravissement qui dura huit jours, le plan et les progrès futurs de la compagnie qu'il devait fonder. Enfin, ce fut pendant ces extases qu'il composa son livre des *Exercices spirituels*, qui devait lui attirer depuis tant de persécutions.

En 1524, il fit un voyage à la Terre Sainte. De retour en Europe, à l'âge de trente-trois ans, il commença ses études sous Jérôme Ardebale, professeur de grammaire à Barcelone. Au bout de deux ans, il résolut d'aller faire un cours de philosophie et de théologie à l'université d'Alcala. Quelques disciples qu'il avait formés à Barcelone voulurent le suivre; mais il n'osa pas tous les emmener, de peur que l'inquisition de Tolède n'en conçût quelque ombrage : il n'en prit d'abord que trois, Caliste, Artiaga et Cazevès, à l'hôpital d'Alcala lui en fournit un quatrième : c'était un jeune Français nommé Jean, qui, ayant été blessé dans une querelle particulière, en passant par cette ville, à la suite du vice-roi de Navarre, dont il était page, avait été porté à l'hôpital pour y être guéri de ses blessures. Le maître et les disciples étaient vêtus d'une longue jaquette de serge grise, avec un bonnet de même couleur ; ils se faisaient loger par charité et vivaient d'aumônes. Un jour, avec ses quatre disciples, il se mit à catéchiser les enfants, à faire des exhortations aux écoliers débauchés et à enseigner la doctrine chrétienne au bas peuple. Cette entreprise excita de grands murmures ; il fut mis en prison, puis relâché ; enfin, une sentence publique, rendue en juin 1527, lui enjoignit, ainsi qu'à ses compagnons, de prendre l'habit ordinaire des écoliers et de s'abstenir d'expliquer les dogmes de la religion, jusqu'à ce qu'il eût étudié quatre ans en théologie, et cela sous peine d'excommunication et de bannissement. Ignace, réduit à la simple condition d'écolier, se retira à Salamanque, et y recommença ses prédications. Arrêté de nouveau, avec ses disciples, il resta vingt-deux jours en prison, à la suite desquels, ne les trouvant coupables d'aucun déréglement de mœurs ni d'aucune hérésie, on leur permit de faire le catéchisme, avec défense toutefois d'y toucher le point délicat de la distinction des péchés mortels et véniels, jusqu'à ce qu'ils eussent étudié quatre ans en théologie.

Fatigué de tant de contradictions, Ignace résolut de quitter son ingrate patrie et de passer en France : ses compagnons refusèrent de le suivre. Parti seul, à pied, chassant devant lui un âne chargé de ses livres et de ses écrits, il arriva à Paris, en février 1528, recommença ses humanités au collége de Montaigu, fit sa philosophie à celui de Sainte-Barbe et sa théologie chez les Jacobins. Là il parvint à s'attacher six nouveaux disciples : Pierre Lefèvre, pauvre prêtre savoyard ; François-Xavier, gentilhomme navarrais, qui professait la philosophie au collége de Beauvais ; le Portugais Simon Rodriguez d'Azevedo, et trois Espagnols : Jacques Lainez, Alphonse Salmeron et Nicolas Alfonse, surnommé Bobadilla, du lieu de sa naissance. De peur que leur zèle ne vînt à se refroidir, il les mena dans l'église de Montmartre, le jour de l'Assomption (1534). Pierre Lefèvre leur dit la messe et les fit communier dans une chapelle souterraine ; ensuite, ils firent tous vœu d'entreprendre, dans un temps prescrit le voyage de Jérusalem, afin de travailler à la conversion des infidèles, et, dans le cas où ils ne pourraient y demeurer, d'aller à Rome se jeter aux pieds du souverain pontife, pour le supplier de disposer de leurs personnes. Plus tard, trois autres disciples : Claude Le Gay, Savoyard, Jean Codure et Pasquier Brouet, Français, se joignirent aux premiers, et firent à Montmartre le même vœu le jour où leurs frères le renouvelaient. Ces dix hommes, fondateurs d'une société devenue si célèbre, se rendirent à Rome vers la Pâques de 1538. Ils tinrent une assemblée dans laquelle ils jetèrent les premiers fondements de leur édifice mystique. Ignace prononça un discours ayant pour but de prouver qu'ils ne feraient jamais rien de grand si leur troupe ne devenait un ordre capable de se multiplier en tous lieux et de subsister jusqu'à la fin des siècles, et que, combattant sous la bannière de Jésus-Christ, ils n'avaient pas de meilleur nom à prendre que celui de ce divin Rédempteur.

Après quelques difficultés, l'ordre fondé par Ignace fut approuvé sous le nom de *Compagnie de Jésus*. Ignace rédigea la règle de son institut, et en 1541 fut proclamé général des *Jésuites*. Il vit son ordre s'étendre rapidement, et à sa mort, arrivée à Rome, le 31 juillet 1556, il était déjà répandu dans tout l'univers. Son corps fut exposé : on entendit répéter dans toute la ville : *Le saint est mort*. Le peuple courut en foule pour le voir ; les uns lui baisaient les mains et les pieds, les autres y appliquaient leurs chapelets et leurs rosaires ; on voulait emporter des lambeaux de ses vêtements, mais ses disciples s'y opposèrent. Il fut enseveli, avec de grands honneurs, dans l'église de la maison professe. Béatifié en 1609 par Paul V, il fut canonisé par Grégoire XV, en 1622. Eug. G. DE MONCLAVE.

IGNAME, genre de plantes de la famille des dioscoréacées, renfermant une cinquantaine d'espèces, ayant pour caractères communs : Fleurs dioïques ; calice corolloïde, à six divisions, épigyne ; étamines insérées à la base du calice ; trois styles simples ; capsules triloculaires, à graines aplaties, ailées. La plupart des ignames sont des plantes vivaces, à tige volubile, originaires des contrées intertropicales.

Quelques espèces de ce genre ont une très-grande importance, à cause de leurs volumineux rhizomes, fournissant une matière alimentaire comparable jusqu'à un certain point à la pomme de terre. Sous ce rapport il faut placer au premier rang l'*igname ailée* (*dioscorea alata*, L.), cultivée dans l'Inde et en Afrique. Son rhizome, ordinairement du volume de nos betteraves, noirâtre à l'extérieur, blanc ou rougeâtre à l'intérieur, constitue un aliment sain, d'une saveur assez douce lorsque son âcreté primitive a été enlevée par la cuisson.

Quelques agronomes s'occupent activement de propager en France la culture de l'*igname du Japon* (*dioscorea Japonica*, Thunb.), plante dont la rusticité s'accommode à notre climat. Sa racine est volumineuse, riche en matière nutritive, déjà mangeable crue, d'une cuisson facile, soit dans l'eau, soit sous la cendre, et sans autre saveur que celle de la fécule. Elle pourrait peut-être suppléer la pomme de terre.

IGNITION (du latin *ignis*, feu), état d'un corps combustible saturé de calorique, au point de produire de la lumière et d'être visible dans l'obscurité. Un même corps est susceptible d'éprouver divers degrés d'ignition : le fer, par exemple, qu'on expose à un feu de forge est d'abord d'un rouge brun ; il prend ensuite la couleur dite *rouge-cerise* ; enfin, il passe au *rouge-blanc*, qu'il conserve invariablement, quelque grande que soit la violence du feu. Il est très-probable, s'il n'est pas même certain, que la température qui produit un certain degré d'ignition est constante et invariable.

IGNIVORE (de *ignis*, feu, et *vorare*, dévorer). Cette expression manque de justesse, car il n'est personne qui puisse dévorer du feu : toutefois, on désigne par ces mots des baladins, des charlatans, qui, pour amuser le public et lever un impôt sur sa crédulité, introduisent réellement des matières enflammées dans leur bouche sans en éprouver aucune incommodité : la réussite de ces tours de force dépend de l'adresse de celui qui les exécute, de la constitution de sa bouche, et bien souvent aussi des exercices qu'il a faits pour diminuer la sensibilité de sa langue, de son palais, etc.

On voit assez souvent sur les places publiques des hommes qui introduisant un tampon d'étoupes dans leur bouche, en retirent des filaments tout enflammés : il n'y a rien là de merveilleux : les filaments embrasés ont été placés adroitement dans l'intérieur du tampon, de sorte qu'ils ne pourraient en aucune façon se mettre en contact avec les parois de la bouche. Il se rencontre des personnes qui introduisent la flamme d'une chandelle dans leur bouche, et l'en retirent tout allumée. Il n'y a là rien d'étonnant, pourvu que la bouche de ces personnes soit recouverte de beaucoup de salive, et qu'elles aient soin de retirer la chandelle avant que l'intérieur de la bouche soit devenu sec.

On lit dans le *Journal des Savants* de l'année 1677 qu'un certain Richardson, Anglais, dit *mangeur de feu*, mettait des charbons ardents dans sa bouche, et qu'on les y voyait dans un état complet d'ignition pendant assez longtemps. Richardson faisait cuire un morceau de chair dans un charbon allumé placé sur sa langue ; il avalait du verre fondu. Dodart, de l'Académie des Sciences, donna dans le même journal une assez bonne explication des tours de Richardson. D'abord, il n'est pas très-rare de voir des personnes qui avalent des oublies toutes brûlantes. Il y a aussi des gens qui, grâce à l'abondance de leur salive, peuvent introduire un charbon allumé dans leur bouche et le mâcher sans se brûler, attendu que la salive éteint promptement le charbon, du moins à l'extérieur, de sorte qu'il n'est brûlant que vers son centre. On peut ajouter à ces raisons qu'un charbon ardent éteint est un mauvais conducteur du calorique : chacun a pu voir qu'on peut saisir et tenir par un bout un charbon dont le bout opposé est incandescent. Quant au morceau de chair cuit sur la langue du baladin anglais, rien que de très-simple : la chair enveloppait le charbon qui était destiné à la cuire. Il n'est pas aussi facile de rendre raison du tour de force de la dégustation du verre fondu : Dodart suppose qu'en accumulant dans la bouche une grande quantité de salive le tour est possible; il serait bien plus simple, à notre avis, d'y introduire de l'eau, et de l'y retenir par un moyen quelconque.

On a également vu des hommes qui avalaient du plomb fondu, de l'huile bouillante ; mais il est probable qu'ils avaient des substances qui ressemblent beaucoup à celles-ci, et entrent en fusion et en ébullition à une température moindre qu'elles ; l'habitude de la chaleur permet à de soi-disant incombustibles de supporter une chaleur souvent supérieure à celle de 100 et 120 degrés. TEYSSÈDRE.

IGNOMINIE, synonyme d'infamie et de déshonneur. L'origine de ce mot remonte à la constitution même des Romains; ils appelaient *ignominia* la note infâme dont ils flétrissaient les citoyens. Diderot définissait l'ignominie « dégradation du caractère public d'un homme; » mais notre législation en établissant des peines *infamantes* n'a pas ratifié cette distinction. L'ignominie ne s'entend plus guère dans notre langue que d'une dégradation morale.

IGNORANCE. Ce mot, quant au sens, appartient à tous les idiomes, et il n'est pas de ceux qui se perdront : ce qu'il exprime est trop inhérent à la nature humaine. Toutefois, si l'ignorance où l'homme est plongé, et qui le presse de toutes parts comme une atmosphère ténébreuse, ne cesse de le ramener au sentiment de sa faiblesse et de sa misère, il y trouve aussi un indice certain de sa supériorité sur les êtres qui l'environnent : car, très-différente de celle de la brute, son ignorance n'est pas une simple privation, un état purement négatif; il sait qu'il ignore, il ne peut le savoir que par une sorte de vue obscure de la vérité qui se dérobe à lui. Infinies dans leur source, finies dans leur développement et leur exercice possible, ses facultés rencontrent partout des bornes qu'elles ne sauraient franchir. Mais ces bornes mêmes l'instruisent de ce qu'il est, de ce que tôt ou tard il doit être, puisqu'il les sent et aspire au delà. Perpétuellement actif, son esprit se meut dans un milieu vague entre la science complète et le néant de la science, milieu que ses efforts tendent sans cesse à élargir. Il ne connaît rien parfaitement, il n'ignore rien entièrement. Etonnant de grandeur, offrayant de petitesse, selon l'aspect sous lequel on le considère, il ressemble à un monde naissant, qui, peu à peu se dilatant au sein de l'espace, reçoit des mondes voisins un nombre toujours croissant de rayons directs ou réfléchis, restant néanmoins comme englouti dans l'immensité de l'univers dont il fait partie, et où il disparaît tel qu'un atome imperceptible.

Si loin que s'étende notre pensée, toujours elle découvre un horizon nouveau, et de plus elle ne pénètre au fond de rien : glissant sur les surfaces, l'intime et secrète nature des choses et toutes les essences lui échappent. Même ce qu'elle voit, elle ne le voit pas tel qu'il est en soi, mais suivant les relations qui subsistent entre elle et les objets de son aperception. Ils lui offrent mélangé avec ce qui vient d'eux une espèce de reflet d'elle-même, et toute connaissance a deux éléments primitifs et inséparables, l'être connu et l'être connaissant, et par conséquent elle ne représente rigoureusement que leur rapport. Cependant, à raison du lien nécessaire qui l'unit à l'Être des êtres, à la cause éternelle et universelle, l'homme a une tendance invincible à tout comprendre, à tout expliquer, parce que toute explication, toute compréhension, est en effet renfermée dans cette cause suprême dont la lumière indéfectible l'éclaire intérieurement et lui révèle, dans les limites que sa nature comporte, l'immuable région des idées. Il cherche donc, il cherche forcément, opiniâtrement, et cette ardente recherche n'est qu'une aspiration perpétuelle vers Dieu, son terme véritable et le lieu de son repos. Et comme il ne saurait, durant son existence présente, parvenir à ce terme de son être, à la vision parfaite du vrai, dont les rayons n'arrivent à lui qu'à travers le voile des choses sensibles et sous les conditions de son propre organisme, souvent il se rebute, perd courage, et avec une angoisse profonde désespère momentanément de ce qui néanmoins au fond de sa nature est l'objet à jamais vivant d'une impérissable espérance. C'est alors, c'est en ces heures de fatigue pesante et stérile, qu'on entend ces plaintes lamentables : « Je me suis proposé en mon âme de rechercher et d'examiner avec sagesse tout ce qui se passe sous le soleil. C'est la pire des occupations que Dieu ait données aux enfants des hommes pour s'y exercer. J'ai vu tout ce qui se fait sous le soleil, et tout est vanité et affliction d'esprit. J'ai dit en mon cœur : Voilà que je suis devenu grand, et j'ai surpassé en sagesse tous ceux qui ont été avant moi, et mon esprit a contemplé beaucoup de choses attentivement, et j'ai beaucoup appris. Je me suis appliqué à connaître la prudence et la doctrine, les erreurs et la folie, et j'ai reconnu qu'en cela encore il n'y avait que travail, affliction d'esprit, et qu'accroître la science, c'est accroître le labeur. » (*Eccles.*, *I*, 13 et suiv.)

Nous apercevons des effets et l'enchaînement de ces effets; les causes nous sont à jamais cachées. Que de systèmes, inventés pour satisfaire une curiosité également insatiable et vaine, après avoir séduit la raison quelques courts instants, ont ensuite disparu sans retour! Chaque siècle en voit naître et mourir plusieurs. Un impénétrable mystère enveloppe toutes les origines, celle d'une mousse comme celle d'une planète, et c'est pourquoi Montaigne disait si sensément : « Oh le mol et doux chevet et sain, que l'ignorance et l'incuriosité, à reposer une tête bien faite. » Ainsi donc, considérée sous des points de vue divers, notre ignorance, toujours relative, toujours accompagnée de l'instinctif besoin de reconnaître, révèle une puissance indéfinie de progrès dans la connaissance; et notre science, toujours limitée, toujours inséparable du sentiment de sa propre imperfection, n'est, en vertu même de ce qu'elle a de réel, qu'une manifestation plus vive de l'étendue de notre ignorance. Ce dernier fait surtout avait frappé Pascal, plus enclin à abaisser l'homme qu'à le relever, et dont le génie amer se plaisait aux contemplations douloureuses. « Les sciences ont, dit-il, deux extrémités qui se touchent : la première est la pure ignorance naturelle, où se trouvent tous les hommes en naissant. L'autre extrémité est celle où arrivent les grandes âmes, qui, ayant parcouru tout ce que les hommes peuvent savoir, trouvent qu'ils ne savent rien et se rencontrent dans cette même ignorance d'où ils étaient partis. Mais c'est une ignorance savante, qui se connaît. Ceux qui sont sortis de l'ignorance naturelle et n'ont pu arriver à l'autre ont quelque teinture de cette science suffisante, et font les entendus. Ceux-là troublent le monde, et jugent plus mal de tout que les autres. Le peuple et les habiles composent pour l'ordinaire le train du monde. Les autres le méprisent et en sont méprisés. »

On ne doit pas conclure de cette remarque, quelque incontestable qu'elle soit d'ailleurs, la nullité de la science, mais sa disproportion avec le vrai, qui est son terme, ou avec l'objet absolu et universel de la connaissance ; et cette disproportion plus complètement sentie, plus clairement aperçue, est cette *ignorance savante, qui se connaît*, suivant l'heureuse expression de Pascal. Il l'oppose, avec grande raison, à *la pure ignorance naturelle, où se trouvent tous les hommes en naissant*. Celle-ci résulte directement de la loi générale et sans exception qui règle le développement des êtres créés. Chacun d'eux a en soi, dès le premier moment de son existence, le germe de diverses facultés, de l'ensemble forme, sous certaines conditions organiques, sa nature particulière, facultés latentes à l'origine, et qui se manifestent successivement à mesure que se développent les organes dont elles dépendent, non dans leur essence, mais quant à leur exercice. Il y a seulement cette différence entre l'homme et les êtres inférieurs à lui, que pour ceux-ci le progrès, purement individuel et renfermé en des bornes fixes, ne s'étend pas jusqu'à l'espèce, immuablement stationnaire, tandis que le genre humain se perfectionne comme l'individu par un développement continu sans aucune limite assignable : sublime privilége ! qui ouvre à l'homme une carrière aussi vaste que le temps même, et lui présente encore au-delà le but dernier qu'il doit atteindre.

Et puisque l'humanité, quoi qu'il en soit de ses fractions appelées *races, nations, peuples*, est, dans son unité totale, évidemment régie par une loi de progrès, il s'ensuit que ses commencements ont dû ressembler à ceux de l'homme même ; qu'elle a dû passer par l'enfance, l'adolescence, la jeunesse, avant d'arriver à l'âge viril, si pour elle l'âge viril est venu. Transposez cet ordre de croissance, imaginez des alternatives de décadence et d'avancement, ou, mieux encore, placez la plus haute perfection dans l'antiquité la plus reculée, toutes les lois naturelles étant interverties, l'esprit ne sait plus à quoi se prendre au sein du chaos qu'engendre une semblable hypothèse. Vivre, c'est observer ; vieillir, c'est apprendre. Nous ne croyons donc point à une science primitive perdue, aux incompréhensibles rêveries d'une philosophie selon laquelle, à des époques antérieures à l'histoire, c'est-à-dire ignorées de quiconque ne possède les moyens ordinaires d'investigation, l'homme, incomparablement supérieur à ce qu'il fut depuis, aurait, par son union plus intime avec l'univers, pénétré les mystères de la vie, connu les choses et leurs essences, à l'aide d'une claire intuition, et disposé en dominateur des forces générales de la nature soumises à sa puissante volonté. Ces idées et d'autres analogues ont eu cours surtout en Allemagne, où des écrivains d'un rare mérite, mais d'une imagination peu réglée, renouvelant les opinions les plus bizarres de quelques sectes orientales, et les exagérant même sur plusieurs points, semblent avoir pris à tâche d'étonner la raison au lieu de l'éclairer. Aucun fait certain, aucun monument, aucune preuve de quelque valeur n'appuie de pareilles conjectures. Il reste à la vérité dans l'Inde, en Perse, en Chaldée, en Égypte, de splendides vestiges d'une civilisation dont l'origine se perd dans la nuit des âges ; mais, de quelque côté qu'on l'envisage, elle est loin de justifier les spéculations qu'un moderne mysticisme y a rattachées. Les immenses travaux exécutés à ces époques lointaines, et d'autant plus grossiers qu'ils sont plus anciens, attestent moins une science profonde qu'un grand déploiement de forces physiques, que le despotisme seul, un despotisme fantasque, a pu faire concourir à un but déterminé, soit de caprice individuel, soit d'utilité générale. On y reconnaît les vigoureux, mais informes ébauches de l'art qu'un génie plus cultivé perfectionna depuis. Il en est ainsi de la poésie et de la philosophie toute poétique, qui, près du berceau du genre humain, se confondait avec la religion. On ne nous donnera pas apparemment les doctrines chinoises, indiennes, égyptiennes, non plus que les vastes épopées postérieures aux Védas, quelque admirables d'ailleurs qu'elles puissent être à certains égards, comme le prototype de toute vérité et de toute beauté. Le privilége des habitants primitifs de la terre fut d'ouvrir à leurs descendants les voies où ceux-ci ont marché. Tel est l'ordre invariable du monde. Toutes les inventions nécessaires ont dû appartenir aux premiers temps et se produire en quelque manière l'une et l'autre, selon les besoins progressifs de la vie humaine ; car tout besoin senti détermine l'effort destiné à le satisfaire, et c'est ainsi que l'humanité avance perpétuellement vers sa fin. La plus importante des sciences, la science sociale, celle des droits et des devoirs de l'homme, avait-elle atteint dès l'origine son plus haut degré de perfectionnement ? Et ne la voyons-nous pas au contraire se développer de siècle en siècle par une sorte de travail naturel et continu, plus que jamais sensible de nos jours ?

Aussi les philosophes que nous combattons montrent-ils en général un dédain superbe pour les faits bien établis, pour les faits qui ne comptent que trois ou quatre mille ans d'antiquité : l'histoire les gêne. Si parmi ces faits il en est quelques-uns qui les frappent, ce sont précisément ceux qui, au jugement des autres hommes, indiquent la faiblesse de l'enfance et son ignorance native, mère des croyances qui n'ont de fondement que dans l'imagination. Ainsi, on a cru à la magie, aux secrètes communications avec des esprits bons et mauvais, doués d'une puissance au-dessus de la nôtre, à l'efficacité de certaines paroles, de certaines formules, à la vertu évocatrice de certaines plantes, de certains métaux, à tout un ordre fantastique d'enchantements et de merveilles : à leurs yeux, ce sont là autant de preuves d'une science supérieure aujourd'hui perdue, des traces presque effacées du magnifique pouvoir conféré à l'homme originairement, et dont l'abus provoqua le déluge, époque d'abaissement pour l'humanité, qui, déchue de cet état de grandeur, n'en a gardé qu'un souvenir vague, une tradition mystérieuse. Malheureusement pour les philosophes, on ne sait rien du monde antédiluvien. L'idée qu'ils s'en forment repose uniquement sur des conjectures arbitraires destinées à étayer une théorie qui ne l'est pas moins. Il est vrai cependant que dès la plus haute antiquité connue de nous, on retrouve çà et là de clairs indices d'une admiration traditionnelle pour les hommes et les temps antérieurs. Quelque chose s'était passé dans le secret des premières origines qui avait vivement frappé la race humaine naissante, et encore aujourd'hui nous concevons que des esprits singulièrement distingués s'étonnent d'un certain caractère de grandeur attaché aux œuvres primitives. En tout, ce sont les commencements qui, avec raison, surprennent davantage. Or, les plus importantes inventions, celles qui, mères de toutes les autres, séparèrent en quelque façon la vie humaine de la vie de la brute, appartiennent aux plus anciens âges. Métiers, arts, écriture, calcul, toutes ces merveilleuses productions du génie de l'homme remontent à des temps qui précèdent les époques historiques, et se distinguent, dans leur ensemble et leurs relations réciproques, par je ne sais quoi de spontané et par une espèce de profonde synthèse, remarquable surtout dans la structure des langues primordiales.

Mais ces faits s'expliquent aisément sans qu'il soit besoin de recourir à des hypothèses opposées aux lois générales des êtres : ils ont leur raison dans notre nature même. Comme l'animal apporte en naissant les instincts spéciaux indispensables à sa conservation, l'homme aussi naît avec les facultés constitutives de son espèce et l'organisation nécessaire à leur exercice et à leur développement : et puisqu'il est un, ces facultés, liées entre elles par de mutuels rapports, se supposant, s'aidant, se modifiant l'une l'autre, sont ellesmêmes ramenées à l'unité, et concourent, suivant un ordre de subordination régulier, à l'accomplissement des fonctions naturelles et spéciales de l'être humain. Douées d'une puissance native de spontanéité, elles ne peuvent pas ne point agir, ne point reconnaître leurs relations avec le monde externe, ne point appliquer cette connaissance à l'entretien, à l'amélioration de la vie individuelle et de la vie sociale, et avant que l'analyse, qui vient plus tard, parce qu'elle suit l'expérience et la réflexion, ne joigne à l'intuition instinctive et directe un procédé nouveau, la liaison qui subsiste entre elles imprime nécessairement une forme synthétique à leur action. A mesure que l'univers se révélait à eux par le pouvoir intime qu'ils possédaient de pénétrer en lui et de réagir sur lui, à mesure que les richesses cachées de leur être propre se manifestaient par l'accroissement de la connaissance, le développement de la pensée et l'application de leurs forces aux choses extérieures ; à mesure, en un mot, que leur magnifique nature se dévoilait à leurs regards, les premiers hommes durent contempler avec une vive admiration cet ensemble de merveilles, et transmettre à leurs descendants cette admiration originaire ; et c'est le même sentiment qui, chez tous les peuples peu avancés dans la culture intellectuelle, a fait diviniser les premiers inventeurs, les premiers artistes, les premiers poëtes. Mais rien en cela qui contrarie la loi universelle du progrès, et si la science primitive apparaît dans le lointain des âges sous de colossales proportions, on ne doit pas, trompé par cette illusion d'optique, lui attribuer sur la science plus vaste, plus exacte, plus variée, des siècles postérieurs, une supériorité qu'elle n'a jamais eue ni pu avoir. *Major e longinquo reverentia.* Les anciens agrandissaient tout parce qu'en tout ils voyaient, ils sentaient la cause suprême. Reconnaissant dans l'homme une puissance indéfinie, mystérieuse, ils élevaient un autel à l'entrée de chaque route nouvelle que lui ouvrait son génie, comme ils plaçaient un dieu à la source de chaque fleuve.

En résumé, la supposition qu'il a jadis existé une science supérieure à celle que l'homme a depuis péniblement reconstruite est une hypothèse arbitraire et directement opposée à ce que l'on connaît des lois générales du monde. Elle contrarie les faits constatés pour toutes les époques dont il reste des monuments, et, en tant qu'elle se lie à la croyance de communications possibles avec des esprits bons et mauvais, à l'aide desquels on peut opérer ce qui ne pourrait l'être naturellement, elle favorise une superstition également vaine et dangereuse. La magie, la sorcellerie, les arts divinatoires et toutes les aberrations semblables de l'esprit humain ont avec elle une étroite connexité. Nous n'avons ni ne pouvons avoir aucune notion précise de ce qu'a été l'homme à son apparition dans l'univers. Nous savons seulement qu'aussi haut qu'on puisse remonter, on voit, non dans chaque peuple particulier, mais dans l'universalité du genre humain, un travail interrompu pour reculer, les bornes de la connaissance, toujours progressive ; de sorte qu'à partir des premiers temps dont le souvenir se soit conservé, on arrive, par une série de degrés appréciables, à la science moderne, plus certaine, plus étendue, plus féconde en résultats applicables, que ne l'était la science précédente.

Le développement de la science se mesure en effet, comme sa réalité se vérifie, par ses résultats ; et comme elle se compose de deux branches principales, elle engendre deux ordres de conséquences pratiques, souverainement intéressantes à suivre dans l'histoire de l'humanité. Ainsi, le progrès de l'homme dans la science de la nature est prouvé par le pouvoir qu'il a successivement acquis sur la nature même qu'il maîtrise, soumettant à sa volonté ses forces les plus énergiques et en disposant pour accomplir certaines fins d'utilité. Il sait, puisqu'il fait. Voyez ce que la terre, transformée dans une immense portion de sa surface, est devenue sous sa main. Il l'a peu à peu assujettie à sa domination : il dompte les fleuves, parcourt les mers, et sa puissante pensée, que nulle distance n'arrête, ramène encore sous son empire, pour les faire servir à ses besoins, les astres mêmes, qui fuient en vain dans les déserts de l'espace.

On doit cependant remarquer deux choses à l'égard de cette branche de la science. Si la nature mieux observée est aussi mieux connue, cette connaissance ne s'étend pas au-delà d'une certaine série de faits secondaires, liés par des lois également secondaires. Les bases d'une genèse universelle manquent complétement. On n'a pas fait un pas dans la connaissance des lois premières, et toutes les origines sont restées un mystère impénétrable. En physique, en chimie, en physiologie, on sait que tels phénomènes se manifestent infailliblement dans des circonstances déterminées, qu'il existe entre eux une dépendance qui permet d'en prévoir le retour, et même de le produire à volonté, lorsque les conditions de leur existence ne sont pas en dehors de notre sphère d'action. Mais si loin qu'on suive cette chaîne d'effets, on en trouve un dernier devant lequel l'esprit s'arrête, impuissant à remonter jusqu'au premier terme de la série, et par conséquent à l'énergie primitive et spéciale qui l'engendre. Ici la conception faillit avec la science. On touche à la région de l'incompréhensible, car l'homme ne comprend que le fini, et dès lors même il ne le comprend que d'une manière imparfaite, sa cause, sa raison, qui est au delà, restant toujours insaisissable. Le nuage qui recouvre les essences ressemble au voile d'Isis, qu'aucune main mortelle ne souleva jamais.

Dans l'ordre même des connaissances accessibles pour nous, ce que l'on sait est bien peu de chose comparé à ce qu'on ignore. La science est un trésor qui s'accroît lentement, et outre la science réelle il en existe une autre, simplement apparente, qui, née de la vanité de se faire un nom tel quel, ne sert guère qu'à retarder l'avancement de la vraie science et à y porter le désordre. Expliquons-nous : le génie de la synthèse, un des plus beaux et des plus rares attributs de l'intelligence, forme, des faits épars qu'il enchaîne et généralise, comme une sorte d'organisme, un tout vivant, où chaque partie, considérée sous la double relation de cause et d'effet, a sa place assignée et sa fonction propre, dépendante des lois de l'unité totale. Quelque nombreux que puissent être les phénomènes connus, jusqu'à ce qu'ils aient été ainsi coordonnés, ils ne constituent point la science, ils en sont seulement des matériaux. Mais il n'est donné qu'à bien peu d'hommes d'opérer cette espèce de création, d'animer, si on peut le dire, d'une vie commune ces éléments inertes. Cette gloire, la plus grande que la science puisse offrir, venant à tenter des esprits médiocres avides de renommée, ils se mettent à l'œuvre, et de là tant de théories hâtivement construites et plus vite encore renversées, de systèmes incohérents, ridicules, absurdes, qui, semblables aux ombres de Virgile, se pressent incessamment aux portes de l'oubli. Or, une des conséquences de ces impuissants efforts est d'obliger à dénaturer plus ou moins les faits eux-mêmes, pour les accommoder aux principes qu'on veut établir, à les présenter sous un faux jour, à substituer la conjecture à l'observation, à obscurcir dès lors la connaissance réelle, et à multiplier les préjugés qui en retardent le progrès.

D'une autre part, le besoin de se reconnaître au milieu des faits innombrables dont se compose la science de la nature a rendu nécessaire de les ranger dans un certain ordre, de les diviser en plusieurs groupes, selon leurs analogies et leurs différences respectives, de les classer, de les dénommer systématiquement : travail épineux, qui exige, avec la connaissance la plus étendue des faits mêmes, une analyse aussi sûre qu'exacte, aussi déliée que profonde. Aristote en offre le premier modèle, et il a eu chez les modernes des imitateurs dignes de lui. Mais d'autres sont venus ensuite, qui, pour mettre en relief quelque petite découverte imperceptible, leur unique titre à l'attention publique, ont, sur ce seul motif, changé, bouleversé en tout ou en partie les classifications admises ; espèce de manœuvres, qui se croient architectes parce qu'ils remuent au hasard les pierres de l'édifice ; fabricateurs infatigables de noms prétendus savants, dont le moindre défaut est de n'être d'aucune langue. Leur stérile labeur n'aboutit qu'à jeter dans les sciences auxquelles ils l'appliquent une confusion inextricable, à en rendre l'accès difficile et rude, et souvent à cacher dans l'obscurité d'un langage inintelligible une ignorance qui serait trop apparente sans cela.

La seconde branche principale de la science comprend le droit et le devoir, c'est-à-dire tous les développements que les immuables principes de justice et d'amour, qui sont le fondement de la vie sociale, ont successivement reçus à mesure que la nature elle-même s'est développée. Sans doute ils ont en Dieu leur origine incontestable, ils dérivent de lui. Nécessaires à tous les hommes, nul homme ne les ignore entièrement. Ils sont *cette loi écrite dans les cœurs, à laquelle la conscience rend témoignage* (Rom., ii, 15), comme parle saint Paul. Mais la notion en peut être plus ou moins étendue, plus ou moins nette ; le sentiment plus ou moins vif et délicat. Comparez, sous ce rapport, les nations modernes aux anciennes nations, les peuples chrétiens aux peuples que n'a point éclairés la lumière de l'Évangile : la différence est-elle assez marquée, assez frappante ! Et chez les peuples chrétiens eux-mêmes, comment méconnaître de siècle en siècle le progrès social? L'esclavage et le servage ensuite presque universellement abolis, la distinction des races et des castes rejetée par l'opinion, ainsi que les priviléges odieux qu'elle entraîne; les gouvernements forcés de rendre hommage, au moins extérieurement, à des lois reconnues supérieures à leur volonté; les lois mêmes devenues plus équitables, plus douces; la faiblesse mieux garantie contre l'abus de la force; l'égalité, la liberté, la fraternité humaine proclamées hautement : tels sont quelques-uns des fruits de l'accroissement et de la diffusion des lumières dans la sphère de l'ordre moral. Beaucoup de temps néanmoins sera nécessaire pour qu'elles achèvent de pénétrer au fond de tous les esprits, sans parler même du développement jusque ici inconnu qu'elles peuvent recevoir dans l'avenir. Il est triste de le dire, de grandes masses d'hommes sont encore plongées dans les ténèbres du passé, dominées par des habitudes, des préjugés qui ont disparu devant une raison plus avancée. Mais leur jour viendra ; elles ont déjà le sentiment, l'instinct impérissable de ce qu'elles connaîtront plus tard clairement. Jamais le soleil intellectuel, *qui illumine tout homme venant en ce monde*, ne descend sous l'horizon : des nuages peuvent le voiler, mais il se remontre bientôt. Une génération succède à une autre, et dans l'héritage qu'elle recueille, elle n'accepte que ce qui a vie. De là le progrès continu, quoique lent quelquefois, de la société; et ce progrès, qui se compose des conquêtes de l'homme dans ce que nous avons appelé les deux branches principales de la science, n'est en réalité que la succession des victoires remportées sur l'ignorance, une des sources générales du mal.

Les peuples donc s'élèvent d'autant plus dans l'échelle de l'humanité que la connaissance du droit et du devoir est parmi eux plus parfaite et plus répandue; de même que leur prospérité matérielle ou la richesse commune croît avec la connaissance de la nature et de ses lois, et la facilité que tous ont de s'instruire de ce qui offre d'applicable aux différents genres d'industrie : car l'emploi de la force, ou le travail, est productif proportionnellement à la mesure de science et d'intelligence qui le dirige. La supériorité des nations chrétiennes sur le reste du genre humain a pour unique cause ce double progrès, en vertu duquel, jouissant, de sa part, de plus de liberté et de sécurité par le développement du sens moral, et par l'influence de ce développement sur les mœurs publiques, sur le gouvernement et la législation, elles exercent, d'une autre part, une puissance plus grande sur la création inférieure : et telle est l'harmonie de lois divines, que ces deux ordres de perfectionnement se supposent, s'aident, se provoquent l'un et l'autre, et sont de fait inséparables. Pourquoi devons-nous ajouter que cela même est ce qui les rend moins rapides? Il n'est que trop vrai pourtant. L'introduction pratique, dans les institutions sociales, des éternelles maximes de justice et d'amour combat tous les intérêts égoïstes, qui, vivant d'arbitraire, de priviléges, de monopoles, divisent le peuple comme en deux portions, l'une exploitante, l'autre exploitée. Ces intérêts privés, forcément ennemis de la liberté et de l'égalité, qui constituent le droit, et de la fraternité, d'où naît le devoir égal pour tous, sont menacés directement par les progrès de l'intelligence, et doivent dès lors tendre à l'arrêter. De là cet effroi des lumières, qui forme un des caractères de la politique de certains États; de là ces interminables déclamations sur le danger de répandre l'instruction parmi le peuple. On ne saurait longtemps le priver de ses droits qu'en l'empêchant de les connaître. Pour l'abaisser socialement, il est nécessaire de l'abaisser intellectuellement : il faut l'abrutir pour le traiter et le gouverner comme la brute. Si donc la force commence l'oppression, l'ignorance la prolonge. Aussi voit-on tous les despotismes s'appliquer soigneusement à la maintenir; et pour eux rien de plus sage, car elle est une indispensable condition de leur durée. C'est, parmi tant d'autres, une des choses qui rend le despotisme détestable. En opposition absolue avec la nature humaine, destinée à se perfectionner indéfiniment, il doit, pour subsister, repousser la lumière, épaissir les ténèbres, lutter incessamment contre le vrai, contre le bien, contre Dieu.

Pour conclure, l'homme individuel ignore tout en naissant, et son développement propre consiste à participer, autant que le permet l'avancement spécial de la société dont il est membre, aux connaissances successivement acquises par le genre humain. Le genre humain lui-même a dû suivre, sous ce rapport, une marche semblable à celle de l'individu. Né aussi, dans une ignorance, si ce n'est complète, au moins relative, il a, par ses efforts spontanés et continus, élargi peu à peu le cercle de sa science, qui n'a de bornes que l'infini, au sein duquel se cachent toutes les causes premières, toutes les essences, toutes les origines : de sorte que la loi primordiale de l'humanité est de connaître toujours plus, pour aimer toujours plus, et concourir avec une puissance toujours plus grande à la réalisation progressive du plan divin.

C'est là certes une haute destinée. Que l'homme donc, pour user de cette expression de Pascal, s'estime son juste prix. Deux extrêmes pour lui sont également à éviter : l'orgueil et le découragement. S'il tend trop à se complaire, à s'admirer dans ce qu'il sait, je l'effraie de son ignorance, si vaste qu'il ne saurait même en connaître toute l'étendue. Si le mépris de son savoir, quel qu'il soit, le regret douloureux de ce qui lui manque, l'incline à s'endormir dans une léthargique apathie, je lui montre la route lumineuse qu'il s'est frayée, à travers la création même, jusqu'à celui qui est, dans sa mystérieuse unité, la source éternelle de l'être, le principe à jamais vivant du vrai, du bien, du beau infini.   F. DE LA MENNAIS.

IGNORANTINS (Frères). *Voyez* FRÈRES DES ÉCOLES CHRÉTIENNES.

IGNORANTISME. *Voyez* OBSCURANTISME.

IGUANE, genre de reptiles de la famille des iguaniens et de l'ordre des sauriens. Les iguanes, assez semblables aux lézards dans leurs formes générales, ont le corps et la queue couverts de petites écailles imbriquées ; une rangée d'écailles comprimées et pointues se dressent comme des épines sur toute la longueur de leur dos ; sous leur gorge pend un goitre, comprimé et pectiné ; leur tête est couverte de plaques, et leurs cuisses présentent une rangée de tubercules poreux ; des dents comprimées, triangulaires, à tranchant denté, arment chaque mâchoire, et deux petites rangées de dents hérissent aussi le bord postérieur du palais. Les erpétologistes reconnaissent en général dans ce genre cinq espèces distinctes, parmi lesquelles *l'iguane ordinaire* d'Amérique (*iguana tuberculata*, Laurenti) est la plus commune. L'iguane ordinaire a le dos bleu ; mais lorsque l'on irrite l'animal, cette couleur peut successivement revêtir toutes les nuances intermédiaires entre le vert et le violet ; le ventre est d'une couleur plus pâle. Ce reptile, qui mesure de 1^m 30 à 1^m 60 et est assez commun dans toute l'Amérique méridionale, où il habite les bois sur les lisières des fleuves et des eaux vives; il fait sa nourriture principale de feuilles, de fruits et de graines, et se tient d'habitude dans les arbres : sa morsure, sans être venimeuse, occasionne de vives douleurs. La femelle, plus petite que le mâle, a des couleurs beaucoup plus éclatantes : elle dépose dans le sable des œufs de la grosseur d'un œuf de pigeon, mais un peu plus allongés: œufs qui sont fort estimés, dit-on, des épicuriens de Surinam, et qui, par une exception assez singulière, renferment à peine quelques vestiges de blanc. La chair de l'iguane est elle-même très-recherchée; aussi fait-on à ces reptiles une guerre acharnée; mais, comme la plupart des animaux à sang froid, ils ont la vie extrêmement dure, et le plomb du fusil glisse sur leur peau, flexible et couverte d'une armure d'écailles imbriquées : c'est au lacet qu'on les attrape; et c'est en enfonçant une flèche dans leurs narines qu'on les fait mourir. Les iguanes sont extrêmement agiles, gracieux même, dit-on : irrités, ils dardent leur langue comme des serpents; ils gonflent leur gorge et les écailles épineuses de leur longue crête, et font briller leurs yeux comme des charbons ardents. Ils font la guerre aux insectes, aux larves, aux oiseaux même, qu'ils saisissent dans les branchages des arbres où ils ont établi leur domicile. On prétend qu'ils se laissent apprivoiser, et que les colons de la Guyane et des Antilles les nourrissent dans leurs jardins pour les besoins de leurs tables.

Nous citerons encore, d'après Cuvier, l'*iguane ardoisé*; l'*iguane à col nu*, qui, suivant Laurenti, habite les Indes, l'*iguane cornu* de Saint-Domingue, et l'*iguane à bandes*, qu'on trouve à Java et probablement dans les autres îles de la Sonde. BELFIELD-LEFÈVRE.

ILE. On appelle ainsi de petites superficies de sol entièrement entourées d'eau ; mais les continents, eux aussi, sont entourés d'eau. C'est donc là une dénomination particulière qui ne justifient pas suffisamment les différences de superficie relative. Le Grœnland, la Nouvelle-Guinée, Bornéo, Sumatra, Madagascar sont des îles, tout comme la petite Sainte-Hélène ou l'imperceptible Helgoland. C'est donc plutôt dans les conditions physiques du sol que nous devons chercher ce qui différencie les îles des continents. On donne aux contrées entourées d'eau le nom d'*îles* quand elles ne portent pas un caractère fortement accusé d'originalité, tant sous le rapport climatologique que sous les rapports orographique, hydrographique, géologique, ethnographique et botanique, qui en fasse un tout distinct et indépendant des continents voisins. C'est ainsi qu'on donnera le nom d'*île* à Madagascar, située en face du plateau africain qui la domine, et qu'on appellera *continent* la Nouvelle-Hollande, située au milieu et en face des îles de la mer du Sud et de la mer des Indes. Nous n'avons pas de termes particuliers pour désigner les îles formées par deux bras d'un fleuve ou d'une rivière; les Allemands leur donnent le nom de *werder* ou *wœrth*. On appelle *groupe d'îles* ou encore *archipel* un certain nombre d'îles situées l'une près de l'autre, et *chaîne d'îles* un certain nombre d'îles placées à la suite les unes des autres en ligne droite. Une contrée entourée par la mer, mais rattachée d'un côté à un continent, reçoit le nom de *presqu'île* ou de *péninsule*.

En ce qui touche l'origine des îles, la géologie moderne les divise, depuis Léopold de Buch, en deux catégories. Les unes, qui paraissent longues et étroites et se terminent presque toujours en pointes à leurs extrémités, peuvent, en raison de leur constitution géologique, de la division de leurs montagnes et du parallélisme de leur direction, être regardées comme ayant fait autrefois partie de continents, on leur donne en conséquence la dénomination d'*îles continentales*. L'autre espèce d'îles, dites *pélasgiques* ou *océaniennes*, qui dans leur type principal se rapprochent plus de la forme ronde ou elliptique, comprend des formations complétement indépendantes, des individualités à part, devant leur origine soit à des effets ou à des influences volcaniques ou à l'infatigable activité que déploient sur tous les mers les animaux désignés sous le nom de coraux. A cette catégorie appartiennent les nombreuses îles de corail qui chaque année surgissent dans la mer du Sud ou dans la mer des Indes, mais qui, faute d'une empreinte bien individuelle différenciant leur nature de celle des continents voisins, n'apparaissent que comme des existences particulières. Ces unes et les autres présentent des formes essentiellement différentes. Dans la première catégorie, les îles s'élèvent abruptement au-dessus des flots en affectant une forme plus ou moins conique, et présentent pour la plupart des volcans encore en activité. Les îles de la seconde catégorie offrent des surfaces planes et basses, dont le centre est toujours plus bas que le rempart de corail dont elles sont entourées. Consultez Darwin, *Coral reefs* (Londres, 1842) et les *Voyages scientifiques* du même. On évalue la surface totale de toutes les îles connues de la terre à environ 70,000 myriamètres carrés. Les plus grandes sont Bornéo et le Grœnland ; viennent ensuite la Nouvelle-Guinée, Madagascar, Sumatra et la Grande-Bretagne. Le plus grand nombre d'îles se trouvent dans le gigantesque bassin de l'océan Pacifique, où elles forment la partie de la terre qu'on appelle Australie ou encore Polynésie.

ILE DE FER. *Voyez* FER (Ile de).
ILE DE FRANCE. *Voyez* MAURICE.
ILE-DE-FRANCE, ancienne province de France, dont la capitale était Paris, et qui se composait de différentes parties : l'Ile-de-France proprement dite, la Brie française, le Gâtinais français, le Vexin français, le Hurepoix, dont le chef-lieu était Dourdan, le Mantois, le Valois, le Beauvaisis, le Laonnais, le Noyonnais, le Soissonnais, le Drouais, ou pays de Dreux, et le Thimerais, dont Châteauneuf était la ville principale. Quelques-uns de ces petits pays lui furent réunis à différentes époques. Son territoire forme aujourd'hui les départements de la Seine et de Seine-et-Oise, les quatre cinquièmes de celui de l'Oise, plus de la moitié de ceux de l'Aisne et de Seine-et-Marne, et le cinquième de celui d'Eure-et-Loir. L'histoire de l'Ile-de-France se confond d'abord avec celle du duché de France, puis avec celle du royaume lui-même.

ILE-JOURDAIN (L'). *Voyez* GERS (Département du).
ILÉON, le troisième et le plus long des intestins grêles. Ce mot, en grec ειλεόν, vient du verbe ειλειν, entortiller, tourner, parce que l'iléon fait un grand nombre de circonvolutions.
ILES (Os des). *Voyez* BASSIN (*Anatomie*).
ILES DE LA SOCIÉTÉ. *Voyez* SOCIÉTÉ (Iles de la).
ILES DES AMIS. *Voyez* TONGA.
ILES DU VENT. *Voyez* ANTILLES.
ILES FLOTTANTES. Peut-on dire qu'il y ait réellement eu des îles flottantes créées par la nature, et voguant au caprice de l'onde ? Cette question ferait sourire de pitié le moindre de nos savants, et pourtant, l'imagination des anciens, si amoureuse du merveilleux, a adopté cette fiction des Grecs, comme elle en avait adopté tant d'autres. Selon eux, Délos, sortie du fond de la mer, aurait flotté au gré des ondes, jusqu'à ce qu'une main divine l'eût enchaînée et fixée à la place qu'elle n'a pas quittée depuis. Les Calamines, Thérasie (aujourd'hui Santorin), auraient aussi dans le principe été le jouet des flots ; Pline parle de l'île flottante du lac de Cutilie ; Sénèque, de celles de l'Italie ; Pomponius Méla et Théophraste, de celles de la Lydie. Le peuple d'Otaïti croit que le grand *Eatou*, après avoir traîné plusieurs jours cette île au travers des déserts de l'Océan, la cloua, un beau soir, là où nous la voyons aujourd'hui. Les îles flottantes sont donc une de ces chimères des temps antiques et modernes, qui se retrouvent aussi dans nos contes de fées, que les poëtes ont vu fuir à regret. Cependant, si l'on peut appliquer ce nom à quelques mottes, semées d'herbes et de racines verdoyantes, que l'eau porte et promène dans son cours, qui se réunissent, s'agglomèrent, se condensent, et finissent par former une couche de terre de quelques mètres d'étendue et de quelques décimètres d'épaisseur, alors nous serons forcé de dire qu'il existe réellement des îles flottantes. En France, on peut en observer dans un lac situé auprès de Saint-Omer, et un géographe moderne, Letellier, avait vu en elles un phénomène digne d'être placé au nombre des merveilles de la nature. On en voit en Italie dans le petit *lago di aqua solfa*, de Tivoli ; en Amérique, sur la rivière de Guayaquil, et principalement dans les lacs qui environnent Mexico. M. de Humboldt, dans son voyage à la Nouvelle-Espagne, donne de très-curieux détails sur ces petits îlots, appelé *chinampas*

dans le pays. Ils sont de deux sortes : les uns mobiles ; on les toue et pousse à l'aide de longues perches pour les faire passer d'une rive à l'autre; les autres fixés au rivage; ils y ont adhéré à mesure que le lac d'eau douce s'est éloigné de celui d'eau salée ; ces derniers, qui sont en très-grand nombre, sont devenus de vrais jardins potagers; on y cultive des fèves, des petits pois, du piment, des pommes de terre, des artichauts, des choux-fleurs, etc. D'après M. de Humboldt, la nécessité aurait forcé, vers la fin du quatorzième siècle, les habitants des environs des lacs de Mexico à se réfugier sur ces quelques îlots flottants, et même à en construire d'artificiels, espèces de radeaux, faits de roseaux, de joncs, de racines, de broussailles, recouverts de mottes, qui ne tardèrent pas à faire corps avec leur base; c'est là qu'ils se seraient mis à l'abri de leurs ennemis. Aujourd'hui, ces îlots ont une destination toute d'agrement; chacun est un véritable jardin, entouré quelquefois d'une haie de rosiers, qui renferme jusqu'à la cabane de l'Indien préposé à sa garde. Les suaves parfums qu'exhalent au loin les milliers de fleurs qui y sont cultivées, l'eau qui caresse mollement les flancs de ces îles fugitives, la brise qui les pousse et les promène au gré de ses caprices, tout se réunit pour prêter un charme inexplicable à ces petites oasis. L'air frais qu'on y respire le est fait rechercher avec délices par l'habitant de ces climats brûlants ; des flottilles de pirogues promènent tout le peuple mexicain à l'entour; des concerts se font entendre de toutes parts sur ce sol mouvant, et l'Européen qui a habité quelque temps la vieille Anahuac se rappellera toujours avec émotion les heures qu'il a passées au milieu des *chinampas* fleuries. Eug. G. DE MONGLAVE.

ILES FORTUNÉES. *Voyez* CANARIES.

ILES NORMANDES, appelées par les Anglais *Channel Islands* (Iles du Canal), groupe d'îles appartenant à l'Angleterre et situées dans la Manche, golfe dont les rivages de la Normandie et de la Bretagne forment les limites. C'est le dernier débris des possessions que les rois d'Angleterre possédaient autrefois sur les côtes de France, en leur qualité de ducs de Normandie. Ce groupe se compose de deux îles principales, JERSEY et GUERNESEY, des d'ALDERNEY, de SORK et de quelques îlots tels que HERM, IÉTHON, etc., et des récifs nombreux, qui, joints à la violence des brisants, en rendent l'accès difficile. La superficie totale en est évaluée à 4 myriamètres, et en 1841 on y comptait 90,300 habitants. Malgré leur sol, de formation granitique, et par suite du climat océanien extrêmement tempéré et en même temps sain qui y règne, elles sont très-fertiles en céréales, légumes et surtout en fruits, qui avec le cidre et le poiré forment un article important d'exportation. L'élève du bétail constitue aussi une branche essentielle de l'industrie locale; c'est une espèce bovine de race particulière, très-petite et cependant donnant beaucoup de lait. La pêche, celle des huîtres surtout, fournit aussi, avec le commerce et la navigation, de précieuses ressources à la population, qui possède une marine assez nombreuse. Devenues de nos jours l'asile d'un grand nombre de proscrits et de réfugiés politiques, les îles Normandes, à l'époque de la première révolution et du système continental de Napoléon, étaient le grand entrepôt de la contrebande avec la France ; et le gouvernement anglais a aussi établi de grands magasins pour ses flottes. La navigation à vapeur les a depuis singulièrement rapprochées de l'Angleterre, et leur a donné au point de vue commercial encore plus d'importance qu'elles n'en avaient autrefois. Les habitants, qui se servent ordinairement d'une espèce de patois normand, mais qui parlent aussi anglais et français, professent la religion réformée. Quoique ces îles soient sous la souveraineté de la couronne d'Angleterre, elles ne font pourtant pas partie du royaume (*Realm*) proprement dit, et ne sont pas régies par la constitution anglaise. En revanche, elles jouissent de tous les privilèges assurés aux sujets britanniques, outre un grand nombre de privilèges particuliers : c'est ainsi qu'elles sont complètement exemptes de droits de douanes et d'impôts. Elles possèdent une constitution propre, assez analogue à celle de l'Angleterre, une cour de justice, une assemblée d'états, composée des juges et des curés (les uns et les autres en sont membres à vie), et de *connétables*, ou députés élus pour trois ans. A la tête de l'administration est placé un gouverneur. Les deux îles principales sont à bien dire des portraits en miniature de l'Angleterre elle-même, et leurs routes sont magnifiques.

JERSEY, la plus grande et la plus méridionale, d'environ 2 myriamètres carrés, a été fortifiée par l'art et par la nature. Son sol, à base granitique, est d'une fertilité extrême. On dirait un immense jardin. Avec les îlots qui en dépendent, elle compte une population de 57,155 habitants. Sans compter les bâtiments employés au service des côtes et au petit cabotage, elle compte 316 navires à voiles, jaugeant ensemble 32,277 tonneaux, et fait un commerce important avec les différentes possessions anglaises de même qu'avec l'étranger. *Saint-Hélier*, son chef-lieu et en même temps son port principal et résidence du gouverneur, est situé sur la côte méridionale, dans la baie de Saint-Aubin, et compte 20,000 habitants. On y trouve de vastes docks, et un port de sûreté, dont le gouvernement anglais a fait commencer à ses frais la construction en 1821. La petite ville de *Saint-Aubin*, située à peu de distance et dans la baie du même nom, possède aussi un beau port.

GUERNESEY, au nord-ouest de Jersey, d'environ 2 myriamètres carrés, entièrement entourée de rochers escarpés, et protégée en outre contre toute attaque par de formidables ouvrages de défense, présente à l'intérieur une agréable succession de collines et de plaines, de prairies presque toujours vertes et de jardins soigneusement entretenus. Avec les îlots qui l'avoisinent, elle compte 33,645 habitants. En 1851 on y comptait 141 bâtiments à voiles, jaugeant ensemble 16,496 tonneaux. La seule ville qu'on y trouve est *Saint-Pierre* ou *Peter's-Port*, avec près de 18,000 habitants, ainsi qu'un port fermé par deux digues en granit et protégé par un petit fort appelé *Cornet-Castle*.

ALDERNEY, en français *Aurigny*, la plus septentrionale de ces îles, entourée également de rochers et d'écueils, et dont le sol est tout jonché de masses granitiques, n'en pourvoit pas moins elle-même aux besoins de ses 4,000 habitants. La petite ville du même nom, avec son port protégé par un petit fort, renferme la plus grande partie de cette population.

ILES SOUS LE VENT. *Voyez* ANTILLES.

ILÉUS ou PASSION ILIAQUE, affection que l'on supposait avoir son siége dans l'intestin *iléon*, et qui a reçu aussi la dénomination de *volvulus*, parce que l'on pensait que les intestins étaient comme roulés (*volvere*) ou entortillés par suite de cette maladie. Le peuple lui donnait le nom de *miserere*, ayez pitié, voulant peindre par là la violence des douleurs auxquelles est en proie le malheureux atteint de ce redoutable mal.

L'iléus est caractérisé par des coliques d'une atroce violence, accompagnées d'une constipation opiniâtre et de vomissements. A ces symptômes se joignent une profonde anxiété, la petitesse du pouls, des sueurs froides, des défaillances, la contraction des parois abdominales. Si l'affection doit avoir une issue fatale, les vomissements, de glaireux ou bilieux qu'ils étaient d'abord, deviennent ensuite stercoraux. Rien ne peut les arrêter ni surmonter la constipation, et le malade peut succomber en quelques heures en pleine connaissance, avec le sentiment complet de sa douloureuse situation. Heureusement que les choses ne se passent pas toujours ainsi. Souvent on voit les douleurs se calmer par l'effet de soins bien entendus, les vomissements s'arrêter, et les selles reprendre leur cours ; et une affection qui pouvait emporter le malade si rapidement ne laisse pour l'ordinaire aucune trace de son existence les jours suivants.

On pourrait confondre l'*iléus* avec les symptômes qui annoncent l'étranglement d'une hernie ; mais l'existence antérieure de cette infirmité dissipera les doutes qu'il serait possible d'avoir à cet égard. Le choléra, qui a quelques traits de ressemblance avec la passion iliaque, en diffère par les déjections alvines qui l'accompagnent. L'absence de fièvre et le développement soudain de la maladie ne permettent pas de l'attribuer à une inflammation du tube digestif. Il serait plus facile de tomber dans une méprise à l'occasion de certains empoisonnements par des substances narcotico-âcres, etc. ; mais ici encore il y a d'autres circonstances qui peuvent mettre le praticien sur la voie.

On a attribué l'*iléus* à une invagination de quelques anses d'intestins ; toutefois, dans beaucoup de cas il est impossible de rien préciser à cet égard. Ainsi, on le voit survenir à la suite de circonstances fort opposées : un refroidissement des pieds, l'ingestion d'une boisson glacée lorsqu'on est en sueur, un accès de colère ou toute autre émotion vive ; quelquefois sans cause appréciable.

Le traitement consiste dans l'application de cataplasmes émollients et fortement laudanisés sur le ventre ; dans l'administration réitérée de lavements huileux, d'une potion huileuse avec addition d'extrait de belladone, d'une infusion de camomille pour boisson. Un bain tiède est parfois aussi d'un utile secours. Dr SAUCEROTTE.

ILIADE. *Voyez* HOMÈRE.

ILIAQUE, terme d'anatomie, qui s'emploie pour spécifier les muscles, artères, etc., en rapport avec les os du bassin qui ont reçu le nom d'*os des îles*, et que l'on appelle aussi *os iliaques*. La *circonvolution iliaque* est une portion du colon.

En médecine, *passion iliaque* est synonyme d'*iléus*.

ILIAQUE (Table). C'est un bas-relief en stuc assez important, découvert au dix-septième siècle dans les ruines d'un temple ancien, sur la voie Appienne, et auquel on a donné ce nom, parce qu'on y voit représentés les principaux sujets de la guerre de Troie. Le tout est divisé, conformément aux chants de l'Iliade, en un certain nombre de compartiments ou de chants, et de plus partagé en trois parties principales par deux colonnes, sur lesquelles sont gravés en petits caractères les passages des poëtes d'où les sujets ont été tirés, avec une courte explication de ceux-ci. Il est assez vraisemblable que ce monument servait aux grammairiens dans les leçons qu'ils donnaient à la jeunesse des écoles, pour lui faire mieux comprendre les événements racontés dans les poëmes d'Homère, dont ils avaient l'habitude de leur faire la lecture.

ILICINE. Cette matière, d'une composition inconnue, est ainsi nommée parce qu'on l'extrait du houx (en latin *ilex*) ; pour cela il suffit de précipiter une décoction de feuilles de houx par l'acétate de plomb basique, et de dissoudre le résidu par l'alcool bouillant. L'ilicine prend alors une forme cristalline et une couleur jaune brunâtre. Sa saveur est très-amère. C'est à l'ilicine que l'on attribue les propriétés fébrifuges du houx.

ILION (*Ilium*), ancien nom de la capitale de la Troade, de cette Troie devenue plus tard si célèbre. La tradition veut qu'il lui ait été donné à cause d'Ilus, l'un des fils de Tros, et qu'elle ait été construite sur une colline entre le Simoïs et le Scamandre. Après sa destruction, les Phrygiens et les Mysiens bâtirent sur son emplacement un second Ilium ; et avant le siècle d'Alexandre un troisième s'éleva encore, à l'ouest de celui-ci, plus près de la côte, appelé d'ordinaire *Nouvel Ilion*, qui florissait encore à l'époque de la domination romaine, et qui forme aujourd'hui le bourg de *Troja* ou *Trojani*.

ILITHYE (en grec Εἰλείθυια). *Voyez* LUCINE.

ILIUM ou ILION. *Voyez* BASSIN (*Anatomie*).

ILLE-ET-VILAINE (Département d'), un des cinq formés de la Bretagne, appartient à la partie ouest de la France, et est borné au nord par la mer et le département de la Manche, à l'est par celui de la Mayenne, au sud par celui de la Loire-Inférieure, et à l'ouest par ceux du Morbihan et des Côtes-du-Nord.

Divisé en 6 arrondissements, dont les chefs-lieux sont Rennes, Fougères, Montfort-sur-Meu, Redon, Saint-Malo, Vitré ; 43 cantons, 349 communes, il compte 574,608 habitants, et envoie quatre députés au Corps Législatif. Il est compris dans la seizième division militaire, l'académie et le diocèse de Rennes et le ressort de la cour impériale de la même ville.

Il possède un lycée, quatre colléges, une école normale primaire, trois institutions, deux pensions, 636 écoles primaires.

Sa superficie est de 672,848 hectares, dont 411,379 en terres labourables ; 129,635 en landes, pâtis, bruyères ; 54,516 en prés ; 40,539 en bois ; 5,532 en vergers, pépinières, jardins ; 3,301 en propriétés bâties ; 1,495 en étangs, abreuvoirs, mares, canaux ; 23,823 en routes, chemins, places publiques, rues ; 1,318 en rivières, lacs, ruisseaux ; 315 en forêts, domaines non productifs ; 235 en cimetières, églises, presbytères, bâtiments publics. Il paye 1,951,716 francs d'impôt foncier.

Le sol est formé de granit et de schiste recouverts d'une couche plus ou moins épaisse de terre végétale, parfois argilo-calcaire. Il est ondulé de coteaux et de vallons très-boisés, et offre en productions minéralogiques du fer, du plomb, de l'ampélite ou pierre-noire, de l'ardoise, de l'argile à potier, de la tourbe. La pierre à bâtir est le granit, le grès, le schiste. Quelques calcaires donnent une chaux propre aux constructions et à la fertilisation des terres arabies, pour lesquelles les engrais animaux manquent généralement. Le gibier est excellent, surtout le lièvre, le lapin, les perdrix. Les autres animaux sont d'espèce inférieure. Les essences d'arbres les plus communes sont le chêne rouvre, le châtaignier et le hêtre. Le poirier et le pommier suppléent à la vigne, que l'on ne cultive que sur un point de l'arrondissement de Redon : le pommier donne un cidre agréable, léger, plus délicat que spiritueux. Les châtaignes sont abondantes et bonnes. Parmi les céréales cultivées, on doit signaler le froment, le méteil et le sarrazin, plus particulièrement consacrés à la nourriture de l'homme, et l'avoine, surtout celle d'hiver, dont on extrait un excellent gruau. Le produit des vaches est borné à un beurre médiocre, propre toutefois aux fritures, et dont on exporte de grandes quantités : le beurre même dit de la Prévalaie (du nom d'un château situé à 4 kilomètres de Rennes, sur la Vilaine) est beaucoup trop vanté et inférieur à ceux de Gournai, d'Isigni et de Livarot. Le miel est cher et de mauvaise qualité : on tue encore les abeilles pour leur arracher leur butin. Le tabac est cultivé dans quelques communes de l'arrondissement de Saint-Malo. On convertit en toiles le chanvre et le lin du pays. A cette industrie, il faut ajouter quelques papeteries, des verreries, des forges, la pêche maritime, l'envoi des huîtres de Cancale, et des expéditions pour la morue et la baleine.

Traversé par trois rivières navigables, par deux canaux, celui d'Ille-et-Rance (78 kilomètres), celui de Nantes à Brest (5 kilomètres), par vingt-trois routes, tant impériales que départementales, et notamment par celle de Paris à Brest ; par 1,185 chemins vicinaux, ouvert à l'exportation comme à l'importation par deux ports de mer, ce département n'a véritablement à désirer et à réclamer qu'une active industrie, qui mette en valeur ses produits agricoles et emploie utilement dans les fabriques les bras de ses nombreux et pauvres habitants.

Parmi les villes et localités remarquables nous citerons *Rennes*, chef-lieu du département ; *Saint-Malo*, *Vitré* ; *Fougères*, chef-lieu d'arrondissement sur le Nançon, près du confluent de cette rivière et du Couesnon', avec 9,083 habitants, un tribunal de première instance et 2,072 habitants ; *Redon*, *Saint-Aubin-du-Cormier*, *Cancale*, *Combourg*, *Saint-Servan*, jolie ville assise à l'embouchure de la Rance, dans l'Océan, à 2 kilomètres de Saint-Malo, avec un collége et 9,964 habitants : on y arme pour la pêche de la morue et le cabotage ; on y construit des navires, et on y fabrique de bons câbles ; Dol ; le château des Rochers, longtemps habité par Mme de Sévigné ; le château d'Épinal, dans la commune de Champeaux ; la galerie celtique d'Essé, connue sous le nom de la *Roche-aux-Fées* ; plusieurs dolmens et peulvans, etc.

ILLÉGALITÉ. L'*illégalité* est le caractère de ce qui est contraire à la loi. Il s'emploie plus spécialement pour désigner les infractions faites aux lois par ceux qui sont chargés de veiller à leur exécution, c'est-à-dire par tous ceux qui participent à l'action gouvernementale. Ainsi l'on dira d'un corps constitué qu'il a agi illégalement, mieux qu'on ne le dirait d'un ou de plusieurs citoyens qui auraient violé la légalité. Un ministre agira illégalement quand il sortira du cercle des devoirs et des attributions qui lui ont été fixés par la loi. Les remèdes que nos lois offrent contre les illégalités, de quelque part qu'elles viennent, sont bien faibles. La France est encore du nombre de ces pays où la poursuite des illégalités commises par des fonctionnaires dans l'exercice de leurs fonctions est environnée de tant d'entraves, qu'elle devient la plupart du temps décourageante et même impossible.

ILLÉGITIMITÉ. C'est l'état de toute chose qui n'est point légitime. On appelle en droit un enfant *illégitime* celui qui est né hors mariage et qui n'a point été légitimé. Le mot *illégitime* s'applique aussi aux choses : ainsi, l'on dit d'un titre, qu'il n'est point *légitime*, pour signifier qu'il manque des qualités légales. Quelquefois, le mot *illégitime* signifie aussi *injuste*.

ILLINOIS, l'un des États-Unis de l'Amérique du Nord, entre le Mississipi, l'Ohio et le Wabash, borné par le Kentucky, l'Indiana, le lac de Michigan, le Wisconsin, le Jowa et le Missouri, comprend une partie de l'ancien territoire de l'Ohio où, à partir des premières années du dix-huitième siècle, vinrent s'établir un grand nombre d'émigrés français du Canada, et les terres achetées par ceux-ci de 1803 à 1816 aux Indiens. Il fut ainsi nommé à cause de la grande rivière du même nom, qui le traverse. Érigé en 1809 en *territoire*, il fut admis en 1818 comme État dans l'Union américaine. La population s'y est rapidement accrue. En 1810, sur une superficie de 1800 myriamètres carrés, elle ne se composait encore que de 12,282 habitants. Dès 1850 elle était déjà de 851,370 habitants, tous, à l'exception d'environ 5,000 mulâtres libres, planteurs de race blanche, qui se livrent à l'agriculture et à l'éducation du bétail, et possèdent aussi quelques usines, notamment des manufactures d'étoffes de laine et des hauts fourneaux. Dans ces derniers temps, un grand nombre d'Allemands sont venus s'établir dans cet État, où ils forment maintenant près du tiers de la population totale. Le sol est généralement uni, cependant montagneux au nord, où sa fertilité est extrême. Au sud, l'Illinois est couvert de riches forêts ; au nord on trouve des prairies tantôt sèches et tantôt humides, et des terres grasses et marécageuses. Au total, c'est un pays extrêmement fertile, où réussissent particulièrement le froment et le maïs, de même que les légumes, le tabac, le chanvre, le lin, produisant en outre beaucoup de foin et de suc d'érable ; et quoique le climat en soit un peu froid, la vigne ne laisse pas que d'y réussir. Il n'y a guère encore que la septième partie du sol (environ 255 myriamètres carrés), en général le long des cours d'eau, qui ait été mise en culture. D'immenses troupeaux de bêtes à cornes, de porcs, de moutons, couvrent les prairies, et la production de la laine, du beurre et du fromage y est importante. En outre, de riches mines de plomb ont été découvertes, il n'y a pas longtemps, tout à l'extrémité septentrionale de l'État. De même que l'Indiana, le Jowa et le Kentucky, il fait partie du grand bassin houillier de l'Illinois, qui, à partir du Kentucky et se dirigeant au nord-ouest jusqu'au Mississipi, embrasse une surface de 1,400 myriamètres carrés. Le commerce y est favorisé par la ligue de navigation établie sur l'Ohio, le Mississipi, le Wabash, l'Illinois, et autres cours d'eaux, de même que par le lac Michigan, qu'il côtoye sur une partie de ses frontières. Au 1er mars 1852 on n'y comptait encore que 28 myr. de chemin de fer en activité, mais il y en avait 214 en construction. À la même époque, l'Illinois envoyait au congrès neuf représentants. Le gouverneur, qui reçoit un traitement de 1500 dollars, et les sénateurs, au nombre de 25, sont élus pour quatre ans ; l'élection des 72 représentants a lieu tous les deux ans. Tout citoyen blanc établi depuis six mois dans l'État a droit de voter. En 1821, la dette fondée de cet État s'élevait à 16,627,509 dollars. Le chef-lieu, et en même temps le siége du gouvernement, est *Springfield*, petite ville de 6,000 âmes. La ville la plus importante est Chicago, qui en peu de temps a pris un rapide essor, sans exemple jusqu'alors, même aux États-Unis. Il faut ensuite citer la ville de *Vandalia*, fondée par des Mecklembourgeois, ancien chef-lieu de l'État, avec 1,600 habitants, Allemands pour la plupart ; *Shawneetown*, avec de riches salines appartenant à l'Union ; *Galena*, à l'extrémité nord-ouest, dans une vaste région plombifère, fondée en 1836, avec une population de 4,000 âmes ; *Jacksonville* (4,000 hab.), où se trouve le collège Illinois, indépendamment duquel l'État possède encore les trois colléges d'Upper-Alton, de Lebanon et de Galesbury, ainsi qu'une école de médecine à Chicago ; *Nauvoo*, sur le Mississipi, autrefois le chef-lieu des Mormons, qui en furent chassés de vive force. Le magnifique temple qu'ils y avaient construit, et qui fut ensuite détruit, fut plus tard acheté par des *Icariens* français, dont l'essai de colonie socialiste et communiste a eu la plus triste fin.

ILLUMINÉS. Il y a eu quatre sectes différentes de ce nom : à la fin du seizième siècle, la société des *Alombrados* en Espagne ; vers l'an 1634 ; celle des *Guérinots*, en France, imbéciles fanatiques et visionnaires ; à la moitié du dix-huitième siècle, une association de mystiques en Belgique ; et à partir du 1er mai 1776, *l'ordre des Illuminés*, qui d'Ingolstadt se propagea surtout dans l'Allemagne catholique. C'est ce dernier qu'on comprend le plus ordinairement sous cette dénomination, bien qu'à l'origine son fondateur lui eût donné le nom d'*ordre des Perfectibilistes*.

Adam Weisshaupt, professeur de droit canon à Ingolstadt, forte tête et profond penseur, brûlant de l'amour de l'humanité, mais connaissant peu les hommes, conçut, dans sa haine pour le jésuitisme, la pensée de former dans une nombreuse association d'hommes une ligne des plus nobles esprits, une légion sainte d'invincibles champions de la sagesse et de la vertu. Le but de cette société était de donner l'empire du monde à la raison, de favoriser la propagation des lumières et de la véritable idée religieuse, en ébranlant dans leurs bases le culte et la foi domagtique de l'Église, en propageant le déisme ou religion naturelle et en créant un corps de doctrines républicaines. L'ordre des *Illuminés* recruta tant d'adhérents, surtout lorsque Knigge y eut consacré son activité et que la franc-maçonnerie y eut été intéressée, qu'à l'époque où il jeta le plus vif éclat il comptait parmi ses membres plus de 2,000 des hommes les plus instruits de l'Allemagne. Quelque noble et désintéressé que fut Weisshaupt, il se laissa séduire, en étudiant la constitution d'ordre des Jésuites et leur système d'éducation, par la pensée d'employer au bien le moyen dont les jésuites se sont servis pour faire tant de mal. Sans doute il ne s'agissait pas de fonder des écoles d'éducation à l'usage des membres de l'ordre, à l'instar de celles qu'entretiennent les jésuites ; mais les *Illuminés* devaient se surveiller, s'espionner les uns les autres, aller régulièrement à confesse ; bref, accomplir une foule d'actes, se soumettre à une multitude d'entraves et de restrictions qui révoltent le cœur et la conscience d'un homme libre. On espérait de la sorte parvenir à réunir dans la main tous les fils à l'aide desquels la légion sainte serait conduite au bonheur de l'humanité. Que si dans le choix de pareils moyens, la mort de l'ordre se trouvait déjà en germe, la désunion qui survint bientôt entre les deux chefs, Weissha pt et Knigge, ne fit que l'accélérer. L'opinion publique se prononça contre ces nouveaux réformateurs ; et une ordonnance de l'électeur de Bavière, en date du 22 juin 1784, et renouvelée le 2 mars 1785, prononça la dissolution de l'*ordre des Illuminés*. Weisshaupt fut interdit comme prêtre, et banni ; des peines sévères furent prononcées contre d'autres membres, sans qu'on ait pu justifier les formes insolites de la procédure suivie pour la condamnation de l'ordre.

ILLUSION (de *illudere*, se jouer, tromper). Au milieu des réalités, souvent trop positives, de la sphère dans laquelle l'homme s'agite, de riantes rêveries, de flatteuses espérances, se glissent parfois dans son âme, et viennent le consoler des maux qui l'accablent chaque jour. Ces rêves couleur de rose de l'homme éveillé, ces espérances, dont la réalisation lui semble si prochaine, ou, pour nous servir d'une expression devenue familière, ces *châteaux en Espagne*, constituent ce qu'on appelle l'*illusion*, et un poëte a dit avec beaucoup de vérité :

L'illusion c'est le bonheur!

L'enfance et la jeunesse composent ce qu'on appelle à bon droit l'*âge des illusions*. Sans les illusions de l'amour, qui songerait au mariage? Sans les illusions de la gloire, qui enflammerait le savant, le poëte, l'artiste, le guerrier ? Somme toute, l'homme s'acharne avec plus de constance à la poursuite de ses illusions qu'à celle de son bonheur réel. De même qu'il est d'aimables illusions, il en est aussi de bien noires, produites par une imagination mélancolique et romanesque ; il en est enfin auxquelles ne se rattache aucune idée heureuse ou malheureuse.

Les erreurs qui nous viennent de la vue portent le nom d'*illusion d'optique*. Sans l'illusion, il n'y a plus en peinture ni relief ni perspective. Et que devient la scène sans illusion ?

ILLUSION D'OPTIQUE. De tous les sens il n'y en a pas de plus trompeur que celui de la vue ; les objets dont il nous transmet l'image nous semblent, s'ils sont un peu éloignés, plus petits, conformés, colorés autrement qu'ils ne le sont en réalité ; quelquefois nous les plaçons dans des lieux où ils ne sont pas, et souvent nous croyons mobiles ceux qui sont en repos, et réciproquement. Un objet nous paraît plus petit en raison de la distance où il est du lieu où nous sommes, par la raison que les rayons visuels qui partent de ses bords, vont former dans notre œil un angle d'autant plus petit que l'objet est plus éloigné. C'est ainsi que les deux files de maisons qui bornent une longue rue paraissent s'abaisser à mesure qu'elles s'éloignent, quoique réellement elles aient la même hauteur. A l'aide d'une figure de géométrie facile à concevoir, on démontre que l'angle sous lequel on voit un objet, et par suite sa grandeur apparente, doivent être presque en raison inverse de l'éloignement de l'œil du spectateur, du moins quand l'angle sous lequel on voit l'objet n'excède pas certaines limites. Cependant cela n'a pas toujours lieu à beaucoup près ; car un homme que nous jugeons avoir 5 pieds, vu à 2 mètres de distance ne nous semble pas avoir diminué sensiblement de grandeur quand il s'est éloigné à 10, 12 mètres : il n'est pas aisé à beaucoup près de se rendre raison de cette illusion d'optique, dont la singularité contrarie le système de la structure de l'œil et les principes de la géométrie.

Une boule vue de loin nous paraît un disque tout plat : telle est l'image du soleil, de la lune, etc. L'éloignement et les milieux que traversent les rayons visuels altèrent et décomposent les couleurs des objets ; le soleil, par exemple, que nous voyons d'un blanc éclatant par un temps sans nuages, nous paraît de couleur pourpre quand le ciel est voilé par un brouillard d'une densité convenable ; cela tient à la composition de la couleur blanche, que l'on sait être formée des couleurs élémentaires du spectre, lesquelles ont la propriété de traverser les milieux, tels que les eaux, le verre, l'air atmosphérique, etc., avec plus ou moins de force. Le rayon de couleur rouge est, s'il est permis de parler ainsi, le plus vigoureux de tous. Cette couleur doit donc dominer dans l'image du soleil par un temps de brouillard, parce que les rayons bleus, indigo, vert, etc., sont restés en chemin, en tout ou en partie. C'est encore par cette raison qu'un objet de couleur rouge se voit de plus loin que s'il était bleu, jaune, blanc, etc.

Les couleurs influent sensiblement sur la grandeur apparente des corps : le disque du soleil nous paraît plus grand que si cet astre n'était éclairé que par une faible lumière ; un habit blanc fait paraître un homme plus gros que s'il était habillé de noir. Les peintures ne sont, absolument parlant, que des illusions d'optique.

Le mouvement est souvent la cause d'erreurs de cette espèce : si l'on considère la roue d'une voiture qui court avec une grande vélocité, on est tenté de croire que cette roue est pleine, ou qu'il n'existe pas de jours entre ses *rais* (rayons). Lorsqu'on fait tourner un charbon allumé, à la manière d'une fronde, l'œil aperçoit un cercle continu de feu. La cause de ces illusions consiste dans la faculté qu'a l'œil de conserver un instant l'image de l'objet coloré qu'il contemple : d'où vient que si l'objet change rapidement de place, la sensation de l'image qui le faisait voir en un point n'est pas effacée quand il est arrivé au point qui suit immédiatement, et d'où il transmet à l'œil la sensation d'une image semblable, etc. ; de sorte que si la balle d'un mousquet était incandescente, on croirait voir une traînée de lumière quand elle sortirait du canon.

Si le spectateur se trouve dans un lieu qui soit en repos, tous les objets qu'il verra se déplacer seront effectivement en mouvement ; le contraire doit arriver quand le lieu qu'il occupe est en mouvement : les objets en repos lui sembleront changer de place ; c'est ce qu'on observe lorsqu'on se trouve dans un bateau, une voiture... Les arbres, les maisons, semblent fuir ou s'approcher, suivant que le bateau, que l'on croit immobile, s'éloigne ou s'approche d'eux. C'est encore de cette manière qu'on explique les mouvements apparents des astres, qui pour la plupart sont fixes, mais qui semblent se mouvoir une fois en vingt-quatre heures, parce que la terre, tournant sur elle-même pendant le même temps, nous les présente successivement vers tous les points de la voûte céleste.

Il arrive quelquefois que les objets que nous regardons nous paraissent doubles : on en donne pour raison le déplacement accidentel ou volontaire de l'un des organes de la vue, ce qui fait que la sensation de l'image de l'objet, qui se forme ordinairement dans chacun des yeux, ne pouvant plus se confondre en une seule, nous croyons percevoir deux images. Les personnes ivres voient les objets doubles et mobiles, parce qu'elles ne peuvent fixer leurs regards.

TEYSSÈDRE.

ILLUSOIRE se dit de tout ce qui tend à tromper sous une fausse apparence, de tout ce qui est sans effet ; c'est dans ce sens qu'on dit : une promesse *illusoire*.

ILLUSTRATIONS. C'est le nom qu'on donne aujourd'hui aux gravures sur bois qu'on intercale dans un texte imprimé, soit afin de l'élucider, soit pour reproduire aux yeux, la scène, les traits, l'objet dont il y est question. Ces impressions typographiques ornées d'images obtiennent de nos jours tant de succès, qu'elles forment une fraction particulière et fort importante de la littérature moderne. On a orné de vignettes et encadré d'arabesques des livres à l'usage de l'enfance ou du peuple, des poëmes et des romans, des livres de prières et de dévotion, des traductions de la Bible et même des classiques de l'antiquité. Cette mode a non-seulement fait revivre d'une vie toute nouvelle la gravure sur bois, replacée au nombre des arts qui se rattachent à l'imprimerie, mais encore fait perdre à la gravure sur planches métalliques une partie de son importance. Les gravures sur bois ont remplacé les gravures sur acier et sur cuivre, et comme autrefois, alors que la gravure sur bois et la typographie étaient étroitement unies, elles sont devenues un accessoire indispensable pour une foule d'ouvrages, qui grâce à leur concours obtiennent un débit considérable. La mode des illustrations s'est répandue d'Angleterre en France, et de là en Allemagne ; et partout elle a provoqué une telle fureur pour les livres à figures, que notre époque semble en vérité vouloir revenir au culte des images, à l'instar du moyen âge. Jamais on n'*illustra* plus d'ouvrages qu'aujourd'hui. Chez nous l'illustration a servi de prétexte tantôt pour publier à des prix fort élevés des éditions nouvelles d'ouvrages que chacun avait déjà dans sa bibliothèque, tantôt pour faire acheter des livres dont personne ne se soucierait sans cela. D'abord timide et modeste dans ses allures, la gravure sur bois n'était que l'humble servante du texte ; mais plus tard, c'est le texte qui est devenu son très-soumis serviteur. En effet, les éditeurs lui ont à l'envi fait subir les plus inconcevables mutilations, toutes les fois que cela a convenu aux besoins de leurs spéculations ; et plus d'un intrépide liseur de romans, qui a entassé sur les rayons de sa bibliothèque les œuvres de nos principaux conteurs contemporains illustrées à quatre sous la livraison, est bien étonné quand il s'aperçoit qu'il n'a que la moitié de telle ou telle œuvre originale qu'il avait cru acquérir, l'éditeur en ayant sans façons supprimé ce qu'il appelle les *longueurs* ou les *digressions inutiles*. C'était l'unique et facile moyen de faire entrer ses coûteuses gravures dans un texte dont la reproduction entière et fidèle eût complètement changé la nature de sa spéculation, laquelle consistait à paraître offrir au public les œuvres *illustrées* de Walter Scott, par exemple, à tout aussi bon marché, à meilleur marché même que les éditions déjà existantes, fort complètes sans doute, mais dépourvues de l'attrait de ces vignettes explicatives sur bois, de ces *illustrations* dont on commence un peu trop à abuser. « Illustration, que me veux-tu ? » s'écrierait sans doute aujourd'hui Fontenelle, et avec tout autant de raison qu'à propos de la sempiternelle sonate.

ILLUSTRE, éclatant, célèbre par le mérite, par la noblesse, par quelque chose de louable, d'extraordinaire. (*voyez* CÉLÉBRITÉ). Plutarque a écrit la vie des hommes illustres, grecs et romains.

Il y avait à la décadence de l'empire romain trois titres d'honneur différents, qu'on accordait aux personnes qui se distinguaient des autres par leur naissance ou par leurs charges. Le premier était celui d'*illustris*, le second celui de *clarissimus*, le troisième celui de *spectabilis ;* mais *illustris* marquait une prééminence toute particulière : on le donnait aux consuls, aux patriciens, aux préfets, aux commandants généraux, aux sept ministres du palais. Au cinquième siècle les empereurs eux-mêmes et les rois tributaires de l'empire le prenaient. Plus tard il fut exclusivement réservé aux comtes et aux patriciens.

La suscription des rois mérovingiens, toujours placée en tête de leurs diplômes, se composait d'une ligne : N. *rex Francorum, vir inluster*. Ce titre n'apparaît chez les Francs qu'après que Clovis eut reçu d'Anastase la dignité de consul, à laquelle il était attaché. Chilpéric, Pepin et Charlemagne s'en parèrent successivement ; mais ce dernier varia la forme de suscription de ses diplômes, en raison des divers états qui tombèrent sous sa dépendance : ainsi, quand il eut été couronné empereur d'Occident, il remplaça le *vir inluster* par la formule impériale des Césars. Les maires du palais, ayant peu à peu usurpé l'autorité souveraine, s'arrogèrent ce titre, qui passa plus tard aux comtes et aux grands seigneurs du royaume dans les lettres que les monarques leur adressaient. On en décorait aussi les évêques et les abbés de haute considération. Enfin, il cessa d'être d'un usage aussi général, et se changea en un simple superlatif, sans grande importance, à la cour de Rome, qui donne encore le titre de *seigneurie illustrissime* aux nonces, aux archevêques, aux évêques, aux prélats. Celui d'*illustre magnificence* était conféré par les rois goths à leurs principaux officiers.

Les *Illustrati* étaient les membres d'une académie, ou société littéraire, établie à Casal, en Italie, ayant pour emblème le soleil et la lune, avec cette inscription : *lux indeficiens*.

ILLYRIE, royaume faisant partie de la monarchie autrichienne, mais non compris dans la Confédération germanique, et qui avec la D a l m a t i e forme la base de la puissance maritime de l'Autriche, borné au nord par le pays de Salzbourg et la Styrie, à l'est par la Croatie, les Frontières Militaires et la mer Adriatique, au sud par cette même mer, à l'ouest par le royaume Lombardo-Vénitien et par le Tyrol, comprend, sur une superficie de 360 myriamètres carrés, 1,295,200 habitants, pour la plupart catholiques. Depuis 1849, il est divisé en trois territoires formant à la couronne : le duché de C a r i n t h i e, le duché de Carniole, et le Littoral, c'est-à-dire les comtés princiers de G o r i t z et de G r a d i s k a, avec le margraviat d'I s t r i e et le territoire de la ville de T r i e s t e. Les trois chefs-lieux et sièges des gouverneurs sont *Klagenfurt*, *Laybach* et *Trieste*. Cette contrée est arrosée par la Save, la Drau et l'Isonzo ; et on y compte plusieurs lacs, notamment celui de Cz i r k n i t z. Sur les côtes, le pays est plat et sablonneux ; mais à l'intérieur il est parcouru par les Alpes Carniques, Noriques et Juliennes. Aussi, le climat y est-il fort âpre, tandis que dans les vallées du sud tous les fruits parviennent à maturité. Les produits les plus importants, surtout en Carinthie et en Carniole, sont les articles en fer et en acier, dont la fabrication dépasse chaque année deux millions de florins. La grande majorité de la population est de race slave.

Les anciens Illyriens étaient de la même race que les Thraces, mélangés de bonne heure avec des Phéniciens, des Grecs, des Italiens et des Celtes. Ils habitaient au quatrième siècle av. J.-C. tout le littoral de l'est de l'Adriatique, les îles qui en dépendent et l'ouest de la Macédoine jusqu'à l'Épire. Mais le roi Philippe de Macédoine leur enleva toute cette partie de la Macédoine jusqu'au fleuve appelé Drilon (aujourd'hui *Drino*) ; et l'*Illyricum* ou *Illyrica*, comme on appelait alors l'Illyrie, fut ensuite divisé en *Illyrica Græca* et *Illyrica Barbara*. La première, qui forme aujourd'hui l'Albanie, fut incorporée à la Macédoine. C'est là qu'étaient situées Dyrrachium (aujourd'hui *D u r a z z o*) et *Apollonia*. L'*Illyria Barbara* s'étendait depuis le cours d'eau appelé Arsia (aujourd'hui *Arsa*), en Istrie, jusqu'au Drilon, et était divisée en *Japydia*, *Liburnia* et *Dalmatia* ; elle donna le jour à divers empereurs romains.

La piraterie était la principale industrie des Illyriens, dont les rois eurent en conséquence de bonne heure des démêlés avec les Romains, qui l'an 288 avant J.-C., sous le règne de leur reine Teuta, finirent par subjuguer complètement cette nation. De temps à autre, il est vrai, elle essaya de briser ses fers ; mais vaincue par César, puis entièrement affaiblie par Auguste, Germanicus et Tibère, elle finit par voir son territoire converti en province romaine, tout en conservant à ce titre un rang important dans le grand Empire. Le nom d'*Illyricum*, auquel dans le quatrième siècle on ajouta l'épithète de *magnum*, comprit alors toutes les provinces de l'Empire Romain situées à l'ouest. Lors du partage de l'empire, l'Illyrie fut adjugée à l'Empire d'Occident ; à la chute duquel, en l'an 476, elle échut à l'Empire d'Orient. Une fois sa nationalité effacée et anéantie par la longue souveraineté de Rome et par l'occupation passagère des Goths, l'Illyrie fut renouvelée, au sixième siècle, par les Croates et les Serbes, peuplades d'origine slave, qui vinrent s'y fixer ; et elle réussit bientôt à se rendre indépendante du faible gouvernement de Byzance. Alors, il est vrai, ses provinces occidentales, la Carniole et l'Istrie, furent à toujours incorporées à l'Empire de l'Allemagne depuis l'époque des Carlovingiens, tandis que ses provinces orientales retombaient, mais pour peu de temps seulement, sous la domination des empereurs de Constantinople. A partir de l'an 1000, les Vénitiens et les Hongrois s'emparèrent de diverses parties de ce territoire; et en 1170 on y vit surgir un royaume hongrois-slave de Rascie, duquel naquirent plus tard la Bosnie et la Servie. La Dalmatie passa d'abord sous les lois de Venise; mais en 1270 elle devint en grande partie la proie des Hongrois; toutefois, ceux-ci de même que les Vénitiens se virent enlever par les Turcs presque tout ce qu'ils possédaient. Venise ne conserva plus qu'une petite partie de la Dalmatie, et la Hongrie que l'Esclavonie et une partie de la Croatie.

La paix de Campo-Formio, en 1797, plaça la Dalmatie-Vénitienne jusqu'au Cattaro sous la domination autrichienne. Douze années plus tard eut lieu une résurrection de l'antique Illyrie. Un décret de Napoléon, en date du 14 octobre 1809, portait : « Le cercle de Villach, de Carinthie, la ci-devant Istrie autrichienne, Fiume et Trieste, les contrées désignées sous le nom de Littoral, et tout ce qui nous a été cédé sur la rive droite de la Save, la Dalmatie et les Iles qui en dépendent, prendront désormais le nom de *Provinces Illyriennes*. » Après avoir acquis un accroissement de territoire de près de 22 myriamètres carrés par la cession du Tyrol italien, consentie par la Bavière, les Provinces illyriennes reçurent une organisation définitive, tant sous le rapport militaire que sous le rapport financier, en vertu d'un décret impérial en date du 15 avril 1811. L'Illyrie resta alors sous la domination française jusqu'à la chute de Napoléon; puis, en 1816, elle fut replacée sous la domination autrichienne comme royaume. Depuis, le Littoral hongrois et la Croatie en furent séparés en 1822 et réunis à la Hongrie, tandis qu'en 1825 on incorporait toute la Carinthie au royaume d'Illyrie, qui fut alors divisé en deux gouvernements, *Laybach* et *Trieste*, le premier comprenant la Carinthie et la Carniole, le second le reste du territoire situé au sud, le Frioul autrichien, les comtés de Goritz et de Gradiska, le territoire d'Aquilée et la presqu'île d'Istrie. Laybach devint la capitale de tout ce royaume. La constitution nouvelle, donnée à l'empire en 1849, lui laissa ses limites; mais ses diverses parties reçurent une organisation intérieure toute nouvelle.

ILLYRIENNES (Langue et Littérature). Il n'y a point de langue illyrienne proprement dite : la langue que le peuple parle en Illyrie est un dialecte du slave, divisé lui-même en autant de dialectes différents que l'Illyrie compte de provinces naturelles. Partout où il y a une langue, il y a une poésie et une littérature. Dans les langues perfectionnées, cette littérature devient classique, et finit par appartenir à tous les peuples. Dans les langues naïves, qu'on a peu cultivées hors de leur domaine autochthone, elle reste locale, et ne se conserve guère que par la tradition; tels sont les poëmes illyriques, ou plus proprement morlaques, dont je me propose de parler. Qu'on se représente d'abord le chantre morlaque, avec son turban cylindrique, sa ceinture de soie tissue à mailles, son poignard enfermé dans une gaîne de laiton garnie de verroteries, sa longue pipe à tube de cerisier ou de jasmin, et son brodequin tricoté, chantant le *pismé* ou la chanson héroïque, en s'accompagnant de la *guzla*, qui est une lyre à une seule corde, composée de crins entortillés. C'est ordinairement, après les premières heures du soir que le Morlaque se promène sur la montagne, en racontant dans son chant monotone, mais solennel, les exploits des anciens chefs. Il ne voit pas les ombres de ses pères dans les nuages, mais elles vivent partout autour de lui. Celle de l'homme hospitalier et fidèle, qui n'a point été désavoué par ses amis dans l'assemblée du peuple, et qui a été brave à la guerre, descend souvent à travers les rameaux des yeuses dans un rayon de la lune; elle tremble sur le gazon de sa tombe, la caresse d'une lumière douce, et remonte. Celle du méchant s'égare dans les lieux abandonnés; elle fréquente les sépultures, déterre les morts, ou, plus téméraire, va boire dans un berceau négligé de la nourrice le sang des enfants nouveau-nés. Souvent un père épouvanté a rencontré le vampire tout pâle, les cheveux hérissés, les lèvres dégoûtantes, et le corps à demi enveloppé des restes de son linceul, penché sur la petite famille endormie, parmi laquelle, d'un regard fixe et affreux, il choisit une victime. Heureux s'il parvient à trancher alors d'un coup de son *hanzar* les jarrets du cadavre, car désormais celui-ci ne sortira plus de son cercueil. Au même instant, les magiciennes préparent leurs sortiléges; elles dansent trois à trois, comme les sorcières de *Macbeth*, en proférant d'effroyables conjurations : ce sont elles qui appellent l'orage, la grêle et les tempêtes. Quand un vaisseau vient se briser dans les dunes, on les a vues souvent bondir de vague en vague, en frappant de leur pied la cime écumeuse des flots.

C'est au milieu de ces prestiges que marche mon poëte, car il est poëte aussi, et ne se borne pas à répéter des chants connus. La douceur de sa langue harmonieuse, la liberté de son rhythme, qui n'admet ni la symétrie fatiguante d'une césure obligée, ni le monotone agrément de la rime, lui permettent d'obéir à toutes ses inspirations, et d'embellir de ses pensées la vieille ballade que la tradition lui a transmise. Il arrive même souvent que d'une montagne à l'autre un chantre inspiré fait succéder à la strophe qu'il achève une strophe nouvelle. Tous deux s'arrêtent et luttent d'invention poétique à la manière des bergers de Virgile. Ils ont encore ce rapport avec les interlocuteurs des bucoliques anciennes, qu'ils finissent ordinairement par faire l'éloge de leur chant, et cette dernière partie du poëme illyrien se modifie suivant l'homme qui le récite, ce qui est tout à fait conforme à la nature.

Le poëte illyrien le plus célèbre par ses chansons aura l'honneur de présider à la danse rustique. C'est autour de lui que le *kolo* se forme en rond; c'est lui qui l'anime du son de sa cornemuse ou du bruit de sa voix; il redouble, il presse, il précipite la mesure; la gaieté devient de l'enthousiasme, du délire; le délire fait place à l'accablement, et les danseurs tombent épuisés autour du poëte. Il est remarquable que le goût du chant, de la poésie et des arts mimiques soit d'autant plus vif que ces arts sont moins perfectionnés et plus voisins de leur berceau. Jamais les lecteurs les plus prônés de nos poètes de salons, les concerts du plus habile de nos virtuoses, les ballets symétriques du plus élégant de nos chorégraphes, n'ont produit l'ivresse qu'inspirent les accents sauvages d'un improvisateur des déserts. Pour se faire une idée du chant morlaque, il faut l'avoir entendu. Fortis essaye de le décrire, mais il oublie une chose qui me paraît essentielle à dire, c'est qu'il ressemble très-peu à la voix humaine. C'est une espèce d'instrument à deux parties qui oppose avec une rapidité surprenante les deux timbres les plus éloignés; et comme cette pensée ne peut guère s'exprimer par une seule définition, je croirais n'y avoir pas réussi autant que cela est possible, si je ne cherchais à faire comprendre à mon lecteur le contraste qui doit résulter d'un hurlement rauque, toujours suivi d'une cadence très-aiguë, et la suivant toujours avec une célérité de mouvement et une justesse d'accord qui étonnent l'oreille. Les chants *fourlans* et tyroliens se rapprochent beaucoup de cette mélodie sauvage, mais ils annoncent plus de culture et de goût.

Le mètre le plus ordinaire du *pismé* illyrien a beaucoup de rapport avec celui de notre vers de dix syllabes. Quoique la césure soit généralement peu marquée dans la poésie slave, il est rare que l'enjambement de la mesure ou le caprice du chant la rejette au delà du douzième pied. La ballade n'est pas divisée en couplets, mais la pensée est ordinairement circonscrite dans les vers, forme très-antique, qui donne de la monotonie mais de la solennité à l'expression, surtout quand le chant s'y approprie heureusement, ce qui arrive presque toujours, à cause de la simplicité des motifs.

Le poëte illyrien ne s'est pas soumis à l'esclavage de la rime; mais presque tous ses vers, terminés par des vocales sonores, prêtent infiniment à l'harmonie. Il a d'ailleurs deux procédés qui favorisent singulièrement le nombre, et qui consistent dans l'opposition ou le balancement de la phrase poétique, et dans la répétition contrastée de l'expression, ce qui est, par parenthèse, une forme très-naturelle aux jeunes langues et un artifice fort insipide dans les langues en décadence. Le plus grand défaut d'un poète qui a perdu de vue la nature, c'est la prétention de lui ressembler.

Je ne sais si la langue slave aura jamais une littérature classique ; je l'en crois très-digne sous tous les rapports, et il est du moins certain qu'elle a déjà son *Iliade* ou sa *Jérusalem* : c'est l'*Osmanide*, poëme épique de Gondola, aussi célèbre chez les Dalmates qu'il est inconnu à Paris. Toutefois, ce poëme assez récent n'existe lui-même que dans la bouche des rapsodes et dans quelques manuscrits très-rares ; encore le temps en a-t-il fait perdre deux chants, que M. le comte de Sorgo a rétablis avec un talent très-distingué, mais qui sont bien loin d'atteindre, au gré des connaisseurs délicats, à la naïve sublimité du modèle. En attendant que le poëte esclavon prenne son rang parmi les maîtres de l'épopée, ce qui peut arriver un jour, son existence, à peine constatée, n'occupe pas la renommée à vingt lieues du pays qui conserve ses cendres, et je n'ai jamais entendu nommer un de ses émules dans tout le reste de l'Europe. Cependant ces bardes obscurs, dont le nom sera tout à fait ignoré de l'avenir, font le charme d'une nation vive, spirituelle, sensible, qui confine d'un côté à la patrie de Virgile, de l'autre à celle d'Homère, et qui ne le cède ni à l'Italie ni à la Grèce antique dans la beauté du territoire, dans la variété des sites, dans l'originalité des mœurs et des inspirations. Cette singularité dans la destinée littéraire des nations vaudrait la peine d'être approfondie.

J'ai dit que l'opposition de la phrase poétique et la répétition contrastée de l'expression ou de la figure étaient un des artifices les plus communs du poëte illyrien, et l'on peut en conclure, comme je l'ai déjà insinué, qu'il n'y a rien qui ressemble mieux à l'enfance d'un art que sa caducité. Je ne vois que cette différence entre le poëte primitif et celui des littératures très-raffinées, que l'un obéit à l'impulsion d'une sensibilité naturelle, et pour ainsi dire enfantine, qui s'amuse du choc des idées et des images, et que l'autre, fatigué de l'éternelle beauté des sentiments simples, les tourmente pour les renouveler. Il serait peut-être hardi, mais il serait vrai de dire que le bon sens est l'âge adulte des arts.

La littérature illyrienne dont je parle ici, c'est la littérature originale et spontanée de la langue naïve. Ce n'est pas la littérature acquise, la littérature d'importation, que l'Illyrie possède comme les autres pays de l'Europe, pour ne pas dire mieux qu'aucun autre. Il n'y en a point en effet où les langues classiques des anciens et des modernes soient cultivées avec plus d'éclat ; et il suffit de rappeler aux savants, pour le prouver, les noms de Boscovich, des Stay, des Zamagna, des Sorgo, des Appendini, des Albinoni, si chers aux muses grecques et latines.

Le culte de la muse slave a dû être beaucoup plus dédaigné dans la civilisation scolastique et universitaire des âges modernes ; mais je ne doute pas qu'il ne se rétablisse un jour. Le patriotisme des nations éclairées réveillera tôt ou tard la poésie des vieilles langues, et ne saurait mieux faire, car il n'y a plus, hélas, de poésie que là. Par rapport à l'Illyrie, j'ai déjà dit qu'elle avait au moins son Tasse dans le Gondola. Le vieux Wragnin ou Waragnin, que les Italiens appellent *Ragnino*, ne le cède pas de beaucoup à Horace, et Giorgi a des pièces charmantes, qui auraient rendu jaloux Anacréon et Théocrite. On n'a pas le droit d'abdiquer une langue qui a produit de telles merveilles.   Charles NODIER, de l'Académie Française.

ILLYRIENNES (Provinces). *Voyez* ILLYRIE.

ILMEN (Lac d'), dans le gouvernement russe de la Grande Novogorod, long de quatre myriamètres sur trois de large, très-profond et très-dangereux. C'est sur sa rive septentrionale, à deux myriamètres de Novogorod, à l'endroit où il reçoit les eaux du Wolchow, que s'élève le magnifique couvent de Saint-Jurii, qui se distingue de la plupart des autres monastères de la Russie, non-seulement par le style simple et noble de son architecture, par son antiquité et ses trésors, mais encore par d'importantes collections de véritables richesses artistiques. Le lac d'Ilmen, alimenté par plusieurs rivières considérables, est très-productif pour la pêche. La Msta, formée de la réunion de la Zna et de la Schlina, le Lowat, avec ses bras qui forment un delta, ses nombreux affluents et la Schelona, sont les cours d'eau les plus considérables qui y aboutissent, tandis que le Wolchow lui sert de canal de décharge et porte ses eaux au lac Ladoga.

Le lac d'Ilmen et ses canaux forment aujourd'hui une des plus importantes voies intérieures de communication de la Russie, le canal qui, sur le bord septentrional du lac, joint la Msta au Wolchow, reliant Saint-Pétersbourg à Astrakan, et le canal de Welikiluki mettant en communication Riga et Saint-Pétersbourg au moyen de la Duna et du Lowat. De trois côtés, au nord, au sud et à l'ouest, ce lac est entouré de colonies militaires ; et Staraja-Rusa, au sud, la capitale de ces colonies, est remarquable par des salines d'une richesse extraordinaire.

ILOTES ou HILOTES, et encore HÉLOTES, population de la ville d'Hélos, dans le Péloponnèse, au fond du golfe de Laconie, indignement réduite en esclavage par l'impitoyable Agis Ier, roi de Lacédémone, qui l'effaça, elle et ses murailles, de l'ancien royaume de Ménélas, dont elle faisait partie. Son antiquité, son amour de la liberté, sa vaillance, chantée par Homère, méritaient à cette ville un meilleur sort. *Vœ victis!* Malheur aux vaincus ! dirent les Romains ; honte aux vaincus ! disait Sparte, cent fois plus cruelle que Rome. Ce que le fer et la flamme avaient oublié de ses habitants, elle le traîna captif, hommes, femmes et enfants. Leur esclavage, plus honteux encore pour leurs tyrans que pour eux, fut si avilissant, que le nom d'*ilote* et d'*ilotisme* fut dans la suite la seule expression qui pût peindre l'abjection morale et physique de l'homme. Soumis aux plus dégoûtants offices, il leur était défendu de coucher dans la ville de Sparte, cette fière républicaine, dont la cité se faisait de faire des esclaves de ses propres frères. Les travaux rustiques, les délices de l'homme simple et libre, étaient pour ces malheureux une supplice, une humiliation sans fin ; le fouet était incessamment levé sur eux. A des époques fixes, dans l'année, on les fustigeait impitoyablement, et sans motifs, seulement pour qu'ils se remissent en mémoire qu'ils étaient moins libres que des bêtes de somme. On écrasait de la pierre leurs nouveau-nés quand leur accroissement donnait des craintes à cette barbare république. Le gouvernement les louait ou les prêtait aux citoyens, qui étaient tenus de les lui rendre, à sa première réquisition.

Tous les esclaves à Sparte, de quelques nations qu'ils fussent, étaient généralisés sous le nom des anciens habitants de la malheureuse ville d'Hélos. Certains jours de fête, on forçait ces misérables à s'enivrer ; alors, en cet état, trébuchant, tombant à terre, on les offrait pêle-mêle à la risée et aux insultes des enfants, pour salir leurs regards plutôt que pour leur faire horreur de la débauche, plus hideuse encore sur ces corps avilis par la servitude. Infortunés prolétaires, donnaient-ils de l'ombrage à la république par leur accroissement, on en égorgeait un certain nombre ; 2,000 furent ainsi massacrés en une seule nuit. Quels bourreaux étaient chargés de ces exécutions ? Qui le croirait ? Les plus braves, les plus forts, la fleur de la jeunesse spartiate ! Vainement ces martyrs de la Grèce, l'an 469, se soulevèrent-ils dans Sparte, qu'un horrible tremblement de terre avait à demi renversée. Eux et les Messéniens, qui s'étaient joints à leur cause, furent réduits de nouveau. Dès lors la fureur de leurs tyrans ne leur laissa nulle relâche. Cependant, en de pressants périls, on les employait dans les combats ; et s'ils donnaient d'éclatantes preuves de bravoure et de dévouement, alors, éclairée d'un rayon de justice et d'humanité tombé des cruelles lois de Lycurgue, Sparte affranchissait ces ilotes, et les admettait au rang de ses citoyens. Les généraux Lacédémoniens Lysandre, Callicratidas, Gylippe, furent des ilotes affranchis. On aurait peine à croire à l'*ilotisme*, si nous n'avions eu sous nos yeux, en deux vastes parties du monde, l'esclavage des noirs, dont la postérité vengea si cruellement les os de ses pères sur les mornes en feu du Cap, encore rougi du sang des blancs.   DENNE BARON.

ILVA, ancien nom de l'île d'Elbe.

ILVAÏTE ou **LIÉVRITE**, noms d'une des espèces minéralogiques du genre *fer*, que les classificateurs modernes appellent *fer silicaté* (*yénite* ou *fer calcaréo-siliceux* d'Haüy). C'est une substance d'un noir brunâtre, à poussière noire, composée de silicate, de peroxyde de fer et de silicate d'oxydule de fer et de chaux, cristallisant en primes droits rhomboïdaux, terminés par des sommets à deux ou à quatre faces, qui se font souvent remarquer par un chatoiement particulier. L'ilvaïte, que l'on observe aussi en masses bacillaires, fibreuses et compactes, se trouve à l'île d'Elbe (en latin *Ilva*, d'où le nom d'*ilvaïte*).

IMAD-EDDAULAH. Voyez BOUIDES.

IMAGE, du latin *imago*, dérivé d'*imitari*, imiter. En effet, une image est l'imitation d'une chose naturelle qui vient à frapper nos yeux ou notre esprit. Dans le premier cas, elle porte également le nom d'*image*, qu'elle soit le produit instantané et fugitif de la réflexion d'un objet sur une surface unie (*voyez* l'article ci-après), ou bien qu'elle provienne du travail d'un artiste. Dans le second cas, elle est le résultat du talent d'un poète, qui, dans son ouvrage, a su retracer avec intérêt une scène gaie, terrible ou attendrissante.

Quoique le mot *image* s'emploie comme terme d'optique ou de rhétorique, il est d'un usage bien plus fréquent et bien plus général encore dans les beaux-arts. Cependant, on ne doit pas s'en servir indifféremment pour toute représentation, pour toute imitation. La poésie seule emploie le mot *image* en parlant de la figure d'un personnage que nous voyons ou que nous aurions pu voir : autrement on dit plutôt le *portrait*, la *statue*, la *figure*. *Image* est surtout réservé pour des personnages respectés, ou bien pour des êtres que nous n'avons jamais vus : ainsi, on dit une *image* de la Vierge ou de saint Jean, l'*image* de Dieu, etc. Nous devons cependant ajouter que si, chez les Grecs, le mot εἰκών, que nous traduisons par *image*, servait à désigner de belles productions des arts, un artiste maintenant serait peu flatté d'entendre dire qu'il a fait une *image* de saint Étienne, ou de sainte Juliette ; il regarderait même cette expression comme une critique. En effet, on n'emploie plus le mot *image* que pour des objets de commerce, ordinairement sans mérite sous le rapport de l'art.

Les anciens peuples ont eu beaucoup de vénération pour les images ; les Juifs cependant ne s'en permettaient aucune, ni dans leurs temples ni dans leurs maisons. Les mahométans ont adopté ce système dans leur religion. Les Romains au contraire avaient un immense respect pour les images de leurs ancêtres : ils les conservaient soigneusement, et les plaçaient ordinairement dans l'*atrium* de leur maison. Des esclaves étaient chargés de les nettoyer, de les parer dans les jours de fête, de les porter dans les jours de triomphe, ou de funérailles. Cet honneur n'était rendu qu'à ceux qui avaient exercé de grandes magistratures, telles que l'édilité, la préture et le consulat. Polybe rapporte que dans les jours de solennité on mettait des toges à toutes les images des ancêtres, et que ces toges étaient *prétextes*, c'est-à-dire bordées de pourpre, pour les images des consuls, des préteurs ; celles des censeurs étaient ornées différemment. Des toges brodées en or étaient données aux images des triomphateurs. Lorsqu'au contraire un ancêtre ne méritait aucune estime, son image ne paraissait pas dans les cérémonies ; si même il avait encouru le blâme ou le mépris, on brisait son image, on la traînait dans la boue, on la jetait dans un fleuve, même dans un cloaque. Ne trouvons-nous pas dans ces usages l'exemple de porter dans nos processions religieuses les images de la Vierge, celles des saints patrons de la ville ou de la paroisse? N'y voyons-nous pas surtout l'origine de cette habitude si fréquente d'avoir pour un grand nombre d'images des robes plus ou moins amples, plus ou moins belles, plus ou moins riches, suivant que la fête est simple ou solennelle? Et les filles de la Vierge, les membres des confréries, ne sont-ils pas les successeurs de ces esclaves chargés du soin des images des ancêtres?

Les Romains plaçaient à la poupe de leurs navires l'image d'une divinité, qui devenait tutélaire pour le vaisseau ; de là vient l'habitude de sculpter une ou plusieurs figures sur les bâtiments de mer. Cet usage est remplacé dans la navigation fluviale par le nom écrit de la Vierge ou du saint, patron du bateau.

Les premiers chrétiens eurent aussi des images, et leur vénération devint telle que dans le huitième siècle quelques-uns, regardant ce culte comme de l'idolâtrie, cherchèrent à le détruire, et furent, à cause de cela, nommés *iconoclastes*. Métrophane-Critopule rapporte que lorsque l'on fait la fête d'un saint, on place son image au milieu de l'église, et ceux qui sont présents viennent la baiser ; mais cet hommage se rend différemment suivant le personnage. Si c'est l'image de Jésus-Christ, on lui baise les pieds ; si c'est celle de la Vierge, on lui baise les mains ; si c'est celle d'un saint, le baiser se donne sur le visage. Les images étant universellement vénérées, celles de la Vierge surtout se sont multipliées à l'infini ; beaucoup sont encore maintenant l'objet d'une haute vénération. Parmi ces images, les unes sont sculptées, soit en basalte, soit en bois ; souvent elles sont couvertes de vêtements en étoffe riche, brodée en or, en argent, ou ornée de pierres précieuses ; d'autres sont peintes : quelques-unes de celles-ci sont attribuées à saint Luc ; c'est une erreur. Sans savoir quel aurait pu être le talent de l'évangéliste saint Luc dans les beaux-arts, on est assuré maintenant que ces anciennes peintures ont été l'ouvrage d'un peintre nommé Luca, et qui vivait en Italie dans le quatrième siècle. Il serait difficile de donner une liste complète des nombreuses images de la Vierge ; mais il paraîtra curieux sans doute de rappeler ici les plus célèbres. Parmi les madones sculptées, on doit citer celles de Lorette, de Capocroce, de Fourvière, de Liesse, de Chartres et du Puy-en-Velay, d'Einsilden en Suisse, d'Atocha, de Valence et du mont Sera. Parmi les images peintes, nous appellerons l'attention plus particulièrement sur celles de Sainte-Marie-Majeure, de Saint-Nicolas de Tolentin à Rome, du mont Brio à Vicence, du mont de la Garde à Castellamare, de Messine, de Passau, etc., et nous nous arrêterons sans parler des célèbres vierges de R a p h a e l, car ce serait aussi une espèce de profanation de les citer dans une liste d'images.

Ainsi que nous l'avons déjà fait entendre au commencement de cet article, le nom d'*image* ne sert plus maintenant qu'à désigner ces petites figures gravées et ordinairement enluminées, que l'on accorde pour récompense aux enfants, lorsqu'ils ont bien su ou bien récité leurs leçons ou leur catéchisme. Autrefois *image* a été synonyme d'*estampe*, et on donnait le nom d'*imagiers* à ceux qui les fabriquaient ou les vendaient. Les libraires, ainsi que les autres marchands, avaient aussi des enseignes sur lesquelles ils faisaient peindre quelque image, et les livres du dix-septième siècle portent souvent leur adresse avec cette mention : *A l'image Saint-Christophe*, *à l'image Saint-Jacques*, *A l'image Notre-Dame*; quelquefois aussi on disait simplement : *A la Belle Image* : c'était celle de la Vierge. On dit familièrement un livre plein d'*images*, un livre d'*images*. Si un enfant reste bien tranquille, souvent on dit : Il est sage comme une *image*. Lorsqu'une femme est belle, mais qu'elle ne sait pas causer, et que son esprit ne répond pas à sa grâce, on dit : C'est une belle *image*.   DUCHESNE aîné.

IMAGE (*optique*). On donne ce nom à l'apparence produite par les rayons lumineux émanés d'un objet et réfléchis par un miroir. Quoique généralement les images ne soient qu'une apparence, on doit cependant les distinguer en *images virtuelles* et *images réelles*. Les miroirs plans nous donnent un exemple des premières ; s'ils nous font voir un objet symétrique à celui qu'on leur présente, ce n'est là qu'une illusion de l'œil ; l'image n'existe pas réellement, car les rayons lumineux ne traversent pas le miroir. Mais supposons un miroir concave, et plaçons un corps éclairé au delà de son foyer ; si l'on suit la marche des rayons lumineux, en se conformant aux lois de la réflexion, on reconnaîtra qu'après avoir été réfléchis, ils viennent former en avant du miroir une image *réelle*, dont on constatera l'existence, soit en la recevant sur un écran, soit en plaçant simplement l'œil dans la direction des rayons réfléchis ; cette image, placée entre le centre de courbure et le foyer principal du miroir sera plus petite que l'objet et renversée ; si l'on transporte l'objet à cette place, son image viendra le remplacer ; elle sera alors amplifiée et toujours renversée. Enfin si l'objet est placé entre le miroir et son centre, l'image devient droite et virtuelle comme dans les miroirs plans, mais elle est amplifiée. Quant aux miroirs convexes, ils donnent toujours des images virtuelles, droites et plus petites que l'objet.

Comme les miroirs, les lentilles donnent lieu à la formation d'images, les unes réelles, les autres virtuelles. Pour en reconnaître théoriquement la nature, il suffit de suivre la marche des rayons lumineux, en ayant égard cette fois aux lois de la réfraction.

C'est sur ces considérations que repose la construction de la plupart des instruments d'optique. E. MERLIEUX.

IMAGE (*Littérature*). Longin définissait les images des pensées propres à fournir des expressions et à présenter des tableaux à l'esprit. « Ce sont, ajoutait-il, des discours que nous prononçons, lorsque, cédant à l'enthousiasme ou à une vive émotion de l'âme, nous croyons voir les choses dont nous parlons, et nous cherchons à les peindre aux yeux des autres. » C'est donc, comme on l'a dit, une sorte de matérialisation de l'idée, ou plutôt le voile matériel d'une idée, selon l'expression de Marmontel. « En poésie, dit ce savant academicien, le but de l'image est l'étonnement, la surprise. Dans la prose, au contraire, son objet est de bien peindre les choses et de les faire voir clairement. Dans l'un et l'autre genre, du reste, elle tend également à émouvoir. Pour tures contribuent beaucoup à donner du poids, de la magnificence, de la force, au discours. Elles l'échauffent, elles l'animent ; ménagées avec art, elles domptent et soumettent le lecteur et surtout l'auditeur. On appelle généralement *images*, tant en éloquence qu'en poésie, toute description, courte et vive, présentant les objets aux yeux autant qu'à l'esprit. D'après Longin, on a compris sous le nom d'image tout ce qu'en poésie on appelle *description* et *tableau*. Mais en parlant du coloris du style, on attache à ce mot une idée beaucoup plus précise ; et par *image* on entend cette espècede métaphore qui, pour donner de la couleur à la pensée et rendre un objet sensible, s'il ne l'est pas, ou plus sensible s'il ne l'est pas assez, le peint sous les traits qui ne sont pas les siens, mais ceux d'un objet analogue... Toute image est une image... L'image suppose une ressemblance, renferme une comparaison ; et de la justesse de la comparaison dépend la clarté, la transparence de l'image. »

Les peuples orientaux, comme les peuples barbares, font un grand emploi des images dans leur langage. Chez les derniers, c'est un besoin ; chez les premiers, c'est un effet du climat, qui exalte leur imagination. Les langues plus avancées se dépouillent beaucoup de cet ornement. La littérature française est même accusée d'en être trop sobre par ses sœurs d'Europe, qui ne peuvent peut-être encore, et qui ne comprennent pas une poésie sans un style vivement imagé. Une école a pourtant voulu chez nous aussi s'envelopper de cette vapeur, quelquefois brillante, trop souvent nébuleuse, et à force de rechercher l'image, elle produirait une sorte de matérialisation de la langue. L. LOUVET.

IMAGES (Culte des). *Voyez* ICONOLATRIE.

IMAGIER ou IMAGER. On a donné ce nom aux marchands et fabricants d'images imprimées, et notamment d'images communes, imprimées sur bois. Leur art, qui se lie à l'histoire de la gravure sur bois, a conduit aux premiers essais de l'imprimerie typographique. Il a commencé, à ce qu'on croit, par l'impression des cartes à jouer. Coster de Harlem était un de ces anciens imagiers. Dans les quarante premières années du quinzième siècle, en effet, on imprimait, en plusieurs endroits, sur des planches en bois, gravées, des figures avec un texte à côté, au bas où sortant de la bouche des personnages. On possède plusieurs livres de ce genre, comme la *Bible des Pauvres*. Les plus anciens ont été imprimés d'un seul côté du papier, avec une encre grise en détrempe. Les figures sont au trait, dans le goût gothique. Les feuillets sont souvent collés dos à dos ; des lettres de l'alphabet indiquent l'ordre de leur arrangement. On les imprimait sans doute par le frottement : plusieurs en portent la preuve. Bientôt on imprima seulement du texte sur des planches en bois (*voyez* XYLOGRAPHIE) ; puis on voit apparaître la presse à imprimer : la pression est substituée au frottement. Vers le même temps naissait l'imprimerie en caractères mobiles ; mais les imagiers continuaient leurs impressions ; puis les deux arts s'unirent, la gravure se mêla aux caractères mobiles, la gravure sur bois se perfectionna ; et pendant que les artistes font aujourd'hui à grands frais des *illustrations* pour les amateurs, des dessins pour élucider les ouvrages scientifiques, des artisans plus modestes fabriquent des images pour le peuple et les enfants, et le dix-neuvième siècle a encore ses *imagiers*. L. LOUVET.

IMAGINAIRE, ce qui n'est que dans l'imagination et n'a rien de réel. Les *espaces imaginaires*, créés par l'imagination, en dehors du monde réel, sont peuplés d'idées chimériques, et servent de refuge aux esprits exaltés, rêveurs ou confiants. Les trompeurs créent aussi des chimères, qui leur servent à leurrer. Le *malade imaginaire* est celui qui, atteint d'hypocondrie, se croit malade sans l'être.

IMAGINAIRE (*Mathématiques*). On donne ce nom aux racines d'indice pair des quantités négatives. L'extraction de ces racines ne peut être effectuée d'aucune manière : supposons que l'on veuille obtenir la racine carrée de -25, par exemple ; cette racine n'est ni $+5$, ni -5, car le carré de toute quantité, positive ou négative, est essentiellement positif ; on ne peut donc que se borner à indiquer une opération impossible, en écrivant $\sqrt{-25}$.

L'expression $a + 6\sqrt{-1}$, où a et 6 sont des quantités réelles, rationnelles ou irrationnelles, positives ou négatives, a reçu le nom de *type imaginaire*. En appliquant aux expressions compliquées d'imaginaires les règles du calcul ordinaire, les analystes ont démontré qu'elles pouvaient en effet être toutes ramenées à ce type unique. Quoique elles ne représentent rien de réel, leur emploi est des plus avantageux, et elles conduisent à des résultats que sans elles il serait difficile d'atteindre : nous ne citerons que la célèbre formule de Moivre. Qui ne voit, du reste, la généralité qu'entraîne la considération du type $a + 6\sqrt{-1}$? Ne représente-t-il pas non-seulement toutes les expressions imaginaires, mais encore toutes les quantités réelles ? Pour avoir ces dernières, il suffit de faire $6 = 0$.

Les racines des équations sont ou réelles ou imaginaires. C'est on admettant ces dernières que l'on établit que le nombre des racines d'une équation est égal à son degré. On démontre aussi que si $a + 6\sqrt{-1}$ satisfait à une équation, il en est de même de $a - 6\sqrt{-1}$.

En géométrie, on conçoit aussi des points, des lignes, des surfaces, des volumes imaginaires. Soient une droite et un cercle situés dans un même plan ; rapportons-les à deux axes fixes, et cherchons les coordonnées des points d'intersection. Tant que la distance de la droite au centre du cercle ne sera pas supérieure au rayon, nous trouverons pour les coordonnées des valeurs réelles ; mais sitôt cette limite dépassée, les imaginaires apparaissent, et les points qu'elles représentent sont eux-mêmes dits *imaginaires*.

Il y a une différence essentielle entre l'idée que l'on doit se faire de ces points et celle que nous attachons par exemple aux points de rencontre des courbes et de leurs asymptotes. Ces derniers sont situés à l'infini, c'est-à-dire à une distance qui l'emporte sur toute grandeur assignable ; si l'infini ne peut être comparé à une quantité finie, ce n'est que par l'exclusion de l'idée de limite, idée qu'emporte toujours avec elle une grandeur déterminée. Cependant on peut dire que l'infini est plus grand que le fini ; on ne peut établir aucune relation du même ordre entre les expressions imaginaires et les expressions réelles.

E. MERLIEUX.

IMAGINATION. C'est peut-être celle des facultés de l'intelligence que les orateurs et les poètes ont le plus chantée ; mais c'est aussi peut-être celle que les philosophes ont le moins étudiée et le plus mal définie. Il est des métaphysiciens qui n'en disent pas un mot. Ce que Locke lui consacre de mieux, se réduit à ceci : « C'est l'affaire de la mémoire de fournir à l'esprit ces *idées dormantes* dont elle est la dépositaire, dans le temps qu'il en a besoin, et c'est à les avoir toutes prêtes dans l'occasion que consiste ce que nous appelons *invention*, *imagination* et *vivacité d'esprit*. » Condillac confond l'imagination avec la réflexion et avec la mémoire : « Lorsque, par la réflexion, dit-il, on a remarqué les qualités par où les objets diffèrent, on peut, par la même réflexion, rassembler dans un seul les qualités qui sont séparées dans plusieurs ; c'est ainsi qu'un poëte se fait, par exemple, l'*idée* d'un héros qui n'a jamais existé. Alors les *idées* qu'on se crée, sont des images qui n'ont de réalité que dans l'esprit ; et la réflexion, qui fait ces images, prend le nom d'*imagination*. » Il serait difficile de réunir en moins de lignes plus d'inexactitudes et plus d'erreurs.

L'imagination est la faculté que nous avons d'*imager*, qu'on nous permette ce terme, plus exact que celui d'*imaginer*, qui n'exprime qu'une moitié de cette faculté. *Imager*, c'est concevoir des images. Nos images sont de deux sortes. Celles de la *première* sont des représentations d'objets réels et sensibles, et celles-là introduisent dans notre intérieur une espèce de copie ou de portrait individuel des choses qui sont en dehors de nous. Dans cette magnifique opération, qui établit dans notre intelligence un immense magasin d'idées et de matériaux de construction, l'imagination est la compagne inséparable de la perception, qui n'est elle-même que le sens intérieur mis en contact avec le dehors par les sens extérieurs. Le sens intérieur est précisément la faculté d'avoir des sensations et des intuitions purement intérieures. A cette puissance d'introduire au dedans les images des choses du dehors, se rattache le privilége de les y maintenir, de les y rappeler, ou de les y reproduire.

Dans cette seconde opération, non moins magnifique que la première, puisqu'elle nous permet de disposer, à tout instant, de nos richesses intellectuelles, sans jamais les épuiser, l'imagination est la compagne intime ou une sorte de forme nouvelle de la mémoire. Comme la mémoire est passive ou active, l'imagination est passive ou active, c'est-à-dire qu'elle rappelle et reproduit un objet involontairement ou volontairement. Ainsi que la mémoire, l'imagination suit, dans ces deux cas, les lois naturelles de l'association des idées. C'est à s'y tromper entre ces deux facultés, c'est à les confondre l'une avec l'autre. Est-ce la mémoire, est-ce l'imagination, qui met devant nous l'ami absent, la contrée éloignée? Séparer, dans l'analyse, la mémoire et l'imagination est possible, mais faire nettement la part de chacune est difficile ; elles accomplissent ensemble l'œuvre commune. Elles y font pourtant chacune leur office et se distinguent par des nuances. Dans ces reproductions si merveilleuses, n'est-ce pas l'imagination qui dessine le plus nettement et le plus complètement les objets ? N'est-ce pas elle qui pousse le plus loin les illusions? N'est-ce pas elle qui nous fait oublier tout le présent pour l'absent?

qui nous précipite de fantaisies en fantaisies, et finit par nous jeter dans les hallucinations?

L'imagination est surtout puissante dans le domaine de la *seconde* sorte de nos images, dans celles qui ne lui viennent pas du dehors, qu'elle compose librement avec les images de la première sorte. A côté de la puissance d'introduire dans l'entendement des copies de choses extérieures, elle a la puissance de combiner les images qu'elle y a introduites de façon à en composer d'autres, qui ne sont des copies de rien, auxquelles ne répond rien au monde. Ces produits, on les appelle les *combinaisons*, les *créations*, ou les *chimères de l'imagination*. On les appelle des *combinaisons* lorsqu'ils se bornent à rassembler, d'une manière simple et ordinaire, des traits épars, dont l'ensemble n'offre rien de brillant, rien d'élevé. Réunir en un seul dessin ce qu'on a vu de plus beau dans plusieurs édifices, et tracer avec ces détails, ces emprunts, le plan d'un nouvel édifice, c'est combiner. Assembler, au contraire, en un seul chef-d'œuvre, plein de grâce, de majesté et de vie, les traits les plus beaux et les plus sublimes, et convertir avec un fer un bloc de marbre en un Apollon, c'est créer. C'est créer aussi que de planer, comme Homère, au-dessus de la terre et des mers pour écouter, dans les assemblées des dieux, le secret des combats et des luttes, des destinées présentes et futures de deux peuples. C'est créer que de peindre, comme le chantre d'Achille, de manière à intéresser tous les âges, les mœurs et les croyances d'un seul âge. C'est, au contraire, se livrer à des chimères que de bâtir des châteaux en Espagne avec l'argent qu'on va gagner à la loterie, ou d'accumuler en idée toutes les jouissances du luxe sur une existence qui doit s'épuiser en travaux et en privations. Dans ces cas, l'imagination est dite créatrice, et en apparence, elle ne copie pas. Cependant, au fond, elle ne crée pas : elle combine, elle compose, ou elle délire. A bien examiner les choses, en effet, chacun voit que l'architecte qui dessine l'église de la Madeleine, après avoir comparé la Maison-Carrée, le temple de Pæstum et le Parthénon, copie, mais ne crée rien ; que le peintre qui fait un Apollon comme Apelles faisait sa Vénus, copie, mais ne crée rien ; que le poète qui chante la colère d'Achille et les aventures d'Ulysse, comme les chante le vieillard de Méonie, copie, mais ne crée rien. L'imagination la plus créatrice agit de mémoire. Elle a sur les autres la supériorité d'une intussusception plus vive, d'une conservation plus fraîche, d'une reproduction plus éclatante, d'une combinaison plus merveilleuse ; elle n'a pas d'autres avantages, elle n'est créatrice qu'en ce qu'elle conçoit son modèle, son type, son idéal, qu'elle façonne un personnage comme il lui convient, le fait agir comme il lui plaît, le met dans les circonstances et dans les lieux de son choix. Mais tout cela, elle le ne produit qu'avec les moyens que lui fournit la mémoire ; et si vous détaillez son idéal, vous en trouvez aisément toute la *friperie* dans la réalité.

Cependant, ses combinaisons ne sont pas des mosaïques frappées de mort : ce qu'elle fait respire, a vie, a pensée et passion ; ses créations sont des puissances animées. Dans son audace, elle ouvre le ciel à la terre et met l'homme en commerce avec les dieux, évoque les grands hommes du passé et les peint avec des actions qui les élèvent au-dessus de l'humanité, représente les passions, les douleurs et les catastrophes de leur vie, ou expose leurs vices, leurs ridicules et leurs folies, de manière à vous commander successivement tous les sentiments qu'il lui plaît, la pitié, l'admiration, la terreur, la compassion, le sourire. Elle crée tous les genres de littérature, car elle fait une satire aussi facilement qu'un idéal ; elle dicte une fable, un conte, un roman, comme elle inspire une ode, ou un drame ; elle sait aussi bien le secret des fées et des bêtes que celui des amants et des héros. D'autres fois, elle dédaigne de s'adresser par la parole à l'intelligence ; elle crée alors les arts du dessin pour parler à la vue, la musique pour parler à l'oreille. Tous les arts sont ses enfants. Elle les occupe, les varie, les enrichit, les excite sans cesse. Sans cesse, elle leur inspire de nouvelles créations. Ainsi que les lettres, elle les fait servir à tous les genres d'émotions et de passions. Magicienne, faisant de toutes choses ce qu'elle veut, elle les grossit ou les rapetisse, les dégrade ou les ennoblit, au moyen des sons et des couleurs, comme au moyen de la parole et des caractères. Dans les arts, comme dans les lettres, tout est de son domaine, tout est à son usage, l'allégorie, le symbole, le mythe, la caricature.

On a parfois prétendu que, semblable à la somnambule, elle marchait avec d'autant plus d'audace et de force, qu'elle s'ignorait davantage, qu'il fallait se garder de la réveiller, de l'atteindre, de mettre la raison sur ses pas, de crainte de la paralyser. La raison et l'imagination, a-t-on dit, sont ennemies; l'une tue l'autre. Rien n'est plus faux. Il est très-vrai qu'en analysant une opération quelconque de l'intelligence, on l'arrête; on la met sous le verre de l'observation; mais une opération arrêtée n'est pas une faculté anéantie; l'observation faite, l'opération reprend son cours avec d'autant plus d'assurance qu'elle a mieux mesuré ses forces. Comme toutes les autres facultés, l'imagination gagne à se connaître; mieux elle se sait, mieux elle dispose de ses moyens. Supposer que chez elle tout est, ou enchantement, ou caprice, que rien ne suit de règle, et qu'au moment où la vue de l'intelligence y touche, tout s'évanouit, c'est faire l'hypothèse la plus gratuite. Son jeu est aussi naturel, aussi réel, aussi observable que celui de toute autre faculté de l'âme, que celui de la raison elle-même, et n'est loin d'être l'ennemie, avec laquelle elle entretient, au contraire, les rapports les plus intimes. En effet, l'imagination n'est qu'une des facultés secondaires de l'intelligence, une des nuances de ce grand pouvoir. Elle en est tout à fait inséparable. Elle est, sans cesse, soumise à la raison, qui la surveille, la juge, la dirige, excepté l'état de rêve ou de fièvre, état où toutes les facultés sont à l'abandon, état où l'imagination l'est plus particulièrement. Il est vrai que, dans l'état de veille et de raison, nous nous laissons aller quelquefois au gré de celle de nos facultés qui veut bien nous conduire, et que, dans cette situation, le plus souvent l'imagination qui nous mène; mais alors, c'est en vertu d'un parti pris, d'une résolution formellement ou tacitement arrêtée.

D'ailleurs, la raison peut, quand elle veut, reprendre son empire : d'ordinaire elle ne distribue à l'imagination que trois degrés de liberté. Le premier et le moindre de ces degrés, c'est celui où elle enjoint à cette faculté de tracer des images, des figures données et précises, d'inscrire, par exemple, un hexagone dans un cercle. Au second degré, elle lui laisse une demi-liberté. C'est lorsqu'elle lui donne commandement d'aller à un but déterminé, sauf le choix de la route; par exemple dans le conte moral, où l'imagination est maîtresse des personnages, des détails, de la broderie, mais où elle est, sans cesse, obligée de calculer chaque trait conformément au dessein qui lui est prescrit. Au troisième degré, la raison lui donne une liberté encore plus complète : Elle lui permet d'aller comme elle l'entend, soit pour son amusement, soit pour celui des autres, à la seule condition de se posséder elle-même, et de se distinguer de ce qu'elle est dans le rêve, ou dans la fièvre. Mais cette situation, complètement stérile et peu digne de l'intelligence, est rarement accordée à l'imagination, et son activité est presque toujours dirigée par la raison.

Selon l'opinion vulgaire, c'est dans les créations de la poésie ou de l'art qu'elle agit le plus librement. Il n'en est rien. C'est précisément dans ces créations qu'elle est le plus soumise aux lois du goût, qui sont les lois de la raison, du bon sens et de la morale. Le beau, l'honnête, le bon, l'utile, le sublime, ne s'apprécient, en dernière analyse, que par la raison ; ce sont les plus pures idées, les plus hautes conceptions de cette faculté. Dès que, dans ces créations, l'imagination franchit les lois de la raison, elle n'enfante

plus que des monstres, et n'excite plus que le mépris ou le dégoût. La raison se constitue quelquefois complice de ces monstruosités ; mais c'est la raison des peuples encore dans l'enfance. C'est ainsi que le symbolisme de l'Inde offre des monuments qui repoussent : la raison y permet à l'imagination d'amasser sur le même personnage une foule de têtes, une foule de bras, une foule d'emblèmes, qui se pressent, se gênent, s'excluent, et tuent à la fois la beauté morale et la beauté physique. Dans les monuments de la Grèce, c'est au contraire la raison qui domine l'imagination, qui la tempère, la fortifie, l'élève et la fait briller. C'est là ce qui fait de ces monuments les chefs-d'œuvre et les types de l'humanité. Là, dans ce juste tempérament de l'imagination par la raison, est la gloire, est la puissance créatrice de l'imagination à son plus haut degré. Aussi le génie des peuples produit-il d'autres chefs-d'œuvre qu'il s'approche-t-il ou s'éloigne-t-il de ces types, à mesure qu'il avance ou qu'il recule. Abandonner les rênes de l'imagination à elle-même, c'est les abandonner à un cheval fougueux, qui s'emporte et emporte son cavalier. Alors elle est la *folle du logis*; alors elle crée toutes les monstruosités intellectuelles et morales ; alors elle devient une puissance effrénée et effroyable dans les petites choses comme dans les grandes. Ou elle nous berce des plus pitoyables illusions d'amour-propre, de vanité, d'ambition et de folie, ou elle nous jette dans les tortures de la terreur, de la superstition, de la misère, de l'ignominie. Rien n'est si haut ni si saint qu'elle le respecte, ni la science, ni la religion, ni le droit, ni la raison, ni la vie. Tous les genres d'enthousiasme, ou plutôt de fanatisme, fanatisme moral, religieux et politique, sont ses enfants. Que de fous jette-t-elle dans nos hôpitaux, que d'aliénés pousse-t-elle au suicide ! Combien en précipite-t-elle dans les entreprises les plus extravagantes et les plus coupables ! Elle a pouvoir sur les plus sages ; car *chacun a son grain de folie*. Mais bien réglée par la raison, elle grandit tous ceux qu'elle inspire ; elle les élève au-dessus des peines de la vie, des entraves du corps, de l'enceinte de ce monde ; elle n'inspire pas seulement les Homère et les Apelles, les Phidias et les Milton, les Arioste et les Cervantes, elle guide les Platon et les Descartes, les Galilée et les Newton, les Démosthène et les Bossuet. Les hypothèses les plus ingénieuses et les découvertes les plus admirables sont ses œuvres. C'est un syllogisme, aidé de l'imagination de Christophe Colomb, qui nous a révélé l'Amérique. Empirique ou transcendantale, l'imagination mérite nos études comme notre admiration.

Nous possédons sur cette faculté des monographies de Muratori (*Sur l'Imagination*, édition de Richerz, 1785), de Meister (*Lettres sur l'Imagination*, 1794), de Maass (*Essai sur l'Imagination*, 1792), et un poème de Delille. MATTER.

IMAM, mot arabe qui signifie *celui qui préside, celui qui enseigne*, dont nous avons fait *iman*, et qui est surtout employé pour désigner les plus célèbres dogmatistes du mahométisme, notamment les quatre fondateurs des sectes orthodoxes. Dans l'usage ordinaire, on appelle *imans* les o u l é m a s qui sont chargés du service des mosquées. Ils récitent les prières, lisent à haute voix le Coran, font des sermons, assistent les malades, bénissent les mariages et sont à bien dire les prêtres musulmans. Leur costume est le même que celui des laïcs, sauf le turban qu'ils portent un peu plus élevé. Ils reçoivent leurs traitements des mosquées qu'ils desservent, et sont généralement en grande vénération parmi le peuple. Le sultan lui-même prend le nom d'*iman*, comme chef suprême de la religion. Pour les chiites, l'*iman* est un être doué de vertus surnaturelles en qui réside l'autorité spirituelle et temporelle, et qui seul représente la divinité sur la terre. Ali, Hassan, Houssein et ses descendants sont pour eux des imanides.

En arabie, on donne le nom d'*imans* à certains chefs réunissant le pouvoir politique et religieux, comme le prince de l'Y é m e n et celui de M a s c a t e.

IMATRA (Saut d'), l'une des plus magnifiques chutes d'eau de la Finlande, située à environ six myriamètres au delà de Wiborg. L'impétueuse Wuoxa, large de près de 67 mètres, se précipite écumante de rocher en rocher, sur une étendue de plus de 500 mètres, et d'une hauteur de plus de 40 mètres, formant dans sa direction une chute d'eau oblique telle que n'en présente aucune autre cataracte du globe, excepté peut-être celle du Niagara. Des rochers surnagent pêle-mêle au milieu de cet effrayant abîme, et, en brisant les flots qui se rompent contre eux, ajoutent à l'effet de ce spectacle imposant. Sur les rives du fleuve, dans le voisinage de la cataracte, on trouve une multitude de cailloux arrondis d'une manière toute particulière par l'action des vagues et connue sous le nom de *pierres d'Imatra.*

IMBÉCILLITÉ. C'est à peu près la même chose que l'idiotie; cependant, l'on peut y remarquer quelque différence. C'est l'inaptitude à la manifestation d'une ou de toutes les facultés intellectuelles proprement dites, et ce n'est que par extension qu'on l'applique au manque de quelques-unes des facultés affectives. Quand une partie seule du cerveau se trouvera défectueuse ou altérée dans son organisation intérieure, qu'est-ce qu'il en résultera ? évidemment une impossibilité à l'exercice des fonctions cérébrales qui se rapportent à la partie viciée ou défectueuse; car il en est du cerveau comme de tous autres organes. Nous pouvons ainsi nous rendre compte de ces individus privés d'intelligence, véritables imbéciles, qui sont en même temps dominés par des penchants très-violents, tels que ceux de la génération, de la destruction, du vol, etc. Nous pourrions citer mille exemples de cette espèce d'imbécillité, accompagnée de quelque penchant ou de quelque disposition instinctive particulière; mais on en rencontre partout, et il suffit seulement de fixer sur ces exemples une attention soutenue. Allons plus loin. Un individu peut avoir une incapacité, un manque d'aptitude pour une seule faculté, et avoir en même temps une intelligence parfaite sous tous les autres rapports. Comment expliquer cela ? N'est-il pas vrai que l'on peut avoir son cerveau très-bien développé dans toutes ses parties, excepté une seule, très-petite, celle qui serait destinée à l'exercice d'un seul penchant, d'une seule faculté déterminée ? C'est comme cela qu'à l'aide de nos principes et des observations crânioscopiques, nous expliquons les anomalies de certains individus qui ont une inaptitude partielle, une imbécillité partielle, s'il m'est permis de la nommer ainsi.

Les diverses imbécillités, soit qu'elles affectent toutes les facultés intellectuelles, soit qu'elles soient partielles, sont presque incurables, comme l'idiotie de naissance. Certainement, à force d'exercer ces embryons de facultés, l'on parvient à produire quelque faible manifestation de leur puissance, mais le résultat de tant d'efforts est toujours imperceptible. Dès lors, on comprendra facilement pourquoi sont si souvent inutiles les soins de l'éducation, quand ils ont pour but de cultiver une faculté ou un talent pour lequel on n'est pas né.   Dr FOSSATI.

IMBERT (BARTHÉLEMY), poëte français, né en 1747, à Nîmes, où il fit ses études, vint à Paris et se fit homme de lettres. Il écrivit des vers gracieux et spirituels, mais trop faciles. A vingt ans il publia son poëme *le Jugement de Pâris*, qui fit sensation. Ce succès le gâta : produisant presque sans travail, il s'essaya dans tous les genres, s'éleva de l'épître badine à la comédie de caractère, et de la complainte plume qu'il aiguisait des épigrammes, il rima des tragédies. Il mourut dans un état voisin de la misère, le 23 août 1790. On lui doit des *Fables nouvelles*, des *Historiettes* ou *Nouvelles en vers, Les Égarements de l'Amour*, ou *Lettres de Faneli et de Milfort ; les Lectures du matin et du soir; les Lectures variées*, ou *Bigarrures littéraires*, un *Choix de fabliaux* mis en vers; les *Jaloux sans fruit*, comédie en 5 actes et en vers libres; *le Jaloux malgré lui*, comédie en 3 actes et en vers; *Marie de Brabant*, tragédie; *Gabrielle de Passy*, parodie; *le Lord anglais* ; *le Gâteau des Rois, les Deux Sylphes*, etc. Imbert a pendant quelques années fait les comptes rendus des ouvrages nouveaux dans *le Mercure.*

IMBIBITION (du latin *imbibere*, imbiber). Ce mot se dit dans le travail de l'argent, du mélange des minerais de ce métal avec le plomb pour l'en séparer ensuite par la coupellation.

IMBROGLIO. Ce mot n'est pas le moins expressif de tous ceux que notre langue a empruntés à celle des Italiens. Il y a dans lui une onomatopée qui fait déjà deviner la confusion, le désordre, l'embrouillement qu'il est destiné à peindre. Ainsi, l'on dit d'une pièce de théâtre, d'un roman, dont l'intrigue est complétement désordonnée : C'est un véritable *imbroglio.* On a aussi donné ce nom, dans le langage dramatique, à des pièces dans lesquelles ce désordre et cette confusion sont jetés à dessein : les *imbroglios* espagnols et les *imbroglios* italiens sont quelquefois fort divertissants, et rentrent assez dans ce que nous appelons le genre amphigourique. *Héraclius* est un imbroglio tragique, et le *Mariage de Figaro* un spirituel imbroglio. Ce genre, en présentant au public une sorte d'énigme, ne doit pas la lui offrir tellement obscure, qu'il lui soit impossible ou même trop pénible de la deviner. L'*imbroglio*, qu'on ne peut débrouiller, ne mérite plus ce nom : il doit prendre celui de galimathias.

IMIRÉTIE, IMÉRETH ou IMÉRÉTHIE, province de la Russie asiatique, bornée au nord par le Caucase, qui la sépare de la Circassie; à l'est, par la Géorgie, dont elle est séparée par la chaîne de l'Oloumba; au sud par le pachalik turc d'Akhal-Tsikhe; au sud-ouest par la Gourie; à l'ouest par la Mingrélie ; elle a environ 7 myriamètres de long du nord au sud , 16 myriamètres dans sa plus grande largeur, et environ 210 myriamètres carrés de surface. Cette province , tout entière comprise dans le bassin du Rioni, le *Phase* des anciens, et entourée de montagnes presque toujours couvertes de neiges, en contient elle-même un grand nombre dont les flancs sont couverts de superbes forêts ; ses vallées offrent de riches prairies. En général, le sol en est d'une grande fertilité ; les arbres à fruits, tels que châtaigniers, noisetiers, y croissent et s'y multiplient sans culture ; la vigne grimpe spontanément le long des arbres. Les habitants, qui appartiennent à la race caucasienne, la plus belle du genre humain, comme on sait, mais dont la paresse est extrême, récoltent un peu de froment et d'orge, du maïs, du tabac, du chanvre, de la garance; les bœufs, les chevaux y sont peu nombreux et de médiocre stature. On importe dans le pays du sel, de la toile, des étoffes de laine, de soie, des ustensiles de cuivre, des armes, de la quincaillerie, de la monnaie, des cuirs, de l'orfèvrerie et des denrées coloniales. Les exportations consistent en vin, blé, soie, étoffes de coton, taffetas, miel, cire, peaux, laine et fruits. Mais de tous les *articles* d'exportation il n'en est pas de plus avantageux que la vente des jeunes filles : tous les ans il en part un certain nombre pour alimenter les harems de la Perse et de la Turquie : les Russes ont inutilement tenté jusqu'ici de mettre un terme à cet odieux trafic ; la contrebande se joue de toutes les précautions de la prohibition et de toutes les sanctions pénales de la répression. Le gouvernement turc, sur les instances de ses alliés, et notamment de l'Angleterre, a défendu ce commerce ; sera-t-il plus heureux ? du moins les agents anglais doivent-ils veiller partout à l'exécution de l'ordre impérial. Le commerce du pays est entre les mains des Juifs, des Grecs et des Arméniens ; la religion dominante est celle des Grecs schismatiques.

Au quatorzième siècle, l'Imirétie faisait partie de la Géorgie; au commencement du quinzième siècle, le roi Alexandre 1er la donna à son fils aîné; dès lors elle forma un état indépendant; puis elle subit le joug des Turcs la subjuguèrent et lui laissèrent une ombre d'indépendance moyennant un tribut annuel de quarante jeunes filles et d'autant de jeunes garçons. En 1804, Salomon, le prince régnant, se soumit volontairement à la Russie moyennant une pension que cette puissance continue à payer à ses descendants et successeurs.

IMITATION. L'imitation a été le premier mobile de tous les arts. La faiblesse humaine se serait arrêtée, après être parvenue à un certain degré de vérité matérielle, qu'il ne lui est pas permis de dépasser, si le génie créateur, dédaignant cette barrière, ne l'avait franchie, en arrivant jusqu'à la *beauté idéale* dont la reproduction seule constitue l'art. L'observation des choses réelles conduit les esprits élevés à la recherche de leurs principes et de leurs conséquences : c'est cette étude des objets appréciables à l'œil ou à l'oreille, dans leurs rapports entre eux, d'ordre, de grandeur et d'harmonie, qui forme l'imagination poétique, pittoresque et musicale. L'i n v e n t i o n poétique, dans toutes ses acceptions, résultant de l'observation des objets matériels, n'est donc, en définitive, qu'une *imitation embellie*. Mais, dans un siècle aussi vieux que le nôtre, où la nature a été observée et décrite sous tous ses aspects, où les sentiments et les passions de l'homme ont été explorés et exprimés de toutes les manières, il est, indépendamment de l'imitation des choses réelles et naturelles, une autre *imitation*, inévitable aujourd'hui, celle des ouvrages antérieurement produits par les génies de l'antiquité et des temps modernes.

Deux routes se présentent. Les Grecs ont voulu plaire par le moyen *du beau*; et cette inspiration de leur ciel *brillant et doux*, de l'éducation du gymnase, de leur langue harmonieuse, leur a fait créer, dans tous les genres, des ouvrages qui ont obtenu l'admiration de leurs contemporains et de la postérité, parce que ces ouvrages, bien que différents par leur forme, sont tous composés d'après le même principe : ils spiritualisaient. Les nations modernes, qui ont consacré une littérature propre à elles, comme les Anglais, moins favorisés par le ciel, sous l'influence d'une religion sévère et soumise à des besoins impérieux; peu sensibles, d'ailleurs, à la beauté, voilée à leurs regards, sous un climat froid et nébuleux, mais susceptibles de toutes les impressions morales et physiques de la douleur, ont exhalé leurs plaintes et exprimé l'amertume de leur cœur. Désirant, par un sentiment bien naturel, intéresser à leurs maux, rendre sensibles à leurs regrets et à leurs plaintes, elles ont matérialisé.

Cette assertion peut paraître paradoxale à une *école* qui a la prétention de n'abandonner les formes anciennes que par amour pour la spiritualité, qui ne dédaigne la beauté des corps que pour préconiser la sublimité de l'âme et la divinité de la pensée. On ne peut donc trouver hors de propos des développements qui, peut-être, ne sont pas indispensables. Par l'étude des formes, arrivait été conduits à la connaissance de l'âme : Socrate avait été sculpteur, et Platon était postérieur à Phidias. Ils ont donc spiritualisé, puisqu'ils ont été du corps à l'esprit. Les nations modernes, éclairées par la lumière du Christ, n'ont adopté des formes que forcés, pour ainsi dire, par l'obligation de transmettre ce dogme aux yeux et à l'entendement. Elles ont été de l'âme à la matière; elles ont donc matérialisé. Chez ces dernières enfin les impressions de l'âme ont été interprétées par les formes de la matière, tandis que les Grecs, par la perfection sublime à laquelle ils ont porté les *arts d'imitation*, ont donné l'idée d'une beauté tellement supérieure à celle qui tombe habituellement sous les sens, qu'elle ne peut provenir que d'une imitation d'un principe divin. Ce n'est pas une raison pour que nous prétendions qu'il faille imiter servilement les ouvrages de l'antiquité : nous voulons dire seulement que, dans la composition de nos ouvrages, nous devons nous conformer aux principes qui dirigeaient les Grecs dans leurs compositions.

VIOLLET-LE-DUC.

L'homme porte en tout et partout la manie de l'imitation : Aristote prétend même qu'il ne diffère des autres animaux qu'en ce qu'il est imitateur à un plus haut degré. On a remarqué qu'à certaines époques, il y a comme une épidémie de suicides, d'infanticides, de crimes de la même nature. Ce sont des soldats qui coup sur coup se pendent à la même guérite, des femmes qui à peu près dans le même temps empoisonnent leurs maris, des mères qui tuent leurs nouveau-nés de la même façon, etc. Dans la politique, on voit chaque changement de forme de gouvernement ramener des modes surannées et sans raison d'être dans les temps nouveaux. Dans l'industrie, l'imitation donne souvent des bénéfices illicites. L'or, l'argent, les pierres précieuses, l'écaille, l'ivoire, les bois, et une infinité d'autres matières, sont imités à tromper l'œil. On *imite* aussi les anciens manuscrits, les vieilles médailles, les objets d'art. Toutes ces imitations font souvent des heureux, trop souvent des dupes.

L. LOUVET.

IMITATION (*Musique*). C'est la reproduction, dans un même morceau, d'un motif déjà entendu, que cette reproduction soit une simple répétition, une transposition ou tout autre arrangement du premier motif. Le goût du compositeur règle l'emploi de l'imitation. Cependant elle est obligée et méthodique dans certaines compositions, telles que le c a n o n, où elle est continue, et la f u g u e, où elle est périodique.

IMITATION DE JÉSUS-CHRIST. Peu de livres, parmi les anonymes, ont soulevé plus de discussions que celui-ci. On a peut-être encore plus disserté sur l'*Imitation de Jésus-Christ* que sur l'*Iliade*. Des ordres religieux ont apporté leurs disputes jusque devant le parlement de Paris ; et, tandis que cette cour souveraine défendait d'imprimer l'*Imitation* sous un autre nom que celui de Thomas à Kempis, à Rome on se prononçait exclusivement pour le bénédictin Gersen. Cette contradiction s'explique parfaitement lorsqu'on examine les raisons présentées par les uns et les autres contre leurs adversaires : les Kempistes en effet, prouvaient facilement que Gersen n'avait jamais existé ; les Gersénistes prouvaient facilement que Kempis n'était qu'un copiste ; et dans ce débat négatif, la vérité ne pouvait se montrer. Le véritable auteur semblait en dehors de la discussion.

L'*Imitation de Jésus-Christ* est divisée en quatre livres. Le premier contient des *Avis utiles pour la vie spirituelle*. Il engage à imiter Jésus-Christ et à mépriser les vanités du monde ; il parle de l'humble sentiment qu'on doit avoir de soi-même, du bonheur qu'on doit éprouver dans l'obéissance et la soumission à un supérieur, des avantages de l'adversité ; il arrive à la vie religieuse, parle de l'amour de la retraite et du silence, de la componction du cœur, du jugement et des peines des pécheurs. Le second livre contient des *Avis propres à conduire à la vie intérieure*. Ce sont des avis pour une sorte de conversation intérieure, une familiarité intime avec Jésus-Christ. Le livre troisième est intitulé : *De la Consolation intérieure*. C'est une sorte d'entretien entre Jésus-Christ et l'âme fidèle. Jésus-Christ exhorte le fidèle à renoncer à soi-même, à mépriser le monde, à ne chercher de vraie consolation qu'en Dieu. Le quatrième livre traite du *Sacrement de l'Eucharistie*. Ce sont des exhortations à s'approcher de la communion sans en scruter curieusement le mystère, et à s'unir intimement avec Jésus-Christ. Tout l'ouvrage est basé sur une profonde humilité qui porte à substituer la volonté de Dieu, des supérieurs et même du prochain à la sienne, à mépriser les vanités du monde, à supporter avec patience les misères de cette vie comme Jésus a porté sa croix, et à n'espérer de bonheur, de repos et de paix que dans la vie éternelle.

Ce livre, qu'on a appelé aussi le *Livre de la Consolation*, se répandit promptement, au quinzième siècle, par les copies qui se multipliaient dans les monastères et par l'imprimerie. Il a été traduit dans toutes les langues. On en connaît quatre-vingts versions françaises. Corneille entre autres le mit en vers. L'auteur est inspiré de la Bible et des Pères, et en prend souvent les phrases qu'il développe par une pensée pratique. Il joignait à son érudition une grande connaissance du monde et des passions humaines : il avait souffert ; il avait connu les grandeurs de la terre ; il avait vu le malheur sur le trône et sous la tiare. Aussi, dit Villenave : « Partout on voulait avoir ce livre et le méditer, comme offrant le guide le plus sûr dans le chemin si difficile de la vie, les consolations les plus vives et les plus efficaces dans toutes les afflictions, et la perspective du bonheur du juste, quand, après son pèlerinage sur la terre, il entre calme et confiant dans l'éternité. »

Mais quel est l'auteur de ce livre? Nous avons déjà cité un bénédictin de Verceil, du nom de Gersen; d'autres l'attribuent au chanoine régulier Thomas à Kempis; d'autres le réclament avec plus d'apparence de raison pour Gerson, chancelier de l'université de Paris. Nous ne nous occuperons pas de quelques autres réclamations.

Les chanoines réguliers de Saint-Augustin, les Jésuites flamands et les Bollandistes, partisans de Thomas à Kempis, s'appuient sur un manuscrit de 1441, écrit de la main de ce frère et se terminant par ces mots : *Finitus et completus per manus fratris Thomæ à Kempis*. Mais Thomas à Kempis était un habile calligraphe, passant sa vie à copier des manuscrits : sa formule n'implique pas autre chose que le travail de l'écrivain. L'auteur de l'*Imitation* demande à n'être point connu : il ne pouvait donc pas signer son livre comme auteur sans se mettre en contradiction avec lui-même. Et puis il n'y a qu'à lire quelque opuscule dû au pieux chanoine pour s'apercevoir qu'il n'était pas capable d'écrire l'ouvrage qu'on veut lui attribuer.

Les Italiens, avec les Jésuites piémontais et les Bénédictins, qui revendiquent l'*Imitation de Jésus-Christ* pour un certain abbé Gersen, s'appuient sur différents manuscrits où le nom de l'auteur est ainsi écrit; ils disent que le livre doit être d'un moine, d'un bénédictin même; ils ont retrouvé un historien italien qui cite un abbé du monastère de Saint-Étienne, à Verceil, du nom de Gersen Grégory découvre un manuscrit qui aurait appartenu à des Avogadri, famille dont on retrouve aussitôt un journal qui cite au treizième siècle le précieux manuscrit; le même auteur rencontre à Cavaglia des Garzoni, qui se rappellent l'abbé du treizième siècle, et un manuscrit de la Bibliothèque impériale porte justement le nom de *Jean de Canabaco*. Enfin, l'*Imitation* fourmille d'*italianismes*. D'abord on oublie que plusieurs des manuscrits qui portent le nom de Gersen portent en même temps la qualification de *chancelier de Paris*; ce qui peut bien faire penser que c'est une erreur de copiste, d'autant plus que la substitution de l'e à l'o est fréquente dans le Nord. Ensuite, les manuscrits anciens où il n'y a que Gersen ne l'appellent jamais abbé de Verceil : les manuscrits avec cette qualification n'offrent pas assez de certitude. L'ouvrage n'est pas nécessairement d'un moine, au contraire. Il est écrit pour les religieux, assurément, mais les gens du monde ne sont pas oubliés. C'est bien plutôt l'œuvre d'un séculier; l'auteur a certainement vécu dans le monde, il en a connu les grandeurs et la vanité; il a cherché son refuge dans la solitude des cloîtres, mais il ne tient exclusivement à aucun. Il parle aux religieux avec lesquels il vit; mais il n'oublie pas les hommes avec qui il a vécu, et s'adresse à tous. Sans cela son livre n'eût pas eu le succès qu'il a obtenu. Ses instructions ne sont pas plus celles d'un bénédictin que celles d'un autre religieux. C'est un théologien qui abandonne la science et la discussion pour parler aux simples de cœur et d'esprit. L'existence d'une abbé de Verceil du nom de Gersen est loin d'être prouvée par la simple assertion d'un historien trop postérieur, n'appuyant son dire sur aucun acte authentique. Quant aux Avogadri, personne n'y croit. Leur journal offre des lacunes regrettables. Le manuscrit portant *Jean de Canabaco* ne l'appelle pas Gersen, et ne le cite pas comme abbé de Verceil; il est d'ailleurs difficile de faire *Cavaglia* de *Canabaco*. Le même volume contient des pièces d'un professeur de Prague portant le nom de *Joannes de Tambaco* ou *Cambaco*; Canabaco ne serait-il pas ce même nom estropié? Si l'*Imitation* est du treizième siècle, comment ne trouve-t-on pas de manuscrits certains de cette époque, ni du quatorzième? Pourquoi n'y en a-t-il pas de trace dans les auteurs du temps? Enfin, les italianismes prétendus sont aussi bien des gallicismes.

DICT. DE LA CONVERS. — T. XI.

Rappelons seulement pour mémoire qu'un chanoine de Ratisbonne, M. Weigl, a, vers 1840, imaginé de revendiquer l'*Imitation* pour un Jean de Canabac ou de Rorbac, lequel aurait été moine sous le nom de *Ghersem*, et aurait vécu à Viblingen, au treizième siècle. Citons encore une opinion qui attribue l'*Imitation* à saint Bernard.

Les défenseurs de Gerson, parmi lesquels il faut citer le docte Gence, s'appuient sur ce que les plus anciens et les meilleurs manuscrits de l'*Imitation de Jésus-Christ* portent le nom du chancelier de Paris, sur ce que les premières éditions imprimées portent la même attribution. Ils citent surtout un manuscrit de la seconde moitié du quinzième siècle, ayant appartenu au neveu de Gerson, et portant le nom, la miniature du chancelier. Ils disent qu'un livre de cette valeur n'a pu être écrit que par un homme savant et éprouvé, comme il l'a été. Ils pensent que Gerson écrivit ce livre à l'abbaye de Mœlck en Autriche, où il s'était réfugié après le concile de Constance, vers 1458, lorsqu'il était poursuivi par les sicaires du duc de Bourgogne, qui'il avait osé attaquer en chaire, et où on a trouvé vingt-deux manuscrits de l'*Imitation*, dont le plus ancien connu portant la date de 1421. Là, au milieu des moines, dans le silence de la retraite, le chancelier de l'université de Paris, qui plus tard devait catéchiser les enfants dans la cathédrale de Lyon, le grand théologien qui écrivait à son propre frère, prieur des Célestins de cette ville, des lettres pleines d'onction, pouvait bien écrire un traité sur la vanité du monde. Gence a donné des parallèles, tirés des œuvres de Gerson, où l'on retrouve le même latin, les mêmes tournures de phrases, le même fonds de pensées, de sentiments, d'images, les mêmes gallicismes, les mêmes mots forgés que dans l'*Imitation*. Les quelques idiotismes étrangers s'expliquent suffisamment par le séjour du chancelier en Allemagne, en Flandre et en Italie, s'ils ne sont pas dus aux divers copistes. Son frère, répond-on, a fait le catalogue de ses œuvres, et il ne cite pas l'*Imitation*; mais l'auteur de ce livre ne veut pas être connu, son frère a bien pu respecter ce vœu. Néanmoins, à peine Gerson est-il mort, que son neveu, Thomas de Gerson, chanoine de la Sainte-Chapelle, fait copier l'*Imitation* avec le nom de son oncle, à la suite d'un sermon de la Passion, incontestablement de Gerson. Et puis, si sa modestie n'y eût pas été intéressée, comment Gerson eût-il oublié de citer l'*Imitation* parmi les livres qu'il recommande. Ce livre est tout italien, dit un critique, mais d'où vient que c'est en France qu'il a eu le plus d'éditions et de traductions, qu'on trouve le plus de manuscrits? Pourquoi jusqu'au seizième siècle l'Italie imprime-t-elle l'*Imitation* sous le nom de Gerson, chancelier de Paris? pourquoi y trouve-t-on des manuscrits avec la même attribution. Supposera-t-on avec Grégory que les copistes italiens, connaissant mieux Gerson de Paris que leur compatriote de Verceil, changeaient Gersen en Gerson? Ce serait pousser un peu loin la complaisance. Enfin, en lisant attentivement ce livre célèbre, on reste convaincu que c'est le chancelier de Paris qui parle; tous les faits s'appliquent à lui, ainsi que Gence l'a prouvé dans ses longs endroits, notamment dans ses *Nouvelles Considérations sur l'auteur et le livre de l'Imitation de Jésus-Christ*.

L. LOUVET.

IMMACULÉE CONCEPTION. Voyez CONCEPTION DE LA VIERGE.

IMMANENT. C'est en termes d'école, par opposition à ce qui est *transcendant*, tout ce qui reste en dedans d'une chose ou d'une idée, et n'en sort jamais. Le langage philosophique emploie ce mot dans plusieurs acceptions : il distingue les causes extérieures *transcendantes* des causes intérieures *immanentes* : celles, par exemple, qui existent dans des choses susceptibles par elles-mêmes de modifications, comme la volonté. Ainsi Spinosa appelait Dieu la cause *immanente* du monde, pour faire comprendre par là que, par son essence, il ne diffère point du monde; forme de définition que les systèmes panthéistes postérieurs se sont aussi appropriée. Kant parle d'un emploi *immanent* de la raison, et par là il entend un emploi de la raison qui ne dépasse pas les limites du monde visible donné, par opposition à un emploi *transcendant* de cette même raison, dépassant ces limites. On dit de même *méthode immanente* pour désigner celle qu'on peut déterminer par l'objet même de la recherche. On dit aussi le *développement immanent* d'une science, et un *savoir immanent*, c'est-à-dire qui n'est point extérieur, qui est approfondi dans le sujet même. Le mystique qui contemple face à face l'essence divine, parle de l'*immanence* de son propre moi en Dieu.

IMMATRICULATION, du mot latin *matricula*, qui désignait le registre servant à contenir les noms des soldats. L'*immatriculation* est l'action d'inscrire sur un registre public (*voyez* MATRICULE).

IMMÉDIATS (États). On donnait autrefois en Allemagne ce nom aux seigneurs et aux princes investis du privilége de n'être justiciables que de la juridiction directe de l'empereur, sans être soumis à un pouvoir territorial intermédiaire, soit ecclésiastique, soit temporel. Lors de la dissolution de l'Empire d'Allemagne, en 1806, la plupart de ces États immédiats furent *médiatisés*, c'est-à-dire qu'ils furent soumis à l'autorité directe des princes souverains dans les États desquels leurs possessions et domaines se trouvaient enclavés, et les actes de la Confédération germanique ne leur conférèrent plus que certains priviléges d'un ordre secondaire.

IMMENSITÉ, grandeur infinie, étendue sans bornes. Au sens propre, ce mot ne peut s'appliquer qu'à Dieu. Par analogie, nous l'employons pour indiquer des étendues dont les limites échappent à nos sens, comme lorsque nous parlons de l'*immensité* des cieux. Par extension, on s'en sert encore pour caractériser des étendues très-vastes, l'*immensité* de l'Océan; et fréquemment pour marquer des choses considérables dans leur genre : c'est ainsi qu'on dit qu'une personne est immensément riche. L. LOUVET.

IMMERSION (en latin *immersio*, fait de *in*, dans, et *merso*, je plonge), action par laquelle une chose est plongée dans de l'eau ou tout autre liquide.

On dit *immersion*, en astronomie, quand une étoile ou une planète est si près du soleil, relativement à nos observations, que nous ne pouvons pas la voir, se trouvant comme enveloppée et cachée dans les rayons de cet astre. Le mot désigne aussi les premiers instants d'une éclipse de lune, au moment où la lune commence à devenir sombre et à entrer dans l'ombre de la terre; le même terme est aussi appliqué, mais moins fréquemment, à une éclipse de soleil, lorsque le disque de la lune commence à le couvrir. Ce mot est donc l'opposé d'*émersion*. Il est fréquemment appliqué aux satellites de Jupiter, et spécialement au premier satellite, dont l'observation est si utile pour découvrir la longitude. Par *immersion* de ce satellite on entend le moment où il semble entrer dans le disque de Jupiter, et son *émersion* est le moment où il en paraît sortir. Les immersions sont observées depuis le moment de la conjonction de Jupiter avec le Soleil, jusqu'au moment de son opposition.

IMMEUBLES (du latin *immobilis*, immobile). Par ce mot on entend, dans le langage du droit, les biens fonds, ou ceux qui sont réputés en avoir la nature. Les fonds de terre et les bâtiments sont immeubles par nature, ainsi que les récoltes pendantes par leurs racines et les fruits des arbres non encore recueillis; les moulins fixés sur piliers et faisant partie du bâtiment; les tuyaux servant à la conduite des eaux dans les maisons et autres héritages, etc. Les objets que le propriétaire a placés sur son fonds pour le service et l'exploitation sont immeubles par destination : ainsi, les animaux attachés à la culture, les ustensiles aratoires, les semences données aux fermiers ou colons partiaires, les pigeons des colombiers, les lapins des garennes, les ruches à miel, les poissons des étangs, les pressoirs, chaudières, cuves et tonnes, les ustensiles nécessaires à l'exploitation d'une forge, d'une usine, les pailles, les engrais. Sont encore immeubles tous les effets mobiliers que le propriétaire a attachés au fond à perpétuelle demeure; tels sont ceux qui y sont scellés en plâtre ou à chaux ou à ciment, ou ne pouvant être détachés sans qu'il y ait fracture ou détérioration, les glaces d'un appartement, lorsque le parquet sur lequel elles sont attachées fait corps avec la boiserie; les statues placées dans des niches. Sont immeubles par l'objet auquel ils s'appliquent, l'usufruit des choses immobilières, les servitudes ou services fonciers, et les actions tendant à la revendication d'un immeuble. Enfin sont immeubles par la détermination de la loi à la volonté des propriétaires, les actions de la Banque de France, de la compagnie des Quatre-Canaux, etc, les rentes sur l'État immobilisées, pour la formation des majorats.

IMMORALITÉ, absence complète de morale, ce qui est contraire aux principes de la morale : l'homme immoral sera donc un homme dépouillé de tous les principes moraux que commande, nous ne dirons pas la vertu, mais une certaine pudeur, qui porte l'humanité à couvrir d'un voile complaisant ses vices et ses faiblesses. Ce peu de mots fait assez voir combien est grand le cercle de vices dont la nudité constitue à nos yeux ce qui est immoral. Nous dirons seulement que ce sont toujours les plus bas, les plus honteux, les plus repoussants, qui entachent un homme de la triste réputation d'*immoralité*. Mais l'immoralité privée n'est point la seule : il y a une immoralité politique, qui, pour être conventionnelle, n'en est pas moins odieuse : aux yeux des partis, quels qu'ils soient d'ailleurs, toute défection due plutôt à une influence corruptrice qu'à de sincères changements opérés dans la conviction de celui qui abandonne le camp des uns pour passer dans celui des autres, entraîne avec elle une idée d'immoralité; tout moyen de succès réprouvé par une morale sévère est *immoral*. Que de fois n'a-t-on pas vu ceux qui, n'étant encore rien, appliquaient cette épithète à des mesures dirigées contre eux, employer, quand ils étaient arrivés au pouvoir, les mêmes moyens contre leurs ennemis, se fichant tout rouge quand on leur jetait au visage le reproche d'immoralité!

IMMORTALITÉ. Quand un journaliste dit à un poëte de ses amis : « Je t'immortaliserai, » il dit une sottise. Quand il se moque de celui qui s'écrie : « Je suis immortel, » il en fait une. Rien n'est plus facile que d'arriver à l'immortalité. Voyez les 80 volumes de la *Biographie* Michaud, celle des vivants, celle des Contemporains, et tant d'autres : vous avouerez qu'il n'y a pas de quoi se vanter. On va par mille chemins divers au temple de mémoire, qui n'est autre chose que ce que nous appelons prosaïquement l'immortalité. Achille et Thersite, Socrate et Triboulet, Homère et Zoïle, Corneille et la Dubarry, Marc-Aurèle et Érostrate, César et Catilina, Pénélope et Laïs, Sully et Narcisse, Alexandre et Mandrin, Talma et Bobèche, sont également immortels; et si nous persistions dans la manie des exhumations littéraires qui secouent aujourd'hui la poussière de nos bibliothèques, nous ressusciterions tant de noms propres, que la mémoire de dix *Cuvier* ne suffirait pas à les contenir. Ainsi, l'on s'immortalise par ses vertus et par ses vices, par sa sagesse et par ses folies, par ses talents et par ses ridicules, par ses actions d'éclat et par ses cruautés. On y parvient même par une grande spéculation. Le fameux H u n t, le *grand agitateur* d'une autre époque, aurait dû peut-être à son cirage l'immortalité qu'il a gagnée dans les émeutes d'Angleterre. Nous ne déciderons point si les victoires de Lucullus l'ont plus aidé à vivre dans la mémoire des hommes que sa goinfrerie et l'honneur d'avoir apporté le premier cerisier en Italie, quoiqu'il soit impossible à tout l'Institut de dire l'espèce de cerise dont il enrichit son pays. L'histoire est pleine même de gens qui sont immortels sans l'avoir souhaité : voyez le bonhomme Urie et le sire de Châteaubriand, par exemple. David et François Ier sont amoureux de leurs femmes, et l'immortalité les atteint comme un accident. Il n'y a réellement ni mérite ni avantage à l'être. C'était bon pour les anciens. Les historiens n'enregistraient alors que de grands noms, des rois, des ministres, de grands capitaines, ou de grands scélérats. Les satiriques sauvaient bien aussi quelques misérables de l'oubli ; mais ces satiriques n'étaient pas eux-mêmes certains de se survivre.

Si le moyen âge eût duré deux siècles de plus, tous ces témoignages de l'antiquité eussent été transformés peut-être en missels et en antiphonaires. Cette foule de belles actions qu'on nous offre pour exemples, ces grands hommes qu'on nous présente pour modèles, se seraient engloutis dans le poudreux abîme des cloîtres, qui aurait ainsi intercepté leur immortalité. C'est par hasard si l'éloquent Cicéron et le sublime Homère ont échappé au naufrage dans lequel ont péri tant de poëtes, d'orateurs et de philosophes. Au contraire, depuis la découverte de l'imprimerie, et surtout dans ces derniers temps, ce sera grand hasard si tous nos Mœvius ne vont pas à la postérité la plus reculée. Il n'y a point au monde, disait La Bruyère, de si pénible métier que de se faire un grand nom ; la vie s'achève qu'on a à peine ébauché son ouvrage. Nous allons plus vite aujourd'hui : il n'y a pas longtemps encore qu'il suffisait d'un discours de tribune, saisi au bond par un parti bruyant et vaincu, d'une chanson bien séditieuse, recommandée aux chanteurs de taverne par une coterie puissante, des rêvasseries mystiques, prônées par un bureau d'esprit, pour immortaliser un homme. Depuis soixante-dix ans environ la France a mis plus de noms propres dans les livres que les huit premiers siècles de Rome.

Pour faire un immortel de nos jours, nous ne parlons point de ceux que fait l'Académie (cela se borne à deux, bon an, mal an), mais de ceux qui surgissent tous les matins par la grâce de la camaraderie politique ou littéraire, il faut une plume de bonne volonté ; il n'est pas besoin qu'elle ait un nom, il suffit que sa prose louangeuse et enthousiaste soit imprimée dans les colonnes d'un journal; et les fabriques d'immortels ont un agent accrédité auprès de tous les feuilletons de la capitale. Dix mille abonnés, cent mille lecteurs sont avertis qu'un grand homme vient de naître. Le fat en est convaincu lui-même. Il se hâte de produire, de grossir son bagage ; les biographes s'en emparent, et le voilà lancé dans la postérité, qui en fera ce qu'elle voudra. Nous sommes grands épicuriens ; mais nous faisons peu de cas du précepte d'Épicure qui nous engage à *cacher notre vie*. Il est vrai, suivant la remarque de Montaigne, qu'il le démentit lui-même au lit de mort en souhaitant qu'on se souvînt de ses discours et de son passage sur la terre. Le mépris de la gloire, souvent prêché, ne fut jamais une vertu commune, et le même Montaigne a eu raison de dire que de toutes les rêveries du monde la plus reçue et la plus universelle est le soin de la réputation. L'essentiel est de la bien soigner : ce n'est pas tout d'être immortel, il faut l'être à bon titre, et ne pas traîner dans l'avenir un nom que pendant sa vie on n'oserait écrire sur son front. Ce principe n'est pas celui de tout le monde. Le fracas et le pêle-mêle des réputations qui ont surgi dans les derniers bouleversements de l'Europe ont si bien arrangé l'opinion et le siècle, que les noms de Fieschi, de Lacenaire et autres de la même famille font fermenter des ambitions comme ceux de Napoléon et de Malesherbes.

Il y aurait un gros livre à écrire sur le tort que fait à la morale publique la nécessité de remplir tous les jours les douze colonnes d'un journal ; mais il faudrait y réserver un assez long chapitre sur les appétits désordonnés de la curiosité publique. A Dieu ne plaise que nous voulions renouveler la sottise des Éphésiens, qui, après l'incendie de leur temple, donnèrent un brevet d'immortalité à Érostrate par le décret qui défendit de prononcer le nom de cet incendiaire. Mais ce serait une noble et grande nation que celle dont le silence et l'oubli anéantiraient par le seul effet d'un sentiment public le nom d'un grand criminel. Nous n'en sommes point là malheureusement. Le plus obscur assassin ne peut échapper aujourd'hui à la publicité, et court la chance d'être immortel, tout aussi bien que l'auteur d'un drame à la mode. La société est réellement à la merci du méchant ou du sot, que tourmente l'envie de se faire un nom. Ce n'est pas précisément à la gloire qu'on vise, c'est seulement à faire du bruit dans le monde, ou plutôt à une immortalité qu'on puisse escompter en beaux écus. Nous ne savons pas un de ces admirateurs de notre vieux Corneille qui voulût de sa gloire si on le condamnait à faire raccommoder ses souliers et ses bas par le savetier du coin. On ne désire plus arriver au temple de mémoire qu'en équipage. C'est très-bien quand on le peut, la gloire n'exclut point la fortune ; mais qu'ils y entrent à pied ou en voiture, la postérité rira bien de certains immortels que nous lui fabriquons. VIENNET, de l'Académie Française.

IMMORTALITÉ DE L'ÂME. Le fil de l'induction à la main, puisque les sens eux-mêmes, principaux organes de notre entendement, semblent nous refuser leur témoignage, examinons ce qui nous approche, ce qui végète, ce qui respire, ce qui agit à nos côtés, soit spontanément, soit par impulsion ; et voyons si le placement du plus sociable des êtres sur la terre a eu un but par rapport à lui-même, si quelque autre y a été intéressé, si la création a été le résultat d'un caprice improvisé, ou si elle tient à un système dont le premier jet se montre ici-bas, et dont l'ensemble justement préconçu doive se réaliser ailleurs, dans un temps prescrit, mais enveloppé de ténèbres nécessaires à son exécution ?

Dieu n'est pas l'abstraction d'une pensée inerte ; l'activité et la perfection du mouvement font partie de son essence. Cette activité l'a poussé à donner de l'exercice à sa force, parce que les conséquences devaient en être bonnes. C'était lui demander la création. Une main libérale a semé partout les étincelles de la vie ; quoique plus économe de celles du sentiment, elle a versé sur des myriades d'êtres le bonheur que comportent leurs organes ; mais, avant l'appel de l'homme, elle n'avait pas encore allumé le flambeau de l'intelligence appliquée aux sublimes notions de l'ordre ; celles du devoir étaient également à naître ; il ne s'accomplissait sur la terre que par une sorte d'impulsion automatique. Cependant Dieu voulait se faire des relations ; car l'ouvrier en aura toujours avec son œuvre, dès qu'il y aura déposé une grande pensée ; il ne la perdra pas de vue, il se gardera bien de la briser, surtout quand l'œuvre, par le plus grand des miracles, aura été douée de la faculté de s'élever jusqu'à l'ouvrier et de lui rendre grâces de l'existence dont elle jouit par son bienfait. Non, le statuaire ne frappera pas de son marteau la Galatée qu'il à forcée de sortir du marbre pour recevoir avec la vie l'impression de ses propres sentiments !

Ainsi, sur notre globe sublunaire, la solitude du Tout-Puissant devait cesser. Comment et où chercher le mot de cette grande énigme? L'adjonction de l'*esprit* à la matière, et, par lui, de la pensée à un organisme, pouvait seule le donner. L'espèce humaine y a trouvé son berceau. Que seraient en effet des âmes sans organes (à supposer leur existence possible), si ce n'est de pures et simples extensions de l'essence divine? Nées du concept d'un Dieu, elles n'en pourraient avoir que les perfections. Dans leur nature homogène, elles seraient en similitude exacte entre elles ; aucune ne jouirait d'un caractère qui lui fût propre, et l'individualité ne serait nulle part. Celle-ci en réalité ne saurait surgir que d'un rapport à un centre commun, de perceptions, d'idées, de besoins à satisfaire, d'actes résolus par la volonté et enchaînés l'un à l'autre par la mémoire. La créature mixte, sous ces conditions, s'est trouvée constituée. Jetez un coup d'œil rapide sur cette échelle des êtres animés, dont l'homme est le point culminant : en partant de sa base, où la matière commence à recevoir son principe d'action, qu'y voyons-nous ? Des légions d'animaux dirigés par un seul et même instinct, soit dans les mers, soit sur le sol qui leur sert de pâture. Il n'y a rien là qui mérite d'être différencié, rien de caractéristique pour chacun. En montant de quelques de-

20.

grés dans cette échelle, on voit l'instinct, de simple existence presque végétative, arriver à l'instinct de conservation; allant plus haut, on apercevra un éclair de réflexion, mais encore rien de réellement distinct, rien qui de l'effet puisse remonter à la cause, de la créature au Créateur! et c'était là le vrai but, probablement le seul but de la grande intention primitive. S'il n'avait été atteint, autant eût valu laisser les mondes dormir dans le néant.

Nous avons rencontré l'être qui seul est en possession de discerner le juste et l'injuste, le beau et le difforme dans les mœurs, de se livrer au crime en cédant à ses passions déréglées, de leur résister par une vertu souvent pénible, de respecter les lois ou de les enfreindre, de concourir enfin à l'ordre voulu par la Providence ou de le fouler aux pieds! Ce n'est pas tout : la portée de cet être va plus loin; essayons de la suivre.

Peu occupé du moment présent, qui a été l'objet de ses longues attentes, il s'élance résolûment vers un avenir illimité. Il s'en empare comme d'un poste élevé, d'où il puisse régner sur tout ce qui l'entoure. Faible d'organes, borné dans ses forces, qui ne résisteraient pas à une simple céphalalgie, il a dans le cœur les désirs d'un souverain et dans la bouche les paroles des immortels. Passionné pour le beau, le rêvant sous toutes les formes, ne le rencontrant jamais tel qu'il l'a imaginé, de déception en déception, il porte ses vœux dans un monde inconnu, sur lequel il prend et donne hypothèque. Après avoir à peine ébauché ses amours dans cette vie, il les renvoie à une autre, où il se propose de les parachever. Riche en projets, pauvre dans ses moyens d'exécution, par les livres, par les monuments, par la pierre des tombeaux, par les testaments, il veut les continuer, lui qui ne sera bientôt que poussière ! Le temps frappe incessamment à ses côtés; le temps lui enlève chaque jour quelques débris de son existence ; c'est ce qui le décide : à tout prix, il faudra qu'il se survive; car il en sent intérieurement le besoin et la possibilité. Pour y parvenir, il fera un appel à sa mémoire et à ses prévisions. Est-ce qu'il n'a pas le don de rétrograder dans sa carrière terrestre, par des souvenirs, comme le jeune guerrier de Virgile, qui en mourant se rappelle sa douce Argos? Ses vœux sans cesse renaissants ne tendent-ils pas à prolonger sa carrière, même par delà la tombe? Pourquoi ses réminiscences et ces désirs projetés aussi loin, si l'inanité nous en était démontrée? Leur raison, la voici : c'est que la conscience de chacun lui montre dans l'espace parcouru une carrière et une suite d'arguments qui doivent conclure à quelque chose. Conséquent à lui-même, l'homme, avec une audace dont il n'a pas le simple soupçon, jette deux arches d'une vie à l'autre; l'une s'appuie aux jours laissés derrière lui, l'autre s'accule sur l'éternel avenir.

Tout est dit pour l'animal dont les facultés sont les plus élevées entre ceux qui foulent avec nous ce globe terrestre. Au delà de la perpétuité de son espèce, rien ne lie dans son *sensorium* le passé au futur. Il n'a pas d'historiens pour se rappeler l'un, de philosophes pour prévoir l'autre, et un cœur plus vaste que l'univers pour s'y trouver à l'étroit. En rapport de son être tel qu'il est constitué, avec les divers événements de ce bas monde, serait tout à fait superflu. Il meurt, et avec lui l'étincelle de sentiment qui lui avait été départie. Où il lutte contre une destruction organique, l'homme combat sans relâche pour une prolongation de vie spirituelle. Ici la différence des deux natures et des destins qui les attendent est parfaitement indiquée. Il n'a rien manqué à l'animal ; il ne pouvait prétendre à rien de plus que ce qu'il a obtenu. Sa fin le plus souvent sera pour lui un bienfait. Mais lorsque après des années consacrées au service d'un pays, je vois ravir à son siècle un de ces êtres qui en ont été les bienfaiteurs ou la lumière, ou lorsque seulement un honnête père de famille est arraché à des affections vertueuses, je crois lire un de ces beaux ouvrages auquel man querait un dernier volume. Avec toutes ses vertus, toutes ses qualités, tous ses souvenirs, toutes ses prévisions, osons

le dire, avec tous ses vices même, l'homme, tel qu'il apparaît un instant dans cette vie sublunaire, est un être imparfait ou plutôt inachevé. On dirait l'ébauche d'un ange de lumières ou de ténèbres, oubliée dans l'atelier du statuaire, au milieu de diverses figures de quadrupèdes auxquelles aurait été donné le dernier coup de ciseau.

Qu'il soit maintenu par la volonté libre des sociétés dont la Providence a préparé la réunion dès l'origine des choses, ou que l'intervention de la force publique contribue à l'entretenir, l'ordre règne sur la terre, mais avec de tristes et déplorables exceptions. Si nous retranchons un petit nombre d'élans généreux dans les masses et quelques nobles caractères qui y surnagent, de grands désastres composent toute l'histoire des peuples. Pour des éclairs de vertu qui traversent ces âges éloignés de nous, on y voit que presque toujours une audace criminelle livre les nations à des êtres corrompus et immoraux. Plus tard, le pouvoir se régularise dans son propre intérêt; car c'est là une des premières conditions de son existence. Mais ces archives de l'espèce humaine, trop souvent mensongères au gré de l'opinion dominante, sont loin de contenir toutes les attaques à l'ordre social, toutes les infractions de lois, toutes les violences exercées contre les populations, toutes les exactions par lesquelles des êtres pervers sont arrivés à la fortune, tous les attentats commis par un orgueil écrasant ou par un désir de jouissances acquises sans travail. Chaque matin les honnêtes gens ont à gémir sur une perversité dont les journaux déroulent trop complaisamment le tableau sous leurs yeux.

Que de fautes, que d'aberrations honteuses restent encore secrètes ! la dureté de cœur, l'insensibilité qui laisse froidement succomber à la porte d'un somptueux hôtel l'ouvrier auquel il ne fallait que donner du travail; l'ingratitude de l'enfant qui n'assassine pas avec le poignard les parents dont la longévité l'afflige, mais qui leur sert chaque jour, à chaque repas, le poison lent et corrosif du chagrin; la cruauté réfléchie du séducteur qui, enveloppant de ses pièges une jeune femme, a détruit pour elle, pour son époux et pour leurs enfants tout bonheur domestique; la mauvaise foi dans les transactions, les captations testamentaires au préjudice des familles, les hypocrisies de sentiment, de religion, de politique, rien de tout cela n'est justiciable des tribunaux ; presque aucun de ces torts, de ces crimes même, dont se compose une vie coupable ne parvient à la connaissance des hommes ; dans le sens le plus rigoureux, il y a donc impunité.

Une plus équitable rétribution est-elle au moins assurée à la vertu? Les sacrifices qu'elle s'impose obtiennent-ils ici-bas une suffisante indemnité? Mon Dieu, non ! elle aura pour elle le témoignage d'une bonne conscience, et ce sera tout ! Froissée sur la terre, elle tourne des yeux noyés de pleurs vers le ciel, et elle se tait, car ce n'est pas pour elle que les hérauts de la publicité emboucheront la trompette. On ne demandera pas non plus aux feuilles du matin une place pour ses *réclames*. Sa renommée n'ira jamais jusqu'au bout de la rue qu'elle habite, et le cri de sa douleur se sera entendu par personne; ou si sa voix, trop souvent étouffée sous les doigts de fer de l'indigence, parvient aux tribunaux, elle ne tardera pas à s'éteindre au milieu des ambages et des subtilités de la procédure. Que de fois en justice humaine est mise en défaut ! Elle ne saurait tout voir, tout entendre; elle ne lit pas au fond des cœurs ; et le magistrat lui-même, asservi aux formes légales, a souvent la douleur de voiler de sa propre main sa sainte mais impuissante image.

Je voudrais bien savoir ce que vous avez en réserve pour la jeune fille qui consume ses jours et ses nuits dans les soins donnés à un père ou à une mère infirme? qui, riche des seuls attraits dont la dota la nature, et qui, voyant près d'elle la compagne des jeux de son enfance entrer en possession des douceurs attachées à une vie voluptueuse, résiste aux mêmes séductions pour rester chaste et pure?

Quel compte tiendrez-vous ouvert avec ce caissier qui, manipulant tous les jours l'or d'autrui, et entendant chaque soir à son foyer le cri d'une famille en proie au besoin ou avide de plaisirs, demeure incorruptible? Et l'innocence injustement condamnée, et la probité calomniée, et le mérite éconduit par l'intrigue, et les plaies de cœur qu'aucun baume ne cicatrise, qu'aucune voix amie ne console, et les espérances trompées après un travail irréprochable, et les regrets devant la tombe qui dévore ce que nous chérissions! que ferez-vous de tout cela? car le monde est plein de ces dissonnances et de ces amères douleurs; il n'y éclot pas une rose qui ne finisse par être arrosée de larmes. De grâce, ne me parlez pas de compensations! elles ne sont qu'un mensonge inventé par les heureux du siècle, qui s'en font un doux oreiller, ou par une foi faible et douteuse, qui, prenant son point d'appui dans une fiction dépourvue de réalité, ne s'aperçoit pas que ce misérable système aboutirait à un abîme où s'engloutirait toute espérance humaine.

Oui, le pervers consomme souvent en paix le fruit de ses rapines! oui, le remords, s'il n'est étouffé, est souvent endormi dans son sein! oui, les séductions par lesquelles il a corrompu l'innocence, naguère orgueil du toit paternel, lui donnent des souvenirs de triomphe! oui, la vertu a ses déboires, ses angoisses, ses misères et ses douloureux déchirements! les privations la contristent; le spectacle d'une félicité temporelle, à laquelle elle ne peut et ne veut atteindre, la fatigue. Vous aurez beau dire : il n'est pas gai de passer la nuit à prévoir d'où viendra la nourriture du lendemain. Voyez cette mère qui presse contre un sein desséché des enfants dont le sang est déjà appauvri : où est son indemnité? Honte à ce système de compensations qui placerait à côté du crime une peine légère, à laquelle il échappe; à côté de la vertu, une tranquillité stoïque, qui n'existe pas, et qui, fût-elle réelle, n'enlèverait rien à sa détresse! La résignation dans nos souffrances personnelles peut s'admettre; quand elle concerne des êtres qui ont droit à notre intérêt le plus tendre, elle n'est plus qu'une froide cruauté.

Voilà donc que se dresse devant nous un nouveau problème d'une solution assez difficile; car nous ne saurions nous dissimuler qu'envisagé dans ses apparences, telle qu'elle se montre à nos yeux dans ses rapports moraux, la société confond notre raison. Au premier aspect, on n'y aperçoit qu'une série d'injustices et un tissu d'absurdités. Un tel ordre de choses, s'il était permis de lui donner ce nom, serait la plus monstrueuse des combinaisons. Il y a donc nécessairement une vie future!

Admettons pour un moment la plus funeste, la plus épouvantable des suppositions que l'esprit de l'homme livré au paroxysme d'un délire fiévreux puisse se permettre contre lui-même. Ne voyons dans les promesses comme dans les menaces qui depuis des siècles partent de toutes les chaires évangéliques, pour rassurer un auditoire chrétien sur son avenir, ou lui inspirer des craintes sérieuses, ne voyons, dis-je, dans tout cela, que prestige, déception, sacrifice fait à la peur, amour du merveilleux; foulons aux pieds les espérances données à la vertu, et les terreurs salutaires imposées au crime; proclamons à son de trompe le néant après la mort, et notre argument en faveur de la vie future surgira du sein de ce chaos, étincelant d'une lumière nouvelle et terrible de vérité! L'univers, nous en convenons tous, n'est pas un accident : nous y avons reconnu l'œuvre d'une volonté intelligente. N'est-il pas vrai que le sublime architecte qui l'a conçue dans sa force, n'ayant pas jugé à propos de prolonger notre vie par delà ce bas monde, l'homme qui aura eu seul la pensée de cette perpétuité d'existence et qui l'aura crue nécessaire, dans un sentiment de justice distributive, aura eu aussi des vues plus profondes que l'ordonnateur des sphères lumineuses appelées, par une voix divine, à rouler dans l'espace? Ne jugez-vous pas ici la créature, faible roseau battu par les vents, souffle près de s'éteindre dans une nuit éternelle, ne la jugez-vous pas plus avisée, plus grande, plus solennelle et plus majestueuse dans sa courte apparition sur la terre, que le Créateur, de la main duquel elle est imprévoyamment sortie? Elle était pourtant digne de l'avenir qu'on lui dénie avec une sorte de cruauté! Elle l'a cherché; si elle n'a cru l'entrevoir, elle l'a au moins imaginé comme unique condition de son existence sociale; elle y a eu foi, elle l'a mérité. O douleur! la pensée du Très-Haut s'abaisse à un état honteux d'infériorité en regard de la pensée humaine. Voilà donc la sagesse éternelle humiliée devant son propre ouvrage, et la toute-puissance créatrice de l'univers primée par un obscur vermisseau, qui s'est ajusté un instant des ailes pour s'élancer vers une région meilleure! Et production éphémère, il retomberait tristement sur le sol; il y rentrerait tout entier... Non, cela n'est pas possible; cela n'est pas!

L'homme se survivra donc à lui-même, selon les belles paroles du Fils de David; il est *inexterminable*. Vous nous demanderez comment il sera perpétué dans son identité spirituelle et corporelle? Ici se présentent, non des impossibilités (car il n'y en aura jamais pour l'Éternel, lorsque sa justice ou sa bonté y seront intéressées), mais deux difficultés : l'une tient à l'essence de l'âme, telle qu'il nous est permis de la concevoir, et c'est à notre avis la plus grande; nous l'aborderons la première; l'autre n'a qu'une origine voltairienne, et elle sera plus facilement résolue.

Il n'y a d'esprit pur que Dieu lui-même. Pascal, dans sa forte raison, a été conduit à dire qu'il pouvait se représenter un homme privé de tous ses membres, qu'on lui enlèverait successivement; mais qu'il ne saurait se l'imager sans tête. En effet, si le sentiment à diverses manières de saisir notre âme, il est préalablement averti par la pensée, qui elle-même se forme soit sur des réminiscences intimes, soit sur le témoignage extérieur des sens. De cette série d'images réveillées, de sensations, de réactions, d'actes exécutés librement et en connaissance de cause, résulte un ensemble de faits constitutifs de l'identité de l'être, sous une condition essentielle : c'est que la mémoire en conserve le dépôt. Ce registre a-t-il péri, l'homme s'efface, l'âme dès lors a perdu sa conscience : elle ne se rend plus compte de sa vie; la chaîne de ses jours est brisée; et dans le cas, où Dieu exercerait ses jugements sur un pareil être, soustrait par continuation à ses souvenirs, il punirait ou il récompenserait sans cause et sans motif.

Ce que nous établissons à cet égard est d'une évidence palpable. Maintenant il reste à savoir si une âme privée de toute texture organique, de toute communication avec le monde positif, peut exister, et surtout si elles peut se représenter sa vie passée, sans avoir le droit d'en parcourir les feuillets. Une substance purement intellectuelle, en bonne logique, est inadmissible. Parcelle échappée du sein de l'esprit infini, elle serait de l'intuition en ferait un Dieu. Les anges eux-mêmes n'ont point été doués de ce privilège, ainsi que nous l'avons prouvé dans nos *Inductions morales et physiologiques* par la chute des intelligences déchues, telle qu'elle est rapportée dans les livres saints. Ces substances éthérées, ne plus que celles de l'homme dépouillé de tout organisme, ne sont susceptibles d'entendre, de comprendre, que *suivant leur portée*, comme l'a si bien dit Bossuet. Or, la portée de l'un par esprit ne saurait être partielle; elle est nulle ou totale, et celle-ci est exclusivement celle de la Divinité. Il nous est donc loisible de nous figurer le monde des esprits à l'instar d'une immense échelle, sur les degrés de laquelle ils s'élèveraient successivement à mesure que leur tissu organique deviendrait plus fin et plus délié, sans que jamais, en leur qualité de mixtes (et nous n'en admettons pas d'autres), il leur soit donné de se confondre dans l'essence divine.

Le célèbre évêque de Meaux était tellement gêné par la difficulté de donner à l'âme une existence identique à elle-même sans lui adjoindre un système sensitif, qu'il termine son admirable *Introduction à la Philosophie* par des concessions textuellement faites à notre doctrine : « Autant que Dieu restera à l'âme, dit-il en concluant, autant vivra notre intelligence; et quoi qu'il arrive de nos sens et de notre corps, la vie de notre raison est en sûreté. Que s'il faut un corps à notre âme, *qui est née pour lui être unie*, la loi de la Providence veut que le plus digne l'emporte, et Dieu rendra à l'âme son corps immortel, plutôt que de laisser l'âme, faute de corps, dans un état imparfait. » Il fallait que le génie qui a mérité le titre de père de l'Église fût obsédé par la nécessité de donner à l'immortalité de l'homme des moyens organiques, mais épurés, de communication avec l'univers, pour qu'un peu plus loin, dans le même traité, il ait ajouté : « L'âme s'unit à Dieu, qui est le vrai principe de l'intelligence, et ne craint point de le perdre en perdant le corps, d'autant plus que la sagesse éternelle, qui fait servir le moindre au plus digne, si l'âme a besoin d'un corps pour vivre *dans sa naturelle perfection*, lui rendra plutôt le sien que de laisser défaillir *son intelligence* par ce manquement. » Quand une aussi forte tête, et aussi imbue du principe spirituel annexé à la nature humaine, se permet de pareilles concessions, on peut les tenir pour des vérités devenues le cri de la conscience. Il faut que Bossuet se soit avoué à lui-même l'impossibilité d'enlever l'âme à tout système organique, pour avoir marqué du sceau de sa puissante raison une théorie contraire à toutes les idées admises de son temps, et au milieu de la vogue du cartésianisme, auquel, jusqu'à un certain point, il s'était laissé entraîner.

La seconde difficulté nous embarrassera peu. Voltaire a dit dans son *Dictionnaire* prétendu *philosophique*, et quelques esprits légers ont répété après lui, que la réintégration des corps est impossible, les mêmes particules élémentaires étant entrées dans la formation des individus humains qui, de génération en génération, ont paru sur la surface du globe. Notre réponse se réduira à peu de mots. Qui a prétendu que cette réintégration ait lieu positivement sur notre planète? Qui sait seulement si elle est différée? Est-ce dans notre jeunesse ou dans notre vieillesse qu'elle nous saisira? Dieu n'a-t-il pas le pouvoir d'appeler, à son grand jour de justice, des molécules homogènes et identiques à notre existence passée, et de nous les incorporer dans une mesure exacte? Ne pourrait-il pas les demander aux quatre points cardinaux? Le néant aurait-il déjà révélé toutes ses richesses? Après avoir obéi une première fois, peut-être six fois, à la voix du Créateur, lui deviendra-t-il rebelle? Oh la force d'un Dieu donne la main à sa justice, ne craignons plus ! notre avenir est en sûreté.
KÉRATRY.

IMMORTELLE. Dans le langage vulgaire, on confond sous le nom d'*immortelles* diverses espèces distinctes de la famille des synanthérées, qui toutes appartiennent à deux genres très-rapprochés l'un de l'autre, les genres *xeranthemum* et *helichrysum*. L'immortelle *jaune*, que l'on cultive dans nos jardins d'Europe, et dont les tiges fleuries tressées en couronnes, enlacent les croix de nos cimetières, est une plante originaire d'Afrique : c'est l'*helichryse orientale*. Tous nos lecteurs connaissent ses tiges grêles et ligneuses, qui se subdivisent en branches simples, tortueuses, blanchâtres, à feuilles alternes, sessiles, et blanchâtres aussi sur leurs deux faces; et ses calathides disposées en corymbes terminaux ; et les écailles de leurs involucres, arrondies, scarieuses, persistantes, d'un jaune d'or, qui, étant naturellement sèches et colorées, se conservent sans altération pendant un grand nombre d'années.

Adanson, qui a divisé en dix sections l'ordre des synanthérées, a assigné à la quatrième d'entre elles le nom d'*immortelle*; mais cette section, qu'il distingue de celle des *chardons* par le péricline non épineux, est complétement artificielle, puisque les quinze genres qu'elle renferme appartiennent à neuf tribus naturelles distinctes (H. Cassini).
BELFIELD-LEFÈVRE.

IMMUABLE. *Voyez* IMMUTABILITÉ.

IMMUNITÉ, exemption de quelque charge, devoir ou imposition. Ce mot vient du latin *munus*, récompense. Les Romains appelaient ainsi toutes leurs fonctions, parce que dans l'origine c'était la récompense de ceux qui avaient bien mérité du public; mais il y en avait d'onéreuses, par exemple celles des *décurions* des villes, des tuteurs; et ceux qui avaient quelque titre ou excuse pour s'exempter de ces charges publiques étaient dits *immunes, seu liberi a muneribus publicis*. L'exemption des charges de la curie, des corvées, etc., étaient autant d'immunités personnelles.

En France le terme d'*immunités* a souvent été pris pour synonyme de ceux de f r a n c h i s e s, de libertés, de p r i v i l é g e s. Chaque ordre de l'État avait ses immunités : la noblesse était exempte de la taille et de toute charge publique ; les bourgeois de certaines villes avaient aussi leurs immunités plus ou moins étendues; il y en avait de communes à tous, d'autres qui n'étaient propres qu'à de certaines professions , de personnelles et de réelles ; mais de toutes les plus considérables étaient les immunités ecclésiastiques. Les biens des églises étaient hors du commerce ; ils étaient soumis à une prescription plus longue que celle du droit commun et étaient tenus en *franche aumône*, c'est-à-dire qu'ils ne payaient aucune redevance ni autre droit, si ce n'est *ad obsequium precum*; ils ne contribuaient aux impôts que par le d o n g r a t u i t et les d é c i m e s. Le clergé était exempt de la taille, comme la noblesse, mais il payait le droit d'aides, etc.; il était exempt aussi des charges publiques, mais non des charges de police. Enfin los églises avaient le droit d ' a s i l e , qui suspendait le cours de la justice séculière, et la juridiction sur leurs membres, comme aussi sur les laïques dans les matières ecclésiastiques.

IMMUTABILITÉ (en latin *immutabilitas*, état de ce qui ne change point, de ce qui est immuable), une des attributions de la Divinité, fondée sur l'absolue perfection de l'Être suprême. L'immutabilité de Dieu est double, *physique* et *morale*. La première consiste en ce que l'essence divine n'éprouve et ne saurait éprouver aucun changement. La seconde repose sur la perfection de la nature divine, qui tend toujours vers le même but, ou vers le meilleur des buts au total.

IMOLA, ville de la ci-devant Romagne, comprise aujourd'hui dans la légation de Ravenne, dans les États de l'Église, sur la route de Bologne à Faenza, bâtie dans une petite île formée par le Santerno, dans une contrée admirable, est, dit-on, le *Forum Cornelii* des Romains, fondé par le dictateur Sylla. Entourée aujourd'hui de murs, de tours et de fossés, et siége d'évêché, elle a 8,000 habitants, un vieux château et plusieurs vastes églises, parmi lesquelles on remarque surtout la cathédrale, restaurée dans le goût moderne et les églises des Dominicains et de la confrérie de San-Carlo. La culture de la vigne est la grande industrie de la population. Le tartre qu'on y prépare est connu dans le commerce sous la désignation de *Tartaro de Bologna*.

IMOLA (INNOCENZO DA), dont le véritable nom était *Innocenzo Francucci d'Imola*, né vers 1494, étudia la peinture d'abord dans l'atelier de Francisco Francia, puis à Florence dans celui de Mariotto Albertinelli, et devint plus tard l'un des imitateurs les plus zélés de Raphaël, jusqu'à copier dans ses tableaux quelques figures et quelques parties de ce grand maître. Sa composition, en général, est assez simple et peu importante, et son coloris n'est point exempt de dureté. En revanche on retrouve parfois dans l'expression belle et énergique de ces têtes, la grâce de Francia. Ses principaux ouvrages sont des fresques exécutées à San-Michele in Bosco de Bologne, et quelques tableaux d'autel qu'on voit dans la galerie de cette ville. Il habita le plus souvent Bologne, et mourut vers 1550.

IMPAIR (Nombre). *Voyez* NOMBRE.

IMPARFAIT. En grammaire, c'est le temps d'un verbe qui sert à marquer le passé en rapport avec le présent ; il fait connaître qu'il s'applique à une époque antérieure à celle du moment où l'on parle ; c'est donc, en définitive, une sorte de présent antérieur, comme quand on dit : *J'étais à table lorsque vous arrivâtes.* Dans cet exemple, la situation d'être à table est passée, mais on la marque comme présente à l'égard de l'arrivée, qui est aussi passée. Souvent l'imparfait ne marque qu'un passé sans rapport avec le présent, comme dans cette phrase : Rome *était* d'abord gouvernée par des rois, c'est-à-dire *fut* d'abord, etc. Quand l'imparfait est précédé de *si*, il ne marque autre chose qu'un rapport avec le temps présent, comme lorsqu'on dit : Si je *connaissais* vos intentions, je les exécuterais.

L'imparfait du subjonctif sert ordinairement à marquer une chose présente ou à venir, à l'égard d'un temps passé ou conditionnel, exprimé par le verbe qui précède la conjonction : ainsi, dans les phrases suivantes, il faut mettre le second verbe à l'imparfait du subjonctif : « Je souhaitais que vous *vinssiez* ; je serais charmé que vous me *donnassiez* de vos nouvelles, etc. »

Dans certains cas, l'imparfait, ou plutôt l'emploi de sa forme, n'est qu'un présent modifié. Quand on dit : *Je faisais un ouvrage intéressant quand vous êtes arrivé*, la chose n'est pas représentée comme faite, mais comme se faisant : c'est un *présent relatif* que l'on a appelé improprement *imparfait*. CHAMPAGNAC.

IMPARFAIT (Nombre). *Voyez* NOMBRE.

IMPARFAITS (Droits). *Voyez* DROIT ET DROIT NATUREL.

IMPARTIALITÉ, IMPARTIAL. Ces deux mots étaient encore nouveaux au commencement du dix-septième siècle. Larrey, auteur assez médiocre d'une histoire de Louis XIV, employa le premier l'adjectif. Au reste, l'on n'était pas encore d'accord si l'on devait dire *impartial* ou *impartiel*, car on lit ces phrases dans le *Journal des Savants* d'août 1731, et dans celui de décembre 1732 : « Nous sommes aussi *impartiels* dans le choix de cet exemple que dans celui du précédent. » — « Il semblerait à ce langage que les Muses, que l'on dit si *impartielles*, ne se plairaient qu'avec la noblesse, et regarderaient d'un œil de mépris toutes les autres conditions. » L'Académie, dans son Dictionnaire, se décida enfin pour *impartial*, qui est seul employé aujourd'hui.

L'*impartialité* est une des vertus les plus recommandées, dans la société, aux administrateurs et aux juges ; et dans le monde littéraire, aux historiens et aux critiques. L'*impartialité* chez un juge, chez un homme du pouvoir, est le plus sûr moyen d'arriver à la considération et à la popularité ; elle n'est pas seulement une vertu chez l'historien et le critique, elle est une affaire de goût, un moyen de succès.

Il est une fausse *impartialité*, qui consiste à comparer un auteur du dernier ordre à un grand génie, comme cette femme bel esprit qui, chez l'auteur des *Satires*,

Dans la balance met Aristote et Cotin,
Puis, d'une main encor plus fine et plus habile,
Pèse, sans passion, Chapelain et Virgile.

La fausse *impartialité* chez un critique consiste encore à louer des choses indifférentes dans un auteur, pour se donner le droit de méconnaître le mérite de ce qu'il a fait de vraiment bon. Dans le monde, combien cette fausse *impartialité* ne sert-elle pas souvent de masque aux médisants, pour vous déchirer à belles dents, après avoir commencé par dire quelque bien de vous !

L'*impartialité* n'est pas moins nécessaire dans l'éloge que dans la critique, sinon la louange dégénère en flatterie. Charles Du Rozoir.

IMPATIENCE, IMPATIENT. Il est des tempéraments que la moindre lenteur, le moindre retard irritent, sans cependant leur faire commettre les excès qui accompagnent d'ordinaire l'irritation : cette espèce de vivacité, qui tient le milieu entre le calme et la colère, a été appelée *impatience*, d'un mot latin dont la racine signifie *ne pas souffrir, ne pas supporter*. L'impatience ne saurait être mise au rang des vices ; mais elle constitue un défaut qui s'en rapproche beaucoup. L'impatient obéit à des mouvements impétueux, qu'il lui est impossible de réprimer, quand son impatience devient habituelle : la raison l'abandonne toujours lorsqu'il se livre à ses demi-colères, et elle l'abandonne même dans les plus petites choses. On sent combien il est urgent de couper ce défaut à sa racine? Qui peut se promettre d'en venir à bout quand on l'aura laissé se changer en habitude?

L'impatience est aussi ce sentiment d'inquiétude que l'on éprouve soit dans la souffrance d'un mal, soit dans l'attente de quelque bien.

Impatiences, au pluriel, est employé pour désigner certains mouvements nerveux et involontaires que produit l'impatience : c'est ainsi que l'on dit de certaines personnes qui parlent très-lentement, que leur manière de parler donne des *impatiences*.

IMPÉNÉTRABILITÉ, qualité qu'ont les corps de ne point céder à d'autres corps la place qu'ils occupent, c'est-à-dire que si un vase, par exemple, est rempli d'une substance matérielle quelconque, il est impossible d'introduire d'autres corps dans ce vase. Cela est évident pour les corps qui sont à l'état solide : deux boulets de fer ne sauraient occuper en même temps un espace qui, rigoureusement, n'en peut contenir qu'un, et toutefois il y a des substances qui même à l'état solide ne semblent pas tout à fait impénétrables. On rencontre par exemple de certaines pierres qui ont beaucoup de consistance, et qui néanmoins, sans augmenter sensiblement de volume, admettent des quantités remarquables d'eau entre leurs molécules. Ce fait n'accuse point un défaut d'impénétrabilité dans ces pierres, il prouve seulement que les particules qui les composent ne se touchent pas toutes immédiatement, et qu'elles laissent entre elles des vides que l'air, l'eau, etc., vont remplir lorsque les circonstances le permettent.

L'impénétrabilité des liquides n'est pas moins incontestable que celle des solides ; c'est en vain qu'on tenterait d'introduire un corps dur dans un vase rempli d'eau sans qu'une partie de celle-ci ne se répandît au dehors. Si le vase était bien bouché, la résistance que l'eau opposerait à l'introduction du corps dur ferait rompre les parois du vase. Cependant, comme les liquides sont toujours un peu élastiques, ils peuvent céder à un autre corps une partie de la place qu'ils occupent, mais ils n'en sont pas pour cela moins impénétrables, il ne se rapetissent qu'en chassant l'air, le calorique, etc., qui sont interposés entre leurs molécules, qui elles-mêmes sont incontestablement parfaitement dures.

Comme les liquides, les fluides, tels que l'air, les gaz, les vapeurs, ont la propriété d'occuper des espaces plus ou moins resserrés, suivant que la force qui les presse augmente ou diminue ; on sait qu'ils sont pour ainsi dire compressibles à l'infini. Néanmoins, ils sont impénétrables, car si vous plongez un vase renversé au fond d'un bassin rempli d'eau, lorsque vous le retirerez, il vous sera facile de reconnaître que le liquide n'aura pas pu occuper tout son intérieur, puisqu'il sera encore sec vers son fond : preuve que l'air qu'il contenait s'est opposé à l'introduction de l'eau (*voyez* CLOCHE DE PLONGEUR). TEYSSÈDRE.

IMPÉNITENCE. On appelle ainsi le crime de celui qui, après avoir outragé l'Éternel, en transgressant une de ses lois, refuse de revenir à résipiscence en employant les moyens indiqués par la nature et par la foi. Parmi nous, trop souvent l'impénitence est le fruit des croyances ; mais, sans parler des hommes qui, par leur conduite et leur foi, se séparent entièrement de la grande société des intelligences dont Dieu est le monarque, nous ne trouvons que trop d'impénitents parmi les chrétiens, et l'on ne saurait assez déplorer leur égarement, puisque l'impénitence de la vie conduit presque toujours à l'impénitence de la mort.

L'*impénitence finale* est le terme ordinaire où aboutissent ceux surtout qui, après avoir pratiqué les plus sublimes vertus, sont déchus de cet état et ont croupi longtemps dans le crime. La raison en est toute simple : Pour revenir sincèrement à Dieu, il faut qu'il soit resté et la foi dans l'intelligence, et l'amour dans le cœur. Or, ces dons précieux n'habitent pas dans une âme qui, après les avoir possédés, les méprise et s'endort sur le bord de l'abîme, sans entendre ni la voix de sa conscience ni celle de l'Éternel. Elle ne se réveillera qu'à l'appel de son juge.   J.-G. Chassagnol.

IMPENSES. La langue du droit appelle ainsi les dépenses faites pour l'amélioration, la conservation ou l'embellissement d'un immeuble. Au premier cas, les impenses sont dites *utiles* ; au second, *nécessaires* ; au troisième *voluptuaires*. Lorsqu'un donataire fait rapport à une succession, on lui tient compte des impenses utiles et nécessaires qu'il a faites, mais point des voluptuaires, parce qu'on n'est pas toujours certain de retrouver ce qu'elles ont coûté et que leur appréciation est une affaire de goût et la plupart du temps même de caprice. Il en est de même pour le possesseur de bonne foi qui est soumis à l'é v i c - tion.

IMPÉRATIF. C'est le mode des verbes que l'on emploie le plus ordinairement soit pour donner un avis, soit pour intimer un ordre, soit pour prier, soit pour solliciter. Cette dénomination porte avec elle l'idée du commandement. Ainsi : *Fais cela, Viens ici, Sors de ces lieux, Secourez-moi.* Dans notre langue, l'impératif n'a réellement qu'une seule personne au singulier, la seconde (*fais, viens*), et deux personnes au pluriel, la première et la seconde (*faisons, faites, venons, venez*). Quant à la troisième personne, au singulier comme au pluriel, elle revêt la même formule que le subjonctif : *qu'il fasse, qu'ils fassent ; qu'il vienne, qu'ils viennent.* Les Latins avaient deux manières d'exprimer cette troisième personne, l'une comme en français par le subjonctif, l'autre par la terminaison *to*. Celle-ci était plus forte, plus impérative, que la première.

L'impératif n'a point de première personne au singulier, parce qu'on ne se donne pas d'ordre à soi-même, ou du moins qu'on ne le fait jamais qu'en employant la seconde personne. Il n'en est pas de même au pluriel, parce que l'on peut très-bien s'encourager, s'exciter les uns les autres à faire quelque chose : *Ranimons notre courage ! Courons à la victoire !* Les législateurs romains employaient l'impératif dans la promulgation de leurs lois. Les Hébreux faisaient usage de la seconde personne du futur, formule qui a quelque chose de plus pressant encore. L'impératif en effet ne s'exécute que dans un court avenir ; ce n'est même qu'un très-prochain avenir, en sorte que le temps futur peut fort bien remplacer l'impératif.   Champagnac.

IMPERATOR. *Voyez* Empereur.

IMPÉRATRICE, femme de l'e m p e r e u r, ou princesse qui de son chef possède un empire. Faustine et Lucile sont les seules impératrices nées de pères empereurs et qui aient frayé à leurs maris le chemin du trône. Héliogabale en moins de quatre ans se maria quatre fois. Les médailles de ces quatre impératrices sont fort rares ; elles sont restées si peu sur le trône, qu'on a eu à peine le temps de leur en frapper. D'un autre côté, les numismates ont été fort souvent embarrassés pour classer certaines médailles d'impératrices romaines, dont on ne connaît ni l'époque ni les actions, et dont les noms sont le plus souvent ou corrompus ou omis dans l'histoire, tels ceux de Barbia, Orbiana et Cornelia-Supera.

IMPERFECTION, Imparfait. L'imperfection suppose un état possible de perfection, non complet, ni achevé, mais non encore parvenu à son but final. Le jeune être embryonnaire, la plantule, la larve, dans ses enveloppes fétales, bien qu'imparfaits, sont toutefois capables d'atteindre à l'entière perfection de leur espèce, si rien n'y met obstacle. Cependant, il peut survenir des causes qui suspendent, qui arrêtent même cette parfaite évolution des organes; alors l'animal, la plante, entravés dans l'accomplissement normal de leurs fonctions, demeurent imparfaits, et restent avortons, boiteux, bossus, manchots, difformes, inégaux, non symétriques, disgraciés par quelque vice congénial, par une décurtation des membres, par atrophie, ou défaut de nutrition, par troncature naturelle, par épuisement de naissance, ou faiblesse et énervation, etc.

La nature ne peut avoir pour objet final de donner naissance à des créatures imparfaites, absolument parlant. Chaque être doit atteindre ses fins; le hasard seul, dans ses chances aveugles, produirait des êtres sans but, sans formes constantes et déterminées vers un résultat quelconque; le crapaud, la vipère, tout repoussants qu'ils sont, ne peuvent être considérés comme imparfaits ; ils possèdent tout ce qui est nécessaire à leur existence, à leur reproduction, puisqu'ils se perpétuent depuis tant de siècles et remplissent les humbles fonctions qui leur sont assignées dans l'économie universelle. Il y a des hiérarchies ou des gradations qui ne résultent point d'imperfections.

S'il est permis de penser qu'à l'origine des choses des éléments inorganiques, et rebelles encore, ont dominé la nature intellectuelle qui les vivifie, la masse prédominante alors du principe matériel doit finir par être domptée : ainsi nous voyons s'accomplir dans le cours des âges la perfection des races, et par une longue éducation la perfectibilité indéfinie de l'humanité se développer et s'agrandir.

Dans les objets d'art, la principale imperfection résulte du défaut d'unité, d'ensemble et d'harmonie, car les œuvres humaines n'ont, comme les ouvrages de la nature, le don de la vie qu'à la condition d'unité et de concours de toutes leurs parties pour former un tout organisé, animé du même esprit. Tel est l'ensemble exigé dans l'ordonnance de toute production du génie.   J.-J. Virey.

IMPERFORATION (du latin *in*, non, et *perforare* percer, perforer). C'est en chirurgie un défaut d'ouverture dans quelqu'un des passages naturels. Des enfants naissent quelquefois avec l'anus imperforé. On remédie à ce défaut en faisant une incision à sa partie.

IMPÉRIAL (Globe). *Voyez* Globe impérial.

IMPÉRIALE, nom d'une monnaie d'or russe équivalant à 10 r o u b l e s d'argent, qu'on a frappée en Russie depuis le règne de l'impératrice Élisabeth. La *demi-impériale* de 5 roubles est devenue depuis 1817 la principale monnaie d'or de la Russie, où l'on a complètement cessé de frapper des impériales entières. L'or des unes et des autres est au titre de 22 carats. Les impériales frappées sous Élisabeth ont près d'un quart de valeur de plus que les autres, eu égard au poids et le titre.

On appelle aussi *impériale* la partie supérieure d'une diligence ou d'une voiture de voyage.

IMPÉRIALE (Botanique), espèce du genre *fritillaire*.

IMPÉRIALE (Jeu de l'). Le nom de l'inventeur et l'époque précise de l'introduction de ce jeu sont ignorés. On peut croire cependant que son origine remonte à l'une des guerres qu'a occasionnées la succession de l'Empire d'Allemagne. Les six points exigés pour annuler ceux de l'adversaire et gagner une *impériale* représentent assez bien le choc entre la majorité et la minorité des suffrages lors de l'élection du chef du saint empire romain. Quoi qu'il en soit, l'*impériale* est une modification du jeu de p i q u e t. On la joue avec trente-deux cartes : douze sont distribuées à chaque joueur; la vingt-cinquième, qui est la première carte du talon, est retournée et détermine l'atout. Celui qui donne garde un jeton s'il a retourné une des cartes marquantes, qui sont l'as, le dame, le valet, l'as et le sept. Il n'y a point d'écart. Le premier en cartes annonce immédiatement le nombre de points formé par la réunion des cartes d'une même couleur ; à points égaux, le premier en cartes obtient l'avantage. L'as compte pour onze, comme au piquet, bien qu'il soit primé par les figures, et ne l'emporte que sur les basses cartes. Celui qui gagne le point marque un jeton. Ensuite, on montre les impériales, qui sont les quatre rois les quatre dames, les quatre valets, les quatre as, ou les quatre sept, ou enfin une quatrième majeure dans l'une des couleurs. Il y a aussi l'*impériale* de cartes blanches; autrefois elle comptait double. Chacune de ces impériales dites de *main* vaut une fiche ou six points, et l'adversaire démarque les jetons qu'il a déjà acquis.

La partie se joue ensuite comme au piquet, sauf les atouts, qui font une notable différence. Les cartes marquantes jouées sans être prises par l'adversaire et celles qu'on lui enlève par supériorité de figure comptent chacune un point. Il en est de même de chaque levée gagnée en plus en plus. Lorsque l'on a fait six points, on prend une impériale, et l'adversaire démarque. Le capot vaut aussi une impériale. La partie se compose d'un certain nombre de fiches ou impériales convenues d'avance. BRETON.

IMPÉRIALE (Bibliothèque). *Voyez* BIBLIOTHÈQUE NATIONALE.

IMPÉRIALE (Chambre). *Voyez* CHAMBRE IMPÉRIALE.

IMPÉRIALE (Cour). *Voyez* APPEL (Cours d').

IMPÉRIALE (Garde). *Voyez* GARDE IMPÉRIALE.

IMPÉRIALE (Imprimerie). *Voyez* IMPRIMERIE IMPÉRIALE.

IMPÉRIALES. Les numismates désignent ainsi les médailles frappées sous les empereurs romains. Elles commencent avec Jules César, et par celles de ses médailles sur lesquelles se trouve sa tête. Cet usage s'introduisit une fois qu'il eut été nommé *dictator perpetuus*, et les empereurs suivants le conservèrent. Sur ces médailles, quel que soit le métal employé, or, argent ou cuivre, les têtes des empereurs sont toujours d'une grande valeur artistique, parce que les médailleurs gravaient leurs coins d'après des portraits bien exécutés. L'exécution même garantit une extrême ressemblance; et alors même qu'il n'existe plus de trace de la légende, tout connaisseur un peu exercé, rien qu'à voir la tête, dira tout de suite de quel empereur est la médaille.

Autrefois on terminait la série des *impériales* à Héraclius; mais depuis on y a compris même les médailles des empereurs byzantins. Suivant leur valeur artistique, on les divise en deux classes, dont la première comprend les médailles frappées à l'époque où l'art était dans toute sa splendeur, et la seconde celles de sa décadence. On comprend aussi, et avec raison, sous le nom d'*impériales*, la plupart des médailles d'impératrices, attendu qu'elles sont égales aux types des médailles des empereurs.

Pour les *impériales grecques*, *voyez* GRECQUES (Monnaies).

IMPÉRIALES (Villes). *Voyez* VILLES IMPÉRIALES.

IMPÉRIAUX, nom que l'on a donné aux troupes de l'empereur d'Allemagne, et quelquefois aussi à ses ministres plénipotentiaires.

IMPERIUM. Ce mot désignait, chez les Romains, la puissance de commander et le pouvoir exécutif dont avaient d'abord été investis les rois, puis, sous la république, en vertu de la *lex curiata*, divers magistrats supérieurs, tels que les consuls et les préteurs. L'idée représentée par le mot *imperium* différait de celle que représentait le mot *potestas* (pouvoir, puissance), en ce sens que le second ne désignait que la puissance attribuée à chaque magistrat dans l'exercice de ses fonctions. L'*imperium*, dont les licteurs étaient considérés comme la marque caractéristique et essentielle, était joint au droit d'employer les auspices suprêmes, et se manifestait surtout par l'exercice de la suprême puissance militaire et judiciaire. En ce qui est de la première (*imperium militare*), les consuls et les préteurs, dans les temps postérieurs de la république, obtinrent, sous le titre de *proconsuls* ou de *propréteurs*, la prolongation ou prorogation de leurs pouvoirs expirés; et ce fut en partie à cause de cela, et en partie aussi parce que les gouverneurs des provinces étaient investis de l'*imperium*, que ce mot fut employé également comme le contraire de *magistratus*. Au temps des empereurs romains, les jurisconsultes distinguèrent en outre l'*imperium merum*, c'est-à-dire le commandement pur et simple, appelé aussi *gladii potestas*, et dérivé de la puissance exercée par le général d'armée, le droit de vie et de mort en matières criminelles que l'empereur conférait aux gouverneurs de province ainsi qu'aux préfets de la ville ou du prétoire, de l'*imperium mixtum*, qui avait rapport à la juridiction civile, et qui donnait notamment au magistrat le droit de procéder extraordinairement par voie de cognition et de décret.

IMPERMÉABILITE (de *in*, non; *per*, au travers; et *meare*, passer). Absolument parlant, on ne peut pas avancer qu'il y ait des corps au travers desquels toutes sortes de substances ne puissent circuler. Si les métaux, les minéraux, s'opposent ordinairement avec succès à l'écoulement des liquides, des gaz, ils sont incapables de retenir ou de ne pas admettre le principe de la chaleur (le calorique), et probablement d'autres fluides qui nous sont inconnus; il y a plus, les métaux eux-mêmes livrent passage à l'eau quand elle est pressée dans le vase qui la contient par une force supérieure. On sait que de l'eau contenue dans une boule creuse d'or s'en échappe en gouttelettes quand cette boule est fortement pressée. Nous avons vu un canon de fer forgé dont les parois avaient l'épaisseur du doigt, et qu'on avait recouvertes intérieurement avec soin d'une couche d'étain, pleurer de tous côtés lorsqu'on bourrait, s'il est permis de parler ainsi, de l'eau dans son intérieur au moyen d'une presse. L'imperméabilité, ou la facilité qu'ont les corps de s'opposer avec plus ou moins de succès au passage des liquides ou des fluides, dépend de causes qu'il nous est impossible de signaler exactement, et que nous ne pouvons que soupçonner : nous savons par exemple qu'un vase de cristal contient parfaitement de l'eau, des gaz, tandis que la lumière le traverse avec une facilité étonnante; un vase de bois peut contenir fort bien de l'air ou tout autre gaz, et se laisse pénétrer à l'eau. Parmi les liquides, il en est qui s'infiltrent plus facilement à travers les bois, la peau, que d'autres; un baril plein d'huile se laisse suinter tant, dis que s'il contenait de l'eau, du vin, il serait parfaitement sec à l'extérieur. TEYSSÈDRE.

IMPERMÉABLE (Tissu). *Voyez* TISSU IMPERMÉABLE.

IMPERTINENCE, IMPERTINENT (du latin *impertinens*, ce qui ne convient pas). « Un impertinent est un fat outré, a dit La Bruyère; il rebute, aigrit et irrite ceux qui lui parlent. » Ce portrait en deux lignes suffit à faire connaître le défaut, pour ne point dire le vice, dont nous avons à nous occuper. L'*impertinence* n'est en effet qu'une fatuité costive, et dont la malhonnêteté ironique se gaze à demi sous les formes affectées du bon ton. Elle est donc bien distincte de l'*insolence* : cette dernière tient plutôt de la grossièreté, l'impertinence est étudiée, et consiste dans une affectation qui finit par tourner en habitude; l'insolence, au contraire, est rarement étudiée : elle est plus naturelle. L'impertinence est un vif avec des dehors de légèreté; l'insolence blesse avec des paroles brutales et *ab irato*. L'impertinence est l'apanage de personnes dont l'esprit est cultivé, tandis que l'insolence est plutôt le partage des gens sans éducation.

Impertinence s'applique encore aux choses ou aux paroles qui sont contre le bon sens ou contre la bienséance : c'est ainsi que l'on a les grands discoureurs étaient sujets à dire beaucoup d'*impertinences*. C'est à peu près dans le même sens que les avocats emploient l'épithète d'*impertinent*, appliquée à un fait par opposition à *pertinent*. Un fait impertinent est celui qui ne rentre point dans la question, qui n'a rien de commun avec ce dont il s'agit : les faits impertinents sont inadmissibles en jurisprudence.

IMPÉTIGO. Quoique les auteurs latins employent ce mot dans le sens de *dartre*, il a été transporté dans la langue française pour désigner une éruption cutanée qui forme, dans la classification d'Alibert, un autre genre de dermatose. L'impétigo est caractérisé par de petites taches rouges, circulaires, contenant un liquide âcre et séreux, et où le malade éprouve un prurit plus ou moins considérable. Quand cette éruption est prise à son début, quelques lotions astringentes suffisent pour la faire disparaître. Mais si elle est négligée, les boutons s'élargissent jusqu'à devenir aussi grands que la paume de la main, et il faut recourir au traitement de la gale. Plus fréquent dans les pays chauds que dans nos contrées, l'impétigo est une maladie contagieuse.

IMPÉTRANT (du latin *impetro*, j'obtiens ; fait de *petere*, demander). On appelle ainsi, dans la pratique du droit, celui qui obtient de la justice ce qu'il a demandé dans une requête par lui présentée : ce mot s'applique également à celui qui, ayant demandé au prince la remise ou la commutation d'une peine à laquelle il était condamné, obtient l'objet de sa demande.

IMPIE, IMPIÉTÉ. Si nous cherchions l'acception de ces mots dans leur étymologie, *impie* serait synonyme de *non pieux*, et tout acte que n'aurait pas suggéré la *piété* serait une *impiété*. Mais il n'en est pas ainsi : d'un point à l'autre, il y a loin, plus loin, nous osons le dire, que du vice à la vertu : la *piété* est la religion portée à certain degré de perfection ; l'*impiété* est l'irréligion poussée à l'excès : Ce sont en fait de religion les deux extrémités du bien et du mal. Dans le langage de certaines personnes, *impiété* et *incrédulité* semblent n'être qu'une seule et même chose. Ce sont, il est vrai, deux sœurs qui ne se quittent guère : il est difficile de croire sans adorer, et plus difficile d'insulter ce qu'on adore, tandis que l'homme sans foi se retranche le plus souvent dans son incrédulité pour blasphémer plus à son aise, et déverse le ridicule et le mépris sur les croyances les plus respectables. Cependant, quelque intimité qu'il y ait entre ces deux filles de l'orgueil, elles ne doivent pas être confondues : L'*incrédule* peut n'être pas *impie*, surtout s'il est de bonne foi, et qu'il respecte la foi des autres ; l'*impie*, à son tour, peut n'être pas *incrédule* : « Les démons croient, » dit saint Jacques. L'*incrédule* n'a point de foi, l'*impie* point de religion : voilà toute la différence.

IMPOLITESSE, INCIVILITÉ. L'*impolitesse* consiste dans une certaine rudesse de manières et de langage, opposée aux façons d'agir et de parler consacrées dans la bonne société. C'est généralement un défaut d'éducation ; mais c'est aussi un défaut de goût, car le langage et les manières qui distinguent les hommes polis se révèlent dans une étude aux organisations délicates. Cependant, l'impolitesse peut n'être que l'effet de la distraction : si tel individu ne répond pas quand on lui parle, s'il entre ou sort sans prendre congé de personne, ce n'est pas qu'il soit impoli, il est *distrait*. L'*incivilité* semble avoir quelque chose de plus choquant que l'impolitesse. L'oubli grossier, ou le dédain des égards, qui sert de règle dans les relations, voilà l'incivilité. Un homme impoli peut n'être qu'un rustre ; l'incivil est presque toujours un caractère désagréable, sinon méchant. L'impolitesse tient surtout à l'ignorance des usages du monde ; l'incivilité naît plus souvent d'une vanité ombrageuse, qui redoute jusqu'à l'apparence de la soumission. La paresse, remettant sans cesse au lendemain l'accomplissement des devoirs de la bienséance, ou l'orgueil, qui nous fait juger les autres trop peu dignes de notre attention, sont aussi le principe de l'incivilité. L'incivilité semble donc plus que l'impolitesse un vice de l'âme ; elle blesse davantage, parce qu'elle procède plus de la volonté.

Quoi qu'il en soit, l'impolitesse est un grave défaut. La vie de société étant l'état naturel de l'homme, le liant des égards, l'empire et le respect des bienséances convenues, y sont indispensables pour prévenir le choc des égoïsmes et les mortelles blessures des amours-propres constamment en présence. On trouve cependant de ces esprits nés pour tout contester, qui ne donnent qu'un blâme équivoque aux hommes impolis, aux caractères incivils. À les entendre, la politesse ne serait qu'un vernis menteur, la civilité qu'un masque ; il y a des bourrus bienfaisants, disent-ils, et le paysan du Danube a prouvé que sous des formes grossières on pouvait cacher du bon sens. Disons donc un mot de ces héros de la franchise brutale. En sont-ils plus sages, pour affecter partout tant de rudesse, pour fouler aux pieds, dans leur conduite et leur conversation, toutes les bienséances de la politesse sociale ? Ces gens-là prennent des airs superbes, avec leur longue barbe et leur pesante chaussure ; au fond, ce sont tout simplement des sophistes ou des sots, qui, pour aimer la vérité, ne réussissent qu'à faire détester ce qu'ils aiment. L'impolitesse érigée en maxime n'est pas moins anti-sociale que l'impolitesse grossière des ignorants : les effets sont les mêmes ; rien de plus fragile que des relations auxquelles ne président ni délicatesse ni ménagements.   L. LEVEL.

IMPONDÉRABLES (de *in*, non, et *pondus*, poids). En physique, on reconnaît des corps, dont l'existence est, du reste, fort problématique, qui ne sont point sensibles aux balances les plus délicates, ou, pour mieux dire, dont il est impossible d'évaluer le poids : on les qualifie du nom de substances *impondérables*. Il en est sans doute un grand nombre de cette espèce dont la plupart échappent à nos moyens grossiers d'observation : celles dont nous pouvons assurer l'existence, du moins par les effets qu'elles produisent, sont le calorique, la lumière, les fluides électrique et magnétique.

Les molécules d'une substance impondérable se meuvent en tous sens avec une indifférence absolue, c'est-à-dire qu'un corps lumineux, par exemple, projette des rayons de tous côtés avec la même énergie. Malgré cette propriété des corps dits *impondérables*, il est permis de douter qu'ils soient absolument dépourvus de la faculté de *peser*. Qu'est-ce en effet que le poids d'un corps ? C'est évidemment la tendance plus ou moins forte avec laquelle il se porte vers le centre de la terre, et par laquelle nous jugeons de sa masse ou bien de la quantité de matière qu'il contient sous un volume donné. Or, un rayon lumineux, par exemple, se détourne de sa route lorsqu'il passe dans le voisinage de certains corps, tels que des cristaux, des métaux, etc. Il est donc attiré par ces matières : d'où il suit que si nous pouvions mesurer la force avec laquelle le rayon est détourné, nous aurions en quelque sorte son poids, relativement à la substance qui l'attire. Toutes les substances sans exception sont douées de la propriété d'être attirées avec une certaine force par des corps d'espèce différente que la leur. Il n'y a donc pas, à proprement parler, de matières absolument impondérables ; cette dénomination accuse seulement l'insuffisance de nos moyens d'observation.

TEYSSÈDRE.

IMPOPULARITÉ. De tous les phénomènes que présente l'histoire des nations et des hommes, le moindre n'est pas de voir leur haine succéder à leur faveur, et leurs idoles couvertes de boue par ceux-là même qui naguère leur prodiguaient l'encens. Un instant suffit souvent pour faire perdre la *popularité*. Malheur alors à celui dont l'énergie s'est usée au grand rôle qu'il s'était imposé : il n'aura même pas la consolation de voir son nom oublié ; les malédictions succéderont aux bénédictions, le mépris à l'estime, la haine à l'amour, la froideur à l'enthousiasme. Et pour devenir ainsi l'objet de l'exécration publique, il suffit de céder à des séductions, hélas ! trop nombreuses, de modifier insensiblement ses convictions, de se montrer moins hostile à ceux que l'on a combattus. Il faut moins encore ; pour voir tomber l'auréole de gloire dont il était entouré, pour voir ses lauriers flétris, noyés dans la boue des rues, l'homme politique n'a qu'à demeurer stationnaire, quand tout avance autour de lui ; car les masses, ravivées chaque jour par de nouvelles générations d'adolescents devenus hommes, par de nouveaux besoins, par de nouvelles espérances, exigent, dans le chef qu'elles se donnent des ressorts dont la tension soit de plus en plus énergique. Voilà tout le secret de tant de grandes et de malheureuses *impopularités*. Voilà pourquoi dans les révolutions tant d'hommes qui les ont commencées sont dévorés par elles, pour ne pas s'être identifiés avec chacune de leurs phases, pour être demeurés ce qu'ils étaient, quand les circonstances au milieu desquelles ils vivaient ne restaient plus les mêmes.

Ce que nous venons de dire pourrait donner à croire que l'impopularité ne survient qu'aux hommes qui ont été populaires. Ce serait cependant là une grande erreur. Il est une impopularité que nous pourrions appeler *native* : c'est celle qui, dans ses murmures improbateurs, s'attache avec acharnement à certains noms malheureux, à certains hommes que l'ignominie de leur conduite et la publicité de leurs vices livrent à la censure et à l'animadversion générale. Si l'on doit parfois gémir sur les suites terribles de l'impopularité, ce n'est certes pas à ces hommes-là que la sensibilité réservera ses larmes.

Napoléon GALLOIS.

IMPORTANTS. Faction politique qui se forma à la mort de Louis XIII, et se composait de toutes les personnes qui, après avoir été proscrites par R i c h e l i e u, croyaient avoir droit sous le nouveau gouvernement à toutes les faveurs. Le cardinal de R e t z, qui refusa d'y entrer, raconte avec infiniment d'esprit l'origine de cette faction et sa déconfiture.

« Le roi, dit-il, qui n'aimait ni n'estimait la reine sa femme, lui donna en mourant un conseil nécessaire pour limiter l'autorité de la régence. Il y nomma M. le cardinal M a z a r i n, M. le chancelier, M. Bouteiller et M. de Chavigny. Comme tous ces sujets étaient extrèmement odieux au public, parce qu'ils étaient tous créatures de M. le cardinal de Richelieu, ils furent sifflés par tous les laquais dans la cour de Saint-Germain, aussitôt que le roi eut expiré. M. de B e a u f o r t, gouverneur des enfants d'Anne d'Autriche, qui était de tout temps à cette princesse et qui en faisait même le galant, se mit alors en tête de gouverner, dont il était moins capable que son valet de chambre. M. l'évêque de Beauvais (Augustin Potier), plus idiot que tous les idiots, prit la figure de premier ministre, et il demanda dès le premier jour aux Hollandais qu'ils se convertissent à la religion catholique, s'ils voulaient demeurer dans l'alliance de la France. La reine eut honte de cette momerie du ministre. Elle se mit entre les mains du cardinal Mazarin. M. de Beaufort, qui avait le sens beaucoup au-dessous du médiocre, forma alors contre la régente, contre le ministre et contre les princes du sang une cabale de gens tels que Beaupuy, Fontrailles, Fiesque, auxquels il faut ajouter les Guise, les Vendôme, le duc d'Épernon, la duchesse de Chevreuse, la duchesse de Montbazon, le duc de Béthune et Montrésor... Tous ces politiques avaient la mine de penser creux. Les princes unis contre eux tournèrent en ridicule la morgue qui avait donné aux amis de M. de Beaufort le nom d'*importants*, et ils se servirent en même temps très-habilement des maladresses de M. de Beaufort pour s'en débarrasser. Les *importants* furent chassés et dispersés, et l'on publia partout le royaume qu'ils avaient fait une entreprise sur la vie de M. le cardinal. »

La plupart des *importants* prirent part quelques années après aux troubles de la F r o n d e. Charles NISARD.

IMPORTATION. L'économie politique donne ce nom à tous les produits qu'un peuple tire d'un territoire étranger par la voie du commerce. Réciproquement, on appelle *e x p o r t a t i o n* les produits qu'une nation laisse sortir de son territoire par suite des ventes conclues avec d'autres nations ; en d'autres termes, l'*importation* et l'*exportation* sont les deux aspects de l'*é c h a n g e*, lorsqu'on étudie ce phénomène de peuple à peuple. Cette seule définition suffit à montrer qu'il ne peut guère exister que dans la barbarie et l'enfance de toute civilisation un peuple qui ne soit pas tout à la fois *importateur* et *exportateur*. La nation chinoise elle-même, de toutes les nations du monde la plus concentrée, la plus étroitement emprisonnée dans le cercle de ses vieux préjugés, la moins facile et la moins avancée dans les relations commerciales, figure chaque année dans le tableau des importations et des exportations d'Europe pour des valeurs considérables. Telle est en effet la constitution du globe et de l'humanité, que nul coin de terre n'est assez heureusement privilégié pour produire à lui seul l'infinie variété de denrées nécessaires à la satisfaction de ceux qui l'habitent, comme nul peuple n'est assez pauvrement organisé pour pouvoir tenir éternellement enfermés ses passions et ses désirs dans le cercle étroit que lui présente à parcourir sa production indigène. C'est donc une loi du monde moral aussi bien que du monde intellectuel et du monde physique, qu'entre les diverses terres et les diverses nations se forment, se maintiennent et s'accroissent les relations commerciales qui amènent le double phénomène de l'importation et de l'exportation.

IMPORTUN, IMPORTUNITÉ. Il n'existe point de plus grand fléau que l'importun : malheur à ceux qu'il a choisis pour victimes, soit par désœuvrement, soit par nécessité ! Il s'acharne sur eux, comme sur autant de proies qui ne doivent plus lui échapper, et avec une persévérance sans exemple. On peut dire de l'importun ce que le *bonhomme* disait du naturel :

Qu'on lui ferme la porte au nez,
Il reviendra par la fenêtre.

L'importun est un homme à la fois ennuyé et ennuyeux : il ne sait dépenser son temps qu'au détriment de ses amis ou de ses connaissances, qu'il accable de sa présence. « C'est le rôle d'un sot que d'être *importun*, dit La Bruyère : un homme d'esprit sent qu'il ennuie. » Notre grand moraliste avait peut-être tort d'avancer que l'importun ne sent pas cela. Quoi de plus importun qu'un solliciteur? Et cependant, qu'est-ce qu'un solliciteur, sinon un homme qui a l'esprit d'être importun jusqu'à ce qu'il ait obtenu ce qu'il demande. Le *provincial* fraichement débarqué, qui accapare à la fois le logis, les heures, et les pas de l'habitant de Paris assez malheureux pour être son parent ou son ami ; l'auteur qui veut décider un libraire à publier son œuvre, l'écrivain dramatique qui vient de terminer une tragédie ou un drame, et qui réclame le patronage d'un acteur tout puissant ; le poète qui vous oblige à écouter d'un bout à l'autre la lecture de ses chefs-d'œuvre, sont autant de types divers de cette innombrable famille.

Le mot *importun* s'emploie aussi adjectivement dans le sens d'*incommode, fâcheux*, qui entraîne de l'ennui, qui déplaît.

L'importunité n'est autre chose que l'action d'incommoder, de fatiguer, d'ennuyer, de déplaire, soit par des assiduités, soit par discours, soit par des demandes, soit par une présence trop assidue, etc. Elle est quelquefois si tenace, que l'éloignement même ne saurait en garantir ; elle fatigue alors par écrit, et suffirait à elle seule pour faire maudire l'invention de la poste aux lettres.

IMPOSER, EN IMPOSER. Dans sa première signification, ce mot, dérivé du latin *imponere*, signifie *poser sur*. C'est dans ce sens que théologiquement on dit *imposer les mains*. *Imposer* se dit ensuite pour charger d'une chose embarrassante, difficile, pénible, et par extension, il signifie *ordonner, prescrire, infliger*. Enfin, il s'emploie même dans le sens de faire, en quelque sorte, violence à une personne pour qu'elle en accueille une autre, ou pour qu'elle reçoive une chose malgré elle.

Dans le langage financier, *imposer* est synonyme de *lever un impôt* : *imposer* un tribut, des droits, etc. ; *imposer* un pays, une personne ; il faut une loi expresse pour autoriser une commune, un département, etc., à *s'imposer* extraordinairement.

Une autre acception non moins usitée du verbe *imposer* est celle dans laquelle on le prend pour *inspirer* du respect de la crainte : *Néron imposa* à l'ennemi. *En imposer*, au contraire, signifie *abuser, tromper, faire accroire* ; et c'est à tort qu'on l'a souvent pris dans la signification précédente : Vous en *imposez*. En imposer par des airs de douceur.

IMPOSITION, action d'imposer soit un nom, soit une peine, soit une mission, soit un tribut, etc.

En économie politique *imposition* est synonyme de *contribution*, d'*impôt*.

Pour l'*imposition*, en typographie, *voyez* COMPOSITION.

IMPOSITION DES MAINS, action de poser, d'étendre les mains sur la tête de quelqu'un. Cette pratique religieuse était déjà en usage chez les Hébreux ; ceux-ci, lorsqu'ils priaient pour quelqu'un, mettaient leurs mains sur sa tête, en adressant des vœux à Dieu pour qu'il lui fût favorable. Jésus-Christ, se conformant à cette antique coutume, *imposait les mains* aux enfants qu'il voulait bénir, ou aux malades dont il opérait la guérison par ses prières. Les apôtres *imposaient les mains* aux hommes à qui il conféraient le Saint-Esprit, et à ceux qu'ils ordonnaient ministres du christianisme, et qu'ils recevaient dans la foi. Les ecclésiastiques *n'imposent les mains* aujourd'hui que lorsqu'ils confèrent les ordres.

IMPOSTE. On désigne, en architecture, par ce mot un cordon en saillie, ou espèce de corniche ordinairement peu ornée, et qui bien souvent consiste en une bande carrée qui reçoit la retombée des archivoltes des arcades percées dans les murs d'un édifice. L'imposte quelquefois n'est que le couronnement d'un pilier ; on a même donné ce nom au bandeau plus ornement qui entoure les bords d'une fenêtre. Il y a des impostes brisées, c'est-à-dire qui sont coupées par les ouvertures d'arcades de fenêtres ; d'autres sont continues. Alors les arcs dont elles reçoivent les retombées ne présentent que des ouvertures demi-circulaires.

TEYSSÈDRE.

IMPOSTEUR, IMPOSTURE. L'imposture est un mensonge d'importance et d'un certain renom. Le menteur agit sur les individus, l'imposteur travaille plus en grand ; il s'adresse aux masses, aux partis, aux peuples, qu'il cherche à séduire par de faux miracles, ou par des doctrines erronées. Si le monde avait pris au mot tous ceux qui se sont réciproquement traités d'imposteurs, il est peu de philosophes et de théologiens qui eussent échappé à cette qualification injurieuse. Les imposteurs abondent où la crédulité domine, a dit Dulaure. Mais quel est le siècle où la crédulité ne domine point ? L'histoire des imposteurs serait l'histoire du monde. La crédulité ne fait que changer d'objet. Les hommes, selon Vauvenargues, semblent être nés pour faire des dupes ou pour l'être eux-mêmes. Saint-Évremond avait dit avant lui qu'un imposteur réussissait mieux dans le monde qu'un honnête homme rustique et sauvage. C'est décourageant pour la vertu, mais c'est vrai. Deux grands hommes de l'antiquité, et des centaines d'autres, l'ont si bien senti, qu'ils se sont appuyés sur l'imposture pour faire comprendre aux hommes de leur temps la justice et la vérité. Socrate ne croyait pas au génie familier dont il prétendait recevoir ses inspirations ; Numa savait très-bien qu'il mentait en parlant de son Égérie ; mais ils faisaient servir le mensonge au triomphe de la raison. Que de poisons la pharmacie n'emploie-t-elle pas contre les maladies du corps humain ? Mais c'est à forte dose que les imposteurs administrent les leurs à l'animal prétendu raisonnable qui se dit supérieur à tous les autres, et tous ces charlatans ne sont point des Numa ni des Socrate.

La nomenclature des imposteurs à mauvaises intentions serait infinie. Le livre *De tribus Impostoribus*, que le pape Grégoire IX attribuait à l'empereur Frédéric II, ou à son chancelier Pierre Desvignes, et que Voltaire prétend n'avoir jamais existé, remontait à Moïse pour trouver le premier en date de ce trio, dont l'Europe presque entière s'accorde à retrancher le second, et dont le troisième est défendu par les populations de l'Afrique et de l'Asie. Les philosophes, qui veulent trouver la raison de tout, regardent le buisson ardent et les merveilles du mont Sinaï comme des tours de gobelet, et traitent Moïse de charlatan. Il est évident qu'ils ont tort ; mais leur tort serait plus grand s'ils accusaient le législateur des Hébreux d'avoir inventé le charlatanisme sacré et profane. Les prêtres de Brahma et ceux d'Osiris seraient d'une date plus ancienne : ce sont, à coup sûr, les imposteurs les plus anciens du globe ; nous placerons après eux tous ces roitelets de la Grèce qui se disaient issus des dieux de leur pays. Quant à ces dieux, ce ne sont pas eux qui se sont donnés pour tels : ils sont de l'invention du charlatan Orphée, ou de tel autre ancien dont le nom a péri. Cet Orphée, le plus grand théologien de son temps, avait décidé gravement, et après mûr examen, que l'œuf était antérieur à la poule. Des imposteurs ont fait verser des flots de sang depuis Constantin jusqu'à Louis XIV, pour des questions moins importantes que celle-là. Alexandre le Grand a dû une partie de ses conquêtes à l'imposture : il se faisait passer pour le fils de Jupiter-Ammon ; c'était cependant le siècle d'Aristote ; et Platon, Socrate, Pythagore, ainsi que tous les grands poètes d'Athènes, avaient jeté leur lumière dans le monde, qui n'y voyait pas plus clair. Il y avait sept cents ans que les augures romains imposaient à la crédulité du peuple, quand Cicéron s'avisa de se moquer d'eux. Mais les clartés que répandirent les grands écrivains du siècle d'Auguste n'empêchèrent pas de croire à la divinité de tous les empereurs morts, y compris Claude et Néron.

La bonne foi, la vérité, étaient alors dans les propagateurs ou confesseurs de la foi nouvelle. Mais, après la victoire, les charlatans chrétiens remplacèrent les martyrs. Alors ceux qui s'étaient moqués de la nourrice de Romulus firent nourrir leurs saints par des aigles, par des lions, par des colombes. On liquéfia du sang figé depuis des siècles, on conserva du lait frais pendant dix-huit cents ans. Des têtes, des clous, des suaires, des bras, des mains, ayant appartenu à de saints personnages, se trouvèrent à la fois dans plusieurs lieux différents, et produisirent les mêmes effets sur les populations ; elles ne se doutaient point qu'à cent lieues plus loin le même objet de vénération opérait des miracles pareils ; et ce qu'il y a de plaisant, ou de honteux, pour l'espèce humaine, c'est que les imposteurs qui attaquaient ces miracles en faisaient d'une autre espèce, pour assurer le triomphe de leurs doctrines. C'est toujours ainsi qu'on remue les masses, depuis le Persan Zoroastre, qui fit croître un cyprès énorme dans vingt-quatre heures, jusqu'aux inventeurs de la croix de Migné sous la Restauration. On parle beaucoup de la diffusion des lumières ; mais il ne faut qu'aller à quelques kilomètres de Paris, si ce n'est dans quelques-uns de ses faubourgs, pour reconnaître le peu de progrès qu'ont fait ces philosophes si follement accusés d'avoir perverti les populations. Il n'y a peut-être pas de village où un paysan, un peu plus fin que les autres, ne guérisse la fièvre et les fractures avec des paroles magiques, ou ne fasse retrouver des objets perdus avec des grimaces. Étonnons-nous après cela que les Arabes aient leurs marabouts ; les Turcs, leurs derviches ; les Chinois, leurs bonzes ; les Siamois, leurs talapoins ; les Japonais, leurs jammabos ; les Indiens, leurs fakirs ; les Illinois, leurs manitous ; les Lapons et leurs nôtres peuples, leurs magiciens ; les Tatars-Mongols, leur khutukhtu ; et d'autres Tatars, leur grand ama, qui, par parenthèse, fait bien le plus ennuyeux métier qu'on ait jamais fait dans ce monde. Tous ces imposteurs n'ont qu'un but, c'est de vivre dans l'abondance aux dépens des imbéciles ; et si Voltaire obtenait la permission de revenir sur la terre dans quelques milliers d'années, il y trouverait les mêmes superstitions et les mêmes charlatans dont il a cru le débarrasser.

En voilà plus qu'il n'en faut sur les imposteurs sacrés ; mais il en est de toutes les sortes. Un certain Rocolès, que nous n'avons pas l'honneur de connaître, a fait une biographie de tous les imposteurs qui ont tenté d'usurper un diadème à l'aide d'un nom supposé, suivant l'exemple donné par Jacob, qui se couvrit de peaux de bêtes pour usurper la bénédiction d'Isaac, son père, à la place d'Ésaü, son aîné. Le faux Smerdis, qui prit le nom du frère de Cambyse, est le premier dont l'histoire ait fait mention, et il a été le plus heureux de tous, puisqu'il a régné sept mois avant d'être reconnu et mis à mort. C'est par là que finissent ordinairement les imposteurs de cette classe, comme ce François de La Ramée, qui se disait fils de Charles IX, et que Henri IV fit pendre en place de Grève. L'Angleterre a eu les siens sous le règne de son Henri VII, dans Lambert Symnel et dans Perkin-Warbeck, qui prirent successivement la place du jeune Richard d'York. Le règne de l'usurpateur Boris-Godounof, en Russie, fut troublé par cinq imposteurs, qui se donnèrent successivement pour le prince Démétrius, assassiné par son frère le tsar Fédor. Il en parut un sixième sous le règne de Michel-Fédérowitz, pour être écartelé ; mais Voltaire a tort de dire que ces aventures, presque fabuleuses, n'arrivent pas chez les peuples policés, qui ont une forme de gouvernement régulière. Ces imposteurs n'y ont sans doute aucune chance de succès ; mais il ne s'en présente pas moins. N'avons-nous pas eu, nous, le peuple policé par excellence, une douzaine au moins de Louis XVII (voyez DAUPHINS [Faux]) qui venaient, de temps en temps essayer de la crédulité française ? Nous avons été, heureusement pour eux, plus humains que nos devanciers. Le plus entêté de ces imposteurs en a été quitte pour quelques mois de prison.

Au surplus, nous aurions trop à faire si nous voulions nous occuper de tous les charlatans politiques dont le pays fourmille. Ils n'ont pas tous une couronne en perspective ; ils laissent volontiers cette marque de la domination suprême, pourvu qu'ils étendent la leur sur le peuple ; et cette race de charlatans, qui a pris naissance sur le mont Aventin, s'est prodigieusement multipliée dans ces dernières époques. Toute leur science consiste à bien reconnaître les grands mots qui agissent sur les populations de leur temps, et à les encadrer dans des phrases sonores. Chez les Romains, c'était le partage des terres, la loi agraire et l'avarice des patriciens. Aujourd'hui, c'est la liberté, la réforme, le progrès, et autres mots qu'on se garde bien de définir, de peur d'être compris. Mais le peuple sera toujours dupe de ces déclamations. Il y a plus de deux mille cinq cents ans que l'histoire lui crie que les révolutions, quoique faites par lui et avec lui, ne tournent jamais à son profit ; les imposteurs trouvent toujours le moyen de lui faire croire que les révolutions à venir seront plus justes.

Quant aux imposteurs littéraires, ils datent au moins d'aussi loin que les charlatans politiques. Il y a des critiques qui prétendent que les deux poëmes d'Homère sont une imposture de Pisistrate. Celles-là du moins ne sont pas communes. Nous attendons encore la seconde, malgré les soleils poétiques qui nous inondent de torrents de lumière. Annius de Viterbe est le type le plus universellement connu de cette espèce d'imposteurs. Mais il diffère des nôtres en ce qu'il mettait ses propres rêveries sur le compte d'auteurs apocryphes, tandis que nos charlatans actuels mettent sous leur propre nom les pensées d'autrui. Nous avons aussi en littérature d'autres imposteurs que les plagiaires. Ce sont ceux qui portent aux nues de mauvais livres, et qui en déchirent d'excellents, avec l'intention bien avérée de faire la réputation d'un ami et d'enrichir un libraire aux dépens de la crédulité publique. Le règne des imposteurs n'est donc pas près de finir ; mais le plus grand de tous ceux qui ont passé sous nos yeux est sans contredit le général qui en 1797 comparait la république à un soleil, et qui la renversait trois ans après à son profit. Quant aux bonnes gens qui le confondent avec la liberté dans leurs acclamations patriotiques, ce sont de bons imposteurs, mais les imposteurs en feront tout ce qu'il leur plaira. VIENNET, de l'Académie Française.

IMPOT. L'impôt est une valeur délivrée au gouvernement par les particuliers pour subvenir aux dépenses publiques. Il se mesure sur le sacrifice exigé du contribuable, et non sur la somme que reçoit le gouvernement, tellement que les frais de recouvrement, le temps perdu par le contribuable, les services personnels qu'on exige de lui, etc., font partie des *impôts*.

La valeur, sous quelque forme qu'elle soit, qui est sacrifiée par le contribuable pour l'acquittement de l'impôt, n'est point réservée dans la société. Elle est consommée pour satisfaire les besoins du public, et par conséquent détruite. L'achat que fait le gouvernement des denrées ou des services qu'il juge à propos de consommer n'est point une restitution, mais un échange, dans lequel les vendeurs donnent en produits une valeur égale à celle qu'on leur paye en argent.

La société n'est donc indemnisée du sacrifice que lui coûte l'impôt que par la sûreté, par les jouissances quelconques qu'il procure à la société. Si ces jouissances peuvent être obtenues à meilleur compte, elle fait un marché onéreux.

Le sacrifice résultant de l'impôt ne tombe pas constamment et complètement sur celui par qui la contribution est payée. Lorsqu'il est producteur, et qu'il peut, en vertu de l'impôt, élever le prix de ses produits, cette augmentation de prix est une portion de l'impôt qui tombe sur le consommateur des produits qui ont renchéri. L'augmentation de prix ou de valeur que les produits subissent en vertu de l'impôt n'augmente en rien le revenu des producteurs de ces produits, et ils équivalent à une diminution dans le revenu de leurs consommateurs. J.-B. SAY.

L'impôt est d'une nécessité absolue dans toutes les sociétés organisées. Il naît avec la civilisation et se développe avec elle, si bien qu'aux progrès successifs de l'industrie et de la richesse correspond infailliblement l'élévation graduelle des charges imposées aux contribuables. Le devoir et l'intérêt bien entendu des États est d'empêcher que ce fardeau ne devienne trop lourd et qu'il n'écrase les citoyens, au lieu d'assurer leur repos et leur bien-être. Il faut donc que la valeur du sacrifice demandé à la nation ne dépasse pas les besoins réels du gouvernement ; il faut, en outre, que la quote part d'impôt payé par chacun soit proportionnelle à la part qui lui revient dans le revenu général. Ceci est conforme aux plus vulgaires notions de l'équité. Enfin, les frais de perception de l'impôt doivent être le moins onéreux que possible.

Ces principes posés, quel sera le meilleur système d'impôt ? Question capitale et qui de nos jours surtout a pris un intérêt immense.

Nous allons successivement examiner les différentes catégories d'impôts, en adoptant l'ingénieuse classification proposée par M. Hippolyte Passy, et rechercher les inconvénients et les avantages qu'ils présentent.

Les *impôts directs* sont ceux que les contribuables acquittent eux-mêmes et pour leur propre compte ; les *impôts indirects*, au contraire, sont ceux dont les fabricants ou marchands font l'avance à l'État, avance qui leur est remboursée par les consommateurs.

Au nombre des premiers, il faut compter l'impôt sur les personnes, autrement dit capitation ou contribution personnelle, qui frappe également le pauvre et le riche ; les impôts sur la terre ou contribution foncière, dont l'assiette est fixée en France d'après les contenances et les qualités du sol : la fixité même de cette sorte d'impôt est la source de fâcheuses inégalités, car elle s'oppose au remaniement qui peut, dans mille circonstances peuvent rendre nécessaire ; les impôts sur les bâtiments, impôts proportionnels et d'une perception facile, mais qui retombent toujours, en fin de compte, à la charge des locataires, c'est-à-dire des consommateurs, l'impôt sur les portes et fenêtres, essentiellement préjudiciable à l'hygiène et à la salubrité publique ; l'impôt sur l'exercice des professions, ou patentes, qui en réalité, est encore supporté par le consommateur, et qui d'ailleurs atteint bien plus le petit que le haut commerce ; l'impôt sur le revenu, incontestablement le plus juste de tous en principe, mais dont la base est difficile à établir vis-à-vis des contribuables, intéressés à dissimuler leur fortune; les impôts sur les transmissions par voie de succession ou de donation, impôts justes en principe, mais que notre législation a rendus très-peu équitables, en ne tenant pas compte des dettes et des charges qui diminuent la valeur réelle des héritages; les impôts sur les transmissions à titre onéreux, soit de propriétés foncières, soit de valeurs mobilières mentionnées dans les actes souscrits entre particuliers et portant, à divers titres, obligation de payement: l'intérêt de l'agriculture et des affaires en général s'oppose à ce que ces droits de mutation soient trop considérables; l'impôt du timbre, auquel s'applique la même observation.

Les impôts indirects frappent certains produits agricoles ou industriels de droits qui s'acquittent soit à l'origine, soit pendant la circulation, soit à l'entrée dans les villes, soit à l'arrivée ou à la vente chez les marchands ou débitants; ils ont pour effet inévitable d'élever la valeur des produits, et c'est le consommateur qui les supporte seul en définitive. Si les taxes indirectes portent sur des objets de première nécessité, dont chaque individu, riche ou pauvre, consomme à peu près la même quantité, ce sont les plus iniques de tous les impôts; tels sont les impôts sur le sel, les farines, les boissons. Lorsqu'au contraire elles n'atteignent que des objets moins nécessaires aux besoins de l'existence, ce sont de simples charges somptuaires, comme les impôts sur le thé, le café, etc. Un des avantages des impôts indirects, c'est la facilité avec laquelle ils s'acquittent; le public en effet ne payant qu'en détail, par sommes insignifiantes, au fur et à mesure de ses achats, ne s'en aperçoit pour ainsi dire point. Mais ils présentent aussi de grands inconvénients; ils font naître la fraude et la contrebande, et nécessitent l'emploi d'une armée de commis pour les prévenir. Les impôts indirects, quand ils frappent des productions nationales, portent le nom de contributions indirectes; on les nomme douanes lorsqu'ils sont perçus aux frontières, soit sur les produits étrangers importés, soit sur les produits nationaux exportés. Les villes lèvent en outre des octrois sur les objets consommés dans l'intérieur de leur enceinte.

Au nombre des impôts indirects, on range encore ceux qui se perçoivent au moyen de monopoles ou de régies, comme ceux qui existent sur le tabac, la poudre, les cartes à jouer.

Les énormes frais de perception qu'entraîne en pure perte notre système d'impôt a ramené quelques esprits à l'idée d'un impôt unique. Cet impôts unique a été proposé sur la propriété foncière par les uns, sur le revenu par les autres. La propriété foncière pourrait-elle subvenir à elle seule aux dépenses toujours croissantes de l'État? Pareille question ne se discute pas. Le revenu représentant tous les genres de richesse et de production n'offre pas la même insuffisance. Mais comment amener chacun à dire la vérité? Ici commencent les difficultés. Peut-être, pourtant, le problème n'est-il pas insoluble. Déjà l'État a souvent à lutter contre de fausses déclarations dans certains impôts actuels, et cependant il les maintient. Enfin, quelques économistes ont préconisé l'*impôt progressif*, c'est-à-dire croissant suivant une certaine progression avec la valeur de la matière imposable. Cet impôt existe pour quelques contributions, mais on n'a pas cru juste de l'étendre à toutes, de peur de nuire aux productions de luxe, et c'est la même raison qui a fait écarter de nos sociétés modernes les *impôts somptuaires*.

IMPRÉCATION (du latin *imprecari*, composé de *in*, contre, et *precari*, prier). Ce mot désigne certains actes, certaines formules, par lesquels on appelle la colère divine sur les autres, et quelquefois même sur soi-même. L'imprécation, qui n'est le plus souvent que le cri de l'indignation, l'explosion d'une colère ou d'une fureur irritées par le sentiment de leur impuissance, avait revêtu chez les anciens, chez les Grecs et les Romains surtout, un caractère religieux, dont elle est entièrement dépouillée dans la société moderne: aussi distinguaient-ils les imprécations publiques, les imprécations des particuliers, et les imprécations contre soi: ces dernières accompagnaient toujours le sacrifice d'un citoyen qui se dévouait à la chose publique. Les *imprécations publiques* étaient ordonnées par l'autorité dans certains cas, par exemple contre les impies, les sacrilèges, les oppresseurs; et comme le but principal de ces sortes de prières était d'attirer la vengeance céleste sur les coupables, on invoquait les ministres de ces vengeances, et en première ligne les Furies. Les Romains avaient une croyance si ferme dans l'efficacité des imprécations, qu'ils n'imaginaient pas que celui qu'elles frappaient pût jamais en détourner les effets. Cependant, lorsque l'innocence de ceux qu'elles avaient frappés venait à être établie, ils avaient recours à la réhabilitation: on y procédait en immolant quelques victimes aux dieux mêmes dont on avait imploré l'intervention pour le châtiment du crime; mais les meurtriers, les assassins et les parricides étaient à jamais exclus du bénéfice de la réhabilitation. De toutes les imprécations, les plus terribles et les plus efficaces aux yeux des anciens étaient celles des pères contre leurs fils parce que, selon leurs ingénieuses traditions, les Furies, issues du sang d'un père outragé par son fils, de Cœlus, mutilé par Saturne, s'étaient vouées spécialement au service des vengeances paternelles.

Chez les Gaulois, les *imprécations* étaient aussi un des ressorts les plus énergiques de la religion; mais il n'appartenait qu'aux druides de les prononcer: du reste, on peut observer que tous les peuples ont employé cet anathème contre les violateurs du sépulcre.

Dans le vieux sens mythologique, les *Imprécations* (*Diræ*) étaient une des qualifications des déesses désignées autrefois sous les noms de *Furies* sur la terre, *Euménides* aux enfers, et *Imprécations* dans le ciel.

L'*imprécation* est encore une figure de rhétorique par laquelle l'orateur invoque le ciel et les enfers contre un objet odieux; habilement manié, ce moyen oratoire est d'un grand effet; mais il ne faut pas le prodiguer. Tout le monde connaît les fameuses imprécations qui des théâtres d'Athènes et de Rome sont venues remplir de terreur et de pitié la scène française. Un des plus beaux exemples que l'on puisse citer de cette figure est celui que Corneille, dans ses *Horaces*, met dans la bouche de Camille contre Rome:

Puissé-je de mes yeux y voir tomber la foudre, etc.

Il faut citer aussi celle de la prière de Joad dans *Athalie*.
E. PASCALLET.

IMPRÉGNATION. *Voyez* CONCEPTION (*Physiologie*).

IMPRESARIO. On appelle ainsi, en Italie, le directeur d'une troupe de comédiens, qui d'ordinaire est en même temps à ses risques et pertes l'entrepreneur du théâtre. Il obtient des villes où il donne des représentations la jouissance gratuite de la salle de spectacle, ou bien il en paye la location. Il recrute sa troupe, dont les membres ne dépendent que de lui, et cumule le plus souvent les fonctions de directeur artistique avec celles d'administrateur et de directeur de l'entreprise. Tant que la comédie improvisée, ce qu'on appelait la *comédie de l'art*, fleurit en Italie, ce fut à l'*impresario* que revint le soin d'en préparer le scénario, que les divers acteurs exécutaient en scène. Bien rarement, c'était un poète. Dans ces derniers temps l'importance prise par l'opéra a contraint l'impresario à y consacrer tout son temps et toutes ses ressources. Les troupes d'opéra qui exploitent à l'étranger les scènes de Paris, de Londres, de Madrid, de Vienne, etc., sont toujours dirigées par un *impresario*.

IMPRESCRIPTIBILITÉ. C'est la qualité de ce qui n'est pas susceptible de prescription. Il y a des droits imprescriptibles; ce sont ceux qui sont inhérents à la nature même de l'homme. *Voyez* DROIT NATUREL.

IMPRESSION. Se dit de l'action par laquelle une chose appliquée sur un autre y laisse une marque plus ou moins durable, et du résultat de cette action. En technologie, l'*impression* se distingue de l'*empreinte* en ce que celle-ci suppose la production d'un creux ou d'un relief. Le sens de ces deux mots diffère également au figuré : l'impression qui résulte d'une cause morale doit être profonde pour mériter le nom d'*empreinte*. On sait combien il a été imprimé d'*impressions de voyages* dans ces derniers temps. Bornons-nous à parler ici de l'impression dans les arts industriels. Au premier rang vient se placer *l'impression typographique*. Cette opération s'exécute à l'aide d'une *presse* que fait mouvoir un ouvrier ou une machine. Quel que soit le mode employé, on obtient l'impression en appliquant avec force une feuille de papier sur la *forme* encrée convenablement : cette pression fait entrer l'œil du caractère dans la feuille de papier, trop peu pour la déchirer, assez pour y déposer l'encre dont il est couvert. Lorsqu'on se sert de la presse à bras, quand toutes les feuilles sont imprimées d'un côté, on change la forme, si cela est nécessaire, et on recommence pour le second côté ; veut-on imprimer en plusieurs couleurs, on doit avoir autant de compositions que de couleurs différentes. Avec la presse mécanique, les deux côtés de la feuille s'impriment toujours successivement, mais dans une même opération, et on peut en tirer de 6 à 12,000 par jour.

L'impression de la gravure sur bois s'effectue de la même manière, parce qu'ici le type qu'il s'agit de reproduire est encore en relief. Mais il n'en est pas ainsi pour la gravure en creux, sur cuivre, sur acier ou sur plaque de plomb. Là il ne faut laisser de l'encre que dans les creux, et faire passer la feuille de papier ou d'étoffe étendue sur la planche entre deux rouleaux recouverts de langes qui font entrer le papier dans les creux de la gravure. Pour la lithographie, il n'y a ni creux ni relief, ou du moins ils ne sont pour rien dans l'impression. L'encre distribuée par l'ouvrier ne prend que sur les parties dessinées sur la pierre lithographique avec un crayon gras. Une sorte de râteau fortement fixé sur la presse, et sous lequel passent pierre et papier, fait décharger l'encre sur le papier, et produit l'impression.

L'impression a bien d'autres procédés encore. Ainsi, sans parler des copies obtenues par des planches à jour, et dont nos affiches peintes offrent un exemple, il nous faut encore mentionner *l'impression sur étoffes*, qui sera décrite à l'article INDIENNES, et *l'impression des papiers peints*.

IMPRESSION (Fautes d'). Voyez FAUTES D'IMPRESSION.

IMPRÉVOYANCE, manque de prévoyance, défaut de ce raisonnement, de cette vue intérieure, par lesquels on annonce presque à coup sûr l'approche d'un événement. C'est une espèce d'étourderie vis-à-vis de l'avenir, qui entraîne maintes fois les plus graves inconvénients. La classe des imprévoyants est nombreuse ; et les maux que l'imprévoyance passée a fait naître sont malheureusement pour eux une leçon trop souvent inutile. L'imprévoyance est bien moins rare dans les grandes villes que dans les campagnes : aussi les vices y sont-ils beaucoup plus communs, car lorsque la misère, qui en est presque toujours la suite, est arrivée à sa période la plus hideuse, ceux en qui l'instinct de la conservation étouffe toute idée d'honneur et de morale obéissent à la faim, et deviennent coupables. Les artistes dramatiques, les hommes de lettres, les étudiants, les grisettes de nos grandes villes, pourraient être cités avec raison comme des modèles d'imprévoyance. On connaît assez le sort qui attend la plupart d'entre eux et surtout d'entre elles, vers la fin de leurs jours, après qu'ils ont souvent vécu dans l'aisance.

IMPRIMERIE. Par son influence sur la civilisation et les progrès de l'humanité en général, l'imprimerie occupe un des rangs les plus distingués parmi les découvertes de l'esprit humain. Elle fait donc à bon droit époque dans l'histoire du monde. Après que l'on se fut assuré de la possibilité de multiplier facilement et avec plus de célérité, au moyen d'une impression en couleur, le dessin et l'écriture, et que jusque alors on avait été réduit à imiter, soit avec la plume, soit avec le crayon, progrès qui ne fut réalisé en Europe que vers le commencement du quinzième siècle ; et quand l'invention du papier, comme la meilleure et la moins dispendieuse des substances propres à recevoir l'impression, eut pour ainsi dire, avec l'encre grasse et la presse à vis, complété l'attirail de l'imprimerie, il restait toujours encore à trouver le mode de faire les caractères les plus convenables et les plus durables. La gravure sur bois et celle au burin sur d'acier, qui existait déjà depuis longtemps, reçurent alors une nouvelle application de l'imprimeur en lettres et de l'orfèvre, et le premier, qui ne produisait guère que des cartes à jouer et des images de piété, fit dès lors usage de caractères gravés en bois, pour l'impression de petits livres d'école, composés uniquement de texte ; ce fut un pas de plus fait vers la découverte de l'art de l'imprimerie proprement dit, en d'autres termes, de la typographie. Quelques-uns de ces imprimeurs en lettres paraissent même avoir trouvé vers le milieu du quinzième siècle le moyen de produire des impressions avec des lettres moulées mobiles ; mais leurs essais typographiques furent surpassés et en même temps guidés par l'invention faite à la même époque à Strasbourg ou à Mayence, invention qui les éclipsa entièrement, par l'importance de son application dans une sphère beaucoup plus étendue. Gutenberg, fut le premier qui conçut complètement le projet d'imprimer uniquement avec des caractères mobiles, projet étudié, poursuivi et essayé pendant bien des années, non sans appui de capitaux étrangers. Il réussit enfin à exécuter l'impression de toute la Bible, au moyen de la typographie et à créer à Mayence la première imprimerie proprement dite, qui devint le modèle de tous les autres,

Dans l'imprimerie xylographique, il faut que l'écrit à multiplier soit gravé en bois, sur au moins deux fois autant de planches qu'il aura de feuilles d'impression. Quand ces planches en bois ont reçu l'encre grasse, on en tire des épreuves par la presse de l'imprimeur, ce qui auparavant se faisait avec un rouleau, comme pour les cartes à jouer, et ne portait l'impression que sur un côté du papier. Ce mode d'impression est encore en usage aujourd'hui chez les Chinois, où pourtant l'imprimerie date de plusieurs siècles avant qu'elle s'introduisît en Europe. Leur langage écrit ne se composant point de lettres, mais de mots, ils ont pu et dû se contenter de ce procédé ; leur littérature n'en est pas moins redevable à l'imprimerie xylographique d'une richesse de bibliothèques qui dépasse celle de bien des nations européennes. En Europe, au contraire, l'alphabet des langues dut conduire à tailler en bois, en plomb ou en étain, des lettres séparées pour les réunir dans une forme d'impression, d'où on les retire, après la production des épreuves, pour les faire servir à une nouvelle composition. Cependant le découpage de ces lettres en nombre suffisant, opération qui présentait à la fois l'inconvénient d'être pénible et de donner des produits inégaux, avait encore le défaut que la nature molle de la matière première rendait ces lettres peu durables. Pour remédier à ces défauts, on cisela en acier des caractères qui, en forme de coins, s'incrustaient dans des matrices en cuivre, où on introduisit une composition métallique propre à donner des caractères séparés.

Mais où et par qui a été inventée l'imprimerie ? Gutenberg paraît bien l'inventeur des caractères mobiles. Avant lui sans doute on imprimait par la xylographie. Coster de Harlem n'a probablement pas fait autre chose que d'imprimer des textes et des images sur des planches de bois gravées, à la façon des imagiers. Mais Gutenberg a-t-il réussi à imprimer à Mayence ou à Strasbourg, où il avait été obligé de se réfugier ? Tout fait présumer qu'il avait beaucoup avancé son art à Strasbourg. L'argent lui manqua, et à travers l'obscurité des témoignages on peut apercevoir que c'était bien la mobilité des caractères qu'il cherchait. Plusieurs indices font croire qu'il l'avait trouvée. A Mayence il s'associe avec Faust, et en 1455 ou 1456 paraît la Bible dite de Gutenberg, livre de quarante-deux lignes à la page, formant deux volumes in-folio, et sans date. Quand l'habile artiste-écrivain Pierre Schœffer, gendre de Faust, eut pris un intérêt dans l'imprimerie de son beau-père, tous deux améliorèrent la fabrication des caractères au point de pouvoir imprimer avec des caractères beaucoup plus petits que ceux qui avaient jusque alors servi à l'impression des missels. Ils augmentèrent le nombre de lettres des pages et diminuèrent le prix de revient. Le premier livre imprimé de quelque importance et portant l'indication fut le psautier de 1457 ; le *Rationale* de Durandus, qui est encore en usage comme livre de plain chant, date de 1459. L'un est imprimé en gros caractères de missel, l'autre en petits caractères.

A côté de cette imprimerie, qui après la mort de Faust avait été continuée par Schœffer tout seul, puis qui le fut encore par ses descendants pendant près d'un siècle, Gutenberg en avait établi une autre après sa séparation d'avec Faust ; et en 1460 il imprima le *Catholicon* de Janua, également en petits caractères, sans indication de nom d'imprimeur, mais portant à la fin du livre un éloge en faveur de Mayence, signalé comme le lieu où le nouvel art a été inventé. La prise et le pillage de cette ville, à l'occasion de la guerre privée qui éclata, en 1462, entre les deux archevêques Diether d'Isembourg et Adolphe de Nassau, firent grand tort à ces deux imprimeries, qui furent réduites à l'inaction et dont les employés et les ouvriers portèrent ailleurs la connaissance d'un secret que Mayence seul avait possédé jusque alors. Cependant les ateliers de Faust et de Schœffer reprirent bientôt une nouvelle vie, tandis que celui de Gutenberg passait, de son vivant même, entre les mains d'un autre propriétaire.

L'art de l'imprimerie s'introduisit bien vite à Cologne et à Strasbourg ; après ces deux villes l'on cite Bamberg, Augsbourg, Nuremberg, Spire, Ulm, Esslingen, Lubeck, Leipzig, Memmingen, Reutlingen, Erfurt, Magdebourg, Haguenau et autres lieux en Allemagne, comme ceux où l'imprimerie prit racine et fleurit de bonne heure. Les Allemands Sweynheim et Pannarz introduisirent cet art en Italie, d'abord au couvent de Subiaco, puis à Rome, en 1464 ; et Jean de Spire l'importa à Venise, en 1469, d'où il fut communiqué à toutes les autres villes d'Italie. En 1470 des imprimeurs allemands furent appelés à Paris, où ils établirent à la Sorbonne la première imprimerie typographique qu'il y ait eu en France. Dans ce pays, les imprimeries de Paris et de Lyon sont celles qui eurent le plus d'importance. Dans les Pays-Bas, les premiers imprimeurs proprement dits parurent peu après 1470 ; c'étaient surtout des natifs du pays. En Hollande, l'imprimerie avait gardé un caractère particulier, indigène, jusque vers 1480 ; et c'est seulement à cette époque que l'influence allemande s'y décèle aussi. Anvers, Leyde et Amsterdam étaient le siège des principales imprimeries de ces contrées. En Suisse, Bâle se distingua à partir de 1474 ; et c'est vers le même temps que la première imprimerie fut établie en Angleterre, par Earton, à Westminster, et à Glasgow, par un Allemand ; à Valence. On trouve dans le *Repertorium bibliographicum* de Hain (4 vol., Stutg., 1826-1838) à peu de chose près le catalogue de tous les livres imprimés dans le quinzième siècle, et l'on y voit les progrès que cet art nouveau avait déjà faits en Europe dans les cinquante premières années de sa création.

Le vice-roi Antonio de Mendoza l'introduisit au Mexique en 1550, en y appelant un imprimeur lombard. Dans le même siècle, vers 1586, les jésuites imprimèrent à Lima, au Pérou, çà et là en Chine, à Java, sur la côte de Malabar et peut-être même au Philippines ; au dix-septième siècle les Maronites portèrent l'imprimerie au Liban, et en 1640 un ministre non conformiste fit venir le premier imprimeur de Londres à Cambridge, dans l'Amérique du Nord, alors colonie anglaise. Boston et Philadelphie eurent bientôt leurs imprimeries, et ce fut dans la dernière de ces villes que le célèbre Benj. Franklin travailla dans sa jeunesse comme simple ouvrier imprimeur. Quand ce pays se fut séparé de la mère-patrie pour former la confédération des États-Unis, l'imprimerie y fit des progrès si rapides que ses ateliers dépassent aujourd'hui en nombre ceux de tous les autres pays, eu égard au chiffre de sa population. Les journaux ont longtemps constitué l'un des principaux produits des presses américaines ; et ce n'est que dans ces derniers temps qu'elles ont commencé à livrer des ouvrages originaux et à s'occuper de la réimpression d'autres ouvrages, en concurrence avec l'Europe. Au dix-huitième siècle l'imprimerie se fraya un chemin vers les Indes orientales, où elle parut aussi à Ceylan et à Batavia ; puis elle prit son essor vers les îles de l'Inde occidentale, et atteignit vers la fin de ce siècle Sidney, dans la Nouvelle-Hollande, surtout au moyen des feuilles publiques. Au dix-neuvième siècle son importance s'accrut par l'extension énorme que prit la presse périodique et aussi par les productions des sociétés bibliques. Si la première accrut constamment son influence dans les nouveaux États indépendants de l'Amérique du Nord et du Sud, et se naturalisa jusque dans les établissements anglais de la Nouvelle-Hollande et de la terre de Van Diemen, les publications des sociétés bibliques la répandirent surtout aux Indes orientales et au delà des Indes, chez les Birmans, dans la presqu'île de Malacca, dans les îles de la Sonde, aux Moluques, en Afrique, au Cap et jusqu'à Madagascar, dans l'Australie, dans les îles de Sandwich et de la Société. Il n'est pas jusqu'aux vaisseaux balancés sur les flots de la mer qui n'aient emporté avec eux des presses, comme on le voit sur le vaisseau anglais *Caledonia*, qui en 1812 et 1813 publiait des feuilles datées de la Méditerranée, et sur l'*Hécla*, lors de l'expédition polaire du capitaine Parry. Durant l'hivernage qui eut lieu de 1819 à 1820 dans l'île de Melleville, au milieu des glaces du pôle Nord, on imprimait à bord de l'*Hécla* un journal intitulé *Gazette de la Nouvelle Géorgie, ou chronique d'hiver*.

Parmi les chrétiens de l'Orient, les Arméniens commencèrent à imprimer en 1587, à Venise et à Constantinople ; aujourd'hui ils possèdent aussi des presses à Paris, à Vienne, à Pétersbourg, à Etschmiadzin, le siége du chef de leur Église, et aux Indes orientales. Parmi les sectes en dehors de la chrétienté, les juifs avaient déjà fait usage de l'imprimerie au quinzième siècle, d'abord en Italie, en 1480, à Poncino, dans le duché de Milan, en Portugal, à Constantinople, dans plusieurs pays slaves, en Grèce et dans l'Asie Mineure. Chez les Turcs, les sultans se montrèrent d'abord hostiles à l'introduction de l'imprimerie, et ce ne fut qu'en 1726 qu'il y eut un imprimeur du grand-seigneur à Constantinople, du nom d'Ibrahim-Effendi. Avant ce temps les chrétiens melchites et maronites avaient déjà imprimé en langue arabe, à Alep et dans le Levant. En Égypte, du temps de l'expédition française on avait imprimé à Alexandrie, au Caire et à Gizeh, le vice-roi Mohammed-Ali fit monter une imprimerie à Boulak, près du Caire, en 1822. Consultez l'ouvrage de M. Ternaux-Compans intitulé *Notice sur les imprimeries qui existent et qui ont existé hors de l'Europe* (Paris, 1842).

Il serait sans doute superflu d'analyser ici les bienfaits immenses dont on est redevable à l'imprimerie ; comment elle a, surtout au seizième siècle, contribué à la renaissance de la littérature classique, à la culture de l'esprit, à la réformation ; et depuis la fin du siècle dernier, à l'affranchissement des peuples en hâtant la conquête de leur liberté civile, prodiges tous obtenus par l'influence de la presse périodique. C'est celle-ci qui a été le plus puissant moyen d'échange et de développement pour les idées. L'histoire de la littérature moderne est en même temps l'histoire des résultats dont nous sommes redevables à l'imprimerie ou à la presse périodique, dont on a cherché à prévenir les écarts, mais dont les avantages dépassent considérablement les excès.

Les typographes des premiers temps étaient pour la plupart tout à fois fondeurs de caractères, imprimeurs et libraires, quelquefois même les auteurs des ouvrages qu'ils imprimaient, et souvent des hommes d'une science assez profonde pour corriger eux-mêmes les erreurs de texte des copies manuscrites des ouvrages classiques qu'il s'agissait d'imprimer. La librairie et l'imprimerie ont continué à rester en général dans les mêmes mains; seulement les collaborateurs attachés à la seconde de ces industries ont été divisés en *compositeurs*, *imprimeurs* et *correcteurs*. La fonte, la ciselure, la gravure des caractères forment depuis le dix-septième siècle des branches d'industrie séparées.

Les familles les plus célèbres parmi les imprimeurs sont celles des Aldes Manuce, qui florissait de 1488 à 1580; des Giunti, de 1492 à 1592, et des Elzevir, de 1595 à 1680. Parmi les modernes on distingue surtout les Rreitkopf, les Baskerville, les Didot, les Bodoni et autres. Dans les dix-septième et dix-huitième siècles, l'art de l'imprimerie resta négligé et stationnaire, et ce ne fut que vers le milieu du dix-huitième siècle qu'il reprit sa marche progressive. Quant aux instruments, on s'appliqua d'abord à créer des caractères pour tous les alphabets et pour tous les genres d'écriture en usage au monde, en même temps que l'on s'occupait de la variété et de l'élégance à donner aux lettres. Sous le rapport de la variété des caractères particuliers aux langues étrangères, l'Imprimerie impériale de Paris est la plus riche qui existe au monde.

L'appareil moteur, qui, depuis l'invention de l'imprimerie, avait à peu près conservé sa forme de presse à vis en bois, reçut ses premières modifications de Haas à Bâle, en 1772. Plus tard ce furent les Anglais et les Américains qui s'appliquèrent avec persévérance à la construction de machines plus en harmonie avec les progrès des lumières en mécanique. Le triomphe de l'invention a été cet égard est la presse mécanique, où l'impression s'opère avec une grande rapidité au moyen de cylindres. On a aussi essayé d'abréger le travail de la composition à l'aide d'instruments dont l'un a reçu le nom de pianotype. La *stéréotypie* rendit de grands services pour la production des ouvrages dont les éditions sont souvent répétées sans changement, tels que les classiques anciens et modernes. L'impression de la musique et des cartes géographiques est redevable à M. Duverger et à d'autres encore de plusieurs avantages, quoique les planches en cuivre ou en étain avec la lithographie conviennent mieux à cet objet. L'impression en caractères saillants est employée pour faciliter l'enseignement des aveugles. L'impression en lettres d'or, qui avait déjà été en usage chez les anciens imprimeurs, et celle en différentes couleurs ont été renouvelées dans ces derniers temps, avec le plus brillant succès, à l'occasion d'événements extraordinaires, ainsi que l'impression polychrome (plusieurs couleurs à la fois), etc.

IMPRIMERIE (Encre d'). *Voyez* ENCRE, tome VIII, p. 568.

IMPRIMERIE IMPÉRIALE, à Paris, rue Vieille-du-Temple. Elle occupe l'ancien palais Cardinal, ainsi nommé parce qu'il appartenait au fameux cardinal de Rohan. Elle est administrée par un directeur, sous la surveillance du ministre de la justice. Son budget figure pour ordre au budget de l'État.

Cet établissement est d'une grande importance, au double point de vue de l'administration et des sciences et des arts. L'État y fait exécuter toutes les impressions nécessaires aux services publics; cette organisation lui offre des garanties de sûreté et de discrétion qu'il ne trouverait pas dans les ateliers de l'industrie privée, et qui peuvent en certains cas être d'une haute importance. En outre, les caractères provenant de son matériel sont facilement reconnaissables à des signes particuliers, ce qui rend plus malaisée la supposition d'actes officiels. Enfin, comme le service s'y fait avec une promptitude extraordinaire au moyen d'un immense matériel, cinq mille formes y peuvent être gardées entièrement composées.

Les chefs d'établissements privés peuvent emprunter à l'Imprimerie impériale les caractères spéciaux qui leur manquent; ils peuvent même, s'ils ont obtenu l'autorisation du garde des sceaux, y faire imprimer les ouvrages qui nécessitent l'emploi de caractères orientaux.

Certains ouvrages d'érudition dont la publication doit être utile aux sciences et aux lettres y sont imprimés, s'ils ont été jugés dignes de cette faveur par un comité spécial. Les frais de ces impressions sont prélevés sur les bénéfices de l'établissement. D'autres ouvrages y sont encore imprimés, à l'aide de fonds spéciaux votés au budget; telle est la collection de *Documents inédits sur l'Histoire de France*.

Le matériel de l'Imprimerie impériale comprend, sans compter les caractères latins, les types de seize corps de caractères différents employés par les nations d'Europe, et ceux de cinquante-six corps de caractères orientaux, servant à écrire presque toutes les langues asiatiques connues, tant anciennes que modernes. Elle possède, en outre, 126,000 groupes chinois de différentes grandeurs, gravés sur bois, et plus de 3,000 autres groupes qui, se décomposant et se combinant ensemble, suffisent à la composition des innombrables signes de cette langue singulière. Le poids total des fontes de caractères s'élève à 400,000 kilogrammes, environ. On y compte 120 presses à bras et six presses à vapeur, ce qui permettrait de tirer en un seul jour 278,000 feuilles. La consommation annuelle en papier d'impression s'élève, en moyenne, à 90,000 rames. Des ateliers sont affectés aux nombreux travaux accessoires : fonderie, clichage, stéréotypage, lithographie, séchage, satinage, pliage, piqûres, couture, rognure, réglure et reliure.

On attribue généralement à François Ier la création de cet établissement public; mais ce prince n'en posa, pour ainsi dire, que la pierre d'attente; il se borna à faire graver des poinçons de caractères hébreux, grecs et latins et à les mettre libéralement à la disposition des imprimeurs parisiens. Quelques-uns d'entre eux, en outre, étaient subventionnés par le roi et portaient le titre d'imprimeurs royaux; ce qui leur conférait certains privilèges. Le véritable fondateur de l'Imprimerie royale, ce fut Louis XIII, ou plutôt Richelieu, qui l'établit au rez-de-chaussée et à l'entre-sol de la grande galerie du Louvre. Une grande quantité de types d'alphabets orientaux furent apportés de Constantinople par les soins de Savary de Bresves, ambassadeur de France. Sébastien Cramoisy fut le premier directeur de l'Imprimerie royale, qui occupa ensuite l'hôtel de Toulouse, près de la place des Victoires, avant que d'être transférée en 1809 dans le local actuel. Cet établissement est toujours à la hauteur de sa vieille réputation, et il s'enorgueillit de compter parmi ses clients le pacha d'Égypte, le roi de Prusse, qui y a fait exécuter le catalogue des livres chinois de la Bibliothèque de Berlin; la Société Asiatique de Londres et la Société Biblique.

IMPRIMEUR. En France nul ne peut être imprimeur sans avoir préalablement obtenu du ministre de l'intérieur une autorisation qu'on nomme *brevet*. Le nombre des imprimeurs est limité. Ce brevet peut leur être retiré par mesure administrative. Ils peuvent présenter leurs successeurs à l'agrément du ministre. Les possesseurs ou dépositaires d'une imprimerie clandestine sont punis d'une amende de 10,000 francs et d'un emprisonnement de six mois. Tout imprimeur est tenu de faire sa déclaration à la direction de la librairie avant d'imprimer quelque ouvrage écrit que ce soit; il ne peut ni le mettre en vente ni le publier s'il n'a fait le dépôt des nombre d'exemplaires prescrit. Ce dépôt est fait à Paris au secrétariat de la direction de la librairie, au ministère de l'intérieur, et dans les départements au secrétariat de la préfecture. Le défaut de déclaration avant l'impression et le défaut de dépôt avant la publication sont punis d'une amende de 1,000 francs pour la première fois et de 2,000 francs pour la seconde. Indépendamment du dépôt légal, tous écrits traitant de matières politiques ou d'économie sociale ayant moins de dix feuilles d'impression, ainsi que les journaux ou écrits périodiques, doivent, aux termes de la loi sur la presse du 29 juillet 1849, être déposés par l'imprimeur au parquet du procureur impérial, sous peine d'une amende de 100 à 500 francs. Chaque exemplaire des ouvrages sortis des presses d'un imprimeur doit porter l'indication de son nom et de sa demeure, à peine d'une amende de 3,000 francs, et de 6,000 si cette indication est fausse, sans préjudice de l'emprisonnement. Les imprimeurs sont encore tenus d'avoir un livre coté et paraphé par le maire de leur ville et d'y inscrire par ordre de dates et avec une série de numéros le titre de tous les ouvrages qu'ils se proposent d'imprimer, le nombre des feuilles, des volumes et des exemplaires, et le format de l'édition.

Ce livre doit être présenté à toute réquisition aux inspecteurs de la librairie et aux commissaires de police chargés de rechercher et de constater toutes les contraventions.

Les imprimeurs lithographes et les imprimeurs en taille douce sont astreints aux mêmes obligations; ils doivent aussi avoir un brevet.

Les imprimeurs en lettres sous l'ancien régime formaient une communauté, à laquelle étaient associés les libraires; ils étaient agrégés à l'université et soumis aux ordonnances et statuts du recteur; mais le gouvernement contesta à l'université ses antiques priviléges, et les réduisit peu à peu à une suprématie fictive. On exigeait des imprimeurs une certaine instruction littéraire; ils devaient comprendre la langue latine et lire au moins la grecque; en outre ils devaient donner caution et justifier de leur moralité. Un syndic et quatre adjoints, nommés pour deux ans, étaient chargés de défendre les intérêts communs et de maintenir le bon ordre dans la corporation. Les imprimeurs étaient tenus de résider dans le quartier de l'Université; ils pouvaient aussi s'établir dans l'enclos du Palais.

Dès l'année 1789 l'imprimerie devint une industrie libre; et ce régime dura jusqu'au décret du 5 février 1810, qui limita le nombre des imprimeurs à soixante pour Paris, et les astreignit à prendre un brevet et à prêter serment. L'année suivante le nombre des imprimeurs de Paris fut porté à quatre-vingts; il est encore le même aujourd'hui.

IMPROMPTU (des deux mots latins *in promptu*), petite pièce de vers composée, récitée ou chantée sans préparation, sur-le-champ, sous la forme d'un *madrigal*, d'une *épigramme*, ou d'un *couplet*. L'à-propos en fait presque tout le mérite. Dans un temps où l'on attachait de l'importance à ces bagatelles, un impromptu donnait de la célébrité à son nom obscur : le marquis de Saint-Aulaire fut de l'Académie Française pour un madrigal adressé impromptu à la duchesse du Maine. VIOLLET-LEDUC.

IMPROVISATION. On regarde généralement l'Italie comme le berceau de l'improvisation. Mais bien que cette contrée soit la patrie des arts, la terre chérie du ciel, la mère féconde de toute poésie, d'autres pays avant même que l'on connût la belle langue du Dante et du Tasse avaient eu leurs improvisateurs. Sans adopter l'opinion de certains érudits, qui prétendent qu'Homère a improvisé les plus beaux passages de l'*Iliade*, nous regardons comme probable que la plupart des poètes grecs, Tyrtée, Stésichore, Alcée, se livraient aux entraînements de l'improvisation. C'était un usage reçu chez les Romains d'inviter des poètes aux grands repas, à condition qu'ils improviseraient des vers. Mais les Grecs et les Romains ne sont pas plus les inventeurs de l'art d'improviser que les Italiens. L'Egypte a eu de tout temps ses *almées* savantes. Telles étaient encore chez les Hébreux, qui avaient emprunté des Egyptiens une partie de leurs goûts et de leurs coutumes, ces jeunes filles qui, pour célébrer la victoire de David sur le Philistin Goliath, dansaient devant Saül et en chantant ces paroles improvisées :

Icchà Saül halafafu.
Ve David berivodaj,

ou, si l'on veut : *Percussit Saul mille, et David decem millia*. Telle était encore cette Hérodiade, qui demanda au farouche tétrarque de Judée la tête de saint Jean-Baptiste.

Tout porte à croire que les scaldes du Nord, les bardes d'Ecosse, les troubadours de Provence, improvisaient leurs poèmes, consacrés à chanter les dieux, la guerre et l'amour. Enfin les nègres n'ont-ils par leurs *guiriots* ou *griots*?

Néanmoins, hâtons-nous de le dire, l'Italie a vu naître à elle seule plus d'improvisateurs que tous les autres pays ensemble. L'improvisation y pénétra avec la poésie provençale au douzième siècle ; on est naturellement porté à croire que Pétrarque s'exerça dans cet art. Dès la renaissance des lettres, il y eut dans la péninsule italique des personnes de l'un et de l'autre sexe composant d'inspiration, et sans préparation aucune, des poèmes d'une certaine étendue. On se servit d'abord de la langue latine, qui jusque vers la fin du quinzième siècle fut l'idiome dans lequel s'entretenaient les savants et les gens de lettres. L'amour de cet art séduisant était poussé jusqu'à la passion sous Léon X et dans les cours de Ferrare, de Mantoue, de Milan et de Naples. L'un des plus anciens improvisateurs fut Serafino d'Aquila, mort en 1500. Complètement oublié de nos jours, il était pourtant le rival redoutable de Pétrarque, quoiqu'il fût surpassé lui-même par son contemporain Bernardo Accolti. Le Florentin Cristoforo l'égalait presque, et avait été surnommé l'*Altissimo*. Parmi ceux qui marquèrent vers la fin du quinzième et le commencement du seizième siècle, nous citerons Nicolo Leoniceno, Mario Filelfo, Panfilo Saffi, Ippolito de Ferrare, Battista Strozzi, Pero, Nicolo Franciotti, etc. Trois improvisateurs de ce temps étaient aveugles, Chistoforo Sordi, Aurelio Brandolini, et son frère Rafaelio. Léon X, très-amateur de fêtes, réunissait souvent des savants à sa table. L'un d'eux, Andrea Marone, son favori, né en 1474, mort en 1527, excellait dans l'art de l'improvisation. Un autre improvisateur du nom de Querno, remplissait auprès de Léon le rôle de bouffon. Après la mort de ce pape, les improvisateurs cessèrent de s'exprimer en latin, et adoptèrent la *lingua volgare*. Il est hors de doute qu'ils durent y gagner beaucoup. Mentionnons encore Silvio Antoniano, à Rome, en 1540, et le chevalier Perfetti, né à Sienne, en 1680. Métastase aussi montra dès sa tendre jeunesse un grand talent d'improvisation. On cite en outre Zucco, mort en 1764, à Vérone, Lorenzo et l'avocat Bernardi de Rome, sans compter Serio et Rossi, condamnés à mort tous deux et exécutés à Naples, en 1799. L'empereur Napoléon Gianni, malgré ses opinions républicaines, Francesco Gianni, né en 1760.

Il n'a pas non plus manqué de femmes qui se soient illustrées dans la poésie d'improvisation en Italie. Quadrio en mentionne trois très-célèbres : Cecilia Micheli de Venise, Giovana de Sauli, et une nonne, Barbara de Correggio. Il faut ajouter à cette liste Teresa Bandettini, de Lucques. Mais aucune n'a acquis autant de gloire que la fameuse Maddalena Morelli Fernandez, qui florissait en Toscane au temps de Pie VI, et qui excitait l'admiration de tous les voyageurs. Les membres de l'Académie des Arcades l'avaient surnommée *Corilla Olympica*. Elle mourut comblée de gloire, à Florence, en 1800, et son souvenir, on le sait, a inspiré à Mme de Staël les plus belles scènes de sa *Corinne*.

Comme on le voit, l'Italie est la terre classique de l'improvisation. Trois causes déterminantes y peuvent expliquer la disposition des esprits à ce genre de poésie : le *climat*, la *langue*, et la *considération qui environne les improvisateurs*. Le nombre des improvisateurs et l'enthousiasme qu'ils inspirent n'ont pas diminué dans cette poétique contrée. On y en voit éclore par centaines sur tous les points. Les plus distingués, ceux que leur supériorité place au premier rang, occupent les académies, remplissent les théâtres, se font défiler dans les salons élégants. Toutes les classes ont les leurs : il en est pour les tables d'hôte; on en voit dans les cafés, aux promenades, sur les places publiques, etc.

On trouve fréquemment en Italie des hommes de lettres

IMPROVISATION — IMPUDICITÉ

qui cherchent à se délasser de leurs travaux de cabinet dans des compositions improvisées : tels étaient le duc de *Mollo*, l'abbé *Serio*, et ce chevalier *Baldinotti* qui se fit entendre à Paris plusieurs fois en l'année 1788, à l'ancien musée de la rue Dauphine. Les improvisatrices modernes sont, *Bandettini*, *Fantastici* de Florence, et *Mazzei*, née *Lanti*. En 1774 mourut à Vérone le célèbre improvisateur Zucco, qui laissa dans l'abbé *Lorenzi* un successeur digne de lui. L'avocat *Bernardi* était également célèbre à Rome comme improvisateur. Au dix-neuvième siècle, *Gianni* fut l'idole de sa patrie, et mérita ses triomphes; à Gianni succéda *Pistrucci*, que nous avons applaudi à Paris, et qui alla faire fortune à Londres. Ensuite vint *Sestini*, l'improvisateur tendre et mélancolique, ravi par une mort prématurée. Puis celui qui les éclipsait tous, *Syricci*, dont la verve tragique fut honorablement accueillie en France, en Angleterre, et qui alla mourir à Florence, en 1826. Enfin, le plus jeune, le plus instruit de tous, *Luigi Cicconi*, qu'un beau caractère et un talent de premier ordre avaient placé au sommet de l'échelle, vint faire consacrer à Paris l'éclat de sa réputation.

A ces noms italiens ajoutons celui de *Bindocci*, de Sienne, sans compter deux noms allemands, ceux de *Wolff*, d'Altona, mort professeur à Iéna, en 1852, et de M. *Langenschwarz*; et un nom hollandais, celui de *Willem de Clercq*, né à Amsterdam, en 1793. Les improvisateurs sont nombreux en Espagne, en Portugal, au Brésil, dans les républiques de l'Amérique du Sud, et chez les Euscariens (Basques) des deux versants des Pyrénées, lesquels improvisent d'ordinaire vers et musique.

De l'examen des œuvres des improvisateurs italiens il résulte pour nous qu'il leur est plus facile de réussir dans les descriptions que dans la peinture des sentiments profonds et vrais. Aussi trouve-t-on dans leurs drames beaucoup de comparaisons, d'images, de morceaux descriptifs, très-brillants, très-riches de détails et d'effet, mais qui ne seraient point soufferts dans une tragédie française, où l'on exige que le poète s'efface quand les personnages doivent parler et agir.

La difficulté d'improviser en vers français a fait déclarer cet art impossible. Il est vrai que notre poésie repousse une grande quantité de termes usuels, dont l'emploi donne au vers un tour familier et prosaïque. Néanmoins, la langue française est toujours assez riche pour qui sait s'en servir. Il est étrange cependant qu'aucun poète, ne fût-ce que par délassement, n'ait osé se risquer dans cette voie; car nous ne qualifierons pas du titre d'improvisateurs ceux qui ont seulement essayé quelques vers. L'*impromptu*, d'ailleurs n'est pas, à proprement parler, une improvisation; Théophile, Maynard, Dangeau, Piron, le chevalier de Boufflers, de Ségur et tant d'autres, pour avoir rempli des bouts rimés, et produit deux ou trois quatrains, ne sont point des improvisateurs.

On a beaucoup écrit sur l'improvisation, et même en termes fort scientifiques; mais presque toujours l'erreur et l'exagération ont égaré l'écrivain dans ses théories. Nous croyons, nous, qu'avec une instruction variée et la connaissance suffisante de sa langue, tout homme qui *veut* peut aborder l'improvisation. La volonté est une des conditions essentielles; mais on veut plus ou moins, et voilà le secret du succès. Des degrés s'établiront dans cet art, comme dans tous les autres, entre ceux qui parcourront la carrière : les facultés étant inégales, les études devront présenter de notables différences, et tont influera sur les résultats. L'utilité de l'improvisation en prose est incontestable : à une époque où la vie publique s'est infiltrée dans toutes les classes de la société, on ne serait pas fondé à soutenir la thèse contraire. Quant à l'improvisation en vers, comme tous les arts, elle offre une récréation agréable, des émotions vives, profondes; c'est un noble délassement, qui olait en mesure du degré d'intelligence dont on est doué.

Eugène DE PRADEL.

On ne sera pas étonné de ne pas trouver dans cet article un nom que tout le monde y cherchera, en voyant par qui il est signé. On sait quel talent son auteur a déployé dans le genre qu'il cultive, et avec quelle facilité il remplit incontinent les cadres les plus variés de vers faciles et élégants; mais beaucoup trouveront qu'en voulant relever chez nous l'art d'improviser en vers, il a fait sortir l'art de sa voie; que le haut style ne saurait se contenter de ces duperies d'oreille qui trop souvent laissent l'esprit vide; qu'il ne suffit pas de mouler le vers d'un jet, en quelque sorte, qu'il faut encore le fondre, l'adoucir, le ciseler, le polir : sinon point de poésie, l'œuvre reste imparfaite.

L. LOUVET.

IMPRUDENCE, manque de cette qualité qu'on appelle *prudence*. On est imprudent de plusieurs manières : par caractère, lorsque l'étourderie s'est tellement rendue maîtresse de nous, que nous ne calculons plus la portée de nos démarches et de nos actes; par forfanterie, lorsque nous nous précipitons bénévolement dans des périls sans honneur, afin d'en retirer non une gloire réelle, mais l'admiration stupide de quelques personnes aux yeux desquelles les actions les plus insensées semblent des prodiges de courage. Enfin, on est imprudent par ignorance : tels sont l'idiot et l'enfant, qui ne cherchent pas à éviter un danger qui leur est inconnu, et qu'il n'est point donné à leur imagination de deviner. Du reste, les conséquences de l'imprudence, quelles que soient ses modifications originelles, n'en sont pas moins graves, tant au physique qu'au moral. Insisterons-nous sur la nécessité de prévoir ce défaut, si naturel dans le jeune âge, et contre lequel il est alors si facile d'être mis en garde, et de le réprimer peu à peu quand une paresse étourdie nous a habitués à agir sans délibération ? Cette nécessité est assez sentie, même par les imprudents. La loi punit quelquefois l'imprudence, notamment dans le cas d'homicide.

IMPUBÈRE, celui ou celle qui n'a pas encore atteint l'âge de puberté. L'homme aux yeux de la loi est impubère jusqu'à dix-huit ans révolus ; la femme jusqu'à quinze.

IMPUDENCE. C'est le vice qui couronne tous les autres chez les hommes corrompus de bonne heure. Loin de s'émouvoir d'un reproche mérité, l'impudent affiche l'indifférence la plus complète pour le blâme qu'il encourt ; il met de l'audace dans le mensonge, nie l'évidence, redouble de hardiesse en face de la vérité qui l'accable, et se porte avec le plus imperturbable sang-froid aux actions que réprouvent la bienséance et l'honnêteté publique. L'impudence est cette insensibilité endurcie qui s'aspect du mal ne déconcerte pas, et qui engagerait sans remords la fortune et l'avenir des autres pour satisfaire la plus frivole passion, le moindre besoin. Peu importe que l'incorrigible audace de ses assertions soit constamment vaincue par les faits, l'impudence élude la puissance des faits le mieux constatés; avec un front d'airain, elle affirmera qu'ils ne sont pas. C'est à force d'impudence que se soutient la vie de ruse et d'expédients que tant d'hommes de néant mènent dans les grandes villes. L'impudence brave tous les embarras : affronts, respect humain, opinion publique, rien ne mord sur ce vice. Elle a créé l'art de devancer un éclat légitime par l'explosion d'un courroux sans motifs, qui désarme et confond à la fois.

L. LEVEL.

IMPUDEUR. L'absence de cette réserve, de cette retenue pleine de modestie qui empêche de dire ce qu'on ne devrait point dire ; le mépris de la crainte que nous devons avoir de transgresser les lois de l'honnêteté et de la décence, constituent l'*impudeur*. Des discours obscènes seront donc ceux qu'on pourrait accuser d'impudeur. On appelle aussi *impudeur* ce sentiment sans frein qui porte certaines personnes à demander sans cesse, au fur et à mesure qu'elles obtiennent des faveurs : les grands solliciteurs sont insatiables; et malgré les places et les dons qu'ils reçoivent, ils n'en continuent pas moins à demander : cette persévérance acharnée à la curée est une autre espèce d'impudeur.

IMPUDICITÉ. Comme l'impudeur, l'impudicité, elle aussi, est une absence de retenue, de bienséance, mais

21.

seulement dans tout ce qui tient à la chasteté, à la décence : ce mot est donc bien distinct de celui dont nous venons de nous occuper, quelle que soit d'ailleurs la fraternité qui semble les unir. L'impudicité est l'amour effréné des plaisirs charnels : les Bacchanales des anciens, leurs Jeux Floraux, les Lupercales, le culte de Vénus, celui du dieu Priape, n'étaient qu'un culte rendu à l'impudicité sous des noms plus ou moins doux, plus ou moins sonores, qui en réalité représentaient le même vice. L'impudicité n'est plus à l'ordre du jour des nations ; mais, pour cela, elle n'en existe pas moins dans les sociétés modernes : combien ne pourrions-nous point citer de Messalines, de Laïs ! Combien de simples particuliers laissent encore bien loin derrière leurs déportements scandaleux les lubricités obscènes dont la publicité au grand jour a déshonoré les peuples qui nous ont précédés ! combien de *joyeuses orgies*, chantées par les poètes, envices peut-être par le malheureux, dont l'impudicité est le fond dominant ! Et ce n'est pas sans raison que l'impudicité a été flétrie d'un blâme universel : elle déshonore celui qui s'y livre; elle abrutit l'âme, détruit le corps, et les tue tous deux.

IMPUISSANCE. C'est l'incapacité d'engendrer produite par un vice naturel de conformation ou par un accident (*voyez* ANAPHRODISIE). La jurisprudence constante des tribunaux s'est refusée à voir dans l'impuissance un motif de nullité du mariage, bien que quelques auteurs aient pensé qu'elle pourrait l'entraîner, si elle est le produit d'un accident antérieur au mariage et qu'il ait été tenue cachée. On conçoit en effet que cette dernière sorte d'impuissance est bien plus facile à constater que l'autre. Ainsi, quoique le mari ne puisse en alléguant son impuissance naturelle désavouer l'enfant conçu pendant le mariage, il le pourrait faire s'il prouvait que depuis le trois centième jusqu'au cent quatre-vingtième jour de la naissance de ses enfants il se trouvait, par l'effet de quelque accident physique, dans l'impossibilité absolue de cohabiter avec sa femme. Dans l'ancien droit on pouvait, par la scandaleuse épreuve du congrès, faire constater légalement l'impuissance.

IMPULSION. En mécanique on nomme *force d'impulsion* celle qui agit sur un corps avec une vitesse finie, pendant un instant d'une durée infiniment petite, ou du moins inappréciable. Par exemple, le coup de raquette par lequel on lance une balle est une force d'impulsion.

IMPUNITÉ, manque de punition, indulgence et pardon blâmable pour des fautes qui devraient être sévèrement réprimées. C'est l'impunité qui enhardit le crime et donne aux criminels l'espérance d'échapper au châtiment qui les excite à le commettre. L'impunité n'est aussi quelquefois que la tolérance qui accueille certains défauts ; c'est dans ce sens que Boileau a dit :

Tous les jours à la cour un sot de qualité
Peut juger de travers avec impunité.

IMPUTATION. En droit on appelle *imputation de payement* l'indication que le payement fait par le débiteur s'applique à l'une de ses obligations. Celui qui a plusieurs dettes a le droit de déclarer, lorsqu'il paye, quelle dette il entend acquitter; mais il ne peut pas nuire aux droits de son créancier : par exemple, lorsqu'une dette porte intérêt, il ne peut point, sans le consentement du créancier, imputer le payement qu'il fait sur le capital, par préférence aux intérêts ; et le payement n'est point intégral s'impute d'abord sur les intérêts, à moins que le créancier n'ait consenti à ce qu'il en fût autrement. La faculté de faire l'imputation au moment du payement est laissée au créancier, si le débiteur ne l'a pas faite. Pour que le débiteur pût attaquer l'imputation du créancier, il faudrait qu'il y eût eu dol ou surprise. Lorsque la quittance ne porte aucune imputation, le payement doit être imputé sur la dette que le débiteur avait le plus d'intérêt à acquitter entre celles qui sont pareillement échues; sinon sur la dette échue, quoique moins onéreuse que celles qui ne le sont point. C'est aux tribunaux à apprécier quelle dette le débiteur a le plus intérêt d'acquitter. Si les dettes sont d'égale nature, l'imputation se fait sur la plus ancienne. Toutes choses égales, l'imputation porte proportionnellement sur chacune des créances.

Dans le droit criminel on appelle *imputation* l'allégation d'un fait blâmable à la charge d'une personne. Une imputation peut être fausse ou calomnieuse ; dans ce dernier cas, c'est une diffamation.

C'est encore un terme de la théologie protestante. L'*imputation* des mérites de Jésus-Christ signifie que ses souffrances nous tiennent lieu de justification, et que Dieu accepte sa mort comme si nous l'avions soufferte, par la même raison sans doute qu'il nous impute le péché d'Adam comme si nous l'avions commis. L'Église catholique ne va pas aussi loin, et croit seulement que les mérites de Jésus-Christ nous sont *appliqués* et non *imputés*.

INACHUS, fondateur, en l'an 1823 avant J.-C., du royaume d'Argos (*voyez* ARGOLIDE), le plus ancien de la Grèce, dans le Péloponnèse, a dû à sa haute antiquité d'être appelé par les poètes le fils de l'Océan et de Thétis, si l'on ne voit plutôt dans ce titre emphatique son origine d'outre-mer ; car l'histoire le croit Phénicien. Père de Phoronée, son successeur, de Niobé, et d'Io, il fut la souche des *Inachides*, dont huit princes composèrent la dynastie, que renversa l'Égyptien Danaüs, qui s'empara du trône d'Argos. Inachus fut divinisé dans un petit et mince fleuve, prenant sa source au mont Artémisius, traversant Argos, entre des lagunes, et se jetant dans le golfe voisin.

DENNE-BARON.

INALIÉNABILITÉ. Ce mot désigne la négation de cette faculté par laquelle nous cédons à autrui un droit qui nous appartient en propre. Les choses qui ne sont à personne, *res nullius*, ne sont pas inaliénables : pour qu'il y ait inaliénabilité, il faut le concours de ces deux circonstances : une propriété et une impossibilité légale de la transférer à autrui.

La Constituante, dans sa *Déclaration des droits de l'homme et du citoyen*, appelait inaliénables certains droits naturels, comme la liberté de travail, de pensée, etc. Elle protestait ainsi contre les doctrines de ceux qui prétendent que l'homme en société peut renoncer à ces droits, et s'en remettre pour en jouir partiellement, à l'arbitraire du pouvoir. Montesquieu a écrit ces belles paroles : « S'il n'est pas permis de se tuer, parce qu'on se dérobe à sa patrie, il n'est pas plus permis de se vendre; la liberté de chaque citoyen est une partie de la liberté publique. Cette qualité, dans l'état populaire, est même une partie de la souveraineté. »

Notre Code civil dit : *qu'on ne peut engager ses services qu'à temps, ou pour une entreprise déterminée* (art. 1780). Les biens sont frappés d'inaliénabilité lorsque notre propriétaire, bien qu'il jouisse de tous ses droits civils, ne peut en disposer, quand aucune volonté ne peut, en se joignant à la sienne, lui donner le droit de l'aliénation ; quand l'hypothèque ne peut jamais les affecter, ni le gage ou l'antichrèse en distraire la possession ou la jouissance, jusqu'à ce que le titre de propriété change ou s'éteigne. L'inaliénabilité ne peut jamais s'asseoir, en réalité, que sur des droits ou sur des biens immobiliers; seuls ils ont une assiette certaine. Ce n'est que dans les gouvernements aristocratiques ou dans les monarchies absolues qu'on pratique cette institution de la propriété (*voyez* MAJORAT). Un curieux chapitre du traité de *Législation civile et pénale* de Bentham traite des dangers économiques de l'inaliénabilité des biens.

INAMOVIBILITÉ. Certaines fonctions, dans l'ordre judiciaire, sont de l'investiture qui en est faite, un caractère de durée tel que les personnes qui en sont revêtues ne peuvent en être dépouillées que par leur contentement, à moins de jugement qui les condamne pour forfaiture ; c'est ce caractère de durée que l'on a appelé *inamovibilité*.

Sont inamovibles en France les membres de la cour de

cassation et des Comptes, ceux des cours impériales et des tribunaux de première instance, excepté les magistrats du ministère public. L'ordonnance la plus ancienne touchant l'inamovibilité que nous ayons conservée, au sortir du chaos de la féodalité, est celle du 21 octobre 1467, par laquelle Louis XI déclare que les juges « ne devaient être privés de leur charge que pour forfaiture, préalablement jugée et déclarée judiciairement, selon les termes de justice, par juge compétent ». De ce jour jusqu'à notre grande régénération de 1789, l'inamovibilité des magistrats ne fut point mise en question; mais la constitution de 1791 fixa à quatre années la durée de l'office de juge. La constitution de l'an VIII rétablit l'inamovibilité de la magistrature. Bonaparte avait compris que c'était un principe étroitement lié au système monarchique qu'il s'agissait de restaurer en France, et les différentes constitutions qui se sont succédé jusqu'à celle de 1830 n'ont eu garde de rejeter ce principe. En 1848 l'inamovibilité fut détruite par un arrêté du gouvernement provisoire. La Constitution de 1848 la rétablit, et le président de la république procéda lui-même à la consécration de ce principe dans une solennité au Palais de justice à Paris.

« L'inamovibilité rend excellents des choix médiocres, » a dit M. Villemain. Il semblerait, au contraire, que l'amovibilité du pouvoir judiciaire serait un gage d'excellence dans le choix; car les médiocrités pourraient être éliminées et avantageusement remplacées. On prétend cependant trouver dans l'inamovibilité une garantie de l'indépendance du pouvoir judiciaire, et l'on cite à cet égard l'exemple des tribunaux anglais, qui ont refusé les taxes arbitraires à Cromwell, comme ils les avaient refusées à Charles Ier.

INANITION. Ce mot exprime l'état qui résulte d'un jeûne plus ou moins prolongé. Mourir d'*inanition*, c'est la même chose que mourir de *faim*; mais cette dernière expression rappelle l'idée des souffrances causées par le besoin irrésistible de se nourrir, tandis que celle d'inanition exprime surtout la faiblesse extrême résultant du défaut de nourriture. La faim est la cause, l'inanition l'effet. Quand l'inanition est complète, la faim cesse ordinairement de se faire sentir. L'inanition peut être produite par le manque total de nourriture; mais il n'est pourtant pas indispensable que le jeûne soit complet; si les aliments sont en trop petite quantité, ou si leur qualité est telle qu'ils ne fournissent pas à l'économie une nourriture suffisante, l'inanition peut se déclarer, et même causer la mort. Il n'est pas rare de voir des malheureux tomber dans un état continuel d'inanition; et c'est une des plus grandes causes de mortalité chez les indigents. Ainsi, le plus souvent l'inanition résulte du manque ou de l'insuffisance de nourriture; quelquefois, cependant, elle est produite par une cause interne, qui s'oppose à l'ingestion ou à la digestion des aliments : par exemple, dans certaines maladies du pharynx, de l'œsophage ou du pylore, les aliments ne peuvent plus arriver dans l'estomac ou les intestins, ou ils y pénètrent en si petite quantité, que le malade ne tarde pas à tomber dans un état d'inanition souvent mortel. Quand l'inanition n'est pas parvenue au dernier degré, on peut y porter remède; il faut user alors des plus grandes précautions pour rendre à l'économie la nourriture dont elle a été longtemps privée; l'estomac et les autres organes digestifs ont pour ainsi dire perdu l'habitude de leurs fonctions : ce n'est que peu à peu qu'il est possible de la leur faire reprendre, en ne leur donnant d'abord à digérer que des aliments légers et en petite quantité à la fois. Si l'inanition est portée au point de devenir incurable, la peau est sèche, décolorée, terreuse; elle paraît collée sur les os par suite de l'émaciation des muscles; le pouls est à peine sensible; le corps se refroidit; l'haleine est fétide; les urines sont rares, épaisses, et répandent une forte odeur ammoniacale : la mort vient bientôt mettre fin à cet état.

N.-P. ANQUETIN.

INAPPÉTENCE (du latin *inappetentia*, formé de la particule négative *in*, et d'*appetere*, désirer), défaut d'appétit. Voyez ANOREXIE.

INAUGURATION (du latin *inaugurare*, consulter, prendre les *augures* (c'est-à-dire interroger le vol ou le chant des oiseaux). C'était l'action de cette cérémonie païenne qui avait lieu chez les Romains lorsqu'un pontife nouveau allait faire partie du collége d'un temple, ou lorsqu'il s'agissait du choix d'un emplacement pour y élever une ville, un temple, un tombeau, une statue, un cirque, un théâtre. Ainsi, dans un siècle d'éblouissante lumière, l'homme, auquel sa fatale raison donne la conscience de sa faiblesse, se mettait, lui et les pierres mêmes, sous la protection des présages, des auspices, des aruspices et des augures. Les Romains distinguaient l'*inauguration* de la *dédicace*; mais ce mot, tout profane, étant passé, par contrebande, dans la langue ecclésiastique, y signifia par extension *consécration*, *dédicace*, *bénédiction*.

Une des acceptions que donne le *Dictionnaire de l'Académie* à ce mot est celle-ci : « L'*inauguration* est une cérémonie religieuse qui se pratique au sacre, au couronnement des souverains. » C'est un véritable abus de mots de dire de l'*inauguration* qu'elle est aussi une cérémonie qui se fait au sacre d'un prélat. C'est confondre le pontife de Jupiter et le pontife du Christ. Le mot *inauguration* ne doit donc s'appliquer nullement chez les modernes aux édifices religieux, mais aux monuments civils, à nos statues de rois, de grands hommes, à nos colonnes triomphales, à nos obélisques, à nos fontaines, et cela non quand l'on pose la première pierre de leurs fondations ou de leurs bases, cérémonie à part, mais le jour qu'on les a dégagés des échafaudages ou des voiles qui les cachaient aux regards des citoyens durant leur construction. Enfin, l'inauguration ne saurait consister parmi nous aujourd'hui, ainsi que chez les anciens, en pratiques religieuses fixes et invariables dans leur pompe : nous en faisons simplement une fête populaire, changeante, capricieuse comme la mode, à laquelle se joignent souvent, il est vrai, les bénédictions de l'Église, mais qui n'en sont pas l'objet principal, tandis que la *consécration*, ou la *dédicace*, est une cérémonie ecclésiastique, dont le fond consiste dans la bénédiction du temple ou de l'autel nouveau.

On appelle aussi *discours d'inauguration* ou *discours inaugural*, celui que prononce un professeur en prenant possession de sa chaire.
DENNE-BARON.

INCANDESCENCE (du latin *incandescere*, devenir tout en feu), état d'un corps qui, naturellement opaque, devient visible dans un lieu plus ou moins obscur lorsqu'il est chauffé jusqu'à un certain degré. Un barreau de fer, par exemple, que l'on expose à un feu de forge prend d'abord une couleur rouge-brun; un peu après, il est de couleur rouge cerise, puis rouge tirant sur le blanc; puis enfin sa couleur est d'un blanc éclatant; alors il rayonne à la manière d'un corps lumineux : c'est le dernier degré d'incandescence auquel il puisse arriver; car, quoiqu'on augmente la violence du feu, son état ne change pas; mais il se décompose, en projetant de tous côtés des étincelles brillantes.

Tout porte à croire qu'il faut un même degré de température pour chaque état d'incandescence auquel une substance matérielle est susceptible de parvenir. On a cherché à mesurer ces diverses températures; mais, à cause des imperfections des instruments dont on s'est servi pour faire ces expériences, on n'a dû obtenir que des résultats vagues.

Il ne faudrait pas confondre les corps qui brillent à la lumière avec les matières qui ne jouissent de cette propriété qu'autant qu'on les a chauffées à un certain degré. Le diamant, l'acier poli, ne sont pas des matières incandescentes.
TEYSSÈDRE.

INCAPACITÉ, terme de jurisprudence, qui désigne l'état des personnes auxquelles manque la capacité légale.

Toute personne est capable en principe, et celles-là seules sont incapables que la loi a déclarées telles. La loi, à vrai dire, ne règle pas les causes d'incapacité; mais elle procède diversement. En effet, tantôt elle établit, par forme directe les causes d'incapacité; tantôt elle détermine les conditions qui constituent la capacité, faisant implicitement résulter l'incapacité de l'absence de ces conditions. Ce dernier mode est ordinairement employé pour déterminer l'aptitude aux **fonctions publiques**.

L'incapacité peut porter ou sur la jouissance des droits et aussi, par une conséquence nécessaire, sur leur exercice (car il ne peut être question d'exercer un droit qui n'existe pas), ou sur l'exercice des droits seulement. Cette distinction est essentielle en droit pur.

L'incapacité d'exercice résulte principalement de la faiblesse de l'**âge**, des **interdictions** judiciaire et légale, de la qualité de **femme mariée**. S'il s'agit d'une **personne civile**, elle est, par sa nature même, incapable d'exercer ses droits. Ces mêmes causes produisent aussi, dans certains cas, l'incapacité de jouissance. Les droits dont jouissent les incapables sont exercés en leur nom par le mari, le **tuteur**, ou autre représentant, selon les personnes.

Il faut aussi mentionner la **mort civile**, qui enlève la jouissance des droits les plus importants, et la perte de la qualité de Français. Ajoutons que certains actes et contrats exigent une capacité spéciale; tels sont le mariage, le **testament**.

Quant aux droits politiques, les causes d'incapacité civile y sont applicables, et la loi s'est même montrée plus rigoureuse en cette matière. Les conditions d'âge sont souvent plus sévères. Les femmes, mariées ou non mariées, ne sont point admises à les exercer. Enfin, il existe des causes spéciales d'incapacité, certaines condamnations, la **dégradation civique**, par exemple. De plus, comme l'exercice des droits civiques est tout personnel, l'incapacité d'exercice équivaut à la privation de jouissance. Cette vérité souffre toutefois une exception notable, que nous devons signaler : Dans une monarchie héréditaire, le monarque peut être incapable de gouverner, soit à cause de son âge, soit à cause d'un dérangement d'esprit : on en a vu des exemples. Cette incapacité temporaire ou accidentelle ne lui fait pas perdre le droit de la couronne ; seulement, les rênes de l'État, qui lui échappent momentanément, passent aux mains d'un **régent**, qui gouverne au nom du monarque.

INCARCÉRATION (du latin *carcer*, prison). C'est l'action de mettre quelqu'un en prison ou bien l'état de celui qui s'y trouve (*voyez* EMPRISONNEMENT).

INCARNAT (du latin *incarnatus*, fait de *caro, carnis*, chair), qui est d'une teinte intermédiaire entre la couleur de chair et le rouge vif. L'incarnat plus faible prend le nom d'*incarnadin*.

INCARNATIF. En thérapeutique, on spécifiait sous cette appellation tantôt les substances médicamenteuses auxquelles on supposait la propriété de favoriser la régénération des chairs à la surface des plaies et des ulcères, tantôt les bandages et les sutures propres à les réunir. C'est ainsi qu'on disait *un bandage, un remède incarnatif*.

INCARNATION, action de la divinité prenant un corps réel, se manifestant au monde sous la forme humaine. Ce n'est pas cette sorte d'anthropomorphisme qui donne aux dieux d'Homère la forme et les passions humaines ; c'est une véritable union de la divinité à l'humanité, par laquelle Dieu accepte toutes les charges de la vie. Cependant ce n'est pas Dieu, en tant qu'être infini, absolu, qui s'incarne, c'est seulement une émanation plus ou moins pure de la divinité. Chez les chrétiens, c'est le *Logos* ou Verbe, dans lequel la pensée divine se réalise, qui s'incarne dans le sein d'une vierge sans tache, même originelle, par l'opération du Saint-Esprit. « Le Verbe s'est fait chair, dit saint Jean, et il a habité parmi nous. » Dans la Trinité chrétienne, le Verbe est dit le Fils de Dieu. Il s'est soumis aux souffrances et aux épreuves de la vie humaine pour racheter l'humanité de la **chute originelle**. Sa Passion est le sacrifice qu'il offre à son Père, créateur de toutes choses. En vertu des mérites du Rédempteur, l'homme dont la vie est pure peut être sauvé ; sans ce sacrifice du divin agneau, l'homme restait à jamais perdu, quel que fût son propre mérite ; les hommes qui ont vécu avant le Sauveur ne sont rachetés que par son intercession. Ainsi, le mystère de l'incarnation dans la religion catholique se rattache aux dogmes de la **Trinité**, du péché originel et de la Rédemption. Il ne faut donc pas s'étonner si ce dogme a donné lieu à un grand nombre d'hérésies : les uns prétendaient que le Verbe ne s'était uni à l'humanité qu'en apparence, Dieu ne pouvant souffrir ; les autres soutenaient que c'était la Divinité elle-même, le Père, qui s'était incarné, puisqu'il ne peut y avoir qu'un Dieu ; Arius soutenant que Jésus-Christ n'était pas Dieu, mais une créature tirée du néant par Dieu ; Nestorius voyait dans le Christ deux natures, et par suite deux personnes : la personne humaine seule a souffert ; Eutychès, au contraire, ne trouvait qu'une nature en Jésus-Christ, la nature humaine étant entièrement absorbée par la nature divine, etc. Le concile de Nicée a décidé que Jésus-Christ, fils unique de Dieu, né du Père avant tous les siècles, consubstantiel au Père, et vrai Dieu comme lui, est descendu du Ciel, s'est incarné dans le sein de la Vierge Marie par l'opération du Saint-Esprit, s'est fait homme, a souffert sous Ponce-Pilate, a été crucifié, est mort, est descendu aux enfers, est ressuscité des morts, et est remonté au ciel d'où il viendra juger les vivants et les morts. Le concile d'Éphèse maintint que dans le Verbe incarné le Dieu et l'homme ne faisaient qu'une seule personne et deux natures. D'autres sectes ont nié depuis la divinité du Christ ; quelques auteurs nient aujourd'hui le Christ lui-même. En tout cas, rendons hommage, avec M. Artaud, « à la sublime simplicité de ces chroniques populaires qui nous ont transmis l'histoire du Dieu qui s'est fait homme pour vivre dans la pauvreté et l'humiliation, qui enseigna la morale la plus pure, et qui pratiqua les vertus les plus héroïques pour expirer dans les tourments. »

Les incarnations de la divinité jouent aussi un grand rôle dans d'autres religions. Chez les Indous, chaque grand progrès social est marqué par une incarnation : Vischnou s'incarne aussi souvent qu'il est nécessaire pour assurer le triomphe de la vérité. Krischna, Bouddha sont des incarnations de Vischnou : seulement Vischnou prend d'abord le corps d'animaux ; ce n'est que dans les dernières transformations qu'il apparaît sous la figure d'un héros et d'un sage. Mais dans la religion indoue le dieu incarné s'ignore lui-même ; il n'a pas conscience de sa nature divine. On pourrait aussi retrouver les idées d'incarnation dans la mythologie égyptienne.
L. LOUVET.

INCARNÉ (Ongle). *Voyez* ONGLE.

INCAS. On appelait ainsi les souverains du Pérou avant la conquête de ce pays par les Espagnols. L'histoire primitive de cette contrée n'est pas moins obscure que celle du Nouveau-Monde en général, où, à une époque qui se perd dans la nuit des temps, durent exister, comme le prouvent les traditions et les ruines de monuments grandioses, des peuples puissants et une civilisation extrêmement avancée, à laquelle succéda une longue période de désolation et d'abrutissement. Parmi les sauvages péruviens, qui n'avaient pas même conservé un souvenir bien précis de ces temps primitifs et meilleurs, apparut tout à coup un étranger, Manco-Capac, se disant Fils du Soleil, qui sut s'assurer l'autorité et l'obéissance, réunit en un seul peuple des tribus séparées, et forma, d'après des principes théocratiques, un État, qui sous ses successeurs s'accrut au point de devenir le plus étendu et de loin le puissant de tous ceux que l'histoire puisse signaler dans le Nouveau-Monde. Cet empire subsista durant quatre siècles environ ; le treizième inca perdit le trône et la vie, en 1533, sous les coups des conquérants espagnols.

Quelles que soient les incertitudes que l'on doive nécessairement rencontrer dans l'histoire d'un peuple auquel l'écriture était inconnue, les renseignements les plus circonstanciés sur les institutions politiques et sur l'état moral des Péruviens au moment de la conquête nous ont été transmis par les Espagnols témoins oculaires des faits et des choses. Ils prouvent que les Incas n'étaient pas seulement regardés comme des souverains visibles, mais aussi comme des représentants et des organes de la Divinité, auxquels était due l'obéissance la plus illimitée, gouvernant toutefois avec autant de bonté que d'habileté politique un peuple réparti en castes rigoureusement délimitées et qui ne manifestait jamais la moindre volonté. Parmi ces treize Incas, il ne se rencontra, à bien dire, qu'un seul conquérant; tous les autres n'employèrent que des voies pacifiques pour soumettre des tribus sauvages, qu'ils réussirent à civiliser en très-peu de temps; et ils agrandirent tellement leur empire, qu'à l'époque de sa chute il s'étendait de Quito au Chili. L'organisation politique en était très-régulière; mais elle ne pouvait se maintenir que chez un peuple peu riche et tranquille; elle ne permettait non plus que des progrès très-limités. On avait attentivement pourvu aux besoins publics, au culte, duquel étaient exclus les sacrifices humains en usage chez les Mexicains, et à la défense de l'empire. Les ruines de magasins et de temples immenses subsistent encore; et de nos jours même on continue à utiliser partiellement la *chaussée des Incas*, construction vraiment prodigieuse, traversant la cime des Andes et se prolongeant sur une étendue de près de vingt degrés de latitude, qui servait de route militaire, et dont les ruines peuvent même être comparées à celles de plus d'une construction égyptienne.

On ne tolérait dans l'empire des Incas qu'une seule langue et une seule religion; partout l'oppression du peuple était prévenue par les lois; mais les princes et la noblesse, appelés *oreiones* par les Espagnols, se maintenaient constamment comme caste distincte et séparée du peuple; ce qui justifie la conjecture qu'ils descendaient d'une race de conquérants étrangers. L'agriculture était florissante; et malgré le manque d'instruments en fer, plusieurs métiers étaient exercés avec succès. Il n'existait pas de commerce, parce que les frontières étaient sévèrement gardées, et que tout rapport était interdit avec les peuples voisins non subjugués. Pourtant, le peuple se trouvait heureux de son sort; et il en fut ainsi jusqu'au moment où les Espagnols parurent, apportant avec eux la misère, la dévastation et la dépopulation. La famille du dernier Inca s'éteignit; néanmoins diverses familles mulâtres du Pérou font remonter leur origine à des branches collatérales de cette maison, et dès le dix-septième siècle l'une d'elles obtint du gouvernement espagnol le rang de comte. Les renseignements les plus circonstanciés qu'on possède sur les Incas, quoiqu'il ne faille les admettre qu'avec réserve, sont ceux que nous ont donnés les conquérants espagnols eux-mêmes, tels que Cieza et Garcilaso de la Vega, qui par sa mère descendait du dernier Inca. Robertson a fait un excellent usage de leurs indications dans son *Histoire d'Amérique*. L'insipide roman *Les Incas*, par Marmontel, n'a aucune valeur historique. Consultez Prescott, *History of the Conquest of Peru* (3 vol., Boston, 1847); Rivero et Tschudi, *Antiguedades Peruanas* (Vienne, 1852).

INCENDIAIRES, ce qui met le feu, ce qui cause un incendie. Puis substantivement ce mot sert à désigner celui qui par malveillance met le feu à la propriété d'autrui ou à la sienne, celui qui se rend coupable du crime d'*incendie*. Au figuré, on applique l'épithète d'*incendiaires* aux doctrines que l'on prétend capables de détruire les bases religieuses et politiques de la société.

INCENDIAIRE (Fusée), ou *fusée à la Congrève*. *Voyez* FUSÉE et CONGRÈVE.

INCENDIE. C'est un spectacle bien majestueux et bien terrible que celui des ravages du feu. Une maison, un hameau, et une ville tout entière dévorés par les flammes, le bruit des poutres qui craquent, des toitures qui s'écroulent, la désolation des habitants qui fuient, quand l'incendie ne les a point surpris dormant et étouffés dans des tourbillons de feu et de fumée, le tumulte inséparable des premiers moments de danger, les efforts que l'on fait pour arracher à la mort une personne dont la vie est en péril; et des effets précieux à la destruction; les cris d'alarme et l'effroi de tous, tel est l'événement dont ce tableau re présente parmi nous les principaux traits. La flamme se précipite en langues ondoyantes par les portes, par les fenêtres, par les tuiles, par les crevasses qu'elle s'est creusées dans les murailles calcinées : elle semble vouloir envahir tout ce qui peut l'alimenter; et cependant d'ordinaire le secours de l'homme arrête ce terrible agent de dévastation, auquel il semble que rien ne puisse s'opposer. Et souvent une seule étincelle a produit tout cela ! Combien ne doit-il pas faire redouter la moindre imprudence, la moindre négligence à celui dont la vie, dont la propriété peut ainsi être consumée en quelques instants ? Comment n'appellerait-il pas la rigueur des lois sur la malveillance Combien aussi doit-il pousser l'homme prévoyant à contracter une assurance qui le met en garde contre les chances malheureuses d'un événement dont il peut être la victime innocente. Mais, si l'aspect d'une maison, d'une ville embrasée, peut éveiller dans l'âme de tels sentiments, combien celui d'un de ces vastes incendies qui, dans le continent américain s'alimentent durant des années dans d'immenses forêts vierges doit-il produire d'impression ! Combien doit se glacer le courage du navigateur lancé dans l'immensité des plaines océaniques lorsqu'il a à disputer sa frêle demeure aux fureurs du feu ! Le cœur se fend à songer à ses angoisses et à ses souffrances !

L'incendie est un des plus grands fléaux de la guerre. La vengeance politique et religieuse en a aussi trop souvent allumé. Dans les pays musulmans les incendies sont fréquents; les Orientaux se préoccupent même à peine de les éteindre. L'Anglo-Américain s'en affecte également peu. Les constructions en bois et en chaume donnent lieu à beaucoup de ces accidents. Cependant à mesure que la richesse s'étend, on prend des mesures pour prévenir les incendies et s'en rendre plus promptement maître. Partout, dans les pays civilisés, l'autorité publique prescrit des mesures destinées à rendre ces malheurs plus rares, soit en réglant la construction des édifices, soit en surveillant tout ce qui peut servir de foyer à l'incendie. Les secours contre l'incendie ont été aussi de mieux en mieux organisés. Aujourd'hui, partout les communes importantes ont des pompes à incendie et un corps de pompiers.

[Dans les incendies, une bonne et prompte direction des secours peut soustraire aux plus grands dangers; partout sans doute on rencontre des sapeurs courageux, mais il n'est peut-être pas une localité où les secours soient apportés avec une plus parfaite intelligence qu'à Paris, où le corps des sapeurs-pompiers a acquis, notamment sous le commandement des colonels Plazanet et Paulin, un éclat tout particulier.

Les feux qui se développent très-fréquemment dans les cheminées peuvent être éteints, dans la plupart des cas, avec beaucoup de facilité, quand on s'y prend à temps; et, comme on n'a pas toujours le moyen d'appeler des pompiers, il est important de savoir de quelle manière on doit s'y prendre pour parvenir à ce but. Si on a à sa disposition de la fleur de soufre, au lieu d'enlever le feu de l'âtre, on l'y étale, on y jette une à deux livres de soufre, et l'on ferme immédiatement et exactement l'ouverture de la cheminée avec une porte, une table ou tout autre objet semblable que l'on a recouvert avec un drap, une couverture, un rideau, etc.; le soufre en brûlant absorbe l'oxygène et produit en même temps un gaz impropre à continuer la combustion; le feu peut disparaître de ce seul moyen. Dans tous les cas, et en attendant les pompiers, qu'il ne faut jamais négliger d'appeler, parce que les crevasses ou d'autres conditions défavorables peuvent propager l'incendie, on couvre la cheminée avec un drap mouillé, que l'on maintient sur la tablette au moyen de quelques corps pesants, et, saisissant le drap par le milieu avec la main, on le fait pénétrer dans la cheminée, et on le retire rapidement en dehors pour produire l'effet d'une pompe ; on fait ainsi tomber la suie embrasée, que l'on éteint en y jetant de l'eau, et on continue de cette manière jusqu'à ce qu'il ne tombe plus de feu.

Quand l'incendie s'est développé dans un bâtiment, il faut diriger la plus grande quantité possible d'eau sur le point incendié, en se servant de la pompe, dont le jet frappe si fortement les corps qu'il atteint, qu'il peut détacher facilement des parties embrasées.

Dans un très-grand nombre de circonstances, le feu se développe dans certaines parties d'un bâtiment qu'il faut traverser pour porter secours à des individus exposés aux dangers les plus imminents ; parmi les moyens sur lesquels des expériences ont été faites, nous signalerons les appareils d'Aldini, professeur de Milan. Davy a prouvé que les fils métalliques s'opposent plus ou moins complétement à la transmission de la flamme ; d'autre part, on sait que l'amiante ou asbeste ne peut brûler même en la plaçant au milieu d'un foyer : Aldini a pensé qu'un individu couvert d'un vêtement en tissu d'amiante, protégé en outre par une enveloppe en toile métallique, serait à l'abri de l'action de la flamme, et les essais nombreux qu'il a faits surtout à Paris ont prouvé que des hommes pouvaient ainsi pénétrer dans un lieu incendié, et traverser les flammes sans éprouver d'accidents. Un bouclier en toile métallique peut même servir à éloigner suffisamment la flamme pour permettre à celui qui en est muni de traverser une assez grande étendue de flamme qu'il repousse loin de lui. Mais les armures métalliques gênent beaucoup les mouvements, et les tissus d'amiante s'échauffent au point de procurer à ceux qui les portent une chaleur capable de déterminer des accidents ; ces appareils peuvent servir dans quelques circonstances, mais à l'exception du bouclier, ils peuvent être bien avantageusement remplacés par les appareils dus au colonel Paulin, qui offrent le double avantage qu'ils permettent de pénétrer dans un espace rempli des vapeurs et des gaz les plus délétères, et de s'y maintenir longtemps sans courir aucun danger. La fumée seule produite par le bois et un grand nombre d'autres corps analogues suffit déjà pour fatiguer la respiration, et mettre bientôt un individu dans l'impossibilité de rester dans un lieu incendié ; mais comme il se produit souvent en même temps des gaz ou des vapeurs nuisibles, et que la combustion enlève à l'air sa partie respirable ; qu'en outre la chaleur elle-même serait un obstacle à la station trop longtemps continuée à proximité d'un point incendié, un moyen qui permettrait à un homme de respirer librement de l'air pur, sans gêner aucun de ses mouvements, et le soustrairait en partie à l'action de la chaleur, permettrait de porter des secours dans beaucoup de cas où tous les efforts eussent été infructueux : ces conditions, l'appareil du colonel Paulin les remplit complétement.

On a plusieurs fois tenté de faire pénétrer des hommes au milieu de gaz non respirables, en leur fournissant de l'air pur, soit au moyen de pompes, comme dans la cloche du plongeur, soit au moyen d'appareils portatifs renfermant de l'air plus ou moins comprimé. La modification apportée par le colonel Paulin dans l'application de ces principes paraît réaliser tout ce que l'on pouvait en attendre. Une casaque en cuir descendant jusqu'au dessous de la ceinture et portant des sur-cuisses, pour empêcher l'habillement de remonter, se trouve serrée autour du corps par le moyen d'une ceinture. L'extrémité des manches est fixée par le même moyen ; le capuchon couvrant entièrement la tête, porte à la partie antérieure une lame épaisse de verre cintré, qui permet d'apercevoir tous les objets sans être obligé de tourner la tête ; vers la partie inférieure de la casaque, et sur le côté, se trouve une monture en cuivre, sur laquelle on visse un tuyau fixé à la pompe que l'on fait manœuvrer à vide ; l'air gonfle la casaque, et, affluant sans cesse, permet au pompier de respirer toujours un air pur. Un sifflet, placé sur la partie antérieure du masque, donne au sapeur la facilité de transmettre des signaux, et le boyau pourrait servir pour aider, avec le cordage qu'il porte avec lui, à retirer cet homme en cas d'accident. Revêtus de cet appareil, les sapeurs peuvent rester quelque temps dans une cave, et s'y livrer à tous les exercices nécessaires pour éteindre l'incendie et en reconnaître la cause. Cet appareil simple, d'une construction facile et peu dispendieuse, a déjà rendu de grands services dans plusieurs incendies ; il offre surtout ceci d'avantageux qu'il donne à celui qui en est revêtu toute sécurité, et que l'obligation d'avoir une pompe dans tous les cas d'incendie ne force à l'emploi d'aucun appareil particulier, et surtout difficilement transportable. Le vêtement dont nous venons de parler a également été employé pour pénétrer dans des puits, des lieux profonds ou infects, où tout homme aurait perdu la vie.

Lorsqu'un incendie se développe dans la partie inférieure d'un édifice, les individus qui se trouvent placés dans les parties supérieures courent les plus grands dangers quand ils veulent en sortir : on a imaginé plusieurs *échelles à incendie*, qui permettaient bien de porter des secours dans ces cas, mais leur complication, le prix élevé de leur construction, la difficulté de les transporter (car il fallait plusieurs chevaux), les rendaient à peu près inutiles ; on a depuis adopté l'usage d'échelles d'un tout autre genre, qui offrent les plus grands avantages : ces échelles, en bois très-solide, et maintenant en fer, se plient au milieu de leur longueur pour les rendre plus portatives ; un boulon qui forme l'un des échelons permet de les assujétir très-rapidement quand on les déploie : à la partie supérieure, elles portent deux demi-cercles en fer, qui servent à les fixer à l'appui de la croisée du premier étage, en cassant s'il le faut, par leur moyen, les vitres des croisées ; deux sapeurs parviennent ainsi jusqu'à ce point, et en plaçant successivement, et de la même manière, leurs échelles à l'étage supérieur, ils arrivent ainsi jusqu'à la partie la plus élevée ; l'un d'eux porte attaché à l'extrémité l'extrémité d'un petit cordage, au moyen duquel il amène à lui un tuyau en toile, dont la partie supérieure est garnie de quatre barres en bois, qui s'ouvrent pour former un cadre que l'on fixe dans la baie de la croisée ; l'extrémité inférieure du tuyau est soutenue au-dessus du sol par plusieurs hommes ; les individus qu'il s'agit de sauver, les objets qui peuvent être enlevés, sont descendus au travers de ce boyau, et les sapeurs eux-mêmes s'en servent pour redescendre s'ils ne peuvent le faire au moyen de l'échelle ; en moins de dix minutes, deux sapeurs peuvent ainsi parvenir à la partie la plus élevée d'une maison, y sauvetor plusieurs individus et redescendre eux-mêmes. On peut facilement juger par là de l'utilité d'un semblable moyen.

Dans les cas d'incendie, la quantité d'eau que l'on peut se procurer est presque toujours insuffisante pour les besoins du service : on ne saurait donc trop multiplier les moyens de s'en procurer. On a adopté l'usage des seaux en toile portant une anse en corde, que leur extrême légèreté et la facilité de leur transport, soit avec les pompes, soit dans les chaînes que l'on forme toujours en pareil cas, rend d'un usage extrêmement précieux ; au moment où l'on y met de l'eau, ils sont exposés à fuir un peu, mais ils s'abreuvent rapidement, et font un excellent service.

H. GAULTIER DE CLAUBRY.]

Toutes ces inventions ne semblaient pas cependant suffire. Les pompes subirent une foule de métamorphoses : on essaya même en Amérique une pompe mue par la vapeur. Ailleurs on chercha à éteindre le feu en dirigeant dessus des gaz incombustibles. M. Philips, ingénieur anglais, inventa, pour éteindre les incendies, un appareil auquel il donna le nom de *fire annihilator*. Laissons-le exposer son procédé :

« L'eau n'a point d'action sur l'air ni sur la flamme ; elle ne possède qu'une seule propriété contre le feu, celui de refroidir les corps combustibles et d'empêcher la génération des gaz inflammables ; d'où il suit que l'air inaltéré par l'eau se précipite avec fureur vers le feu. La flamme, sur laquelle l'eau est également impuissante, développe par la chaleur la combustibilité de toutes les matières qui l'entourent, les embrase; l'incendie se propage avec violence, jusqu'à ce que l'immersion lui dérobe ses aliments; car l'eau n'agit que sur les points qu'elle a frappés et saturés.

« Voici maintenant comme j'opère :

« Si le principe de mon invention consiste dans la production de gaz résultant de la combustion, ma machine portative se charge avec une conjonction de charbon de bois, de coke, de nitrate de potasse et de sulfate de chaux. Ces matières sont mêlées ensemble avec de l'eau et préparées en forme de brique. Pour mettre cette charge en action, une fiole, contenant un mélange de chlorate de potasse et de sucre au-dessus duquel est placée une petite bouteille d'acide sulfurique, est introduite dans une cavité ménagée au centre de la brique. Cette charge ainsi préparée est placée dans un cylindre percé de plusieurs trous, et ce cylindre dans un second plus grand, également percé de trous pour le passage du gaz. Le tout est placé dans une double boîte cylindrique, construite de manière à contenir dans la partie inférieure un peu d'eau. L'appareil ainsi préparé est fermé par deux couvercles ayant une ouverture pour l'échappement des vapeurs. Une verge de fer pointu, surmontée d'un bouton et destinée à briser la fiole, est introduite par le centre des couvercles. La verge de fer, étant poussée, brise la fiole. L'acide sulfurique se répandant sur le mélange de chlorate de potasse et de sucre, l'ignition se produit. La flamme se répandant sur la surface supérieure de la brique, une seconde ignition a lieu instantanément. Des gaz à une haute température se dégagent, lesquels passant à travers les trous des cylindres vont agir sur le réservoir contenant l'eau, et produisent la vapeur. Cette vapeur et ce gaz mélant avec le gaz, s'échappe avec eux par l'orifice de la machine. Ce jet, qui continue jusqu'à ce que la charge soit entièrement brûlée et l'eau épuisée, forme un nuage épais et se répand dans l'atmosphère de feu. On comprend que la réduction de la flamme, qui a lieu instantanément, réduit aussi le courant d'air par lequel la combustion était entretenue, les matières enflammées, se trouvant enveloppées par les vapeurs sortant de la machine, la combustion cesse, la chaleur est absorbée, et le feu éteint. »

- M. Philips ajoute que ses expériences ont été couronnées d'un plein succès. Cependant, en 1851, Paris a pu être témoin de celles qu'il tenta au Champ-de-Mars, et qui échouèrent presque complétement.

Longtemps avant M. Philips, on connaissait la propriété dont jouit la vapeur d'eau d'éteindre les incendies. Elle avait été signalée par M. Dujardin en 1837, et par M Fourneyron en 1840. On cite plusieurs cas où cette propriété a été mise à profit. C'est, dans les filatures, dans tous les grands établissements où on emploie la vapeur comme force motrice, une précieuse ressource en cas d'incendie; mais c'est surtout à bord des bâtiments à vapeur que l'on ne doit jamais en pareil cas oublier que le remède est à côté de la cause du mal.

Des villes entières ont quelquefois été le théâtre d'immenses incendies. Un empereur, voulant ajouter une nouvelle souillure à son nom détesté, brûle Rome dans une orgie. Le peuple russe, pour sauvegarder son indépendance, brûle Moscou en 1812, et cet acte de patriotisme farouche arrête les vainqueurs et change leurs victoires en défaite. L'année 1666 fut funeste à Londres, qu'un immense incendie dévora presque entièrement. Depuis cette époque, les principaux incendies furent ceux de Copenhague (1728, 1807), de Constantinople (1782, 1784), du Port-au-Prince (1799), de Bercy (1820), de Salins (1825), de New-York (1835), de la Nouvelle-Orléans, de Charlestown (1838), de Hambourg (1842), de Memel (1854), etc.

INCENDIE (*Droit*). De minutieuses prescriptions ont été édictées par les lois dans le but de prévenir les incen-

dies. Les autorités municipales sont chargées de prendre à cet égard les arrêtés nécessaires, et les contraventions à ces arrêtés sont punies des peines de simple police. L'incendie effectué devient un crime s'il a été commis volontairement; mais il ne constitue qu'un délit s'il est le fait d'une imprudence. L'incendiaire est puni de mort lorsqu'il a mis le feu à des édifices, navires, bateaux, magasins, chantiers, habités ou servant à l'habitation, qu'ils lui appartiennent ou non, ou bien à des édifices servant à des réunions de citoyens. Sa peine est celle des travaux forcés à perpétuité lorsque les objets ci-dessus énumérés ne sont pas habités et ne servent pas à l'habitation, ou s'il s'agit de forêts, bois taillis ou récoltes sur pied ne lui appartenant pas; des travaux forcés à temps si en mettant le feu à des objets qui étaient sa propriété, ou s'il a incendié des bois ou des récoltes abattus qui n'étaient pas à lui; de la réclusion, enfin, si les objets incendiés qui ont occasionné du préjudice à autrui étaient sa propriété. Dans tous les cas l'incendiaire est puni de mort s'il a causé mort d'homme.

La menace d'incendie est punie de peines différentes suivant les circonstances dont elle est accompagnée.

L'incendie des propriétés mobilières ou immobilières d'autrui causé par l'état de vétusté, le défaut de réparation et de nettoyage des fours, cheminées, etc., ou par imprudence, est puni d'une amende de cinquante francs au moins, de cinq cents francs au plus.

Outre les poursuites criminelles, les crimes et délits d'incendie peuvent donner lieu à une responsabilité civile. Le locataire répond de l'incendie, à moins qu'il ne prouve qu'il est arrivé par cas fortuit, force majeure ou vice de construction, ou bien qu'il a été communiqué par une maison voisine.

Si l'incendie d'une maison assurée arrive par la faute du propriétaire, la compagnie d'assurance n'est pas tenue des dommages causés.

L'autorité municipale a le droit de faire abattre les édifices voisins du foyer d'un incendie pour en circonscrire l'étendue, après avoir pris conseil des ingénieurs et architectes. Les propriétaires des immeubles démolis sont indemnisés par la commune ou par toutes autres personnes responsables.

Tout individu qui se refuse à prêter secours en cas d'incendie, après y avoir été requis, peut être condamné à une amende de six à dix francs.

INCERTAIN. Voyez ÉQUIVOQUE.

INCESTE (du latin *incestum*). L'inceste est l'union illicite des sexes entre ascendants et descendants légitimes, naturels ou par alliance, parents au premier degré et entre frères et sœurs, parents au second degré.

Une promiscuité universelle a sans doute existé à l'origine de toutes les races humaines; et c'est encore aujourd'hui l'état de quelques peuplades sauvages de l'Afrique et de l'Australie. Mais à mesure que les sociétés se formèrent, les sentiments de moralité triomphèrent des instincts brutaux, et ces sortes d'unions furent jugées odieuses et exécrables. Les mariages entre frères et sœurs, cependant, se maintinrent longtemps chez les nations primitives. Chez les Hébreux, par exemple, on est fondé à croire qu'ils furent autorisés jusqu'à la loi de Moïse. Les anciens Perses se les sont permis beaucoup plus tard, ainsi que les princes de la terre infatués de leur grandeur et de la pureté de leur sang. Quant aux rapports entre un père et sa fille, entre un fils et sa mère, leur immoralité est cent fois plus grande encore. L'infamie qui s'est attachée au nom d'Œdipe et de quelques autres grands incestueux, heureusement bien rares dans l'histoire, en est une preuve éclatante.

La morale, cette base immuable de toute société, inspire pour ces rapprochements une sorte d'horreur sainte. Qu'un respect salutaire se maintienne plus les enfants de sexe différent sortis du même sang dans les limites de la pudeur; que l'espérance leur soit laissée de légitimer un jour par le mariage les écarts auxquels leur réunion sous un même toit, dans un même lieu, sans surveillance aucune, leur permettrait si aisément de se livrer, et l'on frémira du dévergondage précoce qui pourrait prendre naissance dans la société !

Notre législation n'a pas compris l'inceste au nombre des crimes qualifiés, et son silence est éloquent comme celui du législateur athénien qui n'avait pas voulu prévoir le parricide. Elle ne s'en occupe qu'incidemment, à propos des attentats à la pudeur, et prononce alors la peine des travaux forcés à temps contre l'ascendant qui s'est rendu coupable de ce crime, s'il a été tenté ou consommé sans violence sur un enfant âgé de moins de onze ans, et celle des travaux forcés à perpétuité, lorsqu'il a été tenté ou consommé avec violence sur un enfant au-dessous de l'âge de quinze ans, ou lorsqu'il présente les caractères du viol. Hors ces cas, l'inceste demeure impuni. La loi semble avoir réservé toutes les rigueurs pour les enfants incestueux : ils ne peuvent être ni légitimés par le mariage de leurs père et mère, ni reconnus, ni appelés à leur succéder. Comptables envers le législateur d'une faute dont ils sont le fruit innocent, ils n'ont droit qu'à des aliments.

Avant la loi du 16 avril 1832, les mariages entre beaux-frères et belles-sœurs étant prohibés d'une manière absolue ; les enfants qui pouvaient naître de leur commerce étaient classés au nombre des enfants incestueux.

Les règles canoniques adoptées par l'Église sont moins indulgentes que les lois civiles. Avant le deuxième concile de Latran, elles défendaient l'union entre parents jusqu'au septième degré inclusivement. Ce concile ne fit porter cette prohibition que jusqu'au quatrième degré ; néanmoins, l'Église accorde des dispenses pour le mariage entre oncle et nièce, cousin et cousine germains. Enfin, l'Église reconnaît encore un inceste, qu'elle appelle *spirituel*, dans l'union de personnes qui ont contracté une alliance spirituelle par le sacrement de baptême ou de la confirmation, etc., le père ou la mère de l'enfant baptisé et celui ou celle qui l'ont tenu sur les fonts, etc.

Quelques législations étrangères punissent encore sévèrement l'inceste. Ainsi, en 1854, à Copenhague, une fille de dix-huit ans fut condamnée à avoir la tête tranchée par la hache, son corps à être brûlé ensuite et les cendres jetées au vent, pour inceste commis avec son père. Néanmoins, ces sortes de sentences sont rarement exécutées.

INCHBALD (Élisabeth SIMPSON, mistress), l'une des romancières qui dans ces derniers temps ont fait le plus d'honneur à la Grande-Bretagne, était la fille d'un fermier du Suffolkshire. Elle naquit en 1756, et mourut le 1er août 1821, à Kensington, près de Londres, dans un état qui paraissait voisin de la misère. La singularité de son caractère était égale à la variété de ses talents. Elle était femme, et méprisait la beauté dont l'avait douée la nature ; malgré un défaut grave de prononciation, elle monta sur la scène. Actrice, elle vécut en philosophe ; généreuse dans sa conduite, parcimonieuse envers elle-même, humble et pieuse, elle joignait à une austérité bizarre le mépris des opinions du monde. Elle poussa la singularité jusqu'au cynisme, l'oubli des convenances jusqu'à la folie, et le désintéressement jusqu'à l'héroïsme. Quelques romans d'une délicatesse exquise, d'un style pur et ferme, d'une grâce achevée, que toute l'Europe a admirés et traduits, qui ont fourni des sujets aux théâtres de France et d'Allemagne, ont rendu son nom célèbre. Elle a aussi donné quelques comédies agréables, des mémoires très-bien écrits, une excellente collection d'œuvres dramatiques, accompagnés de commentaires et de notes ingénieuses.

Sa famille était ruinée par des sinistres en commerce ; elle avait seize ans quand elle monta sur la scène, afin de soulager par ses bénéfices futurs sa mère et son père, qui languissaient misérablement. Elle voulait être actrice, et elle était bègue ! Comment prononcer les vers de Shakspeare devant un public peu indulgent ? Élisabeth résolut de vaincre cet obstacle ; et elle en vint à bout en choisissant dans le dictionnaire tous les mots de la langue qui, par leur longueur, par la bizarrerie de leur prononciation, par le nombre des consonnes, lui offraient le plus de difficultés, et s'essayait à les répéter sans cesse. Richard Griffith, directeur du théâtre de Norwich, était chef d'une troupe assez bien montée. Ce fut à lui que s'adressa miss Simpson ; elle reçut de lui des conseils et des encouragements. Il était jeune encore, et ses qualités aimables plurent à la débutante. Le jeune cœur de miss Simpson s'émut pour Griffith, et ce fut la seule passion de sa vie. Dès son enfance elle avait eu des habitudes d'ordre sévères. Chaque jour elle écrivait un résumé de ses actions et de ses sentiments, et ce résumé s'est conservé. On y trouve un compte rendu de tous les mouvements de ce jeune cœur. A l'époque où elle connut le directeur de Norwich, elle a gravé le nom de Griffith en lettres majuscules, ponctuées après chaque caractère, comme les inscriptions des temples romains, et plus bas ces vers de Pope : « Chaque lettre de ce nom est harmonieuse à mon oreille. »

Au milieu de cette passion, un autre prétendant s'offrit. M. Inchbald, acteur de profession, étourdi, libertin, prodigue, mais bon homme au fond. Richard Griffith était aimé, et ne parlait pas de mariage : miss Simpson accorda sa main à Inchbald. Cette résolution pénible lui coûta quelques douloureux combats. Enfin, elle débuta, sans obtenir beaucoup de succès, par le rôle de *la Femme jalouse*. Cette pièce offre le tableau d'un fort mauvais ménage ; et celui de mistress Inchbald fut détestable. Elle gagnait peu, et le mari dépensait beaucoup. Toute spirituelle qu'elle fût, elle n'avait pas beaucoup de talent pour l'art dramatique : le public ne l'acceptait pas, et le directeur lui accordait très-peu d'argent. Elle fut forcée un jour, faute de provisions, d'aller dans les environs de la ville, déterrer des navets pour nourrir son mari. Garde-malade de ce dernier, que la débauche exténuait, et qui gardait le lit, contrainte à étouffer le sentiment que Griffith lui avait inspiré, elle se conduisit avec une vertu et une force d'âme admirables. Son mari mourut, elle devint auteur ; c'était sa véritable destination. Timide et observatrice, elle avait beaucoup souffert et soutenu avec héroïsme la lutte de la vie. Elle avait étudié quelques-uns des meilleurs auteurs anglais ; elle débuta par des drames assez mal intrigués, mais pleins d'observations fines, et qui réussirent. Ensuite elle publia un roman intitulé : *Simple histoire*, qui la plaça au premier rang des romancières de tous les temps. Elle vint à Londres : tout le monde voulut la connaître. Miss Edgeworth la recherchait, et devint son amie ; Mme de Staël l'appela à elle, mais il y avait trop d'impétuosité, de pompe, d'éloquence, chez ce tribun féminin pour ne pas effaroucher mistress Inchbald. Cette actrice, devenue auteur à la mode, logeait au cinquième étage, faisait son ménage elle-même, et vivait de pain et d'eau ; l'argent que lui rapportaient ses publications et son engagement de théâtre était envoyé à de vieux parents infirmes, et à une jeune cousine orpheline et sans fortune. Sa première affection trompée lui avait laissé une vive amertume dans l'âme.

Les héros de mistress Inchbald ont de la dignité, sans manquer de passion ; de la véhémence, sans tomber dans l'emphase. Créatures gracieuses et pathétiques, ses héroïnes respirent, vivent et aiment ; leur langage est simple, il a de la force, de la grâce, de l'élégance. Les rôles secondaires eux-mêmes ne fatiguent jamais le lecteur. L'âme de mistress Inchbald se répand dans toutes ses fictions et en anime les moindres détours. On y reconnaît cette femme remarquable, sagace et passionnée, qui savait maîtriser les mouvements de son cœur et souffrir en silence. Sa volonté était rigide et opiniâtre : de là quelque chose d'insociable et d'amer de la lutte constante qu'elle a soutenue contre les événements et contre elle-même. Elle a vaincu, mais avec douleur, après un long et magnanime combat. Comme Jean-Jacques Rousseau, mais plus pure que lui, elle avait écrit ses *Confessions*.

que le scrupule des éditeurs a malheureusement détruites.
Philarète CHASLES.

INCH-CAPE. *Voyez* BELL-ROCK.

INCIDENCE (de *in*, sur, et *cadere*, tomber). En mécanique, c'est la direction que prend un corps qui va en frapper un autre. On appelle *angle d'incidence* celui que forme la direction d'un corps avec une ligne ou une surface qu'elle rencontre. L'angle d'incidence est égal à l'angle de r é f l e x i o n : ainsi s'énonce une loi de physique, qui s'applique à la fois au choc des corps et à la marche des rayons lumineux et calorifiques.

INCIDENT, événement fortuit qui survient au milieu d'une affaire, d'une action, d'une entreprise, etc. Dans un poëme, dans un ouvrage dramatique, tout événement plus ou moins important, toute action particulière liée à l'action principale, prend le nom d'*incident*. Boileau avec raison dit :

N'offrez point un sujet d'*incidents* trop chargé.

Au palais, on nomme *incident* une contestation accessoire qui s'élève dans le cours d'un procès. Par exemple, lorsqu'une partie à qui l'on oppose une pièce demande la vérification d'écriture, elle forme une *demande incidente*. Les demandes incidentes se forment par un simple acte, renfermant les moyens et les conclusions et l'offre de communiquer les pièces justificatives : elles doivent être toutes formées simultanément quand les causes qui leur donnent naissance existent en même temps, à peine d'être privé de répéter les frais de celles qui seraient proposées séparément. Les *incidents* sont toujours jugés au préalable s'il y a lieu, et dans les affaires où l'instruction écrite a été ordonnée, ils sont portés à l'audience pour y être statué. C'est grâce aux incidents que la chicane sait rendre les procès interminables.

INCIDENTS (Jours). *Voyez* CRISE.

INCISE. Les grammairiens donnent ce nom, ou celui de *comma*, à une sorte de petite phrase formant un sens partiel et entrant dans la composition du sens total de la période ou d'un membre de période. On donne aussi le nom d'incise, dit Dumarsais, aux divers sens particuliers du style coupé : *Turenne est mort, la victoire s'arrête, la fortune chancelle*, autant d'incises.

INCISION. Ce mot, traduction littérale du substantif latin *incisio*, désigne la solution de continuité des parties molles du corps humain qu'on pratique à l'aide d'instruments divers. Les incisions supposent toujours une certaine profondeur due à l'action de lames tranchantes : telles sont celles des s c a l p e l s, des b i s t o u r i s et des ciseaux. Si la division est très-superficielle et de peu d'étendue en longueur, on la nomme *coupure*. Il en est qu'on distingue aussi par le nom de *scarification*, et qui sont produites par un instrument particulier.

Les chirurgiens ne sont pas les seuls qui pratiquent des incisions, et cette opération n'est pas toujours employée dans un but thérapeutique. Chez plusieurs nations, on trouve la coutume établie, principalement pour les femmes, de se faire de semblables blessures en témoignage de regret et de douleur. Les Abyssiniennes, par exemple, s'incisent les tempes à la mort de leurs parents ou amis, et à cet effet elles laissent croître les ongles des petits doigts. Durant les guerres que diverses peuplades de l'Afrique se font entre elles avec un acharnement traditionnel, les incisions n'ont pas le temps de se cicatriser, tant les occasions de déplorer la perte des hommes sont fréquentes. Cette coutume, qui ne permet pas de feindre la douleur comme chez nous, date d'une antiquité très-reculée; car on lit dans le *Deutéronome* (XIV, 6), une injonction aux Juifs de s'en abstenir :
« Tu ne te déchireras pas le visage par rapport à ceux qui sont morts. »   D' CHARBONNIER.

INCISIVES (Dents). *Voyez* DENT.

INCITABILITÉ. *Voyez* BROWN (John) et EXCITATION, EXCITABILITÉ.

INCIVILITÉ. *Voyez* IMPOLITESSE et CIVILITÉ.

INCLÉMENCE (du latin *inclementia*). Ce mot ne se dit guère, selon l'*Académie*, que de l'*inclémence* (pour la rigueur) *de l'air, du temps, de la saison*, et, en poésie, de *l'inclémence des dieux*. C'est Racine qui le premier a employé cette dernière locution. Voltaire, qui s'est servi de la même expression, a prétendu qu'il était ridicule à un historien d'écrire *l'inclémence des airs*, parce que le mot *inclémence*, étant une métaphore, devait être exclusivement consacré à la poésie. Mais l'emploi s'en est bien étendu depuis, puisqu'on dit maintenant l'*inclémence* comme la *clémence* d'un roi, et que Delille, peu aventureux cependant aux yeux de nos contemporains, ose citer, dans son poëme de *La Conversation*, l'inclémence du *Parterre*. Le qualificatif *inclément* a lui-même obtenu droit de cité dans le *Dictionnaire de l'Académie* de 1835.

INCLINAISON (du latin *inclinatio*). En géométrie, ce mot exprime la position relative dans laquelle des lignes ou des plans se trouvent les uns par rapport aux autres : ainsi, l'on dit qu'une ligne est inclinée relativement à une autre lorsqu'elle forme avec celle-ci des angles inégaux. Pareillement, deux plans sont inclinés entre eux lorsqu'ils forment des angles différant d'un angle droit. Une ligne qui rencontre un plan lui est inclinée toutes les fois qu'elle forme des angles inégaux avec les droits qui passent par son pied dans ce plan.

INCLINAISON (*Astronomie*). Tous les corps célestes qu'on appelle *planètes* ou *satellites* de planètes décrivent autour du soleil des orbites dont cet astre occupe l'un des foyers. Les plans de ces orbites sont tous plus ou moins inclinés relativement à celui de l'écliptique. Cette inclinaison des orbites planétaires n'est pas constante ; tantôt elle augmente, tantôt elle diminue : ces variations sont causées par les attractions que les globes qui circulent dans les espaces célestes exercent les uns les autres.

INCLINAISON (*Magnétisme*). Une aiguille d'acier non aimantée et suspendue par son centre de gravité se tient horizontalement; si on l'aimante, elle s'incline d'une manière très-notable; dans notre hémisphère, le pôle austral s'abaisse au-dessous de l'horizon ; c'est le contraire dans l'hémisphère austral. On appelle *inclinaison* l'angle que fait l'aiguille ainsi inclinée avec l'horizon. La détermination de cette inclinaison exige plusieurs opérations pour être exacte.

Comme il est possible que l'axe magnétique ne coïncide pas avec l'axe de la figure, on fait deux observations, de manière que chaque face de l'aiguille soit successivement tournée vers l'est et vers l'ouest. Cette double opération ne suffit pas encore, parce qu'on n'est jamais certain que l'aiguille soit bien centrée, c'est-à-dire que l'axe de suspension de l'aiguille passe exactement par le centre de gravité. Pour corriger ce défaut presque inévitable, on renverse les pôles de l'aiguille par le moyen d'un fort aimant, et l'on prend de nouveau deux inclinaisons. La moyenne des quatre résultats est l'inclinaison véritable.

On a beaucoup moins observé la boussole d'inclinaison que la boussole de déclinaison. Voici à peu près ce qu'on sait sur ce sujet.

1° L'inclinaison varie dans le même lieu avec le temps : en 1798, elle était à Paris de 68° 51' ; en 1810, de 68° 50'; en 1818 de 68° 35', et en 1825 de 68°. Elle était le 28 novembre 1850 de 66° 37'. Cette diminution dans l'inclinaison est également en Europe ; elle a été observée à Londres, à Berlin, à Florence, etc. On n'a pas remarqué de rétrogradation depuis les plus anciennes observations.

2° Si les observations faites dans ces dernières années se continuent, ce qui est probable, l'aiguille d'inclinaison subit, comme l'aiguille de déclinaison, des variations diurnes et annuelles, et, d'après les observations des astronomes, la diminution annuelle de l'inclinaison serait sensiblement de 3'.

3° L'inclinaison augmente à mesure qu'on s'éloigne de

INCLINAISON — INCOMMENSURABLE

l'équateur pour marcher vers les pôles. Cook en a observé une de 43° 45' à 60° 40' de latitude ; le capitaine Philipps a trouvé l'inclinaison de 82° 9' sous la latitude de 79° 44'. Le capitaine Parry a observé des inclinaisons peu différentes de 90° vers 74° 45'. Le même navigateur a vu sous cette latitude et sous la longitude de 100° l'extrémité nord de l'aiguille se retourner et se diriger vers le sud ; ce qui prouve que cet intrépide navigateur avait dépassé le pôle magnétique de la terre. Le capitaine Ross dans une longitude différente a cru trouver le *pôle magnétique* vers 70° de latitude. D'après ce petit nombre d'observations, on peut admettre que ce pôle n'est pas très-éloigné de cette latitude.

C. Despretz, de l'Académie des Sciences.

INCLINATION (en latin *inclinatio*, fait d'*inclinare*, incliner, pencher). *Voyez* Penchant.

INCLINÉ (Plan). *Voyez* Plan incliné.

IN COENA DOMINI, ou *Bulle de la Cène*, la plus remarquable de toutes les bulles, remonte, quant à sa première rédaction, à une époque fort reculée, notamment au temps d'Urbain V, de l'an 1362 à l'an 1370. Renouvelée et modifiée par Pie V en 1567, et par Urbain VIII en 1627, elle contient l'exposé le plus complet de tous les droits de l'Église et leur défense contre les princes temporels, les conciles et les laïques, avec l'excommunication solennelle et la malédiction de tous les hérétiques. Conformément aux dispositions de Pie V, elle devait être lue chaque année, le jour du jeudi saint, dans toutes les églises ; néanmoins, à cause de la résistance qu'elle rencontra, non-seulement en France, où elle excita de grands troubles en 1568, mais encore en Allemagne et ailleurs, cette prescription ne put être suivie qu'à Rome, où jusqu'à ces derniers temps on en a fait lecture publique.

INCOGNITO, adverbe italien, formé de l'adjectif latin *incognitus*, inconnu. Depuis longtemps, il s'est naturalisé en France, où il représente l'état d'une personne qui se présente sous un faux nom, ne s'annonce se faire connaître pour des raisons particulières, ou qui se présente sans se faire connaître. Si des particuliers nous nous élevons aux rois et aux princes de souche souveraine, nous avouerons franchement qu'il nous serait très-difficile d'en donner une exacte définition. L'incognito royal ou princier n'est en effet qu'un secret de convention, que personne n'ignore. Comment pourrions-nous dire ici que cet incognito est l'état d'une personne qui ne veut point se faire connaître, quand nous lisons à ce sujet dans tous les journaux : « S. M. le roi de..., S. A. R. le duc de... sont arrivés à Paris, *incognito*, sous le nom du comte de... et du baron de... » Et les honneurs royaux ne font jamais défaut à ces illustres inconnus dont tout le monde sait le nom.

INCOLAT (Droit d'). On appelle ainsi, dans quelques États modernes, le droit accordé par le souverain à certains étrangers, en vertu duquel ils jouissent des mêmes prérogatives civiles et politiques que les indigènes.

INCOLORE (*in*, sans, et *color*, couleur). Toute substance matérielle qui ne peut réfléchir aucun des sept rayons du spectre solaire est dite *incolore*. L'eau pure, plusieurs cristaux sont *incolores*. Les corps noirs devraient être rangés dans la classe des *incolores*, puisqu'ils ne réfléchissent aucun des rayons colorés du spectre. Néanmoins, nous disons qu'ils sont de *couleur noire*.

INCOMBUSTIBLE (du latin *in*, pris comme négation, et *comburere*, brûler). On a cru longtemps qu'un grand nombre de substances n'étaient point susceptibles de brûler, que, par exemple, l'eau, les terres, les alcalis, avaient cette propriété ; mais la chimie moderne étant parvenue à décomposer ces substances, on a reconnu qu'elles étaient formées d'éléments qui avaient la propriété de se combiner avec l'oxygène, et qu'en leur enlevant ce dernier principe elles devenaient combustibles ; c'est ainsi, par exemple, étant une combinaison d'oxygène et d'hydrogène, si on lui retire le premier de ces éléments, l'autre devient combustible.

On rend le bois, les tissus, plus ou moins capables de résister à l'action du feu en les imbibant de certaines matières, telles que le sel marin, etc. Durant des siècles, on a cru que l'amiante était inattaquable par le feu, et qu'une toile formée de filaments de cette pierre était incombustible : des expériences faites avec soin et sans préjugés ont appris que cette matière exposée au feu pendant un temps suffisant s'y décomposait comme toutes les autres matières solides.

Certains individus, voulant sans doute exploiter la crédulité publique, se sont fait passer pour incombustibles, depuis les prêtres du temple d'Apollon sur le mont Soracte jusqu'aux convulsionnaires du diacre Pâris. Toutes les mythologies font mention d'êtres doués de la faculté perpétuelle ou temporaire de traverser les flammes sans aucun danger pour leur personne. La science est forcée de reconnaître qu'il est des hommes qui peuvent supporter sans inconvénient des températures très-élevées, comme celles de certains fours ; mais au delà, elle ne voit que du charlatanisme plus ou moins habilement déguisé.

INCOME-TAX ou *Taxe sur le revenu*, impôt anglais déjà essayé en 1702, puis abandonné pour être repris par Pitt en 1798 ; aboli en 1802, il fut remis en vigueur en 1803, et dura jusqu'à la fin de la guerre. Les besoins de l'État le firent revivre en 1845. R. Peel le fit rétablir pour avoir le moyen d'effectuer la révolution commerciale à laquelle il a attaché son nom. L'*income-tax* devait être permanent, et ne fut voté que pour trois ans, cinq ans, dix ans ; et la guerre que soutient l'Angleterre en ce moment est venue l'aggraver et ajourner indéfiniment l'époque où on pourra cesser de le percevoir.

Cette taxe est prélevée sur toutes espèces de revenus, soit qu'ils procèdent des propriétés foncières, des hypothèques, des fonds publics, soit qu'ils dérivent des charges cléricales, publiques, privées ; soit, enfin, de l'industrie en général. Les revenus provenant de l'étranger ne sont pas exempts de cette contribution, et il suffit d'être résidant des îles Britanniques et de jouir d'un revenu quelconque, s'élevant au moins à 100 liv. sterling, pour y être sujet. Afin de remédier à l'impopularité de cette taxe inquisitoriale, qui donne au percepteur le droit d'examen des livres, papiers et titres du contribuable, dans le cas où il ne serait point satisfait de la somme déclarée, le gouvernement accorde aux négociants, marchands et industriels, en général, la latitude de composer avec les fonctionnaires préposés à cet effet, pour une somme déterminée, pendant un certain nombre d'années. A cette condition, l'abonné échappe à cet espionnage légal, en payant régulièrement chaque année la somme convenue. Cette taxe inique pèse le plus lourdement sur les contribuables à revenus limités, et met à la merci des employés du gouvernement le secret des opérations de tous les hommes exerçant une profession ou un métier. Il fallait que ce fût l'Angleterre, cette terre classique du respect à la loi, qui conçût et exécutât ce plan de contributions pour qu'il naquît viable. La perception des contributions indirectes en France, contre laquelle la population n'a cessé de s'élever, est bien éloignée du caractère odieux de ce mode arbitraire, inquisitorial et souvent partial et injuste, de déterminer la quotité de la taxe à imposer.

INCOMMENSURABLE, IRRATIONNEL, expressions opposées, l'une à *commensurable*, l'autre à *rationnel*. Une grandeur est dite *incommensurable* par rapport à une autre quand elle n'a pas de commune mesure avec celle-ci, c'est-à-dire quand il n'existe aucune grandeur de même nature qui soit exactement contenue à la fois dans l'une et dans l'autre. Supposons deux droites limitées, A et B, et cherchons leur plus grande commune mesure ; admettant que A soit la plus grande de ces droites, nous portons B sur A autant de fois que faire se pourra ; si cette opération ne laisse pas de reste, B est la longueur cherchée ; autrement, on porte le reste R sur B, comme on a porté B sur A ; s'il y a un nouveau reste R', on le por-

INCOMMENSURABLE — INCONSÉQUENCE

tera à son tour sur R de la même manière, etc., exécutant ainsi avec des lignes les opérations qu'exige la recherche du plus grand commun diviseur en arithmétique. Mais en continuant il peut se faire que l'on arrive à des restes assez petits pour que l'imperfection de nos instruments ne nous permette pas de pousser plus loin; on reste donc dans l'incertitude sur le résultat final. Le raisonnement doit alors intervenir, et nous faire savoir si cette recherche est susceptible de se terminer. On trouve alors, dans un grand nombre de cas, que les lignes que l'on considère n'ont aucune commune mesure; tels sont la diagonale et le côté d'un carré, ou encore le rayon d'un cercle et le côté du triangle équilatéral inscrit, etc.

Si, au lieu des grandeurs elles-mêmes, on considère les nombres qui les représentent, on constatera plus facilement encore leur incommensurabilité. Dans les exemples que nous venons de citer, le diagonale est au côté du carré comme $\sqrt{2}$ est à 1, le côté du triangle équilatéral est au rayon du cercle circonscrit comme $\sqrt{3}$ est à 1. Or, les nombres $\sqrt{2}$, $\sqrt{3}$, sont incommensurables (sous-entendu avec l'unité). On démontre en effet que si la racine de degré quelconque d'un nombre entier n'est pas elle-même un nombre entier, elle ne peut être exprimée par un nombre fractionnaire, et si on exécute l'extraction de cette racine, l'opération ne se termine pas; on trouve une expression aussi approchée qu'on le veut, sans jamais atteindre la valeur exacte. Remarquons qu'il ne faut pas confondre les nombres qui résultent de ces opérations avec les quotients de divisions qui ne se terminent pas; ces derniers nombres se composent aussi d'une infinité de décimales; mais ils se développent en fractions périodiques, et d'ailleurs on peut toujours compléter leur valeur à l'aide d'une fraction ordinaire. Ainsi, de ce que $\frac{1}{3}$, réduit en décimales donne 0,33333... à l'infini, il ne faut pas conclure que $\frac{1}{3}$ soit incommensurable : ce nombre infini de décimales ne provient que de la base du système de numération dans lequel on opère; au contraire, $\sqrt{2}$, $\sqrt{3}$, etc., ne peuvent être exactement exprimées dans aucun système.

Les logarithmes des nombres commensurables autres que les puissances ou les racines de la base sont incommensurables. On prouve que e (désignation habituelle de la base des logarithmes népériens), que π (rapport de la circonférence au diamètre), sont des nombres incommensurables.

En arithmétique, *incommensurable* et *irrationnel* se disent indifféremment l'un pour l'autre. En algèbre, *irrationnel* qualifie plus spécialement les expressions radicales dont on ne peut obtenir la racine algébrique. Ainsi, l'équation $x + \sqrt{x} = 6$ est irrationnelle par rapport à x; cependant sa solution est $x = 4$; et quand on substitue cette valeur, on trouve pour *l'expression irrationnelle* $\sqrt{x}$, la valeur 2, qui est commensurable. E. MERLIEUX.

INCOMPATIBILITÉ. C'est l'impossibilité qu'il y a, suivant les lois, de réunir chez le même individu deux ou plusieurs qualités ou fonctions. Une incompatibilité qui dérive de la distinction des pouvoirs est celle qui existe entre les fonctions administratives et les fonctions judiciaires; par une cause analogue, le service de la garde nationale est incompatible avec les fonctions de ceux à qui la loi accorde le droit de requérir la force publique. D'autres incompatibilités sont fondées sur la hiérarchie des fonctions, sur l'impossibilité réelle de suffire à la fois à deux emplois, enfin sur des raisons de convenance : telles sont celles des fonctions de juré avec celles de ministre, de préfet, de sous-préfet, de juge, de procureur général, de procureur impérial, de substitut et de ministre d'un culte quelconque, celles qui limitent l'exercice de la profession d'avocat.

Le mandat de député au corps législatif est incompatible avec toute fonction rétribuée. Le pensionnaire rétribué qui est élu député est réputé démissionnaire de ses fonctions par le seul fait de son admission comme membre du corps législatif, s'il n'a pas opté avant la vérification de ses pouvoirs. Tout député est réputé démissionnaire par le seul fait de l'acceptation de fonctions publiques salariées.

L'article 28 de la constitution de 1848 établissait le même principe à quelques exceptions énumérées. dans la loi organique électorale du 15 mars 1849. Sous la monarchie constitutionelle, il y avait incompatibilité entre les fonctions de député et celles de préfet, de sous-préfet, de receveur général, de receveur particulier des finances et de payeur. Les officiers généraux commandant les divisions ou subdivisions militaires, les procureurs généraux, les procureurs du roi, les directeurs des contributions directes et indirectes, des domaines et enregistrement et des douanes ne pouvaient être élus par le collège électoral d'un arrondissement compris, en tout ou en partie, dans le ressort de leurs fonctions. Les autres fonctions publiques salariées n'étaient pas absolument incompatibles avec celles de député. Mais leur acceptation entraînait de droit la démission du député qui pouvait être réélu.

En morale, on dit qu'il y a *compatibilité* ou *incompatibilité* entre certaines humeurs, certains esprits. L'*incompatibilité d'humeur* a servi pendant un temps de cause suffisante pour réclamer et faire prononcer le divorce.

INCOMPÉTENCE, défaut de compétence. Il y a incompétence lorsqu'un juge ou un tribunal n'a pas le pouvoir de juger une contestation. Il y a deux sortes d'incompétence : l'incompétence à raison de la matière, lorsqu'on porte devant un juge une affaire qui n'est pas dans ses attributions; l'incompétence à cause de la personne, lorsque les parties ne sont pas, à raison de leur domicile, par exemple, justiciables du juge devant lequel l'action est intentée.

L'incompétence à raison de la matière peut être proposée en tout état de cause; les juges eux-mêmes doivent dans ce cas ordonner d'office le renvoi, quoiqu'il n'ait pas été demandé. Celle à raison de la personne doit l'être préalablement à toutes autres exceptions et défenses. Elle est couverte par la défense au fond.

Relativement à un fonctionnaire public, l'*incompétence* est aussi la négation du pouvoir de faire tel ou tel acte qui n'est point de son ressort : c'est dans le même sens que l'officier civil est *incompétent* à prononcer le mariage dans toute autre commune que celle où il remplit les fonctions d'officier civil.

INCOMPRESSIBILITÉ (du latin *in*, non, et *comprimere*, comprimer). Voyez COMPRESSIBILITÉ.

INCONNUE, nom que donnent ordinairement les mathématiciens à la quantité dont on cherche la valeur dans la solution d'un problème (*voyez* DONNÉES).

INCONSÉQUENCE, manque d'accord entre les principes, les opinions et la conduite. On appelle souvent *inconséquente* une action qui compromet la personne qui l'a faite. Tous les hommes sont plus ou moins inconséquents par nature; car il en est très-peu qui osent professer l'amour du mal, bien qu'ils le commettent. L'inconséquence est une suite de la faiblesse humaine, digne de pitié et de miséricorde, quand les actes en sont rares et qu'ils excitent la confusion; elle ne mérite que du mépris lorsqu'elle est le résultat d'une vanité qui, sans examen, s'élance présomptueusement dans une carrière dont elle n'a point mesuré l'étendue. On est forcé de reconnaître que les lois sont inconséquentes lorsque les mœurs d'un peuple les rendent à peu près impraticables. On trouve encore beaucoup d'inconséquences dans plusieurs institutions peu en rapport avec les devoirs, les droits et les besoins de l'homme; et c'est peut-être de l'inconséquence que dérivent les plaies les plus graves des sociétés modernes.

On confond parfois l'inconséquence avec la légèreté et l'étourderie; elle en diffère par le caractère attribué à celui qui la commet. Les suites de l'inconséquence sont la déconsidération. On se préserve et l'on se corrige de l'incon-

séquence en se défiant de soi-même, et en ne se hâtant ni de parler ni d'agir.
C^{me} DE BRADI.

INCONSTANCE. C'est la mobilité et la légèreté réunies : l'inconstance est le propre de ceux qui marchent au hasard, n'ayant pour moteurs que les caprices qui leur passent par la tête. Elle s'applique à tout, aux choses les plus graves comme à celles de minime importance, et nous devons dire ici que le peuple français n'est pas de tous le moins inconstant, si toutefois la palme ne lui appartient point en propre sous ce rapport. En amour, l'inconstance est une propension au changement, entraînant l'homme à voltiger de belle en belle, comme le papillon de fleur en fleur, au dire de feu Dorat. Appliquée aux fantaisies du goût, l'inconstance constitue ce que nous appelons la *mode* : la toilette recherchée aujourd'hui sera dédaignée demain par notre inconstant beau sexe. En politique, l'inconstance est l'apanage d'un caractère faible et impressionnable ; elle constitue les innocentes variétés de la *girouette* : l'inconstant adopte aujourd'hui sans conviction l'opinion qu'il combattait hier de même, et à laquelle il reviendra demain pour un jour seulement ; sa versatilité, à lui, n'est le fruit ni de l'ambition ni de la corruption ; c'est tout simplement l'indice d'une imagination vive et mobile.

INCONSTITUTIONNALITÉ, qualité d'un acte ou d'une opinion contraire à la constitution. Aux termes de la constitution de 1852 le sénat doit s'opposer à la promulgation des lois contraires ou qui porteraient atteintes à la constitution.

INCONTINENCE (*Morale* , *Hygiène*) abus des plaisirs de l'amour ; mais quelle est la limite qui sépare l'usage de l'abus ? Grande question, qui intéresse à la fois la morale, l'hygiène, et même l'économie sociale et politique. Sous le rapport moral, la limite de la continence est fixée d'une manière invariable et certaine. Dans l'état de mariage, il n'y a pas d'incontinence morale ; mais hors les liens consacrés par la loi et la religion, les deux sexes ne peuvent pas avoir de rapports intimes sans incontinence. Il n'en est plus de même sous le rapport de l'hygiène ; ici la limite de l'usage et de l'abus devient incertaine et variable ; elle est loin d'être la même pour chaque individu, elle est bien différente pour les deux sexes. Ce qui est continence pour les uns est incontinence pour les autres. Il n'y a plus de règle générale, il faut que chacun s'en crée une particulière. Et pourtant, de la sévère observation de cette règle d'hygiène dépendent la santé, la vie, souvent plus encore, l'intégrité et l'énergie des facultés intellectuelles et morales. Les plaisirs de l'amour sont sous l'empire de deux causes, les sens et l'imagination : toutes les fois que les sens *seuls* donnent l'éveil, on est presque toujours dans les limites de la continence ; mais si le désir naît de l'imagination, il faut se tenir sur ses gardes ; car elle agit souvent à la légère, sans consulter les forces de l'économie. Les résultats de l'incontinence sont toujours fâcheux, et quelquefois terribles. Nous ne parlons pas seulement des résultats moraux, mais encore de ceux qui intéressent la santé.

N.-P. ANQUETIN.

INCONTINENCE (*Médecine*). Dans le langage médical, ce mot s'applique guère qu'à l'expulsion involontaire des matières excrémentielles, le plus souvent l'urine, quand cette expulsion résulte du relâchement du sphincter. L'incontinence d'urine est plus commune chez les enfants que chez les adultes, chez les garçons que chez les filles. L'époque de la puberté est souvent le signal de la guérison. Toutefois, l'art ne reste pas désarmé devant cette affection ; il trouve des secours dans l'emploi de la noix vomique, des cantharides, de l'électricité. Mais avant de recourir à ces moyens énergiques on devra essayer des exercices gymnastiques et d'une nourriture substantielle et légèrement stimulante ; pour la nuit un lit un peu ferme, pour le jour des vêtements propres à exciter la transpiration, complètent les mesures hygiéniques, qui la plupart du temps amèneront la cessation de l'incontinence d'urine.

INCORPORATION, littéralement, *union* , *mélange*, d'un corps à un autre. Ce mot s'applique spécialement aux corps politiques, ecclésiastiques et militaires : on incorpore un peuple à un autre peuple, un chapitre à un autre chapitre, un régiment à un autre régiment, une province à une autre province. En droit, *incorporation* se dit d'une chose qui s'unit à une autre d'une manière tellement intime, qu'elle ne saurait plus en être séparée. L'incorporation est un mode d'acquérir la propriété par accession : tout ce qui s'unit et s'incorpore à la chose principale appartient au propriétaire, et le Code Civil a réglé assez longuement les règles de l'incorporation.

INCORRUPTIBLE, ce qui n'est pas sujet à corruption.
Ce nom a aussi été donné à un parti d'Entychiens opposé à celui des corrupticoles.

INCRÉDULE, INCRÉDULITÉ. Si la *crédulité* est la facilité à croire toutes sortes de faits, l'incrédulité a un sens moins étendu, et ne se dit guère que du défaut de croyance religieuse. Il peut arriver, comme l'expérience l'a plus d'une fois démontré, que l'incrédule soit en bien d'autres points d'une crédulité complète. Entre la crédulité superstitieuse, qui admet sans examen jusqu'aux choses les plus absurdes, et l'incrédulité opiniâtre, qui rejette jusqu'aux preuves les plus convaincantes, il est un milieu, la foi, qui en nous recommandant de nous tenir en garde contre la doctrine des hommes, toujours exposée à l'erreur, demande une confiance aveugle pour tout ce qui est fondé sur le témoignage de Dieu. L'incrédulité, dit-on, est la marque d'un esprit indépendant ; elle naît de ce droit naturel à chaque individu d'examiner et de choisir dans sa croyance ce qui convient à sa raison. Nous passons ce prétendu droit, dont bien des hommes seraient fort embarrassés, et nous aimons à croire que si l'on en faisait vraiment usage, il serait non la source mais le tombeau de l'incrédulité. Il est en effet difficile à celui qui suit attentivement, et sans prévention l'enchaînement des preuves qui attestent la vérité de la religion, de n'être pas convaincu. « J'ai cru, disait La Harpe, parce que j'ai examiné ; examinez comme moi, et vous croirez. » Mais examiner, c'est un travail qui demande du temps, des soins, qui suppose des connaissances ; il est bien plus facile et bien plus commode de ne rien croire : il ne faut pour cela ni talents ni étude. On sait le proverbe : *Plus negaret asinus quàm negaret philosophus*. Ce proverbe n'est pas ici sans application : sourire au seul mot de religion, en parler à tort et à travers, donner des assertions pour des preuves, des plaisanteries pour des arguments, répéter, bien ou mal, quelques objections de Voltaire ou de Rousseau, c'est là toute la science de bien des incrédules. Il en est certainement qui ne sont pas dépourvus d'érudition, qu'on peut même dire très-instruits ; mais en fait de religion leur savoir se réduit à peu de chose.

L'homme ne naît pas incrédule, il le devient : tant que le cœur est pur, l'esprit est docile ; mais dès que les passions ont élevé la voix, dès qu'elles ont pu nous porter à désirer que la loi de Dieu fût un préjugé, ses menaces une chimère, alors les doutes commencent. Un Dieu juste et sévère, qui voit le fond des cœurs, qui réprouve toute pensée criminelle, un Dieu qui réserve des supplices sans fin comme sans mesure à quiconque s'écarte du sentier de la vertu, c'est une croyance qui gêne celui qui voudrait se laisser aller à tous ses penchants et s'abandonner à tous ses désirs. Un cœur gâté ne s'accommode guère de Dieu ni de la justice. Et l'on croit fermer cet œil scrutateur, éteindre ces flammes vengeresses, en les niant ! Du moins, on cherche par là à calmer quelques inquiétudes, à étouffer quelques remords.

L'abbé C. BANDEVILLE.

INCRÉMENT. Taylor, Emerson et quelques autres mathématiciens anglais ont donné ce nom au changement de valeur d'une quantité variable. C'est ce que Lacroix appelle simplement *différence*. On doit à Taylor un traité sur cette matière, intitulé : *Methodus incrementorum directa et inversa* (Londres, 1717; in-4°).

INCROYABLES, MERVEILLEUSES. Par une de ces réactions qui sont dans le caractère français, à la sombre tristesse qu'avait répandue le système de la Terreur succéda, sous le Directoire, une sorte d'épidémie de dissipation et d'extravagances. Elle s'accrédita chez les jeunes gens qui s'étaient arrogé le monopole du *suprême bon ton*, depuis le choix du costume jusqu'aux formes du langage. De longues tresses de cheveux, tombant sur les épaules, et que l'on nomma *oreilles de chien* ; un peigne d'écaille relevant derrière la tête des cheveux dont n'approchaient plus les ciseaux, trop vulgaires, et qui devaient être coupés avec un rasoir ; des redingotes très-courtes, avec des culottes de velours noir ou vert, tels furent les signes principaux auxquels on reconnut les élégants du jour. Leur manière de prononcer les mots ne les signalait pas moins par sa singularité et son affectation. La lettre *r* était tombée dans leur disgrâce : ces messieurs, qui avaient *désossé* notre langue, ne donnaient que leur *paole d'honneu*, leur *petite paole* ; et leur racontait-on quelque chose qui les étonnait, ils s'écriaient : « C'est *incoyable !* » Ce fut cette habitude qui leur fit donner dans la société le nom d'*incroyables*, tandis que la classe plus vulgaire les appela des *muscadins*. En grande toilette, l'incroyable devait remplacer sa redingote courte par un habit à taille carrée et à grands revers ; un chapeau claque d'une dimension monstrueuse se glissait sous son bras, et ses souliers pointus rappelaient les chaussures à *la poulaine* du moyen âge. Les salons de Barras, le moderne régent ; ceux de Mme Tallien, le lycée-bal de l'hôtel Thélusson, tels furent les principaux lieux de réunion de cette jeunesse dorée. On y voyait figurer, avec les beaux danseurs du temps, les Trénitz, les Laffite, un certain nombre de jeunes gens, dont les noms aristocratiques avaient eu dans l'ancien régime plus d'un autre genre d'illustration. On y remarqua souvent un homme à qui ne devait guère coûter une extravagance de plus, le vieux duc de Lauraguais, imitant, outrant même le bizarre costume et l'inintelligible gazouillement de ces jeunes fous.

On pense bien que nos élégantes de 1797 ne restèrent pas en arrière de leurs cavaliers : leur toilette fut empruntée à l'antiquité païenne ; les manteaux, les costumes, les tuniques à *la grecque*, composèrent principalement leur parure, et le nom de *merveilleuses*, qui leur fut donné, leur sembla moins une expression railleuse qu'un hommage involontaire rendu à leurs attraits et à leur goût. Quelques-unes, voulant se faire remarquer davantage, joignirent à l'adoption de ces costumes les bizarreries qui prêtèrent beaucoup à la critique. La reine des merveilleuses, madame Tallien, imagina d'orner de bagues de prix les doigts de ses pieds, laissés à nu : ceci n'était encore que'une folie ; mais plusieurs de ces dames, rendant leur toilette, en quelque sorte plus indécente qu'une entière nudité, ne craignirent pas de se montrer, dans nos promenades et nos jardins publics couvertes seulement de gazes transparentes, de robes si légères, si diaphanes, qu'on pouvait les nommer de l'*air tissu*. Le public s'en trouva scandalisé, et une réprobation générale s'éleva contre ces ultra-merveilleuses, qui furent contraintes de renoncer à ces audacieuses innovations. A cette époque, on vit aussi plusieurs parvenues du jour, dont la fameuse *madame Angot* offrait la charge burlesque, se travestir en merveilleuses, et porter les vêtements grecs avec une risible gaucherie : celles-là du moins se bornaient à faire ridicules. Carle **Vernet**, dont on a dit avec justice :

Il fit de ses caricatures,
Les épigrammes du dessin.

obtint un succès populaire dans celle, où il représenta les *Incroyables* et les *Merveilleuses* : c'est une des meilleures productions de son pinceau satirique. OURRY.

INCRUSTATION (de *in*, dans, et *crusta*, croûte). Par ce mot on désigne les ornements qu'on forme sur des meubles, des ouvrages de tabletterie, etc., en introduisant et fixant dans les creux pratiqués sur leurs surfaces des découpures d'ivoire, de cuivre, d'ébène, etc. L'art d'incruster est fort ancien : on le pratiquait dans le seizième et le dix-septième siècle avec le plus grand succès. On trouve encore des meubles et des armes de ces époques qui en offrent des exemples admirables, tant pour la beauté du dessin que pour la délicatesse des matières incrustées. Les découpures qui doivent être incrustées se font le plus souvent au moyen d'une scie très-mince et très-étroite, avec beaucoup de célérité. La colle, les mastics, qu'on emploie pour fixer les incrustations, suffisent pour remplir les vides produits par les traits.

On donne aussi le nom d'*incrustations* aux dépôts que forment sur tous les corps qu'elles rencontrent certaines eaux chargées de matière calcaire. Ces incrustations, tantôt cristalines, tantôt compactes, ne doivent pas être confondues avec les pétrifications. L'eau d'Arcueil nous en offre de nombreux exemples. Mais les plus remarquables en France sont ceux que fournissent les fontaines de Saint-Allyrre, près Clermont, de Véron (Yonne), et de Carjac (Lot). Les incrustations qui se forment sur les parois des **chaudières** à vapeur peuvent parfois occasionner leur **explosion**.

INCUBATION (de *in*, sur, *cubare*, se coucher). On appelle ainsi l'acte par lequel les oiseaux, excitant, au moyen de la chaleur de leur corps, le principe vital du germe de leurs œufs, font croître le poulet dans l'œuf, jusqu'à ce que, ayant consommé toute la substance du jaune et du blanc, il casse sa coquille et en sort assez fort pour pouvoir marcher et manger. Tout œuf, pour être utilement soumis à l'incubation, doit avoir été fécondé par le mâle : c'est lui qui place dans le germe l'élément de la vie. La chaleur de l'incubation altère très-promptement le blanc et le jaune des œufs non fécondés, les rend ce qu'on appelle *clairs, punais*, tandis qu'elle ne décompose pas ceux qui le sont. A la *mire*, un œuf non fécondé paraît clair et sans tache ; l'œuf germé, au contraire, présente une tache plus ou moins opaque : c'est l'embryon non développé. Quand l'œuf a passé trois ou quatre jours sous la poule, l'embryon a déjà pris un certain accroissement. Aussi est-il bien plus facile de distinguer alors les œufs fécondés de ceux qui ne le sont pas. On retire ces derniers du couvoir : ils sont encore bons à manger sans inconvénient. Les œufs qui ont un vide considérable sont trop vieux pour être couvés : on doit les rejeter.

Il est toujours très-possible de substituer des œufs d'un autre oiseau domestique à ceux d'une couveuse : ainsi, on fait couver des œufs de canne à des poules, afin que les premières pondent plus longtemps. Les dindes ayant plus de volume que les poules, et il est avantageux de leur faire couver des œufs de celles-ci, attendu qu'elles sont d'excellentes couveuses, et qu'elles peuvent en couvrir un plus grand nombre que les poules.

On reconnaît qu'une femelle a le désir de couver à une espèce de cri appelé *gloussement*, à l'inquiétude qu'elle montre de marche, au hérissement de ses plumes, etc., et surtout à la ténacité avec laquelle elle se tient dans le nid où elle a coutume de pondre, même quoiqu'il n'y ait pas d'œufs : c'est le moment, si on le désire, de lui donner des œufs à couver.

Les femelles des oiseaux sont en général plus exposées à devenir la proie de leurs ennemis pendant le temps de l'incubation que dans toute autre circonstance ; cependant, la nature leur a donné l'instinct de déposer et de couver leurs œufs dans les lieux aussi retirés, aussi cachés que possible. Les oiseaux domestiques sont ordinairement à couvert de ce genre de destruction. On place les couveuses dans un lieu isolé, dans lequel règne une faible lumière, éloigné de tout bruit, et inaccessible aux chiens, aux chats, aux rats, etc. Il ne faut pas mettre plusieurs couveuses, soit de même espèce, soit d'espece différente, dans un même local, à moins que chacune d'elles ne soit isolée de tous côtés par une cloison. Les femelles des oiseaux domestiques établissent leur nid sur le sol même ; elles le composent avec bien moins d'art et de perfection que la plupart des femelles des espèces sauvages. Après avoir formé avec les matières qui se trouvent à leur portée une sorte de demi-boule creuse, elles en garnissent l'intérieur avec des plumes qu'elles s'arrachent du ventre. On épargne une partie de ces soins à la couveuse en formant soi-même un nid dans un panier de forme et de grandeur convenables, dont on garnit l'intérieur de foin ou de paille froissée avec les mains. Dans tous les cas, le nid doit être placé dans un endroit sec et tempéré.

L'état d'une femelle qui couve est vraiment intéressant : ses yeux étincellent, sa peau est brûlante; elle se livre avec une ardeur et un plaisir extraordinaires à ses fonctions; elle mange peu, boit beaucoup. Il est bon de mettre des aliments à sa portée. Néanmoins, elle peut s'absenter pendant quelque temps sans inconvénient, soit pour aller prendre de la nourriture, soit pour se vider : dans ce cas, elle a soin de couvrir ses œufs de plumes, afin qu'ils se refroidissent moins vite. Tous les jours à la même heure, la couveuse retourne ses œufs pour amener en haut le côté qui était en bas, afin que ce dernier reçoive de plus près à son tour la chaleur de son ventre. Il arrive très-souvent que des femelles vont pondre et couver dans des granges, des greniers, des haies, des bois, et qu'au moment où on s'y attend le moins, on les voit arriver entourées d'une nombreuse famille. Ces couvées sont celles qui réussissent le mieux, lorsqu'elles ne sont pas la proie des animaux destructeurs.

On met ordinairement quinze œufs de dinde et trente de poule sous une dinde; quinze œufs d'oie et vingt-cinq de cane sous une oie; quinze œufs de cane sous une cane, douze enfin de poule et dix de cane sous une poule. En général, il faut diminuer ces nombres dans les premières couvées, c'est-à-dire quand le temps est encore froid. Il est rare qu'on fasse couver aux oies, aux canes et autres oiseaux qui vont à l'eau, des œufs d'oiseaux qui ne sont pas aquatiques, tels que la poule, la dinde, etc. On ne doit jamais faire couver en même temps à une couveuse des œufs provenant de femelles d'espèces différentes, par la raison que les uns venant à éclore plus tôt que les autres, il serait impossible à la mère adoptive de donner ses soins à tous les petits au moment de leur naissance. Parmentier conseille aux riches fermiers qui veulent élever une grande quantité de volailles sans embarras et à moins de frais, de se procurer plusieurs dindes, qu'ils destineraient à faire les fonctions de couveuses, par la raison que la ponte de ces oiseaux commençant et finissant de bonne heure, on aurait la facilité de leur confier des œufs de poule. Celles-ci auraient plus de temps pour continuer leur ponte, et l'éducation des poussins en serait d'autant plus facile qu'ils seraient mis dans la saison la plus favorable à leur développement. L'incubation de la dinde dure 32 jours, celle de la poule 20, celle de la cane 29, celle de l'oie 31, celle de la pintade 28, celle du pigeon 18, celle du faisan 24, celle du paon 30 environ.

Voici un aperçu de ce qui se passe, suivant Haller, dans un œuf de poule qui est soumis à l'incubation : au bout de douze heures, on aperçoit un commencement d'organisation dans la substance gélatineuse appelée *germe*, laquelle occupe toujours la partie supérieure du jaune, quelle que soit la position de l'œuf ; à la fin du premier jour, on distingue la tête et l'épine dorsale du poulet; à la fin du second, on reconnaît les vertèbres et le cœur ; le troisième fournit au développement du col et de la poitrine ; le quatrième à celui des yeux et du foie; le cinquième rend sensibles l'estomac et les reins; le sixième le poumon et la peau; le septième les intestins et le bec; le huitième la vésicule du fiel et les ventricules du cerveau; le neuvième les ailes et les cuisses; le dixième, toutes les parties qui constituent le poulet sont à leur place ; les jours suivants, elles se développent et prennent enfin l'accroissement qui leur est propre. Comment vit le poulet ainsi développé par la chaleur que lui communique la couveuse? aux dépens du jaune, qui absorbe petit à petit le blanc, et qui est ensuite presque instantanément introduit dans le ventre du poulet, auquel il tenait par une espèce de cordon ombilical. C'est le dix-septième jour que cette introduction s'effectue. Alors le poulet quadruple de grosseur; la poche des eaux se brise, l'air s'introduit à travers la membrane dans le vide qui s'est formé; le poulet respire, prend de la force, et trois jours après , il rompt l'enveloppe qui lui a servi en même temps de berceau de prison.

Pour rompre sa coquille, le jeune oiseau n'emploie pas le bout de son bec, comme on le croit communément ; c'est un tubercule osseux qui s'est formé sur la partie antérieure et supérieure du bec, qui perce l'enveloppe de l'œuf : ce tubercule tombe aussitôt après la naissance du poulet. Comme la mère n'aide point, dit-on, le poulet à sortir de sa prison, et qu'il arrive souvent que le tubercule ne parvient pas à fendre la coquille, il faut veiller attentivement sur les œufs le jour où l'on présume qu'ils doivent en sortir.

TEYSSÈDRE.

Incubation artificielle. Cet art, né en Égypte dans l'intervalle de temps écoulé entre les époques où écrivaient Hérodote et Aristote, resta ignoré en Europe jusqu'à son introduction en France par Réaumur. Bonnemain le perfectionna, en lui appliquant le chauffage à circulation d'eau. Le premier, il fit de cet art la base d'une importante industrie; longtemps il approvisionna de poulets les marchés de Paris. Mais le haut prix de la nourriture nécessaire aux jeunes poussins empêcha cette industrie de prospérer. Cependant l'incubation artificielle par de petits appareils portatifs est encore pratiquée dans beaucoup de fermes. On cite comme le meilleur des appareils employés dans ce but, le *caléfacteur-couvoir* de Lemare. Quel que soit le couvoir que l'on emploie, il doit toujours être muni d'un *régulateur*, qui y entretienne une température constante de 38 à 39° centigrades, que l'on a reconnue être nécessaire à la réussite de l'opération.

INCUBE et **SUCCUBE**. Dans un temps où l'on croyait que le diable pouvait avoir commerce charnel avec l'espèce humaine, on appelait *incube* le démon sous forme masculine, *succube* le démon sous forme féminine. Sous la première forme, il s'emparait des femmes, leur tendait mille pièges, et les prenait même quelquefois par violence; sous la seconde forme, il s'adressait aux hommes, et parvenait quelquefois à les séduire. Saint Justin martyr, Clément d'Alexandrie, Tertullien, saint Cyprien, saint Augustin et saint Jérôme ont pensé que ce commerce était possible; Chytrée, Wyer, Biermann, Godelmann soutinrent l'opinion contraire. Le jésuite Delrio chercha non-seulement à prouver la possibilité d'un tel commerce, mais prétendit même que les incubes pouvaient engendrer en recueillant de la semence humaine. Cardan et J.-B. Porta ont regardé ce commerce comme possible. Ce qu'il y a de certain, c'est que pendant le moyen âge on brûla en Europe bon nombre d'hommes et de femmes accusés de conjonctions avec le diable, ou qui se vantaient d'en avoir eu, même à l'état de veille. Saint Bernard parvint à sauver une pauvre femme mariée, qui s'accusait de copulation avec le malin esprit, en lui donnant son bâton, lequel elle mit dans son lit et avec lequel elle chassa le diable. Pour les médecins, les incubes ne sont autre chose que des hallucinations ou des cauchemars, dans lesquels on croit voir sur soi un diable sous forme plus ou moins humaine, hallucinations ou cauchemars produits par une mauvaise digestion, intempérance, exaltation de l'esprit, débauche, dépravation ou faiblesse, pouvant aller quelquefois jusqu'à la pollution; c'est en un mot une variété de l'*érotomanie*. L. LOUVET.

INCULPATION (du latin *culpa*, faute). Dans le langage ordinaire ce mot est synonyme d'a c c u s a t i o n ;

mais dans celui du droit il répond plus exactement au terme de prévention.

INCUNABLES. C'est la dénomination dont on se sert généralement aujourd'hui pour désigner les ouvrages imprimés antérieurement à l'an 1500, et dont le nombre s'élève approximativement à 15,000. Le mot *incunables* vient du latin *incunabula*, qui veut dire *berceau*, et, par extension, *commencement*, *origine* ; il indique que les livres auxquels on l'applique datent du berceau, des débuts des l'art typographique. La connaissance des *incunables* est d'autant plus importante qu'ils constituent souvent les seules sources de l'histoire de l'imprimerie. En outre, beaucoup ont une grande valeur et un vif intérêt, soit pour l'histoire des arts, à cause des ornements de divers genres qui leur servent d'accessoires, soit sous le rapport scientifique. A cette dernière classe appartiennent surtout les premières éditions des classiques anciens et modernes, les *éditions principes*, qui ont tant de prix aux yeux du critique.

Voici à peu près l'ordre dans lequel les *collectionneurs* rangent les *incunables*, et les conditions qui les déterminent dans leurs choix :

1° Les modèles et les premiers essais de l'imprimerie dont font partie les produits de la xylographie et les premiers imprimés proprement dits ayant une date authentique, à partir de la bulle d'indulgences de Nicolas V, donnée en 1454, bien que le premier livre imprimé avec date tout à fait incontestable soit toujours le Psautier de 1457.

2° Les premiers livres imprimés dans certains pays, ordinairement tout aussi rares que les précédents.

3° Les premiers livres imprimés en certaines langues ou avec un genre de types particuliers. Les plus anciens imprimés sont en caractères dits *gothiques*; c'est un peu plus tard seulement qu'on employa le type rond ou romain, bientôt adopté seul en Italie. Quelques mots grecs, gravés sur bois, figurèrent, pour la première fois, dans le *De Officiis* de Cicéron, publié en 1465, et dans le Lactance de la même année. Le premier ouvrage grec imprimé en caractères mobiles fut la *Grammaire grecque* de Lascaris (Milan, 1476).

4° Les imprimés provenant d'officines ayant peu produit, telle que celles de H. Bechtermünze, à Eltville ; d'Adam Rot, à Rome ; d'Arnold de Bruxella, à Naples ; de Kune, à Memmingen ; ainsi que des livres de certaine nature sortis d'autres officines où régnait plus d'activité, par exemple les éditions d'anciens classiques romains, données par Mentelin.

5° Les imprimés où apparaissent les premiers perfectionnements de l'art typographique, par exemple le *J. Nideri Præceptorium divinæ Legis* (Cologne ; Koelhof, 1472, in-fol.), le premier livre imprimé qui porte une signature ; tels sont encore le *Sermo ad populum prædicabilis* (Cologne ; ther Hoernen, 1470, in-4°), le premier livre portant les chiffres de la pagination ; le *De Officiis* de Cicéron, de 1465, le premier livre qu'on ait imprimé in-4° ; l'*Officium Beatæ Mariæ Virginis* (Venise ; Jenson, 1473, in-32), le premier ouvrage publié en petit format. Les frontispices ne devinrent en usage qu'à partir de 1485.

6° Les imprimés où ont complétement réussi les premiers essais tentés pour employer l'art à l'embellissement des livres. Le premier livre imprimé avec des gravures sur cuivre est le *Monte santo di Dio* d'Antonio da Siena (Florence, 1477, in-fol.). Les meilleures gravures sur bois, dont l'imprimeur Gruninger de Strasbourg fut grand amateur, se trouvent dans les imprimés allemands et italiens. On peut aussi ranger dans cette classe les exemplaires ornés de miniatures d'un fini achevé.

7° Quelques exemplaires qui se signalent par certains accessoires particuliers, tels que des imprimés sur parchemin, en lettres d'or; le quinzième siècle en offre déjà quelques-uns. Parmi les ouvrages sur parchemin, si communs au début de l'imprimerie, que des éditions tout entières étaient tirées sur cette matière, et parmi les éditions posté-

DICT. DE LA CONVERS. — T. XI.

rieures, telles que celles de la Bible latine de 1462, dont les exemplaires sur papier sont aujourd'hui encore plus rares que les exemplaires sur parchemin, on recherche de préférence ceux qui proviennent d'officines où l'on imprimait peu sur parchemin, par exemple de celles de Schweynheim et de Pannarz à Rome, dont on ne connaît que six ouvrages sur parchemin. Consultez Van Praet, *Catalogue des livres imprimés sur vélin* (6 vol.; Paris, 1822-1828; et 4 vol., 1824-1826).

8° Quelques collections ou suites d'ouvrages, telles que celle d'Alopa de Florence, de 1794 à 1496, imprimée en petites capitales, et contenant six ouvrages grecs (*l'Anthologie*, *Apollonius de Rhodes*, *Euripide*, *Callimaque*, *les Gnomiques* et *Musée*), ou les imprimés grecs de Milan, en magnifiques caractères ronds, dont le plus ancien est la grammaire grecque de Lascaris (1476), et le Suidas (1499). On recherche aussi avec ardeur les imprimés sortis d'officines célèbres du quinzième siècle, par exemple de celles de Schweynheim et de Pannarz, qui ne faisaient point d'éditions considérables et tiraient au plus à 275 exemplaires.

Quant aux moyens propres à faire acquérir la connaissance des incunables, les *Annales typographici* de Panzer, avec ses *Annales de l'ancienne littérature allemande*, fournissent la nomenclature la plus complète qui existe de tous les livres publiés jusqu'à l'an 1536. Les *Annales typographici* de Mettaire sont beaucoup plus incomplets ; mais cet ouvrage entre quelquefois dans plus de détails, et va d'ailleurs un peu plus loin. Un ouvrage très-utile aussi à consulter sur ce sujet est le *Dictionnaire bibliographique du quinzième siècle*, par Serna Santander (3 vol.; Bruxelles, 1805-1807), lequel contient sur les incunables d'Espagne et des Pays-Bas beaucoup de détails qui manquent dans Panzer. Mais l'ouvrage capital sur cette matière est celui de L. Hain : *Repertorium bibliographicum, in quo libri omnes ab arte typographica inventa usque ad annum* MD *typis expressi ordine alphabetico recensentur* (2 vol.; Stuttgart, 1826-1838, in-4°). En outre, on trouve de bonnes descriptions d'incunables dans les histoires locales de l'imprimerie, par exemple dans les ouvrages d'Audiffredi sur les imprimés romains et italiens, et dans ceux qu'ont données Panzer de Nuremberg, Sprenger de Bamberg (Nuremberg, 1799), Denys de Vienne, Merkel d'Aschaffenbourg (Aschaffembourg, 1832); dans les monographies relatives à quelques imprimeurs du quinzième siècle, tels que Gutenberg, Jenson, Aldus, Giunti, etc.; et dans les ouvrages sur les incunables de Fossi, Dibdin, Braun, Seemiller, Strauss, Gross, Hupfauer, etc. Consultez aussi L. de Laborde, *Débuts de l'imprimerie à Strasbourg* (Paris, 1840); et du même auteur : *Débuts de l'imprimerie à Mayence et à Bamberg* (Paris, 1840).

INCURABLE (de la particule négative *in*, et *curare*, guérir). Ce mot peut s'appliquer à toute maladie pour la guérison de laquelle les secours de l'art sont impuissants ; mais il s'entend surtout des maladies qui ne menacent pas immédiatement la vie, et que la médecine ne sait guérir, comme le cancer, la phthisie, l'asthme, la goutte, l'anévrysme du cœur, l'épilepsie, etc., etc. La pierre était autrefois à peu près incurable, on la traite avec plus de succès aujourd'hui. Du reste, si la médecine ne peut triompher de ces terribles affections, elle leur apporte du moins son baume, elle adoucit les souffrances, soutient les forces ; l'habitude pallie aussi les douleurs, et la vie incessamment menacée peut encore durer longtemps, surtout si, résignées à leur sort, les personnes atteintes d'affections incurables savent ménager les organes détériorés et retarder les progrès du mal. Combien de gens en parfaite santé enterrent les valétudinaires ! Il n'est pas toujours bon d'ailleurs de guérir certaines infirmités : la guérison des maladies de la peau, par exemple, occasione parfois des désordres internes beaucoup plus graves dont l'indisposition dont on s'est débarrassé.

Il y a à Paris deux *hospices d'incurables* : l'un, pour les femmes, rue de Sèvres, fondé en 1637, par les soins du cardinal François de La Rochefoucault, contient 525 lits ; l'autre, pour les hommes, rue du Faubourg-Saint-Martin, contient 480 lits. On y reçoit des indigents atteints d'infirmités graves et reconnues incurables. Un certain nombre de lits appartiennent à des particuliers. Les hospices de vieillards, hommes et femmes (Bicêtre et la Salpêtrière), renferment aussi des incurables.

INCURIE (du latin *in*, particule négative, et *cura*, soin). C'est le manque de soin, la négligence extrême. Rien n'égale l'incurie et l'imprévoyance de certaines populations des grandes villes, véritables parias de la civilisation, et l'on peut dire que l'incurie et le paupérisme marchent inévitablement ensemble.

INCURSION (du latin *incursio*, fait de *in*, dans, et de *currere*, courir), course à main armée dans un pays avec lequel on est en guerre ou que l'on veut envahir. Les *incursions* des barbares en Europe ont retardé pendant longtemps l'heure de sa civilisation. Il y a cette différence entre *incursion* et *irruption* que par le premier de ces mots on marque seulement l'action de faire une *course*, de se jeter dans une voie ou sur un objet étranger quelconque pour en rapporter quelque avantage ou une satisfaction quelconque, tandis que par le second on entend plus spécialement l'action de *rompre*, de forcer les barrières et de fondre avec impétuosité sur un nouveau champ, une nouvelle terre, un nouveau pays, un nouveau territoire pour y porter et y répandre le ravage et la désolation.
Edme HÉREAU.

INCUSES (de *in*, dans, et *cudere*, frapper ; frappé en creux). On appelle ainsi les médailles qui offrent deux fois le même type, une fois en relief, et l'autre fois en creux, ce qui venait de la précipitation du monnoyeur, qui, avant de retirer la médaille qu'on venoit de frapper, remettoit un nouveau flan, qui trouvant en haut le coin, et en dessous la médaille qu'on n'avoit pas retirée, marquoit des deux côtés le même type en relief et en creux, mais toujours frappée plus imparfaitement du côté du creux, l'effort étant beaucoup plus faible du côté de la médaille que de celui du coin. Ces médailles incuses par la négligence du monétaire, et qu'on trouve non-seulement dans les suites des médailles consulaires et impériales, mais encore dans celles des rois et des villes grecques, ne doivent pas être confondues avec quelques-unes des plus anciennes médailles de la Grande-Grèce, et principalement celles de Caulonia, de Crotone et de Métaponte, qui offrent aussi deux types, l'un en relief et l'autre en creux. Sur les médailles incuses les deux types ou empreintes sont placés dans le même sens et chargés des mêmes ornements. Il n'en est pas de même des médailles de la Grande-Grèce qu'on vient de citer, le type en relief y est quelquefois très-différent du type en creux. L'abbé Barthélemy, dans sa *Palæographie numismatique*, pense que c'étoit là une suite des anciennes aires en creux ; qu'en adoptant l'usage du double type sur les monnaies, les villes de la Grande-Grèce n'abandonnèrent pas celui de les frapper avec deux coins, dont l'un était gravé en relief ; mais au lieu qu'auparavant ce coin était hérissé de parties saillantes propres à retenir le flan, elles y mirent le type qui parait en creux sur leurs médailles. Ces médailles que l'on trouve en creux sont communément antérieures à l'an 400 avant l'ère vulgaire. A.-L. MILLIN, de l'Institut.

INDE. C'est le nom que les Grecs et les Romains ont donné au pays situé au delà de l'Indus, et qui jusqu'à l'époque d'Alexandre le Grand leur était demeuré presque complétement inconnu, mais où déjà les Phéniciens, les Carthaginois et les Égyptiens avaient habitude de trafiquer. Ce fut seulement aux conquêtes des rois de Perse et aux expéditions d'Alexandre qu'on fut redevable de renseignements plus précis sur ces régions. Lorsque l'Empire Romain eût cessé d'exister, et surtout lorsque l'islamisme eut conquis l'Asie, les communications directes de l'Europe avec l'Inde cessèrent presque complétement ; et les Européens ne reçurent plus les produits de ce pays que de seconde main, soit par l'intermédiaire de l'Égypte, soit par la longue route que les caravanes étaient obligées de faire à travers toute l'Asie. Du Levant ce commerce passa aux mains des Pisans, des Vénitiens et des Génois. Comme le moyen âge, à l'instar des anciens, plaçait les richesses de l'Inde aux extrémités de la terre, il espéra parvenir dans cette région fortunée soit en doublant l'Afrique, soit en naviguant directement à l'ouest. Puisqu'on croyait pouvoir atteindre le but par deux voies différentes, on dut naturellement essayer de toutes deux à la fois. Ces idées se développèrent de plus en plus vers le milieu du quinzième siècle, époque où Toscanelli et Colomb, Ysomire et Diaz choisirent les deux routes opposées, pleins de confiance les uns et les autres dans le succès de l'entreprise. Colomb se dirigea à l'ouest et prit d'abord l'archipel de l'Amérique centrale pour l'Inde. Vasco de Gama doubla l'Afrique à l'est, et trouva la route conduisant directement à la véritable Inde, à laquelle depuis lors on donna le nom d'Indes orientales, en même temps qu'on désigna sous le nom d'Indes occidentales les divers groupes d'îles qu'on rencontre avant d'atteindre le continent de l'Amérique centrale. Les habitants aborigènes du Nouveau Monde furent même désignés sous la dénomination d'Indiens.

Le mot *Inde* est incontestablement dérivé du nom du peuple *Hindou*, le plus important de ceux qui habitaient cette région, et celui que connaissaient le mieux les anciens. Ceux-ci, toutefois, ne comprenaient pas seulement sous cette dénomination l'Hindostan proprement dit, mais tous les pays situés au delà de l'Indus, qu'ils divisaient en *India intra Gangem* (le territoire situé entre l'Indus et le Gange, avec la presqu'île de Dekan et l'île de Ceylan), et en *India extra Gangem* (l'Indo-Chine actuelle, c'est-à-dire la presqu'île située entre le golfe du Bengale à l'ouest, la mer de la Chine à l'est et le détroit de Singapour au sud, avec la lointaine *Serica* ou Chine) ; division qui s'est conservée jusqu'à nos jours, et qui, bien qu'impropre dans les termes, puisque le Gange ne forme pas réellement la délimitation de ces deux régions, demeurera, parce qu'elle a pour but de distinguer les deux presqu'îles.

Les naturels de l'Inde n'ont point dans leurs langues de mot servant de dénomination complexe et générique pour ces diverses contrées que nous groupons sous un même nom. Ils appellent *Djambou-Dwippa*, c'est-à-dire *île de l'arbre du Djambou*, le territoire des Hindous proprement dit.

INDE, mot quelquefois employé pour Indigo.
INDE (Archipel de l'). *Voyez* INDIEN (Archipel).
INDE (Bois d'). *Voyez* CAMPÊCHE (Bois de).
INDE (Canne d'). *Voyez* BALISIER.
INDE (Coq d'). *Voyez* DINDON.
INDE (Établissements français dans l'). *Voyez* CHANDERNAGOR, KARIKAL, MAHÉ, PONDICHÉRY, YANAON et INDES ORIENTALES.
INDE (Œillet, Rose d'). *Voyez* ŒILLET D'INDE.

INDÉCENCE, INDÉCENT. Le mot *indécence* comprend toute action, tout geste, tout propos, blessant les convenances ou la pudeur, toute représentation de scènes déshonnêtes et obscènes. Ce n'est qu'à mesure que les mœurs se sont épurées, que les sociétés ont classé parmi les *indécences* ce qu'auparavant elles regardaient comme très-naturel et très-licite. En ce qui touchait surtout à la lubricité, les anciens portaient l'indécence au suprême degré. Leurs peintures que les siècles nous ont conservées, leurs vases, leurs mœurs, leur langue même, en sont autant de témoignages. Les débauches les plus infâmes, les orgies les plus ordurièrement luxurieuses des empereurs romains, n'ont-elles pas été coulées en bronze et transmises à l'exécration des peuples par les fameuses *médailles spintriennes* ? La France du moyen-âge, elle-même, malgré la pureté et la simplicité de ses mœurs, admettait d'étranges indécences. Les gâteaux, les pâtisseries affectaient alors souvent la forme des parties naturelles des deux sexes, et la pudeur des damoiselles du quatorzième siècle ne s'en alarmait pas.

Il est toutefois beaucoup de choses indécentes sans être impudiques. Citons, entre autres, chez nous, ces luttes d'avocats s'emportant outre mesure, se menaçant du poing, allant jusqu'à s'invectiver, spectacle qu'offrent encore certains barreaux de province, et qui à Paris soulèveraient de dégoût juges et assistants. Et les mœurs parlementaires donc de nos bons voisins d'outre-Manche, siégeant au milieu des tables, des bouteilles, des verres, du grog, du porter, du punch, etc., etc.! Et le pugilat permanent des chambres législatives des États de l'Union! Que d'indécences qui ne sont pas impudiques!

INDÉCLINABLE, terme de grammaire, désignant des espèces de mots qui en toute langue gardent une forme immuable, parce que l'idée principale dont ils sont l'expression conserve toujours et partout le même aspect. Dans cette classe figurent naturellement les prépositions, les adverbes, les conjonctions et les interjections. Tandis que les autres mots varient sans cesse, suivant leurs fonctions, selon la place qu'ils occupent, ceux-ci, constamment semblables à eux-mêmes, n'éprouvent aucun changement, aucune modification. Pour distinguer les mots déclinables de ceux qui ne le sont pas, il suffit d'examiner les définitions des parties du discours, et de séparer ensuite celles qui ont plusieurs fonctions, de celles qui n'en ont qu'une : ainsi, le nom, le pronom, l'article, l'adjectif, le verbe, ayant à faire face à un grand nombre d'objets divers, revêtent forcément une forme nouvelle chaque fois qu'on les met en œuvre. Il n'en est pas de même des mots compris dans la dénomination générale de particules, lesquels ne sont chargés que d'une fonction unique : la préposition indique un rapport entre deux noms; l'adverbe, une modification du verbe; la conjonction unit les phrases; l'interjection peint un mouvement de l'âme. Pour se borner à la théorie des *indéclinables*, dans notre langue particulièrement (*voyez* DÉCLINAISON). CHAMPAGNAC.

INDÉFINI se dit en mathématiques de toute grandeur dont les limites ne sont pas déterminées. « La seule différence entre *infini* et *indéfini*, dit D'Alembert, que dans l'idée d'*infini* on fait abstraction de toutes bornes, et que dans celle d'*indéfini*, on fait abstraction de telle ou telle borne en particulier. La *ligne indéfinie* est celle qu'on suppose se terminer où l'on voudra, sans que sa longueur ni par conséquent ses bornes soient fixées. »

INDÉHISCENT. *Voyez* DÉHISCENCE.

INDELTA. *Voyez* COLONIES MILITAIRES.

INDEMNITÉ. On nomme ainsi ce qui est accordé à titre de réparation d'un dommage causé par une personne à une autre (*voyez* DOMMAGES-INTÉRÊTS). Une indemnité ne peut résulter que d'une convention ou d'une disposition de la loi, comme celle que dans certains cas le pupille peut réclamer de son tuteur officieux, le mineur de son tuteur; celle qui est due par un époux envers l'autre, celle qui est due au gérant des affaires d'autrui, celle que l'on doit payer au propriétaire dont l'immeuble subit l'expropriation pour cause d'utilité publique, etc. L'indemnité payée sous la Restauration aux victimes de l'émigration et des confiscations révolutionnaires a été diversement jugée comme acte politique.

Dans la jurisprudence féodale, on appelait *indemnité* un droit attribué aux seigneurs sur les établissements religieux situés dans le ressort de leur seigneurie, pour les dédommager des redevances qu'ils auraient pu recevoir ultérieurement à chaque mutation, si le fonds acquis fût resté dans le commerce.

INDÉPENDANCE. Toutes les définitions qu'on a pu donner de l'indépendance l'ont faite tellement semblable à la liberté, qu'il est permis de croire ces deux mots iden-tiques; il y a pourtant entre eux une certaine nuance. La liberté est le pouvoir de faire et de ne pas faire, mais il y a dans l'indépendance quelque chose de plus réfléchi, de moins instinctif; il y a une idée de volonté unie à une idée de pouvoir : l'homme libre est celui qui peut agir, faire, ne pas faire; l'homme indépendant, celui qui a la volonté de profiter de cette faculté, l'usage lui en fût-il même ravi momentanément. Un peuple est quelquefois indépendant par lui-même, bien que la liberté lui soit ravie par quelque oppression qu'il s'apprête à secouer; il peut également être libre et n'être pas indépendant, privé qu'il serait d'une direction et de lumières salutaires. Les États-Unis américains furent considérés comme indépendants du jour où ils commencèrent à secouer le joug de la Grande-Bretagne : la guerre qu'ils soutinrent pour amener une émancipation à laquelle tendaient tous leurs vœux et tous leurs efforts, fut appelée *guerre de l'indépendance*, car il y avait en eux la ferme volonté de conquérir une existence nationale. S'il ne se fût agi que de quelques franchises, de toutes les libertés qu'un peuple peut exiger d'un gouvernement, cette appellation eût été impropre : c'eût été la guerre de la liberté, comme celle des esclaves révoltés, réclamant de Rome, les armes à la main, leur affranchissement et l'amélioration de leur sort. On a aussi nommé *guerres d'indépendance* celles que soutinrent l'Espagne pour chasser les étrangers, les colonies espagnoles pour secouer le joug de la métropole, la Grèce pour s'affranchir de la domination turque, etc., etc.

Si des nations nous descendons aux corps politiques, la même vérité nous frappera : il est aisé d'établir qu'un sénat, un conseil législatif, un tribunal, peuvent être libres sans être indépendants, de même que souvent ils sont indépendants sans être libres.

L'indépendance de l'homme dans l'état de société est le résultat soit de son caractère, soit de sa position sociale : elle consiste à se passer de tout secours étranger, dans tous les cas possibles; à se mettre au-dessus de certains préjugés, de certaines nécessités, qu'un homme d'une trempe moins énergique, ou dominé par ses besoins, subirait machinalement. Celui qui peut se passer de tout le monde, aller où il lui plaît, vivre comme bon lui semble, refuser ce dont tous les autres hommes sont envieux, peut se proclamer indépendant, à la face de l'univers. L'homme de parti, fût-il dans cette position, ne peut se dire tel : les idées qu'il a embrassées le dominent trop exclusivement pour lui laisser cette liberté de volonté qui permet de revenir sur ses pas quand on le juge convenable. Pour les peuples, l'indépendance est la force nationale. Se régir comme bon leur semble, choisir le mode de gouvernement qui leur semble le meilleur, faire respecter leur nationalité par ceux de leurs voisins qui seraient tentés de la violer, voilà ce qui constitue leur indépendance. Napoléon GALLOIS.

INDÉPENDANTS. Au nombre des sectes religieuses que fit éclore le protestantisme, celle des indépendants n'est pas la moins célèbre. Sortis des *presbytériens*, dont les distinguaient leur amour pour une réforme complète et leur dessein d'établir un gouvernement démocratique, ils en étaient encore distincts par le peu de sévérité de leur doctrine religieuse. D'après eux, chaque église, ou congrégation particulière, devait posséder en elle-même, radicalement et essentiellement, tout ce qui lui était nécessaire pour sa conduite et son gouvernement; elle avait sur ce point toute puissance ecclésiastique et toute juridiction; elle n'était sujette ni à une ni à plusieurs églises, ni à leurs députés ni à leurs synodes, ni à aucun évêque. Les résolutions des synodes leur semblaient ne devoir être considérées que comme des conseils d'hommes sages et prudents, dont on pouvait tenir compte sans être contraint d'y déférer; ils admettaient également qu'une église pouvait en aider une autre de ses secours, de ses conseils, la reprendre même si elle péchait; mais ils ne lui reconnaissaient pas le droit de s'attribuer une autorité supérieure sur elle, et de l'excommunier. Les *indépendants* faisaient donc profession de ne reconnaître aucune supériorité ecclésiastique; leur répugnance pour la dépendance n'était pas moins grande en politique. Aussi, lors des troubles qui, en Angleterre, amenèrent la mort de Charles I*r, tout ce qui était ennemi de la royauté, toutes les sectes opposées à l'Église anglicane, se réunirent-elles à eux, et ils puisèrent dans cette union une grande force (*voyez* CROMWELL). Les indépendants ne différaient des presbytériens que sur des questions de discipline. Quant à ceux qu'on a nommés *faux-indépendants*, c'étaient pour la plupart des hommes sans foi religieuse, sortis des rangs des anabaptistes, des sociniens, des familiaristes, des antinomes, des libertins, et autres hérétiques.

L'*indépendantisme* n'a pris racine qu'en Angleterre et en Hollande (*voyez* BROWNISTES); mais il a été importé dans quelques colonies de la Grande-Bretagne. Un de ses sectaires, du nom de Morel, tenta infructueusement de le naturaliser en France, vers le milieu du dix-septième siècle. Les agitations politiques auxquelles ont pris part ces novateurs les signalent à l'histoire; le calme semble avoir été pour ces hommes, d'un puritanisme turbulent et sans mesure, ce qu'il est pour tous les hommes révolutionnaires, le signal de leur décadence.

INDES (Compagnie des). *Voyez* INDES ORIENTALES (Compagnie des).

INDES (Mer des) ou OCÉAN INDIEN. C'est le nom que l'on donne à l'une des cinq grandes mers de la terre, bornée au nord par l'Asie, au sud par la mer Glaciale du sud, à l'ouest par l'Afrique et le méridien de son extrémité méridionale, à l'est d'abord par une ligne tirée depuis le détroit de Fou-Kian, sur la côte orientale de la Chine, jusqu'au détroit de Torres, à l'extrémité nord de la Nouvelle-Hollande, et le méridien de son extrémité sud-ouest. Dans ces délimitations, qui embrassent aussi la mer des Indes orientales de l'Inde au delà du Gange, comprise parfois dans l'océan Pacifique, elle présente une superficie de 976,000 myriamètres carrés; elle a donc environ 272,000 myriamètres de moins que l'océan Atlantique et 2,076,000 myriamètres carrés de moins que le grand Océan; aussi lui refuse-t-on quelquefois ce nom d'océan, et ne la considère-t-on que comme une espèce de golfe, immense à la vérité, du grand Océan, situé entre l'Asie, l'Afrique et la Nouvelle-Hollande. La mer des Indes entoure toute la presqu'île orientale et est située sous la zone torride en même temps que sous la zone tempérée. C'est que par deux de ses échancrures dirigées vers le nord-ouest, qu'elle s'étend aussi dans la zone tempérée du nord jusqu'au 30e degré de latitude septentrionale. Le tropique méridional la divise en deux moitiés inégales; celle du nord, fermée de trois côtés par des masses de terre, forme trois grands golfes (la mer Rouge, le golfe Persique et le golfe du Bengale ou de l'Inde en deçà du Gange), et une mer intérieure remplie et bornée par un grand nombre d'îles, la mer des Îles des Indes orientales, appelée aussi *mer de l'Est* par les Anglais, avec les golfes de Siam et de Tong-King, et les innombrables détroits de l'archipel indien. Elle est donc très-riche en îles, et en outre le théâtre d'une navigation extrêmement animée. La moitié méridionale, au contraire, est ouverte de toutes parts, presque complètement dépourvue d'îles, et l'une des mers les moins fréquentées du globe. En raison de la nature peu attrayante et de l'état de civilisation de la plus grande partie de ses côtes, la mer des Indes a moins d'importance que l'océan Atlantique et que l'océan Pacifique; ce qui lui en donne, c'est qu'elle est la route par laquelle il faut nécessairement passer pour se rendre d'Europe aux Indes orientales ou en Chine; nécessité qui cessera d'exister le jour où le percement de l'isthme de Panama permettra de se rendre directement d'Europe aux régions orientales et méridionales de l'Asie.

Les courants de la mer des Indes dépendent dans sa partie septentrionale des vents, qui n'y sont pas les moussons ordinaires des autres océans, mais des modifications particulières à cette mer tropicale; ils dépendent notamment des moussons qui y soufflent périodiquement, et dont l'influence s'étend au delà de l'archipel indien jusque dans la partie occidentale de l'océan Pacifique. Au sud de l'équateur, elles perdent leur régularité, et à partir du 10e degré de latitude méridionale règne la mousson ordinaire avec le courant occidental et équatorial qui lui répond. Dans la zone tempérée du sud, un grand courant conduit du sud à l'Océan, plus près de la côte de la Nouvelle-Hollande; un autre descend vers la côte d'Afrique au sud, autour du cap de Bonne-Espérance. D'où il résulte qu'en se rendant dans l'Inde on navigue pendant la mousson occidentale plus près de l'Australie. Dans les eaux de l'Archipel indien on est obligé de changer de route presque chaque mois. Des côtes de la mer des Indes, il n'y a que celles du nord et du nord-est qui aient une configuration avantageuse; celles de l'est et de l'ouest sont uniformes, pauvres en échancrures et en ports, et généralement plates. Ses îles, à l'exception du grand Archipel indien et de Ceylan, se trouvent généralement situées dans sa moitié occidentale. On rencontre dans sa partie orientale une suite de bancs et de récifs dangereux, ainsi que quelques petites îles, telles que les îles des Cocos. Des îles qu'on y rencontre à l'ouest, la plus importante est Madagascar. Il faut ensuite citer l'île Maurice (jadis *Île de France*), la Réunion (jadis *Île Bourbon*), les Amirantes, les Séchelles, Socotora, les Maldives, et les îles Chagos.

INDES OCCIDENTALES. C'est le nom qu'on donne à l'archipel situé entre les deux moitiés continentales de l'Amérique, et qui, décrivant un grand arc dans la direction du sud-est au nord-est, forme à l'est la limite de la grande mer Intérieure de l'Amérique centrale. Tout cet archipel des Indes occidentales, qui s'étend entre le 10e et le 26e degrés de latitude septentrionale et le 42e et le 67e degré de longitude occidentale, depuis l'embouchure de l'Orénoque jusqu'à la presqu'île de la Floride et au Yucatán, est divisé en groupes d'îles de différentes grandeurs, en général de configuration oblongue, répondant à la direction des lignes auxquelles elles appartiennent. Ces groupes sont les petites Antilles, qui s'étendent dans la direction du sud au nord depuis l'embouchure de l'Orénoque jusqu'au 19e degré de latitude nord; les grandes Antilles, ou Porto-Rico, Haïti, la Jamaïque et Cuba, qui, partant de l'extrémité septentrionale des petites Antilles, se prolongent dans la direction du nord-ouest jusqu'à l'extrémité nord-est de la presqu'île de Yucatán; les îles Bahama ou Lucayes, qui s'étendent du nord de Haïti et dans la direction du nord-ouest jusqu'à la côte orientale de la Floride, dont les sépare le nouveau canal de Bahama. On divise aussi le groupe des petites Antilles en *Îles-du-Vent* et en *Îles-sous-le-Vent*. La superficie totale des îles des Indes occidentales est évaluée 3,250 myriamètres carrés, dont environ 2,900 pour les grandes Antilles et 350 pour les petites. Toutes les Antilles s'élèvent à une hauteur considérable au-dessus de la mer, de sorte qu'on peut les considérer comme les débris d'une chaîne de montagnes qui a disparu, ou peut-être avec plus de raison comme les fragments d'une chaîne qui ne s'est point encore complètement soulevée au-dessus des eaux. Les îles Bahama, au contraire, fort basses, ne se composent que de roches de corail.

Les montagnes les plus élevées de tout cet archipel se trouvent dans la partie occidentale de Haïti, dans la partie orientale de Cuba et dans la partie nord de la Jamaïque; mais on en citerait à peine une qui ait plus de 2,600 mètres d'altitude. Dans les petites Antilles, les plaines les plus vastes se rencontrent sur la rive orientale; ce qui n'est pas le cas dans les grandes Antilles. Dans le plus grand nombre de ces îles, les plateaux sont séparés de la plaine par des versants fort escarpés, à Haïti notamment. Les nombreuses baies qui échancrent leurs côtes offrent des ports sûrs. Les roches de corail et de madrépores, très-communes dans cette mer, ont plus contribué à la formation de ce monde insulaire qu'à celle des groupes d'îles situés dans l'océan Pacifique. Cuba, les Iles-Vierges et les Iles Bahama sont entourées d'énormes labyrinthes de corail, qui atteignent la surface de la mer et sont couverts de palmiers. Plusieurs de ces îles portent aussi des vestiges de formation volcanique. Toutes les îles des Indes occidentales jouissent à peu près du même climat. La saison chaude et humide (le printemps des Indes occidentales) commence en mai; le feuillage et les herbes prennent alors une couleur verte plus vive, et vers le milieu de ce mois la première pluie périodique tombe tous les jours vers midi. A quatorze jours de pluie succède un temps sec et constant, et l'été tropical apparaît alors dans toute sa magnificence. La chaleur est tempérée pendant presque toute l'année par les moussons de l'est et par les vents de mer, dont l'action est puissante dans la plupart de ces îles en raison de leur faible étendue. L'humidité continue souvent dans la période la plus chaude, de sorte que les habitants des îles vivent pour ainsi dire dans un bain de vapeur, et que le climat dans les basses plaines des côtes devient extrêmement malsain, surtout pour les Européens, à cause de la fièvre jaune et d'autres maladies particulières aux tropiques qu'il provoque. Un air plus tempéré et plus salubre règne dans les parties hautes des îles, et devient d'autant plus salubre qu'elles s'élèvent davantage. Dans la saison des grandes chaleurs, les nuits sont d'une incomparable beauté; la lune et les étoiles brillent alors d'un éclat dont on ne peut pas se faire une idée en Europe. Vers le milieu d'août, la chaleur devient intolérable, et les vents de mer cessent tout à fait de souffler. Les pluies d'automne deviennent générales en octobre; les nuages se dissolvent en torrents; tous les cours d'eau sortent de leur lit, et inondent les pays plats. D'août à octobre les îles sont sujettes aux orages, qui causent souvent d'effrayantes dévastations. Vers la fin de novembre commence la belle saison; le vent souffle alors du nord et du nord-est, et de décembre à mai dure le plus bel hiver de la terre. De terribles calamités auxquelles sont exposées les Indes occidentales, ce sont les ouragans et les tremblements de terre. On y retrouve d'ailleurs la richesse de végétation particulière au continent américain. L'Européen a su y réunir les produits de l'Orient à ceux de l'Occident. La plupart des plantations sont bordées d'orangers, de citronniers, de grenadiers et de figuiers; la plupart des arbres fruitiers de l'Europe réussissent dans les parties montagneuses, tandis que les plantes tropicales les plus magnifiques ornent les plaines. La principale richesse des habitants consiste dans les produits que donne la culture des plantes tropicales. La vanille ne croît à l'état sauvage que dans les forêts de la Jamaïque, l'aloès à Cuba et aux Iles Bahama. On rencontre l'indigo, le piment, le cacao, la noix de coco, le maïs, le tabac et le coton dans la plupart de ces îles. L'yam et la patate constituent la nourriture principale des nègres. L'arbre à pain a été introduit d'Otahïti à la Jamaïque. En fait de céréales, on ne cultive sur une large échelle que le maïs, et fort peu de froment; aussi est-on obligé d'en tirer du Canada et des États-Unis. Les grands moyens d'échange des Indes occidentales sont le sucre et le café. La canne à sucre y fut apportée des Canaries, au seizième siècle, par les Espagnols, et le caféier de l'Arabie, surtout par les Hollandais et les Français. On cultive beaucoup de coton dans les îles dont le sol est sec et pierreux, mais l'humidité rend souvent la culture incertaine. Lors de l'arrivée des Européens dans les Indes occidentales, il ne s'y trouvait qu'un petit nombre de quadrupèdes, et encore de l'espèce la plus petite, comme l'agouti, genre intermédiaire entre le lapin et le rat, le picari ou cochon du Mexique, l'armadille, l'opossum et de petites espèces de singes. Les scorpions, les serpents, les lézards y sont nombreux; mais on ne rencontre de vipères et de scorpions venimeux qu'à la Martinique et à Sainte-Lucie. Le vorace caïman habite les eaux stagnantes. On trouve de délicieuses tortues à la Jamaïque. Les oiseaux sont remarquables par les brillantes couleurs de leur plumage. Le perroquet et le colibri au plumage étincelant d'or animent les forêts; et d'innombrables oiseaux aquatiques peuplent les rivages. Tous les animaux domestiques ont été introduits d'Europe, le gros bétail et les chevaux notamment, qui réussissent parfaitement dans les îles, riches en herbages, où, comme dans les savanes de l'Amérique méridionale, ils errent en bandes nombreuses et presque à l'état de nature.

Les premières îles des Indes occidentales, Bahama, Cuba, Haïti et Porto-Rico furent successivement découvertes par Christophe Colomb, à partir de l'année 1492. Comme on pensa y avoir rencontré les Indes, à la recherche desquelles Colomb était parti, quand on reconnut qu'elles faisaient partie d'un monde tout nouveau, on leur donna ce nom d'Indes occidentales pour les distinguer des Indes orientales. Le nom d'Antilles fut donné aux deux principaux groupes d'îles des Indes occidentales, d'après une île imaginaire qu'on appelait *Antilla*. On y trouva deux races d'hommes différentes, les Caraïbes et les Arrowauks, à Cuba, à Haïti, à Porto-Rico, aux Iles Bahama et à la Jamaïque; les premiers, race belliqueuse, les seconds race douce et paisible, et diversifiés par des langues différentes. Il se peut que les Caraïbes aient exterminé les tribus faibles et pacifiques, de même qu'à leur tour ils furent exterminés par les Européens. Il n'en reste plus que quelques débris, à la Trinité et sur les côtes du continent américain, où ils furent transplantés par les Espagnols.

Ce fut à Cuba que les Espagnols fondèrent leurs premiers établissements; et ils en opprimèrent cruellement les habitants indigènes, en leur imposant des tributs en or et en coton. Le sol ne commença à être complétement réparti (*repartimientos*) entre les Européens qu'à partir de 1503. Cette organisation eut pour résultat, contrairement aux intentions du gouvernement espagnol, de réduire les indigènes en esclavage; mais l'extermination de la race primitive ne fut complète qu'au commencement du dix-septième siècle. La culture et la population diminuèrent, parce que les institutions despotiques du gouvernement espagnol étaient un obstacle au développement de toute force intérieure. Les gouverneurs d'îles étaient complètement indépendants du gouvernement. Le commerce fut aussi soumis de plus en plus à des entraves de tous genre. Aucun vaisseau d'une autre nation n'était admis dans les ports, et les colons ne pouvaient commercer qu'avec une seule ville de la mère patrie (ce fut d'abord Séville, puis à partir de 1720 Cadix). Plus tard encore, l'exportation des produits du sol fut limitée à ce que pouvaient charger certaines flottes déterminées. Avec un pareil état de choses, force fut à bon nombre de colons d'émigrer, et les îles se dépeuplèrent. Toutes les petites villes bâties sur les côtes furent détruites, dans le but d'empêcher la contrebande. La décadence croissante de l'Espagne amena une suite d'expéditions hostiles entreprises par les autres puissances maritimes; mais ce furent surtout les flibustiers qui, à partir de 1630, firent courir aux colonies les plus graves dangers; et ils finirent même par constituer une espèce d'État-pirate régulièrement organisé. Quand, au dix-septième siècle, les autres puissances européennes acquirent aussi des possessions dans les Indes occidentales, on comprit toujours davantage l'immense importance de cette partie de l'Amérique pour le commerce du monde. Depuis cette époque, et surtout vers le milieu du dix-huitième siècle, les colonies des Indes occidentales parvinrent à un remarquable degré de prospérité; mais alors les puissances maritimes se les disputèrent, et il en résulta souvent de longues et sanglantes guerres.

On évalue aujourd'hui le nombre des habitants des Indes occidentales, approximativement (à cause des renseignements fort peu certains qu'on possède sur la population réelle des colonies espagnoles et de Haïti) tantôt à environ 3,500,000, et tantôt à environ 3,800,000. En admettant que ce dernier chiffre fût exact, on y comprendrait 2,900,000 nègres et mulâtres, dont 500,000 environ, tous habitant les colonies hollandaises et espagnoles, sont esclaves. La population nègre, qui commença à se former lors de l'introduction des esclaves d'Afrique, vers 1511, se conserve toujours, indépendamment de sa propre multiplication, par l'introduction illégale d'esclaves noirs dans les colonies espagnoles. Dans les diverses colonies anglaises, l'esclavage est complétement aboli depuis 1834 (*voyez* ESCLAVAGE et TRAITE DES NÈGRES). Il l'est également à Haïti depuis sa révolution et dans les colonies danoises depuis 1847, de même que dans les colonies françaises depuis 1848. Il existe encore dans les autres colonies des Indes occidentales, où d'ailleurs l'on rencontre beaucoup de nègres affranchis et dans les forêts des nègres évadés, autrement dit aussi *marrons*. Tous ces nègres, à l'exception de ceux qui viennent d'être tout récemment importés d'Afrique, parlent un dialecte corrompu de la langue du peuple sous la domination duquel ils vivent.

Le nombre d'habitants d'origine européenne des Indes occidentales est estimé à 900,000. Parmi les peuples qui dominent dans ces différentes îles, les Espagnols sont les plus nombreux, environ 800,000; viennent ensuite les Anglais, 70,000; les Français 30,000, et près de 6,500 Hollandais, sans compter quelques Danois et Suédois. Les habitants des îles sont chrétiens, à l'exception des nègres non encore convertis. Dans les îles appartenant à l'Espagne, ils ont tous, il est vrai, reçu le baptême, mais ils n'en sont pas moins restés païens pour cela. Dans les colonies anglaises, hollandaises, et danoises, les missionnaires des frères Moraves et des Méthodistes ont beaucoup contribué, par leurs prédications et par les écoles qu'ils ont fondées, à la moralisation des Africains. Les habitants d'origine européenne participent généralement à la civilisation de leur mère patrie, quoique le résultat n'en soit qu'extérieur, leur activité intellectuelle étant concentrée sur des occupations toutes matérielles. Leurs principales occupations sont la culture des terres et le commerce des produits coloniaux. Il n'y a d'hommes de métiers que pour les besoins les plus indispensables. Tous les objets fabriqués et tous les articles de luxe viennent d'Europe.

A l'exception de Haïti, qui depuis 1844 comprend deux États et sur une superficie de 960 myriamètres carrés une population de 680,000 habitants (850,000 et même 900,000, suivant quelques auteurs), de l'île *Margarita*, dépendance de Venezuela, et qui avec quelques îlots voisins compte 21,000 habitants sur 16 myriam. carr. de superficie, toutes les autres îles des colonies appartiennent à six États européens.

Les *colonies espagnoles des Indes occidentales*, quoique n'étant plus aussi vastes qu'autrefois, sont toujours celles dont la superficie et la population sont le plus considérables; elles comprennent les îles de Cuba et de Porto-Rico, avec leurs dépendances, faisant ensemble 1,638 myr. car. avec une population de 1,650,000 habitants, dont 800,000 blancs, 355,000 hommes de couleur libres et environ 500,000 esclaves.

Les *colonies anglaises des Indes occidentales*, d'une superficie de 477 myr. car., avec 815,000 hab., dont environ 600,000 nègres, mulâtres et Koulis nouvellement introduits, se composent: 1° des îles Bahama; 2° de la Jamaïque; 3° des îles *Virgin-Corda*, *Tortola* et *Anegada*, appartenant aux îles Vierges dont le commerce de contrebande, d'une superficie de 8 myr. car., avec 9,000 habitants; 4° d'*Anguila* et de *Barbada* (4 myr. car. et 3,000 hab.); 5° de Saint-Kitts ou Saint-Christophe; 6° de Nevis ou Newis (8 kil. car., 10,200 hab., dont 1,100 blancs); 7° *Montferrat* (14 kil. car., 7,800 hab.); 8° d'Antigua; 9° de la Dominique; 10° de *Sainte-Lucie* (7 myr. carrés et 24,600 hab.); 11° de *Saint-Vincent* (4 myr. car., 28,000 hab.); 12° de la Barbade; 13° de la Grenade, avec les Grenadilles; 14° de Tobago; 15° de la Trinité, la plus grande des petites Antilles. De toutes les puissances européennes qui possèdent des établissements dans les Indes occidentales, l'Angleterre est celle qui prend le plus de soins pour que l'administration soit dirigée dans un esprit libéral et en même temps pour que ses possessions soient toujours en un état de défense convenable. Le gouverneur d'une île ou d'un groupe d'îles exerce le pouvoir exécutif au nom du souverain; mais partout il lui est adjoint un conseil de gouvernement, composé d'habitants de la colonie. Dans la plupart des colonies anglaises, il existe une assemblée législative divisée en chambre haute et chambre basse, la première composée d'un certain nombre de membres à la nomination de la couronne, la seconde de représentants élus par les provinces. La puissance judiciaire y est indépendante, et la justice est rendue par diverses cours.

Les *colonies françaises des Indes occidentales* comprennent une superficie de 34 myr. carr., avec 255,700 habitants, et se composent des grandes îles la Martinique et la Guadeloupe et de leurs dépendances, et des îles *Marie-Galante*, les *Saintes*, la *Désirade* et la partie nord de *Saint-Martin*, qui fut mise en culture en 1638 par des Français et des Hollandais, puis partagée dix ans plus tard.

Les *colonies hollandaises des Indes occidentales* présentent ensemble une superficie de 12 myr. car. avec 28,700 habitants, et se composent des îles : Curaçao, avec ses dépendances; Saint Eustache, qui n'est guère qu'un volcan éteint, d'environ 3 kil. car. de superficie, avec 1,853 hab., dont 1,100 esclaves, jadis d'une grande importance pour la contrebande, et que les Hollandais occupèrent en 1632; de la partie sud de l'île *Saint-Martin*, dont l'étendue totale est au plus de 14 kilom. carrés.

Les *colonies danoises des Indes occidentales*, d'une superficie totale de 5 myr. car., avec 39,614 hab. (recensement de 1851), pour la plus grande partie nègres libres, comprennent : 1° *Sainte-Croix* (3 myr. carr. et 23,720 hab.), qui fut occupée en 1645 par les flibustiers, puis enlevée aux Anglais par les Espagnols, lesquels la vendirent au Danemark en 1733. Elle est fertile et bien cultivée, riche surtout en sucre et a pour capitale et siège du gouvernement *Christianstadt*, avec un bon port, 8,256 habit., et plusieurs missions de Herrnhutes. 2° Saint-Thomas; 3° Saint-Jean et une partie de *l'île des Crabes* (7 kil. carr. et 2,228 hab.), deux établissements de missions, mais un port qui, de même que ceux de Saint-Thomas, est depuis 1815 ouvert comme port franc à toutes les nations.

La Suède ne possède que l'îlot de Saint-Barthélemy (5 kilom. car. et suivant d'autres 27 kil. carrés, avec 10,000 habitants). Consultez Montgomery Martin, *The History, geography and statistics of the West-Indies* (5 vol. Londres, 1835); Duperré, *Notices statistiques sur les colonies françaises* (4 vol., Paris, 1840).

INDES ORIENTALES. On comprend sous cette dénomination, et dans son sens le plus large, toutes les contrées de l'Asie situées au sud-est du plateau de l'Iran, au sud du plateau du Thibet et à l'ouest de la Chine, de même que les îles de l'océan Indien qui les entourent, et qu'on appelle aussi l'Archipel Indien ou Oriental. Appelées tout simplement *Inde* par les anciens, on leur donna ce nom d'*Indes orientales* pour les distinguer des îles de l'Amérique auxquelles Colomb avait donné le nom d'*Indes occidentales*. Ce territoire est divisé en *Inde en deçà du Gange*, *Inde au delà du Gange*, et *Iles des Indes orientales*.

L'Inde en deçà du Gange (ainsi appelée parce que le delta du Gange et du Brahmapoutra la sépare de l'Inde au delà du Gange, qui est la partie située par delà le Gange, qui est à bien dire *l'Inde orientale*), forme un carré irrégulier, dont les angles sont dirigés vers les quatre points cardinaux, tandis que ses côtés sont limités au nord-est par les monts Himalaya, au nord-ouest par l'Indus, derrière lequel s'élève abruptement le plateau du Khorassân, au sud-est par le golfe du Bengale, et au sud-ouest par la mer des Indes ou mer Persique. Ce carré, d'une superficie d'environ 46,000 myriamètres carrés, est divisé de nouveau, en raison de sa constitution physique même, en deux parties principales, formant de grands triangles inéaux et séparés par une ligne à peu près droite se dirigeant de l'est à l'ouest et parallèlement aux monts Vindhya, depuis l'embouchure du Gange jusqu'à celle de l'Indus, et auxquelles on donne les noms d'*Hindostan* et de *Dekan*.

L'*Hindostan*, c'est-à-dire le pays des Hindous, le plus septentrional de ces deux triangles, forme dans la plus grande partie de sa surface (qui est d'environ 28,000 myriamètres carrés) une immense vallée, qui ne prend le caractère de pays de montagnes que dans sa partie nord-est, laquelle forme le versant sud-ouest de l'Himalaya, et d'une manière moins marquée dans sa partie méridionale, laquelle forme le versant nord des monts Vindhya, qui la séparent du Dékan. Il ne se compose donc que d'une vaste plaine s'étendant des bouches du Gange à celles de l'Indus, et le long de ce fleuve, sur sa rive gauche, jusqu'aux régions nord-ouest de l'Himalaya. L'Hindostan comprend dès lors tout le bassin du Gange et la gauche du bassin de l'Indus, que ne sépare d'ailleurs pas une ligne de partage bien prononcée, de sorte que les contrées basses de l'Indus et du Gange forment une plaine non interrompue, une seule et même vallée, dont l'extrémité orientale est limitée par le Brahmapoutra, après que ce cours d'eau s'est frayé passage à travers les monts Himalaya. En revanche, ces deux bassins diffèrent essentiellement l'un de l'autre par la nature de leur sol. En effet, tandis que la plaine du Gange offre l'exemple d'une grande fertilité et d'un riche système d'irrigation, le sol arrosé par l'Indus et les affluents qu'il reçoit sur sa rive gauche est en général beaucoup plus pauvre; et ce n'est guère que dans le Pendjab qu'il est un peu mieux cultivé. Partout ailleurs on y rencontre de nombreuses parties sablonneuses et incultes, dont la plus étendue est le grand désert salé de Thurr, qui à l'est du territoire sujet aux inondations de l'Indus s'étend parallèlement au cours de ce fleuve et dans la direction du nord, avec une largeur moyenne de 15 à 30 myriamètres sur une longueur de 70 myriamètres au nord du Runn, abaissement marécageux du sol de 1,400 myriamètres carrés de superficie, situé au sud-est de l'embouchure de l'Indus.

Le *Dekan*, c'est-à-dire le pays situé à droite, et auquel on donnerait à plus juste titre le nom de presqu'île indienne et d'Inde en deçà du Gange, qui est rattaché par son côté septentrional à l'Hindostan, s'étend de là en forme de triangle jusqu'à ce qu'il se termine au sud en une pointe au sol bas et marécageux. Il comprend avec l'île de Ceylan, qui en fait partie, une surface d'environ 18,000 myriamètres carrés, et constitue un plateau dont une ceinture de montagnes. Les monts Vindhya, fort peu accessibles et par suite demeurés assez imparfaitement connus jusqu'à ce jour, en forment le rebord septentrional, le long des limites de l'Hindostan, base du triangle du Dekan; ils s'étendent depuis la presqu'île de Gouzourate, située au sud-est de l'embouchure de l'Indus, dans la direction de l'ouest à l'est, jusqu'aux pays où se trouvent placées les sources du Nerbudda, et delà envoient encore quelques ramifications peu élevées jusqu'au Gange inférieur. Ils se composent de plusieurs chaînes parallèles, qui ne se rattachent qu'à l'est, près des sources du Nerbudda, avec l'intérieur du Dekan, par des montagnes en forme de plateaux et hautes de 6 à 700 mètres; tandis qu'à l'ouest ils s'abaissent très-abruptement vers la vallée basse et profondément creusée du Nerbudda, qui, après avoir coulé dans la direction de l'est à l'ouest, va se jeter dans le golfe de Cambay. Sur le rebord du côté ouest et sud-est du triangle que forme le Dekan s'élèvent, au contraire, les Gates de l'ouest et de l'est, ainsi appelés des étroits défilés (*Gates*) par lesquels on traverse ces montagnes. Les Gates de l'ouest, séparés au nord par une solution de continuité de l'extrémité occidentale des monts Vindhya, commencent au sud des embouchures du Nerbudda et du Tapty placées précisément dans cette solution de continuité; ils se prolongent ensuite, couverts d'épaisses forêts, en formant une crête dont la hauteur varie entre 700 et 1,200 mètres avec des pics atteignant une altitude de 2,000 mètres, le long de la côte du Malabar, séparés de la mer seulement par une plaine étroite, jusqu'au onzième degré de latitude nord. La pente vers la côte est roide et escarpée; mais à l'est elle est douce et insensible. L'élévation du plateau intérieur peut être évaluée de 7 à 800 mètres. L'intérieur du Dekan n'est pas d'ailleurs un plateau proprement dit; mais sur sa base, qui est très-élevée, se trouvent quelques petites chaînes suivant diverses directions et atteignant, dit-on, une hauteur absolue de 14 à 1,500 mètres. Autant donc on trouve de difficultés à gravir la côte du Malabar, autant on la redescend sans peine et insensiblement du côté de l'est, jusqu'à ce qu'on atteigne les Ghattes ou Gates orientaux, dont le versant est conduit aux plaines de la côte de Cholomandel, vulgairement appelée Coromandel. Elles ne se composent que d'une suite de montagnes peu élevées, séparées par de nombreuses solutions de continuité, commençant sur la rive droite du Marrahaddi et longeant la côte de Coromandel à une distance de 10 myriamètres de la mer. Quoique s'élevant parfois à un maximum de 1,000 à 1,100 mètres, ce n'est que du côté de la côte qu'elles apparaissent à l'état de montagnes; car elles forment moins un soulèvement particulier du sol que le versant oriental de tout le plateau. Par 12° de latitude nord, les extrémités méridionales des Gattes de l'est et de l'ouest sont unies par la montagne des *Neil-Giri* ou Montagnes bleues, qui atteignent une altitude de 2,700 mètres. Au sud-est, cette montagne s'abaisse de la manière la plus soudaine et la plus abrupte, en formant un renfoncement appelé Gap, espèce de profonde crevasse jetée à travers la montagne, qui parcourt en forme de sinueuse vallée l'extrémité méridionale de la presqu'île, dans la direction de l'ouest à l'est et d'une mer à l'autre, et relie ainsi les côtes du Coromandel à celles du Malabar. Au sud du Gap, la montagne s'élève de nouveau abruptement, en formant une masse compacte de 2,300 mètres de hauteur, avec des pics plus élevés encore, et remplissant toute la partie occidentale de l'extrémité méridionale de la péninsule jusqu'au cap Comorin, qui en est le promontoire situé le plus au sud. A l'exception du Nerbudda et du Tapty, dont il a été fait mention plus haut, les grands cours d'eau du Dekan ont tous leurs sources au pied oriental des Gattes de l'ouest, parcourent tous en se dirigeant du nord-ouest au sud-est toute la largeur du plateau, trouvent ensuite passage à travers les Gattes de l'est, et constituent à leur embouchure dans le golfe du Bengale des dépressions de sol considérables, par exemple le Mahanaddy, le Godavery, le Kistna et le Cavery. La muraille de rochers escarpés des Gattes de l'ouest n'est, au contraire, franchie que par de petits cours d'eau, et la plupart en formant d'imposantes cataractes. Le système d'irrigation de tout ce plateau est d'ailleurs d'une richesse extrême ; aussi présente-t-il, en raison de l'heureuse nature de son sol, le développement de la plus luxuriante végétation, et n'y rencontre-t-on nulle part de steppes ni de landes.

En ce qui touche la constitution physique des Indes orientales comme du reste de l'Asie méridionale, il faut distinguer les vallées et les côtes, régions chaudes et humides, des pays de montagnes, où l'air est plus froid. Le climat des plaines de l'Hindostan et des basses vallées fluviales de l'Inde au delà du Gange, de même que de toutes les côtes basses et plates des Indes orientales, diffère donc complètement de celui des hautes terres des régions montagneuses, tant de celles des deux versants que de celles des îles et de celles de l'Himalaya. Ces basses régions sont caractérisées par tous les phénomènes physiques du monde des tropiques, par des chaleurs accablantes et par des pluies torrentielles. Mais si de ces profondes vallées on pénètre jusque dans la région des montagnes, l'air devient alors plus frais et plus sec, en même temps que disparaît le climat tropical proprement dit. Ceci est surtout vrai du plateau du Dekan, qui, comme celui du Mexique, jouit du plus délicieux climat. On n'y souffre ni de l'ardeur tropicale ni des froids et des neiges ; et il n'y a jamais que les pics les plus élevées des montagnes qui blanchissent en hiver. La rosée et la pluie y rafraîchissent l'atmosphère, et il y règne pour ainsi dire un printemps perpétuel. Les saisons et les climats de la partie sud des Indes orientales située en deçà du tropique du Cancer sont déterminés d'une manière remarquable par les moussons. Les moussons du sud-ouest apportent avec elles des brouillards, des ouragans et des pluies tropicales pour la côte occidentale de l'Inde en deçà du Gange, où les Gattes de l'ouest forment la ligne de partage de la température, en mettant obstacle à ce que les nuages apportés de la mer par les moussons aillent plus loin. Pendant qu'ils s'abattent sur la côte du Malabar, où la saison des pluies dure de mai à septembre, la côte opposée, celle du Coromandel, jouit de la belle saison sèche. Ce n'est que lentement que la masse des nuages parvient à franchir la haute muraille des Gattes de l'ouest, et alors commence la saison des pluies pour le plateau du Dekan. Enfin, quand finit la mousson du sud-ouest, après de furieuses tempêtes, accompagnement habituel de la transformation de cette mousson en mousson du nord-est, qui commence alors et chasse les nuages vers les côtes orientales de l'Inde en deçà du Gange, la saison des pluies commence pour la côte de Coromandel et y dure d'octobre à janvier; pendant qu'à son tour la côte du Malabar jouit de sa belle saison sèche, et que le plateau, où il n'y a point de saison régulière des pluies, est rafraîchi par quelques pluies légères. On observe les mêmes phénomènes pour l'arrivée des saisons dans l'Inde en deçà du Gange et dans les îles des Indes rientales. Il y a une différence non moins tranchée entre les climats dans les vallées et les plateaux des Indes orientales, que pour ce qui est de la vie animale et végétale.

Si l'on descend le versant méridional de l'Himalaya, on est subitement exposé à une tout autre nature. Du froid et de l'air pur d'une contrée alpestre on arrive tout à coup sous la chaleur tropicale et dans l'atmosphère humide du Bengale, contrée où les cours d'eau sont si vastes et si nombreux ; et des gracieuses forêts où dominent le bouleau, le pin, etc., on est transporté dans les forêts tropicales qui couvrent le pied de la montagne, ainsi que dans les bois de palmiers et de rosiers de l'Hindostan. Mais là où l'eau manque, on voit se produire, même dans les vallées de l'Hindostan, des steppes et des landes que dessèchent encore davantage des vents secs et brûlants. Il en est ainsi dans les plaines qui s'étendent le long de l'Indus et des affluents de sa rive gauche. En revanche, la végétation du Bengale, des vallées et des fertiles côtes des deux presqu'îles dont se composent les Indes orientales, de même que celle des îles qui en dépendent, placées sous l'influence du soleil des tropiques et de l'humidité de l'Océan, présente tout le caractère grandiose de celle du Brésil. On y trouve des arbres qui ont plus de 33 mètres de hauteur, des fougères de la taille de nos arbres forestiers, des herbes dont la tige comme celle du bambou, ressemble à des arbres creux, des forêts aussi diverses que riches en bois de sandal et d'ébène, bois de téak, dragonnières, palmiers de tous les genres et particulièrement dans certaines contrées, par exemple le palmier ombellifère, le palmier-chou et le palmier-sagou, dont les deux derniers servent de pâtes alimentaires ; et il en est de même du palmier à cocos. Sous ce rapport, le bananier et l'arbre à pain sont aussi d'une grande utilité. Mais ce qui distingue surtout les Indes orientales, c'est la diversité de leurs arbres et de leurs plantes aromatiques, qui y croissent sans aucune culture et en immenses quantités. On peut citer notamment le muscadier, le cannellier, le giroflier, en même temps que de nombreuses espèces de poivriers. On pent en dire autant du règne animal. Les forêts marécageuses situées au pied de l'Himalaya, sur les bords du Gange et au pied du plateau du Dekan, les taillis des forêts vierges de l'Inde au delà du Gange et des îles, de Ceylan notamment, et les immenses plantations du riz du Bengale, etc., servent de retraite à l'éléphant, qui est beaucoup plus beau et beaucoup plus grand qu'en Afrique, et qui, en raison de la facilité avec laquelle on l'apprivoise, est devenu un animal domestique d'une grande utilité dans toutes les Indes orientales. On trouve également dans ces forêts, indépendamment d'une foule d'espèces différentes de singes, le tigre royal, le lion, la panthère, le rhinocéros, des sangliers et des buffles de taille colossale, et d'autres bêtes sauvages qui l'emportent en ce qui est de la force et de la férocité sur les animaux analogues de l'Amérique, comme sous le rapport de la taille sur ceux de l'Afrique, en même temps que des serpents, des crocodiles et d'autres amphibies, qui ne le cèdent en rien, soit pour la force, soit pour l'énergie du venin, à ceux des régions tropicales de l'Amérique. Les céréales d'Europe et celles des tropiques réussissent également bien dans les parties cultivées de l'Hindostan, de même que le coton, le sucre, le café, l'indigo, etc., dont la culture devient de plus en plus exclusive dans les régions basses à mesure qu'on va plus avant vers le sud, et qui ont fait des îles des Indes orientales le pays producteur par excellence des denrées dites coloniales. Cependant, c'est le riz qui constitue encore l'objet alimentaire le plus répandu dans toutes Indes orientales, de même que c'est la plante la plus généralement cultivée dans les contrées basses. Dans les régions cultivées on trouve tous les animaux domestiques d'Europe, à l'exception du cheval, qui y est assez rare ; depuis longtemps le buffle et le chameau y sont devenus indigènes. A la différence des contrées basses, que nous avons eu jusqu'à présent occasion de caractériser, l'empreinte tropicale qu'y ont la végétation et le règne animal s'y affaiblit de plus en plus à mesure qu'on gravit le plateau. On y trouve des forêts de mangliers et de canelliers, le muscadier, le giroflier et l'arbre à pain. A une élévation de 350 à 500 mètres, le palmier à cocos disparaît ; à 1,000 mètres, le palmier en général, à l'exception du palmier ne s'élève guère au delà. En revanche, on y rencontre d'épaisses forêts d'arbres élevés, conservant pour la plupart constamment leur verdure, et la nature y déploie ses richesses les plus immenses et les plus variées. Ces hautes régions, d'ailleurs, ne se prêtent pas moins bien à la culture des plantes et des arbres aromatiques, le Dekan notamment. C'est là qu'on voit les céréales de l'Europe cultivées en même temps que le café et le coton, et les espèces de fruits les plus délicats à côté des fruits des tropiques.

En ce qui touche le nombre des habitants, on peut dire de l'Inde en deçà du Gange est un des pays les plus peuplés de l'Asie ; car sa population ne s'élève pas à moins de 152 millions d'âmes. Les Hindous proprement dits en forment la grande masse ; ils habitent surtout les plaines du Gange, et on les rencontre aussi sur les diverses côtes de la péninsule : mais dans ces différentes contrées, ils forment toujours des castes différant entre elles d'origine, de langage et de religion. A côté d'eux existent en outre une foule de peuplades tout aussi étrangères les unes aux autres, en ce qui est des usages, de la religion, de la langue et de la conformation physique, et vraisemblablement sont les derniers débris des anciens habitants primitifs, restés jusqu'à ce jour pur de tout mélange avec la race des envahisseurs et des conquérants. Ordinairement ils habitent les endroits les plus inaccessibles des montagnes et des forêts, tandis que les vallées et les plaines, surtout dans l'Hindostan, sont habitées par les Hindous proprement dits. Mais partout ces peuples de montagnes et de forêts, qu'il ne faut pas confondre avec les Hindous, plus sauvages et plus grossiers que ceux-ci, qui ont fondé dans les pays de plaines et sur les côtes une civilisation particulière, et sont ainsi devenus, à proprement parler, la nation civilisée de l'Asie méridionale. Parmi les plus remarquables de ces peuplades plus ou moins étrangères aux Hindous, dont venons de parler, nous citerons les Ramousis, fixés dans les Gattes, aux environs de Pounah ; les Pouharris, qui vivent de la chasse et de l'agriculture dans les sauvages contrées servant de frontières au Bengale, au Behar et au Gondwana; les Pau-

INDES ORIENTALES

lindas, race absolument indentique à celle des nègres, fixés aux sources du Nerbudda; les *Pindaries*, qui vivent adonnés au brigandage, dans les parties les plus inaccessibles des monts Vindhya, et qui ont embrassé l'islamisme; les *Bhils*, caste méprisée, qui vivent disséminés en hordes diverses et exercent généralement le brigandage dans les monts Malwas, dans le pays des Radjpoutes et dans le Gouzourate; les *Chonds* ou *Gonds*, qui forment la population autochthone au nord du pays des Mahrattes, et surtout dans le Gondwana, dont ils sont les habitants; les *Koles*, les *Kands* et les *Sours*, très-semblables à ces derniers et ayant vraisemblablement de grandes affinités d'origine, fixés dans les montagnes qui servent de limites à la province d'Orissa; les *Koulis*, établis sur la rive septentrionale du Godavery; les *Mianas*, peuples mahométans, qui habitent aujourd'hui paisiblement les environs de Koutsch; les *Wondas* et les *Singalais*, fixés dans l'île de *Ceylan*; enfin, un grand nombre de tribus réfugiées dans les monts Himalaya, par exemple les bouddhistes *Nirwaris*, dans le Népaul; les *Bhotijas*, dans le Bhotàn; les *Doms*, en tout semblables aux nègres, dans les montagnes de Kamaoun; les habitants de Bissahir, chez lesquels règne la polyandrie; les *Kanawaris*, peuplades agricoles, qui habitent le Setledge supérieur; les *Leptchas*, les *Mourmis*, les *Limbous*, etc., établis dans les régions montagneuses de l'Himalaya. Indépendamment de toutes ces populations autochthones de l'Inde, que souvent l'on confond sous la dénomination générique d'Hindous, il existe encore aux Indes orientales plusieurs peuplades qui y émigrèrent dans les temps historiques. En première ligne, il faut citer les *Mongoles*, descendants des Tatares mahométans, qu'on appelle les conquérants de l'Inde, généralement d'origine turco-persane, et qui de nos jours même ne connaissent pas d'autre langue que le persan. Plus vigoureux, plus grands, plus belliqueux que les Hindous, ils étaient devenus les maîtres du pays, et ils ont propagé l'islamisme même dans la population autochthone, avec laquelle ils se sont beaucoup mêlés. Après eux viennent les *Afghans* (*voyez* AFGHANISTAN), que la conquête a aussi mis en possession du territoire qu'ils habitent, et que dans les Indes orientales on appelle *Rohillas*, de même que les *Arabes* qui, mahométans comme eux, se trouvent dans les villes du Malabar, à Calicut, à Goa, à Gouzourate et dans le Moultân, et dont, les descendants, provenant de leur mélange avec les Hindous, sont appelés *Mapoulers* ou *Moplas*. Il faut encore mentionner les *Parsis* (*voyez* GUÈBRES) ainsi que les Juifs, qu'on prétend être arrivés dans l'Inde à l'époque de la captivité de Babylone, qu'on rencontre comme agriculteurs, ouvriers ou encore marchands dans diverses parties du Malabar, et qu'on appelle les *Juifs blancs*, pour les distinguer des *Juifs noirs*, qui, descendant peut-être d'indigènes convertis au judaïsme, sont aujourd'hui répandus dans toute la péninsule. Enfin, il ne faut pas non plus oublier les chrétiens qui résident dans l'Inde en deçà du Gange; ils se composent, en partie, de *chrétiens de saint Thomas* ou *Nestoriens*, au Malabar; de prosélytes indiens-catholiques, dans les colonies françaises et portugaises; et de protestants, le plus généralement au Malabar; mais ils ne forment guère ensemble qu'un total de 1,100,000 âmes, y compris les *Arméniens* (*voyez* ARMÉNIE), qui vivent dans le pays comme marchands, un petit nombre d'*Abyssins* (*voyez* ABYSSINIE), et les Européens établis dans l'Inde.

En ce qui est de la civilisation de l'Inde en deçà du Gange, il est tout naturel, en raison de la diversité infinie des peuples qui l'habitent, qu'elle diffère extrêmement selon les lieux et les races. S'il s'agit de la civilisation des Hindous, la plus répandue de ces races, voici ce qu'on en peut dire d'une manière générale : toute la civilisation des Hindous, tout leur état social et moral, leur littérature, leur importance est extrême (*voyez* INDIENNES [Langue et Littérature], leurs beaux arts (*voyez* INDIENNES [Peinture, Sculpture, architecture]), reposent sur leur religion, et se sont développés de la manière la plus intime avec elle (*voyez* IN-

DIENNE [Religion]). Cependant le culte de Brahma n'est nullement la religion unique de tous les peuples hindous, généralement parlant, puisqu'il en est beaucoup qui ont conservé leurs antiques religions primitives, la plupart de nature polythéiste. Il ne domine, au contraire, que parmi les populations des contrées les plus accessibles, et surtout des villes; mais là même il se présente avec les différences les plus tranchées; car le nombre des sectes qu'il compte dans son sein est très-considérable. D'autres peuples hindous, par exemple à Ceylan et dans l'Himalaya, pratiquent le bouddhisme (*voyez* BOUDDHA). En outre, un grand nombre d'Hindous placés sous la domination tatare ont été contraints d'embrasser l'islamisme, qui, après le brahmanisme, est la religion la plus répandue dans l'Inde en deçà du Gange. On calcule qu'il est professé par un huitième de la population totale. C'est ainsi que l'Hindou, race douce, timide et raffinée, vit après mille années environ d'esclavage sous la domination de conquérants étrangers, qui sans doute ont réussi à l'amollir, à le rendre indolent et rampant, mais qui n'ont pu lui enlever le sentiment de sa dignité intellectuelle; conservant, au milieu des ruines de son antique civilisation et de sa gloire passée, son antique foi avec une persévérance qui étonne l'observateur; menant une vie contemplative, végétative, toute dans les domaines de l'imagination, qui le rend grand dans la souffrance et la constance, mais qui lui enlève aussi tout espoir de parvenir jamais à briser lui-même ses fers. Que si en effet on a vu de nos jours quelques individualités, s'élevant au-dessus de leur nation, s'efforcer d'acquérir la civilisation plus parfaite des Européens et travailler à la résurrection de leur nationalité, les masses n'en demeurent pas moins dans leur ancien état sous leur antique esclavage, fidèles à leurs antiques superstitions et à leurs vieilles idolâtries. Il ne faut donc pas s'étonner que le christianisme n'ait jusqu'à ce jour fait que si peu de progrès parmi eux; et il est probable qu'il n'en fera pas davantage tant que le mode d'activité employé jusque ici par les missionnaires restera le même. Il est plutôt permis d'espérer que la puissance générale et profonde de l'influence chrétienne et des mœurs européennes exercera à la longue une influence dissolvante sur l'opinion, le système de la division en castes, de l'antique religion et de l'antique civilisation hindoues.

La civilisation industrielle de l'Inde en deçà du Gange est tout aussi ancienne que sa civilisation intellectuelle, bien que toutes ses populations n'y participent point indistinctement. Il en est beaucoup, surtout celles qui sont demeurées à l'état sauvage, dans les régions montagneuses, qui vivent encore tout à fait à l'état de nature, comme pasteurs, comme chasseurs ou comme brigands, ne pratiquant point l'agriculture, et quelquefois même ne donnant aucun soin à l'élève du bétail. En revanche, les Hindous proprement dits, dans les anciennes contrées cultivées des bords du Gange, du Pendjab, du Kaschmir, des côtes de la presqu'île et de Ceylan, n'ont pas seulement porté la culture du sol, mais aussi les différents métiers techniques à un degré de perfection qui sous beaucoup de rapports a servi de modèle aux nations plus jeunes de l'ancien monde. L'incomparable richesse de produits de leur sol de même que leur industrie ont donc fait de bonne heure du pays qu'ils habitent l'une des plus riches contrées de la terre. Les guerres dévastatrices, survenues dans l'intérieur qu'à l'extérieur, qui depuis près de mille ans sans interruption ont affligé et ravagé l'Inde en deçà du Gange ont insensiblement fait déchoir son agriculture et surtout son industrie de leur antique prospérité; l'emploi des machines et l'écrasante concurrence des manufactures anglaises leur ont porté le coup de grâce, quoique dans ces derniers temps l'Angleterre, n'obéissant en cela qu'à ses intérêts, ait beaucoup fait pour y ranimer l'agriculture. Néanmoins, comme on a pu s'en convaincre lors de l'*Exposition universelle* de Londres, ce pays conserve encore de brillants débris de son antique activité industrielle; et il fournit aujourd'hui, dans des proportions toujours croissantes, une incalculable quantité de produits naturels, dont l'exportation va chaque jours en augmentant. Parmi les plus remarquables de ces produits, il faut mentionner le riz et les autres espèces de céréales, le coton, l'indigo, l'opium, le sucre, le tabac, le café, le thé dans l'Assam, le poivre, la cannelle à Ceylan, et divers autres aromates et épices, des bois précieux, de la soie, du fer dans le Koutsh, des diamants à Golconde et dans le Bundelkhound, des chameaux, des éléphants et autres animaux domestiques, parmi lesquels la chèvre de Kaschmir est d'une haute importance. En raison de cette immense richesse de produits, le commerce d'exportation l'emporte naturellement de beaucoup sur le commerce d'importation. En 1848-1850 la masse totale des exportations pour l'Angleterre et les autres pays de la terre s'éleva, d'après les rapports officiels de l'*India-House*, à environ 450 millions de francs, tandis que les importations n'atteignirent guère que le chiffre de 330 millions. En fait de produits d'art, on peut citer les tissus de coton de Dacca, Madras, Surate, Lahore, Amritsir, etc., les tissus de soie de Mourschedabad, Bénarès, Surate, Moultân, etc., les tissus de laine de Lahore et de Kaschmir, leurs mousselines, leurs draps de soie, leurs châles et leurs tapis, pour l'excellence et la finesse de la fabrication, pour l'éclat des couleurs; et qui, bien que d'un prix assez élevé et de mauvais goût, n'en conservent pas moins toujours leur vieille réputation; en outre, les armuriers, qui, habiles à fabriquer l'acier et travaillant le fer d'une manière toute-particulière, livrent à la consommation une foule d'articles d'excellente qualité. On explore aujourd'hui le pays dans toutes les directions, afin d'y découvrir de nouvelles ressources, de nouveaux objets d'exportation et ajouter à la masse de ceux qu'on possède déjà. Ce que nous disons là s'applique surtout aux cotons et aux laines.

Au point de vue politique, l'Inde en deçà du Gange se divise en pays placés immédiatement sous la domination européenne, en contrées qui en relèvent indirectement, et en États protégés ou tenus à l'état de vasselage par les Européens.

Les possessions immédiates de l'Angleterre, ou l'*empire Indo-britannique*, sont divisées en quatre gouvernements vulgairement appelés *présidences*, à savoir : 1° le Bengale, chef-lieu Calcutta; 2° les provinces du nord-ouest, placées sous les ordres d'un vice-gouverneur, nommé par le gouverneur général, chef-lieu Agra; 3° Madras, et 4° Bombay, avec les villes du même nom pour chefs-lieux. Quelques contrées, telles que le Pendjab et les *Eastern straits settlements* (établissements situés dans les eaux de l'est), Pinang, la province de Wellesley, Singapore et Malacca, sont placées sous l'autorité immédiate du gouverneur général. Les États relevant indirectement de la puissance anglaise diffèrent suivant les engagements réciproquement pris et les traités. Tantôt ces États, tenus à titre de fiefs, ne sont pas astreints à d'autre obligation que celle de ne pas admettre à leur service des Européens et des Américains, et aussi d'y laisser séjourner des résidents anglais; tantôt ils sont tenus de recevoir des garnisons anglaises et d'acquitter certaines charges féodales; d'autres fois ils doivent se soumettre à toute espèce d'intervention dans leur administration intérieure et obéir aveuglément aux ordres du gouverneur général. Mais là où des traités de ce genre n'existent point, les autorités anglaises disposent au besoin et sans conditions de toutes les ressources du pays. Elles peuvent même supprimer l'indépendance nominale de ces États et les incorporer purement et simplement au reste des possessions britanniques, comme cela est déjà arrivé et comme très-certainement cela arrivera encore plus d'une fois. En revanche, l'Angleterre a pris l'engagement de *protéger* et *défendre* ses vassaux contre leurs ennemis, tant intérieurs qu'extérieurs, et de leur garantir la paisible jouissance des *droits* qui leur sont reconnus.

On évalue la superficie de la présidence du Bengale et de celle d'Agra à environ 11,800 myriamètres carrés, avec 74 millions d'habitants; celle de la présidence de Madras, à 4,800 myriamètres carrés, avec 16 millions d'habitants; et celle de la présidence de Bombay, à 2,700 myriamètres, carrés avec 10, 500,000 habitants. Il faut y ajouter, dans l'Inde au delà du Gange, *Assam* (600 myr. carr. et 102,509 hab.), *Iynteah* et *Cachar* (324 myr. car. et 340,000 hab.), *Arakan* (535 myr. car. et 230,000 habitants), la côte de *Tenasserim*, *Martaban*, *Tavoy*, etc. (1,055 myr. car. et 850,000 hab.), et depuis le 20 décembre 1852 le *Pégu* (population, 1 million d'âmes). Les établissements du détroit de *Malakka* contiennent, sur une superficie de 52 myriamètres carrés, une population de 300,000 âmes. L'île de Ceylan est une possession immédiate de la couronne, de 800 myriamètres carrés de superficie, avec 1,500,000 habitants. Parmi les États et les princes réduits à l'état de vasselage qui reconnaissaient en 1853 les droits de souveraineté de la Compagnie des Indes orientales (représentant ensemble une superficie d'environ 545,000 kilomètres carrés, avec une population totale de 43,707,189 habitants et 10,279,000 liv. st. de revenu), les suivants se trouvaient placés directement sous les ordres du gouverneur général : le *Nepaul* (environ 54,500 kil. car., avec 1,940,000 hab. et 320,000 liv. st. de revenu) ; *Aoudh* (23,700 kil. car.; 5 millions d'habitants, 1,500,000 liv. st. de revenu); le *Nizam d'Hyderabad* (95,000 kil. car., 10,066,000 hab. et 2 millions st. de revenu); l'*Indépendance de Berar* (76,000 kil. car., 4,650,000 hab., 500,000 liv. st. de revenu); *Scindiah* ou *Gwalior* (33,000 kil. car., 3,228,000 hab., 800,000 liv. st. de revenu); *Bopal* (6,764 kil. car., 663,656 hab., 220,000 liv. st. de revenu); *Holkar* (8,300 kil. car., 815,000 hab.; 220,000 liv. st. de revenu); *Golab-Singh* (25,123 kil. car., 750,000 hab., 400,000 livres st. de revenu); *Bhawalpour* (4,200 myr. car., 500,000 hab., 140,000 liv. st. de revenu); *Mysore* (3,000 myr. car., 3 millions d'hab., 800,000 liv. st.) les trente quatre principautés du *Bundelkhund* (1,000 myr. carr., 1,032,000 hab., 300,000 liv. st. de revenu); les sept principautés des districts de Saougor et de *Nerbudda* (12,000 kilom. car., 1,560,000 hab., 300,000 liv. st. de revenu); les onze principautés dépendant du résident anglais à *Indore* (8,000 kil. car., 751,738 hab., 300,000 liv. st. de revenu); les neuf principautés de l'État de la Djamna, comme *Bhourtpore*, *Bikanir*, *Joussoulmeer*, etc. (4,150 myr. car., 2,525,000 hab., 800,000 liv. st. de revenu); les dix principautés des *Radjpoutes* et leurs arrières-vassaux (7,860 myr. car., 6,259,000 hab., 1,680,000 liv. st. de revenu); enfin, les neuf principautés ou fiefs des *Sikhs* (4,700 myr. car., 1,005,000 hab., 350,000 liv. st. de revenu. On a subordonné au gouvernement du Bengale les vingt comtés situés sur la frontière du sud-ouest (2,500 myr. car., 1,245,000 liv. st. de revenu), et les trente-un comtés de la frontière nord-est du Bengale (4,200 myr. car., 1,036,000 hab., 300,000 liv. st. de revenu); ensuite, au gouvernement d'Agra : *Rampore* (400 myr. car., 320,000 hab., 1,100,000 liv. st. de revenu), et les sept comtés de *Delhy* (788 myr. car., 800,000 liv. st. de revenu); au gouvernement de Madras : *Travancore* (2,300 myr. car., 1,011,824 habit., 300,000 liv. st. de revenu); *Cochin* (1,396 myr. car., 288,000 hab., 70,000 liv. st. de revenu) et les *Semindars* de la montagne (7,200 myr. car., 391,230 hab., 100,000 liv. st. de revenu); enfin, au gouvernement de Bombay : *Guicowar* (3,000 myr. car., 325,525 hab.), plus ses vassaux (2,156 myr. car., 2,114,846 hab.), ensemble avec 800,000 liv. st. de revenu; d'autres petits comtés (2,225 myr. car., 244,000 hab., 100,000 liv. st. de revenu); *Cutsch* (4,560 myr. car., 500,000 hab., 1,000,000 liv. st. de revenu); *Kolapore* (2,400 myr. car., 500,000 hab., 160,000 liv st. de revenu); *Sawantvarry* (560 myr. car., 120,000 hab., 30,000 liv. st. de revenu), et divers autres fiefs ou *Jagirdars* (ensemble 2,650 myr. car., 420,000 hab., 150,000 liv. st. de revenu). Tous ces États tributaires présentent donc une superficie de 69,547 myr. car., avec 52,941,232 hab. et 13 millions st. de revenu,

Mais sur cette somme il y a peine 600,000 liv. st. qui entrent dans les coffres des grands feudataires, et le reste est versé pour les besoins de l'armée dans les caisses britanniques. D'autres princes dépossédés de leurs droits de souveraineté reçoivent des pensions s'élevant ensemble à 1,406,284 liv. st.

Les *présidences* sont subdivisées en arrondissements d'une superficie variant entre 3,000 et 6,000 kilomètres environ, avec une population de 500,000 à 1,000 000 d'âmes, placée sous les ordres de fonctionnaires cumulant les fonctions de directeurs de la police et de collecteurs des taxes. L'administration de la justice est confiée à des tribunaux spéciaux : toutefois, en beaucoup d'endroits les collecteurs d'impôts sont en même temps investis de fonctions judiciaires. Un certain nombre d'assistants, les uns en service ordinaire avec des droits déterminés, les autres simples employés (*covenanted* et *uncovenanted service*), sont adjoints aux fonctionnaires et aux juges. Ces derniers sont ordinairement des indigènes, dont les pouvoirs sont essentiellement révocables. Les employés inférieurs reçoivent un traitement variant entre 10 et 300 liv. st. par an, et ceux de la dernière catégorie ne sont guère mieux rétribués que de simples ouvriers. Le nombre en est d'environ 2,000, et dans le nombre il s'en trouve qui reçoivent des émoluments allant de 800 à 1,000 livres st.; mais les fonctions ainsi rétribuées sont rarement confiées à des indigènes. Des fils d'officiers, des aventuriers anglais, des négociants faillis et autres individus de cette espèce, tel est le personnel dans les rangs desquels se recrute l'administration, qui les préfère à des indigènes même capables et jouissant d'une réputation sans tache. Néanmoins, ces employés-là exercent une influence plus réelle que les fonctionnaires investis de droits déterminés; seuls ils sont chargés du recouvrement des droits de douane et de toutes les affaires relatives au monopole du sel et de l'opium. Les traitements attribués aux fonctionnaires de première classe, exclusivement choisis parmi les Anglais, sont beaucoup plus élevés, et ne sauraient se comparer à ceux qu'on alloue en Europe pour des fonctions analogues. Ainsi, le gouverneur général reçoit un traitement de 25, 000 liv. st. (625,000 fr.); les vice-gouverneurs de Bombay et de Madras, chacun 12,000, liv. st; et celui d'Agra 8,400 liv. st.; chacun des sénateurs à Calcutta, 10,000 liv. st., à Madras et à Bombay, 6,200 liv. st. En 1828, lord W. Bentinck fut chargé du gouvernement général des Indes orientales, à la condition qu'il mettrait un terme au désordre des finances et établirait l'équilibre entre les dépenses et les recettes. Non-seulement il s'acquitta de sa mission, mais encore, à son départ de l'Inde (1835), le budget se soldait par un excédant considérable; et il en fut de même pendant les douze années suivantes. L'abîme du déficit se rouvrit lors des préparatifs faits pour la guerre contre les Afghans (1838-1839), et il en fut ainsi de tous les budgets jusqu'à l'exercice 1849-1850. Dans cette dernière année la recette brute (non compris le Pendjab, qui a son budget à part) s'éleva à 27,757,853 liv. st.; et le revenu net à 21,686,172 liv. st.; la dépense, à 20,621,326 liv. st., laissant un excédant de 1,064,846 liv. st. de 1830 à 1850, l'excédant net fut de 2,903,338 liv. st., et le déficit net de 13,171,096 liv. st. Les recettes du Pendjab pour l'exercice 1850-1851 s'élevèrent à 1,849,453 liv. st., et les dépenses à 490,013 liv. st.; de sorte qu'il restait un excédant de 1,359,490 liv. st. pour l'armée et comme subvention au trésor de l'empire indo-britannique. Dans la dernière année, où le budget se solda par un excédant de recettes, la dette publique de l'Inde était évaluée à 30,448,249 liv. st. Depuis lors, elle n'a fait que s'accroître, parce que le gouvernement indo-britannique s'est vu forcé de payer lui-même les frais de ses conquêtes et de ses agrandissements de territoire. En 1850 elle s'élevait à 51,071,710 liv. st., dont le service des intérêts occasionnait une dépense de 2, 430,535 liv. st. par an. Les contributions foncières et les impôts de consommation entrent pour deux cinquièmes dans les revenus publics; un septième provient de l'opium, dont le produit est sujet d'ailleurs à beaucoup de vicissitudes, et un neuvième du monopole du sel. Les dépenses faites pour l'entretien de l'armée, qui, d'après les états officiels de l'année 1851, présentait un effectif de 289,529 hommes sous les armes, dont 49,408 européens, absorbaient 56 p. 100 de la recette; la marine, qui compte 36 bâtiments, dont 27 vapeurs, jaugeant ensemble environ 18,000 tonneaux, n'en absorbait que 2 p. 100. Les dépenses du gouvernement, les frais de l'administration civile et judiciaire, d'entretien et de construction de routes et de canaux, le service des postes et celui de la monnaie, y compris même les frais faits pour le Sindh et d'autres dépenses extraordinaires, ne montaient qu'à 24 1/2 p. 100 de la recette, et coûtaient par conséquent moitié moins que l'armée. Les intérêts de la dette publique, les dividendes des actions, puis les dépenses occasionnées par le gouvernement de l'Inde et par les diverses institutions relatives à l'Inde existant en Angleterre, absorbaient 17 p. 100. On voit dès lors combien minime est la somme que le gouvernement peut consacrer à l'amélioration physique et intellectuelle des populations de l'Inde, et que sous un pareil état de choses, en dépit de toutes les missions et de toutes les écoles de missionnaires, elles doivent aller en se démoralisant toujours davantage.

Histoire.

L'histoire ancienne de l'Inde en deçà du Gange est complètement mythique et obscure, car la littérature sanscrite est extrêmement pauvre en ouvrages historiques, ou plutôt n'en possède pas du tout, tous les ouvrages du genre des chroniques, etc., ayant un caractère essentiellement mythique, et étant même plutôt de la poésie que de l'histoire. Tout ce que nous savons de l'histoire primitive de l'Inde se borne donc à des situations, à des résultats que nous ne constatons que par induction. Un fait qui se présente tout d'abord à nos regards avec tous les caractères de la plus irrécusable vérité, c'est que la plus ancienne civilisation de l'Inde fut le produit de la conquête. En effet, à une époque extrêmement reculée, peut-être bien 2,000 ans av. J.-C., des conquérants de race caucasienne, et d'une civilisation beaucoup plus avancée, descendirent du sommet des hautes montagnes qui entourent l'Inde à au nord dans les contrées basses, où ils subjuguèrent les hordes d'habitants autochthones en les faisant participer à leur civilisation. C'est du mélange de ces deux races différentes, encore bien qu'il ait pu ne pas être complet, que provient le peuple hindou actuel, avec sa division en castes; que c'est de la civilisation plus avancée de la nation conquérante que sortirent la religion, la moralisation et toute la civilisation des Hindous, qui très-certainement étaient à l'origine d'une nature plus pure et plus idéale que de nos jours, après avoir, dans le cours des âges et sous l'action de l'antagonisme constant existant entre des castes supérieures et plus éclairées, et des castes inférieures moins généreusement douées par la nature, développé de plus en plus cette grossière superstition, cette religiosité franchement fanatique, cette idolâtrie matérielle, cette démarcation despotique des castes, qui constituent les traits les plus saillants du caractère de ces populations. Dans cette première période mythique de l'Inde en deçà du Gange, notamment l'Hindoustan (attendu que dans le Dekan, dont l'intérieur est inaccessible, la civilisation ne se développa jamais comme dans les plaines du Gange, le véritable foyer de la civilisation hindoue), était divisée en un grand nombre d'États indépendants, tels que ceux d'*Ajodhja*, de *Mithyla*, dans l'Inde supérieure, et de *Magadha* dans l'Inde centrale. Des *radjahs*, c'est-à-dire des rois, des princes, étaient placés à la tête de ces États, dont plusieurs reconnaissaient souvent l'autorité suprême d'un *maharadjah*, c'est-à-dire d'un grand roi. Les brahmanes ou prêtres, comme auteurs et gardiens des lois, exerçaient une grande influence sur la direction des affaires publiques. Des constructions prodigieuses, surtout des temples taillés dans le roc vif, furent exécutées par eux. Des innovations religieuses, par exemple la fondation et la propagation du bouddhisme (*voyez* BOUDDHA), occasionnèrent de temps à autre de grands troubles. La religion et la civilisation furent transportées aussi dans d'autres pays, par exemple dans les îles de Java et de Bali. Alors apparaît plus particulièrement comme grand conquérant le héros *Rama*, tant célébré dans l'épopée intitulée *Ramayana*, et qui porta ses armes jusque dans l'île de Ceylan. Toutefois, ce n'est qu'avec les conquêtes d'Alexandre le Grand, qui pénétra jusqu'à l'Hyphasis, aujourd'hui le Setledge, dans le Pendjab, et d'après les renseignements sur l'Inde rapportés par les Grecs, que commence l'histoire et que son domaine devient plus lucide. Les princes indiens Taxile et Porus sont cités comme des contemporains d'Alexandre, lequel, après avoir vaincu le dernier, l'établit roi dans les régions de l'Indequ'il venait de subjuguer. Depuis lors, et peut-être même bien auparavant, l'Europe entretint toujours des relations commerciales non interrompues avec l'Inde, soit par mer, soit par terre au moyen des caravanes; et beaucoup de Grecs allèrent trafiquer dans l'Inde, où ils finirent même par s'établir. A la mort d'Alexandre surgit le roi indien *Sandracottus*, qui régna sur toute la contrée située entre l'Indus et le Gange. L'un des successeurs d'Alexandre, Seleucus Nicator, pénétra jusqu'aux rives du Gange pour châtier Sandracottus, mais conclut la paix avec lui moyennant des présents, et lui donna même sa fille en mariage. Depuis cette époque les relations de la Grèce avec l'Inde continuèrent sans interruption, et le roi gréco-bactrien Eucratidas conquit même, peu de temps après qu'Antiochus le Grand eut entrepris son expédition contre le roi indien *Sophragasenus*, une partie du nord de l'Inde au delà du Gange, qui fut perdue, il est vrai, peu de temps après la décadence de l'empire gréco-bactrien. Plus tard, les Sacas (Indo-Scythes) devinrent puissants dans l'Inde. Les Romains entretinrent également des relations avec l'Inde, et il est fait mention de diverses ambassades envoyées de l'Inde aux empereurs romains. Ce fut seulement à l'époque de la conquête de la Perse par les Arabes mahométans et de leur propagation dans l'Asie au huitième siècle, quand, sous le khalife Walid, une partie de l'Inde en deçà du Gange fut conquise par eux, que cessèrent les relations directes de l'Europe avec l'Inde; mais les Arabes se chargèrent dès lors de leur servir d'intermédiaires. C'est avec eux que le mahométisme commença à exercer sur l'Inde une influence qui a été si fatale à cette contrée, le mahométisme qui, en provoquant le fanatisme guerrier de tous les peuples qui lui étaient dévoués, précipita sur l'Inde une suite de conquérants dont les exploits détruisirent sa prospérité, parce que dans leur fanatisme religieux ils y exercèrent d'impitoyables dévastations, anéantissant l'indépendance des États septentrionaux de l'Inde et y introduisant des éléments politiques, religieux et sociaux complètement hétérogènes. Ce ne fut qu'au sud, dans les contrées moins accessibles du Dekan, que se maintinrent quelques dynasties hindoues indépendantes, tandis que l'Hindoustan proprement dit, sauf quelques parties isolées, n'a jamais pu recouvrer depuis lors son indépendance. C'est ainsi que régnèrent successivement, et en fondant des empires mahométans, les dynasties des Ghasnévides, des Ghourides et plusieurs conquérants afghans, par exemple Timour, jusqu'au moment où le descendant de ce dernier, Babour, fonda, en 1526, l'empire dit du Grand-Mogol, qui à l'époque de sa plus grande prospérité, sous le règne d'Akbar, comprenait tout l'Hindoustan et une grande partie du Dekan. Les capitales du Grand Mogol étaient Delhi et Agra. Il y avait alors des provinces immédiatement soumises et gouvernées par des *nabobs*, des provinces feudataires obéissant à leurs propres radjahs héréditaires, ayant leurs propres lois, et ne payant au Grand-Mogol qu'un simple tribut.

Pendant ce temps-là, et à la suite de la découverte de la route conduisant aux Indes en doublant le cap de Bonne-Espérance, les Portugais étaient parvenus, au commencement du seizième siècle, en construisant des forts et en établissant des factoreries, mais grâce surtout aux talents de leurs chefs, d'un Almeida et d'un Albuquerque, à se rendre maîtres d'importantes possessions (*voyez* GOA), qu'ils conservèrent pendant près d'un siècle en même temps que le monopole de l'important commerce des Indes. La puissance de cette nation et l'esprit d'entreprise qui lui était particulier ayant singulièrement déchu, même au sein du Portugal, vers la fin du seizième siècle, les Hollandais réussirent à s'emparer de la plus grande partie de ses possessions situées au delà des mers, et à se rendre pour longtemps les maîtres du fructueux monopole du commerce de l'Inde. Cela leur fut d'autant plus facile que par leur tyrannie et par leur fanatique prosélytisme les Portugais s'étaient fait des indigènes de ces contrées autant d'ennemis. Les Anglais ne tardèrent pas non plus à figurer parmi les nations européennes faisant le commerce avec les Indes, surtout quand le monopole en eut été législativement accordé à une compagnie fondée en 1660 (*voyez* ci-après INDES ORIENTALES [Compagnies des]). Mais les Français avaient également réussi à acquérir quelques possessions territoriales dans l'Inde, dont le chef-lieu, Pondichéry, parvint de bonne heure à une grande importance. La constante rivalité de ces deux nations se reproduisait aussi sur ces lointains rivages, qui devinrent également le théâtre de leurs sanglantes guerres, comme si l'Europe ne leur eût pas suffi pour s'entr'égorger. Dupleix, gouverneur général des possessions françaises dans l'Inde, exécuta d'abord avec autant d'habile persévérance que de succès le plan qu'il avait conçu pour expulser les Anglais de ces contrées; mais son gouvernement, loin de le seconder, l'ayant rappelé et remplacé par des hommes qui n'avaient ni ses talents ni sa connaissance profonde de l'Inde, les Français perdirent, aux termes de la paix de Paris (1763), toutes les conquêtes que Dupleix avait su faire au sud de la Péninsule. En même temps une révolution intérieure s'était accomplie au Bengale. Fatigués des incessantes avanies et des préjudices de tous genres que leur faisaient essuyer les *nabobs*, à moitié indépendants, de l'empire du Grand-Mogol, dont la décadence était alors complète, et excités par le succès d'une attaque imprévue par suite de laquelle ils s'étaient emparés de Calcutta, les Anglais se décidèrent à recourir à la force des armes, et battirent si complètement l'ennemi dans plusieurs campagnes, que leur domination sur le cours inférieur du Gange s'en trouva aussi agrandie que consolidée. C'est ainsi que lord Clive devint le fondateur de la puissance anglaise dans l'Inde. Quelque peine que se donnât la Compagnie des Indes pour suivre un système de politique pacifique, elle n'y put réussir. L'empire du Grand-Mogol, en effet, était parvenu au point extrême de sa décadence. A la mort du puissant Aureng-Zeib, arrivée en 1707, on vit se succéder dans l'espace de cinquante années douze souverains, dont la plupart furent d'une complète nullité. Par suite de ces continuels changements de trône, l'anarchie et la révolte étaient constamment à l'ordre du jour; et plusieurs des peuples qui avaient jusqu'alors constitué l'empire du Grand-Mogol en profitèrent pour se déclarer indépendants avec leurs gouverneurs ou princes jusque alors tributaires, par exemple le *soubab* du Dekan, le *nabob* d'Aoudh, etc. De leur côté, les Sikhs fondèrent le royaume de Lahore; et les Mahrattes réussirent à enlever de grandes provinces à l'empire du Grand-Mogol. L'expédition de Nadir, chah de Perse, en 1739, et les conquêtes des Afghans, continuées à partir de 1747, les conquêtes du chah Achmet-Abdallah, lui furent encore autrement fatales. Par suite de cette complète décadence de l'empire du Grand-Mogol, il s'était constitué dans l'Inde en deçà du Gange une foule de petits États indépendants, dont les princes n'avaient d'autre politique que de faire sans cesse d'agrandir leurs États respectifs. De là des guerres intestines continuelles, et la prépondérance que l'un ou l'autre de ces États aurait acquise n'eût pu être que très-dangereuse pour les Anglais attendu que les Français n'avaient point encore renoncé à leurs anciens projets, et prenaient à tâche de susciter constamment à leurs rivaux de nouveaux ennemis, qui trouvaient aussitôt aide et appui chez eux. Ils cherchèrent donc à obtenir de l'influence : dans l'Hindoustan, chez les Mahrattes; dans le Dekan, chez les sultans de Mysore et le nizam d'Hyderabad. Hyder-Ali, sultan de Mysore, devait en partie sa puissance à l'appui de la France. Après avoir, dès 1767 et 1769, été en guerre avec les Anglais, il projeta d'anéantir la puissance anglaise dans l'Inde, alors que la guerre éclata de nouveau entre la France et l'Angleterre à la suite de l'insurrection des colonies anglaises de l'Amérique du Nord, guerre à laquelle les Indes orientales servirent aussi de théâtre. Le nizam n'était allié avec les Mahrattes. La Compagnie anglaise des Indes orientales ne dut son salut qu'à la prudence, à l'habileté et à l'énergie du gouverneur général, Warren Hastings. Celui-ci réussit à conclure la paix avec les Mahrattes, et Tippou-Saïb, fils et successeur d'Hyder-Ali, abandonné par la France, fut réduit, en 1784, à conclure la paix avec la Compagnie, sortie victorieuse et plus puissante que jamais aux Indes orientales de cette redoutable lutte.

Quelque pacifiques que fussent les instructions données à lord Cornwallis, second successeur de Warren Hastings (12 septembre 1786, — 10 octobre 1793), les projets de conquête constamment entretenus par Tippou-Saïb le contraignirent à prendre les armes contre lui. La guerre de 1789 à 1792 coûta au sultan de Mysore la moitié de ses possessions, que se partagèrent les Anglais et leurs alliés les Mahrattes. Sir John Shore, qui succéda à lord Cornwallis dans le gouvernement général des Indes orientales (28 octobre 1793, — 12 mars 1798), en suivant une politique pacifique nuisit beaucoup à son pays; sans compter que les Français, à la suite de la révolution qui venait de s'accomplir dans leur pays, s'efforçaient sans cesse d'exciter tous les ennemis de l'Angleterre dans l'Inde. Une masse d'émissaires et d'officiers français se rendirent dans l'Inde; et ces derniers disciplinèrent, non sans succès, les troupes des princes qui les avaient pris à leur service. A Golconde, Raymond commandait une armée de 14,000 hommes, et sur le territoire de Delhy, Perron avait réuni 40,000 hommes prêts à entrer en ligne, parfaitement armés et équipés, commandés par des officiers français et munis d'une nombreuse artillerie. Tous les anciens amis de la France étaient préparés pour une attaque; et l'expédition de Bonaparte en Égypte se rattachait à l'exécution de ces plans. Le marquis de Wellesley, le nouveau gouverneur général des Indes orientales (17 mai 1798, — 30 juillet 1805), voyait approcher l'orage. Ses habiles négociations diplomatiques rattachèrent d'abord à l'Angleterre le nizam, qui conclut un traité des plus avantageux pour la Compagnie. Tippou-Saïb attaqua trop tôt; il perdit le trône et la vie à la prise de Séringapatam, le 4 mai 1799, et quand la bataille navale d'Aboukir eut rendu inutile l'expédition française en Égypte, les autres partisans que la France comptait dans les Indes se virent abandonnés à leurs propres ressources. Aucun d'eux n'osa alors attaquer, et Wellesley put sans obstacle disposer librement des destinées du Mysore. La chute de Tippou-Saïb accrut considérablement la puissance de l'Angleterre dans le Dekan, tant sous le rapport des territoires que sous celui de l'influence. Pendant ces opérations, les Mahrattes conservèrent toujours vis-à-vis des Anglais une attitude menaçante; mais les divisions intestines auxquelles ils étaient en proie hâtèrent aussi pour eux une catastrophe décisive. A la fin du dernier siècle, l'Angleterre se trouva déjà engagée avec eux dans de longues guerres, qui aboutirent, en 1818, à leur ruine complète, et dès lors la domination des Anglais dans l'Inde se trouva complètement consolidée.

Dans la longue lutte soutenue par les Mahrattes, et à laquelle presque tous les autres États de l'Inde en deçà du Gange, restés jusque alors indépendants, se trouvèrent entraînés à prendre part, tous, jusqu'à l'ombre de souverain qui régnait encore à Delhi avec le titre de Grand-Mogol, perdirent leur indépendance, et furent obligés d'abandonner à l'Angleterre de vastes parties de leurs territoires respectifs, à l'exception du maharadja de Scindiah, qui se maintint encore quelque temps. Le radjah de Népal, les émirs du Sindh et le maharadjah de Lahore furent les seuls princes indiens qui restèrent véritablement indépendants, et continuèrent à inspirer de l'inquiétude aux Anglais. La guerre qui éclata en 1824 entre la Compagnie et les Birmans se termina de même, en 1826, au détriment de ceux-ci, par la cession du royaume d'Assam et d'une vaste partie de l'Inde en deçà du Gange. Cependant, plus la Compagnie avait étendu son territoire, plus elle s'était fortifiée à l'intérieur, et plus elle se trouvait dans une position difficile relativement à l'extérieur, car elle eut alors affaire à des ennemis autrement difficiles à vaincre que ceux qu'elle avait rencontrés jusque ici; et elle se vit entraînée dans une foule de complications politiques, qui la contraignirent, bien malgré elle, à recommencer de périlleuses luttes. La première fut la guerre contre les Afghans, provoquée par les intrigues de la Russie en Perse et dans l'Afghanistan; cette puissance ayant employé tous les moyens pour exciter les souverains de ces deux pays contre l'Angleterre, dans l'espoir de s'ouvrir ainsi une route par laquelle elle doit tôt ou tard menacer et même attaquer la puissance anglaise dans les Indes orientales. La guerre commença en octobre 1838, par ordre du ministère de l'Inde, et les opérations en furent conduites par lord Auckland, alors gouverneur général des Indes; elle se termina en décembre 1841 et janvier 1842, par la désastreuse retraite que l'armée anglaise fut forcée de faire depuis le Kaboul (voyez AFGHANISTAN et KABOUL). Comprenant qu'il leur serait impossible de se maintenir dans le Kaboul, les Anglais se décidèrent à l'évacuer complètement, mais non sans avoir préalablement rendu par une brillante campagne à leurs armes le prestige que leurs désastres avaient compromis. Une seconde expédition fut donc entreprise par lord Ellenborough, qui, le 28 janvier 1842, avait succédé à lord Auckland comme gouverneur général. Le général Nott, qui jusqu'alors s'était maintenu à Kandahar avec un corps de 10,000 hommes, marcha de là sur Ghasna, d'où la garnison anglaise avait été chassée; et le général Pollock, à la tête d'un autre corps, marcha de Djellalabad, où le général Sale s'était si vaillamment défendu contre les Afghans, sur Kaboul. Ce dernier, à la suite de divers engagements heureux avec Akbar-Khan, s'empara effectivement de Kaboul, le 16 septembre 1842, après que, de son côté, le général Nott se fut déjà rendu maître de Ghasna le 6 du même mois. Une fois l'honneur des armes ainsi rétabli, les troupes anglaises évacuèrent complètement l'Afghanistan, après avoir détruit les villes d'Istalif et de Kaboul, et en dévastant tout sur leur passage. En janvier 1843 toutes les forces anglaises étaient revenues prendre position sur la rive gauche de l'Indus. Pendant cette lutte contre les Afghans, une grande agitation s'était manifestée parmi les différents princes tributaires de l'Angleterre. Des conspirations avaient éclaté contre les Anglais, qui ne s'étaient pas hâté d'évacuer l'Afghanistan, ils auraient eu affaire à deux ennemis à la fois. Mais leurs précautions ayant été bien prises à l'intérieur, les conspirations avortèrent. Dans le Scindiah seulement, on était allé trop loin pour pouvoir maintenant reculer; et la haine qu'on y portait aux Anglais était aussi trop profonde pour qu'elle ne provoquât pas une guerre ouverte. C'est ce qui amena la courte mais dangereuse guerre contre le maharadjah de Scindiah, qui se termina, en 1842, par sa complète soumission (voyez MAHRATTES). Pendant le même temps, les Beloutches, excités par la guerre contre les Afghans, s'étaient aussi soulevés contre les Anglais; mais Napier dompta les premiers, et, à la bataille de Miani (17 février 1843), anéantit la puissance des seconds, dont les différents pays, à la place de l'Hyderabad, furent transformés en une province anglaise (voyez SINDH).

Toutes ces conquêtes étaient loin de plaire aux directeurs de la Compagnie, qui les attribuaient à l'humeur guerroyante de lord Ellenborough. Celui-ci fut donc rappelé tout à coup, en 1845, et remplacé par sir W. Hardinge, envoyé aux Indes orientales avec les instructions les plus pacifiques. Mais celui-ci ne fut pas plus tôt arrivé qu'il se vit, bien malgré lui, entraîné dans une guerre contre les Sikhs, qui, les 12 et 13 décembre 1845, franchirent le Setledge sous les ordres de Tedj-Singh, et s'en vinrent attaquer les Anglais à l'improviste. Il en résulta une courte mais périlleuse guerre, dans laquelle la remarquable bravoure et l'incontestable habileté militaire des Sikhs d'une part, et de l'autre le défaut d'ensemble et les mauvaises combinaisons stratégiques des opérations de l'armée anglaise, dirigées par le gouverneur général en personne et par le général en chef sir Hugh Gough, faillirent faire éprouver de grands désastres aux forces britanniques. Leur salut tint uniquement à ce que les Sikhs ne surent pas profiter de leurs avantages, et aussi à l'incontestable supériorité des Anglais en stratégie. C'est ainsi qu'après les batailles de Moudki (18 décembre) et de Firozshah (21 et 22 décembre 1845) restées indécises, et à la suite des deux décisives victoires d'Alliwal (28 janvier) et de Sobraon (19 février 1846), les Anglais parvinrent à anéantir la puissance des Sikhs. Ceux-ci implorèrent alors la paix, qui fut signée à Lahore le 9 mars, à des conditions équivalant à la destruction de l'indépendance du royaume de Lahore. On en opéra la division, aux termes de ce traité; et Gholah-Sing, partisan secret de l'Angleterre, en obtint la partie septentrionale, le long de l'Himalaya, avec le Kaschmir et le Hasara, en qualité de vassal de la Compagnie, et avec le titre de maharadjah, tandis que le maharadjah Dholip-Sing conservait le reste, mais en s'obligeant à entretenir un certain nombre de troupes et à permettre aux Anglais de traverser ses États toutes les fois qu'ils le jugeraient à propos. Tous deux reconnurent en outre la Compagnie pour arbitre des difficultés qui pourraient surgir entre eux, et s'engagèrent à n'admettre à leur service aucun Américain ni Européen sans l'agrément de la Compagnie. La fertile contrée qui s'étend entre Beas et le Setledje fut en outre abandonnée à la Compagnie à titre de possession immédiate; et les vaincus eurent aussi à payer d'importantes contributions de guerre.

Lord Hardinge crut alors la paix tellement assurée, qu'il fit opérer des réductions considérables dans l'effectif de l'armée indo-britannique. D'ailleurs, il avait déjà depuis quelque temps sollicité son rappel. Son successeur, lord Dalhousie, arriva en 1848, et Gough conserva le commandement en chef de l'armée. Malgré l'espoir du maintien de la paix qu'on conservait dans l'East-India-House, les Sikhs et les Moslems, oubliant leurs antiques haines, s'étaient conjurés contre leurs oppresseurs communs. Un soulèvement général était déjà tout organisé au commencement de 1848, sans que les Anglais en eussent encore le moindre pressentiment. Dost Mohammed et d'autres chefs avaient promis leur concours pour la guerre sainte. L'insurrection fut commencée par Mahlradje, chef du Moultan, qui se détacha des Sikhs. Deux officiers anglais envoyés dans le pays pour déposer le gouverneur et établir l'ordre dans le pays furent assassinés en avril 1848. Quand on reconnut que la lutte était inévitable, on livra rapidement trois sanglantes batailles, d'abord à Ramnagar (22 novembre 1848), sur la rive orientale du Djénab, puis celle qui eut lieu près d'un gué de cette rivière, à Sadalapore (25 décembre 1848), et enfin celle qui eut pour théâtre le marais de Djilanoliwalah (13 janvier 1849), dans lesquelles l'armée indo-britannique demeura, il est vrai, maîtresse du champ de bataille, mais qui en réalité, surtout la bataille de Djilanoliwalah, pouvaient être regardées comme de sévères défaites. L'affaire décisive eut lieu le 21 février 1849, à Goudjerate, à environ 10 kilomètres à l'est du Djénab.

Les Sikhs étaient au nombre de 60,000 hommes; l'armée anglaise n'en comptait que 25,000; de part et d'autre on massacra les prisonniers. Dost Mohammed, avec son fils et à la tête de 16,000 hommes de cavalerie, parvint à s'échapper et à gagner l'autre rive de l'Indus. Les sommes considérables qu'on offrit aux tribus moslems pour les engager à livrer les défilés du Kheib, ne purent les déterminer à les fermer à leurs coreligionnaires. Pour prévenir de nouvelles guerres, l'incorporation du royaume des Sikhs à l'Inde anglaise fut proclamée le 29 mars 1849. Depuis cette époque les Anglais ont maintes fois annoncé et promis qu'ils ne voulaient plus faire de nouvelles conquêtes; et cependant dès l'année 1852 ils se voyaient contraints de prendre les armes de nouveau, et de guerroyer d'un autre côté contre les Birmans. Cette guerre eut pour cause les plaintes élevées par un certain nombre de négociants anglais, à qui, en raison de l'état d'anarchie et de confusion régnant dans le pays d'Ava, on avait fait éprouver diverses avanies. Secondés dans cette guerre contre les Birmans par une formidable flotte de bâtiments à vapeur, les Anglais, dans le courant du printemps 1852 s'emparèrent rapidement et successivement, sans rencontrer nulle part de véritable résistance des villes de Martaban, Rangoun, Bassin, Pégu et Prome, et ne tardèrent pas non plus à établir des relations d'amitié avec les Taliens et les Karins, fatigués de l'oppression des Birmans, et qui forment les quatre cinquièmes de la population totale du Pégu. Le 20 décembre 1852 lord Dalhousie déclara que le royaume d'Ava avait encouru la confiscation du Pégu; qu'en conséquence les Birmans eussent à évacuer cette contrée et à implorer la paix. Le nouveau souverain, qu'une révolution intérieure donna alors au royaume d'Ava, ayant refusé, vers le milieu de 1853, de souscrire à la cession du Pégu, on doit s'attendre à voir les Anglais pénétrer jusqu'à Ava et incorporer quelque jour tout l'empire birman à l'Inde anglaise.

Les anciens donnèrent le nom d'Inde à tous les pays situés à l'est de la Perse, et cet usage s'est maintenu jusqu'à nos jours. On comprend donc encore sous la dénomination générique d'Indes orientales 1° l'Inde au delà du Gange, c'est-à-dire les contrées situées à l'est de ce fleuve jusqu'au golfe de Tong-King, et 2° les îles des Indes orientales appelées ordinairement Archipel Indien ou encore Archipel oriental. Les dénominations particulières de ces vastes contrées, entourées de trois côtés par la mer et au nord par des montagnes, et appartenant les unes à l'empire du Milieu et les autres à l'Hindostan, varient beaucoup dans l'histoire. On les appelle tantôt Inde au delà Gange, tantôt Inde transgangétique, tantôt aussi Indo-Chine, et leurs populations Indo-Chinoises. Il en est de même des divers pays dont elles se composent et des villes qu'elles renferment. Il n'est pas rare qu'elles aient des noms différents dans le pays de Siam et dans le pays des Birmans, dans le Cambodje et dans l'Anam, sans compter que les Malais et les Chinois, leurs voisins, leur en donnent encore d'autres. La presqu'île est divisée par six chaînes méridiennes en autant de longues vallées, arrosées chacune par un fleuve déterminé, aussi bien ses rapports politiques que les événements dont elle a été le théâtre. Conformément à cette configuration physique de son sol, la péninsule a formé tantôt six États et tantôt un nombre moindre; telle ou telle race, telle ou telle famille ont tour à tour dominé dans telle et telle vallée. Toutefois, à la plupart des époques on y voit prédominer trois grands empires, correspondant aux trois fleuves qui la fertilisent, et qui, comme sa civilisation, ont leurs sources en dehors de ses limites, l'Irawaddi, le Menam, le Makhaoum ou Mekon. Les trois grands empires sont : Anam, Shan (voyez Laos), et Pegu, autrement appelés Cochinchine, Siam et Birma. Les uns et les autres sont déjà connus par les puissances européennes dominatrices des mers. L'Angleterre domine au sud les pays de côtes de Malakka, de Tenasserim, de Yé, de Tavoy et d'Arakan, ainsi que le Pégu, et au nord les montagneuses contrées de Cashar, de Mounipour et d'Assam. Le temps n'est pas loin où les Anglais auront réduit sous leur autorité immédiate l'intérieur même de la péninsule, qui renferme les plus fertiles contrées du continent asiatique. Le sol, d'une admirable fécondité, y donne sans efforts les produits les plus nombreux et les plus divers, de même qu'il abonde en richesses minérales de tous genres. Ses beaux fleuves, navigables dans tout leur parcours, assurent dans toutes les directions un commerce intérieur qu'aucun obstacle ne pourra entraver, en même temps qu'une foule de ports, aussi vastes que sûrs et commodes, peuvent servir d'entrepôts au commerce du monde entier, au commerce avec l'Inde et avec la Chine, comme à celui de l'Australie et de l'Afrique. Les habitants de la presqu'île, de même que les Thibétains, présentent, au point de vue de la conformation physique et de la langue, beaucoup d'affinité avec les peuples de l'empire du Milieu ; cette affinité est d'autant plus grande, que les populations sont plus rapprochées de ce foyer commun de toute la civilisation de l'Asie orientale. A l'exception des habitants d'Anam, ils ont tous reçu de l'Inde leur civilisation et leur religion. Leurs littératures se sont développées sur la base des livres religieux et des légendes du brahmanisme et du bouddhisme, introduits de Ceylan. Les langues des Indo-Chinois occidentaux eux-mêmes, en adoptant une foule de mots indiens, ont en partie altéré le caractère monosyllabique et chinois qu'elles avaient à l'origine dans les contrées du Laos supérieur ou Tong-King. En Cochinchine, dans le Yampa et dans le Cambodje, le bouddhisme, qui n'y pénétra que dans les premiers siècles de notre ère, n'a pas plus réussi qu'en Chine à supprimer les langues et les formes religieuses nationales. L'antique religion naturelle des Chinois s'y est constamment maintenue à l'état de religion dominante.

La constitution géologique des îles des Indes orientales, la conformation physique, la langue et les traditions des indigènes, prouvent leur intime affinité avec le continent asiatique. La masse gigantesque que forme cette partie de notre globe, projetée dans la direction du sud, constitue un tout immense, qui, se continuant sous les eaux de la mer des Indes et de l'océan Pacifique, se soulève et s'étend tantôt plus, tantôt moins, ici par l'action même des eaux, là par celle des volcans. Une foule d'îles témoignent de cette direction donnée. Que si par suite des mouvements d'ascension et de dépression auxquels ces contrées sont encore sujettes aujourd'hui, le sol venait à se soulever encore un peu plus, on verrait les endroits peu profonds de la mer se dessécher ; les chaînes de montagnes de Sumatra, de Bornéo et de Java se rattacheraient, comme celles de la presqu'île malaisienne, au continent, et de grands fleuves iraient se déverser dans la mer des Indes à travers les larges dépressions de la mer de la Chine, de même qu'à travers les profondes et étroites passes des îles de la Sonde ; la presqu'île d'Asie se continuerait dans les épaisses chaînes d'îles et de rochers qui s'étendent de Singapore à Banca et touchent à Sumatra. Les îles de Bornéo et des Célèbes forment la vaste partie orientale du territoire sud-asiatique et indo-chinois que sépara autrefois de la Chine une irruption de la mer. Enfin cet archipel est comme ceint d'une guirlande de volcans qui par leurs communications souterraines prouvent que ces îles et la partie du continent qui leur fait face appartiennent géologiquement au même tout.

De même que ces myriades d'îles forment une continuation du continent, de même leur population n'est que la continuation des races sud-asiatiques ; et la direction que la force souterraine a suivie dans la formation des îles indique aussi la voie suivie par l'émigration. Des individus ou des familles isolées, qui prirent par hasard telle ou telle voie, devinrent ensuite la souche de tribus entières. La population, séparée par la mer des vastes plaines et des grandes vallées du continent, renfermée entre de hautes montagnes et d'épaisses forêts, ne put s'accroître que peu fort. Les immigrations d'une île à l'autre rencontrèrent les mêmes obstacles, et furent tout aussi peu nombreuses. On peut dans l'histoire physique de ces îles distinguer deux grandes périodes : la première, dans laquelle les habitants du grand plateau asiatique, émigrant à travers les vallées et les montagnes du sud-est, apparurent aux confins de l'archipel, où,

sous l'influence de leur nouvelle patrie, ils devinrent nomades ; la seconde, dans laquelle ils se répandirent sur les rives et dans l'intérieur des nombreuses îles, en y formant une foule de petites tribus, qui, malgré leur affinité d'origine, finirent par avoir des langues et des mœurs particulières. C'est dans cet état d'isolement et d'abandon que les trouvèrent les peuples civilisés et voyageurs, lesquels ne négligèrent rien pour propager parmi eux leur civilisation particulière, et y réussirent effectivement. On divise ce grand monde insulaire en *Laquedives* et *Maldives*, dépendant de l'Inde en deçà du Gange, et Ceylan d'une part ; et de l'autre en Archipel Indien, entourant l'Inde au delà du Gange ; pays dont on trouvera la description physique, ethnographique et statistique, ainsi que l'histoire, aux articles spéciaux qui leur sont consacrés dans ce dictionnaire. Consultez Ritter, *Traité de Géographie* (tomes 3 à 6) ; Bjœrnstjerna, *L'Empire britannique et les Indes orientales* (Stockholm, 1839) ; Mell, *History of British India* (4ᵉ édit., 9 volumes, Londres, 1842).

INDES ORIENTALES (Compagnies des). Telle est la dénomination générale sous laquelle on a désigné les associations créées chez les principales puissances maritimes pour faire le commerce dans les Indes orientales. La plus importante et la plus puissante de toutes est la *Compagnie anglaise des Indes orientales.*

Vers la fin de l'année 1600, plusieurs riches négociants de Londres, ayant à leur tête le comte de Cumberland, présentèrent à la reine Élisabeth une supplique à l'effet d'être autorisés à créer une compagnie privilégiée pour le commerce des Indes orientales. Il fut fait droit à leur requête par un acte à la date du 31 décembre 1600. La nouvelle société, qui prit le nom de *Governors and Company of merchants of London, trading to the East Indies*, obtint un privilège exclusif de quinze années pour faire le commerce dans les places d'Afrique, d'Asie et d'Amérique situées entre le Cap de Bonne-Espérance et le détroit de Magellan. Il lui fut en outre accordé le droit de faire usage d'un sceau particulier et d'élire un gouverneur et vingt directeurs, de même que l'autorisation de prendre des arrêtés administratifs (*bye-laws*) ayant force de loi pour la Compagnie et ses agents. Avec un capital de 72,000 liv. st., qui fut tout aussitôt recueilli, elle arma et fréta cinq navires, qui arrivèrent le 5 juin 1602, sous le commandement du capitaine James Lancaster, à Atchin, dans l'île de Sumatra. L'expédition fit de si bonnes affaires, qu'il en partit une seconde en 1604, et une troisième en 1610. Ce fut celle-ci qui, sous les ordres du capitaine Keeling, réalisa les bénéfices les plus considérables. Pour que les relations créées se consolidassent, il fallait, à l'instar des autres nations européennes qui trafiquaient avec l'Inde, et déjà regardaient d'un œil jaloux ces nouveaux rivaux, obtenir le droit de se fixer et de commercer sur certains points. Une ambassade envoyée à cet effet dès 1608 au Grand-Mogol avait complètement réussi ; mais les intrigues des Portugais empêchèrent les Anglais d'utiliser les concessions qui leur avaient été faites. Ce fut seulement en 1612, lorsque le brave capitaine Thomas Best eut à deux reprises battu dans les eaux de Surate les forces navales des Portugais, que la Compagnie put exercer sur ce point ses privilèges et fonder de la sorte le premier établissement de commerce que l'Angleterre ait possédé sur le continent indien.

Quoiqu'elle eût obtenu un grand nombre d'avantages nouveaux, la Compagnie tomba de plus en plus dans une incurable décadence, par suite de la constante jalousie dont elle fut l'objet de la part des Portugais et des Hollandais, ceux-ci ayant même anéanti par un impitoyable massacre, en 1622, un premier établissement que les Anglais avaient essayé de fonder à Amboine. Cromwell, qui, en 1657, renouvela le privilège de la Compagnie, eut beau sacrifier à peu près complètement les intérêts du commerce de l'Inde aux Hollandais, les Anglais n'en réussirent pas moins dans ces temps de calamités à jeter dès lors (1640) les premiers fondements de Madras et de Hooghly, devenus plus tard deux de leurs plus importantes possessions. Le 3 avril 1661, Charles II non-seulement confirma les anciens priviléges de la Compagnie, mais encore lui accorda le droit de juridiction civile, le droit d'entretenir des troupes ainsi que celui de faire soit la guerre, soit la paix dans les Indes avec les nations infidèles. Il lui octroya en outre la possession de Bombay à titre de fief, et aussi, quelques années plus tard, l'île Sainte-Hélène. Jacques II, dans l'espoir de l'élever ainsi au même degré de prospérité et de puissance que la Compagnie hollandaise des Indes orientales, lui concéda encore le droit de construire des places fortes, de lever des troupes, d'établir des tribunaux militaires et de battre monnaie. Avec de telles immunités, les affaires de la Compagnie prospérèrent tellement qu'en 1680 les *India-Stocks* (actions de la compagnie des Indes) se vendaient avec une prime de 360 p. 100. Mais le despotisme que la Compagnie exerçait dans l'Inde, joint à la jalousie causée par la prospérité toujours croissante de son commerce, irritèrent tellement contre elle les marchands de Londres, qu'en 1691 le parlement dut procéder à une enquête sur les griefs allégués. Les intrigues des adversaires de la Compagnie échouèrent, à la vérité, et en 1694 elle obtint même le renouvellement de ses priviléges; mais ses ennemis ne se tinrent pas pour battus.

En 1698 les marchands de Londres ayant eu occasion de faire au gouvernement une avance de 2 millions de liv. st., obtinrent enfin l'autorisation de créer une compagnie nouvelle pour le commerce des Indes orientales. Les deux compagnies cherchèrent naturellement à se ruiner l'une l'autre; mais, comme dans une situation pareille, il était impossible de songer à donner plus de développement aux affaires, elles finirent par comprendre qu'elles se ruinaient toutes deux sans profit pour l'une ou pour l'autre, et elles eurent le bon esprit de se fusionner en 1708, sous la dénomination de *United East-India Company*. Les actions furent portées au [chiffre de 500 liv. st., et tout porteur d'une de ces actions eut le droit de voter dans l'assemblée générale (*General Court*), tandis que les vingt-quatre directeurs ne pouvaient être choisis que parmi les propriétaires de quatre actions. Le commerce extérieur parvint bientôt alors à un degré de prospérité encore inouï, résultat auquel ne contribuèrent pas peu les années de paix qui suivirent la conclusion du traité d'Utrecht (1713). La Compagnie, dont l'action devint toujours plus indépendante dans des colonies, dont le territoire prenait constamment plus d'extension, exerça dès lors une visible influence sur les affaires politiques de l'Inde. Dès l'année 1767, époque où pour la première fois le parlement eut à s'occuper des affaires de l'Inde, l'opinion générale de la nation réclama l'abolition de l'indépendance de la Compagnie ainsi qu'une modification profonde de son organisation intérieure. On voulait que le gouvernement et le parlement exerçassent de l'influence sur l'administration des possessions anglaises en Asie ainsi qu'une surveillance complète sur tous les actes politiques de l'*East-India House*. Lord North soumit à la chambre des communes, le 18 mai 1773, un bill qui réglementait et régularisait les affaires de la Compagnie des Indes orientales, tant dans les Indes qu'en Angleterre. Les dispositions essentielles de cette loi, désignée d'ordinaire sous le nom de *regulating-Act*, ont toujours été conservées depuis lors, et ont servi de base à tous les règlements postérieurs. Il fut en outre créé en Angleterre un ministère de l'Inde, sous le nom de *Board of countrol*.

En 1773 il y avait à la tête du gouvernement du Bengale, de Bihar et d'Orissa un gouverneur général, auquel était adjoint un conseil investi des mêmes droits que lui et composé de quatre personnes. Le gouverneur général agissant en conseil fut investi de toute l'administration civile et militaire. A la présidence du Bengale fut en même temps attaché le droit de surveillance sur les gouvernements de Madras et de Bombay; de telle sorte que ceux-ci, sauf en cas d'absolue nécessité, ne pouvaient ni commencer une guerre ni conclure de traités de paix avec les princes indiens. C'est dans ces dispositions légales, désignées ordinairement sous le nom de *Pitt's bill*, que se trouvait placée la destinée des populations de l'Inde et des contrées limitrophes. La Compagnie perdit ainsi sa position indépendante, et cessa d'être un État dans l'État. La *Cour des Directeurs* ne fut plus dès lors qu'une autorité secondaire, chargée de mettre à exécution les résolutions prises par le président du *Board of Controul*, en d'autres termes, du ministre des affaires de l'Inde, en tant qu'elles ont trait à l'état civil ou militaire, ou au budget de l'empire indo-britannique. Depuis lors les profits les plus réels et les attributions les plus importantes des actionnaires consistent surtout dans la distribution des charges et emplois. Comme les emplois dans les diverses présidences sont, pour la plus grande partie, à la nomination de la Cour des Directeurs, des gouverneurs et conseillers du gouvernement de l'Inde, les membres de la Compagnie trouvent là l'occasion de pourvoir leurs proches de positions lucratives et viagères. Afin de former des fonctionnaires munis des connaissances spéciales qu'exige l'administration de l'Inde, on a fondé, en 1806, l'école d'Haileybury pour le service civil, et celles de Woolwich et d'Addiscombe pour le service militaire.

A l'expiration de son privilége, qui d'ordinaire lui était accordé pour une période de vingt années (1794, 1813, 1832), la Compagnie s'est toujours efforcée d'en obtenir le renouvellement, malgré les nombreuses restrictions qui y étaient alors apportées. Ainsi, la charte de renouvellement qu'elle obtint en 1833 lui enleva tous ses priviléges commerciaux, notamment le monopole du commerce de la Chine (elle avait perdu dès 1813 celui de l'Inde); la Compagnie ne fut plus en réalité qu'une corporation politique; elle conserva en effet le gouvernement de l'Inde, et le droit de patronat qui s'y rattache ne fut que très-peu modifié. Aujourd'hui le droit de décision suprême dans toutes les affaires civiles et militaires de l'Inde appartient au gouverneur général, assisté de ses quatre conseillers; depuis 1833 il est aussi investi du droit de prendre des arrêtés ayant force de loi. Comme le privilége de la Compagnie devait encore expirer en 1854, un comité spécial fut formé dès 1852, à l'effet de procéder à une enquête sur la situation de l'Inde; et à cette occasion il parut plusieurs volumes (désignés sous le nom de *Blue books*, à cause de la couverture) des rapports de ce comité d'enquête. Le parti des *libres échangistes* et tout le commerce de Manchester réclamaient à grands cris la suppression définitive de la Compagnie. Un projet de loi fut présenté le 3 juin 1853 à la chambre des communes, dans lequel le ministère de lord Aberdeen prit un moyen terme. Le 24 août 1853 un nouveau bill relatif au gouvernement de l'Inde fut promulgué pour être mis en vigueur à partir du 30 avril 1854. Aux termes de cet acte, l'Inde anglaise doit rester jusqu'à nouvelle décision du parlement sous le gouvernement de la Compagnie des Indes, à diverses conditions. La Compagnie n'a plus que dix-huit directeurs au lieu de vingt-quatre. La reine d'Angleterre en nomme trois. Les directeurs sont nommés pour six ans, mais ils sont rééligibles; ils doivent être propriétaires chacun de 1,000 livres st. de fonds de l'Inde. Des conseillers pris dans la législature s'adjoignent au conseil de l'Inde lorsqu'il s'agit de faire des lois et règlements; ils ne peuvent être choisis que sous l'approbation du gouvernement. Le gouverneur est nommé par les directeurs; mais le gouvernement doit approuver leur choix.

Parmi les compagnies des Indes orientales créées par d'autres nations et encore existantes aujourd'hui, il faut mentionner surtout :

1° *La Compagnie hollandaise des Indes orientales*, dont le fondateur fut Cornelius Houtman. Elle se constitua le 20 mars 1602, par la réunion et la fusion de diverses petites associations qui faisaient alors le commerce de l'Inde, et sur des bases telles que tout citoyen de la république des Provinces-Unies pût y prendre part. On lui accorda tout aussitôt le monopole de tout le commerce hollandais au delà du détroit de Magellan et du Cap de Bonne-Espérance, le droit de conclure des traités d'alliance au nom des états généraux, de construire des forteresses, de nommer des gouverneurs, ainsi que tous fonctionnaires militaires et civils, enfin de réglementer elle-même son organisation intérieure. On divisa la Compagnie en plusieurs *chambres* ou bureaux; mais pour la direction des affaires générales de la Compagnie on élut parmi les 60 directeurs des diverses *chambres* 17 directeurs (*bewindhebber*), dont les décisions durent avoir force de loi pour les *chambres*. La compagnie nouvelle obtint les plus brillants résultats. En peu de temps les Hollandais parvinrent à supplanter les Portugais, les Espagnols et même les Anglais dans les îles des Indes orientales, et leur commerce prit des développements inouïs jusque alors. Comme ils se bornèrent à peu près à exploiter les îles, ils échappèrent ainsi aux nombreuses complications dont la dissolution successive de l'empire mongol fut la cause pour les Anglais et les Français sur le continent indien, et ils s'attachèrent avec une rare constance à développer toujours de plus en plus dans ces îles leur commerce, leur influence et leur considération. Acceptant toutes les humiliations, du moment où il y allait de leurs intérêts commerciaux, ils sacrifiaient à ce but suprême toutes espèces de considérations. En même temps, on maintenait avec rigueur le monopole; les employés de la Compagnie étaient l'objet de la surveillance la plus sévère, et tous ses payements s'effectuaient avec la plus ponctuelle exactitude. C'est par une telle conduite que dès l'année 1605 la Compagnie hollandaise des Indes orientales se trouvait maîtresse des îles Moluques; en 1607 elle acquit Ternate et Banda, et en 1637 le privilège exclusif du commerce du Japon; aussi pendant plus d'un siècle d'incalculables richesses arrivèrent-elles en Hollande. A la suite de petites luttes continuelles soutenues contre les indigènes des différentes îles, la domination des Hollandais s'y consolida tout à fait dans le courant du dix-septième siècle, et ils en établirent le siège à Batavia, fondée par eux en 1618 dans l'île de Java. Ils enlevèrent aux Portugais Malakka en 1641, Ceylan en 1658, les Célèbes en 1663, et à partir de 1665 les points les plus importants de la côte du Malabar. Au commencement du dix-huitième siècle on comptait dans l'Inde hollandaise sept gouvernements, quatre établissements directoriaux, quatre commanderies et trois comptoirs. Jusqu'en 1697 la Compagnie ne contracta aucune espèce de dettes; mais depuis cette époque, le déficit alla toujours croissant, par suite d'une mauvaise et ruineuse administration, de la démoralisation de plus en plus grande des employés, mais surtout par suite de la concurrence politique et commerciale des Anglais, à tel point qu'en 1794 la Compagnie se trouvait endettée de 118,268,447 florins. Le délabrement de ses finances attira enfin l'attention des états généraux. En 1791 ils nommèrent une commission d'enquête, dont les travaux ne purent être terminés, la Compagnie ayant été supprimée, le 15 septembre 1795, par les nouveaux représentants provisoires du peuple, quand on fonda la République Batave à la suite des guerres de la révolution française. Les possessions de la Compagnie furent déclarées propriété nationale, sa dette fut également déclarée dette nationale, et on abolit le monopole commercial dont elle avait été jusque alors investie.

En 1824 une nouvelle Compagnie des Indes orientales a été fondée en Hollande, et a obtenu sous certaines conditions et restrictions l'ancien monopole du commerce dans les colonies hollandaises de l'Asie. Alors que tout est en progrès autour d'eux, les Hollandais persistent, comme on voit, à maintenir l'antique organisation de leurs colonies, système qui devra nécessairement y provoquer tôt ou tard de redoutables crises.

2° La *Compagnie danoise des Indes orientales*, fondée en 1618, fit un commerce assez considérable avec les Indes orientales jusqu'à l'époque où les Anglais et les Hollandais

DICT. DE LA CONVERS. — T. XI.

acquirent une prépondérance marquée dans ces contrées. Dès 1634 elle était obligée de se dissoudre; mais on la reconstitua en 1670. Cette résurrection ne fut pas de longue durée; en 1729 la Compagnie se vit forcée d'abandonner à l'État tous ses droits et possessions, notamment Tranquebar, sur la côte de Coromandel. En 1732 il se reconstitua encore, sous le patronage de l'État, une nouvelle Compagnie, qui prit le nom de *Compagnie Dano-Asiatique*, et fit d'assez bonnes affaires pendant tout le cours du siècle dernier; mais depuis ses bénéfices sont tombés à zéro. On sait qu'en 1845 le Danemark a cédé à l'Angleterre, moyennant une minime indemnité pécuniaire, ses possessions de Tranquebar et de Sérampore.

3° La *Compagnie suédoise des Indes orientales*, fondée à Gothenbourg en 1741, s'est toujours bornée à faire le commerce; et ses affaires ont été assez prospères pour qu'elle ait pu à diverses époques distribuer des dividendes de 26 p. 100 à ses actionnaires. Réorganisée en 1806, cette institution commerciale n'a pu jusqu'à présent acquérir d'importance réelle.

[La France, elle aussi, eut autrefois sa *Compagnie des Indes*. Dès 1604 Henri IV avait accordé le privilège exclusif du commerce à une Compagnie de marchands ignorants et avides, qui restèrent dans l'inaction. En 1616 et 1619, une nouvelle compagnie, constituée par des négociants de la Normandie, fit à Java des expéditions dont les bénéfices ne furent pas suffisants pour l'encourager à continuer ses entreprises. Une tentative que des Dieppois firent sur Madagascar, en 1633, détermina le cardinal de Richelieu à créer, en 1642, une espèce de Compagnie des Indes, qui voulut former un grand établissement à Madagascar. La perfidie et les cruautés de ses agents la rendirent odieuse aux naturels du pays; elle se ruina en peu d'années, et le maréchal de La Meilleraye ne put réussir à relever pour son compte cet établissement. Ces tentatives annonçaient déjà ce que la suite a bien prouvé, à savoir que l'inconstance, la vanité, le peu de ténacité des Français, les rendent moins propres aux grandes entreprises coloniales et commerciales que les flegmatiques et parcimonieux Hollandais, que l'audacieuse et opiniâtre race britannique.

Si une compagnie des Indes eût pu réussir et prospérer en France, ce devait être celle que Louis XIV fonda, en 1664, par les soins de Colbert. Un privilège de cinquante ans, les concessions les plus honorables et les plus avantageuses, une avance de 4 millions par an, qui en feraient 8 aujourd'hui, devaient assurer sa durée et sa prospérité. Mais dès son début elle portait le foyer de la discorde qui devait la miner; la morgue nobiliaire en fut la première cause. Deux gentilshommes du roi et trois députés de la Compagnie furent envoyés au chah de Perse et à l'empereur mongol. Les premiers prétendaient être d'abord nobles, leur avis devait prévaloir; et les autres soutenaient avec assez de raison qu'étant marchands, ils connaissaient mieux les véritables intérêts de la Compagnie. Ce fut en 1668 que les premiers directeurs arrivèrent à Surate, où A u r e n g - Z e y b leur avait permis d'établir un comptoir. Ils y firent, ainsi que la plupart de leurs successeurs, sottises sur sottises. La Compagnie, qui aurait trouvé de grands avantages en Perse, préféra porter alternativement ses vues du côté de Siam, du Tonquin, de la Cochinchine et de Madagascar, où elle échoua, soit par l'inconduite et l'incapacité de ses chefs et de ses agents, soit par le décousu et la versatilité de ses opérations. Pondichéry, son principal établissement, lui fut enlevé, en 1693, par les Hollandais, qui le rendirent après la paix de Riswyck. Le directeur Martin, par ses talents et sa probité, releva cette colonie. Mais le naturel du Français reprit le dessus. Une expédition désastreuse à Madagascar obligea d'abandonner plusieurs comptoirs et de se concentrer à Surate et à Pondichéry. La mauvaise gestion, la corruption, les emprunts onéreux, avaient endetté la Compagnie de 10 millions, lorsqu'elle obtint, en 1714, la prolongation pour dix ans d'un privilège qu'elle n'était plus en état de faire valoir. En 1719 on la fondit avec la Compagnie d'Occident, nouvellement établie; on reconstruisit son édifice avec les débris du système de Law. Pour le soutenir, on lui céda le monopole du tabac, le privilége des loteries. Mais alors elle devint une société de fermiers plutôt que de négociants; elle laissa incultes et dépeuplés les pays les plus fertiles du monde; elle arrêta les progrès de nos colonies d'Amérique. Le contrôleur général Orri la releva pourtant encore, et, à sa persuasion, le cardinal de Fleury lui accorda une protection efficace. On fit alors un meilleur choix d'agents. Dumas, envoyé à Pondichéry, obtint de la cour de Dehly la permission de battre monnaie et la cession du territoire de Karikal dans le Tandjaour. Mahé de La Bourdonnais créa la colonie de l'Ile de France, dont il était gouverneur, fit un commerce avantageux à main armée en ouvrant des débouchés avec le Thibet et les autres parties de l'Asie centrale, dispersa une flotte anglaise, et prit, en 1746, Madras, alors le boulevard de la puissance britannique dans l'Inde.

Dupleix, qui, après avoir fait de Chandernagor un établissement commercial de la plus haute importance, avait remplacé Dumas à Pondichéry, se montra jaloux de La Bourdonnais; il le dénonça comme prévaricateur. La Bourdonnais, mis à la Bastille, y languit près de quatre ans, et n'en sortit que pour mourir de la maladie que sa prison lui avait causée. Mais Dupleix répara ses torts en 1748 par sa belle défense de Pondichéry contre les Anglais. Les souverainetés de la soubahie du Dekan et de la nababie du Karnatik ou d'Arcat étaient vacantes. Il osa en disposer en faveur de deux princes sur lesquels il croyait pouvoir compter, se fit céder l'île de Scheringam avec une augmentation des territoires de Karikal et de Pondichéry, et devint si puissant que l'empereur mogol ne put se refuser à le décorer du titre de nabab. Tandis qu'il soutenait la guerre avec succès dans le Karnatik contre les Anglais, qui avaient pris parti pour un autre prétendant, Bussy, à la tête des Français, faisait des conquêtes dans le Dekan aux dépens des alliés de l'Angleterre. Dupleix, à son tour, inspira de la jalousie aux directeurs de la Compagnie; il fut rappelé en Europe en 1754, publia contre elle des mémoires qui ne restèrent pas sans réponse, et mourut du chagrin de n'avoir pu obtenir justice.

Les chances de la guerre avaient changé dans l'Inde entre les Français et les Anglais, ou plutôt entre les Compagnies des Indes des deux nations. Le général Lally, gouverneur de Pondichéry, après plusieurs succès importants, n'ayant pu s'emparer du fort Saint-Georges ni empêcher la prise de Pondichéry par les Anglais, en 1761, fut une nouvelle victime de la Compagnie française. Accusé de trahison, il périt sur l'échafaud, en 1766, quoiqu'il ait été bien prouvé depuis qu'en raison de la violence et de la dureté de son caractère, tout le monde avait le droit de le tuer, excepté le bourreau.

Cet acte de cruauté ne rendit point la vie à la Compagnie des Indes, qui d'ailleurs n'avait jamais paru florissante qu'en grands préparatifs, en magasins, en fortifications, en dépenses d'apparat, soit à Pondichéry, soit à Lorient en Bretagne, que le gouvernement lui avait cédé, et qui était devenu l'entrepôt de son commerce avec l'Inde. Mais elle ne fit jamais de bénéfices; du moins elle ne donna pendant plus de cinquante ans aucun dividende à ses actionnaires. Le gouvernement, qui trop longtemps l'avait soutenue, se plaignait d'un corps dont les membres changeaient tous les jours, et qui n'avait su faire ni le commerce ni la guerre; et la Compagnie reprochait au gouvernement de l'avoir enchaînée sous le joug d'un commissaire du roi, puis de deux, puis de trois, qui ne pouvaient s'entendre, et d'avoir ainsi ajouté au despotisme la division et l'anarchie. Les ministres voulaient la priver de son privilége exclusif; ils employèrent la plume de l'abbé Morellet. La Compagnie trouva quelques défenseurs, et cette polémique, où la plaisanterie et le ridicule se mêlèrent, comme il est d'usage chez les Français, amusa quelque temps le public, même

après qu'un arrêt du conseil, du 13 août 1769, eut suspendu le privilége exclusif de la Compagnie des Indes, et accordé à tous les Français la liberté de naviguer et de commercer au delà du Cap de Bonne-Espérance. Les actionnaires demandèrent une liquidation, et cédèrent au roi, en 1770, moyennant 1,200,000 fr. de rentes perpétuelles, au capital de 30 millions, tous leurs vaisseaux, leurs magasins, leurs édifices et leurs esclaves, tant à Lorient que dans les diverses places de l'Inde et du golfe Persique.

La Compagnie des Indes avait eu un moment d'éclat; mais elle avait brillé comme un météore qui se consume lui-même. Ses fautes et ses revers étaient la preuve irrécusable de son inutilité. Elle fut pourtant rétablie par arrêt du conseil du roi, le 14 avril 1785, et chargée de l'ancienne liquidation. Le ministre Calonne espérait sans doute s'en faire une ressource pour satisfaire ses prodigalités ou ses déprédations. Dès la même année il parut des mémoires qui blâmaient, avec autant de force que de logique, cette mesure administrative et le monopole qu'elle établissait. L'abbé Morellet, cet ancien et terrible antagoniste de la Compagnie des Indes, prit encore la plume en faveur des députés du commerce de France, et signala les vices et les dangers de ce simulacre de compagnie, élevé par l'intrigue et la cupidité pour faire des dupes. Mais des événements d'une plus haute importance, précurseurs de la révolution de 1789, firent ajourner la question de la Compagnie des Indes. Elle fut enfin supprimée par décret de l'Assemblée constituante du 14 août 1790. Les bureaux de Lorient et de Paris furent réunis au trésor public, et l'on maintint ceux de Pondichéry et de l'Ile de France jusqu'à ce que la liquidation fût terminée. L'Assemblée législative, par son décret du 9 juillet 1792, crut devoir rétablir encore pour dix ans la Compagnie dans l'intérêt des actionnaires, qui élurent eux-mêmes leurs administrateurs, la plupart choisis parmi ceux de l'ancienne. Un second décret du 13 septembre ordonna le remboursement partiel des actions par la caisse de l'extraordinaire. Il y eut alors à Paris les bureaux de l'ancienne et de la nouvelle Compagnie, jusqu'au moment où la Convention nationale, qui envahissait tout, qui détruisait tout, ordonna, en 1793, l'apposition des scellés sur les magasins de la Compagnie, et prononça, le 24 août, sa suppression définitive, comme ayant volé 50 millions à la France.

En 1794, Fabre d'Églantine, Chabot, Delaunay d'Angers, etc., furent décrétés d'accusation et condamnés à mort comme coupables d'avoir falsifié le dernier décret relatif à la Compagnie des Indes, en faveur des administrateurs qui les auraient gagnés par de brillantes promesses. Cette affaire n'a pas été bien éclaircie; mais il est certain qu'avec eux périt le fameux abbé d'Espagnac, l'âme damnée de Calonne, le père de l'agiotage moderne, et qui avait scandaleusement spéculé sur les actions de la Compagnie. H. AUDIFFRET.]

INDES ORIENTALES (Établissements français dans les). *Voyez* CHANDERNAGOR, KARIKAL, MAHÉ, PONDICHÉRY et YANAON.

INDESTRUCTIBILITÉ. *Voyez* DESTRUCTION.

INDÉTERMINÉ. C'est, en mathématiques, une grandeur qui n'a point de bornes prescrites, et que l'on peut prendre si grande ou si petite que l'on veut. Un problème est dit *indéterminé* lorsqu'on peut le résoudre d'une infinité de manières différentes, qui toutes satisfont à la question. Si l'on demande, par exemple, de trouver un nombre qui soit divisible par 3, 4, 5, on comprend que tous les produits, tels que 60, 180, etc., que l'on peut faire à l'infini de ces nombres, satisferont à la question. En général, les problèmes indéterminés présentent plus d'inconnues que d'équations. Si l'on demande quels sont les deux nombres dont la somme égale 28, en représentant ces nombres, l'un par x et l'autre par y, on aura l'équation $x + y = 28$, qui peut donner lieu à une infinité de solutions, si l'on admet qu'il est permis de prendre pour les valeurs des inconnues x, y, tel nombre positif ou négatif, entier ou fractionnaire, que l'on voudra; car si l'on fait y égal à $\frac{1}{4}$, on aura $x = 27\frac{3}{4}$. Mais si les valeurs des inconnues sont des nombres entiers et positifs, les solutions du problème sont limitées. En effet, de l'équation $x = 28 - y$, il résulte que la valeur de y ne peut pas excéder 28; et si l'on représente sa valeur successivement par 0, 1, 2, 3, 4... 28, les valeurs de x seront 28, 27, 26... 0; de sorte que le problème ne saurait avoir que 29 solutions différentes.

Dans les recherches algébriques, l'indétermination se montre sous diverses formes, mais qui toutes peuvent se ramener au symbole $\frac{0}{0}$. La valeur que l'on cherche est alors le quotient d'un dividende nul par un diviseur également nul. Or, en se reportant à la définition de la division, on reconnaît que le quotient est quelconque, puisque le produit de tout nombre par 0 est égal à 0.

Il se présente quelquefois des problèmes dont le nombre de solutions est limité, et qui offrent quelques difficultés, parce qu'il n'est pas toujours aisé de voir tout de suite quel est le nombre de ces solutions; en voici un exemple : on demande de combien de manières on peut distribuer 40 fr. à 20 personnes, hommes, femmes et enfants, en donnant 4 fr. aux hommes, 2 fr. aux femmes, et 1 fr. aux enfants; on voit tout de suite qu'il s'agit de trouver combien il peut y avoir d'hommes, de femmes et d'enfants; ce qui présente trois inconnues; et néanmoins les conditions du problème ne permettent que de former deux équations, qui sont, en représentant le nombre des hommes par x, celui des femmes par y, et celui des enfants par z :

$$x + y + z = 20$$
$$4x + 2y + z = 40.$$

De la première on tire :
$$z = 20 - x - y.$$

Substituant cette valeur de z dans la seconde, on a :
$$4x + 2y + 20 - x - y = 40,$$
et en réduisant :
$$3x + y = 20$$
d'où
$$x = \frac{20 - y}{3}$$

La valeur de x serait tout à fait indéterminée si l'on pouvait prendre pour y telle valeur que l'on voudrait. Mais comme les inconnues représentent des unités entières (des personnes), il s'ensuit que y est un nombre entier positif, ainsi que la valeur de x. Il résulte encore de cette condition que x ne peut pas excéder 20 ; car si x égalait seulement ce dernier nombre, la valeur de z serait 0; et pour que cette valeur soit un nombre entier et positif, il faut encore que $20 - x$ soit divisible par 3 sans reste. Faisons donc la valeur de $20 - y$ égale à tous les multiples de 3, nous aurons :

$$20 - y = 3 \quad y = 17$$
$$20 - y = 6 \quad y = 14$$
$$20 - y = 9 \quad y = 11$$
$$20 - y = 12 \quad y = 8$$
$$20 - y = 15 \quad y = 5$$
$$20 - y = 18 \quad y = 2$$

Il n'est pas permis d'aller plus loin, car si nous faisions $20 - y = 21$, il s'ensuivrait que la valeur de y serait égale à -1 : or, cette valeur doit être positive. Du tableau ci-dessus, on tire les valeurs de x, qui sont :
$$x = \frac{3}{3} = 1$$
$$x = \frac{6}{3} = 2, \text{ etc.};$$

les valeurs de z sont : 2, 4, 6, 8... 12. Le tableau suivant contient toutes les solutions dont le problème est susceptible.

$$y = 17 \quad x = 1 \quad z = 2$$
$$y = 14 \quad x = 2 \quad z = 4$$
$$y = 11 \quad x = 3 \quad z = 6$$
$$y = 8 \quad x = 4 \quad z = 8$$
$$y = 5 \quad x = 5 \quad z = 10$$
$$y = 2 \quad x = 6 \quad z = 12$$

La recherche des systèmes des solutions des questions indéterminées et leurs nombreuses applications forment une partie importante de l'algèbre, qui a dû ses plus grands progrès au célèbre Euler.   TEYSSÈDRE.

INDÉTERMINISME. On appelle ainsi le point de vue philosophique où les actes de la volonté de l'homme ne sont point décidés par certains motifs ou causes, et, bien plus encore, celui où l'homme peut même vouloir, sans raison, en dépit des motifs qui s'opposent à l'exercice de sa volonté, le contraire de ce qu'il veut en réalité. Les actes de la volonté ne seraient, d'après ce raisonnement que de purs effets du hasard, c'est-à-dire indépendants de toute causalité, soit que l'on considère l'indéterminisme comme l'action du libre arbitre, *libertas æquilibrii* ou *indifferentiæ*, soit comme le résultat de la liberté transcendantale.

INDEX. C'est le nom latin francisé du second doigt de la main, autrement dit *indicateur*. En bibliographie, on a donné ce titre aux tables des matières. Dans l'imprimerie, on nomme ainsi un petit signe qui représente une main avançant le doigt indicateur, et employé pour appeler l'attention. Les *Petites Affiches* ont abusé de ce signe, et l'ont discrédité dans les journaux.   L. LOUVET.

INDEX. Sous cette dénomination, prise pour *Index librorum prohibitorum*, on désigne le catalogue des livres dont l'Église catholique défend la lecture aux laïques, soit à cause des erreurs qui y sont contenues, soit, en général, à cause des opinions hérétiques qu'elle prête à leurs auteurs. On rencontre de semblables ordonnances dès les premiers siècles de l'Église, par exemple la condamnation des livres païens prononcée par le concile de Carthage, en 400, et celle des écrits d'Arius par l'empereur Constantin. Les ouvrages des précurseurs de la réformation furent également surveillés avec rigueur par la hiérarchie romaine, et nous voyons, par exemple, qu'en 1408 le synode de Londres défendit la lecture des écrits de Wicleff qui n'auraient point été préalablement approuvés. Comme le nombre des livres s'accrut à la suite de l'invention de l'imprimerie, on se montra bien plus sévère pour empêcher la circulation des ouvrages qui paraissaient porter préjudice aux intérêts de l'Église de Rome; et après la réformation on chercha à anéantir tous les livres qui défendaient la nouvelle doctrine. C'est ainsi qu'en 1546 l'université de Louvain fit, sur l'ordre de Charles-Quint, publier un catalogue des livres dangereux, et qu'il en parut une nouvelle édition en 1550.

Des productions de cette espèce parurent à peu près en même temps à Venise, à Paris, à Cologne, et ailleurs. Déjà en 1557, puis en 1559, le pape Paul IV fit publier par l'inquisition, à Rome, une liste des livres défendus, que l'on peut considérer comme le véritable premier Index romain. Vers la même époque, en 1558, ce souverain pontife interdit aux théologiens catholiques et aux savants en général la lecture des livres hérétiques, qui leur avait été permise antérieurement par les papes et par l'inquisition. Comme cette prohibition ne concernait autrefois que les livres hérétiques d'auteurs condamnés, l'*Index* fut par la suite divisé en trois classes : à la première appartenaient les savants, catholiques compris, dont les œuvres avaient été prohibées en masse; la seconde comprenait les livres interdits des auteurs dont les autres productions n'étaient point condamnées; et dans la troisième on trouvait les ouvrages anonymes, notamment tous ceux de cette espèce qui avaient paru depuis 1519. La prohibition s'étendait aussi à tous les livres où l'on défendait les droits de l'autorité temporelle contre le clergé, ou bien encore la considération et le pouvoir des évêques et des conciles par opposition au saint-siège. L'inquisition voulut même que tous les livres imprimés par soixante-deux imprimeurs qu'elle désignait ne pussent point être lus. On décréta en même temps des peines sévères contre les lecteurs de livres défendus, telles que révocation de fonctions, dégradation, etc., en général, la sentence du grand interdit, ce qu'on appelait *excommunicatio latæ sententiæ*.

L'*Index* reçut des formes plus précises par suite des décisions du concile de Trente, après avoir été annulé par Pie IV, à cause de son extrême rigueur. Dans sa dix-huitième séance (1562), ce concile nomma une commission chargée de préparer un mode de poursuites contre les livres hérétiques et de lui en faire un rapport. Mais le résultat de ce travail fut si volumineux, que, dans sa dernière séance, le concile résolut de réserver la solution de cette difficulté au pape. Pie IV fit donc connaître, par sa bulle de 1564, le catalogue des livres à prohiber; et c'est ainsi que parut ce que l'on nomme *Index Tridentinus*, lequel indiquait dix règles à observer pour la condamnation des livres hérétiques. Il fut imprimé sous le titre de *Index librorum prohibitorum, Alexandri VII, pontif. max., jussu editus (Rom., apud Aldum Manutium)*. Il en parut dans l'année 1595 une nouvelle édition, augmentée par Sixte-Quint et par Clément VII, et qui désignait d'une manière plus précise les règles adoptées pour le jugement.

Vers la même époque, Sixte-Quint créa une *congrégation de l'Index*, chargée de continuer le catalogue des livres prohibés, d'accorder aux hommes savants et religieux la permission de lire les livres défendus, et de présenter sur de pareils ouvrages des rapports tendant à en faire permettre la lecture moyennant la suppression préalable des passages condamnés. D'ailleurs, l'inquisition de Rome conserva toujours le droit d'index sur certains livres. Le nombre des livres prohibés s'étendit de la sorte considérablement, et l'*Index Tridentinus* ne fut plus appelé que l'*Index romain*. L'*Index librorum expurgandorum* ou *Index expurgatorius* contient l'indication des livres à purifier pour l'usage des lecteurs catholiques. Jean-Marie Brasichelli (son véritable nom était Wenzell de Brisigella) publia à Rome, en 1607, une édition remarquable de l'*Index*, laquelle cependant fut supprimée par le pape, en 1612, après l'apparition de la première partie; mais on l'a réimprimée depuis d'après un exemplaire échappé à cette suppression. Le grand-inquisiteur espagnol Antonio Sotomayor fit imprimer à Madrid le catalogue complet de livres à l'index, sous le titre de *Index librorum prohibitorum et expurgandorum* (1648, in-fol.). Plusieurs Index romains ont été publiés depuis. Consultez, du reste, à cet égard Peignot : *Dictionnaire critique, littéraire et bibliographique des principaux livres condamnés au feu, supprimés ou censurés* (Paris, 1806, 2 volumes in-8°), et Mendham : *Account of the Indices both prohibitory and expurgatory of the Church of Rome*.

(Jusque ici les sentences de la congrégation de l'Index n'ont eu par elles-mêmes aucune force en France. Suivant Fleury, d'accord avec tous nos canonistes, les décrets des congrégations de Rome sont honorés dans l'Église gallicane comme des consultations de docteurs graves; mais, ajoute-t-il, « nous n'y reconnaissons aucune juridiction sur l'Église de France ». Ce serait donc seulement aux évêques qu'il appartiendrait, selon nos docteurs, de signaler les livres que les prêtres et les fidèles doivent s'interdire de lire ou qu'ils ne doivent lire qu'avec précaution. Les évêques usent rarement de ce droit de censure, et peut-être en usent-ils encore trop, tant nos mœurs sont opposées à l'étouffement de la pensée. Ce n'est pas l'avis de la petite secte ultramontaine qui s'agite au milieu de nous; trouvant leurs pasteurs trop bons pour ceux qui ne pensent pas comme eux, voyant les évêques aussi désireux d'éviter le scandale que ces agitateurs turbulents sont ardents à le provoquer, les *néocatholiques* ont imaginé d'attacher une grande importance aux décisions de la congrégation de l'Index. Leurs journaux les reproduisent avec complaisance, sûrs qu'ils sont de ne jamais rien avoir à craindre pour quelqu'un de leurs amis, pas même de dégoûtants pamphlets faits pour soulever le cœur des honnêtes gens de tous les partis. Voulez-vous savoir pourtant ce que l'Index dénonce, ce qu'il est interdit de lire, d'acheter, de posséder sous les peines spirituelles les plus graves (en attendant qu'il soit permis d'y joindre des peines corporelles, comme dans cette bienheureuse Toscane où l'on va en prison parce qu'on lit la Bible sans aller à confesse), lisez un catalogue de l'Index : vous n'y trouverez pas seulement les noms de Voltaire, de Rousseau, de Diderot, de Dupuis, de Volney, ou de quelque autre philosophe ayant attaqué au nom de la raison une religion par trop semée de mystères et de pratiques surannées ou superstitieuses, ou s'étant, au nom de la liberté humaine, élevé contre des actes d'intolérance et de fausse dévotion ; vous y trouverez encore et surtout des noms d'hommes profondément religieux, des défenseurs zélés et savants du christianisme; ainsi vous y lirez les noms de Machiavel, Descartes, Malebranche, Baluze, J. Bodin, Érasme, Montaigne, Henry et Robert Étienne, Scapula, pour son *Lexicon Græco-Latinum*! parmi les historiens : Christophe de Thou, Guichardin et Robertson ; viennent ensuite le grand Arnauld et l'auteur des *Provinciales*; parmi les publicistes : Grotius, pour son traité *De Jure Belli et Pacis*, Puffendorf, Barbeyrac, Heineccius, pour leurs *Traités du Droit de la Nature et des Gens*; Filangieri, pour sa *Science de la Législation*; parmi les jurisconsultes et canonistes français : Dumoulin, le premier de tous ; Patru, pour un de ses plaidoyers ; Edmond Richer, syndic de la Faculté de Théologie de Paris ; Louis Ellies Dupin, pour quelques-uns de ses traités; Van Espen, le plus savant des canonistes, pour toutes ses œuvres; le sage Fleury lui-même, pour son *Introduction au Droit canonique*, qui n'en est pas moins restée parmi nous le livre élémentaire par excellence. On trouve aussi condamnés le livre des *Libertés gallicanes*, de P. Pithou ; les *Preuves* de ces Libertés, publiées par Dupuy; leur exposition, par Dumarsais; le célèbre *Traité de la concordance du Sacerdoce et de l'Empire*, par P. de Marca, archevêque de Paris ; Fevret, auteur du *Traité de l'Abus*. Enfin, parmi les plus modernes : Lanjuinais, de Pradt, Tabaraud, Gioberti, les abbés Bailly et Lequeux; ce dernier pour avoir écrit ce qu'on enseigne dans toutes les églises de France, au dire de l'ancien évêque de Chartres, Clausel de Montals; l'avant-dernier, pour une théologie enseignée dans tous nos séminaires. On peut en outre ajouter, pour la philosophie, le nom de M. V. Cousin; et pour la science du droit, M. Dupin aîné; puis, enfin, celui de Lamennais. Le *Dictionnaire historique* de M. Bouillet a dû subir d'assez nombreux changements pour être rayé de la fatale liste de proscription.

L'Église, il est vrai, s'est souvent relâchée de sa rigueur ; et après avoir mis un livre à l'index, on accordait à certaines personnes, quelquefois moyennant finance, la permission de *lire les livres défendus*, pourvu qu'elles alléguassent que c'était pour les réfuter. Un arrêt du parlement de Paris, du 4 avril 1732, rendu sur les conclusions de l'avocat général P. Gilbert de Voysins, mit un terme à l'abus que faisait le nonce alors résidant en France de ces sortes de permissions. Le célèbre Dumoulin était seul excepté de ces dispenses, tant était grande la rancune qu'on lui gardait à Rome pour son commentaire sur l'édit des petites dates, qui avait ruiné la caisse papale. Mais comme on ne pouvait se priver des lumières d'un si grand jurisconsulte, on eut recours à un expédient : on fit réimprimer ses écrits sous le nom supposé de *Gaspart Caballinus de Cingulo*; et, à la faveur de ce déguisement, il fut permis de le citer même en Italie. L. LOUVET.

INDIANA, l'un des États-Unis de l'Amérique du Nord, entre le Michigan, l'Ohio, le Kentucky, l'Illinois et le lac Michigan, entra dès 1783 sous la protection de l'Union, fut élevé au rang de *Territoire* en 1811, et admis en 1816 au nombre des États composant l'Union, après que les planteurs eussent acquis, dès 1795, la portion du sol qu'arrose le Wabash. Son nom provient des nombreuses tribus d'Indiens qui habitaient autrefois ces contrées. La superficie de l'État d'Indiana est de 1,255 myriamètres carrés ; en 1820 il comptait déjà une population de 147,178 âmes; en

1850 ce chiffre s'élevait à 988,416. Dans ce nombre d'habitants figuraient 5,100 hommes de couleur libres. Le sol n'est montagneux qu'aux environs de l'Ohio; presque partout ailleurs il est plat, et ne forme guère qu'une immense prairie. Situé par 37° 45' et 41° 52' de latitude nord, le climat en est tempéré, le ciel toujours pur, le sol fertile et propre à donner tous les produits du centre de l'Amérique septentrionale. Plus de 270 myriamètres carrés en sont déjà complétement en culture. La houille y est extraordinairement abondante (*voyez* ILLINOIS), et on y trouve aussi beaucoup de sources salées. L'Indiana est un véritable grenier à blé, et se prépare à devenir un puissant district manufacturier. Il a 56 kilomètres de côtes sur le lac Michigan. L'Ohio lui sert de frontière au sud, sur une étendue de 50 myriamètres, et le Wabash sur une étendue de 18 myriamètres au sud-ouest. Ce dernier cours d'eau est navigable pour bateaux à vapeur jusqu'à La Fayette; et les cours d'eau de l'intérieur sont navigables pour bateaux plats sur un parcours d'environ 290 myriamètres. L'industrieuse population de cet État a fait preuve d'une remarquable activité dans la construction des chemins de fer. En 1852 on y comptait déjà 90 myriamètres de voies ferrées en exploitation, et 110 en construction. L'État d'Indiana envoie à présent onze représentantsau congrès. Le gouverneur, qui reçoit un traitement de 1,500 dollars, est élu pour trois ans, et les cent représentants pour une année. Au 7 janvier 1851 la dette consolidée de l'État s'élevait à 6,775,552 dollars, et le fonds consacré aux écoles à 1,090,215 dollars.

Il a pour chef-lieu *Indianapolis*, sur le *White-River*, avec une école de médecine et 8,034 habitants. Les autres localités importantes sont : *New-Albany*, avec 9,785 hab.; *Vincennes*, sur le Wabash, ancien établissement français, fondé vers le milieu du dix-huitième siècle; *New-Harmony*, belle ville, fondée en 1815 par Rapp, dans une vallée voisine du Wabash, près de laquelle Owen établit une colonie, où il voulait mettre son système en pratique, mais qui périt dès 1826 ; *Vevay*, sur l'Ohio, fondé par des émigrés suisses du canton de Vaud, d'où cette contrée est aussi appelée quelquefois *la Suisse; Clarkeville*, fondée par le général Clarke, sur les 150,000 journaux de terre dont le congrès lui avait fait don en récompense de ses services ; *Bloomington*, avec l'université d'Indania, fondée en 1816. En fait d'établissements de ce genre on peut encore mentionner l'*Indiana Ashbury-University* à Greenville, l'*Hannover College* et le séminaire presbytérien à Hannover, enfin le *Wabash College* à Crawfordsville.

INDIAN TERRITORY (c'est-à-dire *Territoire Indien*), l'un des territoires des États-Unis qui ont été récemment organisés, est situé des deux côtés de l'Arkansas central, et borné à l'est par les États d'Arkansas et de Missouri, au nord par le Kansas-River, à l'ouest par le 23e méridien, à l'ouest de Washington, de même qu'au sud, par le Texas, par le Red-River. Il ne forme, pour ainsi dire, qu'une immense prairie de 6,184 myriamètres carrés, où errent les Osages, les Creeks, les Cherokees et autres tribus indiennes.

INDICATEUR ou **INDEX**. *Voyez* DOIGT.
INDICATEURS (Jours). *Voyez* CRISE.
INDICATIF. La grammaire appelle ainsi le mode des verbes dont la fonction est d'exprimer les divers temps avec l'affirmation simple, sans dépendance d'aucun autre mot précédent. Ainsi, quand on dit : *j'aime l'or; vous m'avez charmé; il terminera son travail*, l'affirmation est simple dans chacune de ces phrases. On nomme ce mode *indicatif*, parce qu'il indique ou marque directement et positivement ce qui est signifié par le verbe. L'indicatif diffère du subjonctif en ce que les temps de ce dernier mode n'affirment jamais qu'indirectement, étant toujours subordonnés à quelque affirmation directe et principale. Dans cette phrase, par exemple : *je veux que vous marchiez droit, je veux* exprime une affirmation directe et tout à fait indépendante, tandis que l'affirmation exprimée par *vous marchiez* n'est qu'indirecte et subordonnée à la première. L'indicatif est donc le mode absolu et positif des verbes. Il indique l'existence considérée en elle-même. Les temps du subjonctif sont tellement sous la dépendance des mots ou conjonctions qui les précèdent, qu'on ne peut les en séparer; tandis que les temps de l'indicatif n'ont aucune sujétion de ce genre, et peuvent former seuls un sens clair et déterminé, en quoi consiste l'affirmation simple. Ainsi, dans cette phase : *Je crois que nous irons à Rome*, retranchez *je crois que*, le reste, *nous irons à Rome*, présente à l'esprit un sens déterminé, et qui s'entend indépendamment de tout autre mot. CHAMPAGNAC.

INDICATIFS (Adjectifs). *Voyez* DÉTERMINATIFS.
INDICE, nombre qui exprime le degré d'une racine à extraire : dans $\sqrt[4]{16}$, 4 est l'indice; c'est donc l'exposant de la puissance à laquelle il faudrait élever la racine pour reproduire le nombre donné.

Les algébristes emploient souvent la même lettre pour désigner plusieurs quantités différentes, mais offrant certaines analogies; alors cette lettre est accompagnée vers le bas de nombres qui empêchent de confondre toutes ces quantités ensemble, et qui servent en même temps à désigner le rang ou quelque propriété du symbole auquel ils sont affectés : ainsi on écrit a_1, a_2, a_3, etc., qu'il ne faut pas confondre avec a^1 ou a, a^2 ou $a \times a$, a^3 ou $a \times a \times a$, etc. Ces nombres placés au bas des lettres ont reçu le nom d'*indices*.

En optique, l'*indice de réfraction* est le rapport du sinus de l'angle d'incidence au sinus de l'angle de réfraction.

INDICTION, INDICTION ROMAINE, période ou cycle de quinze ans, dont l'origine est assez obscure. On prétend que c'était le nom d'un tribut (*indictio tributaria*) que les anciens Romains levaient tous les ans dans les provinces pour fournir à la paye des soldats qui avaient quinze ans de service. Sous les empereurs, le mot *indiction* signifia purement et simplement une période de quinze années. Cette période commença, dit-on, sous Constantin, le 25 septembre, 312. Chez les Grecs du Bas-Empire, ce fut au 1er septembre; et les papes, qui s'en servent encore, la font commencer au 1er janvier 313.

Si l'on compte la suite de ces périodes en remontant, on trouve que la première dut commencer trois ans avant l'ère chrétienne : ainsi donc, pour connaître la période d'indiction dans laquelle on se trouve et l'année de cette période, il faut ajouter 3 au millésime de l'année, et diviser la somme par 15; si la division donne un quotient sans reste, ce sera une preuve que l'on se trouve à la fin d'une période accomplie; dans le cas contraire, le reste que donnera la division indiquera le nombre des années d'une période non achevée. TEYSSÈDRE.

INDIEN (Archipel), appelé aussi *Australasie*. Il comprend les diverses îles qui couvrent la partie nord-est de l'océan Indien ou mer des Indes, ou la mer de l'Est, comme l'appellent les Anglais, et qui occupent ensemble une superficie de 21,560 myriamètres carrés. Ces îles, en raison de leur position, forment trois groupes distincts : 1° la rangée extérieure, à l'extrémité est et nord-est, composée des Moluques, avec le groupe de Banda, Amboine et Ternate, et des îles Philippines ou Manilles; 2° la rangée intérieure, à l'extrémité sud et sud-ouest, à savoir : les îles Andaman et Nicobas, les grandes îles de la Sonde, Sumatra et Java, les petites îles de la Sonde à l'est de Java, depuis Bali jusqu'à Timorlaut; 3° la rangée centrale, formée par les grandes îles de la Sonde, Bornéo et les Célèbes, ainsi que beaucoup de petites îles, telles que Palawan, les îles Soulou, Billiton, Banca, l'importante Singapore, etc. La rangée extérieure et de la rangée intérieure forment des chaînes volcaniques, Bornéo un seul groupe de montagnes, et les Célèbes une bizarre complication de chaînes. D'après sa position, ce monde d'îles semble comme les assises d'un pont jeté entre l'Asie et l'Australie; mais par leur constitution

INDIÉN — INDIENNE

physique il diffère complétement de ce dernier continent, tandis que les groupes des Mariannes, des Carolines, etc., doivent y être rattachés. Sa constitution physique présente les analogies les plus frappantes avec le continent des Indes orientales; on y trouve la même végétation, les mêmes espèces d'animaux et une égale richesse en produits précieux de toutes espèces. C'est ce qui explique comment ces îles ont depuis longtemps attiré si vivement les peuples les plus différents. Les habitants aborigènes sont divisés en une multitude de peuplades, mais appartiennent tous à la race, que, d'après le nom de l'une d'entre elles, on appelle la race malaise. Elles offrent entre elles de grandes différences pour ce qui est de la civilisation, ce qu'il faut attribuer sans doute à leur plus ou moins de rapports avec l'étranger. La civilisation et la religion indiennes y furent en effet introduites de bonne heure, et elles y ont jeté de profondes racines. Vinrent ensuite les Arabes, qui à leur tour y propagèrent l'islamisme. Enfin sont venus les Européens, et surtout les Hollandais, qui se sont emparés de presque tout l'archipel, tandis que les Espagnols n'y possèdent que les Philippines, les Portugais que Dilli avec un petit territoire dans l'île de Timor, les Anglais que Singapore et l'île Labouan, voisine de la côte nord-est de Bornéo. En outre, une immense quantité d'industrieux Chinois s'y sont établis à peu près partout. On évalue le nombre des habitants de l'Archipel indien à 14 millions, dont 2 millions de métis de races diverses, un petit nombre d'Européens et dans leurs colonies un certain nombre d'esclaves nègres. Dans quelques-unes de ces îles on rencontre encore de faibles débris d'une race d'hommes particulière, de noir le plus foncé, et très-grossière, qui paraît avoir de l'affinité avec les nègres de la partie australe de la mer du Sud, les *Négrites* ou *Papous*, et parmi lesquels les faibles Alphourons, Alférdses ou Hanaforas, également du noir le plus foncé, pour la plupart refoulés à l'intérieur des îles ou bien réduits en esclavage par leurs voisins, semblent n'être qu'une dégénérescence de la race malaise.

INDIEN (Océan). *Voyez* INDES (Mer des).

INDIEN (Territoire). *Voyez* INDIAN-TERRITORY.

INDIENNE. *Voyez* TOILES PEINTES.

INDIENNE (Littérature). Les monuments écrits de la littérature indienne appartiennent aux plus anciens que nous possédions d'aucun peuple. Dans la première période de son histoire nous trouvons les Hindous, parlant arique ou sanscrit et habitant aux limites nord-ouest de l'Inde, entre le pays des cinq fleuves (le Pendjab) et la montagne de Kaboul, comme un peuple agricole et pasteur, aux mœurs patriarcales les plus simples. C'est l'époque de la poésie religieuse, d'où dérivent les hymnes et les prières. Quand cette race indo-arique pénétra plus avant dans les fertiles vallées situées entre l'Indus et le Gange, au milieu de ses luttes incessantes avec les barbares aborigènes de ces contrées se développa la poésie épique, qui tantôt célèbre les guerres faites par les différentes races conquérantes pour obtenir la suprématie, tantôt raconte la propagation de la civilisation et de la religion brahmanes dans les parties les plus lointaines de l'Inde. A cet ordre d'idées se rattache, en raison de la formation toujours croissante et toujours plus étendue d'une littérature d'érudition, les réunions d'antiques traditions en compilations systématiques, l'exégèse des anciens livres religieux, puis après la grammaire, la métrique et la lexicographie, celles des livres relatifs aux mathématiques, à l'astronomie, à l'astrologie et à la médecine, les codes des lois et les systèmes de philosophie; et dans les cours des princes amis de l'Inde fleurissent alors la poésie d'art, le drame, la nouvelle, etc. Tous les ouvrages de cette première période sont composés en sanscrit, qui jusqu'à l'époque de Bouddha (500 ans av. J.-C.) demeura la langue populaire, et qui plus tard conserva son importance jusqu'à nos jours comme langue de la science et de l'érudition. Le mélange avec les peuples primitifs étrangers, la séparation des populations en castes, amenèrent la corruption du sanscrit,

dont s'emparèrent les religions d'origine nouvelle des Bouddhistes et des Djaïnas, pour agir sur les classes inférieures. Mais cette langue finit aussi par être supplantée par les différents dialectes qui se formèrent dans les divers États de l'Inde par suite de ses convulsions politiques, qui sont aujourd'hui les dépositaires de la civilisation indienne, mais auxquels l'influence du génie européen réserve encore un grand avenir. *Voyez* INDIENNES (Langues).

C'est ainsi qu'on peut, mieux que chez tout autre peuple de la terre, suivre chez les Hindous leur développement intellectuel dans des monuments écrits et authentiques datant d'une époque extrêmement reculée, de 1500 ans au moins avant J.-C., à travers toutes leurs phases jusqu'à nos jours. Les plus anciens témoignages du génie hindou ont été déposés dans les *Védas*, qui nous ont été conservés dans quatre collections: *Rig-véda*, *Sâma-véda*, *Yadschour-véda*, et *Atharva-véda*. Chacune de ces collections est partagée en trois subdivisions, qui répondent à autant de degrés dans le développement de la conscience religieuse. La première division d'un *véda* en est appelée le *Sanhitâ*, et comprend les chants, hymnes et prières dans lesquels l'Hindou invoque la bénédiction céleste pour ses troupeaux, salue le lever de l'aurore. La seconde subdivision, de beaucoup plus récente, se compose des *Brâhmanas*, qui contiennent les chants pour les sacrifices et les sentences relatives à la sacrification, et dès lors les expliquant, soit philologiquement, soit en fait, ou bien faisant spéculativement et dogmatiquement le sujet des chants. Les *Sûtras*, courtes sentences dans lesquelles se trouve réuni, au point de vue du rite comme du dogme, tout l'essentiel de la matière, forment la troisième subdivision, la plus récente des trois. On ne sait encore que fort peu de chose au sujet de ces deux dernières collections, qui sont aux anciens chants à peu près ce que le Talmud est à la Bible. Les *Sanhitâs*, au contraire, ont déjà été presque tous imprimés, par exemple la sanhitâ du Rig-véda, comprenant environ mille chants divisés en huit livres et environ 10,000 strophes, éditée par Rosen (1 vol., avec traduction latine; Londres, 1838) et par Müller (avec les scolies complètes de Sayana; Londres, 1849). M. Langlois en a donné une traduction française complète (4 vol.; Paris, 1848-1852); Wilson en a commencé une en anglais (Londres, 1850). Consultez Nève, *Étude sur les hymnes du Rig-véda* (Louvain, 1842). Benfey a publié avec traduction allemande (Leipzig, 1848) la sanhitâ du Sâma-véda, qui n'est qu'une anthologie des chants du Rig-véda, rédigée spécialement à l'effet d'accompagner dans tous ses stades la sacrification sainte du sacrifice de Somao. Weber a fait connaître (Berlin, 1849) la sanhita du Yadschour-véda, qui comprend surtout des sentences sacrificatoires et des prières, parfois en forme rhythmique, partie en prose. Roth et Withney préparent en ce moment une édition de la sanhitâ de l'Atharva-véda, qui est d'origine plus récente que les précédentes et forme une riche collection de chants religieux. Aux Védas appartient encore une collection de dissertations didactiques, les *Oupanishat*, provenant de périodes très-diverses, et qui sont les premières tentatives faites par le génie hindou pour fonder spéculativement les dogmes religieux. Anquetil-Duperron a donné une traduction latine, d'après une imitation persane, de 52 *oupanishat*: quelques-uns ont été traduits et publiés par Ram-Mohan-Roy (Calcutta, 1818); Poley (Bonn, 1844); Roer (Calcutta, 1848) et Weber (dans ses *Études sur l'Inde* [Berlin, 1848]). Consultez Colebrooke, *Essay on the Vedâs*.

De l'antique poésie épique, il s'est conservé deux vastes épopées, dont l'une, le *Mahâbhârata*, raconte la lutte de deux familles princières, lutte à laquelle prennent part une foule de souverains et de races diverses, et qui se termine par l'anéantissement complet des plus nobles familles de l'Inde antique. A cette action principale se rattachent une innombrable quantité d'épisodes, tantôt d'un caractère épique ou légendaire, tantôt d'un contenu didactique, mais différant complètement, et pour le sujet et pour l'époque, de leur composition, de telle sorte que le tout a plutôt l'air d'un poëme cyclique que d'une épopée renfermée par l'art dans des limites données. La tradition en nomme pour auteur *Vyâsa*, nom qui veut dire collecteur ; mais ce n'est là que la personnification de toute une période de la littérature. Le texte sanscrit du *Mahâbhârata* forme 4 volumes, et a été publié en 1834 à Calcutta. Bopp, Pavie, Wilkins, etc., en ont publié divers épisodes, texte et traduction en regard. La seconde épopée, le *Râmáyana* de Valmiki, raconte la conquête de l'Inde par Râma, dont un démon avait enlevé l'épouse. Dans ce poëme, il y a plus d'unité et d'art que dans le Mahâbhârata, bien qu'il soit plus court. Guillaume Schlegel avait commencé une édition du texte avec une traduction latine en regard (tomes I et II; Bonn, 1829-1833); Gorresio eu a donné une édition complète avec traduction italienne (tomes I à VII; Paris, 1843-1850).

A ces deux poëmes épiques se rattachent les *pouranâs*, vastes compilations des antiques traditions, contenant la cosmogonie, l'histoire des dieux et des saints, avec beaucoup de digressions philosophiques et didactiques, et la plupart ayant pour but spécial d'exalter telle ou telle secte des adhérents de Vishnou ou Siva aux dépens des autres. On pourrait même dire que ce sont les histoires ecclésiastiques des diverses sectes religieuses des Hindous et l'exposition de leur dogmatique. On connaît dix-huit *pouranâs*, dont un seul, le *Bhagavata-pouranâ*, contenant l'histoire du dieu Vishnou, a été complétement publié, avec scolies (Calcutta, 1830; Bombay, 1839; texte avec traduction française par Burnouf, Paris, 1840). Wilson a traduit le *Vishnoupouranâ*, dont le contenu offre beaucoup de rapports avec celui du *Bhagavata-pouranâ*, mais qui est d'une époque antérieure. Dans l'introduction à l'ouvrage précité, Wilson présente l'analyse des autres pouranâs. Consultez Nève, *Les Pourands* (Paris, 1852). A ces ouvrages se rattache aussi le poëme *Hari-Vansa*, traduit en français par Langlois (2 vol.; Paris, 1842) et imprimé comme appendice au Mahâbhârata, où se trouve racontée l'histoire de Krishna comme incarnation de Vishnou, avec des ornements fantastiques.

L'Hindou n'attache point au mot histoire le même sens que l'Européen; jamais le développement historique de l'humanité n'a eu d'importance à ses yeux; et jusqu'à présent il n'existe encore dans toute la littérature indienne qu'un seul ouvrage qui puisse plus ou moins prétendre au titre de livre historique; c'est le *Radja-tarangini* (Calcutta, 1835 ; trad. en français par Troyer, 3 vol., 1840), qui raconte en vers, et dans une style très-raffiné, l'histoire de Kaschmir depuis les temps les plus reculés jusqu'au seizième siècle.

Le goût pour l'épopée simple disparut peu à peu ; et elle fut alors remplacée par des poëmes artistement travaillés et plus courts, écrits d'un style recherché et ambigu, surchargés de petites images et de jeux de mots et de tout ce vain clinquant du faux bel esprit où il y a absence complète de poésie vraie et profonde. Ces épopées d'art (*kâvya*) racontent en résumé tout le contenu des anciens poëmes épiques, comme la *Bâlabhârata* d'Amara, traduit en grec par Galanos (Athènes, 1848), résumé du Mahâbhârata, et le *Rhagou-Vansa* de Kâlidâsa, texte sanscrit avec trad. latine par Stenzler (Londres, 1832), où sont résumés les événements du Râmâyana. D'autres traitent d'une manière plus détaillée certains épisodes des anciens cycles épiques. Ainsi, les sujets du *Kirâtardschounîya* de Bharavi (Calcutta, 1814) et des *Sisoupalabadha* de Mâgha (Calcutta, 1813) sont tirés du Mabâbhârata ; le premier raconte la lutte du héros Ardschouna contre le dieu Siva, déguisé en montagnard (*Kirâta*) pour la possession des armes divines ; le second célèbre la mort du héros Sisoupala. Deux autres de ces poëmes traitent d'une manière brève, mais plus difficile, l'histoire romanesque de Nala : le *Nalodaya* de Kâlidâsa (texte sanscrit et trad. latine par Benary, Berlin, 1830 ; texte sanscrit et trad. anglaise, par Yates, Cal-

cutta, 1844); et avec plus détails, sans cependant le terminer, le *Naischahiya* de Harschadeva (Calcutta, 1836).

Dans la poésie lyrique et gnomique nous trouvons les poëmes les plus gracieux, pleins de sagesse pratique, de vrai sentiment, de tendre délicatesse, et de charmantes descriptions de la nature. En ce genre il faut surtout citer le *Meghadûta* de Khâlidâsa , et le *Ritousanhâra* (le Cercle des saisons) du même poëte; puis les Proverbes de Bhartrihari, les cent Sentences d'amour (Calcutta, 1808) d'Amarou, etc. Les Chants de Dshayadeva sur le dieu Krishna, où il est raconté comment il vécut, déguisé en berger, parmi des bergères (*Gitagovinda*, sanscrit et latin par Lassen ; Bonn, 1836), est un véritable dithyrambe d'amour, orné de toute la magnificence dont le langage est susceptible et des plus délicieuses descriptions de la nature. La *Sanskrit Anthology* d'Hæberlin (Calcutta, 1847) contient la collection presque complète des poésies lyriques des Hindous.

Les Hindous sont le seul peuple d'Orient chez lequel la poésie dramatique s'est développée d'une manière spontanée et indépendante ; elle n'y naquit pas, comme en Grèce, de la poésie lyrique, mais directement de la poésie épique. Dans leurs poésies dramatiques, les Hindous traitent soit les légendes des dieux, comme, par exemple, dans la *Sakountald* de Kalidasâ, qui appartient aux chefs-d'œuvre de la poésie de tous les peuples et de tous les siècles, et dans la *Vikramorvasi* du même poëte ; ou bien elles représentent de simples situations de la vie civile, par exemple le *Mritschakâti* de Sudraka (publié par Stenzler ; Londres, 1846), et *Mâlati* et *Mâdhava* de Bhavabhuti (Calcutta, 1830). D'autres drames traitent des sujets d'histoire, tels que le *Moudrâ Râkchasa* de Visakhadatta (Calcutta, 1831); ou bien ce sont des pièces à intrigues, comme le *Mâlavikâ* et l'*Agnimitra* de Kâlidâsa et le *Ratnâvali* de Harschadeva (Calcutta, 1832). Il n'y a pas jusqu'à la farce qui flagelle les vices des brahmanes, leur hypocrisie et leur paillardise, qui n'ait été cultivée par les Hindous. Le *Dhurtasamdgama* (c'est-à-dire l'Assemblée de fripons) a été traduit par Lassen dans son *Anthologia sanscrita* (Bonn, 1836). Ils n'ont point cultivé avec moins de succès le drame allégorique, et dans le *Pradodhatschandrodaya* de Krischna-Misra (publié par Brockhaus ; Leipzig, 1845), le poëte a bien craint de développer tout un système philosophique. Consultez Wilson, *Select Specimens of the Theatre of the Hindus* (3 vol.; Calcutta, 1827).

La fable et la poésie de contes et de nouvelles ont exercé une influence considérable sur toute la littérature de l'Orient, et par suite aussi sur celle de notre moyen âge. Parmi les diverses collections de ce genre , il faut surtout mentionner le recueil de fables *Pantscha tantra*, et la refonte postérieure de cet ouvrage sous le titre de *Hitopadesa* (*voyez* BIDPAÏ), de même qu'en a fait de contes et de nouvelles les 25 Contes du Démon, les 70 Contes du Perroquet, d'où proviennent les romans si répandus des Sept Sages. Somadeva de Kaschmir réunit au deuxième siècle, sous le titre de *Kathâ-sarit-sagara* (publié par Brockhaus ; Leipzig, 1839 , une collection complète de ce qu'il y a de plus important et de meilleur en ce genre. Les Aventures des dix princes de Dandin (*Dasa-Koumâra-Tscharittram*, publié par Wilson ; Londres, 1846) sont plus artistement composées, et pour ce qui est de la forme et pour ce qui est de l'exposition.

Ce que les Hindous ont produit dans le domaine des sciences n'est pas moins important. A cet égard il faut citer avant tout leurs travaux sur la grammaire sanscrite, qu'on peut considérer comme un modèle de l'étude logique de la langue, comme des productions de l'esprit d'analyse le plus profond et le plus ingénieux, exemptes de toute spéculation oiseuse. Si la connaissance des antiques formes plastiques de la langue sanscrite a exercé une influence considérable sur notre philologie moderne et ses investigations, la méthode suivie par les grammairiens Hindous n'a pas été moins utile et féconde (*voyez* SANSCRIT).

La jurisprudence a été cultivée avec prédilection par les Hindous. Indépendamment des anciens codes de Manou (Calcutta, 1813; traduction française par Loiseleur-Deslongchamps; Paris, 1833); de Yadschanavalkya (texte sanscrit et trad. allemande par Stenzler; Berlin, 1849), qui exposent en courtes sentences rhythmiques le principe de tout le droit politique et ecclésiastique, du droit civil et criminel et de la procédure, on possède des systèmes complets de jurisprudence par Vidschâna-isvara (*Mitâkschara*; Calcutta, 1812), par Rhaghomanda (Calcutta, 1834), et autres; et en outre un grand nombre de dissertations, souvent très-détaillées, sur diverses parties du droit, par exemple sur le droit de succession, par Dschimutaváhana (Calcutta, 1813; trad. en français par Orianne, Paris, 1843), sur l'adoption, par Nanda (*Dattaka mimansâ*; Calcutta, 1817; trad. en français par Orianne, 1844), etc. Consultez aussi les travaux de Colebrooke, et de Macnaghten (*Principles of Hindu Law*; Calcutta, 1834).

Dans les sciences mathématiques, c'est surtout le calcul supérieur, notamment l'algèbre, dont ils peuvent être considérés comme les inventeurs, que les Hindous ont cultivé. C'est incontestablement à eux que revient le mérite de l'invention du système de chiffres simples, qu'ils appliquaient déjà quatre siècles avant notre ère, qu'ils communiquèrent aux Arabes, lesquels, à leur tour, l'ont transmis au reste du monde civilisé, et qui a provoqué une complète révolution dans le domaine des hautes mathématiques. En fait de mathématiciens célèbres, nous citerons Aryabhatta, au premier siècle de notre ère, Brahmagoupta au sixième, et Bhâskara au treizième siècle. Consultez Colebrooke, *Indian Algebra* (Londres, 1817). Les travaux des Indiens en astronomie se distinguent par des observations délicates et exactes sur les périodes de révolution de la terre et de la lune, et sur la détermination exacte de la circonférence de la terre, etc. L'un des plus anciens manuels systématiques d'astronomie est le *Surya-Siddhânta*, auquel se rattachent les ouvrages de Brahmagoupta et de Bhâskara, qui ont bien été imprimés (Calcutta, 1842), mais qu'on n'a point encore traduits. En ce qui touche l'astrologie, le grand ouvrage de Vahâra-Mihira, du cinquième siècle, occupe le premier rang; mais on ne peut méconnaître dans cette science l'influence de la Grèce. En médecine, l'ouvrage le plus en renom est le système de médecine de Sousrouta (Calcutta, 1835; trad. en latin par Hessler, Erlang, 1844-1851). Sur la rhétorique, nous avons le manuel de Visvanâtha (*Sahitya-darpana*, Calcutta, 1828; traduit en anglais par Ballantyne, Calcutta, 1840); sur la métrique, les poèmes didactiques de Kâlidâsa (*Srouta-bodha*, publié par Brockhaus; Leipzig, 1845); de Gangâdâsa (Calcutta, 1933), etc. Il existe aussi un grand nombre d'ouvrages relatifs à la musique et aux autres arts; mais les Européens ne s'en sont jusque ici que fort peu occupés.

Les ouvrages philosophiques sont un côté autrement brillant de la littérature scientifique de l'Inde. On peut dire à bon droit qu'après les Grecs et les Allemands les Hindous sont la seule nation qui puisse se vanter d'avoir produit par elle-même quelque chose d'important en philosophie. Les commencements de la spéculation philosophique remontent à une époque extrêmement reculée. Dans quelques-uns des chants du Rig-Véda on trouve déjà des tentatives faites pour résoudre l'énigme de l'origine du monde et d'autres questions semblables. C'est ce qu'on remarque encore plus dans les parties postérieures des Védas, dans les Brahmanes et surtout dans les oupanischat. La poésie épique est riche en grands épisodes didactiques, qui souvent affectent complétement la forme de poëmes didactiques. Sous ce rapport il faut surtout mentionner le célèbre épisode du Mahâbhârata, la *Bhagavadgita*. Il serait difficile de préciser le moment où la spéculation scientifique se sépara en écoles philosophiques distinctes; mais il remonte très-certainement bien au delà des commencements de notre ère. Avec le temps, il y eut surtout six systèmes qui se propagèrent et recrutèrent de nombreux adhérents. Ce sont la doctrine *Sânkhja* de Kapila, qui admet une matière première comme base du monde, et de laquelle il sortit. A cette doctrine, qui se perfectionna en se spiritualisant, se rattache le *Yoga* de Patandschali. La *Mîmânsâ* a surtout pour but de mettre d'accord entre elles les doctrines exposées dans les saintes révélations, et de fixer leur sens véritable. Dans la plus ancienne Mîmânsâ, celle de Djaimini, les préceptes sur l'activité réelle, sur les sacrifices, etc., sont le principal sujet qui s'y trouve traité; la Mîmânsâ plus récente, ou Vedânta de Bâdarâyana, traite plutôt de l'essence du Dieu créateur et de ses rapports avec le monde. Les doctrines de ces deux écoles forment la base dogmatique de la religion qui domine dans l'Inde. Les deux écoles des Nyâya de Kanâda et de Gotama, qui formèrent surtout la logique, et qui admettent que le monde provient d'atomes qui, par la volonté d'un être fixateur, se réunissent pour prendre des formes déterminées, s'y rattachent directement. Le but de toute la philosophie indienne est d'indiquer les moyens par lesquels l'homme sera affranchi de la malédiction de la résurrection, et participera au bonheur éternel par sa complète réunion avec Dieu. Au reste, nos connaissances sur la philosophie indienne sont encore très-défectueuses. Sans doute les principaux ouvrages de quelques écoles, tels que ceux de la Sankhja (Sérampore, 1821), de la Vedânta (Calcutta, 1818) et de la Nyâya de Gotama (Calcutta, 1828), ont déjà été imprimés; mais jusqu'à ce jour ils n'ont été ni traduits ni suffisamment commentés. Ce que l'on a encore de mieux sur les diverses écoles philosophiques de l'Inde se trouve dans les *Essays on the Philosophy of the Hindus* de Colebrooke (2e édit., Londres, 1828; trad. en français par Pauthier, Paris, 1833). Parmi les ouvrages spécialement relatifs à tel ou tel système, il faut surtout mentionner, sur la Sânkhja: Wilson, *The Sânkhja Karikâ*, *or memorial verses of the Sânkhya philosophy* (Londres, 1827); Saint-Hilaire, *Essai sur la Philosophie Sânkhya* (Paris, 1852); sur la Vedânta, Windischmann, *Sankara, sive de Theologumenis Vedanticorum* (Bonn, 1833); et sur la Nyâya: Roer, *Bhâschâ paricheda*, *or division of the categories* (Calcutta, 1849); Müller, *On the Indian Logic* (Oxford, 1852). On consultera aussi avec fruit sur la doctrine Vaiseschika une dissertation du même auteur insérée dans les Mémoires de la Société allemande Orientale (1852). Mentionnons surtout ici Ballantyne, directeur de l'université de Bénarès, qui a commencé un Commentaire complet de tous les principaux ouvrages de la philosophie indienne.

Indépendamment de cette littérature sanscrite-brahmanique, il existe encore une très-riche littérature sanscrite-bouddhiste, mais qui s'est essentiellement bornée à la théologie. Burnouf, dans son *Introduction à l'histoire du Bouddhisme indien* (Paris, 1844), a présenté un aperçu complet de ces différents ouvrages, et en a donné quelques extraits. Il n'y a encore de complétement imprimé jusqu'à ce jour qu'une seule des principales sources du bouddhisme: *Le Lotus de la bonne loi* (publié par Burnouf; Paris, 1852). La langue et le style des ouvrages bouddhistes écrits en sanscrit sont beaucoup plus simples et plus intelligibles que la langue et le style des ouvrages brahmaniques, parce qu'ils s'adressent surtout aux masses populaires. Pour agir encore plus sur toutes les couches de la population, les Bouddhistes, et plus tard les Djaïnas, employèrent aussi les dialectes plus grossiers immédiatement dérivés du sanscrit, qu'on appelle le *prâkrit*, et plus spécialement un de ceux de l'Inde, le *pali*. Dans ce sanscrit corrompu et singulièrement énervé, on a de nombreuses inscriptions et des légendes monétaires datant du quatrième siècle avant J.-C., de même que des ouvrages relatifs à la théologie, à la jurisprudence, etc., des légendes de saints et surtout des chroniques, qui sont d'une grande importance. Toute la littérature bouddhiste a contrastement affecté le mépris du beau; il lui manque tout parfum de poésie; son expression est grossière; elle se complaît dans ce que la pensée et l'exposition des faits peuvent avoir de fantastiquement sauvage et de monstrueux. Jusqu'à présent on n'a encore imprimé qu'un petit nombre de livres appartenant à cette littérature bouddhiste en *prâkrit*; nous citerons, entre autres, le *Mahâvansa*, histoire de Ceylan depuis l'époque la plus reculée (tome Ier, en pali et en anglais, publié par Turnour; Colombo, 1834); l'ouvrage liturgique, *Kammuwa* (en pali et en latin, publié par Spiegel ; Bonn, 1842); les fragments de la Collection de légendes, *Rasavâhini* (dans les *Analecta palica* de Spiegel ; Leipzig, 1845); le Dictionnaire, *Abhidhâna-ppadipika* (dans la *Pali Grammar* de Clough ; Colombo, 1824); *The Kalpa Sutra and Nava Tattva* (traduit en anglais par Stephenson ; Londres, 1848), etc.

La littérature des langues modernes de l'Inde, tant celle du nord que celle du sud, est incommensurablement riche ; mais elle offre peu à glaner à l'investigateur scientifique d'Europe, parce qu'elle a presque tout entière pour base l'ancienne littérature sanscrite ; et elle ne se compose en grande partie que de traductions et d'imitations d'anciens ouvrages. Nous y trouvons cependant un grand poëme original, les *Aventures de Prithivi Rddja*, par Tshand , en hindi, poëme épique au moins aussi étendu que le Mahâbhârata, dans lequel sont décrites les luttes soutenues par les Hindous, sous les derniers rois de Delhy, contre les conquérants mahométans. En outre, toutes les poésies religieuses de l'époque moderne, qui souvent ont exercé une influence extraordinaire sur les destinées politiques de l'Inde, sont écrites en dialectes populaires , par exemple l'*Adi-granth* des Sikhs , les œuvres de Kabir, de Toulsidâsa, de Tiroavallouver, etc. Ce qui a surtout de l'intérêt pour nous, ce sont les nombreux chants populaires, souvent d'une exquise délicatesse de sentiments. Mais ce n'est pas uniquement à l'Inde que s'est bornée l'influence exercée par sa littérature. Toute la littérature scientifique et une grande partie de la littérature poétique de l'Inde au delà du Gange, des îles de la Sonde et du Japon, est d'origine hindoue; et la Chine elle-même n'a pu se soustraire à cette influence. Ce que nous possédons en fait d'ouvrages de la littérature des peuples du Thibet, de la Mongolie et du plateau nord de l'Asie en général, sont des imitations de livres hindous. L'influence immédiate de la civilisation hindoue s'est même étendue jusqu'aux limites de l'Europe, car au milieu des steppes de la Russie méridionale les Kalmoucks n'ont dans leur langue que des ouvrages d'origine hindoue. Le *Bibliothecæ Sanscritæ Specimen* de Gildemeister (Bonn , 1847) contient le catalogue de tous les ouvrages sanscrits qui ont été imprimés jusque ici.

INDIENNE (Religion). Des développements nombreux et de la nature la plus diverse ont eu lieu dans la religion des populations de l'Inde ; mais nous possédons trop peu de renseignements sur l'histoire de ces développements pour pouvoir essayer d'en présenter en toute assurance une exposition détaillée. Jusqu'à présent en effet nous ne connaissons que par fragments les nombreux livres sacrés dépositaires de l'expression des divers systèmes. En se basant sur les sources authentiques qui nous sont devenues accessibles, voici comment l'on peut établir l'ordre des développements successivement survenus dans la religion des Hindous :

1° *Antique doctrine des védas*. Suivant les hymnes contenus dans les védas, on adorait d'une manière toute particulière, entre autres forces de la nature considérées comme des êtres célestes dont on ne parlait jamais qu'avec respect et piété, le soleil, la lune et *Indra*, c'est-à-dire le firmament visible et la région des nuages qui répandent sur la terre la fertilisante pluie. Mais l'adoration des forces naturelles, qui peut-être pour la plus grande partie du temps constituait presque toute la religion, n'empêcha pas l'esprit de s'élever à la pensée d'un créateur unique et infini du monde, et présidant aux forces naturelles qu'on considérait bien comme autant de divinités, mais qui hors de lui ne sont que des êtres inférieurs et périssables. Ce créateur infini du monde est B r a h m a. C'est sa parole qui a donné l'existence à tous les êtres du monde visible , et le soleil est l'une de ses principales manifestations. C'est par la vertu , l'innocence et la piété que l'homme purifiera son âme sur cette terre. Après la mort, l'âme est transférée dans un nouveau corps, suivant la manière dont il s'est comporté ici bas. A la fin , l'âme complétement purifiée , retourne au sein de l'être créateur dont elle est émanée.

2° *Culte physique postérieur*, dont il est question dans les *pourands* et dans les poëmes, et qui fut le développement successif de la doctrine plus simple des védas. Ici encore les forces de la nature, les éléments et les êtres physiques, apparaissent comme des divinités ou bien comme obéissant à des directeurs divins. Les traditions et les poëtes exposèrent l'histoire de ces nombreuses divinités de la nature dans de vastes cercles de mythes.

Les trois grandes divinités qui y apparaissent en première ligne sont *Brahma* , *Siva* et *Vishnou*. Siva, c'est-à-dire le Fortuné , vraisemblablement le feu considéré comme la force première, qui anime le monde et qui doit le détruire un jour, est le principal objet du culte de la nombreuse secte des Sivaïtes, laquelle paraît originaire du nord de l'Inde, mais qui de là se répandit ensuite de plus en plus au sud. Siva porte les surnoms d'*Isvara*, c'est-à-dire Souverain, de *Mahâdeva*, c'est-à-dire grand Dieu, de *Roudra* ou le Terrible, de *Sthanou* ou le Constant, etc., etc. Il est représenté avec une peau de couleur blanche, trois yeux, quatre bras, et portant un trident comme emblème de sa domination sur les trois mondes. Ses symboles sont le triangle avec la pointe retournée en haut (Δ) , qui signifie la flamme, et le linga ou phallus pour désigner la force animatrice et productrice de Siva. Son épouse apparaît sous des formes diverses, et est appelée tantôt *Bhâvâni* , c'est-à-dire la Nature, tantôt *Pârvati*, fille de la montagne, parce que Siva habite la montagne; tantôt *Dourgâ*, ou encore *Kâli*, comme l'effrayante destructrice de l'univers. Les Sivaïtes se divisent en *Saktas*, qui adorent surtout Bhâvâni ou la force naturelle de la femme; en *Lingis*, qui adorent le linga ou la force naturelle de l'homme; et en ceux qui vénèrent Siva comme *Ardhandri*, c'est-à-dire homme-femme, ou comme réunissant la force productive de l'homme et de la femme.

Vishnou, c'est-à-dire le Pénétrant, vraisemblablement l'éther, est, comme principe animant l'univers, le principal objet du culte de la secte des Vishnouïtes, laquelle paraît encore aujourd'hui plus répandue dans l'Inde que toute autre. Il y a dans la nature de Vishnou quelque chose de plus doux que dans celle de Siva. Lui aussi, il a une foule de surnoms. L'un des plus usités est *Haris* ou le Vert, et on le représente aussi en bleu ou en vert. Un de ses principaux attributs est la fleur du lotos. Il semble souvent que Vishnou soit aussi pour les Hindous la représentation de l'eau ; et c'est peut-être à cela que se rapporte son symbole, le triangle avec la pointe renversée (∇), comme emblème de l'eau. Son épouse s'appelle *Sri*, c'est-à-dire bonheur, ou encore *Lakschmi*, c'est-à-dire beauté. Le culte de Vishnou paraît s'être propagé surtout dans la partie la plus éclairée de la population, et la majeure partie de la littérature indienne a été écrite par des adorateurs de Vishnou. Le cycle de mythes relatifs à Vishnou a trait surtout à ses incarnations ou apparitions corporelles dans l'univers, appelées *Avatâra*, c'est-à-dire descentes; il revêtit des incarnations pour vaincre l'esprit du mal, et les *pourands* s'en occupent surtout. Les dix plus célèbres eurent lieu : comme poisson, lors du grand déluge ; comme tortue, lors de la recherche du breuvage d'immortalité ; comme sanglier, à la mort du géant Hiranjakschu ; comme homme-lion, à la mort du géant Hiranjakasipou; comme nain, qui vainquit le tyran Mahâbali; comme héros Balarâma ou Parasourâma, lors de la guerre contre les Kschatrias, une de ces guerriers ; comme dieu *Kirschna*, c'est-à-dire bleu, incarnation pendant laquelle il aima la nymphe Radha et tua le dragon Kalija ; comme *Bouddha*, ou fondateur du bouddhisme ; et comme Kalki, incarnation qui est encore à venir, et dans laquelle, montant un cheval blanc, il apparaîtra alors pour détruire l'univers et délivrer toutes les âmes du péché. Ces incarnations contiennent tantôt des idées physiques et religieuses, tantôt des traditions historiques.

Vishnou est adoré sur la côte de Coromandel et ailleurs sous le nom de *Djagan-nâtha*, c'est-à-dire le Maitre de l'univers. Brahma, Siva et Vishnou sont souvent représentés réunis sous le nom de *Trimourti*, c'est-à-dire à trois formes. Après eux figurent encore dans les croyances populaires et dans les traditions des poëtes un grand nombre de divinités inférieures, dont la plupart sont des personnifications d'objets physiques. On voit d'abord en première ligne les huit gardiens du monde : *Indras*, c'est-à-dire le firmament visible; *Agnis*, c'est-à-dire le feu; *Jamas*, c'est-à-dire le monde inférieur; *Surjas*, c'est-à-dire le soleil; *Varounas*, l'eau; *Vajous*, le vent; *Prithivi*, la terre; et *Somas*, la lune; puis *Kartikejas*, le chef de la milice céleste; *Ganesas*, le dieu de la sagesse et de la science; *Kâmas*, le dieu de l'amour, et *Gangâ*, la nymphe du Gange. Vient ensuite une longue série de demi-dieux, de démons, d'êtres sacrés et de héros, par exemple : les *Grandharvas*, ou chantres célestes, les *Apsarasas*, ou nymphes célestes, les *Jakschas*, ou gardiens des trésors enfouis dans les montagnes, les *Rakschasds*, ou farfadets, et les *Kinnaras*, ou hommes des bois. Le culte extérieur de ces dieux consistait et consiste encore aujourd'hui en sacrifices, en prières, en ablutions, en pèlerinages à des lieux saints et en pénitences. Mais il règne à cet égard une diversité extrême dans les usages des diverses villes et provinces ; tel ou tel dieu étant adoré dans un endroit de préférence à un autre, et alors sous telles ou telles représentation et formes spéciales. D'ailleurs, la division de la population hindoue en prêtres, guerriers, gens de métiers et serviteurs, avec un grand nombre de classes inférieures, est étroitement liée aux mythes religieux qui servent à la sanctifier.

3° *Bouddhisme* ou religion de Bouddha.

4° *Religion des Djainas*, ou des adorateurs de Djina, qui semble être une secte particulière du bouddhisme. Née environ vers le cinquième siècle de notre ère, elle prit, à ce qu'il parait, du huitième au onzième siècle, une grande extension dans l'Inde méridionale, où se trouve encore aujourd'hui son principal centre. Il existe d'anciens et magnifiques temples de marbre des Djainas, surtout dans la province de Gouzourate et dans les États des Radjpoutes. Ils admettent le monde céleste des Hindous, tout comme les Vischnouites; mais ils vénèrent d'une manière toute particulière leurs vingt-six plus anciens docteurs *tirthakdras*, c'est-à-dire purificateurs, et les temples sont décorés de leurs statues. Ils rejettent l'autorité des Védas, cependant ils lisent les Pouranâs. Leurs livres saints sont en partie écrits en langue prâkrit. Comme les bouddhistes, ils recommandent une vie innocente et ascétique. C'est un devoir de tuer le moindre être ayant vie ; c'est pourquoi ils entretiennent des hôpitaux à l'usage de toutes les espèces d'animaux. Surtout eux, une vie pure éclaire et illumine tellement l'âme, qu'elle peut finir par s'identifier complètement avec l'âme du monde. Le centre principal de leur culte est aujourd'hui Balligota, non loin de Sçringapatam, dans le Mysore, où réside aussi leur grand-prêtre. D'ailleurs, ils se divisent en *Sravakds*, c'est-à-dire auditeurs ou laïcs, et en *Jatninas*, c'est-à-dire ceux qui font des efforts, qui s'efforcent, en d'autres termes les prêtres.

Il existe en outre une innombrable quantité de sectes religieuses, qui ont surgi et se sont développées depuis plusieurs siècles dans les Indes. Consultez Wilson, *On the religious Sects of the Hindus* (dans les tomes XVI et XVII des *Asiatic Researches*). Toutes sont aujourd'hui monothéistes, et s'efforcent de réunir et de concilier les partisans des divers systèmes religieux. La plus importante de ces sectes est celle des S i k h s, qui a joué aussi pendant quelque temps un rôle politique important. On manque encore d'une bonne exposition de la religion hindoue, de ses idées di- rectrices, de son culte et de sa mythologie dans leur développement historique. Les renseignements les plus satisfaisants qu'on possède à cet égard ont été donnés par les Anglais Colebrooke et Wilson, dans des dissertations séparées; Moore, dans son *Hindu-Pantheon* (Londres, 1810); Vans Kennedy, dans ses *Researches into the nature of Hindu Mythology* (Londres, 1831); Coleman, dans sa *Mythology of the Hindus* (Londres, 1832); Malcolm, Ward, Upham, Benfey, Lassen, Roth, etc. Consultez aussi Polier, *Mythologie des Hindous* (2 vol.; Rudolstadt, 1810); Bochinger, *La Vie contemplative, ascétique et monastique chez les Indous* (Strasbourg, 1831); Nève, *Études sur le Rig-Véda* (Louvain, 1842); Burnouf, *Introduction à l'Histoire du Bouddhisme indien* (Paris, 1845).

INDIENNES (Langues). Dans le langage ordinaire on entend par *langues indiennes* les nombreuses langues qu'on parle dans l'Inde en deçà du Gange ; mais scientifiquement parlant on ne désigne ainsi que les langues appartenant à la famille des langues i n d o-g e r m a n i q u e s, et qui en forment un des sept groupes principaux. En première ligne vient le sanscrit, leur mère à toutes. Du sanscrit naquit la langue vulgaire, appelée par les Indous *prâkrit*, qui, ainsi que le démontrent des inscriptions remontant à l'époque d'Asoka, était devenue dès le troisième siècle avant J.-C. la langue vulgaire dans au moins trois des dialectes principaux, en opposition au sanscrit, qui, fixé par les grammairiens, ne survécut plus dès lors que comme langue savante dans les écoles et dans les ouvrages de science et de littérature. Aussi, dans les drames indiens, les personnages distingués, tels que les princes et les brahmanes, ne parlent que sanscrit, tandis que les personnages du peuple et les femmes emploient les différents dialectes prâkrits. Il est très-vraisemblable que ce fut cet emploi du prâkrit dans la littérature dramatique qui engagea de bonne heure à lui poser des règles grammaticales. Le plus célèbre des grammairiens prâkrits est Vararuci. Le prâkrit, d'ailleurs, n'est autre qu'un sanscrit négligé et corrompu, parlé par les habitants primitifs de l'Inde quand ils eurent été subjugués par des émigrants de l'Asie. Les livres saints des Djainas sont rédigés en un dialecte prâkrit; on peut encore mentionner dans cet idiome, en fait de monument littéraire de quelque étendue, le poëme *Setu Bandha*. Consultez Lassen, *Institutiones Linguæ Prâkriticæ* (Bonn, 1837).

D'un dialecte prâkrit qu'on parlait à l'époque florissante du bouddhisme naquit le *pali*, que les bouddhistes employèrent maintes fois pour la rédaction de leurs livres sacrés, qui devint ainsi une langue sacrée pour les bouddhistes, et se répandit avec le bouddhisme à Ceylan et dans l'Inde au delà du Gange. De nos jours encore l'emploi du *pali* répond complètement à l'emploi du latin en Europe au moyen âge. Les ouvrages destinés à une grande circulation, notamment ceux qui traitent des sujets religieux, sont écrits dans cette langue. Parmi les grammaires indigènes il faut mentionner celles de Balavatara, qui a été l'objet de nombreux commentaires en pali et en langue anglaise ; en fait de dictionnaires, l'*Abhidhana ppadipika* de Moggalana. Indépendamment des livres saints des bouddhistes, qui ont été longuement commentés par Buddhaghosa, la littérature pali comprend encore, entre autres, des recueils de légendes, tels que le *Rasavahini*, et d'importants ouvrages historiques en vers, dont les plus estimés sont le *Mahavansa*, composé par Mahanama et continué Dhammakitti ; puis le *Divapansa* et le *Dhatadhatuvansa*. Spiegel et Burnouf, en Europe, ont beaucoup contribué à bien faire connaître le pali. Consultez Burnouf et Lassen, *Essai sur le Pali* (Paris, 1826). *Voyez* INDIENNE (Littérature).

Dès avant le dixième siècle les dialectes prâkrits avaient donné naissance à l'*hindui*, langue du moyen âge indien, écrite encore en caractères devanagari, et qui est à peu près au prakrit ce que la langue romane est au latin. L'hindui moderne par les Hindous eux-mêmes, mais conservant encore d'ordinaire le devanagari, porte le nom d'*hindi* ;

Il forme aujourd'hui de préférence la langue littéraire des peuples non musulmans de l'Inde, tandis que les musulmans emploient l'*hindoustani*, généralement écrit avec l'alphabet arabe et persan. L'hindoustani est une langue essentiellement musulmane : aussi le désigne-t-on souvent sous le nom de *musulmâni bhâkhâ*, en opposition à l'hindi national, le *thenth* ou *khari boli* (c'est-à-dire *langue pure*). L'hindoustani, hindi fortement mêlé de mots arabes et persans, naquit à partir de la fin du douzième siècle, après la fondation de la dynastie de Pathân à Delhy, mais ne se forma complétement que lorsque Timour eut transféré son camp (*ourdou*) dans cette ville : aussi le désigne-t-on souvent sous le nom d'*ourdou* ou de langue ourdoue. Dans un style plus relevé on l'appelle *Rekhta* (c'est-à-dire le mélangé). Vers la même époque surgit de l'hindi, dans la partie méridionale de l'Inde (Dekan), et par l'influence des conquérants musulmans, une langue indo-musulmane, également mélangée, le *dakni*. Dans ces derniers temps l'hindoustani, extrêmement favorisé par les Anglais, a presque complétement supplanté le persan, comme langue de l'administration et de la diplomatie. Ce fut d'abord Delhy, puis, à partir de la fin du siècle dernier, Lucknow, qui devint dans le nord de l'Inde le foyer de la nouvelle littérature indo-musulmane. Le dix-huitième siècle fut sa période brillante. Sans doute elle est extrêmement riche; cependant, elle ne se compose guère que de traductions du persan, de l'arabe et du sanscrit. Divers fondateurs de sectes, comme Kabir, Nanak, Dadou, Birban, Bakhtavar, Sajjid Atume, écrivirent leurs ouvrages en hindi ou hindoustani. Les poëtes les plus célèbres de l'Inde septentrionale sont Saoudâ, de Delhy, mort en 1780, surnommé par les Hindous le roi des poëtes hindoustanis, que les Anglais comparent à Juvénal, et Mir-Mohammed-Taqui, mort en 1801. Parmi les poëtes du Dekan, où le roman a d'ailleurs trouvé un sol favorable, le plus célèbre est Wali, dont M. Garcin de Tassy a publié les œuvres (2 vol. ; Paris, 1839); viennent ensuite Ouzlat, Sirâj et Azâd. Le grand poëme historique de Chand sur *Prithwy-Râja*, le dernier roi de Delhy, est composé en hindui de la fin du douzième siècle. C'est de 1488 à 1516 que furent composées les œuvres enthousiastes du réformateur Gourou-Kabir ou Inani. La littérature de l'hindoui et de l'hindi compte un grand nombre de Chroniques poétiques, parmi lesquelles nous mentionnerons plus particulièrement la *Chatra-prakash* (trad. en anglais par l'ogson; Calcutta, 1828) de Lal-Kavi, contenant l'histoire des anciens rajas de Bundeikund. La *Bhâktamala* du saint Nabhaij, collection de biographies légendaires de saints célèbres, date de l'an 1600 environ. En fait de poëmes célèbres écrits en hindi, on peut encore citer le *Prem Sagar* (c'est-à-dire Océan d'amour) de Sri-Lalluji-Lal-Kavi, livre essentiellement populaire, et qui a été traduit dans la plupart des langues vivantes de l'Inde; le *Sat-saï* de Dihari-Lal (vers 1500); le *Ramayana* de Tulci-Dâs (mort en 1624), encore bien autrement populaire dans l'Inde que la grande épopée sanscrite du même nom. Dans son *Histoire de la Littérature Hindoui et Hindoustani* (Paris, 1837-1847, 2 vol), M. Garcin de Tassy mentionne près de sept cents écrivains hindoui et hindoustani. Parmi les livres à l'aide desquels on peut apprendre ces langues, nous citerons les *Éléments de la Langue Hindoustani* du même (Paris, 1847); les dictionnaires hindoustani de Shakespeare (5ᵉ édit.; Londres, 1846) et de Forbes (Londres, 1846); la grammaire hindi de Ballantyne (Londres, 1839) et le dictionnaire hindi de Thompson (Londres, 1846).

L'hindi et l'hindoustani ont pour base locale le *brajbhakha*, issu du prâkrit, qui de nos jours est encore la langue du pays de Braj (ou Bradj) dans le Bundelkhund, mais qui est devenu une langue littéraire, et que les poëtes surtout préfèrent à l'hindi moderne ordinaire. Il en est de même, mais à un degré moindre, du *pourbi-bhakha*, dialecte parlé à l'est (*pourb*) de Delhy. Parmi les nombreuses autres langues provinciales de l'Inde, toutes dérivées du sanscrit, et ayant avec lui les mêmes rapports grammaticaux que les langues romanes vivantes avec le latin, plusieurs ont aussi formé une littérature qui ne se compose guère d'ailleurs que de traductions du sanscrit, auxquelles sont venues s'ajouter dans ces trente dernières années des traductions de l'arabe, mais surtout du persan, de l'hindoustani et des langues européennes, ainsi qu'un grand nombre d'ouvrages écrits par des Européens ou des indigènes, à l'effet de répandre l'instruction populaire, ou encore dans un but de propagande religieuse. Les plus importantes d'entre ces langues modernes sont :

1° Le *bengali*, parlé dans la partie orientale de l'Inde, dont Houghton a donné une grammaire (1824) et un dictionnaire (Londres, 1834), et dans lequel Ram-Comal-Sen a traduit le dictionnaire anglais de Johnson (2 vol. ; Sérampore, 1834).

2° L'*orissa*, appelé aussi *ourissa* et *outkala*, dont Sutton a donné une grammaire et un dictionnaire (Kouttack, 1841-1843; 3 vol.).

3° Le *mahratti*, dont il existe des grammaires, par Carey (Sérampore, 1808), Stevenson (Bombay, 1843) et Ballantyne (Édimbourg, 1839), ainsi qu'un dictionnaire, par Molesworth (Bombay, 1831 ; anglais-mahratti, Bombay, 1847).

4° Le *gouzerati*, parlé au nord-ouest de l'Inde. On en a une grammaire par Brummond (Bombay, 1808), et un lexique par Mirza-Mohammed-Kazim (Bombay, 1846).

5° Le *sindhi*, parlé dans les contrées de l'Indus inférieur, dont Watlien a publié une grammaire (Bombay, 1836), et Stack un dictionnaire (Bombay, 1849).

6° Le *pendjabi*, dans lequel sont écrits les livres saints des Sikhs, et dont on possède des grammaires par Carey (Sérampore, 1812) et par Leach (Bombay, 1838), ainsi qu'un dictionnaire par Starkey (Calcutta, 1850).

Le *kawi*, c'est-à-dire langue des poëtes, dont on se sert en poésie à Java et dans les îles voisines, est par sa construction grammaticale une langue malaise; mais il a emprunté en grande partie ses mots de même que sa littérature au sanscrit. Consultez G. de Humboldt, *Essai sur la Langue Kawi* (3 vol. ; Berlin, 1836-1840).

Les langues parlées au sud de l'Inde diffèrent complétement dans leur construction grammaticale de celles d'origine sanscrite, et forment une famille de *langues du Dekan* tout à fait distincte de celle des langues indo-germaniques. Les plus importantes d'entre ces langues sont :

1° Le *tamil*, qu'on appelle aussi le *malabar*, parlé sur les côtes du Coromandel et du Malabar. Il possède une riche et antique littérature. Le *Coural* de Tirouvallouver, poëme moral, est surtout célèbre. Dans le grand nombre d'ouvrages relatifs à l'enseignement de cette langue, il faut citer les grammaires de Beschi (Madras, 1813 ; 2ᵉ édit., 1849) et de Brown (Madras, 1840), ainsi que le dictionnaire de Campbell (Madras, 1821 ; 2ᵉ édit., 1848).

2° On en peut dire autant de la littérature du *Telougou* et de celle du *Tamouli*. Consultez Brown, *On the Language and Literature of the Telugu* (2 vol.; Madras, 1840).

3° Le *kanaresi*, parlé dans la province de Karnatik, aux environs de Mysore. La langue plus ancienne, l'*halakanara*, possède aussi une littérature assez considérable; mais le nombre des ouvrages écrits dans la langue vulgaire est fort restreint. On en a une grammaire par Mackerell (Madras, 1821) et un dictionnaire par Reeve (4 vol., Madras, 1824-1832).

4° Le *malayalam*, en usage au Malabar depuis le cap Comorin jusqu'à Dilli, ne possède qu'une littérature insignifiante. On en a des grammaires par Peet (Cottayam, 1841) et par Spring (Madras, 1839), et un dictionnaire par Bailey (Cottayam, 1846).

5° Le *singalais*, parlé à Ceylan, et dont la langue des Maledives n'est qu'un dialecte. La littérature singalaise, qui se meut dans le même cercle d'idées que celle du pali, est rédigée dans une langue écrite particulière, appelée l'*élou*, qui diffère de la langue commune par un riche mélange de mots indiens et surtout sanscrits. Le plus célèbre des poètes singalais fut Gasco, Portugais de naissance. On en a une grammaire par Chater (Colombo, 1815) et un lexique par Clough (2 vol., Colombo, 1821).

On ignore encore si les langues parlées par quelques débris de peuples dans l'intérieur de l'Inde en deçà du Gange, les Chonds, par exemple, ont des rapports avec les langues du Dekan : ces dernières, d'ailleurs, n'ont point été scientifiquement cultivées.

INDIENNES (Peinture, Sculpture, Architecture). De même qu'en littérature, les Hindous ont déployé dans le domaine des beaux-arts une riche imagination, qui, il est vrai, se soumit dans ses caprices à certaines conditions d'art, mais qui, à la différence de l'intelligent art égyptien, accoupla ses créations sans règle et aboutit à une sorte de chaos, bien qu'on y rencontre çà et là quelques beautés.

Dans la vie artistique du peuple hindou, on remarque deux périodes brillantes : la première remontant à environ cinq cents ans avant J.-C., et à laquelle appartiennent, suivant toute apparence, les grands temples creusés dans le roc vif; la seconde, contemporaine des premiers siècles de notre ère. Les monuments les plus importants et peut-être aussi les plus anciens de l'*architecture* hindoue sont les temples taillés dans le roc qu'on rencontre dans la partie occidentale du Dekan, entre Goa et Surate, notamment les grottes de Carli et de Nhar, les temples situés dans les îles de Salcette et d'Elephanta près de Bombay, le temple-grotte de Pandou-Lena, enfin les constructions gigantesques d'Ellora et les grottes d'Adjounta. Ce sont tantôt des grottes véritables, tantôt des constructions indépendantes, taillées cependant dans le roc vif et isolées. Le plus ordinairement les grottes sont carrées et reposent sur de nombreux piliers, ouvertes sur le devant, donnant sur un péristyle à colonnades. Au fond, et entouré d'un espace libre, se trouve le sanctuaire, ménagé dans une espèce de niche. Les piliers sont pour la plupart quadrangulaires jusqu'à une grande hauteur, et se terminent en forme de colonnes cannelées, supportant comme chapiteau une espèce de coussin déprimé surmonté d'un abaque cubique avec des consoles. Ensuite vient le plafond, avec des espaces vides semblables à des architraves. Ces piliers sont peut-être en fait d'œuvres d'art ce que l'architecture hindoue a produit de plus pur; ils ont tout à fait le caractère qui convient à des supports destinés à soutenir une charge énorme, bien qu'on les retrouve avec la même forme dans les constructions hindoues en plein air. Quelquefois aussi on n'y voit que d'épais piliers quadrangulaires, tandis que dans d'autres un vigoureux rinceau décore l'endroit où le pilier se transforme en colonne. Toutefois, un arbitraire sans bornes a présidé à la construction de ces édifices en plein air. On voit des temples immenses reposer sur le dos d'un éléphant, et dans les détails l'imagination la plus libre se produit quelquefois sous les formes les plus capricieuses. Le plus colossal de tous ces monuments est le gigantesque Kailasa, taillé à Ellora d'un seul bloc de pierre.

Après ces monuments appartenant à la religion brahmane, on y trouve aussi des temples-grottes et des temples en plein air de la période bouddhiste, différant des premiers en ce qu'ils se terminent en rond, qu'ils ont des plafonds voûtés et des façades fermées. Les plus remarquables sont les Dagops. Le temple bouddhiste le plus célèbre est celui de Visvakarma, à Ellora. Il existe aussi d'autres temples-grottes extrêmement remarquables sur le plateau du Dekan et sur la côte orientale. Les premiers, situés à peu de distance de la ville de Baong, avec leurs fortes colonnes rondes sans socle cubique et avec un chapiteau semblable au chapiteau dorique, rappellent l'art grec, et appartiennent peut-être bien à la période pendant laquelle la domination des Diadoches s'étendit après la mort d'Alexandre la civilisation grecque jusque par delà l'Indus. Les monuments situés sur la côte orientale ne doivent guère être plus anciens, par exemple ceux de la magnifique ville, aujourd'hui complètement déserte, de Mahabalipouram, à quatre kilomètres environ de Madras, connus sous le nom des *Sept Pagodes*. Plus tard enfin vinrent un grand nombre de constructions en plein air, surtout sur la côte orientale, et qui ne remontent pas plus loin que l'époque de l'invasion des Mongols. Ce sont les pagodes proprement dites. L'une des plus magnifiques est celle de Djagarnat, dans la province d'Orissa, qui ne fut terminée qu'en l'an 1198 de J.-C. L'énorme grande salle de l'hospice des pèlerins à Madura, dont les parties architectoniques se composent déjà en partie de formes d'animaux et de formes humaines, est d'une époque encore plus récente, car la construction n'en fut commencée qu'en l'an 1623. A cette époque, où presque rien conservé des anciens palais des rois, attendu que les sultans et les Mongols, surtout dans les contrées arrosées par le Gange, les ont utilisés comme carrières à pierre pour leurs édifices de style arabe et construits quelquefois avec une extrême magnificence. Cependant la tradition de la véritable architecture indigène ne s'est point encore perdue, comme le prouve l'*Essay on the Architecture of the Hindus* (Londres, 1834), qu'a publié Rammohoun-Roy, savant brahmane, qui rapporte des exemples frappants de la dégénérescence extrême de cette architecture.

La *sculpture* et la *peinture* des Hindous trouvèrent dans leur riche mythologie des sujets, inépuisables sans doute, mais très-défavorables, à cause de la symbolique arbitraire et capricieuse qu'y rattachaient les idées populaires. En effet l'artiste, qui doit constamment représenter des divinités à trois têtes, et à quatre, à douze bras même, peut difficilement, dans de telles données, arriver à des représentations réellement belles. Il faut rendre toutefois aux Hindous cette justice que souvent ils ont su donner de nobles proportions et une grande délicatesse de lignes à des corps généralement nus, mais richement ornés. Dans leurs plus ridicules représentations de divinités, leur imagination n'a pas laissé que de donner un ensemble harmonieux à leurs créations. Mais la nécessité de composer des corps avec des parties symboliques si diverses a toujours rendu impossible de représenter les grandes qualités divines sur un corps purement humain en leur donnant une expression sublime. Il n'y a d'ailleurs que les plus anciennes sculptures hindoues, simples hauts-reliefs pour la plupart, qui respirent le génie artistique; les sculptures modernes manquent toujours de plus en plus de vie, et dégénèrent en monstruosités repoussantes. Les reliefs d'Elephanta, d'Ellora et de Mahabalipouram sont les plus célèbres de tous. Les miniatures de ces derniers temps atteignent souvent une certaine grâce, quand elles représentent des scènes de la vie ordinaire, et pour ce qui est de la facilité du dessin et de l'expression, l'emportent infiniment sur les miniatures chinoises. On ne devra pas être surpris que l'art hindou ait servi de type dans les contrées voisines. Ainsi les *stoupas* ou *topes* du Kaboulistan ne sont qu'une riche imitation des *dagops* bouddhistes de l'Inde, et datent des premiers siècles de notre ère. A la même époque appartiennent les deux colosses de Bamian, figures de haut-relief placées dans des niches, sur une paroi de rocher, dont l'une a 40 mètres d'élévation. Plus tard le *dagop* a reçu des formes encore plus riches et plus guindées dans les luxueux monuments de Ceylan, le Nepal et de Java, dont une partie appartient à la dernière moitié du moyen âge. Consultez Daniell, *The Hindoo Excavations of Ellora* (Londres, 1804); Langlès, *Monuments anciens et modernes de l'Hindoustan* (Paris, 1813); Lassen, *Antiquités de l'Inde* (Bonn, 1844-1852).

INDIENS. C'est le nom qu'on donna aux habitants primitifs de l'Amérique, parce que les navigateurs qui les premiers découvrirent le Nouveau Monde crurent d'abord y avoir trouvé l'extrémité de l'Inde. Les Indiens forment une race d'hommes toute particulière et différant des autres de la manière la plus tranchée. On la désigne, en raison de sa couleur, sous le nom de *race rouge*, ou bien, d'après la contrée qu'elle habite, sous celui de *race américaine*. Au point de vue physique, elle est caractérisée par sa couleur cuivrée, par sa chevelure noire et plate, par son visage large, sans pourtant être plat, avec des traits accentués, par un front déprimé en arrière, paraissant court et borné extérieurement par une chevelure tombant très-bas. On comprend toutefois, en raison de l'immense étendue de l'Amérique, placée sous toutes les zones, et de l'extrême diversité de son sol et de ses produits, que ce sont là des traits caractéristiques qui doivent subir chez les différentes nations qu'on y rencontre des modifications sans nombre. Cependant toutes les peuplades américaines, depuis les côtes de l'Océan arctique jusqu'à l'extrémité de la Terre de Feu, présentent le même type, non pas seulement dans la conformation du corps, mais encore dans la physionomie, les qualités physiques, la langue, les créations de l'esprit. Partout, au Nord comme au Sud, le visage de l'homme rouge porte l'expression d'une gravité sombre et indifférente, de la tristesse et de l'oppression. Sous l'influence des excitations ordinaires, les traits de son visage s'animent à peine d'une manière perceptible; ils deviennent complétement hébétés ou sombres, même chez les plus nobles nations, pleines de courage guerrier et d'amour de l'indépendance, aussitôt qu'en l'absence d'excitation extérieure se produit cet état de prostration dans lequel l'Indien tombe si facilement et semble même se complaire. Plus les peuplades sont sauvages, plus elles ont souffert de l'oppression d'ennemis, rouges ou blancs, et plus leur regard est timide et inquiet, plus l'impression de leur physionomie est humble. Chez les nations qui vivent à l'état de servage, ce qu'il y a d'énergique et de sauvage dans les traits de l'Indien qui vit indépendant, disparaît, et sa figure prend quelque chose de mélancolique.

Que si sous ce rapport tous les témoignages sont unanimes, il est peu de questions au sujet desquelles se soient produites chez les investigateurs des opinions aussi profondément divergentes que celle des qualités intellectuelles des autochthones américains. Peu de temps après la découverte du Nouveau Monde, il fallut même une bulle du pape (1537) pour décider et mettre hors de doute que l'Indien fait partie de la race humaine. Cependant de récents observateurs, très-exacts et parfaitement exempts de préjugés, ont démontré que sous le rapport intellectuel l'Américain n'occupe pas à beaucoup près le même rang que la race caucasienne. La puissance de compréhension de la race rouge paraît plus bornée, plus lente, l'imagination plus lourde, l'esprit bien moins excitable. L'Indien ne vit que pour le moment présent, et ne pense jamais à l'avenir. De là cette légèreté qui lui est propre, et qui est plus grande chez les peuples qui, comme les Brésiliens par exemple, ont le moins de besoins et peuvent le plus facilement les satisfaire. Comme l'Indien ne comprend pas l'avenir, s'il est gravement malade ou mortellement blessé, il se verra avec indifférence la mort s'approcher; et chez les tribus de l'Amérique septentrionale ou du Chili, le prisonnier de guerre ne fera pas entendre une seule plainte en marchant à une mort inévitable. La paresse de l'Indien est aussi proverbiale que son insouciance. Sa goinfrerie quand il se trouve au milieu de l'abondance, la tranquillité avec laquelle il supportera la disette qui succédera à cet état de choses, témoignent qu'il témoigne quand il s'agit d'améliorer son sort, ou bien pour la propriété de l'organisation civile, peuvent de même s'expliquer par ses idées bornées. Il s'efforcera, par des habitudes artificielles et par une domination exercée sur lui-même, d'augmenter encore l'insensibilité qui le caractérise.

Mais que l'idée d'une injustice éprouvée s'empare une fois de son esprit, et il poursuivra sans relâche son ennemi avec la ruse et la dissimulation de la bête féroce, jusqu'à ce que sa vengeance soit satisfaite. L'esprit de vengeance est la cause des supplices cruels en usage parmi les peuplades de l'Amérique méridionale, de leurs guerres incessantes et de l'affreuse coutume de l'anthropophagie chez quelques-unes d'entre elles (Botocudes, Pouris, Calisecas, Capachos, etc.). La joie de l'Indien, quand les plus énergiques moyens l'y sollicitent, est sauvage et n'a rien qui parte du cœur. Les défenseurs les plus zélés de l'Indien ont dû eux-mêmes reconnaître chez lui l'absence de tout sentiment profond et chaleureux; l'insensibilité qu'il éprouve pour les maux d'autrui explique le sort cruel qu'il réserve à ses esclaves. L'imagination fait aussi bien défaut à l'Indien que l'intelligence sagace et directrice. C'est ce qui ressort de ses traditions et de ses mythes, de ses idées religieuses, de ses discours. Seulement l'Américain du Nord se trouve à cet égard un peu supérieur aux autres tribus. Les idées religieuses même des anciens Mexicains et Péruviens étaient loin de répondre au reste de leur civilisation. En étudiant les monuments et les ouvrages d'art des nations civilisées dont nous venons de parler, on y remarque également l'absence d'essor et d'imagination, de diversité et de mobilité de la forme. L'Américain est incapable de s'élever à des idées abstraites ; de là son indifférence pour les doctrines supérieures de la religion et la grossièreté de ses idées cosmogoniques. Quoiqu'au seizième siècle des indigènes s'occupassent des sciences d'Europe et aient même écrit quelques livres, on ne connaît rien de leurs efforts dans le domaine des mathématiques. L'Indien ne comprend qu'avec beaucoup de peine les rapports de nombre. Les langues des Américains, qui toutes ont le même type depuis la côte septentrionale du Groenland jusqu'à l'extrémité méridionale de la Patagonie, portent l'empreinte de l'infériorité de leur puissance de conception. Elles font partie des langues dites *synthétiques*, dans lesquelles l'intelligence aride ne rattache que des mots isolés venant péniblement expliquer les diverses idées ; elles sont en outre assez souvent équivoques et obscures, et ne témoignent dès lors que d'une intelligence qui a le travail lent. Comme une langue synthétique ne peut jamais s'élever à l'état de la langue organique, l'Indien ne peut non plus parvenir jamais à un degré supérieur de conception. C'est ce que l'histoire prouve de reste. L'exemple des blancs, de même que les efforts faits par les missionnaires pour le conduire à un état de civilisation plus avancé, n'ont jamais produit que des résultats insignifiants. Les quelques cas d'un progrès spontané et indépendant, comme par exemple chez les Tshiroquois, ne sont qu'une exception et n'eurent jamais rien de complet. Dans les pays de l'Amérique espagnole, où les indigènes ont beaucoup emprunté à leurs vainqueurs, ce n'a presque jamais été le bien.

En raison de l'extrême pénurie de renseignements satisfaisants et authentiques sur la plupart des innombrables tribus d'Indiens qui errent dans les différentes parties de l'Amérique, l'élément linguistique ne saurait pas toujours servir de base à un essai de classification des diverses nations en grandes familles et en races, et c'est souvent l'élément géographique qu'on est réduit à adopter. D'après les plus récents travaux dont cette épineuse question a été l'objet, on peut pourtant établir les grandes familles suivantes dans la population autochthone de l'Amérique :

1° LES ESQUIMAUX. Ils se divisent en deux branches principales, les Esquimaux orientaux et les Esquimaux occidentaux, et sous le rapport de la conformation physique sont en quelque sorte la transition aux peuples du type mongole du nord-est de l'Asie. Une partie des Esquimaux occidentaux, habitant l'Amérique russe et vraisemblablement mélangés avec la famille des Athabascas, portent le nom d'Esquimaux du sud. Au groupe des Esquimaux appartiennent, entre autres, et sans compter les *Aléoutes*, qui habitent un peu plus loin, les *Kouskokwinzes*, sur les bords du Kouskowin, les *Tschougatsches*, au détroit de Prince-William, les *Inkalites*, les *Kadjakes* et les habitants de la moitié orientale d'Aljaschka.

2° Les KOLOCHES, appelés aussi famille Nootka-Columbique, habitent l'intérieur, entre le détroit de Norton et le fleuve de Cuivre, et de là, en descendant la côte au sud, jusque par delà les frontières russes. C'est une race complétement américaine, témoignant d'une civilisation plus avancée que ses voisins méridionaux. En font partie les *Atnas*, sur le fleuve de Cuivre, les *Kenays*, sur le *Cook's-inlet*, les *Koltschanes*, sur les affluents nord et est du fleuve de Cuivre, les *Koloches* proprement dits, aux environs du mont Saint-Elias et quelques autres tribus. A la même famille appartiennent les peuplades de la côte de la Nouvelle-Calédonie et des îles qui lui font face, formant deux groupes, les *Challams*, comprenant vingt-quatre tribus qui parlent les langues Chailam et Corvaitzchim, du 48° au 50° degré de latitude nord ; et les *Quakeolts*, comprenant plus de 40,000 têtes, formant vingt-sept tribus et habitant les côtes et les îles depuis le 50° jusqu'au 54° degré de latitude nord. Les *Massètes* et treize autres tribus de l'île de la reine Charlotte; les Indiens *Nass*, formant quatre tribus, sur les bords du Nass ; les *Chymsgans*, formant dix tribus sur le détroit de Chatam, au Port-Essington et dans les îles voisines, les Indiens des détroits de Skeena, de Lubassa et de Milbank, formant seize tribus différentes; enfin vingt-quatre petites tribus disséminées dans l'île de Vancouver, sont d'autres peuplades, dont les langues différent beaucoup entre elles. Toutes ces tribus de la côte sont surtout des peuples pêcheurs ; la plupart ont des esclaves, qu'elles traitent avec la plus horrible cruauté. Les rapports d'affinité existant entre leurs langues n'ont pas encore pu être déterminés jusqu'à ce jour.

3° La famille des ATHABASCAS se divise en deux races principales, celle de l'est, et celle de l'ouest. A la première appartiennent les *Chepeyans*, les *Indiens cuivrés*, les *Dogribs* (hommes de la Côte des Chiens), les *Strongbows* (appelés aussi Indiens-Beaver, et Indiens Thickwood), les *Indiens de la Montagne*, les *Indiens des Troupeaux*, les *Indiens-lièvres*, etc. ; à la seconde (Nouvelle-Calédonie), les *Carriers* (Takellies), les *Tsekanies*, les *Nohanies*, etc. Les *Loucheurs* ou *Quereiiers* parient un dialecte très-différent.

4° Les nombreuses tribus de la grande famille des ALGONQUINS-LENAPES se divisent en quatre groupes principaux : ceux du nord, du nord-est, de l'est, et de l'ouest ou de l'Atlantique. Au groupe septentrional appartiennent les *Knistinaux*, vulgairement appelés *Crees*, les *Montagnards* et les *Nascopies*, les *Ojibways* (appelés aussi, mais à tort, *Chippeways*), les *Ottawas*, les *Potowotamies* et les *Missinsigs*. Le groupe nord-est comprend les *Sheshatopoush* et les *Scoffies*, sur les rives septentrionales du golfe Saint-Laurent; les *Micmacs*, à l'ouest de ce golfe, dans la Nouvelle-Ecosse, au cap Breton et à Terre-Neuve; les *Etchémines* et les *Abenakis*. Parmi les Algonquins de l'Atlantique, ont complétement disparu les anciens habitants de la Nouvelle-Angleterre, tels que les *Pequots*, tribu puissante autrefois, les *Massachusetts*, les *Narrangansetts*, les *Mohicans*, les *Montacs* et les *Susquehannoks* ; des autres, tels que les *Delawares* et les *Nanticokes*, il ne reste plus que de misérables débris, dispersés au delà du Mississipi. Les *Powhattans* et les *Pampticoes* ont également péri. Le groupe occidental des Algonquins-Lenapes comprend les *Menomenes*, les *Miamis*, les *Piankishaws*, les *Illinois* presque complétement exterminés aujourd'hui, les *Sankies* et les *Foxes*, les *Kickapous*, les *Shawnoes*, les *Blackfeet*, les *Shyennes* (Cheyennes).

5° La famille des Iroquois, extrêmement redoutée des Européens aux premiers temps de la colonisation, comme une race de conquérants cruels et sanguinaires, forme deux groupes : celui du nord, qui est le plus considérable, et celui du sud. Les Iroquois du nord formaient deux divi- sions, dont celle de l'est se composait de ce qu'on appelait les *Cinq-Nations* (les Mahawks, les Oneidas, les Onondagas, les Cayugas, et les Senecas, dans la confédération desquels les Tuscaroras furent admis comme sixième nation, en 1714 et 1715) ; celle de l'ouest comprenait les *Wyandots* ou *Hurons*, les *Attionandarons* (nation neutre), les *Andastes* ou *Guyandots*, et les *Crigas* ou *Cries* (nation Chat). De ces quatre tribus occidentales, les deux premières furent presque complétement et les deux dernières complétement exterminées par les Cinq-Nations. Parmi les tribus du sud, les *Meherrins* ou *Tutelocs* et les *Nottoways* ont complétement disparu, tandis que les *Tuscaroras* se faisaient admettre dans la confédération des Cinq-Nations (mais il n'en existe plus aujourd'hui que quelques faibles débris, errant dans le pays et aux environs des grands lacs).

6° Les peuples de la Floride, dans la partie sud des États-Unis, composent trois groupes, parlant des langues essentiellement différentes. La langue catowba est parlée par les *Catowbas* et les *Woocans*, la langue cherokee (tschiroquoise) surtout par les *Cherokees*, tandis que la langue choctaw-muskhogee est celle de toutes les tribus faisant partie de la confédération des *Creeks*, telles que les *Chicasas*, les *Choctaws*, les *Muskhogees*, les *Hitchitees*, les *Seminoles*, et autres peuplades de la Floride. Les langues des *Utchees*, des *Natchez*, des *Alibamons*, des *Coosadas* et de quelques autres peuplades différent de ces trois langues principales. Dans ces derniers temps ces diverses tribus indiennes du sud ont été transportées à l'ouest du Mississipi. Avant cette opération leur nombre total était de 67,000 têtes.

7° Les tribus Sioux peuplent, au sud des Athabascas, la contrée située sur la côte occidentale du Mississipi jusqu'à l'État d'Arkansas et aux Montagnes-Rocheuses, par 43° de lat. nord. Elles comprennent d'abord les sept peuplades confédérées, mais indépendantes les unes des autres, des Sioux proprement dits ou *Dahcotas* (appelés aussi *Nadowessi*), puis les *Winnebagœs* et les *Assiniboins* (Indiens-Pierres), qui en vivent séparés. Viennent ensuite, comme second groupe, les trois peuplades *Minetares* (les Mandans, presque complétement disparus aujourd'hui, les Minetares et les Indiens-Crow ou *Upsarokas*), et comme troisième groupe, les Sioux méridionaux, qui se composent de huit tribus (les Joways, les Puncas, les Omahows, les Ottoes, les Missouris, les Kansas, les Osages et les Quappas).

8° Les CADDOS, à l'ouest du Mississipi, dont la langue est parlée aussi par les *Nandakos*, les *Inies* ou *Tachies* (dont le Texas tire son nom) et les *Rabedaches*. Les *Natchitoches*, les *Adayes*, les *Athacapas*, les *Chétimaches* et quelques autres débris de peuplades errant à l'ouest du Mississipi parlent des langues diverses et différent complétement de celle des Caddos.

9° Les PAWNIES, composés des *Pawnies* proprement dits et des *Ricares*.

10° Les INDIENS DES CATARACTES (appelés aussi Indiens des Rapides ou Indiens Pannch) parlent une langue tout à fait différente, de même que la puissante nation des *Blackfeet*, avec les subdivisions formées par les *Paigans* (Picanos) et les *Indiens-Sang*, désignés ordinairement, d'après la contrée qu'ils habitent, sous le nom d'Indiens *Saskatchawines*.

11° La famille des COMANGUES, aujourd'hui la plus nombreuse de celles qui habitent l'Amérique septentrionale, est également très-répandue. Elle s'étend depuis le territoire de l'Orégon jusqu'au golfe de Californie d'une part, et jusqu'au golfe du Mexique de l'autre. Les quatre tribus principales de cette famille sont les *Shoshones*, ou Indiens-Serpents, avec les *Walla-Wallas*, les *Nez-Percés* (ou Saptines), les *Palouses*, les *Selipsh* ou *Flatheads*, les *Moleles*, les *Waillaptous* ou *Cayouses*, les *Tlamath*, les *Punashly* (ou Panacks, et ensuite les *Bonnaks*) et les *Sozonis* ; puis les *Apaches* avec les *Iutahs* ou *Utahs*, les Apaches proprement dits, les *Navajoes* et autres tribus, les *Apaches* et les *Comanches* proprement dits, peuple de cavaliers et formant de nombreuses subdivisions. Parmi ces peuples on peut considérer les Apaches comme celui qui détruisit la civilisation assez avancée à laquelle étaient parvenus les naturels du Rio-Gila et du Rio del Norte, et qui existait encore au seizième siècle dans le Nouveau-Mexique. On comprend ordinairement les débris de cette nation plus civilisée, après les tribus plus puissantes, sous le nom de *Moqui.*

On ne possède encore que des renseignements très-vagues et très-insuffisants sur les langues et les rapports d'affinités des différentes tribus indiennes de la Californie, restées d'ailleurs au degré le plus infime de la civilisation.

Il n'y a pas de pays sur la terre où existent autant de langues complétement différentes qu'au Mexique. Parmi les nombreux peuples de l'Amérique centrale, chez lesquels on a constaté l'existence d'au moins trente-six langues tout à fait différentes, les descendants de l'ancienne nation civilisée des Aztèques occupent encore de nos jours le premier rang. Leur langue, appelée aussi de préférence le mexicain, est à bien dire la langue nationale, et est parlée par le peuple depuis Santa-Fé, au Nouveau Mexique, jusqu'au lac de Nicaragua, à l'exception du plateau où s'élève la ville de Mexico, où la nation des Otomis est la plus répandue après celle des Aztèques. Les autres peuples mexicains ne se composent plus guère que de débris. Dans le petit État d'Oaxaca seulement on compte dix-neuf peuplades différentes. Les *Zapotèques* y formaient avant la conquête un État florissant, dont le souverain résidait dans la ville de Téozapotlan ou Zachila. Il confinait au royaume de *Mistecapan*, qui avait pour capitale Tlaxiaco ; et il existe encore d'assez importants débris de ses habitants, les *Mistèques*. Les habitants du royaume de *Mechoacan*, demeuré toujours indépendant des Aztèques et conquis en 1523 par les Espagnols, étaient les *Tarascos*, dont les descendants habitent encore aujourd'hui l'État de Mechoacan. En fait d'autres peuples moins importants, on peut citer, au nord, les *Pimas*, les *Yaquis*, les *Zouaques*, les *Tarahoumaras*, les *Coras*, les *Cinaloas*, les *Mayos;* dans les États du centre et du sud, les *Mijes* ou *Mixes*, les *Matlasincos*, les *Houastèques*, les *Chichimèques*, les *Totonaques*, les *Tlapanèques*, les *Houabes* ou *Gouáves*, les *Chinantèques*, les *Coulcatèques*, les *Chatinos*, les *Mazatèques*, les *Izcatèques*, les *Chontales*, les *Chocos*, les *Zoques*, etc. Les *Mayas* sont le peuple qui domine dans l'Yucatan. La langue *pocanchi*, ou le pocaman, est parlée principalement sur les côtes de Guatemala, tandis que la langue *quiché* est celle de la plus grande partie de la population indienne de l'Amérique centrale.

Les ethnographes les plus récents ont divisé les Indiens de l'Amérique du Sud en trois grandes classes, comprenant chacune de nombreuses subdivisions, à savoir :

1° Les CUNDINAMARCANS avec les nations des *Mouiscas* ou Moscas, parlant une tout autre langue, qui à l'époque de la conquête formaient un peuple à demeure fixe, agriculteur et civilisé, dont la langue est aussi dite *langue des Chibcha* et était autrefois répandue dans tout l'empire ; plus les *Panches* et les *Goahiros*. Les peuples indiens habitant, à l'ouest de la Nouvelle-Grenade, le Popayan et Choco-Neiva, avaient tous leur langue propre ; mais les quelques débris qu'en laissèrent les conquérants ont fini par adopter la langue nationale.

2° Les PÉRUVIENS, suivant Tschudi, appartenaient à trois nations différentes, parmi lesquelles les *Quichuas* étaient au temps de la conquête un peuple puissant, parvenu à une haute civilisation et qui avait fondé l'empire des Incas. La langue *Quichua* ou *Inca*, sur laquelle Tschudi a publié un grand ouvrage, fut élevée par les missionnaires à l'état de langue écrite, et est encore de nos jours la langue qu'on parle généralement sur le plateau et sur le long des côtes du Pérou, ainsi que d'une partie de la Bolivie, de l'Ecuador et des provinces nord-ouest de la république Argentine. Les *Aïmaras*, qui habitaient les provinces limitrophes du Pérou et de la Bolivie, n'étaient pas moins civilisés ; leur langue diffère à tous égards du quichua, et est généralement parlée dans le pays, même par les descendants des premiers aventuriers espagnols.

3° Les ANTISANES. Sous cette dénomination on comprend plus de soixante peuplades, dont les demeures sont situées dans les chaudes et humides régions du versant oriental des Andes, en Bolivie et au Pérou, et dont les langues, toutes complétement différentes, n'ont jusqu'à présent été l'objet d'aucun travail d'investigation.

4° Les ARAUCANS. Ils se divisent en deux nations : *a.* Les *Araucans*, les *Araucanos* des Espagnols, avec deux subdivisions : celle des Araucans proprement dits, composée des *Chonos* (dans la langue locale *Arauco*), ou Araucans dans l'acception la plus étroite de ce nom, et des *Pehuenches ;* et celle des *Aucas*, comprenant les *Ronkelas* et les *Chilenos.* Toutes ces peuplades parlent la même langue. *b.* Les *habitants de la Terre de Feu*, appelés aussi jadis *Pecherais*, population misérable, vivant de la chasse et de la pêche.

5° Les POPULATIONS DES PAMPAS, qui occupent les steppes immenses et les déserts de la partie orientale de l'Amérique du Sud, depuis la côte méridionale de ce continent jusqu'à l'embouchure du fleuve de la Plata. On y compte dix nations environ, parlant tout autant de langues radicalement différentes. Les *Puelches*, les *Abipons* et *Guaycourous* sont les plus connus.

6° Les POPULATIONS CHIQUITOS, ainsi nommées d'après la plus considérable d'entre elles, les *Chiquitos*, divisée en trente-six peuplades, avec des langues différentes, qui dès l'origine pratiquement l'agriculture et qui de bonne heure se convertirent au christianisme.

7° Les POPULATIONS MOXOS, ainsi nommées également du nom de la plus considérable d'entre elles, et inférieures aux précédentes, au moral comme au physique.

8° La race des GUARANIS ou CARAÏBES, quoique disséminée en nations nombreuses, est répandue depuis les rives de la Plata, à travers tout le Brésil et la Guyane, jusqu'à la mer des Antilles, dont elle occupait les petites îles à l'époque de la découverte de l'Amérique. Elle est désignée au sud sous le nom de *Guaranis* ; dans les provinces centrales et les plus peuplées du Brésil, sous celui de *Toupis ;* enfin, dans les Guyanes, sous celui de *Caribi*. Le guarani ou toupi est la langue générale du commerce et des rapports sociaux au Brésil, depuis l'île de Sainte-Catherine jusqu'à l'embouchure du fleuve des Amazones. Toutes ces tribus, dont on évalue le nombre à environ soixante, parlent des langues ayant encore des rapports d'affinité ; il n'y a que celles du territoire de l'Orénoque qui diffèrent sous ce rapport. Les Guaranis, ou Toupis proprement dits, comprennent six tribus. Parmi les nombreuses tribus de Caribes, les plus connues sont celles des *Caribes* proprement dits (*Caraïbes*), des *Aravaques*, des *Paînanaques*, des *Chaymas* et des *Maypouros.*

9° Les BOTOCUDES ou *Aymores*, au Brésil (voyez BOTOCUDES).

10° Parmi les PEUPLADES BRÉSILIENNES, dont on n'évalue pas le nombre à moins de 200, dont la plupart diffèrent essentiellement les unes des autres et parlent des langues qui n'ont point été encore étudiées, nous nous bornerons à citer les *Pouris* et les *Kiriris* (dans la province de Bahia).

11° Enfin, les PEUPLADES DE L'ORÉNOQUE, qui se divisent en plus de cent cinquante tribus, parlant toutes des langues différentes, et indépendantes des Caraïbes ou Caribes, habitent les contrées baignées par l'Orénoque, par ses embranchements et ses affluents. Celles dont il est le plus souvent fait mention sont les *Guamos*, les *Makousis*, les *Otomaques*, et les *Salivas*, tribu agricole.

Si, comme nous l'avons déjà remarqué plus haut, tous ces peuples ont le même type pour ce qui est de la conformation physique, et si leurs langues ont toutes un caractère commun, le grand nombre de leurs idiomes et leur diversité n'en demeurent pas moins un phénomène très-curieux, quand on les compare au nombre, relativement petit, des habitants autochthones de l'Amérique. On évalue le nombre de ces derniers, y compris les métis, qui se rapprochent beaucoup plus d'eux que des blancs, à environ 9,500,000 âmes; celui des langues qu'ils parlent, à cinq ou six cents, dont un bon tiers diffèrent radicalement les unes des autres. Il n'y a qu'un fort petit nombre de ces langues, comme l'aztèque, le cree, le quichua, le quiché, le muysca, le guarani, qui soient très-répandues même parmi des nations qui n'ont nullement la même origine. Beaucoup d'autres langues, par exemple celles des peuplades du Brésil et de l'Orénoque, sont bornées à de petites tribus, composées seulement de quelques familles. Cette absence d'un idiome commun, intelligible à des masses nombreuses, a singulièrement gêné l'œuvre des missionnaires. On évalue à environ 3,700,000 têtes le nombre des Indiens encore idolâtres.

En ce qui touche le degré de civilisation, on peut établir parmi les Indiens trois catégories : la première comprenant la population autochthone des contrées qui à l'époque de la conquête formaient déjà des États politiques ; la seconde, les nations dont les mœurs ont été plus ou moins modifiées par le contact avec les Européens ; la troisième, enfin, les peuplades désignées sous la dénomination de Sauvages, et dont le genre de vie et les habitants sont restées les mêmes qu'avant la conquête. La première de ces catégories est, à beaucoup près, la plus nombreuse, et comprend plus de la moitié de la population rouge de l'Amérique ; dans certaines contrées, elle l'emporte sur la population blanche immigrée ; sur quelques points, comme à Puebla et à Oaxaca, elle compose les neuf dixièmes de la population totale. Les Indiens y cultivaient la terre plusieurs siècles avant la conquête, et ils y demeurèrent attachés au sol. Le changement de maîtres et l'introduction du christianisme n'exercèrent point d'influence sensible sur leurs mœurs, leurs lois, leurs langues, leur manière de vivre ; et pour eux le contact avec les Européens ne fut pas, il s'en faut de beaucoup, aussi dangereux que pour les peuples chasseurs de l'Amérique du Nord. Quand la conquête par les Espagnols fut complète, la population indigène s'y accrut même dans des proportions analogues à celles de la population blanche.

Quand les diverses colonies de l'Amérique espagnole proclamèrent leur indépendance, on évaluait cette population indigène à six millions d'âmes. Par suite des incessantes et sanglantes guerres civiles dont ces contrées ont été depuis lors le théâtre, ce chiffre a considérablement diminué. Dans l'Amérique septentrionale, où le blanc ne s'établit point comme conquérant, mais comme colon, la population indigène, qui vivait exclusivement du produit de sa chasse, a complétement disparu, lorsqu'elle n'a pas été refoulée de plus en plus, de gré ou de force, ou bien encore en vertu de prétendus marchés et acquisitions, sans espoir de pouvoir échapper à une destruction entière et prochaine. Autre fut le sort des peuples autochthones de l'Amérique du Sud, où, suivant toute apparence, la population a plutôt augmenté que diminué, du moins dans les contrées où les Européens ne sont point encore venus s'établir. Cela tient d'une part à ce que ces peuples ne vivent pas uniquement du produit de la chasse, mais cultivent aussi le *mandioca* et le *pisang*; d'un autre côté, divers ordres religieux, et surtout les jésuites, ont réussi à civiliser bon nombre de peuplades qui depuis ont toujours eu des demeures fixes. Une partie de ces *Indios catequisados*, comme on les appelle dans l'Amérique espagnole, ou *Indios mansos*, comme on dit au Brésil, avait adopté la langue et les mœurs des blancs, et avait ainsi formé la classe des *Indios reducidos*. Mais comme pour la plupart de ces *Indios reducidos* la civilisation acquise dépendait surtout de la vigilance et de la sollicitude constante des religieux qui l'avaient introduite, les jésuites n'eurent pas plus tôt été expulsés qu'on vit un grand nombre de tribus retomber complètement dans leur état de barbarie primitive ; de sorte qu'aujourd'hui le nombre des Indiens de la seconde des catégories que nous avons établies plus haut s'élève à peine à un million d'âmes.

La troisième catégorie se compose des Indiens sauvages, appelés par les Espagnols *Indios bravos*, au nombre d'environ quatre millions, qui vivent au nord de l'Amérique de la chasse et de la pêche, et qui dans l'Amérique méridionale habitent paisiblement pendant la plus grande partie de l'année des villages. La seule influence appréciable que les blancs aient exercée sur leur genre de vie, ç'a été de leur fournir des chevaux et des armes à feu, et de les transformer ainsi parfois en audacieux brigands, parfaitement montés et armés, qui commettent des déprédations de toutes espèces dans les régions occupées par les blancs, leurs ennemis.

Si les Indiens ont fourni aux poëtes et aux romanciers, à ceux des États-Unis surtout, une mine inépuisable à exploiter, ils sont aussi entrés, dans ces trente dernières années surtout, dans le domaine des spéculations scientifiques ; et le nombre d'ouvrages, souvent très-volumineux, consacrés à l'étude de l'histoire, de l'antiquité, des mœurs et des usages, de même que de la conformation physique des Peaux-Rouges (*Red-Skint*) va chaque année en augmentant, non pas seulement en Amérique, mais aussi en Europe. Sans mentionner ici les livres spécialement relatifs aux antiquités américaines, nous citerons plus particulièrement, d'abord sous le rapport anthropologique, Marton, *Crania Americana* (Philadelphie, 1839 ; avec 39 planches) ; Gallatin, *A Synopsis of the Indian Tribes*, dans les transactions de la Société Américaine des Antiquaires ; Mac Kenney et Hall, *History of the Indian Tribes* (3 vol., avec 120 portraits ; Washington, 1838-1844); Catlen, *Letters and notes on the Manners and Conditions of the North-American Indians* (4ᵉ édit., Londres, 1843); Schoolcraft, *Oneota, or the Red Race in America* (New-York, 1844); le même, *History of the Iroquois* (1846) ; Drake, *Biography and History of the North-American Indians* (8ᵉ édit., Boston, 1848); Moore, *History of the Indian Wars of the United-States* (New-York, 1849). Sur les indigènes de l'Amérique centrale et de l'Amérique méridionale, il faut consulter les ouvrages d'Alexandre de Humboldt, de Stephens, Squier, Tschudi, Spix et Martius, Schomburgk, d'Orbigny, le prince Maximilien de Neuwied, etc., etc. ; enfin le magnifique ouvrage de Rivero et Tschudi, *Antiquedades Peruanas* (Vienne, 1852).

INDIFFÉRENCE. La définition de l'indifférence est dans toutes les têtes; le sentiment de l'indifférence est-il dans tous les cœurs? Il y a une sorte d'indifférence qui peut se confondre avec l'i n s e n s i b i l i t é. L'âme de ces hommes indifférents n'a la peine capable de sentir l'impression des événements favorables, ou, si elle l'éprouve, c'est plutôt par instinct que par réflexion. La trempe de leur âme est telle, que les traits de la mauvaise fortune s'y émoussent, comme les projectiles s'amortissent en frappant le sable. Cette insensibilité a son siège dans le cœur de ces hommes sans affections et sans répugnances, dont la nature dégénérée s'abaisse presque jusqu'aux limites de la vie végétale. C'est peut-être une faveur qui leur est départie par la nature pour compenser les biens et les maux de leur condition : car si elle les a privés de l'espérance, elle leur a été aussi le désespoir.

Il y a une autre indifférence, qu'on pourrait confondre avec l'amour excessif de soi-même ; elle se développe surtout dans le cœur de l'homme comme membre d'une association civile, et exerce une influence plus ou moins grande sur ses actions selon la distance qui le sépare de certaines personnes et de certaines choses. Ainsi, le cercle de nos affections est premièrement élargi par les sentiments de famille ou par ceux de l'amitié. L'indifférence commence là où finissent les intérêts des personnes qui nous sont chères. L'amour de la patrie, par exemple, embrasse un nombre d'individus d'autant plus grand que les préjugés ou les passions lui donnent à nos yeux une signification plus ou moins étendue ; et les degrés de notre indifférence pourraient être en ce cas mesurés à ceux de l'équateur ou du méridien. Les passions politiques et philosophiques, en créant de nouveaux amours et des haines nouvelles, déplacent les anciennes limites de notre indifférence ; et quoique

INDIFFÉRENCE

ordinairement l'attention des hommes soit tournée plus vivement vers les choses qui les approchent davantage, ils se montrent quelquefois plus attentifs au sort de la ville qu'à celui de la maison, préfèrent le soin des affaires de la province à celui de la ville, et attachent plus de gloire à se réunir sous la même bannière qu'à naître sous le même ciel. Mais, soit que nous regardions notre personne comme le centre de toutes nos affections, soit que nous en placions le principe ailleurs, il est bien certain que dans tous les cas nous laissons un grand espace à l'indifférence; elle n'est surtout jamais aussi étendue que chez les hommes dont le cœur voudrait embrasser dans ses affections l'univers entier, parce que les affections de ces hommes s'affaiblissent en s'élargissant, et l'on n'est jamais plus froid envers les personnes qui devraient nous intéresser davantage que lorsqu'on veut aimer tous ses semblables également.

En somme, l'indifférence est un sentiment généralement répandu dans le cœur des hommes, c'est une qualité substantielle que la nature leur a départie pour qu'ils puissent vivre paisiblement en société. Elle consiste alors en une modération de désirs et d'affections qui les porte à employer leur zèle aux choses qui les frappent directement, préfèrant dans les affaires d'autrui éviter les dangers ou l'ennui, que de rechercher quelque profit ou quelque honneur. Cette indifférence a de profondes racines dans le cœur humain. Elle existe à tous les âges de la société, excepté dans l'état primitif. L'homme alors est en même temps souverain pour gouverner sa famille, chef pour la défendre, pontife pour la bénir, chasseur, pêcheur ou pâtre pour l'alimenter. Il doit donc toujours tenir éveillées ses facultés physiques et morales, afin de bien remplir tous ses devoirs. On a dit que les peuplades sauvages montraient la plus grande indifférence pour tout ce qui les concerne; nous croyons qu'on a mal interprété ce mot, quand on a voulu peindre leur état habituel de stupidité : les lois de la nature sont invariables ; cette mère commune des hommes a voulu que celui qui ne peut pas partager avec les autres les soins de sa conservation en sentît le besoin plus vivement. Privé de la protection et de l'assistance de ses frères, le sauvage doit nécessairement porter une attention plus soutenue à tous les événements qui lui arrivent. Mais dès que nous nous élevons à une société plus parfaite, la condition de notre esprit change sous ce rapport. Toute société politique est fondée sur des lois qui établissent les droits de chaque individu et sur la justice du gouvernement qui les protège. La crainte de la loi nous éloigne des choses qu'elle défend; la confiance que nous avons dans la protection du gouvernement nous dispense de nous occuper aussi scrupuleusement de la défense de nos personnes et de nos biens. Ainsi, l'homme, enchaînant ses désirs et apaisant son cœur par la certitude de sa tranquillité, réduit ses soins à un nombre très-limité, et, soit qu'il se dédommage sur le peu d'occupation qui lui reste, de l'activité qu'il n'a pas pu employer dans une sphère d'action plus étendue, soit que sa nature le porte à travailler qu'avec modération, toujours est-il qu'il contracte pour les affaires autres que les siennes une habitude de nonchalance qui commence par l'oubli et finit par l'indifférence.

Les premiers germes d'indifférence poussent avec plus de force encore lorsque la religion vient les féconder. La religion élève nos yeux vers le ciel, elle nous ne laissons que naître et mourir, on vit seulement là-haut; ici-bas, nous sommes entraînés maintes fois par le flot de la fortune plus haut que ne mériterait notre vertu, et maintes fois aussi plus bas que ne le mériteraient nos erreurs; là-haut seulement on est sûr d'une récompense ou d'une peine appropriée à chaque action. Ici les plaisirs sont de courte durée, ou mêlés de douleurs; là-haut on goûte une joie pure et durable. Voilà le langage de la religion, voilà comment ceux qui l'écoutent, aspirant à une condition plus parfaite, dédaignent ou au moins regardent sans passion les choses périssables d'ici-bas. Et lors même que la religion ne suffirait pas pour nous conduire à cet état d'apathie, nous y serions naturellement portés par un autre sentiment, celui de l'injustice des hommes. A quoi bon, disent toujours ceux qui en sont frappés, à quoi bon user nos facultés à faire quelque chose au delà de ce qui strictement nous intéresse, lorsque nous savons ce qu'on doit espérer de la droiture et de la fidélité de nos semblables ? L'histoire et l'expérience de tous les jours ne nous montrent-elles pas ce qui attend d'ordinaire ceux qui se vouent avec des moyens peu communs à la recherche de choses extraordinaires ? Laissons aux autres leur ambition, réservons-nous ce qui est plus difficile à obtenir et à garder, la tranquillité de l'âme. Il faut attribuer à cette persuasion de l'injustice habituelle des hommes l'origine de cette philosophie moitié stoïque, moitié épicurienne, qui nous invite à ne pas nous soucier des choses de la vie.

Pour mieux comprendre combien elle se fortifie par l'habitude, séparons les hommes en plusieurs classes, en commençant par la moins nombreuse, celle des hommes heureux. Le bonheur, qu'il nous vienne de notre vertu, de notre fortune, doit nécessairement être fondé sur ce sentiment de satisfaction intérieure, dégagé de toute crainte, par lequel l'homme, voyant que chaque chose lui réussit, jouit de cette uniformité constante entre ce qu'il souhaite et ce qui lui arrive. L'homme heureux redoute sans cesse les hasards de toute nouvelle épreuve, et reste par cela même cramponné à son sort. Ceux qui, d'une autre côté, ne savent pas régler sur les bienfaits de leur fortune la modération de leurs jouissances ont aussi des raisons particulières de devenir indifférents. L'ambition et la cupidité grandissent à leurs yeux la chose qu'ils souhaitent; non-seulement ils préfèrent pour l'obtenir les moyens les plus sûrs aux moyens les plus honnêtes, mais ils consentent même à abdiquer toute autre pensée et tout autre soin pour s'occuper exclusivement de l'objet vers lequel les entraîne leur passion. Voilà une autre indifférence, qui est fille du vice. Il en est encore une, fille du malheur, et que produit l'abattement de l'esprit, le désappointement, le manque d'espérance, tout ce qui attriste le plus grand nombre d'infortunés.

Il y a enfin une autre indifférence, résultat non pas de la position dans laquelle nous sommes placés par le sort, mais de celle que nous ont faite nos opinions; et c'est cette indifférence que nous voyons journellement dominer le cœur de la multitude dans tout ce qui a rapport aux affaires publiques. Elles sont considérées sous deux aspects par ceux qui veulent bien s'en soucier. Il y a des approbateurs, il y a des mécontents. Celui qui approuve est en réalité bien peu éloigné de l'indifférent, c'est-à-dire que tant qu'il n'arrivera aucun changement dans les lois et les principes d'administration qui lui conviennent, il jouira du gouvernement qui existe comme on jouit de la sérénité d'un beau jour sans y faire attention. Au contraire, qui est mécontent l'est ordinairement pour certaines raisons. Le redressement des griefs qui l'affligent ne lui procurera même aucun avantage personnel : dès lors le mécontentement s'insinue dans son esprit, et s'y établit d'une façon presque doctrinale. Rapportant à lui-même les dernières conséquences de ces doctrines, il se dira, lui aussi : « Eh ! que m'importe à moi, si je dois comme auparavant porter mon fardeau ? » Il faut en convenir cependant, l'avantage général qu'elles attendent avantageusement de certaines réformes est bien suffisant pour réchauffer les âmes généreuses, comme le seul moyen de ce même avantage suffit pour entraîner les esprits inconsidérés; mais cela arrive très-rarement, à de grands intervalles, et il n'en résulte pas moins que l'indifférence dans laquelle on va retomber aussitôt après l'accomplissement des nouvelles épreuves ne soit pas, comme nous disions, une qualité naturelle et universelle du genre humain.

Il est juste d'observer, toutefois, que la nature a sagement agi en façonnant ainsi notre âme. La condition des hommes serait encore beaucoup plus malheureuse si les plaintes qu'on entend chaque jour partout sur la marche des affaires publiques étaient autre chose que des plaintes, et si l'indifférence, remède salutaire, n'avait déjà amolli et apaisé ceux qui les écoutent.

Bon Joseph MANNO, de l'Académie de Turin.

INDIGENCE, INDIGENT (en latin *indigentia*, *indigens*, faits de la particule privative *in*, et du verbe *digerere*, qui signifie à la fois *digérer* et *arranger*, *distribuer*). L'indigence est un certain état de besoin, approchant de la pauvreté et en différant seulement en ce qu'elle semble moins intense. L'indigent ne manque pas absolument du nécessaire, mais de l'utile; il ne mendie pas, mais il n'a pas moins besoin de secours; sans quoi il tomberait bientôt dans le plus grand dénûment; ainsi l'indigent peut travailler, mais les forces lui manquent pour gagner assez, ou bien son travail est trop peu rétribué, ou bien le travail lui manque par un effet indépendant de sa volonté. Une trop grande quantité d'enfants amène aussi l'indigence. Enfin, l'indigence est relative, et telle personne habituée à l'abondance tombe dans l'indigence avec des revenus qui en mettraient beaucoup d'autres à leur aise.

L'indigence n'est donc pas facile à constater. Bien des pauvres honteux échappent à la statistique. En général nous confondons d'ailleurs depuis la révolution tous les pauvres sous le nom d'*indigents*. La loi ne parle jamais de pauvres parmi nous, elle ne connaît que des indigents. Elle les admet aux secours distribués par les bureaux de bienfaisance; elle les admet gratuitement dans les hôpitaux et les hospices; elle les dispense de payer certaines taxes, elle leur fait remise de certaines amendes, elle a créé pour eux l'assistance judiciaire, enfin elle les fait inhumer gratuitement. En France, 9,336 communes seulement possèdent un bureau de bienfaisance. Dans ces 9,336 communes, dont la population s'élève à 16,521,883 âmes, les indigents inscrits à leurs bureaux sont au nombre de 1,329,659, ce qui donne un indigent sur douze habitants. D'après le baron de Watteville, la moyenne des secours annuels est de 12 fr. 70 c. par indigent. Cette moyenne est de 10 centimes dans l'Aveyron, au Truel; de 2 centimes dans le Rhône, à Mardose, et de 1 centime dans l'Ain, à Martignat, tandis qu'elle s'élève à 449 fr. 90 c. dans la Mayenne, au Genest; à 809 fr. 12 c. dans le Doubs, à Montbéliard. Le baron de Watteville se plaint de cette inégalité; mais il oublie que les communes qui donnent de si forts secours ne les trouveraient peut-être pas s'il fallait les distribuer à une certaine distance. Il s'élève aussi contre l'éparpillement et la perpétuité des secours. « Nous voyons aujourd'hui, dit-il, inscrits sur les contrôles les petits-fils des indigents admis aux secours publics en 1802, alors que le fils avait été en 1830 également porté sur les listes. Les distributions périodiques à jours et à heures fixes donnent souvent à l'indigent un esprit d'imprévoyance qui aggrave sa situation, ajoute le même économiste. Ne vaudrait-il pas mieux en donnant quelquefois une somme assez forte à une famille indigente, la tirer à tout jamais de la misère et lui faciliter les moyens de venir un jour en aide à de plus malheureux. » On ne saurait nier en effet que cela serait souvent plus utile; mais comment arriver à ces choix, quand on excite déjà tant de jalousies pour des secours si minimes! Et puis quand la famille fortement secourue aura perdu dans les affaires ou autrement ce qu'on lui aura donné, faudra-t-il recommencer ou bien la repousser?

A Paris la population indigente était en 1853 de 65,264 individus, ce qui, pour une population générale de 1,053,252 âmes, établit une moyenne d'un indigent sur 161 habitants. En 1844, la population générale étant de 912,033 individus, on comptait 66,148 indigents, c'est-à-dire 1 sur 13,7, et en 1832, pour une population de 770,286 habitants, le chiffre des indigents s'élevait à 68,986, soit 1 indigent sur 11,1. Y a-t-il réellement moins d'indigents parmi nous, ou est-on plus sévère dans les admissions? Le nombre des ménages assistés dans l'année 1853, s'élevait à 29,142; 7,937 de leurs chefs seulement étaient nés à Paris, 1,368 dans la banlieue, 18,405 dans les départements, 1,432 à l'étranger. On trouvait 13,870 chefs de ménage inscrits au-dessous de soixante ans, et 1,349 au-dessus de quatre-vingts ans. Il y avait 3,445 ménages chargés de trois enfants, 125 qui en avaient six, 16 qui en avaient sept, 2 qui en avaient huit. Quant aux professions, voici comment se répartissaient les indigents. Pour les hommes: chiffonniers, 428; cochers, 164; commissionnaires, hommes de peine, 1,578; cordonniers, 861; domestiques, 135; employés et écrivains, 150; marchands revendeurs, 741; ouvriers en bâtiments, 1,875; journaliers et ouvriers de divers états, 4,874; porteurs d'eau, 112; portiers, 1,283; savetiers, 118; tailleurs, 537; sans profession, 1,652. Pour les femmes: blanchisseuses, 675; chiffonnières, 348; domestiques, 313; femmes de ménage, 1,140; gardes d'enfants, 224; garde-malades, 217; revendeuses, 811; ouvrières à l'aiguille, 2,574; ouvrières et journalières de divers états, 4,379; porteuses d'eau, 30; portières, 754; sans profession, 3,108.
L. LOUVET.

INDIGÈNE (du latin *indè*, employé pour *in*, *dans*, et *genitus*, engendré, c'est-à-dire *engendré là*). On appelle *indigènes* les populations établies de tout temps dans un pays. Ce mot n'est cependant pas synonyme d'aborigènes ou autochthones. Dans nos départements d'Algérie, nous appelons indistinctement indigènes les Kabyles, descendants des Berbères, et les Arabes, qui n'ont envahi la contrée qu'au huitième siècle de notre ère.

Une *plante indigène* est une plante propre à tel ou tel pays, qui y croît naturellement, qui n'y a pas été introduite d'une autre contrée, ou dans laquelle on la nomme *exotique*.

INDIGESTION. On spécifie par cette dénomination les troubles subits de la fonction digestive que l'on considère comme des indispositions passagères. Les perturbations de la digestion ainsi comprises sont extrêmement communes, et les médecins ne sont que rarement appelés à y remédier; chacun a recours à des moyens popularisés par une longue tradition, qui est une routine aveugle. Les indigestions sont causées par un état morbide des organes digestifs ou par les substances alimentaires dont on fait usage, et parmi lesquelles on doit compter les boissons. Dans une affection aussi légère, aussi brève, on ne doit pas supposer des altérations de tissu, mais seulement des perversions de vitalité; autrement, la constance et la répétition des accidents dénonceraient des maladies organiques, telles que la gastrite, l'entérite, etc. Comme c'est dans l'estomac que l'acte le plus important de la fonction digestive s'accomplit, c'est aussi ce viscère qui est le théâtre des accidents principaux et les plus communs qui constituent cette indisposition: sa vitalité normale est viciée dans ces cas par des causes diverses, souvent par des émotions morales très-vives qu'on éprouve inopinément pendant ou peu après les repas. D'autres fois cet effet est produit par l'ingestion dans l'estomac d'une boisson glacée ou de la préparation sucrée appelée *glace*. La vitalité de l'estomac peut encore être dénaturée pendant la chymification par les liqueurs spiritueuses, si on n'en a pas contracté l'habitude. L'état des intestins seul cause beaucoup moins l'indigestion: ce trouble n'arrive guère que quand les aliments n'ont point été dissous par le suc gastrique. Les aliments et les boissons causent des indigestions par leur qualité et par leur quantité. En général, les herbes et les racines sont moins digestibles pour l'homme que les substances farineuses et celles qui appartiennent au règne animal. On prend d'ordinaire les aliments en trop grande quantité à la fois; et cet excès est la cause la plus commune des indigestions: la masse alimentaire n'est plus en rapport avec le suc gastrique qui doit la dissoudre par une action chimique que favorisent la calorécité animale et les mouvements péristaltiques de l'estomac. Pour montrer combien l'abus des boissons spiritueuses peut engendrer d'indigestions, il suffit de citer des scènes que l'ivrognerie ne rend que trop communes. Toutefois, on s'accoutume à l'action du vin et des liqueurs;

l'estomac est un des organes les plus propres à endurer impunément l'excitation.

Les accidents qui signalent l'indigestion sont un malaise, une anxiété générale, un sentiment de suffocation qu'on appelle *étouffement*, un mal de tête, surtout sur le front; des renvois de la saveur des aliments ingérés, et qui prouvent qu'ils ne sont point décomposés; des hoquets et des éructations répétées, souvent infectes; des nausées et enfin des vomissements : alors les matières qui n'ont point été travaillées dans l'estomac, ou qui l'ont été insuffisamment, sont rejetées au dehors, tandis que celles qui ont été chymifiées se rendent à leur destination naturelle. L'expulsion des aliments indigestes ou indigérés suffit souvent pour ramener le calme. Mais si, au lieu d'être rejetés par la bouche, ils descendent dans les intestins sans avoir été altérés, ils causent alors un malaise plus long et un état doublement pénible, dont les borborygmes, les vents, les coliques, sont l'expression. Enfin, les substances indigérées sont évacuées par le dernier des intestins, et le calme renaît après cet orage. Ces accidents qui éclatent tout à la fois dans l'estomac et dans les intestins sont quelquefois très-graves, et constituent la maladie appelée *choléra-morbus indigène*.

Il n'est pas toujours possible de se soustraire aux émotions morales dont la vivacité trouble la digestion, mais on peut toujours éviter de refroidir brusquement et fortement l'estomac par des boissons glacées, qui ne conviennent que dans les cas de maladie, et qui doivent encore être employées avec la plus grande prudence : on doit surtout se défier des glaces quand l'estomac fonctionne. On a publié à diverses époques des exemples de morts ainsi causées : ces cas font ordinairement supposer un empoisonnement, mais c'est à tort : la gastrite produite par l'action du froid suffit pour expliquer l'événement tragique. C'est également à tort qu'on prend en été des boissons glacées en mangeant; cette coutume de luxe a des inconvénients graves et fréquents : il suffit de refroidir les boissons à la température de l'eau de puits. La modération dans l'usage habituel du café et des liqueurs est nécessaire pour que la digestion stomacale s'accomplisse; mais si on n'en a pas l'habitude, il faut s'en défier. On doit aussi renoncer aux aliments indigestes ou de difficile digestion, les corps huileux en général, et le lait pour certaines personnes. Chacun doit éviter les substances qu'il digère difficilement : c'est une connaissance que l'expérience seule fait acquérir. On doit aussi craindre celles pour lesquelles on éprouve une répugnance instinctive. Si l'indigestion n'a pu être prévenue par les attentions que nous indiquons sommairement, il faut y remédier en secondant les efforts naturels : il convient de favoriser l'évacuation de l'estomac par de l'eau tiède, et celle des intestins par des lavements émollients. On est dans l'usage d'administrer en pareil cas du thé; c'est le remède banal : il a des inconvénients graves. Mieux vaudrait employer une infusion de fleurs de tilleul ou de véronique. L'eau sucrée et fraîche, le repos du lit et la diète suffiraient en général pour calmer ces troubles passagers. Cependant, il est des cas où une légère dose de médicaments opiacés est très-utile; le médecin peut aussi dans certains cas recourir à l'émétique. Dans la vieillesse, les indigestions sont les effets d'une innervation maladive et sont les précurseurs d'une attaque de paralysie ou d'apoplexie. L'accident qui dans la jeunesse et dans la force de la vie était peu à craindre, devient alors redoutable. Dr CHARBONNIER.

INDIGNATION, sentiment mêlé de mépris et de colère, qu'excitent en nous certaines injustices inattendues. L'indignation approuve la vengeance, mais n'y conduit pas toujours forcément. La colère passe, l'indignation, plus réfléchie, dure : elle nous éloigne de celui que nous supposons indigne; elle est souvent muette, et d'ordinaire c'est plus par le geste que par la parole qu'elle éclate. Elle ne transforme pas, elle gonfle. Il est rare qu'elle soit injuste. Nous sommes indignés bien des fois des mauvais procédés dont nous ne sommes point victimes. Une âme délicate s'indigne aisément des obstacles qu'on lui suscite, des motifs injustes qu'on lui suppose, des rivaux qu'on lui crée, des récompenses qu'on lui promet, des éloges qu'on lui adresse, des préférences même qu'on lui accorde, de tout ce qui, en un mot, indique qu'on n'a pas pour elle l'estime qu'elle croit mériter.

INDIGNITÉ. En droit on appelle *indigne* celui que la loi prive d'une succession ou d'une libéralité exercée en sa faveur pour avoir manqué à un devoir essentiel envers celui auquel il devait succéder ou envers l'auteur de la libéralité, soit de son vivant, soit après sa mort. Le Code déclare indignes de succéder : 1° celui qui serait condamné pour avoir donné ou tenté de donner la mort au défunt; 2° celui qui a porté contre le défunt une accusation capitale jugée calomnieuse; 3° l'héritier majeur qui, instruit du meurtre du défunt, ne l'aura pas dénoncé à la justice. Le défaut de dénonciation, cependant, ne peut être opposé aux ascendants et descendants du meurtrier, ni à ses alliés au même degré, ni à son époux ou à son épouse, ni à ses frères ou sœurs, ni à ses oncles et tantes, ni à ses neveux et nièces. Les enfants de l'indigne qui viennent à la succession de leur chef et sans le secours de la représentation ne sont pas exclus par la faute de leur père; mais celui-ci ne peut en aucun cas réclamer sur les biens de cette succession l'usufruit que la loi accorde aux pères et mères sur les biens de leurs enfants mineurs. L'indignité doit être prononcée par les tribunaux.

INDIGO, matière colorante bleue, fournie principalement par plusieurs espèces d'indigotiers. Il est de nombreuses variétés dans les procédés que l'on emploie pour extraire des tiges et des feuilles de l'indigotier leur fécule colorante; mais tous ces procédés ont un même but immédiat, celui de déchirer les mailles du tissu cellulaire, afin de pouvoir entraîner par des lavages à grande eau les globules amilacés qui y sont inclus; et en général quelque variété qu'ils offrent dans leurs détails tous les modes d'extraction peuvent être classés en deux catégories distinctes, l'extraction par voie de fermentation, et l'extraction par voie d'ébullition. Dans les procédés d'extraction par voie de fermentation, qui sont surtout employés dans les colonies, on laisse macérer dans des cuves pleines d'eau les tiges chargées de feuilles, jusqu'à ce que la fermentation pleinement établie ait brisé les mailles cellulleuses de leur parenchyme, et libéré la fécule colorante, qui reste en suspension dans l'eau; l'on fait ensuite écouler l'eau chargée de fécule dans une batterie, où on l'agite violemment jusqu'à ce que toute la fécule soit précipitée. La fécule ainsi isolée, et assez semblable à une bouillie noirâtre, est d'abord resserrée dans des sacs suspendus en l'air, qui laissent écouler l'eau surabondante; puis elle est étendue en plein air dans des caisses plates, où elle prend une certaine solidité; puis enfin elle est divisée en petits parallélipipèdes, que l'on dessèche d'abord au soleil, et que l'on renferme ensuite dans des barriques, où elle subit une certaine fermentation. Cette fermentation accomplie, les petits blocs de fécule sont de nouveau séchés au grand air, puis enfin livrés au commerce sous le nom d'*indigo*.

L'on admettait jadis que l'indigo était une combinaison en quelque sorte artificielle, qui s'effectuait pendant la fermentation à laquelle étaient soumises les plantes dont on l'extrayait : les expériences de M. Chevreul ont établi que l'indigo était un principe immédiat, qui existait tout formé dans le tissu parenchymateux de quelques végétaux; qu'à cet indigo était soluble et incolore, mais que pendant le phénomène de la fermentation ce principe immédiat, se combinant avec l'oxygène de l'air, devenait insoluble, et se précipitait à l'état de fécule violette. L'indigo que nous livre le commerce doit donc être considéré comme formé essentiellement d'indigo oxygéné, mélangé à des quantités plus ou moins considérables de matières étrangères, provenant soit de la plante elle-même, soit des ustensiles et des menstrues employés dans l'extraction. Ces matières étrangères, dont la nature est extrêmement variable, s'élèvent quelquefois à 70 pour 100. L'indigo pur, séparé de toutes ces matières étrangères, est d'un violet pourpre lorsqu'il est sous forme pulvérulente. Insoluble dans l'eau et dans l'alcool froid, il se dissout dans l'acide sulfurique concentré ; fortement chauffé, il se volatilise ; et sa vapeur, pourpre comme la vapeur de l'iode, se condense en cristaux pourpres à reflets dorés. L'indigo est insipide et inodore. L'indigo dissous dans l'acide sulfurique est connu sous le nom de *bleu de Saxe*; la solution se prépare en laissant digérer une partie d'indigo pulvérisé dans huit parties d'acide sulfurique concentré pendant l'espace de vingt-quatre heures, et en étendant ensuite la dissolution dans quatre-vingt-onze parties d'eau (Bergmann). L'acide nitrique concentré agit sur l'indigo avec une grande énergie, et détermine quelquefois l'inflammation du mélange : étendu d'eau, il donne naissance à quatre combinaisons distinctes : 1° une matière résinoïde ; 2° un principe amer au minimum d'acide nitrique ; 3° un principe connu sous le nom d'*amer de Welther*; 4° de l'acide oxalique. En traitant un mélange d'indigo et d'une matière facilement oxygénable par une solution alcaline puissante, l'indigo forme avec l'alcali une combinaison soluble et incolore ; en neutralisant l'alcali par un acide, l'indigo est précipité de la solution sous forme de poudre jaunâtre, qui au contact de l'air passe instantanément au bleu. On admet aujourd'hui que dans cette expérience l'indigo oxygéné se combine avec une certaine proportion d'hydrogène pour former une hydracide, que M. Dœbereiner a appelé *acide isatinique*, et que M. Chevreul a isolé en petits cristaux grenus et blanchâtres, qui acquièrent à l'air le pourpre métallique de l'hydrogène sublimé.

Il n'existe pas de substance qui fournisse à la teinture des couleurs aussi inaltérables que celles que peuvent donner certaines préparations d'indigo : les procédés au moyen desquels on applique l'indigo sur les étoffes de laine, de soie, de coton, et de fil, connus sous le nom de *cuves de pastel* et *cuves d'Inde*, reposent tous sur la propriété que nous indiquions plus haut en nous occupant des caractères chimiques de l'indigo. Dans tous, on mélange l'indigo avec une substance oxygénable, et on traite le mélange par une solution alcaline : ainsi, dans la *cuve à pastel*, on traite un mélange d'indigo et de chaux vive par une décoction de gaude, de garance et de son ; dans la *cuve d'Inde*, on fait bouillir du son, de la garance et de l'indigo dans une lessive de sous-carbonate de potasse. Dans tous ces procédés l'indigo passe à l'état d'hydracide soluble et décoloré ; dans cet état, on en imprègne fortement les tissus que l'on désire teindre ; puis on décompose l'hydracide au moyen d'un acide oxygéné quelconque ; et l'indigo, ainsi mis à nu dans les mailles mêmes du tissu, reprend au contact de l'air sa belle couleur bleue.

L'indigo existe encore dans quelques plantes autres que celle qui portent le nom d'*indigotier* : on en a retiré, en quantité assez considérable, du *nerium tinctorium* et de l'*isatis tinctoria* (*voyez* PASTEL) ; mais les indigotiers fournissent la presque totalité de l'indigo qui se trouve aujourd'hui dans le commerce. H. BELFIELD-LEFÈVRE.

INDIGO (Platt-). *Voyez* BLEU DE PRUSSE.

INDIGOTIER, genre de la famille des légumineuses de Jussieu, de la diadelphie décandrie de Linné. Les indigotiers sont tantôt des plantes herbacées, annuelles ou vivaces, et tantôt de petits arbustes ; leurs feuilles sont alternes et pinnées ; les fleurs, en général petites, sont disposées en grappes ou en épis axillaires ; et la gousse qui lour succède est allongée, étroite, terminée en pointe, tantôt droite, tantôt falciforme, et renfermant un nombre variable de graines brunâtres. Les botanistes portent à quatre-vingts environ le nombre des espèces distinctes que renferme le genre *indigotier*, espèces qui ont été distribuées en trois sections, d'après la disposition de leurs feuilles ; les espèces

à feuilles ailées, les espèces à feuilles géminées ou ternées, ou digitées, les espèces à feuilles simples ; mais de toutes ces plantes distinctes quelques-unes seulement, et en fort petit nombre, ont été soumises aux procédés de la grande culture, et fournissent presque exclusivement au commerce cette belle fécule colorante que l'on désigne sous le nom d'*indigo*. Les espèces qui ont été cultivées jusqu'ici à l'exclusion presque complète de toutes les autres sont surtout : 1° l'*indigotier bayard* (*indigofera anil*, L.), petit arbuste à tige droite, cylindrique, rameuse, qui atteint à peine un mètre de hauteur : cette espèce est originaire des Indes orientales ; elle est aujourd'hui naturalisée dans les Antilles et sur divers points du nouveau continent, où sa culture rivalise presque avec celle de la canne à sucre et du café ; 2° l'*indigotier franc* (*indigofera tinctoria*, L.), qui ne se distingue guère de l'espèce précédente que par sa tige un peu plus glabre, ses fleurs un peu plus grandes, ses gousses un peu plus allongées, et qui, comme elle, est originaire des Indes, où elle est spécialement cultivée ; 3° l'*indigotier à feuilles argentées* (*indigofera argentea*, L.), dont les feuilles, arrondies, sont couvertes sur leurs deux faces de poils blancs, soyeux et couchés, et dont les gousses, courtes et cotonneuses, sont terminées par une petite pointe recourbée : cette espèce est originaire d'Égypte, où elle est surtout cultivée ; 4° l'*indigotier de la Caroline* (*indigofera caroliniana*, Walter), plante aux tiges herbacées, aux feuilles alternes et imparipinnées, aux fleurs disposées en grappes axillaires, filiformes, pédonculées ; aux fruits globuleux, courts, pointus à leurs deux extrémités. Cette espèce est cultivée dans la Caroline, où elle croît aussi à l'état sauvage.

Un terrain vierge, provenant du défrichement des bois, et arrosé par de nombreux filets d'eau, offre le sol le plus favorable à la culture de l'indigotier ; l'époque des semailles varie avec les conditions météorologiques dans lesquelles le sol se trouve placé ; on se règle sur le retour périodique des pluies : ainsi, les semailles se font à Haïti à deux époques différentes : dans la partie septentrionale de l'île, on choisit de préférence la fin de novembre, époque à laquelle tombent les pluies qu'amènent les vents du nord ; tandis que dans la partie sud, on attend d'habitude les pluies d'orage de mars et avril. Les époques des grandes pluies et des grandes sécheresses sont également funestes à la plante. Une graine fraîche de l'indigotier dans des trous de huit à dix centimètres de profondeur : elle lève au bout de quelques jours. Les jeunes plantes exigent des soins assidus et des sarclages fréquemment répétés, jusqu'à ce qu'elles soient devenues assez puissantes pour étouffer elles-mêmes les mauvaises herbes. Les premières fleurs apparaissent environ trois mois après les semailles ; et c'est alors aussi que se fait la première coupe ; puis les coupes se succèdent de deux mois en deux mois, et sont plus ou moins nombreuses suivant la nature du sol et les accidents du climat. BELFIELD-LEFÈVRE.

INDIRECT (Impôt). *Voyez* IMPÔT et CONTRIBUTION.

INDISCRÉTION. Ce mot signifie deux choses très-différentes : sa première et sa plus simple acception désigne une intempérance de langue :

Son indiscrétion de sa perte fut cause.

dit la Fontaine, en montrant la tortue, qui, pour parler, tombe et crève aux yeux de ses admirateurs. L'indiscrétion est encore plus répréhensible quand elle a pour objet la révélation d'un secret confié. Elle a ainsi bien des fois compromis les intérêts des peuples, des rois, des familles, des individus. On est incapable d'occuper une place éminente, de diriger aucune entreprise, si l'on ne peut former un plan en silence, si l'on ne sait des plans de ses associés. Si l'indiscrétion fit échouer la coupable conjuration de Catilina, il est une foule de circonstances où elle a trahi les espérances les plus légitimes. L'humanité, l'honneur, l'intérêt personnel, sont également compromis par l'indiscrétion, défaut toujours dangereux, et qui dénote un esprit faible. Ovide menace de la colère des dieux celui qui parle indiscrètement; Horace recommande de le fuir; Voltaire dit :

.... De vos secrets soyez toujours le maitre ;
Qui dit celui d'autrui doit passer pour un traître.

Bien que le caractère de l'indiscret soit peu dramatique, il a fourni à Destouches le sujet d'une comédie qui n'est pas sans mérite.

On comprend aussi par *indiscrétion* le peu de tact et de mesure de certaines personnes, qui ne savent point mettre de bornes à l'aisance et à la familiarité dans leurs relations sociales. L'indiscret abuse de la politesse, de la bonté, de de l'amitié qu'on lui témoigne : il se présente à toute heure chez les gens qu'il connaît, donne des rendez-vous dans leur maison, s'y invite à dîner, emprunte des chevaux, des loges, de l'argent; il demande aux femmes d'où vient leur migraine et aux enfants pourquoi ils ont pleuré; interroge un ambassadeur sur les dépêches qu'il a reçues de sa cour, et rappelle à un député le vote qui lui a valu l'emploi de son fils. S'aperçoit-il qu'on le redoute, il en dit tout haut la raison, et s'accuse d'avoir deviné le premier le mariage que le fils a manqué, ou la cause du refroidissement (qui n'existe plus) entre quelques parents, ou l'origine d'un procès scandaleux, qui désole la famille. Il y a une teinte de fatuité et d'impertinence dans l'indiscrétion qui la rend souvent haïssable à l'égal de la méchanceté, dont elle produit quelquefois les effets. Aussi un bon cœur suffit-il pour en corriger la jeunesse : ce défaut ne peut devenir une habitude que parmi les gens qui manquent d'esprit, ou dont la première éducation a été très-négligée. La *réserve* est la qualité opposée à l'indiscrétion : on parvient à l'acquérir en craignant d'embarrasser, de gêner, d'ennuyer les autres, et surtout en évitant de se mêler de leurs affaires, et en ne les obligeant pas à prendre part à celles qui ne leur sont point personnelles.
C^{sse} DE BRADI.

INDISPOSITION. Dans le langage médical, *indisposition* est synonyme de maladie légère et de peu de durée; souvent même l'indisposition n'est pas une maladie, ce n'est qu'un trouble passager de l'état de santé, et ceux même qui en sont atteints peuvent à peine le définir. La santé parfaite est un état de l'économie extrêmement rare, ou plutôt le jeu des organes chez l'homme est si compliqué, tant de causes internes et externes peuvent en déranger l'action, qu'il est plus vrai de dire que la santé parfaite n'existe pas plus pour l'homme que le parfait bonheur. La santé n'est qu'un état relatif pour chaque individu; ce qui constitue la santé chez les uns serait chez les autres un état d'indisposition; au contraire, un homme se trouvera malade dans les mêmes circonstances où un autre se jugerait bien portant. Le sexe, l'éducation, la fortune, ont la plus grande influence sur cette appréciation différente de l'état de santé. Il suffit, pour s'en convaincre, de comparer le nombre des indispositions d'une femme élevée dans l'opulence avec celles d'un homme grossier et adonné à de rudes travaux. On sait que Marie de Médicis se trouvait très-incommodée par les plis que formaient sous elle ses draps de batiste. La sensibilité nerveuse portée à l'excès est la cause la plus active des indispositions : l'extrême susceptibilité qui en résulte agit de deux manières : elle rend d'abord l'économie bien plus sensible à toutes les causes de trouble qui l'environnent, et s'il survient réellement quelque trouble, elle ne fait que l'accroître et l'exagérer. Ainsi, tout ce qui augmente la sensibilité nerveuse est une cause indirecte d'indisposition : la faiblesse, le tempérament lymphatique ou nerveux, la vie sédentaire, les travaux de l'esprit, etc.

Si en général on diffère sur l'idée que l'on doit attacher au mot *indisposition*, il est un point cependant sur lequel on est partout d'accord dans le monde, c'est que l'indisposition doit être sans fièvre; dès que la fièvre se déclare, il n'y a plus seulement indisposition, mais maladie; c'est une opinion vulgaire que si on n'est pas malade *de cœur* (c'est-à-dire avec fièvre), on n'est qu'indisposé. Mais les médecins ne peuvent pas admettre cette distinction, qui trop souvent serait fausse; ils sont forcés de reconnaître que l'indisposition et la maladie se confondent entre elles, sans qu'il soit possible de les séparer par une limite bien tranchée.
N.-P. ANQUETIN.

INDIVIDU, INDIVIDUEL, INDIVIDUALITÉ (du latin *individuum*, chose qui ne peut être divisée). D'après son étymologie et le sens particulier qui lui appartient à un objet d'une manière indivisible et inséparable, de telle sorte qu'on ne peut l'en détacher sans détruire sa nature en tant qu'être particulier; et l'on appelle *individualité* l'ensemble des caractères par lesquels un objet se distingue des autres objets du même genre. L'*individuel* est par conséquent un des sujets de l'observation, et ne peut être reconnu que par elle; le *général* au contraire ne peut se déterminer que par la comparaison et la réflexion. Aussi les uns ne doivent-ils pas seulement *idéaliser*, mais encore *individualiser*, parce que leurs productions doivent devenir des sujets d'observation. Ce par quoi l'idée de l'*individuel* se rapproche de la conception, c'est l'image générale ou le *schema* de l'imagination, c'est-à-dire le type de la régularité, d'après lequel se forment les caractères individuels d'une certaine classe de choses. Plus une classe de choses peut recevoir de caractères divers, plus l'individualité s'y développe richement; et elle se développe richement partout où la vie intellectuelle est susceptible de se perfectionner par elle-même. En conséquence, on se sert surtout du mot *individu* pour désigner un être possédant une activité intellectuelle qui lui est propre, qui ne peut être séparée de lui, et qui lui appartient exclusivement; et l'on désigne par le mot *individualité* l'ensemble des propriétés intellectuelles qui distinguent cet être de tous les êtres de son espèce. Il faut pourtant se garder de confondre l'*individualité* avec le *caractère*.

Les causes d'une *individualité déterminée* peuvent être extrêmement diverses, comme les différences des individualités; en tous cas, elles ne consistent pas seulement dans les règles de la vie intellectuelle, mais, en grande partie, dans le rapport qu'affectent entre eux l'élément intellectuel et l'élément physique. Au reste, la question du principe de l'individualité (*principium individuationis*), dans un sens beaucoup plus étendu, longtemps occupé la métaphysique, notamment parmi les scolastiques, et a donné lieu à des doctrines très-diverses. Elle est venue de ce que, d'après le système de Platon, les idées générales ont été proclamées l'expression de la véritable nature des choses, et de ce qu'on s'est ensuite trouvé fort embarrassé pour expliquer l'origine des caractères individuels, par lesquels se révèle effectivement toute réalité.

INDIVIDUALITÉ (Certificat d'). *Voyez* CERTIFICAT.
INDIVIS. *Voyez* INDIVISION.
INDIVISIBILITÉ (du latin *in*, non, et *dividere*, diviser). Mathématiquement parlant, il n'y a pas de quantité qui ne soit divisible par une autre quantité quelconque : l'unité elle-même est divisible, puisqu'il est toujours possible de la convertir en une quantité d'unités toutes égales entre elles et plus petites qu'elle : cela est évident pour les nombres; néanmoins, on dit généralement qu'un nombre n'est pas divisible par un autre lorsqu'il ne le contient pas un certain nombre de fois sans reste : 16, par exemple, n'est pas divisible par 5, puisqu'on a pour quotient 3 ⅕

En physique, on convient que, métaphysiquement parlant, la matière est divisible à l'infini, mais tout porte à croire que les éléments des corps ne sauraient être divisés par aucune des causes qui existent dans la nature, par la raison que si les principes des corps étaient divisibles à l'infini, nous verrions tous les jours des composés nouveaux et différents : or, c'est ce qui n'arrive pas. *Voyez* DIVISIBILITÉ (*Physique*).
TEYSSÈDRE.

INDIVISIBLES (Méthode des). « Quelques années après que Kepler eut donné sa méthode pour déterminer les volumes des conoïdes, dit M. Chasles, une autre théorie célèbre de la même nature, et destinée aussi à évaluer les grandeurs géométriques par leurs éléments, la *Géométrie des indivisibles* de Cavalieri (publiée en 1635), vint enrichir la science, et marquer l'époque des grands progrès qu'elle a faits dans les temps modernes. Cette méthode, propre principalement à la détermination des aires, des volumes, des centres de gravité des corps, et qui a suppléé avec avantage pendant cinquante ans au calcul intégral, n'était, comme l'a fait voir Cavalieri lui-même, qu'une application heureuse ou plutôt une transformation de la méthode *d'exhaustion*. » La méthode des indivisibles consistait à considérer les différentes grandeurs géométriques auxquelles elle s'appliquait, comme étant la somme d'un nombre infini de grandeurs infiniment petites, mais de même nature. C'est-à-dire que le volume du cône, par exemple, était la limite de la somme d'un infinité de cylindres de hauteur infiniment petite et de bases décroissant suivant une loi qui définissait le cône. « Cavalieri, dit Montucla, imagine le continu comme composé d'un nombre infini de parties qui sont ses derniers éléments, ou les derniers termes de la décomposition qu'on peut en faire, en les sousdivisant continuellement en tranches parallèles entre elles. Ce sont ces derniers éléments qu'il appelle *indivisibles*, et c'est dans le rapport suivant lequel ils croissent ou décroissent qu'il cherche la mesure des figures ou leur rapport entre elles. » Mais le langage de Cavalieri manque souvent d'exactitude. Aussi, mal comprise, sa méthode a été critiquée, comme s'il eût voulu faire d'une surface la somme d'une infinité de lignes, et d'un volume la somme d'une infinité de surfaces : c'est du moins ainsi que l'a entendue l'*Encyclopédie*. Le passage que nous avons cité plus haut rétablit la vérité des faits. Est-il nécessaire d'ajouter que la rigueur de la méthode des indivisibles a été démontrée par Pascal, qui l'appliqua à un grand nombre de questions?

E. MERLIEUX.

INDIVISION, INDIVIS. On appelle *indivision* l'état des biens *indivis*, c'est-à-dire possédés en commun par plusieurs personnes. C'est un grand principe de droit que nul ne peut être contraint à rester dans l'indivision, d'où il suit que le partage peut toujours être provoqué, nonobstant prohibitions et conventions contraires.

IN-DIX-HUIT. *Voyez* FORMAT.

INDO-CHINE. *Voyez* INDES ORIENTALES, p. 350.

INDO-GERMANIQUES (Langues), appelées souvent aussi langues *indo-européennes*. On désigne aujourd'hui sous ce nom les langues d'un grand nombre de peuples appartenant tous à la race caucasienne, et qui se sont répandus dans une grande partie de l'Asie, dans presque toute l'Europe, et de là dans d'autres parties de la terre, en Amérique notamment; langues qui, en raison de leur primitive origine commune, offrent entre elles de nombreuses analogies. Dans cet arbre généalogique des langues, on a établi six subdivisions, comprenant chacune les langues qui, à l'instar des peuples qui les parlent, ont entre elles des rapports d'affinité plus étroits qu'avec d'autres. Deux de ces subdivisions comprennent le groupe des langues asiatiques; et les quatre autres le groupe européen des langues indo-germaniques.

Le groupe asiatique ou arique comprend : 1° les langues indiennes, en tête desquelles se trouve placé le sanscrit, comme la plus ancienne non-seulement des langues parlées dans l'Inde, mais encore de toutes les langues de la même famille; 2° les langues iraniennes, appelées aussi *médo-persiques* ou ariques, dont la plus ancienne est le zend, qui a des rapports étroits avec le sanscrit, et auxquelles appartiennent, indépendamment de la langue persane actuelle, la langue afghane ou pouschtoue, la langue kourde et la langue ossète (parlée dans les gorges du Caucase), ainsi que la langue arménienne, qui est mêlée d'un grand nombre d'éléments étrangers, et non indo-germaniques. La langue géorgienne, tout en portant des traces visibles d'influences iraniennes, est en dehors de la famille des langues indo-germaniques. On ne saurait dire jusqu'à quel point la langue des anciens Assyriens faisait partie des langues ariques, ou tout au moins indo-germaniques. Les langues de plusieurs peuples qui dans l'antiquité habitaient l'Asie Mineure, tels que les Lyciens, les Cariens, les Lydiens, les Paphlagoniens, les Lycaoniens, les Cappadociens, paraissent avoir eu entre elles de grandes affinités, et formeraient peut-être une troisième subdivision du groupe asiatique des langues indo-germaniques, si elles étaient l'objet d'investigations plus approfondies.

Le groupe européen se compose de quatre subdivisions : 1° la famille des *langues gréco-italiques*, divisée en deux rameaux : *a*, celui des langues grecques ou helléniques, auquel appartenaient les langues des différentes nations de la Grèce, de l'Asie Mineure et de l'Italie (Ménapiens), désignées sous le nom de *pélasgiques*, et qui atteignit dans la langue grecque son développement le plus parfait; *b*, les langues italiques, parmi lesquelles la langue latine à son tour devint la mère des langues romanes, qui depuis se sont tant répandues. 2° Les langues celtes, divisées en deux rameaux principaux, le kymri et le gaélique, refoulés tout à l'extrémité occidentale de l'Europe. 3° Les langues germaniques. 4° Les langues slavos, divisées en deux groupes : le prusso-lithuanien, et le slave proprement dit.

On est redevable d'une étude approfondie de toute cette grande famille de langues aux travaux de Bopp, dans sa *Grammaire comparée* (Berlin, VI parties, 1832-1852). Des efforts plus récents, tentés pour rattacher cette famille de langues aux langues sémitiques, égyptiennes, malaises et caucasiennes, ont trouvé peu de partisans.

INDOLENCE. Beaucoup de mots ont été souvent employés pour dissimuler le vice, ou le vicieux dans certaines choses, et l'on est ainsi parvenu à affaiblir graduellement le sentiment de répulsion que le moraliste commande contre ces choses-là. Ainsi la *paresse*, flétrie sous ce premier nom, et placée par la religion au nombre des sept péchés capitaux, a été ensuite appelée *fainéantise*, expression humiliante encore pour celui à qui elle s'adresse, mais qui ne représente déjà plus aussi énergiquement le vice qu'elle est destinée à peindre; la fainéantise est bientôt devenue le *dolce far-niente* des Italiens, et pour n'avoir rien à envier à nos voisins, nous l'avons transformée en *indolence*. Quel est en effet celui qui oserait de nos jours se prononcer avec la même sévérité contre l'indolence que contre la paresse? Et cependant, au fond, la différence qui les distingue est bien imperceptible. L'indolence est aggravée par une négligence souvent empruntée; souvent elle n'est elle-même qu'une affectation de bon ton, qu'un vernis de haute société. L'indolent semble se mouvoir comme par grâce; s'il soulève sa tête, c'est péniblement, et comme accablé sous le poids d'une fatigue qu'il n'a jamais éprouvée; s'il parle, ses mots se traînent les uns après les autres plutôt qu'ils ne se succèdent dans sa bouche paresseuse; son efféminaton est poussée au dernier degré. Qu'il se trouve transporté tout à coup dans des circonstances critiques où l'activité est nécessaire, il succombera sous leur poids, peut-être même ne s'essayera-t-il point de s'y soustraire, car il lui faudrait, pour tenter quelque effort, rompre la monotonie et le calme de ses habitudes. Toute pensée de travail l'effraye, et cependant il parle sans cesse des travaux qu'il entreprend et des besoins qu'il a; les intimes le traiteront de *bon enfant*, car jamais il ne les contrariera. Avouons-le pourtant, l'indolence n'est pas dépourvue d'attraits, et si elle n'a pas donné de grands hommes à la terre, elle a peut-être produit des heureux.

INDOSTAN ou **INDOUSTAN.** *Voy* INDES ORIENTALES.

INDOUS. *Voyez* HINDOUS et INDES ORIENTALES.

IN-DOUZE. *Voyez* FORMAT.

INDRE, rivière de France, affluent de la Loire. L'Indre prend sa source dans le département de la Creuse, arrose ceux de l'Indre et d'Indre-et-Loire, auxquels elle donne son nom, passe par Sainte-Sévère, La Châtre, Châteauroux, Buzançais, Palluau, Châtillon-sur-Indre, Loches, Beaulieu, Cormery, Montbazon et Azay-le-Rideau, et se jette enfin dans la Loire, au-dessous de Tours, après un cours de 270 kilomètres, dont 70 navigables depuis Loches.

INDRE (Département de l'). L'un des deux formés du Berry, ce département tire son nom de la rivière d'Indre, qui le traverse du sud-est au nord-ouest. Il est borné au nord par ceux du Cher, de Loir-et-Cher et d'Indre-et-Loire; à l'est par celui du Cher ; au sud par ceux de la Creuse, de la Haute-Vienne et de la Vienne ; à l'ouest par ceux de la Vienne et d'Indre-et-Loire.

Divisé en 4 arrondissements, 23 cantons et 247 communes, il compte 271,938 habitants; il envoie deux députés au corps législatif. Il est compris dans la 19ᵉ division militaire, l'académie de Poitiers, le diocèse de Bourges et le ressort de la cour d'appel de la même ville. Il possède 3 collèges, 1 école normale primaire, 6 pensions, 317 écoles primaires.

Sa superficie est d'environ 701,661 hectares, dont 401,521 en terres labourables ; 83,303 en prés ; 73,013 en landes, pâtis, bruyères ; 57,319 en bois ; 18,110 en vignes ; 10,123 en étangs, mares, etc. ; 4,010 en vergers, pépinières, jardins ; 9,749 en cultures diverses ; 2,557 en propriétés bâties ; 18,830 en routes, rues, etc. ; 10,103 en domaines non productifs ; 2,244 en rivières, lacs, ruisseaux; etc. Il paye 1,020,283 francs d'impôt foncier.

La surface du département de l'Indre a sa pente vers la Loire, c'est-à-dire au nord; elle est généralement plate ; les hauteurs qui couvrent certaines parties sont peu remarquables; pas une ne dépasse 80 mètres. Il est arrosé par le Cher et par son affluent l'Arnon, par l'Indre, par la Creuse et ses affluents la Claise et l'Anglin. Entre l'Indre et la Creuse s'étend un plateau appelé la *Brenne*, couvert d'une multitude d'étangs, dont les émanations délétères influent singulièrement sur la population environnante. Excepté ce canton désolé, le reste du département est fertile, et donne plus de blé et d'orge que n'en demande la consommation. On y récolte aussi du sarrasin, du chanvre, des pommes de terre; mais ses deux principales ressources consistent dans ses vignobles et ses troupeaux de bêtes à laine. Les vins sont généralement médiocres ; les meilleurs sont ceux de Valençay, assez bons vins rouges communs, et ceux de Chabris, vins blancs agréables.

On s'y livre à l'élève des moutons, dont un assez grand nombre sont de race améliorée; on y élève aussi du gros bétail, des porcs, ainsi qu'une grande quantité de volailles, surtout des oies et des dindons. On s'y occupe en outre d'agriculture ; mais il y a peu d'abeilles, et le gibier n'est pas très-commun. Les étangs de la Brenne donnent beaucoup de poisson excellent; on y pêche aussi des sangsues.

Le département de l'Indre possède de nombreuses et riches mines de fer, dont l'exploitation forme l'une des branches les plus importantes de son industrie manufacturière. On y compte quatorze hauts fourneaux et une cinquantaine de forges. On exploite près de Châteauroux de très-bonne pierre lithographique, de la pierre meulière dans d'autres lieux, des pierres à fusil, des marbres, des pierres à chaux, des grès, de la marne, de la terre à porcelaine, du gypse et de la tourbe.

Les deux branches importantes de l'industrie manufacturière consistent dans la fabrication des fers connus sous le nom de *fers du Berry*, et celle des draps et lainages, dont Châteauroux est le centre. Il faut encore citer, parmi les autres produits fabriqués, les cuirs, les parchemins, la bonneterie de coton et de laine, etc.

Six routes impériales, six routes départementales et 2,505 chemins vicinaux sillonnent ce département que traverse, en outre, un embranchement du chemin de fer du centre.

Parmi les localités remarquables, nous citerons *Châteauroux*, chef-lieu du département ; *Issoudun* ; *Le Blanc*, chef-lieu d'arrondissement, sur la Creuse, qui la divise en haute et basse ville : celle-ci, appelée aussi faubourg de Saint-Étienne, est un peu mieux bâtie que l'autre. On y compte 6,788 habitants, quelques filatures de laine, de lin et de chanvre, et une typographie. Elle était autrefois fortifiée et défendue par trois châteaux. La route de Saint-Savin au Blanc porte le nom de *Levée de César*; *La Châtre*, assez jolie ville bâtie sur l'Indre, avec 4,970 habitants, d'importantes tanneries et une promenade agréable. Une seule tour, qui sert de prison, est tout ce qui reste de son ancien château. Il est fait mention de La Châtre dès le milieu du onzième siècle ; *Buzançais*, agréablement situé sur l'Indre, qui s'y divise en plusieurs bras, que l'on passe sur cinq ponts. On y compte 4,970 habitants. *Argenton*, bâti sur la Creuse, au pied et sur le sommet d'un rocher, était autrefois défendu par un château flanqué de dix tours, et que Louis XIV fit démolir. On y compte 5,332 habitants et plusieurs fabriques de drap; *Valançay*, avec 3,627 habitants et un magnifique château, bâti sur les plans de Philibert de Lorme, qui fut la propriété de Talleyrand, et où a résidé, de 1808 à 1814, le roi d'Espagne Ferdinand VII. ; *Châtillon-sur-Indre* ; *Levroux*, très-importante sous les Romains, qui lui donnaient le nom de *Gabalum*. On y voit diverses ruines curieuses; son vieux château est digne d'attention. On y compte 3,576 habitants. ; *Vatan* ; *Belabre* ; *Neuvy-Saint-Sépulcre*, etc.

INDRE-ET-LOIRE (Département d'). Formé de l'ancienne Touraine, il est borné au nord par les départements de Loir-et-Cher et de la Sarthe; à l'est par ceux de Loir-et-Cher et de l'Indre; au sud par ceux de l'Indre et de la Vienne; à l'ouest par ceux de Maine-et-Loire et de la Vienne.

Il est divisé en trois arrondissements, 25 cantons et 281 communes, et compte 315,641 habitants. Il envoie trois députés au corps législatif, est compris dans la dix-huitième division militaire, le diocèse de Tours, l'académie de Poitiers et le ressort de la cour d'appel d'Orléans. Il possède 1 lycée, 2 colléges, 8 pensions, 261 écoles primaires de garçons, 137 de filles.

Sa superficie est de 611,369 hectares, dont 334,910 en terres labourables ; 79,641 en bois ; 62,970 en landes, pâtis, bruyères ; 35,004 en vignes ; 33,463 en prés ; 18,241 en cultures diverses ; 4,416 en vergers, pépinières jardins ; 2,980 en propriétés bâties ; 2,166 en étangs ; 17,209 en routes, rues ; 10,359 en domaines non productifs ; 3,205 en rivières, lacs, ruisseaux. Il paye 1,617,095 francs d'impôt foncier.

Le département d'Indre-et-Loire est montueux au midi, mais plat ou onduleux dans la plus grande partie de sa reste. Au milieu coule le large courant de la Loire, où viennent se rendre le Cher, l'Indre et la Vienne, ses principales rivières. La Creuse baigne seulement sa frontière méridionale ; au nord, quelques petites rivières tributaires de la Loire et du Loir. Le sol varie beaucoup. Les parties centrales et les rives de la Loire surtout, particulièrement favorisées à cet égard, méritent à juste titre le nom de *jardin de la France*, qui leur a été donné. Contrée riante et fertile, elle réunit à la végétation la plus brillante le climat le plus tempéré et le plus agréable. Mais au delà, les landes incultes et les bruyères attristent trop souvent la vue. Il est vrai que le cultivateur du midi trouve une ressource inépuisable dans les *faluns* ; ce sont des coquilles pétrifiées en dépôts immenses, qui couvrent, entre Loches et Sainte-Maure, un espace de 35 à 40 kilomètres carrés.

La vigne forme la principale richesse du département

d'Indre-et-Loire. Les vignobles couvrent près du seizième de sa surface, et donnent annuellement environ 630,000 hectolitres de vins rouges et blancs assez estimés. Les meilleurs viennent des coteaux de la Loire, et surtout des territoires de Vouvray, Bourgueil, Saint-Georges, Langeais, Joué, Bléré, etc. Ses autres productions consistent en blé, seigle, millet, orge, légumes, et en fruits, lin et chanvre. Les belles campagnes du centre donnent surtout une incroyable quantité d'amandes, de poires, de prunes, d'où proviennent les poires tapées et les fameux p r u n e a u x de Tours. On y voit croître en abondance des plantes potagères de toutes espèces, la réglisse, l'anis, la coriandre, le fenouil, l'angélique, le sénegrin; et la vente des fruits cuits y est considérable.

Quoique propres à toutes espèces de produits, ses terres présentent cependant quelque différence dans leurs grandes cultures. C'est ainsi que la Champagne-Tourangelle (entre Tours et l'Indre) est surtout cultivée en blé, et que la Véron, qui s'étend au delà de l'Indre, vers Chinon, ne présente pour ainsi dire qu'un immense verger. La récolte des céréales est au reste à peine suffisante pour la consommation.

Les forêts servent de refuge à des sangliers, des chevreuils et des cerfs; elles s'étendent principalement des deux côtés de la Loire, et c'est là que l'on remarque celles d'Amboise et de Chinon, en arrière desquelles on trouve celle de Loches. Le hêtre, le chêne, le frêne, l'orme, le châtaignier, en sont les principales essences.

La culture du mûrier est bien déchue depuis la décadence des fabriques de soieries; mais celle du noyer est très-suivie partout, à cause de l'huile qu'il fournit; le peuplier orne la plupart des vallées. On livre annuellement plus de 100,000 kilogrammes de bois de bourdaine, qui fournit le meilleur charbon pour la poudre.

Malgré l'étendue des prairies et des pâturages qui couvrent les bords des principales rivières, on ne nourrit guère qu'un quart des bœufs, des veaux et des moutons nécessaires à la subsistance de la population ou aux besoins de l'agriculture et des transports, car on ne se sert que très-peu de chevaux. Les porcs y sont très-nombreux, et la volaille abondante. L'éducation des abeilles et des vers à soie est assez importante.

Il existe des mines de fer, des carrières de pierres meulières et de pierres lithographiques, des sources minérales, et, près du Cher, de nombreux blocs de silex, qui fournissent une grande quantité de pierres à fusil. Les bords de la Loire sont formés d'un calcaire tendre appelé *tuffeau*, qui se réduit presque entièrement en salpêtre. Entre Amboise et Tours, les habitants y ont creusé la plupart de leurs habitations.

L'industrie manufacturière de ce département a principalement pour objet la fabrication de toiles communes et de ménage, de cuirs, de draps et autres étoffes de laine; le travail du fer et de l'acier, la production du sucre de betterave. Il y a aussi des papeteries, des filatures de laine, et l'on exporte une grande quantité de conserves de porc, connues sous le nom de *rillettes de Tours*.

Le département est sillonné par de nombreuses voies de communications, trois grandes rivières, le canal de jonction de la Loire au Cher, les chemins de fer d'Orléans à Tours, de Tours à Nantes, de Tours à Bordeaux, six routes impériales, dix-sept routes départementales et 9,565 chemins vicinaux.

Au nombre des villes et des localités remarquables, nous citerons T o u r s, chef-lieu du département; C h i n o n ; L o c h e s ; A m b o i s e ; Bourgueil, dans une vallée fertile sur le Doit, avec 3,405 habitants; *Bléré*, sur la rive gauche du Cher, avec 3,676 habitants; près de cette petite ville s'élève le château de C h e n o n c e a u x; *Langeais*, sur la Loire, où elle a un port. C'est une station du chemin de fer de Tours à Nantes; elle est dominée par un vaste château gothique flanqué de tours, d'une belle conservation; on y

compte 3,307 habitants; *Richelieu*, ancien village, dont le fameux cardinal fit une ville régulièrement bâtie, dont les rues larges et tirées au cordeau aboutissent à une belle place. On y voit un vaste et magnifique château, avec un parc immense, bâti par l'illustre ministre. On y compte 2,649 habitants; *Château-Regnaud* ou *Château-Renault*, petite et ancienne ville, avec 3,270 habitants. Son nom romain était *Caramentum*. Elle s'élève sur la Brenne, et ressemble à un grand village. *Luynes*, sur une colline, dont le pied est baigné par la Loire; on y compte 2,127 habitants. L'*Ile-Bouchard*, sur la Vienne, avec 1,716 habitants, etc.

O. MAC-CARTHY.

INDUCTION (en latin *inductio*, fait de *inducere*, conduire, amener). On appelle *induction*, en logique, le procédé par lequel on arrive à inférer une chose d'une autre, à reconnaître, à établir qu'une chose doit ou peut être, puisqu'une ou plusieurs autres sont ou pourraient être. Tandis que les conclusions rigoureuses, les s y l l o g i s m e s, avec leur sens limité s'appliquant du général au particulier qui en dépend, nous donnent toujours une certitude logique, les conclusions *par induction*, lorsque celle-ci n'est point complète, ne produisent que de la vraisemblance. Une *induction* est donc *complète* ou *incomplète*, suivant que l'on prouve que toute la série des points principaux d'où la conclusion doit se tirer a été épuisée et qu'aucun cas n'a été omis, ou qu'une conséquence n'est que l'effet produit par l'application aux points principaux des observations résultant de l'examen d'un nombre de points relatifs. La géométrie se sert de l'*induction complète* pour des cas isolés; les sciences naturelles sont obligées de se contenter ordinairement d'*inductions incomplètes*.

En termes de scolastique, un fait qui contredit une conclusion *inductoire*, admise comme règle générale, est appelé une *instance* ; ainsi la baleine serait une *instance* contre l'assertion qu'il n'existe point de mammifères dans la mer.

Les sciences qui reposent principalement sur l'induction prennent le nom d'*inductives*.

INDULGENCE (*Morale*). Quel mot a plus souvent frappé nos oreilles? combien de fois n'avons-nous pas entendu invoquer cette bonté aimable qui encourage, console et pardonne, sans prononcer le mot *p a r d o n*, souvent humiliant et encore blessant plus souvent? A tous les âges, dans toutes les professions, dans toutes les positions, l'homme a besoin de réclamer l'indulgence de ses semblables. A toutes les phases de la vie, ce secours nous est d'une égale consolation. Peut être nous aussi ceux en qui nous le rencontrons éprouvent-ils à nous le donner la même satisfaction que nous éprouvons à le recevoir; peut-être pensent-ils qu'assez de dégoûts, assez de douleurs, viendront nous assaillir dans cette longue suite de jours qu'on a appelée *existence*, sans qu'une sévérité excessive vint encore ajouter à leur amertume.

En politique, dans des circonstances calmes, alors qu'aucune atteinte violente ne saurait ébranler un gouvernement, alors que l'existence de la société n'est point compromise par quelques tentatives isolées, l'indulgence des forts doit faire oublier les coups que leur ont portés les faibles. L'indulgence est un excellent moyen de rallier les esprits les plus opposés; souvent même la machiavélisme l'a utilement exploitée, et il faut lui savoir gré de cette hypocrisie. Mais si la société tout entière était mise en question, l'indulgence serait faiblesse de la part du pouvoir, et l'impunité qu'il s'indulgerait point deviendrait un crime dont il serait comptable aux yeux de tous.

INDULGENCE (*Théologie*), rémission de la peine temporelle due au p é c h é, et qui exempte du p u r g a t o i r e. Quand le pécheur a obtenu de Dieu, par le sacrement de la pénitence, la rémission de la faute éternelle, il lui reste à satisfaire encore la justice divine par une peine temporelle. Jésus-Christ ayant donné aux pasteurs de son Église le pouvoir de remettre les péchés, c'est à eux aussi d'imposer aux pécheurs des pénitences proportionnées à leurs fautes, et de diminuer ou d'abréger ces peines : conséquemment, c'est aux papes et aux évêques qu'il appartient d'accorder des *indulgences*. On en voit un exemple dans saint Paul (*I Cor*., v), envers un incestueux qu'il craint de pousser au désespoir ou à l'apostasie. Au troisième siècle, les montanistes, au quatrième les novatiens, s'élevèrent contre les *indulgences*. Pour faire cesser leurs clameurs, on poussa fort loin la sévérité des lois ecclésiastiques. Mais les pasteurs revinrent bientôt à l'*indulgence*, et ils y étaient autorisés par les canons des conciles de Nicée, d'Ancyre et de Lérida. Saint Basile et saint Chrysostome eux-mêmes approuvèrent hautement cette conduite.

Pendant les persécutions, des martyrs, des confesseurs retenus dans les chaînes ou condamnés aux mines réclamèrent souvent cette indulgence pour des pénitents, et elle ne leur fût pas refusée. Les mérites des martyrs étaient ainsi appliqués aux pénitents pour lesquels ils s'intéressaient. Plusieurs en abusèrent, dit saint Cyprien, mais l'Église ne renonça pas pour cela à son indulgence. Saint Augustin, (*Ad Macedon., epist.* 54), nous apprend que comme les évêques intercédaient souvent auprès des magistrats pour les coupables, de même les magistrats intercédaient auprès des évêques pour les pécheurs, correspondance mutuelle de charité, bien digne du christianisme. Après la conversion des empereurs et la cessation du martyre, l'Église appliqua les mérites de Jésus-Christ, de la sainte Vierge et des saints, à l'expiation des péchés de ses enfants, et l'usage des indulgences continua.

Bingham blâme la conduite de l'Église : 1° Dans l'origine, dit-il, il s'agissait seulement de remettre la peine temporelle, et non celle de l'autre vie ; 2° on ne songeait pas à faire aux morts l'application des indulgences ; 3° enfin, les papes, sans aucun droit, se sont réservé la dispensation exclusive des indulgences. Mais à cela l'Église catholique répond : L'établissement de la peine temporelle prouve la croyance de l'Église qu'après la rémission du péché et de la peine éternelle, le pécheur est pourtant astreint à une peine temporelle. S'il ne s'en acquitte pas en ce monde, il lui faut y satisfaire dans l'autre. Il est donc impossible de l'en exempter pour ce monde, sans que cette *indulgence* lui tienne aussi lieu pour l'autre vie. Dès que le pécheur, redevable à la justice divine , est sujet à souffrir dans l'autre vie, et qu'il peut être soulagé par les prières de l'Église, pourquoi l'application des mérites surabondants de Jésus-Christ et des saints ne lui servirait-elle pas ? N'est-ce pas une conséquence naturelle de l'usage de prier pour les morts ? Les papes n'ont point enlevé aux évêques le pouvoir d'accorder des indulgences, mais l'Église a réservé aux papes le droit d'accorder des *indulgences plénières* pour toute l'Église, parce qu'eux seuls ont juridiction sur toute l'Église.

Il est vrai qu'il y a eu des abus, et des abus graves, et plus dans les derniers siècles que dans les premiers. « Pendant longtemps, dit l'abbé Fleury, la multitude des *indulgences* et la facilité de les gagner devint un obstacle au zèle des confesseurs. Il était difficile de persuader des jeunes et des disciplines à un pécheur qui pouvait les racheter par une légère aumône. Le concile de Clermont, tenu en 1095, accorda une indulgence plénière à ceux qui prendraient les armes pour le recouvrement de la Terre Sainte. Cette indulgence tenait lieu de solde aux croisés. » Plus tard, ces faveurs spirituelles furent distribuées à tous les guerriers qui se mirent en campagne pour poursuivre ceux que les papes déclaraient hérétiques. Pendant le long schisme qui s'éleva sous Urbain VI, les pontifes rivaux accordèrent des indulgences les uns contre les autres. Alexandre VI s'en servit avec succès pour payer l'armée qu'il destinait à la conquête de la Romagne. Jules II avait désiré que Rome eût un temple qui fût le plus beau de l'univers. Pour accomplir ce grand projet, il prétexta une guerre contre les Turcs, et fit publier dans toute la chrétienté des *indulgences plénières* en faveur de ceux qui y prendraient part. On chargea les dominicains de les prêcher en Allemagne. Les augustins, longtemps possesseurs de cette fonction, en furent, dit-on, jaloux, et ce petit intérêt de moines, dans un coin de la Saxe, aurait suscité les hérésies de Luther et de Calvin. Rien de plus sage cependant que le décret du concile de Trente au sujet des *indulgences* (sess. 25). On y lit : « Quant aux abus qui s'y sont glissés, le concile ordonne d'en écarter d'abord toute espèce de gain sordide; il charge les évêques de noter tous les abus qu'ils trouveraient dans leur diocèses, et d'en faire le rapport au concile provincial, et ensuite au souverain pontife, etc. »

On appelle *indulgence de quarante jours* la rémission d'une peine équivalant à la pénitence de quarante jours prescrite par les anciens canons, et *indulgence plénière* la rémission de toutes les peines prescrites par ces mêmes canons ; mais ce n'est pas l'exemption de toute pénitence.

INDULGENTS, nom d'un parti sous la première révolution. *Voyez* CORDELIERS (Club des).

INDULT (du latin *indultum*, privilége, fait d'*indultus*, grâce, pardon). C'est ainsi qu'on nomme une bulle par laquelle le souverain pontife accordait aux princes séculiers, cardinaux , évêques , archevêques et autres prélats, le privilége de nommer, conférer et présenter à certains bénéfices, ou par laquelle il donnait à quelque communauté, à quelque corps , ou même à une seule personne, le droit de faire ou d'obtenir une chose ou plusieurs contre les principes du droit commun. Le nom de *pontificiaria gratia*, qu'elle portait, fait assez entendre que l'indult était une sorte de transport des grâces expectatives que le successeur de saint Pierre avait le droit d'accorder. Ainsi, l'on entendait par *indult des rois* le privilége que le pape leur donnait de nommer aux bénéfices consistoriaux , soit par un traité , soit par un concordat, soit par une grâce particulière. On appelait aussi *indult du parlement* le privilége que le monarque accordait au chancelier de France, aux présidents, conseillers, greffiers, maîtres des requêtes, greffiers et secrétaires du parlement , de requérir soit pour eux-mêmes, soit pour un autre , le premier bénéfice vacant, tant régulier que séculier, sur un évêché, une abbaye, possédés par tout autre prélat qu'un cardinal : c'était par la grâce du pape que le souverain avait cette faculté de nommer à tel collateur un conseiller ou officier du parlement , envers lequel le collateur était tenu.

Indult a été employé dans le commerce pour désigner les droits levés sur les navires venant d'Amérique par le roi d'Espagne.

INDUS ou SIND, et encore *Sindhou*, le second des fleuves de l'Inde en deçà du Gange, dont la longueur, y compris ses détours, est d'environ 350 myriamètres, et dont on évalue le bassin à 13,650 myriamètres carrés. Il jaillit dans le Petit-Thibet, au pied du mont Kailasa, de deux sources principales, le *Ladak* et le *Shayouk*, qui en se réunissant au nord-ouest de la ville de Ladak ou Leh, prennent désormais le nom de *Sindhou*. Ce fleuve traverse alors cette contrée dans une vallée formée par le versant septentrional de l'Himalaya et par le plateau du Thibet qui lui fait face, dans la direction du sud-est au nord-ouest, jusqu'au moment où il décrit une courbe au nord du Kushmir, dans la direction du sud-ouest. Après s'être frayé passage à travers l'Himalaya, il est en cet endroit même où il touche un instant à l'Hindoukoush, il continue à couler dans la même direction sud-ouest , en séparant le territoire des Sikhs du Pendjab d'Afghanistan; puis il gagne , à travers le Sind, le golfe d'Arabie, où il se décharge en formant un plateau. Dans son parcours, il reçoit les eaux d'un grand nombre d'affluents; les plus considérables sont le Kaboul, qui prend sa source dans les montagnes de l'Afghanistan, et le Pendjab, dans lequel viennent se jeter les cinq rivières du Pendjab. Les villes les plus importantes qu'il baigne sont *Ladak* ou *Leh*, dans le Petit-Thibet ; *Iskardo*, dans le Baltistán;

la forteresse d'*Attok*, à l'embouchure du Kaboul, dans le pays des Sikhs; celle de *Bakkar*, près de Rovi; *Hyderabad*, au commencement du Delta, et *Tatta* ou *Tatha*, dans le Sind. Les sanglantes batailles livrées dans ces dernières années par les troupes britanniques à un ennemi courageux et bien discipliné, les brillantes victoires qui en furent le résultat, ont augmenté l'intérêt historique tout particulier qu'avait pour les Européens l'Indus avec ses divers affluents, que firent connaître pour la première fois les campagnes d'Alexandre le Grand. Aujourd'hui ce fleuve, avec les contrées qui de ses rives s'étendent jusqu'aux montagnes séparant l'Inde de la Perse, forme la frontière occidentale des possessions indo-britanniques.

L'Indus n'est point favorable à la navigation intérieure, car à 10 myriamètres encore au-dessous de l'endroit où il abandonne les montagnes, on ne saurait sans péril le descendre en bateau. On ne peut y naviguer qu'avec des bateaux à vapeur plans. Mais par suite de la fertilité du Pendjab et de la grande proximité où son bassin se trouve de celui du Gange au pied de la montagne, il n'en demeure pas moins une précieuse acquisition pour l'Angleterre, attendu qu'il domine ainsi les principales routes entre la Perse et l'Inde (l'une par Kaboul et Peschaver, et l'autre par Herat et Kandahar). Le delta de l'Indus, qui se compose d'un grand nombre de bras et était jadis célèbre par sa civilisation, n'est plus depuis longtemps qu'un vaste désert. Mais telle y est la fertilité du sol, qu'il sera possible de lui rendre un jour son ancienne prospérité, maintenant surtout que les circonstances politiques ont complétement changé. Il a 10 myriamètres de long, et offre à la mer un développement de côtes de 17 myriamètres. Il n'y a guère que trois ou quatre de ses nombreuses embouchures qui soient navigables, et une seule d'entre elles est susceptible de recevoir des navires de 50 tonneaux. La marée y remonte avec une rapidité extrême jusqu'à une distance de plus de 10 myriamètres, et la quantité de vase qu'elle y apporte est immense. Les inondations annuelles de l'Indus commencent avec la fonte des neiges de l'Himalaya, vers la fin d'avril, arrivent en juillet à leur point d'élévation extrême, et se terminent en septembre.

INDUSTRIE. L'industrie est l'action des forces physiques et morales de l'homme appliquées à la *production*. Plusieurs auteurs se contentent de la désigner par le nom de travail, quoiqu'elle embrasse des conceptions et des combinaisons pour lesquelles l'idée de travail semble trop restreinte. On la nomme *industrie agricole* quand elle s'applique principalement à provoquer l'action productive de la nature, ou à recueillir ses *produits*; *industrie manufacturière* quand c'est en transformant les choses qu'elle leur crée de la *valeur*; *industrie commerciale* quand elle leur crée de la valeur en les mettant à portée du *consommateur*. Toutes ces industries se résolvent à donner une chose dans un état, et à la rendre dans un autre état, où elle a plus de valeur, en considérant le lieu où se trouve la chose comme faisant partie de son état, de ses propriétés. Dans tous les cas, l'industrie ne peut s'exercer sans un *capital*, car elle ne peut s'exercer à moins que ce ne soit sur quelque chose et par le moyen de quelque chose. Il y a une industrie qui n'est productive que de *produits immatériels*, de produits nécessairement consommés en même temps que produits. Telle est celle d'un médecin, d'un fonctionnaire public, d'un acteur. L'action des facultés humaines, ou l'industrie, quel que soit l'objet auquel elle s'applique, suppose trois opérations: 1° la connaissance des lois de la nature: c'est le fruit des occupations du *savant*; 2° l'application de cette connaissance, dans le but de créer de l'utilité dans une chose: c'est l'industrie de l'*entrepreneur*; 3° l'exécution ou la main-d'œuvre: c'est le travail de l'*ouvrier*.

Les *instruments de l'industrie* sont ou non des propriétés. Les instruments appropriés sont ou des instruments naturels, comme les terres cultivables, les mines, les cours d'eau, etc., qui sont devenus des propriétés; ou bien ce sont des capitaux. Les instruments non appropriés sont des matières ou des forces résultant des lois de la nature, qui se trouvent être à la disposition de quiconque veut s'en servir, et qui entre les mains de l'industrie concourent à la formation des produits. Tels sont la mer, qui porte nos navires, le vent, qui les pousse, l'élasticité de l'air, la chaleur du soleil, beaucoup de lois du monde physique, parmi lesquelles on peut citer la gravitation, qui fait descendre les poids d'une horloge; la chaleur, qui se dégage par la combustion; magnétisme, qui dirige l'aiguille d'une boussole, etc. Les instruments appropriés ne livrent pas gratuitement leurs concours; il faut le payer à leurs propriétaires sous le nom de *loyer des terres*, *intérêts des capitaux*. Les instruments non appropriés, au contraire, livrant gratuitement leur concours, la portion de production qui leur est duc est un profit pour les nations, profit qui tourne à l'avantage des producteurs lorsqu'ils réussissent à faire payer une utilité qui ne leur coûte rien, et à l'avantage des consommateurs lorsque la concurrence oblige les producteurs à ne pas faire payer cette utilité. Il résulte de là que les plus grands progrès de l'industrie consistent dans l'art d'employer les instruments naturels dont il ne faut pas payer le concours. Si les instruments naturels appropriés, comme les terres, n'étaient pas devenus des propriétés, on serait tenté de croire que les produits seraient moins chers, puisqu'on n'aurait pas besoin de payer le loyer de ces instruments à leur propriétaire. On se trompe. Personne ne voudrait faire les avances nécessaires pour les mettre en valeur, dans la crainte de ne pas rentrer dans ses avances; ils ne concourraient à aucun produit, et les produits pour lesquels leur concours est nécessaire n'existeraient pas, ce qui équivaudrait à une cherté infinie, car rien n'est plus cher que ce qu'on ne peut avoir pour aucun prix.

Les *facultés industrielles* sont des instruments appropriés qui sont en partie donnés gratuitement par la nature, comme la force et les talents naturels, et qui sont en partie un capital, comme la force et les talents acquis.

J.-B. SAY.

Depuis quelque temps, l'acception donnée au mot *industrie* s'est considérablement agrandie. Il désignait primitivement, d'une manière vague, un labeur quelconque dirigé par l'intelligence. Il exprime aujourd'hui l'ensemble des arts utiles éclairés par les connaissances humaines. Suivant l'objet de ces arts, on distingue: 1° l'*industrie agricole*; 2° l'*industrie manufacturière*; 3° l'*industrie commerçante*.

Il n'existe qu'un très-petit nombre de peuples chez lesquels ces trois branches de l'industrie soient à la fois très-prospères et très-perfectionnées. Sans doute le progrès de chacune ajoute au progrès des deux autres, mais leur avancement est inégal, et diffère suivant le caractère, les habitudes et les penchants des populations. Le plus souvent, la nature des contrées détermine la prépondérance de telle ou telle branche d'industrie. Les pays insulaires, les continents bordés de vastes côtes et sillonnés par de beaux fleuves, s'adonnent surtout au commerce; les États à terroir fertile préfèrent l'agriculture; enfin, les pays défavorisés de la nature cherchent dans l'industrie manufacturière des moyens d'existence et de richesse.

Le génie du législateur et l'essence des gouvernements peuvent beaucoup pour déterminer la prépondérance d'une branche d'industrie sur les autres. Ainsi, l'ancienne Rome honorait, favorisait l'agriculture, dédaignait les arts manufacturiers et méprisait le commerce. À Carthage, au contraire, les lois étaient toutes en faveur du commerce. Dans Athènes, les lois favorisaient beaucoup le négoce et les travaux des ateliers, tandis qu'un territoire aride n'offrait à l'agriculture que des misérables ressources. Chez les peuples modernes, l'Autriche et la Chine encouragent les progrès de l'agriculture, et ferment en grande partie leurs frontières au commerce de peuple à peuple. La

Hollande et les villes hanséatiques ont, au contraire, trouvé dans le commerce le fondement de leur force et de leur opulence, comme faisaient au moyen âge les républiques d'Italie. L'industrie manufacturière a fleuri dans les Pays-Bas de concert avec l'agriculture. Depuis quelques années la Prusse s'efforce d'encourager toutes les branches d'industrie. La forme irrégulière de ses États lui faisait une obligation impérieuse de chercher, par une confédération industrielle, à se procurer une enceinte possible de douanes protectrices ; toute l'Allemagne centrale est entrée dans cette confédération qui caractérise les temps modernes. Il en résultera des conséquences, non-seulement commerciales, mais politiques, d'une haute gravité ; conséquences trop peu prévues par les grandes nations circonvoisines. Des confédérations analogues pourraient se former entre la France, la Belgique et la Suisse ; entre les États d'Italie et l'Autriche, si l'Autriche daignait devenir commerçante, etc.

Une puissance qui fait de grands pas dans la carrière de l'industrie est l'immense empire de Russie. Les conquêtes opérées au midi depuis le règne de Catherine, les populations accrues sur les bords de la mer Noire, le débouché du Bosphore ouvert aux navires russes par la force inspirant la mer Caspienne conquise et tout autre pavillon militaire que celui de Russie interdit à ses eaux, voilà des voies commerciales nouvelles qui jusqu'à ce jour n'ont excité qu'une envie impuissante de la part du premier peuple commerçant de l'univers. C'est du peuple anglais que je veux parler. Ces habitants d'une île exiguë, qu'ils ont fertilisée avec un art admirable, ayant eu le bonheur de posséder une forme et une admirable forme de gouvernement, qui protégeait les biens et les personnes, ont perfectionné de front l'agriculture, le commerce et les manufactures. Les autres nations ont tour à tour fait des conquêtes par amour de vaine gloire, par esprit de prosélytisme, de haine ou de vengeance ; les Anglais ont conquis pour mieux commercer, pour mieux vendre les produits de leur industrie, toujours croissante. Ils sont maîtres aujourd'hui d'un immense territoire et de postes admirablement choisis dans les parties du monde. En Europe, ils possèdent Gibraltar, Malte et les îles Ioniennes, aux débouchés de la Méditerranée, de la mer d'Égypte et de l'Adriatique : ces possessions, en y joignant Jersey, Guernesey, Alderney, sur les côtes de France, Heligoland dans le Nord, sont parfaitement situées pour favoriser le commerce illicite ou licite avec les États du Nord, la France, l'Espagne et l'Italie. En Afrique, l'Angleterre possède, outre quelques points utiles sur la côte occidentale, la magnifique colonie du cap de Bonne-Espérance, conquise sur des amis, les Hollandais, et Maurice, la belle et féconde Ile de France. En Amérique, elle possède le pays du Canada, qui, joint aux possessions du New-Brunswick, de Newfoundland, etc., présente à la navigation britannique d'admirables ressources. Sous l'équateur sont les Antilles britanniques, qui naguère offraient une somme d'importations et d'exportations égale à 800 millions par année, mais dont la fortune est puissamment menacée par l'émancipation des noirs, opérée avec la précipitation la plus imprudente, et probablement la plus funeste pour une race d'hommes encore trop peu préparée à la liberté. Dans l'Asie, l'Angleterre possède la plus étonnante de ses conquêtes industrielles : 80 millions de sujets, conquis ou dominés par une simple compagnie de marchands, qui fait et défait des rois. Un nouveau peuple britannique se développe sur les côtes de la Nouvelle-Guinée, dans cette cinquième et plus récemment découverte de toutes les parties du monde. C'est parce que l'Angleterre a fondé sa puissance sur les quatre bases de la force militaire, de la force navale, de la force commerciale intérieure, et de la force commerciale extérieure, qu'au lieu de bâtir, comme Athènes et Carthage, comme la Hollande et le Portugal, un colosse aux pieds d'argile, elle a jeté les fondements d'un empire devant lequel se sont brisés les efforts du plus grand, du plus puissant génie qu'aient produit les temps modernes.

La grandeur même des États-Unis et leurs progrès industriels sont l'œuvre de l'Angleterre : c'est le sang britannique qui donne la vie à cette puissance récente encore, et déjà colossale : elle fait partie des œuvres industrielles de la Grande-Bretagne, et c'est son plus bel ouvrage.

La France, avec son territoire de 40,000 lieues carrées, avec son climat tempéré, mais offrant aussi des localités qui diffèrent extrêmement, depuis les neiges perpétuelles des Alpes et des Pyrénées jusqu'aux climats brûlants de la Corse et de la Provence ; la France, sillonnée de superbes fleuves, le Rhin, le Rhône, la Saône, la Gironde, la Loire, la Seine, etc., baignée par deux mers et richement traversée de routes et de canaux, la France peut porter au plus haut degré de prospérité toutes les branches de son industrie. J'ai calculé que les produits annuels de son agriculture surpassent 5,000,000,000 fr. (voyez *Forces productives et commerciales de la France*) ; ceux de ses ateliers et manufactures surpassent 2,000,000,000 fr. ; le reste des valeurs annuelles est créé par le commerce tant intérieur qu'extérieur. Ce dernier surpasse 1,000,000,000 fr., tant en importations qu'en exportations. Aucun autre peuple, excepté le peuple britannique, ne présente un plus grand commerce. C'est le fruit de deux siècles et demi d'efforts, où quelques règnes illustres ont secondé le génie national.

Il faut remonter au règne d'Henri IV, à la fin du seizième siècle, pour trouver dans la volonté du monarque les premiers encouragements procurés à l'industrie manufacturière, tandis que Sully dirigeait ses efforts vers le progrès de l'industrie agricole. Colbert donne à la fois l'essor aux manufactures, au commerce, à la navigation. Il est facile aujourd'hui de critiquer des règlements que le progrès des arts a dû faire abandonner, mais dont un grand nombre produisit dans le principe des effets salutaires. En dehors de ces règlements reste l'impulsion immense donnée par le génie du grand ministre, aux fabriques, à la marine, au négoce de la France ; c'est que jamais ne doivent oublier les citoyens reconnaissants. Sous les ministres Sully, Richelieu, Colbert, la France a colonisé le Canada, Saint-Domingue, la Martinique, la Guadeloupe, les Iles de France, de Bourbon, etc. Tant que le gouvernement métropolitain s'est montré puissant, et par la même efficace dans sa protection, les colonies françaises ont pris des développements qui ont frappé les peuples d'admiration. Il y a soixante-dix ans, Saint-Domingue offrait à la France, tant en importations qu'en exportations, un commerce de beaucoup supérieur à 200,000,000 fr. par année. C'était la base d'une puissance navale que Colbert avait devinée, qui fut grande sous Louis XIV, qui périt sous l'administration d'un prêtre, le cardinal de Fleury, qui renaquit sous Louis XVI, et concourut à l'affranchissement des futurs États-Unis d'Amérique.

On a cru dire un mot profond en affirmant avec assurance que les *Français ne savent pas coloniser*. Ils ont fait à cet égard comme le philosophe auquel on niait le mouvement : ils ont marché. Mais sous des gouvernements de bon plaisir comme ceux d'un Louis XIII et d'un Louis XV, à défaut d'institutions conservatrices, trop souvent le pouvoir gouvernemental a fait défaut aux colonies, en a trahi les intérêts et sacrifié l'existence. Le pouvoir a rarement su comment administrer les colonies ; mais les Français ont toujours su comment développer avec rapidité leur industrie coloniale. Puissent nos gouvernements se pénétrer profondément des conditions d'existence et de prospérité du petit nombre des possessions trans-atlantiques qui nous restent. Il y a va d'un commerce annuel de 100,000,000 de fr., et d'une navigation égale au tiers de nos transports maritimes. Une autre grande source de prospérité pour l'industrie nationale, c'est la conquête du pays d'Alger, égal en superficie à la moitié de la France, et susceptible de nous donner la suprématie sur le littoral de la Méditerranée occidentale.

Malgré nos pertes au dehors, depuis un demi-siècle, l'industrie nationale, obligée par la guerre et pour la défense du pays de se suffire à elle-même, cette industrie, dis-je, a fait d'admirables progrès. Les théoriciens spéculatifs et des spéculateurs plus étrangers que Français ont voulu nier ces progrès; ils ont attaqué, outragé, flétri, s'il était possible, l'industrie nationale! A les entendre, l'étranger nous surpasse en tout; nous ne pouvons en rien soutenir une libre concurrence, si ce n'est en quelques produits, tels que les vins de Bordeaux. Pour répondre à ces clameurs insensées non moins qu'intéressées, il a suffi d'offrir à l'admiration des citoyens le spectacle périodique des inventions et des perfectionnements de notre industrie progressive. Voilà ce qu'on a fait par l'*Exposition des produits de l'industrie*, conception grande et belle, qui suffirait pour honorer le bienfaisant ministère de François de Neufchâteau.

Le temps qui s'est écoulé depuis la paix d'Amérique en 1784 est le plus digne d'être étudié, relativement aux progrès de tous les arts utiles, arts dont la face, la nature même, ont changé, pour satisfaire aux besoins d'une société métamorphosée et d'un peuple régénéré. Le caractère de cette grande époque, c'est le perfectionnement de la pratique par la théorie, c'est l'application des sciences aux arts. La géométrie, la mécanique, la physique et la chimie, ont prêté leurs secours à l'industrie. Elles ont créé des forces nouvelles; elles ont fait naître des arts dont on n'avait aucune idée; elles ont, par degrés, propagé leurs lumières des savants aux manufacturiers, des artistes aux ouvriers. Depuis trente-six ans, l'enseignement aux ouvriers de la géométrie et de la mécanique s'est propagé, de Paris comme centre, dans un grand nombre de villes de France. Le cours normal fait au Conservatoire a successivement été répété dans les départements, puis à l'étranger, en Belgique, en Hollande, en Suède, en Russie, en Pologne, en Allemagne, en Italie, en Espagne, au Brésil. Les effets de cet enseignement mathématique et de l'enseignement chimique ont paru dans tout leur jour lors des diverses expositions. Des récompenses nombreuses, du premier et du second ordre, ont été méritées et reçues par des chefs d'atelier et de manufacture, qui avaient commencé par être simples ouvriers; ils ont allié des connaissances théoriques à leur savoir pratique, et cette alliance a facilité leurs découvertes et leurs améliorations.

Dans un discours intitulé : *De l'influence de la classe ouvrière sur les progrès de l'industrie nationale*, prononcé le 30 novembre 1834, pour l'ouverture du cours de géométrie et de mécanique appliquées aux arts, nous avons tâché de montrer tout le mérite des simples artisans qui font avancer l'industrie : « C'est ici qu'il faut apprécier, avons-nous dit, toute la valeur des perfectionnements découverts par les artisans, qui sont obligés, pour vivre, d'exercer un métier manuel qui les occupe sans cesse. Déjà nous admirons à juste titre ces talents favorisés par la fortune et par l'éducation, qui, tirant parti de leurs loisirs, ont étudié les sciences et s'en sont fait un instrument pour perfectionner les arts. Ne devons-nous pas une estime plus profonde et des éloges plus éclatants aux artisans qui, privés des secours d'une instruction vaste et profonde, n'ont pour eux que les ressources de la nature, et qui s'habituent à penser profondément en laissant leurs membres travailler, pour ainsi dire, par tradition mécanique ? C'est cette faculté pensante de l'ouvrier que je me suis surtout proposé d'exciter; c'est pour lui rendre faciles les applications à l'industrie que je me suis efforcé de populariser les plus simples éléments de la géométrie et de la mécanique, et d'expliquer clairement un petit nombre de principes généraux qui peuvent guider les artisans, afin de perfectionner leurs outils, leurs instruments, leurs machines, et jusqu'à l'emploi de leurs sens, de leurs mains et de leur corps. Je serai plus heureux et plus fier d'avoir contribué même indirectement au progrès des facultés pensantes de la classe ouvrière qu'à l'essor d'un petit nombre d'élèves favorisés par la fortune, et qui partout trouveront des moyens et des facilités pour féconder leurs talents et développer leurs facultés naturelles. »

Parmi les hommes que la classe ouvrière peut citer avec le plus d'orgueil, nous plaçons Jacquart, l'inventeur d'un admirable métier, qui non-seulement épargne le temps et diminue la dépense, mais affranchit l'industrie du travail incommode et funeste des *tireurs de lacs*. Cet homme de génie, dont la découverte a fait la fortune de tant de fabricants, vécut simple et content de sa médiocrité : une pension modique et la croix d'Honneur comblèrent ses vœux. Après sa mort, Lyon, sa patrie, enrichie par ses bienfaits, a vu s'ouvrir une souscription pour lui bâtir un monument bien modeste, et deux ans n'ont pas suffi pour atteindre une somme que le premier jour aurait dû faire dépasser, si l'équité, si la gratitude comptaient pour quelque chose aux lieux où naquit Jacquart. A l'exposition de 1834, nous avons vu pour le perfectionnement le plus remarquable de la charrue, le plus utile des instruments agricoles, la récompense du premier ordre obtenue par un simple garçon de ferme. Le laboureur Grangé s'est contenté d'inventer, laissant à d'autres le soin d'exploiter son invention. Vingt *charrues à la Grangé*, ce qui signifie *pillées de Grangé*, figuraient à l'exposition; lui seul n'avait pas envoyé sa *charrue Grangé*. Mais le jury central a saisi sa découverte à travers les variantes des imitateurs, et l'a récompensé dans l'œuvre des plagiaires, en lui décernant la médaille d'or, en lui faisant donner la croix de la Légion d'Honneur. Laboureurs français! jusqu'à ce jour on célébrait le soldat qui revenait au milieu de vous reprendre le. mancheron de la charrue, en cachant, comme aurait dit l'éloquent général Foy, sa décoration sous sa veste de travail; aujourd'hui c'est la veste de travail elle-même que l'on décore, c'est la charrue qu'on récompense, et la classe agricole tout entière qu'on honore dans la personne de Grangé le laboureur!

Nous terminerons cet article par les considérations générales que nous avons présentées, en 1834, à nos auditeurs du Conservatoire des Arts et Métiers, dans le discours déjà cité. « Étendons nos regards sur l'ensemble de notre *industrie nationale*, de cette mine féconde dont nous venons d'explorer quelques filons. Partout vous trouverez le même spectacle : un petit nombre de familles persévérantes et sages, qui continuent avec fidélité leur profession héréditaire; mais l'immense majorité des artisans et des artistes, adoptant des carrières nouvelles, et la plupart sans autres secours que leur travail et le talent que le travail seul peut développer et rendre fertile. J'ai scruté soigneusement l'origine des plus grandes et des plus rapides fortunes conquises par les fabrications; j'ai constamment trouvé qu'elles sont obtenues par des hommes qui commençaient sans capital. Si l'observateur social veut se former une juste idée du peuple français, dans l'état où l'a placé l'heureux progrès de nos arts, il doit donc se représenter l'immense majorité des trente-trois millions d'individus qui composent la nation comme débutant sans capital, ou du moins avec un capital très-minime, s'enrichissant par le travail, l'observation et l'expérience; par l'activité, l'ordre et l'économie, chacun s'élevant ainsi suivant ses facultés, son courage et ses vertus, pour former comme une immense pyramide, dont le sommet est atteint dans tous les genres par quelques-uns de ces hommes qui peuplent en foule les degrés intermédiaires, et qui sont partis des degrés les plus inférieurs. Ce n'est pas le hasard ni le caprice de la fortune qui disposent ainsi le sort des masses, et qui classifient les individus : c'est à tout prendre, je le répète, l'amour du travail, et l'intelligence, et la conduite plus ou moins sage et prudente. Nulle part en Europe on ne citerait un peuple où cet admirable mouvement d'ascension entre des citoyens égaux et libres fût aussi favorisé que par nos lois, amies de la véritable égalité; nul peuple n'a des droits politiques aussi précieux et des honneurs nationaux aussi nombreux, aussi généreux, aussi sublimes que ceux du peuple français. Qu'on ne veuille donc en aucun point de l'échelle sociale scinder en deux la nation pour placer les uns dans le privilége, les autres dans l'exclusion : tous sont aptes à tout par lo fait, et les plus hauts honneurs sont acquis par les plus illustres sortis des rangs de la foule : maréchaux, anciens soldats; grands commerçants, anciens commis ; et grands fabricants, anciens ouvriers. Voilà pourquoi l'état social que nos pères ont conquis, et que nous avons complété, mérite notre amour et nos efforts pour le transmettre à nos fils dans sa gloire et sa pureté. »

Une conséquence encore des exemples remarquables que j'ai présentés : « Comparez le sort de cent jeunes gens qui se font ouvriers dans un atelier, ou commis dans un comptoir, avec cent fils d'ouvriers qu'on parvient, à force de sacrifices et de secours étrangers, à pousser dans un collége pour exploiter du grec et vivre de latin. Au sortir de leurs fastueuses études, rhétoriciens, logiciens, métaphysiciens, qu'ont-ils appris d'immédiatement applicable? Rien, qu'à rougir de prime-abord de leur père et de leur mère. A l'exception d'un petit nombre, que leur génie tire de la foule, et qui partout auraient saisi la place marquée par leur vocation, quel est le sort des autres? C'est de vivre en mendiants de places et de faveurs. Dix fois plus nombreuse que les emplois auxquels elle aspire, la grande majorité d'entre eux reste dans la détresse ; elle n'éprouve d'autre passion que celle de haïr et de punir un ordre social qui n'a produit que son malheur, en facilitant ces vaines connaissances qui font abhorrer tout travail manuel et productif. Les autres, au contraire, s'ils sont honnêtes, actifs et persévérants, trouvent tous du travail ; ils voient leur main-d'œuvre mieux payée à mesure qu'ils deviennent producteurs plus habiles. S'ils restent dans les grands ateliers, ils deviennent chefs d'ouvrages, contremaîtres, et souvent associés de leur maître ; s'ils préfèrent l'indépendance, ils commencent par acquérir des outils, des instruments, au moyen de leurs premières épargnes, et bientôt ils marchent d'eux-mêmes avec un succès qui dépend d'eux seuls. Si nous parlons de l'honneur, je demande à ces êtres faméliques, qui mendient au sortir de leurs stériles études, quel parallèle on oserait établir entre eux et le garçon de ferme Grangé, récompensé par les distinctions du premier ordre au grand jury national, et par le prix de l'Académie des Sciences, et par les honneurs des États étrangers, et par la croix d'Honneur? Quel parallèle entre eux et le légionnaire Cavé, qui place sa branche d'industrie au premier rang en Europe? entre eux et l'ancien ouvrier Jacquart, légionnaire aussi, bienfaiteur d'une ville de cent soixante mille âmes, qui lui décerne un monument et des éloges funèbres, pour l'exemple et l'émulation de tout un peuple industrieux ?

« Ah! je voudrais que tous les pères de nos modestes familles pussent prendre connaissance des faits nombreux que je viens de présenter, afin qu'ils se pénétrassent de l'avenir si divers qu'ils préparent à leurs enfants, suivant qu'ils les font élèves de l'orgueil ou de l'utilité. J'aime à penser que les entrailles paternelles ne balanceraient pas dans le choix que dicterait leur affectation. Aujourd'hui d'ailleurs, avec nos écoles du dimanche, pour expliquer aux jeunes artisans la géométrie, la mécanique, la physique et leurs applications ; avec nos écoles du soir, pour les adolescents et les adultes, tout ce que la science offre d'utile et de fécond est offert au peuple. Nous nous efforçons de le guider dans toutes les carrières laborieuses, de lui donner des idées justes sur le progrès et la perfection dans les arts de précision, ét même dans les arts de goût. Avec de tels secours, les jeunes gens peuvent en toute confiance entrer dans les professions industrielles : si quelques-uns possèdent cette âme forte qui produit les volontés persévérantes, qui donne le courage dans les revers et la retenue dans les succès, j'ose leur prédire qu'eux aussi marqueront leur place d'honneur dans les prochains concours de l'industrie nationale. Leurs succès seront la récompense de nos efforts pour populariser dans notre patrie l'enseignement industriel et scientifique de la classe ouvrière. »

Bon Charles DUPIN, de l'Académie des Sciences.

INDUSTRIE (Exposition des produits de l'). *Voyez* EXPOSITION DES PRODUITS DE L'INDUSTRIE.

INDUSTRIE (Chevalier d'). *Voyez* CHEVALIER.

INDUSTRIE DES ANIMAUX. Les animaux sont-ils réellement capables de quelque industrie? Oui, répondra le vulgaire; car il est des ouvrages faits par des animaux que l'homme le plus intelligent, le plus adroit, ne parviendrait jamais à contrefaire. Quel est le chimiste qui oserait se flatter de fabriquer un gâteau de miel, eut-il à sa disposition toutes les fleurs d'une province? Mais l'observateur philosophe répondra : Les facultés industrielles dont on fait honneur à certains animaux ne sont qu'apparentes : c'est-à-dire que l'oiseau qui construit un nid, le castor une cabane, l'araignée une toile, font ces divers ouvrages par instinct et avec le même degré d'intelligence qu'ils emploient pour marcher, voler, guetter une proie.

Sous le rapport de leur plus ou moins grande aptitude à exécuter certains ouvrages, on peut classer les animaux dans l'ordre que voici, en commençant par les plus maladroits, qui sont les poissons, les animaux domestiques, tels que le bœuf, le cheval, le mouton, la poule. Ces êtres en effet ne savent pas se construire un abri, encore moins amasser des provisions pour les temps rigoureux de l'hiver. Parmi les quadrupèdes qui vivent à l'état sauvage, il en est fort peu qui donnent des preuves de quelque adresse pour se construire des retraites où ils se mettent à couvert contre les intempéries des saisons ou les attaques de leurs ennemis. Le renard, le lapin, le castor surtout, font exception. L'éléphant, l'urus, le lion, le tigre, le loup, vivent à l'aventure et en plein air, été comme hiver. Comme *industriels*, les oiseaux se montrent de beaucoup supérieurs aux quadrupèdes. La plupart d'entre eux excellent dans la construction de leurs nids; l'hirondelle, par exemple. En général ce sont les plus faibles qui sont les plus adroits. Le condor, l'aigle, le vautour, le corbeau, déposent leurs œufs, élèvent leurs petits dans des nids formés de branchages assemblés sans art.

Les insectes, après l'homme, sont, du moins en apparence, les plus intelligents des êtres organisés. Quoi de plus merveilleux que les produits des travaux de l'abeille? La géométrie la plus savante semble avoir présidé à la construction et à la disposition des alvéoles destinés à recevoir le sirop ou nectar que les travailleuses vont cueillir sur les fleurs. Les guêpes sont presque aussi habiles que les abeilles; mais comme leurs produits ne sont d'aucune utilité pour l'homme, elles ne sauraient inspirer le même intérêt. Les fourmis ont de tout temps, chez les anciens surtout, été l'objet d'une sorte de vénération, moins pour leur industrie, il est vrai, qui, bien que grande, n'est pas à comparer avec celle de beaucoup d'autres insectes, mais plutôt à cause de leur prétendue économie, et surtout de l'instinct de prévoyance qui les porte à former les magasins d'où elles tirent de quoi vivre pendant l'hiver. Les naturalistes de nos jours ont beaucoup rabattu de ce merveilleux. Les araignées, bien moins vantées que les fourmis, sont tout aussi économes et de beaucoup plus industrielles; leurs toiles, la manière dont elles sont filées, tissées, tendues, l'usage auquel l'insecte les destine, font l'admiration du naturaliste observateur.

De toutes les industries des animaux, sans en excepter celle de l'abeille, il n'en est pas de plus riche et de plus utile à l'homme que celle du *bombix*, vulgairement *ver à soie*. Les tissus faits de la substance que file cet insecte merveilleux se vendaient autrefois à Rome au poids de l'or; aujourd'hui la soie forme une partie considérable de la richesse agricole et industrielle de la France.

De tous les animaux, l'homme est le seul véritablement

digne de la qualification d'*industriel* ; lui seul agit avec préméditation et discernement. Les autres animaux font toujours bien ou mal de la même manière et comme des machines aveugles. L'homme au contraire, change et modifie, invente sans cesse.
TEYSSÈDRE.

INDUSTRIEL, INDUSTRIEUX. L'Académie définit *industriel* ce qui provient de l'industrie, ce qui appartient à l'industrie, et substantivement une personne qui se livre à l'industrie. *Industrieux* est, selon le même corps savant, ce qui a de l'industrie, de l'adresse. Ce serait donc à tort que J.-B. Say aurait appelé *industrieux* celui qui travaille à la production des valeurs, c'est-à-dire à la création des richesses. C'était *industriel* qu'il devait dire. L'industrieux est considéré par lui comme un des moyens de production, indépendamment des capitaux et des instruments naturels qui sont ses outils. « L'industrieux, dit-il, qui s'applique à la connaissance des lois de la nature est le *savant*. Celui qui s'occupe de leur application aux besoins de l'homme est un *agriculteur*, un manufacturier ou un négociant. L'industrieux qui travaille manuellement, guidé par les lumières et le jugement des autres, est un *ouvrier*. »

INDUSTRIELS (Arts). *Voyez* ARTS ET MÉTIERS.
INDUVIE. *Voyez* CALICE.
INÉDIT. Ce mot, qui ne se trouve pas dans les premières éditions du *Dictionnaire de l'Académie*, ni dans celui de Trévoux, signifie un ouvrage qui n'a pas été imprimé, publié, *édité*, pour me servir d'une autre expression de création récente. Quelle bonne fortune pour les éditeurs d'œuvres complètes quand ils peuvent y ajouter quelques pièces *inédites*. Malheureusement les amateurs ont été trop souvent pris au leurre de ce titre séduisant. Cinq ou six faussaires nous ont donné des *fables inédites* de La Fontaine ; mais personne n'y a été trompé, et, comme disait le fabuliste,

Un petit bout d'oreille, échappé par malheur,
À découvert et la fourbe et l'erreur.

À cet égard on peut dire, en retournant un vers connu :

Même quand l'oiseau vole on sent qu'il a des pieds.

Ces spéculations de librairie qui consistent à publier, pour un vil lucre, comme *inédites* les œuvres supposées d'un auteur ont toujours été réprouvées par la morale ; néanmoins, dans le siècle dernier, combien de libraires de Bruxelles ou de Neufchâtel ont dû leur fortune à de pareilles spéculations ! Les prétendus testaments de Richelieu, de Louvois, de Colbert, d'Alberoni et de vingt autres hommes d'État ; les prétendues *Œuvres nouvelles de Saint-Évremond*, composées par des libraires, qui disaient à leurs stipendiés : *Faites-nous du Saint-Évremond* ; vingt ouvrages attribués à Voltaire, de son vivant comme après sa mort, prouvent combien est inépuisable cette veine de profits illicites à faire sur le public, toujours si facile à tromper. Quelquefois cette espèce de dol littéraire a eu lieu dans un intérêt de propagande. Ainsi, Voltaire a publié quelques pamphlets irréligieux comme œuvres *inédites* de Saint-Évremond ou de Dumarsais. On doit savoir gré à certains éditeurs qui nous donnent des mémoires ou des lettres véritablement inédites, lorsque ce sont des lettres de Mme de Sévigné, ou des mémoires de Brienne, ou de Tallement des Réaux. Quant à ceux qui, comme Musset-Pathay, ont grossi de deux volumes d'*Œuvres inédites* assez insignifiantes les œuvres, déjà si volumineuses, de J.-J. Rousseau, ou exhumé, comme nous ne savons plus quel autre éditeur, le *Parrain magnifique* de Gresset, on avouera qu'ils ont assez mal servi la gloire de ces écrivains. Ce zèle à réimprimer des écrits *inédits* tend à surcharger la littérature d'un inutile bagage toutes les fois qu'il n'est pas guidé vers un but d'utilité spéciale : ainsi, l'on ne niera pas que les membres opulents des diverses sociétés de bibliophiles, qui publient chaque année, à peu d'exemplaires, de rares volumes de pièces *inédites*, souvent curieuses, n'aient pas rendu de réels services à la littérature.

Il y a longtemps qu'on a dit que certaines œuvres, pour être imprimées, n'en sont pas moins inédites.
Les botanistes appellent *inédites* certaines plantes qui n'ont pas encore été découvertes et décrites.
Charles DU ROZOIR.

INÉGALITÉ. *Voyez* ÉGALITÉ.
INÉGALITÉ (*Astronomie*). On donne ce nom à plusieurs irrégularités qu'on observe dans le mouvement des planètes : telles sont, pour la lune, l'équation du centre, l'évection, la variation ; ces inégalités et toutes celles qui, comme elles, n'écartent une planète de son orbite que pour un temps très-court, sont dites *périodiques*. Les autres, que l'on nomme *séculaires*, parce qu'elles se produisent avec une extrême lenteur, ne devraient cependant plus être distinguées des précédentes, depuis que Laplace a démontré qu'elles étaient tout aussi bien limitées quant à leurs effets (*voyez* PERTURBATIONS).

INEPTIE. L'étymologie de ce mot, qui dérive du latin *in* privatif, et *aptus*, propre, indique suffisamment le sens général dans lequel il doit être pris : il désigne le peu d'aptitude que l'on a pour certaines choses, sans exclure les dons de l'esprit sous d'autres rapports. Dans ce cas, Volney a dit *inapte*. *Inepte*, pris dans un sens absolu, est synonyme de *sot*, *impertinent*, *absurde* : C'est un homme *inepte*, dont on ne peut rien tirer de bon ; tout ce qu'il dit est *inepte*. On dit un prince *inepte*, un ministre *inepte*. Il est des cas où un ministre *inepte* est plus dangereux qu'un ministre corrompu. *Inepte*, s'appliquant aux choses, veut dire *absurde*, *inconvenant* ; c'est en ce sens que Labruyère a dit : « Un auteur sérieux n'est pas obligé de remplir son esprit de toutes les applications *ineptes* que l'on peut faire au sujet de quelques endroits de son ouvrage. » L'envie est la plus *inepte* de toutes les passions.
Voltaire a fait un chapitre intitulé *Des Bévues imprimées* ; on pourrait composer des volumes en recueillant toutes les *ineptes* que la presse a mises au jour, et surtout elle ne se repose jamais. La Bruyère a dit : « On était alors persuadé de cette maxime que ce qui dans les grands s'appelle splendeur, somptuosité, magnificence, est dissipation, folie, *ineptie* dans les particuliers. » C'était là l'histoire du *Bourgeois gentilhomme*.
Charles DU ROZOIR.

INÉQUITÈLES. *Voyez* ARACHNIDES, t. I, p. 729.
INERTIE (du latin *inertia*, paresse, ou bien de *in*, non, et *artus*, membre). Par ce mot on désigne non pas, comme on l'a dit pendant longtemps, la propriété qu'ont les corps d'être insensibles au repos ou au mouvement, mais bien leur indifférence pour un changement d'état, de position. Par là nous voulons faire entendre qu'un corps qui est en repos y restera tant qu'une cause étrangère ne le forcera pas à se mouvoir, et que si ce même corps est en mouvement, il ne s'arrêtera point, à moins qu'il ne rencontre un obstacle qui détruise le principe qui le fait changer continuellement de place. Un corps conservera constamment la forme qu'il aura reçue, tant que des agents quelconques ne viendront pas la modifier.
Absolument parlant, tout corps doit être indifférent pour le repos ou le mouvement. Une pierre, par exemple, qui serait seule dans l'univers, resterait à la même place, car il n'y aurait pas de raison pour qu'elle se portât plutôt vers un point quelconque de l'espace que vers tout autre. On conçoit encore que si la pierre avait reçu une certaine impulsion, elle continuerait à se mouvoir suivant la même direction pendant toute l'éternité, par la raison qu'il n'y aurait pas de cause qui pût l'arrêter ou la détourner de son chemin. Mais les corps ont reçu du Créateur des propriétés qui font qu'ils se comportent comme s'ils étaient doués d'une sorte de sentiment, soit de haine, soit d'affection : ainsi, une pierre qu'on jette en l'air tombe parce qu'elle est attirée par la terre. Un tas de sable, s'élève au-dessus de son niveau dans un petit tube de verre ; mais, si l'intérieur du tube est enduit de graisse, l'eau refuse d'y entrer. Ce liquide se mêle facilement au vin, à l'alcool ; il refuse

de se combiner avec l'huile, etc. Il résulte de ces observations et d'une foule d'autres qu'il serait facile d'indiquer, que physiquement parlant il n'y a pas de corps dans la nature qui soit complétement *inerte*.

Ordinairement, on appelle *force d'inertie* la résistance qu'un corps oppose à la puissance qui tend à le faire mouvoir. Cette expression n'est pas exacte, car il suffirait d'une force très-faible pour mettre le globe terrestre en mouvement, si ce globe était seul dans l'univers. Cependant un coup de marteau, par exemple, frappé sur le sol, ne déplace nullement notre planète, ce qui, eu égard à l'énormité de sa masse, ne doit pas surprendre, pas plus que la stabilité du niveau de l'Océan, après que celui-ci aurait reçu une goutte d'eau.
Teyssèdre.

INÈS DE CASTRO, fille de *Pedro Fernandez de Castro*, et issue de la famille royale de Castille, était au nombre des dames d'honneur de Constance, épouse de l'infant dom Pèdre, fils du roi de Portugal Alphonse IV. Sa beauté captiva tellement ce jeune prince, qu'après la mort de sa femme, survenue en 1345, il l'épousa secrètement. Les deux amants jouissaient en paix, dans la solitude du monastère de Sainte-Claire, à Coïmbra, du bonheur après lequel ils avaient longtemps soupiré; mais, jaloux de la faveur toujours croissante des Castro, les perfides conseillers du roi, Diego Lopez Pacheco, Pedro Coelho et Alvaro Gonsalvez, pénétrèrent ce mystère, et réussirent à faire naître dans l'esprit de leur maître la crainte que cette nouvelle union de son fils ne devint par la suite préjudiciable aux droits et aux intérêts d'un petit-fils, issu du premier mariage de l'infant. Celui-ci, interrogé par son père sur ses rapports avec Inès, n'osa pas lui avouer la vérité; mais il n'en refusa pas moins d'obéir aux ordres d'Alphonse, qui lui enjoignait de se marier. Dans un conciliabule tenu entre le monarque et ses conseillers, il fut résolu dès lors qu'on se débarrasserait de l'infortunée par un meurtre. En 1355, dom Pèdre s'étant absenté pour une grande partie de chasse, le roi se rendit à Coïmbra; mais ému de pitié à la vue d'Inès, qui se jeta à ses pieds avec ses enfants, en lui demandant grâce, il ne se sentit pas la force de présider lui-même au meurtre projeté. Cependant, ce premier mouvement de sensibilité passé, les conseillers d'Alphonse obtinrent son consentement à ce que l'assassinat fût commis; et une heure après Inès tombait sous leurs poignards.

A la nouvelle de ce lâche forfait, dom Pèdre lève l'étendard de la révolte; mais l'intervention de la reine et de l'archevêque de Braga réussit à opérer une réconciliation entre le père et le fils. Ce dernier obtient même diverses prérogatives nouvelles, et s'engage, dit-on, sous serment, à ne point se venger des meurtriers d'Inès. Alphonse meurt deux années plus tard. Déjà, de son vivant, les trois personnages sur lesquels pesait la responsabilité de l'assassinat de la malheureuse Inès avaient, selon ses conseils, quitté le royaume et cherché un asile en Castille. Là régnait à cette époque Pierre le Cruel, dont les sanglantes barbaries avaient forcé divers nobles castillans à se réfugier en Portugal. Il fit proposer à dom Pèdre de lui remettre les réfugiés, en échange des assassins d'Inès. Le roi de Portugal accepte le marché; et en 1360 Pedro Coelho et Alvaro Gonsalvez sont entre ses mains. Plus heureux que ses complices, Diego Lopez Pacheco a eu le temps de s'enfuir en Aragon. Les coupables sont livrés aux plus cruels supplices. On leur arrache le cœur pendant qu'ils respirent encore. Leurs cadavres sont ensuite brûlés sur la place publique, et le bourreau en jette les cendres au vent. Deux années plus tard, dom Pèdre convoque à Castanheda les grands du royaume, et leur déclare, sous la foi du serment le plus solennel, qu'après la mort de sa première femme Constance, et en vertu d'une autorisation spéciale du saint-siège, il a épousé Inès de Castro, à Bragance, en présence du prieur de Guarda et d'Étienne Lobato, l'un des gentilshommes attachés à son service. Celui-ci et l'archevêque sont sommés de rendre témoignage à la sincérité de l'allégation du roi, et toute publicité est donnée au document émané du saint-siége en vertu duquel a été béni le mariage de dom Pèdre et d'Inès.

Le roi ne borne pas à cette déclaration la réparation qu'il croit devoir à la mémoire de sa malheureuse épouse : il la fait exhumer à Coïmbra et placer sur un trône, revêtue d'habits royaux et le diadème sur la tête. Tous les grands du royaume viennent s'incliner devant ce cadavre, baiser humblement, à l'instar de leur maître, le pan de son manteau, et rendre à la reine, longtemps après sa mort, tous les hommages qu'ils lui eussent rendus vivante. Cette cérémonie terminée, les restes mortels d'Inès sont conduits, en grande pompe, au monastère d'Alcobaça, qui sert de dernière demeure aux rois de Portugal : le roi, les évêques, les grands et les chevaliers du royaume suivent à pied la procession funèbre. Des milliers de spectateurs portant des torches allumées, forment la haie sur les deux côtés de la route. Dom Pèdre fait élever un magnifique monument en marbre blanc sur la tombe d'Inès; et quand il meurt, en 1367, à l'âge de quarante-huit ans, laissant la réputation d'un prince sévère, mais juste, il veut que sa dépouille mortelle soit placée à côté des restes de sa chère Inès.

La lugubre histoire que nous venons de raconter a inspiré une foule de chroniqueurs, de poëtes, de peintres, de romanciers, et surtout d'auteurs tragiques, en Portugal, en France, en Espagne, en Italie, en Angleterre, en Hollande et en Allemagne. Duarte Nunez de Leão, Antonio Perreira et J.-B. Gomès parmi les Portugais, le comte de Sodan parmi les Allemands, R. Foith parmi les Hollandais, Lamotte et Lucien Arnault chez nous, sont ceux qui ont traité ce sujet avec le plus de bonheur; mais celui qui en a tiré incontestablement le meilleur parti, c'est Camoëns, qui a immortalisé le nom d'Inès de Castro dans un des plus beaux épisodes de son poëme des *Lusiades*.

INEXACTITUDE. Il est dans les relations sociales et particulières certaines convenances qui portent à ne jamais abuser, soit par négligence, soit par retard volontaire, de la patience de ceux avec lesquels on se trouve en relation : c'est là ce que l'on nomme l'*exactitude*, et souvent elle est tellement nécessaire, tellement indispensable, tellement dans les bienséances, qu'on a été jusqu'à l'appeler une vertu. Rien n'indispose plus que l'attente prolongée, surtout quand il y a d'un côté autant d'exactitude que d'inexactitude de l'autre. Il est juste aussi de dire que souvent l'inexactitude tourne contre celui qui s'en laisse dominer, surtout quand il agit dans son seul intérêt.

INEXPÉRIENCE, suite nécessaire du manque d'avoir vu, d'avoir entendu, d'avoir senti, et dont l'homme ne peut éviter les inconvenients dans beaucoup de circonstances de la vie. Quelques maux que puisse entraîner l'inexpérience, la jeunesse, qui indubitablement y est condamnée, ne doit point s'en alarmer, puisque une haute raison, un esprit éclairé y suppléent, en se rendant propre l'expérience d'autrui. L'inexpérience, partage de tous, sur un point ou sur l'autre, ne nuit qu'à la présomption, et n'afflige que la sottise, qui toutes deux prétendent à se suffire. La droiture d'intention, la sagacité, la justesse de raisonnement compensent, et bien au delà, le tort de l'inexpérience; car nous voyons peu de supériorité résulter du nombre des années et de la participation à beaucoup d'événements. Voir, entendre, sentir sans discernement, sont des actes qui n'affectent point l'intelligence; tel a plus vécu par la pensée en un jour, que tel autre en une longue suite d'années. A qui peut réfléchir, lire et converser, l'inexpérience n'est qu'un frein utile; l'imagination s'enrichit de l'inexpérience, tandis que la prudence s'en défie, et que l'étude courageuse et persévérante la combat. Celui qui, en considération de son âge ou de la simplicité de sa vie, croit à son inexpérience et agit d'après cette opinion, a fait un grand pas vers la vérité, et profitera de la sagesse de tous.
C^{sse} de Bradi.

IN EXTENSO, mots latins qui signifient *dans toute son étendue* : citer un discours *in extenso*, c'est le reproduire tout entier, sans en rien omettre; traiter une matière *in extenso*, c'est la considérer sous tous les rapports et en approfondir toutes les parties.

IN EXTREMIS. Cette locution empruntée à la langue latine signifie *à la dernière extrémité*, à l'article de la mort. Elle s'emploie surtout en jurisprudence : un mariage *in extremis* est un mariage contracté par un moribond, une disposition *in extremis* est une disposition prise au dernier moment de la vie.

INFAILLIBILITÉ. « L'infaillibilité, dit Bergier, est le privilège de ne pouvoir ni se tromper soi même, ni tromper les autres en les enseignant. » Il n'est point d'homme qui puisse se flatter de posséder de lui-même un pareil privilège; tous, pris séparément, sont sujets à l'erreur. Point d'exception, même pour les talents, qui n'ont souvent que la triste prérogative de donner à l'erreur plus d'éclat ou plus d'attrait. Cependant, le concours, l'assentiment unanime d'un grand nombre d'hommes pour constater un fait, donne à ce fait un degré de certitude qui exclut toute espèce de doute, et devient un témoignage infaillible. Chacun de ces témoins en particulier a pu se tromper, mais il n'est pas possible que tous se trompent de la même manière, et moins encore que, sans collision préalable, ils inventent le même fait, avec les mêmes circonstances, etc. Quand l'Église catholique n'aurait pour elle que ce genre d'infaillibilité, c'en serait assez pour justifier le privilège qu'elle s'attribue. Elle a reçu des apôtres les règles de la foi et des mœurs, que ceux-ci avaient puisées dans les leçons de leur divin maître, et qu'ils ont consignées dans l'Évangile; elle ne prétend pas imposer de nouvelles croyances, de nouvelles lois morales : elle n'a d'autre soin que de conserver intact et sans altération le dépôt qui lui a été confié. Témoin toujours vivant de la foi de tous les siècles, elle maintient ce qui a toujours été cru, et réprouve toute innovation comme étrangère à la tradition des apôtres. Une nouvelle doctrine vient-elle à surgir, des réclamations se font bientôt entendre, des cris d'anathème s'élèvent de toutes parts contre celui qui fabrique de nouveaux dogmes; on oppose au novateur la croyance antique et universelle, la vieille majesté des Pères : « Ce n'est pas ainsi, lui dit-on, que croyaient les Augustin, les Jérôme, les Basile, les Chrysostôme, tant d'autres qui, plus rapprochés des apôtres, ont puisé la doctrine à sa source. » Chaque évêque, interprète de son église, dépose une idées nouvelles y sont totalement opposées à la foi commune; que le contraire est enseigné de temps immémorial; et l'accord unanime de ces dépositions est un témoignage irréfragable de la foi de l'Église.

Mais l'infaillibilité de l'Église repose sur d'autres bases, encore plus solides : ce sont les promesses de son divin fondateur, qui l'a bâtie sur la pierre ferme, contre laquelle *les portes de l'enfer ne prévaudront jamais* (Matth., xvi). « Allez, dit-il aux pasteurs de cette Église, en la personne de ses apôtres, enseignez toutes les nations! baptisez-les au nom du Père, et du Fils, et du Saint-Esprit! apprenez-leur à observer tout ce que je vous ai enseigné! *Je suis tous les jours avec vous jusqu'à la consommation des siècles* (Matth., xxvii). » Il est *tous les jours* avec les pasteurs enseignants, pour les préserver de l'erreur, comme il l'est avec eux baptisants, pour attacher ses grâces à leur baptême. « Celui qui vous écoute, m'écoute, » dit-il ailleurs (Luc, x). Serait-ce écouter Jésus-Christ que d'écouter l'erreur, si l'Église venait à l'enseigner ? « Mon Père vous donnera un autre Paraclet, dit-il encore, afin qu'il demeure avec vous pour toujours : c'est *l'esprit de vérité* » (Joan., xiv). Si l'Église tombait dans l'erreur, que deviendrait donc cet esprit de vérité qui doit demeurer avec elle *in æternum* ? Ces promesses et tant d'autres, dont on peut voir le développement dans tous les traités spéciaux, démontrent que l'Église est vraiment, comme le dit saint Paul, *la colonne et l'appui de la vérité*; qu'elle est, par conséquent, *infaillible*.

En attribuant aux pasteurs de l'Église le privilège de l'infaillibilité, les catholiques ne prétendent pas en gratifier chaque évêque en particulier. Chacun de ces pasteurs n'a part à l'infaillibilité du corps qu'autant qu'il concourt au témoignage unanime, qui est la marque de la vérité. Un évêque peut faillir dans la foi, sans infirmer l'infaillibilité de l'Église, pas plus qu'un faux témoin n'infirme le consentement universel des hommes.

C'est un point controversé entre les théologiens d'Italie et ceux de France de décider si le pape, comme chef de l'Église, est infaillible, même sans le reste des pasteurs. Les premiers soutiennent l'affirmative, les autres la négative. Cette question ne me semble pas mériter toute l'importance qu'on y attache : on ne peut séparer l'Église de son chef, ou le chef de son Église, pas plus qu'on ne sépare la tête du corps qu'elle dirige : la tête n'est rien sans le corps, le corps n'a plus de vie sans la tête. Quoiqu'il en soit de cette question, tout à fait étrangère à la foi, contentons-nous de reconnaître ce qui est avoué de tout le monde : 1° que l'Église universelle, soit dispersée, soit assemblée en concile, est infaillible dans ses décisions dogmatiques ou morales; 2° que les jugements du pape ont la même autorité, la même infaillibilité que les décisions des conciles généraux dès qu'ils sont appuyés du consentement exprès ou tacite des pasteurs de l'Église. L'abbé C. BANDEVILLE.

INFAMANTE (Peine). *Voyez* PEINE.

INFAMIE. Juridiquement, on appelle ainsi la flétrissure morale imprimée par la loi sur l'individu condamné à de certaines peines dites *infamantes*, auxquelles la loi attribue cet effet. La réhabilitation seule peut effacer la note d'infamie.

L'infamie n'est pas toujours produite par une condamnation judiciaire, et celle que l'opinion publique attache au nom et à l'honneur d'un homme est bien plus terrible encore, car elle émane d'un tribunal qui réforme rarement ses jugements.

INFANT, INFANTE (du latin *infans*, enfant) Si nous recherchons l'origine de ce titre d'honneur dont ne se servent plus aujourd'hui que les Espagnols, et qui appartient aux enfants puînés du roi, l'aîné de ses fils portant le titre de *prince des Asturies*, nous verrons, d'après une lettre de l'évêque d'Oviédo Pélage, qu'il était déjà usité sous le règne de Vérémond II, c'est-à-dire en 999. A ce propos on cite souvent la plaisante méprise d'un gentilhomme Français qui, écrivant à un prince royal espagnol, terminait sa lettre par ces mots : « J'ai bien l'honneur de baiser la main de votre *infanterie*. »

INFANTADO, seigneurie de Castille, composée des villes d'Alcozès, Salmeron et Val de Olivas. On lui donne le nom d'*Infantado* parce qu'elle était jadis l'apanage des *infants*. Cette seigneurie fut donnée, en 1469, à don Diego Hurtado de Mendoza, marquis de Santillana, comte de Real, en récompense du soin qu'il avait mis à garder l'Infante Jeanne. La terre de l'Infantado fut érigée en duché en 1475, et passa ensuite par mariage dans la maison de Silva.

INFANTADO (Duc de l'), homme d'État espagnol, né vers 1773 et issu de la maison de Silva, fut élevé en France sous les yeux de sa mère, une princesse de Salm-Salm. Lors de la guerre de 1793, il leva à ses frais un régiment en Catalogne, et se lia étroitement avec le prince des Asturies. Par suite de ces relations, il fut exilé de Madrid, en 1806. Cette disgrâce ne fit que resserrer davantage les liens qui le rattachaient à l'héritier de la couronne et le jeta dans le parti des seigneurs ligués pour renverser le favori du roi, Godoy, duc d'Alcudia. En 1808 le duc de l'Infantado accompagna Ferdinand VII à Bayonne; il y signa, le 7 juillet, la constitution destinée à l'Espagne par Napoléon, et accepta le grade de colonel dans la garde du roi Joseph. Mais il ne tarda point à donner sa démission et à appeler la nation espagnole aux armes contre la France; acte qualifié de haute trahison par Napoléon dans un décret en date du 12 novembre

1808. L'année suivante, le duc de l'Infantado, qui commandait un des corps de l'armée espagnole insurrectionnelle, fut battu à deux reprises par les Français sous les murs de Saint-Sébastien, et se retira à Séville quand on lui eut enlevé son commandement. En 1811, les cortès le nommèrent président du conseil d'Espagne et des Indes, et le chargèrent d'une mission extraordinaire auprès du prince régent d'Angleterre. Ferdinand VII, à sa rentrée en Espagne en 1814, lui rendit toute sa faveur, et le nomma président du conseil de Castille. Il était alors devenu l'un des chefs du parti des *serviles*. En mars 1820, la constitution des cortès ayant été rétablie, il se démit de ses divers emplois, et fut exilé à Majorque. En 1823 il fut nommé président de la régence instituée à Madrid pendant l'occupation de cette ville par les troupes françaises, et plus tard membre du conseil d'État. En octobre 1825 il fut appelé au poste de premier ministre; mais il se vit contraint de donner sa démission dès l'année suivante, et il vécut alors comme simple particulier à Madrid, où il était l'objet d'une surveillance très-ombrageuse. A la mort de Ferdinand VII, il lui fut permis de se retirer en France, où il mourut, en 1832.

INFANTERIE, nom générique des troupes combattant à pied, troupes que les Romains appelaient *copiæ pedestres*, et les Grecs πεζός ou πεζικιστρατία, noms appropriés à la nature de leur service. Chez les nations modernes, elle porte également un nom indicatif de sa manière de servir, par exemple *fussvolk* en allemand. Il n'y a que dans notre langue où cette analogie manque entièrement; en vain chercherait-on l'étymologie d'*infanterie* et de *fantasin* dans le grec et le latin. A notre avis, ces mots appartiennent à l'ancienne langue gauloise, et se retrouvent encore dans l'erse, qui en descend directement. *Fan* signifie *marche* (à pied), *promenade*, d'où il résulte que *fantain*, ou *fantats*, indique un *marcheur*, un *piéton* : c'est de là que les Italiens ont pris le mot *fante*, qui a la même signification.

Dès les temps les plus anciens, il y eut plusieurs espèces d'infanteries, distinguées par leur manière de combattre, et conséquemment par leur armure, qui devait être en relation avec leur genre de service. Les temps soi-disant héroïques ne sont, à proprement parler, que des temps sauvages. C'était l'époque de l'enfance des nations et de l'absence de toute règle uniforme d'art militaire. La plus ancienne tactique soumise à des règles d'organisation calculées pour les différents besoins de la guerre fut celle que créa Philippe de Macédoine, père d'Alexandre le Grand. Le système qu'il établit comprit trois espèces d'infanterie, dont deux, étant de formation régulière, entrèrent dans celle de la phalange, qui était la véritable armée de ligne. Les *hoplites*, ou pesamment armés, en formaient le noyau, ou plutôt le corps destiné au choc et à la décision en masse, citadelle mouvante, qui servait d'appui aux autres parties de l'armée, dont les destinées dépendaient de la sienne. Mais la pesanteur de ses armes défensives, la longueur de ses armes offensives, nécessitée par la profondeur des files dans une troupe destinée à agir par l'impulsion de la masse, ne lui permettaient pas de se morceler et par conséquent d'agir sur tout terrain. La seconde espèce d'infanterie, les *peltastes*, dont les armes offensives étaient moins longues et les armes défensives moins lourdes, n'étant plus destinée à produire un effet décisif par son choc, n'avait pas besoin d'une aussi grande profondeur de files. Sans être précisément une infanterie légère, les peltastes, organisés quant à la division des sections, de même que les hoplites, pouvaient se subdiviser sans inconvénient, et combattre sur un terrain accidenté, sans courir les mêmes dangers. A la bataille de Cynocéphales, les peltastes avaient mis l'armée romaine en péril, lorsque la phalange des hoplites, en s'engageant sur un terrain coupé, où elle succomba facilement, rendit la victoire à Flamininus. La troisième espèce d'infanterie, chez les Grecs, était irrégulière ; elle se composait de différents corps d'archers et de frondeurs, vêtus et armés légèrement, et combattant à la débandade ; ils entamaient l'action sur le champ de bataille, et se retiraient sur les derrières à l'instant où les masses devaient se choquer ; ils harcelaient les fuyards, et, avec la cavalerie, complétaient la déroute. Hors du champ de bataille, ils infestaient le front, les flancs, et souvent les derrières de l'ennemi, ravageaient le pays, et par là attaquaient les subsistances.

Les Romains, dont le système de guerre était basé sur une plus grande mobilité, n'avaient que deux espèces d'infanterie. Les soldats *légionnaires*, organisés par pelotons de 120 hommes, en douze files, formaient une phalange, en aboutissant sur une ligne au moment du combat ; leur facilité à se subdiviser, non-seulement en cohortes, mais encore par manipules, leur donnait le moyen d'agir sur un terrain coupé ; moyen dont les hoplites n'étaient privés, et dont les peltastes ne jouissaient pas eux-mêmes aussi bien que les légionnaires. La seconde espèce d'infanterie était les *vélites*, qui, bien qu'appartenant au corps de la légion, n'entraient pas dans son ordre de bataille, et passaient derrière la ligne au moment du choc. Les *triaires*, quoiqu'ils eussent une arme offensive différente de celle des autres légionnaires (la demi-pique, au lieu du *pilum*), entraient dans l'ordre de bataille de la légion, et n'étaient qu'une réserve.

La décadence de l'empire, qui précéda Constantin, dénatura rapidement les institutions militaires des Romains. L'admission dans les armées d'auxiliaires étrangers, de toutes espèces, y porta une confusion qui fit perdre les dernières traces d'organisation régulière. Il est impossible, en examinant le document appelé *Notice de l'empire*, de deviner à quelle arme d'infanterie appartient chacun des corps qui y sont nommés en dehors des légions. Chaque nation combattait selon ses usages ; chaque corps, selon l'armure que le caprice lui avait donnée. Bientôt l'admission des sauvages Germains, Goths, Hérules, Huns, etc., fit disparaître toute organisation régulière ; les armées des deux empires d'Occident et d'Orient ne furent plus que des troupeaux de sauvages, assez ressemblants aux Tatars : leur force active commença à passer dans la cavalerie, l'infanterie n'était qu'un amas de pillards féroces, braves, mais mal armés, sans discipline, et presque sans ordre, entre-mêlés de quelques groupes de paysans de l'empire, levés pour chaque guerre, et singeant de loin la phalange grecque ou la légion romaine, sans en avoir la discipline, l'instruction, ni la consistance. Le même ordre de choses subsista sous la domination des barbares, qui renversèrent l'empire, épuisé et abâtardi. L'infanterie cessa même d'exister comme élément régulier d'armée ; car on ne saurait donner ce nom à des levées de paysans, rangés en corps inégaux sous les bannières de leurs communes, méprisés par les chefs, qui, le plus souvent, ne s'en servir, et souvent foulés aux pieds par une cavalerie insubordonnée, soit qu'ils gênassent son impatience en avançant vers l'ennemi, soit qu'ils entravassent sa fuite, lorsqu'un désastre imprévu servait de châtiment à une audace insensée. Qu'on lise les relations des batailles de Crécy, d'Azincourt, de Poitiers !

La renaissance de l'infanterie comme un des éléments constitutifs des armées eut lieu successivement. Les *landsknechte* de l'Allemagne, les *montagnards* de l'Helvétie, les *aventuriers* italiens, doivent être regardés comme ayant précédé l'infanterie française. Leur organisation était meilleure, leur armement plus approprié à leur service que dans la milice informe des communes. Ce ne fut que sous le règne de François Ier qu'on commença à essayer de donner à l'infanterie des institutions qui lui permissent de reprendre le rang qui lui est dû dans la formation des armées. Le premier modèle qu'on choisit fut pris dans les souvenirs de Rome. C'était vouloir ramener un ordre de choses qui n'existait plus et qui ne pouvait plus revenir. L'invention des armes à feu produisait une révolution totale dans l'armement et la tactique des troupes ; leur usage, qui se généralisait de jour en jour, devait avoir pour conséquence la création de nouvelles règles constitutives de la guerre, qui y fussent appropriées, de même que celles des Grecs et des Romains l'étaient aux armes en usage de leur temps. Le pas le plus important ne fut cependant fait chez nous que sous le règne de Henri IV, par la formation des régiments et l'amincissement de l'ordonnance de bataille, conséquence forcée de l'emploi du fusil.

Toutefois, pendant longtemps, l'organisation régulière ne fut appliquée qu'à l'infanterie de bataille, celle qui, dans le nouveau système de guerre, était destinée à un service analogue à celui des phalangites et des légionnaires des Grecs et des Latins. Celui de troupes légères fut fait, de même que sous le Bas-Empire, par des corps irréguliers, et même temporaires ou accidentels, sous cent dénominations différentes. Ce n'est que bien plus tard que les partisans, qu'on formait accidentellement, les chasseurs, ou corps francs, dont la durée ne dépassait pas celle de la guerre, furent remplacés par des corps permanents de chasseurs à pied, organisés sur les mêmes principes que l'infanterie de ligne, c'est-à-dire en bataillons : car, nous ne saurions trop le répéter, le bataillon est l'unité fondamentale, l'élément de formation pour l'arme de l'infanterie. Les guerres de la révolution, qui auraient dû consolider ce retour aux bons principes exigeant une arme spéciale pour chaque genre de service, eurent, au contraire, pour résultat de nous faire reculer. Dans les premières campagnes, l'impossibilité de faire une guerre de manœuvres et de batailles avec des troupes neuves, qui n'avaient que l'enthousiasme et une brillante valeur, mais aucune instruction pour les mouvements d'ensemble, fit adopter la guerre de position et les combats de détail, qui se résolvaient presque toujours en luttes individuelles. Les tirailleurs firent ce qu'auraient dû faire les corps rangés en masses continues. Dans ce moment, il n'y avait presque plus, à proprement parler, que de l'*infanterie légère*; et les bataillons légers de chasseurs ne faisaient pas un service différent de celui des bataillons de ligne, des régiments et des demi-brigades. Peu à peu, l'instruction se rétablit dans nos armées, et la guerre se fit de nouveau, et à un petit nombre de changements près, d'après les principes de tactique que la révolution avait trouvés établis. Un de ces changements fut l'usage de couvrir le front de l'infanterie par une ligne de tirailleurs chargés d'engager le combat, de même que les vélites chez les Romains. Mais chez ces derniers, les vélites, en quittant le champ de bataille, se retiraient derrière et en dehors de la ligne de bataille des légions, tandis que nos tirailleurs rentraient, au contraire, dans le sein des corps qui les avaient fournis. Après n'avoir eu presque que de l'infanterie légère, nous n'eûmes plus que de l'infanterie de bataille.

C'est en vain que nos annuaires militaires nous indiquaient depuis longtemps, dans le cadre de l'armée, un nombre de régiments qui portaient le nom d'*infanterie légère*, ce n'étaient que des régiments de ligne, comme les autres. L'habillement, l'organisation, l'armement, l'instruction et le service étaient les mêmes; les seules différences consistaient dans la couleur des collets et celle des boutons, objets qui faisaient plutôt du ressort des tailleurs que de celui des tacticiens. *Nous n'avons point d'infanterie légère,* formée, exercée et armée pour ce service si intéressant et si utile dans les armées, disaient alors nos militaires les plus expérimentés. Cette regrettable lacune a été enfin comblée, sous le règne de Louis-Philippe, par la création des bataillons de chasseurs à pied, pourvus d'un armement, d'un équipement, d'un costume spécial, et qui, avec les zouaves, ont rendu des services signalés dans nos campagnes d'Algérie et d'Orient. L'effectif de cette troupe a été fort augmenté depuis le retour de l'empire. Mais qui pourra le croire plus tard? ce n'est que de 1854 que date la fusion dans l'infanterie de ligne des anciens régiments si improprement appelés d'*infanterie légère*.

Nous ne traiterons pas ici, quoique l'occasion s'en présente, de la formation de l'infanterie en général; c'est un véritable Protée, dont les formes varient à l'infini, non-seulement de nation à nation, mais même chez nous à chaque paroxysme de la fièvre de novation qui secoue nos faiseurs. On peut dire, en général, qu'elle se compose de divisions, de brigades, de régiments, de bataillons et de compagnies; mais le nombre de brigades de chaque division, celui de régiments par brigade, de bataillons par régiment, de compagnies par bataillon, sont des quantités non moins variables, dont les fixations successives n'ont paru dépendre jusque ici que du hasard, du caprice, ou du plus ou moins grand nombre de créatures à doter d'un grade. Il nous manque encore une ordonnance militaire où la proportion des armes entre elles, leur organisation, leur service, leur armement, leur équipement, soient établis sur des bases fixes et déduites des vrais principes de la guerre. Gal G. DE VAUDONCOURT.

INFANTERIE DE MARINE. Ce corps, appelé à protéger et à défendre les colonies, à garder les ports et les arsenaux, à faire toutes les expéditions de guerre maritime, à accroître la force militaire de nos vaisseaux, a été institué par les ordonnances des 14 mai 1831, 20 novembre 1838, 14 août 1840, 7 novembre 1843, 21 mars 1847, par l'arrêté du 24 août 1848, et enfin par un décret du 31 août 1854. Placé sous la direction du ministère de la marine, il est aujourd'hui composé de quatre régiments, comprenant ensemble 120 compagnies actives, quatre compagnies hors rang formant un effectif de 14,761 officiers, sous-officiers et soldats, non compris les soldats des compagnies de cipayes, des compagnies noires et des corps spéciaux. Le nombre des compagnies, aussi bien que leur effectif, peut être augmenté suivant les nécessités du service. L'état-major général de l'arme se compose d'un général de division, inspecteur général, et d'un général de brigade, inspecteur adjoint. L'infanterie de marine fournit les sergents et caporaux d'armes à la flotte. L'uniforme se compose d'un schako, d'une tunique bleu foncé, d'un pantalon gris bleuté avec large bande rouge sur les côtés. L'armement consiste maintenant en carabines à tige. L'infanterie de marine a pris part à diverses expéditions dans les colonies, notamment aux affaires de Dialmath et de Porior, au Sénégal. Ses compagnies ont fourni leur contingent au Pirée, à la Baltique, à la mer Noire, devant Sébastopol; elles ont fait remarquer leur solidité en plusieurs rencontres, et notamment à l'attaque du mamelon vert, le 18 juin 1855. L. LOUVET.

INFANTERIE DIJONNAISE. Voyez MÈRE FOLLE.

INFANTICIDE (du latin *infanticidium*, fait de *infans*, enfant, et *cædere*, tuer). L'article 300 du Code Pénal définit l'infanticide le meurtre d'un enfant nouveau-né; mais dans le langage ordinaire ce mot ne se dit que du meurtre d'un enfant nouveau-né, commis par son père ou sa mère. Notre législation punit de mort l'infanticide. Cette peine avait été réduite pour la mère à celle des travaux forcés à perpétuité par la loi du 25 juin 1824; mais cette loi a été abrogée par celle du 28 avril 1832. Le jury a toujours, du reste, la faculté d'apprécier les circonstances atténuantes. D'après un travail de M. Marbeau, publié en 1847, on comptait en France tous les ans en moyenne 168 infanticides. En 1851 le chiffre des accusations d'infanticides était de 164; en 1852 il monta à 184, et en 1853 à 196. Cette augmentation est peut-être due en partie aux mesures prises pour rendre plus difficile l'admission aux hospices d'enfants trouvés. Presque tous les infanticides amènent la discussion médico-légale de savoir si l'enfant était *né viable*. Le médecin constate ce fait au moyen de la **docimasie pulmonaire**.

On sait que l'infanticide est chose licite en Chine, et beaucoup de peuples anciens ne le considéraient pas davantage comme un crime.

INFECTION. Ce mot dérive du latin *inficere*, infecter, qui représente l'action des émanations fétides sur le sens de l'odorat, et la pénétration des principes délétères dans les corps animés, comme il exprime au figuré la corruption des mœurs par des maximes pernicieuses. Il a donné naissance à l'adjectif *infect*, par lequel on spécifie les matières qui répandent l'infection. Tel sont, relativement à l'odorat, plusieurs produits végétaux, l'assa-fœtida, par exemple, les substances animales et végétales en putréfaction, l'haleine de certains individus, ainsi que leur sueur, surtout celle des pieds; les excréments, les odeurs fétides, dégagées par des animaux comme moyen de défense ; celles qui engendrent dans les corps animés des foyers de corruption; les substances dissoutes dans l'air atmosphérique, et qui forment des *effluves*, des *miasmes*; enfin, les émanations de l'homme dans diverses maladies. C'est sous ce rapport que l'infection ou l'imprégnation des matières infectes est souvent confondue avec la *contagion*, dont elle ne diffère que par des modifications plus subtiles que rationnelles. L'eau contribue puissamment à élever dans l'air les exhalaisons infectes. C'est par l'action des vaisseaux absorbants, distribués sur les surfaces par lesquelles les animaux sont en relation avec le monde extérieur, que l'infection s'opère.

Ainsi, il est difficile d'éviter les causes délétères disséminées dans l'air que nous respirons, et qui nous presse de toutes parts. Introduites dans les corps animés, ces agents délétères infectés agissent comme des germes d'une inflammation plus ou moins active, dont la gangrène est souvent le terme. L'âge favorise l'action de ces causes délétères ; les enfants en sont principalement affectés, l'irritabilité étant chez eux très-énergique et les réactions très-puissantes. En général, tout ce qui affaiblit la vitalité dispose aux effets de l'infection. Les personnes débilitées par une alimentation insuffisante ou insalubre, par les chagrins, par la peur, etc., sont frappées par les maladies, tandis que celles qui sont robustes conservent la santé. On s'habitue aussi à l'impression produite par les émanations infectes, et on finit par s'acclimater dans les pays malsains. Quelques individus ont même le privilège d'être garantis des principes délétères, auxquels les autres ne peuvent échapper, par une organisation modifiée selon des conditions inconnues. C'est ainsi qu'il y en a qui bravent l'infection des germes de la variole, de la scarlatine, etc.

Deux conditions sont donc nécessaires pour que l'infection s'effectue : il faut des agents particuliers, et une aptitude organique à recevoir leur action, comme certaines graines ont besoin de certains terrains pour croître. Si l'homme ne peut pas toujours écarter de lui ces agents nuisibles, il peut les invalider en différents cas. Ainsi, il est parvenu à détruire les qualités infectes de plusieurs matières fétides et délétères. Les chairs putrides, les excréments, peuvent être dépouillés des émanations qui révoltent l'odorat, et servir utilement les arts ou l'agriculture. L'air même, vicié par des particules invisibles comme lui, est corrigé par le chlore sous forme gazeuse. Un régime fortifiant, la propreté, l'énergie morale, les précautions hygiéniques enfin, sont encore des moyens de se soustraire à l'infection. On doit aussi avoir soin de se garantir des agents infects à l'époque du jour où l'humidité de l'atmosphère leur fournit des ailes. Ainsi, quand on est entouré de ces influences, il convient de s'exposer le moins possible à l'air du matin et du soir. Il faut également purifier par le chlore les vêtements et toutes les substances qui peuvent retenir des émanations délétères (*voyez* DÉSINFECTION).

D' CHARBONNIER.

INFÉODATION, acte par lequel le seigneur recevait un vassal à foi et hommage et le mettait en possession du fief qui relevait de sa mouvance. L'inféodation n'avait lieu que pour les fiefs : on l'appelait aussi dans ce cas *investiture*. La mise en possession des biens de roture s'appelait *saisine* ou *ensaisinement*.

Il y avait encore *inféodation de rentes, charges et hypothèques*, quand le seigneur reconnaissait ces charges imposées par le vassal sur le fief qu'il possédait.

Nous avons déjà parlé ailleurs des dîmes inféodées.

DUFEY (de l'Yonne).

INFERNAL, qui appartient à l'enfer. Les Romains appelaient *dieux infernaux*, *divinités* ou *puissances infernales*, les dieux et déesses résidant aux enfers, comme Pluton, Proserpine, Caron, les Parques, les Furies, la Mort, la Nuit, le Chaos, etc. Les Grecs les nommaient *divinités Chthoniennes*. Jupiter *infernal* s'est dit quelquefois aussi de Pluton.

L'adjectif *infernal* a été d'un fréquent usage dans la poésie tant qu'elle a mis largement à contribution l'enfer des païens : cela est peut-être bien passé de mode aujourd'hui. Mais *infernal* se dit encore, au figuré, de ce qui annonce beaucoup de méchanceté, de noirceur, de cruauté, et familièrement, d'un grand bruit, ou de ce qui fait un grand bruit.

On appelait les *Infernaux*, au seizième siècle, une secte fondée par Nicolas Gallus et Jacques Smidelin, qui enseignait que Jésus-Christ a souffert avec les damnés, lors de sa descente aux enfers.

INFERNALE (Machine). *Voyez* MACHINE INFERNALE.
INFERNALE (Pierre). *Voyez* NITRATE D'ARGENT.
INFIBULATION. On appelle ainsi une opération par laquelle les organes de la génération chez l'un ou l'autre sexe sont, au moyen d'une boucle (*fibula*), d'un anneau, rendus incapables de l'acte conjugal ou d'excès contre nature pour un temps. L'emploi de cette opération remonte à la plus haute antiquité, et vient vraisemblablement de l'Asie, d'où il s'introduisit chez les Grecs, puis chez les Romains, qui la firent principalement subir à des chanteurs et à des acteurs, dont on croyait conserver le talent d'autant plus sûrement qu'on leur rendait toute débauche impossible. L'infibulation des hommes est déjà décrite par Celse, et mentionnée par Juvénal ainsi que par Martial ; dans les temps modernes, elle a été de nouveau recommandée et pratiquée même quelquefois sur de petits garçons et sur des jeunes gens pour les garantir de tout excès contre nature.

La proposition émise par Weinhold dans son ouvrage *Sur l'excès de population dans l'Europe centrale*, etc. (Halle, 1827), d'infibuler tous les célibataires pour arrêter l'accroissement excessif de la population, a été réfutée avec le mépris qu'elle méritait, notamment dans l'écrit de Wahrhold *Sur l'excès de population de Weinhold* (Halle, 1827).

On ne peut admettre l'assertion suivant laquelle l'infibulation du sexe féminin aurait été généralement usitée chez certains peuples, jusque dans les temps les plus modernes ; il faut également reléguer au nombre des contes ce que l'on dit des ceintures de chasteté, au moyen desquelles des maris jaloux se seraient assurés de la fidélité de leurs femmes, au moyen âge, et particulièrement dans l'Europe méridionale.

INFIDÉLITÉ, INFIDÈLE. L'infidélité est un manque de foi volontaire, la violation d'une promesse sainte. Cependant, les poètes et les romanciers ont célébré l'infidélité des amants. Le monde n'a guère non plus de blâme pour les abandons amoureux, malgré le grand nombre de victimes qu'ils font. Mais du moment que la loi a changé des promesses, si souvent sans importance, en un lien indissoluble, l'infidélité devient odieuse, et de la part de la femme surtout elle est tellement révoltante que beaucoup de peuples punissent encore l'*adultère* des peines les plus sévères. Nos lois sont plus indulgentes ; cependant, souiller le lit conjugal, introduire dans les familles des enfants adultérins, n'a qui sont acquis les soins, la tendresse , la fortune de celui qui ne leur est rien, c'est là un grand crime pour la morale publique ne saurait trop flétrir. L'infidélité en amitié entraîne aussi avec elle des idées odieuses : quoi de plus infâme que l'ami infidèle qui trahit sans hésitation l'estime, les secrets de son ami ! Un caissier infidèle est celui qui s'approprie tout ou partie des deniers confiés à sa probité ;

25.

un copiste *infidèle*, celui qui, par des omissions ou des altérations, dénature et change complétement le sens de ce qu'il écrit; un gardien *infidèle*, celui qui remplit sa mission avec négligence ou mauvaise foi; une domestique infidèle, celle qui trompe ses maîtres et *fait danser l'anse du panier*. Nous pourrions donner encore une multitude d'acceptions de l'adjectif *infidèle*. Sachons nous borner là! Ce qui précède suffira pour faire comprendre qu'il se prend toujours en mauvaise part, et entraîne toujours l'idée de parjure et de trahison.

En théologie, on donne le nom d'*infidèle* à quiconque n'a point reçu la foi chrétienne, ou qui, l'ayant reçue, l'a repoussée (*voyez* FIDÈLE). Ceux qui, n'ayant jamais été baptisés, et n'ayant jamais entendu la prédication de l'Évangile, n'ont pu fermer les yeux aux lumières de la religion, sont appelés des *infidèles négatifs*. Ceux, au contraire, qui ont volontairement refusé de recevoir cette foi, après avoir entendu sa prédication, sont des *infidèles positifs*.

INFILTRATION (du latin *in*, dans, et *filtrum*, filtre). Par ce mot les chimistes, les physiciens, les anatomistes, etc., désignent le mouvement d'un fluide qui passe au travers d'un tissu, d'une membrane, etc., ou qui s'insinue entre les molécules d'un corps solide : l'infiltration des eaux dans les terres peut les rendre fécondes ; ce sont elles qui vont alimenter les réservoirs, les conduits, qui donnent naissance aux sources. Les infiltrations des eaux dans les voûtes, les murailles, en hâtent souvent la destruction.

INFINI (du latin *in*, sans, *finis*, fin). L'*infinité*, en étendue, en durée, en quantité, considérée dans le grand ensemble de l'univers, ne peut être niée, parce qu'on ne saurait lui assigner aucune limite possible. L'*infinité* est donc un attribut nécessaire de l'être ou de l'existence qui embrasse toutes choses, c'est-à-dire de Dieu. En effet, l'espace qui s'étend sans bornes, par delà les mondes (si les mondes ne sont pas eux-mêmes *infinis*); le temps ou la durée, que rien ne peut faire cesser, alors même qu'aucun être, qu'aucune substance n'en attesteraient la mesure, font également partie de l'infini. C'est l'ineffable essence de la Divinité que l'athée lui-même est contraint de confesser comme principe premier et nécessaire de tout ce qui existe.

Mais, disent quelques philosophes, l'infini n'est rien de réel, sinon une notion de notre esprit, impuissant à concevoir la totalité indéfinie et non connue de ces vastes globes, de ces lointains espaces qui échappent à notre compréhension. Cependant, il est manifeste à la raison que l'étendue, la durée, la quantité, etc., sont imbornables et doivent s'abîmer dans un éternel *infini*. La nature est incommensurable en tous sens ; c'est le mérite de l'homme de sentir ici sa faiblesse, sa nullité d'un atome en présence de ces gouffres épouvantables où se précipite sa pensée. Son orgueil doit plier sous cette majesté de l'auteur de l'univers, dont Pascal a dit que *son centre est partout et sa circonférence nulle part*.

Parmi les anciens philosophes, Anaximandre de Milet établit que l'infini est le principe de toutes choses ; que celles-ci tirent de l'*infini* leur origine, et qu'elles se résolvent en lui ; que lui seul, existant par sa propre essence en virtualité, est capable d'engendrer et de détruire une multitude de mondes ou de sphères, retournant successivement dans son sein pour y puiser de nouvelles formes ou rajeunir leur existence, de sorte que l'infini leur communique, et les matériaux, et les forces de vie, de mouvement, de combinaison, de décomposition, qui les distinguent, etc. Toutefois, ce philosophe n'a pas défini ce qu'il appelle l'*infini*, s'il est matière ou espace pur. Car, si l'infini n'est pas corporel, comment pourrait-il produire des éléments matériels pour la construction des mondes, des soleils et des planètes, etc.? Son infini ne peut donc être un principe simple, mais un chaos d'éléments pour fournir à tout.

Parmi les modernes, Spinosa établit une substance unique et infinie, qui selon lui doit être conçue sous deux aspects, ou matériel, ou intellectuel, parce qu'elle réunit ces divers attributs en elle seule. Ainsi, le monde matériel serait imprégné de la force divine de la pensée, du mouvement, etc., de même que la pensée, le mouvement, seraient inséparables de la substance matérielle. En un mot, le *Dieu-Matière* ou le *Monde-Dieu* de Spinosa est le grand tout infini. Tel est le panthéisme, opinion philosophique fort répandue parmi les Hindous et les sofys orientaux. Pour eux Brahma est le père spirituel et matériel de toutes choses ; il remplit l'espace et le temps ; il tire de son sein les mondes; c'est un océan immense, dans lequel tout s'engloutit et tout renaît tour à tour. Pour mieux dire, selon les brahmes pandits, les choses n'ont qu'une existence phénoménale ; c'est une succession d'apparences et d'illusions de notre esprit ; la vie humaine et ses impressions, ses croyances, ne sont qu'un rêve (*maya*) ; le monde qui nous environne est un spectacle de panorama dont nous ne connaîtrons les ressorts et la vérité qu'en sortant de cette vie.

A l'exception de ces dernières opinions, l'idée du panthéisme règne sous deux formes philosophiques dans nos temps modernes. Les matérialistes professent qu'il n'existe dans l'univers qu'une substance infinie douée des propriétés matérielles pour constituer les mondes, et réunissant en même temps les attributs de la pensée, de l'organisation, du mouvement, etc. Les spiritualistes, au contraire, font de la substance matérielle un ou plusieurs éléments bornés en quantité pour construire les mondes, mais ils n'attribuent la pensée, l'organisation, la puissance, etc., qu'à l'être *infini*, libre, volontaire, remplissant l'espace et le temps, comme une pure essence immatérielle, qui est Dieu. Pour les spiritualistes, les principes matériels, étant distincts du principe intellectuel, restent indifférents, passifs, et n'ont que les propriétés départies par celui-ci. Sans cette intervention de la Divinité, toute matière demeurerait inerte et incapable par elle-même d'organisation, de pensée, de toute activité. Lorsqu'on affirme, non sans raison, que Dieu existe en tout lieu et remplit l'univers de son omnipotence, comme tous les temps par son éternité; qu'il vit en nous et que nous voyons tout en lui, comme le disaient les stoïciens, puis Malebranche après saint Paul, qu'est-ce autre chose que la doctrine de l'*infini* ou de l'*absolu*, comme s'expriment aujourd'hui, en Allemagne, les disciples de Schelling et d'Oken, ou la philosophie de la nature? Cette opinion n'est point hétérodoxe, et s'allie bien avec les religions les plus pures, s'il est vrai que *in Deo vivimus, movemur et sumus*, selon l'apôtre. C'est par la présence, comme par l'influence de l'être l'infini, pénétrant l'immensité et vivifiant la matière, que s'opèrent les renouvellements et tous les changements dont l'univers est le perpétuel théâtre : *Emittes spiritum, et creabuntur*. Si tous les êtres sont créés ainsi par son souffle; s'ils périssent lorsqu'il le retire, comme dit la Bible, n'est-ce donc pas le témoignage de cette suprême puissance qui règne éternellement dans les champs de l'*infini*? J.-J. VIREY.

INFINI (*Mathématiques*), quantité plus grande que toute quantité assignable. Quoique l'idée même de quantités infiniment grandes renferme une négation de limites, l'analyse constate l'existence d'infinis de différents ordres. Par exemple, dans l'équation $y = \frac{x^2}{a}$, si l'on prend x infini, y sera, par rapport à a, un infini du second ordre, car cette équation revient à $\frac{y}{x} = \frac{x}{a}$ qui nous fait voir que si le second rapport est infini, le premier l'est aussi. On peut, du reste, acquérir de ce fait une notion plus sensible en en cherchant l'application aux grandeurs géométriques. Nous trouvons alors qu'il y a en réalité, indépendamment de la longueur infinie et de la surface infinie, trois différentes sortes de solidités infinies, qui toutes sont des *quantitates sui generis*, et que celles de chaque espèce ont des proportions données. Une longueur infinie ou une ligne infiniment longue est considérée comme commençant à un point et s'étendant infiniment d'un côté ou bien des deux côtés, partant du même point, auquel cas, l'un qui est une infinité commençante, est la moitié d'un tout qui est la somme d'une infinité commençante et finissante; ou *parte ante* et *parte post* d'une infinité, ce qui est analogue, quant au temps et à la durée, à l'éternité, où il y a toujours autant devant soi, d'un moment de temps ou d'un point quelconque; et l'addition ou la soustraction d'une longueur finie ou d'un espace de temps limité ne saurait changer le cas d'infinité ou d'éternité, puisque ni l'un ni l'autre ne forme une partie quelconque du tout. Quant à une surface infinie, toute ligne droite étendue à l'infini des deux côtés sur un plan infini, divise ce plan infini en deux parties égales, l'une à droite, l'autre à gauche de cette même ligne; mais si d'un point quelconque sur un plan, deux lignes droites sont étendues infiniment, de manière à former un angle, l'espace infini intercepté entre ces lignes droites infinies est à l'égard de tout le plan infini, comme l'angle formé par ces lignes est à quatre angles droits. Si ces deux lignes infinies sont parallèles et supposées tracées sur un pareil plan infini, l'espace entre elles sera également infini, mais contenu dans le plan un nombre infini de fois, et par suite infiniment moindre que l'espace intercepté entre deux lignes infinies inclinées, quelque petit que soit l'angle de ces dernières; dans l'un de ces cas la distance finie donnée des lignes parallèles diminue l'infinité dans un degré de la dimension ; tandis que dans un secteur il y a infinité dans les deux dimensions; conséquemment les quantités sont l'une infiniment plus grande que l'autre, et elles sont hors de proportion entre elles.

Cette même considération donne naissance aux trois différentes espèces d'espace ou de solidité infinie ; car un parallélipipède ou un cylindre infiniment long est plus grand qu'une grandeur finie quelconque, et tous les solides de ce genre, supposés formés sur des bases données, sont, ainsi que ces bases, proportionnés l'un à l'autre. Mais si deux de ces trois dimensions manquent, comme dans l'espace contenu entre deux plans parallèles infiniment étendus et à une distance finie, ou d'une longueur et d'une largeur infinies, avec une épaisseur finie, tous les solides de cette espèce seront égaux entre eux comme les distances finies données. Or ces quantités, infiniment plus grandes que l'autre, sont pourtant infiniment moindres que l'une ou l'autre de celles dont toutes les trois dimensions sont infinies. Tels sont les espaces contenus entre deux plans inclinés infiniment étendus, l'espace intercepté par la surface d'un cône, ou les côtés d'une pyramide également continuée infiniment, etc.; car l'espace entre deux plans est au tout comme l'angle de ces plans est à quatre angles droits. Quant aux cônes et aux pyramides, ils sont comme la surface sphérique qu'ils interceptent est à la surface d'une sphère décrite de leur sommet comme centre : ces trois sortes de quantités infinies sont analogues à une ligne, à une surface et à un solide; et de la même manière elles ne peuvent pas être comparées ou n'ont point de proportion entre elles.

En algèbre, les quantités infinies se présentent souvent sous la forme $\frac{m}{0}$. Il est évident qu'aucune quantité finie multipliée par 0 ne peut donner le produit m; on voit en même temps qu'en considérant la fraction $\frac{m}{n}$, et en supposant m constant et n variable, à mesure que n diminue le quotient augmente, et que quand n aura une valeur au-dessous de toute grandeur assignable, le quotient sera au-dessus de toute grandeur assignable : à ce caractère, on reconnaît l'infini, que les algébristes représentent par le signe ∞.

Remarquons que si a est infini par rapport à b, il en résulte que b est *infiniment petit* par rapport à a; ainsi, la différentielle première d'une fonction est par rapport à celle-ci un infiment petit du premier ordre; la différentielle seconde, un infiniment petit du second ordre, etc. De là les noms de *calcul de l'infini, géométrie de l'infini*, donnés dans le principe par quelques auteurs au calcul infinitésimal.

INFINIMENT PETIT. *Voyez* INFINI.

INFINITÉSIMAL (Calcul), ensemble du calcul différentiel et du calcul intégral.

INFINITIF. Les grammairiens ont appelé ainsi un mode des verbes qui est d'une nature différente des autres modes, en ce qu'il ne se lie point, comme eux, d'une manière déterminée avec l'une ou l'autre des personnes, mais simplement avec l'idée indéterminée et générale de personnalité. Par exemple, *haïr* présente l'idée indéterminée d'une personne en général qui existe dans l'état de haine. C'est ce qui fait que l'infinitif est un mode abstrait ou indéfini. L'infinitif n'est jamais accompagné d'aucune des trois personnes; en sorte qu'il est propre à figurer comme un nom dans certains cas, et qu'à l'exemple des noms, il peut être accompagné d'articles et de prépositions, et servir de sujet, d'objet, de nominatif, comme dans cette phrase : *Dormir répare les forces* ; ou dans cette autre : *Aimer Dieu, c'est accomplir le premier de ses commandements*. Mais il faut considérer que dans ces phrases il y a ellipse. D'un autre côté, l'infinitif, au lieu de peindre des objets comme les noms, ne peint que des actions ou des faits comme les verbes, et, comme eux aussi, il se rattache à l'idée des temps, idée qui est incomparable avec les noms. Ajoutons que l'infinitif diffère encore des noms en ce qu'il conserve le régime du verbe, qu'il n'a point de genre, et qu'on ne peut pas y joindre d'adjectif. Il y a néanmoins dans notre langue quelques verbes dont les infinitifs sont devenus de vrais noms, susceptibles de genres, de nombre et de cas, comme *le boire, le manger, le dîner, le souper*, etc.

CHAMPAGNAC.

INFIRMERIE, INFIRMIER. Dans tous les lieux où existe une grande agglomération d'hommes, il est d'une sage prévoyance de réserver aux malades un lieu isolé, où cessent le mouvement, le bruit de ceux qui sont en santé, et où le calme et le repos sont assurés à ceux qui gémissent sur un lit de douleur. Des infirmeries ont donc été établies d'abord dans les couvents et communautés religieuses, car cette expression d'*infirmerie* n'était applicable à aucun autre établissement du même genre. Est-ce à dire pourtant que les collèges, les écoles royales, aient été privés de ces hôpitaux en miniature? Nous ne le pensons point ; cependant, le nom d'*infirmerie* ne leur a été donné qu'à une époque récente, ainsi qu'à ceux des prisons et des maisons de détention. Les infirmeries sont donc des institutions tout à fait philanthropiques, et leur nom même participe de ce caractère ; ce nom est en effet moins repoussant que celui d'*hôpital*, et cependant qu'est-ce autre chose, au fond, bien que dans des proportions moindres ? Les personnes qui y sont attachées portent le nom d'*infirmiers* et d'*infirmières*, suivant le sexe, et leurs fonctions ne sont pas celles qui exigent le moins de soins, le moins d'égards, le moins de patience. Quoi de plus irritable en effet, de plus acariâtre, de plus difficile à manier qu'un malade ? quoi de plus ingrat ? Dans les hôpitaux, les personnes préposées à la garde et au service des malades portent également le nom d'*infirmiers*. Mais qu'on ne confonde pas leurs fonctions avec celles des médecins, des internes : ceux-ci ordonnent, les *infirmiers* ne sont que les exécuteurs de leurs prescriptions ; et il est souvent à regretter qu'ils n'apportent point dans leurs fonctions ces égards et cette aménité qui adouciraient les maux de ceux qui souffrent et les derniers moments de ceux qui vont mourir. Une brutalité repoussante est trop souvent le lot de ces hommes qui ont à remplir les devoirs les plus rebutants, et la vue continuelle de la mort n'est probablement pas sans influence sur l'endurcissement de leur sensibilité.

Dans les hôpitaux militaires, les fonctions d'infirmiers sont remplies par des soldats organisés par compagnies, par escouades, et les règles de la hiérarchie militaire sont observées parmi eux. En 1853 on a créé un corps d'*infirmiers de la marine*.

INFIRMITÉ, INFIRME (de la particule latine négative *in*, et *firmus*, solide). Ces mots, suivant leur étymologie, semblent indiquer un certain état de faiblesse ; la faiblesse peut être momentanée ou habituelle : dans le premier cas, elle est mise au rang des maladies ; si, au contraire, elle se prolonge et devient habituelle, elle prend le nom d'*infirmité*. Cette distinction est cependant loin d'être bien tranchée : une infirmité est souvent une maladie ; et il est impossible de fixer le temps au bout duquel une maladie devient une infirmité. En général, on peut dire que l'infirmité est une maladie que l'on désespère de guérir, pourvu toutefois qu'elle n'empêche pas le malade de suivre à peu près son genre de vie habituelle ; autrement, elle prend plutôt le nom de *maladie incurable*.

Les différentes forces de l'économie peuvent être frappées de faiblesse : il existe donc des infirmités physiques, morales et intellectuelles : les déviations de la colonne vertebrale, la surdité, sont des infirmités physiques ; le défaut de courage ou de prudence constitue une infirmité morale ; le manque de mémoire ou de jugement est une infirmité intellectuelle. Ces trois genres d'infirmités peuvent être congénitales ou accidentelles, c'est-à-dire dépendre de la constitution même de l'individu, ou être le résultat d'une maladie : ainsi, la cécité, la poltronnerie, le manque de mémoire, sont des infirmités qui résultent souvent d'un vice d'organisation ; au contraire, à la suite d'une fracture de la cuisse, un homme devient boiteux ; ou, après la guérison incomplète d'une paralysie ou d'une autre lésion du cerveau, un homme est privé du libre exercice de ses facultés morales ou intellectuelles ; ce sont là des infirmités accidentelles, ou qui succèdent à des maladies. Le temps seul est lui-même une grande cause d'infirmités ; il affaiblit les organes d'une manière lente et insensible, sans avoir besoin du secours d'aucune maladie caractérisée. Il est bien rare, par exemple, qu'à l'âge de soixante-dix ans, au plus tard, l'homme n'ait pas perdu une grande partie de ses forces physiques. Heureux aussi quand à cet âge il conserve toute sa force morale et toute l'énergie de son intelligence : c'est une exception à la règle commune, et en général le septuagénaire est considéré comme infirme.

Les infirmités sont plus ou moins graves. Il en est qui méritent à peine ce nom, tant elles incommodent peu ceux qui en sont atteints : ainsi, une légère difformité de la taille, la faiblesse de la vue, sont des infirmités peu graves par elles-mêmes. Dans ce cas, c'est souvent l'opinion qu'on y attache, bien plus que le mal réel qui en résulte, qui donne de l'importance à l'infirmité. On sait que l'illustre lord Byron était profondément affligé d'avoir un pied bot, et qu'il aurait peut-être échangé son titre et sa fortune contre un pied qui ne départât pas sa personne, d'ailleurs remarquable. C'est surtout pour les infirmités morales et intellectuelles que l'opinion contribue beaucoup à les rendre graves ou légères ; mais dans ce cas c'est ordinairement l'infirme lui-même qui en souffre le moins ; car c'est à cette sorte d'infirmité que s'appliquent les paroles de l'Évangile : « On découvre une paille dans l'œil de son voisin, et on ne voit pas une poutre dans le sien. »

Quoique le nom même d'*infirmité* laisse peu d'espoir de guérison, il en est pourtant d'on parvient à guérir. D'un autre côté, les infirmités résultent souvent de soins incomplets ou mal dirigés ; et c'est alors le traitement qui transforme la maladie en infirmité. Les progrès de la médecine doivent donc diminuer le nombre des infirmités encore plus que celui des maladies. C'est ce que prouve en effet l'expérience, et la proportion des infirmes est bien moindre chez les nations modernes que dans les temps de barbarie. Cette diminution porte principalement sur les infirmités physiques. Quant aux infirmités morales et intellectuelles, c'est plus souvent à l'éducation qu'à la

médecine qu'il appartient de les traiter ou de les prévenir.

N.-P. ANQUETIN.

INFLAMMATION (du verbe latin *inflammare*, inflammer, embraser), phénomène pathologique caractérisé par la *chaleur*, la *douleur*, la *rougeur* et la *tuméfaction* de la partie enflammée ; elle peut attaquer tous les tissus vivants ; et dans la plupart des maladies, elle apparaît, ou comme phénomène principal, ou comme complication. L'afflux du sang et du fluide nerveux, plus considérable que dans l'état de santé, détermine l'exaltation vitale qui constitue l'inflammation. Elle marche et se termine de différentes manières selon son intensité, l'organisation des tissus qu'elle envahit et la constitution du sujet. Dans certains cas, une partie du corps présente les phénomènes qui la caractérisent : ces phénomènes durent quelques heures, puis tout rentre dans l'ordre ; alors la phlegmasie se termine par *délitescence*. Quelquefois les fluides extravasés se résorbent et redeviennent circulants : il y a eu *résolution* ; d'autres fois, la violence de la congestion ou la nature de l'agent qui l'a produite frappe les tissus de mort, et la *gangrène* s'en empare ; dans des degrés intermédiaires à la résolution et à la gangrène, la *suppuration*, l'*induration* rouge ou blanche, les *transformations de tissus*, l'*hypertrophie* de l'organe enflammé, des *altérations sécrétoires*, l'*ulcération*, l'état *chronique*, succèdent à l'état inflammatoire. Telles sont les différentes terminaisons de l'inflammation dans les tissus où elle éclate ; mais le plus souvent son action ne se borne pas à ces derniers ; elle s'étend tantôt de proche en proche par *propagation*, tantôt par *communauté de nerfs*, tantôt par *compression*, par *transmission et dissémination*. Ce dernier mode d'extension, après avoir porté le trouble dans l'organisme entier, réagit sur le centre circulatoire, accélère la *circulation*, et rompt aussi l'équilibre dans les fonctions digestives, respiratoires, etc. Ce n'est pas tout : l'inflammation, qui se propage comme d'un centre, et fait sentir son influence aux points les plus éloignés, peut aussi se déplacer ; mais jamais elle ne devient générale. A un certain degré d'intensité, l'inflammation augmente les sécrétions des organes enflammés ; à un degré plus haut, elle les supprime.

L'augmentation du fluide nerveux et du sang dans la partie enflammée est la cause la plus prochaine de l'inflammation, mais cette cause est elle-même l'effet d'une infinité d'actions différentes : les unes agissent sur un point de l'organisme et produisent rapidement la phlegmasie : tels le froid, la chaleur excessive, les violences extérieures, les substances irritantes et corrosives ; les autres créent d'abord une modification générale de l'organisme, et sont, pour ainsi dire, prédisposantes : tels l'abus des alcooliques, l'habitude d'un régime trop stimulant, le tempérament sanguin, etc. Ce phénomène offre d'ailleurs un caractère tout différent, selon qu'il est produit par des causes communes, ordinaires, ou qu'il résulte de causes spécifiques. Ses traces diminuent toujours et s'effacent quelquefois après la mort ; le plus souvent, cependant, l'anatomie pathologique trouve, après les inflammations aiguës, la rougeur, l'injection, la tuméfaction, le ramollissement, la suppuration, l'ulcération des tissus enflammés.

Le traitement de l'inflammation varie selon la nature des tissus, selon les causes qui la produisent, selon l'âge, le sexe, le tempérament, la force du sujet qu'elle attaque ; toutefois, les moyens thérapeutiques pour la combattre, ayant toujours pour objet de diminuer et de détruire une concentration sanguine et nerveuse, peuvent se réduire à un petit nombre d'indications générales. Ainsi la diète et les débilitants tendent à arrêter l'impulsion donnée aux fluides ; les saignées locales et générales, l'emploi du froid, les émollients, les narcotiques, les bains et les boissons tempérantes ont une action antiphlogistique directe ; les purgatifs, les vomitifs, les vésicatoires, les sinapismes, les ventouses, les cautères, le moxa, le séton, etc., attirent l'inflammation sur des parties moins importantes que celle qu'elle occupe : ce sont des antiphlogistiques révulsifs. Les antiphlogistiques dont l'action est jusqu'à ce jour inappréciée, et parmi lesquels nous comptons le quinquina, le mercure, etc., offrent dans beaucoup de cas une précieuse ressource. D'autres encore, dont l'action est spéciale sur tel ou tel organe, entravent souvent les progrès de l'inflammation.

P. GAUBERT.

INFLEXION (de *in*, vers, *flectere*, fléchir). Cette expression désigne le changement de direction que prend une ligne, un rayon de lumière, quand il passe auprès d'un corps, etc. En musique, on entend par *inflexion de voix* le passage d'un ton à un autre. Dans le langage ordinaire, c'est encore l'action de fléchir, de plier, d'incliner : *inflexion de corps*. En termes de grammaire, il signifie la manière de décliner ou de conjuguer (*voyez* DÉSINENCE), ou les différentes formes que prend un nom quand on le décline, un verbe quand on le conjugue.

On nomme *point d'inflexion* dans une courbe le point où de concave elle devient convexe, et réciproquement. En ces points la tangente coupe la courbe. Les points d'inflexion appartiennent à la classe des p o i n t s singuliers.

TEYSSÈDRE.

INFLORESCENCE, disposition des fleurs sur la plante. Elle est très-variée, et ses modifications diverses ont été ramenées par les botanistes à plusieurs types. Voici les principaux : le *spadice*, la *calathide*, le *céphalante* ou *capitule*, l'*ombelle*, la *cyme*, le *corymbe*, la *panicule*, l'*épi*, le *thyrse*, le *chaton*.

INFLUENCE (dérivé de *fluere in*, couler dedans). Ce terme exprime l'action à distance d'un corps sur un autre, ou l'empire qu'un être exerce sur d'autres, principalement à l'état de vie. Il est divers genres d'influences, comme celle des astres, qui versent sur la terre la lumière et la chaleur, ou peut-être divers fluides capables d'agir, comme l'attraction, sur les créatures animées. On nomme encore influences les transmissions des fluides magnétique, électrique et galvanique à des corps différents, soit vivants, soit animés. Les astrologues croyaient à une autre influence des astres sur la destinée humaine. Quelques-uns croient à l'influence magnétique. D'autres croient à l'influence d'êtres surnaturels; d'autres, enfin, attribuent une certaine influence à des êtres naturels. On ne peut nier d'ailleurs l'influence d'un grand génie sur son siècle, d'un orateur sur une assemblée, d'un général sur son armée, etc.

On dit qu'autrefois, sous le régime constitutionnel, les députés pour être réélus recouraient à toutes sortes de ruses, afin d'agir sur leurs électeurs, et que d'un autre côté ils tourmentaient beaucoup les ministres pour obtenir les moyens d'être réélus : l'autorité s'en mêlait donc de toutes les façons, et souvent elle réussissait. C'est ce qu'on appela *l'abus des influences*. Maintenant que nous avons le suffrage universel, et que l'autorité a ses candidats, l'abus des influences a dû cesser.

INFLUENZA. *Voyez* GRIPPE.

IN-FOLIO. *Voyez* FORMAT.

INFORMATION. On appelle ainsi, dans le langage du droit, l'acte judiciaire qui constate les dépositions des témoins et les renseignements recueillis et constatés dans les premiers moments où l'on a connaissance d'un crime ou d'un délit par les différents officiers de la police judiciaire. En matière civile les recherches judiciaires prennent le nom d'*enquête*.

Dans le langage ordinaire, on entend par *informations* les renseignements que l'on prend pour s'assurer de la vérité de certains faits, pour vérifier certaines allégations, connaître les habitudes, la conduite, les mœurs, les qualités ou les défauts, la probité ou l'improbité d'une personne : c'est dans ce sens que l'on dit : aller aux *informations*.

INFORMES. *Voyez* ÉTOILE, t. IX, p. 114.

INFORTUNE, mauvaise fortune, adversité, revers de fortune, disgrâce, suite de m a l h e u r s auxquels l'homme n'a point donné occasion, et au milieu desquels il n'a point de reproche à se faire. Il s'emploie surtout dans le style soutenu. L'infortune tombe sur nous ; nous attirons quelquefois le malheur : il semble qu'il y ait des hommes *infortunés*, des êtres que leur destinée promène partout où il y a des pertes à éprouver, des hasards fâcheux à subir, des peines à endurer. Ainsi le monde est fait pour eux ; ainsi ils sont faits pour le monde.

INFRACTION (en latin *infractio*, dérivé de *frangere*, rompre, briser). Ce mot désigne toute violation d'une parole, d'un traité, d'une loi, etc. Les infractions aux lois se divisent en trois catégories, les c o n t r a v e n t i o n s, les d é l i t s, et les c r i m e s.

INFULE. On appelait *infula* chez les Romains la bandelette de laine blanche dont les prêtres, les vestales et les sacrificateurs se ceignaient la tête; deux cordons appelés *vittæ* servaient à la maintenir. Les messagers de paix portaient aussi l'infule, comme un signe de sainteté et d'inviolabilité. Des prêtres païens, elle passa aux évêques chrétiens, et prit alors le nom de m i t r e.

INFUSÉ. *Voyez* INFUSION.

INFUSIBILITÉ. La plupart des corps solides, soumis à l'action d'une température convenable, peuvent entrer en fusion, c'est-à-dire passer à l'état liquide ; plusieurs cependant résistent à cette action, et conservent leur état naturel. La chaleur de nos fourneaux, même alimentés par le moyen d'un grand courant d'air, ne saurait fondre divers corps qui, soumis à l'action d'une plus forte chaleur, peuvent cependant changer d'état : ainsi, le p l a t i n e, qui n'a jamais pu être fondu dans aucun fourneau de forge, passe à l'état liquide sous l'influence d'un jet enflammé d'hydrogène et d'oxygène ; mais des corps oxydables ne peuvent être soumis à ce genre d'action, qui en changerait la nature. La réunion rapide des électricités produites dans des appareils voltaïques très-puissants détermine le développement d'une chaleur extrêmement intense, au moyen de laquelle on peut fondre les corps qui résistent à toute autre action : ainsi, des tiges de platine d'un diamètre de plusieurs millimètres se fondent avec la plus grande facilité sous l'influence d'une forte pile ; et au moyen du même instrument des fragments de silice, de chaux, et d'autres corps, qui n'éprouvent pas même de changement sous le jet d'hydrogène et d'oxygène, présentent des phénomènes sensibles de ramollissement sur leurs angles.

L'infusibilité et généralement toutes les propriétés que nous observons dans les corps ne sont que relatives au moyen de les apprécier; si nous pouvions nous procurer des températures assez diverses, nous pourrions probablement faire passer tous les corps solides à l'état liquide; mais comme un certain nombre ne peuvent éprouver aucune altération par les moyens que la science possède, on les désigne sous le nom de *corps infusibles*, et on borne ordinairement ce caractère à la résistance que les corps opposent à l'action du feu de forge le plus violent ; si le corps est susceptible de se fondre et de se ramollir au c h a l u m e a u d'hydrogène et d'oxygène, ou au courant voltaïque, on indique cette propriété sans rien changer à la dénomination précédente.

H. GAULTIER DE CLAUBRY.

INFUSION (en latin *in*, dans, et *fundo*, je verse). Les pharmaciens définissent l'*infusion* une opération dans laquelle on verse sur des substances médicinales préparées un liquide bouillant, dans le but d'extraire de ces substances certains principes médicamenteux solubles dans ce liquide. Dans le langage rigoureux, on ne doit employer le mot *infusion* que pour désigner le procédé pharmaceutique que nous venons de désigner, et l'on doit appeler *infusum* ou *infusé* le liquide obtenu par ce procédé. Il faut distinguer dans l'infusion le *substratum*, c'est-à-dire la substance médicinale dont on veut extraire certains principes actifs, et le *menstrue*, le *véhicule*, l'*excipient*, c'est-à-dire le liquide bouillant dont on se veut servir pour extraire ces principes : le *substratum* appartient toujours au règne organique, presque toujours au règne végétal; pour menstrue, on emploie, suivant les principes que l'on veut extraire, l'eau, l'alcool ou l'huile; car la même substance ne livre pas les mêmes principes médicamenteux à ces trois ordres de véhicules. On prolonge le contact du *substratum* et de l'excipient pendant plus ou moins longtemps, suivant le but que l'on veut atteindre. L'élévation de la température du liquide, dans l'infusion, augmente beaucoup l'énergie de son action; mais cette énergie est de courte durée, parce que le liquide en se refroidissant perd à chaque instant de sa puissance dissolvante. Aussi l'infusion est un procédé que l'on réserve presque toujours pour les matières d'une texture délicate, dont le tissu se laisse facilement pénétrer par le liquide, et qui lui cèdent promptement leurs principes aromatiques ou médicamenteux. On l'emploie encore lorsque l'on veut agir sur des corps qui renferment des principes volatils qu'une chaleur trop longtemps prolongée pourrait dissiper : en ce cas, il importe de recouvrir soigneusement les vases dans lesquels on opère, afin d'éviter toute déperdition; il importe aussi de diviser la substance que l'on fait infuser d'autant plus exactement que son tissu est plus serré.   BELFIELD-LEFÈVRE.

En chirurgie, on nomme *infusion*, une opération qui consiste à injecter une liqueur dans une veine qu'on a ouverte (*voyez* INJECTION), soit pour guérir une maladie, en faisant entrer directement dans le sang des médicaments liquides, altérants et évacuants; soit pour faire quelques expériences anatomiques. La t r a n s f u s i o n d'un sang plus jeune ou plus pur était aussi une sorte d'infusion.

INFUSOIRES. Dès que le microscope fut trouvé, ce merveilleux instrument vint révéler à Corneius D r e b b e l l, son inventeur, ainsi qu'à Leeuwenhoeck, qui l'avait perfectionné, un nouvel univers, peuplé de myriades d'êtres organisés, dont jusque alors il avait été impossible de soupçonner l'existence. Chacun put voir avec admiration la décomposition des corps dans un liquide produire d'autres corps doués de vie; véritables animaux, de qui la présence inattendue démontrait que l'antiquité devina juste quand elle établit en principe « que toute corruption engendrait vie ». Comme ce fut d'abord au milieu des infusions qu'on aperçut ces sortes d'animalcules, il était naturel qu'on les appelât des *infusoires*; et Müller, savant Danois, qui en fit le premier l'objet d'une étude approfondie, adopta ce nom, qui devint pour Gmelin celui d'un ordre dans la classe des vers de Linné. Jusque alors, les Hill, les Baker, les Joblot, les Ledermuller, les Eichorn, les Gleichen, et autres micrographes, s'étaient bornés à mettre en décomposition dans un liquide des parcelles de matière végétale et animale, pour en observer les produits. La désignation d'*infusoires* pouvait donc être justifiable; mais dès que Rœsel, dans un Appendice de son *Histoire des Insectes*, eut si bien décrit et figuré quelques-unes des créatures invisibles qu'enfantent les marécages, elle devenait vicieuse, puisqu'elle exprimait une idée fausse. C'est en vain cependant que Bory de Saint-Vincent a cherché à donner le nom de *microscopiques* aux êtres qui vont nous occuper. Le terme *infusoires*, consacré par l'usage, a prévalu.

Dans ces derniers temps, les infusoires ont été étudiés par Nitzsch, Meyen, MM. Peltier, Leclerc, Raspail, de Siebold, mais surtout par MM. Dujardin et E h r e n b e r g. Ce dernier, à l'aide des recherches que les perfectionnements du microscope, est parvenu à reconnaître la structure de ces animalcules, auxquels il donna le nom de *polygastriques*, indiquant les nombreux estomacs qu'il leur accorde : cependant tous les estomacs ne sont pas de Dujardin ne s'accord avec lui; ainsi, tandis que M. Ehrenberg attribue aux infusoires un système nerveux et quelquefois un œil, un testicule, une vésicule séminale contractile et des œufs, M. Dujardin, d'accord avec M. de Quatrefages, les définit ainsi : « Animaux aquatiques, très-petits, non symétri-

ques, sans sexes distincts, sans œufs visibles, sans cavité digestive déterminée ou permanente, ayant tout ou partie de leur corps sans tégument résistant, et se propageant par division spontanée ou par quelque mode encore inconnu. »

Les micrographes ont distribué les infusoires en un grand nombre de tribus. M. Dujardin, qui en sépare les v i b r i o n s, divise les infusoires en non ciliés et ciliés (pourvus de cils vibratiles servant à la fois d'organes respiratoires et locomoteurs). Dans la première catégorie entrent les *amibiens* ou *p r o t é e s*, animaux larges au plus de deux cinquièmes de millimètre; les *rhizopodes*, qui secrètent une coque molle ou dure, cornée ou calcaire; les *actinophryens*; les *monadiens* (*voyez* MONADE); les *volvociens*; etc. Parmi les infusoires ciliés, on distingue les *trichodiens*, les *erviliens*, les *paraméciens*, les *vorticelliens* (*voyez* VORTICELLE), etc.

INFUSUM. *Voyez* INFUSION.

INGÆVONS, nom de l'une des trois grandes familles de peuples entre lesquelles étaient divisées les populations de la Germanie, et qui provenait de Ing ou Ingo, l'un des fils de Mannus. Pline comprend au nombre des Ingævons les Cimbres, les Teutons et les Chauces; suivant des recherches récentes, il faudrait encore y ajouter les Saxons, les Angles, les Iutes, les Frisons et les Hérules.

INGELBURGE ou **ISEMBURGE**, fille de Waldemar Ier et sœur de Canut VI, roi de Danemark, épousa, en 1193, P h i l i p p e - A u g u s t e, roi de France : la jeune reine était aussi belle que vertueuse. Le roi conçut pour elle, dès le jour même de ses noces, une aversion invincible, ce qu'on attribua à un sortilège. Sous prétexte de parenté, le roi fit déclarer nul son mariage, dès le quatrième mois, dans une assemblée d'évêques et de seigneurs, tenue à Compiègne. Il relégua Ingelburge à Étampes, où on la traitait fort durement. Trois ans après il se maria avec Agnès de Méranie. A la sollicitation de Canut, le pape I n n o c e n t III mit alors le roi et le royaume de France en interdit. Le roi cependant reprit Ingelburge au bout de douze ans. Suivant Mézerai, il alla prendre un matin la reine sa première femme en son logis, et, la montant en croupe derrière lui, l'emmena où il lui plut, ayant fait dire au légat qu'il la reconnaissait et la voulait pour sa femme. Ainsi finirent les querelles entre le roi de France et la cour de Rome. Après la mort de Philippe-Auguste, qui lui laissa par testament un revenu de 10,000 livres, Ingelburge se retira à Corbeil, où elle mourut à l'âge de soixante ans, en 1237. Elle fut enterrée avec pompe à Essonne, dans l'église Saint-Jean, que desservaient les templiers. En 1793, j'assistai à l'ouverture de son cercueil, où y trouva une couronne en cuivre doré et une quenouille. Ces objets furent déposés à l'arsenal de Paris.   Ch^{er} Alexandre LENOIR.

INGEMANN (BERNARD-SÉVERIN), l'un des plus remarquables poètes danois contemporains, est né le 28 mai 1789, dans l'île de Falster, où son père était pasteur : ses débuts comme poète datent de 1804, où, sous le titre de *Digte*, il fit paraître un choix de poésies lyriques, *Den sorte Ridder*, et à partir de 1815 tout une suite d'œuvres dramatiques, telles que *Masaniello*, *Blanca Hyrden af Tolosa*, *Loveridderen*, *Rœsten i Œrkenen*, *Reinald Underbarner*, *Tasso's Befriede* (1819); puis une série de nouvelles et de contes, entre autres *de Underjordiske* (1817) et *Eventyr og Fortællinger* (1820).

Le premier voyage qu'Ingemann entreprit en Allemagne, en France, en Suisse et en Italie dans les années 1818 et 1819, lui inspira ses *Reiselyren* (2 vol., 1820). A partir de 1822 ses ouvrages portent l'empreinte d'une direction historique et religieuse. Sa remarquable épopée *Waldemar de Store og hans Mænd* (1824) fut suivie de romans historiques, dans lesquels il chercha à représenter à sa manière sous une forme poétique le côté romantique de l'histoire du Danemark au moyen âge. Nous citerons plus particulièrement *Waldemar Seier* (3 vol., 1826), *Erik Menved's Barndorm* (la *Jeunesse d'Erik Menved*, trad. en français

(Paris, 1844; Boulé]); *Kong Erik og de Fredlæse* (1823), et *Prinds Otto og hans Samrid* (1835). Son dernier roman, *Trois semaines avant Noël et la veille de Noël*, a paru en 1851.

INGÉNIEUR. Ce terme vient, suivant les uns, du latin *ingenium*, génie, et suivant d'autres d'*engin*, mot par lequel on désignait généralement les machines de guerre dont on faisait usage pour lancer des projectiles, battre les murailles, etc. Les armées ont donc eu de tout temps parmi elles un corps d'ouvriers ingénieurs, qui étaient chargés de la construction de ces machines. A proprement parler, la profession d'ingénieur est aussi vieille que le monde; on en trouve des preuves chez toutes les nations. C'étaient bien des ingénieurs qui jetaient des ponts suspendus sur les rivières du Pérou. Les pyramides du Mexique, les constructions extraordinaires que l'on voit en diverses contrées du nouveau continent, n'ont pu être conçues et exécutées que par des hommes expérimentés, et doués d'une intelligence supérieure à celle du vulgaire. Si nous jetons un coup d'œil sur le vieux continent, nous y voyons presque partout des monuments éclatants de la science de l'ingénieur, et qui remontent à la plus haute antiquité. La Chine possède des canaux magnifiques, l'Inde vous montre ses obélisques, ses temples immenses. Que ne devait pas être la science de ces Égyptiens, qui semblaient se rire des difficultés qu'ils devaient rencontrer pour extraire de la carrière, transporter, ériger, ces masses colossales, qui feront en tout temps l'admiration et l'étonnement de ceux qui auront occasion de les contempler? Les Grecs avaient des ingénieurs, et ne le cédaient point pour la hardiesse et l'intelligence à ceux de l'antique Égypte, et qui leur étaient même supérieurs sous le rapport du goût. Qui n'a pas entendu parler des voies romaines, ouvrages immortels? Quel ingénieur de nos jours ne serait pas fier d'avoir construit le pont du Gard, l'aqueduc de Ségovie, les égouts de Rome, etc.?

Un véritable ingénieur est un homme presque universel : de la main dont il dessine l'admirable colonne qui orne le *Forum de Trajan*, Apollodore trace le plan d'un pont de cent cinquante pieds de haut, que ce prince fait jeter sur le Danube. Michel-Ange bâtit des ponts, construit des fortifications, compose l'énorme et magnifique temple de Saint-Pierre de Rome, sculpte avec un rare talent l'image du législateur des Juifs, peint à fresque l'immense tableau du *Jugement dernier*, et, qui plus est, au milieu de ces vastes occupations, il trouve encore le temps de tourner des vers. S'il l'eût voulu, ce grand homme eût été astronome, géographe, mécanicien, constructeur de vaisseaux, etc., du premier ordre.

Les ingénieurs de notre temps sont des hommes d'un savoir accompli; ils possèdent au suprême degré les mathématiques, la physique, la chimie, la mécanique; ils sont en outre bons dessinateurs. Ce sont donc des hommes capables de concevoir et d'exécuter toutes sortes de travaux : il n'en est pas un qui, au besoin, ne fût en état de tracer le plan d'un temple, la composition et la coupe d'un vaisseau; il dirigerait volontiers une fonderie, une fabrique quelconque. Néanmoins, comme il n'est pas donné à l'homme d'exceller également en tout, et qu'un savant de beaucoup d'instruction peut fort bien manquer de génie, on a depuis longtemps distribué les ingénieurs en diverses classes, afin que chacun pût négliger sans inconvénient certaines parties des connaissances humaines pour se livrer avec plus de force et d'assiduité à l'étude des sciences que son goût et ses devoirs l'obligent de cultiver plus spécialement. Ainsi donc, nous avons des ingénieurs militaires, qui en temps de paix sont chargés de la construction de fortifications, des réparations qu'il convient d'y faire; et en général tous les bâtiments qui sont du ressort du ministre de la guerre entrent dans leurs attributions. En temps de guerre, on leur confie la direction des travaux qu'on fait exécuter pour l'attaque ou la défense des places, etc. (*voyez* GÉNIE). Les ingénieurs-géographes s'adonnent particulièrement à l'art de lever les plans d'un camp, d'un champ de bataille, la carte d'un pays, etc. Depuis 1831, cette spécialité peu nombreuse a été fondue dans le corps d'état-major. Les ingénieurs des ponts et chaussées tracent des routes, construisent des ponts, creusent des canaux. Un ingénieur de la marine fera tout pour donner aux vaisseaux la forme et les dimensions qui les rendent propres à sillonner les ondes avec le plus de vitesse, etc. (*voyez* GÉNIE MARITIME). Un ingénieur des mines sera nécessairement un bon chimiste; il saura quels sont les moyens les plus économiques dont on peut s'aider dans l'extraction des minéraux du sein de la terre, etc. Un ingénieur hydrographe a dans ses attributions les ports et les côtes qui bordent les mers, dont il relève le gisement.

Ce n'est qu'au dix-septième siècle, sous Louis XIV, que les ingénieurs ont été organisés en corps divers. C'est encore à cette époque que l'on commença à leur faire subir des examens avant de les admettre dans les services publics.

TEYSSÈDRE.

INGÉNU. Chez les Romains, on distinguait parmi les hommes libres les *affranchis* et les *ingénus*. L'ingénu était celui qui, né libre, n'avait jamais cessé de l'être, à moins qu'il n'eût été esclave par erreur. Les ingénus jouissaient de certains droits que n'avaient pas les affranchis, comme de porter l'anneau d'or. Ils ne pouvaient épouser de courtisane ou de comédienne.

INGÉNUE. Le théâtre a encore ses *ingénues* : là, c'est un rôle, ou, dans le langage technique du lieu, un *emploi*. Molière, auquel il faut remonter pour tant de créations, en a fourni le type dans son Agnès de *L'École des Femmes*. Mlle Debry, qui le créa, fut jusqu'à un âge assez avancé une très-séduisante ingénue. On peut citer parmi celles qui lui succédèrent Mlles Gaussin et Doligny; et plus tard Mlles Mars, Anaïs et Plessy. OURRY.

INGÉNUITÉ. L'homme *ingénu* est celui des lèvres duquel la vérité coule constamment et sans efforts; il est mieux que vrai, car il n'a point formé la résolution de l'être, et s'est trouvé tel naturellement. La sincérité vient des principes; l'*ingénuité* du caractère. C'est, au surplus, la vertu ou la qualité que notre civilisation raffinée altère le plus promptement; il n'est guère d'ingénus parmi nos jeunes hommes les plus jeunes, et c'est tout au plus si l'on en trouve encore chez nos enfants. Nos mœurs, nos spectacles, la précocité de leur entrée dans le monde, rendent aussi l'ingénuité bien rare parmi nos jeunes filles : tout contribue à faire enlever dès leurs premières années ce charme moral qu'on pourrait appeler le *velouté* de la pudeur. Voltaire s'amusait un jour aux dépens de ses lecteurs en baptisant son Huron du nom de l'*Ingénu*. Un sauvage peut-il être autre chose, transporté dans notre ordre social? L'ingénuité phénomène, et méritant le titre spécial, serait celui qu'auraient laissé tel les leçons de l'éducation et du monde (*voyez* CANDIDE). Il est deux autres sortes d'ingénuité, bien différentes de celle-ci, et dont il faut faire aussi mention. L'affiche des mauvaises mœurs ou l'aveu qu'on en fait peut être qualifié d'*ingénuité du vice* : elle fut commune dans le dernier siècle; heureusement, et par comparaison à la porte de l'autre, elle a presque entièrement disparu de celui-ci. Il n'en est pas de même de l'*ingénuité de l'amour-propre*. Si, dans l'autre siècle, Lemierre, Barthe, etc., en furent des modèles, on n'aurait aujourd'hui que l'embarras du choix si l'on entreprenait de citer tous les littérateurs de nos jours, grands et petits, qui s'érigent de leurs propres mains un piédestal, du haut duquel ils plantent sur l'humanité entière. OURRY.

INGLIS (Sir ROBERT HARRY), l'un des champions du parti de la haute Église dans le parlement d'Angleterre, était le fils d'un directeur de la Compagnie des Indes orientales, sir *Hugh* INGLIS, et naquit le 12 janvier 1786. Élevé à Oxford, il se destina à la carrière du droit, et se fit inscrire en 1808 comme *barrister*. En 1824 il fut envoyé au parlement par les électeurs de Dundalk, et en 1826 par ceux de Ripon. Quand, en 1829, sir Robert Peel dut résigner son mandat de représentant de l'université d'Oxford, par suite de son changement complet d'opinion au sujet de l'émancipation des catholiques, sir Robert Inglis, se posant en champion de l'Église établie, reçut à une forte majorité le mandat retiré à Robert Peel. Depuis lors, il ne cessa point de représenter l'université d'Oxford au parlement, où on le vit combattre successivement, avec plus de chaleur et d'animation que de succès, l'émancipation des catholiques, la réforme parlementaire, l'abolition des lois qui interdisaient l'introduction des céréales étrangères en Angleterre, et tout récemment encore l'émancipation des juifs. Homme honnête, bienfaisant et sincère dans ses opinions religieuses, il ne put se plier aux idées nouvelles, dans lesquelles il voyait un danger pour le maintien de la foi protestante; mais s'il les combattait avec une persistance et une opiniâtreté dignes d'un meilleur sort, il faut lui rendre cette justice que sa polémique n'avait jamais rien de personnellement blessant pour ses adversaires. Doué d'une érudition peu commune, il fut nommé en 1850 professeur d'archéologie à l'Académie royale des Beaux-Arts. La *Royal-Society*, la Société des antiquaires et diverses autres sociétés savantes le comptaient au nombre de leurs membres. Il est mort au mois de mai 1855.

INGOLSTADT, ville et place forte de la haute Bavière, à l'embouchure de la Schutter dans le Danube, appelée originairement *Ingoldestadt*, et dans les ouvrages latins du seizième siècle, *Auripolis* ou *Crysopolis*, compte environ 8,000 habitants. Elle possède trois églises paroissiales, dont une pour les protestants, un couvent d'hommes et un couvent de femmes, qui est en même temps une maison d'éducation à l'usage des jeunes filles, un hôpital, et un vieux château où l'on montre empaillé le cheval que montait Gustave-Adolphe lors d'une reconnaissance qu'il vint faire de cette place, et qui fut tué sous lui d'un coup de canon tiré du rempart. En 1472 l'électeur Louis le Riche de Landshut fonda à Ingolstadt une université, où l'on compta beaucoup de professeurs célèbres, Reuchlin, entre autres. En 1773, lors de la suppression de l'ordre des Jésuites, Adam Weishaupt y fonda son fameux ordre des Illuminés. L'université d'Ingolstadt fut transférée en 1800 à Landshut, et de cette ville à Munich en 1826.

En 1827 le roi Louis ordonna de reconstruire les fortifications de cette place, qui avaient été rasées en 1800 par les Français. Cette opération a exigé près de vingt ans de travail, et a été exécutée de la manière la plus grandiose. On admire à bon droit la solidité et l'élégance des forts construits sur la rive gauche du Danube.

INGOUVILLE. *Voyez* HAVRE (Le).

INGRATITUDE. Nous sommes assez de l'avis de ce poète qui s'écriait : Qu'il est noble et beau de faire des *ingrats!* mais qu'il y aimerait mieux qu'on fût reconnaissant. L'ingratitude est en effet de tous les vices le plus odieux, le plus méprisable : rien de plus cruel pour celui qui n'a jamais eu que de la bienveillance pour quelqu'un, pour celui dont les bienfaits envers les autres ont été sans bornes, que de voir ceux qui lui doivent peut-être tout unir leurs efforts pour lui nuire, le récompenser ainsi des bontés dont il les a comblés. Il existe cependant des ingrats, et le nombre en est bien plus grand que la laideur de l'ingratitude ne semblerait devoir le comporter. Il est vrai qu'à l'aide des mots on parvient à enlever aux choses ce qu'elles ont de repoussant, et l'ingrat sait si bien profiter de cet avantage, qu'il trouve presque toujours des approbateurs. Ainsi il ne manquera pas de trouver des torts à celui qui a tout fait pour lui. Lui a-t-il surpris dans l'intimité quelque défaut, sait-il quelque affaire de famille destinée à être ensevelie dans le plus profond secret, pour faire de la peine à celui qui fut son ami il n'aura rien de plus pressé que de l'ébruiter : semblable au serpent de La Fontaine, qui, à peine revenu de son engourdissement, commence par donner la mort à celui qui vient de le réchauffer, l'ingrat n'est jamais plus heureux que s'il parvient à nuire à celui qui l'obligea. C'est presque toujours entre amis et parents que l'ingratitude éclate avec force : elle est d'autant plus sensible à ceux qui en sont l'objet, qu'ils étaient moins en droit de s'attendre à ses coups.

INGRÉDIENT. Ce mot, dérivé du verbe latin *ingredior*, j'entre, désigne en général diverses substances qui concourent à composer des mélanges. Il est particulièrement usité dans le langage pharmaceutique : ainsi, on dit : Il entre beaucoup d'*ingrédients* dans la thériaque, etc. On en fait encore fréquemment usage en parlant de diverses préparations de cuisine et d'autres arts. Dr CHARBONNIER.

INGRES ou **INGRIENS**. *Voyez* FINNOIS et INGRIE.

INGRES (JEAN-DOMINIQUE-AUGUSTE), peintre d'histoire et de portraits. Bien peu, parmi les hommes illustres de ce temps, ont connu autant que M. Ingres les rigueurs extrêmes de la critique ou le fade encens de l'éloge. Ignoré pendant la première période de sa vie, il a été dans la seconde salué comme le plus grand artiste de ce siècle, et cependant les lettrés et les gens du métier ont seuls pris part à ces polémiques bruyantes, sans intérêt pour le public, que la manière du maître n'a jamais su irriter ou séduire. C'est que M. Ingres, placé par son originalité même en dehors de la tradition nationale, étranger à son temps et à son pays, a plutôt fait de l'archéologie que de l'art : dépourvu de passion, il n'a pu émouvoir la foule, qui ne juge que d'après sa passion. Quelques détails biographiques diront ce que est l'homme et ce que le peintre aurait voulu être. Né à Montauban, au mois d'août 1781, M. Ingres n'a pourtant rien dans sa manière qui révèle une origine gasconne. Son père, qui était professeur de dessin, s'était mis en tête de lui faire apprendre le violon, et telle fut la première éducation du jeune Ingres, qu'il joua dit-on, avec succès sur le théâtre de Toulouse un concerto de Viotti. La peinture, cependant, le tenta : il commença son éducation pittoresque chez Roques, peintre toulousain, qui savait assez bien son métier, et qui a conservé jusqu'à sa mort (1847) dans son style et dans son coloris quelque chose de la coquetterie et de la grâce affectée des maîtres du dix-huitième siècle. Il ne paraît pas que M. Ingres se soit beaucoup souvenu de ses leçons. Attiré bientôt à Paris par la réputation, alors sans rivale, de David, le jeune élève entra dans l'atelier de l'auteur du *Serment des Horaces*, et il remporta en 1801 le grand prix de l'Académie. Le sujet du concours était l'*Arrivée des ambassadeurs d'Agamemnon dans la tente d'Achille*. Cette peinture, qu'on peut voir à l'École des Beaux-Arts, est propre, soignée, d'un goût déjà élégant, mais d'un dessin très-faible.

M. Ingres partit pour Rome en 1806. C'est là, devant les fresques de Raphael, qu'il songea à secouer le joug que le style de David faisait peser sur l'art français. Il avait d'abord accepté sans murmure, comme on le voit dans son tableau de concours, le type pseudo-grec que l'ancien conventionnel reproduisait à satiété; le moment de la révolte lui sembla venu, et il commença, avec la patience qui lui tenait lieu de génie, à élever autel contre autel. Il y eut là de la part de M. Ingres un immense effort, et il est juste de lui en tenir compte, tout en reconnaissant que sa tentative avorta. Remonter, comme le fit M. Ingres, à Raphael, à Pérugin, aux peintres italiens du moyen âge et presque aux Byzantins, c'était vouloir faire une révolution par le pastiche, par l'archaïsme; mais les révolutions ne se font qu'avec des idées. Certes, c'était un art suranné que celui de David; mais celui dont M. Ingres allait chercher le modèle dans les maîtres primitifs, était-ce un art plus vivant? L'école française ne pouvait être et elle n'a réellement été épurée par un retour sincère à la nature dédaignée, que par la puissante émotion des Gros, des Géricault et de ceux qui curent comme eux le sentiment de la vie moderne. Les débuts de M. Ingres témoignèrent d'une certaine hésitation, et le succès pour lui fut très-lent à venir. Son propre portrait (1804); celui de

Bonaparte (an xii); l'*Œdipe*, dont il puisa la donnée première dans un recueil de gravures d'après des vases étrusques (1808), ne réussirent que faiblement. Une *Dormeuse*; une *Femme au bain*; *Jupiter et Thétis* (Musée d'Aix); *Virgile lisant l'Enéide à Auguste* ; le *Songe d'Ossian*; l'*Intérieur de la chapelle Sixtine*, se suivirent d'assez près; mais ce ne fut guère qu'au salon de 1819 que le nom de M. Ingres (qui déjà avait trente-huit ans) commença à faire du bruit. Il y avait exposé *Philippe V décorant de la Toison-d'Or le maréchal de Berwick*; *Roger délivrant Angélique*, et *L'Odalisque*. Les principaux critiques d'alors, M. Kératry, dans ses *Lettres sur le Salon*, et Landon, dans les *Annales du Musée*, traitèrent durement l'artiste, et lui firent, à propos de ces deux dernières productions, des reproches qui, malgré la petitesse du point de vue, portaient juste en plus d'un point. « Il n'y a dans cette figure , disait Landon en parlant de l'*Odalisque*, ni os, ni muscles , ni sang, ni vie, ni relief, rien enfin de ce qui constitue l'imitation. » Les classiques s'indignaient. Plus tard , lorsque M. Ingres eut peint *Françoise de Rimini*, *L'Entrée de Charles V à Paris* (1822), *Henri IV jouant avec ses enfants*, la *Mort de Léonard de Vinci* et le *Vœu de Louis XIII* (1824), les coloristes, les adeptes de l'école nouvelle, prirent à leur tour la parole, et M. Ingres se trouva exposé au feu de deux batteries.

Le malheur était que des deux côtés on avait raison contre lui; car on ne trouvait dans son œuvre ni le style en ce qu'il a de correct et de pur, ni la réalité vivante en ce qu'elle a de saisissant et de vrai. Par une conséquence funeste du système d'éclectisme que M. Ingres avait adopté, l'unité manquait à son dessin comme à sa composition. Et cependant, il y avait dans son moindre tableau une simplicité bien précieuse en ces temps d'emphase et d'exagération, et mieux que cela, un caractère fier, tranché, un culte sincère de l'élégance, une poursuite incessante et parfois heureuse de la grandeur et de la grâce. Le moment de la gloire allait venir pour M. Ingres. Ceux-là même qui lui étaient le plus hostiles avaient été forcés de reconnaître dans le *Vœu de Louis XIII* les signes d'une individualité imposante : l'auteur fut nommé membre de l'Institut (1825). Le succès du *Vœu de Louis XIII*, qu'on avait placé dans la cathédrale de Montauban, fut bientôt dépassé par celui de l'*Apothéose d'Homère*, que M. Ingres peignit au Louvre, dans l'une des salles du musée Charles X (1827). Cet ouvrage, qui a le sérieux défaut de n'être point conçu dans les conditions d'un plafond, est resté l'une des productions les plus honorables de M. Ingres, malgré son déplorable coloris et la froideur de sa composition, où les plus vulgaires lois du groupe sont malheureusement méconnues. Le *Martyre de saint Symphorien*, qui fut exposé en 1834 et qui orne aujourd'hui l'église d'Autun, souleva des tempêtes. L'éloge fut sans mesure sous la plume des amis de M. Ingres ; mais la critique fut si violente dans sa négation absolue, que M. Ingres, découragé, résolut de s'absenter désormais des expositions du Louvre, et, comme un Achille irrité, se retira sous sa tente. Nommé peu après directeur de l'École de Rome, il partit pour la ville éternelle, où il vécut six ans dans une solitude laborieuse. Là encore, les partisans de la tradition vaincue le poursuivirent, et l'Académie crut devoir protester par l'organe de son secrétaire, Raoul Rochette, contre l'enseignement que M. Ingres donnait aux élèves de l'École. La *Stratonice*, qu'on n'a vue à Paris qu'en 1840, est un fruit patient de ces années de retraite. Depuis lors M. Ingres, fuyant le grand jour des exhibitions publiques, a exposé chez lui la *Vierge à l'hostie* (1841), le portrait de Cherubini (1842), et la *Vénus anadyomène* (1848). Avant la révolution de Février, M. Ingres avait entrepris au château de Dampierre, chez M. de Luynes, de grandes peintures, qu'il n'a point achevées. Quoique restée à l'état d'ébauche, celle qui représente *L'Age d'or*, est une des conceptions les plus heureuses de l'auteur. Une œuvre plus récente, l'*Apothéose de Napoléon* à l'hôtel de ville de Paris, a montré que l'artiste n'avait fait aucune concession à la critique. Une *Jeanne d'Arc à Reims* peinte en 1854 fut exposée pendant les fêtes données par la ville d'Orléans à l'occasion de l'inauguration de la statue équestre de la Pucelle par Foyatier. Indépendamment du portrait de Cherubini et de l'*Angélique*, le musée du Luxembourg conserve une importante toile religieuse de M. Ingres, *Jésus-Christ donnant les clefs du ciel à saint Pierre*. On voit chez M. Pourtalès *Raphael et la Fornarine*, et chez M. Gonpil, une petite *Odalisque* datée de 1839, et différente par le dessin comme par la dimension de celle qui a été gravée et critiquée par Landon.

Parmi les portraits de M. Ingres, on a surtout remarqué ceux du duc d'Orléans, de MM. de Pastoret, Molé et Bertin de Vaux, de Mmes d'Haussonville et de Rothschild. Ces portraits empruntent leur caractère à une grande sécheresse d'exécution ; la lumière y est grise et terne, l'expression de la vie en sont absentes. On doit aussi à M. Ingres les cartons des vitraux des chapelles de Dreux et de Saint-Ferdinand. Enfin, M. Ingres a occupé à lui seul un salon de l'exposition universelle des Beaux-Arts de 1855.

Avant et pendant son séjour à Rome, M. Ingres a formé divers élèves, qui ne sont restés plus ou moins fidèles, et parmi lesquels on cite MM. H. Flandrin, Amaury Duval, Ziegler, Chassériau, H. Lehmann, et les frères Balze.

M. Ingres a voulu substituer un type nouveau au type roide et froid de David, et il a bien fait ; mais sa science l'a trompé, et il n'a abouti trop souvent qu'à un éclectisme glacé. Plus tard, à une époque où le sens de la beauté se perdait sous la main fiévreuse de peintres qui ne recherchaient plus que l'expression, M. Ingres lutta avec courage contre l'invasion de la laideur et de la vulgarité. Nul plus que lui ne s'est inquiété de la noblesse, de la simplicité, de l'élégance; mais, hélas ! à ne considérer que les résultats obtenus, cette respectable aspiration vers l'idéal est restée un rêve magnifique, un rêve non réalisé. On a beaucoup vanté la correction du dessin de M. Ingres ; on a eu tort, car là où n'est point l'unité, la correction ne saurait être. Mais c'est surtout le modelé qui chez lui est facilement attaquable ; l'imperfection en est sensible dans l'*Odalisque*, l'*Angélique* et l'*Œdipe*. C'est que le modelé et la lumière se tiennent, et que M. Ingres n'a point suffisamment étudié les lois du clair-obscur. Le seul tableau où il se soit préoccupé de la justesse de l'effet, c'est l'*Intérieur de la chapelle Sixtine*, qu'il a d'ailleurs peint d'après nature (1814). C'est le seul aussi dont la couleur ait quelque harmonie; car, sans répéter des critiques banales, il faut bien dire que le coloris de M. Ingres est d'ordinaire pâle, gris, terne, à moins qu'il ne soit franchement discordant et criard. La *Stratonice* est comme un damier rouge et bleu, dont les tons disparates blessent l'œil le moins délicat. Mais ce qui, plus encore que ces défauts, explique et motive les protestations que M. Ingres n'a jamais cessé de soulever, c'est l'absence de mouvement et de pensée, la froideur de la conception, la morne tristesse de l'ensemble. M. Ingres, il faut le dire et le redire toujours, n'a pas le sentiment de la vie; il *n'exprime* pas, et dans les temps où nous sommes ceux-là seuls sont animés de la foule qui savent la frapper au cœur. Paul MANTZ.

INGRIE, partie du gouvernement de Saint-Pétersbourg. On appelle ainsi la contrée qui s'étend entre le lac Ladoga, la Newa, le golfe de Finlande, la Narwa et les gouvernements de Pleskow et de Nowogorod. Les habitants, appelés d'après la fleuve Inger ou Zschora, *Ingriens* ou *Zschores*, sont d'origine finnoise; mais dans leurs mœurs et leur langue ils ont beaucoup emprunté aux Russes, avec lesquels ils vivent mêlés depuis longtemps. C'est une race paresseuse, ignorante, superstitieuse, et par conséquent très-misérable.

Ce nom *Ingrie* parut pour la première fois dans l'histoire lorsqu'en 1617 ce pays fut cédé à la Suède par la Russie, à laquelle il avait appartenu depuis le treizième siècle. Reconquise par Pierre le Grand, en 1702, l'Ingrie a été réunie en 1783 au gouvernement de Saint-Pétersbourg.

INGUINAL (du latin *inguen*, l'aine), qui appartient à l'aine. Les *glandes inguinales* sont celles qui se trouvent situées à l'aine : elles ont la grosseur d'une fève. Une *hernie inguinale* est celle qui vient à l'aine.

INHALATION, action d'*inhaler*, inspirer. C'est un mot nouveau, qui n'a été créé qu'à l'occasion des propriétés qu'on a découvertes à l'é t her et au c h l o r o f o r m e de supprimer la douleur des opérations chirurgicales et généralement la douleur physique, alors qu'au lieu de les prendre en substance, on les vaporisait sur un linge ou dans un vase pour les respirer avec l'air, pour les *inhaler*.

INHÉRENCE (du latin *in*, dans, et *hoerere*, être attaché), union de deux choses inséparables par leur nature : la douceur est inhérente au miel, parce qu'il est impossible d'enlever cette qualité à cette substance sans qu'elle change de nature.

INHUMATION, dans son acception matérielle, est synonyme d'*enterrer*, mettre en *terre*, déposer dans la *terre* (du latin *in*, dans, et *humus*, terre) ; mais, dans l'usage social, il a toujours dit plus qu'*enterrer*, parce qu'il exprime la sépulture légale ou ecclésiastique. On *enterre* tout ce qu'on cache en terre ; on *inhume* l'homme à qui on rend les honneurs funèbres. L'assassin *enterre* le cadavre de sa victime ; les ministres de la religion *inhument* les fidèles.

Aux termes de la loi française, aucune inhumation ne peut avoir lieu que sur l'autorisation de l'officier de l'état civil ; il ne la délivre qu'après la constatation du décès, faite par un médecin à ce commis. Vingt-quatre heures doivent s'être écoulées depuis la déclaration de décès pour qu'on puisse procéder à l'inhumation. Ceux qui sans autorisation préalable feraient inhumer un individu décédé seraient punis de six jours à deux mois d'emprisonnement et d'une amende de 16 francs à 50 francs.

Dans les c i m e t i è r e s publics une fosse séparée doit être affectée à chaque inhumation ; mais cette prescription n'est pas suivie dans les grandes villes, où l'excès de la population rend nécessaires les f o s s e s communes. La présentation du corps à l'église ne dépend plus que de la volonté du défunt ou de sa famille. Le mode le plus convenable pour le transport des corps est réglé, suivant les localités, par les maires, sauf l'approbation des préfets. Les f a b r i q u e s des églises et les consistoires jouissent seuls du droit de fournir les voitures, tentures, ornements et de faire toutes les fournitures nécessaires aux inhumations. A Paris ce soin regarde l'administration générale des p o m p e s f u n è b r e s.

On peut toujours se faire inhumer dans un autre terrain que le cimetière public, pourvu que ce soit à la distance proscrite de l'enceinte des villes et des faubourgs.

Autrefois on ne pouvait sans un acte exprès de la volonté du testateur faire l'inhumation d'un corps hors de son église paroissiale. Ce fut vers l'an 1200 que s'établit l'usage abusif et dangereux d'inhumer dans les églises leurs fondateurs et principaux bienfaiteurs. Plus tard, toute famille riche, en payant la place au poids de l'or, put y faire inhumer ses défunts. Il en résulta souvent des maladies contagieuses. Cette pratique, contre laquelle réclamaient depuis longtemps les philanthropes éclairés, n'a commencé d'être abolie que sous Louis XVI. Depuis non-seulement l'inhumation a été interdite dans l'intérieur des églises, mais encore dans l'enceinte des villes (*royez* CIMETIÈRE). En 1853 on parla d'un projet de loi qui aurait autorisé avec certaines précautions la concession de sépultures dans les églises. Sous l'ancien régime, les protestants et les juifs ne pouvaient être inhumés en terre sainte, c'est-à-dire dans les cimetières consacrés. Ch. DU ROZOIR.

INHUMATIONS PRÉCIPITÉES. Les vieux recueils, comme les journaux de notre temps, contiennent des anecdotes sinistres sur des inhumations qui, faites avec trop de précipitation, auraient conduit à la terre des personnes encore vivantes. Que de gens ont frémi au souvenir de ce gentilhomme qui se ranime sous le couteau de Vésale, ou du cardinal Espinosa saisissant de sa main l'instrument qui vient de lui ouvrir le ventre, ou de l'abbé Prévost se réveillant sous le scalpel du chirurgien qui faisait son autopsie ! Qui n'a lu l'histoire de Winslow, enseveli vivant deux fois d'après le jugement de son médecin, et mort à quatre-vingt-onze ans avec la crainte d'être enterré une troisième fois trop tôt ; et celle de ce M. de Civille qui signait : *De Civille, trois fois mort, trois fois enterré, et trois fois ressuscité par la grâce de Dieu*. Molière a signalé le danger des inhumations précipitées dans l'*Étourdi* :

Qui tôt ensevelit, bien souvent assassine,
Et tel est cru défunt qui n'en a que la mine.

Les signes distinctifs de la m o r t réelle et de la m o r t a p p a r e n t e ne sont guère plus certains aujourd'hui qu'autrefois. Il n'y a toujours de preuve infaillible que la putréfaction commençante. M. Leguern, d'après les faits parvenus à sa connaissance, fixe à 94 le chiffre des enterrements précipités auxquels le hasard a mis obstacle de 1833 à 1840 en France. Ainsi 35 individus se sont réveillés d'eux-mêmes au moment où on allait les porter en terre ; 13 par suite de soins exceptionnels ; 7 par suite de la chute du cercueil ; 3 par suite de piqûres ou d'incisions faites pendant l'ensevelissement ; 5 par suite de suffocation dans le cercueil ; 19 par suite de retards non calculés dans la cérémonie des funérailles, 6 par suite de retards calculés. Si on ajoute à ces 94 individus sauvés, 24 qui auraient été notoirement victimes des habitudes actuelles, on arrive au chiffre de 118 ; et en admettant avec M. Leguern que le chiffre des victimes inconnues soit le double, on trouve que le nombre des victimes des inhumations précipitées peut être évalué à 27 par an en France seulement ! Mais tout cela est-il suffisamment constaté ? Ne faut-il pas faire la part de l'exagération ? En tous cas les craintes sont trop légitimes pour ne pas mériter toute l'attention publique.

Pour parer à ces inconvénients, on a imaginé dans quelques pays, en Allemagne, par exemple, de placer les morts dans des salles d'attente, avant de les livrer à la terre. Un cordon de sonnette est attaché à la main de chacun, et un gardien est toujours prêt à entrer au moindre bruit qu'il entend. Dans certains établissements français on a adopté le même usage de mettre un cordon de sonnette aux doigts des morts dans les salles mortuaires. Combien ces précautions ont-elles donné de résurrections ?

Les anciens multipliaient les précautions destinées à constater la mort ; l'usage de laver les corps, de les revêtir de leurs habits de fête, et de les porter à découvert jusqu'au lieu de l'inhumation augmentait encore les chances de s'assurer que la vie était bien éteinte dans les corps dont on allait se séparer. En certains pays, comme en Italie, les morts sont encore portés en terre le visage découvert. Le respect religieux et une sollicitude intelligente doivent d'ailleurs veiller au chevet du moribond, même après qu'il a rendu le dernier soupir. Le défunt doit être gardé à vue, nuit et jour, son corps doit rester dans un état convenable. On ne doit ni le déposer à terre, ni le couvrir, ni à bien plus forte raison le placer dans un linceul, tant que la mort n'est pas complètement constatée. Les mesures prises par la loi sont certainement suffisantes chez nous pour éviter les malheurs d'inhumations précipitées ; mais dans les campagnes surtout on active trop souvent tant qu'on peut les funérailles, parce que, suivant la remarque de M. Dupin, on n'a pas toujours deux chambres et on est très-pressé de succéder. Que les autorités veillent donc à la stricte exécution des prescriptions légales ; qu'elles ne craignent pas de surseoir à l'inhumation sur le moindre indice, et aucun accident de cette nature ne pourra se produire.

L. LOUVET.

INIQUITÉ, INIQUE, ce qui est contraire à l'é q u i t é, à la justice, « ce qui est d'une injustice excessive, criante, manifeste, » dit l'Académie. Il y a cette différence entre l'iniquité et l'injustice, que la première est surtout un manque à l'équité, au droit naturel supérieur, tandis que la seconde est un manque au droit écrit. C'est pourquoi le mot *iniquité* s'entend plus généralement du péché, de la corruption des mœurs, du débordement des vices, des actes contraires à la religion et à la morale. L. LOUVET.

INITIAL, INITIALE (du latin *initium*, commencement). On a appliqué cet adjectif à toute lettre, consonne ou voyelle, qui commence un mot, ainsi que le désigne son origine; mais les imprimeurs, aussi bien que les calligraphes, s'en sont servi pour désigner la lettre qui commence un livre, un chapitre, et qui est toujours majuscule. Ces lettres dans les anciens manuscrits, sont fréquemment, au moyen de la peinture, du dessin, de la calligraphie, ornées de figures ou d'emblèmes, usage que la typographie renouvelle dans les éditions qu'on nomme aujourd'hui *illustrées*. Les lettres initiales des noms propres sont également toujours majuscules.

Initial est souvent employé substantivement et par abréviation ; mais il ne se dit alors particulièrement que de la première lettre d'un prénom ou d'un nom propre : c'est ainsi qu'on signe quelquefois par ses seules initiales.

INITIATION, INITIÉ. Ces mots rappellent la cérémonie par laquelle les anciens recevaient un candidat au nombre de ceux qui professaient tel ou tel culte, et l'admettaient à prendre part aux cérémonies célébrées en l'honneur de telle ou telle divinité; cérémonies qu'ils appelaient mystères, parce que les initiés seuls avaient le droit d'y assister.

De nos jours on s'est servi des mots *initiation*, *initiés*, pour désigner l'admission de quelqu'un dans quelque société secrète : c'est ainsi que l'on dit : Il fut *initié* à la franc-maçonnerie, au carbonarisme. Enfin, par extension, le mot *initié* a désigné celui qui avait la connaissance d'une chose, d'un art, d'une profession bornée à un certain nombre d'adeptes : c'est ainsi qu'on dit qu'un diplomate est *initié* aux secrets de la politique.

INITIATIVE (du latin *initium*, commencement), action de celui qui propose le premier de faire quelque chose. En droit politique, l'initiative est le droit de proposition des lois, dans les gouvernements et constitutions qui exigent le concours de plusieurs pouvoirs pour leur confection. A Athènes l'initiative des lois appartenait à tous les citoyens.

En France, la constitution de 1791 attribua l'initiative des lois à l'Assemblée législative des représentants de la nation. Celle de l'an III la réserva au Conseil des Cinq-cents; mais le Directoire avait le droit de provoquer l'action de la puissance législative par un message. La constitution consulaire de l'an VIII, en divisant le pouvoir législatif en tribunat et corps législatif, ne leur laissa que le droit de discuter, modifier et adopter les lois, dont le gouvernement seul avait l'initiative : la proposition des lois continua à appartenir au pouvoir exécutif sous les constitutions de l'Empire. Sous la charte constitutionnelle de 1814 le roi seul proposait les lois; mais les chambres pouvaient le supplier de faire présenter un projet de loi sur telle ou telle matière, en indiquant ce qu'il devait contenir. L'article 15 de la charte amendée en 1830 portait: « La proposition des lois appartient au roi, à la chambre des pairs et à la chambre des députés. » L'initiative du roi s'exerçait sous la forme d'une ordonnance prescrivant la présentation d'un projet de loi aux chambres et par l'intermédiaire des ministres; celle des chambres se manifestait par la voie de propositions émanées d'un ou de plusieurs membres.

Sous la constitution de 1848, le président de la république partageait l'initiative des projets de loi avec l'assemblée nationale. La constitution de 1852 la réserva au président seul. Maintenant cette prérogative appartient naturellement à l'empereur.

INJECTION (du latin *injectio*, fait de *injicere*, projeter en dedans). L'acception générale et confuse de ce mot en latin, a été admise en français avec une double signification. L'*injection* chez nous désigne la projection d'un liquide dans les cavités naturelles ou accidentelles du corps humain, ainsi que dans ses vaisseaux : d'une autre part, il sert à désigner le liquide qui est projeté. Le *clysterium donare*, si effrayant pour une de nos anciennes connaissances, M. de Pourceaugnac, donne une idée précise de l'injection.

Considérée comme action, l'injection est une opération dont l'emploi est très-fréquent en médecine, soit comme moyen d'étude, soit comme moyen thérapeutique. C'est en projetant dans les artères d'un cadavre une préparation coloriée en rouge qu'on parvient à distinguer les nombreuses ramifications de ses vaisseaux sanguins. C'est aussi en injectant du mercure dans les conduits de la lymphe qu'on peut les reconnaître. On porte également divers liquides dans les veines durant la vie, afin de réparer les pertes de sang, ou pour modifier l'état de ce fluide (*voyez* INFUSION). Pour remédier à la débilité produite par les hémorrhagies excessives, et qui peut être suivie de mort, on a injecté du sang puisé dans les veines d'un sujet robuste (*voyez* TRANSFUSION). On a aussi injecté de l'eau pure et limpide dans les veines, espérant qu'on pourrait par ce moyen guérir l'affreuse maladie appelée *rage* ou *hydrophobie* : mais l'expérience n'a pas justifié l'attente. On a encore injecté, mais sans utilité reconnue, dans les veines de personnes malades, de l'eau chargée de substances pharmaceutiques, même de l'émétique. Toutes les opérations qui exigent la phlébotomie présentent de graves inconvénients, tant par l'inflammation qui résulte de la blessure que par l'introduction de l'air dans les vaisseaux; c'est pourquoi ces moyens sont peu usités, ou entièrement abandonnés. Les injections qu'on opère dans les cavités naturelles ou accidentelles des corps sont, au contraire, employées très-communément : chaque jour, on projette dans les intestins de l'eau pure ou chargée de principes médicamenteux, pour vaincre la constipation. On injecte dans le conduit auditif de l'eau ou de l'huile pour remédier aux maux d'oreilles ou aux altérations de l'ouïe. On fait même pénétrer de l'air dans ces cavités comme moyen de distension : on lance aussi de l'eau dans les conduits des larmes chez les individus affectés de fistules lacrymales. On a recours à la même médication dans les conduits fistuleux qui se forment accidentellement dans les chairs, etc.; l'eau sert encore à absterger certains ulcères et des foyers purulents. L'injection est enfin d'un usage très-fréquent dans plusieurs autre cas.

Les instruments qui servent à pratiquer les injections sont des seringues, dont la forme et le calibre varient suivant un grand nombre de cas, et tous les jours on cherche à perfectionner ces agents mécaniques. Considérées comme liquides, les injections sont des préparations pharmaceutiques dont la composition varie autant que celle des collyres : armes dangereuses, que la prudence nous prescrit de faire connaître seulement pour nous en défier.

Dr CHARBONNIER.

INJONCTION. *Voyez* COMMANDEMENT.

INJURE, offense, outrage fait, soit par écrits, soit par paroles. L'injure n'est, en général, l'apanage que des gens sans éducation, qui, faute de bonnes raisons, n'ont rien de mieux à jeter au visage de ceux à qui ils en veulent.

En droit, l'injure n'est point tout à fait la même chose que dans le langage ordinaire : elle consiste aussi en expressions outrageantes, termes de mépris ou invectives ne renfermant l'imputation d'aucun fait; car autrement elle deviendrait *diffamation*. L'*injure qualifiée* est celle qui a été proférée dans un lieu public et qui contient l'imputation d'un vice déterminé : elle se poursuit devant les tribunaux correctionnels et est punie d'une amende de 16 fr. à 500 fr. Si l'injure n'a pas été proférée publiquement, elle se poursuit devant les tribunaux de simple police, et n'est punie que d'une amende de 1 à 5 francs ;

la contravention disparaît même s'il y a eu provocation préalable.

L'*injure* contre l'empereur prend le nom d'**offense**; celles contre les grands corps de l'État, les officiers ministériels et les fonctionnaires publics s'appellent **outrages**.

INJUSTE. *Voyez* JUSTE.

INJUSTICE, violation des droits d'autrui. Il n'importe qu'on les viole par avarice, par sensualité, par un mouvement de colère ou par ambition, qui sont autant de sources intarissables des plus grandes injustices; c'est le propre, au contraire, de la justice de résister à toutes les tentations par le seul motif de ne faire aucune brèche aux lois de la société humaine.

On conçoit néanmoins qu'il y a plusieurs degrés d'injustice, et l'on peut les évaluer par le plus ou le moins de dommage que l'on cause à autrui; ainsi les actions où il entre le plus d'injustice sont celles qui, troublant l'ordre public, nuisent à un plus grand nombre de gens.

DE JAUCOURT.

INKERMANN et d'**ALMA** (Batailles d'). L'armée française, après avoir bivouaqué deux à trois mois à Varna, à Gallipoli et aux environs, dans un pays dont le climat meurtrier lui avait enlevé 6 à 7,000 de ses meilleurs soldats, et environ 150 officiers de tous grades, partit, le 30 août 1854, pour Baldschik, petit village bulgare, port de mer assez important, où elle rencontra les trois flottes anglaise, française et turque réunies, qui devaient la transporter en Crimée. Le 2 septembre toute la troupe était à bord de nos vaisseaux, qui allaient lever l'ancre ; mais, les Anglais n'étant pas prêts, on ne put appareiller que le 7 au matin. 4 à 500 bâtiments naviguèrent de conserve, sur trois à quatre lignes, dans un ordre parfait. L'avant-garde mouilla le 9 à 80 kilomètres environ de Sébastopol, pour rallier la flotte, et croisa jusqu'au 15 au matin, envoyant quelques bordées dans les camps russes pour dissimuler l'endroit du débarquement. Sur ces entrefaites, descendaient à terre les Anglais et les trois premières divisions françaises; la quatrième suivait de près, sans obstacle, quoique la mer fût houleuse et que les canots ne pussent arriver jusqu'au rivage. Bientôt cependant toute l'armée, Anglais, Français et Turcs, fut campée sur la grève, près d'Eupatoria. Il y avait là 60,000 hommes à peu près, avec tout le matériel de l'artillerie et du génie, les munitions et les vivres.

Le 19 on quitta le camp du Vieux-Fort, dans un ordre admirable, par une chaleur étouffante, ayant à traverser un pays dépourvu d'arbres. Arrivé au bivouac, on entendit le canon et la fusillade d'assez près; c'étaient les Russes qui s'avançaient; quelques balles et quelques boulets les arrêtèrent, et la nuit fut calme. Le lendemain, six heures du matin, on se remit en marche, et l'on fit halte à 1,500 mètres environ de Sébastopol. Les Anglais à gauche devaient attaquer l'aile droite des Russes; la 2e division française et une partie de la 1re, l'aile gauche. Au centre, en première ligne, était massée une brigade de la 1re division, en plein centre la 4e. A droite des Anglais, toute la 3e division, avec la 2e de zouaves et l'infanterie de marine; l'artillerie avait sa place de bataille dans les intervalles séparant les divisions.

Ce jour-là, 20 septembre, à midi, toute la ligne s'ébranla en colonne serrée; à une heure, l'avis courut dans les rangs que la bataille allait commencer. En ce moment toutes les hauteurs étaient déjà couronnées par l'armée russe, avec de l'artillerie sur les crêtes, dominant l'infanterie échelonnée sur les élévations, les ravins, les mamelons, derrière les murailles des jardins, au pied desquelles coule la petite rivière de l'Alma, très-tortueuse et très-escarpée. L'armée était tout à fait à découvert et entièrement exposée au feu de l'ennemi. La division Bosquet, qui attaquait l'extrême gauche des Russes, cherchait à la tourner et avait pour auxiliaires plusieurs bâtiments de la flotte. A une heure et demie, le premier coup de canon fut tiré par les Russes. Ce ne fut bientôt que feux croisés, mouvements en tous sens. Bientôt aussi les colonnes du centre défilèrent devant le maréchal Le Roy de Saint-Arnaud, déjà malade, mais dont le front rayonnait au haut du mamelon où il s'était placé avec son état-major.

La troupe avance toujours en bon ordre vers l'Alma. Là elle s'arrête un instant; mais tout à coup les deux ailes russes sont attaquées par les Français et les Anglais, avec une intrépidité extraordinaire. Ceux des ennemis qui sont pris en flanc par la division Bosquet ne tardent pas à être vigoureusement balayés par l'artillerie de la flotte. Les zouaves des 1re et 3e divisions enlèvent pied à pied tous les obstacles qu'ils rencontrent de l'autre côté de l'Alma. Les zouaves gravissent les hauteurs escarpées; sans sourciller, ils marchent, la poitrine découverte, au-devant de la mitraille, de la fusillade et de la canonnade. Les Russes perdent du terrain et se replient sur les collines. Ils se reviennent à la charge, et les zouaves, à leur tour, déployés en tirailleurs, commencent à faiblir, quand la tête de colonne du 39e accourt, repousse l'ennemi ; et le porte-drapeau du régiment s'élance pour le planter sur un belvédère voisin. Malheureusement un éclat d'obus le frappe en pleine poitrine. L'étendard n'en reste pas moins arboré.

En ce moment, des escadrons moscovites affluent de toutes parts; mais une batterie française arrive, et les Anglais apparaissent à gauche ; l'ennemi ne tient plus, il bat en retraite, la victoire est aux armées alliées ; cependant, tout n'est pas encore terminé : elles subissent pendant une bonne heure encore le feu bien nourri de l'artillerie russe, embusquée derrière un énorme *tumulus* ; tous les soldats sont couchés à plat-ventre, ne pouvant, à leur grand regret, rendre coup pour coup. Enfin, l'artillerie anglaise, entrée en ligne, lance ses fusées à la congrève, et toute résistance cesse.

Le premier coup de canon avait été tiré à une heure et demie, le dernier retentit à quatre heures trois quarts. Avant de commencer, le général en chef Menschikoff écrivait à son empereur : « J'occupe une position formidable ; dans six semaines les Français ne m'auront pas débusqué de là, fussent-ils 100,000 encore ; c'est plus difficile à prendre que Sébastopol » ; puis il dit : « Je tombe de sommeil, je vais me coucher; j'ai le temps de dormir avant que l'ennemi arrive. » Plus tard, il s'écriait : « Mais il faut qu'ils soient fous ! »

Les Français eurent 1,600 hommes hors de combat, tant tués que blessés ; les Anglais 2,096, dont 96 officiers. Les Russes étaient au nombre de 46,000 à 47,000 combattants; ils en perdirent environ 7,000. Les Français et les Anglais qui prirent part à l'action s'élevaient à peine à 35,000. Nos généraux se montrèrent plus que braves, ils furent téméraires ; ils enlevaient le soldat. Le général Canrobert reçut une balle à l'épaule; le sous-intendant Blanc, un boulet à la cuisse, et il fut amputé; l'aumônier en chef, abbé Parabère, eut un cheval tué sous lui. Il est à regretter que les alliés n'aient pas eu de cavalerie. Avec quelques escadrons, ils eussent pris toute l'artillerie des Russes, leur eussent fait 10 à 15,000 prisonniers, et seraient entrés peut-être pêle-mêle avec eux dans Sébastopol. Quelques jours après, le maréchal de Saint-Arnaud, de plus en plus malade, était forcé de se rembarquer pour Constantinople, et mourait durant la traversée, enseveli dans sa gloire. Avant de s'éloigner, il avait remis le commandement de l'armée française au général Canrobert, qui plus tard devait à son tour donner une grande preuve d'abnégation militaire en le résignant entre les mains du général Pélissier, qu'il jugeait plus digne que lui d'occuper ce poste, et se contentant non du commandement d'un corps d'armée, auquel l'empereur l'appelait, mais de celui d'une simple division.

Après la victoire de l'Alma les armées alliées, contournant, par l'intérieur des terres, le périmètre de Sébastopol, à travers de profondes vallées, dans lesquelles ils eussent pu être aisément écrasés par les Russes, si ceux-ci n'avaient point été démoralisés par l'échec qu'ils venaient de recevoir, allèrent établir leur place d'armes et leur port militaire à Balaclava et à Kamiesch.

A la suite de plusieurs attaques successives, dirigées contre les ouvrages avancés de la partie méridionale de la ville, et de nombreuses sorties de la garnison, constamment repoussées par les nôtres; à la suite de fréquentes canonnades et fusillades réciproques, qui firent plus ou moins de mal des deux côtés, le 8 novembre 1854, avant le jour, l'armée russe, grossie par des renforts venus du Danube, par les réserves réunies dans les provinces du sud, et animée par la présence des grands-ducs Michel et Nicolas, essaya de prendre sa revanche en attaquant la droite de la position anglaise devant Sébastopol. Dès les premiers coups de fusil, des déserteurs révélaient aux Anglais la véritable situation des troupes ennemies sous le rapport de l'effectif, et les généraux alliés pouvaient mesurer l'étendue des renforts qu'elles avaient successivement reçus depuis la bataille de l'Alma. C'étaient des contingents venus de la côte d'Asie, de Kertch et de Kaffa, 6 bataillons, et de forts détachements de marins arrivés de Nicolaieff, 4 bataillons de Kosaks de la mer Noire, une grande partie de l'armée du Danube, et enfin les 10e, 11e, et 12e divisions d'infanterie, formant le 4e corps, commandé par le général Dannenberg, transportées en poste, avec leur artillerie, d'Odessa à Simphéropol.

La présence des grands-ducs surexcitait surtout cette armée, qui avec la garnison de la place ne s'élevait pas à moins de 100,000 combattants. Dans ces conditions favorables, 45,000 hommes, favorisés par la nuit et le brouillard, surprirent la pointe des hauteurs d'Inkermann, que l'armée britannique n'avait pu occuper avec des forces assez considérables. 6,000 Anglais seulement, commandés par le général Cathcart, qui fut blessé mortellement dans cette affaire, prirent part à l'action, le surplus étant employé aux travaux du siège; mais ils soutinrent vaillamment ce choc inattendu jusqu'au moment où le général de brigade Monet, puis le général de division Bosquet, accourant avec une partie de la division de ce dernier, purent leur prêter un énergique concours, qui détermina le succès. On ne sait ce qu'on doit le plus louer dans cette rencontre de l'inébranlable solidité avec laquelle nos alliés firent face pendant longtemps à l'orage, ou de l'intelligente vigueur que les généraux Monet et Bosquet, entraînant une partie des brigades Bourbaki et d'Autemarre, déployèrent en attaquant l'ennemi qui les débordait par leur droite.

Le 3e régiment de zouaves justifia dans cette circonstance, de la manière la plus éclatante, la vieille réputation de l'arme. Les tirailleurs algériens, un bataillon du 7e léger et le 6e de ligne rivalisèrent d'ardeur. On s'aborda trois fois à la baïonnette, par une pluie battante, et l'ennemi ne céda qu'après ce troisième choc le terrain, qu'il laissait jonché de ses morts et de ses blessés. L'artillerie russe de position et de campagne était très-supérieure en nombre et avait une position dominante. Deux de nos batteries à cheval et une batterie de notre 2e division d'infanterie n'en soutinrent pas moins, concurremment avec l'artillerie anglaise, la lutte pendant toute la journée.

Enfin, l'ennemi, rejeté dans la vallée de la Tchernaïa, se décida à battre en retraite en laissant en notre pouvoir plus de 3,000 morts, un très-grand nombre de blessés, quelques centaines de prisonniers et plusieurs caissons d'artillerie. Ses pertes s'élevaient, dans leur ensemble, de 5 à 9,000 hommes. Parmi les blessés, on citait, outre le prince Menschikoff, un lieutenant général percé d'outre en outre, et qui succomba promptement, trois généraux majors, six colonels ou chefs de corps; le général Dannenberg avait eu deux chevaux tués sous lui. Tout son entourage était blessé.

Pendant que ces événements se passaient à la droite, 5,000 hommes de la garnison effectuaient, à la faveur du brouillard et de la pluie, une vigoureuse sortie, sur la gauche de nos attaques, par les ravins qui en facilitaient l'approche. Les troupes de service à la tranchée, sous les ordres du général de La Motte-Rouge, marchèrent droit aux assaillants, qui avaient déjà envahi deux de nos batteries, et les repoussèrent en leur tuant plus de 200 hommes sur place. Le général de division Forey, commandant le corps de siège, par de rapides et habiles dispositions, arriva alors, avec les troupes de la 4e division au secours de ses gardes de tranchée, et s'élança lui-même vers l'ennemi en tête du 5e bataillon de chasseurs à pied. Les Russes, refoulés sur toute la ligne, regagnaient précipitamment Sébastopol, après avoir éprouvé des pertes considérables, lorsque le jeune et brillant général de Lourmel, emporté par sa fougue chevaleresque, se jeta à leur poursite, avec sa brigade, jusque sous les murs de la place, où il tomba mortellement blessé. Le général Forey eut beaucoup de peine à retirer ces braves de la position critique où les avait précipités leur incroyable audace. La brigade d'Aurelle, qui occupait à gauche une excellente position, eut la gloire de protéger cette retraite, qui s'effectua sous le feu de la place, non sans des pertes sensibles. Le colonel Niol, du 26e de ligne, qui vit tomber ses deux chefs de bataillon, avait pris le commandement de la brigade de Lourmel, qui, voulant venger la mort de son général, continua à se montrer admirable d'énergie et de dévouement. L'ennemi, dans cette seule rencontre, avait à regretter un millier d'hommes tués, blessés ou prisonniers.

La bataille d'Inkermann et le combat soutenu par le corps de siège furent glorieux, sans doute, pour nos armes; mais que de larmes ne coûtèrent-ils pas au peuple et à l'aristocratie d'Angleterre! Sans manquaient sous le drapeau britannique seulement près de 2,400 hommes, tués ou blessés, parmi lesquels huit généraux, dont trois tués, ainsi que deux membres du parlement, les lieutenants-colonels Packenham, des grenadiers de la garde, et James Hunter-Blair, des fusiliers écossais, également de la garde. L'armée française eut 1,700 tués ou blessés. La vue de cet épouvantable massacre causa une maladie mentale au duc de Cambridge, qui commandait la brigade de la garde, et qui dut venir se rétablir en Angleterre. A la perte du général de Lourmel nous eûmes à ajouter celle du colonel de Camas, du 6e de ligne, foudroyé à la tête de son régiment. Le prince Napoléon, déjà très-souffrant depuis plusieurs jours, ayant vu son état empirer par les fatigues de la bataille, où il était resté toute la journée à cheval, le général en chef crut devoir le forcer à partir pour Constantinople, afin d'y aller rétablir sa santé.

Eug. G. DE MONGLAVE.

IN MANUS. Voyez MANUS.

INN, l'*OEnus* des anciens, le plus important des affluents du Danube, prend sa source dans le canton des Grisons, sur le versant sud-est du Septimer, dans la haute Engadine, et après s'être précipité à travers l'effrayante gorge de Finstermünz, court, torrent furieux et désordonné, vers le Tyrol, où il donne son nom à l'une des plus riches en beautés naturelles, puis vient baigner Inspruck. Au-dessous de Kufstein, il entre en Bavière, où il forme divers lacs, reçoit plusieurs affluents, devient navigable à Telfs, et se jette dans le Danube, après un cours de 45 myriamètres, près de Passau, où il est de cent mètres plus large que le Danube.

Avant la réorganisation politique de l'Autriche, effectuée en 1849, cette rivière donnait son nom à un cercle appelé l'*Innviertel* (Quartier de l'Inn), de 29 myriamètres carrés, avec 140,000 habitants, ayant Braunau pour chef-lieu, et qui, après avoir jadis appartenu tour à tour à l'Autriche et à la Bavière, fut définitivement cédé par cette puissance à l'Autriche, en 1816. La dénomination d'*Innviertel* a cessé d'être officiellement employé depuis 1849.

INNERVATION. On a donné ce nom à l'influence nerveuse sur le cerveau (*voyez* NERF). Selon quelques physiologistes, ce serait la formation de la pensée par un effet nerveux, cérébral.

INNOCENCE, état heureux de l'âme qui n'éprouve ni repentir ni remords. Les purs esprits que nous nommons anges ont reçu du Créateur une innocence parfaite, et l'innocence des enfants peut être assimilée à celle de ces intelligences célestes. L'homme achète l'innocence par le sacrifice de ses désirs et par une lutte persévérante contre les passions inhérentes à la nature. L'innocence dans la première jeunesse est accompagnée d'une ignorance pleine de charmes; son expression augmente l'attrait de la beauté; on dirait que le monde sait bon gré à ceux qui ne le connaissent point, soit confusion du peu qu'il vaut, soit espoir d'en tirer profit. Tel est l'enchantement des premiers jours de la vie pour la jeune fille qu'une bonne mère a entourée de ses soins, pour le jeune homme dont un père dévoué a formé le cœur et l'esprit, qu'ils ne voient que vertu là où ils en trouvent l'apparence; aimables et naïves créatures, remplies de toutes les croyances au bien, qui se reposent sur les serments et ne voient dans l'affection qu'un accomplissement du précepte divin qui ordonne aux hommes de s'aimer. Mais cette félicité si douce, résultat d'une conscience innocente, se confiant en l'innocence d'autrui, ne peut se prolonger que dans un bien petit nombre de situations.

On personnifie l'*Innocence* sous la figure d'une jeune fille, vêtue de blanc, couronnée de palmes, une main posée sur le cœur, les yeux levés au ciel, avec un agneau couché à ses pieds.

C^{sse} DE BRADI.

INNOCENT. Treize pontifes de ce nom ont occupé la chaire de saint Pierre, dans l'intervalle de 402 à 1724.

INNOCENT Ier, né à Albano, succéda au premier Anastase, en 402, sous le règne de l'empereur Honorius. C'était un prêtre renommé pour sa piété et sa sagesse. Il appuya saint Jean Chrysostome contre les décisions du concile de Chesne (près de Chalcédoine), qui avaient banni cet illustre évêque du siége de Constantinople. C'est également pendant son pontificat que le moine Pélage remplit la Palestine de ses doctrines et de ses violences. Saint Jérôme, persécuté par les pélagiens, au nombre desquels se distinguaient Théodore de Mopsueste et l'évêque Jean de Jérusalem, écrivit au pape Innocent pour implorer sa médiation apostolique. Saint Augustin vivait à cette époque : il dénonça la même hérésie au siége de Rome, et les lettres d'Innocent aux évêques d'Orient forment une partie de son histoire. Plusieurs décrétales, adressées aux évêques d'Italie, des Gaules et d'Espagne, attestent encore son zèle pour la discipline de l'Église, et surtout son habileté à faire tourner tous ces événements, ces appels et ces décisions, au profit de la papauté. Son pontificat de quinze ans fut troublé par l'invasion d'Alaric, roi des Goths, qui mit deux fois le siége devant Rome, et finit par la livrer au pillage. Les ennemis du pontife l'accusent d'avoir ménagé la colère du vainqueur en tolérant le rétablissement de quelques cérémonies païennes. Baronius le défend contre ce qu'il appelle une calomnie de Zosime; mais l'abbé Fleury ne se prononce pas. On convient plus généralement de la persécution qu'il fit subir aux novatiens et de leur bannissement par ses ordres. Il mourut le 12 mars, ou le 28 juillet 417. L'Église l'a placé au rang des saints.

INNOCENT II succéda, en 1130, à Honorius II. Il était Romain, et se nommait *Grégoire*; c'était un moine de Saint-Jean-de-Latran, que Victor III avait mis à la tête du monastère de Saint-Nicolas, qu'Urbain II avait fait cardinal, et que Calixte II avait envoyé en France comme légat. Les cardinaux du conclave se divisèrent en deux partis. Deux dissidents lui opposèrent un antipape dans la personne de Pierre de Léon, cardinal de Sainte-Marie de Transtévère, qui prit le nom d'Anaclet II et s'empara à main armée de la basilique de Saint-Pierre, de plusieurs autres églises et de leurs trésors. Innocent II et dix-huit des électeurs se réfugièrent à Pise, et ceux deux pontifes écrivit à tous les souverains de la chrétienté pour les attirer dans son parti. Roger, duc de Calabre, fut le seul qui reconnut Anaclet. Il en fut récompensé par le titre de roi de Sicile, et quelques villes d'Italie suivirent son exemple. Mais le reste s'unit à Innocent II. Il reçut en France les hommages de Louis le Gros, à Rouen ceux de Henri Ier d'Angleterre, à Liége ceux de l'empereur Lothaire II, qui s'abaissa jusqu'à lui servir d'écuyer. Il tint à Reims un concile, où il sacra Louis le Jeune, que son père associait à la royauté. Après un séjour de dix-huit mois dans les plus riches abbayes de France, il revint, chargé d'or, dans la haute Italie. Saint Bernard l'y suivit, et l'aida à rétablir la paix entre les Pisans et les Génois. C'est à Pise que Lothaire vint le rejoindre pour le ramener dans Rome et s'y faire couronner lui-même. Mais l'antipape Anaclet resta maître du château Saint-Ange. Roger l'y soutint contre les armes impériales. La famine chassa Lothaire, et Innocent II revint à Pise, où il se vengea par d'inutiles anathèmes. L'empereur repassa les Alpes deux ans après, en 1136, et porta la terreur dans la Pouille. Sa mort inopinée replongea le pape Innocent dans ses embarras. Roger reprit ses avantages, et il l'eût encore chassé de Rome si la mort d'Anaclet n'eût suivi de près celle de Lothaire. Les cardinaux rebelles se hâtèrent de nommer un nouvel anti-pape, qui prit le nom de Victor IV. Mais saint Bernard le fit rougir de son acceptation, le conduisit aux pieds du pape, et le 29 mai 1138 Innocent fut universellement reconnu.

Il tint le 8 avril de l'année suivante, dans le palais de Latran, le dixième concile œcuménique, où assistèrent plus de mille évêques. Il n'y donna point des témoignages de modération, traita les schismatiques avec la plus grande rigueur, cassa leurs ordinations, et leur arracha de ses mains leurs crosses et leurs mitres. C'est là que fut condamné Arnaud de Brescia, disciple d'Abeilard. Le roi Roger s'y vit également frappé d'excommunication. Mais il marcha sur Rome à la tête de son armée, et défit celle de l'Église, que le pape commandait en personne. Innocent II, prisonnier de son ennemi, fut contraint de lui confirmer la royauté de Sicile, et le reçut en otage, le 25 juillet 1139, comme vassal du saint-siége. La condamnation d'Abeilard suivit celle d'Arnaud de Bresse. Mais les arnaudistes étaient nombreux à Rome. Ils se soulevèrent sous un prétexte assez frivole, rétablirent le sénat romain, et firent la guerre aux Tiburtins, malgré le pape, qui les avait reçus à composition. Innocent II employa vainement les prières et les menaces : on respectait son autorité spirituelle; on lui contestait le temporel. Cette révolte prit un tel caractère de violence, que la douleur et le dépit de ne pouvoir soumettre le peuple le conduisirent au tombeau, le 13 septembre 1143.

INNOCENT III, le plus puissant de tous les pontifes, était de la maison des comtes de Segni. Il se nommait *Lothaire*, était né à Anagni, et s'était distingué par ses études. Chanoine de Saint-Pierre, ordonné sous-diacre par Grégoire VIII, fait diacre et cardinal de Saint-Serge par Clément III, il fut élu pape à l'âge de trente-sept ans, en 1198, après la mort de Célestin III. Son premier acte politique fut de recevoir l'hommage-lige du préfet de Rome, qui jusque là ne l'avait rendu qu'à l'empereur; et son règne tout entier fut conforme à ce début. Il s'occupa en roi et en juge suprême des affaires temporelles de ses États, et tint trois fois la semaine des consistoires publics, où son savoir et sa justice étaient admirés des plus savants jurisconsultes, heureux si, pour le repos du monde, il eût renfermé son ambition dans le gouvernement du patrimoine de saint Pierre. Mais il porta la main à toutes les couronnes de la chrétienté, et montra la résolution de les soumettre toutes à la domination du saint-siége. Il s'essaya d'abord sur André, roi de Hongrie, auquel il ordonna de partir pour la Terre Sainte, sous peine d'excommunication, et sur le jeune Frédéric, auquel, après de longs refus, il n'accorda l'investiture du royaume de Sicile qu'après l'avoir soumis à toutes les conditions du plus humble vasselage. Une double élection avait donné deux empereurs à l'Allemagne, Philippe de Souabe et Othon de Saxe. Innocent III les soutint, ou les excommunia, l'un après l'autre, suivant qu'ils se montraient plus ou moins favorables à ses intérêts temporels; et il entretint ainsi pendant dix ans la guerre civile dans l'Empire. En France, Philippe-Auguste avait répudié Ingelburge de Danemark, pour épouser Agnès de Méranie, et le pape Célestin avait toléré ce divorce. Innocent III ordonna au roi de reprendre sa première femme, et, lançant l'interdit sur le royaume, y souffla dix ans entiers le feu de la discorde.

La prédication d'une croisade nouvelle se mêlait à ces empiétements du saint-siège. Ses légats parcouraient l'Europe entière pour exciter les princes et les peuples à combattre le fameux Saladin. Richard d'Angleterre, Philippe de France, et un grand nombre de seigneurs, se croisèrent, et le pape écrivit à tous les princes chrétiens de l'Orient, pour assurer le succès de cet armement européen. Mais les nouveaux croisés firent tout autre chose que de délivrer le saint-sépulcre : ils prirent Zara, pour enrichir Venise des dépouilles du roi catholique de Hongrie. Ils détrônèrent les empereurs grecs de Constantinople, et ne parurent en Palestine que pour y donner le triste spectacle de leurs divisions. Innocent III s'épuisa vainement en excommunications. Cette croisade, qui bien dirigée aurait suffi à la conquête de l'Asie, manqua entièrement son but, et ne fit que raffermir la domination des Sarrasins. Le pape s'en consola en recevant la soumission des Bulgares à l'Église romaine, et en donnant des rois à ce peuple ainsi qu'à la Servie.

Une croisade plus odieuse, plus sanguinaire, fut prêchée par Innocent III contre les malheureux Vaudois ou Albigeois. C'est en 1198 que commença cette persécution armée, qui dépeupla le Languedoc, la Gascogne et le pays de Foix; les princes, les seigneurs y coururent à la voix d'Innocent III et de ses légats, parmi lesquels se distinguait saint Dominique, le fondateur de l'inquisition, pour hâter l'extermination de ces malheureux sectaires. Mais, par un contraste que peut seule expliquer la cupidité du saint-siège, le persécuteur des Albigeois prenait les juifs sous sa protection, et défendait par ses bulles d'employer la violence pour les convertir. Cependant, la guerre civile continuait à dévaster l'Allemagne, et les deux prétendants, s'adressant tour à tour à la cour de Rome, lui sacrifiaient successivement toutes les prérogatives de l'Empire. Innocent III, dont les prédécesseurs attendaient la confirmation de l'empereur avant de prendre possession du saint-siége, prétendit que le pape avait seul le droit de confirmer le choix des électeurs germaniques. Un discord survenu entre le roi Jean sans Terre et le cardinal Langton fournit à Innocent III l'occasion de s'immiscer dans les affaires de l'Angleterre. Ce royaume fut mis en interdit, rejeté à Philippe-Auguste, adjugé à son fils Louis; et, le roi Jean s'étant soumis au saint-siége au moment où la flotte française allait exécuter le décret du Vatican, Innocent III lança l'anathème sur le roi de France, parce qu'il persistait dans une entreprise que le pape avait intérêt à abandonner. Mais cette fois Philippe-Auguste ne céda point à ses caprices, comme il l'avait fait en abandonnant Agnès de Méranie, pour reprendre Ingelburge. Louis descendit en Angleterre, se fit reconnaître des Londres, malgré les légats de Rome, et ne céda que plus tard, lorsqu'il se vit abandonné des Anglais qu'il avait soutenus contre Jean sans Terre. Innocent III fut plus heureux en Allemagne. Othon IV, se voyant seul maître de l'Empire, après l'assassinat de Philippe de Souabe, refusait de rendre au pape les terres de la comtesse Mathilde. Le pape l'excommunia pour la troisième fois, et lui donna un nouveau rival dans la personne de Frédéric II.

Tels sont les faits principaux qui caractérisent ce pontificat; il n'est pas un souverain catholique, un seigneur considérable, que n'ait attaqué, insulté ou soumis Innocent III; et, au milieu des embarras que lui suscitait son ambition, il ne perdait jamais de vue la délivrance de la Terre Sainte. Mais la mort arrêta tout à coup ses grands desseins et ses usurpations. Il mourut d'une attaque de paralysie, ou d'indigestion, suivant d'autres, à l'âge de cinquante-cinq ans, le 16 juillet 1216, après avoir porté la tiare pendant dix ans. Platine a eu l'effronterie de le mettre au rang des saints. Sainte Lutgarde de Brabant prétend, au contraire, l'avoir vu en enfer. Contentons-nous de reconnaître en lui un grand pontife, et dans son règne l'apogée de la puissance pontificale. On lui doit un volumineux recueil de lettres fort curieuses, d'intéressantes décrétales, un commentaire sur les sept Psaumes de la Pénitence, des discours de controverse sur les Sacrements, des discours et des homélies.

INNOCENT IV (SINIBALD DE FIESQUE) était issu des comtes de Lavagne, au pays de Gênes. Cardinal de la promotion de Grégoire IX, il fut élu, le 24 juin 1243, à la place de Célestin IV, après une vacance de vingt mois. Son premier soin fut de terminer, par un traité, le long discord de Frédéric II avec le saint-siége. Mais l'empereur n'ayant point voulu se soumettre aux humiliantes conditions du nouveau pontife, Innocent IV craignit d'être surpris dans Rome, et, se sauvant, de nuit, à cheval, courut se réfugier à Gênes. Sur le refus des rois d'Aragon, d'Angleterre et de France, auxquels il avait demandé un asile, il se rendit à Lyon, qui n'appartenait alors qu'à son archevêque. Là, dans un concile auquel assistèrent les délégués de Frédéric II, emporté par le ressentiment de sa fuite, il prononça la déposition de l'empereur, son ancien ami, et pressa les électeurs d'en nommer un autre. Henri, landgrave de Hesse, accepta ce périlleux honneur, qui lui coûta la vie dans une bataille contre Conrad, fils de Frédéric. Le comte Guillaume de Hollande prit sa place, et fut battu dans plusieurs rencontres. Frédéric eut cependant pitié de l'Allemagne et de l'Italie, que désolait une aussi longue guerre. Mais l'inflexibilité d'Innocent IV repoussa toutes ses ouvertures, quoiqu'elles fussent appuyées de la médiation du roi de France, saint Louis. Frédéric ne trouva de paix que dans le tombeau, où il descendit en 1251, après avoir échappé à une tentative d'empoisonnement, que les ennemis du pape lui attribuèrent. Conrad hérita de la haine d'Innocent IV, qui soutint vainement le comte de Hollande. Ce prétendu César fut contraint d'abdiquer; et le pape offrit successivement la couronne impériale au comte de Gueldre, au duc de Brabant, au comte de Cornouailles, et au roi de Norvège, Haquin. Les guelfes d'Italie ayant cependant triomphé des gibelins, Innocent IV se décida à rentrer dans Rome, et fit prêcher une croisade contre Conrad, dont l'armée avait déjà passé les Alpes. Les deux partis négocièrent et se battirent pendant trois années; et la querelle ne fut assoupie que par la mort de Conrad, arrivée le 21 mai 1254.

La maison de Souabe n'eut plus à sa tête qu'un enfant de deux ans, appelé Conradin. Son tuteur, Mainfroi, reconnut la suzeraineté du saint-siége sur la Sicile, et parut d'abord fidèle à son serment; mais l'ambition d'Innocent IV ne tarda point à renouveler la guerre, et il la légua à son successeur. L'excommunication des rois d'Aragon et de Portugal, sur les plaintes des évêques de leurs royaumes, l'inutile publication d'une croisade pour secourir saint Louis en Égypte, et une protection éclatante accordée aux juifs d'Allemagne, tandis que les États chrétiens étaient ruinés par les extorsions des légats, complètent l'histoire de ce pape, qui mourut à Naples, le 7 décembre 1254. Le frère Amat de Gaveson, historien ecclésiastique, l'a surnommé le *Père du droit et de la vérité*; d'autres l'ont appelé le *Père du mensonge*. Mais tout le monde est d'accord sur sa cupidité, et bien prouvée par ses dernières paroles à ses parents : « Pourquoi pleurez-vous, bonnes gens? leur dit-il; je vous laisse tous riches. »

INNOCENT V (PIERRE DE TARENTAISE) succéda à Grégoire X, le 20 janvier 1276. C'était un moine, qui avait occupé successivement les siéges de Lyon et d'Ostie. Il ne régna que cinq mois et deux jours, et mourut le 22 juin de la même année, après avoir essayé de raffermir la paix de l'Italie et de faire confirmer par l'empereur Michel Paléologue la réunion des deux Églises grecque et latine.

INNOCENT VI (ÉTIENNE AUBERT). Né à Beissac, près de Pompadour, dans le Limousin, il avait professé le droit civil à Toulouse, était devenu juge-mage de cette ville en 1335, évêque de Noyon en 1337, de Clermont en 1340, cardinal en 1342, et évêque d'Ostie en 1351. Il fut enfin élu pape à Avignon, où résidait alors la cour pontificale, le 18 décembre 1352, à la place de Clement VI. Son début fut de casser un règlement fait par les cardinaux pendant la vacance, et qu'il avait juré de maintenir lui-même, et d'ordonner aux prélats d'aller résider dans leurs diocèses. Son légat, Gilles d'Albornos, fit une rude guerre en Italie aux nombreux usurpateurs du patrimoine de saint Pierre. Un autre légat se rendit à Rome pour couronner l'empereur Charles IV, qui, lâchement fidèle à ses promesses, n'osa pas même passer la nuit dans la ville des Césars. C'est à ce pape que Jean Paléologue soumit l'Eglise grecque, pour l'engager à lui prêter les secours de la catholicité contre les Turcs. La persécution de la secte des fraticelles est une tache à la vie de ce pontife; mais il n'en laissa pas moins une grande réputation de savoir et de piété, malgré les déclamations de Pétrarque contre les vices, trop réels, de la cour d'Avignon. Innocent VI n'est accusé par des écrivains impartiaux que d'avoir trop enrichi ses parents; il mourut, accablé de vieillesse et d'infirmités, le 12 septembre 1362.

INNOCENT VII (COSMATO MELIORATO) était né à Sulmone, patrie d'Ovide. Légat d'Urbain VI en Angleterre, archevêque de Ravenne, et cardinal de la promotion de Boniface IX, il fut élu le 17 novembre 1404, à la place de ce pontife. Le grand schisme d'Occident durait encore. L'antipape Benoît XIII était toujours reconnu par la France; mais le nouveau pape avait juré, avec les cardinaux de son conclave, d'employer tout son zèle, tous ses soins, à terminer cette longue querelle, dût-il y sacrifier sa tiare. Cependant, à peine sur le saint-siège, il oublia son serment; et les deux rivaux ne cessèrent de se jouer l'un de l'autre, ainsi que des princes qui sollicitaient leur pieux concours pour mettre un terme aux discordes de l'Eglise. La ville de Rome était livrée à deux factions diverses, qui la dominaient et la pillaient tour à tour. Celle des Gibelins, dirigée par les Colonne, et poussée par Ladislas, roi de Naples, força le nouveau pape à quitter la ville, peu de jours après son exaltation. Une paix plâtrée lui permit d'y rentrer; mais les mêmes intrigues le réduisirent encore à la nécessité de se réfugier à Viterbe, pendant que Jean de Colonne régnait au Vatican au nom du peuple, qui lui donnait le surnom papal de Jean XXIII. Innocent VII prit le parti d'excommunier Ladislas, et cet anathème fit un tel effet sur ce roi conspirateur, qu'il supplia le pape de lui permettre de sortir du château Saint-Ange, et de retourner paisiblement dans ses Etats. A peine rentré dans Rome, Innocent VII fut enlevé par une attaque d'apoplexie, le 6 novembre 1406. On vante la vertu et la douceur de ses mœurs; mais les historiens oublient le mépris de ses serments, et la tolérance qu'il eut pour les crimes et les assassinats de son neveu Louis Meliorato.

INNOCENT VIII (JEAN-BAPTISTE CIBO) était Génois. Né en 1432, il passa au service des rois de Naples Alphonse et Ferdinand, fut cardinal et évêque de Savone sous Paul II, dataire et évêque de Melfi sous Sixte IV, et succéda à ce dernier, le 24 août 1484. Sa vie avait été jusque là si déréglée, que l'historien le plus favorable lui donne sept enfants naturels de diverses femmes. L'histoire des conclaves nous a révélé les intrigues et les marchés honteux qui lui valurent la tiare. La pacification de l'Italie devint le premier objet de ses soins; et son désir constant fut de tourner toutes les forces de la chrétienté contre Bajazet. Mais son ambition et son avarice ruinèrent ce grand projet, et il ne put accuser que lui-même du peu de succès de ses prédications. Ayant en son pouvoir le prince Zizim, frère du Sultan, qui lui avait été remis par le grand-maître de Rhodes, il reçut une ambassade de ce même Bajazet, qu'il voulait anéantir, et consentit, moyennant 120,000 écus d'or, à se faire le geôlier du prince. Ses légats n'en proclamaient pas moins la croisade dans toute l'Europe; mais on ne tarda point à reconnaître que le seul but d'Innocent VIII était, sous ce prétexte, de prélever de

de riches tributs sur la crédulité des monarques et des peuples. Le roi de Naples, Ferdinand, ne s'y était pas trompé: voulant affranchir son royaume de la suzeraineté du saint-siège, il refusa de lui payer tribut. Le pape ayant alors assemblé son armée, l'Italie entière, divisée en deux camps, fut en proie à tous les désordres de la guerre civile. La médiation des cardinaux fit en vain espérer la paix. Ferdinand ne voulut point accepter les conditions humiliantes que Rome lui imposait, heureux s'il n'avait pas souillé sa cause et son règne par l'assassinat de quelques seigneurs romains dans un festin auquel il les avait invités. Innocent VIII, indigné de ses crimes, et las de ses injures, lança l'interdit sur son royaume, l'adjugea au roi de France Charles VIII; et l'assassin couronné, passant de la barbarie à la lâcheté, implora le pardon du pontife, et lui paya tribut. C'est ce pape qui, en 1486, confirma la couronne d'Angleterre à Henri VII, et légitima le mariage de ce prince avec Élisabeth d'York par la plénitude du pouvoir apostolique, comme le royaume d'Angleterre était vassal du saint-siège. Mais Henri VII avait sollicité cette faveur, et le pape ne laissa point échapper cette occasion d'étendre son autorité. Il fut moins heureux en France, où le roi, le parlement, l'université et les états, assemblés à Tours, s'opposèrent constamment à la levée des décimes dont la cour de Rome voulait frapper les biens du clergé. Innocent VIII mourut à soixante ans, le 25 juillet 1492; et ce fut encore une attaque d'apoplexie qui fit la vacance du saint-siège.

INNOCENT IX (JEAN-ANTOINE FACHINETTI) était un noble bolonais, que Rome connaissait sous le nom de cardinal de Santi-Quatro. Le peuple l'avait élu avant le conclave, qui le proclama à la presque unanimité, le 19 octobre 1791, pour succéder à Grégoire XIV. Ses premiers soins furent d'alléger les misères du peuple. Il développa de grandes vues à ce sujet dans le premier consistoire; mais il n'eut pas le temps de les réaliser. Ce vertueux pontife ne passa que deux mois sur le saint-siège, et mourut le 30 décembre de la même année.

INNOCENT X (JEAN-BAPTISTE PAMPHILI), noble romain, succéda à Urbain VIII, le 15 septembre 1644, après trente-cinq jours d'intrigues. Successivement avocat consistorial, auditeur de rote, nonce à Naples, dataire de la légation de France et d'Espagne, il avait été fait cardinal par son prédécesseur en 1629. La démolition de la ville de Castro, en punition du meurtre de son évêque, fut le début de ce pontife; elle fut suivie de la persécution des Barberini, neveux d'Urbain VIII, auxquels il devait sa fortune. Mazarin, ennemi du nouveau pape, prit ouvertement le parti des proscrits, et la cour de Louis XIV devint leur refuge. Innocent X s'en vengea par une bulle qui ordonnait la confiscation des biens appartenant aux deux cardinaux Barberini; mais le parlement de Paris la cassa comme abusive. La haine du cardinal Mazarin n'avait pas d'autre motif que le refus d'un chapeau sollicité par son frère, l'archevêque d'Aix; mais cet impérieux ministre était habitué à sacrifier l'état à ses intérêts. Il menaça l'Italie par les flottes de France, fit mine de confisquer Avignon, força ainsi le pape à rappeler les Barberini, et à coiffer l'archevêque d'Aix de la barrette rouge. Henri II, duc de Guise, médiateur de cette réconciliation, en fut mal récompensé par le ministre de Louis XIV, qui le laissa manquer de tout dans son expédition de Naples, par la seule raison peut-être que le pape l'avait protégée. Mazarin ne fut pas plus reconnaissant envers le pontife, qui espérait recouvrer des mains de la France la principauté de Piombino pour son neveu Louis Pamphile.

Innocent X prit sa revanche contre la France dans la trop fameuse querelle sur la grâce entre les jansénistes et les molinistes. Les jésuites avaient pour eux la cour de Rome; ils firent renouveler la bulle d'Urbain VIII contre le livre de Jansénius; et seize brefs d'Innocent X défendirent aux évêques de France et d'Allemagne d'admettre à la direction des âmes les prêtres qui ne souscriraient pas cette condamnation. Les jansénistes en appelèrent vainement au pape lui-même. Un déluge de phamphlets inonda la France : L'inquisition romaine les condamna. Le parlement de Paris défendit aux évêques de les poursuivre : le clergé, divisé d'opinion, remplit les chaires de ses prédications contradictoires, et les deux partis envoyèrent des avocats au saint-siége. Les jésuites l'emportèrent ; Innocent X foudroya cinq propositions comme extraites du livre de Jansenius. Mais les jansénistes ne se tinrent point pour battus. Ils soutinrent que l'évêque d'Ypres n'avait rien dit de ce que Rome avait condamné ; et cette ridicule dispute, changeant ainsi de nature, survécut au pape qui l'avait envenimée. Il fut peu reconnaissant du secours que lui prêtèrent dans cette circonstance Louis XIV et Mazarin ; car il prit le parti du cardinal de Retz contre eux, et l'accueillit à Rome avec une distinction injurieuse pour la cour de France. La paix de Westphalie, signée sur ces entrefaites, en 1648, déplut fort à Innocent X, en ce qu'elle confirmait dans les mains des princes protestants les domaines enlevés au clergé catholique ; mais la bulle qu'il lança contre ce traité, que ses nonces n'avaient pu empêcher, ne fut qu'une vaine protestation.

Il est difficile d'analyser le pontificat d'Innocent X sans parler du cardinal Panzirolo, son ministre, qui le mena comme un enfant, et surtout de dona Olimpia, sa belle-sœur, que longtemps avant son exaltation les Romains lui donnaient pour maîtresse. Ces deux personnages, en disputant le gouvernement de l'État et de l'Église, Panzirolo réussit à faire chasser Olimpia du palais pontifical, en dénonçant au pape, ce que le pape savait très bien, que sa belle-sœur vendait à prix d'or les bénéfices, les indulgences et les charges. Pasquin et Marforio la poursuivirent de leurs épigrammes ; mais, à la mort de Panzirolo, après quatre ans d'une disgrâce que plusieurs historiens regardent comme une comédie jouée, et malgré les intrigues d'Astalli, espèce de cardinal-neveu que le ministre avait imposé à son maître, dona Olimpia, rappelée au Vatican, reprit le cours de ses extorsions, et fit dépouiller le cardinal Astalli de ses titres et de ses honneurs. Elle réconcilia son beau-frère avec la maison Barberini, par une alliance entre les deux familles, et quelques mois après lui ferma les yeux. Innocent X sentit venir la mort, et dit au cardinal Sforce, qui ne quittait par le chevet de son lit : « Vous voyez où aboutissent toutes les grandeurs d'un pontife. » Il expira enfin, le 7 janvier 1655, à l'âge de quatre-vingts ans.

INNOCENT XI (BENOIT ODESCALCHI). Né à Côme, en 1611, il avait étudié sous les jésuites ; et sa première profession fut celle des armes. Une blessure le jeta dans l'Église ; d'autres prétendent que ce furent les conseils d'un vieux seigneur, à son passage par Rome. Urbain VIII le fit protonotaire et gouverneur de Macerata ; il déclara qu'il le promut au cardinalat en 1647, faveurs qu'il aurait dû, suivant quelques-uns, aux bonnes grâces de dona Olimpia. Il succéda enfin à Clément X, le 10 septembre 1676. C'était un homme de bien, incorruptible, désintéressé, vertueux, mais inflexible sur les droits du saint-siége. Touché des abus du népotisme, qui depuis soixante-dix ans avait coûté 17 millions d'or au trésor pontifical, il déclara à son neveu qu'il ne ferait rien pour lui, supprima la charge de cardinal-patron, et donna celle de surintendant secrétaire-d'État au cardinal Cibo, qui devint l'âme de son pontificat. Ses ennemis, rappelant à cette occasion la prophétie de l'Irlandais Malachie, qui avait annoncé ce pape comme *bellua insatiabilis*, dirent qu'il était en effet, puisqu'il ne pouvait être un instant *sine Cibo*.

Un grand démêlé avec la France remplit à peu près tout ce pontificat : les deux cours, animées du même esprit de fierté, luttèrent à qui se vengerait le mieux. Les ambassadeurs avaient à Rome le privilége de couvrir de leur inviolabilité tous les criminels qui se réfugiaient dans les quartiers où leurs palais étaient situés. Depuis plus d'un siècle, les papes avaient vainement tenté d'abolir ces franchises, qui arrêtaient le cours de la justice : Innocent XI résolut d'en venir à bout. La reine Christine de Suède donna l'exemple de la soumission, qui ne fut suivi ni par l'envoyé de Venise ni par celui d'Espagne : celui-ci déclara qu'il s'en rapportait à ce que ferait la France. Cette puissance était aigrie par un autre empiétement du saint-siége. Nos rois avaient établi qu'à eux seuls appartenait le droit de donner aux évêques l'investiture de leur temporel. Ce droit était nommé la *régale*, et il en résultait pour la couronne la jouissance du revenu de tous les bénéfices vacants. Innocent XI, poussé par quelques évêques français, eut la prétention d'en priver Louis XIV et de renouveler la querelle des investitures, qui avait troublé si longtemps l'Allemagne et l'Italie. Ce fut une guerre de bulles et de protestations. La majorité du clergé prit parti pour le roi, et de ses assemblées sortirent les quatre fameux articles de 1682, qui sont aujourd'hui le fondement des libertés de l'Église gallicane. Innocent XI fit brûler à Rome ces quatre propositions ; mais il menaça vainement le clergé de toutes les foudres du Vatican. Le même roi, les mêmes prêtres qui révoquaient l'édit de Nantes et bannissaient les protestants du royaume, aux applaudissements du pape, résistèrent à ce même pape sur l'affaire de la régale. Cette conduite, en apparence si contradictoire, était fondée sur le même principe de cupidité. Il y avait d'un côté le bénéfice de l'usufruit, de l'autre celui des confiscations. La querelle des franchises vint aigrir encore ce démêlé. A la mort de l'ambassadeur d'Estrées, la justice papale s'étant emparée du quartier français, le nouvel ambassadeur Lavardin protesta contre cet abus. Le nonce du pape à Paris fut gardé à vue ; le parlement fit appel au futur concile ; le roi se saisit d'Avignon. Les poëtes s'en méprirent ; le *bon* La Fontaine fit des vers contre le pape. Innocent XI s'en vengea en refusant au cardinal de Furstemberg, protégé par la France, les bulles d'électeur de Cologne. Ces tracasseries, jointes aux querelles du jansénisme et des quiétistes, altérèrent la santé du vieux pontife, et le 12 août 1689 la mort vint mettre un terme à son ambition et à ses peines. Il était infirme, âgé de soixante-dix-huit ans, et en avait régné près de treize. Le *Menagiana* prétend et prouve qu'il ne savait pas le latin.

INNOCENT XII (ANTOINE PIGNATELLI), succéda, le 12 juillet 1692, à Alexandre VIII : il avait alors plus de soixante-dix-sept ans. Né à Naples, le 13 mars 1615, il avait été vice-légat du duché d'Urbin sous Urbain VIII, inquisiteur de Malte et nonce à Florence sous Innocent X, nonce en Pologne et à Vienne sous Alexandre VII, secrétaire de la congrégation des évêques sous Clément X, légat de Bologne et archevêque de Naples sous Innocent XI, qui le promut au cardinalat. Le peuple, fatigué de la longueur extraordinaire du conclave, l'accueillit avec des transports de joie, et il se rendit digne de la vénération publique par son zèle pour l'ordre et la justice, par ses libéralités envers les pauvres, par l'abolition du népotisme. C'est sous son pontificat qu'en 1693 Louis XIV et son clergé se dégradèrent en rétractant lâchement les résolutions prises dans la mémorable assemblée de 1682. Louis XIV avait alors besoin de la puissante médiation du pape, et Innocent XII le récompensa de sa faiblesse en tracassant l'Autriche et l'Espagne pour les forcer de faire la paix avec la France, en détachant la maison de Savoie de leur alliance. Le roi, de son côté, continua à persécuter les jansénistes et à poursuivre dans ses États les quiétistes, dont la secte mystique avait gagné l'Italie et troublé l'esprit de plusieurs pontifes. Innocent XII eut à cette occasion le triste avantage de prononcer la condamnation de Fénelon. Il fut plus indulgent à l'égard des jésuites, qui permettaient aux Chinois prétendus convertis les cérémonies de leur ancienne religion. Mais les enfants de Loyola étaient alors à l'apogée de leur puissance. Innocent XII mourut le 7 septembre 1700.

INNOCENT XIII (MICHEL-ANGE CONTI). Clément XI l'avait fait cardinal, et il fut élu à sa place, le 8 mai 1721, à l'âge de soixante-six ans environ, par les voix unanimes de cinquante-quatre cardinaux. Il ne lui manqua que son propre suffrage. Il débuta par montrer peu de penchant pour

26.

les jésuites dans les querelles du jansénisme et de la bulle *Unigenitus*, lancée par son prédécesseur. Mais ce n'était qu'une adroite politique pour ménager les puissances, qui, à l'exemple de l'empereur Charles VI, se plaignaient des désordres que cette bulle apportait dans leurs États. Il n'en fit pas moins condamner par l'inquisition la lettre de sept évêques de France, qui s'étaient prononcés contre la bulle ; mais, d'un autre côté, il donna satisfaction à l'empereur en lui accordant l'investiture de Naples, si longtemps sollicitée. Ce même empereur ayant voulu donner à son tour a don Carlos l'investiture des duchés de Parme et de Plaisance, Innocent XIII protesta contre cet acte, qu'il regardait comme attentatoire aux droits du saint-siège, et se brouilla encore une fois avec Charles VI. Les revers de chevalier de Saint-Georges, qu'il soutenait de ses deniers, les dangers de l'ordre de Malte, que menaçait la puissance ottomane, aigrirent les infirmités de ce pape valétudinaire. La gravelle et une hydropisie de poitrine l'enlevèrent, le 7 mars 1724. Mais il vécut assez pour enrichir scandaleusement sa nombreuse famille, quoiqu'il eût débuté par lui défendre de se mêler des affaires de l'État.

VIENNET, de l'Académie Française.

INNOCENTS (Saints). L'Église appelle de ce nom les enfants qu'Hérode fit mettre à mort par toute la Judée dans l'année qui suivit celle de la naissance de Jésus-Christ, parce qu'il lui avait été révélé que parmi eux était né celui qui devait un jour régner sur Israel et sur le monde entier. Saint Mathieu est le seul Évangéliste qui rapporte ce massacre. L'Église honore les saints Innocents comme des martyrs, et célèbre leur fête le 28 décembre. Cette fête est une des plus anciennes ; il en est fait mention dans les écrits d'Origène et de saint Cyprien. Au moyen âge la fête des Innocents était la saturnale des enfants de chœur, qui élisaient un d'entre eux évêque, le revêtaient des habits pontificaux et dansaient joyeusement dans le chœur. Le concile de Cognac, en 1220, s'éleva contre cet abus ; mais il ne cessa guère en France que deux siècles plus tard, à la suite des vives remontrances de la Sorbonne.

Une église de Paris était dédiée aux saints Innocents. Elle était située rue Saint-Denis, au coin de la rue aux Fers, et sur une partie de l'emplacement occupé aujourd'hui par le marché qui porte encore le même nom. Suivant l'abbé Le Bœuf, elle avait été construite sous le règne de Philippe-Auguste ; mais elle fut rebâtie en partie à différentes reprises. A l'un des côtés du bâtiment était adossée une loge étroite, où des femmes dévotes s'emprisonnaient volontairement pour le reste de leur vie ; on les nommait *recluses* ; elles ne recevaient l'air et les aliments que par une petite fenêtre donnant sur l'église.

Le cimetière et attenant était entouré d'une galerie voûtée appelée les **charniers**. L'église et les charniers furent démolis en 1786. A peu près à la même époque la fontaine des Innocents et ses précieux bas-reliefs, chefs-d'œuvre de Jean Goujon, furent transportés de l'angle de la rue Saint-Denis et de la rue aux Fers à la place qu'elle occupe encore en ce moment (1855) au centre du marché : comme elle n'avait que trois côtés, Pajou en fit alors un quatrième.

INNOMMÉ (Contrat). *Voyez* CONTRAT.

INNOVATION. C'est la substitution d'une méthode nouvelle, d'un système nouveau, à une méthode, à un système existant antérieurement. Toute innovation n'est pas un progrès ; s'il en est de sages, il en est aussi de folles et de dangereuses, inspirées par cet amour irréfléchi de la nouveauté qui est un des traits saillants du caractère de l'homme. Trop souvent abusé par son inconstance, il répudie les meilleurs principes et les croyances les plus justes pour des idées que ses passions du moment saluent comme l'éternelle et absolue vérité, et dont il connaît plus tard à ses dépens l'inanité et le mensonge. C'est dans ce sens qu'un proverbe dit : « Le mieux est l'ennemi du bien. » Cependant, quelles que soient les craintes que puisse faire naître l'adoption de voies nouvelles, et malgré les perturbations profondes qui en résultent quelquefois, il est de l'essence même de l'humanité d'aller en avant. Les innovations qui se sont succédé dans le cours des siècles ne nous ont-elles pas amenés à ce haut degré de civilisation et de bien-être où nous sommes parvenus ? Aux sophistes qui condamnent le monde à l'immobilité, répondons par ce grand enseignement de l'histoire. Non, le genre humain ne tourne pas dans un cercle vicieux ; il marche à la conquête d'un avenir qu'il ne lui est peut-être pas encore donné de comprendre ; et s'il recule parfois, son élan n'en est que plus vif, lorsqu'il reprend ensuite son mouvement ascensionnel. Remarquons aussi qu'un salutaire contre-poids existe dans la société à ce vague et incessant besoin de changement qui la travaille : ce contre-poids, c'est la force invétérée des habitudes, la résistance des intérêts et des opinions. Et si la jeunesse se passionne pour les innovations, le rôle de la vieillesse conservatrice est de défendre le corps social contre des attaques souvent prématurées et téméraires. Même cette répugnance instinctive de certaines classes pour tout changement a fait qu'en différents pays et à des époques diverses les *novateurs*, dissimulant leur drapeau, se sont présentés comme des réformateurs jaloux de ramener à leur pureté primitive des institutions dégénérées.

Que si nous considérons maintenant les innovations dans les sciences et dans les arts, il est de toute évidence que ces brillantes créations du génie de l'homme n'eussent jamais été enfantées sans ces essais patients, réitérés, ces tâtonnements infinis qui les ont constituées pièce à pièce et graduellement amenées au merveilleux développement qu'elles ont atteint aujourd'hui.

Quant aux innovations en matière de religion, toutes celles qui n'obtiennent pas la sanction des conciles généraux ou du pape sont des hérésies aux yeux de l'Église catholique. W.-A. DUCKETT.

INNSBRUCK. *Voyez* INSPRUCK.

INNS OF COURT. C'est le nom qu'on donne en Angleterre aux corporations de jurisconsultes. Il est dérivé du mot *inn*, qui dans la vieille Angleterre, comme en France le mot *hôtel*, servait à désigner les édifices occupés par des administrations publiques ou encore les habitations particulières des seigneurs et des gentilshommes. L'origine de ces corporations remonte jusqu'au treizième siècle, époque où, et longtemps encore après, il n'était permis qu'aux fils de gentilshommes (*filii nobilium*) de se livrer à l'étude de la jurisprudence. Au quinzième siècle on comptait près de 2,000 étudiants de ce genre ; et il en existait encore 1,000 sous le règne d'Élisabeth.

Les *inns of court* sont administrés par des *masters*, des *principals* et autres fonctionnaires, et on y trouve des salles (*halls*) pour les cours que les étudiants sont tenus de suivre pendant un certain nombre d'années avant d'être admis à pratiquer devant une cour de justice. Mais cette obligation n'est plus aujourd'hui que pure affaire de forme. Il y a sans doute toujours obligation de se faire inscrire dans l'un des *inns*, mais il faut avoir préalablement acquis une suffisante connaissance pratique du droit et de la jurisprudence, soit par l'étude particulière qu'on en a faite, soit par un séjour plus ou moins long dans le cabinet de quelque avocat ; et les bureaux (*chambers*) de tous les avocats sont situés dans les *inns*.

Les quatre principaux *inns of court* et qui possèdent des revenus très-considérables, sont : l'*Inner Temple* et le *Middle-Temple*, jadis siège de l'ordre des Templiers ; *Lincoln's Inn*, jadis l'hôtel du comte de Lincoln, où l'on trouve une bibliothèque ; et *Gray's Inn*, autrefois la résidence de lord Gray de Wilton.

A ces établissements se rattachent les *inns of chancery*, dans lesquels étaient élevés autrefois les jeunes gens qui se destinaient au service de la chancellerie, mais qui sont en grande partie habités aujourd'hui par des *attorneys* (avoués) et des avocats. Le plus ancien de tous est *Thavie's Inn*, qui date du règne d'Édouard III ; viennent ensuite *Cle-*

ment's Inn, Chifford's Inn, Staple Inn, Lyon's Inn, Furnival's Inn, Barnard's Inn, Symond's Inn et New Inn. Les élèves des inns jouèrent un rôle assez important au moyen âge, comme en France les clercs de la basoche. Ils donnaient les fêtes les plus magnifiques, les mascarades les plus belles, des représentations dramatiques, etc. Le premier drame historique du théâtre anglais, *Ferrex et Porrex*, fut représenté en 1561 devant la reine Élisabeth par des membres de l'*Inner-Temple*; et il en fut de même ensuite de plusieurs pièces de Shakespeare, de Ben-Johnson, etc. La dernière cérémonie de ce genre eut lieu en 1733, en l'honneur du lord chancelier Talbot. Consultez Pearce, *History of the Inns of court and chancery* (Londres, 1848).

INNVIERTEL. *Voyez* INN.

INO, fille de Cadmus et d'Harmonie, et seconde épouse d'Athamas, attira sur elle et son époux la colère de Junon, en élevant le jeune Bacchus, fruit des adultères amours de Jupiter avec Sémélé. Pour se venger, cette déesse envoya Tisiphone s'emparer du cœur d'Ino et d'Athamas : ce dernier, raconte Ovide, traqua dans son palais, changé en une forêt à ses yeux, la reine et ses enfants, qu'il prenait pour des bêtes fauves, et les poursuivit jusqu'aux bords des flots. Vénus, ajoute-t-il, à l'aspect des vagues qui allaient engloutir Ino et le petit Mélicerte, demanda merci pour eux à Neptune. Le dieu de la mer, en faveur de sa nièce, qui le secondait dans ses tendres penchants, dépouilla Ino et Mélicerte de ce qu'ils avaient de mortel ; il changea leur nom et leur visage; il les revêtit de l'auguste majesté des dieux. Ino prit le nom de Leucothée, et Mélicerte celui de Palémon.

Si l'on en croit d'autres poètes, l'aimable Panope (celle qui porte secours), nymphe amie des matelots, et fille de Nérée, le Neptune de la Méditerranée, avec cent nymphes marines, reçurent dans leurs bras l'enfant et la mère, et les conduisirent flottants sous une voûte de liquide cristal, jusqu'aux plages italiques, où Ino, toujours persécutée par Junon, qui suscita contre elle les Bacchantes d'Ausonie, consulta Carmente, mère d'Évandre et prophétesse. Cette dernière prédit à la reine de Thèbes son immortalité et son apothéose parmi les divinités marines, sous le nom de *Leucothée* (la blanche déesse) chez les Grecs, et de *Matuta* chez les Latins, ainsi que celle du petit Mélicerte, sous l'appellation hellénique de *Palémon*, et sous l'appellation latine de *Portumnus*. Ce jeune dieu présidait aux ports; il fut particulièrement honoré en Étrurie, nation qui naviguait au loin. A Ténédos, où il avait des autels, on lui offrait, comme à Moloch, des enfants en sacrifice. Leucothée, ou plutôt Matuta, avait à Rome un temple, où il n'était permis d'entrer qu'aux femmes libres.

Leucothée et Palémon étaient des divinités riantes invoquées par les matelots dans l'antiquité, et qui ne se montraient sur la face de la mer, à côté de Panope, que dans les temps sereins ou après la tempête, avec le cortège des néréides et des tritons. La blanche déesse et le petit Palémon, son fils, ont depuis longtemps disparu des mers enchantées de la Grèce. DENNE-BARON.

IN-OCTAVO. *Voyez* FORMAT.

INOCULATION. C'est la transmission volontaire d'un mal quelconque, effectuée par l'introduction dans l'économie d'un individu sain d'une parcelle de virus empruntée à un sujet atteint de l'affection que l'on veut développer. Avant la découverte de la vaccine, l'inoculation de la variole en tenait lieu. Cette pratique avait pour but d'exciter cette affection au moment le plus favorable, de manière à en obtenir plus facilement la guérison. La théorie de l'inoculation a été généralisée, et en ce moment même on l'applique à la fièvre jaune dans les lieux où elle sévit d'ordinaire avec le plus de violence, c'est-à-dire au Brésil et à Cuba. Le virus employé dans cette inoculation a été découvert par G. de Humboldt.

INONDATION, débordement des eaux, qui sortent de leur lit et recouvrent des espaces quelquefois immenses.

Un vent impétueux et soufflant constamment dans une direction opposée au courant d'un fleuve, le ralentit, en élève sensiblement le niveau ordinaire et peut produire une inondation. Ainsi, le vent du nord, faisant refouler les eaux du Nil à son embouchure, rend ses effets d'autant plus sensibles que lorsque le vent vient à tourner au sud, l'élévation du fleuve diminue d'un quart en l'espace de vingt-quatre heures. La crue d'une rivière perpendiculaire à un fleuve peut en suspendre momentanément le cours et donner aux eaux supérieures une élévation susceptible de produire dans leur régime de notables changements. Telle on voit l'Arse, grossie par la fonte des neiges alpines, arrêter et quelquefois repousser au loin les eaux rapides du Rhône. La fonte des neiges et des glaces que l'hiver accumule sur la cime des montagnes élevées est une de ces causes puissantes qui produisent sur les principaux fleuves de la terre des débordements occasionnés au printemps par les premières ardeurs du soleil, et qu'augmentent encore les chaleurs de l'été. Lorsque l'état de la température est longtemps modéré, la fonte des neiges s'opère graduellement, et lorsqu'en automne et vers la fin de l'hiver les pluies, sans être très-abondantes, sont continues, la crue des rivières est régulière et tranquille. Mais lorsque les vents chauds du midi fondent tout à coup une grande quantité de neige et de glace, alors, au milieu de l'été et sans autre cause apparente, les cours d'eau augmentent promptement de volume, sortent de leur lit et débordent avec fureur. Ainsi, comme on l'observe en Provence, dans les Apennins, les Pyrénées, etc., les rivières et même de petits ruisseaux à peine remarqués deviennent tout à coup des torrents puissants et impétueux ; de même, quand de fortes pluies d'orage viennent tomber à flots dans les montagnes, les cours d'eau qui y prennent naissance grossissent en un instant, se changent en torrents, éprouvent et produisent sur leurs rives de grandes perturbations ; ils renversent et entraînent les bateaux, les digues, les barrages, les épis, les ponts, et tout ce qui s'oppose à leur impétuosité, et, se répandant au loin dans les campagnes, ravagent les moissons, enlèvent les hommes et les bestiaux qui n'ont pu fuir, déracinent les arbres, détruisent jusqu'aux constructions les plus solides, et s'écroulent enfin avec la même rapidité qui avait accompagné leur passage, pour ne laisser après elles, comme après un vaste incendie, que l'image affligeante d'une affreuse dévastation. Ces circonstances accompagnent encore avec plus d'énergie peut-être la débâcle des glaces que vient rompre un dégel subit après une longue et forte gelée.

Tels sont les causes et les effets de ces débordements, malheureusement trop fréquents, et contre lesquels l'art et les forces humaines peuvent à peine prévaloir. Mais d'autres circonstances particulières et imprévues, telles que la rupture des digues en Hollande, ou des retenues naturelles de certains lacs, où de nombreux cours d'eau prennent naissance, n'offrent que trop souvent des exemples frappants de la force de transmission de ces énormes masses d'eau douées d'une grande vitesse.

On a remarqué de tout temps, dans le régime de certains fleuves, des inondations et des débordements dont le retour est périodique et la durée presque toujours égale. Ces fleuves sont en général situés dans les régions équatoriales, où les pluies abondantes ainsi que la fonte des neiges ont lieu vers leur source annuellement et dans des saisons déterminées. Ainsi, le Nil, dont les crues commencent vers le milieu de juin, atteint son *maximum* d'élévation du 20 au 30 septembre : alors arrive l'abaissement des eaux, qui ne sont complètement rentrées dans leur lit que vers le milieu de mai de l'année suivante, en sorte que les campagnes riveraines sont pendant onze mois de l'année soumises à ces inondations, auxquelles est due leur fertilité. Le *maximum* d'élévation du fleuve au-dessus des basses eaux paraît être de 9^m, 80e ; le *minimum* 6^m, 80e : ce qui donne 7^m, 40^e

pour terme moyen. Le Niger, au rapport de Léon l'Africain, déborde dans le même temps que le Nil, ainsi que le Zaire dans le Congo. Le Gange, l'Indus, l'Orénoque et le Mississipi au Brésil, le Rio de la Plata, divers fleuves que produit le lac de Chiagay, dans la baie de Bengale ; d'autres fleuves sur la côte de Coromandel, grossis par les pluies qui coulent des monts Gates ; l'Euphrate en Mésopotamie et le Sus en Numidie, sont aussi sujets à des crues périodiques annuelles et régulières, mais moins célèbres cependant que celles du Nil. Quelques rivières et cours d'eau voisins des montagnes éprouvent toutes les vingt-quatre heures des crues sensibles, par suite de la fonte des neiges opérée en été par la chaleur du jour.

Les fleuves et rivières de France les plus sujets à de fréquents débordements sont ceux qui prennent leur origine dans les contreforts primordiaux des systèmes alpique et pyrénéen, tels que le Rhône, la Garonne, l'Adour, le Rhin, et leurs principaux affluents. Puis, en descendant aux branches secondaires de ces systèmes, la Seine, qui prend sa source dans le plateau de Langres, et plus encore la Loire, qu'enfantent les flancs granitiques des montagnes célèbres des Cévennes, participent à ces inconvénients, pour ainsi dire insurmontables, tant sont faibles les ressources humaines contre les forces des éléments. Cependant, si l'art ne parvient à les dompter entièrement, dans une foule de circonstances, il peut opposer des obstacles à leurs ravages.

E. GRANGEZ.

Le déluge ne fut en réalité qu'une grande inondation cosmopolite; on cite en outre le déluge de Deucalion et Pyrrha en Thessalie, et les inondations désastreuses dont le monde, et principalement la Chine, ont eu à déplorer les suites dans l'antiquité. Les contrées qui ont eu le plus à souffrir des inondations durant une période de 1,480 ans environ sont la Hollande, la Chine, l'Angleterre, l'Allemagne, la France, l'Italie et l'Espagne. Les fleuves dont les ravages ont été le plus considérables sont la Tamise en Angleterre ; le Danube, le Rhin en Allemagne, le Tibre, l'Arno, le Pô en Italie; le Guadalquivir et le Tage en Espagne et en Portugal. La mer, elle aussi, a couvert de ses eaux de grandes étendues de pays. Sans parler de l'engloutissement de l'Atlantide, dont la mémoire n'est peut-être pas aussi fabuleuse qu'on pense, elle a fait irruption, en 353, sur une grande partie de l'Angleterre; en 1607, elle couvrit plusieurs parties des côtes, et s'avança jusqu'à 9 kilomètres dans l'intérieur des terres dans certains cantons, et principalement dans le comté de Sommerset. En Hollande, elle a ouvert et forcé le passage du Texel, en 1400; en 1421, elle a découpé la côte aux environs de Dordrecht et de Gertruydenberg en une chaine d'îles, englouti soixante-dix villages, des milliers d'hommes et d'animaux, et changé le lac Flévo en Zuyderzée actuel; en 1521, elle a forcé plusieurs digues et formé le lac Biesboch; en 1530 (le 5 novembre), elle a également abandonné ses rives, détruisant plus de quatre cents villages, et formant, par la réunion de plusieurs lacs, le grand lac ou mer de Harlem; en 1578, elle fit également irruption dans la Frise, brisant les digues, et jetant des vaisseaux dans l'intérieur des terres. Il est à remarquer que la Hollande, par sa position, est la contrée la plus exposée au fléau des grands débordements : de 516 à 1273, on y avait déjà compté quarante-cinq inondations terribles, et de cette époque jusqu'à nos jours on en compte encore seize, dont les ravages ont été incalculables. La plus considérable, celle de 1634, fit périr plus de 7,000 personnes et de 50,000 animaux domestiques. En Italie, les eaux ont formé le lac Rond, en 1557 : Rome, Florence, furent en partie submergées.

Mais notre tâche serait trop longue à remplir s'il nous fallait énumérer les tristes résultats de chaque débordement; nous nous bornerons à dire que les années les plus désastreuses ont été 404 (en Chine), 573 (Angleterre), 583 (Paris), 649, 738, 761 (Italie), 808 (Hollande), 800, 945, 1100 (Allemagne et Angleterre), 1195 (France : à Paris,

les eaux forcèrent Philippe-Auguste à abandonner son palais de la Cité et à se réfugier à l'abbaye de Sainte-Geneviève), 1230 (Hollande); 1280, 1296 (France, et notamment Paris); 1400 (Hollande); 1408 (Paris); 1421 (Hollande), 1427 et 1493 (France); 1521, 1530, 1532 (Hollande); 1550 (Rome); 1557 (Allemagne, Angleterre, Chine, France, Hollande, Italie); 1571 (Allemagne, France : à Lyon, le faubourg de la Guillotière est submergé par le Rhône); 1578 (Allemagne, France, Hollande); 1607 (Angleterre); 1608 (France : la Loire surtout cause d'épouvantables dégâts); 1626 (désastres causés par les eaux à Séville); 1634 (Chine et Hollande); 1641 (Hollande); 1647 (Hollande et France : à Paris, l'on va en bateau dans les rues du Coq et du Mouton); 1551 (France); 1658, 1671 (Hollande); 1702 (Italie et Rome); 1707 à 1721 (Angleterre); 1709 (France); 1722 (Chili, Holstein); 1726 (France); 1762 (Allemagne, France, Italie); 1771 (Italie : Naples, Venise); 1773 (Indes orientales); 1782 (Angleterre, France, Hollande); 1787 (Navarre, Irlande); 1789 (Angleterre, Italie : à Plaisance); 1791 et 1792 (Angleterre); 1800 (Allemagne : vingt-quatre villages détruits aux environs de Presbourg; Chine, Saint-Domingue, France, Hollande); 1808 (France, Hollande); 1812 (la Tamise à Londres : un corps de 2,000 Turcs, stationné dans l'une des îles du Danube, est emporté par les eaux de ce fleuve) ; 1818 (Louisiane, Bengale); 1816 (Hollande, Irlande). Des inondations moins cruelles ont signalé les années suivantes : la France, en 1834, a été ravagée sur tous les points par la crue de la plupart de ses grands fleuves et de leurs affluents; en 1836, la Seine a également débordé deux fois, et dépassé un niveau de sept mètres au-dessus des plus basses eaux. Depuis, la France a eu à souffrir des inondations de la Loire, en 1844 et 1846, puis du Rhône et du Rhin, et enfin de la Garonne et du Cher, en 1855. Mais ces sinistres deviendront sans doute de plus en plus rares, à mesure que se perfectionnera la canalisation de nos grandes voies navigables. Le reboisement des montagnes et une meilleure distribution des eaux seraient aussi probablement d'un bon secours.

INORGANIQUE ou **ANORGANIQUE**, c'est-à-dire *privé d'organisation*. On appelle ainsi les corps bruts ou dont les parties ne sont point disposées pour un but, pour un concours d'action. Tels sont les minéraux, terres, pierres, métaux, sels, etc. Leurs molécules constituantes sont simples et ont en elles seules la raison de leur existence, comme s'expriment les philosophes; elles s'unissent par *juxta-position* extérieure, ou suivant des lois de *cristallisation* : chacune d'elles, pour l'ordinaire, possède les qualités du corps qu'elles forment. L'air, l'eau, la terre, etc., leurs particules intégrantes, en quelque quantité ou régularité géométrique qu'on les suppose, comme dans les sels les mieux cristallisés, les pierres les mieux configurées, dans l'asbeste et l'alumine, d'apparence fibreuse, n'ont point d'organe, ni de but déterminé à accomplir, comme en ont le plus simple végétal (une lichen, un fucus) et l'animal le plus inférieur (une monade ou protée, ou autre animalcule polymorphe, gélatineux). Déjà, dans ces races, il existe un ensemble d'action, un concert vital, des parties arrangées pour opérer la nutrition, la reproduction, enfin un appareil de pièces et un *mouvement simultané* pour ces fonctions, quelque simples qu'elles puissent être. D'ailleurs, les tissus, un celluleux, ou lamelleux, ou fibreux, plus ou moins traversés de vaisseaux remplis de fluides, exercent une absorption, une intussusception pour l'accroissement intérieur chez l'être organisé végétal et animal. Rien de semblable ne se manifeste dans les corps minéraux ou bruts, dont chaque portion peut subsister isolée, indépendante, et en être séparée sans qu'il n'y ait mort réelle; il ne se perpétue point par génération, mais se forme par aggrégation de molécules, par attraction ou par combinaison chimique.

Les êtres organisés peuvent contenir des corps inorganiques. Ainsi, différents sels minéraux, du carbonate et du phosphate calcaires, des particules de fer, de manganèse, de soufre, de silice, etc., pénètrent dans les tissus animaux et végétaux, peuvent servir plus ou moins dans l'organisme vivant, mais seulement comme parties auxiliaires; par exemple, dans l'ossification, la formation des tests, des coquilles, la coloration du sang, la solidification des tiges et écorces, etc. Cependant, ces matériaux ne s'imprègnent pas de la vie et de l'organisation eux-mêmes. La plupart sont comme des éléments étrangers et éliminés par le mouvement excrémentiel ou dépuratoire qui repousse tout ce qui ne peut s'assimiler ou tout ce qui enraye et contrarie l'acte vital dans son concert harmonique.

Les corps inorganiques ont des formes anguleuses, ou géométriques, ou irrégulières, tandis que les organiques affectent des formes rondes, ou sphéroïdales, ou cylindriques, engendrées de la sphère. Les inorganiques n'ont point de limites de grandeur et de petitesse ; les organiques ont une mesure pour chaque espèce. Les premiers ne présentent ni peau, ni enveloppe qui les entoure, ni acte spontané, ni durée déterminée ; en un mot, la matière inorganique est en contraste perpétuel avec l'organique : celle-ci, à la mort ou à l'époque de la disgrégation de ses parties, rentre dans le domaine de l'inorganique, état primitif de tous les matériaux qui constituent notre globe. J.-J. VIREY.

IN PACE. *Voyez* PACE (In).

IN PARTIBUS, expression latine, que l'usage a fait passer dans la langue vulgaire. On appelle évêque *in partibus* celui auquel on a donné un titre d'évêché dans un pays occupé par les infidèles ; on sous-entend toujours *infidelium* ; alors *in partibus infidelium* signifie *dans les possessions des infidèles*. Cet usage de donner des évêchés *in partibus* commença lorsque les Sarrasins chassèrent les chrétiens de Jérusalem et des autres pays d'Orient. L'espoir de reconquérir ces pays fit qu'on continua à nommer des évêques pour les sièges où il y en avait eu déjà ; et depuis qu'on a donné des coadjuteurs aux évêques, l'usage a voulu que ces coadjuteurs, qui ordonnent et confirment, fussent en même temps créés évêques *in partibus*.

IN PETTO. *Voyez* PETTO (In).
IN-PLANO. *Voyez* FORMAT.
IN-QUARTO. *Voyez* FORMAT.

INQUIÉTUDE. Ce mot exprime la privation de la tranquillité et du calme, au physique comme au moral. Il provient du substantif latin *inquietudo*, dont la signification est la même, ce substantif étant formé de la particule *in*, signe de négation, et de *quietudo*, repos. La situation du du corps et de l'esprit, ainsi désignée, est la nuance la plus légère des affections pénibles auxquelles l'homme est condamné par ses besoins. Jouit-il des biens qu'il pouvait désirer, il est inquiété par la crainte de les perdre ; est-il privé de ceux qu'il souhaite, son repos est troublé par ses efforts pour se les procurer. Les sources de l'inquiétude étant trop nombreuses pour pouvoir en présenter ici un simple aperçu, nous devons nous borner à quelques considérations médicales sur ce sujet.

L'inquiétude qui survient sans cause connue n'est point une maladie, exactement parlant, mais elle en est ordinairement le présage et l'avant-coureur. Elle se manifeste par un malaise indéfinissable, par une impulsion irrésistible à changer continuellement de position, par une agitation involontaire, une tendance à s'étendre. Cet état est souvent borné ou principalement marqué sur les extrémités inférieures : on ressent dans leur longueur une sensation pénible ; on éprouve le besoin de les mouvoir ; elles tressaillent et se roidissent : c'est ce qu'on nomme vulgairement *avoir des inquiétudes* ou *impatiences dans les jambes*. Ces troubles sont l'effet d'une altération survenue dans l'état normal de l'appareil nerveux, le moteur principal de la vie ; et on peut les considérer comme des moniteurs utiles. Aussitôt qu'ils s'annoncent, il convient de rechercher dans son genre de vie habituelle ou dans les circonstances inaccoutumées les causes qui ont pu altérer la santé, afin de les éloigner s'il est possible. En tous cas, un bain frais et une alimentation légère, si l'appétit a persisté, sont toujours des moyens auxquels on peut recourir sans inconvénient, et ils suffisent souvent pour ramener le calme. Si l'inquiétude persiste et s'aggrave, il est nécessaire de consulter un médecin, plus puissant dans l'origine des maladies que dans leur cours.

L'agitation du corps, dont nous venons d'esquisser les principaux traits, est très-fréquemment produite par des causes dites *morales*, et se rallie à la c r a i n t e : telles sont les inquiétudes qu'on conçoit par l'appréhension d'un malheur auquel nous sommes exposés, et dont les sources sont aussi variées que nombreuses. La crainte de mort inquiète surtout la plupart des hommes, et plusieurs tombent pour cette cause dans un état très-fâcheux. Les inquiétudes gratuites ont des résultats comme celles qui sont fondées, et elles ressemblent à la peur du mal, qui engendre le mal de la peur. Il faudrait donc se garantir d'un tel état, mais la possibilité manque le plus ordinairement, et peu d'hommes ont un caractère assez énergique pour en être exempts. C'est surtout chez l'homme malade qu'il importe de prévenir ou de faire cesser l'inquiétude : c'est un des premiers devoirs du médecin. Il doit toujours montrer l'espérance aux yeux de ceux qui invoquent son secours. Ce soin est principalement nécessaire dans les affections des viscères abdominaux, qui, plus que tous autres, inspirent et entretiennent la peur de la mort. Les assistants des malades doivent aussi seconder le médecin sous ce rapport ; mais ils le négligent trop souvent, et il en résulte journellement des accidents graves ou mortels. On ne saurait trop recommander aux garde-malades et aux autres personnes de ne rien manifester d'inquiétant, soit par leurs gestes, soit par leurs paroles, quelles que soient leurs craintes.

S'il est nécessaire de prévenir et de bannir l'inquiétude pour la pluralité des hommes, il en est pour lesquels on doit prendre un soin contraire : ainsi, pour déterminer tel malade à subir une opération, ou à se soumettre à un traitement médical, il faut l'alarmer sur son état, mais avec une mesure que le tact seul peut suggérer. En définitive, l'inquiétude, comme toutes les choses d'ici-bas, a des inconvénients balancés par quelques avantages.

Dr CHARBONNIER.

INQUISITION (du latin *inquisitio*, enquête, examen). Quelques auteurs font remonter l'origine de l'inquisition à 1184 ; ils en trouvent le principe dans une constitution faite au concile de Vérone par le pape Licinius, dans laquelle ce pontife ordonnait aux évêques de s'informer par eux-mêmes (*inquirere*), ou par commissaires, des personnes suspectes d'hérésie. Le pontife distinguait des degrés de suspects, de convaincus, de pénitents et de relaps, suivant lesquels les peines étaient différentes. Après avoir employé contre les coupables des peines spirituelles, l'Église devait les abandonner au bras séculier, pour être punis de peines corporelles, l'expérience ayant démontré que les mauvais chrétiens se mettaient peu en peine des censures ecclésiastiques et méprisaient les punitions spirituelles. Peut-être est-ce d'après cette constitution et ses principes qu'Innocent III dépêcha vers le midi de la France des missionnaires, à la fois guerriers et religieux, qui y fondèrent l'inquisition, ou saint-office. Pierre de Castelnau et Raoul, tous deux moines de Cîteaux, furent envoyés dans la Gaule narbonnaise, et autorisés à livrer à l'autorité séculière, après les avoir excommuniés, tous les hérétiques qui refuseraient de se soumettre ; leurs biens étaient saisis et leur personne proscrite. Le résultat de leur mission ne répondit point à l'attente du pontife. Les comtes de Toulouse, de Foix, de Béziers, de Carcassonne et de Comminges refusèrent d'expulser des sujets soumis, dont la proscription aurait affaibli la population de leurs États et tari les sources de leur prospérité. Mais les moines de Cîteaux ne se découragèrent pas, et s'adjoignirent douze autres frères de leur ordre et les Espagnols Diego Acebes, évêque d'Osma, et saint D o m i -

nique de Guzman, qui fut le premier inquisiteur général. Pierre de Castelnau ayant été assassiné par les Albigeois, Rome profita de cet événement pour donner à ses missionnaires l'autorisation de prêcher la croisade contre les hérétiques, de noter les seigneurs qui se refuseraient à les exterminer, de s'informer quelle était leur croyance, de réconcilier les hérétiques qui se convertiraient, et de faire mettre à la disposition de Simon, comte de Montfort, qui commandait les croisés, ceux qui persévéreraient dans leurs erreurs. Le nombre des Albigeois qui périrent dans les flammes est incalculable.

En 1215, Innocent, dans le quatrième concile de Latran, autorisa les inquisiteurs délégués à agir de concert avec les évêques, ou même sans eux, ainsi que cela avait déjà eu lieu fréquemment ; mais la mort enleva ce pontife avant qu'il eût achevé de donner à l'inquisition déléguée, qui était distincte de celle des évêques, cette forme stable et permanente qu'elle prit sous les papes suivants. Il avait autorisé saint Dominique à créer son ordre des dominicains, dont la seule mission était de prêcher contre les hérétiques. En 1221, les symptômes d'hérésie s'étant manifestés jusque dans la capitale des États de l'Église, Honorius III, successeur d'Innocent, décréta une constitution contre les hérétiques d'Italie, et lui fit donner force de loi civile par l'empereur Frédéric II. Trois ans après, l'inquisition existait déjà dans toute l'Italie, à l'exception de la république de Venise, du royaume de Naples et de la Sicile. Frédéric II avait la réputation d'être un assez mauvais chrétien ; pour s'en laver, il se fit le protecteur de l'inquisition. Il rendit contre les hérétiques une loi par laquelle ceux qui étaient condamnés comme tels par l'Église et livrés à la justice séculière devaient être punis d'une manière proportionnée à leurs crimes. Si la crainte du supplice en ramenait quelques-uns à l'unité de la foi, ils étaient soumis à une pénitence canonique, et enfermés dans une prison perpétuelle. Les hérétiques, ceux qui les soutenaient ou les protégeaient, ceux qui, ayant fait abjuration, deviendraient relaps, devaient être jugés et punis de mort ; enfin, leurs enfants, jusqu'à la deuxième génération, étaient déclarés incapables de remplir aucune fonction publique et de jouir d'aucun honneur, *excepté ceux qui dénonceraient leurs pères*. Après Frédéric II, qui en mourant s'était repenti du pouvoir qu'il avait conféré aux inquisiteurs ecclésiastiques, prévoyant l'extension dont la puissance temporelle des papes serait redevable à l'inquisition, le pape Innocent IV érigea aux inquisiteurs un tribunal perpétuel, et priva les évêques et les juges séculiers des débris de pouvoir que leur avait laissés Frédéric. La juridiction inquisitoriale releva directement du saint-siége, et ceux qui furent appelés à l'exercer, soumirent leur zèle si loin, qu'un soulèvement général des esprits mit fin à leur règne dans toute l'Allemagne.

Protégée par saint Louis et par les conciles assemblés pour la diriger à Toulouse, Melun, Béziers, l'inquisition courba longtemps la France sous son joug ; mais elle en disparut bientôt, quoique l'histoire nous rapporte jusqu'en 1465 les noms de plusieurs inquisiteurs attitrés. Rétabli un instant sous le règne de ce François 1er qui offrait son alliance aux luthériens du Nord tout en livrant aux flammes ceux de ses États, le terrible tribunal n'y eut cette fois qu'une durée momentanée, et les ligueurs en réclamèrent vainement le rétablissement lors des guerres de religion : l'inquisition n'était plus viable parmi nous. On la vit, en revanche, s'établir sans obstacle en Italie ; Venise et Naples avaient fini par l'accepter, et elle se perpétua dans cette terre classique de l'antiquité jusqu'au jour où la France révolutionnaire y apporta ses armes et la liberté. Depuis la chute du premier empire napoléonien, sauf le laps de temps fort court de la dernière république romaine, les États de l'Église et d'autres lui ont de nouveau soumis. Hâtons-nous toutefois de reconnaître qu'elle n'a été nulle part plus douce, plus paternelle, que dans cette Italie, qui lui a donné naissance. Là bien rarement le bûcher s'est élevé,

comme en Allemagne, comme en France, pour punir l'hérétique et le relaps ; là bien rarement des victimes ont été traînées dans ses cachots et condamnées à y finir misérablement leurs jours : des conseils, des remontrances, des expiations publiques ou privées, ont plus souvent ramené le coupable dans le giron de l'Église.

De toutes les inquisitions, la plus sanglante, la plus odieuse, a été celle d'Espagne. Son règne dévastateur y peut être divisé en deux périodes, celle de l'inquisition ancienne, introduite en Catalogne en 1232, et propagée ensuite dans toute la péninsule ibérique, et celle de l'inquisition moderne d'Espagne, ou *saint-office*, établie en 1481, sous le règne de Ferdinand et d'Isabelle. D'après les règles de l'inquisition ancienne, les hérétiques impénitents étaient livrés à la justice séculière et punis du dernier supplice ; les *réconciliés* devaient, après avoir fait abjuration publique au milieu de l'église, observer les pénitences dont voici la formule : « Le jour de la Toussaint, les fêtes de Noël, de l'Épiphanie et de la Chandeleur, ainsi que tous les dimanches de Carême, le réconcilié se rendra à la cathédrale pour assister à la procession, en chemise, pieds nus et les bras en croix ; il y sera fouetté par l'évêque ou par le curé, excepté le dimanche des Rameaux, où il sera *réconcilié*. Le mercredi des cendres, il se rendra aussi à la cathédrale de la même manière, et il y sera chassé de l'église pour tout le temps du carême, pendant lequel il sera obligé de se tenir à la porte et d'assister de là aux offices divins ; il occupera la même place le jeudi saint, jour où il sera *réconcilié* de nouveau. Tous les dimanches de Carême, il entrera à l'église pour être *réconcilié*, et reprendra aussitôt sa place à la porte. Il portera toujours sur la poitrine deux croix d'une couleur différente de celle de l'habit. » Cette pénitence devait durer trois ans pour les fauteurs d'hérésie, légèrement suspects, cinq ans pour ceux qui étaient fortement suspects, sept ans pour ceux qui étaient violemment suspects, et dix ans pour les réconciliés. Quant aux hérétiques obstinés et impénitents, ils étaient livrés aux flammes, ainsi que les relaps ; la seule grâce qu'on faisait à ces derniers, s'ils manifestaient la résolution de revenir à la foi, consistait à les faire étrangler par le bourreau avant que le feu fût mis au bûcher. L'inquisition alla jusqu'à condamner des morts, parce qu'ils étaient hérétiques non réconciliés : ainsi, les ossements d'Arnauld, comte de Forcalquier et d'Urgel, et ceux d'un grand nombre de seigneurs et d'hérétiques, furent exhumés pour être livrés aux flammes. Outre ces peines corporelles, l'inquisition infligeait des amendes pécuniaires et prononçait aussi la confiscation des biens.

Tout était soumis à cette terrible juridiction : absents et présents, morts et vivants, sujets et souverains, riches et pauvres ; et les catégories de ceux qui pouvaient être soupçonnés d'hérésie étaient nombreuses. La moindre dénonciation pouvait attirer sur eux l'attention du saint-office ; et du moment qu'une instruction préparatoire les avait convaincus du crime ou seulement du soupçon d'hérésie, l'arrêt de prise de corps était lancé. Dès cet instant il n'y avait plus ni privilège ni asile pour l'accusé, quel que fût son rang : on l'arrêtait au milieu de sa famille, de ses amis, sans que personne osât opposer la moindre résistance. Aussitôt qu'il se trouvait entre les mains des inquisiteurs, il n'était plus permis à qui que ce fût de communiquer avec lui : il se voyait soudain abandonné du monde et privé de toute espèce de consolation. Ses biens étaient inventoriés et saisis. Les prisonniers dont l'hérésie n'était pas constante étaient acquittés et absous *ad cautelam*, c'est-à-dire comme ayant été suspectés d'hérésie ; mais si des charges graves s'élevaient contre eux, ils demeuraient plusieurs années dans les cachots, et finissaient par être appliqués à la question : cette épreuve suffisait à rassurer la conscience des juges. Les condamnés au dernier supplice avaient le droit d'en appeler au pape. L'exil, la déportation, l'infamie, la perte des emplois, honneurs et dignités, étaient encore au nombre des peines infligées par l'inquisition espagnole. Chaque ville, chaque province, avait ses inquisiteurs, qui parcouraient la contrée, escortés d'un grand nombre d'alguazils, et recevaient les dénonciations, de quelque part qu'elles vinssent. Pendant deux siècles, ils poursuivirent avec tant d'acharnement l'extermination des hérétiques, qu'ils manquèrent de victimes vers le milieu du quinzième siècle.

C'est à cette époque que l'inquisition régularisée (*inquisition moderne*) fut introduite en Espagne, après avoir subi une réforme, au moyen de statuts et de règlements. Du règne de Ferdinand et d'Isabelle date pour cette institution une ère plus affreuse encore. Les juifs convertis au christianisme, ou qui feignaient une conversion sincère, s'élevaient alors dans la péninsule hispanique à près d'un million; leur apostasie ne tardait pas à se découvrir au milieu de la contrainte dans laquelle ils vivaient, et ce fut contre eux que Sixte-Quint et Ferdinand établirent la nouvelle inquisition, qui surpassa la première en barbarie. Un grand-inquisiteur général et le conseil de la *suprême* furent institués par une bulle de Sixte-Quint, et commencèrent cette extermination juridique qui coûta à l'Espagne plus de 5,000,000 de citoyens, proscrits de son territoire par l'influence du redoutable saint-office, ou livrés aux flammes de l'*auto-da-fé*. Quarante-cinq inquisiteurs-généraux, en tête desquels nous placerons l'odieux Torquemada, amenèrent ce résultat désastreux.

Parlerons-nous maintenant des tortures auxquelles étaient livrés les malheureux suspectés d'hérésie? Représenterons-nous leurs demeures méphitiques? Peindrons-nous les odieux traitements auxquels ils étaient en butte de la part de leurs geôliers? Nous renvoyons pour tous ces détails à l'ouvrage publié par Llorente sur l'inquisition d'Espagne, et à celui qu'a publié Léonard Gallois, dans lequel nous avons *filialement* puisé les principaux documents de cet article. Nous ne pouvons cependant, malgré les sentiments pénibles qu'inspirent ces tristes souvenirs, passer sous silence les moyens par lesquels les inquisiteurs espéraient arriver à la connaissance de la vérité. La question était appliquée devant les juges par les bourreaux, dans un appareil propre à inspirer la terreur aux patients que l'on martyrisait; elle se donnait de trois manières, par la corde, par l'eau et par le feu.

Dans le premier cas, on liait derrière le dos les mains du patient, au moyen d'une corde passée dans une poulie attachée à la voûte, on le soulevait, par les bourreaux, après l'avoir élevé aussi haut que possible, et tenu ainsi suspendu pendant quelque temps, lâchaient la corde de manière à ce qu'il tombât à un demi-pied de terre : ces terribles secousses disloquaient les jointures; la corde entrait souvent dans les chairs jusqu'aux nerfs, et elles étaient renouvelées sans cesse pendant une heure, jusqu'à ce que le médecin de l'inquisition déclarât qu'il y avait danger à continuer.

La seconde application de la question se faisait au moyen de l'eau : Les bourreaux étendaient la victime sur une espèce de chevalet de bois, en forme de gouttière, propre à recevoir le corps d'un homme, sans autre fond qu'un bâton qui le traversait, et sur lequel le corps, tombant en arrière, se courbait par l'effet du mécanisme du chevalet, et prenait une position telle que les pieds se trouvaient plus hauts que la tête. Il résultait de cette situation que la respiration devenait très-pénible, et que le patient éprouvait les douleurs les plus vives dans tous les membres par l'effet de la pression des cordes, dont les tours pénétraient dans les chairs et faisaient jaillir le sang avant même qu'on eût employé le garrot. C'est dans cette cruelle position que les bourreaux introduisaient au fond de la gorge de la victime un linge fin mouillé, dont une partie lui couvrait les narines; on lui versait ensuite de l'eau dans la bouche et dans le nez, et on la laissait filtrer avec tant de lenteur, qu'il ne fallait pas moins d'une heure pour qu'il en eût avalé un litre, quoiqu'elle descendît sans interruption. Ainsi, le patient ne trouvait aucun intervalle pour respirer; à chaque instant, il faisait un effort pour avaler, espérant donner passage à un peu d'air; mais on conçoit combien le linge mouillé et l'eau devaient opposer de résistance à cette fonction, la plus importante de la vie. Il arrivait souvent que lorsque la question était finie, on retirait du fond de la gorge le linge tout imbibé du sang des vaisseaux que se rompaient par les grands efforts du torturé. Il faut ajouter qu'à chaque instant, un bras nerveux tournait le fatal billot, et que les cordes dont les bras et les jambes étaient entourés entraient jusqu'aux os.

Pour appliquer la question au moyen du feu, les bourreaux commençaient par attacher les mains et les jambes du patient, de manière qu'il ne pût pas changer de position : ils lui frottaient alors les pieds avec de l'huile, du lard et autres matières pénétrantes, et les lui plaçaient devant un feu ardent, jusqu'à ce que la chair fût tellement crevassée, que les nerfs et les os parussent de toutes parts. Est-il étonnant après cela qu'on ait vu nombre de prisonniers dont la conscience était pure, s'accuser néanmoins de quelque délit, afin de ne pas être plus longtemps torturés et de ne pas mourir dans leur prison?

Telle fut l'inquisition en Espagne jusqu'à ce que Napoléon Ier l'eut supprimée, par un décret du 4 décembre 1808. Rétablie au retour de Ferdinand VII, elle ne put être abolie définitivement par les cortès qu'en 1820.

En Portugal, l'inquisition fut instituée en 1557, à la suite d'une longue résistance. Après avoir arraché sa patrie à la domination de l'Espagne, Jean de Bragance essaya en vain de la détruire. Tout ce qu'il put lui enlever, ce fut le droit de confiscation, et encore fut-il excommunié pour ce fait, après sa mort. Les Portugais introduisirent l'inquisition dans les Indes, comme les Espagnols l'avaient introduite en Amérique. Goa lui dut une atroce renommée. Enfin, Jean VI supprima le saint-office en Portugal, au Brésil et dans les Indes. Par son ordre les registres du terrible tribunal de Goa furent brûlés publiquement.

Venise aussi, et nous l'avons déjà dit, eut dans le principe son inquisition ecclésiastique; mais son caractère ne tarda pas à dégénérer complétement, sans que la terreur qu'elle inspirait diminuât en rien. L'inquisition y devint tout à fait politique, inquisition d'État. Trois membres du pouvoir étaient revêtus de cette effroyable juridiction, sous le titre d'*inquisiteurs* : on en choisissait deux dans le sein du Conseil des Dix, et le troisième, parmi les sénateurs assesseurs du doge. Le pouvoir de ces trois inquisiteurs était aussi illimité et aussi absolu que la défiance et la terreur par laquelle se maintenait le gouvernement oligarchique de cette république. Ils avaient droit de vie et de mort sur tous les citoyens, nobles ou plébéiens, et le sort qu'ils firent subir à Marino Faliero témoigne assez que le doge lui-même devait se courber devant leur toute-puissance. Malheur au Vénitien assez audacieux pour murmurer contre l'oppression sous laquelle il gémissait! malheur à l'étranger assez imprudent pour fronder ou blâmer le gouvernement de la république! L'inquisition avait des sbires et des espions partout; tout lui était rapporté. La mort seule vengeait l'injure faite au pouvoir, et les cadavres trouvés dans les canaux, ou suspendus aux potences mortuaires annonçaient au peuple l'offense et le châtiment, terribles épouvantails qui comprimaient la plainte et la commisération; car la pitié même était criminelle aux yeux des inquisiteurs. Si parfois ils accordaient la vie à celui qui leur avait été dénoncé, une prison plus cruelle que la mort l'attendait : les puits (*pozzi*), dont l'humidité méphitique glaçait lentement les membres du malheureux qui y était jeté et le faisait périr de consomption; les plombs (*piombi*), non moins redoutables, sur lesquels un soleil dévorant dardait, chaque jour, sa chaleur corrosive, fournaises dont l'atmosphère embrasée faisait naître une fièvre délirante, ébranlait les facultés intellectuelles, et réduisait à l'idiotie celui qu'elle ne tuait pas. Cette terrible inquisition dont les sentences étaient sans appel, a cessé d'exister, avec la forme aristocratico-républicaine du gouvernement vénitien, dans les dernières années du dix-huitième siècle.

Napoléon GAILLOIS.

INSALUBRITÉ, INSALUBRE. Lorsqu'une odeur désagréable, émanée de quelques matières organiques en décomposition, vient affecter nos organes, nous sommes naturellement portés à lui attribuer une action plus ou moins délétère; cependant, elle est souvent incapable de produire des effets fâcheux sur notre économie, tandis que des miasmes inodores ou d'une odeur à peine sensible produisent quelquefois des effets funestes sur des populations entières. Ainsi, l'odeur fétide que développe la putréfaction des animaux a peu d'action sur l'économie animale, quand elle peut se répandre librement dans l'air, et même dans des lieux peu spacieux et mal aérés, tandis que les miasmes qui s'exhalent des plantes ou des vases des étangs, dont l'odeur est souvent à peine sensible, vont porter leur action dans tous les lieux où l'influence des vents les dispersent. Nous pourrions ajouter un grand nombre d'exemples à ceux que nous venons de citer; mais ils ne feraient que confirmer le fait que nous avons signalé.

Malgré les nombreux travaux qui ont été faits pour déterminer la cause de l'insalubrité que présentent certaines localités ou diverses actions connues, on est encore dans l'ignorance la plus complète à ce sujet : ainsi, on a recueilli l'air des marais, mais en aucun cas cet air transporté avec lui : on n'a pu y reconnaître aucun principe particulier qui permît d'expliquer leurs funestes effets; on est donc forcé de se borner jusque ici à signaler le fait sans pouvoir en donner aucune explication.

Un grand nombre d'opérations des arts sont regardées comme insalubres et nuisibles aux individus qui les pratiquent; cependant, notre siècle a eu beaucoup d'améliorations sous ce rapport, grâce aux progrès de la chimie et à l'initiative d'un certain nombre d'hommes, à la tête desquels nous devons placer Montyon.

Les établissements dont s'exercent les industries que nous venons de signaler, pouvant nuire par les émanations dont ils sont le siège, sont soumis à certaines conditions et rangés dans la seconde catégorie des **établissements dangereux, insalubres ou incommodes.**

Certains logements, soit par les émanations qui s'y dégagent, soit par le manque d'air ou de lumière, sont réputés insalubres. Cependant la cupidité de quelques propriétaires ne reculait pas devant les conséquences que pouvait avoir sur la santé de leurs locataires l'habitation de bouges tels que les caves de Lille, signalées par Blanqui aîné. D'un autre côté, la misère contraignait souvent de pauvres ouvriers à habiter d'affreux cloaques, où ils achevaient la ruine de leur santé. La loi du 22 avril 1850 s'est efforcée de remédier à ces monstrueux abus. Elle donne aux conseils municipaux le droit de nommer des commissions spéciales chargées de rechercher et d'indiquer les mesures indispensables pour l'assainissement des logements ou dépendances insalubres, mis en location ou occupés autrement que par le propriétaire, l'usufruitier ou l'usager. L'autorité municipale peut alors enjoindre au propriétaire d'avoir à exécuter les travaux nécessaires ou lui interdire provisoirement la location du logement à titre d'habitation, sauf appel au conseil de préfecture et dans le cas d'interdiction absolue recours au conseil d'État. Toute contravention de sa part du propriétaire aux prescriptions de l'autorité est punie d'une amende. Enfin, lorsque l'insalubrité est le résultat de causes extérieures et permanentes, ou lorsque ces causes ne peuvent être détruites que par des travaux d'ensemble, la commune peut acquérir par la voie de l'**expropriation pour cause d'utilité publique** la totalité des propriétés comprises dans le périmètre des travaux à exécuter.

INSCRIPTION (du latin *inscriptio*, fait de *in*, sur, et *scribere*, écrire; en grec, ἐπιγραφή). Ce mot s'applique généralement à tout ce qu'on écrit sur la partie extérieure d'un objet, comme un monument, un livre, un meuble, etc. Quand il s'agit d'une inscription placée sur un monument, sur un ouvrage d'architecture ou toute autre œuvre d'art, la composition en devient un travail d'art. En effet, on n'exige pas seulement d'une inscription qu'elle indique brièvement et en prose vulgaire la destination du monument, on veut encore qu'au mérite de la clarté et de la précision elle ajoute le bon goût et l'élégance de la forme. Pour composer une inscription dans ces données, il ne faut donc pas seulement avoir l'esprit inventeur, créateur ou penseur, mais encore connaître bien les ressources d'une langue et savoir l'écrire.

Il suit de là que toutes les langues, et notamment les langues modernes de l'Occident, ne se prêtent pas également bien à l'inscription.

Quand une inscription exprime en peu de mots une pensée profonde, on lui donne quelquefois le nom d'*épigraphe*, quoique beaucoup de personnes prétendent qu'on ne doit employer ce terme que lorsque l'inscription est en vers, ou bien contient une pensée ingénieuse, facile a comprendre sans qu'elle ait même rapport au monument, et forme ainsi en elle-même un petit ouvrage pratique. Souvent, par exemple, sur des tombeaux, les épigraphes ou inscriptions sont de véritables *épigrammes* ou *maximes*. Comme dans presque tous les domaines de l'art, les Grecs et les Romains ont servi de modèles aux modernes pour la composition des inscriptions. En ce qui est du goût et de la pensée, les inscriptions romaines le cèdent aux inscriptions grecques; mais les premières l'emportent sur les secondes pour la brièveté et la simplicité. On donne le nom de style *lapidaire* à cette dernière manière de comprendre et de composer les inscriptions. Aujourd'hui encore on emploie le plus généralement la langue latine pour les inscriptions, parce qu'elle se prête mieux que toute autre aux exigences du style lapidaire.

En raison de l'importance toute particulière que les inscriptions antiques ont comme monuments authentiques pour la connaissance de l'histoire des antiquités et de la langue des anciens peuples, on s'est de bonne heure occupé de les réunir et de les commenter; aussi l'*épigraphie* est-elle devenue de nos jours une des bases de l'**archéologie**.

« C'est par les inscriptions, dit M. Berger de Xivrey, que nous sont parvenus les plus anciens et les plus irrécusables témoignages de l'histoire, même quelquefois les seuls qui nous restent de la langue d'anciens peuples. Ainsi l'antique Chaldée, les idiomes primitifs de la Babylonie, de la Médie, de la Perse, ne nous ont transmis d'autres traces que les inscriptions cunéiformes, recueillies sur les lieux où fleurirent ces célèbres États de l'antiquité. Les Phéniciens, qui ont joué un si grand rôle dans la civilisation du monde, ne nous ont cependant transmis d'autres monuments littéraires qu'un petit nombre d'inscriptions, la plupart tumulaires et fort courtes. Dans ces inscriptions, l'on recherche avec intérêt les formes primitives de l'alphabet conservé en partie par les Hébreux, et qui a servi de point de départ à celui des Grecs, des Celtibères et des Étrusques. La langue des derniers et celle des Osques ne nous sont aussi connues que par quelques inscriptions. Les rochers de la Norvège, quelques monuments du Danemark conservent l'écriture mystérieuse des runes. Enfin, de nombreux documents historiques sont contenus dans les inscriptions hiéroglyphiques dont le célèbre Champollion a ouvert les véritables voies d'interprétation. »

[Les inscriptions remontent donc aux temps les plus reculés. Le *Nec plus ultra* des colonnes d'Hercule, le *Connais-toi toi-même*, du temple de Delphes, en fournissent depuis des siècles des exemples célèbres. Quel trait de théologie dans ces trois mots placés par l'antiquité sur le fronton d'un édifice religieux : *Au Dieu inconnu!* Quelle oraison funèbre plus éloquente que ces autres mots mis dans d'une statue : *A Cornélie, mère des Gracques?* Quelques inscriptions anciennes sont en vers; mais là encore elles conservent leur caractère de brièveté et de naturel. Tels sont ces vers de Simonide, que fit graver le conseil des Amphictyons sur le rocher des Thermopyles pour perpétuer le souvenir d'un héroïque dévouement : *Passant, va dire à Sparte que nous sommes morts ici en défendant ses saintes lois.*

On a beaucoup discuté chez nous, dans les deux derniers siècles, pour savoir si les inscriptions des monuments publics devaient être en latin ou en français. Nul doute que notre langue, embarrassée d'articles, de prépositions, etc., se prête difficilement à la concision du style lapidaire; d'un autre côté, n'est-il pas bizarre qu'on place sur des monuments érigés par un peuple des inscriptions que la majorité de ce peuple ne peut comprendre? Ce qui concilierait tout, ce serait l'art heureux de renfermer, même dans notre langue prolixe, une grande ou ingénieuse pensée en peu de mots. Une de ces bonnes fortunes, c'est sans doute l'inscription si connue : *A Louis XIV, après sa mort!* On peut encore en citer une autre dans ces deux vers de Voltaire, pour une statue de l'Amour :

Qui que tu sois, voici ton maître;
Il l'est, le fut, ou le doit être.

Placé sur un tombeau, l'inscription prend le nom d'*épitaphe*; gravée sur une médaille, elle se nomme *légende*. Il y a aussi des cas où elle devient une véritable épigramme. En voici une doublement maligne dans sa naïveté : Sous le règne de Louis XIV, les habitants de Pau, patrie de Henri IV, demandèrent la permission d'élever une statue à ce roi. On leur répondit en les engageant à la consacrer plutôt au monarque régnant. Ils se rendirent à cette invitation, qui était un ordre; mais ils placèrent sur le piédestal cette inscription en béarnais : *Voici le petit-fils de notre grand Henri.* Oudry.]

Quoique l'on ait commencé dès la renaissance des études classiques à recueillir les inscriptions anciennes comme les monuments les plus authentiques qu'on pût consulter pour bien connaître la langue, l'histoire et les mœurs publiques des Grecs et des Romains, c'est récemment seulement qu'on s'est occupé de soumettre toutes les inscriptions aux règles générales de la critique, de même qu'à un examen rigoureusement scientifique. En finance, il y aurait de l'injustice à ne point reconnaître les nombreuses obligations dont on est redevable sous ce rapport aux érudits d'Outre-Rhin. Pour l'épigraphie spécialement romaine, les érudits italiens, en tête desquels il faut mentionner Labus et Borghesi, l'emportent sur ceux de l'Allemagne depuis la fin du dix-septième siècle, encore bien que dans le courant du seizième et du dix-septième siècle les savants allemands et hollandais avaient beaucoup fait en ce qui concerne la collection et la propagation des inscriptions. C'est de cette époque que date le *Thesaurus Inscriptionum* de Gruter et de Scaliger (Heidelberg, 1603 et 1663), dont une nouvelle édition fut publiée à Amsterdam, en 1707, par Grævius et Burmann, suivie bientôt après du *Novus Thesaurus veterum Inscriptionum* de Muratori (4 vol., Milan, 1739), puis des *Supplementa* de Donat (3 vol., Lucques, 1765). Depuis lors il n'a plus paru de collection générale des inscriptions romaines. Le danois Kellermann avait projeté un ouvrage de ce genre; mais la mort le surprit avant qu'il l'eût terminé (Consultez Jahn, *Specimen epigraphicum*; Kiel, 1841).

L'Académie des Inscriptions de l'Institut de France prépare une collection complète de toutes les inscriptions latines connues jusqu'à ce jour. M. Léon Renier a été chargé par le ministre de l'instruction publique de la publication d'un *Recueil général des inscriptions romaines de la Gaule*. Dans son ouvrage intitulé : *Inscriptionum latinarum selectarum Collectio* (2 vol., Zurich, 1828), Orelli nous a donné un choix riche et fait avec critique. Dans ces derniers temps, l'Allemagne a vu paraître un grand nombre de bons travaux relatifs à des parties de ce pays dont l'histoire remonte jusqu'à l'époque des Romains, ou bien au droit romain. A cet égard nous citerons les ouvrages de Haubold, Dirksen, Klenke, Spangenberg, Mommsen et Gœttling. La riche collection des *Inscriptiones Neapolitanæ* (Leipzig, 1772) a fait époque dans la science. Les meilleurs travaux qu'on ait encore publiés sur les inscriptions grecques sont ceux des Allemands; et le *Corpus Inscriptionum græcarum* (3 vol. Berlin, 1828-1851), commencé par Boeckh et continué par Franz, mérite d'être cité comme un modèle en ce genre. On peut encore mentionner le *Sylloge Inscriptionum* d'Osann (Iéna, 1832), le *Sylloge Epigrammatum* de Welcker (Bonn, 1828), les *Elementa Epigraphices græcæ* de Franz (Berlin, 1841). En fait de savants anglais et français qui se sont occupés de ces matières en y jetant de vives lumières, il faut surtout citer les beaux travaux de Leak et de Lotronne, qui a publié, entre autres, un commentaire sur la fameuse inscription de Rosette.

Au reste, il est de la nature même de l'épigraphie qu'elle s'occupe de l'archéologie de tous les peuples dans la langue desquels il existe d'antiques inscriptions. C'est ainsi que pour la connaissance des inscriptions indiennes il faut consulter les ouvrages de Prinsep et de Lassen; pour celle des inscriptions persanes, les ouvrages de Lassen, de Grotefend, Westergaard, Benfey et Rawlinson; pour celle des inscriptions phéniciennes, Gesenius, de Saulcy, Judas; pour celle des inscriptions arabes, Gesenius, Rœdiger, Fræhn, Fresnol, Tesch, etc.

INSCRIPTION. En droit la signification générale de ce mot, c'est l'enregistrement d'un nom, d'une qualité, d'un droit ou de quelque autre chose sur des registres établis pour cet objet. C'est à peu près dans le même sens qu'on dit l'*inscription* d'un étudiant; car cette formalité n'a d'autre résultat que de constater que l'étudiant déclare suivre toujours les cours de la Faculté à laquelle il appartient, et se soumettre à ses règles : ces inscriptions se prennent de trois mois en trois mois : douze sont nécessaires à l'étudiant en droit pour pouvoir passer sa thèse de licence, et seize pour celle du doctorat. Le même nombre est exigé dans la Faculté de Médecine pour obtenir le même grade. Les inscriptions en droit coûtent quinze francs; les inscriptions de médecine cinquante. Celles de la Faculté des lettres ne se payent que trois francs.

En finances, on appelle *inscription de rente* le titre délivré par l'État et inscrit sur le grand livre de la dette publique, qui constate la propriété d'une rente perpétuelle sur l'État. On donne aussi le nom d'*inscriptions* aux obligations émises par certains gouvernements, la Russie, par exemple, en reconnaissance de sa dette.

En diplomatique, l'inscription prend le nom de *suscription*; elle contient la désignation des personnes au nom desquelles les documents sont expédiés et de ceux à qui ils sont adressés avec les formules d'usage.

INSCRIPTION DE FAUX. On appelle ainsi l'acte par lequel on soutient en justice qu'une pièce produite dans un procès est fausse ou falsifiée. Les tribunaux de commerce et les juges de paix ne sont pas compétents pour admettre ou rejeter les inscriptions de faux. La cour de cassation peut les admettre ou les rejeter, mais une fois admises, elle ne peut statuer sur elles, et doit renvoyer aux tribunaux ordinaires.

INSCRIPTION HYPOTHÉCAIRE. C'est la déclaration faite par un créancier sur un registre public de l'hypothèque qu'il a sur les biens de son débiteur. L'inscription seule opère en faveur du créancier le complément légal de l'hypothèque; elle seule lui donne une existence réelle aux yeux des tiers, elle seule lui assigne le rang qu'elle doit occuper.

L'inscription des hypothèques doit être faite au bureau du conservateur dans l'arrondissement duquel sont situés les biens qui y sont affectés. Pour opérer l'inscription, le créancier représente au conservateur des hypothèques l'original en brevet ou une expédition authentique du jugement ou de l'acte qui donne naissance à l'hypothèque. Il y joint deux bordereaux écrits sur papier timbré, dont l'un peut être porté sur l'expédition du titre et contenant les nom, prénoms, domicile du créancier, sa profession, et l'élection d'un domicile dans l'arrondissement du bureau ; les nom, prénoms et domicile du débiteur, sa profession ou une désignation telle que le conservateur puisse le reconnaître; la date et la nature du titre; le montant du capital des créances exprimées dans le titre ou évaluées par l'inscrivant, pour les rentes et prestations, ou pour les droits éventuels, conditionnels ou indéterminés dans le cas où cette évaluation est ordonnée, comme aussi le montant des accessoires de ces capitaux, et l'époque de l'exigibilité; enfin, l'indication de l'espèce et de la situation des biens sur lesquels il entend conserver son hypothèque. Le conservateur fait mention sur son registre du contenu des bordereaux, et remet au requérant le titre et l'un des bordereaux au bas duquel il certifie avoir fait l'inscription.

Les droits d'hypothèque purement légale de l'État, des communes et des établissements publics sur les biens des comptables, ceux des mineurs ou interdits sur les tuteurs, des femmes mariées sur leurs époux, sont inscrits sur la représentation de deux bordereaux contenant seulement les nom, prénoms, profession et domicile réel du créancier, et le domicile qui est par lui ou pour lui élu dans l'arrondissement ; les nom, prénoms, profession, domicile ou désignation précise du débiteur; la nature des droits à conserver et le montant de leur valeur quant aux objets déterminés, sans qu'on soit tenu de le fixer quant à ceux qui sont conditionnels, éventuels ou indéterminés.

Les inscriptions conservent l'hypothèque pendant dix années, à compter du jour de leur date. Leur effet cesse si elles n'ont pas été renouvelées avant l'expiration de ce délai.

Les frais des inscriptions sont à la charge du débiteur, s'il n'y a stipulation contraire; l'avance en est faite par l'inscrivant, si ce n'est quant aux hypothèques légales, pour l'inscription desquelles le conservateur a son recours contre le débiteur.

Les inscriptions sont rayées du consentement des parties intéressées et ayant capacité à cet effet, ou en vertu d'un jugement en dernier ressort ou passé en force de chose jugée. Dans l'un et l'autre cas, ceux qui requièrent la radiation déposent au bureau du conservateur l'expédition de l'acte authentique portant consentement ou celle du jugement. La radiation non consentie est demandée au tribunal dans le ressort duquel l'inscription a été faite, si ce n'est lorsque cette inscription a eu lieu pour sûreté d'une condamnation éventuelle ou indéterminée, sur l'exécution ou liquidation de laquelle le débiteur et le créancier prétendu sont en instance ou doivent être jugés dans un autre tribunal; auquel cas la demande en radiation doit y être portée ou renvoyée. La radiation doit être ordonnée par les tribunaux, lorsque l'inscription a été faite sans être fondée ni sur la loi, ni sur un titre, ou lorsqu'elle l'a été en vertu d'un titre soit irrégulier, soit éteint ou soldé, ou lorsque les droits de privilège ou d'hypothèque sont effacés par les voies légales.

Le droit de demander la radiation des inscriptions, en ce qui excède la proportion convenable, est accordé à tous les débiteurs dont les biens sont grevés d'hypothèques qui, par leur nature, s'étendent à la fois sur l'universalité des biens présents et à venir : telles sont les hypothèques légales ou judiciaires. Pour que la demande en réduction soit admise, il faut que les inscriptions prises par un créancier, sans limitation convenue, soient portées sur plus de domaines différents qu'il n'est nécessaire à la sûreté des créances. Les hypothèques conventionnelles ne sont pas réductibles. Peuvent aussi être réduites comme excessives les inscriptions prises d'après l'évaluation faite par le créancier des créances qui, en ce qui concerne l'hypothèque à établir pour leur sûreté, n'ont pas été réglées par la convention, et qui, par leur nature, sont conditionnelles, éventuelles ou indéterminées. La mesure dans laquelle il y a lieu de réduire les inscriptions est laissée à l'appréciation du juge.

INSCRIPTION MARITIME. C'est le mode particulier de recrutement pour la marine de l'État. Sont compris dans l'inscription maritime les gens de mer âgés de dix-huit à cinquante ans révolus; l'inscription s'étend même aux marins qui naviguent sur les rivières, mais seulement jusqu'à la limite de la marée. Tout homme qui a exercé la profession de marin pendant un temps déterminé est inscrit, s'il déclare vouloir continuer la navigation, ou si par le fait il continue à naviguer. Tout marin inscrit est tenu de servir sur les bâtiments ou dans les arsenaux de l'État toutes les fois qu'il en est requis.

En temps de paix, il dépend toujours du marin en renonçant à la navigation et à la pêche de se faire rayer de l'inscription un an après sa déclaration : en cas de guerre, cette renonciation est interdite.

Dans chaque quartier maritime, les marins sont distribués en quatre classes; la première comprend les célibataires, la deuxième les veufs sans enfants, la troisième les hommes mariés et n'ayant pas d'enfants, la quatrième les pères de famille. La seconde classe n'est mise en réquisition que lorsque la première est épuisée, et ainsi de suite.

Le marin qui a le moins de service sur les bâtiments de guerre est requis le premier ; et s'il y a égalité de service, c'est le plus ancien débarqué soit des bâtiments de l'État, soit de ceux du commerce, qui doit être pris.

Lorsque l'État fait la réquisition, les administrateurs des quartiers maritimes répartissent parmi les différents syndicats compris dans leurs circonscriptions respectives le nombre de marins à fournir pour le service public, et les syndics à leur tour forment les listes nominatives pour chaque commune de leur syndicat.

Certaines autres professions, celles des charpentiers de navire, perceurs, voiliers, calfats, pouliers, tonneliers, cordiers et scieurs de long travaillant dans les ports et lieux maritimes, sont aussi assujetties à répondre à l'appel de l'État. En cas de guerre, de préparatifs de guerre ou de travaux considérables, ils peuvent être dirigés vers les ports militaires. A cet effet il est tenu un registre particulier dans le bureau de l'inscription.

[L'inscription maritime n'a pas cessé d'être en progrès dans les trente dernières années. Au 1er avril 1854 elle présentait un total de 160,014 hommes; au 1er avril 1853, l'effectif s'élevait à 152,812 hommes; en 1852, à 146,970; en 1851, à 142,040. En 1854, 49,702 hommes étaient au service de l'État; 19,808 naviguaient au long cours; 26,841 étaient employés au cabotage; 31,200 à la petite pêche; 6,686 figuraient comme ouvriers sur les chantiers du commerce, 25,777 étaient en inactivité. Depuis cette époque les embarquements de marins sur les vaisseaux de l'État ont beaucoup augmenté, et ont dû monter au nombre de plus de 60,000. L. LOUVET.]

INSCRIPTIONS ET BELLES-LETTRES (Académie des). Établie par Colbert, en 1663, elle fut longtemps connue sous le nom de *petite Académie*, que lui avait donné Louis XIV, soit parce qu'elle ne fut d'abord composée que de quatre membres, pris dans l'Académie française, et dont deux, Chapelain et Cassagne, ont été justement ridiculisés par Boileau, soit à cause du peu d'importance de ses premiers travaux. Ils se bornaient aux dessins des tapisseries du roi, aux devises des jetons du trésor royal, à l'examen des projets d'embellissement de Versailles, à celui des tragédies lyriques de Quinault, etc. Elle fut ensuite chargée de retracer l'histoire de Louis XIV à l'aide de médailles, et tint successivement ses séances chez Colbert et chez Louvois. Quinault en fit partie; plus tard, Racine et Boileau lui-même y furent admis comme historiographes du roi. Sous le ministère de Pontchartrain, elle reçut le nom d'*Académie des inscriptions et médailles*, qui indiquait assez bien le but de son institution et de ses travaux. L'histoire de Louis XIV touchait à sa fin; l'Académie, arrivée progressivement à dix membres, allait s'éteindre faute d'occupation, lorsque, sur un rapport de l'abbé Bignon, le roi assura son sort par un règlement qui vit le jour le 16 juillet 1701. Le nombre des membres fut fixé à quarante, dont dix honoraires, dix pensionnaires et dix élèves : les plus anciens eurent le titre de *vétérans*; un local particulier lui fut assigné au Louvre pour ses séances; on lui accorda des armoiries et un jeton académique. En février 1712, des lettres patentes du roi confirmèrent son établissement. Ce fut en 1715 que, pour la première fois, on y admit, comme honoraires, trois savants étrangers. Enfin, sous la régence, un arrêt du conseil d'État, du 4 janvier 1716, provoqué par une observation du duc d'Orléans, lui donna le nom d'*Académie des Inscriptions et Belles-Lettres*, nom plus vague que le précédent, car les belles-lettres proprement dites semblent être du ressort spécial de l'Académie Française. Le même arrêt supprima la classe des élèves, et porta à vingt le nombre des associés. Deux mois après, on réduisit le nombre des vétérans. L'Académie fut honorée de la visite du czar Pierre le Grand, qui la consulta depuis sur l'inscription de sa statue colossale et sur divers monuments découverts dans ses États. En 1719, on crut lui décerner un nouvel honneur en la faisant présider par Louis XV, âgé de huit ans. Dans la suite, elle fut augmentée d'une classe d'académiciens libres, qu'on divisa depuis en résidents et non résidents; plus tard, le nombre des pensionnaires fut porté à vingt. En 1785, huit membres de cette académie furent choisis par Louis XVI pour publier des notices et des extraits de manuscrits grecs, latins, orientaux et français du moyen âge, tant de la Bibliothèque du Roi que des autres bibliothèques. Un décret de la Convention, rendu le 8 août 1793, sur la motion de l'abbé Grégoire, supprima l'Académie des Inscriptions ainsi que toutes les autres.

A la création de l'Institut national, sur la proposition du même député, en septembre 1795, l'Académie des Inscriptions fut comprise dans la seconde classe (sciences morales et politiques). Sous le consulat, en 1803, elle devint la troisième classe, dite d'*histoire et de littérature ancienne*, et se composa de quarante membres, pensionnés à raison de quinze cents francs, huit associés étrangers, et soixante correspondants. Après la Restauration, l'ordonnance royale du 21 mars 1816, qui réorganisa l'Institut, en exclut quelques membres et y en introduisit, par faveur, de nouveaux. La troisième classe devint seconde, et conserva, en reprenant son ancien titre, sa même organisation, sauf la création de dix places d'académiciens libres. En 1823, des motifs peu honorables pour la majorité qui la dominait la déterminèrent à réduire à trente-le nombre de ses membres pensionnaires, afin d'augmenter leur traitement. Ce n'est qu'en 1831 que le chiffre de quarante fut rétabli.

A toutes les époques, sous toutes les formes, cette académie s'est toujours occupée de devises, d'inscriptions, de médailles, de matières d'érudition, d'antiquités nationales et étrangères, de langues anciennes et orientales. La collection de ses Mémoires forme une soixantaine de volumes in-4°, non compris ceux qu'elle a fait insérer dans le Recueil général des Mémoires de l'Institut, au temps où elle en formait la troisième classe. A l'exception d'un petit nombre, ils n'apprennent rien de positif : basés le plus souvent sur des systèmes arbitraires, sur de simples conjectures, ils abondent en paradoxes, en erreurs; que rachète rarement le mérite du style; car tous ses membres n'ont pas été des Rollin, des Fréret, des Lebeau, des Sainte-Palaye, des Chabanon et des Barthélemy. Aussi les séances de ce corps savant ont-elles toujours été moins suivies, moins goûtées que celles de l'Académie Française et de l'Académie des Sciences. Il est vrai qu'assez souvent elle a manqué de tact et de convenance dans le choix et l'à-propos des lectures qui s'y faisaient. On se souvient d'un mémoire lu en présence du comte du Nord (Paul Ier), dans lequel on discutait fort ingénieusement si les hommes du Nord n'avaient pas toujours été inférieurs à ceux des climats méridionaux, sous les rapports physiques et moraux.

Jalouse de la prééminence que le public lui refusait sur l'Académie Française, elle avait arrêté qu'elle exclurait de son sein ceux de ses membres qui solliciteraient leur admission dans cette compagnie. Louis XV annula cette délibération; cependant, quinze membres s'étant engagés sous serment à en maintenir l'exécution, et ayant fait contracter tacitement la même obligation à tous leurs nouveaux confrères, Anquetil-Duperron assigna devant les maréchaux de France le comte de Choiseul-Gouffier, qui postulait un fauteuil à l'Académie Française; mais ce tribunal se déclara incompétent, Choiseul-Gouffier obtint le fauteuil, et les rieurs ne furent pas pour les érudits. Dans des temps plus modernes, on se rappelle la spirituelle diatribe de Paul-Louis Courrier contre l'Académie des Inscriptions.

Plusieurs commissions sont formées dans le sein de l'Académie des Inscriptions et Belles-lettres : l'une est chargée de continuer les *Notices et Extraits des Manuscrits du Recueil des Ordonnances des rois de France*, du *Recueil des Historiens des Gaules et de la France*, de la publication des *Historiens des Croisades*, etc.; une autre se consacre à la confection des *Inscriptions et médailles* (1806); une troisième continue l'*Histoire littéraire de France* (1816); une quatrième, dite *des Antiquités de la France*, fait l'examen et le classement des *Notices et Documents demandés aux préfets sur les anciens monuments de notre histoire et les mesures à prendre pour leur conservation* (1819). Les secrétaires perpétuels de l'Académie des Inscriptions, depuis 1701, ont été l'abbé Tallement, de Bozo, Fréret, Bougainville, Lebeau, Dupuy, Dacier, Dannou, Walckenaër et Naudet. Parmi ses autres membres on cite : Gédoyn, Secousse, Burigny, Bréquigny, Foncemagne, Sainte-Croix, Gaillard, de Brosses, Millin, Garnier, Champollion, Larcher, Rochefort, Laporte-Dutheil, Vauvilliers, Hase, Boissonade, Raoul Rochette, Jomard, Dureau de la Malle, Augustin Thierry, Burnouf, Stanislas Julien, Guizot, Paulin Paris, Le Bas, Magnin, Ch. Lenormant, et les orientalistes Fourmont, Renaudot, Galland, de Guignes, Sylvestre de Sacy, Chézy, Abel Rémusat, Quatremère, Reinaud, Garcin de Tassy, etc.

H. AUDIFFRET.

INSECTES. Les premiers naturalistes désignèrent sous le nom d'*insectes* tous les animaux dont le corps était divisé extérieurement en plusieurs *sections* (*insecta*); et comme cette disposition répond toujours à l'absence de tout squelette interne, la classe des insectes se trouvait embrasser par cette définition tous les animaux dépourvus d'un appareil osseux intérieur et articulé : ainsi, les annélides et les apodes, les myriapodes, les mollusques, les hexapodes, faisaient partie de la classe des *insectes*, dont Aristote et Pline séparèrent néanmoins la grande classe des crustacés. Linné sépara des insectes les annélides, qu'Aristote paraît y avoir réunis; mais, par compensation, il y réunit les crustacés, qu'Aristote en avait séparés : les naturalistes qui se sont succédé depuis Linné jusqu'à Cuvier ont successivement séparé de la classe des insectes, et réuni sous des distinctions spéciales, les annélides, les crustacés, les malacozoaires, etc.; enfin, Latreille et M. Duméril ont restreint la dénomination d'*insectes* aux animaux articulés extérieurement et dépourvus de squelette interne, mais ayant une tête distincte du tronc, des pattes articulées, et respirant par des trachées; définition que Blainville a encore resserrée en limitant le nombre des pattes articulées à six seulement. Ainsi, de la classe des insectes, qui, comme nous l'avons dit, embrassait dans le principe presque tous les animaux dépourvus de squelette interne, se trouvent aujourd'hui exclus les annélides, les vers, les chétopodes et les mollusques, dont le corps n'est point articulé extérieurement; les crustacés, qui respirent par des branchies, les araignées, à cavités pulmonaires; et enfin, suivant Blainville, les scorpions, les myriapodes, etc., qui ont plus de trois paires de pattes articulées.

Le tégument externe des insectes est corné, et donne attache aux muscles locomoteurs; il est formé essentiellement d'un tissu cellulaire dans les mailles duquel ont été déposés des éléments calcaires, agglutinés par des produits animaux, et colorés par des principes huileux dont la nature varie dans les différentes espèces. Cette enveloppe externe subit de nombreuses modifications, à mesure que l'insecte parcourt les phases diverses de son existence, depuis l'état de larve jusqu'à celui d'insecte parfait, modifications qui dépendent surtout du développement que certaines portions du tégument acquièrent aux dépens des autres : ainsi, dans la larve des insectes à métamorphoses , comme dans l'embryon des insectes qui naissent à l'état parfait , le tégument externe est toujours divisé en segments sensiblement égaux ; et toutes les transformations que subira plus tard ce tégument consisteront exclusivement dans le développement disproportionné de quelques segments, et des appendices qui y sont annexés.

Le tégument externe de l'insecte parfait est divisé en trois grandes sections plus ou moins profondément distinctes : la tête, le corps, l'abdomen.

La tête, qui forme une masse arrondie, allongée tantôt transversalement, et tantôt longitudinalement, est formée de pièces solides, qui le plus souvent n'offrent pas traces de soudure ; toutefois, il est aujourd'hui démontré que la tête est formée par la juxta-position de segments semblables inégalement développés , et que les appareils annexés à cette tête, les antennes, les mandibules , les mâchoires, ne sont que des appendices analogues en tout aux appendices locomoteurs des segments du tronc.

Le tronc est lui-même divisible en trois segments, distincts ou confondus, séparés ou soudés entre eux : le prothorax , le méso-thorax , le méta-thorax ; mais le développement de ces trois segments , essentiellement composés des mêmes parties, n'est jamais uniforme : l'un prédomine toujours sur les deux autres. A la partie inférieure de chaque segment s'articule, dans tous les insectes, une paire de pattes, dans lesquelles on distingue trois articles , une cuisse, une jambe et un tarse : tantôt ces pattes sont semblables entre elles ; tantôt l'une des trois paires a reçu de nombreuses modifications pour en faire l'instrument de fonctions spéciales. A la partie supérieure des segments thoraciques s'attachent les ailes, dont on en compte jamais plus de quatre, et qui quelquefois manquent tout à fait : peut-être faut-il admettre que chaque segment thoracique porte à sa partie supérieure une paire d'ailes, comme il porte une paire de pattes à sa partie inférieure ; mais que l'une au moins de ces paires d'ailes avorte constamment.

L'abdomen , qui forme la troisième section de l'insecte, s'articule de diverses manières avec le tronc , et son organisation est bien moins complexe que celle que nous venons d'indiquer : il est formé par la juxta-position d'un nombre plus ou moins considérable d'anneaux ou de segments , dans lesquels on ne distingue plus de pièces distinctes , et qui décroissent graduellement à mesure qu'ils s'éloignent du tronc : ces anneaux ne donnent jamais attache à aucun appendice locomoteur ; et le dernier n'est différencié de tous les autres que parce qu'il embrasse l'appareil externe de la défécation et de la reproduction.

Le système nerveux des insectes consiste en cordons distincts situés sur la ligne médiane et inférieure du corps, et réunis d'espace en espace par des renflements ganglionnaires. A la partie antérieure de ce double cordon est un renflement bilobé, situé dans la tête, et duquel partent des filets nerveux qui se rendent aux antennes, à la bouche : inférieurement, un ganglion antérieur fournit deux gros troncs, qui, après avoir formé un anneau autour de l'œsophage, se réunissent en un ganglion commun ; de chaque renflement ganglionnaire naissent des filets nerveux qui se distribuent aux muscles, au canal alimentaire , au tégument externe, à l'appareil trachéal, etc. Telle est la disposition générale de cet appareil ; mais , comme chez les animaux supérieurs , certaines portions de ce système se spécialisent pour former des sens particuliers et pour percevoir des sensations spéciales du goût, du toucher, de l'odorat, de l'ouïe, et de la vue.

Le sens du toucher doit singulièrement varier dans les diverses phases de la vie d'un insecte : dans sa vie de larve, les éléments crayeux et cornés se sont à peine déposés dans quelques points de son tégument externe, qui paraît doué d'une sensibilité assez vive, sensibilité qu'augmentent encore les nombreux poils qui y sont insérés ; mais à l'état d'insecte parfait, le sens du toucher doit être nécessairement obscur, et se trouve probablement limité à quelques parties, les antennes peut-être, ou l'extrémité des pattes.

Les entomologistes accordent aux insectes le sens du goût, mais ils diffèrent quant à son siége, les uns le localisant dans les palpes, les autres le plaçant à l'origine du pharynx : ils se fondent , pour admettre l'existence d'un sens spécial du goût, sur ce que les insectes choisissent avec un parfait discernement les parties assimilables des plantes, et délaissent celles qui leur seraient nuisibles ; mais il est évident que ce fait en lui-même ne prouve exactement rien , car ce choix pourrait être déterminé par le sens de l'odorat seulement. Ce que l'on sait plus positivement , c'est que les insectes ne possèdent ni langue proprement dite , ni palais, ni mamelons papillaires.

L'existence d'un sens de l'odorat paraît mieux démontrée ; et si les expériences qu'on cite sont parfaitement exactes , ce sens aurait acquis chez les insectes un développement très-remarquable ; mais le siége de ce sens est aussi incertain que peut l'être celui du sens du goût : ainsi, M. Duméril l'a placé dans les stigmates, se fondant sur ce que ce sens devait être localisé là où l'air apporte les émanations odorantes ; et d'autres entomologistes l'ont placé dans les antennes, qui reçoivent en effet des nerfs volumineux ; tandis que les expériences de M. Hubert tendent à localiser, chez les abeilles du moins, le sens de l'odorat dans la cavité buccale.

Il faut dire de l'ouïe ce que nous venons de dire de l'odorat ; son existence est à peu près certaine, son organe à peu près inconnu ; toutefois, la plupart des naturalistes ont placé cet organe à la base des grandes antennes, et M. Straus-Durcheim le localise dans les antennes elles-mêmes.

Il n'en est pas de même de l'organe et du sens de la vue, car il n'existe pas d'animaux qui offrent un appareil de la vision aussi complexe que celui des insectes. Les yeux des hexapodes sont de deux espèces, simples ou lisses , composés ou chagrinés ; les yeux lisses ont été nommés stemmates ; ils manquent souvent. Nous ne pouvons insister ici sur la structure, extrêmement compliquée, de ces appareils, qui n'a été parfaitement élucidée que par les travaux de M. Marcel de Serres et de Blainville ; nous nous bornons à dire que les yeux composés forment des réseaux à facettes, quelquefois au nombre de plusieurs mille, qui répètent plusieurs milliers de fois le même objet ; que ces yeux sont en général placés sur les parties latérales de la tête, mais que dans quelques familles l'œil est placé, comme chez les crustacés, à l'extrémité d'un appendice mobile, que l'insecte porte au-devant de l'objet qu'il veut regarder ; et que chez d'autres espèces, qui dardent sur la surface des eaux, les yeux sont disposés à la partie inférieure du corps, de manière à apercevoir les petits objets qui se meuvent dans l'eau sous-jacente.

Le système respiratoire des insectes s'éloigne étrangement de tout ce que l'on observe dans les autres types du règne animal, et fournit une confirmation bien remarquable de cet axiome fondamental en anatomie fonctionnelle : qu'un but identique peut être atteint par des moyens contradictoires. Le but de la respiration chez tous les êtres organisés paraît être de puiser dans le milieu atmosphérique des éléments incrémentielles essentiels à la conservation des organes, et de rejeter dans ce même milieu des éléments excrémentitiels devenus nuisibles à cette conservation : et ce double phénomène d'absorption et d'excrétion a toujours lieu à la surface d'une membrane, en contact, soit immédiat, soit médiat, avec le milieu atmosphérique. Or, dans la plupart des types organiques, cette membrane est localisée dans un seul point du corps, où elle s'étale en branchies, ou se replie en cellules pulmonaires; et c'est dans son passage à travers cette membrane que le sang subit, sous l'influence de l'atmosphère, la double transformation qui doit le rendre propre à la nutrition de tous les organes. Mais chez les insectes, où le système vasculaire n'existe qu'à l'état rudimentaire, et où il n'existe pas de circulation sanguine, les organes ne peuvent être mis en contact médiat avec l'air atmosphérique, au moyen d'un liquide qui circule sans cesse des organes à la membrane respiratoire, et de la membrane respiratoire aux organes : il devenait donc nécessaire de créer un système qui mit l'organisme tout entier, et dans tous ses détails, en contact direct avec l'atmosphère; et ce système, c'est le système trachéen. Le système trachéen figure exactement un arbre dont le tronc s'insère directement à la périphérie du corps, dont les rameaux se dichotomisent à l'infini, en pénétrant dans l'intérieur des organes, et dont les extrémités terminales forment à tous les appareils organiques des réseaux vasculaires d'une merveilleuse délicatesse : l'air atmosphérique pénètre dans cet arbre vasculaire par des orifices elliptiques toujours béants, que l'on remarque dans l'enveloppe externe des insectes, et que l'on a nommés *stigmates*; il circule dans les nombreuses ramifications qui naissent des grands troncs aérifères, et il pénètre enfin dans l'appareil réticulaire, qui parcourt le tissu de chaque organe : c'est dans cette division dernière que s'opère le double mouvement de transformation qui constitue la *respiration*; de telle sorte qu'il est exact de dire que chez l'insecte chaque cellule organique est un appareil respiratoire.

Le système alimentaire renferme deux ordres d'organes : le canal intestinal, que traverse le bol alimentaire, et qui y puise les éléments assimilables; et les appareils glandulaires, qui versent dans ce canal les produits de leur sécrétion. Quant à la disposition de ces différents organes, il est presque impossible d'établir des lois générales, tant la diversité est grande de famille à famille, de genre à genre, d'espèce à espèce : disons toutefois que, chez les insectes le canal alimentaire est toujours un tube ouvert à ses deux extrémités, et que sa longueur ou, plus exactement encore, l'étendue de sa surface absorbante est généralement en rapport avec la nature des aliments qu'il est destiné à transformer : ainsi, les insectes qui vivent de matières animales ont en général le canal intestinal court, et s'étendant, presque sans inflexion, de la bouche à l'anus; tandis que chez les insectes phytophages le canal alimentaire se replie en nombreuses circonvolutions et offre des dilatations et des étranglements de formes extrêmement variées.

Quant aux appareils glandulaires, la difficulté de poser des règles générales devient plus grande encore par l'impossibilité dans laquelle on a été jusque ici de déterminer d'une manière rigoureuse les analogues de ces appareils chez les types supérieurs : ainsi, les entomologistes ont admis des organes salivaires, des organes biliaires, des organes urinaires, et quelquefois même des organes sécréteurs du fluide pancréatique et du suc gastrique; mais les organes salivaires des uns ont été pour les autres des organes biliaires, les canaux hépatiques des vaisseaux urinifères, etc.

Un vaisseau allongé, fusiforme, apparemment clos à ses deux extrémités, et renfermant un liquide incolore, occupe la région dorsale des insectes, et s'étend presque dans toute la longueur de leur corps : ce vaisseau est divisé par des cloisons transversales nombreuses, et offre des pulsations manifestes, fréquentes, irrégulières : Malpighi, Swammerdam et l'admirable P. Lyonnet, ont déclaré ce vaisseau clos à ses deux extrémités, et l'ont envisagé comme une série de cœurs placés bout à bout. Comparetti, au contraire, y a vu l'origine d'un système vasculaire complet, qu'il a minutieusement décrit; mais M. Marcel de Serres a démontré que les vaisseaux sanguins de Comparetti étaient ou des trachées ou des vaisseaux biliaires; Cuvier, Michel, Hérold, M. Straus-Durcheim, diffèrent tous dans la valeur fonctionnelle ou physiologique qu'ils assignent à cet organe.

Enfin, les insectes nous offrent à un haut degré de développement une disposition organique qui paraît remplacer chez eux les épiploons des animaux supérieurs; c'est un tissu cellulaire, qui remplit tous les interstices que laissent entre elles les différents appareils que nous venons de décrire, et qui lui-même est formé de petites vésicules celluleuses pleines d'un fluide graisseux. Ce fluide s'amasse surtout dans les cellules pendant la belle saison, et se résorbe lentement lorsque le froid de l'hiver condamne les insectes à l'inanition : aussi les insectes sont-ils beaucoup plus maigres au commencement du printemps qu'à la fin de l'automne.

Ainsi, en dépouillant successivement, et par couche, un insecte, nous trouvons : 1° une couche externe ou périphérique, dure, cornée, inflexible, si ce n'est dans les articulations, et à laquelle s'attachent tous les organes de la locomotion; 2° une couche musculaire, d'une *complexité* effrayante, et dont les muscles innombrables, s'insérant à la couche tégumentaire par les deux extrémités, produisent par leurs contractions, diversifiées à l'infini, tous les mouvements dont cette couche tégumentaire est susceptible; 3° un axe nerveux, régnant dans toute la longueur de la ligne *ventrale* médiane; 4° un tuyau vasculaire régnant dans toute la longueur de la ligne *dorsale* médiane; 5° un système trachéen disposé symétriquement des deux côtés; 6° enfin, un canal alimentaire s'étendant de l'extrémité antérieure à l'extrémité postérieure, et formant réellement l'axe central de l'individu.

Il nous resterait à nous occuper maintenant des appareils destinés à la reproduction de l'espèce : mais ici les détails sont si infinis dans leurs variétés, la description anatomique devient tellement nécessaire et tellement minutieuse, que nous sommes forcé, quoiqu'à regret, de renvoyer nos lecteurs aux travaux spéciaux, et surtout aux belles recherches d'Audouin.

Nous avons essayé dans cet article de donner un aperçu rapide de l'anatomie générale des insectes : c'est dans nos articles spéciaux qu'il faut chercher quelques détails sur leur histoire naturelle. Seulement, et parlant par métaphore, nous dirons ici que parmi les insectes il en est qui vont à la guerre armés de piques, de lances, de hallebardes, de flèches, de dards, d'instruments à détonnation, de mortiers à bombes; qu'il en est qui arrivent à la défense avec des boucliers, des cottes de mailles, des plastrons, des baudriers, des cuissards, des casques, des visières; que jamais paladin en Terre Sainte, jamais chevalier de Charlemagne, ne se voit en campagne plus invulnérable dans sa cotte de mailles de Milan que ne l'est dans son armure diaprée un scarabée ou un coléoptère; que jamais arsenal industriel ne mit à la disposition d'ouvriers plus infatigables une collection plus variée de tenailles, de gouges, de ciseaux, de tarières, de vrilles, de scies, de limes, de faucilles, de truelles, de bêches, de pioches, de balais, de brosses, de crochets, de varlopes, pour scier, pour faucher, pour limer, pour tenailler, pour broyer, pour plâtrer, pour forer sans paix et sans relâche. Nous dirons encore que parmi les insectes, les hyménoptères surtout, il en est qui, ayant reçu l'instinct de l'association, vivent en république ou en monarchie absolue, se bâtissent des métropoles, entretiennent une police, ont chez eux les insectes voisins des traités de paix et de guerre, entretiennent des esclaves, font la traite, constituent des oligarchies dans lesquelles le petit nombre de privilégiés exploite jusqu'à la mort le prolétaire, consomme beaucoup, ne produit rien, et n'a d'autres fonctions en ce bas monde que de briller en cour, et de former à la sultane un sérail d'adorateurs, à la sultane qui, étant chargée de procréer tout un peuple, est en réalité, bien légitimement, la mère de ses sujets (Français d Nantes). Nous dirons, enfin, que dans leur fécondité les insectes dépassent toutes les puissances de l'hyperbole, toute les ressources de la métaphore. Dans l'espace de quelques heures, les dermestes, les staphyles, les sylphes et les nécrophores ont déblayé des monceaux de cadavres; dans l'espace de quelques jours, les feuilles d'une forêt tombent sous la faux des chenilles; dans l'espace de quelques semaines, un couple de charançons engendrent une famille assez nombreuse pour changer en un tas de poussière les céréales de toute une ville; enfin, des peuplades entières sont contraintes d'émigrer sous l'invasion d'un troupeau de termites, et les Pharaons d'Égypte, dans toute leur puissance, se courbèrent devant ces nuées de sauterelles que la Providence leur envoyait sur les ailes des vents.

Nous indiquerons en terminant quelques-unes des sources où nos lecteurs pourront puiser sur ce sujet immense les renseignements les plus authentiques : *pour l'anatomie*, les travaux de Malpighi, de Swammerdam, de Pierre Lyonnet, d'Audonin, de MM. Straus-Durcheim et Léon Dufour, mais surtout l'*Anatomie de la chenille du bois de saule*, de Lyonnet, œuvre vraiment unique dans la science; *pour l'histoire naturelle*, les travaux de Réaumur, de Rédi, de De Géer, de Charles Bonnet, de Spalanzani; *pour les classifications*, les travaux de Fabricius, de Blainville, de Latreille et de M. Duméril. BELFIELD-LEFÈVRE.

Les classifications les plus récentes divisent les insectes en *broyeurs* ou *mandibulés*, et en *suceurs* ou *haustellés*. Les insectes broyeurs forment les ordres des *coléoptères*, des *orthoptères*, des *névroptères*, des *hyménoptères*, et des *strepsiptères*. Les insectes suceurs sont les *lépidoptères*, les *hémiptères*, les *diptères*, les *aptères* et les *aphaniptères*. Quelques auteurs ont formé d'autres ordres par le dénombrement des précédents; les principaux sont ceux des *homoptères* et des *homaloptères*, retirés l'un des hémiptères, l'autre des diptères.

INSECTES FOSSILES. Les vestiges d'animaux articulés, et en particulier d'insectes proprement dits, sont assez rares dans les couches du globe. Le terrain de sédiment inférieur est le plus ancien jusqu'à présent où ceux qui ont offert des *entomolithes*. Est-ce à leur apparition plus tardive que celle d'autres classes d'invertébrés, est-ce à la fragilité de leur structure qu'il faut attribuer ce fait? Il est à remarquer que presque tous ces débris fossiles appartiennent à des genres qui existent encore de nos jours. Il est bon de savoir, d'ailleurs, que des insectes prétendus fossiles ne sont autre chose que des empreintes produites dans le copal par des animaux de cette classe, qui paraissent avoir été englobés dans cette substance, dit M. Edwards, pendant qu'elle était encore sur l'arbre, à l'état demi-liquide. Le même naturaliste a observé dans les terrains d'eau douce, de seconde formation, des corps tubuleux formés par l'assemblage de différents corps (notamment de petites coquilles), et qui paraissent avoir appartenu à des larves aquatiques, analogues à celle des friganes par exemple. Dr SAUCEROTTE.

INSECTIVORES (du latin *insectum*, insecte, et *vorare*, dévorer). On qualifie d'*insectivores* toutes les espèces animales qui se nourrissent presque exclusivement d'insectes, à quelque famille naturelle, à quelque genre qu'ils appartiennent. Le mot *entomophage*, synonyme d'*insectivore*, mais dérivé du grec, est plus souvent employé en parlant des hommes et des peuples. A cette définition générale il faut ajouter : 1° que parmi les mammifères carnassiers, Cuvier a établi une famille des *insectivores*, elle-même subdivisée en deux petites tribus : cette famille renferme les genres *hérisson*, *musaraigne*, *desman*, *scalope*, *chrysochlore*, *tenrec*, *taupe*, etc., animaux qui tous mènent une vie nocturne souterraine, qui se nourrissent principalement d'insectes et d'annélides, et qui ont, comme les cheiroptères, des mâchelières hérissées de pointes coniques; 2° que Temminck, dans son *Ornithologie*, a établi parmi les oiseaux un ordre des *insectivores*, ordre qui est ainsi caractérisé : Bec court, arrondi, tranchant; mandibule supérieure courbée et échancrée vers sa pointe ; quatre doigts aux pieds, dont trois antérieurs. Cet ordre renferme un grand nombre d'espèces distinctes, répandues, comme les granivores, dans presque tous les pays des zones tempérées. Cette introduction de désignations significatives dans les classifications d'histoire naturelle, offre un grave inconvénient, celui de heurter à chaque instant la logique des mots : car, de ce qu'une espèce animale appartient, dans les classifications de Cuvier et de Temminck, à la famille ou à l'ordre des *insectivores*, il ne s'ensuit nullement qu'elle doive se nourrir presque exclusivement d'insectes ; et, au contraire, de ce qu'une espèce animale se nourrit exclusivement d'insectes, il ne s'ensuit nullement qu'elle doive appartenir à la famille ou à l'ordre des *insectivores*.
BELFIELD-LEFÈVRE.

IN-SEIZE. *Voyez* FORMAT.

INSENSIBILITÉ se dit de toute incapacité de percevoir des impressions par des organes naturellement susceptibles de les recevoir. Souvent ce n'est qu'une diminution partielle ou générale de la faculté de sentir, car l'absence totale de celle-ci réduirait l'homme et la brute au rôle passif ou inerte du végétal. En effet, nous avons montré que l'*animalité* résidait essentiellement et uniquement dans l'appareil sensorial et les fonctions de relation, sources de toute sensibilité; que les animaux étaient d'autant plus perfectionnés, ou intelligents et sensibles, que leur système nerveux (cérébro-spinal avec ses dépendances) était plus développé et plus étendu; qu'enfin l'h o m m e, chef-d'œuvre de la création, portait au suprême degré la s e n s i b i l i t é.

Ainsi, l'homme insensible ou stupide devient une *bête*, selon l'expression commune, et la bête se ravale d'autant plus bas qu'elle manque davantage de sentiment, que ses n e r f s deviennent plus simples ou plus affaiblis par la dégradation de l'organisation, à mesure qu'on descend l'échelle zoologique. En même temps, l'affaiblissement du système respiratoire et le sang froid qui en devient la conséquence engourdissent de plus en plus les facultés sensitives. En effet, si nous voyons que l'homme, les mammifères et les oiseaux, races à sang chaud et à vaste système respiratoire, manifestent la plus ardente sensibilité ; si nous considérons que le froid des hivers engourdit les sens des marmottes et autres mammifères h i b e r n a n t s, allanguit, suspend presque entièrement leur circulation, leur respiration ; si les mêmes phénomènes d'apathie éclatent avec plus d'évidence encore chez les reptiles, les insectes et toutes les espèces à sang froid, à la respiration faible, il faut en conclure que la froidure est ennemie de la sensibilité, et qu'elle est, avec le défaut de respiration ou d'oxygénation, une cause de torpeur et de débilitation du système nerveux.

Partout où se manifestent les causes qui produisent du froid sur l'économie animale, on rencontre des marques d'insensibilité, soit physique ou externe, soit morale ou intérieure, chez l'homme et les brutes. Ainsi, la vieillesse est une cause d'insensibilité, elle répand ses glaçons sur toutes les jouissances; on meurt à soi-même avant de descendre au tombeau. Ainsi, rien ne refroidit davantage la sensibilité que l'abus des jouissances, surtout celles de l'amour; des déperditions excessives ramènent le corps à l'état d'inertie et d'affaissement analogue à celui des eunuques : *omne animal languet a coitu*.

Les excès de la table débilitent encore extrêmement la sensibilité. Quelles profondes impressions espérez-vous de ces abdomens énormes, farcis d'aliments, encroûtés de graisse. Leurs nerfs, ensevelis au milieu des chairs, abreuvés de phlegme et de lymphe stagnantes dans cet épais tissu cellulaire, comme dans le lard des animaux pachydermes, sont désormais inattaquables par la sensibilité. Ces lourdes brutes sont presque toujours assoupies, plongées dans une léthargie dont elles ne sortent que pour manger et boire ou achever d'enterrer leur âme. Aussi le long sommeil devient-il une source de refroidissement pour l'organisme, en ralentissant les mouvements vitaux, la respiration et la circulation ; de là résultent le croupissement et l'accumulation des humeurs, l'engraissement chez les animaux engourdis, tenus en repos, dans l'obscurité, comme ces oies empâtées pour donner une foie gras. Ainsi deviennent lourds, presque stupides, les prisonniers dans leurs cachots, les religieux dans leur cellule, malgré de faibles ou mauvaises nourritures. D'ailleurs, la saignée, la débilitation du corps, refroidissent et allanguissent l'activité nerveuse : ainsi, la vie lente et paresseuse émousse la sensibilité. On dit la femme plus sensible que l'homme. Elle a des nerfs plus délicats et plus impressionnables sans doute, mais certainement elle sent avec moins d'intensité et de profondeur que l'homme; elle possède un tempérament plus humide et plus froid en général ; sa complexion molle est souvent blonde, comme chez les enfants mobiles, mais dont les impressions ne sont jamais que fugaces, inconstantes, passagères, ce qui prouve qu'elles restent superficielles ou légères.

La plupart des accoutumances, usant la sensibilité par la fréquence des impressions, finissent par rendre les sens blasés et indifférents ; le cœur perd même de sa tendresse quand on abuse de ses sentiments les plus délicats; il devient calleux comme la main trop exercée. Toutes les habitudes, surtout celles des voluptés, énervent promptement la sensibilité, car l'être qui a le plus senti devient le moins capable de sentir encore, comme les vieux libertins et les gourmands dégoûtés, inamusables.

Il faut signaler une insensibilité extérieure temporaire, due à l'état de contemplation profonde, à l'extase ou à l'enthousiasme, à une tension convulsive de certaines personnes nerveuses, hystériques, hypochondriaques, ou maniaques, dans leurs paroxysmes. Il semble que toute la sensibilité se réfugie au cerveau chez les contemplatifs, les fakirs de l'Inde, les solitaires de la Thébaïde, etc., les fanatiques religieux et politiques (tels que les convulsionnaires de Saint-Médard, supportant les coups de bûche, les martyrs insensibles, l'assassin de Kleber), les maniaques soutenant le froid, la faim, les blessures, etc. Chez les hystériques, la sensibilité abandonne de même les organes externes pour prédominer dans l'appareil utérin et ses dépendances, les ovaires, etc. De là vient aussi la merveilleuse ataraxie des extatiques dans leurs visions ascétiques, comme sainte Thérèse, le prêtre Restitutus dont parle saint Augustin, qu'on brûlait sans qu'il le sentît; comme les épileptiques dans leurs paroxysmes; les reptiles batraciens, dans l'acte génital, éprouvent la même apathie momentanée.

Un autre genre d'insensibilité fugace, chez les personnes nerveuses, résulte aussi de la mobilité de leur imagination vagabonde, comme jadis chez les *possédés du démon*, ou comme aujourd'hui chez les somnambules magnétiques. On se crée, soit de prétendues douleurs dans telle partie du corps, soit une insensibilité en quelque région, de manière à pouvoir y enfoncer des épingles sans le sentir.

La trop vive sensibilité n'est pas un si grand bien : elle perfectionne notre esprit, nos connaissances, elle aiguise le goût dans les beaux-arts ; elle donne cette finesse d'aperçus, cette fleur d'esprit et de délicatesse qui font le charme des sociétés polies; mais elle appelle tous les maux de l'énervation, ces vapeurs, ces niaiseries morbifiques qui pullulent chez ces êtres accablés d'une inutile oisiveté au sein de nos villes opulentes et populeuses. Elle est ainsi la peste des fortes vertus et de la ferme santé. J.-J. VIREY.

INSÉPARABLES. On a donné ce nom à diverses petites espèces de perroquets appartenant au groupe des perroquets nains (*psittacula*), avec des joues empennées, et qui se distinguent par leur grande sociabilité. Ils ne peuvent vivre seuls en captivité, et quand l'un vient à mourir son compagnon ne tarde pas à avoir le même sort. C'est surtout au perroquet-passereau (*psittacus passerinus*), au perroquet-pigeon (*psittacus pullarius*) et à quelques autres espèces encore, qu'on a donné ce nom d'*inséparables* ; et on en voit beaucoup dans les volières. Les perroquets nains

DICT. DE LA CONVERS. — T. XI.

du Brésil volent ensemble par bandes de plusieurs milliers et causent de grands dégâts dans les champs de mais. Ils se laissent prendre facilement, mais ne vivent pas longtemps en captivité.

INSERMENTÉS (Prêtres). *Voyez* CONSTITUTION CIVILE DU CLERGÉ.

INSERTION. En anatomie, soit animale, soit végétale, ce mot se dit de l'attache d'une partie sur une autre. Relativement aux parties d'une fleur, l'insertion de la corolle, des étamines, des nectaires, etc., est dite *épigyne*, *périgyne* ou *hypogyne*.

INSIGNES (en latin *insignia*), distinctions honorifiques, signes extérieurs de puissance, de dignité et de distinctions politiques ou sociales. Les insignes des rois chez les Romains étaient la couronne d'or, le siége d'ivoire et les douze licteurs, armés de haches, qui marchaient devant eux, que les consuls conservèrent sous la république, et qui escortaient aussi, quoiqu'en moindre nombre, quelques autres hauts dignitaires de l'état. Les insignes des anciens empereurs d'Allemagne étaient la couronne d'or, le sceptre doré, la boule impériale dorée, l'épée de Charlemagne, celle de saint Maurice, les éperons dorés, la dalmatique, et quelques autres joyaux, conservés à Vienne, où ils ont été transférés, en 1797, d'Aix-la-Chapelle. Aujourd'hui la couronne et le sceptre sont les insignes des monarques européens. Le casque et l'écu étaient les insignes de la chevalerie. Les bâtons de maréchaux, le bâton du lord-maire de Londres, et les trois queues de cheval des pachas turcs, sont les insignes de ces différents dignitaires. Les insignes du haut clergé catholique consistent dans le pallium, la mitre, la crosse et l'anneau. La main est l'insigne de la justice, et la hache celle de la juridiction suprême.

On appelle aussi *insignes* les décorations des différents ordres de chevalerie.

INSINUANT, qui sait entrer dans les esprits, et leur faire agréer ce qu'il propose. L'homme insinuant a une éloquence qui lui est propre. Elle a exactement le caractère que les théologiens attribuent à la grâce, *pertingens omnia suaviter et fortiter*. C'est l'art de saisir nos faiblesses, d'user de nos intérêts, de nous en créer ; il est possédé par les gens de cour et autres malheureux. Accoutumés ou contraints à ramper, ils ont appris à subir toutes sortes de formes. *Fiet avis et cum volet arbor*. Ce sont aussi des serpents ; tantôt ils rampent à replis tortueux et lents, tantôt ils se dressent sur leurs plis, et s'élancent, toujours souples, légers, déliés et doux, même dans leurs mouvements les plus violents. Méfiez-vous de l'homme insinuant ; il frappe doucement sur votre poitrine, et il a l'oreille ouverte pour saisir le son qu'elle rend. Il entrera dans votre maison en esclave ; mais il ne tardera pas à y commander en maître, dont vous prendrez sans cesse les volontés pour les vôtres. DIDEROT.

INSINUATION (en latin *insinuatio*, fait de *insinuo*, je fais entrer, et formé lui-même de *in*, dans, *sinus*, sein). Lorsqu'un orateur, qui aspire à capter la bienveillance de son auditoire, est appelé à parler d'une chose ou d'un sujet qui inspire de la répugnance ou de l'éloignement, il se garde bien d'aller droit au but, car il le manquerait infailliblement; mais il commence par présenter à ceux qui l'écoutent un autre objet qui les intéresse, et qui cependant, par ses rapports avec l'autre objet dont il veut parler, prépare heureusement les esprits, les guérit de leurs préventions, et les amène d'une manière insensible à voir d'un œil favorable ce qui les aurait indignés tout d'abord. C'est ce tour d'éloquence qu'on nomme *insinuation*. Cicéron, qui a donné tant de préceptes et de modèles de l'art oratoire, prescrit l'emploi de l'insinuation toutes les fois que celui qui est en cause, ou la cause elle-même, se présente sous des couleurs odieuses. S'agit-il, par exemple, d'un jeune homme dont l'imprudence et l'inconduite ont mérité le blâme universel, eh bien, il faut parler de la considération dont jouit la famille de l'accusé, des vertus et des services de

27

son père, que l'on montre gémissant des erreurs de son fils. Telle est la méthode de l'insinuation. Cet artifice est souvent employé par l'orateur romain, non-seulement dans ses exordes, mais aussi dans ses péroraisons. Tantôt on le voit se présenter lui-même à la place de l'accusé, tantôt il met ses paroles dans la bouche de l'accusé lui-même, tantôt il fait survenir à sa place ses parents, ses amis, sa femme, ou quelque personnage sacré qui semble venir plaider la cause du prévenu. On cite comme modèles d'insinuation le discours de Phénix à Achille pour calmer sa colère, au IXe livre de l'*Iliade*, et surtout la fameuse scène de Narcisse et de Néron, au quatrième acte de *Britannicus*, scène dans laquelle Racine s'est montré le plus insinuant des orateurs. C'est ordinairement dans l'*exorde* que l'insinuation est nécessaire, excepté lorsqu'on veut heurter impétueusement ou des adversaires qui ne méritent point d'être ménagés, ou une proposition totalement dépourvue de sens et de fondement. L'insinuation se pratique de plusieurs manières; elle consiste surtout à plaire, à exciter l'intérêt, à inspirer la confiance. Si l'auditoire est prévenu contre l'orateur, ou contre la cause qu'il doit plaider, c'est alors que l'insinuation est plus difficile, comme plus nécessaire ; son rôle est de composer avec les passions pour les calmer, de céder à l'orage pour le conjurer. L'insinuation, ainsi qu'on l'a remarqué, est comme ces digues flexibles et puissantes, qui résistent par leur souplesse même. CHAMPAGNAC.

INSINUATION (*Droit*). On appelait ainsi dans l'ancien droit l'enregistrement des actes qui devaient être livrés à la connaissance des tiers intéressés. Elle avait lieu au greffe du tribunal compétent. Ces sortes d'insinuations étaient dites *laïques*, par opposition aux insinuations *ecclésiastiques*, qui ne se rapportaient qu'aux actes concernant des matières bénéficiales. L'enregistrement et la transcription en sont l'équivalent dans la législation nouvelle.

Les Romains appelaient *insinuatio* le dépôt des actes que l'on voulait rendre authentiques.

En droit canon, l'*insinuation* était la déclaration de leurs noms et surnoms que les gradués devaient faire tous les ans à leurs collateurs.

INSIPIDITÉ (de la particule latine négative *in*, et *sapere*, sentir, avoir du goût), qualité de ce qui n'affecte point l'organe du goût d'une manière distinguée, comme l'eau parfaitement pure (*voyez* FADEUR). Au figuré, défaut d'agrément, manque de ce qui touche ou de ce qui pique.

INSOCIABILITÉ, INSOCIABLE, caractère de ce qui ne peut être joint, mêlé, ni associé (*insociabilis*). La physique découvre souvent des corps qui sont insociables, des corps qui ne peuvent se lier, se mêler, ni s'accorder.

En parlant des personnes, *insociable* signifie *fâcheux*, *incommode*, avec qui l'on ne peut vivre en société. *Insociabilité*, en ce sens, est synonyme d'*incompatibilité* : « On compte pour rien, dit Montesquieu, les dégoûts, les caprices et l'*insociabilité* des hommes. » Ce dernier mot n'avait point encore obtenu droit de bourgeoisie au milieu du dix-huitième siècle ; il est aujourd'hui d'un usage général.

INSOLATION (du latin *insolatio*, action d'exposer au soleil ; fait de *sol*, soleil). En chimie ce terme est employé quelquefois pour désigner cette exposition au soleil qui est faite pour provoquer l'action chimique d'une substance sur une autre. Une des plus frappantes expériences de ce genre est celle de l'exposition de légumes, comme des feuilles de choux fraîchement cueillies, dans un bocal en verre avec de l'eau : par l'action des rayons du soleil, il se produit alors une grande quantité de gaz oxygène.

En médecine, on emploie ce mot pour exprimer l'action du soleil sur l'économie animale. On s'en sert quelquefois comme moyen thérapeutique, quand on ordonne, par exemple, aux sujets mous et lymphatiques de s'exposer au soleil. L'action du soleil produit ordinairement sur la peau une coloration brune ; parfois l'insolation occasione une inflammation érysipélateuse nommée vulgairement coup de soleil et tout à fait analogue au premier degré de la brûlure.

INSOLENCE. *Voyez* IMPERTINENCE.

INSOLUBILITÉ, propriété particulière que possède un corps solide ou gazeux de ne pouvoir se combiner dans tel ou tel liquide. L'insolubilité n'est que relative. Ainsi l'argent, insoluble dans l'eau, dans l'alcool, se dissout dans le mercure. Souvent aussi un corps insoluble dans un liquide à la température ordinaire devient soluble en élevant la température. Cette dernière considération nous fait entrevoir l'insolubilité du premier corps dans le second ne tient qu'à ce que sa cohésion l'emporte sur son affinité pour ce second corps : l'action du calorique diminue cette cohésion, et rend la combinaison possible.

INSOLVABILITÉ, INSOLVABLE (du latin *in*, préposition négative, et *solvere*, payer). L'insolvabilité est l'état de celui qui ne peut payer ses dettes. Les personnes notoirement *insolvables* ne peuvent devenir adjudicataires des biens qui sont vendus en justice, à peine de nullité des adjudications (*voyez* DÉCONFITURE, FAILLITE).

INSOMNIE. Ce mot, littéralement traduit du latin *insomnia*, désigne la privation du sommeil. Diverses causes produisent l'insomnie, et parmi elles plusieurs ne peuvent être évitées. De ce nombre sont les peines morales : la crainte surtout nous tient éveillés ; la peur du châtiment, qu'on décore du nom de remords, est pour le criminel une cause d'insomnie assez cruelle pour être une punition sévère. Les douleurs physiques qui accompagnent tant de maladies nous privent encore du sommeil, si nécessaire pourtant en pareil cas. Les excitants, en général, qui déterminent un état fébrile, causent l'insomnie, ou du moins troublent le sommeil au point qu'il ne répare point l'énergie nerveuse, autrement appelée *les forces*. Il est certains excitants spéciaux, notamment le café, qui produisent surtout cet effet quand on n'est point habitué à leur action. L'âge exerce sur nous une influence sous ce rapport : les enfants et les jeunes gens dorment longtemps et profondément, tandis que les vieillards sont fréquemment assoupis, mais s'éveillent au plus léger bruit. Toutefois, il n'y a pas de règles absolues à ce sujet : certaines personnes ont le sommeil profond et long durant toute leur vie, tandis que d'autres présentent une habitude contraire. En général, quand l'insomnie nous afflige sans cause connue et à l'improviste, on peut la considérer, ainsi que la fatigue immotivée, l'inquiétude, l'anorexie et d'autres altérations légères de la santé, comme un présage de maladie. Alors elle doit, si elle persiste, éveiller la sollicitude afin d'en chercher l'origine et d'y remédier.

Les moyens propres à nous rendre le sommeil sont les suivants : l'éloignement des causes, s'il est possible ; la soustraction partielle ou totale des excitants des organes des sens, un bain entier à une température plutôt fraîche que chaude, ou un bain de pieds ; quelquefois un repas léger, si on n'en a pas l'habitude, provoque au sommeil ; les occupations monotones, et principalement les lectures dénuées d'intérêt. Dans un grand nombre de cas, il est difficile ou impossible d'écarter les causes qui nous privent du sommeil, ou qui le troublent au point de lui ôter ses effets réparateurs ; en une telle occurrence, on cherche souvent à se soustraire à l'empire de la raison par l'usage du vin ou de quelque autre liqueur alcoolique. C'est un moyen grossier, qui répugne, et qui d'ailleurs a de graves inconvénients. Une autre ressource est l'opium : cette substance produit à des doses modérées une sorte d'ivresse soporative, qui fait oublier momentanément les peines. Au surplus, l'opium a, comme le vin, des inconvénients : on ne peut en user sans beaucoup de réserve, et l'habitude d'ailleurs en détruit les effets. Dr CHARBONNIER.

INSPECTION, INSPECTEUR. L'impossibilité qu'il y a pour le chef de toute administration un peu considérable de voir tout lui-même et de surveiller tous les détails fait qu'il remet ordinairement ce soin à un service spécial, qu'on nomme *inspection*. Les agents investis de cette mission, toute de confiance, se transportent sur les lieux, examinent, comparent, vérifient et adressent leur rapport, en conséquence et sous leur propre responsabilité, à l'autorité qui les a délégués. Ainsi, nous avons des inspecteurs des finances, de l'enregistrement et des domaines, des forêts, des postes, des contributions directes et indirectes, de l'agriculture, de la navigation, de la marine, des ponts et chaussées, des mines, des prisons, des maisons centrales de force et de correction, des établissements de bienfaisance, du travail des enfants dans les manufactures, des poids et mesures, des poudres et salpêtres, des tabacs, des théâtres, des fortifications, des haras, des écoles vétérinaires et des bergeries impériales, des eaux minérales, de la voierie, des bâtiments civils et monuments publics, des beaux-arts, des monuments historiques et antiquités nationales, des halles et marchés, etc. Le décret du 30 janvier 1852 avait créé des inspecteurs généraux et spéciaux de police; ils ont été supprimés par le décret du 5 mars 1853.

L'université a des inspecteurs généraux de l'enseignement supérieur, de l'enseignement secondaire et de l'enseignement primaire. Elle a aussi des inspecteurs d'académie et des inspecteurs de l'instruction primaire; dans l'Église de la confession d'Augsbourg on nomme *inspection* la réunion de cinq Églises consistoriales. Elle se compose du pasteur et d'un ancien de chacune des Églises de sa circonscription. Les inspecteurs ecclésiastiques sont nommés par le gouvernement, sur la présentation du directoire.

[Au point de vue militaire, le terme *inspecteur* a en des significations fort diverses : le mot, d'abord purement générique, ne s'est caractérisé qu'à l'aide de quantité d'épithètes ou de génitifs : ainsi, les hôpitaux, les poudres, certaines manufactures d'armes, certaines fabriques d'étoffes, ont été soumis à la surveillance d'inspecteurs spéciaux; ainsi, il y a eu des inspecteurs en chef, des inspecteurs généraux, des inspecteurs particuliers; ainsi l'infanterie, la cavalerie, le génie, la maréchaussée, les ingénieurs géographes, la gendarmerie, la garde royale, ont eu des inspecteurs, qu'il faut se garder de confondre avec les inspecteurs aux revues. Décrire toutes ces particularités serait entreprendre un travail beaucoup trop technique, une grande partie de ces fonctions n'est, d'ailleurs, déjà plus qu'une vieille question d'histoire. De tous les fonctionnaires appelés *inspecteurs*, les inspecteurs aux revues ont joué le rôle le plus important, le plus permanent, le plus essentiel au jeu de la machine administrative. Créés au commencement du siècle, par le système d'organisation de Bonaparte, ils ont peu survécu à la chute du grand capitaine. Ils avaient été dotés d'une partie des attributions dont le commissariat avait été dépouillé; ils avaient vécu parallèlement avec lui, mais chargés de la branche la plus relevée de l'administration, le *personnel*. La suppression des inspecteurs aux revues, décidée en principe en 1817, en même temps que celle des commissaires des guerres, occasionna une refonte, un amalgame, qui, faisant revivre à peu près des errements du dernier siècle, donna naissance au système appelé l'*intendance militaire*.

Ce qui peut être de quelque intérêt ici, c'est uniquement le tableau succinct de l'institution des inspecteurs de troupes, connus dans les documents officiels, suivant les temps, sous le titre d'*inspecteurs, inspecteurs généraux, inspecteurs d'armes*. Étrangers d'abord à l'administration, ils dirigeaient l'organisation et la police : aussi s'appelèrent-ils également *directeurs*. Vers la fin du quatorzième siècle, un essai d'inspection eut lieu ; les soins en furent confiés aux lieutenants du grand-maître des arbalétriers et aux maréchaux de France, dont on ne peut donner approximativement idée qu'en les assimilant aux maréchaux de camp de Louis XV et de Louis XVI. François Ier créa passagèrement inspecteurs, c'est-à-dire examinateurs de troupes, des seigneurs, qui dans l'accomplissement de leurs fonctions ne pouvaient être guidés que par leur seul bon sens, aucun précepte officiel, aucun principe écrit, n'existant encore. Sous Henri II, la qualification d'inspecteur fut ajoutée à celle de quelques maréchaux de camp ou de quelques mestres de camp; le détail des grandes *monstres* (on appelait ainsi les revues) était de leur ressort. Des sergents de bataille furent ensuite chargés de travaux du même genre, et s'en acquittèrent jusqu'à la paix des Pyrénées. Louis XIV, sous lequel commencèrent à se classer les armes, c'est-à-dire le personnel des troupes, mit réellement en fonctions de véritables inspecteurs : l'un fut chargé de l'infanterie : c'était Martinet, colonel du régiment du roi ; des mestres de camp devinrent des inspecteurs de cavalerie : ce furent Fonvielle et Desfourneaux. Martinet, auquel on doit les premières idées en fait de campement, les premières applications raisonnées de la tactique, exerça seul à l'égard de l'infanterie jusqu'en 1678. Il y eut alors plusieurs inspecteurs, et de simples majors furent décorés de ce titre; ensuite des officiers généraux furent préposés seuls à l'exercèrent, tantôt par armes, tantôt suivant des dispositions différentes, opérant par circonscription territoriale, indépendamment des armes. La prépondérance des colonels, jusque là petits souverains dans leurs corps, avait infiniment décru depuis l'établissement de ces inspecteurs ; de même, la puissance et l'importance des commissaires des guerres s'affaiblit sensiblement dès que leurs opérations furent soumises au contrôle des inspecteurs. Le système d'organisation de l'armée prussienne de Frédéric II fut une imitation, un raffinement, de ce mécanisme militaire des dernières années du règne de Louis XIV.

Maintenant, un inspecteur général d'infanterie française est ordinairement un général de division, qui opère en vertu d'un livret d'inspection, se rend au lieu où stationne chacun des corps qu'il a mission d'inspecter, recueille les états de revue qu'il a ordonné de dresser, rassemble les hommes sur le terrain, s'assure de leur effectif, de leur instruction, de leur tenue, et, sur le vu des pièces qui lui sont fournies, juge de la régularité des admissions, de la légalité des renvois, de la justice des récompenses, de la nature des punitions, de l'état des armes, de la qualité du matériel. Président supérieur du conseil d'administration, examinateur de toutes les opérations dont l'intendance a déjà préparé et visé le travail, il y siège la plume à la main, constate la validité des pièces, la justesse des allégations, l'observance de tout le dispositif des lois, vérifie les entrées en caisse et en magasin, les sorties, les dépenses, les pertes, recherche la concordance des délibérations, des pièces comptables, des opérations administratives, se montre, enfin, dans le cercle complet de ses fonctions, le gardien des ordonnances, le père des soldats, le surveillant de leur bien-être, le défenseur de leurs droits, le répartiteur de leurs récompenses méritées, l'âme de leur discipline, et l'interprète de leurs vœux, de leurs réclamations, dont il rédige le tableau pour le soumettre au gouvernement et au ministère.

Gal Bardin.]

INSPIRATION (de *in*, dans, et *spirare*, souffler). On exprime par ce mot une des actions organiques dont la fonction de la respiration se compose, celle par laquelle l'air atmosphérique pénètre dans les poumons, afin de servir à la sanguification : c'est le temps opposé à l'*expiration*.

INSPIRATION. On se sert de ce mot, au figuré, en parlant des sentiments, des pensées, des desseins qui semblent naître spontanément dans le cœur, dans l'esprit, et qui paraissent en quelque sorte *soufflés* par le génie, l'enthousiasme, la divinité elle-même. En effet, l'inspiration semble si sublime à l'homme, qu'il est porté à l'attribuer à une puissance surnaturelle. Par l'inspiration, la pensée sort de ses régions habituelles ; elle trouve d'abondance des images, des expressions, des mouvements magnifiques ; elle semble toucher au beau idéal. L'inspiré croit voir les ténèbres de la nature se dissiper pour lui ; sa tête se trouble, et dans une sorte d'ivresse il pénètre les plus profonds secrets de l'humanité. Comment ne placerait-on pas au-dessus du vulgaire le poëte, l'artiste, le prophète, la sibylle qui parle ou crée d'inspiration? Comment ne pas croire que c'est un Dieu qui agit en eux? En tout cas, l'inspiration est un don divin; on la reçoit, mais on ne l'acquiert pas : néanmoins, le travail peut contribuer à la conserver et à l'ennoblir.

INSPIRATION ou **THÉOPNEUSTIE** (*Théologie*). On appelle ainsi, d'une part, une communication immédiate, par conséquent surnaturelle, de Dieu avec les hommes, opérée par le souffle de son esprit, de l'autre l'état de ceux qui agissent sous l'influence inspiratrice de l'Esprit divin. Une idée qu'on trouve universellement répandue dans l'antiquité païenne et juive, c'est que les sages, les artistes, les poëtes, en général tous les hommes véritablement grands, étaient en rapport avec la divinité et placés sous son influence inspiratrice, de même que c'était de Dieu lui-même que les savants tenaient le don de parler de lui et des choses divines (*voyez* RÉVÉLATION). Aussi tous les fondateurs de religion ont-ils prétendu avoir été immédiatement instruits par Dieu lui-même. Les *voyants* ou *prophètes* un état de sainte sujétion spirituelle; et dans le Nouveau Testament, la sainte écriture de l'Ancien Testament est désignée comme ayant été inspirée par Dieu lui-même, en tant que les saints de Dieu ont parlé sous l'inspiration de l'Esprit Saint. Suivant l'opinion des rabbins et celle de Philon, la loi mosaïque provient du ciel, et l'Ancien Testament est une œuvre de l'Esprit Saint, pour l'intelligence de laquelle il faut encore, suivant Philon, l'inspiration.

Le mot *théopneustie* fut employé surtout par Origène et par saint Jean Chrysostome; et ce dernier s'en servit dans le sens d'inspiration divine. L'Église latine se servit du mot *inspiratio*, que Tertullien appliqué ordinairement aux livres de l'Écriture, et qu'on rencontre souvent aussi dans la Vulgate, où il est question du souffle ou de l'inspiration de Dieu. La langue de l'Église primitive employait en général volontiers l'expression d'inspiration de l'Écriture Sainte; et sous ce rapport Athénagore compare l'Esprit Saint à un joueur de flûte, de sorte que l'auteur n'est à ses yeux que l'instrument dont se sert l'Esprit Saint. Dans la théologie de la période postérieure, la signification dominante du mot *inspiratio* fut celle de *suggestion de l'Esprit Saint*, encore bien que d'ordinaire la scolastique comprit sous cette dénomination toute espèce de révélation. Dès lors on ne traça point une distinction assez précise entre les mots *inspiration* et *révélation*, que souvent même l'on confondit. On regarda comme agent réel de l'inspiration l'Esprit divin, en tant que force et personne divine ; et on employa pour cela les termes *Dieu, Logos, Esprit Saint* ou *divin*, dans une signification absolument identique. Toutefois, on ne considéra l'influence de l'Esprit Saint que comme une force divine; et en même temps on soutint, contre les mystiques et les fanatiques, que dans l'inspiration des prophètes ou des auteurs de l'Écriture Sainte il n'y avait point eu communication ou réunion de la substance divine avec l'homme. On se représentait plus ou moins rigoureusement le mode suivant lequel cette influence opérait. D'après l'opinion la plus rigoureuse (et c'était celle de saint Justin, martyr, d'Athénagore, de Théophile et d'Origène, etc.), les écrivains sacrés n'avaient été à proprement parler que des instruments de Dieu, qui n'avaient plus eu la conscience d'eux-mêmes et qui avaient cessé d'être maîtres d'eux-mêmes : aussi les qualifiait-on d'*organa*, mus à volonté par la force divine. D'après l'opinion la moins rigoureuse (et c'était celle de saint Épiphane et de saint Augustin), il n'y avait dans l'inspiration qu'une assistance divine. Cette idée fut accueillie et se répandit d'autant plus aisément dans l'Église, qu'elle paraissait plus propre à démontrer, à l'encontre des fanatiques, que le prophétisme n'avait point été un enthousiasme fanatique, n'ayant pas même la conscience de soi. Toutefois, il existait aussi dans l'Église primitive une idée, qu'on peut considérer comme la théorie de l'inspiration du Nouveau Testament, à savoir, que l'auteur du Nouveau Testament avait été plein de l'Esprit Saint (ainsi pensaient Novatien et Tertullien). Mais à cet égard on poussa les choses si loin, que ce ne fut pas seulement le sujet, l'ensemble, mais les mots isolés, jusqu'aux simples syllabes et même les lettres qu'on considéra comme inspirées. Avec de telles idées, on ne laissa pourtant pas de tomber en même temps dans d'étranges inconséquences, qui se perpétuèrent dans l'Église jusqu'au dix-septième siècle.

Chez les scolastiques, la théorie de l'inspiration demeura sans développements ultérieurs. Ce qui s'y opposa, ce fut, avant tout, la tendance et l'intérêt du clergé à soumettre de plus en plus l'autorité de l'Écriture Sainte à celle de l'Église. Dans ce but, l'Église s'attacha toujours avec une sollicitude extrême à ce que l'on ne poussât pas au-delà de certaines limites les discussions sur la nature de l'inspiration et à ce qu'on les restreignit, au contraire, dans un cercle de formules générales. Un fait bien remarquable, d'ailleurs, c'est que dans l'Église primitive jusqu'au moment où la théorie de l'inspiration fut consacrée comme dogme, on ne rencontre pas de démonstration proprement dite en faveur de l'inspiration de l'Écriture Sainte, mais de temps à autre de simples allusions à cette donnée. On se référait tantôt à des passages de la Bible, et de préférence à II Tim., 3, 16; tantôt à l'efficacité de la parole écrite, tantôt à l'accord existant entre l'Ancien et le Nouveau Testament; tantôt, enfin, à ce principe qu'il n'y a que l'autorité de l'Église, comme possédant seule la *théopneustie*, qui s'est conservée par la tradition (et en faveur de laquelle on ne donne pas d'ailleurs d'argument), qui puisse prouver l'inspiration de l'Écriture Sainte. Or, c'est cette opinion que l'Église catholique soutient et enseigne encore aujourd'hui.

Bien que les réformateurs du seizième siècle rejetassent d'une manière absolue, en cette matière, les opinions de l'Église catholique appuyées sur la tradition, et soutinssent énergiquement qu'il n'y avait point d'autre autorité pour le dogme que celle de l'Écriture Sainte, on ne trouve cependant point chez eux, au sujet de l'inspiration, l'opinion rigoureuse qui se fit jour plus tard. Quand ils prêchent l'autorité absolue de l'Écriture, Luther et Mélanchthon en ont surtout en vue le sens et l'esprit. Cependant Luther, comme le prouve sa discussion avec Zwingle à propos de la communion, finit par adopter l'opinion de l'autorité de la lettre même. Les livres symboliques de l'Église luthérienne ne s'expliquent pas sur l'inspiration; on n'y trouve que des assertions se rattachant aux termes employés par la langue de l'Église primitive.

INSPRÜCK (en allemand *Innsbrück*; en latin *Œnipontium*, passage de l'Inn), chef-lieu de la principauté du Tyrol, à l'embouchure de la charmante rivière de Sill dans l'Inn, qu'on y traverse sur deux ponts, est bâtie dans une situation ravissante, au centre de la vallée si pittoresque de l'Inn, que termine au nord une chaîne de montagnes hautes de 2 à 3,000 mètres. On y compte une population de 13,107 habitants, non compris la garnison, forte de 3,000 hommes; onze églises, dont la plus remarquable est celle des Franciscains, contenant divers tombeaux de personnages célèbres, et où, le 3 novembre 1651, la reine Christine de Suède abjura le protestantisme pour embrasser le catholicisme. Cette ville, où l'on trouve d'importantes manufactures de soie, de coton, de gants, de coutellerie et de cire, est aussi le centre d'un commerce de transit des plus actifs entre l'Allemagne et l'Italie. Elle est le siège d'une cour d'appel, d'un commandement militaire, d'une université et d'un collège qui compte 350 élèves et 22 professeurs.

L'affaire de l'insurrection dirigée par André Hofer dont le Tyrol fut le théâtre en 1809, et qui avait pour but d'en expulser les Français et les Bavarois, Insprück fut successivement pris et repris par les deux partis, et souffrit beaucoup des dévastations, suites inévitables de la guerre. Non loin de cette ville on trouve la magnifique abbaye de Prémontrés de Wiltau, et le beau château d'Ambras.

INSTALLATION (du latin *installatio*, dérivé de *stallum*, siège, chaire, dont on a fait *installo*, pour in-

stallum mitto, placer quelqu'un sur le siége qu'il doit occuper), action de mettre quelqu'un solennellement en possession d'une place, d'un emploi, d'une dignité, comme un président de tribunal ou de cour, un curé, etc.

En marine, l'*installation* d'un navire s'entend du parfait arrangement de tout ce dont il est muni pour naviguer; c'est en quelque sorte son économie intérieure. On dit qu'un navire est bien ou mal *installé* selon que son gréement, ses emménagements, ses appareils sont plus ou moins commodément disposés pour un service actif et pour l'ordre et la bonne tenue. L'installation diffère suivant le service des vaisseaux, suivant les pays qu'ils doivent fréquenter, etc.

INSTANCE. On nomme ainsi l'action intentée devant un tribunal civil. La demande *introductive d'instance* est celle qui saisit le juge d'une cause. Une instance peut être déclarée périmée si le demandeur reste trois années entières sans faire aucun acte de procédure. L'instance est prescrite au bout de trente ans. Mais tant que la péremption n'en aura pas été demandée ou tant que la prescription n'aura pas été acquise, le demandeur pourra toujours raviver son action en assignant son adversaire en *reprise d'instance*.

Le mot *instance* se prend aussi pour désigner la juridiction : être en *première instance*, c'est-à-dire plaider devant le tribunal du premier degré. Nous appelons même les tribunaux civils qui ont la compétence générale *tribunaux de première instance*, bien qu'ils prononcent souvent par appel sur les décisions d'une autre juridiction, la justice de paix. On ne dit pas *seconde instance*, mais *appel*.

Instance, en termes de scolastique, signifie un nouvel argument qui a pour objet de détruire la réponse faite aux premiers (*voyez* INDUCTION).

IN STATU QUO. *Voyez* STATU QUO.

INSTINCT. Dans l'instinct consiste la première conséquence vitale de l'organisation et, pour ainsi dire, l'essence de l'individualité animale ou végétale. Ce n'est pas seulement une faculté, une force, c'est une nécessité qui résulte de tel ou tel mode d'agrégation des molécules élémentaires dont se doit composer une créature pour cesser d'être réputée brute. Dès que l'organisation se manifeste, l'instinct en émane indispensablement et proportionnellement à mesure qu'elle se complique; toute stimulation intérieure en devient alors une conséquence. Il se modifie selon cette forme essentielle qui constitue l'être, et détermine celui-ci vers les fins qui lui sont convenables; forme sur laquelle, depuis Aristote, l'aveugle métaphysique a tant glosé, mais que Cuvier, parce qu'il était naturaliste, a bien caractérisée en disant : « La forme du corps vivant lui est plus essentielle que la matière. » En effet, cette forme détermine premièrement les phénomènes instinctifs, et par suite les phénomènes intellectuels, qu'il faut se garder de confondre.

On a beaucoup raisonné, ou plutôt déraisonné, sur l'instinct, que les philosophes de l'ancienne *Encyclopédie* regardaient uniquement comme « le principe qui dirige les bêtes dans leurs actions ». Le *Dictionnaire de l'Académie* le définit ainsi : « *Sentiment*, mouvement intérieur, qui est naturel aux animaux, et qui les fait agir sans le secours de la réflexion; la nature a donné à tous les animaux l'instinct de leur propre conservation ». Au mot *sentiment* près, en comprenant l'homme au nombre des animaux, cette définition est assez bonne, ou du moins préférable à tout ce qu'a imaginé l'École de Condillac, entre autres, quand elle a prétendu n'y voir « qu'un commencement de connaissance, ou simplement l'*habitude*, *privée de réflexion* ». Buffon surtout en faisait l'attribut de l'animalité, en nous réservant exclusivement l'intelligence; mais l'intelligence est-elle autre chose qu'un développement de l'instinct? Descartes avait été encore plus loin : il voulait bien avoir une âme, encore qu'on l'ait soupçonné de matérialisme, mais il voulait que les animaux fussent de simples machines, non-seulement dépourvues d'instinct, mais encore de sensibilité!... Il eût volontiers soutenu que les chiens disséqués vivants par ces physiologistes qui expérimentent sur leurs viscères ne le sentent pas et poussent des gémissements comme l'orgue de l'église Saint-Roch joue des airs sacrés ou profanes !.. Ce sont de telles absurdités que sur l'autorité du maître, et suivant l'école à laquelle ils appartiennent, de graves disciples admirent comme de sublimes découvertes, et qu'ils appellent tout au moins « les rêves encore sublimes du génie » quand, la déraison en devenant par trop évidente, il devient nécessaire d'employer certaines précautions oratoires pour la colorer. L'instinct est aux êtres organisés comme le son ou la pesanteur est aux corps bruts. En effet, il ne se peut faire que tel ou tel arrangement de molécules métalliques, par exemple, ne produise tel ou tel bruit par la percussion, ou qu'un poids ne fasse pencher le bassin d'une balance, s'il vient à s'y trouver en opposition avec quelque autre plus léger. De même, il ne se peut faire qu'un être organisé n'appète aux choses dont sa conservation dépend, et n'évite, autant qu'il lui est possible, ce qui lui pourrait nuire.

C'est à chercher ainsi qu'à saisir cette distinction que l'instinct détermine, parce qu'il est en quelque sorte l'âme ou la première faculté dont l'organisme soit le moteur. Il est plutôt un effet qu'un principe, et on le reconnaît jusque pour aller pomper de l'autre côté l'humidité nécessaire au développement d'un végétal; que les deux sexes se rapprochent dans la valisnérie, ainsi que deux filaments dans les salmacis; que les rameaux se redressent dans la position verticale quand l'arbre est abattu; que, dans les serres, toutes les branches, ainsi que les oscillaires des marais, se dirigent vers la lumière; et, selon un plus grand développement d'organisation, c'est toujours par lui que les polypes se recomposent, et sans yeux saisissent la proie qu'ils se doivent assimiler, ou se contractent quand le moindre danger les menace; qu'une larve d'insecte, à laquelle ses pères et mères ne furent jamais connus, obéit aux mêmes habitudes spécifiques qu'eux, après avoir comme deviné leurs habitudes; que l'oiseau fait entendre le cri ou le chant propre à son espèce, l'élevât-on en cage, loin du couple qui le procréa; enfin, que le petit des mammifères saisit de ses lèvres inexpérimentées le mamelon qui le doit nourrir, sans que le mécanisme de la succion ait pu lui être révélé par une autre impulsion que celle de l'instinct. Ce véritable sens commun organique et primitif détermine, porte, pousse vers l'objet nécessaire la créature qu'avertit un besoin quelconque : il avertit aussi du danger. L'effroi conservateur et les appétits stimulants du courage sont entièrement de son domaine.

L'instinct est si bien un effet indispensable de l'organisation, qu'il se manifeste avant qu'aucun raisonnement ait pu avoir lieu chez les êtres où l'état parfait doit déterminer une certaine élévation d'intelligence. Ainsi, le poulet sait à propos briser la coque de l'œuf qui le tenait emprisonné, et choisir le grain le plus convenable à son estomac; ainsi, la progéniture de la tortue marine, abandonnée dans le sable du rivage où le flot n'atteint jamais, choisit l'élément qui convient à son existence dès que les rayons du soleil l'ont fait éclore, et, loin de s'égarer sur la terre, se précipite dans les flots par la ligne la plus courte; ainsi, le fœtus de l'homme s'agite dans l'utérus, afin d'y prendre la situation où ses membres, encore flexibles, se sentent le plus à l'aise. Ce sont de tels actes, purement instinctifs, où l'habitude et le sentiment ne sauraient entrer pour la moindre part, qui avaient suggéré à l'antiquité le système des idées innées, système que des modernes ne manquèrent pas de renouveler; et l'on doit remarquer à ce sujet qu'il est peu d'observations justes dans le fond où l'esprit humain, poussé par les contradictions qui l'assiègent, n'ait trouvé quelques sources d'erreur.

Ce sont les animaux communément regardés comme les moins parfaits qui nous offrent l'apparence des effets les plus extraordinaires de l'instinct; non que cet instinct soit chez eux absolument le seul mobile de pratiques singulières, car, étant toujours en raison de la complication des organes, il ne peut être que borné, mais parce que ces bornes mêmes, limitant l'exercice de l'instinct à des actes que nulle cause d'aberration ne saurait troubler, ces actes paraissent toujours identiques et inaltérables. En considérant, par exemple, la nombreuse classe des insectes, où chaque nouveau-né, n'ayant reçu d'enseignement que de ces incitations résultant de la contexture qui lui est propre, pratique néanmoins l'industrie de ses devanciers, avec lesquels il ne fut jamais en rapport, on dirait de petites machines montées à telle ou telle fin déterminée, comme une montre, qui, n'étant composée que pour marquer les heures, ne pourrait indiquer les minutes, les secondes, les jours de la semaine et les phases de la lune, les rouages nécessaires pour de tels résultats ne lui ayant pas été donnés.

A mesure que l'être organisé s'élève en complications et que le nombre des sens s'accroît en lui, les effets constants et saillants qui résultent de la combinaison de peu d'organes se fondent, pour ainsi dire, en s'amalgamant dans de nouvelles facultés, et l'instinct, comme fécondé par un surcroît de perceptions, devient agent dans le jugement même qui résulte de la comparaison des objets perçus; il s'élève insensiblement par les opérations de la mémoire pour devenir l'intelligence, laquelle n'est pas l'attribut de l'homme seul, puisqu'il est tant d'hommes à qui la nature la refusa, et qu'on en voit des marques évidentes dans toutes les créatures en proportion du développement des sens dont elles furent dotées et du mode d'exercice qu'elles en peuvent faire. L'instinct doit donc varier de nature et d'étendue selon les changements qui surviennent dans l'état physique de chaque être : ainsi, l'instinct de la chenille ne saurait être celui du papillon, ni l'instinct du têtard celui de la grenouille, ni l'instinct du fœtus humain, cherchant ses aises dans le sein de sa mère, celui de l'homme, lorsque le développement finit par donner tout d'empire à son intelligence, qu'à peine l'instinct conserve quelque influence dans ses décisions. Mais toutes les créatures où se groupent des organes différents, si leurs métamorphoses n'y ajoutent pas des sens nouveaux, peuvent avoir, selon les divers états par où elles passeront, un seul mode d'intelligence, au moyen duquel, comme le Tyrésias de la mythologie, qui fut alternativement homme et femme, le papillon se rappellera en voltigeant qu'il rampa, et le batracien quadrupède qu'il fut poisson, tandis que l'homme ne conservera aucune mémoire de ce qu'il était avant que ses poumons s'ouvrissent aux impressions de l'air et ses yeux à la lumière. De là ces modifications de l'instinct par l'intelligence, selon les soustractions ou les additions qu'introduit la nature dans l'économie organique : et l'instinct, cause déterminante interne de l'intelligence, est ici bien la première source de celle-ci, qu'on l'anéantit en modifiant l'instinct. Les belles expériences physiologiques de MM. Magendie et Flourens l'ont assez prouvé : ces savants nous ont montré tel effet produit par tel organe agissant hors d'équilibre, ou s'exerçant seul d'une façon excessive après l'ablation de l'organe qui devait agir en contre-poids, et la vie diminuant ou changeant de mode sous leur scalpel investigateur.

Il paraît que de la combinaison des facultés instinctives et des perceptions qui viennent par les sens (combinaison qu'opère l'introduction d'un système nerveux dans les machines vivantes) naissent, à leur tour, les facultés intellectuelles; et ces qu'un certain équilibre vient à s'établir entre l'intellect et l'instinct, chez la créature convenablement organisée, brille enfin la raison, cette raison, terreur des fourbes, force des sages, régulatrice irrésistible, qui ne saurait tromper; le plus éminent, mais le plus rare des attributs de l'animalité portée au plus haut terme de combinaisons organiques; admirable résultat de la généralisation des idées dans une machine où les moindres parties doivent être en harmonie pour la produire saine et complète; trop peu consultée, et contre laquelle s'élèvent avec une fureur déplorable de faux docteurs, qui la proclament d'une part une émanation divine, quand ils sont parvenus à la fausser, et de l'autre une source pernicieuse d'incrédulité lorsque, s'affranchissant des entraves ou des sophismes dans lesquels ils la voudraient enchaîner, elle se montre sublime et s'exerce dans la plénitude de sa force et de sa liberté.

Bory de Saint-Vincent, de l'Académie des Sciences.

INSTITUT DE FRANCE. La Convention, qui, en 1793, avait ordonné la suppression de toutes les académies et sociétés littéraires patentées ou dotées par la nation, songea bientôt à les réorganiser sur un plan plus large, plus philosophique, en les remplaçant par un institut, embrassant toutes les branches des connaissances humaines. La constitution de l'an III (1794) portait, à l'article 298 : « Il y a pour toute la république un *Institut national*, chargé de recueillir les découvertes, de perfectionner les arts et les sciences. » En exécution de cet article, la loi sur l'instruction publique, décrétée le 25 octobre 1795, dans l'avant-dernière séance de la convention, règle comment ce but devra être atteint. L'Institut fut composé de 144 membres résidant à Paris et d'un pareil nombre d'associés répandus dans les différentes parties de la république, sans compter 24 savants étrangers, qu'il associa à ses travaux. Il fut divisé en trois classes, et chaque classe en plusieurs sections. La 1re classe, dite des Sciences physiques et mathématiques, comprit 10 sections (60 membres résidants, 60 dans les départements); la 2e classe, dite des *Sciences morales et politiques*, avait 6 sections, 36 membres résidants, 36 dans les départements; la 3e classe, dite de Littérature et Beaux-Arts, se partageait en 8 sections : elle comprenait 48 membres résidants, 48 dans les départements. Pour sa première formation, le Directoire nommait 48 membres, qui élisaient les 96 autres, et les 144 réunis choisissaient les associés. Mais une fois l'Institut organisé, lui seul devait pourvoir aux places vacantes, sur une liste au moins triple, présentée par la classe où il y aurait une vacance.

Le 20 novembre 1796 (29 brumaire an IV), le Directoire nomma les membres devant former le noyau de l'Institut. Le 6 décembre, ces 48 membres, parmi lesquels on remarquait des noms illustres de l'époque et trois artistes dramatiques, Molé, Préville et Monvel, furent installés au Louvre, où ils s'occupèrent immédiatement de l'élection de leurs collègues et de la rédaction d'un projet de règlement, qui, présenté au Corps législatif par Lacépède, le 21 janvier 1797, fut approuvé par un décret du 4 avril suivant. En l'an v (1797) cinq membres de l'Institut, Carnot, Barthélemi, Pastoret, l'abbé Sicard et Fontanes, furent déportés par suite du coup d'État du 18 fructidor. En vain un de leurs collègues, Delisle de Sales, eut le courage de publier un *Mémoire à l'Institut* pour réclamer leur réintégration; elle n'eut lieu qu'après le 18 brumaire, et à la suite d'orageuses séances dans le sein de l'Institut. Le 21 septembre 1797, une députation de ses membres vint lire à la barre du Corps législatif le compte-rendu de ses travaux de l'année, lequel fut imprimé par ordre des deux Conseils. Le 25 décembre, le général Bonaparte fut élu membre de l'Institut (1re classe, section de mécanique). En 1798 l'Institut présenta au Conseil des Anciens son rapport sur l'établissement du système métrique.

La Constitution de l'an VIII (1800) maintint l'Institut. Le 4 mars 1802, un arrêté du premier consul ordonna qu'il lui serait fait par les trois classes un rapport sur l'état et les progrès des sciences, des lettres et des arts depuis 1789. L'année suivante, la classe des sciences morales et politiques fut supprimée. Malgré cette suppression, le nombre des classes, qui était de trois, fut porté à quatre : 1re, *Sciences physiques et mathématiques*; 2e, *Langue et Littérature françaises*; 3e, *Histoire et Littérature anciennes*; 4e, *Beaux-Arts*. Il y eut un remaniement pour la répartition des membres entre ces quatre classes. A la 1re fut, en outre, ajoutée une section de géographie et de navigation; ce qui porta le nombre des membres résidants à 63 ; la 2ᵉ classe fut composée de 40 membres ; la 3ᵉ, d'un pareil nombre : elle put avoir 8 associés étrangers, et 60 correspondants ; la 4ᵉ, composée de 28 membres résidants, 8 associés étrangers, 38 correspondants, fut divisée en 5 sections. Un arrêté du 26 janvier 1803, signé *Bonaparte*, contient la nomination des membres des différentes classes : lui-même figure dans la première, et son frère Lucien dans la seconde. Un autre arrêté, du 23 janvier 1804, défend aux *correspondants* de prendre le titre de membre de l'Institut et d'en porter le costume.

Vers cette époque disparaissent les secrétaires temporaires, pour céder la place à des secrétaires perpétuels. Les premiers furent Delambre et Cuvier, Suard, Dacier et Le Breton. Élus dans chaque classe par leurs collègues, confirmés par le premier consul, ils remplirent tous leurs fonctions jusqu'au rétablissement des académies, en 1816, où ils furent tous appelés à les continuer, sauf Le Breton, qui, remplacé par Quatremère, alla fonder à Rio-de-Janeiro l'Académie des Beaux-Arts du Brésil. Le traitement des membres de l'Institut avait été fixé à 1,500 francs sous le consulat.

Une des premières pensées de Napoléon, parvenu à l'empire, fut l'institution des *prix décennaux*. En 1806, l'*Institut national* quitte ce titre pour prendre dans son annuaire celui de *France*, et dans l'Almanach impérial celui d'*Institut des Sciences, Lettres et Arts*. Un décret du 25 avril 1807 institue la commission du *Dictionnaire de la langue des beaux-arts*, ouvrage qui n'a jamais vu le jour. La même année est créée la commission pour la continuation de l'*Histoire littéraire de France*, commencée par les Bénédictins. En 1811, l'Institut prend enfin le titre d'*impérial*. En 1814, il devient *royal*, à la suite de la chute de l'empire. La collection des mémoires publiés par l'Institut jusqu'en 1816 se compose de 25 volumes in-4°, dont 14 pour la classe des sciences, 5 pour la classe des Sciences morales, 5 pour la classe de littérature et Beaux-Arts, 3 pour la base du système métrique, 2 pour les savants étrangers.

A la seconde restauration, l'Institut est réorganisé. Par ordonnance contresignée Vaublanc et Barbé-Marbois, les dénominations des quatre classes sont remplacées par les noms des anciennes académies ; 1° Académie Française ; 2° Académie des Inscriptions et Belles-Lettres ; 3° Académie des Beaux-Arts ; 4° Académie des Sciences. Le lien qui les unissait est rompu ; on porte atteinte à l'inamovibilité des membres : on en expulse plusieurs, d'autres sont imposés par le pouvoir, et les titres littéraires ou scientifiques ne sont pas plus comptés pour la faveur que pour la disgrâce. L'Institut est conservé avec son titre ; mais il cesse d'exister comme corps organisé tel que l'avait compris sa fondation.

Le gouvernement de Juillet ne touche à l'Institut que pour rétablir, par ordonnance du 26 octobre 1832, sur le rapport de M. Guizot, ministre de l'instruction publique, l'ancienne classe des Sciences morales et politiques sous le nom d'Académie, comme les autres classes. Le gouvernement y rappelle les dix membres et les deux correspondants, devenus depuis membres de l'Institut, qui en faisaient partie à l'époque de la suppression, et déclare qu'ils seront chargés de compléter le nombre de trente par des élections successives.   Eug. G. DE MONCLAVE.

Au mois d'avril 1855, un décret impérial a modifié l'organisation de l'Institut, redevenu *impérial*, après avoir encore été pendant quelques années *national*. Désormais les séances générales auront lieu à la Saint-Napoléon. Un prix annuel de 10,000 fr. sera donné à l'invention la plus utile faite dans les cinq dernières années. Il est ajouté une section de *Politique, administration et finances* à l'Académie des Sciences morales et politiques. Cette section sera composée de dix membres, qu'un décret a nommés pour la première fois.

INSTITUT D'ÉGYPTE, nom sous lequel on désigne la *commission des sciences et des arts* qui fit partie de l'expédition d'Égypte. Elle eut d'abord pour chefs Monge et Berthollet. Son personnel comprenait : 1°, pour les *sciences mathématiques et leurs applications*, 4 géomètres, 3 astronomes, 3 mécaniciens, 12 auxiliaires ; 2°, pour le *génie civil*, 19 ingénieurs des ponts et chaussées, 13 ingénieurs géographes, 4 ingénieurs des mines ; 3°, pour les *sciences naturelles*, 7 chimistes, 3 zoologues, 3 botanistes, 4 minéralogues ; 4°, pour la *littérature*, 2 antiquaires, 8 orientalistes, 2 littérateurs ; 5°, pour l'*art de guérir*, 5 médecins et chirurgiens, 2 pharmaciens principaux, outre le corps médical et chirurgical de l'armée ; 6°, pour les *beaux-arts*, enfin, 2 musiciens, 4 architectes, 5 peintres et dessinateurs, 1 sculpteur, 1 graveur, à qui il faut joindre 2 élèves de l'École Polytechnique, non encore classés, et 2 typographes en chef. Dans ce personnel on citait Bonaparte, Andréossy, Costaz, Fourier, Girard, Desgenettes, Dubois, Geoffroy, Larrey, Caffarelli, Desaix, Denon, Parseval, Kléber, Redouté, Lepère, etc.

A peine le débarquement eut-il eu lieu, en juillet 1798, sur les côtes d'Afrique, que les travaux de l'Institut d'Égypte commencèrent ; les ingénieurs des ponts et chaussées relevèrent toute la côte ; les ingénieurs géographes décrivirent Alexandrie ; les astronomes déterminèrent la longitude et la latitude du Phare et de plusieurs autres points principaux : en moins de deux mois, le grand plan géométrique des trois villes grecque, arabe, turque, et de leurs environs, était réduit aux deux cartes qui figurent dans la *Description de l'Égypte*. Puis, l'Institut se constitua au Caire ; il tint sa première séance sous la présidence de Monge, et se divisa en quatre sections : mathématiques, physique, économie politique, arts. Chacune se composait de 12 membres ; les procès-verbaux étaient envoyés à l'Institut de France Monge fut élu président, Bonaparte vice-président, Fourier secrétaire perpétuel.

Dès que l'armée fut maîtresse de l'Égypte inférieure, les travaux scientifiques prirent partout un nouveau développement ; les membres de l'Institut, partagés en diverses sections, suivirent les divers corps d'armée dans toutes leurs expéditions, parcoururent et étudièrent dans tous les sens le sol de l'Égypte, relevant, dans les marches, les positions astronomiques, faisant des fouilles dans les haltes, dessinant les monuments, recueillant des papyrus, des inscriptions, des documents de toutes espèces.

Bonaparte, en quittant l'Égypte, emmena Monge et Berthollet. Leur départ ne découragea pas leurs collègues : Fourier et Costaz les remplacèrent. Le général en chef avait autorisé son successeur à traiter de l'évacuation après une perte de 1,500 hommes et à renvoyer en France les membres de l'Institut à leur retour de la haute Égypte. Kléber fut bientôt à même d'accomplir cette dernière partie de ses instructions ; les savants, réunis à Alexandrie, se préparaient au départ, quand eut lieu le manque de foi, si connu, de l'amiral anglais, suivi de la bataille d'Héliopolis, de l'assassinat de Kléber et de l'avénement de Menou. L'Institut, rappelé au Caire, ne revint à Alexandrie qu'après la défaite de Canope, quitta l'Égypte avec l'armée le 23 septembre 1801, et arriva à Marseille quarante-deux mois après son départ de France.

Bonaparte, premier consul, ordonna l'exécution d'un ouvrage renfermant tous les travaux de l'Institut d'Égypte, et le réorganisa en commission pour l'exécution de ce monument national. Le 1ᵉʳ janvier 1808 la commission présenta à l'empereur son premier volume in-folio de l'ouvrage. La 1ʳᵉ livraison (200 planches et 4 demi-volumes de mémoires) parut à la fin de la même année. L'empereur la reçut en 1809. La seconde lui fut remise en 1813. En 1814, à l'arrivée des coalisés à Paris, on interrompit les travaux, on cacha les cuivres, surtout ceux de l'atlas en 53 feuilles. La paix conclue, on se remit à l'œuvre. M. Jomard fut envoyé à Londres pour y prendre des empreintes ou des copies des monuments recueillis par l'Institut de l'Égypte et enlevés par les Anglais lors de l'évacuation d'Alexandrie. Les 3ᵉ et 4ᵉ livraisons furent présentées à Louis XVIII en 1817 et 1821.

Charles X reçut, enfin, la dernière en 1825. Peu de temps après le libraire Panckoucke obtint du gouvernement l'autorisation de faire pour son compte un second tirage des magnifiques planches de ce grand ouvrage. Les archives de l'Institut d'Égypte, rapportées en France par Fourier, ont disparu du ministère de l'intérieur, sans qu'on ait pu depuis en retrouver la trace. Eug. G. DE MONGLAVE.

INSTITUTES. Telle est la traduction coutumière, mais certainement peu française, du mot latin *Institutiones*, que les jurisconsultes romains donnaient le plus souvent pour titres à leurs traités élémentaires du droit. Cette dénomination était reçue dans les pays de coutume, c'est-à-dire dans le nord de la France, et elle y prédomine encore; mais dans les pays de droit écrit, précisément ceux où régnait la loi romaine, on disait, et l'on dit plus communément *Instituts*. Il est peu de personnes qui par ce nom entendent autre chose que l'ouvrage promulgué par l'empereur Justinien. Cependant, le sens doit en être plus généralisé. La dénomination d'*Instituts* formait un titre consacré en jurisprudence romaine pour les traités dans lesquels se trouvaient exposés d'une manière simple et méthodique les principes et les éléments généraux du droit. Les *Instituts de Justinien* ne furent qu'une imitation et le plus souvent une copie de ceux qui les avaient précédés de trois cents ans. C'est au beau siècle de la science, dans ce siècle qui commence à Adrien et qui finit à Alexandre Sévère, que nous trouvons en grand nombre ces sortes d'ouvrages; ce sont les *Instituts de Gaius*, composés de quatre livres, sous la dénomination de Commentaires; les *Instituts de Florentin*, en douze livres; les *Instituts de Callistrate*, en trois livres; les *Instituts de Paul*; les *Instituts d'Ulpien*, chacun en deux livres; et enfin les *Instituts de Marcian*, qui comprenaient seize livres. Ce sont là les instituts romains. Les *Instituts de Justinien* ne sont que des Instituts byzantins, nés sur le sol asiatique, aux bords du Bosphore, dans le palais impérial de Constantinople. Aussi l'observateur éclairé ne manquera-t-il pas d'y sentir vivement la différence d'origine, de peuple et de civilisation.

De tous ces Instituts, les premiers et les derniers seulement, c'est-à-dire ceux de Gaius et de Justinien, sont seuls parvenus jusqu'à nous. Leur comparaison nous permet d'apprécier la transition qui d'un intervalle à l'autre s'est opérée dans les mœurs et les institutions. Quant aux autres, ils ne nous sont connus que par quelques fragments épars, rapportés dans divers passages du *Digeste* de Justinien.

Les *Instituts de Gaius* eux-mêmes avaient subi le sort commun, et ce jurisconsulte, dont nous ne connaissions les ouvrages que par leur titre et par quelques citations, était confondu dans la foule illustre des *prudents*, ses contemporains, lorsque la main du hasard, après plus de dix siècles de ténèbres, l'a fait paraître tout d'un coup à la lumière. Les Visigoths avaient inséré dans leur recueil officiel de lois romaines, qu'on a nommé le *Bréviaire d'Alaric*, quelques fragments et le plus souvent une analyse mutilée de ses Instituts. Les jurisconsultes de l'école de Cujas, et notamment Pithou, son illustre élève, avaient extrait ces fragments et ces analyses, les avaient réunis et publiés en un volume : c'était là tout ce que nous possédions sous le nom d'*Instituts de Gaius*. Cependant, les véritables Instituts avaient survécu; le moyen âge les avait possédés : qui sait en combien de manuscrits? Niebuhr et Savigny découvrirent dans la bibliothèque du chapitre de Vérone un palimpseste qui avait porté le texte précieux; des tentatives réitérées ont permis de raviver et de déchiffrer l'ancienne écriture sous les *Épîtres de saint Hiérome*, qui lui avaient été substituées, et les vrais Instituts de Gaius ont été rendus au monde savant presque dans leur intégrité.

Quant aux Instituts de Justinien (qui ont porté dans le Bas-Empire le titre plus récent de *Instituta*, au lieu de celui d'*Institutiones*, et même la simple dénomination d'*Elementa*), ils appartiennent à une autre civilisation. L'empereur avait déjà promulgué le *Code* des constitutions impériales; il avait déjà ordonné le travail des *Pandectes* ou *Digeste*, qui avançait rapidement (*voyez* CORPUS JURIS) : « Ceci fait, grâce à Dieu, dit-il, dans sa constitution préliminaire, nous avons convoqué l'illustre Tribonien, maître et ex-questeur de notre palais; Théophile et Dorothée, hommes illustres et antécesseurs..., et nous les avons chargés spécialement de composer, avec notre autorisation et nos conseils, des Instituts, afin qu'au lieu de chercher les premiers éléments du droit dans des ouvrages vieillis et reculés, vous puissiez les recevoir émanés de la splendeur impériale.... Ces Instituts, dit-il ailleurs,' ont été tirés de tous ceux des anciens, de plusieurs commentaires, mais surtout de ceux qu'a faits notre Gaius, tant sur les Instituts que sur les causes de chaque jour (*res cotidianæ*) ». En effet, aujourd'hui que nous pouvons les comparer entre eux, nous voyons que les Instituts de Justinien furent en quelque sorte calqués sur ceux de Gaius ; la distribution des matières y est la même, et une infinité de passages sont identiques. Rédigés sur le même plan, ils sont divisés en quatre livres, comme ceux de Gaius en quatre commentaires; mais l'empereur y voit une autre raison : il avait, selon ses propres expressions, partagé le Digeste en sept parties, « en considération de la nature et de l'harmonie des nombres »; il partage donc les Instituts en quatre livres, afin qu'on y trouve *les quatre éléments*... de la science. C'est de l'art cabalistique dans un cas, et dans l'autre c'est un jeu de mots.

Les Instituts, dont la rédaction avait été promptement terminée, furent confirmés par l'empereur, le 22 novembre 533 ; il assure les avoir lui-même lus et revus. La confirmation du Digeste n'eut lieu qu'un mois après, le 16 décembre; mais ces deux ouvrages reçurent leur autorité légale à partir tous deux de la même époque (du 30 décembre 533). « Cet ouvrage, a dit M. Dupin, en parlant des Instituts de Justinien, offre un double caractère : c'est un *texte de loi*, puisqu'il a été promulgué par un législateur ; et c'est en même temps un *livre élémentaire*, que Justinien a ordonné de le composer précisément pour faciliter l'enseignement et l'étude du droit. C'était tout à la fois le livre des maîtres qui devaient l'enseigner, et des élèves qui devaient l'apprendre. De là tous les efforts des jurisconsultes, docteurs et professeurs, pour en interpréter tous les termes et en développer le sens. » Ces efforts ont commencé avec les Instituts eux-mêmes. Théophile, professeur de droit à Constantinople, l'un des trois rédacteurs des Instituts en publia une paraphrase grecque : écrit bien précieux, dont l'authenticité ne peut plus être aujourd'hui révoquée en doute, et que son origine contemporaine classe parmi les monuments du droit. Depuis, le nombre des commentaires sur les Instituts a été tellement en augmentant que plusieurs chameaux ne suffiraient pas à les porter, comme le disait plaisamment Eunapius, en parlant des écrits des jurisconsultes romains; aussi en 1701 avait-on publié un ouvrage sous ce titre : *De la déplorable multitude des commentateurs sur les Instituts*.

J.-L.-E. ORTOLAN, professeur à l'École de Droit de Paris.

INSTITUTEUR, homme qui fait profession d'instruire la jeunesse. *Instituteur primaire* en France est le nom officiel du maître d'école, depuis un décret de la Convention du mois de décembre 1792.

Les instituteurs sont civilement responsables du dommage causé par leurs élèves envers la partie lésée, sauf leur recours contre les pères, mères ou tuteurs, dans le cas où ils prouveraient qu'il n'y a pas dépendu d'eux de prévenir ni d'empêcher le délit. Leur action en payement du prix de leurs leçons se prescrit par six mois.

Les instituteurs qui auraient commis un attentat à la pudeur sur les personnes des enfants confiées à leurs soins sont punis de la peine des travaux forcés à temps. Le crime de viol commis dans les mêmes circonstances est puni des travaux forcés à perpétuité. Enfin l'instituteur qui favorise habituellement la corruption ou la prostitution des enfants placés sous sa surveillance encourt la peine de deux à cinq ans de prison, de 300 à 3,000 francs d'amende, et l'interdiction de toute tutelle et de toute participation aux conseils de famille pendant dix ans au moins et vingt ans au plus.

INSTITUTION, nom d'une sorte d'établissements particuliers d'instruction secondaire.

Quelques institutions, dites *de plein exercice*, sont autorisées à donner le même enseignement que les lycées ou colléges. Les autres ne peuvent s'élever au delà de la classe de seconde exclusivement; et même s'il y a un collége dans la ville où elles sont établies, elles doivent y envoyer leurs élèves et borner les leçons de l'intérieur aux éléments qui ne font pas partie de celles du collége. Mais elles peuvent faire la répétition de toutes les classes. Les institutions peuvent joindre à l'enseignement ordinaire le genre d'instruction qui convient plus particulièrement aux professions industrielles et manufacturières ; elles peuvent même se borner à cette dernière espèce d'enseignement.

Les chefs d'institution doivent être bacheliers ès lettres et ès sciences. Ils ne peuvent exercer sans une autorisation spéciale, et payent un droit annuel de 150 francs à Paris et de 100 francs dans les départements.

INSTITUTION CANONIQUE. On nomme ainsi, dans le droit canon, la concession d'un bénéfice de patronage par le supérieur collateur, sur la présentation du patron. Dans un sens plus générique, il se dit d'un bénéfice ou d'une provision quelconque.

En France aujourd'hui il n'y a plus d'autres institutions canoniques que celles qui sont accordées par le pape, aux termes du concordat, à tout ecclésiastique nommé évêque par le chef de l'État, et celle qui est donnée aux prêtres par les évêques après que leur nomination a été agréée par le chef de l'État.

INSTITUTION CONTRACTUELLE. C'est une donation faite par contrat de mariage aux époux et aux enfants qui naîtront d'eux des biens existant au moment du décès du donateur. L'institution contractuelle participe tout ensemble du testament et de la donation entre vifs ; elle est irrévocable, comme celle-ci, et n'a d'effet qu'à la mort de celui qui fait la libéralité, comme le premier.

INSTITUTION D'HÉRITIER. Le droit romain appelait ainsi la nomination faite par un testateur de celui qu'il choisissait pour représenter et continuer sa personne après lui. Sans institution d'héritier il n'y avait point de testament ; tellement que si elle était nulle, toutes les autres dispositions tombaient, à moins que le testament ne contînt la clause codicillaire (*voyez* Codicille).

En France les pays de droit écrit reproduisaient ce principe du droit romain ; mais la plupart des coutumes portaient « qu'institution d'héritier n'a lieu, » c'est-à-dire qu'elle n'était pas nécessaire pour la validité du testament ou codicille ; s'il y en avait une, elle valait comme legs, sans être assujettie à aucune autre règle que celles qui étaient communes aux legs.

Le Code Civil a suivi à cet égard encore le droit coutumier ; et toute personne peut disposer par testament, soit sous le titre d'institution d'héritier, soit sous le titre de legs, soit sous toute autre dénomination propre à manifester sa volonté.

INSTRUCTEUR. Ce mot du langage militaire n'était pas encore en usage il y a un siècle, ou du moins on ne le connaissait pas sous l'acception qui va lui être donnée. On conçoit en effet qu'il ne saurait remonter plus loin que les ordonnances touchant la tactique française. Or, aucun document qu'on puisse considérer comme un règlement sur l'exercice n'existait avant le milieu du siècle dernier. La chose cependant est bien ancienne. La capitale de la Macédoine avait des colléges et des professeurs d'art de la guerre, et à Rome le Champ-de-Mars retentissait du bruit des fouets que maniaient sans relâche les *campigènes*, les *campidocteurs*, c'est-à-dire des instructeurs comparables aux *lanistes* des gladiateurs. Socrate, Polybe, Végèce, en rendent témoignage. Les épaules de Marius conservaient les empreintes des corrections qui lui avait inculqué son savoir de soldat ; et malheur au recrue que flagellait le campigène Maximin, ce géant barbare, que sa haute taille amena des fonctions d'instructeur à celle d'empereur ! Ne perdons jamais de vue que le peuple-roi ne traversait le vestibule de la gloire que sous l'empire de l'escourge, s'il était tiron, et du sarment, s'il était légionnaire. Quoi qu'il en soit, le mot *instructeur* est trop jeune pour être d'origine latine ; *instructor* chez les Romains signifiait *sergent de bataille*, ou, comme on disait, *arrayoun*; et *instructio ordinum* signifiait *ordre de bataille*.   Gal Bardin.

Tout dépôt de régiment, bien organisé, doit être pourvu, sous le commandement d'un major rompu aux exercices, de bons officiers et sous-officiers instructeurs, afin que le régiment, en campagne ou non, ne reçoive de leurs mains que des sujets irréprochables sous le rapport de la pratique.

INSTRUCTION (du latin *instructio*, arrangement, dérivé de *struere*, construire). Ce mot s'entend du savoir ordinaire, de ce que celle-ci emporte l'idée d'un bon emploi, d'un bon usage de la première ; on peut donc avoir de l'instruction et une mauvaise éducation, si le savoir n'est pas relevé par de bonnes manières, de belles façons, par l'usage du monde.

On a longtemps attribué à l'ignorance la plus grande part dans la statistique criminelle. On disait que l'instruction devait prémunir le peuple contre le crime ; et on calculait, comme on calcule encore, combien il y a annuellement d'illettrés dans les accusés devant les tribunaux. Le gouvernement de Juillet a beaucoup fait pour l'instruction du peuple ; cependant, il n'y a pas moins de criminels ; les accusations se sont peut-être un peu déplacées, certains crimes sont devenus moins communs, d'autres plus fréquents, mais les plus grands coupables ne manquent pas toujours d'instruction. Néanmoins, l'instruction est un droit supérieur qui appartient à tout homme en société ; le gouvernement doit la mettre aussi largement que possible à la portée de tous, surtout lorsque la base de ce gouvernement est le suffrage universel. Quel usage pourrait faire, en effet, de ses droits politiques un peuple d'ignorants ? C'est bien ce qu'a compris sans doute le ministre de l'instruction publique lorsqu'il a déclaré, dans une circulaire, *que le gouvernement de l'empereur ne craignait pas le progrès de l'instruction.*   L. Louvet.

INSTRUCTION, INSTRUCTION CRIMINELLE. L'instruction d'une affaire en matière criminelle est la procédure que l'on suit pour la mettre en état d'être jugée. C'est l'ensemble des principes et des règles établis par la loi sur la manière de poursuivre en justice les auteurs des délits pour l'application de la loi pénale. Un de nos codes porte le titre de *Code d'Instruction criminelle* (*voyez* plus loin). Des officiers de police judiciaire sont institués pour constater les crimes et délits. Un juge d'instruction préside ensuite à l'instruction. Il peut agir aussi sur la plainte de la partie lésée. Il appelle en témoignage les personnes qui lui sont indiquées comme ayant eu connaissance du fait dénoncé ou de ses circonstances. Il se transporte partout où est besoin pour s'assurer des faits. Suivant les cas, il décerne des mandats de comparution, de dépôt, d'amener ou d'arrêt ; accordé, en se conformant aux lois, la liberté provisoire ou sous caution ; chaque semaine la chambre du conseil entend le rapport de l'état des affaires ; et quand la procédure est complète, elle déclare s'il y a lieu à poursuivre et devant quelle juridiction. Pour les contraventions et les délits, l'instruction est finie, et la justice commence. Le prévenu n'a plus qu'à comparaître devant le tribunal de simple police ou devant le tribunal de police correctionnelle. Si les juges ou l'un d'eux trouvent que le fait inculpé est de nature à être puni de peines afflicves et infamantes, l'affaire est renvoyée à la chambre des mises en accusation de la cour impériale, qui commence un nouvel examen; elle peut encore renvoyer le prévenu de l'accusation; autrement, elle l'envoie devant la cour d'assises s'il s'agit d'un fait qualifié crime, ou devant une autre juridiction si le fait indiqué ne lui paraît pas de la compétence de cette cour. L'instruction est ensuite continuée par qui de droit. On comprend aisément de quelle importance est la bonne direction de l'instruction pour la prompte découverte de la vérité. Les juges ne sauraient y apporter trop de fermeté, de bienveillance, de justice et d'impartialité.

En matière civile, lorsqu'une affaire est assez compliquée pour ne pas paraître susceptible d'être jugée sur plaidoirie ou délibéré, le tribunal peut ordonner qu'elle sera *instruite* par écrit pour en être fait rapport par un des juges nommé par le jugement. Les articles 95 et suivants du Code de Procédure civile règlent de quelle manière doit avoir lieu cette sorte d'instruction. L. LOUVET.

INSTRUCTION CRIMINELLE (Code d'). Un arrêté du 17 germinal an IX avait nommé une commission chargée de présenter un projet de *Code criminel*. Ce projet, après avoir été discuté au sein du Conseil d'État, fut tout à coup laissé de coté et repris seulement quatre ans après, le 8 janvier 1808; mais sa forme avait été modifiée : au lieu d'un code, on en fit deux : le Code Pénal et le *Code d'Instruction criminelle*. Par suite de la suppression du Tribunat, ce fut une commission du Corps législatif qui en reçut la communication. Il fut mis en activité qu'après l'adoption du Code Pénal, le 1er janvier 1811. Il se compose de deux livres, précédés de dispositions préliminaires, relatives à l'exercice des actions publique et civile en général, et contient 643 articles. Le premier livre traite de la police judiciaire, c'est-à-dire de la recherche et de la constatation des crimes, délits et contraventions, et des officiers de police qui l'exercent. Le second, intitulé : *De la Justice*, s'occupe du mode de procéder devant les tribunaux correctionnels et de police et devant le cour d'assises, de l'exécution des jugements criminels, des demandes en cassation, en révision, en renvoi ou en règlement de juges; de la procédure en matière de faux et de contumace, des infractions commises par certains fonctionnaires ou contre leur autorité, des dépositions des princes et fonctionnaires, des prisons, maisons d'arrêt et de justice, des détentions illégales, de la réhabilitation et de la prescription.

Plusieurs modifications ont été apportées à quelques dispositions du Code d'instruction criminelle par la loi du 24 mai 1821 sur le jury, par la loi du 8 octobre 1830 sur les délits de la presse et les délits politiques, par celle du 10 décembre 1830 sur les juges auditeurs, par celle du 4 mars 1831 sur les cours d'assises, par celle du 8 avril 1831 qui a réglementé la procédure en matière de presse. La loi du 28 avril 1832 a introduit dans le Code des changements plus importants. Les dispositions incorporées dans celles du Code ont été substituées au texte primitif, dont elles ont ainsi modifié les articles 206, 339, 340, 341, 345, 347, 368, 372, 399 et 619. De nouveaux changements ont été encore apportés à quelques-uns de ses articles, notamment par loi du 10 avril 1834 sur les associations, par les trois lois du 9 septembre 1835, relatives aux crimes et délits de presse, aux cours d'assises, au vote du jury; par la loi du 12 mai 1836, concernant le vote du jury au scrutin secret; par les décrets du 6 mars et du 18 avril 1848, relatifs à la majorité du jury et à la réhabilitation, et qui sont aujourd'hui abrogés; par le décret du 25 février 1852, portant que les délits politiques et ceux commis par la voie de la presse seront déférés aux tribunaux correctionnels; par le décret du 1er mars 1852, portant que les fonctions de juge d'instruction peuvent être remplies par des juges suppléants; par ceux des 28 mars 1852, 17 janvier et 5 mars 1853, sur les commissariats de police; la loi actuelle du 9 et 10 juin 1853, sur le jury; la loi du 3 juillet 1852, sur la réhabilitation des condamnés; la loi du 4 avril 1855, qui modifie l'article 94 sur la liberté provisoire, et les mandats de dépôt et d'arrêt, etc. W.-A. DUCKETT.

INSTRUCTION PUBLIQUE. Elle se définit d'abord par son contraire, l'*instruction domestique*, ensuite par son complément, l'*éducation*. L'instruction domestique est une affaire de famille, l'instruction publique une affaire d'État. La famille a droit et obligation de faire instruire les membres qui la composent; l'État a droit et obligation de procurer l'instruction au peuple. L'un et l'autre, l'État et la famille, sont également libres dans l'accomplissement de leur devoir : dans la manière dont ils dirigent soit l'instruction publique, soit l'instruction domestique, ils ne consultent l'un et l'autre, après les lois, que leur conscience seule. De l'instruction se distingue l'éducation. Celle-ci a pour but de développer les facultés morales; celle-là, pour objet principal de former et d'enrichir les facultés intellectuelles. Cependant, l'éducation et l'instruction se rencontrent et se confondent souvent, comme l'instruction publique et l'instruction domestique se confondent et se rencontrent.

Pour former les mœurs, il faut donner des principes; or, les principes ne s'établissent que par l'intelligence; l'instruction concourt donc à l'éducation, comme l'éducation, par ses habitudes d'ordre, de régularité et de travail, concourt à l'instruction. Ce serait la perfection que de toujours donner l'une par l'autre au degré désirable; ce serait encore la perfection que de réunir, soit sur l'instruction publique, soit sur l'instruction particulière, tous les avantages de l'une et de l'autre. Mais la première de ces perfections est un idéal, la seconde une impossibilité. Les choses s'excluent; et puisqu'il est absurde de demander ce qui s'exclut, il est absurde de pousser trop loin les exigences, soit à l'égard de l'instruction publique, soit à l'égard de l'instruction domestique. Entre l'une et l'autre, accompagnées chacune d'avantages et d'inconvénients qui leur sont propres, il faut opter, quand on peut opter. Pour l'État, il ne le peut pas. Ne devant exercer aucune action sur l'instruction domestique, et se trouvant obligé, pour sa conservation, d'exercer sur l'instruction nationale une influence profonde, il est forcé d'établir un enseignement public, sauf à concéder l'enseignement particulier dans les limites et sous la surveillance de la loi.

L'État ne peut pas même se borner à cette action. Il doit chercher à en exercer une autre sur l'éducation : il doit donner lui-même le plus d'éducation possible, car les mœurs font les lois, et les lois l'État. S'il est à peine nécessaire de lui recommander le soin de l'éducation publique, il est à peine nécessaire aussi de songer à lui en disputer le monopole. La nature des choses fait elle-même le partage au degré convenable. Dans la formation des mœurs entrent à la fois l'élément politique et l'élément religieux. Si l'État dirige le premier, le second est du domaine de la conscience, de la famille, de l'Église. Comme l'État peut intervenir contre la puissance religieuse, dans tous les cas où elle devient exclusive, prépondérante et despotique, l'Église, la famille et le bon sens, représentés par l'opinion publique, sont dans le cas d'intervenir contre le despotisme, la prépondérance et l'esprit exclusif de l'État. Donner une formule pour assurer l'intervention ordinaire et légitime de l'une et l'autre des deux puissances est chose impossible; nulle formule ne mesure ni l'action politique ni l'action religieuse. La raison seule est cette mesure. Encore a-t-elle quelquefois peine à se faire écouter, même quand elle a parlé par la loi. Lorsque dans le sein d'une nation dominent les idées religieuses, ces idées s'introduisent dans ceux qui manient les intelligences des peuples, dans les interprètes de la pensée nationale, dans les écrivains, les orateurs, les personnes chargées de l'enseignement. Quand, au contraire, ce sont les intérêts politiques et les questions sociales qui préoccupent les esprits, c'est cet ordre d'idées et de tendances qui envahit l'instruction nationale. Les doctrines purement morales et philosophiques ont essayé quelquefois de se mettre en place des doctrines religieuses et politiques; elles ont pu les diriger ou les modifier, elles n'ont pu les supplanter. Elles ne les supplanteront jamais. Leur mission n'est pas si haute, et au même degré qu'elles auront la prétention de régner, la religion et la politique auront celle de les contenir.

Il est indispensable que dans un État bien organisé, et dans une situation normale de la société, les quatre éléments, religieux, politique, moral et philosophique, soient en jeu, en action libre et en influence réelle, et il est difficile d'assurer à chacun de ces éléments, sinon la place qu'il réclame, du moins celle qui lui convient. Il est pourtant certain que dans leur équilibre est le secret du plus haut degré de gloire, de prospérité et de puissance d'un peuple. Toute prépondérance de l'un de ces éléments sur les autres est une usurpation, toute usurpation a pour effet une souffrance qui y correspond, et toute souffrance réclame une réaction. Or, les usurpations et les réactions colorent, altèrent, affaiblissent toujours les études publiques. La science demande par conséquent un culte pur, dont elle soit elle-même l'objet premier. Pour qu'elle soit forte, grande et utile, il faut la laisser libre. De sa nature, elle n'a ni nos intérêts ni nos passions; mais elle se laisse facilement asservir et corrompre. Elle se fait sophiste, adulatrice, courtisane, fanatique dès qu'on la subjugue ou l'enivre. Elle s'altère toutes les fois qu'on l'abaisse à des services qui ne sont pas dans sa mission naturelle. Sa mission naturelle est d'aller de fait en fait, d'idée en idée, de découverte en découverte, de progrès en progrès jusqu'à la connaissance absolue, sans égard pour les préventions des partis ou les opinions du jour. Son affaire est d'être savante. Cependant à cette hauteur abstraite, elle ne saurait remplir toute sa mission. L'État a besoin d'elle pour ses nécessités, et tout en la laissant libre dans ses investigations idéales, il a droit de lui demander des services réels; il a même droit d'exiger qu'elle se fasse populaire, mais il ne doit jamais oublier ce qu'elle est de sa nature. De sa nature, elle est la plus haute affaire de l'intelligence et l'affaire des intelligences les plus élevées, des existences les plus libres, les moins assujetties aux nécessités et aux travaux vulgaires, aux minimes intérêts de la vie animale. Elle ne peut donc jamais être l'affaire de tout le monde. Vouloir élever pour elle toute la jeunesse, ce serait vouloir une absurdité, la ruine d'un pays. Et non-seulement l'État ne peut jamais concevoir une pareille chimère, il est obligé de s'opposer à tout ce qui tendrait à en approcher; car il est chargé de maintenir l'équilibre entre les professions qui fondent la prospérité publique. Il doit, pour maintenir cet équilibre, procurer à chacun ce qui lui est nécessaire, faire instruire gratuitement, dans ce qu'il est indispensable qu'ils sachent, ceux qui sont incapables de le payer. Mais là s'arrêtent toutes ses obligations, non à l'égard de lui-même et à l'égard de la science, mais à l'égard du peuple. A l'égard de la science et de lui-même, il doit faire quelque chose de plus, récompenser dans leurs enfants ceux dont il n'a pu payer suffisamment les services, et élever pour la science ceux que la nature a faits pour elle, mais que la fortune a pu négliger.

On le voit, l'instruction publique est chargée de résoudre les questions les plus élevées et les plus délicates. La liberté de l'enseignement était inscrite en principe dans la charte de 1830, et appliquée de l'instruction primaire dans la loi de 1833; elle a été successivement appliquée aux autres degrés de l'instruction publique. Elle a surtout inspiré la loi du 15 mars 1850; votée par l'Assemblée législative, mais que des décrets et la loi du 14 juin 1854 ont un peu modifiée.

Dans les pays avancés, l'instruction publique forme maintenant une des principales branches de l'administration, et la France a incontestablement la gloire d'offrir l'organisation la plus complète et la plus régulière de ce service. En Angleterre, les divers degrés de l'enseignement manquent d'harmonie et de coordination. L'Allemagne, malgré l'excellence de quelques-unes de ses écoles et de ses méthodes, est encore privée de plusieurs de nos plus fortes institutions, surtout de celles qui sont affectées chez nous aux études élevées et aux sciences spéciales. L'organisation des études n'est complète qu'en France. A peine ébauchée, sur le rapport de Talleyrand, par la révolution de 1789, puissamment organisée sur les types de l'ancienne université, par le génie qui créa l'empire, et qui la confia à Fontanes, essentiellement modifiée, d'après les idées de Cuvier, de Royer-Collard, de l'évêque d'Hermopolis et de M. de Vatimesnil sous la Restauration, savamment perfectionnée, depuis 1830, par M. Guizot, aidé d'anciens collègues, cette organisation a un code spécial, qui se compose de décrets, de lois, d'ordonnances, de règlements et de décisions ministérielles.

L'instruction publique se distingue en France en trois grandes branches, l'*enseignement*, l'*inspection*, l'*administration*.

L'*enseignement* a trois degrés : il est primaire, secondaire, ou supérieur. L'enseignement primaire se divise lui-même en deux degrés : il est élémentaire, ou supérieur. Élémentaire, il embrasse ce qu'il est nécessaire de savoir dans toutes les classes de la société, la lecture, l'écriture, le calcul, la morale religieuse. Les mêmes choses sont enseignées aux filles qu'aux garçons. Supérieur, l'enseignement primaire comprend les connaissances nécessaires au bourgeois, à l'artisan et à l'ouvrier qui se livre à l'industrie et à la culture moyenne, c'est-à-dire toutes les notions usuelles sur les sciences mathématiques et physiques. A peine apprécié par l'opinion, cet enseignement supérieur, si nécessaire, n'est pas encore organisé pour les jeunes filles. Mais déjà, pour assurer l'introduction générale de l'un et l'autre degré de l'enseignement élémentaire, pour former les maîtres qui doivent donner les leçons, de nombreuses écoles normales sont établies, soit par département, soit par académie, et, dans chacune de ces écoles on enseigne à la fois les connaissances qu'il s'agit de propager et les méthodes qu'il convient de suivre. L'enseignement secondaire se distingue également en deux degrés, dont l'un procure l'instruction générale, celle qui est nécessaire pour toutes les professions lettrées, l'autre l'instruction spéciale de chacune de ces carrières. Les lycées et collèges communaux, les uns entretenus par l'État, les autres par les communes; les institutions et les pensions, les unes autorisées à donner une partie de l'enseignement, les autres simplement chargées de préparer et de répéter les cours des collèges, sont des établissements consacrés à l'instruction générale, aux études de littérature ancienne et moderne, d'histoire, d'histoire naturelle, de mathématiques, de physique, de chimie, de philosophie. Les écoles forestière, militaire, de marine, donnent et complètent l'instruction spéciale. Une instruction analogue à celle qui procure des maîtres à l'instruction primaire, une école normale, distinguée en deux sections, celle des lettres et celle des sciences, est ouverte à Paris sous la surveillance directe de la haute administration, et procure des professeurs à l'instruction secondaire. A ce degré d'instruction manquent encore quelques institutions et quelques écoles spéciales, une école normale pour les personnes chargées de l'enseignement dans les institutions et dans les pensions de jeunes filles, une école publique des manufactures et des arts, une école de commerce, une école d'agriculture et une école d'administration; mais ces établissements doivent être ajournés jusqu'à ce que le temps ait fait mieux voir dans quel degré il est convenable que l'État y intervienne. L'enseignement supérieur se partage également entre deux sortes d'institutions. Ce sont les facultés des lettres, des sciences, de droit et de théologie, dont les cours sont obligatoires pour ceux qui aspirent aux grades académiques; puis les établissements spéciaux, tels que le Collége de France, la Bibliothèque impériale et le Museum d'Histoire naturelle dont les leçons ne sont obligatoires pour personne. L'École Polytechnique est une institution spéciale pour les hautes études que demandent les diverses branches du service public.

A l'enseignement de tous les degrés se rattachent de

puissants moyens d'instruction, des cabinets de physique, des laboratoires de chimie, des musées d'histoire naturelle, des bibliothèques, des observatoires, des jardins botaniques, etc.

L'*inspection* se divise en trois degrés. Elle est primaire ou départementale; et à ce degré elle embrasse toutes les écoles primaires, élémentaires, supérieures et normales. Elle est secondaire ou académique, et à ce degré elle embrasse tous les collèges communaux, toutes les institutions et les pensions. Elle est supérieure ou générale, et à ce degré elle embrasse tous les établissements d'instruction publique, à l'exception des écoles spéciales.

[L'*administration* de l'instruction publique, telle qu'elle a été organisée par les dernières lois de 1850 et 1854, présente les degrés suivants : le ministre, en sa double qualité de secrétaire d'État et de grand-maître de l'université; le **conseil supérieur de l'instruction publique**, un **recteur à la tête de chacune des seize académies.** Il s'appuie sur des inspecteurs d'Académie, qui sont ses lieutenants dans chacune des subdivisions de son ressort, et sur un conseil académique, où domine l'élément universitaire. Le gouvernement de l'instruction primaire appartient dans chaque département au préfet; mais à côté se place un inspecteur d'académie, qui intervient d'une manière suivie dans toutes les affaires de cet enseignement, et qui est le défenseur né d'un nombreux personnel d'instituteurs choisis et surveillés par ses soins, en même temps qu'il est le gardien vigilant des méthodes d'enseignement, dont il répond devant le recteur. Un conseil départemental, qui ne dépend en aucune façon du conseil académique, et qui, par sa nature et sa composition, en diffère complètement, connaît en premier lieu des affaires de l'instruction primaire du département, en second lieu des affaires disciplinaires et contentieuses, relatives aux établissements particuliers d'instruction secondaire : à ce double point de vue, ses attributions sont exactement celles du conseil académique institué par la loi de 1850, dans chaque département. L'épiscopat, le clergé, les cultes dissidents, la magistrature, les membres du conseil général y ont le même accès, la même autorité. Le conseil départemental désigne un ou plusieurs délégués, résidant dans chaque canton, pour surveiller les écoles publiques et libres du canton. Le maire, le curé, le pasteur ou le délégué du culte israélite, chacun pour les élèves de leur culte, surveillent la direction morale de l'enseignement primaire; dans les communes de plus de deux mille âmes, un ou plusieurs habitants de la commune sont en outre délégués par le conseil départemental pour le même objet.]

Nous l'avons dit, il n'est pas de pays au monde qui possède, pour l'enseignement public des institutions plus complètes, plus homogènes que celles de la France. La Grèce n'a jamais eu d'enseignement complet. Plusieurs des institutions les plus importantes qu'a possédées Athènes n'ont été instituées que sous la domination romaine. Rome elle-même n'a jamais eu de véritable instruction publique. Elle a toujours négligé le peuple. L'Égypte grecque a fondé l'école d'Alexandrie; mais cet établissement offrirait plus de ressemblance avec l'Institut qu'avec l'Université. Les Arabes ont fait plus que les Grecs et les Romains. Leurs écoles ont été les types des universités du moyen âge, institutions trop spéciales, qu'on divisa, il est vrai, en facultés et en collèges, mais auxquelles on négligea de donner la base qui seule pouvait les consolider, l'école primaire.

Les principaux ouvrages sur l'instruction publique qui aient paru depuis la fin du dernier siècle sont de Talleyrand, Cuvier, de MM. Guizot, Cousin, Rendu, Saint-Marc Girardin, Naville, Thiersch, Schwartz, Niemeyer, etc.

Matter, ancien inspecteur général des études.

INSTRUCTION PUBLIQUE (Ministère de l') ET DES CULTES. Ce ministère est composé de deux administrations : 1° celle de l'instruction publique, 2° celle des cultes.

L'administration de l'instruction publique forme trois divisions. La première s'occupe de l'administration académique et de l'instruction supérieure; la seconde s'occupe de l'instruction secondaire; la 3ᵉ de l'instruction primaire. Chaque division est séparée en bureaux du personnel et du matériel.

L'administration des cultes se compose du cabinet du directeur général, et de deux divisions pour le culte catholique, avec une section pour les cultes non catholiques. Elle s'occupe du personnel du clergé; des promotions au cardinalat, à l'archiépiscopat, à l'épiscopat et au canonicat, de l'agrément du chef de l'État aux promotions de curés; des nominations à diverses bourses; des publications des bulles, brefs et rescrits de la cour de Rome, des appels comme d'abus au conseil d'État; des plaintes contre les ecclésiastiques, et de l'organisation des conseils de fabrique; des traitements, secours et pensions aux ecclésiastiques; du contentieux des fabriques; des autorisations de congrégations, des acceptations de legs; de l'administration temporelle des établissements diocésains, de la construction et réparation des cathédrales, archevêchés, évêchés et séminaires, etc., etc.

Le cabinet du ministre ou secrétariat se compose de plusieurs bureaux. C'est là que ressortissent les souscriptions, missions, travaux historiques, les établissements scientifiques et littéraires. Une autre division est spécialement chargée de la comptabilité centrale de l'instruction publique et des cultes.

Parmi les établissements et institutions qui hors de l'instruction publique et des cultes ressortissent à ce ministère, nous citerons les comités historiques, l'école française d'Athènes, la commission des arts et édifices religieux, l'**Institut de France**, l'**Académie de Médecine**, le **Collège de France**, le **Muséum d'Histoire Naturelle**, le **Bureau des Longitudes**, les **Observatoires**, l'École des langues orientales vivantes, l'École des Chartes, les sociétés scientifiques et littéraires, les congrès français et étrangers, les Écoles d'Accouchement, les **Bibliothèques** publiques de Paris et des départements, etc.

L'administration de l'instruction publique forme un ministère spécial depuis 1828. D'abord elle avait été dans les attributions du ministre de l'**Intérieur**, et dirigée par **Fontanes**, puis par **Royer-Collard**. En 1824 elle avait été réunie aux affaires ecclésiastiques confiées à l'évêque d'Hermopolis, Frayssinous. En 1828 elle forma un ministère à part, confié à M. de Vatimesnil, avec 1,825,000 fr. de dotation. L'année suivante elle était réunie aux affaires ecclésiastiques, dans les mains de M. **Guernon-Ranville**. La révolution de Juillet donna une grande force d'impulsion à ce ministère, qui fut successivement confié à MM. de **Broglie**, **Guizot**, Villemain, Cousin, de Salvandy et autres. Les cultes en furent plusieurs fois séparés et réunis à la justice. A la révolution de Février, M. H. **Carnot** en fut le directeur; et l'on sait quel bruit firent ses circulaires aux instituteurs. Il y eut une vive réaction, et bientôt, sous le nom de liberté de l'enseignement, on introduisit l'influence suprême du clergé dans l'instruction publique. Sous le gouvernement impérial, les méthodes d'enseignement furent modifiées; l'autorité du chef de l'État reprit plus de puissance. En 1853 le budget du ministère de l'instruction publique se répartissait ainsi : 568,350 fr. pour l'administration centrale; 1,423,010 fr. pour le conseil supérieur, les services généraux, l'École Normale et l'administration académique; 2,786,726 fr. pour l'enseignement supérieur; 2,457,200 fr. pour l'instruction secondaire; 11,576,000 fr. pour l'instruction primaire; 586,300 fr. pour l'Institut de France; 180,000 fr. pour le Collège de France; 409,780 fr. pour le Muséum d'Histoire Naturelle; 121,760 fr. pour les établissements astronomiques; 338,287 fr. pour la Bibliothèque impériale; 197,400 fr. pour les autres bibliothèques publiques; 43,700 fr. pour l'Académie de Médecine; 35,400 fr. pour l'École des Chartes; 55,800 fr. pour les Écoles de Langues orientales; 120,000 fr. pour des souscriptions; 180,000 fr. pour des secours et encouragements aux gens de lettres; 30,000 fr. pour les sociétés savantes; 65,000 fr. pour des missions et lectures du soir ; 120,000 fr. pour des publications inédites ; 750,000 fr. pour subvention aux caisses de retraite; 184,000 fr. pour dépenses de l'instruction publique en Algérie; enfin, 37,500 fr. pour subvention extraordinaire à la ville de Rennes. Le budget de l'administration centrale des cultes montait à 262,608 fr.; les traitements et dépenses concernant les cardinaux, archevêques et évêques, à 1,369,000 fr.; les traitements et indemnités des membres des chapitres et du clergé paroissial, à 33,309,850 fr. ; le chapitre de Saint-Denis, à 97,000 fr.; les bourses des séminaires, à 1,017,000 fr.; les autres dépenses du culte catholique, à 6,135,500 fr.; les dépenses du personnel des cultes protestants, à 1,195,550 fr.; le matériel des mêmes cultes, à 84,000 fr.; les frais d'administration du directoire général de la confession d'Augsbourg, à 25,000 fr.; les dépenses du culte israélite, à 154,400 fr.; enfin, les dépenses des cultes en Algérie s'élevaient à 544,100 fr.

L. LOUVET.

INSTRUCTION PUBLIQUE (Conseil impérial de l'). *Voyez* CONSEIL SUPÉRIEUR DE L'INSTRUCTION PUBLIQUE.

INSTRUCTIONS. Ce mot s'entend quelquefois des ordres, des explications, des avis qu'une personne donne à une autre pour la conduite de quelque affaire ou de quelque entreprise. Dans la diplomatie, il se dit surtout des explications écrites ou verbales qu'un prince ou un gouvernement donne à son ambassadeur, à son envoyé, à son délégué sur la manière de se conduire dans la mission dont il est chargé. Ces instructions peuvent être rédigées en forme de rescrit, de mémoire ou de lettre. Elles contiennent l'historique et l'exposé de l'état actuel des relations des deux gouvernements, et l'on y trace la marche à suivre pour continuer, étendre, modifier, interrompre ou faire cesser ces relations. Ce sont là les *instructions générales*, nom sous lequel on les distingue des *instructions spéciales*, que l'on expédie pour quelque affaire déterminée ou dans certaines circonstances, et des *dépêches ordinaires*, qui ne sont que des instructions particulières continuelles. L. LOUVET.

INSTRUMENTALE (Musique). *Voyez* MUSIQUE.

INSTRUMENTATION. C'est au propre, et dans l'acception la plus générale du mot, l'art d'exprimer la musique par des instruments; dans une acception moins étendue, c'est l'art de distribuer dans une partition les différents instruments qui entrent dans la composition d'un orchestre de manière à produire toutes sortes d'effets, soit par la douceur des timbres et la variété des détails, soit par la force et l'énergie des masses. Dans ce sens, le mot *instrumentation* est de création moderne. Avant Hœndel, Mozart et Haydn, les compositeurs se bornaient dans leurs accompagnements à soutenir les voix; d'ailleurs, le nombre des instruments était très-limité ; la musique instrumentale sommeillait dans l'enfance, état de choses dû en grande partie à l'imperfection des instruments en général et des instruments à vent en particulier, dont plusieurs, qui sont aujourd'hui d'un usage universel, n'existaient pas encore. Haydn, le père de la musique instrumentale, et Mozart, le créateur de l'accompagnement dramatique, furent les premiers qui surent tirer parti de l'*instrumentation*, celui-là dans ses belles symphonies, celui-ci dans ses opéras. « Les accompagnements d'une musique bien faite, dit M. Fétis, se bornent point à soutenir le chant par une harmonie plaquée ; souvent on y remarque un ou deux desseins qui semblent au premier abord devoir contrarier la mélodie, mais qui dans la réalité concourent à former avec elle un tout plus ou moins satisfaisant. »

Une bonne instrumentation exige bien des conditions du compositeur, qui prévoit, par la seule puissance de ses facultés intellectuelles, l'effet de son orchestre, comme si cet orchestre se faisait réellement entendre dans l'instant où l'artiste se livre à ses inspirations. Il doit posséder, indépendamment de ses connaissances approfondies en harmonie, la connaissance non moins indispensable de tous les instruments qui composent un orchestre, savoir leur étendue respective, leurs timbres et leurs différentes qualités de son, connaître les bonnes et les mauvaises notes de chacun; et l'effet qui peut résulter de leurs diverses combinaisons.

Il faut de la variété en toutes choses et surtout en musique. Celle qui peut résulter d'une sage et ingénieuse instrumentation est infinie. Le grand nombre d'instruments que nous possédons aujourd'hui, et qui peuvent tous sans exception trouver leur place dans un orchestre, ressource immense, qui manquait en partie à nos prédécesseurs, doit contribuer nécessairement à la création d'une infinité d'effets neufs et puissants. Mais comme l'homme abuse de tout, il arrive quelquefois à nos compositeurs modernes d'employer cette profusion d'effets sans intelligence et sans discernement. Souvent, il est vrai, tout ce tapage ne sert qu'à déguiser la pauvreté des idées du compositeur. Ch. BECUEM.

INSTRUMENTER, terme de pratique qui se rapporte à tout acte judiciaire ou extra-judiciaire fait par le ministère d'huissiers, lesquels sont considérés comme les *instruments* de la loi.

INSTRUMENTS (de *in*, dans, et *struere*, construire). Ce mot désigne une foule d'objets qui souvent n'ont aucun rapport entre eux. En général, un instrument est une sorte de machine ou d'appareil dont on s'aide pour exécuter un morceau de musique, tracer des figures, calculer les distances, les mouvements d'un astre, etc., etc.

Les *instruments de musique* sont fort nombreux, et tous les jours on en compose de nouveaux. Tous ont pour objet de mettre l'air en mouvement pour le faire vibrer. On peut les diviser en deux classes principales : les *instruments à vent* et les *instruments à cordes*. Il y a quatre ou cinq sortes d'instruments à vent : 1° ceux qui se composent de simples tuyaux, dans lesquels on souffle de l'air : tels sont la flûte dite de *Pan* ou *syringe*, la flûte traversière, etc.; 2° les instruments dont l'embouchure se place ordinairement entre les lèvres, et qui portent une languette contre laquelle l'air va frapper et se diviser : de ce genre sont, le flageolet, les tuyaux de l'orgue, dits *tuyaux à bouche*; 3° les instruments dans lesquels l'air est mis en mouvement par une languette élastique et vibrante, qu'on appelle l'*anche*: les clarinettes, les hautbois, sont les tuyaux de l'orgue dits à *anche*, sont de cette espèce ; 4° les instruments qui, n'ayant ni anches ni languettes, reçoivent l'air dont les vibrations lui sont imprimées par la bouche, les lèvres du musicien : tels sont les cors de chasse, les trompettes, etc. Parmi ces instruments, il y en a dont les sons sont modifiés par la bouche de celui qui en joue, la trompette, par exemple; d'autres sont percés de trous que le musicien ouvre et ferme suivant qu'il veut obtenir des sons plus graves ou plus aigus : tels sont le serpent, l'ophicléide, le trombone, le cornet à pistons, les instruments de Sax, etc. Les instruments à cordes sont aussi fort nombreux et très-variés ; on peut les classer ainsi qu'il suit : 1° ceux que l'on fait résonner en pinçant leurs cordes avec les doigts : la lyre, la harpe, la guitare, sont de cette espèce ; 2° ceux dont on joue en frottant leurs cordes au moyen d'une roue, d'un archet, etc. : la vielle, le violon, rendent des sons par ce moyen ; l'harmonica, dont on joue en frottant avec les doigts les verres qui le composent, peut être en quelque sorte rangé dans la classe des instruments à archet ; 3° les instruments de percussion, ou bien ceux dont on fait vibrer les cordes en frappant dessus avec des baguettes que l'on tient à la main, ou de petits maillets mécaniques : le tympanon, le piano, sont de cette espèce. On peut, par analogie, considérer comme appartenant à la même classe les carillons, les cymbales, le tam-tam, et peut-être même les tambours.

Instruments de mathématiques. Il y en a de deux sortes : 1° ceux dont on fait usage dans le cabinet, pour tracer des figures, des plans : ce sont des règles, des équerres en bois ou en cuivre, divers compas, dont un dit de *réduction* et un autre de *proportion*, des échelles, des rapporteurs ; 2° les instruments qui servent à opérer sur le terrain, soit pour lever la carte d'une province, niveler une hauteur, faire le plan d'une propriété agricole. Les principaux de ces instruments sont des règles, des chaînes, pour mesurer des longueurs; la planchette, pour tracer directement sur le papier la figure d'un champ, d'un bois; l'équerre dite *d'arpenteur*, la boussole, le graphomètre, le cercle répétiteur, etc., pour tracer les lignes et mesurer des angles sur le terrain; les niveaux à fil de plomb, d'eau, à bulle d'air, servent à mesurer les hauteurs des collines, les ondulations d'un terrain, etc.; enfin, on a des instruments qui donnent le degré de pente d'une montagne, etc., etc.

Instruments de physique. Les expériences nombreuses et souvent nouvelles que sont obligés de faire ceux qui cultivent cette belle science, les ont forcés à multiplier indéfiniment, pour ainsi dire, les instruments dont ils s'aident dans leurs opérations. Nous ne pouvons donc signaler ici que les principaux, qui sont des balances d'une extrême sensibilité, des thermomètres pour mesurer les divers degrés de chaleur; le baromètre, qui indique le poids de l'atmosphère; le calorimètre, au moyen duquel on évalue la capacité relative des corps pour le calorique; l'appareil dit improprement *machine pneumatique*, dont on fait usage pour extraire l'air contenu dans une capacité hermétiquement fermée; la machine électrique, avec laquelle on fait une foule d'expériences sur le fluide qui produit la foudre, etc.; l'admirable pile de Volta, au moyen de laquelle on excite l'électricité galvanique. Des verres taillés diversement pour décomposer la lumière, étudier sa réfraction; le microscope, qui grossit prodigieusement les images des objets, font partie d'un cabinet de physique bien composé.

Instruments d'astronomie. Les principaux sont le quart de cercle *mural*, ainsi appelé parce qu'en effet il est fixé sur une construction en pierre de taille : il est divisé en degrés, minutes, etc., et sert à mesurer la grandeur des angles qu'un astre fait avec l'horizon, etc.; l'*équatorial*, bel instrument, dont Ptolémée avait pressenti l'utilité : il est fort commode pour suivre un astre dans sa course. Celui de l'observatoire de Paris est accompagné d'un mouvement d'horlogerie qui fait tourner une lunette de telle sorte qu'il suffit à l'astronome de la pointer vers un astre pour qu'elle en suive la marche avec autant de précision que pourrait le faire l'astronome lui-même. Un bon observatoire contient des horloges bien réglées, des lunettes, des télescopes, des boussoles, un appareil pour mesurer la quantité de pluie qui tombe dans l'année, etc., etc.

Instruments de chirurgie. Parmi les nombreux instruments dont s'aident les personnes qui étudient la constitution du corps humain, ou qui s'occupent des moyens de remédier aux maladies auxquelles il est sujet, nous n'en citerons que quelques-uns : le plus ingénieux est sans doute celui au moyen duquel on brise la pierre dans la vessie même; quelques forceps, dont on fait usage dans les accouchements laborieux, etc. En général, les instruments de chirurgie sont tranchants : aussi sont-ils fabriqués par des couteliers.

Instruments aratoires. Voyez ARATOIRES (Instruments).

Nous ne pousserons pas plus loin cette notice sur les instruments; car elle serait interminable. Chaque profession a les siens : une aiguille à coudre, une navette, sont de vrais instruments. Chez plusieurs artisans, les instruments prennent le nom d'*outils*. TEYSSÈDRE.

INSUBORDINATION, terme militaire, synonyme d'indiscipline, de désobéissance et de désordre. « La discipline étant la vie de l'armée, a dit le général Le Couturier, dans son *Dictionnaire militaire*, on ne peut réprimer trop sévèrement toute espèce d'insubordination. Ce qui n'est dans les hommes de l'état civil que l'effet ordinaire de leur libre arbitre devient dans l'état militaire un acte d'insubordination. Un bourgeois reste dans son lit le matin si ses affaires lui permettent un peu de repos; le soldat est forcé de se lever à l'heure dite : ne pas sortir du lit serait une désobéissance coupable. » Il est donc nécessaire que le soldat s'habitue au frein de la discipline, car c'est par elle qu'il obtient la considération dont il a besoin aux yeux de ses chefs et de ses camarades, aux yeux surtout de ses concitoyens, qui la réclament dans l'intérêt du pays et de la gloire nationale. C'est particulièrement devant l'ennemi qu'il doit à ses chefs une obéissance entière ; là un acte d'insubordination peut avoir des conséquences graves ; il peut entraîner la perte d'une bataille, occasionner l'abandon d'un pays et compromettre la sûreté d'une armée ou d'une place de guerre. La subordination est graduelle : le soldat doit obéissance à son caporal, le caporal à son sergent; celui-ci au sergent-major, et ainsi de suite, en montant l'échelle de la hiérarchie militaire, jusqu'à la dignité de maréchal de France. Le code militaire, portant application des peines contre la discipline, a sagement calculé tous les degrés de culpabilité en fait d'insubordination : sévèrement punie dans l'intérieur, elle emporte la peine capitale devant l'ennemi. Les militaires enclins à ce délit sont jugés par des conseils de discipline; on les envoie lorsque le cas n'est pas assez grave pour être porté devant un conseil de guerre, dans les compagnies de discipline, et ils y achèvent leur temps de service, si dans l'intervalle ils ne changent pas de conduite. Une amélioration sensible leur rouvre, au contraire, les rangs de l'armée. SICARD.

INSUFFLATION (du latin *in*, dans, et *sufflare*, souffler), action de souffler, d'introduire à l'aide du souffle un gaz, une vapeur dans quelque cavité du corps, comme lorsqu'on insuffle de l'air dans la bouche d'une personne asphyxiée.

INSULAIRE (en latin *insularis*, d'*insula*, île), habitant d'une île. On a dit que la barbarie serait plus tenace dans les îles que sur les continents, et Raynal n'a pas craint d'exprimer le soupçon qu'on pourrait en trouver des traces dans la Grande-Bretagne même : c'est pousser un peu trop loin l'application d'une vérité qui ne sera pas contestée. Il est certain que l'état d'isolement est en général une cause de permanence, en ce qu'il éloigne plusieurs causes de changement. Mais les communications entre la Grande-Bretagne et le continent européen ont été si importantes et si multipliées, que cette île peut être considérée comme tenant encore à la terre ferme. On admet sans difficulté que la *nationalité* doit être plus fortement empreinte dans le caractère et les mœurs des insulaires que chez les peuples du continent; on convient même que l'esprit national, quoiqu'il ne soit pas autre chose qu'un esprit de corporation, peut inspirer des résolutions fortes et généreuses, opérer quelques-uns des effets du patriotisme. Si une population confinée dans une île obtient un jour le bonheur d'y trouver une patrie, aucune force ennemie ne pourra la vaincre; elle périra tout entière, ou triomphera des attaques les plus opiniâtres; les nobles exemples de Carthage et de Numance seront aux moins égalés. Nous devons dire cependant que, suivant une opinion assez généralement répandue, les îles sont moins favorables à la liberté que les continents.

S'il était vrai que par rapport à l'état moral de l'homme les insulaires sont moins favorisés que les peuples des continents, ne trouveraient-ils pas au moins quelque compensation dans le partage des biens physiques ? Ne jouissent-ils pas d'une température moins inégale, d'un sol mieux arrosé, des ressources que la mer ajoute à celles du sol ? Il est certain que si la surface des deux continents était divisée en petites îles disséminées sur les mêmes parallèles et séparées par autant de détroits à peu près de même largeur, notre globe serait en état de nourrir un bien plus grand nombre d'habitants : on ne verrait nulle part ni marais infects, ni plaines arides; les déserts de l'Afrique et les steppes de l'Asie se couvriraient de grands arbres, et grâce à nos arts, les communications seraient bien plus faciles et plus promptes. FERRY.

INSULTE. Ce mot s'entend d'injures, d'outrages, de mauvais traitements de fait ou de parole, que l'on fait subir à quelqu'un dans le dessein de l'offenser. Les insultes sont punies par les tribunaux; les duels les vengent trop souvent sur l'insulté lui-même.

INSURRECTION. Voici un mot emprunté aux Latins par la langue française, et qu'on ne trouve cependant pas dans le *Dictionnaire de Trévoux*, ce qui donne à penser qu'il n'y a à peine un siècle qu'il s'est naturalisé parmi nous. L'insurrection, d'après le *Dictionnaire de l'Académie*, est un soulèvement contre le gouvernement. Ceux qui emploient ce mot, ajoute-t-il, y attachent ordinairement une idée de droit et de justice. Cette définition académique a le mérite de la concision et de la vérité; aussi nous bornerons-nous à la répéter, elle fait voir assez clairement qu'une insurrection est plus qu'une émeute, plus qu'une révolte, auxquelles on attache bien rarement une idée de droit et de justice.

Il y a eu constamment des insurrections depuis l'organisation des hommes en société, parce que toujours il y a eu ou des majorités opprimées ou des minorités blessées dans leurs droits les plus saints, qui ont recouru à la force et à la violence pour amener un état de choses meilleur que celui contre lequel elles s'insurgeaient. Le succès donnait à leurs insurrections le nom de *révolution*; quelquefois elles n'amenaient que quelques-uns des résultats auxquels on désirait arriver : telle fut, par exemple, la retraite du peuple romain sur le mont Aventin, qui rentre dans la catégorie de ce que nous pourrions appeler des insurrections neutres, qu'osent point maudire hautement ceux contre qui elles sont dirigées, et dont cependant ils ne se déclarent jamais les approbateurs. Enfin, il y a les insurrections vaincues; les vainqueurs ne se font jamais faute de leur donner les noms de *révolte de factieux, sédition, attentat*, etc. : la distinction que nous venons d'établir ici prouve donc très-clairement que la légitimation de ces grandes explosions populaires est toute dans leur succès.

Nous n'énumérerons pas ici les plus célèbres des insurrections dont l'histoire nous a laissé le souvenir : ce serait là une rude tâche, digne de l'historien le plus patient, et les enseignements qui en découleraient seraient pour l'histoire comme pour la philosophie de la plus haute importance. Nous ne nous prononcerons pas davantage sur le droit que font valoir ces insurrections intestines, expression violente des besoins, ou d'un parti opprimé, ou d'une faction imperceptible au milieu des nombreux ressorts de la machine gouvernementale et administrative. Mais à coup sûr nous ne blâmerons pas ces insurrections toutes nationales d'une nation conquise, dirigées contre l'étranger dont elle porte le joug. Pour chercher des exemples dans des événements contemporains, l'insurrection de l'Espagne contre les Français en 1809, celle de la Belgique contre les Hollandais et celle de la Pologne contre les Russes en 1830, bien qu'ayant eu des résultats différents, ont toutes eu la même origine, l'amour de la patrie.

La France, depuis le commencement de la monarchie, a été le théâtre d'une longue série d'insurrections, produites les unes par le malaise physique des populations, les autres par le malaise moral et politique des parias de l'état social : celle du 14 juillet 1789 a suffi pour renverser l'échafaudage gouvernemental de quinze siècles. Une révolution comme celle dont nos pères furent alors les témoins ne pouvait renier son origine : aussi l'insurrection fut-elle placée au nombre des droits et des devoirs du peuple par la déclaration des droits, de l'Assemblée constituante, qui proclamait et autorisait la résistance à l'oppression. On a attribué à Lafayette ce principe; mais il ne l'avait présenté qu'avec de si grands ménagements et de tels palliatifs, qu'il faut rendre à qui de droit sa responsabilité, et laisser aux constituants ce qui leur appartient en propre. La Convention, dans la constitution de 1793, alla plus loin : elle déclara que lorsque le corps social, ou lorsqu'un des membres du corps social était opprimé, l'insurrection était pour le peuple et pour chaque portion du peuple le plus sacré des droits et le plus saint des devoirs. Les constitutions suivantes ne renferment point cette disposition, toute dans les idées démocratiques sous l'influence desquelles le vivait durant le régime républicain, et l'insurrection est redevenue ce qu'elle était, un de ces faits qui ne se jugent que par les fruits qu'ils portent.

En Hongrie, jusqu'aux événements dont ce pays a été le théâtre en 1848, on appelait *insurrection* la levée en masse de la noblesse pour la défense des frontières. Dans les cas urgents, les rois faisaient appel à *l'insurrection*; et tout gentilhomme était alors tenu de prendre les armes et d'entrer en campagne. C'est ainsi, par exemple, qu'à Raab, en 1809, le vice-roi d'Italie Eugène Beauharnais eut affaire à *l'insurrection hongroise*.

IN SUSPENSO, expression latine, quelquefois employée au lieu de sa traduction française *en suspens*. Une chose est-elle indécise, pendante, non terminée, on dit qu'elle reste *in suspenso*.

INTAILLE. *Voyez* CAMÉE.

INTÉGRAL (Calcul). Remonter de la différentielle d'une fonction à cette fonction, ou, en d'autres termes, trouver la fonction dont on donne la dérivée, ou encore revenir de la fluxion à la fluente, tel est l'objet du calcul intégral que Newton avait nommé *calcul inverse des fluxions*. L'invention de ce calcul est contemporaine de celle du calcul différentiel, et l'histoire de ces deux branches du calcul infinitésimal est intimement liée. Après Newton et Leibnitz, le calcul intégral doit ses plus belles découvertes à Jean Bernoulli, Euler, D'Alembert, Vandermonde, Lagrange, Monge, Laplace, Legendre, Abel, M. Cauchy, etc. Il a été l'objet de savants traités méthodiques, parmi lesquels nous citerons particulièrement ceux de Marie Agnesi, de Lacroix, de M. Moigno et de M. Duhamel.

Reportons-nous aux résultats obtenus par la différentiation, nous y trouverons, par exemple, que $\cos x dx$ étant la *différentielle* de $\sin x$, réciproquement $\sin x$ est l'*intégrale* de $\cos x dx$, ce que nous exprimerons ainsi :
$$\int \cos x \, dx = \sin x,$$
le signe $\int$ (*somme* ou *intégrale*) rappelant l'initiale du mot *somme*. Et en effet, suivant les idées de Leibnitz, les différentielles représentant les accroissements infiniment petits des variables, il s'ensuit qu'une variable quelconque est la somme du nombre infini d'accroissements qu'elle a reçus depuis son origine jusqu'au moment où on la considère.

Nous avons remarqué ailleurs que les constantes isolées disparaissent par la différentiation. Or, dans l'exemple ci-dessus, rien ne nous dit si $\cos x \, dx$ est la différentielle de $\sin x$ ou de cette fonction de x augmentée d'une constante. Pour donner à l'égalité précédente toute sa généralité, nous devons donc écrire :
$$\int \cos x \, dx = \sin x + C,$$
C désignant une constante arbitraire.

Le procédé que nous venons d'indiquer s'applique aux résultats de toutes les différentiations effectuées. Ainsi, des égalités :
$$dx^n = nx^{n-1} \, dx,$$
$$d\sqrt{x} = \frac{dx}{2\sqrt{x}},$$
$$d. L. x = \frac{dx}{x},$$
$$de^x = e^x dx, \text{ etc.,}$$
on conclut :
$$\int x^n dx = \frac{x^{n+1}}{n+1} + C,$$
$$\int \frac{dx}{\sqrt{x}} = 2\sqrt{x} + C,$$

INTÉGRAL — INTELLIGENCE

$$\int \frac{dx}{x} = \text{L}.\, x + \text{C},$$

$$\int e^x dx = e^x + \text{C, etc.}$$

La constante arbitraire qui accompagne toutes ces expressions disparaît dans les *intégrales définies*. On nomme ainsi celles où l'on suppose que la variable croisse ou décroisse depuis une certaine limite a jusqu'à une autre limite b, ce que l'on écrit ainsi :

$$\int_a^b \text{X}\, dx,$$

X étant une fonction quelconque de x. Remarquons : 1° que l'on peut toujours faire sortir les coefficients constants engagés sous le signe $\int$ comme ceux qui se trouvent sous le signe d, de sorte que $\int \alpha X dx = \alpha \int X dx$; 2° que les signes $\int$ et d s'excluent mutuellement, c'est-à-dire que $d/X dx \int$ et $\int dX$ équivalent, l'un à $X dx$, l'autre à X.

Toutes les fonctions sont accessibles aux méthodes du calcul différentiel. On ne peut en dire autant du calcul intégral. On ne sait encore intégrer d'une manière générale que les fonctions algébriques rationnelles. Pour les autres, il faut souvent recourir à divers artifices de calcul. L'un des plus usités est l'*intégration par parties*, qui repose sur la relation d. $uv = u dv + v du$, d'où l'on tire
$u dv = d.uv - v du$,
et par suite $\int u dv = uv - \int v du$,
formule que l'on emploiera chaque fois que l'intégration de $v du$ sera plus facile que celle de $u dv$. Quand les fonctions se montrent intraitables par tout autre procédé, on trouve une dernière ressource dans leur développement en séries convergentes, dont on soumet ensuite les termes à l'intégration. On peut juger par les difficultés qu'offre l'intégration des fonctions d'une seule variable, de celles que l'on rencontre lorsqu'on traite des fonctions de plusieurs variables indépendantes et surtout des équations différentielles.

Il faut souvent retrouver une fonction dont on ne connaît que la différentielle d'un certain ordre. On doit alors faire autant d'intégrations qu'il y a eu de différentiations successives. Néanmoins, les *intégrales multiples*, qui s'expriment par la répétition du signe $\int$, se ramènent à des intégrales simples. Prenons pour exemple l'intégrale double $\iint X dx^2$; l'intégrale par parties donne :
$\iint X dx^2 = \int dx \int X dx = x \int X dx - \int X x dx.$
Il en est de même pour les intégrales triples, quadruples, etc.

Outre les questions d'analyse pure auxquelles il prête sa puissance, le calcul intégral est de la plus grande utilité par ses applications géométriques, telles que la rectification des courbes, la quadrature des surfaces, la cubature des solides. La détermination des centres de gravité, et généralement la résolution des principaux problèmes de la science de l'équilibre et du mouvement appartiennent au calcul intégral, que l'on retrouve dans toutes les théories de physique mathématique et de mécanique céleste.

E. MERLIEUX.

INTELLIGENCE, INTELLECT. Ces termes dérivent d'*intus* et de *legere* (choisir intérieurement). Ils disent plus que l'*entendement*, qui semble n'exprimer qu'un retentissement à l'intérieur, une simple réception des impressions par l'ouïe (et par les autres sens) dans le *sensorium commune*, qui accepte passivement des sensations. Mais l'intellect consiste en une compréhension, une faculté active qui choisit, et par conséquent juge ou pèse la valeur entre plusieurs idées, qu'elle compare, afin de préférer la meilleure. Ainsi, l'entendement peut appartenir à plusieurs animaux doués d'un encéphale et de sens ; mais l'intelligence la plus haute capacité est l'apanage de l'homme ou de tous les êtres supérieurs par les facultés. Ici commence la difficulté : cet intellect n'est-il dans l'homme et les animaux qui en manifestent des degrés divers que le simple jeu des organes cérébraux à l'état de vie, un phénomène organique de la substance corporelle, et se dissolvant avec elle à la mort ? ou existe-t-il dans le monde un principe intellectuel, spécial, distinct, séparable, tel que serait le fluide électrique ou magnétique, mais purement spirituel, et pour ainsi dire une émanation de la source divine, créatrice et organisatrice ? La question vaut la peine d'être examinée.

Si l'intellect appartient en propre à la matière, soit brute, soit organisée, en tant que *matière*, il faut donc que cet intellect se fractionne en particules à la mort de l'homme, comme le fait son cerveau, se désorganisant et se putréfiant. Alors, l'intelligence reste l'une des propriétés intrinsèques des molécules de la matière ; elle fait partie de son essence, et ce caillou inorganique, ce rocher, etc., contiennent tous les éléments de la pensée. Qu'est-il besoin de chercher ailleurs ? Si la matière possède ainsi l'intelligence enfouie dans son sein, elle doit s'organiser d'elle seule, spontanément dans les mondes ; produire plantes, animaux, hommes avec toutes les merveilles de leurs structures si habilement et profondément combinées, comme l'œil, le cerveau, etc. Il faudrait bien admettre ces résultats si l'on adoptait cette hypothèse, puisqu'il n'y a rien hors de la matière, et qu'elle est en même temps Dieu, comme l'établit Spinosa, en faisant la confusion du monde et de Dieu dans l'unité absolue. Si vous supposez ainsi qu'il n'y a point de principe spirituel distinct ni séparable de la matière corporelle, il faut donc que par elle seule cette matière se constitue en organes avant d'avoir une organisation. En effet, les matériaux bruts de notre globe préexistaient évidemment avant qu'il y eût des êtres organisés ; ils fournissent la base, les éléments, qui composent l'organisme. Par une conséquence nécessaire et forcée, le moins créera le plus, l'inorganique fera de l'organisme, s'élèvera au plus sublime degré de science et d'intelligence ; les cerveaux de Newton et d'Homère germeront, par la suite des siècles, de la fange et de la pourriture, où fermentent au hasard des matériaux en dissolution. Ces chances du hasard produisent la sagesse et le génie. Enfin, ordre et désordre, tout sera le résultat fortuit des mouvements des particules de l'univers, comme le juste et l'injuste, le bien et le mal, pour retomber, par de nouvelles catastrophes, dans un éternel chaos ou dans une prodigieuse chaîne de métamorphoses sans fin.

Si le sens commun universel repousse avec horreur de tels résultats, comme absurdes et monstrueux ; si ce qui est fortuit, désordonné, ne peut posséder les principes de la régularité et de l'harmonie, il faudra bien recourir à d'autres causes qu'aux éléments bruts et seulement matériels. Dès lors s'il existe une source spéciale d'intelligence et d'ordre, l'organisation s'explique par cette puissance supérieure gouvernant la matière, la distribuant avec mesure, prévoyance, la développant suivant des lois constantes, dans une série de générations normales, dispensant à chaque forme animée, des sens, avec la sensibilité, les moyens d'action, de spontanéité, de volonté, les instincts, les degrés d'intellect en rapport avec les besoins de chaque être. Donc il existe, à notre avis, deux principes dans cet univers :
1° un monde spirituel, tout intelligible, constitué de forces productrices, créatrices ou organisatrices, causes de la vie et de la pensée, se manifestant dans ce merveilleux ouvrage, soit dans l'esprit de l'homme, soit dans les instincts des animaux et les plantes, présidant aux générations, étendant sa providence sur les sociétés et toute la chaîne des événements, selon ses desseins suprêmes ou incompréhensibles ; 2° le monde matériel, composé d'éléments divers, essentiels et ordonnés selon des lois de physique, de chimie, ou exécutant passivement les actes réguliers que lui imprime la suprême intelligence. Tel est ce qu'on nomme la nature (*natura naturata*) ou le système de la création. Nous ne pouvons donc supposer que l'intelligence se manifeste chez l'homme et les êtres vivants sans qu'il existe réellement un principe spirituel, infusé avec l'organisation et

par le mouvement vital dans des êtres corporels, mais qui se sépare de ces matières au moment de la désorganisation et de la mort.

Or, l'observation nous présente une échelle ascendante d'organisation, depuis les plus simples végétaux agames et cryptogames, les champignons, lichens, mousses, jusqu'aux végétaux compliqués, jusqu'à la sensitive et autres plantes décélant déjà des lueurs d'activité, et même d'instinct, pour s'ouvrir à la lumière et se fermer aux ténèbres, pour chercher les bonnes veines de terreau, etc. Mais c'est principalement dans la série du règne animal qu'on voit éclore et se développer depuis le zoophyte à molécules nerveuses, éparses ou fondues dans ses tissus gélatineux, jusqu'à l'appareil nerveux ganglionnaire avec des filets ramifiés chez les articulés (vers, annélides, insectes, crustacés), puis les masses nerveuses associées par divers cordons chez les mollusques (testacés, bivalves, les univalves, les céphalopodes, etc.); ensuite le système régulier, symétrique, des nerfs céphalo-rachidiens et leurs dépendances anastomotiques avec le grand sympathique chez tous les vertébrés (poissons, reptiles, oiseaux, mammifères); enfin, l'homme, chef suprême, animal nerveux et intelligent par excellence.

Les animaux présentent d'autant plus d'instinct qu'ils ont moins d'intelligence; et c'est pourquoi l'homme, si intelligent, est le moins instinctif des animaux. Le siége unique, essentiel de l'intellect est le cerveau, centre auquel viennent aboutir, par les portes ou les fenêtres de nos cinq sens extérieurs, les impressions ou les éléments de nos idées, selon l'antique axiome d'Aristote : *Nihil est in intellectu quod non fuerit prius in sensu*, proposition développée si bien par Locke, et par Condillac dans la supposition de sa statue animée. Ainsi, l'acquisition de notre connaissance, de nos sciences, est le résultat de cette absorption primitive des matériaux de la sensation, puis élaborés, comparés, jugés, combinés à l'aide de la faculté intellectuelle. Il en résulte que les fonctions cérébrales se déploient sous l'influence de ces impressions ou transmissions externes, qu'elles se perfectionnent et s'agrandissent par l'éducation, l'instruction; que la volonté éclairée naît d'un jugement ou d'un choix entre deux ou plusieurs idées, et d'une préférence raisonnée; mais à la naissance l'esprit, dénué de toute idée, reste ignorant et dans l'obscurité, comme serait une table rase. Au contraire, l'instinct est déjà inné, vif, capable d'agir, de gouverner l'animal naissant, surtout dans les races les moins intelligentes et à faible cerveau. C'est une impulsion interne, fixe, préétablie, en rapport avec l'organisation, pressentant déjà dans l'animal à cornes, par exemple, des défenses non encore saillantes. L'instinct, de même que les passions, agit sans le concours de la raison, et même contre la raison, comme lorsqu'il fait précipiter une mère au milieu d'un incendie ou des flots pour sauver son fils. L'instinct opère même d'autant mieux, dans les maladies, dans le délire, qu'il a moins d'intelligence libre. Chez les animaux, l'instinct est parfait dès l'origine; il ne peut se perfectionner ne se détériorer; l'abeille ne construit jamais ni mieux ni plus mal ses rayons depuis des siècles, parce que les formes et les facultés de cet insecte demeurent également constantes et se correspondent. Ses besoins de nutrition, de conservation, de génération, restent pareils, parce qu'ils sont inappris.

Si l'esprit réside dans le cerveau, l'instinct a son siège dans le cœur ou plutôt dans les entrailles. En effet, il se manifeste que des insectes privés de leur tête, et que des lapins, des oiseaux, des reptiles, vivant quelque temps encore après avoir été décapités, exercent néanmoins leurs instincts autant qu'ils le peuvent. De même, une multitude d'animaux naturellement acéphales et sans aucun organe tenant lieu de cerveau (les zoophytes, les échinodermes, etc.) ont des instincts très-caractérisés; c'est ce que ne peuvent nier ni expliquer le docteur Gall et les phrénologistes, qui s'obstinent, malgré l'évidence, ou par ignorance des faits, à placer les instincts au cerveau et à les rattacher à l'intellect. De tout temps, au contraire, on a distingué le cœur de l'*esprit* : or, le cœur et les passions qu'il éprouve, les affections internes qu'on y rapporte, sont du domaine des instincts. Le *cœur* diffère tellement de l'esprit, que les fonctions cérébrales sont troublées et égarées par les passions.

Enfin, on sait que l'esprit est souvent la dupe du cœur. On n'aime pas avec son cerveau, et on ne réfléchit pas avec ses entrailles. Voilà donc deux sources bien distinctes et antagonistes de nos facultés morales, l'une naissant de l'extérieur pour la pensée, la réflexion; l'autre de l'intérieur, pour les affections, les désirs, les besoins. L'intellect est adventice, contingent, non indispensable, factice, de quantités et de qualités variables; l'instinct est naturel ou natal, invariable, nécessaire à l'existence, machinal, irréfléchi. Il se transmet dans l'organisation, comme la structure, mais l'intelligence, étant acquise, ne passe pas du père au fils. L'homme habitué, dans nos éducations perfectionnées, à comprimer ses penchants et ses instincts, suivant qu'il convient à ses intérêts ou à son ambition, se déguise, ne montre qu'une physionomie de commande (*vultus jussus*, comme Tacite le dit de Tibère); mais c'est en vain : empreint dans les chairs avec la vie et l'organisation, ce sentiment intime renaît invinciblement, et sa racine indestructible, immortelle, persiste de génération en génération pour réagir sur le physique.

Impedit ira animum ne possit cernere verum.

Naturam expellas furca, tamen usque recurret.

Un **cerveau**, des sens externes et internes, également bien conformés, sont les instruments à l'aide desquels le système nerveux déploie la plénitude de ses facultés, tant qu'il est imprégné de l'esprit de vie. L'attention est la condition préliminaire pour obtenir des impressions, pour comparer et combiner les idées qui en résultent et asseoir nos jugements. A l'aide de réflexion, l'on obtient des idées composées, abstraites, plus ou moins complexes, sur les matériaux primitifs avec lesquels on opère. Les faits ou les idées se classent dans la mémoire; la chaîne des raisonnements ou des déductions se noue, et l'imagination, le génie, peuvent enfin tisser la trame plus ou moins brillante dont se compose l'esprit humain. Mais une haute question philosophique a été ressuscitée de nos jours, savoir si tout notre système intellectuel émane uniquement de la sensation, des impressions reçues par nos sens extérieurs, comme l'établissent Aristote, Locke, Condillac, Cabanis (en y ajoutant les impressions des sens internes), puis Destutt de Tracy, Volney et toute l'école sensualiste du dix-huitième siècle; ou s'il existe en outre un principe intellectuel pur sa propre essence, ayant sa forme ou ses attributs indépendants, originels, innés, d'après Descartes, Leibnitz et la philosophie spiritualiste moderne de l'Écosse et de l'Allemagne. Dans cette dernière opinion, Descartes établit que la pensée a son existence tellement spéciale, et constituant le *moi* humain, que par son intermédiaire seul le monde extérieur et toute matière nous sont connus. L'esprit pur pourrait exister et voir, comme en un songe ou dans un panorama, cet univers, qui ne serait qu'un spectacle phénoménal, sans réalité autre que celle des idées. Tel est l'**idéalisme** de Berkeley, et celui des iogbuis de l'Indoustan, lequel se tient encore les hypothèses des *monades*, miroirs dans lesquels se réfléchit l'univers, selon Leibnitz, celle de Malebranche, qui fait de Dieu l'intellect universel par lequel nous apercevons toutes choses; celle de Schelling ou de l'être absolu (Dieu-monde), constituant l'universalité intellectuelle et matérielle, renouvelant sous d'autres formes le panthéisme des anciens philosophes stoïciens et le mysticisme des Hindous.

Il est évident qu'en réduisant l'intelligence à n'être que le produit de la sensation, l'on arrive à ne reconnaître aucun principe intellectuel actif, mais seulement des résultats de l'organisation matérielle; une sécrétion de l'encéphale, laquelle est la pensée, dernier degré d'élaboration des impressions des sens. Mais dans cette hypothèse on ne peut expliquer la formation des idées supérieures aux éléments matériels, s'élever aux causes premières, établir les types immuables du vrai et du beau, les lois innées de la conscience, du juste et de l'injuste, le *criterium* des plus hautes vérités de notre nature, comme l'avaient fait voir Hume et Kant dans leur critique. Or, il existe en nous une règle, un sentiment du bon, de l'équité, de l'ordre, antérieur à toute sensation, comme l'a développé Hutcheson et l'école écossaise, d'après les platoniciens. Notre âme veut et agit; elle se soulève spontanément contre l'injustice, même profitable à notre intérêt. L'esprit peut s'élancer au delà du principe dans les espaces éternels que n'atteignent aucune sensation. Il ne s'emprisonne jamais dans l'étroite demeure de notre corporalité; il est d'autant plus puissant qu'il est plus séparé des sens par une profonde méditation, tandis que les animaux possèdent des sens d'autant plus vifs et énergiques qu'ils sont moins intelligents. Plus on éparpille ses sensations et ses idées, moins l'intellect a d'intensité :

Pluribus intentus, minor est ad singula sensus.

On recherche sans cesse les causes de cette éclatante supériorité intellectuelle qui resplendit dans les grands hommes, les vrais génies. On suppose en eux une organisation cérébrale d'une perfection extraordinaire. Sans doute, un encéphale étroit ou comprimé, comme chez le crétin, le stupide Hottentot, ne permet pas un large développement aux fonctions intellectuelles; sans doute, les hommes et les animaux à long col sont lents et sots, tandis qu'un sang chaud et pétillant avive sans cesse la cervelle des individus à col court; mais ces observations n'ont rien d'absolu. Ce ne sont pas les nations les plus intelligentes qui montrent les têtes les plus volumineuses; le Russe en a une plus grosse que le Suédois; le Kalmouk, le Tatar, présentent des crânes plus grands que tous les peuples civilisés de l'Europe et surtout de l'Asie, comme l'ont prouvé Sandifort, Blumenbach, etc. Des recherches récentes faites sur les volumes des têtes d'élèves à l'école vétérinaire d'Alfort ont donné pour résultat des développements de facultés intellectuelles en raison inverse du volume des cerveaux, selon MM. Leuret et Guerry; mais ces faits sont peu concluants. La tête de Napoléon n'avait que 0^m,563 de circonférence, d'après Antommarchi; celle du sublime géomètre Lagrange était encore moins étendue, quoique les os de la face fussent assez développés, d'après l'autopsie que nous en avons faite. Xav. Bichat, l'homme d'un grand génie anatomique, avait un côté du cerveau plus resserré que l'autre; cette inégalité cérébrale était manifeste aussi chez Louis XVIII et chez l'astronome Lalande. Aujourd'hui, ce n'est plus uniquement d'après la masse de l'encéphale, de ses lobes antérieurs et supérieurs surtout, que l'on évalue les fonctions intellectuelles, bien que les cerveaux volumineux de G. Cuvier (pesant 1,856 grammes) et de Dupuytren, etc., en montrent l'importance.

On attribue plus d'efficacité au grand nombre de circonvolutions et d'anfractuosités que présentent les hémisphères cérébraux; ce qui multiplie beaucoup leurs surfaces. Or, cette loi, préconisée par Desmoulins et d'autres anatomistes, se trouverait démentie chez beaucoup d'animaux : le castor, si industrieux, par exemple, manque de ces circonvolutions. Les proportions relatives entre la masse du cervelet et celle des hémisphères, celles de la prédominance de l'encéphale sur la moelle épinière, selon Sœmmering et Ebel; la quantité des lamelles du cervelet, selon Malacarne, Reil et Tiedemann; enfin, les rapports entre l'a n g l e f a c i a l, mesuré par P. Camper, ou entre les os de la face et ceux du crâne, suivant Daubenton et Cuvier, etc., n'offrent aucune infaillibilité ni constance pour établir la mesure intellectuelle. Les énonciations de Gall et de S p u r z h e i m sur la valeur des protubérances encéphaliques, quoique modifiées par de modernes phrénologistes,
ne trouvent guère croyance maintenant, au milieu des mécomptes que leur opposent des anatomistes. Les expériences de MM. Flourens et Magendie sur des animaux vivants ont été soumises à des objections graves par le docteur Gall et d'autres savants, car ces résultats sont pathologiques nécessairement et variables.

D'ailleurs, les conditions du développement intellectuel se modifient selon la précocité ou la lenteur des croissances et la nature des génies : ainsi, la muse tragique de Racine se déploya plutôt que l'observation profonde du comique chez Molière. Des complexions sont plus ou moins favorables aux fonctions encéphaliques, ainsi que certains climats; puis les extrêmes températures les énervent pour l'ordinaire. Les aliments mêmes altèrent nos facultés à la longue, comme les boissons. Personne n'ignore enfin combien l'état d'esclavage ou de liberté comprime ou exalte l'essor de l'intelligence; qu'il y a des époques d'asservissement d'esprit pour les peuples, comme sous les ténèbres du moyen âge; des religions abrutissantes, telles que l'islamisme, ou des gouvernements oppresseurs, même avec des formes littéraires, comme chez les Chinois, enchaînés par le triple lien d'une langue et d'une écriture symboliques, de leurs mœurs cérémonieuses, immuables, et de leur despotisme oriental, avec le régime du bambou. On sait, au contraire, combien l'horizon intellectuel s'agrandit au faîte de la civilisation, aidée de tous les travaux d'une libre industrie, du concours des idées des autres nations, et du long héritage de l'antiquité. Alors s'étendra indéfiniment le cercle des idées; elles-mêmes deviennent le germe fécond de nouvelles découvertes que recèlent les entrailles de l'avenir. Ainsi se déploient les vastes branches de ce grand arbre des connaissances humaines florissant sur tout le globe aujourd'hui. La science, éclose d'abord sous les cieux prospères de l'Inde, de l'Égypte et de l'Orient, fécondée par la Grèce antique, a fait resplendir toutes les merveilles de notre civilisation : heureux si nous persévérons dans ces études pacifiques et glorieuses qui exhaussent la race humaine au-dessus de tous les êtres et la rendent dominatrice de cet univers ! Heureux surtout l'être privilégié qui pourra présenter l'union d'un beau talent et d'un beau caractère! C'est en effet de ce concours harmonique que résulte la plus haute énergie de l'intelligence, puisque les grandes pensées viennent du cœur. L'homme tout entier alors s'avance dans sa force et sa liberté. Malheur, au contraire, à l'être incomplet, mutilé, dont l'âme servile ou lâche ne seconde pas l'élan de la pensée! Telle est la principale cause de la dégradation, de l'énervation de génie, dans les siècles de la corruption du goût, qui suit inévitablement celle du moral. J.-J. VIREY.

INTEMPÉRANCE. Version littérale du substantif latin *intemperantia*, exprimant le défaut de tempérance, ce mot désigne en français les excès qu'on commet dans la satisfaction des appétits sensuels. Cette acception est générale, et s'étend même au défaut de retenue dans l'exercice de la langue; mais on l'applique principalement à l'usage immodéré des aliments et des boissons. Chacun convient que les plaisirs de la table sont grossiers, et qu'ils nous ravalent au niveau des brutes; néanmoins, la majorité d'entre nous les recherche, ou s'y laisse très-bénévolement entraîner; plusieurs même les glorifient en prose et en vers, et donnent un passeport de bonne compagnie à l'intempérance en la nommant *g o u r m a n d i s e*, sans s'inquiéter si comme telle elle est un péché capital. Des moralistes et des médecins se sont évertués à crier aux oreilles des intempérants: « Vos excès nuisent à votre esprit comme à votre corps; le cerveau s'engourdit quand l'estomac est trop plein de produits culinaires, et votre raison se perd quand vous soutenez trop souvent la coupe. » L'intempérance exclut les actes mémorables dans les arts, dans les sciences, en toutes choses. Les excès de la table vous privent de la santé, le premier des biens; ils déforment vos corps en développant monstrueusement vos abdomens; ils vous condamnent à endurer les tourments de la goutte; ils abrègent votre vie par l'apoplexie, la paralysie, ou l'empoisonnent par mille autres maux. L'intempérance, enfin, a servi de texte à des déclamations tellement répétées et usées qu'elles sont aujourd'hui ridicules comme des rabâchages. A quoi servirait d'ailleurs d'essayer de les renouveler avec toutes les ressources de la rhétorique? Jusqu'à ce jour elles ont été si stériles, qu'on rougit aujourd'hui moins que jamais de l'épithète de *gourmand*. Les boutiques de comestibles, vrais guet-apens, qui s'ouvrent de toutes parts, témoignent de l'excellence du métier par le temps qui court; et voyez encore si le public à l'aspect des amorces étalées devant lui ne reste pas dans l'admiration, au lieu de témoigner une indignation vertueuse. S'est-il élevé dans Paris, cette Babylone de la gastronomie, une seule société de tempérance? La pauvreté même, pour qui la sobriété semblerait être un privilège forcé, n'exclut point l'intempérance, surtout celle de l'eau-de-vie, ou plutôt de l'eau-de-feu, comme les sauvages l'appellent plus sensément que nous. Les hôpitaux sont toujours remplis de malades qui témoignent de la justesse de notre remarque. Dr CHARBONNIER.

INTENDANCE, magistrature administrative, judiciaire et financière, dont les attributions comprenaient sous l'ancien régime la justice, la police et les finances dans chaque généralité. Chaque intendance était désignée par le nom de la ville qui était le siège de cette administration. On appelait aussi *intendance* l'hôtel qu'habitait le titulaire et où étaient établis les bureaux. Les princes avaient aussi pour la gestion supérieure de leur maison, de leurs revenus, une *intendance*, qu'on a encore appelée chancellerie. Les grands seigneurs, les prélats du premier ordre, les riches financiers, les grands propriétaires imitaient les princes sur ce point. DUFEY (de l'Yonne).

Sous Louis-Philippe il y avait une *intendance de la liste civile*. Il y a eu aussi des *intendances sanitaires*, chargées de veiller aux mesures de salubrité dans certains ports. Celle de Marseille fut brisée en 1850, pour s'être opposée aux mesures que prenait le ministre contre les quarantaines et les lazarets.

INTENDANCE MILITAIRE. Les intendants sont sortis des débris du commissariat et de l'inspection aux revues; leur naissance a achevé de tuer leurs parents; mais de même que le phénix renaît plus jeune et plus vigoureux de ses cendres, ils sont arrivés au monde mieux conformés, plus puissants, mieux dotés; leur habitation a été meilleure : ce sont eux qui l'ont construite; leurs fonctions ont été plus prépondérantes : ce sont eux qui en ont tracé les règles; le ministère de la guerre est devenu leur quartier général : ils en ont fait leur métropole; l'administration est devenue une alchimie, dont ils peuvent seuls manier les alambics.

La haute capacité des personnages qui dès l'origine ont fait partie du corps de l'intendance explique, et la confiance qu'ils ont acquise et le rôle élevé qu'ils ont joué. Sous Louis XIV et Louis XV, un commissaire des guerres avait rang de capitaine de cavalerie, et il n'est pas démontré qu'en devenant ordonnateur il arrivât à une assimilation plus avantageuse. Le membre de l'intendance qui devient intendant marche au contraire de pair avec le général de brigade, et la pension de retraite à laquelle il a droit de prétendre à un âge encore peu avancé est égale à celle d'un général de division. L'institution de l'intendance, créée en vertu d'une simple ordonnance, et sans que les branches de la législature eussent été consultées, excita d'abord plus d'une rivalité : la polémique qui suivit fut même plus d'une fois désobligeante et injuste; mais l'habileté et le mérite des membres de l'intendance triomphèrent des oppositions. Tout ce qu'il y a d'ouvrages savants, étendus, classiques, sur l'administration des armées, n'a vu le jour que depuis que des intendants ont pris la plume. Ces services qu'ils ont rendus au département de la guerre, bien qu'on y exagérant quelquefois les écritures, ont disposé des publicistes à se demander s'il ne conviendrait pas également

que les bureaux des affaires étrangères fussent dirigés par des consuls et des vice-consuls, ceux de l'intérieur par des préfets et des sous-préfets, ceux de la marine par des préfets maritimes et des commissaires de marine. Le maréchal Soult, interrogé à la tribune touchant les bons services qu'on pourrait obtenir encore d'officiers en retraite, proclama en principe que son intention était de tirer un utile parti de vieux guerriers, et quantité de membres de l'intendance continuèrent en effet leurs services au delà de leur retraite.

Gal BARDIN.

On entend par *intendance militaire* le corps des intendants, sous-intendants, adjoints et commis, délégués par le ministère de la guerre, pour tout ce qui est du ressort de l'administration des armées. Ce personnel contrôle, vérifie, arrête et vise les comptes produits par les chefs de troupe et les officiers comptables des divers services administratifs, ordonnance les mandats de payement, veille à ce que l'armée reçoive exactement toutes les prestations en deniers et en nature auxquelles elle a droit, règle les services des subsistances, des fourrages, du chauffage, de l'habillement, de l'équipement, de l'armement, du campement, des transports et convois, des lits militaires, etc.; assiste, enfin, aux marchés et adjudications, dont il prépare les bases. Les hôpitaux militaires sont également placés sous sa direction immédiate. L'intendance pourvoit, en temps de paix ou de guerre, à tous les besoins de l'armée. Sa création remonte au ministère du maréchal Gouvion Saint-Cyr, qui, par ordonnance du 29 juillet 1817, la substitua au corps, peu homogène, des Inspecteurs et sous-inspecteurs aux revues, commissaires et adjoints aux commissaires de guerre, héritage de l'empire. Réorganisée par ordonnances des 10 juin 1835, 27 août 1840, et décret du 29 décembre 1851, elle se compose de 28 intendants militaires; 50 sous-intendants de 1re classe, 90 de 2e; 52 adjoints de 1re, 26 de 2e, total 246 fonctionnaires.

Les adjoints de 2e classe sont pris parmi les capitaines de toutes armes; les emplois supérieurs sont donnés, dans des proportions déterminées par les règlements, à l'ancienneté et au choix, aux membres de l'intendance et à des officiers supérieurs en activité. Les places d'intendant ne sont dévolues, au choix de l'empereur, qu'à des membres de première classe, ayant au moins trois ans de service dans ce grade.

Avant 1838 il n'y avait point de commis spécialement attachés au service des bureaux de l'intendance, et chaque changement de résidence, à chaque départ pour l'armée, ce n'était pas chose facile que d'organiser les bureaux. Une ordonnance du 28 février 1838 combla cette lacune, en créant un corps de commis entretenus. Une autre, du 13 septembre 1840, les divisa en trois classes, ouvertes aux sous-officiers de l'armée. Il y a, en outre, des places de commis auxiliaires, destinées aux sous-officiers, caporaux et soldats intelligents, ayant au moins six mois de service, et à des jeunes gens âgés de trente ans, lesquels, après un certain temps de pratique, concourent pour les emplois de commis entretenus de 3e classe.

En 1854 une part a été faite à l'intendance dans le service de la justice militaire.

INTENDANT, délégué du roi, sous l'ancien régime, pour l'administration de l'intendance. Les premiers intendants de provinces furent établis par Henri II, en 1551, sous le titre de *commissaires départis* : leurs fonctions étaient spéciales et temporaires, comme celles des anciens *missi dominici*. Une ordonnance de Louis XIII, de 1635, agrandit leurs attributions, et leur conféra le titre d'*intendant du militaire, justice, police et finances*. Le parlement, les assemblées d'états provinciaux, s'élevèrent souvent contre les *intendants*, dont les prétentions portaient évidemment atteinte aux droits des cours souveraines et à l'autorité des états. Leurs plaintes, renouvelées avec plus d'énergie et une imposante unanimité pendant la minorité de Louis XIV, en 1648, réclamaient la suppression irrévocable des inten-

28.

dants. La suppression n'eut lieu que pour quelques provinces ; mais ils ne tardèrent pas à être rétablis partout. Ils ont été entièrement supprimés en 1790. Il y avait un intendant pour chaque *généralité*. Chaque intendant avait sous ses ordres, dans les principales villes de sa généralité, des magistrats inférieurs, qu'on appelait *subdélégués*. Ces derniers présidaient au tirage des milices dans chaque localité ; ils étaient chargés, sous leur responsabilité, de l'exécution des ordres qu'ils recevaient de l'intendant. Les intendants étaient toujours choisis parmi les maîtres des requêtes. En 1790, lors de leur suppression, leur traitement, y compris les gratifications et les frais de bureaux, s'élevaient pour toutes les généralités de France, à 1,400,000 francs par an. Aucune municipalité ne pouvait intenter aucune action sans y être autorisée par une ordonnance de l'intendant ; et le plus souvent ces actions étaient provoquées par les abus de pouvoir des intendants eux-mêmes, dont la responsabilité devenait tout à fait illusoire.

Les ministres des finances s'appelèrent dans l'origine *super-intendants*, puis *sur-intendants*. Il y avait aussi, sous l'ancienne monarchie, des *intendants de marine, d'armée, de finances*, etc.

Le gérant des affaires des princes, des seigneurs et même des riches roturiers s'est aussi appelé *intendant*. Ce titre est devenu plus rare, mais il existe peut-être encore. Les plus modestes bourgeois n'avaient qu'*un homme d'affaires*. Sous la monarchie constitutionnelle, l'administrateur supérieur de la maison du monarque prenait le titre d'*intendant*. Ses attributions, toutes financières, étaient sous ce rapport les mêmes que celles des anciens ministres de la maison du roi. Ceux-ci avaient en outre le département de la haute police de la capitale et des lettres de cachet. Sous le régime actuel, l'administration de la liste civile appartient au ministre d'État. DUFEY (de l'Yonne).

INTENDANT MILITAIRE. *Voyez* INTENDANCE MILITAIRE.

INTENTION (*Morale*). C'est la fin qu'un homme se propose en agissant. Elle peut être bonne ou mauvaise ; exprimée ou secrète. Il n'est permis qu'à Dieu de connaître des intentions secrètes. Souvent c'est l'intention qui excuse ou qui aggrave l'action. La loi des hommes, nécessairement imparfaite, néglige souvent l'intention, et présume que celui qui a voulu l'action en a voulu aussi toutes les suites. Nous devons de la reconnaissance à celui qui était bien intentionné, sans égard au succès. Il ne faut pas perdre de vue la fable de l'Ours et de l'Homme qui dort. Un sot de la meilleure intention nous casse la tête pour nous délivrer de l'importunité d'une mouche. Il y des casuistes qui ont imaginé une certaine *direction d'intention*, à l'aide de laquelle ils peuvent mentir, médire, calomnier, en sûreté de conscience. Les logiciens de l'école distinguent une *intention objective* et une *intention formelle*. Celle-ci est la connaissance de l'objet, la première est l'objet connu. Ils distribuent l'une et l'autre en *intention première* et en *intention seconde*. L'intention première est des attributs essentiels, l'intention seconde est des attributs accidentels. DIDEROT.

L'enfer est pavé de bonnes intentions, dit le proverbe, pour rappeler que les bonnes intentions ne suffisent pas, mais qu'il faut encore avoir la force d'exécuter le bien que nous avons résolu. Il peut y avoir en effet intention sans action, comme dans certaines circonstances il y a action sans intention. C'est donc à tort, et seulement par politesse, que l'on peut dire que *l'intention est réputée pour le fait*. Un fait change souvent de caractère suivant l'intention qui l'a produit. Une bonne action fait généralement supposer une intention louable, quoiqu'elle puisse être le fruit d'un motif indigne. Au contraire, on ne peut guère supposer une intention juste à une action réprouvée par la morale. C'est là ce qui doit faire repousser l'excuse des casuistes qui ne craindraient pas de commettre le mal en se réfugiant dans l'honorabilité du but qu'ils croient poursuivre. L'intention ne saurait dans aucun cas justifier une mauvaise action. La stricte morale défend de faire le mal, quand même on aurait la certitude qu'il en sortira un bien. L. LOUVET.

INTENTION (*Droit*). C'est cette disposition de l'esprit qui fait que l'on a ou qu'on n'a pas la volonté de faire telle ou telle action. L'intention est la base de l'imputabilité morale ; un agent n'est responsable de ses faits qu'autant qu'il a eu l'intention, la volonté éclairée de les commettre. Sans intention, point de volonté, par conséquent point de punition possible.

Ce principe est formellement consacré par notre loi criminelle ; nous le trouvons écrit dans l'article 64 du Code Pénal, qui affranchit de toute peine celui qui a commis une infraction étant en état de démence ou poussé par une force à laquelle il n'a pu résister. Il est encore écrit dans les articles 66 et 67 du même Code, qui prescrivent de poser la question de *discernement* lorsque le prévenu est âgé de moins de seize ans. Nous le trouvons exprimé d'une manière non moins formelle dans les articles 60, 61 et 62, qui ne punissent les complices d'une infraction qu'autant qu'ils ont agi *sciemment*. C'est sur ce principe, enfin, que la loi a posé dans les peines un *minimum* et un *maximum* ; car l'intention, la volonté d'un agent est plus ou moins ferme, le mérite ou le démérite moral ont des degrés divers, que mille circonstances peuvent révéler aux juges et qu'il fallait leur laisser le soin d'apprécier.

Toute la partie de notre législation criminelle qui a rapport aux crimes et aux délits est fondée sur ces principes. Mais en matière de police, le fait en lui-même constitue la contravention, abstraction faite de l'intention. On voit même que ce n'est que par exception que dans certains cas la loi a admis l'intention comme élément constitutif de l'infraction ; elle prend soin alors de le déclarer d'une manière formelle. La jurisprudence s'est plus d'une fois expliquée à cet égard. Elle a même ajouté qu'en matière de contraventions fiscales, le fait matériel est punissable, quelle qu'ait été l'intention de l'auteur.

La loi civile déclare que tout fait quelconque de l'homme qui cause un dommage à autrui oblige celui par la faute duquel ce dommage est arrivé à le réparer. Elle ajoute que chacun est responsable du dommage qu'il a causé, non-seulement par son fait, mais encore par sa négligence ou par son imprudence. L'intention n'est donc pas regardée dans ces cas comme l'élément essentiel de la responsabilité. C'est qu'il ne s'agit ici que d'une réparation civile, et non d'une action qui puisse motiver l'application d'une loi pénale.
E. DE CHABROL.

Une loi républicaine du 14 vendémiaire an III était allée plus loin que le Code Pénal napoléonien. Elle portait que la *question intentionnelle* serait posée aux jurés dans toutes les affaires, sous peine de nullité. Cette loi fut abrogée par un décret du 3 brumaire an V.

INTERCADENCE (du latin *inter*, entre, et *cadere*, tomber). En médecine, ce mot se dit du pouls lorsqu'il offre par intervalles une pulsation surnuméraire.

INTERCALAIRE (*Année*). *Voyez* ANNÉE.

INTERCALAIRES (*Jours*), en médecine. *Voyez* CRISE.

INTERCALATION (en latin *intercalatio*, formé de *inter*, entre, et *calare*, appeler). Ce mot s'emploie pour marquer l'action d'*intercaler*, pour désigner une chose *intercalée*. Il y a lieu à intercalation toutes les fois qu'on doit insérer un article oublié dans un compte, une ligne ou une phrase dans un écrit, ou même un mot dans une phrase. On nomme *intercalaires* les choses ainsi ajoutées. Le jour qu'on ajoute au mois de février dans les années bissextiles s'est une intercalation, et prend le nom de *jour intercalaire*. Il y a aussi une *lune intercalaire*, une treizième lune, de trois ans en trois ans. Enfin, on appelle *vers intercalaires* des vers répétés dans certains petits poèmes. CHAMPAGNAC.

Les intercalations dans les actes notariés rendent nul ce qui est intercalé, et sont punies d'une amende de 10 fr. Il est aussi défendu aux notaires d'en faire dans leurs répertoires. Les articles 42 et suivants du Code Napoléon prennent des précautions pour s'assurer qu'aucune intercalation ne pourra être faite après coup dans les actes de l'état civil.

INTERCESSION (du latin *intercessus*, médiation, entremise, fait d'*intercedere*, être entre). L'intercession est une demande, une prière faite en faveur de quelqu'un, avec instance et avec empressement, pour lui obtenir quelque grâce, quelque avantage, et plus communément le pardon ou l'adoucissement de quelque peine. L'histoire ecclésiastique est remplie d'intercessions des évêques auprès des princes de la terre. L'Église catholique regarde les saints comme nos *intercesseurs* auprès de Dieu. Voilà pourquoi on les prie, pourquoi on les honore d'un certain culte, pourquoi on célèbre leurs fêtes, pourquoi on se dévoue particulièrement à un patron.

INTERCOSTAL (du latin *inter*, entre, au milieu, et *costa*, côte), terme d'anatomie par lequel on qualifie ce qui est entre les côtes.

On s'est aussi servi de ce mot pour désigner le système nerveux grand-sympathique (*voyez* CÉRÉBRAL [Système]).

INTERCOURSE, terme emprunté aux Anglais par nos économistes modernes et servant à désigner l'ensemble des relations commerciales d'un pays avec un autre.

INTERDICTION, INTERDIT. L'*interdiction* en droit est une mesure de précaution ou une peine. Comme mesure de précaution, il en est fait usage à l'égard des individus majeurs qui sont dans un état habituel d'imbécillité, de démence ou de fureur. Elle peut être provoquée par des parents, par l'époux, et à défaut, dans certains cas, par le procureur impérial. La demande en est formée devant le tribunal de première instance du domicile de l'individu à interdire, et prononcée par jugement, après l'accomplissement des formalités prescrites par les lois. L'effet date du jour où elle est prononcée. Le jugement doit être rendu public par l'inscription sur les tableaux affichés dans la salle de l'auditoire du tribunal et dans les études des notaires de l'arrondissement. L'interdiction cesse avec les causes qui y ont donné lieu ; les formalités observées pour y parvenir doivent être employées encore pour en obtenir la main-levée ; et l'interdit ne reprend l'exercice de ses droits qu'après le jugement qui ordonne la main-levée. L'*interdiction* est souvent une arme dangereuse dans les mains de la cupidité ou de la vengeance ; elle a plus d'une fois servi d'auxiliaire à de basses passions ; et la prudence des tribunaux n'a pas toujours suffi pour faire avorter les coupables desseins de parents intéressés.

En rejetant une demande d'interdiction, les tribunaux peuvent néanmoins nommer au défendeur un **conseil judiciaire**.

L'*interdit* est celui qui est en état d'*interdiction*. Tous les actes passés par l'individu qui est dans un état d'interdiction judiciaire, pour cause d'imbécillité, de démence ou de fureur, après qu'elle a été prononcée, sont nuls de plein droit. On peut annuler ceux qu'il aurait passés antérieurement, si la cause en existait notoirement à cette époque. Il est assimilé au mineur pour sa personne et pour ses biens ; il lui est donné un tuteur. Le mari est de droit le tuteur de sa femme interdite ; la femme peut être nommée tutrice de son mari. Les lois sur la tutèle des mineurs s'appliquent à la tutèle des interdits, sauf qu'elle est toujours dative, à l'exception de celle de la femme, qui appartient légalement au mari : tous autres que les époux peuvent s'en faire décharger après dix ans.

L'*interdiction de commerce* est la défense faite par le gouvernement aux commerçants d'entretenir un négoce avec une autre nation, soit à cause de l'état de guerre entre les deux pays, soit pour un autre motif.

L'*interdiction légale* est celle qui résulte de certaines condamnations pénales, comme celles des travaux forcés, de la détention, de la réclusion. Elle existe pendant toute la durée de la peine. Il est nommé au condamné un tuteur et un subrogé tuteur pour gérer et administrer ses biens. Ses biens lui sont rendus à l'expiration de sa peine, et le tuteur lui doit compte de sa gestion. Mais pendant la durée de la condamnation. il ne peut lui être remis aucune somme, aucune provision, aucune portion de ses revenus. Ainsi tandis que les biens de l'interdit pour cause de démence doivent être employés à soulager ses maux, l'interdit par condamnation criminelle ne peut disposer des siens pour un emploi analogue.

Il est encore une sorte d'interdiction qui a tous les caractères d'une peine, et que la loi prononce directement dans certaines circonstances. D'après les articles 42 et 43 du Code Pénal, les tribunaux jugeant correctionnellement peuvent dans certains cas interdire en tout ou en partie l'exercice des droits civiques, civils et de famille, lorsque la loi qu'ils appliquent l'aura permis. L'application de cette peine a beaucoup diminué depuis que la loi électorale a exclu du vote bon nombre de condamnés à des peines correctionnelles.

Enfin, une autre interdiction consiste dans la défense faite par arrêt ou par jugement à un magistrat, à un officier public, à un avocat, d'exercer à l'avenir, pour un temps donné, les fonctions de sa charge ou les devoirs de sa profession.

L'*interdiction du feu et de l'eau* était une formule de condamnation que l'on prononçait à Rome contre ceux qu'on entendait bannir pour quelque crime. On ne les condamnait pas directement ainsi à l'exil ; mais en défendant de les recevoir et en ordonnant de leur refuser le feu et l'eau, on les forçait à s'éloigner ; on les condamnait à une sorte de mort civile, qu'on appelait *legitimum exilium*.

INTERDICTION DE SÉJOUR. Une loi du 12 juillet 1852 a donné à l'administration le droit d'*interdire le séjour* de Paris et de Lyon, ainsi que de la banlieue de ces deux villes, aux individus qui, n'étant pas domiciliés dans le département de la Seine ou dans les communes de l'agglomération lyonnaise, ont subi depuis moins de dix ans une condamnation à l'emprisonnement pour rébellion, mendicité ou vagabondage, ou une condamnation à un mois de la même peine pour coalition ; ou aux individus qui n'ont pas dans les liens sus-indiqués des moyens d'existence. La durée de ces interdictions de séjour doit être déterminée, et ne peut excéder dix ans ; mais l'interdiction peut être renouvelée. L'arrêté d'interdiction de séjour est pris par le préfet de police ou par le préfet du Rhône et approuvé par le ministre qui a dans son ressort la police générale. Il est notifié à l'individu qu'il concerne. Toute contravention est punie d'un emprisonnement de huit jours à un mois. Le tribunal peut en outre placer les condamnés sous la surveillance de la police pendant un an au moins et cinq ans au plus. En cas de récidive la peine doit être portée de deux mois à deux ans d'emprisonnement, et le condamné doit être placé sous la surveillance de la haute police pendant un an au moins et cinq ans au plus.
L. LOUVET.

INTERDIT (*Droit romain*). C'était, à Rome, une ordonnance du préteur qui enjoignait ou défendait de faire quelque chose en matière de possession, afin de rétablir par provision ce qui y avait été interverti par quelque voie de fait, en attendant que l'on statuât définitivement sur les prétentions des contendants. Ces interdits avaient différentes formules. Il y en avait de prohibitoires, de restitutoires, d'exhibitoires, etc., etc.

INTERDIT (*Droit ecclésiastique*), censure ecclésiastique, excommunication générale que le pape prononce contre tout un État, ou contre un diocèse, une ville ou autre lieu, et quelquefois contre une seule église ou chapelle. Chaque évêque peut aussi le prononcer dans son diocèse. L'effet de l'interdit est d'empêcher que le service divin soit célébré dans le lieu qui est interdit ; qu'on y administre les sacrements, et qu'on accorde aux défunts la sépulture ecclésiastique. Ces sortes d'interdits sont appelés *reels* ou *locaux*, pour les distinguer des interdits *personnels*, qui ne lient qu'une personne, soit ecclésiastique, soit laïque. L'objet de ces sortes d'interdits n'était à l'origine que de punir ceux qui avaient causé quelque scandale public et de les ramener à leur devoir en les obligeant de demander la levée de l'interdit. Mais dans la suite ces interdits furent aussi quelquefois employés abusivement pour des affaires temporelles et ordinairement pour des intérêts personnels à celui qui prononçait l'interdit.

Par sa sentence d'interdit, le pape défendait de célébrer la messe, d'administrer les sacrements dans les lieux indiqués ; injonction était faite de se laisser croître la barbe, défense de se nourrir de viande et de se saluer mutuellement ; les reliques étaient enlevées de leurs châsses, étendues sur le pavé des églises et recouvertes d'un voile ; on dépendait les cloches et on les mettait dans les caveaux ; les morts n'étaient plus inhumés en terre sainte ; enfin le royaume était déclaré appartenir au premier occupant, mais le pape prenait toujours soin de désigner par une bulle spéciale le prince qu'il gratifiait de la couronne vacante.

Le premier interdit local que l'on rencontre dans l'histoire de France est celui que lança Leudovald, évêque de Bayeux, sur toutes les églises de Rouen, à la suite de l'assassinat de l'évêque Prétextat. En 1200 Innocent III mit le royaume en interdit pour punir Philippe-Auguste, qui s'était marié avec Agnès de Méranie, après avoir répudié Ingelburge. Boniface VIII, en 1303, fulmina la même peine contre Philippe le Bel. Jules II, en 1512, lança encore l'interdit contre le royaume sous Louis XII. Grégoire VII abusa surtout de l'interdit. Adrien IV mit la ville de Rome en interdit. Innocent III interdit l'Angleterre. Après le massacre des Vêpres siciliennes, Martin IV mit le royaume d'Aragon en interdit. Grégoire X interdit le royaume de Portugal, etc., etc. Les peuples n'abandonnaient pas toujours leurs princes dans ces circonstances, et l'Église dut modérer ses sévérités. Elle permit d'abord de donner le baptême et l'extrême-onction, ensuite de prêcher, d'administrer la confirmation, puis de dire une messe basse toutes les semaines sans sonner, les portes fermées, enfin de dire chaque jour une messe sans chant, et de célébrer les quatre grandes fêtes solennelles. L'interdit local n'est plus en usage maintenant que lorsqu'une église menace ruine, ou lorsqu'elle a été souillée par un crime, jusqu'à ce qu'elle ait été consolidée ou purifiée ; dans les deux cas, c'est l'évêque qui le prononce.

L'interdit est la troisième des peines disciplinaires que l'on nomme *censures ecclésiastiques*. L'interdit personnel peut être illimité ou temporaire. Il est prononcé contre le prêtre qui a contrevenu gravement aux devoirs de sa profession. C'est l'évêque qui inflige cette peine. Les officialités n'étant plus reconnues par la loi, l'évêque ne semble enchaîné par aucune règle, car le recours au Conseil d'État par appel comme d'abus ne saurait amener aucun résultat. Le prêtre interdit ne peut administrer les sacrements, ni célébrer les offices.

Il est du bon ordre, dit l'Église, qu'un clerc réfractaire aux lois de ses supérieurs puisse être puni par la privation des avantages et des priviléges qu'il en a reçus : cela est nécessaire, ajoute-t-elle, pour le contenir dans le devoir, réparer le scandale qu'il a donné et l'empêcher de le continuer. Telle a été la discipline dès les premiers siècles. Dans les décrets qu'on appelle *Canons des Apôtres*, qui ont été faits par les conciles du second et du troisième siècle, l'*interdit* est exprimé par le mot *segregare* (séparer, écarter) : un clerc pouvait l'encourir pour une faute très-légère, par exemple pour s'être moqué d'un estropié, d'un sourd ou d'un aveugle. L'*interdit* perpétuel était appelé *déposition* ou *dégradation* : il réduisait un clerc à l'état de simple laïc. La peine avait aussi différents degrés. Quelquefois on privait seulement un clerc pour quelque temps des distributions manuelles qui se faisaient pour fournir aux ecclésiastiques leur subsistance, et que l'on appelait *divisio mensurna* ; d'autres fois on lui interdisait seulement l'exercice d'une fonction particulière, sans lui ôter les autres. Si le cas était plus grave, on le privait de toute fonction.

INTÉRÊT, au moral, est cet amour de nous-même qui nous porte à rechercher tout ce qui nous convient, de quelque manière que ce soit, tout ce qui nous paraît propre à assurer ou augmenter notre bien-être. On a dit dans ce sens, depuis bien des siècles, que l'*intérêt* gouverne les hommes, et cette maxime n'est pas encore devenue mensongère : l'*intérêt* est en effet un puissant mobile, et, depuis le plus pauvre jusqu'au plus riche, tout le monde en subit l'empire. L'*intérêt* s'empare de nous au sortir de l'enfance, grandit avec nos passions, et finit par étouffer dans certaines âmes toute idée de justice, d'équité, de bienveillance, de générosité, qui lui serait contraire. Des hommes l'*intérêt* est passé dans les nations, et l'on a dit : l'*intérêt public*, l'*intérêt général*, grands mots par lesquels on désigne les besoins publics, et dont trop souvent d'habiles charlatans abusent dans leur *intérêt personnel*. C'est dans ce sens que l'on dit : Bien entendre ses *intérêts* ; avoir un grand *intérêt* à une chose ; embrasser les *intérêts* de quelqu'un ; concilier, blesser les *intérêts* ; l'*intérêt* est la pierre de touche de l'amitié, etc., etc.

Dans une signification prise en moins mauvaise part, *intérêt* signifie l'affection, la bienveillance, les sentiments d'attachement qu'on a pour une personne, la part que l'on prend à ce qui lui arrive de fâcheux ou d'agréable : c'est ainsi que souvent certaines personnes inspirent de l'*intérêt* dès la première vue, et que l'on dit de quelqu'un qu'il est digne de cet *intérêt*, et qu'on prend *intérêt* à sa situation.

Dans le langage littéraire, on entend par *intérêt* ce qui dans un ouvrage est propre à attacher, à charmer, à toucher l'âme : les romans et les pièces de théâtre doivent toujours être pleins d'*intérêt*, sous peine d'être froids et inanimés.

[On sait qu'il est une philosophie développée par Locke et par ses successeurs, surtout Helvétius, Cabanis, Volney, soutenant, d'après Hobbes, que les bases de la morale ne pouvaient être autres que celles de l'intérêt privé, ou une réaction de l'amour de soi-même et de l'amour-propre, enfin, d'un intérêt quelconque. Déjà La Rochefoucauld, dans ses *Maximes*, avait cru découvrir que nos vertus et nos plus belles qualités appartiennent à la vanité, à l'amour de soi ou à des motifs intéressés. Mais, sans nous croire meilleurs que nous ne le sommes en effet, il est impossible de confondre les notions du *juste* et de l'*injuste* lors même qu'aucune loi n'existerait. Avant qu'il existât un cercle, tous les rayons devaient du centre devaient être égaux, dit Montesquieu, et avant que les lois fussent écrites, leurs bases se trouvaient naturellement dans les rapports naturels et réciproques des hommes entre eux, comme l'avait démontré Cudworth (*De Æternis justi et Honesti Notionibus*, cap. ii). Ces rapports étant donnés par notre organisation, il s'établit des règles d'équilibre indispensables pour l'état social, comme celle-ci : *Ne fais pas à autrui ce que tu ne veux pas qu'on te fasse!* Par là chaque nature est fixée, coordonnée dans ses limites et sa carrière. Le bien et le mal ont leurs relations définies ; par toute la terre les fondements moraux du juste et de l'injuste ne sont plus le résultat de coutumes arbitraires, mais dérivent de la constitution même des êtres, selon leur nature et leurs réciprocités d'action.

Ils sont réfutées les opinions de Jérémie Bentham, soutenant qu'il n'y a point de lois naturelles, et celles de l'immoral Mandeville, qui prétend démontrer les avantages du vice et des crimes dans la politique et la philosophie, etc. Au contraire, lord Shaftesbury, avec Addison, Pope, Adam Smith, Hutcheson et toute l'école écossaise ont prouvé que dans nous il existe un principe de sympathie, de pitié, de bonté naturelle au cœur humain, ou plutôt un sentiment divin de conscience, qui nous transporte à des actes de vertu exempts de tout intérêt privé, et capable, au contraire, de s'immoler par simple générosité, par grandeuil d'âme, selon la dignité de notre être. Dans cette source pure, nous puisons tous les éléments d'élévation, de génie et de sublimité qui portent aux actions les plus ravissantes de l'héroïsme. Ainsi, en toutes les classes d'êtres, la mère se sacrifie pour sa progéniture, l'individu se doit à l'État, par une subordination patriotique, comme une nation se subordonne au genre humain, et celui-ci au suprême arbitre de toutes choses. De là résulte le concert universel de la justice, de l'équité régulatrice du monde, tandis que le vice difforme et destructif ne serait que la ruine et l'anéantissement de toute société et du genre humain, si le principe d'égoïsme individuel était la règle générale.

J.-J. VIREY.]

INTÉRÊT (*Littérature*), affection de l'âme qui lui est chère, et qui l'attache à son objet. Dans un récit, dans une peinture, dans une scène, dans un ouvrage d'esprit en général, c'est l'attrait de l'émotion qu'il nous cause ou le plaisir que nous éprouvons à en être émus de curiosité, d'inquiétude, de crainte, de pitié, d'admiration, etc.

On distingue l'intérêt de l'art et celui de la chose.

L'art nous attache, ou par le plaisir de nous trouver nous-mêmes assez éclairés, assez sensibles, pour en saisir les finesses, pour en admirer les beautés, ou par le plaisir de voir dans nos semblables ces talents, cette âme, ce génie, ce don de plaire, d'émouvoir, d'instruire, de persuader, etc. Ce plaisir augmente à mesure que l'art présente plus de difficultés et suppose plus de talents ; mais il s'affaiblirait bientôt s'il n'était pas soutenu par l'intérêt de la chose ; et tout seul, il est trop léger pour valoir la peine qu'il donne. Le poëte aura donc soin de choisir des objets qui par leur agrément ou leur utilité soient dignes d'exercer son génie ; sans quoi l'abus du talent changerait en un froid dédain ce premier mouvement de surprise et d'admiration que la difficulté vaincue aurait causé.

L'intérêt de la chose n'est pas moins relatif à l'amour de nous-même que l'intérêt de l'art. Soit que la poésie, par exemple, prenne pour objets des êtres comme nous, doués d'intelligence et de sentiment, ou des êtres sans vie et sans âme, c'est toujours par une relation qui nous est personnelle que ce sentiment nous saisit. Il est seulement plus ou moins vif, selon que le rapport qu'il suppose de l'objet à nous est plus ou moins direct et sensible.

MARMONTEL.

INTÉRÊT, *loyer d'un capital prêté*, ou bien, en d'autres termes plus exacts, *achat des services productifs que peut rendre un capital*. Le capitaliste qui reçoit un intérêt cède ses droits au *profit* que son capital peut faire ; il renonce aux services productifs que son capital peut rendre pendant tout le temps où il est prêté. L'entrepreneur qui emprunte gagne ou perd sur l'intérêt payé, selon qu'il tire du capital des profits supérieurs ou inférieurs à cet intérêt. L'intérêt d'un capital prêté peut, presque toujours, se décomposer en deux parts, l'une qui représente et qui paye le service que peut rendre le capital, comme *instrument* de production : c'est l'intérêt proprement dit ; l'autre, qui représente le risque que le prêteur court de ne pas rentrer dans son capital : c'est une espèce de prime d'assurance. La rareté des capitaux disponibles, l'abondance des emplois lucratifs et sûrs, tendent à faire hausser le taux de l'intérêt proprement dit. Les circonstances contraires tendent à le baisser. —J.-B. SAY.

Les capitaux, fixes ou circulant sous forme de numéraire ou sous toute autre forme, ne sont en réalité que des *instruments de travail*. Tous les fruits du travail se divisent, après le travail accompli, en trois portions : l'une qui reste, sous le nom de *salaire*, entre les mains des ouvriers qui ont exécuté le travail ; la seconde revenant, sous le nom de *profit*, aux chefs de ce travail, à ceux qui l'ont préparé, conduit et dirigé ; la troisième, enfin, passe, à titre de *loyer*, dans la bourse des propriétaires fonciers ou des capitalistes qui, restés de leur personne parfaitement étrangers à l'œuvre accomplie, avaient abandonné temporairement et moyennant prix convenu l'usage des instruments nécessaires à son exécution, et qui se trouvaient leur propriété. Ce *loyer*, que l'on nomme *fermage* quand l'instrument de travail cédé est une terre, plus spécialement *loyer* si cet instrument est une maison, prend le nom d'*intérêt* quand il représente le prix de jouissance d'une somme d'argent. L'intérêt est donc le prix que l'on paye au propriétaire d'une somme d'argent, pour en avoir temporairement la disposition et la jouissance. Le taux de cet intérêt se compose naturellement de deux éléments, l'un qui représente le *loyer*, c'est-à-dire le prix de la jouissance de la somme prêtée ; l'autre, qui constitue une sorte de prime d'assurance, dont le prélèvement doit couvrir le propriétaire du capital prêté des risques auxquels expose toujours la location d'un capital mobilier et circulant, habituellement consommé tout de suite par celui qui l'emprunte. Cette observation explique et justifie la différence qui se fait constamment remarquer entre le taux des fermages et le taux de l'intérêt : ce dernier est toujours le plus élevé, parce que l'emprunt dont il est le prix expose les capitaux prêtés à des risques infiniment plus nombreux et plus grands que ceux qui menacent les capitaux fonciers.

L'intérêt de l'argent étant le prix que paye le travailleur à l'homme de loisir pour avoir la disposition de l'instrument de travail que possède celui-ci, la baisse de cet intérêt est en général favorable aux travailleurs, et par conséquent à la société tout entière, dont les intérêts sont toujours d'accord avec ceux du travail et contraires à ceux de l'oisiveté. Plus l'intérêt de l'argent et le taux des fermages seront bas, plus il deviendra facile au travailleur de se procurer les instruments sans lesquels son talent, son génie, son courage, sa force, languissent inféconds ; moins considérable sera le tribut prélevé par l'homme de loisir sur le produit du travail, plus grande sera la portion de ce produit applicable soit à la rétribution des travailleurs, soit au perfectionnement du travail. Le bas prix auquel les travailleurs de tout ordre peuvent se procurer les capitaux nécessaires amène par la diminution des prix de revient la diminution des prix de vente ; celle-ci à son tour produit une consommation plus forte et plus étendue, et répand jusque dans les extrémités du corps social l'aisance et la prospérité. En effet, cet universel élan de l'industrie dont profitent et les manufactures, et le commerce, et l'agriculture, ne cause de tort qu'à la classe fort peu nombreuse des *non travailleurs*, propriétaires fonciers ou capitalistes, s'ils ne prennent point le parti de conduire en personne la culture de leurs champs ou d'employer eux-mêmes à quelque entreprise d'industrie les capitaux pécuniaires qu'ils possèdent ; s'ils veulent, comme par le passé, se borner à les louer, leur revenu, et par suite leur aisance, doit s'amoindrir, et décroît peu à peu. La terre qui leur donnait 1,200 francs de fermage n'en donne plus que 1,000, et l'industriel qui leur payait 6 pour 100 de leur argent ne veut plus leur en donner que 5 ou 4, parce que le plus grand nombre des capitalistes les offrent à ce taux. La baisse de l'intérêt est un fait tellement favorable, qu'il faut y voir en général le signe le plus infaillible d'une grande prospérité sociale. Cette baisse pourrait bien, c'est vrai, provenir d'une autre cause, comme de la faire remarquer un économiste moderne : la suspension des affaires et l'inaction des travailleurs pourraient faire tomber le taux de l'intérêt, parce que les capitalistes, n'en trouvant pas l'emploi, seraient les premiers à provoquer cette baisse ; mais il faut convenir que si ce phénomène peut avoir lieu, il est bien rare : en pareil cas, les capitalistes sont plus empressés à retirer leur argent des affaires qu'à l'y faire entrer ; ils aiment mieux vivre quelque temps sur leur capital et laisser passer la crise que de courir pour un modique revenu la chance d'une perte totale.

Du reste, ce n'est point la théorie seule qui indique l'abaissement du taux de l'intérêt comme un symptôme de prospérité, l'histoire économique de tous les peuples de l'Europe moderne démontre la justesse de ce principe. Ce que nous venons, par hypothèse, d'imaginer sur les effets heureux que produit la baisse de l'intérêt n'est que le récit exact de ce qui se passe en Europe depuis le moyen âge. A mesure que les habitudes et les mœurs guerrières ont reculé devant les mœurs pacifiques et les habitudes laborieuses; à mesure que l'absurde préjugé qui faisait noble la vie oisive s'est affaissé; à mesure que l'industrie a brisé ses chaînes, et conquis dans la société la place immense qu'elle y occupe aujourd'hui ; à mesure que le crédit s'est perfectionné, et que les conditions dans lesquelles s'exécute le travail se sont assez améliorées pour que les chances de gain contre-balançassent avantageusement les chances de perte et de spoliation, on a vu, parallèlement à ces progrès, l'intérêt de l'argent s'abaisser suivant une loi constante. Dans la baisse constante du taux de l'intérêt, baisse inévitable, parce qu'elle résulte de l'accroissement même de la prospérité sociale, nous voyons l'un des germes les plus efficaces de la régénération sociale, dont tant de symptômes cachés jusque ici commencent à se manifester depuis quelques années.

La conséquence directe de ce qui vient d'être dit, c'est qu'une société bien gouvernée verra non-seulement sans alarme, mais encore avec satisfaction, la baisse de l'intérêt; car les sociétés ne doivent point périr, mais elles doivent se régénérer; et la régénération sociale est désormais au prix de l'émancipation du travail et de l'affranchissement des travailleurs. Non point que nous entendions provoquer par ce conseil des lois sur l'usure : l'argent est une marchandise comme une autre; il est naturel et même nécessaire que, suivant qu'il est offert et demandé, selon qu'on a plus ou moins besoin de ses services, selon le risque plus ou moins grand couru par le prêteur, le prix payé pour sa location s'élève ou s'abaisse. Comme toute denrée, l'argent est soumis à la loi de concurrence, devenue aujourd'hui, sous le rapport industriel, le droit commun de la plupart des sociétés. Cela est si vrai que toutes les lois faites dans le but de fixer à un certain chiffre le taux de l'intérêt sont restées sans action, et que partout et toujours elles ont été publiquement éludées. Charles LEMONNIER.

INTÉRÊT (Règle d'). L'intérêt de l'argent se calcule ordinairement en prenant pour base l'intérêt rapporté par une somme fixe de 100 fr. pendant une période d'une année; c'est ce qu'on appelle le *taux* de l'intérêt : si le taux, par exemple, est 3, on dit que le capital est placé à 3 *pour cent*, ce que l'on écrit ainsi : 3 p. 0/0, ou, plus simplement, 3 0/0. La règle d'intérêt est fondée sur ce principe que l'intérêt d'un capital est à la fois proportionnel au capital, au taux, et enfin au temps, c'est-à-dire à la durée du placement. Ainsi, veut-on calculer ce que rapporteraient 6,480 fr. placés à 4 pour 100 pendant 8 mois, la proportion

100 : 6480 :: 4 : x

nous donne $x = 259$ fr. 20, somme rapportée par 6,480 fr. en une année. Pour résoudre la question, il n'y a plus qu'à multiplier ce résultat par le rapport de la durée du placement à l'unité de temps, c'est-à-dire par $\frac{8}{12}$ ou $\frac{2}{3}$, et on trouve enfin 172 fr. 80 pour la somme demandée.

En général, soit a le capital, i le taux, t le rapport de la durée de placement à l'unité de temps, l'intérêt I est donné par la formule

$$I = \frac{ait}{100},$$

qui s'emploie également dans l'escompte commercial, et dont nous avons à ce sujet indiqué quelques simplifications propres à certains cas particuliers.

Ce que nous venons de dire ne s'applique qu'à l'*intérêt simple*. L'*intérêt composé* est celui qui, au lieu d'être payé chaque année, s'ajoute au capital pour porter intérêt à son tour. En représentant par r l'intérêt annuel de 1 fr., ce qui revient à poser $i = 100 r$, on trouve que le capital a, placé à intérêts composés, devient au bout de n années :

$$A = a(1+r)^n.$$

Le calcul de A s'effectue à l'aide des logarithmes : on a

$$\text{Log } A = \text{Log } a + n \text{ Log } (1+r).$$

La théorie de l'intérêt composé, toujours vraie au point de vue purement arithmétique, deviendrait pratiquement absurde si on voulait l'appliquer sans restriction à des opérations dont la durée dépasserait certaines limites (comme, par exemple, le célèbre testament de Thellusson). Qui ne connaît le fameux paradoxe du *centime de Charlemagne*? Par la formule, on trouve que, si cet empereur eût, lors de son couronnement (en 800), placé un seul *centime* à 5 pour 100 au profit de la génération actuelle, le logarithme de la somme résultant de cette faible épargne serait aujourd'hui (1855) égal à

Log 0,01 + 1055 Log 1,05

$= -2 + 1055 + 0,0211893 = 20, 3547115$,

ce qui indique un nombre de francs représenté par 21 chiffres. Chacun des 35 millions d'habitants de la France aurait actuellement un *revenu annuel de plus de cent milliards!*... Ce résultat indique seulement la rapidité de l'accroissement des termes d'une progression géométrique dont la raison est plus grande que l'unité. Il est du reste facile de concevoir qu'un capital placé à 5 pour 100 est plus que doublé en quinze ans, plus que quadruplé en vingt-neuf ans, plus qu'octuplé en quarante-trois, ans, etc. Tout ce que nous devons conclure de là, c'est que si le calcul des intérêts composés doit entrer comme élément essentiel dans certaines questions, telles que celles d'annuités, d'assurances, etc., il faut cependant se défier des conséquences que pourrait en tirer l'économie sociale. E. MERLIEUX.

INTÉRÊT (*Droit*). En droit, ce mot s'entend du profit qu'un créancier peut tirer de l'argent qui lui est dû, et aussi de la part qu'on a dans une société, dans une entreprise, dans un bail, etc.

Les législateurs se sont de tout temps occupés de fixer le taux légitime de l'intérêt de l'argent, qui est, à proprement parler, le loyer payé au propriétaire du capital par celui auquel il le confie et qui en fait usage. Aussi, le taux de l'intérêt a-t-il varié avec les besoins, les mœurs, les caractères et les climats des nations. A Rome, le terme moyen fut de 12 p. 100 par an. En France, un édit de Charles IX, de 1576, fixa le taux de l'intérêt au denier 12, c'est-à-dire à 8 ⅓ p. 100; sous Louis XIV, un édit de 1695 le fit descendre au dernier 20 (5 p. 100). Sous Louis XV il fut encore réduit. Il ne cessa de varier qu'en 1807. La loi du 3 septembre de cette année fut rendue en exécution de l'article 1907 du Code Civil, ainsi conçu : « L'intérêt est légal ou conventionnel ; l'intérêt conventionnel peut excéder celui de la loi toutes les fois que la loi ne le prohibe pas. » Elle émit les principes qui régissent aujourd'hui cette matière. « L'intérêt conventionnel, dit cette loi, ne pourra excéder en matière civile cinq pour cent, ni en matière de commerce six pour cent, le tout sans retenue. » L'intérêt légal sera en matière civile de cinq pour cent, et en matière de commerce de six pour cent, aussi sans retenue. » Lorsqu'un prêt conventionnel aura été fait à un taux excédant celui de la loi, les tribunaux doivent ordonner la restitution ou la réduction, et s'il y a habitude de prêts semblables, le délinquant peut être puni pour usure.

Les intérêts se subdivisent en plusieurs sortes, suivant les circonstances qui leur donnent naissance. Les intérêts sont *dûs de plein droit*, de même que le capital, et sans qu'il soit besoin de demande judiciaire, lorsqu'il s'agit ou de restitution d'un objet produisant des fruits, ou d'une indemnité à défaut de restitution. En matière de commerce, les créances provenant d'opérations commerciales réglées par compte courant sont productives d'intérêts d'après l'usage constant du commerce. Le solde d'un compte courant est productif d'intérêts comme la créance originaire. Les avances entre commerçants pour remboursements des billets en souffrance sont productives d'intérêts. En matière de tutelle, le tuteur doit intérêt pour toute somme formant un capital assez considérable pour être employé en constitution de rente ou en acquisitions d'immeubles. En matière d'héritage, lorsqu'un héritier doit rapporter quelque chose à la succession, les intérêts partent du jour de l'ouverture de la succession. En fait de mariage, les intérêts de la dot courent de plein droit du jour du mariage. En matière de vente, l'acheteur doit l'intérêt depuis la vente jusqu'au payement du capital dans les trois cas suivants : s'il a été ainsi convenu lors de la vente ; si la chose vendue et livrée produit des fruits ou autres revenus ; si l'acheteur a été sommé de payer. Dans ce dernier cas, l'intérêt ne court que depuis la sommation. En matière de mandat, l'intérêt des avances faites par le mandataire lui est dû par le mandant à dater du jour des avances constatées.

On nomme *intérêts conventionnels* ceux qui résultent d'une promesse autorisée par la loi. Dans l'ancien droit, les cas où il était permis de stipuler des intérêts étaient déterminés par des dispositions législatives; aujourd'hui il est permis de stipuler des intérêts pour simple prêt, soit d'argent, soit de denrée, ou autres choses mobilières. On peut stipuler des intérêts dans toute espèce de contrat. Dans le cas où ils ne sont pas stipulés, on ne peut les suppléer. Le taux de l'intérêt conventionnel doit être fixé par écrit. On peut stipuler un intérêt moyennant un capital que le prêteur s'interdit d'exiger. Dans ce cas le prêt prend le nom de constitution de rente.

Les *intérêts judiciaires* et *moratoires*, à la différence des intérêts qui sont de droit et de ceux qui sont conventionnels, ne s'obtiennent que par une demande judiciaire intentée par le créancier contre son débiteur ou par une mise en demeure; de là le mot *moratoire* (de *mora*, retard). Ainsi le dépositaire ne doit aucun intérêt de l'argent déposé, si ce n'est du jour où il a été mis en demeure de faire la restitution. Le mandataire doit l'intérêt des sommes qu'il a employées à son usage à dater de cet emploi, et de celles dont il est reliquataire à compter du jour qu'il est mis en demeure. La demande d'intérêts formée contre l'un des débiteurs solidaires fait courir les intérêts à l'égard de tous. La citation en conciliation fait courir les intérêts, pourvu que la demande soit formée dans le mois à dater du jour de la non-comparution et de la non-conciliation. En cas de non-payement d'un effet de commerce, les intérêts moratoires ne courent point du jour de l'échéance, mais seulement du jour du protêt à défaut de payement.

Les intérêts échus des capitaux peuvent produire des intérêts ou par une demande judiciaire, ou par une convention spéciale, pourvu que, soit dans la demande, soit dans la convention, il s'agisse d'intérêts dûs au moins pour une année entière. Cette faculté de faire produire des intérêts à un capital formé d'intérêts s'appelait autrefois *anatocisme*. Dans l'ancienne législation, il était défendu, et très-peu d'exceptions étaient accordées. On a levé cette prohibition dans le Code Civil, parce que les intérêts échus forment pour les créanciers un capital qui produirait des intérêts s'il l'avait entre les mains et pouvait le placer. L'anatocisme, quoique permis, est cependant dangereux, parce qu'il est facile d'en abuser pour se procurer des profits illicites.

L'emprunteur qui a payé des intérêts qui n'étaient pas stipulés ne peut ni les répéter ni les imputer sur le capital. Cette maxime ne s'applique pas aux intérêts usuraires.

On nomme *intérêts civils* les dommages-intérêts que l'on réclame dans une affaire criminelle.

Les intérêts des sommes prêtées et généralement tout ce qui est payable par année ou à des termes périodiques plus courts, se prescrivent par cinq ans. Les intérêts moratoires résultant de condamnations judiciaires, qui sous l'ancienne jurisprudence n'étaient soumis qu'à la prescription de trente ans, se prescrivent aujourd'hui par cinq ans.

E. DE CHABROL.

La loi des Juifs leur interdisait entre eux tout prêt à intérêt. Les Pères de l'Église chrétienne renouvelèrent l'anathème contre l'usure, mot qui fut longtemps synonyme d'intérêt. On alla jusqu'à assimiler l'usure au vol. Mahomet proscrivit également le prêt à intérêt. Les philosophes grecs s'étaient déjà éloquemment élevés contre cet usage de tirer profit de l'argent prêté. La loi civile tenta aussi de prohiber l'intérêt; mais elle s'arrêta vite, dans la crainte d'anéantir tout commerce. On essaya alors de fixer un intérêt légal. Rome régla cet intérêt à plusieurs reprises : les nations modernes l'ont imitée. Mais à côté de l'intérêt il faut placer une prime d'assurance qui s'élève suivant les chances de perte. L'abaissement du taux légal eut donc souvent pour effet d'élever la prime d'assurance, qui se déguise de mille façons. Le péril d'une contravention augmente toujours le prix du loyer de l'argent. Plus on rançonna les juifs, au moyen âge, plus ils se montrèrent ingénieux à faire monter le prix de leurs capitaux. Le numéraire, l'argent, est une marchandise comme une autre, disent les adversaires du taux légal; pourquoi, si vous ne voulez pas souffrir de transactions particulières au-dessus d'un certain taux, en permettiez-vous tous les jours dans les affaires publiques ? Quelques emprunts publics se sont faits au-dessus du taux légal. Le mont de piété, qui est parfaitement garanti, loue son argent à un taux monstrueux ! Pourquoi est-il permis de prêter à 10 pour 100 en Algérie ? Prêchez donc d'exemple. Vous ne le pouvez pas ; alors laissez chacun libre de traiter comme il lui convient du prix de l'argent, ainsi qu'on le fait dans certains pays, en Danemark, par exemple. A cela on répond : Ne pas fixer un maximum d'intérêt, c'est livrer à une misère prochaine le jeune homme sans expérience, l'homme nécessiteux qui, pour une journée de plaisir ou un morceau de pain céderait parfois un avenir brillant. Ce serait stimuler le commerçant, l'agriculteur à se jeter dans les affaires les plus hasardeuses, à jouer le plus gros jeu. Si maintenant ils tombent sous la griffe d'un usurier, ils peuvent du moins faire réduire leur créance par les tribunaux. On aurait tort de confondre le prix de l'intérêt avec les frais d'actes qu'entraîne le prêt. Ces frais augmentent bien à la vérité le prix du loyer de l'argent ; mais le prêteur n'en tire aucun profit : c'est une prime d'assurance, payée non pas au bailleur, mais à l'État, et une commission à l'entremetteur. De bonnes lois, de bonnes mesures administratives peuvent réduire beaucoup ces frais.

Une école socialiste a demandé l'abolition de l'intérêt ; mais, pour sauve garder la liberté individuelle, elle était obligée de réserver une prime d'assurance. Dans le système de M. Proudhon, toutes les marchandises, en y comprenant l'argent, le numéraire, l'habitation, toute espèce de service, s'échangent contre d'autres marchandises, d'autres services, sans jamais produire d'intérêts : le locataire devient propriétaire en payant son loyer ; le cordonnier paye son cuir et son pain par une certaine quantité de souliers fabriqués ; mais dans les échanges interviennent nécessairement des primes d'assurances contre les pertes possibles, contre les erreurs du négoce et de la fabrication. A quel taux s'élèveraient ces primes ? L'expérience seule le dirait : l'auteur pensait qu'elles seraient très-faibles ; d'autres ont pu croire qu'elles dépasseraient le prix actuel du loyer de l'argent. Comment cela serait-il possible, demandera-t-on, puisqu'une prime d'assurance se joint aujourd'hui à l'intérêt ? C'est qu'elle peut être d'autant plus faible que le système de l'intérêt semble mieux la garantir. L. LOUVET.

INTERFÉRENCE (du latin *inter*, entro, et *ferre* porter), mode particulier d'action que les rayons lumineux exercent les uns sur les autres, et en vertu duquel, ainsi que l'ont successivement constaté Grimaldi, Young et Fresnel, dans certaines conditions, la lumière ajoutée à de la lumière produit de l'obscurité. Le principe général des interférences, qui appartient au système de l'ondulation de la lumière, s'énonce ainsi : Si deux rayons lumineux homogènes, émanés d'une même source, se rencontrent sous une petite obliquité et après avoir parcouru des chemins égaux, ou dont la différence soit un nombre pair de demi-ondulations, leur intensité s'ajoute ; si au contraire ces deux mêmes rayons ont parcouru des chemins qui diffèrent d'un nombre impair de demi-ondulations, leur action se détruira, et on aura de l'obscurité. Ce principe, que l'on peut constater par l'expérience, s'établit par le raisonnement. La théorie des interférences explique la diffraction, les anneaux colorés, la scintillation des étoiles, et une foule d'autres phénomènes d'optique. Les mêmes principes ont été appliqués au son.

INTÉRIEUR (Ministère de l'). Le ministère de l'intérieur embrasse actuellement dans ses attributions la police et la sûreté générale de l'empire, les lignes télégraphiques, l'organisation municipale et départementale, le service des gardes nationales, le personnel des préfets, sous-préfets, conseillers de préfecture, et des maires, les hospices, bureaux de bienfaisance et monts de piété, les établissements pénitentiaires, excepté les bagnes, les régies, etc.

L'origine du ministère de l'intérieur ne remonte pas au delà de la Révolution. Il fut créé par l'Assemblée constituante, et l'administration civile du royaume lui échut en partage ; il comprenait tous les établissements de science, d'art, d'industrie, d'utilité générale, d'instruction publique. Le décret du 2 germinal le supprima avec les cinq autres ministères ; et six commissions lui furent substituées, entre lesquelles furent réparties ses attributions multipliées ; mais le système de la Constituante prévalut de nouveau l'année suivante, et le ministère de l'Intérieur fut rétabli sur les mêmes bases qu'auparavant. En l'an IV eut lieu le premier démembrement de cette grande machine politique, qui en a tant subis depuis. Le Directoire forma avec une de ses directions générales un nouveau ministère, le ministère de la police. De même, en l'an XII, un ministère des cultes fut encore créé à ses dépens ; enfin, en 1811 un nouveau démembrement érigea en ministère les sections relatives aux manufactures et au commerce. Sous le gouvernement de la Restauration les remaniements ne furent pas moins fréquents. Réintégré d'abord dans la plénitude des attributions qui lui avaient été primitivement dévolues en 1791, après la suppression des départements des cultes, du commerce et de la police générale, on ne tarda pas à le démembrer de nouveau, pour créer le ministère de l'instruction publique et des cultes, ainsi que celui des travaux publics, formé quelques semaines seulement avant la révolution de 1830. De nombreux changements furent encore apportés à l'organisation générale de ce ministère, sous le règne de Louis-Philippe, à cause de l'extension toujours croissante des services publics et à cause aussi des convenances particulières des individualités appelées à se partager les portefeuilles. Le ministère de l'intérieur prit une grande importance sous le gouvernement provisoire de 1848, sans que ses attributions pourtant eussent été notablement modifiées. Depuis le coup d'État de 1851 on en a successivement distrait l'agriculture et le commerce, réunis maintenant aux travaux publics ; la police générale, qui forma pendant quelque temps un ministère spécial, et qui lui est revenue ; la division des beaux-arts et la section des théâtres, qui ont été transférées au ministère d'État.

INTÉRIM, mot latin, passé sans modification dans notre langue, et signifiant, d'après l'Académie, l'*entre-temps* : il ne s'emploie généralement qu'en parlant de fonctionnaires appelés à remplir provisoirement ou pendant un laps de temps assez court les fonctions d'un autre, qui ne peut les remplir au moment où ils le suppléent ; c'est ainsi qu'on dit : un ministre *par* ou *ad interim*, un préfet par *interim* ; tel fonctionnaire remplira l'*interim*.

INTÉRIM. C'est ainsi qu'on désigna au temps de la Réformation une ordonnance de l'empereur qui réglait provisoirement (*interim*) de quelle façon on devait procéder dans les affaires de religion objet d'un litige, jusqu'à ce qu'elles eussent été décidées par un concile universel. Dès l'année 1541, Granvelle avait remis à une commission établie à Ratisbonne pendant la diète de l'Empire à l'effet de rétablir la paix dans l'Église, et dont faisaient partie Eck, Pflug et Gropper pour les catholiques ; Mélanchthon, Bucer et Jean Pistorius pour les protestants, un mémoire contenant les bases d'un projet de conciliation. Plus tard on donna à ce mémoire le nom d'*Intérim de Ratisbonne* ; et les protestants celui de *la Hyène*, parce qu'ils trouvent que le but de cet écrit était de les ramener au catholicisme par ruse et par surprise. Les légats du pape Contarini et Morani le revisèrent avec soin. On ne tarda pas à tomber d'accord sur le dogme de la perfection humaine avant la chute de l'homme, sur le libre arbitre, sur le péché originel et la justification ; mais des différends sur la nature des sacrements et sur le pouvoir de l'Église firent échouer ce premier projet de réunion, et dans le recès de la diète (29 juillet 1541) l'empereur annonça que les négociations commencées seraient reprises dans un concile, et que les protestants ne devraient plus ni combattre les articles sur lesquels on s'était accordé, ni en sortir.

A la nouvelle diète de l'Empire, tenue à Augsbourg, en 1548, l'empereur proposa encore un nouvel *Intérim*, dont la rédaction avait été confiée à Pflug, à Helding et à Agricola, et qui est connu dans l'histoire sous le nom d'*Intérim d'Augsbourg*. On y concédait aux protestants la communion sous les deux espèces, le mariage des prêtres et d'autres points moins importants. Il n'en rencontra pas moins la résistance la plus vive, et ne put être adopté qu'au midi de l'Allemagne, parce que l'empereur y imposa de vive force ; mais au nord il fut ou positivement rejeté ou singulièrement modifié.

A la diète tenue à Leipzig le 22 décembre, l'électeur Maurice de Saxe fit rédiger l'*Intérim* dit *de Leipzig*, qui garantissait la foi protestante, accordait la plus grande partie des cérémonies catholiques comme indifférentes en elles-mêmes, et reconnaissait même la puissance du pape et celle des évêques, du moment où ils n'en abusaient pas. Rédigé par Mélanchthon, Bugenhagen et Major, cet *Intérim* adopta de nouveau quelques usages catholiques ; ce qui irrita singulièrement les luthériens rigides, et fut l'origine des premières divisions intestines qui éclatèrent dans l'Église réformée. L'*Intérim* cessa d'être en vigueur après le traité de Passau.

INTERJECTION, terme de grammaire qui sert de dénomination à la dernière des parties du discours. L'interjection est un mot qui exprime ordinairement un mouvement, un sentiment de l'âme, comme la joie, la douleur la crainte, la surprise, etc. : *Ah ! oh ! hé ! hélas ! holà ! eh bien ! oh ciel ! mon Dieu !* sont des interjections. « Sous le nom d'*interjection*, dit un savant grammairien, on comprend ces sons exclamatifs que nous arrachent les sentiments dont nous sommes affectés, et par lesquels ils se manifestent hors de nous ; ces cris de plaisir ou de douleur, de joie ou de tristesse, d'approbation ou de mépris, de sensibilité, en un mot, que nous proférons par une suite des sensations que nous éprouvons, quelle qu'en soit la cause. Peu variées entre elles par le son, elles le deviennent à l'infini par le plus ou moins de force avec laquelle on les prononce, par le plus ou moins de rapidité dont elles se succèdent, par les changements de physionomie qui les accompagnent, par le ton qu'on leur donne. Sous les diverses formes qu'elles prennent, éclatent le cri de la douleur, les sons admirables, les diverses espèces de ris, etc. »

Le mot *interjection*, composé de deux mots latins, et qui signifie *proféré par intervalles*, convient très-bien à cette partie du discours, qui est semée, pour ainsi dire, avec les autres sans se lier avec aucune. Ce mot, l'*interjection* est un signe de ce qui se passe dans l'âme de celui qui la laisse échapper. C'est surtout par elle que nos sensations se communiquent à nos semblables, dans le degré nécessaire pour qu'ils puissent y prendre part.

CHAMPAGNAC.

INTERLAKEN, chef-lieu de bailliage du canton de Berne, comprenant une population de 19,600 habitants,

INTERLAKEN est situé à 595 mètres au-dessus du niveau de l'Océan, dans l'une des plus ravissantes contrées de l'Oberland bernois, en face de la petite ville d'Unterseen, entre le lac de Brientz et le lac de Thun, et à l'issue de la vallée de Lauterbrunn. Il s'y trouvait autrefois deux couvents d'augustins, qui furent supprimés à l'époque de la Réformation. Le bourg d'Interlaken s'est formé par l'accumulation successive des hôtelleries et des pensions qu'on a établies autour du château, et où viennent séjourner tous les ans un grand nombre d'étrangers, appartenant en général aux classes élevées de la société. C'est surtout depuis une trentaine d'années, par suite de la création d'un établissement où le petit lait est employé comme moyen curatif, que le nombre des visiteurs étrangers y a toujours été en augmentant.

INTERLIGNE. *Voyez* COMPOSITION (*Typographie*).

INTERLINÉAIRE (de *inter*, entre, et *linea*, ligne). Ce mot se dit de ce qui est écrit entre les lignes d'un manuscrit ou d'un livre. Il est défendu aux notaires et autres officiers ministériels, greffiers, etc., de rien écrire entre les lignes des actes; les commerçants ne doivent non plus rien écrire entre les lignes de leurs registres. On nomme *traduction interlinéaire* celle qui est faite mot à mot ou par phrase entre les lignes du texte original. Ces traductions mot à mot ne peuvent guère servir qu'aux étudiants; mais elles ont l'inconvénient de rendre l'original d'une manière incorrecte, en ne tenant pas suffisamment compte de la différence du génie des langues, et d'habituer l'élève à la paresse.

INTERLOCUTOIRE (Jugement). Décision judiciaire en première instance ou en appel, qui ordonne *avant faire droit au fond*, et en tout état de cause, que préalablement il sera fait une vérification, une preuve, une instruction préjugeant le fond. Il peut être fait appel d'un jugement interlocutoire avant que le jugement définitif ait été prononcé. Il ne faut pas le confondre avec le *jugement préparatoire*, qui prescrit des mesures ayant pour but d'arriver à la découverte de la vérité, mais sans rien préjuger du fond. Le mot *interlocutoire* est aussi employé comme substantif, pour exprimer l'incident qui le provoque. Ainsi, on dit : Faire appel ou se pourvoir en cassation contre l'*interlocutoire*.

INTERLOPE. Ce mot se dit du commerce qui a pour but d'introduire dans un pays des marchandises prohibées ou sujettes aux droits, sans payer ces droits. Les marchandises ainsi introduites en contrebande prennent le nom de marchandises *interlopés*. On donne le même nom aux bâtiments de mer employés à ce commerce. Au commencement on nommait *interlope* un navire marchand trafiquant en fraude dans les pays de la concession d'une compagnie de commerce ou dans les colonies d'une autre nation.

INTERMÈDE. Au théâtre, c'est le nom générique de tout ce qui se trouve intercalé entre les actes d'un ouvrage dramatique, danses, couplets, etc. Les chœurs des tragiques grecs rentraient aussi dans ce genre, ainsi que les *satyri* des Romains. On le retrouve dans nos premières représentations en langue vulgaire; et plusieurs *mystères* sont coupés par des hymnes ou des psaumes. L'intermède était fort à la mode dans le siècle de Louis XIV : Molière mit en placer dans toutes celles de ses pièces qui furent jouées d'abord à la cour; on n'en a guère conservé que les intermèdes burlesques du *Malade imaginaire* et du *Bourgeois gentilhomme*, où l'on retrouve encore quelque chose de sa verve comique. Dufresny et Dancourt mirent aussi de l'esprit et de la gaieté dans leurs intermèdes. En Angleterre, les tours de force ou d'agilité des *clowns*, en Italie, ceux des *groteschi*, en Espagne les bouffonneries du *gracioso*, font principalement les frais des intermèdes des pièces sérieuses. Diderot avait voulu en innover une autre sorte en proposant de remplir les entr'actes par des scènes mimées, qui auraient servi de complément à l'action. Les couplets bouffons qu'on chante dans les entr'actes sur plusieurs scènes de vaudevilles sont encore des intermèdes. Sous Louis XIV, on avait encore donné le nom d'*intermèdes*, ou *entremets*, à des danses qu'on exécutait entre le dîner et le souper.

Dans le siècle dernier, on appelait également ainsi de petits opéras en un acte, tels que *La Servante maîtresse*, *Le Devin du village*, etc. C'est l'Académie royale de Musique qui, tout en dérogeant jusqu'à l'opéra villageois ou comique, avait voulu sauver sa dignité en les désignant par ce titre inusité. Il n'y a plus aujourd'hui d'intermèdes dans ce sens, et *Le Philtre* est qualifié d'opéra sur l'affiche, comme *La Muette* ou *Robert le Diable*. OURRY.

INTERMÈDE (*Pharmacie*). *Voyez* FORMULE.

INTERMISSION. *Voyez* ACCÈS.

INTERMITTENCE (du latin *inter*, entre, et *mittere*, placer), intervalle de temps pendant lequel un mouvement, un effet cesse et recommence alternativement. Ainsi, par exemple, il y a des fontaines qui tarissent pendant un certain temps, puis recommencent à donner de l'eau comme auparavant. Les accès de certaines fièvres dites *intermittentes*, de la folie, sont dans le même cas. Dans les jeux de hasard, on appelle *intermittences* des séries qui se composent de *coups* qui appartiennent alternativement à deux chances différentes et opposées.

INTERMITTENTE (Fièvre). *Voyez* FIÈVRE INTERMITTENTE.

INTERNATIONAL (Droit). *Voyez* DROIT DES GENS.

INTERNE. Ce mot, dérivé du latin, est reçu en français, tantôt comme adjectif, tantôt comme substantif. Dans la première de ces acceptions, il sert à désigner en général tout ce qui est au dedans, ainsi que l'adjectif *externe* exprime tout ce qui est au dehors. On peut le considérer comme étant synonyme d'*intérieur*; car les nuances qui différencient ces deux expressions sont subtiles et plus spécieuses que rationnelles.

En médecine, on emploie adjectivement le mot *interne* pour distinguer les maladies dont les sièges sont cachés dans l'intérieur du corps, d'avec celles qui sont visibles extérieurement. C'est ainsi qu'on a partagé l'art de guérir en deux divisions principales : la *pathologie interne*, ou *médecine*, selon l'acception commune, et la *pathologie externe*, ou chirurgie. Ces distinctions, encore admises dans l'enseignement médical, sont cependant peu sensées, parce que toutes les parties du corps sont tellement liées entre elles qu'elles ne peuvent éprouver d'altérations un peu notables sans qu'il ne s'en manifeste des signes au dehors comme au dedans. On reconnaît même aujourd'hui qu'on ne peut être chirurgien sans être médecin. Cette donnée, érigée en principe, lors de notre régénération politique de 1789, honore la raison contemporaine.

L'adjectif *interne*, usité en géométrie, l'est principalement dans l'étude de l'anatomie, qui a emprunté à cette science mathématique une partie de son langage pour décrire convenablement les formes et les rapports des diverses parties du corps humain.

Employé comme substantif, le mot *interne*, pris isolément, désigne les étudiants qui demeurent dans les écoles, les pensions, les collèges, les établissements destinés à l'instruction de diverses connaissances. C'est par ce nom qu'on distingue les élèves attachés au service des hôpitaux civils, où ils montent tour à tour la garde, font les pansements, et pratiquent les opérations chirurgicales qui sont les plus simples, où ils sont en outre chargés de suivre les visites des médecins et chirurgiens, afin d'enregistrer leurs prescriptions d'aliments, de médicaments, et leurs observations relatives aux malades. Leur service, enfin, équivaut à celui des chirurgiens sous-aides des hôpitaux militaires. Ces places, qui s'acquièrent par la voie des concours, excitent vivement l'ambition des étudiants zélés, parce qu'elles accroissent beaucoup les moyens d'instruction, en facilitant l'étude de l'anatomie normale et pathologique, ainsi que celle de la médecine clinique. Aussi les internes des hôpitaux de Paris et ceux de l'école pratique composent-ils l'élite des étudiants, et tout démontre aujourd'hui l'avantage de cette institution. L'emploi d'interne, enfin, est si important pour les études médicales, qu'on devrait imposer aux élèves cette condition indispensable, à laquelle ils peuvent satisfaire dans toutes les villes.

On distingue encore par le même nom, dans les colléges, comme dans les pensionnats, les élèves qui demeurent dans ces établissements d'avec ceux qui n'y passent qu'une partie de la journée, étant logés et souvent même nourris au dehors.

Dr Charbonnier.

INTERNEMENT, INTERNÉ. L'internement est une sorte de haute surveillance administrative, mise en pratique après les événements de 1851, et qui consiste à imposer à la personne désignée le séjour d'une ville ou d'un endroit plus ou moins limité, avec l'obligation de se montrer aux autorités certains jours et à toutes réquisitions. En cas de contravention, l'interné peut être éloigné de France. Des commissions spéciales ont placé les suspects dans différentes catégories, dont l'internement est une série. Pour sortir du département l'interné a besoin de l'autorisation du ministre, sauf certains cas d'urgence.

INTERNONCES. C'est le titre que portent les ambassadeurs accrédités par le pape auprès des petites cours étrangères ou auprès des gouvernements républicains, à la différence des nonces, qui sont accrédités auprès des grandes puissances. L'ambassadeur d'Autriche à Constantinople porte aussi le titre d'*internonce*.

INTERPELLATION. En justice, ce mot exprime la sommation que l'on adresse à quelqu'un pour obtenir une réponse sur un fait que l'on veut éclaircir. Dans le langage ordinaire, le même mot s'entend de toute question un peu vive. Dans le droit parlementaire, l'interpellation est une question faite aux ministres sur un point ordinairement en dehors de la discussion des lois, mais touchant la situation extérieure ou intérieure du pays, l'exécution des lois, etc. En général, le membre qui veut adresser une interpellation à un ministre dépose d'avance l'objet de sa demande, et l'assemblée fixe un jour pour le développement des interpellations. Il est bien rare que ces discussions aboutissent à rien de définitif; mais elles ont l'avantage de faire connaître au pays la situation de ses affaires. Les interpellations sont fréquentes en Angleterre, en Belgique et dans les pays libres.

L. Louvet.

INTERPOLATION (*Diplomatique*), introduction subreptice, dans un manuscrit ancien, d'un ou plusieurs mots, une ou plusieurs phrases, et même de chapitres entiers, n'appartenant pas à l'auteur primitif de l'œuvre, et placés ultérieurement dans le texte comme en faisant partie, genre d'altération qui a souvent exercé la sagacité des critiques et la témérité des amateurs de paradoxes. Les premiers, tels que Saumaise et Casaubon, épurant les textes, les ont souvent dépouillés, avec bonheur, d'interpolations évidentes. Les seconds, comme le père Hardoin, ont traité sans pitié d'interpolations tout ce qu'ils ne comprenaient pas, ou tout ce qui s'accordait mal avec leurs systèmes arrêtés d'avance.

Diverses causes ont donné naissance aux interpolations. Tantôt, mais rarement, la prétention déplacée d'un copiste ignorant, jaloux d'ajouter quelque chose de son cru au texte de l'auteur qu'il transcrivait ; tantôt, et plus fréquemment, sa méprise en insérant la glose dans le texte et en prenant la note explicative d'un commentateur, écrite à la marge d'un manuscrit, pour une phrase de l'œuvre, omise par inadvertance. Viennent ensuite les infidélités commises de propos délibéré, dans quelque intérêt plus grave. Aucun ouvrage ne fut plus en butte à ce genre d'interpolations que les poëmes d'Homère. Le texte de la Bible n'est lui-même admis d'une manière uniforme ni par les juifs, ni par les chrétiens, ni même par différentes communions chrétiennes.

INTERPOLATION (*Mathématiques*). Lorsqu'en astronomie, en physique, on a fait un certain nombre d'observations isolées sur l'arrivée de plusieurs faits dont la marche n'est point régulière, on lie ces observations, ainsi que les calculs auxquels elles ont donné lieu, au moyen d'une opération qui fait connaître plus ou moins exactement les résultats qu'on aurait trouvés si on avait étudié le phénomène entre des observations consécutives : c'est cette opération qui a reçu le nom d'*interpolation*. Le problème qu'elle résout peut être énoncé d'une manière générale : Connaissant les valeurs que prend une fonction lorsqu'on donne à la variable certaines valeurs particulières, trouver ce que devient cette fonction pour toute autre valeur donnée à la variable.

Briggs est l'auteur de la première méthode d'interpolation. Il s'en servit pour calculer ses tables de logarithmes. D'autres formules propres à l'interpolation ont été trouvées depuis : l'une des plus simples est celle de Lagrange. Mais comme c'est surtout dans l'astronomie que l'interpolation est d'un fréquent emploi, nous emprunterons à cette science un exemple qui fasse comprendre l'utilité de cette opération.

On sait que la *Connaissance des Temps* renferme, calculées à l'avance, les positions des astres de notre système à des époques données, plus ou moins rapprochées, suivant que le déplacement de ces astres est plus ou moins rapide. Ainsi, la déclinaison de la lune y est donnée pour des époques éloignées de douze heures l'une de l'autre. Or, on a souvent besoin de connaître cette déclinaison pour une époque intermédiaire. Si le mouvement de la lune était proportionnel aux intervalles écoulés, rien ne serait plus simple, mais il est loin d'en être ainsi. Il faut donc *interpoler*. Ici la variable est le temps, et les valeurs particulières qu'on lui a données offrent une différence constante de douze heures. Dans tous les cas analogues, où la variable croît en progression arithmétique, la formule dont on se sert est très-simple.

INTERPOSITION. C'est l'état d'une chose ou d'un corps placé entre deux autres choses ou deux autres corps. Au figuré, on donne le nom d'*interposition* à l'intervention d'une autorité supérieure dans un conflit.

INTERPRÉTATION (du latin *interpretatio*, explication, traduction). *Interpréter* quelque chose, c'est l'éclaircir ; quelquefois pourtant on arrive à un résultat tout contraire. Une *interprétation jésuitique*, c'est une interprétation faite de mauvaise foi. En effet, grâce aux restrictions mentales, il n'était pas un texte qui pût embarrasser quelques-uns des bons pères. L'*interprétation judaïque* n'est pas moins fameuse ; elle est fille de l'ignorance, elle méconnaît l'esprit, qui vivifie, et ne suit que la lettre, qui tue.

L'interprétation d'une loi est nécessaire toutes les fois que le texte en est obscur ou équivoque. Dans certains cas l'interprétation doctrinale ou scientifique de la loi est donnée par les juges chargés de l'appliquer, qui alors se guident tantôt par les règles d'interprétation que la législation a elle-même fixées (analogie des lois, principes naturels du droit, etc.), tantôt par l'autorité des jurisconsultes qui ont écrit sur la matière, ou bien encore par les décisions rendues par les cours supérieures. Quand une disposition de la loi est tellement obscure et équivoque, que l'interprétation doctrinale est insuffisante pour déterminer quelle a été la véritable intention du législateur, et qu'il résulte dans la pratique que les divers tribunaux l'interprètent par suite l'appliquent d'une manière différente, une *interprétation authentique* devient nécessaire ; et c'est le législateur seul qui peut ordinairement la donner. En France l'interprétation authentique de la loi est maintenant réservée à la cour de cassation.

L'interprétation des conventions est du domaine des tribunaux : elle se fait en recherchant la commune intention des parties contractantes (*voyez* Clause).

L'interprétation des livres saints constitue une science à laquelle on donne en Allemagne les noms d'*herméneutique* et d'*exégèse*.

Les peuples de l'antiquité, les Égyptiens surtout, avaient fait une grande science de l'*interprétation des songes*; on sait qu'elle fut l'origine de la fortune de Joseph. On *interprétait* encore les oracles, rendus la plupart du temps sous une forme obscure : c'était l'office des prêtres, des devins et des augures.

INTERPRÈTE. Au propre c'est un truchement, un homme qui sert à traduire la parole, un discours d'une langue dans une autre. Le gouvernement français entretient un certain nombre d'interprètes pour les langues orientales (*voyez* DROGMAN, ÉCOLE DES JEUNES DE LANGUE). Des interprètes organisés militairement sont en outre attachés à notre armée d'Afrique.

En matière criminelle, dans le cas où l'accusé ou quelqu'un des témoins ne parlerait pas la même langue, il est nommé par le président un interprète, âgé de vingt-et-un ans au moins ; il doit, à peine de nullité, prêter serment de traduire fidèlement les discours à transmettre entre ceux qui parlent des langages différents. Il est sujet à récusation, et ne peut être pris ni parmi les témoins, ni parmi les juges, ni parmi les jurés. Si l'accusé est sourd-muet et qu'il ne sache pas écrire, il lui est aussi donné un interprète choisi parmi les personnes qui ont le plus d'habitude de converser avec lui.

Pour les actes de commerce il y a des courtiers interprètes qui font le courtage des affrétements, qui seuls ont le droit de traduire, en cas de contestations portées devant les tribunaux, les déclarations, chartes-parties, connaissements, contrats, et tous actes de commerce dont la traduction serait nécessaire, et de servir de truchements à tous étrangers, maîtres de navire, marchands, équipages de vaisseau, et autres personnes de mer.

INTERPRÈTES (Les LXX). *Voyez* SEPTANTE.

INTERRÈGNE, temps pendant lequel un royaume se trouve sans roi, un empire sans chef. Les interrègnes sont fréquents dans les monarchies électives; mais ils sont rares dans les monarchies héréditaires. L'histoire de France ne compte que trois interrègnes, deux sous la première race : 1° après la mort de Childéric; 2° après celle de Thierry II; un seul sous la troisième race, après la mort de Louis le Hutin, et pendant la grossesse de la reine Clémence, sa veuve. Philippe, frère du roi défunt, prit les rênes du gouvernement en qualité de régent : il fut le premier revêtu de ce titre. Avant lui, ceux à qui le gouvernement de l'État était confié pendant la minorité de l'héritier présomptif de la couronne, ou en l'absence du roi, étaient qualifiés de *tuteurs*, défenseurs et gardes du royaume. Les interrègnes ont été la cause principale de l'affranchissement de l'autorité impériale en Allemagne. Les Romains appelaient aussi *interrègne* l'intervalle qui s'écoulait entre l'époque où finissaient les fonctions des consuls et celle où leurs successeurs étaient élus. La France depuis 1792, époque de la déchéance de Louis XVI, jusqu'en 1814, n'avait pas manqué de gouvernements, qui après de longues guerres avaient été reconnus par des traités solennels de toutes les puissances; et néanmoins, Louis XVIII, en remontant sur le trône de ses aïeux, data les premiers actes de son autorité royale de la dix-neuvième année de son règne, en appliquant même aux longues années qu'il avait passées hors du territoire français l'ancien principe de successibilité au trône. Il y a, de fait, interrègne à chaque vacance du trône pontifical; et ils furent surtout fréquents au moyen âge, lorsque l'on comptait souvent plusieurs papes à la fois qui s'excommuniaient réciproquement. Souvent aussi la vacance du saint-siège se prolongeait pendant deux ans. Dans tous les cas de vacance par suite de la mort du pape régnant, les fonctions papales sont dévolues par *interim* au doyen du sacré collége. DUFEY (de l'Yonne).

Les historiens allemands désignent plus particulièrement par *grand interrègne* le temps qui s'écoula entre la mort de l'empereur Conrad IV et l'élection de Rodolphe Ier (1254-1273), intervalle pendant lequel l'Empire resta sans chef proprement dit. Sans doute, après Guillaume de Hollande, qui mourut en 1256, on élut pour rois Alphonse X de Castille et Richard de Cornouailles; mais ni l'un ni l'autre ne réussirent à se faire reconnaître en cette qualité, et Alphonse ne mit même jamais le pied en Allemagne. Naturellement l'anarchie la plus complète régna pendant ce temps-là dans l'Empire, en proie sur tous les points aux guerres privées, et où le brigandage et l'assassinat étaient en quelque sorte devenus choses normales. Aussi cette époque est-elle à bon droit regardée comme l'une des plus calamiteuses de l'histoire d'Allemagne. Il n'y eut que les villes qui surent mettre à profit cet état de confusion générale pour se conféderer et créer ainsi une puissance nouvelle, qui ne devait pas tarder à faire contre-poids à celle de la noblesse.

INTERREX. On appelait ainsi à Rome le magistrat qui à l'origine, lorsque le roi (*rex*) venait à mourir, était institué pour procéder à l'élection d'un nouveau roi. Le premier *interrex*, choisi par le sénat dans son sein, ne présidait cependant pas l'élection ; c'était le second, qu'il désignait lui-même; et un autre, quand l'élection ne se faisait point pendant la durée des pouvoirs de celui-ci. Le temps pendant lequel des *interreges* étaient en fonctions, chacun pendant cinq jours, s'appelait aussi *interrègne*. Sous la république, notamment pendant les deux premiers siècles de son existence, on trouve de ces *interreges* nommés pour la tenue des élections consulaires, quand les consuls dont les pouvoirs allaient expirer en étaient empêchés. Cette dignité resta toujours un des priviléges du patriciat; et alors même que les plébéiens furent admis à faire partie du sénat, les sénateurs patriciens furent seuls capables d'en être revêtus, de même que seuls ils désignaient le candidat.

INTERROGATION (en latin *interrogatio*, dérivé de *inter*, entre, et *rogare*, demander), question, demande que l'on fait à quelqu'un. En rhétorique, c'est une figure de pensée qui consiste non pas à demander à être instruits de ce que nous ignorons, mais à interroger sans attendre de réponse. Par fois l'interrogation presse, accumule les questions ; d'autres fois une seule question jetée à propos et soutenant au milieu d'un discours, fait beaucoup d'effet. Cette figure, très-simple en elle-même, est cependant une des plus promptes, des plus énergiques et des plus dominantes. L'interrogation ne suppose pas toujours dans celui qui l'emploie une émotion violente. On s'en sert aussi dans le cours d'une discussion sérieuse ou d'un simple récit, pour varier et animer les mouvements du style. Quelquefois aussi on s'interroge et l'on fait soi-même la réponse, soit pour exprimer le doute, l'hésitation, soit pour exciter l'attention et l'intérêt. Aug. HUSSON.

INTERROGATION (Point d'). *Voyez* PONCTUATION.

INTERROGATOIRE. On appelle ainsi les questions que fait un juge sur des faits civils ou criminels, et les réponses que fait celui qui est interrogé. On donne aussi ce nom au procès-verbal qui contient ces questions et ces réponses.

En matière criminelle, l'interrogatoire est un des actes les plus importants de l'instruction. Son but évident est d'obtenir, de la bouche même de celui qu'on accuse, l'aveu du crime qui lui est imputé. Quant à la manière d'y procéder, elle est réglée aujourd'hui par le Code d'instruction criminelle. D'après ce Code, l'accusé doit subir diverses espèces d'interrogatoires, suivant les diverses phases de la procédure et le degré du crime qu'on lui reproche. D'abord le juge d'instruction doit l'interroger dans l'interrogatoire du prévenu, dès qu'il s'est présenté ou a été amené devant lui, sur-le-champ en cas de mandat de comparution, et dans les vingt-quatre heures en cas de mandat d'amener. Cet interrogatoire n'est soumis à aucune formalité par le Code. Cependant, en se reportant à la législation antérieure, et en considérant le but de l'interrogatoire, il est évident que le juge doit être assisté de son greffier, lequel rédige le procès-verbal. Ce procès-verbal doit même être signé du prévenu. En cas de refus ou d'impossibilité, il doit en être fait mention. Dans le cas de flagrant délit et de clameur publique, comme il est de l'intérêt de la justice que les actes d'instruction soient faits avec promptitude, le juge peut, sans attendre les réquisitions du procureur impérial, et en lui donnant un simple avis, se rendre sur les lieux et interroger le prévenu s'il est arrêté. D'un autre côté, le procureur impérial et les officiers auxiliaires procèdent à l'information et font subir des interrogatoires. Dans ce cas, et pour assurer plus de garanties à la justice, des formalités plus nombreuses entourent les procès-verbaux. Autant que possible, ils sont rédigés en la présence et revêtus sur chaque feuillet de la signature des commissaires de police de la commune dans laquelle le crime ou le délit a été commis, ou du maire, ou de l'adjoint au maire, ou de deux citoyens domiciliés dans la même commune. Les cas de flagrant délit et de clameur publique sont les seuls dans lesquels il est dérogé à la règle générale. Hors ces cas, c'est toujours le juge d'instruction qui interroge, et qui peut même renouveler ses interrogatoires toutes les fois qu'il le croit utile à la découverte de la vérité.

En sortant des mains du juge d'instruction autrement que par une ordonnance de mise en liberté, le prévenu doit encore être interrogé. Mais il y a sur la forme des interrogatoires qu'il doit alors subir une distinction à faire entre le cas où il doit être traduit devant le tribunal correctionnel et celui où il est traduit devant la cour d'assises: au premier cas, le prévenu ne doit être interrogé qu'à l'audience; au deuxième cas, l'accusé a deux espèces d'interrogatoires à subir. D'abord, il est interrogé de nouveau par le président ou par un des juges que celui-ci commet à cet effet. Procès-verbal en est dressé par le greffier et signé par l'accusé. Cet interrogatoire a lieu en l'absence du conseil de l'accusé. C'est ce qui résulte des art. 302 et 574, qui portent que le conseil ne pourra communiquer avec l'accusé qu'après son interrogatoire. Ensuite, lorsque les débats sont ouverts, l'accusé est tenu de répondre publiquement à toutes les questions qui lui sont adressées par le président, les juges, le procureur général et ses parties. Alors il est assisté de son conseil, qui peut présenter toutes observations en sa faveur, et même s'opposer à ce que certaines questions lui soient posées.

Telles sont les diverses espèces d'interrogatoires qu'un accusé peut subir avant son jugement. Le but de toutes les questions qui lui sont adressées par ses juges c'est de lui arracher des aveux. On comprend dès lors l'immense portée de ce mode de procéder. Mais on peut se demander si ce mode est conciliable avec les garanties qui doivent toujours entourer un accusé, et s'il est de la loyauté qui doit toujours présider à une action criminelle de forcer un homme par ses réponses, par ses réticences, par ses aveux, à mettre dans les mains de ses adversaires une arme redoutable. La législation anglaise, en cela peut-être supérieure à la nôtre, ne permet pas que l'on interroge les prévenus ou que l'on se prévale de leurs aveux. Aux débats, le magistrat qui préside ne lui adresse que cette question : Êtes-vous coupable, ou non? et pendant tout le cours de l'examen, s'il présente des observations, c'est de lui-même et sans y être provoqué; encore le président a-t-il soin de l'avertir de ne rien dire de contraire à sa défense. Ce système est-il meilleur? Nous ne voulons pas trancher la question; nous croyons seulement que les législateurs français ont été trop préoccupés de l'intérêt de la société.

Nous dirons peu de chose de l'interrogatoire en matière civile; il s'emploie seul pour désigner les questions qui sont faites par le juge à une personne dont l'interdiction est poursuivie. En tout autre cas, on dit *interrogatoire sur faits et articles*; il est réglé par le titre XV du liv. II du Code de Procédure civile, dont l'art. 324 est ainsi conçu : « Les parties peuvent, en toute matière et en tout état de cause, demander de se faire interroger respectivement sur faits et articles pertinents, concernant seulement la matière dont il est question, sans retard de l'instruction ni du jugement. » Les articles suivants règlent la forme de l'interrogatoire. Louis SAUDBREUIL, avocat.

INTERRUPTION (en latin *interruptio*), action d'interrompre, de couper, de rompre la continuité d'une chose. Il s'emploie d'une manière spéciale, en parlant de l'action de couper la parole à quelqu'un, et notamment à un orateur. Dans les assemblées délibérantes, l'interruption joue un grand rôle. Le *Moniteur* a consigné un bon nombre des interruptions du régime parlementaire. Toutes ne s'y trouvent pas pourtant. On peut en retrouver de fort curieuses dans d'autres journaux ou dans la mémoire des amateurs. Les orateurs, en revoyant leurs discours au journal officiel, modifiaient souvent sans gêne les interruptions qui les *entretardaient*. Ils en inventaient quelquefois. Les ministres surtout ne se gênaient guère. Il y avait des interruptions favorables; mais elles étaient rares. C'étaient quelques fois des paroles, d'autres fois des cris, des bruits de pieds, de cannes, de couteaux à papier, etc.; tout cela se notait: *bruit, tumulte*. Les assemblées souveraines ont eu surtout de violentes interruptions. On se rappelle aussi celles qui sous la monarchie constitutionnelle accueillirent certains discours de Foy, de Manuel, de M. Guizot, etc. Tous les partis se sont servis de cette arme; certains légitimistes, à l'Assemblée législative, ne le cédaient guère pour le bruit aux montagnards, seulement ils étaient moins nombreux. Du reste, les interruptions tiennent à la vie parlementaire. Comment discuter tranquillement quand on est agité par de grandes passions? comment ne pas s'échauffer quand on discute librement le sort des peuples? L. LOUVET.

INTERRUPTION, figure de rhétorique. *Voyez* RÉTICENCE.

INTERSECTION (de *inter*, entre, et *secare*, couper). On nomme *point d'intersection* le point où deux lignes se coupent. L'intersection de deux surfaces est la ligne commune à ces deux surfaces; si les surfaces sont planes, l'intersection est une ligne droite.

INTERSTICES (de *inter*, entre, et *stare*, être placé), petits intervalles qui se trouvent entre les molécules composantes des corps, qu'on appelle autrement *pores*.

INTERVALLE (de *in*, entre, et *vallum*, palissade). Les anciens Romains donnaient ce nom à l'espace qui était compris entre deux palissades; dans la suite, et par extension, on a appliqué ce mot à toute espèce de grandeur, pour indiquer une sorte de séparation.

INTERVALLE (*Musique*), rapport de deux sons inégaux, eu égard à leur degré d'élévation, par opposition à l'unisson, qui est celui de deux sons égaux. Ces rapports sont appréciables pour l'oreille, de même que ceux de deux points confondus ou séparés dans l'espace sont appréciables pour les yeux. L'*intervalle* est donc la distance qui existe entre un son et un autre son plus grave ou plus aigu, distance appréciable en musique par le nom que porte chacun de ces intervalles. Ainsi, l'on appelle *seconde* l'intervalle formé des deux sons les plus rapprochés, *tierce* celui qui se trouve compris entre deux sons séparés par un troisième, *quarte* celui qui renferme quatre tons, *quinte* celui qui en comprend cinq, et ainsi, à mesure que la distance s'accroît d'un son, *sixte*, *septième*, *octave*, *neuvième*, *dixième*, etc. Néanmoins, dans la pratique de l'harmonie, l'on est convenu de conserver aux intervalles qui excèdent la distance d'une neuvième les dénominations de *tierce*, *quarte*, *quinte*, *sixte*, etc., parce qu'ils ne sont, à proprement parler, que les doubles de ces dernières. Les intervalles peuvent être modifiés de différentes manières selon que les sons dont ils se composent sont eux-mêmes modifiés par un bémol, un bécarre ou un dièze : de là leur classification en *diminués, mineurs, majeurs* et *augmentés*, termes qui expriment leurs différents degrés d'extension par rapport au mode ou à la tonalité. Tous les intervalles ne produisent pas les mêmes effets sur nos sens : les uns nous plaisent par la douceur de leur harmonie : ce sont les *consonnances* ou *intervalles consonnants*; les autres, au contraire, ne

INTERVALLE — INTESTIN

peuvent être entendus avec plaisir que lorsqu'ils sont combinés ou enchaînés avec les premiers : ce sont les *dissonances* ou *intervalles dissonnants*. Deux ou un plus grand nombre d'intervalles qui se font entendre simultanément constituent ce qu'on appelle un *accord*.

Dans la théorie mathématique de l'acoustique, l'intervalle de deux sons est représenté par le rapport du nombre de vibrations que font dans un même temps les cordes sonores qui rendent ces sons. L'intervalle de seconde est alors exprimé par $\frac{9}{8}$, celui de tierce par $\frac{5}{4}$, etc.

Tous les intervalles ont la propriété de se renverser, c'est-à-dire qu'on peut mettre au grave la note qui était à l'aigu, et réciproquement. Ainsi, *ut* grave et *mi* aigu forment entre eux un intervalle de tierce ; mais en renversant ces deux notes de manière à avoir *mi* grave et *ut* aigu, l'intervalle de tierce devient une sixte. Les unissons renversés donnent des octaves, les secondes des septièmes, les tierces des sixtes, les quartes des quintes, les quintes des quartes, les sixtes des tierces, les septièmes des secondes, et enfin les octaves des unissons.   Ch. BECUEN.

INTERVENTION (*Droit civil et commercial*). L'intervention est l'action d'intervenir dans un acte, une instance, dans un procès où l'on ne figurait point, bien qu'on eût intérêt à la contestation qui s'agitait. L'intervention en matière civile est dispensée du préliminaire de conciliation ; elle peut être effectuée en tout état de cause, sans qu'elle puisse retarder le jugement de la cause principale, si celle-ci cause était elle-même en état d'être jugée ; elle est reçue sur l'appel, mais de la part seulement de ceux qui auraient le droit de former tierce opposition. En sa forme, l'intervention est une demande incidente, qui doit être faite par simple requête et conclusions motivées, sans aucun développement.

En droit commercial il peut y avoir intervention lors du protêt d'une lettre de change et d'un billet, si quelqu'un se présente pour faire honneur à l'une des signatures portées sur la lettre ou le billet. L'intervention et le payement sont constatés dans l'acte de protêt ou à la suite de l'acte.

INTERVENTION (*Droit politique*). Voyez DROIT DES GENS.

INTESTAT (Ab). Mourir *ab intestat* se dit de celui qui meurt sans avoir fait de testament. A Rome c'était un déshonneur de mourir *ab intestat*; et tout citoyen ayant droit de tester ne manquait pas d'instituer par acte solennel l'héritier qui devait après sa mort continuer sa personne. Mais comme celui-ci pouvait refuser l'hérédité et rendre ainsi illusoires les volontés du testateur, la loi des Douze Tables avait accordé au maître la faculté d'instituer son esclave héritier nécessaire. L'esclave ainsi institué était forcé d'accepter. Les poursuites des créanciers étaient dirigées contre lui ; et l'infamie rejaillissait sur sa tête si le défunt était insolvable. La liberté était la compensation des chances qu'il courait. Ces motifs firent que les hérédités *ab intestat* étaient excessivement rares ; la loi réglait alors elle-même la succession du défunt. En France, dans le commencement de la monarchie, l'Église essaya de ressusciter en sa faveur l'idée déshonorante que le droit romain attachait aux successions *ab intestat*. Elle priva de prières et quelquefois de sépulture ceux qui ne faisaient point de testament pour lui léguer quelque part de leur bien, et l'autorité civile fut obligée d'intervenir pour mettre un terme à cet abus. Dans le droit ancien, la législation sur les testaments était aussi variée que les nombreuses coutumes qui partageaient la France. Elle était même différente dans une même coutume, selon le rang et les castes. Celle de Normandie, par exemple, qui laissait aux nobles un pouvoir illimité de tester, interdisait aux roturiers la faculté de disposer par testament de tout autre bien que les acquêts. Le Code Civil admet enfin toutes ces lois et ces usages particuliers. Il permet encore de tester ; mais il empêche les abus de ce droit, en réservant une part déterminée aux enfants du testateur et à ses ascendants dans certains cas. Lorsque le défunt est mort *ab intestat*, la succession est déférée aux descendants; à défaut d'enfants, aux frères, sœurs ou descendants d'eux. Depuis la promulgation du Code, qui du reste n'a fait que reproduire une novelle de Justinien, les successions *ab intestat* sont les plus communes.

INTESTIN. Ce nom, admis comme substantif et adjectif, est une traduction littérale du mot latin *intestinum*, qui veut dire *intérieur*, au dedans. Dans sa première acception, il désigne la majeure partie du tube musculo-membraneux dans lequel les actes de la digestion s'accomplissent chez l'homme. Cette portion de l'appareil digestif qu'on nomme *intestin*, ou *tube intestinal*, en la considérant en général, prend un nom au pluriel quand on l'examine par divisions et subdivisions. Ainsi, les anatomistes ont partagé ce tube d'après la différence de son calibre, en *intestins grêles* et en *gros intestins*. Les premiers sont ensuite subdivisés en différentes portions. Celle qui succède immédiatement à l'estomac, et qui est le commencement du tube intestinal, a été appelée *duodénum*; c'est dans cet intestin que les substances destinées à la nutrition descendent après avoir franchi le pylore, et deux conduits y versent la bile et le fluide pancréatique; la seconde portion des intestins grêles est le *jéjunum*, ainsi appelé parce qu'on le trouve toujours vide : on dit qu'il est à jeun ; la troisième est distinguée par le nom d'*iléon*, en raison de ses contours nombreux. La démarcation entre le jéjunum et l'iléon est peu précise; leur longueur est considérable, et compose à peu près les trois quarts du tube intestinal. Les gros intestins succèdent aux précédents, et en sont la continuation : le premier est le *cæcum*, ainsi nommé, parce que son union avec l'iléon, forme une sorte d'impasse : il se distingue par cette disposition dans le canal, et surtout par une valvule ou sorte de soupape qu'on appelle aussi *barrière des apothicaires*, parce que la puissance des seringues est, dit-on, limitée à ce point. Le diamètre de la seconde partie des gros intestins appelée *colon*, augmente encore, et surpasse celui de tous les autres. C'est dans son intérieur que la dessiccation s'opère principalement. La troisième partie, le *rectum*, termine ce long canal, et s'ouvre au dehors pour l'exonération du résidu de la digestion. Toutes ces parties, réunies et comprises sous le nom d'intestins, ont une étendue qu'on évalue à six à sept fois celle du corps de l'homme.

Les intestins concourant en grande partie à l'entretien de la vie et étant en contact avec les corps extérieurs dont nous extrayons notre propre substance, on pent concevoir qu'ils sont les sièges de maladies nombreuses et qui retentissent plus ou moins dans tout l'organisme. Ce tube peut être lésé dans les blessures de l'abdomen, et celles causées par les armes à feu, ainsi que par celles qu'on nomme armes blanches, en fournissent des exemples communs. Les contusions violentes sur l'abdomen peuvent affecter également les intestins et même mortellement. Les intestins se déplacent aussi communément par diverses causes : tantôt on les voit saillir au dehors par les plaies de l'abdomen, tantôt sous la peau, en franchissant des ouvertures naturelles après de violents efforts, c'est ce qu'on nomme des *hernies*. Un accident grave qui advient spontanément altère encore le tube intestinal au point de causer la mort : une de ces portions supérieures peut s'engager dans celle qui la suit, c'est ce qu'on nomme *intussusception*, *invagination* : ils peuvent aussi se tordre, ce qu'on nomme *volvulus*. Les intestins grêles recèlent communément des vers de diverses espèces, qui dépravent plus ou moins la fonction nutritive, et qui excitent en outre divers accidents sympathiques. Des gaz qui se forment dans ce canal sont en outre une source d'incommodités diverses appelées *maladie venteuse*. Des irritations et des inflammations, dont les causes sont très-variées, éclatent encore le long des intestins, et occasionnent un grand nombre d'affections générales : les plus remarquables sont les deux espèces de choléra-morbus, surtout celui appelé *asiatique*. Les fièvres les plus graves ont, selon l'opinion de plusieurs médecins modernes, leur origine dans des affections inflammatoires des intestins. On peut dire que, causes ou effets, les inflammations intestinales se rencontrent dans la majorité des maladies fébriles. Des hémorrhagies peuvent encore provenir de cette même source, et il n'en est pas de plus communes que celles qui accompagnent les irritations du rectum appelées *hémorrhoïdes*. Nous avons fait cette mention rapide des affections intestinales, afin de montrer combien il est nécessaire de ménager, en se conformant aux préceptes hygiéniques, des organes aussi importants : c'est surtout des purgatifs qu'il ne faudrait pas abuser, ainsi qu'on le fait communément. N'oublions pas que les racines par lesquelles nous puisons les matériaux qui nous nourrissent sont disséminées sur ce tube, différentes en cela de celles des végétaux, qui sont placées à l'extérieur. Dr Charbonnier.

INTIMATION, intimé. On donne le nom d'*intimé* au défendeur en appel. Cette dénomination vient des parlements, qui ne voulaient pas qu'on se servît devant eux des mêmes termes que devant les tribunaux inférieurs : on imaginait donc que l'huissier chargé de signifier l'acte d'appel *intimait*, au nom de la cour, l'ordre au défendeur de se présenter devant elle. Voilà pourquoi l'acte d'appel prend aussi le nom d'*intimation*.

INTOLÉRANCE, défaut de tolérance, disposition à violenter, à persécuter ceux avec lesquels on diffère d'opinions. Il se dit surtout en matière de religion.

INTONATION (du latin *intono*, tonner, faire du bruit), action d'entonner, manière d'attaquer une note, un son. « L'intonation, dit J.-J. Rousseau, peut être juste ou fausse, trop haute ou trop basse, trop forte ou trop faible, et alors le mot *intonation*, accompagné d'une épithète, s'entend de la manière d'entonner ».

Intonation signifie aussi, surtout dans le plain-chant, l'action de mettre un chant sur le ton dans lequel il doit être. Enfin, ce mot s'entend par extension des divers tons que l'on prend en parlant ou en lisant.

INTRADE, nom qui signifie *entrée*, et que l'on donne quelquefois à un petit morceau de musique placé en tête d'une composition instrumentale, fantaisie ou air varié ; c'est une sorte d'*introduction* resserrée.

INTRADOS, partie intérieure d'un cintre, partie intérieure et concave d'une voûte : on lui donne aussi le nom de *douelle intérieure*. Il y a un siècle, quelques auteurs écrivaient *intradosse*, qu'ils faisaient du genre féminin.

IN-TRENTE-DEUX. *Voyez* Format.

INTRIGUE, intrigant. L'*intrigant* est celui qui emploie sous main tous les ressorts, tous les moyens, licites ou non, nécessaires pour qu'il atteigne son but. Soit qu'il cherche à réussir pour lui-même, soit qu'il vise à empêcher le succès des autres, il est toujours méprisable, et doit être marqué du stigmate de la réprobation. L'intrigant n'a en effet ni délicatesse, ni générosité, ni amitié, ni aucun de ces sentiments agréables dans les relations de la vie privée et publique : l'intérêt seul le domine, mais l'intérêt joint à l'astuce, à la fourberie, à la perfidie. Ses passions sont basses et viles ; car son rôle est toujours très-secondaire, et le plus souvent il se met aux gages de protecteurs, dans l'intérêt desquels il pratique en secret ses talents de dissimulation, d'hypocrisie et d'espionnage.

Après le portrait, serait-il nécessaire de nous élever contre cet assemblage de vices et de passions dont le concours vers un même but constitue l'*intrigue?* Avons-nous besoin de dire que l'intrigue est toujours tellement ténébreuse, tellement embrouillée, tellement souterraine, qu'il est ordinairement bien difficile d'en démêler les fils et d'en trancher le nœud? Les cours ont été en sont encore le théâtre des intrigues les plus basses ; car presque tous ceux qui approchent des sources des faveurs terrestres, dans le but d'en obtenir, sont assez peu délicats sur les moyens d'y arriver, pourvu qu'ils y arrivent : les ministres, les hauts fonctionnaires, souvent parvenus à leur poste par l'intrigue, sont à leur tour encensés par une tourbe d'intrigants subalternes, qui sollicitent pour eux-mêmes, ou pour d'autres intrigants de plus bas étage encore, ne cherchant qu'à se nuire les uns aux autres, échafaudant leur bonheur sur le malheur de leurs voisins.

Dans le langage dramatique et dans la littérature, *intrigue* se prend en meilleure part qu'en morale ; il signifie les divers incidents qui forment le nœud d'une pièce, d'un roman ; ainsi, l'on dit l'*intrigue* est bien conduite dans cette pièce ; cet acte, ce roman est bien *intrigué*. « Un principe général pour ces divers genres de compositions, c'est que l'intrigue, dit Ourry, même la plus compliquée, ne doit jamais présenter une obscurité impénétrable, ou même être trop difficile à pénétrer, qu'elle peut s'entourer de mystère, mais non de ténèbres, exercer l'esprit du lecteur ou du spectateur, et non le tourmenter ou le rebuter... Une autre loi imposée à l'intrigue en littérature, et plus souvent violée encore, est celle de la vraisemblance. Le désir de chercher à tout prix ce qu'on appelle *l'effet* est presque toujours la cause de ces écarts ; et il est rare qu'il produise des résultats qui, du moins aux yeux d'une critique éclairée, puissent les rendre pardonnables. » Les ouvrages dramatiques des anciens étaient peu *intrigués*. Après tant de combinaisons théâtrales ressassées, on est en droit d'exiger dans les nôtres des intrigues plus fortement nouées, plus corsées.

Le mot *intrigue* s'applique enfin à des liaisons galantes. Il fait supposer qu'il y a dans le commerce de ceux qu'on accuse d'intrigues amoureuses quelque chose de secret et de mystérieux, et qu'ils cherchent à les dérober aux yeux du public.

INTRIGUE (Comédie d'). *Voyez* Comédie.

INTRINSÈQUE (du latin *intrinsecus*, au dedans, intérieurement). *Voyez* Extrinsèque.

INTRODUCTION (du latin *introductio*, composé de *ducere in*, conduire dans, introduire). C'est l'action d'introduire quelqu'un, quelque chose. L'on donne des lettres d'*introduction* à une personne que l'on veut faire bien accueillir chez une autre ; l'*introduction* d'un ambassadeur est à la cour une cérémonie importante, dans laquelle le ministre étranger remet ses lettres de créance, de rappel, une lettre autographe de son souverain, etc. Il y a un maître de cérémonies qui porte le titre d'*introducteur* des ambassadeurs.

Figurément, et appliqué aux choses morales, aux sciences, *introduction* se prend pour acheminement, et désigne ce qui sert de préparation, ce qui prélude : ainsi l'on dit l'introduction aux sciences physiques, à la vie dévote, etc.

Appliqué à des choses moins relevées et plus matérielles, il signifie l'action d'introduire, de faire entrer dans : l'introduction de la sonde dans un puits artésien, c'est l'action de l'y faire entrer ; l'introduction d'une coutume, c'est son importation et sa naturalisation sur un sol où elle est nouvelle. L'introduction d'une instance, au palais, c'est le commencement d'une procédure.

Un mot, pour en finir, sur ces introductions placées par les auteurs en tête de leurs ouvrages, et flanquées souvent d'une préface et d'un avant-propos ; ce sont des sortes de discours préliminaires, destinés, soit à expliquer le but du livre, soit à mettre le lecteur au courant de certains faits qui en facilitent l'intelligence. Les introductions ne sont souvent que des hors-d'œuvre ; généralement le lecteur les passe avec la même défiance que les préfaces et les avant-propos, enfants de la même famille, frères et sœurs de l'introduction.

INTRODUCTION (*Musique*), morceau de musique d'un mouvement grave, composé d'un petit nombre de phrases, souvent même de quelques mesures ou de quelques accords solennels destinés à annoncer le premier *allégro* d'une symphonie, d'une ouverture, d'une sonate ou de toute autre pièce instrumentale. L'ouverture d'*Iphigénie en Aulide*, *La Flûte enchantée*, commencent par une introduction. Quelques compositeurs dramatiques, donnant plus d'extension et un mouvement plus animé à l'introduction, lui ont fait tenir la place de l'ouverture, dont elle n'a pourtant ni la forme ni les développements. Ariodant de Méhul, *Robert le Diable* de Meyer Beer, s'ouvrent par une belle introduction.

Lorsque la pièce étale en commençant un grand spectacle, lorsqu'elle débute par quelque pompe triomphale, par l'arrivée d'une foule innombrable, une entrée magnifique, quelque sacrifice solennel, quelque cérémonie auguste, quelque phénomène terrible de la nature, comme un naufrage, une tempête, tous ces objets sont si beaux, que le musicien peut les montrer d'abord sans les annoncer ; ils n'en frapperont que davantage. C'est ainsi que Gluck a supprimé dans *Iphigénie en Tauride* l'ouverture proprement dite, pour y substituer la représentation du premier événement de la pièce. Son drame débute par le grand tableau calme d'une tempête qui lui succède, de la foudre qui éclate, de la mer soulevée qui menace de tout engloutir, de la désolation d'Iphigénie et des prêtresses de Diane, dont les cris plaintifs, les voix touchantes, les prières tendres et animées contrastent avec les mugissements des flots, les sifflements des vents et le fracas retentissant du tonnerre. Cette manière de commencer un opéra par un tableau pittoresque, une scène mêlée de récits et de sentiments, d'action et de passions, est très-brillante.

Le morceau de musique composé sur ces éléments divers s'appelle aussi *introduction*. Il y a donc deux sortes d'introductions. La première est purement symphonique, j'en ai déjà parlé : c'est l'ébauche d'une ouverture, une pièce dont la brièveté semble être motivée par le désir qu'éprouve le musicien de nous livrer le plus tôt possible un objet d'un intérêt plus grand, en nous offrant à la fois les charmes de la poésie et de la musique. L'introduction de la seconde espèce est faite, au contraire, pour captiver l'attention du spectateur au lever du rideau, en lui présentant de magnifiques images, une action déjà liée, et l'expression des sentiments, quand il ne s'attend qu'aux récits de l'exposition. Ces récits viendront ensuite, et en leur donnera tous les développements nécessaires pour l'instruire de ce qui s'est passé et de ce que l'on va faire. Il est beau de marquer le début d'un drame par un morceau d'éclat. Le dessin, la coupe de cette introduction varient selon la situation des personnages, le lieu de sa scène, la nature des événements que l'on prépare : tantôt c'est un air, un duo, un chœur ; mais ce chœur, ce duo, cet air, ont des formes particulières à l'introduction, et tiennent tous du genre descriptif ou du récit ; car il faut nécessairement que les écoutants sachent de quoi il s'agit, et un air consacré entièrement aux passions ouvrirait mal un opéra, puisqu'on ne connaîtrait point la cause qui les a excitées. Le premier air de *Joseph* est un heureux mélange de récit et de sentiments. Celui qui ouvre l'opéra de *Bion* est tout descriptif. *Élisa*, de Cherubini, commence par un chœur, *Les Noces de Figaro* par un duo, *Don Juan* par une scène ravissante et sublime, où figurent quatre personnages seulement. Les introductions scéniques de *La Pie voleuse*, de *Sémiramide*, de *Cenerentola*, de *Guillaume Tell*, mettent en action presque tous les personnages du drame, et produisent un très-grand effet. CASTIL-BLAZE.

INTROÏT, entrée de la messe, composée d'une antienne qui annonce le sujet du mystère ou de la fête qu'on va célébrer et du premier verset d'un psaume changeant aussi pour chaque solennité, et terminé par le *Gloria Patri*. Autrefois on disait le psaume entier, pendant que les fidèles se plaçaient. Il n'y a point d'*introït* le samedi saint ni la veille de la Pentecôte, parce que ces jours-là, dans l'ancienne Église, le peuple était déjà assemblé depuis longtemps pour le baptême des catéchumènes. Vers la fin du chant de l'introït le célébrant paraît au chœur, accompagné des diacres et précédé de la croix, de cierges, etc. Il n'y a pas d'introït aux messes basses. L. LOUVET.

INTROUVABLE (Chambre). *Voyez* CHAMBRE INTROUVABLE.

INTUITION, **INTUITIF** (d'*intueri*, regarder, contempler, avoir la vue sur une chose). *Intuition* est un terme originairement employé par les théologiens pour signifier la vision ou connaissance immédiate de Dieu et des mystères de la foi, telle que les bienheureux doivent l'avoir dans le ciel. Par suite, il s'est dit de la connaissance claire, directe, immédiate, des vérités qui, pour être saisies par l'esprit humain, n'ont pas besoin de l'intermédiaire du raisonnement. *Intuitif* a également les deux sens. En langage théologique, on dit, par exemple, que les anges et les bienheureux ont la vision ou la connaissance *intuitive* de Dieu. Cette même expression, sous sa forme adjective comme sous sa forme substantive, et avec la seconde signification indiquée plus haut, est d'un usage beaucoup plus fréquent.

En philosophie, on oppose la connaissance ou l'évidence *intuitive* à la connaissance ou à l'évidence *discursive*, c'est-à-dire celle qui résulte d'une aperception immédiate de la vérité, à celle qui résulte d'une suite plus ou moins longue d'idées, parcourue pas à pas, et à laquelle on n'arrive, pour ainsi dire, qu'à force de *discourir*. Mais les uns, Locke à leur tête, ne donnent le nom d'*intuitives* qu'aux connaissances et aux vérités que notre esprit saisit par une comparaison d'idées, idées entre lesquelles il voit tout à coup une convenance ou une disconvenance : telles sont les deux idées de *corps* et d'*espace* dans la proposition : *tout corps est dans l'espace*; les autres le donnent aussi à des croyances, à des convictions naturelles, impliquées dans une foule de raisonnements, que nous ne posons presque jamais sous forme de propositions, dont la vérité nous guide plutôt qu'elle ne nous frappe, et qui ne supposent aucune comparaison d'idées : telles sont la croyance à notre identité personnelle, la croyance à la constance des lois de la nature, etc. Toujours est-il qu'*intuition* et *intuitif* sont des termes de raisonnement ; et on voit assez pourquoi on oppose l'*intuition* à la *déduction*, et les vérités *intuitives* aux vérités *déductives* ou *discursives*.

Dans la philosophie allemande, ce sont aussi des termes d'idéologie. Là une *intuition* c'est une idée telle qu'elle résulte de la manifestation des réalités à notre esprit, et avant que notre esprit l'ait travaillée par l'abstraction et la généralisation. Aussi des auteurs d'outre-Rhin opposent-ils la philosophie de l'*intuition*, à celle de l'abstraction ou de la réflexion. Cette acception, du reste, a beaucoup d'analogie avec le sens philosophique général, suivant lequel l'*intuition* est une aperception du vrai, facile, immédiate, sans détours. Il en est de même de la suivante.

En mathématiques, et particulièrement en géométrie, tout en cherchant à démontrer lentement, pas à pas, à l'aide du raisonnement pur, certaines propositions, on se sert de figures pour en faire sentir la vérité, même à l'œil ; et l'on dit qu'on aperçoit *intuitivement*, ou par *intuition*, la vérité d'une proposition, quand on l'aperçoit à la seule inspection de la figure destinée à la rendre sensible. Ainsi, on voit *intuitivement*, ou par *intuition*, que dans tout triangle l'un des côtés est plus petit que la somme des deux autres avant que le raisonnement l'ait démontré *discursivement* ou *déductivement*.

Enfin, l'histoire de la philosophie présente le mot *intuition* dans un sens qui se rapproche plutôt de l'acception théologique primitive. Livrés à leur imagination délirante, des philosophes, principalement dans l'école d'Alexandrie, se sont attribué un don d'*intuition*, c'est-à-dire la faculté de recevoir des révélations directes et particulières sur les choses divines et surnaturelles. Benjamin LAFAYE.

INTUSSUSCEPTION (du latin *intus*, dedans, intérieurement, et *susceptio*, formé de *suscipere*, recevoir, commettre), accroissement d'un corps par l'addition ou la réception d'une substance qui se répand dans tout l'intérieur de la masse. Les animaux et les végétaux croissent par intus-susception (voyez Croissance).

En médecine on nomme intussusception l'entrée contre nature d'une portion d'intestin dans une autre, comme il arrive quelquefois dans l'iléus.

INULINE, principe immédiat que l'on retire des tubercules de dahlia, des racines de pyrèthre, de colchique, de chicorée, etc., et principalement de la racine d'aunée. C'est aussi à cette dernière plante (en latin inula) que l'inuline doit son nom. Une décoction de racine d'aunée étant refroidie, l'inuline se dépose au fond du vase. Elle se présente alors en une poudre blanchâtre, ressemblant à de l'amidon, et, comme lui, se convertissant en sucre de raisin, sous l'influence de l'acide sulfurique étendu d'eau et bouillant. Mais l'inuline n'est pas colorée en bleu par l'iode, ce qui suffit pour la distinguer de l'amidon.

INUTILITÉ. Comment décrire et nombrer tout ce que l'esprit inventif, inquiet et capricieux de l'homme a créé pour satisfaire la variété de ses goûts, si souvent inexplicables? Depuis longtemps, il est abusé sur les besoins que la civilisation a multipliés, qu'elle accroît chaque jour, et que la nature avait bornés en mère prudente. Mais peut-on mettre en opposition la nature et la civilisation, et cette dernière ne serait-elle pas l'état voulu par l'organisation de l'homme? Cette question serait une inutilité; car pour une grande partie de la terre elle est décidée par le fait. Il est nécessaire de se nourrir, de se vêtir, de se loger : il est utile de choisir des aliments selon son tempérament, des habits selon sa taille, une demeure selon les fonctions que l'on exerce. Ne pourrait-on pas appeler inutilités la recherche des apprêts dans les premiers, le changement des formes, les accessoires, le nombre des autres? Les hommes, pour discuter de leurs devoirs et de leurs droits, composent des assemblées utiles : le contraire pourrait se dire quand on les voit s'attrouper devant un mime, ou autour d'une table de jeu. Faut-il appeler inutilités tout ce qui ne contribue qu'au plaisir? Non, car se maintenir en joie, c'est se conserver sain et propre au travail. Eh! comment déclarer inutilités les uniques occupations des oisifs dans une société où la considération et le bonheur semblent être leur partage exclusivement, dans une société qui subsiste par ces inutilités mêmes! Que deviendraient les populations de Sèvres, de Lyon, de Saint-Gobin, et ce monde d'enlumineurs, de brodeurs, de passementiers, de bimbelotiers, si vous anathématisiez les inutilités? Que feriez-vous de la majorité des auteurs, si la presse refusait de publier les inutilités politiques, scientifiques, littéraires? Car partout les inutilités surgissent du nécessaire et de l'utile; elles envahissent les gouvernements, les administrations, les académies, comme les musées et les appartements.

Il faut remarquer, les inutilités dégoûtent sans rassasier, et qu'il est très-rare de les apprécier inutilités sans être forcé de les reconnaître nuisances. La question : Qu'est-ce que cela prouve? est à l'usage de peu de gens, et on peut y répondre de tant de manières, qu'aux yeux d'un grand nombre elle ne sera jamais éclaircie : A quoi cela sert-il? est une demande précise, qu'il faudrait lui substituer : cette demande ne peut rester sans réponse positive; et pourtant elle embarrasserait à l'excès la majorité des humains : le dérangement qu'elle apporterait dans nos institutions est incalculable, d'autant plus que l'on ne s'accorderait pas plus sur les inutilités que sur mille autres points, chacun désignant comme inutilités ce qui lui déplaît ou cesse de l'intéresser. Représentons-nous le monde renonçant aux inutilités : jamais révolution n'aurait eu des suites plus étendues. Que d'emplois supprimés! que d'espaces vides! que de temps disponible! que d'hommes, de femmes éperdus! La réforme des inutilités serait la plus sensible de toutes celles qu'a subies la société et la plus effrayante pour la multitude. Mais à aucune époque ce danger n'a été à redouter, l'homme créant les inutilités avec une facilité merveilleuse, et celles-ci semblant se reproduire d'elles-mêmes, comme pour lui complaire, dès qu'il manifeste quelque penchant en leur faveur. Les inutilités, confondues avec le superflu, n'ont de détracteurs que parmi quelques philosophes, jaloux de leur indépendance physique au moral, et uniquement soucieux d'un bonheur qui ne provient que d'eux-mêmes : cette sorte de gens, toujours en minorité, n'exercent aucune influence, et les inutilités excitent plutôt leur pitié que leur colère, bien qu'à les en croire l'homme leur doive plus de maux que de biens. Les inutilités, de quelque nom qu'on les décore, quelle que soit la place qu'on leur assigne, demeureront en possession du rang qu'elles ont occupé jusque ici, et continueront à prévaloir sur la nécessité, reine que son absolutisme a trop légitimée pour que l'homme se soumette par choix à sa puissance. C^{sse} DE BRADI.

INVAGINATION (du latin invaginare, rengaîner, mettre dans la gaîne), introduction d'une portion d'intestin dans celle qui la précède ou la suit.

INVALIDES. Les temps qui suivront les nôtres conserveront-ils, étendront-ils le système qui consiste à vouer à une nullité absolue, à une oisiveté écrasante, des hommes nés en général au sein des classes laborieuses, et dont la vie a été un cercle de travaux pénibles et de fatigues inouïes? La question sans doute ne saurait s'appliquer à cette respectable portion de mutilés, de trembleurs, de frères lais ou convers, que le fer de l'ennemi et les suites de longues guerres ont réduits à n'être plus que l'ombre d'eux-mêmes, à ne plus vivre, pour ainsi dire, que de leurs glorieux souvenirs : à ceux-là, un asile conventuel où ils soient dégagés de tous soins, doit être assuré. Mais cette quantité de militaires, non moins estimables, mais plus heureux, dont les blessures se sont cicatrisées, dont la complexion robuste a amené une vieillesse florissante, peut-elle être condamnée à une vie monacale? peut-elle entendre la patrie lui dire : « Végète inactive, le pays n'attend plus rien de toi, et il consent à dépenser une fois plus pour te laisser oisive que tu ne lui coûterais, convenablement récompensée et utile encore. » Ces remarques concernent les établissements français des invalides de terre; quant aux invalides de la marine, ils n'ont pas encore d'hôtel comparable à celui de Chelsea en Angleterre. Cependant, un immense édifice, construit près de Toulon, sous le règne de Louis XVIII, paraissait leur être destiné.

La France est le pays qui le premier a senti qu'une dette sacrée était contractée par le gouvernement envers les guerriers qui lui consacrent leur existence et combattent pour sa gloire ou son salut. On nous parle, il est vrai, de ces vieux soldats d'Athènes que Pisistrate faisait nourrir aux frais du trésor, on nous parle de ces colonies romaines, de ces dotations terriennes qui assuraient l'avenir des vétérans des légions; mais ces récompenses n'émanaient pas de lois stables : elles étaient accordées par les faveurs de la puissance, par le bon plaisir des généraux. Les bénéfices, les fiefs des premières races furent des rémunérations militaires, mais au profit des chefs; quant aux subalternes, des emplois de domesticité étaient accordés à quelques-uns ; mais la plus grande partie n'avait de ressources que dans une vie d'aventures, c'est-à-dire de brigandage. Le moyen âge vit ensuite s'établir, depuis Charlemagne, les oblats, moines laïques, qui passaient du métier des armes à celui de sonneurs de cloches, de chantres, de balayeurs d'église, mais ces places, peu nombreuses, étaient une rare faveur. La mendicité pourvoyait aux besoins des invalides que le sort abandonnait à eux-mêmes, et il n'y a pas un siècle qu'en un royaume voisin une médaille accordée aux militaires devenus inhabiles aux armes les autorisait à demander leur pain à la charité publique. Au système des oblats succéda celui des mortes-payes, espèce de vétérans, auxquels était laissée en temps de paix la garde de nombreux châteaux. Ils étaient comme les gardes du corps des castellans et des gouverneurs, mais ne touchaient pas une solde royale.

Les quinze-vingts revenus de la Palestine, les maladreries, les sanitas, créés par Louis IX, furent un essai d'hôtels d'invalides. Son prédécesseur Philippe-Auguste avait projeté de fonder un asile central pour les vieux guerriers ; mais il prétendit les soustraire à la juridiction que les évêques exerçaient sur les moines laïs; le pape Innocent III se refusa à y donner les mains, et sa résistance aux désirs du monarque fit avorter les bonnes intentions de Philippe. Henri IV ayant à récompenser de vieux officiers, la plupart protestants, leur ouvrit un refuge rue Saint-Marcel. Ils passèrent ensuite de la rue de l'Oursine à Bicêtre ; mais Louis XIII ne permit d'y admettre que des catholiques, ce qui fut une entrave de plus à une institution permanente, et qui d'ailleurs n'était pas ouverte aux simples soldats. Enfin, Louis XIV fonda en 1654 et ouvrit en 1670 le magnifique palais des invalides, qui eut le privilége de n'être pas soumis aux visites du grand-aumônier. On se demande qui l'emporta dans l'esprit du monarque, ou de sa philanthropie ou de son amour pour la bâtisse, quand il se décida à cette prodigieuse dépense : il choisit le point du royaume où cette fondation était le plus mal placée; mais si l'on doute des motifs, il faut du moins honorer les effets, et à la fin de son règne dix mille invalides de tous rangs animaient ce somptueux édifice. De grands abus s'introduisirent : sous le règne de Louis XV il y avait dans l'hôtel quantité d'invalides de faveur. C'étaient d'anciens laquais ou coureurs de grands seigneurs que le crédit de leurs maîtres faisait admettre aux invalides, quoiqu'ils n'eussent jamais porté les armes. Saint-Germain, devenu ministre de la guerre, ne manqua pas de travailler à la répression d'aussi criantes illégalités ; mais dans cette entreprise tout ce qu'il essaya fut loin d'atteindre aux économies dont il sentait le besoin.

En 1789 l'hôtel jouissait d'un revenu qui se montait à 1,700,000 fr. ; mais successivement ce revenu alla décroissant. En 1790 le trésor public eut à subvenir à l'extinction du genre de rentrées qu'on appelait la prestation des oblats : c'était une somme dont le clergé s'était chargé d'effectuer le payement, depuis que les abbayes et les monastères de fondation royale s'étaient rachetés, moyennant finances annuelles, de l'obligation de nourrir et d'entretenir les frères oblats. En 1792 les invalides propres encore à rendre quelques services militaires commencèrent à être détachés de l'hôtel, sous le nom de compagnies de vétérans. En cette même année un état-major immensément émolumenté, et qui occupait le quart de l'hôtel, cessa d'en absorber en grande partie les fonds. L'établissement restait encore propriétaire de revenus assis sur des constructions importantes ; il jouissait d'immunités, il possédait des rentes : toutes ces ressources lui échappèrent en l'an II de la république, et ce fut aux finances de l'État à subvenir à ses dépenses, qu'un budget commença à régulariser en l'an VI. Au commencement du Consulat, une succursale était établie à Versailles ; deux autres le furent bientôt à Avignon et à Louvain ; car le total des invalides montait à cette époque à près de 15,000; on en comptait 26,000 en 1813. Deux ans auparavant, Napoléon avait fait revivre l'ancien faste d'un état-major surabondant, et il avait réglé suivant de nouveaux principes les dotations, l'administration, la police de ce gouvernement de mortes-payes. En outre des sinécures militaires dans le nombre, il s'y voyait des nuées d'employés civils, et un maréchal de France y jouissait d'une brillante retraite. Sous la Restauration, un ministre alla jusqu'à instituer une dispendieuse musique d'harmonie, afin de rendre plus pompeuses les cérémonies du culte.

On conçoit qu'au temps où le terrain des invalides était hors de Paris, et environné d'un sol livré à la culture, on y vit rassemblé des militaires qui pouvaient s'y livrer à quelques travaux champêtres et y vivre dispensés des frais d'entrée et d'octroi ; on conçoit que l'administration, monacalement conduite, ayant bénéficié par le hasard de l'accroissement du prix des terrains, ayant thésaurisé, ayant couvert de constructions un sol qui lui assurait un revenu important, on ait conservé leur destination à des bâtiments aussi immensément disproportionnés par leur étendue au nombre de ceux qui y trouvent asile ; mais on ne conçoit pas qu'il faille un tel état-major à un pareil établissement ; on ne conçoit pas que depuis cette ceinture d'octrois dont le reculement des barrières a enveloppé l'hôtel on s'obstine à nourrir de vieux et braves guerriers une fois plus dispendieusement que si on les tenait en des pays d'une vie bien moins chère, et dans des contrées peu peuplées, que leur présence enrichirait, et dont le sol pourrait être fécondé par les bras d'une grande partie d'entre eux. Gal BARDIN.

INVALIDES (Hôtel des). L'hôtel des Invalides de Paris est situé à l'extrémité occidentale du faubourg Saint-Germain, vis-à-vis des Champs-Élysées, avec lesquels il communique par le Pont des Invalides. Il fut fondé par Louis XIV. Sa construction, commencée le 30 novembre 1671, par Libéral Bruant, fut continuée par Mansard, qui est l'auteur du dôme.

Ce dôme, vu de l'extérieur, est d'une aisance si extraordinaire dans ses dimensions générales, si juste dans la combinaison de ses lignes, et d'une légèreté si admirable dans son exécution, qu'on le regarde, non-seulement comme une des plus belles conceptions d'architecture qui soient en Europe, mais encore comme le plus étonnant chef-d'œuvre de pondération : on dirait qu'il est descendu du ciel pour se poser sur le portail de l'édifice.

Une vaste esplanade, plantée d'arbres et s'étendant jusqu'à la Seine au milieu de laquelle on avait placé, sous Napoléon 1er, le Lion de Saint-Marc, une superbe grille, une cour entourée de fossés avec des pièces de canon de différents calibres, donnent à l'Hôtel des Invalides le caractère d'une place de guerre.

La porte principale de la façade du nord est décorée de figures colossales de Mars et de Minerve, et dans l'archivolte se voit la statue équestre de Louis XIV. Toute cette sculpture est de Coustou le jeune. La cour est carrée ; elle est entourée d'un double rang de portiques en arcades. Au rez-de-chaussée sont de grands réfectoires, décorés de peintures représentant les conquêtes de Louis le Grand par Parocel. Dans les étages supérieurs sont les appartements. La Bibliothèque, fondée en 1800 par Bonaparte, occupe l'aile du milieu : elle contient environ 30,000 volumes. L'aile droite et l'aile gauche sont réservées au grand état-major de l'hôtel. La salle du conseil contient les portraits de tous les maréchaux de France. Les célèbres plans des villes fortes sont placés dans les combles.

Au fond de la cour se trouve l'entrée de l'église, surmontée d'une statue en pied et marbre de Napoléon. Elle est d'une architecture fort simple. Le pavé, entièrement en marbre, est incrusté à la manière des ouvrages en marbrerie de Florence. Sous le premier empire, elle était pour ainsi dire encombrée de drapeaux des ennemis qu'après chaque campagne on appendait à ses voûtes. Avec les Bourbons, l'étranger vint en reprendre une partie. Depuis lors l'expédition d'Espagne, celle de Morée et celle d'Algérie ont contribué à recouvrir un peu la nudité de ces murs consacrés à la gloire. Sous le pendentif de la coupole représentant la gloire des bienheureux par Charles de La Fosse. Les Évangélistes figurent dans les pendentifs, et les douze Apôtres, en pied, soutenant autour de la lanterne sont peints par Jouvenet. Le dôme, séparé de l'église, semble en former une seconde. On y voit des piliers ornés de bas-reliefs, figurant des sujets de la vie de saint Louis, que Napoléon fit placer le tombeau de Turenne. Autour du plan circulaire du dôme sont six chapelles, richement ornées de peintures et de sculptures. Quatre de celles-ci sont dédiées aux Pères de l'Église latine ; chacune d'elles est surmontée d'un petit dôme peint à fresque par les plus habiles peintres de l'Académie royale. Les chapelles Saint-Jérôme et Saint-Augustin sont l'ouvrage de Michel Corneille, et celles de Saint-

29.

Ambroise est de Boulogne, et celle de Saint-Grégoire est l'ouvrage de Gabriel-François Doyen, que Louis XV chargea de renouveler ces peintures, parce qu'elles tombaient en ruine.

Depuis le 15 décembre 1840, la dépouille mortelle de Napoléon repose dans la chapelle Saint-Jérôme, en attendant l'achèvement du magnifique tombeau qui lui a été érigé dans une crypte au centre même de l'édifice. Les caveaux de l'église contiennent en outre les tombeaux de quelques maréchaux et généraux, des victimes de Fieschi, etc.

Les autres parties de l'hôtel, d'un caractère sévère, sont affectées au logement des invalides, aux dortoirs, qui contiennent environ cinquante lits chacun, aux cuisines, avec leurs fameuses marmites, qui contiennent 1,200 livres de viande, aux offices, à l'infirmerie, à la lingerie, à la manutention, aux magasins, etc. Sept cours plantées d'arbres séparent tous ces bâtiments.

L'Hôtel des Invalides peut contenir près de 5,000 hommes; et son effectif actuel ne doit pas être éloigné de ce chiffre depuis la suppression de la succursale d'Avignon, qui a eu lieu par décret du 27 février 1850. La même nourriture est servie aux officiers, sous-officiers et soldats; mais les officiers mangent à part, et ont seuls le privilège hiérarchique de se servir d'argenterie, donnée par Marie-Louise à l'occasion de son mariage. Les capitaines et lieutenants prennent leur repas en commun; les officiers supérieurs peuvent se faire servir dans leurs chambres. L'entretien de chaque invalide coûte à l'État 1 fr. 80 cent. par jour, et celui d'un officier 2 fr. 20 cent. Ces vieux braves jouissent ainsi d'une existence paisible et douce et de beaucoup supérieure à celle qu'ils pourraient attendre de leur retraite. Aussi atteignent-ils pour la plupart, quoique criblés de blessure un âge très-avancé. Ch^r. Alexandre Lenoir.

INVALIDES CIVILS. Dès le 24 février 1848 le gouvernement provisoire rendait un décret ainsi conçu : « Les Tuileries serviront désormais d'asile aux *invalides du travail.* » Et aussitôt on écrivait à la craie sur toutes les portes du château : *Hôtel des invalides civils.* C'était en effet une des pensées à l'ordre du jour de faire pour les blessés et les mutilés de l'industrie ce que l'État faisait pour les glorieux blessés de la guerre. Mais on ne songeait sans doute pas sérieusement à effectuer à ce service le vieux palais des rois; par là cependant on en arrêtait le pillage et la dévastation. La révolution ne tint pas ses promesses, et la création d'asiles pour les ouvriers invalides demeura, comme tant d'autres, à l'état d'utopie.

Le 8 mars 1855, cependant, l'empereur Napoléon III a rendu un décret en vertu duquel il doit être prochainement établi sur le domaine de la couronne, à Vincennes et au Vésinet, deux asiles pour les ouvriers. Ceux qui sortent des hospices et sont encore trop faibles pour reprendre leur vie laborieuse y pourront faire leur convalescence, au lieu de traîner dans la misère; ceux qui se trouveraient mutilés dans le cours de leurs travaux y prendront une retraite définitive. La dotation de l'asile est affecté un prélèvement de 1 pour 100 sur le montant des travaux publics adjugés dans la ville de Paris et sa banlieue. Le gouvernement paraît aussi compter sur les abonnements que prendront l'industrie privée et les sociétés de secours mutuels. Avant d'être admis dans les asiles, tout ouvrier devra justifier qu'au moment de sa maladie ou de sa blessure motivant son admission, il travaillait soit à un chantier de travaux publics soumis au dit prélèvement, soit dans une ville dont le maire a souscrit avec l'asile un abonnement pour ses ouvriers, ou qu'il appartient à une société de secours mutuels abonnée à l'asile. Une commission administrative est chargée de préparer les règlements nécessaires, de fixer les conditions de l'admission temporaire ou viagère, de déterminer même les travaux auxquels les pensionnaires pourront être employés.

INVALIDES DE LA MARINE. Les invalides de la marine ne sont pas, comme ceux des armées de terre, logés aux frais de l'État, dans un splendide palais; mais il existe en leur faveur une belle institution, œuvre du génie de Colbert : la caisse des invalides de la marine, véritable tontine, qui assure les meilleures chances possibles à tous les membres de la grande famille maritime. Une commission de cinq membres est chargée de surveiller la gestion de l'établissement impérial des invalides de la marine. La caisse s'alimente d'une retenue opérée sur la solde ou les gages de tout le personnel de la marine et des colonies, d'un prélèvement fixé sur le prix des marchés qui concernent la flotte, et surtout des rentes immobilisées dont elle est propriétaire. Ces ressources lui permettent de faire face à des charges nombreuses; elle sert des pensions dites de demi-solde, des pensions pour ancienneté et pour blessures, des pensions aux veuves et aux enfants en bas âge des marins demi-soldiers, des secours, etc.

INVASION (du latin *invasio,* dérivé de *invadere, vadere in,* se jeter sur). L'homme, les tribus, les peuplades, les nations, dans les siècles qu'on appelle barbares, comme dans ceux qu'on appelle civilisés, ont tour à tour fait des invasions. De même que la société humaine est sortie des ténèbres qui enveloppaient le premier âge du monde, l'invasion se perd dans la nuit des temps : les traditions ont transmis sa vie à l'histoire, l'histoire a continué à la suivre dès qu'elle a pu s'en emparer dans l'état social. *Invasion* est donc un terme qui a acquis le droit de vétérance parmi les plus anciens mots, dont tous les idiomes et toutes les langues se composent. Toutefois, ce mot se trouve à peine mentionné dans la multiplicité des dictionnaires de la langue française. L'Académie ne lui consacre que ces insignifiantes paroles : « *Invasion,* irruption faite dans le dessein de piller un pays ou de s'en emparer. L'invasion de la Chine par les Tartares. Grande, subite invasion, de fréquentes invasions, faire une invasion. Les Tartares firent une invasion dans la Pologne. Guerre d'invasion. » Nous en demandons pardon à l'Académie; mais le mot *invasion,* dans l'acception militaire que le Dictionnaire académique lui donne, n'est pas, selon nous, identique avec le mot *irruption,* et nous croyons que l'illustre Aréopage a eu tort d'en faire des synonymes. Nous pensons également qu'il a manqué d'exactitude quand il a attribué à l'invasion l'unique *dessein de piller un pays et de s'en emparer.* Il a confondu les invasions des peuplades sauvages avec les invasions des peuples civilisés; il a eu tort : ces deux sortes d'invasions n'ont pas irrévocablement eu le même caractère.

Ce qui étonne plus particulièrement, c'est que les publicistes Grotius, Puffendorf, Wolf, Barbeyrac, Watel, dans leurs divers traités du droit naturel et du droit des gens, n'ont appliqué aucun chapitre spécial à l'invasion, comme si elle leur était inconnue, de manière que les historiens en ont seuls expliqué les causes et les effets. Ici une autre observation se présente : les historiens n'ont considéré l'invasion que comme un événement de guerre; la société s'est accoutumée à l'envisager comme eux. Nous pensons que c'est également une erreur, ou du moins c'est renfermer le mot invasion dans un cercle trop resserré. Il peut y avoir invasion dans l'ordre moral comme dans l'ordre matériel. Nous disons *il peut*; nous devrions dire *il y a.* Il y a *invasion du pouvoir* lorsqu'il cède les rênes de l'État à des mains impures, qui l'entraînent dans des routes funestes. Il y a *invasion du trône* lorsque le trône est dans la dépendance de l'autel. Il y a *invasion de la justice* quand sa balance et son glaive sont à la disposition de juges prévaricateurs. Il y a *invasion de la liberté,* lorsque le despotisme peut impunément opprimer. Il y a *invasion de l'égalité*, quand il y a des castes et des privilèges. Il y a *invasion du droit de tous,* quand les droits ne sont pas les mêmes pour tous. Il y a *invasion de la souveraineté du peuple,* lorsque le peuple est courbé sous la souveraineté du droit divin. Il y a *invasion de la loi,* quand l'anarchie fait taire la loi. Il y a *invasion de la presse,* lorsque la censure est maîtresse de bâillonner la presse. Il y a *invasion des chambres législa-*

tives, quand la vénalité est le chemin le plus sûr pour arriver à la représentation nationale. Il y a *invasion* partout où ce qui est a pris la place de ce qui devrait être.

Revenons à l'invasion dans son acception purement militaire. L'invasion, c'est l'entrée subite d'une armée dans un pays auquel on n'a pas préalablement déclaré la guerre : par conséquent, l'invasion est destructive du droit des gens. C'est un torrent, qui, dans son débordement, brise et entraîne tout ce qui ne s'est pas mis en garde contre l'impétuosité de ses ravages. Elle est toujours injuste dans son principe, quand elle a un principe ; elle est constamment tyrannique, même cruelle, dans son développement. Les fastes de chaque siècle ont des pages ensanglantées par elle. Les Gaulois, peuple éminemment et uniquement guerrier, dont l'origine nous est inconnue, ne vivaient que du produit de leurs invasions, et dans plus d'une circonstance leurs invasions, franchissant les Alpes et les Apennins, firent trembler le premier et le plus grand de tous les peuples. Cependant, les Romains finirent par vaincre les Gaulois. Quatre siècles s'écoulèrent : une invasion des Francs, peuple issu de la Germanie, repoussa les Romains, subjugua les Gaulois, et les envahisseurs triomphants donnèrent leur nom et leur bannière au sol envahi. Les Gaulois furent effacés de la liste des nations. L'invasion a donc été le berceau de la France.

Cette vaste contrée ne fut pas cependant une et indivisible. On la divisa et on la subdivisa. Elle eut une infinité de rois. Chaque division, ou subdivision, souvent d'une existence précaire, prenait le titre de royaume, et tous ces royaumes, ayant des intérêts divers, étaient sans cesse la cause ou le prétexte de guerres générales, ou de crimes particuliers. Le peuple franc n'était pas plus civilisé que le peuple gaulois, il l'était même moins ; et ses guerres extérieures ou intérieures, offensives ou défensives, se bornaient à envahir ou à s'opposer à l'envahissement. C'étaient des masses sans ordre se heurtant contre des masses sans ordre. Pepin envahit le trône des Mérovingiens, et cette invasion, usurpatrice de la légitimité, donne naissance à la seconde race des rois de France. Le génie de Charlemagne dispense le baptême de la légitimité à l'invasion usurpatrice de Pepin. Charles le Chauve institue le gouvernement féodal ; et cette institution, féconde en petits souverains, en petites guerres, brisant le lien d'unité sociale, permet aux Normands d'envahir une partie de la France, et de s'établir ensuite dans la Neustrie. La cession de la Neustrie fut loin de mettre un terme aux invasions des Normands : ils les renouvelèrent maintes fois. La force de la monarchie française alla en décroissant jusqu'à l'avénement de la troisième race. La troisième race fut encore le fruit de l'invasion du trône, et de l'usurpation de la légitimité. La civilisation faisait peu de progrès ; cependant, elle en faisait. C'est par elle que Louis le Gros affranchit les communes et créa une milice citoyenne, qui sous Philippe-Auguste devint une armée permanente.

Dès lors la guerre eut un caractère moins féroce : les opérations militaires furent soumises à des combinaisons ; les envahissements ayant pour but la dévastation devinrent moins fréquents. Mais la fureur épidémique des croisades ressuscita l'invasion : celle-ci au moins un résultat populaire avantageux pour la France, qu'elle avait pourtant épuisée d'hommes et d'argent. En effet, les croisades ruinèrent tous les seigneurs féodaux, et par cela même facilitèrent la destruction de la puissance féodale, qui était à la fois et le fléau des peuples et le fléau des rois. On avait préludé aux dernières croisades d'outre mer par la croisade contre les albigeois. Ce fut aussi une invasion. Des atrocités inouïes en marquèrent la durée. Louis IX, lui-même, prince de raison et de vertu, se laissa aller au fanatisme religieux de son époque ! Il sacrifia le bonheur de la France à l'espoir décevant de terminer l'invasion de la Terre Sainte. Philippe de Valois envahit la Flandre pour secourir un tyran qui opprimait le peuple flamand. Cette invasion eut l'influence la plus fatale sur les commencements de la guerre que l'Angleterre déclara à la France, guerre dont la durée désastreuse se prolongea près de cent ans. La rage d'envahir l'Italie avait succédé à la rage d'envahir la Palestine. Ces nouvelles invasions occasionnèrent de nouveaux malheurs. La France y perdit ses braves et ses trésors. Les guerres intestines eurent leur tour : ici c'étaient des tentatives d'invasions monacales pour replonger la France dans les ténèbres de l'ignorance. La France eut à supporter les vicissitudes de guerres de succession dynastique, guerres sans intérêt national, qui conduisaient droit à l'épuisement de la fortune publique et à l'invasion des fortunes privées.

Franchissons l'espace qui nous sépare de 1792. La régénération du peuple français avait épouvanté les souverainetés despotiques, et, dans leur effroi, la liberté leur était apparue comme la destructrice des trônes. Les déclarations de Pavie et de Pilnitz annonçaient l'invasion et le partage de la France. Une armée formidable envahit notre patrie ; Brunswick la commandait. Nouvel Attila, il avançait en menaçant Paris de n'y pas laisser pierre sur pierre ; mais il perdit sa vieille gloire dans les plaines de la Champagne, et les jeunes soldats républicains repoussèrent l'invasion jusqu'aux lieux d'où elle était partie. Les guerres de la révolution ont été de la part de la France des guerres de droit et de devoir, car il s'agissait pour elle *d'être ou de ne pas être*, et la postérité que l'Europe monarchique a toujours plus ou moins forcé la nation française à rester sous les armes. Cependant, le Directoire fit deux guerres d'invasion, celle de la Suisse et celle de l'Égypte. Nous flétrissons l'envahissement de la Suisse ; nous n'osons pas blâmer celui de l'Égypte. La France doit à jamais rougir d'une autre guerre d'invasion, qui est son honteux ouvrage : celle-là n'est pas une guerre de la révolution, elle appartient à la contre-révolution : c'est nommer l'invasion de l'Espagne en 1823, guerre sacrilége, de laquelle il ne surgit ni un rayon de gloire ni une étincelle du feu sacré.

Que l'Académie le prenne garde pour se rectifier : *ces trois invasions n'avaient pas pour but de piller*.

Telle est l'invasion, telles ont été les invasions par rapport à la France. L'invasion est contraire aux mœurs actuelles de la société ; les continuateurs de la restauration contre-révolutionnaire le comprirent bien : aussi la nommèrent-ils *intervention*. Mais ce subterfuge ne trompa personne ; le masque était transparent. Les nations n'ont aucun intérêt à envahir ; elles ne peuvent que perdre à être envahies. Il faut donc qu'elles ne s'y prêtent pas : les invasions ne profitent qu'aux rois : l'invasion se brisera toujours devant les peuples animés de l'amour de la patrie.

Pons (de l'Hérault).

INVENTAIRE (du latin *invenire, inventum*, trouvé). L'inventaire est un état détaillé de tous les objets trouvés dans une recherche faite à cet objet ; il a pour but de conserver les droits des tiers intéressés et de mettre obstacle à la fraude.

La loi a prescrit cette formalité en bien des circonstances. Il est exigé de la part de ceux qui sont envoyés en possession provisoire des biens d'un absent ; de la part du tuteur, à son entrée en fonctions ; de l'époux survivant, et de l'État à qui une succession est dévolue ; de l'héritier bénéficiaire (*voyez* Bénéfice d'Inventaire) ; du curateur à une succession vacante ; de l'exécuteur testamentaire lorsqu'il y a des héritiers, mineurs, interdits ou absents ; de celui qui est grevé de restitution ; de l'usufruitier à son entrée en jouissance ; de celui qui a un droit d'usage ou d'habitation à exercer ; du mari, lorsqu'il lui survient une succession aux propres vivant en communauté ; de la femme survivante qui veut conserver le droit de renoncer à la communauté ; et des époux qui se marient sans communauté. L'inventaire peut être dressé par acte sous seing-privé ; mais pour l'opposer en justice, il doit être fait en la forme authentique. Ce sont donc les notaires qui sont chargés de dresser ces sortes d'actes. Régulièrement l'inventaire est précédé de l'apposition des scellés : cependant cette première opération peut ne point avoir eu lieu. Il doit contenir en outre les formalités communes à tous les actes notariés : 1° Les noms, professions et demeures des requérants, des comparants, des défaillants et des absents, s'ils sont connus du notaire appelé pour représenter, des commissaires-priseurs et experts; 2° l'indication des lieux où l'inventaire est fait; 3° la description et estimation des effets, laquelle sera faite à juste valeur et sans crue ; 4° la désignation des qualité, poids et titre de l'argenterie ; 5° la désignation des espèces en numéraire; 6° les papiers seront cotés par premier et dernier, ils seront paraphés de la main d'un des notaires; s'il y a des livres et registres de commerce, l'état en sera constaté, les feuillets en seront pareillement cotés et paraphés, s'ils ne le sont; s'il y a des blancs dans les pages écrites, ils seront bâtonnés ; 7° la déclaration des titres actifs et passifs; 8° la mention du serment prêté, lors de la clôture de l'inventaire, par ceux qui ont été en possession des objets avant l'inventaire, ou qui ont habité la maison dans laquelle sont lesdits objets, qu'ils n'en ont détourné, vu détourner, ni su qu'il en ait été détourné aucun ; 9° la remise des effets et papiers , s'il y a lieu, entre les mains de la personne dont on conviendra, ou qui, à défaut, sera nommée par le président du tribunal.

S'il n'y a rien à inventorier on dresse procès-verbal de carence. Les personnes qui ont le droit de requérir l'inventaire sont les personnes intéressées; celles qui ont le droit de requérir la levée des scellés.

Les personnes dont la présence est absolument indispensable à la confection de l'inventaire sont : 1° le conjoint survivant; 2° les héritiers présomptifs ; les exécuteurs testamentaires, si le testament est connu; les donataires ou légataires universels ou à titre universel.

Les frais de l'inventaire se prélèvent, bien entendu, sur les biens inventoriés.

En matière de commerce, l'inventaire est un état détaillé de toutes les valeurs actives et passives du commerçant. Tout négociant est tenu de faire tous les ans, sous seing privé, un inventaire de ses effets mobiliers et immobiliers et de ses dettes actives et passives, et de le copier année par année sur un registre spécial qui se nomme le livre des inventaires. Ce livre doit être paraphé à chaque page; et il doit être en outre visé tous les ans par le juge.

INVENTAIRE (Bénéfice d'). *Voyez* BÉNÉFICE.

INVENTION (d'*invenire*, trouver). L'homme ne crée point, il trouve, il découvre. Toutes les richesses de la nature ont été mises à sa disposition ; il est chargé d'en reconnaître les propriétés et les rapports pour les accommoder à son usage. Des sentiments et des talents divers lui ont été donnés comme autant de germes dont il doit soigner le développement, diriger les effets ; car il a été créé pour vivre en société. Il n'y a développement qu'où il y a société. Les premières inventions, simples comme les premières pensées, suffirent aux premiers besoins. Mais la progression assignée, sinon à l'esprit, certainement aux découvertes de l'homme, ne s'arrête pas plus que le temps. L'invention a vaincu les éléments, soumis toutes les forces de la nature, et de là les miracles de la science et de l'industrie ; elle a sondé les profondeurs du sentiment, étudié les penchants de l'esprit, répondu à l'appel des sens, et de là tous les arts de l'imagination.

Mme MAUSSION.

Rigoureusement parlant, *découvrir* 'et *inventer* ne signifient pas tout à fait la même chose : ce qu'on découvre existait déjà ; tandis qu'une invention est presque toujours le résultat d'une combinaison d'éléments matériels qui se trouvent épars dans la nature, et qu'on réunit d'une manière quelconque pour en obtenir un certain effet. Ainsi donc, on dit bien : *découvrir* une île, une planète, une mine d'or, une carrière de marbre... Mais c'est en mêlant ensemble du nitre, du soufre et du charbon qu'on a *in-*venté *la poudre;* l'admirable machine qu'on appelle horloge fut *inventée* quand un homme de génie combina des roues de façon à leur faire marquer les heures (*voyez* DÉCOUVERTE).

Dans les arts, *inventer* c'est composer d'une manière originale, sans suivre aucun modèle. « Ce n'est pas copier la nature, dit un critique ingénieux, mais bien lui prêter les charmes poétiques du beau idéal. » Cette définition est encore incomplète ; car la peinture du laid, de l'horrible idéalisé est aussi un fruit de l'invention. L'invention est donc l'arrangement original d'un sujet ; c'est la découverte de tout ce que ce sujet comporte, quel que soit le moyen employé pour rendre nos idées, plume, parole, pinceau, ciseau , instruments de musique. Elle est aussi bien le produit d'une imagination ardente et prompte que d'une méditation patiente et profonde. En ce sens le mot *inventer* a une grande analogie avec *imaginer*. « *Imaginer n'est au fond que se souvenir*, » a dit La Harpe, après Socrate. « Oui , sans doute, répond M. G. Planche, la meilleure partie du génie se compose de souvenirs, et ceux qui ont vécu inventent merveilleusement ; les livres ne suppléent pas la vie, les livres sont une lettre morte pour le cœur que la réalité n'a pas éprouvé. De savoir à créer il y a l'océan tout entier. Personne encore n'a vu le pont qui mène de la mémoire à l'imagination. »

On s'est beaucoup préoccupé dans ces derniers temps des intérêts des *inventeurs*; on a demandé de constituer pour eux une propriété qu'on a appelé *intellectuelle*, et qu'on a voulu assimiler à la propriété foncière. Plusieurs améliorations ont même passé dans les lois en France et à l'étranger pour protéger plus efficacement la propriété littéraire et les brevets d'invention, des conventions internationales ont été signées dans le même but ; tout ce que l'on fera dans cette direction doit être favorablement accueilli, pourvu qu'on ne dépasse pas la limite où l'intérêt public ordonne de s'arrêter.

En parlant de reliques, le mot *invention* est resté synonyme de *découverte*. C'est ainsi que l'Église fête l'invention de la sainte Croix, qu'on parle de l'invention des reliques de saint Étienne, etc.

Dans le langage familier, on qualifie d'*inventions* certains mensonges. C'est une histoire de son *invention* ; ce sont des *inventions*. L. LOUVET.

INVENTION (*Rhétorique*). On donne ce nom à la première partie de la rhétorique, consistant dans la connaissance et le choix des moyens de *persuasion*. La persuasion s'opère par trois moyens, tantôt séparés, tantôt réunis , instruire, plaire , émouvoir, *probare*, *delectare*, *flectere*, dit Cicéron ; mais l'écrivain n'a pas toujours la persuasion pour objet ; il peut n'avoir pour but que de convaincre, sans vouloir éveiller ni la sensibilité ni l'imagination. Souvent aussi il ne songe qu'à recréer, à émouvoir. Il n'emploie donc pas dans tous les cas, et simultanément, les trois moyens qui produisent la persuasion. On *instruit* par des pensées, par des preuves solides, par des raisonnements bien enchaînés : c'est le fruit du *jugement*. On *plaît* par la bonne idée que l'on donne de soi-même , par des pensées intéressantes, par des images agréables, par des ornements choisis, par une élégance naturelle et soutenue : c'est l'ouvrage de l'*imagination*. On *émeut* par des pensées énergiques , par des mouvements rapides et passionnés : c'est le produit de la *sensibilité*. Le jugement, l'imagination, la sensibilité sont des dons naturels, dont l'écrivain ou l'orateur a besoin pour être éloquent ; mais ces dons ne lui suffisent pas encore : il faut de plus qu'il ait une provision toute faite d'idées, de principes, de faits, de connaissances variées et étendues ; l'expérience et l'étude enrichissent et fécondent l'esprit. Auguste HUSSON.

INVENTION (Brevets d'). *Voyez* BREVETS D'INVENTION.

INVENTION DE LA CROIX. *Voyez* CROIX (Invention de la).

INVERNESS, comté du nord de l'Écosse, le plus grand du royaume, situé entre les comtés de Ross, de Nairn, d'Elgin, de Banff, d'Aberdeen et d'Argyle, et l'océan Atlantique, que les Écossais ont l'habitude d'appeler ici, à l'ouest, *mer de Calédonie*, et qui au nord-est forme le golfe de Murray ou le *Moray-Frith*. La superficie de ce comté est de 140 myriamètres carrés, dont plus du quart revient aux îles qui en font partie, et sa population s'élève à 96,328 habitants. La terre-ferme y est extrêmement âpre, sauvage et montagneuse; à Ben-Newis, le point le plus élevé de toutes les îles Britanniques, l'altitude au-dessus du niveau de la mer est de 1366 mètres. Les lacs et les torrents de montagnes abondent dans les vallées profondes et sinueuses de ce comté; et on y rencontre aussi de vastes forêts, landes et marais. Le sol mis en culture est surtout celui des basses terres qui avoisinent le Moray-Frith, et quelques lacs et rivières. Les pâturages des montagnes favorisent l'éducation du gros bétail et des moutons, qui forme la principale occupation de la population. C'est dans la direction du nord-est que le sol va toujours en s'abaissant, comme l'indique le cours des fleuves les plus considérables, tels que le Spey, le Ness, le Findhorn, le Nairn et le Beauly, qui tous, mais les deux premiers surtout, sont d'une grande importance, à cause de l'énorme quantité de saumons qu'on y pêche.

Le comté d'Inverness est divisé en deux parties égales par la longue et profonde vallée qui s'étend dans la direction du sud-ouest depuis le Moray-Frith jusqu'au Loch-Linnhe sur la côte occidentale, et que traverse le canal de Calédonie. Parmi les îles qui en dépendent, présentant tous les caractères physiques de la terre ferme et faisant partie du groupe des Hébrides centrales, les plus importantes sont *Sky* (26 myriamètres carrés, sol tantôt montagneux et tantôt couvert de prairies), *Norduist*, *Suduist* et le rocher de *Saint-Kilda*. La langue celte est la langue dominante ; et une grande partie occidentale du comté ne comprend même pas l'anglais, qui n'est guère en usage que dans les hautes classes. Au siècle dernier, par suite de son complet isolement et de l'absence de routes praticables, les habitants du comté d'Inverness étaient encore très-misérables, courbés sous le poids des abus et des vices des siècles précédents; mais depuis lors la création d'un bon système de voies de communication y a fait pénétrer la civilisation. Ce comté est divisé en 35 paroisses, et envoie un député au parlement.

INVERNESS, son chef-lieu et la seule ville importante qu'on y trouve, compte 12,700 habitants, presque tous d'origine anglaise. Elle possède un bon port, protégé par deux forts, un château fortifié, une académie et plusieurs bonnes écoles. C'est le grand marché des montagnards écossais, qui viennent y vendre leurs différents produits. Les rois de Calédonie résidaient dans le voisinage; mais il n'existe plus aujourd'hui que quelques ruines, à peine reconnaissables, de leur château. Cette ville est célèbre dans l'histoire par l'heureux combat qu'à la suite de sa victoire de Falkirk le prétendant Charles-Édouard y remporta en février 1746 sur le général Loudon.

INVERSION, c'est-à-dire *transposition*, figure de style et de rhétorique, qui indique le déplacement soit d'un mot, soit d'une phrase entière, hors de la stricte construction grammaticale, afin de les mettre en évidence et d'attirer l'attention ; par exemple : *Pour jouir ne nous a point créés Dieu*, au lieu de : *Dieu ne nous a point créés pour jouir*. En poésie, l'*inversion* est surtout employée pour flatter l'oreille et pour favoriser le rhythme. Dans les langues anciennes, grecque et latine, une liberté de construction extraordinaire admettait une profusion d'inversions, tandis que dans les langues modernes, surtout dans la langue française, elles sont beaucoup moins en usage. Les Romains entendaient d'ailleurs par inversion, dans le sens des tropes, l'*ironie*.

En termes de tactique militaire, une *inversion* est un mouvement d'évolution par lequel s'opère un changement de place, ou de position, avec plus de promptitude et d'ensemble, et sans confusion. CHAMPAGNAC.

INVERTÉBRÉS, qui n'a point de vertèbres. Lamarck avait divisé le règne animal en deux grandes sections ; l'une renfermait les animaux dont les appareils organiques étaient distribués symétriquement des deux côtés d'un axe vertébral : c'étaient les vertébrés ; l'autre renfermait les animaux symétriques ou non symétriques qui ne présentaient point d'axe vertébral : c'étaient les *invertébrés*. Cette division (*voyez* ANIMAL), conservée par M. Duméril, n'a pas été adoptée par Cuvier.

INVESTISSEMENT, opération de siége offensif, qu'on a d'abord appelée *investiture*. C'est l'action d'envelopper avec des troupes une place attaquée ; c'est la *boucher*, suivant le style ancien. On nomme *complets* ou *incomplets* les investissements, suivant qu'ils interceptent ou non toute communication entre les assiégés et l'extérieur. Le rôle de la cavalerie est de commencer les investissements, en refoulant progressivement dans le cœur de la forteresse les postes avancés qui veillent à l'entour. Sitôt que le terrain est libre, les officiers du génie, protégés par des troupes légères, explorent les abords, se livrent aux travaux des reconnaissances, et décident quels seront les points d'attaque et la direction du cheminement. Sous le point de vue de la défense, le devoir du commandant de la place insultée est de chicaner par des sorties les assiégeants, de leur faire acheter pied à pied le terrain, de combler leurs travaux de tranchées, mais en ne tirant d'abord sur eux de grosses pièces que faiblement chargées, afin de les abuser sur la mesure véritable des portées. Gal BARDIN.

INVESTITURE (du latin *investire*, revêtir). On appelait ainsi sous le régime de la féodalité le droit d'investir quelqu'un d'un fief et l'acte par lequel on l'en investissait, après la prestation de l'acte de foi et hommage. La forme des investitures était des plus curieuses et des plus variées. Il y avait une investiture qu'on appelait *des ciseaux*, parce que la châtelaine, ayant dans les mains ce symbole de ses occupations domestiques, priait quelquefois le seigneur de donner un fief à quelque personne, et le seigneur, prenant les ciseaux de la main de sa dame, les mettait, comme signe d'investiture, dans celles du nouveau vassal. On donnait de la même manière l'investiture d'un fief avec une touffe de cheveux, avec une feuille de roper, avec un gant, un grain d'encens, un jonc, une pierre, un livre, un manche, un nœud, un baiser : dans ce dernier cas, on faisait naturellement une exception en faveur ou en considération des dames. Nous lisons dans une charte enregistrée par Du Cange, que Maino, fils de Gualon, avec le consentement de son fils Eudon et de sa femme Viette, faisait donation à Dieu et à saint Albin de sa terre de Bilchriot, et que pour confirmer cette donation le père et le fils avaient baisé sur la bouche le moine Gautier, *sandem que madame*, *eu égard à l'usage, qui ne lui permettait pas de donner un baiser à un moine dans ces occasions, baisait, au lieu de celui-ci, mais avec la même intention, un certain Lambert qui était là présent*. Et je ne sais pas s'il n'y était pas expres pour cela. Bon Joseph MANON.

En termes de droit ecclésiastique, l'*investiture*, c'est l'acte confirmatif de la collation d'un bénéfice. La forme en était très-différente, selon la dignité des bénéfices ; le chanoine recevait par le livre, l'abbé par le bâton pastoral, l'évêque par le bâton et l'anneau.

Il y a encore une sorte d'*investiture* conservée parmi les peuples musulmans. En Algérie les hauts fonctionnaires arabes reçoivent un burnous d'investiture des autorités françaises.

INVESTITURES (Querelle des). On désigne ainsi, dans l'histoire du moyen age, le différend qui éclata à propos de la loi d'investiture, rendue en l'an 1075 par le pape Grégoire VII. Cette loi interdisait comme acte de simonie, et sous peine d'excommunication, l'investiture temporelle, c'est-à-dire l'octroi des biens ecclésiastiques fait par la puissance séculière à un ecclésiastique. L'empereur Henri IV, au synode tenu à Worms le 24 janvier 1076, fit, il est vrai, déposer le pape comme un tyran qui attentait aux droits de l'oint du Seigneur ; mais, frappé d'excommunication, il dut finir par céder et s'humilier. Puis la querelle prit un autre caractère, et de part et d'autre on recourut à la force des armes. Grégoire mourut en 1085, sans avoir pu être vaincu, et Henri IV, vingt-et-un ans plus tard, en 1106, et toujours sous le coup de l'excommunication dont il avait été frappé. L'empereur Henri V continua à accorder des investitures, et lorsqu'en 1110 il se décida à franchir les Alpes à la tête d'une armée, le pape Pacal II consentit à lui restituer les fiefs épiscopaux de l'Empire, à la condition qu'il renoncerait à sa prétention de nommer les évêques. Mais dans le synode tenu à Latran en 1112 cette concession du pape fut considérée comme un acte de haute trahison à l'égard de l'Église, et cette assemblée le contraignit à la retirer. Enfin, en 1122, un concordat fut signé entre Calixte II et Henri V, aux termes duquel Henri abandonna au pape le droit d'investiture par l'anneau et la crosse, s'engagea à respecter la liberté des électeurs épiscopales, sous la surveillance de l'autorité séculière cependant, tandis que le pape concéda à l'empereur le droit d'investir les prélats des fiefs impériaux en vertu des prérogatives attachées au sceptre impérial et de recevoir d'eux, avant leur consécration, le serment de féodalité. Des transactions identiques mirent fin aux longues querelles que les papes avaient eu également à soutenir sur cette question avec les rois de France et d'Angleterre. Toutefois, l'empereur Lothaire II modifia, dès 1125, les termes du concordat en n'exigeant plus des prélats que le serment ordinaire des sujets et en permettant que la consécration précédât l'investiture.

IN-VINGT-QUATRE. *Voyez* Format.
INVIOLABILITÉ. C'est le droit d'être à l'abri de toute violence. La législation de tous les États libres proclame l'inviolabilité du domicile des citoyens, en ce sens que l'autorité publique n'y peut pénétrer qu'après l'accomplissement des formalités légales. L'inviolabilité du domicile est une des garanties de la liberté individuelle.

« Le premier droit de la souveraineté, dit Puffendorf, c'est d'être sacrée et inviolable. » Ce principe est fondé dans les gouvernements absolus sur ce que le roi est le représentant de Dieu sur la terre, et dans les gouvernements constitutionnels sur cette maxime d'ordre public : *Le roi ne peut mal faire* ; il implique alors comme corollaire indispensable la responsabilité des ministres.

La souveraineté du peuple est inviolable, en vertu du même principe, dans les États démocratiques, et la représentation nationale l'est au même titre. Individuellement chaque député, mandataire du peuple, est inviolable comme lui ; mais hors du cercle de ses attributions politiques il reste sujet de la loi, qui confère à la justice une action immédiate et sans contrôle dans le cas de flagrant délit.

Pourquoi faut-il que l'inviolabilité soit presque toujours lettre morte, et que ce mot de Benjamin Constant soit éternellement vrai : « On aura beau décréter l'inviolabilité sacrosainte, la force des choses sera toujours plus forte que les lois écrites. »

Les ambassadeurs sont inviolables de par le droit des gens, comme les féciaux à Rome. Jadis les criminels le pouvaient devenir en vertu du droit d'asile.

Enfin, l'inviolabilité des lettres et de la correspondance privée est un devoir sacré imposé aux gouvernements. Les pouvoirs qui y manquent invoquent d'ordinaire la raison d'État pour légitimer leur violation de la foi publique qui soulève toujours contre eux l'opinion (*voyez* Cabinet noir).

INVOCATION. Ce mot, composé de la préposition latine *in*, dans, et du substantif *vocatio*, appel, est de la plus haute antiquité ; il se trouve à chaque page, sous la forme du verbe hébreux *kara* (appeler), dans la Bible. C'est l'action d'appeler dans soi-même, ou à son secours, la divinité. L'invocation était en usage chez les païens dans leurs mystères, leurs sacrifices, leurs hymnes, et jusque dans leurs chœurs dramatiques. Dans notre liturgie, l'invocation des saints est aussi ancienne que l'Église. Il était donné à cette sublime communion de placer comme intercesseurs entre la majesté de Dieu et la faiblesse humaine, des sages, des justes, des saints, disparus de la terre avec la palme du martyre ou de la vertu. On honore, on invoque les saints, mais on ne les adore pas : ce point de liturgie a été un long sujet de dispute entre les catholiques et les réformés ; ces derniers vont jusqu'à nier l'efficacité de l'invocation de la sainte des saintes, de la Vierge. Dans la liturgie grecque et orientale, après que le prêtre a rapporté, dans le sacrifice de la messe, les paroles de Jésus-Christ, il prononce une dernière prière que les Grecs nomment l'*invocation du Saint-Esprit*, et qu'ils croient essentielle dans leur rit à la consécration. Au troisième siècle, on invoquait aussi les anges. Origène invoquait son ange gardien. Les devins, les pythonisses, les magiciens, invoquaient les démons. Les plus anciens Pères de l'Église ont souvent nommé prières et invocations les formes des sacrements.

Du pied des autels l'invocation dut nécessairement passer chez les païens au frontispice de ces hauts monuments poétiques si pleins de moralité et de grandes leçons pour les hommes, les poèmes épiques. Dans les siècles des patriarches, au temps d'Hésiode et d'Homère, on n'invoquait que la déesse : « Chante, ô déesse, la colère d'Achille, » dit simplement le poète divin. On invoquait aussi les Musea, ces vierges mystérieuses, comme le dit leur nom. Enfin, les poètes chrétiens appelèrent à leur secours l'Esprit-Saint, comme Milton ; ou l'auguste Vérité, comme Voltaire. De nos jours, on rirait d'un poète invocateur. Au surplus, les muses antiques, et l'esprit de Dieu, dans ces temps où toutes croyances sont mortes, se refuseraient à intervenir dans ces chaos ténébreux et rhythmé d'un idéalisme inintelligible, ou dans ce matériel informe de descriptions sans fin qui règne dans les poésies du siècle, et qui laisse comme un jouet aux enfants des écoles le psychisme trop simple du divin Platon. Il faut nécessairement que l'invocation ait rapport au sujet que l'on traite. Virgile, ainsi qu'Homère, appelle à son aide la seule muse, dans l'*Énéide*. Dans ses *Géorgiques*, il invoque Bacchus, Cérès la bienfaisante, Neptune qui fit jaillir un coursier de la terre, Minerve qui enfanta l'olivier, les faunes, les dryades, Pan, le jeune Sylvain, Triptolème ou Aristée, tous les dieux et toutes les déesses champêtres, et enfin le grand César. Il n'y a d'invocation plus complète dans aucun poème. Lucrèce, dans son poème *De la Nature des Choses*, demande ses inspirations à la génératrice des humains, à Vénus ; Ovide appelle à son aide, et le début de ses *Métamorphoses*, tous les dieux que la magie de son imagination fait successivement paraître sur une scène merveilleuse. Enfin, les poètes modernes ont à leur service, dans leurs invocations, des muses de mélancolie, d'amour, de solitude, en un mot toutes les muses qui président aux mystères de la nature. Denée-Baron.

INVOCATION (*Diplomatique*). C'est la formule par laquelle l'auteur, l'écrivain, le dataire ou les témoins d'une charte s'adressaient à la divinité pour la supplier de sanctifier ce qu'ils allaient faire. Sa place se trouvait ordinairement en tête des diplômes, des dates ou des signatures. Dieu, le Christ, la Sainte-Trinité ou quelques saints en étaient ordinairement l'objet. Il est à peu près prouvé que les rois francs de la première race négligeaient l'invocation. Ceux de la seconde l'employèrent au contraire, soit en faisant précéder le texte des bulles et diplômes royaux, soit d'une manière directe et formelle en l'exprimant tout au long, soit en la représentant par des monogrammes ou des signes tels que le *labarum*.

Les empereurs d'Orient, les rois visigoths, anglo-saxons, des sixième, septième et huitième siècles, faisaient des invocations détaillées. Tous les empereurs d'Occident jusqu'au treizième siècle firent de même; nos rois, depuis Charlemagne jusqu'à Philippe le Bel, y furent presque toujours exacts. Peu après, on renonça entièrement à cet usage. P.-R. MARTIN.

INVOLUCRE, assemblage de bractées disposées symétriquement en verticilles ou collerettes, formant une enveloppe extérieure à une seule fleur, comme dans l'anémone, ou à plusieurs, comme dans les composées, où Linné lui avait donné le nom de *calice commun*. L'involucre est *di-*, *tri-*, *tetra-*, *penta-*, *polyphylle*, selon le nombre de folioles qui le composent. L'*involucelle* est un involucre partiel, dont les ombellifères nous offrent l'exemple. Richard avait donné le nom de *périphorante* à l'involucra.

IO, fille d'Inachus, fondateur et roi d'Argos, eut pour mère Ismène, et paya la célébrité de ses charmes des deux tiers d'une vie sans repos. Le Jupiter de l'Olympe, selon la fable, mais sans doute, selon l'histoire, le Jupiter de Crète, ce ravisseur de toutes les belles parmi les Hellènes, l'enleva; et pour dérober bien amante et ses amours à la jalouse curiosité de Junon, il les enveloppa d'un nuage ténébreux. Cette tache noire et vaporeuse, qui surgit tout à coup dans la sérénité de l'atmosphère, éveilla les soupçons de l'épouse du maître des dieux; elle la dissipa d'un souffle, et trouva sur les lieux Jupiter, à côté d'une génisse blanche comme la neige. Le dieu venait de changer ainsi la malheureuse fille d'Inachus. « De quel troupeau est cette génisse? demanda la reine de l'Olympe. — Elle vient de naître de ces glèbes », répliqua l'époux menteur. La divine matrone ne fut point dupe de cette imposture; elle exigea que la génisse lui fût livrée. Elle la donna incontinent en garde à un pâtre enfant de la Terre, dont cent yeux couvraient le corps; son nom était Argus (*Panoptés*, celui qui voit tout), nom célèbre depuis, et appliqué aux vieux tuteurs de pupilles et aux maris jaloux.

Cependant Jupiter, touché des malheurs inouïs dont son amour avait frappé la plus belle vie qu'il y eût alors sur la terre, envoya Mercure, qui, sous la forme d'un pâtre, ayant endormi, par le charme de sa flûte, le pâtre Argus, lui trancha la tête de sa *harpé*, ou épée-faulx. Toutefois, Junon ne céda point : après avoir mis son vigilant gardien au rang des oiseaux-dieux, sous la forme du paon, et recueilli ses cent yeux sur la queue éblouissante de ce nouvel hôte et messager emplumé de l'Olympe, elle suscita une furie, d'autres disent un taon, à la poursuite d'Io, qui la rendit folle et vagabonde par toute la terre. Quadrupède ruminant, de princesse qu'elle fut, la mer ne fut point pour elle un obstacle ; elle traversa jusqu'à la plage illyrienne les flots auxquels elle donna son nom, et qui laissèrent jusqu'à nos jours la douce appellation d'*Ioniennes* aux îles qui les embellissent. Io franchit bientôt, dans ses tourments, les hautes barrières de granit de l'Hœmus, descendit dans la Thrace, puis se précipita vers le Caucase, où Prométhée, le ravisseur du feu céleste, lui prédit encore de longues et pénibles courses, d'affreux périls, et enfin un doux repos couronné d'une félicité que rien ne pourra plus désormais altérer. Du Caucase, Io courut se jeter dans le détroit de la Thrace, que depuis et toujours on appelle *Bosphore* (passage du bœuf); de là, laissant derrière elle l'Asie, elle atteignit l'Asie, et courut à travers l'Afrique, jusques aux monts Éthiopiens, le long du Nil, qu'elle redescendit jusqu'au Delta, où, par les douces caresses de Jupiter, qui lui rendit sa forme de femme, dit le grave Eschyle, elle mit au jour le noir **Épaphus**, qui depuis régna en Égypte. Io mourut peu de temps après, honorée et respectée des Égyptiens, à cause de sa patience, de sa douceur et de sa résignation à souffrir les maux de la vie : elle fut divinisée sous le nom d'*Isis*. DENNE-BARON.

« Ce qu'il y a de curieux dans l'histoire d'Io, qui me semble d'abord, dit M. Saint-Marc Girardin, qu'une des nombreuses aventures d'amour de Jupiter,

Atque chao densos Divùm narrabat amores,

C'est que, quelle que soit la diversité des traditions répandues sur sa course, elles s'accordent pour lui faire toucher les positions les plus importantes du monde grec. Ainsi, elle touche à la mer d'Ionie, et, selon Eschyle, lui donne son nom ; c'est par cette mer que la Grèce communique avec l'Occident et colonise l'Italie. Elle touche au Bosphore de Thrace, qui est la clef de la Méditerranée et de la mer Noire; au Bosphore cimmérien, qui met la mer Noire en communication avec le nord de l'Europe; à l'Égypte enfin, aux lieux où sera Alexandrie, c'est-à-dire au point de jonction entre le commerce des Indes et le commerce de l'Europe. Partout où le génie grec voit un lieu important, partout où le commerce et la puissance doivent venir se placer, la fable y conduit Io, qui, sous le fouet de cette Tisiphone qui ne la pousse qu'où il faut aller, devient ainsi l'emblème de l'activité de la race hellénique. »

IODE (de ιώδης, violet), corps simple, découvert en 1811 par Courtois, dans la cendre des fucus qui croissent au bord de la mer. L'iode est solide, d'un gris d'acier, lamelleux, d'une odeur particulière, qui ressemble beaucoup à celle du chlore; sa vapeur exerce surtout une action vive sur les yeux.

Chauffé, ce corps se fond à une température de 107°, et se volatilise à 175° environ, en produisant une vapeur violette extrêmement intense, qui, en se condensant, dépose des aiguilles brillantes et d'un éclat presque métallique; sa volatilisation avec l'eau est due à la tendance qu'elle a à passer à l'état de vapeurs, qui se mêlent avec celles de l'eau, malgré la différence de température qui les produit, parce que la vaporisation de l'eau, renouvelant sans cesse l'atmosphère, permet à une nouvelle proportion de vapeurs de se former : ce phénomène se présente avec tous les corps volatils mêlés ensemble.

L'iode ne peut se combiner directement à l'oxygène, mais il est susceptible de s'y unir par des actions indirectes : ainsi, toutes les fois que l'on traite l'iode par une dissolution alcaline concentrée, l'oxygène de l'oxyde, par exemple, la potasse ou la baryte, se combine avec une partie d'iode pour former de l'acide iodique, qui se réunit à une portion d'oxyde, tandis que le métal, mis à nu, se combine avec une autre portion d'iode, pour donner naissance à une iodure; après avoir séparé ces deux sels, on enlève la baryte par le moyen de l'acide sulfurique. L'iode s'unit aussi à l'hydrogène, mais également d'une manière indirecte : par exemple, quand on le met en contact avec l'eau et l'acide sulfhydrique, le soufre de ce dernier acide se sépare, et l'hydrogène se combine à l'iode, pour former de l'acide iodhydrique. On l'obtient aussi, et alors à l'état gazeux, en chauffant légèrement des phosphures de l'iode très-légèrement humectés : l'oxygène de l'eau se combine avec le phosphore, et l'hydrogène avec l'iode. Enfin, l'iode se combine avec la plupart des métaux, pour former des iodures. GAULTIER DE CLAUBRY.

Depuis la découverte de l'iode jusqu'au premier travail de M. Chatin, qui date de 1850, ce corps simple n'avait été signalé que dans un petit nombre de produits naturels. Ce fut d'abord Davy qui en démontra la présence dans différents fucus marins; plus tard, MM. Colin et Gaultier de Claubry ayant fait connaître l'action caractéristique de l'iode exerce sur l'amidon, la sensibilité de ce nouveau réactif permit d'étendre les recherches et de constater plus facilement l'existence de ce corps simple. Angelini et Cantu signalèrent l'iode dans un certain nombre d'eaux minérales sulfureuses. M. Balard l'indiqua dans divers mollusques et polypiers marins ; Vauquelin, dans un minerai d'argent du Mexique; del Rio, dans l'argent corné de Temeroso; Yniestra et Bustamente, dans le plomb blanc de Catorce. Cependant, l'iode passait encore pour l'un des corps les moins répandus dans la nature, lorsque M. Chatin en trouva dans les cendres des plantes vivant dans les eaux douces, puis dans ces eaux elles-mêmes, puis dans les terres qu'elles arrosent, ou plutôt dont elles opèrent un lavage naturel, puis encore dans l'eau de pluie, et enfin jusque dans l'air atmosphérique.

Pour constater l'existence de l'iode dans l'atmosphère, M. Chatin s'est servi d'un appareil très-simple, composé d'un grand vase aspirateur et d'un système laveur consistant en une série de tubes à boules de Liebig. Il est ainsi arrivé à reconnaître que 4,000 litres d'air renferment très-approximativement, à Paris, $\frac{1}{175}$ de milligramme d'iode. Il a, en outre, établi que l'air respiré perd les $\frac{2}{3}$ de son iode. « Si l'on considère, dit-il, que le volume d'air consommé en un jour par un homme est de 8 mètres cubes ou de 8,000 litres, on voit que c'est $\frac{1}{175}$ de milligramme d'iode (je ne donne aujourd'hui ce chiffre que comme une approximation minimum qui se met en rapport dans ce laps de temps avec la muqueuse pulmonaire; et il est digne de remarque que cette quantité est à peu près égale à celle que prend un homme buvant par jour deux litres d'eau médiocrement iodurée, celle d'Arcueil par exemple. Un habitant du faubourg Saint-Jacques absorbe ainsi autant d'iode par l'air que par l'eau, et dans beaucoup de pays, Nanterre, Prés Saint-Gervais, Saint-Germain, la vallée de Montmorency, etc., la proportion fournie par l'air l'emporte de beaucoup sur celle empruntée à l'eau. »

En 1851, M. Chatin reconnut par l'analyse l'absence presque complète d'iode dans ces vallées des Alpes que désolent le **crétinisme** et le **goître**. M. Fourcault, qui étudiait à la même époque l'étiologie de ces affections, posa cette conclusion : L'absence ou l'insuffisance de l'iode dans les eaux, dans les substances alimentaires, doit être considérée comme la cause primitive, spéciale ou *sui generis*, du goître et du crétinisme. Cette opinion a rencontré des adversaires. Cependant, le traitement par l'iode a amené quelques guérisons. Ce traitement a été également appliqué avec succès à la pourriture ou cachexie aqueuse des bêtes à laine. On sait aussi que les solutions d'iode sont un puissant antidote contre la morsure des serpents venimeux, et aussi contre les poisons américains connus sous le nom de *curare*.

IODEUX (Acide). *Voyez* IODIQUE (Acide).

IODHYDRIQUE (Acide). L'acide iodhydrique est gazeux, d'une odeur piquante, excessivement soluble dans l'eau ; en contact avec le mercure, il abandonne son iode, qui s'unit au métal, et l'hydrogène, dont le volume est moitié moindre que celui du gaz, se dégage. La dissolution saturée de ce gaz fume à l'air, et d'incolore qu'elle était, elle se colore bientôt plus ou moins fortement en rouge-brun ; l'oxygène de l'air brûle une partie de l'hydrogène, et l'iode séparé se dissout dans la partie indécomposée.

GAULTIER DE CLAUBRY.

IODIQUE (Acide). Cet acide, dont l'odeur rappelle celle de l'**iode**, dont la saveur est âcre et astringente, se présente sous l'aspect d'une poudre blanche. Il est assez puissant, liquide, décomposable par la chaleur, en donnant de l'iode et de l'oxygène ; ses sels fusent sur les charbons, mais beaucoup moins vivement que les chlorates ; l'acide sulfureux décompose l'acide iodique, comme ses combinaisons, en se séparant de l'iode. L'*acide iodeux* de quelques chimistes n'est autre chose que l'acide iodique.

IODURES. L'acide iodhydrique, en agissant sur les oxydes, donne naissance à de l'eau et à des iodures : nous le devons signaler ici que ceux qui offrent un grand intérêt par leurs propriétés.

L'*iodure de potassium* cristallise en cubes, en octaèdres, ou en trémies ordinairement opaques, très-solubles dans l'eau, et très-déliquescents, solubles dans l'alcool. Ce sel, qui paraît exister dans toutes les eaux d'où l'on extrait l'iode, est facilement décomposé par l'acide sulfurique, dont une partie se décompose en fournissant de l'oxygène au potassium, et l'autre s'unit à l'oxyde formé, tandis que l'iode est mis à nu : c'est sur cette propriété qu'est fondé le procédé le plus ordinairement employé pour l'extraction de l'iode.

L'*iodure de plomb*, que l'on obtient par le mélange d'un iodure et d'un sel de plomb solubles, se présente sous forme d'une poudre jaune sale ; mais si on fait bouillir la liqueur, l'iodure précipité se redissout, et par le refroidissement se précipite de nouveau, sous forme de belles lames jaunes d'or.

On obtient, soit par précipitation, au moyen du sublimé corrosif et d'un iodure, soit par l'action de la chaleur sur un mélange d'iode et de mercure, un iodure de ce métal d'un rouge très-brillant, qui se sublime et se dépose en cristaux d'une teinte magnifique : malheureusement ce composé perd rapidement sa couleur à l'air. On avait pensé pouvoir le substituer au *vermillon* pour la peinture : l'altération qu'il subit ne permet pas de s'en servir pour cet usage. Cependant, en Angleterre, on l'a employé dans la teinture, et l'on en a obtenu des effets remarquables : cet iodure se combine facilement avec celui de potassium, et forme un sel double, qui est en usage pour cet objet. Comme l'iodure de potassium, l'*iodure de mercure* est très-usité en thérapeutique, particulièrement contre certaines affections scrofuleuses et syphilitiques.

Les eaux-mères des lessivages de soudes de varecs renferment un grand nombre de sels différents, parmi lesquels se trouve l'iodure de potassium. Quand on les traite à chaud, par l'acide sulfurique, on obtient l'iode, qu'on simple lavage précipite facilement. On peut aussi l'obtenir en faisant passer un léger courant de chlore dans la l'queur : l'iode s'en sépare en abandonnant le potassium au chlore, et se précipite.

H. GAULTIER DE CLAUBRY.

IOLAUS, fils d'Iphiclès et d'Automéduse, est célèbre comme ayant été le compagnon fidèle d'Hercule. Entre autres hauts faits qu'on lui attribue, on cite le prix qu'il remporta aux jeux olympiques avec les chevaux d'Alcide. Il fonda, aidé des fils des Thespiades, une colonie en Sardaigne, où, dit-on, il finit par être adoré comme dieu. De là il alla retrouver son maître, à la mort duquel il assista, et en l'honneur de qui il éleva un immense monument en terre. Quand il fut devenu vieux, Hercule obtint d'Hébé qu'elle le rajeunirait. C'est en son honneur et en celui d'Alcide qu'on célébrait à Thèbes les *Iolées*, fêtes dont le premier jour était consacré à des sacrifices, et le second à des courses de chevaux, où le vainqueur gagnait une couronne de myrte.

IOLE, fille d'Eurytus, roi d'Œchalie. Hercule en devint amoureux ; mais ayant éprouvé une vive résistance de la part d'Eurytus, il le tua, et enleva sa fille. Après la mort du héros, Iole épousa Hyllus.

IOLÉES. *Voyez* IOLAUS.

ION était, à bien dire, le fils d'Apollon, qui l'eut en secret de Créuse, fille d'Érechthée, roi d'Athènes, avant qu'elle épousât Xuthus. Exposé dans une corbeille par sa mère dans la grotte même où Apollon lui avait prodigué ses embrassements, il fut, à la prière de ce dieu, ramené par Mercure à Delphes où on l'éleva. Le mariage que Créuse contracta plus tard avec Xuthus étant demeuré stérile, Apollon résolut de faire croire à Xuthus qu'il était le père de son fils, parvenu pendant ce temps là à l'âge de puberté ; et voici comment il s'y prit : Xuthus étant venu consulter l'oracle sur le mariage avec Créuse dont il avait été rusté frappé, l'oracle lui répondit qu'il avait déjà un fils, lequel n'était autre que le premier jeune homme qu'il rencontrerait à sa sortie du temple. On devine ce que fut le fils d'Apollon. Or, Xuthus, qui se rappelait avoir en autrefois quelques privautés avec une fille de Delphes, à l'occasion des fêtes de Bacchus, s'imaginant que ce jeune gars devait être le fruit de ce commerce illégitime, l'accueillit en père et lui donna le nom d'*Ion*. Créuse, au contraire, fut vivement contrariée de cette adoption, et sa haine pour le fils que lui donnait son époux en vint à ce point qu'elle résolut de l'empoisonner dans un banquet que Xuthus avait fait préparer pour traiter quelques amis. Une colombe, qui, pour avoir goûté au breuvage qu'elle venait de verser dans la coupe d'Ion, étant tombée roide morte, découvrit l'odieux projet formé par Créuse. Condamnée à être lapidée, celle-ci se réfugia près de l'autel d'où Ion allait l'arracher, quand parut une prêtresse tenant à la main la corbeille dans laquelle Créuse avait autrefois exposé son enfant. Créuse le reconnut aussitôt, de même que son propre fils dans Ion, à qui elle apprit qu'Apollon était son père. Mais la prêtresse qui leur confirma la chose à tous deux leur persuada de la laisser ignorer à Xuthus, qui continua à regarder Ion comme son fils. Euripide a composé sur cette donnée sa tragédie d'*Ion*.

Ion, suivant la tradition, se distingua de bonne heure par ses hauts faits, et, vers l'an 1406 avant J.-C., il conduisit une colonie dans le Péloponnèse. Il y obtint le royaume d'Égyale, et donna au pays son propre nom, *I o n i e*. Choisi pour chef par les Athéniens dans une guerre contre les habitants d'Éleusis, il vainquit les Thraces, et fut reconnu roi par les Athéniens, qui se firent appeler *Ioniens* en son honneur. Vers 1350 avant J.-C., il alla s'établir sur la côte occidentale de l'Asie. Une autre tradition le fait revenir plus tard et mourir à Athènes.

IONA. *Voyez* ICOLMKILL.

IONIE, IONIENS. Ion, tige d'une des trois principales branches de la famille hellénique, avait pour père Xuthus, pour aïeul Hellèn, Deucalion pour bisaïeul, puis, en remontant, Prométhée et Japhet pour ancêtres; enfin, Achéus était son frère aîné. Tandis que ce dernier quittait le Péloponnèse pour aller régner en Thessalie sur les domaines de ses ancêtres, Ion, comme son frère, conduisait une colonie dans l'Égyalé (partie du Péloponnèse située sur le golfe de Corinthe). Comme il marchait les armes à la main, et s'annonçait en conquérant, Sélinus, roi du pays, lui envoya offrir sa fille en mariage, et l'adopta pour son héritier présomptif. Ion accepta ses propositions, et bâtit une ville appelée *Hélia*, du nom de son épouse. Il succéda à son beau-père Sélinus, l'an 1403 avant J.-C. Il régnait dans l'Égyalé, lorsque les Athéniens, en guerre avec ceux d'Éleusis, lui donnèrent le commandement de leur armée; mais il mourut quelque temps après (1360). Ses descendants se maintinrent sur le trône de l'Égyalé, qui prit alors le nom d'*Ionie* : ils y bâtirent douze villes ; mais au temps du retour des Héraclides, en 1189, les Achéens, chassés aussi d'Argos et de Mycènes par les Doriens, se réfugièrent au nord du Péloponnèse, et, secondés par ces mêmes Doriens, forcèrent les Ioniens de leur abandonner l'Égyalé; et cette contrée changea son nouveau nom d'Ionie contre celui d'*Achaïe*, qu'elle conserva toujours.

Alors, les Ioniens se réfugièrent en Attique; car Athènes passait pour la métropole de toutes les tribus ioniques. Les Athéniens mirent d'autant plus d'empressement à recevoir ces hôtes, dont le nombre allait augmenter leur population et leur puissance, qu'ils y trouvaient un moyen de contrebalancer l'accroissement de territoire et de force que venaient d'obtenir les Doriens par leurs rapides conquêtes. De là naquit entre la race dorique et ionique cette rivalité fameuse, qui subsista jusqu'aux derniers temps des républiques helléniques. Dès le règne de Codrus cette haine conduisit les Doriens à envahir les environs de l'Attique (1132). Les Athéniens perdirent alors la Mégaride, et, trop resserrés dans leur territoire, peu fertile, se virent hors d'état de donner plus longtemps un asile aux Ioniens.

Une émigration lointaine devint nécessaire : Nélée et Androclus, fils de Codrus, mécontents d'être réduits à la condition privée dans un pays qui avait vu régner leur père (car on sait qu'après Codrus les Athéniens n'avaient plus voulu de roi), se mirent à la tête d'une nombreuse émigration (1130). Aux Ioniens, qui en formaient, pour ainsi dire, le noyau, se joignirent des habitants de la Phocide, de la Béotie et des provinces voisines : on fit voile vers l'Asie Mineure; on chassa des rivages méridionaux de la Lydie et du nord de la Carie les anciens habitants, qui étaient une race mêlée de Lydiens, de Cariens et de Pélasges. Bientôt les Ioniens joignirent à leurs possessions continentales les îles de Samos et de Chios. Douze villes furent fondées, ou du moins repeuplées par eux : c'étaient, sur la terre ferme, Phocée, Érythrée, Clazomènes, Téos, Lébédus, Colophon, Éphèse, Priène, Myunte, Milet; et dans les îles, Samos et Chios. Ces villes formaient la confédération ionique. Situées sous le plus beau climat du monde, elles devinrent bientôt florissantes : elles avaient toutes un temple commun, bâti non loin d'Éphèse, sur le promontoire de Mycale, consacré à Neptune, et nommé le *Panionion*. Là chaque année les douze villes célébraient une fête nationale et religieuse, et envoyaient leurs députés, qui délibéraient sur les affaires générales de la confédération.

A cette époque, presque tout le littoral de l'Asie Mineure devint grec : les Éoliens avaient même précédé les Ioniens dans cette émigration (1193-1151) : ils occupaient le rivage de la Mysie et de la Lydie, depuis le promontoire Lectum au nord, jusqu'au lieu où fut bâti Smyrne, et qui confinait à l'Ionie. Postérieurement, une partie des Doriens, se trouvant eux-mêmes à l'étroit dans le Péloponnèse et dans la Mégaride, allèrent se fixer au midi do l'Asie Mineure, sur la côte de la Carie, qui prit alors le nom de *Do r i d e*. Ils peuplèrent aussi la Crète, Rhodes, Mélos et d'autres îles (1131-1116). Comme les Ioniens, les Éoliens et les Doriens formèrent deux confédérations distinctes. Pendant deux siècles, les Ioniens eurent à combattre les rois de Lydie, depuis Gygès jusqu'à Crésus, à qui la conquête de l'Ionie et celle de l'Éolie étaient réservées; mais il respecta la liberté intérieure des différentes cités, qui conservèrent leurs lois et leur gouvernement particulier. Le moment vint où Crésus, vaincu à Thymbrée par Cyrus, roi de Perse (545), lui céda avec son royaume héréditaire sa domination sur toute l'Asie Mineure. Ici l'on trouve la noble émigration des P h o c é e n s, qui, désertant leur ville, occupée par les Perses, allèrent s'établir sur la côte méridionale de la Gaule, et fondèrent notre antique et toujours florissante cité de Marseille.

Confondues ainsi dans une même conquête, les colonies ioniennes, éoliennes et doriennes, demeurèrent toujours séparées, sous le rapport du langage, des mœurs et des préjugés nationaux. La langue grecque fut même assujettie aux modifications des trois dialectes *ionien*, *éolien* et *dorien*. L'ionien différait un peu de l'attique, ce langage si beau, que les Athéniens seuls parlaient dans toute sa pureté. L'élégance et la douceur donnaient un charme particulier au dialecte ionien, dans lequel ont écrit H i p p o c r a t e et Hérodote. Les mœurs des Ioniens et leurs arts présentaient la même physionomie de douceur et d'élégante mollesse. Durant les siècles de paix et de bonheur qui s'étaient écoulés entre l'émigration des Ioniens et la conquête persane, leurs colonies, aussi bien que celles des Éoliens et des Doriens, ne tardèrent pas à devenir l'entrepôt d'un commerce dont les habitudes et l'activité se sont perpétuées par âge en âge, sans interruption, jusqu'à nos jours, dans les Échelles du Levant. Apportant l'esprit actif, ingénieux, entreprenant, de la nation hellénique dans un pays qui avait de fréquentes communications avec la haute Asie, alors très-civilisée, les nouveaux habitants de l'Asie Mineure surpassèrent de bien loin les Grecs de l'Europe par leurs progrès dans les arts et dans les sciences. Des temples qui réunissaient à l'élégance des proportions la magnificence des ornements s'étaient déjà élevés dans l'Ionie, alors qu'Athènes, sa métropole, attendait encore les monuments de sculpture et d'architecture qui devaient l'embellir.

Paisibles et soumis sous le règne des dominateurs persans, Cyrus, Cambyse et Smerdis, les Ioniens se soulevèrent l'an 502 sous le règne de Darius, et chassèrent leurs tyrans. Pendant six ans, les Ioniens opposèrent une résistance héroïque aux forces du grand roi. Milet, assiégé par terre et par mer, succomba enfin, et avec elle l'Ionie. La victoire fut cruelle : les femmes et les enfants furent emmenés captifs, les hommes faits passés au fil de l'épée. Plusieurs autres cités eurent le même sort; une foule d'Ioniens allèrent au loin, en Italie, en Sicile, en Afrique, chercher un asile et la liberté. Mais comme une nation ne meurt pas facilement, l'Ionie ne tarda pas à redevenir florissante.

Durant les guerres médiques, les rois de Perse se servirent contre les Grecs des forces de l'Ionie ; mais à Salamine, mal en prit à Xerxès d'avoir compté sur leur flotte : au milieu du combat, ils firent défection, et ce mouvement entraîna la déroute des Perses. Au promontoire ionien de Mycale, les Perses, vaincus par les Grecs, auraient pu encore opérer leur retraite ; mais les Milésiens, qu'ils avaient chargés de garder les défilés de ce promontoire, arrêtèrent leur fuite, au lieu de la favoriser ; et les Spartiates, qui combattaient de ce côté, purent à loisir égorger les fuyards. Les vaisseaux des Perses, leur camp, la liberté de l'Ionie, furent le prix de cette mémorable journée de Mycale, éclairée du même soleil que la victoire de Platée (27 septembre 479), remportée sur les Perses au sein de la mère-patrie. Depuis lors, l'influence d'Athènes fut assurée en Ionie. L'Athénien Cimon (449), après une suite de victoires éclatantes, dicte aux Perses le traité par lequel ils reconnaissent la liberté des villes grecques de l'Asie.

La guerre du Péloponnèse, qui éclate en 431, et qui doit durer près d'un demi-siècle, donne une nouvelle importance politique aux cités ioniennes, éoliennes et doriennes de l'Asie Mineure. Les parties belligérantes, Athènes et Sparte, reconnaissent que de leur concours ou de leur possession dépendra le triomphe. Les Grecs d'Asie, entraînés par les Ioniens, embrassent naturellement d'abord le parti d'Athènes ; mais plus tard les efforts de Sparte réussirent à faire passer sous sa loi Ioniens, Éoliens et Doriens. Enfin, par le traité d'Antalcidas (387), Sparte, détruisant le noble ouvrage d'Athènes et de Cimon, livra au grand roi l'indépendance des villes grecques de l'Asie Mineure. Il ne paraît pas que le joug des Perses ait été bien écrasant pour elles ; car elles ne cessèrent pas d'être riches et florissantes, de jouir de la liberté de leur commerce, comme de leurs institutions intérieures. Surpassés depuis le siècle de Périclès par les Athéniens dans les plus nobles productions de la poésie, la sculpture et l'architecture, les Ioniens n'en demeurèrent pas moins les maîtres en l'art d'embellir l'existence, par tous les prestiges des arts et de la mollesse, et par tous les plus doux loisirs de la science et de la volupté. Enfin, à cet égard ils reprirent leur supériorité lorsque la Grèce dégénérée se laissa subjuguer par la mollesse. Philosophes, courtisanes, poëtes, courtiers, peintres, ouvriers, prosateurs, cuisiniers, tout ce qui donnait tant de charmes à la vie, dès lors si gaie et si efféminée, des Grecs, se trouvait à Milet, à Smyrne, à Colophon. Charles Du Rozoir.

IONIEN (Dialecte). *Voyez* Ionie.

IONIEN (Mode). Dans la voluptueuse Ionie, la musique dut nécessairement suivre les intonations, les inflexions molles de la langue : aussi son mode musical était le plus efféminé de tous. D'abord, la musique des Grecs s'échelonnait sur trois principaux modes : le plus grave s'appelait le dorien ; le phrygien tenait le milieu ; le plus aigu était le lydien. Les fondamentales de ces trois modes étaient à un ton de distance l'une de l'autre ; on partagea chacun de ces tons en deux intervalles, et l'on fit ainsi place à deux autres modes, l'*ionien* et l'*éolien*, dont le premier fut inséré entre le dorien et le phrygien. Dans la suite, le système s'étendit à l'aigu et au grave, on en fit, parmi les nouvelles dénominations que l'on donna à ces innovations dans le système musical, l'hyper-ionien (le dessus-ionien ou l'ionien aigu). Le mode dorien était le centre de tous ces modes. Le mode ionien convenait aux fêtes et aux danses voluptueuses de l'Asie, cette belle contrée aujourd'hui des almas et des bayadères. Denne-Baron.

IONIENNE (École). *Voyez* Ionique (École).

IONIENNE (Mer). On donne ce nom à la partie de la mer Méditerranée située entre la côte occidentale de l'Albanie, le royaume de Grèce et la côte orientale de la Calabre ; elle le doit incontestablement aux Ioniens, qui habitaient la côte occidentale du Péloponnèse. Cette mer forme le golfe de Tarente, entre la Calabre, la Basilicate et la Terre d'Otrante ; plus loin, le golfe de Patras, et au delà du détroit de Lépante, celui de Corinthe ou de Lépante, tous deux situés entre le Péloponnèse et la terre ferme de la Grèce ; puis celui de l'Arcadie (le golfe de Chypre des anciens), à l'occident du Péloponnèse ; et enfin celui d'Arta (le golfe Ambracique des anciens), sur la côte de l'Épire, entre la Grèce et l'Albanie.

IONIENNES (Îles). On désigne sous ce nom générique les îles de *Corfou*, de *Paxo* (la plus petite de toutes, avec 3,500 habitants, sur une surface d'un myriamètre carré, environ), de *Sainte-Maure*, de *Céphalonie*, *Zante*, *Théaki* (*Ithaque*), situées dans la mer Ionienne, près de la côte occidentale du royaume de Grèce, ainsi que l'île de *Cerigo*, voisine de l'extrémité méridionale du Péloponnèse, et trois îlots qui en dépendent. Elles sont d'une grande importance en raison de leur position, qui domine les mers du Levant, et forment une république grecque particulière, placée sous le protectorat de l'Angleterre, laquelle s'y fait représenter par un lord haut commissaire. Ces îles ont ensemble une superficie d'environ 36 myriamètres carrés, et sont très-montagneuses. Fertiles dans les vallées et sur les côtes, elles sont d'une stérilité extrême sur les crêtes dénudées des montagnes, dont l'une atteint à Céphalonie 1,700 mètres d'élévation. On y jouit d'un climat délicieux, bien que très-chaud en été ; mais elles sont sujettes aux ouragans et aux tremblements de terre, et l'eau y fait défaut sur plusieurs points. Sous le rapport physique, du reste, elles participent complétement de la nature du sol de la Grèce, et notamment de la Grèce insulaire. On n'y trouve pas de forêts ; et en fait de céréales, elles produisent à peine le tiers de leur consommation ; en revanche, le vin, les fruits de toutes espèces, les raisins secs, l'huile et le sel forment avec le coton et le chanvre leurs principaux articles d'exportation. On y élève peu de gros bétail, un peu plus de moutons, de chèvres ; mais l'éducation des pigeons, des abeilles, des vers à soie, la chasse aux cailles et la pêche y donnent d'importants produits. Le règne minéral y fournit du sel, de la houille, du soufre, du marbre et du bitume.

Le nombre des habitants, après avoir pendant quelque temps beaucoup diminué, par suite de fortes émigrations en Grèce et de la décadence du commerce, atteignait de nouveau en 1852 le chiffre de 230,000 âmes. Sauf environ un millier d'Anglais (la garnison non comprise), 5 à 6,000 juifs et 8,000 Italiens, tout le reste de cette population est de race grecque ou albanaise. Sauf les juifs et les protestants anglais, un sixième professe la religion catholique ; et les cinq autres sixièmes appartiennent à la religion grecque. Le plus haut dignitaire de l'Église grecque est l'*éparque*, dont les fonctions sont tour à tour exercées par les quatre métropolitains de Corfou, de Zante, de Sainte-Maure et de Céphalonie. Le haut clergé est salarié par l'État, même celui de l'Église catholique, qui n'y jouit pas de toute son indépendance et à la tête de laquelle sont placés un archevêque et deux évêques. Le clergé ne peut correspondre que par l'intermédiaire du sénat avec des prêtres ou des autorités temporelles étrangères. Il a été amplement pourvu aux besoins de l'instruction publique par des écoles particulières et centrales, par deux gymnases et par une université à Corfou ; aussi les Grecs des îles Ioniennes l'emportent-ils en ce qui est des lumières et de l'instruction sur tous les autres Grecs. La population est divisée en nobles (avec des titres italiens), propriétaires de la plus grande partie du sol, en bourgeois et en paysans, qui ne sont que fermiers ou métayers. La culture des terres, avec les industries qui s'y rattachent, la pêche, la navigation et le commerce sont les principales occupations de la population, devient parfois trop nombreuse et dont l'excédant doit alors aller gagner sa vie sur le continent. Le commerce, qui de même que la prospérité générale du pays, est aujourd'hui en voie de progrès, s'élève à près de onze millions de francs pour l'importation (en 1848, l'importation, pour les provenances de la Grande-Bretagne seulement, s'éleva à 178,881 livres sterling; et en 1849, à 165,800 livres sterling), et à plus de 12 millions de francs pour l'exportation. Les seize ports qu'on trouve dans ces îles, et entre lesquels celui de Corfou occupe le premier rang, sont tous des ports francs. La marine marchande ne laisse pas que d'avoir une certaine importance. Céphalonie, à elle seule possède au-delà de quatre cents navires. Des services réguliers de bateaux à vapeur les relient aux principales places de commerce de l'Italie et du Levant.

Les revenus publics, qui consistent en grande partie dans le produit des taxes indirectes, s'élèvent à 120,236 livres sterling, et les dépenses à 143,177 livres sterling, non compris l'entretien de l'armée, qui ne coûte pas moins de 130,000 livres sterling par an, et accroît dès lors notablement le déficit. La dette publique est évaluée à 2,500,000 fr., et la valeur du papier monnaie en circulation à 12 millions de francs. La garnison anglaise se compose de 3,000 hommes, à quoi il faut ajouter quatre régiments de milice indigène, forts chacun de 800 hommes, et organisés par le lord haut commissaire. La flotte militaire se compose de deux vaisseaux de guerre anglais, stationnés à Corfou, d'une frégatte et d'une corvette, et de deux bâtiments à vapeur faisant sous le pavillon de la république des Iles Ioniennes le service des sept îles.

Aux termes de la constitution demeurée jusqu'à ce jour en vigueur, et qui n'a que tout récemment subi quelques modifications, l'Église grecque est la religion dominante, de même que la langue grecque est la langue officielle, nationale. L'assemblée législative ou *parlement*, qui a mission de régler les dépenses publiques ordinaires, se compose de quarante membres, y compris le président. Sur ce nombre, onze sont nommés par le lord haut commissaire, et constituent ce qu'on appelle le *conseil primaire*; les vingt-neuf autres sont élus parmi les nobles propriétaires du sol, par les électeurs de chaque île, dans la proportion de leur population respective, mais sur une liste dressée par le conseil primaire. Les pouvoirs du parlement durent cinq ans; pendant ce temps il tient trois sessions, de trois mois chacune. Le pouvoir exécutif est l'initiative sont confiés à un sénat composé de six membres, y compris le président, et qui autrefois était aussi investi d'un droit de *veto*. Le président du sénat, qui porte le titre d'*Altesse* et doit-être noble et Ionien de naissance, est nommé pour deux ans et demi, sur la proposition du lord haut commissaire, tandis que les cinq sénateurs sont élus pour cinq ans par l'assemblée législative, qui les choisit dans son sein. L'administration, confiée au sénat, est divisée en trois départements : le département général, le département politique et le département des finances. Le lord haut commissaire nomme le secrétaire du premier de ces départements ou ministères; ceux des deux autres le sont par le sénat, sauf l'approbation de l'assemblée législative et du lord haut commissaire. Dans chaque île existe une commission spéciale de cinq membres pour tout ce qui concerne l'agriculture, l'instruction publique, l'industrie nationale, le commerce, la navigation, les subsistances, la police, les établissements de bienfaisance, les cultes et l'économie politique. Le lord haut commissaire est investi de pouvoirs extrêmement étendus. C'est lui qui dresse les listes électorales; et il peut convoquer extraordinairement l'assemblée législative. Il confirme ou rejette les choix faits par le sénat, de même que toutes les lois et ordonnances rendues par le sénat et toutes les décisions prises par ce corps, n'importe sur quelle matière. En outre, c'est lui qui nomme la plupart des fonctionnaires de l'administration civile et financière, et même jusqu'à un certain point de l'ordre judiciaire; et il a la direction supérieure de tout ce qui a trait à l'administration des finances, à la police et à la sûreté publique. Enfin, le roi d'Angleterre, *protecteur* de la République des Iles Ioniennes, est investi du droit d'opposer pendant un an, à partir du jour de leur promulgation, son *veto* à toutes les lois votées par l'assemblée législative et approuvées par le lord haut-commissaire. Les Iles Ioniennes ne jouissent pas de la liberté de la presse; les imprimeurs y sont placés sous la surveillance et la direction spéciale du sénat et du lord haut commissaire, dont l'autorisation est nécessaire pour en établir de nouvelles.

Histoire.

Dès les temps héroïques de l'antiquité grecque, on trouve ces îles habitées par des populations helléniques, obéissant à des rois indigènes, que remplacèrent plus tard des institutions républicaines. Après l'époque florissante de la Grèce, elles passèrent toutes sous la domination des rois de Macédoine, et ensuite sous celle des Romains. Lors du partage de l'Empire Romain, elles échurent à l'empire de Byzance. Dans les guerres soutenues contre cet empire par les Normands de Naples et par les Vénitiens, elles furent tantôt conquises et tantôt reprises, jusqu'à ce qu'au quinzième siècle les Vénitiens finirent par s'en rendre complétement les maîtres; et ceux-ci, tout en leur laissant leur organisation civile et ecclésiastique, les firent gouverner par des *provéditeurs*, en même temps qu'ils réussissaient à en conserver la possession, en dépit de tous les efforts tentés par les Turcs pour les leur enlever. Lorsque la république de Venise disparut en 1797, elles passèrent sous la domination française; mais dès 1799 elles tombaient au pouvoir des Turcs et des Russes, et en 1800 l'empereur de Russie, Paul Ier, en constitua une *République des Sept Iles-Unies*, placée sous la suzeraineté de la Porte. Elle ne se maintint, au milieu de violentes commotions intérieures, et encore grâce seulement à la présence d'une garnison russe, que jusqu'en 1807, époque où les Français s'en emparèrent. Mais à leur tour ceux-ci ne purent en conserver longtemps la possession. En 1811 des forces anglaises vinrent occuper les Iles Ioniennes, à l'exception de Corfou, que la paix de Paris, en 1814, adjugea seule à l'Angleterre.

Aux termes du traité conclu à Paris, le 5 novembre 1815, entre l'Angleterre, l'Autriche, la Prusse et la Russie, ces îles furent alors constituées en un *État-Uni des Iles Ioniennes*, placé comme État libre et particulier sous la protection immédiate et exclusive de la couronne d'Angleterre. Le traité conférait à cette puissance le droit d'y entretenir garnison et le commandement supérieur des troupes indigènes. Elle devait exercer son protectorat par un lord haut commissaire chargé de présider à l'administration intérieure, et de réglementer, d'accord avec un conseil seconde par une assemblée législative, les rapports de l'État-Uni avec la puissance protectrice. Une constitution, à la discussion de laquelle ne prirent part que onze indigènes notables, publiée le 26 août 1817, régularisa ce nouvel ordre de choses; mais elle accordait à la puissance protectrice des pouvoirs tels qu'ils équivalaient à une souveraineté absolue. Il en résulta des plaintes continuelles, qui, aggravées encore par la conduite altière de la plupart des lords hauts commissaires et fonctionnaires anglais, se transformèrent bientôt d'abord en une résistance passive et en conspirations occultes, puis en opposition ouverte et même en insurrection déclarée, à l'époque de la guerre entreprise par les Grecs du continent pour leur indépendance, lorsque le lord haut commissaire Maitland prétendit faire observer la plus stricte neutralité. Cette insurrection, bien que comprimée, n'en couva pas moins sous la cendre pendant longtemps encore, quoique le gouvernement anglais fît beaucoup pour le bien-être matériel du pays, en y fondant des écoles, en y construisant de bonnes routes, etc.

Les mesures de violence adoptées en 1839, 1841 et 1843 par le lord haut commissaire Howard-Douglas provoquèrent l'opposition la plus vive; et depuis lors il s'est manifesté dans la population une tendance de plus en plus prononcée à s'affranchir du protectorat de l'Angleterre pour se réunir à la Grèce. Sous l'administration du successeur de Douglas, de lord Seaton, qui partageait de tous points sa manière de voir, des économies furent bien proposées au parlement ; mais, d'un autre côté, on projeta de nouvelles dépenses pour création de ports, de jetées, etc., toutes dépenses bien plus utiles à l'Angleterre qu'aux Iles Ioniennes elles-mêmes. Par suite de l'attitude franchement hostile que l'Angleterre en vint à prendre alors vis-à-vis de la Grèce, la situation des Iles ioniennes alla toujours en empirant ; et les mesures rigoureuses auxquelles eut recours le gouvernement anglais ne fit qu'augmenter encore le mécontentement général.

Les habitants des Iles Ioniennes participèrent aussi à la commotion générale produite en Europe par la révolution de février 1848. Par une pétition en date du 27 mars, on réclama de l'Angleterre la liberté de la presse, l'élection directe des mandataires du peuple, le scrutin secret, la création d'une armée nationale ; mais l'Angleterre refusa de donner satisfaction à ces vœux si légitimes. Il en résulta, le 27 septembre 1848, à Céphalonie, une insurrection qui gagna bientôt toutes les autres îles et dont le mot d'ordre fut *Liberté et réunion à la Grèce*. Le gouvernement anglais employa des moyens vigoureux contre ce mouvement, auquel il eut l'habileté de prêter des tendances *communistes*, et réussit de la sorte à le comprimer. Le lord haut commissaire actuel, en fonctions depuis le mois de mai 1849, rendit une amnistie dont furent cependant exclus tous les individus qui avaient eu la précaution de se réfugier à l'étranger. Cependant on n'était en réalité parvenu à rétablir le calme que à la surface : dès le 30 et le 31 août 1849 éclatait à Céphalonie une insurrection nouvelle, organisée par un parti en relations étroites avec le parti républicain de la Grèce, qui, sous le nom de *Jeune Ionie*, poursuit la réalisation des utopies socialistes du radicalisme. Après quelques engagements, les troupes anglaises parvinrent complètement à réprimer ce mouvement, dont les résultats les plus appréciables furent des exécutions capitales ordonnées par des conseils de guerre, des persécutions, des arrestations et des condamnations judiciaires; et l'amnistie qu'on publia ensuite contint de nombreuses exceptions.

Le parlement qui s'ouvrit le 10 novembre de la même année, et duquel on attendait beaucoup, notamment une révision de la constitution dans le sens libéral, ne valut guère au peuple ionien qu'une réglementation meilleure et une extension du droit électoral. Le nouveau parlement élu en 1850, et dont la session commença le 30 mars, fut prorogé dès le 17 juin, en raison de l'attitude hostile qu'il avait prise vis-à-vis du gouvernement. Les prétentions que l'Angleterre éleva la même année, au nom des Iles Ioniennes, à la possession des îles d'Elaphonisi et Sapienza sur la côte occidentale du Péloponnèse, n'avaient d'autre but que de vexer la Grèce. Le parlement prorogé vers la fin de 1850, et à l'ouverture duquel sir G. Ward annonça le rétablissement prochain des restrictions auxquelles étaient précédemment soumis le droit d'élection et le droit d'éligibilité, en même temps qu'il détruisait tout espoir de voir jamais l'Angleterre renoncer volontairement à la possession des Iles Ioniennes, fut subitement prorogé à six mois, sous le prétexte de collisions nouvelles entre les représentants du peuple et le sénat, mais en réalité parce que le lord haut commissaire craignait de voir l'assemblée adopter un décret (8 décembre 1850) par lequel les Iles Ioniennes déclaraient leur indépendance ainsi que leur réunion à la Grèce, et devait être adressée à la puissance protectrice pour être communiquée aux autres grandes puissances. Si dans ces derniers temps le gouvernement anglais s'est montré plus disposé à faire quelques concessions relativement à la constitution du pays, on peut être sûr que jamais il ne renoncera à son droit de protectorat ; car la possession de ce groupe d'îles est comme station militaire d'une importance extrême pour l'Angleterre, quelque tournure que prennent les affaires d'Orient.

IONIENS. *Voyez* Ionie.

IONIQUE (École). On comprend sous cette dénomination les plus anciens philosophes grecs, tels que Tha-lès, Anaximandre, Anaximène, Héraclide et Anaxagoras, qui dans l'interprétation de la nature suivirent une même direction d'idées : ce nom vient de ce qu'ils étaient pour la plupart originaires de l'Ionie (*voyez* Grecque { Philosophie]).

IONIQUE (Ordre). *Voyez* Ordres d'architecture, Chapiteau, Colonne, etc.

IONIQUE ou **IONIEN** (Vers), ainsi nommé soit qu'il fût iné dans l'ancienne Ionie, soit qu'il eût été imité des Ioniens. C'est un vers latin, composé de trois mesures, dont chacune est de deux brèves et deux longues. On en trouve un exemple dans la douzième ode du troisième livre d'Horace.

IOTA, nom grec de la lettre *i*, qui chez les Grecs, comme dans les premiers temps chez les Romains, n'a jamais été considérée comme consonne, mais est toujours restée voyelle. La forme excessivement simple de cette lettre, qu'en grec on se contente, dans certains cas, de marquer par un petit trait sous certaines voyelles, et qu'alors on appelle *iota souscrit*, a donné lieu à la locution proverbiale : *il n'y manque pas un iota*, c'est-à-dire absolument rien.

IOTACISME (de *iota*, nom grec de la lettre *i*), défaut de conformation des organes de la parole, qui empêche de prononcer correctement les lettres *j* et *g* mouillées. On désigne aussi par ce mot l'emploi fréquent de la lettre *i* dans une langue. Le grec moderne et l'italien abusent de l'*iotacisme*.

Enfin, on entend par le même mot une faute d'orthographe dans les manuscrits grecs, où les copistes ont confondu les lettres et les diphtongues *u, ei, ê, oi, i*.

IOWA (on prononce *Eïowa*), l'un des États-Unis de l'Amérique septentrionale, entre le Mississipi et le Missouri, les États de Wisconsin et d'Illinois à l'est, l'État de Missouri au sud, les Territoires de Nebraska à l'ouest et de Minnisota au nord, faisait jadis partie du grand Territoire du Nord-Ouest, reçut ses premiers colons en 1831, fit partie à partir de 1836, à titre de district, du Territoire de Wisconsin, puis fut organisé comme Territoire particulier en 1838, époque où il contenait à peine 23,000 habitants, et enfin fut admis, en 1845, à faire partie de l'Union comme État indépendant. En 1850, sur une superficie de 1,082 myriamètres carrés, on comptait déjà une population de 192,214 habitants, dont mille hommes de couleur libres. Il n'existe point de montagnes ou de hauteurs considérables dans ce pays : cependant, il n'est point partout plat et uni ; il forme, au contraire, sur de vastes étendues un plateau onduleux formant le point de partage entre le bassin du Mississipi et le Missouri. Le premier reçoit, entre autres affluents et dans la direction du sud-est, la rivière d'*Iowa*, dont le parcours est de 45 myriamètres, et le *Keosaqua* ou *rivière des Moines*, dont le parcours est beaucoup plus considérable et que les bateaux à vapeur peuvent remonter jusqu'à une distance de 15 myriamètres. Les rives de ces différents cours d'eau sont généralement couvertes de riches forêts; viennent ensuite des prairies, manquant absolument d'arbres, occupant près des trois quarts du sol, et couvertes, tantôt d'herbes, tantôt de broussailles, notamment de sassafras. Le sol est presque partout d'une fécondité extrême, particulièrement propre à la culture des céréales et à l'élève du bétail, et les parties les plus élevées du pays sont très-saines. Jusqu'à présent il n'y a de population un peu compacte qu'au sud-est et dans la partie de territoire riveraine du Mississipi; mais la culture va toujours en pénétrant davantage à l'intérieur des terres. Au total, il n'y a guère encore que 42 myriamètres de mis en culture. Le froment, le maïs et le tabac (8 à 10 millions de kilogrammes), le sucre d'érable, le beurre, le fromage et la laine forment les principaux produits de l'agriculture. Toutefois, la grande richesse de cet État consiste encore dans ses mines de plomb, près desquelles se trouvent aussi des mines de houille.

Le gouverneur et les 19 sénateurs sont élus pour quatre ans, et les 39 représentants pour deux ans. L'État d'Iowa envoie maintenant deux représentants au congrès national,

La valeur de la propriété productive s'y élève à 12,277,139 dollars et la dette publique (1851) à 79,442 dollars; les dépenses ordinaires (non compris le service des intérêts de la dette et le chapitre de l'instruction publique), à 25,000 dollars; le fond d'école, à 132,909 dollars. L'État possède une université établie à *Mount-Pleasant*, dans l'arrondissement de Henry. Le chef-lieu de l'État, *Iowa-City*, compte 2,500 habitants; il s'en faut toutefois que ce soit le centre de population le plus considérable. *Dubuque*, sur la rive droite du Mississipi, situé sur une terrasse au milieu de la région plombifère, centre d'un commerce important avec l'intérieur de l'État et avec les États d'Illinois et de Wisconsin, a 3,700 habitants; et *Burlington*, aussi sur le Mississipi. Dans ces derniers temps beaucoup de Hongrois sont venus s'y établir, et en 1851 des émigrés du Mecklembourg y ont fondé une colonie socialiste, sous la direction d'un certain Brockmann.

IPÉCACUANHA. Marcgraaff et Pison, dans leur *Histoire naturelle et médicale du Brésil*, publiée au milieu du dix-septième siècle, avaient donné la description et la figure d'une plante désignée au Brésil sous le nom d'*ipécacuanha*, et dont les merveilleuses propriétés médicinales devaient faire sinon une universelle panacée, du moins un agent thérapeutique de la plus haute importance. Malheureusement, la description écrite et la délinéation graphique étaient également vagues, également incomplètes; et il fut impossible de rapporter avec certitude la plante désignée par Marcgraaff et Pison à aucun genre alors connu. Il résulta de là qu'une multitude de plantes appartenant aux familles botaniques les plus éloignées, et n'ayant entre elles et avec la plante du Brésil qu'un seul caractère commun, celui de déterminer des vomissements, furent introduites dans le commerce et usitées en thérapeutique sous le nom d'*ipécacuanha*; et aujourd'hui encore on appelle *ipécacuanha annelé* et *ipécacuanha strié* deux plantes appartenant à deux genres distincts de la famille des rubiacées; on appelle *ipécacuanha blanc* (*jonidium ipecacuanha*, Vent; *pombalia ipecacuanha*, Vandelli) une violariée connue au Brésil sous les noms de *poaya*, *poaya branca*; *ipécacuanha brun*, une apocynée, etc., etc. De toutes ces espèces végétales confondues dans la même dénomination et employées dans le même but, deux seulement sont aujourd'hui répandues dans le commerce, à l'exclusion à peu près complète de toutes les autres : c'est l'*ipécacuanha annelé* (*callicocca ipecacuanha*, Brot.; *cephælis ipecacuanha*, Schwartz; *ipecacuanha officinalis*, Arruda) et l'*ipecacuanha strié* (*psychotria emetica*, Mutis), tous deux appartenant à la famille des rubiacées, mais à des genres différents. La première de ces espèces est originaire du Brésil : ses racines, grosses comme une plume d'oie, irrégulières, coudées, rameuses, sont formées de petits anneaux aplatis, inégaux, et séparés par des étranglements très-marqués. La seconde espèce, beaucoup moins répandue, nous vient du Pérou : ses racines cylindracées sont moins contournées et plus rarement rameuses que dans l'espèce précédente, et leur écorce, brune, sillonnée dans toute sa longueur par des stries plus ou moins marquées, est divisée, de loin en loin seulement, par des étranglements circulaires. Dans ces deux espèces, il faut distinguer la partie centrale, ou l'axe de la racine, de la partie périphérique, ou l'écorce. L'axe est presque exclusivement formé de tissu ligneux : aussi cette portion de la racine est-elle à peu près inerte; l'écorce, au contraire, a une saveur âcre, résineuse, amère, qui indique des propriétés médicinales énergiques, beaucoup plus énergiques du reste dans l'ipécacuanha annelé que dans l'ipécacuanha strié.

Les ipécacuanhas ont été l'objet de nombreux travaux : l'analyse chimique y a constaté l'existence : 1° d'une matière huileuse, brune et très-odorante, qui donne à la racine sa saveur et son odeur nauséabondes; 2° un principe immédiat (l'*émétine*), dans lequel résident les propriétés émétiques de la racine; 3° de la cire végétale, du ligneux, de l'amidon, quelques traces d'acide gallique, etc. L'émétine a été retrouvée dans la plupart des espèces végétales qui ont été usitées en médecine sous le nom d'*ipécacuanha*; ce qui explique les analogies qui existaient entre toutes ces espèces, envisagées comme agents thérapeutiques ; mais dans aucune d'elles ce principe actif n'existe en des proportions aussi considérables que dans l'ipécacuanha annelé : aussi ne doivent-elles être envisagées que comme d'utiles succédanés.

Ce fut vers l'époque que Pison introduisit l'ipécacuanha dans la thérapeutique, comme un remède puissant dans les affections dysentériques; en 1672, un médecin nommé Legros en importa une quantité considérable, qui fut mise en vente dans une pharmacie alors célèbre de Paris, et en 1686 l'emploi de l'ipécacuanha fut introduit avec succès par Helvétius le père, dans la pratique des hôpitaux. A dater de cette époque, l'emploi de ce médicament est devenu de plus en plus général, et l'introduction de faux ipécacuanhas dans le commerce a été de plus en plus fréquente. Aujourd'hui, la racine originellement apportée par Pison du Brésil, l'ipécacuanha annelé, est presque seule employée; mais elle n'est plus envisagée comme un spécifique contre la dysenterie; on la prescrit surtout dans le but d'évacuer immédiatement l'estomac surchargé, ou de combattre une phlegmasie aiguë du tégument externe ou des membranes muqueuses, en déterminant une congestion subite vers la muqueuse intestinale. On administre l'ipécacuanha sous forme de poudre, de pastilles et de sirop.

Befield-Lefèvre.

IPHICRATE eut pour patrie Athènes, et pour père un cordonnier. Enrôlé de bonne heure dans les troupes athéniennes, il passa rapidement du rang de simple soldat aux charges les plus importantes de l'armée, et dut son illustration moins à l'éclat de ses exploits qu'à la profondeur de ses combinaisons stratégiques. Fort jeune encore, placé à la tête des troupes envoyées contre les Thraces, il remit Seuthiès sur le trône. A vingt ans, il marcha, avec Conon, contre Agésilas, qui menaçait la liberté d'Athènes, fixa les regards et réunit les suffrages de ses concitoyens. Au siège de Corinthe, il introduisit une discipline si sévère, qu'il n'y eut jamais dans la Grèce de troupes mieux aguerries ni plus soumises à leur chef. C'est avec une telle armée qu'il enleva le fameux corps d'infanterie lacédémonienne, exploit célébré dans la Grèce entière. Depuis, Sparte laissa respirer sa rivale, et implora même son secours, quand d'autres menacèrent sa liberté. Lorsque Artaxercès résolut de porter la guerre en Égypte, il demanda un général aux Athéniens : ceux-ci ne crurent pas pouvoir envoyer un capitaine plus expérimenté qu'Iphicrate. Mais Artaxerxès lui adjoignit Pharnabaze. Le satrape, par son ignorance et sa lâcheté, fit échouer l'expédition, retourna en hâte à la cour, calomnia, noircit Iphicrate, et manœuvra si bien, que son maître accusa ce dernier auprès des Athéniens; mais les Athéniens connaissaient l'habileté de leur général, et ils ne firent aucun cas de l'accusation.

Plusieurs autres expéditions justifièrent la haute opinion que l'on avait de ses talents. Enfin, vers l'an 349 avant J.-C., il fut envoyé, avec Timothée et Charès, pour remettre sous la puissance d'Athènes Byzance et plusieurs autres villes qui s'étaient séparées de son alliance. Les flottes étaient en présence. Une tempête horrible dispersa une partie des vaisseaux d'Athènes. Néanmoins, Charès voulait que l'on combattît. Iphicrate et Timothée s'y opposèrent. L'autre les accusa devant le peuple. Le peuple les condamna d'abord. Iphicrate se défendit avec autant de noblesse que de courage, et déploya dans cette affaire un genre d'éloquence tout nouveau : il arma quelques jeunes gens de son parti, et les plaça dans la tribunal, où ils montraient de temps en temps les poignards qu'ils tenaient sous leurs manteaux. Les juges, en ayant aperçus, semblaient lui en faire un reproche : « N'est-il pas juste, s'écria l'illustre guerrier, que celui qui a constamment porté les armes pour sa patrie les prenne également quand il s'agit de défendre ses jours? » Il triompha, fut absous, mais quitta immédiatement le service militaire. Il parvint à une extrême vieillesse, et emporta au tombeau l'estime générale et l'affection de ses concitoyens. Tout fils de cordonnier qu'il était, il avait épousé la fille de Cotys, roi de Thrace. Son génie retrempa la discipline, et organisa la victoire. Quelqu'un, d'une naissance illustre, lui reprochant l'obscurité de la sienne : « Je serai le premier de ma race, lui répondit Iphicrate, et toi, tu seras le dernier de la tienne. » Ce fut lui, dit Cornelius Nepos, qui changea l'armure du fantassin. On avait porté jusque alors d'énormes boucliers, de courtes javelines et de petites épées : il doubla la longueur de l'épée et de la javeline, et, adoptant une autre matière pour la confection des boucliers, substitua le lin à l'airain et au fer. Désormais plus libre dans ses mouvements, le soldat eut une armure qui le protégeait sans l'accabler. Enfin, et ceci donne une idée de l'habileté des soldats élevés à son école, on les appelait dans la Grèce les *iphicratiens*, comme à Rome on appelait *fabiens* les soldats aguerris par Fabius. BONYALOT.

IPHIGENIA. *Voyez* DIANE.

IPHIGÉNIE ou **IPHIANASSE**, était fille de Clytemnestre et d'Agamemnon, et l'aînée d'Électre et d'Oreste. Toute la Grèce, accourue à l'appel de Ménélas, sur le détroit d'Euripe, n'attendait qu'un vent favorable pour s'élancer sur les rivages de la Troade ; mais un calme continuel enchaînait leurs vaisseaux en Aulide, et désespérait leur impatience. L'oracle est consulté, et Calchas répond que la déesse de ces lieux rendra les vents à leurs voiles si le sang de la jeune Iphigénie arrose son autel. La vierge, victime dévouée à l'ambition paternelle, à la vengeance de Ménélas, à la gloire de la Grèce et aux menaces de l'armée, est couronnée de fleurs et marche avec résignation vers le temple ; mais Diane descend du milieu d'un nuage, dérobe l'innocente au sacrifice, et le couteau du prêtre ne trouve, au lieu d'Iphigénie, qu'une biche, offrande moins odieuse à la déité. Transportée dans la Tauride, cette fille d'Agamemnon voulut consacrer au culte de Diane une vie qu'elle devait à Diane ; mais Thoas, le tyran de la Chersonèse, arrosait les autels de la déesse du sang des étrangers que l'ignorance, le hasard, ou le malheur jetaient sur ses rivages. Oreste y vint sur la promesse des oracles ; là, des cérémonies expiatoires devaient ramener le repos dans son âme obsédée par les Furies. Cependant, la loi du tyran condamnait l'étranger au couteau de la prêtresse : Iphigénie allait immoler son frère, quand la Providence désarma son bras, en lui découvrant Oreste dans la victime. La mort retourna dans sa patrie, qui l'envoyait sur les mains de la sœur ; et les enfants d'Agamemnon quittèrent ce pays inhospitalier, emportant avec eux la statue de la déesse, deux fois libératrice. Hippolyte FAUCHE.

IPSARA ou **PSARA**, appelée par les anciens *Psyra*, petite île couverte de rochers, dans la mer Égée, située à l'ouest et à peu de distance de Saki ou Chios, et dépendant du sandjak turc de Saki, comptait, avant la guerre de l'Indépendance grecque, plus de 20,000 habitants, qui devaient leur aisance au commerce et à la navigation, et forma avec Hydra et Spezzia, durant cette guerre, la principale force maritime des Grecs ; mais, malgré sa courageuse résistance, elle fut prise par les Turcs, le 3 juillet 1824, horriblement dévastée et dépeuplée. Sa ville principale, qui porte le même nom, compte actuellement environ 500 habitants, vivant de la pêche et un peu aussi de piraterie.

IPSO FACTO (mot à mot *par le fait même*), expression adverbiale, empruntée au latin, et désignant la conséquence immédiate, infaillible, d'un fait quelconque. Encourir une peine *ipso facto*, c'est s'exposer à ce qu'elle vous soit appliquée, sans autre forme de procès, nonobstant toute réclamation ou protestation. On employait fréquemment cette façon de parler dans l'ancien droit canon. Il y qualifiait spécialement toute excommunication encourue *par le seul fait* : frapper un prêtre, c'était encourir l'excommunication *ipso facto*. Pie IX a déclaré excommuniés *ipso facto* ceux qui ont concouru à la sécularisation des biens du clergé en Piémont, en Suisse, en Espagne.

IPSUS ou **HIPSUS**, ville de la Grande-Phrygie, province de l'Asie Mineure, est célèbre dans l'histoire par la bataille qui se livra sous ses murs, l'an 301 av. J.-C., et dans laquelle Antigone, complétement battu par Séleucus Nicator, perdit son trône et la vie.

IPSWICH (on prononce *Ipsitsh*), chef-lieu du comté de Suffolk, dans une vallée, sur l'Orwell, fleuve navigable, qui, à peu de distance, se jette dans une profonde baie de la mer du Nord, est une ville aux rues étroites et irrégulières, mais bien bâtie, très-animée, et dont la population jouit d'une grande aisance. On y remarque un grand nombre de maisons et d'édifices, notamment l'antique hôtel de ville (Guildhall), ornés de sculptures d'un beau travail. On y trouve des chantiers de construction, un bureau de douanes, plusieurs écoles et établissements de bienfaisance, et une Société scientifique (*Mechanic Institution*). On y voit douze églises, un palais appartenant à l'évêque de Norwich, et une riche bibliothèque. Les fabriques jadis florissantes de toiles à voiles et de lainages ont disparu ; mais le commerce des céréales et de la drèche, la navigation dans les mers du Groënland et la fabrication des huiles de baleine lui ont rendu une nouvelle importance. Le port d'Ipswich expédie surtout des céréales à Londres, et des bois de construction provenant des forêts voisines de l'Orwell, à Chatam et à Sheerness. Sa population, y compris le faubourg de *Stoke-Hamlet*, situé sur l'autre rive de l'Orwell, qu'on y passe sur un pont, est de 33,000 âmes.

IRAK-ADJEMI, la plus grande province de la Perse, compte sur une superficie de plus 3,000 myriamètres carrés environ 2 millions et demi d'habitants ; elle est située entre l'Aserbidjân, le Ghilân et le Masanderân au nord, le Kourdistân à l'ouest, le Louristân et le Farsistân au sud, et le grand désert Salé à l'est ; elle répond à l'ancienne Médie. Ce vaste territoire est en partie couvert de montagnes, d'ailleurs presque partout fertile, en en partie assez bien arrosé et cultivé. Du reste, l'Irak-Adjemi est singulièrement déchu de ce qu'il était anciennement sous le rapport de la population comme sous celui du bien-être et de la civilisation. Une foule de villes et de villages ne sont plus aujourd'hui que des monceaux de ruines. Les villes les plus importantes de cette province sont Ispahan et Téhéran.

IRAK-ARABI, l'ancienne *Babylonie*, province de Turquie, à l'extrémité sud-est de l'Empire Turc, entre la Perse, la Mésopotamie, le désert de Syrie, l'Arabie et le golfe Persique, forme une vaste plaine que l'Euphrate et le Tigre inférieurs, qui s'y réunissent et vont se jeter dans le golfe Persique sous le nom de Schat-el-Arab. A l'ouest de l'Euphrate, ce pays n'est qu'un désert de sable ; mais partout ailleurs, et particulièrement sur les rives de l'Euphrate et du Tigre, il est fertile, quoique mal cultivé, ce qui le rend malsain. Il en était autrement dans l'antiquité et même encore au moyen âge, époque où cette contrée était l'une des mieux cultivées du globe. L'asphalte, les dattes, les chameaux, les buffles et les moutons sont les principales productions du pays, dont les habitants, pour la plupart de race arabe, habitent de misérables villages mal bâtis, et le plus souvent vivent encore à l'état nomade. Les villes les plus importantes sont Bagdad et Bassora.

IRAN. On appelle ainsi en général, par opposition au *Tourân*, pays bas de la Turquie, le grand plateau asiatique qui s'étend, avec une élévation moyenne de 1,200 à 1,400 mètres, depuis la chaîne de l'Hindoukousch, du Khoraçan septentrional et de l'Elbrous, jusqu'au golfe Persique et à la mer Indo-Persique au sud, comprenant, à l'est, l'Afghanistân et le Belountchistân, et, à l'ouest, la Perse proprement dite. A l'est, la pente de ce plateau vers l'Indus est fort rapide ; mais à l'ouest, du golfe Persique au plateau d'Arménie, il a pour limites une succession de chaînes de montagnes que les anciens comprenaient sous le nom général de *Zagros*, et qu'on appelle aujourd'hui les montagnes du Kourdistan. Le centre de cette contrée n'est qu'un immense désert de sel.

IRANIENNES (Langues) ou *langues de l'Iran*. On appelle ainsi, du nom de la contrée où elles sont surtout parlées, une famille des langues in do-germaniques, à laquelle appartiennent notamment le *zend*, l'ancienne langue perse proprement dite, contenue dans les inscriptions cunéiformes de troisième ordre, le *pehlwi* ou *houswaresh*, l'ancienne langue des Perses occidentaux, fortement mélangée de mots sémitiques, le *parsi*, jusqu'à présent appelé *pazend*, et la nouvelle langue persane, indépendamment de laquelle existent encore beaucoup de dialectes particuliers, tels que ceux de Ghilân, de Masenderân et de Tabaristân. Un peu plus loin on rencontre le *kourde*, avec ses nombreux dialectes, et la langue *afghane* ou *poushtou*, devenue aussi tout récemment une langue écrite et divisée en deux dialectes principaux. La langue des Ossètes, disséminés dans les gorges du Caucase, fait également partie du groupe des langues iraniennes. On n'a pas étudié suffisamment jusqu'à ce jour les rapports existant entre l'arménien et les langues de l'Iran, et encore moins ceux des anciennes langues des ludes et des Assyriens.

IRASCIBILITÉ, IRASCIBLE. *Voyez* IRRITATION (*Morale*).

IRATO (Ab). *Voyez* AB IRATO.

IRAWADDI, le plus grand fleuve de l'empire birman et l'un des plus importants cours d'eau de l'Inde en deçà du Gange, prend sa source dans les mêmes montagnes que les affluents orientaux du Brahmapoutra; seulement elle se trouve un peu plus au sud. Il traverse des contrées encore inconnues des Européens; mais il paraît être déjà navigable pour des barques un peu au-dessus de la ville d'Amarapoura, d'où, en se dirigeant au sud, il entre dans la plus belle et la plus riche plaine du Birma. Il y reçoit les eaux de deux énormes affluents, l'un provenant de la province de Chine qu'on appelle *Ioun-nan*, près de la ville d'Ava, à 69 myriamètres de la mer. Depuis Ava jusqu'à son delta, l'Irawaddi est un fleuve de toute beauté, large parfois de sept kilomètres et couvert d'îles. C'est dans cette partie de son parcours qu'il reçoit les eaux des plus considérables de ses affluents, et dans son delta il forme un des plus vastes systèmes de navigation intérieure qu'on puisse citer. Le *Rangoun* est à son embouchure le seul de ses bras qui soit en tout temps navigable; aussi tout le commerce de l'empire s'y trouve-t-il concentré. La réunion de deux embranchements de l'Irawaddi en forme de delta, et particulièrement propre à la navigation, qui a lieu avec les rivières appelées *Saltween* et *Pegou* au moyen de canaux véritables, ajoute encore à la richesse des voies de communication de ce pays. L'embranchement relié à la première de ces rivières à près de 30 myriamètres de long : le canal conduisant à la seconde n'est navigable que par les hautes eaux.

IRÈNE, la déesse de la paix, fille de Jupiter et de Thémis, la plus jeune des Heures, appartient seulement à la mythologie la plus moderne. Pausanias mentionne deux figures d'elle existant à Athènes dans la Prytanée. Vespasien lui éleva un temple magnifique à Rome.

IRÈNE, impératrice grecque, non moins célèbre par son esprit et sa beauté que fameuse par ses crimes, naquit à Athènes, et épousa, en 769, l'homme qui occupa depuis le trône de Constantinople sous le nom de *Léon IV*. Après s'être débarrassée de son mari au moyen du poison, en 780, elle le remplaça sur le trône impérial par son fils Constantin VI, qui n'avait encore que neuf ans, secondée qu'elle fut dans cette usurpation par les grands de l'empire; et elle consolida sa puissance en se débarrassant également des deux frères de son époux, qui furent condamnés au dernier supplice, comme ayant conspiré contre son autorité. Charlemagne, qui menaçait alors l'empire d'Orient, fut d'abord dupe de ses belles promesses ; mais

DICT. DE LA CONVERS. — T. XI.

quand la lutte éclata entre les deux empires, il battit complétement en Calabre l'armée d'Irène (en 788). L'année précédente, en 787, Irène avait réuni à Nicée le septième concile œcuménique, qui rétablit le culte des images. En 790, Constantin VI réussit à éloigner sa mère des affaires et à se soustraire à sa fatale influence; mais sept années plus tard Irène s'empara encore une fois du trône, après avoir fait arrêter son fils, à qui on creva les yeux par son ordre, et qui mourut à quelque temps de là.

Irène fut la première femme qu'on vit exercer la puissance souveraine en Orient. L'entrée qu'elle fit à Constantinople, sur un char triomphal étincelant d'or et de pierres précieuses, ses libéralités envers la populace, la liberté qu'elle fit rendre à un grand nombre de prisonniers, et d'autres artifices de politique auxquels elle eut recours, furent impuissants à la préserver des justes suites de ses crimes. Elles avait exilé plusieurs seigneurs, dont elle se défiait; et pour donner encore plus de stabilité à son trône, alors qu'elle résolu d'épouser Charlemagne, quand, en l'an 802, Nicéphore fut proclamé empereur. Celui-ci la bannit alors dans l'île de Lesbos, où elle mourut en l'an 803.

IRÈNE (*Astronomie*), planète découverte par M. Hind, le 19 mai 1851. Sa distance solaire moyenne est 2,58, celle de la terre étant 1.

IRÉNÉE (Saint), l'un des plus célèbres Pères de l'Église, naquit vers l'an 140 de J.-C., probablement dans l'Asie Mineure, et fut élevé par saint Polycarpe, évêque de Smyrne. Ses études une fois terminées, on l'envoya avec quelques compagnons dans les Gaules, dont les provinces voisines de la Narbonnaise avaient seules entendu prêcher l'Évangile. Saint Pothin, premier évêque de Lyon, l'ordonna prêtre et l'agrégea au clergé de ce diocèse, dont il devint évêque à son tour, à la mort de saint Pothin, et où il mourut martyr, en 202, lors de la grande persécution ordonnée contre les chrétiens par l'empereur Sévère. Plein de zèle pour la propagation des doctrines chrétiennes, Irénée avait écrit en grec, vers l'an 176, une réfutation des hérésies professées par les diverses sectes gnostiques; dissertation qui n'est parvenue jusqu'à nous que dans une mauvaise traduction latine intitulée *Contra hæreticos*, mais qui a beaucoup d'importance pour l'histoire des dogmes. Mis par l'Église au nombre de ses saints, on célèbre sa fête le 28 juin.

Un autre IRÉNÉE, évêque en Syrie, souffrit aussi le martyre, au troisième siècle, sous l'empereur Dioclétien ; l'Église honore sa mémoire le 25 mars.

IRETON (HENRI), général et homme d'État qui exerça une grande influence à l'époque de la révolution d'Angleterre sous Charles Ier, descendait d'une bonne famille, et se consacra d'abord à l'étude de la jurisprudence. Lorsque la guerre civile éclata, il offrit ses services au parti parlementaire, et grâce à la protection de Cromwell, dont il avait épousé la fille Brigitte, il ne tarda pas à être nommé commissaire général de l'armée. A la bataille de Naseby, en 1645, où il commandait l'aile gauche de l'armée du parlement contre le prince-palatin Rupert, il fut battu et fait prisonnier; mais il fut, dans la suite de la journée, de Cromwell le délivra. Caractère non moins énergique et prudent que fanatique, Ireton fut après Cromwell l'un des principaux meneurs de la révolution. Tous deux s'efforcèrent de soumettre le parlement à l'armée, et de perdre sans retour le roi, une fois qu'il eut été livré par les Écossais. Ce furent eux qui insinuèrent à ce prince de s'enfuir de Hamptoncourt pour aller se réfugier dans l'île de Wight, qui soulevèrent et fanatisèrent les troupes, et qui provoquèrent les violences dont le parlement fut l'objet. Indépendant des plus exaltés, Ireton fut membre du tribunal extraordinaire qui condamna Charles Ier à mort; et comme Cromwell hésitait à exécuter cet arrêt, ce fut lui qui triompha de ses scrupules.

En 1649, Ireton alla avec son beau-père soumettre l'Irlande. L'un et l'autre répandirent des torrents de sang dans cette malheureuse contrée, où ils ne se proposaient rien moins que l'entière extermination des catholiques. Lorsque, l'année suivante, Cromwell quitta l'Irlande pour aller châtier l'Ecosse, Ireton prit le commandement en chef de de l'armée d'occupation, et ne l'exerça pas d'une manière moins sanglante. Tous les individus accusés d'avoir pris une part quelconque au massacre de 1641 furent impitoyablement mis à mort. Enfin, dans l'automne de 1651, l'Irlande étant presque entièrement vaincue, il entreprit le siège de la dernière place, Limerick, demeurée au pouvoir des rebelles, et s'en rendit maître après une résistance des plus opiniâtres. Quelques jours plus tard, le 26 novembre 1651, il succombait à une fièvre violente, après avoir fait encore massacrer malgré une capitulation formelle la plus grande partie des débris de la garnison de cette ville. Cromwell, qui redoutait le caractère indomptable et le fanatisme républicain de son gendre, ne le regretta pas. Quant à la veuve d'Ireton, sa douleur ne fut pas de longue durée, car elle se remaria bientôt après au général Fleetwood, qui joua un grand rôle après la mort de Cromwell.

IRIARTE (Tomas de), poëte espagnol qui obtint en poesie tout le succès qu'on peut obtenir sans avoir eu en partage le feu sacré, c'est-à-dire par la clarté et la correction élégante du vers, naquit en 1750 à Orotava, dans l'île de Ténériffe, les langues modernes, la poésie et la musique, sous la direction de son oncle *Juan de Iriarte*, bibliothécaire et interprète au ministère des affaires étrangères. Sa comédie *Hacer que hacemos* (Madrid, 1770), publiée sous l'anagramme de *Tirso Imareta*, fut suivie de la traduction de diverses pièces du répertoire du théâtre français, et de quelques productions originales. Après la mort de son oncle, il lui succéda dans ses fonctions au ministère des affaires étrangères. En 1772 on lui confia la rédaction du *Mercurio historico y politico de Madrid*; mais la multiplicité de ses travaux au ministère ne lui permit pas de le garder au delà de quelques mois. Iriarte doit surtout sa réputation à un poëme didactique intitulé *La Musica* (1780) et à ses *Fabulas literarias* (1782); deux ouvrages qui ont obtenu un très-grand nombre d'éditions et ont été traduits dans presque toutes les langues de l'Europe. Le dernier surtout excita vivement l'attention, par les répliques de ceux qui s'y trouvaient attaqués. On a encore de lui la traduction en vers des quatre premiers chants de l'*Énéide*, plusieurs livres élémentaires pour les écoles, composés à la demande du comte Florida Blanca; une comédie intitulée *La Senorita mal criada*; un monologue, *Guzman el Bueno*, et une satire en latin macaronique contre le mauvais goût qui régnait encore alors dans les écoles d'Espagne. Iriarte mourut le 17 septembre 1791.

IRIDIUM, métal découvert dans la mine de platine par Descotils, et rangé dans la 6ᵉ section de Thénard. Il est solide, blanc, grisâtre, légèrement ductile, dur, et fort difficile à fondre. Son poids spécifique n'a pas encore été bien déterminé. Les acides sulfurique, nitrique et chlorhydrique n'agissent point sur lui. L'eau régale ne l'attaque qu'à grand peine. Suivant Vauquelin, l'iridium est susceptible de former deux oxydes et de donner des sels qui ne sont jamais simples, mais toujours avec excès d'alcali. Leurs dissolutions présentent des nuances de différentes couleurs, suivant qu'on les chauffe ou qu'on les met en contact avec du chlore. C'est à raison de cette propriété qu'on lui a donné le nom d'*iridium*, dérivé d'*iris* (arc-en-ciel). Il est sans usage.

IRIS, nom du météore que l'on nomme vulgairement *arc-en-ciel*. Il se dit, par extension des couleurs qui paraissent sur des objets que l'on regarde avec des lunettes (*voyez* ACHROMATISME). On appelle aussi *iris* cette partie colorée de l'œil qui entoure la pupille.

IRIS (ou l'arc-en-ciel), désignée par les poëtes comme la messagère des dieux, est fille de Thaumas, l'un des Centaures qui prirent la fuite dans le combat qui eut lieu aux noces de Pirithoüs et d'Électra. Hésiode, dans la peinture qu'il fait des dieux de l'Olympe, n'a pas négligé de personnifier l'arc-en-ciel sous le nom d'Iris, et de peindre l'admiration de tous les peuples pour la beauté et la richesse de ses couleurs. Homère la regarde comme la plus fidèle des compagnes de Junon; il la compare à Mercure pour son habileté à remplir certains messages dont elle est chargée par Jupiter : ce poëte la nomme la *messagère aux pieds légers* ; et dans l'Iliade il lui donne des ailes d'or. Suivant Théocrite, Iris prépare le lit de Junon, et selon Apollonius, elle remplit auprès de la déesse le rôle de chambellan, c'est-à-dire qu'elle introduit dans son palais ceux qu'elle demande. Elle allait puiser, dans une coupe d'or, l'eau du Styx nécessaire aux serments des dieux. Vénus, blessée au siège de Troie, est reconduite dans l'Olympe par Iris sur le char de Mars. Enfin, Virgile, dans son *Énéide*, lui attribue auprès des mourants une fonction qui appartient ordinairement à Proserpine : elle coupe à Didon le cheveu fatal par lequel cette princesse tient à la vie, et dont la privation la conduit mourante au Tartare.

Cᵉʳ Alexandre Lenoir.

IRIS (*Astronomie*), planète découverte à Londres, par M. Hind, le 13 août 1847. Sa distance solaire moyenne est 2,39, celle de la terre étant 1. Son excentricité est 0,232, et sa révolution sidérale s'effectue en 1345 jours.

IRIS (*Botanique*), genre de plante de la triandrie monogynie de Linné, et de la famille des iridées. Les iris sont des plantes vivaces et herbacées ; leurs racines sont en général munies d'un rhizôme horizontal tubéreux et charnu ; leurs feuilles, allongées, aiguës, tranchantes par leurs bords, uniformes, engaînent par leurs bases une hampe tantôt cylindrique et tantôt anguleuse, qui porte de grandes fleurs, sessiles ou pédonculées, enveloppées dans des spathes scarieuses, et nuancées des couleurs les plus riches et les plus variées de l'arc-en-ciel. Le calice de ses fleurs est nul ; leur corolle, monopétale et irrégulière, est tubulée inférieurement, à son limbe est profondément séparé en six divisions onguiculées et inégales : leur ovaire, infère et ovoïde, est surmonté d'un style court, terminé par trois stigmates pétaloïdes qui recouvrent les étamines ; leur fruit renferme plusieurs graines arrondies.

Dans le *Systema vegetabilium* de Rœmer et de Schultes sont dénommées et décrites quatre-vingt-douze espèces d'iris ; parmi celles-ci, les unes croissent à l'état sauvage en Europe ; les autres sont originaires de l'Asie, de l'Afrique méridionale, de l'Amérique Nous n'en citerons ici qu'un fort petit nombre, et nous choisirons de préférence celles que l'on cultive dans nos jardins, soit pour la beauté de leurs fleurs, soit pour leurs propriétés médicinales.

L'*iris de Florence* (*iris florentina*, L.) croît naturellement dans les parties méridionales de l'Europe ; sa racine, noueuse et odorante, supporte une tige haute de 0ᵐ,30 environ, engaînée à sa base dans des feuilles glabres et uniformes, et environnée à son sommet de grandes fleurs sessiles blanches, striées de jaune, et d'une odeur extrêmement suave. La racine de l'iris de Florence réduite en poudre et prise à l'intérieur est légèrement émétique ; tournée en petites boules et introduite dans le derme, elle détermine ces petites suppurations locales que les médecins appelle *exutoires* ; renfermée dans des sachets de soie, elle exhale un parfum qui se distingue difficilement du parfum de la violette.

L'*iris germanique* (*iris germanica*, L.), vulgairement *flambe* ou *flamme*, qui croît dans les lieux secs et arides, dans les vieux murs délabrés de l'Allemagne, de la Suisse et de l'Italie, se distingue par les belles fleurs pédonculées, violettes, et disposées au nombre de trois à cinq au sommet de la tige. Le suc exprimé de la racine fraîche de l'iris germanique est un émétocathartique assez puissant, mais il détermine une sensation vive et brûlante à la gorge, et quelquefois aussi des tranchées violentes.

L'*iris tigrée* porte une fleur plus grande que celles des autres espèces, une fleur brune, panachée de veinules d'un pourpre violet : dans l'*iris rayée*, la fleur jaune est également striée de pourpre et de brun ; et dans l'*iris frangée*, la fleur, d'un bleu pâle, est parsemée de taches jaunâtres.

L'*iris des marais* (iris *pseudo-acorus*, L.) est vulgairement connue sous le nom d'*iris jaune*, *flambe d'eau*, *glayeul des marais*, etc.

L'*iris fétide* (iris *fœtidissima*, L.), que l'on nomme aussi *glayeul puant*, n'affecte cependant désagréablement l'odorat que lorsqu'on passe ses feuilles entre les doigts. Les fleurs sont petites, d'une teinte rougeâtre sale. Cette espèce est assez commune en France, dans les lieux couverts et frais.   BELFIELD-LEFÈVRE.

IRIS (Pierce d'), variété de quartz hyalin, dont les cristaux reflètent les couleurs de l'arc-en-ciel.

IRIS (Vert d'), belle couleur verte, dont les peintres font usage, surtout pour la miniature. On la prépare avec des fleurs d'iris germanique macérées et mêlées à de la chaux.

IRKOUTSK, l'un des deux gouvernements de la Sibérie orientale, confine à l'ouest au gouvernement de Ieniséisk, à l'est à la grande province de Iakoutsk, qu'il comprenait autrefois dans sa circonscription, et au sud à la Chine. Divisé en cinq cercles, *Irkoutsk*, *Kirensk*, *Nischné-Oudinsk* et *Werchné-Oudinsk*, et *Nertschinsk*, il compte 530,000 habitants sur une superficie de 15,000 myriamètres carrés.

IRKOUTSK, son chef-lieu, au confluent de l'Irkout et de l'Angara, non loin du lac Baïkal, après Tobolsk la ville la plus importante de toute la Sibérie et siège d'un archevêché, compte 20,000 habitants, parmi lesquels existe une commune allemande avec son église propre. Cette population fait un commerce important, surtout en provenances de la Chine. On trouve aussi à Irkoutsk un séminaire théologique, un gymnase, où l'on enseigne le chinois et le japonais, un séminaire pour les jeunes Tongouses et Bourètes, une école de navigation et une école militaire, plusieurs collections scientifiques, un théâtre, une grande fabrique impériale de draps et des distilleries considérables. On peut encore citer **Nertschinsk**, *Selengisk*, avec 1,000 habitants, sur les bords de la Selenga, le marché principal qu'on rencontre entre Irkoutsk, et *Kiachta*, qui appartient au même cercle et est situé sur la frontière de la Chine ; *Werchné-Oudinsk*, ville d'étape, avec 4,000 habitants ; et *Bargousinsk*, autre ville d'étape, au voisinage de laquelle sont situées des sources thermales très-renommées pour la guérison des rhumatismes et du scorbut.

IRLANDAIS-UNIS (Affaire des). *Voyez* IRLANDE et FITZ-GÉRALD.

IRLANDE, *Ireland*, appelée *Érin* par les Ires ou habitants aborigènes, la seconde des deux grandes îles britanniques, et royaume uni à la Grande-Bretagne. Elle est baignée à l'est par la mer d'Irlande, des autres côtés par l'océan Atlantique, et séparée de la Grande-Bretagne par le canal Saint-Georges. Sa superficie est de 1,088 myriamètres carrés. La côte, à l'est, va en s'inclinant en pentes douces, tandis qu'à l'ouest et au sud elle est profondément et abruptement échancrée par des baies et des promontoires. Une partie de la côte septentrionale est entourée d'énormes roches basaltiques, qui à la Chaussée des Géants et au cap Pleaskin font saillie dans la mer, où elles forment comme une espèce de colonnade fantastique. Sur toutes ces côtes, où l'on remarque d'ailleurs l'absence d'îles un peu considérables, on trouve des ports aussi commodes que nombreux ; car on n'en compte pas moins de soixante dans un circuit de cent soixante milles géographiques. On parle en renom sous *Ballina*, *Baltimore*, *Belfast*, *Coleraine*, *Cork*, *Drogheda*, *Dublin*, *Dundalk*, *Galway*, *Limerick*, *Londonderry*, *Newry*, *Ross*, *Sligo*, *Tralee*, *Westport*, *Waterford* et *Wexford*.

La surface du sol de l'Irlande présente une agréable succession de plaines et de collines, qui rarement se tranforment en crêtes de montagnes. La plaine la plus vaste s'étend par le centre de l'île d'une mer à l'autre. La partie la plus montueuse de l'Irlande est sa moitié occidentale ; mais là même les montagnes forment plutôt des groupes isolés que des chaînes. Les montagnes les plus élevées, mais ne dépassant pourtant pas mille mètres, sont, dans la presqu'île que forme le Connaught, le *Nephin* et le *Crough-Patrick* ; au nord-ouest le mont *Longfield* ; et au sud-ouest, le *Mangerton*, le *Marc-Gillicuddy* et le *Sleevebogher*.

Le fleuve le plus considérable de l'Irlande est le Shannon, qui en traverse une grande partie dans la direction du nord à l'ouest. Il n'est accessible que jusqu'à Limerick pour des bâtiments employés au long cours ; mais à partir de là jusqu'au lac d'Allen d'importants travaux ont permis aux bateaux à vapeur de le remonter sur une étendue de 20 myriamètres. Parmi les autres cours d'eau, mentionnons encore le Bandon, la Lee, le Blackwater, la Sure, la Liffy, la Boyne et le Bann. En fait de lacs, on remarque surtout le *Lough-Erne*, au nord-ouest de l'île, consistant en deux bassins, et d'une longueur d'environ 35 kilomètres ; le *Lough-Neagh*, au nord-est ; enfin le *Lough-Corrib*, les trois lacs de *Killarney*, si célèbres par les ravissants environs, et le lac *Mucross*, au sud. En fait de lacs d'eau salée, véritables bras de mer, il faut citer le *Lough-Conn*, ou baie de Strangford, à l'est, le *Lough-Foyle* et le *Lough-Swilly* au nord. Le plus important canal qu'on ait encore creusé en Irlande est celui qui relie Dublin au Shannon. Le sol de l'île est au tout fertile, notamment au centre et au sud. Les vastes marécages (*bogs*) qui en diminuent la fertilité en sont un des caractères particuliers. Ils ne sont point plats et unis comme en Angleterre, mais forment parfois comme des soulèvements du sol, et se divisent en marais à herbages, dans une partie desquels les troupeaux vont paître en été, en marais fangeux et inaccessibles, en lacs couverts de joncs et de roseaux (*hassocky bogs*), et en tourbières. Il ne subsiste que quelques débris des immenses forêts dont le pays était autrefois couvert, parce que depuis la conquête de l'île par les Anglais, elles ont été ou défrichées ou dévastées. Grâce à la prédominance des vents d'ouest et de sud-ouest, le climat est très-tempéré, et l'humidité de l'atmosphère contribue à la fertilité d'un sol, qui n'a que peu de profondeur et repose sur un fond de rochers. Les saisons y sont plus irrégulières qu'en Angleterre ; mais la température y est plus douce et plus élevée en moyenne pour l'année. La pluie est surtout fréquente en hiver : la neige et la gelée y sont rarement durables. Le climat, les régions montagneuses et les marais favorisent le développement de plusieurs plantes particulières au sol. On trouve en Irlande presque tous les animaux qui vivent dans la Grande-Bretagne. Jusqu'au commencement du dix-huitième siècle, les grenouilles et les pies y furent inconnues, et aujourd'hui encore on n'y rencontre ni taupes, ni crapauds, ni aucune espèce de vipères. Les bêtes fauves y deviennent de plus en plus rares. Les fleuves et les lacs sont très-poissonneux, et les bancs de Carlingford fournissent des huîtres excellentes.

Outre le granit, qui forme la base des montagnes de l'île, différentes espèces de pierre calcaire sont communes. Sur plusieurs points il existe du marbre ; le plus beau provient de Kilkenny. Le basalte, dont la couche s'étend depuis l'embouchure de Carrickfergus jusqu'au *Lough-Foyle*, et dans l'intérieur des terres jusqu'aux bords du *Lough-Neagh*, doit être compté, à cause de la régularité et de la variété de formes qu'il affecte, parmi les phénomènes géologiques les plus intéressants. On rencontre aussi sur plusieurs points des améthystes, du jaspe, et autres pierres précieuses. Un torrent du comté de Wicklow roule de l'or natif. Jadis on trouvait fréquemment de l'argent dans les mines de plomb du nord, de l'ouest et du sud ; mais l'exploitation de ces richesses fut abandonnée au dix-septième siècle ; et de nos jours on n'exploite plus que deux mines de plomb. Le cuivre n'est pas rare ; le fer est commun, mais il ne reste plus qu'un

30.

petit nombre des mines de fer qui existaient aux seizième et dix-septième siècles. On trouve des mines de houille dans diverses parties de l'île : la plus productive et la meilleure est celle de Castle-Coomer, dans le comté de Leinster; mais elles ne suffisent pas aux besoins de la consommation, et elles ont d'ailleurs l'inconvénient d'être trop éloignées des divers ports de mer.

L'Irlande est divisée en quatre provinces : 1° ULSTER, au nord, subdivisée en neuf comtés : 1° *Armagh*, *Down*, *Antrim*, *Londonderry*, *Donnegal*, *Tyrone*, *Fermanagh*, *Cavan* et *Monaghan*; 2° LEINSTER, à l'est, subdivisée en douze comtés : *Louth*, *Meath*, *Dublin*, *Kildare*, *Wicklow*, *Wexford*, *Kilkenny*, *Carlow*, *Queen's County*, *King's County*, *Westmeath* et *Longford*; 3° CONNAUGHT, à l'est, la plus petite de toutes, ne comprenant que cinq comtés : *Galway*, *Mayo*, *Sligo*, *Leitrim* et *Roscommon*; 4° MUNSTER, au sud, et la plus grande, quoiqu'on n'y compte que six comtés : *Cork*, *Kerry*, *Clare*, *Limerick*, *Tipperary* et *Waterford*. Les villes les plus importantes, après la capitale, Dublin, sont *Cork*, *Limerick*, *Belfast*, *Sligo*, *Galway*, *Waterford* et *Kilkenny*. Presque toutes les villes considérables sont en communication avec la mer. La province de Leinster est, relativement à sa superficie, celle qui compte le plus grand nombre de paroisses et aussi la plus forte population; ce qui tient à ce que la première elle fut occupée par les Anglais. Le droit de possession de presque toutes les propriétés foncières de l'Irlande repose sur des donations, octroyées pour la plupart gratuitement à la suite de confiscations sous Henri VIII, Elisabeth, Cromwell et Guillaume III; et il n'y a guère que le Connaught où l'on trouve encore quelques familles dont les propriétés ont pour base d'antiques droits patrimoniaux. La propriété foncière est organisée en Irlande autrement qu'en Angleterre, et il ne s'y rattache point de droits féodaux. Les propriétaires ne tirent souvent de leurs terres qu'un cens médiocre, parce que l'usage était autrefois de les affermer à de très-longs termes, et même à perpétuité ou à 999 ans. Il existe peu de petits propriétaires, et le nombre des francs-tenanciers (*freeholders*) ne dépasse guère le chiffre de cinquante mille, dont vingt mille ont un revenu de 10 liv. st., dix mille un revenu du double, et environ vingt mille un revenu de 50 liv. st. Ils possèdent tous ensemble au plus un million et demi d'arpents de terre. Le surplus du sol, estimé à environ vingt millions d'arpents, est entre les mains du clergé et de grands propriétaires, dont plusieurs possèdent jusqu'à cinquante mille arpents. Il existe en Irlande une classe d'individus, qu'on ne rencontre pas ailleurs, et qui a exercé la plus fâcheuse influence sur l'agriculture; nous voulons parler de ces *middlemen*, espèce de locataires principaux, qui afferment *en gros* et louent *en détail* à de sous-locataires, lesquels parfois trouvent le moyen de sous-louer encore leur lot de terre en détail; de telle sorte qu'entre le propriétaire du sol et celui qui le cultive réellement se trouvent souvent trois ou quatre intermédiaires et quelquefois même davantage. Celui qui cultive un champ est responsable non-seulement des cens qu'il doit payer à son bailleur direct, mais doit encore se substituer aux obligations prises par chaque sous-locataire à l'égard du locataire principal ou par celui-ci à l'égard du propriétaire. Les sous-locataires n'ont d'ailleurs aucune garantie contre le propriétaire, qui ne les connaît point; et lorsque le locataire principal est changé, ils sont aussitôt congédiés. Ce système naquit de la pauvreté des fermiers irlandais, et contribue puissamment nécessairement à accroître encore la misère dans le pays. Toutefois, dans l'intervalle compris entre 1840 et 1847 on a vu le nombre des petites locatures diminuer considérablement, en même temps que s'augmentait celui des grandes fermes, dans le Connaught notamment. Ce qu'on appelle le paysan irlandais n'est à bien dire qu'un journalier travaillant pour d'autres et recevant à peu près pour tout salaire de son travail la jouissance d'une hutte en terre ou en torchis avec un lopin de terre de 3 à 4 perches, dans lequel il sème des pommes de terre. Pour payer le loyer de sa hutte et de son lopin de terre, il est obligé de donner 100 et même quelquefois 150 journées de son travail et plus. L'industrie agricole, qui se divise en trois classes, la culture du sol, le travail du laitage et l'élève du bétail, n'est pas aussi perfectionnée qu'en Angleterre et en Écosse; pourtant l'agriculture s'est un peu relevée dans ces derniers temps, et l'on exporte maintenant plus de blé qu'autrefois. Ce qui entrave les progrès de l'agriculture, c'est, indépendamment de la trop grande division du sol, le système de l'exploitation en commun en usage dans les villages de l'ouest; c'est le trop grand nombre de petits fermiers qui existent dans la province d'Ulster, où ils se partagent entre la culture de leurs champs et les travaux de l'industrie manufacturière; enfin, c'est l'étendue beaucoup trop considérable de la partie du sol réservée aux pâturages et pacages sur d'autres points de l'île. Une autre plaie de l'agriculture en Irlande, ce sont les immenses propriétés qui s'y trouvent agglomérées entre un petit nombre de mains; propriétés grevées pour la plupart de dettes énormes. Mais depuis 1849 il a été institué une commission royale, chargée de faire vendre au plus offrant et dernier enchérisseur, et au profit des possesseurs actuels, les domaines placés dans de telles conditions, sans avoir égard aux réclamations et oppositions des collatéraux. En 1850 s'est formée en outre une association de fermiers (*The tenant-right league*) ayant pour but d'obtenir l'intervention législative pour contraindre les propriétaires à affermer leurs terres à des taux raisonnables.

Les progrès pratiques et scientifiques que l'agriculture a faits en Angleterre et en Écosse n'ont pas jusqu'à ce jour profité à l'Irlande, parce que les hommes actifs et industrieux n'ont pu songer à employer leurs capitaux dans un pays dont la situation morale continue toujours à n'offrir aucune garantie de sécurité pour la vie et la propriété. Il est juste de reconnaître, cependant, qu'on a déjà beaucoup fait; mais il reste encore beaucoup à faire pour porter remède à un pareil état de choses. Dans les comtés de Tipperary, du Roi et de la Reine, de Wexford, de Wicklow, de Kilkenny, de Kildare, de Meath et de Louth, l'agriculture a fait plus de progrès que dans les autres, grâce à l'introduction de la méthode alterne. Parmi les céréales, la plus cultivée est l'avoine; le froment ne l'est encore que peu; et d'ailleurs il est moins beau que celui d'Angleterre. La pomme de terre, largement cultivée, et très bonne partout, est d'excellente qualité et forme avec le pain d'avoine et de seigle la principale nourriture du peuple. On cultive aussi le lin presque partout, mais le chanvre en petite quantité. L'usage des prairies artificielles y est encore fort peu répandu. La production du beurre a pour centres diverses contrées des provinces de Leinster, de Connaught et de Munster; et au sol elle a pour base, d'après le système anglais, une redevance fixe pour chaque vache et pour le terrain qui lui est assigné. Les meilleurs beurres s'expédient en Angleterre. L'élève du bétail n'est pas, comme en Angleterre, l'une des branches principales de l'industrie agricole; et de grands districts n'y sont pas non plus affectés soit comme en Écosse. On engraisse principalement dans quelques parties des provinces de Leinster et de Munster. La race bovine primitive d'Irlande a presque entièrement disparu, et celle qu'on y voit maintenant y a été importée d'Angleterre. On s'occupe spécialement de l'élève des moutons dans quelques districts des provinces de Connaught et de Munster. Le mouton indigène, dont la toison est soyeuse, n'est plus très nombreux; et son croisement avec la race anglaise est provenue une race métisse, dont la laine est plus longue et plus fournie. Les chevaux irlandais sont forts et sûrs. On trouve beaucoup de chevaux de la région des montagnes. L'élève des porcs est plus particulièrement entre les mains des cultivateurs qui se livrent à la production du beurre; et ils les engraissent généralement avec des pommes de terre. La pêche, quoique les côtes de l'Irlande abondent en poissons de tous les genres, est bien moins productive qu'en Écosse. On compte cependant en Irlande près de 20,000 bateaux pêcheurs. L'apiciculture est singulièrement déchue de nos jours.

La filature du lin, la principale industrie manufacturière de l'Irlande, fut fondée dans le dix-septième siècle par le comte de Strafford, qui introduisait la graine de lin de la Hollande, et fit venir des Pays-Bas et de France des fileurs et des tisserands. Le commerce des toiles de lin, fondé vers l'an 1670, devint au commencement du dix-huitième siècle l'objet de la protection du parlement. La fabrication des batistes date de 1737. Jusqu'au commencement du dix-neuvième siècle on fila le lin presque exclusivement à la main, et maintenant même l'usage des machines n'est pas encore général, parce que le bas prix du salaire rend le filage à la main moins cher que ne l'est le travail des machines en Angleterre. C'est surtout dans la province d'Ulster et dans quelques districts de celle de Connaught qu'on se livre à la fabrication de la toile. Les blanchisseries les plus importantes sont situées dans les comtés de Fermanagh et de Sligo. Lisburn, dans l'Ulster, est le centre de la fabrication des toiles damassées.

Les manufactures de coton sont de création toute récente. La première filature hydraulique date de 1784; cependant, dès le commencement du dix-neuvième siècle ce genre d'industrie avait pris une extension considérable. Son siège principal est Belfast. La fabrique de laine n'a pas la même importance, quoique les entraves mises autrefois à son développement par la jalousie de l'Angleterre aient été abolies depuis l'Union. La distillation des eaux-de-vie s'y fait sur une large échelle ; et la brasserie est une industrie qui tend à se généraliser de plus en plus. Le commerce a fait d'incontestables progrès dans le dix-neuvième siècle. Grâce à la navigation à vapeur l'Irlande est bien véritablement devenue de nos jours une province d'Angleterre, qui a une importance immense pour son commerce intérieur. En 1816 il n'y existait pas encore un seul bateau à vapeur, tandis qu'en 1849 on y en comptait 111, jaugeant ensemble 236,639 tonneaux. Les principales exportations pour l'Angleterre et l'Écosse consistent en céréales, farines, bestiaux, lard, viande salée et beurre. Ces trois derniers articles sont désignés dans les affaires sous la dénomination générique de *Irish provisions*. De 1816 à 1833 l'importation des céréales d'Irlande en Angleterre s'éleva en moyenne à 1,729,890 *quarters* par an. En 1818 elle fut de 1,326,916 *quarters* de froment, et 1,496,814 quarters de farine de froment. Les importations de la Grande-Bretagne consistent surtout en fer, articles de grosse quincaillerie, houille, denrées coloniales, bière et produits manufacturés. L'Irlande fait un commerce considérable avec la France et l'Amérique du Nord, où elle trouve surtout un vaste débouché pour ses toiles. Sans comprendre les bâtiments employés au petit cabotage, elle possédait au 1er janvier 1851 : 2,055 navires à voiles immatriculés, et jaugeant ensemble 333,753 tonneaux, plus 114 bâtiments à vapeur, jaugeant 27,679 tonneaux. Le commerce intérieur de l'île est favorisé, indépendamment de voies de communication fluviales, par un réseau de chemins de fer qui au 1er janvier 1851 comprenait déjà 82 myriamètres de parcours. Le plus important de ces chemins est le *Great Southern and Western Railway*.

En 1695, d'après le premier recensement un peu exact qui ait été fait, l'Irlande comptait 1,634,162 habitants : chiffre qui en 1731 était déjà porté à 2,010,221. En 1821, époque où commencèrent les premiers recensements officiels, la population était de 6,810,827 habitants, et en 1831 de 7,765,518 (augmentation de plus de 14 pour 100 en dix années). Elle était en 1841 de 8,175,124 habitants (augmentation de 5 ¼ pour 100 en dix ans). Mais en 1851 ce chiffre était redescendu à 6,515,794 h. La diminution avait donc été en dix ans de 1,659,230 hab., soit 20 p. 100. Dans le Connaught, la diminution avait même été de 28 p. 100, et de 30 p. 100 dans le comté de Roscommon, tandis qu'elle n'avait été que de 16 pour 100 dans l'Ulster. Un résultat de cette nature s'explique par l'extrême misère à laquelle ce pays est en proie et par le mouvement de plus en plus prononcé d'émigration en Angleterre et surtout aux États-Unis.

La plus grande partie de cette population est pauvre ; et les ouvriers employés dans les manufactures de toile de l'Ulster sont seuls dans une situation un peu meilleure. Les journaliers et même les petits fermiers croupissent dans l'ignorance et la misère ; le commun des paysans habitent de misérables cabanes en terre, souvent sans fenêtres ni cheminée, et cultivent dans leur petit champ des pommes de terre, de l'avoine et du lin. On a cherché à diminuer la misère par le *Poor law extension act* du 8 juin 1847, et dans la même année au moyen d'un secours de 10,000,000 liv. st. voté par le parlement. En 1849 on comptait 131 dépôts de mendicité de district. Mais au milieu même de cette oppression et de cette misère apparaît toujours le caractère par lequel l'Irlandais se distingue de l'Anglais : on est frappé de sa vivacité d'esprit, de sa plus grande facilité d'intelligence, de sa propension plus marquée pour la vie sociale. En revanche, il a moins de fermeté dans l'esprit, et est moins capable de se dominer.

Sous le rapport ecclésiastique, le pays est divisé en quatre provinces : *Armagh*, *Dublin*, *Cashel* et *Tuam*, gouvernées chacune par un archevêque de l'Église anglicane ; et le nombre des évêques suffragants s'élève à dix-huit. Ces archevêchés et évêchés sont dotés de plus d'un million d'arpents de terre; et on évalue la totalité des revenus de l'Église épiscopale à plus d'un million et demi sterl. Cette Église, qui compte tout au plus cinq cent mille fidèles, est desservie par un clergé dont le personnel atteint le chiffre de 1700 individus.

Les catholiques forment au moins les trois quarts de la population totale. Dans les parties nord et nord-est de l'Ulster les presbytériens sont plus nombreux que les adhérents de l'Église anglicane. Les dîmes que doivent acquitter les dissidents à leurs yeux ce qu'il y a de plus inique et de plus vexatoire dans ses revenus assignés au clergé épiscopal. En effet, les catholiques et les presbytériens ont non-seulement à subvenir aux besoins de leur propre clergé, mais encore à rétribuer les titulaires des paroisses épiscopales dans la circonscription desquelles ils se trouvent placés. L'Église catholique est gouvernée par un archevêque et plusieurs évêques. Le nombre des prêtres catholiques s'élève à deux mille, celui des ministres presbytériens à deux cent quarante, chiffres auxquels il faut ajouter encore cent quarante-cinq prêtres de diverses autres confessions. Il n'y a pas encore assez d'établissements pour l'instruction du peuple, parce que la discorde et la jalousie qui existent entre les catholiques et les protestants ont été toujours jusqu'à présent un obstacle absolu à tout essai d'amélioration. L'Irlande possède à Dublin une université dotée de riches ressources, et à Maynooth un grand séminaire catholique, entretenu aux frais de l'État.

À la tête du pouvoir exécutif est placé un gouverneur (*lord lieutenant*), qui réside à Dublin et dont le premier secrétaire dirige les affaires administratives. Il est subordonné au ministère britannique, auquel est également adjoint un *chancelier pour l'Irlande*. Depuis l'Union, l'Irlande est représentée dans le parlement anglais par vingt-huit pairs et quatre évêques, membres de la chambre haute; et aux termes du bill de réforme de 1832, par 105 membres de la chambre des communes élus par les villes et les comtés. Dans les trente-deux comtés 60,607 électeurs nomment soixante-quinze députés, et dans trente-quatre villes et bourgs 11,545 électeurs en nomment quarante-et-un.

Histoire.

Les premiers habitants connus de l'Irlande furent les *Galls* (*voyez* CELTES), qui à l'époque des conquêtes des Romains en Gaule et en Bretagne vinrent s'y réfugier et y conservèrent leur nationalité dans toute sa pureté. Les Galls donnèrent à l'île le nom d'*Erin*, c'est-à-dire *île occidentale*, dont les Grecs firent *Ierne* et les Romains *Hibernia*. Dans la longue période où la Bretagne fut une province romaine, les renseignements historiques sur l'Irlande nous manquent tout à fait. Les nombreux chroniqueurs irlandais, qui d'ailleurs n'ont pas écrit avant le dixième siècle, ont rempli cette antique époque des fables les plus romanesques. Jusqu'au neuvième siècle, la communauté d'origine fit donner aux Irlandais le nom de *Scots*; et dans les premiers temps du moyen âge, les écrivains orientaux désignent encore leur île sous le nom de Grande-Écosse (*Scotia Major*) Les anciens Irlandais vivaient par tribus, sous l'autorité de chefs héréditaires, possédaient le sol en commun et se livraient presque exclusivement à l'élève du bétail. Vers l'an 430, le missionnaire Patrick, Écossais de naissance, vint leur prêcher l'Évangile et en même temps leur apporta l'écriture et quelques éléments de connaissances scientifiques. La profonde tranquillité dont il fut donné à l'Irlande de jouir pendant que l'Europe méridionale était dévastée par les hordes germaniques, y favorisa le développement d'un savant corps monastique. Dès le sixième siècle ce pays devint le foyer des sciences dans l'Occident; des écoles annexées à ses monastères sortirent des missionnaires qui allèrent porter sur le continent les lumières du christianisme, et dont on y retrouve encore les traces dans les couvents dits *écossais*. Cette civilisation monastique, qui sans doute eut peu d'action sur les peuples, s'éteignit lorsqu'au neuvième siècle les Normands, dans leurs courses sur mer, visitèrent aussi l'Irlande. En 835, les pirates danois conquirent l'île tout entière, et y détruisirent églises et monastères. Les Danois, nommés par les indigènes *hommes de l'est*, furent, il est vrai, expulsés d'Irlande l'année suivante; mais en 849 ces étrangers, qu'un chef indigène avait appelés à son secours dans une guerre privée, revinrent plus nombreux que jamais. Ils s'établirent alors sur la côte orientale, et y fondèrent, en 851, une ville, qui devint plus tard Dublin. Vers 853, un conquérant norvégien, nommé Olav, qui aborda en Irlande, s'imposa comme roi suprême à tous les Normands établis dans l'île, et contraignit les indigènes à lui payer tribut; Waterford et Limerick furent fondées par ses frères, Sitric et Ivor. Ce ne fut qu'au commencement du douzième siècle que les Danois d'Irlande secouèrent le joug des Norvégiens. Lorsque, à partir du milieu du dixième siècle, les *hommes de l'est* eurent aussi embrassé le christianisme, le grand concile tenu en 1152 à Drogheda soumit toute l'Église d'Irlande au siége pontifical; et parmi les quatre archevêchés, celui d'Armagh, fondé par saint Patrick, fut élevé au rang de siége primatial.

Vers ce même temps, les Normands d'Angleterre commencèrent aussi à tourner leurs regards vers l'Irlande. A cette époque, l'île, sauf les côtes habitées par les *hommes de l'Est*, était divisée en quatre royaumes: Leinster, Munster, Ulster et Connaugt, subdivisés à leur tour en fiefs héréditaires, subordonnés les uns aux autres et gouvernés par des *chieftains* dépendants. Un roi suprême exerçait sur le tout une autorité féodale limitée. De fréquentes guerres intestines et dirigées souvent aussi contre les *hommes de l'Est*, que l'on continuait à considérer comme des ennemis, retenaient les indigènes dans une profonde barbarie et les affaiblissaient contre les envahisseurs étrangers. Dermod, prince de Leinster, ayant enlevé la femme d'O'Rourke, *chieftain* du pays de Meath, fut, par suite de l'intervention du roi suprême, Roderich O'Connor, dans ce démêlé, expulsé de ses possessions, et en 1167 s'en alla chercher aide et protection en Angleterre. Le roi Henri II, qui, d'intelligence avec le pape Adrien IV, avait projeté depuis longtemps la conquête de l'Irlande, ne put pas profiter pour le moment de cette occasion; mais il autorisa ses vassaux anglais à prendre la défense de Dermod. En conséquence, en 1169, les barons anglais Robert, Fitz-Stephen et Maurice Fitz-Gérald débarquèrent en Irlande avec un petit corps de troupes, et rétablirent Dermod en possession de ses domaines dans le pays de Meath. Après avoir cédé à ses alliés la ville de Wexford, Dermod espéra alors soumettre toute l'île, et, dans ce but, fit encore alliance avec le comte Stronghow de Pembroke, qui débarqua à son tour en Irlande en 1170, avec quelques troupes, et enleva aux *hommes de l'est* Waterford et Dublin. C'est à ce moment que Henri II, jaloux des succès obtenus par ses barons, débarqua en personne en Irlande (octobre 1171), avec quatre cents chevaliers et quatre mille hommes de guerre, et occupa tout d'abord Waterford. Comme il appuyait son droit de conquête sur une bulle du pape, le clergé se déclara en sa faveur. Les princes de Leinster et de Munster se soumirent aussi à la suzeraineté anglaise, tandis que Roderich de Connaught, confédéré avec quelques autres *chieftains*, opposait la plus opiniâtre résistance à la domination étrangère. Henri, après s'être emparé de Dublin ainsi que de toute la côte, y distribua de vastes domaines à ses barons, et y introduisit le droit et l'organisation administrative en usage en Angleterre. Ce territoire conquis fut appelé la Marche (*the Pale*).

Enfin, en octobre 1175, Roderich, à son tour, consentit à un arrangement, en vertu duquel l'Irlande fut définitivement partagée. Henri garda la partie sud-est; Roderich prit pour lui le nord, mais il se reconnut en même temps vassal de la couronne d'Angleterre pour Connaught, et s'obligea à payer un tribut. Cette transaction décida pour des siècles du sort de l'île. Tout d'abord les barons anglais se mirent de vive force en possession des fiefs et des terres dont ils avaient obtenu l'investiture, et dont ils expulsèrent les *chieftains* indigènes. Ces violences les rendirent naturellement l'objet des haines les plus ardentes. Bientôt d'ailleurs, comme le traité était conçu en termes équivoques, les Anglais considérèrent l'île entière comme leur propriété, et, bien qu'isolément et à l'aventure, ils pénétrèrent toujours plus avant dans l'intérieur. Les guerres avec les indigènes, l'arbitraire, l'ambition et les luttes intestines des barons, de fausses mesures administratives inspirées par l'inquiétude et le soupçon, firent sans interruption de l'Irlande un théâtre de discordes, de désordres et de barbarie. Cependant, à la longue, des rapprochements s'opérèrent entre les indigènes et les étrangers. C'est ainsi que dès le milieu du treizième siècle beaucoup de *chieftains* irlandais se mirent directement sous l'autorité de la couronne d'Angleterre; par là ils se placèrent dans la même position que les barons, et conservèrent en toute propriété, eux et leurs descendants, les domaines qu'ils avaient possédés antérieurement à titre héréditaire. Cette fusion des vaincus avec les vainqueurs, que les rois favorisèrent de tout leur pouvoir, rencontra la plus opiniâtre résistance parmi les nouveau venus d'Angleterre, qui perdaient à cela des prétextes de pillage et des occasions de conquête.

Lorsque Robert Bruce eut placé sur sa tête la couronne d'Écosse, certains *chieftains* irlandais implorèrent son assistance. Par suite de cet appel, son frère Édouard débarqua en 1315 en Irlande, à la tête d'une armée, et s'y fit proclamer roi par les mécontents. Mais, après trois années d'une lutte qui causa dans l'île d'épouvantables ravages, il fut vaincu par les Anglais, dont le triomphe fut en même temps celui d'un désordre et d'une anarchie sans bornes. Les moyens de gouvernement auxquels recoururent les dominateurs anglais empêchèrent toute fusion des deux nationalités et perpétuèrent l'état de guerre avec les indigènes. Enfin, une loi de l'an 1367 déclara les Irlandais des ennemis publics, avec qui il était interdit de contracter aucune alliance de famille; de même une défense expresse fut faite aux Anglais d'adopter, sous peine de haute trahison, leur langue et leurs mœurs.

Pendant la guerre des deux Roses, les partisans de la maison d'York eurent le dessus en Irlande. En conséquence, Henri VII envoya une armée et un nouveau lieutenant en Irlande, pour soumettre les barons de ce pays de venus presque indépendants. La constitution politique de l'île, dans ses rapports de sujétion vis-à-vis de l'Angleterre, reçut, en 1495, par l'ordonnance dite *acte de Poyning*, du nom du lord lieutenant alors en fonctions, une base nouvelle, demeurée en vigueur jusque dans ces derniers temps. Le parlement irlandais, où ne siégeaient pourtant que les Anglais établis dans l'île, ne put désormais s'assembler qu'avec l'assentiment du gouverneur; et avant de discuter les propositions de loi présentées par ses membres, il dut les soumettre à l'examen et à la sanction préalables du gouvernement. Quelque force que prît l'administration en Irlande, à mesure que le pouvoir royal devenait prépondérant en Angleterre, on ne fit rien pour améliorer la position des populations indigènes; et la tyrannie, ainsi que la dureté avec lesquelles on les traitait les maintinrent dans l'exaspération, la barbarie et une sauvage indépendance.

Au commencement du seizième siècle, et sous l'empire de semblables circonstances, il s'en fallait de beaucoup que la plus grande partie de l'île fût encore réellement soumise aux Anglais, bien que l'on se fût habitué à considérer ce pays tout entier comme une conquête de l'Angleterre. Suivant leur antique organisation, les Irlandais ne reconnaissaient guère alors d'autre autorité que celle de leurs *chieftains* héréditaires, et par leurs mœurs et leur manière de vivre ils différaient encore assez peu des sauvages. Henri VIII s'efforça d'introduire aussi parmi eux les innovations en matière de culte qu'il avait fait triompher en Angleterre; mais les *chieftains* et même beaucoup de gens qui avaient adopté les mœurs anglaises ne se soumirent que par la force à la volonté royale. L'attachement opiniâtre que les Irlandais témoignèrent à ce moment pour leur antique foi ne provenait pas seulement d'un défaut général d'instruction et de lumières; à leurs yeux le grand tort des innovations religieuses préconisées par la réformation, c'était de leur être présentées par leurs ennemis, les Anglais; et les jésuites, introduits dès 1541 dans l'île, s'attachèrent particulièrement à y fomenter la haine contre un roi schismatique. Henri VIII chercha bien à fortifier son autorité en se faisant proclamer, le 23 janvier 1542, roi d'Irlande par les parlements anglais et irlandais; mais il ne fit rien pour améliorer la situation des masses. La réforme, qui sous son règne et sous celui de son fils Édouard VI n'avait jeté que de faibles racines dans les cantons anglais de l'Irlande, en fut donc facilement extirpée sous Marie. Lorsqu'en 1558 Élisabeth monta sur le trône, elle songea d'abord à ménager la foi des Irlandais; mais bientôt, provoquée par l'hostilité du pape et du parti catholique, elle résolut de rétablir la réformation en Irlande et de confisquer les revenus de l'Église catholique pour en doter le nouveau clergé. Dès 1560 on vit éclater, par suite de ces violences, des révoltes continuelles, fomentées par des émigrés anglais, par le pape et par la cour d'Espagne. Le gouverneur, sir John Perrot, conseilla vainement à la reine d'opérer des réformes radicales et de tout faire pour contribuer au développement industriel de l'Irlande; les seigneurs anglais, qui entouraient Élisabeth, jugèrent cette politique périlleuse et surtout trop dispendieuse. Les revenus que la couronne tirait de l'Irlande ne s'élevaient guère, en effet, à plus de 6,000 liv. st.; et la reine était obligée de dépenser annuellement en surplus 20,000 livres pour conserver la suzeraineté, à peu près nominale, de l'île, au moyen d'un corps de troupes faibles et mal payées.

Exclus de toute participation à la vie publique, les Irlandais entraient fréquemment eux au service de l'Espagne ou à celui de la France, et revenaient dans leurs foyers façonnés à la tactique militaire. Cet avantage fut mis à profit par un *chieftain* audacieux et expérimenté, Hug O'Neill, que la reine avait élevé au rang de comte de Tyrone. A l'instigation de l'Espagne, il donna, en 1595, le signal d'un soulèvement ayant pour but de délivrer l'île du joug anglais, et qui fit de rapides progrès. En mars 1599, la reine envoya enfin en Irlande son favori, le comte d'Essex, à la tête d'une armée de 22,000 hommes; mais Essex n'arriva qu'à des résultats insignifiants : il conclut un armistice avec Tyrone, et évacua volontairement l'île, où, après son départ, la révolte éclata de plus belle. Lord Mountjoy y fut alors envoyé avec des forces imposantes, et ce nouveau lord lieutenant, qui ne se fit par scrupule de répandre le sang par torrents, eut bientôt achevé la soumission de l'île. Toutefois, quatre mille Espagnols, commandés par Aquila, qui prenait le titre de *restaurateur de la foi*, étant débarqués à Kinsale, le 23 septembre 1601, et bientôt après, une autre armée, sous les ordres d'Ocampo, ayant envahi le sud de l'Irlande, la population tout entière courut encore une fois aux armes. Tyrone se réunit à Ocampo; mais, le 24 décembre 1601, tous deux furent battus devant Kinsale par Mountjoy, qui leur fit éprouver de grandes pertes. Les Espagnols évacuèrent l'Irlande en janvier 1602, et Tyrone dut aussi se rendre à discrétion. A la mort d'Élisabeth, toute l'Irlande était soumise à l'Angleterre. Mais pour étouffer la révolte il avait fallu exterminer une partie des habitants et prononcer des confiscations en masse; affreuses violences qui sont la cause première du déplorable état de choses dont l'Irlande souffre aujourd'hui. Plus de 600,000 arpens de terre furent enlevés par la couronne aux *chieftains* irlandais et à leurs familles, et distribués en majeure partie à des colons anglais.

Le roi Jacques Ier conçut le plan d'améliorer l'état de l'Irlande au moyen de réformes politiques. Avant tout il voulait mettre un terme à l'autorité arbitraire qu'exerçaient les *chieftains* irlandais, lesquels avec le temps avaient fini par devenir de véritables barons anglais, et de faire des Irlandais des hommes aussi libres que les Anglais et jouissant comme eux de tous les droits attachés au titre de citoyen. Mais pour réaliser ses vues il fit revivre l'odieux système des confiscations. Tout seigneur irlandais fut obligé de produire la charte constatant son droit de propriété sur les terres dont il était en possession : et quand cette charte n'existait pas, ou bien encore si l'on y découvrait le moindre vice de forme, les domaines étaient impitoyablement confisqués au profit de la couronne. La plus grande partie des 800,000 arpents de terre pour qui éclurent de cette manière au roi dans le nord de l'île, au lieu d'être distribués à la classe pauvre, furent vendus à des Écossais ou à des spéculateurs anglais, qui fondèrent la ville de Londonderry. Cette révoltante iniquité fit avorter les mesures, bonnes au fond, prises par Jacques Ier pour civiliser l'Irlande. Il divisa le pays en circonscriptions ecclésiastiques, abolit les barbares coutumes judiciaires qui y étaient encore en vigueur et leur substitua le droit anglais, en déclarant que tous les habitants de l'Irlande étaient désormais citoyens libres. Un parlement national, qui s'assembla pour la première fois en 1615, et auquel assistèrent aussi, par conséquent, des seigneurs irlandais, confirma ces innovations. Toutefois, on ne comptait qu'un très-petit nombre de catholiques parmi les 25 lords qui avec 25 évêques protestants en formèrent la chambre haute; et sur les 226 membres dont se composait la chambre basse, 125 professaient la religion protestante. En outre, par suite de leur refus de prêter le *serment de suprématie* qui désignait le roi comme chef suprême de l'Église, les catholiques demeurèrent exclus de toutes les fonctions publiques. D'un autre côté, le pape exhorta ceux qui refusaient ce serment (*récusants*) à persévérer, et en face de l'Église protestante, il réussit à reconstituer sur tous les points de l'Irlande la hiérarchie catholique. A ce schisme religieux, qui devint de jour en jour plus grand soin par des prêtres élevés à l'étranger, vinrent s'ajouter encore, sous Charles Ier, des troubles civils. Les principes religieux et politiques des puritains faisaient de jour en jour plus de progrès parmi les colons anglais établis en Irlande; et, comme on sait, les tendances de ce mouvement étaient hostiles à la royauté. Mais les Irlandais furent surtout révoltés de la conduite du lord lieutenant Strafford, qui en toute occasion cherchait à comprimer et à étouffer parmi eux l'esprit de nationalité, et qui continuait, sous mille prétextes, le système odieux des confiscations. Dans l'exagération de son zèle, ce représentant de l'autorité royale en vint jusqu'à vouloir convertir la province de Connaught tout entière en propriété de la couronne. Les Irlandais résolurent donc de mettre à profit les embarras de Charles Ier pour secouer le joug britannique. Une armée nombreuse, concentrée alors en Irlande et destinée à agir contre les Ecossais, était presque entièrement composée d'Irlandais. Un certain Roger More, issu d'une vieille famille irlandaise, conçut le projet de la soulever et, à l'effet de le réaliser, se mit en rapport avec lord Maguire et avec le chevalier O'Neill, tous deux descendants d'anciennes races de *chieftains*. La conspiration fit de rapides progrès parmi les chefs de vieilles familles irlandaises, sans que les protestants anglais en eussent le moindre soupçon. Le 23 octobre 1641, O'Neill prit les armes dans la province d'Ulster, où une partie de la population était depuis longtemps réduite à errer sans asile dans les bois et dans les marécages. Ce que les meneurs avaient en vue, c'était une révolution politique, et non une guerre de religion ; mais un clergé fanatique poussa le peuple à commettre d'épouvantables massacres, si bien qu'en quelques jours quarante à cinquante mille protestants anglais furent égorgés sur divers points de l'île, et qu'un plus grand nombre encore périrent en cherchant leur salut dans la fuite. Les Anglais accusèrent leur malheureux roi d'avoir été l'instigateur de cette horrible boucherie, qui exerça une influence réelle sur la marche ultérieure de la révolution d'Angleterre, alors à ses débuts. Charles Ier fut forcé de remettre le soin de châtier les Irlandais rebelles au parlement anglais, dont la première mesure fut de confisquer en Irlande 2,500,000 arpents de terre pour en employer le produit en préparatifs de guerre. Mais l'expédition destinée à venger le sang anglais ainsi répandu n'eut pas lieu, parce qu'alors précisément commença la lutte du parlement contre la puissance royale elle-même.

Le marquis d'Ormond, lord lieutenant d'Irlande pendant la guerre civile, ne négligea rien pour défendre dans ce pays la cause de son maître ; et en 1646, après leur avoir garanti l'amnistie complète du passé et la liberté religieuse pour l'avenir, il conclut avec les principaux chefs des Irlandais catholiques un traité par lequel ceux-ci s'engagèrent à mettre un corps de 10,000 hommes à la disposition du roi. Le nonce du pape, Rinuccini, apporta des entraves à l'exécution de cette convention ; et Ormond, réduit à quitter l'Irlande, dut même livrer les places fortes aux troupes du parlement. Mais quand le nonce eût été expulsé du pays, les négociations furent reprises ; et Ormond put former une armée considérable d'indigènes, avec laquelle il fit éprouver plus d'un échec aux troupes du parlement. Après le supplice de Charles Ier et la proclamation de la république en Angleterre, les Irlandais d'Ormond, toujours placés sous l'influence toute-puissante d'Ormond, se disposèrent à proclamer le prince de Galles roi, sous le nom de Charles II. C'est à ce moment que le parlement nomma Cromwell lord lieutenant d'Irlande ; celui-ci y débarqua le 15 août 1649, à la tête d'une armée considérable, dont le fanatisme politique et religieux décuplait encore les forces. Cromwell, sans perdre de temps, enleva d'assaut les villes de Drogheda et de Wexford, dont il fit massacrer les habitants sans distinction de sexe ni d'âge. Cette atroce exécution, gage de l'impitoyable rigueur avec laquelle il était décidé à procéder à leur égard, inspira aux Irlandais une telle terreur, que pour la plupart ils abandonnèrent volontairement leurs places fortes pour aller se réfugier dans les marais.

En moins de neuf mois, après avoir versé des flots de sang, Cromwell avait soumis presque toute l'île, lorsqu'il remit le commandement en chef à son gendre Ireton, qui poursuivit impitoyablement l'exécution d'un plan qui n'allait à rien moins qu'à l'entière extermination des catholiques. C'est ainsi qu'il contraignit près de quarante mille Irlandais en état de porter les armes, et qui auraient pu devenir quelque jour dangereux pour leurs oppresseurs, à fuir loin de leur pays ; et ces émigrés entrèrent alors les uns au service de l'Espagne, les autres à celui de la France. A partir de ce moment une commission anglaise fut chargée d'administrer les affaires civiles du pays ; et comme, en dépit de l'affreuse persécution dont ils étaient l'objet, les catholiques irlandais persistaient opiniâtrement dans leurs antiques croyances, Cromwell imagina un beau jour de déporter en masse aux Iles des Indes occidentales cette nation tout entière, réduite par la terreur à se cacher au fond de ses bois et de ses marais. On comprit toutefois que c'était là un projet impossible à exécuter. Alors le Protecteur ordonna d'expulser tous les Irlandais de leurs terres, de les refouler à l'ouest de l'île, dans l'ancien royaume de Connaught, et de les y renfermer dans des places fortes, sous la surveillance de la population protestante ; mais malgré toutes les barbaries auxquelles on eut recours, ce plan ne fut exécuté que d'une manière extrêmement incomplète. Néanmoins, les terres arables qui se trouvèrent abandonnées par suite de ces sauvages exécutions furent distribuées à des soldats et à des colons anglais, tandis que des centaines de milliers d'indigènes périssaient de faim et de froid dans leurs marais.

La restauration n'apporta en somme que peu de changements à la malheureuse position des catholiques irlandais. Charles II fit, il est vrai, cesser la persécution religieuse ; mais les protestants gardèrent les propriétés confisquées sur les catholiques et qui leur avaient été données gratuitement. Il n'y eût qu'un nombre extrêmement minime de catholiques irlandais, ceux qui étaient assez riches pour pouvoir entamer de longs et ruineux procès en revendication, qui parvinrent à recouvrer par cette voie leurs propriétés. La réaction catholique sous le règne de Jacques II devint le signal fut saluée d'acclamations de joie en Irlande. Quand ce prince eut perdu sa couronne, il y opéra, au commencement de 1689, une descente avec un corps auxiliaire français de 5,000 hommes. Les catholiques accoururent en foule auprès de lui ; bientôt son armée présenta un effectif de 28,000 hommes, et les troupes anglaises perdirent successivement toutes les places fortes, à l'exception de Londonderry et d'Enniskillen. Par suite de cette contre-révolution, 2,400 propriétaires protestants se virent forcés d'abandonner leurs terres aux catholiques. Mais au printemps de 1690 le roi Guillaume III débarqua en Irlande avec un corps d'armée considérable, et remporta sur l'armée catholique deux victoires décisives ; l'une, le 1er juillet, sur les rives de la Boyne, non loin de Drogheda, et la seconde, le 13 juillet 1691, près d'Angrim. La révolte fut par là comprimée ; et l'île se trouva presque entièrement soumise à la nouvelle dynastie. Dès le mois d'août les catholiques durent livrer leur dernière place, Limerick ensuite de quoi intervint avec le général anglais Ginkel un traité en vertu duquel les Irlandais catholiques devaient jouir du libre exercice de leur religion, comme sous Charles II. Plus de 12,000 Irlandais, qui avaient combattu pour le parti de Jacques II, se condamnèrent volontairement à l'exil. Un arrêté du parlement anglais confisqua de nouveau dans l'île un million d'arpents de terre, qui cette fois encore furent distribués à des protestants. En outre, les protestants formèrent dans les villes, pour soutenir l'intérêt dynastique, des sociétés dites *orangistes*, qui persécutèrent et opprimèrent avec un zèle fanatique la population catholique. Pour comprimer tout essor de l'élément catholique et national, on eut recours à de barbares lois pénales, désignées sous le nom de *penal laws*. Aux termes de ces lois, les hauts dignitaires ecclésiastiques durent quitter l'île ; il fut interdit aux membres du bas clergé de sortir de leurs comtés respectifs ; l'enseignement catholique fut interdit, ainsi que les signes extérieurs du culte ; aucun catholique ne put valablement remplir des fonctions publiques, acquérir des propriétés foncières, contracter mariage avec une protestante, tester librement, etc. Une disposition particulière enjoignait même aux catholiques de ne monter que des chevaux d'une valeur de cinq livres; et en cas de contravention, tout protestant avait le droit d'enlever le cheval au propriétaire en lui payant ladite somme de cinq livres pour toute indemnité.

Bien que ces lois ne fussent pas toujours rigoureusement appliquées par les magistrats protestants, elles n'entretenaient pas moins dans le peuple des haines violentes contre la nation anglaise, qui les lui avait imposées, et elles le poussèrent souvent à des tentatives désespérées. La crainte que de son côté l'Irlande inspirait au gouvernement anglais le détermina à chercher les moyens de tarir les sources de la richesse nationale de ce pays, où la fabrication des étoffes de laine commençait à prendre d'importants développements. Tous les produits naturels et industriels de l'Irlande furent donc frappés de droits de sortie si exorbitants, qu'ils équivalaient à une prohibition.

Dès 1695 le parlement irlandais avait réclamé le rappel de l'*acte de Poyning*, et par conséquent son indépendance législative. Ses vœux furent repoussés en 1719, sous George Ier, par le parlement anglais, qui, au contraire, renouvela expressément l'acte dont on demandait l'abolition; et en 1727 il retira même aux catholiques le droit de concourir à l'élection des membres du parlement. Les Irlandais gémirent alors pendant plus de trente ans sous la plus dure oppression. Lors du soulèvement des jacobites écossais, en 1745, le gouvernement anglais avait été assez politique pour montrer des dispositions plus conciliantes à l'égard de l'Irlande; mais après la bataille de Culloden il était revenu bien vite à son ancien système de rigueur. L'oppression exercée par les grands propriétaires fonciers et par les curés protestants provoqua successivement à partir de ce moment, parmi les Irlandais catholiques, la création des associations politiques connues sous le nom de *defenders*, et qui jouent un rôle si important dans l'histoire moderne de l'Irlande. Vers 1760 parurent les *whiteboys* (les garçons blancs), ainsi appelés à cause des chemises qu'ils portaient par-dessus leurs vêtements. C'étaient des journaliers, des ouvriers sans pain, des fermiers congédiés, qui se rassemblaient la nuit pour châtier et même pour égorger les propriétaires, des curés, des agents de police, des magistrats, qui se montraient plus particulièrement impitoyables à l'égard des catholiques; et d'ordinaire, ces sanglantes exécutions une fois accomplies, il était impossible de retrouver les traces des coupables, car dans la crainte de s'exposer aux redoutables effets de leur vengeance, aucun Irlandais n'eût osé déposer en justice contre les *whiteboys*. Vinrent ensuite, en 1763, les *hearts of oak*, c'est-à-dire les cœurs de chêne, dont le soulèvement eut lieu à propos des corvées oppressives établies pour la construction des routes. En somme, ces recours à la force brutale ne changèrent rien à la situation du pays. Ce fut seulement à l'époque de la guerre entreprise pour la défense de leur indépendance par les colonies anglaises de l'Amérique septentrionale, que le peuple Irlandais profita des embarras du gouvernement anglais pour lui arracher quelques concessions. Les lois pénales jusque alors en vigueur contre les catholiques furent donc un peu adoucies en 1778, de l'assentiment du parlement anglais, qui les autorisa en outre à contracter des baux de 999 ans. La France ayant alors fait mine de vouloir tenter un débarquement en Irlande, les Irlandais, sous prétexte de défendre leur pays, que le gouvernement anglais s'était vu contraint de dégarnir presque entièrement de troupes, organisèrent en 1779 des corps de volontaires (*Irish voluntaries*), qui au bout de deux ans présentaient un effectif de 40,000 hommes. La nation sentit dès lors sa force. Ces volontaires présentèrent des pétitions les armes à la main, et le gouvernement en fut d'autant plus effrayé, qu'à ce moment les protestants irlandais eux-mêmes se joignirent aux catholiques pour réclamer une large réforme politique. On demandait la complète liberté du commerce de l'Irlande, l'abrogation des *penal laws*, mais surtout l'indépendance du parlement irlandais et la réforme des monstrueux abus de la loi électorale. Pour prévenir un soulèvement universel, le parlement anglais se vit donc forcé, en 1782, de supprimer l'*acte de Poyning* et de consentir à l'indépendance législative du parlement irlandais. En même temps les lois pénales portées contre les catholiques furent sinon abrogées, du moins considérablement mitigées. C'est ainsi qu'ils furent désormais autorisés à acquérir des propriétés foncières, à établir des écoles et à accomplir plus librement les cérémonies de leur culte. De toutes les mesures tyranniques dont se plaignaient avec tant de raison les Irlandais, la plus oppressive était peut-être l'obligation qu'on leur avait imposée de payer la dîme aux ministres protestants, alors qu'ils avaient à subvenir en outre à l'entretien de leurs propres églises. La dureté impitoyable avec laquelle beaucoup de ministres exigeaient des pauvres fermiers le payement des dîmes donna naissance, en 1786, à une société secrète dont les membres prirent le nom de *rightboys*, c'est-à-dire *gars du droit*, et se chargèrent de faire expier plus particulièrement aux ministres protestants la tyrannie sous laquelle gémissaient leurs concitoyens. Les *rightboys* faisaient prendre au peuple l'engagement sous serment de ne pas acquitter de dîmes, ou de ne les payer que d'après un taux fixé, et ils punissaient ceux des contribuables qui manquaient à leur parole. A partir de ce moment les luttes provoquées par la question des revenus de l'Église protestante prirent parfois le caractère d'une guerre sociale.

Lorsque la révolution française éclata, on comprend qu'elle dut provoquer les sympathies les plus vives en Irlande, dont la population s'abandonna aussitôt aux plus vastes espérances. Du sein des volontaires, qui pourtant s'étaient dissous depuis plusieurs années, se forma, en 1791, à Dublin, l'association des Irlandais-Unis (*United Irishmen*), à laquelle s'affilièrent même un grand nombre de protestants. Cette association avait pour but ostensible de propager et de discuter les principes et les faits de la révolution française; mais en secret elle préparait une révolution qui devait transformer l'Irlande en république indépendante. Des relations secrètes s'établirent bientôt entre elle et la Convention nationale; on arma de nouveau les volontaires, et il fut convenu qu'à l'arrivée d'une armée française éclaterait en Irlande un soulèvement général.

En dehors de ces menées occultes de quelques conspirateurs, les catholiques anglais, profitant des embarras du gouvernement anglais, réclamaient en 1792, dans une grande assemblée tenue à Dublin, leur complète assimilation aux protestants pour l'exercice des droits politiques et civils; et le parlement, s'efforça alors de conjurer l'orage en supprimant les entraves imposées au commerce et à l'industrie de l'Irlande et, à peu de chose près, les lois si justement odieuses dites *penal laws*. Les catholiques obtinrent le droit de plaider devant les tribunaux, et purent désormais contracter mariage avec des protestants. En 1793 on abolit les peines qu'ils encouraient en ne fréquentant pas les dimanche les églises protestantes; on leur accorda aussi le droit de prendre part aux élections pour le parlement, sans pourtant être eux-mêmes éligibles, et celui d'arriver aux emplois inférieurs. D'autres réclamations étant restées sans résultat, l'Association des *Irlandais-Unis* n'en laissa percer que plus hardiment ses desseins révolutionnaires, et le gouvernement anglais résolut enfin de conjurer ce péril par l'emploi de la force. L'*habeas corpus*, introduit en Irlande depuis 1782, fut révoqué; de fortes garnisons furent mises dans les villes; l'Association des *Irlandais-Unis* fut dissoute et désarmée. Mais, comptant bien sur l'assistance de la France, les conjurés ne perdirent pas courage pour cela; et en décembre 1796 parut sur la côte d'Irlande une flotte française portant 25,000 hommes de troupes de débarquement, sous les ordres de Hoche; cependant, par suite d'accidents de mer et surtout de l'impéritie de l'amiral, cette flotte dut s'éloigner sans avoir rien tenté.

Le gouvernement anglais adopta alors à l'égard de l'Irlande des mesures plus rigoureuses que jamais, et déclara l'île tout entière en état de siège ; mesure bien faite pour achever d'exaspérer la population. En 1797 l'Association des *Irlandais-Unis* se réorganisa secrètement, et en se donnant cette fois une organisation militaire très-habile. A sa tête était placé un directoire composé de cinq membres, dont les noms n'étaient connus que des délégués des cinq commissions provinciales. Déjà l'Association comptait plus de 500,000 conjurés, lorsqu'en janvier 1798 le gouvernement reçut d'un parjure les révélations les plus complètes. Malgré cette trahison et l'arrestation de plusieurs chefs, qui en fut la suite, le soulèvement éclata au mois de mai sur plusieurs points du pays à la fois. Les insurgés étaient pour la plupart catholiques : aussi leur premier soin fut-il de se venger des orangistes; toutefois, des forces militaires imposantes empêchèrent la révolte de prendre plus d'extension. Des colonnes mobiles parcoururent l'île, et comprimèrent la sédition en répandant le sang à flots. Les commandants de ces détachements arrêtaient les suspects, et les faisaient pendre sans autre formalité. Le nombre des victimes s'éleva à environ trente mille, y compris beaucoup de protestants égorgés par les catholiques. Ces scenes sauvages avaient à peine cessé, qu'au mois d'août 1798 parut sur la côte d'Irlande une autre escadre française, aux ordres de Savary, qui débarqua dans la baie de Killala un millier d'hommes aux ordres du général Humbert. Une foule de patriotes irlandais vinrent se joindre aux Français ; mais les troupes anglaises réussirent à comprimer ce soulèvement, qui pouvait devenir général, et contraignirent les insurgés à mettre bas les armes. Une autre expédition française, qui, en septembre, s'approcha des côtes sous les ordres du général Hadry, avec 3,200 hommes de débarquement et d'immenses approvisionnements de guerre, fut interceptée et capturée presque tout entière par l'amiral Warren. Diverses autres tentatives de débarquement faites par les Français jusqu'en novembre échouèrent également.

A la suite de ces désastres éprouvés coup sur coup par le parti national irlandais, le gouvernement anglais résolut enfin d'enlever à l'Irlande sa représentation particulière et de réunir le parlement qui fonctionnait à Dublin avec le parlement d'Angleterre. Une motion faite à cet effet dans le parlement d'Irlande ayant été repoussée avec une vive indignation, le cabinet eut recours aux voies de la corruption. Les bourgs pourris, desquels dépendaient la plupart des sièges du parlement d'Irlande, furent achetés à prix d'or. Le gouvernement les paya chacun plus de vingt mille livres. Grâce à cette opération, l'union législative entre l'Irlande et la Grande-Bretagne, dite *union finale*, fut votée à une grande majorité, le 26 mai 1800.

Il avait été convenu que l'Irlande serait désormais représentée dans la chambre haute du parlement siégeant à Westminster par 32 lords élus parmi les pairs irlandais, dont quatre évêques, et à la chambre basse par 100 députés des comtés, villes et bourgs ; en outre, que les Irlandais jouiraient des mêmes droits et libertés que les Anglais, et que des relations complètement libres existeraient entre les deux peuples. L'Irlande s'obligeait en retour à supporter pendant les vingt années suivantes deux vingt-cinquièmes de la totalité des charges de l'État. La première session du parlement-uni eut lieu au commencement de 1801. Pour gagner les masses, Pitt avait promis de plus la complète émancipation politique des catholiques ; il avait préparé l'acte qui devait être soumis à cet effet au parlement ; mais il lui fut impossible de décider le bigot Georges III à faire cette concession. Les catholiques irlandais, justement irrités de ce manque de parole, fondèrent dès 1802, à Dublin, une grande *association politique* ayant pour but d'obtenir l'émancipation. Dans l'espace de dix ans, cette association devint le foyer de toute vie politique en Irlande, et parvint à exercer un empire absolu sur les catholiques. La rare activité qu'elle déploya surtout à partir de 1812, lorsqu'il commença à se manifester au sein du parlement quelque sympathie pour l'Irlande, provoqua la résurrection des anciennes loges orangistes ; de là bientôt entre catholiques et protestants de sanglants et incessants conflits. En 1825, le gouvernement ayant prononcé la dissolution des deux associations, orangiste et catholique, O'Connell sut donner à l'association catholique une nouvelle forme, grâce à laquelle celle-ci put sans violer la loi continuer son œuvre. Ce ne fut toutefois qu'à la mort de Canning, en 1827, quand Wellington prit en main la direction des affaires, que l'Irlande, renonçant à l'attitude calme qu'elle avait gardée jusqu'alors, devint le théâtre de la plus violente agitation. L'association fut complètement organisée dans tous les comtés, et s'attacha surtout à influer sur les élections, dont le résultat fut décidé par les petits cultivateurs. Tous les catholiques s'obligèrent à payer une cotisation à l'effet de former un fonds destiné à être employé au mieux des intérêts de la cause commune et notamment à venir en aide aux fermiers congédiés par les propriétaires protestants. Par contre, d'autres associations protestantes se reconstituèrent sous le nom de *clubs de Brunswick*; et l'antagonisme des deux partis religieux en présence devint tellement violent, qu'on dut craindre de le voir dégénérer en guerre civile. Dans de telles circonstances le gouvernement anglais eut le bon sens de comprendre qu'il ne lui restait plus d'autre ressource que de prévenir par une large concession les graves dangers que courait la tranquillité publique.

Après avoir ordonné la dissolution des associations, Wellington proposa au parlement un bill dit *d'émancipation*, qui rendait aux catholiques l'exercice de leurs droits politiques, qui fut adopté malgré l'opposition des ultra-tories, et sanctionné le 13 avril 1829 par Georges IV. Un nouveau serment de fidélité à la couronne et à la constitution, rédigé dans des termes tels que les catholiques purent le préférer, remplaça l'ancien, et dès lors les catholiques purent siéger au parlement, de même qu'ils devinrent admissibles à toutes les fonctions publiques, sauf celles de lord-chancelier d'Irlande.

Cette mesure réparatrice fut accueillie par les catholiques irlandais avec les démonstrations de la satisfaction la plus vive. Usant tout aussitôt du droit de saisir directement la législature de la question des remèdes à apporter aux souffrances sans nom de son pays, O'Connell présenta une motion ayant pour but la suppression de la dîme que les catholiques étaient tenus de payer aux ministres du culte protestant ; impôt inique et oppressif, dont les catholiques résolurent de refuser désormais le payement.

La résistance devint encore plus générale, lorsqu'à la fin de 1830 le ministère tory succomba et fut remplacé aux affaires par une administration whig ayant pour chef lord Grey. Le nouveau ministère, qui devait s'attacher à se concilier les masses dans l'intérêt du triomphe de la réforme parlementaire, annonça la présentation prochaine d'un bill relatif au rachat des dîmes en Irlande. Ce bill, lord Stanley, secrétaire d'État pour l'Irlande, le présenta effectivement au parlement dans la session de 1832. Les deux chambres l'adoptèrent ; mais on reconnut bientôt que ce n'était encore là qu'un impuissant palliatif. Au lieu de consentir à se racheter de la dîme, les catholiques prirent le parti d'en refuser purement et simplement le payement : et ce refus général, fait avec un admirable accord, causa une telle perturbation dans la situation du clergé protestant, que le parlement se vit obligé de lui faire une avance d'un million sterling. C'est à ce moment qu'O'Connell déclara qu'il consacrerait désormais tous ses efforts à obtenir le rappel de l'union législative entre l'Irlande et la Grande-Bretagne ; car suivant lui une législature indépendante pouvait seule remédier aux griefs de l'Irlande. Ce rappel, qu'O'Connell lui-même ne croyait sans doute point réalisable, mais dont le but réel était d'entretenir en Irlande cette agitation politique à laquelle le bill d'émancipation était venu mettre fin, produisit en Irlande un effet électrique. D'une extrémité de l'île à l'autre, la dissolution de l'Union devint le mot de ralliement de la foule ; et O'Connell fonda alors l'association dite du rappel (*Repeal-Association*), devenue bientôt le centre d'action de l'opposition. L'irritation des classes populaires devint telle, qu'O'Connell lui-même eut toutes les peines du monde à empêcher un soulèvement et à maintenir le peuple dans les voies légales. Dans une telle situation, il était naturel que la question d'Irlande absorbât toutes les autres ; aussi dès la session de 1833, la première qui se tint après la réforme parlementaire, lord Grey, voyant l'ordre public gravement compromis, n'hésita-t-il pas à soumettre à la sanction du parlement une loi (*Irish coercion bill*) qui conférait au lord lieutenant d'Irlande le pouvoir d'interdire, sans autre formalité, toutes les assemblées populaires, et au besoin de proclamer l'état de siége. Une armée de 36,000 hommes, flanquée de 6,000 agents de police armés, fut envoyée en Irlande pour prêter main forte à l'exécution de cette loi ; et quelques districts furent effectivement déclarés en état de siége. Pour apaiser jusqu'à un certain point l'exaspération générale, le ministère proposa une seconde loi, le bill relatif à l'Église d'Irlande, qui abolissait les impôts ecclésiastiques, diminuait les revenus des prébendes et supprimait les paroisses et évêchés protestants inutiles. Cet acte ayant été adopté au grand mécontentement des protestants zélés, le libéral lord Lyttleton, qui avait remplacé lord Stanley comme secrétaire d'État pour l'Irlande, présenta un nouveau bill des dîmes, qui substituait à la dîme une rente foncière due par la propriété territoriale ; rente qui n'équivalait d'ailleurs qu'aux trois cinquièmes des anciennes dîmes. En somme, les Irlandais devaient donc être déchargés des deux cinquièmes de cet impôt. La chambre basse adopta le bill de lord Lyttleton ; mais les lords le rejetèrent, parce qu'il contenait une disposition subsidiaire en vertu de laquelle l'excédant obtenu sur le revenu ecclésiastique par suite de l'application du bill de l'Église, devait être employé au profit des écoles et des communes en Irlande. Les tories virent là une spoliation commise aux dépens de l'Église protestante et appelèrent cette disposition la *clause d'appropriation*.

Au milieu de l'agitation que le rejet du bill des dîmes causa en Irlande, lord Grey donna sa démission, parce que dans le cabinet même de graves dissentiments s'étaient élevés au sujet du *coercion bill* ; et lord Melbourne arriva en juillet 1834 à la tête des affaires. Le *coercion bill* fut aussitôt retiré, et la nouvelle administration suivit à l'égard de l'Irlande la politique la plus conciliante. O'Connell, avec qui elle entra même en d'étroites relations, n'hésita point à dissoudre l'association du Rappel, en déclarant à ses compatriotes que les intentions des whigs étaient des garanties suffisantes d'un meilleur avenir. Les tories furent tellement irrités de cette alliance du gouvernement avec le parti populaire irlandais, qu'ils recoururent à toutes les ressources les plus souterraines de l'intrigue pour déterminer en novembre 1834 le crédule Guillaume IV à congédier brusquement son ministère. Le nouveau cabinet tory, présidé par Peel, espéra détourner l'orage menaçant que ce changement d'administration souleva en Irlande, en présentant dans la session de 1835 un bill sur les dîmes qui différait peu du précédent. Mais la chambre basse ayant de nouveau adopté, sur la motion de lord J. Russell, la clause qui consacrait l'excédant de revenu de l'Église d'Irlande à des objets d'utilité publique, les tories durent se retirer dès le mois d'avril, et Melbourne reprit la direction des affaires.

Dans cette lutte opiniâtre, c'étaient les membres irlandais du parlement qui avaient décidé pour la première fois par leur vote une question de cabinet. Les whigs, reconnaissants, nommèrent lord lieutenant d'Irlande, en mai 1835, le comte Mulgrave, connu plus tard sous le nom de marquis de Normanby, noble caractère, en qui les libertés nationales avaient constamment trouvé un défenseur zélé. Pour la première fois depuis des siècles, l'Irlande entra, sous l'administration de ce nouveau lord lieutenant, dans une situation tranquille et normale. Mulgrave n'hésita point à appeler des catholiques aux fonctions les plus importantes, à faire présider une stricte impartialité à la distribution de la justice à déclarer une guerre impitoyable aux abus administratifs, et à tenir en bride l'insolence du parti protestant. Une ordonnance rendue par lui en 1836 supprima même les associations orangistes.

Cependant, les affaires d'Irlande continuèrent à être dans le parlement l'objet de vives discussions. Le gouvernement présenta dans trois sessions consécutives le bill sur les dîmes d'Irlande, qui échoua deux fois dans la chambre haute, à cause de ce qu'on appelait la *clause d'appropriation*. En 1838, les ministres ayant consenti à abandonner cette clause, le bill fut adopté à peu près dans la forme où il avait été pour la première fois proposé par Lyttleton. Une tentative faite pour porter remède à l'état de confusion où se trouvait le régime municipal en Irlande échoua contre le mauvais vouloir de la chambre haute. Il en fut de même de toute une série de mesures moins importantes, destinées à détruire quelques-uns des abus existant dans ce pays ; et ce ne fut pas sans peine qu'en 1836 le ministère arracha à la chambre haute un bill qui créait en Irlande des juges de paix et des magistrats de police salariés, amélioration qui mettait enfin un terme au pouvoir arbitraire dont les propriétaires fonciers avaient jusque alors été investis. Malgré le mauvais vouloir évident que lui témoignait la chambre haute, organe des rancunes de l'aristocratie anglaise et du clergé protestant, le peuple irlandais, qui à la suite d'une mauvaise récolte, eut à souffrir d'une affreuse disette, resta tranquille sous l'administration de Mulgrave et sous celle de son successeur, lord Fortescue. Ce fut seulement en mai 1839, quand la défection des radicaux contraignit les whigs à abandonner momentanément la direction des affaires, que les vieilles haines se ranimèrent, et la fermentation y devint telle, qu'il eût suffi alors d'un simple signe d'O'Connell pour que la guerre civile éclatât partout en Irlande.

La grande faute, le grand malheur des hommes d'État, aussi bien whigs que tories, qui depuis trente ans ont dirigé les affaires de la Grande-Bretagne, et pour qui l'Irlande n'a pas cessé d'être le plus affreux des cauchemars, c'est de ne pas avoir compris qu'il était impossible de maintenir plus longtemps ce pays une organisation de la propriété foncière qui a fini par exhéréder plus des dix-neuf vingtièmes de la population, réduits par la misère et les vices qu'elle engendre, à une situation à peu près analogue à celle des ilotes chez les Spartiates ; qu'il s'agissait là en réalité bien moins de liberté religieuse ou de droits politiques que d'une question sociale. Avec les sommes que l'Angleterre a dépensées depuis un demi-siècle, pour faire chaque année l'aumône aux classes nécessiteuses de l'Irlande et les soustraire ainsi plus ou moins efficacement aux tortures de la faim, un gouvernement sage et habile, s'il n'avait pas cru devoir modifier législativement les bases données à la propriété par le féodalité, eût pu du moins racheter à l'amiable près du quart du sol de l'Irlande, et y eût créé toute une population de petits propriétaires, dont la participation au rendement de l'impôt représenterait aujourd'hui bien au delà de l'intérêt du capital employé à cette transformation pacifique du sol. La régénération morale et politique de l'Irlande était à ce prix ; jusqu'à ce jour le gouvernement anglais ne s'est pas senti le cœur de l'entreprendre. Au lieu de se jeter dans cette voie résolument on le voit, en 1838, présenter à la session législative un *bill des pauvres pour Irlande*, dont toute l'économie consistait à construire dans les différents comtés des dépôts de mendicité, des maisons de travail, pouvant recueillir de 70 à 80,000 individus. Cette mesure, vivement combattue par les chefs du parti irlandais, fut adoptée par le parlement, dévora des sommes immenses, et ne changea rien à la situation La société des tories aux affaires fut en effet tout aussitôt suivie en Irlande de la plus menaçante agitation ; et O'Connell de reconstituer alors, peut-être uniquement pour tenir le peuple en haleine, l'association pour le Rappel de l'Union. En 1843 l'île était véritablement en feu, et chaque jour éclataient de sanglantes collisions entre les catholiques et les protestants.

A la suite d'une assemblée monstre de *repealers* (partisans du rappel) tenue au mois de mai 1843 à Mallow, les conseillers de la couronne crurent devoir venir déclarer solennellement devant le parlement qu'ils étaient fermement résolus à maintenir coûte que coûte l'union législative des deux pays. Le bill qui interdisait le port d'armes en Irlande fut renouvelé : on y envoya des forces imposantes, et les fonctionnaires publics membres de l'association du Rappel furent destitués. Une autre assemblée monstre de *repealers*, convoquée en octobre à Clontarf, fut interdite, et se dispersa sans opposer de résistance sérieuse. Mais dans les assemblées hebdomadaires de l'association, O'Connell faisait adopter des résolutions où, tout en recommandant de respecter la tranquillité publique, on déclarait les actes du gouvernement illégaux, en même temps qu'on y prenait l'engagement de persister dans la résistance légale tant que l'Irlande n'aurait pas recouvré son propre parlement.

En présence de ce défi jeté au pouvoir, les ministres n'hésitèrent point à intenter au célèbre Agitateur et à ses adhérents un procès qui se termina, en mai 1844, par une condamnation à une année de prison contre les inculpés. Un vice de forme fit casser cet arrêt par la chambre haute, et les condamnés furent remis en liberté.

La question religieuse vint alors compliquer encore la situation : un bill proposé par Robert Peel à l'effet de créer en Irlande trois grands collèges d'enseignement mixte pour toutes les matières profanes fut aussi vivement combattu par les anglicans zélés et intolérants que par les catholiques, dont les évêques protestèrent solennellement contre cette mesure et transmirent leur protestation à la cour de Rome. De nouvelles assemblées monstres tenues par les *repealers* provoquèrent, en 1845, des contre-démonstrations de la part des orangistes ; et les collisions sanglantes recommencèrent de plus belle entre les deux partis. L'année 1846 fut signalée dans la plus grande partie de l'Europe par une mauvaise récolte, et l'Irlande en souffrit peut-être plus que tout autre pays, car, par suite de la *maladie des pommes de terres*, la récolte de ce précieux tubercule, qui constitue à lui seul la nourriture des trois cinquièmes de la population, y manqua complétement. Le gouvernement, pour venir en aide aux populations nécessiteuses, ordonna de grands travaux d'utilité publique, fit dessécher des marais, construire des routes, rendre à la culture d'immenses étendues de terrain jusqu'alors restées incultes, distribuer des vivres au-dessous du prix de revient ; mais tous ses efforts, tous ceux que tentèrent de leur côté les personnes aisées pour venir en aide aux pauvres, ne furent que de vains palliatifs. Les sacrifices immenses faits à peu près inutilement en 1846, il fallut encore les renouveler en 1847, et cette fois sur une échelle beaucoup plus large. A la fin de juillet 1847, le gouvernement avait dépensé en Irlande, dans l'espace de douze mois, près de 250 millions de francs. Ce fut d'ailleurs un bonheur pour lui, et aussi pour l'Irlande, que la direction supérieure des affaires de ce pays se trouvât entre les mains d'un homme aussi humain, aussi juste, et aussi conciliant que le comte Bessborough (mort en mai 1847), qui eut un digne successeur en lord Clarendon, dont la bienfaisante administration a fait époque en Irlande. C'est au plus fort de cette crise que le célèbre O'Connell mourut, à Gênes (15 mai 1847), en se rendant à Rome, et l'agitation pour le Rappel s'éteignit avec lui.

Aussi bien, O'Connell était depuis longtemps débordé, et son action, à peu près annulée par celle de la *jeune Irlande*, parti essentiellement révolutionnaire, aux yeux duquel l'agitation *légale* n'était qu'une vaine momerie, et qui n'attendait de salut pour le pays que de l'insurrection. L'abondante récolte de 1847 vint heureusement enrayer bien des plaies matérielles ; mais alors il y eut recrudescence de la maladie morale, à la suite du caractère de plus en plus envenimé que prit la question religieuse. Le pape se prononça de la manière la plus formelle contre le projet des collèges mixtes de Robert Peel ; jamais l'antagonisme des deux partis religieux ne prit un caractère plus violent. Les collisions sanglantes, les meurtres isolés, provoqués surtout par la question agraire, devinrent à l'ordre du jour ; et en présence de cette effroyable anarchie, fomentée par un clergé ultramontain, le gouvernement, ne se sentant pas la force nécessaire pour la faire cesser, vint demander au parlement l'augmentation des moyens énergiques de répression mis déjà à sa disposition, et entre autres la suspension des lois garantissant la liberté individuelle.

On comprend de reste que la révolution de février 1848, avec les espérances sans limites qu'elle fit naître et les horizons nouveaux qu'elle découvrit, ne put qu'ajouter encore aux perils de cette situation si tendue. Les chefs de la *Jeune Irlande*, reniant hautement la politique temporisatrice d'O'Connell, crurent le moment venu d'en appeler à la force. Ils se mirent en rapport avec les hommes de l'hôtel de ville à Paris, et engagèrent ouvertement les masses à se tenir prêtes pour la lutte. Le parti d'O'Connell (désigné aussi sous la dénomination de *moral force party*, en opposition à la *jeune Irlande*, désignée sous celle de *physical force party*) perdait chaque jour du terrain ; et effrayé de ce qui se passait en Irlande, de même que de l'attitude prise en Angleterre par le parti *chartiste*, le ministère dut présenter au parlement un bill *pour la protection de la couronne*. Il prononça ensuite la dissolution d'une espèce de *convention nationale* composée de 300 députés et convoquée à Dublin par Smith O'Brien, ainsi que celle d'une garde nationale qui était alors (mai 1848) en voie d'organisation. Smith O'Brien et Meaghir furent en outre traduits devant les tribunaux, sous l'accusation d'avoir excité le peuple à la révolte ; mais le jury ne put rendre son verdict. John Mitchell, rédacteur d'un journal intitulé : *The united Irishman*, où l'on prêchait ouvertement l'insurrection, fut condamné à quatorze années de déportation (26 juin). Enhardi par l'impunité, Smith O'Brien se posait en chef du parti national, et dans les réunions publiques annonçait hautement que le jour de l'insurrection armée approchait. Une partie des anciens *repealers*, abandonnant les fils d'O'Connell, venait se grouper sous le drapeau de la *jeune Irlande*, et constituait l'*Irish league*. D'un bout de l'île à l'autre, ce n'étaient plus que clubs révolutionnaires et assemblées d'hommes en armes, tandis que les feuilles ultra-démocratiques, telles que *The Irish Felon* et *The Nation* excitaient et déchaînaient de leur mieux les passions les plus extrêmes. Le gouvernement traduisit de nouveau Meaghir en justice (18 juillet), et déclara la ville de Dublin et les comtés de Cork, de Waterford et de Drogheda en état de siège.

Le parlement investit encore alors le gouvernement de nouveaux moyens de répression, et le lord lieutenant donna l'ordre d'arrêter Smith O'Brien, en même temps que la publication des feuilles révolutionnaires était interdite. Les chefs du parti démocratique se cachèrent ou prirent la fuite, et la plupart des clubs se fermèrent. Pendant ce temps-là Smith O'Brien, salué par les masses populaires du titre de *roi de Munster*, groupait autour de lui des bandes armées, à la tête desquelles il parcourait le pays à l'aventure ; un engagement sanglant, qui eut lieu le 29 juillet entre ses siens et la force armée, engagement auquel on donna par dérision le nom de *bataille de Boulagh*, mit fin à ces désordres en provoquant un sauve-qui-peut général parmi les bandes armées et leurs chefs. Dans toutes ces démonstrations du parti démocratique, il n'y avait en réalité que de la menace et de la forfanterie, car il n'y eut nulle part de résistance sérieuse. Le 5 avril Smith O'Brien fut arrêté et traduit en justice avec Meaghir et autres. Au mois d'octobre, il fut rendu contre eux une condamnation à la peine de mort, que le gouvernement commua en déportation.

On ne saurait refuser au gouvernement anglais la justice de reconnaître que tout en ne renonçant point à l'usage des moyens de répression vigoureuse dont il était armé, il fit tous ses efforts pour guérir les plaies de l'Irlande. En février 1849, un bill introduisit une taxe de six *pence* par livre sterling de revenu, pour le produit en être appliqué au soulagement des pauvres. Mais cet expédient ne détruisit point la misère. L'Irlande était revenue à une situation pareille à celle des plus mauvais jours de l'année 1846-1847, et pour comble de calamité le choléra vint alors y effectuer d'effrayants ravages. En quelques semaines plus de 200,000 individus fuirent loin de ce malheureux pays, où d'immenses étendues de sol restèrent abandonnées et sans culture. L'esprit de parti, malgré ces désastres publics, persistant dans la politique de l'*agitation*, le gouvernement obtint de la législature un bill qui interdisait en Irlande toutes réunions publiques, aussi bien celles des catholiques que celles des orangistes (mai 1850). Le mois suivant le parlement votait un secours extraordinaire de 300,000 liv. sterl. pour les dépôts de mendicité, où le choléra avait sévi d'une manière toute particulière, en même temps qu'un autre bill élargissait la base du droit électoral et déclarait électeur tout fermier dont le bail s'élevait à la somme de 2 liv. sterl. Tant d'efforts, tant de sacrifices amenèrent bien une certaine amélioration dans la situation, et la population commença à témoigner alors pour ses intérêts matériels une partie de la préoccupation qu'elle avait jusqu'à ce moment concentrée uniquement sur ses intérêts moraux; mais cette amélioration n'existait qu'à la surface, et comme toujours les actes de violence, les meurtres et les assassinats commis dans les rapports de propriétaires à fermiers continuaient de répandre la terreur dans le pays. L'agitation *politique* venait-elle à cesser, aussitôt c'était l'agitation *religieuse* qui la remplaçait; et le clergé catholique, fidèle aux instructions de la cour de Rome, créait au pouvoir de nouveaux embarras par son opposition haineuse à toutes les mesures où la puissance temporelle lui semblait usurper sur les droits de l'autorité spirituelle. On put toutefois constater un fait consolant, c'est que préoccupées maintenant beaucoup plus de leurs intérêts matériels, les masses se laissaient entraîner bien moins facilement qu'autrefois aux excitations et aux provocations des partis. Aussi bien, le mouvement de l'émigration causé par la chèreté relative des subsistances et par l'impossibilité pour le plus grand nombre de trouver une rétribution suffisante du travail, prenait une extension de plus en plus rapide; et le recensement de 1851 constata une diminution de plus d'un million et demi d'habitants sur celui de 1841; diminution dont le résultat immédiat fut une amélioration sensible dans la situation générale. Sans doute l'agriculture s'est visiblement relevée et l'esprit de commerce et d'entreprise commence à faire de notables progrès dans le pays, dont la surface paraît en ce moment calme et tranquille; mais nous craignons bien que le feu ne couve sous la cendre; et ce qui nous porte à le penser, c'est qu'il y a là une nationalité opprimée, des croyances religieuses violentées : deux causes d'inévitables révolutions. Consultez Cox, *Hibernia anglicana, or the history of Ireland from the invasion of Henri II, with a preliminary discourse on the ancient state of that Kingdom* (2 vol., Londres, 1689-1690); Mac Geoghegan, *Histoire de l'Irlande ancienne et moderne* (Paris, 1761); Gordon, *History of Ireland from the earliest account to the accomplishment of the union with Great-Britain* (2 vol. 1806); Thomas Moore, *History of Ireland* (2 vol. Londres, 1835); Beaumont, *L'Irlande sociale, politique et religieuse* (Paris, 1839). O'Connor a aussi publié les anciennes chroniques de l'Irlande, texte original avec traduction anglaise en regard, sous le titre de *Rerum Hibernicarum Scriptores veteres* (4 vol. Londres, 1814-1826).

IRLANDE (Nouvelle-). *Voyez* NOUVELLE-IRLANDE.

IRMENSUL ou IRMINSUL. *Voyez* IRMIN.

IRMIN, mot qu'on retrouve dans toutes les langues germaniques, qui dès lors a déjà beaucoup vieilli, et qui vraisemblablement était à l'origine synonyme de *vaste*, *immense*. Toutefois, dans les plus anciens monuments écrits que l'on possède, et où il ne figure plus que comme première partie de noms et de substantifs (par exemple, *irminman*, *irmingot*, *irminfrit*, *irmangart*), sa signification première s'est tellement effacée, qu'il n'est plus que l'augmentatif de l'idée contenue dans la seconde partie du mot à la formation duquel il concourt. Il est extrêmement probable que chez les nations germaines proprement dites *irmine* était le surnom significatif du dieu dont l'une des plus antiques tribus germaines, les Herminons, peut être bien aussi les Hermundures, prétendaient descendre. On a cru reconnaître dans ce surnom Wodan, ou encore (et ce semble par des motifs plus concluants) Ziou, personnification de la brillante clarté du jour, que l'on avait transformée en farouche divinité des batailles. Il est probable que c'est à ce dieu qu'étaient consacrées ce qu'on appelle aujourd'hui les *colonnes d'Irmen*; car c'est à tort que jusqu'au treizième siècle les écrivains, ceux de la Franconie surtout, ont employé ce terme pour désigner toute grande colonne ou statue. La plus célèbre des colonnes d'Irmen (*Irminsul*) fut détruite sur l'Eresberg, près de la Dremel, en Hesse ou en Westphalie, par Charlemagne, lors de la grande victoire qu'il remporta sur les Saxons en 772. Il paraît qu'il en existait une autre, non moins ancienne et moins vaste, à Scheidungen sur l'Unstrut en Thuringe. Divers motifs se réunissent pour donner à penser qu'il y avait une corrélation intime entre ces colonnes ou plutôt ces baliveaux (car il est difficile d'admettre que ç'aient été des statues), et Yggdrasil, l'arbre du monde dans la mythologie scandinave, de même que plus tard les colonnes de Roland qui existaient dans bon nombre de villes du nord de l'Allemagne. Consultez Grimm, *Mythologie allemande* (Gœttingue, 1844).

IRONIE, figure de rhétorique, où la parole est directement opposée à la pensée. Mais, loin de *cacher la pensée*, cette manière d'employer *la parole* fait ressortir avec plus de force ce qu'on a dans l'esprit. Dumarsais distingue deux espèces d'ironies : l'une est un trope, à son avis; l'autre, une figure de pensée. Celle-ci est l'ironie soutenue; celle-là consiste dans un ou deux mots. Tel est cet exemple où Déiphobe, mutilé par la trahison d'Hélène, montre ses plaies, et dit avec amertume : « Voici les gages que ma *vertueuse* épouse m'a laissés de *son amour*. »

L'ironie ne convient pas aux passions, dit Voltaire; elle ne va point au cœur. Sans doute, il a voulu parler de l'ironie prolongée, dont les idées suivies dans un ordre où la réflexion est trop marquée, s'accordent peu avec la marche impétueuse et brusque des passions. En effet, comme l'ironie est un railleur qui se fait dans l'esprit, elle suppose une âme calme pour tracer ainsi le tableau de ce qu'une chose est avec les traits de ce qu'elle n'est pas. Sous ce rapport, et parce qu'elle est une moquerie légère ou pénétrante, douce ou amère, elle convient mieux au ton de la comédie. Néanmoins, il en est d'elle comme du rire : expression ordinaire de la gaîeté, elle peut être encore inspirée par le désespoir ou la rage.

L'ironie a différents caractères, comme elle a des sources variées, et ces noms changent suivant ses modifications. On l'appelle *astéisme* lorsque, inspirée par l'estime ou l'amitié, elle couvre un éloge sous le voile du blâme. Tel est le discours de la mollesse dans le *Lutrin*. Tantôt elle se revêt de grâce et d'élégance, et son badinage plaît à ceux même qu'il touche avec des traits aimables : c'est le *chariéntisme*. Tantôt, quand elle vient de la haine, du mépris ou de la colère, elle parodie le ton, les gestes et les paroles d'un autre, afin de lui donner un ridicule : on la nomme en ce cas *mimèse*. On en trouve un exemple dans la scène du *Misanthrope* entre Arsinoé et Célimène. Voulez-vous un *specimen* du *chleuasme*, lisez le discours de Turnus à Drancès dans l'*Énéide*. Ici, par moquerie, ou nous supposons nos belles actions dans un rival, ou nous supputons les mauvaises actions d'un rival en nous-même. Le *diasyrme* consiste dans un mot qui ressemble à celui de Diogène jetant à Platon un coq dépouillé de ses plumes, et criant aux élèves du philosophe : *Voilà l'homme de Platon !* C'est, dit Beauzée, une espèce d'ironie dédaigneuse ou maligne, qui par une raillerie humiliante dévoue au mépris la personne qui en est l'objet. Enfin, le sarcasme, qui *mord dans la chaire vive*, comme l'indique son étymologie (*sarx*, en grec), est la parole outrageante du vainqueur à son ennemi terrassé; c'est le mot de Thomyris qui plonge la tête de Cyrus dans un vase de sang, ou le reproche amer du Parthe qui verse de l'or fondu dans la bouche de Crassus; ou l'exclamation du poëte à la vue de Balthazar expirant sous les traits du Mède;

I nunc, atque Deum factis illude nefandis!

Hippolyte FAUCHE.

IROQUOIS. Les ethnographes les plus récents désignent sous cette appellation générique un groupe de tribus indiennes ayant entre elles plus ou moins d'affinité, et qui jadis étaient puissantes et influentes. La nation iroquoise se divise en deux groupes, le plus grand au nord, et le moindre au sud. Le groupe septentrional forme à son tour deux subdivisions, celle de l'est, et celle de l'ouest; la première composée des Cinq-Nations, comme les appellent les Anglais, ou des Iroquois, comme les avaient nommés les Français du Canada, la seconde des Wyandots ou Hurons et des Athionandarons ou nation neutre. Les Iroquois proprement dits, ou les Cinq-Nations, à savoir les Mohawks, les Onéidas, les Onondagas, les Cayougas et les Sénécas, habitaient au sud du Saint-Laurent et du lac Ontario, et étaient répandus depuis l'Hudson jusqu'aux ramifications supérieures du fleuve Alleghany et jusqu'aux lac Erié. La confédération politique qu'ils formaient était très-puissante avant l'arrivée des Européens et constamment engagée dans de sanglantes guerres, tantôt avec des nations appartenant à la même race, tantôt avec des nations étrangères. Ils montraient dans la direction des opérations de la guerre beaucoup plus d'intelligence que les diverses nations des Algonquins Lénapes, leurs voisines, et ils même étaient bien plus avancés qu'elles dans l'agriculture, dans la fabrication des armes et les autres métiers. Une circonstance qui ne tarda pas en non plus à beaucoup accroître leur prééminence sur leurs voisins, c'est que les premiers ils se trouvèrent en contact avec les Européens, de qui ils apprirent l'usage des armes à feu. Ils ne laissèrent pas non plus que de prendre une part assez importante aux guerres dont ces contrées furent le théâtre entre les Anglais et les Français. Il paraît cependant que le nombre de leurs guerriers ne s'éleva jamais à plus de 5 à 6,000 hommes. Depuis que leurs descendants ont été transportés du territoire de l'Union Américaine dans l'ouest du continent, il n'en reste plus que d'insignifiants débris dispersés dans le Canada au voisinage des grands lacs. En 1714 et 1715 les débris des Tuscaroras avaient encore été accueillis comme Sixième nation dans la confédération des Iroquois. Ces Tuscaroras s'étaient vus contraints d'émigrer à la suite de guerres malheureuses contre les habitants de la Caroline, où ils formaient autrefois une nation très puissante, et constituaient, avec les Meherrins ou Tuteloes, dont il ne reste plus de vestiges aujourd'hui, les Nottoways, le groupe des Iroquois du sud. Consultez Schoolcraft, *History of the Iroquois* (New-York, 1846).

IRRADIATION (de *in*, sur, et *radiare*, lancer des rayons). Les rayons que lance un corps lumineux s'écartant les uns des autres à mesure qu'ils s'éloignent du foyer qui les produit, il arrive que le corps lumineux nous paraît plus grand qu'il ne l'est en effet : ce phénomène s'appelle *irradiation*. Lorsqu'on observe le soleil et les autres astres à une lunette, on remarque que leur diamètre diminue considérablement; il suffit de regarder ces astres au travers d'un trou d'épingle pratiqué dans une carte pour faire la même remarque. Ce ne sont pas seulement les astres lumineux par eux-mêmes qui nous donnent une fausse idée de leur grandeur; la lune elle-même, qui est un corps opaque, nous paraît plus grande lorsqu'elle est éclairée par le soleil : si on la regarde avec attention quand elle n'offre qu'un croissant, on observe que la partie éclairée s'élève pour ainsi dire au-dessus de la partie obscure. C'est aussi à l'irradiation qu'il faut attribuer les variations de grandeur que présente un objet diversement coloré. Une même boule, par exemple, nous semblera plus grande si on la peint en blanc, en rouge, que si elle est couverte de couleur noire. Le vulgaire sait fort bien qu'un habit blanc fait paraître celui qui en est revêtu plus volumineux qu'on ne le croit lorsqu'il est habillé de noir. C'est encore l'irradiation qui nous fait croire que les étoiles ont plusieurs branches; cependant, on a de bonnes raisons pour penser que ce phénomène est relatif en nous par une conformation particulière de l'œil ; car deux individus ne donneront pas à une même étoile un même nombre de rayons ; en outre, chacun d'eux les croira diversement placés. Qui plus est, cette disposition de l'œil varie avec l'âge de l'individu. TEYSSÈDRE.

IRRATIONNEL. *Voyez* INCOMMENSURABLE et RATIONNEL.

IRRÉDUCTIBLE. Une fraction est dite *irréductible* quand il n'existe aucune fraction de même valeur exprimée par des termes respectivement moindres.

En algèbre, on donne le nom de *cas irréductible* à celui que présente une équation du troisième degré dont les racines sont réelles et inégales. Dans ce cas, en effet, si on veut résoudre l'équation en appliquant la formule générale, on trouve des valeurs compliquées d'imaginaires engagées sous des radicaux cubiques. Il faut développer chacun de ces radicaux en série; on reconnaît alors que les termes réels restent seuls dans le résultat final. Mais les séries que l'on obtient étant rarement convergentes, on a dû chercher une autre méthode. L'emploi des fonctions trigonométriques donne un moyen beaucoup plus rapide pour résoudre ces sortes d'équations.

IRRÉLIGION, manque de religion. La religion ne nous présente rien que de conforme à la raison, que d'aimable, que de touchant, que de digne d'être admiré dans tout ce qui regarde les sentiments qu'elle nous inspire et les mœurs qu'elle exige de nous. L'unique point qui puisse révolter notre cœur est l'obligation d'aimer Dieu plus que nous-même, et de nous rapporter entièrement à lui. Mais qu'y a-t-il de plus juste que de rendre tout à celui de qui tout nous vient, et que de lui rapporter ce que nous tenons de lui seul ? Qu'y a-t-il, au contraire, de plus injuste que d'avoir tant de peine à entrer dans un sentiment si juste et si raisonnable ? Il faut que nous soyons bien égarés dans notre voie, et bien dénaturés, pour être si révoltés contre un subordination si légitime. C'est l'amour-propre aveugle, effréné, insatiable, tyrannique, qui veut tout pour lui seul, qui nous rend idolâtres de nous-même, qui fait que nous voudrions être le centre du monde entier, et que Dieu même ne servît qu'à flatter tous nos vains désirs. C'est lui qui est l'ennemi de l'amour de Dieu : voilà la plaie profonde de notre cœur, voilà le grand principe de l'irréligion. Quand est-ce que l'homme se fera justice ? quand est-ce qu'il se mettra dans sa vraie place ? quand est-ce qu'il ne s'aimera que par raison, à proportion de ce qu'il est aimable, et qu'il préférera à soi non-seulement Dieu, qui ne souffre nulle comparaison, mais encore tout bien public de la société des autres hommes, imparfaits comme lui ? Encore une fois, voilà la religion : connaître, craindre, aimer Dieu, *c'est là tout l'homme*, comme dit le Sage (*Eccles.*, XII, 13). Tout le reste n'est point le vrai homme ; ce n'est que l'homme dénaturé, corrompu et dégradé, que l'homme qui perd tout en voulant follement se donner tout, et qui va mentir un faux bonheur chez les créatures, en méprisant le vrai bonheur que Dieu lui promet. Que met-on à la place de ce bien infini ? Un plaisir honteux, un fantôme d'honneur, l'estime des hommes que l'on méprise ! FÉNELON.

IRRÉSOLUTION, situation embarrassante de l'esprit, qui peut provenir d'une trop grande facilité d'examen faisant discerner à la fois toutes les faces que présente une affaire, et en laissant combiner tous les résultats probables et possibles ; plus souvent encore, l'irrésolution prouve la timidité, le défaut de discernement et la conscience de ce défaut. Mais c'est en général au manque de principe que l'irrésolution en matières graves peut être attribuée. L'irrésolu est alternativement brave et lâche, fidèle et perfide, probe et fripon; il met en regard le vice et la vertu, et trouve que l'on peut excuser l'un et blâmer l'autre; s'il juge sainement un jour, plus communément encore il est paradoxal et sophiste. Les passions ne mettent pas plus l'homme au pouvoir d'autrui que l'irrésolution.

Qui ne peut se résoudre aux conseils s'abandonne,

a dit Voltaire. Le commerce des gens irrésolus est ennuyeux, et ils attirent sur eux à peu près autant de maux que les étourdis et les obstinés. Les anciens, les Spartiates surtout punissaient sévèrement l'irrésolution. Destouches a fait un comédie de L'*Irrésolu*, caractère peu dramatique : à l'irrésolution qui le jette successivement dans diverses professions, le héros joint l'irrésolution qui l'empêche de choisir pour femme *Julie* ou *Célimène* : décidé enfin à s'unir à la première, il s'écrie :

J'aurais mieux fait, je crois, d'épouser Célimène.

Ce vers, le dernier de la pièce, est resté proverbe.

C^{me} DE BRADI.

IRRIGATION, action d'arroser les terres. Il y a plusieurs moyens pour arriver à ce résultat : le plus simple et le plus efficace consiste, lorsque les circonstances le permettent, à diriger des courants naturels d'eau sur le sol qu'on veut arroser. Si, par exemple, on veut humecter les flancs d'une colline le long du fossé coule un ruisseau, on détourne celui-là de son lit, et on le fait couler dans un canal horizontal, qui serpente sur le flanc de la colline. Pour que ce moyen soit praticable, il est nécessaire que le ruisseau ait beaucoup de pente. Dans les pays de montagnes, on forme dans des creux , que l'on ceint en partie de digues, des réservoirs, dans lesquels se rendent les eaux qui tombent sur les hauteurs environnantes; et lorsque les temps de sécheresse sont arrivés, on lâche et l'on dirige sur les prairies, etc., les eaux de ces réservoirs. Quand on n'a pas à sa disposition des eaux courantes que l'on puisse diriger à volonté, on a recours à des moyens mécaniques, qui, faisant jouer des seaux, des pompes, etc., élèvent les eaux à la hauteur désirée. Les plus économiques de ces machines sont celles que les eaux elles-mêmes mettent en mouvement. Il y en a de si simples qu'elles se composent d'une seule roue, portant une suite de vases à sa circonférence : telle est la roue dite *chinoise*. Si le courant d'eau n'a pas assez de force pour faire jouer les machines, le vent peut y suppléer avec succès; mais alors les appareils deviennent plus compliqués et plus coûteux; et comme les machines à vent chôment une partie de l'année, on est obligé de cumuler leurs produits dans un réservoir, si l'on veut avoir des eaux disponibles à volonté. Quand les moteurs naturels manquent, on a recours à la force des animaux : c'est ainsi que des jardiniers tirent des eaux de leurs puits à l'aide d'un manége qu'un cheval fait tourner; d'autres font monter et descendre des seaux à un moyen de cordes, de poulies, ou bien ils font jouer des pompes à force de bras. Les Égyptiens, les Chinois, ont des moyens d'arrosement fort simples : quelquefois c'est une sorte de poche fixée au milieu d'une corde que deux hommes tiennent par les bouts; munis de cet appareil, ils se placent sur le bord du canal du réservoir, plongent la poche dans l'eau, et vont la vider en faisant un demi-tour dans le réservoir creusé au-dessus d'eux. Un système d'irrigation bien entendu est un témoignage de l'intelligence des habitants d'un pays , et du zèle qu'ils apportent à la culture de leurs terres.

TEYSSÈDRE.

L'eau combinée avec la chaleur est le principe de la végétation, et l'indifférence avec laquelle on laisse se perdre ce précieux élément dans les pays chauds et sur des sols secs et sablonneux est vraiment inconcevable. Chaque goutte de pluie renferme un germe de végétation, et chaque cours d'eau offre à tous ses riverains des moyens de fertilisation.

Il n'est terre si aride et si sèche que l'on ne puisse féconder, si l'on a des eaux à sa disposition, soit en les faisant dériver d'un fleuve ou d'une rivière, comme on en use pour le Pô et pour la Durance; soit en les faisant descendre des lacs et des glaciers des hautes montagnes, comme on le pratique avec une intelligence remarquable dans les Alpes; soit en creusant des puits que l'on vide par des moyens hydrauliques ; soit en recueillant les eaux pluviales dans des citernes ou bassins, et en les dirigeant sur les terres que l'on veut abreuver. Si ces eaux sont froides, on les retient dans des réservoirs où elles s'échauffent; si elles renferment des principes salins ou ferrugineux, on les purifie en les faisant filtrer à travers des fascines; si elles charrient des sables et des graviers, on retient ces eaux par des barrages, jusqu'à ce qu'elles aient déposé les parties solides qu'elles entraînent avec elles.

On procède à la distribution des eaux sur les terres par la submersion, par l'infiltration ou par l'irrigation. Le premier mode convient aux terres arides et brûlantes qu'il s'agit de rendre arables. Le second est applicable aux récoltes qui veulent de la fraîcheur et non de l'humidité, et une ceinture de fossés toujours pleins d'eau remplit cet objet. Le troisième moyen, qui convient aux prairies naturelles et permanentes, nécessite des frais considérables de premier établissement; mais une fois que cette dépense est faite, il n'exige plus que de l'attention et quelques frais d'entretien. La première dépense consiste en un canal de dérivation, ou un simple fossé de prise d'eau , en grandes rigoles d'introduction, en fossés de vidange. Pour le service de toutes ces eaux et leur distribution, il est nécessaire de construire des vannes, des portes, des écluses, des bondes, qui fassent monter les eaux assez haut pour abreuver les parties les plus élevées de la prairie, si elle n'est pas parfaitement nivelée. On doit toujours bâtir les écluses dans de justes proportions avec le volume et la force des eaux. Les vannes à potrelles, inventées en Hollande , ont été introduites en Saintonge. Elles consistent en potrelles mobiles, que l'on applique dans des coulisses pratiquées dans la culée de la herge, qui doit, dans ce cas, être faite en maçonnerie. Comme ces pièces de bois sont toujours pourvues d'un anneau, on les retire à volonté avec de grands crochets, et on les place partout où il en est besoin.

Pour prévenir l'invasion des eaux qui descendent avec impétuosité et ravinent le terrain, on fait des plantations d'arbres, que l'on coupe quand ils ont pris de l'accroissement, à quelques pieds au-dessus de terre, et dont on laisse sur la place même les branchages, qui amortissent le cours des eaux, tandis que les arbres , par l'entrelacement de leurs racines, rendent le terrain plus solide et fortifient la digne. Il y a une circonstance fort embarrassante ; c'est celle où il se trouve dans les prés, et en dedans de la digue, des eaux stagnantes qu'il faudrait vider en dehors, et qu'on ne peut faire écouler, parce que la digue qui vous préserve des eaux extérieures s'y oppose. Pour remédier à cet inconvénient, les Hollandais ont imaginé de placer dans la maçonnerie de la digue des portes à *clapet*, qui se ferment naturellement par la force des eaux qui coulent en dehors , et lorsque ces eaux sont basses s'ouvrent et facilitent ainsi la vidange des eaux intérieures. L'entretien et le jeu mobile de ces clapets, qui s'ouvrent et se ferment pour les eaux du dedans et celles du dehors, suivant que les unes et les autres sont plus ou moins hautes ou basses, exigent une inspection et des soins journaliers.

L'irrigation produit la destruction des taupes, des mannetons , et principalement des bruyères qui s'emparent des prairies sèches et montueuses. Il y a mieux encore : on détruit par l'eau courante, sagement ménagée, les inconvénients des eaux stagnantes; des quenouilles des nymphæs, des roseaux, des carex, des iris, etc. Après avoir fauché ces mauvaises plantes, si vous faites passer un cours d'eau vive, il s'insinue dans leurs tiges durant l'hiver, et la glace qui s'y forme fait éclater leur épiderme et les fait périr. Une

couche d'eau est une espèce de serre chaude, qui pour produire un effet favorable doit avoir trois pouces de hauteur dans le midi, tandis qu'un pouce suffit à la végétation dans le nord de l'Europe. Il faut se préserver des eaux tourbeuses, séléniteuses, ou chargées de parties minérales ou granitiques, ainsi que des eaux de neige ou de fontaine, qui ne sont pas suffisamment aérées. Les meilleures eaux sont celles qui, après un long cours, ont perdu leur crudité, et se sont chargées, dans leur traversée, de sédiments d'argile, d'humus et de terreau. Il y a alors un grand avantage à les faire séjourner dans les prés et dans les terres; et c'est ce qu'on appelle en Angleterre *warper* (*voyez* PRAIRIES).
Cte FRANÇAIS (de Nantes).

L'origine des irrigations remonte aux temps les plus reculés. L'Orient, la Chine, l'Égypte, l'Inde, en présentent des exemples nombreux. En France même on trouve les témoignages les plus concluants en faveur de cette précieuse méthode. Dès le siècle dernier, le voyageur Arthur Young constatait que dans la vallée de Pia, près de Perpignan, les terres non arrosées se vendaient 1,252 fr. l'hectare, tandis que celles qui étaient irriguées valaient 2,086 fr. A Campan elles se vendaient le double. Dans les environs d'Orange, M. de Gasparin estime que sur 258 hectares irrigués incomplétement, et qui rapportent néanmoins 124 fr. l'hectare, on pourrait amener ce produit à 250 fr. Il y a même des terres d'un prix de ferme de 136 fr. qui se louent 323 fr. quand elles sont arrosées. Lors de la présentation aux chambres de la loi sur les irrigations, le ministre disait que des terres couvertes de galets s'étaient vendues 4,000 fr. l'hectare étant arrosées par la Grau. Dans les Vosges, des terres irriguées ont acquis 5,000 fr. de valeur. A Autun, après six ans, certaines terres ont monté de 900 fr. à 5,000 fr. A Vaison et à Malaucène, des friches se sont élevées de 500 à 5,000 fr., et d'autres mauvaises terres, primitivement sans valeur, ont été vendues de 12 à 1,400 fr. l'hectare. A Cavaillon, l'eau de la Durance a en certains lieux décuplé la valeur du sol : des garrigues qui valaient à peine 500 fr. l'hectare en valent 5,000 aujourd'hui. C'est par milliers qu'on pourrait citer de pareils faits. Il y a des exemples de récoltes triplées, quadruplées et même décuplées. On a été jusqu'à constater qu'à Sorgue des landes avaient acquis le centuple de prix.

On ne doit donc pas s'étonner de voir les sociétés et les comices agricoles recommander les irrigations et les encourager par des exemples, par des publications et par des récompenses. Il faut d'abord appeler l'attention sur l'effet des matières fertilisantes que charrient les eaux, souvent dans des proportions telles que les terrains qui les reçoivent en dépôt en sont modifiés; car le limonage non-seulement augmente la couche végétale du sol; mais il contribue encore à l'amender, à rendre utiles les parties restées neutres jusque alors faute de décomposants convenables. Quand on le peut, c'est l'époque des pluies abondantes qu'il faut préférer, parce que les eaux sont alors plus chargées. L'automne, le printemps et même l'hiver, on peut avantageusement irriguer en se guidant d'après les circonstances. Mais dans l'été il faut éviter surtout les inondations, qui retardent la végétation et envasent les fourrages. C'est dans ce cas que les canaux de dérivation sont utilement employés.

Au printemps et à l'automne, des masses d'eau chargées d'engrais s'échappant des villages ou des champs récemment cultivés, se perdent pourtant dans les fossés, au détriment de la santé publique, souvent sans que personne songe à s'en emparer au profit de l'agriculture; l'emploi de ces eaux ne serait cependant, dans la plupart des cas, ni difficile ni dispendieux. Un simple canal de dérivation avec quelques petites rigoles creusées dans les prés suffiraient ordinairement pour y amener l'engrais, qui assurerait une récolte abondante et épargnerait le fumier. Une ressource non moins précieuse serait encore les fontaines et les ruisseaux, dont les eaux, au lieu de féconder les terrains qu'elles traversent, les détériorent en les rendant marécageux. Afin d'utiliser ces eaux, en général d'un faible volume, on n'aurait qu'à les retenir et à les rassembler. Les réservoirs doivent être parfaitement imperméables, et le fond doit être au moins de niveau avec le sol de la prairie arrosée. Il est plus sage d'y accumuler une quantité d'eau suffisante pour arroser en une fois la prairie, sans quoi l'eau se perdrait.

Qu'on se procure l'eau par des barrages ou par l'utilisation des crues, ou par tout autre procédé, il faut éviter le ravinage et les érosions que causent des pentes trop rapides. On y parvient en abaissant en minces talus le sol gazonné qui est au dessous du niveau moyen des eaux. Quand l'irrigation a lieu par infiltration, il faut s'attacher surtout à ne pas laisser séjourner les eaux. Le drainage vient ici, en certains cas, offrir une précieuse ressource. Dans les Vosges, les surfaces planes sont aussi bien irriguées que les autres. On fait alors arriver l'eau par des abreuvoirs creusés sur la crète, de planches bombées, de quatre mètres de largeur environ. De là elle se déverse à droite et à gauche, et s'échappe par des égouttoirs formés au fond de l'entre-deux de celles-ci. Cette méthode a été récemment mise en pratique dans les landes de Bordeaux, à la satisfaction des propriétaires. Dans le département de l'Yonne, pour arroser les prairies, on fait usage de siphons qui s'amorcent d'euxmêmes au moyen d'un vase dans lequel plonge la branche extérieure et que le trop-plein du réservoir remplit.

Dans le but d'étendre la pratique des irrigations, le législateur a fait sortir cette matière du droit commun. Aux termes des lois des 29 avril 1845 et 15 juillet 1847, tout propriétaire qui voudra se servir pour l'irrigation de ses propriétés des eaux dont il a le droit de disposer, peut en obtenir le passage sur les fonds intermédiaires, à charge d'indemnité. Il peut également, aux mêmes conditions, obtenir la faculté d'appuyer sur la propriété du riverain opposé les ouvrages d'art nécessaires à sa prise d'eau, mais le riverain peut toujours demander l'usage commun du barrage en contribuant pour moitié aux frais d'établissement et d'entretien. Les propriétaires des fonds inférieurs sont tenus de recevoir les eaux s'écoulant des terrains ainsi arrosés, sauf indemnité également. La même faculté de passage sur les fonds intermédiaires peut être accordée au propriétaire d'un terrain submergé, à l'effet de procurer aux eaux nuisibles leur écoulement. Sont exemptées de ces servitudes les maisons, cours, jardins, parcs et enclos attenant aux habitations.

L. LOUVET.

IRRITABILITÉ, aptitude à être irrité ou à réagir. Telle est la signification la plus générale de ce mot; mais il a reçu en physiologie une acception plus précise, surtout de la part de Haller, et depuis cet homme célèbre, qui a fait de l'*irritabilité* le sujet d'un de ses grands travaux. L'*irritabilité*, dans le sens physiologique, est cette propriété qu'a la fibre charnue de se raccourcir en oscillant en se fronçant à l'occasion de certaines excitations, soit médiates, soit immédiates, mécaniques, chimiques ou galvaniques. Haller pensait, lui et ses partisans, que l'irritabilité est complétement indépendante des nerfs. Pour le prouver, ils arrachaient le cœur de la poitrine d'un animal, ou bien ils isolaient un de ses membres, un tronçon de ses chairs; or, comme après cette complète séparation ils voyaient ces parties isolées continuer de se contracter, de palpiter au moindre attouchement, et cela pendant une ou plusieurs heures, ils en inféraient que les muscles étaient irritables sans la participation des nerfs. Il est curieux de voir les vives convulsions qu'excite soudain dans une jambe d'homme qui vient d'être amputée un bistouri enfoncé dans les chairs de ce membre : c'est un fait d'*irritabilité* qui donne à penser et fait frémir. On a objecté à Haller que cette *irritabilité*, qu'il croit étrangère aux nerfs, dépend en réalité des filets nerveux qui se dispersent çà et là dans les muscles. C'est un reste de l'action nerveuse topique et latente dans chaque fibre, et qui ne se divulge qu'au contact irritant d'un corps extérieur ou sous l'impulsion du galvanisme. Quand on enlève et qu'on *résèque* (extirpe) le nerf moteur qui se distribue dans des muscles, ces muscles perdent aussitôt leur mouvement arbitraire ; ils deviennent sourds à la volonté, mais ils restent irritables à l'action du galvanisme durant quatre jours, jamais au delà. Ils restent irritables aux autres provocations extérieures pendant trois ou quatre mois, et peut-être davantage. Un jeune anatomiste a fait sous ce rapport des expériences d'un grand intérêt. Il est d'autres actes d'irritabilité musculaire qui s'accomplissent sur la provocation de douleurs et sympathies physiques, et même de sentiments moraux. C'est ainsi que la peur et diverses impressions morales provoquent l'irritabilité des intestins ; le chatouillement de nez, l'irritabilité du diaphragme ; l'ennui, celle des muscles du cou ; l'attouchement de la luette, celle de l'estomac ; le froid des pieds, les cantharides et la gravelle, l'irritabilité de la vessie. Un grand nombre d'émotions morales aboutissent ainsi à l'irritabilité des entrailles, et donnent lieu à d'innombrables sensations. Dr Isidore BOURDON.

IRRITANTE (Clause), du latin *irritans*, qui annule, qui rend inutile. *Voyez* CLAUSE.

IRRITANTS. La signification de ce mot, usité dans le langage médical comme adjectif ou comme substantif, manque d'une précision exacte : ceux qui assimilent l'*irritation* à l'*excitation* considèrent les irritants comme des *excitants*; d'autres n'accordent cette dénomination qu'aux causes qui exagèrent l'excitation normale, qui est inhérente aux tissus, et une condition élémentaire de la vie. C'est, il nous semble, à cette dernière limite qu'on devrait borner l'acception du mot *irritant*, afin d'éviter une confusion très-nuisible à l'intelligence des choses. On ne saurait être trop réservé dans l'emploi des irritants, dont la liste est aussi nombreuse que variée, parce que toute sur-excitation, au physique comme au moral, a des inconvénients plus ou moins graves. Les affections morales, qu'on appelle *irritantes*, allèrent nos tissus en dépravant l'inervation, et finissent par être corrosives ainsi que des poisons minéraux : il faut donc, autant que possible, contenir l'excitation cérébrale dans des degrés modérés. L'usage des excitants physiques doit être également proscrit, afin qu'ils ne deviennent pas irritants : il faut même s'en abstenir quand les organes ne sont pas aptes à recevoir l'excitation normale. Ainsi, la privation des aliments est nécessaire dans la plupart des maladies où l'estomac est intéressé ; il faut se soustraire à l'action de la lumière quand les yeux sont fatigués ou enflammés ; il faut renoncer au tabac si la membrane pituitaire est affectée, etc. Toutefois, les irritants sont nécessaires dans des cas, et plusieurs d'entre eux composent une grande partie de l'arsenal pharmaceutique.
Dr CHARBONNIER.

IRRITATION (en latin *irritatio*), « Action de ce qui irrite les membranes, les organes, les nerfs, etc., ou l'état qui résulte de cette action, » dit l'Académie. Mais qu'est-ce qu'*irriter*? Il se dit en médecine, suivant le même corps savant, « de ce qui détermine de la douleur, de la chaleur et de la tension dans un organe, dans un tissu quelconque. » On voit par cette définition même que de l'*irritation* à l'*inflammation* la nuance est très-délicate. La brûlure, dans ses divers degrés, peut être présentée, suivant le docteur Ratier, comme une juste idée de l'irritation. Quoi qu'il en soit, le mot *irritation* a pris une importance particulière sous l'influence de Broussais, qui en a fait la base d'une théorie médicale qui a gardé son nom. Suivant ce médecin, l'irritation consiste, comme l'excitation de J. Brown, dans l'augmentation de l'action organique des tissus ; elle naît, se développe, s'accroît, se transmet, décroît et se dissipe en se conformant aux lois qui président au développement régulier de l'action organique. Elle est toujours primitivement locale, et ne peut jamais exister à la fois et au même degré dans toutes les parties du corps. L'irritation trouble, dérange, affaiblit la fonction du tissu qu'elle occupe, et peut offrir divers degrés d'inflammation, selon la puissance des causes et la faculté irritable des tissus. Ordinairement elle est continue dans sa marche, quelquefois elle affecte une forme intermittente. Enfin, elle est susceptible de six modifications principales, comprenant la totalité des maladies : 1° l'*irritation inflammatoire* ou inflammation, où le sang est appelé dans les tissus plus abondamment que les autres fluides ; 2° la *subinflammation*, ou appel des fluides blancs ; 3° l'*hémorrhagie*, ou issue du sang à la surface ou à l'intérieur des tissus ; 4° la *névrose*, ou irritation nerveuse sans appel de fluides ; 5° l'*irritation nutritive*, dans laquelle l'assimilation est exagérée ; 6° enfin, l'*irritation sécrétoire*, qui s'annonce par une augmentation notable des sécrétions. En ajoutant les irritations sympathiques surgissant de causes éloignées, on a l'ensemble du système qui prétend expliquer l'irritation tous les phénomènes de l'état morbide. « On sait, dit encore le docteur Ratier, quelles fausses conséquences on a tirées pour la pratique de cette théorie séduisante par sa simplicité, et de quelle manière, sans doute contre l'intention de l'auteur, on était arrivé à une médecine de sangsues et d'eau claire, qui regardait comme un irritant funeste un simple bouillon de poulet. » On dut bien vite renoncer à cette médecine expéditive, tant les faits apportaient d'exceptions aux prétendues règles générales.

IRRITATION (*Morale*). On comprend sous ce nom une sorte d'exaspération, d'agitation vive mais fugace, une effervescence de l'esprit, violente mais sans profondeur. L'*irritabilité* s'entend de la disposition, de la facilité à s'abandonner à l'irritation. Le moindre mot enflamme l'homme irritable, la moindre opposition l'échauffe. Il s'emporte d'un rien, mais en général il revient vite. Les poètes ont de tout temps passé pour être facilement irritables : *Genus irritabile vatum*, dit Horace. J.-J. Rousseau restera le type de l'homme irritable. Ce défaut le rendit d'ailleurs bien malheureux. Les personnes irritables sont en effet fort à plaindre. Par bonheur, comme on l'a souvent remarqué, les gens prompts à s'irriter s'apaisent avec autant de promptitude. Ils savent même souvent reconnaître leurs torts et se les faire pardonner. C'est là ce qui les distingue des gens *irascibles*. L'homme irascible concentre sa colère, la dissimule au besoin, lui donne un objet déterminé, et ce sentiment est susceptible de durée. L'*irascibilité*, comme le dit M. Lafaye, tient davantage au caractère, l'*irritabilité* au tempérament.
L. LOUVET.

IRRUPTION (du latin *irruptio*), entrée soudaine et imprévue des ennemis dans un pays (*voyez* INCURSION). Par extension, ce mot s'emploie en parlant du débordement, de l'envahissement de la mer, d'un lac, d'un fleuve sur les terres.

IRTISCH, grande rivière d'Asie, qui prend sa source en Chine, dans la province de Tarbagatai, dans le gouvernement du Tchian-pe-lou, au pied du grand Altaï, et qui par la longueur de son cours (290 myriamètres), par l'immense volume de ses eaux et par sa largeur, devrait être considéré comme la branche principale de l'Obi, au lieu de n'en être que l'affluent le plus important. L'Irtisch passe par Boukhtarminskaïa, Sémipotalinsk, Omsk, Tara et Tobolsk, reçoit à sa gauche les eaux de l'*Ichim* et du *Tobol*, se jette dans l'Obi, près de Samoravo, et appartient au grand système de communication fluviatile qui relie Saint-Pétersbourg à l'océan Pacifique. De nombreux rapides en rendent la navigation des plus difficiles.

IRUS, mendiant de l'île d'Ithaque que l'*Odyssée* a immortalisé, dont le véritable nom était *Arnœus*, et que les amants de Pénélope employaient pour diverses commissions. Quand, à son retour, Ulysse, déguisé lui-même en mendiant, s'approcha de sa demeure pour y surprendre les importuns, Irus chercha à l'empêcher d'entrer, et le provoqua même en combat singulier. Ulysse, mais faible, Irus fut tué par Ulysse : sa pauvreté était déjà devenue proverbiale chez les anciens, en opposition surtout à la richesse de Crésus, et on dit encore aujourd'hui *pauvre comme Irus*.

IRVING (ÉDOUARD), fondateur de la secte religieuse des *Irvingiens*, né en 1792, à Annan, dans le comté de

Dumfries en Ecosse, devint, en 1810, professeur de mathématiques à Haddington, en 1812 directeur du gymnase de Kirkaldy, plus tard vicaire du pasteur Chalmers à Glasgow, et depuis 1822 prédicateur de l'Église nationale écossaise de Londres, où ses sermons eurent pour but de ramener l'Église à l'organisation primitive qu'elle possédait au temps des apôtres. Ayant ensuite commencé, à partir de 1827, à exposer sur la nature humaine du Christ des idées contraires aux croyances reçues, et étant allé, non-seulement dans ses pratiques de dévotions domestiques, mais encore, depuis 1831, dans l'Église même, jusqu'à se livrer à des jongleries mystiques et à des rêveries millénaires, le Presbytère se vit forcé d'intervenir; et enfin, tous les avertissements étant restés sans résultat, de le destituer en 1832. Édouard Irving n'en continua pas moins à prêcher les mêmes doctrines aux adhérents qui se groupaient autour de lui; il fut en conséquence exclu du sacerdoce par le synode général d'Ecosse tenu en 1833. Il mourut à Glasgow, le 7 décembre 1834. C'était un homme d'une piété sincère, du caractère le plus bienveillant et doué d'éminentes facultés, mais que le fanatisme et l'orgueil religieux égarèrent. Ses sermons ont paru sous le titre de *Oracles of God* (Londres, 1822), et sous celui de *Sermons*, *lectures and speeches* (1828).

La constitution religieuse de l'*Irvingianisme* est une théocratie pure, se rapprochant beaucoup du catholicisme par la soumission absolue des laïques à l'autorité spirituelle. L'organe de cette secte est *The morning Watch*, journal paraissant à Londres.

IRVING (WASHINGTON), ingénieux écrivain américain, est né le 3 avril 1783, à New-York. Menacé de phthisie dans sa jeunesse, il voyagea pendant deux années pour rétablir sa santé, en Italie, en France, en Hollande et en Angleterre. Il se fit connaître d'abord dans le monde littéraire par ses *Letters of Jonathan Oldstyle*, qui parurent dans le *Morning Chronicle*, journal publié par son frère. Il rédigea ensuite un journal satirique, *Le Salmigondis*, puis fit paraître sa spirituelle *Histoire de New-York par Diedrich Knickerbocker*. En même temps qu'il se livrait à ces travaux, il étudiait le droit; mais il renonça bientôt à l'idée de se faire avocat, et entreprit alors un commerce en société avec son frère. La guerre de 1812 étant venue suspendre les affaires, Washington Irving remplit pendant quelque temps les fonctions d'aide de camp près du gouverneur de New-York, Tompkins. Au rétablissement de la paix, il reprit son commerce. Un voyage d'affaires qu'il fut obligé d'entreprendre en Angleterre lui fournit l'occasion de recueillir des observations sur les mœurs anglaises, qu'il publia plus tard dans son *Sketchbook of Geoffrey Crayon* (1820), quand il se fut ruiné dans ses opérations commerciales. Ensuite il s'en alla voyager de nouveau en Europe, et écrivit à Paris son *Bracebridge-Hall*, *ou les humoristes* (1823). Il passa les années 1822 et 1823 en Allemagne, et l'année 1824 en Angleterre, où il publia ses *Contes d'un Voyageur*. De là il se rendit dans le midi de la France, d'où il gagna l'Espagne, où un séjour de quatre années lui permit d'acquérir une connaissance parfaite de ce pays et de consulter dans la bibliothèque de l'Escurial tous les ouvrages et les manuscrits ayant rapport à la découverte de l'Amérique. Le premier fruit de ces patientes études fut son *Histoire de la Vie et des Voyages de Christophe Colomb* (1828-1830), qu'il compléta dans ses *Voyages et Découvertes des Compagnons de Colomb* (1831). Les chroniques espagnoles et les manuscrits d'Antonio Agapida lui fournirent le sujet de ses *Chroniques de la Conquête de Grenade* (1829). A son retour d'Espagne, il fut nommé secrétaire de la légation américaine à Londres, ou, plein d'enthousiasme pour la munificence et les mœurs mauresques, il écrivit son *Alhambra* (1832). En 1832 il revint aux États-Unis, dont il parcourut alors toute la partie située à l'ouest du Mississipi; tournée au retour de laquelle il habita Washington jusqu'à ce qu'en 1841 il eût été nommé ministre des États-Unis à Madrid. Dans cet intervalle il avait fait paraître des *Mélanges*, contenant un *Voyage aux Prairies*, *Abbotsford and Newstead Abbey*, *Legends of the Conquest of Spain*, *Adventures of captain Bonneville* (3 vol.; 1837); puis son *Sketch-Book* (1839). A Madrid, où il passa près de cinq années, il continua ses recherches historiques, dont il publia le résultat sous le titre de *History of Mahomet and his successors* (Londres, 1850), quand il eut été rappelé par le président Polk. Cet ouvrage brille moins par la profondeur que par l'élégance du style. On a aussi de Washington Irving : *Oliver Goldsmith, a biography* (Londres, 1849). Il réside aujourd'hui dans son petit domaine de Woolfesty-Rack, près de New-York. Demeuré célibataire, il a adopté les enfants laissés par un frère aîné.

[Washington Irving, demi-prosateur et demi-poète, demi-romancier et demi-historien, est tout à fait un de ces écrivains sans originalité, mais non pas sans esprit, que vous rencontrez à coup sûr parmi toute nation qui est venue tard en ce monde, et qui a commencé tout d'abord par être une nation toute civilisée. A des nations ainsi faites, il n'est guère besoin de poésie : elles méprisent l'idéal comme chose inutile et vaine; le poésie est tout pour elles, et elles donneraient sans contredit toutes les œuvres d'Homère pour une méthode d'arithmétique simplifiée et abrégée. Quand par hasard les peuples marchands se mêlent de faire de la littérature, c'est plutôt par vanité que par besoin. Leur littérature n'a rien de neuf, rien d'inspiré, rien d'imprévu, ceux qui la fabriquent auraient tout aussi bien construit des ponts ou des chemins de fer. Telle est la littérature américaine. Comme tous les arts mécaniques de l'Angleterre, leur mère-patrie, la poésie des Américains vient directement de l'Angleterre; ce n'est pas un produit du sol, c'est une exportation, qui a le grand avantage de ne pas payer de droits. Cooper, l'Américain, est à coup sûr un très-spirituel romancier, mais un romancier de l'école de sir Walter Scott, avec autant de talent, il est vrai, et même avec autant d'originalité que peut en posséder un homme qui a pu créer sa manière et sa forme. Irving, lui, imite tout simplement tout le monde : on voit qu'il a aimé d'abord l'Américain, comme Cooper, mais il l'a été moins sincèrement, c'est-à-dire avec moins d'enthousiasme. Dans son esprit et dans son style, Voltaire nuit beaucoup à Walter Scott : on voit à chaque instant qu'Irving a beaucoup lu *Candide* et *Ivanhoé*, ces chefs-d'œuvre de la moquerie et de la naïveté, ce qui fait, à vrai dire, un singulier mélange quand on s'avise de les accoupler l'un à l'autre.

Irving est sans contredit un homme d'esprit, mais un homme d'esprit qui copie les uns et les autres. Il ne sait encore à quoi se décider, et, après avoir déjà beaucoup écrit, il est à chercher entre l'ironie et l'enthousiasme. Comme tous les esprits qui ne sont pas sûrs d'eux-mêmes, celui-ci excelle surtout dans les petites choses. Il doit être la providence des revues dans son pays, pour nous servir d'une expression usitée en ce pays-ci. On a traduit chez nous presque tous ses ouvrages; ce qui, jusqu'à un certain point, ne prouve pas grand chose en faveur des gloires exotiques. On a lu avec plaisir ses *Contes d'un Voyageur* : c'est une suite variée, et sans liens entre eux, de petits récits pleins de bonne humeur et de cette facile observation qu'un homme d'esprit a toujours à sa disposition, tant qu'il a du bon vin dans son verre et du bon tabac dans sa pipe. Sa *Vie de Christophe Colomb*, pleine de recherches, de précieuses découvertes et de faits curieux, serait sans contredit un excellent ouvrage, si on n'y rencontrait pas de temps à autre, peut-être à l'insu de l'auteur, des traces très-visibles et très-mal-séantes de cet esprit goguenard et voltairien qui a été si souvent nuisible à tant d'écrivains étrangers qui ont la rage de vouloir nous *donner la patte en français*.

Jules Janin.]

IRVINGIENS, secte ainsi nommée d'après son fondateur, Édouard Irving; subsiste toujours, et a même fait dans ces derniers temps bon nombre de prosélytes sur le continent, notamment en Russie. D'après les sept étoiles dont il est question dans l'Apocalypse, elle forme sept communes régies par sept présidents, appelés *anges*. Il existe aussi dans son sein des prophètes, des évangélistes, des apôtres, des diacres et des anciens ; toutes dénominations ayant pour but de rappeler les temps apostoliques et l'Église primitive. Le principal dogme des *Irvingiens*, c'est que le Christ est, comme tous les autres hommes, né dans le péché, et n'en a été préservé que par la résistance qu'il lui a opposée en vertu de l'Esprit-Saint. Tout autre homme peut engager une lutte identique et en sortir pareillement victorieux, l'Esprit-Saint lui venant à cet effet en aide. L'Église a conservé dans toute son étendue, comme au temps des Apôtres, le don de prophétiser, de parler toutes les langues étrangères et même de faire des miracles ; et c'est à l'impiété des hommes qu'il faut attribuer la rareté des manifestations de sa puissance.

ISAAC, fils d'Abraham et de Sara, naquit l'an 1896 avant J.-C. Sa mère était alors âgée de quatre-vingt-dix ans et son père de cent. Le nom de ce patriarche dérive de *Isahak* (rire). Prédite à ses parents, la naissance d'Isaac vint les combler de joie dans leur vieillesse. Fils unique, il devait être offert en holocauste sur la montagne de Moria, l'an 1871 avant J.-C. : il n'échappa à ce danger que par un miracle. Cet événement biblique est connu sous le nom de *Sacrifice d'Isaac*. La synagogue le célèbre à la solennité du nouvel an : elle invoque les bontés de Dieu pour Israel, en mémoire du sacrifice volontaire d'Isaac ; l'Église voit dans ce sacrifice le type de celui du Christ. Comme son père, Isaac se distingua par sa piété et par sa constance dans le culte du vrai Dieu, malgré son séjour parmi les païens ; mais il ne fit pas, comme Abraham, de rares actions, et ne déploya pas une grandeur d'âme égale à la sienne. Le caractère patriarcal se montre en lui plus doux, plus tendre que chez son père, plus pur et plus noble que dans son fils Jacob. Accoutumé plus que l'auteur de ses jours à une vie tranquille, vers laquelle l'attiraient ses travaux agricoles, menant une existence moins nomade que ses ancêtres, indulgent et patient dans les contestations, il se montre dans son intérieur père tendre mais faible, assailli de bonne heure par la vieillesse et facile à tromper ; aussi finit-il par se laisser prendre à la ruse de Jacob au préjudice d'Ésaü, plus vif et plus franc. Le mariage d'Isaac avec Rébecca offre un tableau charmant de mœurs patriarcales, et peut être considéré comme une idylle biblique. Isaac mourut à l'âge de cent quatre-vingts ans, 1716 avant l'ère vulgaire.
S. CAHEN, traducteur de la Bible.

ISAAC COMNÈNE. *Voyez* COMNÈNE.

ISAAC L'ANGE. *Voyez* ANGE.

ISABEAU ou **ISABELLE DE BAVIÈRE**, reine de France, femme de Charles VI. Elle était fille d'Étienne II, duc de Bavière et comte palatin du Rhin, et naquit en 1371. Elle n'avait que quatorze ans lorsque la politique l'unit au roi de France, plus âgé seulement de trois ans. Sa figure était charmante, et toute sa personne pleine d'élégance et d'attraits : aussi le jeune prince en devint tout d'abord éperdument amoureux. Leur mariage fut célébré par des fêtes magnifiques. Le couple royal fit ensuite son entrée solennelle dans Paris, au milieu d'un faste inouï. De nombreux divertissements suivirent cette cérémonie ; et ce fut à la faveur de la liberté d'un bal masqué que prit naissance la passion coupable de la reine pour son beau-frère, le duc d'Orléans. L'intelligence vacillante du roi laissait un libre cours à tous les désordres, et l'anarchie désolait le pays à cause de la rivalité du duc d'Orléans et du duc de Bourgogne, Jean sans Peur.

Lorsque la folie du roi, devenue impossible à cacher, eut nécessité l'établissement d'une régence, on confia à Isabeau la garde de son époux. Elle s'occupa plutôt de venger la mort du duc d'Orléans ; mais elle ne put s'entendre avec le connétable d'Armagnac, devenu chef de parti opposé aux Bourguignons, Et celui-ci révéla à l'imbécile Charles VI la conduite scandaleuse de la reine et ses amours avec un gentilhomme du nom de Bois-Bourdon. Le dauphin, fils d'Isabelle, qui fut depuis Charles VII, se joignit en cette occasion aux accusateurs de sa mère, et prit part au supplice de son amant.

Une haine éternelle les sépara dès lors, et cette haine fut assez forte pour faire oublier à Isabeau le meurtre du duc d'Orléans et pour la rapprocher de son assassin, Jean sans Peur. Aussitôt la faction de Bourgogne reprend le dessus, et la reine ressaisit le pouvoir. Mais ce triomphe ne fut pas de longue durée ; Jean sans Peur, à son tour, est assassiné sur le pont de Montereau : Isabeau n'a plus d'autres ressources que de se jeter dans les bras de l'Anglais, qui vient d'entrer vainqueur à Paris. Elle signa alors ce fameux traité de Troyes, qui a voué son nom à l'infamie. La couronne de France, après la mort de Charles VI, était assurée à Henri V d'Angleterre, qui épousait sa fille Catherine. Charles VII était exclu, comme incapable et indigne. Après la mort de son époux, Isabeau de Bavière, oubliée des Parisiens, méprisée des Anglais, ne se mêla plus aux affaires de l'État. Elle mourut à Paris, dans l'hôtel Saint-Paul, le 30 septembre 1435, âgée de soixante-quatre ans. On dit que pour épargner les frais de ses funérailles, on envoya son corps à Saint-Denis par eau, dans un petit bateau, avec un seul prêtre et deux bateliers pour ramer.

ISABELLE (Couleur). On désigne sous ce nom une couleur brun-clair, de la nuance café au lait. Ce nom lui vient, dit-on, de la princesse espagnole Isabelle fille de Philippe II, qui, lorsque son époux, l'archiduc Albert d'Autriche, s'en vint, en 1602, assiéger Ostende, fit vœu de ne point changer de chemise tant que cette place ne serait pas prise. Or, le siège ayant duré trois années (jusqu'en 1604), sa chemise finit naturellement par être de la couleur dont il s'agit.

ISABELLE. L'Espagne compte deux reines de ce nom.

ISABELLE DE CASTILLE, reine d'Espagne, fille du roi Jean II de Castille et Léon, née le 23 avril 1450, et mariée, depuis 1469, à Ferdinand V le Catholique, roi d'Aragon, monta sur le trône de Castille en 1474, après la mort de son frère Henri IV, à l'exclusion de Jeanne, sa sœur aînée. Déjà, du vivant de son frère, elle avait réussi à gagner à sa cause les états du royaume, qui à la mort de Henri IV se déclarèrent en grande partie pour elle ; elle força les dissidents à se taire devant les armes de son époux, vainqueur à la bataille de Toro, en 1476. Les royaumes de Castille et d'Aragon ayant été ainsi réunis, Ferdinand et Isabelle s'intitulèrent roi et reine d'Espagne. À la grâce et à l'amabilité de son sexe, Isabelle joignait le courage d'un héros, l'habileté politique d'un ministre, la pénétration d'un législateur et les brillantes qualités d'un conquérant. Elle assistait constamment aux délibérations de l'État, et tenait expressément à ce que dans les actes publics son nom figurât à côté de celui de son époux. Elle regardait comme la plus grande œuvre de son règne l'expulsion des Maures d'Espagne ; et l'appui que trouva Christophe Colomb auprès du gouvernement espagnol fut en majeure partie son ouvrage. Dans toutes ses entreprises, elle était assistée d'un habile politique, du cardinal Ximénès. On lui a reproché de la dureté, de l'orgueil, de l'ambition, un esprit démesuré de domination ; mais ces défauts ne contribuèrent pas moins au bien du royaume que ses vertus et ses talents. Un génie comme le sien était nécessaire pour humilier l'arrogance des grands sans les révolter, pour conquérir Grenade sans attirer en Europe les hordes d'Afrique, et pour déshabituer de luxes vices ses sujets, abâtardis par une mauvaise administration, sans mettre en danger la vie des gens de bien. En introduisant à sa cour un cérémonial sévère, elle put éloigner de la personne du roi une noblesse nombreuse et arrogante, et lui enlever ainsi toute influence pernicieuse sur son esprit. Elle mit fin au droit du plus fort, et jusque alors

31.

avait été la loi dominante, en assurant le maintien de la paix publique, ainsi qu'en rendant plus expéditive l'administration de la justice. Le pape Alexandre VI confirma aux deux époux le titre de *majesté catholique*, dont ils se montrèrent dignes par leur zèle pour l'Église. Ce fut toutefois moins leur zèle pour la religion que l'intention d'établir un tribunal de persécution politique qui les détermina à introduire l'inquisition en Espagne. Les dernières années du règne d'Isabelle avaient été attristées par la mort de son fils, don Juan, prince des Asturies, et de sa fille, reine de Portugal. Elle mourut à Médina del Campo, le 26 novembre 1504, après avoir exigé de son mari, dont elle s'était toujours montrée fort jalouse, le serment de ne point se remarier.

ISABELLE II (MARIE-LOUISE), reine d'Espagne, née le 10 octobre 1830, est fille de Ferdinand VII et de Marie-Christine, sa quatrième femme. Comme Ferdinand VII n'avait point de fils, et qu'en vertu de l'ordre de succession alors établi, la couronne serait revenue à son frère don Carlos, il voulut assurer le trône à l'héritier direct qu'il espérait avoir de son quatrième mariage, et abolit la loi dite *salique*, le 29 mars 1830. C'est ainsi que la fille qui lui naquit plus tard devint apte à hériter du trône. Prévoyant sa mort prochaine, Ferdinand VII, par son testament, nomma sa femme régente du royaume et tutrice de sa fille pendant la minorité de celle-ci. Il mourut effectivement le 29 septembre 1833, et Marie-Christine prit la direction des affaires au nom de sa fille, avec le titre de *reine-régente*. Mais lorsque la guerre civile, allumée par don Carlos et ses partisans, eut été étouffée par les armes victorieuses d'Espartero, la reine-régente se vit obligée d'abdiquer, le 10 octobre 1840, et de quitter l'Espagne; après quoi, Espartero fut élu régent, et Arguelles déclaré tuteur de la reine. Espartero n'était pourtant pas non plus destiné à voir arriver en Espagne le jour de la majorité de la jeune reine (19 octobre 1844), ni à remettre entre ses mains le pouvoir qui lui avait été confié par le peuple. Il fut renversé par une coalition contre nature formée entre le parti républicain ou progressiste et celui de Christine, et contraint à prendre la fuite. Le nouveau gouvernement provisoire ôta tout d'abord la tutelle de la jeune reine à Arguelles pour la donner à Castaños, duc de Baylen; mais une résolution des nouvelles cortès déclara Isabelle majeure, dès le 8 novembre 1843. La question du mariage de cette princesse devint une question européenne, et amena une sérieuse mésintelligence entre l'Angleterre et la France, quand, à l'aide d'obscures intrigues de palais, Louis-Philippe l'eut fait décider dans son intérêt. Le 10 octobre 1846 la jeune reine épousa son cousin *François-d'Assise-Marie-Ferdinand*, fils de l'infant François-de-Paule; et en même temps fut conclu le mariage de sa sœur, l'infante *Marie-Ferdinande-Louise*, avec le duc de Montpensier, l'un des fils du roi des Français.

Dès qu'elle eut pris en mains les rênes de l'État, Isabelle s'efforça de se concilier aussi bien les progressistes que les caristes, et elle réussit effectivement à effacer ainsi quelques-unes des traces profondes qu'ont laissées en Espagne les longues guerres civiles auxquelles ce pays a été en proie pendant la plus grande partie de ce siècle. D'un caractère bon et bienveillant, mais s'abandonnant trop facilement à l'influence de son entourage immédiat, et aussi plus adonnée aux plaisirs que la gravité de son rôle ne le permettrait, cette princesse n'a pas laissé que d'acquérir en Espagne une grande popularité personnelle, en raison surtout de la résistance que pendant longtemps elle opposa aux projets de coups d'État et de contre-révolution incessamment formés par les hommes de la camarilla. Son mariage n'avait pas été pour elle la source de la félicité qu'elle avait pu rêver; et par suite des fréquents nuages qui étaient venus troubler la vie intime des deux jeunes époux, on croyait assez généralement que l'union d'Isabelle II et de son cousin François-d'Assise resterait stérile. La naissance d'une fille, *Marie-Isabelle-Françoise*, née le 20 décembre 1851, aujourd'hui princesse des Asturies, démentit ces prévisions. Le 2 décembre 1852, au moment où la reine se disposait à se rendre avec sa fille à l'église d'Atocha, un prêtre fanatique, Martin Marino, tenta de l'assassiner, mais ne réussit qu'à la blesser légèrement. Cet attentat, habilement exploité par le parti de la réaction, auquel les événements survenus quelque temps auparavant en France avaient donné une force nouvelle, servit de prétexte au cabinet de Madrid pour dissoudre l'assemblée des cortès et *museler* la presse. A l'article ESPAGNE de ce dictionnaire on trouve le récit des faits qui s'en suivirent. Ce récit s'arrête au triomphe complet de la réaction et de la contre-révolution, au moment où il n'y a plus en Espagne de gouvernement constitutionnel véritable. Mais le 28 juin 1854 éclatait au Campo de Gicardinas, près de Madrid, une insurrection militaire ayant à sa tête les généraux O'Donnell et Domingo Dulce; insurrection restée définitivement victorieuse, et par suite de laquelle à un gouvernement contre-révolutionnaire a succédé en Espagne un gouvernement franchement révolutionnaire. Il est encore au pouvoir au moment où nous écrivons, et tout se réunit pour faire craindre que les *exaltados* ne réussissent quelque jour à briser le trône et à proclamer la république dans la Péninsule.

ISABELLE LA CATHOLIQUE (Ordre d'), fondé en 1815 par Ferdinand VII, qui le plaça sous l'invocation de sainte Isabelle, reine de Portugal, morte en 1036, était destiné, dans l'origine, à récompenser les services que rendraient à leur roi les Espagnols chargés d'opérer le retour des colonies américaines sous les lois de la mère-patrie. Il est un de ceux qui confèrent la noblesse personnelle. Les insignes consistent en une croix d'or à huit pointes, émaillée de rouge et anglée de rayons d'or. Sur la croix des simples chevaliers est inscrite, avec le chiffre royal, cette légende : *Por Isabella la catolica*. La croix des commandeurs porte sur un champ de couleur un double globe émaillé de rouge et deux tours sur le rivage, avec les légendes : *Plus ultra* et *A la lealtad acrisolada*. Le ruban est moiré blanc avec liséré orange.

ISABEY (JEAN-BAPTISTE), naquit à Nancy, le 11 avril 1767. Ses premiers maîtres furent Girardet Claudot et Dumont, dans l'atelier duquel il entra en 1786, à son arrivée à Paris. Deux ans après il devenait élève de David. Ses études auraient dû le conduire à peindre l'histoire et à continuer la peinture à l'huile; mais il préféra suivre une route dans laquelle des concurrents moins nombreux lui laissaient la facilité d'arriver au premier rang. M. Isabey débuta d'abord par quelques portraits au crayon noir estompé, dans une manière particulière, fine et douce, à laquelle cependant il sut donner de l'effet, et qui porta son nom. Un de ses premiers ouvrages fut le portrait de Bonaparte en pied, dans le jardin de la Malmaison, lequel a été gravé par Lingé, et eut alors un grand succès. Bientôt il voulut faire voir que, tout en faisant des portraits en miniature, il pourrait se livrer à de grandes compositions, et il exposa en public, en 1802, la revue du premier consul dans la cour des Tuileries. Ce dernier, d'une très-grande dimension, contenait les portraits d'un grand nombre de personnes qui accompagnaient le premier consul : il fut très-goûté du public. Il fit ensuite une Visite de l'empereur à la manufacture d'Oberkampf, à Jouy. Il fut aussi chargé de diriger l'exécution de l'ouvrage relatif au sacre de Napoléon : il dessina lui-même un grand nombre de figures, et fut alors nommé officier de la Légion d'Honneur. En 1817 il donna une autre grande composition, également dessinée au crayon noir estompé : c'est une des conférences du congrès de Vienne. Il exposa au même salon une aquarelle d'une grande dimension, véritable chef-d'œuvre, représentant une vue de l'escalier du Musée, avec une foule de curieux, parmi lesquels on reconnaissait plusieurs artistes ou amateurs. Nous ne parlerons pas des beaux et nombreux portraits en miniature d'Isabey; mais nous rappellerons qu'a peint une table en porcelaine où se trouvent les portraits de Napoléon et des plus illustres généraux français. Cette table, connue sous le nom de *Table des Maréchaux*, fut donnée par l'empereur à la ville de Paris. En 1816 un particulier la reçut en payement d'une créance de la ville, et en 1835 elle fut vendue à l'encan. Isabey fit aussi un voyage à Pétersbourg, et il y peignit en miniature les portraits de l'empereur et de l'impératrice de Russie, ainsi que de beaucoup d'autres personnages de cette cour. Il est mort à Paris, le 18 avril 1855.   DUCHESNE aîné.

ISABEY (EUGÈNE-LOUIS-GABRIEL), né à Paris, le 22 juillet 1804, est le fils de l'habile miniaturiste dont il a été question dans l'article qui précède ; mais, peu soucieux de lutter avec la gloire de son père, c'est dans un autre genre de peinture qu'il a su se rendre célèbre. Dès 1824 il envoyait au salon un cadre de marines et de paysages, et lorsqu'en 1827 il exposa la *Plage d'Honfleur* et l'*Ouragan devant Dieppe*, on salua en lui un rival redoutable pour M. Gudin. C'était chercher une analogie chimérique entre deux artistes qui ne devaient avoir de commun que le succès. M. Eugène Isabey a montré une grande fécondité : parmi les ouvrages qu'on a de lui, il faut surtout citer le *Port de Dunkerque* (1831); les *Vieilles Barques* (1836); le *Combat du Texel* (1839), tableau plein de sentiment et de science, qui est aujourd'hui placé au musée de Versailles ; la *Vue de Boulogne* (1843 : musée de Toulouse), l'*Alchimiste* (1845), une *Cérémonie dans l'église de Delft* (1847), et l'*Embarquement de Ruyter* (1851 : musée du Luxembourg). M. Isabey a peint aussi *Louis-Philippe recevant la Reine Victoria au Tréport* (1844), et le *Départ de la Reine d'Angleterre*. Il s'est tiré en homme adroit des difficultés que présentaient ces sujets officiels et médiocrement pittoresques. M. Eug. Isabey, dont les arts peuvent encore beaucoup attendre, a déjà eu deux manières. Dans la première période de sa carrière, son coloris était terne, rembruni, monotone, et d'une vérité très-imparfaite ; depuis 1840 à peu près, son talent est entré dans une phase nouvelle. C'est à cette seconde manière, encore moins vraie peut-être que la première, mais beaucoup plus souriante et variée, qu'appartiennent les derniers tableaux que nous venons de citer, et notamment la *Cérémonie dans l'église de Delft* et le *Mariage de Henri IV*, charmant spécimen de cette piquante méthode. La palette aujourd'hui n'a plus pour M. Isabey de tons trop vifs, de nuances trop chatoyantes ; sa touche est spirituelle et dégagée. C'est là sans doute un art factice et menteur, mais c'est un art fait pour séduire.

ISAGOGIE (du grec εἰς, dans, et ἀγωγή, action de conduire), introduction, interprétation des écrits logiques d'Aristote, et principalement de l'*Organon* et des *Catégorèmes*; initiation aux philosophies de Platon et d'Épicure; les plus connues sont celles d'Alcinoüs et d'Albinus. Ce mot, comme prouve son étymologie, est synonyme d'*éclaircissements*, *commentaires*. Il est d'ailleurs très-peu usité.

ISAGORAS, Athénien, rival de Clisthène, qui, en 509, après l'expulsion des Pisistratides, avait constitué un gouvernement démocratique dans sa patrie. Il tenta, avec l'assistance du roi de Sparte Cléomène, de rétablir l'oligarchie, chassa Clisthène et fit bannir sept cents familles athéniennes ; mais, assiégé par le peuple dans la citadelle, il se vit contraint de capituler, et fut banni à son tour. Clisthène ayant été alors rappelé, le gouvernement démocratique fut rétabli de nouveau.

ISAÏE ou *Esaïas* est le premier des quatre grands prophètes chez les Juifs. Fils de prophète, sa femme elle-même était prophétesse. Une des plus vigoureuses branches de la tige de Jessé, de la race de sang royal. Amos, son père, était frère d'Amasias, roi de Juda. L'homme de Dieu trace lui-même, mais avec humilité, sa généalogie, son nom, sa vocation, l'époque de sa vie. Qui versa au fils d'Amos toutes ces sublimes inspirations? C'est, comme il le dit lui-même, « le Seigneur-Dieu, assis sur son trône élevé et remplissant le temple du bas de ses vêtements ; ce sont les séraphins, voilés chacun de six ailes, ébranlant la porte du sanctuaire, plein de fumée, de ce cri : « Saint, saint, saint, est le Dieu « des armées : la terre est toute remplie de sa gloire. » C'est au charbon ardent appliqué sur ses lèvres par un de ces anges aux sextuples ailes qu'il dut ce feu prophétique et inextinguible qui l'embrasa cent années. Aussi toute la pureté de l'idiome hébraïque éclate-t-elle dans Isaïe : élevé à la cour de Juda, il parle la langue, mais la langue perfectionnée, de David et de Salomon, cependant toute florissante de sa virginité première. Il excelle à faire jaillir instantanément les éclairs des ténèbres. Dans ses écarts les plus hyperboliques, le génie d'Aristote se fait toujours apercevoir, et dans la série de ses idées, et dans l'agencement de ses périodes, et dans la distribution de ses chapitres. Comme l'aigle, en un clin d'œil il se précipite du ciel sur la terre et s'élance de la terre au ciel. Les comparaisons les plus communes, souvent les plus ignobles, lui sont familières ; mais il sait les enchâsser dans l'or et les perles. Abondance et variété, noblesse et simplicité, calme et fureur, énergie et grâce, tout est réuni dans ce Juif, le roi des poètes.

Dans ses prophéties, Isaïe s'est la plupart du temps servi du rhythme, à peu près connu, de la poésie hébraïque, qui consiste dans le parallélisme des lignes et des phrases. Sa harpe n'était ni la harpe laudative de David, ni le kinnor voluptueux de Salomon ; les accords de la sienne ressemblaient aux éclats du tonnerre, aux rugissements des lions.

La grave et colossale figure d'Isaïe était placée, comme celle d'un juge inflexible, entre Jéhovah et les rois de Juda : quand il frappait à leur porte, ils frissonnaient. Babylone à son nom tremblait sur ses fondements, et Memphis eût voulu se cacher sous les roseaux de son Nil. L'infâme et impie Manassé, importuné des reproches du veillard, de ce sang royal comme lui, le fit scier en deux avec une scie de bois. Alors on ouït s'éteindre, l'an du monde 3306 et 698 av. J.-C., cette voix grave et retentissante, que cent années de vie n'avaient point altérée.

On peut partager les prophéties d'Isaïe en trois parties : la première comprend six chapitres qui regardent le règne de Joathan ; les six chapitres suivants regardent le règne d'Achaz ; tout le reste est du règne d'Ézéchias. Dans les six premiers chapitres, le prophète tonne contre Jérusalem infidèle ; dans les six suivants, il prévoit le siége de la cité sainte par les rois de Samarie et de Syrie, Phacée et Razin ; c'est d'abord l'*Emmanuel* (Dieu avec nous), il prédit la venue du Messie (l'oint du Seigneur) ; enfin, dans ce qu'il écrivit sous Ézéchias, Babylone, Samarie, Tyr, Damas, Moab, l'Égypte, la Judée même, furent l'objet de ses imprécations sacrées. Depuis le 45° chapitre jusqu'au 49°, Isaïe prédit, à ne pas s'y méprendre, le règne de Cyrus, qu'il nomme expressément, et le retour de la captivité, et dans les suivants l'avénement du Messie et ses persécutions, et enfin l'établissement de l'Église. Les prophéties d'Isaïe sont si claires que les Pères disent qu'il est plutôt évangéliste que prophète.

Isaïe eut deux fils, auxquels il donna des noms sombres et effrayants, comme son génie, et paraboliques sans doute : il nomma le premier, Sear-Jasub (*le reste reviendra*), et le second, Chas-Bas (*hâtes-vous de ravager*). Il aurait eu de plus une fille, qu'il aurait donnée en mariage à Manassé, roi de Juda, si l'on en croit quelques *targums* (interprétations).   DENNE-BARON.

ISAR, l'un des affluents méridionaux du Danube, prend sa source dans la seigneurie de Tauer en Tyrol, sur l'*Heisenkopf*, au nord d'Inspruck. Son parcours total est de 28 myriamètres, et il se jette dans le Danube, en face de Deggendorf. Le commerce et le flottage des bois pour Munich, l'éducation du bétail, l'exploitation de carrières de plâtre, de pierres à chaux et de marbre, constituent les principales ressources des riverains. Le plateau de l'Isar est des plaines marécageuses. L'ancien *cercle de l'Isar* porte aujourd'hui le nom de Haute-Bavière.

ISARD. *Voyez* CHAMOIS.

ISATINE (du latin *isatis*, pastel). Si l'on traite l'indigo du commerce par un mélange de parties égales d'acide sulfurique et de bichromate de potasse dissous dans 20

ISATINE — ISEMBURGE

ou 30 parties d'eau, on obtient, par l'évaporation de la liqueur, une matière cristalline rouge jaunâtre, soluble dans l'eau bouillante et dans l'alcool. Cette matière, qui a reçu le nom d'*isatine*, se tranforme en *acide isatinique*, sous l'action de la potasse caustique. La chaleur suffit pour décomposer l'acide isatique en gaz et en isatine.

ISATIQUE ou **ISATINIQUE** (Acide). *Voyez* INDIGO et ISATINE.

ISATIS. *Voyez* RENARD.

ISAURE (CLÉMENCE), femme célèbre qui passe pour avoir institué, ou du moins restauré, au quatorzième siècle, les jeux floraux à Toulouse, sa patrie. On les célèbre tous les ans, au mois de mai. On prononce son éloge et l'on couronne de fleurs sa statue en marbre blanc qui est au Capitole. D'après sa volonté, dit-on, une messe, un service, des aumônes, devaient précéder la distribution annuelle de fleurs métalliques léguées par elle à ceux qui auraient le mieux réussi dans divers genres de poésie indiqués. On ne sait rien, du reste, sur sa vie; ses amours et ses malheurs, résumés dans une romance de Florian, paraissent tout simplement une fiction. Suivant les traditions du Languedoc, elle aurait appartenu à l'une des grandes familles du pays; mais on ne connait les dates ni de sa naissance ni de son décès. On croit seulement qu'elle mourut à l'âge de cinquante ans, sans avoir été mariée. D'ailleurs elle n'aurait fait que renouveler et accroître par ses libéralités l'institution déjà ancienne du *Collége du gai sçavoir*, dirigée par sept poetes toulousains; institution dont les guerres civiles avaient amené la décadence. Catel a prétendu que Clémence Isaure était un personnage imaginaire; mais il a été réfuté par dom Vaissette, dans son *Histoire du Languedoc*. On peut aussi consulter les *Annales de Toulouse*, par La Faille, et le Mémoire imprimé, en 1776, au nom de l'Académie des jeux floraux contre les entreprises du corps de ville, « où il est solidement prouvé, dit Chaudon, que l'illustre Toulousaine a existé, qu'elle est l'institutrice des Jeux Floraux, et qu'elle en a assuré à perpétuité la célébration, en laissant de grands biens aux capitouls, à condition qu'ils en feraient l'emploi prescrit. » Néanmoins, en 1852, M. Noulet, membre de l'Académie des Sciences, Inscriptions et Belles-lettres de Toulouse, a lu à cette assemblée un mémoire dans lequel il établit que Clémence Isaure n'est qu'un mythe, et que son nom a été substitué par un enchaînement d'erreurs à celui de la sainte Vierge, qui fut primitivement l'objet du culte poétique des troubadours. L. LOUVET.

ISAURIE, province du sud de l'Asie Mineure, entre la Pamphylie et la Cilicie, que les habitudes de brigandage de ses habitants avaient rendue fameuse dans l'antiquité. Après avoir de bonne heure infesté toute la Méditerranée comme pirates, ils y constituèrent, ainsi que dans la sauvage Cilicie, qui l'avoisinait, une république particulière, et déployèrent toujours plus d'audace à partir de la première guerre de Mithridate (de l'an 87 à l'an 84 av. J.-C.), qui s'allia à eux contre les Romains. Rome ayant résolu de les châtier, le proconsul P. Servilius, à qui ses succès dans une guerre qui dura plus de trois ans (de 78 à 75 av. J.-C.) firent donner le surnom d'*Isauricus*, s'empara des points les plus importants de leur pays, qui fut tranformé en province romaine; mais ils n'en continuèrent pas moins leurs déprédations jusqu'à ce que Pompée, soutenu par une flotte nombreuse, les eut complètement réduits, l'an 67 avant notre ère. Ce désastre n'anéantit cependant pas leur puissance; car au troisième siècle, sous le règne de Gallien, on les vit se soulever sous les ordres de C. Annius Trebellianus. Probus, il est vrai, les vainquit; mais plus tard ils reprirent la plupart des villes romaines de la côte de Cilicie, et pillèrent encore au cinquième siècle Séleucie en Syrie. Depuis lors il n'en est plus fait mention dans l'histoire. Leur capitale, *Isaura*, située près du mont Taurus, avait été détruite une première fois par Perdiccas, après la mort d'Alexandre; elle le fut encore plus tard par le proconsul romain Servilius. Sous le règne d'Auguste, Amyntas, roi de Galatie, la rebâtit à peu de distance de l'emplacement qu'elle occupait autrefois; mais de cette ville nouvelle il ne reste plus aujourd'hui que des ruines.

ISCARDO. *Voyez* BALTISTAN.

ISCHIA (prononcez *Iskia*), l'*Ænaria* des anciens, petite île d'origine volcanique, à l'entrée du golfe du Naples, au sud-ouest du cap Misène, est aussi célèbre par sa ravissante position que par sa fertilité, ses excellents vins et ses eaux thermales. Elle a une superficie d'environ dix kilomètres carrés, et on y compte 24,000 habitants. La plus haute montagne de l'île est le volcan d'*Epomeo*, haut de 785 mètres, qu'on appelle aussi *Monte San-Nicolo*, dont les éruptions ne cessèrent qu'au quatorzième siècle, et sur la crête duquel on a construit un couvent.

Les principales localités sont *Ischia*, sur la côte orientale, avec 500 habitants et un grand port protégé par un château situé à 200 mètres d'élévation sur un rocher basaltique qui le domine complètement; et *Foria*, sur la côte occidentale, d'où l'on exporte les productions du pays. Les bains les plus renommés sont ceux de *Casamicciola*, avec un hôpital où trois cents malades sont soignés gratuitement, les bains de vapeur de *Castiglione*, *San-Lorenzo* et *Santa-Restituta*, près du village de Lecco.

Les Eubéens, les premiers qui s'établirent dans cette île, en furent chassés, de même que les Syracusains, qui la possédèrent après eux, par la violence des éruptions de l'Epomeo. L'île resta ensuite longtemps inhabitée, jusqu'à ce que des voisins, les Napolitains, la firent occuper par de nouveaux colons, qui durent bientôt se soumettre à la domination romaine. Beaucoup de riches Romains avaient des maisons de campagne à Ischia; Auguste y possédait également un palais, dont les ruines existent encore. Une race de singes, indigène à Ischia et dans l'île de Procida, qui l'avoisine, les avait fait désigner toutes deux dans l'antiquité sous le nom d'*Îles Pithécuses*.

ISCHION (en grec ἰσχίον). *Voyez* BASSIN (*Anatomie*).

ISCHL, bourg de la capitainerie de Gmunden, dans le *Salzkammergut* (salines de la chambre impériale) de la Haute-Autriche, sur la Traun, à 5,219 mètres au-dessus du niveau de la mer, situé au centre de trois vallées qu'entourent les pittoresques monts Kalkalp. On y compte 2,000 habitants, et il existe non loin de là de grandes salines. Les bains qu'on a établis dans ce bourg, en 1822, l'ont rendu célèbre, et y attirent chaque année un millier de baigneurs Les environs d'Ischl sont si attrayants, que ce bourg est devenu le rendez-vous favori de l'aristocratie autrichienne. On y trouve toujours des baigneurs appartenant à la grande société européenne; il s'y est déjà arrivé plus d'une fois à des souverains et à des diplomates d'y avoir des conférences politiques, par exemple, en août 1850, le prince de Schwartzenberg, président du conseil des ministres d'Autriche, le baron de Nesselrode, ministre des affaires étrangères de Russie, et le baron de Meyendorf, ministre de Russie à Berlin; en 1851, l'empereur d'Autriche et le roi de Prusse.

ISCHURIE (du grec ἰσχουρία, dérivé d'ἰσχω, je retiens, et οὖρον, urine), terme scientifique dont les médecins se servent pour désigner la rétention ou une entière suppression d'urine causée par tout ce qui peut intercepter les conduits des reins ou le canal de la vessie.

ISÉE, orateur attique, originaire de Chalcis en Eubée, et selon d'autres, d'Athènes, où du moins il s'établit de bonne heure, florissait vers l'an 357 av. J.-C. Il eut pour maitres Lysias et Isocrate; retiré plus tard des affaires publiques, il donna des leçons d'éloquence, notamment à Démosthène, et écrivit pour d'autres des plaidoyers. Sur cinquante harangues qu'il prononça, onze seulement se sont conservées; elles brillent par la simplicité et souvent par la vigueur du style, et ont trait presque la plupart à des questions de succession. Reiske les a comprises dans sa collection des *Oratores Attici* (12 vol.; Leipzig, 1770-1775). Nous en avons une traduction française par Auger (Paris, 1783).

ISEMBURGE. *Voyez* INGELBURGE.

ISÈRE (Département de l'), un de ceux de la frontière orientale, est formé d'une partie de l'ancien Dauphiné. Au sud-ouest et au sud, il a pour limites celui du Doubs; à l'est et au nord-est, la Savoie; le Rhône le sépare au nord de celui de l'Ain, et à l'ouest de ceux du Rhône, de la Loire et de l'Ardèche. Divisé en 4 arrondissements, dont les chefs-lieux sont Grenoble, La Tour-du-Pin, Saint-Marcellin, Vienne, 45 cantons et 550 communes; il compte 603,497 habitants; il envoie 4 députés au corps législatif; il est compris dans la huitième division militaire, l'académie et le diocèse de Grenoble et le ressort de la cour impériale 1 de la même ville. Il possède 1 lycée, 3 colléges, 1 école normale primaire, 2 institutions, 11 pensions, 1341 écoles primaires.

Sa superficie est de 829,031 hectares, dont 316,387 en terres labourables; 170,990 en landes, pâtis, bruyères; 168,420 en bois; 66,713 en prés; 27,698 en vignes; 7,109 en jardins, vergers, pépinières; 4,334 en propriétés bâties; 2,305 en cultures diverses; 1,778 en étangs, canaux d'irrigation, etc.; 998 en oseraies, aunaies, saussaies; 33,792 en forêts et domaines non productifs; 13,711 en rivières, lacs, ruisseaux; 13,616 en chemins, places publiques, etc.; 190 en bâtiments publics, cimetières, etc. Il paye 2,427,827 fr. d'impôt foncier.

La surface du département de l'Isère, plate au nord-ouest, devient de plus en plus montagneuse à mesure que l'on s'approche de l'Isère, qui traverse sa partie centrale, et se couvre au delà de cette rivière de hautes montagnes qui appartiennent aux Alpes de la Savoie. Là, le pays, d'une nature imposante, offre tantôt de larges et fertiles vallées, comme celle de Grésivaudan, qui donne les produits les plus variés, tantôt de vallées étroites, couvertes de gras pâturages, arrosées de torrents rapides, mais dont la culture, limitée à quelques céréales, est souvent difficile; de rochers arides et de vastes glaciers, au-dessus desquels s'élancent en pics ou en aiguilles les sommités de montagnes sans nombre. Tels sont l'Olfan, qui a 3,860 mètres, le mont des Challanches (2,664), la Moucherolle (1,800). L'Isère est la principale rivière du pays; toutes celles des montagnes ne sont que des torrents; les plus considérables sont le Drac, la Romanche et le Guiers. Le Rhône reçoit les eaux qui arrosent le reste du pays. Le climat est vif et pur, mais très-variable, à cause du voisinage des montagnes. Dans les grandes vallées et dans les plaines, on éprouve souvent de très-fortes chaleurs et un froid quelquefois assez intense; dans les parties élevées, il n'y a que deux saisons, et l'été n'y dure guère que trois mois.

La belle vallée de Grésivaudan, que commande Grenoble, et quelques autres, jouissent seules d'un sol fertile; au nord-ouest, il est sec et aride, et ne produit qu'à force d'engrais. Au reste, la manière dont il est cultivé partout mérite les plus grands éloges. Le seigle, l'orge, la pomme de terre, le chou commun et quelques légumes, sont les principales productions agricoles des districts montagneux; mais l'abondance des fourrages leur offre de précieuses ressources, en permettant d'y élever beaucoup de bestiaux et d'en nourrir de grands troupeaux amenés des départements voisins pendant l'été. Le reste du département donne assez de blé pour la consommation. On y recueille aussi du chanvre, beaucoup de fruits et des vins estimés : le plus célèbre est celui dit de l'*Ermitage*; ceux de la Côte-Rôtie, de Seyssuel et de Château-Grillet, sont aussi fort renommés. On fait dans les pâturages de Sassenage et d'Oisans des fromages estimés. Ceux de Chevrières, des environs de Saint-Marcellin, sont aussi très-connus. La culture du mûrier est très-étendue, et l'éducation des vers à soie fort importante. Une multitude de plantes médicinales s'offrent de toutes parts dans les montagnes. Celles-ci possèdent aussi de grandes et magnifiques forêts, dont le sapin forme l'essence principale. Indépendamment du grand nombre de moutons qu'on élève, et qui donnent une laine fine et moelleuse, on nourrit aussi beaucoup de chevaux et d'ânes d'une petite taille, des porcs et des chèvres. L'ours, le loup-cervier, le bouquetin, le chamois, errent dans les parties reculées des montagnes, fort abondantes en gibier, et surtout en lièvres blancs, perdrix blanches et rouges et bartavelles. On y trouve aussi une grande quantité de faisans, d'aigles et de vautours, des hérissons, des martres. Le poisson abonde dans les rivières, les lacs et les étangs.

Ce département est l'un des plus riches de la France en productions minérales. Il y existe de l'or, de l'argent, du plomb, du cuivre, beaucoup de fer, de l'antimoine et du charbon de terre, du cristal de roche, des marbres, des pierres et des terres aussi variées qu'abondantes. Il y a aussi des sources minérales, dont les plus connues sont celles de Grenoble et d'Uriage, avec des établissements de bains. Les mines de fer, de plomb, de cuivre et de houille sont les seules exploitées; celles d'or et d'argent ont été abandonnées. On compte 9 hauts-fourneaux, 23 foyers d'affinerie et 26 aciéries. L'industrie manufacturière de ce département consiste dans la fabrication de toiles fines, ordinaires et à voiles, de drap, de mégisserie, de ganterie, qui a son principal siége à Grenoble; de liqueurs, dont les plus renommées sont celles de la côte Saint-André, les eaux dites *de la Côte*, et le ratafia de Grenoble. Il y a aussi des papeteries, dont les plus renommées sont celles de Vienne; des filatures de soie et des tanneries.

Son commerce est favorisé par la navigation de l'Isère et du Rhône, par 7 routes impériales, 13 routes départementales et 2,535 chemins vicinaux. On en exporte des vins, des eaux-de-vie, des liqueurs, des chanvres, des bois de construction, des soies, des laines, des toiles, des draps, et autres produits de ses manufactures. Parmi les villes et localités remarquables, nous citerons : Grenoble, chef-lieu du département; Vienne, Voiron, ville sur la Morge, et très-connue par ses toiles, avec 8,480 habitants; Côte-Saint-André, petite ville au pied d'une montagne, à l'entrée de la grande plaine du même nom : elle était jadis fortifiée; on y compte 4,429 habitants; Tullins, petite ville sur un monticule qui domine les rives de l'Isère, avec 4,618 habitants; Bourgoin, dans une plaine fertile, sur la Bourbre, avec 4,749 habitants, des impressions sur soie, des manufactures d'indiennes, des fabriques de toile, un grand commerce de farine, de chanvre et de sucre; Saint-Marcellin, jolie petite ville, au pied d'une colline, près de l'Isère, avec 3,460 habitants; La Tour-du-Pin, petite ville sur la Bourbre, avec 2,572 habitants; Clermont, ancienne baronnie; Vizille, petite ville sur la Romanche, que l'on y passe sur un beau pont : elle est célèbre par la réunion des états généraux du Dauphiné qui s'y tint en 1789; on y compte 2,115 habitants. Le monastère de la *Grande Chartreuse*, aux portes de Grenoble. Au haut de la vallée de Grésivaudan, sur la frontière de Savoie, s'élève le fort Barreaux, position militaire très-importante.

Oscar Mac-Carthy.

ISÉRINE. L'isérine (*nigrine* de Beudant) est une des plus importantes variétés de fer oxydé. On la nomme encore *fer titané cubique*, parce qu'elle est composée d'oxyde de fer combiné avec de l'oxyde de titane. L'isérine se rencontre en cristaux ou en grains disséminés dans les roches volcaniques, et sous la forme de sable dans le voisinage de ces roches. Ces sables sont quelquefois assez abondants et assez riches en fer pour qu'on puisse les exploiter comme minerais de ce métal.

ISIAQUE (Table), *Mensa Isiaca*, appelée aussi *Tabula Bembina*, antique et célèbre monument égyptien, consistant en une table de bronze carrée, couverte d'un émail d'azur, et artistement incrustée de filets d'argent. La figure principale représente Isis assise; mais le sens des autres figures est douteux. Après le sac de Rome, en 1527, cette table passa aux mains du cardinal Bembo; maintenant elle fait partie de la collection égyptienne du musée de Turin. Elle a été pour la première fois gravée par Æneas Vicus (Venise, 1559).

ISIDORE DE PÉLUSE, moine de Péluse, dans la basse Égypte, qui vivait de la manière la plus austère et blâmait énergiquement les mœurs dépravées des ecclésiastiques de son temps, naquit à Alexandrie, et mourut vers l'an 450. Ses nombreuses lettres, qui existent encore (Paris, 1638, in-fol.), sont d'une certaine importance pour l'exégèse et pour l'histoire ecclésiastique.

ISIDORE DE SÉVILLE (Saint), évêque de cette ville (*Hispalensis*), l'un des prêtres qui ont mérité le plus de l'Eglise d'Espagne, naquit à Carthagène. Son père, Sévérien, était gouverneur de Séville; saint Léandre et saint Fulgence étaient ses frères, et sainte Florentine sa sœur. Il mourut le 6 avril 635, après quarante ans d'épiscopat. Ce prélat a donné dans ses *Sententiarum, sive de summo Bono, Libri III* une sorte de doctrine de la foi, d'après les décisions des anciens docteurs de l'Église, et dans ses *Originum seu etymologiarum Libri XX*, une sorte d'encyclopédie. On lui doit encore plusieurs ouvrages de grammaire, d'histoire et de théologie, entre autres *De Differentiis Verborum Libri tres; Synonymorum Libri II*; et *Liber Glossarum*; le *Chronicon usque ad annum V Heraclii*; une *Histoire des Goths de l'an 176 à l'an 628*; une *Chronique des Rois visogoths*; un *Liber de Scriptoribus ecclesiasticis*, et enfin une *Collectio Canonum Ecclesiæ Hispaniæ*, ouvrages qui eurent une grande autorité en Espagne et au dehors, et qui par la suite ont été plusieurs fois augmentés et continués. La meilleure édition des œuvres complètes d'Isidore de Séville a été donnée par Faustus Arevolo (7 vol., Rome, 1797-1803, in-4°).

ISIDORE MERCATOR ou **PECCATOR**, évêque de Badajoz vers l'an 550, est l'auteur présumé des fausses *Décrétales*.

ISIGNY, chef-lieu de canton, dans le département du Calvados, sur la rive gauche de l'Esque, près de son confluent avec la Vire, compte 2,263 habitants, et possède un tribunal de commerce, ainsi qu'un entrepôt réel des douanes. On y fabrique beaucoup de salaisons, et on en exporte annuellement environ 1,000,000 kilogrammes de beurre très-renommé. Son port reçoit des navires de 100 à 120 tonneaux.

ISIS, divinité égyptienne que les Grecs comparaient à leur Demeter ou Cérès, et dont le nom se prononçait hiéroglyphiquement *Hés* ou *His*. De même que son frère et époux Osiris, elle faisait partie des plus antiques divinités de l'Égypte, et Hérodote nous apprend que tous deux étaient les divinités les plus généralement adorées dans ce pays. C'est à This, dans la haute Égypte, première capitale des souverains de l'Égypte, que leur culte était le plus ancien. Les autres temples les plus célèbres d'Isis étaient situés à Philæ, à Tentyris (Dendérah), à Memphis et à Busiris. Son culte se répandit plus tard jusqu'en Grèce et à Rome, où l'on fut obligé d'adopter des mesures de répression pour les scandales et les abus auxquels donnait lieu la célébration des mystères d'Isis. D'ordinaire elle est représentée avec un disque solaire placé entre des cornes de vache, ou assise sur un trône, la tête surmontée des signes hiéroglyphiques de son nom. Ce mythe se rattachait de la manière la plus intime à celui d'Osiris.

[Apulée, qui s'était fait initier aux mystères d'Isis, et qui nous a laissé un portrait de cette divinité dans son livre intitulé *L'Ane d'Or*, révèle dans ses discours qu'à la suite de son initiation la déesse lui apparut, qu'elle lui fit connaître ses attributions, ses différents noms, et qu'elle lui parla en ces termes : « Je suis la nature, mère de toutes choses, maîtresse des éléments, le commencement des siècles, la souveraine des dieux et des déesses, et la reine des mânes ; c'est moi qui gouverne la sublimité des cieux, les vents salutaires des mers, le silence lugubre des enfers. Ma divinité unique est honorée par tout l'univers, mais sous différentes formes, sous divers noms, et par différentes cérémonies. » Apulée décrit ensuite tous les noms sous lesquels les Égyptiens et les autres peuples adoraient cette déesse. « Les Egyptiens, continue Apulée, qui ont été instruits de l'ancienne doctrine, m'honorent avec des cérémonies qui me sont propres et convenables, et ils m'appellent de mon véritable nom *la reine Isis*. » Comme on le voit, l'initiation égyptienne, sous le nom de *mystères d'Isis*, était une véritable *autopsie*, c'est-à-dire une contemplation ou vision intuitive, qui plaçait l'âme du néophyte en rapport avec la divinité. Par cet état de perfectibilité, l'initié arrivait à la connaissance positive de la morale; mais avant de recevoir l'enseignement philosophique que l'on y pratiquait, il fallait passer par des épreuves physiques qui devaient assurer de la discrétion du néophyte.

Isis enseigna l'agriculture aux Égyptiens : une faucille à la main, elle daignait elle-même diriger la moisson. Elle leur apprit l'art de filer le lin et de le tisser, celui d'extraire l'huile des olives, dont elle porte les rameaux à la main; elle présidait à la navigation ; elle apaisait la tempête et les flots irrités. Cette déesse avait en Égypte une fête célèbre, connue sous le nom de *fête de la Navigation*. Suivant Apulée, Isis prescrivait elle-même l'ordre de cette fête. Elle se célébrait tous les ans au mois *pharmuti* ou mars. Les prêtres devaient offrir à la reine des cieux, de la terre et des mers, un navire neuf. La représentation de cette fête solennelle est souvent répétée dans les temples consacrés à la déesse Isis. Une autre fête non moins solennelle, connue sous le nom de *procession d'Isis*, se célébrait à Thèbes une fois l'an avec la plus grande pompe; les habitants de la haute et de la basse Égypte s'y rendaient en foule. Isis, sous la forme d'une ourse, y paraissait assise sur un trône placé sur un brancard, qui était porté par quatre *neocores*, les desservants de ses autels : elle ouvrait la marche de cette auguste cérémonie. On y portait aussi les statues de tous les dieux de l'Égypte ; l'encens et les fleurs n'y étaient pas épargnés.

Enfin, Isis ou la Nature, en sa qualité de femme ou de mère conservatrice, était supposée contenir en elle seule le *bien* et le *mal*. Cette supposition toute mystérieuse a rendu son culte plus célèbre que celui d'Osiris, son époux. Isis est elle-même une trinité, une divinité universelle; aussi les Égyptiens lui adressaient-ils cette prière : *Grande déesse Isis, qui êtes une et mère de toutes choses!* etc. Suivant Plutarque, elle avait un temple à Saïs, sur le fronton duquel on lisait cette célèbre inscription : *Je suis tout ce qui a été, ce qui est et ce qui sera, et nul mortel n'a encore levé mon voile*. G^{er} Alexandre Lenoir.]

ISKANDÉRIEH. *Voyez* ALEXANDRIE.

ISLA (José-Francisco de), satirique espagnol, né en 1714, à Ségovie, entra dans la société de Jésus, et se distingua comme professeur et comme prédicateur. Quand les jésuites eurent été chassés d'Espagne, il se retira à Bologne, où il mourut, en 1783. Le plus célèbre de ses ouvrages est celui qu'il publia sous le titre de *Historia del famoso predicador fray Gerundio de Campasas, alias Zotes* (1758), et qu'il signa du pseudonyme de *Francisco Lobon de Salazar*. Prenant Cervantes pour modèle, il persifle si finement les prédicateurs de son temps, bavards sans goût et sans esprit, que son livre fut défendu par l'inquisition, et que la seconde partie n'en put paraître qu'en 1770. On en a une traduction française par Cardini (2 vol., Paris, 1822). Isla, en outre, a donné plusieurs traductions du français, dont la plus importante est celle du *Gil Blas* de Lesage, qu'il avait terminée dès 1781, mais qui ne parut qu'après sa mort (Madrid, 1797). Isla prétendait que ce roman, écrit dès 1635 par un Espagnol, avait valu à son auteur des désagréments, par suite desquels il serait venu se réfugier en France, où il serait mort en 1640; et que Lesage n'aurait fait qu'imiter l'ouvrage du réfugié, lequel en avait emporté avec lui une copie, tombée plus tard aux mains de l'auteur de *Turcaret*.

ISLAM, ISLAMISME, religion de Mahomet, mahométisme. Les musulmans appellent leur religion *islam* ou *eslam*, dont d'Herbelot a fait *islamisme*. Ces mots viennent du verbe *salama*, qui signifie se résigner, se soumettre à la volonté de Dieu (*voyez* DYN).

ISLANDE, île située tout au nord de notre hémisphère, entre le 63° 23′ et le 66° 33′ de latitude septentrionale, le 15° 40′ et le 26° 51′ de longitude orientale, à 105 myriamètres des côtes de la Norvège, 24 de celles du Groënland, et appartenant au Danemark, est l'un des points les plus intéressants du globe. Sa superficie est d'environ 984 myriamètres carrés ; mais elle n'est habitée que sur sa côte sud-ouest, et offre à l'intérieur l'aspect de la plus effrayante désolation. Entourée de mers tempétueuses et le plus souvent hérissées de gigantesques glaçons, bordée de rochers et d'écueils, l'œil n'y aperçoit que des plaines de glace s'étageant en forme de terrasses et dominées par des montagnes couvertes de neige et de glaces éternelles ; que des rochers confusément roulés les uns sur les autres ; que d'immenses champs de lave ; partout les traces d'effroyables tremblements de terre et des plus horribles cataclysmes ; nulle part d'arbres, et presque point de traces de végétation, à l'exception de quelques vallées voisines des côtes. C'est là un spectacle qui frappe d'autant plus le voyageur de surprise et d'effroi qu'il sait que cette contrée était autrefois plus florissante et plus habitée que de nos jours, et que les sciences et la poésie y brillaient alors d'un vif éclat. La montagne, qui au glacier d'Oræfa (*Oræfajœkul*) atteint une élévation de 2,080 mètres au-dessus du niveau de la mer, est toute couverte de gigantesques glaciers (*Iœkuls*), des flancs desquels s'échappent de temps à autre d'effroyables avalanches ou *snæflods*, qui vont s'effondrer dans la plaine. Parmi les pics qui vomissent du feu, l'Hékla, situé sur la côte méridionale, est le plus connu ; on prétend qu'il était déjà en activité en 1104. En fait d'autres volcans, on peut encore citer le *Krabla*, le *Leirnhukur*, le *Biarnaflag* et le *Hilzool* sur la côte septentrionale, le *Kœtligiau* et l'*Oræfajœkul* sur la côte méridionale, qui ne datent les uns et les autres que de 1724. Les innombrables sources d'eaux thermales qu'on rencontre, sur la côte sud-ouest surtout, sont en rapport intime avec les volcans. On les divise en *laugar*, c'est-à-dire bains (ce sont celles qui coulent tranquillement), et en *hver* (sources jaillissantes) ou *geiser* (remous), qui sourdent sous forme de fontaines jaillissantes dont la température varie entre 20° et 100° centigr., et dont les eaux sont tantôt potables et tantôt sulfureuses. Ces sources sont d'ailleurs sujettes à de grandes vicissitudes, et disparaissent avec la même vitesse qu'elles apparaissent.

En raison de la constitution physique de son sol, l'Islande est sujette à de fréquents tremblements de terre ; les ravages qu'exercèrent ceux des années 1755 et 1783 furent épouvantables. Les orages y sont très-rares, et les aurores boréales fort communes. L'hiver y est d'une rigueur extrême, et le climat semble y devenir de plus en plus rude. Le règne animal présente de 30 à 40,000 pièces de gros bétail, généralement dépourvues de cornes ; environ 500,000 moutons, qui en revanche en ont souvent quatre et même cinq ; des chevaux petits, mais vigoureux ; des chiens, des rennes, espèce qui n'y a été introduite qu'en 1770 ; des chiens de mer, des faucons, des cygnes, et une innombrable quantité d'oiseaux aquatiques. Le règne végétal offre d'utiles lichens, entre autres la *mousse d'Islande*, et quelques baies ; et dans les jardins, des pommes de terre, des raves, des choux, des épinards, du persil, du chanvre, mais surtout du raifort, du sénevé et du cresson. Le règne minéral fournit du plâtre, du soufre, du fer et une espèce de houille appelée *sturturbrand*, qui, avec les longues pièces de bois que les courants jettent régulièrement chaque année sur les côtes septentrionales et orientales de l'île, et provenant sans doute des grands fleuves d'Europe, d'Asie et d'Amérique qui se déchargent dans la mer Glaciale du Nord, y suppléc le bois de chauffage. Grâce à ces envois tout providentiels de bois dans un pays où il ne peut en croître d'aucune espèce, l'Islandais possède les matériaux nécessaires pour construire la hutte qui lui sert de demeure et la barque qui lui est nécessaire pour la pêche.

Les arbres et les céréales, que, d'après des témoignages authentiques, on y pouvait cultiver autrefois, n'y réussissent plus maintenant. Si la terre d'Islande est ingrate, la mer traite du moins les Islandais avec plus de largesse. Rarement ils s'en reviennent de la pêche sans que leurs bateaux soient remplis de poisson ; et lorsqu'ils ne veulent pas aller si loin, plusieurs lacs et rivières, telles que la *Thiorsa*, la *Kvita*, le *Lakelv*, leur donnent en quantité des breules et des saumons. Mais ils gardent et salent ou font sécher la plus grande partie de ces poissons pour les vendre.

D'après un recensement fait au commencement du douzième siècle, le nombre des habitants de l'Islande était environ 100,000 ; le dernier recensement, opéré en 1845, a donné le chiffre de 57,453 âmes. Les Islandais sont d'origine germanique, sérieux et probes ; leurs mœurs sont pures et leur instruction généralement fort étendue. Tous appartiennent à la religion protestante. Leur langue est l'ancienne langue norvégienne, qui s'est conservée parmi eux dans toute sa pureté primitive ; sur la côte la population parle généralement aussi le danois. Il est rare de rencontrer un Islandais ne sachant ni lire ni écrire. La plupart sont très-versés dans la connaissance de l'histoire de leur pays, conservée dans des traditions et des poëmes. En général ils sont de taille moyenne et d'assez faible constitution ; aussi parviennent-ils rarement à un âge avancé. La goutte et le scorbut sont les maladies les plus communes parmi eux. La fécondité des femmes est chose vraiment merveilleuse, et rien de plus ordinaire que de voir des mères élever douze et quinze enfants. Leurs habitations consistent en huttes basses, construites avec des morceaux de tourbe ou bien de lave, dont les interstices sont calfeutrés avec de la mousse, et recouvertes de gazon. Il n'existe pas, à bien dire, de villes ni de villages en Islande, parce que chacun construit sa demeure suivant ses besoins et la nature du terrain. Au printemps, les marchands danois abordent sur plusieurs points de l'île. Les habitants leur portent la laine, le suif, le poisson séché ou salé, les peaux de renard, et prennent en échange l'eau-de-vie, le sucre, le seigle et les autres denrées dont ils ont besoin. Quand la foire est finie, le paysan revient travailler à sa ferme, récolter l'herbe de son enclos, et lorsqu'il a une heure de loisir, il l'emploie à fabriquer les meubles qui lui sont nécessaires, à forger des instruments de travail ; car il est obligé toujours de se suffire à lui-même. Sa femme le seconde avec zèle dans tous ses travaux. C'est elle qui file la laine, qui prend soin des bestiaux. Ainsi vivent les Islandais ; et malgré les rudes travaux auxquels ils sont condamnés, malgré l'aridité du sol et les rigueurs du climat, ils sont bons et hospitaliers, ils aiment leur pays, et ne peuvent se résoudre à le quitter.

La pêche, la chasse aux oiseaux, la fabrication des bas et des gants, le commerce de l'édredon, la laine, constituent les principales sources de profit des Islandais. Le pain est une délicatesse que les riches seuls se permettent. On confectionne avec la mousse une farine qui se consomme d'une foule de manières. Le poisson de mer salé est la base de l'alimentation, et on consomme aussi beaucoup de lait. Pendant la mauvaise saison, on nourrit le bétail avec les arêtes de poisson. Quoique très-pauvre, l'Islandais, en raison de son extrême sobriété, ne manque jamais d'aliments. Il n'y a pour lui de disettes, mais alors elles sont affreuses, que lorsque quelque éruption volcanique fait disparaître les prairies, ou bien lorsque les glaces flottantes sont un obstacle à la pêche de même qu'à l'arrivée des navires d'Europe.

L'Islande est administrativement divisée en quatre districts, empruntant leurs dénominations particulières aux quatre points cardinaux, et subdivisés en plusieurs cantons, dont le chef ou *sysselmand* est à la fois juge de paix, percepteur et notaire. Faute de numéraire, les impôts sont perçus en nature. Il n'y a dans l'île ni milice ni gendarmerie. Le seul endroit qui ait quelque apparence de ville est *Reykjavik* (baie de la fumée), sur la côte occidentale, dans le Faxefjord. Les maisons ne sont pour la plupart que des huttes de pêcheurs, comme dans le reste de l'île; mais celles des négociants danois sont bâties en bois, et celle du gouverneur, qui paraîtrait mesquine auprès d'une de nos belles fermes de Normandie, ressemble là à un véritable palais. C'est là que résident le bailli et l'évêque, et on y compte 700 habitants. On y trouve une bibliothèque riche de 8,000 volumes, une Société royale islandaise, un observatoire et une pharmacie. Il faut encore citer *Harnefjord*, avec un bon port, *Bessæstadir* ou *Bessestads*, où existe une école d'enseignement supérieur, et *Leirar*, au nord de Reykjavik, où se trouve la seule imprimerie qui existe dans l'île.

Dès le huitième siècle, des moines irlandais vinrent s'établir sur différents points de la côte d'Islande; mais c'est de la Norvège qu'elle reçut la plus grande partie de sa population. Ce fut à la suite des expéditions qu'y entreprirent successivement, de l'an 860 à l'an 870, leurs compatriotes Naddod, Gardar et Flokki, que les Norvégiens apprirent l'existence de cette île. Naddod, *viking* (pirate) norvégien, dans un voyage qu'il faisait aux îles *Farœ*, fut jeté par la tempête sur les côtes d'Islande. Il y descendit à terre, n'y trouva point de traces d'habitations, et rapporta en Norvège les premiers renseignements qu'on eut encore eus sur cette île, à laquelle il donna le nom de *Snœland*, terre de la neige. Flokki, ou Rafna-Flokki, comme on le surnomma, à cause du corbeau qu'il lâcha et envoya à la découverte de l'île, la nomma *Island* (Terre de la glace), à cause des masses de glaces flottantes qu'il trouva amoncelées dans les baies. Le premier Norvégien qui s'y établit d'une manière fixe, d'abord (en 870) sur la côte méridionale, puis définitivement (en 874) dans l'endroit qui depuis est devenu Reykjavik, fut Ingolf avec ses parents et sa famille. Il y fut bientôt suivi par plusieurs autres de ses compatriotes. Vers cette même époque, le roi Harald Haarfager (*aux beaux cheveux*), après avoir vaincu tous les autres rois de la Norvège, et s'en être constitué l'unique souverain, ayant réduit à l'état de simples fermiers les propriétaires libres, en raison des taxes qu'il imposa sur les terres, tous ceux qui ne voulurent point accepter le nouvel ordre de choses abandonnèrent le pays et s'en allèrent les uns à l'est, en Suède; les autres au sud, en France et dans les îles Britanniques. Mais le grand courant de l'émigration se dirigea vers l'Islande, et soixante ans plus tard toute la partie habitable des côtes était déjà occupée. Tels sont les documents que le *Landnama Bok*, livre d'histoire écrit au dixième siècle par le prêtre Arœ, nous fournit sur l'occupation de l'Islande par les Norvégiens. Il paraît bien démontré que l'île de Thulé, *ultima Thule*, dont parlent tous les poëtes et les historiens latins, n'était pas l'Islande; et jamais la science géographique des anciens n'avait pénétré si avant dans le Nord.

Comme c'étaient surtout les personnages les plus importants et les plus considérés de la Norvège qui s'étaient retirés en Islande avec leurs familles et leurs serviteurs, il y eut pour eux besoin de continuer à mener dans leur nouvelle patrie le même genre de vie que dans l'ancienne; circonstance qui n'exerça pas une médiocre influence sur le développement de l'organisation que l'île reçut alors. Fondée à l'origine dans les diverses prises de possession du sol, toutes indépendantes les unes des autres, sur la puissance à la fois sacerdotale et judiciaire des chefs des temples (*goden*), cette organisation fut d'abord hiérarchique et aristocratique; mais quand les diverses seigneuries, jusque alors isolées, arrivèrent à constituer un tout organique, elle devint aristocratique et républicaine. La législation commune donnée à toute l'île par Uifliot, et la création par le même de l'*Althing*, assemblée composée des hommes les plus capables et les plus instruits de tous les districts de l'île, en fut la base. Cette assemblée se réunissait tous les ans au mois de juillet, pendant l'espace de quinze jours, sous la présidence du *logmadr* (l'homme de la loi), dans la grande plaine de Thingvalla, exerçait le droit de juridiction suprême et délibérait sur les affaires du pays. Cet *Althing* unique paraissant insuffisant, on établit, en 962, un nombre de *things* semblables dans les divers districts, et à cet effet l'île fut divisée en quatre quartiers. Enfin, en l'an 1004, Njal y ajouta un tribunal suprême.

Le christianisme, déjà professé par un certain nombre d'habitants, fut légalement adopté en l'an 1000, mais non sans avoir à triompher de diverses résistances. En même temps on créa des écoles, et l'on établit deux évêchés, l'un à *Hollar* et l'autre à *Skalholt*. La connaissance de l'écriture et de la langue latines, de la littérature et de l'érudition de l'Occident, introduite en même temps que le christianisme en Islande, y trouva un terrain d'autant plus favorablement disposé, que la poésie et la narration historique y étaient déjà depuis longtemps l'objet d'une culture toute particulière, et bien autrement avancées que dans toute autre contrée du nord germanique (*voyez* SCANDINAVES [Langue et Littérature]).

Les fréquents voyages entrepris par les Islandais, qui précédemment avaient surtout pour but les pays du Nord, et qui amenèrent la découverte d'abord du Groënland (932), puis (934) d'une partie de l'Amérique (appelée par ces premiers navigateurs islandais l'*inland*), changèrent alors de direction, et eurent surtout pour but les régions du Sud. On visita maintenant l'Orient ainsi que l'Occident de l'Europe, pour satisfaire des besoins religieux ou scientifiques. Alors les jeunes gens de famille s'en allaient étudier en Allemagne, en France, en Italie, et revenaient fidèlement rapporter à leur terre natale ce qu'ils avaient appris. Les rapports politiques, de même que l'éclat de la vie intellectuelle et de l'actif commerce avec l'étranger, avaient atteint leur apogée au milieu du douzième et au commencement du treizième siècle; époque qui forme, à bien dire, l'âge d'or de l'Islande et de sa civilisation. C'est alors que Sœmand recueillit les chants mythologiques de l'*Edda*; que Snorri Sturluson composa la seconde *Edda* et la Chronique des rois de Norvège (*Heimskringla*); que les skaldes chantent, et que les auteurs des *Sagas* rassemblent dans leurs naïfs récits les faits conservés par la tradition. Les éruptions de volcans, les guerres civiles, les épidémies, des fléaux de toutes sortes vinrent paralyser ce beau mouvement poétique. Toutes les grandes familles de l'île, naturellement jalouses de leur puissance, se liguèrent les unes contre les autres. On vit alors des bandes de 1,200 hommes traverser le pays en armes, incendiant les églises, pillant les habitations et massacrant les paysans. L'Islande en avait donc assez de l'anarchie sanglante à laquelle la livraient en proie l'orgueil et l'ambition des divers seigneurs, quand, grâce aussi à la connivence secrète du traître Snorri Sturluson, le roi de Norvège Hakon VI réussit à soumettre l'île à son autorité (1264).

En 1380 l'Islande passa en même temps que la Norvège sous les lois du Danemark, dont elle a continué de faire partie jusqu'à ce jour, tandis que la Norvège en a été détachée en 1814 pour être réunie à la Suède. Longtemps encore après la réunion de l'Islande au Danemark, son commerce était demeuré libre; et les négociants des villes hanséatiques, de la Suède et de l'Angleterre venaient chaque année lui apporter les productions de leur sol. Il y avait là une concurrence qui ne pouvait qu'être très-avantageuse au pays. Mais plus tard les rois de Danemark réservèrent à leurs sujets le privilége exclusif de ce commerce. Plus tard encore le gouvernement danois afferma ce privilège à une compagnie, et ce fut un grand malheur pour l'Islande, car ceux qui avaient payé le droit de lui apporter leurs marchandises ne pensèrent qu'à en tirer le meilleur parti possible. Plusieurs fois d'énergiques réclamations s'élevèrent contre ce monopole, mais elles ne furent pas entendues. Le gouvernement renouvela son bail de commerce, puis il crut mieux faire en l'exploitant lui-même; mais l'Islande ne s'en trouva pas mieux. Enfin, dans les dernières années du dix-huitième siècle, cette loi d'iniquité a été abolie, et le commerce de l'Islande est redevenu libre, sinon pour toutes les nations indifféremment, du moins pour les négociants danois.

Vers la fin du quatorzième siècle, les sciences et les arts, qui depuis l'introduction de la domination norvégienne avaient commencé à décliner, tombèrent dans une complète décadence en Islande. Des temps meilleurs revinrent cependant, lorsque le roi de Danemark Christian III y introduisit la Réformation, qui n'y fut complétement établie qu'en 1551. Au dix-septième siècle, l'Islande fut visitée par des pirates algériens, qui la pillèrent et y égorgèrent un grand nombre d'hommes, en 1627. Dans le courant du dix-huitième siècle, on y eut quarante-trois mauvaises récoltes, et on y éprouva dix-huit disettes complètes. En 1707, la petite vérole y fit périr près de 18,000 individus, et environ 9,000 autres moururent de faim dans les années 1784 et 1785. Il s'y forma néanmoins vers le milieu du dix-huitième siècle diverses sociétés savantes, qui ont singulièrement contribué à la propagation des lumières et à la moralisation du peuple ; et c'est à cette époque aussi que l'Islande a eu trois savants qui à eux seuls suffiraient pour l'illustrer ; c'est *Torfesen*, l'auteur de l'Histoire de Norvège ; *Magnussen*, l'éditeur de l'*Edda*, *Finssen*, l'auteur de l'Histoire ecclésiastique ; sans parler de poëtes et de naturalistes distingués, entre autres *Olafssen*, qui a publié sur son pays un grand ouvrage, très-estimé.

En 1809, à l'époque où le Danemark était en guerre avec l'Angleterre, un matelot danois appelé *Jœrgen-Jœrgensen*, qui avait déserté aux Anglais et s'était rendu à Reykjavik avec un bâtiment anglais armé en course, s'empara de cette ville sans défense et du pouvoir suprême en Islande; mais six semaines après, en août 1809, les Anglais eux-mêmes l'en chassèrent, au moment même où éclatait une conspiration ayant pour but de mettre un terme à l'usurpation de cet aventurier.

En 1824 et 1825 l'Islande éprouva de nouveau toutes les horreurs de la disette, à la suite des éruptions volcaniques qui avaient eu lieu dans les années précédentes, et en 1827 une violente épidémie n'y fit pas moins de victimes. Après avoir subsisté pendant neuf siècles entiers, l'*Althing* fut supprimé dans les premières années du dix-neuvième siècle ; et c'est seulement en vertu d'une ordonnance rendue par le roi de Danemark le 8 mars 1843 qu'une assemblée d'états y a été réorganisée sur le modèle des assemblées provinciales du Danemark. Consultez Gliemann, *Description géographique de l'Islande* (Altona, 1827) ; Sartorius de Waltershausen, *Esquisse physico-géographique de l'Islande* (Gœttingue, 1847); Thienemann et Gunther, *Voyages dans le Nord de l'Europe, pendant les années* 1820 et 1821 (Leipzig, 1827) ; Leo, *Détails sur la vie et les mœurs de l'Islande aux temps du paganisme*, dans l'Almanach historique de Raumer (1835) ; et le *Voyage d'Olafssen*, traduit en français (5 vol. ; Paris, 1800).

ISLANDE (Lichen d'). *Voyez* LICHEN.

ISLY (Bataille de l'). L'Isly, paisible rivière de la province de Rif, sur la limite du Maroc et de l'Algérie, où de temps immémorial ne venaient s'abreuver que de rares chevaux des montagnards berbères, n'est plus depuis 1844 un nom géographique vulgaire, mais un glorieux souvenir historique pour notre armée et pour le maréchal Bugeaud.

Après la dispersion de sa smala, en 1843, Abd-el-Kader s'était réfugié dans le Rif, province du Maroc, voisine de nos possessions africaines, où sa qualité de marabout l'avait fait accueillir avec enthousiasme. Le gouvernement français, voulant mettre son infatigable ennemi dans l'impossibilité de lui nuire désormais, demanda à Abd-er-Rhaman de l'interner dans son empire. Mais non-seulement Abd-er-Rhaman ne répondit qu'évasivement à ces ouvertures, mais encore il alla jusqu'à prétendre, sur l'instigation de son dangereux hôte, que les Français, en dépassant la Tafna, avaient franchi les limites de son empire, et il envoya sous les murs d'Ouchda une nombreuse infanterie, soutenue par 5 à 6,000 cavaliers, pour soutenir ses droits.

C'était la guerre qu'on déclarait à la France : le maréchal ne s'y trompa point ; voulant toutefois éviter une effusion de sang inutile, il demanda aux lieutenants de l'empereur une conférence, qui fut acceptée, mais n'aboutit qu'à faire ressortir plus clairement les dispositions hostiles du Maroc : nos plénipotentiaires même y furent insultés. Le maréchal, ayant tiré vengeance de cette injure, écrivit à Guennaoni, général de l'empereur : « Après tant de déloyauté de ta part, j'aurais le droit de pénétrer bien loin sur le territoire de ton maître, de brûler vos villes, vos villages, vos moissons ; mais je veux encore te prouver mon humanité et ma modération : je me contenterai d'aller à Ouchda pour montrer à nos tribus, qui s'y sont réfugiées, que je puis les atteindre partout. »

Bugeaud posa ensuite un ultimatum précis par lequel il réclamait, comme dans le principe, l'internement d'Abd-el-Kader, et la possession incontestée de tout le territoire de l'ancienne régence. Cet ultimatum étant resté sans réponse, l'armée française se mit en marche, le 17 juin 1844, pour Ouchda, où elle entra le surlendemain, sans avoir brûlé une amorce. Le maréchal y laissa un bataillon, et établit son camp plus loin, sur la route de Thaza.

Sur ces entrefaites, le général Lamoricière se portait du côté de Mascara pour défendre les régions du sud et du sud-ouest, déjà couvertes par les colonnes échelonnées à Seldou sous le général Tempoure, à Saïda sous le colonel Eynard et à Tisret sous le général Marey. Le général Le Pays de Bourjolly, campé sur la Mina, devait, au premier avis, accourir vers les points menacés.

De son côté, l'armée marocaine se préparait au combat : malgré les protestations pacifiques de son nouveau général, Sidi-Hamida, elle continuait à se grossir. Le fils de l'empereur lui-même, escorté des Abrid-Bokarys, soldats de la garde noire d'Abd-er-Rhaman, les plus braves du Maroc, était venu le joindre avec 20,000 hommes.

Le 12 août, le général Bedeau ayant raillé le maréchal avec 3 bataillons et 6 escadrons, on se mit en marche le 13, à trois heures de l'après-midi. A l'entrée de la nuit, on campait dans l'ordre de marche, en silence, sans feux. A deux heures du matin on se remettait en route ; on passait l'Isly au point du jour, et huit heures après, des hauteurs de Djarf-el-Akhdar, on apercevait les camps ennemis couvrant les collines de la rive droite, au nombre de neuf, dont celui de Sidi-Muley-Abd-er-Rhaman était, à lui seul, plus grand que le nôtre.

La tente du fils de l'empereur fut désignée comme but de l'attaque. Maîtresse de ce point, l'armée française devait converger à droite et se porter sur les autres camps, en tenant le sommet des collines avec la face gauche du carré des carrés. Soudain nos tambours battent la charge et nos troupes descendent vers les gués au pas accéléré. La cavalerie marocaine essaye en vain de défendre le passage : rien ne résiste à l'élan des Français, la rivière est franchie, et nos drapeaux flottent sur le plateau voisin de celui où campe le fils de l'empereur. Delà notre artillerie tonne, et ses ravages jettent le trouble parmi les soldats de la garde noire.

Mais en ce moment débouchent, ventre à terre, des flancs des collines, des masses de cavalerie marocaine, qui se précipitent sur nos carrés d'infanterie ; mais elles se brisent contre une forêt de baïonnettes dont les angles vomissent la mitraille. Alors ces masses confuses, tourbillonnant sur elles-mêmes, reculent épouvantées. L'armée française, poursuivant sa marche, enlève au pas de charge le plateau où se trouve la tente du fils de l'empereur, et opère à l'instant même sa conversion sur les camps. Notre cavalerie s'élance à la rencontre de l'infanterie et de la cavalerie marocaines. Sous les ordres du colonel Iussuf, six escadrons de spahis, soutenus par trois escadrons de chasseurs, envahissent pied à pied le camp de Sidi-Muley-Abd-er-Rhaman, et s'en rendent maîtres sur des monceaux de cadavres.

Cependant le colonel Morris, à la tête de six escadrons de chasseurs, s'est précipité sur le flanc d'une masse de cavalerie qui menace notre aile droite. Nos braves ont déjà fait mordre la poussière à 300 cavaliers, berbères ou abidbokharis; mais ils s'épuisent à frapper un ennemi qui se renouvelle sans cesse, quand trois bataillons, de zouaves, du 15° léger et du 9° de chasseurs à pied, tombent comme la foudre au milieu de cette lutte héroïque, rendent l'offensive au colonel Morris, qui refoule les Marocains. 550 chasseurs français avaient soutenu le choc de 6,000 cavaliers ennemis.

Entre-temps, les troupes de l'empereur se sont ralliées sur la rive gauche de l'Isly, dans l'intention de reprendre leurs camps. Mais notre artillerie franchit la rivière; l'infanterie, protégée par son feu, gagne l'autre bord; les spahis les suivent, soutenus par trois escadrons du 4° et deux du 1er de chasseurs, avec deux escadrons du 2° de hussards, aux ordres du colonel Gagnon; l'ennemi, balayé, s'enfuit de toutes parts, et disparaît, à midi, en pleine déroute, du côté de Thaza et dans la direction des vallées des Beni-Senassen, laissant sur le champ de bataille 800 morts et 2,000 blessés, tandis que notre perte ne dépasse par 4 officiers tués et 10 blessés, 23 sous-officiers ou soldats tués et 86 blessés.

11 pièces de canon, 18 drapeaux, 1,200 tentes, au nombre desquelles se trouve celle du fils de l'empereur, le parasol signe du commandement, une grande quantité de munitions de guerre et un butin considérable deviennent le partage de nos troupes rentrées victorieuses dans le camp du sultan. Leur effectif ne s'élevait pas pourtant au-dessus de 8,500 fantassins, 1,400 cavaliers réguliers, et 400 irréguliers; tandis que l'armée marocaine comptait 30,000 cavaliers et 10,000 fantassins.

Le maréchal Bugeaud fut créé *duc d'Isly* en récompense de cette victoire.   Eug. G. DE MONGLAVE.

ISLY (Duc d'). *Voyez* BUGEAUD.

ISMAEL (c'est-à-dire *Dieu exauce*), fils d'Abraham et de sa servante Agar, alla s'établir avec sa mère, chassée par Sara, vers le désert de Pharan, où il grandit et devint très-habile à tirer de l'arc. Quelque temps après, il épousa une femme égyptienne, qui le rendit père de douze enfants. L'Écriture nous dit qu'Abraham fut enterré par ses deux fils, Isaac et Ismael. Ce dernier serait donc retourné auprès de son père après la mort de Sara. Il avait cent trente-sept ans lorsqu'il mourut; sa postérité était déjà nombreuse, et il fut enseveli au milieu de tout son peuple. Le souvenir d'Ismael s'est conservé précieusement parmi les mahométans, qui le regardent comme leur père et l'un des plus grands patriarches. Dans le Coran, Mahomet se glorifie d'être descendu de ce fils d'Abraham, et il en parle comme les Juifs parlent d'Isaac, avec le plus profond respect et la plus grande admiration. Ses descendants ont conservé leur caractère indépendant et sauvage. Toujours errants et indomptés, leur main s'est levée contre tous, et les mains de tous se sont levées contre eux, selon les paroles de l'Écriture. Les douze fils d'Ismael furent la souche de douze tribus arabes, qui se sont conservées longtemps intactes.

ISMAÉLIENS ou **ISMAÉLITES**. Les musulmans, qui ont dans leur religion même les germes du communisme, comptent plusieurs sectes qui l'enseignent formellement. La plus célèbre est celle des *ismaéliens*. Elle doit sa célébrité au rôle politique que ses membres ont joué à différentes époques, surtout à celle des croisades, sous le nom d'*assassins*, ou pour mieux dire de *haschichins*, c'est-à-dire buveurs de haschich, lesquels, selon les écrivains musulmans, dans l'espoir d'élever leur puissance sur les ruines de l'islamisme, favorisèrent les croisés et leur facilitèrent la conquête du littoral de la Syrie.

Les ismaéliens ne sont que les continuateurs de l'ancienne secte communiste que Mazdak propagea en Perse, à la fin du cinquième siècle de notre ère et au commencement du sixième, secte que le roi sassanide Cobad (Cavades) protégea, et dont il adopta même les principes dans son gouvernement.

Mazdak enseignait purement et simplement la communauté des biens, comme nos socialistes modernes, et, par une conséquence toute naturelle, celle des femmes. Il exposa la théorie de son système dans un livre intitulé *Desnad*, que ses partisans ont encore entre leurs mains. Il faut voir les bonnes raisons qu'il y donne de cette double communauté. « Puisque, dit-il, les crimes n'ont généralement lieu qu'à cause des richesses et des femmes, le plus court moyen d'amener la vertu sur la terre, c'est d'avoir les biens et les femmes en commun, pour qu'on en jouisse également, comme on jouit de l'air et de l'eau. Il est souverainement injuste, ajoute-t-il, qu'un homme ait une femme charmante, tandis que son voisin en a aura une laide et désagréable; il faut donc qu'ils en fassent, au moins de temps en temps, un échange fraternel pour rétablir l'égalité naturelle. Il en est de même des biens et des avantages temporels. Pourquoi les uns possèderaient-ils des richesses, occuperaient-ils un rang élevé, tandis que d'autres seraient dans la misère et l'abjection? Il est donc juste d'effacer la distinction de race et de céder ses biens à ses frères pour établir entre tous une juste égalité. »

Quant aux dogmes religieux, Mazdak adoptait ceux des anciens Perses sans accepter les modifications que la réforme de Zoroastre avait introduites, c'est-à-dire un bon et un mauvais principe, la lumière et l'obscurité, *Yazdan* et *Ahriman*: le premier, auteur de la vie et de la santé; le second, de la mort et de la maladie. Il croyait à l'éternité de la matière et à la métempsycose comme moyen de punition et de récompense. Par suite, il défendait absolument de tuer les animaux et de manger leur chair. Il voulait qu'on ne se nourrît que de végétaux, d'œufs et de laitage.

L'application du système abominable de Mazdak bouleversa la Perse entière. Enfin, il y eut une révolution réactionnaire, et Cobad, désormais plus sage, se contenta de tolérer Mazdak et ses partisans, mais cessa de professer et d'appliquer ses exécrables principes. Son fils, le grand Khosroès, surnommé *le Juste*, n'avait jamais partagé les erreurs de son père. Il ne fut pas plus tôt monté sur le trône qu'il travailla à détruire radicalement la secte de Mazdak. Il le fit saisir, lui fit trancher la tête, et fit pendre, dit-on, en un même jour, cent mille de ses principaux partisans. Il restitua aux légitimes propriétaires les biens dont ils s'étaient emparés, et rendit à leurs époux les femmes qu'ils avaient enlevées. Les Persans, qui avaient fui leur pays dégradé par le communisme, revinrent en foule, et Khosroès répara autant qu'il le put les pertes et les dommages qu'ils avaient éprouvés.

Les *mazdakiens* ou *cobadiens*, comme on les appelait aussi, du nom de leur ancien fauteur, ne furent cependant pas entièrement anéantis, car nous les voyons reparaître environ trois siècles plus tard au sein de l'islamisme, qu'ils avaient été obligés d'embrasser extérieurement. Cette fois ils adoptèrent de préférence l'appellation d'*ismaéliens*, ce qui n'empêcha pas qu'on leur donnât les autres noms et plus communément celui d'*impies* (malahid). Le nom d'ismaéliens leur vient d'Ismael, fils de Jafar Sadic, selon eux le septième et dernier imâm. Ce fut en effet Muhammed, fils d'Ismael, que ces sectaires identifièrent à son père, et auquel ils attribuent la qualité d'*imâm éternel*, qui à la fin du huitième siècle rajeunit par les idées musulmanes la secte antique. Les nouveaux mazdakiens ne se contentèrent pas de répandre paisiblement leurs principes; ils prirent les armes, se rendirent bientôt redoutables aux khalifes, et finirent par établir des dynasties en Égypte, dans l'Irak et dans l'Yémen. Leur règne fut court dans ce dernier pays; mais en Afrique leur dynastie, dite Fatimite, fondée au commencement du dixième siècle, dura deux cent soixante-deux ans, et fournit le fameux Hakimbi-Amr-Allah, ce fou méchant qui se fit passer pour dieu, et qui fonda la secte des druses, qui ne se distingue de celle des ismaéliens que par un plus grand degré d'extravagance, ainsi qu'on le voit dans l'*Exposé de la religion des Druses* de l'illustre S. de Sacy.

La dynastie que fonda en Irak Haçan, fils de Sabbah (le Vieux de la montagne), en qualité de député de l'imâm, vers la fin du onzième siècle, dura cent soixante-dix ans. Les sectateurs de ce dernier imposteur poussèrent jusqu'au cynisme le plus révoltant la pratique de leurs détestables maximes. Heureusement le conquérant mogol Houlakou détruisit la puissance politique des ismaéliens et les réduisit au rôle de sectaires religieux. En cette dernière qualité ils sont loin d'être anéantis, et on en compte encore un bon nombre en Syrie, en Perse et dans l'Inde.

Quoique la secte des Ismaéliens soit en réalité la même que celle de Mazdak, et qu'elle professe les mêmes opinions fondamentales socialistes et religieuses, elle diffère néanmoins en apparence de l'ancienne secte, parce que la secte nouvelle s'est manifestée dans l'islamisme et en porte le cachet. Il en résulte un symbole contradictoire dont voici les principaux points.

Les ismaéliens disent d'abord qu'ils ne confessent ni ne nient l'existence de Dieu. Toutefois, ils admettent généralement les deux principes de Mazdak. Il y en a cependant parmi eux qui admettent dans la divinité un *précédent* et un *suivant*; un *fécondant* et un *fécondé*; un premier être et un autre être qui est son *ordre* ou sa *parole*. D'une part, ils disent qu'il ne peut y avoir aucun rapport entre Dieu et l'homme; et d'autre part, ils admettent généralement, du moins à l'extérieur, le système de l'infusoin successive de la Divinité dans la personne d'Ali, auquel ils attribuent la formation du monde, des imâms, ses successeurs, et même d'autres chefs de leur secte.

Ils divisent la suite des siècles du monde actuel en sept périodes, car les ismaéliens affectionnent le nombre sept. Chaque période a son prophète ou *orateur*, et a sa suite il a sept vicaires, dont un principal. Ce sont Adam et Seth, Noé et Sem, Abraham et Ismael, Moïse et Aaron, Jésus le Messie et Simon Pierre, Mahomet et Ali, Ismael et son fils Muhammed, qui selon eux est encore vivant. Ces vicaires ou imâms ont chacun à leur tour douze ministres, chargés de prêcher la religion dans les différents pays. Chacun de ces prophètes a établi selon les ismaéliens une religion nouvelle, dont la dernière est la plus parfaite. C'est l'imâm qui est le maître du monde extérieur; c'est de lui seul qu'on peut obtenir la connaissance de Dieu.

Les ismaéliens rejettent la tradition, et quant au Coran, que les musulmans considèrent comme la parole de Dieu, ils nient sa divinité; ils allégorisent ses dogmes, et enseignent que ses prescriptions ne sont pas obligatoires pour ceux qui en connaissent le sens mystique. Ainsi, la fin du monde, la résurrection, le jugement dernier, le paradis et l'enfer ne sont selon eux que des expressions allégoriques pour signifier le cataclysme du ciel et de la terre et les changements qui le suivront; ou bien le paradis, c'est la vraie religion, c'est-à-dire l'ismaélisme; l'enfer, les autres religions. Ainsi, ils n'ont ni temple ni culte public; cependant, ils observent hypocritement les pratiques extérieures du culte musulman quand ils le croient utile à leur intérêt. Ils sont circoncis et portent des noms musulmans. Mais on leur enseigne que l'ablution c'est la reconnaissance de l'imâm; la prière, sa parole; le jeûne, le secret à garder sur les doctrines de la secte envers les profanes; l'aumône légale, le soin de soi et de sa famille; le pèlerinage à la Mecque, la visite à l'imâm et l'obéissance qu'on lui doit; en un mot, ce qui est défendu, c'est ce qui déplaît; ce qui est ordonné, ce qui plaît: ainsi plus de vertu, plus de vice, plus de bonne action, plus d'action criminelle.

Les ismaéliens disent que l'extérieur est le reflet de l'intérieur, qu'à chaque chose extérieure répond une chose intérieure; qu'en conséquence on ne doit rien prendre littéralement, mais chercher toujours le sens mystique de toute chose; que ce qu'on nomme *la révélation* nous fait connaître l'extérieur, la doctrine exotérique, mais que c'est à nous d'en chercher l'explication et de trouver ainsi l'intérieur, la doctrine ésotérique. Ils anéantissent ainsi toute révélation, et n'admettent pour expliquer les mystères de la nature que la méthode rationnelle. Donc ils rejettent la création; et quant à l'existence de l'univers, ils pensent qu'il y a eu plusieurs séries de créatures humaines avant la race d'Adam, et qu'après le monde actuel il y aura un monde nouveau.

La science des nombres et des lettres occupe une grande place dans leur système; et ils font observer les nombres qui sont dévolus aux divers objets de la nature et qu'ils appliquent à leur religion. Ainsi il y a sept planètes, sept cieux, sept terres, sept ouvertures dans le visage de l'homme, etc., ce qui est l'emblème des sept prophètes et des sept imâms dont nous avons parlé. Il y a douze signes du zodiaque, douze mois de l'année, douze chefs de tribu d'Israel, etc., ce qui représente les douze ministres des imâms. Quant aux lettres, ils en distinguent de lumineuses et d'obscures, de substantielles et de corporelles; elles expriment selon eux les maisons de la lune, les signes du zodiaque, les planètes, les éléments, etc.

Les principes que nous venons d'exposer sont développés peu à peu à l'adepte, et ils constituent neuf différents degrés d'initiation, car ce n'est que pas à pas qu'il est amené à admettre le pur matérialisme, qui est en définitive l'essence des doctrines rationalistes de la secte. Le missionnaire ou *daï* (dey) doit d'abord paraître musulman avec les musulmans, chrétien avec les chrétiens, juif avec les juifs, impie avec les impies, et prendre le costume que les circonstances exigent. Puis il parle adroitement de l'incertitude qu'on éprouve en matière de religion et de la nécessité de se soumettre à une autorité incontestable. Il annonce comme telle celle de l'imâm, et aussitôt que l'adepte paraît admettre les principes que le *daï* veut lui inculquer, celui-ci exige de lui le serment de ne jamais révéler les secrets de la secte. Puis il arrive avec beaucoup de précautions au développement successif des autres principes ismaéliens; enfin, il exige le serment de l'obéissance passive, qui doit aller jusqu'au meurtre et au suicide. Quand le missionnaire a obtenu ce serment fatal, l'adepte n'est plus qu'un automate, qu'il fait mouvoir à son gré.

GARCIN DE TASSY, de l'Institut.

ISMAÉLITES. La *Genèse* fait mention d'une tribu de ce nom, à l'occasion de la vente de Joseph par ses frères. L'Ancien Testament confond d'autres fois les Ismaélites et les Madianites, qui les Arabes en général sont désignés sous ce nom, qui n'appartenait sans doute pas exclusivement aux descendants d'Ismael, fils d'Agar et d'Abraham, puisqu'au temps de Jacob, les Ismaélites semblent déjà être une peuplade ou tribu nombreuse.

ISMAIL, la plus importante des places fortes de la Bessarabie, on même temps port et station de la flottille du Danube, située sur la rive gauche du bras de ce fleuve appelé *Kilia*, était encore autrement importante avant 1789, époque où Souvaroff, à la suite d'un affreux bombardement, l'enleva aux Turcs, et comptait alors au delà de 30,000 habitants. Restée pendant longtemps un amas de ruines, elle ne se releva que lorsque la paix conclue en 1812, à Bucharest, l'eut cédée à la Russie. En 1838 on y comptait déjà 21,900 habitants, douze églises, deux écoles et seize fabriques: aussi sa population doit-elle être revenue aujourd'hui au chiffre de 30,000 âmes, car la comme a Odessa le commerce a singulièrement favorisé l'accroissement de la population. C'est avec Constantinople surtout que se fait le commerce d'Ismaïl, qui l'emporte de beaucoup en importance sur celui de Kilia et celui de Reni, aucune de ces villes ne comptant au delà de 10,000 habitants. En 1850 il n'arriva à Reni que 61 bâtiments : c'était encore 36 de plus qu'en 1849 ; l'importation et l'exportation y avaient donc doublé. Mais comme il ne se trouve pas en cet endroit de négociants établis à demeure fixe, les opérations s'y font pour le compte des places de Galatz, Ismaïl, Toultscha ou Constantinople. Un service régulier de bateaux à vapeur existait avant la guerre actuelle entre Odessa et Reni ;

494   ISMAIL — ISOCRATE

toutefois, il n'en a point résulté d'augmentation pour le commerce de Reni et d'Ismail, à cause des nombreuses et gênantes formalités de douane auxquelles les expéditions y sont soumises, et par suite desquelles on préfère renoncer à faire des opérations.

ISNARD (MAXIMIN), né à Grasse (Var), le 16 février 1751, était par conséquent âgé de trente ans lorsque son département le députa à l'Assemblée législative. Il était le second fils d'un riche négociant, jouissait d'une honnête fortune, et avait reçu une bonne éducation, qui développa en lui, sous la double influence du beau ciel du midi et de l'amour de la liberté, cette éloquence vigoureuse et brillante qu'il ne tarda pas à signaler à la tribune de l'Assemblée législative, et peu après à celle de la Convention nationale. Ses principes étaient ceux de la Gironde. Il ne fit qu'exprimer les sentiments de l'immense majorité de la nation, quand, le 14 novembre 1791, il réclama des mesures propres à réprimer les menées du clergé et les écrits des prêtres, abusant de leur influence pour calomnier la révolution, détruire la liberté, ressusciter les abus et préparer la guerre civile. Il ne fut pas moins énergique ensuite contre les émigrés. Ce n'était pas seulement l'indignation qui électrisait son âme, il trouvait de touchantes expressions pour inviter à la concorde ses collègues divisés. La Gironde, ayant échoué dans ses tentatives pour sauver à la fois la liberté, le roi et la constitution de 1791, fut entraînée vers la république, seule institution qui pût alors sauver la France. Isnard avait trop brillamment justifié son premier mandat pour n'être pas élu, en septembre 1792, à la Convention nationale. Là il montra le même talent ; mais ses adversaires ne furent pas les mêmes : comme ses amis de la Gironde, il éprouva une amère et profonde douleur à l'aspect du triomphe des plus dangereux ennemis de la liberté : la démagogie et l'anarchie. Proscrit par les meneurs de la commune de Paris, il ne lui resta plus qu'à partager les luttes et les périls des Girondins : il ne cessa pas d'être digne d'eux et de lui-même. Mis hors la loi, il fut plus heureux que ses amis, échappa au fer de Robespierre, et reparut après le 9 thermidor, mais découragé, quoique fidèle à ses anciens principes, cherchant en vain dans la Convention mutilée les grands citoyens que la hache avait frappés, effrayé surtout de l'état où se trouvait la France. Il brilla peu au Conseil des Cinq Cents. Son cœur généreux était brisé, cette brillante voix avait pâli, et, quelques années après, l'attentat du 18 brumaire acheva de contrister son âme découragée. Retiré dans sa ville natale, il y mourait, en 1830.

Louis Du Bois.

ISOBAROMÉTRIQUES (Lignes), du grec ἴσος, égal, et βαρόμετρον, baromètre. On appelle ainsi des lignes que l'on se représente comme passant par les lieux géographiques où les modifications barométriques annuelles et moyennes sont égales (voyez BAROMÈTRE).

ISOCÈLE, et mieux ISOCÈLE (de ἴσος, égal, et σκέλος, jambe). Un triangle est dit isocèle, quand il a deux de ses côtés égaux entre eux. On démontre très-facilement que les angles opposés à ses côtés égaux sont aussi égaux.

ISOCHIMÈNE (de ἴσος, égal, et χειμών, hiver). Voyez ISOTHERMES

ISOCHROME, ISOCHROMIE (du grec ἴσος, égal, et χρῶμα, couleur). Isochrome se dit de plusieurs objets qui sont également colorés. Isochromie est quelquefois employé comme synonyme de lithochromie.

ISOCRONE (de ἴσος, égal, et χρόνος, temps). Tout mouvement qui se fait en des temps égaux est dit isochrone. Les oscillations du pendule sont parfaitement isochrones lorsque, par une disposition fort ingénieuse, on lui fait décrire un arc de cycloïde. Néanmoins, dans la pratique, on se contente de suspendre le pendule tout simplement, de façon que sa lentille décrit des arcs de cercle ; car on a fait l'observation qu'un arc de cercle qui est fort court ne diffère pas sensiblement d'une portion de cycloïde. Un pendule emploie toujours le même temps pour décrire des arcs plus ou moins grands, pourvu que sa longueur ne varie pas : si l'arc est petit, le mouvement est plus lent ; il devient accéléré à proportion que l'arc augmente.

Les géomètres ont cherché et trouvé des lignes suivant lesquelles un corps posant doit s'avancer vers un point doué d'un mouvement constamment uniforme. Leibnitz est le premier qui ait démontré, en 1689, les propriétés de plusieurs de ces lignes, qui ont reçu la qualification d'isochrones.   TEYSSÈDRE.

ISOCRATE, un des plus célèbres orateurs de la Grèce, était né à Athènes, la première année de la 86e olympiade (436 ans avant J.-C.). Son père, Théodore, qui avait une fabrique d'instruments de musique, s'étant enrichi dans ce commerce, ne négligea rien pour l'éducation de son fils. Le talent de la parole était alors le moyen le plus sûr pour arriver aux emplois publics et pour exercer de l'influence sur le gouvernement de l'État. Isocrate eut pour maîtres les rhéteurs les plus célèbres de son temps, Prodicus de Céos, Gorgias de Léontium, Tissias de Syracuse, et Théramène, qui fut ensuite un des trente tyrans. Mais la faiblesse de son organe et une timidité insurmontable ne lui permirent pas de se faire entendre en public. Ne pouvant tirer de ses études oratoires le fruit qu'il s'en était promis, il se mit à composer des discours et des plaidoyers pour ceux qui n'étaient pas capables d'en faire eux-mêmes ; puis il ouvrit une école de rhétorique, où il enseigna son art avec le plus brillant succès. Il vit accourir l'élite des jeunes Grecs, attirés par le désir de se distinguer dans la carrière politique. Il compta parmi ses élèves une foule d'orateurs et d'hommes qui s'illustrèrent ensuite par leur éloquence ou par le talent d'écrire, Iséo, Hypéride, Timothée, Xénophon, les historiens Théopompe de Chio, Éphore de Cyme. Cicéron a dit que l'école d'Isocrate était une fabrique d'orateurs, et qu'ils en étaient sortis aussi nombreux que les héros grecs du cheval de Troie. Il amassa ainsi une grande fortune. On lui reprochait de faire payer ses leçons un prix considérable. Il reçut de Nicoclès, roi de Chypre, 20 talents (plus de 100,000 fr.) pour un discours. Malgré ses succès comme professeur d'éloquence, il ne se consola jamais de n'avoir pu déployer à la tribune ses talents d'orateur. Il ne montra pas cependant toujours la même timidité ; une fois dans sa vie il fit preuve d'un noble courage. Le lendemain de la mort de Socrate, quand les disciples du philosophe, consternés, se cachaient ou prenaient la fuite, il osa se montrer seul en habits de deuil dans Athènes. Il était alors âgé de trente-six ans. Précédemment, dans sa jeunesse, il avait donné un autre exemple de fermeté. Quand son maître, Théramène, un des trente tyrans, proscrit par ses collègues, dont il ne partageait pas les fureurs, se réfugia en pleine assemblée auprès de l'autel des dieux, Isocrate se leva pour prendre sa défense, et il fallut que Théramène lui-même priât son jeune disciple de lui épargner la douleur de le voir mourir avec lui.

Il resta lié toute sa vie avec Platon, dont il avait été condisciple, et qui, dans son Phèdre, met ces paroles honorables dans la bouche de Socrate. « Isocrate me paraît avoir trop de talent naturel pour être comparé à Lysias ; il a aussi des inclinations plus généreuses, en sorte que je ne m'étonnerais pas, lorsqu'il avancera en âge, si, dans le genre auquel il s'applique maintenant, ceux qui l'ont précédé dans l'art oratoire sembleraient des enfants auprès de lui ; et si, peu content de ces soins insuffisants pour remplir son âme, quelque inspiration divine le poussait vers de plus grandes choses, car il y a dans cette jeune intelligence quelque chose de naturellement propre à la philosophie. » Après la bataille de Chéronée, qui assura la domination de Philippe, roi de Macédoine, sur toute la Grèce, Isocrate, ne voulant pas survivre à l'indépendance de sa patrie, se laissa mourir d'inanition, la troisième année de la 110ᵉ olympiade (338 ans av. J.-C.) : il était alors dans sa quatre-vingt-dix-neuvième année.

Il nous reste vingt-et-un ouvrages sous le nom d'Isocrate. On peut les diviser de la manière suivante: trois dans le genre moral : 1° *A Démonicus* : c'est un recueil de maximes détachées, que les meilleurs critiques attribuent à un Isocrate d'Apollonie, dont Suidas et Harpocration ont conservé la mémoire, et qui fut disciple et successeur de l'orateur ; 2° *A Nicoclès*, fils d'Évagoras, prince de Salamine , sur l'art de régner ; 3° *Nicoclès* : c'est ce prince qui parle et qui expose les devoirs des sujets envers leur souverain. Cinq dans le genre délibératif : 1° le *Panégyrique*, ou discours prononcé dans une des assemblées solennelles de la Grèce ; c'est le plus achevé des ouvrages d'Isocrate ; on prétend qu'il mit dix ans à le polir et à le retoucher. Il a pour objet d'unir tous les Grecs contre les Perses et de montrer que parmi les États confédérés la prééminence est due aux Athéniens, de préférence aux Spartiates ; 2° *A Philippe de Macédoine*, pour l'engager à se porter médiateur entre les villes grecques et à faire la guerre aux Perses ; 3° *Archidamus* : sous le nom de ce prince, fils d'Agésilas , et qui fut ensuite roi de Sparte, il engage les Lacédémoniens, après la bataille de Mantinée, à ne pas consentir au rétablissement de la ville de Messène, exigé par les Thébains ; 4° *Aréopagitique*, ainsi nommé, parce que l'auteur y vante beaucoup l'influence de l'aréopage : c'est un des meilleurs discours d'Isocrate ; il y propose une réforme de la république mise en péril par l'anarchie et la licence, et conseille aux Athéniens de rétablir la constitution de Solon, modifiée par Clisthène ; 5° *De la Paix* : dans ce discours, composé après le commencement de la guerre Sociale, il engage les Athéniens à faire la paix avec Chio, Rhodes et Byzance , et à renoncer à la suprématie. Quatre éloges : 1° *Oraison funèbre d'Évagoras*, roi de Salamine dans l'île de Chypre ; 2° *Éloge d'Hélène*; 3° *Éloge de Busiris*, déclamation d'un genre très-usité dans les écoles des sophistes ; 4° *Panathénaïque*, ainsi nommé, parce que ce discours fut prononcé dans les Panathénées, fête de Minerve à Athènes : c'est l'éloge de la république athénienne , et un des meilleurs morceaux d'Isocrate. Huit discours judiciaires : 1° *Plainte des habitants de Platée contre les Thébains*, qui, en pleine paix les avaient expulsés de leur patrie ; 2° *Sur l'échange de fortune* ; 3° *Sur un procès intenté au fils d'Alcibiade*, au sujet d'un attelage de chevaux ; 4° *Contre le banquier Pasion*, niant un dépôt à lui confié ; 5° *Contre Callimaque* : 6° *Discours prononcé à Égine* dans une affaire de succession : 7° *Plainte pour violences contre les Lahites* ; 8° *Pour Nicias contre Euthynoüs*, dépositaire infidèle, qui comptait sur l'impossibilité de prouver le dépôt, faute de témoins. Un discours *Contre les Sophistes*, qui abusent le public par de fausses promesses ; et dix lettres adressées à Philippe de Macédoine, à Alexandre son fils, aux fils de Jason, tyran de Thessalie ; à Timothée fils de Cléarque et prince d'Héracléc ; aux magistrats de Mitylène, à Archidamus , à Denys de Syracuse. Des doutes fondés se sont élevés contre l'authenticité de la dixième, qui n'est qu'une déclamation mise par quelques sophistes sous le nom d'Isocrate.

C'est surtout comme écrivain qu'il est estimé, bien que son goût ne soit pas toujours irréprochable. Comme il avait renoncé aux triomphes de la tribune, et qu'il n'écrivait guère que pour être lu dans le silence du cabinet, il s'attacha principalement à l'élégance du style et à l'harmonie du langage. Les critiques de son temps lui reprochaient de travailler plutôt pour flatter l'oreille que pour toucher le cœur, de trop arrondir ses périodes, et de sacrifier souvent la pensée à l'éclat de l'expression. Il faut reconnaître néanmoins qu'il traita dans ses ouvrages les points les plus importants de la politique et de la morale, et que s'il n'atteignit pas la perfection de l'éloquence populaire, il conserva du moins la renommée d'un écrivain habile et d'un bon citoyen.

ARTAUD.

ISODYNAMIQUE (de ἴσος, égal, et δύναμις, force). se dit de deux animaux, de deux machines qui sont de même force.

ISOLANI (JEAN-LOUIS-HECTOR, comte D'), général au service de l'empereur à l'époque de la guerre de trente ans, né en 1586, descendait d'une famille noble de l'île de Chypre, et, comme son père, prit du service en Autriche. En 1602 il fut fait prisonnier par les Turcs ; mais il parvint à s'échapper, et obtint bientôt après le commandement d'un régiment de Croates. Au commencement de la guerre de trente ans , il combattit d'abord contre le comte de Mansfeld, et servit ensuite sous les ordres de Savelli en Poméranie. Promu au grade de général, il fut battu, en 1631, à Sihlbach, et en 1631 à Lutzen. Grand-maître de l'artillerie, il obtint en 1634 le commandement supérieur des Croates, et lors du partage des domaines de Wallenstein, il reçut, en récompense de sa trahison envers ce grand homme, les seigneuries d'Aicha et de Friedenstein, avec le titre de comte. Plus tard il combattit à Nordlingen, en 1637 en Hesse, en 1638 en Poméranie, en 1639 sur le haut Rhin, contre le duc Bernard de Weimar et le maréchal de G u é b r i a n t, et mourut en 1640 , à Vienne.

ISOLATI (Monti). *Voyez* EUGANEI (Monti).

ISOLEMENT. Si avant de définir ce mot nous commençons par en chercher l'étymologie, nous trouverons qu'isolement est dérivé de l'italien *isola*, venant lui-même du latin *insula*, île. Soit en effet qu'on l'applique à un homme ou à une agglomération d'hommes en un corps distinct, soit qu'on l'emploie dans le langage architectural, ce mot d'isolement représente toujours l'état d'un corps ou d'un objet séparé des autres, de la même manière qu'une île est séparée des autres îles ou du continent par l'eau qui l'environne. Relativement aux choses, leur état d'isolement vis-à-vis les unes des autres est quelquefois commandé par la prudence : c'est ainsi que les poudrières, les moulins à poudre, devraient être placés à une grande distance des maisons, établissements, villages, etc., qui pourraient être détruits par leur explosion ; que certains établissements, certaines manufactures considérés comme insalubres, doivent être également *isolés* et placés hors des villes ; c'est ainsi encore que, dans l'art des fortifications, les citadelles, les forts , doivent être isolés de tout ce qui contribuerait à faciliter leur attaque et de tous les points d'où on pourrait les dominer,

Relativement à l'homme, l'isolement est l'état anormal dans lequel il tombe, soit par misanthropie, soit par penchant vers les idées religieuses, soit par suite de malheurs. Le premier de ces états est tout à fait volontaire ; mais l'isolement auquel se condamnent les moines et les religieuses qui adoptent la vie claustrale ne peut être dans certains pays rompu au gré de celui qui s'y est voué. Les condamnés sont aussi dans un état d'isolement à l'égard de la société, qui les parque tout à fait en dehors des autres hommes. On est allé plus loin ; on a pensé que l'amélioration morale des condamnés serait plus grande dans un isolement plus complet ; on a voulu les séparer les uns des autres dans des cellules particulières : c'est le système cellulaire, ou des pénitenciers. Cependant l'isolement est une punition bien dure , bien sévère, pouvant facilement mener à la démence , car l'homme n'est pas né pour vivre seul ; mais on objecte l'intérêt de la société, on multiplie les visites du dehors, des visites choisies ; on demande les secours de la religion, on appelle les visites charitables pour apporter l'espérance dans ces prisons. Les lois ont tellement compris l'horreur de ces sépulcres vivants, qu'elles ont dû réduire le temps de la peine passée dans les pénitenciers, ou permettre aux prisonniers la prière et le travail en commun au milieu du silence ; mais alors comment les empêcher de se connaître!

ISOLOIR. Dans les expériences de physique, de chimie, etc., on se trouve souvent dans la nécessité de soustraire un fluide à l'influence de corps qui peuvent l'attirer, lui livrer passage , etc. On parvient à ce résultat de deux manières : 1° en éloignant du fluide les corps qui peuvent agir sur lui : c'est ainsi, par exemple, qu'on n'étudie les phénomènes produits par l'aimant que dans des lieux où il ne se trouve point de fer, de nickel, etc., matières qui ont la propriété d'attirer les aiguilles aimantées, et de leur faire prendre par conséquent de fausses directions ; 2° on isole les fluides, ou même les solides, en les entourant de matières qui neutralisent, du moins en partie, les actions que d'autres corps peuvent exercer sur eux, ou bien qui empêchent ces fluides de se répandre : lorsqu'on veut, par exemple, accumuler du fluide électrique sur un tube de cuivre, on isole celui-ci en le soutenant par des tubes de verre enduits de matières résineuses, telles que la gomme laque : ces appareils empêchent le fluide électrique de se répandre dans le sol, ou le réservoir commun. Le fluide électrique traversant difficilement la soie, le verre, les plumes, les résines, l'air sec, etc., toutes ces matières sont plus ou moins propres à faire des isoloirs pour les machines électriques. Les fils électriques des télégraphes sont séparés sur les poteaux par des isoloirs.

Les isoloirs, même ceux qui passent pour les meilleurs, ne sont jamais tout à fait imperméables aux fluides que l'on veut retenir ; mais leur effet augmente en proportion de l'épaisseur qu'ils présentent aux fluides qui cherchent à les traverser, c'est-à-dire qu'un tube de verre d'un décimètre de long isolera moins bien que si sa longueur était double, triple. De tous les fluides, le calorique est un de ceux dont il est le plus difficile d'arrêter la marche : il n'est pas de substance qu'il ne puisse traverser dans un temps plus ou moins long ; cependant, il y a des corps qu'il traverse bien moins facilement que d'autres ; les duvets, les plumes, les poussières légères, le verre, les résines, l'air calme, le charbon, sont des matières propres à la retenir.

TEYSSÈDRE.

ISOMÈRES (Corps). *Voyez* ISOMÉRIE.

ISOMÉRIE ou ISOMÉRISME (ἰσομερής, composé de parties égales). Lorsque l'analyse chimique démontre dans des combinaisons l'existence des mêmes éléments en proportions semblables, on ne peut douter, à ce qu'il semble, de l'identité de leurs caractères ; de nombreux faits, observés depuis quelques années, sont venus modifier singulièrement les idées à cet égard : on connaît maintenant un grand nombre de composés renfermant les mêmes éléments en mêmes proportions, dont les propriétés diffèrent si essentiellement que les uns sont solides, tandis que d'autres sont gazeux ou liquides, et ainsi pour beaucoup d'autres propriétés. Ainsi, par exemple, le gaz de l'éclairage, supposé à son état de pureté, l'essence de térébenthine, l'huile essentielle de rose ont exactement la même composition. Cette propriété a reçu le nom d'*isomérie*.

Nous trouvons donc ici une propriété absolument opposée à l'*isomorphie*, et l'on conçoit facilement combien son extension doit apporter de différences dans les vues que l'on s'était naturellement formées sur la nature des corps ; à mesure que les observations se multiplient, le nombre des corps isomères augmente rapidement, mais jusque ici rien n'a pu faire prévoir la cause de cette singulière propriété : on pense, à la vérité, que les éléments des corps sont disposés d'une manière différente ; mais tout se réduit à des suppositions.

Un fait très-remarquable relativement à l'isomérie est que le composé qui a le premier attiré l'attention des chimistes, et offert l'idée d'une composition semblable avec des propriétés différentes, n'est réellement pas un isomère, comme l'ont prouvé les recherches postérieures ; mais la loi indiquée se trouve justifiée chaque jour par de nombreux et très-remarquables exemples.

H. GAULTIER DE CLAUBRY.

ISOMÉRIQUES (Corps), ou plutôt ISOMÈRES. *Voyez* ISOMÉRIE.

ISOMÉTRIQUE (d'ἴσος, égal, et μέτρον, mesure) se dit en général de deux ou de plusieurs objets qui ont des dimensions égales ou une commune mesure ; et c'est plus particulièrement le nom d'un cristal composé d'un rhomboïde à arcs égaux et d'un dodécaèdre à triangles scalènes, dans lequel la somme des deux parties qui excèdent l'axe du noyau est égale à cet axe (exemple : *chaux carbonatée isométrique*).

On donnait autrefois le nom d'*isométrie* à l'opération d'arithmétique ou d'algèbre par laquelle on réduit deux ou plusieurs fractions au même dénominateur.

ISOMORPHES (Corps). *Voyez* ISOMORPHIE.

ISOMORPHIE ou ISOMORPHISME. L'attention des minéralogistes était depuis longtemps fixée sur une anomalie singulière que présentait une espèce de carbonate de chaux, dont la forme cristalline primitive ne pouvait se rapporter à celle des autres variétés ; en effet, l'*arragonite* a pour forme primitive un prisme rhomboïdal, tandis que le carbonate de chaux ordinaire a pour noyau un rhomboèdre. Les analyses les plus soignées n'avaient pu démontrer la plus légère différence dans le rapport des éléments de ces deux corps, et l'existence du carbonate de strontiane, découvert dans quelques variétés, et regardé comme la cause de cette singulière différence, avait perdu toute l'importance qu'on lui avait attribuée, puisqu'elle était loin d'être générale. Une observation faite sur un corps simple, le soufre, vint ouvrir un nouveau champ aux recherches des chimistes et des minéralogistes. Mitscherlich ayant démontré que le soufre peut s'offrir sous deux formes primitives différentes, l'octaèdre à bases rhombes, et le prisme oblique à bases semblables, il ne fut plus nécessaire de chercher des différences de composition pour expliquer les différences qu'offrent les formes cristallines de deux corps.

D'un autre côté, les minéralogistes avaient classé dans une même famille, pour une série de propriétés physiques, divers corps, comme les grenats, les pyroxènes, etc., dans lesquels l'analyse avait démontré l'existence de corps différents : tantôt l'alumine était remplacée par l'oxyde de fer, la soude par la potasse, etc. ; et cependant les composés ne différaient par aucune des propriétés qui les caractérisaient particulièrement : nous pourrions multiplier beaucoup les exemples, mais ils ne feraient que confirmer ce que nous avons dit précédemment.

En qualifiant ces faits isolés, Mittscherlich est parvenu à démontrer qu'un certain nombre de corps peuvent se substituer les uns aux autres dans des combinaisons, sans faire varier leurs formes cristallines, et cette propriété, d'abord reconnue dans les bases, s'est depuis étendue à quelques acides : ces corps sont dits *isomorphes* (*voyez* CRISTALLISATION, tome VI, p. 758). H. GAULTIER DE CLAUBRY.

ISOPÉRIMÈTRE (de ἴσος, égal, et περίμετρον, périmètre). Deux figures sont dites *isopérimètres* quand leurs périmètres sont égaux. Leur surface peut être différente : elle ne peut cependant dépasser une certaine limite ; à un périmètre donné correspond toujours une surface maximum. Supposons d'abord qu'il s'agisse de polygones dont le nombre des côtés soit déterminé : la géométrie nous apprend que de tous les polygones isopérimètres d'un même nombre de côtés, celui qui offre la plus grande surface est le polygone régulier. Si, au contraire, le nombre des côtés de la figure n'est pas limité, nous reconnaissons que de deux polygones réguliers isopérimètres, le plus grand est celui qui a le plus grand nombre de côtés, et enfin que le cercle est plus grand que toute surface de même contour. La théorie des figures isopérimètres a été traitée d'une manière générale par Jacques Bernoulli et par Euler.

On a donné le nom de *méthode des isopérimètres* à l'un des plus simples procédés qu'emploie la géométrie élémentaire pour déterminer une valeur aussi approchée que l'on veut du rapport de la circonférence au diamètre. Dans cette recherche, on suppose connue la longueur d'une certaine circonférence, dont on se propose de trouver celle du rayon, dont le double est le second terme du rapport cherché. Supposons, pour fixer les idées, que nous construisions un carré ayant pour côté l'unité, et que nous voulions chercher le rayon de la circonférence isopérimètre. Le périmètre du carré étant représenté par 4, il en est de même de la longueur de la circonférence, et, x désignant le rayon de cette circonférence, on aura $\pi = \frac{4}{2x} = \frac{2}{x}$. Or, si l'on considère que x est nécessairement compris entre R et r, rayons des cercles circonscrit et inscrit au carré dont nous venons de parler, on reconnaîtra que π est de même compris entre $\frac{2}{R}$ et $\frac{2}{r}$; mais ces limites ne nous donnent qu'une grossière approximation, car $R = \frac{1}{2}\sqrt{2}$ et $r = \frac{1}{2}$. Imaginons alors l'octogone régulier isopérimètre avec le carré; des formules générales nous permettront de calculer le rayon et l'apothème de ce nouveau polygone en fonction de R et de r, nous aurons ainsi deux nouvelles limites de π, plus rapprochées que les précédentes. De là nous pourrons passer par les mêmes formules aux rayons et apothèmes des polygones réguliers isopérimètres de 16, 32, 64, 128 côtés, etc. Les limites entre lesquelles l'inconnue x sera comprise se resserreront de plus en plus, et en calculant ces limites en décimales on arrivera, après un nombre suffisant d'opérations, à leur trouver autant de chiffres communs qu'il sera nécessaire pour obtenir π avec l'approximation demandée.

Si, au lieu de prendre le carré pour point de départ, on avait choisi le triangle équilatéral ou tout autre polygone régulier, on arriverait absolument au même résultat.

E. MERLIEUX.

ISOPODES (de ἴσος, semblable, et ποῦς, ποδός, pied), cinquième ordre établi par Latreille dans la classe des crustacés, section des malacostracés. Cet ordre, qui correspond en partie au grand genre cloporte de Linné, est ainsi caractérisé : Corps déprimé, assez large, souvent ovalaire ; tête petite; yeux placés sur les côtés de la face supérieure; quatre antennes de longueur médiocre, situées à la partie antérieure, et dirigées horizontalement en dehors; bouche composée d'un labre assez grand, d'une paire de fortes mandibules bien dentées, d'une lèvre inférieure bilobée et de deux paires de mâchoires, dont la conformation varie; thorax de sept anneaux; pattes presque toujours au nombre de sept paires, souvent préhénsiles, terminées par un ongle plus ou moins acéré; fausses pattes de la sixième paire formant le plus souvent une sorte de queue styliforme. L'ordre des isopodes a été divisé par M. Milne-Edwards en trois sections : *isopodes marcheurs*, *isopodes nageurs*, et *isopodes sédentaires*. A la première appartiennent les genres *idotée*, *aselle*, *lygée*, *cloporte*, *armadille*, etc. Les *isopodes nageurs* se reconnaissent à leur abdomen terminé par une grande nageoire garnie latéralement de pièces lamelleuses provenant des fausses pattes de la quatrième paire : tels sont les genres *cymodocée*, *cymothée*, etc. Enfin, les *isopodes sédentaires* vivent tous parasites d'autres crustacés : cette section comprend les deux genres *ione* et *bopyre*.

ISOSCÈLE. Voyez ISOCÈLE.

ISOTHÈRE (de ἴσος, égal, et θέρειος, d'été). Voyez ISOTHERMES.

ISOTHERMES (de ἴσος, égal, et θέρμη, chaleur). On dit que deux villes, deux pays, sont *isothermes*, pour faire entendre que leur température moyenne est la même. On appelle *lignes isothermes* des lignes qui passent par des lieux isothermes; *isothères*, celles qui passent par des lieux d'une égale chaleur d'été; *isochimènes*, celles qui passent par des lieux d'un froid d'hiver égal. Si le globe terrestre était parfaitement régulier, c'est-à-dire s'il n'était hérissé ni de montagnes ni de collines; si en outre sa surface était composée de matières homogènes, il est évident que ces lignes se confondraient avec les parallèles. Mais il n'en est pas ainsi; ces lignes sont des courbes à double courbure : dans l'ouest de l'Europe les *isochimènes* s'abaissent vers l'équateur, et dans l'est elles s'élèvent vers le pôle; c'est le contraire pour les *isothères*. On conçoit l'influence de ces lignes sur la végétation et l'existence des animaux.

L'auteur de ces dénominations est Alexandre de Humboldt, qui le premier a soumis toutes ces lignes à des recherches exactes.

ISOUARD (NICOLAS). Voyez NICOLO.

ISPAHAN ou ISFAHAN, l'*Aspadana* des anciens, jadis la florissante capitale de la Perse depuis le règne de Chah Abbas le Grand jusqu'à celui de Nadir-Chah, et aujourd'hui encore après Téhéran la ville la plus importante du royaume, est située dans l'Irak-Adjémi, au milieu d'une belle contrée, la mieux cultivée de toute la Perse, sur le versant oriental du mont Zagros et sur les rives du Zendéroud, qu'on y traverse sur deux beaux ponts. Bien que cette ville soit toujours célèbre par ses écoles, qu'elle contienne beaucoup de fabriques et fasse un commerce considérable, elle n'a plus, depuis qu'elle a cessé d'être la résidence des chahs de Perse, que l'ombre de son ancienne splendeur, dont la décadence a suivi celle de tout l'empire persan. De 700,000 habitants, qu'elle comptait au dix-septième siècle, sa population est descendue à 200,000 et même, selon d'autres données, à 50 ou 60,000 seulement; et la plupart de ses anciens édifices sont en ruines. Les juifs et les Arméniens sont très-nombreux à Ispahan et habitent deux faubourgs particuliers ; le premier s'appelle *Jahudia*, le second *Joulfa*. Quoique située à 1380 mètres au-dessus du niveau de l'Océan, cette ville jouit du plus beau, du plus tempéré, du plus constant des climats; et les charmes tout particuliers de son printemps sont célèbres en Asie.

ISPANSCHAFT. Voyez GESPANSCHAFT.

ISPEGUI (Combat d'). Voyez ALDUDES.

ISRAEL. Ce nom fut donné au patriarche Jacob à l'occasion de sa lutte contre un être divin (*Genèse*, XXXII, 23 et suiv.) : il dérive de *sara*, combattre, et *El*, Dieu.

ISRAEL (Pays d'). Voyez CANAAN.

ISRAEL (Royaume d'), un des deux royaumes qui se formèrent, l'an 962 avant J.-C., dans la Judée après la mort de Salomon. Opposé au royaume de Juda, il se composa des dix tribus d'Aser, Nephtali, Zabulon, Issachar, Manassé, Éphraïm, Dan, Siméon, Gad, Ruben, et comprit la Galilée, la Samarie, la Pérée et une partie de la Judée proprement dite. Plus vaste par conséquent que son rival le royaume de Juda, il eut successivement pour capitales Sichem, Thizza et Samarie, ou Sébaste, et dura 244 ans. Sans cesse en guerre avec son compétiteur, ainsi qu'avec les rois de Syrie et d'Assyrie, il fut détruit en 718 par Salmanasar, après avoir eu pour rois Jéroboam Ier, Nadab, Baara, Ela, Zamri, Amri, Achab, Ochosias, Joram, Jéhu, Joachaz, Joas, Jéroboam II, puis, à la suite d'un interrègne, Zacharie, Sellum, Manahem, Phacéia, Phacée et Osée.

On donne quelquefois, par extension, le nom de royaume d'Israel à toute la Judée sous Saül, David et Salomon.

ISRAEL DE PODOLIE, dit *Baal Schem*. Voyez CHASIDIM.

ISRAELI. Voyez D'ISRAELI.

ISRAÉLITES, nom donné aux descendants d'Israel, c'est-à-dire aux Hébreux. Depuis l'exil de Babylone on les appelle *Juifs*.

ISSANT, ISSANTE. Dans le langage du blason, ces mots se disent des animaux dont on ne voit que la partie supérieure, lorsqu'elle paraît sortir d'une autre pièce de l'écu et non être isolée, comme dans l'animal *naissant*. Employé substantivement et non *hissant*, dans le même art, signifie la figure d'un enfant à mi-corps sortant de la gueule d'un animal. Milan porte une bisse d'azur couronnée d'or, à l'*issant* de gueules.

ISSER, rivière de l'Algérie, qui se jette dans la Méditerranée près du cap Djinet, à environ 5 myriamètres à l'est d'Alger, par 17' de longitude orientale. Elle est formée par la réunion de plusieurs cours d'eau, comme l'oued Bou-Hamout, l'oued Azize et l'oued Zeïloun; ce dernier formé lui-même de l'oued Bichbech et de l'oued Achyre, lesquels ont leur source aux environs de Médéah. L'Isser prend ce nom à 4 ou 5 myriamètres seulement de son embouchure. En le remontant, on trouve près de ses bords l'haouch Nakel, l'haouch Negnato, Souk el Djemaa; au-dessus il est traversé par la route d'Alger à Callah. L. LOUVET.

ISSOUDUN, chef-lieu d'arrondissement dans le département de l'Indre. C'est une jolie et ancienne ville située sur le penchant d'une colline et dans une plaine qu'arrose la Théolle. Après son incendie par les Gaulois, elle prit le nom d'*Auxellodunum*, changé par la suite en *Issoldunum*. Son origine est couverte de ténèbres. L'histoire en fait mention pour la première fois sous Louis d'Outre-Mer. Jusqu'au treizième siècle, elle eut ses comtes particuliers, qui y bâtirent un château, dont on voit encore une tour. Dans le courant de l'an 1589, les habitants d'Issoudun ouvrirent leurs portes à Henri IV, après en avoir chassé les ligueurs. Une cérémonie perpétua jusqu'à la révolution le souvenir de cette journée. On y compte 12,234 habitants. La ville possède des tribunaux de première instance et de commerce, un comptoir d'escompte, un collége, une typographie, une fabrication de draps, de mécaniques pour laines et draps, des tanneries, des blanchisseries de toiles, un commerce de laines, blés et vins.

ISSUS, ville maritime de la Cilicie, sur le golfe du même nom, probablement l'Ajazzo actuel, dans l'Anatolie, est célèbre par la seconde victoire qu'Alexandre le Grand y remporta sur Darius, l'an 333 avant J.-C., et qui fit tomber en son pouvoir tout le camp des Perses avec la famille de Darius. C'est à la suite de cette journée qu'Alexandre conçut le projet de démembrer la monarchie perse.

ISTÆVONS et mieux, suivant Jacob Grimm, *Iskævons*, nom d'une des trois grandes peuplades dont se composait la nation germaine, et dérivé d'*Isk* ou *Isko*, l'un des fils de Mannus. Les peuples Goths, de même que les Gépides, les Burgundions et les Semnons appartenaient à la race des Istævons.

ISTAKAR, nom que portait sous les Sassanides la contrée où se trouve Persépolis. C'est encore aujourd'hui le nom d'une bourgade à quelque distance des ruines de Persépolis, appelée *Tchil-Minar*.

ISTAMBOUL. *Voyez* CONSTANTINOPLE.

ISTHME (du grec ἰσθμός), partie de terre resserrée entre deux masses d'eau, qui établit la jonction d'une presqu'île à un continent ou à une île. Les principaux isthmes sont ceux de Panama, de Suez, de Corinthe, etc. On a cherché à plusieurs reprises à percer ces trois isthmes, pour abréger la navigation. C'est encore à l'heure qu'il est un rêve de la science moderne.

On donne aussi le nom d'*isthme* à différentes parties du corps : l'*isthme de la gorge*, c'est la séparation étroite qui est entre le larynx et le pharynx. L'*isthme de Vieussen*, est l'éminence que forment les trousseaux de fibres qui se croisent autour du trou ovale dans l'oreillette droite du cœur.

ISTHMIQUES (Jeux). Ainsi nommés de l'isthme de Corinthe, où ils se tenaient. Ces jeux grecs avaient été institués par Sisyphe, dans le quatorzième siècle avant J.-C., pour honorer la mémoire de Mélicerte, qui pour échapper à la fureur d'Athamase s'était précipité dans la mer avec Ino. Ils avaient lieu tous les cinq ans, selon certains auteurs; d'autres ont prétendu qu'on les célébrait de trois ans en trois ans. Ils tombèrent en désuétude, et furent même interrompus jusqu'à Thésée, qui leur donna une nouvelle organisation, en l'honneur de Neptune. Cypsèle, fils d'Aétion et de Labda, qui exerça pendant trente ans l'autorité souveraine à Corinthe, les laissa déchoir une seconde fois; mais ils se relevèrent quelques années après la mort de ce prince, durèrent plusieurs siècles avec splendeur et magnificence, et survécurent même à la ruine de Corinthe; mais jusqu'au rétablissement de celle-ci, les Romains conférèrent aux Sicyoniens le droit exclusif d'y siéger comme juges. Outre les combats pour le prix de la lutte, de la course, du saut, du disque, du javelot, il y en avait, si l'on en croit Plutarque, pour la musique et la poésie. Les vainqueurs recevaient une guirlande de feuilles de pin. Les principaux membres des villes pouvaient seuls être placés à ces jeux, tant était grand le concours des peuples de la Grèce. Molione, femme d'Actor, avait lancé de terribles imprécations contre les Éléens, s'ils osaient jamais y assister. Ces peuples seuls n'y venaient pas, pour éviter l'accomplissement de ces imprécations. Les Romains ajoutèrent encore à l'éclat de ces fêtes. Avec les exercices ordinaires, on donnait en spectacle les animaux les plus rares, amenés de toutes les parties du monde : ces jeux servaient d'ère aux Corinthiens. Ils furent entièrement abolis vers l'an 130 après J.-C., sous le règne d'Adrien. Victor BOREAU.

ISTIOPHORE ou HISTIOPHORE (du grec ἱστίον, voile, et φέρω, je porte), genre de poissons acanthoptérygiens de la famille des scombéroïdes. Ce sont des espèces de très-grande taille, qui ont le museau en forme de stylet, deux petites crêtes saillantes de chaque côté de la caudale, comme chez le maquereau, des ventrales longues, grêles, à deux rayons, et une dorsale très-haute, qui leur sert de voile quand ils nagent ; d'où leur nom vulgaire de *voiliers*. Une des principales espèces, le *scomber gladius* de Broussonnet, que les marins appellent *brochet volant*, habite la mer des Indes. D' SAUCEROTTE.

ISTRIE, principauté et margraviat de la monarchie autrichienne, l'un des deux cercles dont se compose le Territoire de la Couronne (*Kronland*) qui a été récemment formé de l'Istrie, des comtés de Goritz et de Gradiska, et de la ville de Trieste avec son territoire, et compris dans le royaume d'Illyrie. Cette province, bornée au nord par Trieste, Goritz et la Carniole, à l'est par la Croatie, la Dalmatie et le golfe de Quarnero, au sud et à l'ouest par l'Adriatique, comprend avec les îles Quarneri une superficie de 63 myriamètres carrés et compte une population de 233,000 âmes, répartie en 24 villes, 9 bourgs à marché, et 479 villages. Cette population est en général peu instruite et douée de peu d'activité; elle se compose pour les deux tiers de Slaves illyriens; l'autre tiers, répandu surtout dans les villes et sur la côte, parle italien. Pays de côtes et formant à son extrémité méridionale le promontoire aigu qu'on appelle la *presqu'île d'Istrie*, l'Istrie abonde en ports et en baies, et y compris le territoire de Trieste présente un développement de côtes de 40 myriamètres. Le sol en est partout calcaire et pierreux; cependant il a été sur divers points rendu propre à la culture. Dans la partie inférieure du cours de l'Isonzo, au sud de Goritz, commence le *Carso*, plateau calcaire, aride et desséché, profondément déchiré par une foule de ravins et de fondrières, qui s'étend dans la direction du sud-est jusqu'à Fiume et se termine abruptement vers le golfe de Trieste. La nature géologique du Carso domine également dans la presqu'île d'Istrie, qui au nord-est, sur les bords du golfe Quarnero, forme une chaîne de hautes montagnes atteignant au *Monte Maggiore* une altitude de 1,433 mètres, et présente partout une suite de côtes escarpées. On y trouve quelques petits cours d'eau, parmi lesquels nous citerons le *Quietto*, près de Cita-Nova, et l'*Arsa*, sur la côte orientale. Le climat est celui de l'Italie pour la chaleur, généralement sec, surtout en été, époque où il ne pleut jamais. Les côtes sont exposées à de vents violents, notamment au sirocco, au vent de sud-sud-ouest et au redoutable vent de nord-ouest appelé *bora*. Le sol produit en abondance de l'huile de première qualité, des figues et en général tous les fruits du sud, mais surtout du vin, dont les meilleures sortes se récoltent dans les districts de Capo-d'Istria et de Muggia. Les vins rouges de *Refosco* et de *Piccolit*, les vins blancs de *Cibedin* et de *Ribolla* sont même à l'étranger. On y trouve de vastes forêts, riches en bois de construction, et d'où l'on tire beaucoup de noix de galle, d'écorce de chêne, de charbon de bois, etc. Le miel, le marbre, la pierre à bâtir, le sel sont d'autres produits qui ont leur importance.

La pêche constitue une des grandes ressources de la population des côtes. Il y a absence complète de fabriques et de manufactures, toute l'activité se concentrant sur la construction des navires, la navigation, la pêche, l'extraction du sel marin, la culture de la vigne, de l'olivier et l'élève des moutons. On compte sur la côte et dans les îles quatre-vingts ports et trente rades. Les ports possèdent un grand nombre de bâtiments de long cours, sans compter les bâtiments moindres, employés au cabotage, et les barques pour la pêche; et les plus importants d'entre eux, tels que Rovigno, Capo d'Istria, Pirano, Quietto, sont les centres où viennent converger tous les intérêts de la population. Rovigno ou Trevigno joue ce rôle à l'égard de tout le sud de l'Istrie et des îles Quarneri; tandis que le nord de la province gravite dans la sphère de Trieste.

Le *cercle d'Istrie* forme sept capitaineries, à savoir: *Capo d'Istria* avec *Pirano*, *Isola* avec le village de *Salvore*, remarquable par son phare, haut de 35 mètres, *Mantona* avec *Cita-Nova*, *Rovigno*, *Dignano* avec le port militaire de *Pola*, *Pisino* ou *Mitterburg* avec *Albona* et *Fianona*, *Volosca* avec *Castua* et *Lussinpicolo*. Cette dernière capitainerie comprend les îles *Lussinpicolo*, *Veglia*, *Cherso*, *Ossero*, etc. Le gouverneur général de tout le Territoire de la Couronne (*Kronland*) formé de Goritz-Gradiska, de l'Istrie et de Trieste, réside à Trieste.

L'Istrie ou Histrie, ainsi appelée de la peuplade illyrienne des *Istri* ou *Histri*, qui au temps des Romains avaient la réputation d'être d'audacieux pirates, fut subjuguée par Rome au troisième siècle av. J.-C., et réunie sous Auguste à l'Italie jusqu'à l'Arsia (aujourd'hui l'*Arsa*), fleuve qui en forma la frontière à l'est. Au sixième siècle de notre ère les Goths s'emparèrent de ce pays; les empereurs de Byzance le leur reprirent plus tard, et ceux-ci à leur tour se virent contraints de le céder aux Carlovingiens. A partir du milieu du dixième siècle, l'Istrie constitua un margraviat particulier, qui plus tard appartint de nouveau au duché de Carinthie jusqu'en 1170, époque où elle passa sous la domination des comtes d'Andechs, ducs de Dalmatie. En 1204 le duc Henri de Dalmatie ayant été proscrit par le roi Philippe II, l'Istrie échut aux patriarches d'Aquilée, qui plus tard s'en virent enlever la plus grande partie par les Vénitiens. C'est ainsi que jusqu'en 1797 presque toute la presqu'île d'Istrie faisait partie des possessions de la république de Venise. Il n'y avait que la partie nord-est, dite *Istrie autrichienne*, et composée du comté de Mitterburg, qui à l'extinction de la famille de ses derniers possesseurs, les comtes de Goritz, eût fait retour à l'Autriche, qui l'incorpora au duché de Carniole. Après la paix de Campo-Formio, l'Autriche occupa aussi la partie vénitienne du pays, à laquelle on ajouta encore diverses autres possessions ci-devant vénitiennes. En 1805, aux termes de la paix de Presbourg, l'Autriche ayant dû renoncer à tout ce qu'elle possédait de l'ancien territoire vénitien, l'Istrie passa sous la domination française. En 1808 Napoléon octroya le titre de *duc d'Istrie* au maréchal Bessières, en récompense des services qu'il venait de lui rendre en Espagne. Plus tard Napoléon réunit l'Istrie aux provinces Illyriennes, que l'Autriche reconquit en 1814. Depuis 1815 elle forme avec quelques îles du golfe de Quarnero le cercle d'Istrie ou de Mitterburg (71 myriamètres carrés et 195,000 habitants) du royaume autrichien d'Illyrie, dont le chef-lieu est Mitterburg ou Pisino, ville dont la population est aujourd'hui d'environ 2,000 âmes. C'est de 1850 que date l'organisation actuelle de l'Istrie.

ISTRIE (Duc d'). *Voyez* BESSIÈRES.

ISTURITZ (Don XAVIER DE), homme d'État espagnol, est né en 1790, à Cadix, où son père, originaire du pays basque, avait fondé une grande maison de commerce. Xavier de Isturitz et son frère, *Thomas*, qui avait été député aux cortès de 1812 à 1814, se firent connaître dans le monde politique, après le rétablissement de la monarchie absolue, en mettant à la disposition des mécontents, comme point central de réunion, leur maison de Cadix, où fut préparée l'insurrection qui éclata le 1er janvier 1820, sous la direction de Quiroga et de Riego. La constitution une fois rétablie, Xavier de Isturitz se rendit à Madrid, où, d'accord avec Alcala Galiano et autres libéraux, il ameuta l'opinion publique contre les ministres Arguelles, Martinez de la Rosa et leur parti. Nommé membre des cortès en 1822, et président de cette assemblée en 1823, il les suivit à Séville, où il vota la suspension du roi, et de là à Cadix. Condamné à mort après la Restauration, il s'enfuit en Angleterre, où il devint l'un des associés de la maison Zulueta. Amnistié en 1834 par la reine régente, il revint en Espagne, et fut élu par la province de Cadix *procurador* aux cortès. A Madrid, il se rattacha de nouveau au parti exalté, et avec Alcala Galiano, Calatrava, Caballero, Las Navas et autres, il provoqua, le 15 août 1835, le soulèvement de la milice qui avait pour but le renversement du ministère Toreno, mais qui fut comprimé par le général Quesada. A quelque temps de là, son ami Mendizabal ayant été mis à la tête du ministère, une brillante carrière s'ouvrit pour lui. L'un des confidents du nouveau président du conseil, il fut appelé à la présidence de la chambre des procuradores réunie en novembre 1835, puis dissoute par Mendizabal en janvier 1836. Cependant, il ne tarda pas alors à se brouiller avec Mendizabal, qui l'empêcha d'être élu président par la nouvelle chambre des procuradores; et de son côté il travailla alors de son mieux au renversement de Mendizabal, l'objet tout particulier de la haine des classes supérieures, de la cour et des grands, et apporta dans cette lutte tant de passion, que Mendizabal le provoqua en duel.

Après la chute de Mendizabal, Isturitz fut nommé, le 15 mai 1836, ministre des affaires étrangères et président du conseil. Considéré comme un apostat en politique, son caractère arrogant le rendit odieux, non-seulement aux cortès, mais aux classes populaires; et à la suite de la révolution de la *Granja*, force lui fut de se dérober par la fuite aux fureurs de la foule, et de gagner Lisbonne à la faveur d'un déguisement. De là il s'embarqua pour l'Angleterre. Peu de temps après, il se rendit à Paris, où il se lia avec Toreno, Miraflores, le duc de Frias et autres aristocrates espagnols émigrés. Ayant prêté serment à la constitution de 1837, il fut élu par la province de Cadix député aux cortès de 1838, et président du congrès, fonctions qui lui furent encore conférées l'année suivante. Quoique ennemi personnel d'Espartero, il sut pendant la régence de celui-ci se maintenir en Espagne à force d'adresse, et travailler dans les intérêts de la reine Marie-Christine; après le retour de cette princesse et l'expulsion d'Espartero, à laquelle il avait beaucoup contribué, il devint président du conseil des ministres et sénateur. C'est sous son ministère que se firent les fameux mariages espagnols. En 1850 il fut envoyé comme ministre plénipotentiaire d'Espagne en Angleterre, et ne cessa ses fonctions qu'après la révolution de juillet 1854.

ITALIANISME, manière de parler propre à la langue italienne, tour italien, expression italienne transportée dans une autre langue.

ITALIE, grande presqu'île d'Europe, située entre 37° 50' et 46° 40' de latitude septentrionale, et 3° 17' et 16° 9' de longitude orientale. Elle ne se rattache au continent que dans sa partie nord, où elle est limitée à l'ouest par la France, au nord et à l'est par la Suisse et par l'Allemagne; la Méditerranée la baigne aussi à l'ouest et au sud, de même que la mer Adriatique à l'est. Avec les îles qui s'y rattachent, sinon politiquement, du moins ethnographiquement parlant, comme la Sardaigne, la Sicile, la Corse et quelques autres de moindre étendue, elle comprend une superficie de 4,195, et sans ces îles, de 2,327 myriamètres carrés. Au nord, elle est séparée du reste de l'Europe par les Alpes, qui s'étendent dans sa partie septentrionale en forme de demi-cercle, depuis leur extrémité occidentale, appelée *Alpes Maritimes*, jusqu'à leur extrémité orientale, appelée *Alpes Juliennes*, et dont le point le plus élevé du côté de

32.

l'Italie est le Mont-Blanc. Au sud de la chaîne des Alpes, qui s'abaisse abruptement vers l'Italie, s'étend la grande plaine de la Lombardie, qui va en s'inclinant toujours dans la direction de l'est, et qu'il faut protéger par des digues en beaucoup d'endroits près de la mer Adriatique, le long des côtes de laquelle elle forme de grandes lagunes, puis se relève insensiblement au sud-ouest jusqu'aux Apennins, qui déterminent la configuration de toute la péninsule. Indépendamment de la plaine de la Lombardie, on rencontre encore des contrées plates et unies à l'ouest de l'Italie, dans le bassin inférieur de l'Arno ; plus loin au sud, la *Campagna di Roma*, avec les marais Pontins ; et enfin près de Naples, la *Campagna Felice*, au sud de laquelle s'élève le Vésuve. A l'est, la plaine la plus considérable est celle de la Pouille. Le sol de l'Italie varie beaucoup à la vérité ; mais il est presque partout susceptible d'être mis en culture, et sur un grand nombre de points, là surtout où ne manquent point les moyens d'irrigation, il est d'une extrême fécondité. Dans la plaine de la Lombardie, où l'agriculture a atteint un haut degré de perfection, la terre est forte et semblable à celle des Marches ; dans les montagnes, dont les crêtes sont généralement dénudées, elle est sèche et aride, mais fertile dans les vallées ; dans les Maremmes, près de la Méditerranée et dans la Campagne de Rome, elle participe de la nature des steppes ; au sud de l'Italie, où, aux environs de Naples et de Capoue, elle n'est redevable de sa remarquable fécondité qu'à son origine volcanique, elle est légère et moins productive. Le climat de l'Italie, à l'exception de la région des montagnes les plus élevées, est, en raison de sa douceur, l'un des plus beaux de l'Europe. On distingue sous ce rapport quatre grandes régions : 1° La *haute Italie*, au nord de l'Apennin, où le thermomètre de Réaumur descend quelquefois en hiver jusqu'à 10 degrés au-dessous de 0, où les champs restent souvent couverts de neige pendant plusieurs semaines, où les lagunes se couvrent même de glace, et où les plus beaux fruits du sud ne réussissent en pleine terre que dans les endroits bien abrités ; 2° L'*Italie centrale*, s'étendant avec Gênes jusqu'au 41° 30′ de latitude septentrionale, où il n'y a d'hiver proprement dit que dans les montagnes, où la glace et la neige persistantes sont rares, où l'olivier et l'oranger croissent partout en plein air ou dans les bas-fonds ; 3° la *basse Italie*, s'étendant jusqu'à l'extrémité sud de la péninsule, où le thermomètre descend rarement à 3 degrés au-dessus de 0, où la neige n'est pas moins rare, et où les arbres fruitiers les plus délicats passent l'hiver en plein air ; 4° l'extrémité méridionale du royaume de Naples, la Sicile, et Malte, où le thermomètre ne descend presque jamais au point de congélation, où le figuier et le dattier de l'Inde, la canne à sucre, réussissent parfaitement, où l'aloès et le papyrus sont utilisés comme bordures de champs. En été le ciel reste presque constamment serein, et la chaleur est tempérée par les vents de mer ; mais le pays souffre souvent pour cela même de la sécheresse, et subit l'influence délétère du sirocco. Les exhalaisons provenant du sol même, et connues sous le nom de *malaria* ou *d'aria cattiva*, sont encore plus nuisibles dans un grand nombre de localités, par exemple dans les Maremmes, dans la Campagne de Rome, et en général dans beaucoup d'endroits de la côte de l'Italie centrale et de la basse Italie. Cette dernière et la Sicile, où se trouve le mont Etna, sont sujettes à des tremblements de terre et à des éruptions volcaniques.

Parmi les lacs que renferme l'Italie, on remarque sur le versant sud des Alpes le lac Majeur (*lago Maggiore*), le lac de Côme, le lac de Lugano, le lac de Chiavenna, le lac d'Iséo et le lac Garda ; dans tout le reste de la péninsule, on ne trouve que le lac de Castiglione, en Toscane ; les lacs de Perugia, de Bolsena et de Bracciano, dans les États de l'Église, et celui de Célano, dans les Abruzzes de Naples. L'Italie n'a que deux grands fleuves ; le Pô et l'Adige. Il faut encore mentionner dans la haute Italie la Brenta, la Piave et le Tagliamento, qui se jettent dans la mer Adriatique ; et dans le reste de l'Italie, l'Arno en Toscane, le Tibre, le Garigliano, l'impétueux Volturno et le Sele. Les nombreux cours d'eau qui ont leur source dans les Apennins et vont aboutir à la mer Adriatique, ne sont que de petites rivières non navigables. C'est seulement dans la haute Italie que la navigation est favorisée par des canaux, tels que le canal Ticinelio, et ceux de Milan, de Pavie, de Monselice, de Bologne et les lagunes de l'Adriatique. On trouve dans le pays de nombreuses sources minérales ; et quant aux produits du sol, les principaux sont : les céréales, qu'on y cultive partout, mais cependant pas encore sur une assez grande échelle pour suffire à la consommation, le maïs, le millet, le riz, le vin, l'huile, les raisins secs, les châtaignes, les amandes, les fruits de toutes espèces, le tabac, la réglisse, le carouge, le liége, la noix de galle, le chanvre et le lin ; le gros bétail, les moutons, les porcs et les chevaux ; le buffle, la chèvre, l'âne, le mulet, beaucoup de vers à soie et d'abeilles, de la volaille de toutes espèces ; de l'or, de l'argent, du fer, du cuivre, du plomb, de la houille, du sel, du salpêtre, du soufre, de l'alun, du sel ammoniac, de belle pierre à bâtir, notamment du marbre, de la pouzzolane et du manganèse.

On évalue le nombre des habitants de l'Italie à 27 millions, qui parlent cinq langues principales : l'italien et ses nombreux dialectes, dans la plus grande partie du pays ; le français en Savoie ; l'allemand dans les *sette* et les *tredeci communi* du royaume lombardo-vénitien ; la langue mêlée d'arabe et d'italien qui est en usage à Malte, et le grec moderne dans quelques localités du sud de l'Italie et de la Sicile. L'Église catholique y est l'Église dominante, et dans le plus grand nombre des États de la Péninsule c'est la seule qui soit légalement reconnue. Ce n'est uniquement sur quelques points que les Grecs, les Arméniens schismatiques, les protestants, les Juifs et les Turcs ont par tolérance obtenu l'exercice de leur culte. Le commerce et l'industrie de l'Italie, après avoir été pendant toute la durée du moyen âge les plus importants de l'Europe, sont bien déchus aujourd'hui. On y trouve cependant encore d'immenses fabriques de soieries, de verreries, de faïence, de chapeaux de paille, de fleurs artificielles, de corail, de macaroni et de savon. Le commerce n'a conservé d'importance qu'à Gênes, à Livourne et à Venise, et consiste surtout en exportation de produits naturels ou de produits de l'art. La navigation, qui au moyen âge l'emportait sur celle de toutes les autres nations, a aussi bien déchue de nos jours, et ne s'étend guère au delà des limites de la Méditerranée. Cependant les divers gouvernements italiens, il faut le reconnaître, rivalisent d'efforts pour la ranimer, de même que le commerce et l'industrie.

Les géographes divisent toute l'Italie en trois parties principales : 1° La *haute Italie*, comprenant la monarchie sarde, le royaume Lombardo-Vénitien et les duchés de Parme et de Modène ; 2° l'*Italie centrale*, comprenant la Toscane, les États de l'Église et la république de San-Marino ; 3° la *basse Italie*, composée du royaume des Deux-Siciles et de Malte, à quoi il faut encore ajouter les îles de Sardaigne et de Corse.

Histoire.

L'histoire ancienne de l'Italie jusqu'à la dissolution de l'Empire Romain est trop intimement liée à celle de cet empire, pour que nous n'y renvoyions pas le lecteur (*voyez* ROMAINE [Histoire]).

La *première période* de l'histoire moderne de l'Italie comprend le temps qui s'écoula depuis la chute de l'ancien Empire Romain d'Occident jusqu'à la fondation du nouvel Empire d'Occident, ou jusqu'à la création de différents États germains, à la suite de l'émigration victorieuse des peuples germains, c'est-à-dire de l'an 476 à l'an 774 après J.-C. En 476 Odoacre renversa l'empereur romain Romulus Augustulus, et s'empara du trône, sous le

ITALIE

nom de *roi d'Italie*, et la Péninsule se trouva de la sorte séparée pour la première fois de l'ensemble de territoires qui avaient jusque alors constitué l'Empire Romain. Cette séparation fut encore plus tranchée quand Théodoric le Grand, qui en 493 renversa l'empire d'Odoacre, eut conquis avec ses Goths toute l'Italie, depuis les Alpes jusqu'à la Sicile, et y régna comme roi. Plus son règne jeta d'éclat et plus rapide fut après sa mort la décadence du royaume qu'il avait fondé, parce que les Goths, peuple barbare, ne surent dans leur contact avec la civilisation romaine, si corrompue, s'assimiler que les vices des vaincus. Les victoires remportées par Bélisaire et par Narsès, généraux des armées byzantines, mirent fin, dès le milieu du sixième siècle, à la domination des Goths en Italie, et replacèrent la Péninsule sous l'autorité des empereurs de Bizance. Ceux-ci la firent gouverner en leur nom par un gouverneur auquel ils donnèrent le titre d'exarque, et qui établit sa résidence à Ravenne. Mais, pas plus que les anciens empereurs de Rome, ces gouverneurs ne purent repousser les invasions des conquérants germains. Dès l'an 568 les *Longobards* ou Lombards envahissaient la Péninsule avec leur roi Alboin, et en peu de temps ils eurent conquis presque toute la haute Italie et des parties considérables tant de l'Italie centrale que de la basse Italie. La fondation du royaume des Lombards est pour l'Italie le moment de transition où se termine l'histoire ancienne et où commence celle du moyen âge. En effet, c'est alors seulement que le grand travail de rénovation provoqué dans la péninsule par l'invasion des barbares, par le mélange de ses populations avec des éléments germains, eut pour résultat de substituer complétement à l'ancienne civilisation romaine, déjà bien modifiée par le christianisme, les formes politiques et l'état social du moyen âge germanique. C'est ainsi notamment que les Lombards firent dominer en Italie la féodalité, qui sous eux parvint à un haut degré de splendeur. A côté de ce nouveau royaume, et en quelque sorte en antagonisme politique avec lui, naquit et se développa vers la même époque la république de Venise, fondée par les réfugiés qui avaient fui devant le flot de l'invasion des barbares et étaient venus chercher dans les lagunes de Venise un dernier refuge pour leur liberté. Ce nouvel État fut le précurseur des républiques qui se constituèrent plus tard dans diverses villes d'Italie. Pendant ce temps-là, toutefois, les faibles empereurs de Byzance conservaient encore en Italie, mais bien précairement, l'exarchat, réduit par les victoires des Lombards à la possession de Ravenne, de la Romagne et de la Pentapole (les cinq villes maritimes Rimini, Pesaro, Fano, Sinigaglia et Ancône), une partie des côtes de la basse Italie (où Amalfi et Gaëte avaient leurs ducs particuliers, grecs d'origine), ainsi que la Sicile et Rome avec son territoire (qu'administrait au nom des empereurs de Byzance un fonctionnaire qualifié de *patrice*). Mais la dépendance, le plus souvent nominale, dans laquelle se trouvaient ces divers États par rapport à la cour de Byzance, cessa complétement d'exister au huitième siècle, quand l'empereur Léon l'Isaurien s'aliéna les affections de l'orthodoxe Italie en y prêtant main forte aux fureurs des iconoclastes. Beaucoup de villes chassèrent alors les fonctionnaires qui les administraient au nom de l'empereur de Byzance, se donnèrent des consuls et un sénat, à l'instar des anciens temps. En outre, Rome admit, non pas positivement le droit de souveraineté, mais une certaine autorité paternelle exercée par ses évêques même en matières temporelles. Ces papes ne tardèrent pas d'ailleurs à avoir des démêlés avec les Lombards. L'accroissement incessant de leur domination, qui finit par comprendre même l'exarchat de Ravenne, et surtout cette circonstance que les Lombards partageaient l'hérésie d'Arius, suffisaient déjà pour provoquer entre eux et les papes une irrémédiable scission. Ceux-ci invoquèrent en conséquence contre les Lombards l'appui des rois francs, qui se montraient favorablement disposés pour leur cause.

Pepin le Bref, en reconnaissance de ce que le pape l'avait sacré comme roi des Francs et nommé *patrice* de Rome en même temps que haut protecteur du saint-siége, fit la guerre aux Lombards, et donna au pape Étienne II l'exarchat qu'il leur avait enlevé. Charlemagne, enfin, détruisit le royaume des Lombards, et l'incorpora, en 754, à la monarchie franque.

A ce moment commence la *seconde période* de l'histoire d'Italie, de 774 à 961, comprenant le règne des Carlovingiens avec l'interrègne qui le suivit, c'est-à-dire l'époque où la puissance de la féodalité devint complétement prédominante. La transmission aux rois francs de la domination sur l'Italie, eut ceci d'important qu'elle amena le rétablissement en Occident de la dignité d'empereur romain, et qu'elle devint la base la plus solide de l'autorité spirituelle des papes. Quoiqu'il eût été sacré empereur romain, Charlemagne ne put cependant réduire toute l'Italie sous ses lois; il échoua dans ses entreprises contre le duché de Bénévent et les républiques de la basse Italie, où notamment Naples, Amalfi et Gaëte étaient parvenues à posséder de grandes richesses, grâce à l'extension qu'avaient prise leur navigation et leur commerce. Ces villes et d'autres cités indépendantes, Rome exceptée, se rattachèrent de nouveau et plus solidement que jamais à l'empire de Byzance, dont la puissance en Italie acquit ainsi de nouvelles forces. Le reste de l'Italie, au contraire, demeura une partie immédiate de la monarchie franque jusqu'au partage effectué en l'an 843 par le traité de Verdun; traité qui l'adjugea à Lothaire Ier, avec la dignité d'empereur et le pays appelé plus tard la Lorraine. Celui-ci abdiqua en 850 en faveur de Louis II, le plus remarquable des princes italiens de la race carlovingienne. Après la mort de Louis II, arrivée en 875, l'Italie devint une cause de discorde pour toute sa maison, jusqu'à ce qu'elle échût, en 880, à Louis le Gros, qui pour la dernière fois réunit sous la même main tous les États composant la monarchie franque. Lors de sa déposition, en 887, commença pour l'Italie une époque d'anarchie et de guerres civiles. Le duc Bérenger de Frioul et le duc Guido de Spolète, ainsi que le marquis d'Ivrée, se disputèrent la couronne. Guido fut enfin élu pour roi en 888, puis en 891 pour empereur d'Italie, et à sa mort, arrivée en 894, il eut pour successeur son fils Lambert, mort en 898. Le roi carlovingien des Allemands, Arnoul, fit bien valoir de nouveau en 896 son droit au titre de roi et d'empereur d'Italie; mais il ne put le faire triompher. A la mort d'Arnoul (899), le duc Bérenger Ier, de Frioul, qui dès 894 avait été couronné en qualité de roi d'Italie, le roi de la basse Bourgogne, Louis, que le pape sacra en 901 comme empereur d'Italie, et le roi de la haute Bourgogne, Rodolphe Ier, se disputèrent la souveraineté de la péninsule. Bérenger Ier finit par en rester paisible possesseur et fut couronné empereur en 915. Toutefois, en raison de l'état de dissolution dans lequel était tombé l'empire, il lui fut impossible, à partir de 890, de le protéger efficacement contre les irruptions réitérées des Sarrasins, et contre celles des Hongrois, qui inquiétèrent pour la première fois l'Italie en 899. Après l'assassinat de Bérenger Ier (924), Rodolphe II, de la haute Bourgogne, abandonna, en 930, au comte Hugues de Provence ses prétentions sur l'Italie moyennant la cession du royaume d'Arles. Hugues de Provence s'efforça de se maintenir en possession de l'Italie par la plus sanguinaire des tyrannies; mais il fut renversé en 945, par son neveu, le marquis Bérenger II d'Ivrée, qui en 940 était allé chercher en Allemagne auprès de l'empereur Othon le Grand un refuge contre les embûches de son oncle, et qui revint en Italie avec une armée composée d'émigrés et d'exilés italiens. Il eut pour successeur son fils Lothaire, objet de haines moins profondes, et dont Bérenger fut le premier conseiller. Lothaire étant mort en 950, empoisonné, dit-on, par Bérenger, celui-ci voulut marier malgré elle sa veuve, la belle Adélaïde, avec son fils Adelbert. Échappant à ses mauvais traitements et à la prison où il l'avait renfermée, cette princesse trouva abri et protection au château de Canossa. Assiégée dans ce château par Bérenger II, elle implora l'appui du roi des Allemands Othon Ier, qui franchit les Alpes, la délivra, s'empara de Pavie, et se fit couronner en 951 comme roi des Lombards. Bérenger ayant aussitôt fait sa soumission et lui ayant cédé la clé de l'Italie, le marquisat de Frioul, dont Othon investit son frère Henri, Othon consentit à l'y laisser comme son vassal. Mais dix ans plus tard les seigneurs italiens ayant élevé des plaintes contre Bérenger, Othon repassa les Alpes en 961, le déposa, et se fit couronner en qualité de roi et d'empereur d'Italie, en 962. Pendant cette période, les républiques de Naples, de Gaëte et d'Amalfi, dans la basse Italie, maintinrent encore leur indépendance contre le duché lombard de Bénévent. Cela leur fut d'autant plus facile que le duché de Bénévent avait subi de nombreux partages, et que les républiques et les ducs avaient en outre à se défendre contre un ennemi commun, les Sarrasins, qu'ils avaient appelés eux-mêmes de Sicile, vers 830, pour leur servir d'auxiliaires dans leurs guerres intestines, et qui avaient fini par s'établir d'une manière permanente dans la Pouille. Alors même que l'empereur Louis II et Basile le Macédonien, devenu plus tard empereur de Byzance, en réunissant leurs forces, furent venus à bout d'exterminer les Sarrasins, en 866, il fut impossible au premier de se maintenir dans la basse Italie. Les Grecs, au contraire, s'y consolidèrent. Avec le territoire enlevé aux Sarrasins, ils constituèrent une province en propre, sous la dénomination de *Thema de Lombardie*, gouvernée par un *catapan*, ou gouverneur général, qui avait sa résidence à Bari; et elle demeura sous leur domination pendant encore plus d'un siècle. L'empereur Othon lui-même échoua dans ses efforts pour les expulser de la péninsule et pour soumettre toute la basse Italie à son autorité.

La *troisième période* de l'histoire d'Italie commence au moment où, par suite du couronnement d'Othon Ier la dignité impériale passa aux rois allemands; c'est l'époque de la domination et de la prépondérance des empereurs allemands, pendant laquelle cependant l'élément communal et sacerdotal, bien que complètement dominé par la puissance impériale, commença à se développer; époque comprenant l'intervalle qui s'étend depuis le règne des empereurs de la maison de Saxe et de la maison de Franconie jusqu'à la mort de Henri III, c'est-à-dire de 961 à 1056. Othon Ier gratifia ses Allemands d'un grand nombre de fiefs en Italie, et concéda aux villes de la péninsule des privilèges qui devinrent plus tard la base de leurs institutions libres, de leur indépendance et de leur puissance, lesquelles se développèrent rapidement au milieu de l'état d'anarchie où se trouvait alors l'Italie. Pendant ce temps-là la cour pontificale était devenue le théâtre de désordres et de profanations de toutes espèces. Othon déposa et excommunia le pape Jean XII, qui d'ailleurs avait pris les armes contre lui, fit élire à sa place Léon VIII, châtia les Romains rebelles et plaça ainsi le pape sous sa complète dépendance. En 980, un gentilhomme Romain, le consul Crescentius, luttant contre l'influence des comtes de Tusculum, qui en l'absence de l'empereur prétendaient le remplacer dans la ville éternelle, essaya de rétablir à Rome tout au moins l'apparence de ses antiques libertés. Occupé de projets de conquêtes dans la basse Italie, qui lui réussirent aussi mal, Othon n'apporta aucune entrave à la glorieuse administration de Crescentius, qui sut se rendre redoutable aux indignes papes Boniface VII et Jean XV. Mais Othon III mit un terme à l'autorité de Crescentius, établit des papes de son choix, et tint les Romains en bride par l'emploi de la force. A la mort d'Othon III (1002), les Italiens considérèrent leur union avec l'Empire d'Allemagne comme dissoute. On élut pour roi le marquis Hardouin d'Ivrée, qui fut couronné à Pavie, tandis qu'un autre parti décernait le même titre à Henri II, empereur d'Allemagne. Il en résulta surtout entre les villes de Milan et de Pavie une guerre civile, qui se termina au profit de Henri II. Conrad II, qui lui succéda en 1006, comme empereur et comme roi, s'efforça bien de rétablir de vive force l'ordre et la paix parmi ses vassaux et les villes, au nombre desquelles figurait déjà en première ligne celle de Milan, et par là de donner à l'État du calme et de la stabilité. Mais il n'y réussit point; les guerres privées sévirent plus que jamais, d'une part entre les villes et les évêques, dont la puissance allait toujours en augmentant, puis de l'autre entre la noblesse et ses vassaux. Pas plus Henri II et Conrad II que les papes ne parvinrent d'ailleurs à soumettre Rome, où dominait l'idée républicaine et où la famille Crescentius continuait à exercer une grande influence. Quand Henri III, fils et successeur de Conrad, arriva en Italie, en 1046, il y trouva trois papes. Après les avoir déposés tous trois, il plaça sur le trône pontifical un pape de son choix, et plus digne d'une telle dignité; cette réforme donna aux papes une nouvelle considération, qui plus tard devint fatale aux successeurs de ce prince. Henri III mourut en 1056. Depuis Othon III, c'était l'empereur d'Allemagne qui avait exercé sur l'Italie la domination la plus énergique et la moins contestée.

La *quatrième période* de l'histoire d'Italie commence à la mort de Henri III, de 1056 à 1259; c'est l'époque de la grande lutte entre les empereurs et les papes pour l'exercice de la puissance suprême, et entre les empereurs et les villes italiennes pour la domination de l'Italie, époque où eut lieu la réaction de l'élément romano-italien contre l'élément germain et féodal. Pendant la longue minorité de Henri III, la politique des papes, dirigée surtout par le moine Hildebrand, devenu plus tard pape sous le nom de Grégoire VII, réussit à organiser contre la puissance temporelle une opposition qui ne tarda point à prendre les plus gigantesques proportions. Les Normands, qui s'étaient établis dans la basse Italie, et en qui les papes trouvèrent de puissants auxiliaires dans leur lutte contre les empereurs, y contribuèrent d'une manière toute particulière. Tandis qu'au sud de l'Italie beaucoup de petits États se réunissaient pour n'en plus former qu'un grand, le royaume fondé au nord de la péninsule se démembrait pour constituer plusieurs petits États. Les villes lombardes jetaient les bases de leur puissance, devenue plus tard si considérable. Venise, Gênes et Pise étaient déjà de grandes et florissantes cités. En 1077 Grégoire VII humilia Henri IV; Urbain II excita à la révolte les propres fils de l'empereur. Conrad, fils aîné de Henri IV, fut couronné roi d'Italie en 1093; et après la mort de Conrad (1101), son frère Henri enleva à son père le trône impérial. Henri V, créature du pape, ne tarda point à se trouver engagé avec son protecteur dans une lutte violente, au sujet notamment de l'héritage de la comtesse Mathilde de Toscane; lutte qui provoqua de perpétuels conflits dans tout le cours du douzième et du treizième siècles. Pendant ce temps-là, au sud de l'Italie, l'État normand se constituait sous Roger Ier (1130) en royaume, sur les débris des républiques, de la domination des Grecs et des Lombards. Dans les petites républiques du nord, la puissance était d'ordinaire aux mains de consuls, d'un petit conseil (*credenza*), d'un grand conseil, et d'une assemblée du peuple (*parliamento*); de petites guerres intestines développaient l'énergie juvénile de ces États. Il faut mentionner entre autres celle qui termina en 1111 la destruction de Lodi par les Milanais, et le siège de Côme par l'armée de toutes les villes lombardes, siège qui dura dix années (1118-1128). La soumission de cette ville fit de Milan la plus puissante cité de l'Italie; et la plupart des villes qui l'avoisinaient se confédérèrent avec elle, tandis que quelques autres contractèrent des alliances semblables avec sa rivale, Pavie. Des querelles qui éclatèrent en 1129 entre les deux confédérations provoquèrent la première guerre, qui bientôt changea la nature de la lutte de Lothaire II et de Conrad III pour la couronne. C'est à ce propos que surgirent les partis connus dans l'histoire sous les noms de guelfes et de gibelins. A Rome, l'esprit de liberté, comprimé par Grégoire, se réveilla avec une force telle, que ses successeurs n'y régnèrent plus qu'avec une puissance fort amoindrie ; et Arnaude de Brescia réussit à rétablir pour quelque temps le simulacre d'une république romaine. Toutefois, la lutte pour la souveraineté de l'Italie et pour l'autorité suprême en matières spirituelles et temporelles, en consolidant les Hohenstaufen sur le trône impérial, donna à toutes ces divisions intestines un caractère plus grandiose, et fut soutenue de part et d'autre avec un vigueur encore inconnue jusque alors. Frédéric Ier de Hohenstaufen apporta dans l'exécution de ses plans pour consolider la domination de la puissance impériale sur l'Italie, impatiente du joug, et sur le pouvoir sacerdotal, une opiniâtreté, un déploiement de ressources et une vigueur d'intelligence qui pendant longtemps promirent d'être couronnés par le succès le plus complet, mais qui échouèrent par suite des malheurs des temps et des obstacles invincibles qu'on lui opposa. Sans doute pas plus les papes que les villes récalcitrantes, qui à partir de l'année 1167 organisèrent entre elles la ligue lombarde, ne remportèrent des avantages décisifs sur l'empereur ; mais celui-ci vit échouer, également ses projets, et une suite de revers qu'il éprouva après de brillants succès le contraignirent, vers la fin de sa carrière, à consentir à un compromis entre lui et ses principaux adversaires, les papes et les villes. Il n'y eut qu'un seul de ses projets qu'il lui fut donné de mener à bonne fin, le mariage de son fils avec Constance, l'héritière du royaume normand de Sicile. En acquérant le royaume des Deux-Siciles sa maison ne gagna pas seulement un héritage considérable, mais elle enleva en même temps au saint-siége l'appui du principal auxiliaire qu'il eut eu jusque alors dans ses luttes contre la puissance impériale. Henri VI, successeur de Frédéric Ier, régna trop peu de temps et fut trop occupé du soin de consolider sa puissance dans les Deux-Siciles pour pouvoir donner beaucoup d'attention aux autres affaires de l'Italie. C'est de la sorte que l'anarchie et les divisions des guelfes et des gibelins prirent de plus en plus d'extension dans le nord de l'Italie. Parmi les gentilshommes, les seigneurs da Romano et les marquis d'Este se posèrent en chefs de parti, les premiers du côté des gibelins, et les seconds du côté des guelfes. Pendant la minorité de Frédéric II et la querelle pour la succession au trône qui éclata alors en Allemagne, le pape Innocent III, en qualité de tuteur de Frédéric II, réussit à rétablir l'autorité temporelle du saint-siége sur Rome et son territoire et à faire valoir ses prétentions sur les donations de Pepin et de Mathilde. En 1197 il arracha aussi la plus grande partie de la Toscane au parti guelfe. Pise seule lui résista. C'étaient bien plutôt d'aveugles haines héréditaires que l'intérêt réel de leur cause qui animaient les partis ; car lorsqu'on vit un guelfe parvenir à la couronne impériale dans la personne d'Othon IV, les guelfes prirent fait et cause pour lui, tandis que les gibelins épousèrent les intérêts du pape. Mais quand la dignité impériale fit retour de la maison de Hohenstaufen en la personne de Frédéric II (1212), les anciens rapports de ces deux partis se rétablirent. A Florence cet esprit de parti politique servit de prétexte et d'aliment aux querelles des Buondelmonte et des Donati avec les Uberti et les Amidei ; querelles ayant pour origine des offenses toutes privées. Dans les villes, la population se trouva de la sorte divisée presque partout en guelfes et gibelins. En 1226 les villes guelfes de la Lombardie réorganisèrent la ligue lombarde. Vers cette époque le dominicain Jean de Vicente, esprit supérieur, s'éleva avec force dans la chaire contre ces guerres impies de frère à frère dont les lesquelles il essaya le rôle de médiateur. L'assemblée tenue en 1233 à Piaquara parut un moment couronner ses efforts ; mais il se perdit en voulant s'emparer de la puissance temporelle à Vicence. C'est ainsi que le règne de Frédéric II ne fut qu'une lutte de vie et de mort contre le pouvoir sacerdotal et contre les républiques italiennes ; lutte soutenue de part et d'autre avec un sauvage acharnement et avec une dépense énorme de force et d'énergie. Assez heureux d'abord, l'empereur éprouva plus tard désastre sur désastre ; et au moment où ses affaires commençaient à prendre une meilleure tournure, la mort vint le frapper, en 1250. Les guelfes triomphèrent alors du parti gibelin, à qui d'ailleurs les rancunes des ordres mendiants avaient beaucoup nui. Parme, restée jusque alors fidèle aux gibelins, les abandonna. La supériorité que les gibelins obtinrent à Florence (1248) ne dura que deux années ; et celle que leur valut plus tard la victoire remportée à Monte-Aperto (1260) n'eut non plus que six années de durée. Les Bolonais contraignirent toutes les villes de l'Italie à entrer dans une ligue guelfe, et eurent le bonheur, à la bataille livrée en 1249 près de Fossalta, de faire prisonnier le roi Enzio, qui jamais depuis ne recouvra sa liberté. C'est ce qui explique comment, pendant le séjour de trois années qu'il fit en Italie, Conrad IV n'obtint que des avantages négatifs, et comment à sa mort, arrivée en 1254, la chute de la domination des Hohenstaufen fut à peu près décidée, malgré la constance et la bravoure que Manfred déploya pour la défense des droits de sa maison. Ce fut seulement dans la Marche de Trévise que le parti gibelin, représenté par Ezzelino, l'emporta et conserva sa supériorité jusqu'au moment où ce chef succomba dans la croisade entreprise contre lui par tous les guelfes. La liberté, au milieu de ces luttes si ardentes, subit des restrictions de plus en plus fortes. La maison della Scala succéda alors à celle des Romano dans l'exercice de la domination suprême, et la ville de Milan elle-même ainsi qu'une grande partie de la Lombardie passèrent sous les lois de la maison della Torre (aujourd'hui Tour-et-Taxis). Des tyrans surgirent partout ; et il n'y eut que les républiques maritimes et la république de Florence qui demeurèrent libres.

La cinquième période de l'histoire d'Italie comprend le temps qui s'écoula depuis la chute des Hohenstaufen jusqu'à la création de nouveaux États, de 1259 à 1530 environ. C'est l'époque du triomphe de l'élément romain, représenté par la prédominance de la puissance pontificale et par l'indépendance maintenu incontestée des républiques italiennes, de même que par l'éclat brillant que la vie italienne jeta alors sous tous les rapports, mais qui ne tarda point à dégénérer, par suite de la décadence intérieure de la papauté et de la domination que des tyrans parvinrent à exercer dans les républiques, et enfin par suite de la création de monarchies absolues. Du moment où Charles Ier, roi de Naples, par la grâce du pape, ambitionna la couronne de roi d'Italie, les noms de guelfes et de gibelins prirent une autre signification. Le premier désigna les amis des Français, et le second leurs ennemis. A ces partis s'ajoutaient encore dans les républiques les factions de la noblesse et du peuple ; or, presque partout ce fut la faction populaire qui l'emporta. Les efforts du pape Grégoire X pour rétablir la paix furent inutiles ; mais son successeur, Nicolas III, qui redoutait que Charles ne devint tout-puissant, fut plus heureux. A partir de 1280, les gibelins furent persécutés avec un redoublement de fureur par le pape Martin IV, à qui Charles Ier était servilement dévoué. C'est un autre intérêt, l'intérêt de leur commerce et de leur navigation, qui porta les républiques maritimes à se faire mutuellement la guerre. En 1261, les Génois aidèrent l'empereur byzantin Michel VIII Paléologue à reprendre Constantinople aux Vénitiens ; de même, à la bataille de Meloria, livrée en 1284, ils anéantirent la puissance maritime des Pisans, et achevèrent de se rendre les dominateurs souverains de la mer, par la victoire qu'ils remportèrent, en 1298, sur les Vénitiens à Curzola (voyez Gênes). En bannissant complètement de ses murs la noblesse (1282), Florence compléta son organisation essentiellement républicaine, et le parti guelfe s'y consolida par de sages institutions. Mais dès l'an 1300 une querelle nouvelle, qui eut son origine dans la ville de Pistoia, vint partager toute la Toscane et les guelfes eux-mêmes en deux factions, celle des noirs et celle des blancs ; et ces longues discordes ne se terminèrent que par le bannissement des blancs (*voyez* TOSCANE). En Lombardie la liberté agonisante sembla jeter sa dernière flamme, de 1202 à 1306; le peuple, dans les diverses villes, fatigué des guerres incessantes quo se faisaient ses différents tyrans, se souleva en même temps contre eux, et les chassa, entre autres les Visconti, qui en 1277 avaient enlevé aux della Torre la souveraine puissance sur Milan. A ce moment, après un long intervalle, apparut en Italie un empereur d'Allemagne, Henri VII, pour y rétablir l'autorité impériale. Il remporta d'abord, il est vrai, de notables avantages; mais en définitive tous ses plans échouèrent successivement, parce que depuis la chute des Hohenstaufen l'anarchie était tellement devenue en Italie la situation normale, qu'une monarchie tempérée y était impossible. Ce fut surtout Florence qui fit avorter ses projets. Cette ville, arrivée à jouer maintenant le même rôle qu'autrefois Milan, résista énergiquement à tous les efforts tentés pour faire de l'Italie une puissance unitaire; et par son esprit d'indépendance elle conserva longtemps son hégémonie, alors que le reste de l'Italie fourmillait de tyrans. A la mort de Henri, arrivée en 1314, Pise la gibeline passa sous l'autorité d'Uguccione della Faggiuola; et Lucques, où dominait le même tyran, après l'avoir chassé de ses murs, en 1316, passa sous l'autorité de Castruccio Castracani. En 1318 Padoue échut à la maison de Carrara; les Visconti de Milan héritèrent d'Alexandrie, ainsi que de Tortone en 1315 et de Cremone en 1322; Mantoue, où les Bonacossi avaient régné depuis 1275, tomba, en 1328, sous l'autorité des Gonzaga; à Ferrare, la domination de la maison d'Este, longtemps contestée, finit par se consolider; les Polenta gouvernaient Ravenne dès l'année 1273; les Scala, Vérone et quelques autres villes depuis le commencement du treizième siècle; les Pepoli, Bologne à partir de 1335, etc. Dans les autres villes existaient de même des tyrans, dont le pouvoir était d'autant plus oppressif que les changements de maisons souveraines étaient plus fréquents. Ces petits princes contrebalançaient les projets d'agrandissement conçus par le roi Robert de Naples, nommé par le pape Clement V vicaire de l'Empire; et l'empereur Louis le Bavarois, qui en 1327 descendit en Italie pour en finir avec les princes de la maison d'Anjou et avec les guelfes, se vit obligé de lutter lui-même contre les gibelins; en même temps que d'un autre côté la perversité du pape Jean XXII retroidissait tellement le zèle des guelfes, que les deux partis, reconnaissant l'intérêt qu'ils avaient également à être libres, se rapprochèrent. En 1330 le roi Jean de Bohême parut subitement en Italie. Appelé par les habitants de Brescia, favorisé par le pape, élu pour souverain par Lucques, jouant partout le rôle de médiateur et de pacificateur, il eût réussi à fonder la puissance qu'il avait en vue, si les Florentins ne s'étaient pas mis à la traverse de ses plans avec Azzo Visconti, Mastino della Scala et Robert de Naples. Jean de Bohême n'eut pas plus tôt été renversé, que Mastino della Scala, maître souverain de la moitié de la Lombardie et de Lucques, menaça la liberté du reste de la Lombardie. Florence se mit également à la tête de la résistance organisée contre un si ambitieux projets, et lui suscita une guerre fédérale, dont le seul avantage pour elle fut de consolider sa liberté. A Rome, arrachée à la puissance de la noblesse, Cola Rienzi domina pendant quelque temps, à partir de 1347. Les Génois, fatigués des éternelles querelles des Spinola et des Doria, gibelins, et des Grimaldi et des Fieschi, guelfes, expulsèrent ces diverses familles de leurs murs, et se donnèrent pour la première fois un doge en la personne de Simon Boccanegra. En 1347 une horrible famine régna sur tous les points de l'Italie; en 1348 cette contrée fut ravagée par une peste plus effroyable, la peste noire, qui enleva les deux tiers de la population. Les dévastations commises par les bandes mercenaires connues sous le nom de *grandes compagnies*, et qui au rétablissement de la paix continuèrent la guerre pour leur propre compte, pillant et incendiant tout sur leur passage, ne furent pas un moindre fléau; et l'histoire a plus particulièrement conservé le souvenir des horreurs auxquelles se livrèrent les bandits commandés par le comte Werner en 1348 et par le chevalier Montréal en 1354. C'est ainsi qu'avec le déclin de la puissance impériale, au quatorzième et au quinzième siècle, l'Italie tomba dans une désorganisation politique de plus en plus complète, et présenta le spectacle d'une dissolution des liens moraux comme l'histoire en offre peu d'exemples; tandis que, chose bien digne de remarque, les arts, les sciences et la vie industrielle arrivaient en même temps à y jeter un éclat toujours plus vif. Au sein de cette anarchie générale, on voit dominer surtout cinq points autour desquels viennent se grouper tous les autres, et qui donnent le ton au reste de la Péninsule à savoir : la basse Italie, les États de l'Église, Florence à la tête de la Toscane, Milan sous l'autorité des Visconti, et Venise; les uns et les autres servant de centre commun à des efforts déterminés et particuliers. Charles IV essaya encore une fois de rendre à la puissance impériale son ancien prestige. Il descendit en Italie en 1355, soumit aussitôt à ses lois toute la Toscane, mais finit par échouer contre l'esprit de liberté des braves habitants de Sienne et de Pise. De 1354 à 1360 le pape Innocent VI réussit à reconquérir tous les États de l'Église. Mais, poussées au désespoir par les actes oppressifs des légats du saint-siège et soutenues par Florence, toutes les villes conquises abandonnèrent sa cause; après quoi la liberté de ces villes, ou plutôt la domination des tyrans qui les gouvernaient, se trouva consolidée. Pendant ce temps-là, les Visconti, persistant toujours dans leurs plans de conquêtes, excitèrent tout ce que l'Italie avait d'énergie à la résistance, et en présence du danger imminent firent oublier les vieilles divisions des guelfes et des gibelins. Gênes se soumit en 1353 à Giovanni Visconti, qui en 1350 avait acheté Bologne aux Pepoli; mais l'entreprise qu'il tenta contre la Toscane échoua, par suite de la résistance qu'elle rencontra de la part des républiques toscanes confédérées. En 1354 les Vénitiens formèrent contre lui une autre ligue avec les petits tyrans de la Lombardie, jusqu'au moment où enfin, après avoir longtemps lutté contre les Visconti, tous ces petits tyrans, d'adversaires qu'ils étaient de leurs plans de conquêtes, devinrent leurs imitateurs. En 1395, Giangaleazzo Visconti obtint de l'empereur Wenceslas l'investiture du duché de Milan; en 1399 Sienne lui fit sa soumission, exemple suivi en 1400 par Perugia et en 1402 par Bologne; de sorte que Florence, sérieusement menacée, se trouva seule pour défendre contre lui la cause de l'indépendance. Mais après sa mort, arrivée en 1402, et pendant la minorité de ses fils, on reperdit une grande partie de ces acquisitions. Lorsqu'en 1409 Ladislas de Naples, mettant le schisme à profit, s'empara de tous les États de l'Église, et menaça la malheureuse Italie d'une nouvelle tentative de conquête, ce fut encore Florence qui osa seule lui résister. Mais c'était là un danger passager; et les Visconti ne tardèrent point à se relever. De 1416 à 1420 le duc Filippo Visconti reconquit toutes ses possessions de Lombardie, et en 1421 Gênes, elle aussi, se soumit à son autorité. Alors, en 1425, Florence se ligua de nouveau contre lui avec les Vénitiens, qui s'emparèrent de tout le territoire situé jusqu'à l'Adda et le conservèrent jusqu'à la paix conclue à Ferrare, en 1428. A Perugia, Braccio de Montoue réussit, en 1416, à se rendre maître de cette ville ainsi que de toute l'Ombrie, et même de Rome pour quelque temps. En 1430 les Petrucci parvinrent à consolider leur puissance à Sienne.

Par suite de l'affaiblissement qui était résulté pour les Milanais des efforts tentés en commun par les Vénitiens et les Florentins, et en raison des inquiétudes continuelles causées à Naples au roi Alphonse d'Aragon par les partisans de la maison d'Anjou, il n'existait plus en Italie d'État qui par la supériorité de ses forces menaçât l'indépendance des autres, encore bien que leurs jalousies mutuelles provoquassent entre eux de fréquentes guerres, dans lesquelles on retrou-

ITALIE

vait en lutte les deux vieux partis dans les mercenaires qu'ils prenaient à leurs soldes, les Bracheschi et les Sforzeschi, ainsi appelés, les premiers d'après Braccio de Montone, et les seconds d'après Sforza Attendolo. A l'extinction de la famille des Visconti, Francesco Sforza réussit, en 1450, à s'emparer de tout le Milanais. Les Vénitiens s'étant ligués contre lui avec divers princes, il trouva un allié dans Florence, où à cette époque la maison de Médici s'éleva par ses richesses et son habileté au-dessus de toutes les autres. Milan, où les Sforza se consolidèrent; Venise, qui possédait la moitié de la Lombardie; Florence, sagement gouvernée par Lorenzo Medici; les États de l'Église, restitués en grande partie au saint-siége, et Naples, qui était hors d'état d'employer sa puissance à des attaques dangereuses pour les autres, constituaient au quinzième siècle l'équilibre politique de l'Italie; de sorte que dans les guerres privées que se faisaient continuellement ces divers États, il n'y en avait pas un seul qui pût menacer l'indépendance des autres. C'est alors que, en 1494, le roi de France Charles VIII, en sa qualité d'héritier de la maison d'Anjou, envahit l'Italie et reconquit la Sicile enlevée aux Français par la journée des Vêpres Siciliennes. Lodovico Sforza, surnommé Moro, d'abord son allié, se tourna ensuite, il est vrai, contre lui; mais le pape Alexandre VI, dans l'espoir d'assurer ainsi les grandeurs de son fils César Borgia, seconda les plans du roi de France. Charles VIII, à la suite des sanglantes victoires remportées par son armée, eut bientôt conquis le royaume de Naples; mais la jalousie qu'il inspira alors aux autres grandes puissances permit bientôt à Alphonse d'Aragon de le lui reprendre. Le successeur de Charles VIII, Louis XII, fut également expulsé en 1504 par Ferdinand le Catholique du royaume de Naples dont il avait réussi à faire la conquête. Louis XII avait été plus heureux dans son expédition contre le Milanais, qu'il soumit complétement en l'an 1500, après avoir invoqué en sa faveur des droits d'hérédité. Les plans que César Borgia avait formés pour s'assurer la domination de l'Italie furent déjoués par la mort de son père, survenue en 1503; après quoi le belliqueux pape Jules II acheva la complète soumission des États de l'Église, commencée avant lui. En 1508 il conclut avec l'empereur Maximilien Ier, Ferdinand le catholique et Louis XII la ligue de Cambrai, dirigée contre les plans d'agrandissement des Vénitiens; mais ceux-ci, par leur politique habile, réussirent bientôt à diviser cette ligue, qui menaçait d'anéantir leur puissance; et alors, en 1509, intervint entre les Vénitiens, les Espagnols et les Suisses la sainte ligue, dont le but était d'expulser les Français de l'Italie, mais qui n'y réussit pas. La querelle entre les Sforza, et plus tard entre l'empereur Charles-Quint, et les Français au projet du Milanais, ne continua et ne se termina que par la déroute que le roi de France François Ier essuya en 1525 sous les murs de Pavie. Il en résulta que Milan resta à Francesco Sforza, à la mort duquel (1540) son fils Filippo Sforza hérita de sa puissance.

Les papes de la maison de Medici, Léon X (1513-1521) et Clément VII (1525-1534), montrèrent un grand zèle pour l'agrandissement de leur famille. Charles-Quint, devenu depuis la bataille de Pavie l'arbitre suprême des destinées de l'Italie, déjoua, il est vrai, les projets conçus par Clément VII à l'effet de diminuer sa puissance. En 1527 il prit Rome d'assaut, et la livra au pillage; mais se réconciliant bientôt avec le pontife, il accorda le titre de *prince* aux Medici. Florence, à qui sa démoralisation intérieure avait coûté la perte de ses antiques libertés et qui en réalité était depuis longtemps gouvernée par les Medici, entra alors officiellement au nombre des principautés italiennes sous le règne du duc Alexandre Ier. A partir de ce moment la politique italienne, dont Florence avait jusque alors été l'âme, manque d'un esprit homogène, de même que l'histoire de l'Italie manque d'un centre commun.

La *sixième période* de l'histoire de l'Italie comprend le temps qui s'écoula depuis la décadence de tout l'élément italien, manifestée en politique par le retour de la domination étrangère et de l'influence exclusive de l'étranger, qui détermina toutes les révolutions et changements intérieurs subis par les divers États italiens jusqu'à la révolution française. Lors de l'extinction de la ligne mâle des marquis de Montferrat, l'empereur Charles-Quint octroya, en 1536, ce pays à Gonzaga de Mantoue. En 1545 le pape Paul III érigea en duché Parme et Plaisance, conquis par Jules II au profit du saint-siége, et en investit son bâtard Pietro-Luigi Farnèse, dont le fils Octavio obtint, en 1556, l'investiture impériale. En 1523 Andrea Doria délivra Gênes de la domination française, que la conspiration tramée en 1517 par Fiesque n'avait pu renverser. Dès 1553 Charles-Quint, indépendamment du Milanais, céda aussi Naples à son fils Philippe II d'Espagne; et c'est ainsi que, pour le très-grand malheur de l'existence politique et intellectuelle de la péninsule, l'influence austro-espagnole domina en Italie pendant un siècle et demi. Cependant la paix de Cateau-Cambrésis, conclue en 1559, restitua le Piémont au duc Emanuel-Philibert de Savoie. Dans la seconde moitié du seizième siècle, la prospérité de l'Italie se releva autant que cela était possible après qu'elle eut perdu le monopole du commerce du monde, grâce à un long état de paix qui dura jusqu'à la querelle de successsion survenue au sujet de Mantoue et du Montferrat, laquelle entraîna l'Italie à avoir sa part dans les calamités de la guerre de trente ans. Par suite de l'état critique où il se trouvait réduit en Allemagne, l'empereur Ferdinand II se vit contraint, en 1631, d'accorder à titre de fiefs ces deux pays au protégé de la France, Charles de Nevers, dont la descendance en demeura en possession jusqu'à la guerre de la succession d'Espagne. Par suite de l'extinction de la maison della Povera, Urbino échut, en 1631, au saint-siége. Sauf les expéditions entreprises par Louis XIV en Savoie et en Piémont, la paix de l'Italie ne fut point troublée pendant la seconde moitié du dix-septième siècle; et le traité de neutralité signé à Turin en 1696 semblait la garantir pour longtemps, quand éclata la guerre de succession d'Espagne. En 1706 l'Autriche conquit le Milanais, Mantoue et le Montferrat; elle garda les deux premiers de ces territoires, Mantoue ayant été confisquée sur le duc, mis au ban de l'Empire comme coupable de félonie, et donna le troisième à la Savoye. La paix d'Utrecht adjugea en outre à l'Autriche l'île de Sardaigne et le royaume de Naples, la Sicile à la Savoye, qui l'échangea avec l'Autriche contre la Sardaigne. Quand, en 1731, la maison de Farnèse vint à s'éteindre, Parme et Plaisance furent attribués à l'infant d'Espagne Charles. Lors de la guerre qui éclata en 1733 pour la succession au trône de Pologne, Charles-Emanuel de Savoye, ligué avec la France et l'Espagne, conquit le Milanais; mais la paix de Vienne de 1738 ne lui en laissa que Novare et Tortone. L'Infant d'Espagne Charles devint roi des Deux-Siciles, et céda à l'Autriche Parme et Plaisance. La famille de Medici étant venue à s'éteindre en 1737, le duc François-Étienne de Lorraine reçut, aux termes des préliminaires de paix de Vienne, la Toscane, qu'il érigea en apanage de la ligne cadette de la maison d'Autriche-Lorraine, lorsqu'il monta sur le trône impérial, en 1745. Dans la guerre de succession d'Autriche, les Espagnols s'emparèrent de Milan, en 1745; mais ils en furent chassés par Charles-Emanuel, à qui Marie-Thérèse témoigna sa reconnaissance en lui cédant quelques districts du Milanais. Massa et Carrara devinrent dès 1743 l'héritage de Modène. L'infant d'Espagne don Philippe conquit Parme et Plaisance, qu'il en reperdit bientôt, il est vrai, mais que la paix d'Aix la Chapelle lui restitua en 1748; comme duché héréditaire. C'est ainsi que dans le cours du dix-huitième siècle les maisons de Lorraine, de Bourbon et de Savoye se partagèrent toute l'Italie, à l'exception des États de l'Église, de Modène et des Républiques, véritables spectres blanchis qui devinrent témoins impassibles des événements de l'époque moderne, auxquels leur faiblesse extrême les empêchait de prendre part, tandis que l'Espagne et l'Autriche se disputaient la domination de l'Italie.

La *septième période* de l'histoire d'Italie comprend le temps qui s'est écoulé depuis la révolution française de 1789 jusqu'à nos jours ; époque de tentatives malheureuses faites pour donner à l'Italie une nouvelle indépendance et une nouvelle vie nationales. C'est au mois de septembre 1792 que les troupes françaises entrèrent pour la première fois en Savoie ; en 1793 elles en furent, il est vrai, passagèrement expulsées, mais à la fin de cette même année elles en étaient de nouveau maîtresses. La Convention nationale avait aussi déclaré la guerre au roi de Naples dès le mois de février 1793. En avril 1794 les Français envahirent le Piémont et l'État génois ; mais en juillet 1795 les Autrichiens, les Sardes et les Napolitains les chassèrent de nouveau du territoire de l'Italie. Napoléon Bonaparte ayant reçu en 1796 le commandement en chef de l'armée française en Italie, contraignit d'abord le roi de Sardaigne à faire la paix et à céder à la France la Savoie avec le comté de Nice. Après avoir tout aussitôt après conquis la Lombardie autrichienne, imposé des contributions au duc de Parme et au pape, et causé au roi de Naples une frayeur telle que ce prince implora la paix, il fonda en 1797 la *république cisalpine*, qu'il forma avec le Milanais, le Mantouan, la partie du duché de Parme en deçà du Pô et Modène. Les États de l'Église devinrent en 1798 la *république romaine*, tandisque Gênes était transformée en *république ligurienne*. Venise, elle aussi, quand les troupes françaises traversèrent son territoire pour envahir l'Autriche, fut occupée par elles ; et cette république aristocratique reçut d'autres bases. Le paix de Campo Formio abandonna à l'Autriche la partie du territoire vénitien limitée par l'Adige, et en réunit le reste à la république cisalpine. Le roi de Sardaigne conclut, il est vrai, à la date du 27 octobre 1797 un traité d'alliance et de subsides avec la France ; mais en 1798 le Directoire, attaqué à Rome par suite de la coalition nouvelle, jugea utile de forcer le roi de Sardaigne à céder à la France ses États de la terre ferme. Naples elle-même fut occupée en 1799 par le général Championnet, et transformée en *république Parthénopéenne*, et la Toscane de même que le Piémont furent militairement administrés par les Français. Cependant, à la suite des avantages remportés par la coalition, les troupes françaises furent encore une fois expulsées de Naples, de Rome et de tout le reste de l'Italie à l'exception de Gênes ; et le roi de Sardaigne ainsi que le pape purent rentrer dans leurs capitales. Mais dans sa brillante campagne de 1800 Napoléon anéantit presque tous les avantages remportés par la coalition dans la haute Italie, dont il reconquit la plus grande partie. La paix conclue à Luneville en 1800 confirma à l'Autriche la possession de Venise ; et la Toscane fut érigée en royaume d'Étrurie au profit du duc de Parme. L'existence des républiques ligurienne et cisalpine fut garantie par la France et par l'Autriche, et on réunit aussi à la seconde les fiefs impériaux. Le roi de Naples se vit alors forcé de signer la paix à Florence (28 mars 1801) et de souscrire à un traité en vertu duquel il abandonnait Piombino et le *Stato degli presidi*, réuni de nouveau par la France au royaume de l'Étrurie, ainsi que la moitié de l'île d'Elbe. Aux termes de la paix d'Amiens (1801), les Français durent évacuer Naples, Rome et l'île d'Elbe. En 1801 le premier consul donna encore une nouvelle organisation aux républiques de Lucques et de Gênes. En janvier 1802 eut lieu la transformation de la république cisalpine en une *république italienne* d'après le modèle de la constitution française, et Bonaparte en fut nommé président. Gênes, elle aussi, subit une transformation nouvelle et reçut pour doge Girolamo Durazzo ; mais le Piémont fut complètement incorporé à la France. Cependant, dès 1805 l'empereur Napoléon transformait la république italienne en *royaume d'Italie*, dont il se déclara le roi, en même temps qu'il y établissait son beau-fils, Eugène Beauharnais, comme vice-roi. Il donna en même temps au pays une constitution nouvelle, calquée sur la constitution française et y réunit Guastalla, en même temps qu'il octroyait à sa sœur, Elisa Bacciochi, Piombino et Lucques, érigés en principauté, qu'elle tînt à titre de fief relevant de l'empire français. La paix signée en 1806 à Presbourg acheva de placer l'Italie sous la complète dépendance de la France. La partie des États vénitiens précédemment adjugée à l'Autriche fut avec l'Istrie et la Dalmatie réunie au royaume d'Italie, qui comprit alors une superficie de 1170 myriamètres carrés avec une population de 5,657,000 habitants. Guastalla, la république Ligurienne, Parme et Plaisance furent déclarées provinces françaises par une série de décrets en date des 24 et 25 mai et 21 juillet 1806. Dans la même année 1806 une armée française occupa aussi Naples , que par un décret en date du 31 mars Napoléon adjugea comme royaume à son frère Joseph Bonaparte ; celui-ci, malgré l'insurrection qui y éclata et un débarquement opéré par les Anglais, en prit effectivement possession. Mais deux ans après, en 1808, Joseph étant *passé* roi d'Espagne, le grand-duc de Berg, Murat, fut appelé à le remplacer sur le trône de Naples, tandis que les Anglais, maîtres des mers, assuraient au roi de Ferdinand la possession de la Sicile. En 1808 l'Étrurie fut encore incorporée à la France, et en 1809 l'empereur donna à sa sœur Elisa le gouvernement de la Toscane avec le titre de *grande-duchesse*. La même année eut lieu l'incorporation complète des États de l'Église au territoire de l'empire Français. Aux termes de la paix de Vienne, l'Istrie et la Dalmatie furent distraites du royaume d'Italie et incorporées au nouveau royaume d'Illyrie. La Bavière dut abandonner au royaume d'Italie la partie du Tyrol qu'on appelle le *cercle de l'Adige*, une partie du cercle de l'Eisack et l'arrondissement de Clausen.

La puissance de Napoléon paraissait donc consolidée en Italie ; mais elle ne devait pas tarder à s'écrouler, à la suite de l'expédition de Russie. Murat déserta la cause de la France et conclut, le 11 janvier 1814, un traité d'alliance offensive et défensive avec l'Autriche, dont l'armée, aux ordres de Bellegarde, envahit le territoire italien ; et malgré la résistance courageuse qu'il opposa à un ennemi supérieur en forces, le vice-roi Eugène Beauharnais fut contraint, aux termes de l'armistice signé le 23 avril 1814, d'évacuer toute l'Italie avec l'armée française placée sous ses ordres. Conformément aux stipulations du congrès de Vienne, Murat conserva Naples ; mais la malheureuse levée de boucliers qu'il tenta en 1815 eut pour suites la restauration de l'ancienne dynastie, l'expulsion et la mort du beau-frère de Napoléon. Pendant ce temps-là, l'acte du congrès de Vienne, en date du 9 juin 1815 avait réglé le sort de l'Italie. Le roi de Sardaigne récupéra ses États, et la maison d'Autriche - Este rentra en possession de Modène, de Reggio, de Mirandola, de Massa et de Carrara ; l'impératrice Marie - Louise reçut Parme, Plaisance et Guastalla ; l'archiduc Ferdinand d'Autriche redevint grand-duc de Toscane ; l'infante Marie-Louise reçut Lucques ; les États de l'Église furent rétablis dans les limites qu'ils avaient en 1789, sauf la cession de la partie de territoire située sur la rive gauche du Pô ; enfin, le roi Ferdinand IV fut de nouveau reconnu en qualité de roi des Deux - Siciles. Les Anglais demeurèrent en possession de l'île de Malte. La république de San-Marino et le prince de Monaco n'avaient d'ailleurs presque pas été lésés au milieu des bouleversements politiques subis par l'Italie depuis la révolution française. La domination des Autrichiens se trouva dès lors plus raffermie que jamais ; mais sur les côtes et dans les mers de l'Italie la suprématie appartient à l'Angleterre. Malgré tous ces arrangements, on n'était pas parvenu à étouffer parmi les populations de l'Italie l'aspiration à l'unité et à l'indépendance. Presque partout alors se manifesta le vœu d'obtenir des constitutions représentatives ; et ce fut bien inutilement que les gouvernements sévirent, notamment à Naples, à Rome et à Turin, contre les sociétés secrètes, comme les Unitaires, les Carbonari, etc., et même contre les francs-maçons, en rétablissant en outre l'inquisition et les jésuites, et en s'entourant d'une armée d'espions. L'esprit du carbonarisme, surexcité par la révolution d'Espagne de 1820, et dont le but était la création d'une confédération italienne soustraite à l'influence de l'étranger, de l'Autriche surtout, menaçait de bouleverser l'état politique de l'Italie en général et l'ébranla en réalité partiellement, à Naples et en Sicile notamment, où le roi Ferdinand 1er fut contraint, en 1820, de promettre une constitution libérale, semblable à celle que les cortès de 1812 avaient donnée à l'Espagne; et les mêmes faits se reproduisirent dans le royaume de Sardaigne, où en 1821 le roi Victor-Emmanuel abdiqua en faveur de son frère Charles-Félix. Toutefois, les cabinets des grandes puissances parvinrent à maintenir le principe de la stabilité, en étouffant rapidement chacune de ces révolutions. L'Autriche, comme la puissance la plus directement intéressée dans les insurrections qui éclataient en Italie, et qui déjà en 1815 s'était opposée à ce qu'on introduisit le système représentatif dans la péninsule, entreprit, d'accord avec les autres puissances réunies en congrès à Laybach, de rétablir par la force des armes les droits légitimes de l'autorité royale à Naples et en Sicile, de même qu'en Sardaigne. Quatre jours de lutte contre l'armée révolutionnaire de Naples (du 7 au 10 mars 1821), et trois jours seulement contre le parti de la fédération en Piémont (du 7 au 9 avril 1821) suffirent aux Autrichiens pour rétablir la tranquillité et l'ancien ordre de choses en Italie. Depuis lors, conformément aux principes politiques du système de répression posés aux congrès de Laybach et de Vérone, les différents gouvernements italiens apportèrent une rigueur extrême dans l'exercice de leur autorité. Tandis que dans différents États le pouvoir organisait systématiquement la réaction, les jésuites et l'emploi de moyens analogues, d'un autre côté les sociétés secrètes y prenaient toujours plus d'importance; et les divers gouvernements recoururent alors aux moyens les plus violents pour combattre les menées de ces associations. La rigueur fut même poussée jusqu'à la cruauté à Naples et en Sicile contre les suspects politiques, mais surtout à Modène, dont le duc François IV s'était mis dès 1821 à la tête d'une police secrète embrassant toute l'Italie. Les mesures prises dans le royaume Lombardo-Vénitien, à Parme et à Lucques, ainsi qu'en Toscane et dans les États de l'Église, furent empreintes de moins de rigueur. Pie VII, dont le secrétaire d'État, le cardinal Consalvi, avait beaucoup fait pour la réconciliation des esprits et le rétablissement de l'ordre à l'intérieur, et opéré d'utiles réformes dans l'administration, et après lui ses successeurs, Léon XII et Pie VIII, se contentèrent d'excommunier les carbonari, ainsi que toutes les autres sociétés secrètes, sans exercer de poursuites contre les individus qui avaient pu prendre part précédemment à leurs menées. Il en fut de même à Parme et à Lucques, ainsi qu'en Toscane, quand Léopold II eut succédé, en 1824, à son père Ferdinand III.

Nulle part cependant on ne songea à faire disparaitre les causes qui avaient provoqué en Italie les révolutions de 1820 et 1821; la proscription et l'incarcération de tant d'hommes considérés et estimés ne firent donc qu'irriter plus profondément les esprits. A la suite de l'agitation générale que la révolution de Juillet produisit en Europe, on crut également en Italie que les circonstances étaient favorables pour un soulèvement dans l'intérêt de la liberté politique et nationale. Avant que ce mouvement éclatât, Ferdinand II était monté sur le trône des Deux-Siciles, le 8 novembre 1830, et Grégoire XVI avait ceint la tiare le 2 février 1831. Malgré les nombreux indices de la profonde irritation des esprits, le duc de Modène s'efforçait de maintenir dans toute sa rigueur le système de la répression; aussi fut-ce à Modène que la tempête politique éclata d'abord. Une première insurrection, qui eut lieu dans les journées du 3 au 4 février, fut, il est vrai, comprimée par la force des armes; mais un mouvement identique ayant eu lieu le même jour à Bologne, Modène se souleva de nouveau, et cette fois le duc fut obligé de se réfugier à Mantoue. Les troubles dont la ville de Parme fut le théâtre le 15 contraignirent la duchesse Marie-Louise à prendre également la fuite. Dès le 8 février la ville d'Ancône s'était prononcée en faveur de la révolution, et plus tard le pape se vit menacé dans Rome même. Grégoire XVI, hors d'état de comprimer ces troubles par la force, essaya d'opérer une contre-révolution; mais ses efforts furent vains. Le 26 février les députés des provinces italiennes qui s'étaient soulevées se réunirent, et proclamèrent les diverses provinces représentées dans l'assemblée complètement émancipées de l'autorité temporelle du pape. Ils déclarèrent qu'elles formaient désormais un seul et même État, régi par un seul et même gouvernement, qui se composerait d'un président, d'un conseil des ministres et d'une *consulta* législative, dont les membres furent élus dès le 4 mars suivant. Mais les cabinets des grandes puissances européennes avaient résolu de mettre encore une fois en pratique à l'égard de l'Italie le système de l'intervention. Le 9 mars le duc de Modène rentrait sans résistance dans sa capitale avec ses troupes flanquées d'un corps auxiliaire autrichien. Le général Zucchi fut donc forcé de se réfugier sur le territoire de Bologne avec une partie de la garde nationale de Modène et la plupart des individus compromis dans cette échauffourée. Pendant ce temps-là les Autrichiens avaient occupé Ferrare dès le 5 mars, et le 13 ils entraient également à Parme. Les Bolonais refusant encore de croire à la possibilité d'une intervention, élurent le général Zucchi pour commandant supérieur; et quand les Autrichiens s'approchèrent de leur ville, ils transférèrent le gouvernement provisoire à Ancône. Mais après un engagement soutenu le 25 mars près de Rimini par les insurgés contre les forces autrichiennes, le gouvernement provisoire fut contraint de se dissoudre. Le 27 mars Ancône, à son tour, ouvrit ses portes aux Autrichiens; et le 4 avril, après que les Italiens commandés par Sercognani eurent déposé les armes, Spoleta fut occupée par les troupes pontificales. Les individus les plus compromis cherchèrent à se réfugier aux îles Ioniennes; mais ils furent faits prisonniers par les Autrichiens, et plus tard livrés à leurs gouvernements respectifs.

Depuis son retour dans ses États, le duc de Modène gouvernait avec une main de fer. Le gouvernement pontifical, lui aussi, organisa une violente réaction; mais une fois que les Autrichiens eurent évacué Ancône et Bologne, il lui fut difficile de maintenir la tranquillité. De nouveaux troubles qui éclatèrent dans les États de l'Église amenèrent en 1832 une nouvelle invasion des Autrichiens, et donnèrent occasion à Casimir Périer de faire occuper Ancône, le 22 février 1832, par un corps de troupes françaises; mesure contre laquelle le gouvernement pontifical protesta vainement. Après son retour à Parme, la duchesse Marie-Louise s'appliqua à calmer les esprits par des mesures de conciliation et en remédiant à divers abus. En Sardaigne le roi Charles-Albert, monté sur le trône en 1831, sut d'abord préserver ses États de toute insurrection en adoptant un système libéral de gouvernement; mais plus tard ce prince changea de politique, et s'abandonna surtout à des influences jésuitiques. Des conspirations de peu d'importance provoquèrent donc aussi en 1833 dans les États sardes de sanglants conflits, suivis en 1834 par une folle irruption en Savoie d'une bande de réfugiés polonais et italiens.

A ces tentatives avortées d'insurrection, suivies d'une sanglante répression, succéda, il est vrai, en Italie un calme apparent; mais ce calme n'était que celui de l'épuisement. L'infatigable activité des sociétés secrètes, qui maintenant, avec la *Giovine Italia* de Mazzini, prirent des tendances républicaines, s'étendit dans une grande partie de la Péninsule. Ancône fut évacuée (décembre 1838) par les troupes françaises; les troupes autrichiennes sortirent en même temps des États de l'Église; et l'amnistie proclamée quelque temps auparavant (octobre) dans le royaume Lombardo-Vénitien sembla contribuer puissamment à la conciliation des esprits. Mais le mécontentement couvait en secret, et les incessantes menées des bannis et des émigrés contribuaient à l'entretenir. Quelques troubles en Romagne (1843 et 1844), le soulèvement de Rimini (1845) étaient du moins des symptômes significatifs ; et la manière dont le gouvernement pontifical agit dans ces circonstances ne pouvait qu'aggraver le mécontentement. Un incident qui produisit la plus vive impression, ce fut le débarquement tenté sur la côte de Calabre par les fils de l'amiral autrichien Bandiera, en secrète intelligence avec Mazzini. Faits prisonniers par le gouvernement napolitain, ils furent fusillés avec plusieurs de leurs complices (juillet 1844). A côté de ces tendances révolutionnaires se manifestait de plus en plus dans la partie éclairée de la population une aspiration à des réformes modérées. On en venait à reconnaître les premiers indices dans les opinions émises au sein des congrès scientifiques italiens, où l'on n'avait pas craint de parler d'unité nationale, où l'on avait soutenu et développé l'idée d'une union douanière italienne. Le gouvernement doux et éclairé de la Toscane, les progrès pacifiques que les idées libérales faisaient en Sardaigne, étaient le sujet de vives espérances d'un avenir meilleur. Les gouvernements de Naples, de Rome, etc., s'étaient aliéné toutes les sympathies ; et dans la haute Italie le gouvernement autrichien, en dépit des nombreuses améliorations matérielles dont on lui était redevable, n'avait pas su se concilier l'opinion libérale et nationale. Aussi bien, comme les événements ultérieurs le démontrèrent surabondamment, l'administration autrichienne elle-même était minée et énervée par cette lassitude et cette inaction générale qui l'empêchaient de s'assurer des moyens de résister énergiquement à un soulèvement s'il venait jamais à éclater. Dans ces circonstances, la mort de Grégoire XVI (1er juin 1846) et l'avénement du cardinal Mastaï Ferretti au trône, pontifical sous le nom de Pie IX), firent époque en Italie. L'intronisation de Pie IX coïncida avec le développement toujours croissant du sentiment national, avec l'essor pris dans cette direction par une littérature des plus actives et des plus populaires (rappelons à ce propos les noms de Gioberti, de Balbo, d'Azeglio, etc.), avec la répulsion de plus en plus profonde de l'opinion pour la politique persécutrice qui dominait encore dans la plupart des gouvernements italiens. Or, c'est précisément dans les États de l'Église que la compression politique, la profonde incurie pour tout ce qui était intérêt matériel avaient atteint leur apogée, sous le gouvernement corrompu et incapable de Grégoire XVI. Pie IX ayant tout d'abord débuté par des mesures de conciliation, notamment par une large amnistie, puis ayant remédié aux abus les plus criants, s'entoura d'hommes éclairés et libéraux, accorda un peu plus de liberté à la presse, qui jusque alors avait été rigoureusement muselée, opéra diverses réformes utiles et en même temps se prépara à réformer la constitution et l'administration. Ce furent là autant d'actes qui émurent profondément l'Italie et dont l'effet se fit sentir bien plus loin encore. Pie IX devint dans toute la péninsule le symbole des tendances libérales, unitaires et réformatrices. C'est en Toscane qu'on en put tout aussitôt constater l'influence bienfaisante. A une nouvelle loi sur la presse (mai 1847), sous la tolérance de laquelle se développa rapidement une presse périodique aussi influente que remarquable par le talent des écrivains, succédèrent la promesse de grandes réformes dans l'administration et la législation, la création d'une garde nationale, la formation d'un ministère libéral. Bientôt la Sardaigne ne put résister plus longtemps à la force du courant. La promesse de réformes essentielles dans la législation et l'administration de la justice ne tarda point à être suivie de plus de laisser-aller accordé à la presse et de l'annonce d'une union douanière italienne.

Tandis que la politique nouvelle l'emportait ainsi à Rome, à Florence, à Turin, et que la population saluait avec enthousiasme le commencement d'une ère nouvelle, dans le reste de l'Italie les plaintes contre l'oppression et contre l'incurie du pouvoir à l'égard de ce qui avait trait aux intérêts généraux des masses devenaient toujours plus vives. C'étaient surtout Naples et l'Autriche qui gardaient encore une attitude hostile en face de la politique nouvelle, dont Pie IX était regardé comme le représentant. A Naples on avait encore une fois réussi à comprimer diverses tentatives de soulèvement qui y avaient éclaté dans l'été de 1847, mais sans pour cela pouvoir arrêter les progrès de la fermentation générale des esprits. En Lombardie, l'Autriche persistait dans le vieux système ; et l'occupation de Ferrare (août 1847) fut de sa part une véritable déclaration de guerre faite à la politique adoptée par le pape. Parmi les petits États, Modène, où depuis janvier 1846 le duc François V avait succédé à son père, repoussait toute idée de réforme, plein de confiance dans la protection des baïonnettes autrichiennes. Aux termes des traités, Lucques passait en octobre 1847 de la souveraineté d'une branche de la maison de Bourbon sous celle de la Toscane, tandis qu'après la mort de la duchesse Marie-Louise (décembre 1847), Parme, Plaisance et Guastalla faisaient retour à cette même branche des Bourbons. Là comme à Modène on essaya de s'appuyer sur la puissance autrichienne, qui toutefois se vit bientôt occupée et attaquée sur son propre territoire. L'opposition de la population lombarde, alimentée par des antipathies politiques et nationales, prenait chaque jour un caractère plus décidé. Des simples démonstrations on ne tarda point à passer à des actes patents d'hostilité et à une résistance passive aux autorités constituées. D'un bout de l'Italie à l'autre la haine pour l'Autrichien était systématiquement nourrie, en même temps que peu à peu on imprimait à toute l'agitation une direction offensive pour l'Autriche. Sans doute, la population lombardo-vénitienne s'en tint d'abord à des démonstrations, à des tiraillements et à des provocations; mais il suffisait d'une étincelle pour y allumer la flamme de l'insurrection. La vieille politique autrichienne, arrivée au dernier stade de son agonie, se montrait d'ailleurs complétement incapable de prévenir en quoi que ce fût l'orage qui s'approchait, et n'avait en outre aucun appui à attendre de l'étranger. La France, à la veille elle-même d'une révolution, approuvait tout au moins les réformes modérées du pape. Quant à l'Angleterre, elle s'était ostensiblement placée à la tête du parti le plus avancé. En outre, le 12 janvier 1848, en Sicile, depuis plusieurs mois en proie à une violente fermentation, et où la population avait vu repousser opiniâtrément ses demandes pour obtenir de bien modestes réformes, éclatait une insurrection dont le triomphe arracha à Ferdinand II les concessions si longtemps refusées. Mais elles venaient trop tard. Le mouvement de la Sicile se communiqua au royaume de Naples; et alors le roi ne crut pouvoir prévenir une insurrection générale qu'en appelant d'autres hommes à la direction des affaires (29 janvier 1848) et en promettant une constitution. La Sicile jugea ces concessions insuffisantes ; on y réclama la constitution de 1812 et la séparation complète de la Sicile d'avec le continent. Naples ayant ainsi précédé tous les autres États de l'Italie dans l'adoption du système représentatif, il était impossible d'hésiter plus longtemps là où le mouvement avait commencé plus tôt et sur des bases plus solides. Les institutions constitutionnelles se succédèrent donc maintenant rapidement en Sardaigne (8 février), en Toscane (17 février) et même dans la Rome des papes (14 mars). L'ordre des Jésuites, dans lequel l'opinion publique voyait l'appui de la réaction, dut évacuer l'Italie.

C'est à cette époque de fermentation universelle et de réformes politiques qu'éclata en France la révolution de février 1848, dont toute l'Europe centrale reçut aussitôt le contre-coup, et qui ébranla jusqu'aux gouvernements absolus de l'est, et notamment l'Autriche. Le désaccord profond existant en Lombardie et dans les anciens États-Vénitiens entre les populations et le gouvernement autrichien, s'était déjà traduit en sanglants conflits (janvier 1848) ; et le pouvoir avait essayé de faire de la force contre les chefs du mouvement, par exemple à Venise, mais n'avait réussi par là qu'à augmenter encore l'irritation des esprits. La mise du pays en état de siége (20 février 1848) était, en raison de la décadence visible de la puissance autrichienne, une mesure impuissante à répandre la terreur qu'on voulait ériger en moyen de gouvernement. Quand on y apprit les événements de Paris, la haute Italie sortit de la réserve prudente qu'elle avait jusque alors gardée, et l'étourdissante nouvelle de la révolution de Vienne eut bientôt achevé de déterminer un bouleversement général. N'ayant pas la sincère volonté d'opérer de larges réformes et hors d'état de l'emporter par l'emploi de la force des armes, la politique autrichienne flottait incertaine entre la peur et la violence. L'insurrection qui éclata le 22 mars à Milan, et fut appuyée par des mouvements analogues dans presque toute la haute Italie, contraignit les troupes autrichiennes commandées par Radetzky à évacuer la capitale de la Lombardie et à se replier sur Vérone, tandis que presque en même temps Venise devenait indépendante par la capitulation précipitée des autorités autrichiennes, et qu'à Parme et à Modène toutes les autorités étaient renversées.

Le roi de Sardaigne, Charles-Albert, dont le libéralisme avait tout aussitôt visé à la fondation d'une hégémonie italienne, avait dans l'intervalle pris ses mesures pour commencer la lutte contre l'Autriche. Le jour même où Milan se soulevait (25 mars), il franchissait les frontières de la Lombardie et déclarait la guerre à l'Autriche au nom de l'indépendance italienne. Les troupes autrichiennes se trouvèrent alors refoulées sur la ligne du Mincio et dans les places fortes de Vérone, de Mantoue, du Peschiera et de Legnano, tandis que toute l'Italie se préparait à la combattre. Les gouvernements de Florence, de Naples et de Rome reconnurent l'impossibilité de résister à l'élan national. En peu de temps la diplomatie autrichienne se trouva complétement battue sur ces divers points, et des troupes romaines, toscanes et napolitaines se mirent en marche pour aller grossir dans la haute Italie les rangs des défenseurs de l'indépendance nationale. S'il y avait eu parmi les Italiens de l'union et de la modération politique, il est extrêmement vraisemblable qu'en raison de la situation des choses ils eussent pu gagner à la lutte des résultats réels. Profondément ébranlée par sa révolution intérieure, l'Autriche se montrait à ce moment disposée à consentir à un compromis qui eût assuré en grande partie l'indépendance de la haute Italie; mais les Italiens présumèrent trop de leurs forces et ne surent pas mettre à profit l'instant favorable. Les dissensions des libéraux et des radicaux, les folies du parti extrême, le défaut d'habitude militaire des Italiens, rendirent tout aussitôt la position du roi de Sardaigne des plus difficiles. On réussit bien à mater la faction républicaine en Lombardie et à faire prononcer la réunion de cette province à la Sardaigne (juin 1848); mais tout le poids de la lutte continua à peser sur le roi Charles-Albert et sur son armée, attendu que les volontaires lombards, les *crociati*, etc., étaient des auxiliaires plus embarrassants qu'utiles, et que les contingents napolitain et romain ne tardèrent point à être rappelés du théâtre des opérations actives. Le mouvement du 15 mai, que le roi de Naples parvint à comprimer, peut être considéré comme le début de la réaction intérieure; mais les victoires que les troupes autrichiennes remportèrent en juin et juillet, celle de Custozza (25 juillet) notamment, et qui amenèrent en peu de temps la dissolution de l'armée sarde, la prise de Milan et l'armistice du 9 août, furent des événements autrement décisifs pour les destinées ultérieures de la péninsule. A ce moment où l'Autriche était parvenue à triompher de la force la plus importante de la révolution et où on ne songeait plus à Vienne à tenir les conditions antérieurement posées pour la paix, le parti démocratique extrême prit, malheureusement pour la cause de l'indépendance italienne, le dessus dans l'Italie centrale. En Toscane, par suite de la faiblesse du gouvernement, les débuts de la mise en pratique du système constitutionnel furent suivis bientôt de la propagation de l'esprit d'anarchie dans les masses et on imposa au grand-duc le ministère radical *Montanelli-Guerrazzi*. Le comte Rossi, que le pape Pie IX avait appelé à Rome à l'effet d'y prendre la direction du ministère, fut traîtreusement assassiné (15 novembre); après quoi le pouvoir se trouva complétement aux mains du parti républicain, et le pape se vit forcé d'appeler aux affaires le cabinet radical Mamm¡ani-Sterbini. Le 24 novembre, le pape, à l'aide d'un déguisement, parvint à s'enfuire à Gaëte. En Toscane, le parti extrême amena un dénoûment analogue de la crise. Après s'être laissé arracher sa sanction à un décret qui convoquait une assemblée constituante chargée de décider seule de l'organisation politique à donner à l'Italie, le grand-duc quitta subitement Florence (7 février 1849), et acheva par là le triomphe complet du parti démocratique, auquel appartenait la constituante sous propre ministère. A la même époque une assemblée constituante se réunissait à Rome et y proclamait la république. En Sardaigne, on se laissa également entraîner de nouveau à faire la guerre à l'Autriche; mais la glorieuse campagne de trois jours de Radetzky (21-23 mars 1849), les victoires de Mortara, de Vigevano et de Novare achevèrent le triomphe de la politique de restauration en Italie. Le loyal Charles-Albert, navré de douleur, abdiqua la couronne au profit de son fils Victor-Emmanuel, et se condamna à un exil volontaire, dans lequel il ne tarda point à descendre au tombeau.

Le résultat immédiat de la défaite essuyée par les armes sardes fut la restauration de la puissance autrichienne, non pas seulement en Lombardie, où la révolution tenta encore de suprêmes efforts, qui n'aboutirent qu'à une sanglante répression, notamment à Brescia, mais encore à Modène, à Parme et en Toscane. L'occupation de la Toscane par les troupes autrichiennes eut lieu en avril et en mai, en même temps qu'une armée française auxiliaire débarquait dans les États de l'Église à l'effet d'y rétablir, d'accord avec des troupes espagnoles et napolitaines, la souveraineté du pape. Diverses attaques tentées par les Français furent, il est vrai, d'abord repoussées; mais le moment n'était pas loin cependant où Rome à son tour devait succomber. En Sicile, la révolution touchait également à sa dernière heure. La déchéance de la maison de Bourbon et l'élection d'un prince de la maison de Sardaigne pour roi de Sicile (1848), avaient été suivies d'une lutte armée contre les forces napolitaines; et cette lutte, qui prit une tournure de plus en plus favorable à la répression, se termina par la soumission absolue de l'île sans qu'elle obtînt une seule des conditions qu'elle avait si orgueilleusement repoussées dix-huit mois auparavant. Dès lors la restauration s'opéra sur tous les points de la péninsule. En Lombardie, à Modène, à Parme et en Toscane, dans les légations romaines même, l'Autriche organisa un sévère gouvernement militaire, avec l'intention hautement annoncée de rétablir l'ancien ordre de choses dans toute sa rigueur. Ce fut en vain que dans les États de l'Église la France s'efforça d'arracher quelques concessions au pape, qui en août 1849 avait repris l'exercice de son pouvoir temporel confié par lui à une commission de gouvernement. La haine pour tout ce qui rappelait l'époque des troubles, la défiance pour toutes les améliorations, et l'impatience vindicative du parti de la réaction, qui avait pris bien vite une grande influence, l'emportèrent là comme partout ailleurs. Nulle part, toutefois, la restauration n'affecta des formes plus violentes qu'à Naples, où toutes les concessions furent retirées, toutes les promesses oubliées, où le règne du sabre se produisait dans toute sa sauvage naïveté, et où les persécutions politiques et les procès de tendances furent plus que jamais à l'ordre du jour. Venise, après une héroïque résistance, finit aussi par succomber; le 28 août 1849 Radetzky y fit son entrée triomphale, et la dernière trace de la résistance révolutionnaire sur le sol italien se trouva effacée.

La Sardaigne seule fit une honorable exception à la précipitation passionnée avec laquelle on s'efforça partout de rétablir les choses sur l'ancien pied. Après avoir conclu la paix avec l'Autriche (août 1849), le gouvernement sarde (à la tête duquel se trouvait Azeglio) porta toute son attention sur les améliorations à effectuer à l'intérieur. Dans ce pays le parti radical avait sans doute encore le dessus; mais la dissolution des chambres amena une forte majorité constitutionnelle (décembre 1849) et préserva la couronne de la tentation de se jeter dans les voies réactionnaires d'une restauration. La Sardaigne fut donc le seul État italien qui s'efforça de conserver les institutions constitutionnelles gagnées en 1848 au prix de tant de sacrifices, et ce sera l'éternel honneur des hommes d'État placés à la tête des affaires de ce pays, que d'avoir su résister à toutes les suggestions de l'étranger qui les poussait à suivre la politique opposée.

Le royaume lombardo-vénitien fut réduit à l'état de province de l'empire d'Autriche; et, malgré quelques mesures utiles et conciliatrices prises par le gouvernement autrichien, telles par exemple que l'érection de Venise en port franc, la dictature militaire continua d'y subsister sans réussir à y détruire une sourde fermentation. Rome, où une nouvelle convention militaire passée avec l'Autriche mettait le pays sous la complète dépendance de cette puissance, et y entretenait une armée d'occupation, l'absolutisme et le pouvoir sacerdotal reprirent plus d'influence que jamais. Les garanties constitutionnelles y furent d'abord suspendues (septembre 1850), puis définitivement abolies (mai 1854). Dans de telles circonstances, il ne faut pas s'étonner que la situation générale de l'Italie soit restée des plus tendues, et aussi triste qu'incertaine; et jusqu'à présent quelques progrès matériels incontestables (construction de chemins de fer, accession à l'union postale autrichienne, liberté de la navigation du Pô, etc.) ont été impuissants à la modifier. L'accroissement extraordinaire des actes de brigandage, surtout dans l'Italie centrale, la persistance des sociétés secrètes, malgré les sanglantes répressions dont elles sont l'objet quand on les découvre, les incessantes explosions de la haine des populations pour les autorités constituées, en dépit de la rigueur des lois militaires, comme celle qui éclata à Milan le 6 février 1853, sont autant de faits qui indiquent suffisamment combien peu l'état social et politique de la péninsule offre encore de sécurité.

On ferait un livre rien qu'avec l'indication du titre des ouvrages qu'on peut consulter sur l'histoire ancienne et moderne de l'Italie. Nous nous bornerons à indiquer les suivants : Muratori, *Rerum Italicarum Scriptores præcipui* (25 parties; Milan, 1723-1751), avec le supplément de Tartini (Florence, 1748-1770); *Archivio Storico Italiano* (t. I à XVI; Florence, 1838-1851); précieuse collection, publiée de nos jours par le libraire Vieusseux; Guicciardini, *Dell' Istoria d'Italia libri XVI* (Florence, 1561); la meilleure édition est celle de Rossini (Pise, 1819); Muratori, *Annali d'Italia* (12 vol.; dern. édit., 18 vol.; Milan, 1818-1821), avec les suites de Vincenti (Rome, 1790) et de Coppi (Rome, 1818; 4º édit. 1848-1851); les *Storie d'Italia* de Campiglio (1837), de La Farina (1846), et de Balbo (1841). Pour l'histoire moderne de l'Italie, nous rappellerons les ouvrages de Botta, de Cantù; et par le récit des derniers événements dont elle a été le théâtre, Gualterio, *Gli ultimi Rivolgimenti Italiani* (Florence, 1850-1851); Ranalli, *Gli Avvenimenti d'Italia dopo l'esaltazione di Pio IX* (Florence, 1852). Consultez aussi Fantin-Desodoards, *Histoire de l'Italie* (Paris, 1803); Sismondi, *Histoire des Républiques Italiennes du moyen âge* (16 vol., 2ᵉ édit.; Paris, 1818).

ITALIENNE (Langue). La langue italienne, l'une des langues romanes, comme il est facile de le reconnaître à première vue, n'est point immédiatement dérivée du latin classique parlé par les classes élégantes et polies, mais bien de la langue vulgaire, devenue dans les derniers siècles de l'empire romain de plus en plus rustique et dégénérée, que, en opposition à la langue plus noble et plus pure, on nommait *lingua romana rustica*, ou latin des paysans, et dont il existe encore de frappants spécimens dans des milliers d'inscriptions et de pierres tumulaires. Ce qui caractérise surtout ce latin rustique, c'est que les désinences des mots déterminées par les cas y sont toujours de plus en plus négligées; c'est l'emploi impropre des prépositions avec des régimes autres que ceux dont elles doivent être suivies; c'est l'omission, puis la suppression complète de certaines formes du verbe, telles que le déponent, l'infinitif *esse*, *velle*, *posse ferre*, etc., le passif, le plus-que-parfait, et, ce qui était inévitable avec l'omission des désinences des cas, l'emploi toujours plus fréquent des pronoms démonstratifs, d'où proviennent les articles de la langue moderne. De même il était naturel qu'un grand nombre de mots du style noble, dont les gens du commun faisaient peu usage, disparussent complétement et fussent remplacés par les expressions plébéiennes, comme *bellus*, *caballus*, *casa*, *bucca*, *testa*, au lieu de *pulcher*, *equus*, *domus*, *os*, *caput*, etc. Il serait difficile de préciser l'influence qu'eut sur la langue l'invasion de l'Italie par des conquérants germains : ce qu'il y a de certain seulement, c'est que ce conflit de deux langues aussi différentes que celles des populations romaines et des Germains dut nécessairement accélérer la ruine de l'ancienne langue et la naissance de la nouvelle, de même que modifier considérablement la prononciation. Quant à la grammaire et aux formes de la langue, l'influence des barbares fut à peu près nulle, et la langue ne s'enrichit que d'un très-petit nombre de mots empruntés aux idiomes germaniques, et relatifs pour la plupart aux armes, à la guerre, à la chasse et à certains rapports civils. Toutefois, la transformation de la *romana rustica* en italien s'effectua si lentement et d'une manière si imperceptible à travers les siècles, que le peuple n'en eut même pas la conscience et qu'il continua pendant longtemps encore à donner à la langue qu'il parlait le nom de *lingua latina* ou *romana*, à la différence de la *lingua francisca* ou *theotisca*, dénomination sous laquelle on comprenait les langues parlées par les vainqueurs. Plus tard on employa pour la langue nouvelle le nom de *lingua vulgaris* (*volgare*), par opposition au latin désigné sous le noms de *lingua grammatica*; s'en servir, c'était *grammatice loqui*.

Il s'en faut d'ailleurs que cette langue nouvelle fût la même dans toutes les parties de l'Italie; et si déjà aux plus beaux temps de Rome le latin avait été parlé par le peuple d'une manière autre dans l'Apulie, par exemple, qu'au nord de l'Italie, de même il y surgit un grand nombre de dialectes : ce qu arrive toujours dans les pays de grande étendue. La seule différence, c'est que non-seulement ces dialectes ont persisté partout jusqu'à nos jours et sont employés dans la vie commune, même par les classes élevées et instruites, mais encore que plusieurs d'entre eux ont été l'objet d'un perfectionnement littéraire important. Au treizième et quatorzième siècle, le Dante, dans son livre *De Vulgari Eloquio*, compte déjà au moins quatorze dialectes, qu'il déclare tous, sans en excepter le florentin, impropres pour des œuvres littéraires; aussi recommande-t-il à ceux qui veulent écrire de n'employer que la langue élevée, n'appartenant en propre à aucune partie de l'Italie, mais commune à toutes les classes instruites et polies, langue qu'il appelle *vulgare illustre*, *aulicum*, *curiale*, *cardinale*. L'histoire a confirmé la justesse de son opinion; car la langue que nous appelons l'*italien* n'est sur aucun point de l'Italie la véritable langue du peuple. On voit dès lors combien est mal fondée la prétention des Florentins, qui parce que leur dialecte est celui qui incontestablement se rapproche plus de la langue élevée que tout autre dialecte italien, voudraient que cette langue élevée ne fût pas appelée *lingua italiana*, mais *florentina* ou tout au moins *toscana*. Sans doute les dialectes aujourd'hui en usage en Italie ont éprouvé d'importantes modifications depuis l'époque du Dante; la plupart ont cependant conservé les principaux traits caractéristiques qu'y signalait déjà l'illustre poëte il a six cents ans. Il faut d'abord remarquer la dissemblance existant entre les dialectes du nord et ceux du sud. Dans les premiers, les consonnes dominent, même dans les désinences de mots, comme aussi les intonations romaines primitives sont fortement tronquées ; tandis que les voyelles dominent dans les dialectes du sud, et notamment les sons sourds de l'*u* et de l'*o*. C'est au centre de l'Italie, en Toscane et dans les États de l'Église, où l'influence des étrangers fut relativement moindre, que la langue a conservé le plus de formes et d'intonations romaines : aussi ne doit-on pas s'étonner que ce soient les classes élevées, en Toscane et à Rome, qui parlent incontestablement l'italien le plus pur. Le nord de l'Italie, à son tour, se divise en trois langues bien distinctes. C'est au centre que dominent la rudesse et les mutations de la prononciation germaine. A l'est, dans la ville de Venise, où la vie était toute maritime, il se forma un dialecte d'une nature toute particulière, portant le caractère de la mollesse et même de l'enfantillage, qui est de tous les dialectes italiens celui qui se propagea le plus et qui reçut aussi la forme la plus littéraire. A l'ouest, on remarque l'influence du français; elle devient moindre dans le pays de Gênes, mais elle est prédominante en Piémont, de telle sorte qu'on pourrait jusqu'à un certain point nier que le dialecte piémontais soit un dialecte italien, et le considérer comme une langue à part.

Indépendamment de ces dialectes, il exista déjà de très-bonne heure, à partir du douzième siècle, comme le Dante le fait observer avec raison, une langue plus noble, c'est-à-dire plus rapprochée des formes romaines primitives et par conséquent mieux faite, qui fut d'abord en usage en Sicile, à la cour de Frédéric II, mais qu'employèrent ensuite la plupart des poëtes de toutes les parties de l'Italie. Au quatorzième siècle disparaissent, en poésie tout au moins, les traces tant de la diversité des dialectes que des formes et des expressions françaises et provinciales. Qu'on rencontre encore très-fréquemment chez les plus anciens écrivains. La langue de la poésie, qui n'est plus aujourd'hui qu'une langue de convention, mais consacrée par plusieurs siècles d'usage, fut formée et, on doit le croire, fixée à jamais, d'abord par le Dante, qui avait la pleine conscience de ce qu'il faisait, et ensuite par Pétrarque. A l'égard de cette langue, il n'y a pas de discussion; elle est demeurée essentiellement la même depuis l'époque du Dante jusqu'à nos jours. Il n'en est pas tout à fait ainsi pour la prose. Là aussi les plus anciens écrivains furent des Toscans ou Florentins, et parmi eux Boccace prend à bon droit le premier rang; seulement, dirigé en cela par l'étude des anciens classiques, il s'efforça de donner à sa langue une abondance peu naturelle et une construction embarrassée de la période qui dépara pendant longtemps la prose italienne et qui aujourd'hui encore trouve des admirateurs et des imitateurs. L'Italie n'a jamais formé un empire unitaire; il n'y surgit jamais une capitale absorbant, comme Paris par exemple, le foyer des lumières et des sciences ; et aucun prosateur n'y acquit une influence tellement prépondérante qu'il pût être généralement considéré comme un modèle. Il en est résulté que de nos jours même il ne paraît pas d'ouvrage nouveau sans qu'on n'en discute la valeur au point de vue du style, que les uns raillent et tournent en ridicule, alors que d'autres critiques le portent aux nues. L'influence exercée au dix-septième siècle et jusque pardelà le milieu du dixhuitième siècle sur la littérature italienne par la langue italienne fut déplorable. Aveuglés par leur prédilection pour les ouvrages des Français et ce qu'on appelait leur philosophie, beaucoup d'Italiens en vinrent jusqu'à nier l'originalité de leur belle langue et à n'écrire en réalité qu'un français tout en se servant de mots italiens. Ce n'est que vers la fin du dix-huitième siècle et au commencement du nôtre que des hommes aussi instruits qu'animés de sentiments patriotiques, tels que les Monti, les Perticari, etc., mirent un terme à ce désordre en prêchant d'exemple. Ainsi la langue italienne n'est point parvenue à une forme constante et uniformément progressive, mais a subi alternativement des périodes de progrès et de décadence ; et l'époque du Dante, de Pétrarque, le quatorzième siècle , considéré à bon droit par les Italiens comme le premier âge d'or de leur langue, est appelée par eux *il gran secolo*, ou encore *il trecento*. Après avoir été négligée pendant quelque temps au quinzième siècle, époque où tous les savants se préoccupèrent beaucoup de l'étude des langues classiques, elle parvint au seizième siècle, avec l'Arioste, Guarini et Le Tasse, à l'apogée de sa perfection, pour subir aux dix-septième et dix-huitième l'influence pernicieuse du gallicisme; mais depuis une cinquante d'années elle est en voie de régénération.

Les Italiens ne peuvent, à bien dire, se flatter d'avoir fait de leur grammaire l'objet de travaux approfondis. Le premier qui recueillit des observations sur la langue fut le cardinal Bembo, dont le travail, commencé peut-être déjà en 1500, ne vit le jour qu'en 1525, sous le titre de *Prose ;* divers autres ouvrages de moindre importance sur ce sujet, tels que ceux de Fortunio, de Liburnio, de Flaminio, etc., ne parurent que plus tard encore. Les *Prose* de Bembo sont en forme de dialogue; et ce livre, où il n'est question que de Boccace et de Pétrarque, n'y est ni complet ni solide. Les efforts de Giangiorgio Trissino, pour régler l'orthographe et la fixer par l'emploi de nouveaux signes, eurent pour résultat, après de longues discussions, d'introduire les lettres *v* et *j* comme consonnes. Parmi les autres essais grammaticaux, qui exercèrent une influence durable sur l'étude de l'italien, il faut citer : l'*Ercolano* de Varchi (Florence, 1570), qui fut but unique était de faire prévaloir la suprématie absolue des Florentins en ce qui est de la langue; les *Avvertimenti della Lingua* de Salviati, où il n'est question, et avec une insupportable prolixité, que des lettres, des noms et de l'article ; *Della Lingua Toscana* de Buommattei (Florence, 1648), la première grammaire à peu près complète, que l'*Accademia della Crusca* adopta comme sienne, et qu'elle réimprima à diverses reprises. Les *Osservazioni della Lingua* de Cinonio dern. édit. Milan 1809), où il est traité par ordre alphabétique du verbe et des particules, sont une riche mine d'observations et d'exemples. L'ouvrage un peu hardi de Bartoli, *Il torto e'l diritto del non si può* (Rome, 1655), n'est pas moins instructif. La première grammaire systématique complète et appuyée de bons exemples, et où tous les grammairiens postérieurs ont largement puisé, est celle que Corticelli publia sous le titre de *Regole ed Osservazioni* (Bologne, 1785). Parmi les ouvrages modernes, on peut citer comme un véritable chef-d'œuvre celui de Mastrosini, *Teoria e Prospetto de' Verbi Italiani* (2 vol., Rome, 1814). Une mention non moins honorable est due aux travaux de Gherardini, d'Antolini, et surtout de Rainucci, qui à partir de 1813 publia plusieurs ouvrages sur les temps et les substantifs, où il démontre surtout l'affinité des langues provençale et italienne. Les grammaires récemment publiées par Ambrosoli, Ponza, Biagioli, Valentini, Robello, etc., sont aussi, à tout prendre, de bons ouvrages; mais la plupart ont été composés que pour les besoins ordinaires et ont pour base les travaux de Corticelli.

La lexicographie, comme la grammaire, ne date en Italie que du seizième siècle. Les dictionnaires de Minerbi (1535), de Fabricio de Luna (1536) et d'Accarisio (1543) ne sont guère que la réunion des mots employés par Boccace et par Pétrarque. Il y a déjà un peu plus de richesse dans les ouvrages de Francesco Alunno, *Le Richezze della Lingua Volgare* (Venise, 1543) et *Della Fabrica del Mondo* (1546). Le premier lexique un peu complet est le *Memoriale della Lingua* de Pergamini (Venise, 1568). Enfin parut, d'abord à Venise (1612), le *Vocabolario degli Accademici della*

Crusca, qui se bornait, avec une pédantesque sévérité, à ne citer presque exclusivement que les écrivains du *Trecento* et des écrivains florentins, et où se trouvaient recueillis avec un soin extrême toutes les mutilations, toutes les expressions ordurières et toutes les façons de parler du peuple, mais qui passait complètement sous silence la langue de la conversation ainsi que la langue des sciences et des beaux-arts. Il en parut encore une seconde édition, peu modifiée, à Venise (1623); la troisième, considérablement augmentée (3 vol., 1691), et la quatrième (6 vol, 1729-1738) furent imprimées à Florence. Depuis, en 1743, l'Académie en publia une cinquième édition , qui est sans doute d'une richesse extrême en formes de mots et en exemples , mais conçue dans le même esprit que les précédentes. Cet ouvrage a été d'ailleurs l'objet de nombreuses imitations et de non moins nombreux abrégés. L'édition qu'en a donnée Cesari (6 vol. Vérone, 1806) est un trésor de sottes antiquités, de mutilations et d'expressions ordurières. Le premier véritable dictionnaire, non pas *florentin*, mais *italien*, est le *Dizionario Enciclopedico* de Francesco Alberti (6 vol. Lucques, 1806), dans lequel sont admis aussi les termes d'arts et de sciences. Le *Dizionario della Lingua Italiana* (17 vol., Bologne, 1819-1826) est d'une utilité toute particulière. Depuis lors il a paru une foule d'ouvrages du même genre; mais tous n'ont point été terminés. Le plus considérable est le *Vocabolario Universale Italiano* (Naples, 1829-1840, 7 vol.).

ITALIENNE (Littérature). Si l'on a depuis longtemps cessé de regarder les Italiens comme les descendants directs des anciens Romains, et leur littérature comme la continuation de la littérature romaine, opinion que partageait encore Pétrarque, on ne saurait nier cependant que le souvenir de la langue, des chefs-d'œuvre et du génie de l'ancienne Rome, n'ait exercé à toutes les époques sur la littérature italienne une influence plus importante que ce n'a été le cas chez les autres nations romanes. Habitant le pays et les villes des anciens Romains, les Italiens s'efforçaient toujours de prendre le génie romain pour modèle et pour guide. Mais bien avant qu'ils en eussent même la conscience, les Provençaux avaient déjà exercé une influence considérable sur l'Italie, où leurs poètes ambulants étaient l'objet de l'hospitalité la plus empressée à la cour des petits souverains de ce pays, notamment au nord, et où ils eurent de nombreux imitateurs. Beaucoup plus tard , quand la civilisation française en vint à dominer l'Europe, les ouvrages des poètes français excitèrent en Italie une admiration universelle, et provoquèrent une foule d'imitations, jusqu'à ce que des idées plus saines prévaluèrent enfin, à la suite de grandes révolutions politiques, et rattachassent les esprits à ce que l'antique génie italien avait de grandeur, de puissance et d'originalité. Nous venons indiquer, en ce peu de mots, les limites extrêmes des cinq grandes époques principales qu'on doit distinguer dans l'histoire de la littérature italienne. La *première* comprend le réveil de la poésie en Italie, d'abord sous l'influence de la poésie provençale, et l'apparition des premiers grands poètes et grands écrivains italiens ; la *seconde* est déterminée par la prééminence des études classiques; la *troisième* présente l'heureuse fusion de la véritable civilisation italienne avec l'antique; la *quatrième*, l'époque de la décadence sous l'influence française; la *cinquième*, enfin, c'est l'époque actuelle.

PREMIÈRE PÉRIODE. La connaissance de la poésie provençale, car il n'y eut guère que cette poésie là qui pénétra en Italie, porta plusieurs Italiens à essayer de composer des poèmes analogues dans leur langue, et même à employer d'abord à cet effet la langue provençale, notamment Folco de Marseille, le marquis Alberto Malaspina et le plus célèbre de tous, Sordello de Mantoue. Mais bientôt, c'est-à-dire à partir de la fin du douzième et au commencement du treizième siècle, il surgit dans toutes les parties de l'Italie, d'abord en Sicile, puis en Toscane et dans l'État de l'Église, des poètes, qui écrivirent encore, il est vrai, dans l'esprit et la forme des Provençaux, mais qui du moins se servirent de la langue nationale. La cour de Frédéric II, à Palerme, fut le premier foyer d'où la poésie et les lumières se répandirent dans le reste de l'Italie. Frédéric II lui-même, son chancelier *Petrus de Vineis*, et son fils naturel le roi Enzio de Sardaigne, étaient poètes; leur exemple fut suivi par les deux Colonna, Guido et Odo, par Jacopo da Lentino, Ranieri et Ruggiero de Palermo, et par beaucoup d'autres encore. Le poëme le plus ancien, composé au commencement du treizième siècle, est un dialogue d'amour par Ciullo d'Alcamo. Alors parurent en Italie même Guittone d'Arezzo, Buonagiunta da Lucca, Guido Giudicalli de Bologne, Guido Ghislieri, Fabrizio et Onesto de Bologne, Guido Lapo de Mantoue, Folcalchiero de' Folcalchieri de Sienne, Dante da Majano et sa maîtresse Nina, etc. Tous furent surpassés en génie et en profondeur de sentiment par l'ami du Dante, Guido Cavalcanti de Florence, mort en 1300. Les œuvres de ces différents poètes et de quelques autres encore ont été recueillies dans diverses collections, tant anciennes que modernes, faites d'ailleurs sans critique. Nous citerons surtout, parmi les anciennes collections, les *Rime antiche* (Venise, 1518) ainsi que les *Poeti antiche* d'Alacci (Naples, 1661); et parmi les modernes, le *Manuale della Litteratura del primo Secolo* de Rannucci (Florence, 1837). Presque tous ces poètes se livrent à de subtiles et dès lors à de froides et insipides lamentations d'amour, où ne se produit jamais une idée, soit politique, soit religieuse, de quelque élévation. Ils n'offrent, par conséquent, d'intérêt qu'au point de vue de la langue. Les poèmes du moine Jacopone da Todi, mort en 1306, et à qui on va jusqu'à attribuer le *Stabat Mater*, en diffèrent complètement, malgré leur forme encore rude et grossière, parce qu'on y trouve du moins quelques pensées vives et ingénieuses. Le chancelier de Florence, Brunetto Latini, mort en 1294, et qu'on prétend avoir été le maître du Dante, se distingue par plus de connaissances politiques et scientifiques.

Au-dessus de tous ces poètes, au total peu importants, s'élève solitaire, sans prédécesseurs ni successeurs, le gigantesque génie de Dante Allighieri. Sans parler de son immortelle *Divina Commedia*, il dépassa de cent coudées dans ses poésies lyriques, notamment dans la *Vita Nuova* et dans son *Convito*, tous les poètes venus avant lui, en même temps que dans le *Convito* il offrit le premier exemple qu'on eût encore eu en Italie d'une prose savante et harmonieuse. Le ton qu'il avait pris dans sa *Divina Commedia* ne pouvait manquer de provoquer des imitateurs ; mais si le *Quadriregio* ou *Quadriregno* de Federigo Frezzi n'est pas tout à fait sans valeur poétique, la confusion pénible et fatigante qui y règne d'un bout à l'autre le met bien au-dessous de l'ordre admirable qui règne dans la *Divina Commedia* ; et le *Ditta Mondo* (*Dicta Mundi*) de Fazio degli Uberti (mort en 1366) n'est d'un bout à l'autre qu'une lourde et ennuyeuse production. On ne peut citer comme rival du Dante que le malheureux Francesco Cecco d'Ascoli, brûlé vif en 1327, comme hérétique, dont le singulier poëme, *Acerba*, est un mélange d'érudition, de sagacité et de superstition. Les *Documenti d'Amore* et del *Reggimento*, e de' *Costumi delle Donne* de Francesco Barberino (mort en 1348) appartiennent plutôt à la poésie populaire qu'à la poésie d'art.

Dans cette période brille encore entre tous Pétrarque, dont le génie poétique domine tous les siècles de la littérature italienne, mais à qui, à la différence du Dante, les prédécesseurs ni les successeurs ne manquèrent tant. Parmi les premiers il faut surtout citer le célèbre jurisconsulte Cino de Pistoja (mort en 1336). On n'admire d'ordinaire dans Pétrarque que le chantre de Laure, et à vrai dire c'est lui qui dans ses poésies pour toujours le modèle de la poésie consacrée à célébrer l'amour ; mais pour aller à l'immortalité il comptait lui-même bien davantage sur ses œuvres latines. Parmi les contemporains et les imitateurs de Pétrarque, nous citerons, outre Boccace, Antonio da Ferrara, Francesco degli Albizzi,

Sennuccio del Bene, Zenone de' Zenoni et le fondeur de cloches Florentin Antonio Pucci, qui donna le premier modèle de poésie burlesque.

Le troisième grand écrivain de cette époque fut Boccace de Certaldo, qui ne mérita pas moins de la prose que le Dante et Pétrarque de la langue de la poésie. Nous le citons ici comme celui qui le premier traita la langue d'une manière savante; cet éloge ne s'applique d'ailleurs qu'à son célèbre *Decamerone*, ouvrage dans lequel il sait avec un admirable talent modifier la langue suivant les différents personnages et les différentes classes qu'il y fait figurer; car dans ses autres écrits, et le nombre en est considérable, il s'est malheureusement attaché à reproduire la construction de la phrase romaine, imitation qui rend son style fatigant. C'est lui qui a fait de la nouvelle l'un des genres de poésie favoris des Italiens. Sans doute il existait longtemps avant lui une collection anonyme de nouvelles et de facéties, connue sous le titre de *Cento Novelle antiche*; mais la gloire d'avoir le premier traité ce genre d'une manière vraiment littéraire appartient à Boccace. Parmi ses successeurs, on ne peut citer dans cette période que Franco Sacchetti (mort après 1400) et ses *Novelle*, et que le *Pecorone* de Ser Giovanni. En raison de ce que depuis longtemps les romans de chevalerie provençaux et français étaient connus et aimés des Italiens, il est naturel que ces sortes d'ouvrages aient souvent été traduits en italien et en aient même fait naître d'autres. Parmi les ouvrages analogues, partie traduits et partie originaux, nous mentionnerons les *Reali di Francia*, histoire de la jeunesse de Charlemagne, source à laquelle puisèrent bon nombre de poètes postérieurs : le *Guerino il Meschino*, les romans de Lancelot, de Tristan, du roi Meliade, etc. Le *Fortunatus Siculus*, ossia *l'avventuroso Siciliano*, de Bosone da Gubbio, contemporain du Dante, semble être une composition originale. Le *Trattato dell' Agricoltura* de Piero de' Crescenzi, les œuvres du dominicain Jacopo Passavanti (mort en 1357), de Dominico Cavalca (mort en 1342), les *Ammaestrameati degli Antichi* de Bartolommeo da San-Concordio, et enfin le *Trattato del Governo della Famiglia* d'Angelo Pandolfini (mort en 1446), sont d'un genre plus grave, presque scientifique ou ascétique.

Cette époque, si riche en changements politiques, fit naître de bonne heure le désir de fixer par écrit le souvenir des événements contemporains. Le plus ancien ouvrage de ce genre, ce sont les *Diurnali* (*Giornali*) de Matteo Spinelli, en dialecte napolitain, qui racontent la chute du roi Manfred. Les œuvres historiques ou chroniques de Francesco Malespini (mort après 1286), le court mais intéressant fragment d'histoire de Florence (de 1280 à 1312) de Dino Compagni, et plus particulièrement le grand et célèbre ouvrage de Villani de Florence (mort en 1348), continué jusqu'à 1364 par son frère Matteo Villani et le fils de ce dernier, Filippo Villani, sont écrits d'un style plus noble et plus pur, quoique la langue en soit encore informe. Indépendamment de ces grands et célèbres ouvrages, nous pourrions en citer bien d'autres encore, dont une partie restés inédits jusqu'à ce jour, par exemple ceux de Paco de Certaldo, de Donato Velluti, de Paolino Pieri, de Coppo Stefani, de Monaldi, etc. N'oublions pas non plus un écrivain latin, Albertinus Mussatus (mort en 1330), dont l'*Historia Augusta* est en partie écrite en hexamètres, et le célèbre voyageur vénitien Marco-Polo.

SECONDE PÉRIODE. Le quinzième siècle est l'époque où la philologie fleurit en Italie. Les efforts de Boccace et de Petrarque pour réveiller l'étude de l'antiquité et surtout celle de la langue grecque, secondés par les savants Grecs qui vinrent s'établir en Italie avant la chute même de Constantinople, produisirent dans ce siècle de remarquables résultats. Tous les hommes de quelque intelligence cherchèrent alors à se faire un nom en composant des ouvrages en latin, en traduisant du grec en latin, ou encore en faisant des vers latins. Cette ardeur philologique fut même portée si loin,

qu'on négligea l'étude de la langue nationale, et on poussa l'amour de l'antiquité jusqu'à prendre le christianisme en haine. Nous nous bornerons à citer ici les noms des plus célèbres philologues de ce siècle, Jean de Ravenne, Guarino de Verone, Jean Aurispa, Barzizza, Vittorino da Feltro, Merula et surtout Poggio Bracciolini, Laurentius Valla, Leonardo Bruni, Ambrogio Traversari, Christophorus Laudinus, Ange Politien, Marsile Ficin, Pic de la Mirandole; les Grecs Chrysoloras, Bessarion, Constantin Lascaris, Chalcondyle, Gemisthus Pletho; les antiquaires Flavio Blondio, Pomponus Lætus, Platina, ainsi que les poètes latins Matteo Veggio, Vespasiano Strozzi, Battista Mantovano, Antonio Beccadelli, plus connu sous le nom de Panormita, Giovio Pontano et Marullus Tarchaniota. Déjà plusieurs sociétés savantes ou académies s'étaient fondées pour favoriser les études philologiques. Par contre, cette époque, dans ses commencements du moins, est fort pauvre en ouvrages écrits en italien; car le plus grand nombre des écrivains méprisaient alors leur langue maternelle. Nous ne pouvons mentionner ici qu'un pâle imitateur de Pétrarque, Giusto de' Conti (mort en 1449), dont les poésies parurent sous le titre de *La bella Mano* et par leur esprit appartiennent encore complétement au siècle précédent, et le joyeux barbier de Florence, Burchiello (mort en 1448), dont les sonnets burlesques abondent en locutions et en plaisanteries florentines, de sorte qu'ils sont aujourd'hui presque inintelligibles pour les Florentins eux-mêmes. C'est seulement vers la fin de cette période, au moment où ce beau zèle pour les études philologiques commence à se refroidir, que la poésie nationale se relève de nouveau pour atteindre ensuite son apogée au siècle suivant, grâce à l'influence de Laurent de Medici (mort en 1492). Lui-même, l'excellent Lorenzo de' Medici (mort en 1492), quoique accablé sous le poids des plus importantes affaires d'État, il trouva encore le temps nécessaire pour composer de petites et gracieuses pièces de vers. Les stances d'Ange Politien (mort en 1494), qui le premier fit voir de quelle grâce l'*Ottave* est susceptible, sont encore plus célèbres. C'est lui aussi qui composa le premier ouvrage dramatique original, la *Favola d'Orfeo*. Précédemment on avait essayé de représenter des pièces de Plaute et de Térence, d'abord en latin, puis traduites; les représentations des sujets tirés de l'histoire sainte, ce qu'on appelait les *Mystères*, espèces de compositions déjà en usage en Italie depuis plus d'un siècle, n'enrichirent en rien la littérature. Parmi les amis et les commensaux de Lorenzo de' Medici on cite surtout, outre Angelo Poliziano, les frères Pulci, Bernardo, Luca et Luigi, dont le dernier seul (mort en 1487) s'est fait un nom durable.

Le cycle des légendes de Charlemagne et de ses paladins avait déjà fourni en France et en Provence des sujets de poésies romantiques, dont les unes étaient devenues des livres populaires ou l'italien au moyen de traductions, et dont les autres avaient été imitées par plusieurs poètes dont les noms se sont perdus. C'est ainsi qu'il existait déjà un grand nombre de ces épopées chevaleresques, datant peut-être de la fin du treizième siècle, et dont nous ne citerons que les plus connues: *Buovo d'Antona*, *La Spagna*, *La regina Ancroja*, *Altobello e re Trojano*, *Innamoramento di re Carlo*, *Leandra* par Durante da Gualdo. Toutes, il est vrai, sont éclipsées par le *Morgante Maggiore* de Luigi Pulci, qui ouvre la brillante série des poëmes romantiques de chevalerie italiens. L'*Orlando innamorato* de Bojardo, dont l'Arioste, son successeur, fit un si grand parti, l'emporte sur toutes les épopées que nous venons de mentionner. Ce magnifique ouvrage est sans doute fait grand tort à la gloire de l'Arioste, s'il n'était pas écrit dans une langue encore rude et qui en ouvre a vieilli. C'est pour cela que l'original est devenu rare, même en Italie, et qu'on n'en lit plus guère que les imitations postérieures. La première, par Domenichi, se borne presque à la correction de la langue; l'autre, celle de Berni, a travesti en burlesque le ton général de ce noble poëme, et c'est cependant la seule qu'on lise aujourd'hui. Outre ces deux grandes épopées du quinzième siècle, il faut encore mentionner le *Mambriano* de Francesco Cieco de Ferrare (mort en 1495), moins connu qu'il ne le mérite. En opposition à cette tendance irréligieuse de l'époque, nous ne pouvons nous dispenser de nommer l'excellent disciple de S a v o n a r o l a, Girolamo Benivieni (mort en 1542), dont les poésies sont le miroir fidèle de son esprit vraiment religieux. La *Città di Vita* de Matteo Palmieri (mort en 1475) est moins connue, parce que l'inquisition en interdit l'impression; c'est en quelque sorte un dernier écho de la poésie du Dante. Cette époque, sur la fin notamment, compta aussi un certain nombre de poëtes lyriques ; mais il n'en est pas un seul qui ait obtenu une gloire durable, quoique beaucoup d'entre eux aient été fort admirés de leur temps. Dans le genre burlesque, Burchiello eut pour imitateurs Bernardo Bellincioni (mort en 1491), Feo Belcari, Antonio Alamanni, Giovanni Acquietini, etc. La manière de Pétrarque fut imitée par Francesco Cei de Florence, Gasparo Visconti de Milan, et surtout Serafino Aquilano d'Aquilée, qui se servit du dialecte napolitain, Antonio Tebaldeo de Ferrare (mort en 1537), Bernardo Accolti d'Arezzo, surnommé comme improvisateur *l'Unico*.

La prose dut encore plus souffrir que la poésie de la prédilection de cette époque pour les langues classiques et de l'état de négligence dans lequel était tombée la langue nationale; car *du moins pour* la poésie il existait depuis Pétrarque des règles fixes et un style généralement convenu. Aussi ne pourrait-on dans cette période citer un seul prosateur de quelque distinction ; on n'y trouve que quelques auteurs de nouvelles en vers et un petit nombre d'historiens. Les plus importants, parmi les premiers, sont Gentile Sermini de Sienne, Giovanni Sabadino de Bologne, auteur des *Novelle Porretane*, et le plus remarquable de tous, Masuccio Salernitano, dont on possède cinquante Nouvelles sous le titre de *Novellino*. Les historiens de cette époque sont : Pandolfo Collennuccio (mort en 1504), auteur d'une histoire de Naples, Bernardino Corio (mort en 1519), auteur d'une histoire de Milan, véridique, mais mal écrite. On bien plus grand nombre d'historiens se servirent de la langue latine, et quelques-uns de leurs ouvrages sont à tout prendre de bons livres, par exemple l'histoire de son temps et du concile de Bâle par Sylvius P i c c o l o m i n i (Pie II), la première histoire un peu considérable de Venise par Marcantonius Sabellinus (mort en 1506); l'histoire ancienne de Venise par Bern. Giustinianus (mort en 1489); l'histoire de Gênes par Giorgius Stella (mort en 1480). Deux artistes, dont l'un fut un des plus grands artistes de tous les siècles, se distinguèrent également comme écrivains : on a de Léon Battista A l b e r t i (mort en 1472), outre quelques poëmes, un dialogue *Della Famiglia*, et de Leornardo da V i n c i (mort en 1519) un *Trattato della Pittura*.

TROISIÈME PÉRIODE. Le seizième siècle nous présente l'apogée de la poésie et de la civilisation italiennes en général, époque que d'autres considèrent comme le commencement de la décadence. Avec les luttes pour la liberté, qui remplissent les siècles précédents, disparaît aussi l'esprit de liberté ; le pouvoir absolu des princes s'est partout consolidé, et la réaction de l'Église contre l'invasion de la réformation étouffe en même temps la liberté d'examen et en général toute instruction supérieure. L'épuisement, l'exagération , l'efféminement des mœurs et des sentiments, l'esprit servile se reflètent dans les productions postérieures de cette époque. Les études classiques fleurissaient encore au commencement de ce siècle, et beaucoup d'hommes distingués rougissaient encore d'employer leur langue maternelle. L'admiration pour l'antiquité séduisit même à ce point quelques-uns d'entre eux, qu'ils essayèrent d'imiter la manière des anciens dans leurs vers italiens. Beaucoup des meilleurs poètes latins modernes, tels que Sadoletus, S a n n a z a r, V i d a, Navagerus, Faernus, Marcantonius Flaminius, M a r c e l l u s Palingenius Stellatus, Aonius Palearius, brûlé vif comme hérétique en 1570, enfin le médecin naturaliste Girolamo F r a c a s t o r, et beaucoup d'autres encore, appar-

tiennent à cette époque. Un poëme épique, la *Syrias* d'Angelio da Barga, parut presque en même temps que la *Gerusalemme liberata* de Tasso. Le comte Giangiorgio Trissino écrivit son *Italia liberata da' Goti* tout à fait à la manière, si non dans l'esprit des anciens. L'*Avarchide* de Luigi Alamanni, calquée sur l'Iliade, et plus encore son *Girone il cortese*, emprunté au cycle de légendes du roi Arthur, fut un essai autrement heureux et poétique. C'est à Lodovico Ariosto qu'appartient la gloire immortelle d'avoir doté son pays de la première épopée romantique répondant véritablement au génie national. Dans son *Orlando furioso*, il suivit sans doute les traces de l'excellent Bojardo, mais il le surpassa de beaucoup, sinon pour le don de l'invention, du moins pour la grâce, la finesse ingénieuse et la délicatesse du style. Quoique la plupart des Italiens lui préfèrent encore le Tasse, l'honnête homme sans prévention et doué du véritable sens poétique n'hésitera pas à donner la palme à l'Arioste. Une foule d'imitateurs sans esprit, tels que Lodovico Dolce, qui écrivit un grand nombre de poëmes épiques, dont les sujets sont empruntés, les uns à l'antiquité, les autres aux légendes du moyen âge; Vincenzo Brusantini de Ferrare, le fameux Pierre A r e t i n, Dragoncino da Fano, etc., ne méritent d'être mentionnés ici qu'en passant. Le nombre des poëmes de chevalerie devint si considérable, qu'il n'y eut pour ainsi dire pas un seul des personnages dont il est question dans le cycle des légendes de Charlemagne qui ne devînt le sujet d'une épopée spéciale. Parmi les meilleurs poètes de cette époque, il faut incontestablement compter le père du Tasse, Bernardo Tasso (mort en 1569), dont le grand poëme héroïque *Amadigi* n'a été éclipsé que par la gloire de son fils. Torquato T a s s o passe généralement aujourd'hui pour le poète favori de son pays ; et on ne saurait évidemment lui contester de hautes facultés poétiques. Personne n'a su comme lui donner des sons doux et harmonieux à la langue nationale, et des milliers de passages de son grand poëme seront éternellement considérés comme les plus belles fleurs du Parnasse italien. Mais ce qui lui manque, c'est la réflexion, la puissance d'invention, la confiance que le génie doit avoir en lui-même; et partout son œuvre est déparée par l'imitation servile des modèles étrangers, par l'absence de pensée, par ce qu'il y a de pénible et de tourmenté dans l'exposition, par la pauvreté de l'exécution. Ses perpétuelles hésitations entre son admiration pour l'antiquité et ce qu'il y a de romantique dans sa propre nature, son caractère inquiet et inconstant, qui empoisonna son existence, se reflètent dans son meilleur ouvrage, dans sa *Gerusalemme liberata*, et davantage encore dans la malencontreuse suite de ce poëme sous le titre de *Gerusalemme conquistata*. Évidemment, il était né poète lyrique ; et c'est en vain qu'il voulut suppléer par l'étude à ce que la nature lui avait refusé. Ses *Sette Giornate* en vers blancs, le dernier ouvrage qu'il ait écrit en vers, sont presque illisibles, par suite de l'érudition scolastique qu'il y déploie. Son exemple encouragea une foule de poètes obscurs à s'essayer aux, aussi, dans la poésie épique; leurs œuvres, comme le *Fido amante* de Curzio Gonzaga, *Il Mondo Nuovo* de Giov. Giorgini, *La Malteide*, de Giovanni Fratta, *La Gerusalemme distrutta* de Francesco Potenzano, *L'Universo* de Rafaele Gualterotti, et beaucoup d'autres, sont depuis longtemps complétement oubliées.

Si dans l'œuvre du Tasse se manifeste toute la gravité du sens moral et d'une religiosité poussée jusqu'à l'enthousiasme et à l'ascétisme, en revanche on remarque dans celles de beaucoup d'autres la frivolité qui donnait bien plus de licence aux hommes instruits de cette époque et qui leur permettait de tourner en raillerie toutes les choses saintes. Cette direction d'idées fit naître les poëmes moitié épiques et moitié satiriques de ce siècle et du siècle suivant. A cette catégorie appartiennent les ouvrages du moine libertin Teofilo F o l e n g o, plus connu sous le nom de Merlino Coccajo, sinon celui qui inventa, du moins celui qui perfectionna singulièrement la poésie dite *maccaronique*. On a de lui, entre autres, le *Maccaronicorum opus*, le *Caos del tripero uno*, et son *Orlandino*, poëme vraiment gracieux. Il faut y rattacher encore toute une suite de petits poëmes épiques se rapportant les uns aux autres, comme la *Gigantea* de Benedetto Arrighi, *La Nanea* d'un auteur inconnu, et *La Guerra de' Mostri* du spirituel Antonio Francesco Grazzini, surnommé *Il Lasca*, l'un des meilleurs romanciers de l'Italie. Ce qu'il y a dans le caractère italien de tendances naturelles à la moquerie, à la satire et à l'obscénité, a le plus souvent trouvé son expression dans une foule de poëmes burlesques en *terza rima*, ordinairement appelés *capitoli*. Presque tous les poëtes de cette époque, et un grand nombre de graves savants ou hommes d'État s'exercèrent dans ce genre, et plus particulièrement Francesco Berni, d'après qui cette poésie railleuse a été nommée *poesia Berniesca*. Après lui on peut encore citer son ami Giovanni Mauro et Cesare Caporali. Le plus ordurier de tous les écrivains italiens, Pietro Aretino, s'y est aussi distingué. Les tentatives assez fréquentes faites dans le domaine de la véritable satire romaine n'ont laissé que peu de traces. En ce genre les meilleures productions sont les satires d'Antonio Vinciguerra et surtout celles d'Ercole Bentivoglio (mort en 1573). La poésie didactique, espèce de poésie plutôt savante que véritablement nationale, pour laquelle Virgile servit toujours de modèle, peut cependant citer quelques ouvrages remarquables, entre autres *La Coltivazione* de Luigi Alamanni, dont il a déjà été question plus haut, et l'*Api* de Giovanni Ruccellai (mort en 1526). En seconde ligne viennent deux poëmes sur la chasse, *La Caccia*, l'un de Giovanni Scandianese, et l'autre, le meilleur, d'Erasmo da Valvasone; *La Nautica* de Bernardino Baldi (mort en 1617), dont on possède en outre quelques jolies idylles, et la *Fisica* de Paolo del Rosso (mort en 1569). Citons encore Luigi Tansillo (mort en 1570), connu surtout par un ouvrage qui eut de son temps un immense succès, *Le Lagrime di San-Piero*, et dont on a le *Podere* et la *Balia*.

Dans ce siècle même, il ne manqua pas de gens qui essayèrent encore de composer en latin des œuvres dramatiques. La meilleure de toutes est l'*Imber aureus* d'Antonio Tilesio et le *Christus* d'Angelo Martirano (mort en 1551). L'admiration générale pour les anciens semble avoir depuis longtemps déjà nui à la poésie dramatique des Italiens, et notamment à leur tragédie. Sous ce rapport, tout ce qu'on pourrait citer de productions du seizième siècle se réduit à des imitations plus ou moins froides et décolorées des anciens, par exemple la *Sofonisba* de Trissino, la *Rosmunda* de Ruccellai, la *Torrismondo* du Tasse, la *Canace* de Speron Speroni, l'*Orazia* de Pietro Aretino, la *Merope*, sujet traité avec fort peu de bonheur par trois poëtes différents, Antonio Cavallerino, Liviera et Pompeo Torelli. Il y a plus d'originalité mais moins de vigueur dramatique dans la *Sofonisba* de Galeotto del Caretto et dans les tragédies de Giambattista Giraldi, le premier qui mit en œuvre des sujets imaginés par lui-même ou bien empruntés à ses propres Nouvelles. La comédie, elle aussi, eut une origine savante; elle provint de l'imitation des anciens, et servit dès lors uniquement à l'amusement des cours et des cercles élevés, le peuple ayant sa comédie à lui. La comédie savante (*Commedia erudita*) fut traitée presque en même temps par Bernard Dovizio da Bibiena, par l'Arioste, par Machiavel; toutefois, les prétentions de l'Arioste à la priorité sont celles qui paraissent les mieux fondées. On a de lui cinq comédies dont les trois premières avaient d'abord été écrites en prose. On n'a qu'une pièce de Bibiena, *Calandra*, deux de Macchiavel, *La Clizia* et *La Mandragola*. Ces trois comédies sont aussi en prose. Les pièces de l'Arioste ont plutôt trait aux mœurs des anciens ou bien à celles du peuple; quant aux comédies des deux autres, elles sont, comme la plupart des productions analogues de cette époque, pleines d'équivoques et d'obscénités. Les Si-

ITALIENNE 515

millimi de Trissino, les comédies de P. Aretin, de Grazzini, de Lodovico Dolci, de Firenzuola, de Parabosco, d'Ercole Bentivoglio, de Gelli et de beaucoup d'autres, ont bien moins d'importance. Les comédies de Giammaria Cecchi et de Fancesco d'Ambra ont plus de mérite. On a aussi conservé une petite pièce en prose, et appartenant au bas comique, composée par le philosophe Giordano Bruno, *Il Candelajo*. Tandis que les cours et les gens du beau monde prenaient goût à ces imitations de l'antiquité, le peuple, nous l'avons dit, avait aussi sa comédie à lui, la *Commedia del arte*, où le poëte se bornait à tracer le plan et à indiquer les principales situations, tandis que le dialogue était abandonné à la verve des acteurs eux-mêmes. Ainsi naquirent les véritables masques italiens, personnages comiques qui ne changent point, qui reviennent dans toutes les pièces, Pantalone, Brighella, Arlecchiuno, Tartaglia, Scapino et beaucoup d'autres, qui se sont maintenus jusqu'à nos jours en possession de la scène. Parmi les poëtes qui composèrent ces sortes d'ouvrages, pour la plupart perdus aujourd'hui, on remarque Flaminio Scala, Angelo Beolco, surnommé *il ruzzante*, et Andrea Colmo. Ce dernier a écrit en dialecte vénitien. La pastorale, qui fut toujours en possession de charmer d'autant plus les cours qu'elles étaient plus élégantes et plus raffinées, atteignit aussi dans ce siècle son point extrême de perfection. On peut considérer comme les premières tentatives faites dans ce genre l'*Ameto* de Boccace et l'*Arcadia* de Sannazar.

Mais il ne prit pour la première fois une forme dramatique que dans la *Favola di Cefalo* de l'*Aurora* de Niccoloda Correggio Visconti (mort en 1506). A ce poëte en succédèrent bientôt beaucoup d'autres, par exemple Giraldi avec son *Egle*, Beccari avec son *Il Sacrificio*, Luigi Groto avec son *Calisto* et son *Il Pentimento amoroso*, Argenti avec son *Lo Sfortunato*, etc., etc.; toutes ces productions furent éclipsées par l'*Aminta* du Tasse, œuvre très-faible comme drame, mais ravissante par les charmes enchanteurs du style. Cependant le *Pastor fido* de Giambattista Guarini (mort en 1612) demeurera toujours le chef-d'œuvre de ce genre. L'*Alceo* d'Antonio Ongaro, *La Danza di Venere* d'Angelo Ingegneri, et les *Filli di Sciro* du comte Guido bello de' Bonarelli (mort en 1607), n'en sont que de pâles imitations. Les chœurs qui sont joints à ces pastorales se chantaient d'ordinaire; de là vint l'idée d'accompagner de musique des pièces entières, et les premiers essais en eurent lieu dans ce même siècle. Ottavio Rinuccini (mort en 1621) et le musicien Jacopo Peri s'associèrent à cet effet; le premier écrivit sa *Dafne*, et le second y adapta la musique. Telle fut l'origine première de l'opéra (*opera per musica*), genre que les poëtes exploitèrent depuis à l'envi, et qui obtint un succès si immense que l'opéra est jusqu'à nos jours demeuré le drame favori des Italiens et a singulièrement nui aux progrès de la tragédie.

Il serait difficile, parmi tous les écrivains de ce siècle, d'en citer un seul dont on ne possède pas au moins quelques *Rime*, c'est-à-dire quelques poésies lyriques. Après les grands poëtes précédemment nommés, l'Arioste, le Tasse, Guarini, il n'y a guère de distingués, parmi ceux qu'on peut de préférence appeler des poëtes lyriques, que le cardinal Pietro Bembo, imitateur quelque peu pédantesque de Pétrarque; puis Francesco Maria Molza; Giovanni Guidiccioni; Giovanni della Casa (célèbre aussi par un ouvrage finement écrit sur le commerce du monde, *Il Galateo*); Annibale Caro, dont la traduction de l'Énéide est fort estimée; Angelo Costanzo (mort en 1591) et le grand Michel-Ange Buonarotti (mort en 1564). Force nous est de passer sous silence une foule d'auteurs d'un ordre inférieur. Quelques femmes acquirent aussi dans ce genre assez de célébrité, notamment Vittoria Colonna, dont tous les poëtes du temps chantèrent les vertus, Veronica Gambara (morte en 1550) et Gaspara Stampa (morte en 1554). N'oublions pas non plus Tullia d'Aragona, plutôt fameuse que célèbre.

Le roman fut à peu près remplacé jusqu'à nos jours par

33

la nouvelle et par l'épopée romantique. Le seizième siècle compte un grand nombre d'auteurs de nouvelles, dont aucun cependant n'atteignit la grâce et la fraîcheur de Boccace. Les plus célèbres sont Matteo Bandello, dont les nouvelles, au nombre de deux cent quatorze, racontent pour la plupart des événements réels, mais écrites d'un style négligé, quoique ne manquant pas d'une certaine grâce. Les nouvelles du moine Angelo Firenzuolo (mort en 1548) sont lubriques et ordurières, de même que sa traduction de *L'Ane d'Or* d'Apulée: et on en peut dire à peu près autant de la *Cene* de Lasca, poète dont nous avons déjà parlé, quoique cet ouvrage soit d'ailleurs parfaitement écrit. Les *Piacevolissime Notti* de Gianfrancesco Straparola, qui puisa en partie ses sujets dans les poètes antérieurs, notamment dans Girolamo Morlino, sont du même genre. Ses nouvelles furent défendues par l'inquisition, à cause de leur obscénité, et dès lors sont devenues fort rares. Les *Diporti* de Girolamo Parabosco, et les *Escatommiti* de Giraldi sont plus intéressants; les *Sei Giornate* de Sebastiano Erizzo sont sans importance, quoique moins impudiques. Outre ces grandes collections, on a encore quelques nouvelles détachées, dont quelques-unes sont des morceaux d'un grand mérite, comme celles de Macchiavelli, dont le *Belfagor* est un véritable chef-d'œuvre, de Giovanni Brevio et de Luigi de Porta. On préférait traiter des sujets plus sérieux, à la manière des anciens, sous forme de dialogues. On peut citer en ce genre les *Asolani* de Bembo, plusieurs des dialogues de Torquato Tasso, bien que la prolixité soit un peu leur défaut, les Dialogues de Speron Speroni, ceux de Lodovico Dolci, de Muzio et de beaucoup d'autres. Ce qu'a écrit en ce genre Giambattista Gelli de Florence est extrêmement ingénieux; sa *Circe* et surtout ses *Capriccj del bottajo*, maintes fois défendus par l'inquisition, peuvent être cités comme des modèles. Le *Cortigiano* du comte Baldassare Castiglione (mort en 1529), qui y trace le portrait du parfait courtisan, jouit de son temps d'une grande réputation.

Il n'y a pas de pays au monde qui à cette époque présente un aussi grand nombre d'écrivains politiques et d'historien que l'Italie. Parmi les écrivains politiques et les hommes d'État proprement dits Niccolo Macchiavelli occupe incontestablement le premier rang. Il se montre grand et profond politique dans ses *Discorsi sopra la prima deca di T. Livio*, dans les livres *Dell' Arte della Guerra*, et surtout dans son *Principe*; sa *Storia Fiorentina* est un chef-d'œuvre. Sans pouvoir lui être comparés, les *Discorsi sopra C. Tacito* de Scipione Ammirato (mort en 1601) n'en sont pas moins un ouvrage remarquable; on en peut dire autant de l'Histoire de Florence du même, des *Discorsi politici* de Paolo Paruta et de l'ouvrage, beaucoup moins connu, de Giov. Bottero (mort en 1617), qui est intitulé *Della Ragione di Stato e relazioni universali*. Paolo Giovio (mort en 1552), Bern. Rucellai, Galeazzo Capra et Giorgio Florio ont écrit l'histoire de leur temps en latin. Le célèbre Guicciardini, dont le témoignage ne mérite cependant pas toujours toute confiance, écrivit en italien, de même que Pier-Francesco Giambullari, Giambattista Adriani et Patrizio de' Rossi. Florence est particulièrement riche en histoires spéciales de certaines villes et de certaines époques; et c'est surtout l'histoire de la ruine de ses libertés au commencement du seizième siècle dont s'occupèrent un grand nombre de ses écrivains, le plus souvent tout à la fois acteurs et témoins dans les faits qu'ils rapportent. Les principaux sont Jacopo Nardi (mort en 1555), Filippo Nerli, Giovanni Cavalcanti (mort en 1556), Benedetto Barchi (mort en 1565), Bernardo Segni (mort en 1558). Il faut mentionner encore les petits ouvrages de Cino Capponi et de son fils Neri. Un Vénitien, Michele Bruto (mort en 1594), est aussi l'auteur d'une histoire de Florence en latin. Le premier qui ait consacré un grand ouvrage à l'histoire de Venise est le cardinal Pietro Bembo; de même que Paolo Paruta, il écrivit par ordre de la république. Gênes a eu des historiens distingués dans Jacopo Bonfadio et Uberto Foglietta; Ferrare, dans Giraldi Cinzio et Giambattista Pigna. Pour Naples, on n'a que l'ouvrage, assez peu digne de foi d'Angelo de Costanzo et celui de Gianantonio Summonte (mort en 1602), qui mérite autrement créance. L'histoire des pays étrangers a été aussi maintes fois écrite par des Italiens, qui y avaient occupé des fonctions publiques; mais le plus grand nombre employèrent la langue latine. Parmi les ouvrages de cette espèce écrits en italien, on doit mentionner: *Lo Scisma d'Inghilterra* par Bernardo Davanzati, célèbre comme puriste, et les *Commentarj delle Cose d'Europa* de Lodovico Guicciardini. Ce furent seulement les travaux des réformateurs allemands qui forcèrent l'Église catholique de songer à faire de son côté une exposition de l'histoire ecclésiastique; et c'est ainsi que parurent dans ce siècle les *Annales ecclesiastici* de Baronius (mort en 1607). Le haut degré de perfection que l'art atteignit pendant ce siècle porta à réfléchir et à écrire aussi bien sur l'histoire de l'art que sur sa théorie et sa pratique. Ainsi furent publiés les excellents ouvrages intitulés *Vite de' più eccellenti Pittori, Scultori ed Architetti*, par Georgio Vasari, et *Il Riposo*, dialogue sur la peinture et la sculpture par Rafaello Borghini. L'architecture, en particulier, fut traitée avec un remarquable talent par Andrea Palladio et Vincenzo Scammozzi. L'autobiographie de l'orfèvre Benvenuto Cellini (mort en 1570), aventurier plein de talent, et quelques-uns de ses ouvrages relatifs à l'orfèvrerie, à la sculpture, etc., ne sont pas non plus sans mérite. L'histoire littéraire, qui est une des gloires de l'Italie, commence seulement dans ce siècle, par les ouvrages, assez peu importants d'ailleurs, de Giammaria Barbieri et de Francesco Doni. La philosophie, qui jusque alors n'avait presque fait que végéter au service du système ecclésiastique dominant, commença pour la première fois dans ce siècle à témoigner d'une vie indépendante, mais le plus souvent, il est vrai, pour le malheur de ceux qui osèrent sortir des ornières de la routine. Cependant les ouvrages d'un Girolamo Cardan, d'un Giordano Bruno et d'un Giulio Cesare Vanini sont pour la plupart écrits en latin. La plupart et les plus considérables des académies qui avaient surgi dans le cours du quinzième siècle dépaturèrent au seizième, étouffées par l'inquisition, et furent remplacées dans toutes les villes d'Italie par une foule de sociétés n'ayant d'autre but que la poésie, la langue ou les plaisirs de la conversation. On ne peut guère citer dans le nombre que l'académie des Rozzi à Sienne qui s'occupa surtout de composer et de faire représenter des poèmes dramatiques écrits dans le patois des campagnes environnantes, et l'*Accademia della Crusca*, qui existe encore aujourd'hui à Florence. Ses membres s'étaient d'abord désignés sous le nom de *Gli Umidi*; plus tard ils prirent le nom d'*Accademia Fiorentina*, et ce ne fut qu'en 1587 qu'ils adoptèrent définitivement celui d'*Accademia della Crusca*.

Quatrième période. Le dix-septième siècle, il *seicento*, marque la décadence des études classiques et de la poésie, et sa pernicieuse influence s'étendit sur le plus grande partie du dix-huitième siècle, à la fin duquel nous saluons la venue de la régénération de l'Italie. En dépit de tous les obstacles que leur opposaient les inquiètes défiances et les persécutions de l'Église, les sciences naturelles, après un long sommeil, se réveillèrent et produisirent dès le commencement de cette période tout une série d'hommes remarquables. Il se forma des associations savantes, comme celle des *Lincei* à Rome dès 1605, qui a péri plusieurs fois, il est vrai, mais que de nos jours encore Pie IX a de nouveau rappelée à la vie. A Rome l'*Accademia del Cimento* jeta même encore plus d'éclat, mais pour bientôt disparaître à jamais. Parmi les hommes qui ont acquis un nom immortel en astronomie et dans les autres sciences physiques, Galileo Galilei occupe incontestablement le premier rang. Après lui nous distinguons Vincento Viviani, Evangelista Torricelli, les Cassini, père, fils et petit-fils; les astronomes Giambattista Riccioli et Francesco Grimaldi; les naturalistes Malpighi, Lorenzo Bellini et surtout le médecin poète Francesco Redi d'Arezzo (mort en 1697), auteur du célèbre dithyrambe *Bacon en Toscagne*. Les sciences philosophiques, elles aussi, furent cultivées à cette époque par un grand nombre d'hommes remarquables, comme cet infortuné Tommaso Campanella (mort en 1659), qui a laissé de fort intéressantes *poesie filosofiche*. Giambattista Vico (mort en 1744), dont les *Principj di Scienza Nuova* ont fait vraiment époque; les jurisconsultes Cesare Beccaria, Gaetano Filangieri, appartiennent déjà à une époque plus rapprochée de la nôtre. Nous ne devons pas non plus omettre les noms d'Antonio Genovesi (mort en 1769), de Ferdinando Galiani (mort en 1787), de Maria Pagano (fusillé en 1799), et les frères Verri, dont l'un, *Alessandro*, est surtout connu par ses *Notti Romani*. L'histoire, dont la mission consistant à retracer fidèlement les événements fut rendue singulièrement difficile par les malheurs des temps, a été cultivée par un grand nombre d'écrivains; mais il n'en est qu'un petit nombre qui aient décrit les événements auxquels ils avaient assisté. Tels furent, par exemple, Arrigo Caterino Davila, assassiné en 1631, auteur de l'histoire *Delle Guerre Civile di Francia*; et Guido Bentivoglio (mort en 1644), auteur d'une *Storia delle Guerre di Fiandra*, écrite avec autant d'impartialité que le lui permettait le point de vue où il était placé.

Les autres ouvrages historiques de cette époque sont tous sans exception uniquement le fruit de savantes et laborieuses investigations. De ce nombre sont les ouvrages latins du jésuite Famiano Strada (mort en 1649), l'histoire de Naples par Francesco Capecelatro (mort en 1670), de Venise par Battista Nani (mort en 1678), l'histoire de son temps par Pietro Giovanni Capriata de Gênes, et les nombreux mais peu solides ouvrages de Gregorio Leti. Parmi les historiens postérieurs, on doit honorablement citer : Pietro Giannone (mort en 1748), dont le principal ouvrage est la *Storia Civile del Regno di Napoli*; et la *Storia di Milano* de Pietro Verri (mort en 1797) continuée par Pietro Custodi et Stefano Ticozzi. Les nombreux ouvrages de Carlo Maria Denina (mort en 1813) sont trop superficiels, et la plupart écrits en français. Le don de patiente investigation qui de tous temps distingua les Italiens produisit encore dans cette période deux hommes distingués : Lodovico Antonio Muratori (mort en 1750), dont les nombreux ouvrages sont pour la plupart écrits en latin; et le marquis Scipion Maffei (mort en 1755), qui ne lui cède en rien pour la patience et la profondeur des recherches. Dans le domaine de l'histoire ecclésiastique, il n'y a, à la vérité, qu'un seul grand ouvrage à citer, mais d'un mérite immense, l'histoire du Concile de Trente par Fra Paolo Sarpi (mort en 1623). L'histoire des beaux-arts a été l'objet de recherches nombreuses, les unes ayant trait à l'ensemble même des arts, les autres bornées à telle ou telle branche spéciale. Parmi les plus anciens ouvrages de ce genre, nous mentionnerons ceux de Filippo Baldinucci (mort en 1696), qui essaya de compléter et de rectifier Vasari; de Carlo Dati (mort en 1675); et les biographies spéciales d'artistes de Giovanni Baglione. En fait d'ouvrages nouveaux, il faut citer la *Storia pittorica* de Luigi Lanzi, qui a publié un savant *Saggio di Lingua Etrusca*, et la *Storia della Scultura* de Leopoldo Cicognara. On a une histoire spéciale de l'opéra par Pietro Signorelli (mort en 1815).

C'est surtout dans le domaine de leur propre histoire littéraire que les Italiens ont déployé une remarquable activité; à cet égard on peut citer les noms de Gianvittorio Rossi et de Giovanni Cinelli (mort en 1706), de Giusto Fontanini, de Giacinto Gimma, de Giovanni Maria de Crescimbeni, de Saverio Quadrio, de Giovanni Mazzucchelli (mort en 1768), mais surtout celui de Girolamo Tiraboschi. Giambattista Corniani et le bien plus ingénieux Camillo Ugoni traitèrent d'un certain nombre d'écrivains éminents, mais uniquement au point de vue biographique. A ces richesses littéraires il faut ajouter les nombreux ouvrages relatifs à l'histoire de la littérature et des savants dans les divers États et villes d'Italie. S'il n'a pas manqué en Italie de patients collectionneurs, par contre c'est la critique et l'instruction générale qui y font défaut. Ce qu'on pourrait citer à cet égard est devenu aujourd'hui le plus souvent hors d'usage en raison de sa vétusté; par exemple, les *Proginnasmati* de Benedetto Fioretti, connu sous le nom d'Udeno Nisieli; le *Trattato della Bellezza della Volgar Poesia* de Crescimbeni; *Della regione Poetica* de Vincenzo Gravina, et *Della perfetta Poesia* de Muratori. Il y a beaucoup plus d'esprit dans les *Ragguagli di Parnasso* de Trojano Boccalini, et surtout dans la *Frusta letteraria*, espèce de journal critique, de Giuseppe Baretti (mort en 1789). Le premier journal critique qu'ait eu l'Italie fut le *Giornale de' Letterati*, fondé par Francesco Nazari, en 1668, continué par divers jusqu'en 1689. Vint ensuite la *Galleria di Minerva*, le *Giornale de' Letterati d'Italia*, fondé par Apostolo Zeno, les *Novelle letterarie* de Lami; la *Storia letteraria d'Italia* de Zaccaria, et le *Giornale Pisano* de Fabbroni. Parmi les journaux modernes, et existant encore aujourd'hui pour la plupart, on peut citer comme les plus importants : le *Giornale Arcadico*, à Rome; l'*Antologia di Firenze* de Vieusseux, supprimé en 1833 par ordre de l'autorité supérieure; le *Giornale de' Letterati*, à Pise; les *Effemeri romane* de D. Rossi; le *Poligrafo*; le *Conciliatore* de Milan, supprimé depuis longtemps; le *Giornale enciclopedico* de Naples; la *Biblioteca italiana* de Milan, réunie depuis 1841 avec le *Giornale dell' I.-R. Istituto Lombardo*; la *Revista Europea*, etc., etc. Un fait bien remarquable assurément, c'est que la nouvelle, autrefois le genre de poésie favori des Italiens, disparut presque complètement au dix-septième siècle; et depuis lors on n'a plus rien vu publier de bien important en ce genre. En effet, les *Novelle Morali* de Francesco Soav sont d'une platitude extrême; les contes d'un maître d'école, de Cesare Balbo, ont infiniment plus de mérite; et en fait d'écrivains contemporains on ne peut guère citer que les *Nouvelles* de Gaetano Parolini et les *Novelle Morali* de Scarabelli.

Nous avons déjà dit plus haut que vers le milieu du dix-huitième siècle l'Italie avait été travaillée par une véritable *gallomanie*, dont l'influence n'était aussi fait sentir sur la langue. Les hommes qui suivirent cette direction pensaient sans doute réveiller ainsi leur nation de la paresse et de l'engourdissement d'esprit dans lequel elle était tombée. Ils abandonnèrent donc la voie du véritable développement national, et leurs succès ne pouvaient être que de courte durée. Les principaux furent : le comte Francesco Algarotti (mort en 1764), l'un des favoris de Frédéric le Grand, mais qui n'a laissé qu'un fort petit nombre d'ouvrages; Saverio Bettinelli (mort en 1808), qui dans ses *Lettere Virgiliane*, dirigées surtout contre le Dante, prouva qu'il était complètement incapable de comprendre un véritable poète; et surtout Melchiorre Cesarotti (mort en 1808). Les poètes de cette période portent encore plus que les autres écrivains la triste empreinte de leur temps. L'engourdissement, l'absence de sentiment, le goût pour de vains jeux de mots, pour les antithèses, les métaphores absurdes ou les *concetti*, comme on dit d'ordinaire, une certaine sensiblerie pastorale, un vain cliquetis de mots au lieu de pensées fortes et viriles, et une lubricité effrontée caractérisent la plupart des productions poétiques de cette période. Le petit nombre d'écrivains qui cherchèrent à s'élever au-dessus de ce vulgaire niveau tombèrent dans l'enflure et l'exagération, signes évidents de l'absence de force véritable. Tous ces indices de la décadence de la nation, plus encore que des poètes eux-mêmes, apparaissent de la manière la plus saillante dans les innombrables poésies lyriques de cette époque. Il faut placer en tête de tous ces poètes du dix-septième siècle Giambattista Marini (mort en 1625), lequel, tout en participant de leurs défauts, les domine néanmoins presque tous par l'imagination et par l'harmonieuse richesse de l'expression. Sauf le genre dramatique, il s'essaya à peu près dans tous les genres. Le plus important de ses ouvrages est son grand poème épique et mythologique, *Adone*. Son talent a immortalisé son nom ; et par l'épithète de *marinistes* on désigne aujourd'hui les poëtes qui ont exagéré et reproduit sa manière et ses défauts, sans lui ressembler dans ce qu'il a de véritablement bon. Nous citerons comme les plus mauvais entre les malheureux imitateurs de Marini, Claudio Achilini et Girolamo Preti. Ce mauvais goût, dont il ne serait pas difficile d'ailleurs de montrer déjà les premières traces dans Pétrarque, et auquel sacrifia souvent Torquato Tasso, dura jusqu'à la fin du dix-huitième siècle ; et l'Académie de l'Arcadie, à Rome, qui dès 1690 s'efforça de remédier à ce désordre en introduisant l'innocence ou plutôt la fadeur pastorale dans la poésie, n'avait assurément pas choisi le moyen convenable. C'est en vain qu'on chercherait de la sensibilité véritable et des pensées viriles chez les lyriques les plus célèbres de cette époque, chez Benedetto Menzini, Alessandro Guidi, Giambattista Zappi, Francesco de Lemene, Carlo Maria Maggi, Laurenzio Frugoni. Le grave Gabriello Chiabrera (mort en 1687), qui a plutôt quelque chose d'antique dans sa manière, évite, il est vrai, ce qu'il y a de mou et d'efféminé dans le faire de ses contemporains, mais arrive ainsi à tomber dans l'emphase et un prétentieux pathos. Fulvio Testi (mort en 1646) et Vincenzo Filicaja (mort en 1707) lui ressemblent à tous égards. Dans le petit nombre de poëtes distingués de cette époque on peut citer Eustachio Manfredi (mort en 1738), Paolo Rolli (mort en 1767), et même ajouter à leurs noms ceux de Ludovico Savioli (mort en 1804) et d'Onofrio Minzoni (mort en 1817).

A une époque où la politique et les sciences étaient tombées si bas, on n'a pas le droit de s'attendre à nombre de grands ouvrages épiques ; et en effet, des nombreuses tentatives faites dans cette voie, il n'en est pas une seule qui se soit élevée au-dessus du médiocre. Le plus intéressant ouvrage à citer en ce genre, c'est peut-être bien encore le *Ricciardetto* de Niccolò Forteguerra (1735), qui essaya avec assez de bonheur de ressusciter le poëme héroïque et romantique, autrefois si aimé du public. Il n'y a guère que les hommes faisant de l'histoire littéraire l'objet d'une étude spéciale qui aient entendu parler du *Mondo Nuovo* de Tommaso Stigliani, et du *Mondo Creato* de Gasparo Martola, l'un et l'autre datant des premières années du dix-septième siècle. La meilleure production de cette époque est encore *Il Conquisto di Granata* de Girolamo Grazziani (mort en 1675) ; le *Boemondo* de Semproni et l'*Imperio vendicato* d'Ant. Carraccio sont bien plus faibles. Il y a beaucoup d'originalité dans l'*Adamo* de Tommaso Campailla et dans les *Visioni sacre e morali* d'Alfonso Varano (mort en 1788). L'époque moderne n'a rien produit non plus de bien remarquable en ce genre : les seuls poëmes qu'on cite sont *Il Cadmo* de Pietro Bagnoli, *La Gerusalemme distrutta* de Cesare Acici ; *La Colombiade* de Bernardo Bellini, *La Russiade* d'Orti, et *Camillo o Veja conquistata* de Carlo Botta. Une époque qui avait la conscience d'être incapable de rien produire de grand devait être naturellement portée à déprécier et à tourner en ridicule la grandeur des temps anciens ; de là l'énorme quantité de poëmes héroï-comiques et de parodies à laquelle elle donna le jour. Et cependant il n'y a, à vrai dire, qu'un seul poëte qui se soit fait un nom durable en ce genre, Alessandro Tassoni (mort en 1625), dont la *Secchia rapita* se lit bien encore de nos jours, n'offre plus de véritable intérêt. Ce que nous disons là est encore plus vrai du poëme de Francesco Bracciolini (mort en 1645) qui a pour titre *Lo Scherno degli Dei*. Le *Malmantile racquistato* du peintre Lorenzo Lippi (mort en 1664), poëme essentiellement florentin, mais presque inintelligible aujourd'hui, obtint de son temps un grand succès. Les autres poëmes de ce genre : *Il Torrachione desolato* de Corsini, *L'Asino* de Carlo de' Dottori, *Il Lamento di Cecco da Varlunga* de Baldovino, *La Cicceide* de Lazzarelli, *La Moscheide* et *La Franceide* de Lalli, *La Bucchereide* de Bellini, *La Presa di san. Miniato* de Neri, sont depuis longtemps oubliés. En revanche, on lit encore aujourd'hui le *Ciceroue*, grand poëme en cent un chants de Passeroni (mort en 1803) à cause de sa bonne et franche gaieté vraiment italienne. Les poésies, assez spirituelles sans doute, mais ordurières et composées tout à fait dans le goût français, de Giambattista Casti : *Gli Annimali parlanti*, et ses *Novelle*, obtinrent un grand succès à une époque aussi frivole que celle où elles parurent. La plus récente production en ce genre est le *Poeta di Teatro*, de Filippo Pananti (mort en 1837). On a aussi à cette époque revêtu de formes poétiques les anciens livres populaires, tels que les *Astuzie di Bertoldo* et les *Facéties* de Gonella. En fait de fabulistes, nous mentionnerons Bertola, Pignotti, Luigi Clasio (Fiocchi) et Gaetano Perego.

La satire romaine ne fit pas fortune pendant cette période. C'est tout au plus si on doit citer les satires de Chiabreri et de Soldani, et plus tard celle de Gasparo Gozzi (mort en 1786), que le purisme de son style a rendu célèbre. Les satires du célèbre peintre Salvator Rosa (mort en 1675), qui le plus souvent avaient pour point de départ des improvisations préalables, ont une incontestable originalité. En fait de satiriques modernes, il faut nommer Giuseppe Zanoja (mort en 1817), Gisnantonio de Lucca et Angelo d'Elci. Ce que la poésie didactique offre de mieux, c'est *La Riseide* de Giambattista Spolverini (mort en 1767); on peut mentionner encore le *Stato rustico* d'Imperiali, la *Coltivazione di Monti* de Bartolommeo Lorenzi (mort en 1820), les *Bachi da Seta* de Betti, la *Coltivazione degli ulivi*, *I coralli* et *La Pastorizia*, poëmes fort estimés de Cesare Ariel (mort en 1829), ainsi que la *Coltivasione de Cedi* de Giuseppe Niccolini.

L'intérêt de plus en plus grand que le public prenait à l'opéra empêcha que rien d'important se produisît à cette époque dans le genre dramatique. Les tragédies de Giovalini Delphino et d'Antonio Carroccio sont aujourd'hui complètement oubliées ; et ce ne fut que vers la fin de ce siècle, et même plus tard encore, alors seulement qu'on connut le théâtre français, que quelques écrivains s'essayèrent dans ce genre. Le plus célèbre de son temps fut Pier Jacopo Martelli (mort en 1727), qui employa même une forme de vers imitée du français, et appelée d'après lui *martellinne*, mais à laquelle on ne tarda point à renoncer, du moins pour la tragédie. En revanche, il faut honorablement citer la *Merope* de Scipione Maffei ; après cette tragédie, il n'y a plus guère que les pièces du mathématicien Antonio Conti (mort en 1749) dont il soit permis de parler, tandis que les ouvrages de Pietro Chiari sont depuis longtemps tombés dans l'oubli. Les efforts des Italiens dans la comédie furent plus heureux et empreints de plus d'originalité. La *commedia dell' arte* continua à faire les délices du peuple ; et Flaminio Scala (mort en 1620), Tiberio Fiorillo (mort en 1694), noms auxquels on peut encore ajouter celui du peintre Salvator Rosa, obtinrent de grands succès en ce genre. Plusieurs poëtes de talent, comme Giambattista Porta, le duc de Sermonetta, Filippo Gaetano, Scipione Errico, etc., travaillèrent surtout pour le théâtre, à Naples, avec le plus grand succès. Les deux pièces de Michel-Ange Buonarotti le jeune (mort en 1646), *La Tancia* et *La Fiera*, l'une dans la langue en usage à la ville, et l'autre dans le patois des paysans, sont des productions fort originales, et furent composées par l'auteur à l'effet de fournir à l'*Accademia de la Crusca* pour son dictionnaire des exemples de la langue populaire. Sans doute Girolamo Gigli (mort en 1722) ne fit que copier Racine et Molière, et les pièces de Liveri de Naples et de Chiari (celui dont il a déjà été question) sont tombées dans un profond oubli ; mais enfin parut le plus grand poëte comique de l'Italie, Carlo Goidoni, de Venise (mort en 1792). Il s'efforça d'écrire à la manière de Molière et surtout de remplacer la *commedia dell' arte* par la comédie de caractère. S'il n'y réussit point, du moins les tableaux fidèles qu'il a tracés des caractères et des mœurs des Italiens, et la facilité ainsi que le naturel de son style l'ont rendu l'auteur comique favori de ses compatriotes. Il régna seul sur la scène de Venise pendant dix années, jusqu'au moment où, avec ses créations vraiment originales, le comte Carlo Gozzi parvint à l'éclipser. Gozzi entreprit de dramatiser toute une suite de contes de grand'mères, *Fiabe*, et obtint ainsi de son temps d'immenses succès. Les autres ouvrages ne valent pas la peine qu'on en parle. Dans les dernières années du dix-huitième siècle, le goût du public italien hésita entre les modèles français et les modèles allemands (Iffland, Kotzebue); et Camillo Federici, Gherardo de Rossi, Capacelli, Signorelli, le comte Giraud, Alberto Nota et Augusto Bon sont incontestablement des écrivains de mérite. L'opéra, genre qui jusque alors n'avait encore été traité que par des écrivains tout à fait inférieurs, atteignit pendant le cours du dix-huitième siècle le plus haut degré de sa splendeur et de son éclat, grâce aux productions de deux poëtes que les Italiens tiennent encore aujourd'hui en grande estime, le savant et grave Apostolo Zeno (mort en 1750) et le favori de ses compatriotes, Pietro Trapassi, plus connu sous le nom de Metastase (mort en 1782). La plupart de ses contemporains, Frugoni, Rolli, Rezzonico, Calsabigi, etc., n'ont rien produit d'important. Dans ces derniers temps le public a accueilli assez favorablement les opéras de Cristoforis et de Felice Romani.

CINQUIÈME PÉRIODE. Un esprit meilleur commença à se manifester vers la fin du dix-huitième siècle et au commencement du siècle actuel. La révolution française, les guerres et les bouleversements qu'elle entraîna à sa suite pour l'Italie, l'esprit militaire qu'elle réveilla, de même que les aspirations à l'unité politique de l'Italie qu'elle provoqua de toutes parts, illuminèrent les esprits, et engagèrent une foule d'hommes distingués à abandonner, même en littérature, les sentiers jusque alors frayés et battus pour revenir aux voies anciennes et nationales, avec le Dante pour guide. Dans la langue, ce mouvement de rénovation se manifesta par une tendance visible à l'expurger du gallicisme, qui menaçait de corrompre et d'étouffer le noble langage de l'Italie; dans la poésie, par la lutte qui s'établit entre les classiques et les romantiques, c'est-à-dire entre ceux qui suivaient l'ancienne direction mythologique, et ceux à qui la connaissance des littératures anglaise et allemande avaient fait entrevoir de nouveaux horizons dans le domaine de l'intelligence. En ce qui est de la langue, les puristes ont incontestablement triomphé; mais il serait encore difficile de dire ce qui résultera en définitive de la lutte des romantiques et des classiques; car dans l'état d'oppression et de surexcitation où se trouve aujourd'hui l'opinion publique en Italie, elle se préoccupe de progrès tout autres que ceux qui se rattachent à une simple question littéraire. Le parti des puristes reconnaissait sans conteste pour chef Antonio Cesari (mort en 1828). Dans tous ses ouvrages, cet écrivain a poussé jusqu'à l'affectation sa prédilection pour la langue du *Trecento*. Il eut un digne successeur en Pellegrino Farini (mort en 1848). Vincenzo Monti (mort en 1828) défendit la même cause, comme aussi celle des classiques, avec plus de goût et d'esprit; et il fut fidèlement secondé dans tous ses efforts par son gendre, le comte Giulio Perticari en (mort 1822), écrivain profondément versé dans la connaissance des antiquités italiennes. Plusieurs poëtes distingués, ne se rattachant en rien à ces hommes engagés dans les luttes des partis politiques, avaient déjà adopté un style meilleur et plus énergique. C'est un mérite qu'eut surtout Giuseppe Parini (mort en 1799), qui dans son gracieux poëme *Il Giorno* avait employé l'élégance la plus extrême de la langue à flageller la misérable nullité de la vie des hautes classes de la société de son siècle. Après lui il faut surtout citer Ippolito Pindemonte (mort en 1828). Un homme de talent et d'un caractère bizarre, mais d'une éducation défectueuse, dont plus tard il s'efforça de combler les lacunes au moyen d'études opiniâtres, le comte Vittorio Alfieri, se crut appelé à devenir le réformateur du théâtre italien. Son aversion pour la fadeur des drames alors au répertoire, qui les faisait ressembler à autant d'opéras, le fit tomber dans l'extrême opposé. Au lieu d'être simple et naturel, il ne réussit qu'à être rude et abstrait, sans savoir donner de la couleur à ses sujets non plus que de la vérité à ses caractères. Au fond, son système est tout à fait celui de la tragédie française, avec cette seule différence qu'il écartait tout ce qui lui paraissait superflu, ne conservant dans son action que trois ou au plus quatre personnages, qui luttent alors entre eux de fiévreuse passion. Cette innovation n'en fut pas moins accueillie avec enthousiasme. Ses autres ouvrages sont assez insignifiants et trahissent plus d'aigreur et d'emportement de caractère qu'ils ne témoignent de pénétration et d'instruction. Ugo Foscolo (mort à Londres, en 1827), plus célèbre par ses *Ultime Letere di Jacopo Ortis*, imitation de *Werther*, et par ses travaux sur le Dante, Pétrarque et Boccace, que par ses tragédies, imitées de celles d'Alfieri, offre certaines analogies de caractère avec lui. Les écrivains dramatiques plus récents se sont sagement éloignés de la rudesse et du laconisme contre nature d'Alfieri, et déjà Monti leur avait à cet égard indiqué une voie meilleure. Le premier de tous est sans conteste Giambattista Niccolini de Florence, qui d'abord, il est vrai, emprunta ses sujets à la mythologie et à l'antiquité, mais qui plus tard s'est avec bonheur rapproché du moyen âge. Les œuvres dramatiques de Sylvio Pellico et celles de son compagnon d'infortune Carlo Maroncelli (aujourd'hui fixé en Amérique) sont beaucoup plus faibles. La réputation de quelques autres poëtes modernes, tels que Luigi Scevola, Cesare della Valle, Francesco delle Valle, Cosenza, etc., n'a point dépassé les frontières de l'Italie.

Ce n'est pas Alfieri qu'il faut considérer comme le véritable réformateur du théâtre italien, mais bien Alexandre Manzoni. Ses deux pièces *Il Conte di Carmagnola* et *Adelchi* sont les ouvrages qui les premiers ouvrirent en Italie des voies nouvelles à l'art dramatique, de même que dans ses *Inni sacri* il a pris un ton jusque alors inconnu dans son pays. Il faut mentionner comme de faibles imitateurs Tebaldo Fores, De Cristoforis, Rosini et Carlo Marenco, qui ont traité dramatiquement tous les grands événements arrivés au moyen âge dans leur patrie. Quelques poëtes modernes ont modestement donné le nom de *drammi* à leurs tragédies, par exemple Giuseppe Revere, Antonio Gigliani, Felice Turatti et Giacinto Battaglia, qui ont essayé, sans obtenir des succès bien remarquables, de mettre en scène la plupart des romans qui ont fait du bruit de nos jours. On vante d'ailleurs beaucoup les travaux de Giovanni Sabattini de Modène, auteur de plusieurs *drammi storici*, qui ont traité dramatiquement des œuvres dramatiques que des scènes historiques, et le *Fornaretto* de Francesco dell' Ongaro de Trieste. A peine a aussi imprimé comme *Danae*, et un tableau de mœurs nationales *I Dalmati*. Dans ces derniers temps, à côté du répertoire de Goldoni et de Nota, toujours en possession d'attirer la foule, Gherardo del Testa n'a pas laissé que de réussir à se faire une place honorable au théâtre. Si de temps à autre on voit représenter sur la scène italienne quelques traductions des tragédies de Schiller ou des drames de Kotzebue, il faut reconnaître qu'elle est littéralement envahie de plus en plus par des traductions de pièces françaises. Le théâtre tout entier de M. Scribe y a passé.

L'épopée, dans le sens antique attaché à ce mot, après avoir été maintes fois essayée en Italie, semble de nos jours complètement abandonnée. En revanche les petits récits épiques, qu'on pourrait à bon droit qualifier tout simplement de romans ou de nouvelles, sont toujours accueillis avec beaucoup de faveur. L'ouvrage le plus important sous ce rapport est celui de Tommaso Grossi, qui a pour titre *Lombardi alla prima crociata* et se compose de quinze chants. Production remarquable à tous égards, ce poëme donne lieu à d'intéressants rapprochements avec celui du Tasse. Le même auteur avait déjà donné quelques nouvelles : *La*

Fuggitiva et *Ildegonda*, et plus tard *Ulrico e Lida*. On a encore remarqué *La Pia*, épisode du Dante, par Benedetto Sestini; un *Torquato Tasso*, de Jacopo Cabianca, plusieurs petits poëmes épiques de Ricci, et les poésies publiées par Silvio Pellico sous le titre d'*Antiche*. L'avocat Costa a donné une découverte de l'Amérique en *versi sciolti*. L'affranchissement de la Grèce a aussi inspiré deux poëmes: *La Pace d'Adrianopoli* par Domenico Biorci, et *La Grecia rigenerata* de Giovani de Martino.

— L'état d'excitation politique où se trouve l'Italie, n'est guère favorable à la poésie lyrique. Beaucoup d'entre les poëtes que nous avons déjà mentionnés, tels que Parini, Pindemonte, Alfieri, Monti, Silvio Pellico et surtout Manzoni ont, il est vrai, composé des poëmes lyriques, dont quelques-uns sont des morceaux remarquables; mais au total on ne peut nommer aujourd'hui qu'un très-petit nombre de poëtes lyriques importants. Le premier de tous fut incontestablement le comte Giacomo Leopardi (morten 1837); après lui on ne peut guère citer que Luigi Carrer, Giovanni Berchet, Agostino Cagnoli (mort en 1846) et Giovanni Prati, qui vit encore aujourd'hui à Turin. On a de Giuseppe Giusti (mort en 1850) quelques intéressants poëmes patriotiques en dialecte populaire toscan. Les troubles qui ont agité l'Italie dans ces derniers temps ont sans doute donné naissance à une foule d'odes, d'hymnes patriotiques, etc.; mais il n'y a guère que les chants de Brofferio de Turin et les *canti* d'un *Menestrello Italiano* par un anonyme, qui méritent d'être cités dans cette rapide énumération. Giuseppe Vedova a publié depuis 1836 le choix des meilleures morceaux de poésie composés de nos jours par des femmes.

Le roman, qui, par les causes que nous avons déjà indiquées plus haut, fit presque complétement défaut à l'Italie, y est devenu de nos jours, comme dans le reste de l'Europe, la lecture favorite du public; le roman historique surtout; résultat qu'il faut sans doute attribuer à l'immense succès des romans de Walter Scott. Nous ne citerons ici que pour mémoire les nombreux et au total assez peu importants travaux de Bertolotti. En revanche, ici comme au théâtre, ce fut Alexandro Manzoni qui donna l'impulsion première avec ses *Promessi Sposi*; ouvrage où il traça de la manière la plus brillante le tableau des mœurs et de l'histoire du dix-septième siècle au nord de l'Italie. Une foule d'écrivains ont depuis suivi les mêmes voies avec plus ou moins de succès; en tête de tous on doit placer Gioviavni Rosini, l'auteur de *La Monaca di Monza* et de *Luisa Strozzi*; tout ce que l'on peut lui reprocher, c'est de laisser la partie politique et littéraire de ses ouvrages trop empiéter sur leur partie poétique. L'*Ettore Fieramosca* et le *Niccolo de' Lappi* de Massimo d'Azeglio, ainsi que le *Marco Visconti* de Tommaso Grossi, sont des œuvres beaucoup plus remarquables. En fait de romanciers, il faut encore citer Varese, Bazzoni, Falconetti, Lanzetti, Guerazzi, Defendente Sacchi, Marocco, Zorzi, Luigi Vigna, le prince de Santa-Rosa, Giacinto Battaglia, Cesare Cantù, Tommaseo et Ranieri. L'*Ebreo di Verona*, par le jésuite Bresciani, est un roman à tendances bien arrêtées.

L'histoire a aussi été cultivée dans ces derniers temps, avec autant de soin que de succès. En fait de travaux d'investigation savante, il faut mentionner en première ligne ceux de Giuseppe Micali et de Garzetti. Le plus remarquable ouvrage historique de notre époque est l'histoire universelle de Cesare Cantù. Cesare Balbo, Luigi Barti, Giuseppe Compagnoni et Ant. Coppi se sont occupés de l'histoire générale de l'Italie. Les révolutions politiques de notre époque ont engagé plusieurs écrivains à écrire l'histoire de leur temps, et quelques-uns celle des événements dont ils avaient eux-mêmes été témoins. Dans le nombre, il faut citer la *Storia della Guerra dell' Impedenza degli Stati Uniti d'America* de Carlo Botta (mort en 1837) et sa *Storia d'Italia*; l'histoire de la révolution de Naples par Vincenzo Cuoco; l'histoire de la guerre des Français en Espagne par Camillo Vacani, qui fut acteur dans les événements qu'il raconte; l'histoire moderne de Naples, par Pietro Colletta; celle de Sicile, par Pietro Lanza, prince de Scordia. Gualterio et Ferdinando Ranalli ont publié ce que l'on a de mieux sur l'histoire des derniers événements dont la péninsule a été le théâtre. L'histoire spéciale des provinces et des villes a également été l'objet de nombreux travaux; nous citerons plus particulièrement l'histoire de Naples par Pagano; les Vêpres Siciliennes de Michele Amari; les *Tavole cronologiche della Storia fiorentia* d'Alfr. Reumont; l'histoire de Toscane par Lorenzo Pignotti (mort en 1812); celle de Pise par Bonaini; celle de Milan par Pietro Custodi; celles de Gênes par Carlo Varese et par Girolamo Serra; celle de Sicile par Giuseppe Alessi, et celle de Venise par un anonyme. En fait d'historiens modernes, il faut encore mentionner Luigi Cibrario à Turin; Citadella, à Padoue; Tullio Dandolo, à Venise; et Troya à Naples. Les *Famiglie celebri d'Italia* du comte Pompeo Litta sont un ouvrage de vastes proportions, et qui a exigé d'immenses travaux. Dans ces tout derniers temps les ouvrages politiques de Gioberti, de Balbo et de Mazzini, ont produit une sensation extrême. Le parti de la réaction jésuitico-catholique a pour principaux organes les journaux *Scienza e Fede* à Naples, *La Voce della Verità* à Modène, et la *Civitta catolica* rédigée à Rome depuis 1850 par des jésuites; tandis que Gioberti l'a combattue dans son *Gesuita moderno*, et Rosini dans ses *Cinque Piaghe della Chiesa*. La plupart des journaux politiques que firent naître les derniers événements ne purent avoir qu'une existence éphémère. Dès 1835 l'excellente *Antologia di Firenze* avait été supprimée; et il ne subsiste plus aujourd'hui à Turin que le *Risorgimento*, qui a pris depuis 1853 le titre de *Parlamento*. La *Biblioteca Italiana* de Milan elle-même, quoi-exclusivement littéraire, a été absorbée par le *Giornale dell' Istituto Lombardo*. L'histoire des beaux-arts a été cultivée avec un remarquable succès par Lanzi, que nous avons déjà eu occasion de nommer, par Cicognara, et dans ces derniers temps par Giuseppe Bossi, Fumigalli, Giulio Ferrario, Inghirami, Rosini et Ennio Quirinio Visconti. Malgré tout ce que nous venons de dire, on peut considérer comme déplorable l'état actuel de la littérature en général, et plus particulièrement celui des belles-lettres en Italie. Il manque d'esprits créateurs et novateurs capables de devenir les chefs et les guides d'un mouvement complet de rénovation et de régénération; il y a absence absolue de direction commune, anarchie et confusion dans les esprits; les Italiens les plus considérés eux-mêmes ont perdu tout espoir dans l'avenir, du moins dans un avenir prochain. Ajoutez à cela le contre-coup d'une époque de révolution, les amères déceptions qui s'en sont suivies, l'apathie morale qui d'ordinaire succède aux grandes crises politiques, pèse alors comme du plomb sur toutes les intelligences, et met obstacle à tout libre essor du génie.

En fait d'ouvrages relatifs à l'histoire de la littérature italienne, nous mentionnerons surtout: Crescimbeni, *Storia della Volgar Poesia* (Rome, 1698); Quadrio, *Storia e regione d'ogni Poesia* (Bologne, 1739); Mazzuchelli, *Gli Scrittori d'Italia* (Brescia, 1753); Tiraboschi, *Storia della Letteratura Italiana* (14 vol., Modène, 1772-1782), ouvrage souvent réimprimé, et dans lequel ont largement puisé les écrivains qui depuis lors se sont occupés de l'histoire de l'Italie; Ugoni, *Della Letteratura Italiana* (Brescia, 1822); Maffei, *Storia della Letteratura Italiana* (Milan, 1834); Cimorelli, *Origine e Progressi delle Belle Lettere Italiane* (Milan, 1845); Giudici, *Compendio della Storia della Letteratura Italiana* (Florence, 1851). Consultez aussi Gingueué, *Histoire littéraire d'Italie* (9 vol., Paris, 1811), continuée par Salfi (4 vol., 1823-1835).

ITALIENNE (Musique). A la différence de l'élément profond et harmonique de la musique allemande et de l'élément déclamatoire de la musique française, la musique italienne moderne a pour base essentielle l'harmonie pure, comme l'indique la prééminence d'une belle mélodie sensuelle, dont un rhythme vif, et cependant simple et clair, rehausse le charme, mais qui ne se confond nullement avec l'harmonie, et lui reste, au contraire, tout à fait subordonnée ; d'où il résulte qu'on la traite assez souvent d'une manière fort indifférente et que même on la néglige quelquefois complétement. De même, dans la nouvelle musique italienne, l'accord caractéristique de la mélodie avec les situations ou avec les dispositions de l'esprit reste constamment surbordonné et même est parfois complétement sacrifié à l'effet harmonique. Cette musique moderne italienne est arrivée à l'apogée de sa perfection avec Rossini; et elle conserve encore son empreinte originelle dans Bellini et Donizetti, bien que déjà ils l'aient beaucoup modifiée. Il en est tout autrement de l'ancienne musique italienne, qui, développée et perfectionnée sans doute en Italie, où Palestrina est le plus illustre de ses représentants, n'en fut pas moins à l'origine transplantée des Pays-Bas dans ce pays par des maîtres flamands, lesquels furent aussi ceux qui l'y cultivèrent avec le plus de soin. Sa base fondamentale, c'est l'harmonie, ou pour parler plus exactement, l'emploi des masses vocales. Mais ce qu'on entend aujourd'hui par *mélodie*, c'est-à-dire la prééminence d'une pensée caractéristique, une suite de tons d'un caractère décidément rhythmique et mélodieux, pouvant être relevés, soutenus et plus clairement exprimés par l'harmonie, et cependant compréhensibles déjà en eux-mêmes, avec un sens précis et déterminé, ne s'y rencontre qu'à un degré presque imperceptible ou même ne s'y trouve pas du tout. En effet, quant à ce canto fermo dont on faisait la base d'une foule de motifs, en employant souvent des mélodies populaires déjà bien connues, étant admis même qu'il restât reconnaissable dans les tons démesurément longs et dans la monotonie rhythmique, il était tellement dominé par les voix de contre-point qu'il ne pouvait jamais avoir d'effet caractéristique sur le morceau ; sans importance réelle pour l'auditeur, ce n'était guère pour le compositeur qu'une manière de préluder. Il faut en outre observer que l'harmonie, dans l'acception rigoureuse de ce mot, c'est-à dire une simple suite d'accords, était bien plutôt le produit de la conduite des voix, que basée sur les rapports d'affinité des accords entre eux ; mais que c'est aussi là précisément, et dans le maintien des tons dits ecclésiastiques ou grecs, qu'il faut chercher la base de ces modulations toutes particulières qui nous parlent dans ces anciens chants d'une manière si étrange, et cependant si merveilleusement saisissable.

Ce fait se remarquable, que ces deux extrêmes apparents aient pu se rencontrer dans la musique d'un seul et même peuple, explique toute l'histoire du développement de la musique italienne. De même que tout art nouveau, la musique trouva dans l'Église chrétienne le point d'appui qui devait servir de base à son développement. Il est impossible de déterminer la proportion dans laquelle la musique grecque ou hébraïque se transforma en musique chrétienne. On attribue, il est vrai, à l'évêque de Milan saint Ambroise l'introduction en Occident du chant en usage en Orient pour les hymnes et les psaumes; est il est prouvé aussi que plus tard on s'efforça pendant longtemps encore d'ériger un système de musique d'après les principes des Grecs. Mais il n'est pas moins certain non plus que la musique nouvelle ne se perfectionna qu'autant qu'elle s'affranchit des liens du système qui lui avait été imposé contrairement à sa nature. Sa première phase de développement date du pontificat de Grégoire Ier dit le Grand, mort en 604. Il augmenta le système des tons, améliora la notation et introduisit une méthode de chant lente et solennelle, pour établir une différence entre le sacré et le profane. Mais de longtemps encore il ne fut pas question d'harmonie. Ce fut seulement au dixième siècle que le bénédictin flamand Hucbald tenta le premier de faire résonner plusieurs tons à la fois. Mais ce qu'on appelle son *organon* ne se composait que d'une série de quartes ascendantes et descendantes avec ou sans redoublement d'octaves; et ce fut précisément en Italie qu'on y fit le moins attention. Après même que d'importants perfectionnements eussent été essayés dans la musique mensurable et dans l'harmonie par Guido d'Arezzo, vers l'an 1020 ou 1040, par Franco de Cologne, au commencement du treizième siècle, et plus tard par Marchettus de Padoue, Jean de Muris à Paris, au quatorzième siècle, il fallut que des étrangers, des Flamands notamment, les fissent connaître à l'Italie. Mais avec Palestrina (1560-1600) commence l'époque brillante du savant contre-point de la direction purement religieuse de la musique. Cependant le maître de Palestrina lui-même, Goudimel, était encore un Flamand. On fonda alors des écoles préparatoires, et l'Italie, Rome et Venise surtout payèrent avec usure à l'étranger ce qu'elles en avaient reçu. Les noms les plus illustres de cette époque sont, outre Palestrina, Felice Anerio, Andrea et Giovanni Gabrieli, L. Marezio, Nanini, Zarlino, l'Allemand, L. Hassler et le Flamand Orlando Lasso.

Mais dès cette époque même, c'est-à-dire à la fin du seizième et au commencement du dix-septième siècle, se préparait un essor qui, favorisé par le concours de beaucoup de circonstances heureuses, donna à la musique une direction qui la modifia essentiellement. C'est alors en effet qu'on tenta les premiers essais de style dramatique. Que si les premières tentatives d'un Orazio Vecchi à Modène, de Giulio Caccini et d'Emilio del Cavaliere à Rome, de Peri à Florence, etc., ne sauraient prétendre à la qualification d'opéras, il y avait toujours là le début d'une direction nouvelle, dont la condition première, à savoir l'originalité de la mélodie, se trouva enfin réalisée. Après les heureux essais de Vincenzo Galilei, on cessa de mépriser plus longtemps le chant solo avec accompagnement d'un instrument, comme n'étant bon que pour le peuple. Les fêtes ecclésiastiques, les mystères, les oratorios, les concerts religieux, de même que l'exécution instrumentale successivement perfectionnée par Scarlatti, Tartini, Nardini et Pugnani, contribuèrent à la propagation de la nouvelle manière, qui, en raison même du caractère des populations méridionales, devait exciter de vives sympathies. Le chant artistique se forma en même temps que l'exécution instrumentale et que la musique de chambre et de concert, résultat auquel ne contribua pas peu l'école de chant fondée à Bologne par Bernacchi. Venise et Naples devinrent les pépinières de la direction nouvelle que favorisèrent successivement A. Scarlatti, Leonardo Leo, Durante, Jomelli, Pergolese, Sacchini, Piccini, Carissimi, Cimarosa, Paisiello, Zingarelli, etc., etc. Ainsi grandit le nouvel enfant de l'Italie, l'opéra, objet des soins et des prédilections des artistes tant nationaux qu'étrangers. L'introduction des airs de bravoure eut surtout pour résultat d'imposer des entraves à la vérité dramatique et d'élever le chanteur au-dessus du personnage représenté. Le chanteur dès lors fut l'unique objet de la préoccupation des auditeurs, qui ne virent plus dans l'œuvre dramatique que le remplissage de convention pendant lequel ils causaient librement entre eux lorsque le chanteur n'occupait pas la scène avec le morceau à effet. Enfin vint Rossini, génie hors ligne, débordant de mélodie, connaissant bien son époque, familier avec la musique instrumentale, qui sut admirablement amalgamer les trésors de son propre fonds avec ceux du passé; et ses opéras obtinrent un succès européen, universel, comme jamais un compositeur n'en avait obtenu avant lui, non plus qu'en aussi peu de temps. Dans la foule de ses successeurs, on ne peut citer que Bellini et Donizetti. Le premier, notamment, fit preuve d'une vigueur toute particulière, et mourut à la fleur de l'âge, laissant au second la suprématie incontestée. Il nous faut encore mentionner ici plusieurs maîtres qui, italiens de naissance mais fixés à l'étranger, suivirent dans leur musique une direction n'ayant que de bien faibles rapports avec celle de leur patrie ; ce sont Chérubini et Spontini, qui se rattachèrent à l'école française, Salieri et Righini, qui inclinèrent davantage vers l'école allemande. Peu de mots nous suffiront pour ce qu'il y a à dire de l'Italie en fait de musique, quand on fait abstraction de l'opéra. Pour la musique religieuse, les chants qu'on entend pendant la semaine sainte dans la chapelle du pape sont les seuls débris traditionnels de l'antique splendeur du genre ; et quant à la musique instrumentale, ce pays est resté fort en arrière de l'Allemagne et de la France, aussi bien pour la composition que pour l'exécution. Il a produit cependant quelques-uns des violonistes les plus éminents, par exemple, Tartini, Corelli, Paganini ; de même qu'Amati et Stradivarius de Crémone portèrent la fabrication du violon à un degré de perfection que personne n'a atteint depuis.

ITALIENNE (Architecture). Quand les barbares envahirent l'Italie, ils trouvèrent ce pays couvert de monuments magnifiques, consacrés aux usages les plus divers, et en même temps de ruines. Chrétiens déjà ou convertis bientôt après au christianisme, et inspirés par le génie de la civilisation, ils prirent soin de conserver pour les besoins de leur culte les basiliques, dont la forme leur servit ensuite de modèle quand ils construisirent de nouvelles églises. Il est assez vraisemblable que le roi Théodoric fit élever un grand nombre d'édifices et d'un genre tout particulier ; mais en fait de monuments authentiques on n'a plus de lui que son tombeau, aujourd'hui l'église de *Santa-Maria della Rotonda* à Ravenne, très-certainement le plus important de tous, la basilique de *San-Apollinare*, le baptistère de *Santa-Maria* à Cosmedin, et quelques débris d'une résidence royale, le tout à Ravenne. Certains détails de ces divers édifices, qui appartiennent encore au style de la décadence de l'empire romain, sont aussi bien et aussi vigoureusement exécutés que cela était possible à une pareille époque. Plus tard, d'ailleurs, les historiens de l'art italien comprirent à tort, sous la dénomination de *style gothique*, tout ce qui ne répondait point à leurs idées sur le style classique, et par suite tous les monuments du moyen âge jusqu'au quinzième siècle. Les constructions de l'exarchat byzantin de Ravenne, par exemple la coupole octogone de l'église San-Vitale, forment un ordre particulier, bien que par leur style et leurs dispositions elles s'accordent dans leurs parties les plus essentielles avec les constructions de l'empire romain d'Orient. Les Lombards succédèrent aux Goths dans la domination de la haute Italie. Le petit nombre de leurs monuments, par exemple ce qui subsiste encore aujourd'hui des fondations de l'aqueduc de Spoleto, sont remarquables par le fini du travail, par la solidité de la bâtisse et par l'absence absolue de toute espèce d'ornement. Un genre qui à cette époque demeura tout particulièrement stationnaire à Rome, ce fut celui des basiliques, où l'on n'aperçoit nulle part d'innovation essentielle. L'époque du règne de Charlemagne, après la destruction du royaume lombard, aurait été favorable à l'architecture, sans l'appauvrissement général qui fut bientôt suivi le résultat des nouvelles irruptions de barbares. Ce fut seulement au dixième siècle que commença dans les diverses contrées de l'Italie une nouvelle ère pour l'architecture. Un esprit particulier à chaque province pénétra dans les antiques formes traditionnelles provenant soit de Rome, soit de Byzance, en les modifiant et en leur communiquant comme une vie nouvelle. Ce fut la Toscane qui en fait demeura le plus fidèle à l'ancienne basilique, tout en la traitant avec une élégance nouvelle et originale et en lui donnant un extérieur plus orné, alors que dans les vieilles basiliques chrétiennes des murailles latérales nues et grossières étaient en désaccord avec la riche mosaïque de la façade. Si à Florence on s'efforçait de prêter aux façades quelque chose de gai en y accumulant les détails d'ornementation, à Lucques et à Pise on alla plus loin encore ; et en leur donna, ainsi qu'aux rotondes, une apparence plus brillante en y ajoutant plusieurs rangées de colonnes superposées, avec des cintres. San-Frediano à Lucques, mais surtout la cathédrale, le baptistère, la tour penchée, et diverses églises à Pise, tous édifices appartenant aux onzième et douzième siècles, et offrant à l'intérieur de riches colonnades, représentent ce système dans toute sa richesse ; cependant on remarque déjà dans la coupole l'introduction de la coupole, qui joue un si grand rôle dans l'architecture vénitienne. Byzance, qui de l'ancienne architecture romaine s'était moins approprié le style et le système de colonnes des Grecs que les voûtes et les coupoles étrusques, exerça une influence directe sur Venise, comme précédemment sur Ravenne. C'est ainsi que l'église de Saint-Marc, construite de 976 à 1071, forme une croix grecque surmontée de cinq grandes coupoles. Les bas-côtés sont, comme à Sainte-Sophie de Constantinople, séparés par des arcades des vaisseaux principaux qui se croisent ; et à la manière d'Orient un porche surmonté de petites coupoles se prolonge sur les trois côtés. Quand on eut arraché la Sicile aux Arabes, on y conserva bien la basilique, mais avec les arcs à pointe des Arabes, et quelquefois surmontée de trois coupoles, avec la plus riche ornementation en mosaïque, comme la chapelle de Roger à Palerme et la cathédrale de Monreale en sont des exemples. L'architecture lombarde en diffère en ce qu'elle offre l'emploi de voûtes et de piliers élancés, en usage peut-être plutôt là que partout ailleurs, sauf l'Allemagne. Mais on y retrouve toujours le plan de la basilique. Toutefois la façade se compose d'une muraille de parade ornée d'un portail et de galeries.

Pendant ce temps-là, le style ogival s'était successivement développé au nord de l'Europe, et était arrivé à y dominer complètement dans la première moitié du treizième siècle. Ce mode de construction offrait des avantages si évidents et répondait si bien sous tant de rapports aux besoins du culte, qu'on l'appliqua aussi en Italie, quoiqu'il y ait plus influé sur l'extérieur que sur l'intérieur des édifices, comme le prouvent le clocher de Giotto à Florence, les églises d'Assisi et d'Orvieto et la *Loggia* de Florence. Mais la persévérance des Italiens à conserver les formes traditionnelles du style classique et romain est ce résultat que dans les plus magnifiques constructions de ce genre, par exemple les cathédrales de Milan (1386) et de Florence (1300), la ligne horizontale domina toujours dans l'entablement, malgré les détails gothiques qu'on y intercala ; ce qui prouve parfaitement que ce style demeura toujours pour l'Italien quelque chose d'emprunté à l'étranger. L'architecture italienne brilla de son plus vif éclat au quinzième siècle, moment où le réveil de la littérature classique coïncida avec l'emploi nouveau des anciennes formes de construction et où commença ce qu'on appelle le *cinquecento*, l'une des plus grandes époques de l'histoire des arts. La transition de l'arbitraire à la règle, la réunion de la fantaisie du moyen âge avec la gravité de l'antique, caractérisa cette période. Tandis que Fra Giocondo et Leo Battista Alberti s'efforçaient de trouver et de fixer les anciennes formes, Filippo Brunelleschi (1375-1444) arrivait à l'application la plus large des nouveaux principes. Dans sa gigantesque coupole de la cathédrale de Florence, il se tenait encore à l'arc à pointe ; mais il fut plus libre et plus pur dans le plan des deux églises de San-Lorenzo et de Santo-Spirito. Son plus bel ouvrage, toutefois, est le palais Pitti à Florence, composé de simples murailles rustiques avec des fenêtres à moitié rondes, mais d'une grande beauté de proportions et de puissantes dimensions. L'ensemble a le caractère grave d'un château, caractère qu'ont aussi conservé les palais construits par les élèves de Brunelleschi ; avec cette différence, cependant, que dans ces palais les détails, notamment les fenêtres et les corniches, paraissent encore plus délicatement ornés. Leo Battista Alberti, le premier théoricien qui suivit cette direction, fut l'auteur de deux palais à Florence, de la rotonde du chœur de l'église de Santa-Annunciata de la même ville, des églises de San-Andrea à Mantoue, et de

San-Francesco à Rimini; et cette dernière, dont la façade ressemble à un arc de triomphe, passe pour son chef-d'œuvre. A Venise, cette direction nouvelle de l'architecture fut représentée par la famille Lombardi, qui y construisit un grand nombre de palais avec d'élégants ornements en mosaïque et de riches loggie. Leurs églises ont moins de mérite. D'ailleurs, sous le rapport de la gracieuse transformation de l'antique, cette période répondit au style plus coquet de la renaissance française.

Avec le seizième siècle s'introduisit une sévérité plus grande relativement aux formes antiques de l'architecture. Le style devint ainsi plus pur, mais plus sec, là où les règles furent péniblement déduites des anciens monuments et des livres de Vitruve, plus animé en revanche là où l'on mit la forme traditionnelle au service de l'esprit nouveau qui visait à produire avec des masses de grands effets pittoresques et ne reculait pas devant l'accouplement des choses les plus disparates. A cet égard la transition fut opérée par l'illustre Bramante (1444-1514), lui dont les monuments, pour la plupart situés dans la haute Italie, ont encore toute la grâce du style cinquecento. Plus tard, à Rome, il s'appropria un style plus sévère, plus sec, par exemple dans le palais de la Cancellaria de cette ville. Ce fut sur ses plans, abandonnés plus tard, il est vrai, qu'on commença la construction de la nouvelle église Saint-Pierre à Rome. Peruzzi (1481-1536) est l'architecte qui se rapprocha le plus de Bramante; Rome lui est redevable de quelques-uns de ses plus beaux palais, entre autres du palais Massimi et de la Farnesina. Son élève, Seb. Serlio, qui habita longtemps la France, où il prit part aux travaux du Louvre et du château de Fontainebleau, est l'auteur d'un excellent Manuel d'Architecture. Le neveu de Bramante, Rafael Sanzio, fut aussi un architecte de premier ordre. Les principaux édifices dont on lui est redevable sont le palais Cafarelli à Rome et le charmant petit palais Pandolfini à Florence. Comme l'un des architectes employés à la construction de l'église Saint-Pierre de Rome, il a aussi laissé un plan fort ingénieux, mais qui ne fut point exécuté, d'après lequel un vaisseau colossal devait se rattacher à la coupole de Bramante. Son élève en peinture Jules Romain (1492-1546) suivit son style dans l'architecture. Les villas Madama et Lante à Rome sont de lui. Plus tard toute son activité eut pour théâtre la ville de Mantoue, où le palais Te, d'une composition un peu sèche, et la cathédrale sont de lui. Antonio Sangallo de Florence (mort en 1546) construisit à Rome ce grandiose palais Farnèse, où la dignité et la majesté du style des palais de Florence s'unit admirablement à la richesse de ceux de Rome. Michel-Ange Buonarotti (1474-1564) exerça sur l'architecture italienne une grande influence, sans qu'on puisse dire précisément qu'elle ait été favorable; la célèbre corniche du palais Farnèse est de lui. Les maîtres que nous avons nommés jusqu'à présent concilièrent dans l'ensemble de leurs œuvres les exigences les plus essentielles de l'art antique en même temps qu'ils y firent prévaloir le sentiment pittoresque, de leur époque par la naïve délicatesse des détails. Michel-Ange, au contraire, basa sa composition sur l'effet pittoresque, et, malgré tout le grandiose de l'ensemble, introduisit beaucoup de caprices dans les détails. La sacristie de San-Lorenzo, la reconstruction du Capitole, la cour du couvent de Santa-Maria degli Angeli, surtout l'achèvement des principales parties de l'église de Saint-Pierre de Rome, notamment de la coupole, à partir de 1546, sont regardés comme les plus importantes de ses œuvres originales. Mais la Porta Pia, qui date de l'année même de sa mort, témoigne déjà d'une profonde corruption de son style. Parmi ses contemporains qui réagirent avec succès contre l'arbitraire du grand maître, il faut surtout citer Giacomo Barozzio, dit Vignole (1507-1573), qui, par son Manuel d'Architecture, préserva d'une grossière corruption les formes de détail de l'art pendant deux siècles et demi tout au moins. A l'école romaine appartient également Galeazzo Alessi (1500-1572), qui plus tard consacra toute son activité à la ville de Gênes, et y construisit un grand nombre de palais, de villas et d'églises. Andrea Palladio de Vicence (1518-1580) donna une physionomie encore plus remarquable à sa ville natale et à Venise par la foule de palais et d'églises qu'il y construisit. S'il ne fut pas l'artiste le plus grand en son genre, il fut du moins le plus habile. Il se tint loin du caprice et de la hardiesse de Michel-Ange; et s'il n'est nulle part grandiose, en revanche il n'est jamais bizarre, et reste toujours l'observateur scrupuleux des règles dans l'ensemble et dans les détails. Comme son successeur Scamozzi, il s'est rendu célèbre également par un Manuel d'Architecture. A la même époque florissait le dernier des grands architectes florentins, Bartolommeo Ammanati (1510-1592), qui termina le palais Pitti en colossales dispositions rustiques et exécuta le Pont de la Trinité, composé de trois belles arches, projetées avec une légèreté extrême.

A partir du dix-septième siècle, le caprice se fit de plus en plus sentir dans la composition et dans la forme; et en visant à l'effet on perdit tellement de vue la signification de la forme, qu'on se laissa aller aux accouplements les plus monstrueux. L'ornement, pauvre intérieurement en dépit de la prodigalité déployée dans l'ensemble et dans la matière, et un détail des masses poussé à l'infini, rendirent presque méconnaissables les formes fondamentales. Le nombre des palais et des églises datant de cette époque est immense, et il en est beaucoup où l'on ne saurait méconnaître une conception grandiose. Parmi les meilleurs architectes de ce temps-là, il faut citer Domenico Fontana (1543-1603), Carlo Maderno (1556-1629), qui termina l'église Saint-Pierre et y avança une façade triviale, et Lorenzo Bernini (1598-1682). Francesco Borromini (1599-1667), dans les édifices duquel toutes les lignes paraissent se terminer en courbes et en contre-courbes, représente le mauvais goût parvenu à son point suprême. Depuis le commencement du dix-huitième siècle l'architecture se montra, il est vrai, plus modérée dans la forme, mais aussi encore plus épuisée, s'il est possible, quant à l'invention. Les jésuites et les Français devinrent les régulateurs suprêmes de l'art, et quoique l'on eût sous les yeux de si admirables modèles, on continua en Italie, jusqu'à la fin du dix-huitième siècle, à construire d'une façon d'autant plus déplorable qu'elle fut imitée dans les pays étrangers. Ce fut seulement lorsque des étrangers eurent rappelé à l'observation des règles posées par les anciens, lorsque Piranesi et d'autres eurent mesuré et examiné d'une manière plus exacte les monuments existants, lorsque Milizia eut attaqué sans relâche la foi aveugle en l'autorité, qu'on en revint aux principes; retour d'où date la création d'une meilleure époque, à laquelle appartiennent le marquis Cagnola, Simonetti, Campesi et Stern, architectes à qui on est redevable de la construction des édifices les plus importants dont les villes de Milan, de Rome et de Naples se soient enrichies dans ces derniers temps.

ITALIENNE (Gravure). Les Italiens sont aussi arrivés dans la gravure à un haut degré de perfection. Tommaso Finiguerra, le premier maître qui se soit fait un nom dans cet art, eut pour élève, vers le milieu du quinzième siècle, Baccio Bandini. Il eut pour successeur Montegna; mais ce fut Marc-Antoine Raimondi qui, vers l'an 1500, introduisit plus de liberté dans ses gravures; et ses travaux d'après Raphael conservent toujours aujourd'hui une grande valeur, à cause de la correction du dessin, Bonasone, Marco di Ravenna, les Ghisi, travaillèrent de la même manière que lui. Dans un autre genre, Agostino Carracci, Parmegianno, Carlo Marotti et Pietro Testa produisirent d'excellentes choses au pointillé. Stefano della Bella se distingua par des planches élégantes et spirituelles. Parmi les artistes modernes qui ont introduit une manière inconnue avant eux et extrêmement aimée, il faut citer Bartolozzi, Cunego, Volpato et Bettelini, mais au-dessus de tous le Florentin Rafael Morghen, qui porta la gravure à un degré de perfection qu'on ne soupçonnait pas avant lui. Le besoin qu'éprouvèrent les graveurs de se fixer aux grands modèles des anciens maîtres donna à cet art un caractère indépendant. Naguère servante soumise de la peinture, la gravure s'éleva aussi à une dignité qui lui est propre ; et les œuvres de Morghen ainsi que celles de Longhi, peut-être les deux plus remarquables graveurs des temps modernes, celles de Toschi, d'Anderloni, de Folo, de Palmerini, les esquisses de Lasinio, les planches terminées de Garavaglia, de Lapi, de Schiavonetta prouvent une activité à laquelle le goût des riches voyageurs et la foule d'ouvrages de luxe publiés sur d'importants édifices assurent toujours de nouveaux éléments, en même temps qu'ils poussent dans la voie des perfectionnements. Consultez Lanzi, *Histoire de la Gravure en Italie*; et Young Ottley, *Italian School of Design* (Londres, 1823 ; avec 84 planches).

ITALIENNE (Peinture). La peinture italienne, dans ses origines, remonte, d'une part à l'antique tradition romaine, et de l'autre à l'influence byzantine (*voyez* ÉCOLE BYZANTINE). Une brûlante imagination, une vie douce et facile, le sentiment inné du beau, une piété enthousiaste, la contemplation continuelle d'une belle nature et des chefs-d'œuvre de l'art antique rendirent la peinture plus florissante et plus féconde en Italie que dans tout autre pays ; et les Italiens sont restés dans le style idéal de la peinture aussi supérieurs à tous les autres que les Grecs dans la statuaire. D'ordinaire on fait dater du douzième siècle les débuts de la peinture en Italie ; mais on y peignit bien plus tôt encore à fresque sur des tablettes, sur parchemin et sur émail. L'extase spirituelle qui sert de base à ces tableaux est souvent encore le résultat de la symbolique de l'antiquité ; les fleuves y sont représentés par des génies aquatiques, les montagnes par des divinités de la montagne, la nuit par une femme voilée. On en possède encore un grand nombre, provenant pour la plupart des catacombes. Sous le pontificat de Léon Ier ou le Grand, on exécuta en 441 dans la basilique de Saint-Paul, sur la route d'Ostie, détruite par un incendie en 1824, un grand tableau en mosaïque ; et les portraits de quarante-deux évêques, qu'on voyait aussi dans cette église, dataient, à ce qu'on prétend, de la même époque. Les mosaïques et les tableaux à l'encaustique étaient alors chose ordinaire ; plus tard on se mit à peindre avec une espèce de couleur en détrempe, qu'on appela *a tempera*. Vers la fin du sixième siècle, on montrait beaucoup de tableaux qu'on prétendait avoir été peints, non par des hommes, mais par des anges et des bienheureux. A cette classe appartient un des plus célèbres portraits du Sauveur, peint sur bois, appelé *Acheropita*, et qu'on voit à Rome. On a beaucoup discuté sur la question de savoir si saint Luc l'Évangéliste, pris plus tard pour patron par toutes les corporations de peintres, était ou non peintre lui-même ; quoi qu'il en soit, on lui attribue à Rome plusieurs Madones. Au huitième siècle la peinture en mosaïque sur fond d'or et la peinture sur émail étaient déjà fort en usage en Italie et pratiqués par des artistes tant indigènes que byzantins. L'un des plus anciens parmi ces vénérables monuments de l'art est le Christ en croix qu'on voit dans l'église de la Trinité à Florence, laquelle le possédait déjà l'an 1003. Vers l'an 1200, un artiste grec, Théophane, fondait une école de peinture à Venise.

Le véritable italien fleurit d'abord à Florence, et sera considéré ici dans ses trois principales périodes, à savoir depuis Cimabue jusqu'à Raphael, depuis Raphael jusqu'aux Carrache ; et depuis Carrache jusqu'à nos jours.

Dans la *première période*, la peinture fut complétement la servante de l'Église. Avec des moyens d'exécution encore peu développés, tous ses efforts se concentrèrent sur une belle et riche symbolique, en même temps que la pureté de pensée des artistes se reflétait dans la dignité et dans l'expression pleuse des figures. Un style limité d'un côté par les exigences architectoniques et de l'autre par l'exiguité des moyens, borné en outre à un petit nombre de types, se maintint depuis Giotto, pendant près d'un siècle, jusqu'au moment où, au quinzième siècle, commença à se manifester, sous Masaccio, la tendance à reproduire la nature dans toute sa vérité ; tendance qui aboutit avec Léonard de Vinci à une pénétration complète de la nature. Il en résulta pour la peinture une richesse de moyens d'exposition, qui atteignit son apogée au commencement de la *seconde période*, sous Raphael et Michel-Ange, Titien et le Corrége. Par suite de l'opinion du siècle et de sa propre direction, la peinture se sépara bientôt de l'Église. Abandonnée à un arbitraire complet, elle embrassa alors avec une liberté illimitée les sujets profanes comme les sujets religieux, mais perdit ainsi la profondeur et la noblesse de la conception, et dégénéra en exposition légère et susperficielle. Polidoro Caldara, dit le *Caravage*, chercha ensuite, par une imitation directe de la nature, à se créer un genre à lui ; mais il tomba ainsi dans la vulgarité, défaut dont l'école éclectique des Carrache, qui ouvre la *troisième période*, fut impuissante à préserver l'art, en dépit de toute sa science et de ses efforts pour atteindre partout la correction, parce qu'il n'existait plus de point de repère intérieur pour la pensée artistique. A partir de cette époque la peinture continua d'être exercée en Italie par des artistes habiles sans doute, mais avec un arbitraire maniéré et sans la chaleur et l'inspiration de la grande époque. Dans ces derniers temps, l'école de David avec ses exagérations a trouvé de nombreux partisans parmi les peintres italiens demeurés rebelles à l'influence et à la direction de l'école de Dusseldorf, représentée par Overbeck Cornelius et Koch.

Voici les écoles et les artistes qui dans la *première période* furent les représentatants de la direction que nous venons de signaler dans l'art. En tête se place la Toscane (*voyez* ÉCOLE FLORENTINE), où l'on remarque l'existence de deux écoles principales : l'école de Florence et l'école de Sienne. Le cachet de la première, c'est un sentiment vif, s'attachant surtout aux manifestations extérieures de la vie et uni à une grande richesse d'idées ; chez les peintres de l'école de Sienne, au contraire, il y a pour ainsi dire plus de recueillement joint à une douceur d'expression qui va à l'âme. L'école de Florence commence avec Cimabue (1240-1300), qui le premier observa avec plus d'exactitude les rapports de forme, donna à ses figures plus de vie et d'expression qu'il n'était d'usage avant lui. Son élève Giotto le surpassa pour la grâce ; c'est lui qui hasarda le premier les raccourcis et qui sut draper d'une manière naturelle et gracieuse. Cependant, son style est encore sec et roide. La vie du Sauveur et celle de sa mère, la sainte Vierge Marie, furent exclusivement les sujets que traitèrent les chefs de cette école. A leurs œuvres se rattache, comme important monument de la peinture au quatorzième siècle, le Campo Santo de Pise, d'Orcagna, avec ses peintures murales représentant le ciel et l'enfer. L'école de Sienne, qu'on pourrait appeler l'*École lyrique*, eut pour chef Simone de Martino, que Pétrarque célèbre dans ses sonnets comme il Dante dans ses terzine célébré Giotto. La douceur et l'attachement aux sujets antiques sont ce qui caractérise les artistes de cette école pendant tout le quatorzième siècle ; mais ces qualités ne laissent pas que de dégénérer en épuisement et en faiblesse. La plus extrème suavité, quelque chose de saint ; on pourrait même dire de divin, domine dans les ouvrages du Florentin Fiesole (1387-1455), qui subit l'influence de l'école de Sienne, et qu'on peut considérer comme le représentant de la peinture spécialement religieuse. Il persévéra dans un saint respect dans la méthode traditionnelle, et n'eut point de rivaux pour la représentation des saints ; mais il est défectueux, faible et timide quand il s'agit de représenter des hommes ou bien des passions terrestres. A Bologne, Franco Bolognese, dont parle le Dante, forme le point de transition de l'école byzantine à une exposition conforme à la nature. Il en est de même, à Padoue, des toiles importantes de d'Avanzo. Ce fut peut-être l'école vénitienne qui resta le plus longtemps fidèle aux procédés de l'art byzantin, dont on y peut suivre la trace jusqu'à la fin du quinzième siècle.

D'ailleurs, la peinture du quinzième siècle semble avoir eu surtout pour mission d'opposer son réalisme à l'idéalisme qui avait animé les types du quatorzième siècle; réalisme qui seul fraya la voie à la beauté et à la liberté véritable de la forme. Dans l'école florentine, Masaccio s'appropria cette liberté dont Leonardo da Vinci atteignit l'apogée. Dans l'école de Mantoue, dont Andrea Mantegna fut le fondateur, on adopta, au contraire, les formes de la nature même, et la sculpture antique servit à cet égard de modèle. D'autres écoles de peinture eurent pour centres les villes de Vérone, de Bassano et de Brescia. En Lombardie on distingua de bonne heure plusieurs écoles (*voyez* ÉCOLES LOMBARDES), notamment une ancienne école milanaise et une ancienne école de Modène. Appelé à Milan (1482), Léonard de Vinci y apporta une vie nouvelle et féconde. L'école de Venise, sur laquelle celle de Padoue exerça d'abord une grande influence, se proposa surtout l'élément de la couleur (Giorgione, le Titien), tandis que l'école d'Ombrie formait une espèce d'opposition à la direction et aux besoins du siècle.

C'est dans la *seconde période* de l'histoire de la peinture en Italie que vécurent les plus grands maîtres de tous les âges; chefs des quatre principales écoles, ils portèrent presqu'en même temps toutes les branches de l'art au point extrême de la perfection. On les désigne, eux et leurs élèves, sous le nom de *Cinquecentisti*, dérivé du chiffre même de leur siècle. Léonard de Vinci avait fixé dans l'école florentine aussi bien les règles relatives de la figure que celles de la perspective et de la lumière. Le génie de Michel-Ange Buonarotti (1474-1564) embrassa avec autant de vigueur que de profondeur la sculpture, l'architecture et la peinture. Sa chaleur de composition, sa connaissance profonde de l'anatomie, la hardiesse de ses contours et de ses raccourcis lui frayèrent une voie neuve et indépendante. Mais à tout prendre il n'en fut pas moins pour l'art un modèle pernicieux : ses imitateurs devaient finir par tomber dans l'exagération et mépriser le style simple et pur. Ils négligèrent trop souvent le coloris pour des dispositions extérieures violentes. En 1580 Lodovico Cigoli et Gregorio Pagani, en revenant à la nature et à un goût meilleur dans l'emploi du clair-obscur, introduisirent un esprit nouveau dans la peinture. A la tête de l'école romaine se place le premier de tous les peintres, Rafael Sanzio d'Urbino (1483-1520). Sa grandeur consiste dans la plus sublime conception de la noblesse intellectuelle de la nature humaine qu'artiste ait jamais eue, et dans un talent d'exposition qui semble, dans l'emploi de ses gigantesques moyens, ne violer las lois du style. Son génie ne faillit jamais, et apparaît dans chacun de ses tableaux avec la même beauté chaste et solennelle. Ses élèves furent des maîtres habiles; mais ils ne tardèrent point à abandonner les voies de leur illustre modèle pour tomber dans la manière. Les deux excellents coloristes Giorgione (1477-1511) et le Titien (1477-1576) sont les chefs de l'école vénitienne. Les portraits du premier sont célèbres par leur chaleur et leur vérité. Le Titien est grand dans tous les genres de l'art, inimitable dans la manière de fondre les teintes de la chair, admirable comme peintre d'histoire et de portraits, en outre le premier grand maître que le paysage ait compté. Le Titien fut aussi le premier qui représenta la carnation du corps humain avec une complète vérité. L'école vénitienne arriva avec lui à son apogée, surtout pour la noble conception de la vie humaine considérée de son côté joyeux et magnifique. Il nous montre moins l'homme dans son suprême développement religieux que dans son suprême développement temporel. Paul Véronèse (1530-1588), artiste plein d'imagination et grand admirateur du luxe et de la magnificence, possédant au plus haut degré toutes les ressources techniques de son art et toute la richesse d'exposition de son école, représenta ses convives avec les costumes des époques les plus diverses, et fut avec Carlo Cagliari de Vérone la gloire de l'école vénitienne. Mais elle dégénéra à son tour, encore bien que moins que toute autre elle ait sacrifié à la manière. Le sentimental et gracieux Corrège fut le chef de l'école lombarde postérieure.

La *troisième période* de l'histoire de la peinture italienne commence à l'époque des trois Carrache, dont un magnifique succès couronna les efforts pour rétablir la pureté du style et redonner, par l'étude combinée des anciens maîtres de la nature et de la science, un nouvel éclat à l'art tombé partout en décadence. A partir de ce moment les différences qui séparaient auparavant les diverses écoles s'effacent toujours de plus en plus; et on ne distingue plus que deux grandes classes d'artistes : les successeurs des Carrache, autrement appelés *éclectiques*, et ceux de Michel-Ange Morighi, dit le Caravage, autrement dits les *naturalistes*.

Cette division qu'il ne faudrait peut-être pas rigoureusement adopter dans les détails, était tout à fait conforme à la nature. Deux routes pouvaient conduire à sortir du désordre dans lequel les maniéristes avaient jeté l'art; et on les prit toutes deux. En adoptant ce qu'il y avait de bon dans chaque école les éclectiques espérèrent créer un style nouveau, fondé sur des règles précises; ils s'efforcèrent de prendre leur dessin de l'antique, leur couleur du Titien, leur clair-obscur du Corrége, etc., et de produire de la sorte des ouvrages semblables aux anciennes créations pour lesquelles la nature avait servi de règle et de base. Comme ce résultat ne fut que très-imparfaitement obtenu, les *naturalistes* nous intéressent davantage, malgré ce qu'il y a de violent et de rude dans leur manière, car on retrouve même dans leurs plus grandes extravagances la réalité comme base. Annibale Caracci peut aussi être regardé comme le créateur du paysage italien. Parmi les innombrables élèves des Carrache, les plus célèbres s'efforcèrent d'unir la grâce du Corrége à la grandeur sévère des maîtres romains. Il faut citer, entre autres, Guido Reni (1571-1642), remarquable surtout par la beauté idéale de ses têtes, par l'expression aimable de ses têtes d'enfant et par l'extrême facilité avec laquelle son pinceau pouvait également traiter tous les sujets; Francesco Albani (1578-1660), qui pendant toute sa vie fut le rival de Guido; Domenico Zampieri (1581-1641); Guercino, dit le Guerchin (1590-1666). En tête des *naturalistes* qui n'imitèrent que la nature, sans choix et sans sentiment épuré de la beauté, avec un pinceau hardi et souvent même effronté, se place Michel Angelo Caravage (1579-1609). Son rival principal fut à Rome le chevalier d'Alpino, chef des idéalistes ou plutôt des maniéristes de cette école. Caravage et ses successeurs prirent souvent pour modèle la nature la plus vulgaire, qu'ils imitèrent servilement, en abaissant ainsi la dignité de l'art, bien qu'on ne puisse leur denier ni la vigueur ni le génie. Au commencement du dix-septième siècle Peter Laar ilt prévaloir à Rome le tableau de genre sous la forme à laquelle on a donné le nom de *bambochades*; et beaucoup d'artistes, notamment Michel Angelo Cerquozzi, se conformèrent à cette modeavec plus ou moins de gaieté et de grâce, tandis que l'éclectique Andrea Sacchi désertait quelquefois le genre héroïque pour exploiter le genre à la mode, malgré l'incompatibilité d'humeur de la peinture historique et de la peinture de genre. Parmi ses élèves, il faut nommer Carlo Maratti (1625-1713), Antonio Canaletto, Carlo Cignani (1628 1719). Pompeo Battoni (1708-1787 brilla surtout parmi les peintres romains, quoique sa grâce sans prétention n'ait pu soutenir la lutte contre le nouvel et vigoureux éclectisme d'un Rafael Mengs. Angélica Kaufmann mérite d'être mentionnée comme ayant excellé à peindre avec grâce. Les écoles napolitaine et génoise ne furent que des écoles accessoires de la peinture italienne

Le plus célèbre de tous les peintres italiens modernes fut Camuccini (mort en 1844). Son style est grand et véritablement historique; mais ses toiles laissent le spectateur froid. Landi se distingua à Rome comme portraitiste, bien qu'on trouve également son coloris froid. Parmi les jeunes artistes il faut citer Agricola. L'artiste le plus remarquable qu'il y ait aujourd'hui à Florence est incontestablement Benvenuti, qui a récemment décoré le palais Pitti de peintures à fresque. Il a pour rival le peintre français Fabre, fixé à Florence, et dont les paysages ne sont pas moins remarquables que ses tableaux historiques. Le Florentin Sabbatini jouit a Milan d'une grande réputation pour ses dessins à la plume. Hayez et Pelagio Palage passent pour les plus célèbres peintres d'histoire qu'il y ait dans cette ville. Migliara (mort en 1837) s'était fait un nom comme peintre d'architecture. Ermini, à Florence, a exécuté de jolies miniatures dans le genre de celles d'Isabey. La plupart des artistes que nous venons de nommer en dernier lieu furent ou sont encore sous l'influence de l'école française de David, comme le prouvent bien les belles mais froides fresques du Milanais Appiani.

ITALIENNE (Plastique). A la suite de l'invasion des peuples germains, la plastique italienne se corrompit toujours de plus en plus, jusqu'à ce qu'elle eut fini par perdre toute indépendance et ne plus recevoir d'inspirations que de Byzance. Beaucoup d'ouvrages importants furent même expédiés directement de Byzance en Italie, par exemple l'autel doré de San-Marco à Venise (976) et les portes de bronze de l'église Saint-Paul à Rome, sur lesquelles les contours des figures sont exprimés au moyen de fils d'or et d'argent et remplis d'émail. Le nom de l'un des plus anciens artistes italiens en ce genre, Bonnanus de Pise, se trouvait inscrit sur deux portes en bronze, d'un travail assez grossier d'ailleurs, de l'an 1180 et l'an 1186, qu'on voit dans les cathédrales de Montreale et de Pise. Une porte en bronze, de 1203, qui se trouve dans le baptistère de Saint-Jean de Latran à Rome, est déjà d'un travail meilleur, et porte les noms de Hubert et de Petrus de Plaisance. Les sculptures sur pierre du onzième siècle, notamment dans les églises de la haute Italie, par exemple à Modène, à Vérone, à Ferrare, à Parme et à Lucques, s'élèvent rarement au-dessus de la barbarie. Ce fut Nicola Pisano qui le premier éleva tout à coup la plastique à un haut degré de perfectionnement, et qui l'affranchit de la sèche roideur qu'elle avait eue jusque alors. La sculpture allemande brillait à ce moment de son plus vif éclat, et il est vraisemblable que le génie de Nicola Pisano fut excité par la vue des ouvrages du Nord, ou par les artistes du Nord qui venaient voyager en Italie, en même temps que les modèles antiques qu'il avait sous la main lui étaient sans difficulté, qui se trouve sur la place de la cathédrale de Perugia, d'une belle Madone, admirable de simplicité, qui se trouve dans la cathédrale de Pise, et de l'église San-Andrea à Pistoja. Beaucoup d'artistes allemands vivaient à cette époque en Italie, et on en peut citer quelques-uns comme ayant travaillé aux sculptures de la cathédrale d'Orviéto. Pendant presque toute la durée du quatorzième siècle, ils n'exercèrent pas seulement une grande influence sur la sculpture en Italie, mais encore ce furent eux qui y introduisirent l'architecture gothique. Giotto paraît aussi avoir influé comme peintre et comme architecte sur la sculpture; du moins les reliefs symboliques qu'Andrea Pisano (1280-1345) exécuta sur la tour du clocher de Florence à partir de 1334 doivent avoir été tout à fait de son invention. Andrea Pisano est également l'auteur d'une belle porte plus ancienne, en bronze, dans le baptistère situé en face. Le peintre et architecte Andrea Orcagna ne se distingua pas moins comme sculpteur; mais il y a déjà dans les sculptures dont il a orné le tabernacle d'Or San-Michele à Florence quelque chose du naturalisme qui au quinzième siècle domina dans l'école de peinture de Florence. Quelques monuments de la haute Italie sont magnifiques comme effet d'ensemble, mais moins purs de formes ; par exemple le monument de San-Eustorgio à Milan, fait en 1339 par Giovanni Balduccio de Pise, et à Vérone celui du Can della Scala, ainsi que le tombeau de saint Augustin dans la cathédrale de Pavie, œuvre de Bonino da Campione, élève de Balduccio. Venise et Naples possèdent également d'importants ouvrages de cette époque.

Le quinzième siècle fut aussi pour la sculpture une époque riche en développements grandioses. Ce que Nicola Pisano avait tenté isolément, la résurrection de l'art antique, redevint deux siècles plus tard le principe de vie de l'art s'efforçant d'atteindre l'expression suprême de la grandeur extérieure et intellectuelle, de la profondeur et de la beauté. En Toscane, cette époque de transition fut marquée par Jacopo della Quercia (mort en 1424), dont les principales œuvres se trouvent à Lucques. Mais à cet égard il faut surtout citer le Florentin Lorenzo Ghiberti, qui représenta la nature avec une grâce extrême et dans un style noble et purifié par l'étude de l'antique. Dans ses célèbres portes de bronze du baptistère de Florence, il a renoncé, il est vrai, à la sévérité de l'antique style de relief, et a suivi une disposition pittoresque basée sur la perspective; mais la pureté des formes, la noblesse de la conception et de la décoration, ainsi que la perfection de la fonte, font oublier ce défaut. Vers la même époque Lucca della Robbia (entre 1400 et 1480) créait un nouveau procédé d'art, à savoir la terre cuite revêtue d'émail, dans lequel il exécuta une innombrable quantité de reliefs, principalement des figures blanches sur un fond bleu avec de riches ornements. Della Robbia occupe aussi une place importante parmi les sculpteurs et les fondeurs en bronze; mais ses œuvres en terre cuite, imitées et propagées par de nombreux élèves, lui firent bien plus de réputation. Donatello de Florence (1383-1466), dans ses nombreux reliefs et statues, paraît plus puissant dans l'expression de la passion, et en même temps plus adonné à la conception de l'antique. Andrea Verocchio de Florence (1432-1488), dans ses statues d'Or San-Michele et de l'Académie de Florence, semble avoir eu plus de propension au naturalisme. Ce fut, dit-on, lui qui le premier fit mouler en plâtre des parties du corps humain, et prit le premier les masques de morts, à l'effet de faciliter l'étude du dessin. Il était dans l'habitude de revêtir ses sculptures de couleurs naturelles, et il existe aussi de cette école d'excellents bustes-portraits en cire revêtue de couleurs. Les artistes contemporains qui habitaient alors les États Vénitiens, la Lombardie ou le royaume de Naples, ont exécuté aussi un grand nombre d'ouvrages importants. Mais le Napolitain Angelo-Aniello Flore (mort vers 1500) est le seul généralement connu, à cause de ses beaux monuments funéraires. L'art du médailleur se révéla aussi au quinzième siècle; et une énorme quantité de grandes médailles fondues, devenues aujourd'hui d'une immense valeur pour les collectionneurs, datent de cette époque. Vittore Pisano, dont les principaux ouvrages furent exécutés de 1429 à 1459, est celui à qui l'on doit le plus grand nombre et les plus belles de ces médailles.

C'est au commencement du seizième siècle que la sculpture italienne brilla de son plus vif éclat. Par une étude opiniâtre de la nature et de l'antique, on n'était pas seulement parvenu à posséder parfaitement les éléments d'exposition et les procédés techniques, mais encore à dominer complètement l'expression idéale, intellectuelle et corporelle. Le goût des princes pour la magnificence et un immense travail qui s'opérait alors dans tous les domaines de l'intelligence ne contribuèrent pas peu non plus aux développements pris à cette époque par l'art. On n'a malheureusement conservé des illustres élèves de Verochio, Giovanni-Francesco Rustici et Leonardo da Vinci, qu'un magnifique groupe de bronze du premier et que des détails pleins d'enthousiasme sur une statue équestre qu'avait exécutée le premier. Andrea Sansovino l'ancien (mort en 1529) produisit aussi des ouvrages d'une simplicité grandiose. Lui et ses élèves sont les auteurs du magnifique revêtement donné à la sainte maison de Notre-Dame de Lorette. Michel-Ange Buonarotti (1474-1564), qui d'abord s'était voué à la sculpture, la porta à son point culminant, mais en même temps l'entraina vers sa décadence, parce qu'il s'attacha moins à la représentation de la beauté calme et simple qu'aux expressions grandioses de la vie ; tendance par suite de laquelle ses imitateurs s'arrêtèrent à l'effet violent de la forme. Ceux de ses ouvrages qu'il composa à Florence présentent ce défaut à un degré bien moindre, mais n'ont pas toute la grâce délicate de cette école. On en peut dire autant de sa magnifique statue de la Piété à Rome, de son Bacchus et de son David à Florence. Un Amour, qu'il avait fait enfouir à Florence, puis qu'il fit déterrer, fut généralement tenu pour un antique ; et pour faire cesser l'erreur, il fallut que l'artiste produisit le bras de cette statue qu'il avait mutilée lui même. Appelé à Rome en 1503 par le pape Jules II, il y commença le grand tombeau de ce pontife. Mais, continuellement distrait de ce travail par le pape, qui lui commandait tantôt des fresques et tantôt de grands édifices, il ne put exécuter, des nombreuses statues destinées à ce tombeau, que le Moïse, la Rachel et la Lia, ainsi que les deux hommes enchainés qu'on voit de lui au Louvre, et qui déjà participent de cette grandeur sauvage et titanique qui est comme le cachet particulier des ouvrages ultérieurs. Ce n'est qu'après ces travaux qu'il exécuta son chef-d'œuvre, les monuments de Julien et de Laurent de Médicis dans l'église San-Lorenzo à Florence. Son rival, Baccio Bandinelli (1487-1559), était déjà tout à fait sous l'influence de son style, et s'en appropria ce qu'il avait de violent et d'extérieurement imposant, comme en témoignent son Hercule et Cacus, ses reliefs sur les monuments de Léon X et de Clément VII et ses statues pour l'enclôture du chœur de la cathédrale de Florence. Benvenuto Cellini, contemporain et ennemi du grand homme, a déposé dans son inappréciable autobiographie une foule d'éclaircissements sur ce qui constituait alors la vie d'artiste. Comme orfèvre et médailleur il a une importance toute particulière pour l'histoire de l'art.

A Venise florissaient vers la même époque Pietro Tulipo et Antonio Lombardi, ainsi que Jacopo Sansovino le jeune, dont le véritable nom était J. Tatti de Florence (1479-1570), l'élève de Sansovino l'ancien. Après avoir suivi pendant quelque temps la direction de Michel-Ange, il s'introduisit à partir de 1527 à Venise, mais d'une manière plus délicate et plus libre, et fit école. La Lombardie vit encore briller l'ancien Bambaja, qui se consacra plus particulièrement à l'art de la décoration, et Marco Agrate. Ce dernier est l'auteur de la statue de saint Barthélemy écorché, qu'on voit dans la cathédrale de Milan. Valerio Vicentino se distingua surtout comme graveur sur pierres fines et graveur sur poinçons, après Benvenuto Cellini. La plupart des travaux de la seconde moitié du seizième siècle suivirent la direction donnée par Michel-Ange, jusqu'à en devenir maniérés. Il faut mentionner sous ce rapport les œuvres du Milanais Guglielmo della Porta, qui restaura si bien les jambes de l'Hercule Farnèse, que Michel-Ange ne les jugea point inférieures aux véritables, qu'on retrouva plus tard. Il est l'auteur du grandiose tombeau du pape Pie III qu'on voit à Saint-Pierre de Rome, ainsi que des quatre grands prophètes placés dans les niches des piliers de la première arcade. Bartolommeo Ammanati, qui était en même temps architecte, travailla dans la manière de son maître Bandinelli, et exécuta, entre autres, la grande fontaine qui décore la Piazza del Gran-Duca à Florence. C'est alors aussi que le Flamand Jean de Bologne, natif de Douai (1524-1608), exécuta dans le même style ses portes de bronze de la cathédrale de Pise, la statue équestre de Cosme Ier, et le célèbre enlèvement des Sabines à Florence.

Une période de dégénérescence complète commença avec Lorenzo Bernini (1598-1680), et ses nombreux élèves l'outrèrent encore. Bernini lui-même, qui prit une position analogue en architecture, tout en négligeant complètement les lois sévères du style plastique, imposa encore par un vigoureux naturalisme et par une expression souvent exagérée de la passion, tandis que ses élèves ne tardèrent point à tomber dans le faux, le tourmenté et l'affecté. Les étrangers qui travaillèrent alors en Italie firent preuve de plus de rectitude d'idées et de sagesse de jugement que les successeurs de Bernini, dont les travaux encombrèrent bientôt toutes les églises d'Italie et y remplacèrent maints chefs-d'œuvre du *cinquecento*. On peut citer notamment le Flamand François Duquesnois, dit *Il Fiamingo* (1594-1644), Arthur Quellinus, et le Français Pierre Puget, qui toujours resta fidèle à la nature.

Dans la seconde moitié du dix-huitième siècle, l'influence de Rafaël Mengs et de Winckelmann eut pour résultat de provoquer jusqu'à un certain point l'abandon de la manière et le retour à la pureté antique. Le représentant de cette direction fut Canova (1757-1822), qui, dans des ouvrages extrêmement nombreux, fraya les voies à une conception nouvelle de la nature. Son style est souvent mou, mais d'une pureté à laquelle on n'était plus habitué depuis les grands maîtres du seizième siècle. L'influence qu'il exerça sur l'art moderne, et surtout sur l'art français, est incalculable. Parmi ses élèves on peut citer : Antonio d'Este, célèbre par ses bustes et ses reliefs; Giuseppe Fabri, dont les ouvrages, par exemple les monuments du Tasse et de Léon X, manquent quelque peu de style; C. Tadolini, G. Finelli, les deux Ferrari, L. Bartolini à Florence, celui de tous qu'on doit peut-être considérer comme le seul héritier direct de Canova, et Pompeo Marchesi, de Milan (né en 1796), l'un des premiers sculpteurs aujourd'hui vivants. En fait d'autres célèbres artistes milanais, on peut encore mentionner Gaetano Monti, B. Comolli, Sangiorgio et Putti. L. Pampaloni à Florence et L. Persico à Naples jouissent d'une grande réputation. De nos jours enfin le Danois Thorwaldsen a exercé une influence considérable sur la sculpture italienne. Indépendamment de L. Bienaimé, de Galli, de Benzoni, etc., il a aussi pour élève Pietro Tenerani, de Carrare, le premier sculpteur qu'il y ait aujourd'hui en Italie. Toutefois l'art français et l'art allemand ont pris de nos jours un essor tel, que pendant longtemps ils influeront plus sur la sculpture italienne qu'ils ne s'inspireront d'elle.

ITALINSKY (ANDRÉ), diplomate russe, dont le véritable nom était *Andrej* IANOWIEWITSCH, descendait d'une famille de Cosaques Zaporogues, qui, à la suite des troubles causés par Mazeppa, s'était établie non loin de Kiew, où il naquit, en 1743. Durant son séjour à Saint-Pétersbourg, où il étudia à partir de 1761 la médecine et la chirurgie, il fut, à ce qu'il paraît, témoin de très-près de la révolution qui plaça Catherine II sur le trône. Il se rendit, pour se perfectionner dans la science à l'étude de laquelle il s'était voué, à Londres, puis à Édimbourg, où il séjourna plusieurs années. A Paris, il fit la connaissance de Grimm ; et celui-ci, en 1780, le présenta au grand-duc Paul, qui voyageait alors sous le nom de *comte du Nord*. Dès l'année suivante il fut nommé secrétaire d'ambassade à Naples. La liaison intime qu'il contracta dans cette ville avec sir William Hamilton le conduisit à étudier l'archéologie et à se créer, lui aussi, une riche collection d'antiquités. L'empereur Paul étant monté sur le trône, il fut nommé conseiller d'État en service ordinaire, chambellan et ambassadeur à Naples. Dans les premières années de son règne, l'empereur Alexandre l'envoya avec le même titre à Constantinople, où il resta jusqu'au moment où éclata la guerre entre les Russes et les Turcs, à laquelle mit fin, en 1812, la paix de Bucharest. Il négocia et signa ce traité en commun avec le général Kutusow ; après quoi il retourna à Constantinople, en qualité de ministre plénipotentiaire. En 1817 il passa avec le même titre à Rome, où il séjourna jusqu'à sa mort, arrivée le 27 janvier 1827.

ITALIQUE. Dans l'usage actuel, on emploie cet adjectif pour désigner ce qui se rapporte à l'Italie antique, à ses populations, etc.; tandis qu'on réserve le mot *italien* au moyen âge ou à l'ère nouvelle de l'Italie. C'est ainsi qu'on dit les divinités, les médailles, les langues, les peuples *italiques*, et que dans l'histoire de la philosophie l'école de Pythagore est souvent désignée sous le nom d'*école italique*.

Par *langues italiques* la philologie moderne désigne un groupe de la famille gréco-italique des langues i n d o - g e r- m a n i q u e s, indigène en Italie et ayant les plus grandes affinités avec celui des langues gréco-pélasgiques. Sans compter la langue l a t i n e, d'où sont provenues les langues r o m a i n e s, les langues qui font partie de ce groupe sont celles des O m b r i e n s, des O s q u e s, des Volsques et des peuplades sabelliques. Il existe encore de ces diverses langues des monuments plus ou moins nombreux et considérables, qui, sauf un petit nombre de mots rapportés par les écrivains latins, ne consistent plus qu'en inscriptions et en legendes mortuaires. Ce n'est guère que dans ces derniers temps qu'on s'est occupé de leur interprétation scientifique : et l'on doit surtout mentionner à cet égard les travaux des érudits allemands, notamment ceux de Kirckhoff (*Monuments de la Langue Ombrique*; 2 vol. Berlin, 1849-1851) et de Lepsius (*Inscriptiones Linguæ Umbricæ et Oscæ*; Leipzig, 1841). Dans une acception plus générale on comprend aussi sous la dénomination de *langues italiques* les langues des Ménapiens, des Étrusques, et des peuplades gauloises, rhétiques et liguriennes qui habitaient le nord de l'Italie.

ITALIQUE (*Typographie*). Le caractère de ce nom tire son origine de l'écriture de la chancellerie romaine désignée par les mots *cursivetus seu cancellarius*, d'où lui vint le nom de *cursive*. Ce caractère a aussi été connu sous le nom de *lettres vénitiennes*, parce que les premiers poinçons ont été faits à Venise, ou sous celui de *lettres aldines*, parce que Alde Manuce s'en est servi le premier; enfin, le nom d'*italique* lui a été donné en France, parce qu'il vient d'Italie, et ce nom a prévalu. C'est C o l i n e s qui le premier s'en est servi dans notre pays. On en a fait des livres entiers, puis des préfaces, des dédicaces, des titres, etc. Son usage le plus habituel aujourd'hui est de servir à faire ressortir les mots, les phrases, sur lesquels on veut appeler l'attention du lecteur. Aussi les imprimeurs doivent-ils avoir pour chaque caractère romains qu'ils emploient un italique qui y corresponde.   L. LOUVET.

ITHAQUE (aujourd'hui *Teaki* ou *Thiaki*), après Paros la plus petite des sept îles I o n i e n n e s, de 2 myriamètres carrés de superficie, en face de la province du royaume de Grèce appelée l'Acarnanie, au sud de Leucade ou Sainte-Maure, au nord-est de Céphalonie, dont la sépare le canal de Guiscard, était célèbre dans l'antiquité comme ayant été la patrie et le royaume d'U l y s s e. D'après la description qu'en fait Homère dans l'*Odyssée*, description qui du reste provoque bien des doutes, en raison de la nature actuelle du sol, cette île, quoique hérissée de montagnes et de rochers, produisait une grande quantité de vin et de blé, et indépendamment de la capitale, qui portait le même nom et où était situé le palais d'Ulysse, le poète cite comme localités remarquables les monts *Neritos* ou *Neriton* (aujourd'hui Saint-Élias), et *Neïon* (aujourd'hui Stefano), qui formaient le port appelé *Rheithron*, et le cap *Corax*, ou rocher des corbeaux, où se trouvait la fontaine Aréthuse.

Thiaki compte aujourd'hui 11,000 habitants, dont un cinquième dans le chef-lieu, l'*Athi*, petit port de mer. Ses principaux produits sont l'huile, le vin et surtout les raisins secs, dits raisins de Corinthe.

ITINÉRAIRE (du latin *itinerarium*, *descriptio itineris*, description du chemin), on appelle ainsi une liste des stations, des étapes en quelque sorte, situées entre deux endroits principaux, avec l'indication de leurs distances respectives. Si des itinéraires de ce genre, quand il ne s'agit même que de contrées encore peu ou mal connues des Européens, sont déjà d'une grande utilité pour les géographes, leur utilité est encore bien autrement grande quand il est question de géographie ancienne. Les ouvrages les plus importants en ce genre que nous possédions sur l'antiquité, sont :

1° Les *Itineraria Antonini*, à savoir : l'*Itinerarium Provinciarum*, contenant un grand nombre de routes de voyage à travers les provinces romaines, en Europe, en Asie et en Afrique; et l'*Itinerarium maritimum*, qui indique les voies les plus usitées, soit pour le voyageur qui longe la côte par terre, soit pour le navigateur, à l'effet de se rendre d'un point donné à un autre. Tous deux ne sont d'ailleurs qu'une aride nomenclature. Suivant Pinder et Parthey, ils n'auraient point pour base l'opération entreprise de l'an 44 à l'an 19 av. J.-C. à l'effet de mesurer l'Empire Romain, mais les listes qu'on avait dressées des différentes places fortes avec l'indication des routes qui y conduisaient; listes qui étaient déposées à Rome. Leur publication, avec les rectifications et les additions dont elles étaient susceptibles, aurait eu lieu d'abord sous Antoninus Caracalla, dont le nom serait resté à ces itinéraires. Destinés à l'origine uniquement à l'usage des fonctionnaires civils et militaires, ils arrivèrent plus tard à prendre à peu près la forme de nos livres de postes et de nos guides du voyageur. Constamment revus et augmentés, ces deux itinéraires, dans leur forme actuelle, appartiendraient à l'époque de Dioclétien.

2° L'*Itinerarium Hierosolymitanum*, composé par un chrétien, l'an 333 de notre ère, à l'usage des voyageurs qui de *Burdigala* (Bordeaux) voulaient se rendre à Jérusalem.

L'édition de ces deux itinéraires donnée par Pinder et Parthey (Berlin, 1848) a rendu inutiles toutes les précédentes au point de vue de la critique. C'est de nos jours seulement qu'Angelo Maï a publié (Milan, 1817), sous le titre d'*Itinerarium Alexandri*, une courte description de l'expédition d'Alexandre le Grand en Perse; ouvrage composé vers l'an 348 de notre ère.

Les modernes ont donné le nom d'*itinéraires* à des espèces de guides du voyageur, lui indiquant pour ainsi dire son chemin, les curiosités, etc. C h â t e a u b r i a n d a donné un *Itinéraire de Paris à Jérusalem* d'une nature plus relevée.

On nomme *colonne itinéraire* une colonne ou poteau placé dans un carrefour, sur un grand chemin, et qui indique les différentes routes par des inscriptions.

Les *mesures itinéraires* sont celles dont on se sert pour indiquer la longueur des chemins, comme le k i l o m è t r e, la l i e u e, le mille, etc.

Dans l'art militaire, on nomme *itinéraire* l'ordre et la disposition des marches d'un corps de troupes ou d'une armée qui indique la route qu'elle doit tenir. On se sert du même mot dans le commerce et dans le langage ordinaire en parlant des villes qu'un commis ou qu'une autre personne doit visiter.

ITURBIDE (Don AUGUSTIN DE), empereur du M e x i - q u e, né en 1784, et suivant d'autres en 1790, à Valladolid, au Mexique, était le fils d'un gentilhomme de la Biscaye, qui était venu s'établir au Mexique, et d'une riche créole. En 1810, à l'époque de la première insurrection du Mexique, il habitait ses domaines, était revêtu du grade de lieutenant dans la milice de sa province, et il repoussa alors énergiquement toutes les propositions que lui firent les insurgés pour le décider à venir faire cause commune avec eux. Répondant au contraire, à l'appel du vice-roi Apodaca, il prit le commandement de la milice de sa province, et opéra si habilement à sa tête, que les bandes insurgées durent, après maintes défaites, se disperser. A partir de 1816 il vécut de nouveau, dans ses domaines, jusqu'à ce qu'au mois de février 1821, à la suite du nouveau soulèvement qui avait éclaté en 1820 au Mexique, le vice-roi Apodaca lui confia le commandement supérieur des troupes royales. Mais Iturbide se rapprocha bientôt du parti des insurgés, et finit par se mettre à leur tête. Après d'inutiles négociations suivies avec le vice-roi pour le déterminer à donner au pays une constitution particulière, il vint le bloquer dans la capitale même, qui lui ouvrit ses portes, le 24 août 1821, en vertu d'une convention signée à Cordova, laquelle, tout en réservant le sceptre du Mexique aux Bourbons d'Espagne, prononçait la séparation définitive du pays d'avec la mère patrie. Le général y prenait le titre de chef de l'armée mexicaine des *trois garanties*, garanties stipulées dans un acte connu sous le nom *plan d'Iguala*, à savoir : l'indépendance, la religion, et l'union.

Odieux au parti républicain, Iturbide fit son entrée à Mexico le 17 septembre 1821, et installa le jour même une junte de régence. Aussitôt une lutte s'engagea entre ce pouvoir, dont l'esprit était démocratique, et Iturbide. Celui-ci ayant destitué trois membres de la junte, en raison de l'opposition violente qu'ils lui faisaient, la junte prépara une loi qui devait établir en principe l'incompatibilité des fonctions civiles et militaires. Menacé dans sa position politique, Iturbide songea à parodier de l'autre côté de l'Atlantique le 18 brumaire. Lui, il eut son 18 mai (1822); journée dans laquelle la garnison et la populace de Mexico le proclamèrent empereur, sous le nom d'*Augustin I*er. Il parut hésiter d'abord à accepter une couronne; puis il feignit de se laisser vaincre, et se présenta le lendemain au congrès. Sur 184 membres dont se composait cette assemblée, 94 seulement étaient présents; 77 votèrent par peur l'établissement de l'empire; 15 se retirèrent en déclarèrent qu'ils en référeraient à leurs commettants. Iturbide convoqua alors un nouveau congrès, qui cette fois consacra par un vote rendu à l'unanimité, le 22 juin, la dignité impériale en faveur d'Iturbide, et déclara la couronne héréditaire dans sa famille. Le 21 juillet suivant Iturbide se faisait, en conséquence, sacrer en grande pompe empereur du Mexique. Mais les coffres du trésor public s'étant trouvés complétement vides à quelque temps de là, les partis qui existaient au sein du congrès se coalisèrent pour faire de l'opposition à l'empereur. Iturbide n'était point de taille à faire face aux nécessités de sa position, à tenir les factions en bride, à faire régner l'ordre dans l'administration et à pourvoir aux modifications urgentes que réclamait la législation. Plusieurs des généraux les plus influents conspirèrent sa chute, et une insurrection éclata contre lui. Neuf mois après la proclamation du nouvel empire, le 20 mars 1823, Iturbide était réduit à abdiquer et à déposer ses pouvoirs entre les mains du congrès. Cette assemblée accorda à lui et à sa famille une pension de 25,000 piastres, à la condition qu'il irait se fixer en Italie; et en conséquence il fut conduit à Livourne.

Quoique indignement calomnié par la haine des partis, Iturbide, à qui on ne pouvait reprocher aucun acte de despotisme ni de rapacité, ne laissait pas que d'avoir toujours d'assez nombreux partisans au Mexique. Instruit d'une conspiration qu'ils avaient tramée en sa faveur, il quitta l'Italie, et se rendit à Londres au commencement de l'année 1824, avec l'intention de gagner de là quelque port de la côte du Mexique. Mais tenu au courant de ses projets, le congrès mexicain le déclara hors de la loi par un décret rendu le 24 avril 1824, et qui ordonnait de le faire fusiller aussitôt qu'il mettrait le pied sur le territoire mexicain. L'ex-empereur, après s'être embarqué à Southampton le 11 mai, sous un travestissement, était le 5 juillet en vue de Solo de Marina, où commandait le général Gazza. Le 16, entraîné par son ardeur de ressaisir sa couronne et par les nouvelles favorables que de secrets émissaires lui font passer de l'intérieur du pays, il se jette sur la plage. Mais arrêté par le général Garza, il n'essaya point de résister, et fut dirigé de Solo de Marina sur Padilla, où le 19 juillet on le passait par les armes. Le congrès se montra encore généreux à l'égard de la veuve et des enfants que laissait Iturbide. Il leur vota une pension de 8,000 piastres, à la condition de résider désormais dans la partie du territoire de la Colombie qui leur serait désignée. Onze ans plus tard, en 1835, le congrès accorda aux héritiers d'Iturbide une indemnité d'*un million* de piastres, et, levant les lois de proscription qui pesaient sur eux depuis 1823, leur accorda en outre, à titre de propriété particulière, une étendue de terrain de 14 myriamètres carrés. On a d'Iturbide une autobiographie, traduite et publiée en Anglais par Quin (*Statement of some of the principal events in the public life of Augustin de Iturbide* [Londres, 1824]).

ITYS. *Voyez* PHILOMÈLE.

ITZSTEIN (JEAN-ADAM D'), célèbre membre de l'opposition libérale dans la chambre des députés de Bade, où il entra dès 1822, est né à Mayence, le 18 septembre 1775, et appartenait à l'ordre judiciaire quand la confiance des électeurs l'investit de fonctions législatives. A la mort de Rotteck, c'est à lui qu'échut la tâche de continuer et de diriger l'agitation libérale dans le parlement, rôle auquel le rendait éminemment propre un talent d'orateur des plus distingués. Mais sa capacité comme homme politique ne répondait pas complétement à ce que pouvait faire espérer de lui une parole toujours facile et élégante. En 1848 une partie de ses anciens amis politiques se séparèrent de lui, parce que ses tendances devinrent alors républicaines. Nommé membre de l'assemblée nationale de Francfort, il y prit place à l'extrême gauche; mais son nom n'y fut remarqué que lorsque la gauche le présenta comme candidat à la dignité de vicaire de l'Empire. M. d'Itzstein ne prit aucune part aux mouvements révolutionnaires dont le grand-duché de Bade fut le théâtre en 1849 : des chefs plus ardents et professant des idées encore plus avancées l'avaient supplanté dans les faveurs de la foule. Il n'en crut pas moins prudent de les accompagner dans leur retraite sur le territoire étranger, quand l'insurrection eut été comprimée par les Prussiens. Poursuivi alors par coutumace (1850), il n'en a pas moins obtenu depuis la pension de retraite à laquelle lui donnaient droit ses services dans l'ordre judiciaire; et complétement étranger aux affaires politiques, il habite aujourd'hui son domaine de Hallgarten dans le Rheingau.

IÜTERBOECK (Bataille de). *Voyez* DENNEWITZ (Bataille de).

IVAN ou **IWAN**, nom de plusieurs grands-princes et tsars de Russie.

IVAN Ier, surnommé *Kalita*, grand-prince de Moscou (1328-1340), chercha, tout en se trouvant sous la dépendance des Tatars, à s'élever au-dessus des autres dynasties russes et à faire de Moscou la capitale de la Russie; tentative qui lui réussit en partie, puisque cette ville devint sous son règne le siége du métropolitain au lieu de Vladimir.

IVAN II (1353-1359), fils d'Ivan Ier, n'avait point les qualités qui lui eussent été nécessaires pour lutter contre les autres grands-princes de Russie et pour repousser les invasions des Lithuaniens, qui lui enlevèrent des portions considérables de territoire sur les bords du Dniepr.

IVAN III et comme tsar IVAN Ier WASSILIÉVITCH (1462-1505) est regardé comme le fondateur de l'empire russe. Il réunit successivement à la grande-principauté de Moscou les autres principautés de la Russie, telles que Tver, Moshaïsk et Wologda, s'empara, en 1478, de la puissante Novogorod, où les marchands appartenaient à la hanse furent pour la plupart égorgés, et s'affranchit complétement de la domination des Tatars en profitant habilement de l'affaiblissement qui avait été pour le khan du Kaptchak le résultat des partages des khanats et des conquêtes de Timour. En 1472, il épousa Zoé, fille de Thomas Paléologue, frère du dernier empereur de Byzance, qui introduisit en Russie les mœurs européennes. C'est par suite de ce mariage que l'aigle à deux têtes, insigne des empereurs de Byzance, figure dans les armoiries russes. Ivan érigea le premier en loi fondamentale de l'État l'unité et l'indivisibilité du territoire russe; et le premier aussi il prit le titre de tsar de la Grande-Russie.

IVAN — IVRAIE

IVAN II Wassiliévitch, surnommé *le Terrible* (1533-1584), parce que jamais souverain si cruel n'avait encore régné sur la Russie, contribua cependant plus que tous ses prédécesseurs à propager quelques germes de civilisation parmi ses sujets, alors encore à moitié sauvages. Il attira en Russie des ouvriers, des artistes et des lettrés allemands, introduisit les premières imprimeries, créa le commerce extérieur en contractant une convention commerciale avec la reine d'Angleterre Élisabeth, quand les Anglais eurent découvert la route de mer conduisant à Arkangel; et, en 1545, il fonda une armée permanente, les strélitz. En 1552 il s'empara de Kasan, et en 1554 d'Astracan. Mais ayant voulu enlever la Livonie aux chevaliers de l'ordre Teutonique, les Polonais, les Suédois et les Danois se liguèrent contre lui. Réduit par Etienne Bathori à une situation critique, Ivan II implora les secours de l'empereur Rodolphe II et du pape Grégoire XIII. Ce dernier, dans l'espoir de ramener ainsi le tsar et ses sujets au giron de l'Église catholique, envoya en Russie un nonce du nom de Possevin, qui, en 1582, amena l'armistice conclu à Zapolya entre Bathori et Ivan, convention à la suite de laquelle Ivan renonça à ses droits sur la Livonie. En 1570 Ivan entreprit une expédition contre Novogorod, dont l'esprit d'indépendance l'offusquait; et il y fit égorger 60,000 individus dans l'espace de six semaines. Des massacres analogues eurent lieu à Tver, à Moscou et sur plusieurs autres points encore. C'est sur la fin de son règne que Iermak entreprit son expédition de Sibérie.

IVAN III Alexiévitch, frère consanguin de Pierre Ier, né en 1663, mourut en 1696. Quoique proclamé tsar, il ne prit que peu de part au gouvernement, à cause de la débilité de ses facultés intellectuelles; et il finit même, en 1688, par tomber dans un état d'idiotie complet.

IVAN IV, né le 23 août 1740, était fils du duc Antoine-Ulrich de Brunswick-Wolfenbüttel et de la grande-duchesse russe *Anna Carlovna*. L'impératrice Anne Ivanovna l'adopta tout aussitôt après sa naissance, le déclara son héritier quand elle se vit à la veille de mourir, et nomma son favori Biren tuteur du jeune prince et régent de l'empire pendant sa minorité. L'impératrice étant morte le 28 octobre 1740, Biren fit aussitôt proclamer empereur Ivan IV, âgé de deux mois à peine; et lorsque il eut été condamné à l'exil, ce furent le père et la mère mêmes d'Ivan IV qui exercèrent la régence. Toutefois, dès le 5 décembre de l'année suivante, la fille de Pierre Ier, Élisabeth, s'emparait du trône, renvoyait en Allemagne les parents du jeune Ivan, et le faisait renfermer lui-même à Ivanogrod non loin de Narva. Un moine ayant pénétré dans sa prison, l'enleva, dans le dessein de le conduire en Allemagne; mais le prince fut repris à Smolensko et confiné de nouveau dans un monastère de la ville de Waldaï, sur la route de Pétersbourg à Moscou. Plus tard, Ivan fut ramené dans la prison de Schlusselbourg. Des soldats commandés par Mirovitch, gentilhomme de l'Ukraine qui faisait partie comme lieutenant de la garnison de Schlusselbourg, ayant tenté de tirer ce malheureux prince de son cachot, afin d'opérer avec lui une révolution, ses gardiens, d'après les instructions données par l'impératrice Élisabeth pour le cas où il éclaterait un complot de ce genre, le massacrèrent, le 5 décembre 1764. En Russie, on a toujours étranglé ou poignardé les prétendants, et jusqu'à présent on ne s'en est pas mal trouvé. Un historien rapporte que le lendemain on exposa le corps d'Ivan, revêtu d'un simple habit de matelot, devant la porte de l'église de Schlusselbourg; qu'il avait six pieds de haut, une blonde et superbe chevelure, les traits réguliers et la peau d'un extrême blancheur. La chapelle où l'on avait déposé ses restes mortels fut depuis complètement détruite.

IVETOT. *Voyez* Yvetot.

IVETTE MUSQUÉE. *Voyez* Germandrée.

IVIÇA (dans l'antiquité *Ebasus*), qui, avec l'île de Formentera, située plus au sud, et plusieurs autres îlots, forme le groupe des îles Pityuses ou *Iles des Pins*, et l'une des six juridictions qui composent la province espagnole des îles Baléares, comptait en 1848, 25,505 habitants, sur une superficie d'environ 6 myriamètres carrés. Le sol en est montagneux, boisé et bien arrosé; et malgré une culture très-insuffisante, il ne laisse pas que de produire beaucoup d'huile, de vin et de fruits. Les habitants descendent vraisemblablement des Phéniciens qui vinrent de Carthage s'y établir au huitième siècle avant J.-C.; ils parlent un dialecte particulier, se livrent à la pêche et à la navigation, et fabriquent beaucoup de sel de soude. Cette île fut enlevée aux Carthaginois par les Romains; plus tard, les Maures s'y établirent, et l'occupèrent jusqu'en 1235, époque où ils en furent chassés par Jacques Ier d'Aragon. Le chef-lieu de l'île, qui porte le même nom, avec 5,281 habitants et une cathédrale, est fortifié et a un port de mer. *Formentera*, appelée par les anciens *Pityusa minor* ou *Ophiusa*, c'est-à-dire *île aux serpents*, est placée dans les mêmes conditions physiques, et forme l'un des six *ayuntamientos* d'Iviça. Elle a pour chef-lieu *San-Francisco de Xavier*, et ne compte guère de tout que 15 à 1,600 habitants.

IVOIRE (du latin *ebur*). C'est le nom de la matière qui provient des défenses des éléphants, des dents de l'hippopotame, de la flèche du narval. Les éléments qui composent l'ivoire sont à peu près les mêmes que ceux des dents et des os : en effet, de l'ivoire on tire de la gélatine, du phosphate de chaux, du phosphate de magnésie, de l'oxyde de magnésie et du fer. Sa contexture ressemble en quelque sorte à celle des végétaux : comme les tiges de ces derniers, il offre des fibres entrelacées, de manière à présenter des figures qui ressemblent plus ou moins à des losanges. L'accroissement des défenses de l'éléphant s'opère par couches superposées comme les troncs des arbres : leur couleur est d'un blanc tirant sur le jaune; lorsqu'elles sont récemment détachées de l'animal, leur intérieur offre diverses nuances, par lesquelles on juge de la bonté de l'ivoire : le plus estimé est celui qui tire sur le vert : cette matière, en vieillissant, devient d'un blanc mat, et les ouvrages qui en sont faits se fendent avec le temps d'un jaune sale. Comme le bois, l'ivoire est sujet à se fendre. Outre l'ivoire que produisent les éléphants qui vivent de nos jours, on trouve dans le sein de la terre de diverses contrées des zones tempérées, et jusqu'en Sibérie, d'énormes tronçons de défenses d'éléphant, dont l'ivoire est assez bien conservé pour en faire des ouvrages d'ornement, de sculpture, etc. Lorsque l'ivoire fossile est imprégné d'oxyde de cuivre, il devient ce qu'on appelle des *turquoises*, pierres ainsi nommées parce les premières qui ont été vues en Europe venaient de Turquie. L'ivoire étant poreux, est susceptible de prendre diverses couleurs : on le teint en vert par le vert-de-gris, etc. L'ivoire jauni se blanchit avec le chlore ou avec de l'eau de chaux : une sorte de savon noir blanchit aussi cette substance. Le *noir d'ivoire* s'obtient en faisant brûler cette substance dans des vases clos.

On fait en ivoire une infinité de petits ouvrages de sculpture et d'ornement, tels que statuettes, pommes de canne, manches de couteaux, etc.; mais les ouvrages en ivoire que l'on fait chez les modernes ne sont rien en comparaison de ce qu'on exécutait en cette matière chez les anciens. Comme les éléphants étaient beaucoup plus communs dans ces temps reculés que de nos jours, les anciens faisaient en ivoire des tables, des chars, des chaires, des trônes; ils en couvraient les portes et les murs des temples, et jusqu'à des statues colossales de dix mètres de proportion. M. Simart a renouvelé de nos jours ce travail en exécutant pour le duc de Luynes une Minerve dont les chairs sont en ivoire. Teyssèdre.

IVOIRE (Côte d'). *Voyez* Côte des Dents.

IVRAIE, genre de la famille des graminées de Jussieu, de la triandrie digynie de Linné. Les *ivraies* sont des plantes herbacées, annuelles ou vivaces, que les botanistes caractérisent ainsi : Épillets distiques, multiflores, parallèles à l'axe de l'épi; glumes à deux valves lancéolées, l'extérieur aristée au-dessous du sommet; ovaire surmonté de deux stigmates plumeux. L'ivraie se distingue essentiellement du froment par la position de ses épillets, qui regardent l'axe de l'épi par l'une de leurs faces, et non pas par l'un de leurs côtés. On en distingue environ une dixaine d'espèces : l'*ivraie vivace* (*lolium perenne*, L.) et l'*ivraie enivrante* (*lolium temulentum*, L.) sont surtout communes dans nos champs d'Europe : la première de ces deux espèces croît à l'état sauvage sur le bord des chemins et dans les lieux incultes ; elle présente le double avantage d'être très-précoce, et de repousser promptement sous la dent des bestiaux ; aussi fournit-elle d'excellents pâturages. Mais l'*ivraie enivrante* (*zizanie*, *herbe d'ivrogne*), plante annuelle à tiges roides, droites et hautes de 0^m,60 à un mètre, croît d'habitude dans les champs ensemencés de froment, d'orge et d'avoine, et dans les étés humides elle se multiplie tellement dans les moissons qu'elle finit par dominer complètement les céréales, qu'elle étouffe :

Grandia sæpe quibus mandavimus hordea sulcis,
Infelix lolium et steriles *dominantur* avenæ.

La tradition affirme qu'en certains cas la graine du froment dégénère et se transforme en ivraie.

La graine de la *zizanie* a une saveur âcre, acidule, nauséabonde ; mélangée avec le froment en quantités un peu notables, elle donne à la farine des qualités délétères, et détermine des nausées, des vertiges, des vomissements, en général tous les symptômes de l'ivresse portée à l'extrême. La dessiccation complète fait perdre à l'ivraie ses propriétés malfaisantes, et Parmentier assure que l'on peut manger sans inconvénient du pain fait avec de la graine torréfiée du *lolium arvense*.

Dans la langue symbolique, l'ivraie désigne le mal, l'hérésie : « Séparer les bons des méchants, *segregare triticum à zizania*. » BELFIELD-LEFÈVRE.

IVRÉE (l'ancienne *Eporadia*), ville fortifiée, avec 9,000 habitants, une cathédrale et un séminaire, est en même temps le chef-lieu de la province sarde d'Ivrée, qui compte 170,000 habitants sur 18 myriamètres carrés. Cette province s'est formée du *marquisat d'Ivrée*, que Charlemagne y avait fondé après la conquête du royaume des Lombards. Après la déposition du roi Charles le Gros, en 887, les marquis d'Ivrée figurèrent au premier rang des prétendants à la couronne d'Italie. Le marquis Bérenger II réussit même, vers 950, à s'emparer du trône ; mais il dut y renoncer bientôt. Lui et ses successeurs, qui portaient aussi en Bourgogne le titre de *ducs*, conservèrent le marquisat d'Ivrée jusqu'en 1018, époque où l'empereur Henri II l'enleva aux fils du turbulent marquis Ardouin, et l'incorpora à l'Empire, auquel il demeura uni jusqu'en 1248. A ce moment l'empereur Frédéric II en accorda l'investiture à Thomas, comte de Savoie, dont les descendants s'en maintinrent en possession malgré les prétentions qu'y élevèrent pendant quelque temps les marquis de Montferrat.

IVRESSE, suspension instantanée des facultés rationnelles, qui va quelquefois jusqu'à les anéantir. Toute sensation ou émotion violente peut produire cet effet : on est ivre d'amour, de joie, de haine, de fureur. Il n'est point de passion qui ne puisse altérer la faculté d'examiner, de discerner, de choisir, et ne développe quelques-uns de ces instincts et besoins physiques de l'homme, réprimés habituellement par la conscience qu'il a du bien et du mal, ou par la crainte des lois que s'est imposées la société. L'expression du visage, les mouvements du corps, semblent être dans ce cas indépendants de la volonté. L'homme paraît en cet état descendre bien au-dessous de la brute. *Ivresse* s'entend surtout du délire produit par l'usage immodéré du vin et des liqueurs fermentées, par les narcotiques, etc.

C^{sse} DE BAADI.

L'excitation du cerveau et le désordre de ses fonctions par suite des *boissons fermentées, alcooliques*, se fait quelquefois d'une manière très-prompte. Les substances introduites dans l'estomac agissent par une stimulation propre, qui se propage au cerveau par les rapports sympathiques du système nerveux, avant que ces substances aient pu avoir le temps de se mêler au sang par les voies digestives.

Le premier effet des boissons spiritueuses est de réveiller l'activité des forces vitales et du cerveau en particulier ; la physionomie s'anime, les mouvements sont plus faciles ; l'imagination est vive, la parole est plus prompte ; on est plus libre ou plus indiscret, et les divers sentiments se manifestent avec plus de promptitude et d'aisance. Jusque là il n'y a pas de désordre dans les fonctions du cerveau ; mais si l'on continue à boire, les sensations commencent à se troubler, les yeux ne distinguent plus clairement les objets, on voit double ; les oreilles n'entendent qu'imparfaitement ; la langue ne se prête plus à la parole : on prononce mal, on balbutie, la langue est *épaisse*, on commence enfin à *délirer*. Successivement, l'ivresse gagne, le sang monte à la tête, les traits de la figure se décomposent, les mouvements du corps cessent d'être dirigés par la volonté : ils sont incertains ou cessent entièrement. En même temps que cela arrive, les idées se confondent : on s'exalte, on dispute, on est dans un *délire complet*. Quelquefois on passe du délire au sommeil, à l'assoupissement, à la stupeur.

Ce genre de délire varie selon la nature de l'individu ou selon la qualité des substances enivrantes. Les enfants et les femmes tombent dans le délire de l'ivresse avec la plus grande facilité, en raison de la sensibilité et de l'irritabilité de leur système nerveux. Il y a des personnes qui peuvent supporter des quantités considérables de vin ou de liqueurs fortes sans en ressentir aucun mauvais effet. Le vin produit des effets différents selon la diversité des tempéraments, et spécialement selon la différente organisation cérébrale des buveurs. Ainsi, les uns sont gais, aimables, amoureux, les autres turbulents, querelleurs, téméraires, imprudents, cruels ou furieux. Il y en a d'autres qui sont tristes, maussades, silencieux et graves : celui-ci chante, un autre bavarde, et un troisième fait des vers ou des calembours. Comment expliquer une si grande variété des phénomènes résultant d'une même cause ? La pluralité des organes nous l'explique parfaitement. Selon qu'un individu a un organe cérébral plus ou moins développé, actif ou irritable, l'excitation générale causée par la boisson mettra en activité ces mêmes organes de préférence aux autres, et conséquemment nous aurons la manifestation et l'exaltation d'une ou de plusieurs qualités déterminées, de celles précisément qui sont les plus prédominantes ou les plus excitables dans l'individu. L'observation qui a donné lieu au proverbe *in vino veritas* est très-ancienne, mais l'explication est tout à fait moderne : elle est due aux connaissances précises de la physiologie du cerveau.

Le délire de l'ivresse cesse ordinairement au bout de quelques heures : il est rare qu'il faille avoir recours à des moyens médicinaux pour le faire cesser. Les vomissements naturels ou procurés soulagent promptement le patient. L'usage du café est un excellent moyen pour faire cesser l'ivresse : les boissons fraîches acidulées font à peu près le même effet. L'application de l'eau froide à la tête ou l'aspersion générale de tout le corps sont des moyens très-utiles.

On ne peut pas attribuer à la seule présence de l'alcool la propriété qu'ont les substances spiritueuses de produire le délire de l'ivresse : il paraît que d'autres principes délétères y contribuent également. L'ivresse de la bière ne ressemble pas à celle du vin et de l'eau-de-vie : elle produit sur nos facultés un effet analogue à celui des narcotiques ; elle assoupit, elle donne le sommeil plutôt qu'elle n'exalte les facultés.

Les *narcotiques* agissent puissamment sur le cerveau, et s'ils sont administrés à une dose trop forte, ils causent une sorte de délire qui ressemble à l'ivresse. Le règne végétal seul les fournit ; il y en a un très-grand nombre, et ce sont des médicaments très-utiles quand ils sont donnés à

IVRESSE — IVROGNERIE

propos : tels sont l'opium, l'aconit, la belladone, la ciguë, le stramonium, etc. Il y a des champignons qui font naître un délire plus ou moins grave et rendent comme fous ceux qui en mangent. Le délire causé par les narcotiques est triste : il y a stupéfaction, étonnement, confusion d'idées plutôt que mouvement, vivacité, exaltation; et si la dose a été plus forte, l'engourdissement général, l'assoupissement et la stupeur se manifestent. Dans ce cas, le système sanguin cérébral est gorgé de sang. Les Orientaux, qui abusent assez souvent de l'opium, corrigent cet excès par le café. Il paraît donc que le café a une action sur notre organisme opposée à celle des liqueurs spiritueuses et de l'opium. L'expérience nous a convaincu que le café a la propriété de dégager le cerveau de la trop grande quantité de sang qui s'y porte, soit par l'action des substances narcotiques ou spiritueuses, soit par un travail d'esprit trop prolongé, soit par toute autre cause. Si le vin et l'opium causent le sommeil, le café cause la veille. Tous les narcotiques n'agissent cependant pas sur l'organisme et sur le cerveau de la même manière que l'opium et les boissons alcooliques; il y en a qui agissent d'une manière opposée, et leurs effets dangereux ne peuvent être détruits que par le vin, les alcooliques, et autres stimulants véritables : tels sont la belladone, les champignons, etc.

Le hachisch produit aussi, comme on sait, une ivresse particulière. Dr FOSSATI.

IVROGNE, celui qui se livre à l'ivrognerie.

IVROGNE (Herbe d'). *Voyez* IVRAIE.

IVROGNERIE, intempérance dans l'usage des boissons spiritueuses, dont les vapeurs affectent le cerveau et troublent la raison. Ce vice annonce le défaut absolu d'éducation et les habitudes les plus grossières. Il engendre la misère parmi les pauvres et provoque tous les hommes au crime. Vainement on a voulu poétiser l'ivrognerie en lui donnant le nom d'*ivresse*. Quelle abstraction des sens ne faut-il pas faire pour chanter l'ivresse occasionnée par l'excès du vin? Que les anciens n'aient point partagé pour l'ivrognerie le dégoût des modernes, c'est ce que l'on pourrait discuter avec Montaigne; mais certes les Spartiates l'appréciaient, puisque, pour préserver leurs enfants, ils se contentaient d'exposer à leurs yeux les ilotes pris de vin. Voyez l'essor immense donné en Angleterre et dans les États-Unis aux nombreuses sociétés de **tempérance** qui s'efforcent ; avec plus ou moins de succès, d'arracher l'humanité à ce vice dégradant...... C'est en raison de leur civilisation que les nations européennes se sont montrées sobres; et l'on ne peut s'enivrer aujourd'hui sans être exclu de cette portion de la société qui, bien qu'en minorité, décidera toujours des choses et classera les gens. Être ivrogne, c'est renoncer à exercer aucun droit dans sa patrie, c'est se démettre de la puissance paternelle, abjurer le respect filial, insulter à toutes les affections que l'on peut inspirer; c'est dégrader la plus magnifique des créations du Tout-Puissant..... Triste et affligeante dans le jeune homme, l'ivrognerie devient hideuse dans les vieillards et dans les femmes. Quand, par une infirmité dont la cause peut demeurer inconnue, le goût des boissons enivrantes se manifeste avec quelque vivacité, il faut à l'instant s'en interdire l'usage, ce vice étant de ceux avec lesquels on ne transige point; autrement, il faut s'attendre à la démence et à l'idiotisme, qui heureusement préservent quelquefois les ivrognes du crime et de l'échafaud. C^{sse} DE BRADI.

L'alcool est si promptement absorbé dans l'estomac, et si grande est son affinité pour l'oxygène, que ce liquide peut occasionner la mort en quelques instants par une asphyxie comparable à celle qui a pour cause le charbon ou l'acide carbonique. L'alcool est aussitôt absorbé par les veines, et jamais on ne le trouve mêlé aux aliments ni au chyme, ce qui le mitigerait. L'oxygène de l'air ne ravitaille plus le sang, et celui-ci devient noir du moment où, au lieu de décarboniser le sang, l'oxygène se combine par préférence avec l'alcool. Un animal qui, comme le chien, absorbe rapidement l'alcool, peut mourir asphyxié en quelques instants, quand même la dose de ce dangereux liquide serait peu considérable ; et de même pour l'homme. Plus l'estomac est spacieux, si en même temps il est vide, et plus l'animal qui prend l'alcool court risque de s'enivrer; or l'ivresse est un commencement d'asphyxie. Ceux qui font abus de l'alcool ont moins d'urines, moins d'urée, mais beaucoup plus d'acide urique, principal élément des calculs et de la gravelle, dans les vingt-quatre heures qui suivent de tels excès. L'ivrognerie expose donc à la gravelle, aux calculs, de même qu'à la paralysie, qu'aux tremblements et à l'oppression. Dr Isidore BOURDON.

En 1852, le révérend J.-B. Owen, de Bilston, faisait le tableau suivant des résultats de l'ivrognerie en Angleterre : « L'ivrognerie, disait-il, est le mauvais démon de la Grande-Bretagne. Depuis le commencement du siècle, le peuple a dépensé pour boissons enivrantes deux fois autant d'argent qu'il en aurait fallu pour payer toute notre énorme dette nationale. A Londres seul il y a 180,000 buveurs d'eau-de-vie, et dans cette ville on en consomme par an pour trois millions de livres sterling (75 millions de francs). Pendant les treize dernières années, 240,000 hommes et 183,921 femmes y ont été arrêtés pour ivrognerie. A Manchester, les classes laborieuses dépensent plus d'un million de liv. sterl. (25 millions de fr.) par an en eau-de-vie. A Edimbourg, il y a 1,000 débits d'eau-de-vie, tandis que l'on y compte seulement 200 boutiques de boulangers. Sur 27,000 cas de paupérisme, 20,000 au moins doivent être attribués à l'ivrognerie. A Glasgow, la taxe des pauvres s'élève à 100,000 liv. sterl. (2,500,000 fr.) par an, et, au dire d'Alison, 50,000 individus s'enivrent tous les samedis soirs, et restent dans cet état les dimanches et les lundis, au point qu'ils ne peuvent retourner le travail que le mardi et même le mercredi. Dans la même ville de Glasgow, on dépense tous les ans pour boissons alcooliques 1,200,000 liv. sterl. (30 millions de francs), et on arrête par an 20,000 femmes ivres-mortes.

« Et quels sont les résultats moraux de ces effrayantes statistiques? C'est l'aliénation mentale, la misère, la prostitution et le crime. Quant à l'aliénation mentale causée par l'ivrognerie, l'évêque de Londres a constaté que sur 1,271 maniaques dont on a pu découvrir les antécédents, 649, c'est-à-dire plus de la moitié, ont eu la raison altérée par les boissons alcooliques. Quant au paupérisme, tout le monde sait que les deux tiers de nos pauvres sont directement ou indirectement victimes du même vice. Pour se convaincre combien l'ivrognerie contribue à provoquer à la prostitution, il suffit de se rappeler qu'il y a plus de 80,000 femmes publiques à Londres, et que toutes nos autres grandes villes sont également infestées d'énormes essaims de ces malheureuses. Personne n'ignore que l'ivresse mène au crime. Dans la prison de Parkhunt, sur 500 jeunes détenus, il y en a toujours au moins 400 qui sont enfance ont pris la funeste habitude de boire. Le chapelain de la geôle de Northampton m'a assuré que sur 302 individus qui pendant le dernier semestre y étaient détenus , 176 avaient été conduits au crime par l'ivrognerie. Parmi ces 176 individus, il y en avait 64 qui avaient dépensé par semaine de 2 shellings 6 derniers jusqu'à 10 shellings (3 fr. 15 c. à 12 fr. 50 c. pour boissons alcooliques; 15, de 10 shellings à 17 shellings (12 fr. 50 c. à 21 fr. 25 c.), et 10 avaient dépensé en eau-de-vie tout ce qu'ils avaient gagné. »

Dans l'espoir de réprimer ce fâcheux penchant, des économistes ont conseillé l'élévation des droits sur l'alcool et sur les boissons fermentées. Les gouvernements sont volontiers entrés dans cette voie ; mais il est permis de douter de l'efficacité de ce moyen. D'abord la contrebande supplée en partie aux vides produits par les exigences du fisc ; puis les falsifications multiplient, au grand détriment de la santé publique, les boissons que l'on voulait éloigner de la consommation ; enfin, l'appât du fruit défendu s'y joint : s'il est plus cher, on s'en *donne* moins souvent, mais on s'en *donne* davantage quand on y est. L'État y gagne peut-être quelque chose, l'ivrognerie n'y perd rien. M. Villermé demandait que tout ivrogne incorrigible fût banni des ateliers. Alors qu'en fera-t-on? Il faudra le nourrir à rien faire, l'enfermer à l'hôpital ou en prison! Qu'y gagnera la société? En Amérique, la législature de New-Jersey a mis les ivrognes sur le même pied que les aliénés, et les a déclarés incapables de gérer leurs biens. Belle punition pour des gens qui ordinairement n'ont pas de pain; car, il ne faut pas l'oublier, c'est souvent la pénurie, la détresse, qui engendre l'ivrognerie! En Suède, l'ivresse est punie d'amende, puis, en cas de récidive, de la perte du droit de voter et d'être élu, du pilori, de la prison correctionnelle avec six mois ou un an de travail forcé. Quiconque pousse à l'ivresse subit aussi une amende, est suspendu ou destitué de ses fonctions s'il en occupe. Dans ce pays, l'ivresse n'est jamais acceptée comme excuse, et un homme mort en état d'ivresse n'est pas inhumé dans le cimetière. Tout cela est d'une efficacité douteuse. L'instruction, l'aisance, des institutions d'une philanthropie éclairée, les boissons saines à un prix raisonnable, voilà les vrais remèdes à opposer à l'ivrognerie. Le gouvernement a beaucoup fait contre les cabarets; il s'est donné le droit de les supprimer sans indemnité; il leur a défendu de donner à boire aux mineurs et aux hommes déjà en état d'ivresse; il a augmenté les droits de consommation; il a diminué la quantité de boissons que l'on peut acheter avec des droits moindres dans les ménages. L'absence de récolte a fait plus encore pour la répression de l'ivrognerie, qui se répandait même dans les campagnes; mais quand l'abondance reviendra, les mesures du gouvernement seront-elles suffisantes? L. LOUVET.

IVRY (Bataille d'). Ivry-la-Bataille, bourg de 950 habitants, avec des tanneries et des filatures de coton, situé sur la rive gauche de l'Eure, dans l'arrondissement d'Évreux, et qu'il ne faut pas confondre avec le village d'Ivry-sur-Seine, dans la banlieue de Paris, peuplé de près de 7,000 âmes, était au onzième siècle une place forte, qu'Ordéric Vital désigne sous le nom d'*Ibreium*. Il fut le théâtre d'une entrevue de Louis le Jeune et de Henri II d'Angleterre. Pris d'assaut par Talbot en 1418, il était de nouveau assiégé en 1424, sous Charles VII, par les Anglais; il dut se rendre le 15 août, mais la place fut reprise en 1449 par Dunois, qui la démantela.

Les plaines voisines d'Ivry ont été à leur tour le théâtre d'une des plus célèbres batailles gagnées par Henri IV sur les ligueurs, le 14 mars 1590. Henri IV assiégeait la ville de Dreux. Mayenne, à qui le duc de Parme avait envoyé un renfort, sort de Paris, à la tête de toutes les forces dont peut disposer la Ligue, afin d'essayer de forcer le roi à lever le siège. Cette armée, composée d'éléments divers, ne comptait pas moins de 12 à 13,000 fantassins et 3,000 cavaliers, mais seulement quatre pièces de canon; elle s'élevait à près du double de l'armée royale. En apprenant que Mayenne approche, Henri IV lève le siège, et dans les instructions qu'il donne on trouve cette recommandation nouvelle, devenue depuis un axiome de guerre : *Faites avancer les troupes dans l'ordre où elles doivent combattre*.

Les deux armées se rencontrent entre l'Eure et l'Iton. Grâce à son ordre de marche, celle du roi est la première en bataille; elle compte 8,000 fantassins, 2,300 cavaliers, y compris 700 gentilshommes, amenés par le duc d'Humières au commencement de l'action, et six pièces de canon. Le roi la range en ligne droite, en faisant alterner les bataillons et les escadrons; le maréchal d'Aumont commande l'aile gauche, ayant à ses côtés le duc de Montpensier; Henri, à la tête de la gendarmerie française, se réserve le commandement de l'aile droite. En avant de l'aile gauche s'échelonnent une partie des *enfants perdus*, quelques escadrons de cavalerie légère, et l'artillerie aux ordres du comte de Guiche; l'aile droite est précédée et flanquée par 300 reîtres. Le roi, par une sage disposition, à laquelle il dut la victoire, et qui est devenue la règle fondamentale de la tactique moderne, forma en arrière du centre une réserve d'infanterie et de cavalerie, dont il confia le commandement au maréchal de Biron.

Le matin de la bataille, Henri IV, parcourant le front de son armée, adresse aux troupes cette courte allocution militaire, que nous a conservée d'Aubigné : « Mes compagnons, Dieu est pour nous; voilà ses ennemis et les nôtres! Voici votre roi. Tombons sur eux! Si vous perdez vos enseignes, cornettes et guidons, ne perdez point de vue mon panache blanc! Vous le trouverez toujours sur le chemin de l'honneur et de la victoire. » L'armée lui répond par des cris de *vive le roi!*

Mayenne régla son ordre d'attaque sur celui de Henri, en omettant toutefois de se ménager comme lui une retraite; il plaça sur sa gauche, vis-à-vis du roi, ses meilleures troupes et les lances espagnoles et flamandes du comte d'Egmont; au centre, les ducs de Nemours et d'Aumale; à l'aile droite, le baron de Rosne. Entre dix et onze heures du matin, le roi ordonnait au comte de Guiche de commencer le feu de son artillerie qui, grâce à l'avantage de sa position et à l'habileté de ses pointeurs, donnait en plein dans les rangs des ligueurs, tandis que celle de l'ennemi, mal servie et mal dirigée, tirait souvent sans atteindre, et causait peu de dommage.

Rosne envoie une partie de sa cavalerie contre elle : cette attaque est repoussée par le maréchal d'Aumont. Une seconde, dirigée avec plus d'ensemble et de vigueur, va avoir un plein succès, quand Biron accourt avec la réserve, tient tête aux ligueurs, et les met en fuite. Mayenne tombe en personne sur l'aile droite, où le roi se distingue au premier rang; les reîtres de la Ligue, déjà ébranlés par le feu de l'artillerie royale, se battant d'ailleurs avec mollesse contre un protestant comme eux, font volte face. L'impatience s'empare du jeune comte d'Egmont, qui les suit avec ses bandes wallonnes et espagnoles; sans attendre la troisième décharge, il s'élance sur les batteries; là, par une folle bravade, il tourne contre la gueule des canons la croupe de son cheval, et donne à ses hommes l'exemple de cette bizarre insulte à une arme qu'il déclare être celle des hérétiques et des lâches. Biron, le maréchal d'Aumont et le grand prieur, ont aisément bon marché de cette cavalerie en désordre; d'Egmont est tué, et les ligueurs fléchissent.

La victoire va se déclarer pour l'armée royale, mais un mouvement d'hésitation s'y manifeste : un jeune seigneur, qui se retire, accompagnant la cornette du roi, grièvement blessé, porte un panache blanc comme Henri IV : on le prend pour lui. Le Béarnais s'aperçoit de l'erreur, et se met à parcourir au galop les rangs de sa petite armée aux cris mille fois répétés de *vive le roi!* Par bonheur, en ce moment un autre incident vient jeter le désordre parmi les reîtres de la Ligue : on laissait d'ordinaire à ces escadrons irréguliers un espace entre les lignes de l'infanterie, pour qu'ils pussent s'y reformer après chaque charge. Cet espace leur manque tout à coup, par suite d'un mouvement mal combiné du vicomte de Tavannes, et ils vont donner en plein, de toute la force d'impulsion de leurs chevaux, contre les lanciers de Mayenne. Vainement celui-ci s'efforce de rétablir l'ordre. Le roi, qui vient d'être si bien accueilli par ses troupes, profite du trouble des escadrons ennemis pour les charger, à la tête de sa noblesse; et chefs et soldats ne savent plus que faire. L'infanterie tient encore bon, dans la plaine, exposée seule à tous les coups de l'armée royale; mais les Suisses, au nombre de 4,000, livrent leurs armes : on excepté à merci. Les lansquenets veulent en faire autant; le roi est forcé de les abandonner à la vengeance de ses soldats, qui n'ont pas oublié leur trahison : tout ce qu'il peut faire, c'est de leur crier : « Mes compagnons, sauvez les Français ! Main basse sur l'étranger ! » Au reste, ce qu'il prescrit aux autres, il l'exécute lui-même avec tant d'acharnement, qu'il tue de sa main l'écuyer du comte d'Egmont, et que sans le prompt secours que lui porte le comte d'Auvergne, il était pris par les cavaliers wallons,

Cinq mille ligueurs restèrent sur le champ de bataille; beaucoup se noyèrent dans l'Eure. Mayenne rallia tout au plus le tiers de ses forces; l'armée royale n'avait perdu, dit-on, que 500 hommes. Cette belle victoire fut consacrée par une pyramide, que détruisit la révolution de 1793, mais que Bonaparte, consul, ordonna de relever, le 29 octobre 1802, et sur laquelle il fit graver, entre autres inscriptions, ces lignes significatives : « Toute famille, tout parti, qui appelle les puissances étrangères à son secours a mérité ou méritera la malédiction du peuple français. » La poésie a souvent célébré ce triomphe; et Voltaire, dans sa *Henriade*, lui a consacré un de ses plus brillants épisodes.

IWAN. *Voyez* IVAN.

IWEIN est le nom du héros d'une légende bretonne appartenant au cycle des légendes du roi Arthur, que Chrétien de Troyes, trouvère du nord de la France, qui florissait au douzième siècle, traita sous le titre de *Le Chevalier au lion*, et qui fournit au poète allemand Hartmann von Aue le sujet du meilleur de ses poèmes, *Iwein*. Un conte gallois *La Femme de la Fontaine*, contenant la légende d'Iwein, mais qui n'est pourtant pas la source du poème français, a été publié d'après un manuscrit du quatorzième siècle en langue gaélique par lady Charlotte Guest, dans la première partie de son *Mabinogion* (Londres, 1838). M. Th. de la Villemarqué l'a traduit en français, d'après un manuscrit du treizième siècle, dans ses *Contes populaires des anciens Bretons* (2 vol.; Paris, 1842). Lady Charlotte Guest a publié aussi pour la première fois, dans le même recueil, le poème entier de Chrétien de Troyes, qu'on ne connaissait encore en Angleterre que par des extraits insuffisants du français et par la vieille traduction anglaise que Ritson en avait donnée dans ses *Ancient English metrical Romances* (Londres, 1802), d'après un manuscrit de Paris. Keller en a publié, d'après un manuscrit de la Bibliothèque du Vatican, des fragments considérables, dans *Li Romans dou Chevalier au leon* (Tubingue, 1841) et dans son *Rdmart* (Manheim, 1844).

IXION, roi de Thessalie et, suivant l'opinion la plus commune, fils de Phlégias, épousa Dia, fille de Deionée, et fut le premier qui se rendit coupable d'un meurtre dans sa famille, en faisant périr dans une fosse ardente son beau-père, lorsqu'il vint le trouver pour recevoir son présent de noces. Ixion, il est vrai, s'en repentit plus tard, et alla chercher dans les mystères la réparation de son crime ; mais elle lui fut refusée. Il devint alors furieux. Jupiter, plus indulgent que les prêtres de l'initiation, lui pardonna, et l'ayant absous, le reçut dans l'Olympe, où il fut admis au festin des dieux. Mais, se sentant épris d'amour pour Junon, il chercha à satisfaire sa passion; et Jupiter, pour prévenir un crime inconnu dans l'Olympe, donna la forme de son épouse à une nuée : Ixion en eut un monstre connu sous le nom de *Centaure*, et le maître des dieux, irrité de tant d'arrogance, le punit en le précipitant dans le Tartare, où il fut attaché à une roue, qui tourne continuellement avec la plus grande vitesse. La fable ajoute que lorsque Proserpine fit son entrée aux enfers, il fut délié pour la première fois. Ici l'astronomie apparaît facilement, car on peut considérer la roue d'Ixion comme le zodiaque, sur lequel le soleil tourne sans s'arrêter; mais lorsque la constellation de la Vierge, qui prend le nom de *Proserpine*, monte à l'orient de l'horizon, elle entraîne à sa suite Ophiuchus, ou le *Serpentaire*, et le Centaure, sur lesquels le soleil passe tour à tour. Virgile suppose que les accords mélodieux d'Orphée suspendirent la roue à laquelle était attaché Ixion. Ch^{er} Alexandre LENOIR.

IZEDS. Dans la religion de Zoroastre, ce sont des génies bienfaisants, opposés aux Dews, ou génies du mal. Créés par Ormuzd, ils sont au nombre de vingt-huit.

J

J, la dixième lettre de l'alphabet français et la septième des consonnes. Sa fonction particulière étant de représenter l'articulation sifflante qui se fait sentir au commencement des mots *jactance, jaillir, jalousie*, etc., on a cru devoir donner à ce caractère d'abord le nom de *ji*, puis, avec les grammairiens de Port-Royal, celui de *je*, en le prononçant comme dans le pronom de la première personne. La lettre *j* est une consonne linguale, sifflante, et faible comparativement à l'articulation forte du *ch* dans les mots *Chactas, chailletie, chaland*, etc. Il y a dans l'alphabet grec et dans l'alphabet hébreu une lettre que les premiers rendent par *th*, et les seconds par *t*, et qui se prononce comme une espèce de *z* aspirée. C'est cette lettre que nous avons remplacée par *j*. Le *j* peut être regardé comme propre à l'alphabet français; car aucune des langues anciennes n'employait l'articulation dont elle est le signe représentatif, et parmi les langues modernes qui en font usage, il est à remarquer qu'elles la représentent par des signes différents du nôtre. Ainsi, en italien, pour dire *jamais, jardins, jonc*, on écrit *giamma, giardini, giunco*. Les Espagnols, tout en l'adoptant, la prononcent d'une manière particulière, qui lui donne presque la valeur d'un *k* tiré du fond de la gorge, et proféré en tournant le bout de la langue vers le haut du palais. Dans la prononciation du français les Allemands confondent souvent *j'ose* et *chose*, et les Italiens substituent le *se* au *je*.

Autrefois, on donnait à la lettre *j* le nom d'*i* consonne; mais cette dénomination n'était point fondée. En effet, le *j* n'a rien de commun avec l'*i*, ni la forme, ni le son, ni l'emploi. Il est donc inexact de revêtir ces deux lettres de la même dénomination, et surtout de les confondre ensemble dans les nomenclatures par ordre alphabétique, comme l'ont fait longtemps tous les dictionnaires. Le *j* a été appelé *i d'Hollande* par les imprimeurs, parce que ce furent les Hollandais qui introduisirent les premiers ce caractère dans l'impression. Chez quelques auteurs, c'était un signe numéral qui signifiait *cent*. Il figure comme abréviation dans J.-C., *Jésus-Christ*. Champagnac.

JABIRU. Voyez Cigogne.

JABLONOWSKI. Voyez Jablonowski.

JABOT, dilatation de l'œsophage, qui dans la plupart des oiseaux, particulièrement des granivores, semble tenir lieu de premier estomac. Les aliments y séjournent quelque temps avant de descendre dans le gésier, et s'y imbibent d'un fluide analogue à la salive (voyez Gésier).

Jabot se dit aussi de la mousseline plissée qu'on attache comme ornement à l'ouverture d'une chemise, au devant de l'estomac. Faire *jabot*, au figuré, c'est se rengorger, se donner de grands airs.

JABOTER. Voyez Caquet.

JACASSER, onomatopée du cri de la pie, dont on fait un fréquent usage à Paris, dans son acception figurée, et qui signifie babiller comme une pie. Ce mot vient d'*agasse* ou *agace*, l'un des noms de ce volatile.

JACÉE. Voyez Centaurée.

JACHÈRE (du latin *jacere*, être couché). On désigne par ce mot l'état de repos dans lequel on laisse une terre labourable qui vient de produire. L'usage des *jachères* se perd dans la nuit des temps; mais dans le principe c'était plutôt au défaut de bras pour cultiver les terres et à l'étendue de celles qui étaient échues en partage à chacun qu'il faut l'attribuer : c'est ainsi que de nos jours encore la plupart des peuplades sauvages ou nomades, après avoir ensemencé un champ plus ou moins vaste et recueilli ses produits, vont plus loin défricher un champ inculte, auquel ils demandent des productions que ne leur refuserait point cependant celui qu'elles abandonnent. Plus tard, un préjugé a fait passer en habitude ce qui tenait peut-être plutôt au caractère des agriculteurs ou aux circonstances où ils se trouvaient. « La terre, disait-on, s'épuiserait à produire trop long temps de suite; le repos lui est donc nécessaire pour réparer la déperdition de forces qu'elle éprouve par une exploitation continue. » Et ce premier point une fois posé, le seul moyen qui se présentât à l'esprit consistait à laisser en friche et improductif le champ que l'on regardait comme épuisé par les récoltes qu'on en avait obtenues. Les cultivateurs anciens laissèrent reposer leurs terres pendant des époques plus ou moins longues, mais ils jugeaient qu'elles n'avaient point récupéré leurs forces productives et leur fécondité primitive.

La durée des jachères a dû être excessivement variable, selon les circonstances, le climat et la nature du sol; cet état d'improduction a deux modes bien distincts : il est absolu et complet, ou relatif et incomplet. La *jachère absolue* et *complète* est celle qui dure une ou plusieurs années, pendant lesquelles la terre ne reçoit aucune espèce d'ensemencement. La *jachère incomplète et relative* est celle qui ne dure qu'une partie plus ou moins courte de l'année, selon les circonstances : ainsi, les *jachères d'hiver*, nécessitées par la préparation des terres à de nouveaux produits et par d'autres opérations aratoires, non moins que par la position et l'accès difficile de certains champs, et les *jachères d'été*, nécessitées, immédiatement après la semence, par la chaleur brûlante des climats méridionaux, ou même par l'incurie des propriétaires, qui ont laissé envahir leurs champs par un gazon épais, et des plantes vivaces et peu aisées à extirper, rentrent dans cette dernière catégorie, et sont presque toujours utiles, quelquefois même indispensables. Mais nous sommes beaucoup moins disposés à nous faire les apologistes de la jachère absolue. On peut considérer celle-ci comme annuelle, bisannuelle, et pérenne, d'après la distinction établie par le savant M. Yvart : *annuelle* lorsque la terre est soumise durant une année à des travaux et à des opérations aratoires destinées à la préparer à la récolte suivante; *bisannuelle* lorsque la terre, après un repos d'une année, est soumise durant la seconde à ces mêmes opérations, et *pérenne* lorsqu'on l'abandonne entièrement à la nature, qui répare, après un temps plus ou moins long, les maux qu'une culture avide et barbare a causés.

Mais pour reconnaître comme juste et raisonnable le système des jachères, pouvons-nous admettre que la terre épuise ses forces et qu'elles ont besoin d'être renouvelées? Nul doute, c'est là un de ces préjugés si nombreux chez les hommes qui s'occupent d'agriculture, contre lesquels il n'est pas besoin d'entrer dans de longs raisonnements : la verdure éternelle des forêts, des prairies, etc., est une réponse vivante que la nature fait elle-même à ceux qui l'accusent ainsi de ne produire que forcée par nous, et qui, l'assimilant à leur propre faiblesse, la supposent incapable de produire longtemps sans avoir besoin, comme nous, d'un repos réparateur d'assez longue durée, ou, si nous pouvons rappeler ici cette expression pittoresque d'un paysan, de *faire elle aussi son dimanche*. Au lieu d'adopter un système dont personne ne méconnaît les innombrables inconvénients, il eût été plus logique d'examiner si le principe sur lequel il était fondé était vrai. On eût été conduit à reconnaître, par l'observation, que la diminution dans la production provient non de l'épuisement des forces de la terre, mais des suites de son encrassement autant que de la succession des cultures épuisantes qu'on lui demande : on eût alors été amené, en dernière analyse, à dire qu'il fallait non point la laisser en jachère, mais la corriger par des engrais, des amendements, des ameublissements; par la culture de plantes améliorantes et réparatrices, qui la nettoyent en même temps, et remplacer la jachère par un *assolement* ou rotation de culture sagement combiné : l'expérience d'un grand nombre de propriétaires qui ont agi ainsi a été concluante contre les jachères.

JACINTHE. De toutes les plantes cultivées pour l'ornement des jardins, la *jacinthe orientale (hyacinthus orientalis,* L.) est une des plus répandues et des plus recherchées pour la beauté de ses fleurs, aux couleurs les plus vives et au parfum le plus suave. En hiver, elle embaume l'air des appartements et des serres, où elle fleurit aussi bien qu'en pleine terre, soit dans des vases remplis d'eau, soit dans des pots, des jardinières ou des caisses. Au milieu des jardins, dès le premier printemps, la jacinthe élève une tige de 0^m,30 à 0^m,50 de hauteur, chargée de fleurons des couleurs les plus variées, et dont le diamètre dépasse souvent cinq centimètres. Elle présente un grand nombre de variétés, soit à fleurs simples, soit à fleurs doubles, toutes fort recherchées des amateurs. On en compte jusqu'à deux mille bien distinctes, cultivées dans les collections de France et de Hollande. Les variétés à fleurs simples portent le nom de *passe-tout*, et se multiplient par leurs bulbes et quelquefois aussi par leurs semences, qui donnent naissance à des variétés nouvelles et précieuses.

Outre la jacinthe orientale et ses innombrables variétés, on cultive un grand nombre d'autres espèces de jacinthes, qui toutes sont remarquables par leur port et leur parfum; ce sont : la *jacinthe des prés (hyacinthus pratensis),* aux fleurs bleues et nombreuses, qu'on mêle avec goût aux crocus, aux colchiques et aux perce-neige, dans les gazons d'agrément, où elle se multiplie vite; la *jacinthe penchée (hyacinthus cernuus),* à fleurs roses; la *jacinthe à fleurs vertes (hyacinthus viridis);* la *jacinthe à fleurs pâles (hyacinthus serotinus);* la *jacinthe à fleurs roulées (hyacinthus revolutus),* à fleurs bleues campanulées verdâtres et d'un effet très remarquable; la *jacinthe d'Italie* ou *jacinthe romaine (hyacinthus romanus),* à fleurs blanchâtres et d'un arome très-prononcé; la *jacinthe paniculée (hyacinthus monstruosus),* qui porte les noms de *muscari monstrueux* et de *lilas de terre,* à fleurs bleuâtres et groupées autour de la hampe, l'une des plus cultivées; la *jacinthe à fleurs en tête, jacinthe à toupet (hyacinthus comosus, muscari comosum),* à fleurs bleues formant une tête au sommet de la hampe, d'où lui vient son nom; la *jacinthe améthiste (hyacinthus amethystinus),* aux fleurs bleues et l'une des plus élégantes; la *jacinthe botride (hyacinthus botryoides),* à fleurs violettes et nombreuses; la *jacinthe à feuilles de jonc (hyacinthus racemosus),* à fleurs bleues et très-odorantes; la *jacinthe élevée (hyacinthus elatus),* à fleurs verdâtres en dehors, blanches en dedans; et enfin la *jacinthe muguet (hyacinthus convallaroides),* à fleurs jaunes et d'un très-bel effet.

Toutes les jacinthes se multiplient par leurs bulbes, qu'on plante durant tout l'automne et jusqu'en mars. La jacinthe est de la famille des liliacées, si riche en plantes bulbeuses d'ornement et faciles à *forcer,* c'est-à-dire à faire fleurir l'hiver dans les appartements ou les serres.

TOLLARD aîné.

JACKSON (ANDREW), président des États-Unis de l'Amérique du Nord (1829-1837), naquit le 15 mars 1767, à Waxsaw, près de la ville de Camden, dans la Caroline du Sud, de parents originaires d'Irlande, et fut d'abord destiné à l'état ecclésiastique. Mais lors de l'irruption de la province par les Anglais, il déserta à l'âge de quatorze ans seulement les bancs de l'école, et entra dans les rangs des défenseurs de l'indépendance américaine. Ses deux frères étant morts au champ d'honneur, et son père et sa mère les ayant peu de temps après rejoints au tombeau, Andrew Jackson, alors âgé de dix-sept ans, renonça au service pour étudier le droit; et en 1787 il débuta comme avocat dans la Caroline du Nord. En 1790 il alla s'établir sur le nouveau territoire de Tennessee, où il fut nommé procureur général par le président Washington, et où, en sa qualité de commandant de la milice locale, il eut occasion de repousser maintes fois les irruptions des Indiens. Quand le Tennessee fut admis au rang d'État membre de l'Union, il fut élu membre du comité chargé d'élaborer le projet de constitution du nouvel État, projet adopté en 1796. À peu de temps de là, il alla représenter ses concitoyens au congrès, et fut élu sénateur des 1797. La prépondérance que les fédéralistes obtinrent à ce moment le détermina bientôt à renoncer à toutes fonctions publiques. Le Tennessee formait alors l'extrême frontière de l'Union. Sa population, constamment exposée aux attaques des Indiens, avait contracté des habitudes sauvages : on marchait toujours armé, et guerroyer était devenu un tel besoin, que lorsqu'on n'allait pas à la chasse aux Indiens, on s'entr'égorgeait au milieu ou à la suite des excès de l'ivresse ou du jeu. Andrew Jackson, qui exploitait une ferme sur les bords du Cumberland, était devenu l'un des héros de cette vie d'aventures et d'orgies, lorsqu'en 1812, au moment où la guerre éclata entre les États-Unis et l'Angleterre, l'État de Tennessee lui déféra le commandement supérieur de la milice avec le grade de général major. À la tête d'un corps de 2,500 hommes, Jackson descendit le Mississipi, pour mettre les côtes de la Louisiane à l'abri d'un coup de main; puis il marcha contre les Indiens Creeks, qui, secondés par les Espagnols de Pensacola, portaient le fer et le feu dans le pays, les battit, les rejeta dans la Floride, et s'empara même de Pensacola. Les Anglais ayant, à quelque temps de là, menacé la Nouvelle-Orléans, Jackson reçut du congrès le commandement des troupe de ligne. À son arrivée dans cette ville, il n'y trouva ni soldats, ni armes, ni munitions. Ces circonstances difficiles lui fournirent l'occasion de déployer toute l'énergie de son caractère. Il proclama la loi martiale dans toute sa rigueur, suspendit les pouvoirs de toutes les autorités civiles sans distinction, déclara l'assemblée législative de la Louisiane dissoute, fit fermer et garder militairement le local de ses séances, et appela toute la population aux armes, menaçant les habitants de la Nouvelle-Orléans d'incendier leur ville s'ils ne faisaient pas bonne contenance devant l'ennemi. Aussi se trouva-t-il bientôt en mesure de repousser toutes les attaques que les Anglais pourraient tenter contre le chef-lieu de la Louisiane. Ceux-ci, qui comptaient dans leurs rangs dix mille hommes de vieilles troupes éprouvées par les campagnes d'Espagne, ayant essayé le 8 janvier 1815 d'enlever d'assaut les retranchements que les Américains avaient élevés à quelques milles en avant de la Nouvelle-Orléans, furent repoussés malgré la supériorité de leur nombre. Le lendemain on signait un armistice, et quelques jours après les débris de l'armée anglaise évacuaient le territoire de l'Union. Cette victoire popularisa extrêmement le nom d'Andrew Jackson aux États-Unis ; cependant, les procédés par trop violents et arbitraires dont il avait cru devoir user dans l'exercice de son commandement lui valurent des poursuites judiciaires, par suite desquelles il fut condamné à une forte amende. De 1817 à 1818, Andrew Jackson, reprenant son ancien métier de *chasseur d'Indiens*, se distingua dans une guerre d'extermination que l'Union déclara alors aux tribus Seminoles ; mais le sans-gêne avec lequel il fit fusiller deux marchands anglais, accusés d'avoir excité les Indiens à prendre les armes, fut encore pour lui la source de nombreux désagréments.

L'incorporation de la Floride aux États-Unis était à ce moment la pensée qui préoccupait toute la population de l'Union, comme de nos jours elle convoite et rêve la conquête et l'annexion de l'île de Cuba. Andrew Jackson devint plus que jamais l'homme de la démocratie, en flattant ses goûts et ses passions. La démocratie américaine trouvait la Floride à sa convenance ; Jackson s'arrangea de façon à la lui faire avoir, bon gré mal gré. Le gouvernement fédéral se prêta d'ailleurs hypocritement à une petite comédie diplomatique, désavoua bien haut les procédés de Jackson, mais le laissa faire. Jackson put donc envahir librement les Florides de la même façon que procédaient autrefois les flibustiers, et, sans que les autorités espagnoles eussent fourni à l'Union le moindre prétexte d'hostilités, il planta successivement le drapeau américain sur les différentes places fortes que l'Espagne possédait dans cette contrée. La Floride une fois conquise de fait, le cabinet de Madrid, déjà bien assez embarrassé de la lutte qu'il lui fallait soutenir à ce moment contre ses colonies insurgées, dut se résigner à la céder aux États-Unis (1821).

En 1823 Andrew Jackson fut de nouveau élu sénateur par le Tennessee. L'année suivante l'assemblée législative de cet État le présenta comme candidat à la présidence, et il obtint, surtout dans le sud, un nombre considérable de voix. Les élections n'ayant pas donné la majorité voulue, ce fut, aux termes de la constitution, à la chambre des représentants qu'échut la mission de désigner le nouveau président ; et cette assemblée élut Adams. Toutefois, aux élections suivantes, le parti démocratique auquel appartenait Jackson obtint une majorité considérable ; et le 4 mars 1829 il fut appelé à s'asseoir sur le siège présidentiel. On doit lui rendre cette justice que dans l'administration intérieure il apporta plus de modération qu'on n'était en droit d'en attendre de lui, et qu'à l'extérieur, tout en sachant faire respecter les droits des États-Unis, il s'efforça en général de maintenir la paix avec les puissances étrangères et d'étendre le commerce de l'Union américaine, en adoptant une politique libérale. Le gouvernement de Louis-Philippe, placé entre une guerre avec les États-Unis et la nécessité de liquider une vieille dette plus ou moins fondée, réclamée par Jackson avec une fermeté qui imposa au cabinet des Tuileries, trancha la difficulté en payant les 25 millions qu'on lui demandait. Sans doute, en agissant de la sorte, les conseillers de Louis-Philippe pensaient que la France *était assez riche pour payer la paix*, qui après tout est le plus grand bien. Ne devait-on pas quelques années plus tard proclamer que la *France est bien assez riche pour payer sa gloire!* Les 25 millions d'indemnité payés par la France, sur les réclamations aussi hautaines que provoquantes du général Jackson, demeurèrent un des plus puissants griefs de l'opinion contre l'élu des barricades.

L'opposition évita de lutter dans le congrès contre le président ; et ce ne fut qu'en 1831 qu'éclata de nouveau la lutte des partis provoquée par les importantes questions du renouvellement du privilége constitué en faveur de la Banque des États-Unis et du tarif des douanes, et par les querelles avec les Indiens que depuis 1830, d'après les plans de Jackson, on s'était mis à refouler toujours de plus en plus sur la rive droite du Mississipi. Dans l'été de 1832, la résistance au tarif des douanes prit dans la Caroline du Sud une énergie telle, qu'on put un moment tout craindre pour la tranquillité de l'Union, et même pour sa durée. C'est au milieu de cette crise redoutable que Jackson fut élu président pour la seconde fois. A la Caroline, qui pour obtenir la suppression du tarif menaçait de se séparer de l'Union, il adressa une proclamation où l'esprit de conciliation n'excluait ni l'énergie ni la dignité, en même temps qu'il fit des préparatifs militaires pour que force restât à la loi. L'abaissement du tarif eut à peine détourné ce péril, que la question du privilége de la Banque en provoqua d'autres. Jackson opposa son *veto* au renouvellement du privilége de cette institution, parce qu'il y voyait un monopole constitué uniquement en faveur de l'aristocratie des écus ; et il retira même des coffres de la banque les fonds appartenant à l'État. Il en résulta entre le président et les hommes d'argent une lutte d'autant plus générale et plus vive, que dans de telles circonstances la banque se vit nécessairement forcée de restreindre les facilités et les avantages qu'elle avait faits jusque alors au commerce. La banque finit par succomber ; mais sa défaite porta un rude coup à la prospérité du commerce de l'Union. Quoi qu'il en soit, Jackson avait atteint son but : imposer des entraves aux spéculations exagérées des hommes d'argent, et mettre la démocratie et ses institutions à l'abri des envahissements et des usurpations de la *ploutocratie*. Cette politique donna lieu aux contradictions et aux attaques les plus vives ; mais elle obtint au plus haut degré l'assentiment des masses, comme le prouva bien en 1836 l'élection de Martin Van Buren à la présidence, faite sur la présentation de ce candidat par Jackson lui-même.

Au mois de mars 1837, le général Andrew Jackson se retira dans le domaine qu'il possédait dans le Tennessee, où il resta désormais témoin, sinon actif, du moins sympathique des événements. Membre zélé de l'Église presbytérienne, il fit aussi preuve, dans les dernières années de sa vie, d'un grand esprit de religiosité, qui lui aida à supporter patiemment de rudes épreuves, telles que de graves infirmités physiques et la perte d'une notable partie de sa fortune. A la suite d'une longue et douloureuse maladie, il mourut dans son domaine de l'Hermitage, près de Nashville, le 8 juin 1845, emportant les regrets de ses adversaires politiques eux-mêmes, forcés enfin de reconnaître qu'en tout et partout il n'avait jamais eu d'autre mobile que l'intérêt général.

JACKSON, chimiste de Boston, a été l'un des inventeurs de l'éthérisation.

JACO, nom commun du perroquet cendré, un des types les plus communs de l'espèce. Ce perroquet, suivant Buffon, est celui qui se fait le plus aimer en Europe, tant par la douceur de ses mœurs que par son talent et sa docilité, en quoi il égale au moins le perroquet vert, sans avoir ses cris désagréables. Le nom de *jaco*, qu'il paraît se plaire à prononcer, et le nom qu'ordinairement on lui donne. Toutefois, *jaco* n'est pas son cri naturel, et ceci n'est qu'un mimologisme. La plupart de ces perroquets nous viennent de la Guinée. On en trouve aussi à Congo et sur la côte d'Angola.

JACOB, second fils d'Isaac, fut le dernier des patriarches et la souche des Israélites ou Juifs. Moyennant un plat de lentilles, il amena son frère aîné, Ésaü, à lui céder son droit de primogéniture ; plus tard encore, à l'instigation de sa mère, il surprit à son père la bénédiction que celui-ci croyait donner à son fils aîné ; bénédiction à laquelle se rattachait l'accomplissement de la promesse faite à Abraham. Redoutant la vengeance du frère qu'il avait si gravement offensé, Jacob se réfugia en Mésopotamie, auprès de son parent Laban, qu'il servit pendant quatorze ans pour obtenir de lui ses deux filles, Lia et Rachel, en mariage, et encore pendant six ans de plus pour acquérir aussi la propriété d'un troupeau. Il s'enfuit ensuite de chez Laban, avec ses femmes, ses enfants et ce qui lui appartenait ; poursuivi dans sa fuite par son beau-père, il se raccommoda avec lui par une transaction amiable. Jacob revint alors dans la terre de Canaan, et après s'être réconcilié avec son frère, il y mena la vie de pasteur. Il eut la douleur d'y perdre sa bien aimée Rachel, et le fils d'un prince des Hévites viola sa fille Dina.

Jacob eut douze fils, dont six de Lia : Ruben, Siméon, Lévi, Juda, Isaschar et Sebulon; deux de Rachel : Joseph et Benjamin; deux de sa concubine Bilha : Dan et Naphtali; deux d'une autre concubine, Silpa : Gad et Asser. Son favori Joseph fut vendu par ses frères à des Ismaélites, qui l'emmenèrent avec eux en Égypte. C'est là que son père le retrouva comblé d'honneurs et de dignités; et à sa sollicitation, Jacob vint s'établir dans le pays de Gosen, riche en pâturages, où il mourut, à l'âge de cent quarante-sept ans. On ne saurait nier que le caractère de Jacob, surtout dans les premières années de sa vie, est loin d'être à l'abri de tout reproche, au point de vue de la morale, et bien au-dessous de la candeur et de la loyauté de son aîné Ésaü.

JACOB (Louis), dit *de Saint-Charles*, savant bibliographe, appartenait à l'ordre des Carmes. Né à Châlons-sur-Saône, en 1608, il devint bibliothécaire d'Achille de Harlay, et mourut chez ce magistrat, à Paris, en 1670 (*voyez* BIBLIOGRAPHIE).

JACOB (Bâton), nom de trois étoiles de la constellation d'Orion.

JACOB (Bâton de) ou ASPHODÈLE JAUNE. *Voyez* BATON DE JACOB.

JACOBÉE de Hollande. *Voyez* JACQUELINE.

JACOBÉE MARITIME. *Voyez* CINÉRAIRE.

JACOBI. *Voyez* IACOBI.

JACOBIN (*Histoire naturelle*). On désigne sous ce nom, en ornithologie, plusieurs espèces d'oiseaux, d'après leur plumage. Une de ces espèces appartient au genre *corbeau*, l'autre au genre *grèbe*. Ce nom est encore synonyme de *morillon*, espèce de canard. La femelle de l'édolie, espèce du genre *coucou*, a été appelée *jacobin huppé*. Une espèce d'oiseau-mouche et la corneille mantelée sont aussi connues sous le nom de *jacobine*. Un gros bec des Indes, un ortolan de l'Amérique septentrionale, ont été encore nommés *jacobins*. Enfin, un champignon du genre *agaric*, appelé *ventre brun* et *ventre blanc*, a été désigné par Paulet sous ce même nom. L. LAURENT.

JACOBINS. C'est ainsi qu'on appelait autrefois en France les dominicains. Sept moines de cet ordre s'établirent en 1219 à Paris, dans une maison destinée aux pèlerins, près de laquelle était une chapelle dédiée à saint Jacques, qui donna son nom à la rue où elle était située et d'où ses nouveaux desservants reçurent celui de *Jacobins*. En 1221 ils reconnurent l'université pour dame et patronne. Les jacobins étaient des moines mendiants, très à la mode comme directeurs de conscience; ils se livraient à la prédication, et sous la Ligue ils se signalèrent par leur fanatisme entre tous les ordres religieux. Jacques Clément était un jacobin. A la révolution, les jacobins possédaient à Paris trois maisons, celle de la rue Saint-Jacques, qui s'étendait jusqu'à la rue des Grès, celle de la rue Saint-Honoré, qui servit plus tard au célèbre club des jacobins; enfin, celle de la rue Saint-Dominique, aujourd'hui église Saint-Thomas d'Aquin, musée et dépôt d'artillerie.

JACOBINS (Club des). Cette société fameuse fut ainsi nommée parce qu'elle siégeait dans l'ancien couvent des Jacobins, converti depuis en marché public, sous le nom de-Marché-Saint-Honoré. Parmi les diverses sociétés, conferences ou cercles politiques qui se formèrent à Versailles, en 1789, dès l'ouverture des états généraux, on remarqua tout d'abord la réunion des députés de la Bretagne connue sous le nom *Club breton*, et composé exclusivement, dans le principe, des représentants de cette province; mais bientôt s'y affilièrent successivement d'autres députés, et quelques hommes influents de l'époque, qui n'appartenaient à aucune députation. C'est dans cette société que fut faite la proposition de constituer les états généraux en assemblée nationale, proposition qui fut décrétée par cette assemblée le 17 juin 1789. Après la translation de cette assemblée à Paris, en octobre de la même année, le club breton y reprit le cours de ses séances, dans un local privé, et dès le mois de novembre suivant le club s'organisa sur le plan du *Club de la Révolution* établi à Londres, et prit le même titre, auquel il substitua, en 1790, celui d'*Amis de la Constitution*. L'objet de ce club était de discuter à l'avance les questions qui devaient être proposées à l'Assemblée nationale, de s'assurer des nominations à faire au bureau de l'assemblée et dans ses comités, et de déterminer la majorité des votes par des scrutins préparatoires. De là sortit la première idée de la Déclaration des droits de l'homme, et pour la propager le club créa sur la surface entière de la France des myriades de sociétés affiliées à à celle de Paris, qui s'attribua à leur égard le titre de *Société mère*. Il y avait cependant déjà dans son sein divergence d'opinions et de but, des hommes stationnaires et des hommes de progrès. Une scission éclata, et les dissidents formèrent une autre réunion, qu'ils appelèrent *Société de 1789*, et plus tard *Club des Feuillants*, du nom de l'ancien couvent où elle siégeait. L'autre partie, restée fidèle à son drapeau, et qui formait la majorité, se donna de nouveaux règlements, soumit ses membres à une épuration sévère, et fixa des conditions d'admission rigoureuses.

Le nombre s'en était considérablement accru; ses débats excitaient l'intérêt; ses séances devenaient plus graves, plus animées. L'événement de Varenne avait mis en question jusqu'à la forme même du gouvernement. Une lettre de Perpignan suivie pour la première fois cette question dans son sein. La proposition de l'établissement d'une république fut repoussée à une immense majorité. Cette discussion exprime l'opinion dominante de l'époque. Bouche présidait cette mémorable séance. « Passons-nous de roi, s'était-il écrié, et nous aurons à craindre un danger de moins de la part d'un homme ennemi, par sa place, de notre constitution, et à qui on a donné pour la combattre 30 millions de revenu par an; car, il faut en convenir, vous avez eu une idée peu philosophique en nous donnant un roi si riche. Puisque l'occasion se présente, débarrassons-nous de ce France : faisons de la France une république..... » A ces mots, toute la salle se soulève; mille personnes demandent la parole ou s'en emparent. Un membre élève la voix au-dessus du tumulte, et dit au président : « Permettez-moi, monsieur, de représenter au secrétariat qu'à la lu lettre de Perpignan, en annonçant qu'elle nous ferait plaisir, qu'il eût mieux fait de lire le passage suivant de nos règlements : « La fidélité à « la constitution, le dévouement à la défendre, le respect « et la soumission aux pouvoirs qu'elle aura établis, seront « les premières lois imposées à ceux qui voudront être admis « dans la société. » Nous sommes engagés par serment à maintenir la constitution; parler contre les décrets constitutionnels, lire des écrits qui leur sont opposés ou permettre qu'on les lise, est un parjure. Il faut renoncer à la société et sortir de son sein, etc., etc. »

Cette proposition, si énergiquement repoussée, fut renouvelée à la séance du 2 mars suivant : Robespierre la combattit. « Oui, Messieurs, dit-il, j'aime le caractère républicain : je sais que c'est dans les républiques que se sont élevés toutes les grandes âmes, tous les sentiments nobles et généreux; mais je crois aussi qu'il nous convient dans ce moment de déclarer tout haut que nous sommes des amis décidés de la constitution, jusqu'à ce que la volonté générale, éclairée par une plus mûre expérience, déclare qu'elle aspire à un bonheur plus grand. Je déclare, moi, et je le fais au nom de la société, qui ne me démentira pas, que je préfère l'individu que le hasard, la naissance, les circonstances, nous ont donné pour roi, à tous les rois qu'on voudrait nous donner. (Applaudissements universels). Je conclus à ajourner l'envoi de l'adresse après la discussion qui sera ouverte ici dimanche. » La république ne fut décrétée que le 20 septembre suivant.

JACOBINS — JACOBITES

Sous la Convention, ce club, qui prit le titre officiel de *Société des Amis de la Liberté et de l'Égalité*, éprouva un grand changement dans ses tendances et ses opinions, par l'admission dans son sein des membres de la députation de Paris, qui en majorité appartenaient au club des *Cordeliers*. Leur influence s'accrut par la retraite et la proscription des *girondins*. Il n'y a point de crimes en *révolution*, avait-on osé dire dans une de leurs séances. Déjà tous leurs efforts se tendaient contre Louis XVI; d'innombrables circulaires expédiées par la société mère à ses 1,200 filles des départements, les pressaient d'unir leurs efforts aux siens, près de la Convention, pour hâter le supplice du *dernier tyran*. Le roi à bas, on vit la loi des suspects, puis celle du *maximum* sortir des délibérations des Jacobins. Le 18 novembre 1793, le comité de salut public avait invité la société à lui désigner les citoyens les plus aptes à remplir les fonctions publiques. Cette société devint bientôt l'auxiliaire du comité, qui véritablement gouvernait la France. Pour lui donner plus de puissance, on supprima les autres sociétés populaires qui existaient ou qui tentaient de se former.

Le 3 nivôse an II, les Jacobins répudièrent le bonnet rouge, dont tant d'aristocrates se coiffaient alors, et déclarèrent ne reconnaître d'autre signe patriotique que la cocarde tricolore. Ils dérogèrent cependant, par exception, à cette règle le 21 janvier 1794, anniversaire du supplice de Louis XVI, en assistant à la séance coiffés du bonnet phrygien, le président étant de plus armé d'une pique.

Après la chute des deux partis extrêmes, les rapports des Jacobins avec la représentation nationale changèrent. Déjà à la Convention la motion avait été faite d'obliger expressément la force armée à jurer de n'obéir qu'à l'assemblée et au comité de salut public; les Jacobins, en appuyant cette proposition, avaient abdiqué leur droit d'insurrection; néanmoins, *interprètes*, disaient-ils, *des sollicitudes du peuple*, ils vinrent, le 7 thermidor, sommer la Convention de frapper sans délai les conspirateurs, dont les trames funestes menaçaient encore la liberté. Le lendemain Robespierre prononçait à la tribune de l'assemblée une philippique contre la majorité du comité de salut public, qui était froidement accueillie, mais qui, répétée le soir à la tribune des Jacobins, sous le titre de *Mon Testament de mort*, y obtenait un succès d'enthousiasme; ce qui n'empêcha pas la perte de leurs chefs.

Au 9 thermidor, les Jacobins, se déclarant en permanence, firent afficher un placard portant que douze membres choisis par la société se rendraient immédiatement à la maison commune pour y prendre part à ses délibérations. Dans la soirée, Legendre, à la tête de quelques hommes résolus, se présente dans la salle, et somme, au nom de la Convention, le club populaire de se dissoudre. Sur son refus, il fait évacuer le local de force, et en dépose les clefs sur le bureau de l'assemblée. Le jour suivant une foule de Jacobins montaient à l'échafaud avec Robespierre. Le 11 une députation composée, disait-elle, des seuls, des véritables Jacobins dignes de ce titre, est admise à la barre pour répudier toute solidarité avec le *tyran* qui vient d'être renversé. Le 13 tous les députés expulsés de la société comme antagonistes du parti rentrent, y sont rappelés avec beaucoup d'autres citoyens. On vote une adresse à la Convention pour prouver à l'Europe que les Jacobins ne sont pas morts, mais qu'ils sont toujours patriotes, toujours brûlants, toujours énergiques. Efforts superflus! leur puissance était tombée avec celle des triumvirs. Aussi leur surprise, leur désappointement, furent-ils au comble quand ils virent se développer avec une rapidité irrésistible la réaction née du 9 thermidor. En vain essayèrent-ils de faire de leur club anarchique un centre d'action; en vain le 13 brumaire an III (3 novembre 1794) Billaud-Varennes annonçait-il du haut de leur tribune que *le lion n'était pas mort*, l'heure de la retraite avait sonné pour eux. Le 19 brumaire un décret ayant ordonné la suspension provisoire des séances de la société des Jacobins, des membres qui voulurent s'assembler au mépris de ce décret se virent assiéger par la *jeunesse dorée*, à qui le courage était revenu après la chute du parti extrême. Les portes du local furent forcées, les vitres cassées, l'enceinte envahie, non sans résistance. On se plaignit vainement de cette attaque à la Convention : la séance devint orageuse, rien ne fut décidé ; mais le soir, des groupes s'étant reformés plus menaçants, un arrêté des comités de gouvernement ordonna la clôture de la salle, qui eut lieu le 21 (11 novembre 1794), et les clefs en furent immédiatement remises au comité de sûreté générale.

En 1799, sous le Directoire, la Société des Jacobins essaya de se reconstituer dans l'ancien manège, près des Tuileries, puis dans l'ancien couvent des Jacobins de la rue du Bac; mais le 18 août 1799, après avoir été dispersés sous le règne de Justinien, ils fut expulser de ce dernier asile.

JACOBITES. C'est le nom que se donnèrent, d'après le moine Jacob Baradai ou Zanzaios, mort en 578, les monophysites, qui, après avoir été dispersés sous le règne de Justinien, se réunirent de nouveau en parti religieux indépendant. Ils formaient en Syrie, en Égypte et en Mésopotamie de nombreuses communes, à la tête desquelles se trouvaient des évêques et des patriarches; et sous la domination des Arabes, qui, vers le milieu du septième siècle conquirent l'Orient, ils réussirent à se maintenir avec d'autant plus de facilité qu'ils étaient séparés tout à la fois de la communion romaine et de la communion grecque. Mais plus tard les Jacobites ayant abusé de la faveur toute spéciale que leur accordaient les Arabes, ils furent de leur part, en 1352, l'objet d'une sanglante persécution. Gênés alors dans l'exercice de leur culte, et séparés, comme ils l'étaient devenus à la longue, de leurs frères d'Asie, les jacobites égyptiens formèrent depuis une secte particulière, qui subsiste encore dans ce pays sous la dénomination de *chrétiens coptes*. Des discordes intérieures et des motifs politiques provoquèrent vers la même époque la scission des monophysites d'Abyssinie et d'Arménie.

Les jacobites de Syrie et de Mésopotamie, aujourd'hui au nombre de 30 à 40,000 familles, malgré les nombreuses tentatives de réunion faites par l'Église catholique, se sont maintenus jusqu'à nos jours à l'état de secte indépendante. Ils sont placés sous l'autorité de deux patriarches, dont l'un, résidant à Diarbékir, gouverne les communes syriaques, et l'autre, résidant au couvent de Saphran près Mardin, gouverne les communes de la Mésopotamie. Ils ont de commun avec les coptes et les Abyssiniens l'usage de la circoncision avant le baptême et le dogme de l'unité de nature en Jésus-Christ; de la leur nom de *monophysites*. Mais en ce qui est de la liturgie et de l'organisation ecclésiastique, ils diffèrent moins de l'Église grecque orthodoxe que les diverses autres communautés monophysites.

JACOBITES. On a donné ce nom, en Angleterre, aux partisans de Jacques II, chassé du trône en 1689, ainsi qu'à ceux de son fils, reconnu par les puissances catholiques sous le nom de Jacques III, et de son petit-fils, le prétendant Charles-Édouard. Un grand nombre d'Anglais et d'Écossais, les premiers par motifs de religion, les autres par attachement pour leurs rois, accompagnèrent Jacques II en France, et, avec l'appui du cabinet français, s'y livrèrent à toutes sortes d'intrigues et de machinations pour rendre la couronne d'Angleterre aux Stuarts. Cependant, le parti de la dynastie proscrite avait conservé en Angleterre et en Écosse était pour elle d'une importance bien autre que les forces réelles de ces quelques fugitifs. Toute la noblesse des *Highlands* (Hautes Terres) d'Écosse était jacobite, parce que là les intérêts du pays se trouvaient confondus avec ceux de la dynastie. L'union de l'Écosse et de l'Angleterre, en raison de la résistance qu'elle éprouva, ne put être effectuée qu'en 1707. La reine Anne, d'accord sur ce point avec la grande majorité des membres de la chambre haute d'Angleterre, n'était pas éloignée de reconnaître pour son successeur Jacques III, son demi-frère, à l'exclusion de la maison de Hanovre, qui n'avait que des droits fort éloignés à faire valoir ; mais le prétendant, dirigé par ses conseillers catholiques, refusa obstinément de faire acte d'adhésion à l'Église protestante, condition *sine qua non* imposée par la reine. Quand, à l'avénement de Georges Ier au trône, les whigs arrivèrent au pouvoir, les jacobites opprimés osèrent lever l'étendard de la révolte, un comte de Marr se mit à la tête de quinze à vingt mille Écossais, et en 1715 Jacques vint en personne en Écosse se faire proclamer roi. La résolution du parlement eut bientôt triomphé de cette insurrection. Sous Georges II, le prétendant Charles-Édouard tenta encore une fois de reconquérir la couronne de ses pères. En juillet 1745 il débarqua en Écosse : presque tout le pays courut aux armes et le reconnut pour son souverain légitime ; mais la bataille de Culloden, livrée en avril 1746, étouffa dans le sang cette nouvelle levée de boucliers. Les chefs les plus importants du parti ayant péri de la main du bourreau, l'importance politique des jacobites fut anéantie à jamais. Néanmoins les Écossais ont conservé jusque dans ces derniers temps un respect enthousiaste pour leur ancienne maison royale ; sentiment qui est même devenu un des éléments de la poésie populaire. En fait de poésies et de mémoires relatifs aux Jacobites, nous signalerons plus particulièrement les *Culloden Papers* (Londres, 1815) ; Hogg, *Jacobite Relics* (Édimbourg, 1819) et Chambers, *Jacobite Memoirs* (1834).

JACOTOT (JEAN-JOSEPH), inventeur et fondateur de la méthode enseignante dite *enseignement universel*, naquit à Dijon, en 1770. Il étudia les mathématiques sous l'abbé Bertrand, et entra d'abord dans la carrière militaire. Il était capitaine d'artillerie avant la révolution de 1789. Lorsque, après les mauvais jours de cette mémorable époque, le calme commença à renaître en France, il fut appelé à la chaire de mathématiques transcendantes, à l'École Normale, qui venait d'être créée. Jacotot n'avait jamais exercé le professorat ; mais, fort de sa volonté, il crut devoir accepter, et mettant à profit les trois mois qu'il avait pour se préparer, il se trouva en état de faire son cours avec distinction. Il remplit successivement avec le même succès une chaire de langue orientale et une chaire de droit. Il est digne de remarque que pour acquérir des connaissances aussi diverses et aussi ardues Jacotot travaillait constamment seul, et ne dut la rapidité de ses progrès qu'à l'énergie de sa volonté, à son assiduité, à la persévérante ténacité avec laquelle il s'attachait à l'étude. Napoléon le nomma d'abord secrétaire du ministère de la guerre, puis sous-directeur de l'École Polytechnique. Plus tard, les suffrages de ses concitoyens l'appelèrent à la chambre des représentants. Mais lors de la rentrée des Bourbons en France, en 1815, fatigué de toutes les révolutions politiques qui depuis tant d'années tourmentaient notre patrie, il se retira volontairement en Belgique, dans une petite propriété de sa femme, et s'y livra en toute liberté à ses goûts studieux et philosophiques. Bientôt, nommé *lecteur* à l'université de Louvain ; il y fut chargé du cours de littérature française, et devint enfin directeur de l'École Normale militaire en Belgique. Ce fut là qu'il mit le sceau à sa réputation, en publiant, en 1818, l'*Enseignement universel*.

Les premiers essais de Jacotot dans cette nouvelle méthode d'enseignement remontaient à l'époque où il professait la littérature française à Louvain. Voici à ce sujet ce que l'on raconte : « Parmi les premiers élèves qui se présentèrent à Jacotot pour apprendre le français, un grand nombre ne comprenaient pas du tout cette langue ; il mit entre leurs mains un *Télémaque*, et une vieille traduction dans leur langue maternelle. L'un d'eux, servant d'interprète, leur dit, de la part du professeur, d'apprendre le texte français, en les invitant à s'aider de la traduction pour le comprendre. Ces jeunes gens apprirent avec zèle la moitié du premier livre. Alors on leur fit dire de répéter sans cesse ce qu'ils savaient, et de se contenter de lire le reste pour le raconter. Puis on leur dit d'écrire en français ce qu'ils pensaient de tout cela. Le professeur avait été explicateur toute sa vie ; il croyait par conséquent que les explications, et surtout ses explications, étaient nécessaires : quelle fut sa surprise quand il vit qu'on pouvait s'en passer ! Le fait était sous ses yeux ; il ne lui était pas possible de le révoquer en doute. Il prit donc son parti ; il se décida à ne rien expliquer pour s'assurer jusqu'où l'élève pourrait aller ainsi sans explications, et il fit continuer de la même manière. Il arriva que bientôt les élèves s'exprimaient et écrivaient en français avec toute la correction du texte qu'ils avaient appris ou médité ; que les formes du *Télémaque* se reproduisaient dans leur bouche et sous leur plume avec facilité. Il fit faire un grand nombre d'exercices sur tous les paragraphes, toutes les pensées, toutes les expressions de l'auteur. La raison de chaque élève était abandonnée à ses propres forces, et la langue fut connue, parlée et écrite sans le secours des règles et des explications : les règles furent devinées. »

Tel fut le point de départ de la méthode Jacotot. Bientôt et successivement l'expérience le mit à même de proclamer plusieurs maximes, qui sont regardées par ses élèves comme la base de sa doctrine. Les voici : *Qui veut peut. — L'âme humaine est capable de s'instruire seule et sans le secours des maîtres explicateurs. — Apprendre ou savoir quelque chose et y rapporter tout le reste. — Tout est dans tout. — Toutes les intelligences sont égales. — On peut enseigner ce qu'on ignore.* Quelques-unes de ces formules, exprimées d'une manière trop laconique ou trop générale, ont été regardées comme d'insoutenables paradoxes ; elles ont été l'objet de vives et nombreuses attaques, de sarcasmes plus ou moins piquants. Il faut l'avouer, dire sentencieusement *toutes les intelligences sont égales* devait choquer d'abord toutes les notions reçues. Il nous semble néanmoins que cette maxime peut être admise jusqu'à un certain point, si l'on veut bien n'y voir qu'une pensée encourageante, qui donne aux élèves une certaine confiance en eux-mêmes, en leur montrant dans tous les hommes d'une organisation régulière une égale aptitude à voir, à juger, à comparer, à déduire. Il n'est pas aussi facile de rendre raison de l'axiome : *Tout est dans tout*, qui paraît signifier que tout se tenant dans le monde, que tout se liant dans la nature, il n'est personne qui ne sache quelque chose, et qui ne puisse en conséquence y rapporter autre chose, et par ce moyen tout apprendre. Quant à cette proposition : *On peut enseigner ce qu'on ignore*, elle a besoin aussi d'un commentaire pour devenir évidente. Elle signifie seulement que chacun peut, avec de la confiance en lui-même et avec de la volonté, vérifier qu'un autre sait bien ce qu'il a appris. De nombreux exemples ont prouvé tout le parti qu'on pouvait tirer de cette vérité dans l'éducation publique, et surtout dans l'éducation privée. On a vu et l'on voit encore tous les jours des mères, initiées à la pensée de l'enseignement universel, enseigner à leurs enfants le latin ou d'autres langues totalement ignorées d'elles ; et remarquons que la volonté est le principal instrument mis en jeu pour l'enseignement universel. Sans la volonté, rien de possible ; mais aussi *qui veut peut* ; il est prouvé par une foule de faits qu'une volonté forte peut opérer des prodiges. Donc, dans l'enseignement universel, la principale mission du maître est de faire naître et d'entretenir constamment cette volonté dans les élèves ; car l'attention et le travail sont indispensables pour le succès. Les résultats déjà obtenus, dégagés même de toutes les louanges hyperboliques des enthousiastes de la doctrine, prouvent que cette manière d'enseigner est loin d'être illusoire. Elle offre deux grands avantages, l'économie de temps et l'économie d'argent. Elle a justifié son titre d'enseignement universel, puisqu'elle s'applique à toutes les branches des connaissances humaines, à la simple lecture comme à la chimie et à la physique, au dessin comme à la musique, aux langues anciennes et modernes comme aux mathématiques, et toujours de la même manière. Une chose très-importante dans l'enseignement universel est la répétition continuelle des mêmes faits pour les graver dans la mémoire d'une manière ineffaçable, et pour qu'ils soient toujours prêts à se présenter au besoin; il faut aussi exercer continuellement le jugement, pour comparer les faits entre eux, les analyser et les synthétiser successivement. C'est dans ces deux opérations qu'est tout le secret de la méthode. D'où lui vient le nom d'*émancipation intellectuelle*, que lui donnent ses partisans? De ce que par elle on cesse d'être assujetti au joug funeste des explications et au préjugé décourageant de l'inégalité des intelligences. Ce principe de l'égalité des intelligences fut surtout le point de mire des attaques de ses adversaires; le duc de Lévis combattait ce principe comme de nature à inspirer de l'orgueil aux enfants, et s'évertuait à demander aux défenseurs de la méthode s'ils comptaient bientôt faire de leurs élèves autant de génies du premier ordre. « Bien loin, répondait M. Deshouilières, de se croire les égaux des grands hommes, nos élèves apprennent, au contraire, par leurs propres efforts à mesurer toute la distance qui les sépare des génies supérieurs. Pourquoi donc nous demander ironiquement où sont les grands hommes produits par l'enseignement universel? Où sont nos Rousseau et nos Racine de dix ans, nos Bossuet et nos Fénelon de quinze? Quoi donc! offrir aux élèves le moyen de parcourir en trois ans le cercle des études où l'on roulait à si grands frais pendant dix ans, est-ce donc là prétendre en faire de grands hommes? et ne sommes-nous pas les plus empressés à reconnaître qu'un grand homme n'est produit que par un heureux ensemble de circonstances, et surtout par un *long courage*. »

CHAMPAGNAC.

Jacotot est mort le 30 juillet 1840, où il était venu se fixer en 1838, après être resté plusieurs années à Valenciennes. Il laissait deux fils. Il a publié sous le titre général d'*Enseignement universel* les traités suivants : *Langue maternelle* (Louvain, 1822); *Langue étrangère* (1823); *Musique, Dessin, et Peinture* (1824); *Mathématiques* (1827); *Droit et Philosophie pancéastiques* (Paris, 1837); *Lettre du fondateur de l'Enseignement universel au général Lafayette* (Louvain, 1829). On a publié pour et contre la méthode Jacotot une foule de brochures.

JACQUARD (JOSEPH-MARIE), inventeur du métier à tisser qui porte son nom, naquit à Lyon, le 7 juillet 1752. Son père était ouvrier en étoffes brochées; sa mère, *liseuse* de dessins, aidait son mari, et peut-être lui-même fut-il employé quelquefois dans son enfance à *tirer les lacs*. Sans doute en présence de ce travail, aussi abrutissant que pénible, il rêvait déjà la suppression de ces deux auxiliaires de l'ouvrier principal; et la mécanique, pour laquelle il montra de bonne heure un goût très-prononcé, devait un jour lui donner le moyen d'opérer cette suppression. Cependant les premières années de sa jeunesse se passèrent dans l'atelier d'un relieur, puis il entra chez un habile fondeur de sa ville natale. En 1793 il était occupé à l'exploitation d'une carrière à plâtre dans le Bugey, lorsque l'insurrection de Lyon le rappela dans cette ville, où il combattit les soldats de la Convention. Après la chute de cette malheureuse cité, il dut son salut à son fils, âgé de quinze ans, qui, s'étant fait délivrer deux feuilles de route de soldat, l'emmena avec lui pour rejoindre le régiment de Rhône et Loire. Le jeune homme périt victime de son dévouement et de son courage. Blessé mortellement dans un combat, il expira dans les bras de son père. Jacquard quitta alors le service, et revint à Lyon, où il retrouva sa femme, qu'il avait pu prévenir de sa retraite, occupée dans un gênier à tresser de la paille pour des chapeaux ; il fut réduit lui-même à partager ce misérable travail pour vivre. Enfin, de meilleurs jours allaient luire. Jacquard reprit les perfectionnements d'un nouveau métier à tisser qu'il avait imaginé dès 1790, et il put en présenter un modèle à l'exposition de 1801. Le jury lui décerna une médaille de bronze, comme « inventeur d'un mécanisme qui supprime dans la fabrication des étoffes brochées l'ouvrier appelé *tireur de lacs*. » Le 23 décembre de la même année, Jacquard obtint un brevet d'invention pour cette machine, qui devait rester longtemps encore sans être appréciée à sa juste valeur.

La paix d'Amiens avait rouvert les communications avec l'Angleterre. Jacquard apprend qu'un prix est proposé dans ce pays pour la fabrication au métier des filets de pêche. Il se met à la recherche, et trouve la solution du problème; mais il ne parle de sa découverte qu'à quelques amis. Cependant le préfet en est instruit, et prévient les autorités supérieures. Aussitôt Jacquard est appelé à Paris, et Carnot lui demande s'il n'a pas prétendu faire l'impossible : un nœud avec un fil tendu? Jacquard répond avec simplicité qu'il espère y arriver, et après avoir démontré son moyen devant une réunion de savants, il est attaché au Conservatoire des Arts et Métiers. En 1804 Jacquard retourna à Lyon, où il dirigea d'abord des ateliers; et enfin, au bout de deux ans, il fut assez heureux pour monter un métier de sa façon. Un décret impérial lui assura alors une pension de 3,000 fr., sous la condition de s'occuper du perfectionnement de son métier, de chercher à le faire adopter par les manufacturiers de Lyon, et de diriger les travaux de fabrique des établissements communaux. Le métier Jacquard se faisait connaître peu à peu par les soins de quelques manufacturiers; mais soit imperfection dans les détails de sa construction, soit routine de la part des ouvriers, une certaine opposition se manifesta contre son introduction dans les ateliers. Bientôt même, quand on s'aperçut que le mécanisme supprimant les auxiliaires de l'ancien métier exigeait, l'animosité contre son auteur fut au comble. Jacquard fut traduit devant le conseil des prud'hommes par ceux qui n'avaient pas su mettre en œuvre sa machine. Insulté, poursuivi, il eut plusieurs fois à essuyer les outrages de la brutalité : il fallut même un jour l'arracher des mains de furieux prêts à le jeter dans le Rhône.

Ces violences ne le découragèrent point. Les offres brillantes de l'étranger ne purent le séduire ; il ne songea même pas à porter dans une autre ville de France une industrie qui pouvait ruiner sa ville natale. Pour toute récompense, il demanda au gouvernement qu'il lui fût accordé une prime de 50 fr. sur chaque métier de son invention. En 1809 son métier commençait à se répandre, en 1812 il était généralement apprécié, et à l'exposition de 1819 Jacquard recevait la médaille d'or et la croix d'Honneur. « Les machines qu'on employait autrefois, disait le rapporteur du jury central, étaient compliquées, chargées de cordages et de pédales, plusieurs individus étaient nécessaires pour les mettre en mouvement; ils appartenaient au sexe le plus faible et souvent à l'âge le plus tendre : ces ouvrières, qu'on désignait sous le nom de *tireuses de lacs*, étaient obligées de conserver pendant des journées entières des attitudes forcées, qui déformaient leurs membres et abrégeaient leur vie. A cet appareil imparfait et compliqué M. Jacquard a substitué une machine simple, au moyen de laquelle on exécute les tissus façonnés sans avoir besoin du ministère des *tireuses de lacs*, et un seul ouvrier, avec la facilité que si l'ouvrier fabriquait une toile unie. On doit ainsi à cet artiste ingénieux d'avoir, en perfectionnant les moyens d'exécution, affranchi la population ouvrière d'un travail dont les suites étaient si déplorables. » Avec sa modeste pension, Jacquard se trouvait heureux. Il s'éteignit doucement, le 7 août 1834, à Oullins, près de Lyon, où il s'était retiré. Sa statue en bronze, due au ciseau de M. Foyatier, décore la place Sathonay à Lyon. Elle a été inaugurée le 16 août 1840.

L. LOUVET.

JACQUELINE, fille et héritière de Guillaume VI, comte de Hollande, de Zélande et de Hainaut, était née en 1400. Après la mort de son père, arrivée en 1419, et déjà veuve du dauphin de France, elle entra en possession de sa souveraineté, et épousa Jean IV, duc de Brabant, de la maison de Bourgogne. Jamais union ne fut plus mal assortie. Jean était indolent, énervé, sans ressort ; Jacqueline, impétueuse, hardie, excessivement portée à l'a-

542 JACQUELINE — JACQUERIE

mour, mêlait aux faiblesses de Marie Stuart un peu de la virilité de Catherine II. Irritée de voir ses charmes dédaignés, honteuse de l'incapacité de son époux, qui avait abandonné pour dix ans la Hollande, la Frise et la Zélande à Jean de Bavière, fatiguée de sa tracassière tyrannie, elle s'adresse au peuple, auquel il faut toujours en revenir, et au pape, qui rejette son appel et refuse de rompre ses liens. Rebutée par Martin V, elle a recours à l'anti-pape Benoît XIII, qui lui accorde une dispense pour s'unir à Humfroy, duc de Glocester, frère de Henri V, roi d'Angleterre. Philippe de Bourgogne, surnommé le Bon, feint d'être gravement offensé d'un événement qui lui permet de hâter la ruine de sa nièce. Il prend les mesures que Glocester, après s'être montré sur le continent, et y avoir fait quelques bravades, s'enfuit en Angleterre, laissant sa femme au pouvoir du duc de Bourgogne. Elle s'échappe cependant, déguisée en homme, et va confier sa défense aux Hoecks ou Hameçons, un des partis qui agitaient la Hollande (voyez CABILLAUDS). Son mariage avec Humfroy ayant été déclaré nul, elle épousa en secret François de Borselen, qui lui avait généreusement offert son appui, et pour lequel elle avait conçu une passion violente. Philippe, qui n'avait rien à redouter de Borselen, apprit cet hymen avec joie, parce qu'il y trouvait un prétexte de dépouiller définitivement Jacqueline. Il fit arrêter son mari, et le menaça du dernier supplice. Jacqueline pour le sauver renonça à des États, qu'elle ne possédait déjà plus, à des titres qui trompaient du moins ses regrets, et ne se réserva que quelques seigneuries, avec la grande-maîtrise des forêts et l'intendance des digues de la Hollande. A ces conditions, Philippe fit grâce à Borselen, le créa comte d'Ostrevant, en Hainaut, et lui donna le collier de la Toison-d'Or (1433). Alors Jacqueline chercha à se consoler en faisant éclater publiquement sa tendresse pour un homme qui, au surplus, n'en était pas indigne; mais elle ne put survivre à la perte de toutes ses grandeurs, et mourut, en 1436, au château de Teilingen, dans le Rhinland, consumée de langueur et désabusée de l'amour, qu'elle avait mal compris. Là, dit une tradition dont A. Loosje, auteur du roman de Frank van Borselen en Jacoba van Beijeren, aurait pu tirer un parti plus heureux, elle s'amusait, après avoir tiré au perroquet, à vider une cruche, et à la lancer par-dessus sa tête dans les étangs du vieux manoir. D'autres ont cru qu'elle s'occupait à fabriquer elle-même les vases qui portent son nom.

Quelques auteurs racontent qu'au dix-huitième siècle on montrait encore l'appartement de dame Jacqueline dans les ruines du château de Teilingen. Plusieurs de ces cruches furent alors retirées des fossés, et l'on assure que l'une d'elles présentait dans un cercle l'inscription suivante, que nous traduisons du hollandais, et qui semble avoir été faite après coup : Sachez que dame Jacqueline, après avoir bu une seule fois dans cette cruche, la jeta par-dessus sa tête dans le fossé, où elle disparut. On ajoute que de pareilles cruches ont été trouvées entre Leyde et La Haye, et dans les fossés du château de Zand, qu'habita cette princesse. En 1827, lors de la démolition de l'aile droite de l'hôtel du gouvernement à Gand, un de ces vases fut découvert dans les décombres et offert à l'université.
DE REIFFENBERG.

JACQUEMART ou **JAQUEMART**, figure de fer, de plomb ou de fonte, qui représente un homme armé et qu'on met quelquefois sur le haut d'une tour pour frapper les heures avec un marteau sur la cloche d'une horloge, comme on en voit à Dijon.

JACQUEMINOT (JEAN-FRANÇOIS), général de division, député, pair de France et commandant supérieur de la garde nationale de la Seine sous le gouvernement de Juillet, naquit à Nancy (Meurthe), le 23 mai 1787. A la chute de l'empire, il était colonel. Mis en demi-solde à la Restauration, il fonda une filature à Bar-le-Duc. En 1828 il fut nommé député par le département des Vosges, et fit partie des 221. Après la révolution de Juillet, il aida de tout son pouvoir à l'établissement de la nouvelle dynastie; à la retraite du général Lafayette, il fut nommé maréchal de camp et chef d'état-major de la garde nationale de Paris. Un mariage vint à cette époque accroître considérablement sa fortune. Réélu dans les Vosges jusqu'en 1834, il échoua alors ; mais le premier arrondissement de Paris répara cet échec, et lui renouvela fidèlement son mandat. En 1836 il présenta le rapport d'un projet de loi relatif à la garde nationale de la Seine. Devenu vice-président de la chambre des députés, il défendit avec vigueur la politique ministérielle, combattit la coalition, et se prononça contre le cabinet du 1ᵉʳ mars sur la question d'Orient. A la retraite du maréchal Gérard, en 1842, il fut choisi pour commandant supérieur des gardes nationales de la Seine; depuis le 24 août 1838, il était lieutenant général. Le 27 juin 1846 son dévouement fut récompensé par le titre de pair de France. C'est sous son administration, que, par une loi, l'uniforme devint obligatoire pour tous les gardes nationaux. La révolution de Février le trouva en ce poste ; mais il n'eut pas la force de s'opposer aux manifestations de l'esprit public : vainement il engagea ses camarades à ne pas se réunir sans l'ordre de leurs chefs ; la garde nationale se montra dans les groupes : il fallut la convoquer, et elle protégea la révolution et le départ de la royauté. Déjà dans la nuit du 23 au 24 février le commandement de la garde nationale avait passé au maréchal Bugeaud, puis au général Lamoricière. L'hôtel du commandant de la garde nationale fut pillé, et une somme considérable en bons du trésor appartenant au général fut enlevée. Le gouvernement provisoire mit le général Jacqueminot à la retraite en avril 1848. Un décret de l'Assemblée législative le rétablit dans ses droits l'année suivante, mais il n'en profita pas, et il est resté, dit-on, fidèle à la cause de la dynastie déchue. Créé baron sous l'Empire, nous lui trouvons le titre de vicomte sous Louis-Philippe. L. LOUVET.

JACQUEMONT (VICTOR), voyageur français, né à Paris, le 8 août 1801, mort à Bombay, le 7 décembre 1832, au moment même où il se disposait à revenir en France, demanda aux quelques amis réunis autour du lit où il agonisait qu'on inscrivît sur son tombeau pour épitaphe, après la désignation de son nom, du lieu de sa naissance et des dates que nous venons de rapporter, ces mots, si simples : après avoir voyagé trois ans et demi dans l'Inde. C'est en effet à ce voyage, à la manière dont il le conçut et l'exécuta, que Victor Jacquemont est redevable de la juste célébrité qui s'attache à son nom. Le gouvernement lui avait confié la mission d'aller dans les montagnes de l'Inde recueillir des collections pour le Muséum d'Histoire Naturelle de Paris, et il s'en acquitta avec un zèle et une intelligence au-dessus de tout éloge. Le gouvernement ne fut que juste envers sa mémoire en ordonnant la publication, aux frais de l'État, de la relation scientifique de ce voyage, qui forme 4 vol. in-8° avec 300 planches. Mais ce qui a surtout popularisé le nom de cet écrivain, enlevé aux lettres et aux sciences par une mort prématurée, c'est la publication de sa correspondance avec sa famille pendant le cours de son expédition. Cet ouvrage est intitulé : Correspondance de V. Jacquemont avec sa famille et plusieurs de ses amis pendant son voyage dans l'Inde (Paris, 1833).

Victor Jacquemont, qui avait pénétré au delà de l'Himalaya et jusqu'aux frontières de la Chine, rencontra dans le royaume de Sinde, gouverné alors par Runjet-Singh, un de nos compatriotes, le général Allard, devenu ministre de ce sultan après lui avoir créé une armée régulière à l'européenne. Les lettres de Jacquemont, utiles à consulter quand on veut apprécier la situation morale des contrées qu'il lui est donné de visiter, d'ailleurs pleines d'intérêt, de couleurs et de mouvement, inspirent au lecteur le plus vif intérêt pour l'homme et pour le savant.

JACQUERIE. De tous les temps de notre histoire, le milieu du quatorzième siècle est peut-être l'époque où le peuple des campagnes eut le plus à souffrir des violences et de la tyrannie des seigneurs féodaux. L'autorité royale était alors sans force, et tout noble possédant un château fort s'érigeait en souverain absolu à l'égard de ses vassaux, et faisait peser la plus cruelle oppression sur les serfs de ses domaines. La captivité du roi Jean, laissant le sceptre aux mains de son fils, trop jeune alors pour le porter, brisa le dernier frein qui arrêtait encore les excès de la noblesse. Ce fut surtout dans la province de l'Ile-de-France que les gentilshommes accablaient les paysans de toutes sortes d'avanies, d'exactions, d'insultes et de traitements barbares, tantôt enlevant les grains et le bétail de ces malheureux, à qui ils avaient donné par dérision le sobriquet de *Jacques Bonhomme*; tantôt caressant impudemment devant eux leurs femmes et leurs filles; tantôt même torturant et brûlant des infortunés avec un fer rouge, pour leur extorquer de l'argent. A la fin, Jacques Bonhomme, las de tant d'injures et de cruautés, se ressouvint qu'il appartenait à la famille d'Adam tout aussi bien que ses oppresseurs, et il prit une bien terrible revanche des maux qu'il avait soufferts si patiemment jusque là.

Laissons Froissart, contemporain des événements, nous retracer, malgré sa partialité évidente pour la noblesse, le tableau sanglant du soulèvement général qui éclata le 21 mai 1358 parmi les paysans de l'Ile-de-France. « Advint, dit-il, une grande merveilleuse tribulation en plusieurs parties du royaume de France, si comme en Beauvoisis, en Brie et sur la rivière de Marne, en Valois, en Laonnis, en la terre de Coucy et entour Soissons. Car aucunes gens des villes champêtres, sans chef, s'assemblèrent en Beauvoisis, et ne furent mis (pas) cent hommes les premiers; et dirent que tous les nobles du royaume de France, chevaliers et écuyers, honnissoient et trahissoient le royaume, et que ce seroit grand bien qui tous les détruiroit. Et chacun d'eux dit : « Il dit voir (vrai), il dit voir; honni soit celui par qui il demeurera que tous les gentilshommes ne soient détruits ! » Lors s'assemblèrent et s'en allèrent, sans autre conseil et sans nulles armures, fors que de bâtons ferrés et de couteaux, en la maison d'un chevalier qui près de là demeuroit. Si brisèrent la maison et tuèrent le chevalier, la dame et les enfants, petits et grands, et ardirent (brûlèrent) la maison. Secondement, ils s'en allèrent en un autre fort châtel, et firent pis assez, car ils prirent le chevalier et le lièrent à une estache (pieu) bien et fort, et violèrent sa femme et sa fille les plusieurs, voyant le chevalier; puis tuèrent la dame, qui était enceinte et grosse d'enfant, et sa fille, et tous les enfants, et puis ledit chevalier à grand martyre, et ardirent et abattirent le châtel. Ainsi firent-ils en plusieurs châteaux et bonnes maisons. Et multiplièrent tant que ils furent bien 6,000, et partout là où ils venoient, leur nombre croissoit, car chacun de leur semblance les snivoit. Si que chacun chevalier, dames et écuyers, leurs femmes et leurs enfants, les fuyoient, et emportoient les dames et les damoiselles leurs enfants dix ou vingt lieues loin, où ils se pouvoient garantir; et laissoient leurs maisons toutes vagues et leur avoir dedans; et ces méchants gens, assemblés sans chef et sans armures, roboient (volaient) et ardoient (brûlaient) tout, et tuoient, et efforçoient, et violoient toutes dames et pucelles, sans merci, ainsi comme chiens enragés... et cil (celui) qui plus en faisoit étoit le plus prisé et le plus grand maître entre eux. Je n'oserois écrire ni raconter les horribles faits et inconvenables que ils faisoient aux dames. Mais entre autres désordonnances et vilains faits, ils tuèrent un chevalier et boutèrent en une broche, et le tournèrent au feu, et le rôtirent devant la dame et ses enfants. Après ce que dix ou douze eurent la dame efforcée et violée, ils les en voulurent faire manger et par force; et puis les tuèrent et firent mourir de male-mort.

« Et avoient fait un roi entre eux, qui étoit, ainsi comme on disoit adonc, de Clermont en Beauvoisis, et l'élurent le pieur (pire) des mauvais; et ce roi on appeloit *Jacques Bonhomme* (Les Grandes Chroniques de France le nommoient *Guillaume Callet* ou *Caillet*). Ces méchants gens ardirent au pays de Beauvoisis et environ Corbie et Amiens, et Montdidier, plus de soixante bonnes maisons et de forts chasteaux... Tout en telle manière si faites gens faisoient au pays de Brie et de Pertois..., et se maintenoient entre Paris et Noyon, et entre Paris et Soissons, et entre Soissons et Ham (Ham) en Vermandois, et par toute la terre de Coucy. Là étoient les grands violeurs et malfaiteurs; et exilièrent (ravagèrent), qui entre la terre de Coucy, qui entre le comté de Valois, qui en l'évêché de Laon, de Soissons et de Noyon, plus de cent châteaux et bonnes maisons de chevaliers et écuyers; et tuoient et roboient (volaient) quanque (tout ce que) ils trouvoient. »

Les gentilshommes des pays ainsi mis à feu et à sang par les *Jacques* (nom sous lequel on désignait les insurgés, et d'où vint celui de *jacquerie*) demandèrent l'assistance de leurs amis de Flandre, du Hainaut et du Brabant, et ne tardèrent pas à se venger par de sanglantes représailles. « Si assemblèrent les gentilshommes étrangers et ceux du pays qui les menoient, continue Froissart. Si commencèrent aussi à tuer et à découper ces méchants gens, sans pitié et sans merci, et les pendoient parfois aux arbres où ils les trouvoient. Mêmement, le roi de Navarre (Charles le Mauvais) en mit un jour à fin plus de trois mille, assez près de Clermont en Beauvoisis. Mais ils étoient jà tant multipliés que si ils fussent tous ensemble, ils eussent bien été cent mille hommes. »

Le plus grand massacre des *Jacques* eut lieu le 9 juin, à Meaux, où plus de 9,000 d'entre eux s'étaient réunis pour exercer leur fureur sur les nobles dames et damoiselles réfugiées dans la ville au nombre de 300 environ. Le comte de Foix et le captal de Buch, accourus, avec 40 lances, au secours de ces pauvres femmes, se ruèrent sur ces vilains, noirs et petits, et très-mal armés, en tuèrent plus de 7,000, chassèrent le reste hors des murs, et rentrèrent dans la ville, qu'ils livrèrent aux flammes, ainsi que la plus grande partie de ses habitants, pour avoir ouvert leurs portes aux révoltés. « Depuis cette déconfiture, qui fut faite à Meaux, dit Froissart, ne se rassemblèrent-ils nulle part; car le jeune sire de Coucy, qui s'appeloit messire Enguerrand, avoit grand' foison de gentilshommes avec lui, qui les mettoient à fin partout où ils les trouvoient, sans pitié et sans merci. »

Cette insurrection des paysans de l'Ile de France ne dura pas plus de six semaines. Cette troupe inculte engagée entre de pauvres campagnards, à demi nus, sans armes, poussés par un besoin aveugle de vengeance, et des guerriers habitués aux combats, couverts de bonnes armures et agissant de concert, les premiers ne pouvaient manquer de succomber.

Paul TIBY.

JACQUES. L'Évangile fait mention de trois personnages de ce nom : *Jacques le Majeur*, *Jacques le Mineur*, et *Jacques* frère germain de Jésus-Christ.

Jacques *le Majeur* était le fils de Zébédée et de Salomé, frère de l'évangéliste saint Jean, et avant d'avoir été appelé à l'apostolat il exerçait la profession de pêcheur (*Matth.*, IV, 21). Lui et son frère reçurent le surnom de *Boanerges* (*Marc*, III, 17), soit à cause de l'ardeur de leur zèle pour la cause de Jésus, soit pour ce qui est rapporté dans saint Luc (IX, 51-52). Jacques le Majeur, intime ami de Jésus-Christ, fut souvent témoin de ses miracles. Quand Jésus-Christ eut quitté la terre, il habita la plus souvent Jérusalem comme apôtre. Hérode Agrippa lui infligea la mort des martyrs. La tradition veut que ce saint ait aussi prêché le christianisme en Espagne : aussi est-il regardé comme le patron de ce pays. Sa fête se célèbre le 25 juillet.

Jacques *le Mineur* était fils d'Alphée ou de Cléophas et de Marie, sœur de la Mère de Jésus-Christ. Il fit aussi partie des a p ô t r e s, et comme chef de la communauté de Jérusalem jouit d'une grande considération. Dans le synode des apôtres sa voix était prépondérante (*Apôt.*, XII, 17; XV, 21). On dit qu'il ne quitta jamais Jérusalem. Selon l'Épître aux Galates (I, 19), il portait le titre de *frère du Seigneur*. Mais cette expression ne doit point être prise à la lettre, et seulement dans le sens de « parent du Seigneur ». Saint Marc (XV, 40) l'appelle *le Petit*, c'est-à-dire *le jeune*, et les écrivains ecclésiastiques *le Juste*, à cause de sa foi et de son active charité. Suivant Josèphe, il subit la mort des martyrs, lapidé par ordre du grand-prêtre Ananias. L'Église catholique célèbre sa fête le 1er mai.

Saint Matthieu (XIII, 55) et saint Marc (VI, 3) font mention d'un Jacques frère germain de Jésus, mais que les écrivains ecclésiastiques, en soutenant l'union de la Vierge Marie avec le Saint-Esprit, ne désignent que comme le beau-frère de Jésus. D'après le récit d'Origène, on soutint autrefois, et jusque dans les temps modernes, que ce Jacques n'avait jamais existé, et n'avait été qu'une seule et même personne que Jacques le Majeur ou que Jacques le Mineur. En tous les cas, Jacques ne fut point un des apôtres, et dut par conséquent être un personnage autre que les deux apôtres saints Jacques. Beaucoup de savants (entre autres Grotius, Richard Simon, Herden, de Wette, Credner, etc.) font de lui le chef de la commune chrétienne de Jérusalem, et disent qu'il y jouissait d'une grande considération, à cause de sa justice. On manque de toute espèce de renseignements sur sa vie et sa destinée.

On attribue l'*Épître* de saint Jacques qui se trouve dans le Nouveau Testament à l'un des trois personnages dont il vient d'être fait mention. Ceux qui regardaient Jacques, le frère germain de Jésus-Christ, comme en ayant été l'auteur, ne laissaient point que de révoquer en doute l'autorité apostolique de cette Épître. Mais Clément d'Alexandrie ayant démontré que ce saint Jacques n'était autre que Jacques le Mineur, l'Épître fut désormais tenue pour une œuvre émanant des apôtres. Cependant de nouveaux doutes s'élevèrent encore à l'époque de la réformation, et eurent pour principaux interprètes Érasme, Luther et les centuriateurs de Magdebourg, parce qu'on prétendait voir dans cette Épître des contradictions avec la doctrine de saint Paul. Plus tard on parvint à faire disparaître la prétendue contradiction, et Jacques le Mineur fut définitivement considéré comme l'auteur de l'Épître. On ne pourra cependant jamais préciser d'une manière certaine quel est celui des Jacques à qui il faut l'attribuer. L'Épître en question est adressée aux chrétiens d'Asie, qui, malgré la misère dans laquelle ils vivaient, étaient fort estimés à cause de leurs opinions chrétiennes. Il ne règne pas un ordre bien rigoureux dans l'enchaînement de pensées de cette Épître; mais il est impossible d'en révoquer en doute l'intégrité soit dans les détails, soit dans l'ensemble. On ne saurait d'ailleurs dire avec certitude en quel lieu et en quel temps elle fut écrite.

JACQUES. Cinq rois d'Écosse ont porté ce nom, sans compter les deux qui régnèrent en même temps sur l'Angleterre et l'Irlande sous le titre de rois de la Grande-Bretagne.

JACQUES Ier, né en 1393, était fils de Robert III, et fut redevable de l'instruction qui le distingua de ses contemporains à une longue captivité en Angleterre. En 1405, son père, pour le soustraire aux embûches de son oncle, le duc d'Albany, qui visait à la couronne, l'envoya en France. Mais le vaisseau qui l'y portait fut jeté par la tempête sur la côte d'Angleterre; et Henri IV, quoiqu'il vînt alors de conclure une trêve avec l'Écosse, trouva bon de garder le jeune prince comme otage, en garantie du maintien de la paix. A la mort de Robert III, qui succomba à la douleur de s'être vu enlever son fils, les Écossais proclamèrent bien Jacques comme roi; mais le duc d'Albany, devenu régent du royaume, apporta autant de négligence à obtenir la mise en liberté du jeune prince, qu'en mit Murdac, fils d'Albany, à qui il succéda en 1420. Jacques subit d'abord une détention très-rigoureuse dans divers châteaux forts. Cependant Henri IV lui donna de bons maîtres, et Jacques mit à profit les loisirs de sa captivité pour cultiver et développer les dons heureux qu'il tenait de la nature. Lors des conquêtes de Henri V, Jacques dut l'accompagner en France, à l'effet de dissuader de là les Écossais de faire alliance avec les Français; mais les Écossais refusèrent d'obéir à leur roi, parce qu'ils ne le considéraient pas comme agissant librement. Il n'est rien moins que prouvé que Jacques se soit, dans le même but, rendu de sa personne en Écosse. A la mort de Henri V, les Anglais consentirent enfin à rendre au roi sa liberté, dans la pensée qu'une fois sur le trône il pourrait leur être utile. Seulement, les Écossais durent s'engager à leur payer 40,000 liv. st.; rançon déguisée sous le titre de remboursement de frais d'entretien et d'éducation. Jacques put alors rentrer en Écosse (mai 1424), mais trouva ses États en proie à la plus complète anarchie, le peuple tombé à peu près dans la barbarie, et la puissance royale réduite à l'ombre de ce qu'elle était autrefois. Les régents avaient dissipé le trésor de l'État, distribué les domaines de la couronne à leurs amis et à leurs créatures, et permis à la noblesse de se livrer à tous les excès. Les gentilshommes parcouraient le pays avec des bandes armées, guerroyaient les uns contre les autres et rançonnaient à l'envi les bourgeois et les paysans. Le roi débuta par réintégrer au domaine de la couronne les domaines qui en avaient été distraits, et brisa les associations existant entre les seigneurs contre la couronne et la paix publique. Il demanda ensuite à Murdac et à ses partisans un compte sévère de leur gestion, et fit exécuter les coupables conformément aux arrêts prononcés par le parlement. Par une série de réformes intelligentes, Jacques s'efforça d'arracher le peuple à l'état de barbarie où il était plongé et de favoriser la mise en culture du sol. On créa des espèces de colonies agricoles, et on seconda puissamment l'essor du commerce et de l'industrie, surtout en attirant dans le pays des artisans étrangers. En augmentant les privilèges des bourgeois dans le parlement, en établissant une milice permanente, en fondant diverses écoles, il eut surtout en vue de tirer la bourgeoisie de l'état d'infériorité dans lequel elle gémissait et de la mettre en état de faire contre-poids à une noblesse arrogante et factieuse. Grâce à une administration plus ferme et plus sévère de la justice, trois mille bandits qui infestaient le pays furent pendus, roués ou mis en croix pendant le règne de Jacques Ier. L'alliance étroite que ce prince contracta avec la France, et surtout les fiançailles de sa fille Marguerite avec le dauphin, qui fut depuis Louis XI, l'entraînèrent, à partir de 1436, dans une suite de démêlés avec l'Angleterre. Tandis que Jacques Ier se trouvait sur les frontières, où il était venu mettre le siège devant la ville de Roxburgh, la noblesse mécontente profita de cette circonstance pour conspirer contre la vie du roi; et ce fut son propre oncle, le duc d'Athol, qui se mit à la tête du complot. Quand il fut instruit, il congédia son armée, et se cacha avec sa femme dans un couvent de dominicains, situé à peu de distance, pour de cet asile, réputé sacré et inviolable, suivre des yeux la tournure que prendrait la conspiration et agir en conséquence. Mais un de ses serviteurs vendit à ses ennemis le secret de sa retraite. Dans la nuit du 20 février 1437, Robert Graham envahit le couvent à la tête d'une troupe de bandits, et y assassina le malheureux monarque.

Jacques Ier avait épousé la belle Anne Beaufort, fille du duc de Somerset et petite-fille du duc Lancastre, dont il avait fait la connaissance pendant qu'il était prisonnier dans le château de Windsor; et il a raconté l'histoire de ses amours dans un poëme intéressant, intitulé *The King's Qhuair*. Son fils Jacques II, alors âgé de sept ans, lui succéda sur le trône. Si ce ne fut pas l'inventeur de la mélodie nationale de la basse Écosse, on ne saurait du moins contester qu'il perfectionna la musique d'église des Écossais. Ses poésies, composées les unes en anglais, les autres en latin, et où il fait preuve d'imagination et d'âan poétique, ont été publiées par Tytler (*The poetical Remains of king James;* Édimbourg, 1783).

JACQUES II, fils du précédent, naquit en 1434, épousa

Marie de Gueldre, et fut tué en 1460 en assiégeant Roxburgh contre les Anglais.

JACQUES III, fils du précédent, né en 1453, poursuivit l'œuvre de ses prédécesseurs, l'abaissement de la noblesse; mais dominé par d'indignes favoris, il vit la révolte, dirigée par son propre frère, menacer son trône. Une première fois il conjura l'orage; mais il retomba bientôt dans les mêmes fautes, et un nouveau soulèvement, plus formidable, éclata contre lui. Il marcha contre les rebelles, et les joignit à Bannockburn; mais au début même de l'action il s'enfuit du champ de bataille et se réfugia dans un moulin, où il fut poignardé par un inconnu qui avait pénétré auprès de lui en se donnant pour un prêtre qui lui apportait les sacrements (1488).

JACQUES IV, fils du précédent, né en 1473. C'était, au témoignage de Robertson, un prince brave et généreux. Allié de la France, il fit guerre à Henri VII et à Henri VIII d'Angleterre, et périt à la bataille de Floddenfield, en 1513.

JACQUES V, fils du précédent, né en 1511. Roi ferme et vaillant, il défendit ses peuples contre l'oppression des grands, et rétablit si bien la sécurité qu'on disait proverbialement sous son règne : *A présent les buissons gardent les troupeaux*. Très-attaché à l'alliance française, il mourut, en 1542, de douleur de voir ses troupes battues par les Anglais.

Son petit-fils, *Jacques VI*, réunit sa couronne à celle d'Angleterre et d'Irlande, et porta alors le titre de Jacques Ier (*voyez* l'article suivant).

JACQUES. Deux princes de la maison de Stuart ont régné sous ce nom sur la Grande-Bretagne en même temps que sur l'Écosse. Nous y joindrons le prince qui prit le titre de *Jacques III*, mais que l'histoire ne connaît que sous le nom de *Jacques Stuart* ou le *Prétendant*.

JACQUES Ier, roi de la Grande-Bretagne et d'Irlande (1603-1625), et *Jacques VI*, comme roi d'Écosse à partir de 1567, fils de la reine Marie Stuart et de Henri Darnley, naquit à Édimbourg, le 19 juin 1566. Aussitôt après sa naissance, il fut confié aux soins du comte de Marr, parce que sa mère, brouillée avec son époux, avait donné son cœur au comte Bothwell. Après l'abdication forcée de Marie (24 juillet 1567), on le couronna roi d'Écosse. Pendant que le royaume, administré par d'ambitieux régents, opprimé par une orgueilleuse noblesse et exposé aux attaques de la France et de l'Angleterre, penchait vers sa ruine, Jacques passait son enfance à Stirling, faisant, sous la direction de son précepteur, Buchanan, de grands progrès dans les humanités, et surtout, suivant la coutume d'alors, dans la théologie. Il paraît avoir conçu de bonne heure les idées exagérées qu'il s'était faites de la nature et des droits de l'autorité royale, ainsi que de la puissance qu'il croyait tenir de Dieu; idées devenues encore autrement fatales à ses successeurs qu'à lui-même. A peine Jacques fut-il sorti de l'enfance, que les partis s'emparèrent tour à tour de lui à la suite de conspirations et de révoltes incessantes : aussi ne fit-il guère que changer d'oppresseurs. Lorsque la vie de sa malheureuse mère, qu'il n'aimait d'ailleurs pas, et à la captivité de laquelle il était jusque là resté fort indifférent, fut menacée par la reine d'Angleterre, il fit d'abord mine de vouloir déclarer la guerre à Élisabeth, invoquant l'assistance de la France, du Danemark et même celle de l'Espagne. Mais l'insuffisance de ses ressources, l'espoir qu'il avait de succéder à la couronne d'Angleterre, la conduite hypocrite d'Élisabeth, qui, pour étouffer ses ressentiments sterling que depuis longtemps celle-ci lui payait à titre d'allié, le déterminèrent non-seulement à étouffer les ressentiments que devait provoquer en lui la mort si tragique de Marie Stuart, mais encore à faire cause commune avec Élisabeth contre l'Espagne, en 1588.

Après être parvenu à triompher des obstacles mis à cette alliance par la reine d'Angleterre, Jacques épousa, en 1589, Anne, fille du roi de Danemark. Sa pédanterie, la faiblesse et l'indolence de son caractère, entretinrent en Écosse des troubles perpétuels.

A la mort d'Élisabeth (1603), il fut appelé à lui succéder sur le trône d'Angleterre, en sa qualité de plus proche héritier mâle de la couronne; sa grand'mère Marguerite était en effet la fille d'Henri VII. Le but de ses constants efforts, dans lesquels son ministre Cecil l'avait particulièrement secondé, était atteint; les Anglais, fatigués d'être gouvernés par des femmes, se félicitaient d'avoir maintenant à leur tête un prince dans toute la force de l'âge. Mais par son despotisme, par la faiblesse de son caractère et par son affection pour d'odieux favoris, Jacques ne tarda pas à mécontenter tous les partis. Sa haine pour toute idée libérale lui fit persécuter les presbytériens, dans les principes desquels il avait pourtant été élevé; et des considérations politiques le déterminèrent à épouser les intérêts de l'Église épiscopale. Ce revirement dans ses idées fut suivi d'une imprudente persécution contre les catholiques, pour qui jusque là il s'était montré très-favorablement disposé, disant qu'entre l'anglicanisme et le catholicisme il ne voyait d'autre différence *qu'une messe moins bien chantée*, et provoqua la fameuse conspiration des *poudres*, œuvre des jésuites. A cette occasion, Jacques exposa au parlement, dans un emphatique discours, ses idées sur la prérogative royale. Cette assemblée ayant rejeté l'union qu'il lui proposait d'opérer entre l'Angleterre et l'Écosse, il résolut, à l'exemple de ses devanciers, de régner en roi absolu (*voyez* GRANDE-BRETAGNE). Il ajourna arbitrairement la convocation du parlement, à qui il fut désormais interdit de délibérer sur les affaires générales de l'État, et dont le rôle se trouva réduit au vote de l'impôt; il octroya arbitrairement des droits électoraux, intervint dans les élections, établit des taxes illégales, et punit de la prison et de la confiscation de leurs biens les citoyens qui se refusaient à les acquitter ainsi que les juges qui leur donnaient raison. Le parlement s'en vengea en se montrant de plus en plus récalcitrant à l'endroit des subsides; tactique qui embarrassa d'autant plus le roi que ses prodigalités lui avaient fait contracter des dettes énormes.

Cette situation se prolongea pendant tout le règne de Jacques, et, compliquée encore par la politique intolérante que le pouvoir adopta en matière de religion, amena entre le trône et le peuple une scission profonde, qui, sous le règne suivant, devait aboutir à une révolution.

Dans ses relations avec les puissances étrangères, Jacques Ier manqua également d'énergie, et n'eut égard ni aux intérêts véritables de son peuple ni aux ménagements que réclamaient ses convictions protestantes. C'est ainsi qu'en 1605 il ne consentit pas sans peine à s'unir à la France pour secourir les Pays-Bas; mais dès l'année suivante il faisait alliance avec l'Espagne, et après la conclusion de la trêve entre l'Espagne et les Pays-Bas, il fiança même son fils, le prince de Galles, à Anne, fille du roi Philippe III. La mort inopinée du jeune prince, arrivée le 16 novembre 1612, empêcha seule la réalisation de ce mariage, aussi mal vu en Écosse qu'en Angleterre. Une réconciliation presque complète eut lieu cependant entre le roi et son peuple en 1613, par suite du mariage d'Élisabeth, fille aînée de Jacques Ier, avec un prince protestant d'Allemagne, devenu plus tard l'électeur palatin Frédéric V; mais son gendre ayant accepté la couronne de Bohême, que les mécontents de ce pays lui offrirent en 1619, le roi d'Angleterre lui refusa tout appui, disant que, disait-il, il ne voulait point pactiser avec la révolte; et cette conduite, qui fit perdre à Frédéric sa couronne, valut à Jacques le mépris de l'Europe protestante et les railleries des puissances catholiques elles-mêmes. Pour préserver l'électeur d'une ruine complète, on négocia une nouvelle alliance avec la cour de Madrid. Mais le parlement et Buckingham vinrent à la traverse de ce projet, et forcèrent Jacques à se liguer avec la France contre la maison d'Autriche. Toutefois, le versatile monarque mourut (8 avril 1625) avant que les hostilités eussent commencé.

Malgré leurs dissensions intestines, l'Angleterre et l'Écosse firent pendant ce règne, long et pacifique, d'immenses progrès, aussi bien pour ce qui est du commerce et de l'industrie que pour ce qui est du perfectionnement des institutions politiques. Les colonies fondées dans l'Amérique du Nord reçurent une organisation définitive et stable. Il n'y eut que l'Irlande dont la situation devint encore plus déplorable à la suite des idées de réforme, bonnes au fond, mais mal appliquées, que Jacques y voulut faire prévaloir. Son fils, Charles Ier, lui succéda sur le trône. On a de Jacques Ier plusieurs écrits que l'évêque Montacuti a publiés sous le titre de *Opera* (Londres, 1619), et qui font bien connaître le caractère et les idées de ce monarque. Il s'y établit le champion des droits de souveraineté absolue que Dieu a départis aux princes, et s'élève contre l'usage du tabac, qu'il regarde comme abomination. Admettant la possibilité des sortilèges et l'existence des mauvais esprits, il y recherche aussi pourquoi le diable aime de préférence à avoir des relations avec les vieilles femmes. Consultez Nichols, *The Progressions, processions and festivities of king James I* (3 vol); Londres, 1829); D'Israeli, *Inquiry in the literary and political character of James I* (1816).

JACQUES II, second fils de Charles Ier, naquit le 24 octobre 1633. Après la prise d'York par l'armée parlementaire (24 juin 1646), il fut mis sous la garde du duc de Northumberland et emprisonné avec ses frères et sœurs dans le palais de Saint-James, à Londres, d'où cependant il s'échappa en 1648. Il lui fut alors donné de pouvoir, à travers bien des périls, se retirer auprès de sa sœur Marie, femme de Guillaume II, prince d'Orange; et il est à présumer que ce fut seulement après la mort de son père qu'il rejoignit en France sa mère, Henriette, fille de Henri IV. En 1652, dépourvu de toutes ressources, il fut réduit à s'engager comme volontaire sous les drapeaux de Turenne; puis, à la conclusion de la paix de 1655, il lui fallut quitter la France. Alors, rassemblant autour de lui, dans l'intérêt de sa maison, des proscrits anglais et irlandais, il combattit, en qualité de lieutenant général au service d'Espagne, sous les ordres de Condé et de don Juan, jusqu'à la fin de 1659, contre son ami Turenne, et acquit dans ces campagnes une grande expérience de la guerre, quoiqu'on ne puisse citer de lui aucune action d'éclat. Après la restauration de la maison de Stuart, il fut nommé par son frère, Charles II, grand-amiral, avec le commandement supérieur de la marine britannique, dont il porta la puissance à un haut point de splendeur. Président d'une compagnie africaine, il fut, en 1665, l'instigateur d'une guerre contre les Hollandais, et remporta, le 3 juin, aux environs de Lowestoffe, une victoire complète sur leur flotte, commandée par l'amiral Opdam. A la mort de sa femme, Anne, fille du chancelier Hyde, depuis comte de Clarendon, il embrassa publiquement, en juin 1671, à l'instigation des jésuites, la religion catholique, à laquelle depuis son séjour en France il appartenait déjà secrètement. La reprise des hostilités entre la Hollande et l'Angleterre lui fournit, en 1672, l'occasion de faire taire, par de nouvelles victoires, le mécontentement général produit par son changement de religion. Ralliant la flotte britannique à l'escadre française sous les ordres de d'Estrées, il livra, le 28 mai, à Ruyter, sur les côtes de Southwoldbay, une sanglante bataille, dans laquelle les deux partis s'attribuèrent réciproquement la victoire. Mais par suite du vote du célèbre bill du *test*, il renonça à son commandement, et se démit, à l'exemple des autres catholiques, de toutes fonctions publiques. Le mariage qu'il contracta, en septembre de la même année, avec la princesse catholique de Modène, Marie d'Este, souleva tout aussitôt de violentes clameurs. Une profonde émotion causée dans le pays par la prétendue conspiration catholique de 1679, le força de se retirer à Bruxelles. Ce fut pendant cet exil volontaire qu'une proposition formelle fut faite à la chambre des communes pour l'exclure du trône; mais la chambre des lords et le roi n'hésitèrent pas à la repousser. Après la dissolution du parlement, qu'il réussit à faire prononcer par son frère, il revint à Londres en 1681. Il fut alors envoyé de nouveau comme gouverneur en Écosse, où il traita avec la

plus grande cruauté les presbytériens révoltés. A son retour, en mars 1682, il prit sur l'esprit de son faible frère un tel ascendant, que ce dernier, en dépit des prescriptions de l'acte du *test*, le fit entrer dans le conseil privé et lui abandonna la direction de presque toutes les affaires. Objet de défiance pour les protestants, il monta sur le trône le 6 février 1685, à la mort de Charles II, et donna alors, il est vrai, dans le sein de son conseil, l'assurance formelle de respecter les libertés de la nation; déclaration qui ne l'empêcha point de prendre tout aussitôt les mesures propres à transformer la libre Angleterre en monarchie absolue et à rendre à l'Église catholique son ancienne puissance. Le duc de Monmouth, fils naturel de Charles II, et l'idole du peuple, que Jacques avait exilé dans les Pays-Bas, chercha à profiter du mécontentement général pour s'emparer du trône. Il débarqua, le 11 juin 1685, sur la côte d'Angleterre avec une centaine d'hommes, et en peu de temps cette petite troupe se trouva portée au chiffre de plus de 2,000 combattants. Mais défait le 20 du même mois par le comte Feversham, il périt sur l'échafaud avec les plus compromis d'entre ses adhérents. Enhardi par ce succès, Jacques envoya à Rome une ambassade, dite *d'obédience*, solliciter du pape la rentrée et l'admission de l'Angleterre et de l'Écosse dans le giron de l'Église catholique. Après avoir intimidé le parlement par ses menaces, il fit attribuer, en 1686, à la couronne le pouvoir de dispenser en certains cas du serment prescrit par l'acte du *test*, et s'en servit aussitôt pour mettre les catholiques en possession de toutes les grandes charges et dignités politiques. Dans le cours de cette même année, il établit une haute commission qui cita devant elle, sans autres formes de procès, tous les ecclésiastiques mal vus à la cour; puis il fit jeter en prison sept évêques coupables d'avoir protesté contre la création de cette juridiction exceptionnelle. Enfin, en 1687, il osa faire publier, en Écosse d'abord, et ensuite en Angleterre, un édit de tolérance générale, qui suspendait l'acte du *test* et toutes les lois rendues précédemment contre les non-conformistes. Comme on savait qu'à la mort de Jacques II ses deux filles, Marie et Anne, princesses élevées dans les doctrines protestantes, seraient appelées au trône, à défaut d'héritier mâle, le peuple prenait patience. Mais en 1688, à la grande joie des prêtres, des courtisans et des papistes, le bruit se répandit que la reine, après quatorze ans de stérilité, était enceinte. La terreur que cette nouvelle répandit parmi les protestants leur fit soupçonner qu'une grande fraude politique allait se commettre, et que cette grossesse était simulée; supposition justifiée jusqu'à un certain point par le soin que prenait la cour d'éloigner de la reine toutes les personnes étrangères au service de sa maison. Le 10 juin 1688 on annonça enfin au peuple que la reine venait d'accoucher d'un prince; mais personne ne voulut croire à la réalité de cet accouchement, et l'opinion à peu près générale fut qu'il y avait eu supposition d'enfant. Alors les chefs influents du parti populaire tournèrent leurs regards vers le prince d'Orange, et concertèrent avec lui le plan d'une descente en Angleterre. Quand Jacques entendit parler de ces préparatifs d'invasion faits par son gendre, il en éprouva une telle frayeur, qu'en septembre 1688 il révoqua soudainement toutes les ordonnances qui l'avaient rendu odieux à la nation. Les catholiques furent remplacés à tous les degrés de l'administration par des protestants, et une commission de douze juges fut même chargée de procéder à une enquête sur la légitimité du prince son fils.

Le prince d'Orange débarqua en Angleterre au mois de novembre 1688. Quand le roi se vit abandonné de tout le monde, sans pouvoir même compter sur sa flotte ni sur son armée, il s'enfuit en France, le 23 décembre 1688, avec sa famille. Louis XIV l'accueillit en roi, et lui assigna pour résidence le château de Saint-Germain. Le 22 janvier 1689 le parlement prononça la déchéance de Jacques II, et offrit la couronne au prince d'Orange, sous le nom de Guillaume III. De France, Jacques II entretint longtemps une active correspondance avec ses partisans (*voyez* JACO-BITES), et, avec leur appui, il fit plusieurs tentatives inutiles pour reconquérir le trône qu'il avait perdu. Il mourut à Saint-Germain, le 16 septembre 1701.

JACQUES III, dit *le Prétendant*, fils du précédent, connu aussi sous le nom de *chevalier de Saint-Georges*, naquit le 10 juin 1688. A la mort de son père, en 1701, il fut officiellement reconnu roi d'Angleterre par la France, l'Espagne, le pape, les ducs de Modène et de Parme, tandis que le parlement le déclarait coupable du crime de haute trahison et l'excluait à toujours du trône de la Grande-Bretagne. Dans le principe, Louis XIV n'avait rien voulu faire pour Jacques III; mais les larmes versées par Marie d'Este dans la chambre de Mme de Maintenon le ramenèrent à d'autres sentiments, contre le vœu même de ses ministres. De ce moment il se servit de lui comme d'un épouvantail contre la puissance britannique, et lui accorda les honneurs royaux, ainsi que la même pension qu'à son père. La réunion de l'Écosse avec l'Angleterre, projetée depuis l'avènement au trône de la reine Anne, souleva une résistance prolongée, et augmenta l'influence et le nombre des *jacobites*. Louis XIV chercha à profiter de cette disposition des esprits, que d'habiles négociations et des soulèvements partiels tinrent toujours en éveil; et en mars 1708 une flotte française de trente-deux vaisseaux de ligne, aux ordres de Forbin, ayant à bord une armée et le Prétendant, quitta le port de Dunkerque pour aller débarquer en Écosse. Mais le gouvernement anglais, qui avait eu vent de ce qui se préparait contre lui, avait mis en mer une forte escadre sous le commandement de l'amiral Byng, et celui-ci força Forbin à rentrer en France sans avoir pu accomplir sa mission. En même temps, le parlement offrait pour la tête du Prétendant une prime d'abord de 50,000, et plus tard de 100,000, livres sterling. Jacques, abattu, découragé, pour le moment du moins, fit la campagne de Flandre sous Villars, et combattit avec distinction jusqu'à la conclusion de la paix d'Utrecht, en 1713. Par ce traité, la France fut obligée de reconnaître la succession protestante au trône de la Grande-Bretagne, et par conséquent de renvoyer de France le Prétendant. Jusque là la reine Anne avait cependant entretenu avec son frère une correspondance secrète, et elle avait même promis d'abdiquer en sa faveur s'il voulait renoncer à la religion catholique. Les hommes les plus éminents de sa cour, tels que Godolphin et Marlborough, favorisaient ce projet et entretenaient à cet effet des relations occultes avec Jacques. Mais Anne mourut en 1714, sans laisser de document authentique qui confirmât cette pensée. A sa mort, de nombreux jacobites se soulevèrent en Angleterre et en Écosse contre le gouvernement de Georges Ier, surtout lorsque le parti tory fut dédaigné et même persécuté par le prince.

Dans l'automne de 1715, on comptait sous les armes, en Écosse, de 15 à 20,000 jacobites, aux ordres du comte de Marr, attendant avec anxiété que le Prétendant vînt y tenter une descente. Jacques, craignant bien que le régent de France, le duc d'Orléans, lui eût refusé toute espèce de secours, n'en débarqua pas moins le 2 janvier 1716, presque sans suite, à Peterhead, dans le comté de Buchan, et s'y vit saluer roi par les insurgés. Quoique l'un de ses premiers actes eût été de convoquer le parlement, acte de souveraine puissance s'il en est, il n'osa cependant pas se laisser couronner, parce qu'il manquait totalement de résolution et de fermeté. La position critique où il se trouvait le réduisit bientôt au désespoir; aucune puissance étrangère ne se déclarait en sa faveur, et il était à craindre que la prime offerte pour sa tête ne finît par tenter quelque meurtrier. En conséquence, le 15 février, Jacques quitta l'Écosse pour s'en revenir en France avec une poignée de serviteurs fidèles. Abandonné et conspué alors de tout le monde, il chercha un refuge auprès du pape, qui le reçut d'abord à Avignon, ensuite à Rome même, où il l'honora et le traita en roi. Pendant ce temps, les jacobites conspiraient toujours et se liguaient même avec Charles XII, roi de Suède; mais le cabinet de Londres eut connaissance de toutes ces menées. L'Espagne, brouillée avec l'Angleterre, y accéda aussi; et sur l'invitation du ministre Alberoni, Jacques arriva le 26 mars 1719 à Madrid, où la cour lui fit une magnifique réception. Quelque temps auparavant, une nouvelle flotte de dix vaisseaux, parfaitement équipée et ayant à bord 20,000 hommes de débarquement, avait déjà mis à la voile pour les côtes d'Angleterre. Le Prétendant put encore une fois se croire à la veille de recouvrer la couronne de ses pères; mais cette flotte fut assaillie par une tempête en vue du cap Finistère, et obligée de regagner le port de Cadix. Ce contre-temps refroidit le zèle de la cour de Madrid, et le Prétendant, abandonné de tous, quitta l'Espagne au mois d'août, et s'en vint débarquer de nouveau le 25 à Livourne. En septembre, l'espoir d'une grosse dot lui fit épouser la fille de Jacques Sobiesky et de la palatine Hedwige-Élisabeth. Magnifiquement renté par le pape et par ses partisans, mais toujours attentivement surveillé par l'Angleterre, il vécut depuis lors à Rome, où l'anéantissement total de ses espérances lui fit contracter des habitudes de débauche qui amenèrent une séparation de corps entre sa femme et lui.

Diverses tentatives de soulèvement eurent encore lieu de la part des jacobites, sans que le Prétendant y prît part. Ce ne fut qu'en 1727, à la mort de Georges Ier, qu'il se décida à tenter encore une fois la fortune. Avec la permission et le secours du pape, il se rendit à Gênes, d'où il comptait s'embarquer pour l'Angleterre; mais il ne tarda pas à comprendre toute l'imprudence de cette entreprise et à y renoncer. Une autre fois encore, en 1740, le cardinal Fleury voulut se servir contre l'Angleterre de la famille des Stuarts, et lui fit faire des ouvertures à ce sujet. Jacques, trop vieux et trop découragé pour se mettre à la tête d'une expédition, se substitua, en 1744, son fils *Charles-Édouard*, muni à cet effet de ses pleins pouvoirs. Les avantages que remporta d'abord le jeune aventurier, qui débarqua en Écosse dans l'été de 1745, furent annihilés, le 27 avril 1746, par la défaite de Culloden. Jacques passa le reste de ses jours à Albano, par suite de difficultés survenues entre lui et la cour de Rome sur les questions d'étiquette. Il y mourut le 1er janvier 1765.

JACQUES Ier, empereur d'Haïti. *Voyez* DESSALINES.
JACQUES, rois d'Aragon. *Voyez* JAYME.
JACQUES (Le Cousin). *Voyez* BEFFROY DE REIGNY.
JACQUES (Les). *Voyez* JACQUERIE.
JACQUES (Maître), un des prétendus fondateurs du compagnonnage.
JACQUES (Maître), type éternel de ces gens qui prétendent savoir également tout faire, qui se disent propres à tous les emplois; laquais complaisants et pleins de souplesse, dont le talent est de savoir prestement changer de costume ou de livrée. Molière, dans son *Avare*, introduit de la manière la plus comique dans la maison d'Harpagon un *Maître Jacques*, qui est une espèce de factotum. Ce personnage secondaire contribue merveilleusement à faire ressortir les nuances du caractère principal, et fait de ce tableau domestique un des morceaux les plus précieux de la pièce. M. de Cormenin en a fait un savant de village, qui enseigne toutes sortes de bonnes choses à ses compatriotes. Combien avons-nous eu de Maîtres Jacques depuis!
JACQUES BONHOMME. *Voyez* JACQUERIE.
JACQUES COEUR. *Voyez* COEUR.

JACQUIN (NICOLAS-JOSEPH, baron DE), botaniste célèbre, appartenait à une ancienne famille du Brabant, et naquit à Leyde, en 1727. Il fit ses études à Anvers, Louvain, Leyde et Paris, et choisit enfin Vienne pour séjour. Quand, à la sollicitation de Van Swieten, l'empereur François Ier fonda, en 1753, le jardin impérial de Schœnbrunn, on résolut d'envoyer plusieurs botanistes dans les pays lointains à l'effet d'y recueillir une collection de plantes exotiques; Jacquin fut chargé d'aller en Amérique. Il parcourut, de 1755 à 1759, plusieurs îles des Indes occidentales et une bonne partie des côtes de la Colombie moderne, et les envois qu'il expédia au jardin botanique de Vienne en firent le plus riche de cette époque. En 1763 il fut nommé conseiller des mines et professeur de chimie et de minéralogie, puis, en 1768, professeur de chimie et de botanique à l'université de Vienne. Il mourut dans cette ville, en 1817.

Jacquin occupe un rang élevé parmi les botanistes de son siècle; car, sans parler des services qu'il rendit au jardin botanique de Vienne, il se distingua comme professeur et comme écrivain. Il a doté l'Allemagne de magnifiques ouvrages, non moins précieux qu'utiles, tels que la *Flora Austriaca* (5 vol.; Vienne, 1773-78, avec 500 gravures sur cuivre); et le *Stirpium Americanarum Historia* (Vienne, 1763-80, avec 264 planches coloriées). On lui doit en outre un grand nombre de manuscrits et de traités.

Son fils, *Joseph-François*, baron DE JACQUIN, mort en 1835, conseiller d'État et professeur de chimie à l'université de Vienne, est l'auteur d'un ouvrage qui a rendu de son temps les plus grands services; nous voulons parler de son *Traité de Chimie générale et médicale* (2 vol.; Vienne, 1792; nouvelle édition, 1810). Il a écrit en outre différents ouvrages de botanique.

JACQUOTOT (Mme). *Voyez* JAQUOTOT.

JACULATOIRE (Oraison) du latin *jaculari*, lancer, darder. On donne ce nom à des prières courtes et ferventes adressées à Dieu du fond du cœur, même sans que la bouche prononce de paroles.

JADE. C'est un feldspath mal défini. Quelquefois on donne le nom de *jade* à de l'albite compacte et plus ou moins pure. Mais le plus souvent il s'applique à une labradorite souillée par de la diallage.

Le *jade néphrétique* des anciens minéralogistes, qui avait reçu son nom de la propriété que l'on attribuait aux amulettes qui en étaient faits de préserver de la colique néphrétique, n'est pas un jade; c'est un silicate d'alumine et de magnésie.

JAËN, province du royaume d'Andalousie, et jadis royaume maure indépendant, traversée au nord par la Sierra-Morena, à l'est par la montagne de Cazorla, au sud par la Sierra-Nevada, richement arrosée par le Guadalquivir, le Guadalimar et divers autres cours d'eau, compte sur une superficie de 146 myriamètres carrés, une population de 307,000 habitants, et forme l'une des plus belles contrées de la péninsule pyrénéenne. Conquise par les Maures quand ils envahirent l'Espagne, cette province resta royaume maure indépendant jusqu'en 1234, époque où Ferdinand III la reprit sur les infidèles et l'incorpora au royaume de Castille.

JAEN, chef-lieu de la province, est une ville de 18,500 âmes, dans une riche contrée, avec une belle cathédrale.

En fait d'autres localités remarquables, on peut encore citer *Andujar*, *Linares*, où se trouvent des mines de plomb argentifère, le village de *Navas de Toloza*, célèbre par la victoire qu'Alphonse VII y remporta en 1212 sur les Arabes, et où en 1812 les Français furent battus par les Espagnols; les défilés de *Baylen* et les colonies de la Sierra-Morena.

JAFFA ou **JOPPÉ**, ville de Syrie, située sur la Méditerranée, à 48 kilom. de Jérusalem, à 64 de Gaza et à 88 de Saint-Jean-d'Acre. On fait remonter son origine à la plus haute antiquité. Un passage de Josué prouve qu'elle existait 1,500 ans. av. J.-C. Ce serait à *Japho*, nom primitif de Jaffa, que Noé aurait entré dans l'arche, et qu'il aurait ensuite reçu la sépulture. C'est par Jaffa que Salomon tirait de Tyr les matériaux à la construction du temple. Elle devint très-florissante sous la domination des Juifs, qui l'appelaient Joppé, nom qui signifie *belle* et *agréable*. Plusieurs auteurs assurent que l'aventure de Persée et d'Andromède se passa non loin de ses murs. La légende chrétienne n'a pas moins choisi Joppé pour son théâtre que la fable païenne. C'est dans cette ville que s'embarqua le prophète Jonas fuyant la face du Seigneur; et saint-Pierre, qui y eut sa vision du drap tombé du ciel remplis d'animaux de tous genres, y ressuscita Tabithe.

La longue existence de Jaffa fut marquée par des siéges nombreux et par la domination successive de diverses nations. Les Égyptiens, les Assyriens et d'autres peuples s'en rendirent maîtres à cinq reprises différentes. Judas Machabée la livra aux flammes. Cestius la détruisit, et Vespasien la ravagea. Lorsque les Sarrasins envahirent la Syrie, Jaffa devint leur conquête. Au commencement du douzième siècle, les croisés leur enlevèrent cette ville et son territoire, et en firent un comté. Tour à tour prise par Saladin, reprise par Richard Cœur-de-Lion, prise de nouveau par les Sarrasins, et reprise encore par les Francs, Jaffa était au pouvoir de Gauthier de Brienne, *comte de Japhe*, lorsque saint Louis aborda pour la première fois en Terre Sainte. Mais les seigneurs francs ne tardèrent pas à se voir arracher cette ville et le reste de la Palestine par les sultans d'Égypte. Elle tomba enfin entre les mains des Turcs.

Dans la dernière moitié du dix-huitième siècle, Jaffa eut à subir trois siéges désastreux : les deux premiers, durant les guerres acharnées de Daher et d'Aly-Bey, et le troisième en 1799. Dans celui-ci, les Français, commandés par le général Bonaparte, s'étant rendus maîtres de la place, après une longue résistance, en passèrent la garnison au fil de l'épée. Comme par une sorte de représailles pour cet horrible carnage, la peste se mit à moissonner cruellement les vainqueurs. Ce fut alors que, pour relever les esprits, abattus par l'effroi de la contagion, l'immortel général se rendit dans le lieu où l'on avait réuni le plus grand nombre de pestiférés et les visita les uns après les autres, fait que Gros a retracé dans un tableau célèbre.

Jaffa est bâti en amphithéâtre; les rues en sont étroites et malpropres; on y voit plusieurs mosquées et trois couvents chrétiens. C'est le port des pèlerins qui se rendent à Jérusalem; leur passage annuel est une source avantageuse de revenus pour la ville. Méhémet-Ali s'en était rendu maître en 1832; mais en 1840 les Turcs, secondés par des troupes anglaises et autrichiennes, la lui reprirent. Le commerce y est, du reste, peu considérable.

La population de Jaffa s'élève à près de 6,000 âmes, parmi lesquels on compte 500 catholiques, 6 ou 700 grecs schismatiques et 1,000 arméniens. Les jardins qui couvrent les environs offrent le coup d'œil le plus enchanteur; les palmiers, les orangers, les grenadiers, les citronniers, les limoniers, les cédrats, les oliviers, y étalent le luxe de leur végétation, et fournissent en abondance des fruits délicieux aux habitants de cette belle contrée.

Paul Tiny.

JAFFA (GAUTIER IV DE BRIENNE, comte DE). *Voyez* BRIENNE (Maison de).

JAGELLON ou **JAGJELLO**, fils d'Olgerd, petit-fils de Gedimin, devint prince en 1381, après la mort de son père, grand-duc de Lithuanie. Il se maintint dans cette dignité contre son oncle Kjeystut, qu'il fit égorger après l'avoir fait prisonnier, et contre le vaillant fils de celui-ci, Witold, avec lequel toutefois il se réconcilia. En 1386, après sa conversion au christianisme et son mariage avec la reine Hedwige, il monta sur le trône de Pologne sous le nom de Wladislas II. Ses luttes continuelles avec l'ordre Teutonique, en Prusse, et ses efforts pour maintenir l'union de la Lithuanie et de la Pologne sont les faits dominants de son règne, qui dura quarante-huit ans. Il vainquit les chevaliers teutoniques à la grande bataille de Tannenberg, en 1410, qui n'eut pas, il est vrai, immédiatement de grands résultats pour la Pologne, mais de laquelle data néanmoins la décadence de l'Ordre. L'union de la Pologne avec la Lithuanie, gouvernée par des ducs particuliers, ne fut guère que nominale; et le duc de Lithuanie, Swidrigaylo, finit par engager une lutte ouverte contre la Pologne. Jagellon, en fondant l'évêché de Wilna, chercha à hâter les progrès de la religion catholique en Lithuanie. Toujours soupçonné par le clergé de pencher vers les doctrines de J. Huss, il fut forcé d'appeler, en 1432, les hussites à son secours contre les chevaliers de l'ordre Teutonique, qui dévastaient la

Pomérélie. En 1400, pour remplacer une école, alors singulièrement déchue, créée par Casimir le Grand, il fonda l'université de Cracovie, qui porte encore aujourd'hui son nom. Il mourut en 1434, à Grodek, près de Lemberg, et fut enseveli à Cracovie. Son fils, Wladislas III, qu'il avait eu d'Élisabeth, sa quatrième femme, lui succéda sur le trône.

JAGELLONS (Les). C'est le nom d'une dynastie qui a régné en Pologne et en Lithuanie, en Bohême et en Hongrie. Elle descendait de Jagellon. La Pologne a eu, de 1386 à 1572, sept rois de la maison des Jagellons, formant quatre générations. Jagellon lui-même eut pour successeurs directs ses fils Wladislas III et Casimir IV, puis les trois fils de ce dernier, Jean-Albert, Alexandre et Sigismond 1er; enfin le fils de Sigismond, Sigismond-Auguste, avec lequel s'éteignit en Pologne la ligne masculine des Jagellons. Le dernier rejeton de cette ligne fut, en Pologne, la sœur de Sigismond-Auguste, la reine Anne, qui épousa Étienne Bathori, et mourut sans enfants. Sigismond III, fils de Jean, roi de Suède, et de Catherine, sœur de Sigismond-Auguste, devint la tige d'une ligne féminine de la maison des Jagellons, qui monta, en 1587, sur le trône de Pologne, et continua à l'occuper sous les fils de ce prince, Wladislas IV et Jean-Casimir, jusqu'en 1668.

Deux Jagellons régnèrent en Hongrie; Wladislas, qui gouverna en même temps la Pologne et la Bohême, et mourut à Varna, et son fils Louis II, qui périt sur le champ de bataille de Mohacz. Au reste, les Jagellons s'étaient alliés à plusieurs maisons régnantes allemandes, telles que celles de Brandebourg, de Saxe et de Brunswick.

JAGGERNAUTH. *Voyez* DJAGARNAT.

JAGUAR. Le *jaguar* ou *tigre d'Amérique* (*felis onça*, Lin.) est après le tigre et le lion le plus grand quadrupède du genre *chat*. D'Azara et Buffon nous ont laissé, d'après Sonnini, des descriptions qui ne laissent rien à désirer sur la physionomie et les habitudes du jaguar. La beauté de son pelage est remarquable. D'un fauve vif en dessus, il est marbré à la tête, au cou et le long des flancs, de taches noires et irrégulières, notamment plus grandes aux jambes; de l'épaule à la queue, qui est longue de 0^m 60 à 0^m 65, s'étend une bande noire, divisée en deux au-dessus de la croupe; la poitrine est traversée par une autre bande, noire également, mais plus étroite; le reste du corps est blanc, semé de taches noires, le plus souvent inégales, et disposées sans symétrie. Depuis le bout du museau jusqu'à la naissance de la queue, sa longueur est de 1^m 30 environ; sa hauteur ne dépasse pas 0^m 80.

Le jaguar se trouve au Brésil, au Paraguay, à la Guyane, au Mexique, et dans toutes les contrées méridionales de l'Amérique. La divergence d'opinions des voyageurs sur les habitudes du jaguar vient de ce qu'ils l'ont observé dans des circonstances différentes. Ainsi, les uns en ont fait un animal timide et indolent : ceux-là l'ont observé quand il était rassasié; les autres, au contraire, nous le représentent alerte, intrépide, et doué d'une force musculaire prodigieuse : ceux-ci ont dit vrai. Quoique le jaguar préfère user de surprise pour s'emparer de sa proie, il se rue aussi sans crainte sur des animaux trois fois plus gros que lui, et il fait une guerre acharnée aux chevaux, aux génisses, aux bœufs, aux taureaux. Il s'élance au cou de sa victime, et, lui posant une patte de devant sur l'occiput, de l'autre, saisissant le museau, il la lève, lui brise la nuque et l'entraîne avec facilité dans les forêts. Son agilité est extrême pour monter sur les arbres; mais il est en revanche très-peu léger quand il faut se retourner ou courir. Il nage avec habileté, donne aussi la chasse aux poissons, fréquente les endroits marécageux et les grandes forêts; néanmoins, on le voit de préférence non loin des grandes rivières. La femelle du jaguar met bas deux petits; dès qu'ils peuvent marcher, ils suivent la mère, qui les défend avec intrépidité, sans jamais calculer le péril. Le jaguar est féroce, indomptable : plus d'une fois le chasseur assez hardi pour aller le traquer dans ses broussailles a expié cruellement sa témérité.

JAHDE, petit fleuve allemand, qui se jette dans la mer du Nord, découpée à son embouchure en une vaste baie du même nom, et qui appartenait au grand-duc d'Oldenhourg, quand, en 1854, il en céda une partie à la Prusse pour y former un grand établissement de marine militaire. Cette baie de la Jahde est située à peu près à égale distance des embouchures de l'Elbe et de l'Ems, qu'elle permet de surveiller. Elle est navigable en tout temps et pour les vaisseaux de toute grandeur. Le port prussien doit être établi près de Heppens, où l'on trouve 31 pieds d'eau dans les plus basses marées. Dans la baie proprement dite, qui a une superficie d'environ quatre lieues carrées, le canal de la Jahde se partage en plusieurs bras séparés par des bancs de sable solides. Au reste, cette baie, dans laquelle aucune rivière de quelque importance ne se jette, est entourée de digues artificielles, et n'a par conséquent d'autre courant que celui qui est produit par le flux et le reflux. L'eau salée de la baie ne gèle jamais pendant la marée, et ce n'est que sur les bas-fonds les plus élevés qu'il se forme une couche de glace en hiver. L'entrée de la baie peut être promptement dominée par des batteries élevées sur les points extrêmes de la côte; ce qui lui donne une certaine importance stratégique.

A l'époque du blocus continental, des vaisseaux anglais jetèrent souvent l'ancre dans la Jahde. Lorsque l'empire napoléonien s'étendit jusqu'à la Baltique, une commission, présidée par les amiraux de Winter et Verhuel, fut chargée par ordre de l'empereur d'examiner les côtes de la mer du Nord; elle trouva la baie de la Jahde particulièrement propre à l'établissement d'un port militaire fortifié. L'exécution en était déjà commencée par la construction de redoutes près de Heppens et d'Eckwarden, et par l'excavation d'un canal qui devait relier l'embouchure de l'Ems à la Jahde; la guerre de Russie et la chute de Napoléon arrêtèrent la réalisation de ce plan. A la pointe sud de la baie se trouve la petite ville de Varel, qui possède divers établissements offrant des ressources importantes pour un port militaire.

Depuis les remaniements de 1815, la Prusse devait regretter de n'avoir aucun établissement maritime sur la mer du Nord, dont elle est séparée par le Hanovre. Ses relations étendues avec les États-Unis devaient encore accroître son désir de se créer une station maritime sur cette mer. Pensant n'avoir rien à espérer du bon vouloir du Hanovre, elle s'adressa au grand-duché d'Oldenbourg, qui possédait la Jahde, et au mois de janvier 1854 le gouvernement d'Oldenbourg céda au gouvernement prussien un territoire sur les bords de la Jahde pour y établir un port militaire. Pour éviter toutes les difficultés qu'auraient pu susciter les ports hanovriens, le gouvernement prussien déclara dès le principe que le port sur la Jahde serait purement militaire, et non commercial. Au mois de novembre le prince Adalbert de Prusse prit solennellement possession au nom de la Prusse du territoire situé des deux côtés de l'entrée du golfe de la Jahde. Le gouvernement hanovrien fit alors une protestation, s'appuyant sur ce que, par suite de conventions féodales, la principauté d'Oldenbourg n'avait pas le droit de céder des territoires à des puissances étrangères pour y élever des fortifications; mais la Prusse prétendit, de son côté, que toutes les obligations résultant de conventions de ce genre ont cessé d'avoir leur effet par suite de la suppression de l'Empire d'Allemagne et de la revision de l'article 34 de l'acte de la Confédération du Rhin. Les choses n'allèrent pas plus loin, et bientôt même le Hanovre s'entendit avec la Prusse pour permettre sur son territoire l'établissement d'un chemin de fer unissant la Jahde aux frontières prussiennes.

JAIS ou **JAYET**, variété de lignite piciforme. Le jais est d'un noir luisant, foncé, solide, pur, compacte, cassant, mais non friable; il pèse 1,26, s'électrise difficilement par le frottement, et alors répand une odeur charbonneuse; il est susceptible de brûler avec flamme sans couler ni se boursoufler. Il ne se rencontre pas par couches, mais par masses de 20 à 25 kilogrammes. Il en existe en France, dans quelques houillères de la Provence, à Sainte-Colombe, à Peyra et à La Bastide, près de Quillan; en Espagne, dans la Galice, l'Aragon et les Asturies. Le jayet que l'on retirait de ces provinces au milieu du dix-huitième siècle était en réputation, parce qu'il était pur et doux au travail. On en trouve également en Allemagne, en Angleterre et en Prusse. Dans ce royaume, il se rencontre dans les mêmes localités que le succin : aussi lui a-t-on donné nom d'*ambre noir*. Son gisement est le plus souvent à 12 mètres de profondeur environ.

C'est à Sainte-Colombe, dans le département de l'Aude, que sont les fabriques de bijoux en jais les plus considérables de la France. Ces fabriques occupaient dans le siècle dernier jusqu'à mille ouvriers, et l'établissement avait pour 250,000 francs de bijoux en jayet répandus dans le commerce chaque année; mais aujourd'hui cela est bien changé, et ces fabriques sont réduites à un état de nullité presque complet, comparativement à ce qu'elles étaient autrefois.

Le jayet se taille à facettes, comme la pierre chez les lapidaires. On commence par le dégrossir, puis on le perce et on le polit sur une meule horizontale en grès, constamment mouillée : comme cette meule est très-dure, le jayet se polit rapidement. On peut lui donner la forme que l'on veut, suivant qu'on a l'intention d'en faire des pendants d'oreille, des colliers, des garnitures de robe, etc. Quand les fabriques de Sainte-Colombe étaient dans leur état de prospérité, un bon ouvrier ébauchait par jour de 1,500 à 3,000 grains, suivant leur grosseur; celui qui devait les percer faisait de 3 à 6,000 trous, et le polisseur faisait 10,500 facettes dans sa journée.

La nation chez laquelle les ornements en jayet ont eu le plus de vogue est la nation espagnole, qui en faisait un grand commerce avec ses colonies.   C. FAYBOT.

JAKOUTZK. *Voyez* IAKOUTSK.

JALAP. Le jalap est de toutes les plantes exotiques une de celles dont l'origine et la nature ont été le plus long-temps douteuses. En effet une foule de botanistes distingués croyaient, d'après Tournefort, que c'était une belle-de-nuit; mais Linné plaça le jalap dans le genre *convolvulus* (*voyez* LISERON).

Le jalap est originaire du Mexique et des environs de Xalapa, d'où lui est venu son nom. Le premier auteur qui ait fait connaître sa racine est Gaspard Bauhin, qui l'avait décrite comme la racine d'une bryone, en raison de quelque ressemblance qui existe entre elles. En 1777, Desfontaines, d'après les assertions de Thierry de Menonville, déclara que le jalap était un liseron, dont la racine pouvait atteindre jusqu'au poids de trente kilogrammes; mais M. Guibourt a plus tard combattu fortement cette opinion, en déclarant que jamais la racine de jalap du commerce n'avait dépassé une livre. Enfin, en 1827, le docteur Redman Coxe, de l'université de Pensylvanie, d'une part, et M. Ledanois, pharmacien français au Mexique, cultivèrent le vrai jalap. Le besoin d'argent fit engager les habitants à vendre à M. Ledanois une racine de jalap qui n'était pas entièrement desséchée, précaution que les habitants avaient soin de prendre, dans la crainte de se voir enlever une des sources de leur fortune. M. Ledanois mit la racine en terre et eut le bonheur de la voir prospérer. En 1830, le docteur Redman publiait la description du vrai jalap, et M. Ledanois en envoyait des échantillons à M. de Humboldt, qui les remit à Desfontaines. Malheureusement ils étaient trop altérés pour pouvoir les reconnaître, mais au retour de M. Ledanois, on put se convaincre, par l'examen de ses échantillons, qu'il avait découvert le vrai jalap officinal.

Cette plante, désignée par les Mexicains sous le nom de *tolonpati*, a la racine tuberculeuse, arrondie, remplie d'un suc lactescent et résineux; elle est noirâtre à l'extérieur et blanchâtre à l'intérieur; quelques radicules partent de sa partie inférieure, et du centre de sa partie supérieure, qui est un peu allongée, s'élèvent ordinairement une seule tige et quelquefois deux ou trois. Les tiges sont rondes et lisses; les feuilles sont cordiformes, entières, aiguës, et fortement échancrées à la base. Les pédoncules portent ordinairement une fleur dont la corolle est rose tendre; les étamines et le pistil sont très-longs et sortent du tube de la corolle. Les semences sont lisses, irrégulièrement sphériques et d'un brun noirâtre. La racine du jalap est la seule partie de la plante employée; elle est ordinairement marquée de fortes incisions, faites dans le but de faciliter sa dessiccation; son odeur est nauséabonde, sa saveur âcre et strangulante.

Le jalap ne peut se cultiver que dans les contrées chaudes ou dans les serres. C'est en semant la graine, puis transplantant dans des pots la plante qui en résulte, qu'on parvient à l'élever. La terre doit être légère, sablonneuse et peu riche. Il faut l'arroser fort peu, parce que la racine, étant charnue, pourrit facilement.

Les brasseurs et les distillateurs anglais employaient autrefois la racine de jalap en raison de ses propriétés fermentescibles. Le jalap est un purgatif très-énergique; il est précieux pour le peuple, à cause de son prix peu élevé. On en fait un extrait, une teinture alcoolique et une résine, qui est le principe purgatif de la racine à l'état de pureté.   C. FAVROT.

JALÈS (Camp de). *Jalès* ou *Jallez* est un bourg avec château de l'ancien Languedoc, aujourd'hui dans le sud de l'Ardèche, entre les Vans et Barjac. Le manoir, qui est maintenant en ruine, dépendait d'une commanderie de Malte. Un grand événement s'y passa en août 1790, et les historiens de la révolution n'ont en garde de le passer sous silence.

La fédération de Paris avait produit un immense écho dans tous les départements. L'Ardèche s'était brillamment associé à cette grande manifestation patriotique. L'abbé de La Bastide et quelques mécontents ourdirent une conspiration, afin de faire tourner au profit de la contre-révolution la réunion fédérative de Jalès. Là, dans le camp de la fédération, pendant le 18 août, se trouvaient réunis plus de 20,000 gardes nationaux, dit le procès-verbal adopté le lendemain, et ensuite imprimé à Orange. Ce fut là que, après le départ des patriotes sans défiance, La Bastide, courant dans les rang, l'épée d'une main et le crucifix de l'autre, comme un nouveau Pierre l'Ermite, essaya d'enrôler les croisés du Vivarais pour aller arracher des prisons de Nîmes quelques catholiques fanatiques arrêtés les armes à la main dans un soulèvement contre les protestants. Des motions se succédèrent, des arrêtés séditieux furent pris, et rien ne semblait négligé pour s'assurer le succès : malheureusement pour les conjurés, il ne leur manquait que la sympathie des populations : elles se montrèrent réfractaires à leurs inspirations, et l'administration du département arrêta cet essor par une sage proclamation. Un décret du 7 septembre 1790, accompagné d'une proclamation du roi daté du 12, approuva « les dispositions de la proclamation du directoire de l'Ardèche, qui s'oppose à l'exécution de l'arrêté pris dans le château de Jalès, par les officiers qui se sont qualifiés d'état-major d'une soi-disant armée fédérative; » déclara « la délibération de l'assemblée tenue après le départ des gardes nationales fédérées, inconstitutionnelle, nulle et attentatoire aux lois, » et ordonna « au tribunal de Villeneuve-de-Berg d'informer contre les auteurs et instigateurs et de faire leur procès selon les ordonnances ». Cependant, les factieux continuaient leurs intrigues, et adressaient le 26 septembre de fallacieuses correspondances pour soulever les masses contre les protestants et les patriotes. En février 1791, ils avaient repris toute leur audace. C'est ce dont le député Saint-Martin entretint l'assemblée le 3 mars.

Le rassemblement de Jalès avait été dissous; mais l'année suivante ses meneurs organisèrent une armée, qui en juillet 1792 fut mise en déroute; on emporta de vive force et on livra aux flammes les châteaux de Banne, de Jalès; on passa au fil de l'épée le curé de Barjac, le comte du Saillant, et quelques autres chefs ; on saisit des papiers importants, qui établirent la preuve que les frères de Louis XVI correspondaient de Coblentz avec les révoltés, et avaient donné des pouvoirs au comte de Conway et à du Saillant. Le titre d'un libelle de 30 pages in-8°, imprimé vers la fin d'octobre 1790, suffit à démasquer leurs intentions. Il est intitulé : *Manifeste et protestation de* 50,000 *Français fidèles, armés dans le Vivarais pour la cause de la religion et de la monarchie, contre les usurpations de l'Assemblée se disant nationale.* » Trois ans après, cet appel liberticide était entendu par les chefs des armées catholiques et royales de la Vendée.   Louis DU BOIS.

JALON ou **PIQUET.** En termes d'arpentage, on appelle ainsi des bâtons très-droits, ordinairement ferrés et pointus à l'une de leurs extrémités, et qui servent pour prendre des alignements. Quelquefois ce sont de simples tringles en fer. Leur longueur est généralement d'un mètre. Ils supportent au besoin une carte ou un morceau de papier que l'on nomme *voyant*. Pour tracer une ligne droite sur le terrain, on commence par placer des jalons aux deux points extrêmes de la ligne à former, puis mettant l'œil derrière l'un de ces jalons, et regardant dans la direction de l'autre, on en fait planter de distance en distance, ordinairement tous les trente ou quarante mètres, de manière qu'ils se confondent tous avec le premier, lequel doit couvrir et cacher tous les autres. On fait encore placer des jalons à tous les points d'une figure que l'on veut reconnaître sur le terrain.   L. LOUVET.

JALOUSIE (en grec ζῆλος, d'où l'on a fait en italien *gelosia*), sentiment qui pervertit le plus la nature de l'homme, car il le pousse à tous les genres d'excès et de crimes, et ne lui accorde en retour que de bien rares dédommagements. Rien de plus mobile que la jalousie lorsqu'elle tient à l'essence du caractère ; elle change si souvent d'objet qu'elle ne laisse ni trève ni repos ; elle renferme donc en elle-même son propre châtiment. La fortune, la naissance, les avantages du génie, loin de sauver de cette terrible maladie morale, la portent, au contraire, à son plus haut degré d'exaltation morale : car avec elle le plus ne préserve pas du moins. La jalousie s'attache, se cramponne à des détails, de sorte qu'avec tous les éléments du bonheur le plus étendu, on devient tout à fait à plaindre. On a vu des hommes dont le nom remplissait le monde succomber dans ce genre à des tourments pour ainsi dire enfantins, et vouloir primer dans des choses qui, par leur futilité même, les auraient rendus ridicules, y eussent-ils excellé. Les princes poètes ou musiciens sont des rivaux fort à craindre : armés du pouvoir, leur jalousie ne connaît pas de pardon. En général, elle s'agrandit suivant le nombre de ceux qui vous regardent. Les acteurs, qui sont chaque jour en contact avec le public, dessèchent de jalousie ; ils jouissent avec plus de délices des sifflets qui attristent leurs camarades que des applaudissements qu'ils provoquent eux-mêmes ; leur existence s'use dans une multitude de cabales et d'intrigues qui ôtent souvent toute dignité à leur caractère ; enfin, la jalousie est de tous les sentiments le plus vil et le plus bas, parce qu'il a sa source dans une personnalité continuellement irritée.

Il faut convenir néanmoins qu'un peu de jalousie entre inévitablement dans l'amour, qu'on a défini un *égoïsme à deux* ; mais c'est lorsqu'il se montre très-vif et qu'il est encore à son début. Il arrive cependant tous les jours dans le mariage qu'un homme, après avoir cessé d'aimer et s'être épris ailleurs, conserve à l'égard de sa femme une jalousie inquiète et surveillante : ce n'est là qu'un remords de la vanité qui craint d'être prise à son propre piége.
                    SAINT-PROSPER.

La jalousie en amour est la disposition ombrageuse d'une personne qui aime, et qui craint que l'objet aimé ne fasse part de son cœur, de ses sentiments et de tout ce qu'elle prétend lui devoir être réservé, s'alarme de ses moindres démarches, voit dans ses actions les plus indifférentes des indices certains du malheur qu'elle redoute, vit en soupçons, et fait vivre un autre dans la contrainte et dans le tourment. Cette passion cruelle et petite marque la défiance de son propre mérite et un aveu de la supériorité d'un rival, et hâte communément le mal qu'elle appréhende. Peu d'hommes et peu de femmes sont exempts de la jalousie ; les amants délicats craignent de l'avouer, et les époux en rougissent. C'est surtout la folie des vieillards, qui avouent leur insuffisance, et celle des habitants des climats chauds, qui connaissent le tempérament ardent de leurs femmes.
                DIDEROT.

JALOUSIE, sorte de treillis en bois ou en fer, au travers duquel on peut voir sans être vu ; espèce de contrevent formé de planchettes minces assemblées parallèlement, qu'on remonte et qu'on baisse à volonté au moyen d'un cordon et de poulies, et qui servent à se garantir de l'action trop vive du soleil ou de la lumière.

JALTA. *Voyez* IALTA.

JAMAÏQUE (La), l'une des Grandes Antilles, située par 18° de latitude septentrionale et 60° de longitude occidentale, au sud de Cuba, d'une superficie totale de 189 myriamètres carrés, est aussi bien par la richesse de ses produits que par sa situation géographique la plus importante des possessions britanniques dans les Indes occidentales, et s'appelait originairement *Yamayé* ou *Janahica.* Découverte par Christophe Colomb en 1494, lors de son second voyage, un décret royal lui imposa, en 1514, le nom de *Isla de Santiago.* Diégo, fils de Colomb, en fut le premier gouverneur. Sous la domination espagnole, la population indigène fut traitée avec une cruauté extrême et presque anéantie. En 1655, sous le gouvernement de Cromwell, les Anglais s'en rendirent maîtres, et lui donnèrent le nom de *Jamaica.* Sa population augmenta dès lors, parce que beaucoup de royalistes et de planteurs de la Barbade vinrent s'y établir. Mais un effroyable tremblement de terre arrivé en 1692, et qui bouleversa complètement la surface de l'île, joint à la peste qui survint à la suite de cette catastrophe, diminuèrent de nouveau la population. On l'évalue aujourd'hui à 400,000 individus, dont un dixième à peine de race blanche. A l'époque de l'émancipation des esclaves (1838), on y comptait 310,070 esclaves. Depuis ce moment jusqu'au commencement de l'année 1850, on y avait introduit de Sierra-Leone et des Indes orientales 14,519 travailleurs libres.

Elle est traversée, dans la direction de l'ouest à l'est, par des montagnes primitives et boisées, les Montagnes Bleues, qui en occupent toute la partie orientale et y atteignent une altitude de 2,300 mètres, tandis que les ramifications qu'elles envoient dans les autres parties de l'île sont moins élevées. La crête de la montagne est si aiguë, qu'en certains endroits elle a à peine 6 mètres de largeur. Les arêtes les plus hautes sont entourées de plateaux qui dégénèrent en savannes. Les talus sont de l'aspect le plus sauvage, les pentes extrêmement escarpées et parfois couvertes de forêts magnifiques. Les vallées sont étroites, et les plaines n'occupent guère que la vingtième partie de la surface totale. Un grand nombre de cours d'eau descendant des montagnes les arrosent, et des sources minérales existent sur divers points. La côte, généralement abrupte, présente sur un développement total de 67 myriamètres seize grands ports fort sûrs et trente baies ou rades avec un bon fond d'ancrage. Le climat, très-chaud pendant le jour, est humide et frais pendant la nuit. La température moyenne de l'été est de 21°½ Réaumur, et celle de l'hiver de 19°. Les plaines sont malsaines ; mais dans les montagnes l'air est très-supportable. A une élévation de 800 mètres, les fièvres n'ont jamais sévi.

Le sol, dont il n'y a guère que 5 myriamètres carrés de mis en culture, est d'une fertilité extrême et produit toutes les plantes tropicales, telles que le café, le cacao, l'indigo, le coton. La culture du sucre et la fabrication du rhum (le fameux *rhum de Jamaïque*) sont d'importants objets d'industrie, et après le café constituent les principaux produits de l'île. A la suite de l'émancipation des esclaves, la culture avait sensiblement diminué; mais elle revient peu à peu à son ancien niveau. Aujourd'hui l'exportation des cafés pour la Grande-Bretagne n'est guère que de 3 millions de kilogrammes par an; autrefois elle était beaucoup plus considérable. C'est dans ces derniers temps seulement que la culture du café a été l'objet d'une reprise sensible; et elle est dirigée avec tant de soins qu'aujourd'hui à Londres comme à Paris ce ne sont plus les mokas, mais les jamaïques de choix qui passent pour les premières sortes. L'exportation des sucres pour la Grande-Bretagne, qui dans ces derniers temps avait sensiblement diminué par suite de l'abaissement des tarifs et de l'extension que la culture de la canne a prise dans les Grandes Indes, est également en voie de progrès depuis 1845, et s'élève en moyenne à 600,000 quintaux par an. L'exportation du rhum est d'environ 1,500,000 gallons. La valeur déclarée des importations venant de l'Angleterre est évaluée à 20 millions de francs. Outre les produits coloniaux dont nous avons parlé, la Jamaïque possède encore comme éléments de prospérité de belles et riches forêts, dont l'acajou est l'essence dominante, et d'excellents pâturages. Le cannellier, qu'on y a introduit de la Chine, y réussit aussi parfaitement.

La Jamaïque est administrée par un gouverneur, et possède un parlement, dont la chambre haute se compose de douze membres à la nomination de la couronne, et la chambre basse de quarante-cinq représentants élus. Elle a pour chef-lieu *Santiago de la Vega* ou *Spanish-Town*, siège du gouverneur, avec 6,000 habitants, qui font un peu de commerce. *Kingstown*, où l'on compte 36,000 habitants, est une ville autrement importante et pourvue d'un bon port. Enfin, il faut aussi mentionner *Port-Royal*, avec un bon port, de 15,000 habitants, presque entièrement détruite en 1692 par un tremblement de terre.

On considère comme une dépendance de la Jamaïque les *îles Caymans*, groupe de basses îles de corail situées à l'ouest, dont la plus grande, dite le *Grand Cayman*, est seule habitée. Sa population se compose de descendants des anciens boucaniers anglais, tous excellents marins et surtout bons pilotes.

JAMBAGE (Droit de). *Voyez* PRÉLIBATION.

JAMBE. On appelle ainsi la partie des membres inférieurs qui s'étend depuis le genou jusqu'au pied. Chez l'homme on y trouve deux os, le *tibia* et le *péroné*. La partie saillante des muscles dans la partie postérieure de la jambe, le *mollet*, est particulière à l'espèce humaine, et l'une des preuves que l'homme a été destiné par son Créateur à se tenir debout. Elle manque en effet complètement chez l'orang-outang; et, dussent les négrophiles en bondir d'indignation, force nous est d'ajouter qu'une jambe bien faite est chose en général d'une rareté extrême parmi les nègres. Si l'on remarque chez l'homme en général une si grande variété, en ce qui est de la forme de la jambe, il ne faut pas publier que le climat, les habitudes, les vêtements, etc., contribuent singulièrement à la modifier. Il est évident, par exemple, que les travaux des diverses professions contribuent beaucoup au développement et à la forme de la jambe. Chez les menuisiers et les tourneurs, on remarque que la jambe est en général beaucoup plus forte que chez les autres gens de métier. Les tailleurs diffèrent à cet égard essentiellement des cordonniers, à cause de la posture qu'ils affectent dans leur travail, les jambes croisées l'une sur l'autre. On remarque en général, que chez les danseurs la jambe est la partie du corps qui satisfait le plus complètement aux règles des admises par l'art. Chez les personnes habituées à monter souvent à cheval, elle finit au contraire par s'arquer de la manière la plus disgracieuse, et le mollet, sous la pression de la botte et du flanc du cheval, fond et disparait peu à peu.

Il n'est pas rare de voir des jambes où le mollet est placé beaucoup trop haut, ce qui produit à l'œil l'effet le plus disgracieux. Les individus placés dans ces conditions sont généralement robustes et capables de soutenir les plus grandes fatigues; tandis que d'autres individus, chez lesquels le mollet se trouve placé à mi-jambe, sont faibles et ont la poitrine étroite. Il est assez fréquent aussi de voir des hommes de petite stature avec des mollets extrêmement forts. Ce défaut de proportion produit un effet désagréable à l'œil, et témoigne plutôt d'une déviation des sucs nutritifs que de la force physique de l'individu. Le contraste opposé se remarque non moins souvent chez des individus d'une haute stature, à larges épaules, à muscles vigoureux, et dont les jambes sont tellement fluettes, qu'il semble qu'elles soient insuffisantes pour soutenir le poids de leur corps. Les mollets flasques indiquent une constitution mauvaise ou énervée; quand ils sont durs et fermes, ils prouvent au contraire la force et la santé. C'est un bon signe chez les vieillards quand la partie inférieure de la jambe est sèche et ténue, car lorsqu'elle enfle, la gangrène est à redouter.

JAMBES DE VENAISON. *Voyez* DAIM.

JAMBES DE FORCE, grosses pièces de bois au nombre de deux, qui, posées sur les extrémités de la poutre du dernier étage d'un bâtiment, vont se joindre dans le poinçon pour former le comble.

JAMBIER, nom de deux muscles de la jambe, l'un *antérieur*, et l'autre *postérieur*. Le jambier antérieur a pour fonction de tirer le pied en haut.

JAMBIÈRE. *Voyez* GRÈVE.

On donne aussi ce nom à une sorte de tige de bottes en cuir qui emboîte le mollet et soutient la jambe. Les zouaves et les chasseurs de la garde impériale portent une *jambière* entre la guêtre et le pantalon.

JAMBLIQUE, philosophe néo-platonicien, né à Chalcis, en Célésyrie, vécut à la fin du troisième siècle, et au commencement du quatrième, sous Constantin. Il eut pour maître en philosophie d'abord Anatolius, puis Porphyre; c'en est assez pour comprendre son attachement aux néo-platoniciens; il y joignait des idées de la secte de Pythagore, des Égyptiens et des Chaldéens. Le débit de Jamblique et le charme de ses leçons allaient si loin, que l'empereur Julien a dit de lui qu'il ne devait être rangé après Platon que par rapport au temps, et non par rapport à la science. Ces avantages et la clarté de son exposition philosophique lui attirèrent un grand nombre d'élèves, qui mangeaient à sa table. Jamblique était fort sobre et fort pieux; on le vénérait beaucoup, et l'on allait jusqu'à le croire auteur de plusieurs miracles. Il souffrait qu'on dit de lui qu'un jour la force de sa prière l'avait enlevé à dix coudées de terre; que son corps et ses vêtements avaient changé de couleur; qu'il commandait à des esprits; que, sous la forme de jeunes garçons, il évoquait les démons, en les faisant sortir de deux sources.

Il habitait probablement Chalcis, sa patrie; mais où et quand est-il mort? C'est ce qui n'est dit nulle part : on suppose néanmoins que ce pourrait être à Alexandrie. Toutefois, si l'on ne veut pas assigner à sa vie une trop longue durée, il faut admettre qu'il cessa de philosopher dès le commencement du règne de Constantin, et que par conséquent il y eut deux Jamblique.

La plupart des écrits de ce philosophe ont péri par l'injure du temps; mais nous possédons encore, 1° une vie de Pythagore pleine de confusion, et sans critique ni chronologie. Ce sont des lambeaux d'Apollonius de Tyane, de Nicomaque, de Dicéarque, d'Héraclide, de Diogène, etc. Cette biographie a été publiée du vivant de Jamblique. 2° Explications pythagoriciennes, 2° livre : ce sont des mémoires sur Pythagore, qui font suite au premier ouvrage. 3° Quelques ouvrages relatifs aux mathématiques, dont l'un a le mérite de nous avoir conservé des fragments de Philolaüs, de Brontinus et d'Archytas. On lui attribue aussi un livre qui a pour sujet les mystères d'Égypte, où il est aussi parlé des Chaldéens et des Assyriens; mais on a des raisons de croire que ce livre n'est pas de lui. Il n'existe pas d'édition complète des œuvres de Jamblique : elles ont été imprimées séparément et à diverses époques.

Constantin fit mourir Sopatre, disciple de Jamblique ; on a prétendu aussi qu'il s'était adressé à ce philosophe pour le consulter sur le moyen d'expier le meurtre de son fils. D'autres prétendent qu'il y a eu deux Jamblique : le second serait né à Apamée, et c'est à lui que Julien, son grand admirateur, aurait écrit. Le premier serait mort sous Constantin, le second sous Valens, et chacun aurait eu un Sopatre pour disciple.   P. DE GOLBÉRY.

JAMBON. On a beaucoup médit du jambon; il n'en est pas moins vrai, de l'aveu des praticiens les plus exercés, que parfumé et salé à point, c'est la charcuterie la plus saine dont on puisse faire usage. Mais c'est en même temps une nourriture chaude, stimulante, et qui ne convient par conséquent qu'aux estomacs robustes. Au reste, les légumes doux, herbacés, tempèrent avantageusement les propriétés irritantes de cet aliment. Les jambons les plus estimés sont ceux de Bayonne, qui viennent du Béarn et surtout d'Orthez, puis ceux de Mayence, de Portugal et de Westphalie. Quoique la chair de porc se prête mieux aux salaisons, qu'elle soit plus grasse et d'une saveur plus délicate ou plus appétissante, on fait aussi des jambons de mouton, et c'est souvent une grande ressource à la campagne, où l'on est embarrassé pour conserver la chair des moutons tués.

JAMBONS (Foire aux). *Voyez* CHARCUTIER.

JAMBOS ou **JAMBOSIER**, arbre fruitier de la famille des myrtacées, originaire des Indes orientales, et qui croît dans diverses régions. Ses fruits, qui varient de couleurs selon les variétés de cet arbre, sont rouges ou blancs, et mûrissent depuis la fin de l'été jusqu'en novembre; ils sont très-rafraîchissants. Les habitants du Malabar ont une grande vénération pour cet arbre, parce qu'ils sont dans la croyance que leur dieu Vishnou est né sous son ombrage.

JAMES (GEORGES PAYNE RAINSFORD), écrivain anglais, né en 1801, à Londres, débuta dans la carrière des lettres par une série de nouvelles qu'il donna à la *Literary fund Society*, laquelle les fit paraître plus tard sous le titre de *String of Pearls* (2 vol.). Puis, encouragé par Washington Irving et Walter Scott, il publia rapidement toute une suite de romans : *The Beauty of Arles ; Richelieu, a tale of France* (1829); *Darnley* ; *Delorme* (1830); *Philippe-Auguste*; *Henry Masterton* (1832), et sa continuation, *John Marston Hall* (1834); *Marie de Bourgogne; The Gipsy, a tale*; *One in a Thousand* (1835); *Attila* (1836); *The Robber* (1838); *The Huguenot; Charles Tyrrel* (1839); *Corse de Leon, or the brigand* (1841), et *Morley Ernstein*, or *the tenants of the heart* (1842). Tous ces romans furent aussi bien accueillis que son poëme *The ruined City*, et son ouvrage *On the educational Institutions of Germany* (1835), qui traite des établissements d'éducation en Belgique, dans les pays de Nassau, de Bade, de Wurtemberg et de Bavière.

Comme historien, il ne s'est montré ni moins fécond ni moins habile. Son premier essai en ce genre fut *The History of Chivalry* (1830); vinrent ensuite *The Memoirs of Great Commanders* (1832); *The History of Charlemagne* (1832); *The History of the Life of Edward the Black Prince* (1836); *Memoirs of celebrated Women* (1837); *Lives of foreign Statesmen*, suite d'essais biographiques fournis à la *Cyclopedia* de Lardner; *The Life and Times of Louis XIV* (4 vol., 1838); *James Vernon's Letters, from 1696 to 1708* (3 vol., 1841), et *A History of the Life of Richard Cœur de Lion, king of England* (4 vol., 1842-1849). Après avoir encore publié une serie de romans, par exemple *Arabella Stuart* (1843), *Arrah Neil* (1845), *Russell* (1847), *Heidelberg* et *John Jone's Tales* (1849), contes pour les enfants tirés de l'histoire d'Angleterre, remarquant que le public anglais commençait à être blasé en fait de romans, il alla s'établir de l'autre côté de l'Atlantique, à New-York, où il s'est mis à refaire de plus belle des romans et des contes. C'est ainsi qu'il y a fait paraître : *Aims and Obstacles* (1851), *Pequinillo* (1852), et *A Life of Vicissitudes* (1852), qui sont cependant moins connus en Europe que ses autres ouvrages.

James est doué d'un don d'invention peu ordinaire, et excelle aussi bien à brouiller qu'à débrouiller le nœud de ses intrigues. S'il n'avait pas gaspillé son incontestable talent, il occuperait sans aucun doute dans la littérature anglaise un rang plus élevé que celui que force est à la critique de lui assigner. Son dernier roman a pour titre *Agnes Sorel* (Londres, 1853).

JAMESON ou **JAMESONE** (GEORGES), le Van Dyck écossais, né en 1586, à Aberdeen, se forma sous Rubens à Anvers, et fut le meilleur peintre qu'eût jusque alors produit l'Écosse, où l'art ne pouvait guère prospérer, les presbytériens ayant expulsé de leurs temples la peinture aussi bien que la musique. C'est surtout comme peintre de portraits que Jameson s'est fait un nom ; on a pourtant aussi de lui quelques tableaux d'histoire et des paysages. Ses meilleures toiles sont de l'époque qui suivit l'an 1630, et appartiennent à de riches familles écossaises. Il exécuta, pour la ville d'Édimbourg, les portraits des différents rois d'Écosse.

Cet artiste peignit d'abord sur bois, puis sur toile fine, dont il couvrait le fond d'un ton de couleur particulier pour faire ressortir les ombres. Son coloris est vif et clair.

JAMESON (ANNA MURPHY, mistress), née à Dublin, le 19 mai 1797, se consacra de bonne heure à l'éducation. Le premier ouvrage par lequel elle ait appelé sur elle l'attention publique fut son journal écrit pendant un voyage en Italie, publié d'abord sous le voile de l'anonyme, et ayant pour titre : *Diary of an Invalid*. Après son mariage avec Robert Jameson, elle fit paraître : *Loves of the Poets* (1829) *hCaracteristics of Women, moral, poetical and historical* (1833); *Memoirs of celebrated female Sovereigns* (1834); et *Visits and sketches at home and abroad* (4 vol., 1834), où elle trouva le moyen de faire entrer son excellent *Diary of an Ennuyée*, qui avait déjà été imprimé précédemment. Ses *Characteristics of the female Characters of Shakespeare*, ouvrage pour lequel elle a dessiné elle-même la plupart des gravures dont on l'a *illustré*, sont vantés avec raison par Allan Cuningham, dans ses *Esquisses de la Littérature anglaise moderne*, comme prouvant la finesse de tact de l'auteur et sa parfaite connaissance des mystères de son sexe. Outre la France et l'Italie, elle visita l'Allemagne à plusieurs reprises. C'est à Weimar, à Vienne et à Dresde qu'elle fit le plus long séjour; et elle s'y lia avec Gœthe et sa spirituelle belle-fille, avec M. de Metternich, avec la princesse Amélie de Saxe, et une foule d'autres célébrités contemporaines.

La nomination de son mari, en 1834, à des fonctions judiciaires dans le haut Canada, lui fournit aussi l'occasion d'étudier l'Amérique. On peut considérer comme le résultat de ses observations dans les deux hémisphères, les ouvrages qu'elle a publiés sous le titre de *Winter-studies and summer-rambles in Canada* (1838); et de *A Handbook to the public Galleries of Art* (1841). Son *Companion to the most celebrated private Galleries of Art in England* (1844),a fait connaître au public une partie des trésors artistiques enfouis dans les galeries de l'aristocratie anglaise; tandis que certaines questions sociales sont élucidées dans ses *Memoirs and Essays, illustrative of Art, literature and social morals* (1846), où, à l'exemple de Georges Sand, elle prêche l'*émancipation* de la femme. On trouve beaucoup de renseignements intéressants dans les livres qu'elle a publiés sous les titres de : *Sacred and legendary Art or legends of the saints and martyrs* (1852), *Legends of the monastic orders, as represented in the fine arts* (1852), *Sisters of Charity*, etc. (1855). Dans ces trois derniers ouvrages, l'auteur paraît répudier complètement les tendances socialistes qu'elle avait manifestées quelques années auparavant.

JAN. *Voyez* TRICTRAC.

JANE GREY. Voyez GRAY (Jane).

JANET. Voyez CLOUET.

JANICULE (Mont). Voyez ROME et JANUS.

JANIN (JULES), notre célèbre feuilletoniste, est né le 11 décembre 1804, à Saint-Étienne. Après avoir commencé ses études avec son père, il passa du collège de Lyon au collège de Louis-le-Grand, à Paris, et à sa sortie du collège il prit quelques inscriptions à l'école de droit. Mais il comprit alors qu'il y avait en lui l'étoffe de mieux qu'un avoué, même qu'un notaire, et ne tarda point à s'enrôler dans la petite phalange de jeunes écrivains qui rédigeaient en 1825 un journal de théâtres appelé *Le Figaro*. La verve et la piquante originalité de son style, qui a fait école depuis, mais dans lequel il est resté inimitable, le firent bien vite remarquer. Aussi, vers la fin de 1827, les propriétaires de *La Quotidienne* le chargèrent-ils du compte-rendu des théâtres dans ce journal, où il signa ses articles de ses initiales : J. J., dont chacun dans le public eut bientôt la clef, et le nom du jeune critique se trouva alors dans toutes les bouches. Sous la plume du jeune critique, le feuilleton de *La Quotidienne* prit en effet une importance qu'il n'avait jamais eue, et les autres feuilletonistes, malgré qu'ils en eussent, furent contraints de compter avec le nouveau venu, et de discuter ses appréciations en matières d'art et de littérature, car c'était un iconoclaste et un révolutionnaire littéraire qui commençait à les gêner fort. L'avènement de M. de Polignac au pouvoir, ses plans de contre-révolution hautement annoncés alors par les organes du parti royaliste extrême, déterminèrent Jules Janin à abandonner la rédaction de *La Quotidienne*, pour ne pas s'associer, même indirectement, à un système de politique qui déclarait la durée de la charte de 1814 incompatible avec la sûreté de la monarchie. Après avoir rédigé pendant quelques mois le feuilleton du *Messager des Chambres*, notre jeune écrivain fut appelé par Bertin (l'aîné) à prendre dans le *Journal des Débats* le sceptre de la critique théâtrale, laissé vacant par la retraite de Duviquet. Il y a de cela aujourd'hui vingt-cinq ans, et depuis lors l'infatigable écrivain est constamment resté sur la brèche, défendant les principes du bon goût, venant en aide au talent inconnu ou méconnu, faisant bonne justice des réputations usurpées, aimé du public de choix auquel il s'adresse, honoré, estimé par tous les artistes, dont il est l'oracle, et qui peuvent bien quelquefois avoir à se plaindre de ses rigueurs, mais qui jamais ne mirent en doute sa bonne foi et sa loyauté. Avoir fait du *Journal des Débats* son journal, parler chaque semaine à la foule, lui imposer ses opinions, ses sympathies et ses antipathies, parfois aussi ses paradoxes ; être écouté, blâmé, loué, attaqué, applaudi de toutes parts, et au besoin calomnié par la médiocrité jalouse, mais aller toujours droit son chemin, distribuer avec une religieuse impartialité la louange et le blâme, voilà l'œuvre hebdomadaire, voilà la vie de Janin depuis vingt-cinq ans. Dans les temps de lâcheté où nous vivons, on aime d'ailleurs à signaler l'honorable fidélité que l'écrivain a gardée pour vieilles amitiés. Il n'a point insulté aux vaincus ; il n'a jamais non plus mendié les faveurs de César ; et autrement indépendant que tels et tels, qui, après avoir joué sous le gouvernement parlementaire un certain rôle en politique, acceptent aujourd'hui stoïquement l'argent et les faveurs d'un pouvoir qu'ils détestent tout bas, il est demeuré, au milieu de nos incessantes révolutions, écrivain, rien qu'écrivain. Aussi n'a-t-il jamais été membre d'aucune commission et ne reçoit-il du trésor public aucune espèce de traitement. Un personnage influent trouva mauvais dernièrement que le critique prît la liberté grande de ne pas faire chorus avec la tourbe des feuilletonistes officiels, qui chantaient sur tous les tons les incomparables perfections d'une comédienne placée sous la protection du susdit personnage. Des menaces indirectes furent faites au critique, à qui on recommanda d'être plus réservé à l'avenir. J. Janin ne tint aucun compte de cet avis officieux, et déclara noblement qu'il était prêt à quitter le sol français s'il ne lui était plus permis de juger des questions d'art librement, impartialement et en dehors de toutes considérations personnelles ou politiques, comme il l'avait toujours fait depuis un quart de siècle.

On a de Jules Janin : *L'âne mort et la femme guillotinée* (1829) ; *La Confession* (1830) ; *Barnave* (1831) ; *Contes fantastiques* (1832) ; *Contes nouveaux* (1833) ; *Contes et nouvelles littéraires* (1835) ; *Le Chemin de traverse* (1835) ; *Un Cœur pour deux amours* (1847) ; *Voyage en Italie* (1837) ; *Les Catacombes* (1839) ; *Un hiver à Paris* (1842) ; *L'Été à Paris* (1843) ; *La Normandie* (1843) ; *Voyage de Paris à la mer* (1847) ; *La religieuse de Toulouse* (1850). Ses plus remarquables feuilletons du *Journal des Débats* ont été publiés récemment, sous le titre de *Histoire de la Littérature dramatique*.

JANINA, JANNINA ou IOANNINA, aujourd'hui eyalet particulier, comprenant toute la partie méridionale de l'Albanie, ou l'ancienne Épire, et aussi depuis peu la Thessalie. C'était autrefois un pays où l'on ne connaissait d'autre droit que celui du plus fort. On s'y faisait la guerre de ville à ville, de village à village ; on n'y reconnaissait guère le sultan qu'en sa qualité de chef spirituel des croyants ; et on n'y obéissait à un petit nombre de pachas, qui pour la plupart avaient su rendre leurs charges héréditaires dans leurs familles, qu'autant que, par les forces dont ils disposaient ou encore par l'énergie de leur caractère, ils étaient en état de faire respecter leur autorité. Ali-Pacha de Janina, ayant recours tantôt à la ruse, tantôt à la force, réussit à faire un tout compacte de tous les grands et petits territoires composant cette contrée ; aussi peut-on dire que le premier il la soumit réellement à la Porte, et qu'en brisant la puissance d'une foule de chefs belliqueux, il la prépara à l'introduction de l'organisation nouvelle qui y est aujourd'hui en vigueur.

La capitale du pays, son centre politique et commercial, *Janina*, est située aux environs de l'emplacement qu'occupait jadis l'oracle de Dodone, dans une longue vallée tout entourée de montagnes, dites le plateau de Janina, haut de 500 mètres au-dessus du niveau de la mer, à l'extrémité méridionale du lac de Janina, qui a 20 kilomètres de long, mais dont il n'est pas fait mention dans les auteurs anciens, qui peut-être n'avait pas alors la même étendue qu'aujourd'hui, et qui, indépendamment d'un grand nombre d'affluents venant de la montagne de Mitzékéli (le *Tomarus* des anciens), qui le borne à l'est, et du mont Saint-Georges à l'ouest, reçoit encore les eaux de quelques affluents souterrains, eaux qui s'écoulent de même par des voies souterraines (*katabothra*). Janina, que protège une citadelle, est le siège du gouverneur général, et compte 36,000 habitants, grecs pour la plupart, placés sous l'autorité spirituelle d'un archevêque, et qui font encore un important commerce. On compte dans cette ville seize mosquées et huit églises grecques. Elle possède deux écoles grecques, jadis en grande réputation et auxquelles sont attachées des bibliothèques. C'est au neuvième siècle seulement qu'il est mention dans l'histoire de Janina comme dépendant de l'empire de Byzance. A partir du onzième siècle elle appartint successivement aux Normands, aux Byzantins, aux Catalans et aux Triballes ou Serbes. Plus tard elle fut gouvernée par ses propres despotats, qui dépendaient tantôt de Constantinople, tantôt des comtes de Céphalonie, et qui en 1431 se placèrent sous la suzeraineté des Turcs. Au siècle dernier et dans les premières années de celui-ci, Janina fut le principal centre de la nouvelle civilisation grecque. Lors du bombardement de cette ville, en 1820, par Ali-Pacha, elle souffrit considérablement.

JANISSAIRES. Cette milice turque, instituée en 1334 par le sultan Orkhan, qui la composa de jeunes prisonniers chrétiens contraints d'embrasser l'islamisme, ne fut complètement organisée que vers 1360 par le sultan Amurath Ier, qui lui accorda divers privilèges, et en porta l'effectif à 12,000 hommes. Il ordonna qu'elle se recruterait parmi les prisonniers chrétiens, entre lesquels on choisirait à cet effet un homme sur cinq, et la fit bénir par la saint derviche Hadji-Bektasch, qui lui donna aussi le nom de *Jenitscheri*, c'est-à-dire nouveaux soldats; et les hauts bonnets en feutre blanc desquels pendait une espèce de manche, que portait cette milice, rappelaient la consécration d'un de ses chefs par le derviche, qui à cet effet lui avait imposé sur la tête la manche de son vêtement de feutre blanc. Le nombre des janissaires ne tarda point à beaucoup augmenter, parce qu'on prenait régulièrement à cet effet la dixième partie de tous les enfants de chrétiens de la Turquie d'Europe. Mais leurs nombreux priviléges produisirent avec le temps ce résultat, qu'une foule de jeunes Turcs se firent admettre dans ce corps; en conséquence, on cessa alors de le recruter parmi les prisonniers de guerre, et vers la fin du dix-septième siècle on cessa également de lever à cet effet la dixième partie des enfants de chrétiens. En outre, on accorda à une foule de musulmans de toutes classes, et même à des chrétiens, la permission de se faire inscrire, en payant une certaine somme, sur les contrôles de ce corps privilégié; moyennant quoi, tout en ne recevant pas de solde, ils jouissaient de franchises précieuses, telles que l'exemption héréditaire de tout impôt, le droit de résidence fixe sur un point déterminé de l'empire, celui d'y exercer toutes espèces de métiers; en outre, ils n'étaient astreints au service militaire qu'en cas de guerre, chose du reste fort rare.

Il existait donc deux espèces de *janissaires*, ceux qui étaient régulièrement organisés et casernés à Constantinople et autres grandes villes de l'empire, et dont l'effectif, après avoir atteint le chiffre de 60,000 hommes au temps où l'institution était dans tout son lustre, avait fini par ne plus être que de 25,000; et les janissaires irréguliers appelés *Jamacks*, au nombre de 3 à 400,000, et dispersés dans toute les villes de l'empire. Ceux-ci étaient divisés en *ortas*, c'est-à-dire en hordes, dont chacune avait sa caserne particulière, dite *oda*, au nombre de 80, porté plus tard à 190, et entre lesquelles existaient de nombreuses différences tant pour les priviléges que pour l'effectif, les emblêmes, etc. Chaque *orta* avait sa caisse particulière, dans laquelle on versait le produit des biens laissés par les janissaires morts sans avoir été mariés, et qui servait des pensions aux invalides; elle était commandée par six officiers, parmi lesquels le maître cuisinier n'était pas celui qui jouissait de moins de considération. A la tête de toutes les *ortas* était placé, en qualité de commandant supérieur, l'*aga*, avec un *kiaja-beg*, comme commandant en second. Le pouvoir exercé par le premier sur ses subordonnés était presque illimité; la crainte des révoltes l'empêchait seule d'en pousser trop loin l'abus. Il avait en effet droit de vie et de mort, et était la source de toutes les grâces.

Tous les ans les janissaires recevaient un vêtement de drap grossier, et en temps de paix une solde, qui, sauf les officiers, variait suivant leur âge de 1 à 20 *aspres* par jour, mais s'élevait bien davantage en temps de guerre. On leur distribuait en outre chaque jour de fortes rations de riz, de pain et de viande, et ils mangeaient à une table commune. En général ils étaient parfaitement entretenus, mais toujours prêts à se révolter quand on ne pourvoyait pas d'une manière suffisante à leurs besoins. En temps de paix ils remplissaient les fonctions de sergents de ville, et à cet effet ils étaient munis d'un long bâton. A la guerre, ils portaient un long et lourd fusil, un petit sabre, un coutelas et un pistolet à la ceinture. Ils ne servaient qu'à pied, formaient ordinairement la réserve de l'armée turque, et furent pendant longtemps célèbres à cause de l'aveugle intrépidité avec laquelle ils se ruaient sur l'ennemi ; mais comme ils étaient étrangers à toute espèce de tactique, ce qu'il y avait d'impétueux et de sauvage dans leur premier choc ne pouvait être dangereux que pour un ennemi aussi peu avancé qu'eux-mêmes dans la connaissance des lois de la tactique. C'était pour eux une affaire de point d'honneur que de ne pas perdre leurs marmites de campagne, instruments qui jouent un grand rôle dans leur histoire. C'est de même que, comme signe militaire, ils portaient leur cuiller de bois renfermée dans un fourreau qui s'attachait à leur bonnet. Enfin, c'est parmi les janissaires qu'on recrutait la garde particulière du sultan. Plusieurs *ortas* étaient affectés à des services spéciaux, dans les places fortes les plus importantes, ou encore sur la flotte.

Les janissaires étaient autrefois astreints à la discipline la plus sévère; mais quand les monarques turcs dégénérés ne furent plus que des princes croupissant dans l'oisiveté du sérail, les janissaires à leur tour en vinrent à ne plus être que la plus turbulente, la plus indisciplinée et la moins militaire des soldatesques, instrument toujours à la disposition de la révolte. Aussi leur histoire, sauf quelques brillants faits d'armes, n'est-elle qu'une suite de révoltes, d'assassinats de sultans, de vizirs, d'agas, etc., et d'affreuses atrocités de tous genres; à tel point qu'ils avaient fini par être bien plus redoutables au sultan que quelque ennemi extérieur que ce pût être. Les tentatives faites à différentes reprises par des sultans, soit pour les réformer, soit pour les dissoudre, ou n'avaient point eu les résultats qu'on s'en était promis, ou avaient complétement échoué et provoqué, au contraire, de sanglantes révolutions dans l'intérieur du sérail. Le sultan Mahmoud fut le premier qui réussit à les exterminer.

Les janissaires avaient vu sans trop murmurer s'opérer la réforme de l'armée turque réorganisée à l'européenne sous le nom de *nizam-djedid*; depuis quelques mois, chacune de leurs *ortas* fournissait même des détachements pour être exercés aux manœuvres européennes par des officiers égyptiens. Les progrès de ces troupes furent assez remarquables pour que Mahmoud désirât s'assurer de leur degré d'instruction, et il fit annoncer qu'il passerait une grande revue sur la place de l'Atméidan, le 14 juin 1826. Les manœuvres avaient déjà commencé, lorsque quelques-uns des plus mutins parmi les janissaires se plaignirent insolemment de ce genre d'exercice, inaccoutumé parmi les troupes musulmanes. Ce fut le signal de la révolte. Assistés de la populace, les janissaires se répandirent la nuit dans les rues, et y commirent les plus grands désordres. Quelques hôtels occupés par les administrations furent pillés et incendiés. Rassemblés, le lendemain, sur la place de l'Atméidan, ils y renversèrent leurs marmites, ce qui signifiait chez eux d'ordinaire qu'ils renonçaient à la nourriture que leur fournissait le sultan, et ils exigèrent qu'on leur livrât les têtes des principaux fonctionnaires de la Porte. Mahmoud, qui avait prévu ce mouvement séditieux, s'était prémuni contre les suites de la révolte. Il avait su gagner de longue main les officiers les plus influents, et avait été puissamment secondé par son conseil dans toutes les dispositions préparatoires. Dans la matinée du 15 le désordre était à son comble; 20,000 hommes se trouvaient déjà réunis sur la place, lorsque le sultan fit déployer l'étendard du prophète (*sandjack-schériff*), que le muphti planta sur la mosquée d'Achmet; et à cette vue les masses populaires vinrent avec le plus vif enthousiasme se mettre à la disposition du successeur de Mahomet.

L'ancien aga des janissaires, Hussein-Pacha, à la tête des *topchis* (canonniers), des *koumbaradchis* (bombardeurs) et des *bostandgis* (surveillants des jardins impériaux), demeurés fidèles au sultan et fanatisés par les prédications des ouléams, ainsi que par la vue de l'étendard du prophète, marcha contre les révoltés, que le muphti avait anathématisés. Cernés sur la place de l'Atméidan, dont ils avaient fait leur place d'armes, ils y furent impitoyablement mitraillés. On vint ensuite le feu aux casernes dans lesquelles s'étaient réfugiés ceux qui avaient pu échapper au massacre de la place de l'Atméidan; et plus de 8,000 janissaires y périrent au milieu des flammes. Le reste fut égorgé partiellement dans les rues de la capitale.

Un décret à la date du 17 juin déclara que ce corps était à jamais dissous, et frappa même d'anathème le nom de *janissaire*. Des commissions militaires furent établies pour juger et faire passer par les armes ceux qui avaient pu échapper aux terribles exécutions du 15 et du 16 juin, et toutes les tentatives ultérieures faites par les janissaires pour relever la tête furent immédiatement étouffées dans le sang. Aussi, au mois de septembre 1826, évaluait-on à 15,000 le nombre des janissaires qui avaient péri égorgés, et à 20,000 ceux qui avaient été bannis à la suite de cet événement. Dans les provinces de l'empire la dissolution du corps de janissaires provoqua sur divers points des tueries analogues. Es-Séid-Mohamed-Essad, historiographe du sultan, a publié l'histoire de la destruction des janissaires ; ouvrage dont M. Caussin de Perceval a publié une traduction française (Paris, 1833).

JAN-MAYEN, île de la mer Glaciale du Nord, ainsi nommée d'après le navigateur hollandais qui la découvrit en 1611, située entre l'Islande et le Spitzberg, est la terre d'origine volcanique la plus septentrionale qu'on connaisse. Son point culminant est le Mont aux Ours, haut de 2150 mètres, dont on peut voir le cône couvert de neiges éternelles, et très-certainement inaccessible, projeter de la flamme et de la fumée. Les parois en sont revêtues d'immenses glaciers, qu'on prendrait pour des cataractes que le froid est parvenu à rendre immobiles. Le volcan d'Esk, découvert et visité par Scoresby en 1817, est à une altitude de 500 mètres. En 1818, il eut une nouvelle éruption.

JANOT, JANOTISME. *Janot*, ou *Jeannot* diminutif de *Jean*, était déjà dans la langue usuelle le nom qui servait à désigner une ingénuité niaise, quand Voltaire, dans son *Jeannot et Colin*, en fit le personnage principal d'un de ses contes ingénieux. Plus tard, un auteur des petits théâtres du boulevard, en le descendant plus bas encore, éleva *Janot* à une vogue inouïe. Il devint l'un de nos plus bizarres engouements. Le *Janot* de Dorvigny, joué par le farceur en renom à cette époque, Volange, ne réussit à rassasier la curiosité parisienne qu'après plus de 200 représentations. On en donnait deux par jour pour satisfaire l'avidité et placer l'affluence des spectateurs. L'auteur, qui ne s'était guère douté de ce succès fou, avait d'avance vendu sa pièce pour une très-faible somme ; le directeur du théâtre, enrichi par ce chef-d'œuvre imprévu, poussa la générosité jusqu'à le gratifier d'un supplément.... de 600 francs : il devait en avoir gagné environ trois cent mille. A la même époque on jouait dans le désert, au Théâtre-Français, la reprise de la *Rome sauvée* de Voltaire. *Janot* avait triomphé de Cicéron. Du reste, il est juste de dire que cette parade n'était pas sans une certaine portée satirique, qui sans doute avait échappé à la censure de l'ancien régime : *Janot* était le représentant de ce *bon peuple* qui, toujours *battu, payait* toujours l'amende. Joué, comme l'ouvrage de Beaumarchais, peu avant la révolution, il était, lui, le *Figaro* de la basse classe. Ce qui contribua aussi à faire de *Janot* un type bouffon, ce qui le fait encore citer comme tel, c'est cette burlesque interversion de mots, cette singulière disposition de phrases dont lui-même n'avait pas même sans auteur : « En fait de couteaux, c'est mon père qui en avait un beau, devant Dieu soit son ame! pendu à sa ceinture. » Voilà un des exemples de ce langage qui fit invasion dans la société, comme précédemment le calembour, et que l'on nomme le *janotisme*. Le mot nous est resté pour exprimer ce genre de locutions vicieuses, que, Dieu merci ! l'on n'affiche plus, mais qui peut échapper à la distraction de tout le monde', et même d'un homme d'esprit. OURRY.

JANSÉNIUS, JANSÉNISME. Il y eut deux Jansenius, ayant tous deux le prénom de Corneille ou Cornelius : l'un était évêque de Gand, et laissa des commentaires estimés sur différents livres de l'Écriture ; l'autre fut évêque d'Ypres, c'est celui dont nous avons à nous occuper. Le nom de l'un et de l'autre était *Jansen*, qu'ils changèrent en *Jansenius* selon la méthode qu'avaient les docteurs de ce temps-là de donner à leur nom une terminaison latine. Cornelius Jansenius, évêque d'Ypres, naquit en 1585, près de Léerdam, en Hollande. Il fit ses premières études au collège des jésuites d'Utrecht, son cours de philosophie à Louvain,

et acheva sa théologie à Paris. Les docteurs de Louvain, héritiers de la doctrine de Baïus, donnèrent à Jansénius les premiers principes des erreurs qu'il développa dans ses écrits, et ses relations à Paris avec Duvergier de Hauranne, abbé de Saint-Cyran, achevèrent de l'égarer. Ce dernier l'appela à Bayonne, son pays natal, pour le placer à la tête d'un collége qu'il y avait fondé. Là, ils se mirent à étudier ensemble saint Augustin, moins pour y trouver la vérité que pour y chercher des passages favorables à leurs opinions. De retour à Louvain, Jansénius obtint le bonnet de docteur en 1617, la direction du collège de Sainte-Pulchérie en 1619, une chaire d'Écriture sainte en 1630, enfin l'évêché d'Ypres en 1636. Deux ans après, la peste, qui ravageait son troupeau, l'atteignit lui-même, et l'enleva de ce monde.

Ce prélat avait écrit divers ouvrages, entre autres des *Commentaires sur le Pentateuque*, ouvrage plein d'érudition. Mais le livre qui fit le plus de bruit fut l'*Augustinus*, fruit de vingt ans de travail, que l'auteur prétendait offrir comme la doctrine de saint Augustin sur les différents états de la nature humaine, soit avant, soit après le péché. Ce n'était en réalité qu'un fatalisme déguisé, renouvelé des erreurs de Baïus et de Calvin sur la grâce et le libre arbitre. Selon Jansénius, il n'y a plus de libre arbitre pour l'homme depuis le péché. Il a fait place à une double *délectation*, l'une terrestre, qui nous entraîne au mal; l'autre céleste, nous porte à la vertu. La volonté de l'homme, inerte par elle-même, suit nécessairement l'impulsion de l'une ou l'autre de ces délectations. Le penchant terrestre, ou la concupiscence, est-il le plus fort, le mal se fait irrésistiblement; est-ce au contraire le penchant céleste, ou la charité qui l'emporte, le bien s'opère de toute nécessité. Tout le système de Jansénius est contenu dans cette proposition, traduite littéralement de son livre : *Nous faisons nécessairement ce qui nous plaît le plus*.

Jansénius avait quelque pressentiment de l'opposition que rencontrerait son livre. « Je ne puis me persuader, écrivait-il à Saint-Cyran, que mon ouvrage soit jamais approuvé de ceux qui en seront les juges. » Aussi n'avait-il pu se déterminer à le rendre public, et avait-il été plus d'une fois tenté de l'envoyer à Rome pour le soumettre au jugement du pape. Dans l'ouvrage même, il appelle ce jugement, se déclarant prêt à rétracter ce que le saint-siège condamnerait. A son lit de mort, il renouvela cette déclaration dans une lettre qu'il adressa au pape Urbain VIII : « Je sais, dit-il, qu'il est difficile de faire des changements dans mon livre ; si cependant le saint-siège juge à propos d'en faire, je suis fils obéissant de l'Église, dans laquelle j'ai toujours vécu, et à laquelle j'obéirai jusqu'au fil de mort. » Cette lettre ne parvint pas au pape; elle fut supprimée par les exécuteurs testamentaires de l'auteur, et n'a été découverte que soixante ans après, lors de la réduction d'Ypres par le prince de Condé.

L'*Augustinus*, publié par les soins de L. Fromond et de H. Calenus, excita de violentes contestations en Flandre. Il fut condamné, en 1641, par une bulle d'Urbain VIII (*In eminenti*), comme renouvelant les erreurs déjà condamnées de Baïus. Cette première censure ne fit que déplacer le théâtre des disputes : l'*Augustinus* trouva des partisans en France ; la Sorbonne fit examiner le livre, et en réduisit toute la substance à cinq propositions que les évêques de France déférèrent au saint-siége. Les voici : « 1° Quelques commandements de Dieu sont impossibles aux hommes justes qui veulent les accomplir, et qui s'efforcent de le faire selon les forces qu'ils ont, et ils n'ont pas la grâce qui les leur rendrait possibles. 2° Dans l'état de nature tombée, on ne résiste jamais à la grâce intérieure. 3° Dans l'état de nature tombée, pour mériter ou démériter, il n'est pas nécessaire que l'homme ait une liberté exempte de nécessité; une liberté sans contrainte lui suffit. 4° Les semi-pélagiens admettaient la nécessité d'une grâce prévenante pour toutes les bonnes œuvres, même pour le commencement de la foi; et ils étaient hérétiques en ce qu'ils voulaient que cette grâce fût telle que la volonté de l'homme pût y résister ou s'y soumettre. 5° C'est être semi-pélagien que de dire que Jésus-Christ est mort et a répandu son sang pour tous les hommes. »

L'examen de ces propositions fut confié à une commission composée de cinq cardinaux et de treize théologiens. Pendant deux ans que dura ce travail, les défenseurs de l'*Augustinus* eurent tout le temps d'être entendus. Mais, malgré leurs efforts, les cinq propositions furent anathématisées, en 1653, par une bulle d'Innocent X (*Cum occasione*). Cette bulle, acceptée par la majorité des évêques de France, sans réclamation de la part des autres, devenait une règle de foi, de l'avis de tous les catholiques. Pour l'éluder, les défenseurs de Jansenius trouvèrent un subterfuge qu'ils n'avaient pas imaginé avant la condamnation; ils prétendirent : 1° que les cinq propositions avaient été légitimement condamnées; qu'elles étaient vraiment hérétiques dans le sens qu'elles offraient naturellement, lequel sens était calviniste; mais qu'elles étaient susceptibles d'une interprétation orthodoxe, qui contenait le véritable sens de Jansenius; 2° que Jansenius n'était pas compris; que les propositions n'avaient pas été fidèlement extraites de son livre; que les passages qui pouvaient s'y rapporter n'avaient nullement le sens qu'on voulait y attacher, et que par conséquent la condamnation des propositions n'entraînait pas celle de l'*Augustinus*. Cette distinction, à laquelle personne ne s'attendait, rendit nécessaire un second examen de l'ouvrage. On fit de longs et nombreux extraits du livre, qu'on accola à chacune des propositions pour montrer non-seulement l'identité de la doctrine, mais aussi la similitude des expressions. En 1656, une constitution d'Alexandre VII (*Ad sacram*) condamna la doctrine de Jansenius et les cinq propositions *dans le sens qu'y avait attaché cet auteur*.

Alors les docteurs jansénistes nièrent l'autorité qui les condamnait. Selon eux, l'Église, infaillible pour fixer le dogme, ne l'était plus pour juger les faits. On avait bien pu décider que les cinq propositions étaient contraires à la foi, mais prétendre qu'elles se trouvaient dans le livre de Jansenius ou qu'elles contenaient la doctrine de cet évêque, c'était un excès de pouvoir; et à une telle décision il n'y avait à répondre que par un silence respectueux. Les évêques français combattirent ce nouveau subterfuge; ils rédigèrent un formulaire qui devait être signé par tous les ecclésiastiques de leurs diocèses. La condamnation n'était que la condamnation pure et simple des cinq propositions de Jansenius, telle qu'elle avait été formulée par le saint-siége. Une constitution d'Alexandre VII, en 1665 (*Regiminis*), ordonna la signature du formulaire, et Louis XIV menaça de saisir les revenus de quiconque refuserait de signer. Nul ne pouvait être promu aux ordres ou pourvu d'un bénéfice qu'il n'eût préalablement donné cette preuve de soumission à l'Église. Ces mesures de rigueur mirent la division dans le camp janséniste : les plus rigides, tels qu'Arnaud et les solitaires de Port-Royal, prétendirent qu'on ne pouvait sans parjure signer le formulaire. D'autres, plus modérés, consentaient à signer avec restriction, prétendant se borner à une soumission purement extérieure, et se retrancher dans le silence respectueux. De ce nombre furent les évêques d'Angers, de Beauvais, d'Amiens et d'Alais. La mort d'Alexandre VII prévint le procès qu'on se préparait à leur faire. Une apparente soumission de ces évêques leur rendit son successeur plus favorable, et il intervint une sorte de paix dont le parti voulut se prévaloir : on prétendit que le saint-siége approuvait le silence respectueux, ce qui amena, en 1705, une nouvelle constitution de Clément XI (*Vineam Domini*), qui renouvelait tous les anathèmes et condamnait formellement cette doctrine du silence respectueux.

Port-Royal n'était plus; les Arnaud, les Nicole, dont les noms avaient fait la principale force du jansénisme, étaient morts; le jansénisme, forcé dans ses derniers retranchements, semblait devoir tomber de lui-même; un livre qui paraissait ne respirer que la piété vint lui rendre une nouvelle vie. Le père Quesnel, prêtre de l'Oratoire, ami et successeur d'Arnaud dans la direction du parti, reproduisit les erreurs de Jansenius dans divers ouvrages, spécialement dans ses *Réflexions morales sur le Nouveau Testament*. Les éloges donnés à ce livre par certaines personnes le rendirent suspect ; les jésuites en signalèrent les erreurs, et les évêques de France en demandèrent la condamnation au saint-siége. Cent et une propositions extraites de cet ouvrage furent solennellement anathématisées en 1713, par une bulle de Clément XI (*Unigenitus*). L'autorité de Louis XIV arrêta d'abord toute réclamation; mais à la mort de ce prince, en 1715, ralluma les querelles. La Sorbonne se déclara contre la bulle, et rétracta l'acceptation qu'elle en avait faite l'année précédente; le parlement, qui avait embrassé le jansénisme comme moyen d'opposition, réclama contre la bulle, qu'il avait été forcé d'enregistrer; des évêques, des facultés de théologie, des communautés religieuses, appelèrent de la bulle au futur concile général. Après quatre ans d'obstination, la Sorbonne et le parlement cédèrent, et la bulle fut enregistrée en 1719. Cette acceptation n'apaisa pas la discorde; mais ce que ni la raison ni l'autorité n'avaient pu obtenir, le ridicule l'opéra : on vit le parlement faire une guerre sérieuse aux évêques et au clergé pour les forcer à donner les sacrements aux hérétiques; les sectaires voulurent appeler les miracles au secours de leur doctrine. Cette prétention ne leur réussit pas : les scandaleuses indécences du cimetière Saint-Médard (*voyez* CONVULSIONNAIRES) firent, comme l'avait dit un magistrat, *du tombeau du diacre Pâris le tombeau du jansénisme*. La secte ne s'en releva pas; ses débris se perdirent dans la tourmente révolutionnaire. A peine peut-on citer la petite église schismatique que des jansénistes établirent à Utrecht à la fin du siècle dernier, et les efforts tentés au commencement de celui-ci pour ressusciter une doctrine morte.

On sait que, malgré la séparation séculaire qui existe entre les catholiques romains et les jansénistes, ceux-ci se considèrent toujours comme appartenant à l'Église catholique. C'est ainsi qu'après avoir été sacrés, les évêques jansénistes nommés dans certains pays s'empressent d'écrire au pape pour lui témoigner leur fidélité, soumission et obéissance. Le pape, de son côté, ne manque jamais de répondre par une bulle d'excommunication dans laquelle il est dit qu'il ne suffit pas de respecter en paroles l'autorité de l'Église catholique et du saint-siége, tandis qu'on la méprise et la repousse en fait. Un anathème de ce genre fut prononcé par Léon XII sur M. Van Santen, archevêque janséniste d'Utrecht. Le même fait s'est reproduit en 1853, à l'égard de M. Heykamp, sacré évêque janséniste de Deventer. Pour se conformer à l'ancien usage, il écrivit à Rome, et, comme d'habitude aussi, le pape Pie IX l'excommunia, ainsi que tous ceux qui avaient coopéré d'une manière quelconque à son élection.

L'abbé C. BANDEVILLE.

JANSON (FORBIN). *Voyez* FORBIN-JANSON.

JANSSENS (ABRAHAM), célèbre peintre d'histoire flamand, fut, dit-on, contemporain de Rubens, et serait né en 1569, à Amsterdam. Léger et passionné, il se rendit tout à fait malheureux par son mariage avec une jeune fille avide de plaisirs et prodigue d'argent, de sorte qu'il finit par s'enser dans le chagrin et dans la misère. On ignore l'année de sa mort. Beaucoup d'églises de Flandre possèdent des tableaux de cet artiste. Les plus célèbres sont le *Christ au tombeau*, et la *Madone à l'Enfant* dans l'église des Carmélites d'Anvers. Les galeries de Munich, de Vienne, de Dresde et de Berlin possèdent aussi de ses tableaux. Rival de Rubens et animé contre lui d'une haine sans bornes, il lui adressa, dit-on, un cartel que Rubens, alors au faîte de sa renommée, refusa d'accepter. Janssens était sans doute un dessinateur habile et un excellent coloriste, mais à côté de Rubens il ne peut occuper dans l'histoire de l'art qu'une position subordonnée.

JANSSENS (Cornélis), né vraisemblablement en Flandre, se fit à Londres ou à Amsterdam (il mourut dans cette dernière ville, en 1665), la réputation d'un excellent peintre de portraits et d'histoire.

JANSSENS (Victor-Honoré), né à Bruxelles, en 1664, mort dans la même ville, en 1739, se fit estimer comme peintre d'histoire.

JANSZOON (Laurens). *Voyez* Coster.

JANTE, pièce de bois courbée qui fait partie de la circonférence d'une roue de voiture (*voyez* Charron).

JANUS, antique divinité des Romains, qui vraisemblablement est d'origine pélasgique. Les Pélasges admettaient l'existence de deux divinités principales, par lesquelles ils personnifiaient la nature et sa fécondation, et qu'ils représentaient tantôt comme deux êtres distincts, du sexe masculin et féminin, et tantôt comme ne faisant qu'un seul et même être. Les aborigènes de l'Italie ou Latins empruntèrent aux Pélasges cette divinité, représentée tout à la fois comme double et unie, et lui donnèrent le nom de *Janus*. Ils l'adoraient comme le dieu des dieux, comme le maître souverain de l'année et de toute destinée humaine, comme le dominateur de la guerre et de la paix. On le représentait avec un sceptre dans la main droite et une clef dans la main gauche, et assis sur un trône éblouissant. On lui donnait aussi deux visages, l'un jeune et l'autre vieux, l'un regardant devant, l'autre regardant derrière; symbole qui, suivant quelques auteurs, se rapporterait à la sagesse de Janus qui voit le passé et l'avenir, tandis que suivant d'autres il indiquerait le retour des saisons et des années, ou encore les quatre points cardinaux, car on l'a trouvé quelquefois représenté avec quatre visages; d'autres veulent y voir une allusion à ses fonctions de gardien en chef des portes du ciel, que lui prête Ovide.

Plutarque explique cette forme d'une double tête qu'on a donnée à Janus en disant que ce fut Janus, qui de Thessalie introduisit l'agriculture dans le Latium, et que c'est pour cela qu'un de ses visages est tourné du côté de la Grèce et l'autre du côté du Latium.

Suivant une autre tradition, Janus aurait été avec l'autre divinité supérieure du Latium, Saturne, confondu en un seul et même personnage, dont ou aurait fait l'un des plus anciens rois des Latins, qui aurait enseigné l'agriculture à ses sujets, leur aurait donné de bonnes lois et aurait introduit parmi eux les usages du culte; enfin, qui aurait bien accueilli Saturne, expulsé du Latium par ses enfants, et qui aurait partagé son trône avec lui. Son règne aurait été l'âge d'or de l'Italie.

Janus présidait à toutes les entrées et à toutes les issues. D'après lui on appelait toute espèce de porte *janua*, et tout passage voûté et non fermé, *Janus*. Il était le dieu du jour et de l'année, et ce fut d'après lui que le premier mois de l'année fut appelé *januarius*, dont nous avons fait *janvier*. Le premier jour de chaque année, et la première heure de chaque jour lui étaient consacrés; et toutes les grandes solennités sacrificatoires, c'était toujours par lui qu'on commençait. Romulus lui étant le temple célèbre que, d'après l'ordre de Numa, on ouvrait au début de chaque guerre, qui restait ouvert tant qu'elle durait, et qu'on ne fermait que lorsque la paix était rétablie dans toutes les contrées soumises à Rome; ce qui n'arriva que trois fois dans l'espace de sept cents ans; à savoir sous Numa lui-même, après la première guerre punique, et sous Auguste.

JANUS BROUKUSIUS. *Voyez* Broekhuysen.

JANVIER, premier mois de l'année. Sa dénomination rappelle encore que les Romains l'avaient consacré au dieu Janus, à qui ils offraient des sacrifices le 1er et le 8. Cependant le 1er, comme tous les autres premiers du mois, était encore sous la protection de Junon. Janvier avait bien d'autres fêtes : le 9, les Agonales; le 11, les Carmentales; le 17, les Jeux Palatins; le 24, la fête des Semailles; le 27, consacré à Castor et Pollux; le 29, les Equiries; le 30, les Pacalies; le 31, dédié aux deux Pénates.

Le 1er janvier les Romains se souhaitaient une heureuse année; les amis s'envoyaient des présents, origine de nos étrennes. Les artisans, pour bien commencer l'année, avaient soin d'ébaucher leur ouvrage. Suivant Ovide, le dieu Janus le leur avait prescrit en ces termes :

*Tempora commisi nascentia rebus agendi,
Totus ab auspicio, ne foret annus iners.*

Cette idée, dit Jaucourt, était bien plus raisonnable que celle des anciens chrétiens, qui jeûnaient le premier de janvier pour se distinguer des Romains, parce que ceux-ci se régalaient le soir en l'honneur de Janus.

Si les chrétiens ne jeûnent plus aujourd'hui le 1er janvier, ils célèbrent la Circoncision. Le 6, les moins fervents ne sont pas les moins empressés à fêter les Rois, car ici l'abstinence n'est pas ordonnée.

JANVIER 1793 (Journée du 21). *Voyez* Louis XVI.

JANVIER (Saint) gouvernait l'Église de Ravenne en qualité d'évêque sous Dioclétien et Maximien. Lors de la persécution ordonnée par ces empereurs contre les chrétiens, il fut conduit à Nole pour y être interrogé par Timothée, préfet de la Campanie. Le gouverneur, comprenant qu'il lui serait impossible de l'engager à renoncer au christianisme et à sacrifier aux idoles, le soumit aux plus cruelles épreuves. Mais il en sortit victorieux, et continua à annoncer Jésus crucifié. Rien ne put ébranler sa constance, ni les fournaises ardentes, ni les chevalets, ni les tenailles de fer, ni les bêtes féroces auxquelles il fut jeté en proie, aux yeux d'une foule immense appelée à cet horrible spectacle. Calme au milieu des supplices, il confessa hardiment sa foi, et exhorta ses compagnons à persévérer dans leur glorieux *témoignage*. Enfin, il eut la tête tranchée avec Festus, diacre de son église; Didier, lecteur; Sosie, diacre de Misène; Procule, diacre de Pouzzole, et deux laïques, Eutychès et Arutius. L'Église célèbre la fête de tous ces martyrs le 19 septembre. Le corps de saint Janvier, enlevé secrètement par les fidèles, fut transporté d'abord à Bénévent, puis à Naples, où l'on conserve religieusement, dans une chapelle particulière, sa tête et deux fioles de son sang, qu'une pieuse matrone recueillit, dit-on, au moment où il coulait sous la hache. Les Napolitains prétendent que ce sang, tout dur, tout caillé, devient liquide dès qu'on l'approche de la tête de saint Janvier, miracle qui se renouvelle chaque année, le premier dimanche de mai. Saint Janvier est le patron du royaume de Naples, et son culte est devenu célèbre dans toute l'Italie. On raconte, en outre, une foule de prodiges opérés par son intercession. On prétend, entre autres, qu'il arrêta subitement une éruption du Vésuve, si effrayante qu'elle menaçait les pays environnants d'une ruine complète. *Creatur miraculum, sit firma fides!*

JANVIER (Ordre de Saint), institué en 1738 par le roi des Deux-Siciles, Charles, devenu plus tard le roi d'Espagne Charles III. Les insignes en sont une croix d'or à huit pointes pommetées, anglée de fleurs de lis, émaillée de blanc, portant au centre l'image de saint Janvier, et sur le revers une médaille émaillée d'azur avec un livre d'or au centre, chargé de deux burettes de gueules et accompagné de deux palmes de sinople; le ruban est bleu céleste. Aboli à Naples en 1806, cet ordre a été rétabli en 1814, lors de la restauration des Bourbons.

JAPET, fils d'Uranus et de la Terre, frère de Saturne, de l'Océan et d'Hypérion, épousa Clymène, et fut le père d'Atlas, de Ménétius, de Prométhée et d'Épiméthée; le beau-père de Pandore, le grand-père de Deucalion, et l'aïeul d'Hellen. Sa descendance a été appelée les Iapétides, et son fils Prométhée *Iapeti genus*. Japet était, selon quelques-uns, un roi de Thessalie, auteur de la race hellénique ou grecque. Suivant d'autres, qui semblent le confondre avec Japhet, il aurait été père du genre humain.

JAPHET, troisième fils de Noé, né environ cent ans avant le déluge. Sa piété filiale lui attira les bénédictions de son père, qui s'écria dans un enthousiasme prophétique : « Que la postérité de Japhet s'étende et occupe de grands pays ; qu'il ait part à vos bénédictions, Seigneur ! » Ce vœu fut réalisé, puisque les descendants de Japhet ont peuplé l'Europe et une grande partie de l'Asie. Il eut sept fils : Gomer, Magog, Madaï, Javan, Thubal, Mosoch et Thiras. Suivant une opinion assez commune, Gomer serait père des Cimmériens ou Cimbres ; Magog des Scythes, ou plutôt des Goths ou des Gètes ; Madaï, des Mèdes ou, selon d'autres, des Macédoniens ; Javan, des Ioniens ou Grecs ; Thiras, des peuples de la Thrace ; Thubal et Mosoch, des nations qui habitent la Cappadoce et le Pont. Japhet est donc universellement regardé comme la souche des nations occidentales. J.-C. Chassagnol.

JAPON, c'est-à-dire *empire de l'est* ou *du levant*, nom dérivé de deux mots chinois, *Dji-pen*, que les Japonais prononcent *Hipôn* ou *Hifon*, et les Portugais Djapen, et sous lequel on comprend un groupe d'îles et d'îlots au nombre total de 3511, à ce que disent les indigènes, situé dans la *mer du Japon*, mer orageuse entre toutes, remplie de remous et de bas-fonds, et présentant un inextricable labyrinthe de détroits, de rochers et d'écueils qui en rendent la navigation extrêmement dangereuse. Ce groupe, compris entre le 28°-49° de latitude septentrionale et le 146°-170° de longitude orientale, est entouré à l'ouest par le *Tong-haï* (mer de l'est) de la Chine, par le détroit de Corée, la mer du Japon et le détroit de Tatarie, à l'est par le grand Océan ; et on évalue sa superficie totale de 8 à 10,000 myriamètres carrés. Les îles et les écueils sont pour la plus grande partie d'origine volcanique ; les plus grandes sont couvertes de hautes montagnes, dont quelques-unes utilement boisées et les autres admirablement cultivées de la base au sommet, atteignant sur certains points la limite des neiges éternelles et présentant sur d'autres points des volcans considérables : aussi les éruptions volcaniques et les tremblements de terre sont-ils fréquents au Japon. Par suite, le sol y est assez souvent maigre et rocailleux ; mais l'infatigable industrie des habitants a su partout le couvrir de la plus riche végétation, et convertir leurs îles arides en jardins magnifiques ; beaucoup des plus petites ne se composent même que d'écueils provenant de révolutions volcaniques et présentant la configuration la plus tourmentée. En raison des hautes montagnes dont nous venons de parler, et de la situation de ces îles à l'est de l'ancien continent, le climat en est plus rude qu'on ne serait porté à le penser d'après leur latitude, notamment au nord-est, par exemple à Jeso et dans les îles Kouriles. Dans les hivers, toujours accompagnés de redoutables tempêtes, le froid devient parfois excessif ; et il y a souvent plusieurs pouces de neige même dans l'île de Nipon. Cette saison n'est douce que dans les îles situées le plus au sud ; en revanche l'été est partout beau et chaud. Les chaleurs seraient même intolérables si les brises de la mer n'y rafraîchissaient pas à tout instant l'atmosphère. En raison de leur configuration irrégulière et tourmentée, les îles Japonaises offrent un grand nombre de baies et de golfes ; et si elles n'ont en général que de petits cours d'eau, par compensation on y rencontre des lacs d'une certaine importance. La terre, quoique la plus grande partie n'en soit que d'une médiocre fertilité, fécondée, nous l'avons dit, par le travail opiniâtre de ses habitants et par les fertilisantes pluies de l'été, donne en abondance tous les produits végétaux particuliers à la zone tempérée. Les plus importants sont le riz, le blé, les fèves, dont le suc est employé en guise de beurre pour la préparation du *saja*, le thé, d'une qualité inférieure, toutefois, à celui de la Chine, le coton, la soie, le camphre, les fruits de toutes espèces, le bambou, le mûrier, en général tous les végétaux du nord de la Chine et du midi de l'Europe, et dans les îles situées le plus près du sud quelques plantes tropicales. Le règne animal n'offre point un grand nombre d'espèces. Sauf une énorme quantité de rats et de souris, de chiens et de chats, on n'y rencontre que peu de chèvres, de porcs, de chevaux petits de taille, et de gros bétail, mais plutôt des buffles, du gibier de toutes espèces, des ours, des loups, des singes, des oiseaux de tous genres, des vers à soie, des abeilles, des fourmis, des sauterelles, et une immense quantité de poissons particuliers à ces eaux, notamment des baleines, ainsi que des perles et des coraux. Le règne minéral fournit beaucoup d'or et du cuivre de première qualité, ainsi que presque tous les autres métaux ; des diamants, du soufre, du sel, de la houille, etc.

Le nombre des habitants est évalué à 30 millions environ. Sauf un petit nombre d'Aïnos et de Mandchous dans les îles du nord, la population se compose de Japonais proprement dits, peuple issu du mélange des Aïnos avec la race mongole.

Les Japonais, l'une des nations les plus civilisées de l'Asie, sont intelligents et polis, bienveillants et d'un caractère plus noble que les Chinois, d'ailleurs extrêmement propres, laborieux et industrieux. Il y a peu de pauvres parmi eux, point de mendiants, point d'ivrognes. La pauvreté, quand elle existe, n'est une cause ni de blâme ni de mépris, ni surtout d'abandon. Ils préfèrent de beaucoup les honneurs et la considération aux richesses, et aimeront mieux mille fois être blessés dans leurs intérêts que dans leur fierté. Leurs femmes, dont ils n'épousent d'ordinaire qu'une seule, jouissent aussi de bien plus de liberté qui chez aucune autre nation de l'Asie. Elles ne contribuent pas peu à l'extrême propriété qui règne même dans les habitations les plus humbles. Il n'y en a pas de si pauvres où l'on ne puisse prendre un bain tous les jours. Mais les Japonais sont voluptueux, vindicatifs et adonnés à beaucoup de vices contre nature. Ils parlent une langue complètement différente de celle des Chinois et de celle des Mandchous et des habitants de la Corée, leurs voisins, ayant un grand nombre de mots communs avec la langue des Aïnos, qui forme deux idiomes. Le plus ancien, le plus pur, appelé aussi langue *jamato*, est la langue des savants ; mais tout le monde la comprend, et elle est surtout employée pour la haute littérature, pour l'histoire, la poésie, et à la cour du souverain spirituel. Elle se divise en deux dialectes (le *naïden* et le *gheden*), dont l'un est employé pour les ouvrages religieux et l'autre pour les ouvrages profanes. L'idiome moderne, ou langue vulgaire, en diffère beaucoup, est fortement mélangé de mots chinois, mais est plus harmonieux que le chinois. Les savants japonais n'emploient aussi quelquefois que ce dernier, notamment pour des ouvrages relatifs à la morale. Ils ont pour leur langue trois espèces d'écriture chinoise. Ils reçurent jadis avec la civilisation de l'Empire du Milieu comme écriture d'images ou d'idées, et qu'ils transformèrent ensuite peu à peu en écritures phonétiques. Ces trois espèces d'écriture, qui s'écrivent de haut en bas, sont le *firokana* pour les ouvrages composés en langue vulgaire, le *katakana* pour les commentaires et autres ouvrages du même genre, et les caractères chinois proprement dits, n'ayant qu'une valeur phonétique et employés comme signes phonétiques pour la haute littérature. Ils connaissent depuis le treizième siècle l'imprimerie, qu'ils pratiquent au moyen de planches en bois sur lesquelles les lettres sont gravées. Les Japonais, comme les Chinois, ils se servent de pinceaux pour écrire. Consultez Klaproth, *Mémoire sur l'introduction des caractères chinois au Japon* (Paris, 1829). Abel Rémusat a donné, d'après celle de Rodriguez, la meilleure Grammaire Japonaise que nous ayons (Paris, 1825) ; le meilleur Dictionnaire Anglo-Japonais et Japono-Anglais est celui de Medhurst (Batavia, 1830) ; et il existe aussi un Dictionnaire Chinois et Japonais par Siebold (Leyde, 1841). Les missionnaires avaient fait imprimer au Japon plusieurs dictionnaires ; mais ils sont aujourd'hui d'une rareté extrême en Europe.

Les Japonais se sont élevés dans les sciences et dans les arts au-dessus de tous les autres Asiatiques ; mais par suite de leur isolement ils sont demeurés au même degré inférieur de civilisation. Ils sont aussi pour la plus grande partie des notions humaines les élèves des Chinois, notamment pour les beaux-arts, la chronologie, l'astrologie et la médecine, encore bien que leurs relations avec les Européens aient pu leur donner des idées plus justes en beaucoup de matières. Les sciences qu'ils ont cultivées avec le plus d'ardeur sont l'histoire et la géographie, ensuite l'astronomie, la botanique et la médecine, quoiqu'ils n'aient, à bien dire, sur cette dernière que des idées fort grossières. La poésie, la musique et la peinture, art dans lequel ils surpassent de beaucoup les Chinois, occupent un rang distingué parmi leurs plaisirs. Ils ont aussi dans les grandes villes des représentations théâtrales avec accompagnement de musique, dans lesquelles des femmes mêmes ont des rôles. Autant qu'on en peut juger, il y a peu d'art dans leurs drames, tantôt héroïques, et tantôt gais, qui n'admettent jamais que deux personnes à la fois sur la scène. En revanche, les danses, les pantomimes s'exécutent avec infiniment d'ensemble et de magnificence. De belles décorations agrandissent et varient la scène. Ils ne manquent point non plus d'écoles. Il existe à Jeddo une espèce d'université, et à la cour du Daïri une académie, chargée de la rédaction des annales de l'empire et de celle de l'almanach impérial. Les Japonais sont d'ailleurs désireux de s'instruire, et non point infatués de leurs connaissances comme les Chinois. Beaucoup de savants japonais s'occupent de la littérature hollandaise, lisent, écrivent et parlent hollandais, comprennent l'anglais et même le français ; d'autres dressent des cartes géographiques à l'instar de celles qui sont en usage en Europe. Bien qu'ayant fermé depuis bientôt douze cents ans leurs ports aux autres nations, les Japonais sont parfaitement au courant de ce qui se passe dans le reste de l'univers. Les Hollandais les fournissent régulièrement de journaux, de revues, de livres, etc., que l'on fait étudier dans un établissement assez semblable à notre *École des Jeunes de langues*, et par laquelle le gouvernement est instruit de tous les grands faits de l'histoire contemporaine. L'un des personnages chargés, en 1853, par le *Koubo* de traiter avec le commodore américain Perry, lui demanda ce qu'il pensait du système Ericsson pour la navigation à vapeur. Parmi les ouvrages de la littérature japonaise qui sont connus en Europe, figure au premier rang l'*Encyclopédie chinoise et japonaise* dont la table des matières nous a été donnée par Remusat dans le onzième volume de ses *Notices et Extraits*. Hoffmann a donné aussi un très-riche catalogue d'ouvrages japonais dans le *Catalogus librorum et manuscriptorum Japonicorum*, etc., de Siebold (Leyde, 1845). Pfitzmayer a traduit en allemand un roman Japonais, *Les six Paravents représentant le passé* (Vienne, 1847). L'année commence chez les Japonais dans les premiers jours de janvier ou dans la première quinzaine de février. Ils comptent par années lunaires, et comblent la différence entre l'année lunaire et l'année solaire par l'addition d'un treizième mois intercalaire.

Il existe trois religions au Japon. La plus ancienne et de laquelle les autres sont dérivées, est la religion *sinto* ou *sin-siou*, qui a pour base l'adoration des esprits qui président à toutes les choses visibles et invisibles, auxquels on a donné en chinois le nom de *Sin*, ou en japonais celui de *Kami* (deux mots qui veulent dire esprit). Celui de ces esprits qui est l'objet de plus de vénération est la déesse *Ten-so-daï-sin*, c'est-à-dire grand esprit de la lumière céleste ; son temple principal, appelé *Naï-Kou* ou *Daï-fin-Kou*, construit au quatrième siècle de notre ère, est situé dans la province d'Izé. Vient ensuite le dieu *Tajo-Keo-daï-sin*, considéré comme l'ordonnateur du ciel et de la terre, et comme l'esprit protecteur du Daïri, dont le principal temple, appelé *Gékou*, est situé également dans la province d'Izé, sur la montagne Nouki-no-ko-jama. Le troisième est le dieu de la guerre et du destin, le frère de la déesse dont nous venons de parler, qui sous le nom de *Fatsman-no-daï-sin*, rend des oracles, et dont le temple, situé à Ousa, fut construit en l'an 570 de J.-C. Le chef de cette religion est le Daïri, ou chef suprême spirituel de cet empire insulaire de l'est.

L'âme des Daïris, ainsi que celle des autres hommes, est immortelle, car les sintos admettent une existence après la mort. Toutes les âmes sont jugées par des juges célestes : celles des hommes vertueux entrent dans le *Taka-ama-kawara*, ou le plateau élevé du ciel, où elles deviennent *kami* ou génies bienfaisants, tandis que celles des méchants partent pour l'enfer, *Ne-no-kouni*, ou le royaume des racines. Pour honorer ici-bas les *kami*, on leur élève des *miya*, ou temples de différentes grandeurs, construits en bois. Au milieu est placé le symbole de la divinité, consistant en bandes de papier attachées à des bâtons de bois de l'arbre *finoki* (*thuya japonica*). Ces symboles, nommés *gofei*, se trouvent dans toutes les maisons japonaises, où on les conserve dans de petits *miya*. A chaque côté de ces chapelles sont placés des pots à fleurs avec des branches vertes de l'arbre *sakoki* (*cleyeria kæmpferiana*), souvent aussi de myrte ou de sapin ; puis deux lampes, une tasse de thé et plusieurs vases remplis de *saki* ou vin japonais. C'est devant ces chapelles que les Japonais adressent le matin et le soir leurs prières aux kamis. Les *miya* ou temples, quoiqu'en eux-mêmes fort simples, forment souvent, avec les habitations des prêtres et autres maisons, des édifices très-vastes et très-étendus, auxquels donnent entrée des portails magnifiques, nommés *tori-i* ou lieux destinés aux oiseaux. Devant tous les temples sont placés les deux chiens *kama-inou*, et devant celui de la déesse Ten-sio-daïsin, ses deux compagnons, qui étaient avec elle pendant sa marche de Fiouga à Idzoumo. On adresse journellement ou à de certaines époques des prières et des sacrifices au fondateur de l'empire, aux bons empereurs et aux autres personnages qui ont bien mérité de la patrie, et dont les âmes sont devenues *kami*. On célèbre aussi leurs fêtes, appelées *matsouri*. Cependant aucun homme ne peut s'adresser directement à la Ten-sio-daï-sin : il doit lui faire parvenir ses prières par l'entremise des *Siou-go-zin* ou divinités tutélaires ou protectrices. A cette classe appartiennent tous les autres kamis ; et comme souvent des animaux servent aux kamis, il y en a aussi qu'on révère comme divinités protectrices, principalement le renard (*inari*). Cet animal est en général fort honoré par les Japonais, qui le consultent dans toutes les affaires épineuses. Les sacrifices qu'on offre aux kamis, principalement au commencement et à la fin de chaque mois, se composent de divers comestibles, comme riz, gâteaux, poissons, œufs, etc. Il n'est pas défendu aux sectateurs de Sinto de tuer des êtres vivants. Leurs prêtres laissent croître leurs cheveux comme les laïques, et peuvent se marier. On enterre les morts dans une bière qui a la forme d'une *miya*. Anciennement, au décès des grands, on enterrait avec eux un certain nombre de leurs serviteurs et amis. Dans les temps postérieurs, ces personnes s'ouvraient le ventre à cette occasion. Cet usage fut défendu en l'an 3 de J.-C. ; mais il s'était encore conservé jusqu'au temps de Taïko, vers la fin du seizième siècle. Cependant, on remplaçait aussi les hommes vivants par des statues en terre glaise, qu'on trouve encore souvent aujourd'hui dans la terre.

La seconde religion en vigueur au Japon est le bouddhisme, qui y fut introduit de la Corée en 552, et qui est aujourd'hui professé par la grande majorité des habitants. Cette religion fit des progrès si rapides au Japon, qu'il en est résulté pour la masse du peuple une espèce de fusion du culte sinto avec le bouddhisme, de telle sorte que les dieux sinto sont adorés dans les temples bouddhas, et réciproquement les dieux bouddhas dans les temples sintos. Les savants se gardent en effet de s'expliquer sur les différences existant entre les deux religions ; on n'aime pas trop au Japon écrire sur la religion ou en parler. Un des temples bouddhas les plus célèbres est celui de Miako.

La troisième religion répandue au Japon est celle de *Szouto* ou *Siza*, émanation ou imitation des doctrines philosophiques de Confucius, qui furent transplantées de la Chine au Japon.

Le gouvernement est despotique au suprême degré, et le pays est partagé en un grand nombre de fiefs, pour la plupart héréditaires. D'après les apparences, le soi-disant empereur spirituel ou *Daïri*, qui réside à Miako et descend, à ce qu'on prétend, du premier conquérant du pays, *Sin-mou*, exercerait la souveraine puissance. Mais il y a déjà longtemps que sa puissance n'est qu'apparente ; et cet empereur, désigné tantôt sous le nom de *Mikado*, tantôt sous celui de Daïri, ou mieux *Daïri-sama*, ce qui veut dire « maître du palais intérieur, » car il est défendu de prononcer son nom véritable tant qu'il est en vie, n'est plus que le chef spirituel de l'État et complètement sous la dépendance du chef temporel, le *Seogoun* ou *Koubo*, dont la politique est parvenue à le dépouiller peu à peu de toute sa puissance terrestre. Dans ce but on en a fait une espèce de divinité, qui reste séparée du peuple par l'étiquette la plus rigoureuse. Pour l'écarter du trône, on lui éleva des autels, on l'emprisonna dans les respects et les adorations de la foule, qui voit en lui le descendant de la déesse *Ten-siodaï-sin*, et qui lui donne la qualification de *Ten-sin* ou fils du ciel. Il ne peut jamais se montrer au peuple. Sauf les gens de sa cour, composée de prêtres et de femmes, et les fonctionnaires commis à cet effet par le chef temporel, personne n'a accès auprès de lui. Une fois seulement dans l'année, il passe dans une galerie dont le plancher est à jour, de telle façon qu'on ne peut lui voir que la plante des pieds. Quand il veut un peu respirer le grand air dans son palais colossal et parfaitement fortifié, où il est surveillé par un fonctionnaire commis à cet effet par le koubo, à un signal donné tous ceux qui s'y trouvent doivent s'éloigner, avant que ses porteurs le soulèvent sur leurs épaules, car jamais les pieds du *Mikado*, c'est-à-dire du vénérable, ne doivent fouler la terre. Il vit et meurt dans ce palais, au milieu des adorations et des génuflexions, des honneurs et des grandeurs, jouissant de riches revenus, qu'il augmente encore par la vente de titres honorifiques, qui est un de ses privilèges, mais ne jouissant pas d'une ombre d'influence, exilé dans les cieux et respirant constamment l'ivresse d'un encens flatteur et trompeur. Les ordonnances du *koubo* sont publiées au nom du *Daïri*, qu'on a l'air de consulter dans toutes les affaires importantes. La race du *Daïri* ne s'éteint jamais. S'il n'a point d'enfants, le ciel lui en envoie un, c'est-à-dire qu'il trouve sous un arbre de son palais un enfant choisi d'ordinaire entre les plus grandes familles de l'empire, et qui aux yeux de la foule représente toujours le descendant direct du glorieux *Sin-mou*. Il a trois ministres, et peut épouser neuf fois neuf femmes; ses vêtements ne peuvent être confectionnés que par des vierges, et on lui sert toujours à manger sur de la vaisselle neuve, qui est brisée aussitôt après qu'il s'en est servi.

Le chef temporel, appelé le *koubo*, le Seogoun ou *Djogoun*, c'est-à-dire général en chef, qui réside à Jeddo, mais qui se transporte de temps à autre à Miako pour y rendre de dérisoires honneurs au Mikado ou Daïri, est le véritable souverain du Japon, bien que pour la forme il cède le premier rang au Daïri et qu'il reçoive de lui des titres d'honneur en échange desquels il lui fait de riches présents. Quand le *koubo* meurt sans laisser d'héritier, on choisit son successeur dans l'une des trois familles qui descendent par des lignes collatérales du fondateur de la dynastie actuelle. Après lui viennent les *Damjos* ou princes féodataires des différents *kakfs* ou provinces. C'étaient autrefois des souverains presque complètement indépendants, ne relevant de l'empereur que par de minimes obligations féodales ; aujourd'hui, sauf deux, qui ont réussi à conserver leurs anciens droits, ils ne sont plus que les représentants, que les délégués du koubo, que celui-ci peut déposer, exiler et même punir de mort quand bon lui semble, mais qui dans leurs provinces respectives, investis des droits les plus arbitraires et les plus despotiques, président à tous les détails de l'administration. Huit administrations centrales ou ministères expédient les affaires générales. Toutes les charges sont héréditaires. Le *koubo* exerce le despotisme le plus illimité. Le cultivateur est tenu de payer comme impôt souvent la moitié et même les deux tiers de son champ ; les seigneurs et les princes investis de commandements de province doivent laisser leur famille en otage à Jeddo, et tous les grands feudataires faire acte de présence à la cour à des époques déterminées. Les lois sont d'une sévérité extrême, et on les exécute sans acception de personne, chacun étant obligé pour le surveiller à ce que nul n'enfreigne les lois, et de dénoncer tout prévaricateur, fût-ce l'empereur. Mais il en est vraisemblablement au Japon comme dans les monarchies constitutionnelles, où le souverain ne peut jamais mal faire. La plupart des crimes emportent la peine capitale ou celle de la déportation à l'île Xatschio, où, à l'occasion, l'on envoie les plus grands personnages. Pour les crimes graves, toute la famille du coupable, quelquefois même tous les habitants de la rue ou du village où il demeurait, sont enveloppés dans son châtiment. Tous les militaires et tous les fonctionnaires du koubo quand ils ont commis un crime, ou un délit, doivent s'ouvrir le ventre au premier ordre qui leur en est donné. Une telle mort n'a rien de déshonorant, et les fils n'en héritent pas moins des titres et des dignités de leur père. Aussi les fils des grands personnages s'exercent-ils pendant des années dans l'art de s'éventrer avec grâce et avec habileté.

Il existe au Japon huit classes, mais sans qu'elles forment de castes : les *damjos* ou princes, la noblesse, qui est en possession de presque toutes les grandes charges civiles et militaires ; les prêtres, les guerriers, les marchands, classe très-nombreuse, mais qui n'est point honorée ; les artisans et artistes, les paysans, les ouvriers, les pêcheurs, les marins et les esclaves. L'usage modérée du fard pâlit beaucoup les femmes. Pour rendre un peu d'éclat à leur teint, celles qui sont mariées se mettent du rouge, et elles s'imaginent ajouter à leurs attraits en s'arrachant les sourcils et en se teignant les dents en noir d'ébène. Les maris, très-chatouilleux à l'endroit de la chasteté de leurs moitiés, sont moins scrupuleux en ce qui les concerne personnellement, et s'invitent souvent entre eux à de folles parties dans des maisons de plaisir, situées ordinairement près des temples et habitées par des beautés vénales, les *bikunis*.

Les revenus du *koubo* consistent partie en impôts en nature, provenant des cinq provinces dites impériales ou domaines, et de quelques villes administrées directement par lui, et partie en tributs acquittés par les princes feudataires. Les forces militaires du koubo se composent de 100,000 hommes d'infanterie et de 20,000 cavaliers ; les uns et les autres ont une armure flexible, qui leur recouvre le corps et les membres, comme les armures européennes du moyen âge. Chacun porte gravé sur son dos l'enseigne de son régiment, et quelquefois la figure d'une croix, probablement en souvenir du massacre des chrétiens qui a inauguré l'avénement de la dynastie koubo actuelle. Les soldats sont armés d'arcs, de poignards et de sabres, et parfois aussi de fusils ; ceux-ci même eux de lourds canons ; mais ils savent moins bien s'en servir que les Chinois. En temps de guerre cette armée s'augmente des contingents fournis par les feudataires et montant à 368,000 hommes d'infanterie et 33,000 cavaliers. A la guerre, les Japonais font preuve de courage et de bravoure ; mais jusqu'à présent leur pays a plutôt été défendu par sa position géographique que par l'habileté militaire des habitants, restés à cet égard bien inférieurs aux Chinois eux-mêmes.

L'agriculture est très-florissante au Japon, le sol parfaitement cultivé là même où il est d'une nature moins favorable.

Dans une contrée que ne ravage point la guerre, et que la salubrité du climat protège contre les épidémies, la population va toujours croissant. La terre n'y suffirait pas à ses besoins, si le travail le plus persévérant ne multipliait pas ses produits. Patient, infatigable, le cultivateur ne pouvant ajouter au sol par l'étendue, l'élève dans les airs au moyen de terrasses, et fait pour ainsi dire sa moisson dans les nues. Le pays est entrecoupé en tous sens par d'excellentes routes, sur lesquelles ou trouve de distance en distance des auberges; et les maisons, quoique construites simplement et, à cause des tremblements de terre, rien qu'en bambous et en terre, rarement à deux étages, sont partout propres et jolies. Quant aux maisons, aux palais des riches, on y voit des pièces fort élégantes, lambrissées tout à l'entour de planches peintes et dorées, ce qui leur donne un merveilleux éclat et surprend agréablement la vue. Il y a toujours au plafond un tableau de quelque excellent peintre, et sur le plancher des vases remplis de plantes odorantes. Les murailles sont garnies de boites vernies, de porcelaines pour le thé, de sabres pendus en divers endroits, et qui en font les plus beaux ornements. Les toits ont jusqu'à 3ᵐ,50 de saillie, à partir de l'entablement, et, pour abriter contre la pluie, une galerie règne tout le long du bâtiment et s'ouvre sur de beaux jardins.

L'industrie, notamment l'exploitation des mines et la préparation des métaux, sont aussi dans l'état le plus florissant. On y fabrique en toute perfection les étoffes les plus fines et les plus belles en soie et en coton, les porcelaines, les objets en laque, le papier, pour la fabrication duquel on emploie l'écorce d'un arbre dit arbre à papier, les articles en acier et en cuivre, comme sabres et armes du même genre, dont l'exportation est cependant défendue aujourd'hui sous les peines les plus sévères, de même que celle des livres, surtout de ceux qui contiennent des renseignements sur le pays, des cartes géographiques et des espèces monnayées. Des restrictions ont même été apportées dans ces dernières années à l'exportation du cuivre, qui ne peut pas dépasser un maximum donné. Avant l'arrivée des Européens dans les Indes, les Japonais avaient des flottes nombreuses, et se livraient à un commerce et à une navigation fort étendus, d'un côté jusqu'au Bengale, et de l'autre jusqu'au Kamtschatka et par delà le détroit de Behring. Mais depuis 1585 leur pays a cessé d'entretenir des vaisseaux de guerre; en 1638, comme l'on commençait à redouter l'influence des étrangers, on interdit tout commerce avec eux, de telle sorte que les Japonais eux-mêmes que le hasard avait éloignés de leur pays, lorsqu'ils y revinrent, furent l'objet de la surveillance la plus sévère. Bon nombre même ne furent pas admis du tout, ou bien furent jetés en prison. Nangasaki est le seul port qu'il soit permis aux Chinois et aux Coréens de fréquenter chaque année avec dix jonques, et aux Hollandais avec trois bâtiments expédiés de Batavia pour y faire le commerce au milieu de restrictions et d'entraves de toutes espèces. Les principaux articles que les Hollandais importent au Japon sont : 1° parmi les matières brutes, denrées ou produits naturels, le benjoin, le bleu de Prusse, l'ambre, l'huile de cajeput, le corail rouge, le quinquina, le chocolat, l'huile de coco, le sulfate de soude, les noix de galle, les liqueurs, les amandes, l'huile d'olive, l'opium, le safran, la térébenthine de Venise, les nids comestibles d'oiseaux; 2° parmi les objets fabriqués, les cuirs dorés du Maroc et de la Perse, les passementeries, les papiers de tenture, les gravures et lithographies, les ouvrages en plaqué, la fausse bijouterie, les objets en tôle et en fer-blanc, les armes à feu, la coutellerie, les instruments de chirurgie et d'optique, la verrerie, etc. L'exportation consiste en cuivre affiné, en camphre, étoffes de soie, meubles en laques, porcelaines, parasols, et autres objets recherchés avec empressement en Europe. L'ensemble de ces transactions ne dépasse pourtant pas aujourd'hui trois millions de francs par an; le chiffre en était jadis bien autrement élevé. Tout le commerce du Japon est d'ailleurs un commerce intérieur, de même que sa navigation se borne au cabotage, mais tous deux sont extrêmement florissants et favorisés par le gouvernement au moyen d'institutions de tous genres; c'est ainsi qu'il se publie des gazettes commerciales avec l'indication des prix courants, qu'il se tient une foule de foires, etc.

L'empire du Japon se partage en *Japon* proprement dit, et en *dépendances*; le premier contient environ 5,200 myriamètres carrés de superficie, avec 30 millions d'habitants, et est divisé en huit *do*, c'est-à-dire chemins, ou grandes contrées, et en soixante-huit *kokfs* ou provinces, et outre une foule de petites îles, se compose des trois grandes îles principales :

Nipón ou *Nifon*, et aussi *Hippon*, c'est-à-dire terre du soleil, d'une superficie d'environ 3,500 myriamètres carrés, parcourue dans sa longueur par une chaîne de hautes montagnes, dont les sommets atteignent en plusieurs points la limite des neiges éternelles, qui la partagent en deux parties inégales', et où se trouvent situées les deux villes de *Miako* et de *Jeddo*;

Kioufiou ou *Saïkokf*, c'est-à-dire les neuf contrées ou pays de l'ouest, de 940 myriamètres carrés, avec la ville de Nangasaki;

Et *Sikokf* ou *Sikok*, c'est-à-dire les quatre contrées, de 560 myriamètres carrés.

Les *dépendances* du Japon se composent de l'île de *Jeso*, traversée par de hautes et âpres montagnes, et présentant avec les Kouriles japonaises une superficie d'environ 2,000 myriamètres carrés, et une très-minime population ; et de la partie méridionale de l'île de *Karafto* ou *Saghalin*, de 1,500 myriamètres carrés, habitée par des Aïnos et par quelques Mandchous. Jadis elles comprenaient aussi les îles Bonin, habitées de nos jours par des colons européens et autres.

L'histoire ancienne du Japon, qui a pour base les annales du pays, n'est qu'un tissu de fables, et on y fait durer pendant des nombres d'années qui pourraient effrayer l'imagination les diverses dynasties de dieux dont il y est question, etc. Cette histoire a été introduite de la Chine au Japon avec la civilisation. Consultez Titsingh, *Annales des empereurs du Japon* (publiées par Klaproth; Paris, 1834); le même, *Mémoires sur la dynastie régnante des Djogouns* (publiés par Abel Remusat; Paris, 1820). La seule chose qu'il y ait de certaine, c'est que les Aïnos furent les premiers habitants du Japon, qu'il y arriva de très-bonne heure des colonies chinoises, qui y apportèrent avec elles la civilisation et l'industrie de la Chine, lesquelles, en raison des relations toujours plus fréquentes avec la Chine, se répandirent de plus en plus dans tout le pays, et finirent par lui donner une physionomie toute chinoise. L'histoire avérée et certaine du Japon, à en juger du moins par l'opinion même des annalistes japonais, ne commence qu'à *Sin-mou*, le fondateur de l'empire du Japon, qui, vraisemblablement d'origine chinoise, fut déclaré vers l'an 660 de notre ère souverain de l'empire insulaire, avec la qualification de *Teno* ou maître céleste. C'est le héros national des Japonais, qui le font descendre des dieux, de même qu'ils considèrent leurs *Daïris* comme une continuation de sa dynastie et comme ses descendants. L'histoire de cette dynastie n'est d'ailleurs que celle des diverses guerres soutenues contre les Chinois, les Coréens et les Mongoles, qui au treizième siècle tentèrent à différentes reprises de conquérir le Japon. Elle donne aussi des renseignements sur la dynastie et les diverses institutions au moyen desquelles la dynastie civilisa le pays, ou bien elle rapporte les incessantes querelles de succession auxquelles, à l'instar de toutes les autres dynasties asiatiques, celle-ci fut en proie. Il y est aussi beaucoup question des guerres intestines que se firent entre eux les divers grands feudataires. Une époque décisive est celle où eut lieu l'établissement de gouverneurs, qui, par suite de l'état de confusion et d'anarchie où se trouvaient la dynastie et le pays, finirent par devenir à peu près in-

JAPON

dépendants, et qui, en raison de la faiblesse toujours plus grande des souverains, empiétèrent toujours davantage sur leur autorité. Rois fainéants, les souverains de cette dynastie, qu'on prétend exister maintenant depuis vingt-cinq siècles, avaient fini par s'endormir dans leur nullité, abandonnant toute initiative, et par suite la réalité du pouvoir, à des espèces de maires du palais ou de chefs militaires. Il continua longtemps d'en être ainsi, jusqu'à ce que l'un de ces maires du palais, soldat de fortune appelé *Joritomo*, s'emparant franchement du pouvoir suprême, se fit faire proclamer, en 1192, *koubo* ou *djogoun*, et en cette qualité eut pris en main les rênes de l'État, en ayant grand soin d'ailleurs de conserver la fiction du dairi. Les *djogouns* ses successeurs ne tardèrent point à consolider et à étendre de plus en plus leur puissance; il en résulta entre eux, les souverains de fait, et les *dairis*, les souverains de nom, une longue lutte intérieure, par suite de laquelle leur autorité devint tellement prédominante au quatorzième siècle, qu'ils finirent par déposer et instituer les *dairis* suivant leur bon plaisir. A partir de ce moment on peut les considérer comme ayant été les véritables souverains du pays, et pour les distinguer des *Dairis* on leur donne la qualification d'empereur temporel. Mais alors des querelles de succession éclatèrent également dans la dynastie des *djogouns*, à laquelle en succéda une autre dès 1334, renversée à son tour en 1585 par la révolution qui enleva aux *Dairis* les derniers débris de leur puissance temporelle, un homme de basse extraction, appelé *Fide-Josi*, s'étant fait alors proclamer *djogoun*, après s'être emparé de toute la puissance temporelle et s'être fait décerner le titre de *taiko-sama*, qui veut dire maître absolu. Son successeur, *Jéjé-Jasou* ou *Gonghin*, rendit en 1617 la puissance souveraine héréditaire dans sa famille, et devint ainsi le fondateur de la dynastie koubo actuelle, laquelle est parvenue à restreindre complétement la puissance, jadis si grande, des princes feudataires et à les réduire à l'état de simples vassaux.

En ce qui touche les relations du Japon avec les peuples occidentaux, il n'est pas démontré que les anciens l'aient connu. Les Arabes furent les premiers qui en eurent connaissance. En Europe on en entendit pour la première fois parler à la fin du quinzième siècle par Marco-Polo, qui le nomme avec raison *Zipangou* ou *Jipankour*, c'est-à-dire empire de l'est. C'est en Chine que Marco-Polo avait obtenu ses renseignements sur l'empire du Japon; c'est par la même source aussi que les écrivains persans, et notamment Raschid-ed-din, avaient acquis les notions très-détaillées consignées à ce sujet dans leurs ouvrages. En 1542 trois bâtiments portugais faisant le commerce de la Chine furent jetés par la tempête sur la côte du Japon, et y nouèrent aussitôt des relations commerciales; après quoi le jésuite François Xavier, qui fut canonisé plus tard, y vint prêcher le christianisme. Quoique les prêtres du pays combattissent de toute leur influence la propagation de la foi en Jésus-Christ, elle y fit bientôt de rapides progrès, protégée qu'elle était par les grands feudataires de l'ouest, à cause des profits importants dont le commerce avec les chrétiens était devenu pour eux la source. Ils envoyèrent même deux ambassades au pape, à Rome. Mais la dynastie de djogouns qui s'établit à la suite de la révolution de 1585 était hostile aux Portugais et aux missionnaires, qui lui semblaient également dangereux, attendu qu'en embrassant la religion chrétienne les Japonais reconnaissaient l'autorité suprême du pape. D'ailleurs, la conduite des Portugais au Japon fut aussi imprévoyante qu'insolente. Humbles et modestes d'abord, vêtus de bure comme saint François Xavier, leurs missionnaires ne se montrèrent plus qu'en magnifiques livrées, et prétendirent avoir le pas sur les conseillers d'État et sur les ministres du *koubo* eux-mêmes. Ils essayèrent même de s'emparer de l'empire au moyen de conspirations ourdies parmi les indigènes convertis au christianisme; aussi finirent-ils par se faire chasser, en 1637, en même temps que tous les Japonais qui avaient embrassé le christianisme périssaient

victimes d'un massacre général, et qu'on interdisait désormais l'accès des ports de l'empire à tous les navires étrangers, à l'exception de ceux des Chinois et des Hollandais, qui pour cela durent se soumettre aux plus humiliantes conditions. Admis dès 1616 à faire le commerce au Japon, les Hollandais obtinrent l'exception faite en leur faveur comme récompense de l'appui qu'ils avaient prêté pour expulser leurs rivaux, et aussi parce qu'ils assurèrent être d'une autre religion que les jésuites et les Portugais. En 1634, pourtant, il ne leur fut plus permis de séjourner que dans l'île de Desima (*voyez* NANGASAKI), d'où il leur fut défendu de sortir sans avoir été préalablement visités par des inspecteurs spéciaux. Au commencement du dix-septième siècle les Anglais avaient bien fondé un établissement à Ferando, et avaient obtenu de grands avantages commerciaux; mais cette petite colonie ne tarda point à décliner et à périr. Des efforts tentés par les Espagnols, dans le même but et à peu près vers la même époque, en 1611, ne furent pas plus heureux. Un vaisseau à trois ponts, la *Madre de Dios*, qu'ils avaient envoyé à Nangasaki avec des négociateurs qui affectèrent des airs de conquérants, fut incendié dans la rade par les Japonais. Dès 1792 les Japonais témoignèrent d'une répulsion profonde pour les Russes, en refusant absolument d'entrer avec eux en relations commerciales; et toutes les tentatives faites dans ce but depuis lors, par exemple en 1804, échouèrent également. Les Japonais redoutent en effet de voir les Russes venir quelque jour du Kamtschatka et d'Ochotzk tenter la conquête de leurs îles. Consultez Kæmpfer, *Histoire du Japon* (1777); Thunberg, *Voyage au Japon* (Stockholm, 1790); Hendrik Doeff, *Herrineringen uit Japan* (Harlem, 1833); Meylan, *Geschiedkundig overzigt van den Handel der Europeen op Japan* (Batavia, 1833); von Overmeer Fischer, *Bijdragen tot de kennis van het japanisch rijk* (Amsterdam, 1834); les différents Mémoires publiés par les Sociétés Asiatiques de Paris, de Londres et de Batavia; Édouard Frayssinet, *Le Japon, histoire et description*, etc. (Paris, 1853); et surtout les importants ouvrages de Siebold, entre autres *Nippon*; *Archives du Japon et de ses dépendances*, ouvrage de grand luxe, orné de cartes et de portraits (Leyde, 1832-1853).

La paix de Nanking (*voyez* CHINE), qui eut pour résultat d'ouvrir en partie l'Empire du Milieu au commerce européen, la découverte des gisements aurifères de la Californie, et les nombreuses expéditions maritimes parties de l'ouest de l'Amérique pour se rendre sur les côtes orientales de l'Asie, en forcées ainsi de passer à plus ou moins de distance du Japon, ont cependant depuis changé les rapports du Japon avec le reste du monde; et il est désormais impossible que cet empire insulaire demeure complétement isolé du reste de l'humanité. Dans ces quinze dernières années les gouvernements anglais, français et américain avaient toujours tenté en pure perte d'obtenir au Japon des points de relâche et d'établir des rapports de commerce avec cet empire; leurs plénipotentiaires étaient toujours vu honteusement repoussés et quelquefois même traiter en pirates. Les efforts faits par le gouvernement hollandais lui-même, à l'effet de concilier les intérêts en présence, avaient également échoué. Le gouvernement américain ne se laissa pourtant pas décourager par l'insuccès des démarches précédentes. En 1851, alléguant la nécessité de rapatrier quelques matelots naufragés, il envoyait au Japon une petite expédition commandée par le commodore Biddle, et chargée en outre de demander la conclusion d'un traité qui permît aux bâtiments américains d'établir sur certains points du littoral japonais des dépôts de charbon, de l'eau, etc. La réponse se faisant trop attendre, les États-Unis résolurent, en 1853, d'armer pour le Japon une soi-disant expédition *pacifique* aux ordres du commodore Perry, la plus formidable qui eût encore navigué dans ces parages, car elle se composait de huit bâtiments de haut bord, dont un vaisseau de ligne, trois frégates à vapeur et quatre corvettes, portant ensemble 209 bouches à feu et 3 à 4,000 hommes de troupes de débarquement. Il

36.

était difficile que la cour de Jeddo ne comprît pas la valeur et la portée des arguments que le commodore Perry était chargé de faire valoir auprès d'elle. La négociation ne laissa pourtant pas que d'entraîner de longs délais, plus d'une année, avant que de pouvoir être menée à terme. Enfin, le 31 mars 1854 (7ᵉ année de Kagel, 3ᵉ mois, 3ᵉ jour) intervint entre le commodore Perry, ambassadeur spécial des États-Unis au Japon, et Hayaskidaï-garka-no-Kani, Ido, prince de Izé, Suna Isawa, prince de Mina Saki, et Adono, membre de la commission des revenus, commissaires spéciaux délégués par l'auguste souverain du Japon, un traité en 12 articles qui accordait aux Américains l'entrée des ports de *Simoda*, ville d'un millier de feux, dans la principauté de Jasu, île de Niphon, et de *Chakodad*, dans la principauté de Matsmaï, île de Jesso, pour s'y pourvoir de bois, eau, charbon, provisions, et deux autres articles dont ils auront besoin. Les navires américains que la tempête fera échouer sur les côtes du Japon y trouveront toute espèce d'assistance de la part des autorités japonaises. Les naufragés seront, à la diligence desdites autorités, conduits par navires japonais à Simoda ou à Chakodad. Tous articles qui auront pu être sauvés du naufrage seront exactement rendus aux naufragés. Les Américains seront libres dans Simoda et Chakodad, et pourront étendre leurs excursions hors de ces deux villes jusqu'à une distance d'environ 10 kilomètres. Enfin, dans chacun des deux ports ouverts aux Américains, le gouvernement de l'Union aura le droit d'entretenir des consuls chargés de représenter les intérêts de leurs nationaux dans leurs rapports avec les autorités locales.

Ce traité fut immédiatement mis à exécution, et maintenant les rapports des États-Unis avec le Japon deviennent de plus en plus fréquents et importants. Simoda est sans doute destiné à recevoir le dépôt de charbon nécessaire à la grande ligne de *steamers* que les Américains rêvent déjà d'établir très-prochainement entre la Californie et la Chine ; de même que c'est sans doute à Chakodad que leurs baleiniers iront se ravitailler.

Il est impossible que l'exemple donné par les États-Unis ne soit point imité au premier jour par les Anglais et les Français, qui très-certainement obtiendront les mêmes avantages. Il est donc exact de dire que le Japon est aujourd'hui ouvert aux Européens, et avant peu sans doute on connaîtra mieux encore ce peuple si curieux. Le Japon ne tardera point à être un but d'excursion pour ces infatigables touristes anglais et américains, à qui la terre commençait à manquer. « Comment n'étudierait-on pas, nous dit M. Fraissinet, cette société forcément stationnaire, où depuis deux mille ans l'emploi des heures, le temps du travail et celui du repos, les occupations et les amusements, les cérémonies, les visites, les invitations, la coupe des vêtements et le plan des maisons suivent sans déviation la même règle jusque dans les moindres détails ; où un architecte, un tailleur, un cuisinier des temps anciens, n'aurait, s'il revenait à la vie aujourd'hui, qu'à reprendre ses instruments et qu'à se remettre à l'œuvre comme après une nuit de sommeil ? Nation dont l'activité, circonscrite et refoulée sur elle-même, tournant toujours dans un cercle de coutumes et d'usages dont il lui est défendu de sortir, se consume à lustrer, à polir, à finir incessamment son minutieux ouvrage, et nous donne un spectacle unique dans l'univers : celui d'un État qui comme le soleil, auquel il se compare, toujours mouvant et toujours immobile, semble avoir fait un pacte avec l'éternité. »

Il est difficile d'admettre qu'il en soit ainsi bien longtemps encore. Parmi les cadeaux offerts à la cour de Jeddo au nom des États-Unis par le commodore Perry, figurait un appareil de télégraphe électrique, et un petit modèle de chemin de fer. Le commodore avait apporté avec lui la quantité de rails nécessaire pour établir un parcours d'environ 400 mètres de forme circulaire, une locomotive et un wagon. L'admiration des Japonais à la vue de la locomotive fendant l'air sur les rails avec une vitesse de 60 kilomètres ne fut pas moins vive que celle qu'ils éprouvèrent en voyant fonctionner le télégraphe électrique avec des cadrans indicateurs où les signes étaient écrits en caractères japonais, au moyen de quoi se reproduisait avec une rapidité merveilleuse la réponse à toutes les questions qu'il leur plaisait de faire passer. D'autres Asiatiques n'eussent vu là que des effets magiques ; les Japonais sont une race trop intelligente et trop civilisée pour qu'une pareille idée pût leur venir. Soyez donc sûrs que vous ne tarderez point à apprendre que le Japon, lui aussi, a ses chemins de fer en pleine exploitation ; et ce qui ne sera pas le côté le moins merveilleux de cette révolution, c'est que les chemins fer du Japon auront été créés sans compagnies privilégiées, et surtout sans agiotage sur les actions pour enrichir les seigneurs de la cour de Jeddo. A cet égard nous ne craignons pas qu'on accuse notre imagination d'aller trop vite en besogne, lorsque nous nous rappelons qu'à l'arrivée des premiers aventuriers portugais au Japon, il y a maintenant de cela plus de trois siècles, les Japonais connaissaient déjà la poudre, mais ignoraient le parti qu'on en pouvait tirer comme moyen d'attaque et de défense à la guerre, et n'avaient jamais vu d'arme à feu. Pinto, l'un des Portugais naufragés sur leurs rivages, avait une arquebuse, qui fit l'admiration de tous ceux à qui il fut donné de la voir. Il la prêta, et à son départ les Japonais en avaient déjà fabriqué *cinq cents* toutes pareilles. Deux ans après il en existait *trois cent mille*...

JAPON (Terre du), nom impropre donné primitivement au cachou.

JAPYGES, peuple antique de l'Italie, qui appartenait à la race des Pélasges. Son territoire, appelé *Japygie*, forme aujourd'hui la partie méridionale de la Terre d'Otrante.

JAQUE. Voyez COTTE DE MAILLES.

JAQUEMART. Voyez JACQUEMART.

JAQUERIE. Voyez JACQUERIE.

JAQUETTE, sorte d'habillement qui descend jusqu'aux genoux ou plus bas, et qui était autrefois à l'usage des paysans et du peuple. On donne encore ce nom à la robe que portent les petits enfants.

JAQUIER, nom donné à diverses espèces du genre *artocarpus*, de la famille des urticées. Ce sont de grands arbres, indigènes sous la zone équatoriale. L'espèce qui a donné son nom à ce groupe est le *jaquier à feuilles entières* (*artocarpus integrifolia*, L.), le *tjaca* des habitants de Malabar, vulgairement appelé *jaque* ou *jack*, indigène de l'Inde. Son fruit, oblong, jaunâtre, atteint de 30 à 80 centimètres de long sur un diamètre de 16 à 30 centimètres, et pèse de 5 à 40 kilogrammes. Certaines variétés de ce fruit sont comestibles, ainsi que les graines réniformes et de la grosseur d'une muscade, que l'on compare aux châtaignes. Exposé à l'air, le bois de cet arbre finit par prendre la couleur de l'acajou, et on l'emploie dans l'ébénisterie. Mais l'espèce la plus importante du genre est *l'arbre à pain* ou *rimier* (*artocarpus incisa*, L.), dont la hauteur atteint de 13 à 17 mètres. Le tronc de cet arbre est très-gros ; les branches, nombreuses, horizontales, fragiles, forment une tête très-ample et touffue ; les feuilles ont de 65 centimètres à 1 mètre de long, sur 30 à 50 centimètres de large. Le fruit de l'arbre à pain, jaune verdâtre à l'extérieur, et blanc en dedans, est plus ou moins gros suivant les variétés ; mais son diamètre excède rarement 21 centimètres. Avant la maturité, sa chair est blanche, ferme et un peu farineuse. C'est dans cet état qu'on le mange, soit cuit au four en guise de pain, soit bouilli ou accommodé de diverses manières. Il a une saveur comparable à celle du pain de farine de blé avec un léger goût d'artichaut. Lorsqu'il est arrivé à maturité, ce fruit devient pulpeux, d'une saveur douceâtre ; il est alors malsain et purgatif. Les amandes que contient ce fruit sont du volume des châtaignes, et servent aussi d'aliment. L'arbre à pain croît spontanément aux Moluques, aux îles de la Sonde et aux archipels de la Polynésie, et fournit une

nourriture aussi saine qu'agréable aux habitants de ces contrées. Une variété, originaire de Taïti, et très-répandue aux Antilles et dans d'autres contrées de l'Amérique équatoriale, a ses fruits dépourvus d'amandes. On assure que deux ou trois de ces arbres remarquables suffisent pour donner la nourriture d'un homme durant toute l'année.
L. LOUVET.

JAQUOTOT (Mme MARIE-VICTOIRE), célèbre comme peintre sur porcelaine, naquit à Paris, le 15 janvier 1772. La manufacture de Sèvres lui dut un grand nombre de peintures du premier ordre, entre autres un service de dessert donné par Napoléon à l'empereur Alexandre après la paix de Tilsitt. En 1808 Mme Jaquotot exposa des portraits et des camées qui lui valurent une médaille d'or, la première qui ait été accordée au genre qu'elle cultivait. Ce genre, très-difficile quand on veut atteindre à une certaine hauteur, offre l'avantage de donner à ses productions une durée presque sans limites. Mais cette durée même deviendrait un fardeau pour des productions médiocres ou des chefs-d'œuvre mal rendus. C'est ce que comprit fort bien Mme Jaquotot, et, n'épargnant rien pour son travail, elle se mit à reproduire les chefs-d'œuvre de nos musées, qui lui devront peut-être une immortalité nouvelle. Douée d'une véritable âme d'artiste, elle ne se borna pas à copier les tableaux qu'elle voyait; elle s'étudia à leur rendre leurs qualités primitives, consultant les gravures et les copies qui en avaient été faites, et restaurant avec intelligence les parties maltraitées et effacées, sans rien changer aux originaux. Raphael fut son maître de prédilection; elle reproduisit d'après lui la *Belle Jardinière*, qui lui valut les compliments de Louis XVIII, la *Vierge à la chaise*, la *Vierge aux poissons*, la *grande Sainte Famille*, qui lui demanda trois ans de travail, et encore, en 1866, elle exposa la *Vierge au voile*. Elle peignit aussi *La Belle Ferronnière*, d'après Léonard de Vinci; *La Maîtresse du Titien*; *Anne de Boulen*, d'après Holbein; *Anne de Clèves*, d'après Van Dyck; *l'Atala* et la *Danaé* de Girodet; la *Psyché* et une *Corinne* de Gérard; ainsi qu'un grand nombre de portraits, parmi lesquels nous citerons Corvisart, d'après Gérard, Frédéric le Grand, d'après Vanloo, le duc de Wellington, lady Darnley, la comtesse de Worontzof, la duchesse de Berry, la comtesse de Lorges. Quelques-uns de ces portraits sont faits d'après nature, et l'artiste sut prouver ainsi qu'elle se dévouait en consacrant son pinceau à la reproduction des grands maîtres. Mais lorsqu'elle interprétait un peintre, chacun de ses ouvrages était empreint du caractère même du maître qu'elle reproduisait. L'extrême suavité de la couleur, la finesse et la précision du modelé, la pureté du dessin, l'heureuse harmonie de ses productions la placèrent au premier rang parmi les artistes de son genre. En 1828, son beau talent fut récompensé par le titre de premier peintre du roi sur porcelaine, titre que la révolution de Juillet devait bientôt rendre illusoire. Dans un voyage qu'elle fit encore en Italie, elle copia la *Sainte Cécile* de Raphael, et le portrait de ce grand peintre que l'on voit à Florence. Elle est morte subitement, à Toulouse, le 27 avril 1855. Mme Jaquotot était bonne musicienne; en ce genre, on lui doit quelques compositions agréables.
L. LOUVET.

JARDIN. C'est un terrain ordinairement enclos et destiné à des cultures spéciales pour lesquelles la charrue et les animaux de labourage ne sont pas employés : ainsi, l'art du *jardinier* plus simple, à quelques égards, que celui de l'agriculteur; il ne comprend point la connaissance des machines agricoles, ni la partie de l'économie rurale qui concerne les animaux dont le travail seconde celui de l'homme. Mais cette simplification apparente est compensée par un si grand nombre de détails dont le jardinier doit être instruit, que l'étude complète de l'agriculture ne peut être plus longue que celle de l'horticulture, considérée aussi dans toutes ses attributions. En effet, pour diriger un *jardin botanique*, il faut joindre au savoir du botaniste celui du cultivateur : s'il n'est question que d'un *jardin fruitier*, l'instruction botanique dont on pourra se contenter sera plus limitée; mais d'autres connaissances, un autre apprentissage seront nécessaires. Le *jardin potager* est moins exigeant, si on ne lui demande point des productions exotiques ou hors de saison; le *jardin fleuriste* a toutes les prétentions d'une culture de luxe, et pour lui procurer tout ce qu'il ambitionne, il ne faut pas moins de savoir et d'habileté que pour le jardin fruitier, recommandé par la beauté, l'abondance et la variété. Quant aux jardins qui tiennent à un palais, à un grand édifice public, à une demeure somptueuse, soit de ville, soit de campagne, l'architecture les a compris dans son domaine pour en diriger le plan et la distribution générale, présider aux ornements, donner quelques préceptes relatifs aux plantations, etc. On ne peut lui refuser un droit d'inspection sur tous ces objets, car ils sont destinés à former un ensemble avec l'édifice auquel ils sont subordonnés; mais le goût qui peut apprécier les convenances de cet ordre, saisir les rapports entre les objets si disparates, n'est pas une faculté acquise par l'enseignement. Tout ce que l'on peut faire pour la guider et lui épargner de mauvais choix, c'est de lui offrir quelques résultats d'observations bien constatées, quelques modèles généralement approuvés.

Afin d'éviter que les amours-propres nationaux n'intervinssent dans les débats entre les partisans des jardins *français* ou *anglais*, on est convenu de désigner les premiers par le nom de *jardins ornés*, et les seconds par celui de *jardins paysagistes*, quoique ces dénominations fussent presque toujours inexactes; la plupart des jardins *ornés* n'avaient pour embellissements que des vases ou des statues de mauvais goût et de pitoyable exécution; et dans les jardins dits *paysagistes*, on entassait dans un petit espace des rochers artificiels, des ruines où tout révélait une construction récente, des ruisseaux à sec, et, ce qui déplaisait encore plus, des allées étroites et sinueuses, où la promenade fatiguait au lieu de distraire. On a remarqué depuis longtemps qu'une marche un peu rapide dans une allée large et droite, sous des arbres de même espèce, plantés à des distances égales, était favorable à la pensée, et secondait puissamment les méditations solitaires, aussi bien que les discussions sur des matières importantes entre des hommes capables de s'éclairer mutuellement : en faveur de cette utile propriété des allées rectilignes, qu'on en laisse au moins une dans tout jardin de quelque étendue; les sentiers tortueux à travers des bosquets variés, et les imitations telles quelles d'objets et de sites pittoresques, seront laissés à ceux qui n'ont pour but que de revenir de la promenade avec une tête et un cœur également vides. Faut-il donc proscrire sans retour les jardins qui n'ont que la prétention d'être *paysagistes*, et revenir à ceux dont les Tuileries, le Luxembourg, etc., nous offrent des modèles les plus vantés? Non certes; en usant avec intelligence des ressources que l'horticulture possède aujourd'hui, le citadin trouve une décoration très-convenable pour le *jardin* de ses fenêtres, et l'heureux propriétaire d'une habitation rurale ou d'un jardin de quelque étendue dans une ville peut y réunir des végétaux propres à l'embellissement de chaque saison, même sans trop favoriser l'agréable aux dépens de l'utile.

Le nombre des plantes indigènes ou naturalisées qui méritent une place dans les jardins s'est accru au point qu'on éprouve aujourd'hui les embarras du choix, et qu'il serait impossible de placer ici la liste des arbres, arbustes, etc., qui semblent le plus dignes de préférence lorsqu'on ne peut disposer que d'un terrain peu spacieux. La Quintinie, l'un de nos auteurs classiques en fait de *jardinage*, a consacré plusieurs pages à discuter les droits de préséance entre les poires, et de son temps on ne connaissait pas la moitié des variétés de ce fruit que l'on cultive actuellement : des recherches analogues sur les plantes d'ornement seraient beaucoup plus embarrassantes, interminables, à cause de la multitude de celles qui s'offriraient à la fois avec des titres à peu près égaux. Surtout, que les ordonnateurs de jardins paysagistes, *anglais* ou *chinois*, n'entreprennent point de changer la figure du terrain, d'élever des *montagnes* de deux ou trois toises de hauteur, de créer des vallées en plaine; qu'ils s'abstiennent de ces constructions mesquines, puériles, que la manie d'imiter nos voisins d'outre-mer a beaucoup trop multipliées chez nous.

On a déjà vu que l'un des sens du mot *jardinage* est l'équivalent de celui d'*horticulture*. Le même mot désigne aussi les produits du potager. L'art d'exploiter les forêts s'est emparé du mot *jardiner* pour exprimer une manière d'opérer, qui est effectivement celle des jardiniers en circonstances semblables : on coupe les arbres mal venus, quelques-uns de ceux qui sont trop serrés, et ceux qui, étant arrivés à la *maturité* de leur espèce, c'est-à-dire ayant acquis les dimensions dont on peut tirer le parti le plus avantageux, doivent faire place à de jeunes successeurs. Ce sont principalement les forêts de pins et de sapins que l'on soumet à ce mode d'exploitation, quoique toutes les futaies puissent l'admettre. FERRY.

On ne peut guère, pour l'histoire des jardins, du jardinage ou de l'horticulture, remonter avec quelque certitude au delà de l'époque des Romains. Les jardins des H e s p é r i d e s et ceux de Calypso ne sont que des fables. On voit cependant par l'*Odyssée* que les Grecs possédaient déjà à cette époque des jardins fruitiers, régulièrement plantés, comme il appert visiblement de la description des jardins d'Alcinoüs et de Laerte. Les célèbres *jardins suspendus* de Sémiramis, à B a b y l o n e, semblent n'avoir été que des terrasses plantées et arrosées artificiellement. Parmi les autres jardins fameux dans la haute antiquité, il faut aussi citer le jardin de Chanon en Médie, qui fut encore visité par Alexandre le Grand, les jardins situés sur les rives de l'Oronte en Syrie, qui ont été décrits par Strabon, et les jardins de Cléopâtre. Nous ne possédons que bien peu de renseignements sur l'art du jardinage chez les Grecs. Sauf quelques données éparses çà et là, il ne nous est parvenu que deux descriptions de leurs jardins. Celle du jardin de Phryné, l'hétaïre (an 364 av. J.-C.), et celle du jardin public d'Athènes, créé par Cimon. C'est seulement chez les Romains que nous commençons à avoir des idées un peu plus arrêtées sur ce qu'étaient les jardins de l'antiquité. Au temps de la république les propriétés rurales n'étaient que des domaines agricoles. Tite-Live fait mention des jardins de Tarquin; Lucullus possédait à Bayes un parc magnifique. Matius, sous le règne d'Auguste, introduisit le premier l'usage de tailler les arbres. Pline le jeune (an 62 ap. J.-C.) nous donne les renseignements les plus précis sur les jardins de son temps en nous décrivant ceux de ses deux *villas*, appelées *Laurentium* et *Tuscum*. On y voit que les jardins romains servirent de modèle aux jardins réguliers créés plus tard par les Français, ce qui se trouve encore confirmé par les peintures murales qu'on voit à Pompéi. Il se peut, toutefois, que les jardins de Néron, d'Adrien et des empereurs qui régnèrent après eux se soient plus rapprochés de la représentation des paysages naturels. La décadence de l'horticulture coïncida en Italie avec la décadence de l'empire, et elle semble n'avoir fleuri de nouveau qu'à partir du treizième siècle. Boccace décrit déjà les jardins qui ressemblent fort à ceux des Médicis. Sous les Médicis, le goût pour les grands et beaux jardins devint de nouveau très-répandu. Les magnifiques jardins de Boboli au palais Pitti (1549), Tivoli, Borghèse, Aldobrandini et Isola-Bella (1675) témoignent encore aujourd'hui des préceptes qu'on suivait autrefois en Italie pour l'arrangement des jardins.

En Allemagne, il se passa beaucoup de temps avant que l'art du jardinage fit quelques progrès. On dit bien que Charlemagne possédait de superbes jardins à Ingelheim et à Aix-la-Chapelle; et la célèbre tradition du jardin d'Albert le Grand (1249) indique qu'on connaissait déjà à cette époque les serres-chaudes; mais l'art et le goût des jardins semblent ne s'être développés que beaucoup plus tard. Le plus ancien ouvrage connu sur l'horticulture allemande est le poème *Hortulus* du moine Strabon, de Constance, qui décrit un jardin fleuriste. Ce n'est ensuite que dans les poésies de Hans Sachs qu'on trouve quelques détails sur les jardins allemands. Les jardins des F u g g e r, de Wallenstein, ceux de Hellbrunn près Salzbourg, sont d'ailleurs célèbres.

L'art de dessiner les jardins fut, en France et en Angleterre, une importation de l'Italie, et se borna d'abord à de grossières imitations. François Ier créa les parcs de Boulogne, de Saint-Germain et de Fontainebleau. Le cardinal Wolsey et Élisabeth favorisèrent en Angleterre la création de parcs immenses. Mais la direction qu'on suivait alors dans la disposition des jardins était tellement contraire à la nature que Bacon de Verulam l'attaqua (1620) dans un écrit *ad hoc*. Sous le règne de Henri IV, le célèbre jardinier Claude Mollet créa les jardins des Tuileries, du Luxembourg et de Saint-Cloud. Mais c'était toujours la tradition romaine et le style italien qui dominaient dans l'horticulture européenne. Ce fut seulement en 1680 qu'eut lieu dans cet art une révolution opérée par la plantation des jardins de Versailles, où l'architecte L e N ô t r e créa pour la première fois un style plus indépendant, qu'on appela dès lors celui des *jardins français*. Des plantations régulières d'arbres, des plans obliques au lieu des terrasses italiennes, une innombrable quantité d'ornements architectoniques, des ouvrages hydrauliques, des haies et des arbres bizarrement taillés, des statues et des orangeries, formèrent le caractère propre de ces jardins, qui ne tardèrent pas à être imités partout en Europe. En Hollande, la corruption du goût en vint à ce point, qu'on finit par n'avoir plus que des jardins de pierres et de coquillages, garnis de gros vases contenant des fleurs en porcelaine. Les plus célèbres jardins français, en Allemagne, étaient ceux de Schœnbrunn près de Vienne, du Parc et de Sans-Souci près de Berlin, de Schwetzingen près de Manheim, de Herrenhausen près de Hanovre, de Nymphenbourg et de Schleissheim près de Munich, de Ludwigsburg et de la Favorite près de Stuttgard.

Au commencement du dix-huitième siècle, une réaction violente s'opéra en Angleterre contre le style des jardins français. Wise, lord Bathurst, Pope et Addison l'avaient déjà attaqué. Le véritable créateur du nouvel art des jardins fut le peintre William Kent, qui, par la création des magnifiques parcs de Carltonhouse, de Claremont, d'Essex et de Rousham (1725-1730), donna une direction tout autre à l'art des jardins, pour lequel on adopta alors le principe de la peinture de paysage, sans avoir égard le moins du monde aux règles observées jusque alors. Toutefois, ce fut le jardinier Brown (1750) qui le premier perfectionna le système de Kent; en dessinant le parc de Blenheim, il fit un chef-d'œuvre de l'art de l'imitation, et fixa le caractère des jardins dits *anglais*. Vinrent après lui les *professeurs de jardinage* : Shenstone, Mason, Repton, Whateley, Alison et Hilpin (1764-1790), et leurs antagonistes : Horace Walpole (1780) et Uvedale Price. Ces derniers s'efforcèrent de bannir des jardins les bâtiments bizarres avec des scènes dites romantiques. En Allemagne les jardins anglais se propagèrent encore bien plus rapidement que les jardins français. Wilhelmshœhe près de Cassel, Harbke près de Helmstadt, Wœrlitz près de Dessau, Charlottenburg près de Berlin, Schœnhoven en Bohème, etc., furent les premières et les plus grandes créations en ce genre. Toutefois, la plupart des imitations témoignaient déjà d'une corruption du goût; et vingt années après le besoin d'un réformateur se faisait déjà sentir. Ce rôle fut rempli par Hirschfeldt, professeur d'esthétique et de philosophie à Kiel, dont les excellents écrits (1773-1782) ouvrirent des voies nouvelles à la pratique de l'art des jardins. En France, le goût anglais, introduit à partir de 1763, dégénéra bientôt en goût chinois. Girardin, Morel et J.-J. Rousseau combattirent cette direction, tant en théorie qu'en pratique, par la création des jardins d'Ermenonville. C'est vers cette époque que Delille composa son poème didactique *Les Jardins*.

Malgré tant d'efforts et de si excellents modèles, l'art des jardins ne parvint véritablement à être quelque chose de libre et d'élevé qu'après qu'il eut encore subi une nouvelle et profonde réforme. Cette fois ce fut l'Allemagne qui en donna le signal, et le réformateur nouveau fut L. Sckell (né en 1757, à Weiburg, dans le duché de Nassau, et anobli plus tard). Il fut le fondateur du nouveau goût en matière de jardins, qui remplace les imitations de l'art par des effets naturels. Parmi les créations les plus considérables exécutées par Sckell de 1780 à 1820, les plus célèbres sont le jardin anglais à Munich, que le comte Rumfort avait commencé, Schœnbusch près d'Aschaffenburg, Birkenau sur la Bergstrasse, Monbijou dans le Palatinat, etc. Le prince Puckler-Muskau, qu'on peut à bon droit compter au nombre des plus grands jardiniers des temps modernes, produisit encore en ce genre des créations plus grandioses et plus importantes. Ses magnifiques jardins à Muskau et à Branitz, ainsi que ses livres, sont la meilleure école à laquelle puisse étudier celui qui veut pratiquer l'art des jardins. Après lui, il faut citer A. de Hake à Hanovre, Weyhe à Dusseldorf, Lenné à Berlin, Siebeck à Leipzig, etc., pour l'introduction d'embellissements pittoresques bien entendus, pour l'art de composer un tout harmonieux et de grouper avec grâce. En Angleterre, où les *pleasure-grounds* (parcs à fleurs) ont réalisé la nouvelle direction imprimée à l'art des jardins, ceux qui, après Henri Repton, se sont le plus distingués par leurs heureuses créations, sont Nash et Paxton, le constructeur du Palais de cristal. En France on cite Thouin, Hardy, Viart, Lalos, etc. On peut dire en général que l'époque actuelle est restée bien en arrière de l'époque précédente pour les créations de jardins grandioses, et s'est plutôt occupée de l'horticulture proprement dite, c'est-à-dire du jardinage immédiatement pratique et utile.

Ce genre de culture, qui très-certainement avant la création de l'agriculture proprement dite constitua la principale ressource alimentaire des hommes, fut surtout pratiqué au moyen-âge par les Hollandais, qui l'introduisirent en Angleterre, où cependant la fondation de la première société d'horticulture ne date que de 1805. Dès 1809 la *Caledonian horticultural Society* se fondait en Écosse, tandis qu'en France la Société d'Horticulture, très-richement dotée d'ailleurs, ne fut créée qu'en 1827. En Allemagne on peut citer comme la plus ancienne société d'horticulture la Société Pomologique fondée en 1803 à Altenburg. Chaque pays et même chaque grande ville possède aujourd'hui sa société d'horticulture, et leurs expositions annuelles de fleurs contribuent beaucoup à l'amélioration des méthodes de jardinage ainsi qu'au perfectionnement des diverses espèces de fruits. La littérature *horticole* est déjà d'une richesse extrême; on peut cependant, dans l'innombrable quantité d'ouvrages dont elle se compose, signaler plus particulièrement les suivants : Bacon de Verulam, *Essay on Gardens* (Londres, 1620); Temple, *Upon the Gardens of Epicurees* (Londres, 1685); Shenstone, *Unconnected Thougts on landscape-gardening* (Londres, 1764); Masson, *An Essay on Design in Gardening* (Londres, 1768); Whateley, *Observations on modern Gardening* (Londres, 1770); Chambers, *Dissertations on oriental Gardening* (1772); Price, *Essais on the picturesque in gardening* (1780); Hirschfeld, *Anmerkungen über Landhæuser und Gartenkunst* (Leipzig, 1773); Le même, *Theorie der Gartenkunst* (5 vol., Leipzig, 1775-1780); Morel, *l'Art de distribuer les Jardins suivant l'usage des Chinois* (Paris, 1757); le même, *Théorie des Jardins*, etc. (Paris, 1776); Girardin, *De la Composition des Paysages* (Paris, 1777); Silva, *Arte di Giardini inglisi* (Florence, 1763); Sckell, *Beitræge zur bildenden Gartenkunst* (Munich, 1818); Pindemonte, *Sui Giardini inglisi* (Rome, 1817); le prince Puckler-Muskau, *Andeutungen über Landschaftsgærtnerei* (Stuttgard, 1834); Hake, *Ueber hæhere Gartenkunst* (Slade, 1842); Downing, *Treatise on the Theory and Pratice of Landscape-Gardening* (4° édit.; Londres, 1849), etc., etc.

JARDINAGE, art de cultiver les jardins, travail que l'on fait aux jardins.

JARDIN DES PLANTES, longtemps appelé *Jardin du Roi*, la plus belle promenade publique de Paris à notre avis. Elle comprend le vaste emplacement borné par les rues Cuvier, Geoffroy-Saint-Hilaire, Buffon et le quai d'Austerlitz, et fait partie du Muséum d'Histoire Naturelle, cet établissement sans pareil dans le monde entier.

Le Jardin des Plantes se divise en haut et bas jardin. Le premier était jadis un monticule surmonté d'un moulin à vent, et qu'on nommait la butte Copeau, d'où vint le nom de rue Copeau, porté il y a peu temps encore par la rue Lacépède, située dans le voisinage. Cette butte, plantée d'arbres verts et découpée en spirale, s'appelle maintenant les *Labyrinthes*. Au sommet du Grand-Labyrinthe, sur le flanc duquel le fameux cèdre du Liban, planté par Daubenton, étend l'ombre de ses branches gigantesques, est un élégant pavillon, entièrement fait en cuivre et d'où l'on jouit d'une vue très-étendue. Non loin de là se trouvent ces belles serres chaudes qui n'étonnent plus nos yeux depuis qu'ils ont vu les prodiges récemment réalisés par l'emploi architectural de la fonte et du verre. De longues allées de marronniers coupent le jardin botanique, divisé en de nombreux carrés, contenant la plus riche collection de plantes alimentaires, médicinales, et de pur agrément qu'il y ait en Europe. Mais la plus grande curiosité du Jardin des Plantes, ce qui lui a valu son universelle popularité, c'est sa ménagerie, installée enfin d'une manière digne d'un magnifique jardin anglais.

Une belle grille en fer forgé borde le Jardin des Plantes tout le long de la rue de Buffon et du quai d'Austerlitz; une terrasse ombragée et les bâtiments de la galerie zoologique le terminent du côté de la rue Geoffroy-Saint-Hilaire; des maisons affectées au logement du nombreux personnel de l'établissement forment enfin sa limite du côté de la rue Cuvier.

Le fondateur du Jardin des Plantes, c'est Louis XIII, ou, pour mieux dire, c'est Richelieu, et l'homme qui en forma le projet est Guy de La Brosse. Le surintendant des finances Bullion eut également une part importante à cette création. Protégé par plusieurs ministres, cet établissement acquit une faveur qu'il perdit bientôt, et qu'il reprit par le zèle de Valot et de Fagon, qui repeuplèrent ce jardin d'un grand nombre de plantes rapportées de leurs voyages par Fagon lui-même, Tournefort et le père Plumier.

La surintendance de ce jardin passa successivement à diverses personnes, parmi lesquelles on voit figurer Colbert en 1671. A partir de Chirac, cet établissement n'eut plus que des intendants. En 1739 Louis XV y nomma l'illustre Buffon, sous les auspices duquel cet établissement, s'éleva bientôt à un haut point de splendeur et d'utilité. Les Thouin, les de Jussieu, les Lemonier, y apportèrent aussi le tribut de leur science et de leur soin. Bernardin de Saint-Pierre fut le dernier intendant du Jardin des Plantes. La révolution, loin de nuire au Jardin des Plantes, concourut à son agrandissement. Il reçut alors une extension considérable, grâce au conventionnel Lakanal. Enfin, sa prospérité n'avait jamais été telle qu'elle le devint après 1830. Le Jardin des Plantes, qui n'avait que six hectares en 1640, que 14 en 1789, et en comptait déjà 27 en 1820, en a plus de 35 aujourd'hui, et chaque année ajoute aux améliorations et aux embellissements. W.-A. DUCKETT.

JARDINIER. C'est celui dont le métier est de travailler aux jardins, ou qui cultive un jardin pour en vendre les produits. Il y a des jardinières fleuristes, pépiniéristes, maraîchers, etc.

JARDINIÈRE, meuble d'ornement qui supporte une caisse dans la quelle on met des fleurs. On fait des jardinières en grume, en bois plaqué, etc.

En termes de cuisine on nomme *jardinière* un mets composé de différents sortes de légumes, principalement de navets et de carottes : on le sert surtout comme entremets.

En termes de couture, une *jardinière* est une petite broderie de fil, étroite et légère, faite au bord d'une manchette de chemise ou de quelque vêtement semblable.

Dans quelques endroits on donne le nom de *jardinière* à la courtilière.

JARDINS BOTANIQUES, établissements dans lesquels on cultive des plantes de toutes les parties du monde et de tous les climats. Leur but est de servir aux progrès de la science et à l'instruction; mais quelquefois aussi ce sont de purs objets de luxe, entretenus à grands frais par des amateurs. Quand un jardin botanique a une destination scientifique, il faut qu'on y cultive le plus grand nombre possible de plantes des familles les plus différentes. Pour cela il faut avoir des terres de diverses espèces. Il est aussi nécessaire que le directeur d'un jardin botanique soit en correspondance continuelle non-seulement avec les premiers jardiniers de l'Europe, mais avec les botanistes de toutes les parties du monde; et il vaut mieux encore envoyer de bons voyageurs faire des collections.

Au commencement du quatorzième siècle, Matthieu Silvaticus établit à Salerne le premier jardin botanique proprement dit. La République de Venise ne tarda pas à imiter cet exemple. En 1333 elle fit établir un jardin médicinal public, et en fit peindre les plantes par Amadei. Le duc Alfonse d'Este créa un magnifique établissement de ce genre à Ferrare; les jardins botaniques de Padoue, de Pise et de Pavie furent fondés peu après, le premier en 1533. Le jardin botanique de l'université de Leyde date de 1577, et les premiers jardins botaniques qu'aient eus l'Angleterre et l'Allemagne, de 1620 à 1630. Paris eut un jardin botanique en 1591; Houel établit, vers l'an 1600, celui des apothicaires de cette même ville; celui de Montpellier, établi par le médecin Richer de Belleval, date de l'an 1598. Les deux plus fameux jardins botaniques sont sans contredit ceux de Suède et de Paris (voyez JARDIN DES PLANTES). Le célèbre botaniste suédois Olaüs Rudbeck fut le père et le fondateur de celui d'Upsal; il y fit des démonstrations, et on accourut de toutes parts pour l'entendre. Le roi de Suède Charles-Gustave ayant noblement encouragé ces essais, ce jardin s'agrandit insensiblement, et devint bientôt un lieu de délices et de science sous la direction du grand Linné, dont il vit naître le système. Ces jardins ne sont devenus réellement importants que depuis le développement du commerce étranger, c'est-à-dire depuis le milieu du dix-huitième siècle, et depuis la création de la botanique scientifique. Aujourd'hui il n'y a pas une grande ville qui ne possède un jardin botanique; on en trouve jusque dans les colonies, par exemple au Cap, à Maurice, à Ceylan, à Madras, à Sérampore, Calcutta, Batavia, Sidney, comme à Saint-Jago, Rio-Janeiro, La Havane, Philadelphie, New-York, etc.

JARDINS PUBLICS. Ils sont de deux sortes: d'abord ceux qui sont ouverts le jour, à tous, sans aucune rétribution, où le citadin vient chercher le semblant de la campagne et un air plus pur que celui de la ville, où la première enfance essaye ses premiers pas, sous les yeux d'une mère, ou bien sous la tutelle moins attentive de la bonne, qui y trouve toujours des *pays* parmi les maréchaux en herbe; où l'écolier, enfin, vient oublier l'école et les retenues et les pensums avec les barres, les billes et le ballon. Il y a aussi ceux où l'on n'entre qu'en payant, propriétés privées de spéculateurs qui y ont réuni différents genres de divertissements, jeux, bals, spectacles, concerts. Les premiers sont indispensables à la salubrité d'une grande ville et à la récréation de ses habitants. Tels sont à Paris : les jardins des Tuileries, du Luxembourg, du Palais-Royal, le Jardin des Plantes, la Place Royale; à Londres : Hyde-Park, Regent's Park, etc. Les squares de cette dernière capitale ne sont pas, à proprement parler, des jardins publics. Quant aux seconds, l'accroissement énorme de valeur qu'ont pris les terrains à Paris en a considérablement réduit le nombre. Tivoli, Mar'.euf, Beaujon, Idalie, Paphos, le Jardin Turc, n'existent plus. Les bals d'été, Mabille, le Château des Fleurs, la Chaumière, en ont sauvé quelques-uns de la destruction, mais qu'ils sont petits, quand on les compare à ceux qui les ont précédés!

JARDINS SUSPENDUS. Les jardins suspendus de Babylone ou de Sémiramis furent mis par les anciens au rang des sept merveilles du monde. On ne saurait au juste en donner la description ; voici cependant comment de Jaucourt les imagine d'après les auteurs anciens : « Ils étaient soutenus en l'air, dit-il, par un nombre prodigieux de colonnes de pierre, sur lesquelles posait un assemblage immense de poutres de bois de palmier; le tout supportait un grand poids d'excellente terre rapportée, dans laquelle on avait planté plusieurs sortes d'arbres, de fruits et de légumes. Les arrosements se faisaient par des pompes ou canaux dont l'eau venait d'endroits plus élevés. »

JARGON, mot d'une étymologie incertaine, qu'on écrivait anciennement *gergon*, que Ménage fait venir de *barbaricus*, que d'autres tirent de *græcum*, que d'autres enfin dérivent de *jars*, mâle de l'oie. Quoi qu'il en soit, ce nom s'applique à tout langage inintelligible, corrompu, factice, particulier à certaines personnes, ce qui le différencie du patois, lequel a des règles et est propre à tous les gens du même pays. Le jargon diffère aussi de l'argot, en ce que celui-ci est toujours une langue de convention, tandis que le jargon peut varier d'homme à homme et emprunter à chacun un certain caractère d'originalité. On emploie encore le nom de *jargon* pour désigner une langue qu'on ne comprend pas, pour qualifier un langage obscur, au-dessus de la portée des intelligences ordinaires. Condillac a dit avec raison que « la langue de la philosophie n'a été qu'un *jargon* pendant des siècles ». On peut aussi traiter de jargon ces nomenclatures scientifiques, qui sans égard pour les noms communs et vulgaires, multiplient à l'infini leurs termes barbares à force d'être savants. Le Père Bouhours et Molière se sont servis de ce mot pour caractériser la recherche, la prétention, la singularité dans le langage, le vide des pensées dans le style. Le langage des précieuses était un véritable *jargon*, comme le dit Martine dans *Les Femmes savantes*. Poétiquement, on nomme *jargon* le ramage des oiseaux, le langage des animaux, qui échappe à notre intelligence si superbe. L. LOUVET.

JARNAC, chef-lieu de canton du département de la Charente, sur la rive droite de la Charente, que l'on y fait passer sur un pont suspendu, avec 2,510 habitants et une église consistoriale calviniste. On y fait une abondante récolte de vins rouges, un grand commerce d'eaux-de-vie dites de Cognac. C'est entre cette ville et les villages de Bassac et de Triac que fut livrée la célèbre bataille gagnée par le duc d'Anjou (voyez l'article suivant). Une pyramide quadrangulaire avait été élevée sur le territoire de Bassac, à l'endroit où le prince de Condé avait reçu le coup mortel; ce monument, détruit en 1793, a été rétabli. Le ville de Jarnac devait donner son nom à une branche de la maison de Chabot.

JARNAC (Bataille de). Le 12 mars 1569, l'armée catholique, sous les ordres du duc d'Anjou, s'empara de Châteauneuf-sur-Charente, et passa cette rivière après avoir rétabli le pont pendant la nuit. Coligny, qui commandait les protestants, ne pouvait opposer que des forces bien inférieures, plusieurs de ses capitaines ne l'ayant pas rallié à temps.

Cependant l'aile qu'il commandait enfonça les lignes ennemies; mais il ne fut pas soutenu par son avant-garde et sa cavalerie. Lanoue fut fait prisonnier, et Condé ayant chargé avec trop d'impétuosité, fut accablé sous le nombre, renversé de cheval, et tué d'un coup de pistolet par Montesquiou, capitaine de gardes suisses. Sa mort décida de la journée. Quelques mois après les protestants étaient encore battus à Montcontour.

JARNAC (GUY DE CHABOT, sire DE), gentilhomme de la chambre du roi sous François I*er* et sous Henri II, n'est connu que par son fameux duel avec *François* DE VIVONNE, sieur DE LA CHATAIGNERAIE. La cause de ce duel est assez curieuse pour être rapportée. On avait jeté dans la chambre du roi un écrit contenant l'imprécation et la malédiction prononcées contre Ruben. C'était une allusion aux amours de Henri II et de Diane de Poitiers, qui avait été la maîtresse de son père. Le roi en avait fait l'application à Jarnac, qui, disait-il, était l'amant de sa belle-mère, et faisait figure à la cour avec l'argent qu'il en recevait. Jarnac, sans paraître savoir d'où l'imputation était venue, l'avait repoussée comme calomnieuse. La Châtaigneraie, qui passait pour la meilleure lame du royaume, s'en déclara l'auteur, pour faire sa cour au roi, dont il était déjà l'un des favoris. Jarnac dut lui demander réparation. Henri II autorisa le combat. Les lices furent ouvertes le 10 juillet, dès six heures du matin, à Saint-Germain-en-Laye. Le roi y assista avec toute sa cour; le duc d'Aumale avait accepté l'office de parrain de La Châtaigneraie; Charles Gouffier de Boissy était parrain de Jarnac. On fit le choix des armes avec tous les rites de l'ancienne chevalerie. Lorsque enfin l'un des hérauts d'armes prononça le cri : « Laissez aller les bons combattants, » ils s'élancèrent l'un sur l'autre et se portèrent plusieurs coups d'épée; tout à coup La Châtaigneraie tomba, blessé au jarret d'une manière inattendue, d'où est venu le terme proverbial *recevoir un coup de Jarnac*. Le vainqueur ne voulut point achever son ennemi ainsi renversé; il lui criait : « Rendez-moi mon honneur ! » « Puis il disait au roi : « Sire, prenez-le, je vous le donne. » La Châtaigneraie ne voulut pas se rendre, et le roi hésita longtemps avant de l'accepter en don.

Cependant le vaincu fut emporté du champ de bataille; Jarnac fut embrassé par le roi, qui lui dit : « Vous avez combattu en César et parlé en Aristote. » La Châtaigneraie, désespéré, arracha les bandages de sa blessure, et se laissa mourir.
A. SAVAGNER.

JARNICOTTON. *Voyez* COTTON.
JAROSLAW. *Voyez* IAROSLAF.
JAROSSE. *Voyez* GESSE.

JARRE, nom que l'on donne en chapellerie aux poils longs, durs et luisants, qui ne sont propres ni au feutrage ni à la teinture, et qu'il faut arracher avec des pinces.

JARRE, sorte de vase en terre vernissée, à deux anses, dont le ventre est fort gros, et qui sert particulièrement à renfermer de l'eau dans les vaisseaux, de l'huile, etc. La jarre servait autrefois de mesure pour les huiles.

JARRE ÉLECTRIQUE. *Voyez* BOUTEILLE DE LEYDE.

JARRET. Chez l'homme, c'est la partie postérieure du genou; chez le cheval, c'est l'intervalle compris, dans le membre postérieur, entre la jambe et l'os du canon. Cette région correspond, dans ce dernier cas, au tarse des anatomistes. On estime un cheval qui a les jarrets larges, plats, peu charnus. S'ils balancent ou se déjettent en dedans ou en dehors, on dit que le cheval a les *jarrets mous*. Celui dont les jarrets, trop serrés, se lient et s'entreprennent aux moindres descentes, est dit *clos du derrière* ou *jarret*. Enfin, on nomme *jarrets coudés* ceux qui, naturellement trop fléchis, portent le canon très en avant et sous l'animal. Par analogie, on donne ce nom à la même partie du corps chez d'autres quadrupèdes : *jarret de veau, de bœuf*, etc.

JARRETIÈRE (Ordre de la), *Order of the Garter*, le premier des ordres de chevalerie qu'il y ait en Angleterre, fut fondé par le roi Édouard III. Malgré toutes les investigations des historiens anglais, beaucoup d'obscurité règne sur son origine. On dit, raconte-t-on, que ce monarque assistait à un bal avec sa maîtresse, la comtesse de Salisbury, cette dernière perdit en dansant sa jarretière gauche, qui était de couleur bleue. Le roi voulut aussitôt la relever, et en faisant ce mouvement toucha involontairement la robe de la belle comtesse, qu'il exposa ainsi aux méchants propos de l'assistance. Pour réparer sa faute, Édouard s'écria : *Honni soit qui mal y pense !* et fit en même temps le serment de mettre ce ruban tellement en honneur, que les railleurs eux-mêmes le rechercheraient avec le plus vif empressement. En suite de quoi le roi, en 1334, fonda l'ordre de la Jarretière.

Suivant une autre version, la fondation de l'ordre de la Jarretière daterait de 1346, et aurait eu lieu après la victoire remportée par Édouard III à Crécy, où un ruban bleu arboré au bout d'une lance aurait servi de signal pour engager l'action, et où le mot d'ordre aurait été *le chevalier saint Georges*.

Mais les statuts de l'ordre portent qu'il fut fondé en 1349, en l'honneur de Dieu, de la sainte Vierge et de saint Georges, martyr. Il n'y a que des princes souverains ou des Anglais de la plus haute naissance qui puissent en être membres. Le nombre des chevaliers, y compris le roi, chef de l'ordre, est de vingt-six, non compris les princes du sang et les membres étrangers. Il se tient tous les ans, le 26 avril, un chapitre du *très-noble* ordre de la Jarretière dans la chapelle du château de Windsor. Outre les vingt-cinq chevaliers proprement dits, le roi en nomme encore vingt-six autres, dits *chevaliers pauvres*, choisis d'ordinaire parmi d'anciens titulaires de charges de cour, qui, trop vieux pour pouvoir désormais rendre des services militaires, reçoivent une pension de 300 liv. st., moyennant laquelle ils sont tenus de prier aux lieu et place des vingt-cinq chevaliers titulaires. La réception des nouveaux chevaliers se fait avec une grande pompe, et un héraut d'armes est chargé d'aller remettre les insignes de l'ordre aux princes étrangers, lorsque ceux-ci ne peuvent point assister en personne à la cérémonie de leur réception. Les membres étrangers de l'ordre de la Jarretière sont aujourd'hui : l'empereur des Français, les rois de Prusse, de Saxe, de Hanovre, de Wurtemberg et de Belgique, le duc de Brunswick, le duc de Saxe-Meiningen, le duc de Saxe-Cobourg-Gotha, et le prince de Linanges. La décoration consiste en un ruban bleu foncé et moiré qui s'attache au-dessous du genou gauche avec une boucle d'or, et porte la devise : *Honni soit qui mal y pense !* Un autre large ruban, de même couleur, se porte de l'épaule gauche à la hanche droite; et ce ruban est suspendu un écusson d'or, orné de diamants, du chevalier saint Georges représenté dans l'action du combat, de la devise et de la jarretière. Enfin, les chevaliers portent à gauche sur la poitrine une étoile à huit pointes, contenant la croix rouge de saint Georges, la jarretière et la devise. Le costume officiel de l'ordre se compose d'un vêtement de dessus bleu foncé, en soie, d'un manteau de velours rouge brodé en or, d'une toque noire surmontée d'une plume blanche, et d'une chaîne d'or qu'y ajouta Henri VIII.

JARS. *Voyez* OIE.
JASER. *Voyez* CAQUET.
JASERAND. *Voyez* COTTE DE MAILLES.

JASEUR, genre d'oiseaux tour à tour rapporté par les ornithologistes à la famille des corbeaux et des geais, aux merles et au groupe des cotingas, auquel ils semblent devoir appartenir. On lui a donné le nom latin de *bombycivora*, parce qu'on a cru qu'il se nourrissait principalement de lépidoptères nocturnes, et l'on ne connaît pas assez ses mœurs pour affirmer que le nom de *jaseur* lui a été donné en raison de son caquetage, c'est-à-dire de la particularité de son chant, qui paraît ne se manifester que pendant la saison des amours, lorsque ces oiseaux sont réunis en troupe. Les caractères de ce genre sont : Bec droit, bombé en dessus et en dessous; mandibule supérieure faiblement courbée vers son extrémité, terminée par une dent très-marquée; narines basales ovoïdes, percées de part en part, ouvertes par devant, cachées par les petites plumes du front ou nues; pieds très-courts; des trois doigts antérieurs, celui du milieu et l'interne libres; l'externe soudé à la base; ailes médiocres; queue carrée, composée de douze pennes; la première et la seconde rémiges les plus longues, ou la première un peu plus courte que la deuxième.

Ce genre renferme trois espèces, dont une d'Europe et

d'Asie, la seconde du Japon, et la troisième d'Amérique. La première, qu'on nomme aussi *grand jaseur*, *jaseur de Bohême* et *jaseur d'Europe* (*bombycilla garrula*, Vieill.), se montre plus fréquemment à l'est et à l'ouest qu'au nord de l'Europe. Cet oiseau a été vu aux environs d'Abbeville, de Falaise, de Caen, et M. Florent Prévost, qui étudie avec assiduité les mœurs des oiseaux, a eu l'occasion de tuer quatorze jaseurs dans une seule chasse aux environs de Paris. Son apparition ou son passage en nombre un peu considérable dans un endroit donné est regardé comme un fait digne de l'attention des ornithologistes. Ils ne se montrent qu'en petit nombre dans les pays du nord de l'Europe, et à des époques indéterminées. Les jaseurs sont des oiseaux timides; ils se cachent dans les buissons les plus épais, et descendent rarement à terre; leur vol est de courte durée.

L. LAURENT.

JASIKOF. *Voyez* IASIKOF.

JASMIN. Le nom de *jasmin* a été donné à une foule de plantes appartenant à des familles différentes, et dont les caractères distinctifs ne ressemblent aucunement aux plantes de la famille des jasminées, qui seules doivent porter le nom de *jasmin*.

Le jasmin, arbrisseau à rameaux droits, disposés en buisson ou grimpant sur les corps qui les avoisinent, porte ordinairement des feuilles alternes ou opposées, simples ou composées, et des fleurs qui, placées de manières différentes, soit à l'extrémité des rameaux, soit dans l'aisselle des feuilles, ont une odeur suave et un aspect agréable. Voici les caractères distinctifs des principales variétés : le calice est persistant, à cinq dents; la corolle est monopétale, à limbe plat partagé en cinq divisions; elle porte deux étamines renfermées dans le tube de la corolle, et un ovaire supérieur arrondi, surmonté d'un style simple et terminé par un stigmate bifide; le fruit est une baie à deux loges monospermes. Il y a environ une trentaine d'espèces de jasmin, dont la plupart exigent la serre chaude ou l'orangerie : ce sont les variétés dont l'odeur est la plus suave.

Parmi les espèces principales, on remarque le *jasmin blanc commun* (*jasminum officinale*, L.) : c'est le plus répandu de tous; il fait l'ornement de nos jardins, par la beauté de sa fleur, et par le parfum qu'elle exhale; ses jeunes rameaux s'élèvent en serpentant autour de la vigne ou de l'oranger, ses feuilles, toujours vertes, semblent vouloir les abriter des rigueurs de l'hiver. Ce jasmin, qui ne se multiplie que par marcottes et par boutures, est, dit-on, originaire de la côte de Malabar, d'où on l'a importé en Europe, où il s'est acclimaté. Il vient très-bien en pleine terre, mais il faut avoir le soin de l'exposer au midi, près d'une muraille ou d'un treillage.

Le *jasmin des Açores* (*jasminum azoricum*, L.), qui se reproduit comme le précédent, a des rameaux qui peuvent s'élever à la hauteur de six à sept mètres; ses fleurs commencent à paraître en automne, et sont très-petites. On remarque encore le *jasmin jaune*, originaire des contrées méridionales de la France, dont les fleurs inodores ont une couleur jaune qui a servi à distinguer la plante; le *jasmin d'Italie* (*jasminum humile*, L.), qui se rapproche beaucoup du précédent par sa fleur jaune, mais blanche; le *jasmin jonquille* (*jasminum odoratissimum*, L.), ainsi nommé par son odeur, suave et fort agréable : c'est le plus odorant de tous les jasmins; il est originaire de l'Inde, toujours vert, et fleurit au milieu de l'été. Cette variété ne peut se conserver qu'en serre chaude. Enfin, une des espèces les plus importantes, est la *jasmin à grandes fleurs* ou *jasmin d'Espagne* (*jasminum grandiflorum*, L.), assez semblable au jasmin commun, dont il diffère cependant par ses fleurs, rougeâtres en dehors et blanches en dedans. Son odeur est des plus suaves : aussi sert-il à préparer l'*huile dite de jasmin*; il est très-abondant en Amérique; on le cultive également en Italie et dans la Provence, où l'on en extrait le principe aromatique, qui forme la base d'une huile qui sert principalement dans la parfumerie. On a essayé de l'employer en frictions dans quelques cas de maladie; mais on y a presque entièrement renoncé, ses propriétés étant au moins douteuses.

C. FAVROT.

JASMIN (JACQUES), coiffeur-poëte provençal, naquit en 1797, dans les conditions les plus humbles de la société. Son père était un pauvre tailleur. Privé d'appui et de fortune, Jasmin est l'enfant de la nature, et ne doit rien, ou presque rien, à l'éducation. Admis dans son enfance à figurer parmi les élèves d'un séminaire, il en fut éloigné bientôt, ainsi qu'il nous l'apprend, par les espiègleries de son âge!... Il n'échappa donc aux premières épreuves de la misère qu'en cherchant dans les occupations de la classe ouvrière le moyen de se suffire et d'assurer son sort à venir. Il se fit apprenti coiffeur, et c'est en dérobant au sommeil quelques heures, toujours trop courtes, que l'enfant du peuple naquit par degrés à la vie intellectuelle. Alors, dit-il lui-même, ses peines parurent se calmer. Jasmin cédait au besoin d'apprendre avec entraînement. Florian paraît l'avoir particulièrement impressionné.

C'est le chant doux et suave *Me cal mouri* qui forme à proprement parler le début quelque peu saillant de Jasmin. Cette gracieuse composition remonte à 1825. L'œuvre qui marque comme le point de départ de sa célébrité dans l'Agennais, *Le Charivari*, est d'une facture supérieure, et cette composition dénote une entente des principes de l'art qui justifie le bon accueil fait à ces débuts du poëte. A partir de cette époque le trouvère méridional grandit sans doute; il se révèle plus magnifique, plus complet à mesure qu'apparaissent les *Papillottes* (contenant *Mes Souvenirs*), *L'Aveugle*, *Françonnette*, *l'Ode à la Charité*, *Martha*, *Les Deux Jumeaux*; mais le poëte, l'homme supérieurement doué, était visiblement en germe dans cette réminiscence du *Lutrin* qui nous montre l'*Hymen* et le *Célibat* entrant si comiquement en lutte d'influence et de primauté. Il faut lire Jasmin dans sa langue, dans ce patois provençal qui s'en va, si l'on veut saisir une foule de nuances de style, de sentiment et d'harmonie que notre français aligné, si sobre d'ellipses, trop dépourvu par cela même de vie et de couleur, ne parviendra jamais à rendre. Il faut surtout se défier des traducteurs, car ils ne réussissent pas toujours à donner, nous ne dirons pas le sens exact du poëte, mais le sens vrai de l'écrivain.

La vente de ses publications fit enfin jouir Jasmin d'une honnête aisance; elle ne lui fit pas cependant abandonner sa modeste profession, qui lui est d'autant plus chère, qu'en homme d'esprit, il comprend que le contraste de son talent et de son métier contribue à donner du piquant à ses vers : « Je suis toujours sûr, dit-il, de faire la barbe à mes confrères les poëtes, d'une manière ou de l'autre. » Appelé à Bordeaux, à Toulouse, il y a lu ses poésies dans de grandes assemblées; il y a été couronné, il a triomphé comme les chantres de la Grèce. C'est parmi les populations si impressionnables du midi un barde populaire et national, un artiste ingénieux de la langue et de la versification, un digne successeur de Goudouli et de Despourrins. Appelé plus tard à Paris par nos critiques et nos Mécènes, invité dans nos plus brillants salons, il est reparti comblé d'honneurs après avoir assisté à un grand banquet que lui avaient offert tous les coiffeurs de Paris, après avoir dîné avec le roi Louis-Philippe à Neuilly, pour aller reprendre à Agen son rasoir, son peigne et ses ciseaux, et recevoir bientôt de son hôte la décoration de la Légion d'Honneur.

JASMIN DE VIRGINIE. *Voyez* BIGNONE.

JASMINÉES, famille de plantes dicotylédones, monopétales, à corolle insérée sous l'ovaire, qui est simple, quelquefois échancré au sommet, à deux loges, renfermant chacune deux ovules suspendus; le style est simple, terminé par un stigmate le plus souvent bifide; le fruit est tantôt une capsule analogue à celle des acanthées, tantôt une baie ou un drupe à une ou deux loges, renfermant une à quatre graines; l'embryon est droit, plan, presque toujours entouré par un périsperme charnu; la radicule est ordinairement supérieure. Le calice et la corolle sont tubulés ; leur limbe est divisé en lobes égaux, au centre desquels se trouvent deux étamines insérées au tube de la corolle. Les fleurs dans les plantes de cette famille sont disposées en corymbe ou en panicule, et ordinairement opposées, ainsi que les feuilles. Les particularités qu'offre cette famille sont de présenter des plantes quelquefois sans corolle; d'autres fois, au contraire, on y voit des fleurs à corolle presque polypétale, comme dans quelques frênes. On rencontre aussi trois étamines au lieu de deux, mais cela arrive rarement. Les plantes de cette famille sont ligneuses, arbres ou arbrisseaux; les tiges sont souvent sarmenteuses et grimpantes. Robert Brown en a fait deux familles, nommées *oléinées* et *jasminées*; Ventenat appelle *lilacées* les oléinées de Robert Brown ; mais la différence sur laquelle se fondent ces deux botanistes pour en faire deux familles distinctes n'est pas assez grande pour admettre cette séparation : il vaut mieux en former deux tribus que deux familles. Dans les *jasminées* se trouvent les genres *syringa*, *fraxinus*, *olea*, *jasminum*.   C. FAVROT.

JASMUND, partie septentrionale de l'île de Rugen.

JASON, un des plus fameux personnages des temps héroïques, était fils d'Éson, roi d'Iolchos en Thessalie, et d'Alcimède. Élevé par le centaure Chiron, il assista fort jeune encore à la fameuse chasse du sanglier de Calydon. Son père Eson ayant abdiqué avant que Jason eût atteint l'âge viril, Pélias, oncle de Jason, se saisit du pouvoir comme tuteur de son neveu. Voici, d'après la tradition commune, dans quelles circonstances eut lieu l'expédition de Jason à la Colchide : Pélias fit un jour inviter tous ses parents, et dans le nombre par conséquent Jason, à un grand sacrifice qu'il voulait célébrer en l'honneur de Neptune. En se rendant à Iolchos, Jason arriva au bord d'un fleuve appelé Événus ou Énipéus, ou encore Amidaurus, et y trouva Junon, déguisée en vieille femme, qui le pria de la transporter sur l'autre rive. Jason consentit à lui rendre ce bon office, mais perdit à cette occasion une de ses sandales, restée engagée dans la vase. Jason arriva ainsi un pied chaussé et l'autre nu à la cour de son oncle, qui à cette vue entra dans une grande colère, parce que l'oracle lui avait prédit que celui-là lui enlèverait le trône et la vie qui arriverait déchaussé à son sacrifice. Dissimulant cependant de son mieux, Pélias demanda à Jason ce qu'il ferait d'un individu que l'oracle lui aurait désigné comme devant être son meurtrier. A quoi, soufflé par Junon, Jason répondit qu'il l'enverrait en Colchide pour rapporter la toison d'or. Pélias donna donc aussitôt cette mission à Jason.

Suivant une autre version, Pélias avait détrôné son frère Éson et l'avait tué. Parvenu à l'âge viril, Jason consulta l'oracle sur la manière dont il devait s'y prendre pour rentrer en possession de son héritage légitime; et l'oracle lui ordonna alors de se rendre à Iolchos, à la cour de Pélias, déguisé en Magnésien, avec une peau de léopard sur les épaules et armé de deux lances. C'est ce que fit aussi Jason; mais il n'arriva chez Pélias qu'avec une seule de ses sandales, ayant perdu l'autre de la manière que nous avons dit plus haut. Pélias, qui ne le connaissait pas, lui ayant demandé qui il était, Jason lui répondit hardiment qu'il était le fils d'Éson, se fit ensuite conduire à la demeure de son père, et y célébra cinq jours durant, avec ses parents Phérès, Nélée, Admète, Amython, Acaste et Melampe, le jour heureux qui leur permettait enfin de le revoir. Il s'en alla ensuite trouver Pélias, et le somma d'avoir à lui rendre son trône. Pélias répondit qu'il ne demandait pas mieux, mais qu'il fallait que Jason commençât par rapporter en Thessalie la toison d'or.

Dans l'expédition qu'il entreprit à cet effet (*voyez* ARGONAUTES), Jason eut à Lemnos deux fils d'Hypsipyle. Secondé par Médée, il atteignit heureusement le but de son voyage; puis, après l'avoir épousée et avoir erré pendant longtemps dans diverses contrées, il revint aux lieux qui l'avaient vu naître. Jason vengea alors la mort de son père et celle de son frère en tuant Pélias. Toutefois, il lui fut impossible de récupérer le trône d'Iolchos. Il lui fallut l'abandonner à Acaste, fils de Pélias, et se réfugier à Corinthe avec son épouse. Ils y vécurent tous deux pendant dix ans dans la plus complète félicité, jusqu'à ce que Jason, fatigué de Médée, s'éprit de Glaucé, et, suivant d'autres, de Créuse, fille de Créon, roi de Corinthe, qu'il épousa après avoir chassé loin de lui Médée et les enfants qu'il avait eus d'elle. Mais Médée se vengea cruellement de sa rivale; et quand Jason voulut tirer vengeance de ses forfaits, elle s'était endormi sur le bord de la mer, à l'ombre du même navire qui l'avait autrefois conduit en Colchide, il périt écrasé par la chute d'une poutre. D'autres rapportent encore qu'il se réconcilia plus tard avec Médée, qu'il s'en retourna avec elle en Colchide, et qu'à la mort de son beau-père il lui succéda sur le trône.

JASPE. Le jaspe est une substance siliceuse, d'une infusibilité et d'une opacité parfaites. Sa texture est compacte, sa cassure conchoïde; il fait feu sous le choc du briquet, et ne se trouve jamais cristallisé dans la nature. Le jaspe appartient à la nombreuse famille des quartz, et peut se diviser en quatre sections principales : 1° le *jaspe proprement dit*; 2° le *jaspe égyptien*; 3° le *jaspe porcelaine*; 4° le *jaspe schisteux*. Dans ces quatre sections se trouvent une multitude infinie de variétés, ayant toutes des nuances différentes, qui se rapprochent plus ou moins du vert et du rouge, qui sont les deux couleurs propres au jaspe. De toutes les substances minérales, c'est une de celles qui présentent le plus de variations dans leur couleur; tantôt on le dirait entouré par un ruban versicolore, tantôt il est taché de sang ; quelquefois il paraît formé de cercles concentriques qui lui donnent l'aspect de l'agate, avec laquelle il est souvent mélangé. Les variétés de jaspe les plus belles et les plus rares sont : le *jaspe rouge*, dit *oriental*, et le *jaspe noir*, qui se trouve en Sicile. Les localités où l'on trouve cette substance sont : l'Orient, l'Inde, la Sicile, le Tyrol et l'Allemagne; mais les *jaspes de l'Orient* sont les plus estimés. Quant aux gisements de cette roche siliceuse, c'est au milieu des terrains d'alluvion, parmi les silex, tantôt en fragments isolés, quelquefois en couches plus ou moins épaisses, et formant de petites collines. On l'a rencontrée également, en petites masses, dans les mêmes roches qui servent de gangue aux agates, dans le Palatinat, en Écosse, etc. Elle existe abondamment dans les terrains primitifs, et les minéralogistes pensent qu'elle a été formée par une infiltration de silice, à travers des couches d'argile ferrugineuse. Le jaspe est formé de silice en grande quantité, 90 pour 100 environ, d'un peu d'alumine, de chaux et de fer; il est susceptible de poli, mais il est loin d'égaler l'agate, dont il se rapproche un peu. Le jaspe porcelaine, dont nous avons parlé plus haut, ne devrait pas être considéré comme un jaspe, puisque ce n'est autre chose qu'une agglomération de schistes argileux, calcinés à la longue par l'embrasement et la combustion lente de certaines houillères, et qui ont acquis assez de dureté pour être travaillés comme le jaspe, et devenir, sous la main du lapidaire, socles, vases, coffrets, etc.   C. FAVROT.

JASSY ou **JASCH**, capitale de la Moldavie, bâtie sur le versant du Kopo, montagne dénudée, qui s'abaisse en pente douce jusqu'aux rives d'une rivière marécageuse appelée *Bachloui*, dans une contrée désolée, bien que vue de loin elle semble assez pittoresquement située. Elle est la résidence de l'hospodar et le siége du métropolitain grec, ainsi que des principales autorités de la province. Ville ouverte et fort étendue, mais mal construite, elle renferme environ 70,000 habitants, dont plus de 20,000 Juifs, 3,000 Bohémiens, et aussi beaucoup de Grecs, d'Arméniens et d'Allemands. La population fait un commerce assez important, et qui ne pourra que prendre des développements encore plus considérables par la création d'un port sur le Pruth, qui n'en est qu'à quelques heures de distance, par l'établissement d'une voie de communication avec Galacz et par suite avec la mer Noire. Un télégraphe électrique la relie aujourd'hui à Czernowitz. L'architecture de Jassy est irrégulière et toute orientale. Au milieu d'un chaos de misérables huttes et de maisons de bois accumulées dans des rues tortueuses, étroites, non pavées la plupart du temps, et remplies d'immondices, quelques palais de boyards se font remarquer par le luxe tout oriental de leurs constructions. Sur plus de 70 églises grecques et de 19 couvents que renferme Jassy, on remarque surtout la cathédrale, dont la construction est encore toute récente, l'ancienne église des Trois-Saints et l'église du couvent de Saint-Spiridion, dont dépend aussi un vaste hôpital, où l'on reçoit les malades de toutes nations et de toutes religions. Il faut encore mentionner le nouveau palais des Hospodars et la Cour des Princes, leur ancienne résidence, consumée par un grand incendie en 1783, mais reconstruite postérieurement, et qui depuis 1844 contient tous les ministères, les tribunaux, l'administration locale, ainsi que l'assemblée des états.

Jassy a été la victime de vastes incendies en 1827 et en 1844. Suivant une inscription, elle aurait été fondée au temps de la domination romaine, sous le nom de *Jassiorum municipium*; mais elle est vraisemblablement d'origine plus récente. Elle n'obtint le titre de ville qu'au quatorzième siècle, et son nom lui vient des Jasses ou Iazyges, Turcs immigrés au onzième siècle avec les Koumans. On n'y trouve point de monuments anciens ; et ce fut Alexandre Lapouschan qui, en 1564, fit de cette ville la résidence des princes de Moldavie, lesquels avaient jusque alors habité Suczawa. Le couvent ou la citadelle de Tzitaznie, situé en face de la ville, sur une hauteur, était autrefois une place forte. L'histoire militaire ne fait pas mention de sièges dont cette ville ait été l'objet ; elle rapporte seulement qu'elle fut réduite en cendres en 1538 par le sultan Soliman, et en 1686 par Jean Sobieski, et qu'une bataille de trois jours se livra en 1659 sur les rives du Bachloui ; bataille dans laquelle les Tatares, les Kosacks et les Polonais défirent les Valaques et les Szeklers. Jassy fut en outre occupée et évacuée à diverses reprises par les Russes, et au dix-huitième siècle par les Autrichiens. Le 9 janvier 1792 la paix y fut signée entre la Russie et la Porte Ottomane. Pendant la guerre à laquelle mit fin, en 1812, la paix de Bucharest, Jassy demeura longtemps occupée par les Russes, qui l'occupèrent de nouveau en 1828, lors de la guerre qui éclata alors entre les deux puissances ; et ils ne l'évacuèrent qu'en 1834. Jassy souffrit beaucoup de l'insurrection grecque qui y éclata en 1821, sous les ordres d'Ypsilanti, et par suite de laquelle les janissaires n'en firent plus qu'un monceau de ruines, le 10 avril 1822. En 1853 les Russes occupèrent Jassy, qu'ils quittèrent l'année suivante. Depuis, cette ville a reçu une garnison autrichienne, en attendant la solution de la question d'Orient.

JAUBERT (Pierre-Amédée-Émilien-Probe, chevalier), né en septembre 1779, à Aix en Provence, où son père était avocat au parlement, professeur de persan au Collége de France et de turc à l'École spéciale des Langues orientales vivantes, mort à Paris, en janvier 1847, a laissé un nom comme savant et comme professeur. Devenu rapidement l'un des élèves distingués de Sylvestre de Sacy, il avait été désigné, en 1798, pour une des places de *jeune de langues* à Constantinople, et attendait à Toulon son ordre de départ, lorsqu'il fut adjoint, âgé de dix-huit seulement, à l'expédition d'Égypte, comme un des quatre interprètes attachés à l'armée avec Venture, interprète en chef. Ses camarades ayant suivi les généraux divisionnaires, et l'interprète en chef étant venu à tomber malade, Jaubert se trouva ainsi seul auprès de Bonaparte pendant la campagne de 1799. Le jeune savant devint son premier secrétaire-interprète, et, en cette qualité, traduisit ses célèbres proclamations, toute la correspondance avec les chefs du pays, tous les discours, toutes les réponses du général en chef, il rédigea les traités conclus par la république avec les peuples du Liban, les capitulations des places conquises, et se trouva, pendant la durée du séjour de Bonaparte en Égypte, de service permanent auprès de sa personne. La douceur et l'aménité du caractère de Jaubert ne l'avaient pas rendu moins agréable à Bonaparte que ses connaissances ne le lui avaient rendu utile, et il fut du petit nombre de ceux qui revinrent en France avec lui.

Nommé successivement, en 1800 et 1801, secrétaire-interprète du gouvernement et professeur de turc, il repartit en 1802 pour l'Orient avec le colonel Sébastiani. En 1804, pendant l'ambassade du général Brune, il fut envoyé à Constantinople pour la négociation relative à la reconnaissance de Napoléon comme empereur par la Porte Ottomane. Revenu après un plein succès, il reçut, au commencement de l'année suivante, une mission en Perse, afin d'y négocier un traité avec le chah. Ce fut dans le trajet de Constantinople à Téhéran qu'arrêté près de Bayazid par le pacha de cette ville, dépouillé des riches présents qu'il portait au chah, il fut jeté au fond d'une citerne desséchée, où il resta prisonnier plus de quatre mois avec un fidèle serviteur ; et il n'échappa à la mort que par celle du pacha et de son fils, qui avaient donné l'ordre formel de le faire périr. Il fut alors délivré, les présents lui furent rendus, et il parvint, après mille dangers, d'abord auprès d'Abbas-Mirza, héritier présomptif du trône de Perse, ensuite auprès de Feth-Ali-Chah, par qui il fut reçu avec la plus grande distinction et qui l'honora de plusieurs entretiens sans interprète. S'étant ensuite rendu, en 1807, après fort vicissitudes, à Varsovie, où était alors Napoléon, il servit d'interprète à l'ambassadeur persan qui fut reçu par l'empereur en audience solennelle. Au mois d'avril 1815, Jaubert fut renvoyé à Constantinople comme chargé d'affaires de France ; mais le second retour des Bourbons l'obligea bientôt de revenir à Paris, où il resta sans emploi jusqu'en 1818.

Alors, s'étant associé avec Ternaux et ayant conclu ensemble un traité avec le gouvernement français, il fit en Orient un nouveau voyage dont le but était de rechercher la race des chèvres thibétaines à duvet de cachemire. Sur près de treize cents chèvres qu'il acheta, il put en ramener en France environ quatre cents. Depuis, il se livra aux travaux de l'enseignement du turc, du persan et de l'arabe. Après avoir publié en 1821 son *Voyage en Arménie et en Perse pendant les années 1805 et 1806*, il donna successivement sa *Grammaire turque*, son *Voyage d'Orembourg à Boukhara*, et une suite de Notices sur d'importants ouvrages orientaux ; enfin, il enrichit la science de sa traduction si estimée de la *Géographie d'Édrizy*. Jaubert excellait dans la lecture des caractères compliqués d'ornements et de ligatures en usage dans l'écriture des chancelleries d'Orient, et rien n'égalait son obligeance à fournir la transcription et la traduction des diplomes et autres pièces ainsi écrites. Les fatigues sans nombre et les secousses violentes qu'il avait supportées, en ébranlant sa forte constitution, l'avaient usé avant le temps, et lui donnaient l'apparence d'un homme beaucoup plus âgé qu'il ne l'était réellement. Sa fille a épousé M. Dufaure. Le gouvernement de Louis-Philippe l'avait appelé en 1841 aux honneurs de la pairie et lui avait conféré le titre de conseiller d'État. Le chah de Perse lui avait accordé la décoration du Soleil. En 1830 l'Académie des Inscriptions et Belles-Lettres l'avait élu à la place de Barbié du Bocage.

JAUCOURT (Famille de). Cette famille, après avoir joué un rôle assez important dans l'histoire particulière du duché de Bourgogne, dont elle est originaire, s'étant partagée en huit branches, qui toutes servirent leur pays avec distinction. De nos jours, deux hommes de ce nom ont surtout mérité d'être remarqués entre ceux qui avaient le droit de le porter.

JAUCOURT (Louis, chevalier de), naquit à Paris, le 27

septembre 1704, mourut en 1779. Ce qui fera vivre longtemps sa mémoire, c'est la part active qu'il prit à la rédaction de la grande Encyclopédie de D'Alembert et de Diderot, dont il a fait un grand nombre d'articles. Le jeune Jaucourt, élevé à Genève, perfectionna, par des voyages d'instruction en Allemagne, en Hollande et en Angleterre, les études solides et substantielles qu'il avait faites au chef-lieu du protestantisme, religion professée par la branche de sa famille à laquelle il appartenait. La connaissance intime qu'il avait acquise des langues et des littératures des principales nations de l'Europe lui fut d'un grand secours dans les vastes travaux de linguistique et d'analyse qu'il entreprit en dehors de sa collaboration assidue à l'*Encyclopédie* de ses illustres amis. Sans doute, dans l'érudition qu'il y déploie il y a souvent plus que de la mémoire; mais si les critiques du dix-huitième siècle le lui reprochèrent avec aigreur, il ne faut pas oublier que c'était bien moins le laborieux et savant compilateur qu'on attaquait en lui, que l'un des plus ardents propagateurs de l'idée de progrès et de liberté dont la grande encyclopédie était au siècle dernier à la fois l'expression et l'instrument. Vers la fin de sa vie, il se retira à Compiègne, où il expira subitement, le 3 février 1779.

JAUCOURT (ARNAIL-FRANÇOIS, marquis DE), neveu du précédent, naquit à Paris, le 14 novembre 1757. Volontaire à seize ans, sous le prince de Condé, colonel, en 1789, du régiment de Condé-dragons, député en 1797 à l'Assemblée législative par le département de Seine-et-Marne, il y siégea au côté droit, et s'y fit remarquer par la fermeté et la constance de son opposition aux doctrines de la démagogie. Emprisonné à la suite de la journée du 10 août, il eut le bonheur d'être rendu à la liberté, par l'intervention de Manuel, agissant à l'incitation de Mme de Staël, la veille même des massacres de septembre. Il put alors s'éloigner du sol natal en compagnie de Talleyrand, comme attaché à la mission française à Londres. Après la mort de Louis XVI, il reçut du gouvernement anglais, comme tous les autres membres de la légation, ses passeports, et rentra en France, mais pour s'en éloigner bientôt de nouveau et aller se fixer en Suisse, sur les bords du lac de Bienne. Après le 18 brumaire, il rentra dans sa patrie, recommandé par son ami Talleyrand au premier consul, qui le fit nommer membre du Tribunat : aussi lui voua-t-il, en échange, un zèle ardent et sans bornes, qui ne se démentit qu'en 1814, ou peut-être même en 1813, c'est-à-dire lorsque la fortune parut se déclarer ouvertement contre l'homme du destin, qui pourtant l'avait fait sénateur, mais qui avait eu le tort impardonnable de lui refuser la sénatorerie de Florence, à laquelle était jointe une dotation de 30,000 francs de rente. Le marquis prit alors une part active à toutes les intrigues dont l'hôtel Talleyrand devint le centre ; la récompense de ce nouveau dévoûment ne se fit pas attendre : en avril 1814 il était nommé membre du gouvernement provisoire établi à Paris à la suite de l'entrée des alliés. On sait le rôle joué par ce gouvernement provisoire ; on comprend dès lors facilement que Jaucourt ait été nommé membre de la chambre des pairs créée par la charte de Louis XVIII. Pendant que Talleyrand allait représenter la France au congrès de Vienne, Jaucourt exerça l'intérim du ministère des affaires étrangères ; puis il fut compris, pendant les Cent Jours, au nombre des cinq individus que Napoléon mit hors la loi. Heureusement qu'il n'avait pas attendu la rentrée de l'empereur à Paris pour s'éloigner de France : il avait accompagné Louis XVIII à Gand. A la seconde restauration, il obtint le ministère de la marine, qu'il ne garda pas longtemps, parce que le refus du cabinet dont il faisait partie de consentir à la cession de Landau amena la formation du ministère Richelieu. Depuis lors membre du conseil privé, il observa à la chambre des pairs la même tactique que Talleyrand, et salua comme lui la révolution de Juillet de ses acclamations. La révolution de Février le condamna à la retraite. Il se retira dans son domaine de Presles, près de Tournans (Seine-et-Marne), où il mourut, le 5 février 1852, non sans avoir salué de son vote, quelques semaines auparavant, le nouveau gouvernement qui venait de s'introniser en France.

JAUGEAGE (de *jaculum*, javelot, barreau pointu), opération par laquelle on s'assure de la quantité de liquide que contient un vase, tel qu'un tonneau, sans le *dépoter*. La géométrie enseigne des moyens fort simples pour évaluer la capacité d'un tonneau ; mais les calculs que cette opération exige sont un peu longs, car d'abord il faut trouver le diamètre moyen de la pièce, ce qui ne présenterait aucune difficulté si les tonneaux étaient des cylindres réguliers : on sait qu'ils sont plus gros vers le milieu qu'aux extrémités. Pour trouver leur diamètre moyen, la méthode la plus ordinaire consiste à prendre le diamètre de l'un des fonds compris entre deux douves opposées : on mesure ensuite le diamètre intérieur du *bouge* ou du milieu de la pièce ; après quoi on ajoute les deux résultats, et la moitié de la somme exprime la longueur du diamètre moyen. D'autres conseillent de prendre, au moyen d'un cordon, la circonférence du tonneau, mesurée sur la zone qui est à égale distance de la bonde et de l'intérieur de l'un des fonds. Le diamètre de cette circonférence est à peu près égal au diamètre moyen. Le cordon dont on fait usage dans cette opération est un ruban presque inextensible, divisé en parties égales, telles que des millimètres. Lorsqu'on connaît la hauteur du tonneau, ce qui est toujours facile, on calcule la surface du cercle, dont la circonférence est celle du diamètre moyen et l'on multiplie le résultat par la hauteur.

On abrège de beaucoup toutes ces opérations au moyen d'instruments appelés *jauges* ; il y en a de deux sortes, la jauge *brisée* et la jauge à *crochet*. La première de ces jauges est ainsi appelée parce qu'elle se compose de plusieurs morceaux de fer carrés qui s'ajustent les uns au bout des autres, et qui se démontent à volonté, afin que l'instrument soit plus facile à transporter. Toutes les pièces étant assemblées forment une canne d'environ 12 décimètres de long. Voici les divisions qu'on a pratiquées sur la totalité de sa longueur. Sur l'une des faces on a tracé les divisions du mètre ; la face opposée porte une échelle dont les divisions vont graduellement en décroissant depuis le n° 2 jusqu'au n° 100, qui se trouve au-dessus d'un bouton qui sert de pomme à la canne. Cette échelle est construite sur les dimensions que la loi a déterminées pour les futailles construites suivant le système métrique, et combinée de telle sorte que la longueur de la pièce, le diamètre de son bouge et celui de l'un de ses fonds soient toujours entre eux comme les nombres 21, 18, 16.

La jauge à crochet est, comme la précédente, formée d'une verge de fer carrée. Elle porte trois échelles : sur l'une de ses faces sont gravées les divisions du mètre, sur une autre l'échelle des *diamètres*, sur une troisième face l'échelle des hauteurs. L'échelle des diamètres est construite sur le principe du carré de l'hypoténuse. Les cylindres de même hauteur étant entre eux comme les carrés des diamètres de leurs bases, il est évident qu'un cylindre qui aurait l'hypoténuse pour diamètre serait équivalent en volume à deux autres cylindres, dont les diamètres seraient les côtés qui comprennent l'angle droit. Pour former l'échelle des diamètres, on a calculé une série de cylindres de même hauteur, dont les bases croissent en surface comme les nombres 1, 2, 3, 4,..... 10. Le plus petit de ces cylindres, que l'on a pris pour unité, et dont le diamètre, égal à la hauteur, est de 0^m,185312, ainsi que la loi l'a fixé, équivant en volume à cinq décimètres cubes ; et s'il était creux, sa capacité serait de cinq litres. Pour calculer le second cylindre, dont le volume soit le double du précédent, on a supposé un triangle rectangle isocèle, dont le côté est 0^m,185312 : il est évident que le volume du cylindre, construit sur l'hypoténuse de ce triangle, est le double de celui dont le diamètre est de 0^m,185312. On a trouvé le cylindre n° 3 en calculant l'hypoténuse d'un triangle rectangle, dont les côtés, qui comprennent l'angle droit, sont égaux aux diamètres n° 1 et n° 2 ; car le cylindre qui a cette hypoténuse pour diamètre équivant à la somme des deux précédents. On a trouvé le cylindre n° 4 en calculant l'hypoténuse d'un triangle dont l'angle droit est compris entre des côtés égaux aux diamètres des cylindres n° 1 et n° 3, et ainsi de suite; tous ces cylindres ayant la même hauteur, leurs volumes, ou mieux, leurs capacités sont : n° 1, 5 litres; n° 2, 10 litres; n°3, 15 litres; etc. On a formé l'échelle des longueurs des futailles en multipliant la quantité $0^m,185312$, qui exprime les hauteurs des cylindres de l'échelle des diamètres. Les divisions de cette échelle sont subdivisées en dix parties égales, valant chacune $0^m,0185312$. Les divisions des trois échelles partent d'une même ligne transversale, tracée vers l'extrémité inférieure de la jauge. Pour s'éviter la peine de porter avec soi une règle de fer, on fait usage de rubans qui se roulent dans de petites boîtes circulaires, et qui sont divisés suivant le même système que les jauges ordinaires.

L'usage de la jauge à crochet est facile. En effet, dès qu'on a le diamètre moyen d'un tonneau, l'échelle des diamètres donne sa capacité relativement à sa longueur, que l'on mesure avec l'échelle des hauteurs. TEYSSÈDRE.

On donne aussi le nom de *jaugeage* aux opérations à l'aide desquelles on évalue le produit constant ou variable des cours d'eau (*voyez* ÉCOULEMENT DES LIQUIDES). On a inventé dans ce but de nombreux appareils qui laissent généralement beaucoup à désirer pour la précision du résultat.

Le *jaugeage* d'un navire a pour but de déterminer exactement son **tonnage**.

JAUNE. *Voyez* COULEUR.

JAUNE (Fièvre). *Voyez* FIÈVRE JAUNE.

JAUNE (Fleuve). *Voyez* HOANG-HO.

JAUNE (Mer). On appelle ainsi un grand golfe de l'océan Pacifique, situé sur la côte orientale de la Chine, entre la presqu'île de Corée, la province chinoise de Chantoung, le Petchi-li, et la presqu'île mandchoue-chinoise de Liao-Toung, qui y fait une saillie très-avancée. La partie méridionale de ce golfe se trouve un groupe de dix-huit îles jusqu'à ce jour peu connues. La Chine possède quelques bons ports sur la mer Jaune, notamment Ten-Tchéou et Lay-Tchéou. C'est sur les bords de la mer Jaune que vient aboutir la grande muraille de la Chine, construite pour arrêter les invasions tatares.

JAUNISSE. *Voyez* ICTÈRE.

JAUREGUI Y AGUILAR (JUAN DE), poëte et peintre espagnol, naquit, en 1570, à Séville, et vivait vers 1697 à Rome, où cette année-là il fit paraître sa traduction de *L'Aminta* du Tasse. Il est vraisemblable qu'il y était venu se perfectionner dans l'art de la peinture, où il se fit bientôt un nom. A son retour en Espagne, il fut nommé peintre de la reine Isabelle, première femme de Philippe IV; et contraint par là de résider désormais à la cour, il y passa le reste de sa vie, et mourut en 1641. Sa traduction de *L'Aminta* du Tasse (publiée avec ses *Rimas*, à Séville, en 1618), est-restée un des modèles les plus parfaits du genre, et l'emporte de beaucoup sur son imitation de la *Pharsale* de Lucain (Madrid, 1684); car, après avoir d'abord suivi les modèles classiques italiens, il a dans ce dernier travail sacrifié au gongorisme. On lui attribue, en outre, un poëme espagnol plus considérable encore, intitulé *Orfeo* (Madrid, 1624), bien qu'on le trouve presque toujours imprimé parmi les œuvres de don Augustin de Salazar y Torrès. Jauregui était plutôt un versificateur qu'un poëte. Tous ses ouvrages ont été réimprimés dans la *Collection de Fernandez* (tomes VI-VIII, Madrid, 1789 et 1819). Comme peintre, il appartient à l'école florentine; et ses portraits, parmi lesquels se trouvait celui de Cervantès, étaient, dit-on, particulièrement estimés.

JAVA, la plus belle des îles de la Sonde et l'une des plus riches contrées de la terre, située par 103° 20' et 112° 30' de longitude orientale, et 5° 52' et 8° 46' de latitude méridionale, est séparée de Soumatra à l'ouest par le détroit de la Sonde, et de Bali à la Petite-Java à l'est par le détroit de Bali, et présente une superficie de 1628 myriamètres carrés, ou de 1715, en y comprenant les petites îles qui l'avoisinent. Le climat, très-chaud dans les basses régions, plus tempéré dans celles qui sont élevées, est sain, à l'exception de la vaste contrée, généralement plate, qui s'étend sur la côte septentrionale, où de nombreux marais exhalent de mortelles émanations, et de la vallée de *Gouepa Oupas* (vallée empoisonnée), non loin de Battur, où il ne peut exister ni végétaux ni animaux. Un plateau étroit, composé de petites plaines, qui pour la fécondité du sol et la perfection de la culture rivalisent avec les vallées du nord, et se prolongeant dans toute la longueur de l'île, dans la direction de l'ouest à l'est, occupe la partie méridionale de Java, dont les côtes escarpées d'ont là rien qui les protége contre les fureurs de l'océan Indien. Sur ce vaste plateau s'élèvent une foule de volcans, dont la hauteur varie entre 1,560 et 4,000 mètres, mais qui paraissent tous indépendants les uns des autres, et dont le plus grand nombre, fort anciens déjà, sont couverts d'épaisses plantations. Plus des quatre cinquièmes de l'île sont situés au-dessus d'un immense foyer souterrain, constamment en activité et manifestant presque partout son action par les plus effroyables éruptions volcaniques en tous genres. Aussi ne sont-ce que roches pyroxygéniques qui apparaissent partout, notamment des trachytes et des dolérites, et qui constituent la plus grande partie du sol solide et de la montagne. Quelques-uns des volcans sont déjà éteints, mais on en compte encore trente et un en activité. Certains d'entre eux n'exhalent que de la fumée, d'autres vomissent d'épaisses vapeurs sulfureuses. On en cite un dont le cratère rejette des torrents d'eau bouillante, et plusieurs qui ont eu récemment de violentes éruptions. Mais on n'en saurait pourtant comparer aucune à celle de 1772, qui, après avoir projeté pendant quelque temps une masse énorme de flammes, s'affaissa tout à coup, engloutissant avec elle dans l'abîme une surface de sol de 30 à 40 kilomètres avec les quarante villages ou hameaux et les 2,957 habitants qui s'y trouvaient. La roche volcanique, dans sa dissolution en humus, acquiert une fécondité des plus extraordinaires, et est la cause de l'incomparable luxe de végétation qui distingue Java entre toutes les autres contrées de l'hémisphère oriental. Cette île est donc d'une fertilité extrême et riche en produits de toutes les zones; car, grâce à ses diverses régions climatériques, les plantes des tropiques y réussissent aussi bien que celles de la zone tempérée.

Java possède une population de près de 10 millions d'habitants. On y compte beaucoup d'émigrés chinois, dont le mélange avec des Javanaises a produit la race métisse particulière désignée sous le nom de *pernarás*; de Maures, de Bouggis, de Malais, d'Arabes et d'Européens, Hollandais pour la plupart, et on donne le nom de *tipplapps* aux enfants qu'ils ont avec des Javanaises. Les Javanais proprement dits, qui forment la grande majorité de la population, sont de race malaise, bien conformés, jaunes de peau, doux, polis, intelligents, mais aussi vindicatifs que superstitieux. Ils se divisent en plusieurs classes, et aiment les spectacles, les combats d'animaux, la musique et la danse. Ils font commencer leur ère de l'arrivée d'Adi-Saka, qui introduisit parmi eux l'usage de l'alphabet, l'an 73 de J.-C. Ils possèdent aussi une littérature dont la richesse relative est assez grande. Les principales langues en usage à Java sont le javanais, la langue du Détroit de Malacca et les langues européennes, sans compter la langue *kawi*, qui est la langue sacrée des Javanais (*voyez* MALAIES [Langues et Littératures]).

Le javanais se compose de trois dialectes, ou plutôt de trois formes de langage, dont deux ont une nomenclature tout à fait à part, mais qui ne constituent dans leur ensemble qu'un seul et même idiome. L'usage de ces trois formes de langage, qui reviennent à tous moments dans les ouvrages de littérature et dans la conversation, est déterminé par la supériorité, l'égalité ou l'infériorité de rang social ou d'âge dans laquelle se trouve placée la personne qui parle vis-à-vis celle qu'elle interpelle. Ainsi, en s'adressant à un souverain, à un grand ou à un vieillard, on emploie le *kromo*, ou haut javanais, qui exprime la déférence et le respect. C'est aussi le langage que les poëtes dramatiques et les romanciers mettent dans la bouche des dieux et des personnages surnaturels, qui interviennent si fréquemment dans leurs récits. Entre égaux, c'est le *mahdjo*, ou langage intermédiaire, dont on fait usage. En parlant à un homme inférieur, on se sert du *nyoko*, ou dialecte populaire. Cette distinction de langages, qui se reproduit, mais à un bien moindre degré, chez d'autres peuples de l'Orient, est maintenue à Java par une étiquette rigoureusement observée.

L'islamisme est depuis le quatorzième siècle la religion dominante; la religion chrétienne y est tolérée, et il existe encore à Java beaucoup d'idolâtres. Par suite du développement extrême qu'a prise la culture du sol sous l'influence du système d'administration adopté à l'égard de ce pays par les Hollandais, qui imposent l'obligation du travail aux populations placées sous leur obéissance, le rendement de la terre est vraiment prodigieux. Les principaux produits sont le café, le sucre, le riz, l'indigo et le thé. Cette dernière plante est cultivée à Java par les nombreux colons chinois qui sont venus s'y établir, et qui suivent à cet effet la méthode pratiquée en Chine, mais sans pouvoir parvenir à produire un thé d'aussi bonne qualité qu'en Chine. Le sol de Java donne encore une foule de plantes rares et utiles, notamment des épices et des plantes tinctoriales, de même que diverses espèces de plantes vénéneuses, et particulièrement l'arbre qu'on appelle *oupas*. On y trouve également les espèces animales particulières aux îles d'Asie placées sous les tropiques, ainsi que les fameux nids d'oiseaux comestibles; et dans les montagnes, de l'or, du cuivre et du sel. Il n'y a guère que le tiers de l'île qui obéisse encore à des princes ou chefs indigènes indépendants, mais feudataires des Hollandais, qui possèdent tout le reste du territoire, et dont le gouverneur général réside à Batavia.

La partie de Java appartenant aux Hollandais est divisée en 17 provinces, dont la plus importante est celle de Batavia, qui a pour chef-lieu la ville du même nom; elle contient plus de 7 millions d'habitants, répartis sur un territoire d'environ 1,400 myriamètres carrés. L'administration hollandaise semble des plus oppressives aux Anglais, qui regrettent de ne plus être chargés de faire le *bonheur* des populations javanaises et qui oublient peut-être un peu trop facilement la manière dont eux-mêmes gouvernent et administrent l'Hindostan. En réalité, les Hollandais ont trouvé le régime féodal en pleine vigueur à Java, et ils n'ont fait que se substituer aux anciens suzerains. Le système qu'ils ont adopté mérite d'être connu. D'après les anciens usages de l'île, le sujet doit au seigneur le cinquième de sa récolte, ou, pour employer l'expression consacrée, le cinquième grain de riz. Le gouvernement hollandais se substitue au seigneur, et en principe il s'attribue ce même droit; mais il l'applique de différentes manières. Tantôt il exige que le paysan lui paye la valeur du cinquième de sa récolte de riz; tantôt il lui enjoint de consacrer le cinquième partie de son champ à faire venir du café, de l'indigo ou autres produits qu'il achète à un prix convenu; tantôt il lui prend le cinquième de son temps pour l'employer à des cultures particulières, telles que celles du thé, du tabac, du nopal. Il y a des provinces où la population est affranchie de tout impôt territorial, à la condition de livrer dans les magasins de l'administration une certaine quantité de produits qui lui sont payés à un prix extrêmement bas, mais bien autrement avantageux cependant que celle qu'elle en tirait autrefois lorsqu'elle était exploitée par des accapareurs chinois et arabes qui avaient fini par ne lui payer que 2 florins (4 fr. 25) la quantité de café pour laquelle l'administration hollandaise lui paye aujourd'hui 12 florins. Ces combinaisons d'impôt territorial sont habiles. Les Hollandais ont trouvé une terre fertile, et des populations indolentes qu'ils ont réussi à pousser à la culture, à discipliner sous la loi du travail. Ils ont voulu s'effacer, autant que possible, aux yeux du peuple conquis; évitant les relations directes, ils emploient pour intermédiaires les chefs indigènes ou régents. Ceux-ci, chargés de percevoir l'impôt, prélèvent des émoluments considérables, et sont ainsi dévoués à un système dont ils retirent de grands avantages. Profitant d'institutions qui n'étaient point de leur fait, les maîtres de l'île les ont appropriées aux exigences de la prospérité coloniale; d'antiques habitudes avaient d'avance façonné l'habitant au respect de l'autorité supérieure, au régime des cultures forcées et des corvées. L'administration se trouve ainsi posséder des quantités considérables de produits coloniaux; elle les livre, à prix convenu, aux agents de la *Société de Commerce néerlandaise*. Cette société, fondée en 1824, sous les auspices du roi des Pays-Bas, possédait un capital de vingt-sept millions de florins, qui s'élève aujourd'hui à près de 100 millions, et qui se divise en actions de 1,000 florins. Le roi avança 20 millions de florins, et il garantit aux actionnaires un minimum d'intérêt de quatre et demi pour cent. Il serait trop long de vouloir détailler ici le système d'organisation de cette compagnie, et les vicissitudes qu'elle a traversées. Les dividendes ont fréquemment été fixés de 10 à 18 pour 100 par an, preuve incontestable de prospérité: le prix des actions a plus que doublé. Obligation est imposée à la compagnie d'employer exclusivement dans ses opérations des navires construits en Hollande, et de donner pour ses envois aux Indes toute préférence aux produits des fabriques bataves; les retours, répartis entre les principaux ports des Pays-Bas, dans une proportion fixée à l'avance, sont livrés à des ventes publiques. Les navires employés chaque année par la compagnie à ce commerce représentent plus de 300,000 tonneaux de jaugeage. En 1852, année qui présentait un déficit notable sur la précédente, l'importation s'était élevée à 40,292,894 fl. (80,585,388 f.), et l'exportation à 58,846,896 fl. (117,693,172 fr.); ce qui forme un mouvement commercial total de 99,139,590 fl. (198,279,379 fr.). Pendant la même année il était entré dans les ports de Java et de Madura 2,046 navires, jaugeant 206,607 tonneaux; et il en était sorti 2,012, jaugeant 143,263 tonneaux. Ce qui prouve bien que l'administration hollandaise est intelligente et humaine, c'est qu'avec 14,000 Européens au plus elle maintient sous ses lois une population de plus de 10 millions d'âmes, que toutes les relations s'accordent à nous représenter comme brave et intelligente.

Au sud de l'île, on voit bien encore deux soi-disant princes indépendants: le prétendu *empereur* de Mataram ou Soussounam, qui réside à Sourakarta, et le sultan qui règne à Djokdjokarta, mais placés tous deux dans la dépendance du gouvernement hollandais. L'un et l'autre descendent des anciens empereurs de Mataram, et comptent à eux à peu près deux millions d'hommes. Il existe encore dans l'île de Madura (43 myriam. carrés de superficie), située à 5 kilomètres au nord de Java, deux sultans dépendants également des Hollandais.

Java reçut, à une époque extrêmement reculée, sa civilisation de l'Inde, en même temps que la religion de Brahma s'y introduisait. Des débris de temples, d'idoles et de tombeaux, qu'on rencontre surtout dans la partie de l'île régie par les princes indépendants, de même que les chants de *pontoos* ou poëtes des Javanais, qui se sont conservés par la tradition orale, témoignent de cette antique civilisation. Divers empires indigènes avaient déjà fleuri à Java, puis avaient fini par n'en plus former qu'un seul, appelé *Madjapahit*, quand, en 1406, les Arabes abordèrent dans l'île, y introduisirent l'islamisme et fondèrent les empires de Bantam et de Mataram, que des partages et d'autres événements partagèrent et modifièrent à diverses reprises, de telle sorte qu'à la fin du seizième siècle on y comptait quatre empires: *Mataram*, *Djakarta*, *Bantam* et *Cheribon*. Vers 1579 les Portugais arrivèrent à Java, et s'y établirent; mais dès 1594 ils en furent expulsés par les Hollandais, qui y formèrent également des établissements et parvinrent aussi à en chasser les Anglais, qui étaient venus sur leurs brisées et avaient essayé d'y créer une colonie. A partir de ce moment l'histoire de Java n'est plus que le tableau des progrès incessants de la puissance hollandaise dans l'île. Par leurs guerres continuelles contre les indigènes, les Hollandais réussirent à subjuguer ou à anéantir l'un après l'autre les divers empires qui s'y trouvaient, et finirent par ne plus y avoir que des vassaux. En 1811 les Anglais s'emparèrent de Java, où l'administration aussi active qu'intelligente de sir Stamford Raffles introduisit de grandes améliorations ; et cette colonie était dans l'état le plus florissant quand ils la restituèrent, en 1816, aux Hollandais. Pendant longtemps ceux-ci, par suite de l'impéritie des gouverneurs qu'ils y envoyèrent, arrêtèrent l'essor de la prospérité qu'y avaient fait naître les Anglais ; mais l'administration éclairée des gouverneurs Van der Capellen et Jan Van den Bosch, par les encouragements qu'elle donna à l'agriculture et par d'autres mesures encore, porta la prospérité de cette colonie au plus haut degré de splendeur. Toutefois, il fallut encore beaucoup de temps et d'efforts pour que les Hollandais se trouvassent de nouveau paisibles possesseurs de l'île et pour qu'ils eussent contraint les indigènes à reconnaître leur souveraineté. Ils eurent à lutter contre de nombreuses insurrections, dont la plus dangereuse fut celle de Diépo Negoro, vers 1825 ; et aujourd'hui même le mécontentement secret des populations, au sein desquelles existe toujours le sentiment de la nationalité, fait encore de temps à autre explosion. Consultez Raffles, *History of Java* (2 vol. Londres, 1817 ; nouvelle édition, 1830) ; Roorda van Eijssinga , *Jets over nederlands India* (4 vol. ; Kampen, 1836-1850) ; Itier, *Voyage à Java* (Paris, 1853), et les *Mémoires de la Société des Sciences et des Arts de Batavia*, qui forment aujourd'hui 25 volumes.

JAVELINE, espèce de demi-pique en usage chez les anciens. Elle avait près de deux mètres de longueur, et son fer était à trois faces, terminé en pointe. On s'en servait à pied et à cheval. Les Arabes emploient encore cette sorte de lance ; mais ils en ont allongé le manche et le fer.

JAVELLE. En agriculture, on donne ce nom à plusieurs poignées de blé coupé, qui demeurent couchées sur le sillon jusqu'à ce qu'on en fasse des gerbes (*voyez* MOISSON).

On appelle aussi *javelle* de petits faisceaux de sarment que l'on brûle ordinairement.

Le même nom a été appliqué à un courant d'eau entre une île et une rivière ; de là vint la dénomination de *moulin de javelle* donnée à quelques établissements de Grenelle sur les bords de la Seine. C'est là que fut inventée et fabriquée d'abord l'eau chargée de chlore qui sert au blanchissage et qui a gardé le nom d'*eau de Javelle*.

JAVELOT (du latin *jaculum*), espèce de dard, dont se servaient les anciens, et particulièrement les vélites ou troupes légères des Romains. Il avait pour l'ordinaire un mètre de long. La pointe était si amenuisée, dit Polybe, qu'au premier coup elle se faussait ; ce qui empêchait les ennemis de la renvoyer. Plus court que la javeline, le javelot se lançait sans le secours de l'arc et par la seule force du bras.

Chez les Grecs l'envoi du javelot contre un but était un des jeux du *Pentathle*.

JAVELOT (*Erpétologie*), nom d'une espèce de serpent du genre *éryx*, ainsi appelé à cause de sa forme déliée. Les éryx sont des serpents innocents, qui vivent d'insectes et de très-petits animaux. Ils habitent des lieux secs et arides, et se cachent dans le sable sans s'y enfoncer profondément. L. LAURENT.

JAXARTES. *Voyez* IAXARTES.

JAY (ANTOINE), un des fondateurs du journal *Le Constitutionnel*, naquit près de Guitre (Gironde), le 20 octobre 1770. Il étudia d'abord chez les oratoriens de Niort, puis au grand collège de Toulouse ; il fit son droit ensuite, fut reçu avocat, et exerça momentanément des fonctions administratives dans le district de Libourne. Vers 1795, il alla en Amérique, mit sept années à parcourir le Nouveau Monde, revint en France en 1802, et reprit sa profession d'avocat. Un ancien oratorien, qui avait été son maître, le fameux Fouché, lui proposa de lui confier l'éducation de ses trois fils. Jay, voyant là une excellente occasion de venir à Paris où il trouverait à satisfaire ses goûts littéraires, accepta, et accourut immédiatement prendre possession de son emploi. Lors de la disgrâce du duc d'Otrante, Jay le suivit en Illyrie et revint en France avec lui, lorsque le mécontentement de l'empereur se fut calmé et que le ministre suspect eut obtenu permission de résider à Aix en Provence. Jay le quitta alors pour se rapprocher de sa famille. C'est vers ce temps qu'il publia son *Tableau historique du dix-huitième siècle*, qui remporta le prix proposé par la classe de Littérature française de l'Institut en 1810 ; deux ans après, son *Éloge de Montaigne* lui valut un accessit du même corps savant ; puis il fut chargé, par le duc de Rovigo, de la traduction raisonnée des journaux anglais, laquelle était mise tous les matins sous les yeux de l'empereur, et enfin il fut choisi pour diriger le *Journal de Paris*. Il fit paraître aussi des essais de littérature et d'histoire sous le titre de *Le Glaneur*, et professa l'histoire à l'Athénée.

En 1815, nommé membre de la chambre des représentants des Cent Jours, il eut l'occasion de rendre plusieurs services à des royalistes alors menacés de proscription ; mais il se signala principalement par sa conduite libérale et courageuse dans cette assemblée, par les vœux qu'il formula pour l'établissement d'institutions fixes et conformes aux maximes de liberté, par l'insistance avec laquelle il réclama des modifications à l'acte additionnel et enfin par la mission difficile dont il fut chargé, lui cinquième, auprès des soldats français campés sous les murs de Paris, mission qui avait pour but de les dissuader de combattre et de les engager à souffrir que l'armée coalisée entrât dans Paris. Peu de temps après, il publia son *Histoire du Cardinal de Richelieu*. Comme un grand seigneur de ce nom était alors premier ministre en France, quelques critiques soupçonnèrent Jay d'avoir eu l'intention de lui faire sa cour. Mais il prouva que le livre était fait bien avant qu'on pensât qu'un Richelieu pût être ministre en France. Jay fut aussi un des fondateurs rédacteurs de *La Minerve* : nous avons dit qu'il fut un des fondateurs, copropriétaires et rédacteurs du *Constitutionnel*, journal qui ne brilla jamais d'un plus vif éclat que dans les quinze premières années de sa création, c'est-à-dire tant que ceux qui en avaient imaginé le plan et entrepris l'exécution le firent servir à former l'opinion publique en France. Jay fut un des derniers à abandonner cette feuille. Sa notice biographique sur les frères Faucher, inscrite dans la *Nouvelle Biographie des Contemporains*, lui attira une condamnation à un mois de prison en 1823. Cette persécution nous valut deux écrits assez spirituels. *Les Ermites en prison* et *Les Ermites en liberté*, faits sous les verroux conjointement avec Jouy. Jay a de plus fait en commun avec Jouy le *Salon d'Horace Vernet* (1822). Jay travailla à toutes les *Biographies* qui furent publiées de son temps. Il composa en outre des brochures politiques, des *Considérations* et des *Notices* en nombre infini ; il écrivit des *Voyages*, des *Souvenirs*, des *Éloges*, édita les œuvres de MM^{mes} de Lafayette et Dufrénoy, mit tout enfin à profit, hommes et choses, pour se faire un grand renom ; et en 1832 l'Académie française le choisit pour remplacer dans son sein l'abbé duc de Montesquiou. Il a laissé la réputation d'un homme de lettres laborieux, instruit, consciencieux, d'un citoyen plein de courage et de patriotisme. Déjà même il ne jouissait de cette réputation dans la retraite où il passa les dernières années de sa vie, quand la mort vint le frapper, le 9 avril 1854, dans son domaine de Chaberville, près de Guitre, lieu de sa naissance. Sa fille a épousé M. Dufrénoy, directeur de l'École des Mines.

Charles NISARD.

JAYET. *Voyez* JAIS.

JAYME ou JACQUES. Deux rois de ce nom ont régné sur l'Aragon.

JAYME Iᵉʳ, fils de don Pèdre II, n'avait que six ans quand son père fut tué, en 1213, à la bataille du Muret. Il était entre les mains de Simon de Montfort, à qui don Pèdre l'avait confié l'année précédente, alors que les deux princes avaient arrêté les fiançailles de l'infant d'Aragon avec la fille de Simon de Montfort. Cédant aux ordres du pape Innocent III, Simon rendit aux Aragonais Jayme, qui, après une minorité orageuse, saisit le sceptre d'une main ferme. Ses conquêtes sur les Arabes, auxquels il enleva les îles Baléares (1229-1235) et le royaume de Valence (1239), lui valurent le surnom de *Conquérant*. Il donna à ses nouveaux sujets, puis aux Aragonais et aux Catalans, une double législation, appropriée à leurs mœurs respectives, et remarquable par l'adoucissement des dispositions pénales. Par un traité fait en 1258 avec la France, Jayme, en abandonnant de vaines prétentions sur quelques districts du Languedoc, vit saint Louis renoncer à tous ses droits de suzeraineté sur la Catalogne, le Roussillon, la Cerdagne et le comté de Montpellier. Un si beau règne fut troublé par des querelles sanglantes entre les fils de Jayme, à qui de son vivant il avait eu l'imprudence de partager ses provinces, et qui pour se disputer son héritage n'attendirent pas sa mort. Jayme Iᵉʳ cessa de vivre en 1276, après un règne de soixante-trois ans.

JAYME II, son petit-fils, fut d'abord roi de Sicile à la mort de D. Pèdre, en 1285, puis roi d'Aragon après son frère aîné, Alfonse II, en 1291. Il ne put garder les deux couronnes, et pour se maintenir en Aragon il fut obligé de renoncer à la Sicile. Il s'en dédommagea par la conquête de la Sardaigne sur les Pisans, en 1326. Sous son règne, les cortès, assemblées à Tarragone, décrétèrent, le 14 décembre 1319, l'union perpétuelle en corps d'État des royaumes d'Aragon, de Valence et de Majorque, puis de la principauté de la Catalogne. Il mourut en 1327. Son règne fut pour l'Aragon une époque de paix et de bonheur : il fut surnommé *le Justicier*. Charles Du Rozoir.

JAZET (Jean-Pierre-Marie), graveur, naquit à Paris, le 31 juillet 1788. Fils d'un homme tout dévoué à son pays, et qui périt en le servant, M. Jazet, recueilli jeune encore par son oncle, le peintre Debucourt, fut élevé tout à la fois dans le culte de la patrie et celui des beaux-arts. Debucourt, peintre expérimenté, était aussi un habile graveur. Il avait essayé le premier tout ce que pouvait offrir de ressources un genre de gravure alors à peine usité en France, la gravure à l'*aqua-tinta*, et s'était voué tout entier au perfectionnement de ce procédé ; aussi dirigea-t-il son fils adoptif vers la voie qu'il avait ouverte. Bientôt l'élève y dépassa le maître. Une gravure, encore aujourd'hui célèbre, le *Bivouac du général Moncey*, d'après Vernet, révéla à tous ceux qui s'occupaient d'art, et le talent du jeune graveur et les ressources du procédé qu'il employait. Malgré les résultats intéressants obtenus par Debucourt, l'*aqua-tinta* était encore généralement regardée comme propre seulement à reproduire des paysages, des panoramas ou des pochades d'artiste. En la combinant habilement avec l'*eau-forte*, le *burin* et la *pointe*, M. Jazet en faisait un art nouveau, au moyen duquel paysages et figures, animaux et personnages, petits sujets de genre ou grands tableaux d'histoire, tout pouvait être rendu avec un égal succès. Dès ce moment M. Jazet, placé par son talent au niveau des artistes les plus célèbres, put choisir parmi leurs œuvres celles qu'il lui plaisait de reproduire. David, Gros, Carle et Horace Vernet, Delaroche, Grenier, Lawrence, Cogniet, Steuben, Biard, etc., etc., se virent successivement renaître sous cette main habile et infatigable.

Talent souple et varié, M. Jazet s'est plié à tous les styles, il a abordé tous les sujets. Mais ce que son burin se complaît surtout à reproduire, ce sont les glorieux épisodes de la France républicaine et impériale. *Le Serment du Jeu de Paume*, *Nazareth*, *Iéna*, *Wagram*, *la Barrière de Clichy*, *le Retour de l'île d'Elbe*, et mille autres de ces grands faits, honneur de notre histoire, tels sont ses sujets de prédilection. Si l'on a dit de Béranger et de Vernet qu'ils étaient l'un le *poëte*, l'autre le *peintre* du peuple, on peut dire de Jazet qu'il en est le *graveur*; car c'est grâce à lui que le peuple peut s'entourer de ces glorieux souvenirs, ses véritables titres de noblesse. M. Jazet a formé dans ses deux fils, MM. Eugène et Alexandre Jazet, deux élèves qui soutiendront dignement le nom de leur père.

Alfr. Mainguet.

JAZIGES. *Voyez* Iazyges.

JEAN (*Botanique*). *Voyez* Ajonc.

JEAN (Saint), parent et contemporain de Jésus de Nazareth, était le fils du prêtre juif Zacharie, et reçut le surnom de *Baptiste* à cause de son baptême qu'il donnait sur les bords du Jourdain. Il naquit vraisemblablement vers l'an 749 de la fondation de Rome (5 av. J.-C.), à Jutta, dans la tribu de Juda. Les livres saints ne nous apprennent rien de sa vie durant ses premières années ; nous savons seulement qu'il se retira de très-bonne heure au désert, et qu'il y vivait dans la plus austère pénitence. Il avait un vêtement de poil de chameau, une ceinture de cuir autour des reins, et il ne se nourrissait que de sauterelles et de miel sauvage. Après s'être préparé, par ces rudes exercices, au ministère qui lui avait été destiné, il vint, dans la quinzième année du règne de Tibère (an 29 de J.-C.), sur les bords du Jourdain, aux environs de Jéricho, prêchant la pénitence, baptisant ceux qui se présentaient à lui, et annonçant que les temps étaient accomplis, que le Messie avait paru, et que lui-même était envoyé pour lui ouvrir les voies. Jésus-Christ se présenta à son tour pour recevoir son baptême, et le fils de Zacharie fit de vains efforts pour le lui refuser. Le sénat de Jérusalem lui députa des prêtres et des lévites pour savoir s'il était le Messie, ou Élie, ou un prophète. Il répondit sans détour qu'il n'était ni prophète ni Élie, ni le Messie. Mais le lendemain, ayant vu Jésus-Christ venir à lui, il s'écria, suivant ce que rapporte saint Jean l'Évangéliste, en présence de la foule qui l'environnait : « Voilà l'Agneau de Dieu, voilà celui qui porte les péchés du monde, » ajoutant qu'il n'avait reçu d'autre mission que celle d'être son *précurseur*. Cependant le peuple se précipitait sur ses pas, et accourait en foule se soumettre à la cérémonie du baptême. Les grands eux-mêmes, frappés de son genre de vie extraordinaire et de son éloquence sauvage, l'écoutaient avec plaisir. De ce nombre était Hérode-Antipas, tétrarque de Galilée. Jean-Baptiste ayant été appelé à sa cour ne put voir ce prince incestueux sans lui reprocher son crime : « Il ne t'est pas permis, lui dit-il avec fermeté, d'avoir la femme de ton frère pendant qu'il vit encore. » Cette audace révolta Hérode, qui envoya son importun censeur en prison : et plus tard, à la sollicitation de Salomé, fille d'Hérodiade, la complice de son inceste, ou peut-être bien par des considérations politiques, il ordonna de trancher la tête à Jean-Baptiste, qui se trouvait dans les prisons depuis environ deux ans. Ce martyre arriva lors de la célébration de la fête à laquelle les Juifs donnent le nom de *Machærus*, à peu près un an avant la mort de Jésus-Christ, et les disciples du Précurseur en ayant été avertis allèrent prendre son corps et l'enterrèrent près des inu-railles de la ville de Samarie, appelée pour lors Sébaste, au sépulcre où étaient depuis longtemps les corps rendus prophètes Élisée et Abdias.

Ce récit ne concorde pas de tous points avec celui de l'historien Josèphe ; et il est permis d'inférer de quelques allusions contenues dans les autres Évangiles que Jean-Baptiste ne s'éleva pas complètement à l'idée pure du Messie. Ce qui autorise à le croire, c'est qu'après sa mort, ses disciples continuèrent à former une secte particulière, qui plus tard adopta les doctrines des gnostiques, et qui existe encore aujourd'hui en Orient, sous le nom de *chrétiens de saint Jean* ou de *Sabéens*. Sauf quelques sectes du moyen âge, l'Église chrétienne a toujours professé une véné-

37

ration toute particulière pour Jean-Baptiste; et comme de tout temps il fut en Angleterre le patron des différentes corporations d'ouvriers employés à la construction des édifices, les francs-maçons le tiennent encore de nos jours en grande estime, et la Saint-Jean (24 juin) est la plus grande fête qu'ils célèbrent. L'Église catholique a range en outre au nombre de ses fêtes le 21 août, jour anniversaire de la décollation de saint Jean-Baptiste.

JEAN (Saint), l'un des quatre évangélistes, était fils de Zébédée, pauvre pêcheur du lac de Galilée, et de Salomé; il naquit à Betsaïde. Après avoir d'abord suivi l'humble profession de son père, on croit qu'il devint ensuite l'un des disciples de saint Jean-Baptiste; mais plus tard, de même que son frère Jacques le Majeur, il se rattacha de la manière la plus intime à Jésus-Christ, qui témoigna toujours la plus vive tendresse et la confiance la plus grande à ce disciple: il le rendit témoin de la plupart de ses miracles, de sa transfiguration, et se fit accompagner par lui au jardin des Olives. Jean fut le seul des disciples qui suivit le Sauveur jusqu'au pied de la croix : « Jésus ayant donc vu sa mère (Évang. selon saint Jean, ch. XIX, v. 26 et 27), et près d'elle le disciple qu'il aimait (saint Jean), dit à sa mère : « Femme, voilà votre fils. » Puis il dit au disciple : « Voilà votre mère. » Et depuis cette heure-là le disciple la recueillit chez lui. » Jean fut aussi le premier à reconnaître le Christ après sa résurrection : il se mit sur-le-champ à prêcher l'Évangile, assista en 51 au concile de Jérusalem, et retourna propager la foi jusqu'au milieu des Parthes, d'où il revint se fixer à Éphèse, dont il fut le premier évêque. Sous le règne de Domitien, il fut exilé dans l'île de Patmos; mais Nerva fit cesser son exil, et il lui fut permis de s'en revenir à Éphèse, où il mourut avec le calme et la satisfaction du juste, à l'âge de quatre-vingt-quatorze ans, vers l'an 101 de J.-C., sous le règne de Trajan. L'Église catholique célèbre sa mémoire le 27 décembre. On le représente souvent tenant à la main un calice du fond duquel s'élève un serpent.

L'Évangile de saint Jean a pour but de représenter Jésus comme le Fils de Dieu du monde, dans l'acception la plus sublime de ces mots, et sa venue sur la terre comme ayant assuré le salut du genre humain tout entier. Ce point de vue d'instruction dogmatique explique comment on ne trouve point dans saint Jean une histoire complète de Jésus, non plus qu'une exposition systématique de sa doctrine, mais seulement un choix de récits s'accordant avec le but que l'auteur a en vue. Il procède par ordre chronologique, et s'adresse surtout aux païens convertis au christianisme, qui habitent hors de la Palestine. C'est vers la fin du premier siècle qu'il écrivit son Évangile, à Éphèse, suivant les uns, et dans l'île de Patmos, suivant les autres; à cet égard on n'a point de certitude historique. Ce qui paraît incontestable, du moins, c'est que ce fut en Asie Mineure. Malgré les doutes qui se sont produits autrefois et dans les temps modernes contre son authenticité, il a constamment été admis, encore bien que certaines de ses parties puissent avoir été retouchées plus tard.

Il existe en outre dans le Nouveau Testament, sous le nom de saint Jean l'Évangéliste, trois Épîtres comptées au nombre des épîtres canoniques; et tout porte à croire qu'elles sont bien réellement de lui. Toutefois, elles ne sont pas demeurées exemptes d'interpolations; mais les doutes qu'on a voulu élever sur l'authenticité de leur origine ne sont appuyés sur aucun argument qui supporte l'examen. La première de ces épîtres, adressée surtout aux païens devenus chrétiens, a pour but d'exhorter les lecteurs à suivre les voies de la sanctification et de la charité fraternelle; elle les met aussi en garde contre les hérétiques et les séducteurs, notamment contre les docètes. Cette épître a donc une certaine tendance à la polémique. La seconde est une lettre particulière, adressée par saint Jean à une femme chrétienne du nom de Kyria. L'Évangéliste se réjouit de voir cette femme persévérer avec ses enfants dans les pures doctrines de l'Évangile; il l'exhorte à suivre toujours les voies de la charité, la met en garde contre les hérétiques et exprime l'espoir de la voir bientôt. La troisième épître, enfin, est une lettre particulière, écrite à un certain Caïus. Saint Jean le loue de sa vie vertueuse, de son esprit de charité; mais il s'exprime aussi avec amertume au sujet d'un certain Diotréphas. Il est de toute impossibilité de préciser l'époque où ces trois épîtres furent écrites.

Mais on peut croire que saint Jean n'est point l'auteur de l'Apocalypse, ouvrage décrivant, sous la forme prophétique et symbolique, l'avenir et l'accomplissement du règne de Dieu, et qui très-probablement fut composé avant la destruction de Jérusalem. D'après les recherches faites par les savants modernes, l'Apocalypse, de même que la seconde des épîtres de saint Jean, serait l'œuvre d'un presbytère d'Éphèse, appelé aussi Jean, ami et successeur de l'apôtre, ou d'un Juif chrétien, tout autre que l'Évangéliste, mais qui le composa sous le nom de saint Jean.

JEAN CHRYSOSTOME (Saint), père de l'Église, l'un de ses plus illustres docteurs, et sans contredit le plus célèbre des orateurs chrétiens, naquit à Antioche, en 344. Secundus, son père, était général de cavalerie, et mourut jeune. Sa mère, veuve à vingt ans, ne voulut point se remarier, et ne songea qu'à élever pieusement sa petite famille. Ses vertus lui méritèrent des éloges même de la part des païens. Jean étudia la philosophie sous Andragathius et l'éloquence sous Libanius. Son génie commençait dès lors à jeter de vives étincelles. *Je l'aurais choisi pour mon successeur*, disait le vieux rhéteur grec, *si les chrétiens ne nous l'eussent point enlevé*. Plusieurs causes plaidées à vingt ans avec un brillant succès, ses talents bien connus lui permettaient d'aspirer aux premières dignités de l'empire, car l'éloquence ouvrait encore alors la route des honneurs; mais la lecture assidue de l'Écriture Sainte lui inspira des pensées plus austères. Bientôt on ne lui vit plus d'autre habit qu'une méchante tunique de couleur grise. Un jeûne de tous les jours, un court sommeil sur la planche, de longues études, de longues veilles, de longues prières, telle fut dès lors sa vie, malgré les railleries de ses amis et de ses premiers admirateurs.

Après trois ans ainsi passés dans le palais de Mélèce, il est ordonné lecteur par le vieux pontife, qui aime tendrement son jeune ascète. Il se lie d'une étroite amitié avec un jeune saint, Basile, et convertit à la vie ascétique Théodore de Mopsueste et Maxime, ses deux autres amis. Les évêques de la province s'assemblent pour l'élever avec Basile à l'épiscopat; mais il prend la fuite, se cache, réussit par un pieux artifice à faire sacrer son ami, compose à vingt-six ans, comme une apologie de sa conduite, son admirable *Traité du Sacerdoce*, et se réfugie chez les anachorètes des montagnes, dans le voisinage d'Antioche. On trouve dans ses œuvres une touchante peinture de leurs mœurs. Cependant leur vie si pure ne suffit pas à sa ferveur; il s'enfonce dans la solitude, et passe deux ans dans une caverne profonde, sans se coucher. Une maladie le force à revenir à Antioche, en 381. Il est ordonné diacre par saint Mélèce, et prêtre par saint Flavien, son successeur. Vicaire du prélat à quarante-trois ans, et chargé par lui d'annoncer la parole de Dieu au peuple, fonction qui jusque là n'avait jamais été confiée à un simple prêtre, il fait des prodiges de d'éloquence. Plusieurs discours par semaine n'épuisent point sa fécondité; souvent il parle plusieurs fois en un jour. Les fidèles, les juifs, les païens, les hérétiques, l'écoutent avec une égale admiration. Une violente sédition éclate à Antioche : les statues de Théodose et de sa famille sont renversées; muni d'un discours concerté avec Chrysostome, saint Flavien accourt à Constantinople, et le pontife septuagénaire arrache à l'empereur les larmes et le pardon, tandis que l'infatigable orateur s'efforce de consoler le peuple, qui s'abandonne au désespoir.

En 397, le faible Arcadius monte sur le trône; Nectaire meurt; Jean est enlevé par le comte d'Orient, conduit à Constantinople, et sacré en 398, par Théophile, patriarche d'Alexandrie. Son premier soin est de réformer la maison épiscopale et les mœurs du clergé ; il distribue son patrimoine aux pauvres, fonde plusieurs hôpitaux, et mérite le glorieux surnom d'*aumônier*. Olympiade, Salvine, Pocule et Pontavie, illustres veuves, se consacrent sous sa conduite au service des pauvres et des malades. Des évêques sont envoyés par lui chez les Scythes, chez les Goths, dans la Perse et la Palestine. Par une brillante improvisation, il sauve le ministre Eutrope de la fureur du peuple et des soldats. Son éloquence arrache au supplice deux illustres seigneurs, et triomphe encore du rebelle Gaïnas, qui consent à s'éloigner de Constantinople avec ses Goths. Cependant, les vexations de l'impératrice, que désapprouvait le saint archevêque, la jalousie de Théophile et la faiblesse de l'empereur amènent le *conciliabule du Chêne* à Chalcédoine. Chrysostome, injustement accusé, refuse de comparaître, parce qu'on a violé à son égard les règles des saints canons. Quarante évêques s'assemblent pour lui à Constantinople ; mais l'intrigue triomphe, et la sentence de déposition est signée par l'empereur. Le saint évêque pouvait remuer l'empire en sa faveur ; mais il va secrètement trouver l'officier chargé de le conduire en Bithynie, et échappe ainsi à la surveillance du peuple, qui depuis trois jours jure de le défendre, et l'a pris sous sa garde. La voix de Sévérien, évêque de Gabales, qui cherche à flétrir la mémoire de l'illustre exilé, se perd au milieu des clameurs. Un tremblement de terre qui a lieu pendant la nuit effraye l'empereur et l'impératrice : Arcadius révoque l'ordre d'exil, et Eudoxie écrit elle-même à saint Chrysostome pour l'inviter à revenir : tout le peuple accourt avec des flambeaux pour le recevoir. Mais l'inauguration d'une statue d'argent à l'effigie de la princesse, des jeux célébrés à cette occasion et dirigés par un manichéen, des superstitions païennes indiscrètement renouvelées, en provoquant le zèle du saint, amènent bientôt de nouveaux nuages.

Le père Montfaucon a prouvé que Socrate et Sozomène ont faussement attribué à saint Jean Chrysostome le discours contre l'impératrice commençant par ces mots : *Hérodiade est encore furieuse*. Les prélats dévoués à la cour sont encore une fois convoqués, et les quarante évêques qui soutiennent le saint archevêque ne peuvent le sauver d'une nouvelle condamnation. Le samedi saint, une troupe de soldats envoyés contre lui profanent et ensanglantent son église. Il demande un concile ; Innocent Ier et l'empereur Honorius le demandent avec lui ; le pape annule tout ce qui a été fait ; mais Arcadius, obsédé par Théophile, le regardait comme un des auteurs du mal, ne veut se rendre à aucune raison. L'ordre de partir pour l'exil est de nouveau intimé à Chrysostome dans la cathédrale ; il le reçoit, et part secrètement pour être conduit à Nicée en Bithynie.

Bientôt après, un violent incendie, qui dévore à la fois Sainte-Sophie et le palais du sénat, où périssent les admirables statues des Muses, est imputé aux amis de Chrysostome, qui ont à souffrir la prison, la torture et l'exil. Ces accidents et la mort d'Eudoxie, arrivée quelques mois après, et les ravages des Isauriens et des Huns, sont regardés par Palladе comme autant d'effets incontestables de la vengeance céleste. Cependant, malgré les malheurs, malgré les remontrances de saint Nil, les instances d'Honorius et le refus du souverain pontife de communiquer avec Théophile, Arcadius, toujours trompé, fait monter Arsace sur le siège de Constantinople, et donne ses ordres pour que l'évêque légitime soit relégué dans les déserts du mont Taurus.

Soixante-dix jours de marche et de fièvre durant les grandes chaleurs de l'été, un ciel et un sol brûlant, la brutalité des gardes, des nuits sans lit et sans sommeil, la soif et la faim, sans pouvoir lasser sa patience, ont altéré la santé du vieux pontife : sa poitrine est douloureusement affectée. Enfin, le 16 juillet 405, il arrive au dernier terme de son exil, fixé par Eudoxie. Il est reçu avec respect par les habitants de Cucuse, et bientôt il envoie de là des missionnaires dans la Perse et la Phénicie. Obligé de se retirer au château d'Arabisse, sur le mont Taurus, pour échapper aux incursions des Isauriens, il retourne peu après à Cucuse, où il reçoit un nouveau rescrit impérial, qui le confine à Pithiause, sur les bords du Pont-Euxin, jusqu'aux extrémités de l'empire. Les deux officiers chargés de le conduire savent qu'ils auront de l'avancement si à force de mauvais traitements il peut expirer entre leurs mains. Le saint vieillard, avec sa tête chauve et nue, est obligé de marcher à pied, exposé tantôt aux ardeurs du soleil d'Asie, tantôt aux subites et froides ondées de l'équinoxe. Bientôt ses forces sont épuisées. Arrivé à Comane, dans le Pont, on veut le forcer à marcher encore ; mais la nature s'y refuse, et on est obligé de le rapporter dans l'oratoire de saint Basilisque, où il expire peu de temps après, le 14 septembre 407.

Un concours prodigieux de fidèles et d'anachorètes se fit voir à ses funérailles. Trente ans plus tard, ses restes, solennellement transférés à Constantinople, ont laissé une grande piété par Théodose le jeune et sa sœur Pulchérie, qui déploraient les erreurs et les folies de la vieille cour, furent pieusement transportés à Rome, et déposés au Vatican, sous l'autel qui porte le nom du saint.

Saint Jean Chrysostome était petit de taille. L'étude, jointe aux austérités de sa jeunesse, avait de bonne heure amaigri sa figure. La charité et la douceur étaient ses principales vertus. Le pape Célestin, saint Augustin et saint Isidore de Péluse le regardaient comme le plus grand docteur de l'Église. Pallade, Érasme, Ménard, Godefroy Hermant et Tillemont ont écrit la vie de saint Jean Chrysostome. Le nom de Chrysostome (*Bouche d'or*, fait de deux mots grecs, χρυσός, or, et στόμα, bouche), qui ne lui a été donné qu'après sa mort (mais peu après, car on le trouve déjà dans Cassiodore, saint Ephrem et Théodoret), est devenu depuis 1400 ans celui de l'éloquence. Par l'élégance et la pureté du style, par la clarté, l'ordre et l'élévation des pensées, ce Père s'est placé au premier rang des écrivains de la Grèce. Toujours original, lors même qu'il paraît imiter, telle est la flexibilité de son talent que dans les sujets les plus analogues jamais il ne se copie lui-même. On admire surtout sa brillante imagination, sa dialectique pressante, sa connaissance des passions, l'onction de sa parole et son inépuisable fécondité. Il ressemble tout à la fois à Démosthène et à Cicéron. Au nerf de l'orateur grec il joint l'abondance, le nombre et l'harmonieuse phraséologie du consul romain. L'abbé Auger n'a pas craint de dire qu'il est l'*Homère des orateurs*. On ne conçoit pas comment dans une vie si agitée il a pu trouver assez de temps pour composer tant d'ouvrages. Nous avons encore de lui plus de 700 homélies, 20 livres sur divers sujets, 3 grands traités, 28 discours, 21 panégyriques, une multitude de lettres, 2 exhortations à Théodore, 2 catéchèses (il paraît qu'il en avait composé un grand nombre), un commentaire sur l'Épître aux Galates, et une synopse de l'Ancien Testament. Les plus estimés de ses ouvrages sont les 58 homélies sur les Psaumes, son Traité du Sacerdoce, ses 32 homélies sur l'Épître aux Romains, ses 7 panégyriques de saint Paul, et les 90 homélies qui forment le commentaire sur saint Matthieu. Saint Thomas d'Aquin, qui ne possédait de ce dernier ouvrage qu'une version ancienne, diffuse et souvent peu exacte, disait qu'il ne la donnerait pas pour toute la ville de Paris. Les meilleures éditions de saint Jean Chrysostome sont celles de Fronton du Duc, et celle du P. Montfaucon, qui n'a d'autre avantage sur la première que d'être beaucoup plus complète.

L'abbé J. BARTHÉLEMY.

JEAN CHRYSORRHOAS (Saint), autrement dit saint *Jean Damascène* ou *de Damas*, parce qu'il était de cette ville, appelé aussi par les Sarrasins *Mansur* ou *Mandur*, se rendit célèbre, au huitième siècle, par ses lumières et par le zèle avec lequel il soutint la cause des images contre les empereurs Léon l'Isaurien et Constantin Copronyme. Son père, quoique chrétien, occupait un rang distingué à la cour des successeurs d'Ali, qui régnaient en Syrie ; les talents et les vertus du fils lui gagnèrent également la confiance des khalifes, qui lui confièrent le gouvernement de la ville de Damas. Né en 676, il occupait ce poste en 726, lorsque l'empereur Léon fit paraître ses édits contre le culte des images. Dans quelques discours qu'il publia en réponse à ces édits *dogmatiques*, Jean ne craignit pas de dire qu'en matière de foi il n'y avait d'autre autorité que celle de l'Église. On prétend que l'empereur, irrité de cette réponse hardie, ne rougit pas de descendre à l'intrigue pour en perdre l'auteur. Nous ne rapporterons pas avec Jean de Jérusalem, qui vivait au milieu du dixième siècle, les suites de ces manœuvres : Jean de Damas, accusé de trahison et disgracié, son poing coupé et miraculeusement remis, et autres événements qui l'auraient déterminé à se retirer du monde. Mais il est plus naturel de penser que sa piété et la difficulté de vivre saintement au milieu d'une cour infidèle lui inspirèrent la résolution de fuir les hommes et de chercher Dieu dans la solitude. Il se retira donc dans la laure de Saint-Sabas, près de Jérusalem. Versé dans la plupart des connaissances humaines, il avait consenti à oublier tout ce qu'il avait pu savoir, pour échapper à la vanité qu'inspire la science ; un ordre de ses supérieurs lui fit reprendre la plume pour venger l'Église des attaques de l'hérésie. Il combattit tour à tour les iconoclastes, les manichéens, les nestoriens, les monophysites, les monothélites, etc. ; démontra le ridicule des superstitions mahométanes, et exposa les principes de la foi orthodoxe dans plusieurs traités, qui, joints à ses livres de controverse, forment un cours complet de théologie. Cette partie de ses ouvrages se distingue surtout par la force et la clarté des raisonnements. Dans un livre sur la dialectique, il appliqua à la théologie les règles de la philosophie d'Aristote, qu'il dégagea en grande partie de l'obscurité dont elle était enveloppée : cet ouvrage l'a fait regarder comme le père de la scolastique parmi les Grecs. Des commentaires sur saint Paul, des homélies, des hymnes, des odes, etc., forment le reste de ses œuvres. Quelques écrits indignes de lui lui ont été faussement attribués.

Des critiques ont reproché à saint Jean Damascène plusieurs citations de faits apocryphes ; mais, selon Baronius, ce sont des erreurs commises de bonne foi, qu'on ne peut imputer qu'à l'infidélité de sa mémoire et à la difficulté qui existait alors de remonter aux sources authentiques. Saint Jean Damascène mourut en 760. Sa maxime favorite était que *le bien même n'est pas bien, s'il n'est bien fait*.

L'abbé C. BANDEVILLE.

JEAN DE MATHA (Saint), né en 1160, à Faucon, en Provence, reçut le bonnet de docteur à Paris, où il avait étudié avec succès. Il entra ensuite dans les ordres, et de concert avec un pieux ermite, nommé Félix de Valois, il fonda l'ordre des T r i n i t a i r e s pour le rachat des captifs. Puis il fit un voyage aux côtes Barbaresques, d'où il ramena cent vingt captifs. Il mourut peu de temps après, à Rome, le 22 décembre 1614.

JEAN DE DIEU (Saint), né en 1495, à Monte-Major-el-Novo, petite ville de Portugal, d'une famille pauvre, fut d'abord soldat, et mena une vie licencieuse. Il se fit ensuite domestique. Un sermon de Jean d'A v i l a le toucha tellement, qu'il résolut de consacrer le reste de sa vie au service des malades ; son ardeur surmonta tous les obstacles, et il fut le fondateur de l'ordre de la C h a r i t é. L'archevêque de Grenade le soutint dans toutes ses bonnes œuvres, et lui donna le surnom de Jean de Dieu, à cause de sa piété. Il mourut le 8 mai 1550, le corps épuisé par ses austérités. Il fut canonisé par Alexandre VIII, en 1690.

JEAN DE LA CROIX (Saint), naquit en 1542, à Onteveros dans la Vieille-Castille, entra dans l'ordre des Carmes à l'âge de vingt et un ans, et fut ordonné prêtre à vingt-cinq. Il concourut à la réforme de son ordre, accomplie par sainte T h é r è s e, et fut lui-même l'instituteur des C a r m e s déchaussés. Il mourut en 1591. Il a écrit des livres de dévotion mystique, dont la plupart ont été traduits en français. Son surnom lui venait de la nudité de sa cellule, meublée seulement d'une croix de jonc et d'un lit de planches.

JEAN. L'Église a eu vingt-trois souverains pontifes de ce nom. Quelques-uns ont été regardés comme antipapes.

JEAN Ier, surnommé *Catelin*, était fils d'un Toscan nommé Constantius, et succéda à Hormisdas. Son intronisation eut lieu en 523. Le roi d'Italie T h é o d o r i c l'envoya à Constantinople à la tête d'une ambassade, pour fléchir l'empereur Justin, qui venait d'ordonner la persécution des ariens. Il profita de son séjour dans cette capitale de l'Orient pour établir sa suprématie sur le patriarche, en s'asseyant sur un trône dans la basilique. On n'est pas d'accord sur le résultat de ses négociations. Quelques historiens lui attribuent la gloire d'avoir fléchi l'empereur par ses larmes. D'autres, parmi lesquels se trouve Baronius, le panégyriste du saint-siège, affirment au contraire qu'il trompa les espérances de Théodoric en confirmant Justin dans son projet d'extermination. Ce qui le prouve, c'est qu'à son retour en Italie, le roi le fit jeter dans une prison, où il termina ses jours, le 27 mai 526. Il a été canonisé.

JEAN II, surnommé *Mercure*, succéda à Boniface II, à son éloquence, les autres à l'acquisition qu'il fit du saint-siège à beaux deniers comptants. Il était fils du Romain Projectus, et prêtre du titre de Saint-Clément. Son premier acte fut la condamnation d'Anthémius, patriarche de Constantinople, convaincu d'arianisme. Son second fut l'anathème lancé, à l'instigation de Justinien, empereur d'Orient, contre les acémètes, moines de Scythie, ainsi nommés de ce qu'ils ne dormaient pas, et qu'ils priaient jour et nuit ; mais ils partageaient quelques erreurs des nestoriens, et leurs prières ne les sauvèrent point de la colère du pape. La condamnation de Contumeliosus, évêque de Riez, est le dernier acte de ce pape, qui mourut en 535.

JEAN III, fils du comte Anastase, succéda à Pélage Ier, en 560. L'histoire ne cite pas deux faits de ce pontificat de treize ans, l'achèvement de l'église de Saint-Philippe et Saint-Jacques et la restauration de deux évêques des Gaules, qu'un concile de Lyon avait déposés comme assassins et adultères, et qu'un second concile tenu à Châlons après la mort de ce pape renferma pour la vie dans un monastère. JEAN III mourut en 572.

JEAN IV, élu en août 640, à la place de Severin, après cinq mois de vacance, était né en Dalmatie du scolastique Venance. L'édit de l'empereur Héraclius, connu sous le nom d'Ecthèse, lequel consacrait la doctrine des monothélites, admettant qu'il y avait dans Jésus-Christ une seule opération et une seule volonté, causait alors une grande perturbation dans l'Église. Jean IV n'hésita point à la condamner, et réussit à faire brûler l'Ecthèse par le petit-fils d'Héraclius. Ce pape signala son zèle apostolique par le fréquent envoi de ses trésors en Dalmatie et dans l'Istrie, pour racheter les captifs des mains des pirates ; il mourut en 641, après un pontificat de dix-huit mois.

JEAN V, fils de Cyriaque, et né dans la province d'Antioche, était diacre et légat, sous le pape Agathon. Un vote unanime le porta sur le siége de saint Pierre, après la mort de Benoît II ; mais il ne régna que dans son lit, où il mourut au bout d'une année, en 686, laissant 1,900 sous à son clergé et aux monastères.

JEAN VI, Grec de nation, fut élu en 701, pour succéder à Serge Ier. Son pontificat de deux ans trois mois et douze jours n'est guère connu que par l'absolution de saint Wilfrid, que l'archevêque de Canterbury avait accusé devant un concile. Jean VI le força de retourner en Angleterre. Le territoire de Rome ravagé par le Lombard Gilulfe, duc de Bénévent, ne fut délivré des troupes de ce barbare que par les riches présents du pontife, qui mourut le 10 janvier 705.

JEAN VII, autre Grec, lui succéda. Son père se nommait Platon. Justinien II lui envoya les actes du concile *in trullo*, avec deux évêques chargés de lui demander son approbation : il les renvoya sans rien décider. Quelques historiens affirment qu'Aribert, roi des Lombards, lui fit don du patrimoine des Alpes Cottiennes; Platine révoque en doute cette donation. La restauration de quelques églises complète l'histoire de ce pape, mort en 707.

JEAN VIII fut élu et consacré le 14 décembre 872, à la place d'Adrien II; il était archidiacre et Romain de naissance. Son pontificat fut remarquable par le couronnement de trois empereurs, Charles le Chauve, à Rome, en 875; Louis le Bègue, à Troyes, le 7 septembre 878; et Charles le Gros, à Rome, en 881. Ce pape présida ou convoqua onze conciles. Dans le premier, tenu à Ravenne, en 874, il essaya en vain de terminer le différend du doge de Venise Ursus avec Pierre, patriarche de Grade, à l'occasion de l'eunuque Dominique, élu évêque de Torcelle, contre la défense des canons. Le second, tenu à Pavie, en 876, fut appelé aussi *parlement*, parce qu'on y fit des règlements pour l'élection des empereurs, et qu'il fut présidé par Charles le Chauve. Dans le troisième, celui de Pontion, en France, qui fut présidé par le même souverain, deux légats de Rome firent vainement reconnaître Ansagise, archevêque de Sens, comme primat des Gaules et de la Germanie par l'autorité du saint-siège et de l'empereur lui-même; Hincmar de Reims et plusieurs autres évêques protestèrent contre cette usurpation. Le quatrième concile fut tenu à Rome en 877. Jean VIII voulait y terminer l'affaire de l'évêque Dominique; mais les prélats de la Vénétie refusèrent d'y paraître, et le pape se borna à confirmer et justifier l'élection de Charles le Chauve, auquel son neveu Carloman disputait l'Italie. Dans le cinquième, ouvert à Ravenne le 22 juillet 877, furent votés plusieurs canons relatifs à la discipline de l'Église, dont les désordres appelaient une prompte réforme.

A cette époque, l'Italie était troublée par les incursions des Sarrasins; le pape ne cessait d'implorer les secours des puissances chrétiennes. Les ravages de ces étrangers s'étendant dans la Sabine et la banlieue de Rome, Charles le Chauve s'avança jusqu'à Verceil, pour les combattre; mais l'arrivée de Carloman sur ses derrières lui causa une telle frayeur, qu'il oublia le but de son voyage, et le pape fut obligé de payer ou à promettre de payer un tribut annuel de vingt-cinq mille marcs d'argent aux pirates. Sa faiblesse encouragea les séditions: Lambert de Spolette et Albert, fils du comte Boniface, entrèrent dans le parti de Carloman, s'emparèrent de la personne du pontife, et, se riant de ses anathèmes, proclamèrent leur nouveau maître dans Rome. Jean se sauva de leurs mains, vint chercher un refuge en France, et tint son sixième concile à Troyes; on y renouvela l'excommunication du comte Lambert, et de grands priviléges y furent accordés aux évêques au préjudice des puissances temporelles, en présence de Louis le Bègue. Rentré dans Rome, le pape y tint son septième concile, le 5 mars 879, et reçut dans le giron de l'Église le prince et les peuples de Servie et de Dalmatie, qui s'étaient détachés de l'obéissance du saint-siége. Dans le huitième, tenu également à Rome, le 15 octobre de la même année, fut déposé Anspert, archevêque de Milan, qui avait refusé de comparaître à deux conciles où il avait été cité. Un dixième fut ouvert à Constantinople par le patriarche Photius, au mois de novembre. Trois cent quatre-vingts évêques s'y rendirent, et le pape y envoya le cardinal Pierre, sur l'invitation de l'empereur Basile.

Jean VIII avait consenti au rétablissement de Photius, dont ses deux prédécesseurs avaient prononcé la déposition: il espérait obtenir par cette condescendance des secours de l'empire d'Orient contre les Sarrasins, et la flotte de Basile remporta en effet une grande victoire sur ces pirates. Mais elle n'arrêta point leurs ravages. Photius éluda de répondre sur l'affaire des évêques de Bulgarie, qu'il disputait au saint-siége, et le légat de Jean eut la douleur d'entendre condamner la mémoire des papes Nicolas Ier et Adrien II. Le onzième et dernier concile s'ouvrit à Rome, le 24 septembre 881, et se termina par la déposition de Romain, archevêque de Ravenne, qui s'était permis de sacrer un évêque de Faenza sans l'autorisation du pape.

L'évêque Formose eut de graves démêlés avec Jean VIII, dont la faiblesse et les déréglements dégradaient la chaire de saint Pierre. Cette querelle lui survécut. Il était mort le 15 décembre 882, empoisonné et assommé, selon les Annales de Fulde, en punition de ses infamies, qui sont à peine dissimulées par le cardinal Baronius. On a de lui 320 lettres sur différentes questions de discipline, et surtout sur les affaires temporelles de l'Italie.

JEAN IX était fils de Rampalde et natif de Tibur. Une cabale portait le prêtre Sergius. Celle de Jean triompha; et il succéda en 900 à Théodore II. Son premier soin fut d'assembler un concile pour rétablir la mémoire du pape Formose, que ses prédécesseurs avaient flétrie. Platine l'accuse à ce sujet de n'avoir fait que réveiller des séditions éteintes; mais Baronius le loue de cet acte de justice. C'est sous son pontificat que fut érigée la métropole d'Oviédo, en Espagne, et consacrée l'église de Saint-Jacques de Compostelle. On lui prête une maxime qui lui fait encore plus d'honneur. Hervé, archevêque de Reims, se plaignant à lui de ce que les Normands convertis retournaient au paganisme : « Ramenez-les par la douceur et par la raison, répondit Jean IX, et non par la force des armes. » Il mourut en 905, après cinq ans de règne.

JEAN X était né à Rome, d'un nommé Sergius. Clerc de Ravenne, élu à l'évêché de Bologne, puis à l'archevêché de Ravenne, il fut nommé pape à la place de Landon, l'an 912, par les intrigues de sa maîtresse Théodora. Son premier acte fut celui d'un soldat : il marcha en personne contre les Sarrasins, et les défit sur le Garillan, avec l'aide des princes de Capoue et de l'empereur Bérenger; il termina ensuite un schisme qui s'était élevé entre les Églises d'Orient et d'Occident, relativement aux troisièmes et quatrièmes noces. Mais ses crimes causèrent enfin sa perte : Gui, marquis de Toscane, était maître de Rome, et l'impudique Marozia, sa femme, ne pouvait souffrir le crédit de sa digne sœur Théodora. Elle fit saisir le pape par ses satellites, et jeter dans une prison, où elle l'étouffa, dit-on, entre deux oreillers.

JEAN XI, fils naturel de cette même Marozia et du pape Serge III, monta, cinq ans après, sur le trône de saint Pierre, à la place d'Étienne VIII. Il se nommait d'abord *Octavien*, et il régna sous le bon plaisir de son infâme mère. Mais le roi Hugues, nouvel époux de cette mégère, ayant donné un soufflet à un autre de ses bâtards, le comte Albéric, celui-ci souleva le peuple, chassa son beau-père, se rendit maître de Rome, et enferma sa mère et son frère, le pape Jean XI, dans le château Saint-Ange, où il mourut, en 936.

JEAN XII le surpassa en scélératesse. C'était encore un *Octavien*, né de l'inceste de Marozia avec son propre fils Albéric. Les uns lui donnent douze ans, les autres dix-huit, au moment de son installation. Aucun pape n'a plus que lui déshonoré le pontificat par toutes sortes de vices et de débauches. C'est en 956 que cet enfant dépravé devint le successeur d'Agapet II. L'empereur Othon étant accouru en Italie, à sa prière et à celle d'autres prélats, pour délivrer le pays de la tyrannie de Bérenger et de son fils Adalbert, les seigneurs et le clergé, forts de sa présence, déposèrent ces deux souverains, et couronnèrent Othon, qui fut reçu à Rome aux acclamations du peuple : il confirma les donations de Pepin et de Charlemagne, et rétablit le patrimoine de saint Pierre. Mais Jean XII ne tarda point à le payer d'ingratitude, en se coalisant contre lui avec les princes mêmes dont il avait provoqué la déposition. Othon assiégeait alors Montefeltro, où Bérenger s'était réfugié. Au bruit de cette révolte, il revient sur la capitale, met en fuite le pape (963), et convoque un concile pour le juger. Les accusateurs ne manquèrent point. Ses crimes horribles, ses adultères, ses sacriléges furent révélés et attestés par les clercs et le peuple. Sommé de comparaître pour se défendre, il ne répondit que par une menace d'excommunication, et l'empereur le déposa. Léon VIII fut mis à sa place. Mais le pape déchu avait emporté les trésors du Vatican; il savait la haine que les Italiens portaient aux Allemands, et l'empereur eut bientôt à réprimer une violente sédition de ces mêmes Romains qui l'avaient remercié aussi de leur délivrance. Le châtiment fut terrible, et n'en fut pas plus efficace. A peine eut-il conduit son armée dans l'Ombrie, que le peuple, excité par les maitresses de Jean XII, chassa le pape Léon, et remit le fils de Marozia sur le saint-siége, en 964. Jean signala son retour par d'effroyables supplices : il força les mêmes prélats qui l'avaient déposé à dégrader son compétiteur, à condamner tous ses adhérents. Mais un mari qui le surprit une nuit dans les bras de sa femme délivra Rome et l'Église de ce misérable, que Baronius lui-même a appelé un comédien, et que Platine a justement déclaré le plus scélérat des hommes.

JEAN XIII succéda, en 965, à ce même Léon VIII que l'empereur Othon avait rétabli sur son siège. Il était Romain, fils d'un évêque, nommé Jean comme lui, évêque de Narni, et sa vie fut irréprochable comme ses mœurs. Cependant l'anarchie était dans Rome et n'y respectait rien. Une sédition suscitée par Rofrède, comte de Campanie, força le nouveau pape de se réfugier à Capoue. Mais ce comte ayant été tué par un ami de Jean XIII, et l'empereur ayant repassé les Alpes à la tête d'une armée, le pontife fut rétabli sur son siége. C'est à la voix de ses légats que les Polonais se convertirent au christianisme. Les Hongrois suivirent cet exemple en l'an 963, et deux reines, Adélaïde de Hongrie et Dambrawca de Bohème, furent les principaux instruments de cette double conversion. En reconnaissance des services de l'empereur, Jean XIII étendit les priviléges de l'archevêque de Magdebourg, et en fit un primat de Germanie. Il couronna le jeune Othon, que son père avait fait venir à Rome pour cette cérémonie, et envoya des légats à Constantinople pour appuyer l'ambassade impériale qui était allée négocier un mariage entre les deux familles. Mais l'empereur Nicéphore, irrité contre la cour de Rome, maltraita ces légats, et voulut que son patriarche Polyeucte fit un acte de souveraineté spirituelle en Italie, en érigeant Otrante en archevêché, pour punir le pape de l'avoir appelé empereur des Grecs. Jean XIII ne vit point la fin de cette dispute. Il mourut le 6 septembre 972, après un pontificat de sept ans. Baronius lui attribue l'invention du baptême des cloches, que d'autres font remonter plus haut. Ce qu'il y a de certain, c'est qu'il baptisa la grande cloche de Saint-Jean-de-Latran.

JEAN XIV succéda, en 984, à Benoît VII. Il se nommait Pierre, était évêque de Pavie, et avait été nommé chancelier d'Italie par l'empereur Othon II. Il eût mieux fait de s'en tenir à ces emplois; car son pontificat fut constamment traversé par les intrigues et les violences de l'antipape Boniface VII, qui l'enferma dans le château Saint-Ange, où, après huit mois de règne et quatre mois de souffrances, il mourut, de faim et de misère.

JEAN XV succéda, le 25 avril 986, à ce même Boniface VII, qui avait détrôné le précédent. Un autre Jean avait été élu avant lui; mais comme il était mort avant d'être sacré, l'histoire ne l'a point compté parmi les papes. Jean XV était fils d'un prêtre romain nommé Léon. Le tyran Crescentius régnait alors dans Rome, et le nouveau pape s'était retiré dans une place de Toscane pour échapper à sa haine; mais la crainte des Allemands irrita le despote, et Jean XV se rendit aux vœux du peuple, qui le rappelait dans sa capitale. Une affaire remplit son pontificat de dix années. C'est celle d'Arnoul, frère naturel du duc Charles de Lorraine, légitime héritier du dernier carlovingien, qu'Hugues Capet avait eu l'imprudence de nommer au siège métropolitain de Reims. Arnoul trahit l'usurpateur pour son frère, et Hugues, sollicitant sa déposition en cour de Rome, commença par nommer à sa place le fameux Gerbert, qui devait plus tard arriver à la tiare sous le nom de Sylvestre II. Jean XV, prévenu par les amis du duc de Lorraine, ne voulut pas même recevoir les envoyés de Hugues Capet. Mais celui-ci fit prononcer sa déposition par un concile français, qui procéda en même temps à l'intronisation de Gerbert. Le pape cassa toutes les opérations de ce concile, et excommunia les prélats qui l'avaient tenu. Gerbert, de son côté, soutint par ses écrits les libertés de l'Église gallicane, et le roi Hugues renouvela ses tentatives auprès du saint-siége. Jean XV persista dans ses anathèmes : il envoya même un légat en France pour présider un nouveau concile. Cette assemblée s'ouvrit à Mouson, le 2 juin 996. L'éloquent plaidoyer de Gerbert y fut mal soutenu par Hugues Capet, qui avait trop besoin de la cour de Rome pour la mécontenter, et l'archevêque Arnoul fut rétabli par l'autorité du saint-siége. Le débat ne finit point là, mais Jean XV n'en vit point la solution, car il mourut dans cette même année. Le père Mainbourg a loué ses vertus, son savoir et son courage; mais le biographe de Saint-Abbon, plus rapproché des événements, l'accuse d'avoir été disposé à tout vendre. Heydegger ajoute qu'il pillait l'Église pour enrichir sa famille, et lui attribue la fatale invention du népotisme. On ignore si c'est à lui ou à Adrien III qu'est due la première canonisation de saints.

JEAN XVI se nommait Philagathe. C'était un Calabrois, né à Rossane. Il avait été nourri par charité à la cour d'Othon II, qui lui avait donné l'évêché de Plaisance, et l'avait envoyé à Constantinople demander la fille de Nicéphore en mariage. Revenu à Rome, en 997, après la déposition de Grégoire V, par le tyran Crescentius, il acheta le saint-siége de cet oppresseur de l'Italie. Son règne fut de peu de durée. Othon III ramena Grégoire à Rome : le peuple se saisit de Jean XVI, lui arracha les yeux, le nez, et précipita son cadavre du château de Saint-Ange dans le Tibre. Les écrivains orthodoxes le considèrent comme antipape, et l'abbé de Vallemont l'a rayé de la nomenclature; mais les historiens de France et d'Allemagne ont persisté à l'y comprendre.

JEAN XVII. C'était un nommé Sices, paysan selon Platine, gentilhomme suivant le père Pagi, qui succéda, en 1003, à Sylvestre II. C'est tout ce que l'histoire raconte de son pontificat de cinq mois.

JEAN XVIII fut son successeur immédiat. Il était Romain, et se nommait Fasan. Sacré le 19 mars 1004, il n'est connu que par l'érection de l'évêché de Bamberg, à la sollicitation de l'empereur Henri. Ce pape régna cinq ans, dans la mollesse et l'oisiveté : il mourut le 18 juillet 1009.

JEAN XIX, créature des comtes de Segni et de Toscanelle, succéda à son frère Benoît VIII, en 1024. Les uns disent qu'il était laïque avant son exaltation, les autres en font un évêque de Porto. Les clameurs de toute l'Église d'Occident l'empêchèrent seules dès son début de vendre au patriarche de Constantinople le titre d'évêque universel d'Orient. Il couronna l'empereur Conrad à Rome, le 26 mars 1027, en présence de Canut, roi d'Angleterre et du Rodolphe, roi de Bourgogne, et six ans après ce même Conrad le rétablit par la force des armes sur son siége, d'où une sédition l'avait renversé. Mais il ne jouit pas longtemps de son triomphe; il mourut le 8 novembre 1033, après neuf ans et trois mois de pontificat.

JEAN XX ne devrait pas avoir plus que Philagathe le droit d'être compté parmi les pontifes de ce nom. L'infâme Benoît IX, chassé de Rome pour ses crimes, lui vendit la tiare pour l'opposer à un autre antipape, qui avait pris le nom de Sylvestre III; et ce même Benoît, ayant reconquis par le glaive le palais de Latran, les trois papes ou antipapes se partagèrent les églises de Rome et les revenus du saint-siége. Ce monstre à trois têtes, ce triforme dubium, comme l'appelait un poète ermite de ces temps d'anarchie, dura jusqu'à l'avénement de Grégoire VI, entre les mains duquel les triumvirs pontificaux déposèrent leur tiare. Jean XX alla finir ses jours dans l'obscurité.

JEAN XXI succéda au pape Adrien V, le 13 septembre 1276. Il se nommait Pierre-Julien. Lisbonne, sa patrie, l'avait appelé le clerc universel, à cause de son vaste savoir, et il était cardinal évêque de Tusculum quand il fut honoré des suffrages du conclave. Il reçut le 7 octobre suivant la foi et l'hommage de Charles, roi de Sicile. L'année suivante il rétablit l'harmonie entre le roi de France, Philippe le Hardi, et Alfonse, roi de Castille, pour qu'ils pussent tourner leurs communs efforts vers la Terre Sainte. Ses légats parcoururent dans ce but l'Allemagne, la Hongrie et l'empire d'Orient. Mais un bâtiment qu'il faisait élever à Viterbe s'étant écroulé sur sa tête, il mourut six jours après cet accident, le 16 mai 1277, laissant la réputation d'un grand médecin, mais d'un pontife peu propre au gouvernement de l'Église. Platine assure que le véritable pape était le cardinal Jean-Gaétan des Ursins, qui lui succéda sous le nom de Nicolas III.

JEAN XXII (Jacques d'Ossa), né à Cahors, en 1244, succéda, le 7 août 1316, à Clément V, après une vacance de deux années. La cour pontificale résidait alors à Avignon, et les cardinaux s'étaient assemblés plusieurs fois sans pouvoir s'accorder, quand le comte de Poitiers, frère de Louis X de France et régent du royaume, les enferma dans un couvent de Lyon, en leur déclarant qu'ils n'en sortiraient point avant d'avoir fait un pape. Quarante jours après, Jacques d'Ossa ou d'Euse fut élu, et prit le nom de Jean, quoique ce nom eût tant de fois porté malheur au saint-siège. C'était un fils de savetier, qu'avait élevé par charité Pierre Ferrier, archevêque d'Arles. Son mérite lui avait d'abord valu l'évêché de Fréjus, et il avait succédé à son protecteur comme chancelier du roi de Naples, Robert. Ce roi le fit nommer successivement évêque d'Avignon, cardinal et évêque de Porto, d'où il fut promu à la papauté, à l'âge de soixante-dix ans, après avoir juré au cardinal Napoléon des Ursins de rétablir le saint-siège à Rome. Mais ce fut la première chose qu'il oublia. Il débuta au contraire par ériger en France un grand nombre d'évêchés, et par adresser aux rois de France et d'Angleterre des admonitions qui n'avaient d'autre but que d'établir sa suprématie. Le schisme des frères mineurs et la secte des béguins ou fratricelles furent condamnés par ses bulles du 15 mars et du 30 décembre 1317.

Cependant, la guerre des guelfes et des gibelins devait lui susciter de plus grands embarras. Chef des guelfes, il excommunia leurs rivaux, déclara vacant le trône impérial, que se disputaient Louis de Bavière et Frédéric d'Autriche, et s'attribua le gouvernement de l'Empire. L'empereur Louis, vainqueur de son rival, profita de l'absence du pape pour travailler les peuples de l'Italie, qui fut livrée à l'anarchie la plus épouvantable. Les deux souverains ne combattaient cependant que de la plume. Le pontife lançait des monitoires contre Louis de Bavière, et l'empereur y répondait par des protestations et des demandes de sursis. Jean XXII se lassa de tant de délais. Il prononça la déposition de Louis, et l'excommunication des Visconti, ses adhérents, qui n'en tinrent aucun compte. Deux docteurs, Marsile de Padoue et Jean de Gand, mirent leur éloquence aux gages de l'empereur; ils furent excommuniés à leur tour. Louis en appela au futur concile, et s'avança jusqu'à Rome, après avoir pris la couronne de fer à Milan, où, de l'avis de plusieurs prélats gibelins, il avait déclaré le prêtre Jean, prétendu pape, convaincu d'hérésie sur seize articles. Jean fit enfin prêcher une croisade contre l'empereur, et Louis de Bavière publia la déposition du pape dans une assemblée tenue au milieu de la place de Saint-Pierre. Ce fut en vain que le jeune Jacques Colonne osa protester contre cette déposition, en lisant au peuple romain la bulle d'excommunication lancée par le pontife; l'empereur fit poursuivre le téméraire, qui heureusement ne se laissa point atteindre, et fit élire pape Pierre de Corbière, qui prit le nom de Nicolas V.

Celui-ci débuta suivant l'usage par l'excommunication du pape Jean, qui le lui rendit avec usure. Les guelfes ne tardèrent pas à rentrer dans Rome sous la conduite du légat Jean des Ursins. Ils en chassèrent Pierre de Corbière, et signalèrent leur victoire par le massacre des gibelins et la profanation de leurs tombeaux. L'empereur emmena son pape à Pise; mais à peine eut-il repris le chemin de l'Allemagne, que Pierre de Corbière, abandonné de ses amis, et traqué par ceux de Jean XXII, n'eut d'autre ressource que la clémence de ce pontife. Il vint s'humilier aux pieds de son heureux rival, qui l'admit au baiser de paix; mais la réconciliation de Louis de Bavière était plus difficile, et ce discord ne finit point de son vivant. Au milieu de tous ces embarras, le pape s'occupait de la conversion des Arméniens et des Tatars; mais, tout en poursuivant les hérétiques et les idolâtres, il fut lui-même traité d'hérétique par ses propres partisans à l'occasion de la vision béatifique : il avait prétendu que les âmes des bienheureux ne devaient voir Dieu face à face qu'au jour du jugement dernier; et cette nouveauté, prêchée trois fois par lui du haut de la chaire pontificale, scandalisa le monde chrétien. Un prédicateur anglais ayant tonné contre cette hérésie, le pape Jean envenima la querelle en faisant jeter le moine en prison. Le roi de France, Philippe de Valois, alla jusqu'à menacer le pontife de le faire brûler vif s'il ne se rétractait pas, et celui-ci, poussé à bout, après trois ans de disputes et de scandale, déclara en présence de vingt cardinaux qu'il abjurait sa proposition. Il mourut le 4 décembre 1334, à l'âge de quatre-vingt-dix ans. On vante sa fermeté inébranlable, son savoir et sa piété. Mais son ambition fut immodérée comme son avarice, et c'est lui qui ajouta une troisième couronne à la tiare, pour marquer la supériorité des papes sur les rois. Il publia les Clémentines et composa les Extravagantes, auxquelles se rattache le Corps du Droit canonique.

JEAN XXIII (Balthazar COSSA) était un Napolitain. Il feignit de ne pas vouloir de la papauté, que Louis II, roi de Naples, sollicitait pour lui, après la mort d'Alexandre V; mais, s'il faut en croire quelques historiens, il se revêtit lui-même du manteau de saint Pierre, que les cardinaux lui présentaient pour en couvrir le plus digne. On ajoute qu'il était à peine archidiacre de Bologne, et se mettant en route pour Rome, sous Boniface IX, il dit à ses amis qu'il allait au pontificat. Sa jeunesse n'avait pas été fort pure : né gentilhomme, il avait commencé par la piraterie et la débauche, et à peine dans les hautes dignités ecclésiastiques, s'y était signalé par la cupidité la plus scandaleuse. Boniface IX l'avait renvoyé à Bologne, pour le séparer de ses maîtresses; il y arriva en conquérant, à la tête d'une armée qui défit celle du duc de Milan, Jean Galéas. Maître du pays, il le dévora par ses exactions, brava les ordres d'Innocent VII et les anathèmes de Grégoire XII, suscita à ce dernier des anathèmes sans nombre. Plus calme sous Alexandre V, il lui succéda le 17 mai 1410. Pierre de Luna, connu sous le nom de Benoît XIII, vivait encore, et l'Espagne, l'Écosse et l'Armagnac persistaient à le reconnaître. Grégoire XII végétait aussi dans quelques faibles parties de l'Allemagne et de la haute Italie. Le nouveau pape, protégé par l'empereur Sigismond, et maître du Vatican, fut reconnu par la France, malgré son empressement à lui demander des subsides. Cette prétention réveilla toutes les susceptibilités de l'Église gallicane; l'université protesta, et ne consentit à accorder un faible secours, que le parlement défendit ses privilèges contre les légats du saint-siège.

Sur ces entrefaites, Louis d'Anjou, défenseur du nouveau pontife, battait, sur les bords du Garillan, le 19 mai 1411, l'armée de Ladislas, son compétiteur au trône de Naples, et protecteur de Grégoire XII. Jean appuya cette victoire de ses anathèmes, et prêcha une croisade contre le vaincu. Mais Louis d'Anjou ne sut point profiter de ses avantages, et Ladislas, magnanime à son tour, força le pape à le reconnaître, en abandonnant de son côté le parti de Grégoire. Ladislas se fit même payer cent mille ducats cette condescendance, et ses troupes, dispersées autour de Rome, n'en contrarièrent pas moins l'arrivée des prélats au concile convoqué par le pape Jean. Il fit plus, en 1413, informé que l'avarice et les extorsions de ce pontife l'avaient ruiné dans

JEAN

l'esprit des Romains, il surprit sa capitale dans la nuit du 7 au 8 juin. Jean XXIII prit la fuite, laissa Rome en proie à la barbare rapacité de son ennemi, se retira dans Bologne, et sollicita les secours de Sigismond. Cet empereur profita de ses craintes pour lui arracher la convocation du fameux concile de Constance, après lui avoir reproché en face les scandales dont il affligeait l'Église. Ce n'est qu'après de longues hésitations qu'il se décida à s'y rendre pour y voir condamner et exécuter le célèbre réformateur Jean Huss; mais lui-même y fut joué et y devint dupe de ses propres intrigues. On dressa contre lui une liste d'accusation qui, selon Théodoric de Niem, son secrétaire, contenait tous les péchés mortels avec un nombre incalculable d'abominations. Son évasion ne fit que retarder le jugement. Cité à comparaître, suspendu, arrêté, traité d'incestueux, d'adultère, de suborneur, d'empoisonneur, il fut enfin déposé, comme ses deux compétiteurs, et enfermé dans la prison d'Heidelberg. Il en sortit quatre ans après, après avoir racheté sa liberté 30,000 écus d'or; et vint à Rome s'humilier aux pieds du nouveau pape Martin V, qui le créa cardinal évêque de Frascati et doyen du sacré collége. Il mourut cette même année, de chagrin ou de poison, à Florence.

VIENNET, de l'Académie Française.

JEAN, empereurs d'Orient. *Voyez* ORIENT (Empire d'), COMNÈNE, LASCARIS, PALÉOLOGUE, KANTAKUZÈNE, etc.

JEAN. La France compte deux rois de ce nom.

JEAN Ier, fils posthume de Louis X, ne vécut que cinq jours. Comme il ne restait de Louis X qu'une fille en bas âge, la couronne passa aux mains de Philippe V le Long, oncle paternel de cette jeune princesse, en vertu d'un arrêt du parlement.

JEAN II, dit *Jean le Bon*, succéda à Philippe de Valois, son père. Il fut sacré à Reims, le 26 septembre 1350. Le pape, dès qu'il fut informé du changement de règne, envoya d'Avignon des paroles de paix aux deux souverains de France et d'Angleterre. Elles eurent quelque influence sur Édouard, ce qui fut cause peut-être que la trêve fut prorogée jusqu'à trois ans. Cette trêve n'interrompit cependant pas les hostilités dans toutes les parties de la France.

Le premier acte de Jean le Bon, installé sur le trône, fut un acte de cruauté et de tyrannie, que l'on peut considérer comme le principe de tous ses malheurs. Le comte d'Eu, connétable de France, était prisonnier sur parole d'Édouard. Il y avait contre lui quelques soupçons assez vagues : on disait qu'il était moins le prisonnier que l'ami du monarque anglais, et que son retour à Paris était peut-être un acte d'espionnage. Mais le plus grand grief contre lui était la place qu'il occupait. Depuis longtemps Jean voulait faire son connétable de Charles d'Espagne, dit La Cerda, son ami d'enfance. Le comte d'Eu fut arrêté au sortir de l'hôtel de Nesle, où habitait le roi. On n'était pas assez sûr de la complaisance de la cour des pairs; on s'affranchit même des apparences de la justice, et en présence du duc de Bourgogne, des comtes d'Armagnac et de Montfort, dans les appartements même de l'hôtel de Nesle, le comte d'Eu fut décapité. Charles d'Espagne immédiatement après fut investi de la dignité de connétable.

La trêve conclue entre les deux nations expirait au mois d'août 1351. Elle fut renouvelée; mais Édouard la respecta peu, et pendant que le roi Jean célébrait à Saint-Ouen l'institution des chevaliers de l'Étoile, la trahison de Guillaume de Beaucourroi ouvrit au monarque anglais la voie et le château de Guines. Lorsque le roi de France envoya des députés à Édouard pour se plaindre de ce manque de parole, l'Anglais lui fit cette célèbre plaisanterie, peu digne d'un prince qui cherchait et obtenait le renom de loyauté : il répondit aux députés français que les trêves étaient marchandes.. La situation déplorable où la France était réduite alors força le roi à différer la vengeance de cet affront. Une famine affreuse dévorait le cœur de la France. Les bras, presque tous employés à porter le fer, ne traçaient plus de sillons. Dans les campagnes, c'était l'écorce des arbres dont on se nourrissait ; à Paris, le septier de blé se payait huit livres parisis. Dans plusieurs provinces, on avait été obligé de renoncer à l'impôt.

Le roi Jean ouvrit pour la France une nouvelle source de malheurs en donnant sa fille Jeanne à Charles, roi de Navarre. Ce prince fit aussitôt assassiner le connétable de La Cerda. Jean dans cette circonstance n'écouta ni son ressentiment ni la justice. Il s'abandonna d'abord à une douleur excessive : pendant quatre jours il ne voulut voir personne ; ensuite, son courroux parut s'amollir, il céda aux intercessions des reines Jeanne et Blanche. Charles revint à Paris, et, par l'organe du cardinal de Boulogne, le roi lui accorda un pardon revêtu de quelques formalités de justice. Mais ce pardon n'empêcha pas les hostilités d'éclater à quelque temps de là et Charles le Mauvais de s'allier aux Anglais. Jean s'en vengea en le faisant prisonnier par trahison.

Cependant les conditions qu'Édouard offrait pour la paix n'étaient pas acceptables sans déshonneur. Aussitôt deux armées de deux côtés différents menacèrent la France : l'une, conduite par le prince de Galles, ravageait l'Auvergne et le Limousin avec une fureur impitoyable; l'autre, ayant pour chef Édouard lui-même, débarqua à Calais. Le roi Jean, à la tête aussi de forces imposantes, avança jusqu'à Saint-Omer ; là, il envoya défier Édouard, soit corps à corps, dans un combat singulier, soit forces contre forces. Édouard n'accepta pas ce défi ; il repassa bientôt en Angleterre.

En l'année 1375 s'assemblèrent, pour délibérer sur les mesures à prendre, les états généraux. Les ressources de la cour étaient entièrement épuisées. Le 2 décembre l'assemblée se réunit dans la grande salle du parlement. L'archevêque de Rouen fit l'ouverture des états, et parla au nom du roi, qui demanda par cet organe de l'argent pour faire la guerre. Jean de Craon pour le clergé, le duc d'Athènes pour la noblesse, et Étienne Marcel, prévôt des marchands de Paris, répondirent *qu'ils étaient tous appareillés de vivre et de mourir avec le roy, et de mettre corps et avoir à son service*. Après plusieurs jours de délibération commune, il fut décidé qu'on opposerait aux Anglais une armée de trente mille hommes d'armes (environ quatre-vingt-dix mille hommes) réunis aux communes du royaume; qu'on rétablirait la gabelle sur le sel et un impôt de huit deniers pour livre de toutes choses vendues. La cour ne se soumit qu'à regret à cet impôt; en outre, le parlement ayant désigné quelques-uns de ses membres pour sa levée et sa répartition, le roi se trouvait privé de la disposition des fonds de la guerre. Mais la nécessité faisait une loi de se soumettre à tout ce qu'il pouvait y avoir d'esprit démocratique dans cette disposition. Cette ordonnance, rendue après la délibération des états généraux, contenait beaucoup d'articles de sécurité publique, que nous passerons sous silence. L'exécution en fut plus difficile qu'on ne l'avait pensé : l'impôt ne se percevait pas. A Arras le peuple se révolta, le maréchal d'Androghem, étant entré dans la ville les armes à la main, fit pendre vingt des plus mutins. Les états se rassemblèrent de nouveau , au mois de mars, et ne remédièrent que faiblement à cette pénurie extrême.

Jean n'avait pas prévu quels nouveaux aliments l'arrestation de Charles le Mauvais allait donner à la guerre civile. Philippe de Navarre et Godefroy d'Harcourt saluèrent Édouard roi de France, et déclarèrent tenir de lui leurs duchés et leurs provinces. Ce fut alors que le duc de Lancastre, combinant ses forces avec celles de Philippe de Navarre, assiégea et prit la ville de Verneuil et pénétra par là dans le Perche. D'un autre côté , le prince de Galles portait dans toute la France méridionale l'épouvante de son cheval noir et de son armure noire. Mais le roi avait donné rendez-vous à toute la noblesse aux limites de la Touraine et du Blésois. Le 18 septembre 1356, les deux armées de France et d'Angleterre se rencontrèrent , près de Poitiers, dans ce pays de vignes, de haies et de bois taillis, qu'on nomme Maupertuis, triste pays, que le plus pur sang de la France arrosa si largement. Le roi y fut fait prisonnier.

Quand la funeste nouvelle de la journée de Poitiers eut retenti dans toute la France, ce fut partout un cri de consternation et d'effroi. Le crédit de la noblesse, vaincue sur les deux champs de bataille de Crécy et de Poitiers, allait en s'affaiblissant. Ce fut dans ces circonstances que le dauphin Charles, âgé seulement de dix-neuf ans, prit comme par contrainte en mains les rênes de l'État. Son père l'avait nommé, peu de temps auparavant, lieutenant général du royaume. Il arriva à Paris, et au mois d'octobre il convoqua les états généraux, qui confirmèrent ce titre et lui remirent l'autorité, mais avec de certaines restrictions. On exigea des garanties de ce prince, et les états, où le roi de Navarre avait plusieurs partisans, demandèrent le renvoi de quelques officiers du roi Jean et du Dauphin, accusés d'avoir mal conseillé la cour. L'évêque de Laon, dit Le coq, demanda la liberté du roi de Navarre. Mais le conseil privé, qui sentait tous les périls de l'autorité royale, refusa ces demandes et fit dissoudre les états.

Le parlement en se retirant n'avait voté aucun subside : le dauphin s'adressa inutilement à Marcel, que son omnipotence sur le tiers état rendait un homme très-puissant et très-redoutable. Ne pouvant rien en tirer, il envoya plusieurs de ses gens de son conseil pour engager les principales villes du royaume à subvenir aux dépenses de l'État. Il partit lui-même pour Metz, laissant à Paris son jeune frère, le duc d'Anjou, qu'il nomma son lieutenant. Ce voyage n'était qu'un prétexte. Il chargea son frère de rendre une ordonnance de refonte et d'altération des monnaies, manière certaine et honteuse d'avoir de l'argent. Il n'osa pas rester à Paris pour attendre l'effet de son ordonnance. Le mécontentement fut général. Marcel, à la tête des principaux habitants, n'eut pas de peine à faire suspendre l'exécution de l'ordonnance. A son retour à Paris, le dauphin fut accueilli par les présages plus funestes. Il convoqua une assemblée auprès de l'église de Saint-Germain-l'Auxerrois. Marcel s'y rendit, et déclara au nom de tiers qu'il ne se soumettrait jamais à l'ordonnance sur l'altération des monnaies. L'ordonnance fut révoquée et les états généraux rappelés. Une fois rétablie, cette assemblée profita habilement de son triomphe; elle s'attribua à elle-même le pouvoir de se rassembler quand bon lui semblerait; elle composa, avec trente-six de ses membres, un conseil qui dut pourvoir à l'administration et au gouvernement; elle fit dissoudre la cour des comptes et les deux premières chambres du parlement; et enfin cette assemblée souveraine ordonna que chacun de ses membres aurait une garde de six hommes d'armes, qui devait protéger à main armée son inviolabilité. C'était la première fois que la volonté nationale se déclarait avec cette force et cette conviction. Le dauphin fut obligé de passer par toutes les conditions, et à cette époque il n'y avait réellement à Paris qu'un pouvoir de fait, les états généraux, et un souverain, Marcel, le prévôt des marchands.

Après plusieurs négociations, le roi d'Angleterre consentit à signer une trêve de deux ans. Le prince de Galles, son fils, venait lui amener son auguste prisonnier. Le roi Édouard, avec toute sa noblesse, le maire, les principaux habitants de Londres, vinrent recevoir aux portes celui auquel on avait peu de temps auparavant refusé le titre même de roi de France : maintenant devant ce captif Édouard faisait incliner toute sa noblesse : le prince de Galles marchait à côté de la haquenée blanche du roi Jean, les rues étaient pavoisées, tout respirait un caractère noble et généreux, tant aux yeux d'un ennemi loyal le malheur est sacré !

La trêve, cependant, n'avait pas fait longtemps mettre bas les armes. Charles de Blois, depuis son retour en France, continuait à se défendre contre le duc de Lancastre. La ville de Rennes, que ce dernier assiégeait depuis six mois, allait enfin succomber après une belle résistance. Ce fut dans la délivrance de cette place que le chevalier Duguesclin commença cette réputation si pure et si glorieuse qui fait de son nom l'un des plus héroïques peut-être des temps modernes.

Les événements prenaient dans Paris une teinte de plus en plus sombre. Le dauphin manda au Louvre Marcel, Le Coq et leurs partisans, et là il leur déclara que leur insubordination le lassait; qu'à lui seul l'autorité revenait de droit. Mais la délivrance de Charles le Mauvais par Jean de Péquigny, qui retira ce prince du château d'Arleux en Puilleul, où il était détenu depuis plus d'un an, vint redonner la vie à tous les factieux, dont il était l'âme. Charles de Navarre n'hésita pas à venir à Paris, où il fut accueilli avec cet enthousiasme banal, tribut presque obligé que le peuple paye alternativement à tous les grands malheurs et à toutes les positions élevées. Dès lors le dauphin se retrancha dans une inaction, ou forcée ou systématique. Marcel et ses partisans arborèrent et faisaient adopter partout des chaperons mi-partis de drap rouge et vert : l'université fut le seul corps constitué qui résista et qui refusa de les porter. Le dauphin essayait de lutter avec ce rival si dangereux ; il fit un discours aux Parisiens, où il leur déclara qu'il voulait vivre et mourir avec eux. Plusieurs assistants furent émus de voir l'héritier de la couronne venir se justifier devant eux. Marcel sentit qu'il était urgent de combattre cette influence. L'échevin Consac fit l'apologie de la conduite de Marcel ; et ce peuple, inconstant et versatile, lui accorda les mêmes éloges qu'il venait de décerner au dauphin, et tout le monde déclara qu'il avait raison. Les factieux ne s'en tinrent pas là. Ils firent assassiner le trésorier du dauphin Regnaud d'Acy et l'avocat général, ainsi que les maréchaux de Champagne et de Normandie, dans l'enceinte du Louvre, aux pieds même du dauphin. Le dauphin donna son approbation à tous ces actes de vengeance et de cruauté, qui lui enlevaient à chaque fois un serviteur fidèle et dévoué.

Le reste du royaume commençait à s'ébranler sous ce frémissement qui avait arrivait de la capitale. Les *grandes compagnies* faisaient trembler les villes, et massacraient les voyageurs sur les routes. Sur ces entrefaites, Charles, dauphin de France, ayant atteint sa vingt et unième année, fut investi par son père de l'autorité de régent de France : c'était toujours Le Coq, évêque de Laon, qui était le chef suprême de son conseil. Les états de Champagne devaient se réunir à Provins ; Charles résolut d'y assister et de fuir de cette grande prison de Paris. Il trouva ces magistrats parfaitement disposés pour lui, et se rendit à Meaux avec un peu plus de courage et d'espoir dans le cœur. Dans ces circonstances, Marcel commit la faute d'appeler à Paris des Anglais et des Navarrais, qui traitèrent cette capitale comme une ville conquise, et ne pensèrent en quelque sorte au pillage. Il s'empara du Louvre, qui était hors de l'enceinte de la ville, et organisa tout pour la résistance. Toute la noblesse avait émigré de Paris, et s'était réfugiée auprès du régent. Un fléau d'un autre genre, la j a c q u e r i e, vint se joindre à tant de maux. L'histoire ne sait où se reposer dans si sinistre époque : elle a partout les pieds dans le sang.

Marcel résolut d'appeler ouvertement le roi de Navarre à Paris, et de lui en confier la défense. D'un autre côté, le régent, à la tête de 12,000 hommes, vint occuper les villages de Vincennes, de Charenton et de Conflans. Il ne restait plus qu'une ressource à Marcel, se faire un appui manifeste du roi de Navarre et le proclamer. Dans la nuit du 31 juillet au 1er août 1358, à une heure du matin, Marcel, avec quelques-uns de ses agents, s'empara sans bruit de la garde de la porte Saint-Antoine, par laquelle le Navarrais devait être introduit. Mais il est assassiné par Jean Maillard, et la révolution qu'il méditait se fait en faveur du régent.

Le retour du régent était désiré et attendu. En remettant les pieds dans sa ville de Paris, il promit une amnistie complète et l'oubli du passé. Comme il se rendait à l'hôtel de ville au milieu de la haie du peuple, un bourgeois s'avança tout près de lui, et lui dit avec hauteur et dédain : « Pardieu, sire, si j'en fusse cru, vous n'y seriez jà entré. » Le régent, arrêtant les seigneurs de sa suite, qui voulaient punir l'insolence de ce bourgeois, se contenta de répondre : « Dites-le, bon sire, on ne vous croira pas. » Cependant, le roi de Navarre, voyant qu'il n'avait plus rien à faire avec les Parisiens, traita ouvertement avec Édouard, se fortifia à Melun, et envoya défier le régent. Le connétable de Fienne et le comte de Saint-Pol tenaient la campagne pour le régent. Ils firent lever aux Navarrais le siége d'Amiens; déjà le roi de Navarre s'était emparé d'Auxerre, et menaçait d'affamer Paris. Melun, une de ses places les plus fortes, était assiégée par le régent et le chevalier Duguesclin, qui y prodigua son héroïsme. Tout à coup, toutes les prétentions de Charles le Mauvais tombèrent devant des espérances d'arrangement qu'il provoqua.

Mais Jean, que la captivité commençait à ennuyer, résolut d'y mettre un terme, et négocia un traité avec Édouard. Ce traité, porté en France, fut rejeté par le régent et son conseil. Le roi d'Angleterre exigeait pour rançon tout l'ouest de la France, et plusieurs des provinces centrales. Le peuple fut assemblé : de toutes parts on s'écria que mieux valait combattre les Anglais à extermination. A la tête d'une armée de cent mille hommes, Édouard débarqua en France. Il était suivi par des fourgons qui apportaient des vivres pour l'armée dans ce pays affamé. La pensée d'Édouard se tourna d'abord vers Reims, où se sacraient les rois de France. Un long siége n'eut d'autre résultat que d'ébranler les fortifications. L'armée anglaise descendit ensuite dans la Bourgogne, et, par le Nivernais, regagna Paris. Le régent avait résolu de ne plus compromettre le salut de la monarchie dans une bataille. Édouard trouvait tout disposé pour la défense et rien pour l'attaque. Il dévasta les environs de Paris, mais son armée ne pouvait plus tenir dans ce pays déjà affamé; il s'éloigna peu à peu de cette capitale. Ce fut alors que pour la première fois Édouard parut disposé à entendre d'autres conditions moins rigoureuses pour la France. Le duc de Lancastre n'épargna rien pour le décider, et ce fut alors que l'on signa le déplorable traité de Brétigny.

Quand tous les arrangements furent pris, quand le traité fut solennellement juré des deux côtés, le roi de France fit sa rentrée à Paris. Charles de Navarre aussi vint apporter sa parodie de serment. Il jura d'être bon fils et sujet loyal. Le roi ratifia tout ce que le dauphin avait fait comme régent. Tout semblait revenir un peu plus à l'ordre; mais la solde de la rançon du roi était la préoccupation commune. Le pape autorisa un impôt de deux décimes sur le clergé. La noblesse, le tiers, furent grandement mis à contribution. Mais toutes ces ressources furent insignifiantes, on ne pouvait plus trouver d'or dans le sein appauvri de la France. Ce fut alors qu'un prétexte d'humanité vint au secours de la politique. Bannie de France, il y avait une nation qui regorgeait d'or, et qui trouvait partout en échange la honte et les humiliations. On lui ouvrit les frontières de la France. Chaque chef de famille juive devait payer en entrant douze florins d'or de Florence, et six florins par an pour permis de séjour. Comme indemnité, on leur permit l'usure, et on crut faire acte d'humanité en leur défendant d'exiger au delà de quatre deniers pour livre par semaine. Un intérêt aussi exorbitant est la mesure de la misère où se trouvait le royaume de France. Le roi, du reste, exécuta loyalement le traité partout où il le put. Il lui en coûta de détacher ville par ville, et province par province, toute la part que l'Anglais s'était faite : il y eut bon nombre de citoyens qui protestèrent contre cette violence, et qui déclarèrent qu'ils voulaient rester Français. Le roi Jean fut inflexible. Du consentement du dauphin et de celui du prince de Galles, un article fut rayé du traité de Brétigny : ce fut celui qui déclarait que le roi d'Angleterre renonçait au titre de roi de France, et que Jean, de son côté, n'aurait plus la suzeraineté des provinces cédées. Une politique dont on n'explique pas les raisons, en effaçant cet article, laissa subsister un foyer permanent de discordes et de plus une humiliation constante pour les rois de France, qui n'étaient pas seuls à prendre un titre qui n'appartenait qu'à eux.

En l'année 1362, vers les fêtes de Pâques, Philippe de Rouvres, duc de Bourgogne, mourut avant sa quinzième année, sans laisser d'héritier mâle. La couronne de France réclama cet apanage, qui lui revenait de droit, et cette mort fut un bonheur pour elle dans un moment où les membres épars de la France étaient dispersés. Le roi visita et prit possession de cette belle province. On sait que depuis il la céda à Philippe le Hardi, et ouvrit ainsi une suite de guerres funestes entre les puissants ducs de Bourgogne et le roi de France.

Dévoré d'ennui, Jean partit pour Avignon sous le plus frivole prétexte. Il jura au pape qu'il voulait accomplir le vœu de Philippe de Valois de se croiser. Le pape accueillit avec enthousiasme cette proposition. On fixa le jour de l'exécution à deux années. Les événements firent avorter ce projet, qui eût été la ruine du royaume. Pendant ce temps, un de ses fils donné en otage, le comte d'Anjou, rompit son ban et revint en France. Dans ce moment, où, au midi de la France, le captal de Buch, lieutenant du roi de Navarre, s'avançait à la tête d'une armée imposante, où au nord-ouest la guerre de partisans dévastait et ruinait la Bretagne, où le centre du royaume saignait encore des récentes blessures que lui avaient faites les compagnies, puis la jacquerie, Jean préféra à cette vie d'un monarque digne de défendre et de porter sa couronne, la vie oisive et voluptueuse d'un prisonnier royal fêté et honoré, et que l'infortune et la loyauté faisaient regarder comme un grand homme. Pour la dernière fois, il quitta le roi d'Angleterre, ayant investi le dauphin de la lieutenance générale du royaume, et son fils Philippe du titre et de la possession du duché de Bourgogne. Il aborda avec une partie de sa cour à Douvres, et alla à Eltham, où Édouard l'attendait. Là ce furent des magnificences royales et des fêtes splendides. L'hôtel de Savoie à Londres était la résidence habituelle de Jean. Il passait son temps, dit Froissart, *tienent et amoureusement*. On parle d'une comtesse de Salisbury dont il partageait les faveurs avec le roi d'Angleterre, et d'une barque secrète qui pendant la nuit le conduisait mystérieusement le long de la Tamise, de l'hôtel de Savoie au palais de Westminster. Cette captivité si fêtée ne fut pas de longue durée pour Jean. Le 8 avril 1364, dans la quarante-cinquième année de son âge, le roi de France mourut. Édouard pleura dans cet illustre prisonnier un ami que les derniers temps lui avaient fait apprécier. Quatre mille torches éclairèrent le cercueil dans l'église de Saint-Paul; le corps fut ensuite déposé sur un vaisseau, qui reportait à la France les os qui lui appartenaient. Il fut accordé à Jean d'aller dormir à côté de ses aïeux dans la basilique de Saint-Denis. Ce prince eût peut-être été un homme remarquable, s'il n'eût pas été écrasé sous ce titre imposant de roi. Dans tous les cas, quand on médite sur la vie de Jean, ou qu'on rêve sur son tombeau, on se demande pourquoi le sculpteur qui a tracé son épitaphe ne s'est pas contenté d'inscrire sur la pierre tumulaire cette belle maxime, qu'on lui attribue : « Quand la bonne foi, la justice, seraient bannies du cœur de l'homme, elle devrait se retrouver dans celui des rois. »   LACRETELLE, de l'Académie Française.

JEAN, *roi d'Angleterre* (1199-1216). Ce prince reçut des chroniqueurs le surnom de *Jehan sans Terre*, parce qu'à la mort de son père, Henri II, Jean n'était investi d'aucun grand fief, tandis que ses trois frères aînés, Henri, Richard et Geoffroi, avaient porté les titres de ducs de Normandie, de Guienne et de Bretagne. Jean, né à Oxford, en 1166, était cependant le bien-aimé du roi Henri, qui lui avait destiné la souveraineté de l'Irlande, récemment conquise, et s'était efforcé de lui assurer la main de l'héritière de Savoie et de Piémont; mais Jean paya d'ingratitude l'affection de son père, et s'associa secrètement aux complots de ses frères. Ce fut le coup de la mort pour le pauvre roi Henri : quand il apprit que son dernier-né, son enfant de prédilection, s'était uni contre lui au rebelle Richard et au roi de France Philippe-Auguste, il s'écria qu'il n'avait *plus de souci de lui-même ni du monde*, et mourut en maudissant ses fils. Ce fut sous de tels auspices que commença la carrière de Jean, le pire de toute cette sinistre race des Plantagenets, à laquelle la tradition populaire assignait une origine diabolique, et qui ne démentait pas la tradition par sa conduite.

Richard, qui mérita le nom de *Cœur de Lion*, par sa férocité autant que par son courage, succéda au malheureux Henri, et récompensa la complicité de Jean par le don des comtés de Mortain et de Glocester; mais Jean ne fut pas plus fidèle à son frère qu'à son père. Il était resté en Occident pendant la croisade de Richard et de Philippe-Auguste; à la nouvelle de la captivité de Richard en Autriche, Jean, espérant que cette captivité serait éternelle, se ligua avec Philippe, lui rendit secrètement hommage pour la couronne d'Angleterre, et lui facilita l'invasion de la Normandie; puis, Richard ayant reparu, contre l'attente de Jean, celui-ci racheta sa perfidie par une autre, plus noire encore, et les têtes de 300 gens d'armes français, égorgés en trahison, furent le gage de la réconciliation des deux frères (1194). Richard ayant été tué au siége de Chaslus, en 1199, en désignant, dit-on, Jean pour son successeur, par un testament dont l'authenticité a été contestée, Jean se mit en possession du royaume d'Angleterre, et des duchés de Normandie et d'Aquitaine, au détriment de son neveu Arthus ou Arthur, duc de Bretagne, né du troisième fils de Henri II (Jean n'était que le quatrième). L'Anjou, le Maine et la Touraine prirent le parti d'Arthus, enfant de douze ans, que soutint Philippe-Auguste; mais le roi de France songeait plus à ses intérêts qu'à ceux de son protégé, et la mère et les partisans du petit prince, ne croyant point à la sincérité de Philippe, renoncèrent, au nom d'Arthus, à des prétentions trop difficiles à soutenir. Arthus se reconnut même le vassal de Jean pour le duché de Bretagne, et promit de se contenter de cette seigneurie, qu'il tenait de sa mère.

Jean s'était aussi réconcilié avec le roi de France, et son règne paraissait devoir être paisible, lorsque ses passions lui suscitèrent de nouveaux ennemis. Il enleva au comte de la Marche sa fiancée, Isabelle d'Angoulême, quoiqu'il fût lui-même marié, et il répudia, sans aucun motif légitime, la reine sa femme pour épouser Isabelle. Le comte de la Marche, membre de la puissante maison de Lusignan, souleva le Poitou, le Limousin, etc., contre Jean, et demanda justice au roi de France, suzerain du roi anglais, pour les provinces du continent. Philippe, fidèle à sa politique accoutumée, saisit l'occasion de susciter de nouveaux embarras au roi d'Angleterre, réveilla la question redoutable des droits d'Arthus, et cita Jean devant la cour des pairs pour y débattre à la fois l'héritage des Plantagenets et la plainte du comte de la Marche. Jean ne comparut pas, quoiqu'il s'y fût engagé; alors Philippe assaillit la Normandie, investit Arthus des comtés d'Anjou et de Poitou, lui fiança sa fille Marie, et l'envoya joindre le comte de la Marche et les insurgés poitevins. Mais le jeune Arthus et les Lusignan, comme ils assiégeaient le donjon de Mirabeau en Poitou, furent surpris une nuit par le roi Jean à la tête de forces supérieures; Arthus et ses alliés tombèrent au pouvoir de leur ennemi, et le jeune prince captif fut enfermé au château de Falaise, puis à la tour de Rouen. Dans la nuit du jeudi saint de l'année suivante (1203), le roi Jean, accompagné d'un seul écuyer, vint secrètement à la tour par la rivière dans un batelet, se fit amener Arthus, puis gagna le large avec son esquif : on ne revit jamais le jeune prince. Suivant une autre version, Jean aurait poignardé Arthus dans la tour même de Rouen.

Quoi qu'il en soit, le meurtre d'Arthus fut un acte aussi insensé qu'infâme, et ce lâche assassinat reçut bientôt son salaire : l'horreur universelle qu'il inspira fut plus funeste à Jean que ne l'eût été la vie de son neveu : une insurrection presque générale éclata dans les provinces françaises soumises aux Plantagenets, sauf en Normandie; la mère du malheureux Arthus et les états de Bretagne requirent justice du roi Philippe, qui cita Jean derechef par-devant la cour des pairs, mais cette fois pour cause de meurtre et de félonie; et Philippe, à la tête de ses forces et de celles de la Bretagne et des provinces insurgées, se précipita de nouveau sur la Normandie, que ne devait plus quitter sa victorieuse bannière. Tandis que villes et châteaux forts tombaient successivement devant les armes de Philippe, le misérable Jean passait ses journées à *banqueter* à l'abri des murs de Rouen avec sa reine Isabelle, sans se soucier des braves gens qui mouraient pour lui sous l'épée française; et quand les hommes d'armes de France approchèrent trop près du chef-lieu de Normandie, Jean se jeta dans un vaisseau, et s'en alla en Angleterre, abandonnant Rouen et tout ce qui lui restait sur le continent de Gaule, sans avoir tenté le sort des armes dans une seule bataille. Il essaya d'apaiser Philippe en offrant, moyennant sauf-conduit, de comparaître en justice par-devant ses pairs, les grands barons de France; mais Philippe refusa le sauf-conduit, déclarant que le titre de roi ne sauverait pas Jean s'il était condamné : la cour des pairs condamna Jean par contumace à la mort et à la confiscation de tous fiefs, comme coupable de meurtre par trahison. La confiscation était déjà presque complétement opérée par les armes de Philippe.

Jean, sortant enfin de sa torpeur, vint débarquer à La Rochelle avec d'assez grandes forces, et parvint à ramener sous son sceptre les populations mobiles et remuantes de l'Aquitaine (1206); Philippe, cédant aux instances des légats du pape, renonça à dépouiller complétement son ennemi, et lui accorda une trêve de deux ans, durant laquelle tous les anciens domaines des Plantagenets au nord de la Loire restèrent au pouvoir de la France, ainsi que le Poitou. Mais Jean, à propos d'une question d'investiture, source ordinaire des querelles des rois et des papes, ne tarda pas à se brouiller avec le pontife romain, dont la protection lui avait valu de conserver la Guienne : Jean s'étant opposé avec violence à l'installation d'un archevêque de Canterbury, sous l'influence de la cour de Rome, le pape Innocent III mit en interdit le royaume d'Angleterre, puis excommunia le roi (1209). Jean riposta aux foudres papales par les cérémonies les plus acerbes contre le clergé anglais, qui s'était conformé à l'interdit lancé par le souverain pontife; en même temps, au lieu de chercher à obtenir contre le clergé l'appui de la noblesse et du peuple, Jean écrasait toutes les classes de citoyens d'impôts insupportables, interdisait aux gentilshommes la chasse au vol, le plus cher de leurs droits; s'entourait d'otages arrachés comme gages de fidélité à toutes les familles nobles, et s'attirait le mépris et l'exécration de tous par la dépravation de ses mœurs et par des actes d'une odieuse barbarie. Innocent III, voyant que le monarque anglais redoublait d'emportement au lieu de venir à résipiscence, et s'était saisi de tous les biens du clergé, après avoir contraint la plupart des évêques à se sauver sur le continent, Innocent III déclara les sujets du roi Jean déliés de leurs serments de féauté, et offrit la couronne d'Angleterre à Philippe-Auguste, qui répondit à cette offre en réunissant une formidable armée sur les côtes de Normandie. Toute l'arrogance du roi Jean tomba devant le danger; après avoir, au dire du chroniqueur Matthieu Paris, sollicité en vain le secours du miramolin (*Emir-al-Moumenim*) Mohammed-el-Nafser, chef des musulmans d'Espagne et d'Afrique, auquel il offrit secrètement d'embrasser l'islamisme, le lâche monarque se mit à la discrétion du légat du pape, jura d'indemniser le clergé des pertes qu'il lui avait fait souffrir, et se reconnut vassal et *homme lige* du saint-siége de Rome, pour lui et ses successeurs au trône d'Angleterre et d'Irlande, s'engageant à un tribut annuel de 1,000 marcs en signe de vassalité (1213). Le légat, satisfait d'un si grand triomphe, signifia au roi

Philippe de ne point attaquer l'*homme lige* de la sainte Église romaine : Philippe, très-irrité de la défection de la cour de Rome, n'eût peut-être pas tenu compte des injonctions du légat si les nombreux bâtiments de transport qu'il avait rassemblés n'eussent été sur ces entrefaites surpris et brûlés par une flotte anglaise.

Jean, réconcilié avec le pape, prit l'offensive à son tour contre le roi de France, et, se coalisant avec l'empereur Othon, le comte de Flandre, Ferrand, et les grands barons des Pays-Bas, de Lorraine et du Rhin, il exigea de nouveaux sacrifices de ses sujets, vint débarquer à la Rochelle, et entra en Poitou pendant que ses alliés attaquaient le nord de la France. Othon perdit la grande bataille de Bouvines contre Philippe, et Jean s'enfuit honteusement sans combat devant le prince Louis, fils du roi de France. La patience des Anglais était à bout : les barons, las de subir les exactions et les caprices d'un si méprisable tyran, se coalisèrent, à l'instigation d'un prélat patriote, Langton, archevêque de Canterbury, entraînèrent la ville de Londres dans leur parti, et forcèrent Jean à signer avec eux un pacte renouvelé, disaient-ils, d'un acte plus ancien, souscrit jadis par Henri Ier (1215). Ce fut la fameuse *grande charte*, premier germe de la constitution anglaise, et première garantie des divers ordres de la nation contre le despotisme royal. Jean, tout en prêtant le serment imposé par ses sujets, méditait déjà le parjure : il se fit dégager de sa parole par le pape, qui, en qualité de suzerain de l'Angleterre, proclama la *grande charte* illicite et inique; puis le roi appela à son aide tous les routiers et les soldats mercenaires du continent, en leur promettant les biens des rebelles. A la tête de ces hordes de bandits, Jean porta le fer et le feu d'un bout à l'autre de son royaume, traitant en pays ennemi presque toutes les terres qui ne faisaient point partie du domaine royal.

Jean paya cher sa perfidie et ses fureurs : les barons, exaspérés, le déclarèrent déchu du trône, qu'ils déférèrent au prince Louis, fils de Philippe-Auguste. Louis, de l'aveu de son père, accepta la couronne d'Angleterre, et, bravant les excommunications du légat du pape, qui soutenait chaudement la cause de Jean, il descendit à Douvres avec une belle armée française; Londres lui ouvrit ses portes, et Jean fut abandonné non-seulement de la noblesse et du peuple, mais d'une partie de ses routiers mercenaires. Cependant la concorde ne fut pas de longue durée entre la chevalerie française de Louis et les barons anglais. Louis manifestait envers ses compatriotes une prédilection impolitique et offensante pour ses nouveaux sujets; les partisans du roi Jean répandirent le bruit que Louis projetait d'exterminer en trahison les barons d'Angleterre pour donner leurs biens aux gens de la France; cette absurdité s'accrédita, grâce aux imprudences de Louis ; un certain nombre de grands seigneurs se retournèrent du côté du roi Jean, et ce prince se retrouva au bout de quelques mois en état de disputer la couronne à son rival. Avait-il puisé dans la nécessité l'énergie nécessaire pour bien user de ses dernières ressources? C'est ce dont il est permis de douter ; quoi qu'il en soit, Jean ne fut pas mis à l'épreuve : un jour qu'il longeait la mer avec ses troupes, surpris par la haute marée, il perdit son bagage, son trésor et ses ornements royaux, entraînés dans les flots. Cette perte lui causa une vive douleur. Malade de chagrin et de fatigue, il aggrava son mal par son intempérance, et mourut trois jours après, au château de Newark, le 19 octobre 1216, laissant le renom d'un des plus ineptes tyrans et des plus méchants hommes qui eussent jamais existé. *Jean, qui fouilla si longtemps l'Angleterre, fouille aujourd'hui l'enfer même :* telle fut l'oraison funèbre que lui firent ses contemporains.

Henri Martin.

JEAN, dit *de Luxembourg*, roi de Bohême, fils aîné du comte Henri III de Luxembourg, qui devint plus tard roi d'Allemagne, et de Marguerite de Brabant, né vers 1295, hérita des vertus et aussi des défauts de son père, prince brave, loyal, mais souvent impolitique et toujours inconstant. A l'âge de quinze ans, Jean épousa Élisabeth, fille de Wenceslas IV, roi de Bohême, dernier rejeton mâle des Przemyslides, et obtint avec elle, en 1311, non sans opposition de la part de la maison de Habsbourg, la couronne royale de Bohême. Dans les troubles auxquels, après la mort de son père, donna lieu une double élection à l'Empire, il se déclara pour Louis de Bavière, et le suivit dans les combats chaque fois que le feu toujours renaissant de la révolte ne nécessita pas sa présence en Bohême. C'est ainsi qu'il l'accompagna en 1315 en Italie, et revint à Prague, après avoir visité les cours d'Avignon et de Paris et le Luxembourg. Cette même année 1322, il prit une grande part à la victoire de Muhldorf; il combattit aussi, en 1324, pour le roi de France en Lorraine, et soutint ce même prince, en 1328, dans sa lutte contre les Flamands ; puis au milieu de l'hiver 1329, il courut au secours des chevaliers de l'ordre Teutonique en Prusse : il y perdit un œil, et cette même année encore il retourna en France, où le roi Philippe IV le nomma gouverneur de Gascogne. Son étroite alliance avec la France était le résultat du mariage de son fils, qui fut depuis l'empereur Charles IV, avec Blanche de Valois. Pendant ses courses aventureuses, Jean laissait sa femme à Prague pour rassembler l'argent qu'il gaspillait à l'étranger. Cependant il réussit encore à agrandir ses États en 1327, par l'acquisition du duché de Breslau, faite en vertu d'un traité conclu avec le duc Henri, qui n'avait pas d'enfants. En 1330, s'étant mis à courir les aventures dans l'Italie, déchirée alors par des dissensions intestines, l'empereur Louis le soupçonna d'aspirer à la couronne impériale; mais Jean s'entendit avec lui en 1332, et, après avoir tiré de Prague de nouvelles sommes d'argent, se rendit à Paris et à Avignon, où il épousa en secondes noces Béatrix de Bourbon.

En 1340 il perdit, des suites d'un rhumatisme, l'œil qui lui restait encore; accident qui ne l'empêcha pas de continuer à mener toujours la même existence vagabonde et guerroyante, jusqu'au moment où il trouva enfin un trépas digne de sa vie, à la meurtrière bataille de Crécy, en 1346.

JEAN. La Pologne compte trois rois de ce nom.

JEAN Ier ALBERT, deuxième fils de Casimir IV, né en 1459, succéda à son père, en 1492. Ami des lettres et des arts, il eut un règne assez paisible, et mourut en 1501.

JEAN II CASIMIR, né le 21 mars 1109, deuxième fils du roi Sigismond III et de sa deuxième femme, l'archiduchesse Constance d'Autriche, reçut, comme le premier enfant issu de ce mariage, l'éducation la plus soignée. Sans tenir compte des machinations de sa mère, qui voulait lui assurer la succession au trône de son père, il proposa lui-même à la diète, après la mort de Sigismond, en 1632, son frère consanguin Wladislas pour roi, et reçut en apanage des domaines considérables lorsque celui-ci fut monté sur le trône. Après avoir eu maintes aventures dans ses voyages en Hollande, en Allemagne, en France et en Italie, il fut admettre, en 1640, à Rome, dans l'ordre des Jésuites, et bientôt après nommer cardinal-prêtre par Innocent X ; mais dès l'année 1646 il vivait de nouveau en Pologne comme laïque. Après la mort de son frère consanguin, arrivée le 20 novembre 1648, il fut élu pour lui succéder sur le trône de Pologne. Son règne fut une lutte incessante contre la Russie et la Suède et contre les troubles et les conspirations de l'intérieur. La paix d'Oliva, conclue le 3 mai 1660, et aux termes de laquelle la Pologne perdit l'île d'Œsel, l'Esthonie et la Lithuanie presque tout entière, mit fin à la guerre contre la Suède, et celle contre la Russie fut terminée par la paix d'Androussow (14 janvier 1667), aux termes de laquelle Jean-Casimir dut céder au czar la Russie Blanche et la Russie Rouge, avec l'Ukraine jusqu'au Dniepr. Les troubles qui agitaient la Pologne le décidèrent à abdiquer la couronne, le 16 septembre 1668. L'année suivante, on le contraignit à se retirer en France, où Louis XIV lui accorda plusieurs abbayes. Il mourut à Nevers, le 16 décembre 1672, et fut enseveli dans l'église Saint-Germain-des-Prés à Paris; mais en 1676 on transporta son corps à Cracovie, où on lui éleva un magnifique monument. Il n'eut pas d'enfants de son mariage avec Marie-Louise de Gonzague, veuve de son frère Wladislas, et avec lui s'éteignit la maison des Jagellons.

JEAN III SOBIESKI, un des plus grands capitaines et hommes de guerre du dix-septième siècle, né en 1624, et suivant d'autres en 1629, fut élevé avec le plus grand soin, ainsi que son frère *Marc* SOBIESKI, par son père, *Jacques* SOBIESKI, castellan de Cracovie, homme non moins distingué par ses vertus que par son courage militaire. L'éducation des deux frères terminée, leur père les fit voyager. Ils avaient visité la France, l'Angleterre, l'Italie et l'Allemagne, et se trouvaient en Turquie, lorsque, en 1648, la mort de leur père les rappela dans leur patrie. Les Polonais venaient d'être battus par les Russes, à la bataille de Pilawiecz; les deux frères voulurent aussitôt venger la défaite de leurs compatriotes. Marc Sobieski périt dans un engagement livré sur les rives du Bog; quant à Jean, son courage extraordinaire et sa bravoure le rendirent bientôt l'objet de l'admiration de sa nation, en même temps que l'effroi des Tatars et des Cosaques. Créé grand-maréchal de la couronne en 1665, il devint en 1667 grand-général de la couronne et woïwode de Cracovie, et lorsque, le 11 novembre 1773, il eut gagné la bataille de Choczim contre les Turcs, qui y perdirent 28,000 hommes, il fut, le 21 mai 1674, élu à l'unanimité roi de Pologne. En 1676 il se fit couronner solennellement, à Cracovie, avec son épouse, Marie-Casimire-Louise, fille du marquis Lagrange d'Arquien, et veuve du woïwode Jean Zamoïski. Les actes ultérieurs de son règne sont autant d'éclatants témoignages de la noblesse et de la générosité de son caractère. Lorsqu'en 1683 les Turcs vinrent assiéger Vienne, Jean Sobieski accourut à la tête de 20,000 Polonais, et sauva la ville impériale par la victoire qu'il remporta sur les assiégeants, le 12 septembre 1683; entre autres trophées de cette victoire figurait le fameux étendard de Mahomet, dont le vainqueur fit hommage au pape. A son entrée à Vienne, il fut reçu par les habitants avec un enthousiasme qu'il serait impossible de décrire. Ils se pressaient autour de lui pour embrasser ses genoux, toucher ses habits, son cheval, et ils l'appelaient tout haut leur sauveur et leur libérateur. Un prédicateur de Vienne, faisant un sermon sur cette victoire, prit pour texte ces paroles : « Il y avait un homme envoyé de Dieu, et cet homme s'appelait Jean. »

La fortune favorisa moins les guerres qu'il entreprit ensuite contre les Turcs. Une attaque d'apoplexie mit fin à sa glorieuse vie, le 17 juin 1696, et il ne fut pas plus tôt descendu au tombeau que la haine et l'envie s'acharnèrent à flétrir sa mémoire. Jean Sobieski eut sans doute des défauts, mais ils ne sauraient faire oublier ses vertus. Il aimait les sciences, parlait plusieurs langues, et ne se faisait pas moins aimer par la douceur de son caractère que par les agréments de sa conversation. Ses trois fils, Jacques, Constantin et Alexandre, ne laissèrent pas de descendance mâle, et ne se montrèrent point dignes d'un tel père. Sa veuve aussi manqua aux devoirs que lui imposait un tel nom. Consultez *Lettres du roi de Pologne Jean Sobieski à la reine Marie-Casimire, pendant la campagne de Vienne* (traduites en français par Plater, et publiées par M. de Salvandy; Paris, 1826), et *Histoire de Pologne avant et sous le roi Jean Sobieski*, par M. de Salvandy (3 vol.; Paris, 1829).

JEAN, rois de Suède et de Danemark. *Voyez* DANEMARK et SUÈDE.

JEAN. On compte six rois de Portugal de ce nom.

JEAN Ier, roi de Portugal et des Algarves (1383-1433), surnommé *le Père de la Patrie*; fils naturel, de Pierre le Sévère, naquit le 11 avril 1350. Il était grand-maître de l'ordre d'Avis lorsque les Portugais l'appelèrent au trône, après la mort de son frère Ferdinand (1383). Le roi de Castille, qui lui disputa le trône, fut vaincu par lui à la fameuse bataille d'Aljubarotta (1385). A la suite de ce succès, Jean partit pour l'Afrique, à la tête d'une nombreuse armée, et s'empara de Ceuta et de quelques autres places. Relevé seulement en 1387 de ses vœux monastiques par le pape Urbain VI, il épousa alors la princesse Philippe, fille du duc de Lancastre et sœur de Henri IV, roi d'Angleterre, et mourut le 14 août 1433.

JEAN II, roi de Portugal et des Algarves, né en 1415, succéda à son père Alfonse V, en 1481. A peine monté sur le trône, il eut à lutter contre les nobles de son royaume, et réprima leur faction. Ferdinand, duc de Bragance, et d'autres chefs furent décapités. Ses succès éclatants sur les Castillans, la prise d'Azzile et de Tanger lui valurent le surnom de *Grand*, et son inflexible sévérité pour l'exécution des lois celui de *Parfait*. Il mourut le 25 octobre 1495.

JEAN III, roi de Portugal et des Algarves, né le 6 juin 1502, mourut le 2 avril 1557. L'exemple des autres monarques contemporains, qui ne s'occupaient que des guerres intestines contre les hérétiques et de controverses religieuses, resta sans influence. Il donna tous ses soins à maintenir la paix dans ses États, à conserver, à agrandir ses conquêtes dans les Indes, à encourager les découvertes, et à propager dans ses nouveaux États la foi chrétienne. Ce fut sous son règne que les Portugais découvrirent le Japon, en 1542. Il mourut le 2 avril 1557.

JEAN IV, roi de Portugal et des Algarves, né le 18 mars 1604, était fils de Théodore de Portugal, duc de Bragance. Les rois d'Espagne étaient alors maîtres du Portugal depuis 1589. Le duc de Bragance avait été traité à peu près en prisonnier pendant les règnes de Philippe II, Philippe III et Philippe IV, tandis que des administrateurs espagnols traitaient les Portugais en peuple conquis. Enfin, une vaste conspiration, formée et dirigée avec autant d'habileté que de bonheur par Pinto, secrétaire du duc de Bragance, délivra le Portugal du joug de l'étranger, et le duc de Bragance fut couronné roi en 1640. Jean IV aimait les arts, et surtout la musique, qu'il cultivait avec quelque succès. Il dormait peu, s'habillait et vivait avec une simplicité bourgeoise. Il eut à soutenir contre les Espagnols une rude guerre, qui se termina par la prise de Salvatierra, en 1643, et par la victoire de Badajoz, en 1644. Il ne fut pas moins heureux dans la lutte qu'il soutint contre les Hollandais au Brésil, en 1649 et 1654. Il mourut à Lisbonne, le 6 novembre 1646.

JEAN V, roi de Portugal et des Algarves, né en 1689, succéda à Pierre II, en 1707. Il prit parti contre Louis XIV dans la guerre de la succession. Ses efforts pour le succès de la cause de ses alliés ne furent pas heureux. Le traité d'Utrecht, conclu en 1713, ayant rendu la paix à l'Europe, Jean V donna tous ses soins aux progrès du commerce et des lettres dans ses États. Il mourut en 1750, âgé de soixante et un ans. Ce fut sous son règne que le célèbre marquis de Pombal commença sa carrière politique.

JEAN VI (MARIE-JOSEPH-LOUIS), roi de Portugal et des Algarves et empereur du Brésil, né le 13 mai 1767, était petit-fils du roi Joseph Ier, et fils de la reine Marie et de l'infant dom Pedro, qui comme roi porta le nom de *Pierre III* et mourut en 1786. Élevé par des moines, Jean reçut une éducation fort incomplète, et tomba de bonne heure dans une sombre mélancolie. En 1790 il épousa l'infante Charlotte-Joachime, fille de Charles IV, roi d'Espagne. Par suite de la démence de sa mère, il prit, le 10 février 1792, comme prince du Brésil, les rênes du gouvernement; le 15 juillet 1799, il se fit déclarer régent, en délicatesse à la mort de sa mère, arrivée le 20 mars 1816, contre celui de roi. Par suite de la vieille alliance existant entre le Portugal et l'Angleterre, Jean VI, en sa qualité de régent, repoussa les ouvertures de la Convention, et accéda, en 1793, à la première coalition contre la France. Peu de temps auparavant il avait déjà envoyé au gouvernement espagnol un corps de troupes auxiliaires pour la défense des Pyrénées. Mais quand, par la paix de Bâle, en 1795, l'Espagne se fut alliée à la France, il se vit exposé sans défense aux hostilités de cette puissance, et réduit à se placer sous la protection de l'Angleterre. Bonaparte força la cour de Madrid d'attaquer vigoureusement le Portugal, qui, par le traité de Badajoz (6 janvier 1801), dut céder à l'Espagne Olivenza et à la France une partie de la Guyane. Après la paix de Tilsitt, Napoléon ayant exigé de Jean VI qu'il fermât aux Anglais tous les ports de son royaume, qu'il fit arrêter tous les Anglais qui s'y trouvaient, et saisir leurs biens, Jean n'exécuta que la première de ces deux injonctions; alors, le 11 novembre 1807, Napoléon déclara dans *le Moniteur* « que la maison de Bragance avait cessé de régner; » et immédiatement après une armée française et espagnole entra en Portugal. Jean VI, après avoir établi, le 26 novembre 1807, une junte de gouvernement, s'embarqua le lendemain avec sa famille pour le Brésil, qu'il ne tarda point à ériger en royaume. De Rio-Janeiro il annula, le 1er mai 1803, tous les traités conclus jusque alors avec l'Espagne et avec la France, et s'attacha plus étroitement que jamais à l'Angleterre, qui, énergiquement secondée par la bravoure de l'armée portugaise et par l'enthousiasme de la nation, reconquit pour lui ses États d'Europe. Dès lors cette puissance, représentée dans le cabinet de Lisbonne par le maréchal Beresford, exerça une influence décisive sur l'administration du pays; et il continua d'en être ainsi jusqu'à ce que, à la suite de la révolution de 1820, les cortès portugaises établirent un nouveau système politique. En 1821 Jean VI revint en Portugal, tandis que son fils aîné, dom Pedro, restait au Brésil. L'assemblée nationale du Brésil ayant, le 1er août 1822, déclaré ce pays État indépendant et séparé du Portugal, dom Pedro fut proclamé empereur du Brésil le 12 octobre 1822; mais ce ne fut qu'en 1825 que Jean VI reconnut l'indépendance de cette ancienne colonie.

En Portugal, Jean VI ayant juré, le 1er octobre 1822, la nouvelle constitution libérale, on vit aussitôt commencer les machinations des anticonstitutionnels contre le nouvel ordre de choses. Elles étaient principalement dirigées par la reine, avec laquelle Jean VI avait toujours vécu en désaccord, et par son fils dom Miguel; et elles amenèrent à la fin les troubles les plus graves. Le faible roi bannit d'abord sa femme et son fils; mais ensuite il révoqua la constitution qu'il avait juré de maintenir, en s'engageant à en octroyer une nouvelle à ses sujets; puis à quelque temps de là il rappela d'exil la reine Charlotte et dom Miguel, qui ne fit qu'envenimer la lutte entre les constitutionnels et les absolutistes. Une insurrection préparée par la reine et son fils, en 1824, dans le but avoué de le détrôner et d'exterminer les libéraux, fut déjouée à temps, grâce à la fermeté que déploya dans cet instant critique le ministre de France, M. Hyde de Neuville. Cédant à l'influence anglaise, Jean VI institua, le 6 mars 1826, pour le cas où il viendrait à mourir, sa fille Marie-Isabelle régente de Portugal, jusqu'à ce que l'héritier légitime pût prendre lui-même la direction des affaires, et quatre jours après il descendait au tombeau. Son fils dom Pedro se considéra comme le seul héritier légitime du trône de Portugal; mais il y renonça en faveur de sa fille *Maria da Gloria*.

Outre trois fils, dom *Antonio* (mort en 1801), dom *Pedro* et dom *Miguel*, Jean VI eut quatre filles : *Marie-Thérèse*, née en 1793, mariée d'abord à l'infant d'Espagne don Pedro (mort en 1812), puis remariée en 1838 avec l'infant don Carlos; *Isabelle*, morte en 1818, la seconde femme de Ferdinand VII; *Isabelle-Marie*, née en 1821, et qui à la mort de son père exerça la régence pendant deux années (de 1826 à 1828); et *Anne-Marie de Jésus*, née en 1806, mariée depuis 1827 avec le marquis de Loulé.

JEAN. Plusieurs princes de ce nom ont régné sur les différents royaumes qui constituent l'Espagne.

JEAN Ier, roi d'Aragon, avait succédé à son père, Pierre IV, en 1388; il mourut en 1395, à l'âge de quarante-quatre ans. Son règne ne fut que de huit ans, mais l'un des plus déplorables qu'ait subis l'Aragon. Ce beau pays fut constamment tourmenté par le plus désastreux des fléaux, la guerre civile. Le roi Jean en effet fut continuellement en hostilité ou-

verte avec ses sujets, dont il mérita la haine et le mépris.

JEAN II, fils de Ferdinand Ier, dit *le Juste*, roi d'Aragon, devint roi de Navarre en 1425, par son mariage avec Blanche, fille et héritière de Charles III, et d'Aragon après la mort de son frère Alfonse le Magnanime, en 1458. Jean se remaria en 1444, à Jeanne Henriquez, fille de Frédéric, amiral de Castille. Ce mariage fut l'origine d'une longue guerre qu'il soutint contre don Carlos, prince de Viane, son fils, né de son premier mariage. Les Catalans, après la mort de ce prince, reprirent les armes contre Jean II, pour soutenir les droits de sa fille aînée, Blanche, héritière de don Carlos; et ce fut pour fournir aux dépenses de cette guerre que ce prince emprunta à Louis XI, roi de France, une somme de 300,000 écus d'or, et qu'il engagea, pour garantie du remboursement, les comtés de Roussillon et de Cerdagne. Jean II eut de Jeanne Henriquez Ferdinand le Catholique. Il mourut le 19 janvier 1479, à l'âge de quatre-vingt-deux ans.

JEAN Ier, roi de Castille et de Léon, fils et successeur de Henri II, et surnommé *Père de la patrie*, né le 28 août 1358, mourut le 9 octobre 1390 : il régna onze ans et quelques mois, après avoir fait sans succès la guerre au Portugal pour en assurer la couronne à son fils.

JEAN II, roi de Castille et de Léon, né le 6 mars 1405, mort le 20 juillet 1454, dans la quarante-huitième année de son règne. Le long règne de ce prince ne fut qu'une guerre continuelle avec les rois d'Aragon et de Navarre et contre les Maures de Grenade. Les principaux seigneurs de son royaume se révoltèrent contre son favori Alvaro de Luna, qui fut décapité, en 1453. Jean II fut le père de la fameuse Isabelle, qui épousa Ferdinand le Catholique.

Quant aux *Jean* rois de Navarre, le premier est le même que JEAN Ier *le Posthume*, roi de France; le deuxième est le même que JEAN II, roi d'Aragon; et le troisième n'est autre que JEAN d'Albret.

JEAN D'ALBRET, roi de Navarre. *Voyez* ALBRET.
JEAN DE BRIENNE. *Voyez* BRIENNE (Maison de).

JEAN, duc de Bourgogne, dit *Jean sans Peur*, naquit à Dijon, en 1371. Il porta d'abord le titre de comte de Nevers. Lorsque la noblesse française, répondant à l'appel du roi de Hongrie Sigismond, se croisa une dernière fois pour arrêter les progrès des Turcs, le jeune héritier du duché de Bourgogne se mit à la tête de cette brave et brillante armée féodale qui devait périr à Nicopolis sous les coups de l'infanterie ottomane. Jean et vingt-cinq des plus riches seigneurs furent épargnés par le farouche Bajazet; ils purent se racheter au prix de 200,000 ducats d'or.

En 1404 Jean sans Peur (car il portait déjà ce surnom, que lui avait valu son intrépidité) succéda à son père, Philippe le Hardi.

Il avait reçu en dot de Marguerite de Bavière, sa femme, en 1385, les comtés de Hainaut, de Hollande et de Zélande. Il inaugura son règne par de brillants succès militaires, força les Anglais à lever le siège de l'Écluse, et leur enleva Gravelines. Mais la haine de la haine que son père avait vouée au duc d'Orléans, il le fit lâchement assassiner à Paris.

Cet assassinat, qui n'était peut-être que la vengeance d'un affront fait à l'honneur de la duchesse de Bourgogne, fut le prélude des plus effrayants désordres et le signal de cette longue lutte des Armagnacs et des Bourguignons.

Le duc Jean avait osé se présenter dans la chambre funèbre où était exposé le corps du duc d'Orléans; il avait porté un des coins du poêle funèbre qu'il fut mis en terre. Mais le prévôt de Paris, Tignonville, découvrit l'affreuse vérité, et vint dénoncer le meurtrier au sein même du conseil royal, où il siégeait. Jean sans Peur se hâta aussitôt de quitter Paris, suivi de D'Ocquetonville, gentilhomme normand, qui avait frappé son ennemi, et des complices de celui-ci. Après une course de trente-cinq heures, il arriva dans ses États du nord. Dans sa fuite il avait été vivement poursuivi par des gens attachés à la maison d'Orléans. Ceux-ci l'eussent même atteint s'il n'eût arrêté leur course en rompant le pont de Saint-Maxence. Arrivé à Bapaume à une heure, il avait ordonné qu'à l'avenir, à perpétuité, et chaque jour à pareille heure, on sonnerait l'angélus dans cette ville; et il fit une fondation religieuse en mémoire de sa délivrance. Il assigna pour lieu de refuge à D'Ocquetonville et à ses compagnons le château de Lens, défendu par une forte garnison. Il ne s'était arrêté que quelques instants à Bapaume, et s'était dirigé sur Arras et Lille. Là, dans un conseil des principaux seigneurs de sa cour, il prit la résolution d'avouer hautement le meurtre du duc d'Orléans.

Bientôt, dans la harangue prononcée en son nom à l'assemblée des états de Flandre, le feu duc d'Orléans fut signalé comme un tyran dont la justice et la religion avaient fait au duc Jean un devoir de délivrer la France. Il demanda et obtint des états un prompt secours d'hommes et d'argent. Le gouvernement de France ne se crut pas assez fort pour soutenir la lutte. Jean sans Peur s'était avancé jusqu'à Amiens. On lui envoya proposer la paix et l'oubli du passé, s'il voulait livrer les assassins; il refusa. Enfin, après dix jours de conférences, des lettres d'abolition furent accordées : il se présenta devant le conseil. Le moine Jean Petit fit son apologie; il osa soutenir que le duc avait fait une action agréable à Dieu, utile à la France, en faisant périr un tyran, et que le roi devait le récompenser « à l'exemple des rémunérations qui furent faites à monseigneur saint Michel, pour avoir tué le diable, et au vaillant homme Phinées, qui perça Zambri ».

Le coupable fut absous pour qu'il était le plus fort; il marcha immédiatement au secours de Jean de Bavière, prince-évêque de Liége, son beau-frère, que les Liégeois tenaient assiégé dans Maëstricht. Il les vainquit; 20,000 Liégeois restèrent sur le champ de bataille. Mais la duchesse d'Orléans, profitant de son absence, l'avait fait déclarer ennemi de l'État. Aussitôt il revient à Paris, et la cour à son approche se retire à Tours. Quelques jours après, la mort de la duchesse d'Orléans rapproche encore tant de rivalités et de haines. Mais une nouvelle ligue des princes se forme encore contre lui. Maître de la capitale du royaume, il y convoque les états généraux et veut s'emparer de la personne du roi. Cette tentative échoue, et par un revirement soudain il est obligé de se sauver en Flandre.

La cour n'accepte même pas ses offres de défendre l'État contre les Anglais, et pourtant le duc de Bourgogne a perdu ses deux frères à la funeste journée d'Azincourt; il ne songe qu'à les venger.

Par ses ordres, une armée nombreuse s'est réunie à Châtillon : elle devait rallier l'armée du roi et marcher contre les Anglais : mais la faction d'Orléans craignait avant tout les succès du prince bourguignon : un ordre du conseil du roi suspendit la marche de cette armée. Jean sans Peur ne peut supporter cet affront. Il brûlait d'aller combattre les Anglais, il va s'unir à eux; il part pour Calais, et y signe cet infâme traité de 1416, qui fut suivi de traités plus infâmes encore. Le premier resta d'abord enveloppé du voile du mystère. Jean sans Peur devait dissimuler sa défection pour conserver son influence et son pouvoir, et se ménager les moyens d'ouvrir à l'armée anglaise les portes de la capitale. Perrinet Leclerc les livre à Guy de Presles et à Villiers de l'Ile-Adam, qui se rendent maîtres de la ville en son nom.

L'entrée des troupes de Jean sans Peur fut le signal des plus terribles massacres dirigés par le fameux Caboche; après quoi le duc se rendit à Saint-Eustache, où fut chanté un *Te Deum* solennel. Il donna ensuite une poignée de main à Capeluche, bourreau de Paris, *qui lui rendit soudain cette marque d'affection* : ces hommes de sang et de boue lui étaient nécessaires, mais il ne tarda pas à briser lui-même ces dangereux instruments.

Jean sans Peur et la reine Isabeau, qui s'était rapprochée de lui, marchaient réunis sous la même bannière, sans plan déterminé, sans autre but que d'assouvir leur commun ressentiment. Mais le duc de Bourgogne s'aperçut bientôt qu'en se jetant dans les bras de l'Anglais il s'était donné un maître, et non un allié; il se souvint qu'il était Français. Une première entrevue eut lieu entre lui et le dauphin à Poissy-le-Fort près Melun, en juillet 1419. Le duc de Bourgogne lui avait baisé la main, et le dauphin l'avait embrassé. Un second rendez-vous fut indiqué à Montereau pour le 26 août. Le dauphin y était arrivé le jour convenu; il avait fixé sa résidence dans la ville. Le duc de Bourgogne ne sortit de Paris que le 10 septembre; l'entrevue devait se faire sur le pont.

Le château avait été mis à la disposition du duc de Bourgogne, chaque extrémité du pont devait avoir une garde différente; l'entrée du côté du château était gardée par des soldats de Jean sans Peur; celle du côté de la ville par des hommes du dauphin. Chaque prince ne devait être accompagné que de dix gentilshommes. Le duc, avant de partir de Paris, y avait laissé une forte garnison sous les ordres de Saint-Paul et de l'Ile-Adam; il avait fait conduire à Troyes le roi Charles VI, la reine Isabeau et la princesse Marguerite. Il fit prévenir le dauphin de son arrivée au château de Montereau : les gardes furent placées comme on était convenu, et les deux princes arrivèrent chacun de leur côté avec dix gentilshommes; le dauphin était accompagné de Tannegui-Duchâtel, de Louvet, des sires de Barbasan, de Courvilon, du vicomte de Narbonne et de six autres seigneurs. Au moment où le duc de Bourgogne se levait pour partir, ses confidents avaient insisté pour le retenir. « Allons ! leur répondit-il, il faut marcher où il plaira à Dieu de nous conduire; je ne veux point qu'on me reproche que la paix ait été rompue par ma lâcheté. » Il se dirigea vers le pont avec les sires de Massorat, Saint-Georges, Thoulongeon, Montaigu, Noailles et cinq autres officiers de sa maison. Une autre barrière fermait l'espace resté libre au milieu du pont. Dès que les deux princes furent en présence, le duc se mit à genoux et dit : « Monseigneur, je suis venu à votre commandement; vous savez la désolation de ce royaume, votre domaine à venir, et quant à moi, je suis prêt et appareillé d'y exposer les corps et les biens de moi et de mes vassaux, alliés et sujets. » Le dauphin le découvrit, le remercia, et le fit relever. « Beau cousin, lui-dit-il, vous savez que par le traité de paix naguère fait à Melun (lors de l'entrevue de Poissy-le-Fort) entre nous, fûmes d'accord, que au dedans d'un mois, nous nous assemblerions en quelque lieu pour traiter des besognes (affaires) du royaume et pour trouver manière de résister aux Anglais, anciens ennemis du royaume, et jurastes et promistes, et fort du ce lieu où nous sommes venus au jour diligemment, et nous avons attendu quinze jours entiers; si vous prie que nous advisions, ainsi que nous l'avons jà juré et promis, si nous trouvons moyen de résister aux Anglais. »

Le duc répondit qu'on ne pouvait rien adviser ou faire sinon en la présence du roi son père, et qu'il fallait qu'il y vînt. Et ledit seigneur (le dauphin) très-doucement lui dit « qu'il iroit vers monseigneur son père quand bon lui sembleroit, et non mie à la volonté du duc de Bourgogne, et qu'il sçavoit bien que quoy qu'ils feroient tous deux, le roi en seroit content. Et y eut aucunes paroles, et s'approcha ledit de Nouailles dudit duc, qui rougissoit, et dit : Monseigneur, quiconque le veuille voir, vous viendrez à présent à votre père; en lui cuidant mettre la main sur lui, et de l'autre tira son épée comme à moitié. Et lors ledit messire Tannegui-Duchâtel prit monseigneur le dauphin de dessus ses bras et hors de l'huis de l'entrée du parc (enceinte réservée au milieu du pont), et y en eut qui frappèrent sur le duc de Bourgogne et sur ledit Nouailles, et allèrent tous deux de vie à trépassement. » (*Hist. de Charles VI*, Juvénal des Ursins.)

Des dix seigneurs qui avaient accompagné Jean sans Peur, Noailles seul avait eu le courage de le défendre. Le corps du duc de Bourgogne, que des valets avaient dépouillé, était resté sur le pont; il ne fut enlevé qu'à minuit et déposé dans un moulin, et le lendemain à l'hôpital de Montereau, où il fut mis dans la bière des pauvres et inhumé dans l'église paroissiale avec son *jupon, ses housseaux et sa barette.* L'année suivante, son fils Philippe le fit transporter à Dijon et inhumer à la Chartreuse, dans un magnifique tombeau. La duchesse sa veuve fit distribuer aux pauvres 3,000 livres, *attendu que le duc n'avait pu pourvoir à ce legs par son testament.* On accusa de cet assassinat la dame de Giac, maîtresse du duc défunt, et Philippe Jossequin, favori de ce prince : tous deux avaient été, dit-on, corrompus par l'or des Armagnacs. Jean sans Peur encouragea l'agriculture, le commerce et l'instruction. Il s'était composé une bibliothèque et avait acheté 200 écus d'or un bréviaire romain, *très-notable* et bien enluminé, 400 écus d'or à Jacques Raponde un grand livre du roman de Lancelot du Lac du saint Graal, du roi Arthur de Bretagne, avec plusieurs belles histoires, couvert de drap de soie et garni de deux gros anneaux d'argent doré et ciselé. Il avait fait présent de 100 écus à Christine de Pisan pour deux livres qu'elle lui dédia, et il dota, en 1405, une nièce pauvre qu'elle avait. Dufey (de l'Yonne).

JEAN, ducs de Bretagne. *Voyez* Bretagne.

JEAN, comtes d'Armagnac. *Voyez* Armagnac (Maison d').

JEAN, comte de Montfort. *Voyez* Montfort.

JEAN LE PARRICIDE, appelé aussi Jean de Souabe, fut l'assassin de son oncle, l'empereur Albert Ier. Son père, fils, comme Albert, de Rodolphe de Habsbourg, avait hérité de sa mort des domaines héréditaires d'Autriche, du comté de Kybourg, qui avait été particulièrement assigné comme douaire à sa mère Agnès; et du chef de celle-ci, fille d'un roi de Bohême, il avait recueilli, après la mort de Wenceslas, les droits fondés de succession collatérale au trône de Bohême. Jean, quand il eut atteint sa majorité, réclama à plusieurs reprises cet héritage; mais Albert, malgré l'intercession de plusieurs évêques, refusa même de lui rendre Kybourg, son héritage maternel, de la possession duquel il avait fini par se contenter. Jean, exaspéré, résolut alors de se venger, et forma contre la vie de son oncle une conjuration avec des chevaliers de la haute Souabe, Walter d'Eschenbach, Rodolphe de Palm, Rodolphe de Wart, Conrad de Tegernfeld, Walter de Castelen, etc., qui tous avaient également à se plaindre de ce prince. Le 1er mai 1308, tandis qu'Albert traversait la Reuss pour se rendre à Brugg, près de Windisch, les conjurés se jetèrent sur lui, et l'égorgèrent avant que le reste de ses gens eût pu le rejoindre, non loin de l'antique *Vindonissa*, et sur le sol même de ses domaines héréditaires. Les conjurés prirent ensuite la fuite chacun de leur côté; Jean, déguisé en moine, se sauva en Italie, où il chercha longtemps à vivre dans l'obscurité. Selon les uns, il aurait été plus tard solliciter à Avignon, et il aurait obtenu son pardon du pape Clément V; après quoi, il serait mort moine de l'ordre des Augustins, à Pise. Selon d'autres, il aurait vécu avec la coutume de moine, sans être reconnu, dans son domaine héréditaire d'*Eigen*; et ce ne serait qu'à sa mort, arrivée en 1368, qu'on aurait appris qu'il n'était autre que le malheureux duc de Souabe. Peu après son avénement au trône, l'empereur Henri VII mit les meurtriers de son prédécesseur au ban de l'Empire. Mais Élisabeth, femme de la victime, et sa fille Agnès, reine douairière de Hongrie, avaient déjà tiré vengeance des conjurés et même de leurs parents, toutes les fois qu'elles avaient pu s'emparer de leurs personnes. Leurs châteaux avaient été détruits, et plus de mille innocents, hommes, femmes et enfants, avaient péri, la plupart de la main du bourreau. Palm se cacha longtemps à Bâle, et disparut ensuite pour toujours; Walter d'Eschenbach servit trente-cinq ans comme berger dans le pays de Wurtemberg; Rodolphe de la Wart, qui s'était enfui dans la haute Bourgogne auprès du comte Dietpold de Blamont, fut livré par celui-ci, traîné à la queue d'un cheval, et cloué vivant sur la roue, où il mourut au bout de trois jours et de trois nuits des plus affreuses douleurs, pendant lesquels sa fidèle épouse ne le quitta pas d'un instant. La reine Agnès fonda sur le terrain où le meurtre avait été commis un couvent d'hommes et un couvent de femmes, appelé *Kœnigsfelden,* qui fut doté de biens considérables, et dont le maître-autel fut placé à l'endroit même où l'empereur était mort.

JEAN D'AUTRICHE. *Voyez* Juan d'Autriche (Don).

JEAN (Baptiste-Joseph-Fabien-Sébastien), archiduc d'Autriche, général de cavalerie et directeur général du génie et des fortifications, né le 20 janvier 1782, est le sixième fils de l'empereur Léopold II et de l'infante Marie-Louise, fille de Charles III, roi d'Espagne. Il dut son instruction à lui-même plus qu'à ses maîtres. Son goût pour l'art de la guerre s'éveilla de bonne heure, et il en fit une étude approfondie, ainsi que de l'histoire et des sciences naturelles. En 1797 et 1799 il avait vainement exprimé le désir d'assister aux campagnes de son frère l'archiduc Charles; ce ne fut que lorsqu'en 1800 ce prince eut quitté l'armée et que son successeur, Kray, eut essuyé des défaites réitérées, qu'il obtint à la place de celui-ci le commandement en chef de l'armée battue. Mais le 3 décembre 1800 les habiles manœuvres exécutées par Moreau pendant qu'il tombait avec abondance une neige très-fine lui firent perdre la bataille de Hohenlinden, malgré toute sa bravoure personnelle; et une seconde affaire, qui eut lieu près de Salzbourg, ne put arrêter son victorieux adversaire. Après la paix de Lunéville, l'archiduc Jean fut nommé directeur général du corps du génie et des fortifications, et directeur de l'académie des ingénieurs à Vienne et de celle des cadets à Wienerisch-Neustadt. Dès le mois de septembre 1800 il avait parcouru le Tyrol, étudiant avec soin les moyens d'assurer la défense de cette province et de favoriser ses progrès matériels; aussi en 1805, peu de temps avant que la guerre éclatât, il y accourut pour activer l'armement des populations et commanda ensuite le corps d'armée qui battit les Bavarois au Pas de Strub, et défendit la Scharnitz avec un courage héroïque, bien qu'inutile. Lorsque Napoléon marcha sur Vienne, l'archiduc Jean conçut le plan hardi de se jeter sur les derrières de l'ennemi; mais le revers éprouvé par la brigade Sznonassy l'empêcha de le mettre à exécution. Il dut donc se borner à opérer, en Carinthie, sa jonction avec l'archiduc Charles, pour sauver avec lui Vienne et la monarchie; mais la bataille d'Austerlitz et la paix qui la suivit déjouèrent également ce projet.

A partir de cette époque il choisit pour objet de ses études les Alpes Noriques, ainsi que les Alpes de Salzbourg, de Styrie et de Carinthie; et, accompagné de naturalistes, d'antiquaires, de dessinateurs et de peintres, il parcourut ce pays dans tous les sens, pour en éclaircir le plus complétement possible l'histoire, les antiquités et l'état actuel, tant sous le rapport de l'ethnographie, que sous celui de l'économie politique et de l'économie rurale. Avec Hormayr sous ses ordres, il dirigea les préparatifs de la glorieuse insurrection du Tyrol, et lorsque la guerre de 1809 éclata, il fut chargé du commandement de l'armée de l'Autriche intérieure, destinée à observer l'Italie et le Tyrol. Successivement vainqueur à Venzone et à Pordenone, il battit près de Sacile le vice-roi Eugène, et était déjà parvenu jusqu'à l'Adige, lorsque les désastres de l'armée autrichienne à Landshut, à Eckmühl et à Ratisbonne le forcèrent de battre en retraite. Il livra encore sur la Piave une bataille, dont l'issue lui fut, il est vrai, défavorable, mais qui n'eut pas de grands résultats pour l'ennemi, et ce ne fut que le combat de Tarvis qui put le contraindre à continuer sa retraite. Le plan qu'il avait conçu pour rouvrir les communications avec le Tyrol, délivrer l'Autriche intérieure et diviser par une marche sur Vienne les forces de Napoléon, fut déjoué. Le 14 juin il perdit la bataille de Raab, contre le prince Eugène; désastre causé en grande partie par la faible résistance opposée par l'*insurrection* hongroise à l'ennemi, et qui l'empêcha d'opérer sa jonction avec l'archiduc Charles. Il est vraisemblable que si ce mouvement avait pu être exécuté, la bataille de Wagram aurait eu une tout autre issue. L'archiduc Jean ne prit point part aux guerres de 1813 et de 1814; seulement, en 1815 il dirigea le siège d'Huningue, qu'il rasa après l'avoir forcé de capituler.

A partir de ce moment il resta toujours éloigné des affaires publiques; et l'ombrageuse politique de M. de Metternich l'empêcha même de visiter de nouveau le Tyrol, province pour laquelle il avait toujours témoigné une affection particulière. Retiré à Graetz, qui lui est redevable de nombreux embellissements, il y consacrait ses loisirs à l'étude des sciences, prêtant aussi avec empressement son appui à toutes les entreprises utiles; et ce n'était guère qu'à ce propos que le gros du public entendait encore parler de lui de temps à autre. Rien ne prouve d'ailleurs l'authenticité de ce mot qu'on lui prête : « Plus d'Autriche, plus de Prusse; qu'il n'y ait plus qu'une Allemagne! » et qu'il aurait, dit-on, prononcé dans une circonstance officielle. Ce qu'il y a de certain, c'est que l'intérêt tout particulier qu'il prenait aux progrès des sciences et de l'industrie, l'isolement politique dans lequel il vivait et les souvenirs de la guerre de 1809 avaient popularisé son nom bien au delà des frontières de la Styrie.

Lorsque, à la suite de la commotion de 1848, la diète germanique fut dissoute et remplacée par une puissance centrale provisoire créée par l'assemblée nationale « dans la confiance que les divers gouvernements de l'Allemagne y donneraient leur assentiment, » les regards de la grande majorité des Allemands se dirigèrent sur l'archiduc Jean, qui le 29 juin 1848 fut effectivement élu *vicaire de l'Empire d'Allemagne* par le parlement. Après avoir déclaré à la grande députation qui fut chargée d'aller lui apprendre sa nomination, qu'il acceptait ces fonctions, il se rendit à Francfort au milieu des acclamations de l'Allemagne, à l'effet de prendre possession de sa charge dans l'église Saint-Paul. « Ici-bas, dit-il à cette occasion, il ne faut pas faire les choses à demi; il faut savoir se dévouer complètement à la mission qu'on a reçue, et qui est d'assurer le bonheur de la nation allemande. » Depuis la chute de Metternich, il était d'ailleurs sorti de l'isolement à peu près forcé dans lequel il avait jusque alors vécu. Après sa fuite à Inspruck, l'empereur Ferdinand l'avait nommé son lieutenant général, lui avait confié le soin d'arranger les affaires de la Hongrie et de la Croatie, et l'avait en outre chargé de présider à l'ouverture de la diète constitutionnelle à Vienne (22 juillet). Mais, comme il l'avait dit à Francfort, l'archiduc se consacra exclusivement au devoir de ses fonctions de vicaire de l'Empire, qu'il exerça constitutionnellement (*voyez* ALLEMAGNE) après avoir constitué un ministère de l'Empire. La direction que prirent les délibérations relatives à la constitution fut loin, il est vrai, de répondre à ses idées et à ses vœux; et plus la discussion approcha de son terme, plus il se montra le défenseur énergique des intérêts de l'Autriche. Après l'achèvement de la constitution de l'Empire, en date du 28 mars 1849, et lorsque le roi de Prusse eut été élu empereur d'Allemagne, il manifesta d'abord l'intention de résigner ses pouvoirs; mais les conseils de ceux qu'on appelait alors les grands conseillers allemands l'y firent provisoirement renoncer. Il ne pouvait guère avoir à cœur de mettre à exécution la constitution de l'Empire; aussi dès la fin d'avril cette question avait-elle amené une scission entre lui et ses ministres. Le vicaire de l'Empire ayant refusé d'accepter le programme que lui présenta le cabinet Gagern, les ministres donnèrent leur démission; et c'est par suite que se forma la combinaison Graevell, Jochmus, Detmold et Merck, devenue en réalité, à la mort de Graevell, un comité autrichien. L'archiduc combattit alors la prétention de la Prusse de le maintenir dans les fonctions de vicaire de l'Empire; et il ne resta plus à Francfort que comme le représentant et le défenseur des intérêts autrichiens. Ce fut seulement à

DICT. DE LA CONVERS. — T. XI.

l'expiration de l'intérim qui mit formellement fin à ses fonctions, qu'il les résigna, le 20 décembre 1849. Il quitta alors Francfort, et s'en retourna en Styrie. Depuis, l'archiduc habite Graetz, aussi étranger à la politique qu'il l'était autrefois. En 1827 il a épousé morganatiquement la fille d'un simple maître de poste, Mlle Anna Plochel (née le 6 janvier 1804), qui a été créée plus tard comtesse de Meran et baronne de Brandhof, et dont il a un fils, *François* (né le 11 mars 1839), qui depuis 1845 porte le titre de comte de Meran.

JEAN (NÉPOMUCÈNE-MARIE-JOSEPH), roi de Saxe aujourd'hui régnant, l'un des princes les plus éclairés et les plus instruits de notre époque, succéda à son frère Frédéric-Auguste, mort d'un accident, le 9 août 1854. Né le 12 décembre 1801, un voyage qu'il fit en Italie, en 1821, ne contribua pas peu à fortifier le goût tout particulier qu'il s'était toujours senti pour la littérature italienne. La traduction en vers qu'il a publiée de la *Divina Commedia* du Dante, avec des commentaires critiques et historiques (3 vol., Leipzig, 1839-1849), témoigne de l'étude approfondie qu'il en a faite. Marié depuis 1822 avec la princesse Amélie-Auguste, fille du roi de Bavière Maximilien, et sœur de la reine de Saxe, il en a eu trois princes et six princesses, dont l'aînée, *Élisabeth*, née en 1830, avait épousé en 1850 le duc de Gênes, frère du roi de Sardaigne, et en est devenue veuve en 1855.

JEAN (Chrétiens de Saint). *Voyez* CHRÉTIENS DE SAINT JEAN.

JEAN-BAPTISTE. *Voyez* JEAN (Saint), page 577.
JEAN BART. *Voyez* BART.
JEAN BOCKHOLD. *Voyez* JEAN DE LEYDE.
JEAN BRUCH. *Voyez* DAVIDIQUES.
JEAN CHRYSORRHOAS. *Voyez* JEAN Chrysorrhoas, page 579.
JEAN CHRYSOSTOME (Saint). *Voyez* JEAN Chrysostome, page 578.
JEAN DAMASCÈNE. *Voyez* JEAN Chrysorrhoas, page 579.
JEAN DE BOLOGNE. *Voyez* BOLOGNE (Jean de).
JEAN DE BRUGES. *Voyez* EYCK (Jan Van).
JEAN DE BRUGES (DAVID JORIS, *dit*). *Voyez* ANABAPTISTES, page 516.
JEAN DE CALCAR. *Voyez* CALCAR.
JEAN DE DAMAS. *Voyez* JEAN Chrysorrhoas, page 579.

JEAN-DE-JÉRUSALEM (Ordre de Saint-). Dès l'an 1048 des marchands d'Amalfi fondèrent à Jérusalem une église, à laquelle était annexé un monastère, qui s'accrut bientôt d'un hôpital et d'une chapelle placée sous l'invocation de saint Jean. C'est à cette circonstance que les religieux qui faisaient vœu de soigner et de secourir les malades et les pauvres pèlerins durent leur dénomination de *Frères hospitaliers* ou *Frères de Saint-Jean de Jérusalem*. Sous le gouvernement de leur premier chef, Gérard de Tonque, ils reçurent du pape Pascal II une constitution particulière; et Godefroy de Bouillon, ainsi que d'autres croisés, leur donnèrent bientôt de grandes possessions en fonds de terre. Le second chef de l'ordre, Raymon du Puy, le transforma au commencement du douzième siècle; et en ajoutant aux vœux des religieux l'engagement de combattre les infidèles, il en fit un ordre religieux et militaire, qu'il divisa en trois classes : les chevaliers, chargés de combattre les infidèles; les chapelains, chargés du service des autels ; et les frères lais ou servants, chargés de soigner les malades et de servir de guides aux pèlerins. L'ordre ainsi reconstitué s'étendit toujours de plus en plus, acquit dans presque tous les pays de la chrétienté de grandes terres et beaucoup d'influence, en même temps que les papes lui accordaient de nombreux privilèges. Il en résulta que cet ordre, après avoir pendant quelque temps strictement observé sa règle et combattu bravement les infidèles, finit par dégénérer ; ses membres tombèrent dans l'orgueil et la luxure,

38

se firent force mauvaises querelles avec les Templiers et le clergé d'Orient, et contribuèrent puissamment ainsi à faire perdre aux chrétiens la Palestine.

Après la prise de Jérusalem par Saladin (1187), l'ordre transporta sa résidence à Ptolémaïs ; et cette ville étant tombée cent ans plus tard au pouvoir des infidèles, les chevaliers allèrent s'établir dans l'île de Chypre, dont le roi leur fit à cet effet cession de la ville de Limeno. Mais ils n'y demeurèrent pas plus de dix-huit ans, et conquirent en 1309 l'île de Rhodes, où ils établirent désormais le chef-lieu de leur ordre ; c'est pourquoi on les désigna alors sous le nom de *chevaliers de Rhodes*. Ils eurent à y soutenir les luttes les plus acharnées contre les Turcs ; et l'histoire a consacré le souvenir de la valeureuse défense qu'ils opposèrent sous les ordres du grand-maître Pierre d'Aubusson aux Osmanlis commandés par Mahomet II, qui vint assiéger la ville de Rhodes en 1480, à la tête d'une immense armée. Mais les attaques des Turcs se renouvelèrent et devinrent de plus en plus fréquentes, et alors, laissés sans secours par le reste de l'Europe, ils se virent contraints, le 24 octobre 1522, sous le gouvernement de leur grand-maître Philippe de Villiers de l'Ile-Adam, et malgré la résistance la plus opiniâtre, d'abandonner Rhodes à Soliman.

Les chevaliers errèrent alors de côté et d'autre jusqu'au moment où, en 1530, l'empereur Charles-Quint leur eut concédé en toute propriété et à titre de fief relevant de l'Empire, les îles de Malte, de Gozzo et de Comino, à la condition de faire constamment la guerre aux Turcs et aux pirates, et de restituer ces îles au royaume de Naples quand l'ordre aurait réussi à reprendre Rhodes aux infidèles. C'est ainsi qu'ils prirent désormais la dénomination de *chevaliers de Malte*. Sous Jean de Lavalette, devenu leur grand-maître à partir de 1537, qui construisit la ville et la forteresse de Lavalette, et mourut en 1568, ils repoussèrent en 1565 une redoutable expédition entreprise contre eux par Soliman II ; ils continuèrent ensuite avec tant de vigueur et de résolution leurs guerres maritimes contre les Turcs, dans le cours desquelles d'ailleurs ils faillirent maintes fois succomber, qu'ils maintinrent leur institution jusqu'à l'époque de la révolution française. De cet événement date la perte de leur indépendance. Déjà, à l'époque de la Réformation, ils s'étaient vu enlever les immenses domaines qu'ils possédaient en Angleterre, dans les Pays-Bas, en Danemark, en Norvége et en Suède. A ce moment autant leur en arriva en France.

Bonaparte, lors de son expédition d'Égypte, les ayant attaqués, leur grand-maître Hompesch, à la suite d'une capitulation, ou plutôt d'une trahison insigne, évacua l'île sans combat. En 1800 les Anglais s'emparèrent de l'île de Malte ; et quoique la paix d'Amiens eût stipulé qu'ils la rendraient aux chevaliers de l'ordre, ils l'ont toujours conservée depuis. Hompesch abdiqua alors son titre et ses pouvoirs, et les membres de l'ordre élurent pour grand-maître, le 16 décembre 1798, l'empereur de Russie Paul 1er. Mais cette élection souleva une vive opposition, à cause de la différence de religion du nouveau grand-maître ; le pape refusa de la valider, et l'électeur palatin de Bavière, Maximilien-Joseph, pour éviter toute difficulté avec la Russie, supprima purement et simplement dans ses États l'ordre, dont il réunit les possessions au domaine public ; exemple qui fut imité dans la plus grande partie des pays où l'ordre possédait encore des propriétés, notamment, en 1810 et 1811, en Prusse, où on le remplaça, en 1812, par l'ordre prussien de *Saint-Jean de Jérusalem*, simple décoration à l'usage de la haute noblesse.

Les derniers débris des possessions de l'ordre consistaient alors dans le grand-prieuré de Bohême, et dans les deux grands-prieurés de Russie. Après la mort de Paul 1er, le pape nomma ou confirma successivement plusieurs italiens en qualité de grands-maîtres de l'ordre, qui, après avoir perdu Malte, était venu se fixer à Catane en Sicile. Après la chute de Napoléon, l'ordre essaya d'effectuer aussi sa restauration ; mais tous ses efforts furent inutiles. En 1826 le pape consentit à ce que le siège en fût transféré à Ferrare ; et dans ces derniers temps, en voyant opérer le rétablissement des abbayes et commanderies de l'ordre dans le royaume lombardo-vénitien, on a pu en inférer que des destinées plus propices lui étaient réservées avant peu en Italie, dans l'Italie autrichienne tout au moins.

Le costume des chevaliers consistait en temps de paix en un long manteau noir orné d'une croix blanche à huit pointes, dite *croix de Malte*, et qui se plaçait sur le côté gauche de la poitrine ; en temps de guerre, en un uniforme rouge avec une croix lisse sur la poitrine et sur le dos. L'ordre ne dépendait du pape qu'en matières ecclésiastiques, et au temporel il était investi d'une complète souveraineté.

L'ordre se divisait en huit *langues* : 1° Provence, 2° Auvergne, 3° France, 4° Italie, 5° Aragon, 6° Angleterre, 7° Allemagne, 8° Castille. La langue de Provence fut classée au premier rang, en mémoire de Gérard, fondateur de l'ordre. La *langue* d'Angleterre fut supprimée à l'époque du schisme d'Henri VIII. Chaque *langue* se subdivisait en grands prieurés, en bailliages conventuels, et les prieurés en *commanderies*. Les chevaliers nobles étaient seuls admissibles aux premières charges de l'ordre ; les chevaliers de la *langue* d'Allemagne devaient faire preuve de seize quartiers de noblesse : chaque langue avait un droit spécial et exclusif à l'une des grandes dignités.

JEAN DE LEYDE, dont le véritable nom était *Jean Bockelson*, ou *Bockold*, ou encore *Bockholt*, était le fils d'un magistrat municipal de La Haye, et naquit à Leyde vers 1510. Après avoir pendant longtemps couru le monde comme garçon tailleur, il revint s'établir de son état dans sa ville natale. Mais joyeux compagnon, il aimait bien mieux les plaisirs que les travaux de sa profession ; aussi dans les associations poétiques du temps le voyait-on figurer et comme poëte et comme acteur, favorisé qu'il était, à cet égard, par un extérieur agréable, par une éloquence naturelle et par une imagination aussi ardente que vive. S'étant épris des doctrines des anabaptistes, il devint un de leurs prophètes ambulants les plus fanatiques et les plus influents. C'est ainsi qu'en 1533 il arriva à Munster avec Jean Matthys, qu'il seconda avec autant de zèle que de succès dans son œuvre de conversion anabaptiste ; et à la mort de Matthys, arrivée en 1534, il lui succéda. Jean de Leyde renversa alors l'antique constitution de Munster, organisa cette ville en *royaume de Sion*, y institua des juges et y mit en vigueur une législation ayant pour base l'interprétation théocratique de l'Ancien Testament. En se faisant proclamer roi de Sion, il mit le comble à cette œuvre de vertige et d'aventures, où le fanatisme religieux et la démence étaient combinés de la manière la plus étrange avec une sensualité grossière, avec le goût des jouissances et la cruauté. Jean de Leyde, qui se déclara lui-même le roi d'élection du monde dont il est question dans l'Apocalypse, introduisit la pluralité des femmes, se livra à tous les excès de la débauche au milieu d'un luxe royal, versa des flots de sang tout en se proclamant bien haut l'oint du Seigneur, et fit de la ville de Munster le théâtre de désordres qui n'étaient possibles qu'en raison du bizarre mélange du fanatisme religieux le plus sauvage avec la sensualité la plus grossière. Après diverses attaques inutilement tentées, la ville de Munster fut reprise par son évêque. Le tailleur-roi fut alors fait prisonnier avec les autres boute-feu ses complices. Le 23 janvier 1536, tous furent mis à mort et subirent les plus horribles supplices. Le cadavre de Jean de Leyde fut en outre suspendu dans une cage de fer au sommet d'une des plus hautes tours de la ville. Les derniers instants de sa vie nous le font voir anéanti, et avouant humblement ses fautes, dans l'espoir d'obtenir ainsi sa grâce.

JEAN DE MEUNG. *Voyez* MEUNG.

JEAN DE PARIS, célèbre dominicain, docteur et professeur en théologie à Paris, et grand prédicateur, soutint le roi Philippe le Bel contre le pape Boniface VIII, dans son traité *De regia Potestate et papali*. Plus tard, ayant avancé en chaire quelques propositions erronées sur le dogme de la présence réelle, il fut déféré à Guillaume, évêque de Paris, qui lui interdit la prédication et l'enseignement. Il en appela au pape de cette décision, et se rendit à Rome pour se disculper; mais il y mourut peu de temps après son arrivée, en 1304.

JEAN DE TROYES, greffier de l'hôtel de ville de Paris, au quinzième siècle. On ne sait rien de sa vie; mais il a longtemps passé pour l'auteur de l'histoire de Louis XI connue sous le nom de *Chronique scandaleuse*. L'abbé Lebeuf a prouvé que ce livre n'était qu'une copie presque textuelle des *Grandes Chroniques de France* ou des *Chroniques Martiniennes*.

JEAN DU PLAN DE CARPIN. Voyez Plan-Carpin.

JEAN-GEORGES. Quatre électeurs de Saxe ont porté ces noms réunis.

JEAN-GEORGES Ier, électeur de Saxe (1611-1656), fils de l'électeur Christian Ier, et de Sophie, princesse de Brandenbourg, né le 5 mars 1585, succéda le 23 juin 1611 à son frère Christian II. Son règne occupa une grande partie de la guerre de trente ans, pendant laquelle il joua un rôle assez équivoque, s'attachant bien plus à obtenir l'agrandissement de sa maison qu'à assurer le triomphe de sa foi religieuse. Après avoir flotté indécis pendant quelques années entre les deux intérêts en présence, il finit par s'allier, en 1631, à Gustave-Adolphe; mais, abandonnant bientôt la cause des Suédois et des protestants, il se jeta dans les bras de l'empereur moyennant la restitution de certaines parties de territoire. Jean-Georges ne gagna pas grand'chose à sa versatilité politique, car les Suédois et les Français ravagèrent alors ses États, devenus le théâtre des opérations militaires; et les impériaux ne les ménagèrent guère davantage. Le traité de Westphalie lui assura la possession de la Lusace, des évêchés de Meissen, de Mersebourg et de Naumbourg, ainsi que celle de l'archevêché de Magdebourg, pendant tout le temps de la vie de l'administrateur Auguste, à la mort duquel il devait faire retour au Brandebourg. Après le rétablissement de la paix en Allemagne, l'électeur s'occupa de guérir les plaies faites par la guerre à ses États. Il mourut en 1656, laissant quatre enfants, dont les trois plus jeunes devinrent la souche de trois lignes collatérales de la maison de Saxe, à savoir: *Saxe-Weissenfels*, *Saxe-Mersebourg* et *Saxe-Zeitz*.

JEAN-GEORGES II, électeur de Saxe (1656-1680), fils et successeur du précédent, naquit en 1613 et s'efforça, en se rattachant aux intérêts et à la cause de l'empereur, de réparer la brèche qu'avaient faite à ses États héréditaires les établissements indépendants créés à ses frères cadets par son père, qui, dans son testament, avait érigé en principautés souveraines les apanages créés en leur faveur. Quoique fort peu belliqueux par tempérament, il ne laissa point que de soutenir l'empereur dans ses guerres contre la France. Il mourut le 22 août 1680.

JEAN-GEORGES III, électeur de Saxe (1680-1691), fils et successeur du précédent, né en 1647, commanda, dès 1673, le contingent de troupes saxonnes fourni par son père à l'empereur contre les Français. En vertu du traité qui le liait à l'empereur, il accourut à son secours, à la tête de 20,000 hommes, quand les Turcs s'en vinrent assiéger Vienne en 1683, et ne contribua pas peu à la victoire de Jean Sobieski, dont le résultat fut la délivrance de cette capitale. L'année suivante, il conclut personnellement avec la république de Venise un traité par lequel il s'engageait à mettre à sa disposition pendant trois ans 3,000 Saxons pour aller combattre les Turcs en Morée; et en 1686 il secourut l'empereur avec un corps d'armée qui contribua à la reprise de Bude sur les Turcs par les Impériaux. Jean-Georges III se montra constamment l'adversaire de la politique de Louis XIV en Allemagne; en 1688 il fut le premier prince allemand à prendre les armes contre lui. En 1690 il prit le commandement de l'armée impériale; quand la campagne suivante s'ouvrit, sa santé était déjà fort affaiblie, et il mourut le 12 septembre 1691, à Tubingue.

JEAN-GEORGES IV, électeur de Saxe (1691-1694), fils et successeur du précédent, né en 1668, mort de la petite vérole en 1694, n'a laissé dans l'histoire de la Saxe d'autre trace que le souvenir de ses scandaleuses amours avec une demoiselle de Neitschutz, qu'il créa comtesse de Rochlitz et combla de richesses, mais qu'il eut la douleur de perdre en 1694, de la même maladie à laquelle il succomba lui-même moins d'un mois plus tard.

JEAN-JEAN. Chaque langue a ses noms sacrifiés, auxquels l'usage a donné, sans qu'on en devine le motif, un sens défavorable ou ridicule. Tel est celui de *Jean*, auquel s'adapte toujours quelque fâcheuse acception, soit que l'on appelle un *Jean*, sans nulle addition de mots, un époux trompé, soit que les termes de *Jean-Bête*, *Jean-Farine*, ou d'autres plus outrageants encore, servent à signaler un sot, un lâche, etc. *Jean-Jean* a été sous la Restauration la désignation, moins incivile, et seulement légèrement railleuse, du jeune conscrit arrivant de son village. Avant que les joyeux auteurs des *Bonnes d'enfants* nous l'eussent montré sur la scène des Variétés, qui ne l'avait pas remarqué dans nos jardins publics, tournant une bergère dans sa main pour se donner une contenance, et faisant si niaisement sa cour à *la payse*, souvent beaucoup plus madrée que lui? C'est là que les Molière des boulevards saisirent cette naïve physionomie, pour laquelle ils créèrent le nom expressif de *Jean-Jean*, que Charlet acheva de popularisé par ses ingénieuses caricatures. Remarquons ici, en passant, les progrès de la civilisation. Jadis cet apprenti général était nommé brutalement un *blanc-bec*.

Au surplus, ce n'est pas chez notre nation, si disposée à prendre les goûts et l'esprit militaires, que le jeune soldat reste longtemps un *Jean-Jean* : quelques mois suffisent pour qu'il perde tous ses titres à ce nom, qu'il repasse, avec les corvées du dernier venu, au conscrit de la levée suivante; car déjà lui-même ingénu, son uniforme l'a entièrement métamorphosé. S'il a vu le feu, il est peut-être devenu un héros; s'il n'a été formé que par les garnisons, sa timidité a été remplacée par la jactance du métier, et Charlet va faire de lui un nouveau portrait sous le nom de *Jean Chauvin*. Les bonnes seules peut-être, ou par innocence, ou par une cause contraire, regrettent encore de ne plus trouver dans le voltigeur à conquêtes et à moustaches leur constant et imberbe *Jean-Jean*.   OURRY.

JEAN-LE-BLANC. Voyez Circaète.

JEANNE (Papesse). Personne ne croit plus à ce conte, que les écrivains protestants ont exploité pendant deux siècles pour tourner la papauté en ridicule. Quand des hommes comme Bayle et Voltaire, qui ont tant et si souvent attaqué et baffoué la cour de Rome, déclarent et prouvent que l'histoire de la papesse Jeanne est une fable, il ne peut exister que dans les tavernes anglaises d'antipapiste assez déterminé pour y croire. Ce conte ne reste plus que pour donner une facilité se formant les croyances populaires ; et lorsqu'on cherche le fondement de celle-ci, on a besoin de se rappeler la triste époque d'ignorance, de barbarie et d'immoralité où elle a pris naissance, pour concevoir ce miracle de la crédulité humaine. Il est vraisemblable que ce fut pendant le grand schisme d'Occident, après une trop longue série de papes indignes, que les ennemis de la cour de Rome accréditèrent cette fable; mais, ce qu'il y eut de plus étrange, c'est qu'ils l'appuyèrent sur le témoignage des auteurs les plus favorables au saint-siège. Ainsi, à l'aide de copistes subornés ou malveillants, et d'intercalations frauduleuses, ils firent dire au bibliothécaire Anastase, historien contemporain de la prétendue papesse, qu'entre Léon IV et Benoît III, une femme occupa la chaire de saint Pierre ; il existait un manuscrit plus authentique, celui de Marianus Scotus, qui écrivait en 1050. Ce moine passait pour un saint homme et le meilleur annaliste de son temps

38.

On lui fit répéter, deux cents ans après Anastase, qu'une femme du nom de Jeanne avait succédé au pape Léon IV, et régné deux ans cinq mois et quatre jours, sous le nom de Jean VIII. Or, il était difficile de placer un tel pontificat dans un pareil intervalle, car la date de la mort de Léon IV est bien constatée par les chronologistes : elle est fixée au 17 juillet 855, et la mort de Benoît ayant eu lieu le 10 mars 858, il ne reste entre ces deux événements qu'un espace de deux ans huit mois et vingt-trois jours : comment y faire entrer le pontificat de Benoît III, qui dura deux ans et demi, et celui de la papesse Jeanne, auquel on assigne une durée à peu près égale ?

On ne s'en tint pas à ces témoignages : on fit dire au moine de Gemblours Sigebert, qui écrivait en 1113, que cette papesse s'appelait *L'Anglois*, et qu'elle était née à Mayence. Martin le Polonais, savant chroniqueur du treizième siècle, fut censé avoir écrit à son tour que la papesse était accouchée en pleine procession, entre l'église de Saint-Clément et le Colysée, et qu'en détestation de ce crime la procession ne passait plus par cette rue. Vint après Théodoric de Niem, secrétaire de plusieurs papes, écrivain fort médisant, qui, par malice ou par crédulité, ajouta, en 1414, qu'une statue avait été érigée en mémoire de cet accident; la chaise percée sur laquelle on faisait asseoir, dit-on, le nouveau pape pour qu'un diacre pût reconnaître son sexe, fut mentionnée pour la première fois, vers la fin du quinzième siècle, par l'historien Platine, dont Ginguené a loué les lumières et la véracité. Mais cela prouve seulement que cette fable avait acquis à cette époque un tel degré de créance, que les esprits les plus éclairés et les plus dévoués à la cour de Rome n'osaient pas même en douter. Enfin, tous ces détails, successivement inventés ou accumulés, toutes ces pièces de rapport, comme dit le protestant Blondel, furent rassemblées en un corps d'histoire par un certain Jean Crespin, qui, en 1548, s'était réfugié à Genève. « Jean VIII, dit-il, lequel prit le nom de *L'Anglois*, à cause d'un certain Anglois, moine de Fulde, quant à son office a été pape, et quant à son sexe était femme. C'était une Allemande de Mayence, nommée Giliberte, qui sous la conduite du moine son amant, et sous des habits d'homme, alla étudier à Athènes. Après la mort du moine, elle revint à Rome. Son éloquence et son savoir lui firent tant d'amis et tant de partisans qu'elle fut élue pape après la mort de Léon IV, en 855, et qu'elle prit le nom de Jean VIII. Louis II, fils de l'empereur Lothaire, vint prendre la couronne de ses mains. Mais un cardinal, son chapelain, ayant été mis dans le secret de son sexe, lui fit un enfant, dont elle accoucha en pleine procession, et elle mourut à la même place, en 857. Après cela vient la chaise percée et le diacre certificateur; et une toute d'auteurs protestants se ruent sur cette histoire avec des commentaires sans fin, pour en barbouiller le saint-siége.

Il n'y a là de sérieux que la statue mentionnée et vue par Théodoric de Niem, ainsi que la chaise percée. Cette chaise a existé. Le pape nouvellement élu y était solennellement assis; et le père Mabillon en a donné une raison symbolique : on place, dit-il, le pape sur cette chaise pour lui rappeler le néant de sa grandeur, en lui appliquant ces paroles du psaume 112 : *Suscitans a terra inopem et de stercore erigens pauperem*, etc. Les auteurs de l'*Encyclopédie* trouvent cette explication vraisemblable : ils ne sont pas difficiles; nous aimons mieux les rejeter sur les bizarreries du moyen âge, qui a créé la fête des fous, celle de l'âne, la procession du chameau à Béziers, et autres bêtes fériées sur toute l'étendue du monde catholique. Quant à la statue vue par Théodoric de Niem, nous dirons que c'est possible, mais que le secrétaire de Jean XXIII vivait près de six siècles après la prétendue papesse; et tout prouve que dans le quinzième la cour de Rome avait pris son parti sur cette historiette. Nous en avons trouvé un témoignage irrécusable dans un poëme de Martin Franc, auteur normand, qui était, en 1439, secrétaire du duc de Savoie, Amédée VIII, au moment où ce prince accepta la tiare et le nom de Félix V;

qui restait secrétaire de ce pape, et qui le fut plus tard de Nicolas V. Dans son poëme intitulé *Le Champion des Dames*, un personnage appelé *Malebouche*, grand ennemi des femmes, leur fait un crime de cette papesse, qui osa, dit-il, *vestir chasuble et chanter messe*. Que fait son interlocuteur *Franc-Vouloir*, qui n'est autre que le poëte lui-même ? Nie-t-il la papesse ? Non. Il convient de son existence, lui secrétaire d'un pape; il dit seulement que si elle a causé de grands maux, elle a fait aussi de grands biens par la sagesse de ses règlements et de ses ordonnances, et qu'après tout il y a eu beaucoup de papes qui ne valaient pas mieux. Ces règlements si sages sont une invention du poëte; et c'est peut-être pour lui répondre à lui et à la crédulité publique, qu'Æneas Sylvius, avant d'être élevé sur la chaire de saint Pierre, attaqua cette fable, dont les ennemis de Rome commençaient à se servir pour la dénigrer.

Wiclef et Jean Huss avaient donné le signal de ces investigations, et Luther allait paraître. Le désaveu d'Æneas Sylvius ne tua pas la papesse, car Platine, qui écrit quarante ans après, parle le premier de la chaise percée : le témoignage d'un pape n'est pas d'ailleurs plus décisif sur cette question que celui des cardinaux Baronius et Bellarmin, et de tant d'autres défenseurs de l'Église romaine. Mais Jean Tourmayer, l'un des premiers disciples de Luther, plus connu sous le nom d'Aventin; mais les protestants Chamier, Dumoulin, Bochard, Basnage et David Blondel, ont reconnu et proclamé la fausseté de cette histoire scandaleuse. Bayle a démontré, par des témoignages et des arguments sans réplique, que les passages d'Anastase, de Marianus Scotus, de Sigebert et autres, sont des intercalations évidentes, et que les manuscrits primitifs ne les renfermaient pas. Voltaire, qui touche à tout dans ces sortes de questions, ne nomme une seule fois la papesse Jeanne que pour en nier l'histoire, et pour rappeler qu'on gratifia de ce sobriquet le pape Jean VIII pour punir ce pontife de sa faiblesse à l'égard du patriarche Photius. C'est Baronius qui a donné le premier cette interprétation; Aventia l'attribue de son côté au pape Jean IX, parce que ce pape était une créature de sa concubine Théodora. Onuphre Panvini pense que les mauvais plaisants désignèrent sous ce titre Jeanne Rainière, la maîtresse favorite du pape Jean XII, parce qu'elle avait une grande part dans les affaires ecclésiastiques de son temps. Il serait aussi long de rapporter toutes les origines qu'ont données à ce conte les avocats de la cour de Rome que la nomenclature des écrivains protestants dont la plume s'est exercée sur un pareil sujet. Cette controverse a rempli des volumes. Ne nous moquions pas de nos aïeux, nous perdons aujourd'hui plus de papier sur des questions qui n'ont pas plus d'importance. VIENNET, de l'Académie Française.

JEANNE LA FOLLE (en espagnol *la Loca*), fille de Ferdinand et d'Isabelle, mariée en 1496, à Philippe, archiduc d'Autriche, et mère de Charles-Quint : elle perdit son époux en 1506. La douleur que lui causa cette mort lui ôta l'usage de la raison. On fut obligé de la tenir enfermée, et sous une surveillance continuelle. Elle mourut à Torvesillas, en 1555, âgée de soixante-quinze ans. La reine Isabelle était morte en 1504. Son époux, le roi Ferdinand, craignant d'être obligé de quitter le trône de Castille, s'efforçait de retarder le retour de son gendre et de sa fille, encore en Flandre. Il n'avait conservé le gouvernement de la Castille qu'en sa qualité de tuteur de son petit-fils, don Charles. Mais il survécut peu de temps à la reine Isabelle, et les cortès nommèrent alors pour gouverneurs Adrien d'Utrecht, doyen de Louvain, précepteur de l'infant Charles, et le cardinal Cisneros. L'absence de l'archiduc, la démence de Jeanne, causèrent des troubles funestes dans les Espagnes; les nobles et le peuple n'obéissaient qu'à regret à un moine et à un cardinal. Telle fut la cause de cette longue guerre civile dite des *comuneros*. Les cortès voulurent reconquérir leurs anciens droits et rétablir l'ancien système électoral. Elles auraient réussi si les nobles se fussent réunis au peuple ; mais la dissidence des deux partis porta un coup funeste à cette institution. La démence de Jeanne la Folle devint une véritable calamité publique. Son règne ne fut qu'une longue et déplorable anarchie.

DUFEY (de l'Yonne).

JEANNE. Naples a eu deux reines de ce nom.

JEANNE Ire, reine de Naples et comtesse de Provence, fille de Charles, duc de Calabre, et de Marie de Valois, était née en 1326. Son aïeul Robert lui donna pour mari le prince André de Hongrie, issu d'une branche collatérale de sa famille ; mais l'incompatibilité d'humeur, qui ne tarda pas à se déclarer entre les jeunes époux, présagea les malheurs qui devaient assombrir et ensanglanter cette union. Jeanne aimait les arts, elle s'entourait de poëtes, elle donnait des fêtes brillantes ; tandis qu'André, d'un caractère austère, ne pouvait vivre que dans la solitude. Jeanne succéda à son aïeul en 1343. L'éloignement que les deux époux manifestaient l'un pour l'autre ne permettait pas d'espérer un rejeton de sang royal ; aussi la branche de Hongrie avait le projet de marier Louis, frère d'André, à Marie, sœur de Jeanne. Ce plan renversait les espérances des princes de Tarente et de Duras, autres branches collatérales de la maison d'Anjou. L'un d'eux, Charles de Duras, qui aimait passionnément la princesse Marie, destinée au roi de Hongrie, l'enleva et l'épousa. Philippine la Catanoise, femme née dans une condition obscure, et qui tenait auprès de la reine le premier rang, décida Jeanne à se déclarer seule maîtresse du royaume. Jeanne interdit à André de se mêler du gouvernement ; tous les actes furent expédiés au nom seul de la reine, les emplois distribués suivant ses ordres : elle seule régnait. Mais ce n'était pas assez pour les partisans de la reine, qui craignaient de voir le souverain pontife se prononcer en faveur d'André. Le 18 septembre 1345, ce malheureux prince périt sous les coups d'une troupe d'assassins. La pensée et l'ordre de ce crime furent attribués à Jeanne ; mais on ne put qu'alléguer contre elle de vagues soupçons. Toutefois, son imprudente légèreté et la faveur dont les meurtriers du roi continuèrent à jouir auprès d'elle accréditèrent les rumeurs de l'indignation publique.

Le roi de Hongrie, Louis, frère d'André, faisait retentir de ses plaintes toutes les cours de l'Europe, et le pape Clément VI fulmina, le premier janvier 1346, une bulle dont les expressions sombres et graves ressuscitèrent contre les assassins d'André l'ancienne formule romaine de l'interdiction de l'eau et du feu. Il commit, en outre, le grand-justicier du royaume pour instruire le procès de la reine, menacée de tous côtés dans son pouvoir et même dans sa vie. Assiégée dans son palais par ses propres sujets, qui lui demandaient les coupables, elle est forcée de livrer aux bourreaux ses plus chers amis. Mais le roi de Hongrie n'était pas encore satisfait. Jeanne, voulant se donner l'appui d'un époux, s'unit à Louis de Tarente, son cousin. Le mariage fut célébré le 20 août 1346.

Louis de Hongrie, après avoir annoncé qu'il envelopperait dans une même ruine Jeanne et les princes de sa famille, parut sur les frontières de Naples, déployant un drapeau noir sur le fond duquel se détachait, ruisselante de sang, l'image de la tête d'André. Toutes les villes lui ouvraient leurs portes ; la reine, épouvantée, s'embarqua le 15 janvier 1348, et fit voile vers la Provence. Les seigneurs de ce pays, qui s'entendaient secrètement avec Louis de Hongrie, la retinrent prisonnière au château Arnaud, forteresse de la ville d'Aix. Pendant ce temps les princes d'Anjou avaient fait leur soumission au roi de Hongrie, se flattant de le désarmer en lui amenant le jeune Charles, fils de Jeanne et d'André. Louis, dissimulant sa vengeance, les admit à sa table : le pain et le vin de l'hospitalité semblaient sceller une réconciliation inattendue. Après le repas, le roi monta à cheval, et dit au duc de Duras : « Menez-moi à l'endroit où l'on a fait étrangler mon frère. — Hélas ! répondit le duc, je n'y étais pas. » Le roi les conduit tous alors au lieu où le meurtre s'était accompli ; arrivé à la galerie où André avait péri, Louis montra à Charles de Duras une lettre de sa main qui prouvait qu'il avait eu connaissance de la conspiration, et le fit mettre à mort par un de ses gardes.

Jeanne venait de recouvrer sa liberté, grâce aux sollicitations du pape ; elle se rendit à Avignon, où Louis son époux vint la trouver. Elle comparut devant une cour de cardinaux pour être jugée : ceux-ci proclamèrent son innocence. C'est alors qu'elle vendit Avignon à Clément VI, pour la somme de quatre-vingt mille florins d'or. Puis elle s'embarqua pour Naples, que Louis de Hongrie, fuyant la peste noire, avait évacuée, et où elle fut reçue au bruit des acclamations. Mais son compétiteur reparut presque aussitôt, et rentra dans la capitale, qu'une formidable émeute l'obligea encore de quitter. Enfin, le pape parvint à décider Louis de Hongrie et Louis de Tarente à signer une trêve jusqu'au 1er avril 1351 ; les cardinaux délégués pour juger la reine déclarèrent que sa haine pour son premier époux ne provenait que d'un maléfice jeté sur elle. Jeanne et Louis revinrent à Naples. Le roi de Hongrie retourna dans ses États, après avoir établi des garnisons dans les places dont il s'était emparé.

Deux nouveaux ennemis se levèrent contre la reine. Louis de Duras, jaloux de la faveur dont jouissaient Robert et Philippe de Tarente, vint attaquer le royaume de Naples, et Charles IV, empereur d'Allemagne, faisant revivre d'anciens droits, le comté de Provence.

Louis de Tarente étant mort, en 1362, sans laisser d'enfant mâle, sa femme prit un troisième époux, Jacques d'Aragon, comte de Roussillon et de Cerdagne, et veuve une troisième fois, elle épousa un condottiere, Othon, duc de Brunswick, issu de la noble famille d'Est. Cette union irrita Charles de Duras, le seul prince du sang qui fût demeuré vivant, auquel Jeanne avait fait épouser Marguerite, fille de sa sœur, et qu'elle avait déclaré son héritier. Nullement rassuré par les cinquante ans de Jeanne, il voyait dans la fraîcheur de cette princesse des indices d'une fécondité dont son ambition craignait les résultats. Urbain VI, nouvellement promu à la chaire pontificale, favorisait ces projets de Charles, et quand la reine reconnut comme chef de l'Église son concurrent Clément VII, il l'excommunia, et offrit la couronne de Naples à Charles de Duras. La reine, menacée de tous côtés, pour se ménager l'appui de la France, nomme Louis, duc d'Anjou, frère de Charles V, son héritier, par son testament du 23 juin 1380. Naples, apprenant cette dernière disposition de la reine, fait entendre des murmures, et se prépare à la révolte ; Charles, voulant profiter de l'heureuse disposition des esprits, se rend dans cette ville, en donnant à peine à Jeanne le temps de se renfermer au château Neuf. Là, elle attendait ses galères provençales pour fuir en France. Mais Charles, qui craignait qu'une si belle proie ne lui échappât, tient la reine étroitement bloquée. Othon, mari de la reine, était découragé, et restait à Averse dans une fatale inaction. Il tenta un coup désespéré ; mais dans le combat qu'il livra à Charles, il fut fait prisonnier. La reine se voit au pouvoir de son ennemi. Le lendemain, Louis d'Anjou et les galères provençales arrivèrent : ce secours lui fut inutile. Charles de Duras la fit étouffer entre deux matelas, au château de Muso, dans la Basilicate. Sa mort arriva le 22 mai 1382, après cinquante-sept ans d'âge et trente-sept ans de règne. Louis MÉNY.

JEANNE II, reine de Naples, naquit en 1371. Elle était fille de Charles de Duras, et succéda en 1414 à Ladislas, son frère. Princesse sans mœurs et livrée à un favori, Pandolfo Alopo, elle épousa Jacques de Bourbon, comte de la Marche, qui la fit enfermer en même temps qu'il livrait son amant au bourreau. Mais les Napolitains délivrèrent Jeanne, et son mari devint son prisonnier à son tour. Le pape Martin V obtint la liberté du roi, qui se fit cordelier. Jeanne se donna alors un nouveau favori, Caraccioli, qu'elle combla d'honneurs et de richesses et qu'elle fit mettre à mort quelques années après. Cependant le fameux condottière Jacques Sforza menaçait le trône de Jeanne, auquel il avait suscité un prétendant dans la personne de Louis III d'Anjou. La reine, en quête d'un défenseur, adopta Alfonse V, roi d'Aragon, qui tout d'abord remporta quelques succès sur son compétiteur ; mais soudain il tourne ses armes contre celle qui l'avait appelée, et Jeanne révoque au profit de Louis d'Anjou l'adoption qu'elle avait consentie. Sforza passe aussitôt sous ses drapeaux, et Alfonse est contraint à la retraite. Jeanne mourut en 1435, après avoir désigné pour son successeur René d'Anjou, qu'elle avait adopté à la mort de son frère.

JEANNE DE BOURGOGNE, reine de France, épouse de Philippe le Long. Elle était fille d'Othon IV, comte palatin de Bourgogne et mourut en 1325, à Roye en Picardie, après avoir fondé à Paris le collège de Bourgogne. Jeanne fut accusée d'adultère, en 1313, et condamnée à un emprisonnement perpétuel dans le château de Dourdan. Mais son époux la reprit au bout d'un an. Plusieurs écrivains modernes ont accusé cette princesse de désordres généralement imputés à la mémoire de Jeanne de Navarre, femme de Philippe le Bel.

Il ne faut pas la confondre avec Jeanne de Bourgogne, première femme de Philippe VI de Valois et fille de Robert II, duc de Bourgogne, morte en 1348.

JEANNE DE FRANCE, duchesse de Berri, fille de Louis XI et de Charlotte de Savoie, née en 1464, épousa en 1476 Louis d'Orléans, son cousin germain, qui régna depuis sous le nom de Louis XII. Ce mariage étonna toute la cour. La plupart des historiens en attribuent le motif à la haine de Louis XI contre la maison d'Orléans. La princesse Jeanne était d'une constitution débile, bossue et de petite taille. Louis XI ne laissait pas ignorer ce qui l'avait surtout déterminé. Il écrivait au comte de Dammartin, « que les époux n'auraient pas beaucoup d'embarras à nourrir les enfants qui naîtraient de leur union ; mais que cependant elle aurait lieu, quelque chose qu'on en pût dire. » Il le proposa à Marie de Clèves, veuve de feu Charles d'Orléans. Cette proposition était un ordre : « le contredire, dit l'historien Saint-Gelais de Montlieu, ou lui faire des remontrances, n'était pas un parti sûr, vu l'homme que c'était. » La princesse n'avait que douze ans, le duc d'Orléans quatorze ; il était bien fait et fort aimable ; le mariage fut célébré en 1476. Il avait été conclu dès le 28 octobre 1473. Cet historien assure encore que le jour des noces le duc d'Orléans protesta, « même en présence d'aucuns des familiers, qu'il n'entendoit ni ne vouloit donner aucun consentement à ce mariage ». Il obéit cependant, et ne manifesta aucune répugnance marquée tant que vécut Louis XI ; il n'y allait pas moins que de sa vie. Le roi avait placé auprès du jeune prince des surveillants, des espions. Cependant, le duc ne pouvait pas toujours dissimuler son éloignement pour sa femme. Il s'oublia un jour, jusqu'à faire de cette princesse, en présence du roi, un éloge ironique, jusqu'à vanter sa beauté, la noble et imposante régularité de sa taille. Louis XI s'était contenté de lui répondre qu'il ne disait pas tout : « Vous oubliez, ajouta-t-il, de dire que la princesse ne peut être que vertueuse et sage, mais fille d'une mère dont la sagesse n'a jamais été soupçonnée. » Cette réponse était une épigramme contre la duchesse douairière d'Orléans, que toute la cour savait être mariée en secret à Rabodango, son maître d'hôtel, lequel avait été son amant, avant même le décès du feu duc d'Orléans.

Jeanne aimait son époux, mais il ne se faisait pas illusion sur l'indifférence de ce prince ; elle prévoyait que dès qu'il pourrait agir librement, il saisirait la première occasion de rompre son mariage. Le prince en effet s'était contraint par peur sous le règne de Louis XI et pendant la régence de la dame de Beaujeu ; Jeanne savait que dès les premières années du règne de Charles VIII des propositions de mariage avaient été faites à la princesse Anne de Bretagne ; mais elle n'en manifesta aucune plainte, elle n'en remplit pas moins tous ses devoirs d'épouse, et pendant la captivité du duc, après la bataille de Saint-Aubin, elle sollicita et obtint sa liberté du roi Charles VIII. Mais après la mort de ce monarque, auquel il succéda, le duc d'Orléans s'occupa sérieusement des moyens de rompre son mariage, et de donner sa main à la princesse de Bretagne, qu'il aimait depuis longtemps. Il proposa ce divorce dans son conseil. Il alléguait pour motif : 1° qu'il n'y avait pas eu consentement libre de sa part ; 2° qu'il n'avait cédé qu'à la crainte et à la violence ; 3° qu'il y avait parenté entre lui et la princesse Jeanne, et une alliance spirituelle avec Louis XI, qui était son parrain ; 4° enfin que le mariage n'avait jamais été consommé. Il obtint du pape Alexandre VI des commissaires. Ferdinand, évêque de Setta, légat du pape en France, Philippe de Luxembourg, évêque du Mans, et Louis d'Amboise, évêque d'Alby, furent chargés de décider cette affaire. Il n'y avait de motif grave que le défaut de consommation ; les autres moyens ne pouvaient soutenir l'épreuve d'un sérieux examen. Jeanne répondit aux commissaires qu'elle ignorait lors de son mariage la parenté spirituelle de Louis XI avec le duc, et qu'elle avait contracté de bonne foi, qu'elle n'avait éprouvé aucune violence, qu'elle respectait assez la mémoire de son père pour penser qu'il n'avait pris que des voies légitimes, et quant au dernier motif, le défaut de consommation, que l'honnêteté ne lui permettait pas de s'expliquer nettement, mais que sa conscience l'empêchait d'en demeurer d'accord. Le mariage n'en fut pas moins déclaré nul. Le pape accorda une dispense au roi pour épouser Anne de Bretagne, veuve de Charles VIII. Jeanne garda le silence. Louis XII lui donna pour son entretien le duché de Berri, les domaines de Châtillon-sur-Indre, Châteauneuf-sur-Loire, de Pontoise, et une pension de 12,000 écus. Elle se retira à Bourges, et y fonda le couvent des religieuses de l'Annonciation. Elle fit venir à cet effet dix jeunes filles de Tours, auxquelles elle donna pour directeur et confesseur le cordelier *Nicolas Gilbert*, qui changea son nom en celui de *Gabriel de l'Ave Maria*. « Jeanne de France, dit Brantôme, fille du roi Louis XI, fut bien spirituelle, mais si bonne qu'après sa mort on la tenoit comme sainte et quasi faisant des miracles, à cause de la sainteté de la vie qu'elle mena après que le roi Louis XII son mari l'eut répudiée et qu'elle se fut retirée à Bourges. » Elle fit profession le jour de la Pentecôte, en 1504, et mourut dans la nuit du 4 au 5 février 1505. DUPEY (de l'Orne).

JEANNE, comtesse de Flandre et de Hainaut, fille aînée de ce Baudouin, comte de Flandre, premier chef de l'empire latin fondé à Constantinople en 1204, qui, fait prisonnier par les Bulgares, à la bataille d'Andrinople (1505), disparut sans qu'on ait pu savoir ce qu'il était devenu, succéda à son père en Europe, comme comtesse de Flandre et de Hainaut. Le comte de Namur, son tuteur, l'enleva aussitôt et la fit conduire à Paris, où Philippe-Auguste la retint environ six ans. Il la maria, en 1211, à Ferrand ou Ferdinand, prince de Portugal, qui fut pourtant assez ingrat pour prendre part à la bataille de Bouvines contre Philippe-Auguste. Il y fut fait prisonnier. Jeanne, ambitieuse et infidèle, n'offrit de son mari qu'une rançon insuffisante. Louis VIII, qui maintint la comtesse en Flandre, lui rendit le *service*, dit M. Michelet, *de garder son mari prisonnier à la Tour du Louvre*. « Cette Jeanne, continue le même historien, était fille de Baudouin, le premier empereur latin de Constantinople, qu'on croyait tué par les Bulgares. Un jour le voilà qui reparaît en Flandre. Sa fille refuse de le reconnaître ; mais le peuple l'accueille, et elle est obligée de fuir près de Louis VIII, qui la ramène avec une armée. Le vieillard ne pouvait répondre à certaines questions ; et vingt ans d'une dure captivité pouvaient bien avoir altéré sa mémoire. Il passa pour imposteur, et la comtesse le fit périr. Tout le peuple la regarda comme parricide. » Pour quelques années, ce Baudouin, qui reparut en 1225, n'était qu'un ermite, nommé Bernard Rains. Fatigués d'un joug que les exactions et les caprices de leur souveraine rendaient lourd, les Flamands s'empressèrent de croire à la résurrection de Baudouin. Jean d'Angleterre, intéressé à l'admettre pour acquérir un allié contre la France, se déclara non moins promptement convaincu, et promit ses secours. Malheureusement Louis VIII, dont la politique avait besoin de la conviction contraire, parce qu'une femme discréditée lui convenait mieux qu'un guerrier célèbre à la tête d'un des grands fiefs du royaume, se sentit incontinent aussi l'opinion utile à sa situation. Cité par-devant le roi et ses barons, dans Péronne, le prétendant y fut jugé un imposteur. On ne viola pas toutefois le sauf-conduit sur la foi duquel il était venu ; mais à peine sorti de France, il fut appréhendé par les agents de Jeanne, qui l'envoya presque aussitôt à la potence. A son avénement, la reine Blanche, mère de saint Louis, rendit la liberté au comte Ferrand, qui était resté douze ans captif. Il mourut en 1233. Trois ans après, Jeanne, malgré ses déréglements, trouva un second époux en Thomas de Savoie, oncle de Marguerite, femme de saint Louis. Jeanne cessa de vivre en 1244. Sa double union et beaucoup de faiblesses ne lui avaient pas donné de postérité. Marguerite, dite de *Constantinople*, sa sœur cadette, lui succéda. La vie de cette femme ne fut pas marquée d'événements moins bizarres.

L. LOUVET.

JEANNE, duchesse de Bretagne. *Voyez* BRETAGNE, tome III, page 689.

JEANNE, comtesse de Montfort. *Voyez* MONTFORT et BRETAGNE.

JEANNE D'ALBRET, reine de Navarre, mère de Henri IV, née à Paris, le 7 janvier 1528, mourut à Paris, le 10 juin 1572. A l'exemple de sa mère, Jeanne d'Albret fut habile, spirituelle, éloquente, belle sans art, émule et bienfaitrice des savants et des poètes. Mais les qualités qui, dans la destinée paisible de Marguerite de Valois, s'étaient converties en grâces douces et séduisantes, prirent au milieu des orages dont la vie de sa fille fut agitée un caractère de force et d'élévation qui a fait de cette dernière l'égale des plus grands hommes. Dès l'âge de onze ans, malgré ses refus et ceux de sa mère, l'autorité violente de François Ier donna sa main au duc de Clèves. On ne cite de lien, borné dès lors à une cérémonie extérieure, et bientôt rompu légalement, que parce qu'il servit de prétexte aux ligueurs pour soutenir soit la nullité du mariage que Jeanne d'Albret contracta ensuite avec Antoine de Bourbon, soit la bâtardise de Henri IV, qui en était issu. On remarqua, lors de ce mariage avec le duc de Clèves, que le roi avait tellement chargé sa victime d'or et de diamants, qu'elle succomba sous le poids de ce luxe barbare, et que le connétable se vit, en murmurant, obligé de la porter dans ses bras à l'autel.

Son peuple, son fils et son Dieu se partagèrent les affections de Jeanne d'Albret. Comme reine, elle gouverna avec sagesse et douceur ; encouragea l'agriculture, les bonnes études et les bonnes mœurs ; conserva et agrandit les établissements de Marguerite, et laissa dans le Béarn une mémoire encore adorée. C'est en chantant une chanson béarnaise qu'elle donna le jour à Henri IV ; c'est par une éducation mâle et populaire qu'elle l'arma contre le sort ; c'est par un choix d'instituteurs habiles, entre lesquels elle fut toujours elle-même le premier et le plus vigilant, qu'elle le prépara au trône. Comme chrétienne, elle fut l'honneur et l'appui du culte évangélique. Les leçons de sa mère, l'injustice du saint-siège envers sa maison, et le scandale des mœurs ecclesiastiques, l'avaient poussée vers la doctrine des réformés. Elle contribua également à la propager par l'autorité de ses vertus et par les productions de sa plume, que distinguaient une logique entraînante et une concision nerveuse ; elle se montra dans sa croyance, comme dans tous les actes de sa vie, sincère, constante et magnanime.

Ses chagrins les plus vifs furent l'ouvrage de l'époux qu'elle avait choisi par tendresse, et que l'histoire a flétri de ses mépris. Antoine de Bourbon, léger, crédule, indécis, voluptueux, incapable de tenir son rang à la cour de France, y demeura opprimé par les Guise, et exposé au poignard dont le débile François II avait promis de le frapper ; il finit par se vendre à ses ennemis, et sacrifia sa religion et sa femme à l'appât des plus grossières séductions, telles que la principauté de Sardaigne, la main de la trop célèbre Marie Stuart, la perspective des couronnes d'Écosse et d'Angleterre. Catherine de Médicis, qui haïssait Jeanne d'Albret, comme le vice doit haïr la vertu, joignit à ces folles illusions les pratiques de son art : on sait qu'elle dressait elle-même à l'espionnage et à l'impudicité un essaim de *filles d'honneur*, destiné à la défaite de ses ennemis. L'ingrat Antoine préparait son divorce, lorsqu'il fut blessé au siége de Rouen, et termina ses jours avilis, entre les bras de la concubine (Du Rouet de La Béraudière) tirée pour lui du sérail de Catherine.

Jeanne d'Albret vit alors se conjurer contre elle les plus terribles adversaires, l'Espagne, la cour de Rome et la France. Philippe II conçut l'horrible dessein de la faire enlever ou périr avec son fils ; déjà son or avait payé et disposé les artisans de ce crime. La reine de Navarre dut son salut à la noble pitié d'Élisabeth de France, troisième femme de Philippe, qui put la prévenir à temps de cet infernal complot, et tromper l'espoir de l'inquisition, qui attendait sa double proie la torche à la main. De son côté, le pape Pie IV excommunia la reine de Navarre, la déclara déchue du trône, et l'assigna par un monitoire à comparaître en personne devant lui, afin que son procès lui fût fait par le saint-office. Mais, sans se déconcerter, elle dénonça à tous les souverains de l'Europe cet attentat emprunté des siècles les plus barbares. Sa vigueur et son éloquence obtinrent un plein succès, et l'animadversion générale éteignit dans la main du pontife des foudres qui n'étaient plus de saison.

Mais Catherine de Médicis, qui mêlait à un esprit faible et brouillon un cœur haut et sanguinaire, retombait toujours par ses propres ruses dans la guerre civile, et s'en consolait en dirigeant ses vengeances contre Jeanne d'Albret. Le féroce Montluc fut surtout chargé d'environner de piéges cette malheureuse veuve, et se flattait de la saisir vivante, il s'écriait déjà d'une voix cynique, et en vrai soldat de Médicis : *Je veux connaître s'il fait aussi bon avoir affaire avec une reine qu'avec les autres femmes*. Jeanne d'Albret, poussée à bout, conduit enfin son fils au camp des opprimés, et montre tout ce que peuvent le courage d'une mère, l'exaltation de la piété, et les mouvements d'une âme forte et généreuse. Après la défaite de Jarnac la mort du prince de Condé et la blessure de Coligny, c'est elle qui harangue et rallie l'armée, qui devient l'âme du parti, reprend ses États envahis un instant, négocie avec les cours, anime les guerriers, et veille sur Henri IV. Son héroïsme et ses talents réduisent ses ennemis à faire la paix, mais la paix telle qu'on peut l'attendre de la politique des méchants.

La fourberie prit la place de la violence : Jeanne d'Albret fut appelée à la cour de France, et on lui offrit pour son fils la plus belle des filles de Henri II ; elle résista longtemps, et quand elle céda, ce ne fut point par conviction, mais par condescendance pour des amis aveuglés, qui commençaient à calomnier sa prudence. Sa mort suivit de près son arrivée. Selon le bruit général, elle fut empoisonnée par des gants que lui fournit un italien, parfumeur de la reine ; et, deux mois après, l'affreuse catastrophe de la Saint-Barthélemy ne justifia que trop ces soupçons, en découvrant l'intérêt que les ordonnateurs de ce massacre avaient à fermer par un crime des yeux trop clair-voyants. Au reste, quoique cet empoisonnement soit plus vraisemblable que démontré, on risque peu de l'ajouter aux forfaits avérés de Catherine de Médicis.

La reine de Navarre a laissé des souvenirs glorieux pour son sexe, et que n'a pu effacer l'ingratitude de Louis XIII. Ce monarque, oubliant trop qu'il était fils de Henri IV, se hâta de supprimer les belles ordonnances que Jeanne d'Albret avait données au Béarn et le fameux collége d'Orthez, fondé aussi par elle, et qu'on avait, à juste titre, surnommé *la nouvelle Athènes*.

LEMONTEY, de l'Académie Française.

JEANNE D'ARC. Il n'y a rien à comparer, ni chez les anciens, ni chez les modernes, ni dans la fable, ni dans l'histoire, à la pucelle d'Orléans. Donnez à la muse épique le choix de l'invention la plus touchante et la plus merveilleuse, interrogez les traditions les plus imposantes que les âges d'héroïsme et de vertu aient laissées dans la mémoire des hommes, vous ne trouverez rien qui approche de la simple, de l'authentique vérité de ce phénomène du quinzième siècle. La France, à la suite du règne le plus malheureux dont les annales de la monarchie fassent mention jusqu'alors, envahie par ses ennemis, à peine soutenue sur le penchant de sa ruine par la vaillance de quelques preux, n'oppose plus à la force de ses destinées qu'une vaine résistance. Paris est occupé par le duc de Bedfort, régent pour un roi anglais. L'infortuné Charles VII, errant de ville en ville, sans espérance et bientôt sans royaume, cède à l'infortune qui l'opprime. Près de chercher un asile dans une cour étrangère, il jette un dernier regard, un regard de désespoir sur cette belle France, qui ne lui offre de toutes parts que d'affreux déchirements et un petit nombre de braves mourant sans vengeance sur les ruines des villes incendiées qu'ils ont défendues. A peine quelques places arrêtent encore les progrès de l'ennemi. A peine une vieille prophétie, qui annonce qu'une jeune fille, venue des environs du Bois-Chenu, délivrera le royaume, soutient encore la confiance des esprits faibles. Tout va périr, quand cette jeune fille paraît. C'est une paysanne de seize à dix-sept ans, d'une taille noble et élevée, d'une physionomie douce, mais fière, d'un caractère remarquable par un mélange de candeur et de force, de modestie et d'autorité; d'une conduite, enfin, qui fait l'admiration de toutes les personnes qui l'ont connue. Les mères ne désirent point de fille plus parfaite, les hommes n'ambitionnent pas le cœur d'une femme plus digne d'être aimée; mais dès l'enfance elle a renoncé au bonheur d'être épouse et mère. Appelée à une vie d'héroïsme et de sacrifices par la voix même des anges, elle a voué sa virginité à Dieu à l'âge de treize ans.

On ne sait rien autre chose de ce temps-là, sinon qu'elle naquit vers 1410, à Donrémy, village relevant du roi de France, sur les marches de la Lorraine et de la Champagne (Vosges), où la guerre et les partis qui divisaient le royaume, avaient de tout temps laissé des traces profondes; que son père se nommait Jacques d'Arc, et sa mère Isabelle Romée; qu'ils avaient cinq enfants, vivaient du produit d'un champ et de quelques bestiaux; qu'elle menait enfin une vie toute pastorale dans le hameau qui l'a vue naître, conduisant les troupeaux de son père, ou s'occupant à coudre et à filer le chanvre et la laine. Seulement, les jours de fête, on la voyait prosternée, à l'ermitage de Bermont, devant la sainte image de la Vierge, ou bien elle se réunissait aux jeunes filles de son âge, pour chanter et danser sous l'*Arbre des Fées*, qui existait encore en 1628. C'était un hêtre magnifique où, pendant toute la belle saison, les bergères allaient suspendre les chapeaux de fleurs et les guirlandes qu'elles avaient tressées dans la prairie; mais Jeanne d'Arc les réservait pour la chapelle de Donrémy. On dit aussi qu'elle dansait peu, mais qu'elle chantait avec un charme inexprimable, probablement des hymnes et cantiques à la louange des saints. Quand les habitants de son village furent interrogés quelques années après sur ces différentes circonstances, ils affirmèrent presque tous que quand elle était petite et qu'elle gardait les brebis, on avait vu souvent les oiseaux des bois et des champs *venir manger son pain dans son giron, comme s'ils fussent privés*.

Telle est la puissance que Dieu suscite tout à coup pour lever le siége d'Orléans, faire sacrer le roi dans une ville occupée par les Anglais, et réduire leurs armées, si longtemps triomphantes, à abandonner à la France. Les rebuts réitérés qu'elle essuie d'abord ne fatiguent point son courage. Elle insiste avec ardeur parce qu'elle sait qu'elle a peu de temps pour accomplir ses desseins, et qu'elle ne doit pas voir le succès tout entier de ses travaux et de ses promesses; mais elle ne se révolte point contre les refus, parce que les refus sont du nombre des difficultés qui lui ont été annoncées. Enfin, ses instances l'emportent sur les objections de l'incrédulité; elle part, et cette villageoise, transformée en guerrier, devient, dès ses premiers pas dans cette nouvelle carrière, le parfait modèle du chevalier chrétien; intrépide, infatigable, sobre, pieuse, modeste, habile à dompter les coursiers, et versée dans toutes les parties de la science des armes comme un vieux capitaine, il n'y a rien dans sa vie qui ne révèle une haute inspiration, et qui ne porte le sceau d'une autorité divine. Les éléments eux-mêmes paraissent lui obéir.

Obligée de parcourir, pour se rendre auprès de Charles, une route de 150 lieues, coupée de rivières profondes, dans la plus mauvaise saison de l'année, et au milieu d'un pays couvert par les troupes ennemies, elle fournit cette course périlleuse en onze jours, sans accident et presque sans obstacles. Conduite dans l'appartement du roi, elle le distingue du premier coup d'œil parmi les grands de sa cour, quoiqu'il ne diffère d'eux par aucun attribut particulier; elle se fait reconnaître de lui à un signe ou à une confidence qui ne laisse point de doute à Charles sur sa mission. Depuis lors tous ses jours sont marqués par les plus brillants faits d'armes. Objet d'amour, d'espérance, de vénération pour les peuples, de terreur pour l'armée anglaise, elle combat près de Dunois, de Saintrailles, de La Hire, et c'est elle qui remporte partout la palme de la valeur. L'étendard de Jeanne d'Arc, qu'elle l'a dit elle-même, flotte toujours où est le danger; mais, avare de sang, elle conduit les soldats dans la mêlée, brise devant eux l'effort de l'ennemi, et ne tue jamais. Tout au plus, comme elle le disait encore devant ses juges, avec cette naïveté soldatesque dont il n'est pas permis d'altérer les expressions, elle se faisait jour au travers des Anglais en les frappant de la tête de sa hache d'armes, ou du plat de sa fameuse épée, *qui était propre à donner de bonnes buffes et de bons torchons*. En peu de mois, toutes ses prédictions s'accomplissent. Blessée à la défense d'Orléans d'une flèche qui lui traverse l'épaule, elle l'arrache de ses mains, retourne quelques minutes après au milieu des combattants, achève la déroute des Anglais, et délivre ces murailles qu'elle avait promis de sauver.

Charles doit être sacré à Reims; elle lui ouvre un chemin vers cette ville, et les places fortes qui se trouvent sur son passage se rendent sans se défendre. A compter de ce moment, la puissance des Anglais, ébranlée, chancelante, prête à s'écrouler, n'est plus digne d'intéresser à sa chute une puissance plus qu'humaine. La mission héroïque de Jeanne d'Arc est finie; il ne lui reste plus qu'à la couronner par le martyre. Après quelques nouveaux prodiges de valeur, elle tombe dans les mains de ses implacables ennemis, et monte, le 31 mai 1431, au bûcher avec la résignation d'une sainte. On assure qu'à l'instant où les flammes qui l'entouraient étouffèrent le nom de Jésus dans sa bouche innocente, une colombe s'éleva du bûcher aux yeux épouvantés des Anglais, et prit son vol vers le ciel. Telle fut du moins l'illusion du remords pour les misérables qui l'avaient condamnée. Ajoutons un seul trait à cette esquisse imparfaite : c'est qu'elle ne doit rien à l'imagination, et que l'histoire la moins ornée ne serait pas plus sobre d'embellissements poétiques, que ce sommaire rapide, extrait des dépositions de cent quarante-quatre témoins oculaires.

On avouera qu'il ne manque rien à ce récit de tout ce qui recommande une grande renommée à la postérité. Il a l'intérêt de la vertu, celui de la gloire et celui du malheur, qui pour certaines âmes tendres est le plus imposant de tous. Comment se fait-il donc que le nom de la *Pucelle* réveille si peu de souvenirs dans la foule des Français, ou qu'il n'y réveille que des souvenirs indignes d'elle? C'est qu'un poëte, l'honneur de la nation par son génie, l'opprobre de la nation par l'usage qu'il en a fait trop souvent, hésita, jeune encore, entre deux sujets d'épopée, Jeanne d'Arc, et Henri IV, et qu'il eut le malheur peut-être de choisir le second, placé dans un ordre d'inspirations moins merveilleuses, dans un siècle moins chevaleresque, moins poétique, moins religieux, dans un système de mœurs moins convenable à la muse épique, et ne pouvant dès lors fournir que la matière d'une histoire élégante et pompeuse. La haine du christianisme, qui dévorait son cœur, le dirigea probablement dans ce choix mal entendu. Ses passions le trompèrent au préjudice de sa gloire. De l'héroïne de Domremy, de cet ange d'innocence et de grâce, qui a coûté des larmes à ses bourreaux et que l'histoire ne nommera jamais sans respect; qui a répandu tant de sang pour la patrie; qui lui a conquis tant de drapeaux et redonné tant de villes.......; de cette pauvre jeune fille qui avait délivré la France, et que les Anglais ont brûlée à dix-huit ans, Chapelain a fait l'héroïne d'un poëme sans chaleur et sans vie; Voltaire, le principal personnage d'un roman de prostitution, d'un roman dont l'exécution inimitable a peut-être donné un rival à l'Arioste, mais qui souille notre littérature d'une tache ineffaçable. Les étrangers Schiller et Southey ont été plus heureux. Les monuments, peu dignes d'elle, élevés à Rouen et à Orléans pouvaient faire dire que les beaux-arts ne l'avaient pas mieux traitée que la poésie, jusqu'au moment où une princesse, fille du roi Louis-Philippe, Marie d'Orléans, moissonnée toute jeune, sut enfin la première deviner et rendre la physionomie la plus poétique de notre histoire.

Des lettres de noblesse pour sa famille, l'exemption de la taille pour le village natal : voilà tout ce que Charles VII avait fait en faveur de l'héroïne morte pour sa cause. Seulement, en 1455, sur la requête de sa mère et de ses frères, il fit procéder à la révision de son procès et à la réhabilitation de sa mémoire.

Charles Nodier, de l'Académie Française.

En 1855 une statue équestre, due au ciseau de M. Foyatier, a encore été érigée à la mémoire de Jeanne d'Arc sur l'une des places d'Orléans. Nous emprunterons à l'éloquent panégyrique prononcé à cette occasion par l'évêque d'Orléans un passage qui complétera admirablement le travail de notre défunt collaborateur; c'est le tableau des derniers temps de la vie de l'héroïne française :

« Nous marchons vers Rouen. La sagesse humaine, dit M. Dupanloup, qui avait d'abord outrageusement repoussé la parole inspirée de Jeanne et ne l'avait suivie qu'avec hésitation quand elle appelait aux combats, refusait maintenant de la laisser partir, quoique Jeanne elle-même déclarât sa mission terminée. Cédant aux ordres du roi, à tort ou à raison, elle consentit donc à rester et suivit l'armée. Mais ce fut avec grande tristesse... On vit toujours en elle la même bonté de cœur, la même vaillance indomptable, mais ce n'était plus la même joie! Les fossés de Paris la virent encore, quoique blessée, garder sa bannière haute sous une grêle de boulets, de flèches et de pierres, et rester seule à l'assaut jusqu'au soir. Elle criait aux assiégés : « Rendez la ville au roi de France! » Mais la joie n'y était plus. Elle laissait même parfois échapper de profonds soupirs de son cœur et les douloureux pressentiments de sa fin prochaine... C'est ainsi qu'au témoignage du duc d'Alençon elle avait dit au roi lui-même : « Je ne durerai qu'un an, ou « guère davantage; c'est pourquoi voyez à bien employer « cette année. »

« A Saint-Denis, après avoir suspendu devant l'autel une riche épée qu'elle avait vaillamment arrachée des mains d'un chevalier anglais, vers la porte Saint-Honoré, à Paris, Jeanne demanda encore à quitter l'armée pour se rendre de là dans sa vallée natale : elle-même l'a déclaré devant ses juges. « Mes saintes me disaient que je ne devais pas aller plus « loin que Saint-Denis : je voulus aussi le faire, mais les « seigneurs ne me le permirent pas. »

« Elle n'avait jamais demandé à Dieu que deux choses : la délivrance du royaume et le salut de son âme. Dans ces derniers temps encore, et pressentant sa fin, elle disait souvent au bon frère Pasquerel, son confesseur : « Si je dois « bientôt mourir, dites de ma part au roi, notre maître, « qu'il lui plaise faire bâtir des chapelles où on prie le Sei- « gneur pour le salut des âmes de ceux qui seront morts en « défendant son royaume. »

« Enfin, le secret de Dieu se déclara : ses saintes lui dirent « qu'avant la Saint-Jean elle tomberait aux mains de ses « ennemis; qu'elle ne devait point s'en effrayer, mais au « contraire accepter avec reconnaissance cette croix de la « main de Dieu, qui lui donnerait aussi la force de la porter « jusqu'au bout ! » Du reste, ses saintes ne lui dirent ni le jour ni l'heure; elles lui recommandèrent seulement d'être bien patiente et résignée...

« C'était encore, comme l'année précédente, le beau mois de mai, où les fleurs renaissent, et où tout s'anime dans la nature et se réjouit; mais cette fois Jeanne ne marchait plus comme vers Orléans d'un pas joyeux. L'épine blanche de l'année 1430 dût lui apporter...

« Et ce même mois, le 23 mai, après avoir jusqu'au dernier moment, toujours secourable aux assiégés, soutenu l'attaque par des prodiges de valeur, et protégé la retraite de tous les siens, demeurant seule en arrière d'eux et en face de l'ennemi, tout à coup les cloches de Compiègne donnèrent l'alarme, le pont-levis se releva derrière elle, et elle tombait aux mains des Anglais! et on la traitait de prison en prison jusqu'à Rouen! Et toutes les portes des villes de France demeuraient fermées derrière elle! et nul n'en sortit pour la défendre, et nul ne sut mourir pour elle!...

« Je l'avoue, parmi les iniquités de la terre, je n'en sais pas qui blessent plus profondément mon âme que les iniquités de la justice. Mais quand j'y rencontre un prêtre, quand un évêque y préside, l'attriste est si cruelle que mon âme déchît. Oh! c'est alors qu'il faut élever sa pensée plus haut. Les iniquités sont de la terre! il faut donc s'y faire; mais il faut savoir aussi que quand les indignités doivent dépasser toute mesure, quand l'injustice et la bassesse humaine doivent aller au comble, Caïphe et Judas n'y manquent jamais! Ils ne manqueront pas ici. Eh bien, je m'en réjouis; rien ne manquera donc à la grandeur de cette pauvre fille.

« Oui, elle est grande, parce qu'elle souffre! elle est grande, parce qu'elle meurt pour son pays, pour la vérité et pour la justice! elle est grande, parce qu'elle n'y rencontre que le délaissement, l'ingratitude, le mensonge, l'atroce calomnie, le mal pour le bien! elle est grande, non pas seulement parce qu'elle a eu un évêque pour meurtrier, des juges pour bourreaux, non pas seulement parce qu'elle a été vendue le prix d'un roi, parce que c'est au nom d'un roi d'Angleterre qu'elle est tuée, et sous le regard impassible d'un roi de France! en sorte que tout serait royal dans sa mort, si tout n'y était pas abominable. Elle est grande, parce que c'est une puissante nation qui la tue, une puissante nation qui l'abandonne!...

« Enfin, quand je vois Dieu lui-même délaisser en apparence et abandonner ici-bas la vertu à de tels traitements, c'est alors que je m'élève au-dessus de tout jusqu'à Dieu lui-même, et que, lui demandant raison, j'atteins la certitude immortelle d'une vie meilleure et d'une gloire qui ne sera plus seulement celle des champs de bataille et des triomphateurs de la terre, mais celle des glorieux bûchers, des vierges héroïques et des martyrs!...

« Jeanne d'Arc avait compris sans le bien définir. Mais est-ce qu'à vingt ans on a défini l'injustice des hommes et la grande justice de Dieu? Est-ce qu'à vingt ans, dans ce premier épanouissement d'une âme généreuse, est-ce qu'on s'attend à rencontrer sur la terre le mal pour le bien, la haine pour l'amour? Elle sentait bien toutefois que ses deux saintes, toutes deux vierges et martyres, ne lui avaient pas promis une autre couronne que la leur. Aussi elle ne leur avait demandé que le salut de son âme et de la conduire en paradis.

« Et dans tout le cours de cet affreux procès, n'est-ce pas ce qu'elle nous fait entendre dans l'accent inspiré de ses mâles réponses? Ne sentons-nous pas là, présentes et comme personnifiées en elle, avec une naïveté, une grâce, une force incomparables, la vérité, la justice, la sagesse, j'oserai le dire, une souplesse et comme une habileté céleste, en même temps que la grandeur et la majesté de celui qui juge les justices mêmes? » Oh! s'écrie-t-elle, j'en appelle à « Dieu, le grand juge des grands torts et injustices qu'on me « fait! Ah! vous écrivez ce qui est contre moi, et vous n'é- « crivez pas ce qui est pour moi! — Évêque, évêque, dit- « elle deux fois à son juge, c'est par vous que je meurs! »

« Puis elle lui pardonne; mais pour moi je sais bien aise qu'elle ait fait sentir à son cœur, s'il lui en restait, la pointe du glaive de la justice. « Vous vous mettez, lui dit-elle, « en grand danger... Et je vous en avertis, afin que si Notre « Seigneur vous en châtie, j'aye fait mon devoir de vous « le dire... » L'avertissement fut inutile; il mourut bientôt comme il avait vécu.

« Et lorsqu'on descendait jusqu'aux plus odieuses questions, lorsqu'on lui demandait lâchement : « Dieu hait-il les « Anglais? — De l'amour ou de la haine de Dieu envers les « Anglais, répondit-elle, je n'en sais rien ; mais je sais qu'ils « seront tous chassés de France avant peu d'années, excepté « ceux qui y mourront, et que Dieu accordera définitivement « la victoire aux Français ! »

« Comment Dieu vous a-t-il choisie? — S'il m'a choisie, « et non une autre, c'est qu'il lui a plu rechasser les en- « nemis du royaume par une simple fille. N'était la grâce de « Dieu, je ne saurais que devenir. Mais j'aimerais mieux « mourir que de renier ce que Dieu m'a fait faire. »

« Et lorsqu'on lui fait cette basse et insidieuse question : « Savez-vous si vous êtes en état de grâce? — Si je ne suis pas « en état de grâce, répondit-elle, Dieu daigne m'y mettre; si j'y « suis, qu'il veuille m'y conserver ; car je serais la plus mal- « heureuse des créatures, et j'aimerais mieux mourir si je me « savais hors de grâce et de l'amour de mon Créateur. »

« Et lorsque enfin on demande à cette douce et vaillante créature, qui ne savait porter que sa bannière en avant au milieu des combats, et ne se servait jamais de son épée afin de ne tuer personne, si son espérance de victoire était fondée sur sa bannière ou sur son épée : « Elle était fondée « uniquement sur Dieu, répond-elle. — Mais alors pour- « quoi votre bannière fut-elle portée devant celle des autres « chefs dans l'église de Reims, le jour du couronnement? » Jeanne les regarda : « Ah! elle avait été à la peine, il était « bien juste qu'elle fût aussi à l'honneur! »

« Quand la tempête eut éclaté, quand le feu eut été mis au bûcher, quand la fumée fut tombée sur la victime, quand son dernier regard fut venu, à travers les flammes, se reposer et mourir sur la croix de Jésus-Christ qu'elle avait demandé à une main charitable de lui montrer toujours de loin, quand ses oreilles eurent entendu les dernières paroles du bon prêtre qui ne quittait pas le bûcher, quand enfin le dernier cri de cœur et le dernier mouvement de ces lèvres expirantes eurent dit trois fois le nom de l'éternel amour : Jésus! Jésus! Jésus! alors, comme au Calvaire, tous les bourreaux pleurèrent. »

JEANNE HACHETTE se mit à la tête des femmes de Beauvais et défendit vaillamment cette ville, assiégée en 1472 par Charles le Téméraire, duc de Bourgogne. Elle monta sur la muraille, arracha un étendard des mains d'un Bourguignon, précipita le soldat au bas de l'échelle, et porta son trophée à l'église des Jacobins, où il resta déposé. On trouve la gravure de ce drapeau dans la collection des costumes de Villemin.

Le surnom de *Hachette* vient sans doute de la petite hache d'armes dont elle se servit dans cet exploit. On l'a jusqu'à nos jours désignée sous cette seule dénomination; et, peu s'en est fallu que le véritable nom de l'héroïne ne parvînt pas jusqu'à nous. Louis XI, dans ses lettres patentes d'Amboise, 1473, accorde aux femmes de Beauvais, dont le courage a miraculeusement sauvé cette cité importante, le droit d'avoir le pas sur les hommes à la procession et à l'offrande, le 10 juillet, jour de sainte Agadrême, patronne de la ville ; mais il ne cite aucune femme en particulier. Cette procession a encore lieu tous les ans avec le même cérémonial : les dames de Beauvais n'y attachent pas moins d'importance que n'en attache le beau sexe de Bruxelles à célébrer la *Veillée des Dames*, en commémoration de la fidélité de leurs aïeules à leurs maris revenus de la Palestine. D'autres lettres patentes, datées d'Alençon le 9 août, même année 1473, peu de mois après celles d'Amboise, ne contiennent pas davantage le nom de Jeanne Hachette, que n'a rapporté aucun auteur contemporain. Philippe de Comines l'appelle *Jeanne Fouquet*, et Pierre Matthieu, dans son *Histoire de Louis XI*, la nomme *Jeanne Fourquet*. Les auteurs de l'*Art de vérifier les dates*, et Antoine Loysel, dans l'*Histoire du Beauvoisis*, lui donnent le nom de *Jeanne Laîné*. C'est l'opinion le plus généralement adoptée. On ajoute que Jeanne Laîné épousa Colin Pillon, dont les descendants furent par cette raison exempts de la taille, espèce d'impôt foncier qui pesait exclusivement sur la roture. Voltaire a eu tort de regarder l'anoblissement de Jeanne Hachette et de sa famille comme une *faible récompense* pour une femme « qui est, ajoute-t-il, peut-être supérieure à celle qui fit lever le siège d'Orléans ; elle combattit tout aussi bien, et ne se vanta ni d'être pucelle ni d'être inspirée. » Il est certain que la levée du siège de Beauvais fut un événement de haute importance : elle arrêta dans sa course Charles le Téméraire, et l'empêcha de faire du duché de Bourgogne un puissant royaume. Une statue en bronze a été élevée à Jeanne Hachette à Beauvais.   BRETON.

JEANNIN (Pierre), *le président*, naquit à Autun, en 1540. Son père était échevin, et exerçait l'état de tanneur. Il s'éleva par son savoir et sa droiture. Un prince lui demanda un jour de qui il était fils ; il répondit : *De mes vertus*. Un homme riche, qui voulait en faire son gendre, lui demanda de était son bien? *Dans ma tête et dans ma plume*, répondit-il. Lors de la Saint-Barthélemy, il se refusa à exécuter les ordres sanguinaires de la cour, et dit : *Quand le prince commande en colère, il faut lui obéir... lentement*. Député par l'ordre du tiers de Dijon aux états de Blois, il s'acquitta de sa mission honorablement. Ligueur ardent, il ne fut jamais cruel, et contint souvent le duc de Mayenne. Il rejeta les dons de la cour de Madrid quand il vit que les Guises voulaient enlever la couronne au roi de France. Henri III le nomma président au parlement de Bourgogne. Henri IV comprit toute la portée d'esprit de cette forte tête. Il nomma Jeannin premier président du même parlement, à la condition qu'il se démettrait immédiatement de ses fonctions et resterait attaché à sa personne. Jeannin partagea avec Sully la confiance du bon roi : il en était digne, malgré la jalousie du surintendant. Envoyé en mission en Hollande, il conclut un traité avec les Provinces-Unies en 1609. A son retour, il reçut du monarque de nombreuses marques d'estime. Henri le présenta à la reine en disant : « Voyez-vous ce bonhomme? Si Dieu dispose de moi, reposez-vous sur sa fidélité. » Le Béarnais voulait qu'il fût son historiographe. Jeannin n'écrivit que la préface de ce règne si intéressant, qu'interrompit le couteau de Ravaillac. Après la mort de Henri IV, Jeannin fut le conseiller de Marie de Médicis, qui le sacrifia à la Galigaï, la maréchale d'Ancre. Mais il reprit son service de surintendant des finances, qu'il continua jusqu'à sa mort, arrivée, suivant les uns, à Paris, selon d'autres, à sa terre de Montjeu, près d'Autun, le 31 octobre 1622.   Jules Pautet.

JEAN-PAUL. *Voyez* Richter.
JEAN SANS PEUR. *Voyez* Jean, duc de Bourgogne.
JEAN SANS TERRE. *Voyez* Jean, roi d'Angleterre.
JEAN SCOT ÉRIGÈNE. *Voyez* Érigène.

JEAN SECOND, poète latin moderne, naquit à La Haye, le 10 novembre 1511. Son père, Nicolas Évérard, président du conseil suprême de Hollande, connu par d'estimables écrits de jurisprudence, lui fit donner, ainsi qu'à ses autres enfants, une éducation analogue à sa position sociale. L'étude des langues anciennes fut bientôt un jeu pour le prochain élève du célèbre légiste Alciat, sous lequel il vint faire son droit à Bourges. Un cœur jeune, tendre, porté à l'amour, tout embaumé des parfums de l'antiquité qu'avaient exhalés Ovide, Virgile, Catulle, Tibulle et Properce; une maîtresse adorée, qu'il appelle Julie, firent soudain un poëte d'un élève du grave jurisconsulte. Toutefois, il ne laissa pas que de couvrir sa tête poétique du bonnet de docteur, qu'il reçut en 1533. Que de grâces, que d'abandon, que d'éloquence amoureuse cacha cette lourde toque, sous laquelle ne tardèrent pas à éclore dixneuf *Baisers* (*Basia*), qu'il envoya, quoique écrits en latin, à sa Julie. Il eut le sort de Properce; comme lui il avait eu sa Cynthie; comme lui, il perdit, à ce qu'il paraît, cette inspiratrice de son génie, encore à la fleur de l'âge et de la beauté. Ajoutez à ces *Baisers*, la plus parfaite de ses œuvres, trois livres d'Élégies, un livre d'Épigrammes, un livre de Pièces lyriques, deux livres d'Épîtres, un livre de Pièces funèbres (*Funera*), et un livre de Sylves ou mélanges, et vous aurez tout ce que laissa couler cette plume poétique et féconde.

D'abord secrétaire intime de l'évêque de Tolède, puis curieux de visiter l'Afrique, qui devait lui être si funeste, il suivit, en 1534, Charles-Quint dans son expédition contre Tunis; ce prince tenait le poète en haute estime. Les sables où fut Carthage altérèrent visiblement la santé d'un jeune homme délicat, dévoré d'ailleurs d'amour, de génie, et d'ambition peut-être, auquel eussent mieux convenu Tibur et l'Anio. Il retourna dans sa patrie, où les sources de la vie se tarirent tout à fait en lui, à Tournai, le 24 septembre 1536. Il n'avait encore que vingt-cinq ans.

Ses poésies érotiques, d'un latin moderne très-pur, sont pleines de feu, de suavité et de mollesse : il y a en elles du Tibulle, du Properce et du Catulle fondus ensemble, abstraction faite des impudeurs trop fréquentes du dernier. Jean Second a droit sans contredit de figurer au premier rang des poëtes de son époque. Les poésies de ses frères Marius, Grudius, Marulie, et de sa sœur, la religieuse Isabelle, ne sont point non plus sans mérite. Cinq ans après la mort de Jean Second, ses œuvres furent recueillies et publiées à Utrecht. En 1821, Boscha en donna une édition fort recherchée, à Leyde, en 2 beaux vol. in-8°, avec des commentaires. Dorat, qui se mêlait aux amours de tout le monde, se mêla aussi aux *Baisers* de Jean Second; mais il fallait à Julie, l'amante du poëte, des lèvres plus franches, moins prétentieuses. Tissot, notre collaborateur, les a traduits avec plus de bonheur.   DENNE-BARON.

JEAN ZISCA. *Voyez* ZISCA.

JEDDO ou **YÉDO**, résidence du koubo ou empereur temporel du Japon, située dans la province de Moussaï, par 35° 32' de latitude septentrionale, sur la côte orientale de Nipon, au fond d'un golfe très-poissonneux et à l'embouchure du Todagawa, est une ville de 14 myriamètres de circuit, contenant, dit-on, 280,000 maisons et environ 1,500,000 habitants, dont plus de 4,000 sont aveugles. Elle n'a ni murs ni remparts, et est coupée d'un grand nombre de canaux à parapets élevés, et plantés d'arbres. Parmi la foule de ponts qu'on y compte, il en est un construit tout en bois de cèdre et orné de balustrades magnifiquement sculptées, à partir duquel on mesure les distances de toutes les localités de l'empire. Les rues, garnies le plus ordinairement de maisons peu élevées, se coupent presque toutes à angles droits. Le principal édifice est le palais du *koubo* ou *siogoun*, au centre de la ville, sur une éminence entourée de fossés et de remparts, et qui a trois myriamètres de circuit. Il est divisé en trois parties principales : la première, habitée par les descendants et parents mâles du *koubo*; la seconde, par les grands feudataires de l'empire, qui viennent y résider tous les ans pendant six mois, et dont les familles y habitent continuellement pour servir de gage de leur fidélité; la troisième, enfin, que domine une haute tour carrée, emblème de la puissance souveraine, par le *koubo* et sa famille. Il y a aussi dans les autres quartiers de la ville un grand nombre de vastes palais, appartenant à des grands seigneurs japonais, et des temples magnifiques à l'usage de chacune des trois religions reconnues dans l'empire. Jeddo possède aussi une imprimerie, où l'on a imprimé, entre autres, la grande Encyclopédie japonaise et chinoise, en 80 volumes.

JEFFERSON (THOMAS), le troisième président des États-Unis de l'Amérique du Nord (1804-1809), né le 2 avril 1743, à Shadwell, en Virginie, d'une famille riche, put d'abord suivre ses goûts, qui l'entraînaient vers l'étude des mathématiques, des sciences naturelles et même de la peinture. Ce ne fut qu'à partir de 1767 qu'il se livra à l'étude de la jurisprudence, et il acquit bientôt au barreau une réputation grande et méritée. Appelé de bonne heure à faire partie de l'assemblée coloniale de la Virginie, il y fit dès cette époque une tentative en faveur de l'émancipation des esclaves; et quand plus tard la résistance des colonies contre la politique tyrannique de la mère-patrie commença à se manifester, il s'associa de cœur et d'âme à ce mouvement. Élu en 1775 membre du congrès, il y fut le digne collègue d'Adams, de Franklin, de Sherman et de Livingston dans le comité célèbre institué au sein de cette assemblée. L'immortelle déclaration d'indépendance est l'œuvre de Jefferson, et, à la suite d'une vive discussion, fut adoptée avec très-peu de modifications par le congrès, dans sa séance du 4 juillet 1776. Au mois d'octobre de la même année il fut appelé à faire partie de la législature particulière de la Virginie, et prit part à la révision de la constitution de cet État, à la rédaction première de laquelle il avait été procédé avec trop de précipitation. En 1779 on le nomma gouverneur de la Virginie; en 1783, lors de l'ambassade envoyée en France par les États-Unis, il accompagna Adams et Franklin. Après avoir résidé pendant plusieurs années à la cour de Versailles, en qualité de ministre plénipotentiaire, il revint dans sa patrie occuper, sous Washington, la place de secrétaire d'État. En 1797 la reconnaissance et l'estime de ses concitoyens le portèrent à de plus hautes fonctions : il fut élu vice-président de l'Union, et plus tard, en 1801, appelé à la présidence, en remplacement de John Adams. Réélu en 1805, il fut huit ans à la tête de l'administration, et y serait resté plus longtemps si, à l'expiration de ses pouvoirs, il n'eût point repoussé la proposition de les lui continuer; proposition dans laquelle il voyait une violation de la constitution de son pays. Sur son refus formel, on lui donna pour successeur Madison.

Jefferson, pendant sa présidence, déploya le plus grand zèle pour répandre la civilisation parmi les Indiens. En rentrant dans la vie privée, il consacra toute son activité à la fondation de l'université de Charlottesville, qu'il eut la satisfaction de voir créer et dont il fut le premier recteur. Retiré dans son domaine de Monticello, il finit par soutenir plus de tels embarras d'argent, que la législature de la Virginie, pour lui venir en aide, l'autorisa à mettre ses terres en loterie. Il mourut le 4 juillet 1826, le même jour qu'Adams, cinquante ans après la mémorable déclaration de l'indépendance de sa patrie. On a de lui des *Notes on Virginia*, qui ont été traduites en français par Morellet, une *Notice* sur des ossements gigantesques trouvés à l'état fossile en Virginie, un *Manual of parliamentary practice*, des Mémoires sur les dispositions intellectuelles des nègres, sur des événements de la guerre de l'Indépendance, etc. Ses Mémoires et sa Correspondance ont été publiés à Londres en 1829 et forment 5 volumes. Une statue colossale en bronze par Powers, fondue à Munich, lui a été érigée à Richmond (Virginie).

JEFFERYS. *Voyez* JEFFREYS.

JEFFREY (FRANCIS, lord), critique anglais influent, né en 1773, à Édimbourg, était le fils d'un savant jurisconsulte, et, après avoir étudié le droit à Glasgow et à Oxford débuta lui-même, en 1794, au barreau d'Écosse, tout en s'occupant de travaux littéraires, par suite desquels il se trouva lié d'amitié avec Walter Scott, Sydney Smith, Brougham et quelques autres jeunes gens de talent et d'avenir. Il fut l'un des fondateurs de l'*Edinburgh Review*, dont il prit la direction en 1803; et il la garda jusqu'en 1829. On sait que ce recueil a défendu et propagé avec autant de succès que de talent les idées libérales du siècle, et qu'il n'a pas seulement exercé une influence considérable sur la littérature contemporaine, mais encore, comme organe des whigs, sur la politique de l'Angleterre. La direction habile et prudente que lui donna Jeffrey n'y contribua pas peu, bien que la rigueur de ses appréciations critiques lui ait attiré de nombreux désagréments. Ainsi, en 1806, il lui fallut se battre en duel avec Thomas Moore; et lord Byron, dans son célèbre pamphlet *English Bards and Scottish Reviewers*, le flagella rudement. Tous deux n'en devinrent pas moins plus tard ses amis intimes, et son autorité en matières de goût fut toujours universellement reconnue. En 1821, l'université de Glasgow l'élut pour recteur; et à l'arrivée des whigs aux affaires, en 1830, il fut appelé aux fonctions d'avocat de la couronne en Écosse. En même temps il devint membre du parlement, où d'ailleurs il se fit peu remarquer. Enfin, en 1834, il fut élevé aux fonctions de juge à la *Court of Session*, lesquelles donnent droit au titre personnel de *lord*, qu'il conserva jusqu'à sa mort, arrivée en 1850, dans un domaine qu'il possédait aux environs d'Édimbourg. On a recueilli en 4 volumes (2ᵉ édit., Londres, 1853) les articles publiés par lui dans l'*Edinburgh Review*.

JEFFREYS ou **JEFFERYS** (Sir Georges), lord-chancelier d'Angleterre, dut l'élévation de sa fortune politique au zèle exalté avec lequel il concourut à la réaction royaliste et catholique qui signala les règnes de Charles II et de Jacques II, et à la fécondité des ressources qu'il déploya dans l'intérêt de la cause papiste, dont le second de ces règnes fut le triomphe et l'apogée. Jeffreys débuta en 1666, comme avocat, aux assises de Kingston, et suivit, non sans succès, le barreau, jusqu'à ce qu'un alderman de ses parents le fit pourvoir de la charge de *recorder* (greffier) au siège de Londres. Ce fut lui qui, en cette qualité, lut la sentence capitale à l'avocat catholique Langhorne, l'une des dernières victimes des impostures si célèbres de Titus Oates. Le rôle passif que Jeffreys remplit en cette circonstance n'empêcha point qu'il ne devint bientôt l'objet des faveurs de la cour. Il reçut en 1680 le titre de chevalier, et fut décoré l'année suivante de celui de baronet. Vers la même époque, le duc d'York, depuis Jacques II, auquel il était personnellement dévoué, le nomma son *sollicitor* (avocat-avoué). On sait que le parlement, désappointé de l'issue qu'avait eue le bill destiné à exclure du trône le frère du roi, poursuivit avec acharnement les *abhorrers*, que l'on donnait aux partisans de la cour. Jeffreys, déjà signalé parmi les plus fougueux absolutistes, ne pouvait échapper à l'attention du parlement : une adresse spéciale demanda au roi Charles de le priver de ses fonctions de *recorder*; mais il eut la prudence de calmer par une prompte démission l'irritation des communes.

La cour ne tarda point à l'en dédommager en le nommant premier juge de la cour du Banc du Roi; fonctions dans l'exercice desquelles il rendit d'importants services à la cause de l'absolutisme. Ce fut dans le memorable procès d'Algernon Sidney qu'il s'essaya à l'exercice de ce nouvel emploi. On le vit avec surprise, modérant l'impétuosité naturelle à son caractère, interroger l'accusé avec politesse et impartialité. Son résumé adressé au jury présenta les mêmes dispositions; mais quand il en vint à l'explication de la loi, il déploya une subtilité cruelle, et fit découler la culpabilité de Sidney d'un série de sophismes qui, débités avec l'imperturbable volubilité qui lui était propre, soulevèrent l'indignation de toutes les âmes justes et honnêtes. On doit reconnaître cependant qu'en dehors des matières politiques Jeffreys se montrait généralement ami sincère de la justice; qu'il savait sévir avec une équitable fermeté contre les abus et faire respecter les droits des citoyens. On peut citer comme exemple la sévérité avec laquelle il réprima le trafic illicite que se permettaient le maire et les aldermen de Bristol et d'autres grandes villes, des individus condamnés à la déportation, et qu'ils faisaient vendre à leur profit dans les plantations américaines; ainsi que les manœuvres criminelles que ces officiers employaient pour augmenter à leur profit le nombre des déportés, allant jusqu'à menacer de la peine de mort tout pauvre qui avait commis quelque léger délit, afin que ce malheureux sollicitât comme une grâce d'être condamné à la déportation, c'est-à-dire vendu aux planteurs des colonies. L'amnistie qui suivit la révolution de 1688 sauva seule les coupables des justes rigueurs de la loi. Ce fut Jeffreys qui, après avoir été, en 1678, l'un des avocats du roi employés à faire valoir le témoignage de Titus Oates contre les papistes, fit le rapport du procès par suite duquel ce fameux imposteur subit une detention perpétuelle.

En 1685, peu de temps après l'avénement de Jacques II, Georges Jeffreys fut élevé aux honneurs de la pairie, et fit partie de la haute cour ou chambre ardente chargée de rechercher et de punir les complices de la rébellion du duc de Monmouth. Cette mission fut appelée la *Campagne de Jeffreys*, à cause des pouvoirs militaires qui lui avaient été conférés pour la remplir avec plus d'efficacité. Le premier procès dont la haute cour eut à s'occuper fut celui de lady Alicia Lisle, veuve d'un des juges de Charles Iᵉʳ, qui était accusée d'avoir donné asile à des proscrits. Quelques jurés ayant paru douter que cette dame connût leur qualité de rebelles, Jeffreys gourmanda avec humeur l'expression de ce doute, et emporta la condamnation. Il fit brûler vive une dame anabaptiste du nom de Gaunt, renommée par son inépuisable charité, coupable également d'avoir donné l'hospitalité à des proscrits. Des historiens ont évalué à près de six cents le nombre des personnes que Jeffreys fit périr dans cette odieuse expédition, dont plusieurs circonstances semblent reunir les scènes les plus atroces de notre révolution. La même sentence comprit quelquefois jusqu'à trente victimes, et Jeffreys ajoutait souvent par de brutales injures à l'odieux de la condamnation. Le trouble des bourreaux donna souvent lieu à d'affreuses méprises, qui paraissaient au grand juge de légers inconvénients au prix d'une bonne et prompte justice. On assure que Jacques, dont la nature était loin d'être sanguinaire, réprouva hautement une partie de ces violences. Et pourtant, tel était le besoin que ce monarque avait de l'instigateur de tant de cruautés, qu'il éleva bientôt après Jeffreys à la dignité de lord-chancelier d'Angleterre. Jeffreys fut à peine pourvu de cette éminente fonction, qu'il ouvrit l'avis de rétablir l'ancien tribunal ecclésiastique connu sous le nom de *haute comission*, qui avait été aboli en 1640 par un acte du parlement. Cette proposition, à la réussite de laquelle son importance politique était particulièrement intéressée, fut adoptée, et Jeffreys obtint la présidence de ce tribunal.

Lors de la révolution de 1688, Jeffreys se déguisa pour échapper à l'animadversion populaire, qu'il n'avait que trop provoquée; mais, reconnu au moment où il attendait dans une taverne l'occasion de s'embarquer sur la Tamise, il fut conduit à la Tour de Londres, où les lords du conseil le firent écrouer. Le chagrin qu'il éprouva, joint à des actes d'intempérance, auxquels il était fort sujet, avancèrent sa mort, arrivée quelques mois après, le 18 avril 1689.

Avec des talents réels et un fonds incontestable d'amour pour la justice, Jeffreys a laissé une mémoire abhorrée. Son nom, inséparable de ceux des Laubardemont et des Fouquier-Tinville, rappelle tout ce qu'a d'odieux et de méprisable l'exercice du pouvoir judiciaire lorsque, au lieu de chercher à contenir dans de justes bornes les passions politiques, il s'abaisse à les suivre dans leurs dérèglements et leurs excès. L'équitable histoire enveloppe en effet dans un commun anathème les séides des bons et des mauvais gouvernements (car les bons gouvernements ont aussi leurs séides), et ses leçons nous enseignent que la voie la plus propre à dégrader la cause la plus légitime, c'est d'employer pour la servir des moyens réprouvés par la morale et l'humanité. A. BOULLÉE.

JEHAN DE TROYES. *Voyez* JEAN DE TROYES.

JÉHOVAH est le nom ineffable de Dieu chez les Hébreux. Composé de quatre voyelles dans la langue d'Israel, c'est une combinaison des lettres du verbe *haïah* (il a été), dont le sens est : *Celui qui fut, est, et sera*. Ce nom mystérieux fut révélé à Moïse par celui qui mit dans la bouche du premier homme le premier idiome, avec la merveilleuse puissance d'exprimer les idées les plus abstraites. Les patriarches, Adam lui-même, ignoraient ce nom jusque alors connu des seuls séraphins; s'il se trouve quelquefois dans la Genèse, c'est par anticipation que Moïse, son auteur, le fait entrer dans son récit. Telle est l'opinion des plus savants rabbins, et les Pères de l'Église sont sur ce point d'accord avec eux. L'époque où ce mot tout céleste prit place dans l'idiome hébraïque est clairement indiquée dans ce passage de l'*Exode* : « Lorsque je dirai aux enfants d'Israel, répondit Moïse : Le Dieu de vos pères m'envoie vers vous ; s'ils me demandent votre nom, que leur répondrai-je ? *Je suis*, dit le Seigneur, *celui qui est*. » Nos poëtes n'ont rendu par l'adjectif-substantif l'*Éternel*, traduction incomplète, dont Malachie, le petit prophète, semble toutefois avoir fait le commentaire, quand, dans un de ses versets Dieu dit : « Moi, je ne change point. » Noé, Abraham, Isaac et Jacob ne connaissaient le Créateur que sous les noms de *Shaddaï* (celui qui se suffit à lui-même), d'*Elohim* (les dieux), pluriel collectif par lequel l'idiome hébraïque peint un objet unique, mais immense.

La manière d'énoncer le nom du dieu des Juifs, qu'ils ne prononçaient jamais, si ce n'est une fois l'année par la bouche du grand prêtre dans le Saint-des-Saints , est très variable depuis Jésus-Christ. Composé de trois voyelles et d'une voyelle diphthongue, ce mot en français s'écrirait ainsi : *iéoué*. C'est lui que l'on voit en caractères hébraïques tracés dans ces triangles, symboles de la Trinité, dont l'architecture sacrée a orné nos autels et les frontispices de nos temples. Les juifs d'aujourd'hui s'abstiennent toujours de prononcer ce nom redoutable, qui, transmis par la voix, dit saint Clément d'Alexandrie , pouvait frapper un homme de mort. Saint Jérôme , dans sa Vulgate, craint d'écrire même le nom de Jéhovah ; il lui substitue celui d'*Adonaï*, selon l'usage des Juifs d'alors.

Les prophètes et les psalmistes revêtirent Jéhovah d'un corps, de vêtements, ou l'enveloppèrent mystérieusement dans une nuée, pour rendre Dieu palpable à ces âmes abruties par le culte des idoles et des hauts lieux. David lui donne un trône, une divinité puissante, un visage éblouissant; il met un nuage obscur sous ses pieds ; il l'assied sur les ailes des chérubins; dans le désert , Moïse transforme Jéhovah en une colonne tour à tour ténébreuse et lumineuse; Isaïe lui donne une robe immense, dont le bas remplit tout le temple; Job le place au centre d'un tourbillon, du milieu duquel tonne sa voix redoutable. « Les yeux du Seigneur sont attachés sur les justes, et ses oreilles sont ouvertes à leurs prières, » dit le psalmiste. Toutes matérielles que semblent ces images, elles entrent elles quelque chose de mystique et de surnaturel; ce je ne sais quoi enfin que l'immortel Phidias ne put jamais inspirer à son colossal Jupiter tonnant. DENNE-BARON.

JÉHU, fils de Josaphat, était un des généraux du roi d'Israel Joram, que le prophète Élisée fit oindre roi d'Israel par un de ses disciples. Le dixième par ordre de dates, il commença sa dynastie nouvelle, la trentième , et régna de l'an 884 à l'an 856 avant J.-C. Tout aussitôt après qu'il eut reçu l'onction sacrée, il fut proclamé roi par l'armée, accourut à Jisréel où le roi Joram attendait la guérison des blessures qu'il avait reçues à la guerre, le tua ainsi que le roi de Juda Ochozias qui se trouvait aussi là, et monta sur le trône. Il extermina ensuite jusqu'au dernier homme toute la famille d'Achab, qui était devenue odieuse à l'ordre des prophètes, détruisit le temple de Baal à Samarie et fit cruellement égorger tous les prêtres. Les Syriens de Damas, mettant à profit la faiblesse d'Israel, privé maintenant des secours efficaces de Juda, enlevèrent à Jéhu tout le territoire de son royaume, situé à l'est du Jourdain. Jehu mourut à Samarie, après avoir régné vingt-huit ans.

JÉHU (Compagnies de). *Voyez* COMPAGNIES DE JÉHU.

JEIPOUR ou **DJEIPOUR**, principauté radjepoute ayant pour chef-lieu la ville du même nom, et située dans les provinces de l'Hindostan appelées Adjémir et Agra. Le sol en est partout sablonneux et fortement imprégné de sel, qu'on en extrait et qui fait l'objet d'un commerce d'exportation considérable. On y récolte d'ailleurs du froment, du tabac et du coton de la meilleure qualité, ainsi que la plupart des produits particuliers à l'Inde. La population se compose en partie de Radjepoutes et en partie d'indigènes, qui étaient déjà fixés dans ces lieux avant l'immigration des brahmanes. Le radja n'est que le souverain nominal du pays, et l'autorité réelle se trouve entre les mains du résident anglais. La ville de Jeïpour est la plus régulière de l'Inde, et l'on prétend qu'elle ne fut fondée que sous le règne de Mohammed-Chah, d'après les plans fournis par un architecte italien. C'est Ambar qu'on regardait autrefois comme la capitale de la principauté de Jeïpour. Au siècle dernier la ville de Jeïpour était l'un des grands centres de la science des Hindous. On y trouve un nombre prodigieux de pigeons, qui sont tellement apprivoisés qu'on a de la peine à se débarrasser d'eux. Ces oiseaux, de même que les paons, sont réputés sacrés dans tous le Radjastân.

JÉJUNUM. On donne ce nom latin, qui signifie *vide* ou *à jeun*, à la seconde portion de l'intestin grêle, celle qui se continue d'une part avec le duodénum, ou première portion de cet intestin, et de l'autre avec l'iléon, ou la troisième portion. Le jéjunum se montrant toujours vide dans les cadavres, on a déduit de ce fait qu'il est le principal siège de l'absorption du chyle, et que les matières alimentaires, mêlées avec la bile et le suc pancréatique dans le duodénum , le parcourent avec plus de vitesse pour arriver à l'iléon, où on les trouve fréquemment accumulées.
L. LAURENT.

JEK. Ce nom a été donné par Ruisch à une espèce de serpent du Brésil recouvert d'un enduit si gluant que les animaux qui le touchent adhèrent fortement à sa peau, et que l'homme qui voudrait le saisir ne pourrait ensuite s'en détacher. Ce prétendu serpent très-visqueux paraît n'être autre chose qu'une cécilie, qui, comme on le sait actuellement, est passée de l'ordre des ophidiens dans celui des amphibiens ou batraciens. L. LAURENT.

JELLACHICH DE BUZIM (JOSEPH, comte DE), général autrichien et ban de Croatie, est né le 16 octobre 1801, à Peterwardein. L'empereur, voulant récompenser les services militaires de son père, retiré du service avec le grade de général, lui donna une place à l'*académie thérésienne*, où le jeune homme, doué d'une intelligence précoce, se distingua en peu de temps parmi ses condisciples. A dix-huit ans , il entra comme sous-lieutenant dans un régiment de dragons. Infatigable au travail comme au plaisir, le dernier au bal, mais le premier à la manœuvre, d'ailleurs poëte à l'âme ardente, Jellachich se fit aimer par ses compagnons, qu'il dominait. C'est à cette époque qu'il publia son *Garnison'slied* (Chanson de garnison), piquante satire du vieux système militaire, qui obtint un grand succès.

Nommé après 1830 capitaine-lieutenant d'un des régiments-frontières de hulans, major d'infanterie au commencement de 1837, lieutenant-colonel, puis, colonel en 1842, Jellachich acquit une grande popularité en Croatie par la manière dont en maintes circonstances il réprima les déprédations commises sur le territoire de cette province par des brigands bosniaques. La révolution de 1848 vint favoriser son ambition, et dès lors il prit une part importante aux événements qui agitèrent l'Autriche. Les Hongrois, tout en réclamant pour eux l'indépendance et en se proclamant les défenseurs de la liberté, n'avaient rien stipulé pour les races slaves de la Croatie et de la Dalmatie. Craignant avec raison de leur part une oppression d'autant plus lourde qu'elle serait sans contrepoids, les Croates envoyèrent une députation à Vienne, déclarer qu'ils étaient prêts à donner leur sang et leurs biens pour la défense de l'intégrité de l'empire. Jellachich seul parut l'homme des circonstances; ils le demandèrent pour ban, et l'empereur, en lui accordant ce titre, y joignit bientôt de nouvelles faveurs, car il le nomma coup sur coup conseiller, propriétaire de deux régiments et général commandant en chef les districts du bannat, de Waradin et de Carlstadt.

Nombreuses étaient les difficultés qui attendaient le nouveau ban ; d'abord les Croates n'étaient pas tellement unis que l'on ne pût craindre des divisions excitées par des chefs jaloux ; en outre, l'un des ministres de l'empereur était Hongrois, et il était probable qu'il emploierait son influence à renverser un ban que ses connaissances militaires devaient rendre redoutable à ses compatriotes. Jellachich triompha, mais non sans peine, de tant d'obstacles. Il alla sans armes trouver les Croates mécontents et réunis, leur expliqua ses projets, et fut reporté par eux en triomphe. Sommé par le ministère de rendre compte de sa conduite, il vint à Vienne à la tête d'une escorte nombreuse, refusa de s'expliquer en présence du ministre hongrois, et obtint une audience publique de l'empereur, ce qui l'on redoutait qu'il n'eût une entrevue secrète. Il parla modestement de ce qu'il avait fait, déclara qu'une population aussi importante que les Slaves ne pouvait être sacrifiée aux intérêts d'une poignée de Hongrois, et ajouta qu'il venait resserrer plus étroitement que jamais les liens qui unissaient la Croatie à l'empire, dont le salut n'était qu'à ce prix. Son discours, persuasif et éloquent, eut un succès complet : l'empereur fut ému, des applaudissements éclatèrent, et l'archiduc Jean vint serrer Jellachich dans ses bras. On convint que le ban garderait son autorité, mais que l'édit qui l'en dépouillait ne serait pas encore rapporté. Le soir, la population de Vienne se pressait sous ses fenêtres; il prononça une nouvelle harangue, et la termina par ces mots, qui furent couverts d'applaudissements : « Je veux, mes frères, une Autriche grande, forte, puissante, libre et indivisible. Vive notre belle patrie ! Vive l'Allemagne ! » Comptant sur les promesses de la cour, Jellachich se tint prêt à commencer les hostilités contre les Hongrois; il parcourut la Croatie et les autres provinces slaves de l'empire, recueillant partout de nombreuses preuves de patriotique sympathie.

Cependant, les Hongrois ne s'avouaient pas encore vaincus ; ils entourèrent de nouveau le faible Ferdinand, et l'édit qui enlevait au ban ses pouvoirs parut dans les journaux. Mais la cour avait négligé de remplir une des formalités nécessaires à la validité de l'acte. Jellachich refusa donc d'obéir, et continua de se poser en défenseur des Slaves et de l'empire menacé. Les diètes protestèrent en sa faveur avec une imposante unanimité, en même temps que l'inertie calculée des troupes impériales plaçait les Hongrois en présence des plus graves périls. Enfin, le 4 septembre 1848, un nouvel édit de l'empereur, que ne précédait aucun préambule explicatif, rendit à Jellachich ses dignités et ses fonctions, « en récompense de ses éminents services ».

On connaît les événements qui suivirent, l'irritation croissante des Hongrois, la faiblesse de leur vice-roi, l'archiduc Étienne, et enfin les troubles de Vienne, qui obligèrent l'empereur de se réfugier à Olmütz. Jellachich s'empressa de mettre à la disposition les troupes qu'il avait levées, et dont la discipline était remarquable. Combinant ses opérations avec Windisch-Grætz, il marcha sur Vienne, repoussa la diversion tentée par les Hongrois dans l'intérêt du parti révolutionnaire, et, entouré de ses *manteaux rouges*, fit son entrée dans cette capitale le 2 novembre. Depuis lors, Jellachich, devenu le bras droit de l'empereur, et qui a singulièrement contribué à la soumission de la Hongrie, jouit d'une faveur que tant de services rendus à la couronne paraissent devoir protéger contre toutes les intrigues de cour. A l'occasion de son mariage, l'empereur François-Joseph lui a donné le titre de comte.

Brave et chevaleresque, aimé des soldats, qui dans leurs marches répètent ses chants patriotiques, Jellachich a puisé au contact des civilisations occidentales des connaissances qui, loin d'avoir étouffé en lui l'originalité de l'esprit, en ont aidé le développement. Il connaît l'Europe avec ses passions, sa puissance de civilisation, et porte à la France une affection sincère.
A. d'Héricourt.

JEMMAPES (Bataille de). La journée de Valmy avait sauvé la Champagne et la capitale de l'invasion des Prussiens et des vengeances de l'émigration. Mais la Flandre restait en proie aux armées de l'Autriche, et Dumouriez n'avait rempli que la moitié de sa tâche. Albert de Saxe-Teschen, encouragé par la coopération de l'armée prussienne, avait quitté les retranchements de Mons et jeté des divisions impériales sur divers points de la frontière de France. Il avait forcé le camp de Maulde, attaqué, bombardé la ville de Lille, et porté la désolation dans ses remparts. Repoussé par l'intrépidité de la garnison et des habitants, il allait se venger sur Valenciennes, quand Dumouriez, libérateur de la Champagne, fit annoncer son retour par son lieutenant Beurnonville.

A l'approche de cette avant-garde, Albert et ses Autrichiens se replièrent vers leurs retranchements de Mons ; et Dumouriez, qui méditait depuis longtemps la conquête de la Belgique, pénétra à son tour sur ce riche territoire. Cent mille Français étaient rassemblés sous son commandement ; il les divisa en quatre corps. Vingt mille, formant son extrême gauche, marchèrent sous les ordres de Labourdonnaye contre les divisions du général autrichien comte de Latour, qui défendait les approches de Tournay. Un pareil nombre se porta sur la Sambre avec le général Valence, pour fermer les routes de Namur au corps de Clairfayt. D'Harville, à la tête de douze mille autres, déboucha par Maubeuge, et quarante mille, commandés par Dumouriez lui-même, franchirent la ligne de Quiévrain, précédés par trois bataillons de Belges, impatients de délivrer leur patrie. Leur premier pas fut marqué par un échec. Quinze cents hussards autrichiens se chargèrent dans les environs de Boussu, et les mirent en désordre. Mais Dumouriez fit soutenir ces Belges par deux de ses divisions. Les villages de Boussu et de Thulin furent emportés à la baïonnette ; la forêt de Sars fut franchie, et Dumouriez parut le 5 novembre 1792 devant les positions formidables de Jemmapes.

Le duc de Saxe n'avait rien négligé pour les fortifier. Trois lignes de redoutes, disposées en amphithéâtre, étaient défendues par cent bouches à feu et par vingt-huit mille Autrichiens. La gauche de ces lignes s'appuyait au village de Cuesmes, à un quart de lieue de la place de Mons, dont l'artillerie défendait cet étroit passage ; et leur droite, repliée en équerre, environnait de ses retranchements la colline et le village de Jemmapes. La gauche de l'armée française était commandée par le général Ferrand, la droite par Dampierre, le centre par Dumouriez et par le jeune duc de Chartres, qui fut depuis Louis-Philippe, roi des Français. Le 6 novembre, dès huit heures du matin, la bataille commence par de nombreuses décharges d'artillerie ; mais l'impatience de nos divisions demande un assaut général, et Dumouriez donne enfin l'ordre d'une attaque plus vive. Le vieux Ferrand et l'aile gauche s'avancent par la chaussée de Valenciennes, enlèvent le village de Quarégnon sous le feu des canons ennemis, et se dirigent sur la colline de Jemmapes, que nos brigades débordent. Mais le feu des Autrichiens devient si terrible, que Ferrand, dont le cheval vient d'être tué, sent la nécessité de changer la direction de ses colonnes. Il se jette sur sa gauche, marchant à pied, malgré son grand âge, à travers des prairies marécageuses, et, s'apercevant bientôt que ses canons ne peuvent le suivre, que les brigades Rosière et Biottefière ont pris un autre chemin, il reste un moment dans une irrésolution qui peut tout compromettre.

Dumouriez, dont le coup d'œil embrassait toutes les opérations de son armée, reconnaît le danger de cette hésitation, et vient soutenir son lieutenant. Resté seul au commandement du centre, le duc de Chartres enlevait pendant ce temps la première ligne des redoutes ennemies, que protégeait le bois de Flanu, tandis que Beurnonville, à la tête de l'avant-garde, s'avançait par la route de Frameries sur la colline de Cuesmes. Le colonel belge Stéphan avait assailli et repoussé la première ligne des Impériaux. Mais le feu des secondes redoutes ayant arrêté un instant la marche de cette colonne, le comte de Haddick avait profité de ce moment de surprise pour jeter sa cavalerie sur ses flancs. Beurnonville s'élança pour la soutenir. Il chargea lui-même les escadrons de Haddick, et, emporté par son courage, il eût péri en soldat dans cette sanglante mêlée, si le lieutenant Labretèche n'eût fondu sur cette nuée de cavaliers qui enveloppaient son général, et ne l'eût ramené sain et sauf, après avoir tué sept ennemis et reçu quarante blessures.

Dampierre a vu les dangers de l'avant-garde, que six bataillons hongrois se disposent encore à envelopper. Il forme ses colonnes sous le feu de la mitraille, et conduit l'aile droite aux retranchements de Cuesmes. Dampierre précède de trente pas les grenadiers qui le suivent. Un seul vétéran est auprès de lui, et ce vieillard prononce en pleurant le nom de son fils. Dampierre l'interroge : « Mon fils, répond Jolibois, a déserté ses drapeaux, et je viens réparer son honneur et le mien. » Dampierre lui promet une sous-lieutenance et marche à la colonne autrichienne; il la renverse, la pousse sur la seconde ligne des redoutes, et les enlève à la baïonnette. Dumouriez est partout; il reparaît au centre, et veut décider la victoire par un dernier effort. « Soldats, dit-il, voilà les hauteurs de Jemmapes, et voilà l'ennemi. » Il entonne à ces mots l'hymne des Marseillais, s'avance à la tête des colonnes, les lance dans la plaine, et vole à l'aile droite. La précipitation de cette attaque a mis du désordre dans les bataillons du centre ; les escadrons autrichiens s'en aperçoivent et rompent la ligne ; un domestique la rétablit : le jeune Baptiste Renard, valet de Dumouriez, rallie nos bataillons et les ramène à l'ennemi. Mais le feu des batteries redouble. Le général Drouet est blessé à mort, et le découragement se répand et se propage dans nos colonnes. Le duc de Chartres se jette alors dans cette mêlée confuse, il rassure tous ces corps ébranlés et rompus, les salue du nom de bataillon de Jemmapes, et les lance une seconde fois contre les retranchements. Les généraux Stétenhoffen et Desforêts, les deux Frévegille, les colonels Nordmann et Fournier y montent avec le prince, et forcent les Autrichiens à les abandonner. Ferrand a laissé ses canons en arrière, n'ayant avec lui que six bataillons, il pénètre en même temps dans le village de Jemmapes. Beurnonville et Dampierre éprouvaient seuls de la résistance. L'artillerie de la place, le feu des redoutes, les charges de la cavalerie ennemie leur présentaient des obstacles terribles ; mais Dumouriez était venu ranimer leur courage. Un bataillon de volontaires parisiens arrête les escadrons d'Albert de Saxe par sa froide intrépidité. Quatre colonnes reformées par Dampierre, Beurnonville, Kilmaine et Dumouriez fondent simultanément sur l'ennemi. Ses derniers retranchements sont emportés, les Hongrois qui les défendent sont passés au fil de l'épée; le baron de Keim y périt à leur tête, et la journée de Jemmapes ajoute une seconde victoire à nos fastes révolutionnaires. Mons, Tournay, Gand, Bruges et Bruxelles nous ouvrent leurs portes : les Belges proclament leur indépendance, se jettent dans les bras de leurs libérateurs, et Dumouriez, au comble de la joie, commande enfin dans ces contrées,

dont la conquête était le but constant de ses méditations.

VIENNET, de l'Académie Française.

JE NE SAIS QUOI. Il y a quelquefois dans les personnes ou les choses un charme invisible, une grâce naturelle, qu'on n'a pu définir et qu'on a été forcé d'appeler *je ne sais quoi*. Il me semble que c'est un effet principalement fondé sur la surprise. Nous sommes touchés de ce qu'une personne nous plaît plus qu'elle ne nous a paru d'abord devoir nous plaire; et nous sommes agréablement surpris de ce qu'elle a su vaincre des défauts que nos yeux nous montrent et que le cœur ne voit plus : voilà pourquoi les femmes laides ont souvent des grâces, et qu'il est rare que les belles en aient ; car une belle personne fait ordinairement le contraire de ce que nous avons attendu : elle parvient nous à paraître moins aimable. Après nous avoir surpris en bien, elle nous surprend en mal; mais l'impression du bien est ancienne, celle du mal nouvelle : aussi les belles personnes font-elles rarement les grandes passions, presque toujours réservées à celles qui ont des grâces, c'est-à-dire des agréments que nous n'attendions point et que nous n'avions pas sujet d'attendre. Les grandes parures ont rarement de la grâce, et souvent l'habillement des bergères en a. Nous admirons la majesté des draperies de Paul Véronèse ; mais nous sommes touchés de la simplicité de Raphaël et de la pureté du Corrége. Paul Véronèse promet beaucoup, et paye ce qu'il promet. Raphaël et le Corrége promettent peu et payent beaucoup, et cela nous plaît davantage.

Les grâces se trouvent plus ordinairement dans l'esprit que dans le visage, car un beau visage paraît d'abord, et ne cache presque rien ; mais l'esprit ne se montre que peu à peu, que quand il veut et autant qu'il veut ; il peut se cacher pour paraître, et donner cette espèce de surprise qui fait des grâces. Les grâces se trouvent moins dans les traits du visage que dans les manières; car les manières naissent à chaque instant, et peuvent à tous les moments créer des surprises; en un mot, une femme ne peut guère être belle que d'une façon, mais elle est jolie de cent mille. La loi des deux sexes a établi, parmi les nations policées et sauvages, que les hommes demanderaient et que les femmes ne feraient qu'accorder; de là il arrive que les grâces sont plus particulièrement attachées aux femmes. Comme elles ont tout à défendre, elles ont tout à cacher ; le moindre parole, le moindre geste, tout ce qui sans choquer le premier devoir se montre en elles, tout ce qui se met en liberté devient une grâce ; et telle est la sagesse de la nature que ce qui ne serait rien sans la loi de la pudeur devient d'un prix infini depuis cette heureuse loi qui fait le bonheur de l'univers.

Comme la gêne et l'affectation ne sauraient nous surprendre, les grâces ne se trouvent ni dans les manières gênées, ni dans les manières affectées, mais dans une certaine liberté ou facilité qui est entre les deux extrémités, et l'âme est agréablement surprise de voir que l'on a évité ces deux écueils. Il semblerait que les manières naturelles devraient être les plus aisées ; ce sont celles qui le sont le moins, car l'éducation, qui nous gêne, nous fait toujours perdre du naturel : or, nous sommes charmés de le voir revenir. Rien ne nous plaît tant dans une parure que lorsqu'elle est dans cette négligence ou même dans ce désordre qui nous cache tous les soins que la propreté n'a pas exigés et que la seule vanité aurait fait prendre ; et l'on n'a jamais de grâce dans l'esprit que lorsque ce qu'on dit paraît trouvé et non pas recherché. Lorsque vous dites des choses qui vous ont coûté, vous pouvez bien faire voir que vous avez de l'esprit, et non pas des grâces dans l'esprit. Pour le faire voir, il faut que vous ne le voyiez pas vous-même, et que les autres, à qui d'ailleurs quelque chose de naïf et de simple en vous ne promettait rien, soient doucement surpris de s'en apercevoir. Aussi les grâces ne s'acquièrent point ; pour en avoir, il faut être naïf. Mais comment peut-on travailler à être naïf ?

Une des plus belles fictions d'Homère, c'est celle de cette

ceinture qui donnait à Vénus l'art de plaire. Rien n'est plus propre à faire sentir cette magie et ce pouvoir des grâces, qui semblent être données à une personne par un pouvoir invisible, et qui sont distinguées de la beauté même. Or, cette ceinture ne pouvait être donnée qu'à Vénus; elle ne pouvait convenir à la beauté majestueuse de Junon, car sa majesté demande une certaine gravité, c'est-à-dire une contrainte opposée à l'ingénuité des grâces; elle ne pouvait convenir à la beauté fière de Pallas, car la fierté est opposée à la douceur des grâces, et d'ailleurs peut souvent être soupçonnée d'affectation. MONTESQUIEU.

JENNER (ÉDOUARD), célèbre à jamais par la découverte et l'application de la vaccine, naquit le 17 mai 1749, à Berkeley, dans le comté de Glocester, étudia d'abord chez un chirurgien de Sudbury, près de Bristol, et se rendit ensuite à Londres pour y continuer ses études; il ne tarda pas à y faire la connaissance de J. Hunter, auquel il dut d'être choisi pour classer les objets d'histoire naturelle recueillis dans le premier voyage de Cook autour du monde. Il s'établit ensuite comme chirurgien dans sa ville natale, ou, tout en s'occupant de sa clientèle, devenue promptement considérable, il s'adonna avec le plus grand zèle à l'étude de l'histoire naturelle. Frappé déjà depuis longtemps de ce que lui avait dit une paysanne au sujet de la force préservative que pouvaient avoir contre la petite vérole les boutons qui, dans les épizooties si fréquentes dans son pays, se déclaraient au pis des vaches, il donna suite aux observations qu'il fut ainsi conduit à faire depuis l'année 1775; et grâce à une persévérance soutenue, il en vint, en 1788, à ne plus douter de l'efficacité du *cow-pox* contre la petite vérole. Une épizootie qui se déclara à cette époque lui fournit l'occasion de mettre en pratique sa découverte. Le 14 mai 1796 il inocula à un jeune garçon, appelé James Phipps, un bouton pris à la main d'une fille de ferme, Sara Nelmes, et il eut la joie de voir que la petite vérole inoculée plus tard à ce jeune garçon resta sans effet sur lui. On refusa d'accueillir et d'imprimer dans les *Philosophical Transactions* un mémoire qu'il écrivit à ce sujet; et il publia alors sa découverte dans un écrit intitulé : *Inquiry into the causes and effects of the variolæ vaccinæ* (Londres, 1798). La plus grande faveur accueillit cette admirable découverte, qui se propagea promptement en Europe et en Amérique. Jenner fut salué comme le bienfaiteur de l'humanité; mais aussi il ne manqua ni de détracteurs ni d'envieux. Il reçut en 1802 10,000, et en 1807 20,000 liv. sterl., comme récompense nationale; en 1805, il avait obtenu le droit de cité dans la ville de Londres. Pour propager cette nouvelle découverte, ses amis fondèrent le *Royal Jennerian Society*, dont lui-même fut président, et qui reçut plus tard une autre direction. Il passa ses dernières années tantôt à Cheltenham, dont il était maire, tantôt à Berkeley, où il mourut, le 26 janvier 1823.

Tandis que Jenner se faisait, par sa découverte et par la persévérance avec laquelle il en poursuivit le développement, un nom immortel dans l'histoire du monde, il méritait et laissait dans son entourage, par son active humanité, d'aussi beaux souvenirs. Les loisirs que lui procurèrent ses beaux travaux scientifiques, il les passa dans la solitude ou les consacra aux beaux-arts, principalement à la musique et à la poésie. Il nous faut encore citer parmi les écrits dans lesquels il consigna ses dernières observations sur l'objet de ses principales études : *Further Observations on the variolæ vaccinæ or cow-pox* (Londres, 1799); *Continuation of facts and observations of the cow-pox* (Londres, 1800); *On the varieties and modifications of the vaccine pustule occasional by an herpetic state of the skin* (Cheltenham, 1819); et *On the influence of artificial eruptions in certain diseases*, etc. (Londres, 1822).

JEPHTÉ, juge et général d'armée en Israël, fils de Galaad et d'une courtisane, fut expulsé de la maison paternelle par ses frères consanguins, et s'en alla alors dans le pays de Tob, de l'autre côté du Jourdain, où il ne tarda point à se faire un grand renom comme chef d'une bande de brigands. Aussi ses compatriotes de Galaad se trouvant en guerre contre leurs voisins les Ammonites, l'appelèrent-ils à leur secours et le placèrent-ils à la tête de leur armée. Mais avant de se mettre en campagne Jephté fit vœu, dans le cas où Dieu lui accorderait la victoire, de lui sacrifier la première personne qu'il rencontrerait à son retour. Or ce fut sa fille unique; et suivant quelques-uns, il la sacrifia véritablement. D'autres prétendent que les termes employés à ce propos par l'Écriture veulent dire seulement qu'il la consacra à une virginité perpétuelle dans le temple. Après avoir délivré le peuple d'Israel de ses ennemis extérieurs, Jephté le gouverna pendant six ans.

JÉRÉMIE, l'un des grands prophètes, dont les prophéties et les *lamentations* sont contenues dans le canon de l'Ancien Testament, donne lui-même sa biographie dans le premier verset de son livre : « Prophétie de Jérémie, fils d'Helcias, l'un des prêtres qui demeuraient à Hanathot, dans la terre de Benjamin. » Il naquit l'an 630 avant J.-C., et eut, encore presque enfant, une vision où lui apparut le Seigneur, qui le choisit pour son voyant. La treizième année du règne de Josias, époque à laquelle il commença à prophétiser dans Hanathot. Persécuté ensuite par ses compatriotes, il se rendit à Jérusalem, où, ne perdant jamais de vue la déplorable situation où se trouvait l'État, aussi bien sous le rapport politique que sous le rapport religieux, il demeura inébranlablement fidèle à sa mission de voyant. Ce prophète, qui eut pour secrétaire le petit prophète Baruch, qu'admirait tant notre bon La Fontaine, prophétisa principalement sous le règne de Sédécias, en ces temps malheureux où Nabuchodonosor avait mis le siège devant Jérusalem. Il avait reçu de Dieu le don des *larmes* : il les fait ruisseler de ses yeux; il déclare l'âme de ses gémissements; il remue les entrailles par ses cris; il navre le cœur de pitié et de douleur. Sédécias, irrité alors des terribles prévisions de l'homme de Dieu, qui le jetait comme d'avance aux puissantes mains du roi d'Assyrie, « le fit enfermer dans le vestibule de la prison qui était dans la maison du roi de Juda : » telle est la relation textuelle du voyant. La prise et la destruction de Jérusalem par Nabuchodonosor eurent pour résultat de mettre un terme à la captivité du prophète, et le vainqueur lui permit de continuer à résider à Mizpa en Judée. Mais plus tard Jérémie, pour se soustraire à l'oppression du gouvernement institué par Nabuchodonosor, se retira en Égypte avec bon nombre de Juifs qui étaient restés comme lui en Judée. C'est là qu'il mourut, dans un âge extrêmement avancé, l'an 570 av. J.-C. La tradition postérieure place son tombeau au Caire. D'après le récit de saint Jérôme et celui de Tertullien, il serait mort lapidé. D'autres veulent qu'il soit revenu en Judée pleurer encore et mourir sur les décombres de la cité de David, alors l'objet sans forme, sans bruit et sans voix de ses premières et ineffables douleurs.

On peut comparer Jérémie à Simonide, poète grec, si habile, dit-on, à remuer les cœurs, et dont les anciens faisaient tant d'estime. Bien que de race sacerdotale, le fils inspiré d'Helcias, fut toujours odieux aux prêtres, à cause de la sincérité de sa langue. Le fond de ses lugubres prédictions, c'est la ruine prochaine de la cité de David, du temple, du trône de Juda, et l'extermination des Juifs. La lamentable voix du prophète portait le deuil dans Jérusalem, à laquelle elle ne prédisait que meurtre, pillage, dévastation, solitude, captivité : aussi la masse de la nation juive le détestait; elle l'accusa même de trahison. La protection et la sauvegarde dont Nabuchodonosor, sur les ruines fumantes de Jérusalem, couvrit le prophète, confirmèrent dans cette opinion les malheureux Juifs.

Dans son livre, il n'y a que la moitié qui soit rhythmée et poétique; le milieu est historique. Mais, dans les derniers chapitres, l'organe de ce voyant emprunte souvent de fréquents éclats de tonnerre à la harpe d'Isaïe. On lui attribue l'admirable psaume CXXXVI, *Super flumina Babylonis*. Des cinq parties qui composent le livre de Jérémie (*Sepher Irmeiahu*), chacune est divisée en vingt-deux strophes ou périodes, marquées en tête des vingt-deux lettres de l'alphabet hébraïque, *Aleph*, *Beth*, *Ghimel*, *Daleth*... Encore aujourd'hui les Syriens, les Arabes et les Persans ont conservé cet usage seulement dans les sujets sentencieux et décousus, pour faciliter la mémoire. Généralement ces périodes sont formées en vers, bien que les *massorètes* (nom hébreu, qui signifie *dépositaires de la tradition*) aient refusé d'accentuer poétiquement le livre de Jérémie, ainsi que le *Cantique des Cantiques*, qu'ils relèguent dans la prose : les Juifs sont de leur avis.

Les *Lamentations* de Jérémie sont composées de cinq chapitres, les *Prophéties* de cinquante-deux. Les *Lamentations* n'ont point été écrites à l'occasion de la mort de Josias, roi de Juda, comme quelques-uns le croient : le voyant en fit une particulière sur la perte de ce saint roi, qu'une noble blessure reçue dans une bataille enleva à la Judée, mais elle n'est point parvenue jusqu'à nous : des pleureuses, aux sons des flûtes, en exhalaient d'une voix lente et plaintive les lugubres périodes sur le corps inanimé de ce prince.

C'est à tort que le Dalmate saint Jérôme, élevé aux écoles de Rome, accuse de grossièreté le style des *Lamentations*; apprenti de trente-cinq ans d'âge qu'il était dans l'idiome difficile des Juifs, il a peut-être voulu exprimer le décousu, l'abandon, la négligence apparente dans les mots, les phrases et les périodes du fils d'Helcias : alors il aurait signalé ainsi ce laisser-aller, cette incorrection, caractères auxquels on reconnaît bien vite la véritable douleur.

De froids et sceptiques railleurs n'ont essayé de ridiculiser le sublime fils d'Helcias en forgeant le mot *jérémiades* pour désigner les plaintes froides, ridicules et souvent intéressées qu'on entend souvent proférer par certaines personnes d'une intelligence et d'une instruction également bornées. Le spectacle terrible des vastes empires, des grandes cités, des peuples puissants effacés de la terre, et l'instabilité des choses humaines, dont chacune des nations du globe est menacée, sont des sujets trop graves et trop solennels, ce nous semble, pour qu'il puisse être de bon goût de les tourner en raillerie. Les Romains, si cruels pourtant, eurent plus de respect pour la majesté du malheur : une de leurs médailles, frappée après la ruine de Jérusalem par Titus, par un touchant souvenir représente cette cité déplorable sous la figure d'une femme abandonnée dans une solitude et pleurant sous un palmier. DENNE-BARON.

JÉRICHO, jadis une des villes les plus florissantes de la Palestine, à 8 kilomètres à l'ouest du Jourdain, à 24 kilomètres au nord-est de Jérusalem, et séparée de cette cité par une contrée déserte et rocheuse, touchait à l'ouest à de hautes montagnes calcaires, et était située au centre d'une contrée bien arrosée, fertile en palmiers, en roses, en baume et en miel. Du côté du nord-est, elle était la clef du pays; aussi fut-elle la première qu'attaquèrent les Israélites lors de la conquête de la terre de Canaan, sous Josué. Après sept jours de siége, elle fut prise et rasée. Elle fut de nouveau menacée au temps des Juges. Plus tard, le roi Achab la fortifia. Il paraît aussi qu'elle fut dans la suite le centre d'une école de prophètes. Hérode le Grand, qui en fit sa résidence et y mourut, l'embellit. Sous Vespasien elle fut encore une fois détruite, puis on la rebâtit sous Adrien. Au temps des croisades, elle eut à subir de nouvelles dévastations, et fut enfin complètement détruite. Un misérable village, *Richa*, a pris sa place.

JÉRICHO (Rose de), nom vulgaire de l'*anastatica hierochuntica*, de Linné, unique espèce du genre *anastica*, de la famille des crucifères. C'est une plante grimpante, dont la fleur, d'un parfum exquis, a une forme admirable, et qui, selon la légende, sortit de terre dans le désert à l'endroit que la Vierge Marie toucha du pied dans sa fuite. Elle fut probablement transplantée de Palestine en Europe au temps des croisades.

JÉROBOAM. Il y a eu deux rois d'Israel de ce nom.

JÉROBOAM Ier (974 à 954 av. J.-C.) était fils de Nébath, de la tribu d'Éphraïm ; et dès le règne de Salomon, dont il était l'un des serviteurs, Ahia, un des prophètes qui étaient à la tête des mécontents, le désigna comme celui qui devait être un jour le chef des dix tribus ; aussi dut-il se réfugier en Égypte. Mais après la mort de Salomon, Roboam, au lieu de satisfaire aux justes réclamations des populations, ayant menacé de les opprimer encore davantage, les dix tribus se séparèrent de lui, et élurent Jéroboam pour roi, l'an 975 av. J.-C. Jéroboam fortifia Sichem et Phouel, et établit sa résidence dans la première de ces villes; mais plus tard il la transféra à Thirsa. Craignant de voir le peuple revenir à Roboam, Jéroboam interdit les pèlerinages au temple de Jérusalem, qui était le grand centre de réunion des tribus, sous prétexte qu'ils étaient onéreux pour le peuple ; et il éleva à Dan et à Bethel des sanctuaires particuliers, en ayant soin de faire exposer un veau d'or dans chacun de ces deux endroits. Les prêtres et les lévites légitimes s'étant retirés dans le pays de Juda, Jéroboam les remplaça dans le service divin par des prêtres choisis dans le peuple; acte hardi, qu'il accomplit malgré les sombres avertissements et les menaces des voyants. Il mourut en 954.

JÉROBOAM II (825 à 784 av. J.C.), était fils et successeur de Joas ou Jéhoas. Heureux dans ses guerres contre les Syriens, il agrandit le royaume d'Israel, et l'éleva à un haut degré de prospérité. Mais comme il se rendit coupable du même péché que Jéroboam Ier, les voyants Osée et Amos lui prédirent que le royaume d'Israel serait détruit par les Assyriens.

JÉRÔME (Saint). *Hieronymus Sophronius Eusebius*, naquit en 331, ou, suivant d'autres, en 342, à Stridon, sur les confins de la Dalmatie et de la Pannonie. Eusèbe, son père, habitant riche et considéré de cette ville, ne tarda pas à remarquer en lui cette aptitude précoce, ces dispositions supérieures, qui devaient servir comme de prolégomènes à l'apparition d'un des génies les plus admirables de l'Église. Rome avait conservé le sceptre des sciences et des arts ; aussi est-ce là, sous le grammairien Donat, le même auquel nous devons des commentaires estimés sur Virgile et Térence, que Jérôme alla se perfectionner dans l'étude des belles-lettres. Certes à cette époque rien en lui ne laissait pressentir le docteur austère, l'anachorète exténué de macérations, dont la haute piété devait provoquer un jour la vénération du monde chrétien. Comme la plupart des natures excentriques, la sienne était impétueuse, mobile ; et Rome, avec le prestige encore debout de ses fêtes mythologiques et toute la poésie de ses souvenirs, Rome, la séduisante païenne, eut bientôt mis à nu tout ce que couvait de passions ce cœur de jeune homme, si énergique dans sa brute virginité ; mais l'heure vint enfin du triomphe de la vérité sur l'erreur.

Jérôme se sentit épris d'une vive sympathie pour la religion du Christ, et les catacombes ainsi que les tombeaux des martyrs servirent de premier aliment à sa piété. Des voyages dans les Gaules et dans les contrées du Rhin le mirent en rapport avec plusieurs docteurs de l'Église chrétienne, et de retour à Rome vers 360 il y embrassa le christianisme. Après un assez long séjour à Aquilée, il alla en 373 à Antioche de Syrie, où se décida sa vocation pour la vie ascétique, et il s'enfonça dans le désert de la Syrie. Là, le corps déchiré par la discipline et la haire, au milieu de jours sans repos et de nuits sans sommeil, abîmé dans les larmes, les jeûnes, les prières, il se préparait à quitter sa dépouille mortelle; mais le ciel n'avait pas jugé son expiation suffisante, quelque terrible qu'elle fût. Respecté par les lions du désert, le pieux anachorète dut quatre ans après céder aux haineuses persécutions de quelques moines qui venaient l'interrompre au milieu des exercices de sa pénitence, en le traitant de sabellien et d'hérétique.

Il se rendit alors à Jérusalem, puis à Antioche, où il fut

élevé au sacerdoce par Paulin, évêque de cette ville. Le désir de se lier avec saint Grégoire de Nazianze l'ayant aussi appelé, vers 381, à Constantinople, il y séjourna quelque temps, et revint à Rome en qualité de secrétaire du pape Damase. De nouvelles persécutions l'y attendaient. Les conversions illustres opérées par la puissance de sa parole ameuterent contre lui la tourbe des médiocrités jalouses. Accusé de liaisons criminelles avec quelques dames romaines qu'il instruisait dans les saintes Écritures, parmi lesquelles on cite notamment Marcella et Paula, qu'ont rendues célèbres leurs spirituelles lettres théologiques, Jérôme, après avoir confondu ses calomniateurs, se réfugia, en 386, à Bethléem, où l'accompagna Paula, qui consacra sa fortune à construire dans cette ville un monastère, où il mourut, le 30 septembre 420.

Saint Jérôme écrivit le premier contre Pélage, et terrassa Vigilance et Jovinien; il eut en outre quelques démêlés avec saint Augustin, et combattit, au sujet des origénistes, Jean de Jérusalem et Ruffin, autrefois son ami intime. Dans cette querelle et dans plusieurs autres, on lui reproche d'avoir traité ses adversaires avec emportement et hauteur : à cela nous répondrons qu'il était homme avant d'être saint, et que d'ailleurs un excès de tempérament ne fut jamais une erreur de conscience. Aucun père de l'Église n'égala saint Jérôme dans la connaissance de l'hébreu et du chaldéen, ni par la variété de l'érudition. Son style pur, élégant, quelquefois âpre et brutal, est toujours étincelant de verve, et souvent de beautés sublimes. Quant à la vigueur de sa dialectique, les luttes nombreuses qu'il eut à soutenir contre les hérésiarques de son siècle sont là pour en témoigner.

Ses principaux ouvrages sont une version latine de l'Écriture sur le texte hébreu, déclarée authentique sous le nom de *Vulgate*; des traités polémiques contre Helvidius, Vigilance, Jovinien, Pélage, Ruffin et les partisans d'Origène; des lettres contenant la vie de plusieurs solitaires; des réflexions morales et des discussions critiques sur la Bible. De toutes les éditions qu'on a faites de ces diverses œuvres, la meilleure et la plus complète est celle que dom Marianna, bénédictin de la Congrégation de Saint-Maur, a publiée en 5 volumes in-fol., depuis 1693 jusqu'en 1706.

Charles Dupoey.

JÉRÔME DE PRAGUE, le fidèle compagnon de Jean Huss, qu'il surpassait encore en savoir et en éloquence, mais doué de moins de modération et de prudence, descendait de la famille de Faulfisch, et naquit à Prague. Après avoir successivement étudié aux universités de sa ville natale, de Paris, de Cologne, d'Oxford et de Heidelberg, il fut reçu en 1399 maître ès arts et bachelier en théologie. La renommée de son savoir était si grande, qu'en 1410 le roi Ladislas II de Pologne le consulta sur l'organisation à donner à l'université de Cracovie, et que le roi de Hongrie Sigismond le fit prêcher devant lui à Ofen. Les doctrines de Wiclef, qu'il embrassa alors, lui valurent de la part de l'université de Vienne une courte détention, à laquelle l'intervention de l'université de Prague mit un terme. Jérôme prit part ensuite avec une ardeur extrême à la lutte engagée à Prague par son ami Huss contre les abus existants dans l'Église et l'immoralité du clergé. Mais il alla trop loin, évidemment, en foulant publiquement aux pieds les reliques des saints, en faisant jeter en prison et mettre mort dans la Moldau les moines qui ne pensaient pas comme lui. En 1411 il brûla publiquement la bulle qui ordonnait la croisade contre le roi Ladislas de Naples et de Hongrie, ainsi que les indulgences émanant du pape. Quand Huss fut arrêté à Constance, Jérôme accourut le défendre. Mais comme il ne recevait pas de réponse satisfaisante au sujet d'un sauf-conduit que de la petite ville d'Uberlinden il avait fait demander au concile, il se disposait à s'en retourner à Prague, lorsque, au mois d'avril 1415, avant même l'expiration du délai fixé par le concile, le duc de Sulzbach le fit arrêter, charger de chaînes et conduire à Constance. Emprisonné dans cette ville et soumis à un interrogatoire, cet homme au caractère si emporté faiblit; à la vue du supplice de son maître, il se rétracte, et souscrit aux décisions des pères (23 septembre 1415). Malgré cet acte humiliant, il est reconduit en prison; et bien que G e r s o n intervienne pour qu'on tienne la promesse solennelle qui lui a été faite de le remettre en liberté, après trois cent quarante jours de cachot, il se voit encore une fois traîné devant le concile. A la séance solennelle du 26 mai 1416, il déclare que la crainte du bûcher l'a fait tomber dans un grand crime, celui de de rétracter sa doctrine, mais qu'il est bien résolu maintenant de professer jusqu'à la mort les doctrines de Jean Huss et de Wiclef. Forcé de s'expliquer sur les erreurs qu'on lui reproche, il répond à tout avec la même liberté d'esprit que s'il se fût agi d'une simple discussion scolastique sans conséquence. Il combat ses adversaires avec l'arme de l'ironie, et plus d'une fois, dans une circonstance aussi grave, il fait rire aux dépens de ses ennemis. C'est en chantant des cantiques et en récitant l'acte de confession apostolique que, le 30 mai 1416, Jérôme monta sur le bûcher aux mêmes lieux où, onze mois auparavant, son ami avait subi son jugement. Dans l'espoir d'anéantir ainsi à jamais sa mémoire, on jeta ses cendres dans le Rhin. Le courage avec lequel il mourut avait moins de simplicité que la résignation de Jean Huss : « Il tenait quelque chose de la parade des anciens stoïciens, » dit Schœll dans son *Histoire moderne*. Parmi les mots de Jérôme de Prague qu'on a conservés, il en est un devenu fameux. Placé sur le bûcher et attaché au poteau, il vit un paysan qui, dans son zèle religieux, apportait du bois pour augmenter le feu : « O sainte simplicité, s'écria-t-il, c'est pécher mille fois que de te tromper! » Un écrivain dont le témoignage ne saurait être suspect, le Florentin Pogge, qui fut quarante ans secrétaire de la cour de Rome, a dit : « J'ai été témoin oculaire de cette tragédie, et j'en ai vu tous les actes. Je ne sais si c'est l'obstination ou l'incrédulité qui le faisait agir, mais vous eussiez cru voir la mort de quelqu'un des philosophes de l'antiquité. Mucius Scevola mit la main sur le brasier, Socrate prit le poison avec moins de courage et d'intrépidité. »

JÉRÔME BONAPARTE, prince français, le plus jeune des frères de Napoléon, né à Ajaccio, le 15 décembre 1784, entra dans la marine après avoir fait ses études à Juilly. Lieutenant de frégate en 1801, il reçut le commandement de la corvette *L'Épervier*, et partit, sous les ordres du général Leclerc, son beau-frère, pour l'expédition de Saint-Domingue. Au mois de mars de l'année suivante, il revint en France, porteur des dépêches qui annonçaient l'heureux débarquement de l'armée expéditionnaire et la prise du cap Français. Après un court séjour à Brest, il appareilla pour la Martinique, où il apprit la reprise des hostilités avec l'Angleterre, et fut chargé alors d'aller croiser sur le littoral des États-Unis pour y donner la chasse aux bâtiments de commerce anglais. Pendant une relâche à New-York, le jeune et brillant officier fut accueilli et fêté partout avec empressement, tant dans cette ville qu'à Philadelphie et à Baltimore, où il eut occasion de rencontrer dans le monde miss Paterson, fille d'un riche planteur des environs de la dernière de ces villes, qui réunissait une beauté merveilleuse à de remarquables talents. Une passion mutuelle enflamma bientôt les deux jeunes gens. Le marquis de Casa-Irugo, envoyé d'Espagne aux États-Unis, se chargea de demander pour notre lieutenant de frégate, âgé alors de dix-neuf ans au plus, la main de la belle Américaine. Le consul de France à Baltimore signa au contrat, et ce fut le premier évêque catholique qu'il y ait eu aux États-Unis, l'abbé Caroll, qui célébra la cérémonie nuptiale, donnée aux deux époux le 24 décembre 1803.

Après avoir résidé pendant plus d'un an aux États-Unis, Jérôme Bonaparte, qui espérait toujours faire reconnaître son mariage par son frère, le premier consul, *passé* depuis peu empereur des Français et roi d'Italie, se décida à partir pour l'Europe; et au printemps de 1805 il s'embarqua avec sa jeune femme sur le navire américain *Erin*. Ayant relâché à Lisbonne au mois de mai, Jérôme partit aussitôt en poste pour Paris, afin de se justifier auprès de son frère. Mais à la première nouvelle qu'il avait reçue de ce mariage, Napoléon, se prévalant de l'état de minorité de son frère, avait fait casser une union radicalement nulle, puisqu'elle avait été contractée sans autorisation préalable; et les supplications de Jérôme, qui adorait sa femme, ne purent jamais fléchir l'empereur. De Lisbonne l'*Erin* avait fait voile pour Amsterdam, où le jeune époux promettait de venir chercher sa femme dès qu'il aurait fait sa paix avec son frère aîné. Mais quand ce navire arriva au Texel, Mme Jérôme Bonaparte y apprit que les ordres les plus sévères, venus directement de Paris, s'opposaient à ce qu'on la laissât mettre le pied sur le continent. L'*Erin* dut appareiller immédiatement et se rendre en Angleterre avec son intéressante voyageuse, qui s'établit à Camberwell, près de Londres; et un mois après, le 7 juillet 1805, elle y donna le jour à un fils, *Jérôme Napoléon Bonaparte*, dont le fils, *Jérôme*, né en 1832, après avoir renoncé en 1853 à sa qualité de citoyen américain, a été nommé à un emploi de sous-lieutenant alors vacant dans un des régiments de notre armée.

Jérôme Bonaparte, qui longtemps après que cette union eut été brisée, maudissait encore l'implacable politique de son frère, rencontra Napoléon à Gênes; il y fut chargé d'aller réclamer du dey d'Alger deux cent cinquante Génois qu'il retenait en esclavage. Un succès complet couronna cette mission. Promu à cette époque capitaine de vaisseau, il n'attendit pas longtemps le grade de contre-amiral; mais il cessa bientôt d'en remplir les fonctions, pour aller commander un corps de Bavarois et de Wurtembergeois, à la tête duquel il envahit la Silésie. Le 14 mars 1807 il passait général de division.

Après la conclusion du traité de paix de Tilsitt, il épousa la fille du roi de Wurtemberg, et à cette occasion son frère lui constitua en dot le royaume de Westphalie, de création récente. Jérôme a marqué son règne dans ce pays par la fondation de plusieurs établissements utiles, dont il puisa l'idée en France. Il fit tout le bien que pouvait faire un roi condamné à n'être jamais qu'un préfet couronné. Lors de la campagne de Russie, Napoléon lui confia le commandement d'une division ; mais le jeune souverain, qui possédait plutôt la bravoure du soldat que les talents et surtout la prudence nécessaires à un général, se laissa malheureusement surprendre à Smolensk. Cet échec joint au début de la campagne irrita vivement contre lui Napoléon, qui lui enleva aussitôt son commandement et le renvoya à Cassel. En 1813, quand se forma la coalition européenne, Jérôme se vit, lui aussi, dans la nécessité d'évacuer l'Allemagne. Heureusement, la perte de ses grandeurs ne lui coûta pas l'amour de sa femme ni même l'affection du roi son beau-père. En 1814 les deux époux se réfugièrent en Wurtemberg, qu'ils quittèrent bientôt pour aller s'établir en Italie, à Trieste. L'événement du 20 mars les ramena en France, et Jérôme prit alors place à la chambre des pairs en qualité de prince français. Quand Napoléon partit pour sa glorieuse campagne, il l'emmena avec lui à l'armée, et lui confia un commandement important. Jérôme cette fois se montra digne d'un tel choix, en combattant avec courage jusqu'au dernier moment. Après le grand désastre de Waterloo, il alla rejoindre sa femme, qui l'attendait dans le Wurtemberg; et en 1816 son beau-père, en lui donnant dans son royaume un magnifique château pour habitation, lui conféra le titre de *prince de Montfort*.

Il est devenu veuf en 1835 de sa femme la princesse Catherine de Wurtemberg, de laquelle il a eu deux enfants : Mathilde-Lætitia-Wilhelmine, née le 17 mai 1820, mariée en 1841 au comte Anatole Demidoff; Napoléon-Joseph-Charles-Paul, né le 9 septembre 1822, aujourd'hui prince français et général de division.

Le prince Jérôme Bonaparte négociait avec le gouvernement de l'élu des barricades sa réintégration dans ses droits de citoyen français quand la révolution de 1848 vint mettre à néant les arrêts de proscription portés en 1815 contre la famille de Napoléon. L'un des premiers actes de Louis-Napoléon, son neveu, en arrivant à la présidence de la république, fut de le nommer *maréchal de France*, puis gouverneur des Invalides. Il remplissait encore ces fonctions lors du coup d'État du 2 décembre 1851, à la suite duquel il fut appelé à la présidence du sénat. Mais il ne garda pas longtemps cette dignité, incompatible avec le titre de *prince français*, que la constitution de l'empire lui a rendu.

JÉRONYMITES. *Voyez* HIÉRONYMITES.

JERROLD (DOUGLAS), humoriste et dramaturge anglais, est né en 1805, à Sheerness, près de Rochester. Son père était directeur de la troupe de comédiens qui exploitait cette ville ; aussi fut-il dès son berceau initié à tout ce qui se rapporte à la scène. Une vocation déterminée pour la vie du marin lui fit d'abord prendre du service en qualité de *midshipman* à bord d'un vaisseau de ligne; mais revenu bientôt de ses illusions premières, il renonça à cette carrière, et s'en vint à Londres avec le ferme dessein de s'y faire une position comme écrivain. Ses premiers essais passèrent inaperçus; et il eut longtemps à lutter contre le besoin, sans perdre pour cela courage. Enfin, son drame *The Rent Day*, tableau de la vie ordinaire tracé de main de maître, lui valut les faveurs de la foule ; et dès lors il fut l'un des auteurs en possession de fournir aux grands et petits théâtres de Londres leurs pièces larmoyantes ou comiques. Lors de la fondation du journal satirique *Punch*, Jerrold prit une part des plus actives à sa rédaction ; et il ne contribua pas peu au succès de cette feuille, dont bientôt le tirage atteignit 70,000 exemplaires. C'est dans le *Punch* que furent publiées d'abord ses *Candle Lectures* et sa *Story of a Feather*. Il fut en outre chargé de la rédaction de l'*Illustrated Magazine*, où il publia ses *Chronicles of Clovernook*, l'un de ses meilleurs ouvrages. Après la mort de ce journal, il en fonda un à lui, sous le titre de *Douglas Jerrold's shilling Magazine*, dans lequel il fit paraître, entre autres, la nouvelle intitulée : *Saint Giles's and saint James's*. Les journaux eurent également les prémisses de ses *Men of Character* (3 vol., 1838) et des *Punch's Letters to his son*. Cela ne l'empêchait pas de continuer à écrire en même temps pour le théâtre ; et parmi ses pièces, toutes accueillies avec le plus grand succès, on peut citer comme ayant une valeur réelle celles qui sont intitulées : *Time Works Wonders; The Bubble of the day*; et *Retired from business* (1851). Depuis 1852 il est devenu le rédacteur en chef d'un journal politique, le *Lloyd's Weekly London Newspaper*. Jerrold, toutes les fois qu'il le peut, vient généreusement en aide à ceux de ses collègues qui sont nés sous une moins heureuse étoile; et il a pris une part des plus actives à la fondation de la *Literary Guild*, œuvre de Bulwer et de Dickens.

JERSEY. *Voyez* ILES NORMANDES.

JERSEY (New-). *Voyez* NEW-JERSEY.

JÉRUSALEM, la célèbre capitale des rois de Judée, et en cette qualité le grand centre d'unité politique de la nation juive, de même que par son temple elle était le centre religieux; cette ville, qui existe aujourd'hui qu'une ville aussi mal qu'irrégulièrement construite sur les ruines de son ancienne magnificence. Jadis dépendance du pachalik de Damas, elle est devenue elle-même depuis 1840 la résidence d'un pacha, et compte une population d'environ 25,000 habitants, dont plus de la moitié sont mahométans, 7,500 appartiennent à la religion chrétienne, et 3,500 professent le judaïsme. Les Mahométans ne la tiennent pas en moindre vénération que les juifs et les chrétiens. Les Turcs lui donnent le nom de *Kodsi-Schérif*, et les Arabes celui d'*El-Kods*, qui veut dire la Sainte. Elle est située sur une hauteur encaissée à l'est, au sud et à l'ouest par de profondes vallées, et entourée de belles murailles garnies de tours. A

39.

l'intérieur, avec ses rues étroites, le plus souvent sales et infectes, dont un petit nombre seulement sont pavées, avec ses maisons pour la plupart basses et irrégulières, surmontées de toits plats et parfois de coupole, elle offre en général un aspect aussi misérable qu'attristant. En revanche, une foule de précieux souvenirs s'y rattachent, rappelés tantôt par des lieux, tantôt par des édifices imposants, que les pèlerins ne manquent jamais d'aller visiter. Sur l'emplacement du célèbre temple de Salomon, reconstruit par Séroubabel après l'exil de Babylone, puis partiellement modifié et agrandi par Hérode le Grand, s'élève la magnifique mosquée du khalife Omar, désignée d'ordinaire avec ses alentours sous le nom d'*El Haram*, et dont l'intérieur, orné avec une magnificence extrême, renferme la pierre noire qui servit, dit-on, d'oreiller à Jacob, et d'escabeau à Mahomet pour monter au ciel. L'église du Saint-Sépulcre, qui renferme aussi le Golgotha ou Calvaire, construite dans les premières années du quatrième siècle par Hélène, mère de Constantin le Grand, détruite de fond en comble au commencement du onzième siècle par le khalife égyptien Hakim, reconstruite sous le règne de son successeur, ravagée par l'incendie en 1808, reconstruite alors encore une fois, mais dans un plus mauvais style, renferme les lieux sanctifiés par la Passion de Jésus-Christ, ordinairement désignés sous le nom de *lieux saints*. Ce n'est que la veille de Pâques que l'accès de l'église du Saint-Sépulcre est gratuit; dans tout le reste de l'année, on n'y entre qu'en acquittant une redevance assez élevée. Les Francs sont propriétaires de l'église du Saint-Sauveur, dans le couvent des Franciscains, où les Européens chrétiens de toutes confessions trouvent un accueil hospitalier. Le grand couvent grec sert de demeure à la presque totalité des prêtres grecs; et outre l'église de ce couvent, les Grecs ont encore treize autres églises à Jérusalem. C'est là aussi que réside depuis 1845 le chef actuel de l'Église grecque, le patriarche de Jérusalem, qui auparavant habitait Constantinople. Un couvent arménien, construit sur la montagne de Sion, passe pour le plus riche qu'il y ait en Orient; un autre couvent arménien, celui qui est situé près de la prison de Jésus-Christ, occupe, dit-on, l'emplacement même de la maison de Caïphe. Les chrétiens coptes, abyssiniens et syriaques ont aussi des couvents et des lieux de réunion, non loin de l'église du Saint-Sépulcre. Un chemin riche en souvenirs, long d'environ 1,000 mètres, et dit *Chemin de la Croix*, ou encore *Via dolorosa*, conduit de la Porte Saint-Étienne, à l'est, au Calvaire. La ville a sept portes, dont l'une reste toujours murée, parce que, suivant une ancienne tradition musulmane, c'est par là que les chrétiens feront un jour leur entrée triomphale dans Jérusalem. La ville ne manque pas d'eau, bien que toutes les sources, telles que Siloah, la fontaine de Marie, soient aujourd'hui situées en dehors de son enceinte. A l'intérieur on trouve quelques bains, l'étang des Patriarches (étang d'Hiskias) et de l'eau de source dans l'El Haram; il existe en outre dans les cours des maisons un grand nombre de citernes où l'on recueille l'eau des pluies. La principale ressource de la grande majorité des habitants consiste dans la vente de reliques, d'amulettes, de crucifix, de chapelets, etc., etc., à l'usage des pèlerins.

Lors de l'entrée des Israélites dans la terre de Canaan, sous les ordres de Josué, vers l'an 1500 av. Jésus-Christ, cette ville s'appelait *Jébus*; et ses habitants, les *Jébuséens*, grâce à la forteresse qu'ils avaient construite sur la montagne de Sion, s'en maintinrent en possession jusqu'au moment où David le fit devenir maître et y transféra sa résidence, qui jusque alors avait été à Hébron. Il lui donna le nom de ville de David. La construction du temple par Salomon en fit la ville de Dieu, la véritable *Jérusalem*, c'est-à-dire la demeure de la paix. Salomon l'agrandit beaucoup en construisant son temple sur le Moria, montagne située à l'est de Sion, dont la sépare le *Tyropœon* (c'est-à-dire Vallée des Faiseurs de fromages); en outre, il l'embellit et s'y bâtissant un palais, et la fortifia. Quoique son système de défense eût

encore été étendu par quelques rois postérieurs, tels que Usias, Jotham, Hiskias et Manassé, elle ne put jamais résister aux attaques dont elle fut l'objet. En l'an 588 avant J.-C., Nabuchodonosor la prit d'assaut et la détruisit; mais au retour de l'exil, à partir de l'an 536 avant J.-C., elle se releva de ses ruines. Par la suite, elle fut successivement prise, en l'an 320 avant J.-C. par le roi d'Égypte Ptolémée Lagus; en l'an 161, par le Syrien Antiochus Épiphane; en l'an 64, par Pompée, et enfin détruite par Titus, en l'an 70 de l'ère chrétienne. C'est seulement à partir de cette époque qu'on trouve dans l'historien juif Josèphe des renseignements exacts sur l'emplacement qu'elle occupait et sur ses édifices. Bâtie sur quatre montagnes, Sion, Acra, Moria et Bésetha; elle se composait de la *ville haute*, avec la citadelle de Sion; de la *ville basse*, au nord de Sion et de Moria, sur le mont Acra; et de la *ville neuve*, située encore plus au nord. A l'angle nord-ouest du mont Moria, où était situé le temple, Jean Hyrcan avait construit une citadelle appelée *Baris*, qu'Hérode embellit et fortifia encore davantage, et dont en l'honneur de Marc-Antoine il changea le nom en celui d'*Antonia*. De cette citadelle on arrivait au temple par des entrées particulières; ses angles étaient flanqués de tours, et elle était continuellement occupée par une garnison romaine. En fait d'édifices remarquables, il faut encore citer le superbe palais de marbre d'Hérode, qui était situé au nord de la ville haute et entouré d'une muraille de trente coudées d'élévation. A l'angle oriental de la ville haute on trouvait la vaste place Xystus, entourée de portiques et communiquant avec le temple par un pont. Des jardins, des maisons de campagne, des étangs et des cimetières occupaient les environs immédiats de la ville, dont, vers l'an 133 de notre ère, l'empereur Adrien fit une ville toute païenne. Il prétendit l'en anéantir jusqu'au nom même, en établissant aux lieux où elle s'élevait naguère une colonie romaine avec un temple consacré à Jupiter, dans lequel il était défendu aux Juifs de pénétrer, sous peine de mort. Au commencement du quatrième siècle, Constantin le Grand et sa mère Hélène refirent de Jérusalem une ville chrétienne; et la tradition veut qu'une éruption de feu souterrain ait empêché plus tard l'empereur Julien d'y rétablir le temple des Juifs. Jérusalem demeura alors sous la souveraineté des empereurs de Byzance, jusqu'au moment où le roi de Perse Cosroès II s'en rendit maître (an de notre ère 614). Quatorze années plus tard, en 628, la ville fut encore restituée, il est vrai, à l'empereur Héraclius; mais dès 637 les Arabes, commandés par leur khalife Omar, s'en emparèrent; et de leurs mains elle passa, en 1077, sous la domination des Turcomans.

Mus par un sentiment de cupidité, les Turcomans autorisèrent, il est vrai, les pèlerinages aux lieux saints. Mais révolté par les avanies de tous genres qu'on lui faisait supporter, l'esprit religieux provoqua bientôt le mouvement de croisade, qui eut pour résultat la création d'un *royaume chrétien de Jérusalem*. Lors de la première croisade, Godefroid de Bouillon ayant pris d'assaut Jérusalem, le 15 juillet 1099, en fut le premier proclamé roi (titre qu'il ne porta cependant jamais); et il fit de cette ville la capitale et le centre d'un nouveau royaume, qui à l'origine ne comprenait que les anciennes provinces israélites de Judée, de Samarie, et de Galilée, mais qui à l'époque de sa plus grande prospérité, vers le milieu du douzième siècle, était borné à l'ouest par la Méditerranée, au nord par le comté de Tripoli, à l'est par le pays de Damas et par le désert de Syrie, et par l'Arabie pétrée. Indépendamment de ces territoires immédiats, il comprenait encore quelques pays chrétiens voisins, placés à son égard dans des rapports de vasselage, notamment la principauté d'Antioche, le comté de Tripoli et le comté d'Édesse.

Godefroid de Bouillon eut pour successeur son plus jeune frère, Baudouin Ier (1100-1118), qui agrandit considérablement ses États et prit le premier le titre de roi de Jérusalem. Baudouin II, cousin du précédent, et qui lui succéda (1118-1131), trouva de puissants appuis, au milieu des luttes acharnées qu'il eut à soutenir contre les Sarrasins, dans l'ordre des Templiers et dans celui des chevaliers de Saint-Jean de Jérusalem, qui jetèrent l'un et l'autre un vif éclat sous son règne. Le gendre et successeur de Baudouin II, le comte Foulques d'Anjou (1131-1142), réussit à maintenir dans la dépendance de sa couronne les États feudataires, qui déjà aspiraient à s'en affranchir. Son fils aîné Baudouin III (1143-1162) parvint au même résultat, rencontra dans son beau-père, l'empereur grec Manuel, un allié puissant pour combattre ses ennemis, tant extérieurs qu'intérieurs, et consolida son royaume en complétant, d'après le modèle des États européens, l'organisation que lui avait donnée le fondateur de la monarchie. Néanmoins, la décadence du royaume de Jérusalem commença déjà sous le règne de son frère, qui fut aussi son successeur, Amaury Ier, mort en 1173. L'usurpateur Gui de Lusignan, prince faible, qui ne put résister à l'énergique sultan Saladin, conduisit la monarchie sur le bord de l'abîme. Saladin prit d'assaut Jérusalem, en 1180, et rasa ses murailles. En 1190, le roi Gui échangea encore assez à temps sa vacillante couronne contre celle du royaume de Chypre, que lui céda Richard Cœur de Lion; et celui-ci céda le royaume de Jérusalem, réduit à ne plus être qu'un royaume nominal, dont toutes les possessions se bornaient à la ville de Tyr, à Henri de Champagne, quatrième époux d'Élisabeth, fille du roi Amaury Ier. Mais ni Henri, qui mourut en 1196, ni ses successeurs Amaury II de Chypre et Jean de Brienne, ne réussirent à récupérer les territoires conquis par les infidèles. Par son mariage avec Iolande, fille de ce dernier, mariage que la maison royale de Chypre fit tout pour contrarier, l'empereur Frédéric II acquit des prétentions à la couronne de Jérusalem; et lors de la quatrième croisade, qui eut lieu en 1229, il réussit effectivement à s'emparer de la ville sainte; mais les infidèles la reprirent en 1244, et depuis lors ils l'ont toujours conservée. Le dernier débris des possessions européennes en Palestine, Ptolémaïs, tomba au pouvoir des Sarrasins en 1292. Cependant, à partir de Frédéric II, les empereurs d'Allemagne et les ducs de Lorraine n'en continuèrent pas moins, en raison de leurs prétendus droits d'hérédité à prendre le titre de rois de Jérusalem. Il en fut de même des rois de Sardaigne, comme héritiers de Gui de Lusignan. Tout récemment encore l'empereur d'Autriche, en sa qualité de représentant de la maison de Lorraine, a ajouté cette qualification à l'interminable kyrielle de ses titres.

En 1382 les mameloucks circassiens enlevèrent Jérusalem aux Sarrasins. En 1517 le sultan turc Sélim Ier en fit la conquête; et c'est le fils et successeur de ce prince, Soliman II, qui, en 1534, entoura la ville de la muraille qui subsiste encore aujourd'hui. Jérusalem demeura alors au pouvoir de la Porte jusqu'en 1833, époque où, de même que la Syrie, elle tomba au pouvoir de Méhémet-Ali, pacha d'Égypte. Celui-ci la conserva jusqu'en 1840; mais alors les trois grandes puissances, l'Angleterre, l'Autriche et la Russie la replacèrent sous l'autorité du sultan. En 1841 l'Angleterre, en cela d'accord avec la Prusse, érigea un évêché protestant à Jérusalem, dont le premier titulaire, désigné par elle, fut l'Anglais Michel Salomon *Alexandre*; le second évêque, qui a été désigné par la Prusse, fut Samuel Gobat, titulaire actuel. Consultez Châteaubriand, *Itinéraire de Paris à Jérusalem*; Lamartine, *Voyage en Orient*; Williams, *The Holy City* (Londres, 1849); Wilson, *The Lands of the Bible* (1847).

[Il y a des lieux sur la terre qui semblent avoir leurs destinées : comme certains hommes, ils semblent marqués du sceau d'une glorieuse fatalité. Ce sont les sites où se sont accomplies quelques-unes des grandes phases de l'humanité. Le drame inaugure la scène, et quand les merveilleux personnages ont disparu, l'imagination, qui cherche longtemps leur trace ou leur ombre, s'attache aux lieux qu'ils ont habités, les visite, les décrit, les raconte, quelquefois les consacre, et ramène sans cesse la pensée des générations sur tout ce qui reste des plus grandes choses humaines après quelques siècles; un monticule, comme à Troie; un débris de temple, comme à Athènes; un tombeau, comme à Jérusalem. Mais s'il est donné à la poésie et à l'histoire d'illustrer un site, il n'est donné qu'à la religion de le sanctifier. Quelque curieux de la gloire ou des arts s'embarque de temps en temps pour aller mesurer le temple vide de Thésée, les gigantesques ruines de Palmyre, ou conjecturer le palais de Priam et le tombeau d'Achille, sur les collines de Pergame, à la lueur des feux des bergers de l'Ida. D'innombrables caravanes de pèlerins traversent chaque printemps les flots de la mer de Syrie, ou les déserts de l'Asie Mineure, pour venir s'agenouiller un instant dans la poussière de Jérusalem et emporter un morceau de cette terre ou de ce rocher dont leur foi religieuse a fait l'autel du genre humain régénéré. Le nom même de Jérusalem n'est pas prononcé par eux comme un nom vulgaire. Quelque chose de pieux et de tendre pénètre leur accent quand ils le nomment; ils inclinent la tête à ce nom : on sent que ce mot est plein pour eux des souvenirs, de retentissements, de mystères. On comprend que Jérusalem est en quelque sorte la patrie commune de leurs âmes. Ils le prononcent comme on prononce dans l'exil le nom de la patrie. Pour ceux même à qui la foi manque, Jérusalem est encore une foi de leur imagination : leur mère leur en a tant parlé! Ils ont tant entendu éclater le nom sonore de Sion dans les hymnes de leur culte natal, sous les voûtes de leurs cathédrales, au fracas des cloches, aux fumées ondoyantes de l'encens, que cette ville s'élève toujours radieuse dans leur mémoire d'hommes faits!

Sort du sein des déserts, brillante de clarté. (RACINE.)

On n'échappe pas par la critique la plus froide, à ce prestige des souvenirs de la jeunesse : involontairement on attache de la pensée et de la gloire à ce site; car la gloire n'est autre chose qu'un nom souvent répété. Ce double sentiment m'y a conduit moi-même. On a besoin de voir avec les yeux ce qu'on s'est souvent déperçu avec l'imagination, à peu près comme les enfants qui veulent gravir la montagne pour atteindre de la main le firmament et les étoiles, qui leur semblent, d'en bas, toucher aux rochers de la cime : pour le voyageur comme pour l'enfant, l'illusion s'évanouit en approchant.

Jérusalem, ou *vision de paix*, fut fondée par Melchisédech, pontife et roi de Salem, contemporain d'Abraham. Elle s'élève sur le penchant occidental d'un plateau qui couronne le groupe des montagnes de Judée. Refuge d'un peuple faible et pauvre, forteresse contre ses persécuteurs, rien dans son site n'indiquait la capitale future d'une nation. Nul fleuve ne l'arrose, nulle grande vallée n'y débouche, aucune mer voisine ne lui offre les ressources du commerce : on y arrive par d'étroits sentiers creusés sur les flancs de rochers inaccessibles; son sol est rare et ingrat, son été brûlant, et ses hivers rigoureux; à peine quelques sources d'eau fraîche suintent de distance en distance entre les rochers. Cependant David ne crut avoir conquis une patrie à son peuple qu'après l'avoir enlevée de force aux Jébuséens, l'an du monde 2898, 1047 ans avant J.-C. Elle devint le siège de ce petit empire, dont les fastes mystérieux sont devenus les fastes du monde. Salomon y bâtit ce temple qui contint longtemps seul au monde la majestueuse unité de Jéhova. Prise et reprise par les rois de Perse et d'Égypte, par les Romains, elle vit souvent son peuple traîné en captivité; elle vit tomber et se relever son temple, monceau de ruines; son peuple y revenait toujours chercher la liberté de son culte, et attendre les promesses de Jéhova.

Après le Christ, Titus assiégea Jérusalem aux environs de la fête de Pâques, qui avait attiré la population presque entière de la Judée dans ses murs. Après quatre mois de siège et un peuple immense immolé, Titus, le plus doux des hommes, accomplit la prophétique menace du Christ allant au supplice. Il ne laissa pas pierre sur pierre dans la cité de Salomon. Adrien profana tous les lieux saints que le culte des premiers chrétiens cherchait et vénérait sous ces ruines. Jupiter, Vénus, Adonis, eurent leurs statues officielles sur le Calvaire et à Bethléem ; mais ces dieux des vainqueurs étaient morts, quoique debout ; et de la crèche de Bethléem, et du tombeau inconnu d'un supplicié, la religion nouvelle, avec la force invincible du verbe divin et d'une morale réparatrice, grandissait sous leurs pieds, et devait bientôt chasser des temples de Rome elle-même tous ces fantômes de la Divinité, effacés par des symboles plus purs. Lorsque Constantin eut embrassé le christianisme, la ville hébraïque disparut devant une ville toute chrétienne ; chaque scène du drame de la rédemption fut attestée par un monument et par un autel : Jérusalem ne fut plus que le vestibule du sacré tombeau.

Jérusalem subit encore plusieurs fois les colères des saccageurs du monde. Adrien, pour disperser les Juifs, non content de profaner la ville, fit vendre le peuple à l'encan, à différentes foires, au prix des chevaux. Par une amère ironie des vainqueurs ou par une amère ironie de la fortune, ces foires d'hommes se tenaient dans le vallon de Membré, lieu vénéré des Hébreux, où Abraham *avait planté ses tentes et reçu les anges.* On appelait ces foires les *foires du Thérébenthe,* du nom d'un arbre séculaire qu'on y voyait encore du temps de saint Jérôme, et que la tradition faisait remonter aux premiers jours de la création. L'empereur fit frapper une médaille pour éterniser cette honte, que ce peuple barbare et contempteur de l'humanité prenait pour de la gloire.

Un phénomène historique, inouï dans les fastes du monde, fut le mouvement qui entraîna les peuples et les rois d'Occident vers ce rocher stérile de la Palestine pour reconquérir un tombeau : ce fut le plus grand effort matériel du christianisme : il reprit Jérusalem, mais il ne put la garder. Les rois, depuis Godefroid de Bouillon, ne régnèrent que quatre-vingt-huit ans sur ces ruines. Saladin, roi de Syrie et d'Égypte, les chassa en 1187 ; depuis cette époque l'islamisme triompha sur ce berceau du christianisme. Mais l'islamisme lui-même, pénétré de la sainteté de la morale évangélique, ne profana point le tombeau de celui qu'il considère comme le grand prophète et comme l'envoyé de Dieu ; les chrétiens continuèrent à honorer et à visiter les *lieux saints,* sous la tolérance des musulmans. Les pèlerinages ne souffrirent point d'interruption ni d'obstacles ; seulement les possesseurs du tombeau du Christ firent payer un léger tribut à ses adorateurs. Les choses sont encore ainsi aujourd'hui. Quand Ibrahim-Pacha devint maître de la Judée, cet impôt sur les chrétiens fut même supprimé : le conquérant égyptien rougit de recevoir du pauvre pèlerin d'Occident, qui a traversé la mer pour baiser le rocher sacré, le denier de sa foi ; il ne voulut pas imposer la foi ni taxer la prière.

Les descriptions du tombeau du Christ sont partout. C'est une petite coupole enfermée dans une grande, et dans laquelle un fragment de rocher recouvert de plaques de marbre blanc indique à la vénération du voyageur la place vraie ou vraisemblable du sépulcre. Celui qui adore le Christ en sort écrasé du mystère et de contemplation et de reconnaissance ; celui qui comprend seulement le christianisme en sort écrasé aussi de la toute-puissance d'une idée qui a renouvelé le monde, qui a vécu dix-huit cents ans, et qui semble porter encore en elle la vie morale de plus d'une nation et de plus d'un siècle. Ce tombeau, de quelque point de vue qu'on le considère, est la borne qui sépare deux mondes intellectuels : faut-il s'étonner que des armées se le soient disputé, que le croyant le vénère, et que le philosophe le respecte ?

L'aspect de Jérusalem, au sommet de la colline des Oliviers, est trompeur comme l'aspect de toutes les villes de l'Orient. Posée sur un plateau légèrement incliné, comme sur une base élevée, entourée de hautes murailles en gros blocs qui soutenaient les terrasses du temple de Salomon, flanquée de ses tours crénelées, qui s'élèvent de cent pas en cent pas au-dessus de ses murs, avec ses piscines, ses portes hautes et voûtées, ses minarets, qui se perdent comme des végétations pétrifiées dans le bleu profond de son ciel ; étalant aux yeux ses terrasses de maisons où les femmes et les enfants sont assis sous des tentes de couleur, faisant pyramider devant vous la triple mosquée d'Omar, qui couvre à peu près l'espace jadis occupé par le temple de Salomon.

C'est une splendide apparition de la cité de Jéhova. La lumière limpide et réverbérée de son atmosphère l'inonde comme d'une gloire céleste ; on dirait d'une ville pleine encore de son peuple, et ce n'est qu'un éclatant tombeau, les portes sont silencieuses, les routes désertes, les rues vides, les voix mortes ; le juif en haillons se traîne humblement entre le musulman qui le méprise et le chrétien qui l'insulte. Attaché cependant par la racine de sa foi à ce sol si ingrat pour lui, ce peuple, tant honni, est le plus vivant exemple d'un patriotisme invincible que l'humanité ait jamais offert. Il va errer par toute la terre, mais ses regards sont toujours tournés vers Sion ; il revient mourir dans ses murs, et il meurt content s'il peut penser qu'un peu de terre d'Abraham recouvrira ses os. Je rencontrais à chaque instant des vieillards conduits par leurs enfants, montés sur des mules ou sur des ânes, paraissant accablés par la maladie et par les années ; et quand je leur demandais : Où allez-vous ? d'où venez-vous ? Nous venons, me disaient-ils, de Venise, de Varsovie, de Vienne, de Turin, et nous allons mourir à Jérusalem ou à Saphad, pour que nos ossements reposent auprès de ceux de nos pères ; car il n'y a plus de patrie pour nous que sous la terre, et celle-là du moins les musulmans et les chrétiens ne nous la disputent pas.

L'intérieur de Jérusalem est triste, muet et morne. M. de Châteaubriand l'a admirablement décrit avec toute la mélancolie et la solennité de son génie : lui seul, après les prophètes, a eu des mots pour exprimer cette inexprimable désolation des lieux. La population indigène, mélange de Juifs, d'Arabes, de Turcs, d'Égyptiens, est pauvre et inactive ; tout semble dormir dans cette ville de la mort. Les pèlerins seuls, arrivant et partant sans cesse, marchent dans les rues sombres et les bazars infects ; mais ils marchent recueillis et le front baissé, sans bruit, sans parole, comme des hommes remplis de la pensée qui les anime, et foulant ce sol des miracles avec le silence et le respect qu'on apporte dans un sanctuaire. C'est la ville du monde d'où s'élève le moins de rumeurs ; c'est comme un vaste temple : il n'en sort que des soupirs et des prières. Souvent, en me promenant le soir autour de ses murailles, je me demandais s'il y avait encore là un peuple, et j'entendais tout à coup le sourd bourdonnement des offices de la nuit qui résonnait gravement dans l'air, s'échappant des voûtes des églises et des couvents des moines grecs, entremêlé au son de la cloche des monastères et du chant des prêtres latins. L'éternel soupir du Calvaire semble sortir de cette terre où tomba le sang du Juste. Son âme, en s'exhalant dans le sein de son père céleste, a laissé dans ces lieux comme un éternel écho de la prière. Aux lieux où prophétisèrent les voyants, où chanta David, où pria le Christ, on n'éprouve qu'un besoin, qu'une pensée : contempler, adorer et prier.

Le paysage qui entoure Jérusalem est un cadre solennel et grave, comme les pensées que cette ville suscite en vous. Du sommet de la citadelle de Sion, où est le tombeau du poëte roi, l'œil descend d'abord sur la sombre et ardue vallée de Josaphat : au fond de ce ravin, un peu sur la droite, quelques bouquets d'arbustes, un peu moins gris que le reste, secouent la poussière de leurs feuilles sur le filet d'eau qui s'échappe de la fontaine de Siloé ; en face, est une noire muraille de rochers à pic ; quelques grottes creusées dans ce roc vif furent autrefois des tombeaux, et sont aujourd'hui les demeures de quelques misérables familles arabes. En suivant la pente de cette vallée, qui roule en s'élargissant, le regard passe entre les cônes multipliés des montagnes sombres et nues de Jéricho et de Saint-Sabas. Au delà, à un horizon de sept ou huit lieues, vous voyez resplendir la mer Morte, éclatante et lourde comme du plomb nouvellement fondu : elle est encadrée enfin elle-même par la chaîne bleue des montagnes d'Arabie, que ne passa pas Moïse. Tout est silence, immobilité, désert, dans ce paysage : rien n'y distrait la pensée; le voyageur n'y entend que le bruit de ses pas; aucun nuage même n'y traverse le ciel.

Les grands aigles des pics décharnés de la Judée y tournoient seuls sur votre tête, et font courir par moments l'ombre de leurs ailes grises sur le flanc rapide des coteaux ; de loin en loin, vous apercevez un figuier aride que le vent a poudré de sable, et qui semble pétrifié dans le roc, quelques chacals au poil fauve, qui se glissent entre les monticules de pierres roulantes en poussant de lamentables hurlements ; vous rencontrez de distance en distance une pauvre femme montée sur un âne et portant sur ses bras des enfants décharnés et brûlés du soleil, quelque berger arabe gardant ses chèvres noires au pied des collines pierreuses, ou quelque bedouin de Jérémie ou de Jéricho sur la jument du désert, marchant au pas, sa longue lance élevée dans sa main droite comme une toise, et semblant arpenter ces ruines, comme le génie de la destruction. Voilà tout ce qui couvre maintenant les voies pleines du peuple de Sion.

Telle est cependant la ville dont le nom est dans toutes les bouches, dont l'histoire est dans tous les esprits, dont les poésies sacrées se chantent à toutes les heures de la nuit et du jour, dans toutes les langues du monde. Voilà les collines dont les croisés emportaient la terre sur leurs navires pour en recouvrir le sol des cathédrales qu'ils élevaient dans leur patrie. Ce n'est ni l'importance des événements historiques, ni la fécondité du sol, ni la beauté de la nature, qui attirent sur ce point du globe les regards du genre humain ; mais c'est sur ces collines que brilla l'éclair au milieu des ténèbres du monde ancien, c'est sur ce sol que le Christ imprima la trace de ses pieds, c'est dans ces murs qu'il donna son sang à Dieu pour l'humanité, et qu'il s'écria, dans sa prophétique certitude du triomphe de sa doctrine : « J'ai vaincu le monde. » Le lieu de cette grande victoire de l'unité de Dieu sur le polythéisme, de la fraternité sur l'esclavage, de la charité sur l'égoïsme, devait rester à jamais présent et cher aux générations. De là cette éternelle célébrité de Jérusalem. Un de ses plus obscurs enfants, celui dont elle ne savait même pas le nom, celui qui s'appelait lui-même le rebut du monde, et c'est à lui qu'elle doit son nom, sa mémoire, son immortalité.

LAMARTINE, de l'Académie Française.]

JÉRUSALEM (Assises de). *Voyez* ASSISES DE JÉRUSALEM.
JÉRUSALEM (Ordre de Saint-Jean-de-). *Voyez* JEAN-DE-JÉRUSALEM (Ordre de Saint-).
JÉSABEL. *Voyez* JÉZABEL.

JESI (SAMUEL), l'un des graveurs les plus célèbres de notre siècle, naquit à Milan, vers 1789, et fut l'élève de Longhi. Son premier grand ouvrage fut *Le Renvoi d'Agar*, d'après le tableau du Guerchin qui se trouve dans la Brera, à Milan. Vinrent bientôt après un *Saint Jean* et un *Saint Étienne*, d'après les toiles de fra Bartolommeo existant dans la cathédrale de Lucques. Mais Jesi s'appliqua alors avec tant de soin à l'étude de Raphael, qu'il est à bon droit rangé parmi les meilleurs interprètes de ce maître. Il publia d'abord (1834) son portrait du pape Léon X, avec ceux des deux cardinaux Rossi et Giulio de' Medici, de la galerie Pitti. Cette planche, exécutée dans des dimensions peu communes, occupa cinq années de sa vie. Le dessin seul en était déjà un chef-d'œuvre et étonnait par la reproduction fidèle du caractère des têtes. En 1842, Jesi se rendit à Paris avec sa planche, pour en diriger l'impression. A cette occasion l'indélicatesse d'un marchand d'objets d'art de Liége faillit lui coûter la vie. Dans l'espoir d'avoir ainsi la planche à meilleur marché, ce misérable brocanteur s'arrangea de façon à la maculer; et à cette vue notre artiste, au désespoir et

dans une attaque passagère d'aliénation mentale, essaya de se briser la tête contre une table de marbre. On le guérit par bonheur, et à Paris justice complète fut rendue à son œuvre, qui le place au premier rang parmi les graveurs. Il fut alors nommé membre correspondant de l'Institut (classe des Beaux-Arts) et reçut la décoration de la Légion d'Honneur. En 1846 il entreprit de graver une fresque représentant une *cène*, qu'on venait de découvrir dans l'église San-Onofrio à Florence, et au sujet de laquelle s'était établie une vive discussion, demeurée indécise d'ailleurs, sur la question de savoir s'il fallait ou non attribuer ce tableau à Raphael. Le dessin en fut achevé en 1849, et, par suite de la prédilection que le graveur avait toujours professée pour ce grand maître, qu'il tenait pour le véritable auteur de la fresque, ce travail présente à un haut degré les caractères qui conviennent aux dessins de Raphael. Tout en s'occupant de la partie technique de cette planche, il publia sa *Vierge à la Vigne*, l'une des productions les plus gracieuses et les plus remarquables de la gravure moderne. Jesi mourut à Florence, le 17 janvier 1853, avant d'avoir pu terminer la grande planche dont nous venons de parler. La sûreté du burin et la correction du dessin sont les principales qualités de ce maître.

JESO ou JESSO. *Voyez* JAPON.

JESSE ou JESE, synonyme de *chevane*, espèce de poisson du genre *able*, établi par G. Cuvier dans le grand genre *cyprin* de Linné. C'est le *cyprinus jeses* de Blœk. Cet able, qui est plus grand que toutes les autres espèces du même genre, pèse jusqu'à cinq kilogrammes. Il nage très-vivement dans les eaux des fleuves rapides de l'Europe, et particulièrement dans le Danube. Sa chair est molle et d'un assez bon goût. La fécondité de la femelle est très-grande. Elle produit, dans les mois de mars et d'avril, jusqu'à 92,720 œufs.
L. LAURENT.

JÉSUITES, COMPAGNIE ou SOCIÉTÉ DE JÉSUS. C'est la dénomination qu'a prise un ordre religieux qui, sans exercer de fonctions dans l'église, sans qu'aucun de ses membres soit jamais revêtu d'une des hautes dignités ecclésiastiques, a su par son adroite politique parvenir rapidement à un degré de puissance qui en fait un des plus remarquables phénomènes de l'histoire. C'est bien moins, d'ailleurs, au fondateur même de l'ordre, à I g n a c e de L o y o l a, qu'on doit attribuer la grandeur et la puissance auxquelles il est arrivé, qu'à l'habileté consommée de ses successeurs.

Le 16 août 1534, dans la chapelle de la Vierge de l'église de Montmartre, Loyola, alors étudiant de l'université de Paris, faisait avec Pierre Lefèvre, originaire de la Savoie, François Xavier, originaire de la Navarre, Jacques Laïnez, Alphonse Salmeron et Nicolas Bobadilla, trois Espagnols, gens d'esprit d'ailleurs, et Rodriguez, gentilhomme portugais, tous les six ses condisciples à l'université, le vœu solennel de se consacrer à la conversion des infidèles et d'entreprendre le pèlerinage de Jérusalem. La guerre contre les Turcs les ayant empêchés de se rendre en Palestine, les sept associés s'éparpillèrent dans les universités de la haute Italie, à l'effet d'y faire des recrues à leur projet. Loyola se rendit de sa personne, en compagnie avec Lefèvre et Laïnez, à Rome, où, en 1539, il lui fut donné de pouvoir réaliser le projet qu'il avait conçu de créer un nouvel ordre organisé d'une manière toute particulière et différant complétement des ordres religieux déjà existants. Conformément à une vision, il lui donna le nom de *Société de Jésus*, et ses membres, dont les premiers furent les individus que nous avons nommés plus haut, aux vœux ordinaires de pauvreté, de chasteté et d'obéissance aveugle et perpétuelle à leurs chefs, durent encore en ajouter un quatrième : celui de se rendre sans hésitation ni rémunération en quelque lieu que le pape les enverrait comme missionnaires, et de consacrer toutes leurs forces ainsi que toutes leurs ressources à l'accomplissement des missions que le souverain pontife leur confierait. Les novices, indépendamment des autres exercices de piété en usage, devaient être éprouvés en accomplissant les plus humbles fonctions auprès des malades dans les hôpitaux, l'exemple de Xavier faisant, au besoin, un point d'honneur aux membres de cette espèce de chevalerie ecclésiastique de sucer les ulcères les plus dégoûtants. Une bulle spéciale du pape Paul III, en date du 27 septembre 1540, approuva l'ordre, dont les membres, dans une assemblée tenue l'année suivante, élurent son fondateur pour leur premier *général*. Mais l'intelligence d'Ignace de Loyola n'était point à la hauteur d'un tel rôle; et ses projets informes, modifiés et amendés pour la plupart par Lainez, furent en réalité mis à exécution par ce dernier et ses savants amis. A l'exemple de Paul III, Jules III accorda aussi à ces clercs réguliers des priviléges tels que n'en avait encore jamais possédé une corporation quelconque, soit dans l'Église, soit dans l'État. Il voulut qu'ils jouissent de tous les droits des ordres mendiants et des prêtres séculiers, et qu'ils fussent exempts, eux et toute juridiction, surveillance ou imposition, tant épiscopale que temporelle, de telle sorte qu'ils n'eussent à reconnaître d'autres maîtres sur la terre que leurs supérieurs et le pape. En outre, ils devaient être en état d'exercer les fonctions sacerdotales de tous genres auprès des hommes de toutes les classes, avoir les pouvoirs nécessaires pour absoudre de tous péchés et peines ecclésiastiques, pour transformer en obligations de faire de bonnes œuvres les vœux formés par des laïcs, pour acquérir en tous lieux des églises et des biens sans autorisation ultérieure du saint-siége, pour créer des maisons de l'ordre là où ils le jugeraient convenable, enfin pour se dispenser eux-mêmes suivant les circonstances de l'observation des heures canoniales, du jeûne, de l'abstinence des aliments interdits, et même de la lecture du bréviaire. En outre, leur général était investi d'une autorité illimitée sur tous les membres de l'ordre, du droit de les envoyer en mission là où il le jugeait opportun, de les placer partout en qualité de professeurs de théologie, enfin de leur décerner des dignités académiques équivalant à celles des universités.

Le principe fondamental de la constitution de la Société de Jésus, c'est que ses membres cherchent à se mêler autant que possible au monde et à ses œuvres, tout en demeurant intérieurement réunis comme ordre. En conséquence, ils sont divisés en cinq classes ou degrés: les *novices*, les *coadjuteurs temporels*, les *écoliers approuvés*, les *coadjuteurs spirituels* et les *profès des quatre vœux*.

Les *novices*, recrutés parmi les hommes et les jeunes gens les plus instruits et annonçant le plus de talents, sans acception de naissance ou de toute autre circonstance extérieure, et éprouvés par un séjour de deux années passées dans les maisons de noviciat au milieu d'actes de renoncement à soi-même et d'obéissance, ne sont point encore compris parmi les membres de la société proprement dite. Les plus humbles parmi eux sont les *collaborateurs*, ne font pas de vœux conventuels, et peuvent par conséquent être renvoyés. Leur position dans l'ordre est tantôt celle de subordonnés et d'aides ou assistants des membres des degrés supérieurs, tantôt celle de simples affiliés. C'est ce qu'on appelle aussi les *jésuites de robe courte*. Des hommes du monde appartenant aux classes les plus élevées, des fonctionnaires publics surtout et autres personnages influents, eurent quelquefois l'honneur d'être admis dans cette classe; c'est ce qui arriva, par exemple, à Louis XIV lui-même dans sa vieillesse, sous le règne de la Maintenon.

Les *coadjuteurs temporels* sont les laïques qui ne prononcent que des vœux simples. On les emploie généralement à des travaux manuels; ils ne font qu'une année de vœux, et ne peuvent exercer d'office public qu'au bout de deux ans.

Un degré plus élevé est celui des *écoliers approuvés*, qui sont versés dans la connaissance des sciences et des lettres, font des vœux secrets et doivent se vouer plus spécialement à l'éducation et à l'instruction de la jeunesse. On les emploie comme professeurs, prédicateurs, recteurs et instituteurs, comme gouverneurs et directeurs de consciences dans les familles, et comme assistants pour les missions.

Viennent ensuite les *coadjuteurs spirituels*, dont les vœux sont publics; le supérieur les reçoit au nom du général, mais leurs vœux sont également réputés simples à l'égard de la Compagnie, qui en dispense ceux qu'elle congédie.

Le degré supérieur se compose des *profès*. On ne les choisit que parmi les membres de l'ordre qui ont le plus d'expérience du monde et qui ont donné d'irréfragables preuves de prudence, d'habileté, d'énergie et de dévouement sans bornes pour l'ordre, et que dès lors on juge dignes d'être initiés à tous les secrets de la Société. Quand ils sont admis *profès*, à leur vœu de chasteté, de pauvreté et d'obéissance ils ajoutent celui d'entier dévouement aux ordres du pape, en s'obligeant à accepter toutes les missions qu'on pourra leur donner. Quand ils ne vivent point en commun dans les maisons *professes*, on les emploie comme missionnaires chez les idolâtres et les hérétiques, comme régents dans les colonies les plus lointaines, comme confesseurs des princes et comme résidents de leur ordre dans les lieux où il ne possède point de collége; et dans ce cas ils sont affranchis de l'obligation de se livrer à l'éducation de la jeunesse. Il n'y a que les *profès* qui prennent part à l'élection du général de l'ordre, lequel doit lui-même avoir été profès, et il choisit parmi eux les assistants, les provinciaux, les supérieurs et les recteurs.

Le *général* est nommé à vie, réside à Rome, et exerce un pouvoir absolu, illimité. Les membres de l'ordre lui doivent une obéissance aveugle et passive : il a le pouvoir de faire de nouvelles règles et de dispenser des anciennes ; il reçoit dans l'ordre et en chasse qui il veut ; il nomme à toutes les charges, hors celles d'*assistant* et d'*admoniteur* ; distribue les emplois et convoque les assemblées de l'ordre, qu'il préside et où sa voix compte pour deux. Ses ministres ou *assistants*, entretiennent groupés autour de lui des correspondances suivies avec tous les provinciaux du globe. Les supérieurs écrivent une fois la semaine à leur provincial, et les provinciaux tous les mois au général. Enfin, tous les membres ont la liberté de lui exposer leurs besoins et leurs griefs sans aucun intermédiaire. Par cette correspondance particulière, le général des jésuites est le monarque le mieux instruit de ce qui se passe dans ses États. Ses sujets, en outre, fréquentent partout non-seulement le peuple, mais les ministres, les grands, les princes, les rois; et ils se trouve ainsi dominer de Rome toutes les monarchies de la terre. Obligé de s'absenter ou malade, il confère l'intérim à un vicaire général. Seulement, si l'âge ou la maladie le rendent incapable de gouverner, c'est la Compagnie qui, moyennant sanction du pape, pourvoit au vicariat général, avec pouvoir absolu et droit de succession. Le général doit aussi avant sa mort nommer un vicaire général. A son défaut, le droit d'en élire un appartient aux profès qui se trouvent alors à Rome. Les fonctions de ce vicaire consistent à convoquer une assemblée générale pour l'élection du général et à gouverner pendant la vacance. Son autorité est limitée; il ne peut introduire de nouvelles règles, de nouvelles cérémonies, ni changer celles qu'il trouve établies; et ses pouvoirs expirent à la nomination du général.

Les *assistants* composent le conseil secret du *général*; ils portent le nom des États où ils ont vu le jour, et comme il sont choisis par toute la Compagnie assemblée. S'il menait une vie scandaleuse, ou s'il dissipait les revenus de l'ordre, ils pourraient convoquer une assemblée générale pour déposer le *général*. Outre ces assistants, il y a près de lui un officier préposé par la compagnie pour l'avertir en secret de ce qu'il remarque d'irrégulier dans sa conduite. Ce conseiller s'appelle *admoniteur*. Malgré ce contre-poids, il n'y a point d'officier plus absolu, ni qui redoute moins d'être déposé que le *général* des jésuites.

Les *provinciaux* sont les gouverneurs des provinces de l'ordre. Ils nomment provisoirement les *vice-provinciaux*, les *supérieurs* de maisons professes et de noviciats, et les *recteurs* de colléges dans leurs provinces. Ils choisissent encore les maîtres des novices, les procureurs, les ministres, les préfets spirituels, ceux des études, ceux de la santé, les prédicateurs, les confesseurs, les consulteurs, les admoniteurs, les supérieurs, les régents des colléges, les professeurs et les premiers officiers des universités, excepté les recteurs et les chanceliers ; mais tous leurs choix doivent être soumis à la sanction du général. Ils peuvent admettre au noviciat les sujets en qui ils trouvent les qualités requises, et renvoyer ceux qui sont déjà dans le premier et le second noviciat, à moins que le général ne les ait approuvés ou qu'ils n'aient apporté de grands avantages à la Compagnie. Ils ne peuvent qu'en cas d'urgente nécessité expulser les *écoliers approuvés* ou les *coadjuteurs non formés*, sans son autorisation préalable, et n'ont nul pouvoir pour renvoyer les *profès* et les *coadjuteurs formés*, *spirituels* ou *temporels* : au général seul appartient ce droit. Ils ont quatre assistants, dont un fait toujours l'office d'*admoniteur*. Ces hommes, placés par le général auprès des provinciaux, l'informent exactement de leur conduite.

Les *commissaires* et les *visiteurs* sont des officiers extraordinaires envoyés par le général pour inspecter les maisons et colléges de l'ordre, écouter les plaintes et réformer les abus.

Chaque province, chaque maison professe, chaque collége, chaque noviciat, a son *procureur* particulier. Il y a en outre à Rome un procureur général, chargé de toutes les affaires de la Compagnie. Ils perçoivent les revenus et les aumônes, régissent le temporel, et soutiennent les procès intentés à la Compagnie, qu'il leur est ordonné de terminer, autant que possible, à l'amiable et sans intervention des tribunaux.

Outre ces hauts officiers, on en compte bon nombre de subalternes : des examinateurs, préposés pour éprouver les néophytes; des novices chargés d'un second examen; des ministres qui soulagent les supérieurs; des sous-ministres pour la cuisine, le réfectoire, le dortoir, la cave; des consulteurs, qui aident les supérieurs de leurs conseils ; des admoniteurs, qui les avertissent; des préfets spirituels, qui président aux actes de dévotion; des sacristains, des infirmiers, des portiers, des maîtres de la garde-robe, des acheteurs, des dépensiers, des cuisiniers, des éveilleurs, des visiteurs de chambres, etc., etc., tous fonctionnaires dont les titres désignent assez le genre d'occupations.

A la mort de son fondateur, la *Compagnie de Jésus* comptait déjà 1,000 membres, répartis en douze provinces, dont la première était le Portugal, où Xavier et Rodriguez étaient venus s'établir dès 1540. Les développements pris par la Compagnie dans les États d'Italie et en Espagne ne furent pas moins rapides; dans ce dernier pays, l'exemple et la coopération des seigneurs, et notamment d'un grand d'Espagne fort influent, T. Borgia, duc de Gandia, y contribua beaucoup. L'ordre se répandit aussi avec une promptitude extrême dans l'Allemagne catholique, notamment en Autriche et en Bavière, dans les universités de Vienne, de Prague et d'Ingolstadt, où il acquit un ascendant dont il resta en possession pendant plus de deux siècles. Aux yeux des princes catholiques comme à ceux des papes, les principes rigoureusement hiérarchiques de l'ordre, son activité enthousiaste et infatigable, et ses nombreuses conversions paraissaient le moyen le plus efficace à employer contre les progrès toujours croissants du protestantisme. Aux yeux des masses, les jésuites ne tardèrent point à être les représentants du nouvel esprit des temps; esprit avec lequel sympathisaient ceux-là même qui abhorraient le monachisme. Avec leurs manières polies, gaies et sociables, les jésuites devaient réussir auprès de ceux qui trouvaient les franciscains trop grossiers, les dominicains trop sévères et trop tristes, comme moralistes et comme inquisiteurs. On ne pouvait point leur reprocher de perdre leur temps à marmotter machinalement des prières ; leurs exercices de piété n'étaient pas longs, ils avaient grand soin d'ailleur de ne pas paraître s'enorgueillir d'avoir inventé une nouvelle méthode de sanctification ; par leur costume ils ne différaient en rien des prêtres séculiers, et leurs règlements les autorisaient même à l'échanger contre le vêtement ordinaire des pays dans lesquels ils résidaient. Il leur était en outre prescrit d'apporter une douceur et une modération extrêmes dans l'exercice de leur activité politique et spirituelle, de chercher à gagner les hommes en montrant de la condescendance par leurs faiblesses particulières, de bien se garder de laisser apercevoir chez eux la moindre passion ; de tenir secrets leurs projets ainsi que les moyens qu'ils emploieraient pour les faire réussir, et, avec beaucoup de froideur et de réserve apparentes, d'être infatigables à poursuivre l'exécution et la réussite de ce qui serait de nature à provoquer de la résistance si on le livrait à la publicité. La Compagnie fut redevable de ces habiles règles de conduite pour toutes les circonstances de la vie aux principes posés par son second général, le père Lainez, esprit profondément politique, qui sut modifier ce qu'il y avait encore de dur et de monacal dans les règles imposées à l'ordre par son fondateur, règles qu'il rendit plus conformes à l'esprit du temps et au but que la Compagnie se proposait. A l'origine ce but n'avait été autre que de défendre la monarchie spirituelle universelle du pape contre les attaques du protestantisme, tout aussi bien que contre celles des princes ou des évêques. Sous prétexte de n'avoir en vue que la religion et les honneurs à rendre à Dieu (de là leur devise : *Ad majorem Dei gloriam*), ils travaillaient constamment dans ce but; et à cet effet ils cherchaient à s'emparer de la direction des esprits, en fondant des écoles pour la jeunesse et en prêchant et confessant les adultes. A la mort de Lainez, arrivée en 1565, cette direction et la vigueur d'esprit qu'elle nécessita avaient déjà si profondément pénétré dans la vie intérieure de l'ordre, que l'exemple de la dévotion minutieuse et monacale à laquelle s'adonna son successeur François Borgia n'y changea rien, et que les exhortations adressées par les papes Paul IV et Pie V à divers ordres religieux, d'avoir à revenir à l'observance des heures canoniales, demeurèrent non advenues en ce qui concerne les jésuites. Les papes et les généraux suivants affranchirent en effet l'ordre de toutes les gênes imposées aux autres corporations monastiques; et par les résultats obtenus on ne tarda pas à comprendre ce qu'il y avait eu de prévoyante sagesse et d'habile politique dans les règles données à la Compagnie par Lainez. Les missions entreprises hors d'Europe par l'ordre eurent un succès vraiment prodigieux, notamment dans les Indes portugaises, où, de 1541 à 1551, François Xavier et les collaborateurs qu'on lui envoya convertirent au christianisme plusieurs centaines de mille individus, à Goa, à Travancore, en Cochinchine, à Malakka, à Ceylan, et même au Japon. D'autres jésuites ne contribuèrent pas moins au Brésil et au Paraguay à civiliser et à subjuguer les indigènes. L'Afrique seule se montra rebelle à leurs efforts; les jésuites n'en abordèrent même point la côte occidentale; et à l'est ils se virent chassés par les coptes et traités par les Abyssiniens comme coupables du crime de haute trahison. En revanche, ils prirent rapidement un ascendant extrême en Europe, et réussirent à complétement anéantir les traces laissées par la réformation dans quelques pays catholiques. Ils firent en grand, et pour les hautes classes, ce que les barnabites, les somasques, les pères de la doctrine chrétienne et ceux de l'Oratoire, et enfin les piaristes n'avaient commencé qu'en petit pour l'amélioration des écoles à l'usage des classes inférieures de la société. Claudius Aquaviva, de la famille des ducs d'Atri, leur quatrième général (1581-1615), fut le créateur de leur pédagogique; son ouvrage intitulé *Ratio et institutio Studiorum Societatis Jesu* contient tout le plan d'enseignement suivi dans leurs colléges. Malgré l'insuccès des efforts qu'ils avaient tentés à diverses reprises pour s'établir en Angleterre et dans les États protestants du nord de l'Allemagne, le nombre des membres de l'ordre s'élevait déjà en 1618 à 13,112; ils étaient alors répartis en 32 provinces. En 1640, sous le généralat de Vitelleschi, fiers de la prospérité inouïe de leur

Compagnie, ils en célébrèrent avec une grande pompe le jubilé séculaire.

Mais les joies de cette fête ne demeurèrent pas sans ombre. En dépit du succès extraordinaire que la Compagnie de Jésus avait eu dans les cours de même que dans le peuple, le clergé et les savants demeurés étrangers à cette société n'avaient pas tardé à découvrir les germes dangereux qu'elle recélait dans son sein. Par ses privilèges elle blessait les droits des universités, des évêques et des curés; et sa conduite mondaine provoquait des plaintes et des attaques passionnées de la part des anciens ordres monastiques, dont l'envie et la jalousie n'étaient pas moins excitées par ses empiétements sur leur domaine que par les succès qu'elle obtenait partout. Enfin, en intervenant dans les affaires de la politique, les membres de la Compagnie finirent par provoquer les défiances et les rancunes des fonctionnaires publics et des magistrats. C'est ainsi que le Portugal avait déjà pu ressentir les suites funestes de leurs intrigues sous les rois Jean III et Sébastien, dont ils avaient été les institueurs; intrigues qui, à la mort du dernier de ces souverains, avaient beaucoup contribué à faire passer ce royaume sous la domination de l'Espagne.

Les jésuites ont joué en France un rôle trop important pour ne pas nous imposer l'obligation de présenter ici un résumé spécial des développements que leur ordre prit successivement parmi nous.

Dès l'an 1540 Ignace de Loyola avait envoyé quelques-uns de ses novices étudier à Paris. Ils demeurèrent d'abord au collège des Trésoriers, puis dans celui des Lombards; mais la guerre s'étant allumée entre Charles-Quint et François Ier, ces novices, la plupart Espagnols ou Italiens, furent contraints de sortir du royaume. La paix de 1544 leur rouvrit les portes de notre pays. Guillaume Duprat, évêque de Clermont, en accueillit un certain nombre à Billom et à Maurice; puis il en logea quelques-uns à Paris, dans son hôtel de Clermont, rue de la Harpe, et finit par leur léguer 36,000 écus. Ils ne furent d'abord à Paris que de modestes écoliers, jusqu'à ce qu'en 1550, sur la recommandation du pape, ils obtinrent, par l'entremise du cardinal de Lorraine, des lettres patentes de Henri II qui les autorisèrent à bâtir, mais à Paris seulement, au produit de leurs aumônes, une maison et un collège selon leur règle. Ces lettres ayant été présentées au parlement, les gens du roi eux-mêmes s'opposèrent à leur enregistrement, et prièrent la cour de faire droit aux remontrances au contraire. En 1552, nouvelles lettres du même roi, portant itérative jussion d'entériner les premières. L'affaire traîna plus de deux ans. Enfin, le parlement rendit, le 3 août 1554, un arrêt portant qu'avant de passer outre, les lettres du roi et les bulles de pape seraient soumises à l'évêque de Paris et au doyen de la Faculté de théologie. Tous deux se prononcèrent contre les jésuites. Broüet, leur supérieur, envoya copie de cette décision à Ignace, qui les exhorta à souffrir patiemment. L'évêque de Paris Eustache du Bellai leur interdit alors toutes fonctions; mais eux, pour se soustraire à sa juridiction, se retirèrent dans le quartier Saint-Germain des Prés, sous la protection du prieur de cette abbaye.

Les jésuites de Paris, repoussés par le parlement, par l'évêque, par la Faculté de théologie, renouvelèrent leurs démarches à l'avénement de François II. Les Guises, qui les protégeaient, portèrent leur requête au conseil privé du roi, déclarant, pour lever les obstacles, qu'ils renonçaient à tout ce qu'il y avait dans leurs privilèges de préjudiciable à l'autorité des évêques, des curés, des collèges, des universités, et contraire soit aux libertés de l'Église gallicane, soit aux traités passés entre les rois et les papes. Le conseil ayant examiné l'affaire, le roi, par lettres du dernier octobre 1560, ordonna au parlement de vérifier sans délai les lettres patentes et d'homologuer les bulles obtenues par les pères de la Compagnie de Jésus. L'évêque de Paris y ajouta six articles, portant en somme qu'ils prendraient un autre nom; qu'ils ne pourraient toucher à leurs constitu-

tions; qu'ils seraient soumis aux évêques; qu'ils ne pourraient enseigner publiquement les saintes Écritures sans être reçus par les facultés de théologie, les universités et les évêques, etc. Le 18 novembre, les lettres patentes et les bulles ayant été présentées au parlement, elles y furent enregistrées, mais avec la clause formelle que si dans la suite on y trouvait quelque chose de dommageable ou de préjudiciable aux droits du roi et aux privilèges ecclésiastiques, il y serait pourvu.

Trois semaines après, François II mourut, et Charles IX, son frère, lui succéda. Les jésuites trouvèrent auprès de ce jeune prince et de sa mère la même protection qu'auprès de son prédécesseur. Aussi les vit-on présenter bientôt nouvelle requête au parlement pour être reçus et approuvés comme religieux, ou tout au moins en forme de collège. Le parlement, jugeant que cette demande regardait le pouvoir ecclésiastique, les renvoya à l'assemblée générale de l'Église gallicane convoquée à Poissy. Laïnez, qui avait été promu au général des jésuites à la mort d'Ignace, s'y présenta comme leur soutien; et cette assemblée les admit, non point comme corps religieux, mais comme société, comme collège; leur enjoignant de prendre un autre nom que celui de *Jésuites*, d'obéir aux évêques, de se soumettre aux universités, de renoncer à leurs privilèges pour rentrer dans le droit commun, sous peine de voir l'autorisation révoquée immédiatement. Les jésuites, ayant fait enregistrer cet acte au parlement, quittèrent l'hôtel de Clermont et vinrent s'établir dans une maison de la rue Saint-Jacques, appelée la cour de Langres, qu'ils achetèrent des deniers que leur avait légués leur protecteur Guillaume Duprat. Ils firent à ce bâtiment de grandes réparations, et inscrivirent au fronton : *Collegium Societatis nominis Jesu.*

Mais ils ne pouvaient enseigner publiquement sans l'autorisation de l'université; le recteur Julien de Saint-Germain leur accorda des lettres de scolarité. Ils les tinrent secrètes quelque temps, et ne les firent connaître que le jour de Saint-Remi (1564), en ouvrant publiquement leurs classes. L'université, qui n'avait pas été consultée, défendit aux jésuites de continuer leurs leçons jusqu'à ce qu'ils se fussent pourvus d'un autre titre. Ceux-ci prièrent alors l'université de les recevoir au nombre de ses *enfants*, promettant soumission entière à ses lois. Les facultés, après s'être réunies plusieurs fois, résolurent de ne rien déterminer avant de savoir qui ils étaient. Ils furent donc cités, le 18 février 1564, à comparaître aux Mathurins, devant le recteur et les délégués de l'université. Là, sur la question qui leur fut faite s'ils étaient séculiers, ou réguliers, ou moines, ils soutinrent que l'assemblée n'avait pas le droit de la leur poser, et qu'ils étaient en France, en vertu d'un arrêt du parlement, *tales quales.*

Déboutés par l'université, ils eurent recours au parlement. Charles Dumoulin fut le conseil des jésuites. Pierre Versoris plaida pour les jésuites. Ceux-ci, pour priver l'université de ses meilleurs avocats, consultèrent, en outre Montholon, Chocart, Chauvelin et Chippart; de sorte qu'il ne lui resta pour défenseur qu'Étienne Pasquier, fort jeune alors, mais homme d'un esprit supérieur. Après de brillantes plaidoiries de part et d'autre, l'avocat général Dumesnil conclut au rejet de la requête présentée par les jésuites. Ils virent bien que le danger était grand, et expédièrent l'un des leurs, Possevin, à Bayonne, où se trouvaient Charles IX et sa mère. Le parlement renvoya les parties à huitaine; le procès fut assoupi, et les jésuites continuèrent à enseigner publiquement.

Antoine Arnaud affirme que la maison des jésuites fut l'*infâme repaire* où les égorgeurs de la Saint-Barthélemy tinrent leurs conciliabules.

Sous Henri III, nous trouvons deux jésuites fort avant dans les bonnes grâces de ce roi : c'étaient Edmond Auger, son confesseur, et Claude-Matthieu, provincial de Paris. Dans le fort de la ligue, le comité directeur, composé d'abord de cinq membres, puis de dix, siégea longtemps dans la nouvelle maison des jésuites rue Saint-Antoine. Lorsque, après l'assassinat de Henri III, Henri IV, proclamé roi de France par son armée, fut devenu maître de Paris, la querelle, longtemps assoupie entre le parlement et l'université d'une part et les jésuites de l'autre, se réveilla. L'université rendit un décret dont la conclusion était qu'il fallait citer les jésuites en justice, comme fauteurs de huit ou dix complots tramés contre la vie du roi, et obtenir qu'ils fussent tous chassés sans exception. La cause fut violemment plaidée les 12, 13 et 16 juillet 1594 ; et pourtant le procès resta en suspens.

Un nouveau complot appela bientôt ailleurs l'attention publique : le roi, revenant de Picardie, fut atteint au milieu de ses courtisans, dans l'hôtel de Gabrielle d'Estrées, d'un coup de couteau qui l'atteignit à la mâchoire supérieure, lui fendit la lèvre et lui rompit une dent. L'assassin était Jean Châtel, fils d'un drapier de Paris ; il avait étudié chez les jésuites sous le père Guéret. Le parlement donna incontinent l'ordre d'arrêter tous les jésuites, et le soir même, à dix heures, leurs collèges furent investis. On trouva dans leurs archives un écrit du père Guignard, l'un d'eux, prêchant la sédition. Guéret, Guignard et les autres jésuites furent conduits au For-l'Évêque, où Jean Châtel avait été écroué ainsi que son père. Par son arrêt du 29 décembre 1594, le parlement condamna Châtel à être rompu vif, et ordonna que tous les jésuites, comme ennemis du roi et de l'État, videraient Paris et autres lieux dans trois jours, et le royaume sous quinzaine après, sous peine d'être punis comme coupables du crime de lèse-majesté. Le parlement condamna en outre Guignard à être pendu et son corps réduit en cendres, Guéret au bannissement perpétuel, et le père de Jean Châtel à neuf ans d'exil. Il fut ordonné aussi que sa maison serait rasée, et qu'à sa place s'élèverait une pyramide. Ce fut vers la même époque que les jésuites furent bannis de l'Angleterre et de la Flandre, comme accusés d'avoir conspiré contre Élisabeth et les deux princes d'Orange. La surprise est grande en voyant quelques années après Henri IV, dans le but de se ménager ainsi les bonnes grâces du pape, consentir à ce que les jésuites rentrent en France. Sully et De Thou s'y opposèrent vivement, mais le conseil opina pour leur rétablissement *par égard pour le pape*. On leur affecta seulement certaines villes, en leur interdisant de recevoir des frères étrangers, avec défense de recueillir aucun héritage et confesser ni prêcher sans la permission de l'évêque diocésain.

Ces conditions avaient été débattues avec le pape, qui les avait ratifiées ; mais le général Aquaviva refusait sa sanction. Moins scrupuleux, ses frères rentraient en France de toutes parts. Le parlement adressa au roi de très-humbles remontrances ; mais les jésuites obtinrent, par l'entremise du père Cotton, de nouvelles lettres de jussion, en date du 2 janvier 1604, pour que le parlement eût à enregistrer l'édit de leur rappel ; et le parlement, n'osant plus reculer, s'exécuta. La pyramide élevée sur les ruines de la maison de Jean Châtel était couverte d'inscriptions contre les jésuites ; ils en demandèrent la démolition : le roi y consentit ; le parlement s'y refusa ; on passa outre, et la pyramide fut abattue. L'interdiction d'instruire la jeunesse, sous laquelle ils continuaient de demeurer, fut levée en 1609, malgré la vive opposition de l'université.

C'est à ce moment que Henri IV succomba sous le poignard de Ravaillac. On accusa tout aussitôt les jésuites d'avoir été les instigateurs de ce meurtre ; mais c'est là une accusation dont rien n'a démontré la vérité.

La mort tragique de Henri IV ralluma la haine du parlement contre les jésuites, et il les porta à condamner et à brûler tous les livres dans lesquels ils déposaient leurs doctrines. Le premier atteint fut celui de Mariana, accusé de renfermer des maximes régicides. On condamna et on brûla encore les œuvres de Bellarmin, de Becan et de Suarez, comme contenant le même venin. Cela n'empêcha pas, toutefois, la reine Marie de Médicis de leur accorder, le 20 août 1610, des lettres patentes par lesquelles il leur était permis de faire des leçons publiques, non-seulement en théologie, mais en toutes sortes de sciences et exercices, au collège de Clermont ; et le parlement, en dépit de l'opposition de l'université, enregistra ces lettres patentes. Non contents de cette victoire, les jésuites voulurent, en 1618, être agrégés à l'université, et un arrêt du conseil leur accorda encore cette faveur. Cependant la condamnation de plusieurs de leurs livres, obtenue par le parlement, changea bientôt les dispositions de la cour à leur égard, et détermina Louis XIII à rétablir, en 1631, l'université dans tous ses droits. Ce monarque, pourtant, légua ses dépouilles mortelles aux jésuites, comme Henri IV leur avait légué son cœur.

Sous Louis XIV, le père Héreau fut accusé d'enseigner publiquement *qu'il est loisible de déposer les rois*. L'université le dénonça à la reine mère, qui défendit au parlement de faire droit à cette requête, et évoqua l'affaire. Le 3 mai 1644 le roi rendit un arrêt qui faisait très-expresses inhibitions aux jésuites de traiter publiquement de pareilles propositions ; ordonnait de plus que le père Héreau demeurerait en arrêt à la maison du collège de Clermont jusqu'à ce qu'autrement sa majesté en eût ordonné.

Quelque nombreuses que fussent les plaintes portées chaque jour contre les jésuites, on s'apercevait que leur influence allait en augmentant. Il fallait un génie puissant pour l'arrêter : Pascal parut. Éloquent et sublime avant Bossuet, ayant, selon la belle pensée d'un écrivain, jeté une ancre dans le ciel, une autre dans les enfers , il frappa des traits les plus piquants, les plus acérés, le plus inattendus, cette Compagnie si célèbre par la force de la raison et la finesse de l'esprit. L'apparition des premières *Provinciales* fut un grand événement. Les curés de Paris s'assemblèrent, et demandèrent la condamnation des maximes des jésuites et Pascal avait fidèlement cité leurs écrits , on sa mise en accusation s'il avait dénaturé le texte des casuistes. Les jésuites mirent tout en œuvre pour arrêter cet élan. Mais les évêques étaient tout occupés de l'affaire du cardinal de Retz ; on se sépara sans avoir avoir rien décidé, et les jésuites triomphants publièrent une *Apologie de leurs casuistes*, que le pape Alexandre VII condamna formellement.

Les jésuites, malgré les *Lettres provinciales*, demeurèrent tout-puissants sous le règne de Louis XIV. C'est ainsi que ce monarque choisissait pour son confesseur un de leurs chefs, le père La Chaise. A sa mort, un autre jésuite, le père Le Tellier, obtenait sa confiance, et , comme son prédécesseur, il exerçait une grande influence sur l'esprit du monarque.

Ici se ralentit la lutte si longue et si animée entre l'université et le parlement d'une part et les jésuites de l'autre ; mais elle se continua entre eux et les jansénistes, et l'histoire a gardé le souvenir des indignes fureurs dont Port-Royal fut victime.

Nous avons conduit l'histoire de l'Ordre des Jésuites en France jusqu'à la fin du dix-septième siècle ; ici il nous faut revenir sur nos pas pour dire quelques mots sur le rôle qu'ils jouèrent pendant ce même siècle dans le reste de l'Europe.

Ils n'avaient pas moins bien réussi en Allemagne que parmi nous, et ils y furent tout-puissants sous les règnes des empereurs Ferdinand II et III, dont ils possédèrent toute la confiance. A l'époque de la guerre de trente ans, ils furent preuve d'une adresse de conduite sans pareille. Ils furent l'âme de la *Liga*, qui ne faisait rien sans les avoir préalablement consultés ; aussi leur fut-il possible de se faire attribuer, en 1629, par la diète de l'Empire, tous les domaines enlevés précédemment soit à l'Église catholique, soit aux ordres monastiques ; et l'on conçoit facilement qu'il dut y avoir là pour eux la source d'un immense accroissement de richesses et partant d'influence. Ce fut le père Lanormain, l'un des membres de la Compagnie de Jésus et confesseur de l'empereur, qui décida la chute de Wallenstein ; ce fut lui aussi qui réussit à maintenir la Bavière dans l'alliance de l'Autriche. En Espagne et en Portugal, dans les petites cours d'Italie, ils étaient devenus les confesseurs ordinaires non pas seulement des souverains, mais encore de leurs conseillers et courtisans : c'est assez dire qu'ils étaient parvenus à y exercer sur la marche de toutes les affaires politiques la plus décisive influence.

Le dix-huitième siècle devait être un temps de rudes épreuves et de désolation pour la Compagnie, dont divers procès scandaleux ameutèrent de nouveau les adversaires, en même temps qu'ils réveillèrent des haines qui n'étaient qu'assoupies et qui firent alors explosion avec une nouvelle fureur. L'affaire du père Girard et de sa pénitente Madeleine Cadière montra les jésuites abusant de leur ministère de directeurs de consciences pour satisfaire leur lubricité. L'affaire du père Lavalette les présenta à l'état de marchands et, qui pis est, de marchands banqueroutiers. Ce père Lavalette, supérieur général des jésuites aux îles du Vent, faisait dans ce pays est d'importantes affaires commerciales, au mépris des canons ecclésiastiques. Une faillite vint couper court à sa fortune. Ses créanciers réclamaient plus d'un million. On assigna devant les consuls de Marseille non-seulement le père Lavalette, mais encore le père Sacy, procureur général des missions. Les jésuites prétendirent ne pouvoir être considérés comme solidaires d'un des leurs, et en appelèrent au parlement de Paris. De Saint-Fargeau porta la parole au nom des gens du roi ; Gerbier plaida pour les créanciers, et obtint la condamnation des jésuites.

Dans le cours de ce procès, deux mémoires avaient été publiés, l'un pour les jésuites, l'autre pour la partie adverse ; l'un et l'autre discutaient avec trop d'éclat les constitutions de la société pour qu'à cette occasion un membre du parlement, l'abbé Chauvelin, crût pouvoir se dispenser de présenter quelques observations. Ce magistrat conclut à l'examen de l'Institut et de sa doctrine : sur quoi, arrêt du même jour, 17 avril 1761, qui enjoint aux jésuites de remettre dans trois jours au greffe un exemplaire de leurs constitutions. Les supérieurs des trois maisons de Paris se soumettent à cet ordre. Un message de Louis XV demande communication des statuts ; le parlement n'y consent qu'après s'en être procuré un second exemplaire. Cependant, il nomme des commissaires et poursuit son examen. Après de longs débats, trois arrêts sont rendus contre les jésuites : l'un frappe leurs doctrines régicides, l'autre ordonne la destruction de leurs livres, le troisième leur interdit tout enseignement public. Le conseil des ministres, à cette nouvelle, s'assemble, et promulgue des lettres patentes enjoignant au parlement de surseoir pendant un an à l'exécution des arrêts prononcés. Opposition du parlement. Le monarque persiste dans son opinion. Enfin, on se rapproche, et la surséance est limitée au 1er avril ; on était alors en septembre. Un projet d'édit de réformation de l'ordre fut alors envoyé au général Ricci à Rome, qui fit cette réponse fameuse : Sint ut sunt, aut non sint. Enfin, le parlement reprit le cours de ses débats pendant les mois de mai, juin et juillet. Arriva la fameuse séance du 6 août 1762, où la cour, toutes les chambres assemblées, à l'unanimité , et après une délibération de seize heures, rendit un arrêt solennel et définitif. On y trouve rapportée la longue liste des jésuites accusés d'avoir professé des maximes corrompues, et celle des généraux et supérieurs qui les auraient encouragées. Cet arrêt, moins sévère que celui du règne de Henri IV, ordonne la dissolution de la Société et la fermeture de ses maisons ; mais il ne sévit point contre les membres individuellement, il ne les bannit pas, il leur accorde même des pensions viagères sur les biens de la Compagnie, et les admet aux fonctions de l'université, du clergé, de la magistrature, de l'administration, moyennant un serment dont il spécifie la teneur. Presque tous les parlements du royaume s'associèrent à la mesure prise par celui de Paris. Un édit du roi, de novembre 1764, sanctionna toutes ces procédures.

En Espagne, les jésuites furent accusés d'avoir été les fauteurs d'un attentat médité contre la famille royale, et le 2 avril 1767 le monarque promulgua une pragmatique sanction, ayant force de loi, qui les exilait à perpétuité du royaume et ordonnait la confiscation de leurs biens. Cet édit ralluma le zèle du parlement de Paris, qui le 9 mai suivant rendit un nouvel arrêt, expulsant de la France sous quinzaine tous les jésuites qui n'auraient pas prêté serment. Ils avaient été chassés dès 1759 du Portugal, où on les accusait aussi d'avoir cherché à faire assassiner le roi. Cette accusation, basée sur une tentative de meurtre dont le roi Joseph avait failli être victime, en 1758, fut soutenue avec une grande passion par le marquis de Pombal, qui réussit à démontrer à peu près leur participation à cet attentat. Les jésuites se firent ainsi successivement chasser de toute l'Europe. Le pape Clément XIII les soutenait seul. Il allait céder aux sollicitations de tous les monarques, quand il mourut. Son successeur Clément XIV promulgua enfin, le 21 juillet 1773, la bulle solennelle Dominus ac Redemptor noster, qui prononçait l'abolition de la Société de Jésus dans tous les royaumes de la chrétienté.

A ce moment la Compagnie comptait 24 maisons professes, 669 collèges, 176 séminaires, 61 noviciats, 335 résidences et 273 missions, tant chez les idolâtres que dans les pays protestants, et se composait en tout de 22,589 membres, dont moitié ayant reçu l'ordre de la prêtrise. Seuls, Frédéric II, roi de Prusse, et Catherine II, impératrice de Russie, protégèrent les jésuites dans leur malheur, les gardant dans leurs États sous un nom simulé, et avec un costume un peu différent.

Pie VI, successeur de Clément XIV, se montra mieux disposé en faveur de la Compagnie de Jésus, qui, en dépit de toutes les mesures prises par l'autorité séculière, était loin d'être anéantie. Les ex-jésuites étaient restés dans leurs provinces respectives comme simples prêtres, la plupart du temps entourés d'une grande considération personnelle et remplissant d'importantes fonctions, soit dans l'Église, soit dans l'enseignement. En 1780 on en comptait environ 9,000 en dehors de l'Italie ; et il est vraisemblable que tous continuaient à correspondre en secret avec leurs anciens chefs. On les a accusés d'avoir été pour quelque chose dans les menées des rose-croix d'abord, et ensuite dans celles des illuminés. Un essai qu'ils tentèrent, en 1787, pour se reconstituer sous la dénomination de Vicentins échoua. Quant aux Pères de la Foi, ordre religieux que, sous la protection de l'archiduchesse Mariane, Paccanari, Tyrolien fanatique et ancien soldat du pape, composa pour la plus grande partie avec des ex-jésuites et que, assisté par le parlement, mit en activité à Rome avec une règle modifiée comme nouvelle Société de Jésus ; ils ne furent jamais reconnus par les supérieurs occultes des véritables jésuites comme l'équivalent de leur Compagnie ; et partout, en Italie comme en France, on les plaça sous la surveillance spéciale de la police. L'abbé de Broglie, qui alla fonder un collège des Pères de la Foi à Londres, faillit y mourir de faim ; et son entreprise aboutit à une banqueroute.

La protection dont Pie VII entoura les jésuites fut plus efficace. Il confirma enfin, en 1801, l'existence de leur Compagnie dans la Petite-Russie et en Lithuanie, où, sous la direction du vicaire général Daniel Gruber, elle continua de subsister, limitée dans son activité aux fonctions sacerdotales et à celles de l'enseignement. A la chute de Napoléon, quand le saint-père, longtemps prisonnier en France, eut revu ses États, il signala son entrée à Rome par le rétablissement des jésuites. La bulle Sollicitudo omnium, en date du 7 août 1814, autorisa leur association en Russie, à Naples et dans toute la chrétienté. Dès le 11 novembre de la même année ils faisaient solennellement la réouverture de leur noviciat à Rome. En 1824 ils y rentrèrent en possession du Collegium romanum ; et leur nombre s'accrut tellement dans cette ville, qu'en 1829 il leur fallut se bâtir un couvent en dehors de son enceinte. Leur général, le père Fortis, étant mort cette année-là, l'influence du cardinal secrétaire d'État Albani détermina l'élection du père Roothaan, né à Amsterdam, que la Compagnie appela à le remplacer.

Voyons quel était pendant ce temps-là dans le reste de l'Europe le sort des jésuites :

Le 1ᵉʳ janvier 1816 l'empereur Alexandre Iᵉʳ expulsait de Russie; et Jean VI de Portugal signifia au pape que son intention était de maintenir l'arrêt qui les avait chassés de son royaume. Tandis que Ferdinand VII d'Espagne s'empressait de les rétablir dans ses États, l'empereur d'Autriche leur refusait l'accès des siens; mais le Piémont leur ouvrit ses portes, et autant en firent Naples et Modène. En France, humbles missionnaires, ils se répandent d'abord dans les départements pour y prêcher l'Évangile. La foule accourt à à leur voix. Quelques ecclésiastiques, quelques administrateurs, s'opposent seuls, mais en vain, à leurs projets ; quelques plumes éloquentes essayent de les combattre. Des désordres éclatent sur plusieurs points; le service divin est interrompu dans plusieurs églises; des hommes plus ou moins coupables sont arrêtés. Des provinces, les missionnaires rentrent dans Paris. Bientôt ils créent de nouveaux établissements à Montmorillon, à Poitiers, à Vannes, à Bordeaux, à Toulouse, à Besançon, à Saint-Acheul, à Mont-Rouge, à Arcs, à Forcalquier, à Soissons. Les jésuites existaient de fait en France, et y comptaient déjà plus de 600 élèves, sans que leur nom eût encore été officiellement prononcé. La révolution de Juillet vint apporter un temps d'arrêt au développement de leur ordre; mais le gouvernement de Louis-Philippe ne se trouva pas plus tôt consolidé qu'ils reprirent leur œuvre avec plus d'ardeur que jamais; et nous n'apprendrons rien à personne en ajoutant que par les égards affectueux qu'il leur témoigne, le pouvoir actuel semble avoir en vue de leur ôter tout motif de regretter le bon temps de la Restauration.

En Belgique, où la révolution de septembre 1830 fut en grande partie leur œuvre, les jésuites se sont de jour en plus répandus. Depuis la séparation effectuée entre cet État et le royaume des Pays-Bas, il leur a été possible de fonder à Malines, dès 1834, une université dont tout le personnel enseignant se compose de membres de leur ordre; et c'est pour faire contre-poids à cette institution que, dans la même année, s'ouvrit à Bruxelles une université libre.

En Angleterre, où ils ont fait beaucoup parler d'eux dans ces derniers temps, ils possèdent depuis les premières années de ce siècle, à Stonyhurst, près de Preston, dans le Lancashire, et à Hodderhouse, des collèges de leur ordre. Depuis 1825 ils ont fondé en Irlande, pays essentiellement catholique, divers maisons et collèges.

Aux États-Unis de l'Amérique du Nord, ils ont un établissement d'instruction publique à Georgestown, et leur nombre y augmente de jour en jour. Dans les États de l'Amérique du Sud, les révolutions politiques ont eu pour suite de les faire persécuter et chasser à peu près partout.

Dès 1818 la Suisse avait vu le canton de Fribourg rétablir un ancien collège que la Compagnie y avait autrefois possédé. Plus tard, les jésuites réussirent aussi à s'établir dans le canton de Schwytz et surtout dans celui de Lucerne (automne 1844), où leur agitation provoqua au sein de la Confédération helvétique une crise décisive. Les expéditions de volontaires entreprises contre eux et contre le gouvernement de Lucerne, qu'ils dominaient, échouèrent à la vérité; mais il en résulta que l'irritation des esprits devint de plus en plus vive et plus générale contre eux en Suisse; et la création du Sonderbund, leur œuvre, provoqua enfin un mouvement qui mit fin à leur pouvoir dans les cantons catholiques, et surtout dans le canton de Fribourg.

Avant 1848, les jésuites étaient tolérés en Bavière sous le nom de Rédemptoristes, et ils avaient également réussi à fonder, sous le même nom, un grand nombre de maisons d'éducation en Autriche. Dans les autres États allemands, ils n'étaient point officiellement tolérés, et leurs menées secrètes ont dû ne pas peu contribuer aux troubles et aux embarras religieux dont certains d'entre ces États ont été le théâtre.

La tempête politique de 1848 fut un temps de rudes épreuves pour la Compagnie de Jésus. Le pape Pie IX, sans prononcer formellement la dissolution de l'ordre, se vit forcé de le chasser de Rome, et autant en advint dans le reste de l'Italie, de même qu'en Autriche; mais les Jésuites y sont bien vite revenus à la suite de la réaction politique. La prostration morale qui a été le résultat de l'avortement complet des espérances provoquées par le mouvement révolutionnaire leur a été des plus favorables, et leur a fait regagner en influence tout ce qu'ils avaient perdu.

Le père Roothaan, général élu en 1839, étant mort le 8 mai 1853, âgé de soixante-huit ans, la Compagnie procéda à son remplacement dès le 2 juillet suivant, et élut le père Berckx, provincial de la province d'Autriche et belge de nation. Sur 31 votants, il avait réuni 27 suffrages.

Dans la présente année 1855 l'ordre comptait en tout 5,512 membres, ainsi répartis : Italie, Sicile, Sardaigno : 1,515 ; France, 1,697; Belgique, 463; Espagne, 364; Allemagne, 177; Angleterre, Amérique et autres contrées, 1,294. Depuis son origine l'ordre des jésuites n'a encore eu que vingt-deux généraux, y compris le général actuel, le père Berckx. Ces vingt-deux généraux sont : Ignace de Loyola, espagnol, mort en 1559; Jacques Lainez, espagnol, mort en 1558 ; François de Borgia, espagnol, mort en 1572; Everard Mercurian, belge, mort en 1580; Claude Aquaviva, napolitain, mort en 1615; Mutius Vitelleschi, romain, mort en 1643 ; Vincent Caraffa, napolitain, mort en 1649; François Piccolomini, florentin, mort en 1651 ; Alexandre Gotifredo, romain, mort en 1652; Goswin Nickel, allemand, mort en 1664 ; Jean-Paul Oliva, génois, mort en 1681 ; Charles de Noyelle, belge, mort en 1686; Thyrse Gonzalès, espagnol, mort en 1705; Michel-Ange Tamburini, de Modène, mort en 1730; François Retz, de Bohème, mort en 1750; Ignace Visconti, milanais, mort en 1755; Louis Centurioni, génois, mort en 1757; Laurent Ricci, florentin, mort en 1775; Thaddée Brozozowski, polonais, élu en 1805, mort en 1820; Louis Fortis, de Vérone, mort en 1829 ; Jean Roothaan, d'Amsterdam, mort en 1853; Pierre Berckx, belge, élu le 2 juillet 1853.

JÉSUS, mot hébreu répondant à ceux de *secours*, *sauveur*, *rédempteur*. C'était chez les Juifs un nom d'homme assez fréquent au commencement de l'ère chrétienne.

JÉSUS DE NAZARETH, comme le fondateur du christianisme, et comme l'idéal de la perfection humaine d'après l'image de Dieu, est déjà le plus remarquable, le plus sublime et le plus vénérable des mortels, abstraction faite de la dignité qui lui est attribuée comme Christ. Indépendamment de quelques passages peu importants d'ailleurs, qu'on trouve à son sujet dans les historiens latins, Tacite, Suétone et Pline, ainsi que d'un historien juif Josèphe, les sources historiques à consulter pour sa biographie sont les quatre Évangiles.

Les parents de Jésus (*voyez* GÉNÉALOGIE DE JÉSUS-CHRIST), Joseph, charpentier de son état, et Marie, tous deux de de la race de David, étaient pauvres et habitaient Nazareth ; de là son nom de *Jésus de Nazareth*. Marie mit au monde son fils, qu'elle conçut par l'opération du Saint-Esprit, à Bethléem, où elle s'était rendue avec son mari pour se faire taxer. Sa naissance fut annoncée par des anges à des bergers dans les champs. Ils vinrent saluer la venue du Messie, et le trouvèrent dans une crèche. On ne saurait déterminer avec une certitude historique complète l'année et le jour où cet événement s'accomplit. D'ordinaire on suppute l'année de la naissance de Jésus d'après le règne de l'empereur Auguste. Comme celui-ci, suivant l'opinion généralement admise, mourut quatorze ans après la venue du Christ, et qu'il régna en tout quarante-quatre ans, on fait dater la naissance de Jésus de la trentième année du règne de ce prince. Le calcul basé sur la fondation de Rome (an 750 av. J.-C.)

est beaucoup moins satisfaisant. Autrefois on fixait le 6 de janvier (*fête de l'Épiphanie*) comme le jour où cette naissance avait eu lieu; mais à partir du quatrième siècle on la reporta au 25 décembre (*fête de Noël*). Huit jours après être venu au monde, Jésus subit la circoncision et reçut son nom. Ensuite, quand les jours de purification voulus par la loi furent écoulés, Marie l'emmena à Jérusalem pour le présenter dans le temple au Seigneur et offrir à Dieu le sacrifice qui lui était dû. C'est à que Siméon prit l'enfant Jésus dans ses bras et le reconnut pour le Sauveur du monde. Tandis qu'il séjournait encore à Bethléem, des sages y arrivèrent d'Orient pour l'adorer. Une étoile les y avait conduits. A ce moment déjà de graves dangers menacèrent la vie de Jésus. Le roi Hérode, redoutant que le Messie qui venait de naître lui enlevât son trône, avait chargé les sages de lui faire savoir s'ils avaient découvert le nouveau roi. Avertis par un songe, les parents de Jésus s'enfuirent avec leur enfant en Égypte, et Hérode ne recevant point des sages les renseignements qu'il attendait, fit massacrer tous les enfants de Bethléem âgés de moins de deux ans. Après la mort d'Hérode, les fugitifs revinrent d'Égypte à Nazareth. Le récit de saint Luc, suivant lequel l'enfant, alors âgé de douze ans, séjourna pendant quelque temps dans le temple de Jérusalem, où il avait accompagné ses parents pour célébrer la fête de Pâques, témoigne de ses remarquables dispositions et de ses sentiments profondément religieux. On a fait bien des suppositions sur la manière dont il avait pu acquérir chez un peuple ignorant, et à une époque de ténèbres, la science par laquelle il s'élevait au-dessus de tous les autres hommes; mais elles n'expliquent point le fait en lui même. Aussi bien, on peut à cet égard se contenter du témoignage de Jésus, qui nous apprend lui-même que ses facultés intellectuelles, sa force et sa doctrine lui venaient de Dieu, et il importe beaucoup plus assurément de savoir quels furent ses actes ici bas. Ses parents, l'ayant cherché après l'avoir égaré en le revenant à Nazareth, le trouvèrent dans le temple au milieu des docteurs, qu'il frappait de surprise par sa sagesse. On manque de toute espèce de renseignements historiques sur le temps qui s'écoula entre la douzième et la trentième année de sa vie. On a cherché à remplir de diverses façons cette période de l'existence de Jésus. Tantôt on veut qu'il soit allé en Égypte et qu'il s'y soit formé parmi les Esséniens; tantôt on le fait dans le même but vivre chez les Nazaréens, ou encore parmi les Sadducéens. Tout ce que nous apprend à cet égard la Bible, c'est que son apparition publique commença à l'époque où, sur les bords du Jourdain, Jean baptisait et annonçait la venue prochaine du règne de Dieu en exhortant les hommes à faire pénitence. Saint Luc rapporte que Jésus était alors dans sa trentième année. Saint Jean l'évangéliste disant que Jésus vint à trois reprises célébrer la fête de Pâques à Jérusalem, on en a conclu que la vie publique du Christ n'avait duré que trois années. Ces présomptions s'appuient sur ce fait, que Jésus vint à Jérusalem à l'occasion de chaque fête de Pâques, et que saint Jean a rendu compte de chacun de ces voyages. Mais ce sont là des suppositions manquant de certitude, et on peut admettre que la vie publique de Jésus dura bien au-delà de trois années. Jésus, lui aussi, se fit baptiser sur les bords du Jourdain par saint Jean-Baptiste. A cette occasion Jean, considérant une colombe venue du ciel planer sur Jésus comme le symbole de l'Esprit de Dieu qui descendait sur lui, le reconnut et le désigna pour le Messie prédit par les prophètes. Jésus en avait la persuasion intime, de même qu'il était convaincu que c'était lui qui fonderait le royaume de Dieu. Cette conviction n'était rien moins que du fanatisme; ce n'étaient point en effet des sentiments obscurs et confus qui le dominaient, mais des pensées claires et lucides. Loin de mépriser la parole écrite de la révélation, il l'honorait. Il ne cherchait pas à s'entourer de l'apparence extérieure de la piété, et blâmait, au contraire, une semblable conduite. Il ne se faisait point une morale à son usage particulier, et ne recourait pas non plus à la violence pour atteindre son but. Il ne courait pas davantage au-devant du martyre et n'était nullement insensible à la douleur physique, comme c'est le cas chez les enthousiastes. Jésus était tout le contraire, et agissait en conséquence. On ne saurait non plus l'accuser de n'avoir été qu'un imposteur. Une telle imputation serait démentie par la pureté et par la noblesse de son caractère, par le respect profond que lui témoignaient les apôtres, par la foi entière qu'ils avaient en lui, par son complet désintéressement, par sa confiance dans la protection de Dieu, par son renoncement absolu à toute espèce de puissance politique et de souveraineté terrestre. Lorsque après avoir reçu le baptême, il se retira dans la solitude pour se préparer à son grand œuvre, il y fut, il est vrai, surpris par la tentatrice pensée de profiter dans un but politique de l'attente d'un Messie où était sa nation; mais il la repoussa aussitôt loin de lui et pour toujours. C'est comme rabbin enseignant et comme Messie venant l'exhorter sérieusement à s'occuper de son amélioration morale, qu'il se présenta au peuple, en annonçant qu'il ouvrait les portes du royaume de Dieu à tous ceux qui se sanctifient véritablement; tandis que lui-même il se soumettait encore à toutes les prescriptions de la loi mosaïque, qu'il guérissait les malades moralement et physiquement, et qu'il allait de côté et d'autre en faisant le bien. Ses miracles, notamment ses guérisons spontanées de malades, étaient des bienfaits; ils appelèrent l'attention du peuple sur lui, et donnèrent à penser qu'il était celui qui avait été prédit. Son caractère et sa vie étaient purs et sans taches. Il témoignait d'un si parfait amour de Dieu et de tous les hommes, que nous adorons à bon droit en lui l'idéal incarné de l'homme moral et que nous tenons son exemple comme une règle de conduite obligatoire pour tous les chrétiens. Quant au royaume de Dieu qu'il voulait fonder, il s'agissait d'une nouvelle communauté de vie religieuse pour arriver à la véritable et pure adoration de Dieu, à la véritable vertu et à la religieuse espérance d'une vie éternelle. Cette communauté de vie religieuse, il ne voulait point qu'elle reposât sur une contrainte extérieure; elle ne devait consister que dans la foi et n'avoir d'autres signes de reconnaissance que le baptême et la communion.

Peu de temps après qu'il eut commencé sa mission, Jésus admit près de lui quelques disciples vivant dans son intimité, et dont le nombre fut bientôt porté à douze. Plus tard on leur donna le nom d'*apôtres*. C'est aussi vers cette époque qu'il assista avec sa mère et ses disciples aux noces de Cana. Il se rendit avec eux et avec ses *frères* (Jacques, Joseph, Simon et Jude [saint Matthieu, XIII, 55; saint Marc, VI, 3], et il est aussi question de *sœurs* de Jésus) à Capharnaum, puis, après y avoir fait un court séjour, à Jérusalem pour la fête de Pâques. Beaucoup avaient foi en lui, et le pharisien Nicodème vint le visiter de nuit pour s'entretenir avec lui. Il séjourna alors pendant quelque temps en Judée; mais il s'en revint en Galilée, quand les hommages rendus en Judée y devint l'objet eurent appelé l'attention des pharisiens. Son chemin le conduisait par Samarie. En route il eut avec une Samaritaine un entretien, par suite duquel non-seulement celle-ci crut en lui, mais encore beaucoup de Samaritains prirent parti pour lui. De retour en Galilée, Jésus se rendit de nouveau à Cana; cependant, il séjourna le plus souvent à Capharnaum, où il enseignait et où il accomplissait des miracles, ainsi qu'à Nazareth. Mais il dut s'enfuir de cette ville. C'est tandis qu'il parcourait la Galilée, qu'il traversa le lac Génézareth, afin de propager son œuvre sur l'autre rive, et qu'il envoya dans le corps des pourceaux les démons qui obsédaient deux possédés d'entre les Gadaréniens. De là il s'en revint à Capharnaum, travaillant là et dans les environs à la fondation et à la propagation du royaume de Dieu, soit par ses entretiens, soit par de plus longs discours, ou bien par des comparaisons ou paraboles, ou encore par des miracles. C'est vraisemblablement vers ce temps-là que Jésus prononça son sermon sur la montagne, qui roule sur des enseignements moraux, et où il a donné aux hommes dans l'oraison dominicale la véritable formule que doit revêtir la prière. A l'occasion du nouveau séjour qu'il alla faire alors à Jérusalem pour la célébration de la fête de Pâques, la haine que lui avaient vouée les pharisiens s'exprima déjà d'une manière si grave, qu'il ne tarda point à s'éloigner de cette ville. Après avoir accompli en route le miracle de nourrir cinq mille individus avec cinq pains et deux poissons; avoir prié sur la montagne et être retourné auprès de ses disciples, il envoya ceux-ci à Jérusalem célébrer la fête des Tabernacles, et les y suivit. Alors encore il put voir combien les pharisiens le détestaient et étaient décidés à le persécuter. C'est pourquoi, quittant la Judée, il se rendit vers les frontières de Tyr et de Sidon. C'est à cette occasion qu'il secourut une femme cananéenne, qu'il guérit un sourd-muet et nourrit encore une fois quatre mille personnes avec sept pains. C'est alors aussi qu'eut lieu ce qu'on appelle la transfiguration de Jésus, à laquelle prirent part Pierre, Jacques et Jean.

Cependant les temps de sa Passion approchaient. Convaincu qu'il périrait victime de ses ennemis, il porta le nombre de ses disciples à soixante-dix, et se rendit ensuite à Jérusalem pour la fête de Pâques; mais il en repartit bientôt, à cause du caractère de gravité que prenaient les persécutions dirigées contre lui, et se rendit à Peræa, où il ressuscita Lazare. Puis il alla à Jéricho, où il logea chez Zachée; de là encore à Béthanie, et il rentra enfin à Jérusalem, où il fut accueilli aux cris d'*Hosannah!* par le peuple, auquel il devait donner en enseignements sa Passion, sa mort et sa résurrection. Le soir même, il s'en retourna à Béthanie, mais pour s'en revenir bientôt encore à Jérusalem, où il maudit le figuier stérile, chassa les acheteurs et les vendeurs du temple (saint Marc, II, 15 et suiv.), enseigna par paraboles dans le temple, et prédit le sort de Jérusalem. Il s'en revint alors de nouveau à Béthanie, où Marthe lui lava les pieds. Il séjourna ensuite sur le Gethsemané. C'est pendant ce temps-là que Judas offrit de vendre Jésus moyennant trente deniers. Jésus voulant célébrer avec ses disciples la fête de Pâques, revint à Jérusalem, lava les pieds de ses disciples, parla de la trahison dont il était menacé, institua la sainte communion dans la cène, se rendit au mont des Olives, y pria pour lui et ses disciples, et revint dans les jardins de Gethsemané. C'est là qu'il fut recherché et trahi par Judas et ceux qui accompagnaient le traître. Pierre voulut, il est vrai, défendre son maître, et abattit même une oreille à Malchus. Mais Jésus lui reprocha cet acte de violence, guérit Malchus, et se livra ensuite à ses ennemis. Ceux-ci le conduisirent d'abord à Hannas, puis à Caïphe, l'accablèrent d'insultes et le condamnèrent comme blasphémateur, pour s'être comme Christ déclaré le fils de Dieu.

Pendant que Pierre le reniait, alors que Judas, bourrelé par les remords de sa conscience, se pendit, Jésus était conduit devant Pilate, puis devant Hérode, et ramené devant le premier. Pilate voulait le faire mettre en liberté; mais le respect humain l'en empêcha, et le contraignit à rendre contre lui une sentence de mort, que le peuple ameuté lui dicta. En butte aux railleries et aux outrages de toutes espèces, Jésus devait être mis en croix. Trop faible pour porter lui-même sa croix jusqu'au lieu du supplice, ce fut Simon de Cyrène qui dut le remplacer. La mise en croix eut lieu un vendredi, sur le Golgotha. Le corps tenait à une cheville fixée dans la croix; les pieds n'étaient que liés, et non pas traversés par un clou; au-dessus de la croix, Pilate, pour narguer les Juifs, avait fait placer les initiales I. N. R. I. (Jésus de Nazareth, roi des Juifs). On crucifia en même temps que Jésus deux larrons. Les expressions qu'il fit entendre sur la croix, priant pour ses ennemis, prenant soin des siens et plein de confiance en Dieu, confirment ses hautes qualités divines. On les a recueillies sous la dénomination de « Les sept dernières paroles de Jésus. » Elles sont contenues dans ces phrases : « Mon Père, pardonnez-« leur; car ils ne savent ce qu'ils font! » « En vérité, je « dis, aujourd'hui même tu seras avec moi dans le paradis! » « Mère, voici votre fils! » Et à Jean; « Voici ta mère! »

« Mon Dieu, mon Dieu! pourquoi m'avez-vous abandonné! » « J'ai soif! » « Le sacrifice est accompli! » « Mon Père, je vous recommande mon esprit! »

Jésus mourut à la neuvième heure, c'est-à-dire à trois heures après midi. Sa mort fut accompagnée de phénomènes extraordinaires, qui arrachèrent au commandant de la garde placée sur le lieu du supplice la déclaration que Jésus était bien véritablement le fils de Dieu. Pour être plus sûrs de sa mort, ses bourreaux lui percèrent le flanc droit avec une lance, et de la blessure il découla du sang et de l'eau. Joseph d'Arimathie ensevelit ensuite le cadavre. Mais les ennemis de Jésus établirent une garde auprès de son tombeau, parce qu'ils redoutaient qu'on enlevât son corps pour en attribuer la disparition à une résurrection. Il n'en ressuscita pas moins, se montra à ses disciples, resta encore quarante jours parmi eux, continua à les instruire, les bénit, puis monta aux cieux, c'est-à-dire qu'il disparut tout à coup à leurs yeux. Mais ses disciples trouvèrent dans l'effusion du Saint-Esprit un nouveau courage pour continuer son œuvre, annoncer résolument l'Évangile au milieu de tous les périls et de toutes les persécutions, et sacrifier avec joie leur vie, afin de témoigner de leur fidélité à Jésus.

Pour ce qui est de la figure de Jésus, à l'égard de laquelle on ne trouve pas le moindre détail dans les ouvrages bibliques, *voyez* CHRIST (Images du).

JÉSUS (Compagnie ou Société de). *Voyez* JÉSUITES.

JÉSUS (Compagnies de) ou DE JÉHU. *Voyez* COMPAGNIES DE JÉHU.

JÉSUS-CHRIST. *Voyez* Jésus de Nazareth.

JÉSUS-CHRIST (Imitation de). *Voyez* IMITATION DE JÉSUS-CHRIST.

JÉSUS SIRACIDE. *Voyez* SIRACH.

JET. Ce mot représente l'action de jeter, de lancer avec force une chose quelconque. Les peintres entendent par le *jet* d'une draperie la façon plus ou moins heureuse, plus ou moins naturelle dont sont rendus les mouvements, les plis, les accidents d'une draperie. Les fondeurs appellent *jet* l'action d'introduire un métal en fusion dans le moule dont il doit prendre la forme; une pièce fondue d'un *seul jet* est celle dont toutes les parties ont été fondues simultanément dans un seul moule : ils donnent également ce nom de *jet* aux ouvertures ménagées dans différentes parties du moule afin d'introduire et de distribuer le métal d'une manière égale. *Jet d'eau* se dit principalement de l'eau qui s'élance d'une fontaine jaillissante, du centre d'un bassin, et qui s'élève à une hauteur plus ou moins considérable. Les agronomes appellent *jet d'abeilles* le nouvel essaim que produisent et expulsent les insectes industrieux d'une ruche. En botanique, on appelle *jets* les bourgeons, les scions que poussent les arbres, les vignes.

Au figuré, dans le langage de la littérature et des arts, on appelle composition d'un *seul jet* celle qui a été faite avec rapidité, sans qu'on y revint à plusieurs fois, et on nomme *premier jet* ce qui n'est encore qu'ébauché, les idées que, dans un moment d'inspiration, on a eu hâte de *jeter* sur le papier, quelque informes qu'elles fussent, quitte à les corriger et à les modifier plus tard.

Une circonstance de force majeure, dans laquelle les marins d'un bâtiment jettent à la mer les marchandises de leur navire pour l'alléger, a fait donner à cette action le nom de *jet de marchandises* : le Code de Commerce exige qu'il y ait délibération préalable quand il y a *jet de marchandises* dans une tempête ou dans une chasse donnée par un bâtiment ennemi.

JET D'EAU. Pour que l'eau puisse jaillir en sortant d'un tuyau, il faut qu'elle provienne d'un réservoir supérieur. Cette condition principale admise, l'eau qui se présente à l'orifice du tuyau est en effet animée d'une vitesse d'autant plus grande que ses molécules tombent de plus haut. Il semblerait même au premier abord que le jet dût s'élever à la même hauteur que le niveau du réservoir; cependant, plusieurs causes empêchent qu'il en soit ainsi. D'abord le frottement de l'eau contre les parois du tuyau, ensuite la résistance de l'air, enfin le poids des gouttes qui retombent sur celles qui s'élèvent, sont autant d'obstacles qui s'opposent à l'entier effet de la force ascensionnelle du jet. Mariotte a constaté qu'avec un ajutage d'une ouverture d'au moins 26 ou 27 millimètres, un jet d'eau fourni par un réservoir dont la hauteur est 1^m,651, s'élève à 1^m,624. On sait, par expérience, que la différence entre les hauteurs du réservoir et du jet est sensiblement proportionnelle à cette dernière hauteur.

A égalité de vitesse acquise, l'eau s'élève d'autant plus haut que l'ouverture de l'ajutage est plus grande, parce que le frottement se trouve relativement moins considérable. Mais il faut que les tuyaux de conduite soient assez gros pour fournir l'eau en quantité suffisante. Ainsi, pour un ajutage de 0^m,0135 de diamètre, et un réservoir de 16^m,892 de hauteur, le diamètre du tuyau de conduite doit être de 0^m,088 environ. Cette donnée suffit pour calculer le diamètre que devra avoir le tuyau de conduite dans toute autre circonstance, car pour que deux jets d'eau s'élèvent à leur plus grande hauteur respective, il faut que les carrés des diamètres des tuyaux de conduite soient entre eux en raison composée des carrés des diamètres des ajutages et des racines des hauteurs des réservoirs.

JET D'EAU (*Zoologie*), nom vulgaire donné par quelques auteurs aux *ascidies* ou *tuniciers*, parce que lorsqu'on les comprime elles lancent l'eau renfermée dans leur sac branchial. On pourrait appeler ainsi tous les mollusques et les rayonnés qui présentent le même phénomène. C'est à tort qu'on a cru que l'eau ainsi lancée était quelquefois irritante et produisait des pustules et d'autres éruptions sur les parties du corps qu'elle frappe.   L. LAURENT.

JETÉE, terme d'architecture dont on se sert pour désigner le mur d'un quai ou d'une digue que l'on fait à l'entrée des ports, dans le but d'en empêcher l'encombrement par les galets et les sables. Les jetées sont ordinairement faites dans les ports de mer, où elles ont également pour but de faciliter le halage des navires contrariés par les vents dans leur entrée ou dans leur sortie du port. L'utilité de ces murs ne se borne pas encore là : ainsi, ils servent à rendre le lit d'une rivière plus profond en resserrant ses limites, et facilitent par conséquent la navigation ; ils s'opposent également aux inondations et servent encore de communication entre les forts destinés à défendre l'entrée d'un port de mer. Dans les ports, où l'utilité des jetées est incontestable, on les construit sur deux lignes parallèles, entre lesquelles se trouve la voie du port ; le mode de construction en est variable : tantôt on se contente de jeter à la mer une quantité considérable de pierres, de rochers et autres matériaux propres à combler l'espace où l'on veut élever la jetée ; d'autres fois on y enfonce d'énormes pieux destinés à soutenir des constructions en pierres et en ciment. On peut en avoir une idée par ce que l'on voit faire pour la construction des piles d'un pont ou d'un quai. L'Angleterre abonde en constructions de ce genre ; en France, les principales jetées sont celles de Dunkerque, Calais et Cherbourg. La construction d'une jetée est un des travaux maritimes les plus difficiles à bien exécuter, avec toutes les conditions de durée et de solidité nécessaires.   C. FAYROT.

JETON. Les jetons sont plus anciens peut-être que l'arithmétique, si l'on veut considérer comme tels les coquillages qui servaient aux calculs et aux échanges des peuples primitifs. Suivant Hérodote, les Égyptiens, outre leur manière d'opérer avec des caractères, employaient de petites pierres, plates, polies, arrondies et d'une même couleur. Les Romains s'en servirent longtemps aussi ; ils les appelaient *calculi*. Lorsque le luxe s'introduisit à Rome, on commença à employer des *calculs* d'ivoire. Au reste, beaucoup d'expressions faisant allusion à l'addition ou à la soustraction des jetons dans les comptes prouvent que chez eux la manière de compter ainsi était très-ordinaire.

C'était la première arithmétique qu'on apprenait aux enfants, de quelque condition qu'ils fussent. Des jetons faits avec des petites pierres blanches ou noires servaient à marquer les jours fastes et néfastes. Une autre espèce de jetons servait aux suffrages dans les assemblées du peuple et du sénat. Cicéron nous apprend qu'ils étaient de bois mince, polis et frottés de cire.

Ce n'est guère qu'en France qu'on peut trouver l'origine des véritables jetons d'or, d'argent ou d'autre métal. Encore n'y remonte-t-elle pas au delà du quatorzième siècle. On les appela d'abord *gettoirs*, *giets*, *gets* et *gietons*. Les rois en faisaient fabriquer des bourses pour être distribuées aux officiers de leurs maisons chargés des états de dépense, aux vérificateurs de ces états et aux personnes qui avaient le maniement des deniers publics. Ces jetons portaient diverses légendes comme : *Pour les comptes ; Pour les finances ; Pour l'écurie de la reine ; Pour l'extraordinaire de la guerre ; Pro camera computorum Breniæ ; Entendez bien et loyalement aux comptes ; Gardez-vous de mescompter ; Qui bien jettera, son compte trouvera*, ou simplement les noms des officiers qui s'en servaient. Plus tard on frappa sur leur revers l'effigie du prince.

Les villes, les compagnies et les seigneurs en firent aussi fabriquer à leur nom et à l'usage de leurs officiers.

En 1701 la munificence royale accorda à l'Académie des jetons d'argent, qui se distribuaient chaque jour d'assemblée aux membres présents. Cet usage ne tarda pas à se répandre ; il subsiste encore aujourd'hui.

JEU, terme dérivé des mêmes racines que celles de *joie*, *jouissance* et *jeunesse*, concours de choses ordinairement associées. De tous les êtres animés, l'homme éprouve le plus le désir d'exercer sa sensibilité, de déployer dans des exercices ou des luttes ses facultés physiques et morales. Les jeunes animaux se plaisent entre eux à mesurer leur agilité ou leur vigueur, particulièrement les plus vifs, comme les chiens, les chats, les chevaux, les singes, etc., se disputent la gloire de se surpasser en force et en adresse. Toutes les nations connaissent différents jeux, soit du corps, soit de l'esprit, ou cherchent des récréations dans les chances du hasard. Ce goût devient même si vif chez les personnes inoccupées, qu'il se transforme en besoin, et devient une nécessité contre le tourment de l'ennui. Par toute la terre l'homme, mécontent de l'uniformité de sa vie ou d'un sort insipide, cherche, par des secousses, une occupation à son activité surabondante ; dans l'enfance surtout, les jeux entrent nécessairement dans la trame de l'existence pour répartir en tous sens l'activité vitale. Sans ces exercices des membres, ou cette espèce de gymnastique inspirée par la nature, les forces ne se distribueraient pas également, les fonctions digestives languiraient ; malheur à l'enfant trop assidu, trop pensif, qui ne prend point assez de divertissement ! c'est ce qui arrive aux individus rachitiques, qui périssent, jeunes encore, dans l'atrophie.

Les anciens, avant la découverte de la poudre à canon, ayant plus besoin de vigueur et d'agilité dans leurs guerres que les modernes, prisaient beaucoup ces qualités ; de là leur éducation gymnastique, ces combats d'athlètes et de gladiateurs, jeux violents, que ne dédaignaient pas les hommes les plus illustres. Nos anciens paladins et chevaliers aimaient également à briller dans un carrousel ou un tournoi aux yeux de leurs dames, en maniant avec adresse la flamberge ou la lance ; mais ces témoignages de vigueur sont abandonnés aujourd'hui aux forts de halle ou aux sauteurs et histrions. Cependant, les Anglais estiment encore l'art de *boxer* ; les Espagnols recherchent la force et l'audace dans les combats de taureaux ; la chasse enfin, les armes et la danse sont restées d'agréables récréations pour la jeunesse.

Nous n'approuvons pas que, dans les exercices corporels, on veuille écarter des enfants et adolescents toute blessure, toute contusion, toute douleur : il suffit d'éloigner les dangers des chutes, des ruptures, des dislocations, ou des hémorrhagies ; mais il convient d'endurcir l'organisme à la peine et au mal, de rompre dès l'enfance à la fatigue, à la faim, à la chaleur et à la froidure, des tempéraments qui ne demandent qu'à essayer leur énergie. C'est trop de lâcheté et de mollesse que d'attendrir de jeunes hommes entre le giron de leur nourrice, alors qu'il faut se préparer à la dure milice de la vie. Combien ont regretté qu'on leur eût tant épargné de souffrances, lorsque les tempêtes des révolutions, les hasards de la guerre et des voyages, les ont jetés dans l'infortune, sur des plages étrangères! Pourquoi ne pas tourner ces jeux de l'enfance en robustes exercices pour l'avenir, puisqu'elle les supporte avec joie?

Les plus détestables des jeux sont ceux *de hasard*, ou de chances de perte, et cependant les plus usités parmi tous les peuples, parce qu'ils intéressent beaucoup la cupidité sans offenser l'amour-propre : ce sont aussi les plus funestes, par leurs résultats sur la santé comme sur la fortune.

On ne s'étonnera point sans doute de ne pas nous voir déployer ici la faconde des moralistes et tracer l'énergique tableau de ces joueurs attendant avec impatience autour d'un tapis vert leur sort d'une carte ou d'un dé. Les vieilles douairières, dépitées contre le siècle qui les délaisse, viennent s'asseoir à un biribi, à un reversi, à un whist, dans des brelans, avec ces antiques chevaliers de lansquenet dont l'industrie n'a plus pour fonds de cuisine que de savoir

.... par un peu d'artifice
D'un sort injurieux corriger la malice.

Combien de ces Beverleys, pâles, échevelés, la poitrine déchirée de rage, sortent au milieu de la nuit de ces antres infernaux où l'aveugle dieu du hasard vient de leur enlever le pain de leurs enfants, les derniers haillons de leurs femmes, qui les attendent dans la misère et le désespoir! Ils rentrent, et l'aspect de ces infortunés et le remords sanglant de leur conscience redoublant leur fureur, souvent un suicide fatal termine le drame de cette effroyable passion. Cependant, par un attrait inconcevable, la grande majorité du genre humain se montre avide des émotions que lui causent le gain ou la perte; on s'y acharne avec une telle ardeur, que même les anciens Germains, au rapport de Tacite, jouaient jusqu'à leur liberté et leur vie. Les dettes les plus onéreuses y deviennent les engagements les plus sacrés. Regnard a dit dans *le Joueur* :

Il faut opter des deux, être dupe ou fripon.
Tous ces jeux de hasard n'attirent rien de bon.
J'aime ces jeux galants où l'esprit se déploie :
C'est, monsieur, par exemple, un joli jeu que l'Oie.

La santé d'un joueur de profession n'est pas mieux assurée que sa fortune. Le voilà qui s'assied à son fatal banquet pour assouvir la soif de l'or qui s'est allumée en lui. A peine les cartes ou les dés sont-ils remués que la crainte, l'espérance, circulent dans toutes les poitrines avec la cupidité, le dépit, la fureur. Tâtez le pouls des joueurs, il est vif, inégal, fébrile; à peine s'ils songent aux premiers besoins de la vie : ils passent leurs nuits sans sommeil, et c'est dans ce désordre que toutes les fonctions s'intervertissent; l'estomac, les viscères abdominaux, languissent durant ces longues séances, le défaut d'exercice fait tout tomber dans l'atonie. La plupart de ces martyrs de leur passion deviennent livides, outre que le branle continu de ces émotions déconcerte singulièrement l'harmonie nécessaire à la santé. Le joueur éprouve vingt crève-cœur concentrés par soirée, au milieu des querelles et des disputes ou des occasions de friponnerie. Quelle humeur si douce qui ne s'aigrisse! quel calme apparent qui ne soit empoisonné! N'a-t-on pas vu dans ces rages étouffées, après une perte, le sang jaillir avec force du nez! Qu'on juge des tiraillements affreux qu'éprouve ce cupide avare auquel un coup imprévu arrache son or, si précieusement amassé, si l'on peut s'empêcher de rire de sa laide grimace! comme les procès, les jeux occasionnent de funestes maladies, par les chagrins et les tempêtes que leurs pertes suscitent sans cesse!

Excepté la ruine du temps, toujours irréparable, on ne saurait blâmer diverses sortes de récréations. Il en faut pour dissiper nos préoccupations soucieuses, nos peines secrètes, il y a des distractions nécessaires; il en est surtout d'utiles et d'instructives, telles que les jeux scéniques, les représentations du théâtre comique ou tragique; lorsque des esprits de plus bas étage préfèrent des tours de bateleurs ou des farces burlesques, il est une foule de *jeux de société* qui aiguisent agréablement l'intelligence, éveillent la sagacité. C'est surtout après le repas, après des maladies, des chagrins cruels, que la musique et des jeux délassants excitent une douce hilarité, de salutaires efforts pour rétablir la santé. Tous les jeux de société n'ont peut-être pas cette valeur, et tout le monde ne prend pas en bonne part le nom de *jeux innocents* qui leur est donné.

Les *jeux de combinaisons*, d'échecs, de dames, les cassetête, etc., et autres plus ou moins mathématiques, dépendant plus ou moins du travail de l'intelligence, fatiguent sans doute, par la contention d'esprit qu'ils exigent, mais gratifient l'amour-propre de jouissances ou l'intéressent. Montaigne les trouvait ineptes, en ce qu'ils ne sont pas assez jeux. Tous sont silencieux, pensifs, et ont été inventés dans les pays chauds, où les hommes sont habitués à une vie contemplative et sédentaire. Si l'on ne doit pas recommander ces jeux comme des récréations, ne saurait-on en trouver l'utile application? Voyez ce jeune évaporé, qui, courant sans objet çà et là, dissipe sa vie : pourquoi ne tenterait-on pas de le fixer par ce moyen? Qu'il s'éprenne par amour-propre du jeu d'échecs, il faudra bien qu'il y concentre sa réflexion. Aussi les mathématiciens, les esprits studieux, se passionnent-ils quelquefois pour ce genre de récréation, d'autant plus qu'il semble donner une preuve de sagacité et de force de combinaison intellectuelle. Tout au moins, ces jeux ont la propriété d'accroître l'effort de l'attention.

Le moyen de se défendre du péril des jeux consiste à écarter l'oisiveté. Quiconque sait s'empêtrer d'occupations graves ou profondes tuera bientôt cet ennui contre lequel on invoquait le secours des jeux : *Melius non incipient quam desinent*. Il est plus difficile de s'en abstenir lorsqu'on les a pratiqués que de ne pas les apprendre. Qui a joué jouera, comme le vin rappelle le buveur. Tel est le violent despotisme des habitudes sur les dispositions du système nerveux et la périodicité. Le seul triomphe de leur fuite, lorsque l'on est à peu près assuré de sa défaite dans le combat. J.-J. VIREY.

JEU (*Droit*). C'est une convention par laquelle les parties s'engagent à donner à celle d'entre elles qui gagnera une somme ou un objet déterminé. Ce contrat est aléatoire; car la perte ou le gain, indépendants du pouvoir de chacune des parties, sont tout à fait incertains, et l'événement prévu, placé dans l'avenir, repose sur des chances plus ou moins probables.

Les lois romaines défendaient de jouer de l'argent, et non-seulement elles refusaient toute action pour ce qui avait été gagné au jeu, mais elles accordaient au perdant le droit de réclamer ce qu'il avait payé pour le prix du jeu. Elles n'exceptaient de la défense que les jeux qui avaient pour objet l'exercice du corps et étaient utiles pour la guerre. Justinien, tout en confirmant ces lois, ordonna que pour les jeux qui étaient permis on ne pourrait jouer plus d'un écu d'or par partie; il voulut encore que dans le cas où le perdant aurait négligé de réclamer la somme qu'il aurait perdue aux jeux défendus, les officiers municipaux pussent en poursuivre la répétition pour l'appliquer à des ouvrages publics concernant l'utilité ou la décoration de la ville.

Les prescriptions des lois romaines ont été souvent rappelées et renouvelées, sauf certaines modifications, par les ordonnances des rois de France : ainsi, Charlemagne, dans ses capitulaires, défendit les jeux de hasard, à peine d'être privé de la communion des fidèles. Charles IV, Charles V, Charles VIII, Charles IX, Louis XIII, et Louis XVI se sont aussi occupés d'arrêter la passion du jeu. Non-seulement ils prohibèrent les jeux de hasard, mais encore tous ceux dont les chances sont inégales, et qui présentent des avantages certains à l'une des parties au préjudice des autres. Des amendes sévères furent prononcées, tant contre les joueurs que contre les banquiers.

Toutes ces dispositions ont été, à peu près reproduites partant notre Code Civil actuel que par notre Code Pénal. Notre loi civile n'accorde aucune action pour une dette de jeu ; mais, à la différence des lois romaines, elle déclare que le perdant ne peut répéter ce qu'il a volontairement payé, à moins qu'il n'y ait eu de la part du gagnant dols superchérie ou escroquerie. Elle est revenue, toutefois, à la distinction établie par la législation romaine ; aussi admet-elle une action en faveur des jeux propres à exercer au fait des armes, comme les courses à pied ou à cheval, les courses en chariot, le jeu de paume et autres jeux de même nature, qui tiennent à l'adresse et à l'exercice du corps : seulement les tribunaux ont le droit de rejeter la demande quand la valeur leur paraît excessive.

Quant aux mineurs, soit qu'ils aient souscrit une obligation pour dette de jeu, soit qu'ils aient payé volontairement, ils trouvent dans leur minorité même, comme la femme mariée dans la puissance maritale, une garantie contre les engagements qu'ils ne peuvent valablement contracter.

Le Code Civil a tracé les règles que les juges doivent suivre pour les obligations contractées au jeu ; le Code Pénal contient des dispositions répressives du jeu. Ainsi, les peines d'un emprisonnement de deux à six mois et d'une amende de 100 à 6,000 fr. sont prononcées, soit contre ceux qui auront tenu une maison de jeu de hasard et y auront admis le public, soit contre ceux qui auront établi des jeux de hasard dans les rues, chemins et places publics ; la loi prononce en outre la confiscation de tous les appareils employés au service des jeux, des fonds, effets, lots ou denrées exposés ou proposés aux joueurs. E. DE CHABROL.

JEU (Maisons de). Les tripots furent longtemps en France et ailleurs des lieux que ne fréquentaient les grands seigneurs et les chevaliers d'industrie, et sous ce rapport les salons de Versailles n'étaient pas eux-mêmes exempts de tout mélange. Qu'on se rappelle les aveux du brillant chevalier de Grammont. Comme aujourd'hui, ces tripots étaient d'ordinaire tenus par des femmes sur le retour et d'un passé équivoque, dès lors n'ayant guère le droit d'être difficiles en fait de présentation et d'admission dans leurs salons. L'usage était de laisser à la fin, de la soirée, sous les flambeaux placés à chaque table de jeu quelques pièces d'argent ou d'or, suivant la compagnie qui s'y réunissait ; et cette contribution volontaire payée par les joueurs défrayait en général fort grassement la personne qui leur accordait l'hospitalité. Vers la fin du règne de Louis XV et sous celui de Louis XVI, quelques-uns de ces tripots privilégiés acquièrent une certaine célébrité ; et, par exemple, le salon de la belle madame de Sainte-Amaranthe, dont Sartines avait épousé la fille, n'était guère autre chose qu'une maison de jeu, dont elle faisait d'ailleurs les honneurs avec beaucoup de tact et de dignité. Le duc d'Orléans y présenta un soir, vêtu à l'anglaise et en bottes à retroussis, au lieu d'y venir avec le frac, les bas de soie et les souliers à boucles de rigueur. Madame de Sainte-Amaranthe ne lui laissa pas le temps de venir la saluer ; elle quitta brusquement la moelleuse bergère qu'elle occupait près de la cheminée, et s'élançant à la rencontre du prince, elle lui dit sèchement : « Monseigneur, on ne vient pas en bottes chez moi ! » Le duc d'Orléans comprit la leçon, ne se le fit pas dire deux fois, et s'éloigna sans dire mot, pour revenir une demi-heure après en tenue irréprochable et son cordon bleu sous son frac.

Quand vint 89, la bourgeoisie voulut se donner les émotions qui avaient en quelque sorte été jusque alors le privilège de l'aristocratie, et des maisons de jeu à son usage s'organisèrent de tous côtés... Bientôt les industriels fondateurs de ces établissements comprirent combien celui qui tient constamment la banque a de chances en sa faveur, et ils jouèrent contre tout venant ce que celui-ci consentait à risquer. Le Palais-Royal devint le centre de cette industrie nouvelle, qui rayonna bientôt jusqu'aux extrémités de la grande ville, et qui s'établit également dans la plupart des villes de province de quelque importance. Sous le Directoire, le mal prit des proportions vraiment effrayantes, et l'un des premiers soins du gouvernement consulaire fut de réglementer l'exploitation d'une des passions les plus générales et les plus funestes de l'humanité. Le nombre des maisons de jeu fut en conséquence réduit à neuf, et les entrepreneurs furent astreints à payer à l'autorité une redevance qui figura bientôt pour des sommes importantes dans le budget de la police secrète.

Les frères Perrin, de Lyon, les premiers qui prirent régulièrement à ferme les jeux de la ville de Paris, se retirèrent avec une fortune colossale, vers 1810, et ils eurent pour successeur Boursault-Malherbe, qui, pour ou obtenir l'entreprise, consentit à la ville un bail bien autrement avantageux. L'occupation de Paris en 1814 et en 1815 valut à la ferme des jeux de Paris un surcroît énorme de recettes, et le fameux Blucher, entre autres, ne perdit pas moins de 1,500,000 francs au seul n° 154 du Palais-Royal. Le maréchal puisait avec trop d'abandon dans notre trésor public pour ne pas facilement réparer une telle brèche faite à sa fortune.

En 1817, le bail de Boursault expira, et pour la première fois il fut mis en adjudication publique. Les frères *Chalabre*, les comtes de Chalabre, des gentilshommes à seize quartiers, ma foi l'obtinrent au prix de cinq millions, qu'ils s'engagèrent à verser annuellement dans les caisses de la ville de Paris ; et leur exploitation ne fut pas moins heureuse que celles de leurs prédécesseurs. Le dernier fermier fut un nommé Benazet, qui y gagna aussi une fortune immense, et qui est encore fermier des jeux à Baden, outre Rhin.

L'histoire des maisons de jeu de Paris ne peut être écrite que par le bourreau ; nous nous garderons donc bien d'empiéter sur ses droits en racontant toutes les crimes provoqués par cette exécrable institution. La conscience publique en fit enfin justice, et en 1836 la chambre des députés décida que le bail du sieur Benazet ne serait pas renouvelé à l'époque de son expiration. Ce fut le 31 décembre 1837, à minuit, que le *veto* de la loi arrêta la bille fatale de la roulette, et brisa les râteaux des ignobles croupiers. Dix minutes encore auparavant, les tables étaient surchargées de monceaux d'or et de billets de banque, et le croupier, au moment de lancer la bille ou d'agiter les dés, criait de sa voix fatale : *Le jeu est fait ! rien ne va plus !* On comptait alors sept maisons de jeu à Paris : quatre étaient situées au Palais-Royal, où elles portaient les numéros à jamais fameux de 36, 113, 127 et 154 ; une sur le boulevart, au coin de la rue Favart, et deux autres, rue de Richelieu. Ces deux dernières étaient connues l'une sous le nom de *Frascati* et l'autre sous celui de *Cercle des étrangers*. Les femmes étaient admises à *Frascati* : inutile de dire quelle espèce de femmes ce pouvait être. Au Cercle des étrangers, on n'était admis que sur présentation réelle ; et ce tripot restait exclusivement affecté à la bonne compagnie et notamment aux étrangers de distinction. Les honneurs en étaient faits par le marquis de Cussy, longtemps préfet du palais de l'empereur.

Une des clauses du cahier des charges de la ferme imposait à l'adjudicataire l'obligation de n'admettre dans ses différents tripots que des personnes *présentées*. C'était là une condition inexécutable, mais qu'on insérait dans le bail à l'instar de ces clauses de nullité que les Polonais mettent toujours par précaution dans leurs actes de mariage pour se réserver, à défaut du divorce interdit par la loi catholique, la facilité de les faire casser quand bon leur semble, ce qui fait que le diable n'y perd jamais rien. Si la police avait tenu rigoureusement la main à l'observation de cette clause, la ferme des jeux n'eût pas pu exister huit jours ;

aussi, pour endormir la vigilance du préfet de police, le fermier avait-il habitude de faire ce qui s'était constamment pratiqué sous l'Empire, c'est-à-dire de s'arranger de telle façon que M. le préfet trouvât chaque matin un rouleau de 50 napoléons sur sa cheminée sans se douter le moins du monde d'où pouvait lui tomber cette manne dorée, mais sans éprouver non plus la moindre curiosité de le savoir. Pendant tout son règne, Louis XVIII trouva également tous les matins, au même endroit de son appartement que M. le préfet de police, un mystérieux rouleau de pareille valeur; et l'histoire scandaleuse des petits appartements ne manque pas d'apprendre à qui voudra bien le savoir l'usage qu'en faisait ce monarque.

Les maisons de jeu ont-elles disparu parce que la loi l'a ordonné? Quoi qu'on en puisse dire, nous n'hésiterons pas à répondre affirmativement. Sans doute il y a et il y aura toujours des maisons de bouillotte à Paris, surtout dans le quartier Bréda; sans doute les *cercles* ne sont que des maisons de jeu, et on y peut perdre tout autant d'argent que dans les anciennes maisons de roulette, de biribi ou de trente et quarante. Cela est incontestable; mais comme on n'arrachera jamais les passions du cœur de l'homme, le législateur a fait tout ce qu'il devait, tout ce qu'il pouvait faire, en supprimant d'une part la loterie, et de l'autre en interdisant les maisons où le premier venu était admis, sans aucune formalité, à jouer l'argent qui trop souvent ne lui appartenait pas. Les tripots tenus par la ferme ouvraient à midi et ne fermaient qu'à minuit! Le commis envoyé en recette était trop souvent tenté d'y entrer, dans l'espoir de doubler en quelques instants à son profit la somme qu'il était allé toucher pour son patron, et quatre-vingt-dix-neuf fois sur cent en sortait déshonoré. En vain pendant quinze ans la presse réclama pour que l'ouverture des maisons de jeu fût du moins reculée jusqu'à la nuit, c'est-à-dire jusqu'au moment où les affaires s'interrompent, de telle sorte que le commis, le clerc, ne fussent plus exposés à des tentations qui ont envoyé peut-être deux mille individus au bagne et porté même nombre de malheureux à se brûler la cervelle. Jamais le gouvernement ne consentit à faire droit à ces si justes réclamations; et c'est là certes un des crimes sociaux qu'on est en droit de reprocher au gouvernement monarchique.

Comme la France, l'Angleterre a ordonné la suppression des maisons de jeu. Le bill ordonnant la fermeture des maisons et des endroits publics où l'on joue, où l'on parie, a eu force de loi à partir du 1ᵉʳ décembre 1853. Néanmoins, une enquête ouverte à Londres au 1ᵉʳ janvier 1854 apprit qu'il existait dix-huit tripots dans le West-End ouverts toute la nuit aux joueurs des quartiers aristocratiques. Ces établissements étaient montés avec beaucoup d'élégance; on y servait *gratis* des soupers splendides et les vins les plus fins. Les portes étaient bardées de fer, de manière qu'on pût détruire les instruments de jeu tandis que la police cherchait à pénétrer dans la maison. Chacun de ces tripots avait dix employés, banquiers, croupiers, grooms, garçons et *bonnets*. Ceux-ci étaient divisés en deux catégories. Les premiers recevaient un salaire, et devaient constamment être à la table de jeu; les autres étaient des hommes habiles, ayant appris à manier les dés avec un art extrême, et recevaient un *quantum* sur tout ce qu'ils gagnaient pour la maison. On comptait que deux cents personnes vivaient à Londres de ce honteux métier.

En Allemagne, les maisons de jeu existent librement sur toutes nos frontières. Au mois de décembre 1854 la Prusse proposa à la diète fédérale de prononcer l'abolition des maisons de jeu dans tous les États de la confédération; mais cette proposition rencontrera sans doute de grandes difficultés. San-Francisco, à l'autre bout du monde, a pourtant vu fermer en 1855 ses salons de jeu.

JEU DE MOTS, espèce d'équivoque dont la finesse fait le prix, et qu'on peut définir une pointe d'esprit fondée sur l'emploi de deux mots qui s'accordent pour le son, mais qui diffèrent pour le sens. Les jeux de mots trouvaient leur place autrefois dans les devises des armoiries. Ils peuvent, lorsqu'ils sont délicats, se placer dans la conversation, les lettres, les épigrammes, les madrigaux, les impromptus et autres petites pièces de cette nature; mais on les blâmerait avec raison dans les ouvrages d'un genre élevé. Il est certain que ce mauvais goût a paru et s'est éclipsé plusieurs reprises dans divers pays. On le voit surtout reparaître aux époques où l'amour de la frivolité et de la plaisanterie l'emporte sur l'amour du beau et du vrai. Comme modèle du genre on cite le jeu de mots que Voltaire fait dans une pièce adressée à Destouches :

Vous qui fîtes *le Glorieux*,
Il ne tiendrait qu'à vous de l'être.

On dit aussi que *Tartuffe* ayant été interdit par ordre de l'autorité, l'acteur chargé d'annoncer le fait au public le fit par ce jeu de mots sanglant : « M. le président ne veut pas qu'on *le* joue. » Louis XV demandant un jour à M. de Bièvre qu'il fît un calembour sur sa personne, celui-ci lui répondit par ce jeu de mots spirituel : « Sire, je ne le puis, car un roi n'est pas un *sujet*. » Nous pourrions multiplier ces citations; nous nous bornerons à rappeler le jeu de mots que fit Mascaron dans son oraison funèbre d'Henriette de France, reine d'Angleterre, pour montrer l'abus qu'on en peut faire : « Le grand, l'invincible, le magnanime Louis, a qui l'antiquité eût donné mille *cœurs*...., se trouve sans cœur à ce spectacle. » Maintenant que l'esprit court plus que jamais les rues, les faiseurs de jeux de mots ne sont pas rares ; certains journaux en débitent chaque jour leur contingent; tous les soirs les théâtres de vaudevilles en laissent couler à pleins bords, avec permission de la censure toutefois; ils forment le fond des lazzis du saltimbanque, et ils trônent même quelquefois sur des scènes plus élevées ; certains hommes politiques haut placés se sont fait remarquer par des jeux de mots, lancés avec autant d'esprit que de finesse. L. LOUVET.

JEU DE PAUME (Serment du). Le 20 juin 1789, lorsque les députés du tiers état se présentèrent à la salle des réunions des états généraux, ils trouvèrent les portes closes et des gardes françaises dont la consigne était de ne laisser entrer personne. Quelque tumulte éclate : on veut forcer le passage; mais un député indique un autre lieu de réunion, le jeu de paume de la rue Saint-François; tous s'y rendent aussitôt, le peuple s'y précipite, les soldats désertent leurs casernes pour apporter du secours. Les murs de la salle du jeu de paume sont nus et humides; il ne s'y trouve même pas de sièges, et les représentants demeurent debout. Bailly lit le serment célèbre proposé par Mounier, appuyé par Chapelier, défendu par Barnave, et l'assemblée répète avec lui : « Nous jurons de rester *Assemblée nationale* jusqu'à ce que la constitution française soit proclamée. » Un seul député, Martin d'Auch, se refuse au serment; Camus le signale à la colère publique : « Que son opposition soit inscrite, dit Bailly avec calme, elle rendra témoignage de la liberté des opinions. » Le lendemain les députés des deux ordres privilégiés se ralliaient à ceux du tiers état, et la Constituante poursuit le cours de ses travaux. Le serment du jeu de paume a inspiré à David un de ses plus beaux tableaux.

JEUDI, du latin *jovedi* ou *dies Jovis*, jour de Jupiter. C'est le cinquième jour de la semaine : l'Église appelle la cinquième férie. Le *jeudi* est un jour excessivement choyé par les écoliers, aux travaux desquels il vient apporter une trêve; c'est pour eux un second dimanche, moins la messe et les offices. Le *jeudi gras* et le *jeudi de la mi-carême* sont spécialement consacrés aux saturnales du carnaval.

Proverbialement, on dit à une personne qui veut réaliser une chose qui semble impossible, qu'elle le fera la semaine des trois *jeudis*. Astronomiquement parlant, la semaine des trois *jeudis* pourrait arriver à l'égard de deux hommes qui feraient le tour du monde, l'un en allant par l'orient l'autre par l'occident, et qui en rencontreraient, au milieu de leur course, un troisième, qui n'aurait pas bougé : tous trois pourraient compter un *jeudi* en trois jours différents. Ce serait là néanmoins, il faut l'avouer, une théorie que les calculs rendent vraie, mais à laquelle ne manque pas l'impossibilité du proverbe.

JEUDI SAINT. *Voyez* SEMAINE SAINTE.

JEÛNE. Hygiéniquement le mot jeûne (en latin *jejunium*) signifie abstinence de nourriture ; mais en théologie cette expression, bien que représentant la même idée, désigne plutôt l'abstinence, commandée par la religion, de certaine nourriture, à certaines heures. Si nous recherchons l'origine de cette pratique, nous trouverons qu'elle se perd dans la nuit de l'antiquité. Elle est en effet très-naturelle : l'affliction est tellement exclusive que ceux qui s'y livrent n'ont d'ordinaire pas même la pensée de réparer leurs forces au moyen des aliments, et se livrent à une complète abstinence : les hommes auront donc cru donner à la Divinité une marque sincère d'affliction et de mortification en lui adressant leurs prières en état de jeûne. Cette explication seule peut faire comprendre la rigueur apportée par tous les peuples à l'observation de cette coutume et son universalité. Chinois, Indiens, Phéniciens, Égyptiens, Israélites, Grecs, Romains, toutes les nations de l'antiquité honoraient les dieux par des jeûnes. Les Égyptiens, par exemple, jeûnaient solennellement en l'honneur d'Isis, et faisaient toujours précéder leurs sacrifices par des jeûnes dans le but de purifier ceux qui devaient y assister ; chez les Grecs, qui leur avaient emprunté beaucoup de pratiques liturgiques, l'observation des mystères d'Éleusis, celle des Thesmophories, étaient précédées de jeûnes excessivement sévères, surtout pour les femmes, qui devaient passer une journée entière sans prendre la moindre nourriture : un jeûne de dix jours était imposé à ceux qui voulaient se faire initier aux mystères de Cybèle, et les autres divinités païennes exigeaient également un jeûne, souvent continu, de la part de leurs prêtres ou prêtresses, et des mortels fervents qui venaient les consulter ou se flattaient de quelque manière que ce fût. A Rome il y avait des jeûnes publics institués en l'honneur de Cérès et se renouvelant de cinq en cinq années.

Les Juifs observaient du temps de la captivité, et observent encore, quatre grands jeûnes en mémoire des calamités qu'ils ont eu à endurer ; les anniversaires auxquels on les célèbre sont : 1° le 10 du dixième mois, jour où Nabuchodonosor assiégea Jérusalem pour la première fois ; 2° le 9 du quatrième mois, jour de la prise de la ville ; 3° le 10 du cinquième mois, jour où Nabuzardan brûla ville et le temple ; 4° le 3 du septième mois, jour où Guédalia fut tué, mort qui entraîna la dispersion et l'expulsion du peuple de Dieu du pays et l'achèvement de sa destruction. Il y avait en outre pour les scrupuleux observateurs de la loi deux jeûnes par semaine, indépendamment de ceux des vieilles et nouvelles lunes. On connaît la sévérité qui présidait à ces abstinences : elles duraient depuis avant le coucher du soleil jusqu'au lendemain, lorsque les étoiles apparaissaient à l'horizon, et l'on ne mangeait que le soir du pain trempé dans l'eau et du sel pour tout assaisonnement ; quelquefois, cependant, on y joignait quelques légumes et des herbes amères.

Outre les règles particulières établies par chaque peuple relativement à l'usage dont nous nous entretenons ici, règles que des volumes entiers suffiraient difficilement à contenir, ils ont tous eu de grands jeûnes solennels dans les moments de calamités publiques ou de malheurs à conjurer et à éloigner de leur patrie. Ce n'est qu'au progrès de l'épicurisme et de l'indifférence qu'on doit attribuer le relâchement arrivé chez les nations modernes dans cet usage antique et solennel. Contentons-nous de dire que le monde du dix-neuvième siècle compte, lui aussi, le jeûne au nombre de ses pratiques religieuses les plus efficaces. Le catholicisme a le *carême*, jeûne de quarante jours, ordonné en commémoration des jours d'abstinence passés par Jésus-Christ dans le désert. Les QuatreTemps, les Vigiles, sont également des jours de jeûne pour les fidèles ; enfin, le vendredi et le samedi, d'après ce commandement de l'Église :

Vendredi chair ne mangeras
Ni le samedi mêmement,

peuvent également être considérés comme des jours de jeûne.

Les mahométans ont aussi des jours où ils doivent vivre dans l'abstinence : ceux qui observent scrupuleusement les lois du prophète ne voudraient pas même respirer dans ces jours les odeurs d'un parfum ; à leurs yeux les odeurs font cesser l'état de jeûne : aussi ont-ils bien soin, en faisant leurs ablutions et en se baignant, de ne point plonger leur tête dans l'eau, de peur d'en avaler quelques gorgées : les femmes ne se baignent point du tout ce jour-là. Les religions de Fo et de Bouddha et celles qui sont particulières à chaque nation ou peuplade de l'Asie, de l'Afrique et de l'Amérique, commandent toutes la pratique du jeûne dans des circonstances déterminées ; et leurs sectateurs l'observent avec une fidélité dont on retrouverait fort peu d'exemples chez nous.

JEUNE ALLEMAGNE. Dans les années qui suivirent immédiatement la révolution de Juillet, cette dénomination de *Jeune Allemagne* était l'équivalent de celles de *Jeune France*, *Jeune Italie*, *Jeune Pologne*, *Jeune Suisse*, etc., et, comme elles, servait à désigner une des ramifications de ce qu'on appelait la *Jeune Europe*, association politique dont les tendances étaient essentiellement révolutionnaires. Toutefois, ce qui a donné à celle-ci une importance plus grande, c'est qu'en s'en servant dans les procédures instruites contre les individus accusés d'avoir pris part aux menées de cette espèce de société secrète, le pouvoir lui donna pour ainsi dire une consécration officielle.

Par *Jeune Allemagne* on entend aussi désigner une direction purement littéraire des intelligences qui se manifesta de l'autre côté du Rhin à l'époque d'agitation provoquée par cette même révolution de Juillet, et qui s'attaquait à tout ce qui dans la vie sociale, dans l'art ou dans la science lui paraissait vieilli et faisant obstacle à une rénovation de la littérature et des arts. La polémique soulevée par ces questions se poursuivit à l'aide de brochures, de recueils périodiques, de poëmes politico-lyriques, de romans à tendances rénovatrices, enfin à l'aide de la critique. Les principaux représentants de ce mouvement des esprits sont Heine, Gutzkow, Laube, Mundt et Winberg. Le temps a prouvé combien peu de sympathie existait d'ailleurs entre les écrivains que nous venons de nommer, encore bien que dans leurs tendances générales ils semblassent avoir un but commun et marcher d'accord. Ce n'étaient pas positivement des écrivains politiques, pas davantage des poëtes ou des critiques complets ; mais ils excellaient à dissimuler leurs tendances politiques sous un voile poétique. Un caractère qui leur est commun à tous, c'est de ne pas s'en être uniquement tenus à la politique pure et simple, mais d'y avoir encore rattaché des idées plus ou moins claires et définies sur la nécessité d'une réforme radicale des rapports sociaux actuels, émettant au sujet du mariage, de l'émancipation de la femme et ce qu'ils qualifiaient d'*émancipation de la chair*, des principes aujourd'hui plus ou moins oubliés ou méprisés, mais au fond desquels il n'y avait peut-être pas tant de mal qu'on en a dit. En outre, ils exposaient et développaient les idées chrétiennes à la manière de Hégel, n'attachant pas une grande importance à influer directement sur les masses, ainsi que le démontre leur style riche en images, plein de finesse, de délicatesse et d'élégance, que pouvaient seules convenablement apprécier les hautes classes de la société. C'était là le caractère commun de leur manière ; mais pour ce qui est du talent, de la tenue et des idées, il existait entre eux des différences aussi profondes que tranchées. On ne saurait nier qu'ils n'allassent souvent beaucoup trop loin dans leurs assertions ; mais dans le cercle où ils agirent ils ne laissèrent pas que de détruire beaucoup de préjugés, grâce à la manière incisive et spirituelle dont ils attaquaient certaines questions; et on doit reconnaître que leurs efforts ont beaucoup contribué à donner au style allemand une qualité qui lui avait jusque alors manqué, l'élégance.

JEUNE ANGLETERRE. C'est la dénomination sous laquelle on désigne en Angleterre, et par antiphrase seulement, une petite coterie fort agissante, fort remuante du vieux parti tory, dont elle aspire à devenir la tête et le bras. Mais bien loin d'avoir rien de commun avec l'esprit qui dominait dans les associations politiques secrètes ou les coteries connues sous les noms de *Jeune Allemagne*, *Jeune Europe*, *Jeune Italie*, etc., la Jeune Angleterre ne se propose rien moins que de ramener ses concitoyens pervertis et égarés par les lumières, par le progrès, à cinq ou six siècles en arrière, afin de recommencer le bon temps de la *vieille Angleterre*, où, à en croire les romanciers et les chroniqueurs, régnaient dans toutes les classes de la société une abondance et un bien-être tels, que le paupérisme, cette plaie fatale à laquelle l'Angleterre succombera infailliblement quelque jour assez prochain, y était complètement inconnu.

Assurément cette tactique de faire ainsi appel aux souvenirs assez vagues d'une époque où la vie matérielle des masses est représentée comme ayant été beaucoup plus confortable, beaucoup meilleure, que ne l'est de nos jours celle de la petite bourgeoisie elle-même, ne laisse pas que d'être assez adroite. C'est prendre l'Anglais par son faible que de lui promettre du *roastbeef* et de l'*ale* à discrétion le jour où les idées de la *Jeune Angleterre* prévaudront et où ses hommes politiques dirigeront les affaires. Malheureusement pour cette très-petite coterie tory, il y a un obstacle dirimant à ce qu'elle fasse jamais de bien nombreux prosélytes; c'est que ses idées sont la négation plus ou moins directe du principe protestant, et ne vont par conséquent à rien moins qu'à renverser l'Église *as by law established* (établie par la loi) avec tout le système politique dont elle est la base. Il est assez curieux toutefois que ce soit à Oxford et à Cambridge, dans ces deux citadelles de l'anglicanisme, que les doctrines révolutionnaires et presque catholiques de la *Jeune Angleterre* aient trouvé le plus de sympathie et d'écho. On remarque en effet depuis quelque temps dans une certaine partie du clergé anglican une tendance à s'approprier une foule de formes, de règles et d'idées qui indiqueraient une disposition secrète à se réconcilier quelque jour avec Rome. Si jamais le successeur de saint Pierre venait à se prononcer d'une manière favorable sur la question tant débattue du mariage des prêtres, il semble dès à présent certain que l'Église anglicane n'hésiterait pas à le reconnaître pour son chef spirituel, tant en ce moment elle reconnaît la nécessité du principe d'autorité qu'elle combattait avec acharnement il y a trois siècles. La *Jeune Angleterre* compte des adeptes dans toutes les classes de la société anglaise, et M. D'Israeli est son représentant et son champion dans la chambre des communes.

JEUNE FRANCE. Nous ne serions plus nous-mêmes si un ridicule pouvait poindre quelque part sans que nous ne nous empressassions pas de nous en affubler. Il y a quinze ans, il était trop souvent question dans les journaux des mystérieuses associations politiques désignées sous les noms de *Jeune Allemagne*, *Jeune Europe*, *Jeune Italie*, etc., et de leurs secrètes menées tendant à renouveler la face de ces diverses contrées, pour que l'idée ne vint pas chez nous à quelques imbéciles de singer les novateurs, les *apôtres de l'avenir*, qui faisaient tant parler d'eux de l'autre côté du Rhin et des Alpes. La *petite littérature* et les artistes *incompris* fournirent surtout de nombreux adhérents à cette *idée*, que les adeptes se mirent aussitôt à propager de leur mieux. La *Jeune France*, sans former proprement une association secrète, se contenta d'être une *Compagnie d'assurances mutuelles sur la gloire*, dont les membres affichèrent le plus souverain mépris pour ce qui était de la littérature et de l'art d'hier, en même temps que la prétention d'inaugurer une ère nouvelle dans le domaine de l'intelligence. Le romantisme le plus exagéré fut le levier qu'elle crut propre à lui aider à soulever le monde, et elle en embrassa les doctrines avec un fanatisme dont heureusement le ridicule eut bientôt fait justice. Ces messieurs ne voyaient le beau et le bien que dans le moyen âge, et ils s'efforçaient de nous y ramener par leurs œuvres, consacrées toutes à la glorification des siècles que le *commerce* s'était habitué à considérer comme une époque d'ignorance et de misère. C'est alors qu'on nous prouva clairement que la décadence de l'art et de la littérature en France datent du siècle de Louis XIV, qu'il nous fallait brûler ou briser toutes les productions abâtardies qu'on nous avait appris à regarder comme la gloire de notre pays, et en revenir à la langue, aux mœurs, aux arts et à la littérature du seizième siècle. Toutes ces impertinences étaient débitées avec tant d'aplomb dans les revues et les journaux à la mode, nos différentes scènes avaient mis tant d'empressement à monter les diverses pièces écrites dans les idées de l'école nouvelle, que la vogue s'attacha un instant à ses doctrines.

JEUNE ITALIE (*Giovine Italia*). La tentative faite sans succès en 1831 et 1832 pour soulever l'Italie centrale avait conduit beaucoup de réfugiés italiens en Suisse, ou Mazzini forma entre eux une société secrète, qui bientôt se répandit en Italie. Le journal paraissant à Rome sous le titre de *Notizie del Giorno* parlait dès la fin de 1832 du plan d'une association dite *nationale* pour l'affranchissement de l'Italie, et citait des fragments d'une correspondance secrète dont le but était de propager les idées républicaines et d'organiser dans toute la Péninsule des troupes de guérillas. Bientôt après on découvrit en Piémont une conspiration, qui fut suivie d'arrestations et d'exécutions nombreuses. A la même époque on venait d'être mis à Naples sur les traces d'une conspiration militaire. En octobre 1832, à Rhodez, au dépôt des réfugiés italiens, deux d'entre eux, Emiliani et Sturiati, furent assassinés par leurs compatriotes. Bientôt le bruit se répandit que ces meurtres n'avaient été commis que par suite d'arrêts de mort prononcés par la *Jeune Italie*. Mazzini protesta contre cette imputation dans *La Giovine Italia*, journal qu'il publiait à Genève, et l'instruction judiciaire à laquelle ces meurtres donnèrent lieu n'apprit rien sur la part qu'avaient pu y prendre soit la *Giovine Italia*, soit Mazzini. Ce dernier était alors membre de la *Charbonnerie démocratique*, dont le centre était à Paris, et à cette époque la *Jeune Italie* parait même n'avoir été qu'une affiliation de cette société secrète. Cependant, las de l'inactivité et du despotisme neutralisateur du comité directeur de Paris, Mazzini se décida, en 1833, à détacher la *Jeune Italie* de la *Charbonnerie démocratique*. Elle déploya dès lors la plus grande activité, et tenta une expédition contre la Savoie, en même temps qu'elle tâcha de s'étendre dans la haute Italie, d'y propager des écrits révolutionnaires et de gagner les troupes. Les événements de 1847 et 1848 ont surabondamment démontré que l'action de cette société n'avait pas un seul instant été interrompue; et, après les dénégations formelles de ses membres au sujet des accusations dont ils étaient l'objet de la part des défenseurs du principe d'autorité, on les a vus faire venir à l'envi déclarer que, convaincus de la sainteté du but de leur entreprise, ils n'avaient point hésité à se parjurer, et que toujours ils avaient conspiré pour amener les bouleversements politiques dont ils étaient heureux et fiers de pouvoir revendiquer l'initiative.

JEUNE PREMIER, JEUNE PREMIÈRE. L'emploi de jeune premier est le principal dans les rôles d'amoureux. C'est de tous les genres de rôles celui qui exige chez l'artiste dramatique le plus de qualités réunies : un beau visage, une tournure élégante, de la jeunesse, du timbre dans la voix, de la tenue, de la distinction, de la grâce, et tout cela n'est pas trop encore ! C'est le seul où l'on ne peut tirer parti d'un défaut physique, cette ressource des comédiens mal partagés de dame Nature. Et pourtant, en dépit de toutes ces perfections qu'il faut atteindre, l'emploi de jeune premier n'apparaît encore qu'au second plan; en toutes circonstances il est sacrifié aux premiers rôles; que dis-je? il l'est souvent aux valets et aux soubrettes. Combien Scapin fait pâlir Léandre, et que Dorine efface Mariane!

L'amour même, le thème invariable de ces infortunés, ils n'en sauraient parcourir la gamme tout entière : la grande passion leur est interdite; ils doivent se tenir à perpétuité dans la région tempérée du sentiment. Se figure-t-on Oreste jeune premier, ou bien encore cette terrible figure de don Juan !

N'allez pas conclure, cependant, à l'insignifiance constante de cet emploi. Si les jeunes premiers et jeunes premières du vaudeville moderne et des pièces de M. Scribe sont d'une fadeur parfaite, l'ancien répertoire offre dans ce genre mille rôles charmants. De grands artistes s'y sont illustrés, Armand, Fleury, Menjaud, Firmin, Mlle Mars, etc.

Aujourd'hui ces brillants acteurs ne sont plus et ceux qui leur ont succédé ne les ont pas remplacés. Ils s'attachent bien plus à la coupe de l'habit, au nœud de la cravate, à la finesse du linge, qu'à l'étude si difficile de leur art; ils demandent leurs séductions et leurs succès à leur tailleur plutôt qu'à leur talent. Un autre travers qui est encore commun à ces messieurs et à ces dames, c'est que ni les uns ni les autres ne peuvent se résoudre à vieillir et à changer de rôles. La ride fait grimacer le front, la dent absente creuse la joue, le ventre arrive, les cheveux s'en vont, n'importe, ils restent jeunes premiers *quand même*, elles demeurent jeunes premières *for ever*, si bien qu'à Paris ils sont une douzaine d'amoureux obstinés et d'amoureuses incorrigibles dont les âges additionnés formeraient l'agréable total de six à sept cents ans. W.-A. DUCKETT.

JEUNES DE LANGUES, ENFANTS DE LANGUES. Ces deux locutions, traduites littéralement du turc *diloghlan* ou *dil-oghlan*, sont de véritables idiotismes, qui ne présentent aucune idée à l'esprit. Elles servent à désigner des jeunes gens que l'on instruit aux frais de l'État dans les langues orientales.

Une école des jeunes de langues existe à Paris, au lycée Louis-le-Grand. Les premiers jeunes de langue furent instruits, aux frais de la chambre de commerce de Marseille, au couvent des Capucins de Constantinople, pour servir de drogmans aux échelles du Levant et en Barbarie, en vertu d'un arrêt du conseil du roi, du 18 novembre 1669. Aujourd'hui le nombre des jeunes de langues a considérablement diminué; il n'est plus que de douze, tant à Constantinople qu'à Paris. Cela tient peut-être aux progrès de la civilisation en Orient, qui ont rendu notre idiome familier aux diplomates musulmans, et peut-être aussi à la transmission héréditaire de ces emplois, chose peu compatible avec l'esprit des temps modernes.

JEUNES DÉTENUS. Voyez DÉTENUS.

JEUNESSE vient de *juventus* et dérive de *juvare*, aider, comme peut-être aussi la vieillesse, la joie, si naturelle à cet âge heureux, qui fut, dit-on, l'apanage immortel de Jupiter et des dieux. La jeunesse est l'époque de la croissance, de l'épanouissement des facultés : elle succède à l'adolescence, qui conduit jusqu'à la parfaite puberté, vers quinze à seize ans, où jusqu'à ce que le corps ait obtenu son développement en hauteur. Ensuite, l'organisation se déploie dans toutes sa fleur à cet âge brillant et heureux qu'on a justement comparé au printemps, au matin de la vie, comme la floraison des végétaux. Toutefois, vers l'âge de trente ans, l'homme passe à la virilité, époque de l'entière perfection, quoique le corps puisse encore ultérieurement obtenir un accroissement en grosseur, mais qui n'ajoute rien à ses forces. Après l'adolescence, la stature, sans s'élever en hauteur, prend plus de vigueur dans les membres; ils se moulent dans leur beauté et leur force originelles. Tous les actes de l'organisation s'exécutent dans leur plénitude avec une vivacité, une énergie merveilleuses. L'alacrité, la santé, la joie, éclatent dans les fonctions, rayonnent sur les visages.

La jeunesse est ainsi l'ivresse de la vie ; tout ce qui réchauffe, comme le vin, les substances diffusibles, rajeunit de même pour un moment. Toutes les facultés s'ouvrant avec expansion de sensibilité, c'est par cette dilatation vitale que la jeunesse se montre ambitieuse de tous les genres de conquête et de renommée, portée à l'émulation, d'autant plus présomptueuse que l'inexpérience et l'exaltation des forces poussent aux actes les plus hasardeux ; les crimes audacieux lui appartiennent plus qu'à tout autre âge. En effet, le jeune homme, tout volontaire, ennemi de la dissimulation et du mensonge, est extrême dans le mal comme dans le bien ; impatient du frein, il ne supporte pas le sacrifice d'humiliation de son amour-propre ; toujours il préfère ses passions au vil calcul de l'intérêt et la gloire au lucre. Incapable, dans sa noble candeur, des machinations de la fourberie, ignorant l'adversité, il marche dans sa simplesse. Riche du long avenir qui dure toutes ses espérances, il prodigue sa fortune. Plein de lui-même, il croit tout savoir, et, faute d'un jugement assez éprouvé, prend facilement le ton tranchant et affirmatif, l'air insolemment avantageux, devant ses adversaires. S'il se porte avec éclat et par impétuosité à des violences, personne n'est plus accessible à la pitié, ne s'intéresse plus ardemment à la justice. Aussi ses amitiés sont-elles chaleureuses et promptes ; nées des simples rapports de l'âge, elles s'entretiennent par les mêmes goûts et les mêmes plaisirs, plutôt que pour un commerce d'utilité, qui est toujours la dernière de ses réflexions.

Il suit de cette ardente sensibilité que la jeunesse se plonge avidement dans toutes les jouissances et les trouve d'autant plus délicieuses qu'elles sont nouvelles. Mais bientôt cette fièvre dévorante s'épuise, car la violence des sensations s'oppose à leur durée; de là naît l'inconstance. Pour la jeunesse, la fatigue, la guerre, la misère même, deviennent des auxiliaires, d'utiles diversions, que la nature inspire à cet âge d'insouciance, de folâtres plaisirs, aiguisés de privations et de difficultés, piquants assaisonnements, vives délices que n'ont jamais éprouvées ces êtres indolents toujours bercés dans les langueurs des voluptés. La jeunesse est aussi l'époque des beaux-arts, la plus sensible aux charmes de l'éloquence et de la poésie : heureuse si elle sait préparer à son âge mûr des jouissances solides et durables; si, économisant sa santé et sa vie, elle conserve son sang floride et chaud pour supporter avec vigueur les glaces de la vieillesse, pour maintenir son âme toujours ferme et magnanime au milieu des peines de l'existence.

J.-J. VIREY.

JEUNESSE DORÉE DE FRÉRON. Après la chute de Robespierre, Fréron et la faction dantoniste prirent le nom de *thermidoriens*, quittèrent la Montagne, et allèrent s'asseoir au côté droit. Là, Fréron, aussi ardent, aussi sanguinaire que dans son premier parti, devint l'apôtre de la réaction, et poursuivit avec un cruel acharnement ses anciens amis. En lui voyant faire la motion de raser l'hôtel de ville et le club des Jacobins, on reconnaît en lui le proconsul de Toulon fumant et de Marseille saccagée. Il publia de nouveau son *Orateur du Peuple* avec une égale frénésie d'expressions, quoique dans des principes différents, et se mit à la tête d'une troupe de jeunes gens qui, sous le nom de *jeunesse dorée de Fréron*, devinrent en quelque sorte les faubouriens de la contre-révolution. En habits élégants, coiffés en cadenettes, et la tête poudrée, cette milice nouvelle insultait et massacrait les patriotes au chant du *Réveil du peuple*, comme peu de temps auparavant les anciens amis de Fréron, parés de l'ignoble carmagnole, accomplissaient leurs épouvantables assassinats au chant de *La Marseillaise*.

JEUX, sortes de spectacles qui avaient une grande importance dans la vie publique des Grecs et des Romains. La religion les consacra de bonne heure. Il n'y en avait point qui ne fussent dédiés à quelque divinité. On les commençait toujours en les solennisant par des sacrifices et autres cérémonies religieuses.

Les jeux publics des Grecs se divisaient en deux espèces : les uns étaient *gymniques*, les autres *scéniques*. Les jeux gymniques comprenaient tous les exercices du corps, la course à pied, à cheval, en char, la lutte, le saut, le javelot, le disque, le pugilat, en un mot le *pentathle*; les jeux *scéniques* consistaient en pièces de théâtre, tragédies ou comédies, en pièces de poésie ou de chant. Dans tous ces jeux il y avait des juges pour décider de la victoire. Les juges étaient debout pour distribuer le prix des jeux gymniques; ils étaient assis pour décerner les couronnes des jeux scéniques. Les principaux jeux des Grecs étaient les jeux *olympiques*, les jeux *pythiques*, les jeux *néméens* et les jeux *isthmiques*. Ces jeux solennels étaient célébrés avec éclat, et ils attiraient de très-loin une multitude de spectateurs et de combattants. On n'y donnait pourtant en récompense qu'une simple couronne d'herbe : d'olivier sauvage aux jeux olympiques, de laurier aux jeux pythiques, d'ache verte aux jeux néméens, et d'ache sèche aux jeux isthmiques. Les Grecs apprenaient ainsi à lutter seulement pour l'honneur; aucun étranger n'était admis à concourir à ces jeux. Une naissance obscure ou douteuse était un obstacle qui fermait également l'entrée de la carrière aux prétendants. Il y avait quantité d'autres jeux passagers qu'on célébrait dans la Grèce, par exemple aux funérailles. Les prix étaient souvent des armures, des vases, des coupes d'or, des esclaves, etc.

Les jeux romains ne sont pas moins fameux que ceux des Grecs, et ils furent portés à un point incroyable de grandeur et de magnificence. On les distingua par le lieu où ils étaient célébrés ou par la qualité du dieu à qui on les avait dédiés. Les premiers étaient compris sous le nom de jeux *circenses* et de *jeux scéniques*, parce que les uns étaient célébrés dans le cirque, et les autres sur la scène. A l'égard des jeux consacrés aux dieux, on les divisait en *jeux sacrés*, en *jeux votifs*, parce qu'ils se faisaient pour demander quelque grâce aux dieux; en *jeux funèbres*, et en *jeux divertissants*. Les rois réglèrent les jeux à Rome tant que dura la royauté; sous la république, les consuls et les préteurs présidèrent aux jeux *circenses*, *apollinaires* et *séculaires*. Les édiles plébéiens eurent la direction des jeux plébéiens; le préteur ou les édiles curules, celle des jeux dédiés à Cérès, à Apollon, à Jupiter, à Cybèle, et aux autres dieux, sous le titre de *jeux mégalésiens*. Dans ce nombre de spectacles publics, il y en avait que l'on appelait spécialement *jeux romains*, que l'on divisait en *grands* et en *très-grands* : ces derniers duraient quatre jours. Les Romains célébraient des jeux non-seulement en l'honneur des divinités qui habitaient le ciel, mais même en l'honneur des celles qui régnaient dans les enfers, et les jeux institués pour honorer les dieux infernaux étaient connus sous les noms de *taurilia*, *compitalia*, et *terentini ludi*. Les jeux scéniques consistaient en tragédies, comédies, satires, qu'on représentait sur le théâtre en l'honneur de Bacchus, de Vénus, d'Apollon. Pour rendre ces divertissements plus agréables, on les faisait précéder de danses de corde, de scènes de voltige; puis on introduisit sur la scène les mimes et les pantomimes. Les jeux scéniques n'avaient pas d'époque marquée, non plus que ceux que les consuls et les empereurs donnaient au peuple pour gagner sa bienveillance, et qu'on célébrait dans un *amphithéâtre* environné de loges et de balcons : ils se composaient de combats d'hommes ou d'animaux. Ces jeux étaient appelés *agonales*, et quand on courait dans le cirque, *équestres* ou *curules*. Les premiers étaient consacrés à Mars et à Diane, les autres à Neptune et au Soleil. On peut encore y ajouter les *naumachies*. Les jeux séculaires se célébraient de cent ans en cent ans. Il y avait en outre les jeux *actiaques*, *augustaux* et *palatins*, qu'on célébrait en l'honneur d'Auguste; les *néroniens*, fondés en l'honneur de Néron; puis les jeux en l'honneur de Commode, d'Adrien, d'Antinoüs, et de tant d'autres.

Lorsque les Romains devinrent maîtres du monde, ils accordèrent des jeux à la plupart des villes qui en demandèrent. Au sortir de charge, les édiles donnaient toujours des jeux publics au peuple romain. Ce fut entre Lucullus, Scaurus, Lentulus, Hortensius, C. Antonius et Muræna à qui porterait le plus loin la magnificence. L'un avait fait couvrir le ciel des théâtres de voiles azurées, l'autre avait fait couvrir l'amphithéâtre de tuiles de cuivre dorées. Mais César les surpassa tous dans les jeux funèbres qu'il fit célébrer à la mémoire de son père. Non content de donner les vases et toute la fourniture de théâtre en argent, il fit paver l'arène entière de lames d'argent. « Cet excès de dépense, dit Jaucourt, était proportionné à son excès d'ambition; les édiles qui l'avaient précédé n'aspiraient qu'au consulat, et César aspirait à l'empire. »

[Les honneurs et les récompenses que les Grecs accordaient aux athlètes qui avaient triomphé de leurs adversaires étaient véritablement extraordinaires : on leur élevait des statues, ils étaient nourris aux frais du public. A Lacédémone, ils avaient le privilége de combattre à côté du roi. Un certain Exénète d'Agrigente ayant été couronné aux jeux olympiques, trois cents chars, attelés chacun de deux chevaux blancs, allèrent à sa rencontre, pour lui témoigner combien les Agrigentins étaient fiers de le compter au nombre de leurs compatriotes. Cicéron dit quelque part que les Grecs faisaient plus de cas des couronnes olympiques que les Romains des honneurs du triomphe. Souvent l'athlète couronné entrait dans sa ville natale par une brèche que l'on pratiquait exprès. Aux yeux des Grecs, les vainqueurs dans les jeux publics avaient quelque chose de surhumain; il y a plus, on vit des vainqueurs nourrir pendant le reste de leur vie et sans leur rien faire faire les chevaux auxquels ils devaient leur triomphe. De riches particuliers, des princes, etc., envoyaient des conducteurs habiles et des chevaux bien dressés disputer les prix de la course des chars, et ils se croyaient très-honorés lorsque leurs attelages avaient remporté la victoire. Enfin, il y avait des villes et des rois qui gagnaient à prix d'argent les vainqueurs fameux afin qu'ils déclarassent qu'ils étaient citoyens de la ville ou de la république qui les payait; d'autres intriguaient pour gagner un athlète redoutable, et le décider par des présents à ne pas user de tous ses avantages contre tel ou tel adversaire. Il est vrai de dire que ces fraudes étaient sévèrement punies par la flustigation et les amendes, quand les juges qui présidaient aux jeux en avaient connaissance.

TEYSSÈDRE.]

JEUX DE LA NATURE. *Voyez* NATURE.

JEUX D'ESPRIT. Cette expression a diverses acceptions. Elle s'entend de certains petits jeux qui demandent quelque facilité, quelque agrément d'esprit ; et aussi de certaines productions de l'esprit qui n'ont aucune solidité (*voyez* AMUSEMENTS DE L'ESPRIT).

JEUX D'ORGUE. *Voyez* ORGUE.

JEUX FLORAUX (chez les anciens). *Voyez* FLORAUX (Jeux).

JEUX FLORAUX (Académie des), institution littéraire la plus ancienne, et l'une des plus célèbres de l'Europe, dont l'origine remonte au commencement du quatorzième siècle, époque où elle fut fondée à Toulouse, sous le nom de *Collége du gai Savoir*. L'histoire de cette institution, destinée dès le principe à perpétuer le goût et le talent de la poésie, offre trois périodes distinctes : la première embrasse les temps antérieurs à Clémence Isaure, et comprend depuis l'année 1323 jusqu'à la fin du quinzième siècle ; alors commence la seconde période, marquée par les libéralités de cette femme illustre, dont la munificence ranima les concours poétiques de la *gaie science* et en assura la durée par ses dernières dispositions ; enfin, cette institution, qui bientôt après la mort de Clémence Isaure avait pris le nom de *Jeux Floraux*, fut érigée en académie par Louis XIV et ce nouveau régime, qui est encore suivi, forme la troisième période.

Les plus anciens monuments du *Collège du gai Sçavoir* sont deux manuscrits en langue romane, contenant des traités sur les règles de la versification, sur la grammaire et sur les figures de rhétorique, le tout précédé d'un préliminaire historique, dont l'objet est de faire connaître en quel temps, à quelle occasion, et par quels moyens cette poétique fut composée, et enfin publiée en 1356. Parmi les pièces que renferment ces manuscrits se trouve une lettre circulaire en vers, datée de 1323, et qui servit de programme au premier concours ouvert par le collège de la gaie science ; en voici la traduction abrégée : « La très-gaie compagnie des sept poètes de Toulouse, aux honorables seigneurs, amis et compagnons qui possèdent la science d'où naît la joie, le plaisir, le bon sens, le mérite et la politesse, salut et vie joyeuse. — Nos désirs les plus ardents sont de nous réjouir en récitant nos chants poétiques... Puisque vous avez le savoir en partage, et que vous possédez l'art de la gaie science, venez nous faire connaître vos talents... Nous sept, qui avons succédé au corps des poètes qui sont passés (les troubadours), nous avons à notre disposition un jardin merveilleux et beau, où nous allons tous les dimanches lire des ouvrages nouveaux, et en nous communiquant nos lumières mutuelles, nous en corrigeons les défauts. Pour accélérer les progrès de la science, nous vous annonçons que le premier jour de mai prochain nous nous assemblerons dans ce charmant verger. Rien n'égalera notre joie si vous vous y rendez aussi. Ceux qui nous remettront des ouvrages seront favorablement accueillis, et l'auteur du meilleur poëme recevra en signe d'honneur une violette d'or fin. Nous vous lirons, de notre côté, des pièces de poésie que nous soumettrons à votre critique ; car nous nous faisons gloire de nous rendre à la raison... Nous vous requérons de venir au jour assigné, si bien fournis de vers harmonieux et de bon sens que le siècle en devienne plus gai.... et que le mérite soit justement honoré. Ces lettres ont été données au faubourg des Augustines, dans notre verger, au pied d'un laurier, le mardi après la fête de la Toussaint, l'an de l'incarnation 1323. »

Cette invitation eut tout le succès désirable. Au jour indiqué, le 1ᵉʳ mai 1324, des poètes arrivèrent de tous côtés, et se rendirent au concours ouvert dans le jardin de la gaie science. Le manuscrit qui nous a conservé la mémoire de cette solennité littéraire nous a transmis le nom des sept troubadours qui y avaient appelés, ainsi que celui du poëte de Castelnaudary, Armand Vidal, auquel ils décernèrent publiquement la violette d'or. Les capitouls, qui assistaient à ce triomphe, en furent dans un tel enchantement que le conseil de ville décida que dorénavant, d'*aqui en avant*, ce noble prix, qui excitait une si grande émulation, serait payé du revenu de la ville. Ces concours se succédèrent d'année en année ; ils devinrent bientôt si nombreux que, pour ne pas décourager les concurrents, on crut obligé d'instituer deux autres prix, l'églantine et le souci d'argent. Ces deux nouvelles fleurs se décernaient déjà en 1355, comme le témoigne la lettre par laquelle furent publiés les statuts des jeux où les *leis d'amors* : le souci était donné à la meilleure *danse*, et l'églantine était le prix du *sirvente* ou de la *pastourelle*. Enfin, outre ces trois prix ordinaires, on pouvait aussi quelquefois un œillet d'argent pour encourager les premiers essais des poètes.

Les statuts publiés en 1355 comprennent les devoirs des membres de la compagnie du gai savoir appelés *mainteneurs*, les conditions du concours et la réception des nouveaux membres. On remarque dans l'énumération des règles qui doivent guider les juges dans l'appréciation des pièces, que les *hiatus* avec la même voyelle sont de plus grandes fautes qu'avec des voyelles différentes. Quant aux concurrents, on voit que les juifs, les Sarrazins, les blasphémateurs, les excommuniés, les hommes de mauvaise vie, étaient exclus du concours.

Ce fut en 1356 que les sept mainteneurs publièrent la poétique du gai savoir, rédigée par le docte Molinier, l'un d'eux, ouvrage précieux, que l'Académie des Jeux Floraux s'est à la fin décidée à faire imprimer.

Vers cette époque, une menace de guerre avec les Anglais, alors maîtres de la Guienne, et la crainte d'un siège portèrent les capitouls à détruire le faubourg des Augustines, pour mieux assurer la défense de la ville. Les mainteneurs trouvèrent un asile dans le Capitole. Mais dès lors ils se bornèrent à des assemblées annuelles dans les trois premiers jours du mois de mai, pendant lesquelles ils décernaient les prix, qui consistaient toujours en trois fleurs, dont la matière, suivant un mandement de 1404, fournie par les capitouls sur le trésor de la ville, coûtait 6 liv. 16ˢ 3ᵈᵉˢ. Un florin, qu'on achetait pour les dorer, coûtait 1 l., la façon 3, ce qui portait la dépense à une somme totale de 10 l. 16ˢ 3ᵈᵉˢ. Néanmoins, ces fêtes eurent longtemps un grand éclat, et leur renommée était telle, qu'en 1388, Jean, roi d'Aragon, envoya au roi de France, Charles VI, des ambassadeurs pour obtenir la permission de faire venir à sa cour des poëtes du Languedoc, afin d'établir dans ses États des jeux semblables aux leurs, avec promesse de leur départir les prix et des récompenses également dignes de leur mérite et de la munificence royale.

Cet état de choses se maintint jusqu'en 1484 ; mais à partir de cette époque la fête des fleurs fut suspendue, soit à cause de la peste qui se manifesta dans la ville vers la fin de cette année, soit par suite des troubles qui dans les années suivantes y excitèrent une sorte de guerre civile. Quoi qu'il en soit, ce fut peu de temps après que Clémence Isaure rétablit cette fête et distribua elle-même à ses dépens des fleurs qu'on appela *nouvelles*, parce qu'elles remplaçaient celles que les capitouls avaient cessé de fournir. Cette institution, faite de son vivant, confirmée par ses dispositions testamentaires, et consolidée par une riche donation, fit regarder cette femme célèbre comme la *fondatrice du Collège de la gaie Science*, qualification qui égara plus tard le savant Catel, et lui fit chercher dans le treizième siècle la naissance et la famille de Clémence ; et comme il n'en trouvait aucune trace à cette époque, il en conclut qu'elle n'avait jamais existé. De là l'origine de tous les doutes qu'on a tour à tour élevés sur l'existence de cette illustre dame.

Cette seconde période, qui embrasse une durée de deux cents ans, fut heureuse et brillante. Toutefois, quelques excès finirent par s'introduire dans la répartition de la dotation de Clémence Isaure, et il paraîtrait que vers la fin du dix-septième siècle la plus grande partie de cette dotation se dépensait en festins et en présents, prodigués aux convives invités aux solennités du mois de mai. Vers cette époque, l'auteur du *Voyage à Siam*, Lalonbère, membre de l'Académie Française et de celle des Inscriptions et Belles-Lettres, ayant visité sa ville natale, y fut tellement révolté de voir que la fête des fleurs était dégénérée en une sorte d'orgie, qu'il dressa un projet de requête à Louis XIV et obtint de ce monarque des lettres patentes portant érection des Jeux Floraux en académie. Par ces lettres, données à Fontainebleau, au mois de septembre 1694, et enregistrées au parlement de Toulouse, le 8 janvier 1695, le nombre des mainteneurs fut porté à 35 ; il est aujourd'hui de 40, y compris le chancelier. Le budget de cette académie fut fixé à 1,400 livres, qui devaient être employées, savoir : 300 liv. aux frais courants des assemblées ordinaires, et 1,100 liv. à l'achat de *quatre* fleurs : « Et seront lesdites fleurs une *amarante* d'or, que nous instituons pour premier prix ; une *violette*, une *églantine* et un *souci* d'argent, qui sont les prix ordinaires. » L'une d'elles, l'églantine, fut réservée au meilleur ouvrage en prose ; mais en 1745 l'Académie décida que cette fleur serait aussi en or, et que celui qui aurait remporté trois fois obtiendrait des lettres de maître ès Jeux Floraux.

Depuis qu'elle a été érigée en société académique, cette

compagnie fait imprimer tous les ans le recueil de ses concours et de ses travaux : le premier de ces recueils date de 1696 ; on en a la suite, année par année, jusqu'en 1790, sans autre interruption que pour 1700 à 1703. A partir de 1806, époque de son rétablissement, l'Académie a également continué cette publication. En parcourant cette collection, on voit au nombre des auteurs couronnés l'abbé Abeille, l'abbé Asselin, le poète Le Roi, La Monnoye, le président Hénault, Favart, l'abbé Poule, Marmontel, La Harpe, Barthe, Chamfort; et de nos jours, Millevoie, Tréneuil, D'Avrigni, Chênedollé, Soumet, Victorin Fabre, Ardant de Limoges, Mollevaut, etc., etc.

La séance annuelle du 3 mai, qu'on appelle encore la *Fête des Fleurs*, se tient avec un grand appareil. Toute la ville prend part à la solennité. Dès le matin les fleurs d'or et d'argent sont exposées sur le maître autel de l'église paroissiale de la Daurade; la statue de Clémence Isaure est ornée de guirlandes de roses; l'entrée du Capitole est décorée de festons de verdure; la cour et l'escalier qui conduisent à la *galerie des illustres* sont également jonchés de feuilles et de fleurs. A trois heures après midi, on ouvre au public cette galerie, qui précède la salle des séances. Au moment indiqué, le corps des Jeux Floraux fait son entrée au bruit retentissant des fanfares, ayant à la tête le *modérateur*, et prend place autour d'une table en fer à cheval. La séance s'ouvre par l'éloge obligé de Clémence Isaure, prononcé par un mainteneur ou par un maître. Après l'éloge d'Isaure, les commissaires des Jeux Floraux, musique en tête et suivis d'une escorte militaire, vont chercher les fleurs exposées depuis le matin sur le maître autel de l'église de la Daurade; ils les reçoivent des mains du curé, qui leur fait une allocution analogue à cette pieuse cérémonie, et les rapportent ensuite en grande pompe, pour être distribuées solennellement aux auteurs couronnés, dont les ouvrages sont lus par les lauréats eux-mêmes ou par un des mainteneurs ou des maîtres.

Les maîtres représentent aujourd'hui les anciens *docteurs en gaie science*; leur nombre n'est point fixé. Pour parvenir à ce grade, il faut avoir remporté trois fleurs, parmi lesquelles doit être le prix de l'ode. Toutefois, l'Académie des Jeux Floraux est en droit et dans l'usage d'accorder des lettres de maîtres à des littérateurs célèbres, quoiqu'ils n'aient pris part à aucun de ses concours. PELLISSIER.

JEUX OSQUES. *Voyez* ATELLANES (Fables).

JEUX PARTIS, poèmes dialogués ordinairement entremêlés de musique à deux parties, que chantaient les trouvères et les troubadours, et qui étaient représentés dans les manoirs aux jours de fête. Au nombre de ces compositions, nous citerons *Robin et Marion*, *Nucassin et Nicolette*, scènes champêtres dignes de Théocrite; *Le Purgatoire de saint Patrice*, *Le Discours de Paradis*, tableau curieux des cours d'amour, etc.

JÉZABEL, JÉSABEL ou IZEBEL, fille d'Ethbaal, roi des Sidoniens, épouse d'A c h a b, roi d'Israel, mère d'Athalie, est célèbre surtout par les crimes et les excès auxquels elle entraîna le roi son mari. Bientôt la terre des Hébreux vit s'élever des temples en l'honneur de Baal; des bosquets impudiques les environnèrent; toutes les divinités phéniciennes eurent leurs autels dans la terre de promission, et l'on n'ignorait pas à quelles infamies la reine se livrait en leur honneur. Neuf cent cinquante prêtres, dont cinq cent cinquante voués au culte de Baal et quatre cents destinés à celui des dieux de Sidon, étaient ou nourris à sa table, ou entretenus à ses frais. Quand elle crut le culte nouveau assez solidement établi, elle voulut détruire l'antique religion d'Israel : aux promesses les plus magnifiques succédèrent les menaces les plus terribles, et à celles-ci de sanglantes persécutions. Elle ordonna qu'on fît périr tous les prophètes, et ils eussent tous succombé si Abdias, intendant de la maison d'Achab, n'en avait adroitement soustrait un grand nombre à sa fureur : cent furent par lui cachés et nourris de pain et d'eau dans une caverne.

Elle trempa dans le meurtre de N a b o t h, et le prophète Élie prédit que dans le champ usurpé à cet homme de bien le corps de Jézabel, déchiré par les chiens, demeurerait sans sépulture. Une sécheresse de longue durée dévora les productions de la terre. Frappé dans ses biens par une puissance supérieure, le peuple irrité fit entendre sa voix menaçante : le prince en fut épouvanté, et, la pensée du Seigneur s'emparant alors de son esprit, il fit rappeler les prophètes, que naguère il avait proscrits. Élie ordonne, et aussitôt les nuages s'élèvent dans les airs; une pluie abondante rend à la terre sa fertilité, et, comme défiés par lui, les prêtres de Baal invoquent en vain la puissance de leur dieu; ils sont tous immolés sur les bords du torrent.

C'en était fait d'Élie, contre lequel la nouvelle de l'extermination des prêtres des idoles avait excité toute la colère de la reine, si l'homme de Dieu n'avait fui dans le désert, où la Providence le secourut par un miracle, et d'où elle l'envoya sacrer J é h u roi d'Israel. Celui-ci, après avoir mis à mort Joram et Ochosias, faisait son entrée solennelle à Jezrahel, lorsqu'il aperçut aux fenêtres du palais la reine Jézabel, qui, malgré son âge avancé, comptant encore faire impression sur le peuple par le pouvoir de ses charmes, avait revêtu ses plus riches parures et couvert son visage de fard. Des menaces contre Jéhu étaient à peine sorties de sa bouche que, par l'ordre de ce prince, les eunuques qui se tenaient auprès d'elle précipitèrent sous les pieds des chevaux cette princesse, dont le sang souilla les murs du palais, et dont les restes, dévorés en partie par les chiens, suivant la prophétie d'Élie, ne purent pas même recevoir les honneurs d'un tombeau. Ainsi périt, en 3122 du monde, cette femme impie, ambitieuse, emportée, sanguinaire, digne d'avoir été l'épouse d'Achab. L'abbé J. DUPLESSIS.

JOAB, fils de Servia, sœur de David, se joignit à ce prince avec ses frères cadets, Abisaï et Azsael, lorsqu'il fut obligé de se réfugier dans la caverne d'Odollam. Maître de la milice, c'est-à-dire général en chef de l'armée de Juda, il se distingua par sa valeur dans le combat livré, près de Gabaon, à A b n e r, qui y tua de sa propre main Azael, acharné à sa poursuite. Joab en conserva un vif ressentiment; et lorsque David eut reçu Abner, Joab le fit rappeler et lui plonge son épée dans le cœur. Cet assassinat irrita David contre Joab. Cependant, le titre de général en chef des armées d'Israel ayant été promis à celui qui le premier escaladerait les murailles de Jérusalem, Joab parut le premier sur les murs, et obtint ce commandement. Ce fut avec ce titre qu'il combattit et défit les Ammonites, qu'il assiégea et prit la ville de Rabbath, devant laquelle il fit adroitement périr le brave U r i e, pour obéir à des ordres injustes qu'il avait été jugé digne de comprendre et d'exécuter. Quelque éclatants que fussent ses services, rien ne pouvait vaincre la juste méfiance ou plutôt le triste pressentiment de David. Aussi quand, après le meurtre de son frère Amnon, A b s a l o n, réfugié chez Tholmaï, son aïeul, demandait à rentrer en grâce, ce ne fut que par un stratagème que Joab parvint à obtenir son pardon et à le ramener aux pieds de son père. Bientôt Absalon se révolte de nouveau. Dès qu'il apprit la fuite de son roi, Joab rassembla des troupes nombreuses, les réunit aux siennes, et continua puissamment à le faire rentrer en possession de son royaume. Mais, toujours emporté, soit par un zèle aveugle, soit pour un motif moins louable, il méconnut les ordres positifs du monarque, et courut, armé de sept javelots, dès qu'on lui annonça comment le traître était arrêté dans sa course, et le premier donna l'exemple de l'insubordination en le frappant, pour le laisser ensuite achever par ses officiers. La douleur et l'indignation de David, quand il apprit la mort de son fils, ne purent jamais s'effacer au point de lui laisser oublier la faute cruelle de son général. Il voulut confier à Anasa le commandement d'une expédition ; mais celui-ci fut, comme Abner, lâchement assassiné; puis le meurtrier fit défiler les troupes devant son cadavre, se mit à leur tête, et les conduisit au combat.

Quand le parti naissant d'Adonias eut détaché de Salomon quelques-uns de ces hommes toujours disposés à suivre le drapeau de la révolte, Joab se jeta parmi les transfuges, et courut ainsi à sa perte. Adonias fut en effet mis à mort par ordre de Solomon ; le grand-prêtre Abiathar dut à son caractère sacerdotal d'être seulement envoyé en exil ; mais Joab, poursuivi par Banaïas, perdit la vie, en 2991 du monde, au pied de l'autel près duquel il avait espéré en vain trouver un asile. Par considération pour sa naissance et sa parenté avec David, son corps fut inhumé dans sa maison du désert. L'abbé DUPLESSIS.

JOACHAZ, roi d'Israël, fils de Jéhu, signala le commencement de son règne par son impiété ; mais ayant été vaincu par Hazaël, roi de Syrie, il s'humilia, et fut sauvé de sa ruine.

Un autre JOACHAZ, roi de Juda, fils de Josias, s'empara du trône, au préjudice de son frère aîné, Joachim ; mais Néchao, roi d'Égypte, replaça le prince légitime sur le trône, que l'usurpateur Joachaz avait occupé trois mois.

JOACHIM, fils de Josias, s'appelait d'abord Éliacim, et devint roi de Juda en l'an 609 avant J.-C., grâce à l'intervention du roi d'Égypte Néchao. Devenu tributaire des Chaldéens dans la huitième année de son règne, il chercha peu de temps avant sa mort, arrivée en l'an 599, à reconquérir son indépendance. Cette levée de boucliers amena l'invasion de Juda par une armée chaldéenne. Mais Joachim ne vécut point jusqu'à la prise de Jérusalem, et sa mort réalisa les prédictions de Jérémie.

JOACHIM (Saint), père de la vierge Marie, est honoré comme un saint par l'Église.

JOACHIM, dit de Flora ou le Prophète, né à Celico, près de Cozenza, voyagea en Terre Sainte. De retour en Calabre, il prit l'habit de Citeaux dans le monastère de Corazzo, dont il fut prieur et abbé. Joachim quitta son abbaye avec la permission du pape Luce III, vers 1184, et alla demeurer à Flora, où il fonda une abbaye, qui devint plus tard très-célèbre. Il donna à un grand nombre de monastères des constitutions approuvées par le pape Célestin III, et leur fit embrasser la réforme de la règle de Citeaux. L'abbé Joachim mourut en 1202, âgé de soixante-douze ans, laissant, entre autres ouvrages, des Commentaires sur Isaïe, sur Jérémie et sur l'Apocalypse, et des Prophéties sur les Papes. Voici comment il expliquait la Trinité, suivant l'abbé Pluquet : il reconnaissait que le Père, le Fils et le Saint-Esprit faisaient un seul être, non parce qu'ils existaient dans une substance commune ; mais parce qu'ils étaient unis de consentement et de volonté aussi étroitement que s'ils n'eussent été qu'un seul être, comme on dit que plusieurs hommes font un seul peuple.

JOACHIMITES. Voyez MILLÉNAIRES.
JOACHIM MURAT. Voyez MURAT.
JOAD ou JOIADA, grand-prêtre des Juifs, époux de Josabeth, sœur d'Ochosias, qui sauva Joas de la fureur des enfants de ce prince, ordonné par Athalie. Il remit Joas sur le trône, et mourut à l'âge de cent-trente ans. Il fut enterré dans le tombeau des rois.

JOAILLERIE, JOAILLIER. Le joaillier est le fabricant, le marchand de joyaux, comme le bijoutier est le fabricant, le marchand de bijoux. On donne donc plus particulièrement le nom de joaillier à celui qui s'occupe de monter les pierres précieuses taillées par le lapidaire et les disposant sur des ornements en métal. Pour le diamant, ce métal est l'argent ; pour toutes les pierres de couleur, c'est l'or. On pratique deux sortes de montages : le montage à jour, et le montage plein. Le premier est surtout en usage pour le diamant, pour les objets composés, tels que les parures ; on se sert du second pour les objets simples et pour les pierres de couleur. Les objets composés prennent la forme de guirlandes, de bouquets, etc. Chaque partie se fait séparément, puis on les réunit ensuite. L'opération par laquelle la pierre est fixée au métal s'appelle sertissage.

Pour les bagues, les pierres sont fixées dans un chaton, que l'on soude ensuite à l'anneau.

JOAN (SEIGN). Voyez FOUS DE COUR.

JOANÈS (VICENTE), peintre espagnol distingué, né en 1523, mort en 1579, étudia vraisemblablement d'après Raphaël, et fonda ensuite une école particulière à Valence, où il travailla beaucoup pour les églises de la localité. Il ne peignait que des sujets religieux, et communiait toujours, dit-on, avant de commencer un nouveau tableau. Tous ses ouvrages ont une expression de calme, de simplicité et de naïveté qui n'exclue ni la grâce, ni la correction, ni la frappante expression. Sa direction fut tout à fait celle des Flamands qui s'étaient formés à l'étude de l'art en Italie, par exemple celle d'Orley, qui fut l'un des élèves de Raphaël, quoique l'on remarque chez lui un peu de l'influence des maniéristes florentins. Son coloris est en général un peu lourd.

Son fils, Juan-Vicente JOANES, fut peintre également, mais ne l'égala point en talent.

JOANNY (JEAN-BERNARD BRISE-BARRE, dit), acteur estimé de la Comédie-Française, et dont la réputation s'était faite à l'Odéon, était né à Dijon, le 2 juillet 1775, d'un père employé aux domaines, qui le fit admettre, à l'âge de huit ans, dans les pages de la musique de Louis XVI ; mais au bout de trois ans d'efforts et de travail on reconnut la faiblesse de ses dispositions pour la musique, on lui fit quitter les pages pour le placer dans l'atelier du peintre Vincent. A dix-sept ans les événements politiques l'enlevaient aux arts pour le jeter sous les drapeaux. Après avoir fait plusieurs campagnes comme volontaire, et avoir reçu deux blessures, dont l'une nécessita l'amputation de deux doigts de la main gauche, il quitta le service, et entra dans la paisible carrière de l'enregistrement comme modeste surnuméraire. Mais un beau jour il déserta son bureau pour s'élancer dans la carrière théâtrale, et quitta le nom de ses pères pour celui de Joanny. Il s'essaya d'abord sur les théâtres de société, et s'y fait bientôt une sorte de renommée, qui le prépare aux brillants succès qu'il obtient en province. En 1807 il sollicite un ordre de début pour le Théâtre-Français, et y paraît tour à tour dans les grands rôles du répertoire tragique de Talma et de Lafont. Il y a un succès d'estime ; mais un concurrent lui ayant été préféré, il recommence sa vie d'acteur nomade, à Rouen, à Bordeaux, à Lille, à Lyon, à Marseille. Quand une ordonnance royale crée, en 1818, un second Théâtre-Français à l'Odéon, Joanny se trouve naturellement appelé à faire partie de la troupe nouvelle pour y remplir les grands rôles tragiques. Il y crée, dans les Vêpres Siciliennes de Casimir Delavigne, le rôle de Procida, auquel il donne une expression énergique et passionnée qui est restée dans la mémoire des contemporains, et y fait preuve d'un talent hors ligne dans la manière dont il y compose les rôles de Chilpéric dans Frédégonde et Brunehaut, et de Saül dans la pièce de ce nom.

A la mort de Talma, Joanny reste le seul comédien à même de penser, non pour le remplacer, mais pour tenir l'emploi du Roscius français ; et les Comédiens-Français s'empressent de lui ouvrir les portes du cénacle de la rue de Richelieu. Quinze ans durant, Joanny s'y montre acteur consciencieux et zélé, tenant tous les grands rôles du vieux répertoire : Acomat, Mithridate, Burrhus, le vieil Horace, Mahomet, Auguste, don Dièque, tous les empereurs, tous les rois, tous les conspirateurs qui, à défaut de Talma, reviennent par droit d'héritage à son successeur. Il attache en outre son nom à quelques rôles qu'il crée dans le répertoire moderne ; et les contemporains conserveront longtemps le souvenir de la manière originale et piquante dont il rendait le Quaker de Chatterton, le duc de Guise de Henri III, Gomès de Silva d'Hernani, James Tyrrel des Enfants d'Édouard, et tant d'autres.

Joanny quitta le théâtre en 1841, et avec sa pension de sociétaire alla s'établir au Bourg-la-Reine, tout près de Paris, où sa maison devint le rendez-vous de la bonne compagnie du village. Le curé allait presque tous les soirs faire la partie de whist de l'ancien comédien ordinaire du roi; et il eut même la satisfaction de bénir dans son église un mariage qui datait de près de quarante ans, mais que, par suite de sa vie agitée, Joanny avait toujours oublié de faire enregistrer par M. le maire et valider par l'Église. Il avait alors soixante-onze ans. Il mourut en 1849, entouré de l'estime de tous ceux qui le connaissaient.

JOAS, le plus jeune des enfants d'Ochosias, roi de Juda, devait être enveloppé dans le massacre si froidement ordonné par Athalie, à la mort de ce monarque. Par bonheur, Josabeth, sœur d'Ochosias et épouse du grand-prêtre Joïada, instruite du projet qu'on méditait, parvint, au moment où les satellites de la princesse portaient sans crainte des coups assurés, à enlever et à déposer dans le temple le petit Joas, à peine âgé d'un an. Pendant six années elle veilla, de concert avec Joïada, à l'éducation de cet enfant. Quand il eut atteint sa septième année, le pontife, jugeant le moment favorable, assembla les prêtres, leur révéla ce qu'il avait fait, et à l'instant même le jeune roi, sacré par lui, fut salué des plus vives acclamations. Joas fut d'abord docile aux conseils du grand-prêtre, à qui il devait la couronne et la vie. Mais la mort de Joïada permit aux courtisans d'exercer sur lui leur funeste influence, et bientôt on vit. les autels des idoles s'élever de nouveau, leurs statues se dresser sur les hauts lieux, les bocages en honneur, et le temple de Jéhova indignement abandonné. Le fils de Joïada, Zacharie, son successeur dans le pontificat, voyant toutes ses remontrances inutiles, se rendit dans le temple, fit au peuple assemblé un effrayant tableau des suites inévitables de l'incrédulité générale. Il parlait encore quand, par ordre du roi, il fut publiquement mis à mort. Ce crime ne devait pas rester longtemps impuni : Hazael, roi de Syrie, pénètre dans Jérusalem à la tête d'une poignée de soldats, immole les principaux habitants, pille le temple, et ne regagne ses États que chargé de butin. Le peuple passe alors des manœuvres sourdes à une sédition violente, et deux des officiers du palais, pénétrant dans les appartements de Joas, l'assassinent dans son lit, où le retient une affreuse maladie, en 3169 du monde. Ses restes furent ensevelis dans la ville de David, mais non parmi ceux de ses ancêtres, l'horreur que causa l'infection du cadavre ayant empêché qu'on ne le mît dans le tombeau des rois de Juda. Il avait régné quarante ans sur Juda. Amasias, un de ses fils, lui succéda.

JOAS II, fils de Joachas, et 12e roi d'Israel, régna seize années, mourut en l'an 3183 du monde, et défit trois fois Bénadab, roi de Syrie, suivant la prédiction d'Élisée. Bientôt Amasias, fier d'une victoire qu'il avait remportée sur les Iduméens, osa défier Joas. La bataille eut lieu à Bethsamès, dans la tribu de Juda; au premier choc, les troupes d'Amasias plièrent et prirent la fuite; lui-même tomba entre les mains de Joas, qui entra triomphant à Jérusalem, le faisant conduire devant son char, après que, pour lui frayer un passage, il eut forcé les habitants à abattre quatre cents coudées de leurs murailles, depuis la porte d'Éphraïm jusqu'à celle de l'Angle. Il dépouilla le temple de l'or, de l'argent, des vases précieux et de toutes les richesses qu'il y trouva, s'empara des trésors de Joram et emmena des otages à Samarie.

Un autre Joas, chef de la famille d'Esri, fort honoré par les habitants d'Ephra, était père de Gédéon. Par complaisance il avait consenti à devenir le dépositaire et le prêtre de l'idole de Baal. Quand, pendant la nuit, Gédéon eut mutilé et abattu cette statue, le peuple accourut furieux, demandait à Joas de lui livrer le coupable pour le mettre à mort. A cette exigence cruelle, il répondit : « Pourquoi vous faire les vengeurs de Baal? Ce dieu ne peut-il se défendre et se venger lui-même? S'il veut punir le téméraire qui a renversé son autel, a-t-il donc besoin de vous appeler à son secours? Laissez à ce dieu le soin de ses intérêts : s'il est tout-puissant, la vie de son ennemi est entre ses mains, et sa vengeance l'atteindra avant la fin du jour. » Ces sages observations apaisèrent le peuple, qui se retira sans insister. L'abbé J. Duplessis.

JOATHAN, roi de Juda, fils d'Osias, exerça les fonctions de la royauté lorsque son père fut frappé de la lèpre, et lui succéda en 752. Il fit fleurir le culte, battit les Ammonites et les Syriens, et fortifia Jérusalem. Il mourut en 737.

JOB, patriarche illustre par ses immenses possessions, sa prospérité, ses insignes malheurs, sa patience, sa résignation, ses vertus, son amour et sa confiance en Dieu. Il demeurait en la terre de Huz, dans l'Idumée orientale, sur les frontières de l'Arabie. Les sentiments sont très-partagés sur le temps où il a vécu; mais il paraît probable qu'il fut contemporain de Moïse. Juif de nation et de cœur, son nom en hébreu signifie *celui qui pleure*. On lit à la fin des exemplaires grecs et arabes de son poëme, et dans l'ancienne Vulgate latine, ces mots sur sa vie : « Il épousa une femme arabe ; il régna dans l'Idumée sous le nom de Jolab ; le nom de sa ville était Jéthem. Pour lui, il était fils de Zara, des descendants d'Esaü et de Bozra, en sorte qu'il était le cinquième depuis Abraham. » Quant à ses richesses, voici le dénombrement qui en est fait dans le 3e verset du chapitre 1er de son livre : « Il possédait 7,000 moutons, 3,000 chameaux, 500 paires de bœufs et 500 ânesses. Il avait de plus un très-grand nombre de domestiques; il était grand et illustre parmi les Orientaux. »

Plusieurs modernes ont nié l'existence de ce personnage biblique; ils ont regardé son histoire comme une allégorie, une fable, où tout le génie poétique de l'Orient s'est magnifiquement développé : alors un Juif abrahamien l'aurait écrite dans son idiome mêlé de locutions arabes et de chaldaïsmes. Plus ridiculement encore on attribue cette œuvre à Moïse : ce ne saurait être le style de ce scribe de Dieu ; pur hébreu, il n'a pu l'avoir ainsi altéré pendant son exil dans la terre de Madian, quoi qu'on prétend qu'il écrivit ce poëme dramatique ou allégorie sacrée. Prophètes, apôtres, Pères de l'église, juifs et chrétiens, pour la plupart sont convaincus de l'existence du patriarche iduméen sous le nom de Job, qui aurait traduit, disent-ils, en magnifique poésie son histoire après ses malheurs. Toutefois, le livre de Job, original, singulier par le fond et la forme, est absolument en dehors de l'histoire des Israélites : regardé comme inspiré et pur les juifs et par les chrétiens, il s'est fait place au milieu des annales de la Judée, alors province de Jéhovah, sous le sceptre des rois de Juda. Synagogue et conciles l'ont mis au rang des livres canoniques. C'est un véritable drame à la fois familier et sublime : ses personnages sont Dieu, Satan (l'adversaire), Job, sa femme, trois faux amis, Éliphaz de Théman, Baldab de Suh, Sophar de Nuamath, un arbitre, Élihu, et trois serviteurs ou messagers. L'action de ce drame, une, simple, est Job livré à une épreuve au démon par la volonté de Dieu : c'est le commencement: il en résulte d'ineffables malheurs qui fondent sur ce juste, la perte de ses biens, sept filles et trois fils écrasés sous les ruines de leur maison, une lèpre horrible, qui le couvre de la tête aux pieds; un fumier dégoûtant, seul lit qui lui reste ; ajoutez à ces indicibles douleurs les reproches amers d'une épouse irritée et les cruels dédains de ces faux amis : voilà le milieu, dont le dénouement est l'ami de Dieu et des hommes arraché aux persécutions de Satan, et à la fin duquel le Seigneur double les richesses, les félicités terrestres et les années.

Ainsi ont été presque accomplies par un patriarche, un roi pasteur dans l'Idumée, les lois du drame grec voulues par Aristote. Quant au style de cette composition orientale, tantôt une sublimité dont l'analogue ne se trouve nulle part chez les écrivains sacrés. Mélancolie, cris de douleur, admirables préceptes, images si élevées qu'elles semblent avoir eu pour source la bouche même de Jéhovah ou les lèvres des anges, tel est le caractère de ce poëme, écrit en vers ou en lignes libres, c'est-à-dire tantôt très-courts, tantôt très-longs, tantôt moyens. Ses périodes régulières, ses *parallélismes* non étudiés, l'absence des *concetti* hébraïques, figures favorites des écrivains sacrés juifs, après la captivité, semblent nous confirmer de plus en plus dans notre opinion sur la haute antiquité de ce beau poëme, qui fait l'admiration des hommes lettrés et des poëtes de toutes les nations. Quant aux croyances et au principal fondement de la religion chrétienne, le livre de Job est de plus un monument antique sur ce point de la philosophie des Orientaux. La spiritualité et l'immortalité de l'âme sont visiblement spécifiées dans ce verset : « Il est écrit que le souffle (l'âme) du Tout-Puissant donne l'intelligence. » Quelle vive peinture de la résurrection dans cet autre verset! « Je sais que mon Rédempteur est vivant, et que je ressusciterai de la terre au dernier jour; que je serai de nouveau revêtu de ma dépouille mortelle, et que je verrai mon Dieu dans ma chair. » Il existe, dit-on, la Trachonite, vers les sources du Jourdain, une pyramide que les pèlerins assurent être le tombeau de Job.   DENNE-BARON.

JOBBERS. *Voyez* BOURSE, tome III, p. 606.
JOBITES. *Voyez* ÉTOUBIDES.
JOCASTE. *Voyez* ŒDIPE.
JOCKEY, mot anglais, passé aujourd'hui dans la plupart des langues de l'Europe, et qui au propre désigne le valet d'écurie chargé de monter et de faire courir les chevaux dans les co u r s e s, métier ou, s'l'on veut, art qui a ses règles, et dans lequel on ne parvient point à exceller sans en avoir probablement fait une étude longue et toute spéciale.

On donne aussi le nom de *jockeys* aux *sporting gentlemen* qui, des nombreuses branches dont se compose le s p o r t, cette science du monde fashionable, cultivent de préférence les courses des chevaux, et qui souvent ne dédaignent pas de figurer eux-mêmes dans ces luttes hippiques, où ils montent tantôt leurs propres chevaux, tantôt ceux de leurs amis. *Horse jockey* est une qualification répondant à celle de *maquignon* en français, et désigne chez celui à qui on l'applique des lettres de noblesse, de tromperie. Enfin, le verbe *to jockey* est synonyme de notre verbe *surfaire*.

JOCKEY-CLUB, mot à mot *club des jockeys*. C'est la dénomination sous laquelle est connue en Angleterre, depuis plus d'un siècle, une réunion d'amateurs de chevaux qui a spécialement pour but l'amélioration de l'espèce chevaline. Les membres les plus distingués de l'aristocratie anglaise tiennent à honneur d'être affiliés à ce club, qui ne se recrute pas indistinctement de tous ceux qui aspirent à s'y faire admettre. Le titre de membre du Jockey-Club équivaut donc presque à des lettres de noblesse, et s'acquiert en tous cas beaucoup plus difficilement. C'est aux courses de chevaux, pour lesquelles le peuple anglais, depuis les sommités jusqu'aux degrés infimes de l'échelle sociale, montre un goût approchant de la passion, que les membres du Jockey-Club ont occasion de réclamer les priviléges attachés à cette qualité; c'est là qu'ils brillent de tout le luxe que peut projeter sur eux une institution fondée tout autant dans un but d'utilité réelle que dans des vues de vanité, vice qui se fourre partout, principalement en Angleterre.

A diverses époques, des satires violentes contre les membres de l'aristocratie anglaise ont été publiées sous le titre de *Biographie des Membres du Jockey-Club*; en 1706, Charles Pigott publia même, sous le titre de *The Female Jockey-Club*, une scandaleuse chronique, dans laquelle les plus grandes dames de l'Angleterre étaient représentées comme pouvant à tous égards aller de pair et faire compagnie avec les courtisanes les plus éhontées. A force de vouloir trop prouver, de pareils libelles ne prouvent rien, si ce n'est l'impudence de l'écrivain et la lâcheté des pères, des frères et des maris qui laissent impunément insulter de la sorte leurs filles, leurs sœurs et leurs femmes.

Comme nous ne manquons point à Paris de gens qui cherchent à singer en tout les mœurs anglaises, nous possédons aussi depuis une trentaine d'années un *Jockey-Club*, qui se recrute parmi les habitués du bois de Boulogne. Notre *Jockey-Club*, situé au coin du boulevard Montmartre et de la rue Grange-Batelière, est l'un de nos cercles les plus distingués, et tout y est organisé avec le luxe le plus confortable. Aussi la cotisation annuelle de chacun de ses membres ne s'élève-t-elle pas à moins de 500 fr. On ne saurait nier que cette association n'ait contribué, par ses courses sur la pelouse de Chantilly, à la Croix de Berny et à l'Hippodrome de Longchamps, à l'amélioration de la race chevaline en France.

JOCKO. *Voyez* CHIMPANZÉ.
JOCONDE (Frère). *Voyez* GIOCONDO.
JOCRISSE. Ouvrez ceux de nos dictionnaires français qui n'ont pas dédaigné d'enregistrer les termes du langage populaire, ils vous diront qu'un *Jocrisse* est « un benêt, qui se laisse gouverner, et qui s'occupe des plus petits soins du ménage ». Un dicton vulgaire et très-connu nous apprend même à quel genre de soins peut descendre sa complaisance et où il *mène les poules* dans l'occasion. Un auteur qui brilla sur nos petits théâtres pendant de nos jours a ce nom une acception un peu différente; il en a fait le type de la gaucherie, confiante, naïve, d'une bêtise si franche, qu'elle désarme par l'excès de sa bonne foi ceux même à qui elle a pu nuire. Dorvigny, père de *Janot*, fut aussi celui de cette nombreuse famille des *Jocrisse*, qui resta longtemps pour le théâtre des Variétés ce qu'était pour une scène plus noble cette

Race d'Agamemnon, qui ne finit jamais.

On peut ajouter que l'une n'a pas excité moins de gaieté que l'autre n'a fait verser de pleurs. C'est surtout dans le *Désespoir de Jocrisse* que les maladresses du principal personnage, rendues plus comiques encore par le jeu si naturel de Bru n et, eurent une vogue prodigieuse. Aujourd'hui *Jocrisse*, après avoir succédé à *l'Arlequin* balourd, a disparu du théâtre avec son acteur, si non tour. D'autres bênets, d'autres imbéciles sont venus sous de nouveaux noms l'y remplacer. *Sic transit gloria...* des niais. Toutefois, le nom de *Jocrisse* a gardé sa renommée proverbiale,

Et l'honneur de rester dans la race future
Pour la plus lourde bête une cruelle injure.
   OURRY.

JODE (PIERRE DE), l'ancien, graveur célèbre, né à Anvers, en 1570, était fils et élève du graveur *Gérard de Jode* (né en 1521, mort en 1591), et se perfectionna plus tard dans son art dans l'atelier de H. Golzius et en Italie. A son retour dans sa patrie, en 1601, il exécuta un grand nombre de planches historiques, entre autres *Le Jugement dernier*, d'après J. Cousin, composé de douze feuilles et l'une des plus grandes gravures que l'on connaisse.

Son fils, *Pierre de Jode*, dit *le jeune*, né en 1606, et comme lui graveur, le surpassa sous le rapport de la légèreté de l'outil, mais s'est montré fort inégal dans ses nombreux ouvrages. Son petit-fils, *Arnold de Jode*, né en 1636, ne s'éleva pas, comme graveur, au-dessus de la médiocrité.

JODELLE (ÉTIENNE), sieur du Lymodin, né en 1532, mort en 1573, écrivait dès 1549. Ce fut l'une des sept étoiles de la pléiade dont Ronsard était l'astre principal, l'un des poëtes qui abandonnèrent avec foi le genre gaulois pour s'adonner à l'imitation de la littérature classique grecque et latine. Jodelle le premier appliqua ce système à la poésie dramatique : il lui fallut un certain courage pour lutter tout à coup non moins contre une ;vieille habitude que contre les scrupules qui ne toléraient alors les représentations scéniques qu'autant qu'elles rappelaient des actions de l'Ancien ou du Nouveau Testament. Aussi cette innovation élevat-elle contre Jodelle et ses amis la critique des vieux amateurs gaulois, et la colère des dévots, qui faillirent faire brûler les novateurs. Il n'en poursuivit pas moins son but; composa, avec des prologues et des chœurs, *Cléopâtre captive, Didon se sacrifiant*, tragédies; l'*Eugène* ou *La Rencontre*, comédies. Cette dernière n'a point été imprimée, ce qui a fait penser à quelques biographes que l'*Eugène* et *La Rencontre* ne faisaient qu'une seule et même pièce; mais Étienne Pasquier nous apprend dans ses *Recherches* que *La Rencontre* portait de titre « parce que au gros de la meslange touts les personnages s'estoient trouvés pesle mesle casuelement dedans une maison, fuseau qui fust fort bien démeslé par la closture du jeu ». Or, cette comédie et la *Cléopâtre* furent représentées devant le roi Henri II, en 1552, à Paris, dans l'hôtel de Reims. Pasquier rapporte les détails de cette représentation, comme y ayant assisté avec son ami le savant Turnèbe; l'analyse rapide qu'il donne de *La Rencontre* ne saurait s'appliquer à l'*Eugène* qui nous reste. Les acteurs principaux de cette représentation étaient : Jodelle, Remy Belleau et Jean de la Péruse, qui plus tard suivirent l'exemple de Jodelle, en composant l'un *La Reconnue*, comédie, l'autre la tragédie de *Médée*. Il est à remarquer que Jodelle, en s'inspirant de l'exemple des anciens, composait cependant ses ouvrages, tandisque ses imitateurs, au nombre desquels il faut compter Baïf, se contentaient de traduire des pièces du théâtre latin.

Jodelle recueillit gloire et profit de sa tragédie de *Cléopâtre*, jouée une seconde fois au collége de Boncourt, et pour laquelle il reçut de Henri II une gratification de cinq cent écus; il fut moins heureux à la représentation de *Didon*. A son talent d'écrivain Jodelle réunissait des connaissances en architecture, en peinture et même en mécanique, dont il voulut se faire honneur tout à la fois. Il se construisit donc un théâtre provisoire, peignit ou ordonna les décorations, établit des machines : ces divers travaux l'empêchèrent de porter aux répétitions de sa tragédie toute l'attention désirable; ses amis les acteurs ne surent point leurs rôles ; des entrées manquèrent, et, pour ajouter au mécontentement du public assemblé, l'ouvrier chargé par Jodelle de peindre un *rocher* sur lequel Didon devait se sacrifier fit avancer, à grand renfort de poulies, un énorme *clocher*, sur lequel il n'y avait pas moyen d'exécuter le dénouement! Soit que ce malheur, dont ses envieux profitèrent, lui fit perdre les faveurs de la cour, soit plutôt que la gravité des événements politiques qui survinrent donnât un autre cours aux esprits, il tomba dans la misère et le découragement; jaloux de la réputation de Ronsard, il osa jouter avec lui en chantant la *contre-partie* de quelques odes de son rival, qui s'en vengea en faisant en vingt endroits l'éloge de Jodelle. Il n'a que trop vérifié la prédiction d'Étienne Pasquier : « Je me doute qu'il ne demourera que la mémoire de son nom en l'air comme de ses poésies, » ce que la critique attribuait à l'ignorance des *lettres antiques*. Ses œuvres ont été incomplétement réunies après sa mort en un fort beau vol. in-4°, imprimé par Mamert Palisson, en 1574. Il en existe une autre édition, in-12, de 1597.

VIOLLET-LE-DUC.

JOEL (*Ichthyologie*). Voyez CABASSOU.

JOEL, fils de Pethuel, prophète hébreux, le second de ceux qui sont contenus dans le canon de l'Ancien Testament sous la dénomination des Douze Petits Prophètes, prophétisait dans le royaume de Juda, et paraît avoir été contemporain d'Amos. On manque de toute espèce de renseignements sur sa vie. Dans son livre il décrit la désolation et les ravages causés dans le pays par les sauterelles, exhorte vivement les Hébreux à faire pénitence, prédit la glorification du peuple juif par Dieu, et exprime l'espoir qu'il anéantira ses ennemis. Recommandant à ses compatriotes de se tenir prêts pour la lutte, il leur conseille de se faire des épées avec les socs de leurs charrues et des lances avec leurs faux.

JOHANNEAU (ÉLOI), un des hommes les plus érudits de ce temps, né à Contres, près de Blois, le 1er octobre 1770, mort à Paris, en juillet 1851, fut d'abord professeur au collége de Blois, puis conservateur de la bibliothèque de cette ville, où il fonda un jardin botanique, dont il fut nommé démonstrateur. Admis à l'École Normale, il continua quelque temps encore de se dévouer au ministère de l'instruction. En 1797 il se lia avec l'illustre Latour d'Auvergne, qui lui légua sa bibliothèque peu de temps avant sa mort. En 1805 il fonda, de concert avec le savant préfet de l'Oise M. de Chambry, et avec M. Mangourit, après en avoir seul conçu le projet et dressé le plan, l'Académie Celtique, qui le choisit pour secrétaire perpétuel et dont il a publié les Mémoires avec dévouement pendant plusieurs années. En 1811 il devint censeur impérial, place qu'il perdit en 1814. Plus tard il fut nommé conservateur des monuments d'art des résidences royales, place modeste qu'il occupa durant tout le règne de Louis-Philippe, mais que lui retira le gouvernement du 24 février 1848.

Outre sa *Glossotomie*, ouvrage resté inédit, et qui est une méthode pratique de traduction des langues par leur décomposition et leur analyse, sans étude préalable de leur grammaire respective, Johanneau a composé une multitude d'ouvrages, dont le plus grand nombre sont restés manuscrits; nous citerons seulement : *Mélanges d'origines étymologiques et de questions grammaticales* (Paris, 1818); *Les Fastes de Montreuil-les-Pêches*, épître en vers; *Nouvel Examen du Dictionnaire de l'Académie Française* (in-8°); *Note sur les cinq livres d'Histoire du Tacite de Panckoucke* (in-8°, 1845); *Œuvres de Rabelais, édition variorum*, augmentée des pièces inédites, des songes drôlatiques de Pantagruel, ouvrage posthume, avec l'explication en regard ; des remarques de Le Duchat, de Bernier, de Le Motteux, de l'abbé de Marsy, de Voltaire, de Guinguené, etc.; et d'un nouveau commentaire historique et philologique (Paris, 1823-1826 ; 9 vol. in-8°); *Novæ Lucubrationes, in novam scriptor. Latinor. Bibliothecam..., in Jul. Cæsar., Cornel. Nepot., et Justin.* (in-8°, 1830); *Traduction en vers de l'Antigone de Sophocle*, avec des chœurs lyriques (in-8°, 1844) ; *Lettres sur la Géographie numismatique* (in-8°, 1849).

JOHANNISBERG ou **BISCHOFSBERG**, beau château bâti sur une montagne du Rheingau, dans le duché de Nassau, situé au-dessus de Rüdesheim, diagonalement en face de Bingen, doit la célébrité à l'excellent vin du Rhin que produit la terre rougeâtre de la montagne et aux entrevues diplomatiques qui ont eu lieu plus d'une fois dans cette résidence aristocratique. Le château, bâti de 1722 à 1732, sur les ruines d'un ancien couvent de bénédictins, appartenait jadis, avec ses dépendances, à l'évêché de Fulde. Il fut attribué, en 1807, à titre de dotation, par Napoléon, au maréchal Kellermann, duc de Valmy, et en 1816 donné en fief par l'empereur François II au prince de Metternich. Ce n'est guère aussi que de cette époque que les vins de Johannisberg acquirent une grande célébrité. On raconte que MM. de Rothschild frères cherchant un moyen honnête de faire agréer un *pot de vin* au premier et tout-puissant ministre d'Autriche, imaginèrent de lui acheter à forfait et de lui payer d'avance toute la récolte des vins du Johannisberg pendant quinze années à raison de 5 ou 6 florins la bouteille ; tandis que c'est à grand'peine si apparavant ces vins trouvaient preneurs à 1 florin. On ne pouvait évidemment payer si cher que d'excellent vin; et MM. de Rothschild, ajoute-t-on, trouvèrent bientôt à rétrocéder leur marché avec 15 et 20 pour 100 de bénéfice.

Les revenus de la terre de Johannisberg s'élèvent aujourd'hui à 80,000 florins.

JOHANNITES. Voyez CHRÉTIENS DE SAINT-JEAN.

JOHANNITES (Ordre des). Voyez JEAN-DE-JÉRUSALEM (Ordre de Saint-).

JOHANNOT (CHARLES-HENRI-ALFRED), qu'une mort prématurée enleva à la peinture, était né en 1800, à Offenbach, dans le grand-duché de Hesse, d'une famille française réfugiée en Allemagne après la révocation de l'édit de Nantes. Il s'essaya d'abord dans la gravure, et l'on a vu de sa main d'assez bonnes planches, par exemple les *Enfants perdus dans les bois*. Comme peintre, son succès date du salon de 1831, où il exposa une scène tirée de *Cinq-Mars* et *Le Naufrage de don Juan*. Une certaine délicatesse de dessin, une coloration élégante recommandaient ces premiers ouvrages. *La duchesse d'Orléans annonçant la victoire d'Hastenbeck* et l'*Entrée de Mademoiselle à Orléans* (1833) confirmèrent la réputation d'Alfred Johannot. Le premier de ces tableaux faisait partie de la galerie historique du Palais-Royal, qui a presque complétement péri au 24 février 1848. Le second, composition spirituelle et charmante, a longtemps figuré au musée du Luxembourg. C'est le chef-d'œuvre d'Alfred Johannot. Il faut ajouter à ces intéressantes productions : *François Ier et Charles-Quint* (1834); le *Courrier Varner; Henri II et Catherine de Médicis* (1835); *Le duc de Guise à la bataille de Dreux* et *Marie Stuart quittant l'Écosse* (1836). La *Bataille de Brattelen*, qu'Alfred Johannot peignit peu après pour les galeries de Versailles, fut son dernier tableau, et ne fut exposée qu'après sa mort, arrivée le 7 décembre 1837. Versailles possède aussi de lui les *Funérailles des victimes de l'attentat de Fieschi* et la *Bataille de Rosbeck*. Dessinateur spirituel, il a fait un nombre considérable de vignettes pour les éditions de Walter Scott, de Byron et de Cooper. Si sa mort n'eût été si prompte, Alfred Johannot aurait pu donner plus et mieux qu'il n'a donné. Très-adroit, très-rapide dans l'exécution, il était plein de négligence, mais aussi de coquetterie. Le coloris de ses tableaux est d'un charme singulier. On trouvera une notice de J. Janin sur ce regrettable artiste dans *l'Art en province* en 1837 (tome III, p. 88).

JOHANNOT (Tony), frère et élève du précédent, naquit comme lui à Offenbach, le 9 novembre 1803. Après s'être essayé dans la gravure, il exposa au salon de 1831 : *Un soldat buvant à la porte d'une hôtellerie* et des scènes empruntées à Walter Scott, entre autres *Minna et Brenda*, les deux belles héroïnes du *Pirate*. Mais dans la peinture Tony Johannot fut toujours moins heureux que son frère. Ses meilleurs tableaux, *La Chanson de Douglas* (1835), *La Sieste* (1841), *André et Valentine* (1844), ont paru manquer de finesse et de légèreté. La *Bataille de Fontenoy* (musée de Versailles) est une composition sans valeur, et dans ses *Petits Braconniers* (1845) et sa *Scène de pillage* (1852) on ne peut guère louer que les faciles mérites d'une exécution pittoresque. C'est que le talent de Tony Johannot n'était pas là : il ne tarda pas lui-même à le reconnaître, et lorsque, il y a dix ans, la mode vint d'*illustrer* les livres, Tony Johannot fut bientôt l'un des plus habiles parmi nos faiseurs de vignettes. Depuis lors son crayon n'a pas eu un jour de repos : *Manon Lescaut*; *Molière*; *Werther*; le *Voyage sentimental*; *Le Vicaire de Wakefield*, le *Voyage où il vous plaira*, servirent tour à tour de prétextes à mille croquis improvisés et souvent remplis de sentiment et de grâce. En 1844 il grava à l'eau forte, d'après ses propres dessins, les illustrations de *Werther*; et c'est peut-être là son chef-d'œuvre. Le style des vignettes de Tony Johannot n'est assurément ni sérieux ni correct; mais il est empreint d'une poésie séduisante et douce. Plus tard, Tony Johannot a tenté dans un domaine qui n'est pas le sien une excursion malheureuse. Dans l'illustration de *Jérôme Paturot*, il s'est essayé à faire de la caricature; mais il n'a nullement réussi. Mieux éclairé sur ses instincts réels et sur les véritables conditions de son talent, Tony Johannot venait d'abandonner ces folles exagérations; il revenait à la grâce, au sentiment, à la gentillesse; il achevait les vignettes de l'édition des romans de George Sand, lorsqu'une attaque d'apoplexie l'emporta en quelques heures, le 4 août 1852.
Paul Mantz.

JOHN BULL, littéralement *Jean Taureau*. C'est, comme tout le monde sait, l'expression symbolique qui caractérise la nation anglaise. Elle indique à la fois la violence et la brusquerie des mouvements, l'indomptable obstination et l'indépendance sauvage dont ce peuple ne s'est jamais départi, même en acceptant le joug de la hiérarchie féodale et de l'aristocratie héréditaire, la roideur qu'il apporte dans les relations ordinaires de la vie sociale, son inaptitude à se plier aux exigences du monde et surtout à s'accommoder aux mœurs et aux usages des pays étrangers. L'Angleterre, fidèle au passé, toujours dominée par les souvenirs du moyen âge, n'a pas pu bannir de la langue familière cette désignation allégorique, tandis que nous, Français, au dix-neuvième siècle, nous comprenons à peine le sobriquet de *Jean Bonhomme*, si justement appliqué aux paisibles manants et bourgeois de nos cités. On chercherait vainement dans les annales de l'antiquité païenne des exemples de cette personnification d'un peuple par un seul mot, de cette individualisation d'une masse représentée par un être. La louve de Romulus ne représentait pas Rome; la chouette de Minerve ne représentait pas Athènes. En Italie, toutes les localités ont créé un personnage comique, devenu type des ridicules et des défauts d'une race spéciale : l'Arlequin et le Pantalon ne sont pas autre chose, et l'on doit chercher dans le génie même des peuplades envahissantes la source première de cet emploi populaire de l'allégorie. Le *John Bullison* est aujourd'hui l'exagération de l'humeur et du caractère anglais : on ne le découvre guère qu'à la campagne, parmi les *fermiers* et *yeomen*.
Philarète Chasles.

On prétend que c'est Swift qui le premier employa ce sobriquet de *John Bull* pour désigner ses compatriotes. D'autres disent qu'il a pour origine un pamphlet contre les whigs écrit par John Arbuthnot; d'autres encore l'identifient avec le *roast-beef*, le rôti de prédilection de nos voisins.

JOHN BULL, musicien. *Voyez* GOD SAVE THE KING.

JOHNSON (Benjamin), plus ordinairement désigné sous le nom de *Ben Johnson*, célèbre poëte dramatique anglais, contemporain et ami de Shakespeare, né le 11 juin 1574, à Westminster, fut élevé à l'école du même nom, et par suite de la contrainte exercée sur son esprit par sa mère, remariée en secondes noces, embrassa d'abord la profession de maçon, qui était celle de son beau-père; mais il ne tarda point à le quitter en être tellement dégoûté qu'il s'engagea et s'en alla faire la campagne de Flandre. Revenu en Angleterre à l'âge de vingt ans, il se rendit à l'université de Cambridge, dont, faute de ressources suffisantes, il ne lui fut pas possible de suivre longtemps les cours; puis il débuta sur le théâtre à Londres. Mis en prison pour avoir tué un homme en duel, il se fit auteur dramatique lorsqu'il recouvra sa liberté, et composa, entre autres, les deux ingénieuses comédies intitulées *Every man in his humour* (1596), et *Every man out of his humour* (1599). Vers cette époque Shakespeare avait déjà écrit quelques-uns de ses meilleurs ouvrages. Johnson ne chercha point à l'imiter. Il se contenta de peindre d'une manière piquante et souvent acerbe les mœurs de sa nation. Le public applaudit à ses efforts; la reine Élisabeth elle-même le combla de faveurs, et il écrivit pour elle *Cinthya's Revels*, que suivit *Poetaster*, production qui l'entraîna dans une violente guerre de plume contre Decker et Mareton, qui s'y tinrent pour offensés. Johnson fut membre du *Mermaid Club*, fondé par Raleigh, et dont il prit partie Shakspeare ainsi que Beaumont et Fletcher. Après l'avénement de Jacques Ier au trône, ses talents poétiques furent souvent utilisés pour contribuer à l'éclat des fêtes données à la cour de ce prince; ce fut là l'origine de ses pièces de circonstance connues sous le nom de *Masks* (masques). Indépendamment de quelques tragédies, telles que *Sejanus* et *Catilina*, il composa, à partir de 1605, quelques-unes de ses meilleures œuvres comiques, par exemple *Volpone*, *Epicoene* et *The Alchymist*. En 1619 Jacques Ier le nomma poëte lauréat, aux appointements de 100 marcs, portés plus tard à 100 liv. st. par Charles Ier. Néanmoins, les dernières années de sa vie s'écoulèrent dans la misère et les maladies. Son génie s'en ressentit, et ne se réveilla plus qu'une seule fois, pour composer *The sad*

Shepherd, pastorale demeurée inachevée. Il mourut le 16 août 1637 ; on voit son tombeau dans l'abbaye de Westminster.

JOHNSON (SAMUEL), l'un des littérateurs les plus distingués de l'Angleterre, fut en même temps remarquable par l'originalité de son caractère. Il naquit le 18 septembre 1709, à Lichfield, dans le comté de Stafford. Son père était libraire. Élevé dans une famille attachée à la cause des Stuarts, et où régnaient avec force les idées religieuses, Samuel Johnson poussa le torysme jusqu'au jacobitisme, et la dévotion jusqu'à la bigoterie. La plus grande partie de sa vie s'écoula d'ailleurs dans la pauvreté. Grâce aux bonnes et fortes études préparatoires qu'il lui avait été donné de faire, au collège de sa ville natale d'abord, puis à celui de Stourbridge, il fut choisi à l'âge de dix-neuf ans pour accompagner le fils d'un homme opulent à l'université d'Oxford, dont il put ainsi suivre les cours pendant deux années. Retombé dans le besoin quand il eut perdu cette position, et demeuré sans aucunes ressources après la mort de son père (1731), il entra comme maître d'études à l'école de Market-Bosworth (Leicester). Il ne garda pas longtemps cette place, et s'en alla à Manchester, où il publia une traduction des *Voyages en Abyssinie* de Lobo ; travail qui ne lui valut que 5 liv. st. d'honoraires. Enfin, en 1735, arrivé à l'âge de vingt-huit ans, dans l'espoir d'améliorer ainsi son sort, il épousa une vieille veuve, qui lui apporta en dot une somme de 800 liv. st., avec laquelle il fonda une pension de jeunes gens à Birmingham. N'ayant pu jamais réunir au delà de trois élèves, il se rendit, deux ans plus tard, à Londres avec Garrick, qui était l'un de ses trois uniques pensionnaires, emportant dans ses bagages une tragédie encore inachevée, *Irène*, sur laquelle il fondait de grandes espérances, et où se trouvent en effet quelques beaux vers, mais qu'il ne put jamais parvenir à faire jouer. Il fut d'abord employé par un journal politique à rendre compte des séances du parlement. Elles n'étaient point alors publiques, et il lui fallait rédiger son compte-rendu sur des notes très-imparfaites, communiquées par les huissiers de la chambre ; mais il savoit donner de la vie à ces documents recueillis avec intelligence, et de l'éloquence à des orateurs qui s'étonnaient d'avoir si bien parlé. En même temps il donnait des articles politiques sur les questions et les événements du moment au *Gentleman's Magazine*, publiait des notices biographiques, et de 1743 à 1745, son *Compte-rendu des séances du sénat de Lilliput*, satire ingénieuse des délibérations du parlement écrite au point de vue tory. Après son poëme intitulé *London* (1738), qui est une imitation de la 3ᵉ satire de Juvénal, dans laquelle il flagellait les vices et les ridicules de son siècle, il fit paraître *The Life of Richard Savage* (1744), ouvrage qui annonçait un bon prosateur et un observateur rempli de finesse et d'esprit. Ses *Miscellaneous Observations on the tragedy of Macbeth* (1745) furent moins bien accueillies. A cette époque, pressé par le besoin, il écrivit en outre des préfaces, des brochures ; et la verve mordante qui le dictait attira de plus en plus sur lui l'attention du public. En 1747 on lui proposa de publier un dictionnaire de la langue anglaise. Il mit sept années à terminer cet ouvrage, qui honore son auteur et l'Angleterre. C'est peut-être le plus vigoureux travail qui soit sorti d'une tête humaine. Il est curieux de comparer ce livre avec le *Dictionnaire de l'Académie Française*. Le Dictionnaire anglais a un cachet d'individualité qui donne au livre un intérêt d'ensemble qui semblerait devoir faire défaut à un lexique ; on sent dans chaque définition un esprit puissant et toujours le même. Le dictionnaire français, disert, exact, ingénieux, manque de cette originalité qui fait le principal mérite des bons livres, mais à laquelle dans un pareil travail on désespérait d'atteindre : « Il appartient à un Anglais, dit Johnson avec orgueil, de faire seul et en sept ans ce que n'ont pu accomplir des générations d'académiciens français en deux siècles. » Tout en se livrant à ce travail opiniâtre, que lui fut payé 1,537 liv. st., il publia en outre le *Rambler* (Rôdeur), journal dans le genre des publications que le *Spectateur* d'Addison avait mis à la mode (1750-1752), et *The Vanity of human Wishes*, imitation de la 10ᵉ satire de Juvénal.

. Ses travaux littéraires ne le sauvaient pas de cette pauvreté contre laquelle il avait lutté dès son enfance. La misère lui fut une compagne sévère, dont on voit, à la rudesse de sa pensée, à l'amertume de ses saillies, qu'il s'inspira trop souvent. En 1759 sa mère mourut, et manquant d'argent pour payer les frais de sa maladie et son cercueil, il s'enferma, et écrivit *Rasselas, ou le prince d'Abyssinie*, roman où tous les désappointements du cœur et de la pensée sont soigneusement recueillis et analysés. Mais ce qu'il faut admirer, c'est la sérénité de talent qui domine cette œuvre douloureuse et le charme oriental qu'elle respire. Le *Candide* de Voltaire parut la même année. Le but de *Candide* est le même que celui de *Rasselas*, le néant des espérances humaines. On sait que *Candide* fut le fruit d'une boutade du patriarche de Ferney et d'une blessure de son amour-propre ; aussi est-il plus amer contre la Providence que Johnson, qui avait écrit sur la tombe de sa mère.

Cependant, la mauvaise fortune de Johnson se ralentit. Sous le règne de Georges III, lord Bute, premier ministre, lui fit accorder une pension de 300 liv. st., qui le réconcilia avec la politique ministérielle. Dans sa reconnaissance, il prit la plume pour la défendre contre les Américains mécontents, et écrivit ses pamphlets *The false Alarm* (1770), et *Taxation no tyranny* (1775). En 1762 il fit paraître son édition de *Shakspeare*. On sait à quels commentateurs *Shakspeare* a été en proie ; jamais le génie n'a été la victime de critiques plus étroits. L'édition de Johnson n'est guère préférable aux autres, mais les préfaces qu'il ajoute à chaque pièce sont très-remarquables. Sa préface générale est un chef-d'œuvre. Sa pensée est toujours forte, élevée, et son style, quoiqu'un peu contraint et forgé sur l'enclume de l'antiquité, plait par son étrangeté même et sa pompe. Un voyage qu'il eut occasion de faire en Écosse et aux Hébrides, en 1773, lui fournit le sujet de son livre intitulé *Journey to the Western isles of Scotland* (1775) ; et les doutes qu'il y émit sur l'authenticité des poésies d'Ossian l'entraînèrent dans une polémique violente contre Macpherson.

En 1777 des libraires publièrent une collection des poëtes anglais. Johnson écrivit leurs biographies. En Angleterre plus qu'en France, on s'attache beaucoup à la vie des personnages littéraires. On y recueille avec soin les documents, les traditions de famille. En France, on néglige ces détails ; on ne peut écrire qu'une demi-page sur La Fontaine et La Bruyère. Les *Vies des Poëtes anglais les plus éminents* de Johnson sont toutes admirées, quoique l'esprit de parti s'y trahisse trop souvent et le rende injuste. C'est ainsi qu'il s'est montré partial dans sa *Vie de Milton*. Il avait soixante-dix ans quand il écrivit cet ouvrage. Il n'y avait alors peut-être aucun auteur vivant que sa critique n'eût blessé, aucune réputation d'auteur qui n'eût été atteinte par ses sarcasmes, aucune admiration pour les publications du jour que n'eût flétrie sa caustique humeur ; bien des écrivains avaient à lui demander compte de leurs livres, que sa censure avait proscrits ; mais ce critique redouté, ce Sylla littéraire, n'abdiqua pas ; son ombre est encore la gardienne du goût en Angleterre, où l'on craint toujours que quelque épigramme ne sorte de sa tombe.

Johnson mourut de chagrin, malade, le 15 décembre 1784, à Londres. Il fut enterré à Westminster, près de Garrick, qui avait été son élève, et qui était toujours resté son ami.

Ernest DESCLOZEAUX.

JOIE, émotion de l'âme causée par le plaisir ou par la possession de quelque bien. « La joie, dit Locke, est un plaisir que l'âme goûte lorsqu'elle considère la possession d'un bien présent ou à venir comme assurée. » Elle diffère de la gaieté. On plait, on amuse, on divertit les autres par sa gaieté ; on pâme de joie, on verse des larmes de joie, et rien n'est si doux que de pleurer ainsi.

Il peut même arriver que cette passion soit si grande, si inespérée, qu'elle aille jusqu'à détruire la machine : la joie a étouffé quelques personnes. L'histoire grecque parle d'un Policrate, de Chilon, de Sophocle, de Diagoras, de Philippidès et de l'un des Denis de Sicile qui moururent de joie. L'histoire romaine assure la même chose du consul Manius Juventius Thalna, et de deux femmes de Rome qui ne purent soutenir le ravissement que leur causa la présence de leur fils après la déroute arrivée au lac Trasimène. L'histoire de France nomme la dame de Châteaubriant, que l'excès de joie fit expirer tout d'un coup, en voyant son mari de retour du voyage de saint Louis. Mais, sans nous arrêter à des faits si singuliers et peut-être douteux en partie, il y a dans les Actes des Apôtres un trait plus simple qui peint au naturel le vrai caractère d'une joie subite et impétueuse. Saint Pierre ayant été tiré miraculeusement de la prison, vint chez Marie, mère de Jean, où les fidèles étaient assemblés en prières; quand il eut frappé à la porte, une fille nommée Rhode, ayant reconnu sa voix, au lieu de lui ouvrir, courut vers les fidèles avec des cris d'allégresse, pour leur dire que Pierre était à la porte.

Si la gaieté est un beau don de la nature, la joie a quelque chose de céleste. Non pas cette joie artificielle et forcée qui n'est que du fard sur le visage; non pas cette joie molle et folâtre dont les sens seuls sont affectés, et qui dure si peu; mais cette joie de raison, pure, égale, qui ravit l'âme sans la troubler; cette joie douce qui a sa racine dans le cœur; enfin, cette joie délectable qui a sa source dans la vertu et qui est la compagne fidèle des mœurs innocentes; nous ne la connaissons plus aujourd'hui, nous y avons substitué un vernis qui s'écale, un faux-brillant de plaisir, et beaucoup de corruption. Ch^r DE JAUCOURT.

JOIGNY, chef-lieu d'arrondissement, dans le département de l'Yonne, sur la rive droite de l'Yonne, avec 6,455 habitants, des tribunaux de première instance et de commerce, un collége, une récolte d'excellents vins rouges fins des crus de la Côte-Saint-Jacques, des Tuées, de Vergemartin, de Migraine, de Souvilliers, du Calvaire. Elle possède une typographie, une fabrique de capsules fulminantes, des tanneries, tuileries, briqueteries, etc. On y fait un grand commerce de bois, de vin et de charbon. C'est une station du chemin de fer de Paris à Lyon.

Joigny s'élève en amphithéâtre sur la pente d'un coteau. Il est généralement mal bâti et mal percé, mais cependant agréable. On y voit de belles casernes et trois églises gothiques; la voûte de celle de Saint-Jean passe pour un chef-d'œuvre d'architecture. On y passe l'Yonne sur un beau pont.

C'est une ville fort ancienne. On attribue sa fondation à Flavius Jovinus, général de la cavalerie romaine dans les Gaules. Dès le premier siècle, elle eut des comtes particuliers.

JOINT, JOINTURE (en latin *junctura*, de *jungere*, joindre, assembler, unir, lier). Dans les arts mécaniques, on appelle généralement *joint* ou *jointure* l'endroit où deux corps très-rapprochés s'unissent. En architecture, les *joints* sont ces intervalles plus ou moins sensibles qui séparent une pierre d'une pierre, une brique d'une brique, et qui, selon la qualité diverse, la ténacité, la fermeté des matières, sont remplis d'une couche plus ou moins épaisse de mortier de plâtre, de bitume, etc. C'est dans ce sens d'espace existant entre deux choses qu'on dit : Trouver le *joint* d'une affaire, pour exprimer la meilleure manière de la prendre. En anatomie on donne vulgairement le nom de *jointure* à tous les endroits du corps où les os sont joints ensemble pour l'exécution de différents mouvements. Ce sont proprement des *articulations*.

Enfin, en termes de manége, *jointure*, synonyme de *jointe* ou *paturon*, se dit de la jambe comprise entre le boulet et la couronne.

JOINVILLE, chef-lieu de canton dans le département de la Haute-Marne, sur la rive gauche de la Marne, avec 3,505 habitants, un collége, une importante fabrication de bonneterie de laine, serge, droguets, tiretaine, un commerce de cire. On y trouve des tanneries, des chamoiseries, et les environs produisent une récolte assez abondante de vins. C'est une station du chemin de fer de Blesme à Gray.

Joinville doit son nom et son origine à Jovinus, général des armées romaines, qui y fit bâtir une tour en 369. Quelques habitations s'élevèrent bientôt après, et sous la protection de cette tour fortifiée, un château fut construit sur la hauteur, à une époque qui n'est pas bien déterminée. La baronnie de Joinville appartint plus tard à l'historien de saint Louis. La ville, qui s'était formée au pied de la montagne et sur le bord de la Marne, fut prise par Charles-Quint, qui la brûla. Elle fut restaurée, ainsi que le château, par François 1er, en faveur de Claude de Lorraine, duc de Guise, et érigée en principauté par Henri II, en 1558. Cette seigneurie avait passé depuis à la famille d'Orléans. Le château fut démoli en 1790. On voit encore dans le faubourg la maison de plaisance des ducs de Guise.

JOINVILLE (JEAN, sire DE), sénéchal de Champagne, était issu d'une ancienne famille. Élevé au service du comte Thibault, le premier de nos trouvères, il apprit à sa cour le *biau langaige*, en même temps qu'il y remplissait les devoirs de sa charge, et *tranchait du couteau* devant le comte. La croisade de 1249 lui mérita l'amitié intime et familière de L o u i s IX, dont il écrivit l'histoire, à la prière de la reine Jeanne de Navarre, afin que ce tableau de piété et de valeur fût un modèle au jeune Louis, arrière-petit-fils du saint roi.

Un siècle était révolu depuis que V i l l e h a r d o u i n avait écrit la mémorable expédition qui fit tomber Constantinople aux mains des Latins; et cependant, à sa lecture, il semble qu'une moins courte distance sépare ces deux historiens. La langue de Joinville atteste un progrès notable dans l'esprit de la nation : sa phrase a plus d'élégance et surtout de clarté; les constructions latines y sont plus rares; son allure est plus française; sa marche, moins abandonnée au caprice, est plus soumise aux règles; l'orthographe, mieux calquée sur l'étymologie, rapproche davantage les mots de la figure qu'ils ont aujourd'hui; enfin, il y a plus loin de Villehardouin à Joinville que de Joinville à Brantôme, qui tenait la plume sous les fils d'Henri II. Mais Villehardouin ne veut qu'enregistrer des faits militaires, et ne laisse pas entrer dans l'intérieur de ses personnages; Joinville, au contraire, n'oublie aucun trait qui peut servir à la ressemblance de son tableau, et semble encore s'y poser sur l'escabeau où saint Louis le faisait asseoir à ses pieds, soit pour lui dire : Sénéchal, quelle chose est Dieu? — Sire, ce est si bonne chose, que meilleure ne peut estre; réponse d'une naïveté sublime; soit pour demander de qu'il aimerait mieux : avoir la lèpre ou faire un péché mortel; et Joinville, *qui onques ne li menti*, répond qu'il aimerait mieux en avoir fait trente que *estre mesiaus*. Mais son royal ami le corrige en lui rappelant que le péché est la hideuse lèpre de l'âme, et ajoute : Lavez-vous les pieds aux pauvres le jeudi saint ? « Sire, dit Joinville, en malheur, les piez de ces vilains ne laverai-je. — Vraiment, fist le roi, ce ne mal dit; car vous ne devez avoir en desdaing ce que Dieu fist pour nostre enseignement. » Cependant Joinville accomplit avec soin les observances religieuses contenues au serment de chevalerie. S'il doit l'exemple du courage à ses chevaliers dans la guerre, il sait qu'il doit celui de ces bonnes mœurs dans la paix. « Mon lit estoit fait en mon paveillon, dit-il, en tel manière que nul ne pocit entrer en que il ne me veist gésir en mon lit, et ce fesoie-je pour oster toutes mescréances de femmes. » Son courage est ingénu, sans ostentation de jactance; il en a tellement la conscience qu'il ne cherche pas à déguiser les transes qui accompagnent la mort, quand elle vient sans l'ivresse des combats. Comme historien, il n'omet point les causes dans le récit des effets; il recueille des observations sur l'histoire, les opinions, les mœurs, le cérémonial des peuples : ici il décrit un fossile, là il distingue les nuances entre des mots synonymes : ainsi, le raisonnement réglait déjà l'usage de la langue.

Joinville, à qui l'abbé de Cheminon avait donné la croix, mit sa terre en gage, indemnisa ses vassaux des torts qu'ils avaient pu éprouver de lui-même ou de ses officiers, entra dans *la voie de Dieu* par des pèlerinages aux corps saints des chapelles voisines, et s'embarqua avec neuf chevaliers, ses feudataires, au nombre desquels étaient deux bannerets. Au débarquement sur la plage égyptienne, il conduisait l'avant-garde. Chaque nuit, au canal d'Achmoun, où l'armée se consuma en stériles efforts pour jeter une digue, il gardait les *chats-faux*, espèce de tours en bois destinées à protéger les travailleurs, et que l'ennemi attaqua bientôt avec le feu grégeois. Ensuite Joinville marcha avec cette avant-garde, que la témérité du comte d'Artois entraîna dans la Massoure. Plus tard la galère qu'il monte est abordée par une galère du soudan; et tandis que les infidèles se ruent sur ses gens, il se fait hisser sur le tillac du navire égyptien, où, mis à genoux et jeté deux fois sur le dos pour mourir, il ne doit la vie qu'aux efforts d'un renégat allemand, qui lui fait un rempart de son corps, en s'écriant que Joinville est cousin du roi franc. Quand les mamelucks révoltés eurent massacré leur soudan, Joinville courut de nouveau danger de mort. Mais le chef des révoltés maintint le traité que sa victime avait consenti avec le roi Louis; pourtant il s'en fallait de trente mille livres que le premier payement sur la rançon ne fût complet. Joinville offrit d'aller prendre cette somme au trésor des Templiers, et il se disposait à briser le coffre à coups de hache, si le grand-maître n'eût plié la rigueur de sa règle devant la nécessité des circonstances, la captivité d'un roi et le salut d'une armée.

A Saint-Jean d'Acre, quand l'épidémie eut cessé ses ravages, les croisés se réunirent en conseil de guerre. Joinville fut d'avis de se maintenir dans la Syrie chrétienne, afin de convrir les villes que menaçait l'infidèle, et le roi suivit ce conseil. Pendant le séjour de Louis en Syrie, Joinville, à la tête de cinquante chevaliers, fit partie de sa maison militaire. On peut s'imaginer avec quel bonheur il revit ensuite son domaine, lui qui, parlant de son départ, disait avec l'accent de la nature : Je ne voulus *onques retourner mes yex vers Joinville, pource que le cuer ne me attendrisist du biau chastel que je lessoie et de mes deux enfans*. Il s'occupa de cicatriser les plaies de son absence, car les officiers des rois de France et de Navarre en avaient abusé pour fouler ses vassaux, et c'est le prétexte dont il s'excusa son refus de s'engager dans une seconde croisade (1267), où il ne pressentait que des infortunes. En effet, Louis était d'une telle faiblesse que Joinville fut obligé de le porter dans ses bras, depuis l'hôtel du comte d'Auxerre jusqu'à l'abbaye des cordeliers, où il prit congé du roi.

Il passa le reste de sa carrière dans l'uniformité d'une vie calme, à la cour de Thibaut II, roi de Navarre et comte de Champagne, tandis qu'il était reçu par Louis IX avec une bienveillance qui excita souvent la jalousie des courtisans. Thibaut mit à profit cette faveur du sénéchal, qu'il chargea de négocier son mariage avec Isabelle de France, et le récompensa du succès en lui cédant ses droits sur le village de Germay. Pendant l'expédition de Philippe III en Aragon (1283), Joinville exerça le gouvernement de Champagne. Sous Philippe le Bel, nous le voyons ou répondre aux commissaires chargés des enquêtes pour la canonisation de Louis IX, ou entrer dans une ligue de seigneurs coalisés pour résister à l'établissement d'un impôt sur la province. Enfin, appelé par Louis X, sous l'étendard royal, pour une expédition contre les Flamands, il revêtit la cuirasse à l'âge où la portait Nestor, ne devait pas avoir moins de quatre-vingt-douze ans. Les époques de sa naissance et de sa mort ne sont pas bien précisées; mais il paraît que ce fut vers les années 1220 et 1318.

Le sénéchal avait la taille élevée, le corps robuste et la

DICT. DE LA CONVERS. — T. XI.

tête d'un volume extraordinaire. Il avait été deux fois marié : d'abord avec Alix de Grandpré, dont les enfants mâles s'éteignirent sans postérité masculine; ensuite avec Alix de Risnel, et cette union produisit deux branches. La cadette, représentée par Jean de Joinville, grand-connétable de Sicile, s'établit au royaume de Naples; l'autre, continuée en Champagne par Ancel ou Anceau, finit dans son fils Henri, qui eut deux filles de son union avec Marie de Luxembourg. L'aînée, mariée à Ferry de Lorraine, fut la quatrième aïeule de François, duc de Guise, en la personne duquel Henri II érigea (1552) la baronnie de Joinville en principauté.

Une première édition de ce naïf historien fut mise au jour à Poitiers, en 1547, par Antoine-Pierre de Rieux, et dédiée à François 1er; mais comme l'éditeur en avait cru de lui donner les formes de son époque, et d'ajouter aux événements qui lui paraissaient incomplets. Claude Menard donna une nouvelle édition également in-4° (Angers, 1617), où le texte fut restauré en plusieurs endroits à l'aide de quelque pièces originales. En 1668, Du Cange publia son édition savante, réimprimée dans la *Collection universelle des Mémoires particuliers relatifs à l'histoire de France*. Mais, après de vains efforts pour découvrir un texte original, Du Cange s'était vu réduit à prendre, ici dans Rieux, et là dans Mesnard, ce qui lui semblait porter le cachet du langage que Joinville avait dû écrire et parler. Enfin un manuscrit contemporain, supposé sinon pur, du moins très-peu altéré, et qui sans doute avait passé des comtes de Flandre aux mains du prince de Saxe, fut acheté par la Bibliothèque royale, et confié à l'impression sous la surveillance de Caperonnier (Paris, in-folio, 1761).

Hippolyte FAUCHE.

JOINVILLE (FRANÇOIS - FERDINAND - PHILIPPE - LOUIS-MARIE D'ORLÉANS, prince DE), né à Neuilly-sur-Seine, le 14 août 1818, est le troisième des fils de l'ex-roi des Français Louis-Philippe. Une révolution, provoquée par les fautes accumulées de son père, a exilé ce jeune prince d'une patrie qu'il avait toujours bien servie, et dans laquelle son nom restera longtemps encore entouré d'une certaine auréole de popularité justement acquise par des manières franches et loyales et par quelques actes qui prouvaient qu'avant d'être prince M. de Joinville voulait être Français. De bonne heure sa famille le destina à la marine. Il entrait dans la politique de Louis-Philippe de placer à la tête de chacune des grandes divisions de notre force militaire l'un des princes ses enfants. M. d'Orléans et M. de Nemours appartenaient déjà à l'armée de terre; M. de Joinville dut faire l'apprentissage du pénible métier de marin, encore bien qu'une grave infirmité naturelle, une surdité des plus prononcées, le rendît peut-être moins propre à ce service qu'à tout autre. Dès 1834 on l'envoya faire, comme élève de première classe, son apprentissage de la mer dans une promenade vers Madère et les Açores. En 1836 il passa lieutenant de vaisseau, et à bord de la frégate l'*Iphigénie* parcourut les côtes de la Grèce, de la Karamanie et de la Syrie. En novembre 1837 il fut envoyé dans les mers du Brésil, et il n'en revenait en France que qu'au bout d'une année d'absence. Il y avait à peine un mois qu'il était de retour en France, lorsque nos relations avec le Mexique ayant pris un caractère tel que le gouvernement dut se décider à envoyer une division navale dans les eaux de la Véra-Cruz, à l'effet d'exiger et d'obtenir les satisfactions dues à l'honneur de notre pavillon. Le commandement en fut confié à l'amiral Baudin, qui eut sous ses ordres le prince de Joinville, promu au grade de capitaine de vaisseau, et qui pendant cette expédition, commanda la frégate *la Créole*. Le siége et la prise Saint-Jean d'Ulloa fournirent au jeune prince l'occasion de se distinguer par sa froide intrépidité. Au mois de juin 1839 il alla rejoindre, dans le Levant, à bord du vaisseau *le Jupiter*, l'escadre de l'amiral Lalande, dont il venait d'être nommé chef d'état-major; vers la fin de ce même été il fut appelé au commandement de la frégate *la*

41

Belle-Poule, à bord de laquelle, l'année suivante, il fit une campagne à jamais célèbre. Le gouvernement de Louis-Philippe, qui avait déjà précédemment rétabli la statue de l'empereur sur la colonne d'airain de la place Vendôme, venait de décider que les cendres du grand homme seraient, conformément à ses dernières volontés, rendues à cette France *qu'il avait tant aimée*. Le gouvernement anglais donna son acquiescement à cet acte de tardive réparation, et ce fut à M. le prince de Joinville qu'échut la glorieuse mission de le réaliser.

L'année suivante, M. de Joinville fut nommé au commandement de la station de Terre-Neuve. En 1842, il épousa la princesse Januaria, sœur de l'empereur du Brésil aujourd'hui régnant, et qui lui apporta en mariage une fortune immense. Ce mariage n'interrompit point les services si actifs et si nombreux de M. de Joinville; et il prit part à toutes les expéditions maritimes de quelque importance qui signalèrent la fin du règne. Quand éclata la révolution de février, il se trouvait avec sa femme à Alger, où il avait accompagné son frère le duc d'Aumale, appelé au commandement général de l'Algérie : c'était, dit-on , un exil véritable, qu'il s'était attiré de la part du roi son père à cause de la rude franchise avec laquelle il blâmait l'opiniâtreté de caractère qui portait le roi à refuser satisfaction aux moindres réformes politiques réclamées si hautement par l'opinion; réformes qui , si elles avaient été opérées en temps utile, eussent infailliblement consolidé l'établissement de Juillet et assuré la paisible transmission, dans la maison d'Orléans, de la couronne de l'aïeul au petit-fils.

A la nouvelle des événements dont Paris était le théâtre, et qui coûtaient à sa famille un trône et une patrie, l'attitude de M. de Joinville fut aussi digne que patriotique. On lui sut gré de ne point avoir cherché à user de sa popularité dans l'armée et dans la flotte, pour protester contre la *surprise* de février; et à diverses reprises l'opinion publique reconnaissante s'intéressa pour solliciter en sa faveur une exception à la loi rendue contre les autres membres de la famille d'Orléans, exception qui lui eût permis de rentrer en France pour y vivre en simple citoyen. Il était dès lors tout naturel que les *faiseurs* du parti de la fusion cherchassent à exploiter cette disposition des esprits en posant longtemps d'avance sa candidature à la présidence de la république, pour l'élection à laquelle la nation eût encore une fois été appelée en mai 1852, si le coup d'État du 2 décembre 1851 n'était pas venu faire évanouir toutes les espérances d'une restauration bourbonienne.

JOLIBA ou **DJOLIBA**. *Voyez* NIGER.

JOMARD (EDME-FRANÇOIS), célèbre archéologue, membre de l'Académie des Inscriptions et Belles-Lettres, est né à Versailles, le 20 novembre 1777. Admis l'un des premiers à l'École Polytechnique, lors de la fondation de cette institution en 1795, il fit partie en 1798 de l'expédition d'Égypte. Quoique chargé de travaux topographiques aussi importants que difficiles, il trouva encore assez de temps pour dessiner et décrire des monuments antiques de cette contrée. Revenu en France en 1802, il fut envoyé en Bavière pour y diriger des travaux topographiques entrepris le long des frontières de Bohême, dans le haut Palatinat. L'année suivante on le rappela à Paris pour y prendre part à la rédaction de la *Description de l'Égypte*. En 1818 l'Institut l'admit dans son sein, et depuis lors on trouve son nom attaché à toutes les grandes publications sur l'Afrique a été l'objet, par exemple, au *Voyage à l'oasis de Thèbes* de Cailliaud, aux *Voyages* de Beaufort et de Pacho, à l'*Histoire de l'Égypte* par Mangin (Paris, 1823), au *Dictionnaire Wolof de Dard*; tous ouvrages qu'il a enrichis de notices et d'observations. C'est encore lui qui a publié le *Voyage à l'oasis de Syouah* (Paris, 1823) d'après les matériaux recueillis par Drovetti, ainsi que le Voyage de René Caillée. En 1830, M. de Salvandy, alors ministre de l'instruction publique, le nomma conservateur du département des cartes et plans de la Bibliothèque royale, à laquelle il était attaché depuis 1829. A lui seul, M. Jomard a rédigé six volumes de la grande *Description de l'Égypte*, et parmi les dissertations dont il a enrichi cet ouvrage, il faut surtout mentionner la description des hypogées de Thèbes et son explication du système métrique des Égyptiens. Ses autres ouvrages les plus importants sont : *Notices sur les signes numériques des anciens Égyptiens* (Paris, 1816-1819), *Parallèle entre les antiquités de l'Inde et de l'Égypte* (1819); *Sur les rapports de l'Éthiopie avec l'Égypte* (1822); *Aperçu de nouvelles découvertes dans l'Afrique centrale* (1824); *Sur la communication du Niger avec le Nil* (1825); *Remarques sur les découvertes faites dans l'Afrique* (1827). Philanthrope actif et éclairé, M. Jomard a pris une part importante à l'introduction de l'enseignement mutuel en France et à la création d'un grand nombre d'associations utiles ou savantes. Il a aussi été le directeur de l'école spéciale à l'usage des jeunes Égyptiens, que le pacha d'Égypte, Méhémet-Ali, entretint pendant longtemps à Paris.

JOMELLI (NICOLO), célèbre compositeur italien, né en 1714, à Atelli, dans le royaume de Naples, composa d'abord la musique de quelques ballets, et aborda ensuite avec bien autrement de succès l'*opera buffa*. Sa première partition en ce genre, l'*Errore amoroso* (1737), fut accueilli avec une grande faveur, et son *opera seria Odoardo* (1740) eut encore plus de succès. La même année il vint se fixer à Rome, où il déploya dès lors comme compositeur une fécondité peu commune. Parmi les opéras qu'il y fit représenter , nous citerons *Astianatte*, *Ifigenia*, et *Cajo-Mario*. Vers ce temps vivait à Rome un jeune Portugais, Terradellas, qui menaçait de devenir l'heureux rival de Jomelli. Des partis se formèrent pour l'un et pour l'autre; et au carnaval de 1747, Jomelli fut réellement vaincu par son adversaire, dont l'opéra fit fureur, tandis que le sien tomba à plat. Le parti du Portugais triomphant fit frapper une médaille commémorative; mais on trouva un jour dans le Tibre le corps du malheureux compositeur percé de coups de poignard.

Jomelli, accusé tout au moins de complicité dans la perpétration de ce meurtre, se rendit en 1748, avec le titre de maître de chapelle du duc de Wurtemberg, à Stuttgart. Il était revenu habiter l'Italie, en 1765, quand le roi de Portugal, Jean V, l'invita inutilement à venir à sa cour. Son opéra *Achille in Sciro* n'ayant eu aucun succès, parce que son séjour en Allemagne avait eu pour résultat de par trop germaniser sa manière, il se rendit à Naples, où son style ne fut pas mieux goûté, et où il mourut, le 28 août 1774. Peu de temps avant sa mort, il composa encore un admirable *Miserere*. Parmi ses autres morceaux de musique d'église on vante particulièrement un *Benedictus*, un *Requiem* et une Passion. La musique de Jomelli a du mérite sous plusieurs rapports ; ce compositeur est supérieur à tous ses contemporains pour ce qui est de l'instrumentation, de même que par l'art de nuancer plus vivement l'expression.

JOMINI (HENRI , baron) , lieutenant général au service de Russie, précédemment général français, né le 6 mars 1779 , à Payerne, dans le pays de Vaud, servit d'abord dans un des régiments suisses au service de France , et après la catastrophe du 10 août 1792 embrassa la carrière commerciale. La révolution dont la Suisse fut le théâtre le rappela dans sa patrie, où il fut nommé lieutenant-colonel de la milice et secrétaire général des affaires de la guerre. Ayant perdu cette place, il entra, en 1803, sur la recommandation de Ney, dont il avait fait connaissance à l'occasion de ses fonctions, dans une maison de commerce de Paris, sans négliger pour cela les études théoriques qu'il avait commencées sur la tactique. C'est ainsi que dès 1804 il commençait la publication de son *Traité des grandes Opérations militaires* (2ᵉ édition ; Paris, 1809). La même année , il obtenait dans l'armée française le grade de chef de bataillon , et devenait aide de camp de Ney ; en 1805 il passa colonel ; et il fit en qualité de chef de l'état-major de Ney les campagnes de 1806 et 1807 en Prusse et en

Pologne, qui lui valurent le titre de *baron*. En 1808 il suivit encore Ney en Espagne; mais le maréchal ayant appris que son chef d'état-major s'attribuait tous les succès du corps d'armée placé sous son commandement, il le fit mettre en disponibilité l'année suivante. En conséquence, Jomini demanda son congé en 1810, et il était sur le point d'entrer comme général major au service de Russie, lorsque Napoléon le promut au grade de général de brigade.

Nommé ensuite historiographe de l'empereur, il reçut au commencement de la campagne de 1812 la mission d'écrire l'histoire de la grande armée ; toutefois, il fut utilisé d'une autre manière dans le cours même de cette guerre. D'abord gouverneur de Wilna, puis de Smolensk, il déploya la plus grande activité lors de la retraite. Après la bataille de Lutzen, il rentra dans l'état-major du maréchal Ney, et contribua beaucoup à la victoire de B a u t z e n. Ney le proposa en conséquence pour le grade de général de division ; mais Napoléon le mit en non-activité, en punition de prétendues négligences dans le service. Aigri par ce traitement immérité, peu aimé du reste, à cause de ses manières assez rudes, Jomini, après l'armistice de Plæswitz, quitta secrètement les drapeaux français, et passa du côté des alliés. Pour cette désertion, un conseil de guerre français le condamna à mort; mais l'empereur Alexandre le nomma lieutenant général, et se l'attacha comme aide de camp. Jomini ne prit pourtant pas une part active à la guerre contre la France; il garda même, ce que Napoléon reconnut plus tard, le silence sur le plan d'opérations, qu'il connaissait. En 1815 il accompagna l'empereur Alexandre à Paris, et reçut de Louis XVIII la croix de Saint-Louis. Par la suite il fut chargé de compléter l'éducation militaire du grand-duc N i c o l a s, et resta premier aide de camp de ce prince quand il fut monté sur le trône. Il l'accompagna en cette qualité en 1828 dans la campagne de Turquie, et contribua beaucoup à la prise de Varna. C'est aussi en grande partie à lui qu'est due la fondation de la nouvelle académie militaire de Saint-Pétersbourg.

Pour se justifier des attaques violentes que lui valut souvent sa défection, il a publié la *Correspondance entre le général Sarrazin et le général Jomini et sur la compagne de 1813* (Paris, 1815), la *Correspondance du général Jomini avec le baron Mounier* (Paris, 1821), et la *Lettre du général Jomini à M. Capefigue* (Paris, 1841). Il s'est fait en outre, parmi les écrivains modernes qui ont traité de l'art militaire, un nom distingué par les ouvrages suivants : *Histoire critique et militaire des campagnes de la Révolution* (5 vol., Paris, 1806; 3ᵉ édition, avec la collaboration du colonel Koch, 15 vol., Paris, 1819-1824); *Vie politique et militaire de Napoléon, racontée par lui-même au tribunal de César, d'Alexandre et de Frédéric*, (4 vol., Paris, 1827); *Tableau analytique des principales combinaisons de la guerre et de leurs rapports avec la politique des États* (Pétersbourg, 1830; 5ᵉ édit., Paris, 1837). Agé aujourd'hui de soixante-sexte ans, le général Jomini a obtenu de l'empereur Alexandre II l'autorisation de résider à Bruxelles.

JONAS, fils d'Amathi, le cinquième des petits prophètes, né à Geth-Opher, dans la tribu de Zabulon, plus de 800 ans avant J.-C., était antérieur à Osée, le premier des petits prophètes dans l'ordre de la Bible, car, selon le onzième livre des *Rois*, il annonça que le royaume d'Israel recouvrerait ses anciennes limites, ce qui arriva en effet sous Joroboam II. Les crimes des Ninivites ayant crié vengeance, la voix du Seigneur se fit entendre à Jonas, et lui ordonna d'aller annoncer à cette ville et à Phul, son roi, qu'elle allait être détruite en punition de ses impiétés. Le prophète hésita d'abord, épouvanté par la seule pensée d'une telle mission, puis il implora pour les coupables indulgence et pardon : « car, disait-il, la miséricorde sera accordée quand une bouche aura fait entendre la menace, et *il vaut mieux mourir* que de prophétiser des mensonges. » La voix du ciel réitérant ses ordres, il crut enfin se soustraire par la fuite à l'obligation qui lui était imposée, abandonna la terre-sainte, qu'il habitait, et s'embarqua pour Tharsis. A peine a-t-on perdu le rivage de vue qu'un vent impétueux soulève les flots, avant-coureur d'une épouvantable tempête, au bruit de laquelle il s'endort profondément au fond de la cale. A l'agitation causée par les premiers effets de la tempête succède le pont la plus vive anxiété, quand on voit sa violence augmenter sans cesse. Bientôt des soupçons naissent, et on se décide à jeter le sort pour connaître celui que le ciel irrité poursuit ainsi, afin de le sacrifier au salut de tous. Jonas, éveillé par ses compagnons, et aussitôt désigné par la voix du sort, confesse qu'il est Hébreu, qu'il adore le Dieu créateur du ciel et de la terre, et assure qu'au moment où on le jettera à la mer, la tempête cessera. Malgré cette assurance, en dépit du sort, quoique l'orage n'ait rien perdu de son impétuosité, les matelots, saisis d'admiration, refusent de se prêter à son désir. De nouveaux efforts sont tentés pour aborder à une côte voisine, et c'est seulement après avoir épuisé toutes les ressources qu'on se décide, non sans regret, à l'abandonner aux flots.

Il a à peine disparu que le calme le plus parfait succède au bouleversement des vagues et aux éclats du tonnerre. Par une multitude de miracles qu'il est plus facile de raconter que d'expliquer naturellement, un énorme poisson dévore le prophète sans lui faire aucun mal, et pour le préserver du naufrage, le conserve trois jours et trois nuits dans ses entrailles sans le consumer ni l'étouffer : il lui sert de vaisseau pour le conduire au port. C'est de ce noir cachot que s'élève vers Dieu le magnifique cantique conservé dans le livre de ses prophéties. Rejeté sur la plage par le monstre qui l'a sauvé, saisi de nouveau par l'esprit prophétique, impérieusement pressé d'annoncer à Ninive que dans quarante jours elle sera détruite, il marche enfin vers cette ville, éloignée de sept lieues selon Diodore de Sicile, et qui n'en avait pas moins de vingt-cinq de tour, et parcourt successivement tous les quartiers, se montrant sur toutes les places publiques, criant partout d'une voix éclatante : *Encore quarante jours, et Ninive sera détruite*. Cette simple menace, proférée par un inconnu, fait plus d'impression sur les habitants que les merveilles et les prodiges : tous, à l'exemple du roi et d'après ses ordres, se condamnent au jeûne, se revêtent de sacs, se couvrent de cendres; tous, jusqu'aux animaux, sont soumis à une pénitence si rigoureuse que le Seigneur, satisfait de cet état de témoignages de repentir, révoque son arrêt, et jure que Ninive pénitente et repentie sera préservée des maux prédits à Ninive criminelle.

Jonas, doué d'un de ces caractères inflexibles que ne se laissent pas toucher par les larmes, voyant qu'après les quarante jours écoulés sa prédiction n'est point accomplie, ne peut ressentir ses murmures ; il demande à Dieu de le retirer de ce monde, puisque dès ce moment, sa mission n'ayant plus aucun caractère de vérité, il devient inutile à son service. Dieu daigne lui faire comprendre combien ses reproches sont injustes. Un arbre sert d'abri au prophète contre les rayons du soleil; mais ses feuilles, desséchées, ne les interceptent plus depuis quelques jours. Pendant la nuit un nouveau feuillage, frais et touffu, remplace l'ancien ; puis le lendemain, un ver ayant piqué la racine, tout sèche de nouveau, et l'ardeur du soleil incommode encore l'homme de Dieu, qui demande la mort de nouveau, déplorant la perte de l'ombrage qui le garantissait de la chaleur. « Eh quoi ! lui dit alors le Seigneur, tu murmures de la perte d'un arbre que tu n'as pas planté, qui ne t'a coûté aucune peine, qu'une nuit a vu naître, qu'une nuit a vu mourir, et tu aurais voulu que je ne pardonnasse pas à cette grande ville, dont les habitants, revenus à l'innocence, sont l'ouvrage de mes mains et implorent ma bonté? » Ces seuls mots réveillent Jonas comme d'un profond sommeil : il s'humilie

41.

devant Dieu, avoue sa faute, revient en Israel, y rend publics le repentir de Ninive et la miséricorde du Seigneur, et regarde comme un juste châtiment de sa conduite le spectacle des péchés de son peuple et la connaissance qui lui est donnée des malheurs qui doivent bientôt l'accabler.

L'abbé J. DUPLESSIS.

JONATHAN. *Voyez* JONATHAS.

JONATHAN ou plutôt FRÈRE JONATHAN, sobriquet devenu la personnification du peuple américain, comme *John Bull* est celle du peuple anglais. Quelques personnes le font dériver d'un certain Jonathan Trombull, gouverneur du Connecticut à l'époque de la guerre de l'indépendance, et qu'on désignait familièrement de la sorte; mais il paraît que ce sont les Anglais qui s'en servirent les premiers, vraisemblablement parce que c'était là un nom de baptême extrêmement commun dans la puritaine Nouvelle-Angleterre, où l'on affectionnait de préférence les noms empruntés à l'Ancien Testament. *Frère Jonathan* est un gaillard rusé, actif, éveillé, quelque peu vantard, ne manquant ni d'*humour* ni de bonté de caractère, ayant de commun avec *John Bull* l'amour de la liberté, l'indépendance de caractère et l'orgueil de la nationalité, mais aussi bavard que l'autre est généralement taciturne, d'ailleurs sachant bien mieux que lui se plier aux opinions et aux manières d'autrui.

JONATHAS ou JONATHAN, fils de Saül, roi d'Israel, se rendit célèbre par sa valeur, et surtout par l'amitié constante qui l'unissait à David, rival de son père. Il eut la gloire de battre deux fois les Philistins; mais ayant enfreint un ordre de son père par lequel il était défendu, sous peine de mort, de manger avant le coucher du soleil, il se vit, malgré l'importante victoire qu'il venait de remporter, menacé d'être immolé par Saül. Cependant, tout le crime du jeune prince, d'après le texte de l'Écriture, consistait à avoir mangé un peu de miel au bout de sa baguette, en poursuivant les Philistins. Heureusement, le peuple, touché de l'éclat de ses services, l'arracha des mains de son père, et lui sauva la vie. Quelque temps après, la guerre s'étant rallumée entre les Hébreux et les Philistins, Saül et Jonathas assirent leur camp sur le mont Gelboé; mais ils y furent forcés, et leurs troupes taillées en pièces. Jonathas fut tué dans cette action, l'an 1055 avant J.-C. En apprenant cette nouvelle, David, qui avait tant de fois éprouvé le généreux dévouement du jeune prince, composa un cantique funèbre en son honneur.

CHAMPAGNAC.

JONATHAS, nommé *Apphus*, fils de Mathathias et frère de Judas Machabée, fut l'un des plus habiles généraux des Juifs. Il força Bacchide, commandant des troupes syriennes, à accepter la paix, l'an 161 avant J.-C. Son alliance fut recherchée par Alexandre Bala, prétendant au trône de Syrie, qui lui conféra la souveraine sacrificature. Cette faveur se maintint quelque temps sous Démétrius, successeur de Bala, auquel il fut d'un grand secours pour soumettre Antioche, qui s'était révoltée; mais ce prince ne le récompensa de ce service que par la plus noire ingratitude. Plus tard, Diodote Tryphon, voulant enlever la couronne au jeune Antiochus, fils de Bala, résolut d'abord de se défaire de Jonathas. Il l'attira traîtreusement à Ptolémaïde, le fit charger de chaînes, et, après lui avoir extorqué une somme considérable pour sa rançon, eut la perfidie d'ordonner sa mort. C'était l'an 144 avant J.-C. Simon, frère de Jonathas, lui succéda dans la grande sacrificature.

CHAMPAGNAC.

JONC. Le genre *juncus*, tel qu'il est aujourd'hui établi parmi les botanistes, a pour caractères essentiels : un calice à six sépales, ovales, lancéolés, écailleux, égaux, persistants ; une corolle nulle; des étamines au nombre de six égales au calice, et opposées à ses divisions ; un ovaire supère, surmonté d'un style simple terminé par trois stigmates filiformes et velus. Ainsi définis, les *joncs* sont des plantes herbacées à veines fibreuses, à feuilles cylindriques et un peu comprimées, naissant tantôt au collet de la racine, et tantôt garnissant les tiges elles-mêmes; les fleurs sont gé-

néralement petites, rougeâtres, terminales ou latérales, disposées tantôt en corymbe, tantôt en panicule; leurs fruits sont des capsules uniloculaires, polyspermes, s'ouvrant en trois valves, et renfermant des graines nombreuses, ovoïdes. Réparties sous toutes les zones et à des hauteurs variables, alpines sous l'équateur, préférant les plaines et les montagnes sous les zones tempérées, les diverses espèces du genre *juncus* habitent particulièrement les lieux marécageux de l'Europe, des deux Amériques et de la Nouvelle-Hollande ; quelques-unes n'abandonnent jamais les bords de la mer et des grands lacs : d'autres ne peuvent vivre, se reproduire et se développer dans toute leur puissance qu'à côté des glaciers des Alpes, et des éternelles neiges du pôle boréal; d'autres, enfin, espèces cosmopolites, se rencontrent dans tous les pays, dans toutes les régions, sous toutes les latitudes; mais ces espèces sont rares, car des soixante-dix-neuf espèces de joncs aujourd'hui cataloguées, trois seulement possèdent ce caractère d'ubiquité.

De toutes ces espèces aucune n'est cultivée dans nos jardins, soit comme plante utile, soit comme plante d'agrément; nous citerons seulement, comme étant plus généralement connues : 1° le *jonc maritime*, plante à tiges hautes de 0ᵐ, 30, roides, lisses, cylindriques, terminées par une pointe acérée : cette espèce croît sur les bords de la Méditerranée et de l'Océan; 2° le *jonc épars*, plante à feuilles cylindriques, pointues, droites et resserrées contre la tige : il est commun dans les lieux humides, les fossés aquatiques, les marais ; 3° *jonc des jardiniers*, qui se distingue de l'espèce précédente par ses tiges profondément striées, glauques, grêles, filiformes, tenaces; 4° le *jonc articulé*, dont la tige cylindrique, haute de 0ᵐ, 30, est garnie de deux à trois feuilles comprimées, articulées, pointues; 5° enfin, le *jonc flottant*, qui croît dans les étangs, les fossés et les flaques d'eau marécageuse, et dont les tiges sont grêles et flottantes quand elles croissent dans l'eau, grêles et rampantes quand elles vivent à terre.

Les tiges flexibles du *jonc des jardiniers* sont employées comme liens, soit comme plante utile, soit pour palisser les arbres, soit pour attacher les plantes à leurs tuteurs. Quelques autres espèces servent à faire de petits ouvrages de vannerie. Enfin on fait des mèches de veilleuses avec la moelle de quelques espèces.

Les anciens botanistes et bon nombre de modernes ont désigné sous le nom de *joncs* des plantes qui n'appartiennent ni au genre *juncus* ni à la famille des *joncées*. Ainsi, Pline nommait *juncus odoratus* le schénanthe; Annotus appelait *juncus acullana* un souchet; Daléchamp désignait sous le nom de *juncus clavatus* un scirpe; le *jonc africain* de Morison est une fougère ; le *jonc des Indes*, dont on fait des cannes, est un *rotang*, etc., etc.

BELFIELD-LEFÈVRE.

JONCÉES ou JONCACÉES, famille de plantes qui appartiennent à la classe des végétaux monocotylédonés à gaine périspermée et à fleur périanthée. Ces plantes, qui n'ont aucune propriété médicale, ont des feuilles graminoïdes, dont on se sert pour la fabrication des nattes. L. LAURENT.

JONC FLEURI. *Voyez* BUTOME.

JONCHETS ou HONCHETS, petits bâtons de bois ou d'ivoire fort menus, dont quelques-uns sont sculptés en roi, etc., que l'on jette confusément un sur les autres pour jouer à qui en retirera le plus avec un crochet, sans en faire remuer d'autres que celui qu'on cherche à dégager.

JONC MARIN. *Voyez* AJONC.

JONC ODORANT. *Voyez* CANNE AROMATIQUE.

JONCTION (du latin *jungere*, *junctio*). Ce mot représente l'idée d'un rapprochement tellement intime de deux ou plusieurs choses, qu'elles se touchent, se tiennent, et semblent quelquefois ne faire qu'un seul tout : au figuré *joindre* signifie *unir*, et parfois aussi *atteindre*, *attraper*, *se réunir à*. C'est dans ce sens que l'on dit : Les deux armées, les deux flottes firent, opérèrent leur *jonction*.

Dans le langage du droit, *joindre* signifie *unir* : ainsi, la *jonction* d'instances est l'action de *joindre* deux instances connexes, une demande incidente à une demande principale, pour être statué sur les deux par un seul et même jugement. La *jonction* est toujours ordonnée en jugement, et l'article 1034 du Code de Procédure civile a réglé la forme particulière des assignations à donner en vertu des arrêts de *jonction*.

JONES (David). *Voyez* David Jones.

JONES (Sir Inigo), architecte anglais et peintre de décorations, né à Londres, en 1572, révéla, n'étant encore qu'apprenti menuisier, un talent si évident pour la peinture et pour l'architecture, que le comte de Pembroke le fit instruire dans ces deux arts, et l'emmena ensuite avec lui en France, en Flandre, en Allemagne et en Italie. Jones séjourna longtemps à Venise, étudia à Vicence les chefs-d'œuvre de Palladio, et se fit bientôt, par ses travaux, une réputation telle, que Christian IV, roi de Danemark, l'appela à Copenhague avec le titre d'architecte de sa cour. Plus tard, il suivit en Écosse la sœur de ce prince, la femme de Jacques VI, dont il devint aussi l'architecte. Après avoir visité encore une fois l'Italie, il fut nommé par Jacques VI, devenu alors roi d'Angleterre sous le nom de Jacques Iᵉʳ, surintendant des bâtiments royaux. Son attachement à Charles Iᵉʳ le fit mettre en prison; il en sortit en faisant le sacrifice de la plus grande partie de sa fortune et en payant une amende de 400 liv. st. Il mourut peu de jours après le supplice de Charles Iᵉʳ, le 21 juillet 1651.

Comme créateur de l'architecture anglaise, on l'a surnommé le Vitruve anglais. Ses constructions les plus importantes sont la salle des Banquets au palais de Whitehall, l'hôpital de Greenwich, le péristyle de l'église Saint-Paul, l'ancienne Bourse de Londres, le château du comte de Pembroke à Wilton, dans le Wiltshire, et le palais d'Amberbury, dans le même comté. Dans son style, il imite Palladio, tout en reproduisant la vigoureuse rudesse qui distingue les successeurs septentrionaux de l'école italienne et rappelle souvent les meilleures époques de la Renaissance. Une collection de ses dessins a été donnée par Will. Kent (Londres, 1727; 2ᵉ édition, avec texte explicatif en anglais et en français, 2 vol., Londres, 1770).

JONES (John-Paul), célèbre homme de mer et fondateur de la marine des États-Unis de l'Amérique du Nord, était fils d'un jardinier, et naquit le 6 juillet 1747, à Arbigland, en Écosse. À l'âge de douze ans, il fut mis en apprentissage chez un marchand de Whitehaven, dans le Cumberland, qui faisait un commerce actif avec l'Amérique; et dès l'année suivante il exécuta par ordre de son maître un voyage aux colonies américaines. Son apprentissage terminé, il entreprit la traite; mais indigné bientôt de cet odieux trafic, il résolut de s'en revenir en Écosse. Le capitaine du bâtiment sur lequel il faisait la traversée étant mort en chemin, Jones prit ses fonctions, et s'en acquitta si bien qu'à son arrivée le propriétaire du navire le choisit pour subrécargue. Dès lors il se voua tout à fait à la carrière maritime, et en 1775, lorsque éclata la guerre de l'Indépendance, il offrit ses services au congrès, qui les accepta.

Nommé d'abord au commandement du brick *L'Alfred* avec le grade de lieutenant, puis à celui du vaisseau *La Province* avec le grade de capitaine, il ne tarda point à être investi du commandement en chef de la petite flotte des insurgés, et à commencer contre les mille vaisseaux de la Grande-Bretagne ces combats héroïques auxquels il est difficile de rien comparer en audacieux exploits et en riche butin. En mai 1777, il fut envoyé en France pour y prendre un commandement plus important. Comme la cour de Versailles semblait hésiter à déclarer la guerre à l'Angleterre, il entreprit pour son compte, avec un petit brick de 18 canons, une croisière sur les côtes septentrionales de la Grande-Bretagne. Parti de Brest le 10 avril 1778, il débarque à Whitehaven, y incendie plusieurs vaisseaux, enclone des canons, et s'empare du château du comte de Selkirk, dont son père était le jardinier. La comtesse, qui s'y trouvait seule, dut livrer ses objets les plus précieux; mais ils lui furent rendus presque aussitôt, accompagnés d'une lettre fort romanesque. L'expédition se termina par l'enlèvement du sloop anglais *Le Drake*, sur la côte d'Irlande.

En août 1779, Jones obtint le commandement d'un grand navire, *Le Bonhomme Richard*, de 40 canons, et fut ensuite nommé commodore d'une escadre composée de bâtiments français et américains réunis. Une première attaque, dirigée contre Liverpool, échoua. Pourtant Jones frappa de terreur toute la côte anglaise, et prit, le 22 septembre, à l'abordage, après un combat terrible de quatre heures, le vaisseau britannique *Le Sérapis*, qui était bien supérieur au sien. Il revint à Brest avec 800 prisonniers de guerre et un riche butin. On l'accueillit avec la plus grande distinction à Versailles, comme ensuite à Philadelphie, où il retourna l'année suivante. Il passa le reste du temps que dura la guerre sur la flotte française, avec l'assentiment du congrès, à cause de sa parfaite connaissance des eaux d'Amérique. Après la paix, il chercha, avec John Ledyard, à fonder un commerce de pelleteries entre la côte nord-ouest d'Amérique et la Chine; mais cette entreprise ne réussit point. Puis, sur l'invitation de l'impératrice Catherine, il entra au service de Russie avec le grade de contre-amiral, et contribua efficacement, en 1788, à la victoire remportée sur la flotte turque; mais la jalousie de Potemkin et du prince de Nassau le décida à quitter le service de la Russie dès l'année suivante. Après avoir sans succès offert son expérience et son bras à l'Autriche, il se retira fort mécontent à Paris, où il mourut presque oublié, le 18 juillet 1792. L'Assemblée législative honora ses funérailles en y envoyant une députation. Il est difficile de considérer comme authentiques les *Mémoires* qui ont paru sous son nom (Paris, 1798, 2 vol.; Édimbourg, 1830). Sa biographie a été écrite par Sherburne (Washington, 1826). Sa vie aventureuse a été traitée sous forme de roman par Cooper, dans *Le Pilote* (1824); par Allan Cunningham, dans *Paul Jones* (3 vol.; Londres, 1828), et par Alex. Dumas, dans *le Capitaine Paul* (Paris, 1838).

JONES (Sir William), célèbre orientaliste, né le 28 septembre 1746, à Londres, se consacra à l'étude des langues et des littératures orientales tout en faisant marcher de front avec celle des langues italienne, espagnole et portugaise. A l'âge de dix-neuf ans il devint précepteur du jeune comte Spencer; deux ans plus tard il se mit à apprendre le chinois. En 1770 il résolut de suivre la carrière du barreau, et en conséquence il commença l'étude du droit, sans renoncer pour cela à ses travaux sur la littérature orientale. Devenu avocat, il se fit en peu de temps une lucrative clientèle; mais ce ne fut pas sans peine qu'il parvint à obtenir une place dans l'administration anglaise de l'Inde, parce que le pouvoir se défiait du libéralisme de ses opinions; et ce ne fut que sous le ministère Shelburne, en 1783, qu'il fut nommé grand juge à Calcutta, et décoré à cette occasion du titre de baronet. Dans l'Inde, il consacra toutes les heures de loisir que lui laissaient ses fonctions à des recherches sur l'état politique et littéraire de cette contrée; il fonda, en 1784, la Société Asiatique de Calcutta; il étudia aussi la langue sanscrite, lorsqu'il se fut convaincu qu'elle était un moyen indispensable pour arriver à la connaissance de l'histoire ancienne de l'Inde. Toute sa vie fut remplie de la grande pensée de mettre l'Orient et l'Occident en rapports plus intimes, de communiquer à l'Europe civilisée les trésors littéraires de l'Orient, et, tout en rappelant aux Orientaux leur propre littérature, de les rendre accessibles aux communications et aux progrès de l'Europe. Il mourut à Calcutta, le 27 avril 1794. La Compagnie des Indes orientales lui fit élever une statue à Calcutta. Parmi ses ouvrages nous citerons en première ligne sa *Grammar of the Persian Language* (1771; 9ᵉ édit., 1809, in-4°); ses *Poeseos Asiat. Commentarii* (1774); son édition et sa traduction de la *Moakallat, or seven Arabian poems* (1783); ses traductions de *Medschnun et Leila* d'après Hafez (Calcutta, 1788); de la *Sacountala* de Kalidasa (1789); et de la *Législation de Menou* (1794); enfin, ses nombreux Mémoires sur l'histoire, l'archéologie et la littérature de l'Inde et de l'Asie, insérés dans l'*Asiatic Miscellany*, et dans les *Asiatic Researches*.

JONGLEUR (en latin du moyen âge *joculator*, en provençal *joglar*, *joglador*, en vieux français *jouglère* ou *jougléor*). On appelait ainsi chez les Provençaux et chez les Français du nord les acteurs de profession, à la différence des poëtes instruits et polis par le séjour des cours, c'est-à-dire des **troubadours** et des **trouvères**, dans le sens restreint de ces mots. Ces derniers avaient, pour la plupart, des jongleurs à leur service, pour représenter leurs poëmes, c'est-à-dire pour les chanter en s'accompagnant d'un instrument; car les poëtes des cours chantaient bien quelquefois eux-mêmes leurs œuvres, mais ils regardaient comme indigne d'eux de s'accompagner en même temps d'un instrument. Les rois aussi, les grands et les petits dynastes entretenaient à leur cour des acteurs de ce genre, qui s'étaient en même temps poëtes eux-mêmes s'appelaient, par rapport à leur position de serviteurs attachés comme artistes à une cour, *ménestrels* dans le nord de la France, et *minstrels* en Angleterre. Enfin, il y avait encore des *jongleurs* qui n'appartenaient à aucun maître, des chanteurs errants, qui ne figuraient pas seulement dans les cours et dans les châteaux, devant la société noble, mais aussi dans les marchés et dans les tavernes, au milieu du peuple, tels que les *taboureurs*, c'est-à-dire les tambours, les chanteurs ambulants des tavernes de village, membres infimes de cette troupe de chanteurs et de musiciens.

Les jongleurs, outre leur métier primitif d'acteurs, exerçaient encore celui de conteurs, de déclamateurs de poëmes simplement parlés; souvent même ils étaient de plus danseurs de corde, escamoteurs et faiseurs de tours, menaient avec eux des femmes associées à leur art et des animaux dressés, donnaient même en général des représentations gymnastico-mimiques, des scènes comiques mêlées d'altercations, de jeux d'esprit, d'allégories énigmatiques représentées avec un certain art dramatique (*jongleries* ou *riotes*); ils s'employaient comme messagers d'amour et entremetteurs. Par là et par leurs propres mœurs, presque toujours déréglées, ils se firent plus d'une fois excommunier par l'Église et bannir des États où ils se trouvaient, et tombèrent si bas dans l'estime publique, que le nom de jongleur devint synonyme de bateleur, de menteur, de trompeur, tandis que dans les anciens temps on les avait honorés, comblés de riches présents, souvent même investis de domaines. Pourtant, les cours conservèrent longtemps des bandes de jongleurs spéciales, placées habituellement sous la surveillance d'un *roi des ménestrels*, directeur ou maître de chapelle; et dans les villes, les acteurs formèrent une corporation particulière (*corporation des ménétriers*), qui était régie par des ordonnances.

Aujourd'hui l'on entend simplement par *jongleurs* les maîtres en tous les exercices d'adresse corporelle et les équilibristes. Les anciens déjà, notamment les Romains, connaissaient ces hommes aux mille tours, qu'ils appelaient en général *prestigiatores*, c'est-à-dire hommes à merveilles. On connaissait particulièrement les lanceurs de couteaux (*ventilatores*) et les joueurs de balle et lanceurs de boules (*pilarii*) qui s'agitaient dans un mouvement perpétuel. Les maîtres de cet art se formaient par une tradition immémoriale dans l'Inde antérieure et dans l'Asie antérieure, entre le Gange et l'Oronte. Dans ces pays, où le corps se prête avec tant de souplesse aux flexions les plus difficiles, les dans orgiastiques, exercices d'une expiation fanatique, ayant fait employer d'abord ces tours d'adresse à expier le passé, à préparer ou à deviner l'avenir. Ainsi naquirent dans ces contrées les jongleries des Schamanes, que l'on a retrouvées chez plusieurs peuplades de l'Amérique du Nord. Élevées au rang d'un art par l'Hindou sensuel et ami du jeu, ces jongleries devinrent un métier qui s'exerce encore aujourd'hui avec la dernière perfection en Chine, sur les côtes de Coromandel et dans les deux presqu'îles des deux côtés du Gange. Dans les temps modernes, notre Europe a eu souvent occasion de se convaincre de l'extrême habileté de ces Hindous à la vue des jongleurs venus d'Angleterre, de l'Algérie et de l'Afrique.

JONQUE. En Chine, ce pays de l'immobilité, la construction navale, qui a fait de si grands progrès en Europe, est encore telle que l'a vue au treizième siècle Marco Paolo, à peu près telle qu'elle a dû être aux siècles homériques. Pour se faire une idée des grands navires chinois, appelés *jonques*, il suffit presque de ressusciter par l'imagination le vaisseau que montait Ulysse dans ses traversées. Leur carène plate et lourde ne peut s'accommoder que d'une mer douce, d'un vent maniable; le moindre grain leur est dangereux; il y a péril dès que la vague vient briser contre leurs flancs. Recourbée à l'avant et à l'arrière, informe et sans grâce, carrée à la poupe et à la proue, la jonque tient presque autant du coffre que du vaisseau; elle a trois mâts, mais trois mâts ruiles, mal polis, portant à peine deux voiles rectangulaires entées l'une sur l'autre : ces voiles sont pour la plupart des nattes réunies par bandes, et se ramassant en plis alternatifs, comme ceux d'un éventail; quelques-unes seulement, les plus hautes et les plus légères, sont en coton; la vergue ou antenne est un bambou; toutes les manœuvres, d'ailleurs, sont maladroitement disposées. Vraiment la jonque semble n'être qu'une grossière raillerie de l'art des constructions navales. Ses ancres même provoquent le sourire; trois morceaux d'un bois de fer se composent : l'un sert de verge ou tige : c'est le plus grand; les deux autres, adaptés à entaille à l'une de ses extrémités, et faisant avec lui un angle de 30 degrés environ, sont les becs de l'ancre : une forte cheville les réunit. La jonque de guerre n'a que quelques mauvais canons; mais en revanche ses mâts et ses flèches font flotter dans l'air mille pavillons, bannières, banderoles, girouettes, les uns bariolés, les autres éclatants et pourpres, tous bizarrement taillés. Il n'est pas nécessaire de faire observer qu'il périt beaucoup de jonques dans les mers de la Chine : les typhons, coups de vent violents qui souvent bouleversent les côtes de Japon et du Céleste Empire, les engloutissent en grand nombre.

Théogène Page, capitaine de vaisseau.

JONQUILLE. *Voyez* NARCISSE.
JONSON (Ben). *Voyez* JOHNSON (Benjamin).
JONZAC. *Voyez* CHARENTE-INFÉRIEURE.
JOPPÉ. *Voyez* JAFFA.
JORAM, roi d'Israël, était fils d'Achab et frère d'Ochosias, auquel il succéda. Il enleva les statues que son père avait élevées à Baal et aux rois de Juda et d'Édom, pour porter la guerre chez les Moabites, qui, grâce aux miracles obtenus par l'intervention d'Élisée, furent entièrement défaits et dispersés par les Israélites. Joram eut aussi à soutenir une guerre contre les Syriens, qui assiégèrent Samarie et la réduisirent à la dernière extrémité. Des femmes y mangèrent leurs enfants. Samarie fut cependant sauvée, grâce à Élisée : les Syriens, saisis d'une terreur panique, abandonnèrent leur camp avec tout ce qu'il contenait, et s'enfuirent en désordre dans leur pays. Blessé par les Syriens, quelque temps après, au siège de Ramoth de Galaad, Joram, que les miracles dont il avait été témoin n'avaient pu ramener au vrai culte, se retira à Jezrahel pour y faire soigner sa blessure. Mais une conjuration, à la tête de laquelle se trouvait Jéhu, éclata contre lui; il prenait la fuite, quand le chef de la révolte lui lança une flèche qui lui traversa le cœur. Il avait régné onze ans.

JORAM, roi de Juda, fils de Josaphat, lui succéda, à l'âge de trente-deux ans, et régna huit ans sur Jérusalem. Il épousa Athalie, et ses cruautés lui aliénèrent tous les esprits; ses frères et la plupart des seigneurs du royaume furent mis à mort par ses ordres. Lassés de sa tyrannie, les Iduméens et les peuples de Lobna se révoltèrent, et s'affranchirent pour toujours de la domination des Juifs. Ses États furent vers la même époque mis à feu et à sang, par les Arabes et les Perses. En proie à une horrible maladie, il succomba à des convulsions affreuses, qui faisaient de son existence une torture continuelle.

JORDAENS (JACQUES), peintre flamand, naquit à Anvers, en mai 1594. Il fut d'abord élève d'Adam van Oort, dont il épousa la fille, et passa ensuite dans l'école de Rubens; son mariage l'empêcha de visiter l'Italie; il en témoigna un vif regret toute sa vie. Rubens sut apprécier le mérite de son élève; il s'en fit un ami, et lui donna des avis si utiles, que Jordaens, en imitant la manière de son nouveau maître, en devint plus parfait. Rubens lui fit faire quelques ouvrages, entre autres une suite de cartons en détrempe, destinés au roi d'Espagne, qui devait les faire exécuter en tapisserie.

La réputation de Jordaens croissait de jour en jour; le roi de Suède lui commanda douze grands tableaux représentant la *Passion de Jésus-Christ*. Émilie de Salm, veuve du prince Frédéric-Henri de Nassau, lui fit peindre les actions mémorables du prince son époux, en plusieurs tableaux, aussi ingénieux par les allégories qu'expressifs par la couleur et l'harmonie. Il faut pourtant convenir que ses allégories ne sont ni aussi fines ni aussi spirituelles que celles de Rubens, son maitre; mais il l'a quelquefois surpassé dans la grande harmonie des couleurs et la perfection du clair-obscur : on peut dire avec raison que le coloris des chairs de Jordaens a la suavité et le velouté d'une pêche; c'est ce que l'on remarque dans les têtes du tableau du *Roi boit*, qui est au Musée du Louvre, ainsi que dans celui des *Vendeurs chassés du Temple*, de la même galerie. On cite encore de cet artiste une *Fuite en Égypte*, où saint Joseph éclaire la scène avec la lanterne qu'il tient à la main, et encore celui du *Satyre qui voit souffler le chaud et le froid* : ces ouvrages sont regardés comme des chefs-d'œuvre.

Le genre d'éducation qu'avait reçu Jordaens, les habitudes des hommes de son pays, et leur penchant naturel pour le genre burlesque, l'ont fait tomber souvent dans une aberration de goût et de convenance qui déparent ses plus belles toiles. Le *Jugement dernier*, du Musée, par exemple, est un amas confus de figures nues des deux sexes, placées sans ordre, dans des attitudes peu décentes, et d'un dessin si négligé, qu'elles repoussent le spectateur au lieu de l'attirer. Dans ce cadre, ce n'est que confusion, et l'œil ne trouve pas un seul groupe intéressant où il puisse s'arrêter. Un autre tableau préférable à celui-ci, et dans lequel il y a aussi des écarts de goût, se trouve dans l'abbaye de Saint-Martin, à Tournay. Il représente l'évêque de Todi (*Tubertum*) avant son élection au siège de saint Pierre, qui eut lieu le 5 juillet 640, après la mort du pape Théodore : le saint prélat, figuré dans une attitude simple, mais noble, *chasse le démon du corps d'un possédé*. La composition énergique de ce tableau est riche, large, et digne de son sujet, mais seulement dans quelques parties. On admire le personnage de saint Martin. Sa pose a de l'expression dans son ensemble; son visage respectable et sa longue barbe blanche inspirent la vénération; la chape, d'un tissu d'or, qui le couvre, largement drapée, produit un effet extraordinaire. S'il y a de la confusion dans la disposition du sujet, elle est dans le groupe du possédé et des hommes qui le soutiennent. Tout cela est bien; mais où le mauvais goût de Jordaens reparaît, c'est dans le personnage de distinction, habillé de velours à la manière flamande, qu'il a placé dans le fond du tableau, sur un balcon couvert d'un tapis de Turquie, d'où il observe l'action de saint Martin ; et aussi dans deux vilains valets et un perroquet, qui se détachent sur une fenêtre de la tribune du maître de la maison. Malgré toutes ces incohérences, ce tableau sera toujours un chef-d'œuvre de l'art; il a été parfaitement gravé par Pierre de Jode. En définitive, les erreurs dont Jacques Jordaens s'est généralement rendu coupable dans ses productions n'empêchent pas de rechercher ses tableaux, qui se vendent un grand prix. Ce peintre célèbre amassa une grande fortune et mourut à Anvers, le 18 octobre 1678, à l'âge de quatre-vingt-quatre ans. Ch^{ev} Alexandre LENOIR.

JORDAN (CAMILLE), une des notabilités parlementaires de la France, naquit à Lyon, le 11 janvier 1771. Son père était négociant dans cette ville, et beau-frère de Claude Perrier, chez qui se tint la fameuse assemblée de Vizille. Jordan, qui était alors âgé de dix-huit ans, y assista. Il venait d'achever, au collége de Saint-Irénée, ses études, commencées chez les Oratoriens. Il vint à Paris en 1790, y suivit les séances de l'Assemblée constituante, et, comme elle, se berça de l'idée que les réformes projetées pourraient être opérées pacifiquement. Cependant il ne les approuvait pas toutes : ses principes religieux, par exemple, lui faisaient repousser celles qui s'appliquaient à l'Église. A Lyon, en 1791, et à Paris l'année suivante, il publiait, en collaboration avec Dégérande, une *Lettre à M. Lamourette*, se disant évêque *de Rhône-et-Loire*, puis, à lui seul, l'*Histoire de la conversion d'une dame de Paris*; et enfin *La Loi et la Religion vengées*, petits livres dans lesquels l'Église constitutionnelle est vivement critiquée. Mais ce rôle de polémiste littéraire, Jordan fut bientôt forcé de l'échanger contre celui de soldat. La Montagne venait de triompher dans la Convention. Lyon se souleva, et osa déclarer la guerre à la terrible assemblée. Il fut un des promoteurs, un des soutiens de cette insurrection, et combattit à la journée du 29 mai. Après la réduction de cette ville, il se réfugia en Suisse, et quelques mois après en Angleterre, où il se lia avec Malouet, Lally-Tollendal et Cazalès, et connut particulièrement Fox, lord Erskine et lord Holland. L'étude qu'il y fit de la constitution anglaise eut quelque influence sur ses opinions politiques, et fut cause, dit-on, qu'il les réforma.

Il rentra en France en 1796, pour y recueillir le dernier soupir de sa mère. Les électeurs de Lyon, lors du renouvellement du second cinquième du Conseil des Cinq Cents, le choisirent pour les représenter à cette assemblée. Le 29 prairial an v, il eut l'occasion, comme rapporteur d'une commission chargée d'examiner les lois sur la police des cultes, d'exposer ses idées sur cette matière. Il propose, au nom de ses collégues, de rendre à toutes les opinions religieuses la liberté de reprendre leur enseignement et de pratiquer leur culte. Il voulait une tolérance absolue pour tous les cultes, sans protection spéciale ni salaire pour aucun , et l'annulation de la loi qui supprimait l'usage des cloches. Ce rapport, qui fut mal accueilli, n'eut pour résultat que de faire gratifier l'auteur du sobriquet de *Jordan-Cloche*. Déjà le Directoire avait trouvé mauvais que Jordan eût pris la défense de Lyon contre certaines insinuations des Directeurs qui tendaient à faire considérer cette ville comme un foyer de désordres et de conspirations; le 18 fructidor hérita du ressentiment du Directoire, et proscrivit Jordan. Il en fut apparemment peu ému, puisqu'il fallut l'arracher de son lit pour le contraindre à fuir et à se cacher.

Du fond de sa retraite, il écrivit une *Adresse à ses commettants*, puis passa en Suisse, où il publia une protestation contre le 18 fructidor, qui fut traduite en plusieurs langues et colportée dans toute l'Europe. Il quitta bientôt la Suisse, où il n'était plus en sûreté, pour aller en Souabe et à Tubingue. A Weimar, il y vit les écrivains les plus célèbres de l'Allemagne, Goethe, Schiller, etc., et y étudia avec ardeur la langue et la littérature allemandes. Ses *Études sur Klopstock* attestent l'étendue de ses connaissances dans l'une et l'autre. Il revint en France en 1800, habita quelque temps la maison de Mme de Staël, à Saint-Ouen, et retourna ensuite à Lyon. Bonaparte y présidait alors la consulte cisalpine où s'agitait la question des destinées de l'Italie. Il estimait assez Jordan pour désirer de le gagner à la cause du gouvernement consulaire : il lui fit des propositions dans ce sens. Jordan put en être flatté, mais il les déclina. Son opposition se manifesta bientôt dans un écrit intitulé : *Vrai sens du vote national sur le consulat à vie* où on regrette de le voir attribuer à des manœuvres de police les suffrages favorables au premier consul. Cet écrit était anonyme. Un M. Duchesne, qui en avait livré le manuscrit à l'imprimeur, fut arrêté. Jordan n'hésita pas alors à s'en avouer l'auteur et à en informer directement le premier consul. Il fit plus, il vint à Paris, se mettre à la disposition de l'autorité, laquelle, soit dédain, soit ménagement calculé, le laissa en repos. Il renonça alors à la politique, et se livra tout entier à la littérature et à la philosophie, jusqu'au moment où la catastrophe de 1814 le ramena sur la scène de la politique.

Envoyé à Dijon par les Lyonnais pour solliciter de l'empereur d'Autriche un allégement aux charges de la guerre et accessoirement, mais en secret, le rétablissement des Bourbons, il repartait, un mois après, pour aller déposer aux pieds de Louis XVIII les hommages de sa ville natale, et le roi lui octroyait à cette occasion des lettres de noblesse. Il resta néanmoins étranger aux affaires pendant tout le temps de la première restauration. Il était avec Monsieur, lorsqu'en 1815, Napoléon marcha sur Lyon, et fut le dernier à se séparer du prince. Durant les cent-jours, il expia ce dévouement par quelques persécutions de la part du peuple. Enfin, la seconde restauration lui ouvrit la carrière des distinctions, des honneurs et des places. Il débuta par être nommé président du collége électoral de l'Ain, puis député de ce département en 1816. Pendant la session de cette année et celles de 1817 et 1818, il appuya constamment le ministère, soit qu'il proposât des lois libérales, soit qu'il en demandât de restrictives de la presse périodique ou de la liberté individuelle. En 1818, un régime de terreur blanche pesant sur la ville de Lyon, Jordan le dénonça à la tribune, signala les excès des cours prévôtales, et ne craignit pas d'attribuer les mouvements séditieux qui s'étaient manifestés dans le Rhône aux provocations des royalistes déçus dans leurs espérances réactionnaires par la fameuse ordonnance du 5 septembre. Le discours qu'il prononça à cette occasion lui valut l'honneur d'être élu député à Paris, en même temps qu'il obtenait pour la seconde fois les suffrages des électeurs de l'Ain.

En 1820, le ministère, qui exploitait l'assassinat du duc de Berry, demandant à la fois la suppression de la liberté de la presse, de la liberté individuelle et le renversement du système électoral établi en 1817, Jordan, nommé membre de la commission chargée d'examiner le projet de la loi de censure, refusa de se ranger à la majorité qui l'approuvait, monta à la tribune pour exposer les motifs de sa dissidence, y dévoila avec énergie les fautes, les projets criminels du ministère, et se trouva tout d'un coup placé par ce discours, qui était un véritable manifeste, à la tête de l'opposition. Le 5 juin, quelques députés de la gauche ayant été insultés dans des rassemblements tumultueux qui s'étaient formés autour de l'assemblée, il dénonça ce scandale à la tribune, osa accuser de partialité la force armée, et réclama du ministère des mesures pour assurer l'indépendance et l'inviolabilité des membres de la chambre. Et lorsque, plus tard, la justice fut saisie de la connaissance de ces désordres, il déposa comme témoin devant elle, non sans accuser la faction qui avait brisé la loi électorale de 1817 de tout le mal qui avait été commis. Il fut alors exclu du conseil d'État; mais par pudeur, on lui laissa le titre de conseiller honoraire. Malheureusement pour lui il n'avait pas au service de son énergie morale une de ces constitutions vigoureuses qui protégent la santé contre les effets ruineux des agitations de l'âme. Au commencement de 1821, il était fatigué, épuisé, hors d'état de continuer la lutte, et il mourait au milieu de sa famille et de ses amis, le 19 mai de la même année. Ni comme orateur, ni comme personnage politique, Camille Jordan ne fut un homme supérieur, mais il mérite d'être classé parmi les plus honorables caractères qu'on ait vus figurer depuis cinquante ans dans nos assemblées législatives.

Charles NISARD.

JORDAN (RODOLPHE), l'un des peintres de genre les plus remarquables de notre époque, est né à Berlin, et commença vers 1828 l'étude de son art, dans sa ville natale, sous l'excellente direction de Wach, qui lui fit faire des tableaux de sainteté et des copies du même genre d'après les grands maîtres. Plus tard, après s'être pénétré des principes de la grande école de Dusseldorf, il se livra à la peinture de genre, sans pourtant y beaucoup réussir d'abord. Mais sa santé ayant exigé qu'il allât prendre les bains de mer à Heligoland, ses facultés poétiques se développèrent au milieu de la nature et de la population toute particulière de cette île. Admirablement secondé par la solidité de ses études premières et par un rare talent de fine observation, il devint le peintre par excellence des plages d'Heligoland, comme aussi des mœurs de ses marins et de ses pêcheurs. La première toile qu'il composa en ce genre fut *la Demande en mariage à Heligoland* (1833); tableau devenu depuis si populaire en Allemagne. L'artiste, d'ailleurs, ne s'en est pas tenu dans ses tableaux aux sujets gais ou plaisants de la vie du pilote et du pêcheur; il l'a représentée sous toutes ses faces, avec ses épisodes les plus attristants, de même qu'avec ses scènes calmes et naïves. Nous citerons, entre autres, *Les Bottes oubliées*; *La Mort du Pilote*, toile de l'effet le plus saisissant; *L'Examen du Pilote*, véritable petit chef-d'œuvre, dont on trouvera un dessin dans l'*Album des Artistes allemands de Ruddens*; *les Joies paternelles*; *Les heureux Vieillards*; le *Naufrage*, etc. Jordan est membre titulaire de l'Académie des Beaux-Arts de Berlin.

JORDANÈS. *Voyez* JORNANDÈS.

JORNANDÈS ou **JORDANÈS** était secrétaire des rois goths en Italie, et vécut sous l'empereur Justinien. Il était Goth de nation. C'est à tort que dans le dictionnaire de Moréri on le dit évêque de Ravenne : à la vérité, il s'était fait moine, mais rien n'autorise à le regarder comme un des dignitaires de l'Église. On dit aussi qu'il était fils de Coalmuth, Alain de nation. L'un de ses ouvrages est intitulé : *De Gothorum origine et rebus gestis*. On a des raisons de croire que ce livre fut écrit vers 552 : on croit que ce n'est qu'un abrégé de l'histoire des Goths par Cassiodore. L'abbé de Maupertuis en a donné une traduction. Important pour le sujet, l'ouvrage est rédigé en un latin barbare. Jornandès y dit qu'il écrivit neuf ans après que la peste eut désolé l'empire : or, cette calamité arriva en 543, après le consulat de Basile. On accuse notre historien d'avoir été partial pour sa nation, reproche qu'il semble avoir prévu lui-même, puisqu'il dit à la fin du livre que c'est pour mieux faire sentir la honte du vainqueur : *Ne tantum ad eorum laudem, quantum ad ejus laudem qui vicit*. L'histoire des Goths a été imprimée pour la première fois en 1515; elle se trouve d'ailleurs dans la collection de Muratori : *Scriptores Rerum Italicarum*, ainsi qu'un autre ouvrage de Jornandès, intitulé : *De regnorum et temporum successione*, qui s'arrête à la même époque, et qui est entaché des mêmes défauts. Trithème l'appelle improprement *De gestis Romanorum*, car Jornandès y parle aussi des Mèdes, des Assyriens et des Perses : dans ce livre, il a transcrit l'Orus, comme dans l'autre il avait copié Cassiodore; il a paru séparément en 1617, in-8°. P. DE GOLBÉRY.

JOSAPHAT, quatrième roi de Juda, avait trente-cinq ans à son avénement au trône, à la mort d'Asa, son père, auquel il succéda. La main divine le délivra miraculeusement de ses adversaires, les Ammonites, les Moabites et les Arabes: il remporta sur eux une grande victoire dans la vallée située entre le torrent de Cédron, le jardin des Olives et Jérusalem, vallée qui depuis porta le nom de *Josaphat*. Beaucoup de commentateurs ont pensé, d'après deux passages de Joël, que le jugement dernier doit y avoir lieu; mais pour détruire cette erreur il suffit de savoir que le nom de *Josaphat* est formé des deux mots hébreux *Jéhovah* (Dieu) et *schaphat* (juger), qui signifient *jugement de Dieu*. Ce prince commit la faute de donner pour épouse à son fils Joram Athalie, fille d'Achab, et de s'allier à ce roi d'Israël dans la campagne désastreuse qu'il entreprit contre les Syriens, campagne où il perdit la vie. Le roi de Juda n'échappa à la mort que par un miracle. Il s'efforça durant son règne de donner plus d'extension au commerce de ses États, et équipa une flotte qui fit voile vers Ophir; mais une tempête furieuse engloutit les navires qui la composaient, et il ne voulut point hasarder de nouvelles tentatives. Il mourut après un règne de vingt-cinq ans.

JOSEFINOS. *Voyez* AFRANCESADOS.

JOSEPH, fils de Jacob et de Rachel, fut vendu par ses frères, jaloux de l'affection toute particulière que leur père avait pour lui, à des Madianites, marchands d'esclaves, qui le revendirent à Putiphar, l'un des principaux fonctionnaires publics de l'Égypte. La pudique résistance qu'il opposa aux provocations adultères de la femme de Putiphar fut cause qu'on le jeta en prison; mais la consolante explication d'un songe qu'il donna à un échanson du roi, détenu comme lui, lui ouvrit la carrière de la fortune. En effet, cet échanson étant rentré en grâce auprès de son maître, il se souvint, à l'occasion d'un rêve qu'eut Pharaon, de l'explicateur de songes qu'il avait eu pour compagnon de captivité. Joseph, mandé à la cour, expliqua le songe du roi des sept vaches grasses et des sept vaches maigres d'une manière qui témoignait d'autant de présence d'esprit que de connaissance parfaite du pays, en disant que cela voulait dire qu'à sept années d'abondance l'Égypte verrait succéder sept années de stérilité; et en même temps il proposa des mesures si judicieuses pour préserver le peuple de la famine, que Pharaon lui en confia l'exécution. En reconnaissance du service qu'il avait ainsi rendu à l'Égypte, le roi lui décerna le titre de *Sauveur du monde* et le nomma son premier ministre. Marié à Asnath, fille du grand-prêtre d'Héliopolis, qui lui donna deux fils, Manassès et Éphraïm, devenu l'homme le plus puissant de l'Égypte après le roi, et possédant l'amour des populations, Joseph appela aussi sa famille en Égypte, et lui concéda le territoire de Gosen; en reconnaissance de quoi Jacob accorda à ses deux fils les mêmes droits qu'à ses autres frères.

L'histoire de la vie de Joseph est incontestablement l'une des plus intéressantes parties des livres mosaïques; aussi Joseph est-il un sujet que les artistes aiment surtout à traiter.

JOSEPH, l'époux de Marie et le père nourricier de Jésus, est désigné dans saint Matthieu comme le fils de Jacob. Suivant la donnée ordinaire, Joseph exerçait la profession de charpentier et de menuisier. Les Juifs, qui s'obstinent à nier la mission du Christ, font de Joseph un soldat, des œuvres duquel sa fiancée serait devenue enceinte. Quelques chrétiens disent que c'est à l'âge de quatre-vingts ans et déjà père de sept enfants qu'il avait eus de Salomé, que Joseph épousa Marie. Il est probable, au reste, qu'il était déjà mort avant que commençât la mission divine de Jésus. On trouve sur lui les légendes les plus merveilleuses dans l'*Historia Josephi fabri lignarii*, ouvrage apocryphe écrit en Arabe.

JOSEPH D'ARIMATHIE, c'est-à-dire de *Ramathaïm*, dans la tribu de Benjamin, était membre du Sanhédrin de Jérusalem, et paraît avoir été en secret favorable à la cause de Jésus, puisqu'il l'honora après sa mort, et qu'après avoir embaumé son corps, il le fit déposer dans le tombeau creusé dans son jardin. La légende a très-arbitrairement désigné la situation de ce jardin et par suite celle du saint sépulcre: aussi serait-il bien difficile de l'indiquer aujourd'hui d'une manière certaine. Suivant la tradition, Joseph d'Arimathie aurait été l'un des 70 disciples et serait allé annoncer l'Évangile en Angleterre (*voyez* GRÉAL).

JOSEPH (François LECLERC DU TREMBLAY, dit *le Père*), fameux par son crédit et son influence auprès du cardinal de Richelieu, dont il fut jusqu'à la mort le confident intime, était-né à Paris, en 1577, et mourut en 1638, à Ruel, château qui appartenait alors à son protecteur. D'abord homme d'épée, il servit avec quelque distinction dans sa première jeunesse; mais à vingt-deux ans, en 1599, il renonça à la carrière des armes pour entrer en religion et se faire affilier à l'ordre des capucins. En y entrant, il prit le nom de *Père Joseph*, sous lequel il est demeuré célèbre dans l'histoire. Ses supérieurs l'employèrent, dans les diverses provinces de France, à des missions qui lui fournirent l'occasion de se distinguer comme controversiste et comme prédicateur; les succès qu'il y obtint justifièrent son avancement rapide dans son ordre, aux premiers emplois duquel il ne tarda pas à parvenir. Un chef d'ordre, au dix-septième siècle, était un homme avec lequel comptaient les personnages les plus importants de l'Église et de l'État. C'est ce qui explique les rapports qu'il ne tarda pas à avoir avec le tout-puissant ministre du faible Louis XIII, le cardinal de Richelieu, qui, appréciant le parti qu'il pouvait tirer d'un tel homme, lui confia les négociations les plus importantes. Confident du cardinal, le père Joseph fut généralement regardé comme l'instigateur principal des sanglantes mesures à l'aide desquelles Richelieu parvint à abattre la féodalité en France et à fonder sur ses débris le pouvoir despotique de la royauté. Quand, à la suite d'une intrigue, le cardinal fut momentanément exilé par son maître à Avignon, il laissa à la cour un ami actif dans le père Joseph, qui par ses actives démarches réussit bientôt à le faire rappeler. Après un tel service, Richelieu ne devait plus rien avoir à refuser à son confident, dont le crédit devint sans bornes. Il lui donna une place au conseil d'État, où on le chargea des affaires les plus épineuses; il voulut même faire de lui un cardinal. A cet effet, il pressa vivement la cour de Rome de lui donner pour collègue l'homme qui savait tous les secrets de sa politique, et le pape, qui avait plus d'un motif pour ne point désobliger Richelieu, y consentit; mais le père Joseph mourut avant d'avoir reçu ses bulles et son chapeau. Richelieu, pendant sa maladie, l'avait entouré de ses soins personnels. « J'ai perdu mon bras droit! » s'écria-t-il en apprenant sa mort. Il ordonna qu'on lui rendît des honneurs tout princiers, et qu'on portât son corps en carrosse à six chevaux aux Capucins de la rue Saint-Honoré, où il fut inhumé en face du maître-autel, à côté du frère Ange de Joyeuse. Ce fut le père Bon, carme déchaussé, qui prononça l'oraison funèbre en présence des princes, des ducs et des membres du parlement.

JOSEPH. L'Allemagne a eu deux empereurs de ce nom.

JOSEPH Ier, fils aîné de Léopold Ier, né à Vienne, le 26 juin 1678, devint dès 1689 roi de Hongrie et en 1690 roi des Romains. Élevé par son gouverneur le prince de Salm dans un esprit complétement affranchi de l'influence monacale, l'intimité dans laquelle il vécut ensuite avec le prince Eugène l'amena à partager ses idées libérales en politique, en philosophie et en religion; aussi son premier acte, en arrivant au trône, fut-il de limiter l'influence des jésuites. En même temps qu'il les éloignait de sa cour, il accordait aux protestants de la Bohême et de la Hongrie des faveurs que ses ancêtres leur avaient toujours refusées. Il continua avec autant d'ardeur que d'énergie la guerre de la succession d'Espagne, qu'on frère avait commencée contre la France; et grâce aux victoires d'Eugène et de Marlborough il réussit à expulser peu à peu les Français de l'Italie et des Pays-Bas, et à réduire Louis XIV à une situation si critique que ce prince dut à diverses reprises solliciter la paix. Joseph Ier, pour conserver toute sa liberté d'action pendant la lutte, se réconcilia, sous la médiation de l'Angleterre, avec le roi de Suède Charles XII, qui en 1706, dans sa marche de Pologne sur la Saxe, avait traversé la Silésie sans son autorisation préalable; et, aux termes du traité qu'il conclut avec lui en 1707, il accorda aux protestants de cette province le libre exercice de leur culte en même temps qu'il leur faisait restituer 120 églises que les jésuites leur avaient précédemment enlevées. Le pape, qui penchait visiblement pour la France, fut contraint par lui de reconnaître son frère Charles en qualité de roi d'Espagne. Il mit au ban l'Empire, en 1706, les électeurs de Bavière et de Cologne, et en 1708 le duc de Mantoue, pour s'être alliés avec

Louis XIV, ennemi de l'Empire; il s'empara de l'électorat de Bavière, non sans avoir eu à triompher d'une énergique résistance opposée par la population armée, que commandaient Meindl et Plingauser, et en morcela tout aussitôt le territoire. Il réussit également à comprimer la révolte de la Hongrie, qui, à l'instigation de la France, avait recommencé du vivant même de son père. Il prouva sa sollicitude pour l'Empire en fixant la résidence de la diète impériale à Ratisbonne, en donnant une vie nouvelle à la chambre impériale, dont les discordes survenues entre les princes de l'Empire paralysaient l'activité, et en rétablissant dans ses droits de ville libre impériale Donauwerth, médiatisée par la Bavière à l'époque de la guerre de trente ans. Ses États lui furent redevables de l'institution d'une banque impériale et de la création de l'Académie des Sciences et des Beaux-Arts de Vienne. En outre, il construisit le château de Schœnbrunn, et il chercha à soulager la classe des paysans en apportant de nombreuses modifications au servage. Joseph Ier fut un prince instruit et sage, tolérant, quoique sincèrement attaché aux dogmes et aux pratiques de l'Église catholique, bon et aimable, en dépit de sa gravité quelque peu rude et de sa prédilection pour le cérémonial le plus sévère, de même que pour le faste. Il aimait aussi la chasse passionnément. Il mourut en 1711, de la petite vérole, et eut pour successeur sur le trône impérial son frère Charles VI.

JOSEPH II, fils de François Ier et de Marie-Thérèse, naquit le 13 mars 1741, à une époque où sa mère se trouvait dans une position tellement critique, qu'elle craignait qu'il ne lui restât plus une seule ville pour y faire ses couches. Élevé avec soin sous la direction du prince Battlyànni et du secrétaire d'État Bartenstein, le jeune prince annonça de bonne heure un esprit vif et gai, une intelligence rapide et une heureuse mémoire, mais en même temps une certaine opiniâtreté tenant du caprice, et de la répugnance à rester longtemps en repos de même qu'à apprendre par cœur. Quoique dépassé à bien des égards par son frère Léopold, il ne laissa point que de faire d'assez rapides progrès dans les langues. Il s'occupa aussi beaucoup de géométrie et de tactique, mais plus particulièrement encore de musique. Joseph, vivant constamment au milieu d'hommes remarquables, était passé de l'enfance à l'adolescence quand éclata la guerre de sept ans. Marie-Thérèse eut un instant l'idée d'y faire prendre part à son fils; mais elle renonça bientôt à ce projet, pour ne point le déranger de ses études. En 1760 il épousa l'excellente princesse Marie-Louise de Parme, qu'il aimait tendrement, mais qu'il eut la douleur de perdre dès 1763, après qu'elle lui eut donné une fille, qui ne tarda point à rejoindre sa mère dans la tombe. Sa seconde femme, la princesse Josèphe de Bavière, mourut également peu de temps après son mariage. Après la paix d'Hubertsbourg, et jusqu'à un certain point par suite de cet événement, Joseph fut élu roi des Romains, et à la mort de son père (18 août 1765) il devint le chef de l'Empire de l'Allemagne. En même temps, Marie-Thérèse le déclara régent de ses États autrichiens, mais en ayant soin de s'en réserver expressément le gouvernement; ce qu'elle abandonna à son fils, ce fut la grande-maîtrise de tous les ordres de chevalerie, l'administration supérieure de l'armée et la direction réelle de tout ce qui avait trait à la guerre. Secondé dans ces fonctions par le comte de Lascy, et prenant pour modèle Frédéric II, le jeune empereur opéra aussitôt de nombreuses et utiles réformes dans l'armée autrichienne. C'est ainsi qu'il améliora sensiblement le sort du simple soldat, et qu'il institua des inspections générales annuelles. Il fit généreusement brûler 22 millions de florins en obligations d'État qu'il avait trouvés dans la succession de son père, et voulut que les domaines que celui-ci avait achetés comme simple particulier fissent retour au domaine de l'État. En même temps il donnait le premier à sa cour l'exemple de la simplicité dans les habitudes de la vie et dans les vêtements, mettait obstacle au trafic des emplois et des dignités, et rétablissait en vigueur le principe de donner, pour la collation des fonctions publiques, la préférence aux nationaux sur les étrangers. Par ses ordres les jeux de hasard furent prohibés, la police fut organisée, la torture abolie, en même temps qu'on modérait la législation en vigueur contre les individus inculpés de sorcellerie, qu'on facilitait les mariages à l'effet de réparer les ravages causés parmi les populations par la guerre, et qu'on négociait avec la noblesse des adoucissements à apporter au système des corvées. Soit que la part d'influence que lui abandonnait sa mère ne suffit point à son activité, soit pour se mieux préparer ainsi à son rôle de souverain, il entreprit plusieurs voyages, exécutés sans le moindre luxe, comme un simple particulier, et le plus souvent sous le nom de *comte de Falckenstein*. C'est de la sorte qu'il parcourut successivement et en détail la Hongrie, la Bohême, la Moravie, l'Italie, la France, la Hollande; et il profita d'une de ces tournées pour visiter Frédéric le Grand dans son camp près de Neisse, le 25 août 1768 : visite que celui-ci rendit l'année suivante au camp de Mœrisch-Neustadt. Joseph gagnait tous les cœurs par sa simplicité et sa bonté; il en fut ainsi notamment lors du voyage qu'il fit en 1776 dans les Pays-Bas, et lors de son séjour de six semaines à Paris, en 1777.

Dans ses efforts pour agrandir ses États, il fut plus heureux lors du premier partage de la Pologne (1772) qu'il ne l'avait été à l'époque de la succession de Bavière; l'Autriche y gagna sans droits aucuns la Gallicie, la Lodomérie et le comté de Zips : en tout, un accroissement de territoire de près de 1,000 myriamètres carrés avec trois millions d'habitants. Par un autre acte de violence, il confisqua (1783 et 1784) tous les territoires des évêchés de Passau et de Salzbourg situés en Autriche. Aigri contre la Prusse, qui l'avait empêché de s'emparer de la Bavière, il profita, en 1780, d'un voyage fait dans une grande partie de l'Europe pour aller visiter l'impératrice Catherine II à Mohilef sur le Dniepr. Par le charme de son esprit et par son habileté, il parvint à détacher cette princesse et son tout-puissant favori Potemkin de l'alliance de la Prusse, pour leur en faire contracter une avec l'Autriche; et en promettant à l'impératrice de Russie son concours pour expulser les Turcs de l'Europe, il obtint son consentement à ce qu'il s'emparât de l'Italie et de la Bavière aussitôt que l'occasion s'en présenterait.

La mort de sa mère, arrivée en 1781, l'ayant mis en complète possession de ses États héréditaires, Joseph II procéda aussitôt aux grandes réformes qu'il projetait depuis longtemps, et qu'il n'avait dû différer qu'à son vif regret. Admirateur secret de Frédéric II, guidé par la philosophie de son siècle et par les ouvrages des Français sur le gouvernement des hommes et sur l'économie politique, il voulut, à l'instar de Frédéric, gouverner ses États sans aucun contrôle et y provoquer une vie nouvelle par de larges réformes, tant civiles et administratives que religieuses. Pour remédier aux inconvénients sans nombre résultant de leur division extrême, qui s'opposait à ce qu'ils reçussent une législation uniforme, il fit pour la première fois des domaines de la maison d'Autriche un tout politique, partagé en treize cercles de gouvernement, qu'il s'efforça d'amalgamer le plus complétement possible en y introduisant les mêmes institutions, la même administration, la même langue et les mêmes usages. Il ordonna que la base de l'impôt fût désormais la contribution foncière, calculée d'après la valeur des produits de la terre, insista vivement pour obtenir la renonciation de la noblesse au servage, introduisit la complète liberté du transit intérieur dans les diverses parties allemandes et bohèmes de la monarchie autrichienne, et à partir de 1783 fit travailler à la rédaction de nouveaux codes, où l'on proclamait l'égalité de tous devant la loi, où l'on substituait à la peine de mort les travaux forcés, la marque et l'emprisonnement. Mais ce fut surtout à diminuer la puissance du clergé que tendirent ses efforts.

Joseph II ne voyait pas seulement dans l'état où se trouvait alors l'Église un obstacle à toute liberté de la science et de la foi, de même qu'à tout essai de réforme que pourraient tenter les princes et les États, mais, comme Kaunitz, il abhorrait en outre le clergé, qui trop souvent en effet avait abusé de l'esprit religieux de sa mère. Il commença donc par se rendre indépendant de la puissance des papes, en décidant que toute bulle pontificale, pour être valable dans ses États, devait au préalable avoir été revêtue de son approbation, et il ordonna notamment de supprimer de tous les rituels les bulles *Unigenitus* et *In cœna Domini*. Ensuite, dans l'espace de huit jours, il supprima 800 couvents, réduisit le nombre des religieux de 63,000 à 27,000, et replaça les anciens ordres monastiques sous la juridiction des évêques, auxquels il remit aussi le soin de décider en matières de dispenses pour mariages tous les cas réservés jusqu'alors au pape. En même temps, le 15 octobre 1781, il rendait son célèbre *édit de tolérance*, qui accordait aux protestants et aux grecs non unis la liberté de leur culte, refusée aux seuls déistes. Il améliora aussi la condition des juifs, et introduisit dans les églises catholiques les psaumes allemands de l'ex-jésuite Denis. Par une entrevue personnelle avec l'empereur, le pape Pie VI espéra réussir à arrêter la marche rapide que l'esprit de réforme prenait en Autriche, et vint en personne à Vienne aux fêtes de Pâques de l'année 1782. Le père commun des fidèles fut sans doute accueilli dans cette capitale avec toutes les marques de respect et de déférence qui lui étaient dus; mais ses représentations furent inutiles, et sa seule consolation fut de s'être convaincu de ses propres yeux qu'il s'en fallait de beaucoup que les populations autrichiennes fussent encore assez mûres pour les réformes opérées par leur souverain.

En même temps Joseph II s'occupait avec soin des intérêts du commerce et de l'industrie. Il créait de nouvelles fabriques, encourageait l'esprit d'entreprise par des avances de fonds et par des récompenses, supprimait les monopoles, érigeait Fiume en port franc, établissait un port nouveau à Carlopago en Dalmatie, et assurait à ses sujets la libre navigation du Danube jusqu'à la mer. Il n'accordait pas une protection moins éclairée aux sciences et aux lettres, en fondant des prix en leur faveur. En outre, il créait des bibliothèques, des établissements de bienfaisance, et une foule d'écoles tant dans les villes que dans les campagnes; il fondait l'université de Lemberg, l'école de médecine et de chirurgie militaires de Vienne, et modérait le système de restriction et de contrainte imposé à la presse en faisant passer la censure des livres des mains des prêtres dans celles de fonctionnaires laïques, autorisés à laisser un peu plus de liberté à l'expression de la pensée. Cependant, ce zèle si sincère et si actif pour le bien de ses peuples fut méconnu et bien loin d'être secondé. C'est ainsi que l'amélioration de l'organisation judiciaire de l'empire, projetée dès l'année 1766, et qui n'exigea pas moins de neuf années de travaux (de 1767 à 1778), rencontra dans la pratique tant de difficultés que cette grande et utile mesure resta comme non avenue. En Hongrie, ses réformes avaient eu pour suite une redoutable révolte des Vlaques, révolte dont on ne put venir à bout qu'en pendant leurs chefs Horiah et Kloska et 150 autres individus plus ou moins compromis dans cette levée de boucliers. Le plan, parfaitement judicieux d'ailleurs, qu'avait conçu l'empereur pour arrondir ses États en échangeant les Pays-Bas contre la Bavière, échoua par suite de la résistance qu'y apporta Frédéric II, lequel organisa à cet effet, en 1785, ce qu'on appela la *ligue des princes*. Joseph II, en revanche, fut plus heureux, en 1782, dans ses efforts contre les Hollandais, à l'effet d'obtenir la suppression du traité des Barrières. Sans doute en cette circonstance sa conduite ne fut exempte ni de violence ni d'arbitraire; mais en somme il réussit à faire démanteler les fortifications de toutes les places élevées contre les Pays-Bas. La discussion qu'il engagea aussi, en 1785, avec la Hollande au sujet de l'ouverture de la navigation de l'Escaut lui valut une indemnité de neuf millions de florins et la cession de quelques parcelles de territoire.

A peu de temps de là, aux termes du traité qu'il venait de conclure avec la Russie, il déclara la guerre à la Turquie, le 10 février 1788. Les premières opérations en furent heureuses, mais la suite de la campagne ne répondit point à ses débuts. Surprise à Lugos (20 septembre 1788), son armée fut forcée de battre en retraite. Les maladies et les combats l'avaient diminuée de 70,000 hommes. Au mois de décembre de cette même année Joseph II rentrait à Vienne, malade et douloureusement affecté par ces revers. Que si, dans la campagne de l'année suivante, Loudon et le prince Josias de Saxe-Cobourg, en s'emparant de Belgrade et en remportant les victoires de Fockschany et de Martinestie, rétablirent l'honneur des armes autrichiennes, l'empereur eut encore à subir de rudes épreuves d'un autre côté.

Désaffectionnés par les nombreuses atteintes portées à leurs priviléges et à leurs franchises, les habitants des Pays-Bas, sous la direction de l'avocat Van der Noot, du chanoine van Eupen et de l'officier Van der Mersch, proclamèrent leur indépendance, et expulsèrent les troupes impériales de toutes leurs provinces. Le Luxembourg seul continua de rester sous la domination de l'empereur. Les Hongrois paraissaient à la veille d'imiter l'exemple des Flamands; et des troubles graves, provoqués surtout par le clergé et la noblesse, profondément irrités des réformes opérées par l'empereur, éclatèrent sur divers points de la Bohême et du Tyrol. C'est dans ces critiques circonstances que Joseph II, en janvier 1790, se vit réduit à déclarer nulles et non avenues les réformes opérées par lui jusque alors en Hongrie; et de ses nombreux édits réformateurs, le seul qui demeura en vigueur fut l'*édit de tolérance*. Des pareilles déclarations furent adressées en outre aux populations des Pays-Bas, de la Bohême et du Tyrol. Les Belges n'en persistèrent pas moins dans leur révolte, et les Hongrois témoignèrent de la joie la plus irrévérencieuse en apprenant les concessions qu'ils avaient arrachées à l'empereur.

Le chagrin d'avoir vu méconnaître ses bienfaisantes intentions et les humiliantes épreuves par lesquelles il venait de passer accélérèrent la fin de l'empereur, malade depuis longtemps. Il mourut le 20 février 1790. Joseph II était un bel homme, de taille moyenne, d'un tempérament très-vif, au front élevé, aux yeux bleus et expressifs. Animé des intentions les plus nobles et les plus pures, son unique tort fut d'avoir voulu procéder à ses réformes avec trop de précipitation; de s'être attaqué aussi impitoyablement aux constitutions et aux priviléges particuliers des diverses nations soumises à ses lois, qu'aux droits et aux franchises des individus; enfin, d'avoir voulu introduire tout à coup dans ses États des institutions, meilleures sans doute, mais pour lesquelles ses peuples n'étaient point encore mûrs. Son infatigable activité, la noble simplicité de ses manières, sa rigoureuse économie, la bonté et l'aménité de son caractère, qui lui faisaient indistinctement accueillir tous ceux de ses sujets qui sollicitaient de lui une audience, qui le portaient à secourir toutes les infortunes qu'on lui signalait, et la conscience scrupuleuse qu'il apportait dans l'exercice de tous ses devoirs de souverain, faisaient de lui le modèle d'un prince accompli. Il eut pour successeur sur le trône d'Autriche son frère Léopold II. En 1807 son neveu François II lui fit ériger à Vienne une statue en bronze, œuvre du sculpteur Zauner, et sur le piédestal de laquelle on lit cette courte mais frappante inscription : *Josepho Secundo, qui saluti publicæ vixit non diu, sed totus*. Un de ses courtisans, un *aristocrate*, comme on dirait aujourd'hui, émettait un jour devant lui le vœu de voir les magistrats municipaux de Vienne rendre un arrêté qui interdirait à la plèbe la promenade du Prater, ce rendez-vous favori de la population de la capitale des États autrichiens, pour la réserver uniquement à l'usage des gens *comme il faut*. « Alors, dit l'empereur, s'il me fallait ne me promener qu'avec mes égaux, vous me condamneriez donc à errer pendant le restant de mes jours au milieu des tombeaux de mes ancêtres! »

JOSEPH ou JOSEPH-EMMANUEL, roi de Portugal, fils de Jean V, auquel il succéda en 1750, était né en 1718. Prince indolent, sceptique et voluptueux, il n'eut d'autre mérite que de choisir un ministre habile, à qui il confia toute l'autorité, Sébastien Carvalho, depuis marquis de Pombal. Les principaux événements de son règne sont le tremblement de terre qui engloutit les deux tiers de Lisbonne, la conspiration de 1658 contre la vie du roi vengée dans le sang de la famille entière de Tavora, l'expulsion des jésuites et la confiscation de leurs biens, qui en fut la suite, l'édit qui abolissait toute distinction entre les anciens et les nouveaux chrétiens, enfin la guerre avec l'Espagne en 1761. Joseph mourut le 24 février 1777. Il avait le goût des sciences et des lettres, et en favorisa les progrès. Avec l'aide de son grand ministre il accomplit la régénération intellectuelle du Portugal.

JOSEPH BONAPARTE, frère aîné de Napoléon, né à Ajaccio, en 1768, et destiné au barreau par sa famille, commença ses études de droit à l'université de Pise. En 1793 il suivit ses frères à Marseille, où il ne tarda pas à épouser Mlle Marie-Julie Clary, fille d'un riche négociant de cette ville. Le crédit du conventionnel Salicetti, dont il fut quelque temps le secrétaire, lui fit obtenir à cette époque une place de commissaire des guerres à l'armée d'Italie, et trois ans après, en 1796, il fut, comme son frère Lucien, député au Conseil des Cinq Cents par le département du Liamone. L'ambassade de Parme puis celle de Rome furent la même année confiées à son zèle. Dans cette dernière ville, il alla tenir au pape un langage si digne et si persuasif à la fois, qu'il réussit à faire prévaloir auprès de lui l'influence de la France sur celle des autres puissances de l'Europe. Mais ces résultats diplomatiques déplurent aux cardinaux du saint-père, qui animèrent si bien contre l'ambassadeur français l'esprit national et fanatique de la populace romaine, qu'un jour des flots de furieux se précipitèrent, la menace à la bouche, sur le palais de l'ambassade. Dans ce moment critique, Joseph garda pourtant tout son courage et toute sa présence d'esprit : accompagné du général français Duphot, il se présenta sans armes hardiment en présence des agitateurs. Duphot tomba victime de la fureur populaire ; quant à Joseph, échappé comme par miracle au danger qui le menaçait, il s'empressa de quitter Rome secrètement pour revenir à Paris. Le gouvernement français s'émut justement à la nouvelle de cette violation infâme du droit des gens; il importait à notre honneur, à notre dignité, de venger l'infortuné Duphot, et la guerre fut déclarée au pape. Nos troupes soumirent sans peine nos États, et la honte d'une invasion fut le châtiment de ce crime.

Joseph, rentré au conseil les Cinq Cents, s'occupa avec Lucien des préparatifs du 18 brumaire. Une place au Conseil d'État fut le prix de son zèle. Dans le commencement du consulat, il fut aussi chargé de conclure un traité de paix et de commerce avec les ministres plénipotentiaires des États-Unis d'Amérique. C'est à lui que furent confiées les missions diplomatiques les plus brillantes et les plus honorables; car les deux traités de paix que la France conclut en 1802, le premier avec l'Allemagne, le second avec l'Angleterre, portent sa signature. Il reçut successivement la croix de grand-officier de la Légion d'Honneur et les titres de membre du sénat, de prince impérial, et enfin de grand-électeur de l'empire. Malgré toutes les hautes dignités dont il fut revêtu, il conserva toujours la même simplicité. Napoléon, qui voulait un jour, et qui faisait régner dans son palais impérial l'étiquette la plus sévère, vit avec déplaisir cette simplicité; il la lui reprocha souvent, mais en vain : Joseph ne voulut jamais renoncer à ses habitudes.

Quand le roi de Naples eut trahi ses devoirs et ses promesses envers nous, Napoléon mit Joseph à la tête de l'expédition qui devait châtier ce parjure, et lui donna pour lieutenants les maréchaux Masséna et Gouvion-Saint-Cyr. L'expédition fut heureuse, et, sans grande effusion de sang, l'armée française entra dans Naples, le 5 janvier 1806. Napoléon, par un décret, donna à Joseph sa conquête, en le plaçant sur le trône des deux Siciles. La population napolitaine salua le nouveau roi avec de vives démonstrations d'allégresse, et Joseph prit à cœur de justifier la joie publique par son administration paternelle. Il choisit pour son ministre des finances le conseiller d'État Roederer, qui naturalisa dans ce royaume le système d'administration suivi en France; mais si la bourgeoisie napolitaine adopta franchement ce monarque étranger, il n'en fut pas ainsi de la noblesse, qui manifestait tout haut son peu de sympathie pour Joseph, blâmait tous les actes de son gouvernement, et se plaignait surtout avec vivacité de l'insouciante confiance avec laquelle il abandonnait à ses ministres le soin des affaires publiques. Les répugnances de cette aristocratie s'aigrissaient tous les jours, quand Napoléon, en 1808, mit entre les mains de son frère le sceptre de l'Espagne. Cette nouvelle couronne le grandissait encore sans doute ; mais il fallait que la fortune de la guerre l'affermît sur sa tête, et pour cela il fallait vaincre et soumettre ces Espagnols, si obstinément jaloux de leur indépendance, qui résistèrent si longtemps au courage de nos soldats. Joseph à son avènement était plein de bonnes intentions; mais, il faut le dire, il ne possédait pas cette prodigieuse activité ni cette énergie d'ambition qui s'alliaient dans l'empereur à l'audace et au génie; sa justice, sa popularité, ne purent lui conquérir les cœurs de ses nouveaux sujets, et les secours que leur résistance opiniâtre obtint de l'Angleterre rendirent encore plus difficile la position de Joseph.

Deux fois il fut forcé de déserter sa capitale, et enfin, quand la guerre de Russie mit Napoléon dans la nécessité de rappeler presque toutes ses troupes d'Espagne, lorsque les Français, repoussés à la fois par les indigènes (guérillas) et par l'armée de Wellington, durent céder à la supériorité du nombre, Joseph, abandonnant son trône, rentra sur notre territoire à la fin de 1813, et alla habiter sa terre de Mortefontaine. Napoléon lui confia la lieutenance générale de l'empire, et le commandement supérieur de la garde nationale de Paris; mais la tête de l'ex-roi d'Espagne n'était pas assez forte, assez ferme, pour ces terribles circonstances. Peu confiant dans la fortune de son frère, il suivit l'exemple de l'impératrice, et se retira à Blois, en laissant au duc de Raguse le commandement de Paris. Quand Napoléon, découragé, abdiqua pour la première fois, Joseph alla en Suisse, où il acheta la terre de Prangin, dans le pays de Vaud, qu'il habita jusqu'au 20 mars.

A. GUY D'AGDE.

Napoléon une fois de retour à Paris, Joseph se hâta d'y revenir, et son frère le créa alors prince français, en même temps qu'il le nommait pair de France et connétable de l'empire. Après le désastre de Waterloo, Joseph accompagna son frère à Rochefort, où tous deux projetaient de s'embarquer sur des navires différents pour les États-Unis. A l'île d'Aix, où il vit Napoléon pour la dernière fois, il lui offrit le bâtiment qui avait été nolisé pour son compte ; et ce ne fut que lorsque le général Bertrand lui eut affirmé itérativement que l'intention de l'empereur était de se confier à la loyauté et à l'honneur de la nation anglaise, qu'il se décida à faire voile pour l'Amérique. Il arriva au mois de septembre à New-York avec une suite nombreuse, et acheta aussitôt un domaine près de Trenton dans le New-Jersey. Possesseur d'une fortune s'élevant encore à plus de 500,000 francs de rente, Joseph Bonaparte habita ensuite, sous le nom de *Comte de Survilliers*, la terre de Point-Breeze, près de Bordentown, sur les bords de la Delaware, dans l'État de New-Jersey, précédemment occupée par le général Moreau. Il s'y occupa surtout d'agriculture et de sciences, devint le bienfaiteur actif et zélé de tous les indigents de la contrée. Dans une adresse du 18 septembre 1830, envoyée de New-York à la chambre des députés de France, il protesta contre l'élévation au trône d'un prince de la maison de Bourbon, en faveur de son neveu le duc de Reichstadt, dont, en 1815, après l'abdication de Napoléon, la chambre des représentants avait solennellement reconnu les droits sous le nom de *Napoléon II*. A la fin de 1832, le comte de Survilliers quitta l'Amérique pour se rendre à Londres, et résida alors pendant quelque temps en Angleterre. Au mois de mai 1841, il alla à Gênes, où il eut une entrevue avec ses deux frères L o u i s et J é r ô m e ; et plus tard, il se rendit à Florence, qu'il continua d'habiter jusqu'à sa mort, arrivée en 1844. Il avait eu deux filles : l'aînée, *Zénaïde*, née à Paris, en 1802, morte à Naples, en août 1854, avait épousé son cousin germain, le prince Charles de C a n i n o, fils aîné de Lucien Bonaparte ; la cadette, *Charlotte*, morte en 1839, avait épousé Napoléon-Louis, fils aîné de Louis Bonaparte, mort en 1831. On a attribué au roi Joseph le roman intitulé *Moyna* (Paris, 1799 ; nouv. édition, 1814). Consultez Ducasse, *Mémoires et Correspondance publique et militaire du roi Joseph* (10 vol. ; Paris, 1853-1854).

JOSÈPHE (FLAVIUS), historien juif, né à Jérusalem, l'an 37 après J.-C., tenait par son père Matathias à la famille des premiers sacrificateurs de sa nation, et par sa mère à l'illustre sang des Machabées. Sans qu'on sache s'il poussa fort loin sa carrière, il est certain qu'il vécut au moins sous neuf empereurs, depuis Caligula, durant le règne duquel il vint au monde, jusqu'à Domitien, qui le combla de faveurs, ainsi que Josèphe le raconte lui-même dans sa propre biographie. Il reçut une éducation savante, et s'attacha à la secte des pharisiens, la seule qui chez les Juifs eût part au gouvernement. A vingt-six ans, il fit le voyage de Rome ; de retour dans sa patrie, il trouva les Juifs sur le point de se révolter contre les procurateurs impériaux. Trois partis principaux existaient à Jérusalem : les amis de la famille d'Hérode et des Romains ; le parti modéré, qui s'efforçait de les combattre, mais seulement pour obtenir des conditions avantageuses ; les *zélateurs* ou exaltés, qui voulaient, contre l'empire, une guerre d'extermination. Dans le conseil général d'insurrection qui s'ouvrit au sein de cette métropole, le parti modéré obtint l'avantage, et fit nommer pour gouverneur civil de Jérusalem le grand-pontife Ananus. L'historien Josèphe obtint le commandement de la haute et basse Galilée. Ce fut en cette qualité qu'il eut à combattre une partie des troupes que l'empereur Néron avait envoyées en Palestine sous Vespasien, le meilleur de ses capitaines. Enfermé dans Jotapat avec une garnison valeureuse, il résista quarante-cinq jours à tous les efforts d'un corps de Romains commandé par Titus en personne. La garnison s'ensevelit sous les ruines de la place.

Josèphe, devenu captif de Vespasien, lui prédit sa grandeur future, et J.-G. Vossius observe à ce sujet que notre historien, qui, comme tout le peuple juif, attendait à cette époque le Messie, était peut-être de bonne foi en appliquant au successeur présumé de Néron les prophéties annonçant le Sauveur. Quoi qu'il en soit, il s'insinua bientôt dans la faveur de Vespasien et de son fils, ce qui excita contre lui l'indignation de ses compatriotes. Ainsi s'expliquent les souvenirs peu honorables que, malgré ses talents de militaire et d'écrivain, il a laissés parmi ceux de sa religion, qui même aujourd'hui ne lui en font pas honneur. On en voit la preuve dans le savant ouvrage de M. Salvador sur les *Institutions de Moïse*. « La renommée, toujours prompte à répandre les mauvaises nouvelles, dit Josèphe lui-même, avec une étrange franchise, porta aussitôt à Jérusalem le malheur de Jotapat. On assurait que Josèphe était mort en combattant. Toute la ville en était si affligée qu'on s'imposa pendant trente jours un deuil extraordinaire. Mais dès qu'on sut comment les choses s'étaient passées, qu'il était tombé vivant au pouvoir des Romains, et que leur général, loin de le traiter en captif, lui rendait des honneurs, cet amour extrême se convertit en une haine violente; on lui prodigua les noms de lâche, de traître, et un cri universel répéta les imprécations contre lui. »

Au reste, si les modernes ont accusé Josèphe d'avoir servi les Romains contre sa patrie, ils ne l'ont fait que sur des documents fournis par lui-même. « Après la prise de Jérusalem, dit-il dans sa vie, Vespasien me traita très-honorablement, et j'épousai par son ordre une des captives...... Titus m'envoya ensuite, avec Cerealis et mille chevaux, à Thécua, pour voir si ce lieu serait propre à y établir un camp... Lorsque Titus eut arrangé les affaires de la Judée, et que le pays fut tranquille, il remplaça les terres que j'avais autour de Jérusalem par d'autres, situées en des lieux éloignés ; et quand il retourna à Rome, il me fit l'honneur de me recevoir sur son vaisseau. Vespasien continua à me traiter de la manière la plus favorable ; il me fit loger dans le palais qu'il habitait avant d'être arrivé à l'empire, il me donna le titre de citoyen romain, il m'accorda une pension, et ne cessa jamais de me combler de bienfaits, ce qui m'a attiré une grande haine de la part des hommes de ma nation. » Quel rôle encore lui avait-on vu jouer au siége de Jérusalem, et lui avait accompagné Titus ? D'après l'ordre de ce prince, il se plaçait sur une hauteur voisine des remparts, et de là il haranguait ses concitoyens pour les engager à se rendre. Il nous apprend encore les bienfaits qu'il reçut de Domitien, devenu empereur : « Il a affranchi, dit-il, toutes les terres que je possède dans la Judée, et l'impératrice Domitia a toujours pris plaisir à m'obliger. »

Comme historien, Josèphe a laissé quatre ouvrages. Le plus intéressant est son *Histoire de la Destruction de Jérusalem*, qu'il avait d'abord rédigé en hébreu, et traduit en grec par l'auteur lui-même pour le présenter à Vespasien. Cette production, qui eut un grand succès à Rome, et valut à Josèphe l'érection d'une statue, est un chef-d'œuvre de narration. L'intérêt y croit de scène en scène jusqu'au dénouement, qu'on attend avec effroi comme celui d'une tragédie. Quelque confiance que semble mériter un historien témoin oculaire et même acteur de ce qu'il raconte, M. Salvador pense qu'il faut lire le livre de Josèphe « avec une grande défiance pour ce qui regarde les *zélateurs*, qu'il s'efforce de rendre d'autant plus odieux que leurs principaux chefs s'étaient déclarés ses ennemis personnels. » C'est encore pour les Romains que Josèphe composa, en vingt livres, et seulement en grec, les *Antiquités Judaïques*, histoire complète des Juifs depuis la création du monde jusqu'à la douzième année du règne de Néron, ouvrage qui a l'avantage de remplir une lacune de quatre siècles entre les derniers livres de l'Ancien Testament et ceux du Nouveau. Le but, éminemment patriotique, de Josèphe était de faire connaître sa nation aux Grecs et aux Romains et de détruire le mépris qu'ils avaient pour elle. Il se sert indifféremment des livres de l'Ancien Testament et des traditions des Juifs, et les combine avec une liberté faite pour déplaire également aux croyants du judaïsme et à ceux du christianisme. Aussi regrette-t-on souvent dans cet ouvrage, si précieux d'ailleurs, le naturel, la noble simplicité, le pathétique, qui rendent si attayante la lecture du Pentateuque. Tantôt il ajoute foi aux miracles, tantôt il les dépouille du merveilleux, et passe, dit M. Salvador, *par oscillations de la plus haute philosophie à la plus excessive crédulité*. Eusèbe et quelques écrivains du christianisme naissant ont prodigué leurs éloges aux *Antiquités Judaïques*, parce qu'on y trouve un passage assez favorable à la nouvelle religion du Christ. Henri de Valois, Huet, Vossius, etc., ont défendu ce passage, dont saint Justin, Tertullien, saint Jean Chrysostome, etc., ne se sont pas prévalus dans leurs disputes avec les Juifs. Il est généralement reconnu aujourd'hui que ce passage a été inséré après coup, par une de ces fraudes pieuses dont on s'est trop souvent servi en faveur d'une religion qui dédaigne ces misérables recherches.

Les autres écrits de Josèphe sont : 1° sa *Vie de Flavius Josèphe*, écrite par lui-même, et complétant son histoire de la *Guerre de Judée*; 2° l'*Antiquité du peuple Juif*, contre Appion : c'est une apologie des *Antiquités Judaïques*, offrant à l'érudition une source de précieuses recherches. On lui attribue sur les *Machabées* un livre, dont l'authenticité est contestée, et de plus un fragment *Sur la*

Cause de l'univers. Tous ces ouvrages ont été traduits en latin par Ruffin d'Aquilée ou plutôt par Cassiodore : il y en a des versions dans toutes les langues modernes. Plusieurs savants allemands ont édité et commenté cet auteur, entre autres Sigismond Havercamp; en France, nous possédons sur lui depuis 1841 un travail d'élégante critique de M. Philarète Chasles. — Charles Du Rozoir.

JOSÉPHINE (MARIE-JOSEPH-ROSE TASCHER DE LA PAGERIE), impératrice des Français, première femme de Napoléon, naquit le 24 juin 1763, à la Martinique, où son père remplissait les fonctions de capitaine de port. Sa famille était originaire du Blaisois; sa mère, qui refusa d'avoir sa part dans ses grandeurs inespérées, ne mourut qu'en 1807. Joséphine de la Pagerie, bien que n'ayant reçu que l'éducation, fort insuffisante, en usage dans les colonies, brilla de bonne heure par les grâces de l'esprit autant que par les qualités du cœur. Elle vint en France à l'âge de quinze ans, et épousa, le 13 décembre 1779, le vicomte Alexandre de Beauharnais, major en second d'un régiment d'infanterie. Les fruits de cette union, assez peu heureuse d'ailleurs, furent *Eugène*, créé plus tard prince, et en dernier lieu duc de Leuchtenberg, et *Hortense*, qui épousa le roi de Hollande Louis Bonaparte, et fut la mère de Napoléon III. La révolution compta d'abord le vicomte de Beauharnais parmi ses partisans. On le vit se réunir au tiers état et voter pendant toute la durée de la Constituante avec la majorité de cette assemblée. Cette circonstance explique les liaisons que plus tard Joséphine conserva avec certains hommes influents du parti révolutionnaire. Le mouvement dépassa vite le vicomte de Beauharnais: après avoir combattu avec courage comme général, il mourut sur l'échafaud, le 23 juillet 1794.

La position de Joséphine était aussi des plus déplorables : jetée dans la prison des Carmes, par suite des démarches qu'elle avait faites pour obtenir la mise en liberté de son mari, elle allait être traduite devant le redoutable tribunal révolutionnaire, et les enfants que lui avait laissés son mari étaient réduits à une détresse si pressante, qu'Eugène Beauharnais, qui devait être un jour vice-roi d'Italie, entra comme apprenti chez un menuisier. La journée du 9 thermidor sauva la vie à Joséphine. Pendant sa détention, elle avait fait la connaissance de Mme Cabarrus, devenue plus tard la femme de Tallien et ensuite princesse de Chimay. L'intervention de celle-ci auprès de Tallien valut à tous ses co-détenus leur mise en liberté. Mme de Beauharnais eut ainsi occasion de faire la connaissance de son libérateur, qui lui fit rendre ceux des biens de son mari que l'État n'avait point encore vendus, et qui devint dès lors son ami et son protecteur. C'est dans les salons de Barras que Bonaparte, général encore obscur et inconnu, rencontra Mme de Beauharnais et conçut pour elle la passion la plus vive, ainsi qu'en témoignent les lettres ardentes que, séparé d'elle par la guerre, il trouvait encore le temps de lui écrire. Bonaparte demanda la main de la belle veuve, âgée de six années plus que lui, et l'obtint. La cérémonie civile eut lieu le 9 mars 1796; mais les époux ne reçurent, dit-on, la bénédiction de l'Église ,pour leur union qu'en 1804, trois jours avant le couronnement. Elle leur fut donnée , ajoute-t-on , à la demande du pape, par le cardinal Fesch. Douze jours après son mariage, Bonaparte fut nommé général en chef de l'armée d'Italie, et Joséphine n'eut plus dès lors qu'à partager sa fortune. Il quitta Paris le 22 mars 1796, et au milieu de ses projets triomphaux il oublia si peu sa femme, qu'il fallut que son aide de camp Junot la lui amenât à Milan, au mois de juin 1797. Elle jouit des applaudissements accordés partout au vainqueur de l'Italie et des distinctions dont 'le Directoire 'salua son retour dans la capitale. Bonaparte entreprit bientôt la conquête d'Égypte, et une nouvelle séparation s'ensuivit pour les deux époux. Joséphine, que l'on eut beaucoup de peine à empêcher de suivre son mari, s'établit alors à la Malmaison : elle eut beaucoup à souffrir de la part d'un très-proche parent de son mari ; on s'occupa en outre de la calomnier avec une activité si infatigable, qu'on jeta dans l'esprit du jeune triomphateur les soupçons les plus déplorables. Bref, il débarqua en France avec le dessein arrêté d'un divorce. Mais Joséphine n'eut qu'à revoir le maître de la France (car il régnait déjà sur elle par l'opinion) pour reprendre son ancien empire. Après le 18 brumaire, elle alla d'abord s'établir avec lui au Luxembourg et bientôt après aux Tuileries.

Le gouvernement consulaire fut fondé. De cette époque date pour Joséphine une nouvelle existence. Toutes les qualités qui jusque là l'avaient rendue si chère dans la vie privée reçoivent une extension nouvelle : elle peut accomplir tout le bien qu'elle médite. Le premier consul , et plus tard l'empereur, cherchait à opérer une fusion dans les intérêts comme dans les opinions : c'était à son profit particulier que le chef de l'État travaillait. Sa femme, elle, ne songeait qu'à répandre des bienfaits, à sécher des larmes, à soulager des misères : elle appelait non-seulement auprès d'elle ses vieux amis pour les approcher du maître d'où découlaient alors toutes les faveurs; elle plaidait même encore la cause de tous ceux qui souffraient : il suffisait à ses yeux d'être dans le malheur pour avoir des droits. Elle fit rayer de la liste fatale une foule d'émigrés, qui rentrèrent dans la possession des biens que la révolution n'avait pas eu le temps de faire vendre; ne leur restait-il plus rien, elle obtenait des places ou en faisait créer pour eux. Cette bienfaisance si admirable ne se concentrait pas dans une seule classe , elle s'étendait à toutes. Mais ce qui relève les dons et les inculque dans la mémoire, c'est la délicatesse; elle se montrait chez Joséphine comme une sorte d'instinct continuel ; les riches, les pauvres, les grands, les petits, en ressentaient l'influence. Cette délicatesse était d'autant plus ravissante qu'elle avait sa source dans une bonté inaltérable. Mais c'est surtout à l'égard de Napoléon qu'elle fit preuve d'un dévouement qui ne se démentit jamais. De dévouement, Bonaparte savait le sentir , et elle en profita plus d'une fois pour prévenir ou tenter de prévenir de grandes catastrophes : elle essaya de sauver la vie du duc d'Enghien; elle obtint la grâce de MM. de Polignac. Sans cesse occupée à deviner les volontés, les désirs de Napoléon, elle s'inspirait une activité qui répondait à la sienne : excursions, voyages lointains, entrepris à toute heure de jour et de nuit, jamais elle ne se fit attendre une minute. C'était enfin dans des convenances les plus difficiles de sa position, à un âge où les femmes commencent à subir la nécessité d'une vie sédentaire.

« La bonté, a dit M. de Beausset, dans ses *Mémoires*, n'était pas le seul trait dominant de son caractère; dans l'occasion, ce caractère devenait ferme et élevé. » Elle en donna une preuve incontestable dans une des circonstances les plus cruelles de sa vie : Le second mariage de Joséphine demeura stérile, et Napoléon perdit son neveu, fils de Louis Bonaparte, qui avait épousé Hortense, fille de Joséphine. Napoléon regardait cet enfant comme l'héritier de toutes ses grandeurs ; c'était lui qui devait perpétuer la dynastie impériale. L'empereur reconnut alors la nécessité d'un divorce : cette mesure coûta beaucoup à son cœur. Il attendit, hésita , avant d'adopter un parti définitif. L'inflexibilité de la pensée politique l'emporta enfin : il fallait qu'il élevât la couronne de la tête où lui-même l'avait mise ; après avoir fait Joséphine impératrice, lui seul allait lui ravir cette place pour la donner à une autre. Nulle femme ne pourrait se résigner sans lutte et sans combat à une pareille infortune, plus encore d'autant plus déchirante qu'aux regrets d'une si éclatante prospérité se joignait l'attachement de l'épouse. M. de Beausset a tracé le tableau de plus touchant de ces scènes d'intérieur, où Joséphine appela tout à son secours, jusqu'à cette adresse qui , dans les crises les plus violentes, n'abandonne jamais complètement le beau sexe. Le jeudi 30 novembre 1809 , l'explication finale eut lieu entre Joséphine et Bonaparte... L'impératrice poussa des cris très-violents et perdit connaissance. Napoléon, entr'ouvrant une porte, appela M. de Beausset, pour qu'il portât Joséphine chez elle, par un escalier intérieur : mais il s'embarrassa dans son épée, et fut obligé de serrer Joséphine pour lui éviter une chute : « Vous me serrez trop fort », lui dit-elle. Mais il fallut céder. « Elle *descendit*, ajoute M. de Beausset, du premier trône du monde, mais elle n'en *tomba pas*. Elle avait à cette époque quarante-six ans. Il était impossible de posséder plus de grâce dans le maintien ; ses yeux et son regard étaient enchanteurs ; sa taille était noble, souple et parfaite. Le goût le plus pur et l'élégance le mieux entendue la faisaient paraître plus jeune qu'elle ne l'était en effet. »

Le divorce prononcé (16 décembre 1809), Joséphine soutint avec beaucoup de dignité un coup si terrible : à tant d'émotions si vives succéda une douce résignation. Après s'être d'abord retirée au château de Navarre, près d'Évreux, gardant son titre d'impératrice et entourée d'un luxe tout princier, elle revint habiter la Malmaison. Elle avait en auparavant la joie de voir son fils épouser une princesse de Bavière. Les revers les plus funestes atteignirent cependant Napoléon, pour qui elle avait conservé l'attachement le plus enthousiaste ; lui-même aussi cessa de posséder le premier trône du monde. La haute considération dont jouissait Joséphine la protégea dans ces jours de désastres ; elle reçut à diverses reprises la visite de l'empereur de Russie et celle du roi de Prusse. Sa santé commençait à décliner. A la suite d'une fête que, dans l'intérêt de son fils Eugène, elle donna à Alexandre, elle fut saisie d'un mal de gorge qui l'enleva au bout de quelques jours, le 29 mai 1814. Son corps fut déposé dans l'église de Ruel, où un monument lui fut élevé. La reine Hortense repose auprès d'elle. A ses excellentes qualités Joséphine joignait pourtant quelques imperfections. Elle cédait à un amour de dépenses qui plus d'une fois multiplia tous les genres d'embarras autour d'elle : on lui a reproché encore cette légèreté de caractère, cette facilité d'impression qui au siècle dernier se remarquaient même chez les femmes les plus estimables. Mais ces petites taches ont disparu au milieu de tant de doux souvenirs restés invinciblement liés à sa mémoire. Consultez : *Lettres de Napoléon à Joséphine pendant la première campagne d'Italie, le Consulat et l'Empire* (Paris, 1827); *Lettres de Joséphine à Napoléon et à sa fille* (1833); Madame Avrillon, *Mémoires sur la vie privée de l'impératrice Joséphine* (2 vol.; Paris, 1831). SAINT-PROSPER.

JOSEPHSTADT (en tchèque *Josefow*), appelée autrefois *Pless*, ville forte, située dans la capitainerie de Kœniginhof, cercle de Gitschin, en Bohême, bâtie sur l'Elbe et au confluent de l'Aupe et de la Metta. On y compte 2,000 habitants. La citadelle, construite de 1781 à 1787, est l'une des plus importantes qu'il y ait en Autriche, mais n'a point encore subi de siège. Elle forme un long octogone bastionné, qui est régulièrement fortifié. Les fossés peuvent être remplis d'eau, et la plus grande partie du terrain d'alentour est miné.

JOSÉPIN (GIUSEPPE CESARI, *dit* LE), ou bien encore *il Cavaliere d'Arpino*, né à Rome, en 1568, l'un des plus célèbres peintres de son siècle, fut pendant quelque temps l'arbitre souverain et absolu de l'art à Rome, et forma une nombreuse école. Il brillait par un grand et incontestable talent, par une vive imagination, par un coloris chaud et saisissant, en même temps que par une habileté manuelle extrême. Mais il ne comprenait pas la pure simplicité de la proportion des formes et la noblesse du style. Il fut sans contredit le plus remarquable et le plus brillant des *maniéristes*; aussi fut-ce autant contre lui que s'efforcèrent de réagir le Caravage, les Carrache et leurs élèves, dont les efforts finirent par complétement détruire son école. A l'époque du mariage de Henri IV et de Marie de Médicis, il fut emmené par le cardinal Aldobrandini en France, et il fut décoré par le roi de l'ordre de Saint-Michel. Le Josépin mourut à Rome, en 1640. Le musée du Louvre possède deux tableaux de lui, *Diane et Actéon*, *Adam et Ève chassés du Paradis terrestre*.

JOSIKA (NICOLAS, baron), le plus célèbre et le plus fécond des romanciers hongrois, est né le 28 septembre 1796, à Toïda, en Transylvanie. A l'âge de seize ans il avait déjà terminé ses études juridiques. Entré alors au service, il parvint jusqu'au grade de capitaine, et au rétablissement de la paix il fut nommé chambellan de l'empereur. En 1818 il renonça à la carrière militaire, et s'en revint en Hongrie, où, après avoir épousé une riche héritière, il se consacra à l'agriculture. Membre de la mémorable diète qui se réunit en Transylvanie en 1834, la franchise de son opposition au gouvernement le fit tomber en disgrâce complète; et il ne fut plus appelé dès lors à faire partie de la diète de Transylvanie. De 1835 à 1840 il prit une part active à l'agitation hongroise. Dès 1834 il avait demandé à la littérature des distractions pour les luttes de la politique et pour des chagrins domestiques. Ses premiers essais, *Irany* et *Vaslatok*, publiés en 1834, eurent un succès tel qu'il se sentit encouragé à persévérer dans cette voie nouvelle ouverte à l'activité de son esprit; et près avoir consacré plusieurs années à l'étude de l'histoire nationale, ainsi qu'à celle des littératures allemande, française, italienne et espagnole, il se consacra exclusivement à la culture des lettres, surtout à partir de 1840. De 1834 à 1848 il n'avait pas publié déjà moins de cinquante volumes de romans, indépendamment d'une foule d'articles donnés à des journaux et à des revues. On regarde comme ses meilleurs romans *Abafi* (3ᵉ édition, 1851); *Zrinyi à Köllö* (Le poëte Zriny ; 1843); *As utolso Batory* (Le dernier Batory ; 2ᵉ édit., 1840); *A Csehek Magyarorsszágban* (Les Bohêmes en Hongrie ; 2ᵉ édit., 1845) et *Josika Istvàn* (Étienne Josika, 1847).

Membre de la *table* des magnats de Hongrie en 1848, il prit alors une part des plus actives à la formation du comité de défense nationale, dont il avait été nommé membre. Après la déclaration d'indépendance (14 avril 1849), il fut appelé à faire partie du tribunal des grâces, institué à Pesth. Le rôle qu'il avait joué dans les événements de la révolution le força de prendre la fuite après la catastrophe de Vilagos, et depuis 1850 il vit retiré à Bruxelles, où il continue à se livrer à la culture des lettres. En 1851 il a été pendu en effigie à Pesth, avec Kossuth et trente-cinq autres. Les meilleurs romans qu'il ait publiés depuis lors ont pour titres : *Egy magyar csálada forradalom alatt* (Une Famille Hongroise à l'époque de la révolution (4 vol., Brunswick, 1851) et *La famille Mailly*, ouvrage écrit par lui en allemand. C'est à l'histoire de sa patrie qu'il a emprunté la plupart de ses sujets. Tous ses ouvrages ont été traduits en allemand.

JOSQUIN DESPREZ ou DES PRÉS, en latin *Jodocus Pratensis*. *Voyez* DESPRÈS (Josquin).

JOSSELIN I-III, comtes d'Édesse. *Voyez* COURTENAY (Maison de).

JOSUÉ, qui succéda à Moïse en qualité de chef des Israélites, était le fils de Nin, de la tribu d'Éphraïm. Élevé par Moïse, il se distingua de bonne heure en allant explorer d'avance la terre de Chanaan. Aussi Moïse, dans son expédition de Palestine, le désigna-t-il, avant de mourir, pour lui succéder dans ses fonctions de guide et de chef du peuple. Une fois investi de ce pouvoir, il conquit une grande partie du pays de Chanaan, qu'il partagea entre les tribus d'Israël. Étant venu mettre le siège devant Jéricho, il fit faire à son armée, suivant le commandement de Dieu, sept fois le tour de la ville, les prêtres portant l'arche et sonnant de la trompette. Le septième jour les murailles de Jéricho tombèrent d'elles-mêmes, et la ville fut détruite par le vainqueur. Attaqué ensuite par Ado-Isedeck, roi de Jérusalem, ligué avec plusieurs rois du voisinage, Josué fondit sur leur armée et la taillait en pièces. C'est pendant que ses adversaires s'enfuyaient par la voie de Bethoron, que Josué commanda au soleil de s'arrêter pendant douze heures, pour avoir le temps d'exterminer les ennemis du peuple de Dieu; et les saintes Écritures rapportent qu'un effet le soleil s'arrêta à sa voix.

Josué mourut à l'âge de cent dix ans, après avoir gouverné les Israélites pendant vingt-cinq ans. Le livre qui se trouve dans le canon de la Bible, et qui porte son nom, ne paraît pas plus être de lui que de son temps, et ne fut sans doute composé qu'à l'époque de David. Les Samaritains ont un livre de *Josué* (traduit en latin et en arabe par Juynboll; Leyde, 1848), qui rapporte en forme de chronique les événements arrivés depuis la mort de Moïse jusqu'au règne de l'empereur romain Alexandre Sévère, et qui s'accorde jusqu'à un certain point avec les détails du livre de l'Ancien Testament qui porte le même nom.

JOTACISME. *Voyez* IOTACISME.

JOUBARBE. Cette plante, dont les propriétés médicinales étaient autrefois fort vantées, a aujourd'hui perdu la plus grande partie de sa célébrité et n'est plus employée que dans un petit nombre de maladies. Tout ce qui tenait à ce végétal était bizarre : ainsi, le nom que portaient ses variétés, celui de *joubarbe* même, auquel on donnait une haute origine, puisqu'on le faisait descendre de Jupiter (*Jovis barba*, barbe de Jupiter), tout semblait s'accorder avec les grandes vertus que l'on attribuait à cette plante; malheureusement, toute cette gloire s'est évanouie devant la science de nos savants étymologistes et l'expérience de nos habiles praticiens.

La joubarbe est un genre de plantes dicotylédones, de la famille des crassulées, offrant pour particularités des feuilles très-épaisses, des pétales nombreux, connés à leur base, des étamines en nombre double de celui des pétales, et six à dix-huit ovaires oblongs, pointus, disposés en rond, et donnant lieu à autant de capsules uniloculaires, s'ouvrant longitudinalement, et contenant plusieurs graines attachées sur un rang au bord de la suture.

Le genre joubarbe comprend une trentaine d'espèces, dont quelques-unes sont indigènes à l'Europe, et les autres originaires des Canaries et du Cap de Bonne-Espérance. Parmi ces plantes, toujours vertes et vivaces, on remarque la *joubarbe des toits* (*sempervivum tectorum*, L.), connue également sous le nom impropre d'*artichaut sauvage*, qui vient sur les toits, dans les fentes des rochers et des vieux murs. Sa feuille privée de son épiderme et appliquée sur les hémorrhoïdes en calme l'inflammation. On distingue encore la *joubarbe des Canaries* (*sempervivum Canariense*), dont les fleurs sont nombreuses et disposées en une grappe pyramidale. Cette plante craint le froid, et a besoin de l'orangerie pendant l'hiver. Enfin, on remarque aussi la *joubarbe brûlante*, nommée autrefois *vermiculaire brûlante* ou *pain d'oiseau* : sont goût piquant, chaud et brûlant, lui a fait donner le nom de *poivre des murailles* : on l'a vantée jadis comme un excellent caustique, d'un emploi très-avantageux pour la guérison des cancers ; mais aujourd'hui on ne s'en sert jamais dans ces maladies, parce qu'on en a reconnu l'inefficacité.   C. FAVROT.

JOUBERT (BARTHÉLEMY-CATHERINE), une des plus pures et des plus brillantes illustrations militaires de la république, naquit à Pont-de-Vaux, le 14 avril 1769. Il manifesta dès son enfance un penchant irrésistible pour la vocation des armes. Mais son père, juge à Pont-de-Vaux, lui fit faire ses études de droit. A ce moment la révolution éclate. Joubert s'engage volontairement, en 1791, et conquiert rapidement tous les grades inférieurs. Chargé, dans la campagne de 1793, de la défense d'une redoute sur le col de Tende, et n'ayant avec lui que trente grenadiers, il oppose une résistance héroïque aux Piémontais, et ne se rend qu'après avoir épuisé ses munitions. Il ne resta pas longtemps prisonnier, et rentra bientôt en France.

Nommé adjudant général peu de temps après, il prélude par une action d'éclat à cette célèbre campagne, où les trois armées combinées d'Italie, de Sambre et Meuse et du Rhin, devaient, d'après le plan Carnot, se réunir en Allemagne, et marcher sur Vienne. De nouveaux traits de courage, d'activité et d'intelligence lui valurent bien vite le brevet de chef de brigade (colonel). C'est dans ce nouveau grade qu'il commença la campagne d'Italie, sous Bonaparte, qui venait de remplacer Schérer. Il prit une part active au combat de Loano, et mérita d'être nommé général de brigade sur le champ de bataille. A Montenotte, il fixa l'attention de Bonaparte, qui devina en lui l'homme d'action. A Millesimo, il fit si bien que Bonaparte écrivit au Directoire : « L'intrépide Joubert est tout à la fois un grenadier par son courage et un général par ses talents et ses connaissances militaires. »

Il se distingua encore au combat de Dego, au passage du Tanaro et à la bataille de Mondovi. L'armée française s'avançait sur Turin; Joubert se rendit maître de l'importante position de Cherasco, d'où Bonaparte data sa fameuse proclamation à l'armée d'Italie. La prise des forteresses de Coni, Ceva, Tortone et Alexandrie permettant aux armées françaises d'occuper les vastes plaines de la Lombardie, il passe le Pô, et poursuit l'ennemi jusque sur Lodi; de là il arrive à Milan, cerne la forteresse et marche sur Vérone, dont s'empare l'armée française : Joubert a l'honneur d'y entrer le premier. Bonaparte ayant décidé que le siège de Mantoue aurait lieu, chargea le jeune général d'arrêter l'armée ennemie, qui s'était retirée dans le Tyrol. Le 28 juin il força le retranchement du col de Compione, entre le lac de Garda et l'Adige. Quelques jours après, attaqué par le général autrichien Wurmser, à la tête de 30,000 hommes, au défilé de Corona, on le voit, avec des forces bien inférieures, opposer pendant toute une journée une résistance désespérée, laissant ainsi au gros de l'armée française le temps de se préparer aux manœuvres qu'exigeait la présence d'un ennemi nombreux. Joubert se trouva en outre à Fano, à Loncato et à la bataille de Castiglione. Le Milanais étant devenu le théâtre de la guerre, il se distingua aux deux affaires de Compara et de Montebaldo, brillants succès qui lui valurent le grade de général de division.

Alors s'ouvre la campagne de 1797. Son étonnante bravoure et la rapidité de son coup d'œil éclatèrent surtout à la bataille de Rivoli. Le 20 mars il reçoit le commandement de trois divisions, avec l'ordre d'envahir le Tyrol, de *battre l'ennemi*, de le rejeter au delà du Brenner, et de rejoindre ensuite l'armée à Spital. Il remplit heureusement cette mission. Joubert fut ensuite nommé général en chef des forces françaises en Hollande, et s'y montra favorable au parti populaire.

Pendant que Bonaparte était en Égypte, l'Autriche et la Russie se préparaient à reprendre l'Italie. Joubert y fut envoyé, pour remplacer Brune. Son premier soin fut de réorganiser l'armée. Il aida ensuite les patriotes piémontais à renverser le trône la maison de Savoie. Plus tard Joubert se porta sur Livourne, où il reçut un contre-ordre, qui traversait toutes ses opérations. En même temps deux envoyés du Directoire étant venus lui signifier les nouvelles intentions du gouvernement, Joubert, qui voyait tous ses plans renversés, donna sa démission.

A la révolution du 30 prairial, Barras ou Sieyès, on ne sait trop lequel, jeta les yeux sur Joubert pour commander Paris. Il parait qu'une intrigue, fomentée par Sémonville, caché derrière le directeur Sieyès, avait pour but de le mettre à la tête d'un mouvement contre les jacobins. Quoi qu'il en soit, dès 1799 la république avait déjà perdu presque toute l'Italie. Moreau allait essayer de réparer nos désastres, lorsqu'il reçut avis de la nomination de Joubert. Celui-ci dit en partant à sa jeune épouse : *Tu me reverras mort ou victorieux*. En arrivant au camp, il témoigna à Moreau la plus respectueuse déférence, et le supplia de l'aider dans ses efforts pour arrêter la marche de Souvarov. Moreau consentit à servir sous ses ordres. Les généraux autrichiens Fray et Bellegarde venaient de s'emparer d'Alexandrie et de Mantoue et avaient rejoint le gros des alliés, forts de 60,000 hommes. Joubert, à cette fâcheuse nouvelle, eut la sage pensée de rentrer dans l'Apennin, et de se tenir sur la défensive, en attendant des secours. Malheureusement Souvarov se porta en avant, et prévint la marche rétrograde de Joubert, qui passa les montagnes du Montferrat avec 20,000 hommes, fit sa jonction avec l'armée de

Naples, et de là marcha sur Novi, avec l'intention de débloquer Tortone et d'entrer dans les plaines du Piémont. A Novi, il rencontre Souvarow, et se dispose à livrer bataille. Cependant, de nouveaux avis sur les forces de l'ennemi l'ayant dissuadé de cette résolution, il remet au lendemain pour prendre un parti. Dès l'aube Souvarow attaque avec impétuosité l'aile gauche de l'armée française. Un premier succès pouvait avoir les plus fâcheuses conséquences. Joubert accourt au galop, et ordonne d'attaquer les Autrichiens. Il rallie deux bataillons, se met à leur tête, commande une charge à la baïonnette. Au même instant une balle le frappe au côté gauche. Se sentant mortellement blessé : *En avant, mes amis*, s'écrie-t-il, *marchez toujours!* et tombant de cheval, il dit à son aide de camp : *Prenez mon sabre et couvrez-moi*. Ce furent ses dernières paroles : il expira, à l'âge de trente ans, le 15 août 1799. Devenu premier consul, Bonaparte fit déposer les restes mortels de Joubert près de Toulon, à l'ancien fort La Malgue, aujourd'hui fort Joubert. Son pays natal lui a érigé une statue.   Alfred LEGOYT.

JOUE. Les joues sont les parties latérales de la face, qui s'étendent depuis les yeux et les tempes jusqu'en bas du visage, entre le nez et l'oreille de chaque côté. Dans la jeunesse et l'état de santé les joues sont fraîches et roses, au moins chez la race blanche; dans la vieillesse et la maladie, elles deviennent creuses, et prennent des teintes jaunes ou mates. Quelques affections intérieures s'y reflètent d'une manière caractérisée. Chez certains individus elles sont charnues et flasques; chez d'autres elles sont maigres, sèches et ridées. Parfois aussi les pommettes les font singulièrement saillir. Les émotions s'y peignent rapidement; on les voit rougir et pâlir dans les accès de joie ou de pudeur, de colère ou de douleur.

JOUER LA VILLE, terme de compagnonnage (*voyez* ce mot, tome VI, page 170).

JOUETS D'ENFANTS. *Voyez* BIMBELOTERIE.

JOUEUR. *Voyez* JEU.

JOUFFROY (THÉODORE-SIMON), publiciste et philosophe doctrinaire, naquit le 7 juillet 1796, aux Pontets, village des montagnes du Jura (Doubs). Après avoir commencé ses études classiques à Lons-le-Saulnier, et les avoir terminées à Dijon, il entra en 1813 à l'École Normale, et sous la direction de M. Cousin se livra avec tant d'ardeur à l'étude de la philosophie, qu'en 1817 Royer-Collard le crut apte à devenir maître de conférences à cette même école et professeur agrégé de philosophie au collège Bourbon. La faiblesse de sa santé l'obligea, en 1821, à renoncer à cette chaire, et l'École Normale ayant été supprimée l'année suivante, il ouvrit chez lui des cours particuliers, que fréquentèrent bientôt un nombre considérable d'auditeurs. En 1824 il fonda, en société avec MM. Dubois et Damiron, *Le Globe*, journal qui compta encore parmi ses rédacteurs MM. Duchâtel, Vitet, de Rémusat, Sainte-Beuve, Ch. Magnin, etc., et exerça une puissante influence sur le développement de l'opinion libérale en France. En 1829 il fut appelé à suppléer M. Milon comme professeur de philosophie à la Faculté des lettres, et conserva cette place jusqu'après la révolution de Juillet, époque à laquelle il fut chargé de suppléer Royer-Collard comme professeur de l'histoire de la philosophie moderne. A la même époque il obtint de nouveau une place de professeur de philosophie à l'École Normale. En 1832 il remplaça Thurot au Collège de France, et en 1833 il fut nommé membre de l'Académie des Sciences morales et politiques. Cependant, une maladie qu'il avait espéré guérir par un voyage en Italie le força de nouveau, en 1837, à quitter la chaire de professeur au Collège de France. Quand M. Cousin devint ministre de l'instruction publique, il le nomma conseiller de l'université. Élu député par la ville de Pontarlier (Doubs), il entra à la chambre en 1831, et y prit place parmi les doctrinaires, s'asseyant de préférence à côté de M. Guizot. Il mourut le 1ᵉʳ mars 1842.

Parmi ses productions littéraires, ses *Essais sur la Philosophie écossaise*, dont il avait ait une étude spéciale, méritent d'être cités. On doit encore une mention honorable à ses traductions des *Esquisses de Philosophie morale* de Dugald Stewart (Paris, 1826; 3ᵉ édition, 1841), et des *Œuvres de Reid* (6 vol.; Paris, 1836), qu'il accompagna de précieuses introductions. Ses *Mélanges philosophiques* (Paris, 1833; 2ᵉ édition, 1838), dont la continuation parut après sa mort (1843), contiennent les articles les plus importants qu'il ait publiés dans *Le Globe*. Ses cours à la Sorbonne lui ont fourni la matière d'un *Cours de Droit naturel* (2 vol.; Paris, 1834-35).

JOUG (du latin *jugum*, dérivant du grec ζυγός, qui a la même signification). Le joug est une pièce de bois avec laquelle on attelle deux bœufs à la charrue ou aux voitures qu'on veut leur faire tirer : elle passe par-dessus leur front et leur cou, et emprisonne leurs cornes, qu'on lie à l'aide de lanières de cuir.

Les Romains et les anciens faisaient passer sous le *joug* les ennemis qu'ils avaient vaincus : ce joug, bien différent de celui dont nous venons de parler, consistait en deux piques fichées en terre, dont une troisième, placée horizontalement joignait les deux extrémités supérieures : rien n'était ignominieux pour les guerriers comme de passer sous le joug, bien qu'ils fussent ensuite renvoyés librement et traités avec humanité. On connaît assez la haine implacable que les Romains vouèrent aux Samnites et la vengeance terrible qu'ils en tirèrent pour avoir fait passer leurs légions sous le joug près de Caudium (*voyez* FOURCHES CAUDINES). Ce n'était pas seulement dans les hasards de la guerre que les citoyens romains avaient à redouter de courber leur tête sous le joug infamant : c'était dans les jugements civils une flétrissure des plus honteuses. Celui qui était condamné à cette humiliation devait passer sous deux poteaux dressés, surmontés d'une espèce de linteau : ainsi, le joug judiciaire, comme le joug destiné aux guerriers vaincus, était fait en forme de porte.

Le mot joug a passé dans le langage figuré; il y est devenu synonyme de ce qui gêne, de ce qui est assujettissant, de ce qui contraint la liberté, en un mot, de tout ce qui entraîne une idée de servitude ou d'abaissement.

JOUISSANCE. Envisagé sous le point de vue de la morale, le mot *jouir* entraîne l'idée d'une satisfaction intérieure puisée dans la passion ou la connaissance de certaines choses ou de certains faits; quelquefois aussi il représente seulement l'idée de possession, mais alors même cette idée emporte celle de satisfaction. Dans tous les cas, les jouissances que l'homme peut se procurer étant innombrables, il a joui de la vie de toutes les manières, c'est-à-dire qu'il a employé à l'user agréablement tous les moyens que son esprit lui a suggérés (*voyez* DÉLICES). L'art des *jouissances* a constitué ce que nous appelons l'*épicuréisme* : les épicuriens se sont attachés à les multiplier le plus possible. Et comme il n'est point de doctrine qui ait naturellement trouvé plus de défenseurs que celle qui érige le plaisir en divinité, le nombre des libertins, des ivrognes, des avares, des gourmands, etc., qui se sont ralliés à ce principe, a de tous temps été considérable, et il le sera peut-être toujours. L'humanité, qui recherche toutes les *jouissances* de la vie ne pourrait qu'être plaint, si d'ordinaire l'immoralité du matérialisme n'accompagnait pas la sensualité, et si souvent il ne se procurait ses jouissances aux dépens et au détriment des autres hommes. On doit achever de nous faire haïr les hommes qui sacrifient aux jouissances, c'est qu'en général ils n'ont point de conscience : par exemple, nous examinons les hommes politiques appartenant à cette catégorie, nous trouverons qu'ils n'hésitent pas à mettre leur conviction la plus intime et à se mettre aux gages de qui veut les faire agir, quand leur fortune personnelle ne leur permet plus de satisfaire les besoins qu'ils se sont créés : c'est ainsi que Mirabeau se vend à la cour dès que l'appât des *jouissances* est en lui plus fort que celui de la renommée.

Jouir, jouissance, désigne plus spécialement la volupté attachée à l'acte de la procréation, chez l'homme et chez les animaux.

JOUISSANCE (*Droit*). C'est le droit de retirer d'une chose tout le profit qu'elle peut procurer, d'en recueillir les fruits, d'en percevoir les revenus. On le prend souvent comme synonyme de *possession*, lorsqu'on dit, par exemple, qu'une personne a la *possession* et *jouissance* de tel immeuble. Le mot *jouissance* exprime alors l'un des attributs de la propriété. Ce n'est pas à dire cependant qu'il en soit la conséquence nécessaire, car il n'est pas rare dans notre droit de rencontrer une foule d'exemples dans lesquels la jouissance d'un objet et la propriété de cet objet sont divisées, et se trouvent établies sur deux personnes différentes. Nous citerons notamment le cas d'*usufruit*. E. de Chapnol.

JOUISSANCE (Actions de). *Voyez* ACTION (*Commerce*).

JOUQUE. *Voyez* COTTE DE MAILLES.

JOUR (du latin *jubar*, selon les uns ; suivant les autres, de *dies*, *diurnum*, *giorno*, journée et jour), temps que la terre emploie à faire une révolution entière sur son axe. Pour le vulgaire, c'est la durée d'une révolution entière du soleil autour de la terre. On distingue plusieurs sortes de jours : le jour *astronomique*, le jour *moyen* et le jour improprement nommé *artificiel*.

Le *jour astronomique* est mesuré par le temps que, dans son mouvement diurne ou apparent, le soleil emploie pour revenir au méridien qu'il a quitté ; la longueur de ce jour est très-variable. Trois causes concourent à faire varier sa durée : le mouvement de la terre dans son orbite, l'ellipticité de cette orbite, et enfin l'obliquité de l'écliptique sur le plan de l'équateur. Le voisinage des planètes occasionne de petites perturbations sur le mouvement de la terre dans l'écliptique qui contribuent à la variation des jours dans le calcul des tables du temps vrai et du temps moyen : les astronomes ont soin de tenir compte de ces petites causes. Pour que les jours astronomiques nous parussent avoir la même durée, il faudrait que la terre parcourût chaque jour 59 minutes 8 secondes ¼ de l'écliptique. Les astronomes divisent ces jours en 24 heures, qu'ils comptent sans interruption depuis 1 jusqu'à 24.

Le *jour moyen* est celui que mesure le mouvement d'une horloge bien réglée. Tous les jours moyens sont égaux entre eux. Pour déterminer le jour moyen, les astronomes ont divisé la durée totale de l'année en 365 j. 242 : chacun de ces jours est de 24 heures. Le jour moyen prend quelquefois le nom de *jour civil*.

Le *jour sidéral* est le temps qu'une étoile emploie pour revenir au méridien d'où elle est partie. Comme le mouvement de la terre sur son axe s'accomplit invariablement en temps égaux, et que cette planète se trouve à une distance prodigieuse de la terre, il en résulte que le jour sidéral a constamment la même durée, laquelle est de 23 heures 56 minutes 4 secondes.

Le *jour dit artificiel* est l'espace de temps compris entre le lever et le coucher du soleil ; la durée de ce jour est constamment de 12 heures pour les peuples qui ont la sphère droite ou qui habitent sous l'équateur. A partir de ce cercle son maximum va en augmentant progressivement suivant la latitude jusque sous les pôles, où le maximum est de 6 mois (*voyez* CLIMAT). Remarquons que si l'on a égard aux aurores et aux crépuscules, la durée du jour est d'autant plus longue que le lieu où l'on observe est plus éloigné de l'équateur : la réfraction de la lumière solaire dans l'atmosphère terrestre, la position de l'horizon du lieu relativement au plan de l'équateur, sont les causes de cette augmentation.

Les Babyloniens commençaient leur jour au lever du soleil ; celui des Athéniens était compris entre deux couchers consécutifs de cet astre ; les Italiens modernes commencent aussi leurs jours au coucher du soleil ; le jour des Français, des Anglais, etc., commence et finit à minuit ; le jour astronomique se compte d'un midi au suivant.

Les instruments qui servent à mesurer le poids de l'atmosphère, la température, l'état hygrométrique de l'air, etc., éprouvent pendant le jour des variations qui diffèrent des indications que ces instruments présentaient pendant la nuit. Les animaux, les végétaux, sont très-sensibles aux influences du jour ; c'est pendant cette période de temps que les végétaux absorbent ou sécrètent certaines matières, suivant leur nature et leur constitution. Qui ne sait que les malades éprouvent pendant le jour des crises bienfaisantes ou nuisibles, auxquelles ils sont moins sujets pendant la nuit : en général, l'intensité des maladies augmente aux approches de la nuit.

Dans le calendrier républicain, dont les mois étaient de 30 jours, on appelait *complémentaires* les jours qu'il fallait ajouter à la fin de l'année pour qu'elle eût 365 ou 366 jours. TEYSSÈDRE.

JOUR (*Droit*). *Voyez* VUE.

JOURDAIN, appelé aujourd'hui par les habitants de la contrée *El-Schéria* ou *Schériat-el-Kébir*, est le principal fleuve de la Palestine, dont le lit forme à l'est de ce pays la grande vallée longitudinale dite *El-Ghor*, commençant en partie du versant méridional de l'Anti-Liban et en partie du mont Hermon, se dirigeant le plus généralement du nord au sud à peu près parallèlement à la côte de la mer Méditerranée, servant de limites à l'ouest à la terre de Canaan proprement dite, et se prolongeant jusqu'à l'extrémité septentrionale de la mer Morte. Au-delà de ce point, il s'y rattache encore une autre longue vallée, connue sous le nom de *Wadi-Araba*, qui commence à se relever bien au loin au sud jusqu'à la ligne de faîte, pour s'abaisser ensuite brusquement vers la mer Rouge (golfe Arabique). C'est tout récemment seulement qu'on a obtenu des renseignements précis tant sur les sources du Jourdain, qui sortent des versants sud de l'Anti-Liban et de l'Hermon, que sur le cours entier de ce fleuve. On compte trois sources principales du Jourdain : à l'ouest, le *Nahr-el-Hasbani*, celle de toutes qui offre le volume d'eau le plus considérable ; à l'est, le *Banias* (*Paneas*, *Cæsarea Philippis*), qui sort d'une grotte (*Paneum*) consacrée autrefois au dieu Pan, et recevant les eaux de la troisième des sources. L'historien Josèphe donne à cette dernière le nom de *Petit Jourdain*. Il a été démontré dans ces derniers temps que ces ruisseaux, sources du Jourdain, se confondent dans les terrains marécageux qui forment le rebord septentrional de l'*El-Huleh*, avant de se jeter dans ce lac. Au sortir de l'*El-Buteh*, le Jourdain, après un parcours de trois à quatre myriamètres, se jette dans le grand lac de Tibériade (Génézareth). Celui-ci se trouve déjà situé bien au-dessous du niveau de la Méditerranée. Le Jourdain a été parcouru à deux reprises dans toute son étendue à partir de cet endroit, d'abord en août 1847, par conséquent dans la saison des grandes chaleurs, par le lieutenant anglais Molyneux, puis par une expédition américaine aux ordres du lieutenant Lynch. Au mois d'avril 1848, à une époque où les eaux du fleuve avaient atteint leur point extrême d'élévation, Molyneux eut à lutter contre le peu de profondeur des eaux. Lynch trouva le fleuve très-enflé et très-rapide, décrivant un cours très-long au milieu d'innombrables sinuosités peu étendues (qui embrassent quelquefois dans l'espace d'une demi-heure tous les côtés de la boussole). La navigation dura six jours, et cependant le trajet direct du lac Tibériade jusqu'à la mer Rouge n'est guère que de trente heures. Cette circonstance et la chute, d'ailleurs très-forte, du fleuve font comprendre comment la courbe que décrit son lit à son embouchure dans la mer Morte atteint une si grande profondeur, cette mer se trouvant (d'après les calculs de Lynch) à 1,316 pieds anglais au-dessous du niveau de la Méditerranée. Lynch trouva le lit du fleuve tantôt étroit, tantôt large, tantôt profond, tantôt plat, large à son embouchure dans la mer Morte de 180 *yards* et profond de 3 pieds. Un peu auparavant sa largeur était de 80 *yards* et sa profondeur de 7 pieds. Sauf le pont de Jacob, situé au-dessus de Génézareth, et sur le lequel passe la grande route conduisant de Damas aux côtes de la mer, et aussi quelques ponts jetés sur les différentes sources au-dessus de l'El-Huleh, le Jourdain n'a plus aujourd'hui un seul pont praticable dans tout son parcours à partir de Génézareth, mais des ruines de ponts sur quelques points. En revanche, on y trouve une foule de gués, dont plusieurs praticables même par les plus grosses eaux. Il est souvent fait mention de ces gués dans l'Ancien Testament, indépendamment du merveilleux passage des Israélites sous Josué. Consultez, outre les ouvrages spéciaux sur la Palestine, Molyneux : *Expedition to the Jordan and the Dead sea*, dans le tome 18 du *Journal de la Société Géographique de Londres* (1848); Lynch, *Narrative of the United-States expedition to the river Jordan and the Dead sea* (New-York, 3º édit. 1851).

JOURDAN (MATTHIEU JOUVE), dit *Coupe-tête*, un des monstres les plus actifs de la démagogie, naquit vers 1749, à Saint-Just, près du Puy-en-Velay. Il paraît avoir exercé d'abord la profession de maréchal ferrant. Il se fit ensuite contrebandier, et subit en cette qualité, à Valence, une condamnation à mort par contumace. Réfugié à Paris ou à Versailles, sous le nom de *Petit*, il ouvrit un cabaret, et tint cet établissement jusqu'au moment où il vint à Avignon fonder une petite maison de roulage, qui était en pleine activité lors des événements des 5 et 6 octobre. Il est donc certain qu'il n'a pu, ainsi qu'on l'a prétendu, figurer comme assassin dans ces deux terribles journées, et il est douteux, quoiqu'il s'en soit vanté lui-même, qu'il ait, le 22 juillet 1789, coupé la tête à De Launay, gouverneur de la Bastille, son ancien maître. Nommé capitaine d'une compagnie de la garde nationale d'Avignon, après la journée du 10 juin 1790, il entra dans le parti des anarchistes Duprat, Mainvielle et Rovère; et lorsque l'assassinat d'Anselme et de La Villasse, à Vaison, par le parti papiste, eut soulevé les patriotes d'Avignon contre la ville de Carpentras, il fit partie de l'expédition, laquelle se composait, outre tous les bandits, tous les fanatiques du pays, de deux cents déserteurs du régiment de Soissonnais et des dragons de Penthièvre.

Le chef élu de cette expédition, qui prit le nom d'*armée de Vaucluse*, était un nommé Patrix, avec Mainvielle et Rovère pour lieutenants. Mais comme, au lieu d'obéir à ses soldats, Patrix s'avisa de vouloir leur commander, on le trouva mauvais, et on le fusilla sous prétexte de trahison. Après cette exécution, Jourdan, ne trouvant personne autre que lui digne de marcher à leur tête, s'adjugea *proprio motu* le commandement. Les autres le laissèrent faire, le regardant comme un instrument qu'ils manieraient à leur gré, et pensant bien l'envoyer rejoindre Patrix s'il lui prenait fantaisie de trancher du général en chef. Par bonheur pour lui, il était, militairement parlant, beaucoup moins capable et soucieux de commander à des soldats qu'à des brigands. Il fit donc parfaitement leur affaire. Les hordes qu'il conduisait ayant inutilement bloqué Carpentras, durent se retirer au bout d'un mois. Dans leur retraite, elles mirent à feu et à sang et pillèrent tout le comtat. Les réclamations de Carpentras, d'Avignon et des localités voisines, déterminèrent enfin l'Assemblée constituante à prendre un parti pour mettre fin à ces abominations. Elle envoya trois commissaires, qui s'abouchèrent avec les députés des villes intéressées. Le résultat de leurs conférences fut la paix signée à Orange, le 14 juin 1791, sous la garantie des médiateurs de la France, et le licenciement de l'armée de Jourdan.

Celui-ci rentra à Avignon. Des difficultés s'étant alors élevées sur la solde de *l'armée de Vaucluse*, qui avait été fixée à quarante sous par jour, et que la municipalité d'Avignon refusait de payer, Jourdan s'empara, le 17 août, du palais des papes, et braqua ses canons sur la ville, pendant que Duprat et Mainvielle forçaient l'hôtel de ville, enlevaient les registres et faisaient arrêter quatre officiers municipaux. C'était le moment pour les commissaires de la Constituante d'offrir courageusement leur intervention : loin de là, ils revinrent à Paris ; un seul, Mulot, se retira à huit kilomètres d'Avignon. Durant leur absence, et dans la nuit du 16 au 17 octobre, Jourdan fit ouvrir les portes de la prison du palais où était enfermée une foule de gens de toutes conditions arrêtés la veille, et alors commencèrent sous ses yeux, avec ses encouragements, les massacres dits *de la Glacière*, parce que les cadavres étaient jetés ensuite dans une tour appelée de ce nom.

Cependant l'Assemblée constituante votait la réunion du comtat à la France. De nouveaux commissaires furent envoyés : Jourdan fut arrêté. L'amnistie prononcée par l'Assemblée législative en mars 1792 le sauva. Il sortit de prison, et se retira à Marseille. Les enragés de cette ville le ramenèrent en triomphe à Avignon. Mal lui prit de retourner à Marseille l'année suivante; il y fut arrêté par le parti des fédéralistes, et jeté dans une prison, où il demeura jusqu'à l'arrivée de Carteaux, qui rétablit dans cette ville l'autorité de la Convention. L'illustre *Coupe-tête* méritait des dédommagements. Les représentants Rovère et Poultier lui donnèrent le commandement de la gendarmerie des départements de Vaucluse et des Bouches-du-Rhône. En reconnaissance de cette haute faveur, Jourdan tailla de la besogne aux jugeurs de la commission d'Orange, émule du tribunal révolutionnaire de Paris, et l'approvisionna de suspects. Jourdan étant venu à Paris, fut présenté solennellement aux Jacobins, et reçut l'accolade fraternelle avec un diplôme de membre de cette société. Tant d'heur et tant de gloire lui tournèrent la tête. Il se crut une manière de potentat révolutionnaire; il vivait publiquement avec une femme qu'il avait enlevée à son mari. Un maire et des conseillers municipaux ayant négligé de le saluer, il les fit arrêter. D'autres n'ayant pas voulu lui céder leurs chevaux, il fit faire feu sur des audacieux observateurs du droit de propriété. Comme l'accusateur public voulait informer contre l'auteur de ces excès, Jourdan, indigné qu'on lui manquât à ce point, envoya l'accusateur public et son greffier en prison. Dénoncé enfin par Mourreau (de Vaucluse), il fut arrêté lui-même, transféré à Paris et livré au tribunal révolutionnaire. A l'instigation de Rovère et de Poultier, Tallien eut la lâcheté de le défendre dans l'assemblée des Jacobins. Il parut au tribunal avec un énorme portrait de Marat sur la poitrine; ce qui ne l'empêcha pas d'être condamné et exécuté le 27 mai 1794.

Il ne faut pas omettre de dire que Jourdan était toujours ivre, qu'il n'avait pas même le temps de cuver son vin, puisqu'il en avait toujours un quartaut là à côté de son lit; qu'il ne savait ni lire ni écrire, qu'il signait ses ordres d'arrestation avec une griffe, et qu'il faisait même quelquefois le rôle de shire. Dépourvu de toute espèce de vues politiques, il n'eut jamais d'autre dessein que la satisfaction de ses plus grossiers appétits, le contentement de son insatiable sensualité.   Charles NISARD.

JOURDAN (JEAN-BAPTISTE, comte), maréchal de France. Né à Limoges, le 29 avril 1762, d'un père chirurgien, il s'enrôla, en 1778, dans le régiment d'Auxerrois, fit la guerre d'Amérique, et rentra peu après dans la vie civile, d'où vint le tirer la révolution. Capitaine de la garde nationale de Limoges en 1790, chef du deuxième bataillon des volontaires de la Haute-Vienne en 1791, il marcha avec ce corps à l'armée du nord, et s'y distingua si bien, que le 27 mars 1793 il était général de brigade, et le 30 juillet général de division. Placé à la tête d'une division de l'armée sous les ordres de Houchard, il contribua puissamment au gain de la bataille de Hondscoote; et quand le comité de salut public, suspectant Houchard, se décida à le priver de sa position, Jourdan fut appelé à le remplacer dans le commandement de l'armée du nord et des Ardennes : il avait alors trente et un ans. Le jeune chef de l'armée du nord débuta par la bataille de Wattignies, le 15 octobre. Après cette victoire, Jourdan se rendit à Paris pour conférer avec le comité de salut public; il se présenta à la tribune des

Jacobins, et y protesta que le fer qu'il portait ne servirait jamais qu'à combattre les tyrans et à défendre les droits du peuple. Revenu au milieu de ses troupes, il ne leur imprima pas, après la prise de Toulon, l'élan que le comité de salut public voulait donner à toutes nos armées; et celui-ci, tout en rendant justice à ses bonnes intentions et à son patriotisme, ne le mit pas moins à la retraite.

Un mois après, son commandement lui fut cependant rendu, et il se trouva placé à la tête de l'armée de Sambre et Meuse. Le combat d'Arlon et la prise de cette ville, celle de Charleroi, la bataille de Fleurus, dont les résultats furent si grands pour la république, et qui suffit à elle seule pour établir la réputation militaire de Jourdan; les combats de l'Ourthe, de l'Airvaille, de la Roër; la reprise de Landrecies, du Quesnoy, de Valenciennes, de Condé; la prise de Namur, de Juliers, de Maëstricht, de Luxembourg, furent pour le jeune général les faits d'armes de cette belle campagne. A la fin de 1794 et au commencement de 1795 il occupait la ligne du Rhin, depuis Coblentz jusqu'à Clèves. En septembre, il passa ce fleuve en présence de 20,000 ennemis, dont la résistance ne l'arrêta point, et se porta entre Mayence et Hochstaedt; mais l'inaction de Pichegru, qui trahissait déjà, le força à abandonner cette position, pendant que Clairfayt recevait des renforts considérables. Après une courte campagne, un armistice laissa les deux armées dans leurs positions respectives : Jourdan repassa le Rhin l'année suivante, s'empara de Wurtzbourg, de Dusseldorf, gagna la bataille d'Altenkirchen, et se porta vers Ratisbonne. C'est ici que la fortune, qui lui avait constamment été propice, l'abandonna pour toujours. Attaqué par le prince Charles, qui le battit complètement à Neumarck, il dut se retirer, et essuya encore, dans sa retraite, des pertes considérables. Il fut destitué, et ne reparut que deux fois à la tête de nos troupes, en 1799, à l'armée du Danube, et en 1812, près de Joseph, roi d'Espagne, auquel Napoléon avait voulu qu'il prêtât l'appui de son expérience. Là il figura dans un grand désastre militaire, la bataille de Vittoria (21 juin 1813), dont le mauvais succès ne doit nullement lui être attribué; car il ne pouvait que donner des conseils, qui malheureusement ne furent pas suivis; il avait même d'avance annoncé les revers qu'on éprouverait.

En 1797, au moment où sa destitution fut prononcée, Jourdan se vit nommer par son département membre du Conseil des Cinq Cents. Là il s'éleva avec force en faveur du maintien des institutions républicaines, siégea constamment parmi les démocrates les plus avancés : l'organisation militaire y fut principalement l'objet de ses travaux; il jugea que le nombre des généraux de division et de brigade nécessaire à nos armées, toutes nombreuses qu'elles étaient, ne devait point dépasser 80 pour les premiers et 150 pour les seconds; il dénonça les malversations des fournisseurs militaires, et approuva le Directoire lorsque les menées des royalistes dans les Conseils nécessitèrent le coup d'État du 18 fructidor. L'année suivante (1798), il fut appelé deux fois à présider le Conseil des Cinq Cents; il fit adopter la conscription militaire dont l'Empire devait tirer tant de profit. Peu de temps après il fut nommé au commandement de l'armée du Danube, et en acceptant il se démit de ses fonctions législatives. A son retour, il fut réélu à la législature, et ne cessa pas d'y combattre tout ce qui lui paraissait en désaccord avec l'énergie de ses principes démocratiques. Président de la Société du Manége, il porta, dans un banquet, ce toast : « A la résurrection des piques ! Puissent-elles, dans les mains du peuple, détruire tous ses ennemis. »

On comprend qu'avec ces convictions Jourdan, qui s'était plutôt fait remarquer comme patriote que comme ambitieux, ne dut point grossir le cortège de généraux qui assistèrent Bonaparte au 18 brumaire; il fut, au contraire, exclu du Corps législatif à la seconde liste de proscription que dressa le pouvoir nouveau, et relégué momentanément dans la Charente-Inférieure. Il ne sortit de cet exil que pour rentrer dans la vie privée. Quand Napoléon empereur songea

à entourer son trône de maréchaux de France, il crut ne pouvoir se dispenser de placer le nom de l'ancien chef de l'armée de Sambre et Meuse au nombre de ceux qu'il voulait honorer de cette dignité. Il le nomma en outre sénateur, conseiller d'État et grand-aigle de la Légion d'Honneur. Cependant, il l'éloigna constamment de lui, et ne lui confia jamais que des missions où il fut abreuvé de dégoûts. Louis XVIII le créa comte. Dans les Cent Jours, on le revit accourir au Champ de Mai, et prendre part à ce grand intérêt de la défense du sol qui avait inspiré la plus glorieuse partie de sa carrière militaire. Sous la seconde Restauration, il fut appelé à présider le conseil de guerre qui devait juger le maréchal Ney : Moncey venait d'être destitué et arrêté pour avoir refusé ce poste; Jourdan n'hésita pas à suivre son exemple; la lettre qu'il écrivit à Louis XVIII pour motiver son refus le fit tomber dans la disgrâce d'un gouvernement qui ne pouvait néanmoins s'empêcher de le respecter. Gouverneur de la septième division militaire (à Grenoble) en 1816, rappelé en 1819 à la pairie, dont il avait été éliminé, il vit accomplir la révolution de Juillet sans abandonner une seule de ses convictions. Après avoir rempli quelques jours les fonctions de ministre des affaires étrangères, il mourut, le 23 novembre 1833, à l'hôtel des Invalides, dont il était gouverneur. Napoléon GALLOIS.

JOUR DE L'AN, nom que l'on donne au premier jour de l'année, et dont presque tous les peuples ont fait un jour de fête, caractérisé surtout par les offrandes d'étrennes.

JOUR DES ROIS. Voyez ÉPIPHANIE.

JOURNAL, JOURNALISME. On trouve déjà les premiers germes du journal dans l'ancienne Rome, où les *Acta diurna* ou *Acta publica*, espèces de comptes-rendus publiés des délibérations tenues dans les assemblées du peuple, répondaient jusqu'à un certain point à nos journaux officiels d'aujourd'hui. On y trouvait surtout les nouvelles relatives à la famille impériale, comme les naissances, les morts, les solennités funèbres, les voyages, etc., puis les décrets impériaux, les décisions rendues par le sénat et les discours qui y avaient été prononcés, les discussions des tribunaux, les constructions nouvelles, etc. Venaient ensuite les nouvelles d'intérêt privé, telles qu'annonces de naissances, de mariages, de divorces et de morts. Un décret de César ordonna que ces *Acta* paraîtraient dorénavant tous les jours; mesure prise d'autant plus à propos que l'on venait de cesser la publication des *Annales maximi*, ou *Annales Pontificum*, ainsi nommés parce que la rédaction en était confiée au *Pontifex maximus*, et dont la collection première avait déjà péri lors du sac de Rome par les Gaulois. A partir de la seconde guerre punique, ce ne fut plus aux prêtres seuls qu'on donna mission de le rédiger; d'autres hommes instruits furent aussi appelés alors à prendre part à ce travail; on cite entre autres Fabius Pictor, Calpurnius Pison, Sisenna, etc. Il ne comprenait d'ailleurs que les événements contemporains les plus importants. Dans les *Acta diurna*, au contraire, on insérait les nouvelles du jour les plus ordinaires, et jusqu'à de simples rumeurs plus ou moins fondées, comme par exemple celles d'une prétendue opposition qui se serait manifestée dans le sénat contre telle ou telle mesure en voie de délibération, etc., etc. Faute de fragments authentiques, si minimes que ce soit, il est difficile d'indiquer d'une manière plus précise ce qu'ils contenaient; et la même obscurité règne au sujet de leur rédaction. Aux temps de la république, c'étaient les censeurs et les édiles qui avaient la surveillance des *Tabulæ publicæ*, et peut-être faisaient-ils aussi rédiger ces *Acta* d'après un plan donné par des scribes ou autres individus propres à un tel travail. Sous les empereurs le soin vraisemblable ce de soin incombait aux surintendants du trésor public, qui, en raison de la nature même de leurs fonctions, étaient entourés d'un grand nombre d'employés subalternes. Quand l'écrit était achevé, on l'exposait pendant un certain temps dans quelque lieu public, où chacun pouvait le lire ou encore le copier. Il est possible que des copistes proprement dits et d'autres individus eussent des *abonnés*, tant dans la ville qu'au dehors, et qu'ils y copiassent tout ce qui était d'un intérêt général. Ces *Acta* semblent avoir cessé d'être publiés quand Constantinople eut été érigée en capitale de l'empire, parce que dès lors ce fut à des commissaires spéciaux qu'on confia le soin de faire connaître aux provinces les événements les plus importants.

On ne saurait toutefois appliquer la dénomination de *journal*, dans le sens politique et littéraire qu'on attache aujourd'hui à ce mot, à ces publications périodiques des Romains, non plus qu'à celles qui ont lieu parmi quelques nations orientales modernes, comme chez les Chinois, les Japonais et les Persans. Le caractère propre du journal moderne, c'est d'avoir en vue pour son contenu une publicité facilement accessible à tous; publicité qui d'une part doit répondre à un besoin réel des nations et des individus, et qui de l'autre suppose des moyens d'exécution sans lesquels elle n'existerait pas. Ces moyens d'exécution, la découverte de l'imprimerie put seule les fournir; de même que c'est la réforme qui seule provoqua le besoin auquel il s'agissait de donner désormais satisfaction. On ne saurait donc faire dater l'histoire du journal et du journalisme que du seizième siècle. L'activité du journalisme se borna à l'origine à ce qui était de nature à le plus frapper les yeux, aux événements les plus importants qui survenaient dans la vie des États et des nations. Telles furent les publications connues sous le nom de *Relations*, et si communes aux seizième et dix-septième siècles. Elles précédèrent les feuilles périodiques, qui naquirent successivement en même temps que des feuilles d'annonces et d'avis provoquées par d'autres besoins. La France fut le berceau du journalisme littéraire, qui de proche en proche se fonda aussi dans les autres pays. A l'origine, expression unique et impopulaire de l'érudition du dix-septième siècle, et parqué dans une espèce de caste, non-seulement le journalisme ne tarda pas à devenir l'un des plus puissants leviers de la civilisation moderne, mais encore, par ses immenses développements, il en arriva bientôt à exercer une décisive influence sur la littérature moderne, à laquelle il imprima le cachet qui lui est propre, et eut le mérite d'introduire dans la vie sociale la science qui cessa d'être le domaine de l'école exclusivement. S'il nous fallait présenter ici un aperçu même sommaire du journalisme scientifique et littéraire dans les diverses contrées de l'Europe, et mettre sous les yeux de nos lecteurs son bilan actuel, un tel travail, sans intérêt pour le plus grand nombre, nous entraînerait beaucoup trop loin. Nous nous bornerons donc à indiquer rapidement l'origine et les principaux développements du *journalisme politique* en Italie, en Hollande, en Belgique, en Allemagne, dans la Suisse, en Russie, en Turquie, dans les royaumes scandinaves, en Angleterre en Amérique, et enfin en France.

C'est en ITALIE, vers le milieu du seizième siècle et à Venise, qu'on trouve les premières traces de journaux. Le gouvernement de la république, alors en guerre contre le Turc, publiait de temps à autre quelques nouvelles écrites (*notizie scritte*) sur les événements les plus importants de la guerre, nouvelles dont les curieux pouvaient prendre lecture en certains endroits au prix d'une pièce de menue monnaie appelée *gazeta*. C'est cette pièce de monnaie qui donna son nom aux papiers-nouvelles en Italie, et plus tard en France (*Gazette*), en Espagne et en Angleterre. Une collection considérable de ces feuilles existe à la bibliothèque Magliabecchi, à Florence. Le soupçonneux gouvernement de Venise était tellement contraire à la propagation des nouvelles politiques, que longtemps encore après l'invention de l'imprimerie il ne tolèra que des journaux écrits. Mais une fois qu'il laissa publier des papiers-nouvelles imprimés, cette innovation se répandit bientôt dans le reste de l'Europe. L'apparition de journaux dans diverses villes d'Italie éveilla les défiances du saint-Siége. Le pape Grégoire XIII (1572-1585) lança même une bulle expresse contre les gazetiers, appelés alors *menanti*, et que, à l'aide d'un jeu de mots, il y désignait par l'épithète de *minantes* (menaçants). Dans les temps modernes, en dépit de circonstances des plus défavorables, le journalisme italien n'a pas laissé que de développer une remarquable activité. Elle se manifesta plutôt, il est vrai, dans le domaine des sciences et de la littérature, que dans les gazettes proprement dites, publications peu estimées, soumises à mille restrictions par la censure, ne donnant à leurs lecteurs que les plus sommaires renseignements sur les événements, sans la moindre appréciation politique. Les gazettes privilégiées de Milan, de Venise, de Turin, de Gênes, de Bologne, de Lucques, de Florence, le *Diario di Roma* et la *Gazetta di Napoli* étaient encore les plus lues de toutes. A une époque d'agitations et de dangers (1831), la *Voce della Verità* de Modène fit beaucoup de sensation par l'exagération même de ses principes ultra-monarchiques. En 1836 il se publiait en Italie 171 écrits périodiques; et en 1845 le nombre en était de 205. L'avénement de Pie IX au trône pontifical changea tout à coup cet état de choses, et il se produisit alors un véritable déluge de feuilles politiques, dont quelques-unes rédigées avec beaucoup de talent et d'habileté, mais qui firent beaucoup de mal en éparpillant les forces de l'opinion, en l'exagérant, et enfin par les excès de tous genres auxquels elles se laissèrent entraîner. On ne saurait rien comparer au fanatisme et à la grossièreté des feuilles du parti révolutionnaire à Livourne, à Florence, à Rome, et encore en 1854 à Gênes, où le mazzinisme était parvenu à s'emparer d'une partie de la presse quotidienne. L'année 1849, avec ses tendances réactionnaires, mit presque partout un terme à ce délire des intelligences; et il faut reconnaître que, sauf peut-être le *Giornale di Roma*, il y a eu partout après les saturnales de la liberté amélioration réelle dans le petit nombre de feuilles qui ont été assez heureuses pour survivre à la réaction. Aujourd'hui elles satisfont beaucoup plus complètement qu'avant 1848 à ce que le public en attend, et elles se tiennent beaucoup mieux au courant de ce qui se passe dans le monde. Les meilleures sont celles de Venise, de Milan, de Turin, de Gênes, de Florence et de Naples. En raison de la constitution libre que la Sardaigne a eu le bonheur de conserver, un intérêt tout particulier s'attache à la presse de ce royaume, qui en 1852 on ne comptait pas moins de quarante-cinq journaux politiques, dont quatre écrits en français. Le plus important de tous est le *Parlamento* de Turin, qui en 1855 a changé ce titre contre celui de *Piemonte*. Il faut encore citer l'*Opinione*, journal modéré, le *Diritto*, organe de la gauche, l'*Armonia*, avocat du parti clérical, l'*Unione* de Bianchi-Giovini, et la populaire *Gazetta del Popolo* (7,000 abonnés).

En ESPAGNE aussi les premiers journaux ne furent que des relations isolées (*Relationes*) d'événements importants, relations paraissant à des époques indéterminées et prenant souvent, sur cette terre par excellence de la poésie, la forme de romances que les aveugles chantaient au coin des rues (*romances de ciegos*). Ce ne fut guère que vers le milieu du dix-huitième siècle que commença à paraître régulièrement une gazette de cour, le *Diario de Madrid*. Mais dès la fin du règne de Charles III on comptait en Espagne de quarante à cinquante journaux, qui ne s'occupaient pas seulement de politique, mais encore de la propagation de notions utiles, et qui insèraient dans leurs colonnes soit des dissertations scientifiques, soit des articles de critique, de morale et de philosophie, par exemple le *Teatro critico universal* et les *Cartas eruditas* de Feyjoo, le *Pensador* de Clavijo y Faxardo, le *Diario de los Literatos de Espana*, le *Semanario erudito*, etc.

Le journalisme espagnol prit autrement d'importance pendant et après la guerre de l'Indépendance (1808). Parmi les journaux du parti libéral d'alors on remarque d'abord le *Diario de las Cortes*, feuille d'une haute importance; puis le *Semanario patriotico* (Cadix, 1808-1811) et l'*Aurora mallorquina* (Palma, 1812-1813), à la rédaction desquels prirent part des hommes tels que Quintana, Antillon, Blanco-White, Tapia, Gallardo. Parmi les organes des *serviles*, il faut surtout citer le *Procurador del Rey*, feuille à l'usage du peuple, rédigée avec autant d'énergie que d'esprit. Après la restauration de 1814, les hommes exilés d'Espagne continuèrent à défendre leur cause à l'aide de quelques journaux publiés en langue nationale à l'étranger : tel fut, par exemple, l'*Español constitucional*, publié à Londres en 1815. Le parti absolutiste se servit aussi, il est vrai, de la presse comme moyen d'action; cependant, dans le grand nombre de feuilles de cette couleur, on ne peut guère citer que l'*Atalaya de la Mancha*, fameuse entre toutes par ses fureurs et ses violences. La révolution de 1820 à 1823 qui rendit de nouveau le parti libéral maître de l'Espagne, en proclamant la liberté de la presse, donna naturellement à la presse périodique des bases plus larges et plus sûres, en même temps qu'elle accrut infiniment son influence. Parmi les 64 journaux politiques qu'on comptait en 1822, l'un des meilleurs était le *Censor*, qui s'était posé franchement en organe du libéralisme napoléonien avec une certaine tendance à se rapprocher des doctrinaires français; d'un autre côté, la franche et spirituelle gaieté nationale coulait à pleins bords dans le *Zurriago* et dans les *Cartas del pobrecito holgaran* de Miñano, feuilles audacieuses entre toutes. Quand la contre-révolution de 1823 força les hommes du parti libéral à aller de nouveau demander un asile à l'étranger, Paris et Londres devinrent les deux grands ateliers de la presse espagnole réfugiée. C'est ainsi que parurent à Londres les *Ocios de Españoles refugiados* (1823-1826), feuille où la littérature était aussi traitée d'une manière remarquable, ainsi que le *Correo literario y político*, et à Paris les *Miscelanea hispano-americana* (1826). Sauf un petit nombre de feuilles, la presse politique fut complétement supprimée en Espagne en 1824; et après la *Gazeta de Madrid*, on ne peut guère citer que le *Correo mercantil* de Cadix, le *Mercurio*, la *Gazeta de Bayona* (1825), publiée par Miñano, et à Saint-Sébastien l'*Estafeta*, feuille absolutiste, qui plus tard fusionna avec la *Gazeta de Bayona*. La mort de Ferdinand VII et l'adoucissement qui s'ensuivit aussitôt dans le régime rigoureux auquel le journalisme était resté soumis jusque alors, puis le changement complet de système survenu en 1833, eurent naturellement pour résultat de donner des développements considérables à la presse périodique, devenue libre en 1833. A ce moment il ne surgit pas moins de 18 journaux politiques, à Madrid seulement. En 1836 il en paraissait 30, sans parler des 49 feuilles officielles (*Boletines oficiales*) à l'usage des provinces. Dans le nombre il faut surtout accorder une mention à la *Revista española*, fondée en 1831, devenue plus tard, en 1837, exclusivement littéraire, sous le nom de *Revista europea*, puis redevenue politique et littéraire l'année suivante et organe du parti modéré sous le titre de *Revista de Madrid*; le *Correo nacional*, journal d'une nuance du parti modéré, rédigé par Borrego, lequel publiait aussi un autre journal de la même opinion, l'*Español*. Le *No me olvides* du poëte Salas y Quiroga n'était d'abord qu'une feuille de littérature et d'art, mais qui aborda ensuite la politique en arborant le drapeau du juste-milieu. Il faut encore citer à cette époque le *Corresponsal*, journal riche en renseignements statistiques, et la *Gazeta de Madrid*, l'organe officiel de tous les gouvernements passés, présents et futurs. Dans les provinces on distinguait l'*Eco de Aragon*, publié à Saragosse ; l'*Aurora*, le *Tiempo*, à Cadix ; le *Guadalhorze*, à Malaga ; l'*Alhambra*, à Grenade, etc., etc. Un trait bien significatif du caractère national, c'est que pour agir sûrement sur le peuple le gouvernement et les différents partis qui lui étaient hostiles eurent toujours recours à des journaux satiriques, venant avec les armes du ridicule au secours de leurs systèmes politiques respectifs. C'est ainsi que les *moderados* fondèrent les journaux *El Torobado*, *El Mundo*, *El Duende*, *El Nosotros*; mais ceux des *exaltados* les surpassèrent encore en licence, surtout après le *pronunciamento* de septembre 1840. Beaucoup de ces feuilles ne tardèrent point sans doute à disparaître, mais furent tout aussitôt remplacées par d'autres; et au total le journalisme espagnol a toujours été en augmentant de puissance et de nombre dans ces dernières années. Ce fut un journal purement religieux, *El Catolico*, qui obtint le plus grand nombre d'abonnés (14,000). En 1844 il paraissait chaque matin à Madrid 19 journaux, parmi lesquels trois, l'*Eco*, le *Clamor publico* et le *Novelero*, appartenaient au parti des *exaltados*. L'*Heraldo*, journal de la nuance modérée, était celui qui tirait le plus (7,000). Quand la nation se souleva en 1843 contre Espartero, la presse de Madrid réunissait 65,000 abonnés; puis, le calme une fois rétabli dans le pays, ses tirages réunis ne présentèrent plus qu'un total de 22,000 exemplaires. La révolution de juillet 1854 a eu pour résultat de donner une vie nouvelle à la presse politique. A la fin de cette même année il paraissait à Madrid 30 journaux de couleurs diverses; et dans les premiers mois de 1855 le nombre en augmenta encore. L'*España* et le *Clamor publico* sont aujourd'hui les plus importants de tous.

L'histoire du journalisme en Portugal est tout à fait la même qu'en Espagne. Jusqu'en 1820 le journal y fut d'une complète nullité. La révolution lui donna alors une importance qu'il perdit aussitôt que la contre-révolution eut triomphé, en 1823. A partir de l'avénement de Maria da Gloria, en 1834, le journalisme prit toujours plus de développement, mais sans se perfectionner et en se bornant uniquement à servir les passions des partis. Les incessantes alternatives d'absolutisme et de licence révolutionnaire dans ce pays ont eu pour résultat d'y démoraliser complétement la presse. Le journal officiel porte le titre de *Diario do Governo*. Il paraissait en outre à Lisbonne en 1852 six journaux politiques, et cinq à Oporto.

Les journaux publiés en Hollande furent dès l'origine au nombre des meilleurs qu'on possédât, parce qu'ils donnaient de première main les nouvelles arrivant par la voie de mer ; parce qu'il leur était plus facile qu'à tous autres d'être au courant des événements de la politique, et parce que sous le gouvernement républicain de ce pays la presse jouissait du plus de liberté que partout ailleurs. Presque tous les journaux y furent d'abord publiés en langue hollandaise, sous la dénomination commune de *Courant*, spécialisée par le nom de la ville où s'imprimait le journal. Ils donnaient peu d'articles politiques, mais beaucoup d'avis au public et de nouvelles commerciales. Ce ne fut que plus tard que parurent à Leyde et à La Haye des journaux rédigés en langue française. Bien qu'en 1815 la Hollande eût recouvré l'exercice de la liberté de la presse, la nation n'en fit pas grand usage, tant que la lutte n'eut pas commencé entre les feuilles belges et les feuilles hollandaises. Aujourd'hui, les journaux les plus répandus en Hollande sont l'*Allgemeene Handelsblad* d'Amsterdam, le *Staats-Courant* de La Haye, le *Harlemsche-Courant* de Harlem, le *Journal de La Haye*, journal officiel. Autrefois, la *Gazette de Leyde*, propriété de la famille Luzac, était regardée comme le mieux rédigé et le mieux renseigné des journaux hollandais. Aux Grandes Indes la presse hollandaise est représentée par le *Javaasche-Courant*, publié à Batavia; et on estime aussi beaucoup la *Tijdschrift voor Neerlandsche Indien*.

Le premier journal qui ait été publié dans la partie sud des Pays-Bas, qui forme aujourd'hui le royaume de Belgique, parut à Anvers en 1605, sous le titre de *Nieuwe Tijdinghe*. C'était, à ce qu'il paraît, une gazette des événements de la guerre, paraissant à des époques indéterminées et qui fut remplacée, à ce qu'on écrit, par la *Gazette van Antwerpen*, laquelle ne disparut qu'on 1827. Sous la domination de l'Espagne et sous celle de l'Autriche, chaque ville de quelque importance avait sa gazette *privilégiée*, publication parfaitement pure de toute tendance politique ou sociale, et ne disant jamais que ce qu'on lui permettait de dire. Dans le nombre il faut citer le *Courrier véritable des Pays-Bas*, fondé en 1649, et qui, sauf une unique interruption de 1746 à 1749, continua de paraître jusqu'en 1791 ;

le *Journal de Liége*, qui aujourd'hui encore compte un grand nombre d'abonnés, et la *Gazette van Gend*, fondée en 1667, et qui n'a pas discontinué de paraître depuis lors. Sous la domination française, les villes de la Belgique avaient perdu toute indépendance et toute initiative, et le plus grand nombre de leurs gazettes durent succomber sous la concurrence des nombreux journaux de département qu'on y fit paraître rédigés à la française. Les journaux de cette époque dont les collections ont conservé une certaine importance historique sont *Le Compilateur* (1798-1810); *Le Vrai Brabançon* (1790-1792), feuille à tendances catholiques et autrichiennes; le *Journal de la Société des Amis de la Liberté et de l'Égalité*, et *Le Républicain du Nord*, rédigés tous deux dans l'esprit du républicanisme le plus exalté. Simple journal de faits, *L'Oracle* se maintint de 1800 à 1827. Bien que le gouvernement hollandais n'eût pas, à partir de 1815, par trop gêné les allures du journalisme en Belgique, la législation relative à la liberté de la presse était trop sévère et trop précise pour ne point donner lieu à d'assez nombreux procès. Parmi les journaux qui existèrent en Belgique de 1815 à 1830, c'est-à-dire pendant la réunion de la Belgique et de la Hollande, il faut citer, outre la *Gazette des Pays-Bas*, journal officiel, le *Journal de la Belgique*, feuille assez incolore, qui continue encore de paraître; *Le Nain jaune réfugié*, journal de caricatures contre les Bourbons; *Le Libéral*, produit de la fusion du *Nain jaune* et du *Surveillant* en 1816, et qui en 1821 se transforma en *Courrier des Pays-Bas*, feuille d'une opposition extrêmement acerbe. Après ce dernier, qui compta au nombre de ses actionnaires ou de ses rédacteurs la plupart des fauteurs bien marquants de la révolution belge, il faut encore mentionner parmi les journaux d'opposition les plus importants *Le Courrier de la Meuse*, fondé en 1820, au point de vue catholique, transféré à Bruxelles en 1840, et publié aujourd'hui sous le nom de *Journal de Bruxelles*; le spirituel *Matthieu Lænsberg*, rédigé par Deveau, Lebeau et Rogier, fondé en 1824, transformé en 1828 en *Politique*, en 1841 en *Tribune*, et qui depuis 1849 est devenu sous le dernier de ces titres l'organe du parti républicain; *Le Catholique des Pays-Bas*, devenu plus tard le *Journal des Flandres*; le *Journal d'Anvers*, feuille catholique, existant depuis 1811. Avant la révolution de 1830, on citait parmi les journaux ministériels, à Bruxelles, *Le National*, publié par le fameux Libri de Bagnano, et à Gand, le *Journal de Gand*, qui a pris en 1831 le titre de *Messager de Gand*, et est demeuré jusqu'à ce journal fidèle à ses tendances orangistes. La révolution dut nécessairement donner un essor immense à la presse belge, désormais affranchie de toute contrainte, et qui souvent, aujourd'hui peut-être plus que jamais, confond trop la liberté avec la licence. Les journaux les plus répandus sont ceux qui ont un cachet tout français; presque tous sont rédigés par des Français et puisent leurs renseignements à des sources françaises. En 1830 le nombre des écrits périodiques de toutes couleurs paraissant en Belgique n'était encore que de 31; au commencement de 1848 il était déjà de 202, comptant ensemble 61,408 abonnés. Il y en avait 18 qui paraissaient tous les jours, 122 qui s'occupaient de politique, 137 de rédigés en français et 52 en flamand. L'abolition complète du timbre sur les journaux et l'abaissement du prix du port par la poste, en 1848, en ont encore singulièrement augmenté la circulation. Le plus important des journaux belges est aujourd'hui sans contredit *l'Indépendance* (8 à 9,000 abonnés), qui a remplacé *l'Indépendant*, fondé en 1831, longtemps journal quasi-officiel, mais sans opposition assez tranchée. Viennent ensuite *L'Observateur*, journal du libéralisme le plus avancé; *L'Émancipation*, journal de la droite parlementaire, c'est-à-dire du parti catholique; le *Journal de Bruxelles*, surnommé la *Petite-Bête*, feuille de sacristie; *La Nation*, feuille démocratique; le *Télégraphe*, adversaire du gouvernement de Napoléon III; *Le Nord*, fondé par la diplomatie Russe; enfin *Le Moniteur belge*, journal officiel. Dans les provinces, il faut citer, outre le *Journal de Liége* et *Le Messager de Gand*, déjà nommés, le *Journal d'Anvers*, le *Journal de Gand*, le *Journal de Verviers*, *L'Organe des Flandres*, *L'Ami de l'ordre*, à Namur, *De Standaert*, journal flamand, à Gand.

En ALLEMAGNE également les journaux eurent pour point de départ des feuilles volantes et des imprimés de faible étendue, intitulés le plus ordinairement *Newe Zeitung*, rédigés en formes de lettres, et ornés quelquefois de gravures sur bois, ne portant que très-rarement la mention de la date et celle du lieu où ils ont été imprimés. Il est possible que des publications de ce genre aient eu lieu dès le milieu du quatorzième siècle; on en a la preuve en ce qui concerne l'Allemagne, pour les années 1457 à 1460, bien que l'exemplaire le plus ancien qu'on connaisse encore, et qui se trouve dans la bibliothèque de l'université de Leipzig, porte seulement la date de 1494. Ces *Relations*, comme on les appelait, indépendamment des événements contemporains les plus importants, tels que la découverte de l'Amérique, les guerres contre le Turc, celles des Français et des Impériaux dans la haute Italie, etc., etc., traitent aussi d'affaires locales, comme des exécutions capitales, des inondations, des tremblements de terre, des histoires de sorcières, d'enfants égorgés par des juifs, de signes miraculeux. Ces communications étaient périodiquement données, d'un côté, par les almanachs et les calendriers, qui depuis la fin du quinzième siècle paraissaient déjà à peu près régulièrement tous les ans, et de l'autre par ce qu'on appelait alors les *Postreuter* (courriers), dont le plus ancien qu'on connaisse porte la date de 1590, qui étaient généralement rédigés en vers et comprenaient les événements de l'année écoulée. C'est aussi vers la même époque que parurent les premières relations périodiques de ce genre, lorsque, en 1590, Conrad Lauterbach (né en 1534, mort en 1594), commença en société avec le libraire de Francfort Paul Brachfeld la publication de ces *Relationes semestrales*, continuées après sa mort par Sébastien Broenner, et qui paraissaient tous les six mois, de foire en foire, à Francfort, d'abord texte latin et allemand en regard. Quelques recueils de ce genre, tels que le *Relationum historicarum Pentaplus* de Michel Eytzinger (1576 à 1599, Francfort et Cologne), le *Mercurius Gallo-Belgicus* d'Isselt (1588 à 1600), continué par divers jusqu'en 1654, etc., citaient plutôt des chroniques historiques, des annuaires, que des gazettes proprement dites. Tandis que les imprimés en question étaient les précurseurs de nos journaux d'aujourd'hui, d'autres besoins firent naître et circuler en Allemagne dans la seconde moitié du seizième siècle des gazettes manuscrites, que les frères Fugger, ces négociants célèbres d'Augsbourg, dont les relations commerciales embrassaient alors toutes les parties du monde, faisaient de temps à autre rédiger à l'usage de leurs nombreux correspondants. Une collection de gazettes de ce genre, embrassant l'intervalle de temps compris entre les années 1568 et 1604, et formant 28 volumes, fut transportée à Vienne, en 1656, avec toute la bibliothèque Fugger. Sous le rapport du choix et de la diversité des matériaux et des renseignements qu'elles contiennent (on y trouve même jusqu'à des nouvelles littéraires), ces gazettes ou circulaires manuscrites, adressées par la maison Fugger à ses amis et correspondants, pour le classement et l'étendue différent peu des journaux d'aujourd'hui L'*Aviso*, « relation ou gazette de ce qui s'est passé dans l'Empire, en Espagne, en France, aux Indes orientales et occidentales, etc., » publié comme papier-nouvelle à partir de 1612, non pas, il est vrai, à des intervalles fixes et réguliers, mais par feuilles numérotées, était une publication à peu près du même genre. Toutefois la première gazette véritable qui ait été publiée en Allemagne fut celle que le libraire Emmel de Francfort fit paraître toutes les semaines, avec un numéro distinct chaque fois, à partir de 1612. A l'imitation de ce libraire, J. de Berghden, alors administrateur des postes impériales, publia, à partir de l'an 1616, la

Gazette de la direction générale des postes de Francfort (*Frankfurter Oberpostamtszeitung*), qui continue encore à paraître aujourd'hui. Après Francfort, ce fut la ville de Fulda, qui la première posséda un journal. Dès 1619 il en paraissait un autre à Hildesheim. Peu à peu cette innovation gagna de proche en proche; et vers le milieu du dix-septième siècle Nuremberg, Cologne, Augsbourg, Ratisbonne, Hanau, Hambourg, Bremen, Gotha, Altenbourg, Cobourg, Erfurt, Wittenberg, Eisenberg, Leipzig, Berlin, Halle, Magdebourg, Kœnisberg, Clèves et quelques autres villes avaient déjà chacune leur journal ou gazette, publié d'ordinaire avec le très-gracieux privilége du souverain local, et sous le contrôle d'une censure préventive. L'un des plus anciens journaux de l'Allemagne actuellement existants est Le Correspondant de Hambourg (*Hamburgische Correspondent*), qui date de 1714. L'*Allgemeine Zeitung* (Gazette universelle d'Augsbourg), fondée en 1798 par le libraire Cotta, ne tarda point à éclipser tous les journaux publiés jusque alors, et a toujours conservé depuis la prééminence. Ce journal, qui a des correspondants particuliers (et bien réels) dans tous les pays de l'Europe, sur les points les plus importants de l'Afrique, de l'Asie et de l'Amérique, est souvent employé par les différents gouvernements qui veulent donner de la publicité à certains documents officiels qu'il y aurait pour eux inconvénient à publier dans les journaux qui paraissent sur leur propre territoire. Pendant le temps de la domination française, les feuilles allemandes ne purent être que l'écho des journaux français; mais le joug de l'étranger n'eut pas plus tôt été secoué, en 1813, qu'on vit naître en Allemagne un certain nombre de journaux nouveaux. C'est ainsi qu'à l'invitation du général Wittgenstem Kotzebue fonda la Feuille populaire russo-allemande (*Russisches-Deutsches Volksblatt*), tandis que Niebuhr créait son Correspondant prussien (*Der preussische Correspondent*), deux feuilles qui d'ailleurs ne survécurent guère aux circonstances qui les avaient fait naître. Vers la même époque, se fondait en Autriche. L'Observateur autrichien (*Œstreichische Beobachter*), placé sous le patronage de M. de Metternich, et rédigé par Pilat, hanovrien converti au catholicisme. La Gazette d'État de Prusse (*Preussische Staatszeitung*) date de 1815. Les événements de 1830 provoquèrent sur divers points de l'Allemagne la création d'un certain nombre de feuilles d'opposition; mais à partir de 1832 des décisions de la diète germanique les supprimèrent successivement. En 1840 les gouvernements accordèrent cependant un peu plus de latitude à la presse, et dans la révolution de mars 1848 la Gazette de Brême, la Gazette de Cologne, la Gazette du Weser, la Gazette universelle de Leipzig, défendaient avec une remarquable vigueur la cause du progrès et de l'émancipation. Les événements de 1848, comme on peut bien le penser, amenèrent une transformation complète de la presse allemande. Une foule de nouveaux journaux politiques se créèrent alors, mais le plus grand nombre succomba bientôt faute des ressources nécessaires à de telles entreprises, ou encore par suite des lois nouvelles rendues à partir de 1849 sur l'exercice de la liberté de la presse. Si beaucoup des grands journaux qui existaient avant 1848 ont disparu depuis, en revanche il s'en est créé une foule d'autres par suite des besoins nouveaux qu'ont provoqués les progrès du commerce et de l'industrie, ainsi que la facilité plus grande des communications, résultat des nombreux chemins de fer qui sillonnent le pays dans tous les sens. Au commencement de 1855 on évaluait à 1,600 le nombre des journaux politiques publiés tant en Allemagne qu'en Suisse et dans les provinces russes riveraines de la Baltique, où la langue allemande est en usage, sans compter près de 900 journaux scientifiques et littéraires. Au commencement de la même année, il se publiait en Autriche 73 journaux politiques. Les journaux les plus importants qui paraissent en ce moment en Prusse sont : la Gazette de Spener (7,000 abonnés) ; la Gazette privilégiée de Berlin, appelée aussi Gazette de Voss (12,200 abonnés) ; la Nouvelle Gazette de Prusse (5,000 abonnés), organe du parti rétrograde; Le Temps (6,000 abonnés) ; la Gazette nationale (5,400 abonnés). Les journaux publiés en Bavière, en Wurtemberg, en Saxe, etc., n'ont qu'une importance locale.

La Suisse est, toutes proportions gardées, le pays de l'Europe où l'on publie le plus de journaux. Au commencement de 1851 on n'y comptait pas moins de 204 feuilles s'occupant de politique, de religion et de littérature, dont 152 rédigées en allemand, 46 en français, 5 en italien et 1 en langue romane (dans le canton des Grisons). En 1855 ce chiffre était de 243. Les plus importants de ces journaux sont : L'Alliance (*Der Bund*), publiée à Berne ; la Gazette de la Confédération (*Eidgenossische Zeitung*), à Zurich ; la Gazette d'Argovie (*Aargauer Zeitung*) ; le Messager suisse (*Schweitzer Bote*), rédigé à l'origine par Zschokke ; la Gazette de Bâle et la Gazette nationale suisse, publiées toutes deux à Bâle ; les Gazettes de Lucerne, d'Appenzel, etc. ; enfin, les journaux rédigés en langue française et publiés dans la Suisse française, tels que le *Courrier suisse*, la *Gazette de Lausanne*, la *Gazette de Fribourg*, le *Nouvelliste Vaudois*, le *Journal de Genève*, organe du parti conservateur et la *Revue de Genève*, organe du parti radical.

En Russie le journalisme, comme tant d'autres choses, fut créé par Pierre le Grand, qui, pour tenir son peuple au courant des événements de la guerre contre les Suédois, fit paraître des journaux, d'abord à Moscou, puis à Saint-Pétersbourg. La plus ancienne gazette russe, à la rédaction de laquelle Pierre le Grand prit personnellement part, parut en 1703, à Moscou. Elle a été réimprimée avec soin, à Saint-Pétersbourg, en 1855. La Gazette de Moscou (*Moskouskija Wjédomosti*) ne tarda point à périr, mais pour renaître en 1756. Il existe des années ou collections régulières de la *Péterburgskija-Wjédomosti* depuis 1714. Le premier journal littéraire, *Jeshemjesatschnyja Sotschinenija*, fut publié en 1755, par l'académicien Müller. De 1791 à 1792, Karamsine publia le journal de Moscou ; et à partir de 1802 le Courrier de l'Europe, passé plus tard sous la direction de Schukowskji et de Katschenowskji, et où les questions politiques étaient traitées. Le Télégraphe de Moscou (1825 à 1834) exerça une heureuse influence sur la littérature russe. Disons bien vite, du reste, qu'il ne saurait exister en Russie de journaux politiques proprement dits, puisqu'ils ne paraissent que sous le bon plaisir du gouvernement, lequel ne permet de publier que ce qui lui paraît utile ou tout au moins sans inconvénient, et que dès lors le journalisme russe ne peut présenter la plus légère nuance d'opposition. C'est seulement dans des circonstances graves et critiques, comme par exemple, lors de l'invasion française en 1812, lors de l'insurrection de la Pologne en 1830, et tout récemment encore, en 1853, à l'occasion de la crise décisive survenue en Orient, qu'un peu plus de liberté est accordé au journalisme, à qui il est permis d'élargir un peu le cercle de son action ; et les publicistes officiels développent alors pour défendre la politique du gouvernement un talent et une habileté incontestables. Sous ce rapport on distingue surtout l'Abeille du Nord (*Sjéwernaja-Ptschela*), rédigée par N. Gretsch et Th. Bulgarin, dont les feuilletons sont très-goûtés, et qui s'est fait un cercle de lecteurs fort étendu. La *Peterburgskija-Wjédomosti*, rédigée par A. Ortschkin, est renseignée par l'ampleur de son cadre et le grand nombre de renseignements qu'on y trouve ; tandis que l'Invalide russe, placé sous la direction du prince Galytzin, est surtout consacré à des rapports et à des dissertations militaires. En fait d'autres journaux russes importants, on peut encore citer la Gazette Allemande de Saint-Pétersbourg, qui existe depuis 1726, et dont les suppléments scientifiques et littéraires font bien connaître la Russie ; la Gazette de la Marine (*Morskoi Sbornik*), qui publie sur les mouvements de la flotte russe les renseignements que le gouvernement a intérêt de communiquer au public; la Gazette de la Police; et le *Journal de Saint-Pétersbourg*, rédigé en français, organe officiel du gouvernement, qui y fait surtout paraître des articles à l'adresse de l'étranger; le *Kawkas* de Tiflis, à cause de la foule de documents précieux qu'on y trouve relativement aux provinces du Caucase, à la Perse, etc.; le *Journal d'Odessa* (publié en français et en allemand); la Gazette de Riga et l'*Inland* de Dorpat. En 1854 il se publiait dans toute l'étendue de l'empire russe 95 gazettes et 66 écrits périodiques, dont 67 gazettes et 48 écrits périodiques en russe, 15 gazettes et 10 écrits périodiques en allemand; le reste en anglais, en français, en italien, en polonais, en letton, en grusien. A Saint-Pétersbourg seulement, il paraissait 26 gazettes (y compris les feuilles d'annonces et de commerce) et 42 écrits périodiques; à Moscou, 4 gazettes et 9 écrits périodiques, etc., etc. On ne devra pas être surpris de nous voir ajouter que le journalisme littéraire est arrivé en Russie à une tout autre importance que le journalisme politique; il sert en effet d'arène aux passions et aux partis, auxquels le champ des discussions politiques est sévèrement interdit, et qui s'en dédommagent en apportant encore plus d'ardeur et aussi d'animosité dans les discussions littéraires.

Le nombre des journaux qui existaient en POLOGNE avant 1830 était de 37; il n'est plus aujourd'hui que de 15. Le plus lu de tous est la *Gazeta-Rzadowa*, feuille officielle; viennent après : le *Dziennik Warszawski*, la *Gazeta-Codzienna*, la *Gazeta-Warszawska* et le *Kuryer-Warszawski*; les autres feuilles sont ou des journaux d'éducation ou des journaux religieux.

Le premier journal publié en SUÈDE fut l'*Ordinarie Post-Tidende*, qui parut régulièrement de 1643 à 1680; vinrent ensuite : le *Svensk Merkurius* (1675-1680), les *Relationes curiosæ*, journal écrit en latin, de 1682 à 1701, le *Svensk-Postillon* et quelques autres encore. Le premier journal rédigé en français fut la *Gazette française de Stockholm* (à partir de 1742), à laquelle succéda, en 1772, le *Mercure de Suède*. Quoique le *Stockholms-Posten*, fondé en 1778, se permit quelquefois des appréciations politiques, la presse politique suédoise resta sans aucune influence sur l'opinion jusqu'à l'époque où la grande querelle des classiques et des romantiques vint partout raviver les forces de l'intelligence. L'*Argus*, fondé en 1820 par Johannsen, et à partir de 1829 la *Rigsdags Tidende*, entreprise par Crusenstolpe et par Hjerta, le premier écrivain qui ait dignement représenté la presse politique, exercèrent une influence réelle sur le développement politique intérieur de la Suède; et la seconde de ces feuilles devint bientôt l'organe de l'opposition. Au moment où se termina la diète de 1828-1830 et où la presse suédoise prit un caractère franchement politique, qu'elle n'avait point encore eu jusque alors, Crusenstolpe entreprit dans le sens royaliste le *Fædernestandet*, tandis qu'en décembre 1830 Hjerta fondait l'*Aftonbladet*, feuille radicale, demeurée pendant longtemps le journal le plus influent de la Suède, qui a compté jusqu'à 5,000 abonnés, mais qui a cessé depuis l'avénement du roi Oscar de représenter l'opposition. Le *Dagligt-Allahanda*, fondé en 1833, et qui depuis 1852 porte le titre de *Svenska-Tidende*, a également une circulation très-étendue et représente le parti réformiste modéré. La gazette officielle est la *Post och Inrikes Tidningar*, qui portait précédemment le titre de *Sveriges-Statstidning*. La *Svenska-Minerva*, fondée avant 1830, et la *Svenska-Blet*, qui depuis 1839 occupait le premier rang parmi les journaux conservateurs, étaient avant 1848 des journaux ministériels. La tempête de 1848 fit naître en Suède un assez grand nombre de feuilles ultra-radicales; mais elles ne tardèrent point à disparaître. Parmi les journaux de province on distingue celui de Gothenbourg, le *Gœteborgs Handels och Sjœfarts-Tidning*, fondé en 1822. En 1801 il ne se publiait en tout que 25 journaux en Suède; en 1821 leur nombre était de 48, et en 1850 de 113.

La presse politique en DANEMARK demeura sans caractère et sans influence jusqu'en 1830. Il ne paraissait à Copenhague que deux gazettes, toutes deux en vertu de priviléges, et qui, outre les actes et les avis de l'autorité, publiaient quelques extraits des feuilles étrangères. Le plus ancien journal danois est le *Berlingske-Tidende*, fondé en 1749, écrit à l'origine en allemand, et qui, sauf les années 1848 et 1849, a toujours été une feuille ministérielle. Ce fut seulement en 1831 que l'opposition eut son organe dans le *Fædrelandet*, qui a fini par devenir le représentant du scandinavisme, et qui atteignit l'apogée de son succès en 1848. Le *Kjœbenhavns-Posten*, fondé à la même époque et longtemps organe de l'opposition, mais passé aujourd'hui dans les rangs du parti conservateur, est toujours un journal important. Le *Flyve Posten*, fondé vers 1842, et le *Dagbladet* sont des feuilles secondaires. Le parti national danois a créé en 1849, pour lui servir d'organe spécial, le *Danevirke*.

La plus ancienne feuille publique de la NORVÈGE, le *Christiania-Intelligentssedler*, fut fondée en 1763. Les *Adresscontoirs Efterretninger* de Bergen parurent en 1765; et les *Trondhyems Borgerlige Realskoles privilegirte Adresscontoirs Efterretninger* de Drontheim en 1767. Toutefois, les journaux norvégiens n'eurent point d'importance politique avant 1833, époque où commença la lutte des partis, celui des fonctionnaires publics et de l'intelligence, et celui des paysans et de leurs intérêts. Le *Den Constitutionelle* devint à partir de 1836 l'organe du premier, et en 1847 il a fusionné avec le *Norske-Rigs-Tidende*, qui existe depuis 1815. Le *Morgenblad*, journal fondé en 1819, devint l'organe du parti populaire. Il faut aussi mentionner le *Christiania-Posten*, qui paraît depuis mai 1848. Parmi les journaux de province aujourd'hui existants, il n'en est pas un seul qui date de plus loin que 1833, et la plupart ont à peine dix années d'existence.

Le premier journal qu'eut la TURQUIE fut une feuille que Verninhac, envoyé de la république française, près de Sélim III, fit imprimer à Péra, en 1795. Vers 1811 on y publia les bulletins de la grande armée. Toutefois, le véritable fondateur du journalisme en Turquie fut Alexandre Blaque, qui en 1825 créa à Smyrne un journal français, intitulé d'abord *Le Spectateur de l'Orient*, et plus tard *Courrier de Smyrne*, feuille qui de 1825 à 1828, pendant l'insurrection grecque, exerça une grande influence. Le même A. Blaque fonda en 1831, à Constantinople, le *Moniteur Ottoman*, le journal officiel de la Porte, dont il paraît aussi depuis 1832 une traduction turque intitulée *Taqwîmi-Vaqâi*, et dont à sa mort, arrivée en 1836, la rédaction passa aux mains de Franceschi, mort lui-même en 1841. Pendant ce temps, à Smyrne, le *Courrier de Smyrne* se transformait en *Journal de Smyrne*. En 1838, Bargigli y fonda *L'Echo de l'Orient*, et un peu plus tard Edwards *L'Impartial de Smyrne*. Des trois journaux qui existèrent pendant quelque temps simultanément à Smyrne, c'est le dernier qui seul continue toujours à s'y publier. Les deux autres ont été transférés à Constantinople, où, réunis depuis 1846, ils paraissent sous le titre de *Journal de Constantinople, écho de l'Orient*. Il existe en outre à Constantinople un journal en langue turque, fondé en 1843 par Churchill, *Djerîdei-Havadis*; deux autres journaux français, le *Courrier de Constantinople* et le *Commerce de Constantinople*, sans compter quelques autres feuilles, rédigées en italien, en grec moderne et en arménien. Après Constantinople, la ville de l'Empire Ottoman qui possède le plus de journaux est Smyrne, où on en comptait 5 en 1854.

La presse périodique des Arméniens, qui sous ce rapport sont les plus avancés des peuples de l'Orient, a pris bien autrement de développement que celle des Turcs. Il n'y a guère de grande ville de l'empire turc habitée par des Arméniens où ceux-ci n'aient une feuille qui leur serve d'organe. De 1812 à 1855 les Méchitaristes ont successivement fait paraître à Constantinople 23 feuilles périodiques. Toutefois, le premier journal proprement dit que les Arméniens aient eu à Constantinople a été le *Hajasdan* (1846-1849), remplacé en 1852 par le *Noïyan-Aghawni*, et en 1853 par le *Massis*. Le *Hairenhasser* paraît depuis 1849 à Nicomédie. L'*Araradian Arschaluis*, qui paraît depuis 1840 à Smyrne, est une feuille extrêmement répandue parmi les Arméniens.

Le journalisme, qui à l'époque de la révolution de 1848 avait pris en Hongrie de larges développements, y a été à peu près supprimé à la suite de la révolution. Il ne s'y publie plus aujourd'hui que 2 journaux politiques : le *Budapesti Hirlap*, gazette officielle du gouvernement, et le *Budapesti Naplo*. La presse littéraire, en revanche, ne laisse pas que d'y déployer une certaine activité; et le nombre de feuilles et de recueils uniquement consacrés aux lettres, aux sciences et aux arts au commencement de 1865 était de 15.

En Grèce le journal prit une grande part à la lutte pour l'indépendance nationale; mais l'obligation de verser un cautionnement, établie par la loi de 1833, fit disparaître toutes les feuilles existant à cette époque. Dès l'année suivante, cependant, il se fondait des journaux en mesure de satisfaire à la loi, entre autres le Σωτήρ, ou *le Sauveur*, écrit en français et en grec, et l'Αθηνά, journal d'opposition, qui continuait encore à paraître en 1855. En 1844 on fonda le *Moniteur grec*, journal français. En 1851 on comptait en Grèce 61 journaux ou écrits périodiques : Le *Miroir grec*, fondé en 1852 et rédigé en français, et le Πανελλήνιον, fondé en 1853, passent pour les organes de l'intérêt russe; tandis que *le Spectateur de l'Orient* est un journal rédigé dans le sens national par Renieris.

L'Angleterre est de tous les pays de l'Europe celui où la presse a pris et conservé le plus d'importance, bien que le journal y soit d'origine plus récente qu'en Italie et en Allemagne. Il se peut que vers la fin du seizième siècle quelques écrits fugitifs en forme de gazette aient été publiés, soit par ordre du gouvernement, soit par des particuliers; mais il a été prouvé que l'*English Mercuris*, qui se trouve au Muséum Britannique, et qui porte la date de 1588, est une pièce apocryphe. Au commencement du règne de Jacques 1er parurent les *News Letters*, ou Nouvelles à la main, contenant un aperçu des événements les plus récents dans le domaine de la politique, du commerce et même de la littérature, par lesquelles se fit connaître un certain Nathaniel Butter, et dont le manuscrit original, reproduit par des copistes, s'envoyait par la poste à des abonnés. C'est sous la direction du même individu que parut régulièrement, à partir du 23 mai 1622, sous le titre de *The certain News of the present Week*, la première gazette hebdomadaire imprimée, suivie bientôt du *Weekly Courant* et de plusieurs autres. Les guerres civiles favorisèrent les développements du journalisme, parce que les divers partis eurent recours à la presse pour propager leurs opinions. C'est ainsi qu'on vit paraître une foule de feuilles portant quelquefois les titres les plus bizarres, comme *The Scots Dove, The Parliament Kite; The secret Owl; Mercurius Acheronticus, or News from Hell; Mercurius Democritus; Mercurius Mastyx*, etc. Elles n'eurent pour la plupart qu'une existence éphémère, le long-parlement ayant jugé bientôt opportun de les soumettre à la censure, qui sous le règne de Charles II fut d'une sévérité toute draconienne. En dépit de ces entraves, la presse périodique prit toujours plus de force et d'extension. En 1662 on fonda le *Kingdom's Intelligencer*, qui essaya de donner à ses communications le plus de variété et d'indépendance possible, et dont le succès détermina en 1663 le censeur L'Estrange à publier l'*Intelligencer*, qui en 1665 se transforma en gazette de cour, publiée à Oxford, et qui continue encore à paraître aujourd'hui sous le titre de *London Gazette*. Il ne manqua pas non plus de journaux d'opposition, et dans le nombre on remarque surtout *The Weekly Packet of advice from Rome* (1678-1683). L'*Observator* (1680) et l'*Heraclitus ridens* (1681-1682) défendirent le parti de la cour. En résumé, de 1661 à 1688 il se publia en Angleterre plus de 70 journaux, dont le plus grand nombre moururent au bout de quelques numéros. Des quatre seuls qui suivirent la révolution de 1688, il n'en parut pas moins de 26 nouveaux, entre autres le *Mercurius Reformatus*, rédigé par Wellwood. Le plus grand nombre des journaux parurent et paraissent encore à Londres. C'est à Newcastle, en 1639, que parut le premier journal de province. La première gazette qu'ait eue l'Écosse fut le *Mercurius politicus*, reproduction de la feuille du même nom publiée à Londres par un certain Marchmont Needham, l'ami de Cromwell, à Leith. Jusqu'au règne de la reine Anne la plupart des journaux ne parurent qu'une fois la semaine, ou bien deux fois, comme l'*Orange Intelligencer*. C'est en 1709, quand les victoires de Marlborough firent naître le besoin d'une plus rapide communication des nouvelles, que naquit à bien dire le premier journal, le *Daily Courant*, suivi bientôt de plusieurs autres. Désormais les journaux ne s'efforcèrent pas seulement de l'emporter sur leurs devanciers par des publications plus fréquentes, ils prirent une position politique plus élevée et commencèrent aussi à exercer une influence plus puissante sur l'opinion publique. La liberté de la presse existait bien en droit; mais en fait elle était soumise à de nombreuses restrictions et entraves, tant de la part du gouvernement que de celle du parlement. La taxe du timbre établie en 1712 fut un coup mortel porté à la prospérité des journaux; elle tua bon nombre de feuilles, et, quoique supprimée pendant quelque temps sous le règne de Georges 1er, on la rétablit en 1725. D'un demi-penny elle fut successivement portée à 4 pence; et cet état de choses dura jusqu'en 1836, époque où par suite de la publication toujours croissante de journaux non timbrés, on se vit forcé de la réduire à un penny. La publication des délibérations du parlement fut pendant longtemps interdite sous les peines les plus sévères. Cependant, à partir de 1715, il parut un compte-rendu sommaire des plus importantes séances dans le *Boyer's Register*, puis des analyses plus étendues, plus complètes, dans le *London Magazine* et dans le *Gentleman's Magazine*, à la rédaction duquel Johnson, Letters, Guthrie et Hawkesworth étaient attachés comme *reporters*. Ce fut seulement sous le règne de Georges III, à l'époque où le *North-Briton*, rédigé par Wilkes, et les *Lettres de Junius*, publiées de 1767 à 1771 dans le *Public Advertiser*, donnèrent à la presse un plus puissant essor, qu'un éditeur entreprenant, appelé Almon, osa le premier publier complètement les débats du parlement dans son journal, le *London Evening-Post* : son succès encouragea d'autres à l'imiter. Les éditeurs de journaux que le parlement fit arrêter comme coupables d'avoir violé ses privilèges furent remis en liberté par décisions judiciaires; et le conflit se termina de telle façon, que les journalistes purent continuer à imprimer le compte-rendu des séances du parlement, bien qu'aujourd'hui encore ils n'en aient pas l'autorisation officielle. Les développements plus paisibles de la vie politique augmentèrent si rapidement la circulation des journaux, que le chiffre de leurs tirages réunis, qui en 1753 était de 7,411,757 feuilles par an, s'élevait en 1792 à 15,065,760. Le plus grand, le plus influent de tous les organes de la presse anglaise, *The Times*, parut pour la première fois en 1788, comme continuation du *Daily-Universal Register*. C'est aussi vers la même époque que Peter Stuart fonda le premier journal du soir, *The Star*.

Depuis la révolution française les journaux se sont extraordinairement multipliés dans la Grande-Bretagne ainsi qu'en Irlande. En Angleterre même il ne paraissait encore en 1782 que 58 journaux, dont la plupart méritaient à peine ce nom. En 1821 leur nombre avait atteint déjà de 266; et ils ans plus tard il dépassait le chiffre de 300. D'après un rapport officiel, publié en 1860 par ordre d'un comité de la chambre des communes, le nombre des journaux et écrits périodiques de la Grande-Bretagne, non compris les *Magazines*, les *Reviews* et les journaux à 1 penny, était en totalité de 624, dont 133 paraissaient à Londres et 250 dans les autres parties de l'Angleterre, 17 dans le Pays de Galles, 113 en Écosse et 110 en Irlande. Les journaux quotidiens, qui toutefois ne paraissent point le dimanche, n'existent guère que dans la capitale, où l'on en comptait 3 en 1724, 13 en 1792 et 16 en 1854. Depuis cinquante ans ils ont énormément gagné pour ce qui est de l'étendue du format et de la diversité des matières ; mais le chiffre de leurs tirages respectifs a plutôt diminué qu'augmenté, attendu que tous les journaux qu'on a essayé de créer depuis n'ont pu se soutenir contre la concurrence du *Times*, à l'exception du *Daily News* et de quelques feuilles du soir. En 1854 voici quels étaient les tirages quotidiens des six principaux journaux de Londres publiés le matin : le *Times*, 51,041 numéros; le *Morning Advertiser*, 7,643 ; le *Daily-News*, 4,745 ; le *Morning Herald*, 3,700; le *Morning Chronicle*, 2,791 ; le *Morning Post*, 2.660 ; celui des principaux journaux du soir, le *Sun*, le *Globe* et le *Standard*, était de 3,636 exemplaires pour le premier, 2,716 pour le second, et 1,322 pour le troisième. La prééminence du *Times* date surtout de ces dernières années. En 1850 son tirage quotidien n'était encore que de 38,000 exemplaires, et pour le second semestre de 1854 il avait atteint le chiffre de 50,984, tandis que celui des cinq autres journaux du matin mentionnés plus haut n'était ensemble que de 21,347.

Le plus ancien des journaux de Londres dont il vient d'être question est le *Morning Chronicle*, qui fut publié de 1769 à 1789 par le célèbre imprimeur Woodfall, et passa ensuite aux mains de Perry, homme qui a singulièrement contribué aux progrès du journalisme anglais. Après avoir été pendant longtemps l'organe des whigs, cette feuille fut achetée par les *peelites*; mais depuis cette époque, malgré le mérite incontestable de sa rédaction et l'arrivée de son parti aux affaires en 1853, elle a perdu une grande partie de ses lecteurs. Sa circulation annuelle, qui était de plus de 3 millions d'exemplaires en 1838, est réduite aujourd'hui au quart de ce chiffre. Elle représente en politique les principes du parti conservateur libéral, le libre échange, et en matière de religion défend avec Gladstone et Sidney Herbert l'école *puseyte*.

Le *Morning Post*, fondé en 1772, passa en 1795 aux mains de Daniel Stuart ; ce fut l'époque de ses plus brillants succès, et il compta alors au nombre de ses rédacteurs des hommes tels que Mackintosh, Coleridge et Lamb. Plus tard il épousa la cause et les intérêts de l'ultra-torysme, et devint le journal favori de l'aristocratie et du monde élégant. Il consacre aux nouvelles des cercles fashionables, à ce qui se passe à la cour et dans les grandes familles, ou bien aux mouvements de pérégrination du personnel diplomatique, une partie de l'espace que les autres familles réservent pour la politique. Malgré ses principes et protectionnistes, il a tout récemment défendu avec ardeur le système de politique extérieure de lord Palmerston, et passe pour l'organe de cet homme d'État. Aussi fut-il parmi les journaux de Londres le premier à se prononcer en faveur du coup d'État du 2 décembre 1851. Il est lu surtout dans les hautes classes, et son chiffre de vente reste à peu près stationnaire.

Les deux autres journaux tories, le *Morning Herald* (fondé en 1780), et le *Standard* (fondé en 1827), sont, au contraire, en voie de décadence marquée. Le premier, qui en 1837 tirait annuellement 1,925,000 feuilles, en était réduit en 1850 à 1,139,000 ; et dans le même espace le second du chiffre de 1,330,000 était tombé à 492,000.

Le *Morning Advertiser*, fondé en 1793, par une société de restaurateurs et de propriétaires d'hôtels garnis, a beaucoup grandi en importance depuis qu'il s'est posé en organe du parti radical le plus avancé. Sa circulation annuelle, qui en 1850 n'était encore que de 1,500,000 exemplaires, s'élevait en 1854 à 2,500,000 exemplaires.

Le *Daily News* fut fondé en 1845 par Dickens et Dilke, avec le concours de l'*Anti-Cornlaw-League*; son but était essentiellement mercantile. Il devait opérer dans la presse anglaise la même réforme que la presse à bon marché, représentée par *Le Siècle* et par *La Presse*, avait opérée dans le journalisme parisien. Chacun de ses numéros n'était vendu que trois pence, c'est-à-dire à bien meilleur marché que les autres journaux. Ce journal réussit au delà de toute espérance, et dès sa seconde année son existence était assurée ; de sorte qu'en en cédant la rédaction en chef, Dickens put réaliser un bénéfice considérable. Comptant sur la popularité acquise désormais à cette feuille, la nouvelle administration crut possible d'en élever le prix au niveau des autres journaux quotidiens, et le porta à cinq pence. De ce jour date la diminution de son débit. Au lieu de 3,500,638 exemplaires qu'il avait tirés en 1848 , il n'en tira en 1854 que 1,152,000, et depuis lors sa situation ne s'est pas améliorée.

Parmi les autres journaux du matin qui paraissent à Londres, il faut encore citer le *Public Ledger*, créé en 1760, et le *Commercial Daily List*; et en fait de journaux du soir, l'*Express*, le *Lloyd's List* et le *Shipping Gazette*, qui s'adressent surtout au commerce. Une gazette du soir, publiée par l'administration du *Times*, l'*Evening Mail*, ne paraît que trois fois la semaine, et, comme le *Saint-James's Chronicle*, autre journal du soir ne paraissant que tous les deux jours, ne compte qu'un public fort restreint. Aussi bien à Londres, comme à peu près partout, les journaux du soir comptent beaucoup moins de lecteurs que les journaux du matin. La gazette officielle, *The London Gazette*, ne paraît que deux fois la semaine.

En fait de journaux de province, dont le plus grand nombre ne paraissent qu'une ou deux fois la semaine, les plus anciens sont le *Stamford Mercury*, fondé en 1695, l'*Ipswich Journal* (1737), le *Chester Courant* (1733), la *Birmingham Gazette* (1741), le *Bath Journal* (1742) et le *Derby Mercury* (1742). Les plus répandus sont le *Guardian* et l'*Examiner*, tous deux publiés à Manchester, et le *Liverpool Journal*. La polémique y tient peu de place; ils sont presque exclusivement consacrés aux intérêts locaux. Les plus anciens des journaux écossais aujourd'hui existants sont l'*Edinburgh Gazette* (1699) et l'*Edinburgh Evening Courant* (1705); et les plus lus, le *Witness* et le *Glasgow Courier*. Les plus anciens journaux irlandais sont *The Belfast Newsletter* (1757) et le *Limerick Chronicle* : comme influence, la presse irlandaise est de beaucoup inférieure à la presse anglaise et même à la presse écossaise; toutefois, comme organes du parti ultramontain, le *Tablet* et le *Freeman's Journal* ont une importance particulière.

La publication d'un journal en Angleterre entraîne des frais énormes; un grand journal du matin salarie d'abord un rédacteur en chef, dont les honoraires sont tout princiers. C'est lui qui représente la propriété, qui surveille toute l'entreprise, qui la dirige et qui dans les cas difficiles est chargé de prendre une détermination. C'est aussi lui qui rédige ou plutôt, car il est beaucoup trop occupé pour cela, qui fait rédiger les articles de tête (*leading articles*), ce que nous appellerons les *premiers-Londres*, qui en donne les sujets, qui les retouche au besoin, afin que la rédaction générale du journal reste toujours fidèle à sa couleur politique. Il lui faut en outre salarier un rédacteur en second, chargé de la rédaction proprement dite, ou, comme on dit en France, de la *cuisine* du journal, qui met en ordre les articles, indique quels sont ceux qu'on doit emprunter aux feuilles de province; un sous-rédacteur est placé sous ses ordres. Il y a en outre à payer un rédacteur spécialement chargé de tout ce qui a trait à la politique étrangère, et souvent aussi un autre rédacteur, chargé de toute la partie littéraire du journal ainsi que de ses comptes-rendus industriels. Vient ensuite le rédacteur de l'article *City*, ou article consacré au cours des effets publics et des valeurs de toutes natures cotées à la bourse, qui a son bureau spécial dans la Cité de Londres, d'où il envoie chaque soir son article au journal à la rédaction duquel il est attaché; puis les nombreux *reporters*, hommes instruits, jeunes légistes le plus souvent, dont la couche inférieure fournit les douze à seize sténographes à qui incombe le soin de rendre compte des discussions du parlement, ou bien qu'on envoie en province recueillir les débats des procès célèbres, les discours prononcés dans les assemblées publiques, etc. Enfin, il y a encore les *penny-a-liners* (rédacteurs à 1 penny la ligne), gens qui, sans recevoir d'émoluments fixes, fournissent au journal, à raison d'un penny la ligne, les accidents, les incendies, dont Londres et ses environs ont pu être le théâtre, ou bien encore les débats des cours inférieures de justice, et notamment des tribunaux de police. Une des parties les plus coûteuses de la rédaction d'un journal anglais, c'est sa correspondance étrangère, partie qui a subi d'essentielles modifications dans ces derniers temps. Avant la révolution de Février, Paris, Madrid et Lisbonne (ces deux dernières villes, peut-être bien par suite d'habitudes prises du temps de Napoléon), étaient les villes principales où les journaux entretenaient des correspondants à poste fixe. Aujourd'hui ils sont obligés d'en avoir sur tous les points du monde où se débattent des intérêts politiques de quelque importance, dans les deux Amériques, aux Grandes-Indes et même en Australie. Ces correspondants, qui recueillent jusqu'aux rumeurs de bourse et même jusqu'aux *canards*, doivent aussi rendre compte des événements dont ils sont témoins, les apprécier, expédier des dépêches télégraphiques, etc. Les rédacteurs *militaires* forment encore une autre classe importante, surtout depuis la conflagration survenue en Orient. Pour contenir l'immense quantité de matériaux ainsi recueillis, il a fallu que les journaux anglais adoptassent des formats gigantesques. A côté du *Times*, et surtout en calculant ce qu'il y entre de matière, les journaux de Paris ont l'air de journaux imprimés à Lilliput. L'extension que la presse anglaise a été ainsi amenée à prendre n'est pas, à beaucoup près, en rapport avec les bénéfices réels qu'elle produit, le plus souvent absorbés et bien au delà par les frais généraux. Le bon temps de la presse anglaise, ç'a été l'intervalle compris entre 1815 et 1825. Que si le chiffre des tirages était alors inférieur à ce qu'il est aujourd'hui, car les journaux les plus répandus tiraient alors à peine à 8,000 exemplaires et les journaux secondaires à 3,000, ils n'en donnaient pas moins à leurs propriétaires des profits bien plus considérables qu'à présent. Ainsi le *Morning Herald* rapportait au delà de 6,000 liv. st.; le *Times*, entre 4 et 5,000; le *Star*, 4,000; le *Courier*, près de 8,000. En 1820 le *Morning Chronicle* rapportait à Perry, son propriétaire, 10,000 liv. st. C'est le produit le plus élevé que journal ait jamais encore donné, à l'exception du *Times*. Les annonces sont la source la plus productive des bénéfices réalisés par les journaux anglais, et elles s'affluent avec tant d'abondance, qu'elles nécessitent de nombreux suppléments. Les ventes d'immeubles vont en grande partie au *Times*, et les annonces de librairie au *Daily News*. Le *Globe* a la spécialité des annonces médicales; et le *Public Ledger* vit de ses annonces maritimes et des ventes à l'enchère.

Les journaux hebdomadaires jouent dans la presse anglaise un rôle non moins important que les journaux quotidiens. En 1854 il se publiait à Londres seulement 60 journaux paraissant le samedi et 26 paraissant soit le dimanche même, soit d'autres jours de la semaine. Les plus importants étaient l'*Examiner* et le *Leader*, organes du parti radical; le *John Bull* et le *Britannia*, organes du parti tory; le *Spectator*, l'*Atlas*, le *Bell's weekly Messenger*, le *Weekly Dispatch*, le *Sunday Times* et la *Press*. Ces différents journaux coûtaient, comme les journaux quotidiens, cinq pence, timbre compris, et quelques-uns d'entre eux ont des proportions encore plus gigantesques que le *Times*. La réduction du droit de timbre, qui a eu lieu en 1855, a permis d'ailleurs aux journaux existants de réduire leur prix de moitié, et a provoqué la création de journaux nouveaux dans beaucoup de grands centres de population où il n'existait point encore d'organes de l'opinion publique. Toutefois, ce sont trois journaux hebdomadaires au rabais qui ont la circulation la plus étendue, à savoir : les *News of the World* (tirage en 1854, 109,106 exemplaires par semaine), le *Lloyd's News Paper*, publié depuis 1852 par Douglas Jerrold, et le *Weekly Times*, fondé en 1847 (tirage en 1854, 75,042 exemplaires). Le seul grand journal du dimanche qui, à l'instar du *Times* quotidien, ait vu son ti-

rage s'accroître démesurément dans ces dernières années, a été le journal illustré *The London illustrated News*, qui tire aujourd'hui à près de 150,000 numéros par semaine. Il faut encore mentionner le *Punch*, journal satirique, rédigé avec infiniment d'esprit et de talent (8,183 exemplaires par semaine), et le *Diogenes*, qui depuis 1852 lui fait concurrence avec un remarquable succès.

Toutes les colonies anglaises ont leurs journaux spéciaux, et la presse a pris surtout d'importants développements dans les Grandes-Indes. En 1846 déjà il paraissait à Calcutta six journaux quotidiens, organisés absolument comme ceux de la mère patrie. On y comptait en outre trois journaux paraissant trois fois par semaine, et six journaux hebdomadaires. Toutes ces feuilles étaient rédigées en anglais. A Bombay il se publiait même dix journaux paraissant deux fois par mois. La plus ancienne de toutes ces feuilles est la *Calcutta Gazette*, fondée en 1784. Après elle il faut citer le *Friend of India* (1835), le *Calcutta Asiatic Observer*, le *Bengal Reporter*, etc. A Bombay paraissent, entre autres, le *Bombay Times*, le *Bombay Courier*, l'*Overland Bombay Times*, *The Indian News*, etc.; à Madras, le *Madras Spectator*, la *Madras Gazette*, le *Madras Athenæum*, etc. Parmi les plus importants journaux publiés en langue anglaise dans les provinces de l'Inde, il faut mentionner la *Delhy Gazette*, les *Murshedabad News* de Behrampore, le *Curachee Advertiser* de Sindh, le *Colombo Times*, publié à Ceylan, le *Singapore Chronicle*, et le *Singapore free Press*, paraissant à Singapore, le *Malacca Observer*, le *Maulmain Chronicle*, etc. Le nombre et l'importance des journaux publiés en langue indigène, d'après le modèle des feuilles anglaises, vont toujours croissant. Ils sont rédigés soit par des Européens, soit par des indigènes instruits, ou encore par des missionnaires, et, tout en s'occupant de politique, ont des tendances religieuses. En 1850 il se publiait 26 feuilles en langue hindoustani, dont 7 paraissaient à Agra, 8 à Delhy, 5 à Bénarès, 2 à Merut, et 1 dans chacune des villes de Lahore, Bareilly, Simla et Indore. En 1854 le nombre des feuilles rédigées en hindoustani allait de 55 à 60. Les plus anciennes feuilles indigènes sont les journaux rédigés en bengali. Le premier journal fondé et rédigé par un indigène fut le *Sumatschar Tschandrika* (1822), qui parut longtemps sous la direction de Bhabunitschana Banerdji. Il existe aussi des journaux rédigés en gouzerate, en mahratte, en tamoulique et en singhalais. Il s'est formé également aux Grandes-Indes une presse littéraire à l'image de la presse littéraire anglo-indienne; nous nous réservons d'en parler à l'article REVUES.

En CHINE, il paraît à Canton le *Canton Register*, fondé en 1828, et le *Chinese Repository*, fondé en 1833 par des missionnaires américains; et depuis une dizaine d'années seulement, *The Hongkong Register*, *The Friend of China* et le *China Mail*; enfin, à Shanghaï, le *North China Herald*.

En AUSTRALIE, le journalisme a pris aussi les développements les plus rapides, encore bien que la plupart des journaux qui y ont paru jusqu'à ce jour n'aient eu qu'une existence éphémère. En 1854 il se publiait déjà dans les différentes colonies de l'Australie plus de 30 journaux, la plupart hebdomadaires. On en comptait 8 à Sidney, dont 1 quotidien; 3 à Melbourne, dont 1 quotidien, le *Melbourne Argus*; 1 à Geelong; 4 à Adélaïde (Australie méridionale); deux à Swan-River, et 13 à la Terre de Van-Diémen, les plus importants, de la Nouvelle-Galles du Sud sont le *Sidney Morning Herald* et le *Sidney Monitor*. Dans la seule ville d'Adélaïde on comptait en 1851 douze imprimeries, d'où sortaient 13 journaux, dont 11 en anglais et 2 en allemand, la *Deutsche Zeitung* et la *Südaustralische Zeitung*. Depuis bien des nouveaux journaux ont surgi dans tous les districts aurifères, par exemple le *Ballarat Times* et le *Mount Alexander Mail*. A l'occasion de l'augmentation de ses prix d'abonnement par suite de l'accroissement considérable donné, à partir de janvier 1855, à son format, le *Melbourne Argus* publiait quelques détails intéressants sur son budget. Les frais de cette publication étaient de 300 liv. st. (7,500 fr.) par jour, ou 93,900 liv. st. (2,347,500 fr.) par an, à raison de 313 numéros pour l'année. (On sait que les journaux *quotidiens* anglais s'abstiennent de paraître le dimanche.) Les principales dépenses se répartissaient ainsi : *papier*, 30,000 liv. st.; *composition*, 27,000 liv. st.; *tirage*, 12,000 liv. st.; *port*, 5,000 liv. st.; *rédaction*, 10,000 liv. st. (soit 250,000 fr.) par année. A la terre de Van-Diémen on comptait déjà en 1835 10 journaux paraissant à Hobarttown, et 2 à Launceston; entre autres la feuille officielle, *Hobarttown Gazette*, et le *Colonial Times*, fondé en 1817. A la Nouvelle Zélande, tout de suite après la création de la colonie, en 1839, il paraissait déjà 2 journaux : la *New-Zealand Gazette* et le *New-Zealand Advertiser*; en 1851 on en publiait 6. Aux îles Sandwich, à Honoloulou, il se publie plusieurs journaux, entre autres *The Polynesian* (fondé en 1833) et *The Friend*.

La première gazette qu'aient eue les États-Unis de l'Amérique du Nord fut fondée en 1704, par le maître de poste Campbell, sous le titre de *The Boston News Letter*, et continua de paraître jusqu'à l'évacuation de Boston par les troupes anglaises, en 1776. Le maître de poste qui succéda à Campbell publia, à partir du 21 décembre 1719, la *Boston Gazette*, qui fut d'abord imprimée par J. Franklin, puis par Koreland. Ce dernier en ayant perdu l'impression, fonda à ses frais le *Journal of New-England*, qui quinze ans plus tard se réunit à la *Gazette*, et continua ainsi de paraître jusqu'en 1752, sous le titre de *Boston Gazette and Weekly Register*. Pendant ce temps-là J. Franklin avait commencé, le 17 août 1721, le troisième journal qu'ait eu Boston , le *New-England Courant*, qui subsista jusqu'en 1727, et dont les meilleurs articles furent rédigés par le frère de l'éditeur, Benjamin Franklin. Vers 1731, Gridley commença la publication du *Weekly Rehearsal*, passé l'année suivante aux mains de Fleet, lequel fit paraître ce journal pendant treize ans sous le titre de *Boston Evening Post*. Outre le *Weekly Advertiser* de Koreland (1752-1754), il y avait encore à Boston deux autres journaux : le *Weekly Posboy* (1734-1754) et l'*Independant Advertiser* (1748-1750).

En 1750 il ne se publiait encore dans les diverses colonies anglaises de l'Amérique du Nord que 20 journaux. A Philadelphie paraissaient l'*American Weekly Mercury*, fondé en 1719, la *Pensylvanian Gazette*, achetée en 1729 par Franklin, qui la rédigea pendant trente années, et 2 autres journaux, dont 1 en allemand. A New-York existaient 4 journaux, entre autres la *New-York Gazette*, fondée en 1728; à Charlestown, la *Virginia Gazette*, depuis 1736, et 2 autres depuis 1731 et 1734. La *Gazette* d'Annapolis datait de 1728, et celle de Rhode-Island de 1732. Le plus ancien de ces différents journaux avait paru d'abord en une seule feuille, tantôt in-folio, tantôt in-4°. Ce fut seulement à partir de 1718 que le *News Letter* donna tous les quinze jours une feuille entière. Le chiffre de ses abonnés n'allait guère au delà de 300. Mais bientôt le nombre des journaux s'accrut comme leur format. En 1775 on en comptait déjà 34. Immédiatement après la révolution, les journaux hebdomadaires de Philadelphie et de New-York devinrent quotidiens. En 1800 on ne comptait pourtant encore aux États-Unis que 150 journaux; en 1810 le chiffre s'en élevait déjà à 359 ; il était de 851 en 1828, de 1,250 en 1834, de 2,717 en 1851, et de plus de 3,000 au commencement de 1855. Rien qu'à New-York il se publiait 82 feuilles politiques. C'est au nord de l'Union que le journalisme le plus d'activité. Sur les 2,800 journaux environ qui paraissaient en 1851, 350 étaient quotidiens, 150 paraissaient de deux jours l'un, et environ 2,000 une seule fois par semaine. Leurs tirages réunis étaient de *cinq millions* d'exemplaires, et ils imprimaient chaque année plus de 422,000,000 numéros.

Si le journalisme anglais l'emporte pour l'importance des publications et pour l'influence sur le journalisme du reste de l'Europe, il est demeuré bien en arrière de la presse des États-Unis. Il n'y a pas de pays au monde où les journaux soient aussi universellement répandus et exercent une aussi puissante influence sur l'esprit public. Une ville de 2,000 âmes, qui en Angleterre ne pourrait avoir de journal, aux États-Unis en possède un paraissant tous les jours. Des villes de 20,000 habitants, qui en Angleterre se contentent d'un journal hebdomadaire, ou même hebdomadaire, en ont trois ou quatre quotidiens. Un établissement colonial ne se crée pas plus tôt dans les régions de l'ouest les plus lointaines qu'il s'y fonde un journal, quelquefois même plusieurs journaux. Ce qui rend possible l'existence simultanée d'un si grand nombre de journaux , c'est d'abord le vif intérêt que chacun aux États-Unis prend à la chose publique, ensuite l'extrême bon marché (un journal quotidien de premier ordre revient au plus à 40 fr. par an; beaucoup ne coûtent que 30 fr., et quelques-uns même 15 fr. seulement, et ils n'en sont pas plus mal faits pour cela), l'immense quantité d'annonces qu'ils contiennent, et l'absence de toute espèce d'impôt. Ces 3,000 soupapes de sûreté, ménagées au trop plein des passions populaires, contribuent admirablement à en empêcher toute violente explosion. Sans doute la presse américaine manque souvent de convenance, et son ton est en général grossier et brutal ; mais il y a d'honorables exceptions, surtout dans les journaux de création récente, pour la plupart rédigés par des hommes instruits et bien élevés.

Les journaux de l'Union les plus considérés et les plus accrédités sont : la *Philadelphia Gazette*, l'une des plus anciennes feuilles de la Pensylvanie; le *Daily Advertiser*, d'Albany (État de New-York);la *Tribune*, feuille à tendances socialistes, fondée en 1841 à New-York, et le *New-York Herald*, l'un des journaux démocratiques les plus influents: le *New-York commercial Advertiser* ; le *Louisville Journal* (Kentucky); le *North American*, de Philadelphie; le *Globe*, de Washington ; le *Courier and Enquirer*, le *Journal of Commerce*, de New-York ; l'*Enquirer*, de Richmond ; le *Courier* et le *Picayune*, de la Nouvelle Orléans; le *Republican*, de Saint-Louis. Il paraît déjà en Californie plusieurs journaux importants, tels que le *San-Francisco Herald* , le *Commercial*, le *Pacific News*, l'*Alta California*, et un journal allemand , *California Staats-Zeitung*. Les chiffres suivants, empruntés aux seuls journaux de Philadelphie, donneront une idée de la circulation à laquelle sont parvenus divers journaux américains. En 1854 le *Public Ledger* tirait chaque jour à 48,000, le *Dollar News Paper* et le *Scott's Weekly Paper*, à 40,000 chaque semaine; le *Saturday Evening Post*, à 42,000, et l'*American Courier* à 35,000, aussi par semaine. De même que tous les partis politiques et religieux , toutes les nationalités sont représentées par la presse. En 1852 le nombre des journaux allemands publiés dans les différents États de l'Union était de 152, dont 47 en Pensylvanie, 28 dans l'État d'Ohio, 23 dans l'État de New-York, 12 dans l'État de Missouri, 9 dans l'État de Maryland, 8 dans le Wisconsin. Il existe en outre plusieurs journaux français (entre autres le *Courrier des États-Unis*, publié à New-York depuis 1828), italiens, espagnols, portugais et hongrois. Depuis le mois de mars 1854, les Chinois établis en Californie ont même un journal chinois intitulé : *Kin-schandschin-sin-lu* (Gazette des Mines d'Or); en 1855 il en a paru une seconde, en anglais et en chinois , le *Tung-ngai-San-luk* ou *The Oriental*. Les Indiens eux-mêmes commencent à avoir leurs propres journaux : c'est ainsi que depuis 1828 paraît à New-Echota le *Cherokee Phoenix*, publié par un Chéroki, partie en anglais et partie en chéroki. Les missionnaires ont concouru à la fondation d'autres feuilles à l'usage des Indiens, par exemple celle qui depuis 1852 paraît à Saint-Paul, dans l'État de Wisconsin, à l'usage des Dacotas. Aux États-Unis, les sectes les plus bizarres demandent à la presse leurs moyens d'action et de propagation. Nous ne mentionnerons à ce propos que les Mormons, qui n'ont pas seulement fondé quelques journaux dans leur colonie d'Utah, mais qui en possèdent encore en Europe, par exemple à Liverpool, dans le pays de Galles, à Hambourg, à Copenhague, et même dans notre Paris. Les croyants aux *tables tournantes* publient le *Spiritual Telegraph* et le *Spirit Messenger*; enfin, le *Vegetarian Messenger* sert d'organe à l'association formée pour réduire l'alimentation humaine uniquement aux végétaux.

Dans l'AMÉRIQUE ESPAGNOLE et au BRÉSIL, la presse périodique, quoique complètement au service des partis, ne laisse point que d'être également en voie de progrès. Il paraît un grand nombre de journaux au Mexique; mais les seuls qui offrent un intérêt général sont la *Gaceta de Mexico* et la *Gaceta de Vera-Cruz*. Le *Museo Mejicano*, fondé en 1849, publie souvent de remarquables articles. L'actif commerce dont l'isthme de Panama est le centre y a provoqué la création de deux journaux rédigés en anglais, le *Panama Star* (1850) et le *Panama Herald* (1851). Quatre journaux paraissent depuis 1848 dans l'État de Yucatan. La *Gazeta de Nicaragua* est le journal le plus important qui se publie dans l'Amérique centrale. On peut en dire autant des journaux officiels qui s'impriment sur les différents points de l'Amérique du Sud, à Caracas, à Bogota, à Guayaquil, à Lima, à Valparaiso, à Santiago et à Buenos-Ayres. Au Brésil, toutes les grandes villes ont un journal, et souvent même deux; mais le grand centre de la presse politique est toujours à Rio-Janeiro. Des quatre journaux qui s'y publient, les plus importants sont le *Journal de Comercio*, qui existe depuis 1825, et le *Journal de Rio*. Dans les Indes occidentales, il paraît un grand nombre de journaux anglais, français, espagnols et hollandais.

En 1852 il se publiait 27 journaux au Cap de Bonne-Espérance, à l'extrémité méridionale de l'Afrique, dont le tiers environ rédigés en langue hollandaise. Mais le seul qui fût, à proprement parler, ce qu'on doit appeler un journal, c'était le *Cape Town Mail*.

Pour compléter cette revue du journalisme dans les quatre parties du monde, il ne nous reste plus qu'à faire l'histoire du journal et du journalisme dans notre propre pays; or c'est à dessein que nous avons voulu terminer par là cet article.

En FRANCE, l'histoire du journalisme remonte au *Mercure françois* (26 volumes; Paris 1605-1645), imitation de l'*English Mercury*, qui se rattache en premier lieu à la *Chronologie septennaire, ou histoire de la paix entre les rois de France et d'Espagne de 1598 à 1604*, de Palma Cayet (Paris, 1605); puis à une continuation de la *Chronologie novennaire de 1589 à 1598* (3 vol.; Paris, 1599), mais sans former un journal, dans la véritable acception de ce mot, et qui n'est guère qu'une compilation historique. La première feuille hebdomadaire proprement dite fut fondée par le médecin Théophraste Renaudot (né à Londres, en 1598), qui d'une part, au moyen du *Bureau d'Adresses*, qu'il avait fondé, et de l'autre par la correspondance étendue que mettait à sa disposition le généalogiste d'Hozier, avait occasion d'apprendre de bonne source ce qui arrivait de nouveau dans le monde politique. D'abord il se bornait à donner lecture des nouvelles ainsi recueillies par lui à ceux de ses clients que la maladie tenait alités; et le plaisir tout particulier qu'une foule de gens, même bien portants, prenaient à ces sortes de conversations lui inspira la pensée de faire imprimer ses nouvelles. Le premier numéro de sa *Gazette* (tel fut le nom qu'il donna à sa feuille) parut le 30 mai 1631. Le succès rapide de cette entreprise, à laquelle Richelieu prit un vif intérêt, détermina Renaudot, dès la publication de son sixième numéro, à se pourvoir d'un privilége du roi. En dépit de mille attaques et des entraves que lui imposait la censure (dont la sévérité provoqua par contre la publication de nombreuses *Nouvelles à la main*, journaux manuscrits), il continua de rédiger sa feuille jusqu'à sa mort, arrivée en 1653. La *Gazette* passa alors aux mains de son fils, Isaac Renaudot, et à la mort de celui-ci (1679), dans celles d'Ensèbe Renaudot, mort en 1729. Outre la *Gazette* de Renaudot, qui à partir de 1762 parut deux fois la semaine en même temps qu'elle admit des avis au public et, à partir de 1765, des nouvelles de bourse, mais qui ne devint quotidienne

que vers la fin du dix-huitième siècle, naquit bientôt la *Gazette burlesque*, journal en vers, que le poète Jean Loret (mort en 1665) publia d'abord écrit à la main, mais qui fut imprimé à partir du 4 mai 1650, et qui est d'un intérêt tout particulier pour la chronique scandaleuse de Paris à cette époque. Après ces deux feuilles vint le *Mercure galant*, recueil politique et littéraire, entrepris en 1672, par Donneau de Vizé (mort en 1710); après une interruption de peu de durée, il reparut régulièrement à partir de 1679, prit en 1717 le titre de *Mercure de France*, eut une certaine importance à l'époque de la révolution, et mourut définitivement en 1815, quoique des efforts aient à diverses reprises été tentés sous la Restauration pour le ressusciter. Le second journal quotidien qui ait paru en France fut le *Journal de Paris*, fondé en 1777, et qui se maintint jusqu'en 1825. Là se borneront tous les progrès du journalisme français jusqu'à la révolution, et l'on ne pourrait guère citer en fait de publications périodiques tenant de la nature du journal que les *Annales politiques et littéraires* de Linguet et quelques autres recueils mensuels, tels que l'*Esprit des Journaux* et l'*Esprit des Gazettes*, le *Journal historique et politique* du Genevois Mallet-Dupan, le *Journal ecclésiastique* de l'abbé Barruel, la *Sentinelle du Peuple* de Mondesève et Volney, le *Journal général de l'Europe* de Lebrun et Smith, et *Le Hérault de la Nation*.

Ce fut seulement à partir de l'aurore de la révolution que le journalisme prit une importance réelle, et dès lors ses développements furent rapides. Quand Mirabeau eut commencé son *Courrier de Provence* (2 mai 1789) par ses *Lettres à mes commettants*, cette publication provoqua tout aussitôt un véritable déluge de feuilles nouvelles. On estime que de 1789 à 1800 il ne s'en créa pas moins de 750. Leur très-petit nombre d'exceptions, les feuilles publiées alors paraissaient dans le format in-8° et même in-12. La plupart n'eurent qu'une existence éphémère; d'autres furent supprimées par des décisions de la commune, et plus tard par des ordonnances du Directoire. Tous les partis eurent leurs organes, les royalistes aussi bien que les républicains et les jacobins. Les journaux qui reflètent le mieux les luttes terribles de cette sanglante époque sont la *Chronique de Paris*, rédigée par Condorcet, Noël, etc. (du 24 août 1789 au 21 septembre 1792), *L'Orateur du Peuple*, publié par Fréron sous le nom de Martel (1790-1795), le *Journal du Soir* de Brune, *Le Père Duchesne* d'Hébert, les *Sabats Jacobites* de Marchand (1791-1792), mais surtout *L'Ami du Peuple* de Marat (12 septembre 1789-2 septembre 1792), le *Journal de la République française* (du 25 septembre 1792 au 9 mars 1795) et *Le Publiciste de la République française* de Jacques Roux (du 11 mars au 14 juillet 1793). L'organe du club des Jacobins fut le *Journal de la Montagne*, rédigé par Thomas Rousseau, etc. (du 1er juin 1793 au 28 brumaire an III). Le *Bulletin des Amis de la Vérité* représentait le parti de la Gironde; sous la direction de Mallet du Pan, le *Mercure de France* prit une teinte constitutionnelle analogue à celle des journaux anglais, que conserva le *Mercure britannique*, publié par le même écrivain à Londres, de 1798 à 1800. Parmi les journaux royalistes il faut spécialement mentionner *L'Ami du Roi*, publié d'abord par Royou et Montjoie (depuis le 1er juin 1790), puis par les frères Royou (à partir du 1er septembre 1790 jusqu'au 4 mai 1792), et ne même temps par Montjoie (du 1er septembre 1790 au 10 août 1792). Indépendamment de feuilles politiques d'un caractère grave et sérieux, publiées quelquefois pourtant sous les titres les plus piquants et les plus risqués, il paraît aussi un certain nombre de journaux satiriques, dont le plus important fut sans conteste *Les Actes des Apôtres*, auquel travaillèrent Peltier, Mirabeau l'aîné, Champcenetz, Suleau, etc. (de 1789 à 1792). L'an 1er de la liberté il parut 150 nouveaux journaux, et 140 en l'an 2. En 1791 on n'en comptait plus en tout que 95, que 60 en 1792 que 50 en

1793, 40 en 1794, 35 en 1795, et 32 en 1796. En 1797 leur nombre remonta à 95, mais en 1798 il n'en existait plus que 17.

Nous n'apprendrons à personne que sous le Consulat et l'Empire la presse fut soumise au régime le plus rigoureux. L'un des premiers actes de Bonaparte devenu consul fut son arrêté du 17 janvier 1800, qui supprimait tous les journaux alors existants, à l'exception des treize dont les titres suivent : le *Moniteur universel*, le *Journal des Débats*, le *Journal de Paris*, *Le Bien informé*, *Le Publiciste*, *L'Ami des Lois*, *La Clef du Cabinet des Souverains*, *Le Citoyen français*, la *Gazette de France*, le *Journal des Hommes libres*, le *Journal du Soir*, le *Journal des Défenseurs de la Patrie*, et la *Décade philosophique*. De ces différents journaux le *Moniteur* et le *Journal des Débats* étaient les seuls qui datassent du commencement de la révolution ; la *Gazette de France* et le *Journal de Paris*, les seuls qui l'eussent précédée ; et l'Empire une fois proclamé, ils constituèrent à eux quatre, avec les *Petites Affiches* (fondées en 1612), tout le journalisme parisien. Le *Journal des Débats* changea alors son titre contre celui de *Journal de l'Empire*, qu'il conserva jusqu'à l'entrée des alliés à Paris en 1814.

La Restauration maintint en vigueur la censure rigoureuse sur les journaux quotidiens, qu'elle trouva établie par l'Empire ; mais pendant quelque temps les écrits périodiques n'y furent pas soumis ; et c'est ainsi que dès 1814 *Le Nain Jaune* put lui faire une rude guerre. Pendant quelques années aussi elle laissa chacun libre de publier un journal, en se conformant à la législation spéciale qui régissait la presse, c'est-à-dire en envoyant chaque soir l'épreuve de la feuille qui devait paraître le lendemain matin, à la censure, qui en effaçait tout ce qui lui déplaisait. C'est ainsi que se créèrent successivement à partir de 1814 *La Quotidienne*, feuille rédigée par Michaud aîné, dans les intérêts de l'absolutisme et du parti clérical ; *L'Ami du Roi et de la Religion* ; *L'Oriflamme* ; *Le Constitutionnel* ; *L'Aristarque* ; le *Journal du Commerce* ; *Le Courrier Français* ; *Le Drapeau Blanc* ; *La Renommée* ; *Le Censeur Européen* ; *L'Étoile* ; *Le Pilote*, etc. ; et en fait de recueils périodiques : les *Lettres Normandes* ; *La Minerve* ; les *Tablettes Historiques* ; *La France Chrétienne* ; *Le Conservateur* ; les *Tablettes universelles*, etc. Vers la fin de 1819 le gouvernement royal s'était cru assez fort pour pouvoir se passer de la censure préalable, et on avait vu surgir alors le plus grand nombre des journaux et des recueils dont nous venons de citer les titres. Mais l'assassinat du malheureux duc de Berry (13 février 1820) par Louvel servit de prétexte au parti rétrograde et absolutiste pour revenir sur cette concession et replacer les journaux et écrits périodiques sous le régime rigoureux dont ils ne s'étaient trouvés débarrassés que pendant quelques mois seulement. On fit plus. La loi nouvelle, tout en respectant les droits acquis au moment où elle paraissait, déclara qu'à l'avenir l'autorisation préalable du gouvernement serait nécessaire pour fonder toute espèce de journal ou de recueil périodique s'occupant de matières politiques et paraissant plus d'une fois par mois. C'était constituer, comme sous l'Empire, la presse politique, le journal, à l'état de monopole ; c'était aussi donner une grande valeur commerciale aux journaux alors existants. Malgré tout le savoir-faire de la censure, ceux des journaux qui étaient voués à la défense des idées constitutionnelles conservaient toujours un certain cachet d'opposition qui leur assurait de nombreux lecteurs. C'étaient *Le Constitutionnel*, *Le Courrier Français*, le *Journal du Commerce* et *Le Pilote*, que son éditeur, Cassano, vendit plus tard à la police. Quant à la politique gouvernementale, elle était dévouée avec des nuances diverses de royalisme et de dévouement à l'idée religieuse par le *Moniteur*, journal officiel, par le *Journal des Débats*, *La Quotidienne*, *Le Drapeau Blanc*, la *Gazette de France*, *L'Étoile*, *L'Ami du Roi et de la Religion*, le *Journal de Paris*. En 1825 fut fondé par Darmaing un journal quotidien d'un genre tout nouveau, la *Gazette des Tribunaux*, qui pour paraître n'eut pas besoin de solliciter d'autorisation préalable, attendu qu'étranger à la politique et à ses discussions, il se bornait aux débats judiciaires et ne s'occupait que de ce qui se disait au palais. On sait combien grand et rapide fut le succès de la *Gazette des Tribunaux* ; elle en fut surtout redevable à ses comptes-rendus spirituels, mais rien moins qu'exacts, des audiences du tribunal de police correctionnelle.

L'arrivée de M. de Martignac aux affaires, en 1827, inaugura une ère nouvelle pour la presse, qui profita d'un changement notable qu'on fit alors subir aux prix du port et du timbre (portés de 5 centimes à 10) pour élever de 72 fr. à 80 fr. par an ses prix d'abonnement et agrandir son format, afin de pouvoir, à l'instar des journaux anglais, ouvrir ses colonnes à l'annonce payée et trouver dans ce nouvel élément de recettes une compensation à l'accroissement survenu dans ses frais généraux. Présidée par des hommes qui voulaient que la charte fût enfin une vérité, l'administration nouvelle supprima la censure ; et désormais chacun put fonder un journal en versant au trésor, sous le nom du gérant responsable, un cautionnement de 200,000 fr. à Paris, mais proportionnellement moindre dans les départements, suivant l'importance des villes ; cautionnement rendu obligatoire pour tous les journaux quotidiens alors existants, pour ceux-là même qui s'occupaient exclusivement de critique théâtrale et littéraire. Des sept ou huit journaux de cette espèce qui se publiaient à ce moment à Paris, il n'y en eut que deux, *Le Corsaire* et *Le Figaro*, qui purent satisfaire à l'obligation du cautionnement. Ils acquirent ainsi le droit de faire de la politique à leur manière, et devinrent d'utiles auxiliaires pour les journaux de l'opposition. *Le Temps*, *La Tribune* et *Le National* furent d'ailleurs, avec le *Journal de Paris*, mort en 1825, mais qu'on essaya de ressusciter en 1828, et avec *L'Universel*, organe du ministère Polignac, les seules entreprises nouvelles qui surgirent alors. Le premier de ces journaux parut en octobre 1829, quelques mois après *La Tribune*, feuille rédigée par les deux frères F a b r e, qui déjà affectait des tendances ouvertement républicaines ; et le dernier, le 1er janvier 1830.

La révolution de Juillet ne modifia sensiblement la situation faite à la presse par la Restauration qu'en abaissant de moitié le cautionnement des journaux ; plus tard aussi elle crut rendre, si non impossible, du moins beaucoup plus difficile, la fiction du gérant responsable, en exigeant que le cautionnement fût représenté non plus par une somme versée en espèces au trésor, mais par une inscription de rentes, dont le tiers devait être la propriété personnelle du gérant et était déclaré insaisissable par des tiers, nonobstant toute contre-lettre ou acte de même nature qui pourrait avoir pour but de prouver que le titre de rente inscrit au nom de ce gérant était en réalité la propriété d'un autre. D'ailleurs, la bourgeoisie victorieuse, qui avait maintenant en mains le gouvernement du pays, était par instinct beaucoup trop friande de monopoles et de privilèges industriels et commerciaux pour ne pas respecter ce qu'elle considérait comme les *droits acquis et imprescriptibles* du journalisme. Maintenir l'exercice du droit électoral à l'état de privilège et la presse à l'état de monopole constitua donc toute sa politique. L'exploitation de l'opinion publique avait en effet devenue bien vite une grande et fructueuse industrie. C'est grâce à la presse que la bourgeoisie avait réussi à avoir la haute main dans les affaires ; son erreur fut de croire que le journal continuerait toujours à n'être que le commode instrument dont elle se servirait pour satisfaire ses petites et vaniteuses ambitions ou bien ses basses cupidités, et qu'il s'estimerait toujours aussi heureux qu'honoré d'être à ses gages. Quand elle reconnut qu'elle s'était trompée, qu'elle s'était donné un maître, il était déjà trop tard. A en juger sur les apparences, on pouvait encore penser que la nation française était régie par un gouvernement dit parlementaire et exclusivement recruté dans le sein de la bourgeoisie ; gouvernement composé d'un roi irresponsable, avec des ministres responsables, et de deux assemblées législatives se faisant mutuellement contre-poids ; tandis qu'en réalité, et sans même s'en douter, elle n'obéissait plus depuis longtemps qu'à une douzaine de journaux imprimés à Paris et en possession de lui fournir toutes faites, tout arrêtées, ses opinions sur les hommes et les choses. Un quatrième pouvoir s'était ainsi constitué dans l'État, sans que la bourgeoisie y eût pris garde ; et c'est ce quatrième pouvoir qui maintenant l'emportait sur tous les autres.

Dans une pareille situation, il était naturel qu'au lieu de rester ce qu'il devrait toujours être, c'est-à-dire rien autre chose que l'expression des vœux et des besoins d'un certain nombre d'individualités, se groupant autour de quelques écrivains qui ont su leur inspirer de l'estime, de la confiance et de la sympathie, le journalisme, de plus en plus envahi par le mercantilisme et déshonoré par la vénalité, fût le plus souvent devenu un levier puissant aux mains d'une poignée d'ambitieux et d'intrigants. On peut dire de cette période de l'histoire du journalisme qu'elle fut le règne des *faiseurs*. Sous les doigts de ces gens-là, les questions étrangères comme les questions intérieures devinrent la source d'immenses profits secrets. Ils se vendirent corps et âme aux ministres en exercice, aux ministres en expectative, aux divers prétendants, aux puissances étrangères, aux banquiers, aux gros industriels, aux candidats à la députation, bref à qui voulut les acheter. Il est de notoriété que pendant huit ou dix ans la Russie fit défendre par un journal de Paris fort en renom, moyennant une subvention de 5,000 fr. par mois, les intérêts généraux de sa politique, *l'alliance russe*, comme on disait ; il n'y eut pas jusqu'à ce sanguinaire Rosas, l'odieux dictateur de la République Argentine, qui ne tint presque aussi longtemps à sa solde une feuille jouissant d'une grande publicité. Les tracés de chemins de fer ; les maîtres de poste exigeant une indemnité de l'État ; le sucre indigène déclarant que c'en était fait de la France si on ne lui conservait pas ses primes de fabrication ; les planteurs des colonies réclamant le monopole du marché de la métropole et combattant d'avance, par précaution, l'abolition de l'esclavage ; une foule d'autres intérêts privés, plus sordides et plus égoïstes les uns que les autres, subventionnèrent alors grassement tous ceux des *organes de l'opinion* qui consentirent à se faire leurs avocats devant le pays *légal*, c'est-à-dire en présence des chambres. Après cela, on ne devra pas être surpris que la valeur vénale d'une gérance de journal en crédit, rapportant ostensiblement entre 3 et 6,000 fr. d'appointements, fût de 500,000 fr. au minimum.

Il n'y eût eu que demi-mal dans cette scandaleuse exploitation du journal, si en dehors de tous ces ignobles tripotages ne s'étaient point agitées des passions non moins égoïstes, quoiqu'elles portassent le masque d'un ardent patriotisme n'ayant d'autre but que la gloire et la grandeur du pays. Que si en effet le pouvoir, avant comme après 1830, fut toujours réactionnaire et de mauvaise foi dans l'interprétation à donner à la constitution, il faut convenir aussi que de 1815 à 1848 la partie la plus active, la plus remuante de la presse, fut constamment en état de flagrante conspiration, et qu'elle n'ent jamais d'autre but que le renversement d'un ordre de choses établi sans doute plus ou moins artificiellement, plus ou moins légalement, mais existant tout au moins à l'état de fait accepté par l'immense majorité, fort peu soucieuse au fond de savoir qui gouverne, condamnée qu'elle est à porter toujours le bât. Ce qu'on voulait avant tout, c'était s'emparer du pouvoir : chaque parti se réservant, jusqu'à le triomphe, de doter le pays de la forme de gouvernement qui flattait le plus ses passions particulières.

A droite comme à gauche, il y avait là-dessus accord tacite, et personne ne s'inquiétait le moins du monde de savoir ce que le coup une fois fait en pourrait penser et dire Jean *Bonhomme*, habitué de longue main à subir toujours les maîtres qui s'imposent à lui, et toujours résigné à payer les frais de leurs folies ou de leurs inepties.

Les intrigants en tous genres avaient bien vite compris après 1830 tout le parti qu'on pouvait tirer de la presse aussi vit-on surgir successivement, sous le règne de Louis-Philippe, un grand nombre d'entreprises ayant pour but de procurer à leurs fondateurs une part quelconque dans les profits directs ou indirects de l'exploitation de l'opinion. Mais le monopole constitué en faveur des journaux de Paris par la plus imprévoyante des législations ne fut réellement quelque peu ébranlé que le jour où, à l'aide de puissants capitaux, se fonda la presse dite *au rabais*, le journal à 40 fr. au lieu de 80. Il y eut là une espèce de révolution, un déplacement inattendu de l'axe des influences ; toutefois, le succès même de ces spéculations héroïques tentées par des casse-cou, qui ne risquaient personnellement rien, rendit encore autrement difficile l'admission de nouveaux élus au nombre des heureux privilégiés. Désormais, pour créer un journal il fallait disposer d'au moins un million ; et *L'Impartial*, *La Monde*, *Le Capitole*, *La Nation*, *Le Parisien*, *L'Esprit public*, etc., apprirent à leurs dépens qu'un tel capital était souvent insuffisant. Une feuille créée, en 1846, exprès pour tuer *La Presse* de M. E. Girardin, *L'Époque*, dévora à ce jeu-là deux millions, pour fermer honteusement boutique au bout de quinze mois d'existence.

Après le 24 février, la liberté absolue, on pourrait même dire la licence de la presse, fut posée en principe ; et il y eut alors une véritable inondation de journaux de toutes les formes, de toutes les couleurs, mais le plus généralement à tendances violentes et socialistes. Dans l'espace de trois mois on n'en vit pas naître moins de quatre cents, et les dernières venues de ces feuilles répandaient autour d'elles comme une odeur de sang qui soulevait le cœur. La plupart, hâtons-nous de le dire, publièrent à grand'peine trois ou quatre numéros, puis moururent d'inanition et de mépris public. Les collections complètes de tous ces hideux pamphlets (car ils n'avaient de commun avec les journaux proprement dits que cette qualification, dont ils se targuaient mensongèrement dans leurs sous-titres) ne laissent pas que d'avoir aujourd'hui un certain prix.

Les terribles journées de juin firent comprendre aux hommes placés à la tête des affaires la nécessité de mettre un terme à cet effroyable débordement de toutes les mauvaises passions et de rassurer enfin la société effrayée. Mais les mesures prises contre la presse ultra-révolutionnaire eurent précisément pour résultat de raffermir le monopole de cette vieille presse à laquelle la France avait dû successivement deux révolutions ; monopole qu'avait singulièrement compromis la suppression du timbre, conséquence naturelle de la révolution de Février. On sait que l'Assemblée nationale s'imagina sauver le pays en rétablissant le cautionnement, ainsi qu'en continuant aux seuls journaux pourvus d'un cautionnement la jouissance du privilège postal en vertu duquel l'État se charge de transporter et de distribuer sur tous les points de la France les produits de cette industrie à *trente fois* meilleur marché que la correspondance privée des simples citoyens. Les meneurs crurent aussi devoir profiter de l'occasion pour rétablir le timbre. C'était fort inutilement souffleter la république sur la joue de la liberté de la presse, tandis que la seule mesure à prendre à cet égard eût été de faire tout bonnement rentrer dans le droit commun ceux des journaux qui, voulant être *affichés à la main*, se trouveraient dès lors passibles d'un droit de timbre proportionnel, aux termes d'une législation qui date de près de soixante ans, et que le fisc applique tous les jours au commerce et aux simples particuliers avec une sévérité toute draconienne. L'obligation de la signature des articles, dont on se promettait merveilles, n'aboutit qu'à transformer en manières de notabilités d'obscures médiocrités. Quoi qu'il en soit, le rétablissement du cautionnement et du timbre tua *Le Peuple Constituant*, de l'abbé de Lamennais ; *Le Représentant du Peuple*, du citoyen Proudhon ; *La Voix du Peuple*, du citoyen Félix Pyat, ainsi que diverses autres feuilles démocratiques rédigées avec plus de talent que d'argent en caisse; et un arrêté du chef du pouvoir exécutif, investi de la dictature par l'Assemblée nationale, fit disparaître *La Voix des Clubs*; *Le Père Duchesne*; *La Mère Duchesne*; *Le Petit-Fils du Père Duchesne*; *La Commune de Paris*; *Le Lampion*; *L'Aimable Faubourien*; *Le Journal de la Canaille*; *La Guillotine*; *Le Pilori*; *L'accusateur Public*; *Le Tribunal Révolutionnaire*; *Le Sanguinaire*... Nous en passons, et des meilleurs peut-être... Rien que par ces titres seuls on voit qu'il était grand temps que le pouvoir sauvât la société en sachant se mettre au-dessus des lois, insultées et violées impunément tous les jours par les factions. Combien d'ailleurs n'est-il pas à regretter que, mieux conseillé, le général Cavaignac, en *décentralisant* la presse, n'ait pas alors annulé ce pouvoir, le plus souvent usurpé par l'intrigue, et que, en le *localisant*, n'ait pas dépouillant de ses monstrueux priviléges, il n'ait pas réduit le journalisme à n'être plus un quatrième pouvoir dans l'État, mais tout bonnement un commerce, que chacun fût libre d'exercer en se conformant aux lois; un commerce alimentant de nouvelles politiques ou d'appréciations littéraires les populations d'une circonscription déterminée, exploitant la curiosité publique sans plus de priviléges que vingt industries, tout aussi intéressantes, qui ont pour but de donner satisfaction à d'autres besoins, tout aussi réels et qui prospèrent parfaitement sans qu'on ait jamais songé à leur accorder le monopole de l'exploitation du pays tout entier, non plus que le transport à peu près gratuit de leurs produits. La liberté et les écrivains avaient tout à y gagner; tandis que, faute d'avoir su à ce moment prendre une énergique initiative, c'était encore à recommencer six mois plus tard.

La situation n'était donc pas moins critique ni moins menaçante quand le coup d'État du 2 décembre 1851 mit fin à l'existence de *La Démocratie Pacifique*, du citoyen Considérant; de *L'Événement*, du vicomte Victor Hugo, ancien pair de France; de *La République*, du citoyen Laurent (de l'Ardèche); de *La Réforme*; du *National* et de quelques autres feuilles de la république rouge, publiées tant à Paris que dans les départements, et suppléant le plus souvent à l'absence d'abonnés par l'exaltation et la violence de leur langage. Quant aux journaux de cette faction qui possédaient véritablement une productive clientèle (acquise d'ailleurs en défendant naguère de tout autres doctrines), ils imitèrent prudemment l'exemple qui leur en fut donné par les feuilles aux gages des divers partis monarchiques ligués contre la continuation des pouvoirs présidentiels de Louis Napoléon; et remettant à des temps meilleurs la réalisation de leurs espérances, ils acceptèrent avec une stoïque résignation le régime nouveau transitoirement imposé aux journaux par un pouvoir qui la veille encore comptait la plupart d'entre eux au nombre de ses ennemis les plus acharnés. Il y aurait d'ailleurs plus d'un inconvénient à indiquer ici quelles nuances d'opposition, quelles espérances de restauration ou de révolution ils continuent de représenter.

Nous ne craignons pas de nous tromper en avançant ici que la législation actuelle des journaux (elle fait l'objet de l'article placé à la suite de celui-ci) n'a jamais pu être considérée par ses auteurs eux-mêmes que comme essentiellement *transitoire*. Mieux que personne en effet ils savaient que le silence n'est pas plus la paix d'un pays que la sécurité d'un pouvoir, et que prolonger les restrictions apportées à l'exercice de la liberté de la presse, cette plus vitale des libertés d'un pays, au delà du délai nécessaire pour laisser aux esprits le temps de se calmer, ne ferait que favoriser l'impunité en même temps que la plus grande et la plus facile circulation du plus redoutable et du plus révolutionnaire des journaux, d'un journal qui a déjà fait bien du mal au régime actuel, et qui, si on n'y prend pas garde, finira par le miner complètement; d'un journal répandant incessamment les rumeurs les plus perfides, les faits les plus absurdes et les plus controuvés, aussitôt recueillis avidement et transmis de bouche en bouche par la haine et par la bê-

tise; d'un journal qui se rit de la censure, préventive ou non, aussi bien que des avertissements et des confiscations; du *Journal de la Calomnie*, enfin, puisqu'il faut l'appeler par son nom, arme terrible, qu'on ne pourra jamais enlever aux partis vaincus, et à l'aide de laquelle ils peuvent toujours espérer prendre à un instant donné une éclatante revanche de la déroute qui les a momentanément réduits à l'impuissance. Mais, qu'on ne l'oublie pas, la mesure qui rendrait faute si elle n'avait pas pour corollaire l'abolition du système de privilége et de monopole qui jusqu'à présent en avait fait aux mains des partis un si redoutable engin de révolution.

Aujourd'hui moins que jamais, d'ailleurs, le privilége postal constitué en faveur des journaux ne se justifie par aucun intérêt public; et si on se place au point de vue du principe de l'égalité de tous devant la loi, qui est la base de toute notre organisation sociale et politique, on reconnaît aussitôt qu'il en est la plus choquante violation. Par la force même des choses, les feuilles de Paris sont les seules qui peuvent profiter de l'article de la loi qui fixe à quatre centimes le prix du transport d'un journal hors du département où il s'imprime alors que pour le même service une lettre pesant le même poids paye *un franc cinquante centimes*. Ce privilége, en réalité exclusif, dont ont toujours été investis les journaux de Paris est un insurmontable obstacle aux développements vraiment utiles que les journaux de département seraient appelés à prendre à une époque où la télégraphie électrique a complètement changé dans tous les pays les conditions d'existence du journal. Sans doute le jour où cet odieux privilége serait aboli, il n'y aurait plus guère de journaux quotidiens tirant à 50 ou 60,000 exemplaires; mais la liberté n'a aucun intérêt à ce que les deux pages d'annonces d'un journal rapportent à ses propriétaires 5 ou 600,000 fr. de rente. En revanche, elle a tout à gagner, comme aussi la propagation des idées utiles, à ce qu'il existe dans tous les centres de population des feuilles quotidiennes qui renseignent aussi promptement et complètement que possible les citoyens sur ce qui les intéresse. Sous ce rapport, il est de toute justice de reconnaître que, en dépit de la décourageante concurrence des journaux privilégiés de Paris, la plupart des feuilles de département s'acquittent aujourd'hui de leur mission d'une manière très-remarquable, qu'elles ne sont pas seulement bien mieux imprimées que les feuilles de Paris (— qui à cet égard encore abusent de leur monopole d'une façon scandaleuse et envoient à leurs abonnés de province des exemplaires à peu près illisibles d'une feuille remplie aux trois quarts par des annonces, qui trop souvent n'ont d'autre but que de favoriser les plus frauduleuses spéculations —), mais encore beaucoup plus complètes, plus variées, que leurs rivales de la capitale. Ajoutons une dernière considération, qui ne laisse pas que de militer puissamment en faveur de la localisation du journalisme, c'est que cette industrie, qui aujourd'hui donne à peine du travail à quelques centaines d'individus, en occuperait cent fois davantage si elle était décentralisée, si elle cessait d'être un monopole.

JOURNAL (*Droit*). Dès le principe les gouvernements se restreindrent sur les journaux le droit d'une censure rigoureuse. Au dix-septième siècle nous voyons Colbert suspendre le *Journal des Savants*, qui refusait de se soumettre à la censure ecclésiastique. Cet état de choses dura jusqu'à la chute de l'autre régime.

La révolution, pour être conséquente avec elle-même, ne pouvait faire autrement que de proclamer la liberté entière des journaux. Mais le Directoire en usa avec eux tout comme autrefois la monarchie absolue, et un arrêté des consuls du 17 janvier an VIII, « considérant qu'une partie des journaux qui s'impriment dans le département de la Seine sont des instruments dans les mains des ennemis de la république, » limita à treize le nombre des journaux politiques. L'empire diminua encore l'influence du journalisme. Réduites à se faire les échos du *Moniteur officiel*, les gazettes se rejetèrent sur la littérature; le feuilleton naquit, et l'opposition littéraire fut encore quelquefois punie par la confiscation. De 1814 à 1819 la libre publication des journaux fut entravée par la censure, qui fut abolie de nouveau à cette époque, puis rétablie six mois après et remplacée en 1827 par des lois sévères et de forts cautionnements. Après les journées de Juillet la presse se trouva à peu près libre, malgré la loi du 8 avril 1831 et en dépit des fameuses lois de septembre 1835. Les barricades de Février firent encore une fois recouvrer aux journaux toute leur liberté; mais les journées de juin amenèrent la suppression arbitraire d'un certain nombre d'entre eux, et bientôt on rétablit le timbre et le cautionnement. A la suite du coup d'État du 2 décembre intervint la législation actuellement en vigueur. En voici le tableau dans tous ses détails, empruntés tant au décret du 17 février 1852 qu'aux dispositions des précédentes lois qu'il n'a pas abrogées.

Aucun journal traitant de matières politiques ou d'économie sociale, et paraissant soit régulièrement et à jour fixe, soit par livraison et irrégulièrement, ne peut être créé et publié sans l'autorisation préalable du gouvernement. Cette autorisation ne peut être accordée qu'à un Français majeur jouissant de ses droits civils et politiques. L'autorisation du gouvernement est pareillement nécessaire à raison de tous changements opérés dans le personnel des gérants, rédacteurs en chef, propriétaires ou administrateurs d'un journal.

Les journaux politiques, ou d'économie sociale publiés à l'étranger ne peuvent circuler en France qu'en vertu d'une autorisation du gouvernement. Les introducteurs ou distributeurs d'un journal étranger dont la circulation n'a pas été autorisée sont punis d'un emprisonnement d'un mois à un an et d'une amende de 100 francs à 5,000 francs.

Les propriétaires de tout journal traitant de matières politiques ou d'économie sociale sont tenus avant sa publication de verser au trésor un cautionnement. Toute publication de journal sans autorisation préalable ou sans cautionnement est punie d'une amende de 100 à 2,000 francs pour chaque numéro ou livraison publiée en contravention et d'un emprisonnement d'un mois à deux ans. Celui qui a publié le journal et l'imprimeur sont solidairement responsables. Le journal en outre cesse de paraître.

Les journaux politiques ou d'économie sociale sont soumis à un droit de timbre de six centimes par feuille de 72 centimètres carrés et au-dessous dans les départements de la Seine et de Seine-et-Oise, et de trois centimes partout ailleurs.

Pour chaque fraction en sus de 10 décimètres carrés et au-dessous, il est perçu un centime et demi dans les départements de la Seine et de Seine-et-Oise, et un centime partout ailleurs.

Chaque contravention est punie, indépendamment de la restitution des droits frustrés, d'une amende de cinquante francs par feuille ou fraction de feuille non timbrée. Elle est de 100 francs en cas de récidive.

Les journaux ne peuvent donner d'autre compte-rendu des séances du corps législatif que la reproduction du procès-verbal officiel.

Toute contravention sur ce point est punie d'une amende de 1,000 à 5,000 francs. Il leur est interdit de rendre compte des séances du sénat autrement que par la reproduction des articles insérés au journal officiel.

Il leur est interdit de rendre compte des procès pour délits de presse, sous peine d'une amende de 50 à 1,000 francs; ils ne peuvent la poursuite et le jugement. Dans toutes les affaires civiles, correctionnelles ou criminelles, les cours et tribunaux peuvent interdir le compte-rendu du procès; mais cette interdiction ne peut pas s'appliquer au jugement. Il leur est défendu de publier les actes d'accusation et aucun acte de procédure criminelle avant qu'ils aient été lus en audience publique, sous peine d'une amende de 100 à 2,000 francs. En cas de récidive commise dans l'année, l'amende peut être portée au double et le coupable condamné à un emprisonnement de dix jours à six mois. Il leur est interdit de rendre compte des procès pour outrages ou injures et des procès de diffamation où la preuve des faits diffamatoires n'est pas admise par la loi. Ils peuvent seulement annoncer la plainte, sur la demande du plaignant; mais ils peuvent, dans tous les cas, publier le jugement. Il leur est interdit de publier les noms des jurés, excepté dans le compte-rendu de l'audience où le jury a été constitué; de rendre compte des délibérations intérieures, soit des jurés, soit des cours et tribunaux, à peine d'une amende de 200 francs à 3,000 francs. En cas de récidive commise dans l'année, la peine peut être portée au double.

Les éditeurs de tout journal sont tenus d'y insérer dans les trois jours de la réception la réponse de toute personne nommée et désignée dans le journal. L'insertion est gratuite lorsque la réponse ne dépasse pas le double de la longueur de l'article qui l'aura provoquée; dans le cas contraire, le prix d'insertion est dû pour le surplus seulement.

Les gérants sont tenus d'insérer en tête du journal, et gratuitement, les documents officiels, relations authentiques, renseignements, réponses et rectifications qui leur sont adressés par un dépositaire de l'autorité publique, à peine d'une amende de 50 francs à 1,000 francs; on peut en outre prononcer la suspension du journal pendant quinze jours au plus.

Si la publication d'un journal frappé de suppression ou de suspension administrative ou judiciaire est continuée sous le même titre ou sous un titre déguisé, les auteurs, gérants ou imprimeurs sont condamnés d'un mois à deux ans d'emprisonnement et solidairement à une amende de 500 fr. à 3,000 fr. par chaque numéro publié en contravention.

La publication de tout article traitant de matières politiques ou d'économie sociale et émanant d'un individu condamné à une peine afflictive et infamante, ou seulement infamante, est interdite. Les éditeurs gérants ou imprimeurs ayant concouru à cette publication sont condamnés à une amende de 1,000 à 5,000 francs.

Les délits commis par la voie de la presse et toutes contraventions sont poursuivis devant les tribunaux de police correctionnelle. Dans les trois jours de tout jugement ou arrêt définitif de contravention de presse, le gérant doit acquitter le montant des condamnations encourues par lui ou dont il est responsable.

Une condamnation pour crime commis par la voie de la presse, deux condamnations pour contraventions ou délits, commis dans l'espace de deux années, entraînent de plein droit la suppression du journal dont les gérants ont été condamnés. Après une condamnation prononcée pour contravention ou délit de presse, le gouvernement a la faculté pendant les deux mois qui suivent de prononcer soit la suspension temporaire, soit la suppression du journal. Un journal peut être suspendu par décision ministérielle, alors même qu'il n'a été l'objet d'aucune condamnation, mais après deux avertissements motivés et pendant un temps qui ne peut excéder deux mois. Enfin, il peut être supprimé, soit après une suspension judiciaire ou administrative, soit par mesure de sûreté générale, mais par un décret spécial de l'empereur.

Le prix du port des journaux hors des limites du département dans lequel ils sont publiés est de quatre centimes et de deux centimes toutes les fois qu'ils sont destinés pour l'intérieur du département où ils ont été publiés.

Les journaux, comme tous autres imprimés, sont soumis à la formalité du dépôt.

JOURNAL, livre de commerce sur lequel les négociants portent, jour par jour et par ordre de dates, toutes leurs opérations. A chaque opération, on passe sur ce livre un article dont le début présente le débiteur et le créditeur; à la suite de cette énonciation, on écrit le plus brièvement possible toutes les circonstances de l'opération, et l'on porte au bout de la ligne le montant de la somme, dont on débite le débiteur ou dont on crédite le créditeur.

Le *journal* est un des trois livres, et le plus important, dont la tenue, aux termes de l'article 8 du Code de Commerce, est obligatoire pour tout commerçant. Régulièrement tenu, il peut faire preuve en justice contre les autres commerçants ; il suffit de son absence ou de son irrégularité pour constituer, selon les cas, le commerçant en état de banqueroute simple et même frauduleuse. Le code exige en outre que le *journal* mentionne chaque mois les sommes employées par le commerçant à la dépense de sa maison.

Charles Lemonnier.

JOURNALIER. On appelle *journaliers* ou *gens de journée* les hommes de travail qui se louent à la journée. Les billets ou promesses qui sont souscrits par eux doivent porter, outre leur signature, un *bon* ou un *approuvé* contenant en toutes lettres la somme ou la qualité de la chose promise. La loi répute vol domestique celui qui est commis par un journalier dans l'habitation où il travaille habituellement.

JOURS (Grands). *Voyez* Grands Jours.

JOURS DE GRÂCE. *Voyez* Grace, tome X, p. 416.

JOURS FASTES, JOURS NÉFASTES. *Voyez* Fastes.

JOURS FÉRIÉS. *Voyez* Fériés (Jours).

JOURS GRAS. *Voyez* Carnaval.

JOUSSOUF, général au service de la France, naquit, dit-on, à l'île d'Elbe, en 1807, et fut pris par des corsaires tunisiens en se rendant à Florence, pour y être placé dans une maison d'éducation. Suivant une autre version, il serait né en 1810, dans le midi de la France ; et, à peine âgé de cinq ans, il aurait été enlevé sur les côtes de Provence par des pirates de Tunis. Ce qui est certain, c'est qu'il ne connaît pas ses parents et qu'il fut emmené à Tunis, où sa rare beauté détermina le bey à l'acheter. Ce prince le fit élever en musulman, au milieu des femmes de son harem, et en fit bientôt son favori. Placé dans les gardes du corps du bey, il eut une intrigue amoureuse avec Kaboura, fille de son protecteur, et cette intrigue ayant été découverte, il fut obligé de fuir, en 1830, sur un brick français, qui le débarqua à Alger, où il entra au service de la France. Il s'y distingua tellement, qu'il fut bientôt nommé capitaine dans le corps de cavaliers indigènes appelés *spahis*, qu'on venait d'organiser. Dans cet emploi, il rendit de grands services, tant par son courage et son habileté que par sa connaissance des mœurs algériennes et par son influence sur les indigènes, notamment à la prise de Bone, en 1833. En 1836, dans l'expédition contre Tlemcen, il battit complétement Abd-el-Kader, et fut nommé en récompense bey de Constantine ; mais il ne put entrer en possession de cette nouvelle dignité, parce que l'expédition contre cette ville ne put, en novembre 1836 n'eut pas de succès. En 1837 il vint à Paris, où sa beauté mâle, autant que sa grâce et son habileté comme cavalier, attira tous les regards. De retour à Alger à la fin de l'année, il obtint à Oran le commandement d'un détachement de spahis. Plus tard on lui confia le commandement des chasseurs d'Afrique. Peu de temps après il fut nommé colonel d'un régiment de cavalerie légère, et finit par obtenir le commandement de toute la cavalerie irrégulière. Il fit la plupart des campagnes qui signalèrent l'administration de général Bugeaud, et contribua beaucoup à la soumission du pays. Le général Bugeaud, qui avait pour lui une estime toute particulière, le fit passer général hors rang après la bataille d'Isly. Revenu à Paris dans les premiers jours de 1845, il embrassa le christianisme, et épousa une demoiselle Weyer, nièce de feu le général Guilleminot. En 1852, il fit l'expédition de Laghouat ; sa position dans l'armée avait été régularisée après le coup d'État. Il prit rang dans l'état-major général. Mis à la disposition du général en chef de l'armée d'Orient, en 1854, il devait commander des bachi-bozouks au service de la France ; mais on renonça à cette combinaison, et le général Joussouf retourna en Algérie, où il prit le commandement de la division d'Alger au commencement de 1855. On a de lui un ouvrage intitulé : *De la Guerre d'Afrique* (Alger, 1850), écrit aussi intéressant et substantiel qu'instructif, parce que l'auteur a eu occasion de faire en Algérie toutes les espèces de guerres.

JOUTE. Une joute était proprement le combat à la lance de seul à seul, au temps de la chevalerie. Plus tard on étendit la signification de ce mot à d'autres combats. La joute se distinguait du tournois en ce que celui-ci avait lieu entre plusieurs chevaliers combattant en troupe. Quoique les joutes se fissent ordinairement dans les tournois après les combats de tous les champions, il y en avait cependant qui se faisaient seules, indépendamment d'aucun tournoi ; on les nommait *joutes à tous venants, grandes et plénières*. Celui qui paraissait pour la première fois aux joutes remettait son heaume ou casque au héraut, à moins qu'il ne l'eût déjà donné dans le tournoi.

Les dames étaient l'âme des joutes, et les chevaliers n'en terminaient aucune sans en faire une dernière à leur honneur, qu'ils nommaient la *lance des dames*.

Les joutes passèrent en France des Espagnols, qui prirent des Maures cet exercice et l'appelèrent *juego de canas*, le jeu de cannes, parce que, dans le commencement de la première institution dans leur pays, ils lançaient en tournoyant des cannes les unes contre les autres et se couvraient de leur bouclier pour en parer le coup. Le jeu du *djérid* des Turcs a quelques rapports avec les joutes chevaleresques.

Le mot de joute vient peut-être de *jueta*, à cause que les jouteurs se joignent de près pour se battre. D'autres le dérivent de *justa*, qui est le nom donné à cet exercice dans la basse latinité.

Ch^{er} de Jaucourt.

La *joute sur l'eau* est un exercice d'adresse, dans lequel deux jouteurs montés dans des embarcations cherchent à se faire tomber l'un à l'autre dans l'eau en se poussant au moyen de longues lances de bois au moment où leurs bateaux s'approchent.

JOUVENCE (Fontaine de). Qui d'entre nous n'a pas entendu parler de cette merveilleuse fontaine de Jouvence, redonnant la jeunesse, la beauté, la fraîcheur, à ceux qui les ont perdues, et dont les eaux puissantes effaçaient les rides avec la même rapidité que la vague efface les caractères tracés sur le sable ? Quelle femme déjà pressée par l'âge n'a soupiré après ce délicieux rêve de tous les charmes qui ne sont plus, de toutes les roses qui se sont fanées, et n'a, machinalement peut-être, cherché sur la carte géographique le nom de Jouvence, le lieu fortuné où devait se trouver cette précieuse fontaine, dont tout vestige est perdu. Hélas ! la merveilleuse fontaine est restée une énigme, comme la pierre philosophale pour les alchimistes, s'il en existe encore. Nous trouvons pourtant dans le roman d'*Huon de Bordeaux* que cette fontaine est située dans un pays désert. « Elle venait, dit-il, du Nil et du paradis terrestre, et avait une telle vertu, que si un homme malade en buvait et s'en lavait les mains, il était aussitôt sain et guéri ; et s'il était vieux et décrépit, il revenait à l'âge de trente ans, et une femme était aussi fraîche qu'une vierge. » Par malheur, comme le dit La Fontaine :

Grand dommage est que ceci soit sornettes,
Filles connais, qui ne sont pas jeunettes,
A qui cette eau de Jouvence viendrait
Bien à propos.

Certains esprits forts prétendent que le mot *Jouvence* vient du latin *juventus*, et qu'il signifie tout bonnement *jeunesse*. Ce sont les romans de chevalerie qui l'ont mis à la mode.

JOUVENEL DES URSINS. *Voyez* Juvénal des Ursins.

JOUVENET, famille de peintres qu'on croit de souche italienne.

JOUVENET (Noel), peintre de Rouen, fut le grand-père du fameux Jean Jouvenet. Il donna des leçons de peinture au Poussin, et c'est à peu près la tout ce qu'on sait de lui. Il eut trois fils, nommés *Jean*, *Noël* et *Laurent*. Jean épousa Françoise Yoult, et en eut l'auteur de *La Pêche miraculeuse*. A en juger par ses élèves, on peut croire que Noël Jouvenet ne manquait ni de goût ni de talent.

JOUVENET (Jean), peintre français, naquit à Rouen, le 21 août 1647. D'abord élève de son père, peintre fort estimé dans cette ville, il vint à Paris pour se fortifier

43.

dans ses études; bientôt son génie se développa, et fit connaître un talent nouveau, en dehors des routines admises dans l'école de Charles Le Brun, dont il fut l'élève. En 1673, il peignit pour l'église de Notre-Dame la *Guérison du Paralytique*. En 1675, pour sa réception à l'Académie, Jouvenet présenta *Esther devant Assuérus*, le plus correct peut-être de tous les tableaux qu'il a peints. On a comparé ses tableaux de l'abbaye Saint-Martin-des-Champs et sa *Descente de Croix*, qu'il fit pour l'église des Capucins, aux chefs-d'œuvre du Tintoret; mais ceux qui ont fait cette comparaison n'avaient pas sous les yeux ces belles productions. Pourtant, il faut le dire, malgré leurs imperfections, les tableaux de Jouvenet brillent par le faste imposant de la composition, par des effets grandement conçus, par une exécution facile et vigoureuse. On peut considérer en effet *La Pêche miraculeuse* comme un miracle de composition et de coloris. Jouvenet, homme d'esprit et d'un grand caractère, avait à peindre pour l'église Saint-Martin-des-Champs quatre tableaux d'une grande dimension, de la vie de saint Benoît. Les robes noires que portaient les religieux de cet ordre ne lui plaisaient pas à peindre: il imagina de remplacer les sujets qu'on lui avait donnés par la *Résurrection de Lazare*, le *Repas du Pharisien*, *Les Vendeurs chassés du Temple* et *La Pêche miraculeuse*. Jouvenet, pour peindre ce dernier tableau, entreprit le voyage de Dieppe, afin d'examiner les manœuvres des pêcheurs, de dessiner d'après nature les filets et les barques, et il fit aussi des études peintes d'après les diverses espèces de poissons et de coquillages, qu'il a rendus avec une supériorité surprenante. Lorsqu'il livra les tableaux, les religieux, surpris de ne point voir les sujets qu'on leur avait demandés, les refusèrent. Après une lutte assez inconvenante entre les pères bénédictins, Jouvenet soutint qu'il laissait à la postérité quatre chefs-d'œuvre, et ajouta que d'ailleurs les sujets qu'il avait tirés de l'Évangile, où se trouvaient peints Jésus-Christ et les Apôtres, valaient bien ceux de la vie de saint Benoît, qui ne lui offraient à peindre que des *sacs à charbon*. Il se retira, et le roi ordonna que les tableaux fussent placés dans la nef de l'église.

Le tableau de *L'Extrême-Onction* est un des plus sagement conçus, et du coloris le plus fin et le plus harmonieux qui soient jamais sortis de ses pinceaux. Jouvenet peignit les pendentifs des Invalides, où il représenta les *douze Apôtres* et les *Évangélistes*. Pendant la restauration du vieux château de Versailles, qui se fit de 1660 à 1680, Jouvenet y travailla avec son maître Ch. Le Brun. Il peignit ensuite un salon au château de Marly, qui fut admiré de Louis XIV. On citait encore de lui des plafonds de l'hôtel de Pouanges. Enfin, on sait que Jouvenet, devenu paralytique, s'habitua à peindre de la main gauche. Dans cet état d'infirmité, il peignit sur toile, à Paris, le plafond de la seconde chambre des enquêtes du parlement de Rouen; et ce qu'il y a d'extraordinaire, c'est que l'on y retrouve la même hardiesse dans le faire et la même chaleur de coloris que dans ses tableaux peints de la main droite. Pendant qu'on plaçait à Rouen le plafond de Jouvenet, il peignit le tableau dit le *Magnificat*, l'un des plus beaux ornements du chœur de Notre-Dame de Paris. Ce morceau, d'une composition riche, est d'un coloris harmonieux. Ce peintre célèbre mourut à Paris, en 1717, à l'âge de soixante-treize ans, avant que ce tableau, son dernier ouvrage, fût mis en place.

Ch^{er} Alexandre Lenoir.

JOUX (Fort de), principale place forte de France du côté de la Suisse, a longtemps servi de prison d'État, dans laquelle furent détenus plus ou moins de temps Fouquet, Mirabeau, Toussaint Louverture, le général Dupont, le marquis de Rivière, etc. Le château de Joux est situé à 5 kilomètres de Pontarlier, dans le département du Doubs. Bâti sur un mamelon isolé d'environ 200 mètres d'élévation, au pied duquel coule le Doubs, il se compose de trois enceintes entourées de larges fossés, avec pont-levis. Il ne ressemble plus guère à l'ancien château des sires de Joux. On y a élevé des bâtiments neufs, et les anciens ont été modifiés pour devenir des magasins, des arsenaux ou des casernes; cependant, on y trouve encore quelques traces de l'architecture du moyen âge.

JOUY (Victor-Joseph Étienne, *dit*) naquit en 1769, à Jouy (Seine-et-Oise), village qu'habitait son père et dont il prit par la suite le nom. Les Muses ne présidèrent pas à sa naissance, mais il eut pour parrain le dieu Mars, lequel eut soin qu'on entourât son enfance de tambours, de sabres de bois, de trompettes de fer-blanc, et qui dès l'âge de treize ans en fit un sous-lieutenant à la suite dans les troupes coloniales de la Guyane. Au bout d'une année environ d'apprentissage militaire, il revint en France achever ses études, puis il passa aux Indes orientales, avec le régiment d'état-major attaché au gouvernement de Chandernagor. Il était de retour en France à la fin de 1790. L'homme de lettres ne se déclarant point encore dans Jouy, il fit la première campagne de la révolution avec le grade de capitaine, et devint adjudant général après la prise de Fornes. Le tribunal révolutionnaire condamna par contumace le jeune officier à la peine de mort. Jouy passa en Suisse, rentra en France après le 9 thermidor, et reprit du service comme chef d'état-major de l'armée sous Paris, commandée par le général Menou. Le 2 prairial il contribua à la répression des terroristes ordonnée par la Convention; mais au 13 vendémiaire il fut arrêté et destitué. Au bout de quinze jours, on lui rendit la liberté et on l'envoya commander la place de Lille. Il ne tarda pas à se faire remettre sous les verrous. On prétendait qu'il avait eu des liaisons politiques avec lord Malmesbury, et qu'il intriguait avec le cabinet anglais. Il y allait de sa tête si cela eût été vrai. Il eut sans doute les moyens de prouver son innocence; car il fut relaxé après une courte détention. Il n'en déposa pas moins le harnais, sollicita et obtint sa retraite en 1797, pour cause de blessures et à raison de ses services. Il fut mis alors à la tête des bureaux de la préfecture de la Dyle par M. de Pontécoulant, préfet de ce département. Celui-ci ayant été nommé sénateur, Jouy dit adieu aux emplois civils, et se livra exclusivement à la littérature. Alors commença la série de ses innombrables ouvrages, dont le premier est *La Paix et l'Amour*, divertissement à l'occasion de la paix de 1798.

Les plus remarqués furent *La Vestale* (1807), opéra qui dut la plus grande partie de sa gloire et de son accolée à la musique de Spontini, à la parodie très-spirituelle qui en fut faite, et au prix qui lui fut décerné par l'Institut, comme au meilleur poème lyrique qui eût été mis au théâtre; *Fernand Cortes* (1809), avec Esménard et Spontini; *Les Bayadères* (1810), musique de Catel; *L'Ermite de la Chaussée-d'Antin* (1812), feuilletons sur les mœurs de son temps, qui parurent d'abord séparément, dans le *Mercure*, qu'il réunit ensuite en un corps de livre, et qui furent traduites dans les principales langues de l'Europe; *Tippoo Saeb*, tragédie jouée au Théâtre-Français (1813); *Les Abencérages*, opéra en trois actes (1813); *L'Ermite en province* (1818 et ann. suiv.); ouvrage, dit un biographe qui paraît fort bien renseigné sur ce qui regarde Jouy, très-inférieur au précédent, parce que « au tort grave de se répéter sans cesse et de déclamer à chaque page, l'auteur joint le tort, bien plus grave encore, de commettre les erreurs les plus grossières en histoire et en géographie. Il serait, au reste, difficile qu'il en fût autrement, car personne n'ignore que M. de Jouy a pris à tâche de décrire les provinces de la France et les mœurs de ses habitants sans sortir de son cabinet. Il parle peu de conscience qu'il a mis dans ce travail et l'audace avec laquelle il s'est moqué de ses lecteurs lui ont-ils attiré de tous côtés de violentes critiques, dans lesquelles son amour-propre a été fort peu ménagé »; *Sylla*, tragédie faite, on peut le dire, en collaboration avec Talma; *Les Ermites en prison* (1823), et *Les Ermites en liberté* (1825), conjointement avec Jay; *Moïse* (1827), opéra en quatre actes, avec Balochi; et *Guillaume Tell* (1829), avec Bis : la musique de Rossini ne contribua pas peu à ce double succès.

Tels sont les ouvrages qui ont placé un moment Jouy au premier rang parmi les hommes de lettres connus sous le nom de *littérateurs de l'empire*. Ils firent à la fois sa fortune et sa réputation, toutes deux éphémères, à la ruine desquelles il assista, relégué dans le *canonicat* de la bibliothèque du Louvre, où il avait été appelé en mars 1832 par le roi Louis-Philippe. Là il se consolait des vicissitudes et des vanités de ce monde, en considérant combien d'auteurs dont les œuvres décorent les rayons de cette bibliothèque, l'avaient précédé dans le séjour de l'oubli, où il était allé les rejoindre. Il mourut en septembre 1846, au château de Saint-Germain en Laye.

Jouy avait un certain talent de style joint à une qualité d'observateur qui donne une idée assez avantageuse de la sagacité de son esprit et de la justesse de son coup d'œil. On l'a comparé, dans quelques-uns des portraits qu'il a tracés, à Addison et à Steele; c'est un peu le surfaire, mais entre eux il y a cependant des analogies. Il a de la finesse, mais sans profondeur. Il manquait d'instruction en bien des parties, et cependant ne doutait de presque rien. Il ne restera de lui que le souvenir du bruit qu'il a fait un moment, qui fut très-disproportionné avec son mérite, mais qu'on s'explique par le silence dans lequel était alors tombée la littérature digne de ce nom, et par le trouble que causait encore dans les esprits des écrivains d'élite le retentissement des révolutions politiques. Charles NISARD.

Jouy avait été reçu à l'Académie Française en 1815, comme successeur de Parny. C'est dans sa réunion de ce corps illustre qu'il lui arriva un jour de dire que notre mot français *agréable* vient du LATIN *agreabilis*. Ce barbarisme fit une incroyable fortune, et popularisa le nom du coupable parmi des générations trop nouvelles à la vie pour avoir jamais entendu parler de l'*Ermite de la Chaussée d'Antin*.

JOVE (PAUL), historien, né à Côme, en 1483, fut d'abord médecin, puis élevé au siège épiscopal de Nocera. Mais ses mœurs n'avaient rien d'ecclésiastique, et sa conscience ne valait pas mieux que ses mœurs. C'est de lui qu'est ce mot impudent : « J'ai deux plumes, l'une d'or, l'autre de fer, pour traiter les princes suivant les faveurs ou les disgrâces que j'en reçois. » Il mourut à Florence, en 1552, conseiller de Côme de Médicis, après avoir été pensionné par François Ier et Charles-Quint. On a de lui une *Histoire* en quarante-cinq livres, qui commence à l'an 1494 et qui finit en 1547. Mais il s'y trouve une lacune considérable, depuis le dix-neuvième jusqu'au vingt-quatrième livre inclusivement. L'abondance et la variété des matières font lire cette histoire avec plaisir; mais elle manque de fidélité. Il est encore l'auteur de différentes *Vies des personnages illustres*. Il s'est également occupé d'histoire naturelle.

JOVELLANOS ou plutôt JOVE-LLANOS (Don GASPAR MELCHIOR DE), célèbre homme d'État et écrivain espagnol, né en 1744, à Gijon, dans les Asturies, ayant d'abord été, comme cadet, destiné à l'état ecclésiastique; mais plus tard il étudia le droit, et fut nommé assesseur au tribunal criminel de la cour suprême de Séville. C'est dans cette ville qu'il fit paraître sa comédie *El delincuente honrado*, où il montrait l'étoffe d'un poète de talent; il écrivit ensuite *Pelayo*, tragédie hardie au point classique français, représentée à Madrid en 1790; il traduisit aussi le premier livre du *Paradis perdu* de Milton, et donna, sous le nom de Jovino, ses *Ocios juveniles*, poèmes lyriques et satiriques. Nommé en 1778 assesseur de la haute cour criminelle de Madrid, puis, en 1780, membre du conseil de l'ordre de Calatrava, la plus haute autorité administrative des ordres religieux et militaires, il rassembla, dans les tournées d'inspection qu'il eut à faire, les matériaux de l'excellent mémoire adressé, par décision de la Société des Amis de la Patrie, au conseil suprême de Castille, sur la nécessité d'introduire une nouvelle législation agricole, *Informe sobre la ley agraria*. Lié d'amitié avec Cabarrus, il partagea sa disgrâce, et fut éloigné en 1790 de la résidence royale. On déguisa son exil en une mission ayant pour but de surveiller la réforme des études dans la maison de l'ordre de Calatrava à Salamanque et l'exploitation des mines de charbon dans les Asturies. En 1794 il obtint enfin la place de titulaire au grand conseil de Castille, à laquelle il avait droit depuis longues années; en 1797, Godoy, qui avait intérêt à favoriser, en apparence du moins, les partisans des réformes, le nomma ambassadeur à Saint-Pétersbourg, et sur son refus, ministre de grâce et justice. Mais bientôt la faveur du tout-puissant ministre se changea en une haine si acharnée, qu'elle alla, dit-on, jusqu'à essayer de le faire empoisonner. Godoy l'exila de nouveau, en 1798, à Gijon, d'où il le fit conduire, en 1801, à la Chartreuse de Valdemuza, dans l'île de Majorque, puis tranférer, en 1802, dans la prison d'État de Bellver. C'est là que Jovellanos écrivit, entre autres ouvrages devenus célèbres, des lettres poétiques sur la vie dans la retraite (*Sobre la vida retirada*), et sur la vanité des désirs et des efforts des hommes (*Sobre los vanos deseos y estudios de los hombres*), lettres à ses amis Carlos Gonzalez de Posada et Cean Bermudez. Enfin, en 1808, par suite de la révolte d'Aranjuez et de l'entrée des Français en Espagne, il fut rendu à la liberté, et put se retirer dans sa ville natale. Non-seulement il résista alors aux offres brillantes de Joseph Bonaparte, mais encore il fut un des membres les plus actifs de la junte centrale qui dirigea la lutte contre l'usurpation française. Cette junte s'étant dispersée en 1810, ce fut Jovellanos qui parvint à réunir encore le nombre de membres nécessaire pour pouvoir légalement constituer une régence et ordonner la convocation des cortès extraordinaires.

Après cette démarche, qui sauva sa patrie, Jovellanos, dans les mains de qui avaient passé tous les trésors envoyés d'Amérique, fut réduit à emprunter de l'argent à son domestique pour pouvoir s'en retourner chez lui. L'ingratitude et la persécution furent l'unique récompense de son dévouement à la patrie et de son désintéressement. Retiré à Muros, il y rédigea, pour la défense de ses collègues de la junte centrale son fameux *Mémoire à mes collègues* (La Corogne, 1811). Lorsque les Français évacuèrent les Asturies, il revint, en 1811, à Gijon, où il fut reçu en triomphe. Mais la nouvelle occupation de la province par les Français, qui eut lieu bientôt après, le contraignit encore une fois à la fuite. Il mourut d'une hydropisie de poitrine, le 27 novembre 1811. Consultez Cean Bermudez, *Memorias para la Vida de Jovellanos* (Madrid, 1814). Don Ramon Maria de Cañedo a donné une édition de ses œuvres complètes (7 vol., Madrid, 1832; 8 vol., Barcelone, 1829).

JOVIEN, successeur de l'empereur Julien, dans la personne duquel venait de s'éteindre la maison de Constance Chlore, était né dans la Mésie, l'an 330 de notre ère. Fils de Varonien, et capitaine des gardes, il fut proclamé par l'armée le 27 juin 363, et prit les noms de *Flavius Claudius Jovianus*. Les Romains, entourés d'ennemis, étaient dans la situation la plus difficile. De haute taille, d'une figure prévenante et affable, mais chrétien zélé par-dessus tout, il exigea que tous ses soldats adoptassent sur-le-champ son culte, ce qui fut exécuté par acclamation. Aussitôt il ordonne la retraite. La marche est souvent interrompue par des combats, car Sapor II poursuit l'armée. Après une action hardie au bord du Tigre, le roi de Perse, étonné de l'intrépidité avec laquelle des nageurs ont passé le fleuve et massacré ses postes, offre la paix; cependant, il traîne les négociations en longueur, si bien qu'il affame les Romains : les instances de quelques lâches forcent Jovien à accepter de honteuses conditions, telles que la cession de cinq provinces au delà du Tigre. La marche de son armée n'en fut pas moins pénible et désastreuse. Elle arriva enfin à Nisibe. Les vivres étaient d'une telle cherté qu'un boisseau de farine se vendait dix pièces d'or dans les derniers temps de la retraite. Nisibe fut aussitôt abandonnée aux Perses,

à la grande douleur des habitants, qui s'en virent expulsés par Jovien lui-même, d'après l'engagement qu'il en avait pris. Après avoir donné à ses troupes quelques jours de repos, il partit pour Antioche en passant par Édesse. Il s'occupa ensuite de rétablir la paix entre les païens et les chrétiens, et rappela d'exil tous les évêques bannis, que Julien n'avait pas remis en possession de leur siége : avec lui le christianisme monta sur le trône pour n'en plus descendre. Il ordonna aux gouverneurs des provinces de favoriser les assemblées des fidèles et l'instruction des peuples, défendit, sous peine de mort, de ravir les vierges consacrées à Dieu, de les séduire, ou de les solliciter en mariage, et se montra sans pitié pour les ariens. Pendant que l'Afrique était ravagée par les barbares, l'empereur, ne recevant aucune nouvelle d'Occident, crut devoir s'en rapprocher. Une sédition avait éclaté dans la Gaule, où l'on soutenait que Julien vivait encore, et que Jovien n'était qu'un rebelle. Le 1ᵉʳ janvier il célébra à Ancyre son entrée au consulat, et prit pour collègue son fils Varonien, encore enfant. Themistius l'orateur, qui avait placé dans le sénat de Constantinople, vint prononcer devant l'empereur un discours que nous avons encore : on faisait à Constantinople des préparatifs pour le recevoir, et l'on espérait goûter un long repos sous son règne. Il partit d'Ancyre par un froid si vif qu'il périt plusieurs soldats en route : à Dadastare, petite ville de la Galatie, sur les frontières de la Bithynie, il fut trouvé mort dans son lit, dans la nuit du 16 au 17 février 364 : selon les uns, il fut asphyxié par l'odeur du charbon qu'on avait allumé pour sécher les murs de sa chambre ; selon d'autres, il mourut d'apoplexie ; enfin, on a prétendu qu'il avait été empoisonné par ses gardes. Son corps fut porté à Constantinople, dans l'église des Saints-Apôtres, sépulture ordinaire des empereurs depuis Constantin. Il n'avait régné qu'un an, et l'empire ne fut guère pour lui que le commencement d'une déroute. Sa femme, qui venait à sa rencontre avec toute la pompe impériale, ne fut jamais revêtu de sa dignité.
P. DE GOLBÉRY.

JOVINIEN, moine romain, s'éleva, en 388, avec beaucoup de force contre le luxe, toujours croissant dans l'Église, des ornements extérieurs, et mérita pour ce fait d'être cité comme un des premiers apôtres de la simplicité évangélique. Une lettre de saint Ambroise et plusieurs écrits de saint Jérôme nous apprennent qu'il combattit le mérite du jeûne et de la vie ascétique ainsi que le célibat des prêtres. Il défendit encore d'autres thèses étranges, celle, par exemple, que les hommes régénérés par le baptême ne sauraient être de nouveau entraînés au péché. L'évêque de Rome, Siricius, et après lui saint Ambroise, en condamnant ses doctrines, paralysèrent le succès de ses tentatives de réforme.

JOYAU. *Voyez* BIJOU.

JOYEUSE (Maison de). Elle se glorifiait de descendre des anciens seigneurs de Châteauneuf-Randon, dans le bas Languedoc, ou Gévaudan, au diocèse de Mende, et faisait remonter sa généalogie au onzième siècle. C'est en faveur de Louis II, fait prisonnier le 1ᵉʳ juillet 1423, à la bataille de Crevant-sur-Yonne, que la baronnie de Joyeuse fut érigée en vicomté.

JOYEUSE (GUILLAUME, vicomte DE) devint maréchal de France en 1582, après avoir fait la guerre contre les protestants. Il mourut en 1592.

JOYEUSE (ANNE DE), son fils, naquit en 1561. Il était l'aîné de cinq frères qui lui durent leur fortune. Élevé à la cour de Henri III, il ne tarda pas à partager avec le duc d'Épernon la faveur de ce prince. Connu d'abord sous le nom de *Fervagues*, il fit ses premières armes au siége de La Fère, en 1580, et la bravoure dont il fit preuve en cette occasion fournit au roi le prétexte des récompenses extraordinaires dont il le combla. Créé duc et pair, avec le droit de préséance sur les autres seigneurs, excepté ceux du sang royal, nommé gouverneur de plusieurs provinces, amiral de France, enrichi par des dons excessifs, Joyeuse vit encore sa fortune s'accroître par l'alliance qu'il contracta avec Marguerite de Lorraine, sœur de la reine. Ses noces, dont le roi fit les frais, furent célébrées avec un faste et une magnificence sans exemple. « La dépense y fut faite si grande, dit un auteur contemporain, y compris les mascarades, combats à pied et à cheval, joustes, tournois, musique, danses d'hommes et femmes, et chevaux, présents, et livrées, que le bruit estoit que le roy n'en seroit quitte pour 1,200,000 écus. » Depuis l'époque de son mariage, en 1582, jusqu'à celle de sa mort, en 1587, le duc de Joyeuse fut en butte à la haine du peuple, indigné des prodigalités de Henri III envers son mignon bien aimé, et à la jalousie des grands, envieux de la faveur dont il jouissait. Pour tâcher de se réhabiliter, Joyeuse prit le commandement de l'armée qui devait marcher contre les huguenots et leur chef, le roi de Navarre. Les deux armées se rencontrèrent dans les plaines de Coutras ; le duc de Joyeuse y perdit la bataille, et fut blessé mortellement. Henri réclama son corps, et lui fit faire des funérailles magnifiques, dans l'église des Augustins de Paris.

JOYEUSE (FRANÇOIS DE), frère puîné du précédent, né en 1562, cardinal et successivement archevêque de Narbonne, de Toulouse et de Rouen, fut un des auteurs de l'abjuration de Henri IV, auquel il rendit ensuite le service de rompre son premier mariage. Président de l'assemblée du clergé en 1605, il fut nommé l'année suivante légat du pape en France à l'occasion du baptême du dauphin. Il sacra Marie de Médicis et Louis XIII, présida les états de 1614, et mourut à Avignon, en 1615.

JOYEUSE (HENRI DE), comte *du Bouchage*, frère des deux précédents, célèbre sous le nom de *père Ange*, naquit à Toulouse, en 1563. Il eut dès sa jeunesse le dessein d'embrasser l'état ecclésiastique, mais la volonté de son père et de sa famille contrarièrent ce projet. Il entra alors dans la carrière des armes, et épousa Catherine de La Valette, sœur du duc d'Épernon. Devenu veuf, après peu d'années de mariage, le comte du Bouchage put suivre librement sa première vocation, et prononça ses vœux de capucin, le 4 décembre 1587. Après la journée des Barricades, il sortit de sa retraite, et se rendit à Chartres, à la tête d'une procession de ligueurs, pour engager Henri III à revenir dans la capitale. Suivant d'Aubigné, il fit ce voyage pieds nus, couronné d'épines, chargé d'une lourde croix de bois, accompagné de deux religieux qui le fustigeaient, et chantant avec toute la troupe le *Miserere*. Ayant été envoyé en Gascogne, pendant les troubles de la Ligue, le frère Ange se trouva à Toulouse à l'époque de la mort d'un autre de ses frères, *Scipion* DE JOYEUSE, tué en combattant contre les huguenots. Le peuple et la noblesse du pays le prièrent alors de prendre le commandement des troupes, et le pape l'ayant relevé de ses vœux, il céda aux instances qui lui furent faites. Il continua longtemps la guerre contre Henri IV, et ne soumit à ce prince qu'après sa conversion. Il fut ensuite nommé maréchal de France, grand-maître de la garde-robe et gouverneur du Languedoc, puis abandonna de nouveau ses emplois pour rentrer dans le cloître. On rapporte que se trouvant un jour à un balcon avec Henri IV, ce dernier lui dit : « Mon cousin, ces gens-là qui nous regardent disent de moi que je suis un huguenot converti, et vous un capucin renié, à qui que cette plaisanterie le décida à reprendre l'habit de son ordre. A dater de cette époque il pratiqua sa règle avec son austérité, et se livra à la prédication avec un grand succès. « Il étoit difficile, dit un écrivain contemporain, que cet homme si mortifié, couvert d'un pauvre habit, ceint d'une corde et les pieds nus, qu'on avoit veu si enjoué avec les dames, si redoutable à la tête des armées, si propre dans ses habits et dans son équipage, n'eût pas inspiré la pénitence. » Le père Ange mourut à Rivoli, en 1608, au retour d'un voyage à Rome, qu'il avait entrepris, pieds nus, pendant l'hiver. C'est de lui que Voltaire a dit :

Vicieux, pénitent, courtisan, solitaire.
Il prit, quitta, reprit la cuirasse et la haire.

F. DANJOU.

JOYEUSE (Jean-Armand, marquis de), comte *de Grand-Pré*, maréchal de France, gouverneur de Metz, Toul et Verdun, était membre de la même famille et fils d'*Antoine-François* de Joyeuse. Il commandait l'aile gauche à la bataille de Nerwinde, où il fut blessé, et mourut à Paris, en 1713, sans laisser de postérité.

JOYEUSE ENTRÉE (en flamand, *blyde inkomst*). Tel était le nom que l'on donnait aux importants priviléges des états du Brabant (y compris Anvers) et du Limbourg, dont les ducs devaient jurer le maintien avant leur entrée dans leur résidence. L'article le plus précieux était celui qui déliait les sujets de toute obligation d'obéissance dès que le duc voulait tenter de détruire un seul de ces priviléges.

JOYEUSE ENTRÉE (Droit de). *Voyez* Entrées royales.

JOYEUX AVÉNEMENT (Droit de). On nommait ainsi l'impôt qu'on levait en France à l'avénement de chaque souverain; c'était le contraire de ce qui se pratiquait dans la Rome impériale, où les empereurs payaient leur bienvenue par des largesses connues sous le nom de *donativum* et de *congiarium*. En France, sous la monarchie ancienne, où le priviége était la règle, et le droit l'exception, il était d'usage que le roi en montant sur le trône confirmât les priviléges des villes, communautés, corporations, les immunités, en un mot, de tous genres; et en échange de cette faveur on payait les droits de *joyeux avénement*. Quoique ces dons fussent dans l'origine volontaires de leur nature, le roi n'en prenait pas moins de sévères mesures pour qu'on payât exactement ce tribut, l'un des plus vexatoires de tous ceux qui existaient avant 1789. En effet, cet impôt n'étant pas établi légalement, c'est-à-dire avec l'enregistrement du parlement, la perception en était très-longue et très-tracassière; il était encore odieux en ce qu'il faisait payer une deuxième ou troisième fois ce qui avait déjà été payé.

Un des autres priviléges des *joyeux avénements* était le droit qu'avaient les rois de pouvoir créer un maître juré dans chaque métier et dans toutes les villes du royaume, nouveau moyen de battre monnaie.

Un des premiers *joyeux avénements* que l'on rencontre dans l'histoire est celui de Charles VIII (1484), fixé à 300,000 livres. Louis XII, le père du peuple, renonça à ce droit; c'est le seul qui jusqu'à Louis XVI montra ce désintéressement. A l'avénement de Louis XV, le duc d'Orléans, régent de France, n'exigea pas cet impôt; mais huit ans après (1723), dès qu'il fut majeur, Louis dit le *Bien Aimé* n'eut garde d'oublier cette fructueuse prérogative: l'impôt fut fixé à 23 millions; il en rapporta 41 à la compagnie qui le prit à ferme. La perception ne dura pas moins de cinquante-et-un ans, et il n'y avait que six mois que le payement était entièrement achevé lorsque Louis XV mourut. Louis XVI, renonçant à ce droit, abolit pour toujours cet impôt inique.

Un grand nombre d'évêques avaient aussi leur *joyeux avénement*; ils levaient au moment de leur sacre ou de leur consécration des dons forcés sur tous ceux qui étaient soumis à leur juridiction;

Regis ad exemplum totus componitur orbis.

A. Feillet.

JUAN (Don), personnage dramatique.

JUAN D'AUTRICHE (Don), fils naturel de l'empereur Charles-Quint, naquit à Ratisbonne, suivant le jésuite Strada, le 24 février 1545. Le nom de sa mère a été si bien gardé, qu'on en est réduit aux conjectures, quoique Barbe de Biomberg, belle patricienne de Ratisbonne, passe généralement pour lui avoir donné le jour. D'autres veulent qu'il ait été le fils d'une comtesse ou d'une boulangère de Bruxelles; quelques écrivains ont même été jusqu'à signaler ce prince comme le fruit d'un inceste commis par l'empereur avec sa sœur Marie de Hongrie, assertion trop grave pour être accueillie sans preuves. Charles-Quint ne le reconnut point durant son règne, et le confia aux soins de don Louis Quixada, seigneur de Villa-Garcia, son maître d'hôtel. Celui-ci l'emmena en Espagne, et l'éleva en simple gentilhomme. L'empereur, après son abdication, confia le secret à son fils Philippe II, qui résolut de le révéler à toute sa cour. Dans cette intention, il ordonna une grande chasse aux environs de Valladolid, et s'y rendit avec la plus haute noblesse. Quixada, qui eut l'air de se trouver là fortuitement, présenta son élève au roi. Philippe demanda à don Juan qui il était, et s'il connaissait son père. Le jeune homme ayant rougi à cette question, le roi lui dit : « Nous n'avons, vous et moi, qu'un même père, l'invincible empereur Charles, monarque des Espagnes. » A ces mots, il l'embrassa et l'appela son frère, à la grande surprise et aux applaudissements de tous ceux qui étaient présents.

Don Juan était bien fait, d'une figure noble et martiale. Il plut si fort au roi, que, renonçant au projet de lui faire embrasser l'état ecclésiastique, ce prince lui permit de courir la carrière des armes. En 1570, les Maures de Grenade s'étant soulevés, don Juan les força d'abandonner pour jamais la presqu'île Ibérique. Le succès de cette expédition répandit sa renommée dans toute l'Europe, et fut cause qu'on le choisit pour commander la flotte que les princes chrétiens destinaient à combattre les Turcs. La bataille de Lépante, gagnée le 7 octobre 1571, le couvrit d'une gloire nouvelle, qui porta ombrage au soupçonneux Philippe. Don Juan, après avoir pris Tunis et d'autres places sur la côte d'Afrique, fut rappelé pour défendre le Milanais, attaqué par les Français. Il repassa en Espagne en 1576, et fut envoyé presque aussitôt, avec le titre de gouverneur général, dans les provinces des Pays-Bas, où l'insurrection faisait chaque jour de plus grands progrès. Il traversa la France incognito, et, après une entrevue avec le duc de Guise à Joinville il arriva à Luxembourg le 4 novembre 1576, le même jour que les Espagnols saccageaient Anvers.

Il était impossible de se présenter à un peuple mécontent sous de plus favorables auspices. A proprement parler, le Luxembourg seul était complétement soumis. Dix ans de guerre civile avaient relâché ou rompu ailleurs tous les liens de l'obéissance. Don Juan procéda par les voies de la conciliation; il fit sortir des Pays-Bas les régiments espagnols, et accepta les conditions que lui présentèrent les états. L'*édit perpétuel*, signé à Marche-en-Famène, le 12 février 1577, ne put toutefois déterminer le prince d'Orange à entrer dans la pacification. Ce profond politique désirait une rupture; elle eut lieu plus tôt qu'il ne l'espérait. Don Juan, voyant que son autorité était purement nominale, que chacun s'ingérait de le gouverner, et qu'il n'avait aucun moyen de coaction ni de défense, songea à s'emparer de quelque forteresse, d'où il donnerait des ordres, et où sa personne serait en sûreté. Étant venu à Namur, sous prétexte d'y recevoir la reine Marguerite de Navarre, qui allait aux eaux de Spa, il s'empara du château de cette ville, et écrivit au magistrat qu'il avait été réduit à prendre cette mesure extrême par la raison que, malgré ses efforts pour rétablir l'ordre, il ne retirait pas de ses sacrifices tout le fruit qu'il en attendait; que notamment l'on n'avait pas observé les deux points principaux de l'édit perpétuel, savoir la conservation de la religion catholique et le respect dû au roi; que même un complot avait été formé contre sa propre vie. Les accusations, les apologies, les lettres interceptées publiées à cette époque, forment une masse énorme de pamphlets, que l'historien n'a pas le droit de dédaigner. Avant d'en appeler aux armes, on se fit une guerre de plume et de chicane.

Dans l'intervalle, des troupes espagnoles et allemandes rentraient clandestinement dans le pays. Le prince d'Orange, invité à se rendre à Bruxelles, sentit que le moment d'agir était arrivé. Le 22 octobre 1577 il fut élu par les états de Brabant *ruward* de leur province, espèce de protectorat et de régence conférée dans les circonstances extraordinaires. Par crainte de la tyrannie, on se mit à démolir les places fortes, à peu près comme on démolit la Bastille, au milieu des cérémonies et des réjouissances, et l'on continua de négocier avec don Juan, quoique ceux qui conduisaient les affaires fussent déterminés à repousser tout arrangement définitif. Excédé de ces pourparlers, don Juan sentait son épée brûler à son côté. Alexandre Farnèse, son neveu, vint se ranger sous ses ordres avec un corps considérable. Il n'y avait pas un an que l'*édit perpétuel* avait été consenti, et déjà il n'en était plus question. Les hostilités commencèrent, non pas sans que les états négligeassent de déclarer le prince aggresseur; car il fallait être en règle. Le 31 décembre 1577, un rude combat fut livré près de Gembloux. La victoire resta au frère de Philippe; il n'en jouit pas longtemps: attaqué du pourpre, il décéda le 1er octobre 1578, dans son camp retranché de Namur, et dans la trente-troisième année de son âge. On a cru que sa fin avait été avancée par la jalousie du roi; mais cette opinion, il faut le dire, n'a aucun fondement. Philippe perdait plus que personne à la mort de ce prince magnanime, général consommé, adoré du soldat, qui faisait alors triompher la cause qu'il était chargé de défendre.

La vie de don Juan a été écrite en espagnol par D. Laurent van der Hammen (Madrid, 1627); elle l'a été aussi en français, d'une manière assez exacte, mais d'un syle ridicule, par Bruslé de Mont-Plein-Champ (Amsterdam, 1690); d'un style brillant, mais d'une manière romanesque, par M. Alexis Dumesnil (Paris, 1827). Don Juan est le héros d'un drame de M. Casimir Delavigne. De REIFFENBERG.

JUAN D'AUTRICHE (Don), né en 1629, fils de Philippe IV, roi d'Espagne, et d'une actrice nommée *Maria Calderonna*, remarquable par de brillantes facultés intellectuelles, fut appelé en 1647 à prendre le commandement en chef de l'armée espagnole en Italie, et fit rentrer dans le devoir les Napolitains révoltés. De 1652 à 1654 il eut à tenir tête aux Français, qui faisaient de nombreuses irruptions sur le territoire espagnol, et en 1656 il fut chargé de la direction de la guerre soutenue contre eux par l'Espagne dans les Pays-Bas. Heureux d'abord, il vit la fortune abandonner ses drapeaux quand Turenne eut été envoyé contre lui, et perdit, le 14 juin 1658, la bataille des Dunes. Une autre campagne, brillamment commencée en Portugal, se termina de même, en 1660, par une défaite. Les intrigues du confesseur de la reine eurent pour résultat de le faire exiler à Consuegra; mais ce prince ayant à son tour été banni de la cour, don Juan fut nommé vice-roi d'Aragon. Plus tard, Charles II le rappela à sa cour, et le nomma son ministre. Il mourut en 1679.

JUANEZ. *Voyez* JOANES.

JUAN FERNANDEZ (Iles), groupe de deux îles situées dans l'océan Pacifique, à 700 kilomètres environ de la côte de Chili, dont elles dépendent. Elles portent le nom du navigateur espagnol qui les a découvertes. Leur sol est très-montueux; les quelques habitants qui s'y trouvent se livrent principalement à la pêche. C'est dans l'une de ces îles, celle de Mas Tierra, que séjourna durant plusieurs années le matelot écossais Alexandre Selkirk, dont l'histoire a inspiré à Daniel de Foë son chef-d'œuvre, *Robinson Crusoé*. L'autre des îles Juan Fernandez se nomme Mas a Fuera.

JUBA, roi de Numidie, fils d'Hiempsal II, petit-neveu de Massinissa, se rangea du côté de Pompée, dans sa lutte contre César. Le lieutenant de César, Q. Curion, fut anéanti, l'an 49 avant J.-C, avec deux légions qu'il avait fait passer en Afrique, par Juba et le Pompéien Attius Varus. Après la bataille de Pharsale, les partisans de Pompée vinrent, sous la conduite de Métellus Scipion, se ranger autour de lui; il succomba avec eux sous les armes de César, l'an 46 avant J.-C, à la bataille de Thapsus, à la suite de laquelle il se donna la mort.

Son fils, JUBA II, fut élevé à Rome. Auguste, qui le maria à la jeune Cléopâtre, fille du triumvir Antoine et de Cléopâtre, reine d'Égypte, lui donna à gouverner une partie du royaume de son père, qui était devenu province romaine, avec les possessions de Bocchus, prince de Mauritanie. Prince éclairé et savant, il cultiva l'histoire et les sciences naturelles, et Pline l'ancien nous a conservé quelques morceaux de géographie et d'histoire qui font regretter la perte de ses écrits.

JUBARTE. *Voyez* BALEINE.

JUBÉ, nom que l'on donne à l'ambon des églises, et qui vient, dit-on, de ce que le diacre, le sous-diacre ou le lecteur, avant de commencer ce qu'il devait y chanter ou réciter, demandant au célébrant sa bénédiction en lui adressant ces paroles: *Jube, Domine, benedicere.*

JUBILÉ. « Vous sanctifierez la cinquantième année, dit le Pentateuque, et vous annoncerez la liberté à tous parce que c'est le *jubilé*. En cette année tout homme rentrera dans le bien qu'il possédait, et chacun retournera à sa première famille. » Pour empêcher que tout le territoire ne devînt la proie de quelques familles, le législateur juif avait pris les plus sages précautions: les terres et les fermes nécessaires à une famille étaient déclarées inaliénables, et on n'en pouvait sortir lorsqu'elles avaient été assignées. Seulement le possesseur avait le droit de les engager pour un temps; mais à l'époque fixée si on reprenait la jouissance, on acquittait l'emprunt qu'il avait fait. S'il se trouvait insolvable de cinquante ans en cinquante ans, le jubilé rendait à la famille tous ses droits anciens.

C'est à l'exemple de cette institution qu'a été établi le *jubilé* célébré par l'Église romaine. L'histoire ecclésiastique nous apprend que les papes avaient dès les premiers siècles accordé des indulgences à ceux qui visitaient les tombeaux des apôtres, ou faisaient quelques bonnes œuvres déterminées. Boniface VIII fut le premier qui donna à cette faveur la forme dans laquelle nous la voyons encore. En 1300 fut célébré avec la plus grande pompe le premier *jubilé* chrétien, quoique la cérémonie ne portât pas encore ce nom, et le pontife déclara par une constitution que la même indulgence se gagnerait tous les siècles. Mais dès l'année 1350 Clément VI, touché des calamités de l'Église, de l'invasion des infidèles, des guerres parmi les chrétiens, et considérant la brièveté de la vie des hommes, ordonna qu'elle reviendrait tous les cinquante ans, et fut le premier qui lui donna le nom de *jubilé*, par allusion à l'année jubilaire des Juifs. L'an 1389, Urbain V abrégea encore ce terme, et le mit à trente-trois ans, en l'honneur des trente-trois années de la vie de Jésus-Christ. Mais Nicolas V le remit à cinquante, en 1449. En 1470, Paul II le fixa à vingt-cinq ans; et enfin Sixte IV, l'an 1473, confirma cette dernière réduction, qui subsiste encore. Outre ce grand jubilé, les papes en accordent d'autres à leur élection, et dans des occasions importantes.

Pour gagner les indulgences attachées au jubilé, il fallait autrefois faire le voyage de Rome; et cette capitale du monde ne pouvait suffire à la foule des pieux pèlerins qui venaient visiter les tombeaux des bienheureux apôtres. Pour faire participer un plus grand nombre de fidèles à cette grâce extraordinaire, les papes substituèrent d'autres pratiques religieuses et des œuvres de charité à ce voyage, souvent impossible pour la plupart des chrétiens.

Voici comment se fait à Rome l'ouverture du jubilé : La veille de Noël de l'année sainte étant arrivée, le pape, accompagné de tous les cardinaux, avec une foule immense, se rend processionnellement, en grande pompe, de la chapelle du palais apostolique à l'église de Saint-Pierre, dont toutes les portes sont fermées. L'une d'elles est murée, et s'ouvre au jubilé. Dès que le pape y est arrivé, et après une courte prière, il frappe par trois fois la porte murée avec un marteau d'argent, en récitant des paroles appropriées à la cérémonie. Après le pape, le grand-pénitencier et les deux autres pénitenciers frappent aussi de la même manière; le dernier coup est à peine donné que la muraille qui ferme la porte sainte est renversée. Pendant qu'on en enlève les débris, et que les pénitenciers, revêtus d'habits sacerdotaux, lavent la porte avec de l'eau bénite,

JUBILÉ — JUDAÏSME

le pape retourne à son siége, et continue les prières. Cette cérémonie achevée, il prend une croix, et, la tenant en ses mains, se met à genoux pour entonner le *Te Deum* ; il entre ensuite dans l'église par la porte sainte. Après avoir prié quelque temps devant l'autel, il se rend au trône qui lui a été préparé, et les vêpres sont chantées avec toute la pompe et toute la majesté qu'on ne retrouve que dans l'église romaine. En même temps le pape envoie trois cardinaux-légats pour ouvrir avec les mêmes cérémonies les portes saintes de Saint-Paul, de Saint-Jean-de-Latran et de Sainte-Marie-Majeure. J.-G. CHASSAGNOL.

JUDA, quatrième fils de Jacob et de Lia, né l'an 1755 avant Jésus-Christ. Lorsque ses frères voulurent tuer Joseph, ce fut lui qui leur conseilla de s'en défaire en le vendant. Il épousa la fille d'un Cananéen, nommé Sué, et en eut trois fils, Iber, Onan et Séia. Il eut aussi de Thamar, femme de l'ainé de ses fils, dont il jouit sans la connaître, Pharès et Zara. L'Ecriture rapporte qu'en bénissant ses enfants, Jacob dit à Juda : « Le sceptre ne sortira point de Juda, ni le législateur de sa postérité jusqu'à la venue de celui qui doit être envoyé et à qui les peuples obéiront. » Juda mourut l'an 1035 avant J.-C.

JUDA (Tribu et Royaume de). La tribu de Juda est issue de ce fils de Jacob. Elle fut de toutes la plus nombreuse et la plus puissante ; au sortir d'Égypte déjà, elle était composée de 74,600 hommes capables de porter les armes. Cette tribu occupait toute la partie méridionale de la Palestine. La royauté passa de la tribu de Benjamin, dont était Saül, dans celle de Juda, d'où sortit David et les rois ses successeurs.

Après la séparation des dix tribus, celles de Juda et de Benjamin, restées attachées à la maison de David, formèrent le royaume de Juda, rival de celui d'Israel, et qui lui survécut (*voyez* HÉBREUX). Le royaume de Juda se reconstitua même après le retour de la captivité de Babylone, et les deux tribus ne formèrent plus qu'un seul peuple. C'est du nom de Juda qu'on a formé celui de Juifs.

JUDA HAKKADOSH, c'est-à-dire *le Saint*, rabbin célèbre, naquit l'an 120 de notre ère, à Tsippuri, ville située sur l'une des montagnes de la Galilée, et mourut en 194. On le regarde généralement comme l'auteur de la *Mischna*, première partie du Talmud, code du droit civil et canonique des Juifs, à la rédaction duquel il consacra trente années. Il le composa dans la persuasion que sa nation dispersée oublierait les rites, et s'éloignerait de la religion et de la jurisprudence de ses ancêtres, si on les confiait uniquement à la mémoire. Avant lui, les divers professeurs expliquaient capricieusement la tradition, tantôt suivant la capacité des étudiants, tantôt selon que le demandaient les circonstances. Juda en fit une espèce de système ou de cours, qu'on suivit exactement depuis dans toutes les écoles. Juda, grâce à cet ouvrage, dont les Juifs apprécièrent toute l'utilité, devint le chef de sa nation, et exerça sur elle une si grande autorité, que quelques-uns de ses disciples ayant osé le quitter pour aller fonder un établissement à Lydde, eurent tous *un mauvais regard*, c'est-à-dire moururent tous d'un châtiment exemplaire. Siméon, fils de Lachis, ayant osé soutenir que *le prince devait être fouetté lorsqu'il péchait*, Juda envoya de ses officiers pour l'arrêter, et il lui eût sans doute fait chèrement expier sa hardiesse, s'il ne s'était pas dérobé à sa vengeance par une prompte fuite. Les juifs, qui s'enorgueillissent encore de la gloire de Juda, lui donnent, comme nous l'avons dit, le nom de *saint*, et même de *saint des saints*, à cause de la pureté de sa vie. Si pourtant il fallait en citer ici les preuves que nous en donnent ses panégyristes, cela pourrait passer pour une plaisanterie. Juda, qui avait fini par se mettre au-dessus des lois et par exercer sur ses concitoyens une autorité absolue, conserva son orgueil jusqu'à sa mort. Quand il le sentit venir, il prescrivit qu'on portât son corps en grande pompe, et qu'on pleurât dans toutes les grandes villes par où passerait le cortège funèbre, qui ne devait pas traverser les petites. Les docteurs juifs racontent que la Judée tout entière accourut à ces obsèques solennelles, que, par un miracle exprès, le jour fut prolongé et la nuit retardée jusqu'à ce que chacun fût de retour dans sa maison et eût eu le temps d'allumer une chandelle pour le sabbat. La fille de la Voix, ajoutent-ils, se fit entendre, et prononça que tous ceux qui avaient suivi la pompe funèbre seraient sauvés, à l'exception d'un seul, qui se tua de désespoir.

JUDAÏSME. On comprend sous cette dénomination la croyance, les lois et les idées religieuses des Juifs. Les prophètes qui parurent au retour de l'exil de Babylone ne prêchèrent point le rétablissement de l'État mosaïque et de l'indépendance politique de la nation juive, mais la fidélité envers Dieu et l'empire de la vraie doctrine sur le monde comme devant être le résultat d'une sanctification religieuse. Quand il n'y eut plus de prophètes, et lorsque le respect canonique des saintes Écritures eut été peu à peu fondé par Esdras et ses successeurs, dans le courant du deuxième siècle de l'ère chrétienne, il se produisit nécessairement une remarquable différence à l'égard de l'ancien hébraïsme, aussi bien dans les idées religieuses qui se développèrent dès lors que dans la pratique; différence provenant de l'antagonisme existant entre la situation où se trouvaient maintenant les Juifs et les exigences de la lettre de l'ancienne loi. D'un autre côté, la connaissance des mœurs et des écrits des Perses et des Grecs donna aux esprits une plus grande activité, et amena dans les anciennes institutions des modifications introduites par des autorités plus jeunes, comme résultat nécessaire des circonstances nouvelles; en même temps que la tyrannie des Romains, les vices des païens et de continuelles persécutions faisaient dominer certaines opinions et certaines pratiques nouvelles. Ces innovations devaient produire des divisions et des luttes (*voyez* PHARISIENS et SADDUCÉENS), et par conséquent ne tarderent point à revêtir une forme précise. Insensiblement, d'antiques traditions et des interprétations plus modernes (*voyez* TALMUD), d'anciennes institutions et de nouvelles idées remplacèrent la lettre mosaïque ainsi que la doctrine hébraïque, et devinrent à partir du troisième siècle des parties complémentaires du judaïsme, qui, indépendamment de la loi écrite, reconnut alors une loi orale. Naguère encore il avait trouvé accès parmi quelques princes et quelques familles de païens ; maintenant il se trouva supplanté soit par le christianisme, soit par des doctrines précises; et la vie judaïque devint alors plus inaccessible aux idées qui se répandaient de toutes parts. Le mahométisme a cependant conservé beaucoup d'éléments judaïques. La base donnée du troisième au cinquième siècle au judaïsme par le Talmud s'est maintenue chez la grande majorité des juifs, malgré l'opposition des caraïtes et de quelques autres sectes bientôt disparues ; et du sixième au dixième siècle elle se répandit de la Palestine et de la Babylonie, et plus tard encore de l'Italie, dans toutes les contrées habitées par des juifs, à l'exception peut-être de la Chine et de l'Inde. Commentée déjà philosophiquement par Philon, puis, à partir du neuvième siècle, fortifiée par la critique, et maintenue jusque dans ces derniers temps par les docteurs de la loi et par des philosophes, tels que Maimonides et Mendelsohn, le progrès ne lui a pas plus fait défaut que des luttes intérieures (*voyez* CABALE, JUIVE [Littérature] et SYNAGOGUE).

Toutefois, il faut dans le judaïsme distinguer d'abord la partie dogmatique, ou le rapport de Dieu avec l'homme; puis la partie historique et symbolique, ou l'alliance de Dieu avec Israel, ainsi que les actions religieuses et les institutions qui en découlent; enfin, sa partie morale et sa partie sociale et juridique. Les éléments dogmatiques, provenus du monothéisme le plus sévère, y ont reçu les formes les plus diverses; de même que l'étude des sources religieuses y a suivi souvent les directions les plus opposées, et que les données relatives au Messie, à l'âme et au monde des esprits y ont subi d'essentielles modifications. On y rencontre aussi, surtout dans les œuvres des époques les plus reculées, des idées très-divergentes sur le monde et la vie, sur la science et sur l'importance de certaines pratiques. Une foule innombrable d'opinions sont tombées dans l'oubli le plus complet, des cérémonies sont devenues hors d'usage, des doctrines ont été modifiées ou ont cessé d'être admises. L'éducation, l'étude, le culte ont dû eux-mêmes subir l'influence de ces développements; les lois sur le droit juif ont été en grande partie abolies dans beaucoup d'États, et les lois sociales changées. Aussi la véritable pratique dans le judaïsme est-elle souvent aujourd'hui étrangère, quelquefois même contraire à la lettre, et pour la bien connaître faut-il être profondément initié aux doctrines judaïques, à leurs développements et à leurs transformations. Le judaïsme a toujours été l'objet de nombreuses accusations; de là en partie les lois barbares instituées contre les juifs. La persécution dévote et fanatique des juifs ainsi que les luttes d'opinions existant parmi les juifs eux-mêmes ont eu d'ailleurs pour résultat de favoriser le perfectionnement du judaïsme, surtout en France, où une appréciation calme et exempte de préjugés a développé que ceux qui professent le judaïsme ne sont à aucun égard inférieurs aux autres citoyens, et que leur foi religieuse ne met aucun obstacle à l'accomplissement de leurs devoirs, soit comme hommes, soit comme citoyens.

JUDAÏTES. *Voyez* CAÏNITES.

JUDAS ISCARIOTE, ainsi appelé de sa ville natale, *Arioth*, dans la tribu de Juda, était le fils de Simon et l'un des douze Apôtres. Dans les voyages de Jésus, c'était lui qui était chargé de tenir la caisse; mission dont, au rapport de saint Jean, il ne s'acquitta pas sans commettre maintes infidélités. C'est aussi lui qui vendit Jésus pour 30 *sekel* (environ 75 fr.) au sanhédrin juif. On a cherché à expliquer cette trahison infâme en disant qu'ambitieux des richesses et des grandeurs de ce bas monde, il était impatient de voir Jésus se manifester comme Messie. Cet espoir fut en tout cas déçu, et Judas se pendit de désespoir. L'argent qu'il avait reçu fut employé à acheter un champ qui servit de sépulture aux étrangers.

JUDAS MACHABÉE, c'est-à-dire *le Marteau*, héros juif, sorti de la race des Asmonéens, et qui dirigea, à la mort de son père, le prêtre Mattathias, la guerre d'indépendance que sa nation soutint contre le roi de Syrie, Antiochus Épiphanes, et ses successeurs. L'an 166 avant J.-C., il défit dans plusieurs batailles les généraux syriens Gorgias, Lysias et Nicanor, et il était sur le point de conclure une alliance avec les Romains, quand une armée syrienne supérieure à la sienne lui força d'accepter un nouveau combat dans lequel il perdit la vie, 160 ans avant J.-C. Les deux livres des Machabées, qui font partie de l'Ancien-Testament, renferment une double version de ses faits et gestes militaires, très-différente en beaucoup de points.

JUDAS THADDÉE ou **LEBBÉE.** *Voyez* JUDE (Saint).

JUDE (Saint), aussi nommé JUDAS THADDÉE ou LEBBÉE, un des douze Apôtres, était probablement fils d'Alphée et frère de Jacques le Mineur. La tradition ecclésiastique de l'Occident le fait prêcher en Perse et y souffrir le martyre; mais celle de l'Orient le fait voyager dans l'Arabie, la Syrie et la Palestine, et mourir à Édesse. Suivant d'autres versions, il aurait plus tard visité encore l'Assyrie et terminé ses jours en Phénicie. L'épître qui porte son nom, et qu'on trouve dans le canon de la Bible, ne paraît pas être de lui; car on y lit plus d'un passage faisant allusion à la condition des chrétiens et aux prédications des Apôtres, à une époque de beaucoup postérieure, leur mort. C'est cette version de Thaddée, suivant la version d'un des Septante, que Jésus aurait envoyé à Abgar, souverain d'Édesse.

JUDÉE. *Voyez* PALESTINE.

JUDÉE (Arbre de). *Voyez* GAINIER (*Botanique*).

JUDÉE (Baume de). *Voyez* GILÉAD (Baume de).

JUDICA (Dimanche du), nom que l'on donne quelquefois au dimanche de la Passion, parce que l'introït de la messe commence ce jour-là par les mots *Judica me, Domine*, (Psaume XLII, 1).

JUDICATUM SOLVI (Caution). *Voyez* CAUTION, tome IV, page 713.

JUDICIAIRE (Genre), celui des trois genres d'éloquence qui a particulièrement pour mission d'accuser ou de défendre, de faire absoudre ou de faire condamner.

JUDICIAIRE (Pouvoir). C'est l'autorité à qui, dans un système général de g o u v e r n e m e n t, est réservé le droit de rendre la justice. La séparation du pouvoir judiciaire des pouvoirs législatif et exécutif est une nécessité sociale. Le pouvoir judiciaire émane du souverain, prince ou nation; quelquefois il prend sa source dans l'élection, quelquefois il est investi de l'i n a m o v i b i l i t é, comme d'une garantie d'indépendance (*voyez* JUDICIAIRE [Organisation]). Le pouvoir judiciaire, a dit Henrion de Pansey, comprend deux éléments, la *juridiction* et le *commandement*, qui a lui-même pour sanction l'*exécution*.

JUDICIAIRE (Organisation). C'est la loi du 20 avril 1810 qui, respectée et maintenue dans la plupart de ses dispositions, sert encore aujourd'hui de base et de règle à notre organisation judiciaire.

Il faut distinguer d'abord les tribunaux *judiciaires* proprement dits et les tribunaux *administratifs*.

A la tête de la hiérarchie judiciaire on trouve la personne du souverain. « La justice se rend au nom de l'empereur, dit l'article 7 de la constitution. Au-dessus de toutes les cours et de tous les tribunaux domine la cour de c a s s a t i o n, chargée de surveiller l'application des lois; immédiatement au-dessous d'elle, les cours impériales ou cours d'a p p e l, qui forment le second degré de juridiction par rapport aux tribunaux de commerce et d'arrondissement. Ces derniers, qu'on appelle encore t r i b u n a u x d e p r e m i è r e i n s t a n c e, jugent les appels des j u s t i c e s d e p a i x, dernier degré de la hiérarchie des tribunaux civils. La même hiérarchie et les mêmes tribunaux se retrouvent en matière criminelle. La surveillance qu'elle exerce sur l'application des lois civiles, la cour de cassation l'étend à l'observation des lois criminelles. Les c o u r s d'a s s i s e s se recrutent parmi les cours impériales et les tribunaux de première instance, pour connaître des c r i m e s, avec adjonction de j u r é s. C'est aussi la cour impériale qui juge en matière de police correctionnelle les appels des tribunaux du département où elle siège; dans les autres départements du ressort, ces appels sont jugés par le tribunal du chef-lieu de chaque département. Les matières de p o l i c e c o r r e c t i o n n e l l e et les appels des tribunaux de police sont jugés par les tribunaux d'arrondissement. Enfin, les matières de simple p o l i c e sont jugées selon les règles déterminées par la loi, tantôt par le juge de paix, tantôt par le maire. Quant aux tribunaux de c o m m e r c e et aux conseils de p r u d'h o m m e s, leur nombre, leur répartition et leurs attributions sont déterminés par divers décrets spéciaux.

Auprès de chaque cour ou tribunal, à l'exception des justices de paix et des tribunaux de commerce, se trouve placée, à chaque degré de la hiérarchie judiciaire, sous le nom général de m i n i s t è r e p u b l i c, une magistrature dont les membres, nommés et révocables par l'empereur, ont pour mission de surveiller, maintenir et requérir en son nom l'exécution des lois, de poursuivre d'office cette exécution dans les dispositions qui intéressent l'ordre public, le gouvernement, le domaine de l'État, les droits du monarque et ceux des personnes incapables de se défendre elles-mêmes, telles que les mineurs, les femmes, les absents, etc. Une institution nouvelle, l'a s s i s t a n c e j u d i c i a i r e, est venue compléter l'organisation de la justice, qui a subi d'ailleurs des modifications plus ou moins profondes par la création et l'abolition successives de juridictions et de tribunaux d'e x c e p t i o n.

Les tribunaux administratifs sont la cour des comptes, le conseil d'État, et les c o n s e i l s d e p r é f e c t u r e.

Avant 1789, l'ordre judiciaire, formé au milieu de l'anarchie féodale et des luttes de l'Église et du pouvoir séculier, portait l'empreinte des vicissitudes de son origine. La justice séculière était divisée en justice *royale* et justice *seigneuriale*. La juridiction royale se répartissait entre des autorités diverses et nombreuses : on la divisait en justice *ordinaire*, comprenant les p r é v ô t s royaux, les b a i l l i s ou sénéchaux, les p r é s i d i a u x , les conseils supérieurs, les p a r l e m e n t s, le c o n s e i l des parties ; et en justice *extraordinaire*, dont les subdivisions, tant au civil qu'au criminel, étaient plus multipliées encore : c'étaient les juges consulaires, les a m i r a u t é s, les m a î t r i s e s e t j u r a n d e s, les e a u x et f o r ê t s, la cour des a i d e s , la requête des hôtels, etc. Quant à la juridiction seigneuriale, elle se divisait en *haute, moyenne*, et *basse* justice.

Un pareil état de choses, qui avait fait de la justice le patrimoine du magistrat qui la rendait, et qui se composait de tant de juridictions exceptionnelles, mal réparties, sans règles fixes de compétence, et avec de nombreux priviléges d'attributions, ne pouvait subsister avec l'esprit nouveau de la révolution.

C'est encore l'Assemblée constituante qui, dans la fameuse nuit du 4 août 1789, supprimant les justices seigneuriales et ecclésiastiques, entraînées dans la ruine commune des institutions féodales, eut la gloire de porter la réforme dans notre organisation judiciaire. Un an plus tard, la même assemblée établit et développa, par le décret du 24 août 1790, un système entièrement neuf, et fondé sur la division territoriale qu'elle venait de tracer. Cette loi, dont les principes généraux et plusieurs dispositions particulières sont encore en vigueur, ne s'était occupée que de la justice civile et de la création de deux tribunaux exceptionnels, les tribunaux de commerce et les justices de paix ; la juridiction ordinaire appartenait à la gloire de porter la réforme de cinq ou de six juges élus par le peuple, aussi bien que les juges de paix. Ces tribunaux jugèrent les appels des justices de paix, et de plus furent réciproquement juges d'appel les uns à l'égard des autres. La justice criminelle s'administra par des tribunaux de police municipale, formés du corps municipal ; par des tribunaux de police correctionnelle, composés des juges de paix et de leurs assesseurs (décret du 29 juillet 1791) ; enfin, par des tribunaux criminels de département (décret du 20 janvier 1791). Dès la même époque fut introduite et consacrée l'institution du jury criminel (décret du 16 septembre 1791). Au-dessus de ces diverses juridictions, l'Assemblée constituante plaça une cour de cassation, dont l'institution, avec celle des juges de paix et des juges de commerce, a traversé intacte les tempêtes de la révolution.

La constitution de 1793 avait substitué aux tribunaux de district des *arbitres publics*, jugeant en dernier ressort ; celle du 5 fructidor an III rétablit le système de la Constituante, en remplaçant les tribunaux de district par des tribunaux d'arrondissement. Quant à la justice criminelle, il serait trop long et trop douloureux de suivre les bouleversements violents et continuels que lui firent subir les passions révolutionnaires ; il suffira de dire que, après plusieurs lois transitoires , le Code de brumaire an IV reconstitua les tribunaux de police municipale et correctionnelle et les tribunaux criminels de département. Dès les premiers jours du consulat , la loi du 27 ventôse an VIII (18 mars 1800) maintint les tribunaux de commerce et les justices des paix, créa un tribunal de première instance par arrondissement, établit vingt-neuf tribunaux d'appel et un tribunal criminel par département. Les tribunaux de première instance connurent également des matières civiles et des matières de police correctionnelle. Le Code d'Instruction criminelle remplaça, huit ans plus tard (27 novembre 1808), les tribunaux criminels de département par des cours d'assises, dont il régla la formation en même temps qu'il réorganisa les autres tribunaux de répression. Enfin, la loi du 20 août 1810 désigna les tribunaux d'appel, qu'un sénatus-consulte du 28 floréal an XII avait déjà décorés du titre de cours d'*appel*, par le nom de *cours impériales*. C'est, comme nous l'avons déjà dit, cette loi qui est le fondement de l'organisation judiciaire en France. Charles LEMONNIER.

JUDITH. Le livre de l'Ancien Testament qui porte son nom la fait fille d'un certain Merari, et veuve de Manassès de Béthulie. Suivant ce récit, elle sauva sa ville natale sur le point d'être prise par Holopherne, général de Nabuchodonosor ; et voici comment elle s'y prit : elle revêtit ses plus beaux atours, pénétra ainsi dans le camp ennemi, et par sa beauté et ses agaceries charma Holopherne, à qui elle trancha la tête au moment où, appesanti par l'ivresse, il s'abandonnait au sommeil. En même temps les assiégés exécutèrent une sortie, et mirent en déroute l'armée qui se trouvait sans chef. Judith, ajoute le récit, vécut encore longtemps à Béthulie, entourée de beaucoup de respect et de considération, et mourut à l'âge de cent-cinq ans. Comme Josèphe, dans son Histoire du peuple Juif, ne fait point mention de cet événement, et que le livre en question contient d'ailleurs beaucoup d'invraisemblances et d'erreurs géographiques, les protestants ont relégué cette histoire au nombre des légendes. Les peintres ont souvent pris pour sujet l'action de Judith.

JUGE. C'est un magistrat préposé par l'autorité publique pour rendre la justice aux particuliers. Quelquefois le nom de juge est employé pour désigner, pour personnifier la justice des tribunaux elle-même : ainsi, on dit que telle chose doit être décidée par le *juge*. Dans un sens plus restreint, le mot *juge* ne s'applique qu'aux j u g e s d e p a i x et aux membres des tribunaux de première instance. Les magistrats des cours royales et de la cour de cassation prennent le nom de c o n s e i l l e r s.

Les juges se divisent, par rapport à l'étendue de leurs pouvoirs, en *juges ordinaires*, qui connaissent indistinctement de toutes les matières qui n'ont point été attribuées à d'autres juges, et *extraordinaires* ou *exceptionels*, qui ne connaissent que de certaines matières qui ont été distraites par la loi de la juridiction ordinaire ; par rapport aux matières dont ils connaissent, en *juges civils*, *criminels*, *correctionnels et de police* ; par rapport à leurs grades, en juges de *première instance* et juges *d'appel*. On connaît encore le *juge* c o m m i s s a i r e, le *juge d'instruction*, chargé dans chaque tribunal de première instance de faire l'instruction des affaires criminelles ; le juge *suppléant*, qui remplace le juge en cas d'empêchement, sans avoir lui-même de fonctions habituelles ; le *juge rapporteur*, chargé de faire au tribunal un rapport sur une affaire qui lui est confiée. Les *juges naturels* d'une personne sont ceux que la loi lui donne.

Les juges sont nommés et institués par l'empereur ; à l'exception de ceux des tribunaux de commerce, la loi leur a assuré l'i n a m o v i b i l i t é, qui est pour eux leur titre de sécurité et pour les justiciables une garantie d'indépendance. Les juges de paix ne sont pas inamovibles.

Les juges sont responsables en cas de f o r f a i t u r e, et dans les cas pour lesquels la loi ouvre contre eux la *prise à partie*, qui est la voie offerte aux justiciables pour les attaquer. Les présidents des tribunaux et des cours ont aussi le droit d'*avertir* ceux des membres de leurs compagnies qui compromettent la dignité de leur caractère. Si cet avertissement reste sans effet, le juge est soumis à l'une des peines de discipline déterminées par la loi, et qui sont appliquées, suivant les circonstances, soit par les tribunaux auxquels le juge inculpé appartient, soit par la cour de cassation. Cette action disciplinaire ne s'applique pas néanmoins aux crimes ou délits dont les juges pourraient se rendre coupables.

Parmi les fonctions dont l'homme peut être chargé, il n'en est pas de plus grande, de plus solennelle que celle de rendre la justice à ses semblables. Organe de la loi, c'est lui qui est confié l'honneur et la fortune des citoyens ; c'est à lui que, tour à tour, la veuve et l'orphelin viennent demander protection ; c'est lui qui venge l'innocence et flétrit le crime. Devant lui s'abaissent les grands de la terre, et le pauvre, sous le niveau de la justice, devient l'égal du riche le plus puissant. Le juge a donc des devoirs immenses à remplir; et, lorsqu'il en a bien compris la sainteté et l'étendue, quels respects ne mérite-t-il pas? Mais ils sont rares ceux qui sont pénétrés de toute la gravité de leurs devoirs. Si nous en croyons les antiques traditions de la magistrature française, celui qui rendait la justice se dévouait tout entier à ses nobles fonctions; son ministère était pour lui comme un sacerdoce et la science des lois occupait tous ses instants. Il serait difficile de trouver de nos jours cette abnégation absolue du juge; la politique et ses passions ont pénétré jusque dans le sanctuaire de la justice, et avec elle s'est manifesté cet esprit de mouvement et d'agitation qui fait que personne ne veut rester là où il est, et que chacun aspire toujours à devenir autre chose.

E. DE CHABROL.

JUGE (Grand-). *Voyez* GRAND-JUGE.

JUGE D'ARMES DE FRANCE. Cette charge fut établie par Charles VIII, en 1495, sous le titre de maréchal d'armes, et restaurée par Louis XIII dans les premières années de son règne, à la demande de la noblesse. Le juge d'armes établissait et certifiait la véracité des titres de noblesse, et jugeait tous les différends qui s'élevaient à l'occasion des armoiries; mais ses décisions n'étaient pas sans appel, et pouvaient être attaquées au tribunal des maréchaux de France.

JUGE DE PAIX, JUSTICE DE PAIX. Le juge de paix est un magistrat spécialement établi pour maintenir la paix parmi les citoyens, soit en décidant sommairement, sans frais et sans le ministère des avoués, les contestations de peu d'importance, soit en essayant de concilier les parties qui sont sur le point de comparaître devant les tribunaux civils (*voyez* CONCILIATION); soit en les invitant, au cas de non-conciliation, à se faire juger par des arbitres. Ils sont en outre appelés à la présidence des tribunaux de simple police, et chargés des fonctions d'officiers de police judiciaire. Diverses lois leur ont aussi donné différentes attributions qui sont en matières non contentieuses (*voyez* CONSEILS DE FAMILLE, SCELLÉS [Apposition de], etc.).

La France doit l'établissement des justices de paix, création empruntée à l'Angleterre, à la Hollande et à d'anciens usages, à l'Assemblée constituante, qui voulut, lit-on dans le rapport de Thouret, « placer à la proximité de tous les justiciables de chaque canton un magistrat populaire, dont le tribunal fût l'autel de la concorde et qui prononçât vite et sans frais sur les choses de convention très-simple, et sur celles de faits que ne peuvent être bien appréciées que par l'homme des champs, qui vérifie les faits sur les lieux mêmes et qui trouve dans son expérience des règles de décision plus sûres que la science des formes et des lois n'en peut fournir aux tribunaux. Le père au milieu de ses enfants; il dit un mot, et les injustices se réparent, les divisions s'éteignent, les plaintes cessent; ses soins constants assurent le bonheur de tous. »

Cette institution, malgré les services incontestables qu'elle a rendus en ce qui concerne la bonne administration de la justice, n'a pas néanmoins répondu complètement aux belles espérances qu'en avait conçues l'Assemblée constituante.

Les justices de paix furent instituées par la loi du 24 août 1790 relative à l'organisation judiciaire. Aux termes de cette loi, le juge de paix ne pouvait juger seul; il fallait qu'il fût assisté de deux prud'hommes ou assesseurs. Cet ordre de choses fut changé par la loi du 29 ventôse an IX, qui donna deux suppléants à chaque juge de paix pour le remplacer en cas de maladie, d'absence, etc. Le droit de choisir le juge de paix, primitivement donné aux citoyens de chaque canton, fut réduit par le sénatus-consulte du 16 thermidor an X à celui de présenter deux candidats à l'empereur, qui choisissait celui des deux qui lui paraissait le plus digne. Depuis la charte de 1814, l'élection n'entre plus pour rien dans la nomination des juges de paix; elle appartient au souverain, qui nomme également les suppléants. Un greffier et un huissier sont attachés à chaque justice de paix. Le nombre des justices de paix a été fixé par la loi du 28 pluviôse an IX à 3,600 au plus et 3,000 au moins. Le principe c'est qu'il doit y avoir un juge de paix par canton.

Les juges de paix sont des juges *extraordinaires*, dont la juridiction est *exceptionnelle*, c'est-à-dire qu'elle n'embrasse que les matières qui lui sont spécialement affectées par la loi. Mais quand la matière est de la compétence des juges de paix, tout juge de paix peut en connaître si les parties la lui défèrent volontairement. D'ailleurs le pouvoir du juge de paix expire dès qu'il a rendu son jugement; et, s'il s'élève des difficultés sur l'exécution, elles doivent être portées devant les tribunaux ordinaires. Il n'y a point d'ouverture à cassation contre les jugements des juges de paix, si ce n'est pour cause d'**incompétence**, ou d'**excès de pouvoir**. « Il est sage, a dit Henrion de Pansey, de fermer la voie de l'appel et celle de la cassation dans cette multitude de petites affaires que les juges de paix sont autorisés à juger en dernier ressort, et qui n'ont guère lieu que dans les dernières classes de la société, et entre des hommes dont l'obstination, comme cela arrive presque toujours, est égale à l'ignorance. Dans toutes les difficultés de cette espèce, l'intérêt de l'affaire est si mince, que, quelque injuste que l'on veuille supposer la sentence, le remède serait toujours plus fâcheux que le mal. »

Quant à la compétence même des juges de paix, elle a été fixée avec détails et précision par la loi du 25 mai 1838. Ils connaissent de toutes actions purement personnelles ou mobilières, en dernier ressort jusqu'à la valeur de 100 francs, et à charge d'appel, jusqu'à la valeur de 200 francs. Ils prononcent sans appel jusqu'à la valeur de 100 francs, et à charge d'appel jusqu'au taux de la compétence en dernier ressort des tribunaux de première instance; sur les contestations entre les hôteliers, aubergistes ou logeurs et les voyageurs ou locataires en garni pour dépenses d'hôtellerie et perte ou avarie d'effets déposés dans l'auberge ou dans l'hôtel; entre les voyageurs et les voituriers ou bateliers, pour retards, frais de route et pertes ou avaries d'effets accompagnant les voyageurs; entre les voyageurs et les carrossiers ou autres ouvriers pour fournitures, salaires et réparations faites aux voitures de voyage. Ils connaissent sans appel jusqu'à la valeur de 100 francs, et à charge d'appel, à quelque valeur que la demande puisse s'élever, des actions en payement de loyers ou fermages, de congés, des demandes en résiliation de baux fondées sur le seul défaut de payement des loyers ou fermages; des expulsions de lieux et des demandes en validité de saisie-gagerie; le tout lorsque les locations verbales ou par écrit n'excèdent pas annuellement 400 francs (loi du 2 mai 1855). Si le prix principal du bail consiste en denrées ou prestations en nature appréciables d'après les mercuriales, l'évaluation est faite sur celle du jour de l'échéance lorsqu'il s'agit du payement des fermages. Dans les autres cas elle a lieu suivant les mercuriales du mois qui a précédé la demande. Si le prix du bail n'est pas appréciable d'après les mercuriales, ou s'il s'agit de baux à colons partiaires, le juge de paix détermine sa compétence en prenant pour base du revenu de la propriété le principal de la contribution foncière de l'année courante multiplié par 5. Les juges de paix connaissent sans appel jusqu'à la valeur de 100 francs, et à charge d'appel jusqu'au taux de la compétence en dernier ressort des tribunaux de première instance, des indemnités réclamées par le locataire ou fermier pour non-jouissance provenant du fait du propriétaire, lorsque le droit à une indemnité n'est pas contesté; des dégradations et pertes; néanmoins ils ne connaissent des pertes causées par incendie ou par inondation que jusqu'à concurrence de 100 francs sans appel, et 200 francs à charge d'appel. Ils connaissent également sans appel jusqu'à la valeur de 100 francs, et à charge d'appel, à quelque valeur que la demande puisse s'élever, des actions pour dommages faits aux champs, fruits et récoltes, soit par l'homme, soit par les animaux, et de celles relatives à l'élagage des arbres ou haies, et au

JUGE DE PAIX — JUGEMENT

curage soit des fossés, soit des canaux servant à l'irrigation des propriétés ou au mouvement des usines, lorsque les droits de propriété ou de servitude ne sont pas contestés; des réparations locatives des maisons ou fermes mises par la loi à la charge du locataire; des contestations relatives aux engagements respectifs des gens de travail au jour, au mois, à l'année, et de ceux qui les emploient; des maîtres et des domestiques ou gens de service à gages; des maîtres et de leurs ouvriers ou apprentis, sans néanmoins qu'il soit dérogé aux lois et règlements relatifs à la juridiction des prud'hommes; des contestations relatives au payement des nourrices, sauf ce qui est prescrit par les lois et règlements d'administration publique; des actions civiles pour diffamation verbale et pour injures publiques ou non publiques, verbales ou par écrit, autrement que par la voie de la presse; des mêmes actions pour rixes et voies de fait : le tout lorsque les parties ne se sont pas pourvues par la voie criminelle. Ils connaissent encore, à charge d'appel, des entreprises commises dans l'année sur les cours d'eau servant à l'irrigation des propriétés et au mouvement des usines et moulins, sans préjudice des attributions de l'autorité administrative dans les cas déterminés par les lois et les règlements; des dénonciations de nouvel œuvre, complaintes, actions en réintégrande et autres actions possessoires fondées sur des faits également commis dans l'année; des actions en bornage et de celles relatives à la distance prescrite par la loi, les règlements particuliers et l'usage des lieux pour les plantations d'arbres ou de haies, lorsque la propriété ou les titres qui l'établissent ne sont pas contestés; des actions relatives aux constructions de puits, de fosses d'aisance, de cheminée, de forge, de four, de fourneau, d'étable, aux dépôts de sel ou amas de matière corrosive qui peuvent nuire aux voisins lorsque la propriété ou la mitoyenneté du mur ne sont pas contestées; des demandes en pension alimentaire n'excédant pas 150 francs par an, et seulement lorsqu'elles sont formées par les enfants vis-à-vis de leurs père et mère et autres ascendants, et réciproquement; les gendres et belles-filles vis-à-vis de leurs beau-père et belle mère et réciproquement.

Les juges de paix connaissent, en outre, de toutes les demandes reconventionnelles, ou en compensation, qui par leur nature ou par leur valeur sont dans les limites de leur compétence, alors même que ces demandes réunies à la demande principale s'élèveraient au-dessus de 200 francs. Ils connaissent, à quelque somme qu'elles puissent monter, des demandes reconventionnelles en dommages-intérêts fondées exclusivement sur la demande principale elle-même.

Les juges de paix, comme tous autres magistrats, peuvent être récusés; mais les causes de récusation sont bien plus restreintes pour eux.

Nous avons parlé ailleurs de la citation devant le juge de paix. Dans tous les causes, sauf les cas d'urgence et ceux où le défendeur est domicilié hors du canton ou des cantons de la même ville, le juge de paix doit, aux termes de la loi du 2 mai 1855, avant la citation régulière en justice, appeler sans frais les parties devant lui pour essayer de les concilier. Cet avertissement préalable est rédigé et délivré par le greffier qui l'expédie par la poste en percevant du demandeur une rétribution de 25 centimes, tant pour les frais d'impression que pour l'affranchissement. Le juge de paix dit qui doit supporter cette dépense dans le cas de conciliation.

Les juges de paix doivent indiquer au moins deux audiences par semaine; ils peuvent juger tous les jours, même les dimanches et fêtes, le matin et l'après-midi. Ils peuvent donner audience chez eux en tenant les portes ouvertes. Au jour fixé les parties comparaissent en personne ou par leurs fondés de pouvoirs, sans qu'elles puissent faire signifier aucune défense. Elles sont tenues de s'expliquer avec modération devant le juge, et de garder en tout le respect qui est dû à la justice; si elles y manquent, le juge les y rappelle d'abord par un avertissement; en cas de récidive elles peuvent être condamnées à une amende, qui ne peut pas excéder dix francs. Dans le cas d'insulte ou irrévérence grave envers le juge, il dresse procès-verbal, et peut condamner à un emprisonnement de trois jours au plus. Les parties sont entendues contradictoirement; la cause doit être jugée sur-le-champ ou à la première audience; le juge, s'il le croit nécessaire, peut se faire remettre les pièces. Lorsqu'une des parties déclare s'inscrire en faux, dénie l'écriture ou déclare ne pas la reconnaître, le juge lui en donne acte, paraphe la pièce et renvoie la cause devant les juges qui doivent en connaître. Dans les cas où un interlocutoire a été ordonné, la cause doit être jugée définitivement au plus tard dans le délai de quatre mois du jour du jugement interlocutoire.

Après ce délai, l'instance est périmée de droit; si elle l'est par la faute du juge, il est passible de dommages-intérêts.

Quant aux voies par lesquelles on peut se pourvoir contre les jugements des juges de paix, si le jugement est par défaut, la partie condamnée peut y former opposition par un exploit portant assignation à ses adversaires pour le premier jour d'audience, dans les trois jours de la signification qui lui en a été faite.

L'appel des jugements des juges de paix n'est recevable ni avant les trois jours qui suivent celui de la prononciation des jugements, à moins qu'il n'y ait lieu à exécution provisoire, ni après les trente jours qui suivent la signification à l'égard des personnes domiciliées dans le canton. Ce délai est augmenté comme celui des ajournements à l'égard des personnes domiciliées hors du canton.

JUGE D'INSTRUCTION. C'est le juge qui dans chaque tribunal de première instance est chargé d'instruire les affaires criminelles. Les juges d'instruction sont choisis par l'empereur pour trois ans, parmi les juges et juges suppléants des tribunaux civils. Ils peuvent garder ces fonctions plus longtemps et conserver séance au jugement des affaires civiles suivant le rang de leur réception. Quant aux fonctions de police judiciaire, ils sont sous la surveillance du procureur général impérial. Ils ne peuvent faire aucun acte d'instruction et de poursuite sans avoir communiqué la procédure au procureur impérial, hors le cas de flagrant délit, où ils peuvent agir sans son assistance. Ils peuvent également, s'il y a lieu, délivrer des mandats d'amener, même des mandats de dépôt, sans que ces mandats aient besoin des conclusions du procureur impérial. Il n'en est pas de même lorsqu'ils veulent accorder la liberté provisoire.

JUGÉE (Chose). *Voyez* CHOSE JUGÉE.

JUGEMENT (*Philosophie*), faculté intellectuelle qui aperçoit la convenance ou la disconvenance existant entre une ou plusieurs idées, compare leurs rapports réels, et sait discerner, au milieu d'eux, les apparences de la vérité. Ce qu'un magistrat intègre et impassible sur son tribunal, l'esprit cherche à démêler le droit (*jus*) et la justice, de ce qui est faux ou inique : ainsi, la justice et le jugement équitable sont ordinairement réunis ou dérivent de la même source. Le jugement est difficile. Qui ne croirait cependant que c'est la chose du monde la plus aisée, à voir chaque jour ce ton affirmatif, ces décisions sans appel dans la société, tranchant d'un mot les questions les plus ardues ou les plus épineuses? Or, comme on ne peut décider avec parfaite connaissance de cause de la pure vérité qu'en démêlant exactement toutes les idées qui se rapportent au problème à résoudre, qu'en les mesurant scrupuleusement, en pesant les témoignages contradictoires, en appréciant la valeur de chaque raison, la solidité des expériences, la probabilité des opinions opposées, après une information attentive pour n'en oublier ni négliger aucune, en se dépouillant de toute influence des affections, de toute cause d'erreur de la part de nos sens ou de nos préjugés, etc., il est manifeste que le jugement doit être lent à se prononcer et d'autant plus difficile à s'établir que l'on a plus d'expérience et d'idées nombreuses à comparer. Il suit de là que cette promptitude de jugement dont on se fait gloire comme d'un mérite résulte soit d'un examen insuffisant, soit d'un défaut de connaissance. Les jeunes gens qui commencent à étudier, toute personne bornée à son petit horizon d'idées, s'imaginent aisément avoir fait le tour du monde et tout connaître; ils prononcent à la légère. En voyant le doute, l'hésitation, la lenteur qu'apportent des hommes d'un âge mûr, d'une haute expérience ou d'une prudence consommée, sur des sujets les moins compliqués en apparence, qui ne les croirait beaucoup plus ignorants et plus incapables que ces esprits si téméraires dans leurs décisions hâtives? A quoi sert d'être membre de l'Académie des Sciences si l'on ne sait pas rendre sur-le-champ raison de tout? disait un jeune officier du génie au célèbre Duhamel du Monceau : « Cela sert, répondit ce dernier, à ne point débiter de sottises. »

Chacun, du reste, se flatte d'avoir beaucoup de jugement, parce que c'est la plus importante faculté de l'esprit et la plus noble; mais c'est aussi celle que blesse le plus toute contradiction. Douter du jugement de quelqu'un, c'est en faire, pour ainsi dire, un imbécile, incapable d'assembler deux idées. On avoue sans peine qu'on manque de mémoire, on se sacrifie même sur le défaut d'imagination pour laisser supposer qu'on brille d'autant par sa raison et sa judiciaire. Aussi chacun est-il si content de la sienne, qu'on croit n'avoir aucune leçon à recevoir de personne sur ce point, qu'on en aurait plutôt à revendre à tout le monde; et cependant, quoi de plus rare que le sens commun? En somme, la haute supériorité que le jugement attribue à l'espèce humaine au-dessus de toutes les races d'animaux est telle, que nous devons à cette faculté seule le rang d'être intelligent. Sans doute les animaux les plus parfaits, le chien, l'éléphant, acquièrent plus ou moins d'idées simples ou de sensations des objets matériels, parviennent à former des jugements primitifs qui ne s'exercent guère que sur la comparaison des objets présents. Ces jugements simples appartiennent aussi à l'enfance; et comme ils n'embrassent d'ordinaire qu'un petit nombre d'objets peu complexes, ils sont assez exacts et assez solides. Cependant, s'il s'agit de jugements à porter entre des idées complexes ou abstraites, on entre dans le domaine des raisonnements composés, qui peuvent étendre indéfiniment la capacité intellectuelle de l'homme : alors le jugement devient la faculté princière ou régulatrice, si l'on considère que la plupart de nos actions, surtout les plus libres, les plus volontaires, résultent de cette noble faculté. En effet, l'idiot, hors d'état d'associer deux idées et d'en tirer une conclusion, reste indécis, sans motif d'agir, il ne sait, ne peut rien vouloir. Dans sa stupide inertie, il gît accroupi, tandis que plus l'homme juge ou décide, plus il devient capable de vouloir et d'agir selon son libre arbitre. La jeunesse est rapide dans ses déterminations, souvent trop précipitées : la vieillesse, au contraire, toujours timide à décider, ne s'aventure qu'avec une extrême circonspection, bien justifiée par la difficulté de porter des jugements fondés sur toute certitude.

Nous ne rechercherons pas ici toutes les causes capables de vicier nos jugements; nous dirons seulement qu'ils s'opèrent ou par *induction* ou par *syllogisme*. L'induction se tire d'une simple comparaison entre plusieurs idées présentes simultanément à l'esprit. Le syllogisme, plus compliqué et résultant d'une série de raisonnements, exige une longue chaîne d'arguments et de conséquences, afin d'en abstraire des rapports très-complexes. La meilleure manière de ruiner les jugements erronnés, en montrant combien ils sont boiteux ou chancelants, c'est de les pousser à leurs dernières conséquences, et de les réduire à l'absurde. L'esprit juste contient en lui-même sa règle et son compas : *rectum enim est sui judex et obliqui*. Cette sorte de probation n'est pas la moins efficace.

A défaut de raisons pour se décider, l'homme préfère de croire : ayant épousé une fois les opinions de son siècle ou de son pays, il suppose que l'honneur de son jugement y est intéressé. Très-peu d'hommes jugent donc réellement, parce que l'habitude de croire sans preuves, ou même contre toute preuve, ce bandeau dont on couvre les yeux de la foi comme ceux de la justice, tout empêche l'esprit de prendre son libre essor : il est si commode de recevoir ses jugements tout formulés d'avance. Nous n'aimons pas à vivre dans le doute et l'incertitude. On préfère embrasser avec enthousiasme des systèmes, défendre des hypothèses de toute la ferveur qu'on apporterait à la vérité. Bacon a recherché les différentes idoles qui séduisent notre intelligence, auxquelles nous rendons trop souvent un culte d'infidélité. Ainsi, les i n t é r ê t s , les passions, l'ig n o - r a n c e , les p r é j u g é s du siècle, ceux de notre position sociale, ou des habitudes, de notre éducation, les s o p h i s - mes et supercheries des mots, les raisonnements captieux, les propensions même de notre tempérament, tout peut fausser nos débiles cervelles si nous ne prenons pas nos précautions. Chacun, comme Narcisse, se mire sans cesse en son propre esprit. Oh! qu'il faut de bon sens, au milieu du tourbillon qui nous ballotte, au milieu des influences qui nous entraînent! Cette même piperie que les sens apportent à notre entendement, comme l'exprime Montaigne, ils la reçoivent à leur tour; notre âme parfois s'en revanche de même; ils mentent et se trompent à l'envi. Toutes ces considérations prouvent l'incertitude des jugements humains sans doute, mais ne doivent pas nous décourager au point de les condamner en masse au tribunal de la raison; car elle-même alors se suiciderait. J.-J. VIREY.

Dans le langage technique de la logique moderne, on appelle *apodictiques* les jugements qui, non-seulement expriment ou doivent exprimer une vérité, mais qui, de plus, excluent ou doivent exclure la possibilité d'un doute raisonnable. Habituellement, et avec raison, l'on donne les vérités mathématiques comme exemples de jugements *apodictiques*. On distingue ces jugements : en premier lieu, des jugements d'*assertion*; en second lieu, des jugements *problématiques*. Les jugements d'assertion sont affirmatifs, avec la réserve toutefois d'un doute raisonnable : de ce genre sont tous les jugements historiques. Les jugements problématiques sont le doute lui-même dans sa forme logique. En général, la distinction des jugements sous ce rapport rentre dans la *forme* des jugements. Le caractère distinctif des jugements, sous ce même rapport, est appelé leur *modalité* dans certaines écoles, notamment dans celle de Kant.

JUGEMENT (*Droit*). C'est une décision émanée de l'autorité judiciaire, sur une contestation ou sur une demande qui lui est soumise. On donne plus spécialement le nom de *jugement* aux décisions des tribunaux inférieurs, c'est-à-dire des juges de paix, des tribunaux de première instance et de commerce. On donne encore le nom de jugements aux décisions des tribunaux militaires et maritimes, et des conseils de discipline de la garde nationale.

Un jugement est le dernier acte d'un débat judiciaire, il le résume tout entier : aussi, aux termes des lois, il n'est complet qu'aux conditions suivantes : 1° d'énoncer les noms et qualités des parties; 2° de poser avec précision les questions de fait et de droit qui constituent le procès; 3° de faire connaître les faits constatés par l'instruction et les motifs qui ont déterminé le jugement; 4° d'exprimer le dispositif du jugement, c'est-à-dire l'injonction que fait le magistrat. Les contraventions à ces règles entraînent la nullité des jugements; le législateur n'a voulu rien laisser à l'arbitraire dans une chose aussi importante; il a imposé au juge l'obligation de faire connaître aux parties sur quels motifs et sur quels faits sa décision est fondée. C'est là une première garantie de bonne justice; car, forcé de dire pourquoi il fait pencher la balance de tel côté plutôt que de tel autre, le magistrat se recueille davantage dans sa pensée, et l'on est sûr qu'il hésitera à proclamer sciemment une injustice, dans l'embarras où il se trouverait de la motiver. Mais ce n'est pas là la seule garantie que le législateur ait stipulée dans l'intérêt général : un jugement est une sorte de contrat entre le juge et le public : sa décision oblige au même titre que la loi dont elle émane. Et de même que les lois n'obligent qu'autant qu'elles sont promulguées, de même les jugements n'obligent aussi qu'autant qu'ils ont été rendus publiquement. D'un autre côté, les jugements ne sont valables qu'autant qu'ils ont été rendus par des tribunaux régulièrement composés, pour le nombre de juges compétents, et à la pluralité des voix.

Pour assurer l'exécution de toutes ces formalités, la loi a enjoint aux membres du ministère public de se faire représenter tous les mois les minutes des jugements. Ils doivent aussi vérifier si les prescriptions du législateur n'ont pas été violées ou méconnues et déférer à la censure de la cour suprême ceux qui leur sembleraient entachés de nullité.

Les décisions de la justice ont en outre différents effets, suivant qu'elles sont rendues en la présence ou en l'absence de l'une des parties intéressées. De là une première distinction entre les jugements *contradictoires* et les jugements *par défaut*. En matière criminelle, la présence matérielle du prévenu ou de l'accusé est absolument nécessaire pour rendre le jugement contradictoire, et son absence, à quelque moment du procès qu'elle ait lieu, rend le jugement *par défaut* ou par *contumace*, deux expressions analogues, appliquées la première aux tribunaux correctionnels, la seconde aux cours d'assises. Devant les justices de paix, où les parties sont tenues de comparaître en personne, ou du moins de se faire représenter par des fondés de pouvoirs spéciaux, le jugement ne sera contradictoire qu'autant qu'elles auront été entendues contradictoirement. Mais devant les autres tribunaux civils, un jugement est contradictoire toutes les fois que les parties sont représentées par des avoués, et que ces avoués ont pris dans l'intérêt de leur client des conclusions. Les jugements se divisent encore en deux catégories, telles que : 1° les jugements qui ordonnent un avant faire droit ; 2° les jugements définitifs. Les premiers se divisent eux-mêmes en trois classes, savoir : les jugements *provisoires*, les jugements *préparatoires*, et les jugements *interlocutoires*.

Les jugements *provisoires* sont ceux par lesquels les juges voyant que la contestation pourra être longtemps à se décider, et que sa durée pourrait produire de graves inconvénients, y obviennent en ordonnant ce qu'exigent les circonstances. Ainsi, par exemple, lorsque des contestations s'élèvent entre plusieurs héritiers à propos d'une succession qui vient de s'ouvrir, le tribunal ordonne que sans préjudice aux droits des parties, il sera procédé à la reconnaissance, à la levée des scellés, et par suite à l'inventaire. Le procès pourrait être long à juger, et durant ce temps les choses mises sous le scellé pourraient dépérir. Ainsi encore, dans certains cas en attendant la décision d'un procès les juges accordent par provision à une partie une pension alimentaire.

Les jugements *préparatoires* sont rendus pour l'instruction d'une cause et tendent à mettre le procès en état de recevoir le jugement définitif. Ainsi, on doit regarder comme tels ceux qui ordonnent une mise en cause, un rapport d'experts, une comparution de parties, une descente de juges, un interrogatoire sur faits et articles. Ces jugements en effet ne statuent rien sur la question fondamentale du procès, ils prescrivent des mesures dans le but de faire découvrir la vérité, et ne peuvent être frappés d'appel qu'avec le jugement définitif.

Les jugements *définitifs* sont ceux qui terminent la contestation, soit en adoptant les prétentions des parties, soit en les modifiant, soit en les rejetant. Ils sont rendus en premier ressort lorsque la voie de l'appel est ouverte contre eux ; ils sont en dernier ressort lorsqu'ils ne peuvent être attaqués que devant la cour de cassation.

Quant à l'ex é cu ti o n des jugements, en principe général, un jugement ne peut être exécuté s'il n'a été préalablement signifié à la partie condamnée. La signification a pour but de le faire connaître à cette partie et de la mettre à même de l'exécuter volontairement, ou, à défaut d'acquiescement, d'autoriser celui qui l'a obtenu à le faire exécuter par les voies légales. Nul jugement ne peut être mis à exécution s'il ne porte la même intitulé que les lois, et s'il n'est terminé par un m a n d e m e n t aux officiers de justice.

E. DE CHABROL.

JUGEMENT DE DIEU. On appelait ainsi au moyen âge les épreuves judiciaires imaginées pour tenter la justice du ciel. Que Dieu protège l'innocence, c'est une idée consolante; mais c'est une témérité de penser qu'on verra sans cesse un miracle en sa faveur, la faiblesse triompher de la force, les éléments changer de nature, les organes de l'homme refuser au coupable leurs fonctions accoutumées, et la mort du parjure venger dans l'année les reliques du saint attestées pour un mensonge. C'est ainsi que la justice de ces temps était un jeu de hasard, qui se joua souvent avec des dés pipés, et qui laissa dans le peuple une impression si profonde qu'il en est resté dans son langage des locutions fréquemment usitées : *Se battre par procureur...; que ce vin me serve de poison, ou que ce morceau de pain m'étrangle, si je n'ai pas dit la vérité...; j'en mettrais au feu ma main.* Enfin, saint Louis nous ramena la justice des peuples civilisés, et remplaça ces coups de la fortune, de la subtilité ou de la force brutale, avec la preuve par témoins, par écrit, par acte authentique et la discussion des droits en plaidoiries contradictoires.

L'origine de cette coutume superstitieuse a été attribuée aux peuples du Nord; elle remonte néanmoins à une plus haute antiquité. On la trouve chez les Hébreux et dans le plus ancien des livres. Ces *eaux amères* dont le breuvage innocent ou funeste justifiait la chaste épouse ou démasquait la femme adultère, qu'était-ce évidemment, sinon un *jugement de Dieu?* Ailleurs, un guerrier a porté les armes contre sa patrie : on punit son cadavre, qui n'aura point de sépulture; mais une main inconnue lui rend ces derniers honneurs sans être aperçue, et l'infraction de la défense est imputée au garde même de ces restes condamnés. Il affirme son innocence, et se dit prêt à *la prouver, soit qu'il faille porter dans ses mains un fer rougi au feu, ou marcher au travers d'un brasier, ou jurer par Dieu.* Voilà bien l'épreuve du feu, du fer chaud et du serment : on se croit au moyen âge ; cependant le poëte qui fait parler ce soldat grec est Sophocle, dans son *Antigone*, cinq siècles avant J.-C.

Hippolyte FAUCHE.

JUGEMENT DERNIER. Par ces mots on désigne ordinairement la fin du monde, qui coïncidera avec la r é s u r r e c t i o n universelle des morts et leur comparution devant le tribunal de Dieu, comme il est dit au Symbole des Apôtres. Alors, suivant les opinions de l'Église, Jésus-Christ reparaîtra sur la terre, et séparant les bons des méchants, emmènera les uns dans le ciel, et enverra les autres au feu éternel. Quoique déjà les anciens prophètes eussent parlé, mais figurément, il est vrai, d'une résurrection des morts et d'un jugement universel qui aurait lieu à l'arrivée du Messie, ce n'est qu'aux temps de Jésus-Christ que l'idée juive apparaît plus arrêtée sur ces points. On pensait que le Messie commencerait par ressusciter les justes et qu'il vivrait pendant mille ans avec eux, ainsi qu'avec les justes alors vivants et avec ceux qui dans l'intervalle se convertiraient à Jéhovah, dans le royaume terrestre du Messie. A la fin de cette période, une nouvelle et terrible lutte contre Satan devait éclater, mais pour se terminer par le triomphe du Messie; et c'est alors que devait avoir lieu la résurrection universelle des morts et le jugement dernier des peuples, afin que commençât avec un nouveau ciel et une nouvelle terre le règne éternel de Dieu. Tantôt Jésus-Christ a expressément confirmé lui-même ces idées juives, en n'expliquant cette résurrection des morts que par sa puissance de ranimer moralement les hommes; tantôt, parlant de sa venue future et du changement qui en résultera pour le monde, il semble n'avoir voulu que nous présenter symboliquement le triomphe de sa sainte cause. Les apôtres, au contraire, notamment saint Paul et l'auteur de l'Apocalypse, ainsi que toute l'Église primitive, ont admis positivement le retour de Jésus-Christ.

JUGEMENT DES MORTS. C'était un usage chez les Egyptiens de faire comparaître les morts devant des juges pour apprécier leur vie avant de leur accorder la sépulture. La famille du défunt avertissait les juges, les amis et les parents, du jour des funérailles. Les juges, au nombre de plus de quarante, choisis parmi les pairs du défunt, siégeaient en demi-cercle auprès d'un lac situé dans le nome habité par celui qui venait de mourir. On plaçait le corps dans une barque, dont le pilote s'appelait en langue égyptienne *charon*, ce qui a donné lieu à la fable de Caron chez les Grecs. Ce batelier avait droit à quelque argent pour son service; de là l'usage de placer une pièce de monnaie sous la langue du mort. Avant d'admettre le cercueil dans la barque, on recevait les accusations que chacun pouvait porter contre le défunt. Les juges prononçaient ensuite : si les accusations leur paraissaient fondées, le mort n'était point honoré de la sépulture; si elles étaient reconnues injustes, leur auteur était sévèrement puni. Quand il n'y avait point eu d'accusateur, ou quand il avait été confondu, les parents déposaient le deuil et louaient les vertus du mort. Le cadavre était porté ensuite dans la sépulture de sa famille, si la famille en avait une; autrement, on le plaçait dans sa demeure, debout contre la muraille. Quant à ceux contre lesquels l'accusation avait été admise, ou qui laissaient des dettes, on les enterrait chez eux. Quelquefois les enfants de leurs enfants réhabilitaient leur mémoire en payant leurs dettes, et leur faisaient rendre les honneurs qui leur avaient été refusés. Plusieurs monuments sont couverts de représentations faisant allusion à ce jugement des morts, qui se pratiquait même à l'égard des rois. En outre de ce jugement solennel, les Egyptiens croyaient à un jugement rendu au delà de cette vie, par Osiris, lequel décidait du sort de l'âme selon les bonnes ou mauvaises actions du défunt. Les Grecs embellirent encore ces traditions. Ils établirent aux enfers trois juges chargés d'apprécier les actions des hommes après leur mort et de leur attribuer la place qu'elles leur méritaient dans les Champs Élysées ou dans le Tartare. Les Romains conservèrent le mythe grec, et les chrétiens font paraître deux fois leurs morts devant le souverain juge: en sortant de la vie, l'âme paraît devant Dieu pour subir un jugement particulier, qui sera renouvelé, au jour de la résurrection, contre l'âme et le corps réunis, devant tous les hommes assemblés au jugement dernier.

L. LOUVET.

JUGES. C'est ainsi que la Bible désigne les quinze chefs israélites qui, à partir de la mort de Josué jusqu'à Samuel, furent à la tête de la nation tout entière ou de certaines tribus. Jusqu'à Eli et Samuel ce furent généralement des guerriers distingués par quelque action d'éclat, qui s'offraient spontanément ou bien qui étaient élus pour aller repousser et châtier les Philistins, les Cananites, les Madianites et autres tribus hostiles. L'ennemi une fois vaincu, ils abdiquaient leur dignité; cependant, certains d'entre eux la conservèrent jusqu'à leur mort. Il n'y eut que Débora, Eli et Samuel qui exercèrent les fonctions de juge proprement dites. On ne saurait préciser la durée de la période des Juges; ce qui paraît certain, c'est qu'elle fut au moins de trois cents ans.

On a donné le nom de *Livre des Juges* à la partie de l'Ancien Testament où les exploits des Juges sont racontés par fragments seulement, il est vrai, et, sauf ce qui concerne Eli et Samuel, çà et là d'une manière qui touche à la légende, mais au total cependant d'un grand ton de véracité. Ce livre a pour but de démontrer l'accomplissement des menaces de Dieu. Il se divise en deux parties principales : la première, contenant les chapitres 1 à 16, raconte l'histoire des Juges depuis Atanol jusqu'à Samson, mais surtout celles de Barak, de Débora, de Gédéon, de Jephté et de Samson; la deuxième, contenant les chapitres 17 à 21, montre comment l'idolâtrie s'établit parmi les gens de la tribu de Dan, et raconte l'extermination presque complète de la tribu de Benjamin. La simplicité de l'exposition et la pureté de la langue sont les qualités qui distinguent le *Livre des Juges*; mais les différences essentielles de style et d'exposition existant entre la première et la seconde partie prouvent qu'elles ne peuvent avoir eu le même auteur. Sauf les derniers chapitres, on pourrait par induction dire que ce livre dut être composé peu de temps avant l'époque de David. L'Église primitive ne considérait le livre de Ruth que comme une annexe du *Livre des Juges*.

JUGES DES ENFERS. On donne ce nom, dans la mythologie des Grecs et des Romains, aux trois personnages, Minos, Éaque et Rhadamante, qui étaient chargés de juger les âmes des hommes à leur arrivée aux enfers.

JUGES ECCLÉSIASTIQUES. *Voyez* ECCLÉSIASTIQUE (Juridiction).

JUGES GARDES ou **GARDES DES MONNAIES.** *Voyez* GARDES.

JUGGURNAUT. *Voyez* DJAGGRNAT.

JUGULAIRES (Veines), gros vaisseaux sanguins du cou, qui s'étendent depuis la tête jusqu'à la poitrine, et qui rapportent de la tête au cœur, à l'état veineux, à peu près tout le sang artériel qu'y répand le cœur au moyen des carotides. Elles sont comme veines, et pour le retour du sang, ce que sont les artères carotides pour son départ et son arrivée. Il existe une veine jugulaire de chaque côté du cou. Elles ont à la tête deux origines distinctes, deux embranchements ayant des noms différents. L'un provient de l'intérieur du crâne : c'est la *jugulaire interne*, qui rapporte le sang du cerveau et de ses membranes, et qui a son unique source dans les sinus de la dur-mère aboutissant à ce qu'on nomme le trou déchiré postérieur. L'autre, la *jugulaire externe* ou *faciale*, se charge et s'emplit du sang veineux de la face et de l'extérieur du crâne, de la gorge et du larynx. Les deux embranchements s'unissent ensuite pour ne former qu'un tronc. Puis de chaque côté du cou, à peu de distance du larynx et de la trachée-artère, chacune des veines jugulaires avoisine, à droite et à gauche, l'artère carotide, qui bat, et le nerf pneumo-gastrique, qui porte au cœur, aux poumons et à l'estomac, leur principe essentiel d'animation. L'une et l'autre versent le sang brun qui les remplit dans une grosse veine qui le transmet au cœur, qui lui-même l'enverra aux poumons, ayant mission de le rougir et de le régénérer.

Comme ces veines sont fort évidentes, principalement chez les personnes maigres et les vieillards, elles sont aussi utiles que le battement des artères, et quelquefois davantage, pour apprécier l'état du cœur et des poumons. Dès que la circulation du sang et la respiration s'embarrassent, les jugulaires présentent une sorte de battement qui a reçu le nom de *pouls veineux*, et qui, à l'inverse du pouls artériel, est beaucoup plus visible que tangible. Ce pouls veineux provient du battement de l'oreillette droite du cœur, apparemment surchargée de sang par quelque empêchement respiratoire. C'est un symptôme fort remarquable chez les asthmatiques, ainsi que quelques épanchements de poitrine, dans certaines affections du cœur et des gros vaisseaux, de même qu'aux approches de la mort. Une quinte de toux prolongée produit un effet pareil.

Sans les veines jugulaires, une certain nombre d'effets significatifs indéniables ignorés; au moins ces effets seraient-ils sans certitude, réduit qu'on serait à en conjecturer l'existence. C'est ainsi qu'on les voit se gonfler dans les efforts de toutes espèces, pendant la toux et le vomissement, dans les accès de rire et quand on crie. Dans l'action même de ramasser un objet à terre ou de pousser un corps résistant, les effets sont analogues. Le gonflement des veines jugulaires instruit de l'espèce de danger qu'ont de pareils actes : il est la preuve qu'alors le sang reflue ou au moins stagne vers le cerveau, d'où il peut résulter des congestions, des étourdissements, des coups de sang, et même l'apoplexie. Mais si un effort d'expiration suffit pour gonfler les veines jugulaires, l'action d'inspirer, et surtout le soupir, les désemplit et les efface jusqu'au point de creuser en sillon l'endroit de la peau qui leur correspond et les couvre. Et si l'une d'elles vient à être ouverte, soit par une saignée, soit involontairement dans le cours d'une opération, de l'air peut s'y introduire pendant l'inspiration, se mêler au sang et se rendre avec lui dans le cœur, qui presque aussitôt cesse de battre et pour toujours. C'est dans la juste appréhension de tels malheurs qu'on pratique si rarement aujourd'hui des saignées jugulaires. Il est prudent d'éviter toute compression de ces veines, si importantes à cause de leurs aboutissants. Il est des systèmes de cravates qui produisent en partie les effets de la pendaison. Dr Isidore BOURDON.

JUGURTHA, petit-fils de Massinissa et neveu de Micipsa, roi de Numidie, fut élevé avec les enfants de ce dernier, bien qu'il fût né d'une concubine. Dès sa première jeunesse, il se fit remarquer par sa force et sa beauté, et se concilia l'affection générale. Micipsa craignit qu'il ne l'emportât sur ses enfants, et conçut la pensée de le faire périr; mais il renonça bientôt à ce projet, et résolut de l'éloigner. Il l'envoya donc à Scipion, à la tête d'une armée, pour le seconder dans la guerre qu'il faisait alors à Numance. Là Jugurtha se distingua, et à son retour le roi l'adopta, et voulut qu'il régnât avec ses fils Adherbal et Hiempsal.

Malgré les promesses qu'il avait faites à Micipsa mourant, il fit tuer Hiempsal, et s'empara de toute la part qui revenait à Adherbal, se déclarant seul souverain de toute la Numidie. Le prince chassé recourut aux Romains. Il vint lui-même se plaindre au sénat. Jugurtha gagna les commissaires. Ils déclarèrent que le meurtre avait été le résultat de la légitime défense, et attribuèrent à son auteur les plus riches provinces, au détriment d'Adherbal. Aussitôt Jugurtha les envahit, et son adversaire s'enfuit dans Cirtha (aujourd'hui Constantine), où il fut assiégé après avoir perdu une bataille. Quand il se fut rendu par capitulation, il fut impitoyablement égorgé. Le peuple romain, indigné, demandait vengeance, et le sénat déclara la guerre. Jugurtha voulut encore conjurer l'orage à force d'argent, mais ses ambassadeurs ne furent point reçus : on leur ordonna de sortir de l'Italie sous dix jours. Le commandement fut donné à Calpurnius Pison, habile général, dont les talents étaient obscurcis par une basse cupidité. Il commença par prendre beaucoup de places, puis il se laissa séduire, et, de concert avec Scaurus, vendit la paix à Jugurtha. Quand on sut à Rome les indignes menées de Calpurnius, le peuple s'irrita; il écouta les éloquentes harangues de Memmius. On manda Jugurtha pour venir subir le jugement de son crime. Cependant, il parvint à gagner un tribun, qui, de concert avec lui, lui imposa silence au moment où il allait prononcer sa défense, en sorte que l'assemblée se sépara sans avoir rien fait. A Rome même, Jugurtha avait fait tuer Massiva, fils de Gulussa et neveu de Micipsa, parce que le peuple paraissait disposé à lui donner la Numidie. Aussitôt on lui ordonna de quitter Rome, où il était sous la garantie d'un sauf-conduit.

La guerre recommença, sous les ordres du consul Postumius Albinus. L'année se passa sans actions mémorables; mais dès que le consul fut parti, les Romains, commandés par son frère, essuyèrent une grande défaite, et l'armée passa sous le joug. Le sénat annula les conventions conclues avec l'ennemi, et fit partir Métellus, qui battit complétement Jugurtha. Celui-ci, après avoir négocié, changea de pensée, et résolut de tenter de nouveau le sort des armes. Dans cette nouvelle campagne, il sut manœuvrer si habilement que Métellus ne put terminer la guerre. Marius se fit envoyer à sa place. Cependant Métellus remporta encore une nouvelle victoire, et Jugurtha, qui avait failli lui être livré par la trahison de Bomilcar, appela à son secours les Gétules et le roi de Mauritanie Bocchus. Sur ces entrefaites, Marius était arrivé en Afrique. D'abord il prit Capsa et un fort appelé Mulucha; mais à l'approche de Jugurtha et de Bocchus, il voulut se retirer vers la côte. Subitement attaqué, il fut obligé de se retrancher sur une montagne, où il demeura cerné de tous côtés. Pendant eux et les mit en pleine déroute. Quatre mois après, Jugurtha et Bocchus essayèrent une nouvelle attaque; mais ils furent si vigoureusement reçus que presque toute leur armée périt : elle était d'environ 90,000 hommes. Bocchus, roi de Mauritanie, fit la paix, et sut attirer Jugurtha à sa cour pour le livrer à Sylla, qui le fit charger de chaînes et conduire à Cirtha, où était Marius. Ainsi finit la guerre, et la Numidie devint province romaine. Jugurtha orna le triomphe du vainqueur, fut très-maltraité par la populace, et mourut de faim dans un cachot au bout de six jours, ou bien il y fut mis à mort immédiatement après la solennité. Ses deux fils furent retenus prisonniers à Venouse. P. DE GOLBÉRY.

JUIF ERRANT. Le juif errant fait le fonds d'une légende merveilleuse consacrée depuis plusieurs siècles. Ce curieux personnage a, dit-on, toujours cinq sous dans sa poche. Ce malheureux ne peut mourir; vainement, pour obtenir une fin à ses indicibles fatigues, implore-t-il les abîmes de la mer, les gouffres de la terre, le fer des batailles, l'artillerie des forts et des flottes, la hache du bourreau. Un arrêt d'en haut défend sa vie contre tous ces fléaux de l'humanité et contre le dard de la mort. Il naquit dans la tribu de Nephtali à Jérusalem, l'an 3992, sept à huit ans avant Jésus-Christ. Il se nommait *Abbasuérus* ou *Ahasvérus*, était de père charpentier. A huit ans, déjà petit mauvais sujet, il servit, avec l'étoile d'Orient, de guide aux rois mages, allant à Bethléem donner le nouveau-né des nations. Il avait fait avec eux d'avance la condition qu'il serait bien régalé en route. Arrivé à Bethléem, il y vit dans une crèche, un enfant qui venait de naître, et reconnut à côté le charpentier Joseph, compagnon de son père. A son retour à Jérusalem, il raconta tout ce dont il avait été témoin, le miracle de l'étoile marchante, la pompe, les riches habits de ceux qu'elle précédait, les présents inestimables, l'or, l'encens et la myrrhe, que trois rois d'Orient, deux blancs, l'autre noir, avaient déposés dans une misérable étable, aux pieds d'un enfant de pauvres, que sa mère, pleine de joie, venait de mettre au monde. Cette nouvelle arriva jusqu'aux oreilles d'Hérode : il fit comparaître devant lui le jeune Abbasuérus, qui la lui confirma. Le nom de *roi des Juifs*, donné à un enfant au berceau, effraya le tétrarque soupçonneux; et la déclaration naïve du petit charpentier, qui en eut plus tard une si vive repentance, fut immédiatement suivie du massacre des innocents. Abbasuérus se mit à suivre, quelques années après, les prédications de saint Jean-Baptiste, et fut même témoin de son martyre. Mais voici venir les abominables actions de l'insensible et impie Abbasuérus, ce Juif sans pitié. « J'ai vu, dit-il lui-même dans une de ses histoires, Jésus-Christ, sur une ânesse, entrer triomphant dans Jérusalem ; j'ai connu le traître Judas, et j'ai travaillé, en qualité de charpentier, à la croix sur laquelle fut attaché le Sauveur du monde. Lorsque les gardes le conduisaient au calvaire, portant lui-même cette croix, ils me supplièrent, comme ils passaient devant mon atelier, de l'y laisser reposer un moment; et moi, multipliant mille fois plus barbare qu'eux, je refusai, et accompagnai mon refus d'abominables injures : alors j'entendis une voix qui me dit : « Va toi-même, et marche sans te reposer; parcours toute la terre sans t'arrêter ni te fixer nulle part, jusqu'à ce que je revienne. » Je me sentis alors frappé de Dieu : dès le lendemain de la mort du Sauveur, accomplissant ma sentence, je partis, et je commençai mes

voyages, l'an 33 de la naissance de Jésus-Christ, en la quarante et unième année de mon âge. Malheureux que je suis ! j'attends pour me reposer la fin du monde. »
DENNE-BARON.

Nous n'avons pas besoin de dire qu'il n'est question d'Ahasuérus dans aucun Évangile, pas même dans ceux qui ont été déclarés apocryphes. D'après les recherches de M. Magnin, la première version relative au Juif errant se trouverait dans l'*Histoire d'Angleterre* de Matthieu Paris, moine de Saint-Albans, au treizième siècle. Il l'appelle Cartophilus, et en fait le portier de Ponce Pilate. A partir de l'année 1547 on l'appelle Ahasvérus, et des gens de qualité affirment l'avoir rencontré. Sa légende se réimprime de tous côtés. Elle se formule dans une complainte que le peuple chante encore. Schubart tira un heureux parti de cette légende dans une ballade. M. Edgard Quinet y a trouvé le sujet d'un drame mystico-philosophique, et M. Eugène Sue le sujet d'un roman populaire; MM. Scribe et de Saint-Georges en ont fait un opéra, dont M. Halévy a composé la musique.
L. LOUVET.

JUIFS. C'est le nom que depuis l'exil de Babylone on a donné aux Hébreux ou Israélites. Il est dérivé de *Jehoudi* (Juda), dont ils sont les descendants, ceux des dix tribus ayant été exilés avant la destruction du premier temple. Toutefois, le mot *juif* a reçu pendant longtemps une acception si avilissante, appliquée même à ceux qui ne professent pas la religion juive, que les sectateurs de Moïse ont cru de nos jours devoir reprendre leur nom biblique d'*Israélites*, et les chrétiens, qui ne croient pas devoir perpétuer l'humiliation de ces peuples sous leurs aînés dans une religion monothéiste, ont approuvé ce changement, dont la France a eu l'initiative.

La captivité de Babylone dut avoir pour effet de répandre dans d'autres contrées les saines idées sur la Divinité, qui jusque là paraissent n'avoir été le partage que du peuple israélite. Toutefois, sa nouvelle situation ne lui fut pas trop pénible, à part l'exil, peine douloureuse seulement pour la génération qui en avait été victime. Déjà, du temps de Nabuchodonosor, des jeunes gens des familles les plus distinguées parmi les Israélites étaient élevés dans le palais du roi, et préparés à remplir des fonctions importantes dans l'État et à la cour. Lorsque le royaume de Babylone tomba comme celui des Mèdes, sous la puissance des Perses, la position des Israélites n'empira pas. Fortune, influence éducation, agréments de la vie, tout leur fut accessible, moyennant l'aptitude et les rares nécessaires, moyennant surtout le patriotisme. Leur position fut meilleure que celle de leurs descendants qui habitent aujourd'hui l'Allemagne et l'Italie. Le changement de dynastie dans le royaume babylonien leur fournit l'occasion de demander leur retour en Palestine. Cyrus n'avait aucun intérêt à s'y opposer. Depuis 536 avant J.-C., des Israélites revinrent par milliers dans leur patrie, à différentes époques, avec l'autorisation des rois de Perse. Ce retour enfin, généralement octroyé par Cyrus, avait surtout été désiré par la classe sacerdotale, qui recouvrait ainsi son influence, et par la classe pauvre, qui n'ayant rien à perdre à Babylone, pouvait espérer de tout gagner en Palestine. Enfin, ce retour fut accepté avec enthousiasme par quelques familles puissantes, parmi lesquelles l'amour de la patrie était resté vivant. Aussi ce furent des prêtres, des lévites, des familles de Benjamin et de Juda qui composèrent, sous la conduite de Zérubabel, la majorité de ceux qui revinrent en Palestine. Sous le règne de Darius Hystaspe, ils obtinrent l'autorisation de reconstruire le temple, qui fut rebâti de 521 à 516; des offertes se repeuplèrent; le mosaïsme se rétablit, et par les soins de Néhémie, Jérusalem fut, en 444, entourée d'une muraille. Néhémie réédifia Jérusalem, assista le peuple pauvre contre les injustes exactions des riches, mit en honneur, s'il ne rédigea pas, les lois contre l'usure qu'on lit dans le Pentateuque, et rendit l'observation du sabbat plus rigoureuse. Les Israélites de la Palestine vécurent ainsi heureux sous l'administration sacerdotale et le gouvernement des Perses, jusqu'aux conquêtes d'Alexandre (331); ils eurent un grand-pontife, avec un sénat des anciens qui composèrent le Sanhédrin, institution attribuée à à Moïse, mais dont l'histoire ne parle pas avant l'exil. On peut comparer l'existence des Juifs d'alors (il ne peut à cette époque être question de l'État juif) à celle des Grecs modernes avant la révolution de 1821 : comme ces derniers avaient sous le rapport spirituel un représentant dans le patriarche qui résidait à Constantinople, les Israélites de même avaient un chef reconnu par l'autorité supérieure, qui leur garantissait leur existence religieuse. C'est alors que se développa réellement la constitution mosaïque; monarchique par l'hérédité du grand-pontife, qui était le chef suprême; aristocratique par le sanhédrin, qui se complétait lui-même parmi les docteurs les plus sages et les plus instruits; démocratique enfin, par l'égalité de tous devant la loi. Le dernier patriarche fut Gamliel. Le patriarcat de Palestine dura jusqu'au commencement du cinquième siècle av. J.-C.

Mais le moment approchait où l'empire des Perses allait s'écrouler. Alexandre, après avoir soumis les nations voisines de la Macédoine, subjugue l'Asie Mineure, écrase Darius sous les murs d'Issus, s'empare de Tyr et se dirige sur Jérusalem. Les Israélites, qu'il avait sommés de lui fournir des vivres pendant qu'il assiégeait Tyr, ayant refusé de lui obéir, il marcha contre eux pour les châtier. Jaddus, alors grand-prêtre, vint au-devant de lui. A sa vue, le vainqueur de tant de nations se laissa fléchir. Il entra avec lui dans Jérusalem, offrit dans le temple un sacrifice à Dieu, et exempta les Israélites du tribut de chaque septième année, attendu la loi qui leur défendait d'ensemencer les terres et de moissonner pendant l'année sabbatique. A la mort d'Alexandre, à Laomédon. Ptolémée Soter, ayant défait ce prince, tenta de soumettre les Juifs; mais seuls il refusèrent de violer le serment qu'ils avaient prêté à Laomédon. Ptolémée assiégea Jérusalem, et sachant bien que les Juifs n'oseraient se défendre un jour de sabbat, il choisit ce jour pour un assaut général. Ainsi, la superstition livra la ville. Il s'en rendit maître, et conquit par suite la Judée entière, d'où il emmena plus de cent mille captifs. Le traitement plein de douceur dont il usa à leur égard en attira un grand nombre en Égypte, et principalement à Alexandrie.

La Judée passe sous la domination d'Antigone. Sous ce prince, comme sous Séleucus, et depuis sous Ptolémée, en qui commence la race des Lagides, Jérusalem jouit d'une paix profonde. Mais les rois syriens, à qui échut ensuite la Judée, non-seulement minèrent les Israélites par des tributs excessifs, mais les persécutèrent encore pour leur religion. Antiochus Épiphanes fit élever au milieu du temple la statue de Jupiter olympien, défendit la circoncision, ordonna de sacrifier des porcs, dévasta le pays, et fit mourir plusieurs de ceux qui étaient restés fidèles à la loi. Mais après de nombreux martyrs, la Judée trouva des défenseurs. Un prêtre de Modin, nommé Mathatias, ayant courageusement résisté à l'ordre de sacrifier aux idoles, et même tué, dans cette occasion, un officier syrien, se vit contraint de fuir avec ses fils; quelques autres hommes intrépides le suivirent sur des montagnes désertes. Attaqué par l'armée d'Antiochus, il devint vainqueur, et sa victoire grossit sa troupe. Il fait abjurer aux siens le scrupule superstitieux qui empêchait les Israélites de se défendre le jour du sabbat, et par sa valeur plusieurs villes sont affranchies du joug syrien. Judas Machabée, son fils, rassemble ceux qui sont demeurés fidèles à la loi de Dieu, bat les Syriens, entre vainqueur à Jérusalem, et rétablit en 165 le culte divin. Après sa mort (161), ses frères, Jonathas et Simon, continuent son œuvre, et poursuivent la délivrance de la patrie; le roi est forcé de Jean Hyrcan, fils de Simon, roi et grand-prêtre, étend sa domination en Samarie et dans l'Idumée. Mais sous le règne de ses petits-fils, Hyrcan et Aristobule, le pays perdit son indépendance. Pompée, appelé comme arbitre entre les deux frères, qui se disputaient le trône, conquit Jérusalem l'an 63, et fit de la Judée une province romaine. Crassus pilla en 54 les trésors du temple. Antigone, fils d'Aristobule, qui avait été emmené en captivité, recouvra le trône, l'an 42, avec le secours des Parthes. Mais Hérode, fils d'Antipater, surnommé *le Grand*, soutenu par les Romains, prit en 37 Jérusalem, fit mourir Antigone et Hyrcan, le dernier rejeton mâle des Machabées. Quoiqu'il eût relevé le temple, il n'en fut pas moins haï comme étranger et à cause de ses cruautés. Archélaüs, son fils et son successeur, fut détrôné, l'an 8 après J.-C., par Auguste, et la Judée se vit incorporée à la Syrie; elle eut pour gouverneur Coponius, chevalier romain, qui prit le titre de *procurateur de la Judée*.

Claude avait donné à tous les Juifs de l'empire romain le droit de citoyen. Mais l'arbitraire des Romains, qui abusaient de la victoire avec d'autant plus de violence qu'elle leur avait plus coûté, la haine des partis opposés, les dissensions intestines et l'antipathie des Juifs et des Grecs firent croître la misère et le mécontentement, qui éclatèrent par une révolte contre les Romains. Cette lutte opiniâtre finit à la prise de Jérusalem par Titus; la ruine du temple, le massacre et la captivité de plusieurs milliers d'Israélites en furent la suite. L'an 70 après J.-C. les Juifs se virent dispersés. Protégés par Nerva (97), ils furent traités avec rigueur, en 105, par Trajan. Diverses tentatives eurent lieu pour secouer le joug romain ; elles finirent par des exécutions en masses; des ordonnances cruelles vinrent abattre les Juifs et humilier le judaïsme. Antonin le Pieux révoqua ces ordonnances; mais lorsqu'en 350 le christianisme monta sur le trône avec Constantin, des édits de l'empire et des actes des conciles vinrent empirer le sort des malheureux Israélites. Vers cette époque, on trouve déjà des Juifs en Illyrie, en Espagne, à Minorque, dans les Gaules, en Belgique, dans la Narbonnaise, dans la Celtique ou la Lyonnaise, et dans quelques villes du Rhin. Ils se livraient partout à l'agriculture, au commerce, à l'industrie, possédaient des terres, exerçaient des emplois, servaient dans l'armée, et avaient leur juridiction particulière. En 418 le service militaire leur fut interdit, et dans le cours du cinquième siècle ils furent de plus en plus asservis. En Italie, en Sicile et en Sardaigne, ils vécurent heureux; dans l'empire byzantin, ils furent opprimés. En France, ils ne se virent pas trop maltraités durant le cinquième siècle; mais avec le sixième siècle commencent pour eux des vexations de toutes natures, et même d'horribles persécutions; il y en avait alors dans la Provence, dans le Dauphiné, dans la Bresse, dans le duché de Bourgogne et dans la Franche-Comté. Les Juifs et les chrétiens étaient tellement liés alors, qu'il n'était pas rare de voir un Juif épouser une chrétienne, et pareillement un chrétien se marier avec une juive. On attachait une grande importance à la conversion des Juifs, et l'autorité souveraine secondait les efforts des ecclésiastiques qui se faisaient un devoir de l'entreprendre. On baptisait même les Juifs par force; souvent on les bannissait pour avoir refusé le baptême.

Dans le royaume des Parthes, et depuis 226 dans l'empire persan, leur sort, à quelques persécutions isolées près, fut plus supportable. Les Israélites de la Palestine, qui, en 610, prirent Jérusalem, avec le secours de la Perse, revêrent l'indépendance de leur patrie, mais ils furent humiliés par l'empereur Héraclius. L'islamisme, répandu successivement, en 627, dans l'Asie occidentale, la Perse, l'Égypte, l'Afrique, l'Espagne et la Sicile, influa sur la position des Israélites de ces contrées : à l'exception des persécutions isolées dont ils furent victimes en Mauritanie l'an 790, et en Egypte l'an 1010, ils vécurent tranquilles sous les khalifes et les princes arabes; ils s'accrurent en Espagne sous les Maures, et leur culture intellectuelle alla en augmentant depuis le huitième siècle. Ils y devinrent même conseillers des rois. Les orages partiels qui fondirent sur eux à Grenade, en 1063, et à Cordoue, en 1157, furent généralement des conséquences d'événements politiques. Dès le neuvième siècle il y eut des communautés juives au Caire, à Fez et à Maroc; au onzième siècle leur nombre diminua à Babylone et s'accrut en Palestine. Ils furent en honneur chez les khans mongols. Mais combien leur sort fut triste dans l'Europe chrétienne, en Occident, et surtout dans les pays féodaux, là où régnait le droit du plus fort et où s'exerçait la puissance sacerdotale!

Par des sacrifices d'argent, ils rendaient quelquefois leur condition supportable en Italie, et ils eurent des siècles heureux à Naples. En 1261 et 1435 éclatèrent néanmoins contre eux des persécutions dans plusieurs villes d'Italie. Les papes les prenaient presque toujours sous leur protection. Depuis le treizième siècle ils furent assujettis à porter des marques distinctives, et depuis le quinzième siècle à habiter des quartiers séparés (*ghetti*). Les Juifs de la Sicile, qui possédaient des biens fonciers et une constitution communale régulière, ne se virent pas tourmentés par les Arabes et les Normands, et furent ménagés par l'empereur Frédéric II. Plus tard ils furent assujettis à d'accablantes contributions et à l'humiliante obligation de porter sur leurs vêtements une marque distinctive. Après de vains efforts tentés depuis 1428 pour les convertir, ils furent, en 1493, expulsés de l'île, au nombre de 100,000, sur l'ordre de Ferdinand le Catholique. Ils se dirigèrent vers le royaume de Naples.

En *France*, heureux dans le huitième siècle et le neuvième siècle, surtout à Paris, à Lyon, en Languedoc et dans la Provence, dans le département des terres, et leurs affaires furent administrées par un *magister Judæorum*. Mais ils furent persécutés par le clergé sous les faibles Carlovingiens. Pour justifier les cruautés et les exécutions sanglantes dont ils devinrent victimes depuis le onzième siècle jusqu'au milieu du quatorzième siècle, on inventa des contes absurdes, des profanations d'hosties, des empoisonnements de puits, des crucifiements d'enfants chrétiens. Tour à tour chassés et rappelés au prix de sommes immenses, ils obtinrent enfin un gardien ou juge; mais en 1395 ils furent bannis pour toujours du midi de la France.

En *Angleterre* il y eut des Israélites dès le neuvième siècle. En 1189, le jour du couronnement de Richard Cœur de lion, éclata contre eux un tumulte sanglant. Sous Henri III ils souffriront une foule d'injustices, malgré la liberté qu'ils croyaient avoir acquise de Jean sans Terre au prix de 4.000 marcs d'argent. On leur prit leurs biens et leur synagogue. En 1270 on les priva du droit de posséder des terres; on les chassa enfin en 1290, après avoir cherché à les convertir. Ils se rendirent en France et en Allemagne.

Dans l'*Empire* ils étaient la propriété des empereurs, qui les vendaient et les cédaient. Il y en avait au huitième siècle dans les villes rhénanes; dans le dixième, en Saxe et en Bohême ; dans le onzième, en Souabe, dans la Franconie et à Vienne; dans le douzième, il y en avait dans le Brandebourg et dans la Saxe ; ils étaient imposés de diverses manières, mis en gage, donnés et chassés par les gouvernements. Les croisades leur furent fatales. Sur les pas des croisés marchaient pour les malheureux descendants de Jacob la terreur et l'extermination. Vers le quatorzième siècle il n'y eut plus, à l'exception de l'Autriche, d'Israélites en Allemagne. Ils furent massacrés et brûlés par milliers ; plusieurs se précipitèrent dans les flammes des synagogues embrasées.

En *Suisse* il y eut des Juifs dès le treizième siècle, et dès le quatorzième ils y furent persécutés.

En *Pologne* et dans la *Lithuanie* ils jouirent non-seulement de la protection du pouvoir, mais ils eurent même depuis le quatorzième siècle, des droits réels.

Favorisés par Casimir III, les Juifs se multiplièrent en *Pologne* dès cette époque par les nombreuses émigrations de la Suisse et de l'Allemagne.

Il y en eut en *Russie* dans le dixième et dans le quatorzième siècle; mais plus tard ils en furent expulsés.

La *Hongrie* eut des Juifs depuis le onzième siècle ; mais dans le quatorzième et le quinzième siècle, des persécutions éclatèrent contre eux.

En *Espagne*, les Juifs restèrent jusqu'à la moitié du quatorzième siècle assez paisiblement en possession de priviléges importants, qu'ils étaient parvenus à y obtenir à la suite de l'invasion de l'islamisme, qui avait été pour eux une époque d'émancipation. Ils étaient chez les chrétiens, ainsi que les Maures, banquiers, fondeurs, ciseleurs, marchands, armateurs, ingénieurs, architectes. Dans la partie chrétienne de la Péninsule on en brûlait bien quelques-uns, de temps à autre, en qualité de magiciens et de nécromanciens, mais on avait recours à eux, à cause de ce génie industriel et commercial qui en tous lieux est le propre des descendants d'Israël. Dans les seuls domaines de Castille, comprenant les royaumes de Murcie, de Léon et d'Andalousie, on en compta jusqu'à plus de 850,000, qui payaient aux chapitres et aux prélats la somme énorme de 25,648,500 *dineros*. Mais à la longue l'appauvrissement de la noblesse, résultat de son orgueilleuse oisiveté, l'influence toujours plus grande du clergé, et des habitudes usuraires reprochées aux Juifs, provoquèrent contre eux l'animadversion publique, qui se traduisit bientôt en oppressions et en persécutions. Peu à peu on leur enleva le droit de résider là où bon leur semblait ; on diminua leurs priviléges et on accrut les impôts auxquels ils étaient assujettis. Dans le royaume d'Aragon, à la suite d'une grande sécheresse, on les expulsa des villes. En 1391 et 1392, à la suite d'émeutes dirigées contre eux à Séville, à Cordoue, à Tolède, à Valence, en Catalogne et à Majorque, on les égorgea par milliers. Ils n'échappèrent à ce massacre qu'en adoptant le christianisme ou bien en se réfugiant en Afrique. Au quinzième siècle, l'inquisition d'Espagne mit la persécution contre eux à l'ordre du jour. A partir de 1480 on les brûla par milliers, et en 1492 on finit par les expulser complétement. Des 300,000 qui s'étaient réfugiés en Portugal, dans la Provence et en Italie, il ne resta, au bout de huit ans, qu'une faible et misérable partie. Tolérés en Espagne depuis 1837, les Juifs y sont aujourd'hui en petit nombre, si tant est même qu'il y en ait qui aient été tentés de profiter de cet adoucissement de la législation à leur égard.

En *Portugal*, où on les rencontre dès le onzième siècle, ils étaient répartis en sept districts, et vivaient sous l'autorité religieuse d'un grand-rabbin. En 1429 on leur imposa un vêtement particulier. En 1492 on y accueillit pour huit mois, contre un impôt de 8 liards d'or par tête, 80,000 Juifs espagnols, que les *auto-da-fe* de l'Espagne avaient chassés. Au bout de ces huit mois, les pauvres acceptèrent le baptême et les riches quittèrent le pays. En 1495 le roi Emmanuel ordonna l'expulsion du Portugal de tous les Juifs ; on enleva aux plus pauvres leurs enfants âgés de moins de quatorze ans, et on les embarqua pour les îles des Serpents. En 1506 on égorgea à Lisbonne plus de 2,000 Juifs nouveau-convertis. Les persécutions contre les Juifs, demeurés en secret fidèles à la foi de leurs pères, durèrent sans interruption dans la péninsule Pyrénéenne jusqu'à ce que la défense d'émigrer eut été levée, en 1629 ; et beaucoup plus tard encore on continuait à en faire des *auto-da-fe*, par exemple en 1655. Ce ne fut qu'en 1773 qu'on abolit les distinctions établies entre les anciens et les nouveaux chrétiens. Aujourd'hui même le Portugal ne leur accorde pas de droits civils, et on ne rencontre guère dans ce pays que des Juifs allemands.

C'est de la sorte qu'au commencement du seizième siècle l'Europe occidentale n'eut presque plus de Juifs. Mais on en rencontrait encore en Allemagne, en Italie en Pologne, dans l'empire turc et dans les États africains. Leur nombre n'était pas très-considérable dans les États asiatiques, en Arabie, où il existe encore aujourd'hui ; dans l'Hodjaz, des Juifs indépendants, à la Mecque, des Juifs noirs, et dans le Sennaar, des juifs blancs ; en Perse, où ils vivent dans l'oppression et l'ignorance ; dans l'Afghanistan, où ils trafiquent depuis Kaboul jusqu'en Chine ; dans l'Inde, où il est déjà fait mention d'eux à Granganor dès l'an 500 de l'ère chrétienne ; en Cochinchine, où vraisemblablement ils pénétrèrent à la suite des Portugais, où ils cultivent le sol et se livrent au commerce ; dans la Boukarie, où ils jouissent de la liberté civile et exploitent de nombreuses manufactures de soieries et d'articles de quincaillerie ; en Tatarie, en Chine, en Abyssinie, où, établis depuis plusieurs siècles, ils conservèrent leur indépendance jusqu'en 1608 ; dans le Soudan et le Loango.

Au nord de l'Afrique, notamment à Alger, à Tlemcen, à Oran, à Tétouan, à Tunis, etc., il y eut un grand nombre de Juifs qui, à la suite des événements dont le Portugal et l'Espagne furent le théâtre en 1391 et 1492, vinrent se réfugier et s'établir auprès de leurs frères, qui depuis longtemps y formaient des communes. En 1504 on leur assigna à Fez un quartier spécial dans la ville neuve ; et ils y jouirent ainsi qu'à Tafilelt de nombreux priviléges, notamment sous le règne de Muley-Archey, vers le milieu du dix-septième siècle. A Maroc, où la population juive est administrée par un chéik avec deux députés des villes, les Juifs, qui s'y livrent plus particulièrement au commerce, arrivent très-souvent aux emplois publics les plus élevés. A Alger ils vivaient sous la plus avilissante des oppressions, dont la conquête de ce pays par la France, en 1830, les a affranchis. Leur position était bien autrement tolérable en Turquie, où leur nombre s'est successivement augmenté d'une foule de réfugiés venus de toutes les contrées de l'Europe, et où depuis le milieu du quinzième siècle ils n'ont eu à souffrir de temps à autre que de quelques concessions de pachas, de quelques insolences de janissaires, notamment en Morée. En Palestine, où sont venus s'établir un grand nombre de Juifs polonais, ils sont très-malheureux. L'Égypte paraît vouloir leur tendre une main secourable ; ceux de l'empire ottoman ont d'ailleurs les mêmes droits civils que les habitants du pays.

La Renaissance et la Réforme ont exercé une influence salutaire sur les Israélites de l'Europe chrétienne. Toutefois, ce n'a été que vers la fin du dix-huitième siècle qu'ils ont obtenu la jouissance des droits civils dans les divers pays dont elle se compose. Pendant tout le cours du seizième et du dix-septième siècle, l'inquisition et les papes ne cessèrent point de tourmenter les Juifs en Italie. A partir de 1534 il se tint à Rome des sermons destinés à convertir les Juifs et auxquels ceux-ci étaient tenus d'assister. Jusqu'en 1570 ils furent souvent bannis de diverses villes, notamment de Naples, en 1541. Leur condition fut meilleure à Venise, à Pise, à Padoue, à Florence, et depuis 1,600 à Livourne, où ils ont encore aujourd'hui de bonnes écoles. Dans beaucoup d'autres villes ils doivent résider dans des *ghetti* ; et à Modène on leur a enlevé en 1831 les franchises qui leur avaient été accordées en 1814. Il existe de nombreuses communes juives en Dalmatie, de même qu'en Lombardie, où ils jouissent des droits civils.

Le pays qui s'est montré le plus libéral envers eux, et qui a le plus amplement réparé les injustices exercées contre leurs ancêtres, c'est notre France, ce pays qui en tout marche à la tête de la civilisation. Dès 1550 des Juifs portugais et espagnols furent admis à Bayonne et à Bordeaux. Ceux de l'Alsace et de la Lorraine gagnèrent beaucoup à la réunion de ces provinces à la France. Depuis 1784 l'impôt par tête fut aboli à leur égard, sur la proposition du vertueux M a l e s h e r b e s, et en 1791, sur la proposition de l'abbé G r é g o i r e, ils furent admis à l'égalité des droits par l'Assemblée constituante. En 1807 une assemblée de notables et un sanhédrin furent convoqués à Paris pour fixer leurs lois organiques. Le décret du 17 mars 1808 ne fut que temporaire. La charte de 1814, celle de 1830, et enfin la loi de 1831 sur le traitement des rabbins, ont successivement fixé et complété l'émancipation des Israélites. Le même principe d'équité a prévalu en Belgique depuis sa dernière révolution.

En *Hollande*, affranchie depuis peu seulement de la tyrannie espagnole, les Juifs espagnols et portugais trouvèrent dès 1603 asile et protection ; et le foyer de liberté, de richesse et de savoir que ce pays entretenait et fomentait alors, n'eut pas d'éléments plus actifs. Les Juifs espagnols et portugais y furent aussi libres que les Juifs allemands ; toutefois, on ne les admit point à faire partie de la bourgeoisie. Ce n'est que depuis 1796 qu'ils y possèdent le titre et les droits de citoyens, que la constitution de 1814 leur a confirmés.

En *Angleterre*, où ils furent de nouveau admis en 1655, ils vivent heureux et tranquilles : en 1830 et 1833 il leur a été permis de faire partie des corporations municipales et du barreau. Le lord maire de Londres élu dans la présente année 1855 est un Israélite. Mais le bill de leur entière émancipation politique, reproduit presqu'à chaque session du parlement et toujours adopté à une majorité considérable par la chambre basse, a constamment échoué jusqu'à ce jour à la chambre haute, où dominent avec le haut clergé anglican l'intolérance et la bigoterie.

En *Danemark*, où ils ont été admis au commencement du dix-septième siècle, ils possèdent des franchises depuis 1738, et presque le droit de citoyen depuis 1814.

Il n'y a d'Israélites en *Suède* que depuis 1776, à Stockholm et dans trois autres villes, où on leur accorde individuellement le droit de citoyen à titre de distinction. La *Norvège* persiste à leur interdire l'entrée de son sol. Dans la *Russie* proprement dite, dont les portes leur avaient été rouvertes par Pierre Ier, les Juifs étaient arrivés à former une population de 35,000 âmes, lorsque Élisabeth les expulsa, en 1743. Admis de nouveau par Catherine II, ils obtinrent de nombreuses franchises de l'empereur Alexandre, mais se virent de nouveau chassés par l'empereur Nicolas. Ils ne peuvent aujourd'hui résider qu'en Courlande, en Crimée, à Odessa, près du Caucase et dans les pays qui autrefois faisaient partie de la Pologne. C'est là qu'on trouve encore des caraïtes.

Dans la *Pologne* proprement dite, où ils occupent des villes et des villages entiers, ils ont trouvé protection auprès du gouvernement, quoiqu'ils aient eu beaucoup à souffrir de la noblesse et de la classe peu éclairée du peuple, notamment en 1649, dans l'Ukraine, et en 1654 dans la Lithuanie. Dans la dernière révolution polonaise, plusieurs Israélites combattirent bravement pour la cause de la liberté. Les préjugés des représentants de la nation empêchèrent néanmoins alors de proclamer l'égalité des droits en leur faveur. En 1844 ce furent probablement des considérations politiques qui déterminèrent le gouvernement russe à prendre des mesures sévères contre les Juifs polonais, et à leur défendre d'habiter les provinces occidentales de ce royaume. Leur situation est beaucoup moins précaire dans le grand-duché de Posen et dans la Gallicie autrichienne.

Il y a aussi beaucoup de Juifs en *Hongrie*, où ils contribuèrent vaillamment, en 1685, à la défense d'Ofen. Ils y jouissent d'immunités importantes et de la protection de la noblesse. On en rencontre beaucoup aussi en *Transylvanie*.

La *Suisse* ne toléra pendant longtemps des Israélités qu'à Endingen et à Langenau ; mais depuis peu plusieurs cantons se sont montrés plus humains.

Aux *États-Unis* de l'Amérique du Nord, la loi les avait assimilés dès 1778 à tous les autres citoyens pour la jouissances des droits civils et politiques.

L'*Allemagne* offre encore malheureusement le spectacle le plus varié et en même temps le plus triste de la position des Israélites ! Exclus de tout, restreints même dans le commerce, régis par des lois dures et humiliantes, c'est pourtant au prix de ces lois qu'ils ont souvent acheté, sous les dénominations les plus méprisantes, une précaire existence. Successivement chassés, rançonnés, persécutés en Bavière, dans le Palatinat, dans le Brandebourg, à Francfort-sur-le-Mein, à Worms, etc., de faibles protections venaient de temps à autre les réconcilier avec un sol qu'ils ne pouvaient, qu'ils ne peuvent encore appeler patrie. Lessing, Mendelsohn et Dohm ont depuis 1778 plaidé leur cause. Par suite de l'édit de tolérance de Joseph II, en 1782, quelques États se sont relâchés de leur rigueur envers eux. L'abolition de l'Empire d'Allemagne leur a été favorable. Mais depuis 1814 plusieurs États allemands ont rétrogradé sous le rapport de la tolérance, au mépris des protocoles du congrès de Vienne, qui avaient prononcé le maintien des droits des Israélites. A Hambourg, à Francfort et dans plusieurs autres villes, de menaçants tumultes populaires sont venus souvent les effrayer. En Prusse, ils ont été exclus de l'enseignement, des conseils municipaux et du jury ; dans les provinces rhénanes, en 1824, on leur a même interdit la réforme de leur culte ; et depuis 1834 on a introduit des prédications pour les convertir. Malgré cette réaction si déplorable, un meilleur esprit se fait jour, comme on peut s'en apercevoir par les débats législatifs du grand-duché de Bade, de la Bavière, du Wurtemberg, etc. Dans ce dernier pays et dans la Hesse-Électorale, les Israélites ont le droit de citoyen.

Nous terminerons ce long martyrologe des Juifs depuis la destruction du second temple par les Romains jusqu'à nos jours, en rappelant ici les éloquentes paroles prononcées en 1854 au sein du parlement par M. d'Israeli à l'occasion d'une motion relative à l'émancipation politique des israélites anglais : « J'ai toujours pris, a-t-il dit, la défense des Juifs, parce que, selon moi, la race juive est la famille envers laquelle la famille humaine a le plus d'obligations. Quand j'entends dire que l'admission des Juifs détruirait le caractère chrétien de cette assemblée, je dis que c'est parce que vous êtes une assemblée chrétienne que vous leur devez une place au milieu de vous. Quand je considère tout ce que nous leur devons ; que c'est par leur histoire, leur poésie, leurs lois que nous avons été instruits, consolés, organisés, quand je songe à d'autres considérations d'un caractère plus sacré que je n'aborderai pas ici, je déclare que, comme chrétien, je ne puis repousser les réclamations d'une race à laquelle les chrétiens doivent tant... Il y a encore une autre raison pour laquelle je souhaite que les droits des Juifs soient reconnus en Angleterre : c'est que tous les pays dans lesquels ils ont été persécutés ont eux-mêmes été frappés dans leur puissance et dans leur énergie ; et c'est à mes yeux un signe visible de la protection que Dieu accorde à ce peuple. Voyez l'Espagne, le Portugal, l'Italie... Quant à l'Angleterre, les Juifs n'ont certainement pas à se plaindre des progrès qu'y fait l'opinion à leur égard. D'ailleurs, c'est une race qui peut attendre ; c'est une race qui, quand même on ne reconnaîtrait pas aujourd'hui ses droits, ne disparaîtra pas demain. C'est un peuple ancien, un peuple fameux, un peuple durable, un peuple qui en général finit par en venir à ses fins. Certainement j'espère que les parlements dureront éternellement ; mais je ne puis pas oublier non plus que les Juifs ont vu passer les rois assyriens, les pharaons d'Égypte, les césars romains et les khalifes arabes, et je ne suis pas pressé de faire pour eux violence à l'opinion publique. »

On évalue aujourd'hui le nombre total des populations juives à environ 3,600,000 âmes, dont 138,000 en Asie, 500,000 en Afrique et 30,000 en Amérique. La Pologne est le pays de l'Europe où elles sont le plus nombreuses ; leur chiffre s'y élève à plus de 1,700,000 âmes, dont 1,100,000 dans la Pologne russe, 385,000 dans le royaume actuel de Pologne, plus de 200,000 en Gallicie, 77,000 dans le grand-duché de Posen, et 8,000 à Cracovie. On estime le nombre des Israélites en France à 60,000 ; en Hollande, à 53,000 ; en Belgique, à 4,000 ; en Angleterre, à 30,000 ; en Danemark, à 4,000 ; en Suède, à 1,000 ; en Suisse, à 1,100 ; en Hongrie et en Transylvanie, à 240,000 ; en Russie, à 60,000 ; en Turquie, à 300,000 ; en Grèce et aux Iles Ioniennes, à 7,000 ; en Italie à 47,000. Mais ces données ne sont qu'approximatives, et n'ont rien d'officiel.

L'histoire des Juifs a été écrite par Josèphe, par Basnage, par Prideaux, et en dernier lieu par Jost. Parmi les ouvrages français qu'on peut aussi consulter par cette matière, nous mentionnerons : *Les Juifs d'Occident*, par Arthur Beugnot; *Les Juifs du moyen âge*, par Depping; et des recueils périodiques, tels que *La Soulamith*, *L'Israélite français*, *La Jedidia*, *Le Juif*, et *La Régénération*, publiée par M. Bloch à Strasbourg.   S. CAHEN, traducteur de la Bible.

JUIFS (Herbe aux). *Voyez* GAUDE.

JUIGNÉ (Famille de). Juigné, aujourd'hui commune de Maine-et-Loire, sur la rive gauche de la Loire, avec 1,100 habitants, est une ancienne seigneurie du Maine, qui, réunie à la châtellenie de Champagne, fut érigée en baronnie en 1615. Elle a donné son nom à une famille qui tire son principal lustre d'avoir fourni à la fin du siècle dernier au siége de Paris un archevêque dont la mémoire est restée justement vénérée dans ce diocèse.

Antoine-Éléonore-Léon LECLERC DE JUIGNÉ, né en 1728, à Paris, perdit à l'âge de six ans son père, tué au siége de Guastalla, et fut de bonne heure destiné à l'Église. Après avoir fait ses études au collége de Navarre, il entra au séminaire Saint-Nicolas du Chardonnet, et y prit les ordres. D'abord grand-vicaire de l'évêque de Carcassonne, il fut nommé agent général du clergé, fonctions qui conduisaient ordinairement à l'épiscopat. En effet, après avoir refusé l'évêché de Comminges, il accepta, en 1764, celui de Châlons. Dix-sept années plus tard, il était appelé à l'archevêché de Paris, vacant par la mort du célèbre Christophe de Beaumont. Il n'accepta, il faut le dire, qu'avec répugnance cette haute position dans l'Église de France, qui à cette époque valait au titulaire plus de 600,000 francs de rente, car il n'était pas de ces prêtres qui considèrent une augmentation de revenu épiscopal comme un motif de changement conforme à l'esprit des canons. Le nouveau prélat employa en bonnes œuvres ses revenus excessifs. Dans le rigoureux hiver de 1788, il épuisa en aumônes et en charités toutes ses ressources, vendit sa vaisselle et engagea même son patrimoine. En 1789, il fut nommé à l'Assemblée nationale avec ses deux frères, et siégea dans les rangs de la minorité qui essaya inutilement d'opposer une digue au torrent de la révolution, laquelle ne lui pardonna pas. Le pieux archevêque, devenu dans son diocèse le but d'une vive hostilité, le quitta avec l'agrément du roi, et passa à l'étranger, afin d'y attendre le retour du calme et de l'ordre. Mais l'Assemblée constituante vota la constitution civile du clergé; et tout aussitôt le schisme s'introduisit dans l'Église de France. Le siége de Paris fut déclaré vacant, et l'élection donna Gobel pour successeur à Juigné. Celui-ci rentra en France aussitôt que Bonaparte en eut rouvert les portes à l'émigration. Il avait acquiescé au concordat de 1801, et remis au souverain pontife la démission de son siége, qui, aux termes du nouveau concordat, était conféré à l'abbé, depuis cardinal, *de Belloy*. Le reste de sa vie s'écoula dans le sein de sa famille, entre les pratiques de la charité la plus inépuisable et les consolations de l'étude. Il mourut à Paris, en 1811.

Un de ses neveux, le marquis *Jacques-Marie-Anatole* DE JUIGNÉ, avait été appelé à la pairie par le roi Charles X. Il mourut en 1845, à l'âge de cinquante-sept ans.

JUILLET, septième mois de l'année. Il a trente-et-un jours. Il s'était d'abord nommé *quintilis*, parce qu'il était en effet le cinquième de l'année romuléenne. Il prit le nom de *Julius* sous le consulat d'Antoine, en mémoire de Jules-César, né le 12 de ce mois.

Les Grecs célébraient pendant le mois de juillet des fêtes en l'honneur d'Apollon et d'Adonis. Chez les Romains, le 6 de ce mois était consacré à la fortune féminine, en commémoration de la femme et de la mère de Coriolan; le 8, à la déesse *Vitula*; le 14 commençaient les Mercuriales, qui duraient six jours; le 23 se célébraient les jeux de Neptune; le 25, les Funérales et les Ambarvales. Les jeux apollinaires, ceux du cirque et les Minervales se donnaient aussi en juillet. Ce mois était sous la protection de Jupiter.

JUILLET 1789 (Journée du 14), jour de la prise de la Bastille.

JUILLET 1830 (Révolution de). La France en 1830 a donné au monde un rare et noble spectacle, celui d'une révolution accomplie pour la défense des lois, opérée sans déchirement et comme par un consentement unanime, pure de tout excès, de toute violence, et venant d'elle-même, le lendemain de son magique triomphe, se reposer dans l'ordre légal. C'est à notre patrie qu'était réservé l'honneur d'un tel exemple.

Malgré la triste coïncidence qui rattachait le retour des Bourbons aux désastres de la France, le pays, fatigué de combats et de pouvoir absolu, avait, en 1814, accueilli sans trop de répugnance des princes dont il avait oublié les antécédents, qui lui apportaient la paix et qui lui promettaient la liberté. Avec des inspirations généreuses et françaises, la Restauration pouvait encore, à toute force, se faire pardonner le malheur de son origine : elle sembla prendre à tâche de l'aggraver. Cependant, Louis XVIII, prince sinon plus français de cœur, du moins plus éclairé que son parti, sentit le besoin de se modérer. Mais, par son principe et par ses antécédents, la monarchie restaurée était condamnée à ne pouvoir s'appuyer sur l'opinion nationale ; il lui fallut recourir à ce système de bascule, frêle ressource des gouvernements impopulaires, qui ne les soutient un moment que pour les précipiter plus sûrement ensuite, en ulcérant tous les partis, en décourageant toutes les confiances. Le succès de la contre-révolution d'Espagne parut un instant avoir affermi la Restauration. Des élections frauduleuses et violentes lui donnèrent une immense majorité dans la chambre; la censure, de nouveau rétablie, fit taire l'opposition de la presse; un ministre habile, M. de Villèle, mania les finances avec dextérité. La Restauration prit courage ; ce fut sa perte. Dégoûtée de ses infructueuses tentatives de conspiration, l'opinion libérale se disciplina en opposition constitutionnelle ; dès lors elle eut pour complice toute la France. Le pouvoir, de son côté, croyant n'avoir plus à se contraindre, ne se fit pas faute de lui donner des armes, en blessant de plus en plus le pays dans ses affections, en l'inquiétant de plus en plus dans ses intérêts.

Charles X venait de succéder à Louis XVIII, et ce prince, qui exploit dans les faiblesses d'une aveugle dévotion les légèretés d'une jeunesse frivole, se livra entièrement au clergé, déjà trop puissant sous son prédécesseur. La France eut à subir le joug de plus humiliant pour un peuple qui n'a plus de vives croyances, le joug du sacerdoce et de la théocratie. Ce ne furent plus de tous côtés que missions, congrégations, processions, poursuites pour cause de religion. On parla sérieusement de rendre au clergé la tenue des actes de l'état civil et de lui décerner une indemnité pour ses biens vendus en 1789. En attendant, on lui accorda la redoutable loi du sacrilège. L'ordre dangereux des jésuites, clandestinement accueilli sous le règne précédent, releva la tête, menaça d'envahir l'éducation publique, et s'empara de la conscience du monarque. Au même temps, un milliard d'indemnité était donné à l'émigration pour prix de la guerre faite à la patrie; on tentait de ressusciter, au profit de l'aristocratie, le droit d'aînesse, et d'enchaîner la presse par une loi que les feuilles officielles osèrent nommer *loi de justice et d'amour*. Ajoutez le scandale le moins supporté en France, celui de la corruption et de la fraude marchant le front levé; les élections escamotées, l'amortissement des journaux préparé par des marchés honteux. Ce fut alors que des demi-résistances, plus significatives qu'énergiques, commencèrent à se produire dans les corps jusque là les plus dévoués : intelligible mais trop inutile avertissement ! Ainsi la chambre des pairs rejeta ou du moins amenda essentiellement plusieurs lois qu'avait accueillies la chambre élective. Ainsi, la magistrature, longtemps docile, commença de protester, par de rares mais notables acquittements, contre l'abus fait de sa complaisance. L'Académie elle-même, restée jusque alors étrangère à la politique, se permit d'intervenir, par des représentations, en faveur de la presse menacée. Au lieu de s'éclairer, le pouvoir s'obstina. Il répondit aux avertissements de la pairie par une large promotion de nouveaux pairs, aux arrêts des magistrats par une insulte et par le rétablissement de la censure, aux suppliques de l'Académie par un sec refus de la recevoir. Rien n'éclairait l'aveugle monarque; une revue de la garde nationale ayant fait éclater des manifestations peu favorables à son ministère, il ne vit là qu'un prétexte pour la dissoudre et pour supprimer une institution qui lui portait ombrage.

Cependant, la chambre de 1824 s'était usée avant le temps par sa ferveur contre-révolutionnaire. Le ministère se crut en position d'affronter un renouvellement qui lui eût assuré plusieurs années d'existence. Il comptait dominer encore les élections : il se trompa ; la mesure d'impopularité était comblée, et l'opinion constitutionnelle se trouva en imposante majorité dans la nouvelle chambre. Le ministère Villèle dut alors se retirer, et fut même menacé d'accusation. Un autre ministère se forma, sous la présidence de M. de Martignac, esprit conciliant et doux. Mais quoique les membres qui le composèrent n'eussent donné peut-être que trop de gages à la Restauration, la cour ne le vit qu'avec défiance; et toujours suspect, toujours contrarié, il ne put entrer que d'un pas douteux et chancelant dans la voie de réparation où l'appelaient les espérances du pays. Une loi favorable à la presse périodique, une autre contre les fraudes électorales, parurent au prince et à la camarilla des concessions dangereuses faites à l'esprit révolutionnaire. On se souleva aux Tuileries contre les faibles restrictions que le ministère tenta d'apporter aux empiétements du jésuitisme; et lorsqu'il voulut essayer d'introduire dans le système municipal le principe de l'élection, ce fut à des conditions tellement aristocratiques que la chambre dut les repousser, préférant encore un provisoire défectueux à la création d'une oligarchie départementale.

A part cet échec, le ministère Martignac n'avait point rencontré dans les chambres d'hostilité sérieuse. A défaut des actes, on lui tenait compte des intentions; on voyait en lui du moins un temps d'arrêt dans la contre-révolution : une forte majorité avait voté son budget. Aucune cause parlementaire n'avait donc présagé sa chute, et ce fut avec stupeur qu'en l'absence des chambres la France lut dans le *Moniteur* l'avènement du ministère Polignac. Le nom seul du chef de ce ministère révélait assez l'esprit qui l'avait formé. Des nominations audacieusement impopulaires, le mot fameux « *Plus de concessions!* » achevèrent de le caractériser; nul ne put se méprendre sur les tendances d'un cabinet qui ne voyait que des *concessions*, et des concessions qu'il était temps d'arrêter, dans le peu d'améliorations qu'avait pu réaliser son prédécesseur. Chacun comprit que la Restauration était incorrigible et que l'instant approchait d'une collision entre la royauté et le pays.

Déjà, prévoyant le refus du budget, le ministère laissait percer l'intention de briser cet obstacle par des ordonnances. Ses écrivains cherchaient à préparer l'opinion à ce coup d'État, qu'autoriserait, suivant eux, l'article 14 de la charte constitutionnelle : c'était voir dans la charte la négation de la charte elle-même. L'opposition leur répliquait par la grande maxime anglaise, *le roi règne et ne gouverne pas*, et organisait à l'avance des associations pour le refus de tout impôt qu'on voudrait lever par ordonnance. On attendait surtout avec anxiété quelle attitude prendrait la chambre. L'effet fut immense lorsque, dans son adresse d'installation, elle annonça positivement que le ministère ne devait point compter sur son concours. Le château s'irrita ; la chambre fut dissoute, et la nation dut se préparer aux élections nouvelles dont allaient dépendre sa liberté et son avenir.

Les chambres devaient s'assembler le 3 août 1830. Aux approches de juillet, la lutte électorale s'engagea; le ministère fut vaincu. Dès lors il ne restait plus à la royauté qu'à changer de ministres ou qu'à frapper un coup d'État : elle choisit le coup d'État. Alger venait d'être conquis, et ce succès avait enflé le cœur des absolutistes; ils croyaient avoir étonné l'opposition, ébloui les masses, s'être attaché l'armée. Ils ne voyaient pas que la question intérieure était trop grave, trop fortement engagée pour qu'une conquête lointaine y pût faire diversion. Le beau fait d'armes d'Alger passa presque inaperçu. Le choix seul du général avait été remarqué; c'était l'homme qui avait trahi nos drapeaux à Waterloo.

Enfin, Charles X n'hésite plus ; il fulmine ces ordonnances trop fameuses. L'une suspend la liberté de la presse ; une autre dissout la chambre; une troisième efface la loi électorale, et la remplace par des dispositions arbitraires ; une dernière convoque la chambre, qui doit ainsi être élue sous la dictée du pouvoir. Le *Moniteur* du 26 révèle ces monstruosités à la capitale étonnée. A sa lecture, l'indignation est générale ; la résolution de résister unanime. Les journaux protestent et refusent de se soumettre : chacun d'eux, dans l'attente d'une voie de fait, se prépare à la résistance légale. Des groupes se forment ; tout Paris s'agite. Le château se riait de cette fermentation. Il se rappelait avec quelle facilité, trois ans plus tôt, s'était évanouie l'émeute de la rue Saint-Denis, et n'imaginait pas que cette fois la force pût rencontrer plus d'obstacles. Le mardi 27, la police envoie saisir les presses des journaux réfractaires : partout ses agents sont obligés d'employer la violence. Le *National* a formé ses portes, il faut les forcer. A l'imprimerie du *Temps*, M. Baude proteste, la loi à la main, et arrête pendant sept heures les soldats de la police. Ces effractions, qui se prolongent accompagnées de bruit et d'appareil, remplissent la cité de rumeur, provoquent des rassemblements, irritent, exaltent les esprits. Vers le soir, de nombreux attroupements se forment dans le quartier populeux du Palais-Royal, bravent la force armée qui veut les dissiper. On tire sur eux ; le sang coule, la guerre a commencé.

Le 28, Paris est mis en état de siège : la capitale du monde civilisé se voit livrée aux exécutions militaires; ses citoyens sont ravis à leurs juges naturels ; le commandement est remis à Marmont, au maréchal qui avait rendu Paris à l'étranger en 1814. Mais dès le matin de cette journée l'insurrection était devenue générale : le tocsin sonnait, chacun courait aux armes ; les rues se hérissaient de barricades ; le drapeau tricolore, si longtemps voilé, flottait sur l'hôtel de ville et sur les tours de Notre-Dame. Marmont veut resserrer le foyer de l'insurrection en isolant Paris de ses vastes faubourgs. De la place de la Concorde, où son quartier général est placé, il lance deux colonnes, l'une le long des quais, l'autre le long des boulevards. Ces dispositions ne manquaient pas d'habileté, mais la difficulté ou plutôt l'impossibilité d'établir les communications les rendit stériles. Sur les boulevards, les troupes étaient arrêtées à chaque pas par les arbres qu'on avait renversés sur leur route; s'engageaient-elles dans les rues, elles rencontraient d'innombrables barricades, et derrière ces remparts improvisés, des tirailleurs qui décimaient leurs rangs, tandis que des toits, des fenêtres, des terrasses pleuvaient sur elles les coups de fusil et les projectiles. Sûrs de trouver partout sympathie, retraite et appui, les citoyens se portaient partout avec sécurité ; les soldats, au contraire, n'avançaient qu'avec défiance. La colonne de droite s'empara néanmoins de l'hôtel de ville ; la colonne de gauche, après avoir à grande peine balayé les boulevards, vint pour la rallier et, en descendant la vieille rue du Temple; mais elle ne put franchir les rues, et dut rebrousser chemin. Le poste de l'hôtel de ville, alors, se trouvant isolé, n'osa garder sa position, et se retira, favorisé par la nuit, aux premiers coups du tocsin de Saint-Sulpice qui annonçaient la reprise des hostilités.

Les troupes, dans la journée du 28, n'avaient pas été battues; presque partout, au contraire, le champ de bataille leur était reste. Mais leur découragement, leur fatigue étaient extrêmes. Elles voyaient l'unanimité de la population, l'énergie de la résistance ; il leur avait fallu combattre sans cesse, sur tous les points, sous un soleil brûlant, sans vivres, sans fourrages, sans repos. Beaucoup répugnaient à tirer sur le peuple, et pour une cause injuste, et pour des princes qui n'étaient pas aimés. Chez les Parisiens, au contraire, l'ardeur et la confiance étaient doublées. Ils avaient éprouvé leurs forces, bravé la fusillade et le canon. Assiégés par des troupes régulières et par un maréchal, ils avaient résisté, et résister en ce cas, c'est vaincre. Désormais les rôles allaient changer : les assiégés allaient prendre l'offensive ; les assiégeants allaient être forcés de se défendre. Toute la nuit, des tirailleurs inquiétèrent les troupes campées sur la place de la Concorde et dans les Champs-Élysées.

Le lendemain, 29 juillet, la bataille recommence au point du jour. Les faubourgs débloqués courent aux armes ; les corps-de-garde sont envahis, les panonceaux aux armes royales brisés ; le musée d'artillerie fournit des moyens de combat. La banlieue, peuplée d'anciens soldats, descend et s'empare, après une vive résistance, de la caserne de Babylone. Celle de la Pépinière est prise presque sans coup férir ; celle de l'*Ave-Maria* rend ses armes au peuple ; celle de la rue de Tournon, occupée par la gendarmerie, est forcée. Les régiments de ligne fraternisent avec les citoyens et tirent leurs cartouches en l'air. Le peuple s'arme des fusils qu'il vient de conquérir ; les élèves de l'École Polytechnique, instruits à la tactique militaire, accourent se mettre à sa tête. On se porte sur le Louvre, que défendaient les Suisses : il est emporté, et le pavillon tricolore flotte sur ses colonnes. On court aux Tuileries ; le Pont-Royal est franchi sous le feu des Suisses et sous les yeux des gardes du corps sortis en vain de leur caserne voisine. Bientôt l'étendard tricolore brille sur les Tuileries. A deux heures, la journée était finie, Paris évacué, et l'armée royale, réduite aux seuls régiments de la garde, se retirait sur Sèvres et Saint-Cloud.

Dans ces grandes journées, le peuple de Paris joua le principal rôle, et sa conduite fut admirable. Privé de chefs, il improvisa lui-même sa résistance avec une intelligence extraordinaire ; privé d'administrateurs, il fit lui-même la police la plus sévère. Nul vol ne fut commis, nulle victime frappée hors du champ de bataille ; quelques malheureux qui voulurent tenter des soustractions furent immédiatement fusillés. Le château pris, les factionnaires veillèrent aux portes pour empêcher le pillage. Pendant la bataille, les combattants les plus pauvres n'acceptaient des citoyens aucun présent ; ils refusaient jusqu'au vin qu'on leur offrait, craignant que l'ivresse ne les conduisît au désordre. *Dans ces journées*, disaient-ils, *on ne boit que de l'abondance*. Durant les jours qui suivirent, on voyait la Banque, le Trésor gardés par des sentinelles en veste et en bâillons. Des malfaiteurs échappés de leurs prisons durent y rentrer volontairement, tant l'ordre social se trouva promptement assuré, et jamais Paris ne fut plus tranquille, plus sauf de désordres en tous genres que dans ces trois semaines passées sans force publique et presque sans gouvernement. Cette sublime attitude d'un peuple insurgé et victorieux est sans exemple dans l'histoire.

Tandis que le combat durait, quelques députés présents à Paris s'étant réunis chez l'un d'eux, avaient député au château Laffitte, Gérard et Lobau, pour tâcher d'arrêter l'effusion du sang et obtenir le retrait des ordonnances et le renvoi du ministère. Ils n'avaient pu rien obtenir. Le 29 au soir, Laffitte vit arriver chez lui MM. de Mortemart et d'Argout, porteurs d'ordonnances nouvelles, qui rapportaient les premières, révoquaient le ministère Polignac, appelaient aux affaires étrangères, à la guerre, aux finances, MM. de Mortemart, Gérard et Casimir Périer ; ils apportaient en outre un blanc-seing de Charles X pour souscrire aux autres conditions qu'on voudrait exiger. Le lendemain, les négociateurs furent introduits dans la réunion des députés. *Il est trop tard*, fut la réponse qu'ils reçurent. Le jour même Charles X évacua Saint-Cloud, et se retira sur Versailles, qui lui ferma ses portes. Il se rendit à Trianon, et la nuit suivante il se dirigea sur Rambouillet. Ce fut de là que, le 2 août, il envoya au duc d'Orléans, nommé lieutenant général du royaume, son abdication, celle du duc d'Angoulême, son fils, en faveur du jeune Henri, fils de la duchesse de Berry. Encore à la tête d'une force assez imposante, il paraissait ne pas vouloir quitter Rambouillet que son petit-fils n'eût été proclamé roi. A cette nouvelle, Paris se lève, se porte en masse de 20 à 30,000 hommes sur Rambouillet. De grands malheurs pouvaient arriver. Sûr de ses troupes, Charles eût pu combattre avec avantage, en rase campagne, cette multitude, plus brave qu'expérimentée ; mais il n'osait plus compter sur elles. M. Odilon Barrot pénétra jusqu'à lui, et lui montrant l'inutilité de la résistance, sut le résoudre à s'éloigner. Charles, entouré de sa famille et d'un reste de sa garde, prit à petites journées la route de Cherbourg, avec cinq commissaires chargés de veiller à sa sûreté. Il espérait sans doute, en gagnant du temps, trouver de l'appui dans l'armée, dans la Vendée, dont le rapprochait son itinéraire. Dernière illusion, qui lui fut bientôt enlevée ! Sur sa route il ne rencontra que l'indifférence ou des manifestations hostiles : la Vendée ne bougea point ; l'armée d'Afrique fit sa soumission, et laissa partir son général : le commandant du camp de Saint-Omer voulut se porter sur Paris ; il se présenta devant Amiens, dont il trouva les portes fermées, se détourna vers la Normandie, apprit en route la déchéance de Charles X, et se soumit également. A Nantes, le sang coula, et les patriotes furent vainqueurs ; partout ailleurs la révolution fut accueillie avec un enthousiasme unanime. Ainsi tomba en trois jours cette dynastie qui n'avait su *ni rien oublier ni rien apprendre* ; qui deux fois avait consenti à régner de par les baïonnettes étrangères ; qui dans quinze années de règne n'avait pu jeter la plus faible racine sur le sol français ; elle tomba sans résistance, sans déchirement, comme ces chairs gangrenées que sépare le doigt de l'opérateur.

Le magnifique drame des trois journées appelait un dénoûment, l'érection d'un gouvernement nouveau. Plusieurs combinaisons pouvaient s'offrir. Le jeune Henri V ? C'était encore la légitimité, c'est-à-dire la négation du droit national ; c'était encore la race dont le chef venait de déchirer la charte et d'ensanglanter Paris ; c'était encore le drapeau de l'émigration et de l'ancien régime. Ni l'éducation ni l'entourage du jeune prince n'étaient propres à rassurer la révolution ; et puis, comment recevoir Henri V sans sa famille, et, comment ramener sa famille dans Paris indigné ? — Le fils de Napoléon ? Il était absent ; il dépendait de l'Autriche ; son caractère n'était point connu ; les dernières années du régime impérial n'avaient pas laissé de favorables souvenirs ; c'était d'ailleurs se précipiter dans l'alliance autrichienne, si peu convenable à la France. — La république ? Elle avait un parti dans Paris, surtout parmi la jeunesse des écoles ; mais ce parti, plus ardent que nombreux, comptait peu d'échos en province. La république ne pouvait rallier une assez puissante unanimité pour imposer à l'Europe et défendre la révolution. On se demandait si elle pouvait d'ailleurs subsister dans un pays de mouvement et d'émulation comme la France ; et puis, la monarchie constitutionnelle n'offrait-elle pas tous les avantages de la république avec plus de stabilité ? A ces graves considérations se joignait la répugnance instinctive de tous les hommes d'un certain âge pour le nom de république, qui leur rappelait, à tort ou à raison, les excès de la terreur, l'anarchie du Directoire.

La monarchie représentative avec le duc d'Orléans paraissait aux patriotes éclairés la combinaison la plus heureuse. Le duc d'Orléans avait l'immense avantage d'être *illégitime*, et pourtant sa position était assez élevée pour servir de point de ralliement. Son père avait donné à la révolution des gages de la nature la moins équivoque. Lui-même s'était distingué sous le drapeau tricolore. Il avait noblement porté l'infortune, et n'avait jamais paru dans les rangs de nos ennemis. Pendant la Restauration, il était resté étranger à ses fautes. On connaissait la simplicité de ses goûts, la régularité de ses mœurs, ses vertus domestiques, son esprit éclairé, l'éducation toute nationale qu'il faisait donner à ses enfants. Sa nombreuse famille offrait des gages de durée précieux pour une dynastie naissante. Une seule objection pouvait lui être adressée : il tenait par le sang à la famille déchue. Mais trop de convenances rachetaient cet unique inconvénient, et, *quoique Bourbon*, c'est en lui que la révolution crut devoir placer ses espérances. Déjà, dans la soirée du 30, ce prince, accompagné seulement de deux personnes, avait quitté Neuilly et s'était rendu à pied au Palais-Royal. Dès le lendemain il est proclamé, par les députés présents à Paris, lieutenant général du royaume; il se rend à leur tête, à l'hôtel de ville, où l'accueille le général Lafayette, appelé déjà au commandement général des gardes nationales de France. Ce grand citoyen, d'accord avec les conseils de M. Odilon Barrot, venait de refuser la présidence de la république, qu'un parti lui avait offerte, et son concours désintéressé fut d'un grand secours, aussi bien que l'influence de Laffitte, pour l'établissement de la royauté nouvelle. Une commission municipale s'était formée, composée de Laffitte, Casimir Périer, Lobau, de Schonen, Audry de Puyraveau et Mauguin; elle avait rendu d'importants services dans ces jours difficiles. Le 1ᵉʳ août elle vint résigner ses pouvoirs entre les mains du lieutenant général. Des commissaires furent désignés pour exercer provisoirement les différents ministères. Le 3 août le prince vint faire l'ouverture de la session des chambres.

Désormais le dénoûment était prévu de tous : la force des choses l'avait préparé plus encore que la volonté des hommes; il ne s'agissait plus que de la manière de l'amener. Les uns voulaient que la chambre des députés avant de faire un roi donnât une constitution à la France, au lieu d'une charte que son origine, ses imperfections, des violations nombreuses avaient pu discréditer; d'autres, allant plus loin, auraient désiré qu'une chambre spéciale fût appelée à la double et haute mission de faire une constitution et de fonder un trône. Cela sans doute eût été préférable. Le gouvernement qui devait résumer et clore une grande révolution populaire ne pouvait être inauguré d'une manière trop majestueuse et trop solennelle. Mais on craignit les perturbations que pouvaient amener et l'influence étrangère et l'effervescence républicaine : on voulut les gagner de vitesse. Une révision rapide de la charte parut suffisante pour en faire disparaître les défauts les plus graves. Tel fut l'objet de la proposition présentée par M. Bérard le 6 août. Une séance fut donnée pour consommer cette révision, qui en des temps calmes eût été peut-être plus complète et plus intelligente, mais qui telle qu'elle était suffisait pour faire de la France la plus libre des nations civilisées. Enfin, le 9 août le prince lieutenant général, nommé roi sous le titre de Louis-Philippe 1ᵉʳ, vint prendre possession du trône et jurer l'observation du pacte constitutionnel.
Saint-Albin Berville,
Président de chambre à la cour impériale de Paris.

JUILLET 1840 (Traité du 15). A la mort du sultan Mahmoud, la victoire de Nézib mettait l'Empire Othoman à la merci d'Ibrahim-Pacha. Bientôt le capitan-pacha livrait la flotte turque à Méhémet-Ali. Aussitôt l'Europe intervint. L'Angleterre offrit à la France de forcer les Dardanelles si la lutte entre le sultan et le pacha amenait les Russes à Constantinople. La France arrêta Ibrahim prêt à franchir le Taurus, et une note collective des cinq grandes puissances fut remise le 27 juillet 1839 au divan, pour l'assurer du désir commun à toutes de maintenir l'intégrité de l'Empire Othoman. L'Autriche et la Prusse marchèrent d'accord avec la France et l'Angleterre; la Russie refusa d'abord de prendre part aux conférences, qui devaient se tenir à Vienne, dans le but de généraliser le protectorat européen à l'égard de la Turquie. Le 6 août M. de Nesselrode disait dans une dépêche : « L'empereur ne désespère nullement du salut de la Porte, pourvu que les puissances de l'Europe sachent respecter son repos, et que par une agitation intempestive elles ne finissent pas par l'ébranler, tout en voulant la raffermir. » Cependant lord Palmerston ne pouvait voir de stabilité dans le *statu quo*. Pensant bien qu'à la première occasion Ibrahim fondrait sur Constantinople et y appellerait les Russes, il chercha à faire rendre la Syrie au sultan. D'abord il proposa à la France d'arracher de force la flotte turque des mains de Méhémet-Ali. La France s'y refusa. Dès lors le mauvais vouloir de l'Angleterre contre le vice-roi fut manifeste. La France demandait pour le pacha d'Égypte l'hérédité de l'Égypte et de la Syrie; l'Angleterre n'y voulait point souscrire. L'Autriche déclara se ranger de l'avis de celle des deux puissances qui accorderait le plus de territoire au sultan. La Prusse adopta le sentiment de l'Autriche. Enfin, au mois de septembre, la Russie envoya à Londres M. de Brunow, chargé de faire ses propositions. Cette puissance adhérait à tous les arrangements territoriaux qu'il plairait à l'Angleterre d'adopter, et demandait qu'en cas de reprise des hostilités on la laissât, au nom des cinq cours, couvrir Constantinople avec une armée, tandis que les flottes anglaise et française bloqueraient la Syrie. Ces propositions ne furent point accueillies; elles réalisaient justement ce que l'Angleterre voulait éviter à tout prix, la protection russe. M. de Brunow quitta Londres, et y revint en janvier 1840, avec des propositions nouvelles. Elles différaient des premières en ce qu'elles accordaient à la France et à l'Angleterre la faculté d'introduire chacune trois vaisseaux dans une partie limitée de la mer de Marmara, pendant que les troupes russes occuperaient Constantinople.

Les négociations en restèrent là. La France poussait le sultan à traiter directement avec le vice-roi. Celui-ci, au mois de juin, offrit spontanément au sultan de restituer la flotte turque, mais il ne lui fut pas fait de réponse. Sur une insinuation de MM. de Bulow et de Neuman, représentants de la Prusse et de l'Autriche à la conférence de Londres, le cabinet français, concevant l'espoir d'obtenir pour le vice-roi la possession viagère de la Syrie jointe à la possession héréditaire de l'Égypte, envoya à Alexandrie un agent chargé de disposer Méhémet-Ali à cet arrangement. En même temps une insurrection éclata dans la Montagne. Lord Palmerston, craignant que la France n'arrivât à un arrangement direct entre le sultan et le pacha, et croyant voir dans l'insurrection du Liban un point d'appui qui dispenserait de l'intervention russe, se décida à brusquer le dénoûment en écartant la France. Depuis longtemps l'ambassadeur français à Londres, M. Guizot, avertissait son gouvernement que des arrangements étaient sur le point de se conclure entre les grandes puissances relativement à la question d'Orient; mais à Paris on ne pouvait pas croire que lord Palmerston jouerait si facilement l'alliance anglo-française, qui depuis 1830 maintenait la paix européenne. Cependant le 17 juillet lord Palmerston appelle au Foreign-Office l'ambassadeur de France, et lui apprend qu'un traité est signé depuis l'avant-veille entre les quatre puissances pour l'arrangement de la question turco-égyptienne.

Ce traité renfermait cinq articles. Dans le préambule, on déclarait que le sultan avait eu recours à LL. MM. la reine d'Angleterre, l'empereur d'Autriche, le roi de Prusse et l'empereur de Russie, pour réclamer leur appui et leur assistance au milieu des difficultés dans lesquelles il se trouvait placé par suite de la conduite hostile de Méhémet-Ali, pacha d'Égypte, difficultés qui menaçaient de porter atteinte à l'intégrité de l'Empire Othoman et à l'indépendance du trône du sultan. Lesdites majestés, *dans l'intérêt de l'affermissement de la paix de l'Europe*, et désirant prévenir l'effusion de sang qu'occasionnerait la continuation des hostilités qui avaient éclaté en Syrie entre les autorités du pacha et les sujets du grand-seigneur, avaient résolu de conclure entre elles la convention qui suit : 1° Les parties contractantes s'étant entendues sur les conditions de l'arrangement que le sultan devait accorder à Méhémet-Ali, conditions qui se trouvaient spécifiées dans un acte spécial, elles s'engageaient à agir de tous leurs efforts pour déterminer Méhémet-Ali à se conformer à cet arrangement, chacune se réservant de coopérer à ce but selon les moyens d'action dont elle pouvait disposer. 2° Si le pacha d'Égypte refusait d'adhérer au susdit arrangement, les parties contractantes s'engageaient à prendre des mesures concertées entre elles afin de mettre cet arrangement en exécution. En attendant, les forces navales de l'Angleterre et de l'Autriche dans la Méditerranée devaient immédiatement couper toute communication par mer entre l'Égypte et la Syrie, et donner, au nom de l'alliance, tout l'appui et toute l'assistance en leur pouvoir à ceux des sujets du sultan qui manifesteraient leur fidélité et leur obéissance à leur souverain. 3° Si Méhémet-Ali, au lieu de se soumettre, dirigeait ses forces vers Constantinople, les parties contractantes, sur la réquisition qui en serait faite par le sultan, convenaient de se rendre à l'invitation de ce souverain et de pourvoir à la défense de son trône au moyen d'une coopération concertée en commun, dans le but de mettre les deux détroits du Bosphore et des Dardanelles, ainsi que la capitale de l'Empire Othoman, à l'abri de toute agression. Il était en outre convenu que les forces ainsi employées se retireraient simultanément sur l'avis du sultan, et rentreraient respectivement dans la mer Noire et la Méditerranée. 4° Il était expressément entendu que cette coopération ne serait considérée que comme une mesure exceptionnelle, ne dérogeant en rien à l'ancienne règle de l'Empire Othoman par laquelle il a été de tout temps défendu aux bâtiments de guerre des puissances étrangères d'entrer dans les détroits des Dardanelles et du Bosphore. Le sultan déclarait sa ferme résolution de maintenir cette règle à l'avenir, et chacune des quatre puissances s'engageait à respecter dorénavant cette détermination du sultan. Par là l'Angleterre arrachait à la Russie l'abrogation du fameux traité d'Unkiar-Skélessi. 5° La convention devait être ratifiée dans les deux mois.

Les conditions que le sultan était dans l'intention d'accorder au vice-roi consistaient en ceci : l'administration du pachalik d'Égypte pour lui et pour ses descendants en ligne directe; et le commandement sa vie durant de la forteresse de Saint-Jean-d'Acre, avec le titre de pacha d'Acre et l'administration de la partie méridionale de la Syrie. Toutefois, pour jouir de ces derniers avantages, le pacha devait accepter dans les dix jours qui suivraient la notification qui lui en serait faite par le sultan, et donner aussitôt ses forces de terre et de mer l'ordre de quitter l'Arabie et les villes saintes qui y sont situées, l'île de Candie, le district d'Adana, et toutes les parties de l'empire qui ne sont pas comprises dans le pachalik d'Acre. Si dans le délai fixé Méhémet-Ali n'avait pas accepté le susdit arrangement, le sultan retirait son offre, et s'il consentait à lui laisser héréditairement l'Égypte, c'était à la condition qu'il accepterait dans un nouveau délai de dix jours. Passé le terme de vingt jours, le sultan serait libre de suivre telle marche ultérieure que ses intérêts et les conseils de ses alliés pourraient lui suggérer. Le tribut annuel à payer au sultan par Méhémet-Ali serait proportionné au plus ou moins de territoire dont ce dernier obtiendrait l'administration. Il devait immédiatement remettre la flotte turque avec tous ses équipages et armements, sans porter en compte les dépenses de son entretien pendant le temps qu'elle était restée dans les ports de l'Égypte. Tous les traités et toutes les lois de l'Empire Othoman s'appliqueraient à l'Égypte; mais le pacha, en payant régulièrement le tribut susmentionné, pourrait percevoir, au nom et comme délégué du sultan, les taxes et impôts, sauf à pourvoir aux dépenses d'administration civile et militaire desdites provinces. Enfin, les forces de terre et de mer que pourrait entretenir le pacha d'Égypte, faisant partie des forces de l'Empire Othoman, seraient toujours considérées comme entretenues pour le service de l'État. Par un protocole réservé, il fut stipulé qu'on procéderait immédiatement à l'exécution de ce traité, sans attendre l'échange des ratifications.

En même temps que les ministres plénipotentiaires signaient ces conventions, ils adressaient un *memorandum* à l'ambassadeur français pour lui expliquer comment il se faisait qu'il n'avait pas été appelé à prendre part à cet acte célèbre. On y disait que la France ayant fait dépendre sa coopération avec les autres puissances de conditions que ces puissances ont regardées comme incompatibles avec le maintien de l'intégrité de l'Empire Othoman et de la tranquillité future de l'Europe, il ne restait plus aux quatre cours que cette alternative, ou abandonner aux chances de l'avenir les grandes affaires qu'elles s'étaient engagées à arranger, et manifester ainsi leur impuissance et exposer la paix européenne à des dangers toujours croissants, ou bien se décider à marcher sans la coopération de la France, et amener au moyen de leurs efforts réunis une solution des complications dans le Levant. Placées dans cette situation et profondément convaincues de la nécessité pressante d'une prompte décision, les quatre cours avaient regardé comme un devoir de se prononcer pour la dernière de ces deux alternatives. Le *memorandum* finissait en exprimant l'espoir que la séparation de la France des quatre autres puissances serait de courte durée et que la France coopérerait au moins moralement au but que se proposait la conférence, en engageant le vice-roi à accepter les conditions que le sultan devait lui proposer.

Le 24 juillet, M. Guizot répondit, par une contre-note, que la France ne profiterait pas bon pour le sultan d'arracher à Méhémet-Ali par la force des armes les portions de l'Empire Turc qu'il occupait, car on tendrait ainsi à donner au grand-seigneur ce qu'il ne pourrait ni administrer ni conserver. On affaiblirait, sans profit pour le suzerain, un vassal qui pourrait aider puissamment à la défense commune de l'empire. S'appuyer sur l'insurrection du Liban ne paraissait pas un moyen bien avouable à notre ambassadeur. « On vent rétablir un peu d'ordre dans l'empire, disait-il, et on y fomente des insurrections! On ajoute de nouveaux désordres à ce désordre déjà général que toutes les puissances déplorent dans l'intérêt de la paix. Et ces populations, réussirait-on à les soumettre à la Porte après les avoir soulevées contre le vice-roi? Enfin, disait-il en terminant, la France ne peut plus être mue désormais que par ce qu'elle doit à la paix et ce qu'elle se doit à elle-même. »

Quand la nouvelle de ce traité entre les quatre puissances se répandit à Paris, ce fut comme un coup de foudre. On voyait à quoi tenait cette alliance anglaise si recherchée et rompue d'une manière si brusque. La France y avait tout sacrifié, et elle se trouvait tout à coup dans l'isolement. Elle put croire un instant à la résurrection d'une coalition européenne contre ses institutions. Les discussions du parlement anglais calmèrent imparfaitement l'esprit public en France. Le gouvernement éleva l'effectif de l'armée à 500,000 hommes, augmenta sa marine et décréta d'urgence l'érection des *fortifications de Paris*.

Cependant la flotte anglaise s'était mise immédiatement à l'œuvre. Le 16 août le traité fut notifié à Méhémet-Ali par les consuls des quatre puissances alliées et par Rifaat-Bey, envoyé du grand-seigneur. Le vice-roi répondit qu'il enverrait sa réponse au sultan; puis, apostrophant Rifaat-Bey : « N'avez-vous pas honte, vous autres Stambouliens, lui dit-il, de permettre à des étrangers, à des chrétiens, d'envahir vos provinces? Que peut gagner l'empire à chercher par d'aussi odieux moyens l'anéantissement du seul noyau de forces qui constitue sa nationalité? Qu'Allah maudisse tous les ministres de la Porte assez aveugles pour ne pas voir qu'ils travaillent à la ruine de l'Islam! » Dès le 14 le commodore Napier avait sommé les autorités égyptiennes d'évacuer la Syrie. Sur les conseils de la France, Méhémet-Ali se décida, au commencement de septembre, à accepter l'offre des quatre grandes puissances, en demandant seulement de plus à la Porte l'administration viagère de la Syrie. Mais le divan se laissa aller à prononcer la déchéance du vice-roi.

Le 17 septembre les ratifications du traité du 15 juillet furent échangées à Londres, et lors d'une nouvelle conférence, les envoyés des quatre cours alliées déclarèrent que dans l'exécution des engagements résultant pour les puissances contractantes de la convention susmentionnée, ces puissances ne chercheraient aucune augmentation de territoire, aucune influence exclusive, aucun avantage commercial pour leurs sujets que les sujets de toute autre puissance ne pussent obtenir aussi. Avis de cette addition fut donné à l'ambassadeur de France, avec l'assurance que dans leurs déterminations les puissances n'avaient en vue aucun avantage particulier. Le 31 août lord Palmerston avait fait, dans un *memorandum*, l'historique des négociations. M. Thiers y répondit par une note du 5 octobre. Le 8 il y ajouta un post-scriptum et une nouvelle note, où il s'expliquait sur la déchéance du vice-roi, et semblait déclarer qu'il y aurait là pour la France un cas de guerre, puisqu'elle ne pourrait consentir à la dépossession de l'Égypte héréditaire pour Méhémet-Ali. Néanmoins, le hatticherif de déchéance avait été signifié à Méhémet-Ali le 21 septembre. L'escadre française s'était retirée à Salamine, de peur, comme on l'a dit depuis, *que ses canons ne partissent tout seuls*.

Le 11 septembre, après neuf jours de bombardement, Beyrouth fut évacué par les Égyptiens. L'insurrection s'était étendue. Sidon ne résista pas, et Saint-Jean d'Acre ne put tenir plus de trois heures contre le feu de l'escadre de siège. L'émir Béchir avait abandonné le vice-roi et s'était rendu aux alliés. Le commodore Napier s'apprêtait à commencer le siége d'Alexandrie, quand le vice-roi se décida à accepter, le 27 novembre, l'ultimatum du commodore et à signer une convention provisoire par laquelle il s'engageait à évacuer la Syrie et à restituer la flotte othomane dès que la résolution de la Porte de le maintenir dans le gouvernement de l'Égypte lui serait notifiée sous la garantie des puissances unies par le traité. Cette convention devint la base des négociations qui suivirent, et le pacha ne s'occupa plus, dans sa soumission, que de faire diminuer les charges qu'on voulait lui imposer. La hatticherif du 12 janvier 1841, par lequel le sultan reconnaissait son vassal comme gouverneur héréditaire de l'Égypte, mais en l'enchaînant par une foule de restrictions à son pouvoir, mit fin à toutes les difficultés soulevées par le traité du 15 juillet. Le vice-roi exécuta ses engagements, et Ibrahim accomplit sa retraite sur le territoire égyptien. Les puissances usèrent alors de leur influence auprès de la Porte pour obtenir en faveur du pacha des conditions moins rigoureuses, et celle-ci finit par céder à leurs instances. Le firman d'investiture du 1er juin apporta aux rapports de vassalité et d'hérédité des adoucissements notables, qui furent acceptés par le vice-roi avec de grandes démonstrations de reconnaissance. Méhémet-Ali fut confirmé dans la possession de l'Égypte transmissible à sa descendance masculine, ainsi que dans le gouvernement de la Nubie. La Porte se réservait la confirmation des officiers égyptiens des grades supérieurs à celui de colonel, et le vice-roi s'obligeait à se conformer aux lois générales de l'empire et à requérir l'autorisation du sultan pour toute augmentation de ses forces de terre et de mer. Le tribut dut être réglé par un firman spécial.

Telles furent les conditions et les conséquences de ce fameux traité du 15 juillet, qui faillit allumer une guerre générale en Europe et qui causa un certain refroidissement entre la France et l'Angleterre. Évidemment la France s'était trompée sur la puissance de Méhémet-Ali, qu'elle croyait capable de résister à d'autres forces que celles qui furent employées contre lui en Syrie; sans doute l'Angleterre avait atteint son but en éloignant toute chance d'intervention de la Russie à Constantinople; mais la France avait perdu de sa prépondérance dans un pays jadis placé sous sa protection spéciale, et qui était retourné malgré elle sous la domination du grand-turc. Pendant longtemps encore on entendit sortir du Liban de longues plaintes contre les exactions des envoyés de la Porte. On s'était enfin aperçu en France que la Grande-Bretagne n'était pas tellement liée à nous qu'elle ne sacrifiât au besoin notre alliance. Le ministère de M. Thiers était tombé et avait été remplacé, le 29 octobre 1840, par celui de MM. Soult et Guizot. M. Guizot proclama la politique de l'isolement et des intérêts, politique qui devait recevoir son application en Espagne et ruiner la France en la forçant à un armement considérable. Cependant on profita de la première occasion qui s'offrit de rentrer dans le concert européen, en signant le traité du 13 juillet 1841, par lequel toutes les puissances reconnurent de nouveau les droits de la Turquie sur les détroits du Bosphore et des Dardanelles.   L. LOUVET.

JUILLY, commune du département de Seine-et-Marne, dans une petite vallée, près de Dammartin, avec 520 habitants, et une célèbre institution de plein exercice, dirigée par une société d'ecclésiastiques. C'est un des plus anciens établissements d'éducation qui soit en France, puisqu'il remonte à plus de deux siècles. Le collége de Juilly fut fondé le 3 novembre 1638, par le P. de Condron, général des Oratoriens, et reçut de Louis XIII le titre d'*Académie royale*. Il ne tarda pas à acquérir une grande réputation, à cause des solides études auxquelles on y conviait la jeunesse, et des principes de religion et de morale qu'on avait soin de lui inculquer. Une maison de retraite était jointe au collége, et d'illustres penseurs, de grands savants, sortis du sein de cette congrégation, y ont passé leurs jours dans le recueillement, la prière et l'étude. A la révolution, les bâtiments et le parc de Juilly, qui contient plus de trente arpents, furent rachetés par l'un des pères, aidé de plusieurs ex-oratoriens. Peut-être songeaient-ils alors à ressusciter leur ordre; mais ils ne purent que faire renaître l'éclat littéraire dont avait brillé jadis cette maison.

Juilly possède aussi un pensionnat de demoiselles, composé en grande partie des sœurs des élèves du collége et dirigé par les Dames de Saint-Louis.

JUIN, sixième mois de l'année. Il a trente jours. Son nom latin, *junius*, dérive de Junon; du moins Ovide le croit ainsi, car il fait dire à cette déesse :

Junius a nostro nomine nomen habet.

A Rome le 1er juin voyait célébrer quatre fêtes : la première à Mars, la seconde à Carna, la troisième à Junon, la quatrième à la Tempête. Le 7 les pêcheurs faisaient les jeux piscatoriens, au delà du Tibre; le 9 était consacré à Vesta, le 11 à la Concorde, le 27 à Jupiter Stator, le 28 aux dieux Lares, le 29 à Quirinus, le 30 à Hercule et aux Muses.

En Grèce, les jeux olympiques commençaient au mois de juin. Les grandes panathénées, qui avaient lieu tous les cinq ans, commençaient également le 28 de ce mois.

JUIN 1792 (Journée du 20). Le renvoi du ministère girondin, présidé par Roland, et le véto que Louis XVI opposa au décret sur les prêtres et au projet d'un camp de 20,000 hommes sous Paris, soulevèrent les faubourgs. Un rassemblement de 20,000 hommes, organisé par Santerre et le marquis de Saint-Huruges, se porta sur les Tuileries, après avoir envoyé une députation à l'Assemblée, et pénétra dans la résidence royale, dont ils brisèrent les portes à coups de hache sans rencontrer de résistance : « Monsieur, » dit Legendre au roi, qui a ce mot fit un mouvement de surprise; « Oui, *Monsieur*, écoutez-nous: vous êtes fait pour nous écouter; vous êtes un perfide : vous nous avez toujours trompés, vous nous trompez encore. Mais prenez garde à vous ; la mesure est à son comble, et le peuple est las de se voir votre jouet. » Puis il lut une pétition signifiant au monarque la volonté du peuple, et qui fut saluée par les cris de : *A bas le véto! Le rappel des ministres! La sanction des décrets!* Le roi dut mettre sur sa tête un bonnet rouge, et répondit : « Je ferai ce que la constitution et les décrets m'ordonnent de faire. » Sur les huit heures du soir, la foule se retira docile à la voix de Pétion, après avoir défilé dans les appartements de la reine, qui plaça également un bonnet rouge sur la tête du dauphin. A dix heures le château et le jardin étaient complétement évacués. Ainsi humiliée, la royauté ne pouvait durer longtemps. La journée du 10 août acheva de la renverser.

JUIN 1832 (Journées des 5 et 6). Quand le général Lamarque vint à mourir, le 1er juin 1832, le ministère du 13 mars, vainqueur à Lyon et en Vendée des insurrections républicaine et royaliste, avait perdu son chef, Casimir Périer, enlevé par l'épidémie régnante. Les députés de l'opposition signalaient le fameux *compte-rendu* à leurs commettants, et de sa main mourante Lamarque avait pu attacher son nom à cet acte célèbre. La popularité du général donnait à sa mort une importance particulière. Les funérailles de Casimir Périer avaient fourni au gouvernement l'occasion d'un dénombrement injurieux ; les partis contraires brûlaient à leur tour de se compter. L'enterrement de Lamarque allait leur en donner le moyen. Les légitimistes et les bonapartistes ne pouvaient pas se rallier, pour l'instant, aux républicains. Ces derniers étaient alors divisés en plusieurs sociétés secrètes, sans chefs suprêmes, sans direction. Cependant, comme une collision paraissait imminente pour les obsèques de Lamarque, il fut décidé par les sections qu'on se tiendrait prêt à tout événement, et que, sans provoquer de conflit, on ne reculerait pas devant une prise d'armes.

Le 5 juin était le jour choisi pour la cérémonie funèbre qui devait précéder le départ du corps de Lamarque pour le département des Landes, où il avait désiré être inhumé. Tout Paris fut de bonne heure en mouvement ; gardes nationaux en uniforme, ouvriers, artilleurs, étudiants, anciens soldats, réfugiés de tous les pays, se rendirent en masse à la maison mortuaire, située rue du faubourg Saint-Honoré. Instinctivement, on formait des pelotons, on choisissait des chefs, on se réunissait sous les bannières diverses. Le gouvernement, prévoyant une bataille, faisait occuper la place de la Concorde par quatre escadrons de carabiniers ; un escadron de dragons fut envoyé à la halle aux vins ; un autre couvrit, avec un bataillon du 3e léger, la place de l'hôtel de ville ; le 12e léger attendait le convoi sur la place de la Bastille ; il y avait des soldats dans la cour du Louvre ; la garde municipale était échelonnée sur toute la ligne qui s'étend de la préfecture de police au Panthéon ; un détachement de cette garde protégeait le Jardin des Plantes ; enfin le 6e dragons se tenait dans la cour de la caserne des Célestins, prêt à monter à cheval. Le reste des troupes était consigné dans les casernes, et les régiments des environs de Paris devaient se tenir prêts à marcher sur la capitale.

Le cortège se mit en marche. Il devait parcourir tous les boulevards, de la Madeleine au pont d'Austerlitz. Les coins du drap mortuaire étaient tenus par le général Lafayette, le maréchal Clauzel, Laffitte, et Mauguin. Des jeunes gens se mirent à traîner le char funèbre. A la hauteur de la rue de la Paix, le cortège est détourné de sa route et entraîné par quelques enthousiastes vers la place Vendôme, pour faire le tour de la colonne. L'alarme gagne le poste de l'état-major de la place de Paris, qui rentre précipitamment dans l'hôtel, dont les portes sont aussitôt fermées. Le duc de Fitz-James porte le chapeau sur la tête au balcon du cercle de la rue de Grammont, des pierres firent voler en éclats les vitres de l'établissement. L'agitation redoublait à chaque pas ; des sergents de ville, placés de distance en distance, furent désarmés et maltraités. Les cerveaux s'exaltaient : on criait *Vive la république!* on chantait des hymnes révolutionnaires ; on arrachait les tuteurs des jeunes arbres du boulevard pour s'en faire des armes, et les sabres des gardes nationaux servaient à couper les arbustes eux-mêmes pour le même usage. Les jeunes élèves de l'École Polytechnique avaient été consignés ; soixante d'entre eux ayant forcé la consigne parurent tout à coup dans le cortége.

Enfin, le corps étant arrivé au pont d'Austerlitz, on fit halte. Une estrade avait été préparée pour les discours d'adieu. Le général Lafayette, le maréchal Clauzel, Mauguin et les généraux *étrangers* Saldanha et Sercognani parlèrent successivement. Leurs discours étaient tristes, graves et solennels, comme il convenait à la circonstance. Mais en même temps mille bruits circulaient dans la foule. L'artillerie de la garde nationale faisait retentir l'air de cris de *Vive la république!* Bientôt, vers les cinq heures du soir, un individu parait monté sur un cheval et tenant à la main un drapeau rouge surmonté d'un bonnet phrygien. L'indignation fut grande chez les uns, d'autres applaudirent. Le général Exelmans, qui était dans le cortège, s'écria : « Pas de drapeau rouge ; nous ne voulons que le drapeau tricolore, c'est celui de la gloire et de la liberté! » Deux hommes s'élancèrent sur lui, criant qu'il fallait le jeter dans le canal ; mais le général, protégé par ceux qui l'entouraient, quitta la foule, et rencontrant le général Flahaut, se rendit avec lui aux Tuileries. La peur des jacobins rallia autour du roi bon nombre de partisans des institutions républicaines, auxquelles on ne désespérait pas de ramener Louis-Philippe.

Pendant que cette scène se passait, un escadron de dragons, sur l'ordre du préfet de police Gisquet, sortait de la caserne des Célestins et débouchait sur le quai Morland, se dirigeant vers le pont d'Austerlitz. Arrivés à la hauteur du Grenier d'Abondance, ils s'arrêtèrent. Lafayette était monté dans un fiacre ; des jeunes gens l'ayant reconnu, s'attelèrent à sa voiture, et voulurent le mener en triomphe à l'hôtel de ville. L'escadron de dragons ouvrit ses rangs pour laisser passer le vieux général, et un instant après plusieurs coups de fusil retentirent. Des pierres volèrent sur les soldats. Une barricade fut construite. Prévenu de ce qui se passait, le colonel des dragons sortit de la caserne des Célestins à la tête d'un second détachement, et se dirigea vers la place de l'Arsenal pour aller rejoindre le premier détachement par le boulevard Bourdon. Une décharge accueillit les dragons à leur sortie de la caserne ; ils prirent alors le galop, chargeant tout le long du boulevard Bourdon. Leur commandant, Cholet, y fut mortellement blessé. Arrivés au pont du canal, ils trouvèrent une barricade, essuyèrent un feu meurtrier de l'Arsenal, du pavillon Sully et du Grenier d'Abondance, dont une partie servait d'ambulance aux cholériques. Le colonel avait eu son cheval tué sous lui, le lieutenant-colonel était blessé, une balle atteignit le capitaine Bricqueville. Le colonel fit rentrer sa troupe par les rues de la Cerisaie et du Petit-Musc. Les soldats de l'escorte avaient disparu. On courait de tous côtés en criant *Aux armes!* Au delà du pont d'Austerlitz les jeunes gens détellent les chevaux de la voiture de poste qui doit emporter la dépouille mortelle du général, et veulent mener ses restes au Panthéon. La garde nationale à cheval placée aux environs du Jardin des Plantes est vivement attaquée ; mais grâce au secours de deux escadrons de carabiniers, elle reste maîtresse du convoi, qui peut enfin partir pour sa destination dernière.

Mais Paris est déjà en feu. Les républicains se répandent dans toutes les directions, désarmant les postes, brisant les réverbères, construisant des barricades, crevant les caisses des tambours qui battent le rappel. Une fabrique d'armes située près de l'abattoir Popincourt avait été envahie par les insurgés, qui y avaient trouvé 1,200 fusils. La mairie du 8e arrondissement était en leur pouvoir. L'insurrection s'avançait menaçante jusqu'à la place des Victoires. Cependant la garde nationale s'assemblait en petit nombre. Pour rendre la confiance aux soldats, on avait résolu de confondre leur action avec celle de la garde nationale. Le maréchal Lobau, commandant des gardes nationales de la Seine, prit la direction de toutes les forces militaires de Paris. Le roi, quittant Saint-Cloud, revint rapidement aux Tuileries. Une batterie d'artillerie vint s'établir au Carrousel. Deux escadrons de carabiniers prirent position à la porte Saint-Martin, et le général Schramm, avec quatre compagnies, s'installa à l'entrée de la rue de Cléry. A six heures du soir, les dragons parvinrent à se rendre maîtres de la place des Victoires; et appuyé par quelques compagnies d'infanterie, un détachement de garde nationale, que commandait M. Delessert, assura le départ des courriers. Un commissaire de police avait été tué, place des Victoires, au moment où il se préparait à faire les sommations ordonnées par la loi. D'un autre côté, les insurgés construisant une barricade près du Petit-Pont de l'hôtel-Dieu, et faisant battre en retraite un détachement de garde municipale, menaçaient ouvertement la préfecture de police.

Cependant, aucun chef n'osait prendre la direction du mouvement. Lafayette seul s'offrit tout entier; mais, malade et souffrant, il manquait d'initiative. Les bureaux de La Tribune et de La Quotidienne furent envahis; ceux du National étaient protégés par les barricades. On s'y réunit. Carrel ne jugea pas le mouvement assez avancé. Ces hésitations changèrent la face des choses. Des mandats d'amener furent lancés contre MM. Cabet, Laboissière et Garnier Pagès. Les gardes nationaux de la banlieue se répandaient dans Paris. M. Thiers faisait dire aux députés de se réunir en toute hâte. Dans la nuit, le roi parcourut les bivouacs de la place du Carrousel, et s'efforça d'inspirer de la confiance aux forces réunies près du château.

Deux barricades coupaient la rue Saint-Martin, l'une à la hauteur de la rue Maubuée, l'autre à la hauteur de la rue Saint-Merry et à queiques pas de la vieille église de ce nom. Savamment construite et d'une grande élévation, celle-ci était percée de meurtrières. Dans l'espace compris entre ces deux remparts, au coin de la rue Saint-Merry, et en face de la rue Aubry-le-Boucher, deux cents insurgés s'emparèrent d'une maison qui devait leur servir de quartier général, de citadelle et d'ambulance. Dans la soirée, une colonne de gardes nationaux faillit s'emparer par surprise de ce poste important; mais elle fut repoussée. A deux heures et demie du matin, un détachement de ligne dut traverser ce difficile passage, et plus tard la garde municipale, que les insurgés laissèrent approcher à portée de pistolet, fut trois fois repoussée. A quelque distance de là, une autre troupe d'insurgés gardait une barricade construite à l'entrée du passage du Saumon. Le maréchal Lobau avait ordonné aux soldats de fouiller ce quartier de manière à ce qu'il fût libre à la pointe du jour. On s'y battit longtemps; mais à quatre heures du matin toute résistance était devenue impossible. La barricade fut enlevée. Les insurgés qui occupaient le poste du Petit-Pont s'étaient laissé surprendre dans la nuit, et avaient été égorgés par une colonne de gardes nationaux. Quelques républicains réunis à la rue Ménilmontant, après avoir fait le coup de feu toute la nuit, durent battre en retraite à l'approche du jour.

Le 6 juin, l'insurrection était donc concentrée à la place de la Bastille, à l'entrée du faubourg Saint-Antoine, et dans les rues Saint-Martin, Saint-Merry, Aubry-le-Boucher, Planche-Mibray et des Arcis. Trois colonnes, sous les ordres du général Schramm, coururent du faubourg Saint-Antoine. Mais l'église Saint-Merry tenait solidement. Les bataillons qui avaient le malheur de s'engouffrer dans la rue Saint-Martin, étaient attendus de pied ferme jusqu'à portée de pistolet, et des décharges nourries éclaircissaient leurs rangs les forçaient à la retraite. Néanmoins, les insurgés ne pouvaient plus tenir longtemps. Cernés de toutes parts, ils tinrent bon malgré cela, et dans leur désespoir jurèrent de vendre chèrement leur vie. Un décoré de juillet, nommé Jeanne, commandait les intrépides républicains. Un bataillon de ligne demanda à passer, jurant de ne point faire usage de ses armes; Jeanne refusa, et la troupe dut rebrousser chemin. Quelques instants après, la garde nationale de la banlieue déboucha par le bas de la rue Saint-Martin ; reçue par un feu roulant, elle se retira horriblement décimée. « Ainsi, dit un historien de ces journées fameuses, au milieu de cette cité de plus d'un million d'habitants, à la face du soleil, on vit soixante citoyens défier un gouvernement, tenir en échec une armée, parlementer, livrer bataille. »

L'insurrection pouvait pourtant se ranimer. Il fallait en finir. A midi le roi sortit du château des Tuileries, accompagné des ministres de la guerre, de l'intérieur et du commerce. Il passa en revue les troupes réunies sur la place de la Concorde et dans les Champs-Élysées; de là il se rendit par les boulevards jusqu'à la Bastille, et, longeant les quais, rentra au palais par le Louvre. Payant ainsi de sa personne, Louis-Philippe montra partout un visage calme et souriant. Il adressait aux blessés des paroles de consolation, et encourageait de son exemple ceux qui pouvaient paraître découragés. A trois heures le roi était rentré, et une commission de députés de l'opposition, formée de MM. Arago, Laffitte et Odilon Barrot, paraissait devant lui. Ils lui dirent que la victoire qu'il allait remporter étant légale, ne devait pas être cruelle; que le désordre venait du système politique suivi jusqu'à ce jour, qu'il y aurait sagesse à en changer. Louis-Philippe revendiqua justement ce système, et rejeta sur l'opposition les troubles qui se manifestaient. Les députés se retirèrent donc sans avoir fait autre chose que prêter une nouvelle force au gouvernement.

Après la rentrée du roi, les attaques redoublèrent autour de Saint-Merry. Pressés avec acharnement, cernés, réduits de moitié, commençant à manquer de cartouches, les insurgés déployèrent une énergie aussi courageuse qu'inutile. On fit avancer deux pièces de canon en avant de Saint-Nicolas-des-Champs pour faire tomber la barricade du nord. Une autre pièce, avançant par la rue Aubry-le-Boucher, battit la maison du coin de la rue Saint-Merry. Enfin, vers quatre heures, les barricades, attaquées partout à la fois avec enthousiasme par la troupe et par la garde nationale, furent décidément enlevées. Jeanne, à la tête de quelques hommes, perça à la baïonnette une première ligne de soldats, et s'échappa par la rue Maubuée. Quelques autres s'enfermèrent dans la maison qu'ils occupaient, et y furent échappés après une défense courageuse. Cette victoire, trop chèrement achetée, ne fut pas exempte de cruautés; mais le lendemain un calme profond régnait dans la plupart des quartiers de Paris.

Les ministres tirèrent parti de ce triomphe. Un mandat d'arrêt fut lancé contre Carrel; plusieurs journaux furent saisis. Les arrestations furent nombreuses. Une ordonnance du préfet de police Gisquet prescrivit aux médecins de dénoncer les individus qu'ils soigneraient de blessures; mais cette ordonnance ne put tenir contre la réprobation publique et les protestations énergiques des médecins. Devant les députés de l'opposition, Louis-Philippe s'était fait honneur de ses projets de modération; cependant, à côté de trois ordonnances qui prononçaient la dissolution de l'École Polytechnique, de l'École vétérinaire d'Alfort et de l'artillerie de la garde nationale parisienne, le Moniteur publia une autre ordonnance qui mettait la capitale en état de siège. La cour royale se déclara d'abord incompétente pour tout ce qui touchait aux troubles des 5 et 6 juin. Les conseils de guerre commencèrent à fonctionner; mais sur le pourvoi d'un jeune peintre, nommé Geoffroy, qu'un de ces conseils avait condamné à la peine de mort, la cour de cassation, sur la plaidoirie de M. Odilon Barrot, décida qu'aux termes de la charte, nul ne pouvant être distrait de ses juges naturels, le conseil de guerre commettait un excès de pouvoir en jugeant un citoyen qui n'appartenait pas à l'armée. Ce fut par conséquent devant le jury que comparurent tous les accusés de juin. Jeanne, arrêté par les soins de la police, parut devant la cour d'assises en même temps que vingt-et-un autres prévenus. Seize furent acquittés; Jeanne fut condamné à la déportation. Par des jugements séparés, d'autres accusés furent condamnés à mort; mais le roi commua la peine. L'état de siège fut levé au bout de quelque temps; des décorations furent distribuées avec profusion, et des dispositions plus sévères furent prises contre les étrangers réfugiés en France.

Les journées de juin 1832 coûtèrent, dit-on, à l'armée, 55 morts et 240 blessés; à la garde nationale, 18 morts et 104 blessés, et dans les rangs du peuple on comptait, à ce qu'on assure, 93 morts et 291 blessés. Ces journées, si menaçantes à leur origine pour la royauté, avaient en fin de compte consolidé la monarchie. Elles montrèrent que le parti républicain avait de valeureux champions, mais point de chef capable de leur imprimer une direction et de leur rallier la nation. Les souvenirs de 93 faisaient encore peur à bon nombre. Les idées de paix commençaient à plaire à la bourgeoisie, qui y entrevoyait la reprise des affaires. Le peuple avait trop souffert pour voir dans une crise la fin de ses maux. Louis-Philippe, pour une bonne partie de la population, paraissait encore l'expression sincère du progrès dans l'ordre.
L. LOUVET.

JUIN 1848 (Journées des 23, 24, 25 et 26). Les *ateliers nationaux*, créés après la révolution de Février pour soustraire les ouvriers aux influences des théoriciens du Luxembourg et aux mauvais conseils de la faim, avaient justement eu pour résultat d'arrêter toute reprise du travail privé, par la crainte que répandait cette armée de travailleurs mécontents d'un chétif salaire, à peine gagné pourtant, et par cela même de les jeter dans les bras de révolutionnaires de bas étage, qui pouvaient les faire remuer à leur gré. Les véritables ouvriers gémissaient d'avoir à s'enrôler dans ces chantiers, où l'on s'occupait beaucoup plus de la théorie du travail que de sa pratique; et cependant le besoin les amenait tous, les uns après les autres, à grossir les rangs de cette sorte d'armée de l'émeute. Le gouvernement ne savait que faire pour sortir de cet embarras. Quelques-uns s'imaginaient avoir là une force en faveur de l'ordre. On avait donné une organisation hiérarchique à ces ateliers, et tout faisait croire qu'en certains lieux on pensait tenir en échec par eux aussi bien les anarchistes que les réactionnaires. Le public ne pensait pas ainsi. Le ministre des finances avait fait concours à l'industrie particulière en dehors des *comptoirs nationaux*, qui ne fonctionnaient guère que pour solder les comptes arriérés. On avait bien cru voir une ressource dans le rachat des chemins de fer; mais au lieu de prendre une mesure prompte et décisive, on avait encore attendu que la compagnie du chemin de fer de Paris à Lyon vint se livrer comme à merci. Au lieu de faire travailler hardiment à ce chemin de fer, entraîner des terrassiers loin de Paris, employer le plus d'ouvriers possible à la confection des locomotives, à la pose des rails, on s'amusa à faire retourner la terre du Champ-de-Mars et combler les carrières de Montmartre, avec la pelle et la brouette.

Cependant depuis que l'Assemblée nationale était réunie, elle n'avait cessé de se préoccuper des dangers qu'offrait cette immense agglomération d'hommes qu'on ne savait pas utiliser, et la dissolution des ateliers nationaux, qui comptaient plus de 110,000 individus, avait été décidée en principe. Pour arriver à ce résultat, la commission du pouvoir exécutif adopta, à la fin de mai, relativement aux ouvriers des ateliers nationaux, les résolutions suivantes : Les célibataires de dix-huit à vingt-cinq ans devaient s'engager dans l'armée; ceux qui avaient moins de six mois de résidence à Paris au 24 mai devaient retourner dans leur pays; des listes d'ouvriers, dressées par profession, devaient être mises à la disposition des patrons, pour qu'ils pussent choisir les ouvriers dont ils avaient besoin : tous ceux qui n'accepteraient pas devaient être rayés, ceux qui resteraient dans les ateliers nationaux devaient être occupés à la tâche; enfin, des brigades d'ouvriers devaient être dirigées dans les départements pour être employées, sous la direction des ingénieurs des ponts et chaussées, à l'exécution des grands travaux publics. M. Émile Thomas, qui avait été chargé par le gouvernement provisoire d'organiser les ateliers, ayant refusé de faire exécuter ces dispositions, fut brusquement destitué; on l'envoya même de force à Bordeaux, et l'Assemblée nationale adopta, le 30 mai, un décret qui sanctionnait les principales dispositions du projet de la commission du pouvoir exécutif. Le ministre des travaux publics ne se pressait pas pourtant d'appliquer ce décret. Néanmoins, le recensement eut lieu, et amena une faible suppression de journées, en révélant une partie des abus criants qui s'y étaient introduits.

La nomination de Louis-Napoléon Bonaparte comme représentant du peuple devint le prétexte de rassemblements journaliers. Enfin, un crédit de trois millions demandé pour les ateliers nationaux précipita la crise. M. de Falloux, rapporteur du décret, proposa de déclarer qu'à l'avenir les crédits ne seraient plus accordés que par un million à la fois. MM. Dupin, Goudchaux, Léon Faucher, V. Hugo, parlèrent contre les ateliers nationaux. Le dernier qualifia les hommes qui les composaient de *prétoriens de l'émeute*. La commission du pouvoir exécutif se décida donc à mettre son décret à exécution. Des ouvriers furent volontairement engagés pour la Sologne. Une première colonne partit ; mais rien n'était préparé : les ouvriers furent mal reçus, dit-on, par les paysans. D'un autre côté, des meneurs poussaient à Paris les ouvriers à ne pas se laisser faire la loi. Le 22 juin des ouvriers allèrent chez M. Trélat, ministre des travaux publics, et chez M. Marie, membre de la commission du pouvoir exécutif, demander le rappel du décret qui détruisait les ateliers nationaux. Le soir, on se donna rendez-vous pour le lendemain au Panthéon, et des bandes innombrables parcoururent les rues de Paris en chantant en cadence : *Nous resterons ! Du pain ou du plomb !* De sinistres journées allaient suivre.

Le 23, au matin, des attroupements se formaient. Un omnibus est tout à coup renversé à la porte Saint-Denis, des voitures de toutes sortes y sont ajoutées; en un clin d'œil une barricade est faite. La garde nationale de la 2e légion arrive à la hâte ; des coups de feu sont tirés. Ce n'est plus qu'un cri alors, et de toutes parts on voit surgir des barricades. D'un côté, l'insurrection se répand dans les faubourgs Saint-Denis, Saint-Martin, du Temple et Saint-Antoine, pour aller rejoindre le faubourg Saint-Marceau; de l'autre, elle s'étend dans l'intérieur de Paris, par la rue du Temple et la rue Saint-Antoine, pour atteindre l'hôtel de ville et faire jonction avec la colonne qui, descendant par la rue Saint-Jacques, le Petit-Pont et le pont Saint-Michel, menaçait directement la préfecture de police. Les mairies des 8e et 9e arrondissements sont déjà aux mains des insurgés. A la place des Vosges un bataillon de la ligne est réduit à mettre bas les armes. Les insurgés avaient pensé que la garde mobile, tirée pour ainsi dire de leur sein, ne ferait pas feu contre eux. La troupe de ligne, mécontente de l'oubli dans lequel on l'avait tenue depuis février, semblait d'abord indifférente à ce qui se passait. Le peu qu'il y en avait à Paris était d'ailleurs presque tout réuni aux abords de l'Assemblée nationale.

Le général Cavaignac, ministre de la guerre, ne semble d'abord prendre aucune mesure décisive. Les troupes manquent; on en appelle de loin; la résistance s'organise seulement autour de l'Assemblée. Enfin le général Cavaignac dirige les généraux les plus habiles sur les trois foyers de l'insurrection. Le général Bedeau devait opérer sur la rive gauche ; le général Damesme, se ralliant à lui par la Cité, défendait l'hôtel de ville ; et le général Lamoricière devait dégager les boulevards. A midi ce dernier arrivait, en suivant le boulevard, à la porte Saint-Denis, au moment où la garde nationale était décidément maîtresse des barricades. Il avait avec lui le 11e léger, une batterie d'artillerie, deux bataillons de garde mobile et un escadron de lanciers. A une heure le boulevard était déblayé jusqu'à l'Ambigu. Vers deux heures un détachement de troupes de ligne et un bataillon de la 3ᵉ légion reprenaient la caserne du faubourg Saint-Martin, envahie par les insurgés. La garde nationale mobile s'avançait alors jusqu'à l'église Saint-Laurent après un combat meurtrier. Vers le même temps un combat s'engageait dans le faubourg Poissonnière, près de la rue Bellefonds. Repoussés de là ainsi que du faubourg Saint-Denis, les insurgés se retranchent dans le clos Saint-Lazare. Maîtres des barrières de Paris depuis la barrière Rochechouart jusqu'à la barrière du Maine, ils conservent leur communication régulière par les boulevards extérieurs. Le canal, dont ils tournent les ponts, les couvre d'un autre côté, tout en les laissant libres de communiquer avec les points de Paris encore occupés par eux. Pendant que ceci se passait, la garde nationale mobile avait dégagé l'hôtel de la Préfecture de police, et la rue Planche-Mibray était débarrassée de sa barricade. Les communications étaient rétablies entre tous les corps de l'armée, par l'hôtel de ville, où se tenait l'état-major général.

L'insurrection était dès lors circonscrite, et n'avait plus guère d'espoir de s'avancer, car il lui fallait vaincre l'armée qui se trouvait en face, sans espoir de parvenir à menacer ses derrières, gardés par les renforts qui arrivaient incessamment du dehors et par la garde nationale, que la générale réunissait de toutes parts. Les insurgés ne perdirent pourtant pas courage, et se préparèrent aussitôt à une défense héroïque, l'offensive leur étant impossible. Peut-être comptaient-ils encore sur quelque défection ; les armes ne leur manquaient pas, et en quelques endroits les gardes nationaux étaient pour eux. Mais leurs chefs étaient en prison depuis l'affaire du 15 mai; ceux qui restaient n'étaient pas de taille à figurer à la tête d'un mouvement qui n'avait ni drapeau ni cri de ralliement, et qui ne semblait produit que par la misère et l'ivresse de la poudre. On entendait à peine crier : *Vivent les ateliers nationaux! Vive la république démocratique et sociale! A bas Lamartine et Marie! Du pain ou la mort! Du pain et du travail dans Paris!* Tout se faisait plutôt en silence. Quoi qu'il en soit, la journée fut chaude sur la rive gauche. Une lutte acharnée avait eu lieu dès le matin au pont Saint-Michel, au Petit-Pont, dans le quartier de l'École de Médecine, dans le faubourg Saint-Jacques, et surtout au Panthéon, défendu par 1,500 insurgés. Les généraux Bedeau et Damesme agissaient simultanément sur la place Cambrai et le pont Saint-Michel. La forte barricade de la place Cambrai, attaquée sous les ordres de François Arago, qui venait de faire évacuer celle de la rue Soufflot, et occupée un moment par la troupe, avait été reprise par les insurgés. Dans la soirée, le général Bedeau était parvenu, après les combats les plus opiniâtres, à dégager les quais Saint-Michel, du Petit-Pont, et les abords de la rue Saint-Jacques et de la rue de La Harpe; mais en enlevant ces dernières positions, ce brave officier avait reçu une balle dans la cuisse, et s'était vu forcé de céder le commandement au général Duvivier. Deux représentants du peuple, MM. Bixio et Dornès, avaient été blessés dangereusement, l'un dans le quartier Saint-Jacques, l'autre dans le faubourg Saint-Martin.

La nuit vint interrompre la fusillade, qu'avait à peine fait cesser une pluie torrentielle survenue vers quatre heures de relevée. Pendant toute la nuit le tocsin sonna à Saint-Severin, à Saint-Gervais et à Saint-Étienne-du-Mont. Cependant, le général Duvivier refoulait l'insurrection dans tous les points qu'elle occupait dans le quartier de l'hôtel de ville. Dans les rues adjacentes, depuis la rue Planche-Mibray jusqu'aux rues Rambuteau et de la Tixeranderie, c'était un rayon de feu, qu'il parvint à éteindre avec le canon. Il fallait alors songer à remonter la rue Saint-Antoine. Saint-Gervais avait été fortifié par les insurgés, qui avaient percé les murs mitoyens des maisons d'alentour pour se faire une sorte de chemin couvert, par lequel ils pouvaient communiquer sans danger. Toute la journée fut employée à faire le siège de cette nouvelle forteresse. A mesure que les barricades étaient enlevées par le canon, les insurgés disparaissaient par les passages qu'ils s'étaient secrètement ménagés, et à chaque poste on retrouvait les insurgés plus nombreux, car ils ne faisaient presque pas de pertes, grâce à cette stratégie nouvelle. Cependant les balles et les boulets endommageaient les façades des maisons et les devantures des boutiques.

Le 24 au matin l'Assemblée, en permanence depuis la veille, avait décrété la mise en état de siége de la ville de Paris, et délégué tous les pouvoirs dans les mains du général Cavaignac. Un décret portait que la république adoptait les veuves et les enfants de ceux qui succomberaient pour sa défense. Bientôt la commission du pouvoir exécutif déposait une démission collective. La circulation était interdite dans toutes les rues. Des piquets de gardes nationaux faisaient le guet à tous les carrefours. Après un combat terrible à l'hôtel-Dieu, on put songer à s'emparer de l'église Saint-Severin, quartier général de l'insurrection. A la suite d'une vive fusillade, les insurgés furent délogés des maisons qui font face au Petit-Pont et au pont Saint-Michel ; ils se replièrent alors sur la place Maubert, qui fut bientôt reconquise, et enfin la troupe de ligne et la garde nationale arrivèrent au Panthéon, où les insurgés étaient retranchés. Là le canon devint nécessaire pour faire cesser le feu intense qui partait du péristyle et de la plate-forme du dôme. Des boulets brisent les belles portes de ce monument ; l'un d'eux va enlever la tête de la statue de l'Immortalité qui trônait au fond en attendant qu'on la fondît en bronze pour la placer au faîte de l'édifice, et le Panthéon tombe au pouvoir de la troupe. Dans le même temps, Saint-Severin était délivré. A la prise de la barricade de la rue de l'Estrapade, le général Damesme, commandant de la garde mobile, reçut une blessure grave, qui nécessita l'amputation de la cuisse. Le général Bréa prit son commandement. Les insurgés, repoussés dans le haut de la rue Saint-Victor, et bientôt débusqués de ce poste, tinrent longtemps dans le faubourg Saint-Marceau. On avait pris successivement les barricades de la place Cambrai, de la rue des Grés, de la rue des Mathurins, la rue Saint-Jacques était libre. Après la prise du Panthéon des reconnaissances furent poussées jusqu'à la caserne de la rue Mouffetard, qui fut reprise à la suite d'une vive action.

Tandis que ceci se passait sur la rive gauche, le général Lamoricière manœuvrait pour gagner, par les quartiers au delà du boulevard, le faubourg Saint-Antoine et la Bastille, où il devait faire sa jonction avec le général Duvivier, qui commandait l'attaque de la rue Saint-Antoine. Le général Cavaignac, placé entre ces deux généraux, débarrassait le quartier du Temple et le Marais, pendant que le général Lamoricière arrivait à la Bastille, où il se trouva en face de formidables barricades. Dans le faubourg Saint-Antoine, quelques centaines de soldats enfermés dans la caserne de Reuilly, avaient glorieusement refusé de rendre leurs armes, et après avoir soutenu un siége en règle, ils avaient été délivrés par les secours venus de Vincennes qui leur avaient permis d'évacuer cette position. A l'extrémité de l'aile droite des insurgés, des barricades adossées aux barrières Rochechouart, Poissonnière et Saint-Denis, toutes protégées par des corps avancés postés dans les terrains de l'abattoir Rochechouart, dans le clos Saint-Lazare et dans l'hospice de La Riboissière, en construction, tinrent toute la journée en échec les forces du général Lebreton. Les gardes nationales des départements arrivaient en masse. Dans une proclamation, le président de l'assemblée, M. Senard, et le général Cavaignac adjuraient les ouvriers de déposer les armes, et les prémunissaient contre le bruit qui se répandait qu'ils n'avaient pas de grâce à espérer. En même temps, le général ordonnait le désarmement de tout garde national qui ne prenait pas parti pour la république, il défendait les affiches traitant de matières politiques, et il déclarait que tout individu travaillant à élever une barricade serait considéré comme s'il était pris les armes à la main.

La nuit se passa tranquillement. La garde nationale bivouaquait à tous les coins des rues, et l'on n'entendait d'autre mouvement que celui des patrouilles et d'autre bruit que le cri de : « Sentinelles, prenez garde à vous ! » qui se répondait de rue en rue. Cette absence de toute circulation, jointe à la fermeture des boutiques, donnait à la cité un air de stupeur, d'abandon et de désolation qui ne s'était jamais vu. Dans la matinée du dimanche 25 le général Bréa fit désarmer toutes les maisons suspectes de la rue Mouffetard, et reprit possession de la caserne de l'Ourcine. Après avoir confié la garde de la mairie du 12ᵉ arrondissement à un bataillon de la garde mobile, il poussa jusqu'à la barrière Fontainebleau. Une triste fin l'y attendait. Voulant parlementer, il se laissa entraîner au delà de la grille, suivi de son aide de camp. Là, on le garda comme otage, lui demandant l'ordre de mettre bas les armes pour sa troupe. Le général ne voulut pas se déshonorer par un pareil acte. Deux mortelles heures se passèrent en pourparlers. Quand enfin le colonel Thomas donna l'ordre de marcher contre les insurgés, le général avait été massacré ainsi que son aide de camp dans le corps de garde de l'octroi. L'enlèvement des barricades élevées sur ce point mit fin à la guerre sociale sur la rive gauche. Le corps du général et celui de son aide de camp furent ramenés et déposés au Panthéon. Sur la rive droite, le général Lebreton achevait de s'emparer du clos Saint-Lazare, où le général Lafontaine était blessé ; les barrières Poissonnière et Saint-Denis, prises à revers et attaquées de front, succombaient enfin après une vive canonnade ; le faubourg du Temple était emporté. Les rues d'Angoulême, Ménilmontant, Saint-Sébastien, offraient une vive résistance. Dans la même journée, le général Duvivier, blessé au pied dès le matin à l'attaque des environs de Saint-Gervais, avait été forcé de remettre le commandement au général Perrot. Celui-ci avait continué la difficile conquête de la rue Saint-Antoine, sous une fusillade incessante.

Un jour entier suffit à peine à ce trajet ; pourtant, dans la soirée il parvint à la Bastille, non sans avoir éprouvé des pertes sensibles. Le 48ᵉ de ligne laissait sur le champ de bataille 14 officiers, dont le colonel Regnault, qui venait d'être élevé au rang de général de brigade. Dans l'intervalle, une attaque a lieu contre le faubourg Saint-Antoine, si habilement barricadé. La canonnade dure longtemps. Plusieurs barricades accessoires sont enlevées. Ce succès coûte la vie au général Négrier, questeur de l'Assemblée. Là aussi sont blessés le lieutenant-colonel du génie d'Hauteville, aide de camp du général, et un autre représentant, M. Charbonnel. En vain le général Cavaignac a adressé aux insurgés un ultimatum et leur a laissé un dernier délai pour se rendre, ils tiennent toujours, et le faubourg Saint-Antoine reste à conquérir. Les opérations de cette journée eurent encore pour résultat de délivrer les communes extérieures de Montmartre, La Chapelle, La Villette et Belleville, et de rétablir les communications directes avec Saint-Denis. Deux tentatives de conciliation eurent lieu dans cette journée du 25. La première avait été faite par MM. Larabit, Galy-Cazalat et Druet-Desvaux, qui apportaient le décret voté le matin même par l'Assemblée et ouvrant un crédit de 3,000,000 pour secourir les travailleurs. Arrivés au faubourg Saint-Antoine, ils avaient franchi les barricades pour proclamer ce décret, et on les avait retenus prisonniers. La seconde tentative appartenait à M. Affre, archevêque de Paris, qui, autorisé par le général Cavaignac, voulut intervenir comme médiateur auprès des insurgés du faubourg Saint-Antoine. Suivi de deux de ses grands-vicaires, MM. les abbés Jacquemet et Ravinet, le prélat se dirigea vers une barricade. Par un malentendu à jamais déplorable, ou peut-être par un excès de zèle fatal, un roulement de tambour se fait entendre. Des deux côtés on croit à une attaque, et aussitôt les armes font feu. L'archevêque, debout sur la barricade, reçoit une balle dans les reins. Le prélat tombe du côté des insurgés, qui s'empressent de lui donner des soins et de le porter chez le curé des Quinze-Vingts. La blessure de M. Affre était mortelle ; il succomba au bout de quarante-huit heures d'horribles souffrances. Les trois représentants faits prisonniers ne furent délivrés que le lendemain.

Le 26 le faubourg Saint-Antoine seul résistait encore ; la grande rue de ce faubourg présentait une suite de barricades très-rapprochées, et presque toutes étaient à l'épreuve du canon, les unes étant en talus, les autres formant un angle rentrant. Les rues transversales étaient également barricadées. Sur la barricade qui faisait face à la place de la Bastille flottait le drapeau rouge. Dès le matin quatre délégués, introduits par M. Larabit, s'étaient présentés au président de l'Assemblée nationale ; ils disaient avoir été égarés, et demandaient amnistie, mais on répondit qu'il fallait se soumettre d'abord. La lutte recommença donc à dix heures après un dernier délai accordé. Une batterie d'artillerie avait été élevée pendant la nuit sur la place de la Bastille. Cette batterie enfilait la rue du Faubourg-Saint-Antoine. Quelques obus ne tardèrent pas à incendier les premières maisons. Une mine creusée assez loin menaçait d'en faire sauter un certain nombre. En même temps, le général Lamoricière, qui travaillait depuis longtemps à tourner la position, canonnait le quartier Popincourt et descendait pour prendre le faubourg en flanc. Les insurgés, éclairés sur les suites inévitables de cette manœuvre, désespérant enfin de recevoir du secours, se rendirent sans condition, et les troupes purent occuper le quartier.

Ainsi se termina cette lutte terrible, qui avait armé la moitié de la population parisienne contre l'autre. Le pouvoir fit fermer les clubs reconnus dangereux ; un certain nombre de journaux avancés furent suspendus. Un décret institua une commission d'enquête pour rechercher les causes de l'insurrection en étendant ses investigations sur l'attentat du 15 mai. Enfin, il fut décidé que tout individu pris les armes à la main serait immédiatement transporté dans une de nos possessions d'outre-mer autre que l'Algérie. Le même jour, 26 juin, le général Cavaignac écrivit à l'Assemblée pour la prévenir qu'il ne tarderait pas à lui remettre les pouvoirs qu'elle lui avait confiés, et en effet le 28 il déposait verbalement sa démission à la tribune ; l'Assemblée lui vota alors des remerciements ainsi qu'à la garde nationale, à l'armée, à la garde nationale mobile, et décréta que le pouvoir exécutif serait exercé provisoirement par le général, avec le titre de président du conseil des ministres, chef du pouvoir exécutif. Elle lui confiait en même temps le libre choix de ses collègues.

Malgré les proclamations du général, la victoire avait coûté trop cher pour rester pure de tout excès. Beaucoup de prisonniers furent massacrés sans pitié sur plusieurs points. On en avait entassé un grand nombre dans les caveaux aux Tuileries, à l'hôtel de ville, à l'École Militaire, etc., où ils eurent à souffrir mille tortures. Enfin, on les évacua sur les forts. Des commissions militaires furent chargées d'examiner les dossiers et de classer les inculpés, selon les prescriptions du décret, en trois catégories : ceux qui, simplement égarés, pouvaient être rendus à leurs affaires ; ceux qui, ayant été pris les armes à la main, devaient être soumis au régime de la transportation ; ceux enfin qui, repris de justice ou ayant exercé un commandement dans l'insurrection, devaient passer devant les conseils de guerre. Plus de 14,000 personnes avaient été arrêtées. Quelques milliers d'hommes furent soumis à la transportation, sans jugement ni interrogatoire, sur le simple examen des commissions militaires ; mais comme le lieu de déportation n'était pas fixé, on les retint sur des pontons ou à Belle-Ile en mer. Des grâces particielles finirent par réduire le nombre de ces malheureux à quelques centaines. Près de 200 accusés furent renvoyés devant les conseils de guerre, qui se signalèrent par la fréquente application de la peine des travaux forcés, qu'on n'était pas habitué à voir infliger aux condamnés politiques. Pour déconsidérer ces condamnés, on affecta même de les accoupler à des criminels ordinaires. Les prévenus de l'assassinat du général Bréa furent plus tard condamnés à mort, et trois furent exécutés.

Les généraux Duvivier, Damesme, de Bourgon, François succombèrent à leurs blessures, ainsi que les représentants Dornès et Charbonnel. Jamais journées insurrectionnelles ni grandes batailles rangées n'avaient enlevé tant d'officiers supérieurs. Le deuil était dans tous les cœurs. On évaluait le nombre des insurgés morts à 2,000. La garde mobile seule avait eu près de 800 hommes hors de combat. La troupe de ligne et la garde nationale pouvaient en compter autant. Des voitures de morts arrivaient incessamment aux cimetières, où les cadavres s'inhumaient sans cérémonie en s'amoncelant. Plus de 2,000,000 de cartouches avaient été distribuées à la troupe et aux gardes nationaux ; 3,000 coups de canon avaient été tirés : aussi la ville présentait-elle après ces journées un aspect désolé. Des pans de mur avaient été enlevés en plusieurs endroits ; des devantures de boutiques étaient criblées de balles, l'incendie avait fait des ravages en plusieurs points. Longtemps encore les troupes bivouaquèrent dans les rues, où les pieds foulaient des traces de sang.

Après la victoire, une sorte de réaction s'empara des esprits. Les ateliers nationaux dissous furent remplacés par des secours à domicile. Les journaux démocratiques et bonapartistes furent suspendus, et bientôt une loi rétablit le cautionnement pour les écrits périodiques. Les 8ᵉ et 12ᵉ légions de la garde nationale de Paris et un grand nombre de sections de la banlieue furent désarmées ; les armes furent retirées à tous les citoyens qui ne faisaient pas un service actif. Une loi fut présentée à l'Assemblée nationale contre les clubs. L'état de siége se prolongea jusqu'aux élections de septembre. M. Émile de Girardin fut arrêté et tenu quelques jours au secret. Le ministre anglais à Paris tint à honneur de disculper son gouvernement d'avoir trempé dans l'insurrection. L'enquête ordonnée se termina par un rapport en forme de réquisitoire contre les hommes qui s'étaient chargés de diriger la révolution de Février. L'assemblée fut amenée ainsi à sacrifier encore quelques-uns de ses membres. Et pourtant personne n'a le mot de ce sanglant soulèvement. Les partis s'en étaient mêlés sans doute, les bonapartistes et les henriquinquistes avaient fourni leur contingent, les ateliers nationaux y étaient entrés pour une part avec leur organisation régulière ; mais la misère y était pour beaucoup aussi. Qu'on se souvienne de l'acharnement des femmes, amenées sur les barricades par leurs maris avec leurs enfants, et l'on comprendra tout ce que ces familles désolées avaient dû souffrir par suite d'un long chômage. L'ouvrier pouvait penser que la chute des barricades lui enlèverait le droit au travail, qui était écrit, à la vérité, dans le projet de constitution, mais que sa victoire seule lui semblait devoir consacrer. L'Assemblée et le gouvernement exigeaient toujours une soumission sans condition. Qui sait pourtant ce qu'aurait produit quelque généreuse mesure. Sauf le crédit de trois millions, offert comme un secours temporaire, aucun grand travail ne fut décrété ! Néanmoins, la victoire de juin eut pour résultat de rendre quelque confiance aux capitaux. L'industrie privée put enfin songer à créer quelques affaires. Les questions sociales durent s'effacer pour l'instant, la société put se croire rassise ; le gouvernement victorieux put se croire solide. L'élection du président le renversa peu de temps après. Par une répression violente, il s'était rendu antipathique aux masses ; il était encore trop révolutionnaire pour la réaction.

L. LOUVET.

JUIN 1849 (Journée du 13). L'aggression dirigée contre la république romaine, au mépris de la volonté souveraine de l'Assemblée constituante, impliquait aux yeux d'une partie de l'Assemblée nationale et du pays la violation des articles 4 et 5 de la constitution. A la séance du lundi 11 juin 1849, M. Ledru-Rollin déclara que la Constitution serait défendue par tous les moyens possibles, même *par les armes*, et posa sur le bureau du président de l'Assemblée un acte d'accusation contre le président de la république et les ministres. Mais cette proposition fut repoussée le lendemain à la majorité de 377 voix contre 8, l'extrême gauche s'étant abstenue de voter.

Le 13 juin, au matin, les organes de la presse socialiste contenaient une proclamation signée par 120 membres de la gauche, dans laquelle la majorité était mise hors la loi et dénoncée comme déchue de son mandat, pour s'être rendue complice de la violation de la constitution par son vote de la veille. De onze heures à midi un immense rassemblement de 20,000 personnes au moins, parmi lesquelles on remarquait un assez grand nombre de gardes nationaux, se forma sur le boulevard Saint-Martin aux environs du Château-d'Eau. Le rassemblement ne tarda pas à s'organiser en une colonne compacte, et se mit en marche vers la Madeleine aux cris de *Vive la constitution !* Arrivée à la hauteur de la rue de la Paix, vers une heure, cette colonne fut coupée par une charge de dragons, de gendarmes d'élite et de chasseurs à pied commandée par le général Changarnier en personne. La foule, repoussée du boulevard, se répandit dans les rues voisines en criant : *Aux armes !* Mais tout aussitôt l'infanterie, se précipitant au pas de course pour empêcher les fuyards de se reformer, s'empara de toute la ligne des boulevards. De forts piquets étaient placés aux angles de chaque rue, pour empêcher la construction des barricades. Quelques pierres seules jetées sur la troupe. On essaye de faire des barricades avec des voitures, des chaises, des pavés ; mais la rapidité des mouvements de la troupe n'en laisse pas le temps. Dispersée sur les boulevards, la foule se jette dans les rues en criant : *Vive la constitution ! Aux armes !* La troupe s'arrête à la porte Saint-Denis. Des gardes nationaux isolés sont désarmés. Quelques coups de feu sont tirés sans résultat de la petite rue Notre-Dame de Bonne-Nouvelle sur l'état-major du général.

Pendant ce temps-là, les représentants de la Montagne s'étaient assemblés rue du Hasard-Richelieu, au lieu ordinaire de leur réunion ; l'artillerie de la garde nationale se trouvait dans le jardin du Palais-National. M. Ledru-Rollin et quelques autres représentants la passa en revue. On apprend que la colonne du boulevard est dispersée. On part pour le Conservatoire des Arts et Métiers. Trois cents artilleurs seulement suivent leur colonel, M. Guinard. On se met en marche, aux cris de *Vive la république romaine ! Vive la constitution ! Vive la Montagne !* Plusieurs représentants, MM. Ledru-Rollin, Boichot, Rattier, etc., marchent en tête ; quelques individus se joignent à la colonne ; mais aucun élan ne se manifeste dans la population.

Le Conservatoire était gardé par un poste de quinze hommes, qui refusent de livrer leurs cartouches, et se retirent dans une cour intérieure, sans rendre leurs armes. M. Ledru-Rollin invite M. Pouillet, directeur de l'établissement et son collègue à l'Assemblée, à mettre à sa disposition une des salles du Conservatoire. Là on se forme en commission, on délibère ; d'autres organisent un service de sentinelles à l'intérieur et à l'extérieur. Trois barricades sont commencées, une quatrième s'élève dans la rue Saint-Martin.

On comptait sur un soulèvement de la 6ᵉ légion, commandée par le colonel Forestier. Un représentant, M. Suchet (du Var), va avec une trompette artilleur lui demander à la mairie ; un autre représentant cherchant, rue Saint-Denis, à entraîner un poste de garde nationale, est également arrêté. A trois heures une proclamation est lancée : elle porte : « Au peuple, à la garde nationale, à l'armée ! La constitution est violée ; le peuple se lève pour la défendre. La Montagne est en permanence. Aux armes ! aux armes ! Vive la république ! Vive la constitution ! Au Conservatoire des Arts et Métiers, le 13 juin, à deux heures. Les représentants de la Montagne. » (Suivent les signatures, des absents comme des présents.) Cette proclamation ne peut pas même être affichée ; on en distribue à peine quelques exemplaires. Cependant, une compagnie de la 6e légion marche sur la barricade de la rue Saint-Martin, débouchant par le passage du Cheval-Rouge. Les artilleurs qui doivent la défendre lèvent la crosse en l'air; les gardes nationaux les invitent à démolir leur barricade. Des coups de fusil partent; les artilleurs se replient sur la grille du Conservatoire. Des coups de feu s'échangent. Le bruit de ces décharges amène du boulevard quatre compagnies de ligne. Alors les artilleurs se précipitent dans le Conservatoire, dont ils veulent refermer la grille; mais une compagnie y pénètre avec eux. La déroute est complète, les insurgés s'échappent par toutes les issues; à l'arrivée de la troupe dans la salle des Filatures, représentants et artilleurs se jettent dans le jardin par les fenêtres, par les toits. M. Ledru-Rollin gagne le jardin par un vasistas. Quelques fuyards parviennent dans la rue Vaucanson; d'autres s'échappent par une porte donnant sur le marché Saint-Martin. Un petit nombre de barricades élevées dans les quartiers voisins sont ensuite enlevées sans résistance bien sérieuse; néanmoins, on compte quelques victimes. La ville est occupée militairement.

D'un autre côté, l'Assemblée législative s'était réunie. Sur la demande de M. Odilon Barrot, elle se déclare en permanence; en même temps M. Dufaure demande l'état de siège. Malgré les efforts de M. Lagrange, une commission présente, à cinq heures et demie, par l'organe de M. Gustave de Beaumont, un rapport concluant à l'adoption. La mise en état de siège est donc votée par 394 voix contre 82. Le lendemain 14, la permanence durait encore. De nombreuses arrestations avaient été faites. Des demandes en autorisation de poursuites furent présentées par M. Dufaure, et accordées sans opposition contre les représentants compromis dans cette échauffourée, dont le dénoûment fut l'œuvre de la haute cour de Versailles.

JUIVE (Littérature). L'origine de la *littérature juive* est contemporaine de la transition de l'hébraïsme au judaïsme. Avec des racines hébraïques (*voyez* HÉBRAÏQUES [Langue et littérature]), et employant le plus généralement la langue hébraïque pour instrument, elle adopta d'abord quelques-unes des idées religieuses des Perses, puis emprunta aux Grecs leur sagesse, aux Romains leurs notions juridiques, de même que plus tard aux Arabes leur poésie et leur philosophie et à l'Europe ses sciences; mais elle dut toujours subordonner ces divers éléments aux croyances nationales. Constamment active depuis cette époque, la littérature juive, qu'on appelle aussi, mais à tort, *littérature rabbinique*, n'a pas laissé que de contribuer au développement de l'esprit humain, bien que jamais elle n'ait été l'objet d'encouragements extérieurs; et dans les trésors, encore assez mal appréciés, que cette activité est parvenue à amasser, se trouvent enfouies les richesses de tous les siècles et une foule de productions de la nature la plus diverse. La sagesse nationale et étrangère y est en voie de développement continu; et on peut la partager en neuf périodes bien distinctes.

La *première période* va jusqu'à l'an 143 av. J.-C. Préparée par Esdras, l'intelligence de la nation juive se rattacha de plus en plus fortement au contenu du Pentateuque et des Prophètes. On composa diverses expositions et compléments de l'histoire ancienne (*midraschim*), ainsi que des traductions de la loi, et on écrivit plusieurs des livres désignés sous le nom d'*Hagiographes*, quelques psaumes, les Proverbes de Salomon, le Koheleth, les livres de la Chronique, certaines parties d'Esdras et de Néhémie, d'Esther et de Daniel. Les productions de la grande Synagogue appartiennent également à cette époque, vers la fin de laquelle (190 à 170 av. J.-C.) quelques écrivains se produisirent aussi avec leur personnalité indépendante, par exemple Sirach et Aristobule. Les docteurs étaient alors appelés *soferim*, ou sages; et l'araméen avait fini par devenir le dialecte populaire de la Palestine.

La *seconde période* s'étend de l'an 143 av. J.-C. à l'an 135 de notre ère. Le *midrasch* ou étude approfondie de l'Écriture Sainte fut divisé en *halacha* et *hagada* : l'une comprenant l'application de la loi à des résultats pratiques, l'autre l'ensemble des notions religieuses et historiques. Toutes deux, exposées et traitées à l'origine par des sages, créèrent insensiblement des monuments écrits. Ce développement fut favorisé par les explications publiques des Écritures dans les écoles et les synagogues, par l'indépendance du sanhédrin, par la lutte des différentes sectes et par les influences de l'école d'Alexandrie. C'est de cette époque que datent diverses traductions grecques et les plus anciennes traductions arméennes de l'Écriture (*voyez* TARGUM), tous les apocryphes bibliques, et les premiers écrits chrétiens. On composa aussi des prières, des expositions de la foi, des cantiques et des recueils de proverbes. On remarque alors le poëte (et non le prophète) Ézéchiel, l'auteur du premier livre des Macchabées, Jason, Josèphe, Philon, Johannes, et comme fondateurs de la doctrine orale de la loi, Hillel, Schamaï, Jochanan-ben-Saccaï, les deux Gamaliel, Éliézer-ben-Hyrcan, Josua-ben-Chananja, Ismael et le célèbre Akiba. Le mot *rabbi*, qui signifie disciple de la sagesse, devint alors le nom honorifique des hommes versés dans la connaissance de la loi. Indépendamment des médailles des Macchabées, on a conservé aussi de cette époque un certain nombre d'inscriptions grecques et latines provenant de Juifs.

La *troisième période* se compose de l'intervalle compris entre les années 135 et 475 de notre ère. L'enseignement de l'*halacha* et de l'*hagada* devint alors la grande préoccupation, notamment dans les écoles qui, à partir de Hillel, fleurirent en Galilée, en Syrie, à Rome, et depuis l'année 219 en Babylonie; les hommes les plus éminents furent ceux qui fondèrent la *Mischna* et le *Talmud* par des leçons, des collections et des décisions do droit. Il faut considérer comme le dernier qui fasse autorité à cet égard Mar-ben-Asche (mort le 25 septembre 475). Plus tard on composa des commentaires et des compléments de Sirach, des dissertations morales, des récits, des fables et des ouvrages historiques; leur auteur le nombre des prières, on acheva le *Targum* pour le Pentateuque et les Prophètes, et en l'an 340 Hillel fixa le calendrier. Il ne manqua pas non plus d'essais et d'efforts masorétiques dans le domaine de la médecine et de l'astronomie. La plupart des docteurs de la Palestine comprenaient le grec; et la plus grande partie des livres apocryphes étaient connus des Juifs. Après la ruine des académies de la Palestine, la Perse et surtout les écoles de Sura, de Pumbeditha et de Nehardea, devinrent les grands centres de la doctrine et de la science juives. Les jours de sabbat et les jours de fête, on prononçait dans les écoles ou les chapelles des expositions instructives édifiantes. Les docteurs de la loi étaient appelés *tanaïm*; ceux qui les aidaient dans leurs travaux, *sages*, et ceux qui l'interprétaient, *emoraïm*. On n'a conservé qu'un petit nombre de fragments de la littérature des Gréco-Juifs de cette époque, par exemple d'Aquila et de Symmaque. Avec cette époque se terminent les temps antiques de la tradition immédiate.

La *quatrième période* va de l'an 475 à l'an 740. Il y avait déjà longtemps alors que les Juifs ne parlaient plus hébreu et qu'ils se servaient de la langue de chacun des pays où ils se trouvaient. Le *Talmud* babylonien fut terminé. Il ne s'est conservé qu'un très-petit nombre des ouvrages composés par les médecins juifs du septième siècle, et par les premiers *géonim* ou chefs de l'école de Babylone (à partir de l'an 589). En revanche, la Masora se forma en Palestine (*Tibériade*), du sixième au huitième siècle; on introduisit divers accents et plusieurs voyelles. On ajouta à divers livres de la Bible le *targum* de Palestine ou de Jérusalem, etc.; outre des collections d'anciennes *hagadas*, par exemple *Bereschith rabba*, on composa aussi diverses explications indépendantes, par exemple les *Pesikta*, les chapitres d'Éliézer (vers l'an 700), etc.

Dans la *cinquième période* (740-1040), les Arabes, en

s'assimilant les ouvrages scientifiques de l'Inde, de la Perse et de la Grèce, éveillèrent l'émulation des juifs d'Orient, parmi lesquels se produisirent des médecins, des astronomes, des grammairiens, des commentateurs de l'Écriture, et des chroniqueurs. On composa aussi des *hagadas* religieuses et historiques, des ouvrages de morale et des commentaires du Talmud. Les plus anciens commentaires talmudiques sont contemporains d'Anan (vers 750), le premier écrivain qu'aient eu les caraïtes. Le plus ancien formulaire de prières date de 880, et le premier dictionnaire talmudique de l'an 900 environ. Les plus célèbres *géonim* de l'époque postérieure furent Saadia (mort en 941), Scherira (mort en 998) et son fils Haï (mort en 1038). L'achèvement de la *Masora* et du système de voyelles provint de la Palestine; on y composa les premiers *midrashim*, les *targums* hagiographiques et les premiers ouvrages de cosmogonie théologique (cabale). Du neuvième au onzième siècle il y eut au Kaire et à Fez de célèbres docteurs et écrivains. Il y eut aussi en Italie de savants rabbins à partir du huitième siècle; Bari et Otrante étaient alors les grands centres de l'érudition juive. Salmon, Jeschua, vers 940, Jefet, vers 953, furent de célèbres docteurs caraïtes. Après la ruine des académies de la Babylonie, ce fut l'Espagne qui devint le principal foyer de la littérature juive; l'Espagne, qui dès le dixième siècle produisit des écrivains juifs, par exemple Menachem-ben-Serek, lexicographe, Hassan, astronome, enfin Chardaï, médecin et investigateur. Au dixième siècle, la science juive passa d'Italie à Mayence, en Lorraine et en France. C'est également de cette époque que datent les plus anciens manuscrits hébraïques que l'on possède, et qui remontent jusqu'au neuvième siècle, comme aussi la rime (huitième siècle) et la nouvelle prosodie des vers hébraïques (dixième siècle).

La *sixième période* (1040-1204) est la plus brillante époque du moyen âge juif. Indépendamment de la littérature nationale, les juifs espagnols s'occupèrent de théologie, de mathématiques, de philosophie, de rhétorique et de médecine. On composa des sermons, des ouvrages de morale et d'histoire. On écrivit en arabe, en langue rabbinique, en hébreu, et la plupart des jurisconsultes excellèrent aussi en d'autres genres. Nous nous bornerons à citer ici Samuël Halévi (mort en 1055) et Isaac Alfasi (mort en 1103), docteurs de la loi; le voyageur Benjamin de Tudèle (1160), les poètes Salomon Gabirol (1150) et Moses-ben-Esra (1120), les savants et poètes distingués Jehuda Halévi (mort en 1142) et Aben-Ezra (mort en 1168), et enfin le célèbre Maimonides, dont la mort termine cette période. L'activité des rabbins français fut plus nationale, et se restreignit en général dans les limites de l'*halacha* et de l'*hagada*. Au onzième siècle, Gerschom (1030) et son frère Machir, qui est également auteur d'un dictionnaire talmudique, écrivirent des commentaires talmudiques et bibliques; il en fut de même de Siméon-ben-Isaac, de Joseph-tob-Elem, de Jehuda Hacohen, et du célèbre Salomon-ben-Isaac, surnommé Raschi. Au douzième siècle, indépendamment des commentaires sur la Bible de Samuel-ben-Méir, de Menachem-ben-Salomon et de Moïse de Pontoise, parurent d'importantes additions au Talmud (*Tosafot*) par Isaac-ben-Asher, Jacob-ben-Méir, dit Tam, Isaac-ben-Samuel et Samson-ben-Abraham. En Provence, pays qui réunissait les caractères littéraires de l'Espagne et de la France, où existaient des écoles à Lunel, Narbonne et Nîmes, on rencontre des talmudistes, tels que Sérachja Halévi, Abraham-ben-David, Abraham-ben-Nathan; des hagadistes, tels que Moïse Haddarshan (1066); des grammairiens, comme Joseph et Moïse Kimchi; des traducteurs, comme Juda Tibbon; des commentateurs, etc., etc. En Allemagne, notamment à Mayence et à Ratisbonne, dominait à la même époque une grande érudition talmudique; alors brillèrent surtout Siméon, l'auteur du *Ialkut*, Joseph Kara, critique biblique, Éliezer-ben-Nathan et Baruch-ben-Isaac, ainsi que Samuel le Pieux, comme poètes religieux, et Petachia (1187) comme auteur de descriptions de voyages. Les plus célèbres rabbins italiens furent Nathan-ben-Jehiel (mort en 1106), et Hillel-ben-Éljakim. On ne cite que peu de noms appartenant à la Grèce et à l'Asie; cependant les caraïtes eurent un excellent écrivain en Juda Hadassi (1148). La plus grande partie des prières pour les fêtes avaient été achevées avant la venue de Maimonides. On a perdu d'ailleurs un grand nombre d'ouvrages importants composés à l'époque comprise entre l'année 74 et la fin de la sixième période.

Dans la *septième période* (1204-1492), on remarque l'activité provoquée par les ouvrages de Maimonides et de son siècle, tant dans le domaine de la philosophie théologique et critique que dans les travaux relatifs à la loi nationale. Avec des doctrines religieuses mystiques se produisirent en même temps des querelles de doctrines entre les talmudistes, les philosophes et les cabalistes. Les hommes les plus remarquables se trouvaient alors en Espagne; plus tard ce fut en Portugal, en Provence et en Italie. A l'Espagne appartinrent, dans le treizième siècle, les poètes Jéhuda Charizi, Abraham Halévi et Isaac Sahola; les traducteurs Samuel, Moïse et Jacob Tibbon; les astronomes et philosophes Isaac Lattef, Juda Cohen et Isaac-aben-Sid, l'auteur des tables alphonsines; les docteurs de la loi Méir Halévi, Moïse-ben-Nachman ou Nachmanides, et Salomon Addereth : le naturaliste Gershom-ben-Salomon; les cabalistes Todros-ben-Joseph, Joseph Gecatilia, Abraham Abelafia et Moïse de Léon; les moralistes et théologiens Jona Gerundi, Schemtob Palquera et Bechaï; au quatorzième siècle, les astronomes Isaac Israëli et Isaac Alchadev; les philosophes Levi-ben-Gerson, Joseph Vakar et Moïse Vidal; les docteurs de la loi Jomtob, Nissim, Vidal, Isaac-ben-Schetscheth; le théologien Chasdaï Kreskas, Josua Schoaïb, Schemtob Sprot, David Abudarham, Joseph Caspi et David Cohen. Au quinzième siècle un mouvement de décadence devint visible. On doit cependant encore mentionner pendant cette époque Joseph Albo, Schantob-ben-Joseph et Isaac Abnab, de même qu'en Portugal Abraham Catalan. Des livres hébraïques furent pour la première fois imprimés à Ixar en Aragon (1485), à Zamora (1487), et à Lisbonne (1489). En Provence, Joseph Hazobi, Jedaja-ben-Bonet, Calonymos et Moïse-ben-Abraham se firent une grande réputation comme poètes et philosophes; David Kimchi et Profiat Duran, dit Ephodaeus, comme grammairiens; Menachem-ben-Salomon, David Kimchi, Jérucham, Isaac de Luttes, Abraham Farissol, Méir-ben-Siméon et Isaac Nathan (1437), l'auteur des Concordances hébraïques, comme docteurs de la loi et commentateurs. En Italie, les savants juifs s'occupèrent de traductions d'ouvrages arabes et latins; c'est là que parurent les premiers ouvrages esthétiques proprement dits, par exemple ceux d'Emmanuel-ben-Salomon, l'auteur des premiers sonnets qui aient été composés en langue hébraïque, de Moïse de Rieti, de Messir Léon, etc. Il y eut aussi des docteurs de la loi, comme Jésaïa de Trani et Joseph Kolon; des philosophes, comme Hillel-ben-Samuel, Juda-hen-Moses et Jochanan Alman; des cabalistes, comme Menachem Recanate; des astronomes, comme Emmanuel-ben-Jacob; des grammairiens, comme Joseph Sark et Salomon Urbino; et à Padone, Elia del Medigo, de Candie (mort en 1493), lit des cours publics de philosophie. A partir de 1475 on imprima aussi en Italie des livres en langue hébraïque. Tandis qu'on ne connaît de France à cette époque qu'un petit nombre de docteurs de la loi, comme l'auteur du recueil des *Tosafot*, Moïse de Coucy, et Jechiel-ben-Joseph, ou bien de critiques et de poètes, comme Berachia, l'Allemagne produisit un grand nombre de commentateurs de la loi, tels que Eliezer Halévi (1240), Méir de Rothenburg (1280), Mordechai, Asher, qui plus tard habita Tolède, et fit ses Jacob (1339), et Isserlin (1450); en outre, le cabaliste Elazar de Worms, le théologien Menachem Kara, et l'apologiste Lippmann de Mulhausen. En Grèce Mordechaï Comtino (1470) se distingua comme astronome et commentateur; en Palestine, Tanchum-ben-Joseph, vers 1280, par son Dictionnaire talmudique, et

Jacob Sikell; en Afrique, Abraham, fils de Maimonides, Juda Corsani et Siméon Duran; et parmi les Caraïtes, Aaron-ben-Joseph (1294), Aaron-ben-Élia (1346), et Élia Beschitzi (mort en 1490). Le plus grand nombre des manuscrits hébreux qu'on possède datent de cette époque; mais une grande partie de la littérature juive du moyen âge n'a point encore été imprimée jusqu'à ce jour, et se trouve enfouie à Rome, à Florence, à Parme, à Turin, à Paris, à Oxford, à Leyde, à Vienne et à Munich.

La *huitième période* (1492-1725) est caractérisée par la dispersion des juifs expulsés des contrées occidentales et méridionales de l'Europe, ainsi que par la propagation des ouvrages de l'esprit, rendue plus facile par l'imprimerie, et dont le résultat fut de changer le théâtre et le caractère de la littérature juive. Tandis que la science des juifs espagnols influait sur l'Orient et sur l'essor pris en Italie par les connaissances classiques, ailleurs le mysticisme, nourri par la persécution, assombrissait les esprits, et les juifs polonais s'adonnaient à une minutieuse étude du Talmud, qui énervait sans profit leurs facultés intellectuelles. De là cette masse de productions médiocres dont s'accrurent au dix-septième siècle la critique biblique, la cabale et la dialectique talmudique, tandis que la poésie, la grammaire et la science succombaient presque complètement. On s'occupa davantage de l'interprétation homilétique, de jurisprudence pratique et d'enseignement populaire. En Italie et en Orient (1492), en Allemagne et en Pologne (1550), de même que plus tard en Hollande (1620), il se fonda des écoles et des imprimeries juives, par exemple à Smyrne, à Venise, à Livourne, à Amsterdam, à Prague et à Cracovie; comme aussi il se produisit alors un grand nombre d'auteurs qui écrivirent en hébreu, en rabbinique, en latin, en espagnol, en portugais, en italien, en judaico-allemand, et parmi lesquels plusieurs firent preuve de grands talents et d'une vaste érudition. Nous devons nous borner à mentionner ici: 1° de 1492 à 1540, le théologien et philosophe Isaac Abrabanel et son fils Jéhuda, les philosophes Ibraham Bibago et Saül Cohen, le mathématicien et commentateur Elia Misrachi, le théologien et commentateur Isaac Arama, l'interprète hagadique Jacob Chabib, les docteurs de la loi Jacob Bérab, Joseph-ben-Leb, David-ben-Simra, et Lévi Chabib, les grammairiens Abraham de Balmes, Eia Levita, et Salomon-ben-Melech, le masorète Jacob-ben-Chajim, le commentateur philosophique Obadia Sforno et les caraïtes Kabeb Afandopoulo et Juda Gibbor; 2° de 1540 à 1600, les historiens Samuel Usque et Joseph Cohen, l'historien littéraire Gedalia Jachia, le dramaturge Jéhuda Sommo, les poètes Salomon Usque, Israel Nagara, le lexicographe et apologiste David de' Pomi, le chronologiste et astronome David Gans, le grammairien Samuel Arkevolte, l'antiquaire Samuel Portaleone, le chorographe et moraliste Moise Almosnino, le médecin Amatus, l'apologiste Isaac Troki, le philosophe théologique Jéhuda Muscato, les cabalistes Isaac Luria et Moïse Corduero, les commentateurs, sermonnaires et docteurs de la loi Josèphe Karo, Moïse Alschech, Samuel de Medina, Moïse Israel, Mordechai Jafe, Salomon Luria, Lœwe-ben-Bezalel, Ephraim Lentzelutz, le polygraphe Hendel Manoach, et le critique de textes Menachem Lonsano; 3° de 1600 à 1650, les docteurs de la loi Jomtob Heller, Chajim Benbenaste, Joseph Trani, Jorl Sirks, les théologiens Jesaia Hurwitz et Abraham Cohen Herera, le cabaliste Chajim Vital, les critiques de textes Salomon Norzi et Salomon Adeni, Abraham-ben-Ruben, les médecins Rodrigue de Castro et Abraham Zacut, Immanuel Adoab, le statisticien Simcha Luzzato, l'antiquaire Jacob Jehenne Léo, le traducteur espagnol Saadia Asnekot, le poète Abenatar, l'auteur d'une poétique, Jacob Roman, Joseph del Medigo, le théologien Menasseh-ben-Israel, l'historien littéraire David Conforte, le poète et lexicographe Léo de Modène, et le caraïte Samuël; 4° de 1650 à 1700, le sermonnaire et apologiste Saül Mortera, le polémiste Isaac Orobio, le docteur de la loi Schabthaï, Cohen, Samuel Edels, Abraham Able et Hiskia Silva; en outre, Simcha-ben-Gerson,
Aron-ben-Samuel et Jacob Zahalon, Spinoza de Barrios, le bibliographe Schabthaï-ben-Joseph, les lexicographes Benjamin Mussaphia et de Lara, le traducteur espagnol Jacob Cansino, l'apologiste Isaac Cardoso, Thomas de Pinédo, éditeur d'Étienne de Byzance, Josel Witzenhausen, traducteur de l'Ancien Testament en judaico-allemand, le traducteur espagnol Jacob Abendana, le philosophe Moïse Chefez, Gerson Chefez, auteur d'un dictionnaire de rimes allemand, et le caraïte Mordechaï-ben-Nisan, auteur d'une histoire littéraire; 5° de 1710 à 1755, les docteurs de la loi Jéhuda Rosanis, Élia Cohen, David Frænkel et Jonathan Eybeschütz, l'apologiste et philosophe David Nieto, le bibliothécaire David Oppenheimer, les médecins Abraham Cohen, Schabtaï Marini et Tobia Cohen, le grammairien Salomon Hanau, Jacob Emden, le grammairien et apologiste Jéhuda Briel, Moïse Chajim Luzzato, rénovateur de la poésie, Jechiel-Heilprin-ben-Salomon, Isaac Lampronte, auteur d'un dictionnaire des choses contenues dans le Talmud, Pereyra et le caraïte Simcha Isaac.

La *neuvième période* va de 1755 jusqu'à nos jours. Secondé par l'esprit du dix-huitième siècle, Moïse Mendelsohn ouvrit à ses coreligionnaires une ère nouvelle, où l'on vit se manifester quelque chose d'assez semblable à ce qui s'était déjà manifesté au onzième et au seizième siècle, et où une énergie juvénile fraya des voies nouvelles à la littérature nationale. Son caractère, son contenu, son expression et son style se modifièrent profondément. On se mit à cultiver la poésie, les langues et la linguistique, la critique, la pédagogie, l'histoire et la littérature juives. On traduisit les livres sacrés dans les langues européennes et les ouvrages étrangers en langue hébraïque, en même temps qu'un grand nombre de juifs prenaient une part active à la vie scientifique et politique de l'Europe. Des ouvrages dans tous les domaines de la science et une continuelle polémique, généralement en hébreu, en allemand ou en français, furent les résultats des progrès civils et intellectuels des juifs d'Europe, quoique dans le même temps on ait vu se développer dans la Pologne russe un nouveau mysticisme. Une foule d'anciens ouvrages juifs ont été imprimés en Italie et en Pologne. En témoignage de ce que nous venons de dire de l'activité littéraire déployée partout dans ces derniers temps par les juifs, nous rappellerons ici les noms de Michel Berr, de Léon Halévy, de Loëve-Weimar, de Léon Gozlan, d'Alex. Weill, de M. Frank de l'Institut, de Salvador, auteur d'une histoire de la domination romaine en Judée, de Salvator Rosa, auteur d'une Vie de Jésus, de S. Cahen, de Meyer d'Amsterdam, célèbre jurisconsulte qui pour ses ouvrages s'est servi de notre langue, de Valantin, de Ben-David, de Mendez, de Munk, de Stominski, de Luzzato de Reggio, etc. Les aperçus sur la littérature juive qu'on trouve dans les ouvrages de Bartolocci, de Wolf et de Rossi, ont surtout trait à la sixième et à la huitième période dont nous avons indiqué les limites ci-dessus.

JUJUBE, fruit du jujubier.

JUJUBIER, genre de plantes dicotylédonées, appartenant à la pentandrie digynie de Linné et à la famille des rhamnées.

Les jujubiers sont des arbrisseaux épineux, à feuilles alternes et simples, accompagnées, à leur base, de deux stipules persistants, qui se changent plus tard en épines; dans l'aisselle des feuilles se cachent de petites fleurs complètes, polypétalés, régulières, dont le calice offre cinq divisions étalées en étoile, et la corolle cinq pétales, plus courts que les sépales du calice, et alternant avec eux; cinq étamines, opposées aux pétales, sont insérées autour d'un disque charnu, qui environne le pistil; l'ovaire, surmonté de deux styles, devient un drupe charnu renfermant un noyau à deux loges monospermes.

Des vingt espèces que renferme le genre jujubier, nous ne citerons que deux : le *jujubier commun* et le *jujubier lotos*.

Le *jujubier commun* (*zizyphus vulgaris*, Lam.), vulgairement *épine du Christ*, *épine aux cerises*, grand arbrisseau de 5 à 6 mètres d'élévation, offrant sur ses branches de petits rameaux filiformes qu'il renouvelle tous les ans, est originaire de la Syrie, et fut introduit en Italie pour la première fois par Sextus Papirius (Pline, l. xv, c. 14). Aujourd'hui, c'est un arbre indigène des contrées méridionales de l'Europe. Ses fruits, nommés *jujubes*, lorsqu'ils sont frais, offrent un parenchyme ferme et sucré, mais d'une saveur fade; séchés au soleil et unis aux dattes, aux figues et aux raisins secs, ils forment les *fruits béchiques*, dont les médecins conseillent l'usage dans les affections pulmonaires.

Le *jujubier lotos* (*zizyphus lotus*, Desf.) arbrisseau buissonneux, atteint rarement deux mètres d'élévation, et croît à l'état sauvage sur les côtes de la Barbarie et surtout de la Cyrénaïque. Delécluse et J. Bauhin avaient déjà soupçonné que le véritable *lotos* des anciens lotophages était une plante du genre *zizyphus*; mais c'est Desfontaines qui, par ses savantes recherches, consignées dans les *Mémoires de l'Académie des Sciences* (1788), a le premier mis ce fait hors de toute contestation. BELFIELD-LEFÈVRE.

JULE, pièce de vers ou hymne que les anciens Grecs et, à leur imitation, les Romains chantaient pendant la moisson en l'honneur de Cérès et de Proserpine pour se les rendre favorables. Ce mot est dérivé du grec οὖλος ou ἴουλος, qui signifie *gerbe*. On appelait aussi ces hymnes *démétrules* ou *démétrioles*, c'est-à-dire *ioles de Cérès*. On les nommait enfin *calliules*, selon Dydime et Athénée.

JULE ou **IULE** (*Entomologie*), genre d'insectes, de la classe des myriapodes et de l'ordre des chilognathes. Leur corps est composé d'au moins quarante segments cylindriques, auxquels se rattachent des pieds très-nombreux. Leurs yeux sont distincts. Les iules, qui sont très-communs dans toutes les parties du monde, vivent dans les lieux obscurs et humides.

JULEP. La dénomination de *julep* était autrefois réservée à un sirop préparé avec trois parties d'eau distillée aromatique, et deux parties de sucre; mais aujourd'hui on a appliqué ce nom à toute potion claire, transparente et agréable, composée de même d'eau distillée et de sirop. On y fait entrer quelquefois des mucilages, des acides, des teintures, mais jamais de poudres ou de substances huileuses qui puissent troubler sa transparence. Les propriétés médicinales des juleps dépendent des vertus des substances qui les composent : ainsi, comme il peut entrer dans ces médicaments des sirops composés, ainsi que des eaux distillées douées de propriétés très-diverses, il s'ensuit que le julep lui-même tiendra des substances qui le constituent : par exemple, un julep dans lequel entrera du sirop de diacode sera calmant; un autre dans lequel entrera du sirop d'éther sera antispasmodique, etc. On ne peut donc, comme on le voit, assigner aux juleps des propriétés médicinales constantes. C. FAVROT.

JULES. Rome n'a compté que trois papes de ce nom.

JULES Ier, que l'Église a mis au nombre de ses saints, était fils d'un Romain, nommé *Rustique*. Simple diacre quand le peuple et le clergé l'élevèrent sur le saint siège, le 18 janvier 337, peu de mois avant la mort de Constantin, il succéda au pape Marc. L'hérésie d'Arius éclata alors dans toute sa force. Le nouvel empereur d'Orient, Constance, protégeait ouvertement cette secte. Saint Athanase, chassé de son siège et déposé, s'était réfugié à Rome, ainsi que les évêques de Constantinople, d'Andrinople, de Gaza et d'Ancyre, dépossédés par les ariens. Jules Ier eut recours à l'empereur Constant, qui était resté dans la communion de Nicée. Constant écrivit à son frère Constance, et un concile général fut convoqué à Sardique, ville d'Illyrie, pour mettre un terme aux désordres de la chrétienté. Cent soixante-dix évêques s'y rendirent de trente-cinq provinces. Le pape n'osa y paraître. Il se borna à y envoyer trois légats; mais les ariens ayant bientôt reconnu l'infériorité de leur nombre, se retirèrent à Philippopolis en Thrace, ce qui ne les empêcha pas de donner à leur assemblée le titre de concile de Sardique. Les deux partis se chargèrent réciproquement d'anathèmes et d'injures. Jules, qu'animait le désir de soumettre les évêques d'Orient à la juridiction du saint-siège, soutint le véritable concile de Sardique et son président Osius de Cordoue : il écrivit au peuple et au clergé d'Alexandrie en faveur de saint Athanase, que rappelait l'empereur lui-même. Mais l'hérésie des ariens vécut plus longtemps que ce pontife. Il mourut au milieu de ces débats, le 12 avril 352.

JULES II (JULIEN DE LA ROVÈRE) succéda à Pie III, dans la nuit du 30 octobre au 1er novembre 1503. Il était né près de Savone, d'une famille obscure. Neveu du pape Sixte IV, il avait été élevé par son oncle au cardinalat. Suivant Guicciardini, il avait si bien assuré son élection par ses brigues et ses promesses qu'il fit mentir le proverbe : « Qui entre pape au conclave en sort cardinal. » Il paya, du reste, sa dette par une bulle qui, flétrissant à l'avenir ces élections simoniaques, frappait d'anathème, de nullité et de dégradation, tout pontife ou cardinal qui s'en rendrait coupable. Son caractère belliqueux se manifeste dès la seconde année de son pontificat. Il redemande aux Vénitiens plusieurs villes dont ils se sont emparés, et qu'il prétend appartenir au patrimoine de Saint-Pierre. Sur le refus du sénat de Venise, il forme contre cette république une puissante ligue avec l'empereur Maximilien, le roi de France Louis XII, et trois ou quatre princes d'Italie. Venise s'effraye et demande grâce, mais ce n'est point aux souverains qui doivent fournir des armées. Elle rend au pape quelques-unes des places qu'il revendique, et Jules II abandonne ses alliés. Ce pontife guerrier porte ailleurs les forces qu'il a rassemblées. Il est septuagénaire, et montre encore une telle vigueur de jeunesse, que notre Guillaume Budé l'appelle un chef sanguinaire de gladiateurs, et que l'historiographe Jean Le Maire le compare au grand *Tamburlan*, *soudan des Tartres* (Tamerlan). Jules II arrache la ville de Pérouse à la famille Baglioni et celle de Bologne aux Bentivoglio.

Louis XII l'a vainement aidé dans cette dernière conquête; le pape l'en récompense en suscitant la révolte des Génois contre la France, et en appelant l'empereur Maximilien en Italie. Louis XII dissipa ces ombrages par sa modération; mais l'armée impériale avançait toujours, et Jules II en était assez embarrassé pour ménager, à son tour, le roi de France. Venise saisit mes inquiétudes en refusant le passage aux troupes de Maximilien; et, l'année suivante, en 1508, la république fut payée de ce service par une nouvelle ingratitude de Jules II. Ce pape ne pouvait souffrir que les places de Ravenne, Cervia et autres, restassent au pouvoir des Vénitiens : impuissants à les recouvrer avec ses seules forces, il réussit, par ses artifices, à renouer la ligue qu'il avait rompue. Elle fut signée à Cambrai, entre Maximilien, Louis XII, Ferdinand d'Aragon et le cardinal d'Amboise, légat du saint-siège. Toutefois, Jules II ne ratifia ce traité d'alliance qu'après avoir tenté vainement d'amener les Vénitiens à une restitution volontaire. Ses anathèmes commencèrent la guerre, et Venise eut la bonhomie d'en appeler au futur concile. Mais les foudres de Rome n'avaient fait peur qu'à une centaine de moines; et si les armes de la France et de l'Empire n'avaient secouru les armes spirituelles de Jules II, le doge et le sénat ne se seraient point humiliés aux pieds de l'altier pontife. Celui-ci abandonna encore une fois ses alliés, qu'il redoutait plus que les Vénitiens : sous prétexte de la nomination aux évêchés vacants, que se disputaient le pape et le roi de France, Jules cherchait partout des ennemis à Louis XII; il pratiquait à cet effet les Suisses et les Anglais. La puissance du temporel des évêques du Milanais et la fermeté du roi de France lui imposèrent; il sut encore profiter de cet acte d'humilité, qui lui rendait les bonnes grâces de son puissant ennemi, pour faire subir aux Vénitiens les conditions les plus humiliantes, et expulser leurs gouverneurs des places revendiquées par le saint-siège.

Possédé du démon des batailles, Jules II attaque, en 1510, le duc de Ferrare, et lui enlève La Mirandole. Il récompense la fidélité de la maison d'Aragon en donnant à Ferdinand l'investiture de Naples, au mépris des droits et des protestations de Louis XII, dont il a déjà oublié la complaisance. Il répond aux menaces de ce prince par une excommunication dont Louis se moque, en convoquant un concile gallican dans la ville de Tours. Les évêques de France y examinent les prétentions de la cour de Rome et la conduite particulière du pontife. Louis XII se concerte avec l'empereur pour la convocation d'un concile général. Mariana assure positivement que Maximilien avait envie de succéder à Jules II sur le saint-siège L'opiniâtre vieillard, abandonné par une partie de ses cardinaux, assiégé dans Bologne par le maréchal de Chaumont et par les Bentivoglio, ne fut sauvé que par la lenteur de ses ennemis, qui donnèrent le temps à Fabrice Colonne de se jeter dans la place. Il échappa quelques jours après, par le pur effet du hasard, à une centaine d'hommes d'armes, avec lesquels le chevalier Bayard se flattait de l'enlever.

La crainte d'être déposé le suivit dans son refuge de Ravenne. Le peuple de Bologne avait dès son départ renversé sa statue, et rouvert ses portes aux Bentivoglio. La convocation du concile général était affichée dans toute l'Italie. La ville de Pise était désignée, et le pape était sommé d'y comparaître. Jules II ne trouva d'autre moyen pour conjurer l'orage que de convoquer lui-même un concile à Rome, dont il fixa l'ouverture au 19 avril 1512, quoique la bulle de convocation fût du 18 juillet 1511. Il excommunia en même temps les cardinaux Carvajal, Briçonnet et Borgia, qui étaient à la tête du concile de Pise: le roi d'Aragon et de Naples prit les armes pour soutenir sa cause; les Vénitiens entrèrent dans cette ligue, qui fut appelée sainte; mais la bataille de Ravenne, le plus puissant argument du concile de Pise, eût rendu les Français maîtres du saint-siège et de l'Italie, si la mort de leur général Gaston et l'inhabileté de leurs autres chefs ne leur avaient enlevé tous les fruits de cette victoire. Jules II, qui avait failli mourir de peur, fut rassuré par les ambassadeurs d'Espagne et de Venise. D'autres dissentiments, au reste, le séparaient encore du saint-siège. Octave Farnèse, ayant prié vainement le pape de protéger la ville de Parme contre Charles-Quint, qui déjà s'était emparé de Plaisance, se tourna alors vers le roi Henri II; et une garnison française s'étant introduite dans Parme, Jules III ordonna à son légat de quitter la France si le roi ne consentait pas à rappeler cette troupe. Henri II répondit par un refus et par la défense expresse de porter aucun argent à Rome. Le pontife s'en vengea sur les Farnèse, et livra leurs villes à la discrétion des forces impériales. Mais le cardinal de Tournon, lui ayant fait craindre que la France fût amenée à en faire autant, Jules III pardonnant aux Farnèse, ordonna qu'on leur restituât la ville de Parme et quelques autres, en promettant à Henri II de ne plus se mêler de sa querelle avec l'empereur d'Allemagne. Cette paix n'eût pas eu de suites si Jean Baptiste del Monte, neveu du pape, n'avait pas été tué, peu de jours après, à l'attaque de La Mirandole, ce jeune ambitieux, soutenu par Charles-Quint, ayant bien certainement continué la guerre malgré la défense de son oncle. L'empereur avait, du reste, trop d'embarras en Allemagne pour songer à l'Italie, et le pontife ne craignit pas de lui causer un nouveau chagrin en excommuniant son frère Ferdinand, dont les sicaires avaient assassiné le cardinal Martinusius, évêque de Varadin. Mais cette sentence fut révoquée quelques mois après, à la sollicitation de Charles-Quint lui-même, et la maison d'Autriche se trouva blanchie de ce crime par le même pouvoir qui l'avait d'abord condamnée.

Un événement imprévu vint porter la joie dans la capitale de la chrétienté: Marie, fille de Henri VIII, était montée sur le trône d'Angleterre; elle avait assuré Jules III de son obéissance filiale, et lui avait demandé le cardinal Polus pour travailler avec elle à la soumission de son peuple. Bientôt le mariage de cette reine avec l'archiduc Philippe, fils de Charles-Quint, accrut les espérances du saint-siège. Le pape investit ce nouveau roi du royaume de Sicile, dont il le suppliait de le laisser en Italie. Mais le foyer du protestantisme était en Allemagne; et le pape, ayant plus d'intérêt à ménager l'empereur que le roi, satisfit aux exigences de Charles-Quint, en ordonnant la réunion des deux partis dans la ville de Trente, pour arriver à la pacification de l'Église. Les protestants, sommés d'y comparaître, y vinrent, le 7 janvier 1552, dans la personne des ambassadeurs de l'électeur de Saxe; mais le pape s'indigna qu'ils voulussent discuter leurs dogmes', et il défendit à ses légats de conférer avec des schismatiques. Les pères ne s'entendirent pas plus entre eux; l'approche d'une armée de confédérés d'Allemagne les frappa d'une terreur si grande, qu'ils se dispersèrent d'eux-mêmes, et les derniers qui restèrent prononcèrent la suspension du concile, le 24 avril 1552, avec autorisation de Jules III.

L'établissement de la Société de *Jésus* occupa longtemps ce pontife, qui lui fut dévoué dès l'origine. Il confirma les bulles que Paul III avait accordées à Ignace de Loyola, et prit les jésuites sous sa protection. Cette protection ne fut point assez puissante toutefois pour résister aux répugnances du parlement, de l'université et du clergé de France, et Jules III n'eut pas la joie de les voir établis de son vivant dans ce royaume. place de Paul III. Il débuta par dégrader le cardinal en le conférant à un laquais bouffon, à un enfant de dix-sept ans, qu'il avait ramassé sur le pavé de Bologne; et quand le sacré collège osa le lui reprocher par la bouche du cardinal Caraffa, il lui fit entendre que le sacré collège lui-même l'avait tiré presque d'aussi bas pour en faire un pape; cette facétie réduisit les cardinaux au silence.

Le concile de Trente était ouvert depuis long temps; les pères qui y siégeaient s'étaient divisés suivant qu'ils tenaient pour Charles-Quint ou pour Henri II de France. Les partisans du second s'étant retirés à Bologne, et les Allemands persistant à rester à Trente, Charles-Quint sollicita le nouveau pontife d'y rétablir la totalité du concile, tandis que Henri II le suppliait de le laisser en Italie.

JULES III (Jean-Marie GIOCCHI) appartenait à une famille bourgeoise de Monte-Sansavino de Toscane, et c'est de là qu'il prit le nom de cardinal *del Monte*, comme l'avait fait un de ses oncles sous le pontificat de Jules II. Nommé successivement archevêque de Siponte, président de la chambre apostolique, légat de Bologne et gouverneur de Rome, il triompha de toutes les brigues du conclave à l'aide de la faction italienne, et fut élu le 8 février 1550, à la

JULES — JULIE

son père s'était démis en sa faveur, et le cardinal Polus eut la gloire de réconcilier les Anglais avec la papauté. Mais cette joie fut de courte durée. L'ambassade d'un patriarche arménien et l'envoi de quelques évêques *in partibus* chez les peuples d'Abyssinie ajoutèrent aux consolations dont Jules III avait besoin pour supporter les désordres que causait en Italie la guerre de la France et de l'Empire. Le mariage de son neveu avec la fille du duc de Florence, Côme de Médicis, compensa bientôt la fâcheuse nouvelle qu'il reçut de l'ouverture de la diète d'Augsbourg et de quelques propositions que Ferdinand y avait faites contre les intérêts du saint-siège. Il y répondit par une bulle d'excommunication contre les usurpateurs et détenteurs des biens de l'Église et des couvents; mais comme de puissants catholiques avaient profité de la guerre civile pour s'enrichir de ces sortes de pillages, cette bulle était peu propre à pacifier l'Allemagne. La mort sauva Jules III des nouveaux embarras qui devaient en résulter pour le saint-siège. Il mourut le 23 mars 1555, à l'âge de soixante-sept ans. Fleury a loué la fermeté de son caractère : ce n'est pas une vertu quand elle est poussée à l'excès. Son naturel facétieux lui fit, d'un autre côté, bien des ennemis, et les principaux historiens de son temps lui prêtent plus de vices qu'il ne convient à un pape.   VIENNET, de l'Académie Française.

JULES L'AFRICAIN (SEXTUS JULIUS AFRICANUS), historien chrétien du troisième siècle, né à Nicopolis, en Palestine (l'ancienne Emmaüs), écrivit une *Chronologie* pour prouver la haute antiquité des principaux dogmes du christianisme et la nouveauté relative des croyances polythéistes. Elle était divisée en 500 livres et renfermait le tableau de l'histoire universelle depuis Adam jusqu'à l'empereur Macrin. Il n'en reste que des fragments cités par Eusèbe et quelques pères. Dans une de ses lettres il envoya une concordance entre la version de saint Luc et celle de saint Matthieu sur la généalogie de Jésus-Christ; dans une autre adressée à Origène, il examine au point de vue critique l'histoire de Suzanne, et se prononce contre son authenticité. On lui attribue en outre quelques fragments d'un livre intitulé *Les Cestes* et traitant de sciences et d'art militaire. Jules l'Africain fut protégé par l'empereur Héliogabale.

JULES ROMAIN, dont le véritable nom était GIULIO PIPPI, naquit à Rome, en 1492. On ne sait rien sur sa famille, mais on doit croire qu'elle n'était pas dans le besoin, puisque, dès son enfance, il reçut de l'instruction, et fit une étude particulière des médailles et des antiquités. Raphaël le fit son légataire, conjointement avec *il Fattore*, un autre de ses élèves. Doué d'un génie ardent et d'une imagination féconde, Jules surpassa bientôt tous ses condisciples, et, n'ayant pas eu d'autre maître que Raphael, celui-ci ne tarda pas à utiliser son talent pour l'aider dans l'exécution des travaux immenses dont il était alors chargé au Vatican. Lors de la mort de ce grand peintre, en 1520, Jules, avec l'aide de François Penni, continua les travaux commencés par son maître. En 1523, il fut chargé, par le pape Clément VII, de peindre, dans la salle de Constantin, les grandes fresques dont Raphael avait laissé les dessins ; il fit celles qui représentent l'allocution de Constantin à son armée, lors de l'apparition du *labarum*, et la bataille dans laquelle Constantin fut victorieux de Maxence, sur les bords du Tibre.

Jusqu'à cette époque, Jules Romain n'avait été considéré que comme le disciple habile d'un maître plus habile encore; mais il fit voir alors qu'il pouvait se passer de guide, et s'il perdit un peu de la grâce que possédait Raphael à un si haut degré, il ne cessa pas d'être grand, noble, majestueux et profond dans ses compositions comme dans son style. Il peignit plusieurs madones pour divers couvents, une *Flagellation de Jésus-Christ* pour l'église de Saint-Praxède. Son chef-d'œuvre est un *Martyre de saint Étienne*, qu'il fit pour Mathieu Ghiberti, dataire du pape. Placé d'abord à Gênes, sur le maître autel de l'église des moines du mont Olivet, ce tableau fut donné par la ville de Gênes au gouvernement français; repris en 1814, il se voit maintenant au musée de Turin, où il fait continuellement l'admiration des connaisseurs.

La renommée de Jules Romain ayant pris un grand accroissement comme peintre et aussi comme architecte, il fut appelé par Frédéric de Gonzague, alors marquis de Mantoue, et chargé par lui de l'exécution des grands travaux que ce prince avait pris la résolution de faire faire, pour l'embellissement et l'assainissement de la ville. Ces motifs devaient être suffisants pour déterminer Jules à quitter Rome. C'est donc à tort que Vasari a cherché à faire penser qu'une cause peu honorable avait forcé notre artiste à sortir de la ville pour éviter la prison. Ce conte ridicule a été depuis rapporté par tous les biographes, comme si le fait ne présentait aucun doute, et cependant il est bien loin d'être prouvé. C'est à tort que l'on a prétendu, tantôt que Jules Romain avait fait des figures obscènes, destinées à accompagner certains sonnets de l'Arétin, tantôt que le poëte avait fait ces vers pour être placés au bas de figures faites par le peintre son ami; tantôt, enfin, que ces postures avaient été gravées par Marc-Antoine, et que le pape, n'osant sévir contre le poëte, dont on craignait la plume hardie, et ne pouvant atteindre le peintre, qui s'était enfui, aurait exercé sa vengeance sur le graveur, en le mettant en prison pour avoir fait servir son burin à la reproduction de dessins licencieux. Toutes ces assertions manquent de preuves, et avant de les répéter on aurait dû réfléchir que si en effet il eût existé vingt gravures de cette nature, quelques unes que l'on eût pu prendre alors pour détruire de telles estampes, il serait impossible qu'il n'en fût échappé quelques épreuves, qui se seraient retrouvées depuis. Or, on ne trouve nulle part rien de ce genre qui puisse raisonnablement être attribué ni à Jules Romain ni à Marc-Antoine.

Un des travaux les plus importants que Jules ait eu à faire est ce magnifique palais du T, à Mantoue, dont l'architecture et les peintures sont également admirables. C'est là que, donnant l'essor à son imagination, il créa une foule de tableaux, dans lesquels on ne sait ce qui doit le plus étonner, ou de la fécondité de son génie, ou de la facilité de son exécution. Plus tard, il eut à peindre, dans le palais de Mantoue, une galerie où il représenta l'histoire de la guerre de Troie. Il fait ces ses tableaux, parmi lesquels on doit citer l'*Adoration des bergers*, qui, placée d'abord à la chapelle Saint-André de Mantoue, fut dans la suite donnée par le duc à Charles Ier, roi d'Angleterre, puis achetée, après sa mort, par le riche amateur Jabach; elle est maintenant dans la galerie du Louvre. Jules Romain eut aussi à construire un grand nombre d'édifices publics et particuliers, qui embellirent la ville de Mantoue et la rendirent méconnaissable. Le duc, admirateur des talents de ce célèbre artiste, l'en récompensa par des faveurs et des bienfaits souvent renouvelés. Après la mort du duc Frédéric, en 1540, Jules alla à Bologne, où il donna le plan d'une nouvelle façade pour l'église de Saint-Pétrone; et lors de la mort d'Antoine Sangallo, il aurait sans doute été nommé architecte de Rome, si sa santé ne se fût dérangée à tel point qu'il succomba peu de temps après, le 1er novembre 1546, à l'âge de cinquante-quatre ans.   DUCHESNE aîné.

JULIANE-MARIE, reine de Danemark, seconde femme du roi Frédéric V (*voyez* CAROLINE-MATHILDE).

JULIANS HAAB, l'établissement le plus important des Danois dans le Groenland.

JULIE. L'histoire romaine compte plusieurs femmes célèbres de ce nom.

JULIE, fille unique de l'empereur Auguste et de sa seconde femme Scribonia, naquit trente-neuf ans avant J.-C. Aussi célèbre par sa beauté et son esprit que par ses grâces et son affabilité, elle épousa, l'an 25 avant J.-C., le neveu d'Auguste, Marcus Claudius Marcellus, et à sa mort, Marcus Vipsanius Agrippa, à qui elle donna trois fils et deux filles. Sa belle-mère Livie, qui la haïssait depuis son mariage avec Marcellus, et qui la voyait menacer les projets

712 JULIE — JULIEN

qu'elle formait pour son fils Tibère, décida Auguste, à la mort d'Agrippa, à la marier à Tibère, pour assurer à ce dernier l'espérance de lui succéder dans sa toute-puissance. Ce mariage eut lieu en dépit de la résistance de Julie, et les époux vécurent ensemble jusqu'à l'an 2 avant J.-C., époque à laquelle Auguste annonça au sénat que sa fille s'était oubliée au point de prendre le Forum pour théâtre de ses débordements nocturnes. On l'accusait déjà dans le public de faire chaque matin attacher à la statue de Mars autant de couronnes qu'elle avait reçu d'amants dans la nuit. Auguste alors l'exila dans l'île déserte Pandatarie, aujourd'hui Ventotiène, près de Naples. Plusieurs hommes distingués, désignés comme ses amants, subirent l'exil ou la mort. De Pandatarie, où sa mère Scribonia l'avait accompagnée, Julie fut plus tard conduite à Regium (Reggio), où, laissée par Tibère dans la détresse et le besoin, elle expira, l'an 14 ou 15 de J.-C.

JULIE, fille de César, qui l'unit à Pompée, retarda par ses vertus l'explosion de la jalousie de ces deux adversaires, jusqu'à sa mort, arrivée l'an 53 avant J.-C.

JULIE, fille de Titus, destinée à Domitien, qui refusa de l'épouser, lui inspira plus tard une passion assez vive pour que son amant, devenu empereur, fît mourir sa femme, et Sabinus, époux de Julie, afin de se livrer avec elle, dans le palais impérial, aux plus honteux débordements. Elle mourut l'an 80 après J.-C., victime d'un breuvage qu'elle avait pris pour se faire avorter.

JULIE-DOMNE, femme de l'empereur Septime Sévère, née à Cnosse, dans la Phénicie, d'un père prêtre du soleil. Sur le trône elle suivit son penchant à la volupté, sans que son époux osât l'en reprendre. Après sa mort elle s'efforça inutilement de maintenir en bonne intelligence ses fils Caracalla et Géta. Elle n'y put parvenir, et Caracalla la blessa même à la main lorsqu'il assassina son frère dans ses bras. Elle dissimula le chagrin de cette perte pour garder son influence; mais après la mort de son second fils, n'ayant pu s'assurer l'empire, elle se laissa mourir de faim, l'an 217.

JULIE (*Zoologie*). Ce nom a été donné par Geoffroy à une espèce d'insecte qui est la plus remarquable du genre *ashne*, de l'ordre des névroptères, établi par Fabricius, aux dépens des libellules de Linné et de Geoffroy. La julie, *ashna grandis* de Fabricius, est de couleur fauve, avec trois lignes vertes obliques de chaque côté du thorax, et l'abdomen tacheté de jaune verdâtre et de bleu. On la voit, dans les prairies et sur les bords des eaux, voler avec une très-grande rapidité et chasser les mouches à la manière des hirondelles.
L. LAURENT.

JULIEN (FLAVIUS CLAUDIUS JULIANUS), empereur romain, surnommé *l'Apostat* par les Chrétiens, fils de Jules Constance, frère de Constantin le Grand, et de Basiline, fille du préfet Julien, naquit à Constantinople, le 6 novembre 331. Julien avait à peine six ans lorsqu'il vit son père et plusieurs personnes de sa famille massacrés par les ordres de son oncle Constance II. Son jeune frère Galius et lui échappèrent seuls aux assassins. Leur éducation fut confiée à Eusèbe, évêque de Nicomédie, qui leur donna pour gouverneur l'eunuque Mardonius, homme distingué, qui ne faillit pas à cette tâche. Les deux enfants furent élevés dans la religion chrétienne. On les fit même entrer dans le clergé, afin de les écarter du trône impérial, et ils remplirent les fonctions de lecteurs dans leur église. Cette éducation agit diversement sur les deux frères. Galius demeura toujours attaché au christianisme. Julien, plus âgé, avait vivement senti la persécution exercée contre sa famille, ainsi que l'état de contrainte et de terreur dans lequel on avait maintenu sa jeunesse. Il chercha des consolations dans l'étude des belles-lettres et de la philosophie; il s'y livra avec ardeur. Il avait vingt-quatre ans lorsqu'il vint à Athènes, où il suivit les leçons de divers maîtres et surtout celles du rhéteur Maxime d'Éphèse. La philosophie des néoplatoniciens séduisit son esprit ardent et sceptique à la fois; des prédictions astrologiques, dont sa haute raison ne sut pas se défendre, achevèrent de le détourner du christianisme, en lui montrant l'empire s'il rétablissait le polythéisme. Dès lors Julien n'eut plus qu'une pensée, reconstruire le passé; mais le temps n'était pas encore venu, il sut dissimuler.

Sur ces entrefaites, le farouche Constance, n'ayant point d'héritier, se détermina, d'après le conseil d'Eusébie, sa femme, à proclamer César ce Julien dont il avait égorgé le père. Il lui donna même sa sœur Hélène en mariage, et le fit sur-le-champ passer dans les Gaules pour repousser les invasions des Germains. D'éclatants succès couronnèrent les efforts du nouveau César; les barbares furent battus en vingt rencontres et la guerre transportée au delà du Rhin. Pendant l'hiver, Julien prenait ses quartiers d'hiver dans sa chère Lutèce, qu'il se plut à embellir et où il habitait le fameux palais des Thermes. Toute la Gaule, pendant les cinq ans qu'il y resta, bénit son administration et la douceur de son gouvernement.

Constance, jaloux de cette popularité, lui demande ses meilleures troupes pour son expédition contre les Perses; mais celles-ci se mutinent, et proclament Julien auguste, au mois de mars 360. L'année suivante, Julien, qui n'a pu désarmer l'empereur par ses protestations, marche à sa rencontre. Il suit les bords du Danube, pénètre en Illyrie, et s'arrête pour assiéger Aquilée, lorsqu'il apprend la mort de Constance. Alors il traverse la Thrace, arrive le 11 décembre 361 à Constantinople, où il est proclamé de nouveau.

Aussitôt il prend le titre de grand-pontife, et dans un manifeste adressé aux Athéniens annonce officiellement la restauration du culte ancien. Cette révolution religieuse et politique, que l'empereur méditait depuis dix ans, lui eût-il été donné de l'accomplir, s'il avait régné plus longtemps? Quoi qu'il en soit, il fut un monarque accompli pendant le petit nombre de mois qu'il occupa le trône. Il fit une guerre impitoyable à tous les abus, au luxe et à la mollesse. Il réforma toute la maison impériale, congédia les baigneurs, les barbiers, les cuisiniers, les eunuques, dont il n'avait plus besoin, puisqu'il n'avait plus de femme, et ne voulait pas se remarier. Les *curiosi*, sorte d'espions de palais, furent supprimés, et ce retranchement de tant de charges inutiles tourna au profit du peuple, auquel on remit le cinquième de tous les impôts. La libéralité de Julien était sans bornes : « Ne refusons pas même à notre ennemi, disait-il, car ce n'est pas aux mœurs ni au caractère, c'est à l'homme que nous donnons. » L'histoire ne peut lui reprocher aucun acte de vengeance ou de cruauté. Il pardonna aux plus ardents de ses ennemis, et s'il persécuta le christianisme, du moins ce ne fut pas avec les armes du fanatisme, le fer et le feu. Il se borna à révoquer les privilèges concédés aux chrétiens et à dépouiller les églises de leurs biens pour en faire des dotations militaires, « afin, disait-il, de ramener les fidèles à la pauvreté évangélique ». Pour la même raison il leur défendit d'exercer les charges publiques, de plaider et d'enseigner les belles-lettres. Jaloux de faire mentir la prédiction de J.-C., il entreprit de réunir les Juifs en corps de nation et de rebâtir le temple de Jérusalem. On sait le fameux miracle qui survint alors, s'il faut en croire Ammien Marcellin et quelques Pères de l'Église, qui ont rapporté le fait d'après des autorités fort suspectes.

Cependant Julien voulait venger l'empire romain des désastres que les Perses lui avaient fait éprouver depuis soixante ans. Ses premières armes furent heureuses. Il prit plusieurs villes aux ennemis et s'avança jusqu'à Ctésiphon. Il fit passer le Tigre à son armée au-dessous de cette ville, mais au bout de quelques jours, ne trouvant ni grains ni fourrages dans un pays incendié par l'ennemi lui-même, il fut contraint de battre en retraite. Supérieur dans tous les combats aux lieutenants de Sapor, roi de Perse, il approchait des frontières romaines, lorsque, le 26 juin 363, il fut blessé mortellement. Julien parut regretter peu la vie; il employa ses derniers moments à s'entretenir de la noblesse des âmes avec Maxime, et expira la nuit suivante, à trente-deux ans.

Il nous reste de lui plusieurs *Discours*, des *Lettres*, des *Satires*. La *Satire des Césars* est très-curieuse; rien n'est plus singulier que ce jugement porté sur les rois du monde par l'un d'eux. Son *Misopogon*, satire contre les habitants d'Antioche, qui s'étaient moqués de sa longue barbe et de sa simplicité philosophique, est un chef-d'œuvre d'esprit et d'ironie.

[Qu'est-ce que cet empereur Julien, si vivement attaqué par les uns, si passionnément prôné par les autres; que la religion réprouve comme un misérable apostat, que la philosophie du dix-huitième siècle assimile à Marc-Aurèle? Peu de guerriers ont eu plus de courage, peu de souverains ont porté une sollicitude plus active, plus éclairée dans les affaires du gouvernement. Quant au mérite littéraire, qui est beaucoup moins requis dans un empereur, on sait qu'il en était assez pourvu pour briller en quelque rang que le ciel l'eût fait naître. Julien fût-il qu'un écrivain, passerait sans doute pour un des plus ingénieux de l'antiquité. Ce n'est pas cependant sous ce rapport qu'il a mérité d'être appelé par Voltaire *le second des hommes*; et si on ne le considère que dans les qualités morales qui pourraient justifier un si bel éloge, on l'en trouvera bien indigne. Perfide et intolérant, hypocrite et ambitieux, il n'avait que le masque du philosophe. C'est à son intolérance même, à sa haine effrénée contre le christianisme, qu'il doit l'enthousiasme dont il a été l'objet dans le siècle dernier. C'est une entreprise assez difficile que de déposséder Julien de cette réputation d'emprunt. Il en jouit par droit de prescription, même dans les études classiques; et des écrivains, d'ailleurs judicieux, n'ont pas hésité à composer l'histoire de son règne des éloges emphatiques d'Eunape, de Mamertin, de Libanius, qui n'étaient pas des historiens, mais des rhéteurs stipendiés à la suite de la cour. Il est tout simple que Julien ait été flatté, il y avait de quoi; mais ce sont là de singulières pièces officielles pour fonder le jugement des siècles : si jamais notre histoire est écrite sur des documents du même genre, la postérité sera bien instruite !

Une des choses qu'on est convenu d'admirer dans Julien, c'est son éloignement pour la vie publique, sa répugnance pour la vie. Quand on lui apprend dans Athènes qu'il est associé à la puissance suprême, il pleure, il se désole, et soupire après les charmes de sa retraite, il regrette les ombrages de l'Académie et sa petite maison de Socrate. Sa révolte dans Lutèce n'est pas plus volontaire que sa première adhésion au choix qui l'appelle sur les degrés du trône. C'est avec contrainte, avec douleur, qu'il accepte le titre d'auguste. Quand il est accusé, il proteste de son innocence à la face du ciel et de la terre. Il se plaint que Jupiter ait exigé de lui qu'il ceignît le bandeau impérial; et il est clair que Jupiter l'avait exigé en effet, nos philosophes n'en ont jamais douté. Il jure enfin *par tous ses dieux* qu'il n'a point connaissance du complot tramé par ses légions.

Arrivé à l'empire du monde, Julien, désespéré, se réfugie au fond de son palais pour y gémir en liberté sur le malheur attaché à la toute-puissance. Il renoncerait peut-être à cet honneur dangereux, si le génie de l'empire ne lui apparaissait pour obtenir son appui : mais que répondre au génie de l'empire? Julien était le plus impudent des charlatans. Il aimait beaucoup la puissance, tout en ayant l'air de la dédaigner; et il n'en disait du mal, suivant une heureuse expression de Voltaire, que pour en dégoûter les autres.

Julien avait appris par expérience qu'on fait les révolutions avec des sophistes et des rhéteurs. Quand il occupa le rang suprême, il se crut obligé à les ménager; il fut des ses ministres, ses favoris, ou plutôt ses admirateurs à titre d'office. Sa cour fut une sorte de lycée, où de tous les talents un seul toutefois se perfectionna beaucoup, celui de flatter. L'histoire ne citera qu'un homme qui ait été aussi bassement, aussi outrageusement adulé en sa présence. Quand on lit les déclamations auxquelles il daigna prêter une oreille complaisante, on ne sait ce qui l'emporte, de l'impassible vanité de César ou de l'opprobre de ses courtisans.

Ce gouvernement investi de tant de genres de gloire ne laissa cependant rien de durable. L'empereur faisait des livres, les gens de lettres faisaient des lois, et le paganisme, avec le double auxiliaire de l'épée et de la plume de Julien, tombait pour ne plus se relever. Il semble cependant que le christianisme ne pouvait se choisir un plus redoutable adversaire. Julien réunissait pour l'attaquer l'esprit, la mauvaise foi, l'art de manier le ridicule, le pouvoir et peut-être le goût de proscrire, une valeur signalée par les plus beaux faits militaires, une ténacité invincible, un bonheur invariable dans ses entreprises, des armées dévouées jusqu'au fanatisme, des conseillers qui passaient pour les derniers dépositaires de toutes les connaissances des temps anciens, des affidés comblés d'or, et qui étaient capables de tout pour de l'or : c'étaient bien des garants de succès. Le triomphe de la cause opposée est au moins un miracle que Julien lui-même ne contesterait pas.

Charles NODIER, de l'Académie Française.]

JULIEN (Calendrier), ANNÉE JULIENNE. *Voyez* CALENDRIER et ANNÉE.

JULIENNE (*Botanique*), genre de la famille des crucifères, établi par Tournefort et adopté par Linné et tous les auteurs modernes. Ce genre renferme plus de quarante espèces. La plus remarquable par la beauté et l'odeur agréable de ses fleurs est la *julienne des dames* (*hesperis matronalis*, L.). Elle croît naturellement le long des haies et des buissons de l'Europe méridionale et dans les lieux couverts. Elle est cultivée dans les jardins comme fleur d'ornement, sous les noms de *julienne, cassolette, beurrée, damas*, etc. Elle produit plusieurs variétés à fleurs doubles, qui se multiplient par boutures, en septembre. La plus curieuse de ces variétés monstrueuses est celle connue sous le nom de *fotisflora*, dans laquelle les pétales, les étamines et le pistil sont transformés en feuilles d'un vert tendre.

L. LAURENT.

JULIENNE (*Art culinaire*). C'est le nom d'un potage fait avec plusieurs sortes d'herbes et de légumes, notamment des carottes coupées menues. Dans ces derniers temps on est parvenu à conserver ces herbes hachées au moyen de la dessiccation, de manière à faire des juliennes en tout temps.

JULIENNE (Période). *Voyez* PÉRIODE.

JULIENNE DE MAHON. *Voyez* GIROFLÉE DE MAHON.

JULIERS, ancien duché dépendant de la province du Rhin, royaume de Prusse, situé sur la rive gauche du Rhin, et comprenant dans sa plus grande étendue 52 myriamètres carrés avec près de 400,000 habitants. Il ne se composa d'abord que du *gau* de Juliers, administré par des comtes, qui dès le onzième siècle en étaient possesseurs héréditaires, et qui lors de la décadence du duché de la basse Lorraine, auquel ils étaient soumis, parvinrent à ne plus relever que de l'Empire. Au nombre de ces comtes, on distingue particulièrement *Guillaume V*, qui, en 1336, fut confirmé dans ses droits de souveraineté immédiate par l'empereur Louis IV, et élevé à la dignité de margrave et de porte-sceptre impérial ; seulement, il dut partager cette dernière charge avec les comtes de Brandebourg. En 1357 Guillaume V reçut de l'empereur Charles IV le titre de *duc*. De ses fils, l'un, *Gérard*, acquit par mariage le comté de Berg; l'autre, *Guillaume VI*, qui lui succéda à Juliers, en 1362, acquit le comté de Gueldre. Ces pays furent réunis sous le duc Adolphe, en 1420. Le dernier rejeton mâle de cette branche princière, *Guillaume VIII*, laissa en 1511 son duché à sa fille *Marie*, qui épousa *Jean le Pacifique*, duc de Clèves; les duchés de Juliers et de Berg se trouvèrent ainsi réunis avec Clèves, quand, en 1521, ce dernier parvint à la souveraineté. Lors de l'extinction de cette maison princière de Clèves, arrivée à la mort de Jean-Guillaume, le 25 mars 1609, éclata la *querelle* dite *de la succession de Juliers*, laquelle ne se termina qu'en 1666, par un compromis conclu entre les prétendants ; par ce traité Juliers passa à la maison palatine de Neubourg. Celle-ci, à son tour, étant venue à s'éteindre, en 1742, Juliers, avec ses dépendances, passa encore à une autre famille, pour être ensuite réuni à la Bavière, à laquelle il demeura attaché jusqu'en 1801, où la paix de Lunéville l'incorpora à la France et en fit le département *de la Roër*. Le congrès de Vienne, en 1815, adjugea à la Prusse le pays de Juliers, sauf quelques parties, demeurées au Limbourg; et la majeure partie de ce duché, de 4 myriamètres carrés environ, avec 40,000 habitants, se trouve aujourd'hui comprise dans l'arrondissement d'Aix-la-Chapelle.

La ville de JULIERS, sur le Roër, de 3,000 habitants, est une place forte de troisième classe.

JULIUS, nom d'une race romaine, dont il est déjà mention dans l'histoire de Romulus, et dont le dictateur Caius Julius Cæsar faisait remonter l'origine à Julius ou *Ascanius*, fils d'Énée, et petit-fils de Vénus et d'Anchise. Parmi les familles appartenant à cette *gens* patricienne, les plus connues sont celles qui se distinguaient par les surnoms de *Julius* et de *Cæsar*. Plusieurs membres de la première furent, au commencement de la république, revêtus des plus hautes fonctions publiques. On explique diversement ce surnom de *Cæsar*, que quelques auteurs prétendent être dérivé d'un mot carthaginois signifiant *éléphant*: c'est en tuant un de ces animaux qu'un Julius aurait valu à sa race ce nom, que le grand César a rendu immortel.

Parmi les personnages historiques de cette race, il faut citer: *Sextus Julius* CÆSAR, préteur l'an 208 av. J.-C., le premier qui ait porté ce surnom. Puis, avant le dictateur *Caius-Julius* CÆSAR, qui, par adoption, fit entrer (an 44 av. J.-C.) dans la famille *Julienne* son petit-neveu, Caius Octavius, appelé dès lors *Caius Iulius Cæsar* OCTAVIANUS (*voyez* AUGUSTE); *Lucius-Julius* CÆSAR, consul en l'an 90 av. J.-C., qui combattit les Samnites avec le plus grand succès, et pour, prévenir la défection de tous les alliés, proposa la loi qui accordait le droit de cité aux Italiens et aux Latins demeurés fidèles à la cause de Rome (*Lex Julia de Civitate*). Il périt en l'an 87, assassiné comme adversaire de Marius et de Cinna. Son frère, *Caius Julius Cæsar* STRABO, qui avait été édile en l'an 90 et s'était fait une réputation comme orateur et comme poète tragique, eut le même sort.

JUMEAUX, JUMELLES. En parlant des personnes, on désigne par ce nom, qui est pris tantôt comme adjectif, tantôt comme substantif, les enfants nés d'une même couche: on dit des *frères jumeaux*, des *sœurs jumelles*, ou des *jumeaux*. Les enfantements, dans ces accouchements extraordinaires, sont communément doubles; quelquefois ils sont triples; on va même le nombre des jumeaux s'élever jusqu'à quatre et même cinq. Mais de tels cas sont très-rares, surtout quand les enfants naissent tous viables. En général, dans ces grossesses composées, le développement des fœtus est moins considérable que dans les grossesses simples, et quand le nombre des jumeaux dépasse le nombre deux, la plupart d'entre eux sont des avortons.

Ces naissances simultanées semblent resserrer les doux liens de la fraternité: on trouve ordinairement entre les jumeaux un attachement vif et durable, une grande conformité de goûts et de sentiments; ils éprouvent aussi les mêmes maladies, et la durée de leur existence est souvent la même. Une même similitude se rencontre au physique parmi ces frères ou ces sœurs; leur ressemblance est quelquefois telle qu'on ne peut les distinguer sans avoir vécu intimement avec eux. Ces ressemblances exactes, qui occasionnent plusieurs méprises, ont été exploitées sur le théâtre de l'antiquité, et les scènes française et moderne ont offert plusieurs rénovations des Ménechmes. Outre l'anomalie relative à leur naissance, les jumeaux présentent assez souvent des cas de monstruosités. Buffon a cité deux jumelles hongroises attachées ensemble par la partie postérieure du bassin, et qui ont vécu au delà de vingt ans. Naguère on vit à Paris un double individu plus monstrueux encore, baptisé sous le nom de Ritta Christina, et depuis les frères Siamois nous ont offert des exemples de diverses singularités qu'on rencontre parmi les jumeaux.

On désigne aussi par le même nom adjectif les produits destinés à continuer les espèces végétales, etc.: ainsi, des noix, des amandes, sont appelées *jumelles* quand ces fruits sont doubles ou triples dans leur enveloppe. En parlant des choses, on emploie fréquemment la même expression: deux lits, par exemple, sont *jumeaux* quand ils sont appariés; deux muscles pairs concourant au mouvement de la jambe ont reçu la même dénomination. Les *artères*, les *veines jumelles*, les *nerfs jumeaux* aboutissent ou se perdent dans les muscles jumeaux.   D' CHARBONNIER.

JUMEAUX DE LA RÉOLE (Les). *Voyez* FAUCHER (César et Constantin).

JUMELÉ. En termes de blason, ce mot se dit d'un sautoir, d'un chevron ou de toute pièce formée de deux jumelles.

JUMELLE (*Marine*). *Voyez* GABURON.

JUMELLES. Dans les arts mécaniques, ce mot s'emploie généralement pour désigner deux pièces de bois ou de métal qui sont semblables, et entrent dans la composition d'une machine ou d'un outil, comme les jumelles d'une presse, d'une tour, d'un étau.

JUMELLES. *Voyez* LORGNETTE.

JUMELLES (*Blason*), se dit de deux petites fasces, bandes, barres, etc., parallèles, qui n'ont que le tiers de la largeur ordinaire.

JUMENT, cavale, femelle du cheval.

JUMIÉGES, le plus magnifique monastère de la Normandie, abbaye célèbre par la science de ses docteurs et par le talent de son grand historien, Guillaume de Jumiéges, ainsi nommée, disent les uns, parce que les religieux *gémissaient* tout le jour; ainsi nommée, disent les autres, du mot *gemma*, pierre précieuse, car l'abbaye de Jumiéges brillait de l'éclat du diamant parmi les monastères du monde chrétien.

Jumiéges est une presqu'île, sur la Seine, entre Rouen et Caudebec. Saint Filibert en fut le premier fondateur. Filibert était un des habitués de la cour de Dagobert, et il fit une amitié toute chrétienne avec l'abbé de Saint-Ouen, deux belles âmes également remplies de ces deux passions chrétiennes, la charité et la solitude. Sur le rivage de la Seine, Filibert avait rencontré les ruines d'un château romain, brûlé par les barbares; il y bâtit trois églises: l'une à la Vierge, l'autre à saint Denis, la troisième à saint Germain et à saint Pierre. Il disposa des dortoirs pour soixante-dix religieux, à qui il fit embrasser la règle de Saint-Benoît. Ces premiers religieux étaient des hommes presque divins: la prière, le travail, l'obéissance, la pauvreté, la prédication de l'Évangile, telle était l'œuvre commune. Les peuples de la Neustrie bénissaient ces nouveaux venus, qui leur donnaient l'exemple des vertus humbles et fortes. Bientôt l'abbaye fut encouragée par le premier miracle. On était sous le règne de Clovis II et de sa femme Batilde; Clovis II, en partant pour faire ses dévotions au monastère de Jésus-Christ, confie à son fils la terre de France, que le jeune prince devait gouverner sous l'autorité de sa mère Batilde. Le roi parti, le prince écoute avec mépris les sages conseils de sa mère, et dans sa désobéissance il entraîne son frère. Voilà la reine dépouillée par ses deux fils, et Dieu sait ce qui fût advenu si, dans un songe, le roi Clovis II n'eût pas été averti des désordres de son royaume. Aussitôt le roi part, il arrive; et lui, le maître, il est reçu à main armée par ses deux fils révoltés. La lutte ne fut pas de longue durée: Clovis II, vainqueur de la rébellion, condamne ses deux fils à être énervés; et, en conséquence, *il leur fait cuire les jarrets*. Ce terrible châtiment n'est pas mieux expliqué dans cette chronique. Ce qui est vrai, c'est que l'énervement est un supplice du moyen âge: le supplicié restait vivant, mais sans force, sans valeur, ombre inutile. Une fois énervés, les deux enfants de Clovis ne sont plus pour leur père qu'un objet de sympathie et de pitié; on eût dit, à les voir énervés et languissants, le pâle reflet de ces deux jeunes gens naguère encore pleins de force et de vie. Chaque jour le roi contait sa peine à la reine: *Ah! dame, comme pourrions-nous voir toute notre vie et endurer la tribulation de nos enfants ?* A la fin, la reine, se fiant aux décrets de la Providence, conseille à son mari de placer les *énervés* dans un bateau sur la rivière de Seine, et que Dieu saura bien où les conduire. Ainsi fit le roi : les deux jeunes gens montèrent dans la nef en présence du peuple assemblé, et poussés par l'onde obéissante, ils abordèrent à l'abbaye de Jumiéges, où ils furent reçus par Filibert; là ils vécurent résignés, et ils moururent après une longue vie passée dans la prière. Leur tombeau, retrouvé par un grand bonheur, est resté un des ornements les plus curieux de ces ruines magnifiques. Quant à l'authenticité de ce récit, il n'y a qu'un seul mot qui serve : *Miracle!* Clovis II, roi fainéant, n'eut pas, que nous sachions, d'autre fils que Clotaire, Childéric et Thierry ; il mourut âgé de vingt-six ans à peine, sans avoir quitté son royaume et sans avoir énervé personne. Mais à quoi bon se battre contre la légende ? La légende est le roman de l'histoire, elle en est le poême et le merveilleux ; on l'écoute avec admiration, on la répète avec enthousiasme; elle est la terreur des petits enfants, le drame du foyer domestique.

Pas un roi de France qui n'ait protégé l'abbaye de Jumiéges. Le roi Pepin fait de l'abbé de Jumiéges son ambassadeur près des papes Étienne III et Paul Ier. Louis *le Débonnaire*, roi d'Aquitaine, avait pour chapelain l'abbé de Jumiéges. En 840, Hasting le Danois, le terrible Hasting arrive avec sa bande jusqu'à l'embouchure de la Seine ; il menaçait l'abbaye de Jumiéges. Les religieux se défendent en braves gens ; ils sont massacrés sans pitié. Sur ce rivage sont débarqués Rollon et ses compagnons; mais Rollon, frappé de respect, et prévoyant que sur cette terre fertile serait placé son royaume à venir, respecta les ruines de l'abbaye. Lorsque enfin les Normands de la Seine furent les maîtres de la Neustrie, quand Charles *le Simple* « eut reconnu Rollon maître de tout le territoire, à partir de la rivière d'Epte jusqu'à la mer, » le monastère commença à sortir de ses ruines. Le valeureux fils de Rollon, Guillaume *Longue Épée*, un jour qu'il était à la chasse, rencontre, au carrefour de la forêt, un sanglier furieux, qui pousse droit au prince : l'épieu que le duc Guillaume tient à la main se brise, Guillaume est perdu!... Mais, ô miracle ! le sanglier passe sans lui faire de mal. Alors *Longue Épée*, touché de ce miracle de la Providence, fait le vœu de relever l'antique abbaye, et le lendemain il envoie à cette place ses ouvriers les plus habiles. Après la mort de Guillaume *Longue Épée*, et dans la première jeunesse de Richard Ier, duc de Normandie, le roi de France, Louis d'*Outre-mer*, s'empara sans vergogne de tout ce qui tomba sous sa main ; il ne respecta même pas l'abbaye de Jumiéges, dont il prenait les pierres pour entourer la ville de Rouen d'un rempart. Vint ensuite Richard II, Richard *le Bon*, le véritable bienfaiteur de Jumiéges : il se rendait à l'abbaye deux ou trois fois chaque année. Un jour, à l'offrande, le puissant duc, qui donnait d'ordinaire un marc d'or ou d'argent, mit aux oblations un petit morceau d'écorce d'arbre : ce morceau d'écorce représentait le bois et le manoir de Vienonois.

Dans cette savante abbaye fut élevé Édouard *le Confesseur*. Les écoles de Jumiéges étaient déjà célèbres sous Guillaume *le Conquérant* ; ce fut à ce prince que l'historien Guillaume de Jumiéges dédia son histoire *De Ducibus Normanniæ*. Dans l'abbaye de Jumiéges, et près même du maître autel, le grand sénéchal d'Angleterre Harold avait renouvelé, au nom d'Édouard *le Confesseur*, la promesse que le roi Édouard avait faite de laisser au fils du duc Robert *le Magnifique* le royaume de la Grande-Bretagne. Ce serment du roi Édouard, apporté par Harold au duc Guillaume II, septième duc, qui allait être bientôt Guillaume le Conquérant, ne devait pas tomber dans une âme oublieuse ; aussi bien le duc Guillaume s'en empara-t-il au nom du roi Édouard d'Angleterre. A Rouen même les abbés de Jumiéges possedaient une des tours de la ville, la tour d'Alvarède. Ils étaient les propriétaires du Pont-de-l'Arche, et le roi Philippe-Auguste, qui la voulait fortifier, fut forcé de racheter cette position importante. Ils avaient à Rouen la chapelle de Saint-Filibert ; tout le poisson royal qui se péchait à Tourville leur appartenait. Pour un esturgeon, il y eut bataille entre les sires de Quillebœuf et les domestiques de l'abbaye de Jumiéges.

Ce fut dans l'abbaye de Jumiéges, au plus fort de ces guerres et de ces dissensions intestines, que le roi Charles VII s'en vint chercher quelques belles journées d'oisiveté et d'amour. Dans cette abbaye aux vastes bâtiments, riche encore malgré le ravage des Anglais, le roi trouva tout le bien-être des plus opulentes maisons : des galeries toutes préparées pour les princes; le luxe, la parure, la richesse éclatante des beaux-arts. Jamais la belle Agnès ne fut plus tendre et plus belle. Après la mort de la *Dame de Beauté*, ses entrailles furent déposées dans un monument placé dans la chapelle de la Vierge, dans la grande église de l'abbaye de Jumiéges, où elle avait fait plusieurs fondations.

Au moment de la révolution, qui est venue convertir Jumiéges en ruines et les vastes forêts d'alentour en tourbière, cette abbaye jouissait de 40,000 livres de rente, et son abbé commendataire présentait à trente-huit cures. Maintenant la péninsule ne présente à l'œil que la triste uniformité d'une plaine marécageuse, au milieu de laquelle on découvre un petit bourg de 1,600 habitants, qui conserve au monde le nom de Jumiéges. Jules JANIN.

JUMIÉGES (GUILLAUME DE). *Voyez* GUILLAUME DE JUMIÉGES.

JUNGLE ou **DJUNGLE**, expression empruntée au rôle des contributions publiques du Bengale, et passée dans la langue indo-anglaise. On s'en sert pour désigner d'épais fourrés, composés de taillis, de joncs et de hautes futaies, tels qu'on en rencontre fréquemment aux Indes orientales, surtout au pied de l'Himalaya, sur le rebord du Taraï ou Tariyani, large de 2 à 3 myriamètres, qui s'étend à l'ouest jusqu'au Jumna, l'un des affluents du Gange. Le sol y forme une dépression marécageuse, couverte d'impénétrables broussailles et de joncs, d'herbes élevées, de bambous, de buissons, de plantes grimpantes et rampantes de la nature de l'arbre et formant des forêts tout entières. Dans ces basses contrées, rendez-vous des hyènes, des lynx, des tigres, des léopards, des éléphants, des sangliers, des antilopes à quatre cornes, de myriades de singes, de cerfs, de serpents gigantesques, etc., règne un air qui engendre les fièvres et les goîtres. A la saison sèche, on brûle les hautes herbes pour en chasser les bêtes féroces et nourrir le bétail avec les rejetons qui poussent aussitôt les anciens plants. La flore et la faune des *jungles* ont quelque chose d'éminemment caractéristique ; et comme la chaleur humide du sol y facilite le développement d'une foule de plantes et d'animaux particuliers aux plus chaudes régions tropicales, les *jungles* forment une remarquable continuation du monde tropical jusqu'aux contrées plus froides des premières assises de l'Himalaya en dedans de la zone tempérée.

JUNIUS. Deux familles romaines ont porté ce nom. C'est à la plus ancienne, qui était patricienne et non plébéienne, comme le dit à tort Niebuhr, qu'appartenait le premier consul qu'ait eu Rome, *Lucius Junius* Brutus ; et elle s'éteignit avec ses fils Titus et Tiberius, qu'il envoya lui-même à la mort. Les autres *Junius* qu'on rencontre mentionnés dans l'histoire romaine appartenaient tous à la famille plébéienne, dont il est pour la première fois question à propos de *Lucius Junius* Brutus. Outre *Marcus Junius* Brutus, le meurtrier de César (que quelques auteurs prétendent avoir appartenu à la famille patricienne de laquelle était membre le fondateur de la république), il faut citer les frères *Decimus* et *Marcus Junius Brutus*, les premiers qui à l'occasion des funérailles de leur père, *Decimus Junius Brutus Scæva*, firent célébrer à Rome des jeux de gladiateurs ; *Decimus Junius Brutus*, surnommé *Gallæcus*, pour avoir subjugué les habitants de la Galice (*Gallæci*), le premier Romain qui parvint sur les rives de l'Océan en Lusitanie, après avoir franchi le fleuve Léthé ou *Oblivio*, et qui en 132 partagea les honneurs du triomphe avec Scipion le jeune, vainqueur de Numance; et *Decimus Junius Brutus Albinus*. La branche de la race *Junia*, distinguée par le surnom de *Silanus*, apparaît pour la première fois dans l'histoire, avec *Marcus Junius Silanus*, préteur à l'époque de la première guerre punique. *Decimus Junius Silanus*, consul en l'an 62 av. J.-C., beau-père de Marcus Junius Brutus, le meurtrier de César, appartenait à cette branche. Il avait épousé Servilia, mère de Junius Brutus, et veuve d'un premier mari. Sa fille, *Junia Tertia*, mariée à Cassius Longinus, ami de Brutus, ne mourut que sous le règne de Tibère, l'an 22 de notre ère.

JUNIUS (Lettres de). Ces lettres, un des monuments les plus remarquables de la littérature politique de l'Angleterre, parurent sous le pseudonyme de Junius, dans le *Public Advertiser*, du 21 janvier 1769 au 21 janvier 1771. On y attaquait sans ménagement les membres du cabinet et les autres hauts fonctionnaires de l'État, les tribunaux, le parlement et jusqu'au roi lui-même, mais avec talent, avec éloquence et d'une manière qui annonçait chez l'écrivain une connaissance parfaite des hommes et des choses; et le pouvoir succomba dans un procès qu'il intenta à l'imprimeur Woodfall, en 1770, pour le faire déclarer coupable de publication de libelle. Une première édition en fut faite en 1772; en 1812 il en parut une autre édition, en 3 volumes, composée de celles qui avaient déjà paru, et d'autres qui n'avaient pas été imprimées sous le nom de Junius. Ce fut le fils de Woodfall, le premier éditeur, qui se servit des papiers de son père pour le compléter; il y joignit une préface et des remarques. L'édition la plus récente est celle qu'en a donnée Wade (2 vol., Londres, 1850), et il y a joint un aperçu des différentes suppositions qui ont été faites sur l'origine de ces lettres.

Les Anglais mêmes ne peuvent aujourd'hui comprendre que très-difficilement ces lettres sans commentaire. Ceux qui y sont le plus vivement attaqués sont le duc de Grafton et les lords Mansfield, Hillsborough, North, Barrington, Chatam et Camden, ainsi que les chefs de l'opposition d'abord : Wilkes, Horne Tooke et autres; on n'y dit rien de Fox, de lord Holland, et de quelques autres; il n'y a que Delolme qui y soit loué. Du reste, en dépit du cynisme républicain dont il y est fait parade, ces lettres sont tout à fait dans l'esprit constitutionnel du gouvernement anglais. Aussi, loin de s'intéresser aux nombreux projets de réforme que chaque jour voyait éclore, l'auteur se déclare formellement contre les tentatives qui voudraient réduire l'existence du parlement à une année; et plus tard, dans la grande question du soulèvement des colonies de l'Amérique du Nord, malgré le blâme qu'il déverse à pleines mains sur les ministres et leur système, il maintient qu'au parlement anglais seul appartient le droit d'administrer et gouverner les colonies. Le style en est serré, souvent satirique, jamais obscur, toujours fort et ferme dans l'expression, sobre de métaphores et d'ornements, et travaillé avec tant de soin, qu'on peut regarder l'auteur comme le premier prosateur de l'Angleterre. Il ne demanda à l'éditeur (qui paraît n'avoir jamais su son nom) et n'en obtint pour tous honoraires que trois exemplaires', dont l'un richement relié.

Le public se perdit en suppositions sur la personne de l'auteur des *Lettres de Junius*. On les attribua au général Lee, à Glover, à Edmond Burke, au Genevois Delolme, au duc de Portland, à lord Temple et à d'autres encore; mais l'édition qui en a paru en 1812 montre le néant de toutes ces suppositions. Plus tard, on leur donna avec plus de vraisemblance pour auteur sir Phillipp Francis (né en 1740, mort en 1818), ancien employé au ministère de la guerre, et devenu plus tard membre du conseil du gouvernement au Bengale, où il fut blessé, dans un duel contre le gouverneur général Warren Hastings. Le caractère aigre et violent de cet homme, le ton de ses discours et de ses lettres, ont en effet de si nombreux rapports d'analogie avec le type caractéristique de Junius, que dans un article de l'*Edinburgh Review* (1841) Macaulay déclarait ces indices suffisants pour servir de base à une accusation civile ou criminelle contre Francis. Cependant de très-fortes objections ont aussi été faites contre cette supposition. Dans son livre intitulé *History of Junius and his Works* (Londres, 1844), John Jacques désigne comme le véritable auteur des *Lettres de Junius* lord Georges Sackville, connu par sa participation à la guerre de sept ans, et corrobore de motifs assez concluants, cette hypothèse, déjà émise avant lui. D'autres, au contraire, veulent que le véritable auteur ne soit autre que Horne Took, parce qu'on prétend qu'à sa mort on trouva dans sa bibliothèque et le manuscrit original des lettres entièrement de son écriture, et les trois exemplaires en question, seuls honoraires que l'auteur ait jamais reçus pour son œuvre. Sir David Brewster croyait avoir découvert le véritable auteur dans un certain Laughn Maclian, Irlando-Écossais, qui fut élu membre du parlement en 1768 dans le comté d'Arundel, puis nommé en 1773 commissaire général des guerres, et qui périt en 1777, dans un naufrage, à son retour des grandes Indes. Cette opinion n'a pas fait fortune; et dans le livre qu'il a tout récemment publié sous le titre de *Some facts as to the autorship of the Letters of Junius* (1850), sir Fortunatus Dwarris a apporté de nouveaux arguments à l'appui de l'opinion de ceux qui en attribuent la paternité à Philipp Francis.

Mentionnons encore, à titre de simple curiosité, que dans son *Junius and his Works* (1851), W. Cramp désigne comme l'auteur des Lettres le célèbre lord Chesterfield, qui n'avait pas moins de soixante-quinze ans quand parut la première; et que tout récemment le *Quarterly Review* a voulu que ce fût lord Thomas Lyttleton, si fameux par ses prodigalités, qui termina par le suicide, en 1779, une vie passée dans les excès de tous les genres.

On voit par tout ce que nous venons de dire que le problème est encore loin aujourd'hui d'être résolu, et que l'épigraphe latine donnée aux Lettres de Junius se trouve parfaitement justifiée : *Stat nominis umbra*.

JUNON, appelée chez les Grecs *Héré*, avec Jupiter la plus puissante divinité des Grecs et des Romains, était fille de Saturne (Cronos) et de Rhéa, sœur de Jupiter et en même temps son épouse. L'Arcadie, Argos et Samos se vantaient de lui avoir donné le jour. Suivant Homère, Héré fut élevée par l'Océan et Téthys, suivant d'autres par les Heures. Tous les dieux assistèrent à son mariage avec Jupiter, qui eut lieu dans l'île de Crète. Au rapport d'Homère, Jupiter l'épousa sans l'aveu de ses parents; des poëtes postérieurs disent que ce fut la ruse qui le mit en son pouvoir, et que leur mariage eut pour théâtre l'île de Samos. Après l'avoir aimée déjà depuis longtemps sans être payé de retour, Jupiter l'aperçut un jour, comme elle se promenait séparée de ses suivantes, et venait de s'asseoir. Aussitôt il envoya un orage pendant lequel il se précipita à ses pieds sous la forme d'un coucou, tout ruisselant de pluie et tremblant de froid. Héré, compatissante, le recueillit dans son manteau, et alors Jupiter, reprenant sa véritable forme pour jouir de ses embrassements, lui promit le mariage; mais leur union ne fut point heureuse. L'orgueilleuse et jalouse Héré ne pouvait s'accommoder des fréquentes infidélités de son époux, qui d'ailleurs la traitait avec une dureté extrême. Un jour qu'il lui était arrivé de précipiter dans l'île de Cos Hercule, le favori de son époux, Jupiter entra dans une telle colère, qu'il la pendit sur l'Olympe, avec les mains liées et les pieds alourdis par deux enclumes. Lors de la guerre de Troie, comme elle avait endormi Jupiter afin de pouvoir pendant ce temps-là procurer la victoire aux Grecs, elle n'échappa pas sans peine à la grêle de coups que, à son réveil, il voulut faire pleuvoir sur elle.

Dans les poëmes les plus anciens, Héré est représentée comme une déesse ennemie d'Hercule, qui dès sa naissance lui voulut du mal, et qui, plus tard le contraria dans toutes ses entreprises. Homère généralisa davantage cette idée, et il fit de Héré une déesse haineuse, apparaissant toujours quand il s'agit de faire avorter un dessein. Héré persécutait

JUNON — JUPITER

en outre toutes les femmes qui obtenaient les faveurs de Jupiter, par exemple Latone, Io, Sémélé, Europe et Alcmène, de même que les enfants qu'il eut d'elles, comme Hercule et Bacchus. Il n'y avait point jusqu'aux Thébains qu'elle ne haït, parce qu'Hercule était né au milieu d'eux ; et elle en voulait mortellement à Athamas et à sa famille, parce que c'était lui qui avait élevé Bacchus. Sa vengeance atteignait aussi tous ceux qui lui préféraient d'autres déesses. Elle avait ce genre de beauté sublime et majestueuse qui inspire le respect. Lors de la guerre de Troie, elle fut la déesse protectrice des Grecs, en faveur de qui elle prit souvent part elle-même aux combats. Les enfants qu'elle donna à Jupiter furent Hébé, Ilithyie, Mars et Vulcain ; elle mit au monde ce dernier sans le concours de Jupiter, et pour le narguer d'avoir fait sortir un jour Minerve de son cerveau. Suivant quelques auteurs, elle fut aussi la mère du monstre Typhon.

Héré était adorée sur tous les points de la Grèce, mais plus particulièrement à Argos, au voisinage de laquelle se trouvait son fameux temple *Héræon*, et à Samos, lieu de sa naissance et de son mariage ; aussi dans la multitude des surnoms qu'on lui donnait voit-on figurer celui de *Samia*. Vénérable et pourtant assez peu chaste matrone, Junon était la déesse du mariage ; et c'est à ce titre que Rome lui avait voué un culte particulier. Les monuments antiques nous la représentent comme vierge, comme fiancée et comme épouse, mais toujours sous les formes les plus nobles. Son visage montre les traits d'une éternelle jeunesse avec la maturité de la beauté ; il est doucement arrondi sans être trop plein, et commande le respect sans avoir rien de rude. Le front, entouré de cheveux qui sont arrêtés obliquement en arrière, forme un triangle doucement arrondi ; les yeux, arrondis et ouverts, regardent droit en avant. La taille est florissante, complètement développée et sans le moindre défaut. Le costume de la déesse consiste en un *chiton*, qui ne découvre que le cou et les bras, et un *himation*, placé vers le milieu de la taille. Dans les statues de l'art arrivé à sa perfection, le voile est généralement rejeté sur le derrière de la tête, ou bien manque tout à fait. Le voile était en effet depuis les temps les plus reculés le principal attribut de Héré. La statue colossale de Polyclète, qui en tout cas servit de modèle au plus grand nombre des images de cette déesse, était surmontée d'une espèce de couronne, appelée *stephanos*, avec les figures en relief des Heures et des Grâces, et tenait d'une main une grenade et de l'autre un sceptre, à l'une des extrémités duquel était perché un coucou. A Rome, les premiers jours de chaque mois et le mois de juin tout entier lui étaient consacrés.

A Rome, selon les occasions où l'on implorait son assistance, on la nommait *Regina*, *Matrona*, *Caprotina*, *Domiduca*, ou *Moneta* ; quand elle présidait au mariage, on lui donnait le nom de *Pronuba* ; pendant les douleurs de l'accouchement, on l'invoquait sous celui de *Lucina*, et dans ce dernier cas le *pavot* lui était consacré : comme *Junon*, c'était le *dictame* de Crète. On la révérait particulièrement dans l'île de Samos, où elle avait un temple superbe, que Cicéron reprocha à Verrès d'avoir pillé en revenant d'Asie. Les fêtes instituées en l'honneur de cette déesse étaient appelées *Junonies* ; les femmes lui faisaient de fréquents sacrifices.

JUNON (*Astronomie*), l'une des quatre petites planètes auxquelles Herschel donnait le nom d'*astéroïdes*. Découverte le 1ᵉʳ septembre 1804 par Harding, à Lilienthal, Junon a l'apparence d'une étoile de huitième grandeur. La durée de sa révolution sidérale est de 1,592 jours 17 heures 40 minutes. Sa distance solaire moyenne est 2,67, celle de la Terre étant prise pour unité. L'excentricité de son orbite est considérable (0,256) ; son inclinaison est de 13° 3′17″. Schræter attribue à Junon un diamètre d'environ 2,282 kilomètres.

JUNOT. *Voyez* ABRANTÈS.

JUNTE, c'est-à-dire assemblée. Ainsi s'appelle en Espagne toute assemblée législative ou administrative, qui se réunit d'elle-même ou que l'on convoque pour traiter d'intérêts politiques ou d'affaires publiques. Dans le moyen âge on donnait le nom de *junte générale* aux assemblées des représentants du peuple qui se réunissaient sans l'appel du monarque ; plus tard on appela ainsi les cortès elles-mêmes. Charles II nomma une grande *junte*, composée d'hommes d'État, pour déterminer la compétence de l'inquisition ; c'est ainsi qu'on a dit les *juntes générales* de Burgos, de Carrion, de Cuellar. Il y eut ensuite une *junte générale* du commerce et des mines, une autre de la régie des tabacs. Napoléon 1ᵉʳ ressuscita l'ancienne signification de ce mot en convoquant, en 1808, à Bayonne, sous le titre de *junte*, une assemblée de 150 représentants de la nation espagnole, par lesquels il fit adopter les bases de la constitution qu'il voulait imposer à l'Espagne. Lors de l'insurrection des diverses provinces de ce royaume contre les envahisseurs étrangers, il se forma dans la plupart des villes des *juntes*, qui finirent par s'absorber dans une *junte centrale* de quarante-quatre membres, dirigeant la défense commune, ou qui du moins lui restèrent subordonnées. Dans les révolutions subséquentes, qui se sont renouvelées tant de fois au sein de ce malheureux pays, on a vu surgir souvent encore des *juntes provinciales* à la suite des *pronunciamientos*. C'est ce qui arrive non moins fréquemment dans les républiques américaines de souche espagnole.

JUNTES (Les), imprimeurs célèbres. *Voyez* GIUNTI.

JUPITER, appelé par les Grecs *Zeus*, fils de Saturne ou *Cronos* (d'où le nom de *Cronion* ou de *Cronides*, sous lequel il est aussi désigné) et de Rhéa, frère de Vesta, de Cérès, de Junon, de Neptune et de Pluton, fut à diverses époques différemment compris en Grèce. Dès la plus haute antiquité, les Pelasges honorèrent en lui le symbole de la nature, et son oracle était situé à Dodone, aussi l'appelait-on le roi de Dodone ou encore des Pelasges. Dans le mythe orphéen, il est le symbole de la couche supérieure de l'air, de l'éther ; en conséquence on faisait de Héré ou Junon, comme symbole de la couche inférieure de l'air, sa sœur et son épouse. Dans une conception plus élevée, il passait pour le père des dieux et des hommes, qualification qui lui est déjà donnée par Homère ; mais il n'y avait là nullement l'idée d'un être suprême et créateur du monde, idée qui ne se développa que plus tard. Comme *Zeus Herkeios*, il était le protecteur du foyer domestique, de la famille et de la propriété, quelquefois aussi d'une certaine contrée et même d'une nation tout entière. En outre, c'est lui qui gouvernait et dirigeait les destinées humaines ; et il tenait à la main une balance avec laquelle il pesait le bien et le mal. On voyait dans son palais deux cornes ; l'une contenant le mal, et l'autre le bien, et il les dispensait aux mortels à son gré. Cependant, il semble que lui-même il ait été soumis au *Fatum* (destin), être inconnu, se cachant dans l'obscurité. Jupiter était le plus sage des dieux et des hommes ; Athéné ou Minerve était toujours assise à ses côtés. Il prenait ses résolutions sans consulter personne ; et elles demeuraient impénétrables pour celui à qui il ne les révélait point. Il venait en aide aux mortels avec ses conseils ; il écoutait les serments des hommes qui juraient par son nom ; et, comme *Zeus Horkios*, il tirait des parjures la vengeance la plus terrible. Il abhorrait l'injustice et la cruauté. *Zeus Hiketesios* punissait celui qui ne pardonnait pas au coupable implorant son pardon (*Hiketès*). Bon et généreux, il voulait que les hommes se montrassent tels les uns envers les autres ; de là son surnom de *Zeus Xenios*, protecteur des étrangers. Ces idées sur Zeus, qu'on trouve déjà dans Homère et les poètes de son époque, quoique limitées à certaines localités, furent par la suite de plus en plus développées, lorsque la culture philosophique des Grecs progressa. C'est alors qu'on y rattacha la tradition historique. Suivant cette tradition, Zeus naquit et fut élevé dans l'île de Crète, sur le mont Ida. Un oracle d'Uranus et de Gæa avait en effet conseillé à Rhéa de mettre au monde son fils sur cette montagne, afin qu'il ne fût point dévoré par Cronos. D'autres traditions le faisaient naître à Messène, à Thèbes, à Olénos en Étolie, à Égée en Achaïe, à Lyctos en Crète, ou encore sur le mont Lycée en Arcadie. Suivant Homère, il fut élevé par Gæa, qui pendant la nuit le cachait dans une caverne de la montagne boisée Argæus, où des colombes lui apportaient de l'ambroisie. Suivant une autre version, sa mère le confia aux Curètes, qui le firent soigner par les nymphes Ida et Adrastée, et qui en entre-choquant sans cesse leurs boucliers faisaient un tel bruit que Cronos ne l'entendait point crier, et au lieu de lui, ce dieu avait avalé une pierre enduite de miel et roulée dans une peau de chèvre. D'après une autre tradition, il avait été élevé par les filles du roi de Crète Mélissus, Amalthée et Mélissa, qui le nourrirent du lait de la chèvre Amalthée. Il grandit rapidement, et dès l'âge d'un an, il était en état de concourir à l'exécution d'un plan conçu par sa mère contre son père. La déesse de la Prudence lui fournit un vomitif, qu'il présenta à Cronos ; et alors celui-ci vomit tous ses enfants, qu'il avait jusque alors avalés, et même la pierre qu'on lui avait fait avaler en dernier lieu, et qu'on souvenir on déposa près de Pytho, au pied du Parnasse. Zeus délivra alors les fils aînés d'Uranus et de Gæa, les Centimanes, qui étaient enchaînés dans le Tartare, dont l'entrée était gardée par un énorme dragon, qu'il tua d'après le conseil de Gæa. Armé par leur reconnaissance de la foudre, qui jusque alors était demeurée cachée dans les entrailles de la terre, il détrôna son père, Saturne, qu'il mutila avec le même couteau dont celui-ci s'était servi autrefois pour mutiler Uranus. Mais les Titans ne furent point contents de ce changement de règne, et il surgit alors une guerre de dix ans entre eux et les Cronides et les Centimanes. L'Olympe et l'Othrys furent le théâtre de la lutte. Les Titans combattaient du haut de la première des montagnes, et les nouveaux dieux du haut de la seconde. Ces derniers l'emportèrent enfin, et les Titans furent précipités dans le Tartare.

Devenu ainsi en possession complète de la souveraineté, Zeus partagea par la voie du sort l'empire de son père avec ses frères. Il eut pour lot le ciel et la terre, Neptune l'empire des mers, Pluton le monde souterrain. Mais d'horribles monstres menacèrent encore les nouveaux dieux de leur ruine. Irritée de ce que ses enfants, les Titans, demeurassent plongés dans les ténèbres du Tartare, Gæa enfanta des géants qui se révoltèrent contre les nouveaux dieux. Mais, eux aussi, ils furent vaincus avec le concours d'Hercule. De plus en plus courroucée, Gæa enfanta avec le Tartare Typhon, le plus effroyable des monstres, que Jupiter ne vainquit point sans de grandes difficultés. Les dieux lui déférèrent alors solennellement la souveraineté et le reconnurent pour leur roi. Comme souverain de la terre, le genre humain était l'objet de sa sollicitude toute particulière ; et il l'extermina complétement, quand il eut reconnu qu'il était devenu corrompu et vicieux. Les Heures et Mercure étaient constamment à ses ordres ; Ganymède lui servait d'échanson ainsi qu'aux autres dieux, après que Hébé eut perdu cette charge. Son palais était situé sur l'Olympe. Thémis était assise près de son trône. Il épousa Métis, la plus sage de toutes les déesses. Mais Uranus et Gæa lui ayant prédit qu'elle mettrait au monde un enfant qui le détrônerait un jour, il la dévora pendant qu'elle était grosse, et enfanta alors de son cerveau Minerve. Sa seconde épouse fut Thémis, de laquelle il eut les Heures et les Parques ; et sa troisième, Junon. Il aima en outre la déesse Dioné, qui le rendit père d'Aphrodite ou Vénus ; puis Mnémosyne, de laquelle il eut les neuf Muses, en passant avec elle neuf nuits ; Cérès, sa sœur, qu'il rendit mère de Proserpine ; Eurynome, la mère des Grâces ; Latone, mère d'Apollon et de Diane. Il eut pour maîtresses, parmi les mortelles, Danaé, mère de Persée ; Niobé, la première mortelle qu'il ait aimée et de laquelle il eut Argus ; Maia, mère de Mercure, et ses sœurs : Taygète, de laquelle il eut Lacédémon, et Électre, qui lui donna Dardanus ; Sémélé, mère de Bacchus ; Europe, mère de Minos, de Sarpédon et de Rhadamanthe ; Callisto, mère d'Arcas ; Io, mère d'Épaphos ; Léda, mère d'Hélène et de Pollux ; Égine, mère d'Éaque ; Antiope, mère d'Amphion et de Zéthos ; Clara, mère d'Utyos ; et enfin la belle Alcmène, mère d'Hercule. On donne aussi aux nymphes le nom de filles de Zeus. Il avait des oracles à Dodone, à Olympie (mais celui-ci cessa bientôt), et dans la sainte grotte du mont Ida en Crète. Son plus remarquable temple en Grèce était celui d'Olympie. Il était en outre tout particulièrement honoré à Dodone et en Épire, sur le mont Kasius en Syrie, à Némée en Argolide, sur l'Etna, au mont Athos et au mont Dicté, d'après lesquels il portait autant de surnoms. Chez les Romains, Jupiter était surnommé Férétrius, parce qu'on lui apportait (*ferebatur*) le butin fait à la guerre. *Stator*, nom que lui donna Romulus, comme au dieu venu à son secours, quand son armée fuyait devant les Sabins ; *Elicius*, parce qu'on le conjurait (*elicebatur*) par des sacrifices ; *Capitolinus*, de la montagne du même nom, où s'élevait le temple le plus magnifique qu'il eût à Rome ; *Vialis*, comme protecteur des grandes routes ; *Latialis*, comme défenseur du Latium ; *Hospitalis*, etc., etc. En l'invoquant par la prière, on lui donnait la qualification d'*Optimus maximus*. D'ordinaire on lui offrait en sacrifice des taureaux. Le chêne et le hêtre lui étaient particulièrement consacrés. Tous les cinq ans en Grèce, au deuxième mois de l'année, on célébrait en son honneur les jeux olympiques. Son attribut ordinaire était la foudre, que tantôt il tenait à la main et que tantôt il faisait porter par un aigle toujours placé à ses côtés ; ce qui est aussi quelquefois le cas pour Ganymède. Il est en outre reconnaissable à une patère ou coquille, au sceptre, ou encore à la déesse de la victoire qu'il tient à la main. La couronne d'olivier sauvage différencie le Zeus d'Olympie du Zeus de Dodone, dont une couronne de chêne entoure la tête. Le célèbre chef d'œuvre de la Grèce, la statue de Zeus Olympien par Phidias, a, il est vrai, irrémissiblement péri pour nous ; mais il est extrêmement probable que des principaux traits nous en ont été conservés au moyen des remarquables têtes de Jupiter gravées sur une foule de pierres précieuses. Quand il est représenté assis sur son trône, la partie inférieure du corps est vêtue ; mais on le représente le plus ordinairement debout et nu. Indépendamment des hymnes d'Homère et d'Orphée sur Jupiter, nous avons encore celles par lesquelles Callimaque et Cléanthe célébraient sa gloire. Les anciens reconnaissaient d'ailleurs plusieurs Jupiter. Varron en compte jusqu'à 300. Cicéron en mentionne trois comme les plus considérables, notamment le fils de l'Éther, de Cœlus et de Saturne, dans lequel se trouvait réuni tout ce que la tradition rapportait des autres. Consultez Emeric David, *Jupiter, recherches sur ce Dieu, sur son culte et sur les monuments qui le représentent* (Paris, 1833).

JUPITER (Astronomie), la plus volumineuse des planètes connues jusqu'à ce jour. Son éclat, quoique très-vif, est moindre cependant que celui de Vénus, planète inférieure la plus voisine du Soleil après Mercure. Jupiter est éloigné du Soleil de 180,000,000 de lieues ; le disque de cet astre ne paraîtrait donc à l'observateur placé sur cette planète avoir que le 27me de la surface qu'il nous présente : en conséquence, la lumière et la chaleur y conservent dans la même proportion très-peu d'intensité ; elles doivent y être 27 fois moindres que sur notre Terre. Jupiter met à peu près 144 de nos mois à faire sa révolution autour du Soleil ; son année est donc d'environ 4,332^j 14^h 3^m. Il accomplit sa rotation diurne sur un axe incliné de 86° 47′′ sur son orbite, dans l'espace de 9^h 56^m. Le globe s'écartant peu de l'écliptique, ses saisons, sa température, quoique glacée par rapport à celle de la Terre, si toutefois elle n'est point considérablement élevée par une chaleur centrale ou d'autres phénomènes inconnus, doivent être peu variables ; et la nuit, qui est presque égale au jour, pâle lueur, dont le plus long est de 5 heures seulement, doit y partager bien autrement que chez nous les occupations de ses habitants, s'il y en existe.

Nos astronomes ont acquis la certitude de ce mouvement par l'observation des taches qui obscurcissent la surface de cette planète, malgré leur mobilité, leur variation et leur dilatation. Ces taches ne semblent point inhérentes à cette planète, comme celle de Mars; elles est ceinte de deux zones, appelées de son nom *bandes de Jupiter*, qui sont parallèles à son équateur, et qui, si elles ne la touchent point, en sont très-voisines. Elles ont un certain éclat et sont mobiles; on aperçoit même beaucoup de ces macules, qui prennent capricieusement des formes obliques, larges ensuite, puis longues après. On suppose donc que Jupiter est enveloppé d'une atmosphère profonde, frappée d'une continuelle agitation par des vents sans cesse déchaînés et furieux, particulièrement sous son équateur, et qui y voiturent des nuages épais et indissolubles. Nécessairement alors ce vaste globe serait creusé par des mers incommensurables, dont les vapeurs incessantes se formuleraient en une double et large ceinture des deux côtés de sa ligne équinoxiale.

On doit à G a l i l é e la découverte, en 1610, des quatre s a t e l l i t e s ou lunes qui gravitent autour de cette vaste planète, petits corps lumineux, eu égard à son volume, que l'attraction enchaîne aux lois du mouvement de cette masse prodigieuse dans l'espace. Elle les occulte de son immense diamètre, quand elle se trouve entre eux et le Soleil. Ces quatre satellites, postés à différentes distances de Jupiter, sont aussi, à différentes périodes, ensevelis dans les ténèbres du long cône d'ombre que ce globe, d'une si grande opacité, projette; à leur émersion du cône d'ombre, elles sortent à une longue distance du disque planétaire. La première lune de Jupiter est éloignée de lui de 96,155 lieues : sa rotation sur son axe est de 1j 1h 28m 35s; la deuxième une est éloignée de lui de 153,087 lieues : sa rotation est de 3j 13h 17m 53s; la troisième, de 244,112 lieues : sa rotation est de 7j 3h 59m 35s; la quatrième enfin, de 429,307 lieues : sa rotation est de 16j 18h 5m 7s.

Jupiter reste successivement une année entière dans l'un des douze signes du zodiaque, en le parcourant, puisqu'il décrit ce cercle dans sa révolution autour du soleil. Les irrégularités des aphélies de ce globe sont causées par l'action attractive sur lui de Saturne, planète dans l'orbite de laquelle il est enfermé. Jupiter, ainsi que la Terre, est sensiblement aplati sur ses pôles : ce phénomène est dû à la rotation diurne et à la force centrifuge; et à raison de sa dimension et de la rapidité avec laquelle il tourne sur son axe, son aplatissement est d'un 13me, tandis que celui de la Terre n'est que d'un 309e. Bien que beaucoup plus gros que Vénus, qui a ses phases comme la Lune, Jupiter n'en a pas pour nous, parce qu'elles s'effacent à mesure qu'une planète s'éloigne de l'astre solaire, et l'immense distance de Jupiter le met dans cette circonstance. Ses oppositions reviennent tous les 399 jours. Elles ont lieu chaque fois qu'il passe d'un signe à un autre, ce qui en fait douze en douze années, temps de sa révolution autour du cercle zodiacal et du Soleil. A chacune d'elles, sa longitude augmente de 30 degrés. Comme toutes les planètes, Jupiter tourne d'occident en orient; sa marche nous semble rétrograde; il passe au méridien vers minuit. Les fréquentes éclipses de ses lunes ont donné un moyen très-commode d'évaluer les longitudes géographiques. A raison de l'inégalité de leurs révolutions, ces quatre lunes doivent présenter dans Jupiter un spectacle varié et curieux : car ces satellites peuvent se lever ou se coucher, ou passer ensemble au méridien, rangés les uns près et au-dessus des autres. Qui croirait, en contemplant à l'œil nu cette planète, l'ornement du ciel, si calme, si brillante, dans le silence des nuits, qu'elle doit être en proie à d'horribles convulsions, et bouleversée comme le chaos ? C'est de ces présentent dans les forts télescopes ses tristes et changeants aspects. DENNE-BARON.

JURA, grande chaîne de montagnes, qui s'étend à près de 400 kilomètres depuis le canton de Schaffouse jusqu'à la Savoie. Cette chaîne a environ 80 kilomètres de largeur. D'un côté, elle apparaît en quelque sorte comme une ligne parallèle aux Alpes; puis elle ondule, elle s'incline graduellement, et ses derniers plateaux s'effacent peu à peu dans les plaines de la Bourgogne. Quelques-unes de ces sommités s'élancent jusqu'à 600 et 960 mètres au-dessus des autres. Les plus élevées sont : le *Dôle*, qui a 1680 mètres de hauteur ; le *Montendre*, 1,681 ; le *Reculot*, 1,720. Le Jura forme une limite naturelle entre la Suisse et la France. Le sol de ces montagnes est peu productif. Du côté de la Franche-Comté, cependant, on y trouve d'assez belles forêts de sapins. Du côté de Saint-Claude, il produit une quantité de bois; mais la plus grande partie de ces montagnes est couverte de pâturages, et de distance en distance on y aperçoit de vastes et beaux chalets. Les hautes sommités du Jura sont couvertes de neige pendant la plus grande partie de l'année; mais cette neige fond chaque été, et ne forme par conséquent point de glaciers. Là le botaniste a souvent récolté des plantes curieuses. Là le chasseur poursuit le chat sauvage et l'ours brun, qui parfois, dans les longs hivers, s'échappe de son antre, et, pressé par la faim, descend jusque dans les plaines. En pénétrant dans les montagnes du Jura, dans l'intérieur des hameaux et des chalets, le voyageur trouvera des hommes au cœur simple, qui ont conservé les mœurs les croyances, le caractère des anciens temps.

X. MARMIER.

Le *Jura* allemand, situé entre le Rhin et le Main, long de 42 myriamètres, tient plutôt de la nature des plateaux, sans formation de chaînes ni de vallées longitudinales; en revanche il offre un grand nombre d'embranchements, qui le coupent à angles droits, et s'abaissent aussi dans la direction du nord, tandis que son versant est abrupte au nord-ouest, et qu'au sud-est il subit une dépression plus douce et en forme de terrasses. Les brèches qu'y font le Danube et l'Altmuhl le partagent en trois groupes : 1° le *Jura de la Forêt-Noire*, situé entre le Rhin et la vallée du Danube, plateau d'environ 3 myriamètres d'étendue, se reliant à l'ouest à la Forêt-Noire, mais en différant géognostiquement, disparaissant à l'est dans les hautes plaines de la Bavière, appelé là *Klettgau*, et ici *Hegau* ; 2° le *Jura de la Souabe*, entre le Danube et l'Altmuhl, de 24 myriamètres de long ; 3° le *Jura de Franconie*, entre l'Altmuhl et le Main, ne se dirigeant plus au nord, mais au nord-est, de 14 myriamètres de long sur 3 de large, atteignant presque partout à son point vertical une élévation absolue de 600 mètres, ne dépassant ce qui l'environne que de quelque 50 mètres, n'offrant dès lors le relief d'une montagne que par la profondeur et l'escarpement de ses vallées, devenant insensiblement à l'est le plateau du haut Palatinat ou du Raab, s'inclinant abruptement à l'ouest vers les terrasses de la Franconie, remarquable d'ailleurs par ses cavernes, riches en stalactites et en amas d'os d'animaux, telles que celles de Gailenreuth et de Muggendorf, situées dans ce qu'on appelle la Suisse de Franconie.

JURA (Département du). Formé d'une partie de la Franche-Comté, il doit son nom à la chaîne de montagnes qui le traverse. Il est borné au nord par les départements du Doubs, de la Haute-Saône et de la Côte-d'Or, au sud par celui de l'Ain et la Suisse, à l'est par la Suisse et le département du Doubs, à l'ouest par ceux de Saône-et-Loire et de la Côte-d'Or.

Divisé en 4 arrondissements, 32 cantons et 584 communes, il compte 313,299 habitants; il envoie deux députés au corps législatif, est compris dans la septième division militaire, l'académie et le ressort de la cour impériale de Besançon, il forme le diocèse de Saint-Claude, et compose la treizième conservation des forêts. Il possède 7 collèges, 4 pensions, 580 écoles primaires.

Sa superficie est de 496,929 hectares, dont 183,114 en terres labourables ; 115,015 en bois ; 79,009 en landes, pâtis, bruyères, etc. ; 50,547 en prés ; 21,027 en vignes ; 2,339 en vergers, pépinières et jardins ; 1,824 en propriétés bâties ;

1,423 en étangs, abreuvoirs, mares, canaux d'irrigation; 334 en oseraies, aulnaies, saussaies; 29,780 en forêts, domaines non productifs; 7,527 en routes, chemins, places publiques, rues, etc.; 4,091 en rivières, lacs, ruisseaux, etc. Il paye 1,341,302 francs d'impôt foncier.

Situé en presque totalité dans le bassin du Rhône, la Loue, l'Oignon, le Doubs, le Seisse, l'Ain et la Bienne l'arrosent. Le sol est riche; il produit du blé, du seigle, du chanvre, du lin. Les vins d'Arbois, de Poligny, de L'Étoile, de Salins ont quelque réputation. Il s'y fait une élève considérable de gros bétail, surtout dans les hautes vallées. L'exploitation minérale est également très-importante : on y trouve de nombreuses salines, de belles carrières de marbre, d'albâtre, du gypse, des pierres meulières, du salpêtre, du schiste, de la terre à porcelaine et à poterie, de la tourbe, du fer, dont le travail constitue la branche la plus importante de l'industrie manufacturière. Il se fait en outre un grand commerce de bois, de fer, de fromage, d'horlogerie et d'ébénisterie. Cinq routes impériales, 26 routes départementales, 5,009 chemins vicinaux, et un canal, celui du Rhône au Rhin, sillonnent ce département, dont le chef-lieu est *Lons-le-Saulnier*.

[Les villes et endroits remarquables sont : *Dôle*, *Saint-Claude*, *Salins*, *Poligny*, chef-lieu d'arrondissement, avec 5,911 habitants, un collège, une inspection forestière, une industrie assez active; cette ville, que des incendies terribles ont fort amoindrie, est le rendez-vous de tous les joyeux buveurs de la Franche-Comté, ainsi qu'*Arbois*, qui n'en est distante que de 8 kilomètres et où se trouve le tribunal de première instance. *Nozeray* est une ville qui a appartenu jadis à la maison d'Orange. On y arrive par une pente escarpée, et au bord du plateau sur lequel cette ville est bâtie on aperçoit les ruines d'un château : c'est tout ce qui reste de la domination de ses anciens maîtres. *Champagnole* est ensevelie au fond d'une gorge, et les montagnes qui l'entourent sont couvertes de sapins. Mais les jets de lumière qui s'élancent dans les airs; le bruit des flots de la rivière pressés par les écluses, et le choc des marteaux la révèlent au voyageur avec ses forges et son industrie. Bien des localités sont remarquables encore. Nous citerons entre autres la vallée où se trouve la source de l'Ain, celle de la source de l'Isère, les roches de Sirod, et les roches de Baume, l'un des points de vue les plus étranges qu'il soit possible de voir. Plusieurs hameaux appellent l'attention des voyageurs par leurs monuments d'antiquité, par leurs souvenirs du moyen âge. Les villages, les hameaux du Jura, ont un aspect riant. La maison du fermier, comme celle du riche propriétaire, est bâtie en pierres de taille, blanchie avec du plâtre, et recouverte en tuiles; un verger rempli d'arbres fruitiers l'entoure, une haie d'aubépine la protège; souvent une treille ou un réseau de feuilles de lierre la tapisse. A quelques pas de là est le champ de blé ou la vigne, et la porte d'entrée de la demeure hospitalière s'ouvre sur la grande route, comme pour offrir un asile aux voyageurs. Dans les montagnes, le mode de construction n'est plus le même : au lieu de la petite maison bourgeoise si bien blanchie, si nette, si régulière, voici le chalet avec son toit aux larges ailes, souvent chargé de neige, ses murailles très-basses, surmontées d'une construction en bois, et sa grande cheminée, sous laquelle s'abrite toute la famille du laboureur.   X. MARMIER.]

JURANDE (de *jurare*, jurer, à cause du serment que les jurés prêtaient en entrant en fonctions). On appelait ainsi sous le régime des corporations, ou communautés d'arts et métiers, la charge des jurés ou syndics, choisis parmi les maîtres les plus pairs, qui devaient veiller à l'exécution des règlements et à la conservation des intérêts communs. A cet effet, les portes de chaque atelier leur étaient ouvertes à toute heure, et pour rendre la surveillance plus facile, elles ne devaient être fermées qu'au loquet. C'était encore à eux qu'était remise la fonction de décider sur le *chef-d'œuvre* qui conférait la maîtrise et sur les preuves et conditions d'admissibilité des nouveaux membres. Ils présidaient les assemblées, mais n'exerçaient aucune espèce de juridiction. Ils étaient élus pour deux ans.

JURASSIQUE (Terrain), ou **ÉTAGE OOLITHIQUE**. Les géologues nomment ainsi une division du sol sédimentaire, qu'on a reconnue dans les montagnes du Jura comme formation indépendante entre l'étage du lias et le terrain crétacé. On y distingue, en allant de haut en bas, les trois sous-étages suivants : 1° *l'oolithe supérieure*, formée de nombreuses couches d'argile blanc ou jaunâtre, ou encore de calcaires divers : c'est à cette diversion qu'appartiennent les pierres lithographiques de Solenhofen (Bavière); 2° *l'oolithe moyenne*, qui commence par un groupe composé d'abord de sable et de grès calcarifères, puis de plusieurs assises de calcaires, parfois magnésiens, le tout reposant sur de puissantes couches d'argile bleue, à laquelle sont subordonnés des lits de calcaire marneux et de schistes bitumineux, de l'hydrate de fer globulaire (exploité sur divers points de la France, à Châtillon-sur-Seine, à Launoy, etc.), de nodules de silex et de calcaire ferrugineux, etc.; 3° *l'oolite inférieure*, qui se compose principalement de calcaires jaunâtres, brunâtres ou rougeâtres, chargés d'hydrate de fer, et reposant sur des sables calcarifères; suivant les localités, on y trouve de la terre à foulon, du calcaire grossier, du grès magnésifère, etc.; c'est à l'oolithe inférieure qu'appartient une partie des minerais de fer en grains qu'on exploite en France.

Toutes ces divisions sont très-riches en débris organiques. On y trouve notamment beaucoup de coraux (formant quelquefois des bancs entiers) des astéries, des échinites, des mollusques univalves et bivalves, des bélemnites, des ammonites, des crustacés, des poissons et des sauriens. Léopold de Buch a parfaitement traité et décrit dans son livre *Le Jura en Allemagne* (Berlin, 1839) le développement et la propagation de la formation jurassique en Allemagne. On la trouve comme seconde zone presque tout autour du bassin du Rhin, en commençant par le côté allemand de Bâle, se prolongeant dans toute la montagne de Souabe, au delà de Nœrdlingen et de Ratisbonne, presque jusqu'à Cobourg; puis de nouveau en Westphalie, dans la forêt de Teutoburg, dans les chaînes du Weser et dans les premiers avant-coureurs du Harz : on la trouve également dans la haute Silésie. Dans les Alpes elle est très-puissamment développée, mais de nature molle et fortement adhérente aux plus anciennes couches. Les formations jurassiques sont aussi très-répandues en Italie, en France, en Angleterre et en Russie. En Virginie (Amérique du Nord), elles contiennent de puissantes couches de houille.

JURATS (*jurati*), nom que l'on donnait non-seulement à Bordeaux, mais dans une grande partie de la Guyenne, de la Gascogne et du Béarn, aux magistrats appelés par l'élection populaire à exercer l'autorité municipale. Ce nom rappelait une ancienne institution des premiers âges de la nation française. Les jurats exerçaient dans toute sa plénitude la police civile et judiciaire : les collèges, les académies, tout ce qui tenait au régime intérieur de la cité, étaient dans leurs attributions. Ils étaient gouverneurs nés et gardaient les clefs des portes de la ville quand il y en avait. Le corps municipal entier s'appelait *la jurade*. Le nombre de ses membres varia de même d'après la population que d'après les usages locaux. A Bordeaux, les jurats se recrutaient à nombre égal parmi les nobles, les avocats, les marchands; ceux-ci devaient renoncer à leur commerce, parce que leurs fonctions les anoblissaient. On les appelait *gentilshommes de cloche*, parce que des volées de cloche avaient salué leur élection. Leur nombre varia suivant les époques; il n'était plus que de 6 en 1789, après avoir monté jusqu'à 80. Les jurats de Bayonne s'intitulaient les *douze pairs* de la ville. Le signe distinctif principal des jurats dans le midi était un chaperon de deux couleurs.

JURÉ (de *jurare*, jurer, prêter serment). On nomme *juré* celui qui n'ayant point de caractère public de magistrature, est appelé momentanément devant un tribunal pour y rendre, sur certains faits, une déclaration d'après laquelle les magistrats appliquent la loi.

On appelait autrefois jurés, dans les corporations, ceux qui avaient fait les serments requis pour la maîtrise : un chirurgien juré, un écrivain juré; et dans les corps d'artisans, des hommes qui étaient préposés pour faire observer les statuts et règlements à ceux de leur métier. L'écolier juré était celui qui avait fait ses études de philosophie dans l'université et qui en avait le certificat, pour être ensuite reçu maître ès arts.

JURIDICTION. Ce mot est formé des deux mots latins, *jus*, droit, et *dicere*, dire. Dans sa signification propre, il s'entend du pouvoir non pas seulement de *juger*, mais d'appliquer la loi aux cas particuliers, car il est des cas où le magistrat exerce sa juridiction sans avoir aucun jugement à rendre. « La loi confère une juridiction, a dit Henrion de Pansey, toutes les fois qu'elle donne le droit d'appliquer les lois générales aux cas particuliers par des décisions dont elle règle la forme et qu'elle prend l'engagement de faire exécuter : ainsi l'action de la juridiction commence au moment où le juge prend connaissance de l'affaire qui lui est soumise, et finit à l'instant où il a définitivement prononcé. » Juridiction se dit aussi du *ressort*, de l'étendue du lieu où le juge exerce son pouvoir. Enfin, on entend encore par juridiction le tribunal où l'on rend la justice.

On dit *faire acte de juridiction*, quand le magistrat exerce son pouvoir.

On appelle *degrés de juridiction* les différents tribunaux devant lesquels on peut plaider successivement pour la même affaire, et qui constituent dans leur ensemble la hiérarchie judiciaire.

Le caractère et l'objet de la juridiction sont complétement définis par les mots suivants : *connaître, ordonner, juger, punir, contraindre à l'exécution*, qui sont la traduction de l'ancien adage romain, *notio, vocatio, cognitio, judicium, executio*.

Considérée sous un autre rapport, la juridiction se détermine par trois objets principaux, le *territoire*, les *matières* et les *personnes*. Le magistrat n'a de juridiction que pour le territoire qui lui est assigné par les lois. Hors de là, il n'est plus qu'un simple citoyen. Les *matières* sont la source d'une foule de subdivisions de la juridiction : ainsi, on connaît la juridiction civile, criminelle, commerciale, administrative, militaire ; la juridiction contentieuse et la juridiction volontaire ou gracieuse, la juridiction propre et la juridiction déléguée, la juridiction ordinaire et la juridiction exceptionnelle, la juridiction prorogée, la juridiction en premier et en dernier ressort. Les *personnes* déterminent souvent la juridiction : ainsi, la qualité de négociant marchand ou banquier, entraîne la juridiction commerciale ; la qualité de militaire sous les drapeaux entraîne en général la juridiction des conseils de guerre, etc.

La *juridiction contentieuse* s'exerce toutes les fois que l'autorité compétente est appelée à statuer sur des intérêts contradictoires, après des débats réels ou présumés tels par la loi, et termine la contestation par un *jugement*. La juridiction *volontaire*, au contraire, s'exerce toutes les fois que le magistrat procède ou qu'il prononce sur une demande qui n'est pas susceptible de contradiction ; toutes les fois, en un mot, que l'acte émané de lui n'intervient pas entre des parties dont l'une puisse être contrainte d'y adhérer.

E. DE CHABROL.

JURIDICTION ECCLÉSIASTIQUE. Voyez ECCLÉSIASTIQUE (Juridiction).

JURIEU (PIERRE), célèbre ministre protestant, naquit à Mer (Loir-et-Cher), le 24 décembre 1637, et mourut à Rotterdam, le 11 janvier 1713, après une vie remplie de d'immenses travaux et d'interminables controverses. Après avoir fait de bonnes études à l'académie de Saumur et visité les universités de Hollande et d'Angleterre, il fut choisi, à la mort de son père, pour lui succéder dans le ministère pastoral, et eut pour guide le célèbre Dumoulin, son oncle. Après avoir exercé quelque temps le ministère, il devint successivement professeur d'hébreu à Sedan, et de théologie à Rotterdam. Il a écrit une foule d'ouvrages, dont voici les principaux : 1° *Traité de la Dévotion*, 2° *Apologie de la morale des réformés*, en réponse à Arnauld ; 3° *Préservatif contre le changement de religion*, en réponse à Bossuet ; 4° *Lettres sur l'Histoire des Variations et les Avertissements aux Protestants*; 5° *Traité de la Puissance de l'Église*; 6° *Vérité de l'Église*; 7° *Histoire des Dogmes et des pratiques de la Religion des Juifs*; 8° *Préjugés légitimes contre le papisme*; 9° *Lettres pastorales*... Tout le monde s'accorde à louer le feu de son éloquence ; mais ses coreligionnaires eux-mêmes lui ont reproché le trop de véhémence de son zèle, le trop d'abandon de sa polémique. Il se laissait entraîner aux premières impressions, ce qui l'obligeait à revenir souvent sur ses pas et à tomber dans des contradictions que ses ennemis ne manquaient pas de relever avec grand bruit. Ses terribles adversaires furent le sceptique Bayle et l'éloquent évêque de Meaux. L'*Histoire des Variations* et les *Avertissements aux Protestants* lui causèrent d'amers chagrins. La révocation de l'édit de Nantes acheva de l'exaspérer. Dans son livre sur *l'Unité de l'Église*, il avait établi son fameux système des points fondamentaux, sur lequel on a tant écrit depuis. Lamennais, dans son premier volume de l'*Essai sur l'indifférence en matière de religion*, a repris cette grande question, et l'a traitée de la manière la plus complète : sur ce point il n'y a plus matière à controverser. Le système des points fondamentaux, de quelque manière qu'on l'envisage, conduirait droit au scepticisme et à l'indifférence religieuse, théorique et pratique. Du reste, ces discussions ont singulièrement perdu de leur importance. C'est au pur déisme que doit s'arrêter la réforme : on ferait de vains efforts pour l'arrêter dans sa marche. Luther et Calvin étaient loin de prévoir les conséquences des principes qu'ils posaient.

J.-G. CHASSAGNOL.

JURISCONSULTE. C'est celui qui est versé dans la science du droit, et fait profession de donner des conseils. « C'est, dit Henrion de Pansey, l'homme rare doué d'une raison forte, d'une sagacité peu commune, d'une ardeur infatigable pour la méditation et l'étude, qui, planant sur la sphère des lois, en éclaire les points obscurs, et fait briller d'un nouvel éclat les vérités connues; qui non-seulement aplanit les avenues de la science, mais en recule les bornes ; qui indique aux législateurs ce qu'ils ont à faire, et laisse à ceux qui voudront marcher sur ses traces un fil qui les conduira sûrement dans cette vaste et pénible carrière. »

Les anciens donnaient à leurs jurisconsultes le nom de *sage* et de *philosophe*, parce que la philosophie renfermie les premiers principes des lois, et qu'elle a, comme la jurisprudence, l'amour et la pratique de la justice pour objet. A Rome les jurisconsultes étaient à peu près ce que sont chez nous les avocats consultants. Ils ne se confondaient pas avec les avocats plaidants ; leurs fonctions étaient toutes distinctes, et chacun sait l'immense autorité qu'ils eurent sur le droit romain, et comment, par suite, leurs doctrines ont servi de base à toutes les législations modernes.

En France l'action des jurisconsultes a été moins puissante ; elle eut cependant aussi une grande influence. Nous pouvons aussi nous enorgueillir à juste titre de jurisconsultes dont la science et la haute raison ne le cèdent pas à ceux de Rome. Eux aussi, comme leurs devanciers, ont eu l'honneur de fonder par leurs écrits toute une législation nouvelle. Lorsque les Coutumes furent rédigées, on vit paraître de savants commentaires, dont l'autorité devint immense dans les tribunaux. Quels noms veut que ceux d'un Cujas, d'un Domat, d'un Pothier, d'un Dumoulin! etc., etc. Lorsqu'il s'agit de donner à notre législation un caractère plus précis et plus net, par la rédaction de nos codes, les jurisconsultes eurent encore une belle mission à remplir. La France en comptait alors de célèbres par leur science; et le Code Civil, sorti de leurs vastes travaux, sera toujours le plus beau monument des temps modernes.

Mais le rôle des jurisconsultes n'a pas cessé avec les modifications de nos lois. Quelque claires que soient les prescriptions du législateur, il ne peut jamais tout dire; il statue, mais il ne discute pas; la loi est un résultat scientifique, mais elle ne peut pas être un traité de théorie. Or, à côté et au-dessus de la loi, il y a des principes en vertu desquels elle est. Elle n'a pas pu prévoir elle-même toutes les conséquences, toute la portée de son action; alors entre elle et les magistrats chargés de l'appliquer vient se placer le jurisconsulte, qui par ses travaux en explique le sens, en recherche l'esprit, et prépare ainsi les décisions de la justice. Nos codes en effet ont déjà donné lieu à de savants commentaires et à de profonds traités. Les jurisconsultes auxquels ces ouvrages ont dus ont immédiatement pris place parmi les plus graves autorités de la science du droit.

Aucune loi n'interdit de prendre la qualité de jurisconsulte, mais peu de personnes sont dignes de ce beau titre, car il suppose un caractère scientifique qui n'appartient pas à l'avocat ordinaire.

E. DE CHABROL.

JURISPRUDENCE. Ce terme se prend dans une double acception : il s'entend d'abord de la science du droit, et dans ce sens il est synonyme de *droit*. C'est à cette signification que se rapporte la définition qu'en donnent les lois romaines : *Divinarum atque humanarum rerum notitia, justi atque injusti scientia* (Connaissance des choses humaines et divines, science du juste et de l'injuste.) Sous ce point de vue, la jurisprudence embrasserait donc tout ce qui concourt à former l'ensemble de l'État; c'est le droit dans sa plus haute expression. Mais sous un autre rapport on entend de nos jours par jurisprudence l'uniformité non interrompue de plusieurs arrêts sur des questions semblables : c'est en ce sens que l'on dit la *jurisprudence des tribunaux*, la *jurisprudence* est fixée sur tel ou tel point. Le législateur en effet ne pose que des principes généraux, des règles applicables aux espèces qui se rencontrent le plus souvent : il n'a pas pu prévoir les variétés infinies des intérêts humains, car il n'est pas casuiste; il procède par catégories larges et générales. Mais après lui vient le magistrat, dont la mission est de rechercher l'esprit des lois, d'en pénétrer les motifs pour conclure des cas prévus à ceux qui ne le sont pas.

La jurisprudence est le complément de la loi, puisqu'elle étend et explique ses dispositions. « On ne peut pas plus se « passer de jurisprudence que de loi, » a dit de nos jours M. Portalis, et Bacon, avant lui, disait : « La jurisprudence « est l'ancre de la loi, comme la loi est l'ancre de l'État. » Le soin de fixer et de maintenir la jurisprudence en France appartient à la *cour de cassation*. E. DE CHABROL.

JURISTE. C'est celui qui écrit ou a écrit sur les matières de droit; cette expression a à peu près la même signification que le mot *jurisconsulte* : peut-être a-t-elle un sens plus général, tandis que l'expression de *jurisconsulte* est restreinte à ceux qui sont véritablement savants; mais, en fait, la différence est peu sensible et fort peu essentielle.

JURJURA ou **DJURDJURA**, chaîne de montagnes de l'Algérie, formant une division du petit Atlas, auquel elle se rattache par le sud. C'est dans cette chaîne que se trouve le fameux défilé des Bibans. Elle est peuplée par des tribus kabyles agricoles très-industrieuses, et recèle dans ses flancs des mines de fer. Le Jurjura a été en 1846 le théâtre de plusieurs combats acharnés contre les Kabyles de ces montagnes, qui furent enfin réduits à l'obéissance par le maréchal Bugeaud.

JURY. Le jury est la réunion des jurés assemblés pour statuer sur une affaire. Cette qualification s'applique également au corps général des jurés : ainsi l'on dit : l'institution du jury. On a aussi donné cette dénomination à certaines commissions chargées d'un examen particulier, telles que le *jury de l'exposition des produits de l'industrie*, le *jury de l'exposition des beaux-arts*, le *jury d'expropriation*, etc.

Les jurés dans l'origine n'étaient autre chose que les *prud'hommes* ou les pairs choisis pour prononcer sur une affaire déterminée. Au moyen âge, on trouve ces sortes de jugements établis en Allemagne, en France, en Angleterre et en Italie. Ils disparurent peu à peu devant la féodalité, qu'ils contrariaient, et on ne les vit reparaître en Angleterre que dans la grande Charte, et en France à la révolution de 1789 ; mais alors le jury s'éleva à toute la hauteur d'une institution sociale, et on le regarde comme l'une des plus fermes colonnes des libertés publiques. Aux États-Unis, dès le premier jour de l'indépendance américaine, la liberté s'est placée sous la garantie du jury, et quoique le plus jeune des trois pays, l'Amérique est celui qui a donné au jury le plus de force, le plus d'étendue et le plus d'autorité. La France ne paraît que le troisième plan, et tandis qu'en Angleterre et aux États-Unis les jurés décident presque toutes les affaires civiles et criminelles, leur juridiction ne s'étend chez nous que sur les matières du grand criminel.

Le jury est à la fois une institution judiciaire et politique. Comme institution judiciaire, on a à beaucoup contesté les avantages : que n'a-t-on pas dit et sur l'incertitude des jugements des jurés, et sur les chances nombreuses d'erreur qu'ils peuvent commettre? Cependant les garanties qu'il présente sont grandes; si les décisions sont souvent contradictoires, d'un autre côté il n'est jamais intéressé à persister dans ses erreurs, parce qu'il est irresponsable et que chaque jury particulier reste indépendant et libre dans son action. Dans les tribunaux, au contraire, inamovibles et permanents, hiérarchiquement organisés, les erreurs se perpétuent plus facilement, et il devient souvent très-difficile de modifier une jurisprudence vicieuse. Avec un jury, une mauvaise législation est impossible, parce qu'il est l'expression fidèle des mœurs d'un pays. Il faudra que dans un temps donné elle se corrige et se modifie. Les tribunaux ne produiront jamais de tels résultats : accoutumés au respect absolu de la loi, ils en consacreront de plus en plus les vices et les erreurs.

Mais si l'on envisage le jury comme institution politique, on voit qu'il exerce une grande influence sur les destinées mêmes de la société. En effet, la véritable sanction des lois politiques se trouve dans les lois pénales : le jury, qui constate et apprécie les actions que ces lois punissent, est donc en réalité le maître de la société. D'ailleurs, l'institution du jury, en appelant le peuple ou l'une des classes de la nation sur le siège du juge, tend à faire pénétrer dans les masses les mœurs judiciaires et le sentiment de la loi positive. L'on peut faire cette observation aux États-Unis, où le jury s'applique à presque tous les objets qui sont du ressort de la justice. Aussi nulle part l'esprit légiste n'existe-t-il plus profondément et plus généralement que dans ce pays. L'Angleterre regarde le jury comme la première de ses institutions politiques. En France, au contraire, le jury est trop peu répandu, les hommes ont de trop rares occasions d'en remplir les fonctions, pour que les effets que nous venons de signaler y soient bien sensibles.

Le jury, dans notre organisation judiciaire, est l'image de l'équité : c'est lui qui déclare ce qui est bien et ce qui est mal, c'est lui qui est chargé d'appliquer cette loi morale que chacun porte dans sa conscience et qui a éclairé tout homme à sa venue en ce monde. Toutes les questions de moralité rentrent dans ses attributions ; celles de légalité sont de la compétence exclusive du *juge*. Le jury déclare que tel fait existe avec tels ou tels caractères; après lui vient le magistrat, qui cherche et se fait rentrer dans les dispositions de la loi. Il existe donc une grande distinction entre les fonctions du juré et celles du magistrat. Le premier, étranger aux habitudes judiciaires et à la connaissance des lois, eût été incapable de rendre une décision complète. Voilà pourquoi l'on a borné ses attributions à une déclation de fait. Le second, de son côté, précisément à cause de ses habitudes judiciaires, est naturellement enclin à la rigueur; il se fait souvent une jurisprudence de sévérité qui ne tient pas assez compte des circonstances variables du mérite ou du démérite. On a donc borné son ministère à une compétence toute légale et scientifique.

C'est l'Assemblée constituante qui jeta les bases de l'institution du jury, par la loi du 16-29 septembre 1791 : elle ne l'appliqua qu'aux matières criminelles, et le divisa en deux classes, savoir : le *jury d'accusation*, qui prononçait sur la mise en accusation, et le *jury de jugement*, qui fixait définitivement la position de ceux que le premier jury avait renvoyés en état d'accusation. Lors de la rédaction du Code d'Instruction criminelle, en 1808, l'institution du jury fut de nouveau mise en question ; on ne conserva que le jury de jugement, et les fonctions du jury d'accusation furent distribuées à une chambre spéciale, créée à cet effet dans le sein de chaque cour d'appel. A la Restauration, le jury fut formellement consacré par la charte de 1814, et il resta dans son organisation tel que l'avait fait le Code d'Instruction criminelle. Après 1830, l'institution subit de graves changements. D'abord, on appela aux fonctions de jurés un plus grand nombre de citoyens, ceux-là surtout dont la profession garantissait déjà la capacité. Les jurés, autrefois désignés par les préfets, furent tirés au sort à l'audience des cours, d'après des listes générales que l'administration faisait dresser pour chaque année. Auparavant, lorsque le jury ne prononçait une condamnation qu'à une majorité de 7 voix contre 5, la cour d'assises était appelée à délibérer sur le fait. En 1832, le jury fut investi du droit de prononcer d'une manière absolue, et pour remplacer une garantie détruite par une autre, on exigea pour la condamnation la majorité de 8 voix. C'étaient là des améliorations véritables, que le pouvoir regretta bientôt d'avoir concédées. En 1835, on rétablit la simple majorité de 7 voix, mais sans exiger l'adjonction de la cour d'assises. Enfin, les procès politiques firent introduire dans les délibérations du jury le scrutin secret.

La loi proclame le grand principe de l'indépendance et de l'irresponsabilité du juré; elle ne lui demande pas compte des motifs de sa décision, elle laisse sa conscience entièrement libre.

La déclaration des jurés ne se rapporte pas seulement à un fait matériel; leur mission est plus élevée et plus grande. Un fait n'est bien ou mal que par l'agent qui en est l'auteur : c'est donc surtout la moralité de cet agent que le juré devra apprécier, car c'est là que se trouve la criminalité. Aussi la loi ne leur demande-t-elle pas seulement si tel individu a commis tel fait, mais s'il est *coupable* de l'avoir commis, c'est-à-dire si en le commettant il a eu une intention malveillante, en un mot s'il avait la conscience que ce qu'il faisait était mal. E. DE CHABROL.

En 1848, après la proclamation du suffrage universel, les dispositions relatives à la formation du jury n'étaient plus en harmonie avec ce principe; le décret du 7 août 1848 y apporta les modifications nécessaires. Cependant, ne pouvaient être jurés : 1° les citoyens ne sachant pas lire et écrire en français; 2° les domestiques et serviteurs à gages. Les citoyens vivant d'un travail journalier, et qui justifiaient qu'ils ne pouvaient supporter les charges résultant des fonctions de juré, en pouvaient être dispensés. Étaient incapables d'être jurés : 1° ceux à qui était enlevé l'exercice de tout ou partie des droits politiques; 2° les faillis non réhabilités; 3° les interdits et les gens pourvus d'un conseil judiciaire; 4° les gens en état d'accusation ou de contumace; 5° les individus condamnés soit à des peines afflictives ou infamantes, soit à des peines correctionnelles pour des faits qualifiés crimes par la loi, ou pour délit de vol, escroquerie, abus de confiance, usure, attentat aux mœurs, vagabondage ou mendicité; 6° les individus condamnés à plus d'un an de prison à raison de tout autre délit. Les condamnations pour délits politiques n'entraînaient l'incapacité qu'autant que les jugements l'avaient prononcée. Quant aux incompatibilités, les militaires en activité de service et les instituteurs communaux ne pouvaient plus être jurés. La liste générale du jury était permanente, et la confection en était confiée aux maires, sous la surveillance des conseils municipaux. La liste annuelle était composée par une commission formée dans chaque canton du membre du conseil général et du juge de paix de ce canton, et de deux membres du conseil municipal de chaque commune du canton désignés spécialement par le conseil tout entier. Enfin, nul ne pouvait être contraint à remplir les fonctions de juré plus d'une fois en trois ans. Un décret du gouvernement provisoire avait élevé de 7 à 9 voix la majorité nécessaire à la condamnation; un décret de l'Assemblée constituante du 18 octobre 1848 réduisit la majorité à 8 voix. Le jury est régi aujourd'hui par la loi du 10 juin 1853. Nul maintenant ne peut remplir les fonctions de juré s'il n'est âgé de trente ans accomplis, s'il ne jouit des droits politiques, civils et de famille. Aux incapacités indiquées plus haut sont ajoutées les suivantes : les militaires condamnés au boulet et aux travaux publics; les condamnés à un emprisonnement de trois mois au moins; les condamnés à l'emprisonnement, quelle que soit sa durée, pour soustraction commise par des dépositaires publics, outrage à la morale publique et religieuse, attaque contre le principe de la propriété et les droits de la famille, pour infraction aux dispositions de la loi sur le recrutement de l'armée ; les notaires, greffiers et officiers ministériels destitués ; ceux qui ont été déclarés incapables d'être jurés, en vertu de l'article 396 du Code d'Instruction criminelle et de l'article 42 du Code Pénal; ceux qui sont sous mandat d'arrêt ou de dépôt. Sont pareillement déclarés incapables, mais pour cinq ans seulement, à dater de l'expiration de leur peine, les condamnés à un emprisonnement d'un mois au moins.

Les fonctions de jurés sont incompatibles avec celles de ministre, président du sénat, président du corps législatif, membre du conseil d'État, sous-secrétaire d'État ou secrétaire général d'un ministère, préfet et sous-préfet, conseiller de préfecture, juge, officier du ministère public près les cours et les tribunaux de première instance, commissaire de police, ministre d'un culte reconnu par l'État, militaire de l'armée de terre ou de mer en activité de service et pourvu d'emploi, fonctionnaire ou préposé du service actif des douanes, des contributions indirectes, des forêts de l'État et de la couronne et de l'administration des télégraphes, instituteur primaire communal.

Ne peuvent toujours être jurés : les domestiques et serviteurs à gages, ceux qui ne savent pas lire et écrire en français, ceux qui sont placés dans un établissement public d'aliénés, en vertu de la loi du 30 juin 1838.

Sont dispensés des fonctions de jurés : 1° les septuagénaires; 2° ceux qui ont besoin pour vivre de leur travail manuel et journalier. La liste annuelle est composée de deux mille jurés pour le département de la Seine; de cinq cents pour les départements dont la population excède trois cent mille habitants; de quatre cents pour ceux dont la population est de deux à trois cent mille habitants; de trois cents pour ceux dont la population est inférieure à deux cent mille habitants. Le nombre des jurés pour la liste annuelle est réparti, par arrêté du préfet pris en conseil de préfecture, par arrondissement et par canton, proportionnellement au tableau officiel de la population. L'arrêté de répartition est envoyé au juge de paix.

Une commission composée, dans chaque canton, du juge de paix, président, et des deux maires, dresse des listes préparatoires de la liste annuelle. Ces listes contiennent un nombre de noms triple de celui fixé pour le contingent du canton par l'arrêté de répartition. Les commissions dressent les listes préparatoires et les envoient au préfet pour l'arrondissement chef-lieu du département, et au sous-préfet pour chacun des autres arrondissements. Une commission, composée du préfet ou du sous-préfet, président, et de tous les juges de paix de l'arrondissement, choisit sur les listes préparatoires le nombre de jurés nécessaire pour former les listes d'arrondissement. Une liste spéciale de jurés suppléants, pris parmi les jurés de la ville où se tiennent les assises, est aussi formée chaque année, en dehors de la liste annuelle du jury.

Le préfet dresse immédiatement la liste annuelle du département, par ordre alphabétique, sur les listes d'arrondissement. Il dresse également la liste spéciale des jurés suppléants. Ces listes ainsi rédigées sont, avant le 15 décembre, transmises au greffe de la cour ou du tribunal chargé de la tenue des assises.

Sont excusés, sur leur demande, 1° les sénateurs et les membres du corps législatif, pendant la durée des sessions seulement ; 2° ceux qui ont rempli les fonctions de juré pendant l'année courante et l'année précédente. Dix jours au moins avant l'ouverture des assises, le premier président de la cour impériale, ou le président du tribunal du chef-lieu judiciaire, dans les villes où il n'y a pas de cour d'appel, tire au sort, en audience publique, sur la liste annuelle, les noms des trente-six jurés qui forment la liste de la session. Il tire en outre quatre jurés suppléants sur la liste spéciale. Si au jour indiqué par le jugement le nombre des jurés est réduit à moins de trente, par suite d'absence ou pour toute autre cause, ce nombre est complété par les jurés suppléants, suivant l'ordre de leur inscription ; en cas d'insuffisance, par des jurés tirés au sort, en audience publique, parmi les jurés inscrits sur la liste spéciale, subsidiairement parmi les jurés de la ville inscrits sur la liste annuelle. Dans le cas prévu par l'article 90 du décret du 6 juillet 1810, le nombre des jurés titulaires est complété par un tirage au sort fait, en audience publique, parmi les jurés de la ville inscrits sur la liste annuelle. L'amende de 500 fr., prononcée par le deuxième paragraphe de l'art. 396 du Code d'instruction criminelle, peut être réduite par la cour à 200 fr., sans préjudice des autres dispositions de cet article.

La décision du jury, tant contre l'accusé que sur les circonstances atténuantes, se forme à la majorité. La déclaration du jury constate cette majorité, sans que le nombre de voix puisse y être exprimé, le tout à peine de nullité. Dans le cas où l'accusé est reconnu coupable, et si la cour est convaincue que les jurés, tout en observant les formes, se sont trompés au fond, elle déclare qu'il est sursis au jugement et renvoie l'affaire à la session suivante, pour y être soumise à un nouveau jury, dont ne peut faire partie aucun des jurés qui ont pris part à la déclaration annulée. Nul n'a le droit de provoquer cette mesure. La cour ne peut l'ordonner que d'office, immédiatement après que la déclaration du jury a été prononcée publiquement. Après la déclaration du second jury, la cour ne peut ordonner un nouveau renvoi, même quand cette déclaration serait conforme à la première.

En toute matière criminelle, même en cas de récidive, le président, après avoir posé les questions résultant de l'acte d'accusation et des débats, avertit le jury, à peine de nullité, que s'il pense, à la majorité, qu'il existe en faveur d'un ou de plusieurs accusés reconnus coupables des circonstances atténuantes, il doit en faire la déclaration en ces termes : *A la majorité, il y a des circonstances atténuantes en faveur de l'accusé.* Ensuite le président remet les questions écrites aux jurés, dans la personne du chef du jury, il y joint l'acte d'accusation, les procès-verbaux qui constatent les délits, et les pièces du procès autres que les déclarations écrites des témoins.

Le président avertit le jury que tout vote doit avoir lieu au scrutin secret. Il fait retirer l'accusé de l'auditoire.

Le chef du jury dépouille chaque scrutin en présence des jurés, qui peuvent vérifier les bulletins. Il constate sur-le-champ le résultat du vote en marge ou à la suite de la question résolue. La déclaration du jury en ce qui concerne les circonstances atténuantes n'est exprimée que si le résultat du scrutin est affirmatif.

Les questions de presse et d'autres affaires politiques ont en outre été enlevées au jury.

JURY DE RÉVISION. *Voyez* CONSEIL DE RECENSEMENT.

JUS. Dans le régime alimentaire, on fait parfois usage du jus des herbes et des fruits, séparé des parenchymes qui le contiennent ; ces jus ont en général les propriétés concentrées des substances qui les fournissent. On donne encore le nom de *jus de viande* à une décoction concentrée de veau, de bœuf, de mouton, etc., formant les fonds de cuisine dans les grandes maisons. Ces jus de viande, éminemment chauds et réparateurs, conviennent aux tempéraments et aux estomacs fatigués, qui ont besoin d'être restaurés (*voyez* COULIS). Autrefois on servait toujours à sec les viandes blanches rôties ; aujourd'hui, tous les plats de rôti sont généralement passés avec un certain jus de bœuf que les cuisiniers actuels appliquent à toutes les viandes possibles, sans distinction. C'est un usage révolutionnaire, qui semble avoir prévalu sur la bonne coutume d'autrefois. Le marquis de Cussy, célèbre gastronome, raconte que se trouvant à dîner chez un dignitaire de l'empire, le duc de Massa, celui-ci, pour faire honneur à son convive, s'avisa de lui adresser un membre de volaille avec une abondance prodigieuse de jus. « Le duc de Massa, nouveau parvenu, me prenait sûrement pour un mangeur de son acabit, disait le marquis, d'un ton encore irrité ; comprenez-vous qu'on ait pu m'envoyer à moi du jus de bœuf avec de la volaille rôtie ? Mais ce que vous ne sauriez vous figurer, c'est l'épouvantable quantité de ce jus trouble, âcre et quasi noir ! J'avais envie de réclamer auprès de ce ministre de la justice, en m'écriant : *Summum jus, summa injuria!* »

JUSANT, nom que donnent les marins au reflux de la mer (*voyez* MARÉE).

JUSQUIAME, genre de plantes de la famille des solanées, dont les principaux caractères sont : un calice persistant à cinq divisions, une corolle monopétale à tube court, portant à sa base cinq étamines à filaments inclinés ; l'ovaire est supérieur, ovale-arrondi, surmonté d'un style filiforme, terminé par un stigmate en tête ; le fruit est une capsule ovale, sillonnée de chaque côté, à deux loges polyspermes, s'ouvrant en travers, par un opercule semblable à un couvercle. Les jusquiames sont des plantes herbacées, à fleurs axillaires, et à feuilles alternes.

La *jusquiame noire* (*hyoscyamus niger,* L.), ou *hannebane,* à feuilles découpées, d'un vert pâle, très-grandes, surtout celles qui sont près de la racine, à fleurs jaunes, avec des veines d'un pourpre foncé, croît abondamment dans les lieux incultes, sur le bord des chemins, etc. La *jusquiame blanche* (*hyoscyamus albus,* L.), à tige velue, à feuilles ovales, pétiolées et entières à la partie supérieure de la plante, porte des fleurs blanches sessiles, axillaires et en épis unilatéraux. La *jusquiame dorée* (*hyoscyamus aureus*) est vivace, à fleurs jaunes, mais dont le fond est d'un pourpre noir ; les filets des étamines sont violets : cette variété est cultivée dans les jardins comme plante d'ornement, à cause de la beauté de sa fleur. Il y en a encore deux espèces très-renommées, ce sont : la *jusquiame physaloïde* et la *jusquiame datura,* fréquemment employées en Orient.

Toutes les jusquiames jouissent de propriétés narcotiques vénéneuses plus ou moins prononcées : c'est en vain que quelques praticiens ont prétendu que cette plante, très-dangereuse pour certains animaux, ne faisait aucun mal à d'autres ; c'est probablement parce que la plante dont ils s'étaient servi n'avait pas été cueillie avant son entier développement, car Orfila a remarqué que la jusquiame récoltée au printemps n'avait qu'une action très-faible sur l'économie animale, comparée à l'action violente de ce même végétal récolté à l'époque de son entier développement. Parmi les exemples que l'on peut citer d'accidents causés par la jusquiame, nous rappellerons celui arrivé le 25 mars 1649 aux bénédictins du couvent de Rhinow, qui avaient mangé une salade dans laquelle leur jardinier avait mis par mégarde quelques feuilles de jusquiame. Ils eurent des vertiges, un délire bizarre, une ardeur extrême de la bouche et du gosier, et, ce qu'il y a de particulier, un affaiblissement considérable de la vue : ces accidents sont causés non-seulement par les feuilles, mais encore par les racines et les graines de la plante, qui participent des propriétés des feuilles. Dans les cas d'empoisonnement par la jusquiame, il faut exciter les vomissements à l'aide de l'émétique, puis administrer des boissons acidulées, les limonades, et les lavements purgatifs; la saignée est également utile, lorsque le sujet est d'un tempérament sanguin. Malgré ces propriétés vénéneuses, la jusquiame est employée avec succès par quelques médecins pour combattre certaines maladies : ainsi, on la donne contre la dyssenterie, les affections spasmodiques, quelquefois même dans l'épilepsie, la paralysie, etc. ; mais on doit toujours l'administrer à faibles doses et avec précaution.

Les Orientaux boivent avec plaisir l'infusion des graines de la jusquiame *physaloïde* torréfiées : cette liqueur leur donne de la gaieté et les rend communicatifs. Il paraît en outre que les graines de la jusquiame *datura* jouissent de propriétés narcotiques assez semblables à celles de l'opium, car les Égyptiens en donnent à leurs enfants pour les faire dormir.
C. FAVROT.

JUSSIEU, famille célèbre dans la science qui a pour objet l'étude des plantes.

JUSSIEU (ANTOINE DE), né à Lyon, le 8 juillet 1686, fit ses études médicales à l'école de Montpellier, et vint à Paris, recommandé à Fagon, alors premier médecin du roi, et, comme tel, intendant du Jardin des Plantes. Tournefort venait de mourir (1709) ; et Antoine de Jussieu, encore inconnu à la science, et à peine âgé de vingt-deux ans, fut jugé par Fagon capable de succéder à Tournefort dans l'enseignement de la botanique. Il marcha avec ardeur dans cette carrière brillante ouverte devant lui, carrière qui ne lui était pas nouvelle toutefois, car, dans les sciences médicales il s'était plus spécialement occupé des sciences accessoires, de la botanique surtout, et dès l'année 1711 il fut élu à une place vacante à l'Académie des Sciences, dans la section de botanique. Ses nombreux voyages dans les provinces de France, dans les îles d'Hières, dans la vallée de Nice, dans les contrées montagneuses de l'Espagne, lui valurent une riche collection de plantes, et lui permirent d'enrichir à son tour les *Mémoires de l'Académie des Sciences* de nombreux travaux, qu'il ne faut point perdre de vue dans l'histoire des progrès des sciences naturelles en France. Parmi ces travaux, qui presque tous ont pour but l'élucidation de quelques points, alors peu connus, d'histoire naturelle, végétale ou animale, il faut citer surtout un mémoire sur les traces de végétaux fossiles dans les houillères de Saint-Étienne, puis quelques travaux curieux de zoologie, de phytologie et d'histoire naturelle; des recherches sur les mines de mercure d'Almaden, sur les pétrifications animales, sur les cornes d'Ammon, etc., etc. La science doit encore à Antoine de Jussieu un *Discours sur les progrès de la botanique* (in-4°, 1781) et un *Appendix* aux travaux de Tournefort; elle lui doit enfin la coordination, la rédaction et la publication du grand ouvrage de Barrelier sur les plantes de France, d'Espagne et d'Italie.

Frappé d'apoplexie, Antoine de Jussieu mourut le 22 avril 1758.

JUSSIEU (BERNARD DE), né à Lyon, en 1699, élevé au grand collège des jésuites de cette ville, accompagna, en 1716, son frère Antoine, chargé par le régent de recueillir pour les collections de Paris les plantes de l'Espagne et du Portugal; et en 1722 il fut nommé sous-démonstrateur au jardin de botanique, à la place de Vaillant, que la mort venait d'enlever à la science. Ce fut dans ce modeste emploi de sous-démonstrateur que Bernard de Jussieu exerça sur l'histoire naturelle en général, et plus spécialement sur la phytologie, une influence qui fait époque dans la science, et qui associe son nom, d'une manière si remarquable, au grand mouvement scientifique du dix-huitième siècle. En effet, dans ses études approfondies sur les caractères similaires ou différentiels des plantes, B. de Jussieu avait remarqué que, parmi ces caractères, les uns obtenaient une assez haute généralité pour pouvoir servir à l'établissement de quelques divisions fondamentales dans le règne végétal; et il avait reconnu, en outre, que c'étaient la germination des graines et la disposition relative des organes floraux qui offraient les caractères les plus généraux et les plus invariables. Il adopta donc ces deux considérations comme bases de sa classification méthodique, et, sans former de classes fixes, il disposa suivant un même plan une succession d'ordres et de familles, répondant aux différentes sections des autres classifications, mais qui, au lieu d'être, comme celles-ci, exclusivement basées sur la présence d'un seul caractère arbitrairement choisi, reposaient au contraire sur la coexistence de plusieurs caractères importants (*voyez* BOTANIQUE). Appelé en 1758, par Louis XV, à réunir dans le jardin de Trianon toutes les plantes cultivées en France, et à y former une école de botanique, B. de Jussieu trouva l'occasion, en dressant les catalogues de ce jardin, de réaliser par une application directe ses idées générales sur la classification des plantes.

Les écrits de B. de Jussieu sont peu nombreux; mais les quelques monographies que nous possédons de lui indiquent et une immense sagacité et un rare talent d'observation. Dans la deuxième édition de l'*Histoire des plantes qui croissent aux environs de Paris*, il ajouta au travail original de Tournefort de nombreuses notes, et une assez grande quantité d'espèces nouvelles, qu'il avait rencontrées dans ses fréquentes herborisations. En zoologie, ses recherches sur les polypes d'eau douce établirent définitivement dans la science cette opinion émise par Peyssonel et combattue par Marsigli, que ces organisations amorphes étaient réellement des animaux et nullement des radicelles ou des fleurs de quelques plantes marines inconnues; et tandis qu'il enlevait ainsi au règne végétal une classe tout entière d'êtres, qui forment en quelque sorte un règne oscillant entre le règne végétal et le règne animal, il modifiait singulièrement les classifications reçues, en démontrant que les cétacés étaient, par leur organisation, de véritables mammifères, et nullement des poissons.

En 1765, B. de Jussieu fit venir près de lui son neveu Laurent, auquel il confia désormais la direction absolue du Jardin des Plantes : la vie s'éteignait lentement en lui; sa vue, affaiblie, ne lui permettait plus ni recherches microscopiques ni lectures assidues ; et bientôt une surdité, qui alla sans cesse croissant, vint ajouter à son isolement, le privant de tout rapport intellectuel avec le monde extérieur. Une première attaque d'apoplexie, dont il ne revint qu'imparfaitement, le laissa singulièrement affaibli ; les congestions sanguines et les épanchements se succédèrent, et il succomba enfin à une dernière attaque, le 6 novembre 1777.

Bernard de Jussieu était membre de l'Académie des Sciences de Paris (1er août 1725), des Académies de Berlin, de Saint-Pétersbourg et d'Upsal ; de la Société royale de Londres, de l'Institut de Bologne : tous ses contemporains le consultaient, et sa décision faisait loi; tous le citent avec une sorte de vénération, et le grand Linné lui-même poussa cette vénération presque jusqu'au blasphème lorsqu'il répondit à une question insoluble pour lui : *Aut Deus, aut B. de Jussieu*.

JUSSIEU (JOSEPH DE), frère des précédents, naquit à Lyon, en 1704. Comme ses frères, il fut d'abord destiné à la carrière médicale ; mais il ne tarda pas à abandonner la pratique de la médecine pour se livrer sans restriction à l'étude des sciences pures. Médecin instruit, savant botaniste, ingénieur habile, il fut élu, en 1735, pour accompagner, comme botaniste, les astronomes que l'Académie envoyait avec La Condamine au Pérou; mais lorsque les travaux dont la commission de l'Académie était chargée furent accomplis, Joseph de Jussieu ne put se résoudre à abandonner ce sol, si fécond en découvertes scientifiques, avant d'avoir recueilli sa part de cette riche moisson; et plus tard, lorsqu'il voulut retourner en France, il fut retenu de force par les naturels du pays, qui avaient appris à apprécier ses connaissances médicales, et qui ne purent consentir à le laisser s'éloigner d'eux. Pendant trente-cinq ans il habita le Nouveau-Monde, explorant en tous sens cette terre encore vierge, recueillant partout des observations précieuses, et transmettant de temps à autre à la France, par de rares occasions, les résultats de ses laborieuses recherches. Mais tout son travail fut vain. Ces collections, qu'il avait amassées à grand'peine, lui furent enlevées; ses notes et ses manucrits se perdirent; la fortune que, comme médecin, il avait amassée au Pérou lui fut ôtée; il devint sujet à de fréquents vertiges; sa mémoire s'effaça, et il revint à Paris, en 1771, dans un état complet d'enfance. De tous ses travaux de quarante années consacrées à la science, il ne reste plus que quelques manuscrits inédits sur l'histoire naturelle du Pérou, quelques plantes rares dont il a enrichi nos jardins (l'héliotrope, le cierge du Pérou, etc.), quelques recherches sur l'histoire naturelle et médicale du quinquina. Joseph de Jussieu mourut à Paris, le 11 avril 1779. Il avait été élu membre de l'Académie au mois de mai 1743, et, par un singulier hasard, il fut trente-cinq ans membre de cette société savante sans avoir jamais mis les pieds dans l'enceinte où se tenaient ses séances.

JUSSIEU (ANTOINE-LAURENT DE), fils de *Christophe* DE JUSSIEU, frère aîné des trois précédents, naquit à Lyon, le 12 avril 1748. Il venait d'achever ses études classiques à Lyon, lorsque son oncle Bernard de Jussieu l'appela près de lui à Paris, en 1765, pour le soutenir et le diriger dans ses études ultérieures. Les quatre premières années de son séjour à Paris furent consacrées à l'étude de la médecine, dans laquelle la botanique ne devait intervenir que comme science accessoire; et cependant dès l'année 1770 Laurent de Jussieu fut désigné par son oncle pour professer au Jardin des Plantes des leçons de botanique, que Lemonnier, appelé à Versailles par les fonctions de premier médecin du roi Louis XV, se trouvait dans la nécessité d'interrompre. Le jeune démonstrateur était chargé d'exposer aux élèves et de développer les caractères botaniques des plantes classées dans le jardin d'après la méthode de Tournefort; et, engagé à l'improviste dans une carrière scientifique qui jusqu'alors lui était demeurée presque étrangère, il se voyait contraint de consacrer ses nuits à apprendre ce qu'il passait ses jours à enseigner aux autres. Néanmoins, une place étant venue à vaquer en 1773 à l'Académie des Sciences, Laurent de Jussieu se présenta comme candidat, et il appuya ses prétentions d'un mémoire *Sur les renoncules*, qui se trouve consigné dans les actes de cette Académie. Ainsi que souvent il le racontait à son fils, ce furent les recherches auxquelles il se livra dans la rédaction de ce mémoire qui firent de Laurent de Jussieu un botaniste; et c'est dans ce mémoire que se trouve développé pour la première fois le principe de la subordination des caractères les uns aux autres suivant leur valeur relative, principe qui avait échappé à Adanson, et qui avait été entrevu par Bernard de Jussieu.

Dès cette époque la recherche d'une méthode naturelle de classification phytologique occupa seule les travaux de Laurent de Jussieu; et en 1774, lorsqu'il fut reconnu urgent de rétablir sur des bases plus larges le jardin botanique et de remplacer par une classification nouvelle la classification vieillie et insuffisante de Tournefort, Laurent de Jussieu s'occupa de coordonner les espèces végétales suivant une méthode nouvelle, dont il développa les bases dans un mémoire lu à l'Académie des Sciences en 1774, et inséré dans les recueils de cette société. Cette nouvelle disposition fut adoptée; la nomenclature de Linné remplaça celle de Tournefort, et la classification générale des plantes du jardin fut établie telle qu'elle existe encore aujourd'hui.

Ce fut en 1789 que parut le *Genera Plantarum secundum ordines naturales disposita*, ouvrage immense, destiné à faire dès sa première apparition une révolution complète en phytologie. Quelque incroyable que cette assertion puisse paraître, il n'en est pas moins constant que le *Genera Plantarum* fut écrit tout entier de *mémoire*; les immenses matériaux de ce travail étaient coordonnés dans l'esprit du grand botaniste avec une méthode si parfaite, une lucidité si entière, qu'il lui fut possible de livrer à l'impression son immense travail page par page, et jamais en effet la rédaction manuscrite ne fut de deux feuilles en avant de l'impression typographique.

Depuis 1789, Laurent de Jussieu publia, dans les *Annales du Muséum*, une suite considérable de mémoires, destinés pour la plupart à développer et à compléter son grand ouvrage, et à le tenir au niveau de la science, dont le domaine s'élargissait sans cesse, par les découvertes des botanistes et des voyageurs. Mais à mesure que ses forces s'affaissaient sous le poids des années, il voyait s'amonceler autour de lui une masse constamment croissante de matériaux nouveaux à classer, à coordonner, à critiquer, jusqu'à ce qu'enfin il comprit qu'il était dépassé: la vue et l'ouïe lui manquèrent à la fois. Son existence tout entière s'écoula dans le Jardin des Plantes et dans le cabinet de botanique: ses travaux scientifiques eux-mêmes faisaient leur fortune dans la science, et jamais il ne voulut appeler à la défense de ses doctrines les armes de la polémique. « Les doctrines scientifiques, disait-il, sont ou bonnes ou mauvaises: dans le premier cas, elles n'ont pas besoin d'être défendues; dans le second, elles ne doivent pas l'être. » La seule discussion scientifique à laquelle il ait pris une part active est celle que soulevèrent en France les expériences de Deion sur le magnétisme animal. Commissaire de la Société de Médecine à l'époque de Mesmer, il suivit avec exactitude toutes les séries d'expériences qui furent alors tentées, et il se convainquit qu'au milieu de toutes les aberrations du système il existait réellement des phénomènes nerveux extrêmement curieux, et sur lesquels il était urgent d'appeler l'attention des physiologistes: le rapport de Laurent de Jussieu souleva les plus vives discussions, discussions d'autant plus animées que, dans ce rapport, L. de Jussieu s'était placé en contradiction formelle avec l'opinion des autres commissaires.

Laurent de Jussieu avait été appelé à remplacer Lemonnier en 1770; il était docteur de la Faculté de Médecine de Paris depuis 1772, membre de l'Académie des Sciences depuis 1773, membre de la Société royale de Médecine depuis 1776, et démonstrateur de botanique au Jardin du Roi depuis 1777. En 1804 il fut nommé professeur de matière médicale à la Faculté de Paris, et en 1808 il devint conseiller titulaire de l'université impériale. La Restauration lui enleva ces deux places. Il mourut le 17 septembre 1836.

JUSSIEU (ADRIEN DE), fils du précédent, naquit à Paris, le 23 décembre 1797; il commença sa carrière scientifique par des études médicales, quoi qu'il dirigea plus spécialement vers les sciences accessoires. Sa thèse inaugurale *De euphorbiacearum generibus et viribus* (1824, in-4°) est bien plutôt botanique que médicale. Depuis cette époque, Adrien de Jussieu publia une série de travaux spécialement consacrés à quelques groupes spéciaux de plantes, à quelques flores particulières: parmi ces travaux nous citerons surtout ses mémoires *Sur les rutacées, Sur les méliacées, Sur les plantes du Chili*; nous citerons encore la *Flora Brasiliæ meridionalis*, dans la rédaction de laquelle Adrien de Jussieu fut collaborateur d'Auguste de Saint-Hilaire, qui avait amassé les matériaux de ce beau travail dans un séjour de six années au Brésil. En 1826 Adrien de Jussieu fut nommé au Muséum, à la place de son père, qui passa aux honoraires; et en 1831 il fut reçu membre de l'Académie des Sciences. Il mourut le 29 juin 1853.

Nous ne parlerons pas de quelques autres membres de la

famille de Jussieu, qui n'ont en rien contribué à son illustration scientifique. L'un, M. *Alexis* DE JUSSIEU, fut nommé, en 1837, directeur de la police au département de l'intérieur; il avait précédemment été préfet de la Vienne. Un autre, M. *Laurent* DE JUSSIEU, auteur de *Simon de Nantua* et de plusieurs ouvrages d'éducation, élu en 1839 député du 10ᵉ arrondissement de Paris, était secrétaire général de la préfecture de la Seine sous l'administration de M. de Rambuteau.
BELFIELD-LEFÈVRE.

JUSSION. *Voyez* COMMANDEMENT.

JUSSION (Lettres de). On désignait autrefois sous ce nom certains actes ministériels portant une injonction quelconque plus ou moins arbitraire, et les lettres que les rois adressaient aux parlements pour leur enjoindre de procéder à l'enregistrement des édits qu'ils refusaient d'entériner.

JUSTE ET INJUSTE (Notion du), locution peu exacte philosophiquement parlant. S'il existe chez tous les peuples, si l'on retrouve profondément empreint au cœur de l'homme le sentiment de la justice, cette intuition suprême, qui fait que chacun a, dans la mesure de son entendement, conscience de ce qu'il doit aux autres et de ce qui lui est dû, n'est point ce qu'on peut appeler une *notion*. Ce qui est vrai, ce qui est incontestable, c'est que le sentiment du juste et de l'injuste est universellement répandu : la société humaine en est imprégnée, quelles que soient ses conditions d'existence. Sans doute, et c'est une remarque justifiée par l'observation des temps et des lieux, les perceptions du juste, comme celles du beau, ne sont point partout les mêmes; le jugement porté sur tel ou tel acte de la vie privée diffère suivant le point de vue auquel on est placé par les mœurs de son temps, de son pays ; mais tout le monde est d'accord pour distribuer, classer les actions humaines, leur décerner l'éloge ou le blâme, selon qu'elles respectent ou blessent dans les autres les penchants que chacun voudrait voir respecter en sa personne, et qu'on est convenu de ne pas méconnaître. Ainsi, quelque divergence qui existe dans le mode d'appréciation de chaque acte en particulier, la formule suivant laquelle il est jugé est la même partout ; elle consacre en principe l'égalité, c'est-à-dire la réciprocité des droits, ce qui ne permet pas d'envisager le droit individuel, au sein des sociétés, séparément du devoir. L'homme n'existe donc qu'à la condition d'être juste, c'est-à-dire de *ne pas faire à autrui ce qu'il ne voudrait pas qu'il lui fût fait* : telle est la loi de l'humanité, loi sans laquelle la société, l'homme même, ne se peuvent concevoir. C'est ainsi, du reste, que cette créature privilégiée se trouve séparée par un immense intervalle de l'être qui, n'ayant que des instincts de conservation, de reproduction incessante, obéit à toutes les impulsions de l'appétit physique, et rapporte invariablement tout à son individu. Mais l'homme, dans son noble essor, ne s'arrête même pas à ces inspirations de justice étroite et presque vulgaire. Le spectacle affligeant des douleurs de son semblable l'émeut et l'attache; il s'identifie, par l'influence d'un sentiment fraternel, avec une douleur qui n'est pas la sienne : *Homo sum, nil humani a me alienum puto*, s'écrie-t-il, et on le voit aux mêmes instant secourir le pauvre et l'affligé, les consoler avec amour, *faire aux autres*, en un mot, au nom de la justice et de l'humanité, *ce qu'il voudrait qu'il lui fût fait*!...

Voilà à quelles remarquables hauteurs s'élève par le sentiment du *juste* et de l'*injuste* la condition humaine; voilà où elle tend invinciblement, invariablement. Et c'est là ce qui fait sa force, sa grandeur, car ce sont les devoirs qui élèvent l'homme. Cette remarquable tendance, pour être souvent méconnue dans la pratique, n'en est pas moins certaine, manifeste, ainsi que l'exprime en termes d'une parfaite simplicité des esprits les plus philosophiques que la science du légiste ait éclairés : « Tous les hommes, dit Domat, ont dans l'esprit les impressions de la vérité et de l'autorité de ces lois naturelles, *qu'il ne faut faire tort à personne; qu'il faut rendre à chacun ce qui lui appartient; qu'il faut être sincère dans les engagements, fidèle à exécuter ses promesses*, et d'autres règles semblables de la *justice et de l'équité*... Et quoique *cette lumière de la raison*, qui donne ces vues de la vérité à ceux même qui en ignorent les premiers principes, ne règne pas en chacun de telle sorte qu'il en fasse la règle de sa conduite, *elle règne en tous de telle manière que les plus injustes aiment assez la justice pour condamner l'injustice des autres et pour la haïr...* »

Ainsi, ce ne sont pas les clartés, toutes d'intuition, par lesquelles se montre et se révèle le juste et l'injuste, qui manquent ou qui sont obscurcies; mais bien la *volonté* d'être juste qui fait défaut. Aussi est-ce avec raison que le législateur antique fait résider la justice dans *la volonté ferme et constante d'attribuer à chacun son droit*.
P. CoQ, avocat.

JUSTE LIPSE. *Voyez* LIPSE (Juste).

JUSTE-MILIEU. Après la révolution de juillet 1830, le roi Louis-Philippe crut reconnaître que la France ne conserverait les avantages qu'elle avait espérés d'un changement de gouvernement qu'autant que les gouvernants garderaient un *juste-milieu* entre les divers partis. On releva tout de suite le mot, et on s'en servit depuis pour désigner tantôt en bonne, tantôt en mauvaise part, le système politique du roi. En conséquence, la dynastie de Juillet, fidèle au principe qui l'avait élevée (les classes moyennes), et s'appuyant sur l'opulente bourgeoisie, commença à gouverner d'après cette maxime politique. Elle se posa entre les partis extrêmes, les royalistes purs et les républicains ; elle fit à chacun d'eux d'insignifiantes concessions, elle se servit de l'un contre l'autre, mais ne leur laissa aucune influence décisive sur la marche du gouvernement; elle chercha bien plutôt à profiter de tous leurs mouvements pour les affaiblir ou les soumettre. Les deux hommes qui furent appelés à consolider et à mettre en pratique ce système furent Casimir Périer et surtout M. Guizot. Mais sous le manteau du *juste-milieu* Louis-Philippe alla beaucoup plus loin. Sa politique résista à toutes les doctrines politiques, à toutes les vues, à toutes les décisions des corps législatifs, à toutes les personnalités qui le menaçaient lui, *la pensée immuable*, comme on l'appelait, d'une attaque contre l'État, d'un changement, d'une réforme. De là le passage de tant de ministères au pouvoir; de là l'abandon même des doctrinaires, qui s'éloignèrent un instant de la cour ; de là la persistance répétée des ministres à garder leurs portefeuilles avec une minorité ou au moins une majorité douteuse dans la chambre des députés; de là tant de mesures inconstitutionnelles, comme, par exemple, les menaces faites aux députés fonctionnaires pour s'emparer des délibérations de la chambre. La politique extérieure reçut une semblable direction. Louis-Philippe n'eut ni cabinet, ni principes politiques; mais aussi il ne fit rien de décisif ni de stable. Tous les efforts, toutes les sympathies ne devaient lui servir qu'à affermir son trône, le dernier mot de tout ce manège.

Grâce à ces savantes combinaisons, la dynastie d'Orléans croyait avoir poussé en France de profondes racines, quand la révolution de Février vint lui apprendre combien elles étaient peu solides. C'est qu'en général une politique qui, en vue de l'affermissement du pouvoir dynastique, ne tend qu'à affaiblir et ruiner tous les principes du droit public dans le peuple et dans l'État, ne peut être regardée comme un principe vrai, positif, fécond. Si cette conduite, justifiable pour un temps assez restreint, se prolonge, elle dégénère peu en une politique oppressive ou machiavélique, il lui faudra toujours tôt ou tard faire place aux grands intérêts de la nation.

JUSTICE. La justice a été définie par les anciens : la volonté ferme et constante de rendre à chacun ce qui lui est dû, *justitia est constans et perpetua voluntas jus suum cuique tribuere*. Cicéron faisait consister les fondements de la justice d'abord à ne nuire à personne non plus qu'à soi-même, et ensuite à se consacrer tout entier au bien public. Suivant Goldsmith, la justice est une vertu morale qui fait qu'on rend à chacun ce qui lui appartient.

JUSTICE

D'après La Bruyère, c'est la conformité à une souveraine raison, et d'après Vauvenargues, c'est l'équité pratique. Dans la langue judiciaire, la justice et l'équité sont deux choses distinctes; la justice n'est plus que ce qui est conforme à la loi. De là cette maxime : *summum jus, summa injuria*.

L'impartialité se rattache encore étroitement à la justice. Enfin la charité, qui procède du même principe, l'acquittement de la dette naturelle envers le prochain, la dépasse dans ses effets.

Une des questions les plus anciennement controversées est celle-ci : y a-t-il une justice naturelle antérieure à toute loi positive? Carnéade disait oui ; Horace disait non. Grotius et Puffendorf, dans les temps modernes, se sont faits les champions de deux thèses contraires : ce dernier soutient que des lois expresses sont nécessaires pour fonder les qualités morales des actions. Mais comment soutenir cette opinion quand on se reporte aux premiers âges du monde, alors que la force était la seule loi (*voyez* DROIT NATUREL).

Ce fut de tout temps un attribut de la souveraineté d'être proclamée l'organe et l'interprète de la justice. Aussi dit-on : Toute justice émane du prince, toute justice émane du peuple, suivant que la constitution d'un État est monarchique ou républicaine.

En tout cas, la justice est la base du bien-être général ; par conséquent le premier devoir d'un État envers les sujets, de même qu'elle est le premier devoir du citoyen à l'égard de ses concitoyens. Elle est surtout exigée du juge, de l'homme qui prononce sur le droit d'après les lois.

La religion a fait de la justice une des vertus cardinales. L'antiquité l'avait personnifiée sous les noms de Thémis et d'Astrée.

Le terme de justice se prend aussi pour la pratique de cette vertu ; quelquefois il signifie bon droit et raison ; en d'autres occasions il signifie le pouvoir de faire droit à chacun ou l'administration de ce pouvoir. Quelquefois encore la justice est prise pour les tribunaux qui sont chargés de la distribuer. Nous avons parlé ailleurs de la *justice distributive* (*voyez* DISTRIBUTION).

L'histoire de la justice, considérée en tant qu'attribut ou conséquence de l'autorité gouvernementale, ne serait pas autre chose que l'histoire intérieure des nations. Son administration peut avoir lieu d'après tant de modes différents, revêtir tant de formes diverses ; tantôt être l'apanage de magistrats électifs ou nommés par le souverain, qui décident du droit ou du fait, tantôt être partagée entre ceux-ci et de simples citoyens, qui prononcent sur les circonstances spéciales des causes, après que la loi a été interprétée par les jurisconsultes. En de certains pays, le jury connaît de toutes sortes d'affaires civiles, criminelles, correctionnelles et commerciales ; ailleurs sa mission est bien plus bornée, et se restreint encore tous les jours. L'appel, en outre, a été imaginé pour remédier à la faiblesse et aux erreurs des hommes ; mais on est à se demander encore si le remède n'est pas pire que le mal, à voir les énormes abus qu'a engendrés la multiplicité des juridictions.

Chez la plupart des peuples la charge de rendre la justice fut longtemps l'apanage du chef militaire, du préteur, du comte et du duc. On ne tarda pas à sentir, avec les progrès de la civilisation, la nécessité d'une administration judiciaire indépendante. La *Magna-Charta* de Jean d'Angleterre (1215) stipulait déjà que la cour supérieure (*communia placita*) ne suivrait pas la cour du roi, mais qu'elle aurait une résidence fixe. Les diètes d'Allemagne reprirent à diverses reprises les mêmes garanties des empereurs ; mais ce ne fut qu'en 1495 qu'elles atteignirent ce but, par la création du tribunal de la chambre impériale. Les pairs de France firent à plusieurs reprises d'énergiques protestations contre la part personnelle prise par les rois de France aux procès criminels du duc de Bretagne (1378), du roi de Navarre (1386), etc. ; et l'on a un bien remarquable exemple d'indépendance judiciaire dans les observations par lesquelles le président du parlement Bellièvre a blâmé l'intrusion personnelle de Louis XIII dans le procès du duc de La Valette. En France les commissions extraordinaires établies dans certains cas où l'on voulait être assuré d'avance d'une condamnation, de même que la chambre étoilée d'Angleterre, qui jugeait sans jurés, soulevèrent un mécontentement général ; et tous les peuples reconnurent le besoin de tribunaux indépendants de la volonté personnelle du souverain ou de ses ministres. Les diètes d'Allemagne, elles aussi, s'efforcèrent, à diverses reprises, de mettre les tribunaux inférieurs de l'Empire à l'abri de l'influence de l'empereur. Dans leurs capitulaires, les empereurs promirent de laisser à la justice son libre cours, et l'on chercha autant que possible à garantir par les lois et les tribunaux de l'Empire l'indépendance des justices seigneuriales vis-à-vis du *cabinet* des princes.

En Angleterre on porta remède à ces désordres par la publicité des délibérations du parlement, le droit d'accusation de la chambre des communes et la juridiction suprême de la chambre haute. En France les griefs contre les tribunaux étaient malheureusement trop fondés pour que le pouvoir royal pût se dispenser d'intervenir ; et chez nous, à la différence des autres nations, l'instance de cabinet qui porta le nom de *conseil privé du roi*, véritable cour de justice, où l'on appelait des décisions des parlements et des autres degrés de juridiction, si divers et si multipliés, doit être considérée comme une institution éminemment utile dans ces époques de confusion et de chaos.

JUSTICE (Déni de). *Voyez* DÉNI DE JUSTICE.

JUSTICE (Haute, moyenne et basse). La *justice seigneuriale*, qui naquit avec la féodalité, se divisait en *haute, moyenne et basse* justice. La *haute justice* était celle d'un seigneur ayant le droit de faire condamner à une peine capitale, et de juger toutes les causes civiles et criminelles, hors les cas royaux ; l'appel des sentences était porté devant les baillis royaux et devant le parlement. Cette justice n'appartenait qu'à celui dans la famille duquel elle était exercée de temps immémorial, ou à qui elle avait été concédée par le roi. La *moyenne justice*, dont au reste il y a peu d'exemples, avait le droit de juger des actions de tutelle et des injures dont l'amende n'excédait pas 60 sols. La *basse justice* n'était en quelque sorte qu'une justice féodale pour le payement des droits seigneuriaux ; elle connaissait des droits dus au dommage causé par les animaux, et des injures dont l'amende ne pouvait excéder 7 sous 6 deniers.

Les subdivisions suivantes se remarquaient aussi dans la justice seigneuriale : la *justice censuelle*, qui appartenait au seigneur censier, pour raison de cens ; la *justice domaniale*, qui appartenait au seigneur du domaine, pour raison du domaine ; la *justice foncière*, appartenant au seigneur foncier, pour raison de cens ; la *justice manuelle* (Cout. de Normandie), où le seigneur, pour être payé des arrérages de sa rente ou charge, prenait de sa main nampis (nantissement) sur l'héritage, en la présence du sergent ; auquel il les délivrait pour les discuter.

JUSTICE (Ministère de la). Le ministère de la justice embrasse actuellement dans ses attributions l'organisation et la surveillance de l'ordre judiciaire et du notariat, la correspondance avec les cours et tribunaux et les membres de leurs parquets pour l'exécution des lois et la surveillance qui leur est attribuée ; les rapports à l'empereur sur les matières de législation et de justice, les conflits entre juridictions diverses, les recours en grâce, les commutations de peines, réhabilitations, etc. L'Imprimerie impériale dépend de ce ministère.

L'origine du ministère de la justice remonte à la révolution. Il hérita des attributions du chancelier de France, et fut créé par l'Assemblée constituante (loi du 27 avril et 27 mai 1791). Sous l'Empire le ministère de la justice porta le titre de grand-juge. La charge de garde des sceaux ayant été rétablie par la Restauration, elle fut attribuée au ministre de la justice, à qui elle est toujours restée depuis.

JUSTICE DE PAIX. *Voyez* JUGE DE PAIX.
JUSTICE MARITIME. *Voyez* MARITIMES (Tribunaux).
JUSTICE MILITAIRE. *Voyez* MILITAIRE (Justice).
JUSTICIA ou **JUSTIZA.** Ainsi s'appelait autrefois le grand-juge des *rois d'Aragon*. Dans les luttes que ceux-ci eurent à soutenir contre les états de leur royaume, ce fonctionnaire acquit une importance de plus en plus grande; et sous le règne de Pierre IV, vers le milieu du quatorzième siècle, c'est à lui qu'on remit la décision des difficultés pendantes entre le monarque et les états. A partir de ce moment sa puissance devint prépondérante ; il se trouva le protecteur naturel des libertés de tous, et en conséquence put être choisi non-seulement parmi les barons, mais encore parmi les simples chevaliers. Les rois devaient prêter à genoux devant lui serment de fidélité aux lois du royaume; et il fut investi du droit de leur demander compte de la manière dont ils le tenaient. Il jugeait toutes les difficultés dont on saisissait l'assemblée des états, et interprétait les passages obscurs de la loi. Tous les juges du royaume étaient ses subordonnés : toute poursuite se trouvait interrompue par un appel à sa juridiction. En 1412 il fut décidé que le roi n'avait pas le pouvoir de le déposer et qu'il n'était justiciable que de l'assemblée des états. Il y avait à Valence un *justicia* particulier, dont les attributions étaient bien moins importantes. Il était naturel que les rois d'Aragon vissent avec défiance l'existence d'un pareil pouvoir; de là leurs nombreuses tentatives pour le détruire. Philippe II fut le premier qui y réussit complétement; il fit décapiter le dernier *justicia*, qui avait nom De la Heiça.

JUSTICIER, surnom donné à plusieurs princes souverains qui se sont fait remarquer par la sagesse ou la sévérité de leurs ordonnances ou par leur amour de la justice. Il nous suffira de citer Richard, d'abord comte d'Autun, puis duc de Bourgogne, à la fin du neuvième siècle ; Louis IX, roi de France ; et Pierre I*er*, roi de Portugal.

Dans l'ancienne langue féodale, on nommait *justiciers* les seigneurs qui exerçaient une juridiction, il y avait les *hauts*, les *bas* et les *moyens* justiciers; en style de chancellerie, on donnait ce nom à tous les magistrats de l'ordre judiciaire.

On a aussi appelé *justiciers* une secte d'hérétiques qui affectaient dans toutes leurs actions une parfaite équité, le mépris des richesses et des honneurs et une pureté de mœurs surhumaine. Tels étaient les pharisiens dans l'ancienne loi, et les novatiens, les donatistes, etc., sous la nouvelle.

JUSTIFICATION (*Théologie*). C'est l'action et l'effet de la grâce pour rendre les hommes justes et dignes de la gloire éternelle. Les catholiques et les réformés sont extrêmement partagés sur la doctrine de la justification, les derniers la fondant sur la foi seule, et les premiers sur les bonnes œuvres jointes à la foi.

JUSTIFICATION, JUSTIFIER (*Typographie*). *Voyez* COMPOSITION.

JUSTIN (Saint), martyr, docteur de l'Église et apologiste de la religion chrétienne, naquit vers la fin du premier siècle de J.-C., à Sichem ou *Flavia Neapolis*, sur le territoire de Samarie. Après avoir cherché la vérité dans les divers systèmes philosophiques, en dernier lieu dans celui de Platon, il embrassa le christianisme, à l'âge de trente ans, mais sans renoncer pour cela à porter le manteau des philosophes. Il vint même à Rome, où il ouvrit une école de philosophie chrétienne. Afin de défendre sa foi nouvelle, il en adressa l'apologie à l'empereur Antonin le Pieux, et en composa une autre pour Marc-Aurèle ; il publia aussi un traité de la *Monarchie de Dieu*; mais, ayant, dans un de ses ouvrages, tourné en ridicule le philosophe cynique Crescentius, il périt sur l'échafaud, vers l'an de J.-C. 163. Le premier il avait essayé de concilier la philosophie avec le christianisme. Outre les deux apologies mentionnées, on trouve dans ses œuvres un *Dialogue avec le juif Tryphon*, mais on y a compris à tort une *Épître à Diognète*.

JUSTIN I*er*, empereur d'Orient, de 518 à 527. Un enfant naquit en 450, dans une misérable chaumière des campagnes de Thrace ; son père, pauvre journalier, trouvait à peine de quoi subsister sur cette terre qu'il arrosait de ses sueurs. L'enfant, poussé par on ne sait quel instinct, ne put s'habituer à l'humble pauvreté dans laquelle végétait sa famille. Un jour il quitte la maison paternelle, et se dirige vers l'immense ville de Constantin : un bâton noueux, un bissac contenant quelques morceaux d'un pain grossier, composent tout son avoir. Toutefois, la beauté de son visage, la majesté de sa personne, éclatent à travers ses haillons. Il se présente pour s'enrôler dans la milice : on le reçoit. Bientôt, l'empereur Léon I*er*, frappé de sa haute taille, lais; et c'est pour Justin le premier degré vers le trône impérial. Procope nous apprend qu'il servit sous Jean le Bossu, dans la guerre contre les Isaures, de 494 à 498, sous le règne d'Anastase. Ayant été mis en prison et condamné à mort pour une faute grave, il dut la vie à un songe merveilleux. Jean le Bossu vit en rêve un homme d'une figure et d'une taille majestueuse qui lui défendait de faire aucun mal à Justin. L'empereur Anastase lui conféra la dignité de sénateur, et le fit capitaine de ses gardes. Il occupait cette place lorsque la mort du vieil Anastase, à l'âge de quatre-vingt-huit ans, le 8 juillet 518, rendit le trône vacant.

Les trois neveux du défunt, Pompée, Probus et Hypate, prétendaient à l'empire; mais la haine du peuple ou du sénat leur ôtait toute chance. Le grand-chambellan Armance, ne pouvant y prétendre, à cause de sa qualité d'eunuque, voulait y porter son ami Théocrite. Pour acheter les suffrages, il donna des sommes considérables à Justin, qui ne se fit pas scrupule de les distribuer en son nom ; et le lendemain même du décès d'Anastase, il fut proclamé empereur, lui qui, selon l'expression de Procope, avait déjà un *pied dans la tombe* : il était alors âgé de soixante-huit ans ; il ne savait pas lire, et, malgré tous ses efforts, il n'avait jamais pu apprendre à écrire son nom ; on lui faisait signer ses actes au moyen d'une tablette où étaient gravées à jour les quatre premières lettres de son nom. Sa femme était de nation barbare et esclave; Justin l'avait achetée autrefois pour en faire sa concubine, il l'épousa ensuite. Lorsqu'il fut élevé à l'empire, il lui fit quitter son nom de *Lupicine* pour prendre celui de *Flavia Ælia Marcia* EUPHEMIA; mais elle ne put jamais changer ses manières libres et communes ; elle était, du reste, d'un caractère doux, qui n'était pas dépourvu d'une certaine fermeté. Les premiers actes du gouvernement de Justin parurent inspirés par l'amour de la justice : il examina les lois, confirma les unes, abolit les autres, accorda ou peuple plusieurs immunités, retrancha quelques impôts. Zélé catholique, il se déclara pour le concile de Chalcédoine et rappela tous ceux qui avaient été exilés pour la foi. Il écrivit au pape Hormisdas pour lui demander un formulaire, qui fut signé dans un synode tenu à Constantinople. Ainsi furent momentanément réunies en 519 l'Église d'Orient et celle d'Occident.

Tout eût été pour le mieux si Justin s'en fût tenu là; mais les catholiques, non contents de la justice, demandèrent à grands cris qu'on persécutât les ariens. Cédant au vœu des premiers, Justin, par un édit, priva les seconds de leurs églises. Cette mesure attira aux catholiques d'Italie la persécution de Théodoric, roi des Ostrogoths, qui professait l'arianisme. Loyal et bien intentionné, Justin était trop ignorant pour bien gouverner ; néanmoins sa douceur, son équité, lui avaient gagné les cœurs. Son règne fut surtout remarquable en ce qu'il fut celui de Justinien I*er*, son neveu. On peut même dire que depuis l'an 520, où Justinien se débarrassa, par un assassinat, de Vitalien, dont le crédit lui faisait ombrage, le règne de Justin I*er* fut moins celui de l'oncle que du neveu. C'était Justinien qui poussait à la persécution des ariens ; c'était lui qui, dans les jeux du cirque, assurait le triomphe à la faction des *bleus*. Soutenue par l'héritier présomptif du trône, cette faction remplit pendant trois ans de meurtres, de violences et de rapines, la capitale de l'empire; et il faut lire Procope, témoin oculaire, pour avoir l'idée de ses excès. Justin ne fit rien pour réprimer le désordre. A la fin, le préfet de Constantinople y mit ordre, mais fut disgracié pour avoir puni un coupable illustre. Justin s'était donné Justinien pour collègue le 1er avril 527 : il mourut le 1er août suivant, à l'âge de soixante-dix-sept ans. Il léguait à son neveu, avec l'empire, les troubles du sanctuaire et du cirque, puis une guerre contre la Perse. Il avait accepté l'hommage des Laziques (peuples de l'Ibérie et de la Colchide), jusque là soumis à la suprématie des Perses ; il avait refusé d'adopter Chosroès, le troisième des fils du monarque persan Cabades : c'était plus qu'il n'en fallait pour mettre aux prises les deux empires.

JUSTIN II succéda à son oncle Justinien. Il était né en Illyrie. Son père s'appelait *Dulcissimus* ; sa mère, *Vigilantia*, était sœur de l'empereur Justinien. Justin était *curopalate*, lorsqu'à la mort de son oncle, il fut proclamé empereur, le 14 novembre 565. Il commença par remettre au peuple les impôts arriérés, paya les dettes de son prédécesseur, et rappela les évêques qu'il avait exilés pour la foi; car Justinien, si zélé catholique d'abord, avait fini par tomber dans l'hérésie des incorruptibles. Ces premiers actes furent inspirés à Justin II par son épouse Sophie, princesse de beaucoup d'esprit et de caractère, également capable de bien et de mal, selon les intérêts de son ambition. Elle engagea l'empereur à faire périr son cousin Justin, jeune prince de grande espérance : le faible empereur se prêta à ce crime, puis se fit apporter la tête de son neveu, et la foula aux pieds. On a dit avec raison que l'influence de Sophie sur Justin II devint aussi funeste aux affaires de l'État que l'avait été celle de Théodora sur Justinien. Sophie fit perdre l'Italie à Justin II en insultant l'eunuque Narsès, qui seul pouvait défendre cette province délivrée par lui. Pour s'en venger, il y rappela les Lombards, qu'il en avait chassés. Justin II s'attira la haine des Avares et des Perses. Les Avares lui demandaient son alliance : il répondit qu'il méprisait leur haine et dédaignait leur amitié. Comme Justin Ier, il irrita les Perses, en prenant sous sa protection un peuple soumis au grand roi : c'étaient les Persarméniens, que Chosroès Ier prétendait convertir à la religion de Zoroastre, et qui voulaient demeurer fidèles au christianisme. Il accepta l'alliance des Turcs contre les Perses, dans la vue d'établir des relations de commerce avec la haute Asie. L'an 574, il tomba dans une noire frénésie. Sophie lui donna au moins un bon conseil en l'engageant à adopter pour son successeur le vertueux Tibère II, dont le règne glorieux fut trop court. Le 5 octobre 578, le vieil empereur mourut, après un règne de douze ans dix mois et douze jours, laissant la réputation d'un prince faible, indolent et cruel.

Charles Du Rozoir.

JUSTIN, historien romain, ou plutôt abréviateur de l'historien Trogue-Pompée, est nommé dans un ancien manuscrit de Florence *M. Junianus Justinus*, et dans d'autres *M. Justinus Frontinus*. On ne sait rien sur sa vie : on le croit généralement contemporain de Marc-Aurèle. En effet, la dédicace de son ouvrage, qui suit sa préface, est adressée à cet empereur : *Quod ad te, imperator Antonine, non tam cognoscendi quam emendandi causa transmisi*, etc. ; mais plusieurs critiques regardent ce passage comme ayant été ajouté au texte par quelque copiste ignorant, qui aurait confondu cet écrivain avec Justin le martyr. En effet, ce père de l'Église a dédié à Marc-Aurèle son *Apologie des Chrétiens*. Sans discuter cette opinion, nous ne pouvons, en connaissance de cause, juger de l'ouvrage de Justin tel qu'il nous est parvenu. C'est un extrait en 44 livres de la grande histoire de Trogue Pompée, depuis l'origine des empereurs jusqu'à César-Auguste. Cet abrégé a pour titre : *Historiarum Philippicarum et totius mundi originum, et terræ situs, ex Trogo Pompeio excerptarum libri XLIV, a Nino ad Cæsarem Augustum*. Cet intitulé, *Histoire Philippique*, annonce que le principal objet de Trogue-Pompée était l'histoire de Macédoine. Dans son extrait, Justin a choisi de préférence le fait et les passages qu'il jugeait les plus agréables ou les plus instructifs (*omissis his*, dit-il , *quæ nec voluptate jucunda, nec exemplo erant necessaria*). Il ne paraît pas qu'il ait mis beaucoup de sagacité dans ses suppressions : par exemple, il néglige tous les précieux détails géographiques dont Trogue-Pompée avait rempli son ouvrage.

On a souvent reproché à Justin d'avoir, par son abrégé, contribué à la perte de l'œuvre du grand historien, à qui la Gaule et Marseille s'honorent d'avoir donné naissance. Il ne semble plus logique de dire, avec La Mothe-Le-Vayer, que, sans avoir été la cause de la perte de cet ouvrage, nous lui avons obligation d'avoir « si heureusement réduit en petit le grand ouvrage de Trogue-Pompée ». L'abrégé de Justin comprend une période de deux mille cent cinquantequatre ans, depuis Ninus, premier roi des Assyriens, jusqu'à l'an 748 de Rome.

La chronologie n'est pas moins négligée par Justin que la géographie; il n'a point de critique; ses réflexions sont sans portée ; son style, simple, correct, souvent même élégant, manque d'énergie. Comme il paraît n'avoir rien changé à l'ordre de l'auteur qu'il abrégeait, les critiques nous semblent avoir été un peu trop loin en faisant porter sur Justin toutes leurs censures, et en réservant leur admiration pour Trogue-Pompée, qu'ils ne connaissent pas.

Charles Du Rozoir.

JUSTINIANI (Famille). *Voyez* GIUSTINIANI.

JUSTINIEN, empereur d'Orient, a été surnommé *le Grand*, et à ne considérer que les choses de son règne, l'homme à part, certes ce surnom n'est pas usurpé. Mais il lui est arrivé ce qui arrive aux princes autour desquels rayonnent les actions d'une époque illustre. Une sorte de réaction pousse certains esprits à rapetisser celui qui se rehausse de la grandeur de tous les autres, à obscurcir l'éclat de celui sur lequel rejaillit la gloire de tous. Cette réaction à l'égard de Justinien n'a pas attendu la postérité pour se faire sentir. L'historiographe même de ses guerres, le narrateur de ses constructions et de ses édifices, Procope, après avoir publié les huit premiers livres de son histoire, en quelque sorte officielle, en a réservé un neuvième, nommé le *Livre des Anecdotes*, ou l'*Histoire secrète*, pour dévoiler, en style de libelle, les vices et les crimes de l'empereur et de l'impératrice : « Afin, dit-il , que ceux qui exerceront plus tard le pouvoir suprême puissent se persuader que de tels exemples quelle exécration attend pour eux-mêmes leurs forfaits ! » Et le témoignage de Procope ne reste pas isolé : celui des historiens contemporains ou voisins de cette époque, tels qu'Evagrius, Agathias, Jean Zonaras, vient s'y joindre et le corroborer.

On dit communément que Justinien passa d'une cabane de l'Illyrie sur le trône de Constantinople ; mais ce passage ne fut pas brusque et sans transition. Né en 482, à Taurisium , de *Sabatius*, son père, et de *Bigleniza*, sa mère, le jeune *Upravda*, car c'était ainsi qu'on le nommait en langue slave, fut élevé à Bédérina. Ces deux villes étaient situées sur les confins de la Thrace et de l'Illyrie, d'où les uns le disent Thrace et d'autres Illyrien. Adopté en quelque sorte par les soins de son oncle Justin, il prit de lui le nom de *Justinien*, selon la désinence en usage pour la dénomination des adoptés. Il passa quelque temps en Italie, auprès de Théodoric, auquel Justin, étant préfet de l'armée romaine, l'avait donné en otage ; mais, aussitôt après l'élévation de son beau-frère à l'empire, il fut renvoyé à Constantinople. LA , successivement investi du magistérat, du consulat, du patriciat, du comitiat, du nobilissimat, il se vit enfin élever à l'espérance de la succession impériale. En effet, créé césar et associé à l'empire aux calendes d'avril 527, avec l'adhésion forcée, selon Procope, et selon d'autres historiens sur la proposition même du sénat, la mort de

JUSTINIEN

Justin, survenue quatre mois après, le laissa seul empereur d'Orient, aux calendes d'août 527, à l'âge de quarante-cinq ans, d'après Zonaras.

Avec lui monta sur le trône de Constantinople Théodora, qui en avait servi le cirque et orné le théâtre, qui en avait habité le fameux portique de prostitution, l'*Embolum*, où elle fit plus tard, comme en signe d'expiation, élever le temple de Saint-Pantaléon. Justinien, pour l'épouser, avait obtenu de son oncle Justin l'abrogation des antiques lois qui prohibaient les noces entre les individus de dignité sénatoriale et les comédiennes. Nul des sénateurs, nul des antistions, dit Procope ne songea à s'y opposer; et ceux qui naguère avaient été les spectateurs de Théodora au théâtre du peuple se prosternaient maintenant, les mains suppliantes, devant elle, comme ses esclaves.

Pour bien apprécier les actes du règne de Justinien, il faut se rappeler l'état de l'empire et de la société au moment où il parvint au trône. Les disputes de la religion et sur le cirque agitaient tous les esprits. Ses lois et ses persécutions contre tous ceux qui n'étaient pas chrétiens orthodoxes, le massacre qu'il ordonna de tous les Juifs samaritains, qui s'étaient révoltés dans la Palestine; l'ardeur avec laquelle il embrassa le parti des bleus contre les verts, ces factions rivales du cirque, les résultats fâcheux qu'entraîna plus d'une fois cette prédilection, enfin la sédition terrible des verts, dont il faillit être la victime, sont des conséquences de cette influence.

Les guerres, les constructions architecturales et les lois forment les trois grandes catégories des actes de Justinien : les travaux ordonnés par lui sur ces trois points marchaient de front, sans que les uns suspendissent les autres.

Avec Bélisaire, le premier des généraux de Justinien, reparurent des soldats, la discipline, le courage, l'audace et les triomphes. Les Instituts et le Digeste n'étaient pas encore promulgués, que le royaume des Vandales était renversé dans l'Afrique, et cette contrée, rattachée de nouveau comme préfecture à l'empire, se divisait en diocèses, en provinces, recevait un préfet, des recteurs, des présidents (an 533). Aussi Justinien, qui dans le titre de ses lois s'était contenté jusque là des épithètes vulgaires de *Pius*, *Felix*, *semper Augustus*, en publiant ses Instituts, surchargea-t-il son nom des surnoms de *Alemanicus*, *Gothicus*, *Franciscus*, *Germanicus*, *Alanicus*, *Vandalicus*, *Africanus*, et de plusieurs autres encore, dont la plupart ne lui étaient pas dus.

A l'Afrique succéda bientôt la Sicile, à la Sicile l'Italie, et enfin les Goths abandonnèrent Rome elle-même, dont les clefs furent, comme un gage de sujétion, envoyées à Constantinople. Mais, prises et reprises tour à tour par les barbares et par les armées de Justinien, les villes d'Italie n'étaient pas encore définitivement reconquises. L'eunuque Narsès, qui remplaça Bélisaire, n'était pas indigne de cet honneur : il acheva glorieusement l'ouvrage de son prédécesseur. Livrant toute l'Italie à l'empire d'Orient, il reçut, sous le titre d'*exarque*, le commandement de ces contrées, et s'établit à Ravenne, qu'il choisit pour la capitale de son *exarchat*. Quant au vieux Bélisaire, tombé en disgrâce, accusé de complot, dépouillé de ses dignités et de ses honneurs, il fut réintégré, mais trop tard, et mourut l'année suivante.

Les guerres de Justinien contre les Perses furent moins heureuses dans leurs résultats que celles d'Afrique et d'Italie. Il acheta plusieurs fois la paix de Khosrou, qui, une fois l'argent livré, recommençait presque incessamment ses attaques, et finit par rendre l'empire annuellement tributaire des Perses d'une somme de 500 livres d'or. Des tributs semblables furent consentis aux Huns, aux Avares, aux Sarrasins et à d'autres barbares, pour avoir leur paix ou leurs services militaires. Quant aux travaux d'architecture de Justinien, ils ont fourni à Procope le sujet d'un ouvrage spécial (*De Ædificiis*). Il n'y avait, dit-on, presque pas une ville où il n'eût fait construire quelque magnifique édifice, pas une province où il n'eût bâti ou réparé quelque ville, quelque fort ou quelque château. C'est à lui qu'appartient la construction de Sainte-Sophie. Mais les magnificences et les prodigalités architecturales des princes s'achètent par l'argent et par la sueur des peuples. Justinien accabla l'empire d'impôts; il eut recours à toutes les ressources de la puissance impériale sur l'État, sur les provinces, sur les villes, sur les particuliers; « et les masses d'or et d'argent accumulées de toutes manières, disent les historiens, il les épuisa chaque jour, soit en tributs aux barbares, soit en édifices ».

Les œuvres législatives de Justinien ont plus contribué à immortaliser son nom que ses guerres et ses édifices. Il porta la lumière dans le chaos législatif que formaient les sources si diverses du droit romain, et publia successivement avec l'aide de différents jurisconsultes, parmi lesquels on remarque surtout Tribonien, le *Code*, les *Cinquante Décistons*, le *Digeste* ou *Pandectes*, les *Instituts*, la nouvelle édition du *Code*, et enfin les différentes *Novelles*, dont la réunion forme ce qu'on nomme le *Corpus Juris* de Justinien. Il réorganisa aussi l'enseignement du droit et l'institution des écoles.

L'empereur mourut en 565, après un règne de trente-neuf ans, âgé d'environ quatre-vingt-quatre ans. Montesquieu est bien loin de l'épargner : « La mauvaise conduite de Justinien, dit-il, ses profusions, ses vexations, ses rapines, sa fureur de bâtir, de changer, de réformer, son inconstance dans ses desseins, un règne dur et faible, devenu incommode par une longue vieillesse, furent des malheurs réels, mêlés à des succès inutiles et à une vaine gloire. » C'est à peu près le résumé laconique des inculpations de Procope, d'Évagrius, d'Agathias et de Jean Zonaras contre lui. Crédule à la flatterie, il se laissait dire par Tribonien, selon le témoignage d'un auteur contemporain, Hesychius Milesius, qu'il serait enlevé au ciel tout vivant : aussi, dans le langage oriental et hyperbolique d'un grand nombre de ses constitutions, nous voyons les sujets autorisés à *invoquer son éternité*; sa bouche est *une bouche divine;* ses lois sont de *divins oracles*, des *souffles divins;* avide d'immortalité, il faisait imposer son nom à toute chose, jusqu'à la superbe colonne de Théodose le Grand, dont il faisait arracher la statue d'argent pour y substituer la sienne. On compte dix-neuf villes sur toute la surface de l'empire qui reçurent son nom : la forteresse de Mysie, le port de Byzance, le palais impérial, le diadème, la lettre J, ses livres de droit, les étudiants des écoles, plus de douze magistratures, des corps de milice : tout cela s'appelait *Justinianéen*. La même prodigalité existait pour Théodora; et sans doute sur ce point le servilisme des courtisans asiatiques venait en aide à l'orgueil de l'empereur et de l'impératrice. « Lorsque Justinien fut parvenu à l'empire, dit Jean Zonaras, il n'y eut pas un seul pouvoir, mais deux; car sa femme était non moins, mais peut-être plus puissante que lui. » En plus d'une occasion, il lui remit le sceptre qu'il aurait dû porter lui-même, rendant des lois à sa demande, la citant dans ses constitutions comme son conseil dans le gouvernement; les titres, les triomphes, les inscriptions sur les monuments publics, même le serment des fonctionnaires, étaient communs à l'un comme à l'autre. Du reste, Justinien se piquait d'être versé dans l'étude de la philosophie, de la théologie, des arts et des lois; il décidait de son autorité des controverses théologiques, traçait lui-même le plan de ses monuments, il révisait ses lois. Les jurisconsultes, surtout ceux de l'école historique, lui ont reproché amèrement d'avoir dans son corps de droit, mutilant sans respect les anciens auteurs, défiguré leurs opinions et celles des empereurs. Cependant il faut se rappeler que Justinien n'agissait pas en historien; mais en législateur. La plupart des changements législatifs qu'introduisit Justinien sont heureux : il ne s'agissait plus de Rome, d'institutions aristocratiquement républicaines, de droit rigoureux. Écartant ce qui n'était alors pour l'Orient que subtilités inutiles, il créa plusieurs systèmes plus naturels, partant plus simples, plus équitables; il ne laissa plus que quelques traces de ce qu'on appelait le droit strict, et dans une novelle il finit même par les effacer entièrement, en détruisant ce qu'il y avait jadis de plus caractéristique dans ce droit, la composition civile des familles et les droits attachés à cette composition. Il ramena cette partie essentielle du droit civil à l'observation de la parenté naturelle, des liens du sang. Sa législation sur les esclaves et sur les affranchis fut également douce et chrétienne; sur les actions et sur l'organisation des juridictions en matière civile, elle fut plus simple et plus appropriée au nouvel état de la société. Une chose qu'il est important de remarquer, c'est que ce n'est pas le Corps de droit de Justinien qui a été recueilli, compulsé et arrangé par les barbares dans leurs établissements européens: ce sont les écrits des anciens jurisconsultes romains, les constitutions du code Théodosien; c'est de là que furent tirées la Loi romaine des Visigoths et la Loi romaine des Bourguignons. Cependant les idées d'innovation de Justinien furent poussées trop loin. Ce Code modifiant le Digeste et les Instituts, ces Novelles modifiant le Code et se détruisant entre elles, jetèrent dans la législation une fluctuation toujours funeste, qui a servi de fondement au reproche adressé à Justinien d'avoir participé au trafic infâme de Tribonien, dans la vente à prix d'or des jugements et même des lois.

En somme, Justinien a été un empereur guerroyant, architecte et législateur : de ses guerres, il n'est rien resté; de son architecture, quelques monuments; mais ses lois ont régi le monde et forment encore la base des législations européennes.
J. ORTOLAN,
Professeur à la Faculté de Droit de Paris.

JUTERBOECK (Bataille de). *Voyez* DENNEWITZ.

JUTLAND (en danois *Jylland*), province du Danemark, formant l'extrémité septentrionale de la presque île Cimbrique, bornée à l'ouest par la mer du Nord, au nord par le Skager-Rack, à l'est par le Cattégat, et au sud par le duché de Schleswig. Elle contient environ 312 myriamètres carrés, et est traversée à son centre dans la direction de l'est, par une suite de basses collines qui se prolongent à travers toute l'étendue de la péninsule et atteignent en Jutland, au *Himmelberg*, une élévation de 177 mètres. Sa surface est onduleuse à l'est, où elle s'abaisse abruptement en arrivant à la mer, et plate sur les côtes occidentales et septentrionales qu'entourent des dunes basses et des sables mouvants, et qui s'inclinent doucement vers la mer en ne formant qu'un petit nombre de ports. Le sol, assis sur une couche de plâtre et de craie se prolonge jusqu'à la mer sur la côte orientale, qu'entre-coupent un grand nombre de pittoresques échancrures appelées *fiœrds*, est extrêmement fertile de ce côté et couvert de belles forêts; tandis qu'au centre il contient un grand nombre de marais et de landes, entremêlés parfois d'étendues assez considérables de bonne terre arable, et qu'à l'ouest ainsi qu'au nord il est nu et stérile et souffre beaucoup des sables mouvants. L'extrémité la plus septentrionale et la plus déserte du Jutland, qui termine le cap de *Skagenshorn*, est devenue complètement une île par suite de la rupture de l'isthme qu'à l'ouest séparait de la mer du Nord le *Lymfjord*, qui pénètre profondément dans l'intérieur des terres.

Le Jutland possède quelques petits cours d'eau, dont le plus important est le Guden, et un assez grand nombre de lacs, dont quelques-uns fort beaux. Le climat est tout pareil à celui du Danemark et du Schleswig; et il en est de même des qualités physiques du sol et de ses produits. La côte orientale produit en abondance des céréales, du bétail et des chevaux, qui constituent les principaux objets d'exportation du pays. On y trouve partout d'excellente tourbe, et sur les côtes la pêche a une certaine importance. L'industrie, sauf quelques fabriques de toiles et de poteries, est à peu près nulle et limitée à la consommation intérieure. La population se monte à 600,000 individus, qui, à l'exception d'un petit nombre de colons allemands, sont de race danoise. Le pays est divisé en quatre bailliages, nommés d'après les villes d'Aalborg, de Viborg, d'Aarhuus et de Ripen. Dans les temps antiques, le Jutland était, dit-on, habité par les Cimbres, qui donnèrent leur nom à la péninsule tout entière; mais quand commencent les temps historiques, on le trouve habité par les *Jutes*, peuplade scandinave, qui avait ses propres rois et qui prit part aux expéditions des Saxons en Angleterre. Alliés des Saxons, les Jutes soutinrent la guerre contre Charlemagne, et plus tard, sous le nom de *Normands*, ravagèrent souvent encore les côtes de France et d'Allemagne, jusqu'à ce que, vers la fin, du neuvième siècle, ou au commencement du dixième, la mort d'Halfdan, dernier roi du Jutland, le roi de Danemark, Gorm le vieux, s'empara de leur pays, qui depuis lors a toujours continué de faire partie du Danemark.

JUVÉNAL (DECIMUS ou DECIUS JUNIUS JUVENALIS), naquit à Aquinum, aujourd'hui Aquino, dans l'Abruzze, ou peut-être ne fut-il qu'originaire de cette ville de l'ancien pays des Volsques. On ne sait rien de la famille et de la vie de ce poëte. Sur la foi de sa belle satire du *Turbot*, on le fait vivre du temps de Domitien. Suivant toute apparence, ce ne fut que sous ce prince que son génie éclata dans toute sa force. On a prétendu qu'il avait atteint la vieillesse quand il composa ses satires. On peut révoquer en doute cette opinion. Juvénal paraît avoir cultivé de fort bonne heure d'études les belles dispositions naturelles: malheureusement, il suivit les leçons des déclamateurs, qui de son temps étaient fort en vogue, et contracta dans leur commerce une exagération, une enflure dont rien ne put le corriger. On ne saurait, du reste, révoquer en doute qu'il n'ait étudié avec soin les œuvres de Sénèque, de Lucain et de Tacite; il a toutefois avec ces trois écrivains des traits de ressemblance qui semblent en faire un homme de leur école. Pour l'honneur des lettres, on voudrait que l'indignation de la vertu eût été sa muse: pourquoi faut-il qu'une épigramme de Martial, son ami, nous révèle de tristes secrets? Ce moraliste si sévère, cet inflexible censeur des crimes et des vices de son temps, ce redoutable fléau de tous les pervers, assiégeait les portes et les antichambres des palais, mendiait les faveurs des grands, et poursuivait sans cesse les faveurs de la Fortune. Juvénal était, enfin, le Salluste de la satire, c'est-à-dire corrompu dans ses mœurs, et respirant dans ses écrits l'austérité d'un stoïcien.

S'il avait de l'ambition, il en dut être assez puni par son exil en Égypte, disgrâce déguisée sous les honneurs obscurs de quelque légion. Certains auteurs le font mourir dans cette terre de prodiges, qui ne le consolait pas de l'absence de Rome. Suivant de doctes supputations, il se serait éteint dans un âge très-avancé, soit en Égypte, soit en Italie, comme Horace et Virgile, des traces de sa vie, et des notions précises sur lui-même dans ses écrits; mais à cet égard les souhaits sont superflus. Inspiré par le talent, et non par le cœur, Juvénal nous montre ce qui manquait au talent d'Horace, et ce que nous devrions trouver dans ses satires, l'amour ardent de la vérité, la peinture des mœurs romaines, la haine de la tyrannie, et les élans d'une juste colère contre les oppresseurs. Il n'a point tenté la poésie lyrique, et il a bien fait. La nature de son talent répugnait à un genre qui veut autant de souplesse que de verve, autant de grâce et d'élégance que d'élévation. Nourri au milieu des cris de l'école, suivant l'expression de Boileau, il aurait mêlé les déclamations du rhéteur aux inspirations du poëte, et ses odes auraient eu quelque chose du caractère des vers de Claudien, sublime quelquefois, mais le plus souvent monotone et ennuyeux, comme un son grave et longtemps répété. La satire, surtout appliquée au peuple romain tel qu'il était alors, lui convenait beaucoup mieux. Il fallait un Tacite à la satire: Juvénal le fut.

Dès son début on reconnaît en lui un ton d'un ennemi des vices, que Caton le Censeur aurait embrassé. À peine a-t-il paru écouter un moment son impatience contre les poëtes qui le poursuivent avec la lecture de leurs ouvrages, qu'emporté par son génie, il oublie bientôt ces vains sujets de sa mauvaise humeur, pour s'élancer dans la carrière de Lucile; il marque d'un trait brûlant l'eunuque qui se marie, le barbier enrichi qui lutte de richesse avec les premiers de l'État, l'esclave d'Égypte couvert de la pourpre tyrienne, le délateur qui dépouille son patron après l'avoir dénoncé, l'infâme qui achète des successeurs par des complaisances infâmes, le proconsul exilé qui ruina des provinces et jouit de la colère des dieux au milieu des délices, et le lâche mari qui hérite des amants de sa femme. A côté de tous ces vices, paraît Néron avec le jeune Automédon, qu'il a mis à la tête des cohortes pour avoir conduit dans un char le maître qui le déshonore. Il déroule ensuite le tableau hideux des mœurs générales : ce tableau augmente sans cesse de chaleur et d'énergie, jusqu'au moment où le poëte semble s'arrêter devant les conséquences de la satire pour l'écrivain généreux qui a osé déclarer la guerre à la perversité de ses contemporains, et termine sa composition par ces traits que l'on chercherait vainement dans tout Horace : toutes les fois que l'ardent Lucile, semblable à un ennemi qui a tiré son glaive, commence à frémir de colère, vous voyez rougir de honte l'homme dont la conscience est glacée par le remords d'une faute secrète.

La satire contre les nobles, trop longue, quelquefois surchargée de détails fatigants, renferme pourtant des beautés qu'on ne trouve dans aucun autre poëte du même genre; elle a cela de remarquable qu'elle nous présente dans la Rome de Juvénal les mœurs de l'époque, encore assez voisine de nous, où les grands seigneurs se piquaient d'être histrions, cochers, et fréquentaient les forts mauvais lieux. Le portrait de Domitien manquait dans Tacite, Juvénal nous représente au naturel ce monstre, dans la satire du *turbot*, qui, mêlant le ridicule à la terreur, nous fait frissonner pour les malheureuses victimes de la sinistre amitié d'un brigand capricieux, avec qui on peut recevoir la mort pour avoir parlé de la pluie et du beau temps. Dans la satire des *vœux*, la proscription de Marius, mendiant son pain sur les ruines de Carthage, la fin déplorable du grand Annibal; le drame de la mort de Priam, sont des beautés sublimes, que personne n'a encore surpassées. Une certaine pudeur avait empêché Tacite de peindre avec toute la difformité de sa nature, dans toute l'infamie de ses débauches, ce prodige de vices, que Juvénal ose nous montrer jusque dans le *lupanar* où la courtisane impériale demande son salaire aux portefaix de Rome. La satire contre les femmes romaines nous fait connaître comme Suétone nous révèle l'intérieur du palais, de la vie et du cœur des empereurs; mais si cette pièce étincelle souvent de beautés, elle a trois grands défauts : l'exagération, la monotonie qu'elle entraîne, et surtout l'absence des belles oppositions que le portrait de la vertu personnifiée dans quelques femmes aurait pu fournir au peintre.

En général, et cette réflexion est fâcheuse pour sa gloire, quand même nous ne possèderions pas sur lui des renseignements défavorables, on pourrait encore douter que la muse de Juvénal, cette fougueuse Némésis de la satire, ait eu le sentiment des bonnes mœurs et l'amour de la vertu. Inspiré par une âme pure, le poëte aurait eu plus de pudeur : il aurait ignoré ou n'aurait pas voulu peindre certains mystères de la plus basse partie de la vie humaine, déshonorée par des lâches et des pervers; du bien, s'il avait dû descendre jusque là, il eût voulu se purifier au sortir de l'enfer de la corruption, et aurait pris plaisir à nous faire remonter aux champs Élysées pour y respirer le parfum de la vertu.

Juvénal a eu beaucoup d'éditions dès le quinzième siècle, et plusieurs sont considérées comme *princeps*. Parmi ses traductions en français, on a beaucoup trop vanté celle de Dussaulx. Elle plaît, il est vrai, par un ton de candeur, par un certaine facilité, par quelque chose de naturel, qui lui donne l'air d'un écrit composé en français; mais l'auteur détruit comme à dessein toute la poésie de Juvénal. Pourtant, à cause de sa vigueur et de sa franchise de ton, Juvénal est singulièrement accessible à la traduction, et sous ce rapport il offre beaucoup plus de facilité qu'Horace. Le premier homme de talent qui voudra reproduire exactement, presque littéralement même, Juvénal avec le tour de sa phrase, son expression et sa couleur, aura cent fois moins de peine que l'excellent Dussaulx ne s'en est donné pour le franciser et l'arranger à sa manière; un succès véritable récompensera cette utile tentative.

P.-L.-F. Trésot, de l'Académie Française.

JUVÉNAL DES URSINS (Jean), naquit à Troyes, en Champagne, vers le milieu du quatorzième siècle, et fut d'abord avocat au barreau de Paris. Ses talents et sa probité le firent distinguer de Charles VI, qui rétablit pour lui la charge de prévôt des marchands. La hanse parisienne lui fut surtout redevable du maintien de la libre navigation de la Seine, contre les prétentions féodales de certains seigneurs riverains; et il encourut peu après la disgrâce du duc de Bourgogne, pour avoir voulu s'opposer aux désordres qui signalèrent l'administration des oncles de Charles VI. En 1410 il fut nommé avocat général au parlement de Paris. C'était l'époque où le schisme d'Occident agitait l'Europe. Juvénal des Ursins soutint avec fermeté les prérogatives royales, et on peut le compter parmi les magistrats qui ont le plus contribué à fonder les libertés de l'Église gallicane. Vers la même époque, il donna un autre exemple de vigueur plus éclatant encore. Le duc de Lorraine avait été banni par arrêt du parlement pour avoir fait abattre les armes de France dans des terres de son obéissance. Ce prince, protégé par le duc de Bourgogne, se présente à la cour, au mépris de cette sentence. Juvénal exposa avec force au roi, en présence même des deux princes, la nécessité de maintenir l'arrêt du parlement : « Jean Juvénal ! s'écrie le duc de Bourgogne, ce n'est pas ainsi qu'on agit. — Si, monseigneur, reprend avec fermeté le courageux magistrat, il faut faire ce que la cour ordonne; » et il invite en même temps tous ceux qui sont bons citoyens à se joindre à lui. Le duc de Lorraine, demeuré seul, est réduit à implorer la clémence du roi. Lorsque Paris se trouva au pouvoir des Cabochiens, Juvénal, sortant lui-même de prison, conçut et exécuta l'audacieux projet de délivrer le roi, la reine et le dauphin, captifs à Vincennes.

Quand le dauphin Louis fut à la tête des affaires, il le nomma son chancelier ; mais Juvénal ayant refusé de sceller des lettres qui contenaient des libéralités excessives de la part de ce prince, fut privé de son emploi, et cette illustre vie s'éteignit dans un ingrat oubli. Juvénal des Ursins mourut en 1431, laissant deux fils. L'aîné fut successivement évêque de Beauvais, de Laon et archevêque de Reims, et écrivit l'histoire de Charles VI, un des monuments les plus curieux de nos annales ; il mourut en 1413. Le second fut chancelier de France sous Charles VII, après avoir fait la guerre contre les Anglais avec distinction. Il mourut en 1472.

A. Boullée.

JUVENCUS (Caius Vettius Aquilinus), poëte latin et chrétien, était prêtre en Espagne, et mourut en 331. Outre une amplification poétique de l'Ancien Testament, ou plutôt des cinq livres de Moïse (publiée en 1853, par le P. Pitra, bénédictin de l'abbaye de Solesme, chez MM. Firmin Didot) en hexamètres, il écrivit dans le même rhythme une histoire de Jésus (*Historia evangelica*), suivant saint Matthieu.

JUXTA-POSITION. Ce mot, formé de la préposition latine *juxta* (auprès), est employé en minéralogie pour exprimer l'accroissement des corps par l'apposition de matières nouvelles sur leurs surfaces extérieures.

K

K, onzième lettre de l'alphabet français, et la huitième des consonnes, nous vient originairement du *kappa* des Grecs, qui représentait l'articulation forte, dont la faible était *g*, telle que nous la faisons sentir dans *gamelle*, *garenne*, etc. Dans la langue latine, elle était représentée par la lettre *c*; mais, suivant Salluste, elle fut introduite chez les Romains par un auteur nommé Salvius. Toutefois, on sait qu'elle n'y fit pas fortune, car on ne la rencontre dans aucun auteur ni dans aucun dictionnaire latin. Ce caractère, jugé inutile dans la langue latine, est d'un usage fort rare dans la nôtre. Il pourrait même toujours être remplacé par le *c* ou par le *q*. On ne l'emploie guère que pour des mots tirés de langues étrangères. Le mot *kyrielle* est à peu près le seul commençant par cette lettre qui ait pris naissance et place dans notre langage familier; encore a-t-il été formé abusivement des mots *kyrie*, *eleison*. Dans nos anciens auteurs, le K était souvent employé au lieu de *qu* : c'est Pasquier qui le fait observer dans ses *Recherches sur la France*.

La lettre K dans quelques anciens auteurs est un caractère numéral, qui signifie *deux cent cinquante*. La même lettre surmontée d'une barre horizontale désigne une valeur mille fois plus forte : ainsi K̄ vaut *deux cent cinquante mille*.

Dans la géographie, le *K* se trouve souvent dans les noms propres du nord de l'Europe et dans ceux de l'Asie, de l'Afrique et de l'Amérique. Cependant, quelques-uns de nos écrivains lui substituent le *C*, surtout devant les lettres *a*, *o*, *u*. Ainsi on écrit *Cherson*, au lieu de *Kherson*, *Caire* au lieu de *Kaire*, etc.

Comme abréviation le K signifiait chez les Romains *Kæro*, *kalende*. Sur les monnaies françaises c'était le signe caractéristique de la ville de Bordeaux. En chimie, K désigne un équivalent de potassium ou kalium. CHAMPAGNAC.

KAABA, nom d'un édifice quadrangulaire, haut de 11 mètres et large de 9, qui se trouve dans la mosquée sainte à La Mecque. Suivant la tradition mahométane la première Kaaba aurait été construite par les anges eux-mêmes, sur le modèle du pavillon qui surmonte le trône du Tout-Puissant; et la seconde, par Adam, avec qui elle aurait été enlevée dans les cieux, où elle se trouve aujourd'hui placée en ligne perpendiculaire au-dessus de la Kaaba actuelle. Seth en construisit une autre, en terre argileuse et en pierre, mais qui périt dans le déluge : c'est pourquoi Abraham édifia la quatrième, où l'on peut encore voir la trace de ses pas, afin que le Dieu unique y fût adoré par les croyants. Cette dernière Kaaba fut restaurée à diverses reprises, et en dernier lieu, en 1630, par le sultan Mustapha, de sorte qu'il ne reste plus aujourd'hui de la Kaaba primitive qu'un pan de muraille, tenu en grande vénération. Dans l'angle sud de la Kaaba se trouve extérieurement scellée une pierre noire, haute de 2 mètres environ, enchâssée dans de l'argent et appelée Aadar-el-Aswad, et qui, toujours suivant la tradition mahométane, aurait été une des précieuses pierres du paradis que l'ange Gabriel aurait apportée à Abraham lorsque celui-ci s'occupait de construire la Kaaba. Cette pierre était d'une éclatante blancheur à l'origine, de manière qu'il était de toute impossibilité d'en supporter l'éclat à la distance de quatre journées d. marche; mais elle gémit si longtemps et versa des larmes si abondantes au sujet des péchés du genre humain, qu'à la longue elle devint opaque, et enfin absolument noire. Mahomet l'érigea en *Kiblah*, destinée à tenir lieu de Jérusalem; c'est-à-dire qu'il voulut qu'à l'avenir elle fût le but de toutes les prières des croyants. Il ordonna qu'on y vînt désormais en pèlerinage, en même temps qu'à la Kaaba; aussi les pèlerins ne la touchent-ils et ne la baisent-ils qu'avec tous les signes de la vénération la plus profonde.

La Kaaba n'est ouverte que trois fois par an : la première fois pour les hommes, la seconde pour les femmes, la troisième afin de se laver et de se purifier. Extérieurement on la tapisse chaque année d'une nouvelle étoffe de soie noire, sur laquelle sont brodées en or des sentences tirées du Coran. Tout autour de la Kaaba se trouvent les fontaines de *Zemzem*, où les pèlerins se purifient, ainsi que divers portiques où ils accomplissent leurs dévotions. Le tout est entouré d'un grand portique couvert et carré appelé *Medjid-el-Haram*, c'est-à-dire mosquée sainte. Les revenus de la Kaaba sont considérables, car elle possède dans divers pays et villes un grand nombre de terres, de maisons et de rentes foncières. Tout près de là on montre la source, grâce à laquelle Agar put étancher la soif brûlante dont son fils était dévoré dans le désert.

Avant même la venue de Mahomet, la Kaaba était en grande vénération parmi les Arabes païens; et des guerres acharnées éclatèrent souvent pour sa possession parmi les tribus arabes voisines de La Mecque. Lors du pèlerinage que Mahomet vint y faire, les 365 statues d'idoles qui l'entouraient servaient à supputer les jours de l'année.

KABAL. *Voyez* KABOUL.

KABARDAH ou **CABARDIE**, contrée montagneuse, située au nord des du versant nord du Caucase, habitée en grande partie par des Circassiens et des Tatares, qu'arrosent le Terek et ses affluents, et qu'on divise en grande et en petite Kabardah. Cette contrée, demeurée jusqu'à ce jour libre et indépendante, et où les Russes ne possèdent pas encore un pouce de terrain, est séparée à l'ouest par le Soundja du territoire des Kistes ou Kistetis, restés également indépendants; à l'est, par la Malka et le Terek, du pays des Tatares-Koubans et de la partie russe du Caucase. La population de la grande Kabardah est évaluée à 24,000 âmes, celle de la petite à 6,000; en y ajoutant les 6,000 âmes environ des pays de Tschegem et de Balkary, qu'on y comprend d'ordinaire, elle présente un total de 36,000 habitants, dont l'élève du bétail, la chasse, le brigandage, la guerre et le commerce des esclaves sont les principaux moyens de subsistance.

KABASSOU. *Voyez* TATOU.
KABBALE. *Voyez* CABALE.
KABELJAAUWS (Faction des). *Voyez* CABILLAUDS.
KABIRES. *Voyez* CABIRES.
KABOUL ou **KABAL**, ville déjà connue des anciens sous le nom d'*Ortospana* ou de *Kabura*, et qu'Alexandre le Grand, lors de son expédition dans l'Inde, en l'an 327

avant J.-C., appela *Nicæa*, capitale du royaume d'Afghanistan, ou encore (attendu que les chefs khans des tribus afghanes respectent assez peu et même pas du tout l'autorité de leur roi) capitale seulement du *Kaboulistan*, c'est-à-dire de la partie nord-est et la plus importante de ce royaume, contrée bornée au nord par l'Hindoukouh et le Kaféristan, à l'ouest par les Eimaks et les Hézarehs, tribus mongoles, qui habitent les déserts montagneux du Paropanuisus (Guristan), et au sud par le Kandahar, le Peschawer et autres districts, aujourd'hui anglais, situés sur la rive droite de l'Indus. La ville de Kaboul est située à environ 2000 mètres au-dessus du niveau de la mer, dans un vallon triangulaire, sur les rives du Kaboul, qui va se jeter à l'est dans l'Indus, et entourée de trois côtés par des montagnes n'offrant qu'un étroit passage, conduisant par la route de Ghasna au défilé de Kourde-Kaboul. Les montagnes dominent complétement la ville, un étroit sentier les séparant seul du mur dont elle est entourée. Elles sont escarpées, rocheuses, pelées, et traversées par une longue ligne de murailles flanquées de tours, construites de distance en distance comme moyen de défense contre les Ghildjis, et interceptant tous les défilés vers l'ouest. Kaboul est entourée d'un rempart en terre, assez peu redoutable, maigré son élévation. A l'est de la ville, sur le sommet d'un rocher faisant saillie, s'élève le fort de Bala-Hissar; et c'est sur le versant de cette hauteur que sont situés le palais du roi et les jardins qui en font partie, ainsi qu'un grand bazar entouré de fossés et de murailles, qui par là se trouve séparé de la ville. Au-dessus du fort, sur une hauteur qui le domine de même que tous les alentours, s'élève la citadelle, où un frère de Dost-Mohammed construisit un palais, auquel il donna le nom de *Kulahi Feringi*, c'est-à-dire de Chapeau Européen. Mais depuis 1843, époque où les Anglais s'emparèrent de Kaboul et la détruisirent en grande partie, tout cela n'est plus que ruines. Il en est de même du plus grand et du plus beau des bazars, situé au centre de la ville, et construit dans une vaste et large rue, bordée de maisons bien bâties, à deux étages et surmontées de toits plats, qui autrefois étaient peints, dorés. Cette longue rue est divisée en quatre bazars par des cours carrées et couvertes, avec des issues à droite et à gauche conduisant aux bazars voisins, dont le plus grand, long d'environ 200 mètres, passait dans toute l'Asie pour un modèle d'architecture. Le reste de la ville se compose de ruelles tortueuses, étroites et sales, avec de hautes maisons à toits plats, dont il n'y a pas une seule qui soit bâtie uniquement en pierres, malgré l'abondance des matériaux qui se trouvent dans tous les environs. Kaboul comptait autrefois de 60 à 80,000 habitants, parmi lesquels un grand nombre d'Arméniens et de juifs. C'était une importante étape pour les caravanes entre la Perse et l'Inde, et le centre d'un grand commerce, aujourd'hui à peu près anéanti par suite de la cessation de toutes relations avec l'Inde. Les plaines extrêmement fertiles qui entourent Kaboul, produisent d'énormes quantités de céréales et de ressources alimentaires de tous genres, tandis que le reste du Kaboulistan, ou de l'Afghanistan, est stérile et hors d'état de nourrir une population nombreuse.

KABOULISTAN. *Voyez* KABOUL.

KABYLES, KABYLIE. Les Kabyles ou Berbères sont après les Arabes la race la plus nombreuse qu'on rencontre en Barbarie. Fixés surtout dans les parties les plus élevées des montagnes, et sur la côte d'Algérie, on les rencontre depuis Tripoli jusqu'au Maroc. C'est principalement dans cette dernière contrée qu'ils sont nombreux, et la partie de l'Atlas qui s'y trouve située leur appartient presque tout entière. Les Berbères, appelés à Tunis et à Alger *Kbaïli*, c'est-à-dire *Kabyles* (du mot arabe *Kbila* ou *Gabgyl*, c'est-à-dire tribu) mais au Maroc, où leur langue est demeurée plus pure de mélange étranger, notamment avec l'arabe, *Amarzigh* et *Schilloukh*, sont sans aucun doute les descendants des habitants primitifs du nord de l'Afrique, des Libyens, des Gétules, qui dès les temps les plus reculés se mélangèrent souvent, il est vrai, avec les envahisseurs, par exemple avec les derniers débris des *Puni* et des Vandales, et changèrent alors de nom. C'est ainsi qu'au temps des Romains on les désignait sous les noms de *Numides* et de *Mauritaniens*. Mais, en dépit de tous ces mélanges, ils conservèrent toujours leur type originel. Appartenant à la race caucasienne, ils sont en général de taille moyenne, maigres pour la plupart, mais cependant vigoureusement constitués. Ils ont extrêmement peu de barbe; leurs cheveux sont le plus souvent noirs, de même que leurs yeux, vifs, perçants et à l'expression farouche. Leur peau, brunie par l'ardeur du soleil, varie entre le brun foncé et le jaune sale. La tête est assez ronde, et, comme la figure, elle ressemble bien moins à la tête des peuples orientaux qu'à celle des peuples de l'Europe centrale. Leurs traits sont grossiers, et portent le caractère d'une sauvage férocité. Il se peut toutefois que des exceptions existent chez certaines tribus, par suite de leur mélange avec des étrangers.

Ce n'est que d'un très-petit nombre de tribus kabyles, habitant les parties les plus inaccessibles des montagnes, qu'on peut dire qu'elles ont toujours conservé leur indépendance. Les Romains les subjuguèrent complétement; il en fut de même des Arabes, et plus tard aussi, jusqu'à un certain point, des Turcs, comme le démontre encore aujourd'hui leur religion, l'islamisme. Seulement, toutes les fois que les nations qui les avaient asservies tombaient en décadence, l'amour de la liberté inné en elles, et que n'avait pu détruire une longue et paisible soumission, leur faisait bien vite reconquérir leur indépendance. Le trait distinctif du caractère des Kabyles, c'est une indomptable férocité, et un amour sauvage de la liberté, qui les porte à haïr tous les liens de la civilisation, et les rend incapables d'apprécier ou de sentir les joies et les plaisirs de la vie sociale en aucun genre. Cependant, dans l'Algérie, ils appartiennent à la partie la plus laborieuse et la plus industrieuse de la population. Ils s'adonnent à l'élève du bétail et à la culture des terres, possèdent des demeures fixes et même une certaine industrie, comme aussi l'esprit commercial est un des traits les plus saillants de leur caractère. Ils excellent notamment dans la préparation du fer (qu'ils tirent, comme le plomb, des mines existant dans l'Atlas) pour instruments aratoires et surtout pour armes. Ils savent également fabriquer du salpêtre et de la poudre, des tissus de laine, des nattes tressées, des ustensiles en bois et en terre; et dans la plupart des tribus on trouve des moulins à eau et des pressoirs à huile. Cependant, l'anarchie demeure à peu près leur état social habituel; il ne règne point en effet parmi eux d'esprit d'association et de confédération politique; leurs chefs ou cheïks ne jouissent point parmi eux d'une grande considération, et il n'y a que le sentiment commun de la nationalité, avec la haine profonde qu'ils leur inspire pour l'étranger, qui puisse les déterminer à se réunir afin de pouvoir lutter avec succès contre leurs ennemis.

Les Berbères ou Kabyles sont divisés en tribus, dirigées par des kaïds, librement élus, mais investis d'une très-faible autorité. Le pouvoir suprême et même permanent est exercé par la *zavia*, assemblée religieuse composée de marabouts, et qui décide de toutes les questions en dernière instance. La législation a pour source la *djemma*, assemblée générale de chaque localité, où tout homme possédant un fusil a droit de voter, quel que soit son âge. A la différence des Arabes, les Kabyles combattent presque toujours à pied. S'ils n'ont point leur extrême mobilité, ils en apportent dans la lutte que plus d'opiniâtreté et d'acharnement. C'est dans l'empire de Maroc qu'ils sont le plus puissants et le plus nombreux; aussi ne sont-ils guère soumis que de nom à l'empereur. En Algérie, les Français étaient parvenus à complétement subjuguer les Arabes-Bédouins, et à consolider leur domination après la soumission d'Abd-el-Kader; mais le territoire des Kabyles résistait toujours. Il leur a fallu encore plusieurs campagnes pour en venir à bout.

Dans l'Afrique française on donne, dans un sens plus res-

KABYLES — KAÏMAKAN

treint, le nom de *Kabylie* à la partie orientale de la zone montagneuse de la côte appartenant à la province de Constantine, occupée par les masses inaccessibles et les montagnes coniques de la chaîne du Jurjura. On y distingue la *Grande Kabylie*, située en forme de triangle entre les caps de Dellys et de Djidjelli et le Sétif, et la *Petite Kabylie*, bornée à l'est par la précédente et s'étendant de Djidjelli à Philippeville. On y compte 80,000 hommes en état de porter les armes. Mais plus loin aussi, dans les monts Aurès, on trouve encore un autre rameau de la famille Kabyle, qui s'est même retiré aujourd'hui dans la partie centrale de la province de Constantine ou dans les plaines, et qui ne diffère un peu des tribus du nord que sous le rapport de la langue. On le désigne sous la dénomination de *Shaouïas* ou *Shoviah* (bergers), et on n'évalue pas sa force à plus de 40,000 têtes.

KACHEMIRE. *Voyez* KASCHMIR.
KACHETH, KAKHETH ou KAKÉTIE. *Voyez* GÉORGIE.
KACRELAS. *Voyez* ALBINOS.

KADI ou CADHY, mot arabe, qui signifie *juge* ou *jurisconsulte*, et qui chez les peuples professant le mahométisme est le titre qu'on donne à un juge inférieur, compris comme le *mollah*, ou grand-juge, parmi les membres du haut clergé, parce que toute la législation a le Coran pour base. Les kadis cumulent les diverses fonctions que remplissent chez nous les commissaires et inspecteurs de police, les juges de paix, les notaires et les présidents de tribunaux civils et criminels. Ils vérifient les poids et mesures des marchands, la qualité des denrées, apposent les scellés sur les propriétés des décédés, légalisent ou rédigent les contrats de mariage et tous les actes civils, remplissent, à défaut d'un i mam, les fonctions de ministre de la religion, décident sans appel de toutes les affaires contentieuses en matières civiles non-seulement des musulmans, mais même des juifs et des chrétiens, jugent et font punir sans délai les délinquants en matière criminelle et de police. S'ils ont leurs coudées franches dans l'interprétation du droit oriental, qui est contenu dans le Coran et dans les écrits de ses commentateurs, ils usent également de la plus ample liberté dans l'application des amendes et des peines corporelles. Mais s'ils abusent de cette latitude, ils trouvent à leur tour un juge et un censeur dans le *cacarousch* ou polichinel musulman, qui se charge, comme Pasquin à Rome, de dire au pouvoir d'insolentes vérités. Les kadis nomment eux-mêmes leurs naïbs (substituts), qui forment le cinquième ordre de magistrats dans les bourgs et les villages, et qui sont aussi divisés en plusieurs classes. Les fonctions des kadis, en raison de leur diversité, de leur importance et de leur multiplicité, sont d'autant plus lucratives qu'ils ne sont jamais dans le cas de subir les conséquences du proverbe : *où il n'y a rien la justice perd ses droits;* car leurs honoraires et les frais des procédures sont toujours payés en Turquie par le plaideur qui a gagné.

Il y a aussi des kadis en Algérie.

H. AUDIFFRET.

KÆMPFER (ENGELBRECHT), célèbre voyageur, né en 1651, à Lemgo, était fils d'un ministre luthérien, étudia la médecine à Kœnigsberg, et fut nommé en 1689 secrétaire d'une ambassade envoyée en Perse par le roi de Suède. Deux ans plus tard, il prit du service en qualité de chirurgien à bord d'une flotte hollandaise qui croisait alors dans le golfe Persique, et eut ainsi occasion de visiter l'Arabie, l'Hindostan, Java, Sumatra, le royaume de Siam et le Japon. Il passa deux années dans ce pays. A son retour en Europe, en 1692, il devint dans sa ville natale le médecin du comte de la Lippe, et mourut le 2 novembre 1716. Il est surtout connu par son *History of Japon and Siam* (2 vol.; Londres, 1727). On peut encore citer parmi ses ouvrages son *Histoire et description du Japon* (en anglais; 2 vol., 1727). Banks publia (Londres, 1791) ses *icones selectæ plantarum quas in Japonia collegit*, et Adelung un extrait de son *Diarium itineris ad aulam Moscoviticam*. Cependant la plus grande partie de ses manuscrits, riches en observations d'un haute importance, sont demeurés inédits, et se trouvent au Muséum britannique.

KAFAL. *Voyez* BALSAMIER.
KAFERISTÂN. *Voyez* HINDOUKOUH.
KAFETAN. *Voyez* CAFTAN.

KAFFA ou FÉODOSIA (en tatar *Keffé*), port franc et chef-lieu de cercle dans le gouvernement russe de la Tauride, sur la côte sud-est de la presqu'île de Crimée, au fond d'un golfe de la mer Noire et sur le versant d'une montagne, est une belle ville, très-régulièrement construite, où l'on trouve une église grecque et une église catholique, deux synagogues, deux mosquées, une direction de douanes et un établissement de quarantaine, une bibliothèque publique, un musée renfermant les antiquités qu'on a pu recueillir dans les environs, un jardin botanique, un collège, un théâtre grec, quelques fabriques et de 7 à 8,000 habitants. Le port est très-spacieux et profond, et à l'abri de tous les vents, à l'exception de ceux de l'est. La ville de Kaffa était autrefois le centre du commerce que faisaient dans cette contrée les Génois. On y voyait le sel de la Crimée, les pelleteries du Nord, dont elle était alors l'un des grands marchés, les étoffes de soie et de coton fabriquées en Perse, les denrées de l'Inde, qui y parvenaient par Astrakan, et les marchandises de l'Europe. Alors grande et superbe, elle comptait plus 100,000 âmes, et les habitants des ces régions, dans leur admiration, lui donnaient le nom de *Krim-Stamboul* ou la Constantinople de Crimée, épithète que sa décadence n'a pas pu faire tout à fait oublier.

Le nom de *Feodosia*, que lui donnent les Russes, a été emprunté par eux à la grande et célèbre ville de commerce que les Grecs anciens désignaient sous le nom de *Theodosia* ou *Theudosia*, colonie milétaine, qui entretenait les relations commerciales les plus suivies avec Athènes, où elle expédiait des grains, des esclaves, du bois de construction, des peaux et du miel. Toutefois, la Théodosia des anciens n'occupait point l'emplacement actuel de *Feodosia*, et était située un peu plus loin à l'ouest, là où se trouve aujourd'hui le bourg d'*Eski* ou *Starakrim* (Vieille Crimée). Cette Théodosia ayant été détruite vers le milieu du deuxième siècle de l'ère chrétienne, fut remplacée par l'ancienne *Capha*, au voisinage de laquelle s'éleva, en 1266, la nouvelle Capha ou la *Caffa* des Génois. Elle ne tarda point à devenir un grand et important centre d'activité commerciale, et fut entourée par eux de redoutables travaux de défense; mais le 4 juin 1465 la trahison la fit tomber au pouvoir du sultan Mahomet II. En 1770 elle fut prise d'assaut par le général russe Dolgoroucki; et en 1774 le gouvernement russe la céda au khan des Tatars, qui y établit sa résidence. Cependant, dès 1783 ce khan était contraint de la rétrocéder avec tous ses États à la Russie, que la paix conclue à Jassy en 1792 en déclara définitivement propriétaire. Depuis lors la décadence de cette ville, déjà commencée sous la domination turque, a toujours été croissant, quoique son port ait été déclaré port franc. Dans ces derniers années elle s'était quelque peu relevée, mais sans pouvoir lutter contre *Kertsch*, qui l'avoisine; et l'interruption de tout commerce maritime dont la guerre actuelle a été la conséquence immédiate pour les provinces méridionales de la Russie n'aura pu que lui porter un coup fatal.

On appelait autrefois *Détroit de Kaffa* ou *de Feodosia* le détroit par lequel la mer Noire communique avec la mer d'Azof, le *Bosphore cimmérien* des anciens. Mais depuis longtemps on ne le désigne plus que sous le nom de *Détroit de Kertsch*, à cause de cette ville, autrement populeuse et importante, qui est située sur ses rives, ou encore *Détroit de Iénikalé*, du nom de la forteresse qui l'avoisine.

KAFILAH. *Voyez* CARAVANE.

KAÏMAKAN, KAIM MEKAN, mot arabe, synonyme de *fonctionaire* en général, qui est le titre spécial de deux hauts fonctionnaires turcs, le gouverneur de Constantinople et le lieutenant du grand-vizir, qui l'acccompagne partout afin de pouvoir, en cas d'empêchement, le remplacer.

KAÏNARDJI. *Voyez* KOUTCHOUK-KAINARDJI.

KAÏOUK. *Voyez* DJINGHIZ-KHANIDES.

KAIRE ou CAIRE, la capitale actuelle de l'Égypte, en arabe *Masr el Kahirah* (la capitale victorieuse). Ce nom de *Masr* est un terme générique, qui a servi de tout temps à qualifier les capitales égyptiennes. Ainsi, Thèbes et Memphis le portèrent tour à tour, et quand le musulman Amrou, lieutenant d'Omar, eut créé *Fostat* (la tente), cette ville, improprement appelée le vieux Kaire, fut nommée dans l'origine, *Masr-Fostat*. La capitale actuelle est à l'orient de celle qu'Amrou fonda sur la rive droite du Nil; elle se déroule au pied du mont Mokattam, à 1 kilomètre du fleuve, et sur sa rive gauche. Le sultan ayoubite Saladin, célèbre dans l'histoire de nos croisades, la peupla de monuments et la ceignit de murailles. Ce fut lui qui, en 1166, fit élever au pied du Mokattam la citadelle qui domine tout le Kaire. Cette citadelle a trois kilomètres de circonférence, et on y monte par deux rampes taillées dans le roc. La se trouvent une foule de monuments qu'y élevèrent les souverains de l'Égypte, et entre autres le divan des janissaires, le divan et le puits de Joseph (prénom de Salah-ed-Dyn). Le divan de Joseph est une vaste salle où les ayoubites rendaient la justice; trente-deux colonnes de granit en décorent l'enceinte. Le puits de Joseph, l'un des plus merveilleux de cette époque, sert à pourvoir d'eau la citadelle. Taillé dans le roc vif, sa profondeur est de 83 mètres et sa circonférence de 20. Des bœufs, établis en dehors et dans un plan intérieur, élèvent les eaux au moyen d'une double roue à pots.

Le Kaire compte environ 30,000 maisons et 200,000 habitants, dont 151,000 professent l'islamisme, 60,000 coptes, 4,000 juifs 8,500 Francs et Grecs, et 4,500 coptes, Grecs et Arméniens réunis à la communion romaine; il a 53 quartiers, 71 portes, 300 mosquées, 45 maisons de bains, des palais, des jardins, des gymnases publics et des bibliothèques. Méhémet-Ali y a créé plusieurs établissements à l'européenne, entre autres des écoles pour la médecine et l'art militaire.

De toutes les mosquées qui décorent la ville, les plus belles sans contredit étaient celles du sultan Hassan, et celle de El-Azar (des fleurs). Ornées à l'intérieur de sentences tirées du Koran, sculptées et dorées, elles étaient remarquables par la hardiesse de leurs coupoles et l'élévation de leurs minarets. Les minarets sont couronnés de galeries, et c'est de là qu'aux heures de la prière, les mouezzins ou crieurs, rappellent aux pieux musulmans leurs devoirs religieux.

Quoique les rues du Kaire soient en général étroites et tortueuses, on y trouve des places immenses, et avant toutes celle de l'Esbekéih, dont la superficie est à peu près égale à l'intérieur du Champ-de-Mars. Lors de la conquête de l'Égypte par nos armées, c'était sur cette place que Bonaparte avait établi son quartier général. Au mois de septembre, quand la crue du Nil arrive à son plus haut période, cette place est inondée : on la traverse alors en barque.

Les faubourgs du Kaire sont nombreux et bien peuplés. Les ports de Boulac et du vieux Kaire servent d'entrepôts et de magasins aux marchandises. Douze cents *okels*, ou enceintes couvertes, sont affectés à cette destination. C'est là que se concentrent les produits du Delta et de l'Europe, de la Nubie et du Saïd. L'*okel* des Francs est le centre d'un beau mouvement commercial.

Les environs du Kaire et surtout les bords du Nil offrent des sites ravissants. Le petit bourg de Gizeh, résidence des anciens beys mamlouks, est une oasis délicieuse, ceinte de vergers et coupée de ruisseaux. L'île de Roudeh, située en face du vieux Kaire, est remarquable par son *mékyrs* ou nilomètre, qui sert à mesurer officiellement chaque année la hauteur de la crue du Nil. Aux environs du Kaire, et à 12 kilom. de distance, sur la rive droite du Nil, se groupent les célèbres *pyramides* d'Égypte, créations colossales et mystérieuses. D'après les observations précises de l'astronome Nouet, le Kaire est situé par 30° 2′ 21″ de latitude nord, et 28° 58′ 30″ de longitude est. Le climat y est peu variable; l'hiver s'y fait à peine sentir : les pluies y sont rares. La température moyenne en été est de 22°,4 en deg. centigrades. La ville a près de 24,000 mètres de circonférence. C'est l'un des grands centres de la science et de l'art arabes, le rendez-vous des nations et des races les plus diverses, et peut-être la ville la plus remarquable de tout l'Orient.   Louis REYBAUD, de l'Institut.

KAIRE (Révolte du). Le 20 mars 1800, une révolte dans la ville de Boulac éclata au moment où les Français combattaient contre les Ottomans à Héliopolis Les habitants sortirent spontanément de leurs murs, munis d'armes qu'ils avaient cachées, et attaquèrent avec fureur le fort Camin, qui n'avait qu'une poignée de braves. Le commandant fit canonner les assaillants qui, malgré leur nombre, furent bientôt dissipés. Cependant, de quelque côté que les Français se présentassent pour entrer dans la ville, les habitants les recevaient à coups de fusil. Des beys et presque tous les chefs de l'ancien gouvernement entraient en même temps au Kaire, et venaient répandre parmi le peuple le faux bruit de l'entière destruction des Français. Le général Kléber, partout victorieux, instruit des mouvements séditieux qu'ils étaient parvenus à susciter, et voulant arrêter à leur principe ces troubles naissants, envoya successivement les généraux Lagrange et Friant pour reconnaître et contenir les rebelles. Les Français durent d'abord temporiser pour achever la conquête du pays. Enfin, Boulac fut sommé de se rendre le 14 avril : les habitants répondirent qu'ils se défendraient jusqu'à la mort. Le lendemain, à la pointe du jour, Boulac fut cerné par le général Friant. Avant de livrer la ville au désordre d'une place prise d'assaut, on la bombarda à outrance pour essayer immédiatement après d'une seconde sommation. Les habitants de Boulac répondirent par un feu très vif, lancé des maisons et des créneaux des barricades qui fermaient toutes les issues. Pour vaincre cette obstination, le canon battit en brèche, et la charge se fit entendre. La plupart des retranchements furent emportés à la fois et d'assaut : quelques-uns résistaient encore, et l'ennemi s'y défendait avec la plus grande opiniâtreté. On combattait de maison en maison. Les soldats irrités, ne voyant d'autre moyen de les réduire que l'incendie, embrasent toutes celles qu'ils ne peuvent soumettre. Une foule de fureur et de désespoir se font entendre de toutes parts. Le général français profite de cet état de désolation pour offrir encore un pardon, qui est repoussé; le sang coule de nouveau, le sac recommence, et une grande partie de cette populeuse cité est livrée aux flammes. C'est au moment où elle n'offre presque plus qu'un monceau de cendres que les vaincus se décident enfin à venir implorer les vainqueurs : les chefs, admis en présence du général Friant, lui font leur soumission. Au même instant les désordres sont arrêtés, les hostilités ont cessé, le pardon est proclamé, et la seule punition imposée à leur révolte est une contribution de 12 millions, à prendre dans les coffres des riches négociants du Kaire et de Boulac.

KAISARIEH. *Voyez* CÉSARÉE.
KARATOES. *Voyez* CACATOES.
KARERLAC (*Entomologie*). *Voyez* BLATTE.
KARERLAKS (*Ethnographie*). *Voyez* ALBINOS.
KARHETH ou KACHETH. *Voyez* GÉORGIE.
KALAMATA. *Voyez* CALAMATA.
KALAVRYTA. *Voyez* CALAVRYTA.
KALÉIDOSCOPE de καλός, beau; εἶδος, forme; σκοπέω, je regarde), instrument fondé sur la théorie de la réflexion de la lumière. Dans le kaléidoscope, deux lames de verre couvertes d'un vernis noir à leur seconde surface forment ensemble un angle d'environ 45 degrés, et sont maintenues fixément dans cette position. Pour éviter toute réflexion inutile de lumière, qui diminuerait l'effet

cherché, les glaces sont renfermées dans un cylindre opaque, noirci intérieurement. A l'une des extrémités se trouve un obturateur percé à son centre d'une ouverture d'un petit diamètre servant d'oculaire ; à l'autre, une capacité fermée à l'intérieur par une lame de verre transparente, et à l'extérieur par une lame de verre dépoli, destinée à répandre uniformément la lumière. Dans cette capacité, on place divers objets, comme de petits fragments de verres colorés, de petites feuilles de végétaux, de petits morceaux de dentelles, etc. Quand on place l'instrument dans une direction presque horizontale, en tournant l'extrémité du côté de la lumière, et qu'on regarde par l'oculaire, quelques-uns des objets renfermés dans la capacité extrême viennent peindre une image sur l'un des miroirs : cette image, réfléchie sur le second, y peint une image semblable, qui vient à son tour produire une troisième sur le premier verre, et ainsi de suite, de sorte que l'on aperçoit huit ou dix images du même objet, qui représentent divers dessins ; comme la plus petite agitation de l'instrument déplace les objets renfermés dans la caisse vitrée, la multiplicité et la variété des dessins n'a pour ainsi dire aucune limite, mais aussi on peut à peine espérer de reproduire l'un quelconque de ceux que l'on a obtenus.

On a cherché à modifier le kaléidoscope de manière à lui donner la propriété de reproduire des images données, mais l'instrument a peu gagné sous le rapport de l'agrément, et perdu au contraire sous celui de la simplicité.

H. GAULTIER DE CLAUBRY.

Le kaléidoscope, inventé en 1817 par l'Écossais Brewster, fit fureur à Paris : pendant trois ou quatre ans, tout le monde avait son kaléidoscope ; on en portait à la promenade ! Cet engouement cessa pourtant. Mais le kaléidoscope n'est pas simplement un jouet d'enfant : les dessinateurs en broderies, toiles imprimées, en font usage comme d'un producteur de figures modèles qu'ils peuvent varier à l'infini.

TEYSSÈDRE.

KALENDER. Voyez CALENDER.

KALEVALA, c'est-à-dire *Pays de Kaleva*, la Finlande. Tel est le titre de la grande épopée nationale des Finnois. Elle comprend un grand nombre de chants (*runes*), composés chacun de 200 à 700 vers de huit syllabes. Ces *runes*, conservés uniquement en Karélie pendant des siècles par la tradition orale du peuple finnois et de ses poëtes, avaient déjà paru par fragments au siècle dernier et au commencement de celui-ci ; mais ils ne furent réunis et complètement mis en ordre qu'en 1835 par Lœnnrot, qui leur donna le premier le titre général de *Kalevala*, et qui en a fait paraître, en 1849, une seconde édition, contenant 22,800 vers en 50 *runes*. Nous en avons une traduction française par M. Léouzon-Leduc. Cette épopée, riche en épisodes de la nature la plus diverse, a pour sujet les guerres des habitants du pays de Kaleva et des Pohjolas, c'est-à-dire des Finnois et des Lapons.

KALIDASAS, le plus distingué des poëtes de l'Inde, vivait, dit-on, vers la fin du premier siècle de l'ère chrétienne, à la cour du roi Vikramadija. Le plus remarquable de ses poëmes est son drame *Sakountala*, qui le place au rang des plus grands poëtes de tous les temps. Il a été traduit en anglais par Jones (Calcutta, 1789) et publié en français, avec le texte sanscrit en regard, par Chézy. Indépendamment de ce chef-d'œuvre, nous possédons encore de Kalidasas deux pièces de théâtre : *Vikramorvsi*, ouvrage riche en beautés poétiques, et une comédie d'intrigue *Malavika et Agnimitra*. Ses deux poëmes épiques *Raghou-vansa*, histoire mythique des anciens souverains d'Ayodhya (publiée par Stenzler, Londres, 1838), et *Kounahra-Sambahva* (la Naissance du dieu de la guerre), malgré toutes leurs beautés de détail, sont au total fades et froids. Parmi ses poésies purement lyriques on distingue plus particulièrement *Megha-duta*, c'est-à-dire le Messager des nuages, plainte d'un amant éconduit, œuvre pleine de sensibilité et de douces descriptions de la nature (traduit librement en anglais, par Wilson, Calcutta, 1813),

et *Sringara-Tilaka*. Ses *Ritu-sanhara*, c'est-à-dire les Saisons, sont une œuvre moins importante.

KALIFE. Voyez KHALIFE.

KALISCH ou **KALISZ,** autrefois chef-lieu du gouvernement de Pologne du même nom, sur la Prosna, dans une vallée magnifique, l'une des plus belles villes du pays, siége d'un évêché et d'un tribunal civil, compte environ 15,000 habitants, dont 2,500 juifs. On y trouve un château, un collége et de nombreuses fabriques, surtout de drap et de cuir. La ville est d'une haute antiquité ; on suppose que c'est la *Calisia*, dans le pays des Suèves, dont il est mention dans Ptolémée. Le roi de Pologne Micislas III, mort en 1202, est enterré dans l'église Saint-Paul de Kalisch.

A la bataille livrée sous les murs de Kalisch, le 13 février 1813, entre les Français et les Russes, la brigade saxonne aux ordres du général Klengel fut obligée de mettre bas les armes. C'est aussi à Kalisch que quinze jours plus tard, le 28 février 1813, fut signé le traité d'alliance entre la Russie et la Prusse contre Napoléon. En 1835 il s'y tint un brillant camp de manœuvres, composé de troupes russes et prussiennes. Un monument rappelle cette solennité militaire.

KALIUM. Voyez POTASSIUM.

KALKBRENNER (FRÉDÉRIC), l'un des pianistes les plus distingués de notre époque, naquit à Berlin, en 1788, et se forma à Paris, sous la direction de Catel et de Louis Adam, dans la composition et l'exécution. Après avoir remporté en 1802 un grand prix au Conservatoire, il se rendit l'année suivante à Vienne, où, sur la recommandation d'Haydn, qui accueillit le jeune artiste en père, il reçut des leçons de contrepoint d'Albrechtsberger. Lié d'amitié avec Moscheles et Hummel, il se proposa alors pour but de confondre dans son jeu les larges et grandioses principes de l'école de Clémenti avec la manière brillante, gracieuse et légère de l'école de Vienne. Il parcourut l'Allemagne, en 1814, se rendit ensuite à Londres, où son talent prit un développement remarquable et où il se fit une grande réputation comme virtuose et comme professeur de piano, ou même temps qu'il y acquit une grande fortune. En 1824, il choisit Paris pour résidence, et y fonda, en société avec Pleyel, une grande fabrique de pianos. Marié à la fille du général d'Esliang, Kalkbrenner menait une grande existence à Paris. Sa maison, dont il faisait les honneurs avec un tact parfait, était le rendez-vous habituel des hommes les plus distingués dans les arts et la littérature. Il est mort, encore dans la force de l'âge, le 10 juin 1849, à Paris.

Comme compositeur et pianiste, Kalkbrenner a beaucoup produit ; et, malgré la difficulté peu commune de l'exécution de sa musique de piano, on remarque dans le nombre son concerto en *fa* bémol. Ses excellentes *Études* jouissent à bon droit d'une grande renommée.

KALLIWODA (JEAN-VENCESLAS), célèbre comme compositeur et comme violon, est né à Prague, en 1800, et fut élevé au Conservatoire de cette ville. Dans un voyage artistique qu'il fit en 1822, il rencontra à Munich un protecteur généreux de l'art, le prince de Furstenberg, qui l'attacha à sa maison en qualité de maître de chapelle ; fonctions qu'il a continué de remplir jusqu'à ce jour, mais qui ne l'ont pourtant pas empêché d'entreprendre un grand nombre de tournées artistiques. Son jeu est plutôt doux et agréable que grandiose et brillant. On peut en dire autant de ses compositions. Il jouit à bon droit d'une bien plus grande réputation comme compositeur de partitions d'orchestre. Ses symphonies appartiennent aux plus belles productions de ce genre qui aient paru dans ces derniers temps.

KALMAR. Voyez CALMAR.

KALMOUCKS (Les), ou, comme ils se nomment eux-mêmes, *Derben-Eret* ou *Dœrbœn Œirat*, c'est-à-dire les quatre liés, appelés aussi *Œlœtes* ou *Eleutes*, et par les Tatares *Khalimick*, c'est-à-dire déserteurs, la plus nombreuse et la plus célèbre des nations mongoles, soumise aujourd'hui encore pour la plus grande partie à la souveraineté de l'empereur de la Chine, ne laissent pas que d'être très-répandus en Russie depuis deux siècles et d'y occuper de vastes territoires.

La première de ces quatre tribus principales, ou *oulous*, est celle des *Choschotes*, c'est-à-dire les guerriers, qui continuent d'être gouvernés par des princes de la race de Djinghis-Khan. Ils sont pour la plus grande partie placés sous la souveraineté de la Chine, et habitent, au nombre d'environ 60,000 têtes, les environs de Koko-Noor, ou du lac Bleu, qu'ils considèrent comme leur véritable patrie. Une partie de cette tribu alla de bonne heure, dit-on, s'établir sur les bords de l'Irtisch, mais se réunit ensuite avec la seconde grande tribu des Kalmoucks, celle des *Songares*, et prit part à ses luttes contre la Chine. Une autre partie de cette horde, quand il y eut excès de population dans la contrée, vint se fixer sur le territoire russe, où dès 1759 et même, suivant quelques auteurs, dès 1675 on trouve des Kalmoucks établis sur les bords du Volga, dans le gouvernement d'Astrakan. Cette tribu kalmoucke se soumit volontairement au sceptre russe, et est aussi celle qui a fait preuve de plus d'attachement et de fidélité à la Russie. Elle se distingue par sa franchise et par sa curiosité, par une certaine vivacité qui devient de l'irritabilité, par un penchant marqué pour le vol et la vengeance ; mais au total on peut dire que ses bonnes qualités l'emportent sur ses mauvaises. Aujourd'hui encore elle mène une vie errante et nomade, transportant ses huttes en feutre tantôt dans un endroit et tantôt dans un autre, s'enivrant volontiers avec du *koumiss*, sa boisson favorite, fabriquée avec du lait de jument fermenté, et exellant à manier l'arc, la flèche et la lance.

Les *Songares* ou *Dsongares* forment la seconde des grandes tribus kalmouckes. C'était autrefois de toutes ces hordes la plus brave, la plus riche et la plus puissante; au dix-septième siècle et encore au commencement du dix-huitième elle dominait sur toutes les autres tribus ; mais plus tard elle fut subjuguée et presque complétement exterminée par les Chinois. C'est d'eux que la *Songarie* ou *Dsongarie* tire son nom. En 1758 ils vinrent en très-grand nombre se placer sous l'autorité du sceptre russe ; mais dès 1770 la plus grande partie de ces émigrés revenaient dans leurs foyers, aimant encore mieux être opprimés dans leur pays par les Chinois qu'à l'étranger par des Russes.

La troisième tribu principale se compose des *Derbètes*, qui, réunis tantôt aux Songares, tantôt aux Torgotes, vinrent de bonne heure s'établir sur le sol russe, où vers la fin du dix-huitième siècle on les rencontrait déjà fréquemment dans le gouvernement d'Astrakan, sur les bords du Volga et dans l'Oural, tandis que dans ces derniers temps, par suite de l'extinction de la principale ligne de leurs princes héréditaires, ils ont abandonné les rives du Volga pour celle de l'Ili et du Don, où ils se sont associés aux Kosacks du Don.

La quatrième grande tribu des Kalmoucks se compose des *Torgotes* ou *Tœrgœ-outen*, qui autrefois étaient unis aux Songares, et qui finirent plus tard par former une horde particulière. On les appelle aussi *Kalmoucks du Volga*, parce que dès 1716, par conséquent avant toutes les autres tribus, ils abandonnèrent leur patrie pour s'en faire une nouvelle dans les plaines du Volga. Mais, eux aussi, ils regagnèrent pour la plus grande partie leurs foyers, quand ils commencèrent à trouver le sceptre russe trop pesant. Depuis l'année 1771 il n'existe plus qu'un très-petit nombre de Kalmoucks en Russie. Il n'y resta qu'une tribu peu importante, celle des *Zoochor*, sous le prince Dundukof, qui se soumit complétement à la souveraineté de la Russie. Ce prince, fils du khan Dunduck-Ombo, et arrière-petit-fils du puissant khan Ajouka, se fit plus tard baptiser, et reçut à cette occasion le nom de Dundukof, dont à sa mort son gendre Korsakof hérita, par ordre de l'empereur Alexandre Ier, et celui-ci prit alors le titre de prince *Dundukof-Korsakof*.

Les quatre différentes grandes tribus kalmouckes, du moins ce qui en existe sur le territoire russe, forment ensemble de 50 à 60,000 têtes, sans compter, il est vrai, les Kalmoucks libres, baptisés et convertis au christianisme, dans le gouvernement de Simbirsk, sur les bords du Samara et sur ceux du Sok et du Tok (15,000 têtes), non plus que les Kalmoucks d'Orenbourg, qui ont embrassé le mahométisme, sur le versant oriental de l'Oural et les rives de l'Iset, dont les Kirghiz ont fait des prosélytes, ni enfin les Kalmoucks isolés qui se trouvent à Saint-Pétersbourg, à Kasan, à Tobolsk, à Irkutsk, etc., de sorte que l'on évalue aujourd'hui leur nombre total de 120 à 125,000 têtes. Dans ces derniers temps le gouvernement russe a fait beaucoup d'efforts pour civiliser les Kalmoucks demeurés encore idolâtres. Dès 1829 il fondait un institut kalmouck spécial, à l'effet d'y former et instruire de bons interprètes et de bons fonctionnaires pour les Kalmoucks (du Tok); de même divers ou kases ont diminué l'oppression que les prêtres exerçaient sur les Kalmoucks sectateurs de Bouddha. Les Kalmoucks ont une littérature, mais elle ne se compose guère que de traductions d'ouvrages hindous relatifs au bouddhisme ; et Zwick a donné (Donaueschingen, 1852) une grammaire de leur langue, qui appartient à la famille des langues mongoles et du grand Altaï. Consultez Hell, *Les Steppes de la mer Caspienne* (Paris, 1843).

[Aucune nation mongole ou tatare ne présente dans son organisation des traits plus caractéristiques que ceux des Kalmoucks. Ils offrent le type le plus distinct de tous dans les races humaines, ou le moins altéré dans son origine. Déjà les Huns qui suivirent Attila parurent aux nations du midi de l'Europe aussi effrayants par leur aspect hideux que par leur férocité. « Ils étaient, dit Jornandès d'après Cassiodore, courts de taille, mais larges de poitrine, avec une grosse tête ; ils avaient de petits yeux noirs, étincelants, une barbe bien fournie, de larges pommettes, un nez épaté, un teint fauve ou tanné. A part de la teinte de la peau, toujours jaune, tannée dans cette race, un Kalmouck ressemble moins aux autres peuples qu'un nègre à un Européen. C'est surtout par les contours raboteux d'un crâne, large et épais, que les Kalmoucks se distinguent dans leur conformation particulière. Généralement ils sont plutôt petits que grands, ou d'une stature au-dessous de la médiocre : d'ailleurs, bien constitués, on n'en voit presque aucun de contrefait ; toutefois, ils ont les membres inférieurs minces et déliés, ce qui, avec leur nourriture est peu abondante et ils sont fort sobres ; on n'en rencontre guère ayant un grand embonpoint, excepté leurs *ghilongs*, ou prêtres, oisifs. Les traits les plus caractéristiques des visages kalmoucks sont de petits yeux noirs, placés obliquement, on dirait le grand angle descend vers le nez ; ces yeux sont peu ouverts, et leurs paupières paraissent être bridées, charnues ; leurs sourcils, sombres, peu épais, forment un arc surbaissé ; leur nez est toujours camus, petit, écrasé vers le front, dantis que les os des pommettes sont énormément saillants, la prunelle noire, enfoncée, la tête et le visage arrondis en boule; leurs lèvres sont grosses, charnues, livides ; le menton est court ; des dents blanches, bien rangées, qui se conservent jusque dans l'extrême vieillesse ; des oreilles rases, détachées de la tête ; des cheveux noirs, lisses, plats et durs comme des crins, également encore ces populations. On n'a jamais vu aucun Kalmouck blond, ni même châtain clair, pour les cheveux et la barbe : celle-ci, quoique assez épaisse, n'est pas très-étendue sur les côtés du visage ; les hommes se contentent de porter de petites moustaches avec un toupet à la lèvre inférieure ; les vieillards et les lamas, ou prêtres, conservent seuls toute leur barbe. Du reste, à l'imitation des autres musulmans et des Turcs, les Kalmoucks s'épilent tout le reste du corps. Le Kalmouck est le vrai type mongol et mandchou, le Hun primitif, le scythe naturel et indompté. Sa laideur même est le titre de pureté ou de noblesse de sa race. Son teint basané sous un climat froid, la précocité de sa puberté, la faible flux menstruel des femmes, leur vieillesse prématurée, le peu d'ardeur amoureuse des sexes chez ces nomades tatares, sont encore autant de traits distinctifs d'une race qui n'a jamais pu s'élever à une haute civilisation, même en Chine, sur les fertiles terres de l'Asie méridionale. Cette race, jaune sous toutes les températures, n'a point connu le régime de liberté; partout elle a conservé et établi, au contraire, le despotisme civil, l'esclavage intellectuel et religieux.

On pourrait croire qu'il n'y a pas un seul visage d'une beauté passable parmi les femmes kalmouckes; cependant, Pallas et d'autres voyageurs (peu difficiles sans doute en ces contrées) disent avoir vu des filles à visage rond, fort joli, et dont les traits étaient si réguliers, si beaux, qu'elles trouveraient même un grand nombre d'*adorateurs* dans toutes les villes de l'Europe. Le mélange du sang russe et tatar avec le sang kalmouck produit de beaux enfants, tandis que ceux des Kalmoucks et des Mandchoux restent bouffis, cacochymes et fort laids jusqu'à l'âge de dix ans. Comme les anciens Huns et les autres Mongols, les Kalmoucks se rasent les cheveux, à l'exception d'une petite touffe au sinciput.

Le langage des Kalmoucks est rauque et guttural; on dirait qu'ils menacent, et leurs traits, hideux, prennent aisément une expression féroce. Toujours à cheval, même dès l'enfance, ils ont souvent les jambes et les cuisses cambrées, les pieds tournés en dedans; rarement ils se servent d'étriers. Comme les anciens Scythes, dont ils sont évidemment les descendants, plusieurs conservent encore un arc et des flèches, qu'ils lancent en fuyant; toutefois, aujourd'hui la plupart sont armés de carabines, de lances, d'un cimeterre recourbé et de pistolets. L'antique usage des cottes de maille en fer et d'un casque d'acier en pointe, costume guerrier des anciens Huns, se perd insensiblement : ce ne sont plus des défenses contre les armes à feu. Ils s'avancent de nuit en hordes nomades dans leurs expéditions, font la guerre de surprise à l'improviste, enlèvent le butin, massacrent l'ennemi, et s'embarrassent rarement de prisonniers de guerre. Outre les khans, ils ont des *najones*, chefs subalternes, et des *saissangs*, ou nobles héréditaires, qui les gouvernent.

Leur nourriture est la farine d'orge détrempée dans l'eau, le lait de chamelle ou de jument, et la chair de cheval à demi crue. Dans la rareté des vivres au milieu des déserts, on a vu des guerriers kalmoucks ouvrir une veine du cou de leur cheval, et se restaurer de son sang tout chaud.

La religion des Kalmoucks est celle de la plupart des autres Mongols, ou la doctrine de Bouddha, quoique plusieurs de leurs hordes aient embrassé aussi le mahométisme. Cependant, leur croyance antique est le lamaïsme, ou celle du dalaï-lama du Tibet ; ils ont aussi conservé une liturgie et un culte analogue à celui des Kutuchtus mongols, avec des prières, des sacrifices, une eau lustrale, et quelques autres pratiques qu'on a crues jadis une dégénération du christianisme. Mais leurs divinités ou idoles présentent essentiellement les plus évidents rapports avec la religion de Bouddha. Elle enseigne diverses incarnations ou une sorte de métempsycose. Leurs *ghilongs*, ou prêtres, ne se permettent pas même de tuer les poux qui les dévorent.

J.-J. VIREY.]

KALOMÉRIDES. On désigne sous ce nom les descendants d'un certain *Kalomeros* Comnène, de la branche de la famille Comnène qui vint s'établir en Corse vers la fin du dix-septième siècle, avec trois mille Grecs qui quittèrent alors le Magne, l'ancienne Laconie, pour se soustraire aux persécutions et à la domination des Turcs, maîtres du Péloponnèse, et chercher une autre patrie. Cette petite colonie ne se fut plus tôt installée en Corse, que Constantin Comnène, son chef, envoya son fils *Kalomeros* en mission à Florence, afin d'y implorer la protection du grand-duc. Ce prince, charmé de l'esprit et des qualités du jeune Grec, le garda auprès de lui. Kalomeros aurait alors, à l'usage du temps, italianisé son nom, qui serait devenu ainsi *Buonaparte*. Ses descendants seraient revenus plus tard en Corse, et y auraient formé la branche des *Kaloméridès* corses ou des Bonaparte.

Cette généalogie ferait, comme on le voit, remonter l'origine de la famille Bonaparte à celle des derniers empereurs grecs de Constantinople. Mais elle ne soutient pas la critique. Quand le père de Napoléon, pour le faire admettre à l'école militaire de Brienne, dut fournir ses preuves de noblesse, il envoya un dossier qui fut soumis alors à un examen sévère, et qui fut déposé depuis aux archives impériales. Charles Buonaparte y fait remonter authentiquement sa généalogie jusqu'à *Francisco Buonaparte*, onzième ascendant de Napoléon, et qui vivait en Corse en 1567, c'est-à-dire plus de cent trente ans avant l'arrivée en Corse de la petite colonie grecque dont il est question au commencement de cet article, et par conséquent avant l'apparition des *Kaloméridès* issus de la famille Comnène.

KALOUGA, gouvernement de la Russie d'Europe constitué dès 1776, sous le règne de l'impératrice Catherine la Grande, et divisé aujourd'hui en onze cercles, comptait en 1846 une popolulaton de 1,006,400 habitants, sur une superficie de 395 myriamètres carrés, ce qui donnait une moyenne de 1,270 habitants par myriamètre carré, et permet dès lors de le classer parmi les gouvernements relativement les plus peuplés de l'empire russe. Il est entouré par les gouvernements de Moscou, de Smolensk, de Toula et d'Orel : la grande activité commerciale et industrielle qui y règne y a développé un haut degré de prospérité. On y compte en effet environ 200 manufactures, occupant près de 30,000 ouvriers. Les produits des différentes verreries, fonderies de fer, manufactures de soieries, d'étoffes de laine et de coton, de draps et d'eaux-de-vie de grains, sont d'une qualité remarquable. Le gouvernement de Kalouga, l'un des plus fertiles de tout l'empire, offre partout l'aspect de la plus luxuriante végétation et d'une grande prospérité matérielle. Son principal cours d'eau est l'Oka, dont les pêcheries ont de l'importance. Ses nombreuses forêts abondent en gibier de toutes espèces. Les rossignols de Kalouga jouissent aussi d'une grande réputation, et se payent des prix fort élevés dans les diverses grandes villes de l'empire. L'élève du bétail et l'éducation des abeilles y sont pratiquées sur une large échelle, et l'amélioration de la race chevaline a été dans ces derniers temps l'objet des plus louables efforts de la part des propriétaires de haras. La religion grecque est presque exclusivement russe, et la religion grecque est aussi celle qui y domine, car on n'y compte guère que quelques centaines de dissidents.

Le chef-lieu de ce gouvernement, KALOUGA, situé à l'embouchure de la Kalouschka dans l'Oka, a une population d'environ 36,000 habitants, dont la principale industrie consiste dans la fabrication des huiles, des cuirs, des toiles à voiles et du vitriol, dans le raffinage des sucres et dans un commerce considérable en huiles, fruits, grains, légumes et miel. Elle est le siège d'un évêché grec ; et on y trouve trente-six églises, une école forestière, un séminaire, une société littéraire, un gymnase, une maison d'éducation à l'usage des enfants de pauvres gentilshommes, quatorze écoles primaires, ainsi que divers établissements de bienfaisance.

KAMA, appelé aussi le *Petit Volga*, l'un des affluents les plus considérables du Volga, prend sa source, vers le 50° degré de latitude nord, dans les monts Oural, où il devient navigable dès les barques d'un faible tirant d'eau, traverse, en décrivant de nombreuses sinuosités, les gouvernements de Wjætka et de Perm, forme ensuite pendant longtemps les limites entre les gouvernements des Wjætka et d'Orenburg, et après un cours de 1,197 myriamètres, vient se jeter dans le Volga, par 55 degrés de latitude nord, dans le gouvernement de Kasan, non loin des ruines de Bolgary, ancienne capitale des Bulgares. Le Kama l'emporte sur la plupart des grands fleuves de l'Europe occidentale sous le rapport de l'étendue de son parcours, de la largeur de son courant et du volume de ses eaux, ainsi que de sa navigabilité, qui commence à peu de distance de sa source. Il a pour affluents principaux la Wjætka, la

Tschoussowaja et la Bjelaja, et traverse, surtout à partir des limites des gouvernements de Wjætka et d'Orenburg, une contrée d'une remarquable fécondité. De riches bourgs et villages, et une foule de grandes et petites villes, nommément Perm, Ochansk, Ossa, Kama, Sabiegalowo, Sarapoul, Tschistopol et Laïschef, situées sur ses rives, témoignent de son importance commerciale.

KAMBODGE ou KAMBOYE. *Voyez* CAMBODGE.

KAMENEZ ou **KAMINIEC PODOLSK**, chef-lieu du gouvernement de *Podolie*, s'est considérablement accrue depuis qu'elle est placée sous le sceptre russe, et compte aujourd'hui environ 16,000 habitants. On la divise en haute et basse ville. D'agréables promenades, pour la plupart établies sur l'emplacement des fortifications, rasées depuis 1812, entourent la ville. C'est seulement dans la ville basse que se trouvent quelques belles rues garnies de maisons bien construites. La ville haute est étroite, tortueuse, et n'a rien qui annonce le chef-lieu d'une province. Kamenez est le siège d'un évêque grec et d'un évêque catholique, et autrefois il y résidait également un évêque arménien. Elle possède un gymnase. Le commerce, qui se borne à peu près au détail, y est en grande partie entre les mains des juifs. La grande distance où cette ville se trouve de Saint-Pétersbourg et de Moscou et le manque de bonnes routes rendent difficiles ses relations, qui se bornent à peu près aux villes de la Russie nouvelle ou méridionale. Kamenez était autrefois la principale forteresse de la Pologne, et elle servait de refuge aux habitants de toute la contrée lors des invasions des Tatares ou des Kosacks.

KAMÉOTH, mot hébreu, qui revient souvent dans le cabale et qui signifie amulette.

KAMICHI, genre d'oiseaux de l'ordre des échassiers, qui ont quelques rapports de mœurs avec les gallinacées ; ce genre renferme deux espèces, qui, en outre de leurs caractères communs, ont leurs ailes armées d'aiguillons ou éperons, qui, dit-on, servent aux mâles d'armes offensives pendant leurs luttes ou combats entre eux à l'époque de la saison des amours. De ces deux espèces, l'une est le *kamichi cornu* (*palamedea cornuta*, Linné), et l'autre le *kamichi chaia* (*palamedea chavaria*, Temminck). Les kamichis se nourrissent de substances végétales et paissent, comme l'oie, l'herbe tendre. Ces oiseaux habitent le Brésil et la Guyane. La chair des jeunes kamichis, quoique noire, est bonne à manger. L. LAURENT.

KAMIESCH, petit port de la mer Noire, situé en Crimée, à environ 10 kilomètres au sud de Sébastopol, restera célèbre dans l'histoire de la guerre dont l'Orient est en ce moment le théâtre, parce qu'il servit de point de débarquement et de mouillage, ainsi que de place d'armes, à la flotte française qui prit part au siège de Sébastopol. La flotte anglaise s'était établie à Balaclava. La baie de Kamiesch, qui s'enfonce dans les terres presque parallèlement à celle de Sébastopol, contint à certains moments plus de 300 bâtiments de transport à la fois. Le mouillage des bateaux à vapeur était établi vers le milieu, et à l'entrée étaient ancrés les vaisseaux de guerre à voiles, tandis que les vaisseaux et les frégates à vapeur faisaient sentinelle en dehors, tout le long des côtes et devant Sébastopol. Trois mois après le débarquement de l'armée française sur ce point de la Crimée, l'aspect en était complètement changé. Une route en pierre de 20 kilomètres de longueur reliait le fort de Balaclava à celui de Kamiesch ; de toutes parts s'élevaient des constructions nouvelles, et la ville avait pris une physionomie toute française. Elle a été entourée de fortifications.

KAMP. *Voyez* CAMPERDUIN.

KAMPEN. *Voyez* CAMPEN.

KAMTSCHADALES ou **ITELMEN**, comme ils s'appellent eux-mêmes, c'est-à-dire les *habitants*. C'est le nom qu'on donne au petit nombre d'habitants du Kamtschatka et d'une partie des Kouriles, qui ont survécu aux luttes sanglantes contre les Russes, aux ravages de la petite vérole et à l'usage immodéré de l'eau-de-vie. Ces populations, qu'on évaluait il y a un siècle à près de 100,000 âmes, présentent à peine aujourd'hui un effectif de 20,000 âmes. Ce sont de celles dont on peut dire qu'on les soumet par le sabre, qu'on les baptise dans le sang, qu'on retient constamment dans les liens de l'esclavage, et qui n'ont gagné à changer de maîtres que l'esprit de révolte, des maladies qui leur étaient jusque alors inconnues, et avec la religion nouvelle qu'on leur a imposée, une des discordes religieuses ou de l'hypocrisie. Aujourd'hui encore la plupart des Kamtschadales penchent pour le culte de Schamân. Ils sont bons et hospitaliers, quoique presque constamment dans un état d'irritation ou de fièvre. La chasse et la pêche constituent leurs principales occupations, et en hiver ils se renferment dans leurs *jurtes* souterraines, où habitent d'ordinaire cinq ou six familles. Ils se vêtissent de peaux de renne, se nourrissent de gibier salé, de graisse de chien marin, de pain d'écorce d'arbre, entretenant constamment de grands feux, s'égayant par des danses et des sortilèges, et ne se souciant guère de la neige, qui souvent couvre leur hutte jusqu'au tuyau de la cheminée. Leurs habitations d'été sont soutenues en l'air par des poteaux de bois, et on n'y parvient qu'en grimpant. Les femmes seules s'occupent des soins du ménage et des travaux de culture, qui ont pour objet les pommes de terre, les choux et les raves. Leur été qui est court, mais brûlant, permet à l'orge et même aux concombres de mûrir.

Les Kamtschadales n'ont point d'animaux domestiques. Depuis 1820 on a bien introduit parmi eux quelques cochons et quelques poules ; mais le chien, qui leur sert en hiver à traîner leurs traîneaux, et peut en été erre çà et là et doit pourvoir lui-même à sa subsistance, est toujours à leurs yeux l'animal par excellence.

KAMTSCHATKA, presqu'île d'origine volcanique et traversée par de hautes montagnes, située à l'extrémité nord-est de l'Asie, que les Kosacks soumirent et rendirent tributaire de la couronne de Russie ; ce qui amena de sanglantes luttes entre les populations aborigènes, fort attachées à leur indépendance, et les Kamtschadales, les dominateurs étrangers. Son étendue est de 2,800 myriamètres carrés, sa longueur de 126 myriamètres ; sa largeur moyenne de 35 myriamètres ; et elle est entourée à l'est par la mer du Kamtschatka et une partie de la mer de Behring, à l'ouest par la mer d'Ochotsk. Au sud elle se continue dans les îles Kouriles, qui à leur tour se rattachent au Japon et à la Corée, de sorte qu'on peut admettre que la mer d'Ochotsk et la mer du Japon étaient autrefois une terre qui tenait au continent asiatique avec les îles que nous venons de nommer. La presqu'île est presque entièrement couverte par une chaîne de montagnes connues sous le nom de *Montagnes du Kamtschatka*. La côte orientale est entourée d'une double rangée de volcans en activité, commençant non loin du Cap Lopatka, qui en forme l'extrémité sud, et se prolongeant presque jusqu'au 57° de latitude nord. Parmi les 21 cônes volcaniques qu'on y compte, l'Awatscha atteint une altitude de 2,733 mètres et le Kliontschi ou Kamtschatskaja-Scopa 4,934 mètres. Beaucoup d'autres ont de 2,000 à 3,300 mètres, et il en est qui ne restent au-dessous des limites des neiges éternelles, lesquelles ici varient entre 1,600 et 1,800 mètres. A peu près vers son centre la presqu'île est traversée par une troisième chaîne parallèle, qui se compose en grande partie de volcans éteints, et n'a en général que la hauteur moyenne des montagnes, bien que ses sommets atteignent aussi ici la limite des neiges. Le côté occidental de la presqu'île est plus plat, et traversé seulement par une suite de collines et de montagnes peu élevées. La situation favorable du Kamtschatka entre les possessions russes de l'Asie et de l'Amérique du Nord y a provoqué la création d'un grand nombre d'établissements et de colonies, parmi lesquels il faut citer les ports de Penschinsk, de Tiglisk, et de Bolscheretsk, sur la côte occidentale de la baie d'Awatscha, mais surtout celui de Nischnei-Kamtschatsk ou *Petropawlosk*, sur la côte orientale de la même baie, principal entrepôt de la société de commerce russo-américaine, admirablement organisé par Krusenstern.

Petropawlosk, appelé aussi *Peterpaulshafen* ou encore *Awatscha*, peut être considéré comme le chef-lieu du Kamtschatska. On y compte près de 4,000 habitants. Une attaque dirigée contre cette place en août 1854 par une escadre anglo-française échoua, et le seul dommage qui en résulta pour les Russes fut la perte de quelques bâtiments incendiés par les bombes de l'ennemi; mais le 30 mai 1855 des vaisseaux alliés s'étant représentés devant cette ville, ils la trouvèrent complétement abandonnée. Le contre-amiral Bruce fit détruire les batteries ainsi qu'un baleinier russe qui se trouvait désagréé dans le port. Consultez, indépendamment des Voyages de Krusenstern, de Kotzebue, de Chamisso et d'Erman, les *Travels in Kamschatka and Siberia* de Dobbell (2 vol. Londres, 1830).

KAN. *Voyez* KHAN.

KANARESI. *Voyez* INDIENNES (Langues).

KANARIS (CONSTANTIN), natif de l'île d'Ipsara, l'un des plus célèbres héros de la longue lutte soutenue par les Grecs pour reconquérir leur indépendance et connu surtout comme audacieux et habile conducteur de brûlots, avait fini par inspirer aux Turcs plus d'effroi que tous les écueils de l'Archipel. Simple capitaine d'un petit navire marchand au moment où éclata l'insurrection des Grecs, il avait dès 1822 rendu son nom européen par l'intrépidité avec laquelle, dans la nuit du 18 au 19 juin, il était parvenu à incendier une partie de la flotte turque dans les eaux du canal de Chios, et le 19 novembre dans la rade de Ténédos. En 1824 il brûla en vue de Samos une frégate, et au mois d'octobre de la même année une corvette dans le port de Mitylène. Il servit ensuite, comme conducteur de brûlots et avec le grade de capitaine, sous les ordres de Miaulis. En 1825 il conçut l'audacieux projet d'aller incendier dans le port même d'Alexandrie la flotte égyptienne, qui se disposait à prendre les troupes que Méhémet-Ali envoyait en Morée. Mais cette tentative, qui eut lieu le 4 août, échoua, parce qu'un vent contraire repoussa les brûlots lancés par Kanaris contre la flotte égyptienne, de sorte qu'ils brûlèrent en pleine mer sans faire aucun mal à l'ennemi. L'année suivante il fut chargé du commandement de la frégate l'*Hellas*, et en 1827 il fut nommé représentant d'Ipsara à l'assemblée nationale grecque.

Après son arrivée en Grèce, Capo d'Istria nomma Kanaris commandant de Monembasia, et il lui confia plus tard le commandement d'une flotte plus orientale. Fidèle partisan de Capo d'Istria, Kanaris, quand celui-ci eut péri victime d'un assassinat, se retira des affaires, et vint s'établir à Syra; mais plus tard il rentra au service de sa patrie avec le grade de capitaine de vaisseau de première classe. De 1848 à 1849 il remplit les fonctions de ministre de la marine, et fut président du conseil. Redevenu ministre de la marine le 26 mai 1854, il donna sa démission au mois de mai 1855. Rien dans l'extérieur humble et modeste de Kanaris n'annonce l'homme énergique qui s'est immortalisé par tant d'actions d'éclat.

KANDAHAR, khanat de l'Afghanistan, borné au sud par le Beloudchistan, à l'ouest par le désert de l'Iran intérieur, au nord et à l'est par le Kaboulistan, n'est fertile que dans les vallées de sa moitié orientale, contrée montagneuse, mais bien arrosée. Le plus grand nombre et les plus importants de ses cours d'eau, l'Hilmend avec ses affluents, le Kaschroud, l'Arghandab, le Tarnak et la Lora, tarissent quand ils arrivent dans sa moitié occidentale, pays plat, au total extrêmement aride et sablonneux, et finissant par être plus qu'un désert. Indépendamment des habitants aborigènes, les Tadjiks, et des conquérants, les Afghans, on y trouve aussi des Beloutches et des Kissilbasches. Le Kandahar, autrefois siège principal des Durânis, continue toujours à former un royaume, plus ou moins indépendant du Kaboul, et gouverné par des princes indigènes depuis que les Anglais l'ont également évacué.

La capitale, KANDAHAR, à 42 myramètres au sud-ouest de Kaboul, est située dans une plaine fertile et bien cultivée, entre l'Arghandab et le Tarnak, et compte environ 60,000 ou, suivant d'autres, seulement 25,000 habitants. Sa fondation se perd dans la nuit des temps; mais c'est à tort que l'on y veut voir l'*Alexandria in Arachosia*, fondée par Alexandre le Grand, qu'il faudrait plutôt chercher dans le bourg d'Arghandab, situé 10 myriamètres plus loin au nord-est. Dans le cours des siècles cette ville a été plusieurs fois détruite et reconstruite, en dernier lieu par Nadir-Chah, d'après un plan régulier et sur un emplacement autre que celui de l'ancienne Kandahar, mais dans son voisinage cependant. A l'époque florissante de la dynastie des Durânis, elle leur servait de résidence, et était la capitale de tout l'Afghanistan. Défendue par une muraille et deux châteaux forts, elle est bâtie à l'orientale, et se compose de maisons en briques. Les édifices les plus considérables qu'on y trouve sont le *Tchasschou*, bazar situé au centre de la ville, le palais du roi avec la mosquée qui en dépend, et le tombeau d'Achmed-Chah. Les diverses populations du Kandahar ont chacune un quartier séparé dans la capitale, qui, située sur la principale route conduisant de l'Inde en Perse, était autrefois un grand centre d'activité manufacturière et commerciale.

KANG-HI, empereur de la Chine, petit-fils de Chountchi, fondateur de la dynastie des Tartares Mandchoux, né en 1653, monta sur le trône en 1661. Dès les premiers jours de son règne, plusieurs lois funestes furent abolies, celle entre autres qui permettait d'élever les eunuques aux premières charges de l'Etat. Son goût pour les sciences et les arts d'Europe lui fit ouvertement protéger les jésuites, qui le représentent comme un des plus grands souverains de la Chine et le comparent à Louis XIV. Un édit de 1692 autorisa même le libre exercice de la religion chrétienne dans tout l'empire. Un grand travail géographique, accompli par les missionnaires, la levée de la carte de tous les pays soumis à sa domination, illustra le règne de Kang-Hi, savant physicien et poëte lui-même. Il a laissé un grand nombre d'ouvrages, et mourut en 1722.

KANGUROO ou **KANGOUROU**, genre de l'ordre des marsupiaux. L'extrême désaccord qui existe entre les membres antérieurs et postérieurs des kanguroos forme le caractère le plus saillant de ces curieux indigènes de la Nouvelle-Hollande. En effet, leur membre antérieur, chétif et peu remarquable par lui-même, compte cinq doigts, dont les deux latéraux, plus petits, sont terminés par des ongles assez forts; la paume de la main est nue, et la disposition relative du radius et du cubitus permet à l'avant-bras d'exécuter une rotation complète; le membre postérieur, au contraire, extrêmement développé, paraît tridactyle; le doigt extrême est allongé et volumineux, mais ses dimensions du plus grand dépassent toute proportion, son os métatarsien est six fois plus grand que le plus grand des os du métacarpe; toutes ses phalanges sont démesurément allongées, et son ongle forme un véritable sabot; le doigt interne est réellement formé de deux doigts juxta-posés et confondus jusqu'à l'ongle qui manière à simuler à l'extérieur un seul doigt terminé par un ongle double; la longueur de ce double doigt est encore considérable, mais il est beaucoup plus grêle que les deux autres; le diamètre de ses métatarsiens étant douze fois moindre que celui du métatarse médian. Ce pied, monstrueux par lui-même, plus monstrueux encore lorsqu'on le compare à la main du même animal, distingue parfaitement les kanguroos de tous les autres animaux à bourses; mais le développement excessif de leur prolongement caudal fournit encore un autre caractère distinctif non moins important, car cet organe, qui chez la plupart des mammifères n'a qu'une importance très-secondaire, devient chez les kanguroos un véritable appareil de locomotion et de sustentation, et constitue en quelque sorte un troisième membre postérieur. Le nombre des vertèbres caudales varie de vingt à trente dans les différentes espèces du genre; toutes, les dernières seules exceptées sont volumineuses et hérissées de longues, de larges apophyses, qui donnent attache à des muscles puissants.

La tête des kanguroos est fine et allongée; leurs oreilles varient considérablement de forme et de grandeur dans les différentes espèces; leur appareil dentaire est surtout remarquable par l'absence des canines et par la disposition spéciale des incisives; enfin, quelques différences importantes se remarquent dans la disposition relative et la forme des mâchelières chez les différentes espèces, différences qui ont porté Frédéric Cuvier à subdiviser le genre *kangurus* en deux sous-genres, adoptant pour le premier le nom de *halmaturus*, et pour le second celui de *macropus*.

Le pelage des kanguroos se compose de deux espèces distinctes de poils, les poils soyeux et les poils laineux : les premiers se trouvent exclusivement aux membres, à la tête et à la queue; les seconds couvrent tout le reste du corps; quelques soies noires, roides, courtes, peu nombreuses, sont parsemées çà et là à la lèvre supérieure, aux sourcils, sous les yeux, sous la gorge.

Les kanguroos sont originaires de la Nouvelle-Hollande et des îles environnantes; essentiellement frugivores à l'état sauvage, ils se décident à manger tout ce qu'on leur offre, et boivent même, dit-on, le vin et l'eau-de-vie qu'on leur donne (Quoy et Gaymard); ils habitent les bois, et errent par bandes peu nombreuses, généralement conduites par de vieux mâles; au repos, ils affectent une station complètement verticale, dans laquelle leur énorme queue et leurs longs métatarsiens forment un trépied solide, dont l'équilibre ne saurait être détruit par le faible poids des parties antérieures du tronc; effrayés et poursuivis, ils courent avec une grande agilité, et dans cette course rapide, appelant à leur secours et leurs quatre membres et leur puissante queue, qu'ils détendent comme un ressort, ils franchissent quelquefois d'un seul bond un espace de sept à dix mètres. Les kanguroos sont en général d'un naturel paisible; mais parfois ils se battent entre eux.

Ainsi que chez tous les marsupiaux, la peau de l'abdomen est disposée chez les kanguroos de manière à former autour des mamelles une espèce de bourse dans laquelle les petits, expulsés de la matrice sous forme embryonnaire, grandissent et se développent, et dans laquelle ils se retirent encore pendant quelque temps toutes les fois qu'un danger les menace, alors même qu'ils sont assez forts pour paître l'herbe et pourvoir eux-mêmes à leur subsistance.

Le genre *kanguroo* paraît renfermer d'assez nombreuses espèces, qui se distinguent par des caractères peu importants, par des différences de taille surtout, et par des variétés de pelage; nous nous bornons à citer ici, comme espèces distinctes, et sur l'autorité de Geoffroy-Saint-Hilaire, le *kanguroo fuligineux*, le *kanguroo à moustaches*, le *kanguroo à filandre*, le *kanguroo laineux*, le *kanguroo gris-roux*; mais il n'est aucunement démontré pour nous que la plupart des espèces, dites distinctes, ne soient pas des variétés d'une seule et même espèce.

BELFIELD-LEFÈVRE.

KANT (IMMANUEL), l'un des plus grands philosophes de tous les siècles, naquit le 22 avril 1724, à Kœnigsberg, en Prusse : il était fils d'un sellier. Après avoir fait ses premières études au gymnase de sa ville natale, le *Collegium Friedericianum*, il suivit les cours de l'université, où il étudia d'abord la théologie, qu'il abandonna bientôt pour les sciences naturelles, les mathématiques et la philosophie. Ses cours universitaires une fois terminés, il remplit pendant neuf ans l'emploi de précepteur particulier dans diverses familles, et publia à cette époque son premier ouvrage, *Pensées sur la véritable appréciation des forces vivantes* (1747). En 1755 il prit ses degrés, et fit alors des cours publics à l'université sur la logique et la métaphysique, la physique et les mathématiques. Après avoir vainement concouru à diverses reprises pour des chaires qui venaient à vaquer dans sa patrie, on lui offrit, en 1762, une chaire de poésie, qu'il refusa, parce qu'il se sentait hors d'état de l'occuper, et n'obtint qu'en 1770 la chaire de logique et de métaphysique, deux sciences qu'il continua de professer jusqu'à la fin de ses jours. Il avait déjà publié sur les sciences naturelles, notamment sur l'astronomie (*Histoire et théorie universelle du ciel* [1755]), sur la géographie physique ou encore sur la philosophie (*Seul motif possible d'une démonstration de l'existence de Dieu* [1763]; *Observations sur le Sentiment du beau et du sublime* [1764]; *Rêves d'un Visionnaire, élucidés par les rêves de la métaphysique* [1766], etc., etc), un grand nombre de dissertations et d'ouvrages qui avaient fait reconnaître en lui un observateur aussi fin que spirituel en même temps qu'un penseur profond et original. Toutefois, la série d'ouvrages par lesquels il a fait époque dans l'histoire de la philosophie ne date que de sa dissertation *De Mundi sensibilis et intelligibilis Forma et Principiis* (1770), par laquelle il inaugura son entrée en fonctions. C'est en même temps le programme de sa *Critique de la Raison pure*, qu'il ne publia qu'onze années plus tard (1781). Dès lors ses grands ouvrages philosophiques se suivirent rapidement. En 1783 parurent les *Prolégomènes de toute métaphysique future*; en 1785, la *Création de la Métaphysique des Mœurs*; en 1786, les *Principes métaphysiques des Sciences naturelles*; en 1788, la *Critique de la Raison pratique*; en 1790, la *Critique du Jugement*; en 1793, la *Religion dans les limites de la simple raison*; en 1791, les *Principes métaphysiques de la Morale*, et ceux de la *Jurisprudence* en 1798; enfin, le dernier de ses ouvrages, *L'Anthropologie au point de vue pragmatique*.

Kant mourut à l'âge de qua're-vingts ans, le 12 février 1804. Il ne s'était jamais marié, et ne s'était jamais éloigné des environs de Kœnigsberg. Ses travaux ne l'empêchaient point de prendre sa part des distractions du monde. Il aimait les sociétés gaies et sans prétentions, et son commerce était aussi agréable que recherché. Ses *Œuvres complètes* ont été maintes fois réimprimées. La plus récente édition en a paru à Leipzig, en 12 volumes (1838-1839.)

[Kant s'est surtout proposé de combattre le scepticisme et l'idéalisme; mais s'il a pris à partie le scepticisme et l'idéalisme véritables, représentés par Hume et Berkeley, il a méconnu la cause de tous les deux et la nature du dernier.

Premièrement, il n'a pas vu la source de l'erreur respective de ses deux adversaires; en second lieu, non moins superficiel qu'eux, il les a combattus avec des raisons aussi mauvaises que l'étaient les leurs. Il a cru que le scepticisme de Hume tenait à l'absence d'idées *a priori*, comme il parle, c'est-à-dire d'idées étrangères aux sens : ce qui serait vrai si par là il eût entendu les véritables idées premières ou générales. Mais ce n'est pas elles qu'il regrette dans Hume. Il s'est imaginé, d'un autre côté, que l'idéalisme de Berkeley, qui faisait tout venir de Dieu, même les sensations, avait pour cause, au contraire, ces idées générales, et qu'elles étaient nécessairement exclusives de l'expérience. Ainsi placé entre deux erreurs, qu'il croyait sortir de deux causes opposées, qu'a fait Kant? Il s'est escrimé, d'une part à réduire les idées générales à de pures conceptions, et dès lors à n'être plus les principes constitutifs et les objets, mais les simples directions de l'esprit, ne donnant à l'esprit pour objet que les sensations ou représentations sensibles, qu'il nomme *intuitions*; d'autre part, à établir que les sensations sans les conceptions de l'intelligence sont radicalement impuissantes à fournir la connaissance. A ses yeux, la connaissance comprend deux parties d'origine différente, et qui pourtant sont inséparables : les représentations sensibles et les conceptions. Néanmoins, les conceptions particulières peuvent se rapporter à des représentations sensibles, les conceptions générales ne sauraient le faire. Kant cependant ne rejette pas les conceptions générales; il les emploie à établir l'unité dans les conceptions particulières, comme il emploie celles-ci à unir les représentations. Il suit de là que les conceptions particulières ont un objet dans les représentations sensibles, et que les conceptions générales, qui n'y en trouvent pas, n'en ont absolument aucun. Avec de tels principes, comment va-t-il se débattre entre le scepticisme et l'idéalisme?

Après avoir fait tellement dépendre l'une de l'autre la part de l'intelligence et la part des sens dans la connaissance, que la connaissance est impossible si on les sépare, Kant se croit en mesure de confondre à la fois Hume et Berkeley, en donnant à l'un dans les conceptions *a priori* l'idée du rapport de l'effet à la cause, et en prouvant à l'autre l'existence des objets extérieurs ou des corps, par l'impossibilité des conceptions sans cette existence. Mais qu'importent à Hume les conceptions *a priori?* qu'importe, par exemple, que la conception de cause et d'effet, et de leur rapport, émane de l'intelligence, si cette conception est sans objet hors des représentations sensibles, hors de l'expérience ? Elle s'évanouit avec les représentations qui la faisaient vivre, laisse revenir les ténèbres sur le rapport de l'effet à la cause, et le doute subsister dans toute sa force. D'ailleurs, Hume ne nie point les conceptions *a priori*, puisqu'il cherche l'idée de cause dans la naissance de chaque pensée dans l'esprit, comme il la cherche dans la naissance de chaque phénomène dans l'univers. Qu'importe à Berkeley qu'il y ait des objets extérieurs, si ces objets n'existent point réellement hors de notre sensibilité et n'en sont que de purs phénomènes ? En un mot, Berkeley est idéaliste parce qu'il ne peut comprendre l'existence des corps en soi ; Hume est sceptique parce qu'il regarde impossible toute connaissance de la réalité des corps, de la réalité de l'âme, de la réalité de Dieu. Or, que dit Kant? Justement que nous sommes dans cette impossibilité qui fonde et l'idéalisme de Berkeley et le scepticisme de Hume. En effet, puisque tout ce qui échappe aux sens est inaccessible à l'intelligence, il est manifeste que la substance de l'âme, la substance de Dieu, la substance des corps, lui échappant éternellement, sont pour l'intelligence comme si elles n'étaient pas. L'intelligence n'atteint rien de Dieu, puisque dans Dieu il n'y a rien de sensible : c'est pour elle une notion vide; elle ne saisit de l'âme que le fait actuel de chaque pensée découvert par le sens intime, et des corps que les phénomènes. Et ce ne sont pas là des conséquences qu'il faille arracher au principe de Kant ; elles en sont tirées par lui-même, il s'évertue à les établir, il les propose et les vante comme de sublimes découvertes, il va jusqu'à douter si Dieu peut comprendre les choses intellectuelles: *C'est*, dit-il, *une question de savoir s'il peut exister un entendement qui en soit capable* (ibid., 357). Voilà une merveilleuse réfutation de Hume et de Berkeley ! Il se pose pour combattre en eux le scepticisme et l'idéalisme ; et de cette impossibilité de rien comprendre jaillissent naturellement et à volonté ou le scepticisme, qui doute, ou l'idéalisme, qui nie, non pas seulement l'idéalisme partiel de Berkeley, qui ne frappe que les corps, mais l'idéalisme absolu, qui tombe aussi sur l'âme et sur Dieu.

Il faut voir Kant s'applaudir d'avoir abattu, foulé aux pieds les orgueilleuses prétentions de la raison à atteindre un monde supérieur aux sens, de l'avoir enfermée dans le cercle de l'expérience, comme dans un cachot de plomb, en lui coupant les ailes divines qui ravissaient Platon dans l'empire des idées éternelles, dans la région suprême et intime des réalités intellectuelles ou essences des choses! Insensé! vous voulez garrotter la raison avec les sens et l'attacher à la terre! vous ne voyez pas que les chaînes que vous jetez sur elle, elle les brisera toujours! Vous ne voyez pas que cette indomptable ardeur qui la porte vers l'absolu, que vous ne savez connaître, en atteste la réalité ! Vous prétendez lui, signifier en maître l'impuissance d'arriver à l'absolu, qu'elle rêve. En bien, dans sa fougueuse indignation de se voir privée de cet absolu, de Dieu, qui est son besoin, vous la verrez, dans vos premiers disciples (Fichte) se déclarer elle-même absolue, Dieu ! Vous voulez qu'elle ne puisse rien concevoir, ni à elle, ni à Dieu, ni à l'univers ; eh bien, dans vos disciples encore (Fichte,

Schelling, Hégel), elle se croira capable non-seulement comprendre leur existence et la sienne, mais de les créer et de se créer avec eux. Que si elle ne peut supporter le poids immense de l'absolu, elle le placera hors d'elle, mais ira s'engloutir en lui (Schelling, Hegel), et roulera ainsi d'abîme en abîme! Et voilà comment Kant a réussi à soustraire l'esprit aux idées éternelles, qui jusqu'à présent suivant lui l'avaient tenu captif et déliraient dans leur domaine imaginaire, et à les contraindre elles-mêmes de venir se plier au joug de la réalité qu'on voit des yeux, qu'on saisit des mains, et d'abdiquer toute la part de l'existence que cette sensible réalité se refuse à leur souscrire ; ou, pour parler son propre langage, comment il les a forcées de subir humblement la loi de notre faculté expérimentale de connaître, au lieu de la lui imposer. Oui, nous l'avons dit ailleurs, et nous ne saurions trop le répéter, nul ne se joue avec les idées métaphysiques, nul ne peut leur dire : Vous viendrez jusque ici, et ne passerez pas outre. Souveraines, inflexibles, ne connaissant de limites qu'elles-mêmes, elles brisent les barrières qu'on avait dressées contre elles, et se produisent, éclatent, dans leur plénitude. Malheur à qui les aborde pour innover, et qui ne peut embrasser leur étendue et mesurer leur puissance ! Elles le forceront à donner le spectacle des plus déplorables écarts.

Nous n'avons jugé Kant que comme métaphysicien. Du reste, il avait un talent supérieur et des connaissances rares dans presque tous les genres. Il paraît même, par quelques opuscules qu'il nous a été impossible de nous procurer, qu'il a eu des vues nouvelles en astronomie et en physique. » Il affirme (dit de lui M. Schoen, dans l'Exposition de son système, p. 3), d'après les lois du calcul et celle de l'excentricité progressive des planètes, qu'il existe d'autres corps célestes au-delà de Saturne : Herschel le prouva, le 13 mars 1781, à l'aide du télescope. On trouve dans cet ouvrage des conjectures remarquables sur la voie lactée, les phénomènes de Saturne, etc.; conjectures que le génie observateur des astronomes a déjà commencé à confirmer. La théorie des vents, le traité sur les volcans de la lune, l'histoire des tremblements de terre, ainsi que ses idées sur le mouvement et le repos des corps, fixèrent bientôt l'attention des physiciens. » Comme moraliste, lorsqu'il considère le sublime et le beau dans les caractères des individus et des peuples, il a des pages dignes de nos premiers écrivains.   Bordas-Demoulin.]

KANTAKUZÈNE, célèbre famille grecque, peut-être aussi ancienne que celle des Paléologues, dont il n'est fait mention dans l'histoire de l'empire byzantin qu'au quatorzième siècle.

Jean Kantakuzène, né à Constantinople au commencement du quatorzième siècle, rendit d'importants services aux empereurs byzantins Andronic II et III comme général d'armée et comme chef de leur capitaine. Andronic III voulut partager son trône avec lui; mais Kantakuzène se contenta de posséder toute sa confiance. A la mort de ce prince (1341), il devint le tuteur de son fils, l'empereur Jean Paléologue Ier, alors âgé de neuf ans seulement, et régent de l'empire, qu'il administra parfaitement. Pour défendre l'empire assiégé bien contre les attaques des Bulgares et des Turcs, que contre les incessantes intrigues de la mère du jeune empereur, qui plus tard épousa sa fille, il se mit lui-même sur le trône en 1341. Mais il y renonça en 1355 pour éviter la guerre civile, et embrassa alors la vie monacale. On croit qu'il mourut vers 1380. C'est dans la solitude du cloître qu'il écrivit, sous le nom de Christodulus, l'histoire de son temps (1320-1357), ouvrage compris dans le *Corpus Scriptorum Historiæ Byzantinæ*. A de précieuses qualités du cœur, Kantakuzène joignait de brillantes facultés intellectuelles et une vaste érudition. Outre cette histoire, on a de lui un commentaire sur la Morale d'Aristote, des écrits contre les juifs et les mahométans, et une réfutation du Coran.

Son fils, *Mathias* Kantakuzène, qui après l'abdication de son père chercha à se maintenir sur le trône par la force des armes contre l'empereur Jean Paléologue, consentit enfin, sur ses remontrances et après des alternatives de bonne et de mauvaise fortune, à renoncer à toutes ses prétentions, en 1357.

Sous la domination des Turcs les Kantakuzènes appartinrent aux familles fanariotes les plus distinguées de Constantinople, et en cette qualité fournirent plusieurs hospodars à la Moldavie et à la Valachie. Plus tard, ils s'établirent en Russie; et au début de la lutte entreprise par les Grecs pour recouvrer leur indépendance, les frères *Alexandre* et *Georges* KANTAKUZÈNE, alors au service russe, y prirent une part active. Georges accompagna le prince Alexandre Ypsilanti en Moldavie, en même temps qu'Alexandre se rendait dans le Péloponnèse. Mais, mécontent bientôt de la tournure qu'y prenaient les affaires, il ne tarda point à s'éloigner du théâtre de la guerre. Les deux frères ont publié leurs souvenirs personnels sur la révolution grecque de 1825.

KANTÉMIR (DÉMÉTRIUS), hospodar de la Moldavie, né en 1673, descendait d'une famille grecque établie en Moldavie. On cite peu de Grecs à qui la Porte ait témoigné plus de confiance; mais une modification qui eut lieu dans le Divan amena un changement complet dans sa position à l'égard du sultan. Kantémir entra alors en négociation avec Pierre le Grand, qui lui garantit la possession de la Moldavie, comme principauté héréditaire dans sa famille, sous la protection de la Russie. La guerre n'ayant pas été favorable aux armes du czar, Kantémir suivit son nouveau protecteur en Russie, fut fait prince russe, conseiller intime, et mourut en 1723, en Ukraine, où il avait acquis des propriétés. Il est auteur d'une *Histoire de la Grandeur et de la Décadence de l'Empire Othoman*, écrite en latin, et qui jouit encore d'une grande estime.

Son fils *Antiochus* KANTÉMIR, né en 1709, à Constantinople, fut le principal moteur de la chute de la famille Dolgorouky, et obtint à l'âge de vingt-trois ans l'ambassade de Russie à Londres. Il mourut en 1744, en Italie, où l'avait appelé des mandarins russe quelques satires, qu'on lit encore.

KANTON ou plutôt KOUANG-TONG, chef-lieu de la province chinoise du même nom, à peu de distance de l'embouchure du Tchou-Kiang, ou *Rivière des Perles*, appelé aussi *Tiger*, fleuve considérable. Aux termes du traité de Nanking, c'est l'un des ports et des grands centres de commerce en Chine, qui devraient être ouverts aujourd'hui aux Européens. Mais les Chinois se sont soustraits à l'exécution de cette clause du traité, précisément en ce qui concerne Kanton, dont l'intérieur demeure toujours interdit aux étrangers. Cette ville est défendue par plusieurs forts et par une muraille garnie d'artillerie, dont le circuit est d'environ 15 kilomètres. Toutefois il n'y a guère qu'un tiers de l'espace qu'elle renferme qui soit occupé par des habitations; le reste est couvert de jardins d'agrément et de viviers. Comme toutes les autres grandes villes de l'Empire du Milieu, elle est divisée par une muraille en deux parties principales, la ville chinoise et la ville tatare, indépendamment de plusieurs grands faubourgs. La plupart des maisons sont construites en briques et n'ont qu'un étage; celles des mandarins et des riches marchands sont plus élevées et bien bâties. De tous côtés on aperçoit des temples et des pagodes, quelquefois très-richement ornés et décorés des images des divinités chinoises.

Les rues de Kanton ressemblent à celles de Venise, et sont droites, longues, généralement très-étroites, pavées en pierres, propres et ornées de distance en distance d'arcs de triomphe, c'est-à-dire de monuments consacrés à la glorification de la vertu et des hauts faits. Les édifices publics sont plutôt remarquables par leurs vastes proportions que par leur magnificence. Le soir, l'entrée de toutes les rues est fermée au moyen de barrières, en même temps que les portes de la ville. Dans les rues principales, les boutiques se touchent et sont garnies des produits les plus précieux de l'industrie chinoise, notamment de porcelaines, de soieries et d'objets en laque. Les plus riches boutiques se trouvent dans les faubourgs, à cause des Européens, à qui il est toujours interdit, comme nous l'avons déjà dit, de pénétrer dans la ville proprement dite. Au-dessus de la porte de chaque boutique se trouve un tableau disposé sur un portique soutenu par des colonnes, peint d'une couleur foncée, ou encore doré, et indiquant les marchandises qu'on y trouve à vendre, ainsi que le nom du marchand. Cette double rangée de petites colonnes forme une colonnade sans fin qui, avec la richesse, l'élégance et la diversité des produits exposés, offre le coup d'œil le plus intéressant. Plusieurs rues ne sont remplies que de marchands ou d'artisans de la même espèce. Les maisons des Européens forment dans le faubourg du sud, situé le long du fleuve, un quartier à part, où chacune des nations commerçantes de l'Europe a sa factorerie.

La population de Kanton est, à ce qu'on prétend, de 1,240,000 âmes. Ce qu'il y a de certain, c'est que Kanton est l'une des villes les plus grandes et les plus peuplées de la terre. Le manque de largeur des rues ne permet pas de s'y servir de voitures; tous les fardeaux s'y transportent par des portefaix au moyen de brancards en bambou qu'ils placent sur leurs épaules. Les plus riches habitants ont des litières. Il est extrêmement rare d'apercevoir des femmes tatares ou chinoises dans les rues, et on n'en voit jamais de jeunes. Autrefois il était même défendu aux Européennes de venir de Macao à Kanton. Aux approches de la ville, la rivière est couverte d'innombrables embarcations et radeaux, formant un quartier particulier, divisé en lignes parallèles formant comme autant de rues et servant d'habitations flottantes à la population pauvre. C'est aussi là que se trouvent ce qu'on appelle les *bateaux de fleurs*, lupanars qui contiennent des milliers d'habitants. Plus de 100,000 individus vivent ainsi avec leurs familles, sans jamais mettre le pied sur terre, et tirant leurs moyens de subsistance uniquement de l'active navigation dont la rivière est le théâtre.

Kanton est toujours la place la plus importante qu'il y ait en Chine pour le commerce étranger, et malgré l'ouverture de quatre autres ports, le grand centre du commerce européen, qui ne pouvait se faire autrefois que par l'intermédiaire des marchands *hongs*, mais qui est libre depuis le traité de paix intervenu entre l'Angleterre et la Chine. Les principaux articles d'exportation sont le thé, la soie, l'argent en barres, puis divers articles de droguerie, les vernis, la porcelaine, les objets en laque et les draps; mais ces dernières marchandises donnent lieu à des transactions bien moins importantes et moins nombreuses que les premières. Les principaux articles d'importation sont l'opium, qui ne s'introduit cependant qu'en contrebande, les produits naturels de l'Inde et ceux des manufactures de l'Europe, et en particulier les cotonnades et les lainages. Ce commerce se trouve pour la plus grande partie entre les mains des Anglais; après eux viennent les Américains, puis les Hollandais. Le commerce des autres nations n'est sans importance. Les navires européens sont obligés de s'arrêter à *Wampoa*, vaste et commode ancrage situé à 20 kilomètres au-dessous de Kanton, et d'y débarquer leurs cargaisons, au moyen d'embarcations légères, qui les transportent dans les factoreries, d'où on les rapporte à bord de la même manière. Entre Wampoa et Kanton on rencontre trois bureaux de douanes, où les passagers et les cargaisons sont soumis à la visite la plus rigoureuse.

Les environs de Kanton sont admirablement cultivés. Pendant les mois d'été la chaleur y est extrême; mais l'hiver y est plus froid qu'on ne devrait s'y attendre dans une ville située sous le 23° de latitude septentrionale. Comme dans toutes les grandes villes commerciales, la population de Kanton est corrompue et adonnée aux excès de tous genres. La mutinerie et les désordres de toutes espèces y sont à l'ordre du jour, de même que la piraterie. La haine des habitants pour les étrangers, dont la concurrence diminue naturellement leurs profits commerciaux, est sans bornes; aussi le gouvernement est-il obligé de continuer à tenir la ville proprement dite fermée aux Européens. On y exécute tous les ans plus de deux milles criminels, au rapport d'un Anglais qui a observé avec attention pendant plusieurs années de suite le nombre des exécutions capitales.

KAOLIN. On appelle ainsi une argile d'une nature particulière, dont on se sert pour la fabrication de la porcelaine dite de *Chine*. Réaumur, qui en soumit à l'analyse un échantillon rapporté de Chine, trouva qu'il était infusible au feu. Il le regardait comme une espèce de terre de la nature du talc. Mais Macquer, à la suite d'expériences postérieures, reconnut qu'il est plus probablement de nature argileuse, attendu qu'il forme une pâte tenace, mêlée avec l'autre ingrédient que les Chinois appellent *petunsé* et qui n'a pas la même tenacité. On sait aujourd'hui que le kaolin provient de la décomposition du feldspath. Il contient toujours une partie du mica que renfermait la roche primitive. La kaolin de Saint-Yrieix, près Limoges, est composé de 56 parties de silice et 44 d'alumine.

Le kaolin est une argile friable, maigre au toucher, faisant difficilement pâte avec l'eau, infusible quand il est pur. Exclusivement employé à la fabrication des porcelaines, on le sépare du feldspath avec lequel il est mélangé quand il sort de la carrière, en le soumettant à un mode particulier de lavage.

KAPI-AGA. *Voyez* CAPI-AGA.
KAPIDJI. *Voyez* CAPIDJY.
KAPITANYS. *Voyez* CAPITANYS.
KAPOU-AGA. *Voyez* CAPI-AGA.
KAPOUDJI. *Voyez* CAPIDJY.
KAPOUDAN-PACHA. *Voyez* CAPITAN-PACHA.
KAPSALI. *Voyez* CERIGO.

KAPTCHAR ou **KIPTCHAK**. C'est sous ce nom qu'au moyen âge on désignait en Orient la vaste contrée s'étendant au nord de la mer Caspienne, entre la Russie d'Europe et celle d'Asie, et occupée par les Cumans ou Polovtses. *Kaptchak* était d'ailleurs la dénomination particulière d'une des nombreuses hordes qui erraient au milieu de ces immenses steppes auxquelles leur nom finit par rester. Les Mongols ou Tatares y fondèrent, vers 1224, un khanat connu dans l'histoire d'Orient sous le nom d'empire de Kaptchak ou *de la Horde d'Or*, et aussi *de la grande Horde* (du mot mongol *orda*, qui signifie *tente*, et par extension *bande*, *armée*). Cet empire, démembré à la fin du quinzième siècle, donna naissance aux khanats de Kasan, d'Astrakan et de Crimée.

KARABAGH, la province la plus méridionale de l'empire russe, dans le gouvernement (autrefois khanat) de Grusie, au sud du Kour, le Cyrus des anciens, et située sur les deux rives de l'Aras (Araxe), à l'est de la mer Caspienne. Limitée à l'ouest par l'arrondissement d'Arménie, elle s'étend au sud jusqu'au 38° de latitude, et par suite de sa position géographique, jouit d'un climat auquel on ne saurait rien comparer dans le reste de l'empire russe. La végétation y est partout d'une admirable richesse, et presque tous les fruits du midi y mûrissent pour ainsi dire sans soins. Cette province possède en outre une race magnifique de chevaux persans, qu'on élève dans la steppe de Mogaui. On y compte plus de 100,000 habitants, Turcomans et Arméniens; et dans ces dernières années cette population s'est encore augmentée d'un grand nombre de Grusiens et de Russes. Le chef-lieu de la province, jadis capitale du kanat, est *Schoucha* ou *Schouschi*; Schacti-Boulak et Achouglanen sont les deux autres grands centres d'activité. Ces trois villes sont situées entre le Kour et l'Araxe.

KARABE. *Voyez* CARABÉ et SUCCIN.
KARABE DE SODOME. *Voyez* BITUME DE JUDÉE.

KARABOULAKS, montagnards qui habitent les défilés du Caucase, et qui jusqu'à ce jour n'ont pu encore être subjugués par les Russes. Suivant les recherches de Klaproth, ils appartiennent à la grande tribu des Thousches, des Ingousches et des Tschetschentz.

KARACHAITAKS (Les). *Voyez* CAUCASE, tome IV, page 690.
KARADSCHITSCH. *Voyez* WUK-STEPHANOWITSCH.

KARAISKAKIS (GEORGES), l'un des plus nobles caractères de l'insurrection grecque, homme animé du patriotisme le plus pur, de la plus noble ambition, et qui resta toujours étranger aux égoïstes manœuvres des partis. Armatole d'Agrapha, dans l'ouest de la Grèce, il s'efforça, en 1823, avec Marc Botzaris, de défendre contre les Turcs Missolonghi, ce boulevard de l'indépendance de la Grèce. En 1824 il soutint le gouvernement national contre le parti militaire du Péloponèse. L'année suivante, il fut encore envoyé dans l'ouest de la Grèce, et malgré la résistance la plus héroïque opposée par les Grecs sous les ordres de Valatinos, Travellas, Nikitas, etc., il lui fut impossible de sauver Missolonghi contre les Turcs et les Égyptiens réunis. En mai 1826 il combattit énergiquement et ouvertement à Nauplie le parti anglais, qui, avec Maurokordatos à sa tête, voulait livrer la Grèce à l'Angleterre. Les patriotiques représentations de Karaïskakis eurent pour résultat de faire décider qu'on rejetterait toute ouverture de négociations avec la Porte qui n'auraient pas pour base la reconnaissance de l'indépendance de la Grèce, et que jusque là on persisterait à soutenir la lutte. Tous ses efforts tendirent ensuite à faire déclarer que ce serait à un Grec que l'on remettrait le soin de diriger les destinées du pays; aussi au congrès tenu à Trézène, en avril 1827, le comte Jean Capo d'Istria fut-il élu président de la Grèce. Dès 1807 Karaïskakis s'était trouvé en rapports intimes avec lui, alors qu'il était encore attaché à l'administration des îles Ioniennes. Appelé au commandement supérieur de la Roumélie, où la guerre se borna à peu près au siége de l'Acropole d'Athènes, défendue par les Grecs aux ordres de Gouras, Karaïskakis fit tout pour empêcher les troupes d'Ibrahim-Pacha de s'emparer de cette place, après Missolonghi le dernier boulevard de l'indépendance nationale, et trouva une mort glorieuse dans un combat livré au commencement de mai 1827, sur la route conduisant du Pirée à Athènes, où en 1835 un monument a été élevé à sa mémoire et à celle des autres chefs morts comme lui pendant la lutte. Un mois plus tard la garnison grecque de l'Acropole était réduite à capituler.

KARAÏTES. *Voyez* CARAÏTES.
KARA-JUSSUF ou **KARA-JOSEPH.** *Voyez* KARA-KOINLU.

KARAKALPACKS, peuplade turco-tnuchmène, qu'on rencontre encore indépendante, mais dispersée çà et là dans les gorges du Caucase, tandis que dans son pays originel, le *Territoire des Karakalpacks*, situé au voisinage du lac d'Aral et de l'embouchure du Sir-Daja, et comprenant deux *oulous* ou hordes, elle est sous la dépendance des Kirghis-Kaisacks, et soumise en partie aussi au sceptre russe. On en évalue le nombre à 300,000 âmes, et on dit qu'elle peut mettre en campagne 25,000 guerriers. Ces peuples sont à moitié nomades, et se désignent eux-mêmes sous le nom de Kara-Kiptchaks, c'est-à-dire *pasteurs noirs*; mais ils se livrent aussi à l'agriculture et exercent quelques métiers, notamment ceux qui ont pour objet de travailler le fer et l'acier. Ils professent la religion mahométane. Pour le spirituel, ils reconnaissent comme chefs des *chodschas*, qui se disent successeurs directs de Mahomet. Quant au temporel, ils obéissent à des khans, qui payent tribut aux Kirghis.

KARA-KATHAÏENS, dynastie qui a régné dans le Kerman, ou Karamanie persienne, depuis l'an de l'hégire 621 jusqu'en l'an 706. Elle doit son nom à la province de Kara-Kathaï, qui est au nord de la Chine, et d'où vint son fondateur *Barah-Hageb*. Ce Tatare-mongol fut envoyé par son souverain auprès de Mohammed, roi de Karizm, qui l'attacha à son service en lui confiant le poste d'*hageb*, ou maître de la chambre. La haine d'un vizir l'ayant forcé de chercher un asile chez le fils du roi, qui gouvernait dans l'Indostan, Barak prit la route du Kerman avec ses serviteurs et ses femmes. Le gouverneur de ce pays les aimait beaucoup, surtout quand elles étaient belles. Il voulut enlever celles de Barak ; mais celui-ci les habilla en hommes, leur donna même des armes, et, à la tête de ses serviteurs et de son harem, il se défendit si bien contre ce gouverneur inhospitalier, qu'il lui enleva sa province, dont il fit plus tard un royaume pour sa famille. Il y régna onze ans, et mourut en paix avec les souverains qu'il en avait dépossédés, l'an de l'hégire 632 (1235). Ses successeurs furent *Mobark Kuangeh*, *Gothdebdin*, *Hégiage* et *Soiour-Gatmishe*, qui prit le titre de sultan *Gelaleddin*, et épousa la fille d'un prince mongol, ce qui ne l'empêcha pas d'être renversé du trône par Kangiatou-Kan, un des héritiers de Gingis-Kan. D'autres historiens prétendent que sa sœur Padichah-Khathoun le fit mourir, pour régner à sa place, et l'on peut concilier les deux versions en donnant à la fratricide le sultan mongol pour complice. Quoi qu'il en soit, elle ne jouit pas longtemps du fruit de son crime; la veuve du sultan assassiné et sa fille Chah-Alem Kathoun la firent périr à son tour, la seconde année de son règne. On vit ensuite apparaître sur ce trône sanglant *Mohammed-Chah*, fils d'Hégiage, puis son cousin *Chah-Gehan*, fils de Soiour-Gatmishe. Malgré son nom de *roi du monde*, il est dépouillé des débris de ses États par le sultan Gazan-Kan, empereur des Mongols (1306), reste dans la ville de Chiraz comme simple particulier, et finit par en obtenir le gouvernement. Sa fille Makhdoun-Chah épousa, grâce aux trésors de son père, le sultan Mobarzeddin, de la dynastie des Modaferiens. Mais la race des Kara-Kathaïens finit avec Chah-Gehan, après quatre-vingt-quatre ans de durée.

VIENNET, de l'Académie Française.

KARA-KOINLU ou KARA-KOYUNLU, première dynastie des Turcomans qui s'emparèrent du territoire de Bagdad, vers l'an 810 de l'hégire (1408). Le nom veut dire *Mouton noir*, en opposition avec la dynastie du *Mouton blanc*, qui lui succéda. Le premier des Kara-Koinlu se nommait *Kara-Joseph* ou *Jussuf*. Il était fils de Kara-Mohammed, à qui le sultan mongol Ahmed-Ilekhani avait confié le commandement de ses troupes. A la mort de Mohammed, son fils Jussuf fut confirmé dans cette charge, et s'en servit pour dépouiller son maître. Tamerlan n'ayant point souffert cette usurpation, Kara-Jussuf, battu par les troupes de ce conquérant, alla chercher un refuge en Égypte, où son compétiteur Ahmed ne tarda pas à le rejoindre lui-même comme fugitif. Mais à la mort de Tamerlan, Kara-Jussuf s'échappa de la cour du sultan Pharadge, rallia ses Turcomans, tua dans une bataille le fils et le petit-fils du conquérant, prit sur leurs troupes la ville de Tauris, l'an 810 de l'hégire, enleva le Gourgistan au sultan Ahmed, qui s'était aussi remis en campagne, le fit périr dans un combat (813-1410), et s'empara enfin de la Chaldée, de la Mésopotamie, de la Médie, d'une grande partie de l'Arménie et de la Géorgie. Sharokh, l'un des fils de Tamerlan, marcha contre lui pour venger son frère et son neveu ; et Kara-Jussuf se disposait à descendre des montagnes de la Médie ou de l'Aderbidjan, lorsque la mort vint le frapper dans son camp d'Aougian, près de Tauris, l'an 823. Ses troupes, indisciplinées, ne songeant qu'à piller ses trésors, oublièrent même de lui donner sa sépulture. Kara-Jussuf laissa six enfants, dont l'aîné et le cinquième moururent avant leur père.

Escander-Émir ou *Mir-Iskander*, le second, débuta par le meurtre de son frère Abousaïd ; mais il fut puni de ce crime par le sultan Sharokh, qui le défit deux fois en bataille rangée et donna son trône et sa capitale de Tauris à son frère *Gehan-Chah*, qui aidé des troupes de son puissant allié poursuivit Escander à outrance et l'assiégea dans le château d'Alengiak, où Chah-Obad, fils d'Escander, ennuyé de la position de son père, l'assassina pour faire la paix avec son oncle, l'an de l'hégire 841 (1437). Gehan-Chah paya ses bienfaiteurs en leur enlevant des provinces. Il attaqua partout les descendants de Tamerlan, s'empara de la Géorgie, d'une partie de la Perse, du Kerman ou Caramanie persane, et défit, dans le Khorassan, l'an 861, le Timuride Mirza-Ibrahim. Deux de ses enfants s'étant révoltés contre lui, il priva le premier de la vue, assiégea le second, Pirbondak, dans la ville de Bagdad, et se raccommoda avec lui vers l'an 869. La guerre qu'il entreprit ensuite contre Usum-Cassan, prince de la dynastie du *Mouton blanc* (*voyez* AC-COINLU) ne lui fut pas heureuse. Il fut surpris et tué dans une embuscade avec l'aîné de ses enfants, l'an de l'hégire 872 (1467).

Hassan-Ali, troisième fils de Gehan-Chah, leva une armée de 200,000 hommes pour venger son père et son frère, et voulut combattre, en passant, le sultan Abousaïd le Timuride, qui régnait dans le Khorassan ; mais ses troupes, auxquelles il avait eu l'imprudence de payer par anticipation une année entière, passèrent à l'ennemi, qui leur offrit une nouvelle solde ; et le malheureux Hassan-Ali, étant tombé dans les mains d'Usum-Cassan, fut massacré par les ordres de ce prince, qui éteignit en lui la dynastie du *Mouton noir*, l'an 873 (1468), après soixante-trois ans de durée.

VIENNET, de l'Académie Française.

KARA-KORUM, célèbre ville ruinée de l'Asie septentrionale, dans la Mongolie, fut fondée par le fils aîné de Djinghiz-Khan. Oktaï Koublaï et Argoun y reçurent les députés de tous les souverains de l'Asie. D'Anville a cru retrouver cette ville dans celle d'*Holin*, sur la rivière qui porte ce nom. Fischer la place à Erdemi-Téhao, sur l'Orkhon.

KARAMANIDES, dynastie qui régna pendant près d'un siècle dans les provinces méridionales de l'Asie Mineure, et qui fut fondée vers l'an 1300 avant J.-C. dans le même temps qu'Othman jetait en Bithynie les fondements de l'Empire Othoman, par Karaman, issu, dit-on de Gaïath-Eddyn Kaï-Kobad, le plus grand des sultans seldjoukides de Roum. L'histoire de ce Karaman et de ses premiers successeurs est à peu près inconnue. Tout ce qu'on sait de lui, c'est que son nom est demeuré depuis à la partie de l'Asie Mineure où se trouvaient autrefois la Cilicie, la Lycie, la Lycaonie, la Pamphylie et la Pisidie (*voyez* KARAMANIE), ainsi qu'aux princes de sa race.

Hadji-Khalfah en compte six ; mais il ne cite que les derniers dans ses tablettes chronologiques. En 1386, l'un d'eux *Ali-Beg*, fut vaincu par Amurad ou Mourad Ier, près de Konieh. Quoiqu'il eût épousé la sœur de Bajazet Ier, les princes de l'Europe recherchèrent son alliance contre son beau-frère. Il fit la guerre à ce sultan, et s'empara d'Ancyre ; mais il fut vaincu et fait prisonnier avec ses fils près d'Aadjaï, en 1390. Il fut mis à mort suivant les uns ; selon d'autres, il s'évada, se rendit auprès de Tamerlan, fut un de ceux qui le déterminèrent à envahir les États de Bajazet, et offrit de lui servir de guide. Quoi qu'il en soit, après la défaite et la mort de l'orgueilleux sultan, *Méhémet-Beg*, prince de Karamanie, prit part aux guerres qui eurent lieu entre les fils de ce prince. Voyant l'un d'eux, Mahomet Ier, occupé en Europe, il se jeta sur la Bithynie, battit le pacha de Brousse, et assiégea cette ville, dont il brûla les faubourgs en 1413 ; mais à l'approche de Mahomet, il alla se jeter à ses pieds, et obtint son pardon. Il se révolta de nouveau en 1415. Mahomet le vainquit dans la Karamanie, et le fit prisonnier, mais, par égard pour un prince de son sang, lui rendit ses États, après avoir mis garnison dans quelques places.

Plus heureux d'abord contre les sultans mamlouks d'Égypte, dont le gouvernement était une sorte d'anarchie continuelle, Karaman-Oglou reprit Tarse et plusieurs places de la Cilicie ; mais, forcé de les restituer en 1417, il recommença la guerre, fut vaincu par le sultan Scheikh-Mahmoudy, en 1419, et perdit momentanément ses États et Larendeh, sa capitale, qu'il recouvra après la mort de ce prince. Profitant des troubles qu'excitaient dans l'Empire Othoman son fils et un faux Moustafa, prétendu fils de Bajazet, il assiégea Antalia ; mais il y fut tué, d'un coup de canon, en 1427.

Resserrés dans leurs États par ceux de deux puissants

voisins, le sultan des Turks et celui des Mamlouks, les Karamanides ne pouvaient s'agrandir ni se maintenir qu'en les ménageant tour à tour, et en s'alliant avec les chrétiens; mais ce manége ne leur réussit pas longtemps. Ibrahim Beg, fils de Méhémet, se révolta contre Amurat II, qui lui prit d'assaut, en 1435, Akschehr et Konieh. Il eut recours à un santon, qui le remit en grâce avec le sultan, et lui fit rendre ses États. Il reprit les armes en 1441 et ravagea l'Anatolie; mais à l'approche d'Amurat, sa sœur, qui avait épousé Ibrahim, va le trouver, l'apaise par ses larmes, et obtient le pardon de son mari. Amurat ayant abdiqué en faveur de son fils, Mahomet II, Ibrahim écrit au roi de Hongrie pour l'exciter à faire la guerre de concert avec lui contre les Turcs. Mahomet II marche contre son oncle, en 1451 ; mais occupé de ses vastes projets contre Constantinople, il lui accorde aisément la paix. Ibrahim meurt en 1464, laissant six fils. Ishak, l'aîné, s'empare du trône. Pir-Ahmed, son frère, le lui dispute avec le secours de Mahomet. Ishak vaincu se réfugie auprès d'Ouzoun-Haçan, roi de Perse, qui prend vainement sa défense. Mais Mahomet était trop habile pour laisser subsister plus longtemps un voisin qui, sans être redoutable, lui causait de l'inquiétude et contrariait ses entreprises. En 1467 il mit fin à la dynastie des Karaman-Oglou (fils de Karaman), réunit leurs États à son empire, et y établit pour vice-roi son propre fils Moustafa. Pir-Ahmed, conduit prisonnier à Constantinople, y mourut, en 1482. H. AUDIFFRET.

KARAMANIE, éyalet turc, situé au centre de l'Asie Mineure, presque complétement entouré par le Taurus, l'Anti-Taurus et les chaînes de montagnes qui s'y rattachent aux extrêmes confins de l'Asie Mineure et la traversent même en partie. Arrosé par divers affluents du Kisil-Irmak (l'*Halys* des anciens) et traversé au nord par ce cours d'eau, il comprend à peu de chose près les provinces connues des anciens sous les noms de *Pisidie*, *Lycaonie*, *Cataonie* et *Cappadoce*. Il est limité au nord par l'éyalet de Siwas, à l'est par celui de Marasch, au sud par celui d'Adana, et à l'ouest par celui d'Anadoli. Sa superficie est d'environ 1,200 myriamètres carrés, et divisée en sept sandjakats. Par suite du manque de forêts et de cours d'eau suffisants, les plateaux supérieurs de cette contrée sont arides et ont quelque chose de la physionomie des steppes. Ce n'est que pendant les mois humides de l'hiver, ou encore pendant ceux du printemps, qu'on y trouve une végétation plus vigoureuse dont les habitants profitent pour faire paître leurs bestiaux. La culture des céréales et des fruits n'existe sur une large échelle que dans les vallées fertilisées par de nombreux cours d'eau. Le climat, très-chaud en été, ne laisse pas que d'être assez froid en hiver, à cause de la grande élévation du sol. Les habitants, dont le nombre s'élève à un million d'âmes environ, se composent en grande partie de Turcomans nomades. Aussi l'élève du bétail est-elle la principale industrie du pays. Les villes sont habitées par des Turcs, des Grecs et des Arméniens.

Cette contrée tire son nom de la tribu turcomane appelée *Karaman* ou *Karamanide*, qui y dominait autrefois, et qui en 1467 fut subjuguée par les Turcs. Les villes les plus importantes en sont *Konieh* (l'*Iconium* des anciens), siége du pacha, avec environ 30,000 habitants, et le plus grand de tous les couvents mevlevites, qui a plus d'une lieue de circuit; *Larenda* ou *Karaman*, la ville commerciale la plus importante du pays, population de 15,000 habitants; *Kaisareh*, la Césarée des anciens, avec une célèbre école grecque supérieure; et enfin *Aksheer*, centre d'un grand commerce de caravanes, et dont on évalue la population à 50,000 âmes.

On désigne aussi sous le nom de KARAMANIE une province de la Perse appelée quelquefois *Kerman*, bornée au nord par le grand désert salé de l'intérieur d'Iran, à l'est par le Beloudschistan, au sud par la route d'Ormuz, à l'ouest par les provinces persanes du Laristan et du Farsistan. On évalue sa superficie à environ 2,000 myriamètres carrés : les anciens l'appelaient *Carmania*. C'est une contrée extrêmement aride, plate et n'offrant guère à l'œil attristé qu'un désert sans fin ; car on n'y trouve que de rares oasis. Les caractères particuliers du climat sont une chaleur et une sécheresse extrêmes. La côte bordée par une ceinture de rochers à pic, est l'une des contrées les plus malsaines de la terre, et la chaleur y est excessive. La population se compose en grande partie de Néo-Persans. On y trouve aussi quelques Guèbres, des Kourdes nomades, des Lares sauvages, et dans les rares villes et bourgades qu'on y compte, un petit nombre de Juifs et d'Arméniens. La ville la plus importante de la contrée est *Kerman*, dont la population s'élève à environ 20,000 âmes, et où l'on trouve quelques manufactures d'armes et de tissus. Le pays de côtes, appelé MOGHISTAN, et où se trouve *Abasi* ou *Gomroum*, port et place de commerce jadis d'une certaine importance, est singulièrement déchu aujourd'hui, et n'est plus guère fréquenté qu'en hiver, à cause de l'insalubrité du climat; il appartient, sous la suzeraineté de la Perse, à l'Iman de Mascate.

KARA-MOUSTAPHA, grand-vizir du sultan Mahomet IV, fils d'un spahi, fut élevé par Méhémet Kœprili, et se rendit de bonne heure fameux par ses cruautés à l'égard des chrétiens. A la mort d'Achmet (7 novembre 1676), il fut nommé grand-vizir. En cette qualité il déclara la guerre à la Russie (3 mars 1677); mais les opérations en furent si mal conduites, que la Porte se vit obligée d'accepter le fâcheux armistice de Radzin, en date du 11 février 1687. Il vint aussi en aide aux Hongrois, révoltés contre l'Autriche ; et dans son administration intérieure, il se distingua autant par son orgueil et son insolence, notamment vis-à-vis des ambassadeurs étrangers, que par son insatiable avidité. La malheureuse issue de la guerre qu'il commença en 1682 amena sa chute. L'empereur Léopold Ier amena sa chute. Après avoir reconnu en qualité de roi de Hongrie Tœkély, le principal d'entre les révoltés hongrois, qui s'était engagé à reconnaître tenir la couronne de Hongrie à titre de vassal du sultan, il envahit les États Autrichiens, en portant partout devant lui le fer et la flamme. Le 14 juillet 1683 il vint, à la tête d'une armée de 200,000 hommes, mettre le siége devant Vienne, que le comte de Stahrenberg défendait avec 10,000 hommes seulement. La ville allait succomber, lorsque, le 12 septembre 1683, arriva sous ses murs une armée auxiliaire polonaise et allemande, qui battit complétement l'ennemi. Kara-Moustapha fut réduit à se réfugier avec les débris de son armée en Hongrie; en avant de Raab, il fit décapiter le vieil Ibrahim-Pacha, gouverneur d'Ofen, coupable d'avoir pris le premier la fuite à la bataille de Vienne, et dans son rapport au sultan il rejeta sur lui toute la responsabilité du désastre éprouvé par les armes turques. Le grand seigneur, ajoutant foi au récit de son grand-vizir, le récompensa encore pour avoir du moins sauvé une partie de son armée. Mais quand, bientôt après, on apprit à la cour du sultan que Kara-Moustapha s'était de nouveau laissé battre, le 9 octobre 1683, à Parkany, et qu'il avait perdu la forteresse de Gran, ses ennemis l'emportèrent, et le grand-chambellan du sultan, l'un des protégés de Kara-Moustapha, fut chargé d'aller lui trancher la tête. Ce fonctionnaire arriva à Belgrade le 25 décembre 1683, un peu avant le coucher du soleil, et avant minuit les ordres du sultan étaient exécutés. Kara-Moustapha était âgé de cinquante ans. Sans posséder aucune des qualités d'un général, son orgueil et sa cupidité le portèrent à entreprendre de gigantesques opérations militaires; son amour du faste égalait son orgueil. Dans son harem on ne comptait pas moins de 1,500 odalisques, autant d'esclaves du sexe féminin et 700 eunuques noirs. Il avait plusieurs milliers de domestiques, de chevaux, de chiens, d'oiseaux de chasse, etc.

KARAMSINE (NICOLAÏ-MICHAÏLOWITCH), le plus célèbre historien qu'ait encore produit la Russie, naquit en 1766, à Bogoroelzba, dans le gouvernement de Simbirsk, et appartenait à une famille d'origine tatare. Il mourut le 12 mai 1826. Peu de temps auparavant, l'empereur Nicolas lui avait accordé un traitement honorifique de 50,000 roubles en papier, reversible sur la tête de sa veuve et de ses enfants.

Karamsine débuta dans la littérature par *Le Voyageur russe*, ouvrage qui prouva qu'il possédait beaucoup d'esprit et qu'il cherchait un peu trop à le montrer ; quelques nouvelles, pour la plupart assez médiocres, accompagnèrent cette première publication. Ce n'était que de la *sensiblerie* niaise et prétentieuse dans le style de Florian, faibles esquisses, dénuées d'intérêt tant dans le fond que dans la forme. On lui a fait cependant, dirai-je l'honneur ou le mauvais tour de les traduire en français ? Il en a été du même de son roman historique intitulé *Marpha* ; dans cet essai quasi-épique, l'héroïne novogorodienne est loin d'avoir trouvé un Fénelon et même un Kheraskaff, et l'on pourrait dire qu'en singeant le style homérique, l'auteur ne fait, semblable à l'écho, que rendre les derniers accents des grands maitres. Arrivons donc à son principal titre littéraire, qui est son *Histoire de Russie* (t. I-VIII ; Saint-Pétersbourg, 1816 ; 2ᵉ édit, 1818 ; t. IX, X et XI, 1821 et 1824 ; t. XII, terminé par Bludow, 1824 ; 5ᵉ édition, 1840-1843). La difficulté de pénétrer dans les dépôts publics, qui furent tous ouverts à Karamsine, rendrait son ouvrage extrêmement utile à la connaissance de l'histoire s'il avait pu faire des matériaux mis à sa disposition un emploi digne du rôle qui lui était assigné. Mais historiographe officiel à partir de 1803, et recevant un traitement de 2,000 roubles argent, il devait louer tout, et s'est montré scrupuleusement fidèle à ce devoir : aussi le plus grand mérite de son œuvre est-il dans la révélation de quelques faits inconnus avant lui, et surtout dans les notes nombreuses dont il enrichit son ouvrage. Quant à la vérité historique, on est en droit de lui reprocher d'avoir trop exalté des princes peu dignes d'éloge, justifié des atrocités, relativement, par exemple, au vertueux et infortuné Wassilko, parlé de l'introduction du christianisme en Russie en sectaire prévenu plutôt qu'en judicieux critique ; de n'avoir pas dévoilé la cause et noté l'origine du servage dans sa patrie ; d'avoir sacrifié à des exigences sacerdotales en conservant au fils légitime de Fédor-Ivanowitsch la qualification flétrissante de faux Dmitri, alors que la vérité lui était parfaitement connue ; enfin, de n'avoir point assez vivement stigmatisé le plus exécrable de tous les monstres couronnés, Iwan-Wassiliéwitsch-Crosné (le Terrible). Au reste, Karamsine termine son histoire à l'époque même où elle allait devenir éminemment intéressante, par les liaisons politiques de la Russie avec l'occident de l'Europe. Que dirons-nous donc ici de l'historiographe officiel du cabinet de Saint-Pétersbourg ? Que c'est un écrivain spirituel, mais peu fidèle, sans critique, sans chaleur, sans conscience littéraire ; car, en vantant sans pudeur le despotisme, son esprit n'en était pas moins empreint des idées modernes qui le frondent, et que dans son for intérieur il était disposé à exagérer. Au reste, son travail n'embrasse guère que ce qu'il est le moins nécessaire de savoir, et il n'a pas osé le prolonger jusqu'au dix-neuvième siècle, ce qui aurait placé l'auteur entre deux écueils, c'est-à-dire la ruine de sa fortune, en peignant les choses telles qu'elles furent, ou son déshonneur aux yeux de tous, les Russes eux-mêmes, en y parlant conformément aux vœux de l'autorité qu'il servait. Cependant, l'importance actuelle du grand empire du Nord est telle qu'il est aussi curieux qu'utile de se faire une idée de ce qu'il fut à son berceau et durant sa longue et ignorante barbarie. L'on pourra donc lire avec fruit l'ouvrage de Karamsine, pourvu qu'on lui oppose d'autres écrits polonais, suédois ou allemands, et qu'on le lise parfois avec défiance, toujours avec précaution. Au reste, s'il existe des histoires meilleures que la sienne, il n'y en eut jamais de mieux payées, car elle le fut par la vanité du plus vaniteux de tous les gouvernements.   Cᵗᵉ Armand d'ALLONVILLE.

KARA-SOU, le *Cydnus* des anciens, rivière de l'Asie turque, qui se jette dans l'Euphrate, non loin de Mallattia.

KARAT. *Voyez* CARAT.

KARÉLIE, nom que portait autrefois une partie de la Finlande, alors qu'elle appartenait encore à la Suède ; mais cette puissance fut obligée de la céder à la Russie, dès le règne de Pierre le Grand, par la paix conclue en 1721 à Nystædt, en même temps que l'Ingermanie, l'Esthonie et la Livonie. Cette contrée a donné son nom à l'une des principales tribus de la population finnoise, la tribu *Karélienne*, dont on retrouve encore quelques traces non-seulement dans le bailliage de Wiborg de la grande principauté de Finlande, mais aussi dans le gouvernement d'Olonez.

KARIKAL, établissement français situé dans la province de Tanjaour, sur la côte du Coromandel, à environ 100 kilomètres au sud de Pondichéry. Son territoire, dont la superficie est de 16,184 hectares, se divise en quatre districts ou magasons, renferment 108 *aldées*. On évalue la population totale de ces quatre districts à 45,000 individus, dont une centaine d'Européens tout au plus. La ville seule de Karikal contient 10,000 âmes. Les terres de cet établissement sont naturellement fertiles, et les débordements périodiques de six petits bras de la rivière Kavery, par lesquels elles sont arrosées, accroissent encore leur fécondité. On fabrique à Karikal et dans les *aldées* qui en dépendent le même genre d'étoffes qu'à Pondichéry. C'est de Karikal que l'île de la Réunion tire la plus grande partie du riz nécessaire à sa consommation. On ne porte pas à moins de 2,500,000 fr. la valeur annuelle des exportations de Karikal en produits du sol et de manufactures. L'importation s'y élève chaque année à près de 400,000 fr.

KARIZM ou **KHOVARESMIE**, contrée du Turkestan occidental, mêlée de steppes et de districts fertiles, arrosée par le Djihoun et située au sud de la mer d'Aral, entre le khanat de Boukhara et la mer Caspienne. De l'an 994 à 1231, le Karizm forma une principauté indépendante, dont les princes envahirent la Perse et y mirent fin, en 1193, à la dynastie des Seldjoukides. Mais leur puissance fut à son tour détruite par Djinghiz-Khan (l'an de l'hégire 628). Aujourd'hui cette région est presque entièrement réunie au khanat de Khiva.

KARLOWITZ. *Voyez* CARLOVICZ.
KARLSBAD. *Voyez* CARLSBAD.
KARLSKRONA. *Voyez* CARLSCRONE.
KARLSTADT ou **KARLOSTADT**, ville royale libre et place forte du comitat d'Agram, en Croatie, qui donne son nom à un *cercle de frontières* d'une superficie de 93 myriamètres carrés, comprenant les chefs-lieux de quatre *régiments frontières*, avec une population totale d'environ 260,000 habitants.

La ville de Karlstadt, bâtie à l'embouchure de la Karona et de la Dobra, dans la Kulpa, compte environ 6,000 habitants, et est la résidence d'un évêque grec non uni et de l'état-major du *régiment frontières* de Szluin. On y trouve deux églises catholiques et un couvent de franciscains, ainsi qu'un collège. Elle est la principale étape du commerce maritime de la Hongrie, et, au moyen de trois routes construites à travers les Alpes croates, se trouve reliée aux ports hongrois de l'Adriatique. Il s'y fait un commerce fort actif, notamment en vins et en tabac.

KARLSTADT, dont le véritable nom était *André* BODENSTEIN, est célèbre dans l'histoire de la réformation par son fanatisme et par les persécutions qu'il lui attira. Né vraisemblablement en 1483 à Karlstadt en Franconie, il étudia tout ce qui s'enseignait de son temps dans les universités de l'Allemagne ; puis il se rendit à Rome, où il fit une étude toute particulière de la théologie, de la philosophie d'Aristote, du droit canon et des langues anciennes. De retour en Allemagne, il prit ses degrés à Wittemberg (1504), et devint bientôt une des gloires de cette nouvelle université, en même temps qu'il se liait étroitement avec Luther, Reuchlin, Hutten et autres célèbres humanistes. Archidiacre, professeur de théologie, puis élu cinq fois, de 1511 à 1522, recteur de l'université de Wittemberg, il resta jusqu'en 1516 l'un des champlons du dogmatisme catholico-romain. Mais les discussions qu'il lui fallut soutenir contre Luther l'amenèrent à faire une étude approfondie des Écritures; et alors une modification complète s'opéra dans sa manière de voir. D'adversaire de Luther, il devint l'un de ses plus chauds partisans; aussi le pape le comprit-il nominativement, en 1520, dans sa bulle d'excommunication contre Luther et ses adhérents. Partant de la conformité absolue, littérale, que toute la vie et toutes les dispositions ecclésiastiques devraient avoir avec le texte de l'Écriture, Karlstadt, en l'absence de Luther, célébra la messe en allemand, supprima les images, rejeta l'élévation et l'adoration de l'hostie, dont Luther lui-même avait pourtant pris la défense, l'invocation des saints, la confession auriculaire, administra la communion sous les deux espèces, et rejeta le baptême. En même temps, il refusait de reconnaître aucune différence hiérarchique entre les clercs, réclamait la clôture immédiate de tous les lieux de divertissement, et aux termes de la Genèse (I, 3, 19) prétendait que tous les hommes devaient gagner leur pain à la sueur de leur front. Il en résulta que deux cents étudiants abandonnèrent les bancs de l'école de la ville pour apprendre des métiers, exemple que Karlstadt suivit lui-même bientôt après. Luther, qui estimait qu'il convenait d'avoir plus d'égards pour la tradition et l'Église, remit aussitôt après son retour à Wittemberg toutes choses sur l'ancien pied, et réduisit pendant deux années Karlstadt au silence. Mais, en 1524, celui-ci s'enfuit secrètement à Orlamunde, et après en avoir fait expulser le curé, y prêcha les mêmes doctrines. Blâmé à ce sujet par Luther, il passa ouvertement dans les rangs de ses adversaires. En conséquence, et par suite de ses rapports avec les prophètes de Zwickau et les paysans insurgés de la Thuringe, il fut expulsé de la Saxe (1524). C'est alors qu'il entama la fameuse discussion sur les sacrements, dans laquelle, contrairement à l'opinion de Luther, il nia la présence réelle de Jésus-Christ dans la communion, et amena ainsi la lutte des théologiens suisses contre ceux de Wittemberg. Soupçonné ensuite d'avoir trempé dans la guerre des paysans de Franconie, il erra longtemps en Allemagne, et enfin, réduit à la dernière misère, il implora l'assistance de Luther lui-même, qui lui procura un refuge à Segrenah, près de Wittemberg. Après avoir passé environ trois années uniquement occupé de commerce et d'agriculture, son esprit inquiet le porta à rompre ses engagements pour publier de nouveau quelques écrits polémiques et même à attaquer Luther ouvertement. Redoutant les effets de la haine de Luther, il s'expatria, et passa successivement dans divers pays, et finit par s'établir en Suisse, où il obtint la protection de Zwingle lui valut, en 1533, une place de prédicateur et de professeur de théologie à Bâle. C'est dans cette ville qu'il mourut, en 1541.

KARNAK, village de la haute Égypte, sur la rive droite du Nil, sur l'emplacement de l'ancienne Thèbes, où l'on trouve les ruines d'un temple de cette ville célèbre.

KARNATIK, KARNARA ou KARNATA, c'est-à-dire Terre noire. C'est le nom que portait autrefois une grande province de l'Inde méridionale, qui s'étendait du 8° au 16° de latitude nord. Elle forme aujourd'hui les pays d'Arkot, de Coimbatore, de Tanjara, de Tritschinapali, de Madura, et une grande partie du reste du royaume du Mysore, ainsi que d'autres districts connus sous le nom de Dravida. Dans ces derniers temps on a donné le nom de Karnara à un pays de côtes s'étendant au pied des Ghattes, et situé à peu près entre 20° 30′ et 15° de lat. nord; mais ce n'est là qu'une corruption du mot Karnata. Les anciennes limites de cette province commençaient, au nord, au circar ou cercle de Gantour, et s'étendaient jusqu'au cap Comorin. Ses principaux cours de l'est sont le Panar, le Palar, le Cavery et le Vaigarou, tous ayant leurs sources dans les plateaux des Ghattes. L'élévation de ces montagnes et leur vaste étendue partagent le pays en deux parties, le haut et le bas Karnatik, qui en raison des Ghattes qui les abritent contre le vent, ont deux saisons différentes. Au total, le Karnatik est un pays fertile, bien cultivé et riche en riz: Onor (Ha-

navar) et Mangalor, avantageusement situées pour le commerce intérieur, étaient et sont encore des villes maritimes importantes. Il est peu de contrées dans l'Inde où l'on rencontre un aussi grand nombre de temples et autres édifices publics, parmi lesquels il faut citer les édifices construits le long des routes pour y recueillir les voyageurs et les pèlerins (les tschowadi, dont les Anglais ont fait le mot chultri). Ce sont des fondations remontant à une époque fort reculée, et habitées par des brahmines qui fournissent gratuitement aux voyageurs à boire, à manger et un gîte. Ce pays, à l'origine habité par une population primitive, appartenait à la race Tamoule. La langue du Karnatik n'est à tout prendre qu'un simple dialecte du Tamoule, qui a été très-modifié par les Hindous ariques et par l'influence des brahmanes; quant à la littérature karnatike, elle se borne à des traductions et à des imitations du sanscrit. Les brahmanes, arrivés ici du nord-ouest, subjuguèrent les naturels ou Chond, et dans le cours des siècles y fondèrent plusieurs principautés. Mais vers le milieu du onzième siècle, les Belala, puissante famille de la race des Radjpoutes, y fondaient un grand royaume. Quand les mahométans pénétrèrent, eux aussi, dans le Dekan, la domination des Belala s'étendit sur le Karnata et le Malabar, sur tout le Tamoul et une grande partie du Talingara. Les ruines de leur ancienne capitale, située à environ 10 myriamètres au nord-ouest de Seringapatam, témoignent encore aujourd'hui de la haute perfection que les arts et l'industrie avaient atteinte dans cet État hindou. Vers la fin de l'année 1717, un des lieutenants du Grand Mogol, que l'histoire ne désigne ordinairement que par son titre de Nizam al Mouik, c'est-à-dire appui de prince, leva l'étendard de la révolte contre l'empire de Delhy, et fonda dans le Dekan une souveraineté particulière. Il donna le Karnatik avec Arkot, sa capitale, à l'un de ses amis et compagnons d'armes (1743), à titre de fief. Mais ce vassal du Nizam chercha à son tour à se rendre indépendant. Il en résultat des révoltes et des guerres nombreuses, auxquelles ne tardèrent point à prendre part deux nations européennes, dont la rivalité éclatait encore dans ces lointaines contrées, les Anglais de Madras, et les Français de Pondichéry. La famille du Nabob de Karnatik ou d'Arkot, ainsi qu'on l'appelait souvent, du nom de sa capitale, après diverses alternatives de succès et de revers, finit par être dépouillée de tous ses États (1801) par ordre du marquis de Wellesley, gouverneur général de l'Inde britannique.

KARPATHES ou KRAPAKS, chaîne de montagnes de l'Europe centrale, qui environne la Hongrie et la Transylvanie, en décrivant une courbe de plus de 1,200 kilomètres de développement, dont la convexité est tournée vers l'orient. Elle sépare les deux contrées dont il vient d'être question de la Gallicie et de la Turquie, et couvre les plaines où coulent la Theiss et le Danube. Une chaîne secondaire la réunit aux monts Balkans, dans la Turquie d'Europe; mais il paraît qu'à une époque reculée elle a été coupée par ce fleuve, qui y creuse à travers un défilé connu sous le nom de Porte de fer (en turc, Démis-Kapou). On divise les Karpathes en orientales et occidentales. C'est à ces dernières qu'appartiennent les monts Tatras, dont le massif constitue les Karpathes proprement dites, car la partie sud-est, qui couvre de ses nombreuses ramifications toute la Transylvanie, était connue des anciens sous le nom d'Alpes Bastarniques ou Daciques. Les Karpathes, sans pouvoir être comparées aux Alpes, sont cependant, par leur élévation, l'une des chaînes les plus remarquables de l'Europe. Leur hauteur générale peut être évaluée à 3,300 mètres. C'est dans les Karpathes orientales, et surtout au midi, que se trouvent les sommités principales. On donne à la Ruska-Poyana et au Szubul plus de 3,000 mètres. Dans les Karpathes occidentales, M. Wahlenberg a reconnu que la limite des neiges perpétuelles se trouve à 2,592 mètres, 78 mètres plus bas que dans les Alpes de la Suisse. Cette partie de la chaîne est dominée par le pic d'Eistialer, qui fait partie du groupe des monts Lomnitz, et par le sommet du Kriwan, qui ont 2,598 et 2,448 mètres. Le revers oriental des Karpathes est beaucoup plus escarpé que celui qui regarde le couchant.

Le faîte de ces montagnes est tantôt de formation primitive, tantôt de grauwacke. Les roches trachitiques et basaltiques y sont abondantes; mais il ne paraît pas y exister de traces plus récentes d'éruptions volcaniques. De part et d'autre des flancs de la chaîne, en se rapprochant des plaines, le grès houiller domine de toutes parts. Les Karpathes sont riches en productions minérales. Il y a des mines d'or et d'argent à Kremnitz et à Schœmnitz, en Hongrie, et à Nagy-Ag, en Transylvanie, une mine d'or que l'on regardait autrefois comme la plus riche de l'Europe. On y trouve aussi des mines de fer, dont le produit annuel est à peu près de 700,000 quintaux; de cuivre, de plomb, de mercure; mais le sel surtout y existe en dépôts immenses. Les exploitations les plus célèbres sont celles de Bochnia en Gallicie, d'Eperies en Hongrie, d'Oknamard en Turquie. De grandes forêts de pins, où le hêtre domine quelquefois, couvrent le flanc de ces montagnes jusqu'à une hauteur de 15 à 1,600 mètres; mais à mesure que l'on s'élève, les arbres deviennent de plus en plus rares, les plantes disparaissent insensiblement jusqu'à 2,000 mètres, et sont enfin remplacées par les lichens, seule végétation des roches nues et escarpées qui s'élancent de tous côtés, souvent en forme pyramidale. Au pied de la chaîne s'étendent quelques vignobles, dont les crus ont acquis de la célébrité. Tel est celui de Tokai, qui, malgré sa haute réputation, est cependant inférieur aux vins de Menès et de Tarczal, réservés pour la cour d'Autriche.

Un assez grand nombre de passages et de routes traversent les Karpathes et facilitent les communications des régions qui s'étendent à leur base. Les rivières auxquelles ces montagnes donnent naissance versent le tribut de leurs eaux, soit dans la Vistule, au nord, soit dans le Danube. La Vistule et le Dniester sont les seuls fleuves qui y prennent leurs sources; la Theiss, la plus considérable des rivières qui arrosent les plaines de la Hongrie; la Maros, seule rivière un peu étendue de la Transylvanie, le Pruth, qui traverse la Bukowine, le Sereth, qui sépare la Moldavie de la Valachie, lui doivent aussi leur origine.

Oscar MAC-CARTHY.

KARR (ALPHONSE), romancier et humoriste contemporain, est né à Munich, en 1808. Fils d'un pianiste assez distingué, il fut d'abord professeur suppléant de cinquième au collège Bourbon; et dans cette position, peu enviée, il passa par toutes les maladies littéraires qui travaillaient alors notre époque. Médiocrement poëte, M. Karr commença par faire des vers; il paraît même que son premier roman, celui qui devait plus tard s'intituler *Sous les Tilleuls*, avait été conçu et écrit comme un poëme; des chapitres entiers ont en effet conservé leur forme primitive. Mais M. Karr s'aperçut bien vite que les vers coûtent beaucoup plus qu'ils ne rapportent; et il se résigna à ne faire que de la prose. Il entra au *Figaro*, où il s'escrima d'abord dans la critique littéraire, puis dans la politique, et devint même un moment rédacteur en chef de ce journal. Une ambition plus haute le tenta; il remania le poëme qu'il avait écrit dans sa jeunesse, et publia *Sous les Tilleuls* (1832). Ce roman fut très-remarqué. On y trouva une sorte de sentimentalité allemande, qui alors était nouvelle et que venait rehausser par endroits l'originalité d'une implacable ironie. Quant à la composition, ce livre est resté mauvais. Admis dès lors dans la petite armée des romanciers qui envalissaient toutes les avenues littéraires, M. Karr publia successivement *Une heure trop tard* (1833), *Fa Dièze* (1834), *Vendredi soir* (1835), recueil de nouvelles comme on en fait au collége, pâles imitations de la manière des maîtres à la mode. Peu après, il écrivit un roman qui, dans le monde où l'auteur s'était lancé, eut un succès d'un genre tout particulier; c'est le *Chemin le plus court* (1836). Dans ce livre, très-personnel, il raconte, à ce qu'on assure, l'histoire de son propre mariage, drame intime, dont nous n'avons pas à sonder le mystère, et qui fut judiciairement dénoué par un procès dont les curieux trouveront le récit dans la *Gazette des Tribunaux* d'avril 1837. La manie de M. Karr a toujours été d'entretenir le public de ses affaires, de ses travaux au port d'Etretat, de son ami Galayes et de son chien Freyschütz. Parmi les écrivains contemporains, on en cite peu d'aussi communicatifs.

Sans rappeler ici *Einerley*, *Hortense Geneviève*, l'une de ses plus poétiques créations, M. Karr a fait encore paraître *Clotilde* (1839), *Am Rauchen* (1842), *Feu Bressier* (1844), le *Voyage autour de mon jardin* (1845), *La Famille Alain* (1848), etc., etc. A diverses époques, le romancier s'est ressouvenu d'avoir été journaliste. Ainsi, il commença en novembre 1839 la publication mensuelle de petites brochures, qui, sous le titre des *Guêpes*, eurent d'abord un succès assez retentissant, mais qui, cent fois interrompues et reprises, disparurent enfin au milieu de l'indifférence publique. Il avait pourtant dépensé dans les *Guêpes* beaucoup d'esprit et souvent beaucoup de raison. Mais une des choses qui discréditèrent ce recueil, fut l'abus immodéré que l'auteur y fait de sa propre personnalité et le sans-façon avec lequel, peu soucieux de son lecteur, il réimprime à satiété les mêmes anecdotes et les mêmes plaisanteries. Peu après la révolution de Février, son exemple fut suivi par de nombreux folliculaires, et lui-même, sous la dictature du général Cavaignac, rentra dans la lice en publiant sous le titre *le Journal* une feuille qui devait être le journal par excellence, comme la *Bible* est le livre des livres. Mais cette feuille ne représentait rien que la fantaisie politique de M. Alph. Karr, et elle ne vécut guère que deux mois. Le général Cavaignac aspirant à la présidence de la république, M. Alph. Karr lança, en guise de brûlots, pamphlets sur pamphlets contre le plus redoutable de ses compétiteurs. Aujourd'hui, il publie hebdomadairement dans le *Siècle* des *bourdonnements*, qui font peu de bruit. De plus, il a publié un *Dictionnaire du pêcheur* en 1854, et en 1855 la *Bibliothèque nouvelle* a donné de lui des *Histoires normandes*.

Au résumé, il a écrit parfois des pages charmantes; mais, bien que la liste de ses romans soit longue, il n'a jamais pu faire un livre, et jamais il n'en fera.

Il y a une vingtaine d'années, on ne pouvait point faire un pas dans les rues de Paris sans être frappé par quelqu'une des inscriptions suivantes écrites tout simplement à la craie (les affiches *peintes* n'étaient pas encore inventées) : Alphonse *Karr* (nage), Alphonse *Karr* (casse), Alphonse *Karr* (rogne), Alphonse *Karr* (rosse), Alphonse *Karr* (touche), etc. Ces inscriptions, qui ne laissaient pas que de beaucoup intriguer les badauds, n'étaient probablement que le résultat de quelque charge d'atelier, infiniment trop prolongée, du genre de la fameuse signature *Crédeville* (voleur) qui garnissait également toutes les murailles de Paris et de la banlieue dans les dernières années de la Restauration, et qu'on disait être celle d'un introuvable voleur émérite, à la recherche duquel les *bons* gendarmes étaient inutilement depuis plusieurs années. Toutefois, M. Alphonse Karr, qui a ses ennemis tout comme un autre, fut alors accusé par eux d'avoir directement recours lui-même à ce petit charlatanisme trop parisien pour faire son nom, qu'il né se plaisait à illustrer d'un calembour qu'afin de le mieux faire entrer dans la tête des Parisiens. Nous venons de dire que M. Alphonse Karr a des ennemis; on n'en pourra pas douter quand nous ajouterons qu'en 1844 il fut frappé dans le dos d'un coup de poignard, au moment où il rentrait chez lui. Il eut la générosité de ne pas dénoncer à la vindicte publique l'assassin, qui, à ce que l'on assure, n'était autre qu'un de nos *bas-bleus* les plus en réputation. Madame *****, ajoute-t-on, avait voulu puiser dans le sang de l'effronté critique le mal que celui-ci avait pris la liberté de dire des vers dans les *Guêpes*. M. Alphonse Karr fut nommé chevalier de la Légion d'Honneur vers la fin du règne de Louis-Philippe, prince pour lequel il professait la même admiration qu'il devait avoir pour le général Cavaignac. Une des conséquences de cette faveur fut de permettre à l'auteur de *Sous les Tilleuls* de remplacer enfin par un ruban rouge une ridicule médaille qui lui avait été accordée douze ou quinze ans auparavant par le ministre de l'intérieur, pour avoir sauvé à la nage un cuirassier qui se noyait dans nous ne savons quel ruisseau, médaille qu'il portait bravement à sa boutonnière, appendue en guise de croix à un imperceptible ruban tricolore.

KARS, place forte et chef-lieu de pachalik de l'eyalet turc d'Erzeroum en Arménie, à 14 myriamètres au nord-est d'Erzeroum, sur les frontières de la Russie, et autrefois de la Perse. Cette ville, située sur un plateau élevé de 2,000 mètres au-dessus du niveau de la mer, compte environ 10,000 habitants, Arméniens pour la plupart, et qui font un commerce des plus actifs avec la Perse. Siége d'un évêché arménien, elle est célèbre aussi parmi les mahométans comme lieu de pèlerinage, parce qu'on y trouve les tombeaux de plusieurs saints mahométans et de nombreuses mosquées. Au neuvième et au dixième siècle, cette ville fut la résidence de diverses dynasties arméniennes ; au onzième, elle devint la proie de Seldjoukides, et au treizième celle des Mongols. Tamerlan la détruisit de fond en comble en 1387. Souvent assiégée et prise aux dix-septième et dix-huitième siècles dans les guerres de la Turquie contre la Perse, Kars, et plus particulièrement sa citadelle, furent en 1828 le théâtre d'une lutte terrible entre les Turcs et les Russes, qui finirent par emporter la ville d'assaut, par suite de quoi la citadelle dut capituler. En 1855, le général russe Mouravief est encore venu mettre le siége devant Kars, et le 29 septembre il échouait dans un assaut tenté contre cette ville.

KARSCHIN (Anna-Louise), dont le nom véritable était *Karsch*, et qui s'est fait une gloire durable dans la poésie allemande, naquit le 1er décembre 1722, en Silésie. Après la mort de son père, nommé *Durbach*, qui était aubergiste de profession, et qu'elle perdit à l'âge de sept ans, sa mère, que contrariait singulièrement l'ardeur extrême qu'elle témoignait pour lire et écrire, la mit en service dans une maison où on lui fit garder les vaches, mais où en revanche elle y fit la connaissance d'un petit berger qui lui procura des livres. C'est pendant les trois années qu'elle passa dans cette maison qu'elle composa ses premières poésies, fruit des lectures qu'elle put faire alors, et qu'aujourd'hui même on ne peut pas, malgré leurs défauts, lire sans admiration. Après avoir encore servi pendant quelque temps comme bonne d'enfants, elle épousa à l'âge de dix-sept ans, pour obéir à sa mère, un drapier de Schwibus, appelé Hirsekorn, homme querelleur et avare, avec lequel elle vécut pendant onze années, qui ne furent pour elle qu'un long martyre. Après avoir divorcé d'avec lui et être restée un an sans secours ni appui, elle se remaria, du consentement de sa mère, avec le tailleur Karsch de Fraustadt. Cet homme, adonné à l'ivrognerie, dissipait au cabaret tout ce qu'il possédait et aussi ce qu'elle pouvait gagner en composant de petits poèmes de circonstance. Après être venue s'établir à Gross-Glogau avec son mari et en proie à la dernière misère, elle rencontra dans le baron de Kollwitz un protecteur généreux, qui fournit à tous ses besoins et qui plus tard la fit venir à Berlin. Accueillie dans les premières maisons de cette capitale, on y prenait plaisir à l'entendre improviser avec la plus étonnante facilité non pas seulement des vers, mais des poèmes tout entiers. Sulzer publia une édition de ses *Poëmes choisis* (Berlin, 1764), et lui fit gagner de la sorte 2,000 thalers. Les secours de quelques amis des lettres étaient insuffisants pour lui fournir les moyens de faire vivre ses deux enfants et son frère, qu'elle avait pris à sa charge. Frédéric II, à qui elle s'adressa à diverses reprises, ne lui témoigna que peu de sympathie et ne lui accorda pas la pension qu'il lui avait promise. Mais son successeur, Frédéric-Guillaume II, lui fit bâtir à Berlin une jolie petite maison où elle mourut, le 12 octobre 1791. Son second mari la rendit mère de Caroline-Louise de Klencke, qui a publié ses poésies et sa vie (Berlin, 1792), et grand'-mère de la célèbre Helmina de Chézy.

KARTHLI ou **KARTHALINIE**. *Voyez* Géorgie.

KASAN, mot tatare, qui signifie *chaudron*, et par extension terre en forme de chaudron ou vallée. Il désigne dans son sens le plus étendu une contrée composée de cinq anciens gouvernements tatares : Pensa, Simbirsk, Kasan, Wjætka et Perm, appartenant autrefois à la Horde d'Or ou au khanat de Kiptchak; qui fut conquis sur les Tatares, d'abord en 1487, par Iwan Wassiljewitsch Ier, et plus complètement pendant les années 1552 et 1555, par Iwan Wassiljewitsch II, puis incorporé à la Russie, sous le nom de royaume. Ce ne fut qu'en 1833, après que l'Académie des Sciences de Saint-Pétersbourg eut offert un prix de 200 ducats à l'auteur de la meilleure histoire de Kasan et du khanat de la Horde d'Or, qu'on entreprit une étude approfondie des sources historiques qui y ont trait, et qu'on s'occupa de savoir où était situé cet empire jadis si puissant et quelles en étaient autrefois les limites; point à la parfaite connaissance duquel on ne parvint qu'en 1836.

A l'endroit où l'Achtouba se jette dans le Volga, dans le gouvernement de Saratow, près de la ville Zarew, au milieu d'une immense plaine s'étendant au loin vers l'ouest et bordée par une vaste ceinture formée par les lacs salés de Jorka, Elton, Baskoutsch, etc., etc., s'élèvent les ruines de *Saraï*, ancienne capitale de cet empire, qui s'étendait autrefois bien au delà d'Astrakan, et qui du treizième au quinzième siècle ne fut pas seulement l'effroi de la Russie, mais encore celui de tout l'ouest de l'Europe. C'est là qu'à plus de 120 myriamètres de la capitale du gouvernement russe actuel de ce nom, se trouvent les ruines en question. En les découvrant, on fut surpris de la magnificence de leurs gigantesques colonnes, dorées pour la plupart, de leurs temples et de leurs palais, ainsi que de la régularité du tracé de cette ville colossale, qui pendant des siècles avait disparu de la terre, et qui aujourd'hui, au moyen de fouilles pratiquées avec intelligence et du déblayement des décombres, on est parvenu à découvrir l'emplacement de près de trois mille maisons. Pendant le cours de ces travaux on a trouvé une riche collection d'armes et d'ustensiles propres aux anciens Mongols. Cette contrée offre le plus haut intérêt au point de vue historique et sous le rapport ethnographique. C'est ici en effet, sur les rives du Volga, où, indépendamment d'immenses forêts vierges, une terre d'une rare fécondité et de riches pâturages pouvaient présenter assez d'attraits pour des établissements fixes, que dès les temps les plus reculés nous voyons se succéder tour à tour des peuplades d'origines les plus diverses, comme les Petchénègues, les Chazares, les Ouzes, les Boulgares, etc., etc. On ne sait rien de positif au sujet de la demeure fixe de ces peuples, ainsi que de leurs rapports intérieurs, ce qui paraît d'autant plus regrettable que l'ancienne capitale des Boulgares, découverte il y a peu d'années seulement, et qui était située aux environs de la ville de Spask, dans le gouvernement de Kasan, au confluent de la Kama et du Volga, et qui est aujourd'hui la station de Bolgary, offre aussi de remarquables constructions, dont les ruines révèlent encore aujourd'hui l'antique magnificence. (Consultez l'ouvrage d'Erdmann intitulé : *Essai sur la connaissance intérieure de la Russie* [Riga et Dorpat, 1822], et celui et de Hammer-Purgstall, *Histoire de la Horde d'Or dans le Kiptchak* [Vienne, 1840]).

Maintenant encore, on trouve dans le gouvernement de Kasan le mélange le plus complet des races, car en 1842 on y comptait, outre 5,011,871 Grands et Petits-Russes, 615,000 descendants des peuplades tatares, 815,000 habitants dont l'origine se rattache à celle de la grande nation finnoise, et 12,000 de race mongole, en tout par conséquent 1,442,000 Finnois, Tatares et Mongoles. Les cultes n'y varient pas moins que les éléments de la population. Si l'on y compte 5,905,000 Grecco-Russes orthodoxes, on y trouve aussi 548,800 dissidents appartenant aux Églises catholique romaine et arménienne, protestante réformée et anglicane;

et indépendamment de quelques israelites appartenant à la secte talmudique, 518,000 mahométans et même environ 28,400 idolâtres, dont la plupart rendent hommage à la doctrine du Dalaï-Lama.

Le gouvernement de Kasan compte, sur une superficie d'environ 800 myriamètres carrés, une population de 1,340,000 habitants, parmi lesquels les différences de races et de religions mentionnées ci-dessus sont encore plus frappantes, parce qu'on les y rencontre réunies sur un espace moindre. Plus du quart des habitants appartiennent à une religion différente de celle qui est réputée orthodoxe, et la population russe proprement dite est de beaucoup inférieure à celle dont l'origine a pour point de départ les races finnoise et tatare. Ce gouvernement est divisé en douze cercles, dont le plus étendu et le plus peuplé est celui de Kasan.

KASAN, chef-lieu du gouvernement du même nom, bâti sur la rive gauche du Volga, à peu de distance de l'embouchure de la Kasanka dans ce fleuve, est situé en partie dans une plaine exposée aux inondations, et en partie sur une éminence assez escarpée. Cette ville est à 84 myriamètres de Moscou, et à 150 de Saint-Pétersbourg; mais des diligences facilitent ses relations avec le cœur de l'empire, surtout à l'époque de la grande foire de Nijni-Nowogorod. Un service régulier de bateaux à vapeur existe aussi entre Nijni-Nowogorord, Kasan et Astrakhan; ils ne mettent que huit jours à franchir les 200 myriamètres environ qui séparent la première de ces villes de la troisième. La position de Kasan sur le Volga en a fait de tous temps le centre d'un commerce des plus actifs entre l'Orient et l'Occident. Ses faubourgs de draps, de cuir et de savon jouissent d'une grande prospérité, et les cuirs ainsi que les savons de Kasan sont vivement recherchés à la foire de Nijni-Nowogorod. Cette ville n'est pas moins célèbre comme siége d'un évêché russe et du haut clergé tatar. On y voit 66 églises et 8 mosquées. Elle possède des établissements scientifiques à bon droit célèbres, notamment son observatoire, et son université, fondée en 1803. Le 3 août 1815 un incendie détruisit une grande partie de Kasan; un autre incendie, qui y éclata le 23 août 1842, dévora plus de 1,300 maisons, sans compter l'hôtel du gouvernement ainsi qu'une partie des bâtiments de l'université et 9 églises. Avant ce désastre il y existait 4,333 maisons, dont 217 fabriques, et 45,343 habitants, dont 15,000 Tatares mahométans demeurant dans les faubourgs, et 3 ou 400 Allemands. En 1846 le chiffre de la population était encore de 41,300 âmes; mais la ville a eu depuis beaucoup à souffrir d'un nouvel incendie.

Près de Kasan se trouve le couvent de *Semiosernoï*, qui possède une image de la sainte vierge Marie à laquelle on attribue de nombreux miracles, et que tous les ans, le 7 juillet, on transporte processionnellement à Kasan, pour y être exposée, dans le kremlin, à l'adoration des fidèles.

KASAUBAH. *Voyez* CASBAH.

KASCHAU, chef-lieu du comitat d'Abaoujvar en Hongrie, sur la rive droite de la Hernad, dans une belle vallée, tout entourée de vignobles, est l'une des plus antiques cités de ce pays. La ville intérieure, fortifiée autrefois, est à la vérité petite, mais se distingue par ses rues droites et propres et par un grand nombre d'édifices considérables. Les faubourgs, séparés de la ville intérieure par un large glacis, sont assez vastes. Jusqu'à la révolution de 1848, Kaschau fut la capitale et par suite le siége de la cour supérieure de justice de la haute Hongrie, de l'inspection générale des écoles, du commandement militaire, de la direction des salines et de celle des postes. Dans la nouvelle division administrative donnée à la Hongrie depuis 1849, elle est restée le chef-lieu d'un district civil et militaire. L'évêché de Kaschau comprend les comitats d'Abaoujvar, de Saros et de Zemplin; elle possède un séminaire, un collége, une académie et un théâtre. L'église Sainte-Élisabeth, sur la grande place, construite en pierre de taille et de style gothique, riche en vieux tableaux, l'une des plus belles et des plus anciennes églises de la Hongrie, est le plus remarquable de ses édifices. Kaschau compte une population d'environ 15,000 âmes; elle est le centre d'un commerce fort actif, et possède d'importantes fabriques de poteries, de cuirs, de draps, de sucre de betterave, de tabac, etc.; c'est aussi la principale étape du commerce entre la Gallicie et la Hongrie. Cette situation lui a donné aussi un grande importance stratégique dans toutes les guerres dont la Hongrie a été le théâtre, et surtout à l'époque de la guerre essentiellement révolutionnaire soutenue au dix-septième siècle par Rakoczy. Dans le cours de la dernière révolution, une bataille importante fut livrée le 4 janvier 1849 sous ses murs; et le ministre de la guerre hongrois Messaros y fut battu par l'Autrichien Schlick.

KASCHMIR ou KACHEMIRE, province des Indes orientales, formée par une longue vallée de l'H i m a l a y a, vers l'extrémité nord-ouest de cette montagne, par 34° de latitude nord, et située à peu près entre 91° 30' et 93° 3' de longitude orientale. Elle est entourée par des montagnes, ramifications de l'Himalaya, entièrement couvertes de neige et qu'on ne peut traverser que par un petit nombre de passages très-difficiles. Son élévation moyenne est de 350 mètres au-dessus du niveau de la mer. Le Djiloum ou Behat (l'*Hydaspes* des anciens), qui la parcourt dans toute son étendue, forme à son centre le lac de Valar ou Vuller, et par un étroit passage débouche de la vallée dans le territoire de Mouzaflerabad. Cette province est renommée par son climat doux et tempéré, par sa fécondité, car son haut degré de culture et par sa délicieuse position. C'est très-certainement l'une des plus belles contrées de l'univers, quoiqu'il y ait beaucoup d'exagération dans les éloges qu'en font les écrivains orientaux, qui ont l'habitude de l'appeler le *Paradis de l'Inde* et le *Jardin de l'éternel printemps*. Sous le rapport de ses productions naturelles ainsi que de sa situation géographique, elle offre les mêmes caractères que les autres vallées de l'H i m a l a y a. Sa superficie est d'environ 6 à 700 myriamètres carrés; mais on n'y compte guère qu'un million d'habitants, d'origine hindoue, quoiqu'ils se distinguent de cette race par la plus grande blancheur de leur teint et aussi par une ressemblance plus décidée avec le type caucasien, par plus de beauté dans les traits, et par les plus heureuses facultés intellectuelles. Toutefois, il y a encore bien de l'exagération dans ce qu'on en raconte sous ces divers rapports. Ils parlent une langue dérivée du sanscrit; et quoique bon nombre professent l'islamisme, ils appartiennent pour la plupart au brahmanisme, qui a chez eux beaucoup de temples et de lieux sacrés, et pour qui le Kaschmir est une terre sainte. Les habitants se livrent avec succès à l'agriculture, que favorise puissamment un excellent système général d'irrigation, à l'élève du bétail et plus particulièrement à celle d'une espèce de c h è v r e s à bon droit célèbre par la finesse de son duvet. Leur industrie a surtout pour objet la fabrication des c h â l e s, dans laquelle ils excellent. La tradition, confirmée par les plus récentes observations géologiques, veut que la province de Kaschmir n'ait été autrefois qu'un immense lac, qui n'aurait pu desséché en coupant la montagne appelée Boravel. Les mahométans attribuent ce gigantesque travail au roi Salomon, et les serviteurs de Brahma au héros Kandrihab. Autrefois c'était aussi dans la vallée de Kaschmir qu'on plaçait le paradis terrestre ainsi que le berceau de la race humaine, et plus particulièrement de la race indo-germanique.

Jusqu'au seizième siècle, le Kaschmir eut ses rois particuliers appartenant à la race indoue; mais en 1586 il fut conquis par le Grand-Mogol Akbar, qui le réunit à son empire, auquel il resta uni jusqu'en 1767, époque où les Afghans en firent la conquête. Plus tard Rundjit-Singh, le maharadja de Lahore, le leur enleva, et le réunit au royaume des Sikhs. A la mort de Rundjit-Singh (1839), le Kaschmir essaya de recouvrer son indépendance. Le maharadja Dhoulip-Singh ayant été vaincu par les Anglais, ceux-ci cédèrent en toute propriété, par un traité en date du 11 mars 1846, à Ghoulab-Singh, élevé à la dignité de maharadja, tout le territoire situé entre le Ravi et l'Indus ainsi que le Kaschmir, à la charge par Ghoulab-Singh de leur payer un million de livres sterling, et de se reconnaître vassal du gouvernement indo-britannique par l'envoi d'un tribu annuel consistant en un cheval, douze chèvres de Kaschmir et trois châles, et d'entretenir le nombre de troupes qui lui serait indiqué. Mais dès l'automne de cette même année une insurrection contre le nouveau souverain du pays éclatait dans le Kaschmir, à l'instigation du vizir de Lahore; insurrection commandée par le chéik Imam-ed-din, lequel, toutefois, fit sa soumission dès le 31 octobre 1846. Après l'incorporation du Pendjab à l'Empire Indo-Britannique (29 mars 1849), le Kaschmir et le Djamou restèrent sous la souveraineté de Goulab-Singh, qui tout récemment encore faisait rentrer dans le devoir les populations des montagnes du Pendjab. Ces différentes conquêtes et les révolutions qui en furent naturellement la suite, mais surtout la domination barbare des Afghans, ont considérablement diminué la prospérité de cette contrée, qui aux temps de la domination du Grand-Mogol comptait encore une population de deux millions d'âmes. La tyrannie des Afghans et plus tard celle des Sikhs ont eu surtout pour résultat de porter un coup mortel à l'industrie des châles, qui n'est plus aujourd'hui que l'ombre de ce qu'elle était autrefois.

La capitale du pays est KASCHMIR ou *Serinagour*, c'est-à-dire *demeure du bonheur*. Suivant l'habitude des villes d'Orient, les rues en sont étroites et garnies de maisons en bois. Elle est bâtie sur le Djihoum, généralement fort sale, et, à l'exception de l'ancien palais du Grand-Mogol, elle n'offre point d'édifice remarquable. A en juger par l'étendue peu commune de son enceinte, elle devait être extrêmement peuplée au temps de sa prospérité. En 1809, époque où elle était déjà bien déchue, elle comptait encore 150,000 habitants; mais elle est aujourd'hui loin d'en avoir autant. Dans ses environs on voit le superbe parc de Schahlimar, ancienne résidence d'été du Grand-Mogol.

Il faut encore mentionner *Mouzafferabad*, chef-lieu de la province du même nom, habitée par les Afghans restés dans le même pays, et résidence d'un prince afghan.

KATAF. Voyez BALSAMIER.
KATHARINENBOURG. Voyez IEKATERINBURG.
KATHMANDOU, capitale du royaume de Népaul, compte plus de 50,000 habitants. Les rues en sont bien pavées, longues et moins étroites que ne le sont en général celles de beaucoup d'autres villes de l'Asie, où le soleil pénètre à peine. Elles sont garnies de maisons à pignons, historiés et bizarres, à devantures en bois sculpté, à balcons ornementés, et avec des toits qui surplombent. Leurs escaliers, toujours disposés à l'extérieur, leurs fenêtres, petites et encadrées dans des mascarons et des enroulements de deux pieds de large, rappellent un peu l'architecture si pittoresque de Nuremberg, ou encore celle des villes de la Suisse au moyen âge. Aussi bien le Népaul, comme la vallée de Kaschmir, a reçu des Anglais le surnom de *Suisse de l'Hindostan*.

KATIB-TSCHÉLÉBI. Voyez HADJI-KHALFA.
KATS. Voyez CATS (Jacob).
KATT (Le lieutenant). Voyez FRÉDÉRIC II, roi de Prusse, tome IX, page 779.
KATT-CHÉRIF. Voyez HATTICHÉRIF.
KATTÉGAT. Voyez CATTÉGAT.
KATZBACH, rivière sujette à des crues subites et dangereuses, par suite des nombreux affluents dont elle reçoit les eaux en passant à travers les montagnes, et qui prend sa source près de Liegnitz, en Silésie, puis va se jeter dans l'Oder, non loin de Parchwitz. Le 26 août 1813, les coalisés gagnèrent sur ses rives une victoire qui ouvrit cette série de revers par suite desquels l'armée française fut réduite à repasser le Rhin pour défendre le sol de la patrie.

Après la dénonciation de l'armistice conclu entre Napoléon et les alliés, qui expirait le 17 août, Blücher avait franchi la Katzbach, et à l'issue d'une série de combats d'avant-postes livrés le 19 et le 20, et tous couronnés de succès, il avait forcé les Français à se retirer derrière le Bober. A la nouvelle de ces échecs, Napoléon accourt en personne avec les corps d'armée de Ney, de Macdonald, de Lauriston et de Sébastiani, auxquels se joignent ceux de Marmont et de Mortier, ainsi que la garde impériale; l'ensemble présentait un effectif de 130,000 hommes. A peine est-il arrivé à Lawenberg, qu'il y effectue le passage du Bober, ainsi qu'à Bunzlau, forçant Langeron et Sacken à se retirer derrière Golberg et Haynau. Blücher, qui a reçu l'ordre d'éviter toute bataille rangée contre des forces supérieures, est forcé de continuer le lendemain son mouvement de retraite jusqu'à Jauer, où il masse ses troupes dans une position défendue par des hauteurs et des ravins, en même temps qu'il établit son quartier général dans cette petite ville. L'armée française a le sien à Goldberg sur la Katzbach.

Satisfait du résultat qu'il a obtenu, Napoléon, qui a reçu l'avis que la grande armée des alliés vient de quitter la Bohême pour marcher sur la capitale de la Saxe, repart dès le 23 dans l'après-midi pour Dresde, avec les maréchaux Ney et Berthier, la garde impériale et les corps de Marmont et Mortier, en confiant à Macdonald le commandement des forces qu'il laisse en Silésie. Ces forces, composées des 11e, 3e et 5e corps, dont les deux premiers sont commandés par les généraux Souham et Lauriston, présentent un effectif de 80,000 hommes, à peu près égal à celui de l'armée de Blücher, qui a sous ses ordres les généraux Sacken, York et Langeron. Aussitôt que dans le camp des alliés on a la certitude que Napoléon en est reparti pour la Saxe, Blücher se résout à attaquer l'armée française; et le 25 il ordonne un mouvement par suite duquel ses troupes s'avancent jusqu'aux rives de la Katzbach. Mais presqu'en même temps Macdonald qui, lui aussi, veut prendre l'offensive, a donné aux siennes l'ordre de se porter en avant. Elles franchissent la Katzbach, rejettent devant elles l'avant-garde prussienne, et filant sur la rive droite de la Neiss, ce moment débordées, marchent dans la direction d'Arechleishof sur Jauer, tandis que Lauriston a l'ordre de s'avancer sur Seichau, Hennersdorf et Schœnau, et que Souham doit partir de Liegnitz pour converger sur le même point (Jauer), en passant par Prinkondorf et Neudorf.

Le temps était détestable; une pluie battante obscurcissait l'atmosphère, grossissait à chaque instant les eaux de la rivière et rendait de plus en plus difficiles les mouvements des deux armées, qui le 26, vers trois heures de l'après-midi, se rencontrèrent à l'improviste sur un plateau entrecoupé de petits monticules, situé entre Wahlstadt et la Katzbach. Blücher, sans hésiter, engage la bataille. La lutte fut terrible, et comme, par suite des torrents de pluie qui tombaient, les fusils ne pouvaient plus tirer, on se battit à la baïonnette et au sabre. Blücher, à la tête de sa cavalerie, s'était jeté sur le 11e corps français avant qu'il eût eu le temps de se mettre en ordre de bataille. En même temps il ordonnait à son infanterie de marcher par bataillons en avant sous la protection de son artillerie. Après une lutte de vingt minutes, un carré de grenadiers français fut enfoncé par le bataillon de Brandebourg, qui perdit deux cents hommes; deux autres bataillons français ne tardèrent pas à éprouver le même sort. Le centre de notre armée, où se trouvait Macdonald, se vit de la sorte enfoncé; et autant en advint peu de temps après à Lauriston, qui s'était trop avancé sur l'aile gauche de l'armée alliée, et qui fut forcé de se replier par suite de l'arrivée des troupes prussiennes accourant le prendre en tête et par derrière. La poursuite de l'ennemi rendit la victoire des alliés complète: les troupes de Blücher, animées par le succès, rejetèrent quelques milliers de Français dans la Neiss et la Katzbach, dont les eaux avaient démesurément grossi et où un grand nombre de fuyards trouvèrent la mort. On poursuivit les autres à l'épée dans les reins sans leur laisser le temps de se rallier.

Le lendemain, l'armée française fut battue à Liegnitz, et le 28 au Wolfberg, près de Goldsberg et de Lawenberg. La division Puthod, forte de 8,000 hommes, et qui, après avoir vainement tenté d'effectuer à Kirschberg le passage du Bober débordé, avait dû suivre la gauche de cette rivière, y fut attaquée par Langeron et presque anéantie. Puthod ne put rejoindre le corps de Macdonald qu'avec 700 hommes. Celui-ci effectua dans la nuit du 29 au 30, à Bunzlau, le passage du Bober, à la tête de 12,000 hommes au plus, et brûla le pont après lui ; ce qui empêcha l'armée alliée de l'inquiéter davantage dans sa retraite. La perte des Français dans ces diverses rencontres s'éleva à 5,000 hommes tués, 18,000 blessés; 103 bouches à feu, 2 aigles, 250 canons et tous les bagages de l'armée. La Silésie se trouva ainsi délivrée. Après nous avoir poursuivis jusqu'au 7 septembre, Blücher s'arrêta à Gœrlitz, sur la rive droite de la Neiss, et y opéra sa jonction avec le corps autrichien de Bubna. Cette manœuvre délivra également la Bohême, que nous menacions ; et Poniatowski, qui avait pénétré jusqu'à Reichenberg, dut, le 17 septembre, se replier jusqu'à la forte position de Stolpen.

KAUFMANN (Angélica), célèbre par ses brillants succès dans l'art de la peinture, naquit en 1741, à Coire, pays des Grisons. Guidée par les excellentes leçons de son père, peintre lui-même, mais dont les théories valaient mieux que les ouvrages, elle acquit de bonne heure un goût sûr, la science approfondie du coloris et celle du dessin. Elle se livra aussi à l'étude des belles-lettres et de la musique : libéralement dotée par la nature, elle développa ainsi tous les dons qu'elle en avait reçus. Lorsqu'elle eut atteint sa vingtième année, elle n'était pas moins remarquable par ses talents et par les grâces de son esprit que par les charmes physiques de sa personne. Un instant, la carrière dramatique faillit la ravir à la peinture. Des amis de son père, séduits par la rare prefection de son chant, lui présentaient le théâtre comme le moyen le plus prompt et le plus brillant de faire fortune. Angélica hésita : les émotions et les succès éclatants de la scène étaient bien tentants pour cette âme artiste ; à la fin, cependant, la peinture l'emporta. Elle voulut elle-même retracer ses combats et son triomphe : dans un de ses tableaux, on la voit placée entre la *Peinture* et la *Musique*, adressant à cette dernière muse de tendres adieux. De ce moment en effet la peinture devint son occupation presque exclusive. Après avoir parcouru l'Italie pour étudier les chefs-d'œuvre des grands maîtres, elle céda aux instances de quelques seigneurs anglais qui la pressaient de venir en Angleterre, et arriva le 22 juin 1766 à Londres, où Reynolds l'accueillit, non comme une rivale, mais comme une glorieuse émule, dont il estimait le talent. Dans ce pays elle déploya une telle fécondité, qu'on porte à 600 le nombre de ses ouvrages que le burin des artistes anglais se chargea de multiplier. Un superbe portrait de la duchesse de Brunswick vint ajouter encore à sa renommée. Recherchée vers ce temps-là par un étranger, qui se disait Suédois et portait le nom de comte Frédéric de Horn, Angélica Kaufmann ne vit point de motif pour repousser une alliance qui devait lui assurer un rang distingué et lui donner pour époux un homme digne en apparence de toute son affection : elle agréa donc ses vœux. A peine le mariage fut-il consommé que le voile se déchira : elle avait épousé un ancien valet attaché au service d'un seigneur du nom de Horn ! On peut juger de tout ce que cette âme noble et délicate eut à souffrir en songeant aux liens éternels qui l'unissaient à un tel misérable. Heureusement, elle réussit à faire annuler son mariage peu de temps après l'avoir contracté. Angélica chercha encore dans la peinture une diversion à ses chagrins, et le temps cicatrisa peu à peu sa blessure. Sa réputation grandit, et ses travaux lui acquirent même bientôt de la richesse. En 1781 elle épousa Antoine Zucchi, peintre vénitien, renommé en Angleterre comme paysagiste. Les deux époux quittèrent Londres presque aussitôt après leur mariage, et se rendirent à Venise. Angélica y composa un beau tableau, représentant *Léonard de Vinci expirant dans les bras de François Ier*. De Venise elle alla à Naples, puis elle revint à Rome, et s'y fixa définitivement. C'est dans cette ville qu'elle peignit, pour l'empereur Joseph II, deux autres tableaux non moins remarquables, l'un représentant le *Retour d'Arminius, vainqueur des légions de Varus*, l'autre la *Pompe funèbre par laquelle Énée honora la mort de Pallas*. De nouveaux malheurs vinrent assaillir Angélica : elle perdit en 1795 son époux, et peu de temps après sa fortune. De ces deux pertes, la première lui fut la plus sensible. « L'indigence ne m'épouvante pas, disait-elle, mais l'isolement me tue. Le temps ne put en effet détruire l'amertume de ses regrets, et le 5 novembre 1807 elle expira, victime d'une maladie de langueur. Consultez Gherardo de Rossi, *Vita di Angelica Kaufmann, pittrice* (Florence, 1810). Paul Tiby.

KAUFUNGEN (Kunz de), condottiere allemand du quinzième siècle, était né au manoir de Kaufungen, près de Penig. Après avoir servi avec distinction dans la guerre des Hussites, il entra à la solde de la ville de Nuremberg dans la guerre qu'elle soutenait contre le margrave Albert de Brandebourg. Il fit ce prince prisonnier, et en tira une grosse rançon, au lieu de le livrer aux Nurembergeois. A peu de temps de là il se mit à la solde de l'électeur de Saxe, Frédéric le Pacifique, et fait prisonnier à son tour dans une guerre privée que ce prince soutenait contre son propre frère, il lui fallut aussi pour obtenir sa liberté payer une grosse rançon. L'électeur refusa de lui tenir compte de cette perte, en alléguant qu'il n'était point son vassal, mais bien son mercenaire ; qu'à ce titre il n'avait droit qu'à la solde convenue, et qu'il devait subir les chances de sa profession. Frédéric, au rétablissement de la paix, lui enleva même divers domaines qu'il lui avait assignés en Misnie pour l'indemniser des ravages exercés par l'ennemi sur ses terres de Thuringe. De là de vives réclamations de Kaufungen. Enfin, il fut convenu entre lui et l'électeur qu'on s'en rapporterait à des arbitres. Mais le *condottiere*, sans attendre leur décision, résolut d'enlever les deux fils de l'électeur pour le contraindre de la sorte à en passer par ses conditions. En conséquence, après s'être entendu avec quelques gentilshommes de ses amis et avoir suborné un valet inférieur, il mit son projet à exécution, et dans la nuit du 7 au 8 juillet 1455 enleva du château d'Altenburg les deux enfants de l'électeur, avec lesquels il s'enfuit vers la frontière de Bohême. Mais là un charbonnier arrêta le ravisseur, qui, livré aussitôt à l'électeur, eut la tête tranchée, le 14 juillet, à Freiberg. La partie romanesque de ce petit drame fournit bien des détails de mœurs.

KAULBACH (Wilhelm), peintre de la cour, à Munich, l'un des plus remarquables artistes de notre époque, est né le 15 octobre 1804, à Arolsen, dans la principauté de Waldeck. A l'école de Dusseldorf, où, à l'âge de dix-sept ans, il lui fut donné de pouvoir commencer ses études sous la direction de Cornélius, il s'appropria les principes et la manière de son maître, en même temps qu'il annonçait déjà devoir suivre une direction tout à fait différente. Le hasard lui fournit l'occasion de pouvoir s'y livrer sans contrainte. Il avait peint pour la chapelle de la maison d'Aliénés quelques figures d'anges. Afin de l'en remercier, le médecin de l'établissement en fit voir tous les détails ; et cette visite eut pour résultat de profondément graver dans son imagination des physionomies qu'il a reproduites plus tard dans son célèbre tableau *La Maison des Fous*. Appelé à Munich par Cornélius, il exécuta dans le style sévère et idéal de son maître six figures symboliques, parmi lesquelles nous citerons les Fleuves de la Bavière dans les pendentifs du *Hofgarten*, ainsi que le plafond de l'Odéon, représentant *Apollon au milieu des Muses*, et en même temps (1828 et 1829) il exécutait dans un style différent et tout à fait réel sa *Maison des Fous*, toile qui fonda tout aussitôt la réputation de l'artiste. Malgré quelque sécheresse dans les contours, on fut frappé de l'intelligence avec laquelle était représentée cette assemblée de malheureux,

48.

ainsi que de la singularité vraie des attitudes, des physionomies et des traits des personnages. Dans ce tableau comme dans celui du *Sac de Jérusalem par les Romains*, l'artiste s'est montré réaliste ; mais, soit qu'il ait ensuite obéi à ses propres idées, soit qu'il ait subi l'influence de l'école à laquelle il appartient, il ne tarda point à se livrer à un genre de compositions symboliques, tenant même parfois de l'énigme. A cet ordre de travaux se rattachent les seize pendentifs empruntés à la fable de l'Amour et Psyché, qu'il exécuta dans le palais du duc Max à Munich, tableaux du style antique le plus simple et le plus sévère. Il concilia ces deux directions si opposées dans quelques essais dont les sujets sont empruntés à l'histoire des Allemands (1830 et 1831), ainsi que dans les pendentifs qu'il composa pour le roi Louis, représentant des scènes tirées de Klopstock, de Goethe et de Wieland, et exécutés tout au moins avec ses dessins. En même temps qu'il se livrait à ces importants travaux, il achevait (1847) sa célèbre *Bataille des Huns*, composition où il a reproduit la tradition grandiose d'une lutte aux portes de Rome entre les esprits des Huns et des Romains tombés sur le champ de bataille. On y voit s'élever du champ de bataille, tout couvert de cadavres, des légions de fantômes qui continuent à se combattre dans les espaces éthérés. Le sujet était neuf, extraordinaire, magique et en quelque sorte démoniaque. L'exécution est en pleine de caractère, de vivacité, de feu et de beauté ; les détails en sont d'une grande vérité individuelle, et si loin de tout ce qui est de pure convention, qu'il ne faut point s'étonner si cette grande et belle page a été tout aussitôt saluée comme un des chefs-d'œuvre de l'art moderne.

Kaulbach, qui s'était délassé de ses graves travaux en se livrant à une étude toute particulière d'Hogarth, en a profité pour exécuter avec une grande originalité une suite de dessins pour *Le Criminel* de Schiller et pour le *Faust* de Goethe. Il s'est également occupé d'illustrer le célèbre roman de *Reinecke Fuchs*. On a aussi de lui, vers la même époque, un groupe admirable de Bédouins. Dans l'hiver de 1837 à 1838, il créa sa deuxième grande composition historique, *Le Sac de Jérusalem par Titus*, dont il acheva l'esquisse en 1838. Entouré de cadavres parmi les ruines du temple, le grand-prêtre se donne la mort sur l'autel, tandis que le général romain entre avec ses soldats. Partout on découvre le meurtre et le pillage ; pendant que sur le premier plan le Juif errant est poursuivi par des démons, et que les chrétiens s'éloignent accompagnés des anges, on aperçoit au fond, dans une auréole, les prophètes et les anges exterminateurs. Le roi de Bavière chargea Kaulbach d'exécuter à l'huile cette grandiose composition sur une toile de 18 pieds sur 20, qu'on peut voir aujourd'hui dans la pinacothèque de Munich.

Chargé en 1845 par le roi de Prusse d'orner de six grands tableaux les murs de l'escalier du musée de Berlin, Kaulbach choisit pour sujet du premier la construction de la tour de Babel, sur les degrés de laquelle trône l'orgueilleux roi Nemrod, tandis qu'à ses pieds s'opère la grande division du genre humain en nations et en peuples. Toujours entraîné par le désir d'exposer non-seulement toutes les parties de son sujet, mais d'en donner une interprétation scientifique et philosophique, l'auteur n'a pas reculé devant la nécessité d'introduire dans son cadre une centaine de figures, dont chacune est au moins la personnification d'une religion, d'une secte, et même des nombreuses extravagances que la superstition a fait inventer aux hommes. Cette multitude de scènes isolées mais complètes, réunies dans un cadre énorme, où l'on ne peut parvenir à saisir l'unité du sujet principal que par un effort très-pénible d'attention, produit sur l'esprit un effet analogue à celui que fait éprouver à notre vue l'horizon continu d'un panorama. Le second tableau représente le monde grec ; on y voit Homère arrivant d'Ionie et apportant aux Grecs leurs nouveaux dieux, tandis que sur la côte où la sibylle de Cumes vient de le faire débarquer, toute la Grèce ravie écoute ses poèmes divins. Le troisième n'est que la répétition du *Sac de Jérusalem* par Titus ; le quatrième reproduit la *Bataille des Huns*, qui se trouve dans la galerie Raczynski ; le cinquième représentera l'arrivée des croisés à Jérusalem ; le sixième, enfin, la Réformation. Ces grandes toiles sont séparées par des cartons représentant dans leur partie supérieure les figures de l'Égypte, de la Grèce, de l'Italie et de l'Allemagne ; dans leur partie inférieure, quatre législateurs ou héros, Moïse, Solon, Charlemagne, et l'empereur Frédéric Barberousse ; et chacune de ces figures est flanquée de mascarons où l'artiste a disposé une série symétrique de représentations, tantôt symboliques, tantôt réelles, relatives à l'Égypte, à l'Inde, à la Perse, à la Grèce, à la Judée et à Rome.

De tous les peintres de l'école de Cornélius, Kaulbach est incontestablement celui qui, indépendamment des sévères principes de style de ce grand artiste, possède la manière la plus vigoureuse et la plus riche. Mais si, comme son maître, il aime à accumuler des idées dans ses compositions, on peut lui reprocher d'oublier parfois la forme, parce qu'il se laisse trop entraîner dans le vague par ses constantes méditations sur les vérités et sur les grands faits de l'histoire.

KAUNITZ (Wenceslas-Antoine, prince de), comte de Rietberg, homme d'État, qui rendit les services les plus signalés à la maison d'Autriche, naquit à Vienne, en 1711. Destiné à l'état ecclésiastique, comme le plus jeune de cinq frères, il fut dès l'âge de treize ans pourvu d'un canonicat à Munster. Mais devenu chef de sa famille, par suite de la mort de ses quatre aînés, il rentra dans le monde, fit ses études Vienne, à Leipzig et à Leyde, voyagea ensuite dans les diverses parties de l'Europe, et en 1735 fut nommé par l'empereur Charles VI conseiller aulique de l'empire, et peu de temps après second commissaire impérial à la diète de Ratisbonne. La mort de ce monarque ayant fait cesser ses fonctions, il se retira dans ses terres situées en Moravie. Au commencement du règne de Marie Thérèse, un brillant avenir s'ouvrit devant lui. Il fut envoyé en 1741 à Rome, auprès du pape Benoît XIV, puis à Florence. En 1742 il alla à Turin négocier entre l'Autriche et la Sardaigne le traité d'alliance défensive contre la maison de Bourbon, auquel accéda b la suite l'Angleterre ; et en 1744 il fut nommé ministre résident d'Autriche près le duc Charles de Lorraine, gouverneur général des Pays-Bas autrichiens. Mais la duchesse Marie-Anne, femme de ce prince, étant morte peu de temps après, Kaunitz le remplaça provisoirement dans le gouvernement des Pays-Bas autrichiens ; et en février 1745 Marie-Thérèse l'y accrédita en qualité de plénipotentiaire. Lorsqu'en février 1746 les troupes françaises s'emparèrent de Bruxelles, Kaunitz obtint pour les troupes autrichiennes une capitulation en vertu de laquelle elles purent se retirer librement. Il alla alors s'établir à Anvers, puis, cette ville ayant aussi été forcée de se rendre, à Aix-la-Chapelle. L'affaiblissement de sa santé le contraignit à solliciter un congé. Mais à peine de retour à Vienne, on l'envoya au congrès d'Aix-la-Chapelle. C'est de cette mission que date sa réputation d'habile diplomate.

Après la paix d'Aix-la-Chapelle, Kaunitz fut nommé ministre d'État et de cabinet. Ambassadeur à Paris de 1750 à 1752, il parvint à opérer la réconciliation de l'Autriche et de la France ; et en 1753 il fut appelé au poste de chancelier d'État, ou premier ministre, dans les États de la monarchie autrichienne. En 1764 l'empereur François Ier l'éleva à la dignité de prince du Saint-Empire.

Tant que vécut Marie-Thérèse, Kaunitz jouit auprès d'elle d'une confiance sans bornes ; mais lorsque l'empereur Joseph II régna seul, son crédit diminua visiblement, surtout à la suite de l'insuccès des négociations ouvertes pour l'échange de la Bavière contre les Pays-Bas ; il fut presque nul sous le règne de Léopold.

Kaunitz mourut le 27 juin 1794. C'était un esprit de premier ordre ; à une profonde connaissance de la position politique de l'Europe, à un zèle infatigable pour le service de ses souverains, il unissait la probité la plus rigoureuse et une discrétion qui le rendait impénétrable. Pendant longtemps on le considéra comme l'oracle de la diplomatie, et il exerçait une telle influence sur la direction générale des affaires qu'on l'avait surnommé par plaisanterie *le cocher de l'Europe*. Cependant, malgré toute sa finesse et toute sa supériorité, sa politique était quelquefois par trop subtile, et manquait son but. Il ne voyait que l'intérêt de la maison d'Autriche, et oubliait trop que la politique d'un empereur d'Allemagne devait être une politique allemande. Il avait pour la Prusse la même aversion que Marie-Thérèse, aversion fondée un peu sur des rancunes personnelles, provenant de ce que, en prenant possession de la Frise orientale, Frédéric II avait repoussé les prétentions qu'il élevait comme héritier de quelques domaines situés dans cette province ; quant aux affaires d'Allemagne, il les traitait par dessous jambes, en vrai diplomate de l'école française, jouant un jeu double et souvent ridicule, par exemple lorsqu'il cherchait à s'appuyer sur l'intérêt religieux. C'est très-certainement lui qui eut la première idée du partage de la Pologne. Il prit aussi une part des plus actives aux essais de réforme religieuse de Joseph II : à Rome, on en fit même peser uniquement sur lui la responsabilité ; aussi ne l'y désignait-on jamais que sous le nom de *il ministro eretico*. Lors de son séjour à Vienne, Pie VI, pour lui témoigner combien il l'avait en estime particulière, lui ayant présenté à baiser non pas le revers, mais la paume de sa main, Kaunitz refusa de se plier à cette exigence de l'étiquette, et se contenta de presser la main du souverain pontife *à la bonne franquette*, comme on dit vulgairement. Son amour-propre et sa vanité étaient extrêmes, et sa formule ordinaire, quand il voulait louer quelqu'un sans réserve, était : Mon Dieu, je n'aurais pas mieux fait moi-même! Il redoutait à l'excès le grand air, et ne s'y exposait jamais. Il portait constamment les uns par-dessus les autres six vêtements différents, dont l'épaisseur était savamment calculée d'après la température au milieu de laquelle il se trouvait. C'est uniquement de Paris qu'il faisait venir tous ses objets de toilette, son linge, ses habits, ses montres, ses meubles, ses équipages, etc. Il parlait avec une grande facilité les langues française, italienne, latine et anglaise, et se montrait le protecteur généreux des sciences, des arts et des lettres. Autant il était cérémonieux et roide avec les hommes de son rang, autant il était affable et bienveillant avec ses inférieurs.

Un général autrichien du nom de *Kaunitz* commandait un corps d'armée à la bataille de Fleurus en 1794.

KAWI ou **KAVI**. *Voyez* INDIENNES (Langues) et JAVA.
KAZAN. *Voyez* KASAN.
KCHATRYAS. *Voyez* CHATRIAS.
KEAN (EDMOND), après Garrick et Kemble le comédien le plus distingué qu'ait eu l'Angleterre, né en 1787, à Londres, était fils d'Aaron Kean, frère du fameux ventriloque Moïse Kean et de la fille de Georges Carey, qui a laissé une certaine réputation comme poète. Cependant, il se prétendait issu d'un mariage de la main gauche conclu par le duc de Norfolk (mort en 1815). Quoique petit et contrefait, il parut avec succès comme figurant, dès l'âge de cinq ans, sur le théâtre de Drury-Lane. Plus tard il s'enfuit de chez sa mère, puis s'engagea comme mousse à bord d'un bâtiment faisant voile pour Madère. Quand cette nouvelle carrière cessa d'avoir des charmes pour lui, il parvint à rompre son engagement en simulant une surdité toujours croissante. Revenu à Londres, il fut engagé pour jouer le rôle d'un singe à la foire de la Saint-Barthélemy, puis dans un théâtre de faubourg, où il s'acquitta avec bonheur du rôle de Rolla, dans le *Pizarro* de Sheridan; ensuite sous le nom de *Carey*, il fit partie d'une troupe qui exploitait le Yorkshire, et quoique âgé seulement de treize ans, il s'y fit remarquer dans les rôles d'Hamlet et dans celui de Caton. En 1801, le docteur Drury le plaça au collège d'Éton. Mais habitué à la vie nomade et indépendante, il ne resta que trois ans dans cette école, et courut ensuite les provinces comme comédien ambulant jusqu'en 1814, époque où il débuta dans le rôle de Shylock, sur la scène de Londres, avec un immense succès. Les autres rôles les plus brillants de son répertoire étaient ceux de Richard III, d'*Othello*, de Macbeth et de Jago ; en 1820 et 1821 il parcourut l'Amérique du Nord en y donnant des représentations qui furent extrêmement suivies. Il réussit moins dans une seconde tournée qu'il y entreprit, en 1825 ; mais l'accueil qui lui fut fait en 1828 à Paris, où pendant une saison d'été une troupe anglaise donna des représentations que la mode prit immédiatement sous son patronage, porta sa réputation à son apogée. Malheureusement il avait fini par s'adonner à l'ivrognerie, et il mourut le 15 mai 1833, à Richmond, dans toute la force de l'âge et du talent. En 1829 il avait joué pendant quelque temps à Covent-Garden, mais pour revenir bientôt après à Drury-Lane.

KEAN (CHARLES), fils du précédent, s'est aussi fait un nom comme acteur. Il joua d'abord sur le théâtre d'Hay-Market, fit ensuite une tournée sur le continent, et en 1830 s'en alla de l'autre côté de l'Atlantique, où il obtint de grands succès, surtout dans le rôle de Master Walter, du *Hunchback* de Sheridan Knowles. Revenu en Angleterre en 1841, il y épousa la charmante actrice *Ellen Tree*, avec laquelle il visita de nouveau les États-Unis, ainsi que Paris. Depuis 1850 il est directeur du *Princess-Theatre*, a Londres.

KÉARBAN-SERAI. *Voyez* CARAVAN-SÉRAIL.
KECSKEMÉT, le plus grand bourg de la Hongrie, dans le comitat de Pesth, bâti au milieu de la lande du même nom, est, en raison de sa vaste étendue, du dédale de ses ruelles, du peu d'élévation de ses édifices publics, et de ses maisons, isolées et dispersées au hasard, le type de la véritable bourgade magyare. En fait d'édifices publics, les plus remarquables sont l'église catholique avec ses tours hautes et grêles, le collège réformé et le gymnase catholique. La population dépasse le chiffre de 41,000 âmes ; elle est complétement de race magyare, et, sauf quelques catholiques et un petit nombre de juifs, appartient tout entière à la communion réformée. Les habitants se livrent bien à la culture des céréales et de la vigne, autant du moins que le permet la nature sablonneuse de leurs terres, mais leurs principales ressources consistent dans l'élève des moutons, des bœufs, des chevaux et des porcs ; et les produits de cette industrie toute spéciale s'écoulent avantageusement au moyen de cinq grandes foires annuelles qui se tiennent à Kecskemét. On vient des contrées les plus lointaines surtout à celle qui a lieu au mois de juin; elle dure quinze jours, et il s'y fait d'immenses affaires en bestiaux. Non moins industrieuse, la partie féminine de la population de Kecskemét fait aussi avec Pesth, qui est à une distance de 70 kilomètres, un commerce des plus actifs en provisions alimentaires.

KEEPSAKE (que l'on prononce *kipseck*), est un terme récemment emprunté à la langue anglaise ; il désigne ces jolis volumes que recommandent, comme présents du jour de l'an, le luxe et la beauté des gravures et l'exécution soignée de leur typographie, auxquelles se joint, au gré du donateur, le plus ou moins de luxe des reliures. Les deux mots dont on a composé celui de *keepsake* indiquent que c'est un livre qu'il faut *garder* (*keep*) avec *affection* (*sake*). Le mot et la chose ont été importés chez nous il y a quelques années. Quant à la dernière, le fait est que nous la possédions déjà sous d'autres noms. C'est un de nos écrivains romantiques, Frédéric Soulié, qui publia en France le premier *keepsake*, sous ce nom britannique, naturalisé depuis parmi nous.

Le *landscape* (vues de paysages) est une variété du *keepsake*, également transportée chez nous de l'autre bord de la Manche, et qu'on y a assez bien accueillie, avec moins de faveur toutefois que dans la Grande-Bretagne, où le goût et le séjour de la campagne font partie intégrante des mœurs nationales. OURRY.

KEHL, ville située dans le cercle central du Rhin (grand-duché de Bade), au confluent de la Kinzig dans le

Rhin, qu'on y traverse sur un pont conduisant à Strasbourg, situé à 2 kilomètres de là, était jadis une place forte importante, et compte encore aujourd'hui près de 1,400 et même 3,000 habitants, en y comprenant un bourg de même nom, qu'on peut considérer comme en étant le faubourg. Bâtie vers la fin du dix-septième siècle, par les Français, pour servir de point d'appui aux conquêtes que Louis XIV méditait sur la rive droite du Rhin, la paix de Ryswick l'attribua en 1697 au margrave de Bade, sous la réserve, en faveur de l'empereur et de l'Empire, d'y entretenir garnison. Démantelée vers le milieu du dix-huitième siècle, Kehl est devenue une ville manufacturière et commerçante d'une certaine importance. Beaumarchais y établit une imprimerie, des presses de laquelle sortit une édition complète des œuvres de Voltaire, longtemps célèbre, et quelques autres ouvrages de luxe.

Kehl depuis cette époque a été assiégée à plusieurs reprises, et notamment en 1796. Trois fois elle a été détruite par des incendies, et elle a successivement appartenu à l'Allemagne et à la France. En 1808 Napoléon la comprit dans le département du Bas-Rhin; mais en 1814 la coalition la restitua au grand-duché de Bade, et l'année suivante ses fortifications furent rasées. Dans ces derniers temps, elle a acquis une grande importance par son chemin de fer, qui se rattache au système des chemins de fer badois.

KEITH (GEORGES), né en 1685, à Kinkardine, en Écosse, et ordinairement désigné sous le nom de *mylord Maréchal*, parce que la dignité de grand-maréchal du royaume d'Écosse étant héréditaire dans sa famille, il ajoutait, comme chef de sa maison, cette qualification à son titre de lord de Kinkardine et d'Altree, se consacra très-jeune encore à l'état militaire, et servit dès l'année 1712 sous les ordres de Marlborough avec le grade de premier brigadier. A la mort de la reine Anne, il se déclara en faveur du prétendant, s'efforça de le faire proclamer roi à Londres, et obtint pour lui, en 1715, l'appui de la France et de l'Espagne. Après la bataille de Preston, il fut mis hors la loi, et condamné à mort par le parlement comme jacobite. Il erra alors pendant six mois dans les montagnes de l'Écosse, parvint à s'échapper sur le continent, et alla servir le roi d'Espagne. Plus tard, il résida longtemps à Rome auprès du prétendant, qui l'employa dans une foule de négociations, dont par la suite il détruisit toutes traces en livrant au feu les diverses pièces qui y avaient trait. Après être allé encore à deux reprises en Espagne, il revint se fixer à Berlin auprès de son frère. Frédéric le Grand le nomma gouverneur de Neufchâtel, et plus tard son ambassadeur à Madrid. Mais, fatigué des agitations de la vie publique, il revint de nouveau à Berlin, où il continua de résider jusqu'au moment où, grâce aux bons offices du roi, il obtint du gouvernement anglais la restitution de ses biens et dignités. Il ne fit toutefois qu'un court séjour en Écosse, revint pour en Prusse, et mourut près de Potsdam, le 25 mai 1778. On consultera avec fruit l'*Éloge de mylord Maréchal*, par D'Alembert (Berlin, 1779).

KEITH (JAMES), feld-maréchal prussien, frère du précédent, né en 1696, à Freteressa, manoir de sa famille situé dans le comté de Kinkardine, était destiné à la carrière de la magistrature; mais il mit à profit les troubles jacobites qui éclatèrent en Écosse en 1715 et 1716 pour s'engager comme protestant dans les troupes de Georges Iᵉʳ. Victime de quelques passe-droits, à cause de ses opinions politiques, il se jeta de dépit dans le parti du prétendant, et fut blessé à la bataille de Sheriffmuir. Quand la cause du prétendant fut perdue sans ressources, James Keith, dont les terres avaient été confisquées, se retira en France, où, sous la direction de Maupertuis, il se livra avec tant de succès à l'étude des mathématiques, que l'Académie des Sciences l'admit au nombre de ses membres. Toujours fidèle à la cause des Stuarts, il consentit à se rendre en Espagne pour prendre part aux entreprises audacieuses méditées par Alberoni en faveur du prétendant. Toutefois, il ne fut point d'abord donné suite aux belliqueux projets du tout-puissant cardinal, et Keith dut s'estimer heureux d'obtenir par la protection du duc de Leyria le commandement d'un régiment écossais. Quand plus tard l'expédition projetée par Alberoni fut réalisée, et lorsque la discorde des chefs l'eut fait échouer, Keith fut réduit à errer pendant longtemps dans les montagnes de l'Écosse sous un déguisement. Ayant réussi à regagner le continent, il alla successivement en Hollande, en France et en Italie, menant une vie assez aventureuse et agitée. Ce fut seulement en 1720 qu'il reparut à Madrid, où tout d'abord on repoussa ses demandes d'emploi; mais ensuite on y mit pour condition qu'il changeât de religion. Il sollicita alors du service en Russie, où il se rendit en 1728 avec le grade de général-major et muni de lettres de recommandation du roi d'Espagne. Promu bientôt lieutenant général, il prit part à la guerre de Pologne de 1732, à la campagne qu'un corps auxiliaire russe vint en 1735 faire sur les bords du Rhin contre la France, puis sous les ordres de Munnich, quoique commandant d'un corps d'armée, aux guerres de 1736 et 1737 contre les Turcs. A l'assaut d'Oczakow, ce fut lui qui le premier passa par la brèche. De 1741 à 1744 il fit les campagnes de Suède, décida du gain de la bataille de Wilmanstrand, et chassa les Suédois des îles d'Aland. Après la paix d'Abo, l'impératrice le nomma son ambassadeur à Stockholm, et à son retour à Saint-Pétersbourg il obtint le bâton de feld-maréchal. Croyant avoir à se plaindre du vice-chancelier Bestucheff, il sollicita son congé, qu'on ne lui accorda qu'à la condition de ne jamais servir contre la Russie. Keith se retira alors en Prusse, où Frédéric II s'estima heureux de pouvoir accueillir un officier si distingué. Il le nomma immédiatement feld-maréchal à son service, et en 1759 gouverneur de Berlin. Au début de la guerre de sept ans, Keith envahit la basse Saxe à la tête d'un corps d'armée, et le roi de Prusse l'employa ensuite dans diverses négociations diplomatiques, notamment en 1757 avec le duc de Richelieu. Il assista aux affaires de Lowositz et de Rossbach, dirigea les opérations des sièges de Prague et d'Olmütz; et quand force fut de lever le dernier, ce fut lui qui couvrit la remarquable retraite de l'armée prussienne. Le 14 octobre de la même année, lorsque Lascy surprit le camp prussien à Hochkirch, Keith fut atteint d'un boulet, et périt sur le champ de bataille même. Ses ennemis, qui l'avaient en grande estime, l'enterrèrent avec tous les honneurs de la guerre. C'était un homme de grands talents, d'une bravoure à toute épreuve et d'un désintéressement complet. Son frère, mylord Maréchal, écrivait à Mᵐᵉ Geoffrin, à Paris : « Savez-vous quel immense héritage m'a laissé mon frère? Lui qui à la tête d'une armée victorieuse avait mis la Bohême à contribution, il est mort ne possédant au monde que 70 ducats! » Frédéric le Grand lui fit ériger une statue à Berlin.

KEITH (GEORGES-ELPHINSTONE, vicomte), célèbre marin anglais, né en 1746, entra dans la marine à l'âge de seize ans, en 1762. Lieutenant en 1769, il passa commodoro en 1772, et capitaine en 1775. Pendant la guerre d'Amérique, de 1780 à 1783, il s'empara d'un grand nombre de vaisseaux français et espagnols, et en 1786 il fut envoyé à la chambre des communes par le comté de Stirling. En 1793, il prit part au siège et à la prise de Toulon par les Anglais, comme commandant d'un vaisseau de ligne. Nommé contre-amiral en 1794, il s'empara en 1795 de la colonie hollandaise du Cap, et de là il fit voile pour la mer de l'Inde, où il prit Ceylan. Créé, en 1798, baron Keith de Stone-Haven, il captura dans la baie de Saldanha une escadre hollandaise composée de quatre vaisseaux de ligne, de trois frégates et de trois corvettes. Il succéda au commandement en chef dont avait été investi lord Saint-Vincent, dirigea en 1800 le blocus de Gênes et couvrit en 1801 le débarquement du général Abercromby en Égypte. C'est alors qu'il refusa de ratifier la convention d'El-Arish conclue avec les Français par son subordonné Sidney-Smith. Il fut ensuite chargé de surveiller les mouvements de la flolille française réunie à Boulogne. En 1805 on le nomma amiral du pavillon blanc, et en 1814 il fut créé vicomte. En sa qualité de commandant de la flotte du canal, ce fut à lui qu'échut la mission d'escorter Napoléon jusqu'à Sainte-Hélène. Il mourut le 10 mars 1823, à Tullialanhouse.

KELLER (JEAN-BALTHAZAR), dont le nom restera toujours lié au souvenir des magnificences de Versailles, était né à Zurich, en 1638. Il commença par être orfèvre, et déjà il devenait habile dans cet art, lorsqu'il fut appelé à Paris par son frère *Jean-Jacques* KELLER, homme industrieux qui était alors fondeur de canons. Les deux frères Keller ne tardèrent pas à s'associer : ils travaillèrent longtemps ensemble. Balthazar paraît cependant s'être plus spécialement occupé de la fonte des statues et des ouvrages d'art. Lorsque Louis XIV entreprit la décoration des jardins de Versailles, c'est lui qui fut chargé de couler en bronze les figures les plus importantes : c'est ainsi qu'il a successivement fondu, d'après l'antique, l'*Antinoüs*, l'*Apollon*, le *Bacchus* et le *Silène* qui ornent le grand perron du château. Les statues couchées des fleuves et des rivières qui décorent le parterre d'eau, sont aussi sorties des ateliers de Keller; mais les groupes d'enfants qui entourent les bassins sont de Roger et d'Aubry. On doit encore à Keller les animaux de la fontaine de Diane et du Point-du-Jour, dont les modèles lui avaient été fournis par Raon, Vanclève et Houzeau. A Paris, Keller avait fondu, sous la direction de Girardon, et d'un seul jet, la statue équestre de Louis XIV qu'on voyait à la place Vendôme avant 1792. Enfin, tout le monde a admiré dans le jardin des Tuileries *Le Rémouleur* (1688), et la *Vénus accroupie*, œuvres de l'exécution la plus savante et la plus parfaite. Balthazar Keller fut nommé, en 1697, commissaire général des fontes de l'artillerie de France et inspecteur de l'arsenal. Il mourut à Paris, en 1702. Le portrait de Keller a été peint, en 1693, par Rigaux et gravé par P. Drevet. On en conserve l'original au musée de Versailles. Malgré les progrès de l'industrie moderne, l'art français gardera pieusement le souvenir de cet artiste, qui dans un temps où les procédés matériels de la fonte étaient mal connus a su obtenir des résultats dont la pureté est difficilement surpassée aujourd'hui.   Paul MANTZ.

KELLERMANN (FRANÇOIS-CHRISTOPHE), duc DE VALMY, pair et maréchal de France, appartenait à une famille nobiliaire d'origine saxonne, qui, dans le seizième siècle, vint à s'établir à Strasbourg, alors ville impériale libre. Son bisaïeul avait été président de la chambre des Treize et prévôt des marchands de cette cité. Le maréchal y naquit le 28 mai 1735. Après quelques études préliminaires, il entra au service, en 1750, en qualité de cadet, dans le régiment de Lowendahl, et trois ans après il passa enseigne au régiment de royal-Bavière. En 1756 il obtint une lieutenance dans les volontaires d'Alsace, et fit avec ce corps la guerre de sept ans. Sa brillante conduite et ses talents militaires lui valurent, en 1758, le grade de capitaine dans un régiment de dragons. Il se signala durant les campagnes de 1760 à 1762, notamment à la bataille de Friedberg. Enfin, en 1765 et 1766, Louis XV lui confia une mission particulière en Pologne. Des troubles s'étant manifestés dans ce pays, Kellermann fut chargé, en 1771, d'organiser la cavalerie qui devait faire partie des troupes envoyées dans le palatinat de Cracovie, sous les ordres du général Viomesnil. Nommé lieutenant-colonel à son retour en France, il fut successivement promu au grade de colonel en 1784, et à celui de maréchal de camp en 1788.

La révolution de 1789 allait lui ouvrir une carrière plus brillante. Chargé en 1790 et 1791 du commandement des départements du Haut et du Bas-Rhin, il en mit toutes les places fortes en état de défense. Il avait reçu le cordon rouge en 1790 ; il fut promu au grade de général de division en 1792, et reçut le commandement en chef des troupes du camp de Neukirch, sur la Sarre. 36,000 Autrichiens venaient de passer le Rhin près de Spire ; Kellermann n'avait que 10,000 hommes à leur opposer : il parvint cependant, par d'habiles manœuvres, à couvrir l'Alsace et à préserver cette frontière de toute invasion. Du commandement en chef de l'armée de la Sarre et du Rhin, il passa à celui de l'armée du centre, releva les lignes de Wissembourg, fit restaurer les places de Metz et de Thionville, et arrêta la marche des alliés, qui venaient de pénétrer dans la Champagne, sous les ordres du duc de Brunswick. Il n'avait que 22,000 hommes à opposer à l'armée ennemie, forte de 124,000. Il trompa sa vigilance, couvrit Châlons-sur-Marne et Paris, et alla attendre son adversaire sur les hauteurs de Valmy, qu'il devait illustrer.

Malgré le brillant succès de cette journée, le général français, qui a compris qu'il importe à sa sûreté de devancer l'ennemi sur les hauteurs de Dampierre et de Voilmont, ne laisse que deux heures de repos à ses troupes, se dirige vers ces mamelons, et y prend position. C'est en vain que les Prussiens cherchent à s'en emparer, ils sont repoussés et forcés de rentrer dans leurs retranchements. Cette habile manœuvre eut pour résultats, d'abord une suspension d'armes entre les deux armées, puis l'évacuation du territoire français. Après cette campagne, il reçut le commandement en chef de l'armée des Alpes, et s'occupa avec la plus grande activité de mettre cette partie de nos frontières en état de défense. Chargé en même temps de la direction de son armée et du siège de Lyon, il se transportait avec rapidité d'un lieu à l'autre, et sa présence était toujours signalée par un succès. C'est ainsi que le 13 septembre 1793, avec 8,000 hommes de troupes de ligne et de gardes nationales, il reprit l'offensive contre 35,000 Austro-Sardes, les chassa de leurs positions et leur fit éprouver des pertes considérables, ce qui ne l'empêcha pas d'être, en 1793 et 1794, dénoncé à la Convention. Sa perte même eût été certaine sans la journée du 9 thermidor.

Il prit en 1795 le commandement des armées des Alpes et d'Italie, et soutint pendant toute la campagne, avec 47,000 combattants, les attaques multipliées de l'armée ennemie, qui en comptait 150,000 : obligé de se replier devant des forces aussi supérieures, il livra quarante combats, dans lesquels ses troupes eurent presque toujours l'avantage, et il conserva sa position jusqu'à l'arrivée de Schérer, à qui le gouvernement venait de confier le commandement de l'armée d'Italie. En 1796, Bonaparte ayant remplacé Schérer, Kellermann concourut au succès du nouveau général, par la promptitude de ses manœuvres. L'armée des Alpes ayant été réunie à celle de Bonaparte, il fut nommé inspecteur général de la cavalerie de l'armée d'Angleterre, et alla bientôt remplir les mêmes fonctions à l'armée de Hollande. Il devint membre du sénat en 1800, grand-cordon et membre du conseil de la Légion d'Honneur en 1802, et maréchal d'empire en 1804. A cette date, l'empereur lui conféra la sénatorerie de Colmar. Nommé commandant en chef du troisième corps de réserve établi sur le Rhin, en 1805, et chargé de la ligne de défense entre Bâle et Landau, il s'acquitta de ces deux missions avec son zèle et son habileté ordinaires. L'empereur lui confia en 1806 et 1807 le commandement en chef de l'armée de réserve du Rhin, qui s'étendait depuis Bâle jusqu'à Nimègue. Il fut en même temps chargé de protéger les États de la Confédération du Rhin, et reçut pour récompense en dotation le fameux domaine de Johannisberg, qui aujourd'hui appartient à M. de Metternich. En 1808 il eut le commandement de l'armée de réserve d'Espagne ; en 1809, celui des camps d'observation de l'Elbe et de la Meuse inférieure. Lors de la guerre de Russie, il reprit le commandement en chef de l'armée de réserve du Rhin, qu'il conserva jusqu'à la fin de 1813 : il eut à cette époque celui de la deuxième et de la troisième division militaires.

A la première restauration, le duc de Valmy fut nommé commissaire extraordinaire du roi dans la troisième division militaire, et reçut, avec le grand-cordon de Saint-Louis, la dignité de pair de France. Resté sans fonctions pendant les

Cent Jours, il reprit sa place à la chambre des pairs, où il vota constamment en faveur de nos libertés publiques ; ce qui explique l'inaction dans laquelle on le laissa jusqu'à sa mort, arrivée à Paris le 12 septembre 1820.

KELLERMANN (FRANÇOIS-ÉTIENNE DE), marquis, puis duc DE VALMY, fils du précédent, général de division, grand-croix de la Légion d'Honneur, naquit à Metz, en 1770. Il fit ses premières armes sous les yeux de son père et suivit Bonaparte dans son immortelle campagne d'Italie. C'est lui qui décida la victoire de Marengo, par une brillante charge de cavalerie. Nommé alors général de division, il prit part à la victoire d'Austerlitz, et fut un des principaux lieutenants de Junot dans la campagne de Portugal. En 1813 il fut envoyé en Allemagne, et se distingua à Bautzen, puis à Nangis et à Provins. A la première restauration, il fut nommé chevalier de Saint-Louis et inspecteur général de cavalerie; mais élevé à la pairie par l'empereur durant les Cent Jours, il en fut éliminé à la seconde restauration jusqu'à la mort de son père, et resta en disponibilité jusqu'à la révolution de 1830. Dans le procès de Charles X, il fut un des cinq pairs qui votèrent pour la peine de mort, ce qui ne l'empêcha pas de rester sans emploi, comme auparavant, jusqu'à sa mort, arrivée le 2 juin 1835.

[KELLERMANN (FRANÇOIS-CHRISTOPHE-EDMOND DE), duc DE VALMY, fils du précédent, naquit à Paris, le 9 avril 1802, et remplit quelques fonctions diplomatiques en Orient et en Grèce sous la Restauration. La révolution de 1830 le ramena en France. Le maréchal Maison le nomma chef du cabinet du ministère des affaires étrangères. Envoyé en Suisse comme premier secrétaire d'ambassade, il y devint bientôt chargé d'affaires. Sa fidélité à la branche aînée des Bourbons l'ayant cependant emporté chez lui sur toute autre considération, il donna sa démission le 5 février 1833, et se fit rédacteur du *Rénovateur*. Les électeurs de Toulouse lui conférèrent leur mandat à la mort du duc de Fitz-James. Toujours réélu jusqu'en 1848, époque à laquelle il céda la place à l'abbé de Genoude, il parla contre l'abaissement de la France, sur les affaires d'Orient, attaqua l'alliance anglaise, le droit de visite, etc. L'un des *flétris* par ses collègues pour sa visite au comte de Chambord à Belgrave-Square, il fut réélu à une plus forte majorité. En 1840 il publia une brochure intitulée *Question d'Orient* ; quelque temps après il fit paraître une autre brochure, sous ce titre : *Coup d'œil sur les rapports de la France avec l'Europe*. En 1849 il donna dans *la Patrie* un article sur les *Moyens de combattre le socialisme* ; en 1851 il imprima *Du nouveau système de tarif sur les houilles* et *sur les sucres* ; enfin, en 1854, il fit paraître une *Histoire de la Campagne de 1800*, d'après les Mémoires de son père. L. LOUVET.]

KEMBLE (CHARLES), célèbre comédien anglais, qui n'eut pour rivaux que Kean et Macready, né en 1775, à Preston, dans le comté de Lancastre, était fils d'un comédien, et frère de la célèbre mistress Siddons. Il obtint d'abord un emploi dans l'administration des postes; mais sa passion pour l'art dramatique le détermina à monter sur les planches en 1792, à Sheffield, puis sur le théâtre de Drury-Lane. Plus tard il s'associa avec son beau-frère, et à sa mort prit la direction du théâtre de Covent-Garden, qu'il administra d'une manière admirable. Une tournée qu'il entreprit, en 1826, en Allemagne et en France, eut pour résultat d'enrichir la scène anglaise de plusieurs opéras qu'il traduisit de l'allemand. En 1832 il parcourut avec sa famille les Etats-Unis, et en 1840 il renonça complétement à la scène. Il mourut en novembre 1854, à Londres. Sa femme, *Maria-Theresa* DE CAMP, était née à Vienne, en 1774, et la fille d'un musicien. D'abord figurante, puis danseuse dans les ballets de Noverre, elle débuta plus tard à Londres, et y obtint de grands succès sur les théâtres de Drury-Lane, de Covent-Garden et de Hay-Market. On a aussi d'elle deux comédies remarquables par la finesse des aperçus : *The first Faults* (1799) et *The Day after the Wedding* (1808). Elle mourut en 1838.

KEMBLE (FRANCES-ANNA), fille du précédent, débuta avec le plus grand succès en 1820, dans *Roméo et Juliette*, et réussit encore davantage en Amérique, où elle accompagna son père. En 1833, elle épousa un nommé Butler, d'avec lequel elle divorça plus tard, pour reparaître sur le théâtre en 1847. Depuis elle a fait avec succès à Londres et dans les provinces des cours publics sur Shakspeare. On a aussi d'elle deux tragédies qui ne sont pas sans mérite : *Francis the First* (1862) et *The Star of Seville* (1832), ainsi qu'un *Journal of a Residence in the United-States* (Londres, 1834). Sa sœur *Adélaïde* (M° Sartoris) est premier sujet au Grand-Opéra de Londres, et ne cède en rien comme actrice et cantatrice aux célébrités de l'Allemagne et de l'Italie.

KEMBLE (JOHN-MITCHELL), fils de Charles Kemble, né à Londres, en 1807, se consacra d'abord à l'étude de la jurisprudence, et s'est fait ensuite un nom honorable comme philologue et archéologue. Le premier fruit de ses travaux dans cette direction fut son édition l'*Anglo-Saxon poem of Beawulf* (Londres, 1832 ; 2° édit., 1837). En 1834 il fit à Cambridge son premier cours sur la littérature anglo-saxonne, qui a été imprimé dans sa *First History of the English Language, or Anglo-Saxon period* (Cambridge, 1834). Dans une brochure intitulée sur les Tables généalogiques des Saxons occidentaux (1836), écrite en allemand, il a démontré que la véritable histoire d'Angleterre ne commence à avoir quelque certitude qu'à partir de l'introduction du christianisme, et que jusque alors tous les noms prétendus historiques de la Bretagne appartiennent à la tradition mythologique. Son *Codex diplomaticus ævi Saxonici*, où il a réuni toutes les sources historiques encore existantes aujourd'hui, a été imprimé aux frais de l'*Historical Society*, dont il a été le fondateur. Il est en outre rédacteur en chef de la *British and foreign Review*, qui paraît depuis 1835, recueil à l'aide duquel il a singulièrement réussi à vulgariser en Angleterre la science et la littérature allemandes.

KEMBLE (JOHN-PHILIPP), l'un des plus célèbres comédiens dont l'honore la scène anglaise, frère de mistress Siddons, et l'aîné de Charles Kemble, naquit à Preston, en 1757. Destiné à l'état ecclésiastique, il fit ses études à Douai, et ne les eut pas plus tôt achevées que, contre la volonté de ses parents, il débuta sur la scène. Après avoir d'abord paru avec succès à Wolverhampton, il joua successivement à Manchester, à Liverpool et à York. En 1781, il alla à Dublin, puis, en 1783, vint à Londres, où il obtint un engagement au théâtre de Drury-Lane, dont il fut nommé régisseur dix ans après. Ayant éprouvé de vives contrariétés dans ces fonctions, il abandonna le théâtre de Drury-Lane en 1801, et fit pendant les années 1802 et 1803 une tournée artistique en France et en Espagne. A son retour, il acheta une part dans la direction du théâtre de Covent-Garden. Dans les rôles héroïques, tels que Hamlet, Macbeth, Coriolan, Beverley et Othello, il est resté sans rival. Il s'est également fait un nom comme écrivain par quelques farces, comme *The Projects*, *The Pannel*, *The Farm House*, etc. Il eut l'héroïque bon sens de mettre tout entière au pilon une édition de ses poésies de jeunesse. En 1817 il quitta l'Angleterre, et mourut à Lausanne, le 26 février 1823. En 1833 sa statue a été placée dans l'abbaye de Westminster.

KEMPELEN (WOLFGANG DE), rival de Vaucanson et constructeur d'un automate joueur d'échecs, naquit le 23 janvier 1734, à Presbourg, d'une famille noble de Hongrie, et annonça de bonne heure les plus remarquables dispositions pour la mécanique. Ses parents ne lui en firent pas moins embrasser la carrière administrative, et il mourut en 1804, avec le titre de conseiller aulique et de référendaire à la chancellerie hongroise.

Son automate joueur d'échecs, qu'il présenta pour la première fois, en 1769, à l'impératrice Marie-Thérèse, représentait un homme de grandeur naturelle, assis à une table de 1 mètre 16 de long sur 84 centimètres de large, et sur laquelle se trouvait un échiquier. Cet automate jouait contre les plus forts joueurs, et le plus souvent gagnait la partie. On supposa que l'inventeur, qui était toujours présent à la partie et assis près de la table, ou bien qui regardait dans une petite casette posée sur une autre table placée à quelque distance, mais sans rapports visibles avec l'automate, dirigeait lui-même le jeu de sa machine, ou encore qu'elle renfermait quelqu'un de caché; mais on ne put jamais parvenir à le prouver. Kempelen était toujours disposé, quand on le voulait, à démonter son automate et à en laisser examiner les différents compartiments ; mais la partie d'échecs une fois engagée, il s'y refusait.

Il construisait d'ailleurs une autre machine, bien plus merveilleuse encore, une *machine parlante*, consistant en une caisse carrée, en bois, de 50 centimètres de large sur un mètre de long et pourvue d'un soufflet. Quand on appuyait sur ce soufflet et sur les clés correspondantes, la machine exprimait très-distinctement des syllabes et des mots, et imitait la voix d'un enfant de trois à quatre ans. Dutens prétend s'être assuré de l'impossibilité de cacher dans l'intérieur de cette dernière machine un enfant de cet âge. On a de Kempelen une *Dissertation sur le mécanisme de la voix humaine*, qui prouve tout au moins qu'il avait acquis une connaissance plus approfondie de ce sujet que la plupart des physiologistes modernes.

KEMPIS (Thomas a) *Voyez* Thomas a Kempis.

KENSINGTON, bourg du comté de Middlessex en Angleterre, l'un des faubourgs de la ville de Londres, avec une population d'environ 15,000 âmes (on ne compte pas moins de 120,000 habitants dans le district entier), un château royal (*Kensington-house*) et un beau parc d'environ 3 kilomètres de circuit. Le duc de Sussex est le dernier personnage qui ait habité ce château, construit en briques et d'une extrême simplicité. Auparavant il servait de résidence à la duchesse de Kent et à sa fille la princesse Victoria, aujourd'hui reine d'Angleterre. Dans l'origine il appartenait au lord chancelier Finch, créé plus tard comte de Nottingham. Le parc qui entoure le château est à bon droit célèbre, et fut planté sous la direction de la reine Caroline par Bridgeman, William Kent et Brown. Ouvert toute la journée au public, il devient le dimanche une promenade très-fréquentée par le beau monde.

KENT, le plus grand et le plus beau des comtés méridionaux de l'Angleterre, situé entre Londres, la Tamise et le détroit du Pas-de-Calais, et formant l'extrémité sud-est de l'île, compte une population de 620,000 âmes sur une superficie d'environ 30 myriamètres carrés. Il est presque partout entrecoupé de monticules, et sur ses côtes, que protègent quelques forts, on rencontre de grandes dunes et des bancs de sable (*Godwins*), derrière lesquels les navires peuvent trouver un abri sûr. La Tamise, la Darent et la Medway sont les cours d'eau qui l'arrosent. La qualité et l'aspect du sol varient beaucoup. Sur les 996,680 acres que contient le comté, il y en a 980,000 d'employés à la culture des céréales, ou bien comme prairies et pâtis. A l'ouest on rencontre des restes encore assez importants d'anciennes forêts, ainsi que de vastes marais, entremêlés de terrains secs et produisant d'excellent froment. Les environs de Maidstone et de Canterbury sont le jardin fruitier de Londres. Le comté de Kent produit en outre d'immenses quantités de houblon, notamment près de Rochester, où l'on en récolte pas moins de 6 à 7 millions de kilogrammes par an. Ses autres productions principales sont l'orge, les pois, les haricots, les légumes de tous genres, le bois de chêne, les bêtes à cornes, les moutons, la volaille, les poissons et les huitres, les lapins, les lièvres, les perdrix, les faisans et toute espèce de gibier, qui abonde surtout dans les vastes et magnifiques parcs d'Eastwell, de Knoll et de Cobham. Après le comté de Lincoln, le comté de Kent est celui qui produit les plus belles laines longues, et avec le comté de Sussex il fut le berceau des manufactures de lainages en Angleterre. Par sa situation, si rapprochée du continent, dont il ne se trouve séparé à Douvres que par une distance de 3 myriamètres 1/2, le comté de Kent a de tous temps été considéré comme la clef de l'Angleterre, et il joue un rôle important dans ses annales depuis l'invasion du pays de *Cantia* par Jules César et la fondation du premier royaume anglo-saxon de Kent (*Cantia* ou *Cantware*). Les hommes de Kent furent de tous temps une race très-brave, pleine d'ardeur et de loyauté. La tisseranderie, la distillation des eaux-de-vie, la pêche et notamment celle des huitres, enfin la fabrication de toutes espèces d'ustensiles en bois, sont les principales industries de ces populations. Les chemins de fer de Douvres à Londres, à Ramsgate, etc., et le canal de la Medway favorisent les mouvements du commerce. Ce comté a pour chef-lieu *Canterbury*. Dartford sur la Tamise est une importante ville de fabriques; il en est de même de Faversham. Deptford, Woolwich et Chatam ont des chantiers de construction; Tunbridge fabrique des jouets d'enfants et de la bimbeloterie; Maidstone et Douvres des papiers. Tunbridge-Wells est renommé pour ses bains. Il faut encore citer Asford, Sandwich, Hythe, Romney, Deal, Margate, Ramsgate, Sheerness, Gravesend, Rochester, Greenwich, Eltham et Cranbrook, le premier établissement fondé en Angleterre par des ouvriers en draps émigrés de Flandre.

Le *comte de Kent*, fils du roi Édouard Ier, conspira avec Isabelle, femme de son frère aîné, Édouard II, pour détrôner ce monarque, et il y réussit en 1327. La reine étant devenue plus tard odieuse à la nation par la dissolution de ses mœurs et par ses cruautés, il entreprit une contre-révolution au profit de ce frère qu'il avait déjà cette princesse avait fait assassiner à son insu. Fait prisonnier à cette occasion par Roger Mortimer, l'amant de la reine, il fut bientôt après exécuté. En 1465 le titre de *comte de Kent* fut donné à la famille Grey.

KENT (Édouard, duc de), quatrième fils du roi Georges III, entra de bonne heure dans l'armée. Mais il se trouva constamment dans de grands embarras d'argent, et en 1816 les choses en vinrent à ce point que force lui fut de se réfugier sur le continent, où il vécut de la façon la plus modeste et la plus retirée. En 1818, il épousa Victoria, princesse douairière de Linanges. Celle-ci accoucha le 24 mai 1819, au château de Kensington, d'une princesse qui reçut le nom de baptême de sa mère, et qui n'est autre que la reine d'Angleterre aujourd'hui régnante. Depuis son mariage, le parlement avait augmenté l'apanage du duc de Kent, qui vécut alors, d'abord en Allemagne, à Amorbach, puis à Sidmonth, dans le Devonshire, où il mourut, le 23 janvier 1820. Dans le parlement, le duc de Kent et son frère cadet, le duc de Sussex, appartenaient au parti de l'opposition.

KENT (William), le créateur du genre anglais en fait de jardins, né en 1685, dans le comté d'York, était d'abord peintre en voitures. Des secours lui permirent plus tard d'entreprendre le voyage de Rome, où il se livra à l'étude de la peinture. Mais lord Burlington, remarquant le talent qu'il possédait pour embellir les jardins, le détermina à se consacrer à l'architecture. Chargé de dessiner le plan de divers jardins, il s'éloigna complètement du genre français, jusque alors seul en usage, obtint par cette innovation un succès prodigieux, et fut ainsi le créateur du jardin anglais proprement dit. Parmi ses productions les plus remarquables, nous citerons le Temple de Vénus à Stowe et le château du comte de Leicester à Hotham, dans le Norfolk. Kent mourut à Burlington, le 12 avril 1748.

KENTUCKY, l'un des États-Unis de l'Amérique du Nord, borné à l'est par la Virginie, au nord par l'Ohio sur une étendue de 95 myriamètres, par les États d'Ohio, d'Indiana et d'Illinois, et séparé du Missouri, à l'ouest, par le Mississipi, au sud par le Tenessee. C'est en 1775 qu'il reçut ses premiers colons blancs, et, après de longues discussions avec la Virginie, dont son territoire avait dépendu jusque alors, il fut admis en 1792 au nombre des États composant l'Union. On y comptait alors environ 75,000 habitants, répartis sur une surface de 1,255 myriamètres carrés. En 1850 le chiffre de sa population était de 982,405 âmes, dont 9,600 hommes de couleur libres, et 210,951 esclaves. C'est une belle contrée, que la nature a comblée de ses dons, généralement unie, et traversée seulement dans sa partie sud-est par les monts Cumberland, où le Kentucky, rivière navigable, prend sa source. Le Kentucky, le Cumberland, le Tenessee et le Big-Sandy, le Mississipi et l'Ohio y forment un riche système d'irrigation, utilisé aussi par le commerce comme voie de communication indépendamment de 75 myriamètres de lignes de chemins de fer. Les rives de l'Ohio forment un pays fertile, mais inondé chaque année et malsain. La partie centrale de l'État, qu'on en appelle à bon droit le jardin, présente une surface onduleuse avec un sol d'une grande richesse et de magnifiques forêts. Au sud-ouest on rencontre les *Kentucky-Barrens*, contrée qui produit beaucoup de céréales et convient parfaitement à l'élève du bétail. Les principaux produits de l'agriculture sont le maïs et le tabac, dont on récolte des quantités plus considérables encore qu'en Virginie, les céréales de tous genres, le chanvre, les chevaux et les porcs. Dans ces derniers temps on s'est mis aussi à y cultiver la vigne et à y élever des moutons. En 1850 on y comptait déjà 74,777 *farms*, dont 3,471 avaient les vastes proportions de véritables usines agricoles, et rapportaient au delà de 500 dollars chacune. Le sol de la plus grande partie du Kentucky est calcaire ; on y trouve presque autant de fer que dans le Missoury, et les houillères y sont inépuisables. On y rencontre aussi d'immenses quantités de salpêtre ; du sel et des eaux minérales. Il faut encore mentionner ses remarquables sources bitumineuses dans le cercle et sur la rivière de Cumberland, son banc d'ossements de mammouths découvert dès 1773 près du Big-Bare-Lick, et la célèbre caverne de Mammouth, située dans le cercle d'Edmonton, entre Louisville et Naville, considérée après la cataracte du Niagara comme la curiosité naturelle la plus remarquable de toute l'Union. Elle se compose de nombreuses parties, a déjà été explorée sur une étendue d'environ 15 kilomètres, et n'en comprend pas moins de 50, à ce qu'on dit.

La première constitution qu'ait eue le Kentucky datait de 1790. Il s'en donna une seconde en 1799. Celle qui y est aujourd'hui en vigueur fut adoptée le 11 juin 1850. Un gouverneur, aux appointements de 2,500 dollars, exerce le pouvoir exécutif ; le pouvoir législatif se compose d'un sénat de 38 membres, élus comme le gouverneur pour quatre ans, et se renouvelant par moitié tous les deux ans, et d'une chambre de 100 représentants élus pour deux ans. Tous les citoyens libres âgés de vingt-et-un ans sont électeurs, à l'exception des hommes de couleur. La session législative ne peut pas se prolonger au delà de soixante jours ; les ecclésiastiques et les fonctionnaires publics salariés ne sont point admis à en faire partie, et ne sont pas non plus éligibles au congrès, où l'État envoie aujourd'hui 10 représentants. En 1851 la dette fondée de l'État s'élevait à 4,397,637 dollars ; l'instruction publique figurait au budget pour 1,400,270 dollars. Les collèges les plus en renom sont le *Transylvania-College* (université) de Lexington, le collège de Saint-Joseph à Bardstown, le collège central à Danville, et l'institut militaire de l'ouest, créé seulement en 1847 à Drennon-Spring. L'État est divisé en 83 comtés, et a pour chef-lieu *Francfort*, avec 4,400 habitants. Les villes les plus importantes sont L o u i s v i l l e et L e x i n g t o n.

KEPLER ou **KEPPLER (Jean)**, le plus grand astronome que Dieu ait donné au monde, naquit à Magstatt, dans le duché de Wurtemberg, le 27 décembre 1571. Son père, d'une vieille et noble famille qui s'était appauvrie dans le métier des armes, mourut expatrié, et le jeune Kepler, abandonné des siens, fut recueilli dans le couvent de Maulbrun, d'où il se rendit à Tubingue pour terminer ses études sous l'astronome-Mœstling. En 1594 Kepler fut désigné pour remplacer Stadt dans la chaire de mathématiques à Gratz.

Le premier ouvrage de Kepler fut son *Prodromus, seu Mysteria Cosmographica* : dans ce travail, Kepler paraît avoir été préoccupé de l'idée que le système cosmique est une manifestation figurative et typique du dogme de la Trinité, l'une des personnes étant représentée par le soleil, immobile au centre du cosme, la deuxième par les étoiles fixes, distribuées à la périphérie, et la troisième par le système planétaire intermédiaire et mobile entre le centre et la périphérie. Quant à la coordination du système planétaire lui-même, Kepler pense que Dieu, en distribuant les planètes dans l'espace, a songé aux polyèdres réguliers, qui ont pour essence d'être incorruptibles et inscriptibles dans la sphère ; et rien ne lui paraît plus plausible que d'admettre que les intervalles existant entre les six orbites planétaires ont été copiés par le Créateur sur ces cinq figures régulières. Ces recherches sur la distribution relative des orbites planétaires furent accueillies par Mœstling avec de grands éloges ; mais T y c h o - B r a h e y vit l'indication d'une mauvaise méthode scientifique, et il conseilla à Kepler de laisser là ses explications hypothétiques, et de se borner à de simples calculs d'observation. Heureusement pour la science, le conseil timide de Tycho échoua devant l'ardente foi de Kepler, et le jeune astronome, enthousiasmé de sa première découverte, se mit à rechercher de nouveaux rapports entre ces corps dont il venait de démontrer, croyait-il, la distribution harmonique dans l'espace. Il avait remarqué que les durées des révolutions planétaires n'étaient aucunement proportionnelles aux distances qui séparaient les planètes du Soleil, et aussitôt il se mit à rechercher une hypothèse qui pût tenir compte de ce fait, qui blessait singulièrement ses idées de proportion.

Ailleurs (dans son *Astronomie optique*), Kepler établit que la diminution de la lumière est proportionnelle à la surface sphérique. Or, comme les surfaces sphériques sont proportionnelles aux carrés de leurs rayons, il suit que la diminution de la lumière est proportionnelle au carré de la distance du point lumineux ; et comme, suivant Kepler, la *force tractive* du Soleil décroissait suivant le même rapport que sa lumière, il suivait nécessairement « que la puissance attractive que le Soleil exerçait sur les corps planétaires était en raison inverse du carré de la distance de ces corps ». Si Kepler eût fait ce simple syllogisme, la grande loi qui porte le nom de N e w t o n eût été découverte un demi-siècle plus tôt ; malheureusement, cette déduction logique échappa à sa sagacité ; et pendant vingt-deux ans il chercha sans relâche le rapport harmonique qui existait (il en avait l'entière conviction) entre les temps de révolutions planétaires et les distances des planètes au soleil ; et après vingt-deux ans de recherches qui effrayent l'imagination, il découvrit que ce rapport existait en effet, et que *les carrés des temps des révolutions étaient proportionnels aux cubes des distances*.

En 1609 Kepler publia sa *Physique céleste* (*Astronomia nova, seu physica cœlestis tradita commentariis de motibus stellœ Martis, ex observationibus G.-V. Tychonis-Brahe*, 1609 ; in-fol.), œuvre unique dans l'histoire de la science, et dans laquelle Kepler, s'appuyant sur les observations de Tycho-Brahe, annonce qu'il va renouveler la science astronomique tout entière. En effet, prenant pour base de son travail les observations de Tycho, Kepler détermine l'excentricité et l'aphélie de la planète Mars dans l'hypothèse, alors universellement admise, que les corps célestes se meuvent dans des cercles parfaits ; il démontre que l'excentricité et l'aphélie, calculées dans cette hypothèse, ne s'accordent aucunement avec l'observation ; et il arrive à cette effrayante négation de toute la science grecque : *les orbites planétaires ne sont point des cercles*. Alors il invente un moyen nouveau de calculer les distances successives de Mars au Soleil ; il découvre que ces distances croissent et décroissent successivement, et il en conclut que les orbites planétaires sont des *ovales*, des courbes semblables à celle que donnerait la section d'un cylindre suivant son grand axe. Tous les efforts qu'il fit pour carrer cette courbe irrégulière demeurèrent sans succès ; il ne put jamais parvenir qu'à des approximations, mais ces approximations elles-mêmes, appliquées à l'orbite de Mars, suffirent à lui démontrer que la courbe qu'il avait imaginée ne satisfaisait pas aux observations: alors il se vit forcé de recommencer la somme tout entière de ses recherches et de ses calculs, et le désappointement qu'il éprouva à voir ainsi tous ses travaux se dissiper en fumée faillit le rendre fou : *diu nos distraxit, pene ad insaniam*. Toutefois, il se remit de nouveau à l'œuvre : dix fois il fit et refit tous ses calculs, et enfin il découvrit l'erreur qui avait vicié tous ses résultats : la courbe qui satisfaisait à toutes les exigences des observations de Tycho était une ellipse, et *les orbites planétaires n'étaient pas des cercles dont le Soleil occupait le centre, mais des ellipses dont le soleil occupait l'un des foyers.*

Une troisième et dernière loi restait encore à trouver : en effet, Kepler avait établi que le Soleil était immobile au centre du cosme ; que les étoiles fixes étaient immobiles à sa périphérie ; que les planètes se mouvaient dans l'espace compris entre le centre et la périphérie ; que les orbites qu'elles décrivaient étaient des ellipses dont le Soleil occupait un foyer ; que les carrés des temps qu'elles employaient à décrire ces ellipses étaient proportionnels aux cubes des grands axes de ces mêmes ellipses : il restait à découvrir quelles étaient les vitesses relatives de chaque planète dans les différentes portions de son orbite, car l'observation lui avait démontré que cette vitesse n'était pas uniforme. Ici encore l'admirable sagacité de Kepler et son excellente méthode scientifique lui permirent de combler cette immense lacune par l'énonciation d'une loi qu'il formula *a priori*, et dont il lui fut de long temps impossible de trouver la démonstration : il affirma, dogmatiquement en quelque sorte, *que le temps qu'une planète employait à décrire une portion quelconque de son orbite était toujours proportionnel à la surface de l'aire décrite pendant ce temps par son rayon vecteur;* et la découverte de cette grande formule fut si bien le résultat d'une opération synthétique, que Kepler s'en servit pendant de longues années sans pouvoir en trouver la démonstration mathématique, et que pour obtenir cette démonstration il fut forcé de poser les premières bases du calcul infinitésimal et de la géométrie des indivisibles. Et en effet, Descartes n'avait pas encore inventé l'application de l'algèbre à la géométrie ; la quadrature de l'ellipse n'était pas encore connue, et pour évaluer numériquement les aires décrites Kepler fut forcé d'envisager la surface de l'ellipse comme formée par la juxtaposition d'un nombre infini de rayons triangulaires ; ce qui forme, comme l'on sait, le point de départ du calcul infinitésimal.

Tels sont les principaux résultats auxquels est parvenu Kepler. Il affirma le premier que la matière était essentiellement inerte ; que le mouvement rectiligne était le seul naturel; que le mouvement curviligne des planètes résultait d'une modification imprimée au mouvement rectiligne primitif par la *traction magnétique* du Soleil; que la traction que les corps exerçaient l'un sur l'autre était proportionnelle à leurs masses respectives. Il soupçonna la gyration des étoiles fixes, la rotation du Soleil sur son axe, et celle de Jupiter; il donna une théorie complète des éclipses solaires, et fixa les conditions mathématiques de la lunette astronomique,*qui n'était pas encore découverte*; il démontra que les quatre planètes découvertes par Galilée étaient des satellites de Jupiter; il calcula l'époque exacte du passage de Mercure et de Vénus sur le disque du Soleil, et appela toute l'attention des astronomes sur ce phénomène rare, dont il signala les conséquences; il soupçonna l'existence d'une atmosphère solaire, à laquelle il attribua la faible lumière qui persiste encore dans les éclipses totales de cet astre; il donna une loi *des réfractions atmosphériques*, qu'il découvrit le premier; etc.; et ses découvertes en optique, en physique générale, en géométrie, ne sont ni moins nombreuses ni moins importantes que ses découvertes astronomiques.

Kepler vécut dans la pénurie. En 1600, Tycho-Brahe, forcé de quitter Uranienbourg, accepta l'asile qui lui avait été offert en Bohême par Rodolphe II ; il appela près de lui Kepler, et lui fit allouer un modeste traitement comme mathématicien du roi : ce traitement formait ses seuls moyens d'existence, et la détresse du trésor public mettait chaque année cette existence en doute. Kepler mourut à Ratisbonne, le 15 novembre 1630, excédé de travail, de maladie et de misère : il était allé à Ratisbonne solliciter le payement de ses arrérages, et la fatigue du voyage lui fut fatale. Il fut enterré dans l'église de Saint-Pierre, et l'on ignore encore si l'on posa une pierre sur sa tombe. BELFIELD-LEFÈVRE.

KERATRY (AUGUSTE-HILARION DE) naquit le 28 octobre 1769, à Rennes, d'une famille noble. Son père, qui maintes fois avait eu occasion de défendre les droits et les intérêts de sa province, se trouva tout naturellement désigné, par ses antécédents, au choix de son ordre pour présider la noblesse aux états de Bretagne, lors des élections pour l'Assemblée nationale. Destiné à la carrière de la magistrature et à hériter d'une charge au parlement de Bretagne, le jeune de Keratry, après avoir terminé ses classes à Quimper, étudia le droit dans sa ville natale, où il se lia avec Moreau, alors prévôt de l'école de Rennes (1787). Quand éclata la révolution de 1789, il en embrassa les idées avec une conviction réfléchie. Son père étant venu à mourir sur ces entrefaites, il hérita d'une terre située dans le Finistère, appartenant depuis plusieurs générations à sa famille. De ce domaine, il adressa à l'Assemblée constituante une pétition en faveur du principe d'égalité dans le partage des successions. Peu après, en 1790, il vint à Paris, où il se lia avec Legouvé et Bernardin de Saint-Pierre; il publia en 1791, comme premier essai littéraire, un recueil de *Contes et Idylles* (in-12), dans le goût de Gessner, que La Harpe mentionna avec éloge. Quand vint la terreur, il se vit assigné aux vengeances du parti dominant, et fut incarcéré par ordre de Carrier. Heureusement, quelques amis de collége intervinrent pour obtenir son élargissement; mais les proscripteurs se ravisèrent bientôt, et, après le 21 janvier 1793, il eut à subir une autre détention de quatre mois. Réclamé par les habitants de sa commune, qui se portèrent caution de son civisme, il eut de nouveau le bonheur d'être rendu à la liberté.

A partir de ce moment, jusqu'aux premières années de la Restauration, il vécut éloigné des affaires publiques, tout entier à la culture des lettres et de la philosophie, payant d'ailleurs sa dette à ses concitoyens en remplissant dans sa commune de modestes fonctions municipales.

En 1818 l'horizon de ses devoirs s'agrandit : il fut élu par le Finistère à la chambre des députés, et vint y grossir les rangs des défenseurs des libertés publiques. La presse militante le comptait déjà depuis longtemps au nombre de ses athlètes; et quand, en 1822, les intrigues ministérielles parvinrent à l'écarter de la représentation nationale, il continua, dans *Le Courrier français*, dont il avait été l'un des fondateurs, et dont jusqu'en 1830 il resta l'un des rédacteurs les plus assidus, la lutte engagée entre le progrès et l'obscurantisme. Les élections de 1827 lui rendirent le mandat électoral, qu'il avait si dignement rempli pendant quatre sessions. Déjà, soupçonné un instant d'avoir trempé dans la conspiration de Saumur, il avait été cité, avec trois de ses collègues de la chambre, dans un des réquisitoires du procureur général de Poitiers, Mangin. Il réclama devant la justice et s'associa à Benjamin Constant pour publier un exposé de leur conduite. Dans *Le Courrier français*, ses attaques avaient été si vives, qu'elles le firent traduire deux fois en cour d'assises, où, grâce à l'adresse et à l'énergie de ses défenses, il fut deux fois acquitté.

Dès lors et jusqu'à la révolution de 1830 le député breton continua de combattre sous toutes les formes, dans toute occasion, pour la cause du libéralisme. Il vota avec les *deux cent vingt-et-un* l'adresse au roi Charles X, signa le 27 juillet la protestation des députés de la gauche résidant à Paris contre les ordonnances du 25, et prit une part active à tous les actes qui amenèrent l'établissement du nouveau gouvernement. Aussi fut-il appelé à faire partie du conseil d'État, dont il ne tarda pas à devenir l'un des vice-présidents. Nommé plus tard membre de la chambre des pairs, il apporta dans cette assemblée la maturité de vues, la sagesse d'opinions et l'amour éclairé du bien public qui avaient été constamment les guides de sa conduite politique. Quand la surprise de février 1848 vint si inopinément renverser un régime qu'on croyait plus solidement établi qu'il ne l'était, il se réserva de voir à l'œuvre les glorieux vainqueurs qui promettaient si intrépidement de faire à tout jamais le bonheur de son pays, avant de les condamner sur la simple inspection des principes qu'ils inscrivaient sur leur drapeau. Mais quand parurent les fameuses circulaires de M. Ledru-Rollin, il tint à honneur de se séparer avec éclat d'un régime qui ne pouvait être que la triste contrefaçon des plus mauvais jours de notre première révolution. Il envoya donc à ce ministre sa démission des fonctions de conseiller d'État, en protestant avec une patriotique et généreuse indignation contre le régime de terreur que l'on prétendait imposer au pays.

Les suffrages de ses concitoyens le récompensèrent de cette noble conduite, aussitôt qu'expirèrent les pouvoirs de la Constituante de 1848 : malgré ses quatre-vingt-un ans, il devint l'un des membres les plus actifs de l'assemblée législative issue des élections générales de 1849. L'honneur même de la présider comme doyen d'âge au début de ses travaux, lui échut, et le discours qu'il prononça alors fit une vive impression, en même temps qu'il souleva les colères des hommes du parti avancé. Il siégeait encore au 2 décembre, et dut alors rentrer dans la retraite.

La liste des ouvrages qu'il a publiés depuis ses *Contes et idylles* serait trop longue. Qu'il nous suffise de citer : *Le Voyage de vingt-quatre heures* (1800); *Lusus et Cydippe* (1801, 2 vol.); *Mon habit mordoré* (1802, 2 vol); *Ruth et Noémi* (1811); *De l'existence de Dieu et de l'immortalité de l'âme*(1815); *Inductions morales et philosophiques* (1817); *Du Beau dans les arts d'imitation* (1822, 3 vol.); *Examen philosophique de Kant* (1823); *Le Guide de l'Artiste et de l'Amateur* (1823); *Le Dernier des Beaumanoir* (1824, 4 vol.); *Frédéric Styndall, ou la Fatale année* (1827, 5 vol.); *Saphira* (1836, 2 vol.) ; *Une Fin de siècle* (1829, 2 vol.); M. de Keratry a été l'un des plus actifs collaborateurs du *Dictionnaire de la Conversation*.

KÉRAUNOSCOPIE (du grec κέραυνος, foudre, σκοπέω, je regarde), divination par l'observation de la foudre.

KERMAN. Voyez KARAMANIE.

KERMÈS, genre d'insectes hémiptères, de la famille des gallinsectes. Ils diffèrent très-peu des cochenilles. Le corps des femelles est plus aplati, et ses anneaux demeurent distincts, même après la ponte. On connaît différentes espèces de kermès vivant sur les myrtes, les orangers, les citronniers, les pêchers, les coudriers, etc. Mais celle que l'on peut regarder comme type du genre vient sur les feuilles épineuses et sur les tendres rejetons d'une petite espèce de chêne vert; c'est elle que l'on nomme vulgairement cochenille du chêne vert (*coccus ilicis* , Linné; *lecanium ilicis* , Illiger). Lorsque les femelles sont jeunes, elles ressemblent assez aux cloportes, et pompent leur nourriture en enfonçant leur trompe dans l'écorce de l'arbre. A cette époque-là elles peuvent encore courir avec rapidité; mais lorsque l'insecte a acquis son développement, il paraît comme une petite coque sphérique membraneuse, attachée à l'arbrisseau : c'est là qu'il doit vivre jusqu'à sa mort.

On distingue dans la durée de la vie de cet utile hémiptère trois époques : pendant la première, qui a lieu au commencement du printemps, il est d'un très-beau rouge, presque entièrement enveloppé d'une espèce de coton qui lui sert de nid, et dont la nature, selon Chaptal, se rapproche beaucoup de celle du caoutchouc; la deuxième époque commence lorsque l'insecte a pris tout son développement, et que le coton qui le couvrait s'est étendu sur son corps, sous la forme d'une poussière grisâtre : il semble alors être une simple coque remplie d'un suc rougeâtre; enfin, le kermès arrive à son troisième état vers le milieu ou à la fin du printemps de l'année suivante : on trouve alors sous son ventre près de deux mille petits grains ronds, qui sont les œufs, une fois plus petits que les semences de pavot; ils sont remplis d'une liqueur rouge; vus au microscope, ils semblent parsemés de points brillants couleur d'or. Il y a des œufs blancs et rouges d'où sortent des petits d'une couleur semblable. Les habitants de Languedoc les nomment *mères du kermès*; il suffit de secouer ces œufs pour en faire sortir les petits, qui se dispersent sur l'ilex, et s'y fixent plus tard pour être soumis aux mêmes lois que celui qui leur a donné le jour.

La récolte du kermès se fait avant le jour, aux mois de mai et de juin. Ce sont ordinairement des femmes qui vont enlever l'insecte de dessus les branches avec la main. Il y a le matin un moins grand nombre de petits d'éclos, et les piquants, ramollis par la rosée, ne font pas autant de mal.

Le kermès fournit à la teinture une belle couleur rouge, que l'on a remplacée, il est vrai, par la cochenille, mais non d'une manière absolue ; car avec la cochenille on n'obtient pas ce reflet pourpre que donne le kermès.

Nous avons omis de dire que l'on arrête le développement des œufs en exposant le kermès à la vapeur de vinaigre.

C. FAVROT.

KERMÈS MINÉRAL. La grande vogue qu'a obtenue ce médicament est aujourd'hui presque tombée dans l'oubli. En effet, à l'époque de sa découverte, en 1714, on le regardait comme le remède à tous les maux, et chacun voulait se traiter avec la *poudre des chartreux*, nom qui lui venait de ce qu'un frère de cet ordre, nommé Simon, qui, disait-on, avait opéré avec lui des cures miraculeuses. En 1720, le gouvernement acheta le procédé de sa préparation d'un chirurgien français nommé La Ligerie ; mais Lemery apporta au procédé de ce chirurgien une modification qui rendait beaucoup plus facile la préparation de ce médicament; c'est encore aujourd'hui le même moyen que l'on emploie, parce qu'avec lui on obtient un très-beau produit. Pour cela, on fait bouillir 1 partie de sulfure d'antimoine avec 25 parties de carbonate de soude cristallisé dans 250 parties d'eau pendant une demi-heure ; on filtre et on laisse refroidir la liqueur dans des terrines couvertes et préalablement passées dans l'eau bouillante ; on lave ensuite à l'eau distillée le kermès qui s'est déposé, puis on le sèche dans une étuve à une température de 25 à 30 degrés. Le kermès ainsi préparé se présente sous forme d'une poudre d'un pourpre foncé, d'un aspect brillant au soleil, d'une apparence cristalline, très-veloutée et fort légère. Il faut avoir soin de le préserver de l'action des rayons lumineux, qui lui donnent bientôt une teinte blanche, et par conséquent altèrent la beauté de sa couleur, qui en fait le prix.

Ce kermès a été analysé par M. Henri fils, qui l'a trouvé formé de protosulfure d'antimoine, de protoxyde d'antimoine, d'eau et d'un peu de soude : cette petite quantité de soude a cependant soulevé une longue discussion entre les chimistes ; car, d'après les théories qui avaient été admises d'abord, on n'avait pas parlé de ces traces de soude, qui, après les analyses plus exactes, sont venues compliquer les résultats et soulever un problème qui n'est point encore résolu ; nous n'entrerons pas dans cette discussion, qui ne nous mènerait à rien ; nous nous contenterons de dire que la plupart des chimistes regardent le kermès comme un oxysulfure d'antimoine hydraté. Cette opinion, cependant, n'est point sans objection ; mais nous nous rangeons de l'avis du plus grand nombre jusqu'à ce que de nouvelles théories viennent remplacer celles qui sont admises jusqu'à présent.

On peut obtenir également un kermès identique avec le précédent, mais moins beau, en substituant au carbonate de soude le carbonate de potasse : les proportions et le procédé sont les mêmes. Le kermès obtenu par les alcalis caustiques présente une différence sensible quand on le compare aux précédents; aussi ne le prépare-t-on jamais à l'aide de ce procédé. Quant au kermès par la voie sèche, qui consiste à chauffer au rouge, dans un creuset, du carbonate de potasse et du sulfure d'antimoine, on ne l'emploie jamais en pharmacie, parce que le produit qui en résulte est un kermès qui ne jouit pas des mêmes propriétés que les précédents et à un même degré.

Le kermès est beaucoup moins employé maintenant qu'autrefois, parce qu'on a reconnu que l'on avait trop généralisé ses vertus médicinales. Il est surtout en usage comme expectorant. C. FAVROT.

KERMESSE, des mots flamands *kerk* et *mes*, fête de l'église patronale, et, par extension, fête annuelle de la commune. Dans les pays wallons on nomme ces fêtes *ducasse*. C'est en ces occasions que les vieilles mœurs de la Flandre se déploient encore dans toute leur naïveté, et que des représentations bizarres rappellent des mythes et des traditions dont le sens est aujourd'hui oublié. A Cambray, à Bruxelles, à Anvers, à Ath, des géants figurent à la kermesse; à Mons, saint Georges y combat un énorme dragon. Notre collaborateur de Reiffenberg est un des écrivains qui ont jeté le plus de jour sur ces vieux mystères, dans ses volumineuses et savantes introductions à la chronique rimée de Ph. Monskés, du *Chevalier au Cygne* et du roman de *Gilles de Chin*.

Un tableau capital de David Téniers, que l'on admire au Louvre, représente une kermesse flamande. Il faut convenir que si la peinture a perdu quelque peu, les mœurs ont gagné et sont devenues moins grossières, même dans les dernières classes de la société.

KERRY, comté formant l'extrémité sud-ouest de l'Irlande, dans la province de Munster, situé entre l'embouchure du Shannon, les comtés de Limerick et de Cork et l'océan Atlantique; ses côtes sont profondément échancrées par un nombre infini de baies, dont les plus considérables sont celles de Kenmare, de Dingle et de Tralee, et entourées d'une foule d'îlots, dont le plus important est celui de Valentia. En y comprenant ces îlots, le comté de Kerry contient 58 myriamètres carrés, dont plus de la moitié en montagnes, en bois et en terres non susceptibles de culture. C'est une des contrées les plus montagneuses de l'Irlande, riche en beautés naturelles du premier ordre, qui lui ont fait donner le surnom de *Suisse d'Irlande*. Ceci est surtout vrai de sa partie sud. Le *Mangerton*, au sud-ouest de Killarney, atteint une altitude de 800 mètres, on trouve sur son sommet un petit lac appelé *le Bol de punch du Diable*. Les *Macgillicuddy's Reeks* occidentaux présentent au *Carran Tual* une hauteur de 1,066 mètres; c'est le point le plus élevé de toute l'Irlande. Après le Shannon les cours d'eau les plus considérables du comté sont le Cashen, le Mang, le Roughan et la Lena. Cette dernière déverse dans la baie de Dingle les eaux du plus ravissant lac de l'Irlande, le *Lough-Killarney* ou *Lean*, qui a ses trois bassins couvre une surface de quatre à cinq myriamètres carrés et contient un grand nombre de petites îles. Le lac supérieur, au nord-ouest du Mangerton, est entouré de montagnes très-élevées, aux formes les plus tourmentées, de fondrières garnies de bois épais et d'une ceinture de rochers de l'effet le plus grandiose. Dans le bassin du milieu, dit *lac de Muckruss*, se trouve la jolie petite île de Dynisch, et la presqu'île de Muckruss fait dans le lac une vive saillie, au sommet de laquelle on découvre, entre des massifs de chênes et de tilleuls, les ruines de l'abbaye gothique de Muckruss. Le lac inférieur, le plus grand et le plus beau de tous, est très-profond. Ses rives se composent tantôt de hauteurs boisées, et tantôt de montagnes complètement nues. Il reçoit une chute d'eau de 23 mètres d'élévation totale, partagée en trois étages, l'*O'Sullivan-Cascade*, et renferme beaucoup de petites îles, par exemple le *Ross-Island*, avec des mines de plomb et de cuivre, et la belle et fertile île d'Innisfall, où l'on voit les ruines d'un ancien couvent, et où, par suite de la douceur de la température et de la fréquence des pluies, l'arbousier toujours vert s'élève jusqu'à sept mètres de hauteur. Au nord de cette romantique région de montagnes et de lacs, derrière la baie de Dingle, s'étend la plaine centrale du Kerry, à l'extrémité de laquelle on rencontre encore une région très-accidentée. Le sol y est d'une fécondité remarquable, et produit surtout du froment. Cependant l'agriculture y est encore fort arriérée; aussi l'élève du bétail forme-t-elle avec ses divers produits la principale ressource des populations. Aujourd'hui encore elles n'ont en général pas d'autre langue que l'ancienne langue erse, et sont restées fermement attachées à leurs antiques coutumes de même qu'à leurs vieilles superstitions. Dans les dix années de 1840 à 1850, leur chiffre a diminué de 19 p. 100; il n'est plus maintenant que de 238,000 âmes.

Le chef-lieu du comté, *Tralee*, sur la baie du même nom, compte 10,000 habitants, qui font un commerce assez considérable d'huîtres, de harengs et de grains. Le bourg de *Killarney*, sur les bords du lac du même nom, a 8,000 habitants. On y trouve une exploitation de mines de plomb et le château de Ross. Il y a 5,000 habitants à *Dingle*, petit port sur la baie de ce nom. Au sud de l'entrée de cette baie, on trouve l'île de *Valentia*, séparée de l'Irlande par un étroit bras de mer, et avec un bon port, qu'un chemin de fer de 28 myriamètres de long doit relier prochainement à Dublin.

KERTSCH. On désigne ainsi la partie orientale de la Crimée, qui, avec la presqu'île de Taman, située en face, et dépendant de la Caucasie, forme le détroit de Kertsch ou de *Iénikalé*, appelé aussi détroit de *Kaffa* ou de *Féodosia*, lequel sépare la mer Noire de la mer d'Azof. Outre les quatre antiques et célèbres villes de Kaffa, de Kertsch, de Iénikalé et d'Arabat (*Zenonis Chersonesus*), on y trouve à chaque pas des ruines qui rappellent l'époque grecque et romaine, la domination si florissante des Vénitiens et des Génois au moyen âge, et enfin celle des Tatares, qui avaient fondé là un khanat.

La ville de *Kertsch*, dont le territoire, avec celui de Iénikalé, qui l'avoisine, forme un gouvernement particulier d'un myriamètre carré de superficie, avec une population d'environ 12,000 âmes, composée de Russes, de Grecs, d'Italiens, d'Arméniens, de Tatares, de Tscherkesses, de Juifs et d'Allemands, s'appelait autrefois *Panticapæum*, et était alors la capitale du royaume du Bosphore cimmérien, fondé vers l'an 480 av. J.-C. par un certain Archæanax, et qui vers l'an 450 passa sous la domination du Thrace Spartacus, dont la postérité y régna jusqu'à l'an 115, époque à laquelle Mithridate le Grand, dont les possessions dans le Pont touchaient au Bosphore cimmérien, le reçut des mains du dernier rejeton de la dynastie fondée par Spartacus. C'est à *Panticapæum* que Mithridate périt, de la main d'un Gaulois, après avoir vainement tenté de s'empoisonner. Elle continua de demeurer la capitale du royaume de Pont jusqu'au règne de Justinien. Au temps du concile de Nicée, elle devint le siége d'un évêché, et la résidence d'un évêque des Goths; au neuvième siècle elle fut érigée en archevêché. En 1333 le devint un archevêché latin, dont la juridiction s'étendait jusqu'à la Géorgie. Au quatorzième siècle les Génois s'emparèrent de *Panticapæum*; et dès lors son nom se trouva successivement transformé dans les chroniques en *Cesco*, *Bospro*, *Pandico* et *Apromonte*. Les Turcs s'en emparèrent en 1426, et la nommèrent *Ghirtish*, d'où est dérivé le nom de *Kertsch* ou *Kertsché*, qu'elle a conservé après avoir été prise par les Russes, en 1771.

Kertsch est dans une situation magnifique. Elle possède un port vaste et sûr, qui a été déclaré port franc en 1822. Toutefois, le commerce n'y était pas bien actif, quoique dans ces derniers temps sa population se fût singulièrement accrue; on l'évaluait à 12,000 âmes au début de la guerre d'Orient. La pêche et l'extraction du sel des lacs voisins y donnent lieu à un important mouvement d'affaires. La culture des câpres et de la vigne, l'élève du bétail, et plus particulièrement des chèvres et des moutons, y ont lieu sur une très-large échelle. De nombreuses ruines de colonnades, qu'on rencontre aux environs de la ville, indiquent peut-être l'endroit où s'élevait jadis le palais de Mithridate, que rappellent encore le tombeau de Mithridate (la colline d'Or, *Altun obo*), le siége de Mithridate, le jardin de Mithridate, etc. On peut dire d'ailleurs qu'il n'y a pas dans toute la Crimée d'endroit où l'on rencontre autant d'antiquités qu'à Kertsch. Il n'est pas rare de trouver dans les murailles des plus modestes chaumières de paysans de précieux débris de bas-reliefs, de colonnes et d'inscriptions antiques.

La citadelle qui défend le port est célèbre par une antique cathédrale, dont on fait remonter la fondation à l'époque de la domination des Génois. Sur le sommet de la montagne, non loin de Iénikalé, s'élève un phare. La ville possède aussi un établissement de quarantaine, mais bien inférieur, sous le rapport du grandiose et de la magnificence des constructions, à celui qui existe à Kaffa.

Le 25 mai 1855, la ville de Kertsch tombait sans coup férir aux mains d'une expédition anglo-turco-française, commandée par le général Brown, qui avait sous ses ordres 7,000 Français, 5,000 Turcs et 3,000 Anglais. Les Russes s'étaient retirés en faisant sauter les fortifications et leurs magasins.

KESSEL (Jan van) l'aîné, célèbre peintre de paysages, de fleurs et d'animaux, de l'école hollandaise, naquit à Anvers, en 1626, fréquenta l'atelier de Téniers, et à partir de 1680 vécut en Espagne, où il mourut.

KESSEL (Jan van) le jeune, fils ou plus vraisemblablement neveu du précédent, né à Anvers, en 1644, mort à Madrid, en 1708, fut l'un des plus remarquables peintres de portraits de son époque, et s'était si complétement approprié la manière de Van Dyck, qu'on confond souvent ses œuvres avec celles de ce grand peintre. Étant allé s'établir en Espagne, il fut nommé en 1686 par Charles II peintre de sa cour, et il y exécuta entre autres, à diverses reprises, les portraits des deux épouses de ce prince, Marie-Louise d'Orléans et Marie-Anne palatine. La collection du Louvre possède aujourd'hui de lui un remarquable portrait de cette princesse, quand elle fut devenue veuve. A en juger par cette toile, Van Kessel le jeune s'était approprié la morbidesse du coloris espagnol. On a aussi de lui quelques pages historiques ; c'est ainsi qu'il y a de lui à l'Alcazar de Madrid une histoire de Psyché.

KETMIE, genre de plantes de la famille des malvacées, ayant pour caractères : Périanthe polyphylle ; cinq stigmates ; capsules soudées, polyspermes.

La *ketmie des jardins* (hibiscus Syriacus, L.), arbrisseau originaire de la Syrie, s'élève de 1m,50 à 2m,50. Ses fleurs, de même forme que celles de la rose trémière, sont selon les variétés, rouge simple, pourpre violet, ou encore blanches avec l'onglet d'un rouge vif, etc.

La *ketmie rose de Chine* (hibiscus rosa sinensis, L.), arbrisseau de 1 à 2 mètres de hauteur, est une des plus belles espèces du genre. Ses grandes fleurs, qui se succèdent pendant tout l'été, doublent facilement par la culture. Elles sont d'un rouge vif ; on en a des variétés jaunes, blanches, etc.

La *ketmie musquée* (hibiscus abelmoschus, L.) est un arbrisseau de l'Inde, à fleurs de couleur soufre, à gorge brune. Ce sont ses graines qui sont connues dans le commerce sous le nom d'*ambrette*.

La *ketmie comestible* (hibiscus esculentus, L.) vulgairement *gombaud* ou *gombo*, offre un fruit mucilagineux, qui coupé par tranches, et préparé comme les petits pois, se mange en Syrie et aux Antilles. On commence à cultiver cette espèce dans les départements du Var et de la Gironde. Ses fleurs sont d'un jaune pâle soufré, avec l'onglet des pétales, qui est pourpre. Notre collaborateur Virey trouvait dans leurs graines torréfiées une succédanée du café, ayant sur celui-ci l'avantage de n'affecter nullement les nerfs.

Le genre *ketmie* renferme encore un grand nombre d'espèces cultivées dans nos jardins comme plantes d'ornement.

KEW, village du comté de Surrey, à 6 kilomètres environ de Londres, avec un château royal et l'un des plus riches jardins botaniques du monde. Cet établissement a surtout pour but de recevoir des plantes utiles nouvellement découvertes ou rares, et d'en propager la culture dans les provinces d'Angleterre surtout. Sa splendeur ne date guère d'ailleurs que de l'année 1842, époque où un botaniste célèbre, sir William Hooker, fut appelé à le diriger. L'emplacement qu'il occupe, qui sous Georges III n'était que de 5 acres de terre, était évalué en 1851 à plus de 200 acres ; cette même année, l'herbier comprenait environ 150,000 espèces. On y rencontre les plantes les plus rares et les plus belles de toutes les parties de la terre, notamment de l'Amérique du Nord et du Sud, de l'Inde, du Tibet, de la Chine, du Japon et de l'Australie. Sa grande serre chaude n'a pas moins de 121 mètres de long, et contient presque 1 acre de verre. On y trouve aussi un grand nombre d'autres serres, telles qu'une serre à palmiers, etc, un *arboretum*, un *museum*, un observatoire. La somme portée au budget de l'État pour subvention à ce bel établissement est d'environ 7,000 liv. st. (175,000 fr.). L'entrée en est gratuite et publique ; ou 1850 le nombre des visiteurs avait été de 179,027 ; en 1841, il n'était encore que de 9,174. Le directeur, William Hooker, a publié un très-utile *Guide to the botanic gardens at Kew*.

REXHOLM, petite ville du grand-duché de Finlande, bâtie dans une île du Wuoxa, qui s'y jette dans le lac de Ladoga. Elle est pourvue d'un château bien fortifié, et qui, au temps où la Finlande appartenait à la Suède, était considérée comme l'un des boulevards du royaume contre les envahissements de la Russie.

KEYS. *Voyez* FLORIDE.

KEYSER (Nicaise De), l'un des peintres d'histoire les plus distingués de la Belgique, né en 1813, à Sandvliet, province d'Anvers, élève de l'Académie des Beaux-Arts de cette ville, commença par être berger, et fut ensuite placé à l'École des Beaux-Arts d'Anvers par un protecteur généreux qui avait remarqué les grandes dispositions de l'enfant pour les arts du dessin. Son premier ouvrage qui attira l'attention du monde artistique fut un *Christ sur la croix*, commandé pour l'église catholique de Manchester. Cependant dans cette grande page, De Keyser s'était beaucoup trop attaché à la reproduction presque servile de la manière de ses deux modèles, Rubens et Van Dyck. Il fit preuve de plus d'indépendance et s'éleva jusqu'à une hauteur de talent vraiment prodigieuse pour son âge dans sa *Bataille de Courtray*, grande page historique qui excita l'admiration universelle à l'exposition qui eut lieu à Bruxelles en 1836. On vit dès lors en lui un redoutable rival de Wappers, autre gloire nationale de la Belgique. Sa réputation devint européenne quand parut sa *Bataille de Worringen*, terminée en 1839, qui orne aujourd'hui le palais de la Nation à Bruxelles, et qu'on considère à bon droit comme le chef-d'œuvre de l'école belge. Sa production récente la plus importante est une *Sainte Élisabeth distribuant des aumônes*, achetée par le roi Léopold. Le style de De Keyser, comme celui des peintres de la même école, a surtout pour but l'étude des grands maîtres de l'école hollandaise. On ne saurait non plus y méconnaître l'influence de la nouvelle école française, bien qu'il ait su se garder des excès dans lesquels elle est tombée.

KHAIREDDIN. *Voyez* BARBEROUSSE II.

KHALIFES, KHALIFAT. Les successeurs de Mahomet prirent le titre de khalifes comme souverains des vrais croyants en même temps que comme leurs chefs spirituels. Les historiens du moyen âge, qui écrivaient en latin, appelèrent en conséquence *khalifat* l'empire fondé par les Arabes, et qui peu de siècles après surpassait en étendue l'empire romain lui-même. En sa qualité de prophète de Dieu, Mahomet s'était fait le chef spirituel et temporel de son peuple. Comme il ne laissa point d'héritiers mâles et qu'il négligea en mourant de décider quel devait être son successeur, sa mort amena de longues et sanglantes querelles, jusqu'à ce qu'enfin *Abou-Bekr*, son beau-père, l'emporta sur Ali, gendre et cousin du Prophète, à qui par conséquent il succéda en l'an 632 de notre ère. En cette qualité il prit le titre de *Khalifet Resoul Allah*, c'est-à-dire représentant du prophète de Dieu. Après avoir triomphé de ses ennemis intérieurs, il entreprit aussitôt avec l'aide de Kaled, son général, de propager par le glaive les doctrines de l'islamisme chez ses voisins. Une immense armée, appelée à la guerre sainte, pénétra alors en Syrie. Elle remporta d'abord une grande victoire, mais elle fut battue ensuite à diverses reprises par les Byzantins. Puis, ayant réussi à s'établir en Syrie, grâce à la trahison, elle entreprit, sous la direction de Chalid, le siége de Damas; et après avoir successivement battu deux grandes armées envoyées au secours de la place par l'empereur de Byzance, Héraclius, elle s'en empara, en 633.

En vertu du testament d'Abou-Bekr, *Omar*, autre gendre du Prophète, fut le second khalife (633-643); et à bien dire, c'est lui qui fonda le khalifat. Il confia le commandement des guerriers de l'islamisme, à Abou-Oubéid, homme beaucoup plus humain que Chalid, et qui acheva, en 638, la soumission de la Syrie. Amrou, autre lieutenant d'Omar, ne fut pas moins heureux en Égypte, qu'il subjugua complétement de 638 à 640. En 636, Jérusalem ayant été obligée de demander à capituler, Omar s'y rendit en personne, et régla lui-même les conditions de la capitulation qui servit de modèle pour tous les traités que les mahométans conclurent ensuite avec les chrétiens qu'ils assujettissaient à leur puissance. C'est Omar qui construisit Bassora (636) et Kufa, qui introduisit la chronologie de l'*hégire* et qui dota de biens fonds (*wakfs*) les mosquées et les écoles. Il prit d'abord le titre de *Émir al Moumenin*, c'est-à-dire princes des croyants, titre dont héritèrent tous les khalifes suivants, et que les Européens transformèrent en *Miramolin*.

Après l'assassinat d'Omar par un esclave, un conseil de six hommes désignés par lui à son lit de mort, élut pour troisième khalife (643-654), encore une fois à détriment d'Ali, *Othman*, autre cousin du Prophète. Sous lui, l'empire des Arabes parvint rapidement à un incroyable degré de grandeur et de prospérité. En 646 ils introduisaient par la force des armes l'islamisme en Perse, et pénétraient également en Afrique, tout le long de la côte septentrionale, jusqu'à Ceuta. Mais Chypre, prise en 647, leur échappa deux ans plus tard. Les Byzantins, aidés par les populations indigènes, réussirent aussi à reconquérir toute l'Égypte; et il fallut les plus grands efforts pour les en expulser de nouveau. Ces échecs étaient le résultat des fautes d'Othman, qui, bien moins habile et prudent qu'Omar, confiait le commandement des provinces non pas aux plus dignes, mais à des favoris. Le mécontentement dont il était l'objet provoqua une insurrection, qui se termina par son assassinat.

L'élection d'*Ali-Ben-Ali-Taleb*, qui fut le quatrième khalife (654-660), eut lieu à Médine, et fut l'œuvre de la population de cette ville. Les *Chyites* le considèrent comme le premier imam ou grand-prêtre légitime, et ils vénèrent lui et son fils Hassan presque autant que le Prophète. Ali eut constamment à lutter contre des ennemis intérieurs, de sorte qu'il lui fut impossible de continuer les conquêtes de ses prédécesseurs. Aïscha, la veuve du Prophète, lui fut particulièrement hostile; son autorité suprême fut contestée par Tellah, par Zobéir et surtout par Moawijah, le puissant gouverneur de Syrie, qui l'accusaient d'avoir été l'instigateur secret de l'assassinat d'Othman. Ali réussit à les battre, et dans la mêlée Zobéir et Tellah perdirent même la vie; mais il lui fut impossible d'empêcher Moawijah et son ami Amrou de s'emparer de la Syrie, de l'Égypte et même d'une partie l'Arabie. Il périt en 660, assassiné par un fanatique. Son fils, le bon *Hassan*, que les Chyites considèrent comme le second imam ou grand-prêtre légitime, ne se sentit pas de force à défendre contre Moawijah le khalifat dont il héritait, et abdiqua en 661.

Le nouveau khalife, *Moawijah Ier* (661-680), transféra, en 173, le siége du khalifat de Médine, où, à l'exception d'Ali, avaient résidé tous les autres khalifes, à Damas, chef-lieu de son ancien gouvernement. C'est avec lui que commence la dynastie des Oméiades. Après avoir, tout au début de son règne, étouffé une insurrection des Karedjites et une révolte à Bassora, il songea à en finir avec l'empire byzantin. Son fils Jésid traversa l'Asie Mineure sans presque rencontrer de résistance, puis, après avoir franchi l'Hellespont, mit le siége devant Constantinople; mais en 669 il fut obligé de le lever. Son lieutenant Oubéid fut plus heureux dans le Khorassan contre les Turcs. Après les avoir battus, il pénétra en 673 dans le Turkestan, et fit d'importantes conquêtes en Asie Mineure. Si Moawijah Ier agrandit l'empire des khalifes, il chercha aussi à l'organiser. A cet effet il institua le khalifat héréditaire, et en 679 il fit reconnaître de son vivant même son fils Jésid en Syrie et dans l'Irak. Mais *Jésid* (680-683) ne déploya pas l'habileté de son père; les villes saintes de La Mecque et de Médine, qui, tant que les khalifes avaient résidé dans cette dernière, avaient exercé une influence prépondérante sur leur élection, refusèrent de le reconnaître. Les mécontents se partagèrent entre Hassan et Abdallah, fils de Zobéir. Une révolte des habitants de l'Irak en faveur de Hassan, révolte à la tête de laquelle étaient placés Moslem et Hani, fut étouffée, et Hassan fut battu et tué.

Jésid eut pour successeur dans le khalifat son fils *Moawijah II* (683), qui peu de mois après abdiqua le pouvoir ou mourut. Pendant que l'Arabie, l'Irak et l'Égypte menaçaient de se constituer en empires indépendants, l'Oméiade *Merwan Ier* se faisait reconnaître à Damas, d'abord comme administrateur de l'empire, puis en qualité de khalife; et il se maintint, en dépit de nombreuses révoltes, jusqu'au moment où il périt, assassiné par Chalid, fils de Jésid, qu'il avait exclu de la succession de son père. D'ailleurs, il ne put empêcher Abdallah-ben-Zobéir, de se poser en antikhalife dans une partie de l'empire, notamment en Arabie et en Perse.

Sous *Abdalmelek* (685-705), fils de Merwan, Mokthar, qui leva l'étendard de la révolte contre les deux khalifes, se posa en prophète, se fit reconnaître à Kufa, et fut vaincu en 686 par Abdallah; mais celui-ci n'en devint que plus redoutable à Abdalmelek. Pour pouvoir plus librement combattre son adversaire, Abdalmelek conclut avec l'empereur Justinien II un traité de paix, en vertu duquel il s'engagea à lui payer un tribut annuel de 50,000 pièces d'or. Ensuite il marcha contre Abdallah, prit La Mecque, après un assaut dans lequel Abdallah trouva la mort, et réunit ainsi de nouveau tous les mahométans sous l'autorité d'un seul et même souverain. Cependant l'insubordination de quelques-uns de ses gouverneurs de province fut encore pour lui la cause de nombreux embarras. C'est le premier khalife qui ait fait battre monnaie. Sous *Valid Ier*, son fils (705-716), qui protégea les sciences et les arts et favorisa plus particulièrement l'architecture, l'empire des khalifes atteignit l'apogée de sa grandeur. C'est pendant son règne que les Arabes conquièrent en 707 le Turkestan, en 710 la Galatie, et en 711 l'Espagne. Son frère et successeur, *Soliman* (715-717), prince fainéant et crapuleux, mais très-vanté par les orthodoxes, fit assiéger Constantinople par son frère Moslema: mais ses deux flottes furent successivement anéanties par l'ennemi à l'aide du feu grégeois. Il fut plus heureux dans ses efforts pour soumettre la Géorgie.

Omar II, désigné par Soliman comme son successeur (718-721), excita le mécontentement des Oméiades par ses sentiments de tolérance à l'égard des Alides, attendu qu'il supprima la formule de malédiction jusque alors en usage contre les partisans d'Ali, et fut assassiné. *Jésid II*, qui lui succéda, également en vertu de l'acte de dernière volonté de Soliman (721-723), adonné aux plaisirs et à tous les excès de la volupté, mourut de douleur d'avoir perdu une de ses maîtresses, tandis que des révoltes continuelles affaiblissaient de plus en plus l'empire des khalifes. Son frère *Hescham* (723-742), prince qui, quoique voluptueux, possédait les qualités nécessaires à un souverain, et qui, pendant que ses généraux battaient les Grecs en Asie Mineure et les Turcs 1 s l'Asie centrale, s'occupait activement de l'administration de son empire, eut à défendre son titre de khalife contre les entreprises de l'Alide Zéïd, petit-fils de Hassan. Celui-ci fut, il est vrai, vaincu et tué ; mais Hescham ne tarda pas à avoir à combattre de non moins redoutables ennemis dans les Abassides, descendants d'Abbas, oncle du prophète. Sous le règne de Hescham, les progrès des Arabes dans l'Occident furent arrêtés par *Charles Martel*, qui les battit à Tours, en 732, et anéantit leur armée à Narbonne, en 736. Le voluptueux *Valid II* (742-743) périt assassiné après un règne d'un an. Après les règnes éphémères de *Jésid III* et d'*Ibrahim* (744), *Merwan II* fut proclamé khalife. La dynastie des Oméïades finit avec lui en Asie. Les excès et l'irréligion de ses derniers représentants les avaient rendus si odieux que l'esprit de révolte ne fit qu'aller en croissant. Les Abassides, plus heureux que les Alides, réussirent dès lors sans difficulté à renverser une dynastie de plus en plus dégénérée. Dès l'an 720 environ, Mohammed, arrière-petit-fils d'Abbas, avait élevé des prétentions au khalifat, parce qu'il était plus proche descendant du Prophète que les Oméïades. Les populations du Khorassan, qui toujours s'étaient montrées hostiles aux Oméïades, se déclarèrent en sa faveur, et arborèrent l'étendard noir des Abassides en opposition à l'étendard blanc des Oméïades. Son fils Ibrahim fut vigoureusement soutenu par cette province ; mais fait prisonnier et plus tard mis à mort par Merwan II, il légua dans son cachot ses prétentions au khalifat à son frère Aboul-Abbas, et le nomma son successeur. Celui-ci ayant été proclamé khalife en Mésopotamie par les Hachémites (752), son oncle Abdallah prit les armes contre Merwan II, qui avait à ce moment précisément à comprimer une redoutable insurrection en Perse. Battu en deux rencontres, Merwan s'enfuit en Égypte, où il mourut peu après. Abdallah chercha ensuite traîtreusement à se débarrasser de tous les Oméïades dans une conférence qui devait se terminer par le plus horrible des carnages. Deux d'entre eux seulement s'échappèrent : Abderrahman, qui parvint à se réfugier en Espagne, où il fonda le khalifat indépendant de Cordoue (et un autre, qui se retira en Arabie, où il fut reconnu comme khalife et où ses descendants continuèrent de régner jusqu'au seizième siècle.

Le premier khalife de la nouvelle dynastie, *Aboul-Abbas* (752-753), qui résida à Anbar et plus tard à Haschemiah, dont il fut le fondateur, bien qu'innocent du massacre qui lui assurait le trône, reçut le surnom de Saffah, c'est-à-dire le Sanguinaire. Son frère et successeur *Abou-Djafar*, surnommé *al Mansor*, c'est-à-dire le Victorieux (753-775), trouva tout aussitôt des rivaux dans son propre oncle Abdallah, puis dans d'autres parents et amis, et surtout dans les Alides Mohammed et Ibrahim ; mais il eut le bonheur de les vaincre tous. Il s'attira également par son avarice un grand nombre d'ennemis, dont il eut le bonheur de triompher à force de ruse et d'habileté. Il dut son surnom à ses conquêtes en Arménie, en Cilicie et en Cappadoce. Persécuteur implacable des chrétiens, il se montra en même temps le protecteur des arts et des sciences. En l'année 764 il fonda sur les rives du Tigris la ville de Bagdad, où en 768 il transféra le siège du khalifat; et il mourut pendant un pèlerinage à La Mecque, laissant d'immenses trésors. Son fils et successeur *Al-Mahdi* (775-785), caractère plus noble et plus généreux, eut à lutter contre une révolte des populations du Khorassan ayant à leur tête le prétendu prophète Hakem. *Al-Hadi*, son petit-fils et successeur (785-786), eut à soutenir une lutte redoutable contre les Alides commandés par Hassan, arrière-petit-fils d'Ali, et mourut vraisemblablement de mort violente. Conformément aux prescriptions de la loi d'hérédité et d'après les dispositions arrêtées par Al-Mahdi lui-même, ce ne fut point son fils qui lui succéda, mais son frère *Haroun*, à qui ses flatteurs décernèrent le surnom de *Al-Raschid* (c'est-à-dire le Juste), à cause de ses brillantes qualités, et qui est resté si célèbre dans l'histoire par la protection éclairée qu'il accorda aux sciences et aux arts. Il partagea son empire entre ses trois fils. Mohammed-al-Amin (c'est-à-dire le Fidèle) devait, en qualité de seul khalife, régner sur l'Irak, l'Arabie, la Syrie, l'Égypte et le reste de l'Afrique; sous sa suzeraineté, Al-Mamoun eut la Perse, le Turkestan, le Khorassan et tout l'Orient ; Motassem, l'Asie Mineure, l'Arménie et toutes les contrées limitrophes de la mer Noire. Les frères puînés d'Amin devaient lui succéder dans le khalifat.

Mohammed-al-Amin (809-813), adonné à toutes les voluptés, abandonna son autorité à son vizir, qui, en haine d'Al-Mamoun, le détermina à désigner son fils comme son successeur et à expulser Motassem de la partie du territoire qui lui appartenait. De là une guerre cruelle entre les deux frères. Mais Taher, général d'Al-Mamoun, battit l'armée du khalife, s'empara de Bagdad, et en 813 fit mettre Amin à mort. *Al-Mamoun* (813-833) fut reconnu alors comme khalife. Plus noble dans ses goûts qu'Al-Amin, il protégea les arts et les sciences, mais comme lui abandonna à ses serviteurs l'administration de ses États et le commandement de ses armées. Le projet de transmettre le khalifat aux Alides, qu'il conçut pour complaire à son favori Ali-Riza, excita les puissants Abassides à se révolter contre lui. Ils le déclarèrent déchu du trône, et proclamèrent Ibrahim en qualité de khalife. Cependant, Ali-Riza étant venu à mourir, Al-Mamoun ayant renoncé à ses projets, ils reconnurent de nouveau son autorité. Al-Mamoun, qui s'écarta souvent des doctrines orthodoxes de l'islamisme, régna tout à fait à la façon des despotes de l'Orient. La poésie sous son règne dégénéra en panégyrique ; en revanche les sciences et l'érudition firent de grands progrès, grâce à l'appui qu'il leur accorda. Le grand empire de Arabes, divisé en un nombre infini de gouvernements, et qui s'étendait sur deux continents, devenait de plus en plus difficile à être gouverné par un seul homme. Déjà sous le règne d'Haroun-al-Raschid, en 800, les *Aglabites* avaient fondé un empire indépendant à Tunis; et les *Edrissides* avaient fait de même à Fez. En 821 Taher, gouverneur du Khorassan, se rendit également indépendant, et devint le fondateur de la dynastie des *Tahérides*. Son exemple fut bientôt suivi par un grand nombre d'autres gouverneurs de provinces. Al-Mamoun ne fut pas plus heureux dans sa lutte contre l'empire byzantin. Deux expéditions qu'il dirigea contre Constantinople échouèrent complètement. Il fit preuve de la plus grande tolérance à l'égard des nombreuses sectes religieuses qui existaient alors dans l'islamisme, sectes engagées continuellement dans de violentes querelles les unes avec les autres. Sous son règne les Arabes d'Afrique opérèrent vers l'an 830 la conquête de la Sicile et de la Sardaigne, où ils se maintinrent pendant près de deux siècles, jusqu'à ce que l'une leur fût enlevée, en 1035, par les Normands, et l'autre, en 1051, par les Pisans.

Motassem, appelé d'abord *Billahi*, c'est-à-dire par la grâce de Dieu (823-842), troisième fils d'Haroun, construisit, à 8 myriamètres environ de Bagdad, Samira, où il transféra sa résidence. Ce fut lui qui le premier prit à sa solde des mercenaires turcs dans ses expéditions contre les Grecs et contre les Persans révoltés. Les querelles religieuses se prolongèrent aussi sous son règne. Son fils et successeur, *Alatik-Billah* (842-846), prince voluptueux et énervé, protégea les baladins et les poètes, et se rendit odieux par son despotisme. Une querelle qui s'éleva au sujet de la succession entre son frère Moutavakil et son fils Mothadi, fut décidée en faveur du moins digne, c'est-à-dire du premier, par l'intervention de la garde turque des khalifes. Sous *Moutavakil-Billah* (846-861) la coutume s'établit de plus en plus de faire toutes les guerres avec des mercenaires turcs. Le seul fait à la louange de ce souverain qu'on puisse citer, c'est que ce fut lui qui fit faire la collection de la Sunna. Grossier, voluptueux et cruel, il montrait une haine aveugle pour les Alides. Mountasir, son propre fils, finit par conspirer contre lui avec les mercenaires turcs, et le fit égorger. Mais Mountasir mourut à peu de temps de là. La milice turque élut alors pour khalife Moustaïn-Billah (862-866), petit-fils du khalife Motassem. Deux Alides prirent en même temps que lui le titre de khalife. L'un, à Koufa, fut vaincu et mis à mort; mais l'autre, Hassan Ben-Jésid, fonda dans le Tabéristan un empire indépendant, qui dura près d'un demi-siècle et dont les divisions intestines des mercenaires turcs amenèrent la destruction. En l'année 866, l'un des partis éleva sur le trône Moutaz, fils cadet de Moutavakil, et força Mostaïn à abdiquer. Moutaz-Billah (866-869) fit mettre à mort Mostaïn, de même que son propre frère Mouviad. Il conçut ensuite le projet de se débarrasser des mercenaires turcs ; mais avant qu'il eût eu le temps d'y réussir, ceux-ci se révoltèrent pour réclamer leur solde arriérée, et le contraignirent à abdiquer. Ils élevèrent sur le trône (869) Mouthadi-Billah, fils du khalife Vathek ; puis ils l'en précipitèrent onze mois après, parce qu'il voulait les soumettre à une plus sévère discipline.

Sous le règne du troisième fils de Moutavakil, le voluptueux Moutamid-Billah (869-892), qui fut ensuite proclamé khalife, son habile frère Mouvaffak réussit enfin à mettre un terme à la prépondérance si pernicieuse des mercenaires turcs. En 873, Moutamid transféra de nouveau le siége du khalifat de Samira à Bagdad, où il resta toujours depuis. La même année, une révolution dont le Khorassan fut le théâtre eut pour résultat d'y substituer la dynastie des Soffarides à celle des Tahérides ; et plus tard cette dynastie nouvelle ajouta à sa domination le Tabéristan et le Sedgistan. Le gouverneur d'Égypte et de Syrie, Achmet-ben-Touloun, se déclara également indépendant dans ces contrées en 877, et y fonda la dynastie des Toulounides. En 881 le brave Mouvaffak détruisit bien l'empire des Zingbis à Kufa et à Bassora, dix années après sa création, mais il ne put point protéger le khalifat contre la décadence vers laquelle il tendait constamment de plus en plus.

A Moutamid succéda le fils de Mouvaffak, Mouthahid-Billah (892-902). Il favorisa les Alides, et eut à lutter énergiquement contre les attaques des Byzantins et aussi contre la secte nouvelle des Karmathes, qui surgit dans l'Irak, et qu'il vainquit en l'an 899. Son fils, Mouktaphi Billah (902-909) combattit avec succès les Karmathes, et fut encore plus heureux contre les Toulounides, car en 905 il fit rentrer l'Égypte et la Syrie sous son obéissance. Sous le règne de son frère Mouktadir-Billah (909-931), qui lui succéda à l'âge de treize ans, l'empire des khalifes fut troublé par des révoltes et par de sanglantes luttes ayant pour but le pouvoir souverain. Mouktadir, jouet de ses femmes et de ses serviteurs, fut à diverses reprises déposé et restauré, puis finalement assassiné. Ce fut sous son règne qu'apparut en Afrique Mahadi-Obeldallah, qui en 910 renversa la dynastie des Aglabides à Tunis et fonda celle des Fatimides. En Perse la dynastie de Bouid es parvint à beaucoup de grandeur et de puissance. Le Khorassan restait toujours indépendant, avec cette différence toutefois que les Samanides y remplacèrent la dynastie des Saffarides. Dans une partie de l'Arabie régnaient les Karmathes hérétiques, en Mésopotamie les Hamadamites. En Égypte, tout récemment rentrée sous l'obéissance des khalifes, le gouverneur turc se rendit indépendant, et fonda la dynastie des Akschidides.

Kahir-Billah (931-934), troisième fils de Mouthadid, déjà plusieurs fois déposé du vivant de son frère, fut définitivement détrôné par les mercenaires turcs à sa solde, et mourut en 840. Son successeur Rhadi-Billah (934-941), fils de Mouktadir, créa le titre d'*émir-al-omrah*, c'est-à-dire commandant des commandants, dignité à laquelle était joint l'exercice d'une autorité illimitée au nom du khalife, et assez semblable à celle des maires du palais des rois franks, puis disparut de plus en plus du premier plan. Le premier qui fut investi de cette dignité fut le Turc Rhaïk ; bientôt après (939) le Turc Jakem la lui enleva par la force des armes, et rendit son autorité illimitée. Il ne laissa au khalife que le nom et l'ombre de sa puissance temporelle, et usurpa même le droit de régler l'ordre de succession au trône. Rhaïk obtint à titre d'indemnité Kufa, Bassora et Irak-Arabi, qui formèrent un empire indépendant. Le successeur de Rhadi, Moutaki-Billah (941-944), autre fils de Mouktadir, essaya vainement de recouvrer sa puissance souveraine en faisant assassiner Jakem ; les mercenaires turcs ne tardèrent pas à le contraindre de conférer le titre d'émir à l'un de leurs compatriotes, appelé *Tozoun*, lequel réussit à rendre cette charge héréditaire et indépendante, et qui en 944 finit par déposer le khalife, auquel il fit crever les yeux.

Tozoun vendit formellement l'empire à un certain Schirzad; mais bientôt il passa entre les mains des princes de la dynastie persane des Bouides, dont le nouveau khalife *Mostaksi-Billah* (945) avait invoqué le secours contre la tyrannie de Schirzad. Ceux-ci renversèrent, il est vrai, Schirzad, mais ils déposèrent aussi le khalife, et rendirent héréditaire dans leur maison la dignité d'émir-al-omrah. Le premier émir Bouide, Moez-ed-Daulat, le transmit à ses descendants. Alors ce fut l'émir qui régna à Bagdad, et non le khalife, mais seulement sur une très-minime étendue de territoire ; car toutes les provinces un peu éloignées ne tardèrent pas à avoir leurs princes indépendants.

Peu à peu les khalifes en vinrent à perdre jusqu'à la dernière de leurs prérogatives, celle d'être compris dans les prières de tous les croyants et d'avoir des monnaies frappées à leur nom. L'Égypte tomba, vers l'an 970, au pouvoir des Fatimides, qui prirent également la qualification de khalifes. C'est ainsi qu'il y eut trois khalifes à la fois : l'un à Bagdad, l'autre au Kaire, et le troisième à Cordoue. Mais la puissance des Fatimides, comme celle des Abassides, disparut, éclipsée par la puissance de leurs vizirs ; et à Cordoue, les Oméiades avaient depuis longtemps perdu toute leur puissance, par suite du partage de l'Espagne en une infinité de petits États, quand les Al-Moravides achevèrent de les renverser. Le souverain du Turkestan, Ilkan-Khan fit la conquête du Khorassan, et renversa les Samanides ; mais fut à son tour renversé par Mamoud, prince de Ghasna, qui y fonda en 998 la domination des Ghasnévides, laquelle toutefois, dès l'an 1038, fut vaincue à Bagdad par les Seldjoukides, qui prirent le titre d'*émir-al-omrah*, se divisèrent en plusieurs dynasties, et fondèrent d'une manière durable la domination des Turcs sur tous les musulmans. Mais comme les princes turcs qui se rendirent indépendants dans d'autres provinces, ils reconnaissaient encore toujours les khalifes de Bagdad comme les souverains et les chefs spirituels de tous les musulmans, quoique leur autorité temporelle ne s'étendît guère au delà des murs de Bagdad, où ils cultivaient les arts et les sciences en paix, ne jouissant d'ailleurs que d'une autorité excessivement limitée. Quand le khalife Fatimide Adhed invoqua le secours du sultan d'Égypte Nour-ed-din contre la tyrannie de son vizir, celui-ci envoya (1168) dans ce but au Kaire Saladin, qui y fonda la dynastie des Ayoubites. Elle gouverna l'Égypte jusqu'en 1250, époque où les mamelouks en firent la conquête. Les sultans seldjoukides d'Irak furent renversés en 1194 par les Khovaresmiens, et ceux-ci le furent à leur tour par Djinghiz-Khan et les Mongols. Bagdad aussi, ce dernier débris de la grandeur et de la puissance des khalifes, en 1258, sous le règne de Motazem, 56e khalife, la proie d'une horde de Mongols. Le neveu de Motazem, mort assassiné, s'enfuit en Égypte, où, sous la protection des mamelouks, il continua à prendre le titre de khalife, qu'il transmit à ses descendants en même temps que la suprématie spirituelle sur les musulmans. Sur les ruines de la puissance des Arabes, des Seldjoukides et des Mongols le Turcoman Osman, en sa qualité d'émir du sultan seldjoukide d'Iconium, fonda l'empire des Turcs othomans (*voyez* OTHOMAN [*Empire*]). Quand, en 1517, les Turcs effectuèrent la conquête de l'Égypte, le dernier des Khalifes nominaux de ce pays fut conduit à Constantinople, puis ramené en Égypte, où il mourut, en 1538. Depuis lors les sultans turcs prirent le titre de khalife, comme le fait encore aujourd'hui le sultan de Constantinople, avec toutes les prétentions à la suprématie spirituelle sur les musulmans qui s'y rattachent, prétentions qui ne sont guère estimées valoir quelque chose que dans ses propres États, et que les Persans lui contestent positivement.

KHAMSIN ou **CHAMSIN.** *Voyez* SAMOUM.

KHAN, titre que prennent les souverains mongols ou tatares. Djinghiz-Khan le transmit d'abord aux princes de sa famille, et tous les chefs de hordes mongoles et turques le prirent ensuite. Plus tard encore, il devint en usage partout où régnaient de semblables dynasties, ou bien où pénétraient des Mongols et des Tatares. C'est ainsi que de la Tatarie il passa en Perse, dans l'Afghanistan, l'Hindoustan et la Turquie, où le sultan l'ajoute encore aujourd'hui à ses nombreux titres. Dans un grand nombre de contrées de l'Asie centrale, la qualification du *khan* se donne aujourd'hui à tout gouverneur, chef militaire ou seigneur puissant. Il n'y eut que les souverains mongols qui portèrent le titre de *khakhan*, c'est-à-dire khan des khans, pris par Oktaï, fils de Djinghiz-Khan. Les princes mongols qui régnèrent en Perse prirent celui de *ilkhan*, c'est-à-dire grand khan.

Khan se dit aussi d'un lieu où les caravanes se reposent.

KHANAT, mot qui répond à l'idée de principauté et de dignité princière.

KHARADJ ou KHARATCH. *Voyez* CHARADJ.

KHARISM. *Voyez* KARISM et KHIWA.

KHARKOFF. *Voyez*. CHARKOFF.

KHASS-BAH. *Voyez* CASBAH.

KHAZARS ou KHASARES. *Voyez* CHASARES.

KHERSON. *Voyez* CHERSON.

KHETTRIS. *Voyez* CHATRIAS.

KHIRAM. *Voyez* HIRAM.

KHIWA, khanat situé dans le Turkestan, et qui se compose principalement d'une oasis située dans la plaine de de Touran, dans la partie inférieure du cours de l'Amour, sur la rive gauche duquel elle s'étend dans une longueur d'environ 35 myriamètres, jusqu'à son embouchure dans le lac d'Aral. Cette oasis est entourée au nord par l'Aral, et de tous les autres côtés par le grand désert de Touran. Sa superficie dépasse à peine 70 myriamètres carrés ; et elle est entrecoupée par une foule de canaux dérivés de l'Amour, qui seuls la fertilisent et le rendent habitable. Indépendamment de cette oasis, quelques autres contrées situées au milieu du désert, qui en est si rapproché, et les hordes nomades qui les habitent dépendent aussi du khanat de Khiwa. Celui-ci maintient son droit de suzeraineté tout aussi bien sur ces peuplades que sur les districts de Merv et de Scheraks, situés sur la rive méridionale de l'Amour. Le territoire soumis au khan de Khiwa s'étend ainsi depuis la mer Caspienne à l'ouest jusqu'au khanat de Bokhara à l'est, et depuis la steppe des Kirghis au nord jusqu'à la Perse au sud. En y comprenant les districts qui en composent la plus grande partie, sa superficie peut être évaluée à 4,830 myriamètres carrés. Le sol n'est fertile que là où il a été possible de le soumettre à un système d'irrigation, et produit alors en abondance des grains, de la soie, du coton, du sésame, du chanvre, des fruits et du vin. Les hordes nomades des steppes ne s'adonnent qu'à l'éducation des bestiaux, ou encore à l'élève des chevaux et des chameaux. Les habitants, au nombre de 200,000 environ, se composent, en général de Tadjiks, qu'on appelle là *Sarten*, formant la partie soumise et travailleuse de la population, tandis que les *Usbecks* en constituent l'aristocratie. On trouve en outre dans les villes des juifs soumis à l'oppression la plus abjecte, et dans la steppe, des Turcomans et des Kirghis. Tous, à l'exception des juifs, professent le mahométisme et sont de zélés sunnites, par conséquent ennemis déclarés des Persans chyites. Leur industrie est sans importance, et se borne à quelques tissus de soie et de coton. L'agriculture, dans les parties du khanat susceptibles de culture, et l'élève du bétail, dans les steppes, constituent leur principale occupation. Le brigandage sur le territoire de la Perse, et aussi au détriment des caravanes et des voyageurs qui traversent leur pays, ne forme pas une partie moins importante de l'industrie des grossiers dominateurs de Khiwa, les Usbecks, ainsi que des hordes turcomanes errant dans le désert. Aussi le commerce des esclaves se fait-il sur une large échelle à Khiwa, où l'on trouve toujours une grande quantité d'esclaves originaires des contrées limitrophes : on y considère en effet comme esclaves tous ceux qu'on parvient à faire prisonniers. Le pays est gouverné par un khan héréditaire, de la race des Usbecks. Celui qui règne en ce moment a nom *Babad-Khan*; il a succédé à son frère *Rahmann-Kouli-Khan*, mort le 28 janvier 1846. La civilisation des habitants de Khiwa de même que tout leur système politique et administratif sont de la plus infime espèce ; et les Tadjiks forment encore aujourd'hui la partie la plus éclairée et la plus avancée de la population. On compte à Khiwa environ 75 villes ou bourgs, dont les plus considérables sont : la capitale *Kiwa*, avec une population de 22,000 âmes et un château fortifié ; et *Ourgendsch* , avec 5,000 habitants.

Khiwa est la patrie des anciens Chorasmiens, qui jouent un rôle dans l'histoire de la Perse. Au moyen âge on le désignait sous le nom de *Kharism* ou de *Khowaresmie*; et jusqu'au dixième siècle il resta sous la dépendance des Turcs seldjoukides, qui le faisaient gouverner par des lieutenants. L'un d'eux, Itsis, se déclara indépendant et se proclama chah de Kharism. Ses successeurs soutinrent de nombreuses guerres contre leurs voisins, et étendirent leur domination jusqu'à Bokhara et Samarkand. Le plus célèbre d'entre eux fut Djela-ed-din-Mankberni, ami des lettres et des sciences et fondateur d'une nouvelle ère. Avec lui cependant finit la dynastie des chahs de Kharism, car ce fut sous son règne que le torrent dévasteur des Mongols, commandés par Djinghiz-Khan, porta ses ravages même dans le royaume de Kharism. Après une longue résistance, le chah fut vaincu et tué ; et ses États, qui passèrent alors sous la domination mongole, furent horriblement dévastés. Ils eurent encore le même sort en 1387, époque où Timour en fit détruire la capitale, dont les habitants furent transférés à Samarkand. Depuis lors cette contrée resta sous la domination mongole ; mais à une époque plus rapprochée de nous, elle passa successivement sous celle du khan de Bokhara et sous celle du khan des Kirghis, pour revenir enfin sous l'autorité des Usbecks, qui fondèrent le nouveau khanat de Khiwa.

En 1717 déjà, Pierre le Grand essaya de faire la conquête de Khiwa ; mais cette entreprise échoua complètement. Depuis lors les khans de Khiwa furent toujours au nombre des plus implacables ennemis de la Russie, et se livrèrent continuellement à des actes de brigandage contre les voyageurs et les caravanes russes. Il se trouvait donc une énorme quantité de prisonniers russes à Khiwa ; cette circonstance fournit, en 1839, au gouvernement russe un prétexte pour entreprendre contre Khiwa une expédition, qui partit au mois de novembre, sous le commandement du général Perowsky, et dont le but n'était de faire contre-poids aux conquêtes des Anglais dans l'Afghanistan par la prise de possession de ces contrées. Mais l'expédition, qui suivit la route des steppes des Kirghis, entre la mer Caspienne et le lac Aral, échoua contre les obstacles du terrain et du climat. Malgré les excellentes dispositions prises pour en assurer le succès, les 20,000 hommes et les 10,000 chameaux dont elle se composait n'arrivèrent pas jusqu'à moitié route ; et alors l'intensité du froid, les rafales de neige et le manque de nourriture ayant fait perdre la plus grande partie des bêtes de somme, force fut à l'expédition de rebrousser chemin. Il n'y eut qu'un petit nombre d'hommes qui rentrèrent à Orenbourg avec le général Perowsky. Plus tard, l'Angleterre s'entremit pour faire opérer amiablement l'extradition des prisonniers russes.

KHOBAD, KOBAD, CABADES ou CAVADES, roi de Perse, fils de Péroès, ayant porté une loi qui autorisait la communauté des femmes, et faisant usage de toutes celles qui lui plaisaient, perdit son trône, et fut enfermé dans une tour. Sa femme l'en délivra, en s'abandonnant à la passion du gouverneur, éperdûment amoureux d'elle. Khobad s'évada sous les habits de sa femme, fit crever les yeux à son frère, et acquit la couronne. Les Huns nephtalites lui fournirent des secours. Il déclara la guerre à l'empereur Anastase Ier, ravagea l'Arménie et la Mésopotamie. La paix fut conclue quelque temps après; mais la guerre recommença sous Justin et sous Justinien. Khobad fut moins heureux dans les derniers temps de sa vie. Il mourut en 531.

KHORAN. *Voyez* CORAN.

KHORASSAN ou KHORAÇAN. C'est le nom générique sous lequel on désigne l'isthme susceptible de culture qui s'étend entre les steppes de la vallée de Touràn et les déserts salés de l'intérieur du plateau de l'Iràn, depuis l'Afghanistan à l'est jusqu'aux provinces persanes d'Asterabad et de Taberistan à l'ouest. Le climat en est toujours très-chaud en été, et l'élévation du sol le rend assez froid en hiver. Le sol du reste n'en est fertile que là où il peut être arrosé à l'aide de canaux. A en juger par les traces qui en subsistent encore de nos jours, ce système d'irrigation artificielle doit avoir eu d'immenses proportions dans l'antiquité et même encore au moyen âge; mais par suite des troubles intérieurs auxquels cette contrée a toujours été en proie, son antique prospérité n'a fait que déchoir de plus en plus, et la culture du pays a constamment été depuis en diminuant. Le Korassan ne forme plus un tout politique. La partie sud-ouest, qui en est aussi la plus petite, constitue, sous le nom de Hérat, un empire particulier. La partie la plus grande, celle du nord-ouest, a encore conservé son nom primitif, sous lequel elle forme la province de Perse située le plus au nord-ouest, et comprenant une superficie d'environ 8,200 myriamètres carrés. Les produits de cette province consistent principalement en grains, fruits délicieux, vins, plantes médicinales, soie, troupeaux considérables de chameaux, de chevaux et d'ânes (qu'on trouve à l'état sauvage dans le nord de la Perse), en sel et en pierres précieuses. On y rencontre aussi quelques mines d'or et d'argent. Les habitants, dont le nombre s'élève à peine à un million d'âmes, se composent en grande partie de Tadjiks, qui sont la partie agricole et industrieuse de la population. On rencontre en outre dans le pays diverses peuplades nomades d'origine arabe, turque, kourde et afghane, qui y sont venues à la suite d'expéditions et de conquêtes, et dont l'élève du bétail est surtout le brigandage constituent les principales ressources. Au total l'industrie des habitants peu importante; ils ont cependant quelques manufactures d'étoffes assez considérables; les fabriques les plus renommées sont celles où on se livre à la fabrication des armes, et notamment des sabres. En revanche le commerce de caravanes y est très-florissant, parce que cette contrée est la route naturelle du commerce de l'ouest vers l'Asie intérieure. Les villes les plus importantes de la province sont *Meschea*, chef-lieu de la contrée, avec environ 30,000 habitants, et *Rischapour*. Celle-ci, située dans une belle contrée, bien cultivée, et l'une des plus anciennes villes de la Perse moderne, jadis résidence des Tahérides et des Samanides, n'est plus aujourd'hui que l'ombre de sa splendeur passée. Plus des deux tiers de ses maisons et de ses édifices publics sont en ruines, et elle compte à peine 5,000 habitants.

Le Khorassan se compose à proprement parler de la Margiane et de l'Aria, deux anciennes provinces perses du pays des Parthes, et forma par conséquent, dès l'époque la plus reculée, une partie de l'empire perse. Au troisième siècle avant l'ère chrétienne, sa partie orientale passa sous la souveraineté des rois grecs de la Bactriane, à la chute desquels, et aussi à celle des Séleucides, elle redevint partie intégrante de l'empire perse, aussi bien sous le règne des Arsacides que sous celui des Sassanides. Par suite de la conquête de la Perse par les khalifes, elle resta sous leurs lois jusqu'en 821, année où Taher s'y rendit indépendant et fonda la dynastie des Tahérides, renversée dès 873 par celle des Soffarides, laquelle à son tour fut remplacée par la dynastie des Samanides de la Transoxiane. Au commencement du onzième siècle, elle passa sous les lois des Ghaznévides; mais dès l'an 1035 les Seldjoukides s'établirent dans sa partie occidentale jusqu'à ce que, en l'an 1117, Sandjar, le dominateur seldjoukide de toute la Perse, réunit le Khorassan au reste de sa monarchie. Après lui, cette contrée devint alternativement la proie du schah de Khowaresmie et du sultan de Gour, dans leurs incessantes guerres intestines, jusqu'à ce que Djinghiz-Khan, qui la ravagea par le fer et le feu, la fit passer sous la domination mongole. Sous ses successeurs, elle gagna, vers l'an 1336, une espèce d'indépendance, sous les dynasties des Molouk-Kourts et des Sarbédariens, qui en 1381 se soumirent à Tamerlan. Après la mort de ce dernier, elle devint le centre de la puissance de son fils, schah-Rokh, pendant le règne long et bienfaisant duquel le Khorassan jouit d'un bien rare bonheur. En 1607, le chef d'Usbecks, Schaibek-Kan, chassa les successeurs de Schah-Rokh; mais après de longues et sanglantes luttes, force lui fut de l'abandonner au schah de Perse Ismael-Sophi. Le Khorassan, redevenu partie intégrante de la Perse, n'en a plus été séparé depuis, à l'exception de l'Hérat, qui, à partir de 1716, n'a cessé d'être une pomme de discorde entre les Persans et les Afghans, et qui a fini par tomber complétement au pouvoir de ces derniers.

KHOSROU ou CHOSROÈS Ier, dit *le Grand*, fils et successeur de Khobad, roi de Perse, monta sur le trône en 531. Il remporta de grands avantages sur Bélisaire, et termina enfin, en 553, une guerre qui durait depuis son avénement, par un traité de paix glorieux pour ses armes et bien humiliant pour Justinien, qui lui céda plusieurs provinces et se reconnut tributaire. Khosrou ne fut pas moins heureux contre les peuples de l'Asie : les Huns et les Turcs furent repoussés et l'Inde fut en partie soumise. Justin, successeur de Justinien, ayant refusé le tribut, le roi de Perse reprit les armes, et fondit sur la Mésopotamie et la Cappadoce; mais son armée fut entièrement défaite par les troupes de l'empereur Tibère II, et lui-même contraint de s'enfuir. Il mourut dans cette même année 579.

KHOSROU II devint roi de Perse l'an 590, à la place de son père Hormisdas III, que ses sujets avaient jeté en prison, après lui avoir crevé les yeux. D'abord il fut chassé lui-même, et alla demander asile à l'empereur Maurice, qui l'accueillit avec bonté et lui donna des secours au moyen desquels il put ressaisir sa couronne. Après l'assassinat de Maurice par Phocas, Khosrou, sous prétexte de venger sa mort, pénétra dans l'empire avec une puissante armée en 604, ravagea plusieurs provinces et battit les Romains à diverses reprises. Mais enfin la victoire favorisa Héraclius, qui le contraignit à prendre la fuite; son fils Syrou se révolta contre lui, s'empara de sa personne et le fit mourir de faim, en 628.

KHOSROU MÉLIK. *Voyez* GHASNÉVIDES.

RHOTINE. *Voyez* CHOCZIM.

KHOVARESM ou KHOVARESMIE. *Voyez* KARIZM et KHIWA.

KIACHTA, petite ville bien bâtie et défendue par un fort, située sur les bords de la rivière du même nom et près des frontières de la Chine, dans le gouvernement russe d'Irkoutsk, à 780 mètres au-dessus du niveau de la mer, dans une contrée désolée, stérile et pauvre en bois. Quoiqu'elle ne se compose que d'environ cent-vingt maisons et d'un millier d'habitants, Kiachta n'en est pas moins le grand centre du commerce existant entre la Russie et la Chine, de tous temps, mais plus particulièrement depuis qu'en

49.

1727 on y a établi une foire tenue chaque année en décembre, y attire un grand nombre de caravanes, de même qu'à *Maïmatschin*, ville chinoise, qui n'en est guère éloignée que d'un tiers de kilomètre. Les fourrures, les cuirs, les feutres, les toiles, les lainages, les bestiaux, l'or et l'argent en barres, les articles de quincaillerie, sont les produits que la Russie y échange contre le thé, la rhubarbe, le musc, la porcelaine, les soieries et les cotonnades de la Chine. En 1843 le mouvement des échanges opérés entre les deux nations représentait une valeur de plus de 40,000,000 fr. Kiachta se trouvant à 658 myriamètres de Pétersbourg, il faut ordinairement deux années pour qu'une opération commerciale engagée entre ces deux villes puisse se terminer. Il existe déjà depuis longtemps à Kiachta une Société biblique, s'occupant de propager le christianisme parmi les populations environnantes, qui pour la plupart sont encore idolâtres.

KIAFIR. *Voyez* GIAOUR.

KIAJA-BEG, nom que l'on donne quelquefois au kaimakan, ou lieutenant du grand-vizir.

KIBITKA. C'est le nom qu'on donne en Russie à une espèce de voiture différant du *téléga*, dont l'usage est bien autrement répandu, simple charrette sans aucune espèce d'abri, tandis que le kibitka est muni à l'arrière d'un capuchon ou capote en tresse, qui garantit contre l'intempérie des saisons. Les plus hauts fonctionnaires publics, quand ils voyagent, ne se servent guère que de l'un ou de l'autre de ces modes de transport, qu'on appelle aussi *troika*, quand il est attelé de trois chevaux.

KIBRIS. *Voyez* CHYPRE.

KIEF ou **KIEW**, en polonais *Kijof*, gouvernement formé en grande partie de débris de l'Ukraine polonaise ; il se compose de douze cercles, et comprend une superficie d'environ 640 myriamètres carrés. Il est borné au nord par le gouvernement de Minsk, à l'est par les gouvernements de Tschernigof et de Poltawa, au midi par ceux de Cherson et de Podolie, et à l'ouest par la Volhynie. Avec les gouvernements de Tschernigof, de Poltawa et de Kharkof, il forme ce qu'on appelle la *Petite-Russie*, et est remarquable par son délicieux et magnifique climat, également exempt de trop grandes chaleurs et de trop grands froids, par la fertilité de son sol, qui peut se passer d'engrais, et n'a besoin que de repos, enfin par une richesse de végétation à laquelle la plupart des autres provinces russes n'ont rien à comparer. Le sol est une plaine ondulée, arrosée par le Dniepr et ses affluents, et qui produit en abondance des blés de toute beauté, du chanvre, du lin, du tabac, des fruits et des légumes excellents, de magnifiques bois de construction, et abondant en riches pâturages. Les habitants élèvent aussi beaucoup de chevaux et de porcs. Entre autres oiseaux de passage, on y rencontre surtout le canard sauvage de l'espèce *musquée*, appelée ici *golka*. Parmi les insectes particuliers à la contrée, il faut citer la cochenille de Pologne. L'éducation des abeilles s'y fait aussi sur une très-large échelle. L'industrie et le commerce, autrefois négligés, ont pris dans ces derniers temps de grands développements. On y trouve en effet d'importantes usines consacrées à la fabrication des draps, des toiles, des savons, de la faïence, et à la teinture des étoffes. La célèbre foire dite *des Contrats*, qui se tient au chef-lieu du gouvernement et dure du 7 au 21 janvier, facilite les transactions commerciales. La population comprend 1,600,000 âmes, et se compose de Petits-Russes (paysans), de Polonais (gentilshommes), et de Grands-Russes (habitants des villes et gros bourgs). Dans les villes, et notamment à Kief, on trouve aussi beaucoup d'Allemands, de Grecs et d'Arméniens; quant aux juifs, dont le gouvernement ne compte pas moins de 136,000, on en rencontre partout. On y compte 190,000 catholiques, et seulement un millier de protestants. Tout le reste de la population professe la religion grecque, qui a un métropolitain à Kief.

KIEF, chef-lieu du gouvernement, jadis (de 882 à 1167)
résidence des grands-princes de Russie, et l'une des plus anciennes villes de la Russie, bâtie en amphithéâtre, sur les bords du Dniepr, avec ses magnifiques couvents et églises, avec ses nombreuses coupoles dorées et argentées qui les surmontent, présente l'aspect le plus imposant. Le chiffre de sa population s'élève à 48,000 âmes; elle possède un grand nombre d'écoles, d'églises et de couvents, mais ne laisse point pourtant d'être bien déchue de ce qu'elle était vers le milieu du onzième siècle. On y comptait alors près de 400 églises, et elle était regardée comme la cité mère de toutes les villes de Russie. Les Tatares et les Polonais la ruinèrent de fond en comble.

La ville actuelle se compose de trois villes ou parties bien distinctes, parmi lesquelles la ville de *Petschersk*, où se trouve la citadelle, les édifices publics et le célèbre couvent du même nom, est la plus importante. Elle est bâtie sur le plateau escarpé d'une montagne calcaire, haute de 121 mètres au-dessus du Dniepr. La seconde ville, autrefois résidence des grands-princes et aujourd'hui siège du métropolitain, dont le palais est situé tout près de la magnifique église de Sainte-Sophie, s'appelle, d'après cette église, *Sophia*, ou encore le *vieux Kief*, et, comme la citadelle proprement dite, est entourée d'un fort rempart et de plusieurs faubourgs. La troisième, appelée *Podol*, est située dans la plaine du Dniepr, et exposée à ses fréquentes inondations. Un pont de bateaux, long de 1,104 mètres, y met en communication les deux rives du fleuve. Cette ville basse, également entourée de remparts, est la partie la plus considérable et la mieux bâtie de Kief. Les fruits confits et les pains d'épice de Kief sont justement renommés, et se consomment sur tous les points de l'empire. Parmi les établissements d'instruction publique que possède cette ville, nous devons mentionner l'université de Saint-Wladimir, dont la création ne date que de 1833, le gymnase et une école lancastérienne. Les édifices les plus remarquables sont, outre l'hôtel du gouverneur, la cathédrale, placée sous l'invocation de sainte Sophie, le fameux couvent de Petschersk, avec ses catacombes, et où l'on voit le tombeau de Nestor, le père de l'histoire de Russie, enfin l'église Saint-Georges, où sont déposés les restes mortels du célèbre hospodar de Valachie, *Ypsilanti*.

KIEL, ville bien bâtie du duché de Holstein, sur un golfe de la mer Baltique, qui y forme l'un des ports les plus beaux et les plus sûrs de l'Europe, et où les plus forts vaisseaux de ligne peuvent venir s'amarrer près des quais, compte une population de près de 14,000 habitants, dont le commerce et la navigation sont les principales ressources. On y trouve aussi quelques fabriques de tabac, de sucre, et d'articles pour les vaisseaux. Son commerce, jadis peu considérable, a pris une tout autre importance depuis qu'un embranchement du chemin de fer de Rendsbourg la relie à Hambourg. L'établissement de bains de mer qu'on y a créé en 1821 y attire pendant la belle saison un grand nombre de visiteurs. Kiel est surtout célèbre par son université, fondée en 1655, par le duc Christian-Albert de Holstein, et appelée d'abord, en l'honneur de ce prince, *Christiana-Albertina*. Le nombre de ses étudiants varie entre 200 et 300. Elle possède une bibliothèque de plus de 100,000 volumes, un muséum d'histoire naturelle, un amphithéâtre d'anatomie, un laboratoire de chimie, un jardin botanique et un observatoire. Parmi les professeurs qui l'ont illustrée, il faut citer Feuerbach, Thibaut, Welcker, Falck, Pfaff, Dahlmann et Ritter. Le système réactionnaire, qui a triomphé dans les duchés de Schleswig-Holstein en 1851, a porté d'ailleurs un coup sensible à sa prospérité.

Kiel est aussi depuis 1834 le siége de la cour d'appel commune aux deux duchés. Elle faisait jadis partie de l'apanage de la maison de Gottorp, appelée au siècle dernier à monter sur le trône de Russie; mais en 1773 elle fut échangée contre le duché d'Oldenbourg et le comté de Delmenhorst, et passa alors avec son territoire sous l'autorité du roi de Danemark.

Cette ville est célèbre dans les annales modernes par les traités de paix négociés et conclus dans ses murs, le 14 janvier 1814, entre le Danemark et la Grande-Bretagne, traités qui eurent pour corollaires des traités conclus par le Danemark avec la Russie, à Hanovre, le 8 février 1814, et avec la Prusse à Berlin le 25 août suivant, et enfin les actes du congrès de Vienne en date des 4 et 7 juin 1814.

Par la *paix de Kiel* le Danemark accéda à la coalition de l'Europe contre Napoléon et plus tard à la Confédération germanique, tandis que la Suède renonçait à tous les rapports qu'elle avait eus jusque alors avec l'Allemagne. Le Danemark céda à la Suède la Norvège, et ne conserva plus que le Groënland, les îles Faroë et l'Islande; en échange de la Norvège, la Suède lui abandonna sa part de la Poméranie et l'île de Rugen (cédée un peu plus tard à la Prusse, en échange du duché de Lauenbourg); enfin, elle s'engageait à lui payer une indemnité de 600,000 rigsdales de banque (3,000,000 fr.). L'Angleterre restitua au Danemark toutes ses colonies, mais garda cependant sa flotte et l'île d'Héligoland. Elle s'engagea en outre à lui payer un subside mensuel de 33,333 liv. st. pour le corps de 10,000 hommes qu'il s'engageait à mettre à la disposition de la coalition contre la France. La Suède ayant dû recourir à la force des armes pour se mettre en possession de la Norvège, refusa de payer l'indemnité de 600,000 rigsdales de banque stipulée par le traité du 14 janvier 1814; et ce fut la Prusse qui, dans l'arrangement conclu pour l'échange de la Poméranie et de Rugen contre le Lauenbourg, la prit à sa charge.

KIEN-LONG ou plutôt **KHIAN-LOUNG**, empereur de la Chine, mort le 7 février 1799, à l'âge de quatre-vingt-sept ans passés. C'est à ce monarque, qui cultivait les lettres, que Voltaire adressa, comme il l'avait fait à Boileau et comme il le fit depuis à Horace, une de ses plus philosophiques épîtres.

Quatrième empereur de la dynastie des Tatars-Mandchous, Kien-Long succéda à son père Chi-Soung (plus connu sous le nom de Young-Tching). En 1735 il monta sur le plus grand trône de l'univers, et l'occupa glorieusement. Comme son contemporain Frédéric le Grand, il avait été longtemps tenu loin des affaires; et pour occuper les loisirs prolongés d'un esprit actif, il s'était livré à la culture des lettres. Ce prince ne tarda pas non plus à se montrer digne de la couronne qu'il recevait à vingt-six ans, en signalant son avénement par des actes de clémence : il rendit la liberté et même leurs dignités aux princes de la famille de Kang-Hi (le Cambi des missionnaires), que la politique de Chi-Soung avait cru devoir tenir en prison. Une guerre qu'en 1755 lui suscitèrent les Œlcetes, d'abord assez fâcheuse, puis couronnée par le succès, mit en son pouvoir de vastes contrées, qu'il rendit tributaires de la Chine. En 1768, Kien-Long fit la guerre aux peuples d'Awa. Deux ans après, la gloire et la douceur du règne de ce prince déterminèrent plusieurs populations voisines de ses États à solliciter le bonheur d'en faire partie : cette pacifique conquête lui valut 80,000 familles d'Œlcetes, de Pourouts et de Tourgôts, qui vinrent, la plupart lasses de la domination moscovite, solliciter l'avantage de faire partie de l'empire. Ce qui est moins honorable pour la mémoire de Kien-Long, c'est la défaite, terminée par de nombreux supplices, des Miao-Tseu, qui, hommes, femmes et enfants, firent la plus héroïque et la plus malheureuse résistance, obstinés qu'ils étaient à conserver une indépendance que semblaient si bien protéger leurs précipices, leurs montagnes, leur pauvreté et leur énergique résolution. Il fallut céder et périr. C'est une tache pour la vie de Kien-Long, qui ne l'effaça pas assurément par le poëme mandchou qu'il composa à cette occasion contre « ces rebelles brigands, que, par un favorable succès, ses armées avaient rapidement exterminés ».

Après un règne de soixante ans, aussi long par conséquent que celui de son aïeul Kang-Hi, il termina (le 8 février 1796) par l'abdication une carrière publique honorée par de grandes actions, presque toutes recommandables par des travaux d'utilité générale, tels que le règlement du cours du fleuve Jaune, si redoutable dans ses ravages, et par la publication de plusieurs ouvrages, tant historiques que littéraires, parmi lesquels le plus connu en Europe est le poëme intitulé : *Éloge de la ville de Moukden*. De Guignes en fit paraître, dans le cours de 1770, une traduction française assez peu fidèle, ouvrage de ce même jésuite Amyot qui a fait passer dans notre langue deux des autres productions du monarque chinois, dont les œuvres ne composent pas moins de 24 volumes, sans compter une foule de vastes compilations, dont il dirigeait l'édition, devant produire 300 tomes environ.

Kien-Long ne survécut à son abdication que trois années, qui ne furent pas sans utilité, ni pour son fils, ni pour l'empire chinois. Il eut pour successeur son fils Kia-Kin, mort en 1820.   Louis Du Bois.

KIEW. *Voyez* KIEF.

KILDARE ou **KILLDARE**, comté de la province de Leinster (Irlande), d'une superficie d'environ 20 myriamètres carrés, dont un sixième en marais et en terrains non susceptibles de culture. La surface en est tantôt onduleuse et montagneuse, et tantôt complètement plate; son sol, de nature argileuse, ne laisse pas au total que d'être très-fertile, notamment en céréales. Arrosé par le Barrow, le Liffay et la Boyne, on vante à bon droit l'incomparable fraîcheur de sa verdure et la richesse de ses prairies. En 1841 sa population était de 114,480 habitants; en 1851 elle n'était plus que de 96,627, et avait par conséquent diminué de 15 pour 100 environ en dix ans. Elle a pour chef-lieu le bourg d'*Athy*, sur le Grand-Canal et le Barrow, avec 4,000 habitants et des manufactures de lainages.

KILDARE, ville de 2,000 âmes au plus, située sur le chemin de fer de Dublin à Limerick et à Carlow, dans la riche et verdoyante plaine de Curragh considérée comme le plus beau pâturage qu'il y ait en Europe, est le siège d'un évêché catholique et d'un évêché protestant. On trouve en outre les bourgs de *Naas* (3,800 âmes), ancienne résidence des rois de Leinster, et de *Maynooth*, avec des manufactures d'étoffes de laine et de coton, et un grand collége catholique, fondé en 1796, par le parlement irlandais. Jusqu'en 1845 sa dotation annuelle avait été de 9,000 liv. st.; mais cette année-là le parlement adopta, après de longues et vives discussions, un bill, dit *Maynooth-bill*, qui l'augmenta considérablement. On y compte 11 professeurs et 500 élèves, dont plus de la moitié boursiers.

KILKENNY ou **KILLKENNY**, comté de la province de Leinster (Irlande), de 27 myriamètres carrés de superficie. Montagneux au nord et à l'est, il se rend est généralement onduleux, et s'abaisse au sud en pente insensible vers la baie de Waterford, qui reçoit les eaux de la Suir, à l'extrémité sud du comté, ainsi que celles du Barrow, fleuve qui en forme à l'est les limites, et dans lequel vient se jeter la Nore, après avoir traversé toute la plaine centrale du comté. Le climat en est tempéré, et le sol fertile, surtout dans les contrées arrosées par la Nore. On y cultive principalement le froment, l'orge, l'avoine et les pommes de terre. L'industrie manufacturière se borne à la fabrication des tapis et de la flanelle : autrefois on y exploitait aussi quelques mines de fer, de cuivre et de plomb, ainsi que les houillères de Castleomer, les plus grandes qu'il y ait en Irlande. Mais voilà longtemps déjà que cette exploitation a été abandonnée et que le commerce se borne à la vente des produits agricoles. La population, qui d'après le recensement de 1841 était de 183,349 habitants, n'était plus en 1851 que de 139,934, et avait par conséquent subi une diminution de 23 pour 100.

Ce comté a pour chef-lieu *Kilkenny*, sur la Nore, qui y est navigable, siège d'un évêché catholique et d'un évêché protestant, l'une des plus belles villes de l'Irlande. Bâtie sur deux collines, elle a conservé la plus grande partie de son antique ceinture de murailles flanquées de tours. Deux ponts en pierre mettent en communication la ville anglaise (*En-*

glishtown) avec le faubourg, ou la ville irlandaise (*Irishtown*); et on y remarque quelques vastes édifices, par exemple sur l'une des deux collines le château de la famille d'Ormond, bâti d'après les plans du château de Windsor, entouré de murs de 13 mètres d'élévation et renfermant la plus riche galerie de tableaux qu'il y ait en Irlande; et sur l'autre colline, la cathédrale protestante, lourd édifice de style gothique, avec le palais épiscopal qui l'avoisine, le collège fondé en 1582 par le duc d'Ormond, et dans lequel furent élevés Swift et d'autres hommes célèbres. La ville est généralement construite avec une pierre calcaire noirâtre (*black marble*), tirée des carrières du voisinage, et qui sert aussi à paver les rues. On y trouve 20,300 habitants, quelques fabriques de lainages, d'empois, des distilleries d'eau-de-vie de grain, des scieries de marbre, et il s'y tient chaque semaine un marché aux bestiaux. Kilkenny fut à diverses reprises le siège du parlement irlandais, de même que les constitutions arrêtées dans cette ville sous le règne d'Édouard III furent longtemps d'une grande importance pour l'Irlande. Les ducs catholiques d'Ormond y tenaient une cour des plus brillantes, qui éclipsait de beaucoup celle des vice-rois anglais de Dublin; et de nos jours encore bon nombre des plus grandes familles catholiques d'Irlande viennent passer l'été à Kilkenny.

KILLARNEY. *Voyez* KERRY.

KILOGRAMME, KILOLITRE, KILOMÈTRE, KILOSTÈRE (du grec χιλιάς, mille). *Voyez* GRAMME, LITRE, MÈTRE, STÈRE, et MÉTRIQUE (Système).

KIMCHI (DAVID), l'un des plus célèbres savants juifs du moyen âge, était né vraisemblablement vers la fin du douzième siècle, à Narbonne, où il passa aussi la plus grande partie de sa vie. Il mourut en Provence, en 1240. Son père, *Joseph* KIMCHI, qui vivait à Narbonne vers 1160, et son frère *Moïse* KIMCHI, jouirent également d'une grande considération auprès de leurs contemporains. Outre quelques ouvrages théologiques, ils avaient écrit des Commentaires sur l'Ancien Testament, et Moïse Kimchi une grammaire hébraïque, qui a souvent été réimprimée sous le titre de *Liber viarum sanctæ linguæ* (Paris, 1520; Bâle, 1531; Leyde, 1631; etc.). Mais tous ces travaux furent éclipsés par ceux de David Kimchi. Sa grammaire, intitulée *Michlol*, et maintes fois réimprimée (par exemple à Venise, en 1515, à Leyde, en 1631), fit oublier toutes celles qui l'avaient précédée, et jusqu'au milieu du dix-septième siècle elle servit de modèle à celles qu'on composa après lui. On en peut dire autant de son livre des racines de la langue hébraïque, le *Sepher Schoraschim* (Naples, 1490; Venise, 1529, 1552, et plus souvent encore). Les premières grammaires et les premiers dictionnaires hébraïques composés par des chrétiens eurent pour base les travaux de Kimchi. On a aussi de lui des commentaires sur la plupart des livres de l'Ancien Testament; et on estime plus particulièrement son commentaire sur Isaïe.

KIMMERII. *Voyez* CIMMÉRIENS.

KIMRI. *Voyez* GAÉLIQUE (Langue).

KINA, mot que l'on emploie quelquefois pour *quinquina*.

KINBURN, place fortifiée, à l'embouchure du Dnieper dans la mer Noire, défendant l'entrée de ce fleuve sur la rive gauche, vis-à-vis d'Otchakoff. Le 14 octobre 1855, les flottes alliées, commandées par les amiraux Bruat et Lyons, se présentèrent devant cette forteresse, défendue par le général Konowitsch. Quatre mille cinq cents hommes, sous les ordres du général Bazaine, furent débarqués le lendemain. Le 17 au matin les canonnières battaient le port en brèche. Les vaisseaux purent se mettre en position, et le feu des Russes fut éteint. La garnison capitula et se rendit prisonnière. Il y avait 1,500 hommes et 174 canons. Les Russes avaient eu une trentaine d'hommes tués et quatre-vingts blessés.

KINCARDINE. *Voyez* MEARNS.

KING (Les). C'est le nom des cinq livres sacrés composés par Confucius, et que l'on considère comme le monument le plus reculé de la littérature chinoise. *Voyez* CHINE (Littérature), tome V, page 486.

KING'S BENCH ou QUEEN'S BENCH (*Court of*). *Voyez* BANC DU ROI ou DE LA REINE (Cour du).

On nomme encore *King's Bench* la grande prison située dans Southwark, et qui sert principalement aux détenus pour dettes. Les prisonniers du *King's Bench* ont souvent toute leur famille auprès d'eux, donnent des bals et des concerts, et jouissent, entre les quatre murs de cette prison, d'une liberté complète.

KING'S COUNTY, c'est-à-dire *Comté du Roi*, comté de la province de Leinster (Irlande), de 28 myriamètres carrés de superficie, dont 9 à 10 en marais (situés plus particulièrement à l'est) et en montagnes (situées pour la plupart au sud). Le sol en est d'une grande fertilité sur certains points, mais au total convient cependant mieux à l'élève du bétail qu'à l'agriculture. On y trouve beaucoup de pierre à chaux; la tourbe y remplace le bois, et on a trouvé de l'argent près d'Edenderry. A l'ouest, son cours d'eau le plus important est le Shannon, qui reçoit les eaux de la grande et de la petite Brosna, ainsi que celles du Grand-Canal traversant obliquement tout le comté. Le Barrow prend sa source à l'est, et coule au sud. La population, qui en 1841 était de 146,857 individus, n'était plus en 1851 que de 109,934, et avait par conséquent subi une diminution d'environ 23 pour 100. Le *King's County* a pour chef-lieu *Philipptown* ou *Kingstown*, localité sans importance, située sur le Grand-Canal, et ainsi appelée en l'honneur de Philippe II d'Espagne, époux de la reine Marie d'Angleterre, qui, en 1557, érigea ce district en comté.

KINGSLEY (CHARLES), ministre de l'Église anglicane, qui s'est fait un nom honorable dans la littérature anglaise contemporaine par ses écrits, où il traite les questions sociales à l'ordre du jour. Le premier livre de lui qui produisit une vive sensation fut son *Alton Locke, tailor and poet, an autobiography* (2. vol., 1850), où, sous la forme d'un récit attachant, il a tracé le tableau le plus énergique des abus et des vices de la société moderne. Son second roman, *Yeast, a problem* (1851), a obtenu moins de succès, parce que le côté pratique s'y perd dans des abstractions mystiques, mais n'en a pas moins des tendances philanthropiques extrêmement honorables. Il est aussi l'auteur de *The Saint's Tragedy* (1848) et de *Phaeton, or loose thoughts on loose thinkers* (1852); et sous le titre de *Twenty five Village Sermons* (1852) il a publié des sermons prononcés devant ses ouailles. On a en outre de lui de remarquables pensées sur l'application du principe d'association aux populations agricoles (*Application of associative principles to agriculture*; 1852). Comme chanoine de Middleham et curé d'Eversley, Kingsley occupe une position distinguée dans la société anglaise; et comme prêtre, de même que comme écrivain, toutes ses pensées sont dirigées vers l'amélioration du sort des classes nécessiteuses, qu'il voudrait arracher à leur ignorance et à la misère qui en est la suite. Mais comme à ce propos il ne ménage pas non plus l'orgueil et l'égoïsme des classes élevées, il a naturellement été accusé de tendances socialistes, bien que ses idées n'aient rien de commun avec ce qu'on entend en France par socialisme.

KINGSTON ou KINGSTOWN, dénomination commune à plusieurs villes et localités situées dans les pays occupés par la race anglo-saxonne, et qu'on rencontre plus particulièrement aux États-Unis de l'Amérique du Nord, où les *Kingston* abondent dans le Newhampshire, le Vermont, le Massachusetts, le New-York, le Maryland, la Caroline du Nord et le Tennessee.

KINGSTON, ville du Canada, le point le plus florissant et le mieux fortifié, et autrefois le chef-lieu du Canada supérieur, située au nord du lac Ontario, à l'endroit où en sort le Saint-Laurent et où commence le canal du Rideau, à 35 myriamètres de Montréal, possède un bon port, bien fortifié, un arsenal et des chantiers pour la marine militaire. C'est le point central d'une active navigation à vapeur, en même temps que d'un cabotage fort actif et d'un grand commerce; et on y compte 10,000 habitants (en 1833 la population n'était encore que de 4,200 âmes). Non loin de là, entre *Point-Frederic* et *Point-Henry*, se trouve la *Navy-Bay*, le principal port de la marine militaire des Anglais sur le lac Ontario.

KINGSTON, le port et la ville commerciale les plus importants de la J a m a ï q u e, sur la côte méridionale de cette île et dans la baie de Port-Royal, à 2 myriamètres à l'est du chef-lieu, *Spanishtown*, s'élève en amphithéâtre sur le versant d'une montagne. Les rues en sont droites, bordées de belles maisons, bien construites, avec des arcades de chaque côté servant d'abri contre les rayons brûlants du soleil et garnies de riches magasins, où abondent tous les produits de la nature et de l'industrie. La ville possède aussi plusieurs beaux édifices, un grand nombre d'églises et de chapelles à l'usage de toutes les religions, divers établissements de bienfaisance, un théâtre, et 40,000 habitants, hommes de couleur pour la plupart. Le commerce des cafés, des rhums, des sucres et des bois précieux s'y fait sur la plus large échelle. Le port, assez vaste pour contenir mille navires, mais peu sûr, est défendu par deux forts et une foule de batteries, entouré d'immenses magasins et terminé au sud par l'étroit promontoire de *Palisadoes*, à l'extrémité duquel se trouve *Port-Royal*, station des vaisseaux de guerre. Kingston fut fondé en 1693, à la suite d'un tremblement de terre qui détruisit Port-Royal ; mais ce n'est qu'en 1802 qu'elle a obtenu le rang de ville. Le séjour n'en est rien moins que salubre ; la fièvre jaune y sévit fréquemment ; et pendant la saison des pluies, elle est exposée aux inondations causées par le débordement des ruisseaux descendant des montagnes. Les environs sont couverts de belles plantations et d'élégantes maisons de campagne ; à l'ouest le sol est bas et marécageux, à l'ouest s'élèvent les *Long-Mountains*.

KINGSTON, capitale de l'île de Saint-Vincent, l'une des petites Antilles, située sur la côte sud-ouest, possède une bonne rade et est le siége du gouverneur.

KINGSTON-UPON-HULL. *Voyez* HULL.

KINGSTON-UPON-THAMES, ville du comté de Surrey (Angleterre), à 7 kilomètres au sud-ouest de Londres, sur la rive droite de la Tamise, qu'on y passe sur un pont. On y compte 5,600 habitants ; et les débris d'antiquités, comme médailles, urnes, etc., qu'on a trouvés autorisent à penser que c'était autrefois une station romaine. Les rois anglo-saxons s'y firent souvent couronner. Sous Édouard II et III elle envoyait des députés au parlement. A l'époque de la révolution elle témoigna d'un vif attachement à la cause de Charles Ier ; et en 1643 le prince palatin Robert y remporta une victoire signalée sur le comte d'Essex.

KINGSTON, en Irlande, dans la baie de Dublin, est le point de départ du chemin de fer atmosphérique.

KINGSTON (Élisabeth CHUDLEIGH, duchesse DE), Anglaise célèbre par ses aventures et ses excentricités, née en 1720, perdit de bonne heure son père, colonel dans l'armée, et fut introduite fort jeune encore dans le grand monde par sa mère, femme qui aimait le plaisir, mais sans fortune. La protection du comte de Bath la fit nommer en 1743 dame d'atours de la princesse de Galles, position dans laquelle par sa beauté et son esprit elle eut bientôt une foule d'adorateurs. Elle donna la préférence au jeune duc d'Hamilton, et lui promit de l'épouser quand il serait de retour d'un voyage sur le continent ; mais le capitaine Hervey, devenu comte de Bristol, ayant réussi, au moyen de lettres interceptées, à lui prouver l'infidélité du duc, elle se détermina à l'épouser secrètement, le 1er août 1744. Dès le lendemain de ses noces, Élisabeth éprouva pour son mari une répulsion telle qu'elle se sépara de lui immédiatement, et le fruit de cette union malheureuse ne vécut que peu de temps. Pour se soustraire aux instances de sa mère, de Hamilton, et d'autres adorateurs, elle passa sur le continent. A Berlin, sa conversation spirituelle lui valut l'amitié du grand Frédéric, et elle n'eut pas moins de succès à la cour de Dresde. Revenue à Londres, l'attention générale dont elle était l'objet lui rendit encore plus odieux le mariage qui enchaînait désormais sa destinée. En conséquence, pour en faire disparaître la preuve, elle s'en alla un jour trouver le curé de Lainston, et réussit à arracher, sans qu'il s'en aperçût, le feuillet du registre de la paroisse où se trouvait inscrit son acte de mariage. Bientôt après elle apprend que son mari, devenu immensément riche, par suite d'un héritage inespéré, est tombé mortellement malade. Elle regrette alors de s'être trop pressée, et ne détermine pas sans peine le curé à réintégrer le feuillet à la place qu'il doit occuper dans le registre. On conçoit combien elle dut être vivement désappointée quand, à peu de temps de là, elle vit d'un côté le comte de Bristol revenir en parfaite santé, et de l'autre le richissime duc de Kingston solliciter sa main. Bristol, qui probablement n'était pas non plus fâché d'être débarrassé de sa femme, croyant telle, épousa donc, avec l'autorisation de l'archevêque de Cantorbéry, le duc de Kingston. Mais ce second mariage ne fut pas plus heureux que le premier. Le duc, homme d'une constitution peu robuste, de mœurs douces et d'un caractère tranquille, mourut, en 1773, des chagrins cuisants que lui causait la légèreté de conduite de sa femme, à laquelle cependant il légua son immense fortune. Plus que jamais Élisabeth se précipita alors dans le tourbillon des plaisirs, et ses prodigalités, ses excentricités firent tant de scandale à Londres qu'elle dut entreprendre un voyage en Italie, où par son luxe et son faste elle produisit une impression des plus vives, et où le pape et les cardinaux la traitèrent à l'égal d'une reine. Un aventurier, qui se faisait passer pour le duc d'Albanie, réussit à toucher son cœur et allait l'épouser, quand un procès en bigamie, que les héritiers naturels du duc de Kingston, lui intentèrent devant la chambre des pairs, à l'effet de lui enlever son riche héritage, vint l'arracher aux illusions de sa vie de dissipations. Quand elle revint à Londres, en 1776, à l'effet de s'y défendre contre l'accusation dont elle était l'objet, elle y trouva l'opinion publique déjà prévenue contre elle à un si haut degré, que les petits théâtres jouaient des pièces satiriques dont elle était l'héroïne. Des membres de la famille royale, les ministres suivirent avec la plus vive curiosité les débats de ce procès, qui passionna toute l'aristocratie. Malgré l'habileté de ses défenseurs, la duchesse de Kingston fut déclarée coupable du crime de bigamie ; mais en vertu d'un privilége inhérent à la pairie, il lui fut fait remise de la peine, qui eût été appliquée à toute autre, et consistant dans l'apposition d'un fer rouge sur la main droite. Par une bizarrerie qu'on a de la peine à s'expliquer, l'arrêt de la cour des pairs n'ayant point cassé le testament en même temps que le mariage, les héritiers du duc de Kingston se trouvèrent sans droits pour lui contester l'héritage de leur auteur ; et ce fut leur inutilement qu'ils essayèrent encore de le lui détourner pour le lui enlever. Les tribunaux repoussèrent l'action qu'ils lui intentèrent afin de la faire déclarer prodigue et dissipatrice.

Redevenue maintenant comtesse de Bristol, Élisabeth Chudleigh s'en alla voyager sur le continent ; et en Russie, où s'était rendue à bord d'un vaisseau qu'elle avait fait construire exprès, l'impératrice Catherine lui fit l'accueil le plus brillant. Son retour par la Pologne fut une vraie marche triomphale. Elle alla ensuite le chercher à Saint-Assise, près de Fontainebleau, où elle vécut au milieu d'un luxe tout princier. C'est là qu'elle mourut, le 28 août 1788, après une courte maladie. Son testament, empreint de toute la bizarrerie de son caractère, fut cassé au profit des héritiers naturels du duc de Kingston.

KININE. *Voyez* QUININE.

KINIQUE (Acide). *Voyez* QUINIQUE (Acide).

KIOSQUE, mot emprunté par notre langue à celle des Turcs, et par notre architecture à celle de l'Orient. Les peuples des contrées orientales, placés sous un ciel ardent, se livrent avec délices, durant les chaudes heures du jour, à ce repos que les Espagnols et les Italiens ont mis en honneur sous le nom de *sieste*. Mais, par un raffinement de mollesse et de luxe, les Orientaux consacrent à cet usage de petits pavillons appelés *kiosgues* : là ils prennent le frais et se livrent à la contemplation de la nature et au *dolce far niente*. Toutes les maisons de plaisance du Bosphore ont des kiosques placés sur leurs terrasses ou à l'extrémité de leurs jardins.

Depuis que le goût chinois et irrégulier s'est introduit parmi nous, nos jardins sont ornés de pavillons à couvertures recourbées à la chinoise, ayant des portes et des châssis en entrelas, des ornements imités des ornements chinois, et dont tout l'ameublement est destiné à rappeler un goût étranger : ces pavillons forment de petits cabinets ou de petits salons, destinés, comme ceux qui leur ont servi de modèles, au repos et à la méditation; seulement, la rigueur de notre climat, en les rendant inutiles la majeure partie de l'année, a exigé que l'intérieur de ces petits bâtiments de plaisance pût demeurer ouvert ou clos à volonté. C'est là ce que nous appelons des *kiosques*. Mais comme il est rare que nous conservions aux usages et aux choses que nous importons chez nous leur simplicité et leur destination primitives, le kiosque a déjà commencé à sortir du demi-jour des bosquets, et il s'est élancé dans les jardins publics les plus réguliers : on en trouve au jardin du Luxembourg et au Palais-Royal, badigeonnés d'un grand luxe de dorures, et servant de cabinets littéraires pour les journaux, d'abris à des marchands de joujoux, etc., après avoir eu d'abord une destination toute différente et bien plus prosaïque. Le jardin des Tuileries a sous ses grands bosquets deux kiosques divisés par cases, et dont les promeneurs estiment l'usage. Pauvres Turcs, que diriez-vous si vous étiez témoins de la profanation dont nous nous rendons coupables envers la partie de vos palais ou de vos jardins que vous affectionnez le plus?

KIOUFIOU. *Voyez* JAPON.

KIOUNG-TSEOU. *Voyez* HAÏ-NAN.

KIOUPERLI ou **KIUPERLI.** *Voyez* KOEPRULI.

KIPTCHAK. *Voyez* KAPTCHAK.

KIRCHER (ATHANASE), célèbre jésuite allemand, naquit à Geiss, près de Fulda, le 2 mai 1601. Après avoir terminé de brillantes études, il entra dans la société de Jésus, et fut nommé professeur de rhétorique au collège de Wurtzbourg en Franconie. Ce malheureux pays étant devenu le théâtre de la guerre, il se vit forcé de chercher un refuge en France; il y choisit pour asile le collège des jésuites d'Avignon, dans lequel il occupa une chaire pendant deux ans. Il obtint ensuite une place de professeur à Vienne; mais sa réputation s'étant répandue jusqu'à Rome, le pape l'appela dans cette ville. Il visita ensuite Malte, la Sicile, le midi de l'Italie. Au retour de ces divers voyages il se fixa pour toujours dans la capitale du monde chrétien, où il professa les mathématiques pendant huit ans. Il mourut à Rome, le 28 novembre 1680, laissant au collège romain des jésuites un riche cabinet de physique et d'objets rares de toutes espèces, qui faisaient regarder leur collection comme la plus intéressante de ce genre qu'il y eût alors en Europe.

Parmi ses ouvrages, qui sont presque tous écrits en latin, nous citerons : *Ars magna lucis et umbræ*; *Primitiæ Gnomonicæ catoptricæ*; *Obeliscus ægyptiacus*; *Œdipus ægyptiacus*; *Iter exstaticum terrestre*; *Mundus subterraneus*; *China illustrata*; *Turris Babel*; *Mundus magnus*; *Magia catoptrica*.

Le père Kircher est le premier qui ait cherché à déchiffrer les hiéroglyphes égyptiens; il a démontré la possibilité des effets du fameux miroir d'Archimède; il en construisit un qui produisait une chaleur considérable. Kircher s'était beaucoup occupé de catoptrique : on lui attribue l'invention de la lanterne magique. La langue chinoise avait été encore l'objet de ses travaux; il avait eu l'idée d'un traité de pasigraphie, au moyen duquel tous les peuples auraient pu s'entendre. D'un autre côté, les ouvrages du savant jésuite sont trop nombreux pour qu'ils soient bien élaborés; aussi sont-ils remplis d'erreurs et de choses inutiles. TEYSSÈDRE.

KIRCHHOLM, ville de Livonie, bâtie sur la Dwina, est célèbre dans l'histoire, par la grande victoire qu'y remporta, le 27 septembre 1605, une petite armée polonaise aux ordres du hetman Chodkjewiez sur une armée de 14,000 Suédois commandée par Charles IX, qui dut alors lever le siège de Riga.

KIRED. *Voyez* CANDIE.

KIRGHIS ou **KIRGHIZ-KAISSAKI**, *Kosaks des Steppes*. Tel est le nom d'une nation disséminée depuis les frontières de la Chine et de la Russie jusque sur le territoire de l'Europe, dont la langue est l'un des dialectes turcs les plus purs, mais dont la physionomie indique cependant l'origine toute mongole. Tandis que les Mongols appartiennent comme idolâtres au bouddhisme, les Kirghis professent l'islamisme, tout en le défigurant par une foule de superstitions, par exemple leur croyance en l'infaillibilité de leurs *baksys* ou devins, et en n'ayant qu'une idée très-confuse de ses doctrines. Depuis un temps immémorial ils se divisent en *grande*, *moyenne* et *petite* horde, qui toutes étaient autrefois tributaires de la Chine ou du khanat de Khokand, dans le voisinage duquel la grande horde est plus particulièrement fixée. Cette horde, qui est de beaucoup la plus puissante des trois, célèbre par sa bravoure, extrêmement redoutée des Russes, à cause de ses continuelles irruptions sur leur territoire et de l'inaccessibilité des montagnes où elle se réfugie, se détacha presque tout entière en 1819 de la domination chinoise, pour venir se placer sous celle de l'empereur de Russie. C'est aussi la seule qui ait réellement accepté le joug russe. Les deux autres, la *moyenne*, fixée entre le Sarasou et le Iemba, et la *petite*, entre le Iemba et l'Oural, quoique nominalement soumises à la Russie depuis 1731, sont demeurées à peu près indépendantes, et inquiètent continuellement les Russes par leurs brigandages. Aussi les Russes ont-ils essayé de se protéger contre leurs irruptions en élevant une série de forts sur les rives des fleuves servant de limites à leurs territoires respectifs. Il n'y a de réellement soumise à la Russie, comme la grande horde, que la partie de la petite horde qui, sous le nom de horde *Lukejewi* ou intérieure, habite, entre l'Oural et le Volga, la contrée désignée sous le nom de *steppe des Kalmoucks*. On estime que la *moyenne* et la *petite* hordes ne forment ensemble que de 30 à 40,000 *kibitkes* ou tentes; tandis que l'on évalue à plusieurs millions d'âmes le nombre total de la nation kirghise, placée soit sous l'autorité de la Chine, soit sous celle de la Russie, soit encore sous celle du khan de Khokand, ou bien restée indépendante avec ses khans ou sultans particuliers. Tous les Kirghis d'ailleurs sont nomades, et errent dans une immense steppe, dont l'étendue n'est pas moindre de 22,000 myriamètres carrés (*voyez* l'article ci-après). Les bêtes à cornes, les moutons, les chevaux et les chameaux constituent leur unique richesse. Ils sont naturellement inquiets, dissimulés et enclins au vol. Depuis que les Russes ont conquis la Sibérie, où ils habitaient d'abord les rives de l'Iénisséi supérieur, ils n'ont point cessé de guerroyer contre eux. Ils se partagent en nobles et en vilains (les *os blancs* et les *os noirs*). Parmi les nobles on distingue les khans de hordes, chefs principaux, et les saissans ou *aimaks*, chefs de tribus isolées.

KIRGHIS (Steppe des). On appelle ainsi, dans l'acception la plus large, l'immense territoire borné à l'ouest par le Volga, à l'est par l'Irtisch, au nord par le désert d'Obschtschoï, par les versants sud des monts Oural et par le Tobal, et au sud par l'Ala-Tau, le Sir-Daja, la mer d'Aral et la mer Caspienne, attendu qu'alors on considère la steppe des Dsongares, la steppe de l'Irtisch et de l'Isim et la steppe des Kalmoucks comme en faisant partie. On est d'autant plus en droit de grouper ces divers territoires sous une dénomination commune que le caractère de cette vaste surface de terrain est presque partout le même, qu'il y règne constamment la même monotonie, qu'on n'y rencontre pas plus d'élévation que de dépression quelque peu sensible du sol, qu'aucune grande forêt ne vient y rompre l'uniformité du désert, qu'on n'y rencontre que des herbages atteignant la hauteur de l'homme, avec de larges fleurs, riches en sucs, et offrant aux habitants nomades de ces contrées une nourriture facile pour les bestiaux. Les débris de constructions qu'on y rencontre çà et là, et qui ont été décrits dans les ouvrages de Pallas, Müller, de Bronewski et Lewschim, et tout récemment encore dans ceux de Klaproth, de Gœbel et de Chaykoff, appartiennent incontestablement à diverses époques ; et il se peut que les unes proviennent de Mongols, les autres de Dsongares et autres tribus kalmouckes qui habitaient jadis ces contrées. Ces ruines se rencontrent de plus en plus fréquemment à mesure qu'on approche du Volga, où l'on finit même par trouver la trace de rangées entières de maisons au point où l'Achluba se jette dans le Volga. On est autorisé à en conclure qu'à une époque dont on a perdu même le souvenir il exista là une nation civilisée, qui différait complétement par ses mœurs et son intelligence des hordes nomades qu'on y rencontre aujourd'hui. C'est aussi dans ces derniers temps seulement qu'on est parvenu à démontrer que là se trouvait autrefois le siége du puissant empire de Kaptchack ou de la *Horde d'Or* (*voyez* KASAN), qui pendant deux siècles fut l'effroi de la Russie.

La partie de la steppe où on rencontre le plus grand nombre de ces ruines, s'étendant entre l'Oural et le Volga et du désert de l'Obschtschéi jusqu'à la mer Caspienne, autrefois le pays originel de la *Horde d'Or*, est souvent désignée aussi sous le nom de *steppe des Kalmoucks*, et quelques-uns veulent que les limites s'en étendent là jusqu'à l'Iemba. D'un autre côté, on comprend aussi sous cette dénomination le territoire situé en deçà du Volga, et de là en le prolongeant jusqu'au Don, qui s'y rattache immédiatement ; de sorte que les versants des hauteurs du Volga au nord, les vallées du Kouban et de la Kuma au sud, la mer d'Azof à l'ouest et la mer Caspienne à l'est, formeraient les limites de cette steppe, qui d'ailleurs est tout autant et peut-être même encore plus habitée que l'autre par des K a l m o u c k s.

KIRKCUDBRIGHT ou EAST-GALLOWAY, comté du sud-ouest de l'Écosse, qui avec le comté de Wigton, qui l'avoisine à l'ouest, forme le district de Galloway et compte 40,310 habitants sur une surface de 28 myriamètres carrés, dont le quart seulement est susceptible d'être mis en culture. Son sol est presque en entier couvert de montagnes et de collines. Les chaînes de montagnes qu'on y trouve au nord, appelées *Kell's Range*, sont complètement pelées et stériles. Elles contiennent un grand nombre de petits lacs, et leur point d'élévation extrême est de 830 mètres. Les cours d'eau les plus importants sont la Dee, le Nith et la Cree. La partie la plus fertile de ce comté est, au sud, la plaine qui longe la mer ; et le climat y est aussi plus doux que dans la montagne. L'agriculture, obligée de lutter contre l'ingratitude du sol, n'en réussit pas moins à produire beaucoup de grains, de betteraves et de pommes de terre. En raison de la vaste étendue des pâturages, l'élève du bétail y est bien autrement favorable. L'ancienne race de chevaux de Galloway, jadis si célèbre, a presque complètement disparu, et est remplacée aujourd'hui par une race de petite taille, mais vigoureuse. On a abandonné l'exploitation des mines de plomb de Newtonstewart.

Le chef-lieu de ce comté est *Kirkcudbright*, ville située au fond d'une baie, à l'embouchure de la Dee, avec un bon port, et 2,780 habitants.

KIRSCH, ou plutôt KIRSCHEN-WASSER, *eau de cerises*, dénomination empruntée à la langue allemande, et qui sert à désigner l'eau-de-vie extraite, par la distillation, des cerises sauvages. Ainsi que le rhum, le kirsch doit lutter contre les mêmes préventions avant d'obtenir le même triomphe. Aujourd'hui sa réputation est presque populaire : ceci s'explique : le kirsch, honoré de l'estime de *Robert Macaire*, pouvait-il ne pas être la liqueur à la mode dans un siècle où on veut des *émotions* à tout prix, où on ne parle que d'orgies *échevelées*, de plaisirs *corrosifs*, d'*âcres* voluptés, où des femmes, dites *humanitaires*, sont vues courant le monde en veste et culotte, la cravache au poing et la pipe à la bouche ? A Paris surtout, le kirsch est à l'apogée de sa vogue. Il a détrôné le rhum, l'eau-de-vie, toutes les autres liqueurs, depuis le marasquin de Zara jusqu'à l'*élixir des braves* : hâtons-nous d'ajouter que la suprématie lui était réellement due. A la force des spiritueux le kirsch unit un goût agréable, parfumé, sans pareil ; il caresse délicieusement le palais en même temps qu'il réchauffe le cœur et la tête. L'envie et la jalousie ont pu seules chercher à accréditer le bruit que ce breuvage *parvenu* n'avait pour base que l'acide cyanhydrique, c'est-à-dire l'un des poisons les plus violents qu'on connaisse. La preuve que c'est là une calomnie gratuite, c'est que plus d'un littérateur de ma connaissance et de la vôtre lui doit ses brillantes inspirations, le fashionable du café de Paris les belles heures de son existence, et l'habitué, passablement gueux, du café Socrate l'oubli de ses *malheurs* et ses rares moments d'extase. La forêt Noire est la patrie par excellence du *kirschen-wasser*.

Charles Dupouy.

RISCHINEF, chef-lieu de la *Bessarabie*, est en voie de prospérité toujours croissante depuis que cette province appartient à la Russie, et compte déjà 45,000 habitants. Traversée par le Byk, un des affluents du Dniester, qui y forme de nombreux détours, cette ville s'étend sur trois mamelons. On y trouve un beau jardin impérial, trois superbes fontaines jaillissantes entourées de bassins de marbre, un séminaire ecclésiastique grec, un gymnase, huit autres écoles, quatorze églises grecques, une belle synagogue et plus de deux cents fabriques. La population, qui se compose de Russes, de Kosaks, de Polonais et de juifs, sans compter un certain nombre de Moldaves, de Grecs, de Bulgares, d'Arméniens, de Bohémiens et d'étrangers, notamment d'Allemands et d'Italiens, fait un commerce qui prend chaque jour des proportions plus importantes ; ce qui contribuent activement les nombreux juifs domiciliés dans cette ville. Kischinef, qui il y a vingt-cinq ans ne ressemblait qu'à un grand village oriental, s'est tellement embellie qu'on peut aujourd'hui le ranger parmi les villes d'Europe de second ordre.

KISFALUDY (ALEXANDRE DE), poëte hongrois, qui a exercé une grande influence sur le développement et le perfectionnement de la langue et de la littérature de ses compatriotes, né en 1777, d'une famille noble, propriétaire dans le sud-ouest de la Hongrie, passa sa jeunesse au service, loin de sa patrie. Plus tard, il vécut dans sa terre de Sumegh, en Hongrie, où il mourut, le 30 octobre 1844. Par ses poésies lyriques et élégiaques, qui font époque dans la littérature hongroise, il enthousiasma dans sa patrie tous les esprits généreux.

Son frère *Charles de* KISFALUDY, né en 1790, mort à Pesth, le 11 novembre 1830, n'est pas moins remarquable sous le même rapport. Il emprunta les sujets de ses drames nationaux aux temps primitifs de la Hongrie et à l'époque héroïque de la lutte entre le paganisme et le christianisme, puis entre celui-ci et l'islamisme des Mongols et des Turcs, et enfin aux temps des guerres civiles intérieures. Ils ont obtenu en Hongrie un immense succès ; cependant, sous le rapport du style, la critique reproche, non sans raison, à cet écrivain de trop donner tantôt dans le néologisme, tantôt dans l'archaïsme.

KISSELEFF (NICOLAÏ DE), ex-ministre plénipotentiaire de Russie à Paris, est né vers 1800, et entra de bonne heure dans la diplomatie. Après avoir rempli pendant plusieurs années les fonctions de secrétaire de légation à Berlin, puis celles de conseiller d'ambassade à Londres en 1838, et à Paris en 1839, il resta dans cette dernière capitale en qualité de chargé d'affaires quand, en 1841, une question d'étiquette amena le rappel de M. de Pahlen, titulaire de l'ambassade. Ce poste, qui d'abord n'avait d'autre importance que comme simple poste d'observation, en acquit beaucoup vers la fin du règne de Louis-Philippe, époque où s'opéra entre les cabinets de Saint-Pétersbourg et des Tuileries un rapprochement devenu bien visible lors des affaires de Suisse par l'*entente cordiale* que les deux puissances manifestèrent sur cette question, et suivi bientôt après d'une acquisition de 50 millions de rente 5 pour 100 français faite pour le compte de l'empereur Nicolas. La révolution de Février changea complétement la situation de M. de Kisseleff, et le força de se borner à un rôle purement passif, en attendant des circonstances meilleures, qui parurent venues quand Louis-Napoléon eut été élu président de la république. En 1851, l'empereur Nicolas, pour témoigner à M. de Kisseleff combien il était satisfait de ses services, le créa ministre d'État, et lui donna le titre de chef de la légation de Paris. On dit que M. de Kisseleff fut de tous les diplomates étrangers accrédités dans cette capitale le premier qui instruisit son maître du coup d'État du 2 décembre 1851. L'année d'après, le rétablissement de l'empire ayant donné lieu à quelques difficultés entre les deux gouvernements, M. de Kisseleff partit pour Saint-Pétersbourg afin d'y aller prendre les instructions nouvelles dont il avait besoin et se justifier de la conduite qu'il avait observée vis-à-vis du prince-président de la république. On est autorisé à croire qu'il y réussit complétement, puisqu'en janvier 1853 il présentait aux Tuileries ses lettres de créance comme envoyé extraordinaire et ministre plénipotentiaire ; et la guerre qui éclata en Orient au commencement de l'année suivante mit seule fin à sa mission.

KISSELEFF (Paul, comte de), frère aîné du précédent, général et ministre russe, est né en 1788, d'une ancienne famille de boyards. Aide de camp du prince Bagration en 1812 et de l'empereur Alexandre en 1813, colonel en 1814, major général et chef de l'état-major général en 1817, il dirigea en cette qualité les opérations de la campagne contre les Turcs en 1828, et fut nommé lieutenant général en 1829, en même temps que commandant du 4e corps de cavalerie de réserve, à la tête duquel il battit le pacha de Philippopolis. Appelé à la fin de la guerre au gouvernement de la Moldavie, il reconstitua l'administration de cette province épuisée, et mérita la reconnaissance des populations. En 1833 il reçut le commandement du corps d'armée envoyé au secours du sultan contre l'armée victorieuse du vice-roi d'Égypte. L'année suivante il fut nommé ministre des domaines, et dans l'exercice de ces hautes fonctions fit beaucoup de bien aux dix-huit millions de paysans de la couronne confiés à son administration. Il a épousé une comtesse Sophie Potocka.

KISSÉTIE ou KISTIE, contrée située au milieu des montagnes du Caucase, ainsi appelée du nom de ses habitants, les *Kistes* ou *Kistinzes*, peuplade formant l'un des rameaux de la race des Midschegir ou Tschitschenes, qui habite le centre du Caucase. Les Kistinzes sont souvent appelés aussi *Tschentschenzes*, de même que ce nom de Kissétie est employé comme synonyme de *Tscheschna*.

KISSINGEN (Eaux minérales de), eaux minérales situées à huit myriamètres au nord de Wurtzbourg (Bavière), se rapprochent beaucoup des *eaux mères* des salines. Elles sont très-chargées de sel, comme il convient à des eaux qui ont séjourné dans des mines de sel gemme ou qui ont traversé des mines de cette espèce. Elles sont salées plutôt que minérales salines, ainsi que nous l'avons dit des eaux de Hombourg et de Nauheim. Nos eaux de Balaruc et de Bourbonne, pourtant bien autrement efficaces, sont fades en comparaison de celles-là. Mais nos eaux de France sont thermales, composées de principes mieux proportionnés, et apparemment plus élaborées dans le sein de la terre, plus assimilables à nos humeurs et déjà en quelque sorte animalisées. Les eaux de Kissingen ont une température de 8 à 15 degrés, selon la profondeur des conduits d'où elles sourdent ; on dit même qu'une des cinq sources marque 19 degrés centigrades, mais le fait a besoin d'être vérifié. On y trouve des muriates ou hydrochlorures de soude et de potasse, de chaux et de magnésie, des bromures et des iodures, principes significatifs et précieux ; des carbonates de différentes bases alcalines, des sulfates et phosphates de soude, etc. A s'en rapporter aux tableaux d'analyse que nous avons sous les yeux, les eaux de Kissingen contiendraient presque autant de sel que l'eau de mer, et cela n'est pas croyable.

Les cinq sources portent les noms suivants : 1° Le *Rakoczy* (ou Raggozzi), eau très-purgative ; 2° le *Pandur* ; 3° le *Theresienbrunnen* ; 4° le *Maxbrunnen* ; 5° le *Soolensprudel*, qui est la moins froide des cinq ; les deux dernières sources sont les plus gazeuses. Le *Raggozzi* jouit d'une assez grande réputation : c'est la source de prédilection des hypocondriaques, des gens replets et des goutteux. On y rencontre aussi des hémorrhoïdaires, des rhumatisants, des scrofuleux, des chlorotiques et quelques dartreux, et même des phthisiques. On voit des malades qui en boivent des cruches entières, et qui en font ample provision chez eux pour toute l'année. Le fait est qu'elles s'exportent aisément. Le *Pandur* a des vertus analogues au Raggozzi ; on boit à cette dernière source, on se baigne à l'autre. Le *Maxbrunnen* sert de boisson, comme le Raggozzi ; mais l'eau en est plus agréable. La saveur en est piquante et aigrelette comme celle de l'eau de Seltz. On la conseille dans les affections gastriques, dans quelques maladies de l'appareil urinaire, et dans l'asthme humide. Elle a quelquefois réussi contre les vomissements nerveux et dans les affections vermineuses des enfants, qui en boivent sans répugnance. Il en est de même du *Theresienbrunnen*. Le *Soolensprudel* s'emploie sous forme de bains, comme le *Pandur*. C'est la source qui convient le mieux aux femmes nerveuses. Quant à celles qui ont à y recourir pour les maladies plus mystérieuses, il y a dans l'endroit une maison particulière, une sorte d'établissement *ad hoc* amplement pourvu de douches.

Les frères Bolzano, fermiers des sources minérales royales et des maisons de santé de Kissingen et de Bocklet, ajoutent à leurs notices : « Dans notre maison de santé de Kissingen, on trouve, outre la salle à manger et la salle de danse, les chambres de conversation, la *roulette*, le *pharaon*, etc., etc. » Excellents Allemands, avec leurs P. S. et leurs *et cætera!* Et voilà le peuple à qui l'on décorne de toutes mains la palme de la naïveté et de l'innocence ! Il est vrai qu'on peut, à la rigueur, objecter que les frères Bolzano ne sont pas allemands. A la bonne heure ! *bene trovato*.

Dr Isidore Bourdon.

KISTES ou KISTINZES (Les). *Voyez* Kissétie.
KIUPERLI. *Voyez* Koeprili.
KIZLAR-AGA ou KISSLAR-AGA. *Voyez* Aga.

KLAGENFURT, chef-lieu du duché de Carinthie et siège du gouverneur impérial, compte 13,000 habitants ; il est situé dans une belle et riche plaine, non loin des petits cours d'eau qu'on appelle le *Glan* et le *Glanfurt*, ainsi que du lac de Klagenfurt ou de Woerth, qu'un canal met en communication avec la ville. Klagenfurt est peu animée, et forme un carré à peu près régulier, avec des rues larges et droites. Aujourd'hui encore elle est le siége d'une cour d'appel pour la Carinthie et la Carniole, qui ne peut d'ailleurs tarder à être réunie à celle de Styrie. On y trouve un gymnase supérieur, avec une bibliothèque publique, un séminaire, une école normale primaire, une école industrielle et un institut de sourds-muets. En fait de sociétés utiles qu'elle possède, il faut citer la Société d'Agriculture et d'Industrie, la Société Historique, qui publie chaque année ses Mémoires et met à la disposition du public une riche bibliothèque. Parmi les édifices publics, on doit une mention à la tour de l'église de Saint-Égide, haute de 90 mètres ; à l'hôtel de ville, édifice du quatorzième siècle, contenant les armoiries de la noblesse carinthienne, et le palais épiscopal, où se trouve une riche galerie d'œuvres d'art et de minéralogie. La belle place du marché est ornée d'une statue équestre en plomb de l'empereur Léopold 1er, et d'une statue en pied de Marie-Thérèse. Parmi les grands établissements industriels qu'elle possède, on remarque une vaste fabrique de céruse, la plus importante qu'il y ait en Autriche, et la manufacture de draps des frères Moro.

Klagenfurt ayant été laissée en dehors du réseau de chemins de fer de l'Allemagne, son commerce de transit est anéanti, de même que son commerce d'exportation a singulièrement diminué. Mais on annonce la construction prochaine d'un embranchement qui la reliera au grand chemin de fer du sud. Ses fortifications, rasées en 1809 par les troupes françaises, ont été transformées en promenades.

KLAPKA (Georges), l'un des principaux chefs de l'insurrection hongroise, est né le 7 avril 1820, à Temeswar, où son père remplissait les fonctions de bourgmestre. Entré en 1838 comme cadet dans le 2e régiment d'artillerie de campagne, deux ans après il passa dans le corps des bombardiers, et étudia alors avec ardeur les sciences militaires. Nommé en 1842 sous-lieutenant dans le régiment hongrois des gardes du corps, il put ainsi continuer à Vienne ses études sur l'art militaire. Après cinq ans passés dans les gardes, il fut, en 1847, nommé lieutenant-colonel au 12e régiment de frontières ; mais, ne pouvant se plier à la monotone uniformité de ce genre spécial de service, il donna sa démission. Il était à la veille d'entreprendre un grand voyage à l'étranger, lorsque éclata la révolution de mars 1848 ; et il s'empressa aussitôt de se mettre à la disposition du gouvernement national. Envoyé d'abord en Transylvanie, pour y gagner les Szeklers à la cause de la Hongrie, il fut bientôt après employé dans le service actif et nommé capitaine au 6e bataillon de *honveds*, grade dans lequel il fit avec distinction la campagne d'été contre les Serbes. Promu au grade de major, on l'envoya à Komorn, puis à Presbourg, diriger les travaux de défense entrepris sur ces deux points. A la fin de novembre il partait rejoindre, en qualité de chef d'état-major, le corps d'armée qui opérait dans le Banat, sous les ordres de Kis. C'est lui qui arrêta toutes les dispositions qui précédèrent l'attaque des positions ennemies, dont le résultat fut la prise d'Alibunar, de Karlovacz et de Karlsdorf, ainsi que la déroute des Serbes à la tête de pont de Tomasovacz. Le plan d'opérations suivi par l'armée hongroise au commencement de la campagne de 1849, et qui plus tard eut de si brillants résultats, fut également l'œuvre de Klapka.

Après la défaite essuyée le 4 janvier près de Kaschau par Messaros, ce fut au colonel Klapka qu'on confia son commandement ; et il réussit alors non-seulement à garder le passage de la Theiss et à assurer ainsi la capitale improvisée par le gouvernement national à Debreczin, mais encore à faire battre pour la première fois les vieilles bandes autrichiennes par les jeunes honveds, et à inspirer une nouvelle confiance à l'armée nationale par les victoires de Tarczal, de Kiresstur, de Hidaknémety, etc. Klapka prit ensuite part à la bataille de trois jours livrée sous les murs de Kapolna (26-28 février), de même qu'à la brillante campagne d'avril, pendant laquelle il fut chargé du commandement du premier corps d'armée ; et il se distingua surtout à la bataille d'Isassegh (6 avril), où il décida du sort de la journée, et à l'affaire de Nagysarlo (19 avril), qu'il enleva d'assaut avec Damjanics. A la bataille livrée le 26 avril au corps autrichien venu pour assiéger Komorn, ce fut Klapka qui arrêta le plan d'attaque, et pendant l'affaire il commanda l'aile gauche. Il remit alors son commandement à Nagy-Sandor, pour aller remplir provisoirement à Debreczin les fonctions de ministre de la guerre, position dont il usa pour s'efforcer d'introduire plus d'unité dans les opérations et plus de discipline dans l'armée. Il conçut alors pour la campagne d'été un plan que le conseil de guerre adopta, mais que plus tard le mauvais vouloir de Gœrgei empêcha de mettre à exécution. Le siége d'Ofen fut entrepris contre l'avis formel de Klapka. Quand après la prise de cette place Gœrgei fut nommé ministre de la guerre, Klapka reçut le commandement de la place de Komorn. Il s'efforça alors de faire cesser, en apparence tout au moins, la mésintelligence survenue entre Kossuth et Gœrgei, et de prévenir la rupture déclarée entre eux, dont la déposition de Gœrgei, prononcée le 2 juillet, devait être la suite, puis fit tout pour que l'on revint sur cette mesure. Dans les attaques du 16 et du 21 juin, qu'il désapprouva, de même que dans les grandes batailles livrées le 2 et le 11 juillet sous les murs de Komorn, tous les honneurs de la journée furent pour Gœrgei et pour Klapka.

Gœrgei une fois parti pour rejoindre le gros de l'armée dans les plaines de la Theiss, Klapka resta à Komorn comme commandant de la place, et sut par ses incessantes sorties tenir constamment en haleine l'armée assiégeante. Son plus brillant fait d'armes fut la sortie du 5 août, où la plus grande partie des assiégeants périrent sur le champ de bataille ou se noyèrent dans le Danube, tandis que le reste était contraint de s'enfuir en désordre à Presbourg. Klapka fit un butin énorme en armes, argent, munitions et vivres, reprit possession d'une assez importante étendue de terrain, et poussa même ses avant-postes jusqu'à Raab. Il se disposait à profiter de cette victoire pour envahir l'Autriche et la Styrie, quand il fut informé de la tournure fâcheuse qu'avaient prise les événements sur les bords de la Theiss ; et bientôt il apprit que Gœrgei venait de mettre bas les armes. Force lui fut donc de venir se renfermer dans Komorn. C'est à la fermeté avec laquelle Klapka et le conseil de guerre repoussèrent toutes propositions de soumission sans condition, que la garnison de Komorn fut redevable de la capitulation honorable que lui accorda le gouvernement autrichien. Elle fut signée le 27 septembre entre Klapka et le feld-maréchal Haynau, et la reddition de la place commença le 3 octobre. Les conditions de cette capitulation, bien que peu favorables, assuraient du moins à la garnison la vie et la liberté. Klapka quitta immédiatement le territoire hongrois, et se rendit à Londres, puis de là à Gênes, ville qu'il habitait encore au commencement de 1854. Il a raconté la participation prise par lui à la lutte soutenue par la révolution hongroise, notamment pendant l'été de 1849, dans ses *Mémoires* (Leipzig, 1850), l'une des meilleures sources à consulter sur les événements dont la Hongrie a été le théâtre dans les années 1848 et 1849.

KLAPROTH (Martin-Henri), célèbre chimiste et naturaliste, né le 1er décembre 1743, à Wernigerod, fut d'abord pharmacien à Berlin. En 1787 il fut élu membre de l'Académie des Sciences de cette ville, section de chimie ; et bientôt après on le nomma professeur de chimie au corps royal d'artillerie de campagne. Il mourut le 1er janvier 1817, à Berlin, membre du conseil supérieur de santé. C'est à lui qu'on est redevable de la découverte du zirconium, du tellure, du titane et de l'urane ; et il se distingua par ses analyses, fort exactes pour l'époque, de diverses eaux minérales. On a de lui un *Essai sur la connaissance chimique des corps minéraux* (6 vol., Berlin, 1795-1815). Son *Dictionnaire de Chimie*, composé en société avec Wolff, a vieilli.

KLAPROTH (Henri-Jules), orientaliste et voyageur, fils du précédent, né à Berlin, le 11 octobre 1783, se consacra de bonne heure à l'étude des langues orientales, et notamment à celle du chinois. Après s'être fait connaître par la publication du *Magasin Asiatique* (Weimar, 1802), il fut nommé professeur-adjoint à l'école des langues asiatiques à Saint-Pétersbourg, et il accompagna le comte Golofkin, envoyé à Pékin avec le titre d'ambassadeur ; mais à la frontière de l'empire, force lui fut de rebrousser chemin. A son retour, sur la proposition du comte Jean Potocki, il fut désigné par l'Académie de Saint-Pétersbourg pour aller continuer dans les provinces du Caucase ses recherches sur les peuples primitifs de l'Asie. Il rendit un compte détaillé de cette expédition dans un ouvrage intitulé : *Voyage au Caucase et en Géorgie*, pendant les années 1807 et 1808 (2 vol., Halle, 1812-14 ; édit. française, revue et augmentée, Paris, 1823). Ses *Archives pour la langue, l'histoire et la littérature asiatiques* (1 vol. in-4°, Pétersbourg, 1810) sont encore un monument des travaux auxquels il se livra pendant le cours de ce voyage. En 1812, par suite d'un grave abus de confiance commis au détriment du gouvernement russe, et dont les Mémoires de l'Académie des Sciences de Saint-Pétersbourg rendirent compte dans les termes les plus sévères, il fut obligé de quitter le service russe, et se rendit en Italie. En 1815 il vint se fixer à Paris, où le roi de Prusse lui conféra le titre honorifique de professeur de langues orientales, en même temps qu'il le chargeait, dit-on, de transmettre à la légation prussienne des renseignements précis sur les hommes et les choses du moment. Il mourut à Paris, le 27 août 1835, sans avoir eu le temps de mettre la dernière main à ses immenses travaux. On a de lui : *Description géographique et historique du Caucase oriental* (Weimar, 1814); *Voyage de Guldenstædt en Imirétie* (Berlin, 1825), avec des notes et explications par lui; *Description des provinces russes entre la mer Caspienne et la mer Noire* (Berlin, 1814); *Catalogue des livres et manuscrits chinois et mandchoux de la bibliothèque royale de Berlin* (Paris, 1822); *Asia polyglotta* (Paris, 1823, avec atlas, in-fol.) ; ouvrage dans lequel il démontre l'affinité d'origine des nations asiatiques par l'affinité de leurs langues, et fixe l'époque où commence leur véritable histoire; *Tableaux historiques de l'Asie depuis la monarchie de Cyrus jusqu'à nos jours* (4 vol., Paris); *Mémoires relatifs à l'Asie* (Paris, 1834); *Collection d'antiquités égyptiennes* (Paris, 1829); *Examen critique des travaux de feu Champollion sur les hiéroglyphes* (Paris, 1832); et aussi l'important ouvrage sur l'histoire du Japon, ayant pour titre : *Aperçu général des trois royaumes*, traduit de l'original japonais-chinois (Paris, 1833), etc.

KLAUS (Frère). *Voyez* FLUE (Nicolas de).

KLAUSENBURG (en hongrois *Kolosvar*, en valaque *Klousl*), capitale de la Transylvanie, est située dans le comitat du même nom, au milieu d'une vallée romantique, sur les bords d'une petite rivière appelée S*zamos*, et compte 24,000 habitants. Elle est entourée de vieilles murailles, et est divisée en vieille ville et ville neuve, indépendamment de cinq faubourgs. On y voit une grande et belle place, quelques belles rues; et sa cathédrale, placée sous l'invocation de saint Michel, est un magnifique monument de l'ancienne architecture allemande. Indépendamment d'un lycée pourvu d'une bibliothèque publique, d'un séminaire et d'un couvent noble, de gymnases et de séminaires catholiques et protestants, cette ville possède un hospice pour les orphelins, trois hôpitaux et plusieurs autres établissements de bienfaisance. La population, sauf un petit nombre d'Allemands et de Valaques, est complètement d'origine magyare, et a pour principale ressource le commerce, Klausenburg n'étant qu'à quelques myriamètres des frontières de la Hongrie et de la Transylvanie; position qui en fait l'étape nécessaire des relations commerciales entre les deux pays. L'industrie y a pris aussi dans ces derniers temps d'assez notables développements. On vante surtout ses fabriques de porcelaine.

Comme chef-lieu de la partie hongroise de la Transylvanie, Klausenburg fut à l'époque de la révolution de 1848 le grand centre du mouvement national, tandis que les forces autrichiennes restaient concentrées à Hermannstadt, ville allemande et seconde capitale du pays. Au début de la révolution, le général Puchner avait réussi à s'y maintenir avec les Impériaux ; mais le général Bem, qui s'en empara le 25 décembre 1848, s'y maintint jusqu'à la fin de l'insurrection hongroise, et en fit le grand dépôt de ses munitions et de ses remontes.

De l'autre côté de la rivière, sur les ruines d'un ancien château romain, l'empereur Charles VI fit construire, en 1721, une forteresse, aujourd'hui dans le plus complet état de délabrement. Klausenburg est la *Claudiopolis* des Romains ; des fouilles pratiquées dans ses environs ont fait découvrir un grand nombre de médailles et d'ustensiles en bronze, provenant des temps de la domination romaine.

KLÉBER (JEAN-BAPTISTE) naquit à Strasbourg, le 6 mars 1754, d'un terrassier du cardinal de Rohan. Dès ses premières années il manifesta des dispositions si précoces qu'un curé de l'Alsace prit intérêt à lui et lui donna les premiers éléments d'instruction. Kléber s'appliqua ensuite aux sciences exactes, à l'architecture, et se rendit à Paris pour étudier sous le célèbre Chalgrin. De retour dans sa ville natale, après deux ans d'absence, il eut occasion de prendre parti pour deux gentilshommes bavarois dans une querelle où le droit était de leur côté; ceux-ci lui en témoignèrent de la reconnaissance, et lui proposèrent de les suivre à Munich, où ils le firent entrer à l'école militaire. Il en fut bientôt un des élèves les plus distingués. Un jour le général autrichien de Kaunitz ayant eu l'occasion de jeter les yeux sur des plans et des dessins tracés par le jeune élève, l'emmena à Vienne, et lui fit avoir une sous-lieutenance dans un régiment. Kléber y demeura huit ans, et fit une campagne contre les Turcs; mais dégoûté de ne point obtenir l'avancement qu'il méritait, il donna sa démission, et revint dans sa patrie.

Il y exerçait sa profession d'architecte, et se trouvait depuis six ans inspecteur des monuments publics à Béfort, quand la révolution éclata. Déjà il avait fait bâtir le château de Granvillars, l'hôpital de Thann, l'hôtel des chanoinesses de Massevaux, et l'on voit encore plusieurs dessins de lui au musée de Strasbourg. A la vue de la patrie en danger, il s'engage comme grenadier dans le troisième bataillon de volontaires de son département. Ses chefs ne tardent pas à le distinguer : Wimpfen le nomme adjudant-major, et bientôt après Custine lui donne le grade d'adjudant général. Kléber se trouvait alors dans Mayence, bloqué par les Prussiens ; il signale maintes fois son intrépidité, et exécute ces brillantes sorties de Biberach et de Marienborn, qui annoncent ce qu'il sera un jour. On sait qu'après une héroïque défense, suivie d'une capitulation honorable, la garnison de Mayence fut dirigée sur la Vendée; mais les chefs avaient été décrétés d'arrestation, et Kléber était déjà incarcéré, lorsque la Convention, mieux informée, proclama que chefs et soldats avaient bien mérité de la patrie. Il reçut pour sa part le brevet de général de brigade. Placé à la tête de l'avant-garde, il lutta avec 4,000 hommes contre 30,000 Vendéens qui l'entouraient de toutes parts : ceux-ci, maîtres de nos canons, n'avaient plus qu'un ravin à franchir pour nous couper toute retraite. Kléber appelle un officier dont il connaît la bravoure : « Prends une compagnie de grenadiers, lui dit-il ; arrête l'ennemi devant ce ravin : tu te feras tuer, et tu sauveras tes camarades. — Oui, mon général, » répond l'officier avec une soumission sublime. Tous périrent ; mais ce dévouement arrêta la marche des royalistes.

Kléber contribua beaucoup au gain de la bataille de Cholet, où l'on combattit d'après les plans qu'il avait tracés ; toutefois, le général en chef n'ayant pas continué à les suivre, l'armée républicaine essuya au delà de la Loire des échecs dont il fit tomber la responsabilité sur Kléber : il fut privé de son commandement, dont on investit Marceau ; mais celui-ci en remit toute l'autorité à celui qui venait d'en être dépouillé, en disant qu'il respectait les lumières, l'expérience et le courage. Kléber fit éprouver aux Vendéens des échecs multipliés; il les poussa dans la Loire et la Vilaine, et anéantit à la bataille de Savenay leur armée, forte de 60,000 combattants ; 5 à 600 cavaliers seuls échappèrent à la mort. Kléber fit son entrée triomphale à Nantes, où on lui offrit une couronne de lauriers. La Convention s'inquiétait des généraux vainqueurs : Kléber fut mis à l'écart ; mais on ne pouvait se passer longtemps de ses services.

Appelé en 1794 à l'armée du nord comme général de division, il rejoignit, sous les murs de Charleroi, l'armée de Jourdan, qui prit le nom d'armée de Sambre et Meuse, décida du gain de la bataille de Fleurus, battit le prince d'Orange au pont de Marchiennes, força Mons, Louvain, les postes de la Montagne de For, le camp retranché du mont Panicel, franchit la Roër, rejeta l'ennemi sur la droite du Rhin, et, revenant sur ses pas, assiégea Maestricht, où il entra après onze jours de tranchée ouverte et quarante-huit heures de bombardement.

Chargé en 1795 du commandement de l'aile gauche de l'armée de Jourdan, il dirige le brillant passage du Rhin à Dusseldorf. Lorsque par les manœuvres de l'Autrichien Clairfayt son corps d'armée dut se retirer, Kléber soutint la retraite avec cette habileté et ce sang-froid qui le caractérisaient dans les grandes occasions. L'année suivante, il force le passage de la Sieg, bat sur les hauteurs d'Altenkirken le corps d'armée du prince de Wurtemberg, le prince Charles à Ukrad, le général Kray à Kaldieck, le général de Wartensleben à Friedberg, et entre à Francfort après avoir opéré la réunion de l'armée de Sambre et Meuse avec celle de Rhin-et-Moselle. Ici s'arrête le cours de ses exploits en Europe. Destitué par le Directoire, il vivait obscurément dans une campagne, où il s'occupait à écrire ses *Mémoires*, quand, le traité de Campo-Formio permettant à la France d'utiliser ses forces inactives, Bonaparte conçut le projet d'une expédition en Égypte. Le futur empereur choisit Kléber pour un de ses généraux divisionnaires. Blessé à l'assaut d'Alexandrie, il reçut le commandement de cette ville et de toute la basse Égypte ; mais il fut replacé en 1799 à la tête de sa division, qui formait l'avant-garde de l'expédition de Syrie, s'empara du fort d'El-Arisch, traversa le désert, entra dans Gaza, et emporta la ville et les forts de Jaffa. Détaché de l'armée lors du siége de Saint-Jean-d'Acre, il est chargé de s'opposer avec sa division aux troupes des pachas de Naplouse et de Damas, accourus au secours de Djezzar ; soutient avec 2,000 hommes les efforts de 10,000 fantassins et de 25,000 cavaliers, et contribue au succès de la bataille du Mont Thabor, dont la plus grande gloire lui revient. De retour de Syrie, il prend une part active à la bataille d'Aboukir, et quand Bonaparte abandonne l'Égypte, voguant vers la France pour saisir le pouvoir consulaire et la couronne impériale, Kleber est appelé par lui à le remplacer dans le commandement de l'expédition.

La situation de notre armée était déplorable : décimée par les combats, par les fatigues, par les maladies, privée de toute communication et de toute nouvelle de la mère patrie, menacée par une armée de 80,000 Turcs, qui s'avance avec 60 pièces de canon, il semble sinon impossible, du moins d'une témérité inouïe qu'elle puisse songer à conserver sa conquête. Kléber juge de son devoir d'entamer des négociations avec les Ottomans, par l'intermédiaire du commodore Sydney-Smith, et de traiter de l'évacuation honorable de l'Égypte. Le traité est signé à El-Arisch. Les Français ont déjà remis plusieurs places ; les généraux anglais déclarent que le traité n'a pas été ratifié par leur gouvernement. Il faut encore vaincre. En moins d'un mois l'armée turque est taillée en pièces à Héliopolis, le Caire révolté est repris, et toute l'Égypte reconquise.

Le 14 juin, suivi de l'architecte Protain, membre de l'Institut d'Égypte, il suivait la longue terrasse qui unissait sa demeure à celle du général chef d'état-major Damas, avec qui il venait de déjeuner, quand un homme vêtu à l'orientale s'avance vers lui, lui presse la main, et le perce d'un coup de poignard qui lui fait une blessure mortelle. Kléber, apercevant un de ses guides, n'a que le temps de crier : « A moi, guide ! je suis assassiné ! » et il tombe baigné dans son sang. Protain essaye de s'emparer de l'assassin ; mais n'ayant qu'une baguette à la main, il ne peut lutter contre lui, et tombe percé de six coups de poignard. Alors le musulman revient sur sa première victime, lui porte trois nouveaux coups, et prend la fuite. Cependant le guide que Kléber a appelé est accouru chez le général Damas, et tous les officiers qui s'y trouvent s'élancent au secours de leur général ; il respirait encore, mais il rend bientôt le dernier soupir. A la nouvelle de l'attentat, nos soldats, furieux, parcourent les rues du Caire en proférant les plus horribles menaces ; la générale bat, les bataillons se rassemblent, de fortes patrouilles circulent de tous côtés en criant : l'*engeance!* Les habitants, consternés, se barricadent dans leurs maisons, et attendent dans la consternation l'issue de cette scène terrible. Le quartier général est investi, pour empêcher l'évasion du meurtrier, qui est arrêté trois heures après le crime, sous un nopal. Protain, qui en a donné le signalement, le reconnaît sans peine, et le couteau sanglant trouvé au même lieu ne laisse plus de doute. L'assassin se nommait Souleyman-el-Habbi ; il avait vingt-quatre ans, et n'avait obéi qu'à l'appel fait au fanatisme par le vizir battu à Héliopolis. Poussé à ce crime par deux agas des janissaires, il avait reçu les encouragements des ulémas de la grande mosquée, qui furent arrêtés. Souleyman, condamné à être empalé et à avoir le poing brûlé, et ses trois complices, à avoir la tête tranchée, sont exécutés le jour même du convoi de Kléber, en présence des troupes. L'assassin subit son effroyable supplice avec un courage surhumain. La perte de Kléber fut grande pour son armée, immense pour la France ; il expira le jour même où Desaix tombait mortellement blessé à Marengo. Ses restes mortels furent ramenés en France et déposés à Marseille, au château d'If. En 1818, Louis XVIII ordonna leur translation à Strasbourg, où ils reposent dans un caveau construit au milieu de la place d'armes, sur lequel la ville natale du héros et la France entière ont fait élever une statue colossale en bronze, due au ciseau d'un sculpteur alsacien, Ph. Grass. Elle a été inaugurée le 14 juin 1840.   Napoléon GALLOIS.

KLEIST (Ewald-Christian) naquit à Zéblin, en Poméranie, le 3 mars 1715. Il fit des études sérieuses à Dantzig, puis à Kœnigsberg. Mais à l'âge de vingt-cinq ans il renonça à la carrière de jurisconsulte, qu'il semblait d'abord vouloir embrasser, quitta son pays, et s'en alla prendre du service dans l'armée danoise. A l'avénement de Frédéric II au trône, il le revint en Prusse, et fut présenté au roi, qui le nomma lieutenant dans le régiment du prince Henri. En 1757 il passa, avec un grade supérieur, dans un régiment qui était en garnison à Leipzig, et là il se lia assez étroitement avec deux poëtes aimés des Allemands, Weiss et Gellert. Kleist put s'y livrer à ses rêves littéraires, qui ne l'avaient jamais abandonné dans sa carrière de soldat. Ses deux nouveaux amis l'encourageaient dans ses efforts et le guidaient dans ses études. Mais deux ans après il assistait à la sanglante mêlée de Kunersdorf. Il y combattit vaillamment, et fut laissé pour mort sur le champ de bataille. Le lendemain, cependant, un officier russe qui passait par hasard le trouva encore en vie, et, prenant pitié de lui, le fit transporter à Francfort-sur-l'Oder. Mais tout l'art des médecins ne put le sauver ; il expira le 24 août 1759.

En 1749 il avait publié un poëme intitulé *Le Printemps*. C'est là-dessus que se fonde sa réputation. Ce poëme ne fut d'abord tiré qu'à un très-petit nombre d'exemplaires. Mais il obtint du succès ; et il s'en fit en peu de temps plusieurs éditions. C'est une œuvre didactique, qui nous paraîtrait aujourd'hui un peu froide. Elle est remarquable cependant par la versification et par l'habileté avec laquelle le poëte a dépeint certaines scènes de la nature. Kleist entretenait, comme nous l'avons vu, des relations intimes avec Gellert. Il était lié aussi avec Uz et Ramler, et par ses affections, par la portée de son talent, il mérite d'être placé au nombre de ces hommes qui forment ce qu'on peut appeler l'école transitoire dans la vieille littérature allemande et la jeune littérature, immortalisée par Gœthe et Schiller.

Xavier MARMIER.

KLEIST (Henri) est plus célèbre que le précédent ; mais il doit une partie de sa célébrité à sa vie aventureuse, à sa mort tragique. Il naquit à Francfort-sur-l'Oder, le 10 octobre 1777, entra au service fort jeune, et fit avec l'armée prussienne la campagne du Rhin. En 1799 il abandonna, pour se livrer à l'étude, la carrière militaire, et revint à Berlin. Dès cette époque il se manifeste en lui une mélancolie profonde, qui le domine, une inquiétude vague, qui le poursuit partout. De là mille idées contradictoires qui tour à tour le préoccupent, mille plans de travail et de voyages qu'il abandonne aussitôt qu'il les a conçus. Il obtient une place au ministère, et peu de temps après il demande son congé, vient à Paris, et puis traverse en courant une partie de la France et de la Suisse. A peine de retour dans son pays, il se remet de nouveau en route, et recommence la même excursion capricieuse, précipitée, inquiète. Il finit cependant par reprendre le chemin de l'Allemagne, et se remet à travailler dans les bureaux du ministère des finances. Pendant ce temps, la guerre avec la France avait éclaté avec plus de violence que jamais, et la bataille d'Iéna anéantit toutes les espérances de la Prusse. Kleist fut de ceux qui suivirent à Kœnigsberg la royauté malheureuse, et à son sentiment habituel de mélancolie vint se joindre la douleur de voir ses compatriotes vaincus et son pays asservi. Il ne dissimula ni son amère tristesse ni la haine ardente qu'il portait aux Français. On le regarda comme un être dangereux. On le conduisit en France. Il fut enfermé au fort de Joux, et de là à Châlons, où il recouvra sa liberté, sans savoir trop comment. Il revint en Allemagne plus malheureux et plus découragé que jamais, et cependant il essayait de travailler. Il écrivit alors deux de ses tragédies, une partie de ses contes; il tenta de refaire sur un nouveau plan la tragédie de *Robert Guiscard*, qu'il avait déjà commencée deux fois; et il fonda à Dresde, avec Adam Muller, un journal intitulé *Phébus*, qui n'eut pas grand succès. En 1809 on annonça la guerre de l'Autriche avec la France. Cette nouvelle réveilla toutes les animosités nationales, tous ses rêves de gloire et de patriotisme. Il voulut prendre part à cette guerre, il voulut combattre contre les vainqueurs de la Prusse, contre les ennemis de l'Allemagne. Il partit. Mais quand il arriva à Prague, la paix venait d'être conclue, et ce dénoûment imprévu le plongea dans un nouvel abattement. Il rentra à Berlin avec une sorte de désespoir. Là il fit la connaissance d'une jeune femme, belle, spirituelle, mais triste et malade. Tous deux exaltèrent réciproquement leur douleur, et après avoir vécu quelque temps dans les mystérieuses rêveries d'un amour tout platonique, ils résolurent de mourir ensemble. Le 21 novembre 1811 ils se rendirent auprès d'un lac situé à gauche de la route, entre Potsdam et Berlin, et se tuèrent.

Malgré son existence vagabonde et les préoccupations continuelles que lui causait l'espèce de maladie morale à laquelle il en était proie, Kleist a cependant laissé des contes, des poésies lyriques et sept pièces de théâtre : *La Famille Schroffenstein*; *Penthesilea*; *Amphitryon*; *Catherine de Heilbronn*; *Le prince de Hombourg*; *La Bataille de Hermann* et *La Cruche cassée*. La plus célèbre de toutes est *Catherine de Heilbronn*. Kleist y a mêlé avec beaucoup d'art des idées de somnambulisme. On joue encore cette pièce en Allemagne, et elle est toujours bien accueillie du public. *La Cruche cassée* est une comédie vive, et spirituelle, qui donnait beaucoup à espérer de l'avenir poétique de Kleist. Parmi ses contes, *Michel Kolhaas* a obtenu un grand succès. Ses poésies détachées sont empreintes d'un sentiment tendre et élégiaque, revêtu de douces images et habilement exprimé. Toutes ses œuvres, que Tieck a pieusement recueillies après la mort de l'auteur, indiquent très-bien en certains endroits le côté maladif de Kleist; mais elles portent aussi le cachet du vrai poète. Il y a là une sève, une jeunesse d'idées, une force d'imagination peu communes. Le pauvre Kleist, plus confiant en lui-même, si incertain de son sort, si malheureux, avait à un haut degré les qualités essentielles de l'art. X. MARMIER.

KLEITA. Voyez GRACES.

KLEPHTES, nom donné autrefois aux Armatoles, et dérivé du grec κλέπτω, je vole, à cause de leurs excursions et de leurs pillages dans les terres basses du pays. On distinguait parmi eux les Klephtes civilisés, soumis, et les Klephtes sauvages. Cette dernière dénomination était appliquée à ceux qui ne voulurent entrer en aucune négociation avec la Porte, et qui, retirés dans les gorges des montagnes, continuèrent à vivre dans une entière indépendance : plus tard on les appela les *Klephtes* par excellence, et le pays où ils s'assemblaient et où ils vivaient habituellement, *Terre des Klephtes*, pour la distinguer de l'Armatolie, nom par lequel on désignait les districts assignés aux Armatoles. Ensuite les Armatoles vinrent se joindre aux Klephtes, et on les confondit tous sous le même nom.

KLIN, petite ville du gouvernement de Moscou, avec environ 3,000 habitants, est remarquable comme ayant été autrefois le domaine héréditaire de la famille Romanof, de laquelle est issue la dynastie qui règne aujourd'hui en Russie. On voit encore, sur une petite hauteur qui domine la Sestra, les ruines de cet antique et remarquable manoir. Klin est à environ 7 myriamètres de Moscou, dont le voisinage exerce une grande influence sur son commerce.

KLINGSTEDT (CHARLES-GUSTAVE), célèbre miniaturiste, a dû sa renommée bien moins à son talent qu'au genre de sujets qu'il a peints d'ordinaire. Sous la régence, alors que l'art ignorait toute retenue, il fut l'un des plus fêtés parmi les peintres érotiques. Né à Riga, en 1657, il avait d'abord été simple soldat dans l'armée du roi de Suède. A vingt ans il vint en France : il continua d'y servir, et fit même plusieurs campagnes, lorsqu'à trente-trois ans il abandonna la carrière militaire et se livra tout entier à la peinture, qu'il avait de tout temps aimée. Depuis cette époque jusqu'à sa mort, arrivée à Paris, le 26 février 1734, il ne cessa de travailler. Klingstedt, que Voltaire appelle *Clinchetet*, dans une de ses poésies familières, a orné de miniatures un grand nombre de boites à pastilles ou à tabac. C'est lui que le dix-huitième siècle, dans son enthousiasme facile, surnomma le *Raphael des tabatières*, associant ainsi sans pudeur le nom le plus pur de l'art à celui d'un homme dont l'œuvre ne fut ni chaste ni même correcte. Mais la mode s'en était mêlée : il fallait avoir des Klingstedt dans sa collection. Le marquis de Marigny en avait plusieurs, entre autres une petite peinture, *Le Jeu de la main chaude*, qui à sa mort se vendit un prix fou. Klingstedt a fait aussi des dessins à l'encre de Chine et quelques rares portraits, entre autres celui de la duchesse de Bouillon. Son pinceau était maladroit, ses têtes ne sont pas toujours expressives, et son dessin, nous l'avons dit, n'est guère moins libre que sa pensée. Ainsi l'art sérieux n'a pas plus à se louer que la morale de ce qu'on appelle les *chefs-d'œuvre* de Klingstedt. Il est encore quelques amateurs qui possèdent des miniatures du peintre de Riga; mais ils n'osent pas les montrer au grand jour : productions singulières en vérité, étranges peintures que celles qu'on ne peut admirer qu'à huis clos! P. MANTZ.

KLIPPERS ou CLIPPERS (d'un mot anglais signifiant *coupeur*, *fendeur*). C'est le nom qu'on a donné dernièrement, aux États-Unis, à des bâtiments marchands d'une construction particulière, qui les rend très-rapides voiliers; il indique que ces navires fendent plutôt l'eau qu'ils ne la traversent. Ils se distinguent par leur forme aiguë et par la solidité de leur construction; toutes les lignes qui frappent l'œil sont des courbes parfaitement raccordées. C'est à Baltimore qu'on construisit les premiers klippers; mais il en sort aujourd'hui des chantiers de New-York, de Boston, etc., de même que de divers chantiers existant tant en Angleterre qu'en France. Les Américains possèdent déjà une flotte entière uniquement composée de klippers. Les intérêts du commerce qu'ils font avec la Chine exigeaient impérieusement qu'ils y employassent des bâtiments d'une marche supérieure. Les armateurs ont donné la préférence donc à l'envi aux primes pour les bâtiments qui accompliraient avec le plus de rapidité le trajet, aller et retour, d'un port de l'Union à un port du Céleste Empire; il en résulta que chaque année de nouveaux perfectionnements furent ajoutés à la construction de ces bâtiments de long cours, auxquels, après bien des essais, on a fini par donner la forme actuelle des klippers. Notons en passant que cette forme n'est autre que celle qu'on donnait du temps de la République et de l'Empire à nos corsaires. Le premier klipper construit à Baltimore fut fait sur le modèle du corsaire français Le Brave des Braves, dont la coque a longtemps été conservée dans l'un des ports de l'Union comme un objet de curiosité. En 1851 le klipper The Oriental se rendit de New-York à Canton en moins de 71 jours ; le même bâtiment ne mit que 98 jours pour se rendre de Wampoa à l'embouchure de la Tamise. Ce trajet fut effectué en 90 jours par le klipper The Witch of the Wave ; un klipper anglais est allé de Londres à Melbourne (Australie du Sud) en 76 jours ; le Flying-Cloud est allé de New-York en Californie en 87 jours ; le klipper français France et Chili, sorti des chantiers du Havre, est allé de Cherbourg à Lima en 64 jours. C'est la traversée la plus rapide qu'on ait encore obtenue ; en tenant compte de toutes les différences, on voit que le France et Chili l'a emporté de 4 jours sur le klipper américain. Les klippers, par un temps favorable, franchissent un espace de 17 milles marins à l'heure, rapidité à laquelle les plus puissants vapeurs n'ont pas encore pu parvenir. A la fin de 1854 on lançait à Boston le plus grand klipper connu. C'est le quatre-mâts Great Republic, jaugeant 4,500 tonneaux. Il mesure 325 pieds anglais de long, 53 pieds de large et 39 pieds de creux. Une machine à vapeur mobile est placée sur le pont, afin d'accomplir les grosses manœuvres.

KLOPSTOCK (FRÉDÉRIC-GOTTLIEB), l'un des plus grands poëtes de l'Allemagne, naquit à Quedlimbourg, le 2 juillet 1724. Il fut d'abord envoyé au gymnase de sa ville natale, puis il entra à l'école de Schulpforte : c'est là qu'il fit ses premiers essais poétiques. Il étudiait avec ardeur les classiques anciens ; et quand il eut lu et relu Homère et Virgile, le désir lui vint de composer une épopée allemande. Il avait d'abord songé à prendre pour le héros de son poëme l'empereur Henri surnommé l'Oiseleur. Mais ses idées religieuses s'étant peu à peu emparées de son esprit, il tourna ses regards d'un autre côté, et enfin il en vint à concevoir le plan de La Messiade. En 1745 il entra à l'université d'Iéna , et se fit inscrire au nombre des élèves en théologie : cette étude ne répondit point à son attente. En même temps les rêveries idéales, des conceptions grandioses où l'entraînait le plan de son poëme, les leçons dogmatiques, les controverses religieuses ne pouvaient que lui paraître étroites et arides. Il suivit donc assez négligemment les cours universitaires, et se dévoua avec ardeur à son œuvre poétique. Mais il ne sentait mal à l'aise à Iéna ; il n'avait là pas un condisciple pour le seconder dans ses efforts, pas un ami pour le comprendre. Il quitta Iéna, et vint à Leipzig. Le pauvre Klopstock ne recevait qu'une faible pension de son père ; et il était obligé d'interrompre souvent ses études poétiques pour faire un calcul d'économie. Il occupait une chambre modeste avec son ami Schmidt, et vivait en dehors de toutes les habitudes un peu bruyantes des étudiants ; mais il y avait autour de lui des hommes distingués : Gærtner, Schlegel, Gieseke, Zachariæ, Rabener, Ebert, Gellert. Klopstock se lia avec eux, et travailla avec une noble ardeur. Après avoir longtemps cherché une forme assortie à l'idée qu'il s'était faite de son poëme, après avoir d'abord voulu l'écrire en prose, il se décida pour le vers hexamètre, et publia dans le journal de Brême les trois premiers chants de sa Messiade. Cette œuvre, dans laquelle le jeune poëte essayait de retracer les miracles du christianisme, la vie et les souffrances du Rédempteur, cette œuvre hardie et enthousiaste excita dès le jour où elle fut annoncée une profonde sensation. Bientôt le nom de Klopstock se répandit à travers toute l'Allemagne. Tous les poètes s'émurent aux accents de cette voix si jeune et si énergique ; toutes les femmes pleurèrent au nom d'Abbadonna, cet ange rebelle, qui se souvient, en pleurant, des jours de joie qu'il a passés dans le ciel, et se tient auprès du trône de Satan, le front penché et le cœur repentant. Les Allemands élevèrent Klopstock au-dessus de Milton. Ils le saluèrent comme leur prophète : les théologiens seuls protestèrent contre ces témoignages d'enthousiasme. Ils s'en tenaient à leurs définitions, à leurs arguments scolastiques, et ne pouvaient souffrir qu'on essayât de remplacer leurs formules par la poésie. Plusieurs critiques ne furent pas moins impitoyables pour l'épopée du Messie. Klopstock avait bravé leurs principes. Il avait adopté une forme métrique, un style nouveau, et les partisans de Gottsched fulminèrent l'anathème contre lui ; mais Klopstock avait pour lui la faveur du public et le suffrage de Lessing.

Cependant, cette gloire subite qu'il venait d'acquérir ne le rendait pas plus heureux. Peu de temps après la publication de son poëme, ses amis quittèrent Leipzig ; et il se retrouva pauvre comme toujours, et isolé plus que jamais. Il revint alors à Langensalza, et devint le précepteur des enfants de Weiss. Là il revit cette jeune fille qu'il connaissait depuis longtemps, qu'il sentit se raviver toutes ses idées de liberté et de patriotisme, qu'il rêva son chant de Hermann et ses autres chants nationaux.

Pendant ce temps, le comte de Bernstorf parlait de lui au roi de Danemark : un jour, il reçut l'invitation de se rendre à Copenhague, et le roi lui accordait une pension annuelle de 400 thalers (1,200 fr.) pour l'aider à finir sa Messiade. Klopstock se rendit avec joie à cette invitation, et fut reçu à Copenhague comme il l'avait été en Suisse ; mais en passant à Hambourg il avait fait la connaissance d'une jeune fille enthousiaste des trois chants de La Messiade. Elle s'appelait Méta Moller : c'est celle à laquelle il a donné dans ses vers le nom de Cidli ; il l'aimait, et il souffrait de se sentir éloigné d'elle. Enfin, en 1754 il revint à Hambourg, et l'épousa. Ce fut là le plus beau jour de sa vie ; mais son bonheur ne dura pas longtemps : quatre ans après, celle qu'il avait conduit au tombeau, elle et l'enfant qu'elle lui avait donné.

Resté seul dans le monde, il ne trouva de consolation que dans la poésie : il se plongea de nouveau dans ses pieuses méditations, et continua le poëme chrétien qu'il avait commencé. En 1775 le grand-duc de Bade l'appela à sa cour, dans les termes les plus favorables. Il y alla. Mais le séjour de Carisruhe ne lui plut pas. Il voulait revoir les lieux où il avait connu, où il avait aimé et enterré sa Méta. Il revint à Hambourg, et y resta. Quelques années après, sentant le besoin d'échapper à son état d'isolement, il épousa une femme déjà âgée, Mme de Winthem, et le reste de sa vie fut consacré à l'étude. Il acheva sa Messiade, il écrivit sa Bataille de Hermann. La révolution française venait d'éclater ; elle s'annonçait avec des principes de droit moral et d'émancipation qui séduisirent plusieurs hommes de l'Allemagne. Klopstock la chanta, et reçut un jour de Paris le titre de citoyen français. Plutôt cette révolution l'effraya par ses excès, et il la réprouva autant qu'il l'avait louée. Douze ans se passèrent ainsi, douze ans d'une vie de calme, de piété, de poésie. Klopstock était déjà vieux, et il avait conservé toute sa force physique, toute sa vigueur d'esprit. Il travaillait de longues heures sans se reposer ; et l'hiver il s'en allait sur la glace patiner comme un jeune homme. Le 14 mars 1803 il s'endormait doucement, avec un rayon de joie dans les yeux et des paroles de religion sur les lèvres. Ses obsèques se firent avec une pompe inouïe. Toute la ville y assista, toutes les cloches des églises sonnèrent. Son convoi ressemblait à celui d'un roi, et Klopstock était bien un grand roi de poésie. On a institué à Quedlimbourg et à Altona une fête en son honneur. Elle se célébrera tous les cent ans : combien de poètes meurent à jamais oubliés dans cet espace de cent ans !

Les ouvrages de Klopstock sont : 1° sa *Messiade*, poëme en vingt chants ; 2° un *Recueil d'Odes*; 3° trois tragédies : *La Mort d'Adam, Salomon, David*; 4° des chants héroïques, qui ne sont à vrai dire ni des drames ni des dithyrambes, et auxquels il donnait le titre de *Bardiete : La Bataille de Hermann, Hermann et les princes, La Mort de Hermann*. Ces dernières œuvres n'ont pas eu un grand succès. On les a trouvées froides ; elles renferment pourtant de grandes beautés de style. Mais Klopstock est l'un des poëtes épiques modernes les plus distingués et l'un des plus grands poëtes lyriques qui aient jamais existé. Par sa *Messiade*, il mérite d'être placé à côté de Milton ; par ses *Odes*, il n'a rien à envier aux gloires de l'antiquité. Sa poésie est ferme, enthousiaste, énergique et gracieuse. Il a créé en Allemagne un style poétique dans lequel il n'avait point de modèle, et dans lequel il n'a point eu encore de rivaux. C'est un des hommes qui ont le mieux approfondi les richesses de la langue allemande ; et s'il ne s'était fait une si grande renommée comme poëte, il aurait pu en avoir une comme critique, par ses *Fragments sur la langue et la poésie*, par son livre intitulé *République des Lettres*, et par ses *Entretiens grammaticaux*. A toutes ces facultés puissantes, Klopstock joignait un caractère noble, généreux, indépendant. Pas un poëte n'a mieux mis son existence en harmonie avec la pureté de ses œuvres ; pas un poëte n'excite à un plus haut degré dans l'âme de celui qui le lit un sentiment d'amour et de vénération. X. MARMIER.

KNELLER (GOTTFRIED), célèbre peintre de portraits, né en 1648, à Lubeck, et destiné d'abord à l'état militaire, cela plus tard à sa vocation pour la peinture, qu'il étudia d'abord sous Rembrandt et ensuite sous Ferdinand Bol. Par la suite, il se rendit en Italie, où il suivit l'atelier de Caro Maratti, et où il fit d'abord de la peinture historique. Mais ensuite il se livra exclusivement à la peinture de portraits, qui le mit en grande réputation. Revenu en Allemagne, il habita successivement, à partir de 1672, Nuremberg, Munich et Hambourg. En 1674 il se rendit à Londres, où en 1680 Charles II le nomma peintre de sa cour. En 1684 il fit, sur l'invitation de Louis XIV, un voyage à Paris, où il exécuta le portrait du roi et ceux de tous les membres de la famille royale. Il jouit sous Jacques II de la même faveur que sous Charles II, et il en fut encore ainsi sous Guillaume III. Quoique partisan zélé de la révolution qui avait placé le prince d'Orange sur le trône, Kneller conserva toujours les meilleures relations avec les amis du roi exilé. L'empereur Joseph Ier le nomma chevalier, et en 1715 le roi Georges Ier lui conféra la dignité de *baronet*, sous le titre de Whytton. Des écrivains contemporains lui reprochent d'avoir excédé à flatter ses originaux, et suppléé au défaut de ressemblance par une facilité et une grâce extrêmes d'exécution, par une noble simplicité et une remarquable vigueur de coloris. En tout cas, les meilleurs de ses portraits sont ceux où il a cherché à imiter le Van Dyck. Il mourut en 1723, et suivant d'autres en 1726, laissant une fortune considérable. Après sa mort, on lui éleva à Westminster un monument surmonté d'une inscription des plus louangeuses, composée, dit-on, du vivant même de l'artiste, par Pope, qui pour ce travail obtint une gratification de 500 liv. sterl.

KNEPH, dieu égyptien, dont il est souvent question dans les auteurs grecs, et qui est aussi appelé *Knuphis, Chnubis, Chnuphis, Chnumis*. On lit et on prononce ordinairement *Num* le groupe hiéroglyphique qui le représente ; mais le véritable son est plutôt *Hnum* ou *Knum*. Le même groupe qui désigne dieu veut dire aussi source ou puits ; en copte, *honbe*. Cette prononciation postérieure, dans laquelle le *b* fut substitué à l'*m*, est vraisemblablement l'origine de la forme grecque *Chnubin*, dont on fit ensuite *Chnuphis*.

On trouve déjà dans l'antique empire égyptien le dieu Hnum comme dieu de la crue du Nil et de la bénédiction du Nil. Il était plus particulièrement adoré sur la frontière méridionale de l'Égypte, au point où le fleuve entrait dans ce pays, notamment aux premières cataractes de Syène et de Philæ, et aux secondes cataractes, près de Wadi-Halfa et de Semnezs, où l'on avait reculé les frontières de l'empire à l'époque de la douzième dynastie manéthonienne.

Les symboles de ce dieu étaient une cruche à deux anses et le bélier, qu'on adorait particulièrement dans la Thébaïde : aussi le représente-t-on souvent avec une tête de bélier et portant sur sa tête une cruche à anses. Un de ses surnoms ordinaires était *Maître de la distribution des eaux*. Ses deux compagnes sont ordinairement la déesse Anuké et la déesse Saté (le rayon), la même que Sothis, l'étoile de l'inondation du Nil. Il s'est conservé à Esneh un autre temple célèbre de Hnum, remontant à l'époque romaine. Comme dispensateur des eaux du Nil et de sa fécondante vertu, ce dieu fut de bonne heure identifié avec les divinités suprêmes du pays, Ra (le dieu du soleil) et Ammon. Dans les systèmes mytho-philosophiques de l'époque grecque, Kneph (dont Porphyre nous décrit le portrait, absolument semblable à celui de Hnum qu'on trouve sur les monuments) apparaît comme le dieu incréé, immortel (Plutarque) et comme *demi-ourgos* (Porphyre), de la bouche de qui le monde est sorti sous la forme d'un œuf. Dans les représentations des époques postérieures, il est sculpté tenant l'œuf devant soi sur un siége tournant. Suivant Sanchoniaton, Kneph aurait été aussi identifié avec l'*Agathodæmon* phénicien, sous la forme d'un serpent.

KNIAZIEWICZ (CHARLES), célèbre général polonais, né en 1762, fut élevé à Varsovie, et entra en 1778 dans l'artillerie. Mais ce ne fut que pendant la lutte soutenue en 1792 contre la Russie par ses compatriotes qu'il eut occasion de développer ses talents militaires. Quand, douze ans plus tard, Madalinski releva le drapeau de l'indépendance nationale, Kniaziewicz fut un des premiers à se placer sous ses ordres. Il fut nommé colonel, deux mois plus tard général, et prit en cette qualité une part glorieuse à la défense de Varsovie. A la bataille de Maciejowice, il commandait l'aile gauche, qui soutint la lutte jusqu'au dernier moment. Fait prisonnier, il ne fut remis en liberté qu'à l'avénement de Paul Ier. Répondant à l'appel de D o m b r o w s k i, il fut à tromper la surveillance des autorités russes et autrichiennes, et vint trouver à Campo-Formio Bonaparte, qui lui confia tout aussitôt un commandement dans la nouvelle légion polonaise, avec laquelle il fit partie de l'expédition contre les États Romains. Il prit ensuite part à la campagne de Naples, et Championnet le chargea de porter à Paris les drapeaux enlevés à l'ennemi. Quand, par suite de la paix de Lunéville, Bonaparte licencia les légions polonaises, Kniaziewicz se retira dans ses terres en Pologne, et s'y maria. En 1806 Alexandre l'invita à former une légion polonaise ; mais Kniaziewicz refusa cette mission, devinant bien que cette légion était destinée à servir contre la France. Quand, en 1812, l'armée française eut franchi le Niémen, il rentra dans ses rangs, et fut attaché à l'état-major du roi J é r ô m e. Plus tard, appelé au commandement de la 18e division du 5e corps, composée de Polonais, il se distingua aux affaires de Smolensk et de la Moskowa. Le 26 novembre Napoléon lui confia le commandement supérieur de l'armée polonaise. Mais, par suite d'une blessure grave, force lui fut bientôt de se retirer en Autriche, où sans autre forme de procès on le déclara prisonnier de guerre dès que le cabinet de Vienne, resté neutre jusqu'alors, se fût décidé à faire cause commune avec la Prusse et la Russie.

Après la paix de Paris, Kniaziewicz, sur l'invitation d'Alexandre, prit part aux travaux du comité de la guerre chargé, sous la présidence du grand-duc Constantin, de la création d'une nouvelle armée polonaise. Il exigeait avant tout qu'un acte formel proclamât l'existence politique de son pays. Le congrès de Vienne ne s'étant point prononcé sur le sort de la Pologne, Kniaziewicz donna sa démission, à laquelle il joignit une protestation énergique, en date du 3 novembre 1814.

La carrière militaire de Kniaziewicz finit à ce moment. La même année il vint s'établir à Dresde ; et lorsque éclata en 1826 la conspiration russo-polonaise, le gouvernement russe, vivement inquiet au sujet des relations et des projets du général, exigea son extradition de la part du gouvernement saxon. Celui-ci s'y refusa; mais, *par égard* pour le cabinet de Saint-Pétersbourg, il fit faire au général huit mois de détention à Kœnigstein. Quand éclata la révolution de novembre 1830, Kniaziewicz, âgé alors de près de soixante-dix ans, n'avait plus les forces physiques nécessaires pour servir sa patrie sur les champs de bataille; mais il accepta une mission diplomatique près le gouvernement français, et se rendit à Paris, où il eut la douleur de voir déçues les espérances que l'on avait pu concevoir sur l'appui du cabinet des Tuileries. Depuis cette époque, il continua de résider à Paris, où il mourut, au mois de mai 1842.

KNIGHT, de l'anglo-saxon *cnyt*, dérivé lui-même de l'allemand *knecht* (varlet), veut dire en anglais *chevalier*. La chevalerie ne constitue point en Angleterre une classe particulière de la noblesse héréditaire; de même que la petite noblesse, la *gentry* ne s'y sépara jamais des hommes libres de la nation. La chevalerie s'y constitua en partie sur la possession d'une propriété territoriale d'un certain revenu, ou bien d'un fief militaire royal (*knight's fee*), et en partie sur des nominations directement faites par le roi. On voit encore aujourd'hui un exemple de la première de ces origines de la chevalerie dans la constitution du parlement, car les députés des comtés, en tant que représentants de la chevalerie ou des propriétaires astreints au service militaire, sont élus par les francs-tenanciers (*freeholders*) des comtés, et prennent le titre de *knights of the shire*. Sous le règne d'Élisabeth, tout propriétaire foncier jouissant d'un revenu annuel de 40 liv. st. fut tenu de se faire octroyer personnellement la dignité de chevalier. En 1630, Charles Ier essaya de remettre en vigueur ce statut; mais cette mesure, qui avait au fond un caractère tout fiscal, car elle rapporta à son trésor une somme de 100,000 liv. st., souleva de profonds ressentiments contre sa personne. Le degré inférieur et le plus ancien de la dignité personnelle de chevalier est celui de *knight bachelor* (bas chevalier), que de nos jours encore le roi confère en appliquant sur l'épaule de l'impétrant, agenouillé devant lui, un coup du plat de son épée. Les *knights bannerets* forment un degré supérieur de la chevalerie, que le roi ne peut conférer que sur le champ de bataille. Font aussi partie des *knights* tous ceux qui ont obtenu l'un des deux ordres anglais.

KNIPHAUSEN, seigneurie naguère encore souveraine et indépendante, située dans le grand-duché d'Oldenbourg, et qui compte, sur une superficie de 5 kilomètres, une population de 3,000 habitants. Elle faisait autrefois partie du majorat des comtes d'Aldenbourg, et échut, vers le milieu du dix-huitième siècle, à la ligne anglaise de la maison de *Bentinck*, qui, après de longues et épineuses négociations, a enfin consenti à la vendre, en 1853, au grand-duc d'Oldenbourg, dans les États duquel se trouvait enclavé ce plus petit des États composant la Confédération germanique.

KNOUT, fouet composé de plusieurs lanières de cuir fortement entrelacées, qui joua longtemps, comme instrument *correctionnel*, un grand rôle dans les mœurs russes. De nos jours on ne s'en sert plus que pour les criminels ordinaires, tels que les incendiaires, les assassins et les sacri-

DICT. DE LA CONVERS. — T. XI.

léges, ou autre gibier de Sibérie. On n'applique point la peine du knout à un soldat, tant qu'il appartient encore à l'armée; c'est là d'ailleurs un supplice bien moins sanglant et dangereux, quoi qu'on en dise, qu'infamant; aussi le nombre des coups de knout est-il toujours très-restreint, et varie-t-il d'ordinaire entre trois et dix. Pour appliquer la peine du knout, on choisit toujours un criminel, qui aime mieux remplir ce ministère déshonorant que de s'en aller travailler aux mines en Sibérie; et il ne sort momentanément de prison que pour fonctionner comme bourreau, le knout en main.

KNOWLES (James-Sheridan), le plus fécond et le plus aimé des écrivains dramatiques anglais contemporains, est né vers 1787, à Cork. Sous la direction de son père, professeur d'éloquence à l'*Institution de Belfast*, il se forma le goût par la lecture des meilleurs poëtes et prosateurs anglais, et notamment par celle de Shakspeare. Il aborda de bonne heure la scène, avec ardeur et enthousiasme, mais sans vocation bien décidée; car le plus souvent le poëte l'emportait en lui sur l'auteur comique. Son succès a cependant toujours été grand à Londres, toutes les fois que chacune de ses pièces il s'est attaché à tracer un caractère. Comme poëte, il se fit d'abord remarquer par quelques poésies lyriques, entre autres par son *Welsh Harper*, poëme demeuré à bon droit populaire, puis par son drame *The Gypsy* (1813). Depuis lors il n'a plus guère écrit que pour le théâtre. On a de lui les tragédies : *Virginius* (1820) ; *Caius Gracchus* (1823) ; *William Tell* (1834) ; *Alfred the Great* (1831); *The Wrecker's Daughter* (1837) ; *John of Procida* (1840);*The Rose of Aragon* (1842) ; les comédies : *The Beggar* (1830] ; *The Hunchback* (1832); *The Love Chase* (1834); *Woman's Wit, or love's disguise* (1838) ; *Old Maid* (1841); *The Secretary* (1843) ; les mélodrames : *The Wife* (1833] ; *The Daughter* (1834) ; *The Maid of Marienborough* (1838) ; etc. Il a réuni sous le titre de *The Elocutionist*, *a collection of pieces in prose and verses*, différentes esquisses et nouvelles dispersées dans des revues. Son style est en général correct, son dialogue léger et facile, et il trace ses caractères avec beaucoup de justesse et de vérité. De toutes ses œuvres dramatiques, celle qu'on estime le plus est *The Love Chase*. En 1835 il entreprit une tournée aux États-Unis, et y donna des représentations dramatiques; mais à partir de 1845 des motifs religieux, dit-on, le déterminèrent à renoncer complètement à la scène. Le roman, genre dans lequel il s'est essayé depuis, ne lui a que médiocrement réussi. Son *George Lovell* (1847) obtint un certain succès; mais l'édition presque tout entière de son *Fortescue* (3 vol., 1848) resta chez l'éditeur. En 1849 le gouvernement lui accorda une pension de 200 liv. st. en récompense des services rendus par lui à l'art dramatique. En 1852 des idées mystiques l'ont, dit-on, déterminé à s'associer à une communauté d'anabaptistes.

KNOW-NOTHING (Les), c'est-à-dire *Je ne connais rien*. Cette dénomination s'est formé depuis quelques années aux États-Unis un parti nouveau, représentant la réaction de l'opinion contre la prépondérance, de plus en plus grande, qu'acquiert l'élément étranger dans les différents États de l'Union. Les Américains de vieille race commencent à s'apercevoir que le flot toujours montant de l'émigration, s'il a celui d'utile qu'il défriche et peuple insensiblement de vastes territoires, qui sans ce secours resteraient encore pendant des siècles d'incultes déserts, a par contre l'inconvénient de détruire de plus en plus l'homogénéité politique du pays. Déjà les Américains de race sont en minorité dans beaucoup d'élections. Dans telle ville de 200,000 âmes, il n'y a pas aujourd'hui moins de 60,00) Irlandais et de 60,000 Allemands ; la législation et l'administration, la diplomatie elle-même, comptent dans leurs rangs bon nombre d'individus qui il y a quelques années habitaient encore l'Europe. On accuse ces nouveaux venus de toutes les plaies sociales dont on signale déjà l'existence dans cette terre libre par excellence. Utiles quand il s'agissait de bâtir des villes, de peupler des solitudes, d'augmenter

50

avant tout la force numérique, les émigrants ne viennent plus aux États-Unis que pour partager sans peine et sans danger les avantages acquis au prix de tant de privations et de sacrifices; et ils modifient chaque jour de plus en plus le caractère national. C'est à eux, aux étrangers, que les Américains de vieille race attribuent l'énervement des âmes et la transformation évidente des mœurs, l'esprit de mercantilisme poussé à l'extrême et amenant à sa suite l'exagération de la spéculation en même temps que le triomphe du charlatanisme et du *Robert-Macairisme*, dont le type est ce fameux Barnum, devenu riche à millions pour avoir su importer et effrontément exploiter aux États-Unis le hoax et le puff, ces produits essentiellement britanniques. Les fils des vieux puritains de la Nouvelle-Angleterre ne sont pas non plus sans s'apercevoir que l'invasion toujours croissante de l'élément catholique est encore une autre des conséquences de l'émigration; et le protestantisme intolérant entrevoit déjà là une rude concurrence à soutenir quelque jour.

Le parti des *Know-nothing* est l'expression de ces biens inutiles récriminations; ces gens-là regrettent l'inhabileté rustique et l'ignorance de leurs pères; ils croient n'avoir rien gagné à les échanger contre le savoir-faire et les raffinements de la corruption de l'Europe; ils voudraient que l'Union pût reculer de soixante ans en arrière et revenir au *bon temps* des Washington, des Jefferson, etc.; mais ils ne réfléchissent pas que le temps a terriblement marché depuis lors, que tout d'ailleurs change fatalement ici-bas, même les mœurs et les institutions politiques les plus solides. Ils oublient que depuis 1783 les différents États de l'Union ont reçu plus de six millions d'émigrants appartenant aux différentes nations de l'Europe, et auxquels on pouvait bien donner le titre et les droits de citoyens américains dès qu'ils avaient touché le sol de l'indépendance, mais qui devaient, quoi qu'on pût faire pour les en dépouiller, conserver encore pendant longtemps les idées, les préjugés et les vices particuliers à la vieille Europe, au grand risque de les inoculer aux populations vierges parmi lesquelles ils venaient se fixer. Aussi bien peut-être le grand crime des émigrants est-il d'accroître de jour en jour les forces du parti *abolitionniste*, tandis que les *Know-nothing* ne dissimulent nullement leurs sympathies pour le maintien de l'esclavage des nègres dans les États du Sud; et c'est là aussi, on le devine, que leur parti compte le plus d'adhérents. Pour mettre une digue à *l'invasion étrangère*, à la prépondérance de l'étranger, les *Know-nothing* voudraient n'admettre à l'avenir sinon à la jouissance des droits politiques, du moins à toute espèce de fonctions publiques dans l'Union, que les individus nés sur le sol américain, et rendre la naturalisation un peu plus difficile qu'elle ne l'est aujourd'hui. Voici le programme politique qu'ils ont publié en mai 1855, à la suite d'un grand meeting tenu à New-York : 1° Les Américains *gouverneront* l'Amérique; 2° union entre les États de la confédération américaine; 3° ni nord ni sud, ni ouest ni est; 4° la confédération des États-Unis telle qu'elle est, une et indivisible; 5° aucune intervention sectionnelle dans la législation ou l'administration des lois américaines; 6° *hostilité aux prétentions du pape*, dont les prêtres de l'Église catholique sont ici, dans cette république arrosée et fécondée par le *sang protestant*, les intermédiaires; 7° *réforme radicale des lois de naturalisation*; 8° institutions libres d'éducation, pour toutes les classes et pour toutes les sectes, avec la Bible, parole sacrée de Dieu, pour base universelle de l'instruction.

KNOX (John), le réformateur écossais, né en 1505, à Gifford, près Haddington, était professeur de théologie et de philosophie scolastique à l'académie de Saint-Andrews dès avant 1530. L'étude de la Bible lui inspira des idées plus libres en matière de religion, et les doctrines de Georges Wishart, ainsi que les prédications du moine Williams contre la papauté, ne firent que l'affermir. Quand, en 1542, la réformation commença à se répandre en Écosse, Knox alla prêcher les nouvelles doctrines au sud du pays, et trouva dans le manoir de lord Douglas aide et protection contre la persécution dont les idées nouvelles furent aussitôt l'objet de la part du pouvoir spirituel et du pouvoir temporel. Toutefois, en 1547, il lui fallut chercher un refuge auprès des conjurés qui, après le meurtre de Beaton, tenaient le château de Saint-Andrews. C'est là que pour la première fois il administra la communion sous les deux espèces; mais fait prisonnier par les Français en même temps que toute la garnison, il fut envoyé aux galères en France. Rendu à la liberté en 1549, il devint prédicateur dans le comté de Berwick, en Angleterre, et même chapelain du roi Édouard VI. Quoiqu'il fût parvenu en Angleterre à faire renoncer à l'adoration de l'hostie et au dogme de la transsubstantiation, il était si mécontent de voir qu'on y conservât encore d'autres usages de l'Église romaine, qu'en 1553 il refusa l'offre d'un bénéfice. Lorsque la catholique Marie monta sur le trône, Knox s'enfuit à Genève, où il s'affermit dans ses sympathies pour le presbytérianisme. En novembre 1554 il accepta bien la place de prédicateur des émigrés anglais réfugiés à Francfort-sur-Mein; mais il ne tarda point à abandonner cette communauté, où, à son avis, l'on montrait trop de tolérance pour la liturgie anglicane. Dès 1555 il était donc de retour à Genève, d'où il se rendit de nouveau en Écosse, dont il parcourut les divers comtés en prêchant; et il contribua activement ainsi à la propagation des doctrines de la réformation. Le haut clergé, alarmé des progrès de cette révolution morale, manda à Édimbourg celui qu'il en considérait comme le principal fauteur; mais on n'osa point lui intenter un procès, et tout au contraire on le laissa prêcher librement pendant plusieurs jours dans une maison particulière. Mécontent pourtant de la lenteur avec laquelle la réformation se répandait dans son pays, Knox accepta, dans l'été de 1556, les fonctions de prédicateur auprès de la petite communauté anglaise établie à Genève.

Une fois loin de l'Écosse, les évêques le citèrent de nouveau devant eux, et le condamnèrent à être brûlé vif. Knox, quand il reçut à Genève la nouvelle de sa condamnation, en appela au futur concile; et alors, comme compensation à l'éloignement où il se trouvait de son pays, il adressa aux Églises et à la noblesse d'Écosse de nombreuses lettres, roulant toutes sur les nouvelles doctrines. En 1557 le parti des protestants écossais qui se forma sous le nom de *Congrégation du Christ* le détermina à revenir en Écosse. Mais, découragé par son compagnon de voyage, il regagna bien vite Dieppe, puis Genève, où il se borna à des travaux théologiques. C'est à ce moment que, aidé par quelques amis, il composa la traduction anglaise de l'Écriture Sainte connue sous le nom de *Bible de Genève*; c'est là aussi qu'il publia sa *Lettre à la reine régente*, dont le but était de réfuter les idées fausses répandues au sujet de la réformation; son *Appel à la noblesse et aux états d'Écosse*, et enfin, en 1558, son *Premier coup de trompette contre le monstrueux gouvernement des femmes*, violent pamphlet à l'adresse de la reine Marie d'Angleterre, qui ne lui attira pas seulement la haine de la régente d'Écosse et de sa fille, la reine Marie Stuart, mais plus tard encore celle de la reine d'Angleterre, Élisabeth. Cédant, toutefois, aux instances réitérées de son parti, Knox se décida à revenir en Écosse au moment où la régente venait de prendre la détermination d'en expulser tous les prédicateurs et fauteurs de la nouvelle foi religieuse. Ainsi frappé de proscription, Knox déclara qu'on n'était point tenu à l'obéissance envers le souverain, quand celui-ci ordonnait des choses injustes. Après un violent sermon qu'il prononça en mai 1559 à Perth, un prêtre ne s'en étant pas moins mis en devoir de célébrer la messe, il en résulta une insurrection populaire, qui se répandit bientôt de proche en proche dans tout le pays. On détruisit les autels et les images des catholiques, on rasa les couvents, et on partagea entre les pauvres les trésors de l'ancienne Église. Knox, qu'on voulut rendre responsable de ces excès, essaya vainement de les arrêter; toutefois, il prit une part des plus actives à la guerre civile qui éclata alors entre les deux partis religieux. Tandis que la régente implorait les secours de la France, il négociait avec l'Angleterre pour que cette puissance intervînt en faveur des protestants écossais. Il courait les provinces, prêchant partout où il passait; et par son éloquence il ranimait le courage des protestants, dont la position était devenue des plus critiques dans les derniers mois de l'année 1559. Toutefois, après la pacification de 1560, il eut la satisfaction de voir la réformation consolidée en Écosse, où l'Église presbytérienne eut enfin droit de cité. Nommé alors prédicateur à Édimbourg, il y exerça par son éloquence franche et énergique une grande influence sur les esprits.

En arrivant en Écosse en 1661, Marie Stuart usa autant d'adroites flatteries que de menaces directes pour gagner le redoutable Knox à sa cause; mais tous ses artifices échouèrent contre l'âpre sévérité du réformateur. Quoique déployant un zèle bien moins farouche que ne l'ont prétendu les partisans de la reine et Hume lui-même, il ne laissait point que de s'exprimer en toute liberté du haut de sa chaire contre les tendances catholiques de la reine et contre la légèreté de sa conduite. Le rétablissement de la liturgie romaine à la cour l'ayant déterminé à publier un appel à la noblesse d'Écosse, il fut pour ce fait accusé de haute trahison et traduit devant la cour des pairs, qui prononça son acquittement. La manière dont il s'exprima au sujet du mariage de la reine avec Darnley lui attira de nouvelles persécutions. Quand Marie Stuart arriva en 1566 à Édimbourg, Knox en sortit, et n'y rentra qu'après le détrônement de la reine, révolution à laquelle il ne contribua pas peu. La guerre civile qu'alluma en 1571 le parti de la malheureuse reine eut pour résultat de le dépouiller encore une fois de ses fonctions. Quand il rentra à Édimbourg en 1576, au rétablissement de la paix, il était déjà souffrant. Après avoir prêché à propos des massacres de la Saint-Barthélemy, événement qui avait produit sur lui une impression d'horreur et d'effroi, il tomba sérieusement malade, et mourut à quelque temps de là, le 24 novembre 1572.

Knox exerça plus d'influence par l'énergie de son caractère et la vigueur de son intelligence que par l'étendue de ses connaissances. Sa conviction était profonde, son éloquence ardente et audacieuse, et son extérieur des plus imposants. Bien mieux que Luther, il sut exercer de l'influence sur les affaires politiques de son pays. La rudesse et la dureté de ses manières étaient le résultat de l'existence agitée qu'il avait menée, et elles ne contribuèrent pas peu à la consolidation de son œuvre réformatrice. Il a écrit, entre autres ouvrages, une *History of the Reformation of Religion within the realm of Scotland*, qui parut après sa mort et qui a été maintes fois réimprimée depuis.

KNUPHIS. *Voyez* KNEPH.

KNUT ou **CANUT**, dit *le Grand*, comme roi de Danemark Canut II et comme roi d'Angleterre Canut Ier, était fils du roi Suénon ou Sven, à qui il succéda sur le trône de Danemark en l'an 1014, et plus tard sur le trône d'Angleterre à la mort du roi Éthelred II. Il acheva la conquête de ce pays, commencée par son père, et inaugura son règne en dévastant toute la côte orientale de son nouveau royaume et en préalable noyer à Sandwich, après leur avoir préalablement fait couper le nez et les mains, les Anglais qui avaient été remis comme otages à son père. Il alla ensuite chercher en Danemark des renforts, avec lesquels il poursuivit son œuvre de dévastation et de destruction au sud de l'Angleterre. Le brave Edmond *Ironside*, c'est-à-dire *Côte de fer*, troisième fils d'Éthelred, marcha à sa rencontre avec une armée; et quoique toujours battu, par suite des trahisons de son beau-frère Edrich, il sut si bien se maintenir contre Canut, que, fatigués de cette longue lutte, Anglais et Danois exigèrent qu'un partage du territoire eût lieu entre les deux princes. Un traité solennel assura à Canut le nord et à Éthelred le sud de l'Angleterre; mais un mois après la conclusion de cet accommodement deux chambellans d'Edmond, gagnés à prix d'or par Edrich, l'assassinèrent. Toute l'Angleterre passa alors sous les lois de Canut, qui en présence de l'assemblée des états fit attester sous la foi du serment par de faux témoins qu'Edmond lui avait légué sa couronne au mépris des droits de ses enfants. Quand l'assemblée des états eut confirmé cet arrangement, Canut envoya ces deux jeunes princes au roi de Suède, qu'il chargea de les tuer. Mais celui-ci s'y refusa, et les fit passer en Hongrie, où ils furent reçus de la manière la plus généreuse.

Si Knut en montant sur le trône avait débuté par des actes de cruauté et des crimes, il se montra beaucoup plus humain, pendant le restant de son règne. Il punit les Anglais qui avaient trahi la cause de leur souverain, et envoya au supplice l'infâme Edrich. Puis quand, dans une assemblée des états, il eut remis en vigueur les lois d'Alfred le Grand et établi la complète égalité de droits entre les Danois et les Anglais, dont la loi protégea désormais indistinctement les personnes et les propriétés, la haine qu'avait d'abord inspirée sa tyrannie se transforma en estime et en sympathie. Il consolida tout à fait sa puissance en épousant Emma, veuve d'Ethelred. A deux reprises, il repassa sur le continent. La première fois, ce fut pour faire la guerre à la Suède, et la seconde pour conquérir la Norvège. Devenu le prince le plus puissant de son temps, il comprit le néant des grandeurs d'ici-bas. Il construisit des églises et des couvents, et entreprit un pèlerinage à Rome, où il obtint de grands priviléges pour les écoles d'Angleterre. Sa dernière expédition fut dirigée contre Malcolm, roi d'Écosse. Il mourut quatre ans plus tard, en 1136, à Shaftesbury. Par son testament il légua à l'aîné de ses fils, *Sven*, la Norvège; au second, *Harold*, l'Angleterre; et au troisième, *Hartha-Knut* (Hardi-Canut), le Danemark.

KOALA, nom vulgaire d'un mammifère didelphe que de Blainville a fait connaître sous le nom de *phascolarctos*, qui signifie *ours à poche*. Cet animal, qui est dépourvu de queue et dont les membres de derrière ont, comme ceux des phalangers, un pouce opposable et des dents semblables à celles de ces animaux, ne doit pas être confondu avec un autre mammifère décrit par Goldfuss, sous le nom de *hepurus*, parce que ce dernier, nonobstant sa ressemblance avec le koala ou *phascolarctos*, n'aurait pas comme lui le pouce des membres de derrière opposable. Le koala habite la Nouvelle-Hollande. L. LAURENT.

KOBI on **GOBI**, en mongol *Schamo*, nom chinois du grand désert de Mongolie, qui, à l'instar du nom de la Sahara, désigne un endroit manquant d'eau courante et de bois. La Kobi forme le milieu désolé du grand plateau de l'intérieur de l'Asie, qui s'étend depuis le Belour-Tagh à l'ouest, entre le Kalkoun ou Kouen-Lun au sud, et le Mouz-Tagh ou Thian-Schan au nord, puis, après la dépression subite de ce dernier à Barkoul, entre les chaînes de montagnes du système de l'Altaï au nord et les montagnes du Khingkan-Oola, à l'est. Ce centre désolé d'un plateau dont les versants sont susceptibles de culture, constitue une espèce de bassin qui, de 1,200 mètres d'élévation qu'il a à son rebord, s'abaisse insensiblement jusqu'à ne plus être dans son fond qu'à 800 mètres au-dessus du niveau de la mer, et qui vraisemblablement était jadis une vaste mer intérieure, dont les derniers vestiges se retrouvent dans les quelques lacs salés existant encore au centre. Le sol de ce bassin se compose, à son centre, de sable imprégné de sel, où ne croissent que des roseaux et des varechs. A mesure qu'on s'éloigne du centre pour s'approcher du bord, le sable disparaît, et le sol n'est plus couvert que de galets et de débris de pierres, le plus ordinairement de porphyre et de jaspe, entre lesquels ne poussent de loin en loin que quelques plantes de la nature des arbrisseaux, ou bien d'une terre argileuse, nue, imprégnée aussi de sel, et où ne croissent que quelques basses herbes marines. La faune de la Kobi n'est pas moins pauvre que sa flore; le Djiggetai, le mouton sauvage argali, des antilopes et des hamsters, tels sont les espèces animales les plus remarquables qu'on y ren-

50.

contre. Le climat, d'une chaleur étouffante en été, est en hiver du froid le plus rude. Aussi, la Kobi est-elle pour les hordes mongoles habitant les versants cultivables du plateau exactement ce que la Sahara est pour les Arabes bedouins. A l'époque de la bonne saison, les hordes se retirent dans les oasis situées dans le désert, sur les rives des fleuves et des ruisseaux qui descendent des montagnes formant les parois du bassin, et qui finissent tous par se perdre dans les sables du centre, ou encore dans quelques dépressions subies par le sol, qui alors devient marécageux. C'est là que ces hordes font paître leurs bestiaux. Dans la mauvaise saison elles échangent ces oasis contre d'autres pâturages.

KOBOURG. Voyez Cobourg.

KOCH (Christophe-Guillaume de), historien et publiciste, né le 9 mai 1737, à Bouxwiller, en Alsace, obtint, en 1780, la chaire de droit devenue vacante à l'université de Strasbourg au décès de Schœpflin. Député à Paris par les protestants de l'Alsace, en 1789, il obtint de l'Assemblée constituante l'assurance que les droits et les libertés religieuses de ses coreligionnaires seraient garantis par la constitution qu'elle allait donner à la France, de même qu'on respecterait les propriétés appartenant à leurs églises. Membre de l'Assemblée législative, il s'y distingua par sa constance à défendre le bon droit et la justice; ce qui lui valut une détention de neuf mois, à l'époque de la terreur. Membre du Tribunat en 1802, il fut nommé recteur de l'académie de Strasbourg en 1810, et mourut en 1813. Parmi les excellents ouvrages qu'on a de lui, nous mentionnerons plus spécialement son *Tableau des Révolutions de l'Europe, depuis le bouleversement de l'Empire Romain jusqu'à nos jours* (Lausanne, 1771; nouv. édit., Paris, 1807; réimprimé en 1813), ouvrage continué depuis par Schœll jusqu'à la restauration des Bourbons; et son *Abrégé de l'histoire des traités de paix depuis la paix de Westphalie jusqu'à nos jours* (4 volumes, Bâle, 1797), ouvrage complété également plus tard par Schœll et poussé jusqu'aux traités de 1815.

KOCH (Jean-Baptiste-Frédéric), neveu du précédent et connu comme écrivain militaire, est né en 1782, à Nancy. Entré en 1800 dans la garde à cheval des consuls, il passa bientôt après dans l'infanterie. Devenu capitaine d'Espagne, il obtint le grade de capitaine en 1809, et passa chef de bataillon en 1811. Envoyé en Saxe en 1813, il fut attaché au 3ᵉ corps d'armée, et eut occasion d'y connaître le général Jomini, qui apprécia l'étendue de ses connaissances et dont il devint l'aide de camp après la bataille de Lutzen. Après la seconde restauration, il se rendit à Saint-Pétersbourg, où il seconda Jomini dans la rédaction de son Histoire des Guerres de la Révolution. Ce ne fut qu'en 1817 qu'il parvint à se faire réintégrer dans les cadres de l'armée; et il fut nommé alors professeur à l'École d'Application. Mais on suspendit bientôt son enseignement, comme suspect de tendances bonapartistes. Après la révolution de Juillet il passa lieutenant-colonel, puis colonel en 1834. Il s'est fait un nom comme écrivain militaire en traduisant en français les *Principes de Stratégie* de l'archiduc Charles (3 vol., Paris, 1817) et en publiant des *Mémoires pour servir à l'Histoire de la Campagne de 1814*, ouvrage des plus estimés et qui fait autorité. On a encore de lui un *Examen raisonné de l'ouvrage intitulé: La Russie dans l'Asie Mineure, ou campagnes du maréchal Paskewitsch en 1828 et 1829* (Paris, 1840). Il a aussi publié les *Mémoires de Masséna* (4 vol., 1849).

KOCH (Joseph-Antoine), célèbre paysagiste, né en 1768, fut redevable de son éducation première à la protection de l'évêque d'Augsbourg. Après avoir séjourné quelque temps à Strasbourg en 1792, et s'y être un peu mêlé aux agitations révolutionnaires de l'époque, il passa en Suisse, où il exécuta à l'aquarelle une foule de belles études, et de là se rendit en Italie. Il arriva à Rome en janvier 1795, et s'y fit bientôt un nom par ses remarquables efforts pour unir la peinture du paysage à celle de l'histoire. Ses premiers travaux furent des dessins bien exécutés, de riches groupes réfléchissant d'une manière heureuse les scènes de la nature qui l'entouraient. Comme il connaissait assez imparfaitement les procédés techniques de la peinture, on préfère en général ses dessins à ses tableaux. Vers la fin de sa vie, il était devenu trop faible de santé pour pouvoir beaucoup travailler. Il mourut à Rome, le 12 janvier 1839; six mois auparavant, l'empereur d'Autriche lui avait accordé une pension.

KOCK (Charles-Paul de), fils d'un banquier hollandais, mort sur l'échafaud pendant la terreur, est né à Passy près Paris, en 1794, et avait été destiné à suivre la carrière de son père; mais la démangeaison d'écrire, qui le tourmenta dès l'âge de dix-sept ans, lui révéla sa véritable vocation, et à partir de ce moment il la suivit sans se laisser décourager par les obstacles. Sur le refus des libraires de prendre à aucun prix son premier roman, *L'Enfant de ma Femme* (1812, 2 vol. in-12), il dut le faire imprimer à ses frais; mésaventure qu'éprouva aussi plus tard M. Eugène Sue. M. Paul de Kock écrivit coup sur coup cinq mélodrames pour les théâtres du boulevard et quelques petits actes pour l'Opéra-Comique. Mais c'est dans le roman consacré à la peinture des mœurs de la petite bourgeoisie de Paris qu'il devait réussir et se faire un nom, à bon droit populaire. En effet, la grisette a trouvé en lui un peintre aussi ingénieux que fidèle. On voit qu'il s'est livré à cet égard à une étude approfondie des petits mystères de la vie parisienne. Son esprit est souvent de si bon aloi, et il a toujours tant de gaieté, tant d'entrain dans ses révélations, qu'on lui pardonne la monotonie de sa phrase, toujours coupée sur la même patron. D'ailleurs il n'affiche pas, comme certains romanciers modernes, la prétention de *faire de l'art*; il s'attache avant tout à amuser, et le plus souvent il y réussit. Les critiques à gants jaunes des revues et des feuilletons affectent pour son talent un mépris que M. Paul de Kock serait en droit de leur rendre à usure, s'il avait à apprécier la portée de leurs soporifiques dissertations. Que si à l'étranger certains juges se sont trompés sur les prétentions véritables de M. Paul de Kock, et s'ils ont voulu à toute force voir en lui l'un des principaux représentants de la littérature française contemporaine, il ne faut point le rendre responsable d'une méprise parfaitement pardonnable à Londres, à Vienne ou à Saint-Pétersbourg, attendu que les ouvrages de cet écrivain, en raison même de leur caractère, y obtiennent bien autrement de succès que des livres, moins attrayants pour le fond et la forme, mais plus solidement pensés et plus habilement écrits.

Nous ne donnerons pas ici la longue liste des romans de M. Paul de Kock, car elle resterait nécessairement incomplète. Contentons-nous de citer *Georgette*, *Gustave*, *Mon voisin Raymond*, *Frère Jacques*, *M. Dupont*, *Sœur Anne*, *La Laitière de Montfermeil*, *La Maison Blanche*, *La Femme, le Mari et l'Amant*, *Le Tourlourou*, *L'Amant de la Lune*, etc. En somme, il a été longtemps d'une fécondité égale au moins à celle de M. Alexandre Dumas. Chaque mois, à cette époque, son inépuisable verve enfantait un volume. Nous avouerons d'ailleurs que nous sommes loin d'avoir lu tous les ouvrages de M. Paul de Kock; nos observations critiques ne peuvent donc s'appliquer qu'à ses principales productions. Parfois il s'autorise de l'exemple de Molière pour appeler les choses assez crûment par leur nom. On lui a reproché d'avoir été irrévérencieux envers le public en donnant pour titre à l'un de ses romans un qualificatif qui n'a plus cours dans la bonne compagnie. Or, c'est précisément de tous ses ouvrages celui qui nous a donné la meilleure idée des talents de ce romancier. La fable en est dramatique et pleine d'intérêt; le style en est aussi beaucoup plus châtié qu'il n'entre dans les habitudes de l'auteur. Son fils, Henri de Kock, a fait jouer plusieurs pièces sur les théâtres de Paris.

KOECHLIN (Famille). Le nom de Kœchlin est à bon droit populaire en Alsace; il appartient à une famille de manufacturiers qui depuis longtemps occupent un rang distingué dans l'industrie des toiles peintes.

Samuel KOECHLIN, né en 1719, à Mulhouse, y établit en 1745, avec Jean-Henri Dollfus et Jean-Jacques Schmaltzer, la première manufacture d'indiennes connue. Il mourut en 1771.

Jean KOECHLIN, l'aîné de ses fils, continua d'abord les travaux de son père; puis, de concert avec un de ses beaux-frères, il fonda dans sa ville natale une école supérieure de commerce, qu'il dirigea lui-même.

Nicolas KOECHLIN, son fils, né en 1781, est le créateur de l'important établissement connu, depuis 1802, sous son nom. Quand, en 1814, les alliés envahirent le sol français, Nicolas Kœchlin mit à la disposition de l'empereur divers membres de sa famille, et entra lui-même dans l'état-major du général Lefèvre. En 1815 il essaya même d'organiser la guerre de partisans dans les Vosges. Élu député en 1826, il alla se placer à l'extrême gauche, et fit partie de cette courageuse minorité des *sept* qui sous le ministère Villèle lutta si vaillamment pour la défense des libertés publiques. Les électeurs lui renouvelèrent leur mandat après la révolution de Juillet; mais il y renonça en 1841, pour se livrer tout entier à la construction du chemin de fer de Strasbourg à Bâle, la première grande ligne de voie de fer qu'ait eue la France. Si la part originairement faite dans cette affaire aux entrepreneurs parut tout à fait être celle du lion et donna lieu à de nombreuses accusations, on ne peut nier que l'achèvement de cette entreprise n'ait eu du moins un bon résultat, celui d'exciter les capitaux à se lancer dans ces opérations. Fondateur du nouveau quartier de Mulhouse, il fit don à la ville de l'édifice principal de ce quartier, qui sert de local à la Société Industrielle, à la chambre de commerce et à la Bourse. Ce grand industriel mourut à Mulhouse, le 15 juillet 1852.

Jacques KOECHLIN, frère et associé du précédent, a, comme lui, défendu avec courage son pays contre l'étranger et ses libertés contre les tendances de la Restauration. Après avoir été élu deux fois maire de Mulhouse, il vint, en 1820, siéger à l'extrême gauche de la chambre des députés, et eut en 1822 le courage de signaler à la France, par la voie de l'impression, les menées infâmes qui avaient fait tomber dans un piège le colonel Caron et gravement compromis le repos de l'Alsace. Pour ce fait, déclaré calomnieux, il fut condamné à six mois de détention et 5,000 fr. d'amende, qu'acquitta une souscription patriotique. Réélu député pour la dernière fois en 1824, il se retira de la vie publique en 1826, et mourut à Mulhouse, le 16 novembre 1834.

André KOECHLIN, parent des précédents, né en 1789, se mit en 1818 à la tête de la maison Dollfus-Mieg et compagnie. Sous son habile direction, cette maison, qui embrassait la filature, le tissage et l'impression des toiles peintes, continua à progresser; et lorsqu'il en sortit, sa fortune lui permit de fonder un nouvel établissement non moins considérable, auquel il donna son nom, et qui s'occupe de la construction des machines. Maire de Mulhouse en 1830, il donna dans cette ville une grande impulsion à l'instruction publique. Élu député de l'arrondissement d'Altkirch en 1832, il se rangea sous la bannière de Casimir Périer. Son premier mandat législatif finit à la dissolution de 1834; mais il reutra dans la chambre en 1841, comme député de l'arrondissement de Mulhouse. En 1846 il échoua à Mulhouse; mais, plus heureux à Altkirch, il vint encore faire partie de cette majorité de *satisfaits*, dont l'aveugle optimisme devait amener la chute du trône de Louis-Philippe.

KOEKKOEK (BERNARD-CORNÉLIUS), l'un des plus remarquables peintres de paysages de l'école hollandaise moderne, fils d'un peintre de marine, est né en 1803, à Middelbourg, en Hollande. Une vocation décidée le porta vers la peinture du paysage, et pendant les trois années de séjour qu'il fit à Amsterdam, les grands maîtres que la Hollande a produits en ce genre lui servirent d'exemples et de modèles. Parmi les paysagistes hollandais vivants, ceux dont il s'appropria surtout la manière sont Schelfhout et Van-Oos. Ses toiles sont extrêmement recherchées. Le caractère distinctif de ses productions, c'est l'extrême fidélité avec laquelle il reproduit la nature, jointe avec une rare poésie de composition. Si sous le premier de ces rapports il se montre le digne continuateur de la tradition des grands maîtres de l'école hollandaise, il l'emporte sur eux en ce qui est de la plénitude et de la poésie de l'invention, comme aussi de l'originalité de l'exposition, qui reproduit avec la plus merveilleuse exactitude les moindres détails de la nature et leur prête un caractère artistique particulier. Cet artiste réside maintenant à Clèves, où on lui doit la création de l'école de dessin existant dans cette ville. En 1841, il a fait paraître à Amsterdam des *Souvenirs et communications d'un peintre de paysages*, ouvrage écrit en allemand.

KOENIG (FRÉDÉRIC), inventeur de la presse mécanique, naquit le 17 avril 1775, à Eisleben (Saxe prussienne), et entra à l'âge de quinze ans comme apprenti compositeur et pressier dans l'officine de Breitkopf à Leipzig. Son apprentissage terminé, il employa la petite fortune que sa mère lui légua en mourant, pour fonder une librairie dans sa ville natale. Son commerce n'ayant point réussi, il alla travailler de son état successivement à Vienne, à Saint-Pétersbourg et à Londres, où il arriva en 1806. Connaissant tous les inconvénients de la presse à bras, Kœnig avait toujours été préoccupé de l'idée d'y remédier; et à cet effet il avait pendant longtemps étudié les mathématiques et la mécanique. Il n'avait donc pas tardé à essayer de construire une presse mécanique; mais en Allemagne comme en Russie personne n'avait voulu le croire exécutable, et il ne trouva nulle part d'appui pour la réaliser. Ce fut seulement à Londres, en 1807, qu'il parvint à traiter avec l'imprimeur Th. Bensley, qui consentit à faire toutes les avances de fonds pour exécuter la machine dont il avait tracé le plan et prendre les brevets nécessaires. Un peu plus tard, Richard Taylor et Georges Woodfall, imprimeurs à Londres, entrèrent également dans l'association. On prit alors successivement divers brevets d'invention à l'effet de s'assurer l'exploitation exclusive du marché anglais pendant un certain nombre d'années, et on construisit plusieurs machines. Le premier brevet, pris le 29 mars 1810, est pour une presse imprimant au moyen de deux tables placés horizontalement comme dans la presse à bras. En avril 1811 on imprima avec une machine de cette espèce une feuille de l'*Annual Register* pour 1810, incontestablement la première partie d'un livre qui eût encore été imprimée à l'aide d'une machine. Le second brevet, en date du 30 octobre 1811, avait pour objet la presse simple à cylindre; le troisième brevet, en date du 23 juillet 1813, mentionnait divers perfectionnements apportés à l'invention. Les résultats obtenus à l'aide de la machine simple à cylindre furent si satisfaisants, que J. Walter, propriétaire du *Times*, commanda aussitôt à la société deux doubles machines, qu'il fit disposer avec une machine à vapeur dans *Printing-House-Square*; et le 29 novembre 1814 elles tirèrent pour la première fois le *Times*. Un article placé ce jour-là en tête du journal porta l'invention à la connaissance du public. On vit ensuite se succéder rapidement divers perfectionnements importants, basés sur les principes décrits dans le quatrième brevet, en date du 24 décembre 1814, relatif aux moyens d'obtenir d'un seul coup une feuille tirée verso et recto. Une machine de ce genre fonctionnait dès le mois de février 1816 dans les ateliers de Bensley et fils à Londres; et le premier livre complétement tiré à la mécanique fut la seconde édition de la traduction anglaise des *Éléments de Physiologie de Blumenbach*, par Elliotsson. Des mésintelligences graves survenues entre Kœnig et Bensley ainsi que ses autres associés le déterminèrent enfin à renoncer au bénéfice des brevets pris en Angleterre et à s'en revenir en Allemagne avec son fidèle ami Bauer, qui l'avait activement secondé dans tous ses travaux. Ils s'associèrent alors tous deux de nouveau; et secondés par l'intelligent roi de Bavière Maximilien 1er, ils montèrent dans l'ancienne abbaye de prémontrés d'Oberzell, près de Wurtzbourg, pour la construction des presses mécaniques, de même que pour celle des machines à fabriquer le papier continu, une usine pourvue de tous les ateliers nécessaires, tels que fonderie de fer, etc.; et bientôt il n'y eut presque plus de grande ville en Allemagne à laquelle ils n'eussent fourni une presse mécanique. Kœnig mourut le 17 janvier 1833 ; mais son associé Bauer n'en continua pas moins les opérations de la société, qui en 1853 avait déjà construit plus de 400 machines.

KOENIGSBERG, en polonais *Krolewiec*, chef-lieu du cercle du même nom dans la province de Prusse, la seconde capitale du royaume, est située sur le Pregel, qu'on y passe sur sept ponts, à 7 kilomètres de l'embouchure de ce fleuve dans le Frische-Haff, sur la lisière septentrionale de la Samlande. Elle se compose de trois quartiers distincts : la *Vieille-Ville*, le *Lœbenicht* et le *Kneiphofe*. En y comprenant quatre grands faubourgs, elle a 14 kil. de circuit ; mais ce vaste espace comprend aussi un grand nombre de jardins, le grand étang du château avec ses charmants environs, et quelques champs. Fondée en 1256 et appelée *Kœnigsberg* en l'honneur du roi de Bohême Ottokar, elle porte le titre de capitale, parce que de 1457 à 1525 elle fut la résidence du grand-maître de l'ordre Teutonique, et plus tard celle des premiers ducs de Prusse. Elle possède vingt-et-une églises, dont une catholique, construite en 1616, une chapelle mennonite et une synagogue ; et on y compte 80,000 habitants, dont 1,500 juifs. On y voit peu de belles rues. La cathédrale, qui a 95 mètres de long sur 30 de large, avec une tour haute de 62 mètres et un superbe buffet d'orgues, mérite d'être visitée. On y voit les tombeaux des grands-maîtres de l'ordre Teutonique et des premiers ducs de Prusse. L'université de Kœnigsberg, fondée en 1544, par le margrave Albert Ier, duc de Prusse, comptait un siècle plus tard plus de 2,000 étudiants. C'est à peine si aujourd'hui elle en a 300. Elle eut pour premier recteur Sabinus, gendre de Mélanchthon ; parmi les professeurs qui l'ont illustrée, on cite Bessel, Burdach, Fichte, Herbart et Kant. La bibliothèque de l'université contient au delà de 100,000 volumes.

Quoique le Pregel ait ici de 20 à 23 mètres de profondeur et puisse dès lors porter des bâtiments à trois ponts, les nombreux bas-fonds dont il est parsemé forcent les bâtiments d'un tonnage un peu fort à s'arrêter à *Pillau*, port et place forte peu éloignée de son embouchure. Le commerce de Kœnigsberg était autrefois très-considérable, et ne laisse pas que d'avoir encore aujourd'hui de l'importance. Mais la construction des navires y a sensiblement diminué. Quoique une décision de la Confédération germanique ait placé cette ville en dehors de l'Allemagne, ses habitants sont restés allemands de cœur et d'esprit. Dans ces derniers temps d'immenses travaux ont été entrepris pour transformer Kœnigsberg en place forte de premier ordre.

KŒNIGSMARK (MARIE-AURORE, comtesse DE), maîtresse d'Auguste II, roi de Pologne et électeur de Saxe, naquit vraisemblablement à Stade, vers 1673. Son père était fils aîné du feld-maréchal de Kœnigsmark, mort en 1653, et mourut lui-même en 1693, au siège de Bonn, avec le grade de général au service de Hollande. Sa mère, femme distinguée à tous égards, était fille du célèbre feld-maréchal suédois Wrangel. Aurore unit de bonne heure de grands charmes physiques à de rares facultés intellectuelles, perfectionnées encore par une éducation des plus soignées ; et ayant eu dès son enfance occasion de vivre tour à tour à Stockholm, à Hambourg, à Hanovre, à Brunswick, etc., elle y apprit la vie du monde et les usages des cours.

La subite disparition (1694) et la mort mystérieuse de son frère (*voyez* l'article ci-après) furent le motif d'un voyage qu'elle entreprit à Dresde, et qui décida de sa destinée.

Le jeune comte de Kœnigsmark laissait en mourant une fortune assez considérable, dont héritaient ses deux sœurs, l'une mariée au comte de Lœwenhaupt et résidant à Hambourg, l'autre, *Marie-Aurore*, non mariée et demeurant, depuis la mort de leur mère, avec sa sœur aînée. Une partie de cette fortune était entre les mains de banquiers de Hambourg, qui faisaient des difficultés pour la rendre aux héritières, faute par elles de pouvoir juridiquement prouver la mort de leur frère.

Ce fut pour triompher de ces chicanes que la comtesse Aurore de Kœnigsmark, alors dans tout l'éclat de la jeunesse et de la beauté, se décida à entreprendre le voyage de Dresde, à l'effet de solliciter les bons offices de l'électeur Frédéric-Auguste en faveur des sœurs d'un homme qui avait été à son service. L'électeur ne l'eut pas, plus tôt vue qu'il en devint éperdument épris, et Aurore, qui ne sut pas lui résister, devint mère en 1696, à Gosslar, d'un fils qui fut depuis le célèbre *Maurice, comte de Saxe*. La passion de l'électeur ne tarda pas à s'éteindre ; mais il conserva toujours pour la femme qui en avait été momentanément l'objet des sentiments d'estime et d'amitié. Sa beauté, son esprit, ses grâces toutes féminines, unies à des connaissances très-variées en ce qui touche les arts et les sciences, autorisèrent Voltaire à l'appeler *la femme la plus célèbre de deux siècles*. Après de longs efforts ayant pour but d'obtenir une honorable et paisible retraite dans le chapitre de Quedlimbourg, elle en fut nommée coadjutrice en janvier 1698, puis abbesse deux ans plus tard. Mais elle avait trop de mobilité dans l'esprit pour se condamner au repos de cette tranquille existence. Elle aimait à voyager et à changer de séjour. Aussi la voyait-on alternativement à Dresde, à Leipzig, à Breslau, à Hambourg, etc. Le plus célèbre de ses voyages fut celui qu'elle entreprit en Courlande, au quartier général de Charles XII, en 1702, avec une mission diplomatique d'Auguste II, à l'effet de déterminer ce prince à conclure la paix. La maréchale de Guébriant, elle aussi, avait été chargée au siècle précédent d'une négociation diplomatique. La mission de la comtesse de Kœnigsmark est donc le second exemple d'une négociatrice en jupons que nous offre l'histoire de la diplomatie. Quoique l'opiniâtre Charles XII eût constamment refusé de recevoir la belle comtesse, les inutiles propositions de paix auxquelles elle avait servi d'intermédiaire ne laissèrent pas que de grandir son importance et sa réputation.

Après une existence singulièrement agitée, la comtesse de Kœnigsmark finit ses jours dans un état voisin de la misère, mais emportant du moins l'espoir que son fils, récemment élu duc de Courlande, ne tarderait pas à être admis au nombre des souverains de l'Europe. Elle mourut des suites d'une douloureuse hydropisie, le 16 février 1738, à Quedlimbourg, où on peut encore voir aujourd'hui dans les caveaux du cloître son corps, en quelque sorte momifié. Il faut singulièrement se défier des anecdotes qu'on trouve à son sujet dans *La Saxe galante*. Consultez Cramer, *Mémoires de la Comtesse Marie-Aurore de Kœnigsmark* (2 vol., Quedlimbourg, 1836).

KŒNIGSMARK (PHILIPPE-CHRISTOPHE, comte DE), frère de la précédente, a laissé un nom célèbre dans l'histoire, à cause de sa fin tragique, dénoûment mystérieux de tout un roman d'amour, qui vaut bien la peine d'être raconté. Né vers 1560, et colonel au service de Suède, le comte de Kœnigsmark arriva à la cour de Hanovre vers 1692.

Le prince électoral, qui fut plus tard roi d'Angleterre sous le nom de Georges Ier, avait épousé Sophie-Dorothée, sa cousine germaine, et fille du duc de Celle. La princesse était belle, et les premières années de son mariage furent heureuses. Mais le sombre caractère de l'époux l'emporta bientôt sur l'amour, et le rendit jaloux à l'excès ; et la princesse électorale était la plus malheureuse des femmes, quand Kœnigsmark arriva à Hanovre. Beau et bien fait, spirituel et empressé, il ne tarda pas à inspirer de l'ombrage au prince électoral, en même temps que les plus tendres sentiments à la princesse. Celle-ci était trop malheureuse pour ne point accueillir avec sympathie les marques d'attachement que lui donnait Kœnigsmark, et bientôt elle partagea assez la passion qu'elle lui avait inspirée pour consentir à l'exécution du romanesque projet qu'il avait conçu de l'enlever et de la conduire en France, où elle eût embrassé la religion catholique, afin d'y trouver toute protection. Mais

Georges Ier faisait épier nos deux amants; et quand il se crut sûr de son fait, il n'hésita pas à frapper les coupables. Sa vengeance fut atroce : d'après son ordre, le comte fut assailli le soir par quatre individus, dans un corridor du château, au moment où il sortait secrètement de l'appartement de la princesse, avec laquelle il venait d'arrêter les dernières dispositions de leur fuite commune. Ces quatre bandits le poignardèrent sur place, sans qu'il eût eu le temps de tirer son épée et de se défendre. Suivant les uns, ils traînèrent ensuite son cadavre jusqu'à l'égout le plus proche, et l'y précipitèrent. Suivant d'autres, ils se seraient bornés à désarmer le comte et à le conduire par devers le prince électoral, qui aurait froidement ordonné de jeter son rival tout vivant dans un four chaud. Cette tragique aventure eut un immense retentissement; et dans les diverses cours de l'Europe, la seconde des versions que nous venons de rapporter fut celle qui obtint le plus généralement créance. Saint-Simon l'adopte comme vraie, et cite le fait comme acquis à l'histoire. Palmblad a publié la *Correspondance du comte de Kœnigsmark et de la princesse Sophie-Dorothée de Celle* (Leipzig, 1847), d'après un manuscrit conservé, dit-on, en Suède, dans les archives de la famille de Lœwenhaupt, alliée à celle des Kœnigsmark.

KOENIGSTEIN, la seule forteresse qu'il y ait dans le royaume de Saxe, non loin des frontières de Bohême, bâtie sur un rocher à pic, élevé de 533 mètres au-dessus du niveau de l'Elbe, qui coule à ses pieds, mais qu'il ne domine pas complétement, en raison de son extrême élévation. On ne parvient à sa porte extérieure que par une espèce de chemin couvert. L'accès en est si escarpé, qu'il faut hisser les voitures pour les y faire arriver. Le plateau de ce rocher a environ deux kilomètres de circuit, et renferme, outre les bâtiments de service, un puits de 200 mètres de profondeur, qui, avec deux citernes, fournit l'eau nécessaire à la garnison. On y trouve aussi des jardins et un petit bois de sapins, où est placé le magasin à poudre de la forteresse. En cas de besoin, il y aurait assez de terre arable pour produire les objets les plus indispensables à la consommation de la garnison. Les approvisionnements de vivres qu'on y réunit sont déposés dans des magasins taillés dans le roc et si parfaitement secs, qu'ils s'y conservent pendant trois années. La construction de cette forteresse, qui sert aussi de prison d'État, fut commencée en 1589, sous le règne de l'électeur Chrétien Ier; mais elle ne fut complétement achevée qu'en 1731. L'arsenal, les casemates, la chapelle et les caves méritent d'être vus.

KŒPRILI, KIUPERLI ou KUPRULI, nom d'une famille de grands-vizirs ottomans.

KŒPRILI (MÉHÉMET), grand-vizir, de l'an 1656 à l'an 1661, petit-fils d'un Albanais qui était venu s'établir en Asie Mineure, naquit en 1585, à Kœpri, d'où son surnom de *Kœprili*. D'abord marmiton, puis cuisinier, Méhémet, vigoureux, adroit et spirituel, parvint peu à peu à se faire nommer grand-écuyer du grand-vizir Kara-Mustapha. Après avoir fait avec lui la campagne de Chypre, il fut nommé gouverneur de Damas, se distingua en cette qualité dans une guerre contre la Perse, et administra son gouvernement avec autant de justice que de douceur. Toutefois, il ne tarda pas à être destitué, et vécut alors sans emploi à Kœpri jusqu'au moment où le grand-vizir Méhémet l'emmena avec lui à Constantinople, et où il fut recommandé à la sultane Validé, toute-puissante sur l'esprit de son fils, encore mineur, le sultan Mahomet IV, comme l'homme qui pouvait sauver l'empire. Kœprili à ce moment était déjà un vieillard de soixante-dix ans; et quoiqu'il ne sût ni lire ni écrire, il accepta, le 15 septembre 1656, le sceau de l'empire comme grand-vizir, à la condition qu'on aurait en lui une confiance sans réserve. Après avoir mis un frein à l'esprit de persécution des orthodoxes fanatiques, chassé de leurs places et puni tous les fonctionnaires indignes, et fait exécuter les auteurs de la dernière révolte, déployant à cette occasion la plus inexorable sévérité, il se mit en personne à la tête de l'armée et de la flotte, attaqua les forces navales de Venise, conquit Ténédos, Métélin et Lemnos, envahit la Transylvanie et étouffa des insurrections en Asie et en Égypte. Il rétablit la discipline, humilia les janissaires, couvrit les frontières de l'empire par de nouvelles places fortes, les Dardanelles par de nouveaux ouvrages, et remplit le trésor du grand-seigneur au moyen de confiscations et surtout en rétablissant l'ordre dans les finances. Il réussit à relever la considération de la Porte à l'étranger, et sut même la défendre en négociant avec les envoyés de Louis XIV. Sa politique était habile et rusée, son caractère dur et rapace, sa conduite prudente et ferme, mais impitoyable. Il mourut à Andrinople, le 31 octobre 1661.

KŒPRILI (ACHMET), son fils, né en 1626, lui succéda dans les fonctions de grand-vizir. Il avait été élevé avec soin pour devenir ouléma ; mais plus tard son père l'avait nommé gouverneur d'Erzeroum, puis de Damas; et par une heureuse expédition contre les Druses, il s'était acquis la confiance du sultan. Savant, doux et juste, politique habile, enfin vainqueur dans les campagnes de Hongrie, de Crète et de Pologne, par la prise de Neuhæusel, de Candie et de Kaminiec, ainsi que par les traités de paix de Vasvar, de Candie et de Zurafna, Achmet Kœprili administra, plus longtemps qu'aucun autre vizir avant lui, l'empire, qu'il pacifia et agrandit. Toutefois, une série de sanglantes exécutions souillèrent les premières années de son administration. Il perdit aussi la bataille de Saint-Gothard, livrée le 22 juillet 1664, contre Montecuculi, ainsi que celle de Choczim, livrée le 11 novembre 1673, contre Jean III Sobieski. Pendant son administration, la littérature turque prit un remarquable essor. Il vint en aide aux poètes et aux savants, et les sciences l'accompagnaient jusque dans les camps. La bibliothèque publique qu'il fonda témoigne encore aujourd'hui de son instruction. Il mourut en se rendant au camp d'Andrinople, le 30 octobre 1676, des suites d'une hydropisie, résultat de l'usage immodéré des boissons alcooliques.

KŒPRILI (MUSTAPHA), frère du précédent, fut nommé kaïmakan en 1689, lors de la révolution qui précipita du trône Mohammed, et bientôt après, le 7 novembre 1689, grand-vizir par Soliman III. Homme instruit, de mœurs et de principes sévères, et politique habile, il rétablit l'ordre à l'intérieur et la dignité dans les relations avec l'étranger, quoiqu'il ne fût pas capitaine. Il périt le 19 août 1691, à la bataille de Szalamkamen.

KŒPRILI (AMOUDJA-ZADEH-HUSSEÏN), cousin du précédent, fut nommé en 1697 grand-vizir, après la déroute que Mustapha II essuya à Zenten, et conclut, en 1699, la paix de Karlowitz. Généreux à l'égard des pauvres, protecteur des sciences et des lettres, il appela aux principales fonctions de l'État des hommes instruits et partageant ses idées. Sa politique ennemie du fanatisme était pacifique. Se sentant malade, et d'ailleurs contrarié par l'opposition faite à toutes ses mesures par le muphti, il donna sa démission le 5 octobre 1702, et mourut quelques jours après, dans sa maison de campagne.

KŒRNER (THÉODORE), que l'Allemagne a nommé son *Tyrtée*, naquit à Dresde, en 1791. Son père, qui exerçait les fonctions de conseiller à la cour d'appel et entretenait des relations suivies avec Gœthe et Schiller, voulut être le premier précepteur de son fils. Il était bien en état de le diriger dans ses études. Le jeune Kœrner manifesta de bonne heure des dispositions prononcées pour la science et la poésie. Il entra d'abord à l'École des Mines de Freiberg, et conserva toujours un doux souvenir du temps qu'il avait passé dans cet établissement. En 1810 il alla suivre les cours de l'université de Leipzig. C'est de là que datent ses premières poésies : poésies légères, inachevées, qui accusaient encore l'inhabileté de l'artiste et la précipitation du travail, mais qui ne manquaient parfois ni de grâce ni d'énergie. Peu à peu l'amour de la poésie l'emporta sur celui de la science. Kœrner garda au fond du cœur une prédilection particulière pour l'étude de la minéralogie ; mais il se sentait appelé à suivre une autre route, et il voulut

la suivre. Bientôt, par une de ces erreurs dans lesquelles sont souvent tombés des hommes de talent, il pensa que pour devenir vraiment poëte, pour produire des œuvres d'imagination, il était fort inutile d'assister aux graves leçons de ses professeurs. Il s'abandonna donc à tous ses accès de verve, à tous ses caprices. Il fit si bien qu'un beau jour il fut obligé de quitter l'université. Il se retira à Berlin, avec le repentir de ses folies d'étudiant, mais plus décidé que jamais à poursuivre sa carrière littéraire. De Berlin il alla à Vienne. Là il fit représenter quelques pièces, qui eurent du succès. Un des grands théâtres chercha à se l'attacher, et il reçut du gouvernement le titre de poëte royal dramatique, titre qu'en France nous ne connaissons pas, mais qui en Allemagne est très-recherché. Le temps que Kœrner passa à Vienne est la plus belle époque de sa vie. Il venait enfin de produire ses œuvres. Le public l'avait encouragé. Il se sentait plein de force et d'ardeur ; et, après avoir joui avec ivresse de ses premiers succès, il en rêvait d'autres plus grands encore. Enfin, il aimait, et il était prêt à se marier. La guerre éclata, la guerre de 1813. Kœrner, entraîné par son patriotisme, abandonna son théâtre, sa fiancée, et vint se joindre, comme volontaire, aux chasseurs de Lutzow. Le colonel le prit pour aide de camp, et Kœrner le suivit avec bravoure dans toutes les mêlées. C'est alors qu'il se révéla en lui une faculté de poésie lyrique dont il n'avait pas encore jusque là compris toute l'énergie. Au milieu de cette vie aventureuse du soldat, de ces batailles fréquentes, de ces agitations continuelles, une grande pensée le préoccupait toujours : il songeait à son pays, à son humilité, asservi par une armée étrangère. Il songeait aux douleurs de l'Allemagne et à son affranchissement, et il chantait pour obéir à ses rêves patriotiques. Il chantait pour encourager ses compagnons d'armes, pour les animer avant le combat, pour les consoler après une défaite. Ses chants étaient aussitôt recueillis. Ils passaient de bataillon en bataillon, de régiment en régiment, et électrisaient les esprits. Mais cette vie si poétique et si dévouée ne devait pas durer longtemps. Kœrner voulait se distinguer par son courage comme par ses vers. Il n'était point de ces hommes qui regardent de loin le combat, le célèbrent à tête reposée, à l'abri de toute crainte et de tout péril. Il écrivait le sabre au côté, au bruit du clairon, à la lueur des feux du bivouac, et quand il quittait la lyre, c'était pour monter à cheval et s'élancer au-devant de l'ennemi. A l'affaire de Kitzen, il reçut une blessure grave, et peu s'en fallut alors qu'il ne tombât entre les mains de l'ennemi. Des paysans le sauvèrent, et il trouva un asile chez un de ses amis. A peine guéri de sa blessure, il alla rejoindre son régiment à Tœplitz. Il y avait une trêve entre les Allemands et les Français, mais elle venait d'expirer. Kœrner combattit de nouveau, et le 23 août 1813, sur la route qui conduit de Schwerin à Gadebusch, il fut frappé d'une balle, et mourut sur le coup. Une heure avant le commencement du combat il avait achevé et il avait lu à quelques-uns de ses compagnons d'armes ce dialogue du Soldat et de l'Épée, qui est devenu si célèbre en Allemagne : « Épée qui reposes à mon côté, pourquoi ta lame brillante me sourit-elle ainsi ? Tu me regardes avec amour. Voilà ce qui fait ma joie. Hourrah ! — Un brave cavalier me porte. Voilà pourquoi je souris. Je défends l'homme libre. Voilà ce qui fait ma joie. Hourrah ! etc., etc. »
Kœrner fut enterré au pied d'un chêne, comme un vieux Germain. Sa mort causa une grande impression de douleur dans le régiment auquel il appartenait. Quelques jours après ses funérailles, un jeune officier qui l'avait beaucoup aimé s'élança au milieu d'une bataille en s'écriant : « Kœrner, je te suis ! » et tomba couvert de blessures.
Les œuvres de Th. Kœrner ont eu de nombreuses éditions. Plusieurs de ses pièces de théâtre, telles que *Le Garde de Nuit*, *Toni*, *Rosamonde*, *La Fiancée*, se jouent encore avec succès en Allemagne. On relit aussi avec plaisir ses élégies d'amour, ses premiers vers de jeunesse. Mais Kœrner a eu le sort de bien des poëtes, qui, après avoir longtemps cherché leur place, après s'être essayés sérieusement à différents travaux, trouvent tout à coup, par une sorte de révélation imprévue, l'instrument oublié qui semblait les attendre et la corde qu'ils devaient faire vibrer. Sa véritable gloire ne repose ni sur ses drames ni sur ses comédies, mais sur ses trente-deux chants patriotiques, recueillis sous le titre de : *Leier und Schwert* (la Lyre et l'Épée). Ces chants ont acquis ce qu'il y a de plus difficile à acquérir de nos jours, la popularité. Les Allemands les répètent encore avec enthousiasme, et l'étranger ne les entend pas sans émotion. Xavier Marmier.

KŒROESI. *Voyez* Csoma.

KŒTHEN, capitale du duché d'Anhalt-Kœthen, avec de jolis environs, compte à peu près 7,500 habitants, dont une centaine de juifs. On y trouve un château, deux églises protestantes et une église catholique, une synagogue, un gymnase, une école industrielle, un séminaire pédagogique, et divers autres établissements d'instruction publique ou de charité. Le couvent des frères de la Miséricorde, fondé en 1828, par le duc Ferdinand, a été supprimé en 1832 et transformé en école gratuite. Station du chemin de fer de Leipzig à Magdebourg, et de Berlin au pays d'Anhalt, la ville de Kœthen a beaucoup gagné dans ces derniers temps.

KOHARY, l'une des plus riches familles de magnats hongrois, fut élevée au rang de prince en 1816, et s'éteignit dans sa ligne masculine avec le prince *François-Joseph*, né le 7 septembre 1766, mort le 27 juin 1826. De son mariage avec la comtesse Marie-Antoinette de Waltenberg, il laissait une fille unique, *Antoinette*, née le 2 juillet 1797, qui épousa, en 1816, le duc Ferdinand de Saxe-Cobourg, né en 1785, mort le 27 août 1851, avec le grade de général de cavalerie au service d'Autriche, et de qui elle a eu quatre enfants : *Ferdinand*, né en 1816, aujourd'hui veuf de dona Maria, reine de Portugal, et qui a été régent du royaume pendant la minorité du roi son fils, dom Pedro ; *Auguste*, né en 1818, général-major au service de Saxe, qui a épousé l'une des filles de Louis-Philippe, la princesse Clémentine ; *Victoria*, née en 1822, mariée au duc de Nemours ; *Léopold*, né en 1834, major au service autrichien.

KOHELET ou **COHELETT**, mot hébreu que nous traduisons par *Ecclésiaste*.

KOH-I-NOOR, c'est-à-dire *montagne de lumière*, nom d'un gros diamant appartenant aujourd'hui à la couronne d'Angleterre, qui le possède depuis la conquête de Lahore. Rundjet-Singh le portait habituellement au bras gauche et quelquefois au pommeau de la selle de son cheval. Taillé d'abord au poids de 186 carats $\frac{1}{16}$, il figura à l'exposition de Londres en 1851 ; mais il gardait quelques nuages, et s'il brillait au soleil, il paraissait sans éclat quand l'atmosphère était sombre. On le soumit à une nouvelle taille, en 1852 ; et après un travail de trente-huit jours, il est devenu parfait, quoique mince, mais d'une grande étendue, pesant encore 122 carats $\frac{11}{16}$. On estime sa valeur à 83,232 livres sterling (2,080,800 fr.) L. Louvet.

KOLA, ville du gouvernement d'Archangel, dans une contrée âpre et sauvage, située tout à l'extrémité nord de la Russie d'Europe, et après Wardœ en Norvège la ville la plus septentrionale de l'Europe, est située entre la Kola et son affluent la Tuloma, à peu de distance de son embouchure dans la mer Glaciale du Nord, et forme dans un port sûr et spacieux, le port Sainte-Catherine. C'est le chef-lieu de l'ancienne Laponie russe, et parmi ses 800 habitants on compte beaucoup de Lapons et quelques Finnois, dont la pêche de la baleine, du morse et du cabillaud constitue la principale ressource. Un vaisseau anglais l'a brûlée en 1854.

On donne aussi le nom de *Kola* à toute la grande presqu'île qui s'étend entre la mer Glaciale, la mer Blanche et le golfe de Kandalaski, et la partie nord-ouest de laquelle se trouve la ville dont nous venons de parler. Elle a 35 myriamètres de long de l'ouest à l'est, et 40 de large du nord au sud. Sa superficie est évaluée à 1,200 myriamètres carrés.

KOLBAK. Voyez COLBACH.

KOLBERG (Lande de). Voyez FEMERN.

KOLÉAH. Voyez COLÉAH.

KOLETTIS (JOANNIS), homme d'État grec, né en 1788, à Syrakos, petite ville aux environs de Janina, étudia la médecine en Italie, et revint exercer cet art dans son pays, après avoir été reçu docteur à l'université de Bologne. Médecin d'Ali-Pacha de Janina, il faisait partie de l'*hétairie*, fondée par Rhigas, et fut un des premiers à répondre au cri de liberté qui se fit entendre en 1821. L'insurrection n'ayant pas pu tenir en Épire, il se réfugia la même année en Péloponnèse, où il fit cause commune avec les hommes qui voulaient constituer un gouverneur central, en opposition au parti militaire. Député au congrès d'Épidaure, il signa, le 1er janvier 1822, la déclaration d'indépendance de la Grèce. Il fut nommé alors ministre de l'intérieur, et plus tard exarque d'Eubée, où il remporta une brillante victoire sur les Turcs à Karystios, et en 1824 membre du conseil exécutif. A partir de ce moment Kolettis, esprit supérieur, mais dévoré d'ambition, exerça sur les affaires de la Grèce une certaine prépondérance, dont il se servit, d'accord avec Joannis Couras, chef de Rouméliotes fort influent, pour combattre le parti oligarchique du Péloponnèse, à la tête duquel se trouvait Kolokotroni. On a été jusqu'à l'accuser d'avoir fait assassiner Odysseus. Il ne tarda pas d'ailleurs à devenir l'un des principaux meneurs du parti français, surtout à partir de 1824 et de 1825, et à se poser en adversaire prononcé de Maurocordatos, chef du parti anglais. Dès lors l'antagonisme de ces deux hommes politiques continua sans interruption. Vers la fin de 1826 et le commencement de 1827, ce fut sur Kolettis et Karaïscakis que pesa tout le poids de la direction des opérations militaires dans l'est de la Grèce. Au printemps de 1827, il joua un rôle des plus actifs à l'assemblée nationale de Trézène, où Capo d'Istria fut élu président de la Grèce. Ce dernier appela Kolettis à faire partie du *Panhellénion*, et le chargea en même temps de l'organisation des troupes irrégulières de la Roumélie. Mais Kolettis ne servait les intérêts du président qu'autant qu'il les jugeait identiques avec ceux de la Grèce; et dans les derniers temps de l'administration de Capo d'Istria, il fit même partie de l'opposition comme sénateur.

Après l'assassinat du président, Kolettis, nommé membre du gouvernement provisoire avec Kolokotroni, son ennemi mortel, et Augustin Capo d'Istria, prit parti, vers la fin de 1831, pour l'opposition rouméliote, avec l'appui de laquelle il contraignit, en avril 1832, Augustin Capo d'Istria à donner sa démission. Il fut appelé alors à faire partie de la commission mixte qui gouverna le pays jusqu'à l'arrivée de l'administration bavaroise. L'un des premiers à acclamer le roi Othon, il fut d'abord nommé par ce prince ministre de l'intérieur et président du conseil, puis ministre plénipotentiaire à Paris, en 1835. Les événements survenus en Grèce en 1844 l'y firent rappeler pour prendre le portefeuille des affaires étrangères et la présidence du nouveau cabinet constitué le 18 août 1846. C'est dans l'exercice de ces fonctions que la mort vint le surprendre, en septembre 1847. Élève des doctrinaires en politique, Kolettis, pour se faire une majorité dans la chambre des députés, n'hésitait point à employer la corruption; et les déplorables résultats de son système se font encore sentir aujourd'hui.

KOLLIN ou **KOLIN**, petite ville de Bohème, à environ 5 myriamètres à l'est de Prague, sur les bords de l'Elbe et sur la route de Vienne, compte près de 6,000 habitants et est généralement bien bâtie. Elle est célèbre par la bataille qui s'y livra le 18 juin 1757.

A la suite de la bataille de Prague, Frédéric II y avait bloqué le prince Charles de Lorraine, ainsi qu'une partie de l'armée autrichienne, et canonnait la ville avec 55 pièces de grosse artillerie. De son côté, Daun avait reçu des renforts qui portaient l'effectif de ses troupes à 60,000 hommes, et manifestait l'intention d'occuper Prague. Pour anéantir encore une fois l'espoir que les assiégés pouvaient fonder sur cette diversion, le roi de Prusse, après avoir détaché 12,000 hommes de l'armée d'investissement et les avoir réunis avec d'autres troupes au corps chargé, sous les ordres du duc de Bevern, d'observer Daun, marcha contre l'ennemi avec son armée, forte à ce moment de 32,000 hommes, et le rencontra sur les hauteurs de Kollin, dans une position suffisamment défendue par des fondrières, des ravins et des plaines marécageuses. La droite de l'armée autrichienne s'appuyait sur Krczezor, la gauche sur Brzesan, et le corps du général Nadasdy, à l'extrémité de l'aile droite, était séparé du corps principal par un profond ravin, à proximité duquel avaient pris position, dans un bois voisin, trois régiments de cavalerie légère saxonne, 1,000 cuirassiers autrichiens et quelques fantassins. Le roi de Prusse avait marché sur la gauche en ordonnant au général Huisen de rejeter sur Krczezor l'aile droite des Autrichiens, qui avait fait un mouvement en avant, tandis que le reste de ses troupes continuerait à se porter sur la gauche et à attaquer l'ennemi, et que son aile droite, par un artifice de tactique bien connu et renouvelé des Grecs, soutiendrait la gauche, non pas directement, mais par un mouvement de retraite. Après un sanglant combat, le général Huisen parvint enfin à s'établir sur les hauteurs de Krczezor, à chasser les Autrichiens de ce village et à s'emparer de la batterie qui s'y trouvait placée. En même temps, le général Ziethen, à la tête de la cavalerie prussienne, attaquait celle du général Nadasdy et la chassait assez loin pour l'empêcher de reparaître de toute la bataille.

Déjà Daun, inquiet du résultat de la journée, en voyant Huisen se maintenir sur les hauteurs qu'il avait enlevées à l'aile droite des Autrichiens, avait envoyé un aide de camp parcourir les fronts des différents corps, avec ces mots écrits au crayon : « La retraite est sur Souchdol, » quand la fortune changea tout à coup pour lui. Le général Manstein, à l'aile droite prussienne, malgré des ordres formels, se laissa entraîner à tenter contre une division de Croates une attaque qui fit beaucoup de mal à ses troupes, et alors le prince Maurice de Dessau, entraîné par sa belliqueuse ardeur, accourut à son secours. Pendant cette mêlée, qui occupa longtemps les troupes des deux généraux, les bataillons placés à leur gauche continuèrent leur marche oblique.
Il en résulta que la ligne de bataille des Prussiens se trouva dérangée, et offrit un vide à un moment où elle eût dû agir avec toutes ses forces et par un mouvement parfaitement combiné contre l'ennemi qu'elle avait en face. Le commandant du régiment du prince Charles de Saxe, Benkendorf, venait de recevoir de Daun communication de l'ordre de retraite, et il avait gravi la hauteur voisine pour s'orienter. Remarquant alors la faute commise par les Prussiens, il s'écria : « L'ennemi approche ; se retire qui voudra ! les braves me suivront ! » Son régiment et les autres régiments saxons s'élancèrent à sa suite, et le régiment autrichien de Saint-Jagor vint rejoindre le reste de la cavalerie de Nadasdy. Enflammés d'ardeur, et dans l'espoir de venger la déroute qu'ils avaient essuyée douze ans auparavant, les Saxons se précipitent sur les Prussiens en s'écriant : « Voici la revanche de la bataille de Striegau ! », massacrent ou font prisonniers tout ce qu'ils rencontrent, et jetent bientôt une extrême confusion dans les rangs de l'ennemi. A leur tour les Impériaux reprennent courage, et font volte-face. En vain les Prussiens se défendent avec une froide intrépidité; en vain Frédéric tente avec sa cavalerie une septième attaque contre l'ennemi, qui en a déjà repoussé six, force lui est d'abandonner le champ de bataille avant le coucher du soleil. Cette victoire des Autrichiens eut pour résultat la levée du siège de Prague et l'évacuation de la Bohème par les Prussiens. Les pertes étaient grandes des deux côtés. Celles des Autrichiens s'élevaient à 9,000 hommes. Les Prussiens avaient perdu 29 drapeaux, 43 pièces de canon et 13,773 hommes tués, blessés ou prisonniers.

Frédéric II, jusque alors toujours victorieux, ne perdit pas seulement ce jour-là une bataille, mais encore son prestige d'invincibilité ; toutefois, il se vengea de ces échecs dans le courant de la même année par les célèbres victoires de Rossbach et de Leuthen.

KOLOCHES ou **KOLOSCHES**. *Voyez* INDIENS.

KOLOKOTRONI (THÉODORE), l'un des héros de la lutte soutenue par les Grecs pour leur indépendance, né le 3 avril 1770, en plain air, au voisinage d'un bourg de la Messénie, en proie alors aux dévastations et aux massacres de la soldatesque turque, appartenait à l'une de ces familles grecques qui dans les gorges et les fondrières inaccessibles de leurs montagnes continuaient de père en fils à protester contre la conquête et l'usurpation du Croissant. Son grand-père avait péri cruellement massacré par les Turcs. Autant en advint, en 1780, à son père, chef célèbre et redouté d'Armatoles. Dès qu'il fut en âge de porter un mousquet, Théodore Kolokotroni déclara une guerre à mort aux oppresseurs de son pays, et bientôt on le compta à son tour parmi les plus redoutables chefs de bandes d'Armatoles. De bonne heure il avait rêvé l'affranchissement de la Grèce, qui ne cessa plus d'être le but de toutes ses pensées et de tous ses efforts. Obligé, en 1806, de se réfugier à Zante, il s'y lia avec la plupart des hommes qui devaient plus tard se faire un nom dans la guerre de l'indépendance, tout en continuant toujours d'entretenir des relations suivies avec la Grèce. Bientôt il entra au service de la république des îles Ioniennes, et parvint jusqu'au grade de colonel. Initié dès 1817 au but et aux projets de l'Hétairie, et prévenu en 1820 de la prochaine levée de boucliers d'Ypsilanti, il débarqua dans la Maina au commencement de mars 1821. Dès lors il fut avec Pietro Mauromichalia l'un des principaux chefs des insurgés, faisant preuve en toute occasion d'une inébranlable fermeté, d'une bravoure extrême, et d'une grande habileté dans l'exécution des plus audacieux projets. Au printemps de 1823, le congrès d'Astros le nomma commandant en chef du Péloponnèse, et même bientôt après vice-président du conseil exécutif. Mais la mésintelligence qui ne tarda point à éclater entre lui et ses collègues, Maurocordatos et Negri notamment, amena au sein du pouvoir exécutif les plus regrettables conflits. Kolokotroni et ses partisans eurent le dessous dans cette lutte ; on le retint même prisonnier pendant quelques mois dans un couvent de l'île d'Hydra ; mais au printemps de l'année suivante (1826), le sénat se vit dans la nécessité de lui rendre la liberté et de le placer à la tête des Péloponnésiens, qui avaient pris les armes pour repousser l'invasion d'Ibrahim-Pacha. Au total, ce qu'il tenta alors contre le chef de l'armée égyptienne se borna pourtant à fort peu de chose. Le reste de l'année 1826 fut en effet rempli par une regrettable et sanglante lutte qui éclata entre Kolokotroni et Grivas, le chef des Rouméliotes. En 1827, lors des élections pour la présidence, il vota en faveur de Capo-d'Istria, dont l'un des premiers actes en prenant le pouvoir fut de le confirmer dans le commandement du Péloponnèse. Nommé membre du gouvernement provisoire après l'assassinat de Capo-d'Istria, il resta fidèle à la pensée politique dont celui-ci était l'expression, et dont Augustin Capo-d'Istria, son frère, devait être le continuateur. Depuis lors il ne cessa donc de faire l'opposition la plus passionnée au gouvernement établi en Grèce par les grandes puissances ; et par suite de sa complicité dans une conspiration déjouée à temps, à la fin de 1833, il fut condamné à mort, en avril 1834 ; peine qui, en considération des services rendus par lui au pays, fut commuée en vingt années de détention dans la forteresse de Nauplie. En montant sur le trône (1er juin 1835), le roi Othon non-seulement lui en fit remise entière, mais encore lui rendit son grade de général dans l'armée, la grand'-croix de l'ordre du Sauveur et une place dans le conseil d'État. Kolokotroni mourut à Athènes, le 4 février 1843. Son fils, *Gennaios* KOLOKOTRONI, est aussi général, et de plus aide de camp du roi Othon.

KOLOWRAT, nom d'une riche et antique famille de Bohême. Sans parler des légendes, on retrouve des Kolowrat dans les événements les plus reculés de l'histoire de Bohême. Dans la guerre des hussites et dans d'autres circonstances encore ils se montrèrent les zélés défenseurs de la liberté religieuse et de l'indépendance politique de leur patrie. Cette famille fut élevée en l'an 1596 au rang des barons de l'Empire. Des nombreuses lignes dont elle se composait autrefois, il ne subsiste plus aujourd'hui que les deux lignes de *Kolowrat-Krakowski* et *Kolowrat-Liebsteinsky*. La première obtint le titre de comte de l'Empire en 1669, et la seconde en 1701. La première de ces lignes se divise en trois branches : la branche aînée, celle de Brzeznitz, qui a pour chef le comte *Jean-Népomucène-Charles*, né en 1795 ; la ligne moyenne, celle de Kadenin, qui a pour chef le comte *Philippe*, né en 1789 ; enfin, la branche cadette, celle de Teinitzl, qui a pour chef le comte *Joseph-Ernest*, né en 1798. La seconde ligne n'a aujourd'hui d'autre représentant que le comte François-Antoine de *Kolowrat-Liebsteinsky*, né en 1773, et pendant longtemps collègue de M. de Metternich dans le cabinet autrichien, avec le titre de ministre d'État et de conférences.

KOLYWAN, ville du gouvernement de Tomsk (Sibérie), sur les rives de l'Ob et de la Berda, dans une âpre et sauvage contrée de montagnes célèbres par la richesse de leurs mines d'argent, et qui se rattachent au système de l'Altaï. On compte dans le voisinage de Kolywan six mines d'argent, une mine de cuivre et une mine de fer, mais dont les produits ne peuvent arriver à Iékatérinembourg qu'en passant par Tobolsk. La population de cette ville est d'environ 1,500 habitants, qui tous travaillent aux mines ; aussi Kolywan a-t-elle l'aspect le plus désert.

ROMANS, *Voyez* CUMANS.

KOMORN (en Hongrois *Komarom*), comitat de Hongrie, borné au nord par ceux de Presbourg, de Neutra et de Bars, au sud par ceux de Grân et de Weissenbourg, au sud par celui de Vesspr im, et à l'ouest par ceux de Raab et de Presbourg, est divisé par le Danube en deux parties égales. Il contient 37 myriamètres carrés, et son sol est un des plus productifs de la Hongrie. L'île de Schütt (en hongrois *Csalokœz*), formée par la réunion du Danube et de la Waag, passe à bon droit pour le grenier de l'archiduché d'Autriche. Traversé par le Danube, par la Waag et par la Waag, le comitat de Komorn est, il est vrai, exposé à de fréquentes inondations ; mais, en revanche, c'est à son riche système d'irrigation qu'il est redevable de sa fécondité extrême, grâce à laquelle il produit toutes les espèces de céréales en premières qualités et en énormes quantités, en même temps que différents cours d'eau, le Danube surtout, et la grande route de Vienne à Pesth, qui passe par Komorn, y favorisent singulièrement les expéditions du commerce. Parmi les principaux produits du comitat de Komorn il faut encore mentionner le vin, qui se récolte dans tous les villages de l'arrondissement de Tata ; les célèbres vins de Nessmely, entre autres, s'exportent au loin. Viennent ensuite de riches carrières de marbre, dont l'exploitation occupe plusieurs centaines d'ouvriers. La pêche aussi est très-productive, et donne lieu à une exportation considérable. On exporte en outre des grains, du bois, des bestiaux, des chevaux, de la laine, de la noix de galle, des vins et des marbres. Le commerce et l'industrie sont très-actifs, et la construction des bateaux ainsi que la navigation constituent les principales ressources des populations riveraines du Danube et de la Waag. La population, forte au total de 150,000 âmes, est complètement d'origine magyare, à l'exception de 5,000 Slovaques, de 6,100 Allemands et de 65 Grecs. Sous le rapport des cultes elle se divise en 51,026 réformés, 1,503 luthériens, 165 grecs, 4,874 juifs ; l'autre moitié, de beaucoup la plus considérable, professe la religion catholique.

Ce comitat a pour chef-lieu KOMORN, ville libre impériale, située à l'extrémité de l'île de Schütt, non loin de l'embouchure du Danube et de la Waag, sur la rive gauche du Danube. Ses édifices publics les plus remarquables sont l'immense église Saint-André, l'église Saint-Jean avec des tours d'une grande élévation, l'église grecque avec sa flèche dorée, l'église des Franciscains, l'hôtel de ville. Mais la ville a beaucoup souffert, d'abord d'un grand incendie en 1847, puis des suites du siége qu'elle a dû soutenir en 1848 et 1849; et elle est encore aujourd'hui à peu près en ruines. On y compte environ 20,000 habitants, tous d'origine magyare. Komorn est le centre d'un assez grand commerce et d'une industrie non moins active, et possède un collége catholique ainsi qu'un collége réformé, une caisse d'épargne, une société d'assurances pour la navigation, etc.

A environ 1,500 mètres de la ville, au confluent de la Waag dans le Danube, s'élève la forteresse de Komorn, entourée d'eau de trois côtés, construite par Mathias Corvin, et restaurée depuis 1805 au prix de sommes immenses, dont les fortifications et les ouvrages avancés s'étendent sur les deux rives du fleuve sur une longueur de 5 kilomètres, et qui pour être défendue exige au moins 15,000 hommes et 400 bouches à feu. Elle se divise en vieille et nouvelle forteresse, séparées par la ville de Komorn, qui se trouve comprise dans le système des fortifications; dans ses immenses retranchements elle peut loger environ 30,000 hommes, plus 10,000 dans les casernes et autant dans les casemates, qui sont d'une solidité extrême. Cette place forte a de tous temps été regardée comme imprenable ; et la guerre de la révolution de Hongrie ne lui a pas fait perdre cette réputation. On se rappelle que, assiégée inutilement depuis le mois d'octobre 1848 jusqu'au mois de septembre 1849 par les Autrichiens, elle ne tomba entre leurs mains qu'à la suite d'une capitulation.

KONG-FOU-TSÉ. *Voyez* CONFUCIUS.

KONGSBERG, ville de Norvège, dans l'évêché de Christiania, au milieu d'une étroite vallée formée par le Lauven, et au pied du *Jonsknuden*, haut de 933 mètres, siége de la direction des mines de Norvège et de la Monnaie royale, possède un collége, une manufacture d'armes à feu, une fabrique de drap, des distilleries d'eau-de-vie, et compte 4,500 habitants. Elle doit son origine aux mines d'argent qu'on y découvrit en 1623, dont l'exploitation avait fini par être abandonnée, mais que l'on a reprise en 1815. En 1830 elles avaient produit 4,100 kilogr. d'argent fin ; en 1833 elles en donnèrent jusqu'à près de 22,000 ; mais en 1838 leur produit n'avait plus été que de 10,000 kilogr. Les mines les plus riches sont situées sur la rive occidentale du Lauven, dans la chaîne de *Stor-Aasen*, qui longe le fleuve dans la direction du sud au nord. On y trouve parfois des pépites d'un volume considérable ; par exemple, en 1630, dans la mine appelée la *Bénédiction de Dieu*, on en rencontra une pesant 102 kilog. ; en 1666, dans la mine de la Bonne-Espérance, on en rencontra une du poids de 253 kilogrammes, et en 1834, une de 360 kilogrammes. En 1853, on découvrit de nouvelles mines argentifères dans le voisinage de celles qui sont déjà exploitées, et même plusieurs gisements de quartz aurifère.

KONIEH, *Voyez* ICONIUM.

KOPHTÉS ou **KOPTES.** *Voyez* COPTES.

KORAÏS (ADAMANTIOS), l'un des plus savants hellénistes des temps modernes, né en France sous le nom de Coray, naquit le 27 avril 1748, à Smyrne, et se livra dès sa première jeunesse à l'étude des langues anciennes et modernes. Mais pour complaire aux désirs de son père, qui était négociant, il alla passer les années 1772 à 1778 à Amsterdam, où il consacra aux sciences tous les loisirs que lui laissaient ses occupations commerciales. De 1782 à 1788, il étudia la médecine à Montpellier ; puis, quand il eut perdu ses parents, il vint se fixer à Paris, où par ses travaux philologiques il ne contribua pas peu à donner une idée plus favorable des Grecs modernes et du travail de rénovation morale et intellectuelle qui s'opérait au sein de cette nation si opprimée. Dès 1800 l'Institut couronnait son édition de l'ouvrage d'Hippocrate, intitulé Περὶ ἀέρων, ὑδάτων, τόπων. Ses éditions de Xénocrate et de Théophraste achevèrent de le placer au premier rang des philologues de son temps. Il donna ensuite une traduction en grec moderne du traité de Beccaria *Dei Delitti e delle Pene* (Paris, 1802 ; 2e édit., 1823), qui produisit surtout une vive sensation parmi ses compatriotes. A ce travail se rattache un mémoire qu'il lut en 1803 à la Société des Observateurs de l'Homme, et qui était intitulé : *De l'état actuel de la civilisation en Grèce*. C'était pour la première fois qu'un tableau complet de la situation morale et intellectuelle des Grecs était offert au public. De 1805 à 1827, Koraïs donna, sous le titre de Βιβλιοθήκη Ἑλληνική, vingt volumes d'anciens classiques grecs, avec notes et commentaires. Cette savante publication ne contribua pas peu à ranimer parmi ses compatriotes l'étude des lettres antiques. En même temps il s'efforçait d'arrêter la décadence et la corruption du grec moderne, en le purifiant autant que possible de tous éléments étrangers. Combattu d'abord avec passion, son système finit par l'emporter ; et le résultat de ses nobles efforts fut de relever la langue grecque de l'état d'abaissement où elle était tombée. Trop âgé pour pouvoir prendre part, en 1821, à la lutte entreprise par ses concitoyens pour la régénération politique de la patrie commune, il paya sa dette à son pays en publiant divers écrits contenant des conseils et des avis, et en attaquant avec une énergie toute juvénile le système antinational de gouvernement et d'administration suivi par le président Cap o-d'Istria. Il lui fournit le sujet de deux dialogues, publiés en 1830 et 1831 sous le nom de Παντασίδης ; le deuxième fut publiquement brûlé, en 1832, à Nauplie, par ordre d'Augustin Capo-d'Istria, en même temps que les plus terribles imprécations étaient proférées contre leur auteur. Koraïs mourut à Paris, le 6 avril 1833, léguant sa riche bibliothèque au Lycée qu'on avait alors le projet de fonder dans l'île de Chios.

KORAN. *Voyez* CORAN.

KORANAS ou **KORAS.** *Voyez* HOTTENTOTS.

KORDOFAN. *Voyez* CORDOFAN.

KORTRYK. *Voyez* COURTRAI.

KOSAKS. On désigne sous cette dénomination des populations offrant beaucoup d'analogie avec les Russes sous le rapport de la conformation physique, des mœurs et de la langue, et se rattachant également à cette nation par les liens de la religion. En Russie on les appelle *Kosaks*. Ce mot *Kosak* étant d'origine turco-tatare (en turc il veut dire *brigand*, et en tatare un guerrier libre et armé à la légère), et les Kosaks eux-mêmes se donnant cette appellation, on a prétendu en conclure que les Kosaks et les Tatares appartenaient à la même race, ou qu'il y avait tout au moins entre eux de grandes affinités. Il est toutefois incontestable que ce sont tout bonnement les descendants des anciens Russes de Novogorod et de Kief, auxquels il se peut que soient venus s'associer plus tard une foule de vagabonds de toutes races, pour faire la guerre au peuple dominant, ou bien à des usurpateurs étrangers, par exemple aux Polonais et aux Tatares. Entourés de populations hostiles, il leur fallait être toujours prêts au combat ; et aujourd'hui encore le nom de *Kosak* implique l'idée d'un guerrier armé à la légère et toujours prêt à l'attaque.

Il existe deux tribus principales de Kosaks ; les Kosaks Malorosses ou Petits-Russes, et les Kosaks du Don. Dans la première, la plus sauvage et la plus féroce, qu'appartiennent les *Kosaks Zaporogues*, qui habitent aux environs des *Porogi* ou cataractes du Dniépr, de tous les Kosaks les plus pillards et les plus indisciplinés. L'autre grande tribu est celle des Kosaks du Don ; et les steppes qu'elle habite forment une province particulière de la Russie méridionale, située au nord de la mer d'Azof et de la Caucasie, et bornée d'autre part par les gouvernements d'Astrakan, de Saratof, de Woronesch, de Charkof et de l'Iékatérinoslaf. Elle contient une population de 710,000 âmes, répartie sur un espace d'environ 2,000 myriamètres carrés, et est divisée en 119 *stanitze*, formant les sept districts d'Aksaï, de Mius, du Don (deux), de la Medwediza, du Donetz et du Choper. Elle a pour chef-lieu *Nowotscherkask*, ville située près de l'endroit où le

Don sort d'une longue chaîne de montagnes, haute de 150 mètres, siége du gouverneur, d'un évêque et du commandant supérieur de l'armée kosake, l'ataman ou hetman, avec une population de 20,000 âmes, une belle cathédrale et plusieurs autres églises, un collége, une école de cercle, un commerce assez actif et deux grandes foires annuelles.

C'est de cette seconde grande tribu que descendent les Kosaks du Volga, les Kosaks Tschernomori, ceux de la mer d'Azof, du Terek, de l'Oural et de la Sibérie. Le siége des Kosaks Tschernomori est *Iékatérinodar*, sur le Kouban, et situé déjà dans la région des steppes proprement dite. Ceux du Terek ont leurs quartiers à *Iékatérinogrod*, Mosdok et Bibljar. *Uralsk*, sur l'Oural et le versant sud du désert d'Obschtschéi, est la principale demeure des Kosaks de l'Oural; *Azof*, *Rostof* et *Nachitschewan* sont les siéges des Kosaks de la mer d'Azof. Ceux du Volga vivent dispersés dans les gouvernements d'Astrakan et de Saratof. Enfin, les Kosaks de Sibérie se sont étendus au loin jusqu'aux rives de l'Irtisch et de l'Ob, et même de la Léna. Le recensement général opéré en 1838 portait le chiffre total des Kosaks, leurs familles comprises, à 1,880,877 têtes. On voit par là combien est encore grande la force militaire que possède la Russie dans ces sortes de troupes, quoique, avertie par leurs révoltes, autrefois si fréquentes, et notamment par le dangereux soulèvement qui éclata parmi elles en 1773, sous les ordres de Pougatschef, elle se soit attachée dans ces derniers temps à modifier essentiellement l'organisation militaire des Kosaks, afin de la rendre moins dangereuse pour elle-même.

KOSCIUSZKO (TADEUSZ), le dernier général de la république de Pologne, l'un des plus nobles caractères des temps modernes, naquit en 1753, et suivant d'autres en 1743, à Sieclunowice, dans la woïwodie de Brzesc, et descendait d'une famille de Lithuanie, noble et ancienne, mais peu riche. Le prince Czartoryiski, témoin à l'école militaire de Varsovie de son travail et des remarquables dispositions qu'il annonçait déjà, l'envoya à ses frais en France, où Kosciuszko étudia l'art de la guerre à l'École Militaire de Paris, et acquit une grande habileté dans les arts du dessin. A son retour, il fut nommé à un emploi de capitaine. Mais l'humiliation qu'il éprouva en demandant vainement la main de la fille de l'opulent maréchal de Lithuanie, Sosnowski, pour laquelle il avait conçu la passion la plus vive, et qui épousa ensuite le prince Joseph Lubomirski, le détermina à quitter de nouveau la Pologne. En 1777 il arriva à Paris, et ne tarda point à partir avec la flotte française envoyée au secours des insurgés de l'Amérique du Nord. Sous les murs de New-York et à Yorktown, où il fut blessé, il attira l'attention de Washington, dont il devint bientôt l'ami. L'ordre de Cincinnatus récompensa la bravoure dont il avait fait preuve dans la guerre de l'indépendance; et il revint en Pologne en 1786 avec le grade de général de brigade. Il s'y déclara en faveur de la constitution du 3 mai 1791, qui avait pour but de mettre enfin un terme à l'inintelligent despotisme d'une vingtaine de grandes familles, d'annuler l'égalité d'un seul contre tous, le fameux *liberum veto*, et par suite de détruire les confédérations et les diètes confédérées. Ces changements, désirés par tout ce qu'il y avait d'amis sincères de leur pays et d'esprits droits, ne rencontrèrent d'autre opposition que celle des agents moscovites. De là cette hideuse dissidence, cette infâme conspiration de Targowicz en Ukraine, où dix-sept traîtres se réunirent pour renverser la constitution; s'intitulant les représentants du pays, ils entrèrent en Pologne à la suite des armées russes. Décidée à défendre son œuvre, la diète investit le roi Stanislas d'une immense autorité; et de toutes parts des bras se levèrent. Promu alors dans l'armée nationale au grade de général-major, Kosciuszko servit sous les ordres du prince Poniatowski. Dans la campagne de 1792, il défendit pendant cinq jours, à Dubienka, avec 4,000 hommes seulement contre 16,000 Russes, un poste qu'il n'avait eu que vingt-quatre heures pour fortifier, et se retira sans avoir éprouvé de grandes pertes. Ce brillant fait d'armes fonda sa reputation militaire. Quand plus tard le roi Stanislas Poniatowski se soumit aux volontés de Catherine II, Kosciuszko donna sa démission. On lui intima alors l'ordre de sortir de Pologne, et il se retira à Leipzig. C'est à ce moment qu'un décret de l'Assemblée législative de France lui décerna le titre de citoyen français.

L'insurrection qui se préparait pour arracher la Pologne au joug de fer de la Russie rappela Kosciuszko sur les frontières de son pays. Quand elle eut éclaté, il arriva à Cracovie le 23 mars 1774. Aussitôt il se mit à la tête du mouvement, et adressa aux Polonais une proclamation pour les inviter à rétablir la constitution de 1791. Un corps de 6,000 Russes ayant alors envahi le territoire polonais, Kosciuszko n'hésita point à marcher à sa rencontre rien qu'avec 4,000 hommes, dont le plus grand nombre n'étaient armés que de piques et de faux, sans une seule pièce de canon, et il battit l'ennemi à Raclawin. Il se rendit ensuite à Varsovie, où il s'efforça de modérer la fureur du peuple contre les prisonniers russes, et où en même temps il organisa un gouvernement. Pendant plusieurs mois il réussit à résister avec 20,000 hommes de troupes régulières et 40,000 paysans mal armés à une armée prusso-russe, forte de 150,000 hommes. Il repoussa victorieusement l'assaut tenté contre Varsovie, et refusa les offres brillantes de Frédéric-Guillaume II; mais il finit par succomber à la supériorité écrasante d'une armée trois fois plus nombreuse que celle dont il disposait. A la fatale bataille de Maciejowice (10 octobre 1794), couvert de blessures, il tomba de cheval en s'écriant : *Finis Poloniæ!* et disparut dans la mêlée, sous les pieds des chevaux des Russes. Il avait déjà reçu dans la journée une balle dans la cuisse et cinq à six coups de baïonnette sur les bras. Retrouvé le lendemain sur le champ de bataille par des officiers russes, comme il donnait encore quelques signes de vie, il fut transporté aux ambulances, et resta prisonnier de l'ennemi. Catherine le fit enfermer avec ses compagnons d'armes dans une prison d'État; mais Paul Ier leur rendit à tous la liberté, et donna même à Kosciuszko des preuves de son estime personnelle. L'empereur lui offrit sa propre épée; mais Kosciuszko la refusa en disant : « Maintenant que je n'ai plus de patrie, je n'ai plus besoin d'épée! » et depuis lors effectivement jusqu'à sa mort il n'en porta plus jamais. L'empereur Paul lui fit don aussi de 1,500 paysans; dès qu'il eut franchi la frontière russe, non-seulement Kosciuszko refusa ce présent, mais encore, une fois arrivé à Londres où il s'était rendu avec Niemcewitz en passant par la France, il renvoya à l'empereur la somme d'argent que celui-ci avait fait mettre à sa disposition. En 1797 il passa aux États-Unis, et chargé l'année suivante par le congrès d'une mission en France, il y reçut de tous les partis l'accueil le plus distingué. Ses compatriotes de l'Amérique d'Italie lui envoyèrent alors le sabre de Jean Sobieski, retrouvé en 1799 à Notre-Dame de Loreto.

Quand, en 1806, Napoléon conçut le projet de rétablir le royaume de Pologne, Kosciuszko fut empêché de prendre part à la lutte bien moins par son état maladif que par la parole qu'il avait donnée à l'empereur Paul Ier de ne plus porter les armes contre la Russie. Aux propositions qui lui furent faites au nom de Napoléon, il répondit qu'il ne pourrait servir en Pologne que lorsque ce pays jouirait d'une constitution nationale et libre et lorsqu'il aurait recouvré ses anciennes limites. Foucher insistant pour qu'il se rendit en Pologne. « Eh bien, lui dit-il, je dirai aux Polonais que je ne suis pas libre. » Il déclara aussi apocryphe et inventé par Napoléon un Appel aux Polonais qui parut sous son nom dans le *Moniteur* du 1er novembre 1806.

Kosciuszko se retira alors dans un petit domaine qu'il avait acheté aux environs de Fontainebleau; et il y résida jusqu'en 1814, uniquement occupé de travaux agricoles. A l'époque du congrès de Vienne, il alla passer quelque temps dans cette capitale. Dès le 9 avril 1814 il avait adressé à l'empereur Alexandre une lettre dans laquelle il lui demandait une amnistie générale en faveur de tous les Polonais qui se trouvaient à l'étranger, et où il le pressait de se faire roi de Pologne et d'accorder à son pays une constitution libre calquée sur celle de l'Angleterre. En 1815 il alla voyager en Italie avec lord Stewart, et en 1816 il s'établit à Soleure. C'est de là qu'en avril 1817 il publia une déclaration par laquelle il affranchissait les paysans de son domaine de Siechnowice, en Pologne. Il vivait d'ailleurs dans un petit cercle d'amis choisis et avec la plus grande simplicité. Une chute de cheval qu'il fit aux environs de Vevay fut la cause de sa mort, arrivée le 15 octobre 1817; demeuré fidèle à son premier attachement, il ne s'était jamais marié. Les États-Unis lui faisaient une pension, et il avait personnellement assez de fortune pour qu'à son décès on trouvât chez lui une somme de 100,000 fr. en espèces.

En 1818 l'empereur Alexandre chargea le prince Jablonowski de transporter à ses frais le corps de Kosciuszko de Soleure à Cracovie, où, par son ordre, il fut déposé dans la cathédrale et où un monument a été élevé à sa mémoire.

KOSLOFF ou **EUPATORIA**, la *Pompeiopolis* des Romains, ville et port de la mer Noire, dans la presqu'île de Crimée, à environ 8 myriamètres au nord de Sébastopol, l'un des premiers points de la côte dont se soit emparé l'armée anglo-française commandée par le maréchal Saint-Arnaud et lord Raglan, après qu'elle eut opéré sans obstacle son débarquement, le 14 septembre 1854, à Starco-Ukreiein, village situé environ à 3 myriamètres au sud-est de Kosloff et à 6 myriamètres de Sébastopol. Au temps où la Crimée appartenait aux Génois, Eupatoria, appelée aujourd'hui *Kosloff*, était un de leurs principaux entrepôts; et au début de la guerre d'Orient sa population s'élevait encore à près de 10,000 âmes. On y trouve un port de commerce, étroit mais sûr, précédé d'une rade abritée contre le vent du nord.

KOSLOWSKIJ (MICHAÏL-IVANOWITSCH), sculpteur russe distingué, fut élevé à l'Académie de Saint-Pétersbourg, où plus tard il remplit les fonctions de professeur de sculpture. L'un de ses plus célèbres ouvrages est la statue colossale de Souwarof, élevée dans le Champ-de-Mars à Saint-Pétersbourg. Elle représente le feld-maréchal en costume de chevalier, tenant de la main droite une épée, tandis que de la gauche il abrite derrière un bouclier la tiare pontificale ainsi que les couronnes de Naples et de Sardaigne. On cite encore de lui la statue colossale de Samson qui se trouve à Peterhof, la statue de l'impératrice Catherine II, sous les traits de Minerve, plusieurs statues de marbre dans l'Ermitage, et les bas-reliefs qui ornent la palais de marbre sur la Néwa, représentant le retour de Régulus à Carthage, et Camille le libérateur de Rome. Koslowskij mourut à Saint-Pétersbourg, en 1803.

KOSLOWSKIJ (OSSIP-ANTONOWITSCH), l'un des plus gracieux compositeurs qu'ait produits la Russie, auteur de plusieurs mélodies à bon droit populaires, et de charmantes polonaises, s'est surtout fait un nom par la musique qu'il composa pour la tragédie de *Fingal* par Oserof, et par un requiem. Il descendait d'une famille noble de la Russie-Blanche, et mourut à Saint-Pétersbourg, le 27 février 1831, avec le titre de conseiller d'État et de directeur du Théâtre impérial.

KOSSOVA. (Bataille de). *Voyez* CASSOVIE.

KOSSUTH (Louis), chef de la révolution hongroise, né le 16 septembre 1802, à Monok, comitat de Zemplin, d'une famille croate, noble, mais peu aisée, reçut sa première éducation au collége des Piaristes de Satoraljai-Ujhély, fréquenta ensuite les écoles évangéliques d'Epériés, et plus tard étudia avec succès le droit au collége protestant de Sarospatak. Après avoir obtenu le diplôme d'avocat, il parvint, par son travail opiniâtre et par son talent, à se faire, à partir de 1827, une lucrative clientèle dans son comitat natal; de même qu'il acquit une certaine influence comme orateur dans les assemblées du comitat et médiateur entre la noblesse et le peuple, à l'époque des troubles causés par le choléra. C'est à ce moment que la comtesse douairière de Szapari le prit pour homme d'affaires; mais certains désagréments qu'il éprouva pour l'apuration de ses comptes, qu'on prétendit ne pas être assez clairs, le forcèrent à renoncer à cette position et le déterminèrent même à aller, en 1831, s'établir à Pesth, où il parvint également à se faire une position au barreau. Cependant, dès 1832 il se rendait à Presbourg comme mandataire d'un magnat absent de Hongrie et chargé de le représenter à la diète. En cette qualité, il était logé gratuitement, prenait place au bas-côté de l'assemblée, avait le droit de porter la parole, mais non celui de voter. Au début de cette diète, il essaya une fois d'user de son droit de parler; mais son discours, pendant lequel il resta court à plusieurs reprises, ne produisit aucune impression; et pendant les quatre années que dura encore la session, il se résigna à garder un silence prudent. En revanche, à la recommandation de Nicolas Wesseléný, le parti libéral lui confia la rédaction d'une *Gazette de la Diète*, qui, copiée à 100 exemplaires seulement, afin de pouvoir échapper à la censure préventive, était envoyée dans les différents comitats par des *haïducks*. Cette gazette, écrite avec esprit et patriotisme, fut la première publication qui porta à la connaissance de la grande masse du public les délibérations et les discussions intérieures de la diète, et contribua énormément au développement de l'esprit public en Hongrie. Kossuth y vantait, comme on peut bien le penser, les discours prononcés par les membres de l'opposition; il excellait d'ailleurs à en présenter les plus vigoureux arguments dans un style clair et élégant, à résumer des questions souvent obscures et confuses d'une manière qui les rendait compréhensibles à tous, à leur donner constamment une couleur favorable à l'opposition, ne manquant non plus jamais, à l'instar des journaux libéraux de Paris, de tenir note des applaudissements dont les discours avaient pu être l'objet, ni d'indiquer l'influence qu'ils avaient pu exercer sur les votes. D'un autre côté, il avait grand soin aussi de ne publier jamais que les plus faibles arguments des discours du parti conservateur, s'acquittant de cette tâche en termes secs, et autant que possible mettant bien vivement en saillie le côté ridicule que pouvaient présenter les motions des plus faibles orateurs de ce parti, et de rapporter la bruyante désapprobation qu'elles excitaient dans l'auditoire. On conçoit combien ce procédé habile devait nécessairement exercer d'influence sur les comitats. L'opposition y grandissait et brillait ainsi avec ses députés aux yeux de l'opinion; aussi bon nombre de vaniteux députés des comitats conservateurs, blessés dans leur amour-propre, réussirent-ils à faire changer leurs mandats antérieurs, afin de pouvoir, à leur tour, lire leur éloge dans le journal de Kossuth.

La diète une fois close, Kossuth entreprit à Pesth une feuille semblable, destinée à rendre compte des discussions des assemblées locales de comitats, que lui transmettaient des rapporteurs attachés à chacune de ces assemblées, et qui, pour échapper aux mutilations de la censure, s'envoyait lithographiée. Le gouvernement finit cependant par comprendre le danger de ces publications, qu'il avait d'abord affecté de mépriser. Il défendit donc la publication de la *Gazette*; et Kossuth ayant refusé d'obéir, lui, Wesseléný et quelques autres furent arrêtés, en 1837, et conduits à la prison d'Ofen. La *table* septemvirale déclara bien Kossuth coupable du crime de haute trahison, mais ne le condamna pourtant qu'à quatre années de détention. Or, dès 1840 Kossuth et ses co-détenus étaient remis en liberté en vertu de l'amnistie générale que l'opposition dans la diète arracha au gouvernement, moyennant quoi celui-ci obtint les levées d'hommes et les impôts qu'il demandait.

Le crédit et l'importance de Kossuth étaient arrivés à leur apogée, parce que l'opposition attribuait le mérite des concessions du pouvoir à la tactique qu'il avait indiquée et recommandée. Il sortit de prison aux cris de joie de l'opposition. Une souscription ouverte en faveur de sa famille produisit 10,000 florins, et lui-même obtint un privilége de journal sous le nom d'un libraire de Pesth. Le 1er janvier 1841, on annonça au public que Kossuth serait le rédacteur en chef du *Pesti-Hirlap*, et cette feuille ne tarda point à compter 4,000 abonnés à 12 florins par an. Les honoraires de Kossuth furent portés à 12,000 florins par an, ce qui lui permit de faire alors l'acquisition d'un petit domaine de 30,000 florins dans le comitat de Grân. On ne saurait nier que dans la rédaction de son journal il déploya de vrais talents comme publiciste. Il avait surtout le soin d'insister sur l'iniquité politique qui exemptait la noblesse de toute espèce d'impôts, dont on rejetait tout le poids sur la bourgeoisie et sur les paysans. Or, plus ses tendances devenaient démocratiques, et par suite odieuses au vieux parti conservateur, voire même à la fraction modérée du parti libéral dans la noblesse, plus en revanche elles excitaient de sympathie dans les masses, et devenaient l'évangile de la jeunesse. Des différends survenus entre Kossuth et le propriétaire du *Pesti-Hirlap*, qui se refusa à augmenter les honoraires du rédacteur en chef, bien que le journal fût arrivé à compter plus de 7,000 abonnés, le déterminèrent à abandonner, en 1844, la rédaction de cette feuille. Il espérait obtenir pour lui-même un privilége de journal, et dès lors recueillir seul les grands profits que son éditeur retirait de l'exploitation de son talent et de son crédit sur l'opinion publique. A cet effet, il se rendit à Vienne, où, pour la première et la dernière fois de sa vie, il eut un entretien avec M. de Metternich. Celui-ci, qui se défiait de Kossuth, lui refusa le privilège qu'il sollicitait, mais lui fit entrevoir la possibilité d'obtenir une subvention s'il voulait écrire dans le sens du gouvernement. Ce secours si précaire ne pouvait être accepté par un homme habitué déjà, comme Kossuth, à mener grand train et nourrissant les plus ambitieux projets, mais qui, précisément parce qu'il manquait d'argent du moment où le journal, source de son influence, lui faisait défaut, eût été, dit-on, assez disposé à transiger.

Ainsi éconduit, Kossuth comprit que c'en était fait de son importance politique, et qu'on aurait bientôt oublié le défenseur des droits du peuple et le martyr de la liberté de la presse, s'il ne trouvait pas le moyen de rester toujours en scène et de continuer à occuper de lui l'opinion publique. Il se posa donc maintenant en réformateur du commerce, en promoteur du crédit particulier, en protecteur de l'industrie nationale, et à cet effet il créa une société commerciale hongroise au capital de 500,000 florins, représenté par mille actions de 500 florins. On devine que les opérations entreprises par cette société furent toutes désastreuses, mais qu'en revanche son directeur-gérant touchait de magnifiques émoluments et gérait la propriété commune dans son intérêt propre, qu'il avait l'habileté de confondre avec ceux du pays. En même temps il suggérait à un certain nombre de députés de la diète l'idée de fonder une société de secours mutuels pour la Hongrie, société dans la caisse de laquelle les associés s'engageraient à verser 5 p. 100 de leurs revenus. Les seuls frais que devait avoir à supporter la société, c'étaient les émoluments de son directeur, fonctions auxquelles il se laissa nommer avec une abnégation dont furent dupes ceux-là seuls qui le voulurent bien. Devenu ainsi le directeur de deux importants établissements de crédit, Kossuth s'efforça de leur créer des succursales partout où il lui fut possible d'en établir. Mais les sociétés mères, comme les sociétés filiales, ne rendirent jamais de services à la véritable industrie ; seulement quelques avances faites à propos à de pauvres artisans permirent d'en trompeter partout les incommensurables avantages pour le pays. Administrées par des avocats, des écrivains ou des membres de la noblesse, ces sociétés, qui en fait de dividendes ne donnèrent jamais à leurs actionnaires que de la popularité, se transformèrent bientôt en véritables associations politiques n'ayant d'autre but que de pousser à l'agitation.

En novembre 1847 Kossuth recueillit enfin le fruit de son habile conduite. Il fut nommé par le comitat de Pesth député à la diète, et dans cette assemblée il fit preuve d'une éloquence qu'on ne soupçonnait pas encore en lui, et qui le rendit bientôt le chef de l'opposition. Son programme se borna d'abord à réclamer l'affranchissement des paysans, la suppression des corvées et des dîmes, la participation de la bourgeoisie à tous les droits politiques, la prédominance politique de l'élément national, et enfin la liberté de la presse ; mais la révolution dont Paris fut le théâtre à la fin de février 1848 modifia trop profondément la situation pour ne pas l'enhardir à espérer et à exiger bien davantage encore, notamment la séparation administrative et politique de la Hongrie d'avec l'Autriche, en même temps que des institutions constitutionnelles pour les États héréditaires autrichiens. Un violent discours qu'il prononça dès le 3 mars dans le sein de la diète eut un immense retentissement en Hongrie. Le contre-coup que la révolution de Février eut quinze jours après à Vienne, et auquel le discours en question ne fut pas non plus étranger, mit le gouvernement impérial à la discrétion des agitateurs hongrois. Une garde nationale s'improvisa comme par enchantement à Vienne, sous prétexte de veiller au maintien de l'ordre, à la sécurité des personnes et des propriétés, tandis qu'en réalité c'était là déjà une levée de boucliers de la nationalité hongroise. Dès le 15 mars, Kossuth, devenu plus que jamais le héros du jour, arrivait à Vienne à la tête d'une députation chargée de demander la création d'un ministère spécial pour la Hongrie. Des gardes nationaux dételèrent sa voiture et le promenèrent en triomphe dans les principaux quartiers de la capitale. Une garde d'honneur fut placée à son logement, et les étudiants de l'université lui firent offrir de marcher sur le château de l'empereur, si on ne lui accordait pas ce qu'il demandait. Terrifié par la révolution de Vienne, le gouvernement autrichien en passa par ce qu'on voulait. Un décret impérial, en date du 17 mars, créa un ministère spécial pour la Hongrie, ministère présidé par le comte Batthyàni, et dans lequel Kossuth, le grand agitateur, était chargé du portefeuille des finances. Celui-ci s'en revint en véritable triomphateur à Presbourg ; et alors, obligé pendant les deux mois suivants de débrouiller avant tout le chaos administratif au milieu duquel il se trouvait jeté, il se renferma dans les attributions de son ministère, sans empiéter sur celles de ses collègues. On se rappelle qu'une véritable Vendée autrichienne surgit alors du fond de la Hongrie méridionale contre les faits qui venaient de s'accomplir, et que les Serbes et les Croates s'insurgèrent pour la défense des droits de la maison de Habsbourg avec non moins d'enthousiasme qu'avaient pu faire les populations magyares pour la conquête de leur indépendance politique. Les révolutionnaires hongrois comprirent la nécessité d'écraser cette protestation armée contre le nouvel ordre de choses, sans lui donner le temps de prendre des proportions plus dangereuses encore. La majorité du ministère penchait cependant pour une politique et des mesures de conciliation. Kossuth, au contraire, exigea que les révoltés se soumissent sur-le-champ et sans conditions, refusant de prêter l'oreille aux moindres objections que pouvaient lui faire des hommes de sens et d'expérience. En même temps il déclarait dans l'Assemblée nationale, au nom de ses collègues, que la Hongrie accorderait à l'empereur tous les secours dont il croirait avoir besoin pour replacer l'Italie sous son obéissance, à la condition que la cour prît franchement le parti des Hongrois contre les Croates. On n'a pas oublié sans doute que le ministère autrichien déposa le ban Jellachich ; mais Kossuth, plein de défiance à l'endroit des véritables intentions de la cour de Vienne, fit décréter par l'Assemblée nationale la création immédiate d'une armée hongroise, mesure que ses collègues Batthyàni et Mezaros combattirent eux-mêmes avec vigueur, et qui ne pouvait effectivement avoir d'autre but que de créer un moyen d'action à opposer à l'armée autrichienne. C'était là l'idée secrète dont Kossuth avait tout d'abord poursuivi la réalisation, comme le prouvent de reste les nombreuses émissions de billets de banque ordonnées par le ministre des finances, et à l'aide desquelles, dès le milieu de l'été de 1848, il battait incessamment monnaie et se procurait les ressources nécessaires pour mettre la révolution hongroise en mesure de jeter le gant à l'Autriche.

Sans plus se soucier des ordres qu'on lui envoyait de Vienne que des menaces du ministère hongrois, Jellachich envahit le territoire hongrois. Le refus positif de l'empereur d'intervenir dans ce conflit plus efficacement qu'il ne l'avait fait jusque alors amena la dissolution du cabinet. L'empereur refusa de nommer les nouveaux ministres qu'on lui proposa, et envoya, au contraire, en Hongrie le feld-maréchal-lieutenant comte de Lamberg à l'effet d'y rétablir l'ordre avec l'aide des Croates. Lamberg qui s'était rendu à Pesth pour y faire contre-signer sa nomination et ses pouvoirs par le comte Batthyàni, périt assassiné dans un mouvement populaire provoqué par les agitateurs magyares. Ces scènes sanglantes et la complète dissolution du cabinet qui en fut la suite portèrent Kossuth à la présidence du comité de défense nationale, et firent complétement prévaloir ses idées (*voyez* HONGRIE). Comme chef de ce gouvernement révolutionnaire, il déploya dans les derniers mois une incroyable énergie et une incomparable activité pour organiser l'armée hongroise, armer la nation en masse, et pour enflammer le patriotisme et l'ardeur révolutionnaire au moyen d'incessants voyages dans les différentes parties du pays ; voyages qui toujours donnaient lieu de sa part aux plus chaleureuses et aux plus patriotiques allocutions.

Quand l'armée autrichienne aux ordres de Windischgraetz pénétra sur le sol hongrois et qu'il y eut nécessité, au commencement de l'année 1849, de transférer l'Assemblée nationale de Pesth à Debreczin, Kossuth contribua essentiellement par son activité et sa résolution à donner à l'armée hongroise les proportions grandioses et l'attitude formidable grâce auxquelles la campagne du printemps s'ouvrit par une suite de brillants triomphes. Pour enlever au parti modéré toute possibilité d'opérer une transaction, ce fut lui qui, le 14 avril 1849, vint à l'improviste proposer à l'Assemblée nationale de proclamer l'indépendance de la Hongrie et la déposition de la maison de Habsbourg : proposition convertie en loi dès le lendemain, 15. Bien que Kossuth laissât provisoirement la question de la forme de gouvernement indécise, il ne fut nommé chef de l'État, sous le titre de *gouverneur provisoire du pays*, et le 5 juin il faisait en cette qualité son entrée solennelle dans Debreczin, recueillant au pouvoir des magyares. Il avait compté sur une intervention des puissances occidentales en faveur de la Hongrie, et l'avait même fait entrevoir dans la déclaration d'indépendance ; mais il ne tarda point à se voir trompé dans ses espérances, et même temps que la révolution hongroise se trouvait réduite à la situation la plus critique, d'un coté par la réorganisation de l'armée autrichienne, et de l'autre par l'intervention de la Russie. Peu propre à calculer froidement les chances en véritable homme politique, et naturellement enclin aux mesures extrêmes, il voulut alors que la nation tout entière trouvât dans son désespoir les moyens de vaincre un ennemi deux fois plus fort qu'elle ; à cet effet il fit prêcher une véritable croisade, à laquelle ne manquèrent même ni les processions solennelles, ni les jeûnes, ni les pénitences propitiatoires ordonnés par l'Église. Il faut le dire, d'ailleurs, peut-être bien la cause hongroise aurait-elle eu une fin, sinon moins rapide, du moins moins fatale, si Kossuth avait su faire preuve de plus d'énergie et de force de volonté vis-à-vis des chefs militaires, notamment vis-à-vis de Gœrgei, et les contraindre à lui obéir. Mais tout dans sa carrière politique démontre que s'il est doué à un haut degré du courage civil, le courage personnel lui fait complétement défaut. Tandis que Gœrgei, parvenu uniquement par la protection de Kossuth, se révoltait en quelque sorte, dès le mois de janvier 1849 contre le pouvoir exécutif, Kossuth, au lieu de contraindre le réfractaire à l'obéissance ou bien de le punir et de lui enlever son emploi, chercha à le gagner à ses intérêts propres. Après les démissions forcées arrachées à Dembinski, puis à Vetter, il lui fit même confier le commandement en chef de l'armée, et après la déclaration d'indépendance, le portefeuille de la guerre. Il est vrai que lorsque Gœrgei, persistant à ne suivre que son plan d'opérations particulier, différa de faire retirer son armée vers la Theiss inférieure, Kossuth lui enleva, le 2 juillet, toutes ses fonctions ; mais il revint bientôt sur cet acte de rigueur, et laissa encore Gœrgei libre d'opter entre le ministère de la guerre et le commandement de l'armée. Gœrgei, demeuré le chef des forces hongroises, continuant toujours à n'exécuter aucun des ordres qui lui étaient transmis et à suivre ses plans, Kossuth tâcha d'obtenir de Bem qu'il se chargeât du commandement en chef, et accusa publiquement à Szegedin Gœrgei de trahir la cause nationale. Il fit plus, il réunit, pour marcher contre lui, un corps de 3,000 hommes, dont il se réservait le commandement ; mais il n'osa jamais rien tenter de décisif pour enlever sa traître les pouvoirs à l'aide desquels celui-ci vendait son pays. Après la défaite éprouvée le 9 août à Témeswar par l'armée nationale, et les négociations ouvertes avec Paskewitsch pour offrir la couronne de Hongrie à un prince russe ayant été repoussées, Kossuth désespéra du salut commun ; et le 9 août, à Arad, il remettait formellement tous les pouvoirs civils et militaires entre les mains de Gœrgei. Ce fut en vain que Bem l'encouragea à recommencer la lutte et à reprendre sa position : il n'avait plus maintenant d'autre pensée que celle de gagner la frontière turque, qu'il parvint effectivement à toucher le 17 août avec quelques-uns de ses affidés, et de se réfugier de là en Angleterre. Reconnu par les autorités turques, il fut retenu prisonnier, d'abord à Widdin, puis à Schumla. Quoique menacé alors d'être livré à l'Autriche, Kossuth refusa noblement de changer de religion et d'embrasser le mahométisme pour échapper à ce péril. Interné plus tard avec ses compagnons d'exil à Koutahia en Asie Mineure, il ne recouvra sa liberté qu'en août 1851, sur la pressante intervention des gouvernements anglais et américain. Un visage de genre américain vint le chercher à Smyrne, et le 17 octobre il débarquait en Angleterre. Kossuth y fut reçu au milieu des plus vives acclamations, et par l'adresse avec laquelle il s'exprima en public toutes les fois qu'il en eut l'occasion, il réussit à rendre également populaires sa personne et la cause dont il était le représentant. Dès le mois de novembre de la même année il partait pour les États-Unis, où il développa une extrême activité oratoire, excitant au plus haut degré par ses discours les sympathies publiques pour les malheurs de sa patrie, recueillant en outre des sommes considérables sous forme de dons volontaires et de souscriptions en faveur des Hongrois, et prêchant partout dans l'intérêt de la révolution le principe de non-intervention.

En juin 1852, Kossuth revint à Londres. Quoique, lors de l'émeute qui éclata à Milan le 6 août 1853, il ait été publié une proclamation adressée aux soldats hongrois servant en Italie et signée de son nom, il paraît qu'il ne prit point directement part à cette échauffourée ; et il résulte d'un échange d'explications intervenues à ce sujet entre lui et Mazzini par la voie des journaux de Londres et de Turin, que si cette proclamation portait réellement sa signature, c'est qu'il l'avait donnée en blanc-seing, lors de son internement à Koutahia, pour le cas où les chefs du parti patriote croiraient à l'utilité et à l'opportunité d'un mouvement insurrectionnel à tenter en Italie. Or, deux années s'étaient passées depuis lors ; les circonstances n'étaient plus les mêmes, et Kossuth différait maintenant complétement d'opinion avec les chefs du mouvement tenté à Milan, non pas sur la question de principe, mais sur la question d'*opportunité*. À quelque temps de là le gouvernement anglais eut des motifs pour le soupçonner de faire à Londres des préparatifs militaires destinés à un nouveau mouvement sur le continent. Une descente de police fut faite en avril 1853 chez un nommé Hale, fabricant de fusées et de raquettes incendiaires, et l'on y saisit effectivement des approvisionnements considérables en armes et munitions de guerre ; mais il fut impossible de prouver que Kossuth y fût pour quelque chose. À cette occasion il se vanta d'avoir à sa disposition, non pas sur le sol anglais, mais à l'étranger, les moyens de recommencer la lutte contre l'Autriche quand il jugerait le moment venu.

En février 1850, sa femme, *Thérèse*, née Messlenyi, était parvenue à sortir de Hongrie et à venir le rejoindre à Koutahia; et peu de temps après le gouvernement autrichien lui renvoya spontanément ses enfants, deux fils et une fille. Ses deux sœurs, après une longue détention, furent bannies en 1852 des États autrichiens, et trouvèrent l'accueil le plus sympathique à Bruxelles, d'où elles se rendirent aux États-Unis, en 1853. C'est aussi à Bruxelles que mourut sa mère, à la fin de l'année 1852.

Kossuth est de taille moyenne, maigre et pâle. Sa physionomie annonce une vive intelligence; malgré ce qu'il y a de visiblement chétif et valétudinaire dans sa constitution, sa voix est aussi forte que retentissante. Avec Mazzini et Ledru-Rollin il constitue aujourd'hui le triumvirat révolutionnaire qui tient en éveil toutes les polices du continent; et comme il a eu le bon esprit de se ménager à l'étranger, et à l'abri de toutes confiscations, une fortune plus qu'indépendante, son nom est toujours une puissance aux yeux du vulgaire; cependant il s'en faut que dans l'émigration hongroise il y ait unanimité d'opinions sur son compte. Beaucoup de patriotes hongrois ne voient qu'une insolente et odieuse usurpation dans le rôle de chef de la révolution qu'il persiste à vouloir jouer. Ils disent que l'indécision dont il fit preuve au moment critique est pour beaucoup dans la catastrophe finale; que par sa conduite il ne justifia point la dictature qu'il s'était octroyée lui-même, et qu'il y eut ensuite acte de haute trahison de sa part à abdiquer en faveur de Gœrgei, sans même consulter la représentation nationale. Ces dissidents refusent de croire au *droit divin* des dictateurs, et prétendent leur faire rendre un compte sévère de la façon dont ils usent de leurs pouvoirs.

FIN DU ONZIÈME VOLUME.

www.ingramcontent.com/pod-product-compliance
Lightning Source LLC
Chambersburg PA
CBHW061729300426
44115CB00009B/1148